邰爽秋文集

上

邰爽秋 著　刘 齐 编

南京大学出版社

本 书 由
江苏省优势学科南京大学中国史学科、江苏省社会科学基金后期资助项目
"《邰爽秋全集》整理与研究"(18HQ050)
资 助 出 版

邰爽秋

(1896—1976)

郐爽秋家庭合影

郐爽秋结婚照

东南大学留学生在巴黎合影（左三为邰爽秋）

1921年"少年中国学会"会员在南高师留影（二排右二为邰爽秋）

邰爽秋设计的普及教育车

普及教育车之使用

上海沪西民生教育实验区的教学活动

1936年5月3日，中国民生教育学会成立大会现场

蔡元培为中国民生教育学会题词

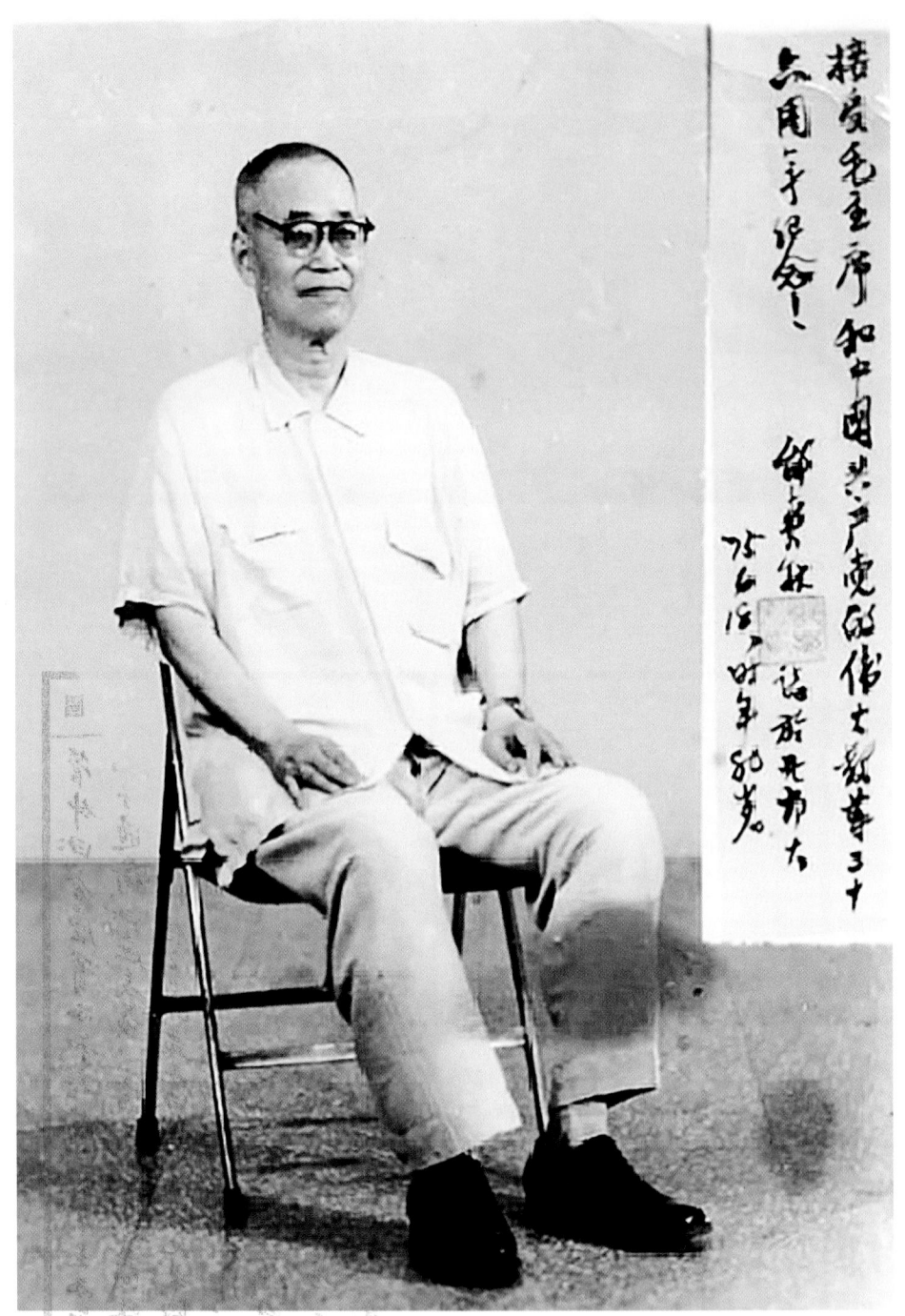

80岁的邰爽秋

编辑说明

邰爽秋(1896—1976),江苏东台人,我国近现代史上著名的教育家,曾先后就读于南京高等师范学校(后改为东南大学)、美国芝加哥大学和哥伦比亚大学。历任南京第四中山大学、广州中山大学、河南大学等校教授,并担任江苏省立南京中学校长、国立暨南大学教育系主任、大夏大学教育学院院长、中国民生教育学会理事长、中国民生建设实验院院长、国民政府教育部战时教育委员会委员等职。他长期致力于教育理论的研究和实验实践工作,以满足民众最基本生计需要的经济活动为基础,倡导民生教育思想,使之成为中国近代颇具影响力的一种教育思潮。时人将其与晏阳初、梁漱溟、陶行知并称为中国教育界的四大风云人物(《中国新闻》1948 年第 2 卷第 5 期)。

重要历史人物的著作,特别是手稿,具有极高的文献史料价值。邰爽秋著述极为丰富,涉及面广,不仅关注到了近代以来中国教育事业的变革,而且对整个社会政治、经济、军事等问题亦有涉及,从而形成了自己的观点和看法。因此,邰爽秋一生所撰写和编著的各种文稿是本书的主要内容,包括其论文、演讲稿、序跋、题词、实验计划、调查报告、建议、总结、自传、译著等多种体裁。本文集将分门别类,以创作时间先后为序,进行编排整理。不少内容,特别是未刊手稿及邰爽秋子女转交并授权使用的其他相关资料都是首次向社会公开发表。

作为学界第一次对邰爽秋的著作进行全面系统的整理,这将极大改善邰爽秋著作分散、查阅使用困难的局面,从而有助于进一步深入发掘和全面介绍其思想及实践事业,对恢复历史的本原面貌、丰富中国近现代教育史的研究内容具有重要价值。同时,也希望通过发掘、整理邰爽秋的著作,为研究中国近现代史提供更多珍贵的资料,从中获取对近代以来中国社会状况的记载。

总之,《邰爽秋文集》的编辑工作,以"全"为目标,以"真"为原则,并做了认真的校勘,在尽可能原原本本保存各篇章原貌的基础上,去伪存真。但由于本人水平及各种条件所限,《邰爽秋文集》疏漏、谬误在所难免,也敬请读者校正。

刘 齐

2021 年 7 月 8 日

整理凡例

1. 选编范围。《邰爽秋文集》(以下简称《文集》)选录邰爽秋一生所撰写和编著的主要文稿,包括论文、演讲稿、序跋、题词、实验计划、调查报告、自传、译著等多种体裁。《文集》按文章体裁分类。其中,在论文类目里,又按所论主题做了分组。在各类及各组的基础上,再按发表时间顺序进行编排整理。

2. 版本选择。由于有些文章不止在一处发表,《文集》尽量收集不同版本进行比较,选择其中出版最早、内容完整的版本为底本。其余版本,会在文末予以说明。

3. 编校原则。尊重原著的内容和结构,以存原貌。同时,进行一些必要的版式和技术处理,以便阅读。需要特别说明的是,邰爽秋拥护党的领导,但由于历史原因,在他的一些早期作品中,存在对党及其领导下的革命活动不理解或认识不清的情况,请读者明鉴。为保留文稿原貌,编者未做处理,读者也可从中看出其思想发生的变化。

4. 版式安排。原著是竖排的,一律转为横排。横排后,原著的部分表述仍做保留,如"左列""如左"等。

5. 字体规范。改繁体字为简化字,改异体字为正体字;"的""得""地""底"等副词用法,一仍旧贯。

6. 讹误衍漏。中文错字,除少量形近字错印径改外(如"己""已"等),一般录原字,在其后以"[ ]"注明正字,漏字则在其后以"【 】"补以缺文,其他如增字、错排字、错讹等,均以脚注"编者注"形式说明。西文大小写拼写之误径改,其余差错以脚注说明之。难辨或无法补正的缺脱文字以□表示。

7. 标点规范。原著无标点的,根据文义,适当加补标点。原文断句不符现代汉语语法习惯的,予以调整。原著有专名号的,如人名、地名等,从略。

8. 译名规范。原著内外国人名、地名等,系邰爽秋本人翻译。有的译名与今日不同,但并不影响理解,遂做了保留。

9. 数字规范。原著内表示公元纪年、年代、年、月、日、时、分、秒,计数与计量及统计表中的数值、版次、卷次、页码等,一般原文照录,保存原貌。

10. 标题序号。不同层级的内容,采用不同的序号,以示区别。若与原著各级内容的序号有差异,则维持原著序号。若原著下一级内容的序号与上一级内容的序号相同,原则上修改下一级的序号。

11. 注释规范。原著为夹注的,仍用夹注;原著为尾注的,亦为尾注。脚注系编者对部分内容的解释和说明。

12. 图表处理。文章中的图表,除少量将原稿扫描使用外,由于当时印制条件有限,有的模糊不清,有的难以辨识,所以,采用了重新绘制,或在不影响正文表述的前提下弃而从略两种处理方式,敬请读者谅解。

序

　　中华文明的重要特质之一,就是通过教育传承天下观、人生观和价值观,培养文明发展、国家治理、社会运行需要的各类人才。"天地君亲师"的伦理结构,把从事教育的老师置于崇高的地位;"有教无类",赋能社会不断地横向流动和纵向流动,西儒曾为此艳羡中国典章制度的理性与早熟;"苟日新,日日新,又日新,作新民",中华文明由此奔流不息,从一隅之地发展到横亘东亚。进入近代以后,国势不振,外侮频仍,教育又承担了救国的重任。由是,教育家灿若星辰,各擅胜场,邰爽秋就是其中之一。

　　邰爽秋(1896—1976),江苏东台人,近代中国教育界四大风云人物之一。1923 年在当时中国教育学重镇东南大学毕业,公派赴美后,先后在芝加哥大学和哥伦比亚大学获得硕士、博士学位。回国后,历任中央大学、大夏大学、河南大学等校教授。邰爽秋一生追求光明,致力于国家民族的振兴,中华人民共和国成立后,任辅仁大学、北京师范大学教授,为中国现代教育的发展,作出了重要贡献。

　　与那个时代许多著名的教育家一样,邰爽秋心系苍生,在大量著述的同时,扎根中国大地,强调学以致用,发展出独具一格的民生教育思想,并加以系统化、学理化,在陶行知、晏阳初、黄炎培、张伯苓、黄质夫、陈鹤琴等教育家名满天下的背景下,确立了自己的特色与地位。

　　与其在中国近代教育史上的地位相比,学界对邰爽秋的研究还远远不够。其表现有三:其一,邰爽秋身为留洋博士而终身着土布长衫,身为大学教授而亲近工人农民,其特立独行的举止,往往被皮相观人者视为"乖谬",产生误解和偏见,名之为"怪杰",即所谓贴标签。其二,邰爽秋历经晚清、民国、新中国三个时期,求学跨越大洋,工作辗转全国,经历十分丰富,但目前对邰爽秋的关注和研究,往往集中于对其相关著述的文本分析,不仅没有充分揭示其人际网络与互动,而且没能观察到他所处时代和社会对他的影响。其三,最重要的是,对邰爽秋相关资料的收集整理,始终处于初始状态,造成论者往往仅就个别问题和思想断面立论,立体的和全面的邰爽秋研究,始终是一种愿望。

　　幸运的是,刘齐博士以一己心力,尽十年之功,汇百万之言,尽可能地从海内外收集到了邰爽秋上百篇作品。特别是找寻到了邰爽秋的子女,并对他们进行了深度访谈,获得了重要讯息,使邰爽秋的形象更加细腻饱满。同时,邰爽秋的子女也无私慷慨地将其一些未发表作品,特别是其自传诗,交给了刘齐,这就使得刘齐编纂的《邰爽秋文集》超迈前人,成为目前海内外体量最大、内容最丰的邰爽秋资料集。我有理由相信,这必将推动邰爽秋研究的深化。

刘齐博士是南京大学中国史学科博士后。入站之前,我们曾在南京、西安等一些会议上有过交往,也读过他写的有关教育史的文章,扎实严谨,颇有可以切磋、提点之处,这与他之前在历史学、教育学专业的学习,系统接受过这两方面的学术训练有关。进站后,他进行邰爽秋及其民生教育的相关研究工作,同时,立志对前期收集到的资料进行全面补充和整理。考虑到这些资料的重要性,南京大学历史学院、南京大学中华民国史研究中心,都非常支持他的工作,运用江苏省优势学科资金加以挹注,口惠而实至。我作为合作导师,自然乐观其成,因为其必将嘉惠学界,以慰前贤。

坦白地讲,文献资料的整理汇编,在今天多少有些吃力不讨好。作为"青椒",其发表压力丝毫没有因为这部百万字级别的著作而减少。因此刘齐博士能用十年时间,将这套书呈现在读者面前,着实需要足够的勇气、耐心和定力,这对勤力学术、以学术为终生职志的年轻人来说,是难能可贵的经历。好在所有的路都不会白走,他日回头眺望,当有一番滋味在心头吧。

这部文集虽极力求全、求精,但难免挂一漏万,可能存在一些这样那样的瑕疵。希望读者朋友们指出谬误,帮助刘齐博士不断改进、提高。

邰爽秋先生已经逝世 45 年了。希望这套文集的出版,能让我们记住他,这位曾经为中国近代教育事业作出巨大贡献的教育家。

是为序。

张　生

2021 年 12 月 16 日

目 录

编辑说明 ……………………………………………………………… 1
整理凡例 ……………………………………………………………… 1
序 …………………………………………………………………… 1

论 文 …………………………………………………………… 1

一、教育理论与实践 …………………………………………… 3

  教育上适应（Adjustment）之意义及其要素 ………………… 4
  锻炼思想的教育 …………………………………………… 7
  儿童思想力发育的程序 …………………………………… 12
  社会化的教育 ……………………………………………… 17
  新教育的三大要素 ………………………………………… 27
  小学训育问题 ……………………………………………… 34
  教育目的论 ………………………………………………… 36
  教育目的论（续） …………………………………………… 39
  补救学校中升级制度之商榷 ……………………………… 43
  心理的训育材料 …………………………………………… 51
  训育实施的一种结果 ……………………………………… 61
  特殊教育之实施 …………………………………………… 70
  教育机会均等 ……………………………………………… 75
  婴儿教养学校之设施及其哲学背景 ……………………… 79
  教育图示法述要 …………………………………………… 85
  教育图示法述要（续） ……………………………………… 98
  小学教学出席簿之改良 …………………………………… 126
  民族教育与国民经济 ……………………………………… 136
  教育机会均等问题 ………………………………………… 143
  训育上三大观点 …………………………………………… 148
  服用土货与乡村教育 ……………………………………… 150
  民生本位教育发端 ………………………………………… 153
  民生教育刍议 ……………………………………………… 156

巡回教育导论…………………………………………………………161
　　民生本位之学校系统及各种教育之实施……………………………167
　　民生设计与抗战前途…………………………………………………171
　　巡回教育的四种方式…………………………………………………179
二、教育行政……………………………………………………………………185
　　对于今后学校教授训练管理的商榷…………………………………186
　　对于今后学校教授训练管理的商榷（续）…………………………188
　　地方教育行政调查法…………………………………………………192
　　教育指导之三大问题…………………………………………………216
　　教育行政人员专业训练方法之商榷…………………………………241
　　四年来中央教育行政制度……………………………………………246
　　视导员的任务问题……………………………………………………256
三、教育经费……………………………………………………………………263
　　劝学基金………………………………………………………………264
　　教育用款单位决定法…………………………………………………265
　　再论教育用款单位之决定并答李君…………………………………269
　　教费负担均平问题……………………………………………………274
　　教育经费独立问题……………………………………………………284
　　教育税制之商榷………………………………………………………290
　　统一教育经费行政问题………………………………………………292
　　大学经费的研究………………………………………………………299
　　公众负担教养经费之哲学背景………………………………………320
　　教育经费增高问题……………………………………………………331
四、教育调查……………………………………………………………………336
　　教育人员调查应用表格………………………………………………337
　　改良学校参观的计划…………………………………………………353
　　编制教育调查表格之原理及方法……………………………………359
　　教育调查概论…………………………………………………………376
　　教育调查述要…………………………………………………………382
　　教育调查初步着手之方法……………………………………………391
　　教育调查中之地方社会状况调查……………………………………408
　　校舍调查………………………………………………………………422
五、教育测量……………………………………………………………………460
　　教育测验的性质目的和方法…………………………………………461
　　教育测验与中等教育之改进…………………………………………464
　　年龄学级及进步之计算………………………………………………469

  学童年龄计算方法之研究 490
  开封城厢中小学小楷速率测验报告 505

六、教学法 524

  设计教学法 525
  科学化的国文教授法 535
  一种革新的教学法 540
  一年来心理教授法之实验 546
  一年来心理教授法之实验(续) 555
  中等教学法的一个实验 562

七、论教师 569

  教师之职务 570
  小学教员的生计 572
  教师之权利与义务 576
  教师之品德及其品德动作 582
  教师之品德及其品德动作(续) 590
  技术基础的乡师课程之改造 610
  教师节的回顾与前瞻 613
  邰爽秋谈保障教师 614
  抗战建国期中对于教师节之新认识 615
  第一次教师节宣言 616
  教师节运动史略 618

八、论青年 624

  青年七种人生观之改造与奋斗人生观之建设 625
  青年奋斗歌 634
  青年之求学与求职——第七次讲谈会记录 635
  青年从军歌 638

九、外国百态 639

  卢骚氏幼儿养育法 640
  英国之露天教育 641
  国际劳工会议 643
  美国中等升学生择业心理之变迁 651
  印度的妇女 654
  苏维埃教育之成绩 660
  幼稚园中社会生活之设计 662
  从学务调查中所见美国都市教育局之趋势 667
  从世界各国学制情况谈谈我国学制改革问题 683

十、教育散论 689

- 用什么去解决社会问题 690
- 社会进步的原理 693
- 进化原理与近代科学 700
- 低能的研究 Feefbe-mindedness 703
- 低能的研究 Feefbe-mindedness（续） 704
- 思想心理之生物学的基础 706
- 思想心理之生物学的基础（续一） 711
- 思想心理之生物学的基础（续二） 713
- 对于教育上一个问题之意见 717
- 对于神话教材之怀疑 723
- 科学的教育家与空吹的教育家 734
- 少年中国学会问题 735
- 为官僚式的教育家下一警告 739
- 初级中学社会经济课程纲要 740
- 庙产兴学的理由 747
- 都市教育政策发端 750
- 新教育趋势讲演大纲 755
- 梵王渡普及教育之新试验 772
- 目前中国农村教育的三大弊祸 781
- 念二社在民众教育上之新试验 785
- 死路上的民众教育和乡村教育 799
- 对于今后民众教育的十种希望 802
- 新人与新教育 804
- 以文字普及教育之非计 805
- 中国民生教育学会成立大会宣言 808
- 今后之教育学院 810
- 我们的信仰和要求 811
- 中国民生建设实验院创立旨趣 814
- 国民教育问题 833
- 论工人教育 836
- 介绍大众大学创办计划 837
- 发起创办大众大学暨大众中学告社会人士及青年大众 840

学位论文 843

- Analysis Of Reading Curricula In Chinese Elementary Schools 845

Objective Measures Used In Determining The Efficiency Of The Administration Of Schools …… 887

著 作 …… 939

- 正义进化与奋斗 …… 941
- 正义进化与奋斗 …… 946
- 婴儿教养学校运动 …… 1026
- 庙产兴学运动之经过 …… 1066
- 教室参观与指导 …… 1077
- 念二运动 …… 1110
- 怎样做教育局长 …… 1146
- 中国普及教育问题 …… 1188
- 稻作活动 …… 1290

学术通信 …… 1317

- 教育宪法专章问题 …… 1319
- 致启天函 …… 1320

演 讲 …… 1321

- 教育经费根本问题 …… 1323
- 教养机会均等 …… 1337
- 教育行政效率 …… 1347
- 教育革命 …… 1357
- 中国教育的出路 …… 1363
- 土货运动与中国民众教育的前途 …… 1367
- 国难期间青年应有的觉悟 …… 1372
- 救国雪耻先正人心 …… 1375
- 劳工教育 …… 1377
- 巡回教育实施的方法 …… 1379
- 巡回教育实施的方法（续） …… 1380
- 巡回教育实施的方法（再续） …… 1382
- 民生本位教育 …… 1384
- 民生本位教育与当前教育问题 …… 1386

提案建议 …… 1389

- 清贫学生救济法 …… 1391

请大学院提倡育婴学校并请先在工业中心之大城市试办育婴学校案 …… 1401
设立教养学校代替慈善性质之教育机关以保障儿童教育权利案 …… 1402
设立中央教育图书馆案 …… 1403
邰爽秋提教育人员保障案 …… 1405
统一全国教育经费案 …… 1407
创办儿童生活园之倡议 …… 1409
向四全大会提救济灾区小学教师意见书 …… 1422
湖南省农村建设计画草案 …… 1423
大花园教育村办法大纲草案 …… 1427
庙产兴学运动——一个教育经费政策的建议 …… 1431
请大学院补充教育经费政策通令全国励行公平教育税制实施教育机会均等案 ……
…… 1435
摄制示范教学活动影片之倡议 …… 1437
对于五五宪草教育章的意见 …… 1439
几点建议 …… 1440
对于学制改革的建议 …… 1441

书 评 …… 1443

简评《一个更夫》 …… 1445
评《孟罗教育史》 …… 1446
评《民众教育实施法》 …… 1448

译 作 …… 1449

金刚珠 …… 1451

题 词 …… 1461

儿童之新生命之题词 …… 1463
协谋中华民族之复兴之题词 …… 1464

其 他 …… 1465

为什么 …… 1467
孟德儿遗传的学说 Mendelism …… 1468
男女不平等的一个小问题 …… 1470
爱情论 …… 1471
教育名言 …… 1475
赞成京市土布运动 …… 1476

二十世纪是儿童的 …… 1477
我穿了一年的土布短装 …… 1478
中国本位文化座谈 …… 1482
《教育研究通讯》发刊词 …… 1483
学习陶行知先生的精神 …… 1484
武训与陶行知 …… 1486
让我们一齐向党靠拢 …… 1487
王　充 …… 1489

自　传 …… 1491

自传诗 …… 1493

附　录 …… 1541

索　引 …… 1543
我的父亲 …… 1547
整理后记 …… 1556

论文

一、教育理论与实践

教育上适应(Adjustment)之意义及其要素

斯篇系译自 Miller 氏所著之 *Education for the Needs of Life* 中。该书系根据生物学立论，与杜威之主见相同，而与 Thorndike 氏根据心理之教育学，异其旨趣。书中学说甚新，有志研究教育者，不可不读也。

适应(Adjustment)(即杜威氏所谓 Readaptation)二字，乃科学上常用之词语。"如适应环境"为义至泛，无适当之解说。此于研究教育、政治、宗教诸科时，有莫大之危险。爰不惜辞费，辨而明之，以免教育上之误谬。

欲明适应二字在教育上之真义，首当注意者，即适应乃属于自动之手续(Dynamic Process)，而非机械之方法(Mechanical Process)是也。盖"适应"二字，乃从生物学上借用而来，与物理学上所谓适应，迥乎有别。物理上所谓适应，纯粹属于机械。譬如系调带于机轮，须调节适宜，始可生最小之摩擦，与最大之马力。又如欲使按琴之凳，适合于人体之短长，亦必上下其螺旋而调应之，始可达到目的。凡此种种，皆物理上之所谓适应，全依人意为转移，彼调带、琴、凳一类之物，固无所谓主动也。惟生物则异于是，苟有所为，必出于自动。其动也，又必有其满足需要之目的。盖生物者，乃有行为之物(Behaving Thing)，其本体即适应之中心，固与带、凳一类之无生物，有绝对不同之处在也。

是故苟以适应之眼光观教育，则教育之职务(Function of Education)当视为自动的手续，而不应目为机械的手续。自动的手续云何？曰，学校之中，法以儿童之自动为主体。无论为知识，为技能，均当由儿童自己之动作适应环境(Environment)，自求其需要，而达到某种目的。彼学校教师，断不能为之庖代，或注以某种知识也。

是故从科学方面观，教育之能事，亦不过供儿童丰富之环境，以为其反应之基础，并以少许之辅导，以使其适应之手续(Process of Adjustment)，较为便利而已矣。虽然，其言虽简，其手续则繁。苟不明"适应"中所含之要素，亦不易为功，请进而论之。

一、环境(The Environment)

以常人之意测之，所谓环境，亦围绕吾等之外缘(Surroundings)而已。此语殊不适当，譬如主人与犬，其外缘则同，其环境则各异。犬之外缘，宥[囿]于物质界，而人之外缘，则兼含有意义(Significance)。手中之报，壁上之画，架上之书，对于人皆有某种意义，而组成其环境，使人对之反应，而影响于其行为。而对于猎猎之犬，则一可嗅可触可践之物而已，有何意义之可言。故所谓环境，当包括物质界与精神界二者。凡一切事物，属于心意、道德、社会、美感、宗教者，无不概于其中，既能使人反应，而又影响于其行为，教育上所谓环境,实即此也。

文明日进,环境扩充,精神事业,弥漫于宇宙。耶稣之训,摩西之诫,苏格拉底之学说,与夫美术家之雕刻,音乐家之技艺,文学家之撰述,科学家之发明,凡百事业,皆吾人之新环境,而使此莽莽数万里之地球,由物质界,一变而为精神界而尽为吾人之希望(Hopes)、雄图(Ambitions)、欲望(Desires)、理想(Ideals)所充满者也。吾人于此偌大之文明环境中,苟无相当之反应,断不能谓为受过教育之人(Educated Man)。故教育之天职,当辅助未成熟之人,满足其需要,而适应于今日最文明最复杂之环境。

更有进者,所谓环境,系进步的,而非静止的。在今日之世界中,变化至速,几于日新月异而岁不同。故教育中所谓适应,不仅当顾及现有之物(Things-as-they-are),仍必顾及将来之物(Things-as-they-will-become),尤必当顾及理想中应有之物(Things-as-they-ought-to-be)。是以在适应手续之教育,当于改变环境,使人新欲望满足之要素,特别注意。而于智力(Intelligence)、创作(Initiative)、发明(Originality)诸端,尤宜加意提倡。盖所谓适应,必具有适应之才能(Adjustability),而非固定的适应(Fixed Adjustment)也。(按环境一节系采自杜威平民教育 Education as a Social Function 一章中,可参考。)

二、个人(The Individual)

人者,乃自动的个体(Dynamic Individual),不仅为环境中一生物已也。当其呱呱堕地时,即禀有物质的有机组织之身躯,以代表各种需要。同时又具有许多冲动(Impulses),向外发泄,而求适当之满足。故人之天性,不仅能受他人之指导,受他人之陶铸,而实有向外动作之倾向存焉。试观婴妮之子,当其在襁褓时,即有哭泣、蠕动、伸手、屈指诸动作之表现。稍长,又发生利用眼、口、手暨搜寻、想像、思想诸倾向。此等天然倾向,一方面乃所以表示需求,而另一方面则足以规定吾人最初之行为(Earlier Forms of Behavior),而控制吾人适应环境之手续。故教育之程序,当始于天然倾向,而讲求小学教育者,尤不可不于此加之意也。(按此节可参考 Thorndike 教育学第五章及 Colvin 与 Bagley 所著之 *Human Behavior* 第九、第十两章)

三、行为之机关(Mechanism of Behavior)

适应第三要素,即行为之机关。此机关,即吾人表现天然倾向,反应外感,而满足需要之利器也。惟此处有大堪注意者,即此机关之不完全备是也。试观普通动物,如犬猫之类,其需要如何单简,而其动作之机关,乃如彼其完备。而人之需要,如何繁复,而其动作机关,乃反不及犬猫远甚,斯亦造化育生万物之奇奥处也。吾人于此,所当明了者,即在此时期内,一切之有效的适应(Effective Adjustments),都在构造之中。彼幼稚之被教者,当有若干年受成熟者之教养,而同时又必自求其有效行为之方法与手续,以达成功之目的,此则最当记取者也。(按此节系采自 Thon[Tom] Fiske 所著之 *Meaning of Infancy* 中。Fiske 之作此书,因其曾读 Wallace 之进化论,见其日记中,述一故事,谓曾于荒野间,得一小猩猩,小猩猩生长三月,而行动迟钝,不能得食,于是 Fiske 恍然悟进化之理。推想变形虫、龟、捕蝇鸟一类之物,皆无待教育,其行动变化之本能,与生俱来。温血动物,如牛如马,生后尚有须待于母者。再进而为猴猩猩,则有待于母者尤多。更进而为人类,则初生时,愈觉无能。由此可知程度愈高之动物,其幼稚时代愈长。幼稚时代,为聪明知识进化之根基。盖出世时,神经系统,都不完全,惟其不完全,故有待于变化。而在变化中,因收得世界之文明。此 Fiske 书中之大意也。)

(原载《解放与改造》第一卷第五期,1919 年)

锻炼思想的教育

读者诸君,看见我这个题目之后,心中或者要生出许多疑问。教育上重要的目的,也有许多,为什么要特别锻炼思想?究竟思想同人生有什么关系?教育上锻炼思想有什么必要?假使我们承认要锻炼思想,究竟应该从哪一年级起?他的方法,又应当怎样?我现今就回答这几个问题。

(一)

人是能思想的动物,他同禽兽万物的分别,就在能思想的一点,不能思想的东西,受外力的支配,一举一动都是机械的,自己不能做主。就拿汽车来说,东奔西驰,全是蒸气的作用,他自己却毫无意识。若是有思想的东西,就不这样。他的一举一动,都有理想来做主,不受本能习惯的催促,是主动的,是发于内的;同那被动的东西,迥不相同。所以杜威说思想的第一个价值,就是脱去纯粹冲动的机械的动作。不能思想的东西,只能应付当前的刺激,不能先前预防,避去灾难。譬如野兽,下起雨来,只知躲在洞里,绝不能未雨绸缪,做事前的准备。有思想的人,就不是这样,他事事都有预备:创出气象台来,测候天气去防止风雨;造出灯塔来,指示船舶,去防备暗礁。这都是无思想的东西,所梦不到的。所以杜威说思想的第二个价值就是事前设备防患未然。无思想的东西,看事事物物,毫无意义。一篇文字,在有思想的人看起来,包含的意思很多,在冥顽不灵的动物看起来,不过是些痕迹,射到眼帘上的光线罢了,绝没有什么意义。所以杜威说,思想的第三个价值,就是使人知道事物的价值,明白世界的意义。总起来说,思想这样东西,是人的特征,是控制万物的利器,是社会进化的要素,大而至于人类,小而至于个人,一举一动,都不能离去思想的作用。
注一

思想与人生的关系,如此之大,而教育的功用,又脱不了人生(杜威说 Life is development, and that developing, growing is life)。注二那教育上应该锻炼思想的原故,也就不难解释了。大概说来,可分为两点:先在消极方面看,为免除误谬固蔽的思想起见,不得不锻炼思想。通常的人,习于故旧,种种无稽之谈,不经之说,盘据住他的心田。事物之来,也不加以推究,妄凭着固有的成见,下个笼笼统统毫无根据的断案,这最不合科学的精神,我们中国数千年来,学术所以不能发达,就是受的这混沌头脑的余毒。为今之计,欲矫正这种弊端,只有在教育上注重锻炼思想。再在积极方面看,为养成审思明辨的习惯起见,不可不锻炼思想。所谓养成审思明辨的习惯,就是使学者拿出至公无私的心来,应付事理,又知道穷理格物的方法,辨别真伪是非。今日学校里的大弊病,就是忽略这一点。学校里的课业,都是机械的、死板的,不住地把死知识向儿童脑子里灌输,毫没有养成审思明辨的机会,更有自号新式的教师,滥用启发式的教授,把他所欲得的答案,包含在问题里,用现成的圈套,由儿童口中说出来,以为这样就可以启发儿童的思想。其实大误!这种教法,杜威氏名他暗示的发问(Suggestive questioning)。他的害处,足以养成儿童依赖暗示的恶习,毫无自己发明创作的功用,比注入式还要坏。注三我国学校教育,就因有这种流弊,所以几十年来没有进步。欲免此弊,也只有真实的在教育上做锻炼思想的工夫。这消极积极两方面,是互为表里的。免除误谬的思想,就是要养成明辨的心习。而养成明辨的心习,尤须免除误谬的思想。这两层一致的进行,而后创造的理智(Creative Intelligence),才得实现。有了创造的理智,才能使社会改良,使人类进步,桑戴克说:为约束天然的境遇,不可不改良教育。注四要知改良教育最重要的地方,就是要养成审思明辨的心习,培植创造的理智,做控制自然的准备。不然仅仅取人家的皮毛,改头换面,形式上纵能改良,却不能算教育的真正进步。

(二)

教育上应该注重思想的锻炼,既已如上所说。但是究竟从什么时候锻炼起,却又是一个要讨论的问题。通常的教师,以为思想这件事,只能限于成人,或是高年级的学生,那低年级的儿童,只合吸收知识,断不能谈到思想。这种见解,非常误谬。要知思想之事,就是在年幼的儿童,也是有的。(年幼的儿童,如果在他的经验范围之内,关于目的与材料的联络,选择所需的材料,组织材料,使他发生效果种种的事里,确可学习许多推考判断。他组织材料的方法,虽与教育不同,但总是一种组织,断非完全杂乱无章。)注五譬如儿童作文,无论好与不好,他总是想发生效果,叫人晓得他的意思。当他拿笔写文的时候,在成人看来,好像他一点都不加思索,不知他的心中已经把过去的经验,整理了一番,什么要用,什么要去,对与不对,是另一问题,然而我们总不可说他一点没有思想。通常小学校里的教授,从初年级起,就有缀法,或应用联句,这不是明明的欲着儿童思想吗?却又偏偏时常说幼年的儿童,不配去教他思想,如此矛盾,岂不可笑!况乎所谓思想,就是一种能力,这种能力,是与生俱来的。初生的婴儿,不易看出,到了两三岁,他的举止动作,愈加复杂,而思想的能力,也就愈加显著。注六只看小孩子顽球,偶不在意,不知掉在什么地方,他就凝神四顾,东找西找,这地方就是思想的表现。又如小孩子玩竹子,常常把竹子当作一匹马,骑来骑去,这是儿童想像力的表现,也就是思想发达的根基。日常儿童所做的事,无虑千百,在成人看来,都觉得没有意思,不知在儿童那一方面看,自有困难的问题,自有解决的方法,愁思设计,来适应当前的境遇,同天文家哲学家正复相同,不过儿童的问题,没有他们的那样复杂罢了。注七他们的分别,并不是在思想力的有无,而在思想程度的深浅。儿童年龄愈长,阅历愈增,锻炼愈多,他的思想能力,也就一天一天的加高。朋搜(Bonser)氏曾经做了一种试验,研究四、五、六年级儿童理解的能力。照他的试验,无论男女,六年级的能力,都比四年的能力高。注八于此可见,思考能力,全是发达起来的。教育的能事,只要在儿童时代,把儿童经验中已经活动的思想要素,大大的发展起来,那就是成人时代明理思想的根基。

要使我上面所说的,格外明白,不妨再把杜威氏论思想发达一番话的大意,引来证明一下。杜氏说儿童生下来之后,差不多件件事都要学习。眼所看的,耳所听的,手足所接触的,处处都要人教。所以儿童出世之后,第一件事体,就是要想法控制他的五官,去适应外面的环境。人的本能,诚然比别的动物多,但是不加锻炼,也没有用处。小鸡出壳,就能啄食。而初生的小儿,要拿东西,必定要经许多次数的试验,才能心手相应。这种试验的用意,就是要去支配五官百体,想法子控制他、利用他。事虽简单,却是儿童的思想就从此开始了。注九观于杜威的这一番话,可知虽是极小的婴孩,只要他对于外边的刺激,发生动作,他都不得不有思想的作用。况乎进了小学的儿童,至少有六七岁,他的思想能力,一定比婴孩大得多,而一般办教育的人,竟以为他们不能思想,彷彿儿童同成人之间,有一条大鸿沟,只要到了成人的时代,他的思想,就忽然的如泉水涌出来一样,岂不好笑呢?

(三)

为什么要锻炼思想,从什么时候起就应该锻炼思想,上面都已说过,请进而讨论思想的要素,同他在教育实施上的注意。通常学校里的教授,往往分成种种目的:那几科练习技能;那几科学习知识;那几科锻炼思想:界限分得清清楚楚。这种办法,非常荒谬。思想的最大功用,就是扩充知识的范围,技能之有无价值,全看他有没有思想。这三层应当打成一片,所以学校中一切设备教授,只要办得到都应该注重于锻炼思想,去养成儿童审思明辨的习惯,现在且把思想的四大要素——疑难、论据、臆说、应用——同他在教育应用上的要点,讨论一下。

(1) 疑难

学校中供给适当的境遇,是儿童实际经验,觉得疑难,因而生出种种问题,是教育上锻炼思想的第一步。因为人的思想不是凭空而起的。必定有了疑难,才能发生。注十而疑难的发生,还必定靠着同实际境遇接触。当接触的时候,就有许多事体发现,叫他莫名其妙,叫他不得不发生问题,想出方法来解决。所以实际经验,乃是激起疑难促人思想的最要紧的原素。通常的教师,往往把思想同经验分成两途,以为只要把成人的知识,灌到儿童脑里去,他将来就会思想,并用不着什么经验。所以学校里的教授,都是偏重在增加死知识,同日常社会生活分成两气,以致学者对于功课,毫无兴味,一看见就要生厌,那当然不能激动他的疑难,发生问题。纵有些问题,也不过希图迎合教者的心理多博些分数,不是他心中真正所欲发的。这样看来,教育虽费许多心血,死命的把死知识向学生脑里灌输,希望增加他的思想能力,哪得能够呢?所以学校之中,要锻炼儿童的思想,一方面应当把社会上日常生活可以引起兴味的各种事业,以及种种自动的作业,叫儿童实际去经验,以引起疑难,激动思想;一方面教师应当在教授的时候,设为问题发生困难以激励他的思想。(海尔巴脱的五段教授法,只有预备,以引起儿童的旧观念,而不注重疑难,乃是大缺点,真正有价值的教授法,不必在引起儿童的旧观念,而在于引起他的疑难,叫他不得不研究。)注十一 不过要注意的,就是所设的问题,不能太易,又不能太难。总当寓有新奇的意味,叫他不易判定,又同他从前的经验有关,能够引起反应。难易得当,那才是善用疑难的教师。

(2) 论据

疑难发生之后,势必想法去解决,此时就不得不各方搜集论据,以供思考。现今的教师,常常用启发式,叫儿童自己去思考,仿佛乎所求的答案,已经在儿童的脑中,一抽就可出来一样。这实在错了!思想的材料,乃是动作、事实,同事物间的关系,并不是空想。换句话说,要得思想有效,必定要靠着过去同现在的经验,各方面的材料汇凑起来,做解决困难的根据,此时就不得不需着观察。注十二 (有些事实,有时候是儿童向来知道的,那就可不必观察,否则徒然养成他依赖感觉的恶习惯,这是不可不注意的。)不过观察的事物,范围很小,所以除直接观察外,还需参考别人所观察的记载同结果,以使经验加广。但是过于依赖他人的知识,也非所宜。现在的学生,竟有专靠着教师或书本的现成知识做答案,而不应用材料自己筹思自己解决的很多很多,为教师者,不可不于此留意。

现今学校里的大流弊,就是在考试问答的时候,太注重死而无用的知识。要知道知识的功用,乃是研究高深学问发明新理的利器,并不是给你做装饰品的。装饰品的知识,杂乱无章,堆在儿童头脑里,徒然阻碍住思想的发展,断不得有什么理智的应用。要得所得的知识,作用于儿童的经验,去达到他的目的,只有把书籍、图画、谈话的种类,增多变化起来,以引起他们自动的研究。

(3) 臆说

搜得材料之后,就须考察他们相互的关系,加以推论。这种手续,就叫做设臆(就是假设)。设臆是思考上最要紧的一个步骤,是发明新理的利器,不过所假设的,必须同旧观念联络,而在新方面着想,注重旧观念的应用,譬如牛顿发明吸力公理的时候,日,月,星体,重量,体积,方根,各种原始的观念,是个个都知道的。牛氏发明公理与众不同的地方,就是他善于设臆,利用旧观念。教育的最后目的,也就是使人能够自行筹思,自立臆说,自行发明。不过从中有两点,必须注意:(一)学校状况固属应该留意儿童的发现同创作,不应该念死书,但是教师不能就因此偷懒。(二)理智的发明固属重要,但不是教者所能给的。何以呢?因为思想这样东西,万万不能传授,一经传授,就变成另一个事实,不是思想了。欲得到真正的思想,必得学者自行解决当前的疑难,才能达到目的。弥勒说得好:"一个人并不见得因为把别人论理思考的结果,从自己的头里过下子,就把自己的思想,变成合乎论理。必得自己设法组织旧有的观念,他才能学到求问题要点与解决问题合乎论理的方法。只有反复的照这样组织旧有的观念,他才能养成论理思考的习惯。"注十三 所以教师的天责,只应该供给学者挑拨思想的境遇,及共同操作的精神,此外就是学者的事了。不过现今的教师,往往借口于儿童自动及自己思想,只站在教台上,袖手旁观,于供给激动思想的境遇,及共同操作的精神两层,毫不措意,那又是我所不取的了。

（4）应用

有了臆说，就应该加以应用，这项手续，又叫做推证。无论什么臆说，不管他是天经地义，或是浅近无奇，他都有个真伪的答案。这个答案，非应用不能出来。所以教授法上应用练习一层，非常重要，不过现在的教师，往往以为应用练习，应当确定书本的知识，或是练习手工的技能。这种办法，很容易表显成绩，可惜的就是没有理智的性质。要知道应用练习的作用，就在乎试验思想。如果有了思想，而不加以试验，去辨别它的真假，这思想有什么用处呢？现今学校里最可痛骂的，就是这种不辨真妄的虚伪。教材是真是伪，学者是不知道的。普通学生，求学的目的，本不是要知道事物的真假，又因为被考试问答窘住，就是有时候心里疑惑，也只得糊里糊涂，信以为真，希图多博些分数，这真是一误而再误了！唉！现今的学生，既不能于日常生活经验中，受正当的培养，又被不能消化的死知识壅遏住灵机，他的思想能力，怎得不消磨净尽呢？

欲补救这种流弊，只有在学校里多设试验室、商店、校团、戏剧会，以及各种游戏，让儿童实地去经验。凡是可以演习社会生活发生思想的机会，无处不设法利用，不过上面这几种设备，不见得个个学校都办得到。但是教授之中，处处都可以供给锻炼思想的机会，处处可以同社会生活联络。那种一味注入的教师，却不可在这一点上藉口。大概今日的教授，可分三种：最没价值的，把每课分成几个独立的单元，不叫学生对于本课与他课，或是本科与他科负联络的责任；次一种知道联络了，而他所联络的，仅仅乎限于学校里的知识，结果虽较好，还是同社会经验分离，于锻炼思想没有大辅助；最好的教授法，注重互相联络，务在养成学生搜求学校社会间彼此关系的习惯，去做实际锻炼思想的工夫。这种教授法，求之今日的中国，真是凤毛麟角了。注十四

注一. 参考的 Dewey：*How we think* 第二章。

注二. 参考的 Dewey：*Democracy and Education* 第五十九页。

注三. 同注二第六十六及六十七页。

注四. 见 Thorndike 著 *Education* 第七页。

注五. 参考的 Miller：*Education for the needs of life* 二百八十八及二百八十九页。

注六. 参考的 Strayer, Nersworthy 所著的 *How to teach* 第一百〇六页。

注七. 参考的 Miller：*Psychology of Thinking* 第一百十六页。

注八. 参考的 Colvin：*The Learning Process* 第三百十九页。

注九. 同注一第十二章。

注十. 请再参看同注六第一百〇六页。

注十一. 请再参看同注一第十五章。

注十二. 请参看同注一第十二章。

注十三. 参考同注五第二百八十八页。

注十四. 第三部中材料多取自同注二 Thinking in Education 章中。

（原载《中华教育界》第十卷第二期，1920 年）

儿童思想力发育的程序

鄙人曾在本志十卷第二期里，发表过一篇锻炼思想的教育。我做那篇文章的目的，是要使人明白锻炼思想的必要和方法，关于儿童思想力发达的程序，简直忽略的很。我现在乘这个机会，介绍此篇，以补那篇的不足。

在讨论这个问题之先，我要请读者明白的有三点：(1)思想力的来源；(2)想像力与思想力的关系；(3)扩大控制的观念。

思想力的来源

思想力不是到了成人时代突然发生的，也不是在幼稚时代教者用许多心力创出的，乃是人类由造物禀赋下来的。造物赋予人的能力很多，而思想力最为重要。普通动物，有没有思想的能力，尚是现今心理学家研究未有精确答案的大问题，即使说他有，也不过如昙花一现，断不能像人的思想力，那样悠久。普通人的见解，都以为思想这样东西，是成人的专利品，断想不到什么天赋不天赋。不知造物所没有赋与人的东西，人都不能代他创造。人的能力，只能就天赋的可能性上，施以训练，加以改造，使他一天一天的发达，过此以往，那就要劳而无功了。

想像与思想的关系

第二层我要使读者明白的，就是想像与思想的关系。这两种东西，表面上看来，似乎各自为各，没有什么关系。其实二者的关系，正如"连理之枝"，简直有不能分开的现象。我们都已知道思想力是天赋的，但是这种能力在人生最初的表现，最易在想像中显出。想像的发达，不啻就是思想的发达，培养儿童想像的能力，不啻是培养儿童思想的能力。要得儿童日后的思想有系统并且发达的快，只有在幼年的时候，注意于想像的教育。本篇之内，很着重于儿童想像力的发达，就是这个缘故。

扩大控制的观念

想像同思想的关系，已如上面所说，但是要知道想像的基础，仍是根据于儿童的动作。因为儿童初生下来，就要同外面适应，适应的时候，就不得不有动作。动作过后，就得了许多经验。这些经验，留在儿童脑中，经过记忆的运用，因以发生想像。不过从中有一个要素最不可忽略的，就是控制的观念，因为经验的发生，就由于动作的控制，控制的力量愈扩大，经验愈增，想像也就愈富。在十岁以内的儿童，这种现象，最为显著。所以这篇文章中，很注重扩大控制的观念。

今为便利讨论起见，不妨把人的幼稚时代，勉强分为下面的几期：(1) 乳儿期 Early

infancy：从初生到两岁或两岁半；(2) 幼儿期 Later infancy：从乳儿期之末到六七岁；(3) 童年期 Childhood：从六七岁到十二三岁；(4) 青年期 Adolescence：从童年期到成熟时期。这几个时期，并没有显然的界限。他们是继续的、互掩的，有前后衔接的关系的。本篇也不能把各发达时期内的特点，一一的详细讨论，不过摘出于儿童生活里思维的过程上有关系的几件事来研究研究罢了。

乳儿期

这是最显著的发端时期，乳儿的动作，大部分在学习生理上的基本适应，控制较大的筋肉运动，如学习走路说话之类，都包在内。他们把外界的各种东西，当作反应的中心，用来练习把玩控制的能力，使之扩大，而发生有兴味的感觉——触、视、听、筋肉等。所以外界的东西，对于儿童，能发生直接的价值。只要能发舒动作，就有兴味，并没有什么一定的目的。因此之故，儿童的游戏体的性质，就多于智的性质。他们所玩的东西，对于他们，就有了情的价值，与以练习的快乐，使他们身体的控制能力，日渐扩大。

在这些率性而行自然流露的动作之中，儿童就得了种种经验，这些经验，就是想像的基础，也就是思想的萌芽，他控制各种东西同自己的动作底能力，也就因他利用过去经验的结果，一天一天的加增。

幼儿期

在这期里，想像大为发达。这时期最显著的特点，就是想像同自然流露的游戏，发生相互的关系。大的筋肉运动的使用，已较为自由，小的筋肉的适应，也开始控制，我们不妨把这期里想像关系于思想的几个特点，写出来讨论讨论。

游戏中想像之活动

第二幼儿期，是想像的黄金时代。其中的证据很多。现在且拿儿童的游戏动作来做例。当在第一期时，儿童的游戏，大概是对于他所玩的东西，起直接的反应；而在第二期里，儿童所反应的，居多是他心中的意像 Image，外界物件倒反退居副体。他把椅子摇来摇去，不仅是为的练习的快乐，扩大身体的控制能力；他实在是把椅子当作一列火车或是一架机器。外界主要的东西，就是他心中的意像；那椅子却变为发表那种意像的过渡桥。意像同游戏，有相互的关系。他们的关系，可算是一感一应，或是说一里一表，有意像而无动作，那意像很容易消灭；因为动作对于确定意像、增强意像，是很有帮助的。

控制域之扩大

想像的活动，能使控制的范围扩大。在此时期之内，儿童显著的特点，就是用记忆同想像，来扩大他的经验。他的经验范围，绝不受空间时间的限制。他游戏的东西，都是扩大经验的利器。在一点钟之前，有一匹马从这儿跑过，现在已离开几十里了。但是这件事情，仍属在儿童动作范围之内，受他控制——他只要拿一杆竹子放在胯下骑骑，那有趣的经验，就可延长下来，重行演习一番。所以不问什么东西，即虽高在天边，深在海底，儿童只要用这种想像的游戏,做媒介,都可以拿来,受他的控制。想到鼓,就有鼓;想到兵,就有兵。天地之大,庶物之众,无不就他的范围,听他的意思去支配。教者于此,果能善于利用,不使他流为虚幻,殽乱真伪,那于儿童的思想上一定有很大的补助。

经验缺陷之联络

在这个时期之内,想像又能联络经验的缺陷。此点可以拿原人的思想来解释。原人看见日月星辰、风云雷电,用固有的经验,不能解释。于是藉着想像的功用,创出许多神话来,把他们带到经验范围之内,同别的经验融合,心中的缺陷,就可因之弥补。不妨拿龙及鳖鱼来举例,原人看见天上的风云变化,就说是龙在天上吸水,遇到地震,就说是鳖鱼在地下翻身。云腾地震,都是原人固有经验里所不能解释的缺陷。不解释出来,精神上又不能满足。这时候,想像就出来帮忙,种种神话,就因之而起了。神话的功用,对于原人是这样,对于儿童,亦复相同。一句话包括,不外用着想像的活动力,使各方面有关系的经验,联成一个系统。这种事物关系的系统,虽粗忽错误,应加改正,但是名理思想的产生和发达,却要靠着他做开路的先锋。

缺少理智的要素

在这时期之内,儿童的思想,多受情感的控制,而没有理智的要素。就如小孩子捉迷藏,他还没有躲起来,就已经被人捉住。又如小孩子说故事,往往根据他的意像,东岔西岔,他自己觉得非常满意,成人听来,都觉得与事实不符,很可发笑。凡此皆可见得他们的目的,就在于激动想像发舒动作底本体快乐,所以没有什么合理的要素。我们成人,于目所见的感觉 Percepts 同心所构的意像 Images 很能判断他们的真假。儿童的经验不丰,他怎能知道眼所看的比心所想的格外可靠呢?

本期内思想发达的程度

在儿童的自由游戏的动作之中,有许多地方可以看出他有意的用方法 Means 来适应目的 Ends,处处都含有思想的意味,不过我们很容易忽略他们罢了。但是要知道的,就是在此时期里,思想并不是意识的特征。这时候意识里最显著的东西还是那自然流露带有感情色彩的想像。要得思想发育的快,必先练习想像,把他发育起来,使方法目的的分别,来得显易。这种工夫,在幼稚的课程里,很可做到。

童年期

此为儿童思想发达的第三期,其特点如下。

方法目的辨别力之发达

在幼儿期里,儿童对于大的筋肉适应,已完全能自由控制。到了童年期,小的筋肉的适应,亦能驾驭自如,身体上的力量,可以自由使用。跑、跳、竞走等等的动作,都很做得灵敏。因此对于外界事物的反应,也就一天一天的繁复起来。就在这繁复的反应当中,不期然而然的使儿童知道要达某种目的,必定要用某种方法。辨别方法目的的能力,于以大为发达。

具体的目的之偏重

在此期内，儿童的兴味，多偏于具体的事物。他所要达的目的，可算是具体的结果，很少抽象的性质。我们虽要叫他领略理论的价值，但是他的兴味，却是要向具体的实际的方面走。只看十岁左右的儿童，很喜欢听故事，而对于抽象的观念，即觉得讨厌或是茫无头绪，就可知道了。

符号观念之发达

儿童的符号观念，到了八九岁的时候，也非常发达。他们此时所顽的东西，不仅是事物，并且是简号。游戏的目的，不仅在发舒内力，图练习的快乐，并且表示一种意义。小孩子所顽的磁人①，不经意打破了，只剩了一只脚。他把这只脚拿起来，还放在手里顽。他对于这一只脚的爱情，同他对于那个磁人的爱情，简直是一样。可见这时候，他所反应的，不是刺激感官的实物，乃是这实物所表示的意义，这就是符号观念发达的证据。

思想力发达的程度

到了这个时候，我要谈谈儿童的思想发达的程度了。在此期之内，儿童的符号观念，虽说发达，方法同目的，虽说辨别的清楚，但是他的思想，仍不能正确。譬如在这期之初的时候，教师问他笔有什么用处，他或者说哥哥有笔。这不过是简单的一个例，别的像这一类的事正多着呢。他们这时候思想不正确的特点，大概可分为下列几项：（1）前提不正确：往往照他心中所想的随便乱说，忽然得了一个结论，也不问能不能同前面所说的符合；（2）注意不集中：说这样的时候，忽然岔到那样；（3）思想无系统：多心理的而少论理的，种类的界限不清楚；（4）多笼统而少分析：常以一部分代全体；（5）缺少批评的态度。以上几种缺点，虽在成人，倘然他没有受过思想的训练，尚不能免。况乎十一二岁的儿童，思想还没有成熟，又那能求全责备呢？

青年期

好了！青年期来了！儿童的思想，将如万花之乱放了！他这个时候，身体发育的很快，筋肉的适应，有许多要重新改组，精神活泼，精力充足，男女性的本能，大为发达。他这时候心理中有两种现象：个人的独立；社会性的发展。因要求个人的独立，所以事事要自己去判断；因为社会性的发展，所以他对于人生较大的问题，就格外有兴味。他这时候社会的范围，绝不限于家庭或邻里，他所要接触的，就是较大的社会。他这时候最大的问题就是怎样去适应人生，怎样同较大的社会接触。所以他的思想，也就与前期大不相同，举其最大的特点，约有二端：

概括的兴味之发达

儿童到了青年的时候，既欲参与人生较大的问题，他就不得不有意的重新改造他的经

---

① 编者注：即"瓷人"。

验,把他的眼界加广。因此对于概括的观念,也就起了很大的兴味。从前抽象的观念,在儿童期里,觉得干燥无味的,现在都有了意义。因为概括这样东西,可以解释事物的意义,使庞杂的世界,变成有组织有系统。儿童在童年期里,生活的范围不广,尚不觉得有概括的需要,到了青年时期,很不能安于狭隘的生活,推而广之,只有概括能够办到。

思想变成推理

儿童对于概括既有了兴味,那对于原理原则,也就起了爱情。而于耳所听的目所见的事物中间,也就自然的搜求他们的关系。先生说雨是蒸气变成的,他或者对于这话怀疑,同先生辩驳,也有前提,也有结论。尽管他的思想程序,不能合于形式逻辑三段论法的法则,又不能合于试验逻辑的思想四大要素(参看本志第十卷第二期拙著《锻炼思想的教育》),但是他的思想的程度,已由浑浑噩噩的状态,进到推理的境界。假使他自幼所受的教育,没有把他的思想萌芽摧残,那一定可以用正当的锻炼培成名理思想的根基。

儿童思想发达的程序,大概如上所说,现在不妨再画一个浅明的图,表明他的意义。

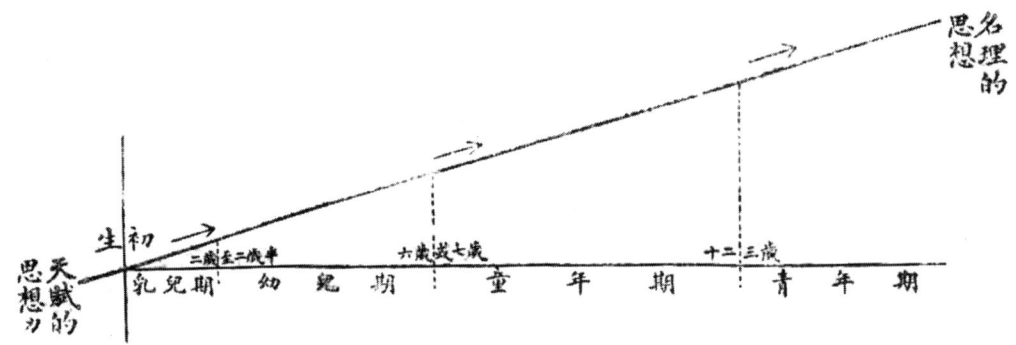

我现在可用简单的几句话,把前面的意思总起来说一下。就是人的思想能力,断不是突然发生。乃是未生之前,禀之于天的一种可能性。出世之后,在动作及想像中表现。他的发育程序,虽有时隐而不露,但细心研究起来,都是前后相联,有可寻之线索。教者之于儿童,当用试验论理的科学方法,去锻炼儿童的思想,同时还须注意于儿童的想像教育,不善于想像的儿童当设法兴奋他的想像力。遇事想像而流于幻想的儿童,当相机抑止。庶几锻炼思想的教育,可以得到想像的益处,而不致被他妨碍。至锻炼思想的方法,已详前篇,兹不再述。

本篇参考书

Calvin, Bagley: *Human Behavior*.

Dewey: *How We Think*.

Miller: *Psychology of Thinking*.

Norsworthy, Whitley: *Psychology of Childhood*.

Waddle: *Introduction to Child Psychology*.

(原载《中华教育界》第十卷第五期,1920年)

社会化的教育

去岁杜威博士在北京演讲《现代教育的趋势》的时候，曾经讨论过教育的社会化。他那篇所载，系普通的讲演，关于学校实际上施行的方法，说得很略，我今就参考所得，做一篇《社会化的教育》，以供研究。

在讨论社会化的教育之先，有两个问题不可不先决的。就是：教育对于人生社会的价值究竟在那里？为什么教育一定要社会化？

教育对于人生社会的价值究竟在那里？

教育在人生，所以必要，有两种关系：（一）生死的关系，（二）后天品格不能遗传的关系。人是有机的生物，终久是要死的。在他死的时候把生前一切经验和知识都带了去。倘如没有教育，那后代子孙，欲重有这种经验和知识，非亲自再去发现不可。这种办法，既不经济，又有文化中断的危险，所以教育在人生第一个大贡献，就是联接要死的前一代，与新生的后一代，使得文化可以继续下去。

教育在人生第二个贡献，是使未成熟的儿童，能了解成人的种种经验，共同参与社会的生活，使他能利用现代文化的贡献。斐斯克（John Fiske）在他所著的《幼稚的意义》里，曾经详论人类的幼稚期，在动物中最长，在这幼稚期之内，什么事体，都需着成人教养。这种说法，正与魏西门（Weismann）的"后天品格不能遗传"的定理两相吻合，因为人之所以有幼稚期，就是为的后天品格，不能遗传。假使后天品格可以遗传，成人所学得的，儿童无须再学，一生下来就能自立，同小鸡一出了蛋壳就能啄食一样，那岂不是简捷了当，还想有什么教育呢？惟其后天品格不能遗传，成人与儿童之间好像有了一条很大的沟，而成人又有不能不死的事实，所以不得不拿教育来教养儿童，使他同成人衔接，来领略现代的文化。桑戴克说得好：假使人类都搬到别的星球里去，留着小孩在地球上长大，二十年后，可保是一群野兽，他们对于遗留下来的文明只觉得惊奇骇异，断不知道怎样利用。从此可以知道教育在人生的重要了。

上面所说，是教育同人生的关系。我现在再把教育与社会的关系说一下。教育对于社会的功用可分三种：

（一）保存过去的经验

人类现有的文明，都是从过去的千万年中累积起来的。古人惨澹经营，费尽一生的心血所发明的东西，现在的人只要化费短少的时间就能领略，这就是教育保存过去经验的功用。如果没有教育,那前人所发明的,后人又要重行发明,几千年来,无量数人累积下来的经验,现在的人又要重行发明出来,那里办得到呢?所以何英 Horne 说:"人类文明的生长,好像是海洋心里的珊瑚岛向上加高,后来的一个,都是从前几个的肩上发生起来的。"

(二) 维持社会的现状

社会既已经几千年的经营,发达到现在的地步。我们人类对于他已经适应得很好。假使一旦没有教育,来叫我们继续的适应,这现有的文明社会,一定要土崩瓦解——所有的文化都要归于消灭——回到几千万年前野蛮的地步。细细想想,岂不可怕!

(三) 规定将来的进步

过去经验,能保存了,现在状况能维持了,如果不进一步着想,谋未来的进步,这社会是静止的社会,换句话说,就是退化的社会。要得社会不退化,除非拿教育来使他进化,藉着学校的功用,把社会上所成就的,交给后代的人,听他支配,用未来的各种新机会,和过去的各种旧经验,去实现较好的理想,谋继续的进步。这是教育对于社会最大的功用,比之前两种还格外要紧。

照上看来,教育的功用,可以拿两句话来包括:一方面使个人向上发展,一方面使社会向上发展。社会好比是一个有机体,个人是有机体的组成分子。除了个人,没有社会。所以个人向上发展到那里,社会也就向上发展到那里。社会的发达,就是个人的发达。所以办教育的,须得把这两方面看清楚,藉着教育的作用,把个人同社会打成一片,那才可以算真正的教育家。

为什么教育一定要社会化?

考起教育两个字,在正式教育没有发达的时候(即不正式教育的时代),本是社会的。成人所教,儿童所学,都是在社会上实际活动,共同参与所得的知识经验,都是亲切有味,合于实用。所以那种教育,可算就是社会生活的教育,并不要再去想法使他社会化。不过后来人类文明愈过愈进步,成人的经验与儿童的经验相差太远,绝非不正式教育所能教得了的。于是乎就有了正式教育,办出学校来,把古来的成人经验,约束在代表的符号里——文字——便于儿童领受。愈过愈久,原意渐失,把工具的文字符号,当作目的。所教授的知识,全与日常生活分离,学校同社会,截然两气。所谓教育,不过是一种奢侈品,养成士君子的资格,造成社会上优秀的分子罢了,至于在学校里所学的,能否在社会上应用,社会上所需要的,能否由学校造出来的人才供给,那都是不管。这种教育的结果,既不能使个人适应社会的需要,养成公同生活的习惯,向上发展,又不能使社会受到教育的利益,向前进步,简直可算是退化的教育,退化的教育是最危险的,所以现在教育上第一件大事,就是怎样使这与实际生活脱离的教育变成社会化。

教育社会化的实施

教育社会化实施的时候,有两条基本的原则,不妨先说出来,留给读者诸君,做个背景:

(一)发展儿童的本能——使个人健全

(二)养成团体的生活——使社会进化

现在就训练、教科、教法三方面,说明教育社会化的实施:

(一)训练方面

学校训练,是教育中最困难的问题。从前研究的,关于基本原理,发明的已经不少。但是实施起来,还有许多困难。大致现在训练上的趋势,物质的训练(如体罚之类),已经没有什么人施用。而精神的训练,各处正在提倡,方兴未艾。果能行之合法,那在教育所收的效果,一定不可限量。我姑举出三点来,说明这种趋势的大概:

(1)由消极趋于积极

(2)由个人趋于团体

(3)由被动趋于自动

在实施社会化的训练的时候,有下面几条定理,不可不注意:

(1)当注重实际的调查

学校不是离社会而独立的,一举一动,都要与社会谐和。在低等训练的社会里,学校训练的方法,如果过高,那就难收效果。在高等训练的社会里,学校训练的方法,如其过低,那就要遭家庭非难。所以学校里应当注意社会调查,分析社会的环境,看着社会里训练的理想同实施怎样,设法同他去适应。就拿罚来说,地方上的风气,完全是注重体罚,学校虽有改良训练、废止体罚的责任,但只能择好于体罚的代替他,一些都不用,却也不大妥当。再拿赏来说,地方上奖赏的标准,奖赏的方法,一般人最起反应的事物,都要择利余于弊的采进学校,斟酌施用。这是专就社会调查讲的,此外还有学校里的调查,也须注意。凡是儿童的年龄、身体、智慧、道德的天禀,在游戏场同家庭里所受的训练,未进学校前同社会生活的关系,既进学校散学回去所做的事体,都须一一查察。不但做普通的调查,还须特别的一个一个的去研究。然后才能得个人训练的标准,同全体训练的方针。

(2)当注重积极的道德

学校中道德训练,当拿积极的来做标准,积极的训练,是对着消极的训练讲的。一个是"你不应当怎样",一个是"你应当怎样";一个是禁止不正当的行为,一个是提倡正当的行为,就如学校中最易发见的困难,就是大学生常常欺凌小学生。这本是根据于他的欺侮本能,但是做教师的,在这个时候,与其禁止他不准他欺侮年纪小的儿童,不如鼓励他叫他们一同做事游戏,这是根据于他的护幼本能,同兼爱本能,在训练上用起来,最易收效,为教师的,不可不注意。

(3)当注重人格的发展

人格的训练,是对着命令的训练讲的。一个是由上而下,以惩罚为后盾,叫学生不敢不这样做。一个是尊崇学生的人格,叫他内心觉悟,愿意去这样做。就如服从一层,在学校里为保持公共秩序起见,不得不服从校规以及多数人的意思。在社会里,为保卫公共安宁起见,不得不服从法律和社会的舆论。这是民主国民的精神不可不在学校里养成的。不过养成这种精神的时候,须用主观的方法,使他知道服从的必要,若用强迫威吓的手段,虽可以在学校里收些效果,但是一到了社会,那就要放纵恣肆,不适于共同生活了。

(4)当培养团体的精神

德摩克拉西的社会所需要的,就是有团体精神有共同了解(共同了解,Common understanding,就是"同心",Likemindedness,大家都有同一的目的、信仰、希望、知识,去组成一个社会,所谓社会,并不是拿许多人聚住一气来做标准。要知道如果志同道合,有共同的了解,就是相隔几万里,也可算是个社会。如其各谋各的幸福,自私自利,不顾公众,就是同住在一间房子里,也不能叫做社会。所以"同心"二字,是维持社会发达社会的要素,尤其是共和国民所不可少的精神。)而这种团体的精神共同的了解,全须在学校里养成。今日在学校里,不能做德摩克拉西的学生,他日到社会里去,一定不能做德摩克拉西的国民。所以做教师的,一定要把学校当作一个小社会,训练男女儿童,实行参与社会的生活,养成真诚、信实、同情、宽容、和善、为团体牺牲的精神,各种美德。而后社会的实效(Social Efficiency),才能增加,社会的意识(Social Consciousness),才能实现。

大概团体精神的培养,当拿儿童的社会本能——如合群本能、互助本能、兼爱本能等——来做基础,加以发展,使反对社会的本能(Anti-social instinct),——如侵略本能、讥笑奚落的本能等——渐渐的收敛起来,不妨碍公众的安乐。而要达到这个目的,又非自团体事业共同操作不能收功。因为要团体事业办得好,必得同心协力,一致进行。大家有个公共的目的在前面,于无形之间,自能因团体的兴味,牺牲自己的私见。纵有一二偏僻的人,反对社会的本能,比人利[厉]害,然而大多数的利益,个个人都有关系,那里能被少数人破坏呢?所以此时就有社会的制裁(Social Control)出来,对着这自私的人加以攻击,他虽自私,也只好顺从大多数的意思,同他人采取一致的态度了。

因此之故,办教育的,就该极力的把各种组织,如运动团体、文艺会、戏曲会、雄辩会、社会俱乐部、男童子军、女童子军、交谊会、级会、校会、学校市等引进学校之内,做培养团体精神【的】良好机关。

(5)当提倡学生的自治

共和国人民第一个要点,就在乎能够自治。而这种自治的习惯,全当在学校里养成。爱理屋(Eliot)说:"教育的目的,在管理上说,全在培养儿童自治—自制——的能力,所养成的习惯,并不是叫他屈服于外部的权力,乃是使他服从主动意志所生的名誉与义务底命令。"又说:"正当的自治,所以重要,就是因为他能从从容容的利用动机,致用于儿童日后的生活。"我想他这两点,很为重要。因为要做一个德摩克拉西的人民,必定要能适应于德摩克拉西的社会。学校中自治的生活,如公众裁判、公众舆论、自定法律自己遵守之类,都是平压的绝好机会,在学校中干惯之后,到了社会,一些都不感困难了。况乎自己管理自己,就是负了维持团体的责任,这种团体责任(Group Responsibility)的精神。对于一般儿童,实在可以叫他在做事的时候顾及全体的幸福。学校中的训练,要得收效,非培养这种精神不可。要培养这种精神,除去提倡学生自治,还有别的好方法吗?

关于训练社会化的要点,大略如上所说,不过训练的方法愈高,行动起来愈不容易,神而明之,都在乎用的人了。

(二) 教科方面

教科社会化的意思,是使各科的教材,一方面适应于儿童现有的天性,一方面适应于将来在社会上的需要,前者可以发展儿童的本能,后者可以增进社会的效率,今将关于教材的几个要点写在下面。

(1) 须知最好的教材,就是生活经验。书本里的知识,都是人造的,都是生活经验的工具,他们只能说明经验,使经验扩展,但是绝不能补充经验。杜威先生说密斯失必河旁摩陵这地方的儿童,听说地图上的密斯失必河同他实际上所看见的密斯失必河有关系,大为惊讶。可见人生经验,进了书本,就不是真正经验。所以要有最好的教材,莫如从事于实际经验的生活。

(2) 实际生活虽好,但是范围狭小。有许多经验,不得不求助于间接经验的教材。但是选择教材的标准,应当满足社会与个人的功用。对于社会,切合于社会的需要;对于儿童,适合于儿童的生活。换句话说,学科中的设计与问题,当映射社会环境的旨趣与价值,而又能关系于儿童经验的发展。

(3) 所选的教材,应当关系于儿童的直接兴味。因为所谓关系于儿童的生活,不仅仅指的将来,儿童在学校里现在直接的生活,尤其要紧。儿童的天性,本是好奇的。他对于实际生活的一举一动,都有非常的兴味。东西怎样做,他是要知道的。从中经过的程序怎样,他很希望人说给他听。不但如此,他自己还要去动动手,看人告诉他的话对不对。他的经验的范围虽狭,却靠着这好奇的兴味,一天一天的加增。所以选择教材,就应在这上注意,凡是迂远不切实用不能引起儿童直接生活兴味的教材,都一概屏而不用。

就根据上面的三个要点,可以定出教科社会化的三个目的来。这三个目的是连贯一气的,今可写在下面:

第一步　使儿童能欣赏学科的价值

教育上所注重的,是引起儿童的动机。(动机的引起,全靠着激动儿童研究的兴味。)有了动机,则能欣赏学科的价值,了解他在社会上的用途和重要,格外用心去学,所以动机愈大,成功也就愈大。

第二步　使儿童得到合于地方需要的知识

完善社会化的课程,须注意儿童的可能性(Possibilities),授以合于地方切要的知识。农事发达的地方,工艺的课程,就应该减少;工业发达的地方,农业的课程,也就应该减少,倘如不在这上注意,虽引起儿童学习的动机,而所教的,都是不合实际的知识,也终究是没有用的。

第三步　使儿童能利用所得的知识

动机有了,知识也学下去了,如果不能利用他,在实际生活上,成就某种目的,虽有了合于地方需要的知识,也是无用。所以教材社会化的最后目的,就是使儿童利用所得的知识,增进社会的效率。

现在再把各科社会化实施的要点,分述于下:

(1) 读法　分二项说:对于儿童,不能把读法当作独立的东西,须把他当作有一定社会价值的工具,他所达的目的,是传达人的思想,使人能够领略社会的快乐、社会的满足;对于社会,当注重实际调查,地方上所用的名词、成语、普通习见的字,都须采进来用,还有地方上一般的人的别字、文法上的谬误,都须特别矫正,以便实用。

(2) 书法　当改变仅属于技能的机械动作,而为重要的社会工具。譬如小孩子有意思要同别人交换的时候,他就有写信的动机。就利用这种动机,练习他的书法,使机械的技能,在无形中长进。

(3) 算术　算学社会化的要义,当使社会上实际的问题,变成算学上的问题,凡是社会上日常生活的算学问题,都引到学校里来练习。尤须注意的,就是实地的用实物去做生意买卖,让儿童去经验职业的生活。如是既饶有兴味,又切于实用。所谓教授算学,不拿一个一个的程式来教,而拿一个一个境遇来教,就是这个意思。

(4) 地理　地理的材料,不可限于事实,须知事实所以可贵,就是因为他同人生有关系。所以真实的地理,应当对于儿童,说明重要的人类关系和人类的动作,尤其要应用到儿童的本身。什么山、湖、河、海、平原等等,都不能看作物质的,应当看作社会的,对于人类的关系都很有辅助的。自然地理既应如此,那关于商业的政治的更不消说了。

(5) 历史　历史教材的要点,当采取从前的事实,关系于现世事业之了解的,列入课程。杜威说:"历史对于儿童,有生气没有生气,就看他能不能拿社会学的眼光来解释。如果仅仅的讨论已往的事实,那就变成机械的了。"所以历史一科,应当帮助儿童分析现在社会的关系:研究是那几种的原因,造成现在的世界。使他知道现有的各种政治制度风俗,都有历史的背景,那才有历史的价值。

其他各科的社会化,也无非应用的同样原理,拿他在社会上的价值,做社会功用的标准。而其中最该注意的一点,就是社会调查,根据社会的调查,为实施的地步。我深望国内的学者,做这一种功夫。

(三) 教授方面

教授的社会化,有两要点,一个是实行参与社会的生活,一个是利用团体的精神。关于前一点,在教科的社会化里,已顺带的讨论了一番,现在再把利用团体精神的一层,详细的研究研究。

(1) 团体刺激的影响

依海伊(Hayes)的分类,团体刺激的影响,可分为暗示、同情的放射、模仿三种。因这三种的作用,人的思想、感情、动作,才得互相传达,彼此加强。现在心理社会学专家、社会心理学专家，都承认欲达到个人的最大成效，必定要靠着群众刺激的催促。什么卓越的思想、伟大的发明、艺术的创造、英雄的举动，虽说属于个人，尽可以单独发生。但是没有不拿社会的物质、鼓励、目的，做他的背景的。自古以来的大成就是这样，小成就也是这样。成人受社会群众的鼓励是这样，儿童受学校群众的鼓励也是这样。所以办学校教育的，要得最大的成绩，就应当利用团体刺激的影响。

（2）团体刺激功效的测验

自许多实验，都证明团体工作刺激的功效，比个人功效的成效大。玛由(Mayer)氏曾用默写、笔算、心算、记忆、组合五种试验的练习，试验儿童单独工作与团体工作的才能。其结果在数量上、品质上、速度上，共作的成绩，都比独作的成绩好。屈勃来(Triplett)氏曾令儿童极力旋转纺车，愈速愈妙，试验体力的动作。其结果也是共作比独作好，不过共作起来，稍微作急，动作不甚和谐罢了。苗曼(Meumaun)氏用量力器试验儿童的成绩，先生在旁边要比他一个人自己试验好些，如果有同学在旁边，那更好了。谢米特(Schmidt)氏调查儿童在家庭与在教室内的成绩，发现在校里的要好的多。因为人的行为能生行为，自制能生自制，动作能生动作。一儿读书，能引起他儿也读书，一儿游戏，能引起他儿也游戏。处于同一的动作、思想、感情的境遇之下，很易生出团体精神来，影响于大众。这是社会本能的表现，办教育的，不可不于此利用。

（3）团体刺激的实际利用

分二种：一是课内的教授，二是课外的自习团体。

a. 课内教授

课内教授，依次序之先后，分学习、发挥、应用、问答、温习、练习六项，皆可利用团体工作。第一项的学习，当然不消说得。二、三项的发挥应用，尤须利用团体的精神，自由讨论。各种问题，都要全班注意，各立主张，去充分的发挥，解决下来，再去应用。这种有益的讨论，是一种刺激的练习，对于人的心理，没有再比他好的。在问答里，也当应用这个原理。问答式如只限于个人，那就失去儿童互相刺激的功用，流于死板的了。从前的人，都以为教育是由上而下的，现在却是知道要利用儿童相互间的平压了。课室里的正当竞争批评，可以引起儿童的努力，不容忽视。所以良好的教授，就在乎能叫一种问题引起全班的反应。最后再说温习同练习，这两层也须利用团体精神，以引起注意。有许多学习的东西，如初等的读法、书法、算学，却要藉重机械的练习。此时所利用的，就是竞争的社会本能，美国有个学校里教儿童练习数目表的时候，就是用的这个办法。把男女儿童分成两组，各选代表，到黑板上写出来竞争比赛，收效很大。

b. 课外自习团体

课外自习团体，能发展创造、探讨、独立、协力，以及组织的才能。这种团体的发生，可以先由教师拟出几个来，由学生选择担任。最好由学生自己发动，讨论价值，然后选择。施考特(Scott)在他所著的《社会教育》里，讨论这种自己组织的团体，非常之详。他拿科克这地方的师范学校两班学生来做例子，说起初这种团体，每周只花三个半点钟，后来因学生要求，加到每天三刻钟。有一班之中所分的团体，共有十四个，从中有摄影组、泥工组、印刷组、缝纫组、数理组、游戏组等。另一班之中，共五十个学生，分了三十八组，从中有黏土模型、读故事、油漆、印刷、蚂蚁观察、鸟类研究、跳舞、装饰等组。每个学生，一年可以先后入六七组，同时进六七组也可以的。这种团体，在美国各种学校都已仿行，收的效果也很大。他的特色，就是练习儿童处理自己事务的才能，对于自己所指定的工作，安心去做。要使课程的材料有生气，以引起从知的生活，进到社会道德的生活的这种需要，这类团体，是再好没有的。

课内教授，利用团体精神，是利用的竞争的社会本能。课外团体，是利用的互助的社会本能，而又有分工的作用，存在里面。这竞争、互助、分工，三个要点，乃是社会进化的要素。学校乃是社会进化的中枢，所以对于这三点，应当特别注重。

结　论

我这篇文章说到这儿，也快完了。我现在再提出三点来，做个结论：

（一）所谓社会化并不是同化于社会，乃是利用社会的长处，把学校变成一个小社会，叫儿童做实际生活的活动，使他将来到了社会上，一方面能拿所学的适应社会的需要；一方面又能拿学校里的优点，改良社会，使社会的效率逐渐增高。所以学校社会化的两个要点，一个是适应社会，一个是改良社会。

（二）所谓教育的社会化不可同教育的职业化相混。社会化之中，实在包了文雅的观念，阅者诸君，不可误会了适合社会需要的意思。要知教科的课程，如不能达到文雅的地步，万不得叫做社会化。社会化的特点，就在乎他的范围，比职业化加广得多，这是不可不注意的。

（三）教育的社会化就是教育的德摩克拉西化（Democratization）。诸位都知道当今最主张德摩克拉西主义的人，是杜威博士。杜威说德摩克拉西教育的两大条件，一是发展个性的知能，二是养成共业的习惯。前一条件所要的，就是利用儿童的本能，后一条件所要的，就是养成团体的生活，这是前面所已经详细讨论过的。

社会化的教育，已经详细说过了，我要请教育界诸君平心静气的问自己一下，我们办教育的目的究竟是什么？教育与个人的效率，有什么关系？与社会的效率，有什么关系？我曾不曾利用儿童的本能？曾不曾养成儿童团体的生活？训练的方法是怎样？消极的吗？被动的吗？提倡过学生自治吗？教科的材料是怎样？合于儿童的天性吗？合于社会的需要吗？教授的方法是怎样？曾利用"用做事来学习"（Learning by doing）的原理吗？曾利用团体的刺激的功效吗？教室内的教授，曾不曾限于师生的对话？课外的作业，有没有自习的团体？最后一句还要问，我做过学校社会的实际调查没有？如果没有做就要赶快着手！国内的教师，能做这种反省的功夫，我国的教育，不会没有进步。

附录　美国密梭里大学附属小学初年级的教授实况

美国哥伦比亚州美国密梭里（Missouri）大学附属小学，本是一种试验的学校，主事莫里安 Meriam 氏,是主张自然启发教育的一个人。他在教育上的实施,当然偏于自然教育,不过我看他的实施状况,简直可算是社会化的教育。今把他用在初年级的课程同方法,附述在后面,做本篇的印证。

莫氏的主张,以为就是学校的缺点,就在拿成人的学业课程教授儿童,绝不顾及到儿童的个性。要晓得学校里的课业游戏,如果适于儿童,那儿童一定要爱学校。所以学校里的生活,应该同校外的生活差不多,去辅助儿童的学习,以养成协作的精神。莫氏就本这种主张,把学校里课程分为四项:一是游戏;二是史话;三是观察;四是手工。初年级的作业,大概取材于他所住的社会,拿日常看见的东西,细细的考察,年纪渐渐大,再去扩充范围,以引起兴味。

初年级观察的东西,大都是花、草、树、木、鸟兽、天气、市场、住屋之类,处处利用读法、书法、算学,以适应他的需要。研究到自然现象,则领儿童到野外,就所见的动植物,加以讨论。研究到日常生活,则领儿童到市场上去访问,各就力量所到,自己发现。并且鼓励儿童记录货物的价值,互相比较。回校之后,令儿童各就所见的,互相讨论。能书写的,就做一个表,把价目附在上面。或则教者就儿童所说,叫他们记下来,做一篇记事。还有那些不能读不能写的,就叫他画杂货店图画形,或是叫他读杂货店的货物单。像这样教法、读法、书法、算学、图画,都可在这里学习了。

关于游戏,多利用竞争,如豆囊、竞走、九杆球之类,都是常时用的。至于两方面的分数多寡,则由儿童自己记录。游戏之后,互相观看。教师则把儿童在游戏时所说的话,以及当时的情形,写在黑板上,令儿童去读。读过之后,再叫他笔记下来。因此读法书法的教授,也于此收无形的效果。

教授史话的材料,大都儿童同教师各就已知的故事,互相传告,儿童的天性,很喜欢听故事。莫氏就利用种种机会,叫他们学习。有时候或是叫他们表演出来,或是画出来,去鼓励兴味。

手工在该校每天一点钟,所造的东西,大概是洋团团、小船等等的玩具,这是很合于儿童的兴味的。又所做的手工,往往在同一时间之内,做同样的东西。不过个人可以各就所希望做的,自由发表意思去做。从这一点可以看出,一方面共同的操作,一方面又不牺牲儿童创造的能力,这是教育上应该注意的一件事。

因篇幅有限,不能把该小学教授方法完全说出来。阅者有暇,请参看杜威所做的 *School of Tomorrow*。

本篇除作者意思及杜威演讲之外,更参考了下面的几部书。

Bagley:*School Discipline* 第七章

Colvin:*Human Behavior* 第八章

Dewey:*Democracy and Education* 第一章

Dewey:*Schools and Society* 第一章

Dewey:*School of Tomorrow* 几于全书皆是讨论的社会化的教育,本篇采用第三章

Horne：*The Philosophy of Education* 第五章

King：*Education for Social Efficiency* 第十、十一、十四，三章

Miller：*Education for the Needs of Life* 第四章

Smith：*An Introduction to Educational Socisology* 第十三、十四、十九，三章

Thorndike：*Education* 第一章，第三章

Weeks：*Socializing the Three R's* 第四章

(原载《中华教育界》第十卷第一期，1920年)

新教育的三大要素

新教育！新教育！自从杜威到了中国之后，这个名辞，差不多被人用烂了！我要问，"新教育"究竟是什么？

有人说合乎德谟克拉西的教育是新教育；有人说提倡学生自动的教育是新教育；又有人说顺着世界潮流而改变的教育是新教育：我对于这些说法，也不必加以批评，我姑就个人的见解，把新教育的三个要素，写出来研究研究。对与不对，还请阅者诸君指教。

我以为新教育的三大要素是：本能　习惯　环境

这三个要素，各与教育有关系，他们相互之间，也各有关系。现在可以分开来研究一下。

一、本能

我先要问本能究竟是什么？有些心理学家说他是天然的行动 Impulse；有些心理学家说是不学而能的天然倾向；又有些心理学家说他是一种能力，他动的时候，能达到某种目的；这种目的之成就，他并没有先见料到，也未受教育的帮助。詹姆士 James 在他的心理学里开了一篇长账，注一漫无系统的说了几十个动作。桑戴克嫌他太杂乱，乃假定了五个鉴别本能的方法：a. 大凡哺乳兽所同能的，在人种或是本能；b. 大凡猿类所同具的状态，人种大约也是有的；c. 大凡人种的行动，可以证明是猿类本能的变体的，大约可以算是本能；d. 大凡人种所同具的行动，其中有有害而无利的，或是本能；e. 大凡一种行动的变态，不联带别种行动的变态，那第一种行动，或是本能。桑氏在这五条方法之外，又按着本能行动的结果，把他分为十类，注二从中的界限，也不能十分清楚。最近又有一种行为派 Behaviourism 的心理学，如华真 Watson 一流的人物，又复对从前讲本能论的加了许多攻击。注三这是心理学家的门户问题，我们却不必代他们理论曲直，我所觉得分类较为清楚的是高尔文 Colvin 同拔格来 Bagley 的分类法。高氏的分类法是：

（一）顺应本能 Adaptive instincts

    a. 仿效 Imitation

    b. 重复 Repetition

    c. 游戏 Play

    d. 好问 Inquistiveness

    e. 建设 Constructiveness

    f. 迁徙 Migration

g. 欲得 Acquisitiveness（此外尚有搜集储蓄的本能）

（二）个性本能 Individualistic instincts

甲．自卫的 Self-Protective

　　a. 争竞 Combative

　　b. 退缩 Retractive

　　c. 拒绝 Repulsive

乙．自炫的 Self-assertive

　　a. 自炫 Self-assertion

丙．反对社会的 Antisocial

　　a. 讥笑与凌人 Teasing and Bullying

　　b. 侵略 Predatory

　　c. 羞避 Shyness

（三）男女性与父母性的本能 Sex and Parental instincts

　　a. 男女性 Sex

　　b. 保护子女 Protection of young

（四）社会本能 Social instincts

　　a. 竞赛 Rivalry

　　b. 群居 Gregarious

　　c. 互助 Cooperative

　　d. 兼爱 Altruistic

（五）宗教本能 Religious instinct

　　a. 自卑 Self-abasement

（六）美术本能 Esthetic

　　a. 节奏 Rhythmic

这个分类表，也不能算完备，不过有了这个样本，在观察儿童本能的时候就不致毫无把握。请进而研究本能与教育的关系。

本能与教育的关系，一句话包括，可以说本能是新教育的基础。我拿个浅近的例子来说，儿童学手工，算不得什么稀奇的事。但是他所以能拿手来做，并且愿意干这回事，却不可说不是根据他的创造建设的本能。因为本能这样东西，是潜伏在儿童内部的一种势力。这种势力时时要向外发展。还拿建设的本能来说，儿童在未进学校之先，遇见竹木等物，他总要想法子造起一样东西来。那种东西，在成人看来，尽管没有意思，但是在儿童那一方面想，却可算是很大的发明，处处可以见得他们的心思同发表的能力。儿童既有这种天然的教育基础，那么到了学校之后，做教师的，也不用别的烦神，只须在这天然的基础上，利用一下，那就好了。建设的本能如此，别的本能，也可由此类推。高尔文说得好："各种教育，都应拿本能来做起点。我们去古时候，无论怎样远，文明进步，无论到那步田地，教育的基础，都脱不了本能。卢笛鸠 Ruediger 在他的《教育原理》里，曾有一章，讨论过教授的心理基础,他把心的本能动作,看作学习的第一步。他说:"儿童的心,并不是一样静止的东西,要等教师来挑拨他去动作,要知道动作是生命力内具的现象,无论心与身,都可以表现出来的。当我们醒着的时候,心是时常活动的。我们思想行动,不仅是受的物质需要的催迫,也实在为的从动作里所生出来的快乐。这些动作的发生,并不是毫无规律,乃是受的本能本量的激动同率导。"卢氏又接着说道:"本能本量,所以在教育上有这样大的关系,乃是因为他能引起学生的美味。每种本能的势力,各有特别的兴味。儿童的天性,对于交朋友、帮人的忙、看、听、研究人物的关系同现象等等,是很有兴味的。并且这些兴味是动的,不是静的。他们无时无刻不鼓动儿童同环境里的事物,发生关系。所以教授的问题,并不要去引起儿童的兴味,只要把儿童的天然兴味引导出来,那就够了。"据高卢二氏的说法,可见教育的基础,一定是要根据儿童的本能,都是无疑的了。不过有一层要注意的就是:儿童的本能,并不是件件都是好的。有些心理学家,如谢里斗 Schneider、霍尔 G. Stanley Hall、吉奈特 Guillet 派的人所主张的,也未免过分。注四真实讲来,儿童的本能,有些是应该保存起来用的;有些是应该改变起来用的;有些都应该及早铲除的。即拿高氏的本能表来说:搜集的本能,即可用来养成储蓄的习惯;好问的本能,即可用来养成观察同探讨的习惯;游戏的本能,即可用来做学习的方法;注五社会的本能,即可用来养成合群博爱的习惯;争竞的本能,即可改变起来,在做事上同人竞争,再进一步,同已往的成绩,或理想的标准竞争;自炫的本能,即可改变起来,使他要得高尚理想的称许;余如侵略、讥笑及凌人的本能就应该从早铲除,注六以适合现今文明的社会:这是做教师的,不可不注意的。

二、习惯

新教育的第二个要素,就是习惯。从前旧式的教育,很忽略于儿童所养成的习惯,他们忽略的地方,可分为三点:(一)习惯同教育的关系;(二)习惯的心理基础;(三)所养成的习惯底性质。我现今就分说这三个问题。

习惯同教育的关系,非常密切。高尔文曾经说过:"教育的全体过程,到了养成有用的习惯;可算得登峰造级[极]——就是一个人得到某种行为的方法,可以使他适应于他的生活。"杜威论"生长的教育"Education as Growth 也曾说过一句话:"所谓教育,就存在于获得习惯,使人同他的环境适应成功。"桑戴克论教育的原料,把人生看作两方面:一是川流不息影响于他的外感 Situation;一是人对于这种外感所思想所感觉所动作的反应 Response。注七人性的任何事实,都可归纳于这个公式。应用到教育上去,任何教育问题,也可归纳在这个公式里;并且这外感同反应,常时接触之后,就生出"感应结"S-R Bond 教育的职任,就是去养成正当的感应结。换句话说,就是要养成正当的习惯。从这三家的见解看来,可知教育的成功,全是靠着养成习惯的帮助。一部学习的心理,可以拿"养成习惯"来包括。说到这儿,或者有人要问:"卢梭的学说,在近代教育上很有影响。卢氏说最初的教育,不宜养成任何的习惯,儿童所应养成的习惯,乃无习惯的习惯,岂不是卢氏主张幼年无教育吗?"须知卢氏的学说,乃对于当时社会的情形起的反动,本有所偏,即照卢氏所说,纯任自然,不受普通习惯的约束,但是顺着自然走,仍然免不了养成许多自然的习惯。不过卢氏不叫他习惯罢了。并且统观卢氏的全书,到了儿童长大之后,又何尝不主张养成正当的习惯呢?从前的教育,很忽略这一点,惟其他不知习惯在教育上的位置,所以儿童养成的习惯,管他是好是坏,他一概不问,这就是旧教育失败的原因。

  第二步我要说习惯的心理基础了。习惯的心理基础就是本能。我拿个浅显的例子来说。儿童做手工,他的兴味能力,是根据于他的建设本能。他做了几时之后,愈做愈精,并且每次做出来的东西,是好是坏,都很有把握,这就是他所养成的习惯。倘使儿童没有这种建设的本能,他怎得会能学手工呢?又如儿童说话,本是根据于他的发音本能。(据桑氏说),经了环境的模铸,所以能养成说某种言语的习惯。倘使他没有发音的这种本能,我们怎能叫他学说话呢?譬如有一条狗子在这里,我们叫他说英语,可以吗?由此可知本能是习惯的基础,他的功用,好比是陶人的泥,冶人的铁,没有原料,断不能制出物品的。卒孟德 Drummond 说得好:"一切教育,当靠着习惯的养成,而养成品行,习惯的基础,没有再比根据于天然的行动坚固的。"可惜旧式教育的教师,就没有想到,一味的戕贼儿童的本能,把陈腐无用的知识,向儿童脑内灌输,以致养成奴隶的被动的心习,真是一件可痛的事!

  旧教育既不注意于习惯的养成,当然不能知道习惯的性质了。前段不是说习惯在教育上的重要吗?但是习惯这样东西,变化无穷。那种境遇,应当用那种习惯,都在乎随机应变,所以教育的天职,应当养成儿童的活习惯 Habit,而不应养成儿童的死习惯 Habituation。什么叫做死习惯呢?死习惯就是机械的动作,忽略知、德的态度,同理智的创造,好比是蜡上加印,痕迹是固定的,一点都不能改变。人如养成了这种习惯,可算是习惯的奴隶,断不能算习惯的主人翁。人生的境遇,变化无常,有了几种固定的习惯,不能变化,那遇到特别情形的时候,断不能随机应变。譬如教儿童画图画,教者的天职,只应该教儿童怎样运笔,怎样着色,养成几个基本的习惯,此外则当听儿童自由发表。若是拘拘的叫儿童去临帖,尽可说得同原本一样,但是一遇到野外写生,那就要束手无策了,这就是死习惯的结果。至于活习惯,就不是这样。活习惯的长处,就在乎能改造经验,控制境遇,不受境遇的控制,是变化的,是继续生长的,是能自由创造,支配自己的动作,以应付新环境的。杜威曾设了一个比喻,解释死习惯同活习惯。他说野蛮的人,生在沙漠中间,处处减少自己的需要,适合于沙漠的生活;文明人在沙漠中间就想法子栽树种花,使它变成沃壤,适合于自己的生活,一个是被动的习惯,一个是改良境遇的习惯。二者何去何从,做教师的自有眼光,我也无须再说了。

三、环境

  新教育的第三个要素,就是环境,我这所谓环境,就是对于儿童能发生影响的境遇,也就是桑戴克所说的外感。譬如有一个儿童,生在音乐师的家里,于耳濡目染之间,学了许多音乐的技能,这音乐的家庭,就是他的环境。到了一个社会里,社会里的人,都是以烧磁为业,于是他的天性,又受了一部分的变动,这烧磁的社会,也就是他的环境。进了学校,案上的书,黑板上写的字,讲台上站的先生,这儿童又对于他起了反应,那画、字、先生,又变成他的环境。家庭、社会、学校三种环境，都含有教育的作用，影响于童儿［儿童］，非常之大，倘如这些环境，都很适当，那就发生良好教育的影响。反过来说，也一定要发生不好的结果，所以同是一个儿童，把他放在盗窃的社会里，他就不得不盗窃；把他放在礼让的社会里，他就不得不礼让。这种不知不觉的影响，有暗示的作用势力之大，无论何种教育，都脱不了他的范围，现在新教育的方法，就是利用的这种势力，不在儿童的心身上做直接的工夫，而在控制环境给儿童以暗示的机会，留自由的余地去发展儿童的个性创造力，收教育的间接效果。看清了这一点，才能知旧教育所以失败的原因。

环境同教育的关系明白之后，请进而说明环境与本能习惯的关系。他们的关系，可拿一句话包括，就是：环境乃是本能变成习惯的过渡桥。前节不是说教育的作用是利用本能养成适于现代生活的习惯吗？但是本能同习惯之中，有一条大沟，非藉着环境的作用，不能融汇。举个极浅近的例【子】。喉里发音是儿童原有的本能，会说中国话，是儿童养成的习惯。但是这说中国话的习惯，所以养成，是由于他住的说中国话的环境。假使把他从生下来就放在说英国话的环境里，他能说中国话吗？再进一步说，假使把他放在不用语言仅用手势传达思想的环境里，他连话且不能说，况乎说中国话吗？我不妨再举个教室里的例子，做手工是根据于建设的本能，做成某件东西，是养成的习惯。但是这习惯的养成，还是要靠着工具、图案同先生的教授，种种环境。环境是本能、习惯的过渡桥，例子很多，显而易见，我在这儿，也不必多说了。

我现在可以把前面三节里所说的总起来说一下，新教育所注意的三大要素：一是本能，二是习惯，三是环境。本能乃是教育的天然基础；习惯乃是教育的终结，就可算是教育的目的；环境乃是把本能变成习惯的利器，就可算教育的方法。其关系可以拿下图表显出来。

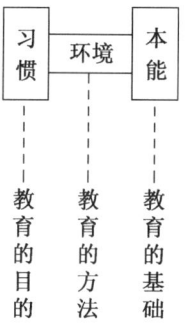

桑戴克说一切教育的问题，都可归纳于感应的公式，我要一说一切教育的问题，都可拿本能习惯环境的关系来解释。但是我的主张，并不与桑氏抵触。因为桑氏所说的外感（S），就是环境；所说的反应（R），就是根据的本能（此亦从桑氏说）；所说的感应结 Bond，就是习惯：这是无须详说的。所以我不妨把桑氏的公式同前面的图比附的画出来，使得我的意思，格外明白。

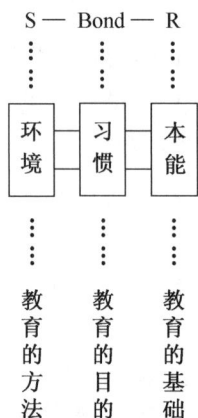

上图的关系既明,可以把旧教育的缺点,简括的写在下面:

1. 不根据于儿童的本能——忽略教育的基础。
2. 不利用教育的环境——忽略教育的方法。
3. 不审察儿童所养成的习惯——忽略教育的目的。

所以我个人对于新教育的见解是:

根据儿童的本能控制教育的环境以养成继续改造经验的习惯。

注一. 詹姆士所举各种的本能:吮乳。嚼。切齿。见糖就舐。尝甜味苦味各有一定的容色。吐。有物着了手指就握住。远远见物,就做伸手的状态,或发一种特别的声音。握了物就送到口里。身上不舒服,饿了,痛了,就哭。别人注意他,抱他,对他笑,就笑。凡注意一物,或将两唇绽出。不欢喜就将头侧在一边皱眉,身向后弯,停止呼吸。头伸直。坐。立。爬。走。攀。升。哑哑的声。仿效各种声音,各种举动。竞争。善斗。愤怒。怨恨。见人受苦,想解脱他。见不合意的人,或禽兽,就追逐他。对于不习惯的声音,人,兽,虫豸,独居,黑的东西,暗的场所,洞谷的地方,人尸以及种种迷信的观念,就害怕。害怕了就跑或发颤,或僵立。积聚的本能。见了赏心的东西就抢或者向人求。妒忌。遇软的体质,就用手做成各种形状。蛰居造隐身之所,只开一面通行。游戏。喜各种仪节。在有组织的团体中干了就高兴。见了这样的团体就想进去。进去了不愿第一个人出来。好奇。见生人害羞。知好色,却不愿人知道。好清洁。避有恶臭有疾病的人或兽。客气。孝父母。爱子女。见该式所著心理学第二十四章。

注二. 桑氏十类的本能:(一)由行动而受刺激;(二)由行动而得注意,如蹙额、侧耳、身向前弯等;(三)由行动而制御机体大部分的反应,如跑、跳、俯、伏等;(四)饮,食,住;(五)恐惧,争斗,愤怒;(六)由行动而和别人接触,如乌合。褒贬的行为,引人褒贬的行为,慈悲、妒忌、揶揄等;(七)对于环境有天然的好恶而发生反应,如寻常人喜群聚不喜独处,喜活动不喜束缚,所以生出种种行动;(八)微细的行动,如婴儿喉口发声,手足颤动;(九)感情的表示;(十)心的作用,如意识、学习、记忆等。

注三. 行为派的心理学,批评本能论,说仿效、游戏、好奇等,皆不能算作本能,只可说是"行动",或是一种态度,乃迫于环境不得不然的结果。

注四. 谢里斗说:"反对天性发育同种族品质遗传律的势力,没有能达到适当的适应的。这种势力只得把发育的天然程序扰乱,产出变态的错误的势力罢了。"霍尔说:"只有在天然倾向里,我们能找到反乎在家庭、学校、教堂,文明里早熟的倾向之规律,并且可以定出标准来,以诊察测量个人及种族所受的阻碍同停滞的程度。"吉奈特说:"依照自然的程序,新有机体既然应当经过几种发育的阶级,那么研究自然的计划,加以帮助,而不加以阻碍,一定于我们有益。因为'自然'是不错的;没有任何的标准,再比自然高的。"

注五. 用游戏来做学习方法的价值,是教育上所公认的。杜氏《明日之学校》里,讨论的很详。改日有暇,拟做一篇《游戏与教育》来介绍一下。

注六. 铲除的方法据桑戴克说可分三种:(一)不给他发现的机会,使他没有练习,自然消灭;(二)使他发现之后,受痛苦逆意的影响;(三)拿好习惯来替代。

注七. 外感反应的释义。例如读书的人在某处地方,那地方是怎样光明,怎样温暖,又有怎样的墙壁,他的四围,有怎样的设备,这都是他的外感。在这个外感当中,他的反应,是静坐,他的眼睛忽然移动,忽然停止,为的是要个个字看得清楚,明白字句的意义,这都是他的反应。

本篇所参考的书籍,除杜威讲演及陆子韦编心理学讲义外,尚有下列诸书:
Colvin and Bagley:*Human Behavior* 第八、第九,二章。
Colvin:*Learning Process* 第四章。
Dewey:*Democracy and Education* 第二、第四,二章。
Drummond:*An Introduction to Child Psychology* 第十三章。
James:*Psychology* 第二十四章。
Meredith:*The Educational Bearings of Modern Psychology* 第五章。
Rousseau:*Emile* 英译本。
Ruediger:*The Principles of Education* 第十五章。
Thorndike:*Education* 第四章。

(原载《中华教育界》第十卷第四期,1920年)

小学训育问题

鄙人欲提出与诸君讨论的，是小学训育问题。鄙人觉得现今小学训育上所需要的，是无意的训练。所谓无意的训练，就是教师，对于儿童施一种道德的训练，在儿童方面，未曾觉得，而不知不觉之间，入于正轨。就是在教师方面讲，行这种训练许多时之后，也就变成无意的，不觉得对于儿童有什么道德的训练。欲明白这层意思，须先把这训育的范围扩充。常人以为训育是学校教育中的一部分同什么体育智育对待。其实训育的范围，就等于教育的全体。学校中一切境遇，都有训育的价值，处处都可利用。现今学校的通病，就在把训育看得太狭，以为有了几课修身或是临时训几次话，就可达到训育的目的。我对于这一层，却有点疑问，究竟他们所用的标准同材料是什么？是不是古人的言行，同成人以为是以为非的习惯？这种标准同材料对不对，姑旦[且]不论，试问拿成人的眼光见解来例儿童，欲儿童脑筋变成成人的脑筋，究竟合不合儿童的心理，有没有教育的价值？况乎靠着书本，靠着口头，靠着形式，来施道德的训练，年岁大的儿童，恐怕要把知同行分成两气。对于书本同教师的话，在先生面前敷衍一下，一出了教室学校，那就丝毫不负责任了。这种现象，皆是把训育看作书本的，口头的形式——有意的——结果！所以鄙人想到这里，就觉得无意的训练不可少了。无意训练的好处，就在于脱去书本、口头形式的流弊，而能使儿童实际动作，实地经验，不期然而然的入于正轨。

施行这种训育的方法，可分两种：

(1) 团体做事，这种团体做事，包括课内的作业在内，比现今学校里课外作业范围要广些。并且现在学校课外的作业，有些是偏于个人的，而此种团体做事，乃是多数儿童在一气的。就个人的见解看来，团体做事在训育上的价值共有三点：a. 发舒儿童过胜的精力于正当的地方，可以免去许多损害他人的行为；b. 养成同情协助的精神；c. 引起社会的制裁。

(2) 实际观察，训练儿童除去叫他做事之外，还有实际观察一层，也非常重要。观察的办法，就是领儿童到社会上去观察社会上发现的事实，如有人在街上口角打架，就立刻被警察拘到警署一类的事，因果非常清楚，教育对于儿童只要把这些事说给他听一下，那亲眼看见这些事的儿童，自然生出一种自动的反映，晓得什么事情当做不当做，以后的行为，无形中就有个趋善避恶的标准，并无须教者谆谆勤告。

以上两点，总括起来，就是拿实际经验，来做训育的入手方法。这就是鄙人所说的无意的训练。现今学校训育上，放任同严格时常冲突，又有一种人，主张折中，那就是调和的意思。照鄙人看来，这都是消极的办法，用却可以用，但是治患于已然，究不若用积极的办法。从无意的训练着手,防止许多不好的事情发生,其事虽难,然而慢慢的行起来,似乎很能收效,这还要诸位指教。

(原载《少年中国》第二卷第二期,1920年)

教育目的论

　　教育之重要，尽人能言之矣。顾教育缘何而重要，教育之功用缘何目的而始著则知。昔苏格拉底曰，教育之目的在驱除谬误而阐扬真理。柏拉图曰，教育之作用在使身心完全。亚里斯多德曰，教育之真目的，在以完全之懿德得到快乐。廓米牛斯曰，教育者，所以发育完人也。陆克曰，寄健全之精神于健全之身体，教育之目的也。罗梭曰，教育非他，即养成良好的习惯也。裴斯他罗基曰，教育，即人身力量之自然的进步的系统的教育也。海尔巴脱曰，教育之目的，在得均衡之多方兴味。华特曰，教育之目的，在知识之广备。呜呼！此皆有所偏，未能语其全也。夫教育之所以有价值者，以其与人群之全体有密切之关系也。非所以限于个人，也限于个人之教育，谓之偏颇的教育，谓之片面的教育，谓之狭义的教育，绝非教育之真目的。故予于各述诸说素，都未敢有所赞同。

　　然则教育之真目的，果安在乎？曰教育之目的当以人生最后之目的为基础。人生最后之目的若何？曰生存而已。盖人生于世，无论为农，为工，为商，为大慈善家、大政治家、大思想家、大科学家，其所行所为，苟可称为有价值。则于人群之生存，必有少许之贡献。于人群之欲望，必有少许之满足。苟于人群生存之欲望，无所裨益，无所满足，则必为无价值。必不能存留于世界。故世上之人，熙熙攘攘，各司其事，无非谋个人之生存与人群全体之生存而已。人生之最后目的，既在于生存，故教育之目的，亦当以生存为基础。换言之，即使人如何适族生存。

　　生存与教育之关系，不难就教育之功用推论而得之。教育之功用有二：（一）可以补动作器官之不足。（二）可以补遗传之不足。请分述之。

　　（一）人，乃动物之最高等者也。而其动作之器官，则在各种动物中最不完备。此实根据于"动物程度愈高，幼稚时代愈长"之定理。该定理为 Tom Fisk 所发现。盖氏曾读 Wallace 之进化论，见其日记中，述一故事。谓曾于荒野间得一小猩猩，生已三月，尚不能自觅食物，行动亦迟钝。于是氏乃恍然悟进化之理，推想变形虫捕蝇鸟之类。皆无待教育。其行动变化之本能与生俱来。温血动物，如牛马生后尚须待于母者，再进而至猴猩猩，则有待于母者尤多。更进而至人类，则初生时愈觉无能。遂推及"动物程度愈高，幼稚时代愈长"之定理。且谓此幼稚时代，为聪明知识进化之根基。而在此时期中，教育绝不可缓。氏之发明，于教育之目的上有莫大之贡献。于人类生存上亦有莫大之价值。盖在此幼稚时期中使不与儿童以完善之教育而使之于下等动作器官完善之动物相居处，其能不免于天然淘汰乎？其能生存乎？教育之功用关系于生存如是之巨，则教育之目的，非使人适于生存而何。

（二）瓦斯门 Weismann 曰，使世无成人所留者均为婴孩，则文化比荡然无存。桑戴克 Thorndike 曰，使地球上之人，都迁居于他星球，而留小孩于地球之上，且有神秘之法，使小孩育成二十岁，则必成一群之动物。盖吾人知识之来源有二：一曰遗传，二曰学习生成的才能品格。能遗传于子孙学成的才能品格，不能遗传于子孙，例如各种本能、本动、本量（如吃、哭、叫等），与普通禽兽相同之点，是可遗传者也。而如做算学、说话、写字等之知识技能，与普通禽兽相异之点，是不可遗传者也。使学习的能遗传，则无须教育。使人不须知识才能而能自立，不致为其他动作器官完备之动物所淘汰，则亦无须教育。惟其此二者，皆不可能，故不得不有教育以补遗传之不足，而谋生存之继续焉。

教育当以使人适于生存为目的，既如上所述，则所以达此目的者，果用何法乎？曰第一当改良欲望，第二当满足欲望。故无论男女，若所欲望皆善而非恶，而一切欲望又皆能满足，岂非世界上之大幸福欤？故吾人生存之目的不外改良欲望、满足欲望二端。而教育之能事亦不外养成正当之欲望且使人能克己克物，使欲望满足。遵是道而行之，好结果岂难期乎？兹更述改良欲望及满足欲望之方法于下。

改良欲望之方法多端。一曰培养恕心。使人以他人欲望之满足为满足，他人之幸福，不啻若己有之。此最优之欲望也。二曰增加同乐。同乐之意，是以己之所喜者，亦可与人共同享受，而无自私之心。此种欲望，可使人满足欲望之机会大加扩充。三曰减少有害无益的欲望。例如求仙拜佛一类事，都是不能满足之欲望，当一律铲除之。至于满足欲望之利器：（一）当了解世故。（二）随机应变。（三）有恒。（四）周道。（五）正确。（六）自治。（七）虚心。（八）体力之康健。此八者，乃满足欲望之利器也。

上所述之教育目的，乃教育之最后目的。欲达此目的。固当用改良及满足欲望之二种方法。然后必先将此最后之目的分为若干近目的，而后可严格言之。此若干之近目的，又当分为许多辅助目的，由是层层递分。此种辅助目的，当不计其数。详细之理想教育学，当一一列出。但此绝非事实，今姑将最重者数种，列论于后，以备参考。

（一）快乐

今日之教育理论上有一个矛盾之事，即虽公认快乐为一种紧要目的，而又反对学生快乐是也。试观今之主持学校者，辄嚣嚣然号于众曰，要吃苦、要勤苦、要锻炼，彼等之心理以为：(1) 人生最大的快乐，往往从不求中得来。(2) 要有永久之快乐，当去偷安之机会。(3) 有许多快乐，当于他人有危险。此等论调，亦复有理，但以愚见观之，快乐乃人生目的之一种，则当然为教育目的之一种，使所用之快乐而果与教育最后之目的无冲突，固当完全欢迎。即稍有冲突，亦应与将来所得之利益比较轻重，而不应完全拒绝。使一概抹刷，不计利害，将快乐尽行剥夺，岂不太□。且在小学校中，儿童之生机全在乎快乐。使因教员不喜欢快乐，而并去儿童之快乐，毋乃太忍乎！当上古之时，科学未昌，疲痛灾患，几为不可逃之命运。自当去乐而忍苦，目今科学昌明，不幸之事，尽可有人力挽回。则忍受无利益之痛苦，以为教育之□□。岂不令智者哑然失笑。总而言之，快乐不是妖魔，何必趋避。戕贼天性，剥夺快乐，未必合于教育之原理。而吾国今日之教育家，往往昧于斯旨。吾诚不得其解矣。

(二) 实利

实利亦当为教育目的之一种。有人谓为饭碗主义，此语殊属谬误。又有人谓学校中如农工商一类，当属之实利，而如外国语、美术等，则属之文雅，故有文实二科之区别，此等分别，亦不甚妥。因研究实科之人，亦必有文雅之培养。而研究文科之人，亦未尝无实利之目的。二者之间，固无彰然揭然之界限也。

今之人反对以实利为目的，辄有二种理由。一赚钱之事，人皆旧为之，不必特别教授。二以利为目的，似不甚美德。此二理由，殊多误解。夫教育之目的，绝非止于满足人之欲望，必尚有改良人之欲望之另一目的在。人虽能自己谋利，然方法不佳，目光不远，亦易致失败，故必有赖于教授。至于以谋利为目的，则更属误会。即以商业而论，养成商业人才之时，绝非授以欺人骗钱之法，所授者在方法之改良，能得顾主之信用耳。总之，教授实利之目的，当能使个人有谋生之技能及获利之方法，而又同时能于人群有真正之利益善用之，当收良果。断不可因噎废食也。

我国办学已数十年矣，而无显著之效果。则一般办教育者，皆轻视实利故也。夫实利与职业教育有密切之关系，而职业教育与共和政体尤有莫大之影响。盖共和之真义，在发达各个人之本能。无论何人，均当有平等之机会，而所谓平等。切不可误"同一"。（请参观 Peter Sandi-ford 比较教育美国一章中之后半部）若误为同一，则必以为全国之人皆当有同等精深之学识，此断非事实之可能，而亦去共和之旨远矣。是以吾极愿今之办学校者当捐除鄙视实利之偏见，注意职业教育，使各个人之才能得有相称的平等发展之机会，则吾国教育前途大幸矣。

（原载《时报》，1920 年 4 月 12 日）

教育目的论（续）

(三) 服务

教育之目的,在使人适于生存。而生存要旨,端赖于互助,是以服务尚焉。盖教育者,非在养成高等社会之人,超胜侪辈,颐指气使,随其意之所适,而在养成互相扶助之精神。利用天然之势力,利己利群,以造福于世界,此办教育者所不可不注意者也。吾国数十年之教育,即未明是旨,故学成之人,除自私自利外,于国家毫无所补。人皆归咎于教育之未扩充,故少学成致用之上选。不知自兴学以来,派遣出洋留学之人,亦不再[在]少数。国内所办学校所出之人才,亦不在少数。无知如彼辈学成后,均缺乏服务之精神。一已学得少许之学问,赚得若干之金钱,即心满意足,毫不为社会国家着想。此辈人虽多,又奚益哉。故吾以为今之办学校者,当鼓励学生以服务,使学有所用。而用又基于学。如是相互为用,自易收教育之效果。

(四) 道德

道德即一切思想行为,可以促进欲望之改良与满足者也。今吾国学校,莫不标明道德之重要矣。然吾尚有欲请吾国教育家特别注意者,则有二端。一曰当鼓励积极的道德,而不应采用消极的道德。当不但使学生无过失,而应使学生有善行。譬如与其使学生不偷,不如道之作正当之游戏。与其使学生勿欺凌孤弱,不如鼓励其民胞物与之同情。此消极道德与积极道德之区别也。二曰当避除口头的道德,而厉行躬行的道德。今我国学校中,最大之虚伪即此口头之道德。为教师者,动辄以道德教训学生,至其行为之合于道德与否,非所计也。为学生者,亦辄以道德蒙先生,至其行为之道德不道德,亦非所计也。循是以往,道德乃一变而为师生间之假面具矣。师生既各以假面具相见,其能免冲突乎? 此学校风潮之所以独多于今日也。故吾以为学校中采用道德为目的,当注意于躬行,寓道德于行为之中。若必将道德二字说出来,便为假面具,而非真道德矣。

(五) 知识

吾人如欲利用天然之定则与势力,以满足人群之欲望,则关于天然定则势力之知识自然了然于胸。故知识当为今教育目的之一种,乃一定不移除者也。故注意之点,亦有数端。谨分述于下。

1. 当注意活知识

今之谈教育,动辄曰教授,辄曰教材,彼等之意以为教育之目的在传布知识,不知知识之为物,只可由学者自习之动作,自己发见。若出于教者之分与,则为死知识,而非活知识矣。今吾国学校中之通病,即在于太注意于死知识之灌输,彼等以为如此始可以尽教育之天职,而不知适足以戕贼儿童之性灵,殊可叹也。当今之大教育家、大思想家杜威关于此点,著论颇详,欲知其要点,请参观《共和主义与教育》 Democracy and Education 中之思想与教育一章。

2. 当注意于知识之增加

增加关于天然和人群之知识,全由少数英才苦心经营所致。然此等英才,千百人之中,难得一人。而或为贫乏所困,不得适当之机会,展其所长,以造福于人类。故学校中对于此种奇伟之人,当从早发觉,为之预备一种相当之职业,使之有所鼓励,而后始能成功。(此点于小学校中,尤当特别注意。因增加知识,所以养成人才。而人才教育,不在于专门学校。而贵于小学校中先立基础,此桑戴克之说也。)或谓从来发明家,多无机会。学校中尽可听其自然发生,如爱的森乃其的例。不知爱的森如得良好之机会,则其发明电学或不至如此之迟。且或所发明者,比今日为尤多。天下往往有许多英才,因无良好机会,而默默无闻者多矣。如爱氏犹其不幸中之大幸者也。

3. 当注意于知识力之锻炼

儿童所得之知力一分,优胜于知识十分。因知力乃许多才能中之要素。苟能将此要素养成而应用于各处,其便益之处,殊不可胜计。例如教儿童正确,当使知处处皆宜正确。若仅在算学使之正确,则彼于用器画上,未免正确。如是挂一漏万,于时间上太不经济矣。

(六)技能

技能所以当为教育目的之一种。有二原因。1. 教授无成效之时,可操练技能。无论男女、小孩,有缺陷能力者,有缺于兴味者,有二者兼缺者。然其于手艺上之技能,往往能训练到精深之地步。2. 技能可以增加同乐。因手艺精巧所制出之物,可使阅者欣赏。自己亦觉非常愉快。此二者乃其重要原因。所当注意者,吾人教授技能之时,当以技能为一种利器,不当视为目的。如以技能为目的,则变为机械的技能。有何价值之可言?故必当寓以创造之意味,当使作者独出心裁,自由创作,乃能得技能之真功用。杜威氏于其 *How We Think* 及 *Creative Intelligence* 一书中论之详矣。

上述六种乃教育近目的中之主要。固特提出讨论,其余未论者尚多。今姑从略,兹更列简表于后。

```
                            教
                            育
                            最
                            后
                            之
                            目
                            的
                            │
                          适于生存
                    满              改
                    足              良
                    欲              欲
                    望              望
        技     知     道     服     实     快
        能     识     德     务     利     乐
```

教育近目的
│
进化

上文所讨论者，乃教育目的之内容。教育目的，乃进化的。昔日之所以为适用者，未必适用于今日。今日之所以适用者，亦未必能适用于将来。故当明乎改造目的之方法，随世事之要求而进化，始克有济。兹将关于此典应注意之事项，分述于左，以备采择，而资参考。

（一）教育目的之要素

　甲　先见 Foresight

　　　如农人种瓜，未种之先，即能预见其结果。

　乙　动作之继续 Continuity of activity（即因果一贯）

　　　如猎兽，有举枪得鸟，非其目的物，即是为因果不一贯。

　丙　明辨 Discretion

再以种瓜譬之。种瓜之先，必明辨瓜子与其他种子不同之处，而加以取舍。其方法亦当有特别不同之处，故谓之明辨。

（二）好目的之标准

　甲　从现在情形发生

今日中国之中学生升学而求高深之学问者尚不多，而代数依然列为重要课程。是教代数于中学之目的，不从现在情形发生矣。

　乙　试行之大纲——试验之标准或方针

人不能全知全能，不能于各方面处处顾到。故所设之目的当为试验的，当随情形之变化而改变。不可视为金科玉律，一意孤行，百折而不回也。

丙　发舒的力

所设之目的须能使全部精神发舒,乃为好目的。世人对于所择之目的,往往因外界关系不能圆满,于是形神不属,一意敷衍,故结果终不甚佳。

丁　定方法

不能由所定之目的,定出完善之方法。非好目的,反之则为好目的。

(三)教育目的之改建法(此指次目的及辅助目的而言)

甲　按年龄详察中才儿童之学习可能,以规定各种教育之次序。并详察其种种心理需要,以建立关于儿童就学时之教育目的。

乙　详察中年中等人之种种公共需要,以定普通教育之目的。

丙　详察中年中等之各种特别需要,以定职业教育及其他特别教育目的。

当选定目的之际,有一注意之点,即理性与习惯之冲突是也。盖因常人之习性安于故,当不喜欢变动。故沿习之习惯,虽甚不适用,然当有保留之心理。譬如女子教育之目的,通常都以为养成贤妻良母。此种目的既丧失女子之人格,又昧于男女平等之主旨。于今日"男女平等""女子人格"风浪中当淘汰净尽。盖而一般老成持重之人,辄期期以为不可。此非彼等之有意阻挠,不欲教育之进步。实向来沿用之顽固习惯,已占据吾辈之心田,而成为第二之天性有以致之。吾人于此,当打破习惯之魔障,用理性之眼光,察看世情之真相,比较各方面之欲望,务求不倚不偏,而符合公众之幸福。斯能下公平之判断,入正当之坦途,谋幸福于国家,谋幸福于人类,是则教育家唯一之天职,而亦鄙人所殷殷愿望者也。

此篇乃参考桑戴克、杜威、斐西克、瓦斯门诸教育家学说而作,欲知其详情,请参考原书。

作者附志。

(原载《时报》,1920年4月19日)

补救学校中升级制度之商榷

▲打破一年一升级的制度
▲提倡城市学校大组合

国内教育界诸君！试抬眼一看，现在我国学校里最要紧最迫切而又最被一般人所忽略的问题是什么？考试问题吗？不是。自治问题吗？不是。男女同学问题吗？不是。依我看来，乃是学校中的升级制度问题。

我敢大胆说，我们中国，兴学数十年，所以没有好结果，就有一半是因为现行升级制度的不良。学生们为他丧去了自动的机能，学校里为他发生了莫大的消耗，社会上为他受了无限的损失。其显于外者微，其损于内者大，教育界诸君，我们为什么没有早早的查看出这层流弊？

Ⅰ 现今通行升级制的流弊是什么？就是一年升级制的流弊。

我们要知道，人的聪明才智，断不是生而平等的。一级之中，有上智，有下愚，还有大部分是中材，他们分配的状况，如上图所表示。

天资分配的状况是这样，他们学业成绩分配的状况，也是这样。据美国某城四百个儿童的调查，从中有 70.4% 是常进的；又有 14.4% 是速进的；又有 15.2% 是迟进的。其分配如下图。

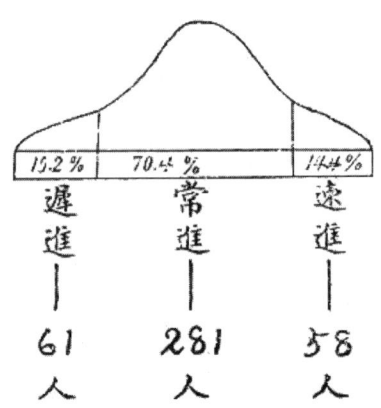

常进、速进、缓进三种名辞（Normal，Accelerated，Retarded）怎样解释呢？依入学年龄的标准，凡年龄与学龄一致者为常进，如六岁入小学一年级，八岁暑假后升入三年级是；凡年龄超过学龄者为迟进，如八岁暑假后，尚在二年级是；凡学龄超过年龄者为速进，如八岁时已升入四年级是。这三种进象的意思，乃是表示一班之中，有一部分儿童天资高，常时越年龄而升级；有一部分天资低，常赶不上年龄而留级；又有一大部分天资中平，能依其年龄按步就班的升级。无论那一班，都有这三种现象。既有这三种现象，那末学校之中，即应把这三种儿童分开来教授才是。但是现在办学者的眼光，大概是以大多数的中材为标准，叫聪颖同驽钝的儿童，上下牵就，不管他是贤是愚，都用一年一升级的方法使他一同前进。弄到末后，聪明的学生，觉得一年一升级太慢，所教的功课，觉得太浅，结果是自傲自慢；驽钝的儿童，觉得功课太重，疲于奔命，又终不免于留级，结果是失其自信之力。聪颖的儿童，是人类优秀的分子，是发明创造家的后备队，办教育的人，不能把他挑选出来，特别造就，是戕贼国家的元气；驽钝的儿童，是人类中万少不了的分子，办教育的人，若不把他分别开来辅导，而使他屡屡留级，是损失教学上的经济。贺姆斯 Holmes 说得好："一年升级制的缺点，在于太无活动的余地，优秀的儿童，本无须一年就可升级，但是不能办到；驽钝的儿童，即有失败，亦无须再读一年旷废时间，但是也不能办到。"贺氏之言，可算用几句简单的话，把一年升级制的弊病说出。但是我察看中国教育界里的情形，觉得还有三层是受的一年升级制的影响，而又助长其恶的，便是（一）"主要学科不能及格因而留级一年的办法"；（二）"一学期三分之一缺课留级一年"；（三）"操行不及格留级一年"的三种办法。

（一）我们现在所谓主要科，大概拿社会上对于他的价值来定断。我们现今以国文、算学、英文为最有价值，因而目他们为主要科。这都是我们主观的见解，他们自身并没有什么重要不重要。譬如图画、手工一类的科目，在今日中小学里以为是不重要的科目，但是在美术学校里，则很以为重要。又如现今中学校里，以代数、几何为重要，但是有许多教育家，很为反对，可知我们现今学校里所以为重要的科目，是否有真正的价值，是否可以拿来做升级留级的标准尚不可断定。即使我们承认这几种主要的科目确有价值，确可做升级的标准，但是因为一门或者二门不及格便留级一年，硬教他把别的已经学过、已经及格的科目重行陪学一遍,亦未免不近情理! 我曾记得有一个师范学校,平时训练学生,用各科皆要平均发达的主义,说音乐、图画、手工,同国文、英文、数学一样的重要,这种见解,似乎很能明了各种科目本身价值的意义,但是到了学生有一门或二门主要科目不及格的时候,便又叫他留级一年,重行学习那些所谓非主要的科目。如这样矛盾,真正可笑!

(二)现今学校里通行的办法,学生缺课一学期之三分之一,无论事假病假,不管这学生的能力能否补完所缺的功课,都须留级一年。在他们的本意,乃是希望学生专心功课,不轻易告假,我们却也不能说他的动机不对。但是我的意思,学生请假果有要紧之事,而他的能力又能补完所缺的功课,尽可让他升级,如果由于害病而他的能力又可补完功课更不应叫他留级。我们办教育的人,应该知道现在留级一年的办法,在学生方面,是很大的损失,果非出于万不得已,绝不可用。

(三)采用操行留级的办法的学校,虽比第二种少但以我所知道的中等学校及小学已有好几处,统全国看来,恐怕也不在少数。采用这种办法的原因,大概由于学生为了一件事触犯了学校管理员的"圣颜",管理员便大发雷霆,说他操行不及格,必须留级一年,修养操行,这种办法,可算是管理员的"复仇主义"。试问操行及格不及格,有什么标准? 所谓不及格,是否一定是学生的不是? 学校教育,是否只有德育的一种作用? 逼住儿童把各种功课,硬行重学一年,于操行的修养,有什么关系? 学生纵有不是,触怒了先生,然而罚他留级一年,硬受一年学业上的损失,情同"蹊田夺牛""儿戏教育"的现象,这可算代表了!

一年升级制的缺点,因这上面的三种办法,格外显著。难怪葛来氏 Gray 说了一句激烈的话:"据事实上看来,目今的升级的制度,从幼稚园以至大学,皆是拿不正确的、复杂的、非科学的测度而来的成绩进步做根据。"我看葛氏的这句话,不啻为中国之情形而发!

Ⅱ 介绍欧美补救升级的办法

(1) 半年升级制

把一个年级,分为二部,每部半年,此制在美最为通行。

(2) 一季升级制

把一个年级,分为四部,每部十周。优秀的儿童,每隔十周,即可升级,驽钝的儿童,虽有失败,也不过损失十周的时间。但是这种制度在大规模的学校才可办到。

(3) 巴达维亚制 Batavia plan

用前面二种方法,无论如何终有少数学生不能与团体同时进步。巴达维亚之制度,即为矫正这个缺点设的。他的升级方法,仍用半年一升级的制度。这种制度,在纽约巴达维亚地方行用已久。他的初意,本是为利用容量较大的教室设的。利用他来做改良升级的方法,不过是副产物罢了。

这种制度施行的方法,在五十或四十几个学生的大班之中,减少教师授课时间的一半,专以辅助学生自习。倘使一班的学生数超过五十,则添一助教,授课指导,同时并行。这种制度的好处,在减少留级及迟进的弊端;而他的坏处,在于还是趋到普通的结果,忽略优秀儿童的利益。虽说可以设法补救,使他进步较速,但终得不偿失。

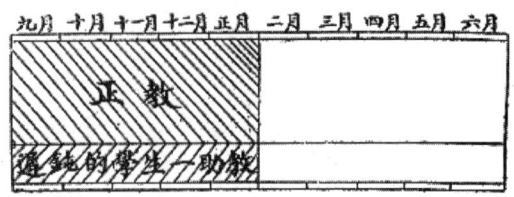

此图表示行此制度后半年内全体学生之进步。迟钝之学生，因有助教之补习，而得收同样之进步。

(4) 毘百罗制 Pueblo-plan

此制乃由扩充巴达维亚的制度成功的。所不同的地方，就是改大班为小班或是小组。这个制度，中学校里，也可适用。现以图表之如下：

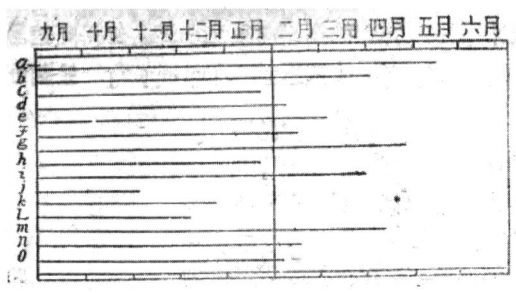

毘百罗制度第一种：各个的进步

每线表示每学生在半年间的进步，A 生在此半年间所得的进步；几有一年之多，而钝生如 J，则尚不及一年之四分之一。

照这种办法，每个儿童，以各人之速度进步，殊少团体的价值。毘伯[百]罗初行这种制度的时候，个人观念的色彩很浓，所以有此办法，现在用这种制度的，就稍为变更了一下。譬如一班之中，有四十个学生，就分为五组，他们进步的速度，也分为五等。各组的变动很自由，有了进步就随即升上一组，赶不上就降下一组，这种制度的优点，在同时顾及优秀的、中材的、驽钝的三种儿童，可免留级的弊病。但是要收这种制度的效果，必须有熟练的教师，较小的班次，还要有良好的辅导视察，才能办到。现在拿图来表示这种制度的办法。

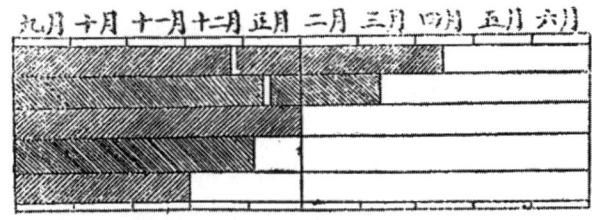

毘北[百]罗制度第二种：团体的进步

此法行于较大的学校，为管理便利起见，分为若干小组。学生进步或退步时，则由此组调入彼组，此图表示五个不同的小组在半年间所显的进步。

(5) 新康勃烈奇制度 New Combridge① Plan

这个制度,在美国较为通行。他的特点,在同时设立两种并行的课程。一是八年的课程,为中下的儿童设的;一是六年的课程,在六年之内授毕八年的功课,是为优秀儿童设的。每年的课程,又分为三级。最后一年的课程,因中学校里是半年一升级,所以改为二级。在前几年之中,儿童纵有失败,因而留级,也不过化费了一年三分之一的时间,还不能算十分吃亏。(美国小学,把我国的国民科高等科合住一气。统共八年,然后升入中学。)

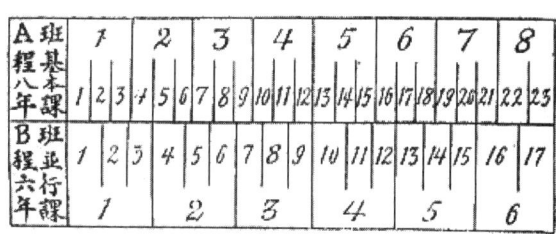

新康勃烈奇制度

两种小学课程并列,B班儿童所受的功课多于A班三分之一。

(6) 分科制度 Differentiated Course Plan

这个制度的根本观念,在使普通的儿童于六年之间安然升级以后则用不同的课程,分科教授并且用科目升级以适应他们的需要。

这个制度,在美国加利福尼亚州散他巴巴拉地方 Santa-Barbara 行用已久,他的特点,在有三种并行的课程每级的分量各异,以适应驽钝中材优秀三种儿童的需要而免留级同迟进的现象,图中(C)级含有小学基本课程中之万不可少的分量。(A)(B)级中各科目的分量,则逐渐加多,而且较为丰富。这个制度,同康勃烈奇制不同的地方,在他能于中材优秀二组之外,更替驽钝的儿童添一(C)级。他的主要特点,综起来说:(一) 课程区分;(二) 分科教授,(三) 小学最后二年用科目升级。

分科制……Santa Barbara 地方用加黑线处,表示分量之多寡。

(美国的学制,小学八年,中学四年。现在的倾向,改为六三三制,承接中学三年,中学校三年,即初级中学高级中学是也。)

(7) 巴铁摩的试验 Baltimore Experiment

分科的制度,又经葛射卡 Van Sickle 氏,加以改良,在巴铁摩地方试验他的法子。还

---

① 编者注:原文误,应为 Cambridge。

用分科制的一大部分在前六年的儿童,分三种课程安然升级到了七八两年的时候,则由数个学校合并起来,继续教授,接后升入中学,或到社会上去做事。但是除去这办法之外,还要在一城之中,设中央学校,用分科功课教授。他的课程,应该特别丰富,在(A)级修毕天资超群的儿童,即应该送到这种学校来读书,去求较快的进步。这种学校的课程,比之前一种要扩充的多。课程支配的办法,又能在三年里教完由第七级到第十级四年间的功课。因此可以省去一年,而得在十七岁的时候进专门学校(普通在十八岁)。

(8) 莽亨制度 The Mannhein Plan of Grading

分科制度,同巴铁摩制度发明之后,又有德国巴登省莽亨地方的制度。这个制度,颇引起一般人的注意。因此有人试验,设法使学生赶快升级,在强迫教育期未完之前,就可修毕小学的课程。

这个制度的主要部分,包有两种小单元的特别班:一种是补充班(B);一种是辅助班(C)。这二种班次,同平民小学的普通班(A)并行,凡是资质聪敏的入补充班,总数共占莽亨城百分之十。至于资质驽钝的入辅助班。此外则又为为最聪明的儿童所设的二种特别班:【一】是(P)班,凡年在十岁而转入中等学校的儿童入之;一是(SP)班,凡是留在平民小学的儿童入之。这种分科办法的目的,据莽亨学校教育组长的解释乃是欲使由六岁至十四岁在强迫教育期间的儿童,用同一课程,在同一年面上,都入平民小学。(德国战前的学制,平民学校,专为普通人民的子弟而设,贵族的子弟,八九岁的时候,就入中等学校。平民子弟中聪明的,可转入中等学校,但其数很少。)

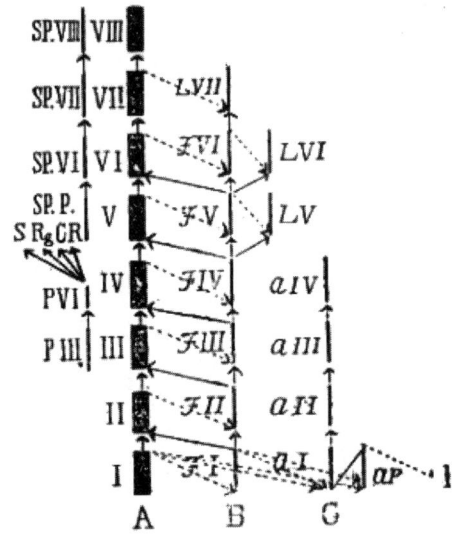

德国莽亨地方平民小学分科制

A. 普通班,包含八级。

B. 补充班,组成第五、第六、第七三级。这乃是莽亨制度的特色。

C. 辅助班,辅导心理上有缺陷之儿童。

(其余解释从略)

（9）奚利氏制度 Sheareis Elizabeth Plan

于主要科目，如算术语言之中，依儿童的能力，把一班分为三四组教授。其余如图画、地理、生理、习字一类的科目，各组共同教授。各组进行的速度，各有不同，依儿童需要的快慢，随意升降。照奚氏说：此种办法，可免前此诸办法的各种弊病，既可顾及儿童的个性，又可节省时间，此种办法，比之毘百罗制度只顾分组不必顾全各个能力的办法，要进一步。

Ⅲ 怎样应用到我国的教育状况？

前面的几种制度之批评 前几种制度皆有优点，皆有缺点。半年升级，一季升级，比之一年升级要活动的多，国内的学校，对于此点，宜乎早早设法采用。巴达维亚的制度的长处，在减少上课时间辅助自习，但是忽略优秀儿童的利益。至于毘百罗制度的第一种，注重个别教授，虽有长处但是他的弊病，同于中国私塾的教授，太忽略了团体刺激的价值。斯密期〔斯〕Smith 论社会化的教育时，曾特别提出此点，鹄利格罗夫 Colegrove 论学校分级法，亦有几句话说道："普及教育，断不是用塾师制所能办到。并且无论在什么公立学校的系统之中，分班教授，不但是因为经济的关系，并且是生理的关系。现今主张个别教授而不赞成分级教授的人，似乎忽略了这一点。"毘百罗制第二种办法，是好的多。新康勃烈奇制度的长处，在他为优秀及中等以下的儿童，设立两种不同的课程，但是他的短处，在忽略劣等儿的幸福。分科制度，设立三种不同的课程，估计劣等儿童，是其长处。巴铁摩试验，在能利用分科制度，又能在七、八两年的时候，由数个学校，合并起来继续教授。荇亨制的长处，在于普通班之外，又加补充辅助二班。但是在大规模的学校里，才可办到。奚利制的长处，在能依儿童的能力分组，兼有毘百罗制度的优点。（关于同能力的在一班教授一层，美国某教授曾立论反对，以为把异能力的儿童合起来教授。反合正理。但是没有人赞成：今且丢开不说。）但是在一班之内殊不易办。总之各种办法皆有优点缺点，只在我们改良教育的人采取他们优点，合并起来，相机行事罢了。

实际上怎样应用 论到实际应用，我可分两层说，一是城市的学校，二是乡村学校。在城市的学校，我有一个大胆的建议，便是城市学校的大结合。我觉得现在城市里的学校，无论是中学小学有一个共同的缺点，便是各自为政。我们别的且不谈，就拿南京这地方的中学校来说罢。南京这地方有二十几个中等学校，从中就有一半都在城南，相去的地方很近，他们近来对于分科，以能力分组这两计划，都愿采用，可是因为经费无着，不能实现，只有一女师努力实行了一年，用度骤增，校长张先生，力竭声嘶，以致要向教育厅辞职，按实讲来，以能力分组一层，一个学校独办，是太费力。依我的意思，一女师一中四师等校，不妨在教授上联合起来，一律以能力分组，由三校合并起来公请教师教授，三校的学生，共同学的科目，合并起来上课。譬如上国文课一律到四师的教室，上算术一律到一中的教室，上英文一律到一女师的教室。教师、设备，皆由三校合力担任。如此办法，既省经费，又省人力。优等、中等、下等的学生皆得各遂所欲，向前进行，而无留级之苦，这岂不是最完善的办法吗？中学校如此办，小学校更可仿行。把优等的儿童，合住一气教授，低等的儿童,也合起来教授,其余如低能的变态的,年纪大的而年级低的,品行恶劣的,说话不清楚的种种儿童,都可合起来分班施教——总之,城市学校大组合,是今日教育界上很紧要的问题,各自为政,最不合于经济的原理。譬如大礼堂图书馆,以及其他公共需要的设备,合起来经营,岂不很经济吗?办教育的诸君呀!我愿诸君办教育,以教育的全体为主体,而不以学校为主体。以增进教育上的效率为目的,而不以一校的名誉为目的。抛除成见,协力进行。教育不能发达,我不敢信!

现在再谈乡村的学校。乡村的学校,大概是单级或复式的居多。改良升级制,最为困难。但是我以为前几种制度中的优点,不妨皆拿来随意应用。可以用半年升级的制度;可以用减少上课时间,辅助自习的办法;有时不妨对于少数的儿童,用毘北罗的办法;如在复式的学校,则不妨用三种课程并列的办法;有时可以多给优等儿童自习的功课;有时不妨再采用助手的制度 Monitorial System(此制是 Bell 同 Lancaster 所用,现今教育家虽不主张,但在乡村学校里,不妨采用)。总在教者相机行事罢了。

我因失误忙碌,关于应用一层,也无暇多说。不过我还有两点要说。第一层是希望教育界诸君抛出我见。无论制度怎样好,若是办教育的,不抛除我见,总归不能收效。我记得某校的三年级里,有几个很聪明的儿童,问其年龄程度,都可升到四年级或高等一年级,但是这位级任先生,以为这几个聪明的儿童,是他级里的优点所在,不肯让他升级。你道这种见解,好笑不好笑?诸如此类的事情,不胜枚举,我在此处,也无暇多说了。

第二层我希望教育行政的领袖诸君不要拘泥着高等小学必从一年级起。有许多儿童从私塾里来的。他们的年龄很大,国文、习字、地理、历史等科,都很读得来,独于图画、英文、算术等科,程度太浅,但是他们很用功,又很能领受。一年之内尽可以能读完二年的功课。办教育的,对于这些儿童,当特别通融,酌量他的能力,随时升级,不必拘拘的限他一年一年的读完,以消磨光阴,于无用之地。

我的意见,大概说完,希望教育界里诸君,照此试办一下,不胜盼切之至。

本篇参考书列后

(1) *Administration of Public Education in the United States*. By Dutton and Snedden.

(2) *Comparative Education*. By six authors.

(3) *Cyclopedia of Education*. By Monroe.

(4) *Introduction to the Education Sociology*. By Smith.

(5) *Measurement of Intelligence*. By Ternan.

(6) *Public School Administration*. By Cubberley.

(7) *School Organization and the Individual Child*. By Homles.

(8) *The Teacher and the School*. By Colegrore.

(9) *Variations in the Grades of H. S. Pupils*. By Gray.

(原载《中华教育界》第十一卷第一期,1921 年)

心理的训育材料

心理与人生,有很大的关系。我们日常的行为,几乎处处可以用心理来解释。因此学校中的训育问题,即不妨利用心理的材料,帮同解决。我现在在中学校里教授心理,又兼训育的事体,曾经行过此法,觉得很有效果。下面的一篇稿子,便是删节教室里所讲的材料而成,特此介绍出来,与国内的教育家研究研究。

我们为什么要自私?

我们为什么要偏心?

我们为什么固执成见?

我们为什么武断说话?

我们为什么意见争执感情用事?

我们为什么器量褊小,胸怀狭隘?

要回答这些问题,请留意下面的三件事:

(1) 我们怎样认识事物。

(2) 感觉的错误现象。

(3) 复类化的作用。

一、我们怎样认识事物

我们认识事物,断不是照事物的原形来看的。同是一样东西,一个人看着多,另外一个人看着少,一个人觉得这样,另一个人又觉得那样,即如味觉没有训练的人,酒、茶、醋,他尝起来是一样,但是有训练的人,就能尝出许多滋味。又如音乐,在一种有训练的人听来,声音和谐,扬扬入耳,另一种没训练的人听来,只觉得呜呜嗡嗡,毫无意义。推之两人同读一本书,同听一种话,这个人觉得津津有味,那个人觉得干燥无趣,这究竟是什么原故呢?请看下面的三个主观的要素。

(一) 选择的要素 Selection 接触于感官的东西,不见得件件都入意识 Consciouness。就如现在你看书,你是不是觉得件件东西都碰到感觉呢?房子里的空气,外面的声音,椅子桌子的刺激,都由神经系统传进你的大脑,但是你都不管。你所注意的,乃是拿在手里的一本书。即虽在这一本书里,你所注意的,乃是一句一句的意思。至于书之大小,颜色是怎样,你又不问。所以从你身体所觉得的一大堆的感觉里,你的心只接受了他所喜欢的那一部分,至于其余的那些感觉,都丝毫没有关系。

(二) 增加的要素 Addition 不过在另一方面我们却又把选择出来注意的那一部分,

加上了许多东西。譬如你看一个黄而圆的东西,就立刻说"这是个橘子"。并且口里觉得生津,但是你的感觉,并没有告诉你,你所以能知道他是个橘子,因为你推想他的大小位置,于是他的滋味,他的内部构造,皆汇到你的心中,凑成了一个橘子的观念。所以你看见的,并不是黄而圆的东西,乃是从你过去经验中生出来的一大堆的联想观念 Associated ideas。又如你听见轰轰的声音,就知道天上雷响;你看见第一图,就知道是一张桌子;看见第二图,就知道他是个人的面孔;你看见第三图,就或是说他是一棵树,或是一团草。

第一图　　　　第二图　　　　第三图

凡此种种,皆是你心理中增加要素的作用。

(三)再造的要素 Recasting　我们不仅把外面的东西加减了好多,还有时候用我们的人格,把他们改造了一下,不管外界所见的东西怎样没有组织,我们终归要给他一种秩序。就如第四图,我们断不会把他看作纸面上的直线,必定是把他看作一个立体,你数一大堆的鸡蛋的时候,就不由的分作五个五个的一起,你看见第五图,就不由的说,他是象样什么东西。所以我们所看见的东西都经过了改造的作用,断不是那样东西的真实情形。

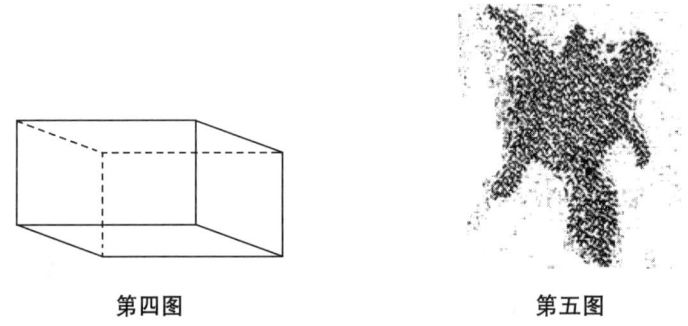

第四图　　　　　第五图

怎样能知道事物　偌大的世界,我们怎会知道他的意义的呢?究竟前面这三种要素,怎么能活动的呢?仔细看来,全由于先知 Preperception 和类化 Apperception(又有人译为统觉)的两种作用。

(一)先知　我们在架上寻书,倘使能于知道书名之外,又知道他的大小形状,一定很容易找着,因为你心中带了这本书的形像,你的注意,只集中于同这形像相合的东西之上。倘使没有这种形像在心里,一定不易找到。又如你在书里寻一个成语,也是这样。你带着这句成语在心里,一遇到与他相合的东西,便能立刻知道。我们有意寻东西的时候如此,我们不是有意寻的时候,也是这样,就如我们看见远远的来了一样东西,你猜他是牛,就跑向前看他,是不是像个牛。如果不对,又猜他是人,或是猜他是马,直到你心里所拟的形像合乎那样东西为止。所以"心"这样东西,是时时活动去捕捉外物的,断不是被动的吸收外物的,倘使不是他走来走去拿这先知的形像去试验,我们断不能认识任何东西。

（二）类化　由此可知我们看外界的事物,全是拿我们心理所有的东西来规定。不仅知道 Perceive 他的原样,还要加以类化 Apperceive。"类化"是现在心理学上最重要的名辞,他的意义,是拿你从前已得的经验,来镕化现在所见的东西。我们看见外界的事物,断不会把他就当作这事物看。我们的心,常时由内面出来会他,拿那时心里已有的东西,从各方面加以解释,如第五图纸上的黑墨点子,在曾经看见过树的人看来,就把他当作一颗树,在曾经看见过鳖的人看来,就把它看作一只鳖,所以我们解释东西,都必本乎过去的经验,过去的经验所没有的东西我们断不会拿来解释。

就因为你认识事物有选择增加再造的三种作用,所以你所见的东西,就不是人所见的,你所想的东西,就不是人所想的。又因为解释事物,都是凭着"先知""类化",那就是根据于你个人的经验,而你的经验未必与人相同;你的见解和别人的见解,即因此有了差异。你之所以固执武断,皆由于此。

二、感觉的错误现象

我们的感觉,在广义讲来,可分感官的感觉和智慧的感觉二种。这二种感觉,很靠不住。我们在日常生活的时候,常时为他所欺,而发生许多误解。今可举数例如下:

（一）把耳畔的虫声,当作雷响。

（二）把邰爽秋读作邵爽秋。

（三）在第六图里,三根线本是平行的。但是看起来好像不平行。等到用尺量起来,才知道他确是平行。（此试验见 Colkins, *A First Book in Psychology*, 图形 25）

（四）在第七图里,下边那个扇子形的面积起初看来,似乎比较上边那个大,但是把两个图上下调置起来,那个小扇子又像大起来了。等到把两个扇面,合叠起来,才知道他们是一样大。（此图见 Titchener's Experimennatal Psychology, Vol. Pt. I, Fig48 B.）

（五）在第八图里表上面的那条横线,实在和下面的一样长,但是看起来,好像是格外长。

（六）在第九图里看来,好像是向上的楼梯,又好像是倒悬的楼梯。

（七）在第十图看来,好像看的是隧道,中间的方块子,离我们很远,又好像看的是棱锥体的截面,中间的方块子,离我们很近。

（八）吾有一友,生平最畏鬼,每闻人言及鬼,则股栗震怖。今岁夏夜,吾与之步行郊野间纳凉,远见丛林杂草中,磷火时起时灭。吾等徘徊间,忽吾友大叫:观之! 观之! 彼何物也。余未及审视,而吾友已奔回。口呼曰:"有鬼有鬼!"余四顾无所见。因追及吾友而问之曰:"鬼何在?"三问而不答,但喃喃曰:"郊野夜间,吾固之有鬼也。"及至家,吾再询之,彼乃告我以鬼状。并誓曰:"下次不再与子夜游矣。"

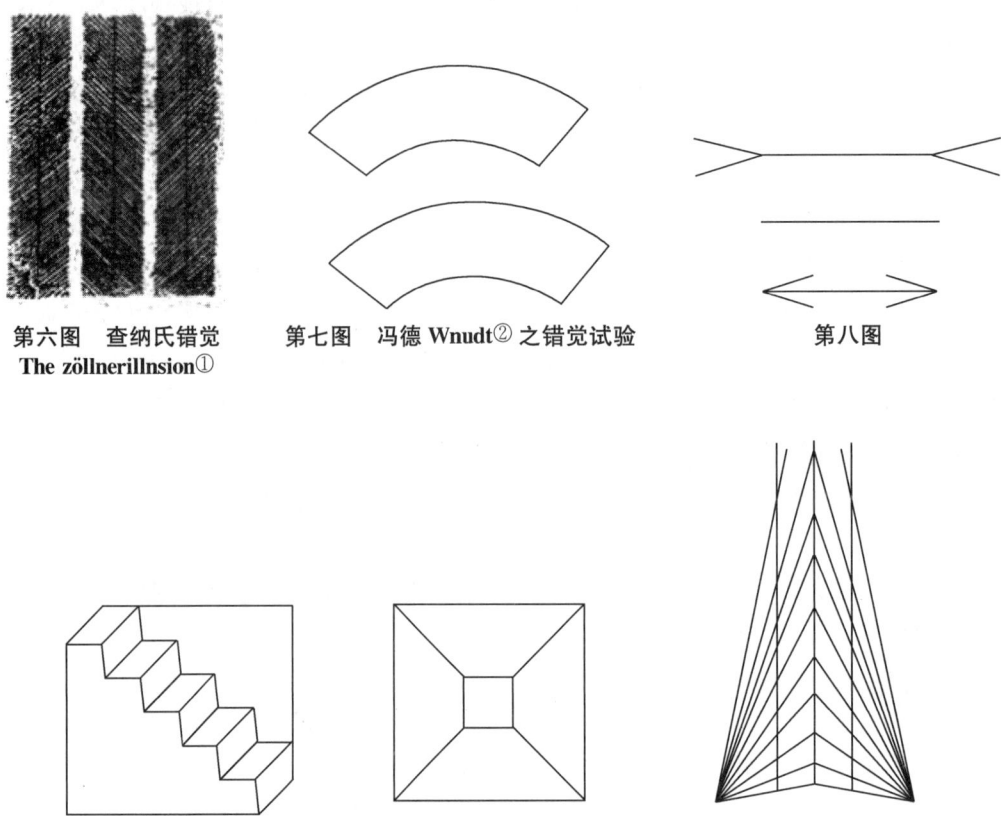

第六图　查纳氏错觉
The zöllnerillnsion①

第七图　冯德 Wnudt② 之错觉试验

第八图

第九图　　　　　第十图　　　　　第十一图

(张广福举例)(此例为讲演时学生所举,故存其原名,下同此)

又有一个女仆嫁了一个体面的丈夫,这丈夫的前妻,留下了几个小孩子,女仆见了,很觉不安,因为他的丑历史很不愿被他们知道。过了许多时之后,他忽然听得小孩子口里说"仆""仆"的声音。起初尚不清楚,后来愈来愈像,简直一点不用疑惑了。他这时候非常之气。一下子把小孩子打的半死,但是小孩子坚不承认。丈夫细看其所以,乃系这位新婚的夫人"怀着鬼胎",所以耳朵里生出这种"仆仆仆仆"的误觉。

错误的知觉发生之原因

知觉错误之原因,可分三种:

(一) 环境的关系 Surroundings　第一种原因,便是我们误解的那样东西环境的影响。如第六图,倘如没有那三排箆形的模样,又那里看出那三根线不平行呢?如第八图,倘如不是有向内向外的那几条线,又那里看得出他们有长有短呢?又如第十一图、第十二图,所以发生错觉皆同原理。

---

① 编者注:应为 The Zöllner illusion。
② 编者注:应为 Wundt。

这两根线好像不平行。

甲乙本是一条直线,丙线乃是与甲乙并行之线,但是初看起来,好像甲丙是一条直线。视觉错误受环境的影响,固属如此。其他如触觉味觉臭觉,皆是这样,要知我们判断事物,断不只拿这件事物的本身来判断什么东西,都是同别的东西发生关系——不仅同过去经验及现在的心理状态发生关系,还同现在的环境发生关系。

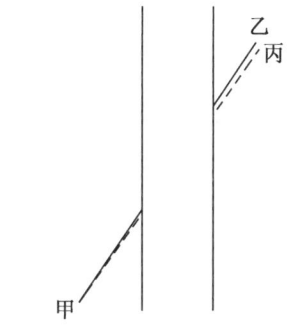

第十二图　甲乙是直线吗?猜一猜!甲丙是直线吗?

（二）习惯的关系 Habit　习惯与风俗,亦与错觉之发生,有密切之关系。例如坐火车,照我们平常的习惯,倘使我们看见车外的东西移动,就知道是开车,但是有一次竟尔在我旁边的列车,向后移行,我或竟以为是我的车子前行,如果两旁的列车,一起向后退行,那更外觉得我的车子开了。又如精于口技的人,做出来的声音,一刻好像从头顶上来的,一刻又好像从地窖中出来的。精于绘画的人,画一个假抽屉在用物上,你一看误以为真。有许多幻术,都是根于此理而出。因为我们在过去的时候,已经构成了好多解释事物的方法,一有同样的情景出来,那种解释的旧方法就一跃而出,从中确有百分之九十九的次数猜得不差,但是那第一百次的误解。就变成了误解的知觉。

（三）期望的关系 Expectation　我们心中有一种期望的态度,也能使错觉发生。下二条便是实例。

（1）吾乡有农人王学文者,尝闻人言,有福者可于夜间见宝。若以棍击之,则宝必为其所有矣。一日,耕田归,置犁头于墙阴。夜如厕,见犁头发光,以为宝也,急以棍击之。铿然一声,碎而为二,悔无及矣。次日,持往镇中修理,计费钱五百文。邻人为之歌曰:"是金是银,跟我王学文;是财是宝,一棍打倒。偷偷摸摸,赔了五百。"（蔡达理举例）

（2）有两个学生,一个专会骂人。这天,他告诉那一个学生一件新闻。那一个学生不信,他于是发誓说道:"我若糊得你,是狗!"那个学生因他会骂人,就疑惑他骂自己说:"我若糊得,你是狗。"因此两下互相吵闹起来,以致［至］于伤了感情。试问,这是什么道理。他明明发誓,何以那个学生当他骂人?他骂人是一种"习惯",那一个学生听他开口,就疑他骂人,这是一种"预期"的态度。因为有了这种态度,所以一句和气的话,也听成骂人的话了。

"糊得"是江宁的土话。说谎底"意思"。（卢龙举例）

在专门名辞讲来,错觉当然限于感官的误解。不过在我们应付环境的时候,很容易误解事物,就同感官的误解一样。即如前例心里说以为骂人,便觉得他句句都是骂人的话。推而广之,在一切谈笑话言之中,都可以发现这种智慧上的错觉 Intellectual illusion。

在广义上讲来,我们智慧上错误发生的原因,可算根于人类的普通倾向。我们见着一样极微细而不完全的事物,都欢喜凭着自己的意思把他完整起来。从前弥斯特保教授 Professor üMnsterberg 在某处讲演时,引起了一个听者的反诘。后来各报纸上传载此事，有的说弥教授当时站在台上面孔都气白了；有的说他受了这个刺激，面孔都气青了；有的说他还是和颜悦色；又有的说他是庄严镇静。有人说当时回话的那个人，在说话的时候，突来突去；又有人说他当时傲然立于弥教授的旁边，拍弥教授的肩膀。同是一件事，所传如此之悬殊，而他们都没有意说谎，仅不过根据当然的情势，照着他自己的感情写出。这真是人群生活中的一件奇事呀！

又有一事更觉奇怪而有趣，也可以说明人类的这种倾向。一向以前，有许多法学家、心理学家、专门医生在哥亭金这地方开会，当开会的时候，忽然来了一个田夫同一个黑人，冲进了会堂，扭打了一下，一人跌仆，枪声一放，二人飞奔而去。这一出戏，乃是这位主席先生事前做成，用来试验这些专门家的，这时候主席请他们各人作一详细的报告。其结果，四十六中仅有六人没有说虚伪的话。那过半数的人当中，有十分之一的答案，都是错的。虽说这黑人头上没有带[戴]帽，仅有四人看出来，余人不是说他带[戴]了小尖黑毡帽，就是说他带[戴]的高帽。他原来穿的白裤黑衣，但是有人说他是穿的红的、绛色的、花条的、咖啡色的衣服。这辈人皆是有名的科学专家，而他们的报告，乃如此之差异，又怎能怪一个细微的谣言经了一传十十传百的展[辗]转之后，便扩大到去原题万里的状况呢！

由上看来，我们感官的感觉和智慧的感觉是万万靠不住的：或因环境的关系叫我们看东西看不真；或因习惯的关系叫我们听东西听不真；或因预期的关系，叫我们解释事理不能正确。又加之我们的天性好添多加少，随意创造，所以弄得一件事体化成了许多不同的模样，人之所以有意气的争执和感情用事，皆由于此。

三、复类化的作用

我们日常看报，看到打笔墨官司的文章，不是甲说"你误会了我的意思"，就是乙说"你看错了我的见解"。究竟这种误会错解，是从何而生的呢？

要解释这种误会发生的现象，可先拿几个事实来做说明资料。

（一）在第十三图里，既可看出一个虎头，又可看出两个人的面孔。

第十三图　　　　　　　　第十四图

（二）在十四图里既可看出一个鸭头，又可看出一个兔头。

（三）在第十五图里，可说是六角的星形，又可说是一个六角形，每边各加了一个三角，又可说两个重叠的三角形。

（四）在第十六图里看来，方格里的形体，好像突[凸]在外面，又好像凹在里面。

（五）在第十七图里看来，可以看出六个向上的立方体，又可以看出七个倒悬的立方体。

（六）在甲句内，可随意添香蕉、牛肉、冰糖等物，在乙字内，可添成 desk, dick, duck, disk, 等字。

（甲）我欢喜吃………

（乙）D………k

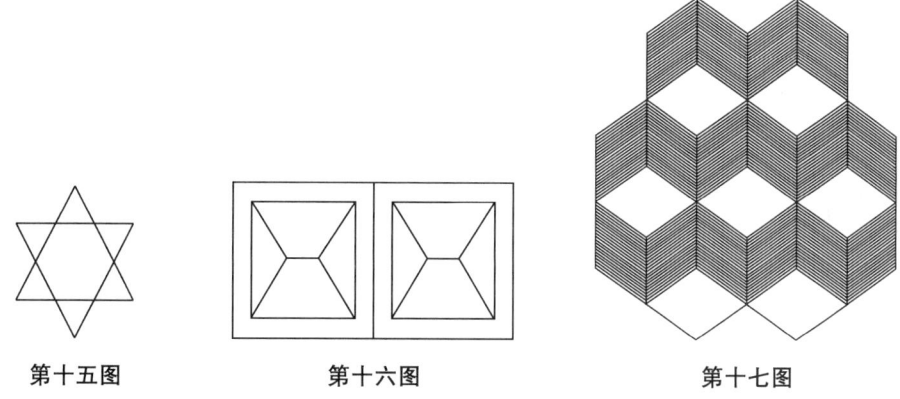

第十五图　　　　第十六图　　　　　　　第十七图

((二)(三)(四)(五)四例采自 Witmer's Analytio Psychology)

（七）中秋赏月，因各人的心境不同，所以对于月的解释，也就不同了。

共看明月应垂泪。　忧时客赏。

举头望明月，低头思故乡。　作客者赏。

水月通禅寂，鱼龙听梵声。　释家赏。

中天月色好谁看。　孤赏。

二十四桥明月夜，玉人何处教吹箫。　吊古者赏。

永怀愁不寐，松月夜窗虚。　病夫赏。

上面种种的例子，是叫我们知道人有复类化 Double Apperception 的现象。我们解释事物的时候心中的过去经验，固很要紧，但是我们心中现时所想及的东西也很有势力，即如解释 D____ k 这一个字时候，固有的经验里，可以填进去的字很多，但是我们这时候心中现想到的，乃是个 Duck，所以就把他填成 Duck 了，等一会儿，我们心里又想到 Desk，却又把他填成 Desk 了，可见我们的心，全是为类化机关 Apperception mass 所转移的。类化机关这样组织，我们却想到 Desk，心向 Set of the mind 不同，解释事物的方法，也就各异其趣。因此同一件事体，因两人的类化不同，就常时发生两种相反的解释。即使同是一个人，对于一件事体的解释，先后也常时矛盾。世上有许多无谓的争执和误会都是由这种复类化的现象而生。不能得公平的类化之原因，共有四种。

（1）**缺少经验**　要得到公平的类化，只有把人的情形自己设身处地去想一想，不过这件事体也很不易办到,因为我们要能谅解人家,必定你的经验中有人家经验的要素,西洋小说中说起两个武士在路上看见一只悬在树上的盾牌。一个说是银的,一个说是金的。两下争吵了好久,原来这只盾牌一面是银,一面是金,这两位武士因为缺乏彼此的经验,所以不能互相谅解。民国元年的时候,有人在北京召集了一个实业会议讨论"那一种实业可以做发展中国底先导"。当时到会的有农业家商业家工业家。农业家主张是"我国是以农立国,而工商皆仰给于农,欲发展工商,首先就要发展农业;况且农业又于人民生计攸关。所以要振兴中国,第一要重视农业"。工业家却很不以为然,他说:"我国之所以不强,实因工业不精,譬如讲日常常用的裁纸刀,他的原料,我们何尝没有咧?但是不会造,以致[至]于原料被人收买去,造好又卖给我们,所以近年来利权外溢,国家也因之日弱。现在欲振国家,首要挽回利权。要挽回利权,首先要添制造厂,与工业。"商业家听见了工业家的话,左一个"利权",右一个"利权",于是不由地扬扬得意。后来听见说"首先要振兴工业",却又不耐烦起来了,喊道:"等你制造厂盖成功,机器购得了,雪白的银元送给人又不知多少了!为今之计,只有在商业上用工夫,赚人家的钱才是。"工业家农业家又先后站起来辩论,但是各根据所有的经验,以一部分之观察,互相争执,至于无结果而散。(卢龙举例)在我们看来,要发展实业,无论农业工业商业等皆很重要,不过那些片面的实业家,他们的经验只各限于小范围之内,不能拿别人的眼光观察问题的真相,所以彼此的误会就因此发生。

（2）宥[囿]于习惯　　纵使有些人,已经得了较广的经验,但是若使他们的态度,宥[囿]于一隅,也是不能得着公平的类化的。即如守旧的老先生,他们满脑袋儿里,都是装的诗书礼义,保守不变的态度,已变成他们的心习。他们看见一件新事体发生,都是拿旧头脑来解释,——上次某君在南京高师讲演,说一部《中庸》,可以包括百门科学,他就举几何出于《中庸》上那一句,法律出于《中庸》上那一句……牵强附会,令人发噱。他们的心底内容,已经变成一种铸东西的模子。一切的事物,都要从这模子里陶铸一下。像这一类的人,虽有许多新经验向他灌输,又安能辟除他们的偏见呢?

（3）个人利益　　类化不能公平的第三层原因,便是个人利益的关系。譬如甲生同乙生顽笑,打了乙生一下,乙生大怒,回手把甲生打的半死。这时候做教师的,如果于二生没有至亲的关系,必能秉心判断,毫无私曲。倘使甲生是他的弟弟,他看他被打得那个样儿,不由的就要责备乙生"他虽先惹你,但是你不应回手这样利[厉]害!"倘使这时候乙生是他的弟弟,他便不由的怪甲生道,"谁叫你先打人!"又如在会场上辩论的时候,我发表了一种主张之后,别的人相继发言,我听的赞成我的话,便觉得理由充分,不由的拍掌叫绝,听得反对我的话,便觉十分讨厌,一点都不愿意听。同是一件事,因为所处的地位不同,便发生相反的类化,个人利益的影响真大呀!

（4）感情作用　　感情作用最易影响人的类化。他的势力,非常之大。譬如我们爱这个人,他不论做件什么事体,都觉得好。否则件件事都觉得坏,下面几个例,是很好的证据:

①　约翰生者,十八世纪英国之文学巨子也,曾钟于爱丽沙白博德爱氏身体肥短,容貌

古怪。然刻意描摹时尚,衣绚烂之衣,粉胭脂之粉,涂则满面,脂腻欲流,冀与姣姣者相颉颃。在旁人观之,固粉饰之蠢妇耳,而约翰生则目为天女临凡,圣母再世,天下第一之美妇也。欣然求婚,幸蒙允诺,交订白首之约,伉俪同情,爱戴数年,而爱丽沙白博德竟寿终,时年六十有四。约翰生悲痛不已,且志碑石,表扬爱氏之体格容貌,美丽之极,自有生以来,未见如此之美人也。虽历年已久,而约翰生犹怆然泣下,呜咽不止。偶或道之,犹曰:"彼美人兮,胡为乎不再来也。"此之谓情人眼里出西施!(顾瀛儒举例)

② 卫灵公宠弥子瑕,卫国法,窃驾君车者罪刖。弥子瑕母病,矫驾君车以出,君闻而贤之曰:"孝哉!"又与君游果园,食桃而甘,以半啖君,君曰:"爱我哉!"及色衰变弛,得罪于君,君曰:"是固尝矫驾吾车又尝啖我以其余桃。"(邹同初举例)

情感的作用,既如此之大,我们解释事物的时候,就自然要受他的影响了。

就上看来,我们生活中复类化的势力非常之大。我们的经验有限,不能窥见事物的全体。又因为个人利益、感情作用的种种关系使得我们执住复类化现象中事物的一部分,做"自私""偏心"的根据,日常生活中种种无味的误会、偏见、争执之发生,概由于此。

把上面总起来看,要免去自私、偏心、固执、武断、误会、意气……等等的恶习,我们应该注意下面的几条。

(1) 当用公开的态度,吸收各方面的知识,不为自己一小部分的经验所拘。

(2) 当免去确信不疑的态度 Cocksureness。我们人类断不会毫无舛误。即有最可靠的证据,或者都可证明出来是错误的。只须把吾人易于误谬的性质回想一下,我们说话做事的时候,就须常时停下来重行考虑考虑了。

(3) 当注意观察。我们应当承认吾人有创造与原来情形不相同的东西之倾向。所以在你把人的话当作污蔑之前,当细心自问会不会由我们的偏见里,加上了挑衅的分子。在你把一句话当作羞辱之前,应当自己问是不是已经听清楚了。在你传说诽谤的话之前,你须自己查一查,是不是无意中加上了许多。在你反对或承受一种主义,或一篇演说之前,你须考虑一下,从另一方面看一看曾不曾失去他的真义。因为人心这样东西是最容易夸张失实的。

(4) 对于别人应当有宽大的气概。遇见别人曲解事实,叫我们不能同意的时候,当自己知道我们也时常曲解事实,叫别人不能同意。所以我们应当节制我们"坚信心",而不牺牲自重的气概。应当谨防被朋友匆促的结论所转移,而不伤友朋的感情。应当想到别人无保证的那种态度,并非由于不诚或是由于愚笨,而又不必和他同流合污。能够把这几层办到,才可算得有宽大的气概。

(5) 多容纳人家的思想意见,使自己的经验丰富。(如反对白话文的人,当看看主张做白话的文章,反对社会主义的人,当看看社会主义的书籍。)

(6) 设想处于别人的地位,用别的主张看看问题的真相。

(7) 不要作武断的解释,当开诚布公应付事物。

(8) 当承认"个人利益"之势力。解决与本身有关系的问题之时,当自己问一问"我是不是私心?"

(9) 处事接物的时候,应当常时反省,"我做这件事说这句话,从中有没有感情作用?"

(10) 当承认我们自己的意见,无论怎样周到精密,都是偏而不全的。

(11) 勿轻以他人为愚,以自己为智。

此篇材料概本 Peters 氏所著 *Human Conduct*,又参考 Colvin and Bagley 之 *Human Behavior* 及 Witmer 氏之 *Analytic Psychology*。

(原载《中华教育界》第十一卷第五期,1921年)

训育实施的一种结果

诸位办学校的先生们,还曾觉得学生自修室和寝室里乱七八糟无法处置吗?诸位参观的先生们,还曾觉得人家学校自修室和寝室里,乱七八糟,不堪入目吗?倘使是的,我就要问:"我们怎样使学生的自修室和寝室变成清洁整齐?"

向来办学的对于这个问题可分两种办法:(一)干涉的。由学校中发个命令,自修室里应该怎样怎样,如不怎样,就要受某种处置。(二)放任的。他们学生有自治会自己去管理,我们办学的,可以无须负责。前种办法"五四"以前大概采用,"五四"以后,多属后种,后种的结果怎样呢?我敢说句大胆的话,十有九仍是不清洁,不整齐,或是比五四以前还要更糟!因为五四以前学生对于学校中的布告尚多遵守;五四以后,学潮叠起;学生气势大盛,对于自治真义每多误解。自修室寝室整齐清洁问题,学校中职员既不敢负责,学生自治会,实际上又不肯负责,因此愈弄愈糟,遂变成不堪入目。我们办教育的对于这个问题,究竟怎样解决呢?

我去年受南高附中之聘,担任市政厅肃纪科事务,对于这个问题颇有一个具体的办法,今姑述之如下:

我先述附中市政厅与学生自治会之关系,附中既有学生自治会,为何又有市政厅呢?市政厅的目的,是专为谋课外作业之发展,及促进学生自治之进步而设,其中共分四科:(一)为文牍科,专管厅内文牍事项;(二)为公益科,与自治会各研究会发生关系;(三)为实业科,经理商店、银行、邮局、园艺等事;(四)为肃纪科,专为辅助学生自治会中之纠察员,维持市上治安。此科即为我所担任,当我初担任的时候,看见学生自修室和寝室里很不清洁整齐,就想设法整顿,于是开了一个纠察员的谈话会,请各科纠察员热心负责。另外制了一种通知单如下:

通 知 单		
中华民国　年　月　日	君 此致 肃纪科	望即转达 　号 第　斋第　号

此单专为通知纠察员而设。譬如某号学生桌上不整齐,即照单填交该室纠察员,嘱其转告某号学生,将桌整好,此种办法的目的:(一)为保持该生的廉耻,不由学校中办事人,直接干涉;(二)是尊重学生自治,不由学校中直接干涉。此单用起来的时候,有好些学生很能了解这两层意思,一见此单,便将物件整好,不过还有少数的学生,无论如何,都是不睬,姑举一例来说明:自修室里弄乐器,是学生自治会规程和学校定章里所不容的。有些学生,见了通知单之后,便将乐器送至国乐室,只是还有一两个学生,通知了他四次,终不将乐器送去。纠察员来报告,请学校中直接干涉,我在此时想了一想,若将该生召来,用命令态度,强其送出乐器,亦未始不可办到。但终非根本办法。并且室内放乐器,不过是破坏秩序的一端,假使件件事体,都用干涉的态度来强迫执行,固属不是办教育的本意,而且于学生自治精神大有妨碍,此时我心中就想用一种赏罚的方法来替代,蕴蓄胸中多时,未有具体办法。适廖茂如先生由津京参观归来,述及天津某校用五色旗奖励学生清洁,适与鄙见相合,乃即与张柏延、诸君达诸先生共商赏罚律若干条如下:

第一条　本科为维持本市 自修室／宿舍 之风纪起见,特定下列规条:

(一) 关于自修室者:

○(1) 室内各物整齐清洁

○(2) 椅子不用时移至台内

○(3) 地板上无物质及痰垢

○(4) 衣服、洋伞挂置钩上

○(5) 抹布、手巾、扫帚安置于指定之处所

○(6) 室之前后、天井中并无字纸及物屑

○(7) 室内无人作乐又无乐器

○(8) 室内无人吸烟、饮酒

○(9) 室内无人喧哗

　(10) 电灯罩上、桌上、箱上、窗台上无尘垢

　(11) 室员不在室时桌上无杂物(或至少将各物安置整齐)

　(12) 木箱上不置杂物

　(13) 痰盂处无污垢

　(14) 墙上无涂墨

　(15) 提篮勿置于桌上及木箱上

　(16) 室内有合于美术之陈设

(二) 关于宿舍者:

○(1) 后窗常开

○(2) 箱子等件置于榻下

○(3) 地板上无物屑及痰垢

○(4) 起身后帐子挂起

○(5) 床铺叠置整齐，每人各备白毯一条罩于被上
○(6) 无人燃烛
　(7) 室内各物布置整齐
　(8) 墙上无涂抹
　(9) 床上及床横木上不置衣服
　(10) 被单枕套洁净

第二条　加圆圈之各条为各室员共守之条件，不加圆圈各条为本部科希望室员办到之条件。

第三条　各室能遵守上列规条至一月以上者，由本部科给予布质奖旗一面，标其室曰模范室，并将该室员名单公布，以资表扬。

第四条　各室能遵守上列规条至一学期者，由本部科给予绸质奖旗一面。并赠该室员模范室员奖章各一枚。

第五条　得力纠察员，由本部科酌量褒奖。

第六条　凡犯上列加○之规条至一周以上者，由本科将其室名公布。

第七条　凡犯上加○之规条至一月以上者，由本科将该室室员姓名公布。

第八条　凡以得奖旗之各室，复又趋于懈怠继续之一周以上者，由本科加以警告，继续至一月以上者，由本部科追还其奖旗及模范室之称号。

第九条　凡室员有不遵上列之规定，因而妨碍全室之治安，又不受纠察员之干涉者，由本科处罚。

第十条　本部放弃值守之纠察员由本科酌量处罚。

第十一条　本规条自公布日施行。

右列模范室标准中，加圈者均系根据学校定章及学生自治会规约，故为学生必守的条件，未加圈者，比较的不易办到，故为学校中所希望学生办到的条件。实行这个赏罚律的时候，我起初想由市政厅独办，后来因为学生也自有纠察部，不应不加以尊重，乃即邀同纠察部干事加入共办。所以宣布这个赏罚律的时候，系用双方名义。谁知这个好意，没有见谅，自治会议事部否认合办，一时议见纷岐［歧］，有些人要收归自治会自办，有些人主张仍由肃纪科独办，我即将自治会议事部的干事请来，表明我的态度，并希望自治会收回自办，后议事部议决，仍由肃纪科独办。后来又为符合肃纪科规程起见，将赏罚之事，归指导股。（此股亦系校内指导德育机关，属于学校方面与肃纪科并行不悖）办理。兹将上学期第一月内之成绩图解如下：

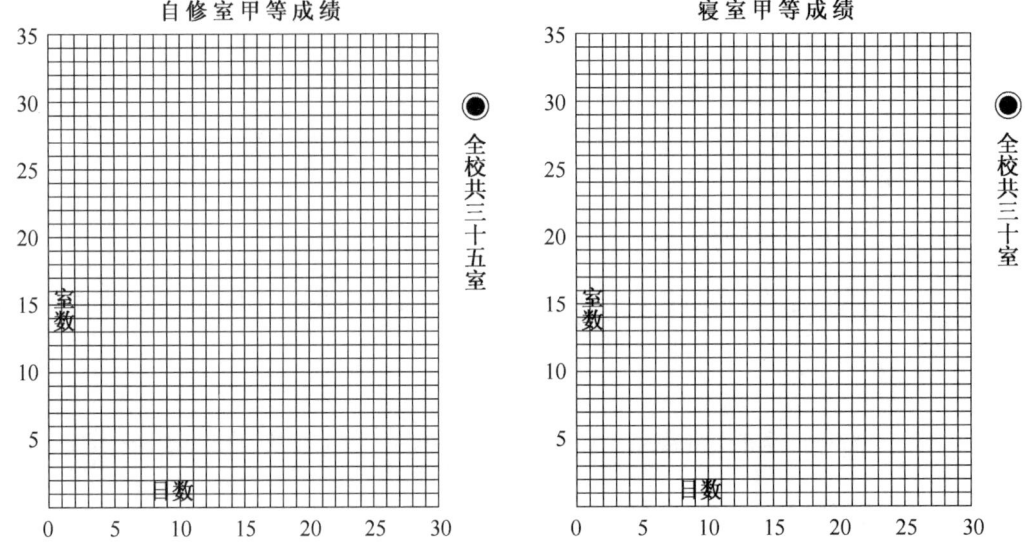

观上图，可知学生变了这种办法了之后，很能表显自己向上的心，所以进步如此之快。只看在第一日的时候，全校中无一甲等，到了半月之后，差不多室室皆是甲等。若用强迫命令的办法，那能办到？又我在查室的时候，发现一件事，为我始愿所不及就是那几个弄乐器的学生，起初纠察员干涉多次无效，到了此时，忽将乐器移去，改过迁善，如此之速，真不可及。兹将上学期得奖者总数列后。

得模范室牌者	三十六室
加奖布旗者	二十四室
加奖绸旗者	五室
得模范室员徽章者	二十九人
受名誉惩罚者	二室

本学期开始之际，自修室寝室次序约略变更，将各室中破坏团体秩序之学生，并归一室，冀其迁善改过。否则将以特别名目标其所住之室，使其反省，幸该生等颇能自改，此种理想，遂未实现。

本学期时赏罚办法约略变更如下：

（一）一月以内全得甲等者奖以模范室牌及布旗

（二）二月以上全得甲等者奖以绸旗收回布旗

（三）三月以上全得甲等者加奖徽章

（四）四月以上全得甲等者该室室员共摄一影

（五）一月以内得甲等满四分之三而无丙丁者奖以模范室牌，继续至二月以上加奖布旗，三月以上加奖绸旗收回布旗，四月以上加奖徽章

（六）两月以内得甲等二分之一而无丁者奖以模范室牌，继续至四月以上者加奖布旗

（七）一月以内有丁等过四分之一者将该室室名公布，继续至二月以上者将该室室员

姓名公布,至三月以上者记过,四月以上者操行降等

（八）凡已经得奖之室复趋于懈怠者先加已警告,继续至一月以上即将奖品收回,若仍不注意依第七条办理

本学期来,学生对于此事更加勉励,计第一个月之成绩

  得模范室牌者　　五十九室

  加奖布旗者　　　二十三室

差不多个个室皆是模范室。高下不易分别。我因另外想了一种比赛的办法。择定一个日期由学生自由投票,以得票最多者为特别模范室,由学校赠与特别模范室绸旗一面。以资表扬。此外我又做了一种调查,计共收回答案一百七十三份,其结果如下。

（一）你对于赏罚律赞成不赞成？

  很赞成者　　　六人　⎫
  赞成者　　　　八四人⎬ 九二人
  还好者　　　　二人　⎪
  各半者　　　　九人　⎭

  不甚赞成者　　一人　⎫
  不赞成者　　　五四人⎬ 五八人
  绝不赞成者　　三人　⎪
  无可不可者　　二人　⎭

（甲）赞成者之理由：

(1) 赏罚惩恶理所应然	一人
(2) 公平无私	一人
(3) 不得不清洁	一人
(4) 使人争胜	
(5) 养成良好之品行造优美之成绩	一人
(6) 将来个人可以自治	一人

（乙）不赞成者之理由：

(1) 太埋没学生人格	二人
(2) 是强迫的形式的	一人
(3) 群众生活须自治但非赏罚的自治	一人
(4) 束缚人之自由	一人
(5) 好像祖太爷哄孙子	一人
(6) 当指导人为人的方法,不应用赏罚律来逼迫压制	一人
(7) 虚名无实际	二人
(8) 可以鼓励无知识的学生	一人
(9) 可为惰者之戒律	一人
(10) 强迫成功	一人

(11) 被动的 　　　　　　　　　　　　　　　　　一人
(12) 虚荣心 　　　　　　　　　　　　　　　　　一人

(二) 你觉行过赏罚律之后有什么效果？
　　(甲) 赞成方面：
　　　(1) 自修室寝室较前清洁 　　　　　　　　　七人
　　　(2) 能自知谨慎 　　　　　　　　　　　　　一人
　　　(3) 比从前好 　　　　　　　　　　　　　　三人
　　　(4) 知耻而后改得赏则益有兴 　　　　　　　一人
　　　(5) 稍有一点 　　　　　　　　　　　　　　七人
　　　(6) 清洁 　　　　　　　　　　　　　　　　一三人
　　　(7) 引起劳动的兴趣，各室内有条理及清洁 　一人
　　　(8) 清洁整齐 　　　　　　　　　　　　　　五人
　　　(9) 清洁习惯人生美感 　　　　　　　　　　一人
　　　(10) 赏罚得当无人不服 　　　　　　　　　 七人
　　　(11) 良者勇于为善，恶者惮于为非 　　　　 三人
　　　(12) 大家皆踊跃于整齐清洁 　　　　　　　 三人
　　　(13) 使人有勉励之心 　　　　　　　　　　 四人
　　　(14) 发愤 　　　　　　　　　　　　　　　 二人
　　　(15) 有极大进步 　　　　　　　　　　　　 一人
　　　(16) 格外注意清洁 　　　　　　　　　　　 四人
　　　(17) 能达自己之目的 　　　　　　　　　　 一人
　　　(18) 大有效果 　　　　　　　　　　　　　 三人
　　　(19) 可以不犯规则引竞争之心 　　　　　　 二人
　　　(20) 赏者幸，罚者愧 　　　　　　　　　　 二人
　　　(21) 生竞争及向上之心 　　　　　　　　　 三人
　　　(22) 归于正道 　　　　　　　　　　　　　 五人
　　　(23) 有效果 　　　　　　　　　　　　　　 六人
　　　(24) 愈鼓舞我清洁 　　　　　　　　　　　 一人
　　　(25) 为前车之鉴 　　　　　　　　　　　　 一人
　　　(26) 精神形式均好 　　　　　　　　　　　 一人
　　　(27) 非法的举动少些 　　　　　　　　　　 一人
　　　(28) 秩序井然 　　　　　　　　　　　　　 二人
　　　(29) 有自警之心 　　　　　　　　　　　　 二人
　　　(30) 足以促进自治 　　　　　　　　　　　 一人
　　　(31) 有急思改过之效 　　　　　　　　　　 一人
　　　(32) 使大家豪兴 　　　　　　　　　　　　 一人

(33) 养成好习惯　　　　　　　　　　　　　　　一人
(乙) 反对方面：
(1) 使人作假　　　　　　　　　　　　　　　　四人
(2) 面子上的事　　　　　　　　　　　　　　　一人
(3) 没有什么效果　　　　　　　　　　　　　　二一人
(4) 于我无效果　　　　　　　　　　　　　　　一人
(5) 增加虚荣心　　　　　　　　　　　　　　　七人
(6) 生出畏惧心　　　　　　　　　　　　　　　三人
(7) 使人有图利之心　　　　　　　　　　　　　一人
(8) 养成奴隶性　　　　　　　　　　　　　　　四人
(9) 嫉妒虚荣　　　　　　　　　　　　　　　　一人
(10) 只是形式　　　　　　　　　　　　　　　　三人
(11) 于我无效果　　　　　　　　　　　　　　　一人
(12) 加重其恶　　　　　　　　　　　　　　　　一人
(13) 双方无趣　　　　　　　　　　　　　　　　一人
(14) 多造几个死人　　　　　　　　　　　　　　一人

(三) 你们清洁整齐是不是为的图赏怕罚？
(1) 差不多　　　　　　　　　　　　　　　　　二人
(2) 稍为　　　　　　　　　　　　　　　　　　一人
(3) 有些　　　　　　　　　　　　　　　　　　五人
(4) 有一半　　　　　　　　　　　　　　　　　五人
(5) 是　　　　　　　　　　　　　　　　　　　一四人
(6) 不是者　　　　　　　　　　　　　　　　　一二二人

(四) 这事归市政厅办是否与学生自治有妨碍？
完全没有　　二人　⎫
无妨碍　　　七三人 ⎬ 七五人
中立　　　　一人
稍有妨碍　　八人　⎫
有妨碍　　　六四人 ⎬ 七二人

(甲) 主张无妨碍者之理由：
(1) 此事于自治会性质不同，不能说一定有妨碍　　　一人
(2) 因为自治会办事人无此能力　　　　　　　　　　一人
(3) 可以辅助自治之不足　　　　　　　　　　　　　二人
(4) 事实上无妨碍　　　　　　　　　　　　　　　　一人
(5) 大多数犹未有自治之精神　　　　　　　　　　　一人
(乙) 主张有妨碍者之理由：

(1) 因为自治会有纠察部　　　　　　　　　　　　二人
　　(2) 代庖自治的人当以为羞　　　　　　　　　　　二人
　　(3) 清洁整齐归市政厅办,不能算自治　　　　　　一人
　　(4) 表示我们不能自治　　　　　　　　　　　　　一人
　　(5) 失自治之权力　　　　　　　　　　　　　　　一人
　　(6) 失自治之精神　　　　　　　　　　　　　　　一人
　　(7) 纠察部有何用呢?　　　　　　　　　　　　　 一人
(五) 你愿不愿由自治会纠察部收回自办?
　　不愿意者　　　　　　　　　　　　　　　　　　　六七人
　　愿意者　　　　　　　　　　　　　　　　　　　　六〇人
　　主张合办者　　　　　　　　　　　　　　　　　　七人
　　随便者　　　　　　　　　　　　　　　　　　　　一〇人
　　两下皆不办者　　　　　　　　　　　　　　　　　一四人
　　(甲) 主张皆不办者之理由:
　　(1) 我们有自由
　　(2) 既得自治,有何赏罚?
　　(3) 我们当自治
　　(乙) 不愿意者之理由:
　　(1) 办事的人自己不正　　　　　　　　　　　　　二人
　　(2) 我们读书忙　　　　　　　　　　　　　　　　三人
　　(3) 自治会办事人多半有始无终　　　　　　　　　一人
　　(4) 消费学生时间　　　　　　　　　　　　　　　一人
　　(5) 现在一班如虎如狼的学生来办这事恐有弊无善　一人
　　(6) 自治会办得不好　　　　　　　　　　　　　　二人
　　(7) 收回后成绩不得这样好　　　　　　　　　　　一人
　　(8) 因纠察部不公平　　　　　　　　　　　　　　三人
　　(9) 本会会员能力尚未够　　　　　　　　　　　　一人
　　(10) 恐怕没有成绩有没有市政厅有恒　　　　　　 一人
　　(11) 自治会碍于情面　　　　　　　　　　　　　 一人
上面的结果可统括如下:
(1) 赞成者此种办法者大多数计占百分之六十一。
(2) 赞成与反对二方面各有理由。
(3) 大多数说清洁整齐不是图赏怕罚。
(4) 归市政厅办是否于自治有碍,正反人数约相等。
(5) 收回自治会办理正反人数约相等。
我个人对于此事的意见:

（1）赏罚在教育上的价值不可一概抹杀，惟须逐渐提高不可太重物质的报酬。

（2）我承认人有一种先天的惰性，多少总须带些外力然后才能成功。

（3）虚荣心不是绝对可以鄙弃的东西。

（4）此事当由学生自治会收回自办或合办，俟将来各个学生自治的程度加高即可取消。

（5）我敢断定即使在此时完全将赏罚律取消，自修室寝室的秩序断不致恢复未行赏罚律以前之紊乱状况。

又行此种办法的时候当注意下列各点：

（1）检查不可有一日的间断。

（2）每日检查的时间不可固定。

（3）当利用社会的制裁罚团体以责个人，（如有某生在室内吸烟，即将该室降为丙等，使该生受团体之责备）。

（4）所用的方法当时常变化。

（5）须逐渐将标准提高，养成理想的观念，取消物质的报酬。

旧同学薛翘东君现在任职江苏省立第五师范，亦有实施清洁整齐办法，当在下期发表（作者附识）

（原载《中等教育》第一卷第四期，1922年）

特殊教育之实施

▲普及教育的一个问题

普及教育的重要,个个人都知道了;但是普及教育当中,有一个问题,非常要紧,而又最为一般人所忽略的,便是特殊教育。

特殊教育之所以发生,乃因为社会上有许多特殊的儿童。一特殊儿童的定义,从狭义讲,系指由四岁到十六岁的儿童,因生理或心理上发生缺陷,在普通教育中,不能收效,且为其个人及社会幸福计,当受特殊之训练;从广义讲,尚包含天资特异的儿童;但此乃属于天才教育,非本篇所及。此辈儿童,包括低能、瘫跛、盲、哑、聋,及其他生理或心理不健全在内;其数约占全体儿童千分之四十,如不设法教育,便变为社会上的蠹虫;若仅与以普通教育,与健全的儿童一同上课,必致发生教授上的障碍。所以现今普及教育的潮流当中除去普通教育之外,尚有特殊教育。兹将特殊教育实施的办法,略举数例于下:

甲、低能儿班

这名称可改为个别辅导班或特别班等,以免家庭的反对。

(一)入班标准

入这一班的儿童,须经过标准智慧测验个别的详细检查。凡智力在三岁以下的儿童(或是说他的智力商数 Intelligible Quotient 少于百分之三十),较多于九岁的智力之儿童(或是说多于百分之七十的智力商数的儿童),及能做好三年级功课的儿童,都应当归于这类班级之中。

还有要紧的一件事,当低能的儿童未入班之前,当调查(一)他的身体状况;(二)他的个人历史;(三)家庭过去的状况;(四)从前所受学校教育的状况;(五)所受的物质与社会环境的影响。

(二)出班

有时诊断错误,非低能的儿童往往选入低能班,所以做教师的当随时留心侦查,一旦发现这类儿童,即应调入其他适当的班级。

(三)组织

当在小学校外,择一适当的地方另行设立,以供实用的家事训练和园艺的机会。

(四)人数

每一教师可教十人;但通常可由十五人至十八人。

（五）课程

这种班级的目的，并不是替这些低能的儿童补学习不会的功课；他的最大的目的，乃是供给一种特殊的训练，使他们出校之后，快乐安康，并且有用。

课程所包含的内容如下：

(1) 露天体操

(2) 读法

(3) 手工

(4) 感官动作的训练

(5) 体育（包含矫正姿势的体操）

(6) 游戏

(7) 勤勉的习惯与礼节

读法手工约各占总时间百分之三十五，余则为体操、游戏及感官训练等的时间，这不过是大概的标准，有时候有些学生读法的时间应该多些，有时候应该少些。总之，这个课程表应该活用，以期适合各个学生的需要，并且教授的时候，克服儿童缺陷的时间宜少，发展儿童才能的时间宜多。至于读法教材，以初步的、具体的、实用的为主，尤当与手工联络；从儿童的环境里，利用活动的有意义的设计来教授。

感官及手工的训练，应包含幼稚园恩物作业、形式的感官动作练习、纸工、粘土工、草木、篮工、木工、制造玩具、制造家具、修复家具、织工、线轴工、制衣、补衣、织毡、编织、花边、缝纫、制床、结线工、绣工、制帽、制皮、制鞋、补鞋、制藤椅、制毛刷、制花盆、制汤罐、自由图画及图案。家事训练，如保护房屋用具、准备饮食、洗衣及园圃等。

学校里应备有上述各种应用的工具及材料，又须备有大洋琴或大风琴一架。

（六）教师资格

担任教授的教师，应曾受特别的训练，他应有的准备是：（一）低能儿心理的、社会的、教育的各方面之知识；（二）智力测验法；（三）低能儿的特别教育；（四）低能班的参观及实习；（五）各种手工及工艺的训练。

凡头脑沉静，有耐心，对于特殊教育有兴味的教师，或曾在小学教授有经验的，都是最好的教师。

乙、智慧察验班

（一）入班标准

入这一班的儿童，须经过智力测验的特别检查，凡普通智力在百分之六十五至九十之间的儿童都归入此班。但是有些智力百分之六十五或多于百分之六十五之儿童若证明确系低能的，即当归入低能儿班。至于智力由百分之六十五至八十的儿童，在低能与非低能疑似之间的，当送入此班，与以特别的辅助和视察。

有时智力较此稍高的儿童，他的教育特别受了阻碍，或是学校的功课非常迟进，假使没有相当的班次安插，也不妨暂归此班，不过他所受功课应该以暂时的或是一部分的为主。

（二）出班

类似低能的儿童，在智慧察验班里多少时以后，事实上证明确是低能，就当归入低能班；如其证明确非低能，就当赶快迁入其他适当的班次。

（三）组织

即在寻常小学校里设立这种班级；可以两班或两班以上做一个中心。

（四）课程

本班的教授，以适应儿童各个的需要为主。读法的功课，当较在低能班里注重。读法教授，以具体为主，尤当利用口述法。儿童能受多少读法的材料，即给多少，直至不能领略的限度为止。至于那些不易补救的儿童，当他们年纪渐渐长大的时候，就当渐加手工的工作，但仍须用动的设计与读法联络起来教授。

手工及职业预备的作业，可依儿童的需要，大部分可从在低能儿班里所举的那几种中选出，学校里当有适当的手工设备。这些儿童当中有些到了十三四岁的时候，如果找到适当的乙种工业学校，或职业预备学校，即当转入。体育训练，也当特别注重。

（五）教师资格

教师的准备，当与低能儿的教师相同。

丙、聋儿班

（一）入班标准

全聋或差不多要聋的儿童，经适当的检查后，归入此班。聋儿中有近似低能的嫌疑者，当经适当的心理检查。有些儿童，听话虽说很难，但是普通的声音还可听见，则当归入保听班或半听班，而不当列入聋儿班。保听班亦系由普通学校里添设，特别注重读与话法。又普通的功课也须约略准备数种，以便在普通年级里复习。那些儿童有该归入这种半听班，现在还没有精密的标准；大概在距离六尺以内要用强力说话才能听见的儿童，才能归入此班。

（二）出班

儿童听力如进步到能做好半听班或普通年级功课的时候，即当设法迁调。

（三）组织

普通小学校里可设几个单班，使这些儿童在课业及社会作业里多有与能听的儿童接洽的机会。这种班级，或可设于中央小学，以便教授上格外易于分班。

（四）每班人数

若系全天的教授，每班的至少限度十人；有时使这些儿童与能听的儿童共同复述，则一天中只有几个时间教授；所以每个教师教十五人至二十人。

（五）课程

如儿童的智力不差，则课程中宜注重口读，摒去符号法而用口述法，又当注重学生讲话，说话不分清，音节不明了，当用适当的语言训练来矫正。智力不差的儿童，读法教科宜与普通各级里的儿童一样。至于手工及职业准备的训练应当看个人的兴味、才能，及以后可能胜任的职业,随时变化,又当注意传授各种手艺,如草工、手工、旋盘木细工、雕花细工、用器画、制衣、裁缝、洗涤及火熨、玩具工、制褥、制帽、家事、烘饼、制鞋、印刷、打字、印花样、照相、订书、簿记、剪发、制牛乳、种菜、铺砖、铺石等等。如过[果]特别能干的儿童,则当利用机会,发达他们特殊的才能,向达于最高的造就。

（六）教师资格

教师资格当包含下列各种的特别训练和经验：（一）教授中之口述法；（二）教授口读法；（三）聋儿矫正语言法；（四）感官动作训练法；（五）聋人手工；（六）特殊心理儿童之心理学及教授法。

丁、盲儿班

（一）入班标准

入这一班的儿童,须经适当的检查,并须决定他们的视力程度。全盲儿童当然不成问题,还有些儿童,他们的视力尚少于$\frac{6}{18}$,倘使放在普通年级或半视班（保视班）里教授,纵然叫他们眼力退化,所以也当归入此班。至于视力受伤的儿童,如无法矫正的近视眼（约$\frac{6}{18}$）、天生的瞖眼、眼球颤动、视力消失、眼网膜炎、角质不明,或其他诸眼病的儿童,都应当归入半视班或保视班,利用大号印字、各个的小黑板,及口述法等。又其中智力薄弱的儿童,当经过心理的检查。

（二）出班

儿童的眼力进步到能与普通年级或半视班的儿童在功课上并驾驱齐而不发生视觉上障碍的时候,即当退班。

（三）组织

普通学校里可设几个单班,使这些儿童在课业及社会作业里与视觉完全的儿童有接触的机会。这种班级或可设于中央小学,以便教授上易于分班。

（四）每班人数

若系全天的教授,每教师的至少限度十人;若儿童参加普通班的讲述,只在本班受一部分教授的时候,则不妨由十五人至二十人。

（五）课程

当用修正的巴奈尔法 Braille method,特别注重读法与书法。如盲儿智力不差,他们的课程即当力求与普通小学的课程一致。职业的训练,当看各个的兴味、才能,及以后可能胜任的职业随时变化。发达儿童的技能,当以不受视觉缺陷影响的动作为主,以期得到生活。手工训练,除通常手工作业外,当包含制藤椅①、编篮、家事艺术、制帚,及调准乐器等。

特别聪明的儿童,当与以机会,发达他的特殊才能,以期尽其力所能,达于深造的地步。

---

① 编者注：原标点断句误,据上海商务印书馆1925年版《特殊教育之实施单行本》校改。

（六）教师资格

教师资格当包含下列各种之特别训练和经验：（一）最新教授盲童读书法；（二）感官训练法；（三）盲人手工；（四）特殊心理儿童之心理学及教授法。

（戊）语言矫正班

（一）入班标准

凡随嘴瞎说、发音不全、鼻里发音、话不清楚、语言杂乱、口吃、讷舌一类的儿童，如尚可设法矫正补救，都归入此班。此班的主要目的，乃在矫正说话上的缺陷；至于矫正不正确的发音，尚非他的主要目的。

有些说话缺陷的儿童，在入班之先，当经过正当的身体及心理的检查。

（二）组织

有些少数例外的儿童，语言非常杂乱，甚至影响到别的学生；这种儿童当归入语言矫正班，全天上课，但是最经济的方法，这种班级，可设在几个地址相近的学校之中央。各校语言缺陷的儿童，可以送来训练，每周两点钟，或两点钟以上不等。

（三）矫正的方法

每班由十人至二十人，合起来从事于各种练习。最要的是初步体育练习、呼吸运动、舌唇练习、音节练习、发音位置、韵语练习等。练习时，当注意个别训练，以期适应各个儿童的需要。于声音练习及体育训练之中，凡是生理及心理方面阻碍语言进步的要素，都应当设法除去。

（四）教师资格

教师的修养，当具下列各条：（一）语言机关的解剖和生理；（二）语言缺陷及心智不健全者的心理学及教授法；（三）矫正语言的参观及实习等。

以上所举，不过略示数例，此外尚有哑儿班、跛儿班、疯儿班、露天班、浪儿班等等。在欧美各国，大概都是归教育行政上支配，认为普及教育中一个重要问题；教育局里特为订出实施法规，议会宪法中也有特殊的规定。回顾我国，教育当局对于这个问题，非常忽视；乃致教育法令上，除去露天学校系属公共演讲外，简直没有提到特殊教育。至于私人方面，虽有一二盲哑学校，其范围究属很狭；且于经费人材两方面，终不如归入教育行政上支配来得经济。我深愿教育行政诸公，对于此点，留意一下。

参考书

(1) *Educational Adminstraion of Supevision*，November 1921

(2) *The Annals of the American Academy of Political and Social Science*（Child Welfare）

(3) Cubberley：*Public School Administration*

（原载《教育杂志》第十四卷第二号，1922 年；后出《特殊教育之实施》单行本，收入教育杂志社编辑"教育丛著"第三十四种上海商务印书馆发行，1925 年）

教育机会均等

中国社会上最令人不平之现象，为贫人出钱，富人享利。兹即以教育为例而说明之。

夫教育者，人民之特权也，而非义务。人民对于教育之义务，为供给经费，而其权利，则为教育机会。今我国之民，无论贫富，既皆尽纳税之义务，以办教育，而教育机会之权利，则为富者所垄断，事之不平，有甚于此者耶？试举教育统计以证之。

民国十二年全国学生及教育经费数

学校种类	学生数	教育经费
大学及专门	30 860	9 412 751 元
中等学校	167 591	14 024 180
小学校	6 417 321	31 449 963
总　计	6 645 772	54 886 894 元

（注）此表系集合中华教育改进社、英文《中国最近教育状况》第二册教育统计而成。内包国立省立私立三种，外人所办学校，不在其内。

观上表可知全国教育用费为五千四百八十八万元有奇，以四万万人计，每人每年出洋一角三分有奇，贫富一律。全国受教育之人数约为六百四十万，不及全国人口百分之二。依中国目前社会经济状况，能入小学校者，必为中产之家，入中学大学者更非中产以上之富家不办。姑从宽假定，贫户子弟，占小学三分之一，占中等学校五分之一，占专门大学十分之一。则中国目前教育义务及权利之分配，有如下图。（惜无统计材料为依据，误谬实不能免。惟此图之目的，只在说明教育权利义务分配不均之现象，非欲求科学上之精确也。尚祈阅者谅之。）

观下图可发现二种现象：（一）贫人富人所尽之教育义务，与其所得之教育权利成反比；（二）教育之程度愈高，贫人之负担愈重，而其所得之教育机会则愈少，富人则反是。余谓今日中国之现象，为贫人出钱富人享利，岂冤富人哉！

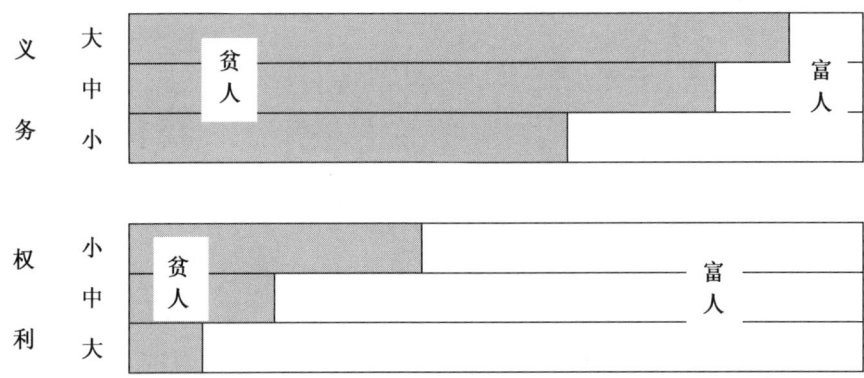

目前中国教育义务及权利之分配

中国教育机会之不均平,既已如上所示,欲其达于真正公平之境地,非大变更社会组织,且须国富增厚不可。此非旦夕间事。兹就目前状况,谋补救之法数端,述之如下。

一、笃定教育经费

欲谋教育发展,必赖经费。今之言教育经费者,多注意于赋税。赋税非不可增,但依目前之办法行之,是不啻加重贫民之负担,以普及教育。纵能达一部分之目的,亦太不公允矣。谋教育经费者,又注重地方杂捐,此极影响于小民生计,其缺点与增加田赋同。谋教育经费者,又常言庚子赔款,不知其数有限,即以其全数办国民教育,亦且不给,况其他乎? 然则欲如何而后可? 曰:第一,当施行递进加重之遗产税;第二,当重征奢侈税;第三,当改良赋制,重征富人之税;第四,当重征营业等所得税。此四者当同时并进,果能成功一二,教育经费即可大裕矣。

(一)施行递进加重之遗产税

以遗产税充教育经费,各国已多先例。即以美国而论,施行此法者已有加利福尼亚、康塔克、鲁移西安拉、勿金拉四州。今略述鲁、勿二州之制度。

1. 鲁州遗产制

遗产在万元以下者免税,在万元以上受产者如为死者之妻或夫,或为近亲之前辈或其子孙,抽百分之二;如为旁支或外人,则抽百分之五。

2. 勿州遗产制

勿州制分承产者为三类。甲类,为夫、妻同系之祖辈或子孙;乙类,为兄弟、姊妹、侄、侄女;丙类,为不属于甲乙二类者。其税例则依(1)近亲比远亲轻税;(2)遗产大者比小者重税,二原则规定之。

教育界应速急提议制定遗产税为教育经费。惟规定税例,当参照标准生活之原则,至民国四年财政讨论会议,"只税无子之承继"之办法则绝对不可采用。盖此辈定法者,恐税及子孙承继,与己身之利益冲突为一己私利而破坏公众幸福,可谓国民之敌矣!

美国勿州遗产税制度

受产等	免税之遗产数	多于免税数至 $50 000	$50 000至$100 000	$100 000至$500 000	$500 000至$1 000 000	$1 000 000以上
		百分比	百分比	百分比	百分比	百分比
甲 类	$10 000	1	2	3	4	5
乙 类	4 000	2	4	6	8	10
丙 类	1 000	5	7	9	12	15

(二)重征奢侈税

奢侈税之最大者,莫如卷烟税。去岁江苏等省争行卷烟税时,美国烟商携款数百万,在中国各方面运动打消。闻国内官吏、报馆及在野名流等等颇有受贿者。嘻,外国人之手段可谓毒辣,而受贿之中国人则等于自杀矣!今后吾人当竭力提议加增烟卷税,更以舆论势力,监督国内官吏报馆及名流之言动,务达重税之目的而后已。

(三)改良赋制重征富人之税

教育界当提议修改赋税制度。凡每家田产岁入在五百元以下者,一概豁免;在五千元以上者重征。若一时不能办到,而又须增加亩捐以与教育,则当注意重征富人之税,划定界限,在某数之下者免加,在其上者重加。若一味增加,不分贫富,窃期期以为不可也。

(四)重征营业股票等所得税

营业股票等税利太轻,前已言之。教育界应提倡改订所得税例,指定其一部为扩充某种教育之基金。中国人之拥有大营业者,多为军阀官僚政客。彼辈操纵法律,不肯多税以妨私利。此后增改税例时,当以舆论及其他之方法监督之。

二、扩充各种教育

中国教育目前所最要者,为国民教育,国民教育至今未普及,致使大多数人民剥夺受教育之权利,实为中央及地方政府之放弃义务,故予主张即速颁布《普及国民教育令》。或谓中国此时教育经费,尚无着落,更何来普及教育之费?此实大误。盖中国之税源,如前节所述,未经利用者甚多。若能争得遗产,消耗公司营业等税,更多捐大地主,则十年间,可使教育普及。无论举办何事,皆先办之而后筹费,若审慎顾虑,必待经费充足,而后举办,则罕有成者。故吾愿教育人士,群策群力,而督促政府即速颁布《普及国民教育令》,一面力争上述诸税,使全国人士,知事临头无从推缓或肯牺牲一部分之私利,以维公益,使国民教育,早日普及。兹事体大,非片言能尽,详细办法,留待专篇。

其次为中学及大学之教育。年来小学毕业人数骤增,官立中等学校有限,苦不能容,故多升入教会中学及私立中学,中等毕业人数骤增,官立大学苦不能容,故多升入教会大学及私立大学。教会学校之妨害国性、贻误子弟,固为有识者所公认,而私立学校,课程简陋,滥挂招牌,贻误青年,亦非浅鲜。负教育之责者,当引此为教育上之大问题,当速谋解决。不应以私立学校增多为国民热心教育之佳象;尤不应以教会学校增多为减轻国家负担之藉口。须知一学生不得其所,即教育者之责任有所未尽。吾辈既受国民托付,教育青年,若坐视其流离失所而不之救,将何以对国民,更将何以对良心耶?

三、补助贫寒子弟

事之最令人不平者,则莫若一般贫寒子弟,无力升学,虽学绩过人,亦惟有望洋兴叹,自甘于辍学而谋生。纵有少数刻苦之士,立志上进,亦多备受艰苦,且不少因此夭折者。(参阅拙著《正义进化与奋斗》上篇第五章第二节)至于富绅贵胄子弟,家拥巨资,苟非自甘暴弃,必能直上青云,虽劣质庸材,亦得为未来社会之领袖。此种不平现象,存于中国之社会者,于兹数十年。贫寒聪睿之士,因之埋没而牺牲者,当不知几许! 而一般教育家及社会改造家亦绝少大声疾呼,为此辈请命者。斯亦不可异矣! 盖常因而论之,中国之社会,残忍冷酷,自私自利之社会也。富绅贵胄之家拥巨万者,自视为社会上天禀优异之分子,其于贫寒子弟,则目为卑贱,只合与贩夫走卒为伍,同终天年。故不愿为其请命,亦实有所不屑也,至于贫寒之士,因刻苦上进,使学业成功,而为社会领袖者,则又因己身已入青云,于寒士困苦求学之情形,不复记忆,即记忆之矣,亦不顾于一己无利之事,多所牺牲,此种心理,实根于中国人自私自利之习性,殊堪为浩叹者也!吾故曰,中国之社会,残忍冷酷之社会也。

今请全国贫寒有志之士即速觉悟。君等亦国民之一分子,有受教育之特权。君等之天资,学绩又多超过于富绅贵胄子弟,少年中国之命运,实系于诸君之手,则诸君之望洋兴叹,自甘辍学,于己身为放弃权利,于国家则为未尽责任,为诸君计,宜即速联合,一致奋斗。富绅贵胄之所不屑为君等请命者,君等自请之,社会领袖之所不顾为君等争者,君等自争之。他日若君等成功,为国家社会服务,毋效今日富绅贵胄之残酷不仁,更毋效今日社会领袖之自私自利,则君等之责任尽矣。不佞赋性耿直,目睹人世不平,不禁痛心疾首,用本救民救国之怀,誓与万恶社会奋斗,将欲求实践吾言者而始于为诸君效力,吾之发为奋斗主义,非徒空言也,求所以实现吾说者也。

(原载《中华教育界》第十五卷第十二期,1926 年)

婴儿教养学校之设施及其哲学背景

一、导言

二十世纪是社会主义大放光明的时代,也就是社会主义教育大放光明的时代。代表这个时代的重要教育设施,婴儿教养学校 Nursery school 要算是一种了。这种学校,初发生于英。在一九〇八年的当儿,有莫密良氏 McMillan 姐妹。一个叫做赖克尔 Rachel,一个叫做玛加奈 Margret,他们看见伦敦贫民区域里的儿童那种痛苦的状况,不觉有动于中。于是在伦敦城东戴勃福德 Deptford 地方创办了一个婴儿教养学校。赖克尔女士为这个学校费尽心力,竟于一千九百一十七年去世,玛加奈女士,继续她的遗志,努力办理这个学校,居然有了很大的成绩。十余年间英美诸国,仿办这种学校的,竟一天一天加多,俨然成了一个新时代教育的新运动。英国工党并且把创办这种学校,列为该党教育政策之一。这政策的大要是:我们主张在可能的状态之下,急速增加婴儿教养学校及合于效率的婴儿教养班。我们的目的,并不是要拿这种学校来代替家庭。不过要在家庭之外增加富儿之所当有,而为贫儿之所当缺的那些东西……现在的情状是怎样呢? 贫苦的儿童局促在斗室里,他们动作,不得不受限制,因而他们身心的发展,也就受了影响。我们虽不赞成强迫做父母的把五岁以下的幼儿,送入学校,但对于愿意把这种幼儿送入学校的那些父母,却主张给他们一个机会。(*From Nursery School to University Pobour*, Policy, P. 12)

婴儿教养学校的价值由此可以见得了,现在且让我介绍这种学校的办法。

二、露天婴儿教养学校的办法

婴儿教养学校有露天和不露天的两种,露天的叫做露天婴儿教养学校 Open-Air Nursery School 这一种最有教育的价值,也就是我所愿意介绍的。

露天婴儿教养学校是一个花园,沿着这花园四周的墙,盖起许多长而矮的棚屋,这花园是儿童的,所以布置他的时候,不可存着成人的观念。什么青菜葱韭一类的东西,都应该拿开,只许栽着各种花草树木;并且有很大的美丽草地留给小孩儿们在上面游戏。

这花园应该是一个极有趣味的地方,应该有小路通进花坛,应该有梯架儿,给这班小朋友们爬;应该设备肋木,还要设置跷跷板。

小动物是这种学校里很重要的设备,要妥当的安置他们,那儿是最和暖的地方,可以放鸟房? 鸽子窝的架儿,应该放在那里? 鸡笼和兔笼应该放在那里? 都应该好好的计划,孩儿们是喜欢小动物的,爱护小动物的观念,不要好久便可养成了。(关于婴儿教养学校花园的详细的布置方法,请参看 Margaret Mcmillan: *The Nursery School*)。

棚屋的设备,应当简单。每棚约莫着可容三十五个儿童,目下教育经费困难,我们的格言是:"应必需,勿奢侈。"我们所必需的是桌椅床铺和许多黑板的地位,此外更需着许多橱柜。因为在夜间一切床铺被单、桌、椅都要收藏到橱柜里去。

每间棚屋,应该有他的浴室,并须设备有充分的热水,初学步的婴儿的浴室,应设置几个澡盆,安上冷热两种水的龙头。此外还应有个水漕,以为洗濯之用。浴室的墙上,应当安置许多木钉,悬挂各儿童的手巾和绒衣,并应该设置隔架,悬挂牙刷。至于各个儿童的用物,应该分别记标,那是不应说的。

在较大的儿童浴室里,便当设置洗手盆,因为小孩儿到了三岁的时候,便喜欢自己洗手。此外应当有一个大些的澡池,能容三四个儿童同时洗浴。因为小孩儿在一块儿洗澡,是很大的快乐,这澡池应该安置冷热水管,一天到晚的流着,以防传染。

每天开学和散学的时间,最好不必固定。因为儿童的母亲上工和散工,皆有早迟,他们上工的时候,顺便把小孩儿送到教养学校,回家的时候,又顺便把他带回。这种办法并且还有一层好处,便是在早晨的时候,他们陆陆续续把小儿送来,正好给教养学校的先生,一个仔细察看儿童的机会。

小孩儿早晨入学经过检查之后,便送到浴室。或是需着在大盆里周身洗澡,或是仅需着在小盆里洗涤手面。手巾、绒布和牙刷等等,都是现成的挂在木钉上,用时自取,用完自挂。他们都认得自己的位置,不会弄错的。

在婴儿教养学校里,用餐是一件很严重的事,聚餐的时候,有班长 Monitor 用小盘传送食物,三岁以上的儿童,便要自己选取食物。这种办法,是要叫他们各取所需,不致贪食。同时都又有养育教师 Nursery Teacher 在旁照料,使他们个个都能吃饱。很可奇异的,就是这班儿童经过数周清淡可口的饮食和户外生活之后,吃饭的欲量,便大大的增进。

餐事既毕,大些的小朋友,便帮助洗涤碗碟,卷起桌布,扫净地板,展开床铺,然后各各的卷在一个大而暖的绒毯当中,滚到他的棚帐床里去睡觉。

在婴儿教养学校里,每个小孩在吃饭后都要睡的,至少要休息一下。有时母亲们恐怕儿童日里睡了,夜里不能安眠,往往请求免睡。但是不久便发现午眠不会妨碍到夜眠了。

两岁的小孩儿,常时睡到两小时之久。三岁的约莫睡一时或一时半。四岁的小孩,往往不肯睡。但是也应该训练到能够闭目静养两三刻钟。只有在很特别情形之下,才把小孩子从午睡中叫醒。大概在月曜的一天,两岁的小孩,往往睡到三点半钟。不管旁边怎吵闹,都是酣睡不醒,这都是常见的事。

月曜早晨到了,大意而又疲惫的母亲们,常时带进烦躁号哭的小孩儿。这些小宝贝,没有按时的饮食,所以弄得消化不良。没有健康的午眠,所以弄得神经昏乱。眼睛耳痛着,向来是没有管,头皮上又常常是肮脏不堪。

月曜真是惨淡呀!所幸这些小孩儿到了校里包裹起来之后,便居多安眠。到了水曜早晨,这些恶影响,就完全消灭了。

这番情形,却是指的年轻大意的母亲们。那些老于经验、注意子女幸福的,便不是这样,他们很争胜,要把小孩儿弄得干干净净、康康健健的,在月曜早晨送进学校。

午眠于幼儿有很大的益处。弄惯了儿童会自己去寻着睡的。但是这个习惯,不是一时养成的;并且要导诱四五十个儿童一起去睡尤属难中之难。有些火性暴躁的教师,奔来奔去,发狂似的,禁止儿童作声,是毫无用处的;大惊小怪无谓喧闹的教师,也是没有用处;至于那些时而恫吓时而欺骗的教师,简直比无用还要加坏;料理儿童午眠完全是一种艺术,没有坚强宁静的人格底人,是不会成功的。(参阅 E. Stevenson: *The Open-air Nursery School*, Chap. V.)

我现在要谈谈这种学校教养方法上的特点了。通常以为有了学校的名称,就该用形式的教法 Formal teaching。这种观念在婴儿教养学校里,是万不能适用了。婴儿教养学校,本是家庭生活的自然产物。从一方面看来简直是大规模的家庭;不过这种家庭,是一种企图儿童的安乐方便和教育的家庭罢了。儿童的教育,本是始于家庭的。育婴学校的教育,就是一种妥善的家庭教育。每天所做的事,如洗浴、穿衣、游戏、吃饭、安眠等等都和家庭一样。不过就从这些事体里发生了教育罢了。在通常家庭或是育婴堂里,一切事体,都是急急促促的进行,只注重屋里的秩序,叫大人看得合意,却牺牲了儿童的兴趣和训练。试想有一个行动迅速臂力如牛的巨人,把我们搬到东,移到西,掷到空中,放在地下,我们是不是要头晕眼花心神纷乱?现在一般家庭和育婴堂对付儿童的办法,差不多和这种情形一样。试问一般可怜的儿童如何能欣欣向荣的生长?并且儿童在初生的几年之内,学习的可能性非常之大,在这种急急促促合着成人心理的环境当中,儿童有价值的经验,有许多是不是要被他剥夺?育婴学校的环境,却竭力免除这两种弊病。他的一切设置,都拿儿童来做中心。他的教育方法,不像通常计划每天的游戏作业、练习和职务等等叫儿童去做,却利用日常做事中间的各种机会,去实现教育的目的。譬如在洗浴的时候,学习解衣、理衣、穿衣、扣钮等,既练习筋肉,又可练习记忆,并可养成独立、互助、秩序、清洁各种美德;在吃饭的时候,可以训练文雅、礼貌、自制诸种美德。这是一种自然学习的方法,和那种人为的虚伪的课程计划是不可同日而语的。

这种学校主要的目的,是为贫苦人家的小孩儿,谋教养机会的均等。所以创办的地方,首要在贫民区域。学校一切费用,除非儿童的父母,能够酌量担任一部分之外,不可收取分文。至于富庶区域要仿办这种学校,代替目下的幼稚园,当然是很要紧的。不过关于收费一层,便可酌量变通了。

三、婴儿教养学校的哲学背景

我在开篇的时候,说二十世纪是社会主义教育大放光明的时代;婴儿教养学校,是这种教育的一种重要设施。读者对于"社会主义教育",不无有所怀疑,以为既有了三民主义教育,为什么还要提倡社会主义的教育呢?关于此点,在理论方面,殊非本文所能说明,不过我要提醒读者莫忘记了孙中山先生是中国第一个社会主义的教育家,孙先生在民国元年就大声急呼的提倡社会主义的教育。他在社会主义之派别及方法的演辞里说:

"鄙人对于社会主义,实欢迎其为利国福民之神圣。本社会之真理,集种种生产之物,归为公有而收其利。实行社会主义之目的,即我民幼有所教,老有所养,分业合作,各得其所……

圆颅方趾,同为社会之人,生于富贵之家,即能受教育,生于贫贱之家,即不能受教育,此不平之甚也!社会主义学者,主张教育平等,凡为社会之人,无论贫贱,皆可入公共学校。不特不取学膳等费,即衣履书籍公家亦任其费用,尽其聪明才力,分专各科。即资质不能受高等教育者,亦按其性之所近,授以农工商技艺,使有独立谋生之材。卒业以后,分送各处服务,以尽所能,庶几教育之惠,不偏为富人所独受,其贫困不能造就者,亦可免其憾矣。"

又孙先生在《地方自治开始实行法》里说:

"设学校。凡在自治区域之少年男女,皆有受教育之权利。学费书籍与学童之衣食,当由公家供给。学校之等级,由幼稚园而小学而中学,当陆续按级而登,以至大学而后已。教育少年之外,当设公共讲堂、书库、夜学,为年长者养育知识之所。"

以上所说皆是孙中山先生提倡社会主义教育的明证。所以凡是提倡三民主义教育,希望他完成和实现的人,都不可不提倡社会主义的教育。

孙先生所讲的社会主义教育,虽说寥寥数语,但是其中所包含的精义,很可以拿来解释婴儿教养学校的教育,因为婴儿教养学校的目的,是要为贫苦人家的婴儿——尤其是工人的子女——谋教养机会的均等。那就是社会主义教育中,教育平等的意思。婴儿教养学校豁免学膳衣履等等的费用亦正和孙先生所说的社会主义教育底办法一样,所以我们可以说婴儿教养学校的哲学背景,是社会主义的教育。现在我可再把婴儿教养学校的理想分为"教育机会的均等"和"养育机会的均等"两点,更把他和慈善机关不同的地方拿来说明一下。

(一)教育机会的均等

我们常时走到幼稚园里去参观,看见一般粉皮娇嫩的儿童,穿着花花绿绿的衣服,按着风琴的声音,拍手唱歌,真和一群安琪儿一样!凭你怎样心绪不佳,见着这种情形,都要不由得赞叹一声"可爱!"

吃饭的时候到了,老妈子提着篮儿装满鲜美的饭菜送给小少爷或是小姐吃午餐,快散学的时候,还要来接他回家,在大城市的地方还要用着汽车包车呢!

这就是现在通行的幼稚园教育呵!若非是一个中人以上的子女,那里能有福气来享受这种机会呢?

幼稚园里的布置比通常教室要考究要复杂的多。一班幼稚园的费用,比通常班级要超出一倍以上。这样好的教育机会贫苦人家的小孩子竟梦想不到!因为:

他们过的是下贱生活,没有洁白的皮肤和锦织的衣服来惹人家的爱;他们没有佣人小使送饭送菜;更没有迎送他们的包车和汽车!他们实在不配进这种贵族的幼稚园!

这种情形虽是中国幼稚园教育的现状,却和英国贵族教育下的小学教育同一情景,贫贱人家的子女不能和富贵人家的子女享受同等教育机会。不分中外古今,都是一律的。

婴儿教养学校的理想,却要打破这种惯例,竭力为贫困人家的婴幼谋教育上的机会均等。

(二) 养育机会的均等

婴儿教养学校的理想,不仅为贫困人家的婴儿谋教育上的机会均等,并且要为他们谋养育上的机会均等 Nurture for all。"教"和"养"本是教育分内的职务,"教育"这两个字,就含有"教"和"养"两个观念在内,可是古今中外的教育家,大都只注意到"教"字,把"育"的观念,却居多忽略了。试看他们的学说,有几个是把"教"和"育"相提并论来解释教育的? 西文上"教育"二字,在德文为 Bildung,本是"形成"的意思。英文的 Education 和法文的 Education 本是"抽出"的意思,都只和"教"字有关。更可以得个证明,世界上教育家的眼光既都是重教轻育,宜乎养育机会均等的话,没有几人讲了! 社会主义的教育学者,有感于此,他们大声疾呼喊着"教育机会均等!"他们的意思,以为现在的这种教育纵能达到机会均等的目的,像美国人所夸口的小学校,德国人所创设的基本学校 Grundschule (参阅 Boelitz, O.: *Der Aufbau des preussischen Bildung Swesens nach der Staatsumw: alzung*① *2 Aufl*,此书论革命后德国教育极为详细),法国人所提倡的公众学校 ecole unique (参阅 *L'unirersite' Nouvlle'*②,此为法国新大学友朋社 Les Gompagnons de e, llniversite Nouvelle 之刊物,于法学制之改革颇多建议),不分贫富贵贱,一律受同等待遇,中国还不能贯彻教育的最高理想。第一,因为贫困的父母或是需着帮助工作,或是无力供给衣食,都不能送他们的子女入学。虽有均等的机会,也等于无用。第二,纵使官厅用高压手段,强迫这些贫苦儿童入学,无奈他们衣不暖体,食不果腹,以致酿成营养不良及其他种种疾病,他们的学业,也就因此大受影响。我在法国的时候即遇着好几个这一类儿童,据他们说常时不吃饭去上课。第三,我们应该知道强迫教育,大都是从六岁开始,而儿童的养育的开始,却在六岁以前,我们纵有免费、奖金、午膳、贫母恤金种种制度帮助贫苦儿童读完小学,而他们在入学以前那几年所受的磨折,已足以阻止入学时期内身体的发育和学业的进步。贫儿和富儿一样是需着营养的。所谓平等,不该从学校里做起,应该从摇篮里做起。"养育机会均等"是全人类贫苦婴儿的呼声,婴儿教养学校,是医治人类贫苦婴儿的良药! (参阅 Margaert McMillan: *What the Open-Air Nursery School Is*. p.8)

(三) 婴儿教养学校不是慈善机关

婴儿教养学校,是拥护儿童特权,贯彻教育平等理想的第一个步骤,绝不是慈善性质的机关。从我们社会主义教育者看来,教育是儿童的特权,在这个特权之下,儿童应该享受同等的教养机会,通常慈善性质的教育机关,如慈幼院、惠儿院、苦儿院等,虽也给供儿童教养的机会,但是他们的哲学背景,是慈善的,他们的态度,是怜助的。只看他们的名

---

① 编者注:应为 Der Aufbau des preußischen Bildungswesens nach der Staatsumwälzung(《普鲁士政府体制改革后教育系统的结构》)。

② 编者注:应为 L'unirersite' Nouvlle'。

称,不是什么"慈",便是什么"惠",或是什么"苦",儿童教养的特权,本是天赋的,谁都有责任来拥护,要谁来发慈悲?要谁来加恩惠?更要谁来怜苦?可惜这班慈善的教育家,不从社会主义教育的见地来,拥护儿童天赋的特权,却要做乞丐的生活,代他们乞怜于富绅大贾,官僚军阀,复又加上什么苦儿惠儿等等名称,叫这般天真烂漫的儿童感觉到身家的贫困和社会地位的卑下。世间惨酷不平之事,这可算是一种了!婴儿教养学校,却正与此相反,他虽也供给儿童教养的机会,但是他的理想,完全是拥护儿童天赋的教育特权,贯彻教育平等的要义,他的精神和慈善教育机关比起来,直有天壤之别,在社会主义教育之下,慈善教育绝无存在的余地。所以我们从事教育的人,须认清背景,看准目标,大家一致起来:

提倡社会主义的教育!

打倒慈善教育!

促进婴儿教养学校运动!

我们的口号是:

教育机会均等!

养育机会均等!

(原载《广西教育》第一卷第三期,1928年)

教育图示法述要

图示法之功用,在将事实之全部情形及其前后关系,实现于图形之上使阅者一目了然,得其真义。图示之式,千变万化,其在教育调查上之应用,亦至广大。兹提纲挈要,分为十种,由简而繁,胪述于后。

第一种 方形与简单面积表示法 Squares and Simple Areas

此类图形,极为简单。其目的在比较一种事实或一类事实相互之关系。通常所用者如下:

一、比例表显法 Proportionate Exposures

(一)此图表显教室光线情形与标准光线之比较。
(二)测量基础为窗玻璃面积与地板面积之比。
(三)此三方形各代表单位的地板面积。而中空之部,则表示标准数量及某城教室窗面之平均及最低数量。

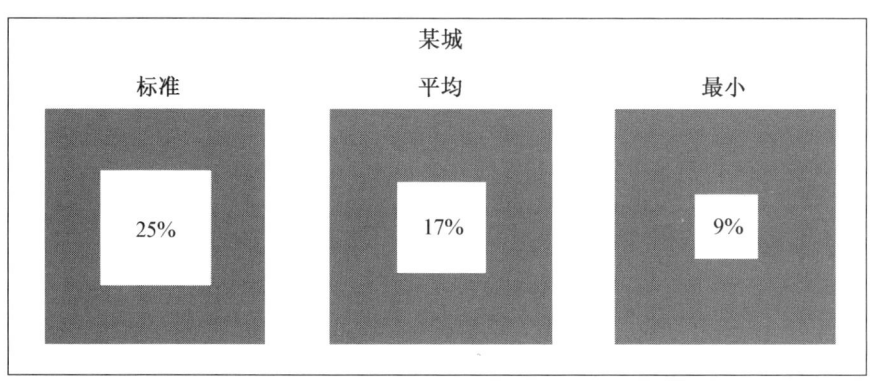

第一图 某城教室光线与标准教室光线之比较

二、荫面比较法 Shaded-Area Comparisons

(一)上图三矩形之高为比较之基础。
(二)两旁矩形之划线,直射中央。而成中矩形之两重画线。
(三)各线皆成四十五度之角。
(四)图左为纵立百分尺,上下两线较粗。下线代表百分之零,上线代表百分之百。

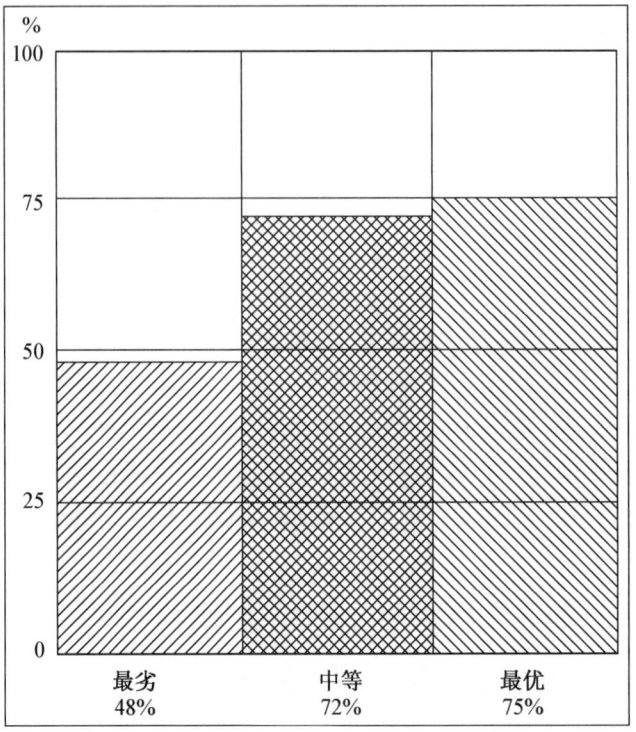

第二图　某城小学最优中等最劣三种儿童升入中学人数之百分比

三、组合法 Component Parts

(一) 简单组合法

1. 甲式　第三图

(1) 图为横列之长方形,其长度代表百分之一百的学校。

(2) 该形面共分六部,每部代表一组。

(3) 图之左右端二线较粗,代表百分之零及百分之一百。

(4) 上下各有一十等分之尺,并有小短线,表示各等分之部位。

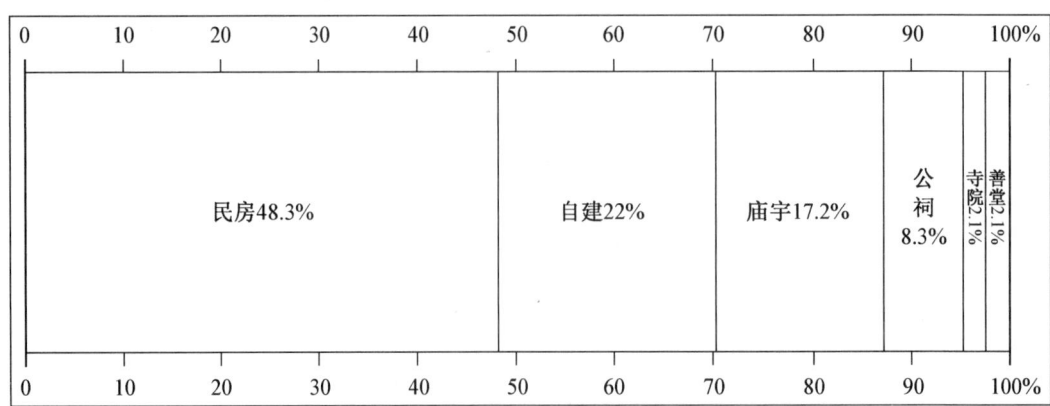

第三图　十八年度吴县县立小学校舍性质之比较(甲式)

2. 乙式

此图与前图同。惟用荫面，是其不同之点。

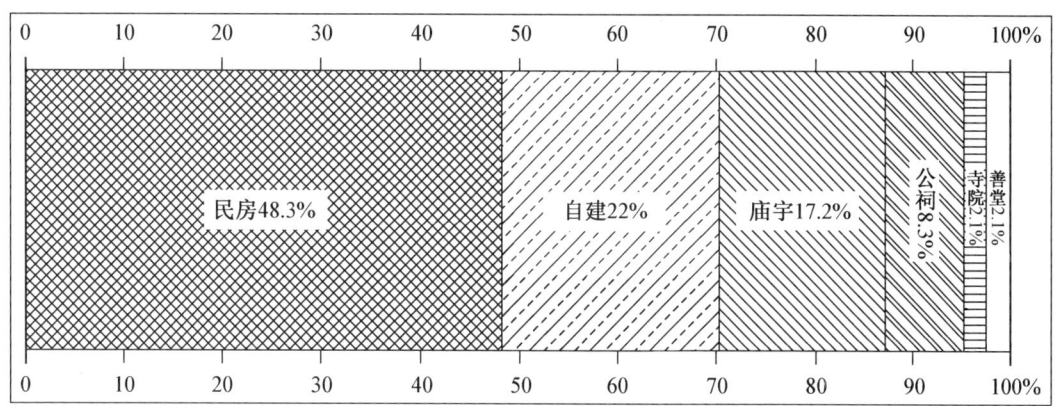

第四图　十八年度吴县县立小学校舍性质之比较（乙式）

（二）比较组合法 Comparative Component Parts

（1）图内共有长方形二，上形代表某城之用款，下形代表其他各城之用款，中联以线，俾易比较。

（2）两旁之线较重，代表百分之零及百分之百。

（3）上下有百分尺。

（4）另有小短线，表示十等分之部分。

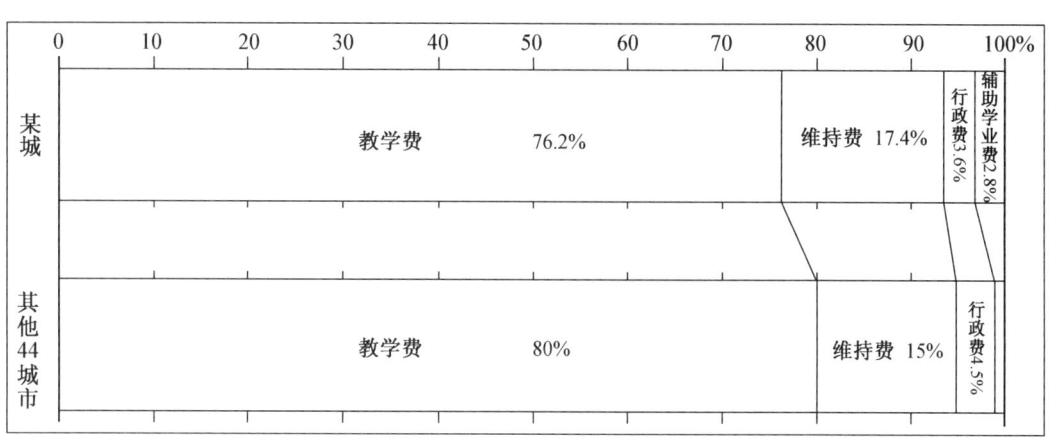

第五图　某城教育费用与其他城市教育费用之比较

（三）荫面组合法 Shaded Component Parts

此图上之长方形，与前图相同，惟用荫影表示其不好之程度，由深至浅。

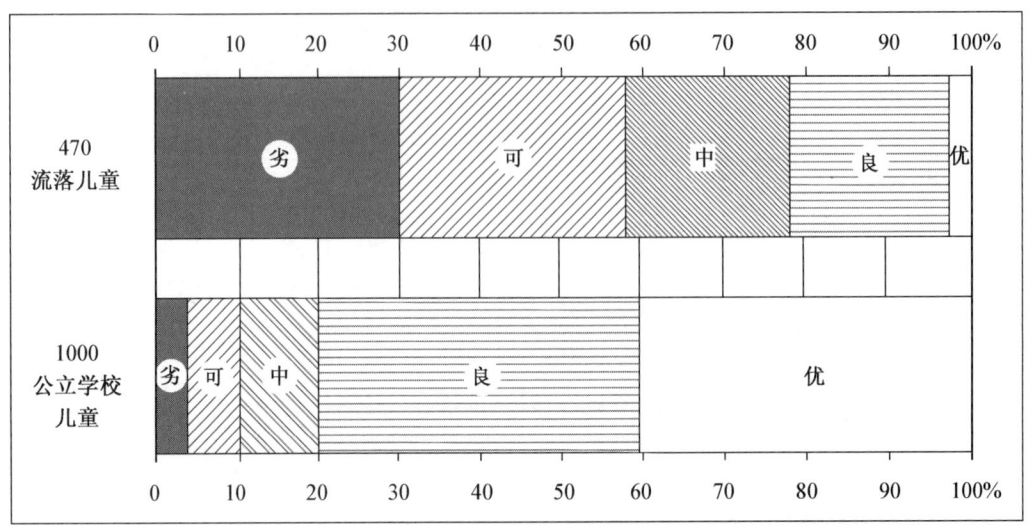

第六图　某处流落儿童之社会智力分组与同年龄之学校儿童之比较

四、双尺法 Double Scale

（一）此图表示九百六十九个女教职员已未婚人数之比较。

（二）占数最多之一类在图之下部，愈上则愈少。

（三）上下二线较粗，代表百分之百及百分之零。

（四）两旁之线，一代表比例尺，一则代表实际之数目，故名双尺法。

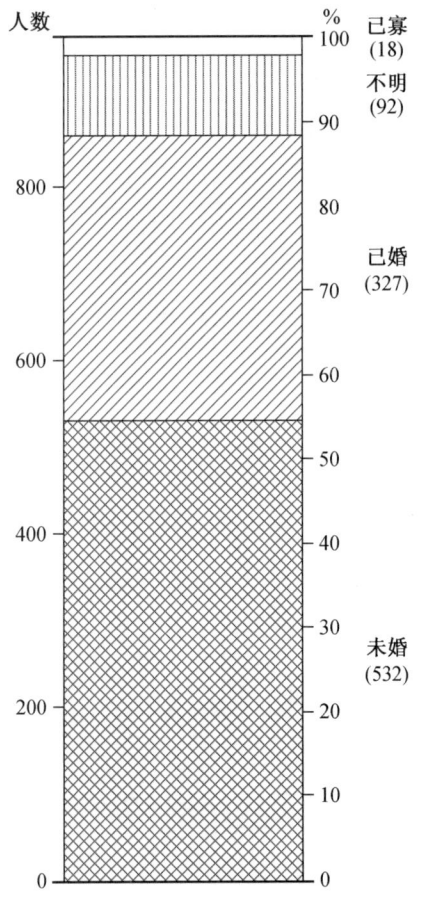

第七图　江苏各县 969 女教职员已婚未婚人数之比较

第二种　条形表示法 Bar Representations

此类图形，全用平行之长方条形制成，其目的在比较一类不相连接而又有关系之事实，其比较价值常以条之长短表之。

条形有横条与纵条二种之分，横条图 Horizontal Bar Charts 之各长方形，从一纵立之基线 Baseline 由左向右开展，该线代表零点，各条之价值，即以从该线展开之长度表之，至测量长度之尺，则附于图之下端。

纵条图 Vertical Bar Charts 之各条，皆直立如柱，其下为一水平底线，代表零点，各条之价值，即以由此点向上开展之长度表之，其旁则附一直立之量尺。

横条图比纵立者为优。因吾人之目力对平行距离，易得正确之比较，而对于直立者则否，惟在图表上，纵条亦有其特优之点，不可一概抹刷，故并及之。

一、横条图 Simple Horizontal Bars

（一）简单横条

1. 甲式第十八图

（1）左边之线，代表百分之零，各条之长，共为百分之一百。

（2）图中有纵线若干条，代表量尺，图下记数字，其上则否。因此图不高，颇易为目力所及也。

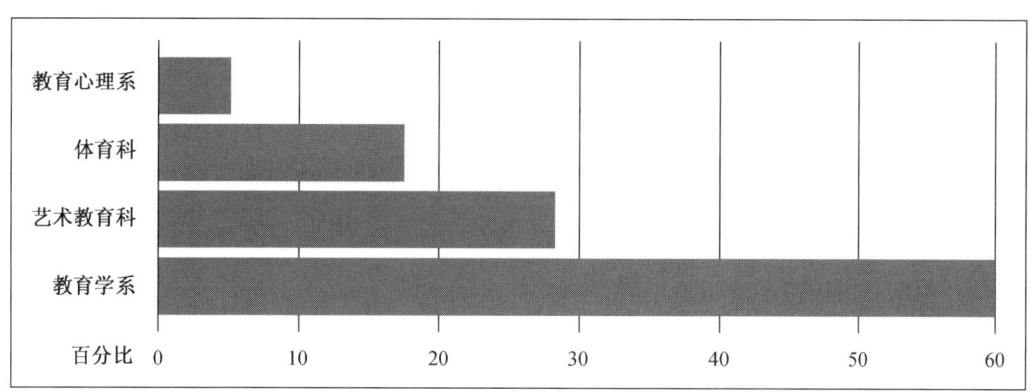

第八图　中央大学教育学院十八年度各科系学生数之分配

2. 乙式

（1）此图之构造大体与前者相同，惟其总数不等于百分之百。

（2）因此图较前图为高，故上下两端之量尺，皆以数字表出之。

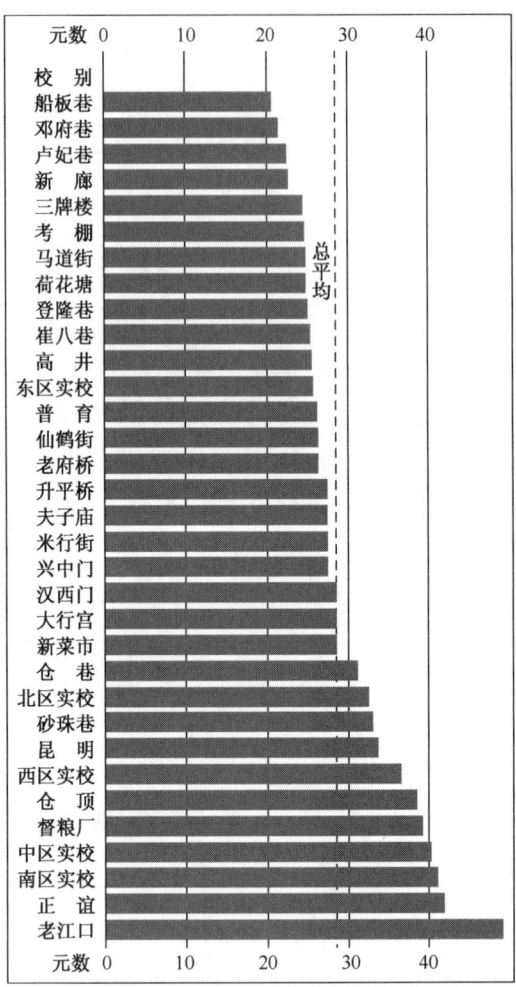

第九图 十七年度南京市立小学每生平均费用之比较

(二) 组合横条 Component Parts Bars

1. 无尺者

(1) 各条之总数皆为百分之百。

(2) 因其只有两个组合部分,故将实数写出。

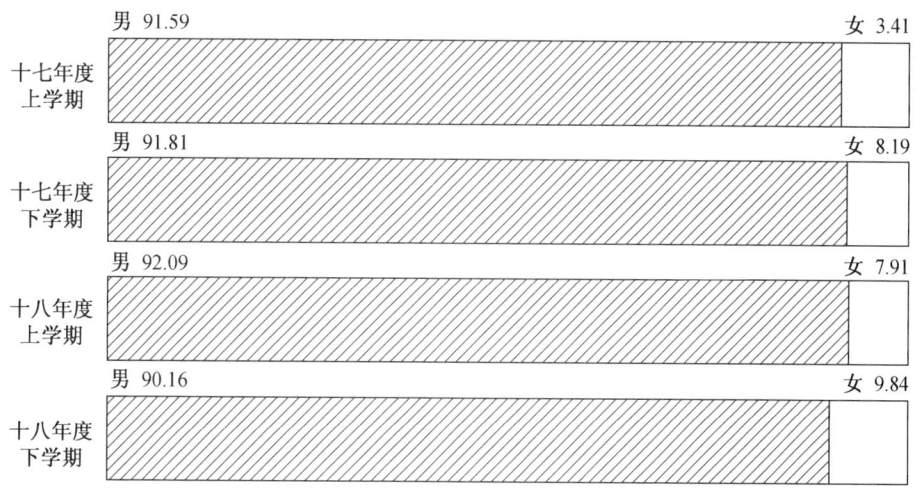

第十图　中央大学十七十八两年度男女学生百分数之变迁

2. 有尺者

（1）甲式

此图之构造与前图大概相同，惟附有百分尺耳。

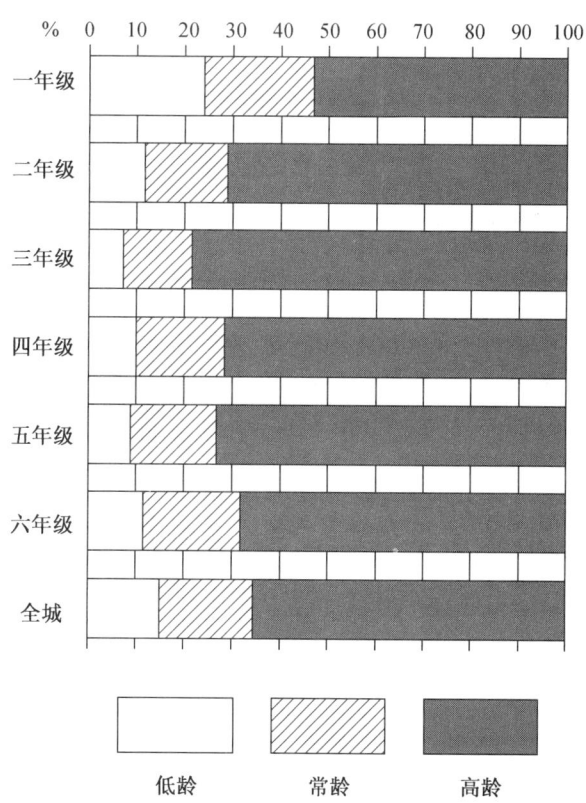

第十一图　南京市立小学校各级低龄常龄高龄儿童之百分比较

(2) 乙式

（a）此图用组合条形,表显一排不相等之价值。

（b）各条皆代表实数,并非百分比。

（c）图下并附一尺,各条间皆以引线联之。

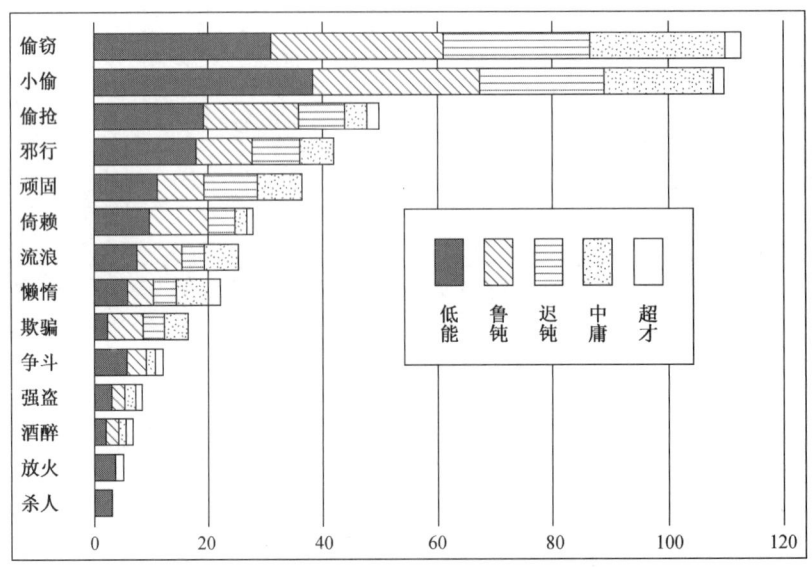

第十二图　某地流落儿童之智力及犯罪原因之分配

3. 与标准分数比较者

（1）上图最上之横条代表标准分数,其下则代表各校舍之分数。

（2）此种图示方法,除可用以比较校舍分数外,尚可用以比较教育用款教学效率及学生成绩等等事实。其在教育调查上之应用,殊为广大。

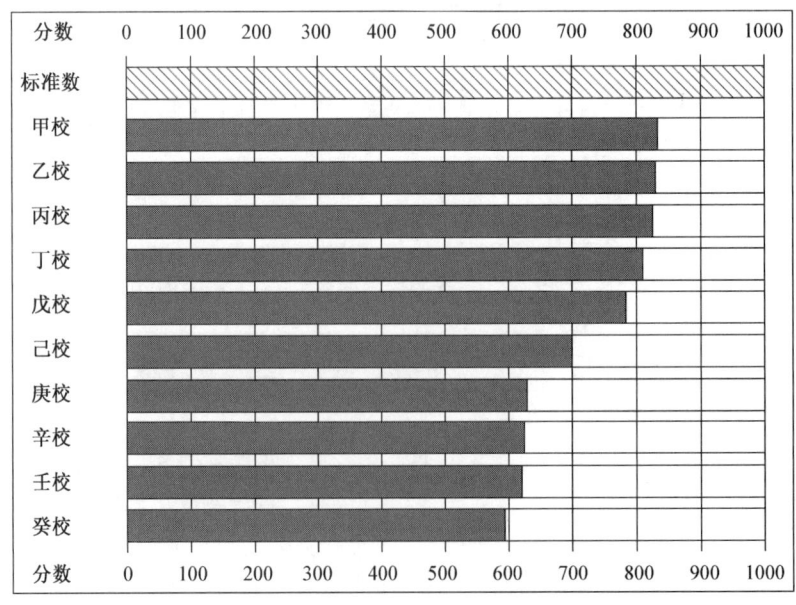

第十三图　某城各校校舍依据施菊野氏测量表所测得之分数

（三）延长横条 Extension Bars

1. 此图可以比较相差甚远之比例部分，各比例部分之长度，若不用此法表出，或竟无从比较。

2. 因有数部分太长，故不附量尺，且不用引线。

```
茶客 40968










弹子 1177
着棋 773
阅报 568
阅书 155
音乐 135
```

第十四图　南京市立民众茶园各项休闲活动人数比较（采用南京特别市教育概况统计资料改绘）

（四）距离条形 Range Bars

1. 全距条形

（1）此种条形比较各种价值之全距。

（2）量尺为百分数，由零至百。

（3）两端之线较粗，其中之引线较细。

（4）各条之长代表每校分数之全距。排列次序，依各条中数之大小而定。

（5）各条中之直立粗线代表中数。两旁之细线为二十五分差及七十五分差。

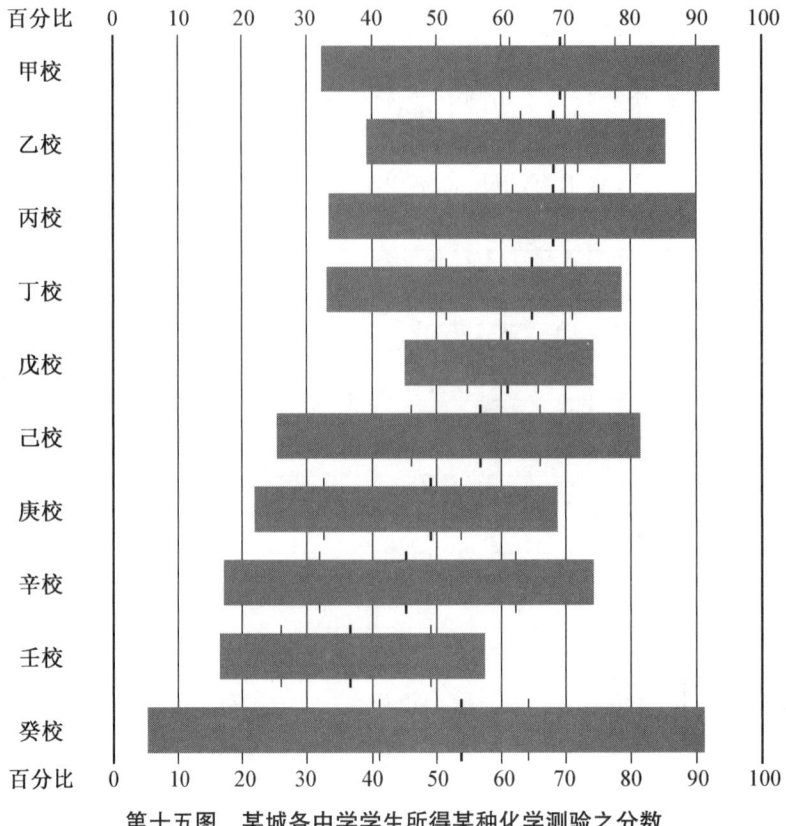

第十五图　某城各中学学生所得某种化学测验之分数

2. 百分比全距横条 Percentagerange Bars

(1) 此种全距条形以百分比为基础。
(2) 排列之次序,根据平均分数。
(3) 每条分为三段,代表最低中等最高三种分数。
(4) 各段分开,便于比较,且可省去量尺。
(5) 数目标于每条之下。

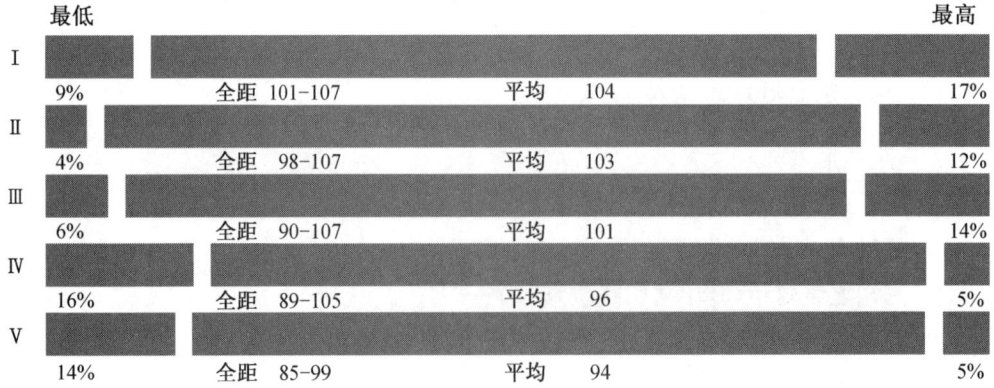

第十六图　某五校学生智力之分配

二、纵条图

(一) 简单纵条

1. 甲式

(1) 此图简单,故不用量尺。

(2) 各条下附入实数。

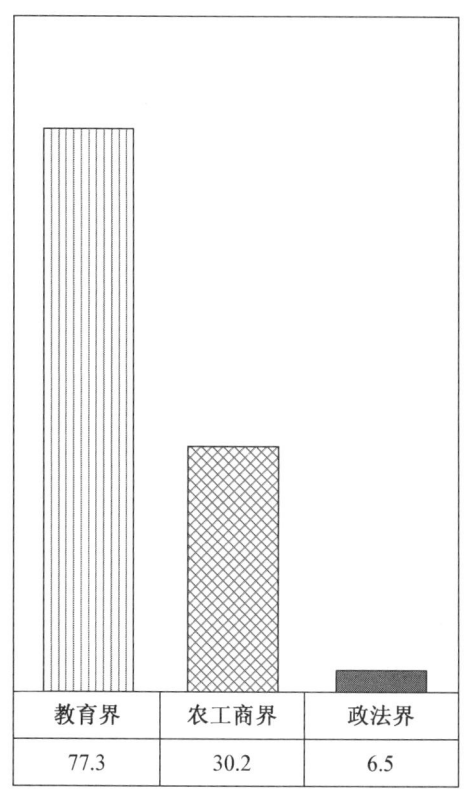

第十七图　江苏省各中等学校历届毕业生就事各种职业界总数之比较

(采自《教育杂志》十七卷第四号)

2. 乙式

(1) 各条皆依每种原因所占数目之多寡排列,惟最右者因代表原因甚多,且其数甚少,不能与前四种相比,故并为一条表出之。

(2) 直立量尺之上端,用"千"字代表三圈以缩短量尺上所用数字。

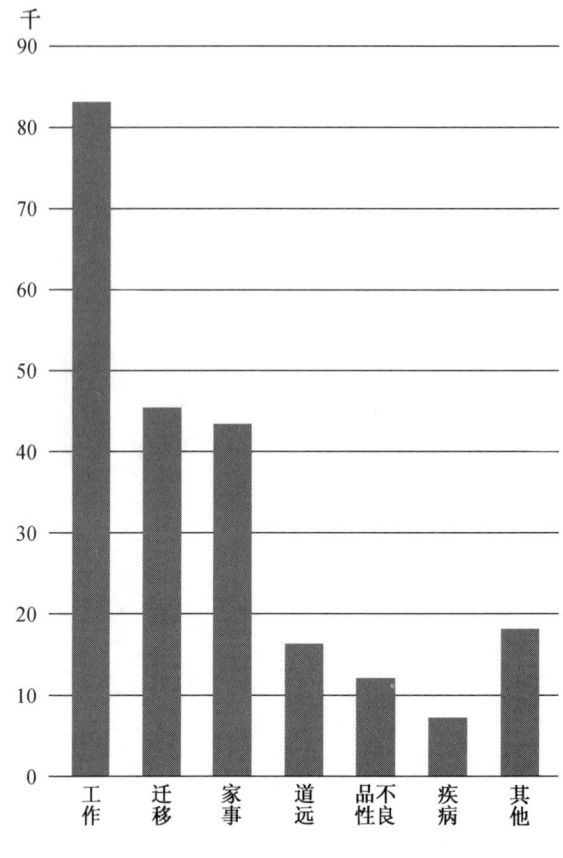

第十八图　某省小学校学生退学之原因

(二) 时间分配纵条

1. 甲式

(1) 表现次序,不依次数多寡,而依时间先后。

(2) 此图表示雨量比横条为优。

(3) 图左立量尺。

(4) 每条下列出真数。

(5) 此图在乡村教育调查中讨论气候及经济情形时可用之。

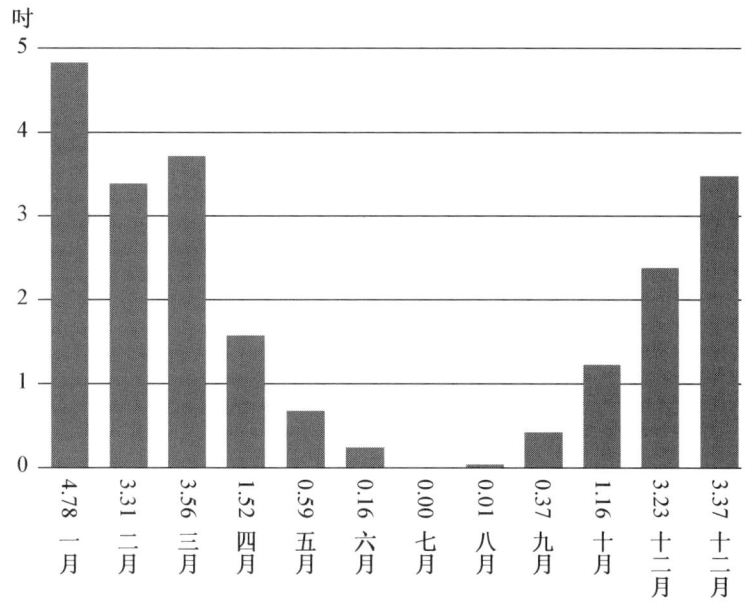

第十九图　某县某年内各月雨量之分配

2. 乙式

(1) 此图与前图相同,惟中间缺下一部分。

(2) 缺下之部,应填出原因,否则易滋误会。

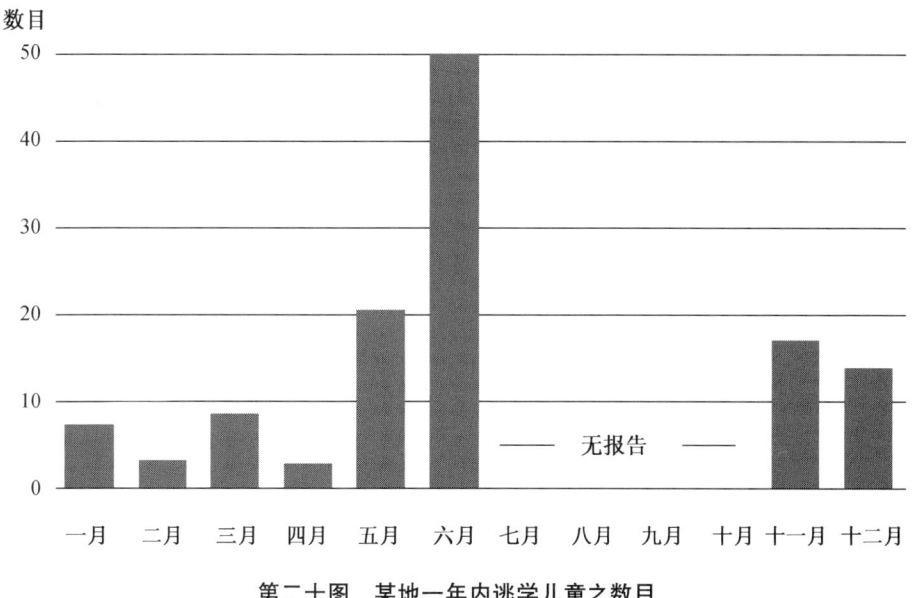

第二十图　某地一年内逃学儿童之数目

（原载《教育季刊》第一卷第一期,1930年）

教育图示法述要(续)

(三) [①]**分裂百分纵条**

1. 每格代表百分之一。
2. 各条总数共百分之百。
3. 因此表太长,故用分裂式缩短之。
4. 纵尺上数字,写至三十,因该数便于计数也。
5. 分裂之处用水浪线表之。
6. 各条间留有相当地位。

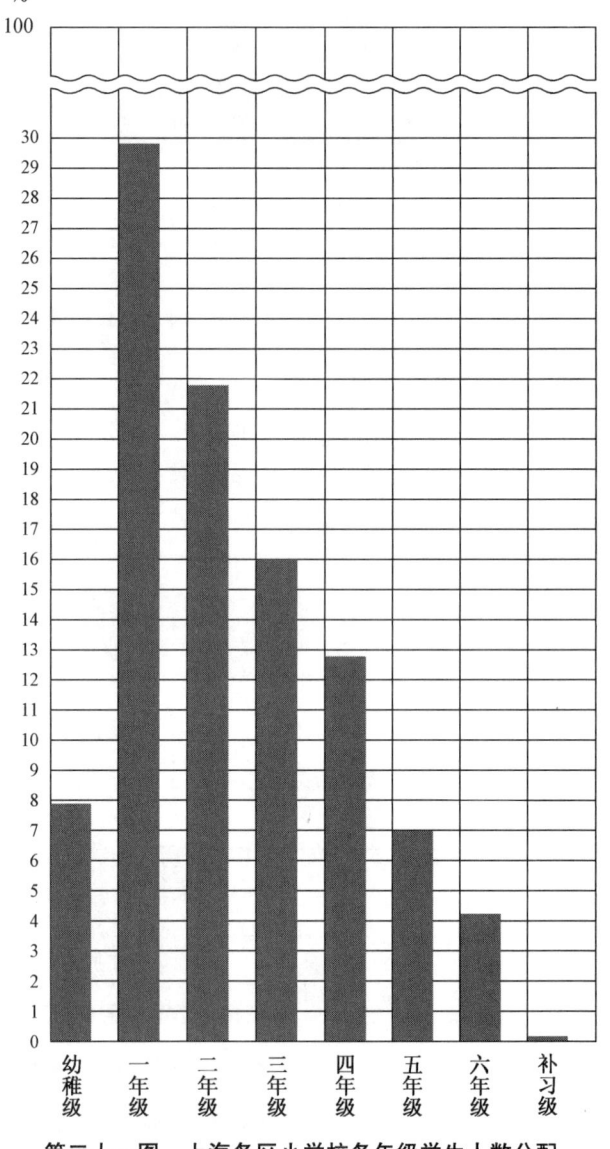

第二十一图　上海各区小学校各年级学生人数分配

---

① 编者注:原文如此,与上篇文末相较,疑有缺漏或标序错误。

(四) 纵条比较

1. 甲式　简单的
(1) 只有两条比较。
(2) 样图中空处填写说明。

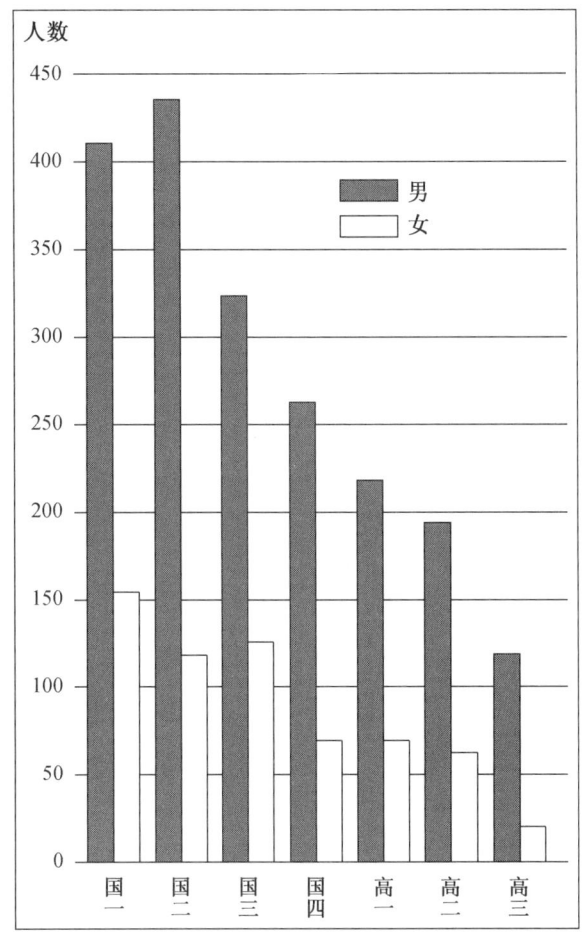

第二十二图　济南高等国民小学校各年级男女学生人数之分配

(见《新教育》六卷第三期《济南学务调查》)

2. 乙式　复杂的
(1) 此图有三条以上，互相比较。
(2) 说明在图下。

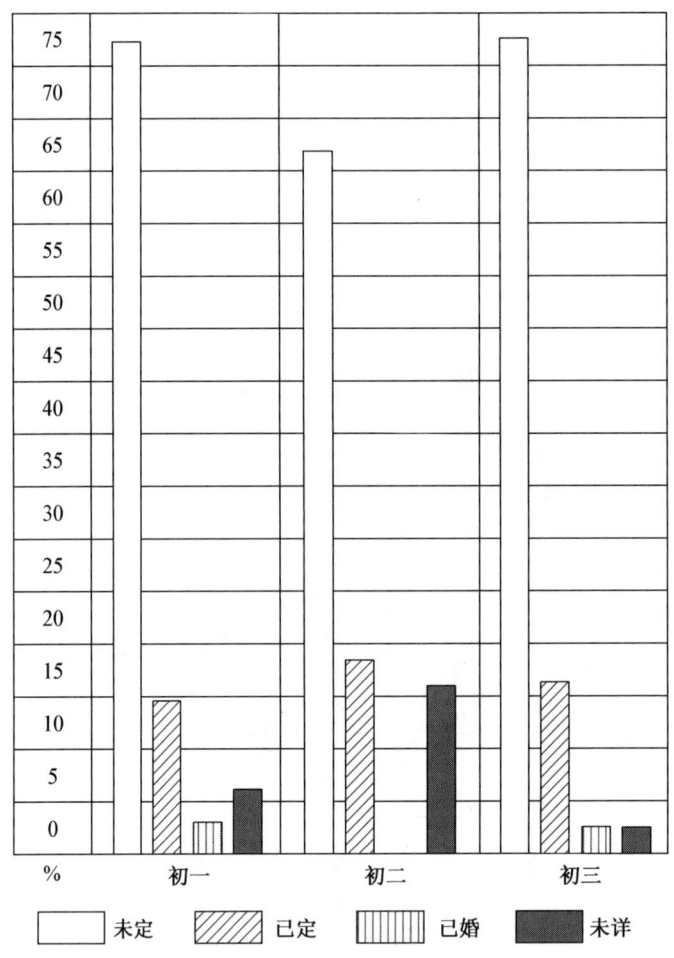

第二十三图　民国十二年东大附中初中部在校学生已婚未婚人数之比较

3. 丙式　上下比较的

(1) 底线为平均数。

(2) 上组代表平均以上之数，下组代表平均以下之数。

(3) 量尺之尽头处皆为整数。

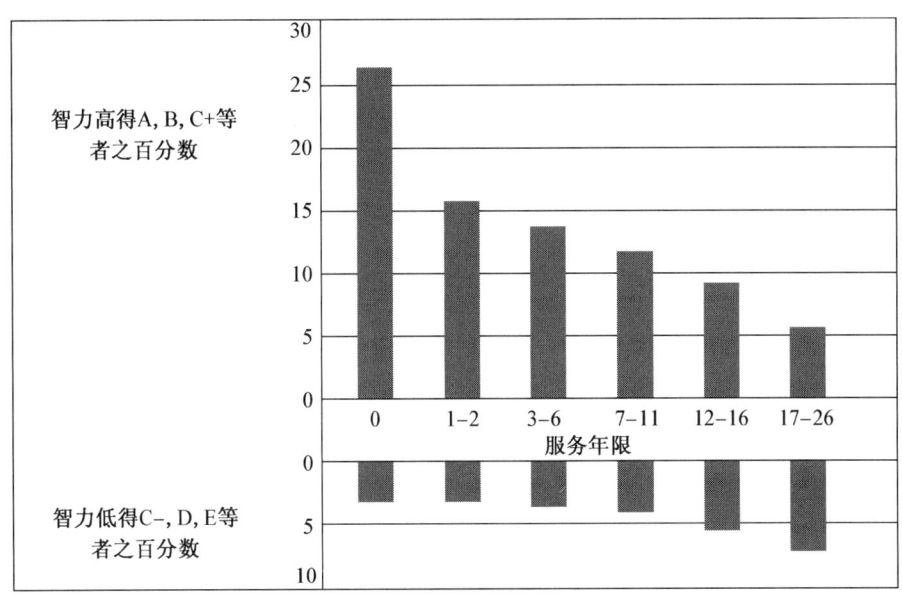

第二十四图　美国克里夫兰警员智力与服务年限之关系

第三种　圆形表示法

圆形表示事实，本不甚妥。惟以其易引起阅者之注意，且沿用甚久，故本文亦采用焉。

一、单圆形

（一）单扇式

1. 甲种

（1）此图用以表显教育经费之分配，极有效力。

（2）先将百分之价值化成度数，然后用平圆规切量之，全圆周计三百六十度，每百分之一相当于三点六度。

（3）注意各部分之先后以大小为序。

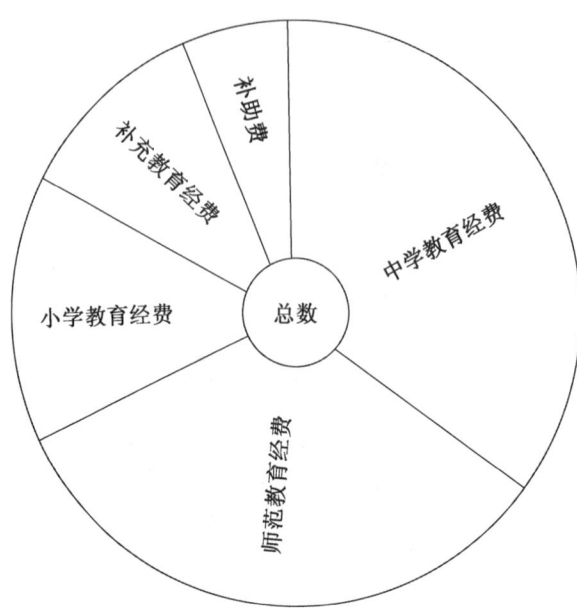

第二十五图　山东省十八年度普通教育经费之支配①

（采用十七年度山东教育统计资料改绘）

2. 乙种

（1）此图与前图制法同，有时可用彩色，使较明显。

（2）数目过多时不宜采用此式。

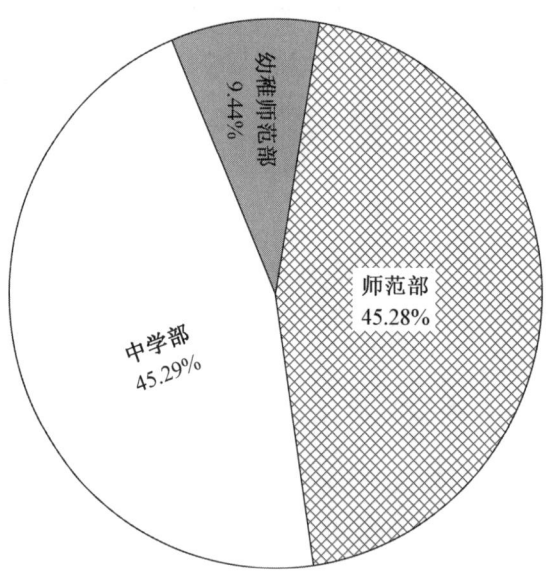

第二十六图　民国十三年江苏省立第一女子师范学校各部学生数之比较②

---

① 编者注：原图数据模糊，未录入。

② 编者注：原图数据如此，百分比所加之和大于100％。

（二）复扇式

此图可以比较复杂的分配，制法与前同。

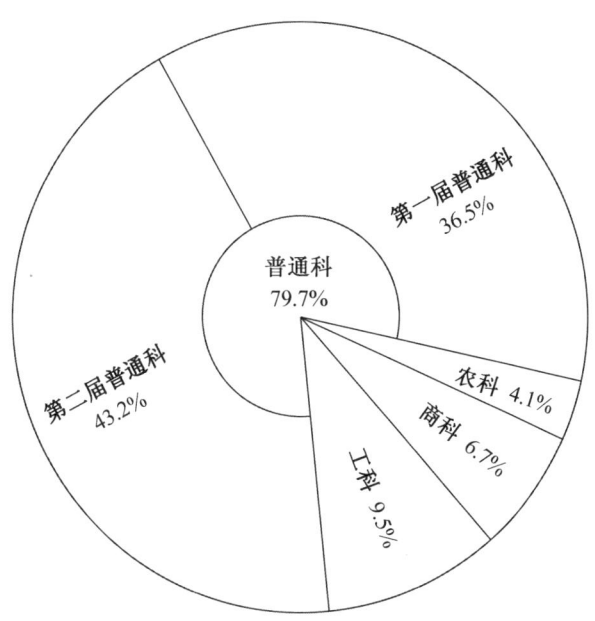

第二十七图　东南大学附属中学各科毕业生升学人数之比较

二、双圆形

（一）第一圆形中将各项合并，只成为二部分。

（二）将其中一部分中之各数目，化成百分比，于第二图中表出之。

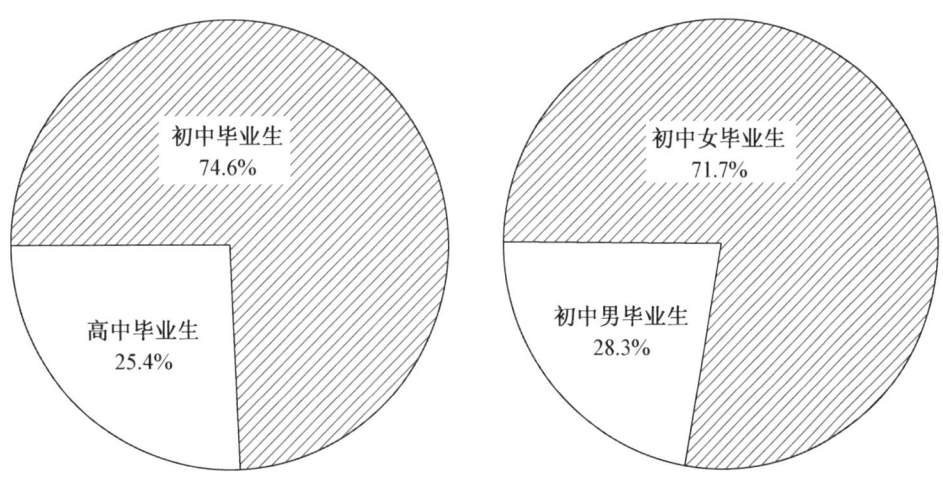

第二十八图　上海市立中学校高初中男女毕业生之比较

（采上海特别市教育局十八年一月至六月业务报告材料改绘）

三、多圆形

（一）各小圆在四周，大圆居中。

（二）各小圆又依所代表各县百分数之高低而排列之。

（三）此图价值，在使各地易与平均数比较。

（四）照例黑色应表现事实不良，惟本图注重分配，故亦不妨以黑色表之。

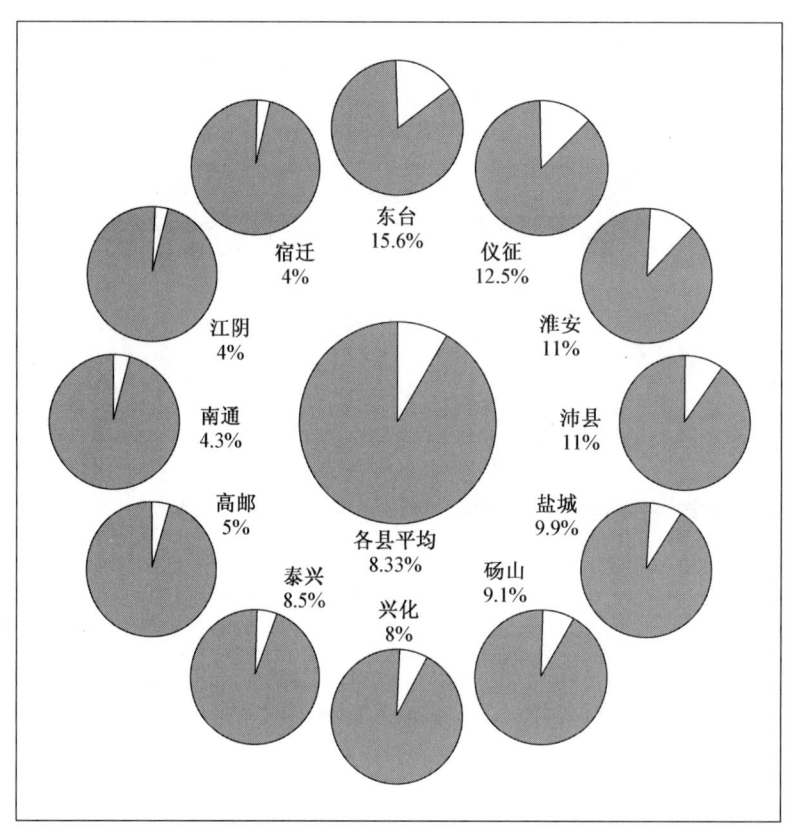

第二十九图　江苏省江阴东海等十二县教育行政费所占全县教育经费百分之比较

（采用《教育杂志》二十一卷一期统计资料改绘）

第四种　弧形 Curves

弧形为连接比较价值上各点之线。其主要目的，在表显事实之趋向 Trends，有时亦用以表示离中趋势 Variability。其在图示法中虽不如前数种之通俗，然在科学的性质之报告中，用途固甚广也。

弧形图上必有二尺。一为左侧边线之尺，一为底线较粗之尺，弧形上之每点，在此两条量尺中，各占一比较的位置焉。

一、次数分配图

(一) 简单分配

1. 每组以纵线上之某点表之。
2. 相邻之二点,以一线连接之。
3. 各线连成一弧。
4. 注意引线须比弧线较细。

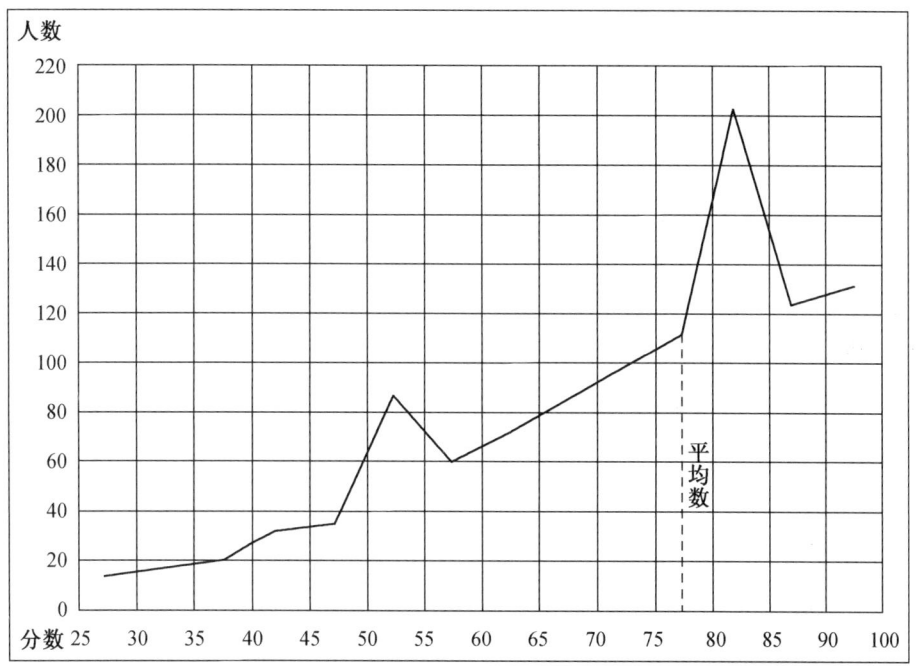

第三十图　十七年度下期南京市立民众学校学生毕业分数之比较

(二) 比较分配图

1. 甲式

(1) 两弧用虚实二线表出之。

(2) 弧多时,亦可用各种线来表出,但以明线为主。

(3) 本图比较情形相同之事实,故某种事实,可任用二线表示之。

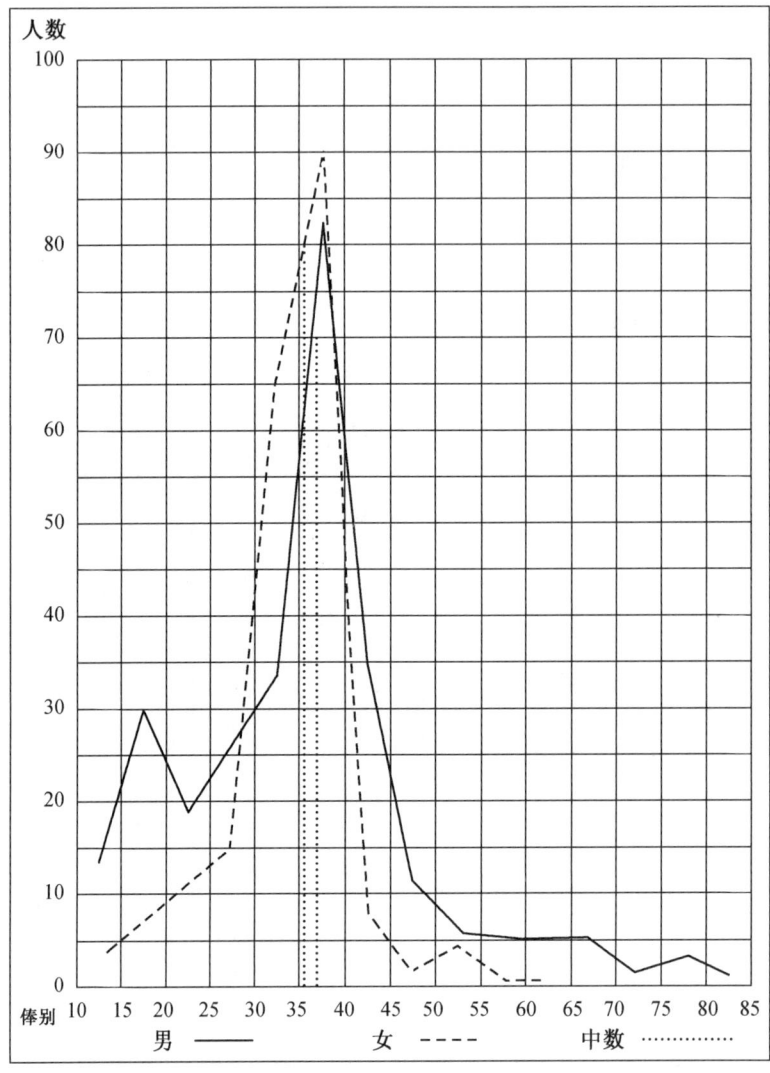

第三十一图　十七年度下学期南京市立小学教职员薪俸之比较

2. 乙式

(1) 某城系主体,故用黑线,且甚粗肥,至其他各城则仅供比较之用,故用虚线。

(2) 7—8年亦有材料,惟与底线相合,故特别重画之。

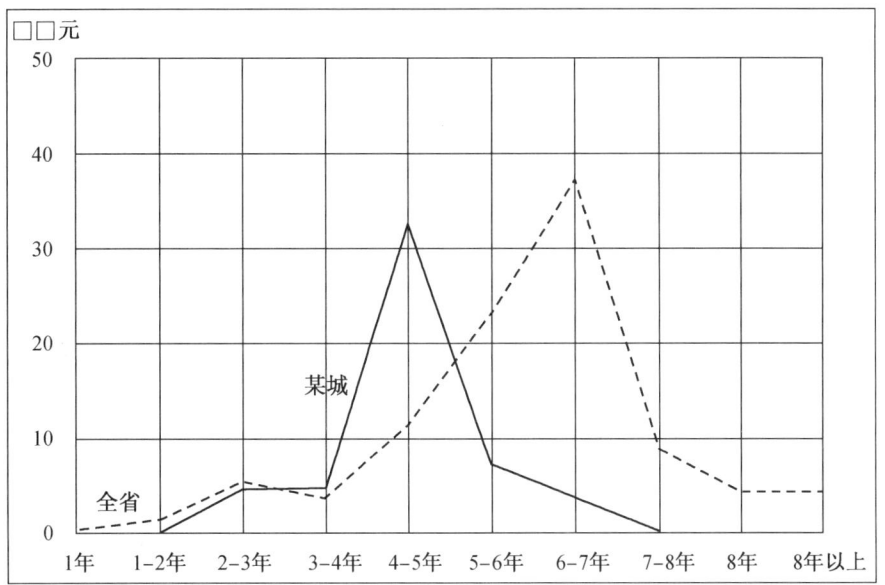

第三十二图　某城小学教师所受大学教育之年数与全省小学教师之比较

二、侧面弧线图 Profile Curves

（一）底线似量尺而实非量尺。各罗马数字仅代表测验之种类而已。

（二）弧线特别粗肥，并于各引线代表分数之点上用大圆点表示之，使阅者更为明显。

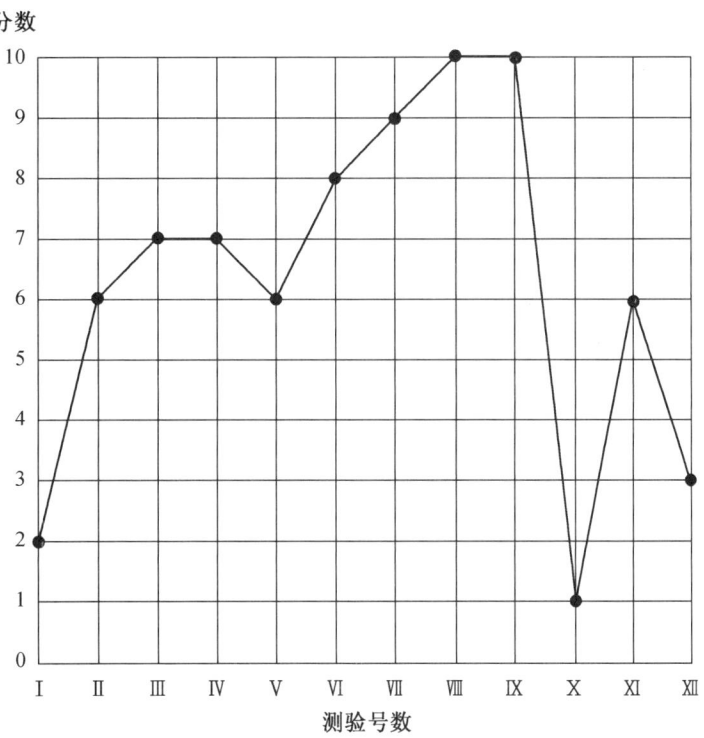

第三十三图　某儿童在董烈氏 Downey 意志性情测验上所得之测量分数

三、比较位置弧线图

（一）各级之标准以小圆表示之。

（二）以速度论,位置愈上愈好,愈下愈坏;以品质论,位置愈右愈好,愈左愈坏。

（三）该校与标准比,品质高于标准,速度则大多数年级在标准之下。

（四）此图用剪裂式以省纸幅。

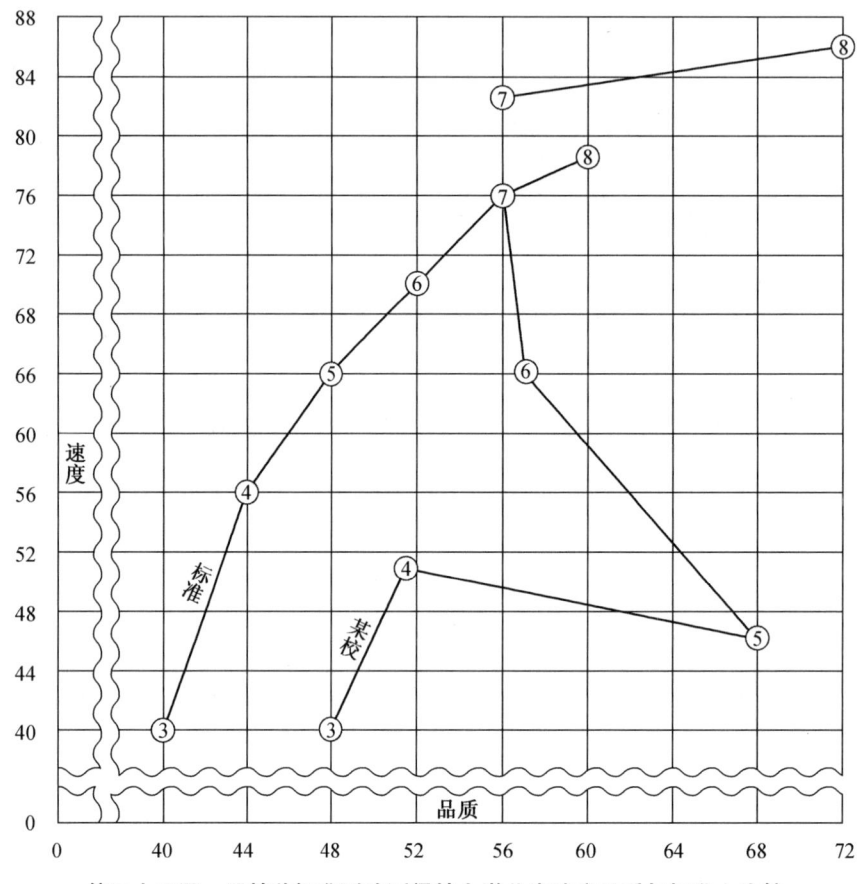

第三十四图 用某种标准测验测得某小学儿童速度品质与标准之比较

四、荫面弧形图

1. 两弧之间用单荫斜线与下层双荫之斜线相连。
2. 斜线与底线成四十五度之角。
3. 图左纵立尺以五百等分之。但数目字之线,比他线为粗。

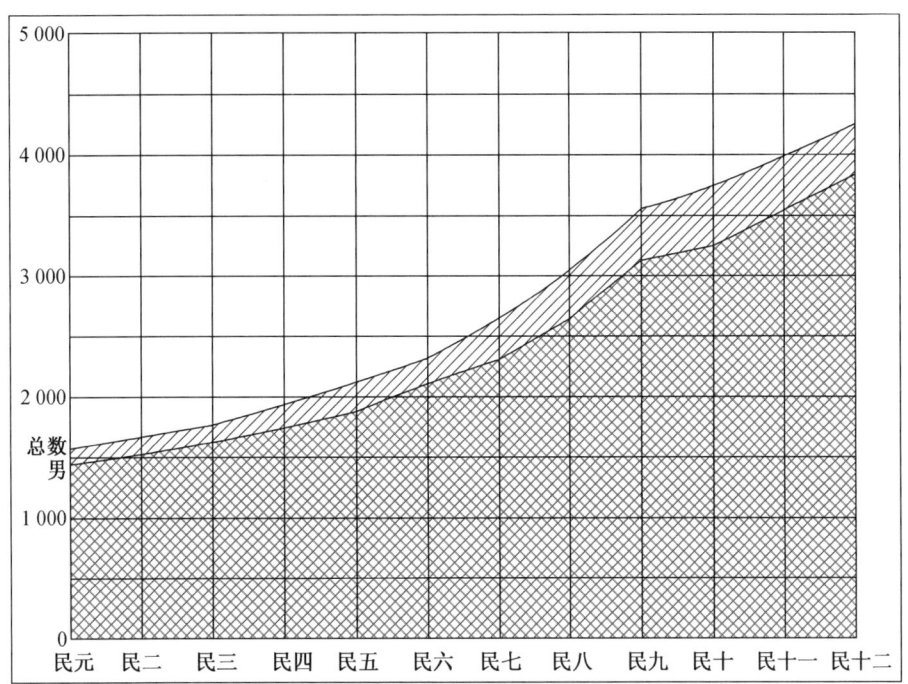

第三十五图　某城民国十二年来在学年之末所用教师数

第五种　次数多边形 Frequency Curves

次数多边形，实为一群相邻之纵线条组合而成。惟其主要目的，在表示各组距 Intervals 次数分配之趋向 Frequency，而纵条则注重各个组距之大小，此其不同之点也。

次数多边形，又与弧形不同，弧形用线，次数多边形用面。譬如有一组距为 85—89，在弧形中，则于横尺上组距中 87.5 之处用一线表示之，而在次【数】多边形中，则必全部表出之，此其大较也。

本类图表之普通规则，概与条形弧形相同。

一、简单次数多边形

各条形之线，直达底线，此种办法，可使各组距彼此分清。且易使底线上所标数字，看得明白。

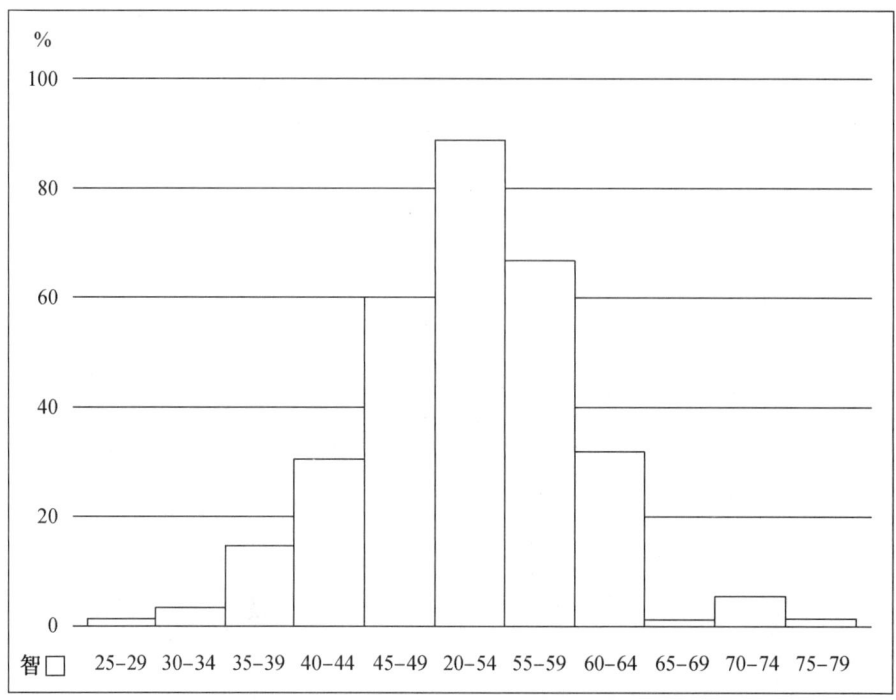

第三十六图　十七年度上海各小学六年级 B 组智力之分配

二、荫影次数多边形

（一）底线亦包在荫影范围之内。

（二）此种线形，在表示儿童年岁距离时，极有用处。

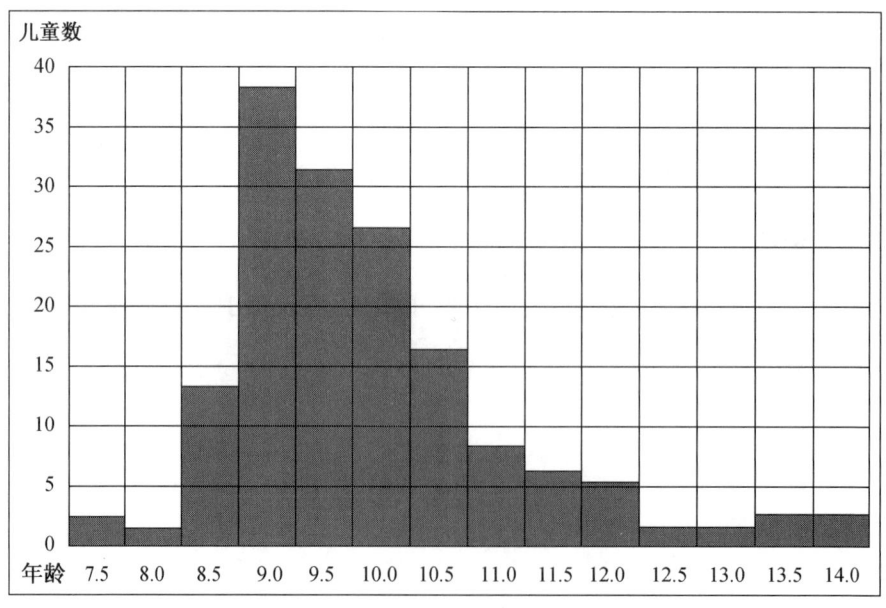

第三十七图　某班儿童年龄之分配

三、比较次数多边形

（一）此图性质与"弧形比较"相似。

（二）多边形所包之面积以线中分之，后于其上标出"中"字表示中数。中数线之构造，须与多边形之边线一致。

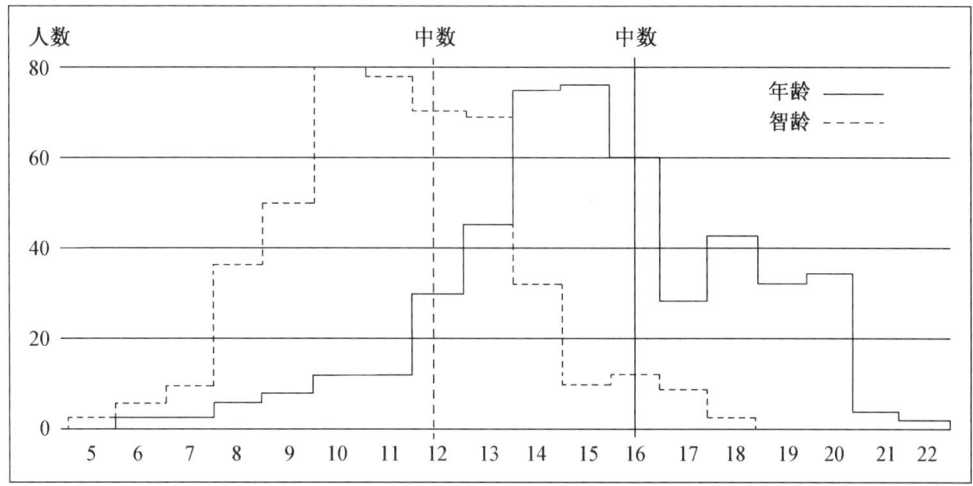

第三十八图　四〇七个流落儿童年龄与智龄之分配

四、对向次数多边形

（一）此图中分之线，为平均数，另用标准数，以资比较。

（二）多边形之上半部，代表各校任何年级之最高分数，下半部则代表同校任何年级最低分数，各校名皆标于图下。

（三）因50%以下不用，故以水浪线分裂之，以省纸幅。

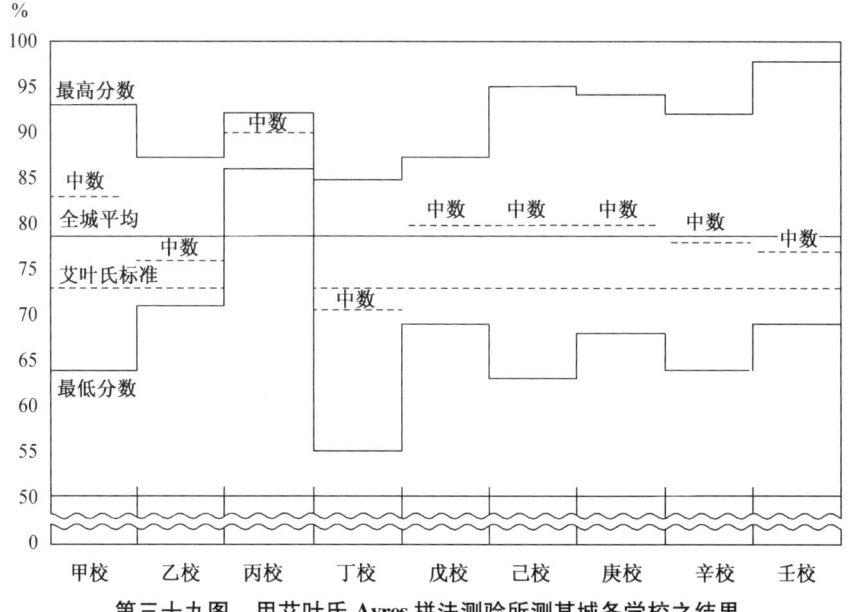

第三十九图　用艾叶氏 Ayres 拼法测验所测某城各学校之结果

第六种　各个次数分配图形 Individual Frequency Distributions

前述各图,皆将各单个事实组合,以观其普通趋势,或其趋中之价值,本节所欲述者,则将图中各个事实分开绘制,以表显其各个之价值。此种图示法,在事实不多时常用之。

一、简单分配

（一）每点代表一儿。
（二）各方块大小一律。
（三）方块内实际数目皆标出。

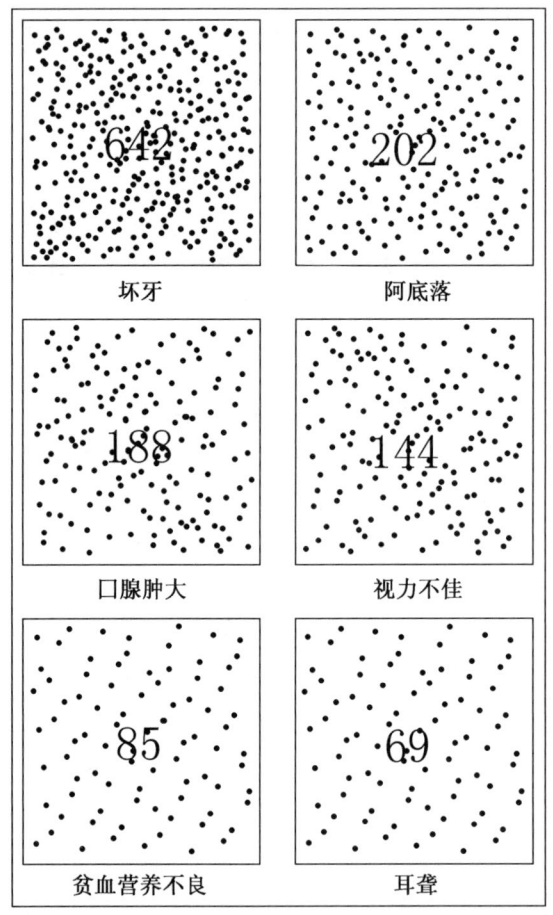

第四十图　某地在学儿童由体格检查所发现之不良状况

二、百分数分配

（一）每黑圆形，代表百元。未满百元者，则于圆形内以扇形表示之，其大小须与元数相当。

（二）标记须明显，每五个圆形成一组。

（三）各部排列须匀称。

（四）字体大小亦与圆形相仿。

（五）图下附以量尺。

（六）每项确数须记出。

（七）中数记出，并以一纵线表之。

（八）另加一方边。

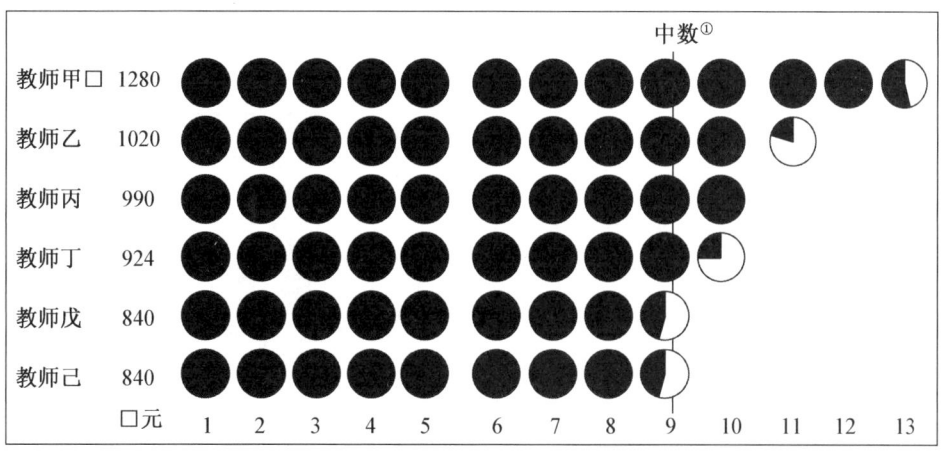

第四十一图　某处教师之薪水

三、学级分配

（一）每黑圆形代表一儿。

（二）每逢五之圆形，皆以一引线横分之，以便记数。

（三）此种圆形，人数甚少时用之，颇为相宜。

---

① 编者注：中数数字模糊，不可识。

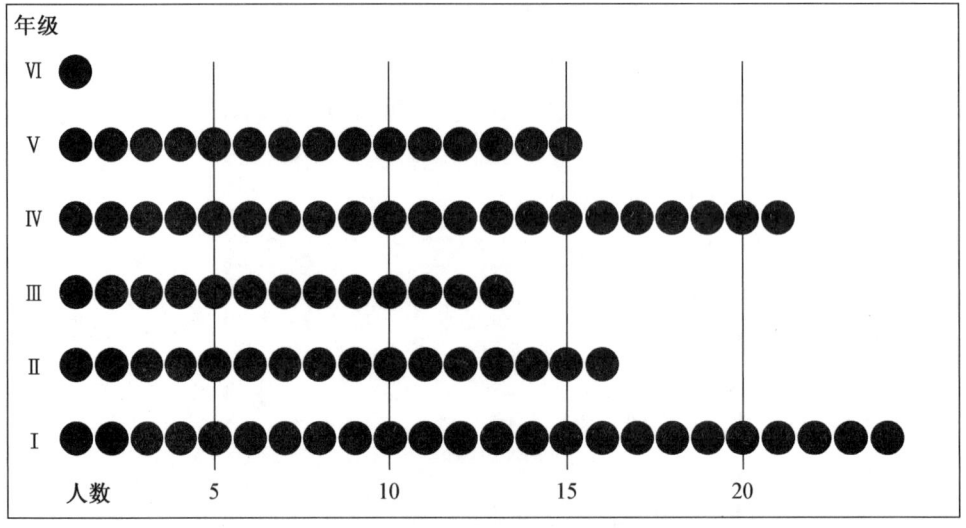

第四十二图　某校有牙病儿童在各级之分配

四、个别事实分配

（一）每圆形代表一儿。

（二）各儿在平行尺上之位置，表示其智力商数。

（三）各图又表出分班的地位。

（四）图中有一想像的横行之线。（此线先用铅笔绘成，然后揩去。）某种智力商数之儿童，排成直线，由横行线处均分排列之。

（五）每隔十分，便以一引线表示之。

（六）注意各圆形内黑色之程度。智力愈下者，黑色程度愈深。

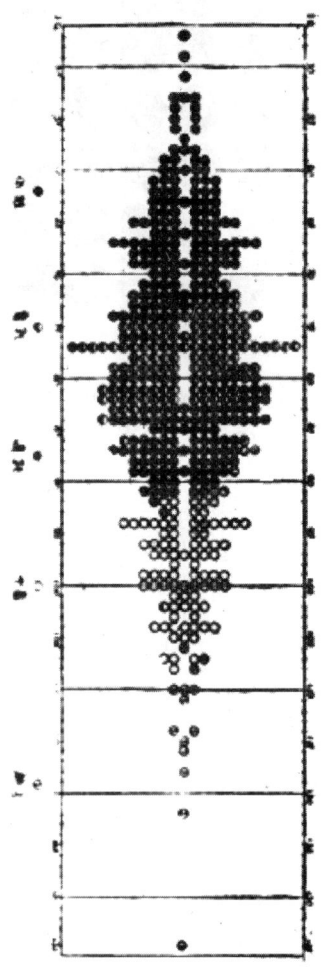

第四十三图　四七〇个流落儿童之智力及社会智力分组之各个支配

第七种　块　形

本类图形用面积表显事实之位置，其容量之多寡概不过问。

一、课程图

（一）各科目名称，列于图左，其排列之先后，依儿童在学时学习之先后为序。

（二）图下之尺，代表各个年级，依次排列，并用引线，将各年级分开。

（三）代表各科之长方形，依其教授之年级，向图之右端延长之。

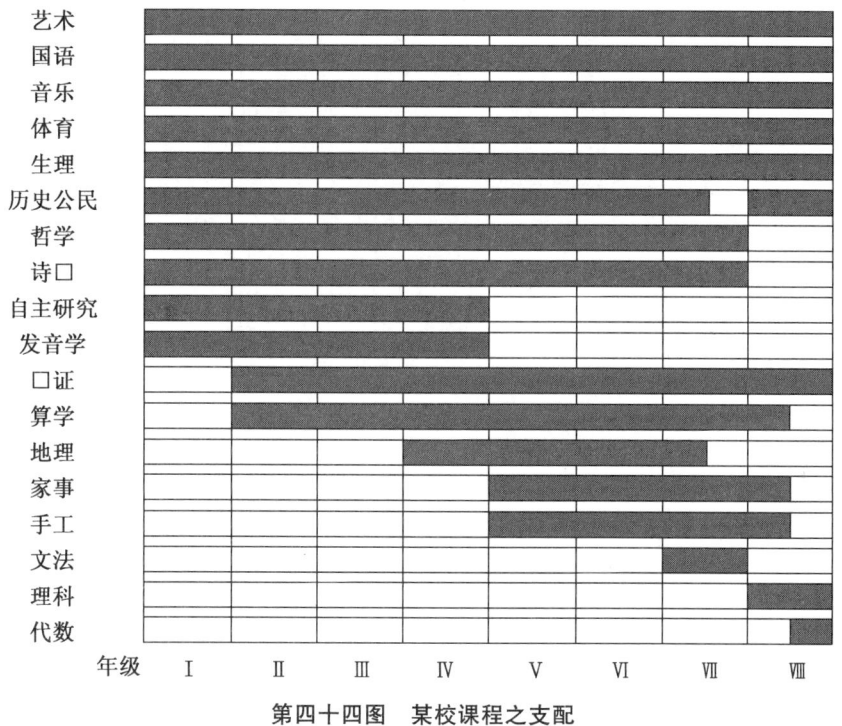

第四十四图　某校课程之支配

二、比较位置

（一）甲种

1. 各项目数皆由上向下。
2. 黑长方块形代表某城学校之地位。

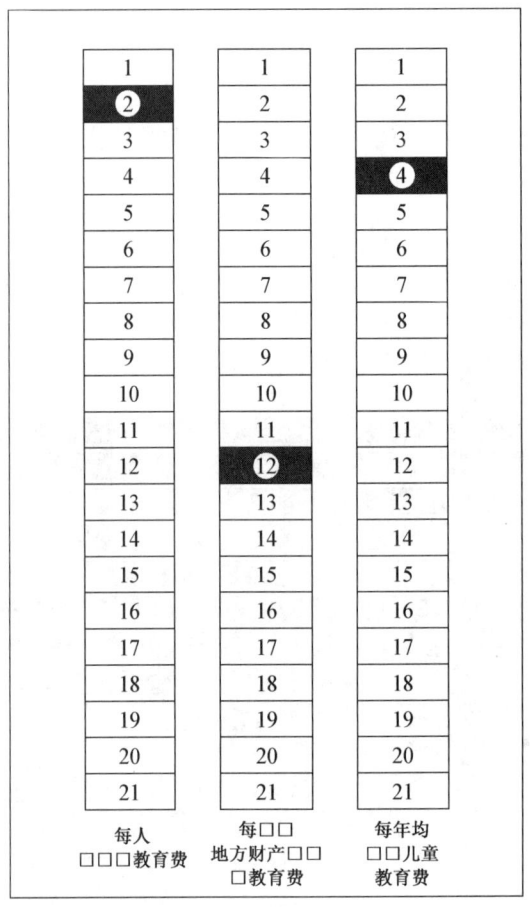

第四十五图　某城学校用款与其他 21 城市之比较

(二) 乙种

1. 其他各科之位置,用线将各学校连接表示之。
2. 学校排列之次序,以数学之次序为准。
3. 表示位置之数目,由上向下。

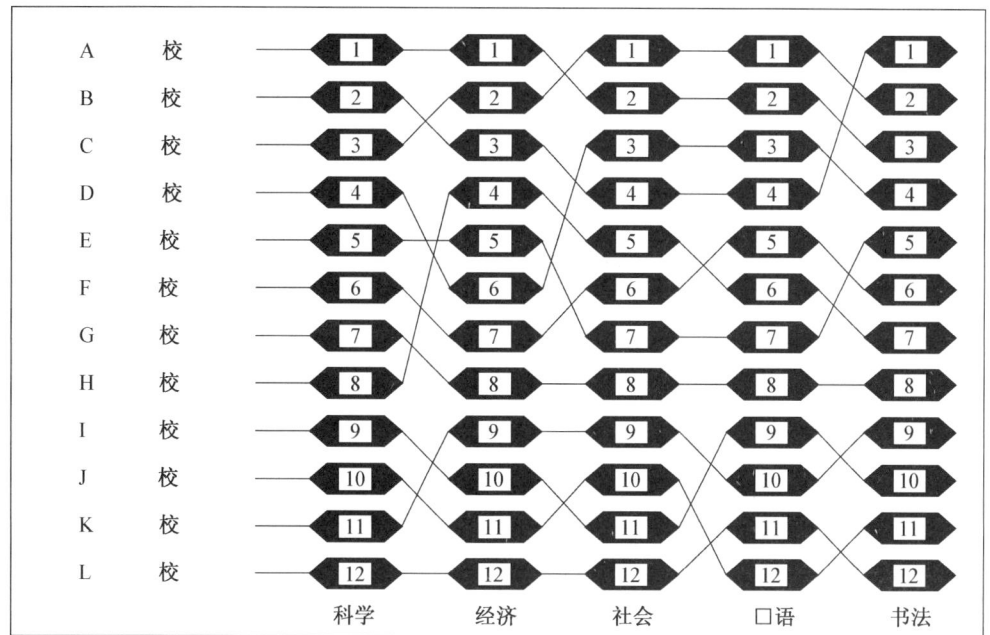

第四十六图　按照五项测验之中数比较某城各小学之位置

第八种　组织系统图

组织系统表之目的，在图示从事某种业务之人员彼此相互之关系与级位。此种图表之形式，通常有一执行领袖，或管理团体，居于上位，负组织指导之责任。其下则为其他人员，各在一较高之领袖下负责办事。无论何种业务组织，其进行时之是否顺利，负责之关系是否明显，皆不难于组织系统表上表示之也。

教育事业之组织亦然，可以系统表表示其负责任之关系。在教育调查中，通常多将其现有组织制成一图，研究其缺点之所在，然后另绘一妥当之系统表以指示其改进之方法焉。

编制系统表时，普通应注意之原则为（一）一律 Uniformity。（二）简单 Simplicity。（三）直接负责 Direct Responsibility。在此三原则之下，更就地方情形随时变化。

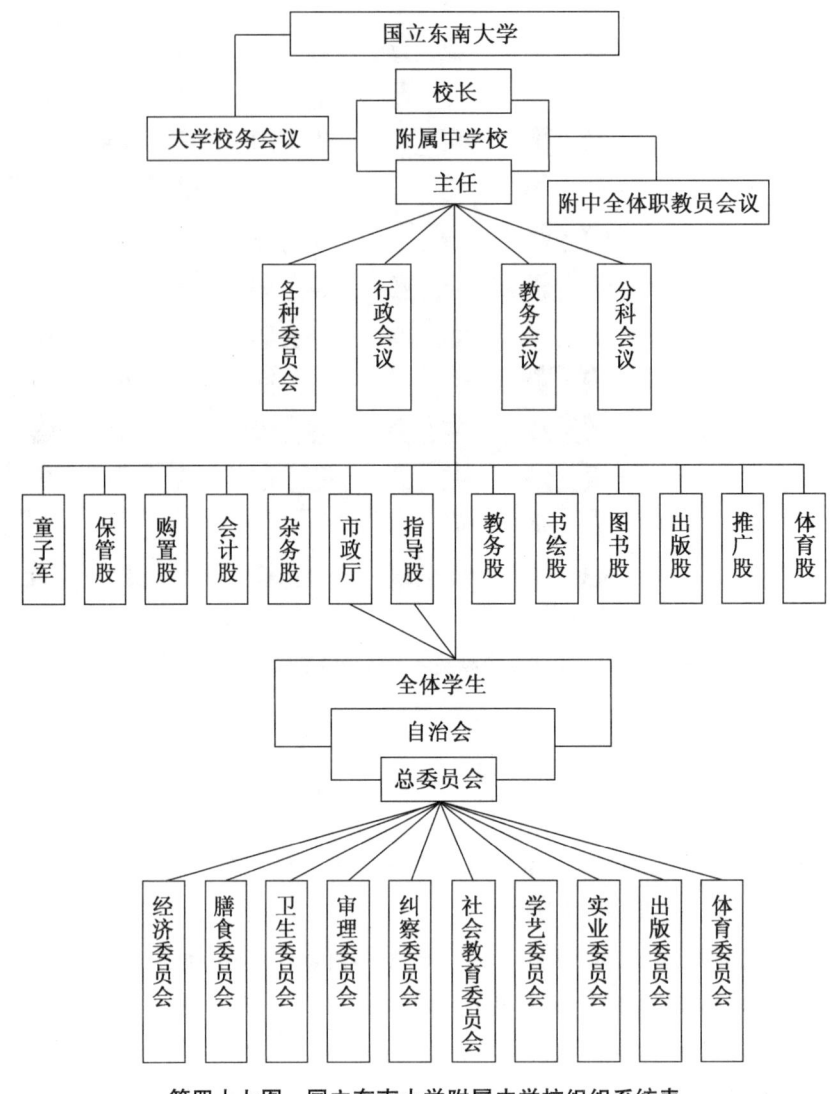

第四十七图　国立东南大学附属中学校组织系统表

第九种　地　图

地图在图示法中之主要目的，在表现特殊事实。其绘法与通常之地图不同。通常之地图，关于地理上之特点，绘制颇详。图示法中之地图，则颇为单简，有时且或不必与真地图逼似。惟不可改变原形，失却真义，致使读者误会耳。

(一) 学校位置图

1. 此图绘法简单，仅具城市之轮廓。
2. 各种学校，标以不同之记号。

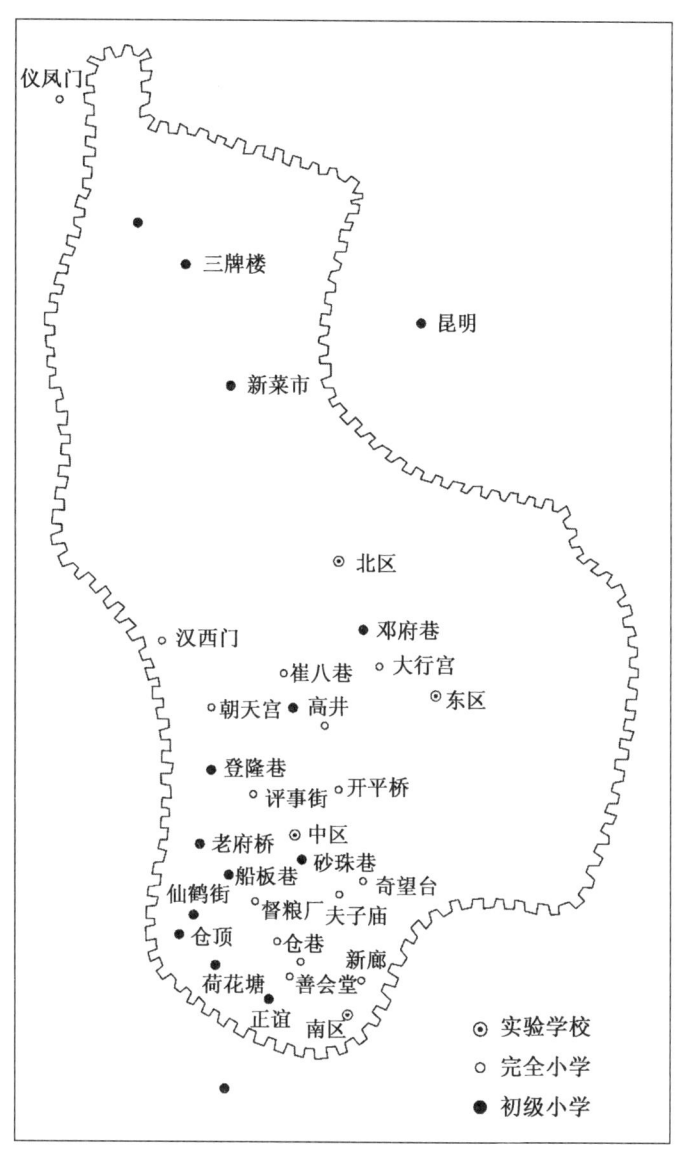

第四十八图　南京市市立学校位置图

(二) 特别位置图

1. 此图表显学校之特别地位。
2. 绘出城市之一部分,并绘出邻近机关,以资识别。
3. 学校地点涂黑色,并以箭头指之,使其特别显著。
4. 其他机关用影荫色。
5. 附近街道名称简单。

此种地图极便指示开会地点及方向之用。

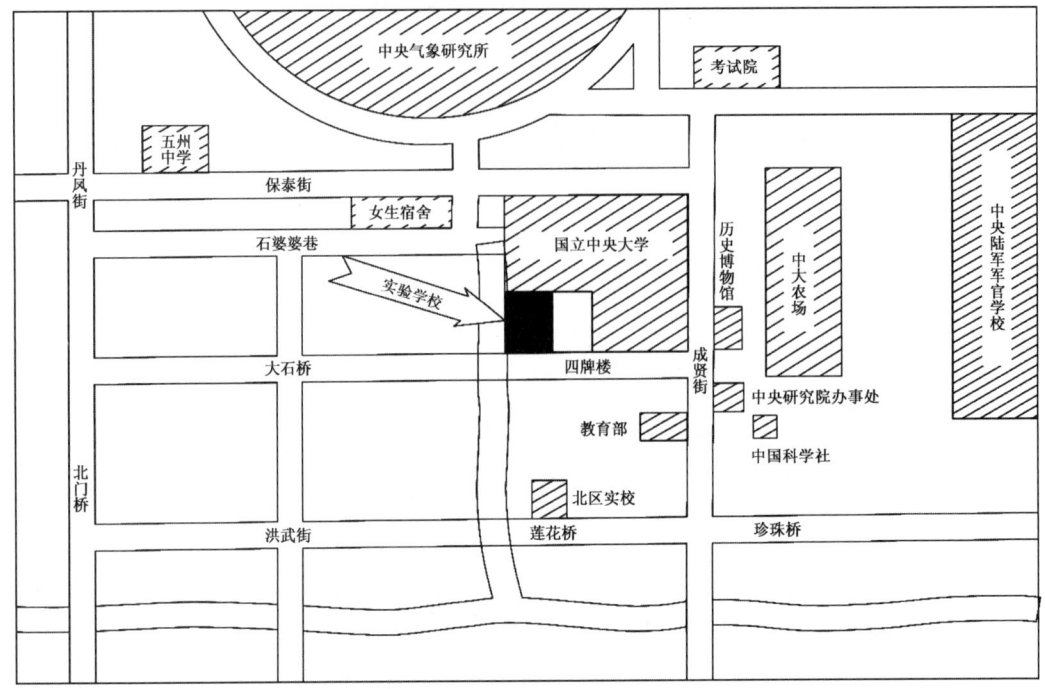

第四十九图　国立中央大学实验学校之位置

(三) 影荫比较图

1. 此图在同一地图上显表数种不同之事实，最有效力。
2. 占费愈多，则黑色之程度愈深。
3. 此图尚可表显地方社会各种状况，在教育调查上应用甚广。

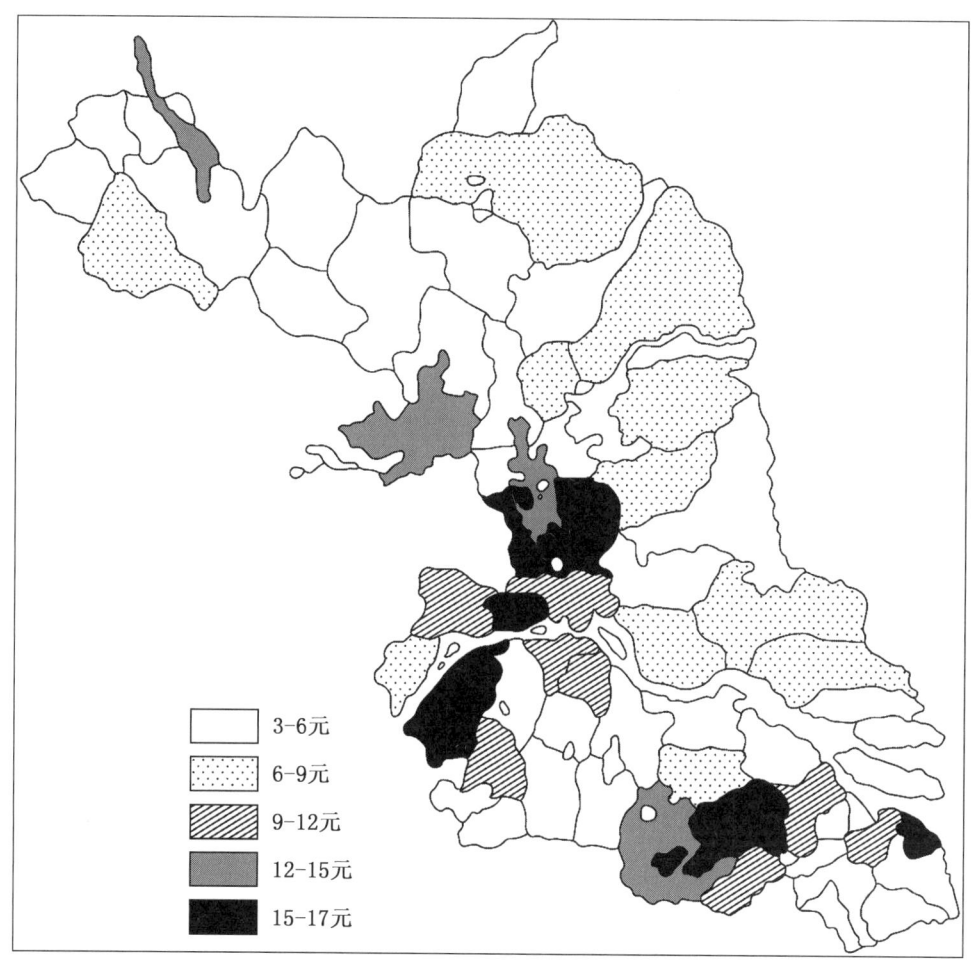

第五十图　江苏各县初级小学生岁占教育经费数之比较①

第十种　图　画

在图表中,常用图画或实物之轮廓表显某种观念或作某种比较。此法颇适用于通俗之事物,然在专门性质的科学调查中,固亦有其特殊之价值也。

兹将绘图时应注意之点列举于下:

(一)所选绘之事实宜简单明了,并易于认识。

(二)过于注意零碎事实,反分读者之注意,以致失却原有之目的。

(三)图画应慎重选择,并特别注意观念联想之规律。

---

① 编者注:为免误读,在原图基础上,图中湖泊区域着以灰色。

一、图画

图画之种类甚多,兹举二种示例于后。

此梯代表教育之成绩,并表显单轨制之精神。

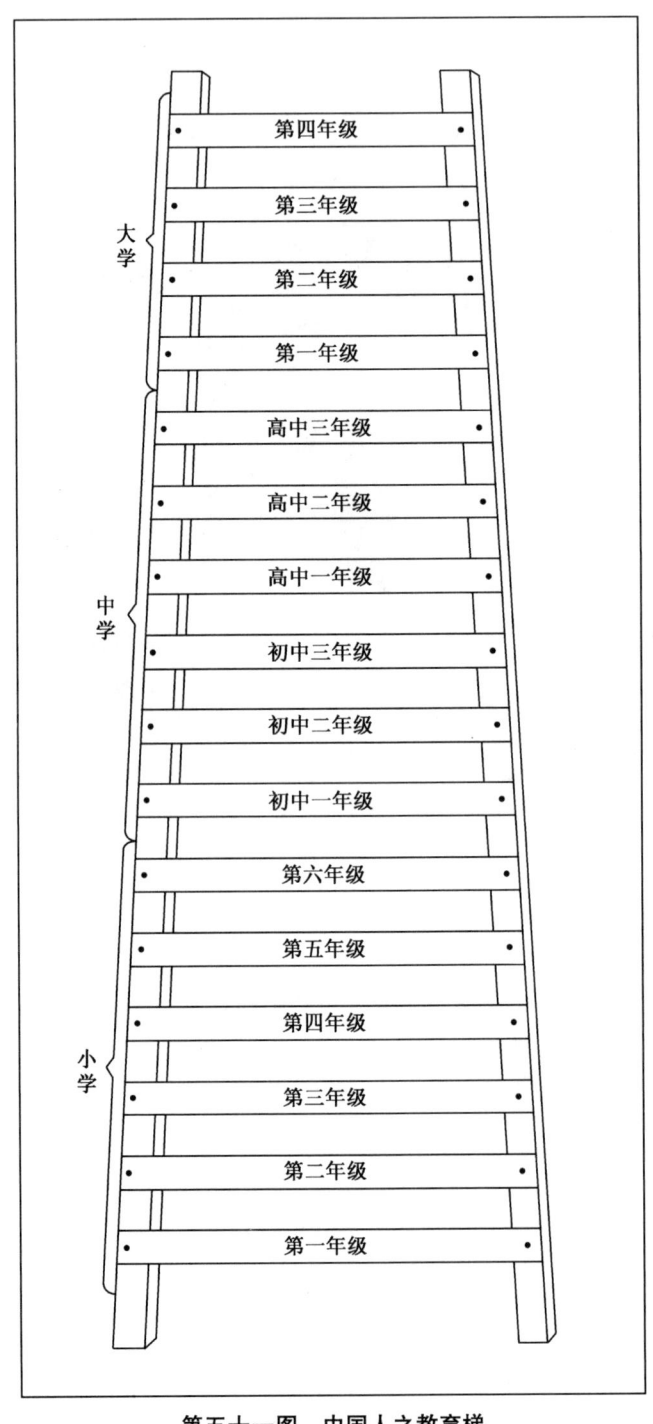

第五十一图　中国人之教育梯

此图在表显比较的事实上固有其缺点,但对于无统计与兴趣之人,则颇有通俗之价值。

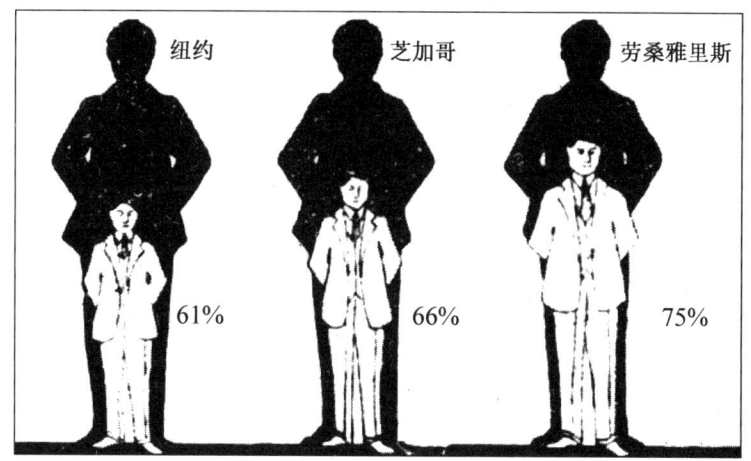

第五十二图　纽约等三大城市本地生长人口之比较

二、讽刺画

讽刺画在教育调查上价值甚大,其种类繁多。不及备述,兹示数列如左。

此图意在讽示地方人士重视金钱,轻视教育。

此图表显卫生教育之价值。

卫生教育使人诞登健康之域

附作图之规则(录朱君毅:《教育统计学》)

图示法之规则綦繁,依事实而变更,学者只好随机应变。美国器械工程学会曾于年规定图示法之规则十七条,兹译述于下,以作指南。

(1) 图之大略排法,宜自左至右。
(2) 能用线代表数量最好,盖面积与体积,均易误解。
(3) 曲线图上,最好能将零度横坐标画出。
(4) 倘零度横坐标,不能照常画出,则零度横坐标与其他横线之间,应作波线断之。
(5) 零度横坐标应较粗大,以别于他线。
(6) 若曲线图以百分为标准者,则凡百分线宜较阔大,以示区别,其他用以比较之线亦宜较阔。

(7) 若图表示年月者，则两旁界线不宜粗大，以示时间之起终，不能加以限制。

(8) 若曲线画在对数的格上，则纵横两界线应各画在对数级上十数之某次方处。

(9) 纵横线除必要外，不宜太多。

(10) 图上曲线宜与他线不同，以示区别。

(11) 倘曲线代表各种事实之观察，则在可能时，应于曲线上表明此类观察之点。

(12) 图上量表之读法，宜自左而右，自下而上。

(13) 量表之上数字，宜放在纵坐标之左，横坐标之下，或纵横轴上。

(14) 图上有时应载所代表之数目或方程式。

(15) 若数目不能表出，可另一表表出之。

(16) 凡标字及数目，字宜放在图之下面或左面。

(17) 图之题目，宜详备明晰，如遇必要时，不妨多加说明。

参考书

Willard C. Brinton：*Graphic Methods For Presanting Facts*．Ronald．

Allen C. Hoskell：*How To Make and Use Graphic Charts*，Codex Book Co，Inc．

Karl G. Karsten：*Charts and Graphs*，Prentice Hall．

Williams，J. Harold：*Graphic Methods in Education*，Honghton Mifflin．

（原载《教育季刊》第一卷第二期，1930年）

小学教学出席簿之改良

小学教学出席簿,为储集重要教育事实的工具之一种。其在教育行政上之价值极大。国内人士,尚少有研究其构造而探究其用途者。兹不揣谫陋,略述其构造及用途,以与国内研究教育者共商榷焉。

一、构造

小学校之科目,大部分皆由级任一人教授,故教学出席簿之记载,可以班级为单位,由级任负责办理,其构造形式如下。

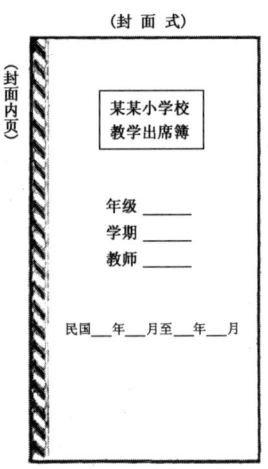

注意:用西文书格式装订。

本簿使用法

1. 国内公私立小学应一律采用本簿。
2. 校长应于开学之初或学生从他处转来时,查明各生来源,注出简号,通知各教师。
3. 使用本簿前,可先将各生编号坐定,并于座椅靠背处粘贴学生姓名及号数。字体大小,以在讲台前能认识清楚为度。
4. 每日上下午,各以半日记。早晨及下午上课时,均须记到一次。记到之符号及标准如下:

一 缺席。记到时,察看坐位。见有空坐之号数,即在本簿相同之号上记出之。

│ 出席。其余各号一律以此符号记出之。

⊥ 迟到。上课记到后始出席,但未及半日之半者属之,若已及半日之半,则以缺席半日论。

丅 早退。上课已过半日之半始退者属之。若未及半日之半即退,则以缺席半日论。

十 迟到早退。以缺席半日论。

5. 一周课毕,应将本周内各生出席情形分别总记于"周总"栏(一)(二)(三)(四)(五)各格内,更从"第周"栏内,逐日向下数算,将本周各日学生出席情形,分别总计于"总计"栏(一)(二)(三)(四)(五)各格内,其算法如下:

(一)及(1)项计算时,一丨⊥丅及十皆应加在一起计算;

(二)及(2)项计算时,只计丨、⊥及丅之数目;

(三)及(3)项计算时,只计⊥之数目;

(四)及(4)项计算时,只计丅之数目;

(五)及(5)项计算时,只计十及一之数目。

6. 各总数加成后,分计于右下角方格内,为校正计算上之错误,应注意:(一)=(1);(二)=(2);(三)=(3);(四)=(4);(五)=(5)。

7. 本学期课毕,应将各周实际上课时数及(一)(二)(三)(四)(五)项之总数,分誊于末页"学期总计"栏内,再加成总数。

8. 求出"平均属校学生数"等答案。

9. 有不明了处,望参阅表后说明。

封面内第一页印日课表,第二页印出席记载表。该页与最后之二页相连,共成一底页,计包有三大部分(参观下表)。其中之第二部,除底页外,更有二十页左右。两面印刷,在中缝处叠折,与底页合装成册。兹将该表式样录印如下。

第一部															第二部													第三部					
时期	星期	上下午	学生姓名	坐位号数	学生来源	第 周 从 月 日 至 月 日										周 总										退减原因	学期总计						
						一		二		三		四		五	六	(一)属校日数		(二)出席日数		(三)迟到日数		(四)早退日数		(五)缺席日数			第周	实际开课日数	(一)属校日数	(二)出席日数	(三)迟到日数	(四)早退日数	(五)缺席日数
						上半天	下半天	上半天	下半天	上半天	下半天	上半天	下半天	上半天	下半天	上半天	下半天	上半天	下半天	上半天	下半天	上半天	下半天	上半天	下半天								
																男 女		男 女		男 女		男 女		男 女									
1																											1						
2																											2						
3																											3						
4																											4						
5																											5						
6																											6						
7																											7						
8																											8						
9																											9						
10																											10						
11																											11						
12																											12						
13																											13						
14																											14						
15																											15						
16																											16						
17																											17						
18																											18						

行号	项目
19	
20	
21	
22	
23	总
24	平均属校学生数 = 总（一）/实际开课总日数 =
25	
26	平均逐日出席数 = 总（二）/实际开课总日数 =
27	
28	出席百分数 = （二）总/（一）总 =
29	
30	迟到百分数 = （三）总/（二）总 =
31	
32	早退百分数 = （四）总/（二）总 =
33	
34	缺席百分数 = （五）总/（二）总 =
35	
36	记号说明
37	
38	退减原因
39	转、转入他机关
40	工、工作许可证

学生来源
a 原注
b 旧注

								c 他班
								d 市公
								e 市私
								f 县公
								g 县私
								h 省公
								i 省私
								j 国公
								k 国私
	婚,结婚	死,死亡	年,已过或未达学龄	毕,毕业	迁,迁入另一学区	除,依法律开除	心,心态不健全开除	★ 姓名前须打此号
								备 注
							本周实际开课日数	
41								
42								
43								
44								
45								
46								
47								
48								
49								
50								
(一) 属校学生数	男							
	女							
(二) 出席学生数	男							
	女							
(三) 迟到学生数	男							
	女							
(四) 早退学生数	男							
	女							
(五) 缺席学生数	男							
	女							
总　　计								

二、说明

（一）学生来源

学生来源（source of pupil）项各种简号如下：

(a) 原注　指从未在别处注册之学生，于开学时初次注册入校，分入本班者而言。当该生第一次入校上课时，记录之。

(b) 旧注　旧注有两义：（一）指本学期或本学年内，本班原注学生转入他班或退学出校后又回入本班者而言；（二）指半年升级之学级中，上学期原注学生而言。

从(a)(b)二项中，可算出总注册数（total registration），总注册数或名原注册数（original registration）为某日内各个不同学生在校之总称。或以一班为单位，或以全校为单位，又或以一县、一省或全国为单位。

通常所谓总注册数者，往往即指为在校学生之数。此种算法，极不正确。盖如此算法，以一班论，所谓总注册数者，每大于实际应有之数。因该班学生中或有于本年内曾在同校中别班教师处注册者。此类学生实际上只能归入原注之班内计算故也。

再以一城论，儿童因迁居或其他原因，常于一年内先后在两校或两校以上注册。在各该校之注册数，或皆为各个不同之学生。但若以各校注册数之和，为全城之总注册数，则误矣。

计算总注册数之方法如下：

① 一班总注册数　将本班教学出席簿中标为原注及旧注各生，提出加起计算。

② 一本校总注册数　将同时期中本校各班之原注及旧注各生提出加起计算。或径将各班总注册数相加而成。

③ 一市总注册数　将全市公私立各小学校总注册数相加而成。

④ 一县总注册数　将全县各公私立小学校总注册数相加而成。

⑤ 一省总注册数　将全省各公私立小学校总注册数相加而成。

⑥ 一国总注册数　将全国各公私立小学校总注册数相加而成。

(c) 他班　他班亦有两义：（一）系指本学期或本学年内同校内他班之原注学生转入本班者而言；（二）系指半年一升级之学校中第二学期之教师所收前学期教师之学生而言。

(d) 市公　指同市内某公立学校原注学生转来者而言。

(e) 市私　指同市内某私立学校原注学生转来者而言。

(f) 县公　指同县内某公立学校原注学生转来者而言。

(g) 县私　指同县内某私立学校原注学生转来者而言。

(h) 省公　指同省内某公立学校原注学生转来者而言。

(i) 省私　指同省内某私立学校原注学生转来者而言。

(j) 国公　指国内任何别省某公立学校原注学生转来者而言。

(k) 国私　指国内任何别省某私立学校原注学生转来者而言。

以上各项,除 c 项外,皆为转学校收录(received by transfer),此辈学生不加于原注册数内计算。

(二) 退减

退减(lose)项包含转往他教育机关或由本教育区内永远退学之学生而言。"永远退学"(permanent withdrawals)中所包括之儿童如下:

(1) 退转他教育机关之儿童。

(2) 因得"作工许可证"而退学之儿童。

(3) 因结婚而退学之儿童。

(4) 死亡之儿童。

(5) 已过或未达强迫入学年龄而退出之儿童。

(6) 毕业离校之儿童。

(7) 转入另一学区之儿童。

(8) 依照法律永远开除之儿童。

(9) 因心态不健全而开除之儿童。

儿童转入他校或他学区时,非俟该处收到该儿之日期确实查明后,不可认为离校。儿童非经查明确系已死亡或已搬往他处,或已满足强迫教育法令之条件而退学者,不可认为离校。吾人须知不应有所谓"暂时退出"(temporary withdrawal)。若退出之儿童尚在强迫教育期内,则教育局长或儿童登录所应供给某儿因某种原因而永远退学之证据。

(三) 属校

属校(membership)系指属于某校之资格而言。"属校"与"实际出席上课"有别。某儿由二月一日入校,三月一日请假,至四月一日入校,七月一日放学。则某儿属校三月,实际出席上课只四月。图以明之:

```
      2   3     4   5   6   7
          └─────────────────┘
             出席上课＝4
      └─────────────────────┘
             属校月数＝5
```

属校学生数系由"注册数"加"转学收录数"减"退减数"算出。属校日数除"退减"项下之规定者外,应从儿童入学之日起,至学年结束为止,但星期及假日均不计算在内。

(四) 出席

从上课至下课未迟到又未早退者,即为出席。

(五) 缺席

缺席包含四义:(1) 完全未上课;(2) 迟到过实际上课时间之半;(3) 未及实际上课时

间之半即行早退;(4)迟到又早退。

(六) 迟到

上课记到后出席,但未及实际上课时间之半。

(七) 早退

未下课即退席,但已过实际上课时间之半。

(八) 平均属校儿童数

平均属校儿童数(average membership 即 average number belonging average daily register)系以开课之实际日数除学年内逐日属校儿童数之总和而得。其公式如下:

$$\frac{属校儿童日数之总和}{实际开课日数} = 平均属校儿童数$$

例证

假定某校只有五儿。甲儿属校一百三十日,乙儿属校一百四十日,丙儿属校一百五十日,丁儿属校二百一十日,戊儿属校亦二百一十日,开课实际日数为二百一十日。则:

$$平均在校儿童数 = \frac{(130+140+150+210+210)}{210} = \frac{840}{210} = 4$$

即某校表面虽有五儿属校,实际只等于四个儿童。

(九) 平均逐日出席数

平均逐日出席数(average daily attendance, A. D. A)一学期、一学年或某时期内每日出席数之总和,以同学期、同学年或时期开学之实际日数除之,其公式为:

$$\frac{每日出席之数之总和}{开校实际日数} = 平均逐日出席数$$

例证

假定前五儿出席日数为一百日、一百一十日、一百二十日、一百十日、一百八十日,则:

$$平均逐日出席数 = \frac{100+110+120+110+180}{210} = \frac{630}{210} = 3$$

即某校表面虽五儿属校,实际出席之数,只等于三个儿童。

(十) 出席百分比

任何时期内之平均出席数之总和,以同时期之平均属校儿童数之总和除之,则得某时期内之出席百分比。兹以某月出席百分比说明其公式如下:

$$\frac{某月平均出席数之总和}{同月平均属校儿童数之总和} = 某月出席百分数$$

根据(八)(九)两项中之公式

$$\text{某月出席百分数} = \frac{\left(\frac{\text{某月内每日出席之总和}}{\text{实际开校日数}}\right)}{\frac{\text{同月内属校儿童日数之总和}}{\text{实际开校日数}}} = \frac{\text{某月内每日出席之总和}}{\text{同月内属校儿童日数之总和}}$$

举例以明之。

十七年三月间
出席百分比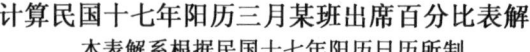

$$= \frac{81}{108} = \frac{3}{4} \text{ 即 } 75\%$$

兹更以表解说明之。

计算民国十七年阳历三月某班出席百分比表解

本表解系根据民国十七年阳历日历所制

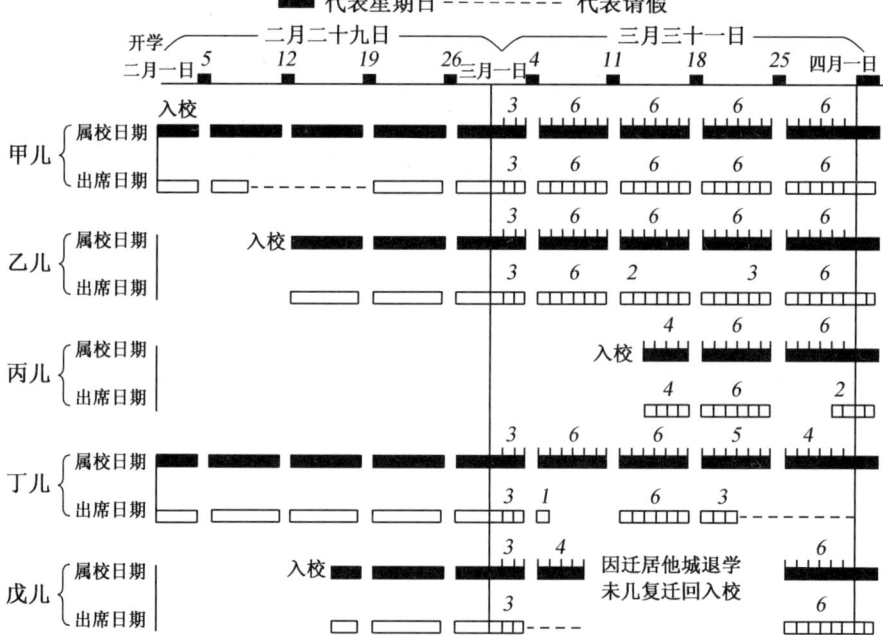

根据上述方法,可求出每周、每学期、每年,或任何时期内之出席百分比。

(十一) 迟到百分数

任何时期内迟到日数之总和,除以出席日数之总和,即得该时间内迟到百分数。

(十二) 早退百分数

任何时期内早退日数之总和,除以出席日数之总和,即得该时间内早退百分数。

（十三）缺席百分数

任何时期内缺席日数之总和，除以出席日数之总和，即得该时期内缺席百分数。

三、用途

本簿用途至广，约而言之有三：一为测量教育行政之效率；二为决定补助经费之标准；三为供给科学的教育研究之资料。

测量教育行政效率之准尺，以儿童数为基础者甚多。儿童数之计算，通常多以各校注册数之总和为标准。如核算某市每生用费，即以各校儿童注册数之总和，除该市教育经费之总数。此种算法，无形中加多儿童数目，使每生费用，表面上因此降低，以致失却事实之真相。本出席簿则标出学生来源，为分别计算之准备，其正确之程度自不可与通常办法同日而语矣。

至于补助地方教育经费，通常所用标准，多以儿童数为基础。儿童数有注册数、平均属校数及平均逐日出席数数种。若以注册学生为补助之标准，则地方教育当局只须按儿点报，即可领得规定之补助费，至于各儿在开校后入学或退学之早迟，初不必加以考虑。若以平均属校儿童数为补助标准，则儿童总数因受迟迟入校或早早离校者之影响，必致减少。补助总数，亦必因此降低，地方教育当局，为贪得多项补助计，即不得不于儿童入学及退学之早迟加以注意矣。

以平均属校儿童数为补助标准，虽比注册数为优，但比之用平均逐日出席数，犹有不及之处。盖儿童人虽属校，未必在校上课，事实上往往有既经到校注册而任意缺课者。欲救此弊，必以平均出席儿童数为补助标准。美国某城曾因省方改用此项标准，竟损失补助费至万元之巨，则亦可见该项标准在补助教育经费上之价值矣。

本表簿所包教育事实甚多，如男女缺席之比较、各种退学原因之比较等等，在教育行政上皆有研究之价值。吾人欲使教育行政科学化，必预备此类有价值之材料为研究探讨之根据，——本表簿仅属一例——不此之图，而侈言教育行政之科学化，吾未见其当也。

（原载《教育杂志》第二十二卷第三号，1930 年）

民族教育与国民经济

几年来我国的情状，无论从内政、外交、经济，或社会的一般现象来看，都显有江河日下的趋势。有心之士，推究他的原因，颇有归咎于已往的教育。作者是教育者的一份子，虽不承认已往的教育对于中国的现状应负全责，但却很勇敢的说：已往的教育确负了很大的责任。并且很大胆的说：像现在的中国教育——已上死路的学校教育和刚上死路的民众教育——这样办下去，教育办得愈发达，中国的情状也必愈日趋于下。别的不必记，且从国民经济的观点来发表作者的意见：

一、在中国国民经济的情势下现在的中国教育无普及或发展之可能

现在我国谈教育和办教育的，居多做普及或发展现在的中国教育——或名为工业国家的教育——之迷梦。这种迷梦，我敢断定虽再做二百年也不做醒。请观下面的证明。

第一表　中国教育之负担

教育种类	学生数	现费元数
小学	8 882 077	★72 418 855
中学	×　341 022	35 988 173
大学	⊕　47 378	26 869 410
统计	9 270 477	135 276 438

★据教育部十八年度全国初等教育概况第八表每儿童平均岁占费数为 8.15 元，又根据概况第一表二十八省市小学生数为 7 937 558 人，每年共费 64 721 025 元，此外尚有福建等七省未据造送，故估计其学生为 944 519 人，若以每人 8.15 元计，则应为 7 697 830 元。合前数共应为 72 418 855 元。

× 见教育部十八年度全国中等教育概况第一表，尚有七十五校未经填报。

⊕ 据十七年八月至廿年七月全国高等教育统计总表，大学及学院本科合计为 28 677 人；大学专修科 5 170 人，专门学校为 3 719 人，大学及学院预科 8 119 人，专门学校科为 1 633【人，】合计 47 378 人。

观上表，可知我国目下所费教育经费之数，为一万三千五百余万元。至于将来教育发达时所需之数可估计如下。

第二表　按照美英等五国大学生对于人口之比例推算我国应需之大学教育费

国	人口	大学生数	大学生与人口之比例	按照该国比例我国应有大学生数	按照该国比例我国应需之大学教育费元数★
美	118 628 000	822 895	6937	3 293 600	2 282 464 800
法	40 960 000	60 969	1488	706 483	489 592 719
英	44 182 000	52 511	1189	56 472	391 352 346
德	63 180 619	72 139	1142	542 207	375 749 451
日	63 862 588	37 096	581	274 250	188 255 250

★ 每生费用假定为 693 元，见十七年八月至二十年七月全国高等教育统计总表

第三表　按照美德等五国中学生对于人口之比例推算我国应需之中学教育费

国	人口（以千为单位）	中学生数	学生与人口之比例（万）	按照该国比例我国应有中学生人数	按照该国比例我国应需之中学教育费数★
美	118 628	3 650 903	30 778	14 311 046	151 010 158 392
德	64 038	1 052 058	16 429	7 607 922	80 595 352 944
英	44 375	511 500	11 528	5 359 424	56 452 642 048
日	83 456	777 708	9 319	4 331 269	45 703 550 488
法	40 960	167 555	4 091	1 991 926	20 169 128 152

★ 每年费用假定为 1055 元，见十八年度全国中等教育概况第四十五表。
× 第四表及第三表因调查时期不同故人口略有差异。

至于小学生的数目，将来教育发达，按照世界各国小学生数与人口的比例之平均数千分之一〇六·三推算（见教育部十八年度初等教育概况第七表），我国人口四六九〇五千人中应有学校儿童七千四百五十二万四千二百七十一人。所需教育费用，依照教育部调查结果，每人以八元一角五分计算（参看第一表脚注），则每年小学教育费用，应为六万零七百余万元。兹合前面大学及中小学教育所需之数，共计如下。

```
小学   60 737 280 865   元
中学   20 169 123 152   ★
大学   18 825 525 900   ×
       ─────────────
       99 731 929 017   元
```

★ 以法国为标准
× 以日本为标准

三项合计已将近十万万元。但是阅者须注意上面数目中，中学系以法国作标准，大学系以日本作标准。这两国在本文所举五国当中各占最小的数目，若使拿最大数目的美国来标准，那是更多出许多倍了。请看下列之数。

```
小学    60 737 280 865
中学   151 040 458 392
大学   228 246 480 000
```
────────────────────
　　　439 993 913 257（元）

　　由上表可知拿美国来做标准，我国每年所需教育经费须为四十三万九千余万元，即以法日二国来做标准也还得十万万元。我国经济日趋枯竭。据某专家估计，我国现金仅存二十二万万元。又据日本人估计我国国富仅有日金三百八十余万万元。又据山西省政府估计，我国人每年收入平均每人只约二十元。以这种贫困的国家人民的生活，一般看来，简直是已经迫近饥寒线，如何能普及或发展那种工业国家的教育呢？

　　以上所说尚只为经常费，若计算起开办费来却又不止此数了。据专家估计，小学校开办费每增一班需费五百元。教育普及共需一百万班，共约需五万万元。培养小学师资一人，须［需］费二百元。一百万教师，需费二万万元。两共七万万元。大学中学开办费及师资培养费，以及民众教育费用不易估计，其数至少恐亦需二万万元。以国民经济日益破产的中国，要拿出九万万的款项来创办教育，要每年出十万万来维持教育，人民的力量如何能负担？现在一班办教育的先生们，天天吵着要普及教育，发达教育，照现在这样做去，我敢断定，等不到教育普及和发达，国民经济早就因教育而破产了！

二、现在的中国教育愈普及愈发展民族愈上死路

（一）民族经济的危机

　　一个民族存在的基本条件，是要靠着经济的血脉。现在我国民族经济状况怎样呢？我可以说已经到了日趋破产的地步，就拿海关入超来做证明。

　　我国自海通以来，常处入超地位，从民国元年至二十年间进口超出口的总额，共三十八万一千五百余万两，合洋五十七万二千二百五十余万元。民国二十年不景气的现象，普遍了全世界，我国对外贸易，并不减低，而我国之入超乃竟较之民十九年增加百分之三十。价值达五万四千余万两，合洋八万一千余万元之巨。二十一年东北沦陷，经济中心的上海，饱受炮火的蹂躏，川、滇兵变又绵延数月之久，各地金融奇紧，工商各业，俱无生气。因此对外贸易进出口都一落千丈，而以出口贸易为尤甚，入超总额竟达五万五千六百六十余万两之巨。比之二十年超出三千二百余万两有奇，比之民国元年竟超出五倍有半。我们认定人口多寡与经济发展有密切关系，现在之中国经济状况，江河日下，天灾人祸，均足以使我们的人口减少。入超像这样一年一年的增加，必无噍类矣。我在前面说过，我国现金据某专家估计，仅存二十二万万元，我国国富据日本人估计，仅有日金三百八十余万万元。假定以后超入并不断增加，甚或逐年减少，我国人经济血液不出百年，依理想说来，亦必流尽，而人口亦必随之减少，以至于灭种的地步了。

(二) 学校教育对于国民经济所负的责任

我国学校教育的办法既完全模仿欧西,国内生产事业又不发达,于是学校的课业用品、书籍、仪器等等的东西,就不得不大部分仰给于外国,这笔教育上入超,计算起来,却很可骇。兹依据教育部最近所数统计,并假定每人所用外国课业用品、书籍、仪器等费项推算如下:

第四表 我国学校教育在课业用品及书籍仪器上之漏卮

学生种别	人 数	每年课业用品及书籍所用外货之假定元数	共费元数
⊕大学本科	98 677		
专修科	1 889	10	473 780
大学预科	9 812		
★中学	341 022	5	1 705 111
×小学	8 882 077	1	3 882 077
名费元数			110 600 967

⊕ 根据教育部十七年八月至二十年七月全国高等教育统计第一表
★ 根据教育部十八年全国中等教育概况第一表
× 根据十八年度全国初等教育概况第一表

以上仅就目前状况而言,已经有了一千一百余万元的漏卮。若使我国教育将来发达了,则漏卮之大,更属可骇。在大学教育方面,假定以最小比例的日本为准,则应由二十七万四千二百五十人。若以每年每人在课业用品及普及书籍仪器上之漏卮为十元计算,则应有二百七十四万二千五百元。在中学教育方面,假定以最小比例的法国为准则,应有一百九十万零一千九百二十六人。以每年每人在课业用品书籍仪器上之漏卮为五元计算,则应有九百五十万九千六百三十元。至于小学教育发达的时候,照前面的推算,我国应有学童七千四百五十二万四千二百七十一人。若以每年每人在课业用品及书籍仪器上之漏卮为一元计算,亦该有七千四百余万元,连同大中学所费合计应如下数:

大学　2 742 590 元
中学　9 509 630 元
小学　74 524 271 元
————————————
　　　86 776 401 元

此八千六百余万之巨款,看了已令人吃了一惊。但是我们应该知道现行的学校教育,是提倡消费享受,养成推销外国课物的士大夫教育。这种教育是负了入超大部分的责任,而间接的带民族上了死路的。请拿下面的估计来证明。

第五表　全国受教育者每年所用外国货价值之估计

受教育者类别	人数	每年每人用洋货价假定数	共用洋数
小学生	8 882 077	1	8 882 077
中学生	341 022	10	8 410 220
大学生	47 378	10	43 781
识字人数	32 981 000	2	185 362 000
统计			158 728 077

★ 我国现有人 454 905 000 人以百分之二十曾受教育（学生除外），当有 92 981 000 人。

由上表可知我国学生及识字的人在全国海关贸易入超上差不多要负到二万万元的责任，这虽说不能全由受过教育的人负责，但是受过教育的人都是要受一大部分的责任，因为我们所看见的乡下人所用外国货其数量实在是非常之小。所以我敢大胆说一句，为挽回中国利权、救济国民经济，惟有立即停办这种消耗浪费、不能生产的士大夫教育。

（三）民众教育也走向死路上来！

由上看来，学校教育已走上死路是不消得说的了。现在国人的希望，似乎已转到民众教育上去。然而今日之民众教育（包括乡村建设或乡村教育在内）却已随着学校教育上了死路，凡昔日学校教育的重要弊病，现在的民众教育，都已具备，请略言其弊祸。

1. 现行的民众教育是提高民众消费的教育

现在办民众教育的，往往把提高民众或农民的消费享受的程度，当作改进民众生活。什么留音机呀，雪花膏呀，洋房呀，牛奶呀，种种西方式的消耗，拼命的向民众或乡农去介绍。我们认定我国国民经济目前最大的危机，是生产的普遍降落，和消费的普遍增高，是用农业社会的生产去供给工业社会的消费。我们欲挽救这种危机，只有一方面提高国民生产的数量，他方面降低国民消费的程度。乃若今日一般从事民众教育或乡村教育者之所为，在生产方面能否见效，尚不可知；而在消费方面，却已把民众物质享受的程度弄到他们经济方面不能负担的地步，欲以此复兴民族，岂仅缘木而求鱼！？

2. 现行的民众教育或乡村教育是推销外国货物的教育

现在办民众教育或乡村教育的，一方面却要民众经济的提高，能抵抗帝国主义的经济侵略；他方面却又有意或无意的替帝国主义者推销货物，使民众经济受着不可抵抗的打击。其中最显著的例证，可算是一班民众教育或乡村运动者所着的衣履了！记得今年春天我们有一部分同志到定县去参观教育。当时北平各大学有数百个热心乡村教育的男女青年，西装革履，装束入时，摩登头，高跟鞋，毛披肩，呢大衣，一阵一阵的走上定县的乡间道，迎风招展，令人应接不暇！当时定县乡村一般民众的好奇心，顿被这般外来客引起。每到一个村庄，阖村男女老幼都跑来看把戏，屋顶上都站满了人！一个一个的垂涎三尺指手画脚的说："好看呢！这皮鞋真漂亮！那件衣服从哪儿买的呀！"评论个不休。智识份子像这样下乡,不是提倡乡村运动,简直是替帝国主义去做推销货物的推销员了!然而这班推销员是一时的,是局部的,尚不致为我民族教育或乡村教育前途之大害。我所认为最足以带我民族上死路以致陷于万劫不复的地步的,却是我们这班自命为负有救民族出于水火的民众教育和乡村教育者!这班永久的普遍的帝国主义者的推销员!读者若不信,则请问今之从事民众教育或乡村教育者,有几人不戴外国呢所制的帽子?有几人不穿外国料所制的衣服?有几人不挂自来水笔?唉!像这样做民众教育或乡村教育运动,去做民众的榜样,岂不是运动越普遍,外货越畅销,而民族的命运也就愈陷于万劫不复的地步吗?

我们感觉到中国大多数人民的生计,一天一天的被帝国主义者压迫得上死路,其中尤以衣着一项最为致命之伤,所以竭力提倡服用手纺手织的土布,可是踏破了铁鞋,往往无从购买。我们请一班民众教育者或乡村运动者去代买,他们也是找不到。问他们为何找不到,他们说:"有土布没人要,所以乡下人不织了!"看他们身上所穿的衣服却是一身刮刮叫的外国货或准外国货的长衫,学生装或西装!唉!为民众谋幸福的民教或乡村运动者,且不穿土布,也难怪土布没有人要了!像这样情形长久下去,并且普遍的运动起来,民族前途又有何希望之可言。

3. 现行的民众教育或乡村教育是养成新士大夫的教育

中国二十年来社会之纷乱,大部分可说是士大夫造成的。士大夫是什么?是中国社会上的一种特殊阶级!是长袍马褂的阶级!是人上之人的阶级!是劳心治人的阶级!是不事生产的阶级!是被人奉养的阶级!是升官发财的阶级!是消费享受的阶级!是奢华消费的阶级!也就是一切贪官污吏土豪劣绅所从出的阶级!过去的学校教育,操于这班士大夫的手里,他们最大的成绩就是继续不断的造成士大夫,以致把我们中国弄到今日不可收拾的地步!现在教育的方向转变了,民众教育或乡村教育,大众认为教育上的新路。实际上呢?还是那班旧人来唱新戏!台下看戏的,也许换了人,台上的布景却还是那一套。洋房呀,铜床呀,校园呀,草地呀,电灯呀,风琴呀,一切的一切弄齐备了才能算得上一个训练民教或乡教人员的机关!长衫呀,马褂呀,高跟鞋呀,自来水笔呀,呢帽呀,皮鞋呀,一切一切的都弄齐备了才能算得一个训导民众的领袖!唉!以直接或间接从民众榨出来的金钱,办这种士大夫官僚式的机关,去栽培这辈士大夫式的民教或乡教领袖,在主其事者或以为非如此办法,则不足以宣扬其成绩,作者却不禁为民族前途不寒而栗,不敢赞同了!作者所以不寒而栗的原因,与其说为的是怕看见士大夫教育机关里造出来的这般士大夫式的民教或乡教领袖,不如说是看见三万多万的民众将要受这班士大夫的影响,而引起做士大夫的兴趣,相将向士大夫的路上走,致使士大夫教育的流毒,昔之为害于少数特殊阶级者,今则藉民众教育或乡村建设之力而得普遍于民众之间。作者认为要解决民族当前的危运,在普遍的提高国民生产的数量和降低国民消费的程度。欲达此目的,主要的方法,是一方面使一般所谓下等的民众,不要羡慕所为上等人而要向上面爬,另一方面是要所谓上等人的士大夫,疾速的向所谓下等人的阶级里去走,作者这种主张并不是受了劳工神圣的影响,以为非如此不足以提高劳工的地位,而是以为非如此不能挽救目前国民经济的危运。倘使我国经济已经发展到能够使四万余万民众皆为上等的士大夫,长衫马褂,或西装革履,度其消闲享受的生活,作者亦复馨香祷祝,求之不得!无如我国国民经济状况,江河日下,一般民众的生活,已经被迫到了饥寒线,我们若再引起他们做士大夫的兴趣,使人人皆欲过士大夫的生活,则一方面士大夫的数目,必日益增多,竞争攘夺之风,必变本加厉;他方面必有大多数的人终必居于非士大夫的下等民众地位。这辈民众,初由羡慕而失望,继由失望而怨恨,终由怨恨而引起社会上的一切纷乱了!作者认为在今日国民经济破产的中国,民族内部问题的决解,在把一班士大夫的生活降低到水平线,而把一班贫苦民众的生活提高到水平线;在由一般天堂上的士大夫自动的跳下地狱救民众出于水火,一同在地面上过平等的生活,万不可使一般地狱里的民众同到天堂上去和士大夫争享受。我们认为这个问题的焦点,不在什么劳心不劳心,劳力不劳力,而在把劳心者与劳力者的生活打成一片,劳心者和劳力者的生活果能打成一片,则劳力者亦不必劳心,而劳心者亦不必劳力。我们看定了这一点,所以不仅要服用土货,还要着起民众式的衣裳——念二装,即三万六七千万民众所着的土布短装,不仅着起民众式的衣裳,还要跳到民众生活里,把最贫苦的民众救到衣暖食饱的生活水平线上。我们愿意在中国社会上,只见有同样生活的民众,不愿意看见有一个特殊生活的士大夫,尤不愿我们一班民众教育或乡村教育者括着民众的膏血,去继续不断的养成贻祸民众的新士大夫!

三、愿吾辈教育者悬崖勒马及早回头

总起来说,中国国民经济大体上尚在农业经济阶段上,以农业经济的生产,绝不能办工业社会的教育。因此,我敢断定在中国目前的经济情势下,现行的中国教育绝无普及或发展之可能,并且这种教育——过去的学校教育和现在的民众教育——愈普及愈发展,愈要把民族带到死路上去。今后欲言改造中国的教育,方面固属很多(作者另有专书发表),而为作者所重视的却有三点:(一)不可提高民众消费的欲望;(二)不可直接或间接的替帝国主义者推销货物;(三)不可用士大夫的方式来继续的制造新士大夫。因此作者(就目今中国经济状况说)就不赞成呢帽下乡,自来水笔下乡,长衫下乡,学生装下乡,西装下乡,洋钮扣下乡,风琴下乡,留音机下乡,雪花膏下乡,幼稚园下乡,运动场下乡,摩登男女青年下乡;不赞成造洋房做教育的办公所,不赞成用提高生活消费的卫生图表去提倡民众卫生;不赞成在洋房、校园、草地、钢床、电灯种种新式设备的环境里去办教育;尤其不赞成用这些新式设备去训练民众或民教或乡教的领袖人才;不赞成……作者主张用我们固有的乐器替代风琴和留音机;主张用我们固有的武术来代替西方式的运动;我们主张在茅草屋或因陋就简的房屋里办教育或训练民众或训练民教及乡教的建设人才;主张民教及乡教的工作人员一齐穿上本国钮扣的老土布短装,戴着老土布的便帽,登着老土布的便鞋,到民众间去过着老土的生活,主张……全国教育者,尤其是民众教育及乡教运动者呵!悬崖勒马!及早回头!莫把我中华民族带到死路上去!全国教育者,尤其是民众教育及乡村运动者呵!悬崖勒马!及早回头!莫把我中华民族带到死路上去!

(原载《江苏教育》第三卷第一、二期,1934年)

教育机会均等问题

第一节 本问题之重要

教育经费的第四个大问题,是支配的问题。支配的最大目的,是求教育机会的均等。我们应该知道教育经费的增高,教育经费的独立,和教育负担的公平,都不过是一种手段。最后的大目的还是求教育机会的均等。倘使我们只求教育经费的增高和独立,只顾到教育经费负担的公平,而把教育机会归到少数人手里,那我们的教育经费政策,可算根本失败。所以我们可以说教育机会均等是教育经费的中心问题。

教育机会所以不均等的原因很多,从经济方面看,可分为地方和私人两点,兹就地方方面来说明本问题之重要。

第二节 各地方教育经费差异的现象

地方贫富不同,教育经费的多寡,也就因之而异,在一国内各省的情形如此,在一省内各县的情形亦复如此,现可拿江苏各县教育经费的状况来说明。

第一表 江苏各县教育经费一览

(经费数以万元计)	县数	县名
1—2	3	扬中,东海,溧水
2—4	10	江浦,睢宁,高淳,淮阴,仪征,萧县,六合,宿迁,海门,靖江
4—6	7	溧阳,金坛,淮安,句容,灌云,奉贤,沛县
6—8	7	崇明,川沙,金山,东台,兴化,阜宁,丹徒
8—10	4	丹阳,青浦,嘉定,高邮
10—12	5	泰兴,吴江,太仓,江都,江宁
12—14	2	昆山,武进
14—16	3	盐城,宝山,松江
16—18	1	江阴
18—20	1	南通
20—22		
22—24	2	如皋,无锡

24—26		
26—28		
28—30		
30—32	1	吴县
32—34		
34—36	1	上海
36—		

$Q_1 = 37\,500$

中数 = 7 000　注：以上各行省县名系自小至大依次排列

$Q_3 = 117\,000$

第二表　江苏各县初级小学生几占教育经费数

每生几占经费数(以元计)	县数	县名
3—4	4	淮阴,溧阳,崇明,睢宁
4—5	3	宿迁,靖江,嘉定
5—6	4	武进,句容,高淳,扬中
6—7	2	东海,南通
7—8	4	江浦,如皋,盐城,阜宁
8—9	8	宝山,泰兴,淮安,奉贤,无锡,兴化,金山,萧县
9—10	3	吴江,丹徒,太仓
10—11	5	六合,丹阳,溧水,昆山,江都
11—12	1	上海
12—13	1	川沙
13—14		
14—15		
15—16	1	吴县
16—17	3	江宁,高邮,仪征

$Q_1 = 5.69$(注)以上各项县名均自小至大依次排列

中数 = 8.31

$Q_3 = 10.25$

由第三[一]表可知江苏各县的教育经费,如上海多至三十六万以上。如扬中、东海、溧水,少到一万多。这是总数目上的差异,还不十分要紧。因为上海受教儿童,也许比别县多,所以需着较多的教育经费。但是我们看看第二表,便不得不认为有重大的问题在内。试看江宁、高邮、仪征三县,每生岁占经费十六元以上。再看淮阴、溧阳、崇明、睢宁四县,每生岁占经费数,尚不到四元,两方面相差至四倍之巨。江宁、高邮、仪征的儿童何幸而生于江宁、高邮、仪征;而淮阴、溧阳、崇明、睢宁的儿童,何不幸而生于淮阴、溧阳、崇明、睢宁! 我们从儿童教育权利的眼光看,从教育机会均等的眼光看,实不愿意看见这种差异的存在!

第三节 "以地方之款办地方之学"观念之错误

中国教育界有一种谬误的观念，以为一地方的教育经费，只应拿来办一地方的学校。即如江宁、高邮、仪征三县每生岁占经费十六元以上。若使我们把这三县的教育经费分些来贴给每生岁占不到四元的淮阴、溧阳、崇明、睢宁，那三县的人士，一定群起反对；以为这是很不公平的事。他们的理由是："我们县里出的钱，为何会去教育别县的儿童呢？"这种见解，可算狭隘到十二万分！就和富人不肯捐钱办学校，说"我们家的钱，为何拿出去教育别人家的儿子呢！"一样的心理。我们听见富人说这话是很觉得讨嫌的，为何自己存着"本地方的教育经费只应办本地的学校"的狭隘观念，自己不觉得讨厌呢？要知道你们江宁、高邮、仪征三县出的教育经费，不是你们三县的钱，乃是中国人的钱；他们淮阴、溧阳、崇明、睢宁四县的儿童，不是他们四县的儿童与你们不相干的，乃是和你们共生共长休戚相关的中国儿童。我们所认得的是应受教育的儿童，我们所看见的是拿出来办教育的经费。我们不管是在那里生长的儿童，也不管是那一方面筹出来的经费。

第四节 社会主义教育的理想

社会主义是"天下为公"的主义，社会主义教育的理想，是"天下为公"的教育理想。在这种理想之下，只要是圆颅方趾，都有受教育的权利。这个观念系以全人类为范围的。近今世界上，一般人的理想，实在狭隘得很，他们只看到中国或本民族受教育的机会，却不管别国或民族的人的教育机会；他们在一国里，只看到本省人民受教育的机会，却不管别省人民受教育的机会；在一省里只看到本县人的教育机会，却不管别县人民受教育的机会，推而至于在县里只顾及一镇一村人的教育机会，更只顾及一家人的教育机会；甚至在一家里，只顾到本人一身的教育机会。如此办法，只有把世界上的人弄到个个都是自私自利，到那时简直不成其为人类了！社会主义教育学者看到这一点，所以他们主张"天下为公"，他们反对狭隘的地方主义，主张以社会之款办社会之教育。在一县内要谋各村镇的儿童教养机会均等，在一省里要谋各县儿童教养机会的均等，在一国里要谋各省儿童教养机会的均等，在全世界里要谋各民族儿童教养机会的均等。他们本着这种观念，一步一步的向前进行，一直达到最后目标，以谋"天下为公"主义的教育之完成与实现。

第五节 各国补助地方教育经费之大概

我们要实现前节所说的最高理想，当先谋本民族内全体儿童教养机会的均等。现世各国，地方教育经费差异的现象和中国差不多，政府方面，都设法补助。补助的目的，虽各有不同，但是他们所采的政策，仅可供我们做过渡时代的参考。兹略举德、法、英、美四国，补助地方教育经费之状况如下。

一、法国

法国小学教育经费共分(一)教育必需经常费;(二)特别费或建筑设备费二种。法律规定国家须负担:(一)小学、高等小学、职业学校、师范学校、中等学校教师的薪金;(二)教师退隐金;(三)视察费用;(四)维持师范学校,除校舍设备外的费用;(五)师范生补助费;(六)贫苦市乡的补助费。至于各县的负担则为:(一)小学视察员之补助费;(二)供给师范学校的校舍;(三)修理师范学校校舍及设备;(四)供给小学视察员的办公室;(五)供给职业科目教师的材料;(六)负担各校舍的修理、燃料、灯火等费;(七)供给学校教材及设备;(八)乳母学校助理的工资。

二、德国

德国在革命后各州补助地方教育的趋势,很为显著。虽说物质方面的供给,如校舍的建立与维持、学校设备、卫生检查等,仍由地方负责。但在人员方面的费用,如教师薪水,则逐渐【增】多,由州政府担任。

即以普鲁士为例,各市镇乡区共同维持州学校的经费,教师薪水,即从此出。州政府方面负担四分之一的教师薪金,拿每教师教儿童六十人来做标准。此外每人又有津贴,数目之多寡,每年由教财二部决定。此数之外,又有补助金。合计州政府担负人员方面的费用,共约百分之七十五。地方学校经州政府直接及间接补助后,如若还不能维持,可再向州政府请求补助。

此外州政府可视地方学校区域及需要的大小补助一校舍费用,但是他们的数目不得超过三分之一。

州政府补助这项巨款,一概从全州普通公款项下开支,并不征收特税。所以一九二四年,普州教育预算占全州支出的百分之十六,而在战前,则为百分之十二。此项数目,所以超出,全是因增加教师薪水的原故。

三、英国

英国在一八三三年,国会通过二万金镑为设立学校的费用。其后在一八三九年至一八六〇年间,国会每年又颁给从二万至八十万金镑为小学建筑修理设备,创设师范学校,增加教师薪水及学校视察之用。目下英国国会,每年补助小学教育经费数据,Watson: *Encyclopedia and Dictionary of Education* 所载,每年约为三千七百万金镑。大部分为补助小学教师的薪金及学校医药视察、免膳、特殊教育、小学体育组织及指导、晚间游戏中心场、婴儿教养学校等特别教育事业之用。

四、美国

美国幅帧扩大,各州间贫富悬殊,每州内各区间贫富又复悬绝。为平均教育机会起见,各州政府补助地方教育经费。联邦政府,在美国宪法上本不负教育责任的,亦参与补助。如"慕利尔土地颁给案"（Morril Land Grant Act）、"哈区农事试验场案"（Hatch Experiment Station Act）、"施蜜甫斯职业教育补助案"（Smith-Hughes Act）等，或颁土地，或给金额补助各州的教育。新近国会里，又有个设立教育部，划出一万万金洋补助各州教育案提议了许多次，尚未通过，这等款子的用途如下。

甲　补助铲除文盲，七百五十万元。

乙　补助移民美化费，七百五十万元。

丙　补助训练师资，一千五百万元。

丁　促进体育及健康教育，二千万元。

戊　补助均等教育机会，五千万元。

这个案子，美国各教育团体，几于无不赞成，迟早都必要在国会内通过。美人热心入中央补助，于此可见。

第六节　中国政府应确定中央补助教育经费

我国中央政府对于省及地方教育经费的补助，虽不能说毫无办法，向来却不很注意，因为通常都有一种观念，以为国税应办国校，省税应办省校，地方税应办地方学校。把负担教育经费的责任分成三个阶级办理，彼此可以不负责任，这种观念最为均等教育机会上的大障碍。我们主张教育机会均等的人，竭力主张中央政府确定补助省及地方的经费。补助的东西，或用现款，或用官荒；补助的目的，可参阅先进国的设施，或助教育薪金，或鼓励特殊事业，务期补救各地方教育经费不均齐的现象，而谋全国儿童教育机会均等之实现。

十七年十月

（原载《教育经费问题》，教育编译馆，1935 年）

训育上三大观点

现在中学训育问题，可分心理、生理、社会三方面讲。

1. 第一个观点——心理方面——除郑江雨先生已讲外，我尚要讲一些情感问题。世界科学家，只重理智，不尚情感；人类社会，是不能缺少情感的。学生人格的陶冶，是以情感为基础，赴汤蹈火的人，必定富有情感。现在的训育，多半是犯了一个毛病，只从理智上去陶冶人格，结果不易成功。如要造成良好的校风，亦要重情感。

情感陶冶人格的第一步要算音乐，如美国人唱美哉美国的歌，连我自己（中国人）亦大受感动，爱国心油然而生。他若为社会服务，及帮助民众，亦可用音乐去陶冶。中国人所为好友，我觉得要算是诗歌唱和者。又如看了《姊妹花》，人人落泪，也是受了音乐的感动。

一个校长或训育主任，应把学生看作自己的儿子一样；如学生患病，应如自己的儿子患病一样，觅医照料，应当无微不至。如不能做到此点，试问怎么能训导呢！因为学生最易感激的地方，在于问病问寒暑；家长最易感激的地方，在于照料。训育主任能视学生如子弟，就是有外力来闹风潮，亦不易闹起。故人格陶冶，应自情感做起，应用唯情主义，替代唯智主义。

2. 第二个观点——生理方面——普通教学生做人，忽略了物质的身体。我素主张在教训之外，再设养育部，把卫生扩大起来，调查身体的安全。如电光不好，易使学生发生近视眼、驼背、肺病等，此即忽视卫生，不足以言训育。故训育的基础，要注意身体方面；且学校风潮，亦往往因卫生设备不全而起。

第二层，中等学校性育问题，至为重要。从前我担任训育工作时，调查犯手淫及同性恋爱的，实在不少，甚至有手淫比赛。学生因戕害身体，功课不能追赶，而闹风潮者颇多。至于补救办法，有南京中大实中师生共寝室制以作参考，该校寝室，每室住导师一人监视。

3. 第三个观点——社会方面——人是社会的动物，欲改造教育，当先改造社会的环境。若关起学校，不与社会通声气，就不能训练出好学生来。要训练好学生，只有先向社会进攻。如训练学生简朴，须先造成一个简朴的社会。我们可以说，凡是学校不能解决的问题，都有他的社会病根。要训练学生品格，只有在社会中才可以训练。我们不是要他不闹风潮，就算了事；我们要训练他做个好公民，要能为民族及民众而牺牲的公民；以民族痛苦为痛苦，以民众痛苦为痛苦；这是训育的最后目标。现在上海医学院主张要训练学生为民众服务；这是很对的。要达到这个目的，须要带学生去做为民众服务的社会工作，以养成社会人格；不要使他跑到自私自利的路上去。

总括起来说，中学训育，应注重三点：(1) 以唯情主义训练学生，(2) 注意学校的卫生设备,及学生自己戕害身体的行为,(3)要从社会的改造以训练学生,并以民族服务为训育的最后目标。

(原载《中等学校训育研究》第一期,1935年)

服用土货与乡村教育

我总有这样的一种感觉,像中国现在的教育总还是不能适合我们社会的需要,这是我过去看到许多学校而想到的。这次到贵校来看到许多新的设施,许多新的计划,的确是比别的地方来得好。我觉得乡村教育在现在的中国是很重要的。其他各地小学教育、中学教育,以至于大学教育,也都是很要紧的,但是总没有乡村教育在现在的中国来得重要。乡村教育既然很重要那么我们就要想一种方法来解决。

有一种人会说:乡村的问题如果能够解决,那么其他一切问题也都可以解决了。还有一种人说:我们只要先努力于乡村经济的恢复,因为现在的乡村一切事体都没有办法,就是因为经济破产的缘故;但是我们对这些论调,总不以为然。何以呢?因为中国农村经济破产的原因,不在乡村而在城市。从前我在开封做过事,在那里调查后,知除农工外,有百分之九十是社会的寄生虫,内中除经商的占百分之三十外,其他的百分之六十简直完全是一些游闲阶级的寄生虫,完全是要人家供养的。开封是如此,其他的城市,我相信也是一样的。至于中国城市的人口,究竟是多少?因为没有一个完整的统计,无从得知。但是我们就城市消费生产二者人口的比例数看起来,我们就可以晓得中国乡村的经济破产,不完全在乡村的本身,还有一部分是在城市。因为这样,所以我们如果只着眼在乡村而不注意到城市,那么只有做到事情的一半。

谈到乡村问题的本身,现在我们注意要解决的话,第一就是农业的推广。这因为中国的乡村经济的破产,农业的不景气,也是一个最大原因。第二就是乡村的合作运动,不过这些合作运动,仅只是使商人破产,其实商人也是中国人,他们所有的经济权,就整个中国说起来,也还仍是我们所应注意的。像这些地方究竟如何办法,还值得我们商酌。第三我们所要注意的,就是使城市的人,变为生产者,如果因为城市的生产与消费到了能自己相抵的时候,那么乡村就可减少很多的供应。兄弟认为现在要解决的乡村问题,不能单从乡村着手,也就是由于这理由。我此次曾去参观邹平乡村建设研究院,那里也算得是朴素的。但是我把他们同乡下人一比,真有天壤之别呢!所谓乡下人是怎样的呢?这我想你们大多数是从乡村里来的,也该晓得吧!他们那样俭朴,我们实在不好同他们去比较。像你们此地在座的各位,虽然也还算得俭朴,但是你们决比不来乡下人的更朴素。你们实在已有点像美国乡下人的气象。但是你们比城市的却还朴素的多了。所以我很希望你们将来能够到城市去做事,使得城市的人也可以看看你们的样子,还是不要到乡里去才好。以下我就来说几件我们所要注意与实行的事。

(一)我们做学生的,差不多都有想做人上人的思想,办乡村事业的也一样的想做人上人。但是在现在的中国,是否个个人都可做得上等人,我们想:一个青年要向在社会上出人头地的做事,于是乎由小学的中学而大学,大学还不够的时候,于是再出洋留学。问他的目的,就只为一些名誉,得一个学位;学位得到以后,于是乎大家抢饭碗。同时因为一个人的势力很有限,于是联络多人,更有所谓什么党,什么派,这也就是贪官秽吏土豪劣绅的由来。我们现在办乡村教育,当然不要这样的人,我们办乡村教育,就要人人能够过得下等人的生活,在现在中国的乡村师范就很能够做到这点。至于做下等人有什么好呢?因为大家如果都要做上等人的时候,那么吃的用的都要好的,人人这样,生产有限,消费增加,于是经济上就生恐慌了,所以我希望乡村师范学生要过惯下等人的生活,就是这个缘故。我从九一八起就想过下等人的生活,我现在身上穿的这身衣服,就从这一念产生出来的,我觉得这就是我们救这多难的国家的一种方法。

(二)现在办乡村教育的人,因为他们自身修养方面有问题,所以一切都不能照最理想方面去做,甚且直接或是间接的做帝国主义者的爪牙。单就他们的供应,就可以证明。这不是我加罪他们,是事实可以看到的。诸位,我老实的对你们说:像你穿的已经不是现在中国的经济环境所应享受的。你们看你们的校长金先生,穿的到[倒]还是中国人自己的土货,但是你们就很少这土货。① 可是在普通的学校中比较起来,你们已经算得是朴素了。那晓得在乡下人看到,就会认做这是多么新奇、多可羡慕的东西呦!你们要晓得这就是我们中国经济破产的一个重要原因。我刚才同金先生谈到如何能够使一切都土货化,假使这问题能够解决,我想帝国主义用不着你去同他反抗,他就会很怕你。这点我很希望此地的同学能够勇敢的实行。

我不相信学校就只是造成不会生产只会消费的,我又不相信学校里出来的人就不会俭朴,我很希望此后我们全国的学校完全土货化,因为不这样,我们中国的经济就是终不会有办法的。在民国二十年度外国货的输入,单就穿的一项已值二一七、四五三、三三二两,其他的当然不很多,但是这些有许多土货可以代替。中国纱厂所出的棉纱,仅够中国四分之一的需用,还有四分之三就要用外国的;我们如果能够用中国人乡下自己所出的土货,那么这四分之三大量的外国货,就可以完全省却,都可以用土货来替代了。到了我们能做到这样的时候,那么所谓抵抗帝国主义,救计民生,以及最近的抵抗日本,都可达到了。从前我们到城市去买土布——像我身上穿着的——人家看见了终以为这是有点可耻的。但是我们如果能够想一想中国工业发展的困难,我们如果不自己来想方法救济,实在毫无途径可走了。不过我这些话,也有人会问我:"如果不照你这样说,那么中国人自己做的工业品不是也要多出来了吗?"这是我可以答覆你我所说的:"并不是叫大家连自己国产的工业品,都绝对不用;我的意思是我们自己所出的工业品,够我们用的只四分之一,如果我们大家都用起工业品,那么就不得不用外国货。所以我的希望是我们许多人能够用土货,但是你如果有钱,你也仅可买点自己国产的工业品来用,不过这里你要注意你万不要去买外国货。而且我们晓得自己的土货是便宜的,所以我们如果能用土货,那么自己的经

---

① 编者注:原文如此。

济也可解决了不少困难。比方我们中国的乡村小学教师,报酬是很少的,所以很多的总是为这个问题在叫苦。可是我们如果能够完全用土货,完全从最俭省的一条路走去,那么这问题不是可以解决了吗?我们只要想想从我们整个民族的经济看起来,做小学教师每月可以得到二十元的报酬,不是已经很好了吗?我们如果能够想到其他很多的人都是一点没有办法,我们就得心平了。这固然是我们为自己着想,但是为我们中国民族整个的生命设想,也是应当俭朴的。至于我们过去已经用的工业品是不是丢了不用呢?这倒不是的。我这内衣就是过去的西装衬衣改的,在过去我们已经备了的,在现在当然仍可用的,如果丢了,这不是我们糟弄自己的经济吗?

(三)我所要说的乡村教育不能忽略社会的经济情形。这点在贵校还好。但是我所看到的乡村教育的改进机关很多,就不能注意到这点。这当然是因一班人还没有想到。我总觉到在现在的中国情形下要想自己能够生活是很难的,尤其是在乡村,所以我们在乡村做事情,总要自己有一种谋生活的技能才好。我很希望未来的乡村教育能做到这点。现在中国办乡村教育的人,就忽略这点,其次就是要顾到乡村农民的经济问题,在现在的乡村是不需要我现在这样的教育。比方我们现在骤然去劝农民要卫生要识字,其实农民又何尝不想到这点,不过他的后面还有一个经济问题在不允许他。因此我认为我们以后一切的教育,应在经济立场上的设想,今天我所说的就是这些话。现在我把上面的意思,总括起来:1. 我们要不做上层阶级,来做下层阶级的人,就是我们不要做上等人,我们要来做个下等人。2. 要用土货,如果我们要用工业品,也要用自己本国出产的工业品。3. 认清中国现在已到了济费破产的地步,这点我似乎还没有谈到补救的方法。现在我最约略的谈一谈:最先要谈到的就是生产教育,因为教育是我们生活的预备,为着我们的生活的需要,所以它也就要转变到这一方向。第二点要说到的,就是合作,这事业现在已经有好多人在推行着。有一种合作事业的方法是很好的,就是我们农村里的人,在可能范围内,能集合一部分资本,来举办他的合作事业,比方工厂里做工,我们就可以在可能范围内收一部分工资,储做工厂的基金,这样下去,那么不久这工厂就可变为工人自办的了。能够这样的下去,中国的工业或者也比较稍有办法。民二十年,海关的报告,同国外贸易最大的损失,就是穿衣一项,其中但就棉纱一宗,已有四万多千万两。查我们中国人的出口货,任何东西是没有这样大的数目的。因此我是十二分的希望诸位能够自己纺纱,自己织布,这样于我们中国的经济,当亦不无小补呢?有许多人以为要改进中国,非把政权拿到手不可。但是我们试想一想看,政权拿到手里是不是就能够救得国家呢?而且拿到政权还要有问题发生吗?我以为真正有志救国的青年,不一定要拿到政权才能救国,我们的救国,只要在平坦旷达的途径上做到我们的救国工作,是要脚踏实地的来救国,我们的救国是用不着所谓政权,我们更不须要唱高调,这点革命,尤其是在诸位的地位容易做到,我很希望诸位能够做到。

(原载《湘湖生活》第四卷第二期,1937年)

民生本位教育发端

民生本位教育是一种新兴的教育运动,他是以人民生计的经济活动为脊干来改良民众生活,扶植社会生存,保障群众生命而达到民族复兴的教育。他是从中国土壤里生长起来的,他有新的教育哲学理想,也有新的教育设施。虽然这是新兴的,但因为我们社会环境的需要,他已很迅速的很普遍的传播到全国。每一位思想前进目光锐利的教育家,都深切的觉得这是我国教育目下最应走的一条道路;许多教育机关,也在埋头做这方面的实验。现在把个人对于民生本位教育所感的和所信的写出,聊作发端。

一、民生本位教育产生的背景

(一) 经济的

近世纪来,因资本主义的发达,世界经济危机日趋紧迫。列强利用其优厚的经济势力,侵略弱小国家,生产落后者备受蹂躏,而以我国为尤甚。就农村经济言,因农产品市场为外国产品所夺,输出减少;又加上天灾、匪祸、瘟疫、苛税等等的压迫,农村濒于破产,农民生活苦不堪言。再就工业说,旧有的手工生产,因受机器工艺的压迫已日趋消灭;而新兴的工业,又因外货倾销和走私的影响而濒于绝境。商业之盛衰本视农工业的情形为转移,农工业即将崩溃瓦解,商业亦当然受影响,商店之收缩或关闭因此者时有所闻;国民经济遂陷于总崩溃的危境。举国上下,悚然忧之,纷纷努力于经济救亡的工作,教育者亦加入努力,欲以教育的力量,帮助实现经济救亡的使命。民生本位的教育学说,于是应运而生。

(二) 教育的

我国新教育办了三十多年,其内容不过是消费的、书本的和治术的教育。消费的教育以提高消费享受的程度为能事,使青年一入学校即成为西方物质文明的享受者;书本的教育,以教者教死书和学者读死书为能事,使青年一入学校就和劳动生产的实际生活脱离了关系;治术教育,以养成治术人材为能事,使青年一入学校就养成升官发财的心理,这种教育仍旧是传统的士大夫教育,他非但和民生没有发生关系,简直是和民生背道而驰。以至学校多一毕业的学生,社会即增一失业的分子,家庭即少一有用的子弟。教育家觉悟了,于是大声疾呼要求改革教育,同声相应同气相求,就有许多人不约而同的喊出"民生本位教育"的口号!一致努力,谋其实现,这又是民生本位的教育发生的一个原因。

二、民生本位教育意义的商榷

（一）民生本位教育与劳作教育不同

劳作教育的要义,是要使儿童从劳动中养成一个良好公民或一种良好品格。倘使这种解说一般劳作教育者都认为不错的话,那吗民生本位教育和劳作教育至少有三点区别:第一,劳作教育以唯心论为基础,民生本位教育确实从民生的观点出发,有计划的增加社会生产;第二,劳作教育,重在养成良好的公民品格,而民生本位教育却注重民生的福利;第三,劳作教育重视训练的价值,而民生本位教育则重视生产的价值。

（二）民生本位教育与生产教育不同

生产为民生本位教育不可少的要素,但是民生本位教育却与生产教育不同。第一,生产教育以生产为目的,民生本位教育则以发展民生为目的;照我们看来,生产只为手段,民生才是目的。第二,生产教育所提倡的生产未必是社会的生产,他对于民生的影响如何不得而知。第三,教育的内容,固应以生产劳动为主。但民生需要,不应仅以生产劳动之结果为满足。因为民生的活动除了生产外,至少还有消费、分配、交换诸问题,单单解决了生产问题,而不解决其他问题,民生仍不得安定。

（三）民生本位教育与职业教育不同

职业教育发生的背景,是资本主义社会,目的在训练良好工人及伙计,与民生本位教育异其旨趣;职业教育基于个人主义,重在为个人谋出路,而个人的出路却往往有碍于整个民生的出路(如获得洋行的优厚位置即其一例),民生本位教育却注重整个民生问题的解决,惟期为民族谋出路。

（四）民生本位教育与生活教育不同

生活教育者以为现在的教育简直与生活隔离了,所以主张把生活和教育打成一片,寓教育于生活之中;而民生本位教育者则以为现在的教育简直与民生背道而驰,所以主张把民生和教育打成一片,寓一切教育于民生经济活动之中。生活教育内容宽泛,对于各种生活的教育,无轻重缓急之分,民生本位教育则特别注重于经济的生活,并且把这种生活做一切教育出发点。

（五）民生本位教育与民生主义教育的不同

有人以为民生本位教育是三民主义教育的一部分——民生主义的教育。这种见解我们不敢赞同。从我们看来,民生本位教育的内容包括三民主义教育的全部,他可算是以民生为中心,为基础或为本位的三民主义教育。因此它的范围比民生主义教育来得广,在实际上他是包括了民生主义的教育。

三、民生本位教育所负的使命

(一) 社会方面的使命

民生本位教育在社会方面所负的使命很多,略举数条如下。

1. 矫正传统的士大夫观念　我国社会陷于士大夫传统的深渊中,对于劳动生产教育向极鄙视。从事生产的人也都存着厌恶的心理。这种观念须藉民生本位教育的力量,加以矫正。

2. 培养优良的技术人才　民生本位教育,在发展人民生计。要达到这个目的,须有大量的技术人才,以分配于生产的各部门。民生本位教育的重要使命之一,就是在培养这批的技术人才,以应需要。

3. 改良及创造生产技术　我国生产技术落后,民生凋敝,这也是一个原因。民生本位教育,一方面在改良我国固有之生产技术,同时还要创造发展生产之新技术。

4. 建设合理的经济生活　民生的改善,除了生产的增加外,一切消费分配交换等制度,在在与民众的经济生活有关,欲使其合理化,亦有待于民生本位教育的努力。

(二) 教育方面的使命

在教育方面民生本位教育所负的使命,是改革现行的教育制度和设施,约是下列各端:

1. 整个教育国策的改造;
2. 各级学校教育设施的变更;
3. 课程内容的改订;
4. 教育人员的培养;
5. 新教育方法的创造。

以上各点本刊当分别发行专号讨论之,这儿恕不多说了!

(原载《民生教育》创刊号,1937年)

民生教育刍议

一、中国教育应当走那条路

我国抄袭西方教育制度三十余年,办了一种不合我国国民经济状况的教育。到了现在这种教育的缺点一天一天的暴露,虽职司教育者亦觉无可掩讳。热心教育的人士纷谋补救,改革教育的声浪,洋洋盈耳。有的说过去的教育忽略了中国的现势,于是乎提倡民族教育;有的说过去的教育太偏重了城市,于是乎提倡乡村教育;有的说过去的教育是少数人的专利品,于是乎提倡民众教育;有的说过去的教育只能养成士大夫,于是乎提倡生产教育。众说纷纭,莫衷一是。在这种教育思想混乱的局面之下,欲为我中华民族在教育找一条真正出路;自非先行立下一个标准来做指针不可。这个目标就是:

"今日中国最大多数民众最急迫的需要"

我们深信教育是一种工具,它的主要功用应当是适应最大多数民众最迫切的需要。因此今日中国的教育就应当拿这种需要来做标准。中国教育的基础也就应当建筑在这种需要之上。所谓最大多数民众最急迫的需要,就是:

"民生的需要"

我们深信任何教育不应离开了民生,民族教育应以民生为基础,乡村教育应以民生为脊干,民众教育应以民生为灵魂,生产教育应以民生为归宿,任何教育,若使离开了民生,就不是今日中国所需要的教育!

我们觉悟了以往的错误;我们觉悟了民族教育的基础落空,乡村教育之没有脊干,民众教育之缺少灵魂,生产教育之忽略分配:我们觉悟了这都是由于忽视了民生的根本需要。所以我们毅然从"民生"的观点,确定我们的教育主张而另行提倡:

"民生本位的教育"

民生本位的教育,就是以发展人民生计的经济活动为脊干,来改进民众生活,扶植社会生存,保障群众生命而达到"民族复兴的教育"。简言之:

"民生教育"

(一)就发展人民生计来说,民生本位的教育,是发展民众的经济生活,使个个人皆能衣暖食饱的教育,读书识字,虽说要紧,但都不应离开了穿衣吃饭。衣单食缺的民众,读书识字的教育也无法可施,勉强施进去,有时会发生很大的危险。

(二)就改进民众生活来说,民生本位的教育不仅发展民众的经济生活,使各人皆能衣暖食饱,还要在发展经济生活的过程中,改进民众其他各种生活(文字生活在内)。达到美满人生的目的。

（三）就扶植社会生存来说，民生本位的教育，不仅使各个人皆能衣暖食饱生活改善而已，他还使全社会的民众集合而成为一种有机的生命单元——活动的社会——永远的生存不断的进步，我们可以说民生本位的教育，就是一种创造社会新生命的教育。

（四）就保障群众生命来说，民生本位的教育，不仅使各个人皆能衣暖食饱，生活满足；不仅使一个社会永远的生存，不断的进步，还要使全社会全民族里的群众生命，得着安全的保障，使民族的生命得以延续。在现在时候，我们可以说，民生本位的教育，就是以民族复兴为远大目标的教育。

从上面四点看来，可知民生本位的教育，实包有发展人民生计，改进民众生活，扶植社会生存和保障群众生命的四个目标，不过这四个目标，是有先后的次序的。发展人民生计是一种基本的工作，必得把发展民众生活、扶植社会生存、保障群众生命的工作贯穿在发展人民的生计活动当中，才能走到民族复兴的目的！

以上所述，是我们对于民生教育的主张，我们要用这"民生教育"的锄头为我国中华民族在教育上开辟一条新路！从民生的需要上，建设我国教育的新基础！

二、我们对于实施民生教育的主张

（一）对象　以实际参加或力能参加民生经济活动的男女老幼民众为教育之对象。

（二）组织　提倡"经济分团制"。就发展民生的经济活动，将民众分为若干经济合作的团体，如"种植合作团""畜牧合作团""工艺合作团""贩卖合作团"等均是，凡是经济活动相同的民众，不分男女老幼，只要程度相同，便可在一团内某组中一同受教，不拘于儿童教育、成人教育、青年教育、妇女教育的种种界限。

（三）活动　寓一切教育于民生建设之中。以发展民生的经济活动为经，以文字、公民、卫生、休闲、自卫、救国种种的教育为纬，制为大单元的设计，取消了传统的科目制度和通常把各种教育和生计教育并列的不分轻重，先后拆开训练的办法。

（四）场所　不用传统式的学校来和社会争夺民众，充分利用经济活动场所施教，因此打破了学校、社会、家庭三种教育分立的制度。

（五）时间　不仅在工余农闲时施教，工忙农忙的时候教育同样重要，所有开学、放学、学习、学年、毕业等等的制度一概取消。

（六）教学　取消离开了民生经济活动的关系而施教的办法，要充分利用机会，在经济活动上教，在经济活动上学，指导民众，互教互学，不管年纪大小，先知觉后知，先觉觉后觉，无所谓先生，也无所谓学生。

（七）设备　设备力求适合一般国民经济的状况，力避无谓铺张。

（八）设施　设施务以有裨于民生者为先，不提高民众消费的欲望，不直接或间接推销外国货物，不把民众造成新士大夫。因此我们反对从事民生教育的人戴呢帽、皮鞋、自来水笔、长衫、学生装、西装、洋扭[纽]扣、风琴、留声机、雪花膏、幼稚园、运动场的东西下乡，反对在乡下造洋房做办公所，反对在洋房、校园、草地、铜床、电灯、种种新式设备的环境里，训练推动民生教育的人才。

（九）经费　不因创办教育而增加民众之负担，惟利用社会上惟有正当用途之资财，并于增进民众富力的当中逐渐解决教育经费的问题。

（十）学制　推翻以学科为基础以造就学者为目标的传统教育制度，而代以根据民生经济活动以造就民生事业专家为目标的新制度。

（十一）人员　普及民生教育的人，应有农业生产的技能，工艺生产的技能，畜牧生产的技能，指导合作的技能，指导教学的技能，实用医等的技能，还应有释迦慈悲救世的精神，耶稣牺牲服务的精神，孔氏杀身成仁的精神，孟氏舍生取义的精神，墨氏摩顶放踵的精神，武训行乞兴学的精神，孙总理天下为公的精神，甘地刻苦奋斗的精神，穿着老土布的民众便装深入民间做普及民生教育的工作。（以上各项办法，有些地方遇必要时可酌量情形变通，容另文发表）

三、我对于解决民生问题的主张

民生教育的主张，能否实现要看民生问题能否解决。欲解决民生问题，当先认清这问题的性质并非单纯的贫穷问题。如果只是贫穷问题，那么只要增加国富减少入超，便可解决。可是增加了国富减少了入超，尽可能解救贫穷，却不必能救济民生。试观世界上有好多出超的国家尽管很富，而他们的民生问题，往往还是不能解决。可知解决贫穷问题是一回事，解决民生问题又是一回事，我们应该认清此点，确定今后建设国民经济的责任：

"不在救贫而在救民"

谈到救民的方法时贤所论虽多，可惜大家的目光只注重农村发展农村经济，对于城市经济问题却少注意。中国的城市到底是什么？就一般情形说，他是消费享受的重心，奢华浪费的处所，洋货推销的市场，农村寄生虫的汇集地。这种寄生虫，照开封社会调查统计推算，至少有八千万条之多。并且他们所吮吸农民血液的数量恐怕比三万万余万的农民用以自养者还要来得多；所以我将认为我国农村经济破产的主因，不在农村而在城市。城市经济问题不同时解决，农村经济永无恢复之望，因此我断定，欲解救农村恢复农村经济，不可不到农村之外去想办法，不可不同时解决城市八千万人的寄生问题。现在各处谈中国经济问题的居多忽略了这一点，所以他们制出来的方案只是注意到农村生产的增加，而忽略了都市寄生虫的消耗。像这样做下去，纵使能达目的，也不过和替腹内有寄生虫的病人打补血针一样，打进三磅恐怕就被寄生虫吃去四磅！这病人恐永无痊愈之望！况且一个民族的经济问题是整个的。不能就那部分单独把他解决。纵使照现在通行的办法做得有效，农村经济问题竟尔解决，而那时候的城市经济问题定必变成非常严重。别的都不必说，只看农村合作如果行之有效，那占城市人口五分之二的商人——约有三千六百万人——的生活将必发生影响，试问如何对付？我说这话并非反对乡村合作社的办法，而是以为我们解决中国经济问题的人，不能只顾到乡村而把城市经济问题丢开不管。我们应该统筹全局，而同时替这八千万的寄生虫预谋一条生活的出路，所以我坚决主张：

"化寄生虫为生产者，使城乡经济问题同时解决"

其次我们应当注意的，便是节约与生产并重。发展国民经济，提倡生产，救济民生，故为重要之图。但徒然提倡生产，而不提倡节约，这问题还是不能解决。人们的欲望是无止境的，若不加以相当的节制，无论达到怎样的地步，都不能得到满足。即以性欲论，有了黄面婆，还想摩登女，有了摩登女，还想小老婆；又如住居，有了茅屋想瓦屋，有了瓦屋想洋房，有了洋房想在租界上造别墅，有了租界别墅还要有海外山庄。诸如此类之事不一而足。若不加以相当的节制，降低物质的欲望，生产结果，不敷应付，势必尔虞我诈，互相争夺，甚或不顾一切，做出种种丧心病狂之事，社会纷乱，自必不可遏止了。

节约的理由，既如上述。不过我们对于生活不十分困苦的人，却要把节约加上一种社会的意义。这就是说："社会节约。"节约固属美德，但将节约省下来的钱，存入外国银行，或是窖藏地下，就不啻使人变成守财奴吝啬鬼。在这民穷财尽，金融枯竭的中国，这种办法，为害之大，甚于洪水猛兽。我主张社会节约的意思，是要大家：

"不为个人而省俭而为帮助民众发展社会事业——尤其是社会生产事业——而省俭。使社会金融得以流通，社会生产费的来源，得以畅旺！"

更次谈到生产的方法，国人所论居多偏重在发展农产方面，对于农村工艺问题，却少注意。中国系农业国家，发展农产，自属重要，不过土地生产力是有限制的，并且中国可耕地的面积，据统计所载，每人仅得数亩，专靠农产改良，无论如何，都不能救济民生，况且农民有了农产以外的收入，农业生产也就容易发展。所以我主张：

"以工裕农！"

不过这儿所说的"工"是指的民族固有的手工艺，并非指的新式机器工业。我们主张在这青黄不接时代要救济民生，须维持固有的手工生产，决不可无条件的发展机器生产。因为

（1）在民生主义未实现，分配问题未解决之先，机器生产只能少数人发财，机器生产愈发达，失业者愈众，民生愈陷于绝境！

（2）中国新式工业，照实业部统计所载，只能容纳八百万人，不及全国人口百分之二。而同时又三万万之万的民众，不能在新式工业中获得工作，尚需直接或间接靠手工生产维持生活，若不维持手工业，此辈将何以为生？

（3）况且发展新式工业，须有大量的资本，今政府既无充分的资金帮助民众，民众又无力自筹，与其束手待毙，还不如利用已有的手工生产——虽说这是很笨拙的生产方法。

基于上述的三种理由，所以我主张，在这青黄不接的过渡时代仍旧：

"维持手工业生产。"

但是我们并不拘泥于陈腐的手工业生产方法，一成不变，我们同时还主张：

"改良手工生产。"

并且我认为维持手工生产，仅为过渡时代所采用的一种政策，我们决不能永远停滞在这种生产方式之下，我们必须逐渐赶上机器工业的路，不过这儿所说的机器工业，除重工业由国家经营外，乃系民有民治民享并具有合作性质或公众经营之小规模农村工业，并非如欧美日本那种制度下的大规模城市工业，我主张：

"工业下乡","寓工于农"

最后我认为维持手工生产救济民生,如政府免税、银行投资,均属要图,但是最要紧的,还在使农村生产出来的土货有通畅的出路。否则货物滞销,政府免税徒有其名,银行投资,亦难稳定。况且我国银行界亦复可怜得很,把全国银行的银子,都倒入农村,每个农人至多亦不过摊得两元,至于五六百万的款子,分散开来,每人不过摊到十数铜板,以言救济农村何异车薪杯水?若使提倡土货,尤其是提倡农民手纺手织之土布,使全国三万万农民于五个月之农闲时期中,皆有工作可做,即以每日赚银两分计,每年所得之数,亦当有九万万元之谱,比之今日银行界之放款数百万元相去殊远。所以我坚决主张:

"提倡土货","提倡乡下人自用土货,提倡城里人购用土货"!

我们希望"土货上城"!不希望"国货下乡"!我们希望一般企业家到乡下去发展合作农村生产,不要把乡下的银子吸收到城里来开工厂,使农村金融枯竭!

总起来说,处今日之中国,要解决民生问题,第一,当认清国民经济建设的责任不在救贫,而在救民;第二,当谋城乡经济问题同时解决;第三,当提倡社会节约;第四,当以工裕农,当维持并发展手工生产;第五,当提倡服用土货。除此之外,应当做的事固属很多,不过这几点我认为是最重而绝不可忽略的。

四、民生教育与民生问题之解决

教育的主要功用,既是应当适应最大多数民众最急迫的需要,而以发展民生为基础为脊干;而民生的出路,又系于社会节约之提倡及固有手工生产之得以维持与土货之得以畅销,那吗今后中国教育的出路,自非从这几点做起不可。不佞抱此主张,已有数年。民国二十一年冬中国教育学会在上海八仙桥青年会开成立大会时,曾以"民生教育运动"为题,公开宣读,迄未著文发表,二十二年春复与通知提倡念二运动(因从民国念二年开始)以提倡土货,实行社会节约,努力社会生产,发展国民经济,改进民众生活,协谋中华民族之复兴为宗旨,并于上海梵皇渡附近创办试验区(现名为东西沪西民生教育区),试验民主教育,以念二社为推动机关,试验上述主张,并创制普及教育车为推行之主要工具。两年以来,略见成效,所以把它发表出来征求批评的意见,海内明达,不吝赐教,实所感幸!

(留)

(原载《教育杂志》第二十五卷第六期,1935年;同年并由念二运动促进会刊行单行本。又载《民生教育》创刊号,1937年;及《公教学校》第三卷第二十二期,1937年)

巡回教育导论

"巡回教育"这个名辞在我国的历史很短。自从中央把他定为推行义务教育的重要事项之一,才为国内人士所注意。谨述其意义、必要,及其发展状况如下。

一、巡回教育的意义

什么是巡回教育?在通常说起来,不外乎有两种说法,一种是"流动教育",一种叫"上门教育"。我们要从这两种名辞里,找出他的定义,实属不易。姑先分析其内容如左。

(一) 就巡教人员说

1. 按户施教
(1) 直接按户施教在指定之范围以内,巡回教师将所有住家,毫不间隔的亲自按户去施教。
(2) 间接按户施教在指定之范围以内,巡回教师把所有住户分为若干组,每组设组长一人,教师向组长巡回施教后,再由组长按户施教。
2. 集团施教
教师于某处固定地点,集合一组或一组以上之住户巡回施教。

(二) 就教育工具说

1. 有简单之教育工具
利用简单工具,教师巡回各地施教,如利用巡回书库以推广图书馆教育是。
2. 有复杂之教育工具
(1) 普及教育车
(2) 普及教育担
(3) 普及教育船
利用上述复杂工具,由教师巡回各地施教,如沪西民生教育实验区利用"爽秋普及教育车"以实施民生教育,即其一例。

(三) 就教育内容说

一、语文教育
二、生计教育

三、政治教育

四、健康教育

五、家事教育

六、社交教育

七、休闲教育

八、艺术教育

九、科学教育

十、精神教育

可知通常仅有文字教育之"流动教学"不足以概括巡回教育之涵义。

(四) 就施教方式说

1. 集练式
2. 访问式
3. 开会式
4. 展览式

可知通常之"上门教学"仅属访问式之一种,不足以概括巡回教育之涵义。

(五) 就学习所说

1. 室内教学
2. 露天教学

(1) 空场上

(2) 闹市中

(3) 水滨

(4) 林间

(5) 其他

教学场所又有"固定的"和"流动的"之别,通常所说的"露天教学"或"流动教学"皆不足以概括巡回教育之涵义。

(六) 就教育的对象说

一、根据年龄说

(一) 老年

(二) 中年

(三) 少年

(四) 儿童

二、根据性别说

(一) 男的

（二）女的

三、根据程度说

（一）高级

（二）中级

（三）低级

四、根据智力说

（一）上智

（二）中才

（三）下愚

五、根据职业说

（一）商业的

（二）工业的

（三）农业的

（七）就施教时间说

一、定期的

（一）长期的

（二）短期的

二、临时的

从上面所述的看来，可知巡回的内涵至为繁复。我们姑且提出下面的一个定义来和我国内学者商榷吧。

"巡回教育是打破传统学校的制度，利用某种便于携带或有流动性质之教育工具，用集练访问开会或展览的方式，在室内或露天之下，对个人，或团体所施行之教育。"

二、巡回教育之必要

巡回教育为今日中国所必需，有下面四种理由：

（一）就我国社会状况说：我国以农立国，人口有百分之八十在乡材[村]，实行疏居制，交通极为困难，在这种状况下，欲广设西方式之学校，使儿童或民众，走很远的路，来进学校，殊多困难，因而收效亦很迟缓，所以非用巡回教育来补救不可。

（二）就我国经济状况说：据教育部报告廿年度全国学龄儿童数，计有五二,七三三,三〇七人，减去现受义务教育儿童一一,六三四,〇三〇人，仍有四一,〇九九,二七七学龄儿童须受教育，又廿年度全国失学成人，计有二四四,四七三,二五三人，减去已受民众教育一,四五〇,〇〇〇人，仍有二四三,〇二三,二五三失学成人未受教育，两者相加，将近二八四,一二二,五三〇人，须受教育，假使创办学校，以教育这广大的群众，即以每班四十人计，至少亦须有七百一十余万班，每班设备费，假定只需二百元，至少亦需十四亿二万万余元，我国是一个贫寒的国家，平均每年每人收入约二十余元。以如此低微的收入，一般民众,生活且不堪维持,自难因办教育而增加负担,在这种情形之下,果欲普及教育,又非采用经济的巡回教育不可。

(三)【就】传统的教育说:学校教育失败的呼声,随处可以听到,学校教育失败之原因固然很多,但是他把民众从实际的经济生活中拉到学校里去,使教育和民生分了家,实为原因中之最主要者。就一般民众说,谋生究竟是比读书要紧些,生活尚不能维持,自然没有工夫来受根本与民生不发生多大关系的符号教育。现在行政当局不能顾及这一点,仍然强迫民众来受这种教育,其失败自属理所当然。我们对这种传统的教育想加以补救吗?我们想把教育送还民众的经济生活立场中吗?我们想使教育与民生发生有机的连系吗?果尔则非实施巡回式的教育不可!

(四)就我国的风俗习惯说:农业社会根本是富有保守性的,尤其是我国的社会,因为受了多少年代的旧礼教的熏陶,虽说在教育发达的地方比较开通些,但在内地闭塞的地方,或是穷乡僻壤里,仍旧是抱着礼教的观念,家风不敢或改。在此种情形之下,要使青年妇女抛头露面的奔走于学校及家庭之间,或竟与男子同堂受教,颇有一般社会所反对。可是女子也应有教育的权利。我们自然不能因噎废食,在此过度[渡]时代,果欲保障这种权利自非用巡回教育的方法,把教育送上门去不可。

三、各国巡回教育概况

各国巡回教育,向无系统的记载,兹略述数国关于巡回学校、巡回文库等设施之情形以供参考。

(一)美[英]国

一七三〇年英国有琼斯(Greffith Johnes)牧师者于威尔斯(Wales)各教区内欲皆建学校一所,因限于财力,遂有巡回教育(Circulating)的计划。凡一市一村中有教堂或空室可用者,即派教师一人设学,日间教授儿童,夜间教授成人,皆不收费。数月后,再往他市他村。就学者,不拘老幼,自六岁至七十岁的皆可入学。自一七三七年至一七六〇年此种巡回学校共设立三千一百八十五所。所授学生,凡十五万又二百十三人。琼斯卒后,由俾凡(Bevan)夫人继其遗志。至一七七九年,夫人死时,共计设立学校三千二百八十所,所授学生共十六万三千三百八十三人。这种巡回学校不久即普遍全威尔斯,每逢星期日,可以说全威尔斯都成学校化了。

(二)美国

美国教育制度中有与巡回教育相近者,为家庭访问教师的制度。此制度始于一九〇六—七年,盛行于加利福利[尼]亚等州。这种教师的职务,介于学校教师与社会服务员之间,帮助实施强迫教育的法令。凡是儿童缺席,不及格,家庭无人照管,营养不良,流浪在外或需特殊训练者,往往送给此种教师,此种教师和家庭发生很密切的关系,做了许多入学督察员所不能做的工作。

除家庭访问外,巡回文库亦颇盛行。

(三) 义大利

意国的巡回教育特别注意于医药看护。关于看护方面设置家庭看护妇。每周派遣看护妇至民众的家庭,视察其家庭状况一次,以指导家庭的卫生,调查其住宅的通风采光等,制成家庭诊断表;又调查家族疾病,如花柳病、结核病、精神病。发见病人时,给与说明书,送入治疗所,教家人的看护方法。若家庭中发生结核病人,强制其学龄儿童隔离而保护之。特设有分配诊断所,病儿来所受专门医生诊断后,送之入指定的病院。海滨、林间、山上、河边、湖畔均设有常设疗养院,可以免费收容。每所收容的病儿约有八百人内外。

设有儿童巡回诊疗。除本部外,全国有十八支部。所用的小儿科医及产科医三百五十二人。以巡回诊疗农村的幼儿,儿童,妊产妇为主务。每年受诊治的妊产妇有三千人内外,十二岁以下的儿童受诊者六万人。

(四) 日本

日本的巡回文库事业颇为发达。明治四十三年的统计,各地设立图书馆之数量不过三百七十四馆。惟通俗文库及巡回文库则较多,各县当局从事经营奖励不少。如山口县立图书馆,经营的巡回文库,有百二十二所。三重县县教育会经营的通俗巡回文库全县共四百十四所。

(五) 俄国

俄国为启发农民的政治思想计有巡回政治学校的组织。这可算是一种别开生面的办法。

四、我国巡回教育之发展

巡环[回]教育,在我国历史上很难找到正面之记述,可是吾人从侧面去检讨,也可以得到一鳞一爪的材料。

(一)《周礼·地官》上说:"大司徒……正月之吉……悬教象之法于象魏,使万民观象,挟日而敛之,乃施教法于邦国都鄙,使之各以教其所治民……小司徒……正岁则帅其属,而观教法之象,徇以木铎……州长各属其州之民而读法,以考其德行道艺而观;以纠其过恶而戒之",所谓"师其属而观教法,徇以木铎,……以考其德行道艺……"可算就是一种巡回教育。

(二) 宋时,太守有劝农之制。魏之翁权遂宁府劝农文云:

"岁二月,劝农于郊,太守事也……乃得与汝父老周旋于此……挈率子弟,简汝稼器;修汝稿事……赋租以时……无阙我饷事;无罹我宪网……使者不妄言,敬听毋忽。"岁二月劝农于郊,就是巡回教育中往教的意思。

(三) 顾炎武,明之遗民,不屑仕清,一生以学问为事,他的游历,照例以两匹马换着骑,用两只驮着书,每到一处,便与乡老或士子讲讨学业。(演唐敬杲顾氏行传)这不是更有进步的巡回教育吗？两只骡驮着书,不是有了工具之利用吗？

新学输入以后,巡回文库,渐为国人所采用,教育部因有巡回文库规程的颁布,(十八年月)民国十五六年间,沈定九在浙江萧山办理地方自治事业,用往教的办法施教,颇与巡回教育旨趣相合,民国二十二年作者创制巡回教育车(现改名普遍教育车)先后在大夏民众教育实验区沪西念二社沪西民生教育实验区试行有系统的巡回教育制度。民国二十四年教育部颁发的实施义务教育暂行办法大纲(二十四年五月廿八日行政院第二一四次会议修正通过)第五条义务教育之施行规定:"试行巡回教育"。该大纲施行细则第十条第(三)项又有下列之规定:"试行巡回教学:得令各地方设置巡回教员,以时输往穷乡僻壤,交通不便利处,授教失学儿童。其程度与短期小学同。"

民国二十四年秋,上海市成立巡回教育实验区。民国二十五年春季大夏大学教育学院开设"巡回教育学程",由本书著者担任讲授。此为国内大学开设"巡回教育"之始。

二十五年秋季教育部开办"义务教育人员训练班",聘本书著者讲"巡回教学",并表演普遍教育车。

此外如江苏省之黄渡义教实验区之巡回文库办法,浙江省施行之巡回教学办法,浙江绍兴之流动教育试行办法,江西省巡回教育办法,察哈尔及威海卫之巡回教育办法,皆有相当贡得。至各省市采用"爽秋普及教育车"以施行巡回教育者已有一百余处,殊难列举,我国巡回教育之前途,大有蒸蒸日上之势云。

(本文各国巡教情形多采自马宗荣著:《比较社会教育》。又姚文照、朱衍亚二同学协助授[搜]集资料,附此志谢)

(原载《社会教育季刊》第一卷第一期,1937年)

民生本位之学校系统及各种教育之实施

"民生本位教育"在教育思想史上历时甚短。自中国民生教育学会揭发其精义，并集合千余同志加以研究提倡，始为国内外教育家所注意。兹值全国教育学术团体在渝举行联合年会之期，谨就管见所及，著为此篇，以就正于有道。

民生本位教育之定义，据中国民生教育学会成立大会宣言所载，是："以发展人民生计的经济活动为脊干，来改进民众生活，扶植社会生存，保障群众生命而达到民族复兴的教育。简言之：'民生教育。'"

本文限于篇幅，对于上述定义未能详为解说。惟其基本为宣言所未列者，尚有六点：

（一）教育为实现政治理想之工具。（二）健全的政治理想即健全之教育理想。（三）三民主义为最适合于中国国情之健全政治思想，亦即为最适合于中国国情之健全教育思想。（四）三民主义以民生为中心，三民主义教育亦应以民生为中心。（五）建设之首要在民生，教育建设之首要，亦应在民生。（六）抗战之目的为民主，抗战之基础在民生，故抗战期中之教育应巩固民生基础，完成抗战建国之使命。

根据上述理由，下列各项，应定为教育实施之方针。

（一）各种教育之实施，务须以民生为首要，为基础为中心，为标的。（此即本位之意）（二）各种教育之实施，其性质及数量首应以民生需要为根据。（三）各种教育之实施必须顾及国民经济之能力。（四）各种教育之实施务求与生产场所及生活环境相配合。（五）各种教育之实施，务须贯澈国家统治之精神。（六）各种教育之实施，务必融合中国固有文化之优点。（七）各种教育之实施，务须尽量运用科学之方法与知识。

一、民生本位学校系统

本文所论，讲关于学校一端。请进而言民生本位下之学校系统及各种教育之实施。请先阅下图：

（图见下页）

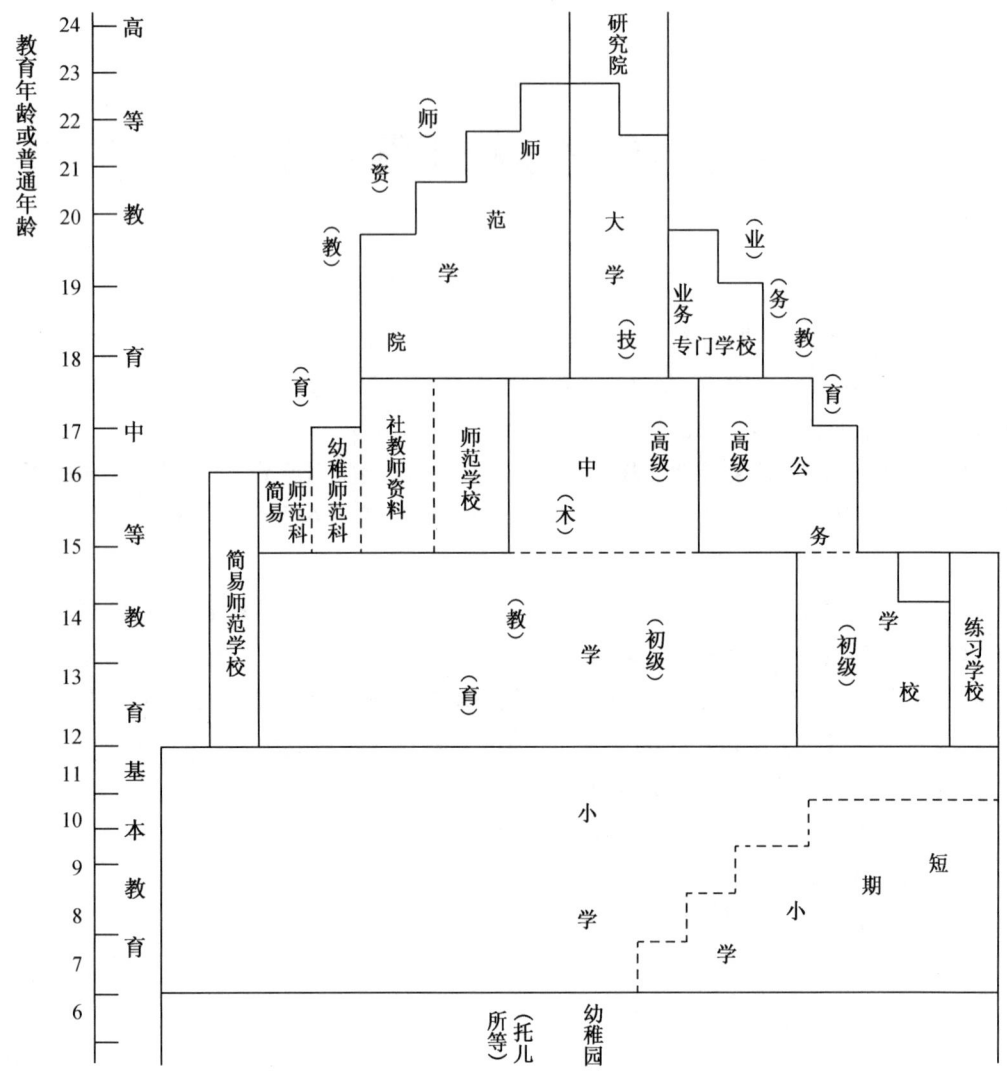

拟民生本位学校系统

说明：(一)基本教育因课程内容注重训练生活技能，故普通年龄达到七岁者方得入学，且不分初高二级。(二)凡教育年龄相同，不论男女老幼可编入一级受课。(三)此系学校系统，社教系统未列入。

观上图可知民生本位之学校系统大体仍沿用现行学制。惟其内容，则根本推翻"以学科知识为中心，以造就少数专门学者为主要目标的传统教育制度"取代以"以民生经济活动为中心以造就多数民生实用人才为主要目标的新制度"。

此新制之要点：

(一)以注重生产技术之基本教育为国民基础教育；(二)基本教育以上则为训练(1)技术人才(2)业务人才，及(3)教学人才之教育；(三)技术人才为国家应造就之基本人才。于中学及大学中训练之。(四)业务人才为技术人才之支衍，于业务学校及业务专门学校训练之。(五)教学人才亦为技术人才之支衍，故于师范学校及师范学院中训练之。（六）以上三类人才之训练，皆具有职业之性质，故在本系统中不列入职业学校。谓之为扩大的职业教育，亦无不可。（七）至于纯粹学术人才，则于研究院中培养之。国家并应广设科学、博物、理工、教育、美术、音乐、图书等馆，聘请专家，担任研究指导，俾以研究纯粹学术为目的者，得一研究之机会。

二、民生本位各种教育之实施

（一）幼稚教育　幼稚教育为一切教育之始基。应于保育与教导之中，特别培养儿童对于生产活动之兴趣，人群生活之欣赏，社会关系之认识，以及生存意义之了解。幼稚园托儿所等机关之设置并应特别顾及农工大众之需要。

（二）基本教育　基本教育为国民基础教育。小学课程应以本地民生经济活动，如农事、工艺、畜牧、贩卖等为中心。完成自养养人，自治治事及自卫卫国之基本训练。短期小学课程之性质，当与小学相同。至现行小学及短期小学课程标准应一律废止。

（三）中学教育　中学教育应为继续基本教育施行之国民教育，以造就社会生产事业之中级技术人员及准备升入大学及业务专门学校为目的。其课程之性质与基本教育相同，但较为高深，而以解决一县（初中）或数县（高中）人民衣食住行问题为主要目标。已设之中等职业学校，一律改称中学。至现行之中学课程标准，应一律废止。

（四）业务教育　业务教育为造就公众业务及社会上普通事业低级及中级管理及业务人员之教育。其课程以业务之种类，分别厘定，但以实用为主。业务学校分初高二级并应单独设立。

（五）师范教育　师范教育应为培养幼稚园，小学及低级与中学社会教育机关健全师资之教育。其课程应从专业观点，根据所教科目厘定之。师范学校并应单独设立。

（六）大学教育　大学教育应为培养各种社会生产事业高级技术人员之教育。应设农、工、商、医等学院，施行高深技术教育，养成专门技术人才。其原有之文、理、法、教育四学院，即应废止。文、理学院之科目得视农、工、商、医四学院之需要酌量开设，法学院并入业务专门学校；教育学院，改为师范学院，至该四学院各科目之高深的学术研究，则应归入研究院。

（七）业务专门教育　业务专门教育为培养公众业务及社会上普通事业高级管理及业务人员之教育。其课程视业务种类分别厘定，但以实用为主。业务专门学校得单独设立。

（八）高级师范教育　为培养中学师范公务学校及高级社会教育机关健全师资之教育。其课程应从专业观点根据所教科目厘订之。师范学院并应单独设立。

（九）研究院　研究院为创造发明整理学术之机关。纯粹学术及应用学术之创造发明，首应顾民生之需要。其应用学术之研究，应以民生实际问题为主要对象。至研究院之入学资格，不限于大学毕业，研究完成者，不给予博士或硕士学位，而赐予某种事业创造者或发明者之称号。

（十）社会教育　社会教育为提高国家文化水准之教育。其设施应以增进社会生产力为主要目标。识字教育应以民众经济活动相联系,先教以职业字汇,次及于普通字汇。公民训练应于民众经济需要发生密切关系:青年训练应注重生产技术,增进职业上之知能;妇女训练应注重家庭工业,促进社会之生产。以上所述,仅属大纲,详细实施办法,容另文叙之。

(原载《教育通讯》第三十六期,1938年)

民生设计与抗战前途

民生设计是民生本位教育的新产儿,他在长期抗战中有特别提倡的价值,特撰此篇,以饷读者。

一、什么是民生设计

(A) 民生设计的特点

1. 民生设计以裨益民生为大前提,以改善民众生活为目的。他不独迎合民众的心理,且适应民众的需要。

2. 民生设计寓教育于劳动的生产的经济的价值之中。一般的教育,多数是在空唱生产,空言劳动,对于现实的经济价值,丝毫不发生关系。可是民生设计,纯以民为本位,以经济活动为骨干的一种新型教育改造方法。这可以说是民生设计所独具的特性。

3. 民生设计是有目的的活动。民生设计是民众方面一种有目的的活动,而不是教师去强迫他们做的工作。因为民生设计适合他们的需要,有一种的强盛[强盛的]动机,既有强盛的动机,他们自然会去努力工作,以求得圆满的结果。

4. 民生设计是各种教导实施的一个大单元的联合,民生设计贯穿各种科目的知识和技能的训练,有个别指导,也有团体讨论,有时需要集练,有时需要会议,更有时需要访问和展览。他把各种教导实施熔于一炉,其方法之特殊可以想见。

5. 民生设计有详细计划和翔实报告,就是每一设计在进行之先,有详细的计划,设计完成以后,更作详细而确实的报告。最重要的,要将所进行的问题,叙述清楚,设计进行的情形,工作一般的计划,及有关问题的参考资料,都应有明白的说明。

6. 民生设计是民众作业的模范单位,也是要使民众得到一种整个的经验。所谓作业的模范单位,就是指一个整个的民生的活动,可以自成一个段落的,譬如一个女子在家中办一餐晚饭,就可以说是民生设计。因为办晚饭的设计,包含一个整个的经验。她要烧饭,要炒菜,并且要注意到所调的口味,要适合家里的各个人的嗜好。她还要考量买些什么,买多少,到什么地方去买是最便宜,她随时要把时限记在心里,留意怎样烹调,才能在一定的时间里面把饭煮好。而且有些食物要用火烤,有些食物还要用油煎,她还应该知道怎样才可以节制火灶的温度,油煎又要花费多少时候,火烤到什么程度,她都应该自己去度量和忖思的。总而言之,她的新问题,非常之多,范围也非常的广,比诸平时拿起碗来吃,那是复杂多了。

7. 民生设计是和经济分团制有密切关系的。民生教育学派所主张的经济活动分团制,是以民生经济活动为组织民众、教育民众之基本单位。他是以某种民生经济活动为组织来贯穿各种教育。民生设计就是实现这种主张而产生的一种方法。他供给一个核心来组织各种教材。与实际工作发生密切联系,为民生教育之特色。

8. 民生设计是在民生活动场所中进行。因为民生设计以整个社会为教育场所,他不但取消学校形式,且更打破传统教育的各种类型。

9. 民生设计,不分儿童,不分成人,也不分男女,凡属民众,都可作本设计的对象,这种方式,不但我们这种国家,感觉需要,即就欧美各国来说,也同样有被重视的价值。

10. 民生设计是有教师负责指导的。这个要点,就是要有能干的巡回教师作周详的指导。民生设计也需要时间去和民众作个别的谈话,或作团体的会议。同时就在平时民众进行工作的时候,尤须教师前去巡回访问。民生设计是一个多方面的工作。为着这种原因,所以一个巡回教师,不但工作繁忙,就是依他的技术而言,却也需着多方面的训练。

(B) 民生设计与家庭设计的区别

有人以为民生设计就是美国一向通行的家庭设计,这实在是因为未能了解民生设计所致。家庭设计,发生于美国由来已久,而民生设计,乃是近代中国民生教育运动所产生的一种新的型式,二者不同之点,条列如左:

1. 就背景来说:民生设计与家庭设计,各有背景。民生设计是以民生经济为出发点,侧重于民生经济的活动;可是家庭设计,乃是以儿童为出发点,侧重于儿童的活动。前者打破传统的教育类型,后者则仍然被传统的教育制度支配;前者以民生为本位,后者是以儿童为本位。

2. 就目标来说:民生设计,重在社会生产,社会改造,是以功利主义为根据;可是家庭设计,则重在作业的活动,以人文主义为根据。

3. 就场所来说:民生设计,是以一切经济活动的工作场所为场所;所谓家庭,只是其中工作场所的一种;而家庭设计的场所,多在家庭之中,对于家庭以外的场所,很少顾及,特别是对于工厂或商店,甚至沿途的贩卖等,它是无法可以图谋适应的。

4. 就对象来说:说到对象,在民生设计中,整个社会的全体民众,都被包括在内。可是家庭设计,既以儿童为对象。其所参与活动的分子,仅仅限制于少数或甚至极小部分的儿童。

5. 就地点来说:家庭设计,概以乡村为活动的所在;而民生设计,不但可在乡村中去实施,更可以到都市中去实施。

6. 就范围来说:民生设计的范围,来得广大,内容亦比较复杂;而家庭设计,范围狭小,其内容亦很简单,因此它的活动和它的实用价值,当然比较微细得多。

总而言之,民生设计,可以包括整个的家庭设计,而家庭设计,却仅不过是民生设计的一个部门。这不但是民生设计较为完善的地方,却也是值得重视的地方,很希望读者,在[①]能

---

① 编者注:原文如此。

切实予以注意。

二、民生设计的种类

民生设计的范围，包含整个社会全体民众的各种活动设计在内，不特乡村可以举办，就是城市亦可举办。农人可以设计，商人、工人亦可设计，兹将其种类择要列举如下：

(A) 家事设计

家事设计，系专就家庭作业，所计划的设计。是项设计。关于家庭设计，通常又可分下列各种。

1. 衣的设计
2. 食的设计
3. 住的设计
4. 行的设计等

(B) 农事设计

农事设计，通常即指各种农事活动而言，农事活动的种类很多，因此农事设计的种类亦非常复杂。择要言之，约有下列各种。

1. 畜牧设计如：
(1) 养鸡设计
(2) 养豕设计
(3) 养鸽设计
(4) 养蜂设计
(5) 养牛设计
(6) 养马设计
(7) 养羊设计
(8) 其他
2. 园艺设计如：
(1) 种茶设计
(2) 种树设计
(3) 种花设计
(4) 其他
3. 稻作设计
4. 麦作设计
5. 豆作设计
6. 棉作设计
7. 玉蜀黍设计

8. 高粱设计
9. 小米设计
10. 甘薯设计
11. 其他

(C) 工艺设计如

1. 制草帽辫设计
2. 制藤设计
3. 陶瓷设计
4. 纺纱设计
5. 织布设计
6. 其他

(D) 商业设计如

1. 商品设计
2. 商业设计
3. 贩卖设计
4. 其他

三、实施民生设计的步骤和方法

进行民生设计的步骤，大体观来，可分后列诸点。

(A) 调查

进行民生设计的第一件事，就是调查；务必对于整个社会动态，民众的生活情形，弄得清清楚楚，胸具成竹以后，方始进行第二步工作，兹就农业设计举例如下：

民众姓名	住址	离教师里数	家庄		家畜				果树	设备概况
			田产	房产	马	牛	鸡	豕		
赵阿大	赵家村	一华里	二〇亩森林	房屋二〇〇元杂产一五〇元	4	1	10	2	桃树五〇〇株	全备现代农具
钱老二	钱家宅	一里半	〇亩全垄耕地	房屋三〇〇元杂产二〇〇元	1	5	8	3	桃树二五〇株	农具全备
张小三	张家塅	一里半	八亩全垄耕地	房屋三〇〇元杂产一八〇元	2	3	15	3	桃树二〇〇株	农具全备
其他										

(B) 计划

调查以后,第二步工作,就是计划;这一点非常重要,每次设计,均不可缺少;从事者,务必再三加以注意。现为说明便利起见,拟定格式二种如下,以便参考。

1. 民众用的

> 1. 姓名　住址　日期　年　月　日
> 2. 设计的名目,
> 3. 你为什么选择这个设计?
> 4. 与你的指导者商定后,即将你所做的工作,草拟一个计划,叙明
> (1) 什么是你所要成就的?
> (2) 为完成这个设计,你应当知道些什么?
> (3) 为完成你的设计起见,你应该做些什么?
> (4) 什么读物和小册子可以帮助你?

2. 教师用的

〔就实际情况,拟定收获和土壤的课程〕

普通理论团体教学	各种收获团体教学	设计问题个别指导
土地的情态;土壤的改良;土壤的下肥;循环收成法;豆荚的价值;商业的肥料;繁殖的道理;耕田的作用;耕作的方法;栽培的原则;杂草的消除;害虫的防制;收获的方法;其他。	玉蜀黍: 选种验种播种。 小麦: 种子消毒盐水选种,验种,各种收获种,使用升汞水。 甘薯: 种子消毒,剪种,使用红菊葡萄酒及砒酸盐等。	玉蜀黍钱老二: 排放低地水寻得新种子比去年再耕深些。 小麦张小三: 选定种子,排放高地水,深耕。 甘薯赵老大: 选定种子,寻找轻养化钾①,免除田间传染病,将斜坡筑成平台,备置注射器及药料等。

(C) 特约设计

在施行之初,因恐民众对于民生设计,一时不易了解,甚至发生误会,所以采取尝试的手段,先请少数民众特约设计,以进行一种示范的工作意思。这个步骤最为重要,他的成败利钝对于整个民生设计的进行,关系至大。所以行施起来,务必格外审慎,指导周详,务使成绩显著,以引起全部民众的兴趣和注意。但教师亦必注意自己的态度和言行,切莫引起其他民众的反感或忌视。对于非特约设计的民众,亦必一视同仁,不分彼此。

(D) 正式设计

特约设计以后,即可进行正式的普遍的设计,进行时要订立合同,在儿童方面,年幼容

---

① 编者注:即"氢氧化钾"。

易改变,可以儿童父母订立合同,以便实行。兹拟定格式如下:

农业设计合同

我是某某〔民众的姓名〕〔或我的孩子……〕愿意在田间里做……的设计,依照所定的……计划〔写设计的名目〕勉励自己〔或我的孩子〕努力工作除允许做设计工作所需要时间以外,并如约:

供给〔详细叙述田地动物、用具等等〕;租借……〔民众或儿子姓名〕……贩卖……更愿负责检查自己〔或我儿子〕的设计工作和记录,同时保证真实不欺。

我是某某〔教师的姓名〕愿意帮助某某获得完成……设计工作所需要的知识。我愿意尽我的力量实行视察指导;到设计完成达到预定工作的数量"○○○○"时,我就接受工作的报告,并确定成绩的等第……

本契约合同订于民国……年……月……日

民众:……

教师:……

(E) 中途视导

设计的中途,须由教师巡回指导,以期收效宏速。兹以改造鸡舍的设备为例,拟定指导改造鸡舍设备大纲。

1. 你要改造你的鸡舍吗?
(1) 把你的鸡舍同几个模范鸡舍的图样比较一下,注意内部的排列和构造等。
(2) 你有多少鸡?什么时候养的?
(3) 估计每鸡所占地面有多少平方尺?
(4) 是那一种板?……还是土壁?……其情形不合式的地方在那里?
(5) 估计每只鸡占空气的面积有多少立方尺?
(6) 怎样供给新空气?
(7) 估计每平方尺的通气面积,占地板或土面方尺的数目。
(8) 每只鸡栖息的地面要多少长,多少宽?
    A. 鸡巢原来放在那里?
    B. 怎样排列的?
    C. 你看原来的有何缺点?
(9) 每间巢住几只鸡?
    A. 巢设在那里?
    B. 大小怎样?
    C. 排列如何?
    D. 你看出什么缺点?

(10) 饲鸡场的位置大小，及构造怎样？饮料怎样？

(11) 墙体和棚顶的情形和构造怎样？

(12) 绘画下面各种图样，并注明其大小尺寸。

  A. 栖息所巢穴，和地板面积的横断面。

  B. 地面计划表明鸡舍内部的安排。

  C. 外景窗户，和通气的地位。

(13) 你的鸡舍中所需要的是什么？

2. 你要改搭你的鸡舍用那一点？

3. 你要使用那一种木板？

(1) 好的板有什么要件？

(2) 不好的板对于鸡有什么影响？

(3) 什么时候需用一种泥土的地板？

(4) 泥土地板的好处在那里？缺点在哪里？

(5) 水怎样向上升出来？

(6) 怎样可以使鸡舍干燥？

(7) 假是用木板做地板，费用贵不贵？

4. 试说明建造鸡舍的计划和方法。

  民生设计的方法，最紧要之点，就是教师巡回指导。如教师巡回指导得法，则民生设计的进展，亦可迅速而成效；如教师巡回指导不得其法，其结果是必受影响。所以巡回教师的在这一点，不可不特别注意。

(F) 结果报告

最后工作，自然是设计完成，并加报告。关于设计的报告方式，大体如下：

1. 姓名：……巡回教育区：……

2. 设计的名目：……

3. 什么是你的设计的目的？

4. 详细叙述你的工作情形，并解答下面几个问题：

(1) 你为什么选择这个设计？

(2) 你的全部工作计划如何？

(3) 你经过些什么困难？

(4) 帮助你解决这些困难的是什么？

5. 设计的结果

(1) 以时间、劳力和金钱的见地估计，你的设计价值在那里？

(2) 你从这个设计得了一些什么教训？

(3) 你习得了什么新事件？

(4) 下次再做设计时，你如何去谋改进？

按设计的报告,所以要有金钱估价的意思,因为民众本身都是一个生产者,这样不特可以增进设计的兴趣,且更可以符合民生本位教育的目的。

四、民生设计与抗战前途

现代战争,从经济的立场言,可算是资源的战争,谁方资源能支持长期战斗,谁得最后的胜利。民生设计,是从教育的观点,增加抗战资源的一种原动力,他的价值,可分两点说明如下:

(一) 就充实军需资源说,近代战争须用庞大的兵力,所以军需品的消耗数量,也非常之大。充实军需资源的方法,主要的是增加生产,增加生产要得切实有效,又必须用教育的方法,发动全民力量,广大而普遍的推行,然后军需方面所用的原料、器具、设备和建筑等等才可有继续不断的补充。可是过去的教育却害了士大夫教育的痼病,除去极小部分外,不但和生产渺不相关,并且和他背道而驰,对于军需资源,可说毫无贡献。民生设计却打破传统教育的方式,他的本质,就是生产的,他不重文字的书本的知识的教学,而重在生产效能的训练,他利用民众闲费的时间,闲费的场所,闲费的人力,从事普遍的广大的生产,他对于补充军需资源的力量,不消说是非常伟大的。

(二) 就维持国民经济来说,纵令海军陆空军如何善战,纵令军需品如何精锐充足,但是如果后方的国民经济生活陷于疲惫或穷困,依然不能获得战争之最后的胜利,欧战时的德国,便是一个显著的例证。我国国民经济数十年来受帝国主义经济的侵略,贪官污吏土豪劣绅的剥削,天灾人祸的摧残,困惫已达极点,抗战开始,炮火所及,工厂摧毁,商业停顿,庐舍为墟,田稼破坏,民生困苦的情形,尤非笔墨所能叙述,以此而谋长期抗战必无胜利之可能,欲谋挽救,惟有从多方面努力增加生产,使国计民生,趋于安定,而在教育方面,尤应一反故辙,切实推行民生设计,贯澈民生本位教育的理想,帮助生产建设的完成,国计民生的安定,长期抗战的最后胜利,也就在我们的掌握中了!

(原载《新大夏》创刊号,1938年)

巡回教育的四种方式

什么是巡回教育？在通常说起来，不外乎有两种说法：一种是"流动教育"，一种叫"上门教育"。这两种说法，不能明确的表出巡回教育的含意。作者前替他下了一个定义如下：

"巡回教育是打破传统学校的制度，利用某种便于携带或流动性质之教育工具，用集练、访问、开会或展览的方式，在室内或露天之下，对个人或团体所施行之教育。"

巡回教育之教导实施，非一般学校教育可比；通常学校教育因有教室设备，形式上即觉呆板固定；教学目的，又重在与普及文字教育而努力，和带流动性的民生本位的巡回教育，实大相悬殊。

巡回教育的施行方法，通常不甚注意，以为"上门教学"即可以尽巡回教育之□事，实则此类教育方法，极为繁复，大概说来有集练、访问、开会和展览四类方式。而"上门教学"不过是访问式中间的一种。兹为便于明了起见，分别述之如下：

甲 集练式的教学

一、集练式的性质

集练式的性质，可分为四点来看。

（一）时间：集练是有一定的时间的，是带固定性的。

（二）对象：集练的对象，同样带有相对的固定性。因为在参与集练活动的团体里的各个分子，各个民众，多数已经预约；其中只有少量民众，或因一时兴趣，前来看看热闹的。

（三）教材：集练须有具体的现成的教材，如纺织活动、民生本位三民主义千字队等，方可进行工作。所以就教材而言，大体也是固定的。

（四）地点：关于集练的地点，当然需要固定的。除非遇有特殊情形，如天下雨的时候，教者可以临时计划，改换场所。但临时改变场地，最好在事先预为筹定。即如沪西民生教育实验区，原定地点是在中山路中山桥，要是天下雨的时候，他们即可迁移到早经约定的草棚中去上课，这就是一个很好的例子。若该地点附近有大树，在下雨的时候，即于树荫之下集练，更可见自然的乐趣。若能即景生情，以雨水与民生联系起来讨论，则于生活的实际利益，尤多增进。这要看教者去随机应变，临时设计和活用了。

总之，集练的教学，在大体上说来，就是变相的班级教学；所不同者，仅在用巡回教育的方式与不同巡回教育的方式而已。

二、集练式的种类

集练式的种类很多,可就下面几方面来看。

(一) 地点:就地点说,有露天集练和室内集练两种:

1. 露天集练:所谓露天集练,多数即在天朗气清、惠风和畅的时候,在大树荫下或在碧水河边,实施教学活动。

(二) 对象:就对象说,有流动的集练和固定的集练两种:

1. 流动的集练:流动的集练,必先设有教育站,且必规定教学时刻,达到一定时刻,前去站地,摇铃召集大众,前来集练。过了教学时刻即不见人在,是法即为流动的集练。例如前述沪西民生教育实验区在中山路中山桥,即设有一站。且规定下午二—三时为教学时间。每天下午二时起,即可看到普及教育车推到站头,而在别的时间,则轮往他处,这就是流动的集练。并且是法时间准确。在田间的农工大众,缺少计时的工具,见了教育车到来,立刻可以知道时刻,诚属一举两得。

2. 固定的集练:固定的集练,多数是施之于巡回学校,如每一村庄有一站有一处或是有一间房屋,为教学处所,教师去时,无需摇铃召集,即有大众聚在那儿等候,教师一到立刻就可上课,指导教学,要是教师工作完毕,走到别的地方去巡回教学的话,即可利用助手在这儿负责指挥,或管理一切。

(三) 时间:巡回教学的时间,按教育部所规定的纲法,约有下列两种:

1. 长期集合:每乡村或每一适中地点,设置一班,学额须在五十人以上,每班儿童数二十人者。一教员至少教学二班。儿童全日或上下午半日在校,教员来校时,由教员直接教学或考核;教员离校时,由导生领导,自动□习。

2. 临时集合:每乡村或每一适中地点设置一班,学额约五人至十五人,一教员至少教学三班。平时儿童各自分散,至规定时间集合,由教员来班教学,或□领生领导学习。

总之,所谓流动的集练,无论教师或学生,都在流动之列;所谓固定的集练,学生是固定的,而教师当然是流动的,这一点必须分别清楚。

乙　访问式的教学

巡回教育的教导实施的第二种方式,就是访问。访问式□呆板的规律,有绝大的流动性,和前面所说的集练式,大不相同。

一、访问式的性质

日常访问,就是采访和拜会的意思。而巡回访问,则具有一种教育的意义和价值在内的。此巡教访问,全异于日常访问。他的特点可就下面几方面来看。

(一) 时间:巡教访问的时间,不十分固定。遇有机会,即可任意在各乡村或各规定区域内巡回。但遇必要时亦可以规定时间。不过这种时间的规定,仍然属于教师个人。至于被访问的场所或民众,事先并无规定。这可以说纯粹是一种自由访问的性质。

不过，访问教学中，有特约访问，与临时访问两种；临时访问，固然很少固定，而多流动性；但特约访问，事先早□特约，遇教师访问时，必须参加出席。其性质虽不能与集练教学相比，可是对被访者亦必注意其特性，可便利教学。

（二）对象：被访问的对象，同样很是复杂；除少数不在巡教计划中的人以外，其余几乎无不在被访问之列。

（三）教材：访问是一种教育的方法，所以实施访问，也应具备教材，以备民众兴味浓厚的时候、乘机教学。有时，关于集练式所有的教材，亦须随身携带，以备民众发问时，随时讲辩。

（四）地点：访问地点，更少固定。或在村庄，或在城镇，或在工厂，或在室内，或在露天，随机应变，随环境而适应，有□如遇水滨有人工作，那末，教师即可在水滨访问，讲述水的故事，水与人的关系，水的重要，水与生产的关系，以及水里的东西种种，乘民众兴趣浓厚的时候施以教学。即使在民众忙于工作，很少兴趣的时候，不妨用安慰的口吻，攀谈几句，甚至问问好坏，这都是访问者应注意的地方。

二、访问式的种类

访问的种类很多，可就下列各方面来看。

（一）地点：

1. 露天访问：露天访问，如田间、树荫下，或是工作场地等；
2. 室内访问：室内访问，如工厂、家庭，以及公共场所、娱乐场所等。

（二）形式：

1. 挨户访问：挨户访问，即事先计划，就某某家起，按部就班的访问，好像户口调查一样。通常所称之"上门教学"，即属于此类。
2. 巡村访问：巡村访问，事先会确定路线、时间巡回至某村，不作集练教学工作，专作访问工作，甲村完毕，再去乙村，此即巡村访问。
3. 沿路访问：沿路访问，无一定的目的地，沿路前进，遇有机会，即行访问，此即沿路访问。

（三）对象：

1. 流动访问：随被访问者的流动，而实施临时访问。
2. 固定访问：即事前特约被访问，聚集在固定的场所，施以访问教学。前法比较活动，但不经济；此法虽然经济方便，但少活动，亦不甚适宜。

丙 开学式的教学

巡回教学虽有四种不同的方式，但其中最能引起民众兴趣，且使多数人可以参加的，要算是开学式的教学了。

开学式的意义，很是简单，就是在不同时间内召集民众聚集在一定场所，举行议事的仪式，而由教师作巡回讲演，或由民众提出问题来讨论。大家互相发挥意见，共同解决问题。在讨论时教师乘机予以指导和教学。这种教学方式，即为开会式的教学。

一、开会式的性质

按开会教学，在形式上就是开会，与通常会议形式，并无两样。可是，在实质方面，却是借开会的仪式，而实施大规模的教学，其用意实与一般会议不同。其特点可有：(一)于无形中使民众接受教学；(二)于无形中使民众获得集会的常识；(三)可以训练民众听话的能力；(四)打破一般学校教育的班级教学的形式；(五)可以补助集训教学之缺点；(六)注意活的知识不注重死的书本或文字；(七)力量可以广被全民。兹再就下列各项来看这种教育方式的特点。

1. 地点　开会的地点不能固定。因为农村民众，为了生活的驱使，大都是在户外工作。举行开会式的教学时应当适合他们生活的需要，随时选择地点。甚至无论在何种场所，只要是便于召集，大众易于前来，都可作为开会的地点。

2. 对象　开会教学的对象，除特殊情形外，不能固定。通常为着教者的方便起见，往往以对象的不同，来分别举行会议。务使多方变化，使民众兴趣浓厚，利便教学。

3. 教材　开会教学的教材，不必拘泥于某种形式与目的，而随时随地随人去变化。即如和民众第一次开会，除说明开会意义以外，对于开会的规则和秩序，即可行施间接和直接的教学，而使之感化于无形。

4. 时间　开会的时间，须随时随地酌定。因为，时间之早晚以及气候的影响稍变，都足以左右整个开会的教学。所以关于开会时间的安排须随时酌定，务期经济方便，既合民众心理要求，又切实际生活需要。

二、开会式的种类

开会式的种类很多。大概说来，可分为普通的集会式和特殊的集会两种。

（一）普通的集会：可分成下列数种。

1. 村民大会：以全村民众为对象，召集会议。此即村民大会。通常村民大会，大都讨论全村改进事宜。但亦有因村的本身的大小而异其会议的性质与作用，不能一概而论。

2. 村联大会：即联合甲乙或乙丙或丙丁二村，甚至联合甲乙丙，或丙丁戊数村，举行大会。或联络情感，或解决公共的问题。此即为村联大会。

3. 村镇大会：即召集某村与某镇的民众，举行大会，沟通感情，共谋解决实际生活的问题。

4. 区民大会：区民大会即以全区人民为召集会议的对象，其范围较村民大会为大，因为一个区单位往往可以包含许多村庄，人口数量，亦大于村庄户口多多。但召集是项会议，很感困难，通常很少举行的。

5. 同乐会：以娱乐为手段沟通大众情感，改进大众生活，更运用游艺以为实施活动的方法。凡乡村镇市父老儿童，都可参加。

6. 茶话会：略备茶点，用谈话方式，来举行会议，是即茶话会。茶话会只能在小规模村镇间的场地举行,且对象须以单纯为原则,否则不便谈话,难于实行。

7. 运动会:促进民众健康,奖励民众运动。可以举行运动会。

8. 展览会:把民众收获和平时收集所得,足供参考的物品,陈列展览,这就是展览会。其详细情形,请参看本篇下节。

(二)特殊的集会:临时发生特殊事项或须要特别举行的会议的,也有很多,例如:

1. 卫生运动会:按夏令卫生,关系民众健康,至为密切,所以每逢夏天应该特别举行卫生运动大会,实施大扫除,比赛清洁,以谋良好的卫生习惯,养成和社会健康的增进。

2. 修筑运动会:关于公共事业如修桥、补路、开河种种,亦须举行大规模的特殊会议,□传公共事业的□,要以鼓起民众为公努力,为公服务的精神。

3. 破除迷信:中国民众,素来迷信鬼神,这不特影响民族文化的发展和前进,而且耗费金钱,危及民生。因此,遇有机会,必须提倡破除迷信,以矫正其观念,改良其生活。

4. 驱除虫害会:欲使全民生活改进,最根本的方法,即在增加生产,提高民众收入。但欲达到此目的,对于直接危害生产的虫害非鼓励并教导民众根本把他铲除不可。因此,遇必要时,即须举行此种会议,宣讲驱除虫害。

5. 防灾运动会:我国近几年来,天灾人祸,接踵而至,以致民不聊生,国族危殆。为国治本计,除政府应有整个防灾计划以外,民众亦宜自动组织。实施防范,或治水利,或修堤岸;或栽种树木,或提倡造林,如是则民力国力,渐渐培养,天灾亦自然可以减少,人民亦可安居乐业了。

6. 其他如抗日宣讲会、种子改良会种种很多。教者可随时变化运用。

丁 展览式的教学

巡回流动教学第四种最有效的方式,就是展览式。什么是展览式?展览式就是利用各种实物,如农具、卫生、谷物,以及标本模型种种,公开陈列,民众前来参观批评,并随时加以教学。这就是展览式的教学。

一、展览式的性质

展览教学,与一般学校教学,绝对两样。他的特点:

1. 多流动性;2. 教学于无形;3. 使民众了解生活上的实际知识;4. 民众出品公开展览,互相观摩;5. 废除书本教学;6. 打破班级教学等。兹再就下列各项来看展览教学的特点。

1. 时间:除特别情形外不必固定。可早可晚,可长可短,绝对自由。

2. 对象:展览教学的对象,可以包含乡村所有的民众,无论何人,都可参与展览。

3. 教材:展览的教材,当视时令气节,各地环境,以及民众的知识程度而定。

4. 地点:展览地点可固定可不固定;展览教学,若利用普及教育车来举行,更见特色。

二、展览式的种类

展览式教学的种类,可从方法及内容两方面来看。

（一）方法：(1) 单式展览 (2) 复式展览

（二）内容：

1. 农事展览：农事展览，范围很广，内容亦最复杂。通常可分为：(1) 稻作展览；(2) 棉作展览；(3) 麦作展览；(4) 蚕作展览；(5) 农具展览；(6) 耕牛比赛等。是项展览，项目繁多，事事复杂，差不多一年四季，无时不可举行。

2. 卫生展览：卫生展览，比较专门。但内容亦很复杂。通常的有：(1) 蚊虫展览；(2) 传染病菌展览；(3) 生理展览；(4) 食物展览；(5) 医药展览等。是项展览，宜在夏天举行，时令节气，比较适宜；但生理展览，可在春天举行，陈列时间，不妨稍长。

3. 家事展览：我国社会，对于家事一端，尚未重视，实施巡回活动者，理应加以提倡。通常关于家事方面的展览，亦可分：(1) 家俱展览；(2) 婴儿服装展览；(3) 食品展览等。是项展览，一年四季，都可举行，教者可随各种展览的性质去设计，至于地点，亦可按环境和需要而决定。

4. 图书展览：是项展览，旨在提起民众对于读书的一种观念，下列各种展览，乡农同样是很感兴趣的。(1) 书画展览；(2) 民众生活图表展览；(3) 农作物稻种的挂图展览等。是项展览，以室内及冬春二季为宜。

5. 军事展览：这是一种特殊性质的展览，特别是在中国，好像格外重要。通常关于军事展览，民众定具兴趣，乐于参观。是项展览，在目前包括很多，有 (1) 军事器械展览；(2) 军用品展览；(3) 作战阵容图表展览；(4) 航空展览；(5) 各种新的军器发明品展览等。是项展览最宜于冬季，以提倡刻苦勤劳的精神。

6. 玩具展览：是项展览，以纯粹国货为材料。其用意无非在提倡国货玩具，不买仇货的意思。玩具展览，比较特殊，通常以在春季举行为宜，夏季行之，亦无不可。

7. 土货展览：土货展览，范围至广，用意亦很深长。通常所谓土货，是指纯粹运用中国乡土所产生的原料，和中国人所有的劳力，用手工制造或培植而成的一种货品。土货展览，也就是陈列这种东西。其中可以包括许多项目，如：(1) 土货展览；(2) 土绸展览；(3) 土产展览；(4) 小手工艺品展览；(5) 陶磁展览；(6) 油漆展览；(7) 生果展览等。是项展览，一年四季，不拘场所都可举行。且货品大多来自民众，所以民众很愿前来参观。在今日的中国乡村中，宜多举行。

8. 艺术展览：这儿所谓艺术展览，是指各种民众的小手工艺品或是创造品而言，至展览的时间与地点，不必固定。

9. 交易展览。所谓交易展览，即将各种可以交易的实物，以符号和价值公开展览，使民众认识贵贱和好坏。只要是交易品，概可列入。所以范围很广。举行的地点和时间，亦不必固定。

以上所述的是巡回教育四种教学方式的大概。至于细详实施的情形，容另文讨论，兹不备述。

(原载《教育通讯》第六卷第二十期，1943年)

二、教育行政

对于今后学校教授训练管理的商榷

自从去年五四学潮发生以来,学校里面的风潮,也一天多似一天。这是什么缘故呢?我以为要答此问题,须从学校行政和习惯上彻底的研究才好。

诸君要知道教育的事体,当含试验的性质。要随着时事一同变化,不可把现有的理想,当作金科玉律,一成不能改变。这话杜威博士讨论好目的标准的时候,已经说过了。诸君只看从欧洲停战之后,世界上受了何等大的变动。再经过五四学潮,中国人的思想受了何等大的影响。在心理学上讲起来,人对于环境起不适当的变化的时候,就有一种情绪发生。当情绪发生的时候,思想上必定大大的改变。对于已有的现状,必定要有大大的推翻。这种推翻,在他的本身看起来虽是不好,但是就他的结果看来,往往很好。所以近来学生的风潮,实在是因为环境起了变化,所以才有这不满足现状的情绪发生。这可算是学生界的大觉悟,不可断定他一定是不好。不过做教职员的在这个时候,必定要明白学生风潮的真义,赶快的顺着时势的要求,把从前的顽固的观念,一概打消。另外再定出新主张来,供给学生一个新环境,满足他的新要求。那才是解决这问题的正当的办法。若说到这是抱定五四以前的主张,以为学生的风潮是由于压制没有到家,还拼命的向前做,那恐怕是弄到某女校校长那样不止。这是可不引为前车之鉴的。我现在把供给新环境,关于现在学校里教授、训练、管理三论的意见,写在下面,供诸位的研究。

一、教授

(一)"教授"二字根本的谬误

教授二字在教育上沿用了许多年了。我现在说他根本谬误,差不多人要骂我荒谬了。但是我觉得二点很有讨论的价值。

(甲)教授二字把学者属于被动

常人的心理以为教师的职务,不过是"教"学生一种知识,全是由教授与的。在学生一方面想,不过是领受教师所给的一种知识。全是出于被动的。所以教,只要能在课前搜集些材料,来把一点钟敷衍过去,那就【是】好教师。学者只要能抄抄笔记,到考试的时候把教师所教的复写出来,那就是好学生。这样讲来,教师不啻是个同机人,学生好比是一架机器,听教师去注入罢了,岂不可叹。

(乙)教授二字把知识当作死东西

知识这件东西是活而常有变动的。且随时随处皆可得到。断不是书本上的知识才算知识。非书本上的就不算知识。现在的人，都把这层意思弄错了。所以把书中的知识当作神圣不可侵犯。有所言则必曰根据于某书，一字一句，不稍增损。教了学生之后，还必定要学生照样复述出来，这么一来，知识就变成一样死东西了，这不是教授二字阶之厉么？

(二)"教授"观念之打消及"互教"观念之替代

我上文既不赞成教授，那么必定另外想出个替代的来。这个替代物，就是"互教"。因为真学问是随时随地可以找到，并且是无穷的。那做教授的，不过比学生多读了几年书，他断不能说自己的学问已经登峰造极，无须再来研究。所以他的地位，虽是个教者，还必定时时以学者自居，拿出一副研究的精神来，同学生公同讨论，探求真理。拿自己之所长，补学生之所短。再拿学生之偶得的独到之处，补自己之所未知。所以在真正教授之中，学者固属受了教者的影响，起了一种变化，同时教者的自身，也不得不起了一种变化。现在大教育家杜威就主张这种说法。他以为教学的关系，不是去读死书，而在乎共同操作。学说[生]就是教师，教师就是学生。教学之间，毫没有彰然揭然的界限。这就是"互教"的精神。我们中国的教师，就因缺了这种精神，所以抱定一个教授的观念，养成自尊自足的气概。弄到后来，都没好结果。现在虽有人觉悟过来，提倡"学生自动""教师指导"，不过在我看来，"自动""指导"这是单在学生方面着想，还是把教看得学□充足。这不能算互教的精神，这还不是教育界的幸福。（未完）

(原载《时报》，1920 年 2 月 9 日)

对于今后学校教授训练管理的商榷(续)

二、训练

(一) 训练与学生人格之关系

训练二字,在德谟克拉西的国家,都不甚讲。独是专制魔王的德意志,把训练看得很重要。他在战前,国里的一切布置,都含有军队的意味。学校里的课程,也很少活动之余地。他的目的,不过是拿天性不同的国民,放在他所造的模子里铸一铸,去保持专制的帝业罢了。所以必得训练才行,日本也是专制的国家。处处模仿德国,着重训练。中国的教育,就因此简接受了影响。学校之中,首重训练。他们的意思,以为造成一个完人,非训练不可。那知道训练这二字,于学生的人格很有关系。盖训练的教育,可算是机械的教育。因为他的目的,无非使学生的举动,归于一定的格式。期初还有意识夹在其内,后来习惯成了自然,就变成一种反射作用,动乎其所不知。到了此时,遇到一种刺激,就不由的给他一种反应。自己好不能做主,仿佛机器遇到了火力,就要动起来一样。所以训练最有效果的学生,可算是一架机器,丝毫没有人格。

(二) 训练与学生风潮之关系

办学校的人,既不在学生人格上着想,抱着"训练"做去。那有两种方法,就不可采用。

(甲) 严格

"严格"同"服从"有很大的关系。因为训练的作用,不是去改变天性,而是去压抑天性。另外再用一种模型去铸成一个后天的第二天性。但是这副模子,一定是与学生的性情相反。从中就不得不生出"不服从"来。既有了"不服从"那一定很难达到训练的目的。此时就要请"严格"来帮忙了。严格怎样呢?就是如果不服从,就要记过!就要训话!就要惩戒!再不服从,就要开除!做学生的怕记过,怕训话,怕惩戒,怕开除,那就不得不服从了。这那还是办学的人有理方面讲的。不过有时候办事的人发的一种命令实在没理,实在叫人不能忍受。做学生的,提出一种抗辩,让办事的人收回成命。而办事的人心里一想:"哎呀!我的话已经说出来了。对与不对,他们都应该服从。如果因他们的要求,而收回成命,那以后的威信定大有妨碍。此风不可长。"只拿"已经说出来了不可更改"十字了。学生受了这种答复,再没要求的余地,只能忍气吞声的,敢怒而不敢言,勉强服从下去。但是这种情形,暂时似可维持学校里严格的主张,保持已有的威信。岂知学校风潮的"因"即于此时种下来,后来逐渐的酝酿。办事的严厉一次,那这个风潮的动机,也就膨胀一次。到了膨胀到极大限的时候,仿佛是个火药机,有触即发,闹得不可收拾。眼光短的人以为这件小事体,何得惹得起这样大的大祸。那知道这大祸的"因"久已埋伏下去了。这件小事体,不过是个导火线罢了。由此看来,我们可以得个定则。学校的风潮,大部分根据严格的训练,其大小与严格程度的深浅,成正比例。

(乙)礼节

要达训练的目的,必得服从。而服从的表示,有时又要借重于礼节。因为礼节可以增加办事人的威望,可以显得出做学生的诚心。所以做职教员的,看学生服从不服从,只看他对的礼节怎样,假如这学生一鞠躬九十度,恭恭敬敬的,说话不敢高声,先生怎样说,他就怎样答,一点不敢违拗,那就是好学生,就是训练最有效果的学生。假如这学生鞠躬的时候,草草率率,或者有时竟不鞠躬。那先生一看就说太不恭敬,太不守礼,是训练无效的学生。这种见解,很是谬误。要知道师生的关系,纯是出乎自然,这先生的学问、道德,如果叫人佩服,学生就不由的要恭敬他。就是会见的时候,只得点一次头,说几句话。那钦佩爱慕的意思,已完全流露出来,又何必拘拘的要鞠躬呢?如果那位先生学问、道德不能叫人佩服,那学校里的规则,无论订得怎样的严,叫学生鞠躬,学生虽可勉强从事,但是他的心中,很觉得不服气,倒反对于那位先生出一种恶感。这种恶感蕴在胸中,幸而这学校里无意外的事,敷衍到毕业之后,师生会见的时候,彼此不睬,就同路人一样,这还是很好的结果。否则如学校发生了什么事情,那这位先生,一定同时被学生攻击,请他归休。这种情形,可算是礼节的坏结果。欲免风潮,首在打消勉强的礼节。

(丙)"训练"之打消,"发展人格"之替代

我上面既不赞成训练,就不得不拿"发展人格"来替代。因为教育的目的,是使未成年者成为完人。要达完人的目的,断不是把我们理想中的完人,当作模子来做铸造的工夫,而在乎把学生的自具的完人人格,发展出来。从中不同之点有四,可写在下面。

训练

压抑学者的天性,而铸以我们所要得的天性。

由外加入被动的。

使学生变为奴隶,变为机械。

合于专制政体。

发展人格

发展学者的天性,而加以良善的改造。

由内发展自动的。

使学生变为完人。

适合共和精神。

其他之点,尚不及举。我愿以后办教育的,赶快取消训练的观念,拿发展人格来做正当的标准。那么,学校风潮自归平息。

三、管理

（一）管理与学生人格的关系

现在办学校的个个都谈管理，但是我以为管理二字，于学生人格，也很有妨碍其原因。

（甲）把学生当作鸡鸭

只看这句话，未免说我言之过甚。但细细想来，真有可信的地方。诸君只看畜牧场里的鸡鸭，乱七八糟，不设法管理，那是不行的。至于学生，在办事的人看来，也好像是一群鸡鸭，也必定加以管理才行。所以农场管理法，叫做管理。学校管理法，也叫做管理。这全是把被管理的，属于被动。换句话讲来，就是不承认他有人格。

（乙）养成学生被管理之奴隶性

大凡被管理的，必定自己没有自理的能力，才必须请人管理。但是中学以上学校的学生，是不是没自理的能力呢？现在办学校的，谈到学生的自治，都觉得学生还没有达到自治的程度。这句话固属万万不对，就是有一二个例外。我要问学生不能自治，还是天生的呢？还是管理员养成的呢？我敢说这种奴隶性是管理员养成的。现在这种时候，学生都有了觉悟。如果不把管理取消，如何能发展学生人格？如何能取消学校的风潮？

（二）管理与学生风潮之关系

办学校的既要来管理学生，又怕学生不受他管理。不得不借重于以下三种手段。

（甲）敷衍手段

学生要求一件事体，在理上讲来，不能不应允。又觉得做起来，于自己不方便。于是用这种滑头的办法，任意延宕，任意敷衍。把学生弄疲了，也就不再向他有所讲求。

（乙）欺诈手段

用这种手段去欺诈学生，学生被他一时蒙混过去，等到要同他论理，已失了时效。

（丙）恫吓手段

上两种手段，都被学生看破了，不得不用第三种手段来恫吓学生，有些胆小的学生，也有时被他吓住。

谈到管理就必要借重手段。但是无论什么手段，都含有几分虚伪，不正当的臭味，都不得有好结果。譬如敷衍手段，对于不关系紧要的事，尚不致有甚反动。但是遇到有利害关系的事，一味敷衍，必难免惹起问罪之师，掀起罢课的风潮。第二种虽可蒙混一时，但是到了后来，被学生察出，对于管理员的信用，固属扫地。罢课的风潮，一定还免不掉。第三种恫吓手段，最为危险。退学、哄堂打管理员一类的事，都是从这一点生出来的。做管理员的，不可再蹈覆辙。总之，手段没有正当的，没有惹不起风潮的。要得息风潮，除非去手段。要得去手段，除非打消管理。

（三）"管理"之打消"共治"之代替

照上看来，取消管理，拿学生自治来代替怎样？我又不很赞同。因为完全学生自治，是万万办不到的。学校之中,固属有些事应当办学的去治,有些事应当归学生去治。但是大部分的事,还是学生、教职员两方面的关系。应当公同组织一个共治的团体,共同讨论校内各事。这才是真正德谟克拉西的精神。若说到单单组织学生自治会,职教员还是办职教员的事,两下不通消息,大有壁垒相对的气象,造成什么事体,而且在表面上看来虽说学生自治,实际上有些事,还要受办事的人指挥,还是官督商办的性质。有的时候,必定生出龃龉来。仍然少不了一场风潮。再进一步说,学校系教职员学生共同组成的,学生应自治,教员就不应自治吗?既然学生职教员都应该自治,那么共治这句话,不是有充分的理由吗?

上面说了三大节,讨论风潮的根由同解决的办法,可以拿"打消虚伪,拿出真诚"八个字来包括。但是现在学校里差不多个个都有"诚"字做教训。为什么还免不掉风潮呢?要晓得收到"诚"字的效果,必得做职教员同做学生的,实际上把"诚"字做出来才行。若说到言行不一,口头上诚,做出来的事还是虚伪,那这个"诚"字变成虚伪的假面具。学生同职教员,如全以假面具的"诚"相见,这还得有好结果吗?所以我希望办学校的,不必去说"诚",还要去做诚才好。

我上面所说的话全是在学校方面讲的。不过我也要有几句话奉劝学生诸君。诸君须知教育的事体很不好办。现在是学生,将来也是教员。在现在的时候,也应得有些事体,要替办事的人想想。到了将来自己做职教员的时候,也必定记在现在做学生的地位,不要再蹈上面所说的种种覆辙。那学校之内,可以不致再有风潮。我国的教育前途也就大有希望了。

(原载《时报》,1920 年 2 月 23 日)

地方教育行政调查法

教育行政，为教育事业进行之纲纽。欲知某范围内教育效率之高下，当先研究该范围内教育政策组织系统及其行政状况，兹以一县为例说明之。

本问题所欲搜集之材料，已具于文末所附二表。惟本文只注重地方教育行政部分故只讨论教育行政概状调查表内各项，余俟另文补充。

1. 教育政策
2. 计划　如普教计划、师资计划等。如有印就行事历，并应搜集一份。
3. 行政组织及系统　如法定之组织规程及办事细则等。
4. 经费　分来源、支配等项。
5. 职员　局内行政人员，上自局长，下至书记，皆属之。
6. 现在进行之事项　此指计划之正在进行中者而言。其未经实行者不在此例。
7. 会议　如局务会议、科务会议、行政会议、校长会议等。
8. 出版物　应于表上开具各种出版物之名称，附以简单说明。并应搜集一份，以备参考。
9. 表簿　开具局内各种表簿之名称附以说明。
10. 私人教育状况　如教会教育行政及族教育行政等。

此外如未经出版之文件与上述各项有关者，亦应一体搜罗，以备参考。

一、教育政策

调查地方教育者，首当注意该地方有无适当的教育政策。适当的地方教育政策之标准有二：一，当贯彻国家教育宗旨；二，当合于地方社会需要，兹分述之。

（一）须[当]贯彻国家教育宗旨

我国教育宗旨为：

中华民国之教育，根据三民主义，以充实人民生活，扶植社会生存，发展国民生计，延续民族生命为目的；务期民族独立，民权普遍，民生发展，以促进世界大同。

上述宗旨，为审核一切教育政策之基本标准。调查地方教育者，幸于此三致意焉。

（二）当合于地方社会需要

欲求教育政策能合于地方社会之需要，必以实际情形为根据。所谓实际情形，概分地方社会状况及教育状况二类（请参阅附表）。主持地方教育者，在决定本地方教育政策之先，必须作一实际调查。该调查之内容，虽不必过于精密，然在大体上亦必须包括各项重要事实,使所拟定之政策,能合于地方社会之切实需要。此种规定教育政策之方法,各地方行之者颇少。调查教育者可依据调查后所得之结果,会同地方教育当局厘定该地方之教育政策,以为进行之根据。兹录济南教育调查之一部分,以供参考。

一、怎样决定一个地方所需要的教育

教育原为适应人生和社会的需要。所以要知这个地方的教育如何,须先看他适合于这个地方的需要与否,因之对于这个地方的实际情形,决不能弃置不问。譬如这个地方的历史和地理,住民的职业和风尚,无一不与教育发生关系,假如我们对于工商社会的儿童仅教他们一些农村儿童应有的知识,你看这种教育的结果,还会好么?

二、济南城市的普通情形

第一层,大家都晓得山东是我国古来文化发源的地方,济南便是山东的省会,那么济南教育的演进,不能完全脱了历史的影响,这是很明白的事。

第二层,大家也晓得山东在我国地理上的重要,青岛是我们国际交通的一个门户,而济南和青岛,便有胶济铁路可通。不但如此,津浦铁路为沟通南北的要道,济南即在此铁路之旁,为一巨大之停车场。有这样重要的地势,济南教育的设施,不当和那交通闭塞的区域,相提并论了。

第三层,济南城西有商埠,街市宽大,气象宏伟,惜无长才经营。有谓进步反不如德人管理的时候。而且日人势力澎涨,惟日有加,这【是】顶可痛惜而应谋补效[救]的事。不过济南社会,若论旧城商埠,工商业日有勃兴的气象。单就目前言之,银行公司,工厂商号,大都资本雄厚,获利可期。如草帽、丝绸、玻璃等工艺品,都极可观。将来工商诸业十分发达以后,在北方都会中,或当首屈一指。至于普通人民的生活,以生性节俭,故生活程度,虽日渐提高,然就全部情形而论,街市乞丐,尚不为多,是生活也不算十分艰难。

第四层,山东为我国人口很多的一个省区,有人调查,谓平均每方里占人口七百,这个调查是否确实,固不敢断言。然以济南一城来讲,人口实亦不少。美国有十万人口的都市即称大都市,则济南实大都市之大都市。据叶春墀君所编《济南指南》一书,内载居民统计,六〇三七八四口。若平均以六人中应有一学龄儿童计算,则全城就学儿童,应有一〇〇六三〇个之谱。此中男的就学儿童当得六〇〇三三个,女的就学儿童,可有四〇五九八个。

第五层,除学校以外,和教育有密切关系的机关,济南城却很多。报馆、书坊有好多家,教育会、图书馆、通俗教育演讲以及劝学所等,也都成立了。更有外国人设立的广智院,可谓城中一绝大博物馆。讨论济南教育要如何才发展,这些地方都要注意,这是不消多说了。

三、济南教育的需要是什么呢?

照前面这样说来,济南教育的需要,可以提出最大的三点。

第一层,是初级学校里应有的职业科目,以及职业学校应有的发展,我们总该相信小学校入学的学生不是个个都得着充分求学的机会。换句话说,因为种种关系,有的只受过小学教育,有的小学教育都未得完全享受。他们急于谋生,学校应该教些什么,才能使他们谋生有道呢?山东出产本极丰富,而济南工商业又日渐发达,学校中最好多多利用本地有名产物,如草须、竹藤、蚕丝、玻璃之类,制作种种日常工艺用品,并教以商业上的基本智识,才希望收到最大效果。

第二层,是历史和外交上的事实,济南的学校,宜有特别的教学。历史方面应注重中国文化之发源及演进,地理方面应注重胶济铁路之交涉及现况,使儿童知道何以本省为头一个重要区域,何以本省系全国生死存亡,因而触发其责任心。再山东和日本的接触很多,日人文字语言、风俗习惯,儿童也应该晓得,学校中不妨特设日文一科。曾见一个国民学校四年级已在学习英文,要是外国语这样的重要,与其教英文还不如教日文了。

第四层,是济南全城这样大,人口这样多,教育行政上应该注意的有二层:一为增加儿童就学之便利以谋人数加多。如能备置公车,定是[时]运送儿童入学,并划分学区,配置适宜的学校,则成效可必。二为改良学校教学法及谋学校和社会通气。如能采用视学指导制度,力谋学校推广事业,当也有成效。

按诸济南社会的现况,现有的经费果然支配得当,如求满足此种需要,并非不可能的事。(见《新教育》六卷三期)

二、教育计划

调查地方教育者所应注意之问题,除教育政策外,即为教育事业进行之计划。完善的教育计划之标准有五:一,须根据适当之教育政策;二,须根据实际情形;三,须简要易行;四,须有确定之步骤;五,须能于相当时期内达到某项预定之结果。调查者除根据此五种标准批评现有之计划外,更可依据调查所得之结果,会同地方教育当局拟定该地方之教育计划。

计划之外,调查者更当注意该地方教育行政机关有无适当之行事历。此种行事历应详尽简要,依照下列格式,画成巨幅之表,悬于办公室内,以便应用。

事项 月 日	一	二	三	四	五	六	七	八	九	十	十一	十二
一												
二												
三												
四												
五												
六												
七												
八												
九												
十												
十一												
十二												
十三												
十四												
十五												
十六												
十七												
十八												
十九												
二十												
二十一												
二十二												
二十三												
二十四												
二十五												
二十六												
二十七												
二十八												
二十九												
三十												
三十一												
备注												

重要事项须红字大书以引起阅者注意

三、行政组织系统

应就已有之组织规程，参照本期作者所著教育图示法所述绘制系统表之方法，画出某地方之组织系统表。若搜有已经绘制之系统表，则应察其是否与规程上所述者符合。

解释或批评现有之行政系统时，应注意下列六条原则。

（一）系统要完整

一种组织，无论简单复杂，均须保有完整之系统。在同一地位之上，不应有两种并列而又不相关连之组织系统或人员同时存在。若有两个同地位之系统或人员同时存在，则必再向一较高之组织或领袖负责。在此原则之下，教育局长应为本地方最高教育行政领袖，一切行政人员——包括县督学——应在其指导之下办理事务。

（二）责任要专一

一种组织无论其为总组织或为分部组织，皆必有一人负定专责。当事务进行时，此负责之人员，应不受任何方面之干涉。在此原则之下教育委员会或董事会应尊重教育局长之权限，只当注意教育政策或筹划经费，不当干涉实际行政事务。

（三）职权要分化

地方教育行政之事务，虽由教育局长一人总成负责，然局长一人精力有限，绝不能集全权于一身，事无巨细，皆必躬自办理。故必将全部教育事务，化成若干行政动作之单位，择其次要者付与属员分担办理。

（四）单位要确定

所谓行政动作之单位，有"纵"与"横"两方面之关系。如图，单位甲与单位乙、丁，为纵的关系；乙与丙，丁与戊、己……为横的关系；甲为大单位，包有乙、丙、丁、戊……等的小单位。地方教育当局，应将各单位详细规定，使所属各部分之权限分清，无含浑或互相冲突之弊。

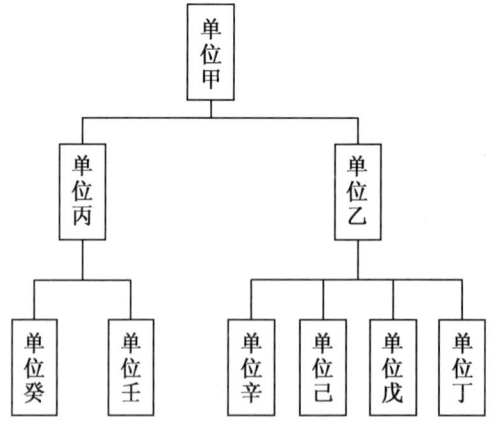

（五）领袖避独裁

为教育局科长或长者①，虽代表全部或一部分之行政权力，然其个人之见解判断，及其对于各方面之实际情形，必有疏漏之处。独断独行，不免误事。故必藉着各种会议，为立法或供献意见之机关，以谋补救。

（六）分部要联络

事有涉及两部分或数部分组织者，若由一部分冒然处理，固不免有侵权之嫌，且有时亦不易得适当之解决。故以由两部分或数部分联合解决为是。此各种联席会议之所以不可少也。

总之，地方教育行政组织与有机体之组织同，必须分工合作，始能进行无阻，发生效率。前述六条原则，即实现分工合作之规律也。

地方教育事业有大小及繁简之不同，行政组织系统，亦应随之而异。调查者遇必要时，可将现有之组织系统与根据上述标准所制成之新系统，同时绘出，比较批评，建议改革。

四、经费

本节计分来源、支配及杂问三项，兹分述之。

（一）来源

此指全地方经费之来源而言。计分政府补助、税收、产息等项。可用圆形法表示之（参阅本期教育图示法。）估量效率时，应注意税收来源：第一，是否合于公平之原理；第二，是否具有教育之价值。亩捐盐税及苛细杂捐，不合于公平原理之税源也。花赌等捐，无教育价值之税收也。调查者应将地方教育之来源，详加分析，如发现此二类之教育税收，即当建议革除或减少，以轻贫民之负担。

（二）支配

本项计分教育行政、学校教育、社会教育及其他四类。亦以圆形表示之。更求出其城市与乡村之百分比。

如何搜得材料，可与同情形之地方比较，而用横条法表示之。

地方教育经费之支配，本无一定标准。前山东教育局长会议曾规定教育经费分配，小学占百分之五十以上，中学百分之十至百分之十五，社会教育百分之十至二十，职业教育百分之五至百分之十。此种标准，可作参考之用。调查者不妨更将本地方分配之成数，逐项与同情形之地方比较，藉以衡量其效率之高下焉。

（三）其他问题

表中列杂问一项，包括预算、征收、保管、支配等问题。调查时可摘要叙述实际情形。并可参阅 Twente 氏所著 *Budgetary Procedure for a Local School System* 及作者所著《教育经费基本问题》二书，以为批评建议之标准（请阅文末参考书单）。

---

① 编者注：原文"或"字后脱一字。

五、职员

本节各项可搜集同情形地方之材料，逐项做一比较，以供估计他项效率之参考。若无他处资料，只就本地情形加以批评亦可。

六、现在进行之事项

可摘要叙述教育局现行事项之种类，审察其是否能切合该地现有之需要；更就下列各项中，斟酌地方情形，建议该地应行举办之教育事业。

（一）关于教师者

1. 举办校团校长制
2. 指导新进教师
3. 组织教学研究会
4. 举办讲习所
5. 组织教育参观团
6. 指导互相参观
7. 举行讲演会
8. 举行教室指导
9. 举行示范教授
10. 组织教师读书团
11. 举行教育展览会
12. 创立休假制度
13. 鼓励入暑校进修
14. 测量教师效率

（二）关于经费者

1. 筹划地方教育基金
2. 开辟教育富源（如公有林等）
3. 利用本地方无益资材
4. 筹用合于公平原理并具有教育之价值教育税款
5. 统一征收本区内教育经费
6. 筹划节省经费

（三）关于校舍者

1. 救济校舍拥挤
2. 筹划建造校舍
3. 预购便宜校址

（四）关于课程者

1. 组织课程研究会

2. 指导教师参与编制课程

3. 根据部订标准订定本地方适用之课程纲要

4. 举办研究试验教材之学校或班级

5. 发行教材小册备各校参考

(五) 关于卫生者

1. 促进卫生教育

2. 促进教师体育

3. 指导各校卫生

4. 指导通俗卫生

5. 举行清洁运动

6. 举行卫生运动

(六) 关于儿童者

1. 调查学龄儿童

2. 督促儿童就学

3. 测量儿童成绩

(七) 关于特殊教育者

1. 开办钝儿补习班

2. 开办高龄儿童班

3. 开办手艺训练班

4. 开办语言训练班

5. 开办顽童学校或班级

6. 开办跛儿学校或班级

7. 开办盲哑学校或班级

8. 开办天才学校或班级

9. 开办露天学校或班级

10. 开办家事学校或班级

11. 开办邻里学校

12. 开办假期学校

13. 开办艺徒学校

(八) 民众学校

1. 设立民众教育馆

2. 设立民众图书馆

3. 设立巡回图书馆

4. 设立民众实业馆

5. 设立职工教育馆

6. 设立民众美术馆

    7. 举办民众讲演团

    8. 举办民众武术团

    9. 举办民众戏剧团

    10. 举办民众音乐团

    11. 设立民众俱乐部

    12. 设立民众卫生馆

    13. 设立民众体育场

    14. 设立民众问字处

    15. 设立民众报社

    16. 设立民众茶社

    17. 设立民众公园

    18. 设立民众学校（补习学校或夜学）

    19. 刊行民众读物

（九）关于私人教育者

    1. 改进私人教育

    2. 改良私塾

（十）关于社会沟通者

    1. 向民众宣传教育

    2. 提倡家长教师联合会

    3. 设立家庭访问教师

（十一）其他工作

    1. 举行学艺比赛

    2. 举行竞技运动

上述各项不过略示大概，调查者尽可随时增益，不必拘泥也。

七、会议

地方上各种教育会议开会出席之百分数，表现办事人之精神，亦为教育效率标准之一。计算该项效率之公式为：

$$\frac{各种定期会议在本年内开会次数乘到会平均人数之总和}{各种定期会议在本年内开会次数乘应有到会人数之总和}=开会出席百分数（分母一项改为各会各次到会人数之总和亦可）$$

兹以沛县经费稽核委员会，局务会议，及全县小学校会议之各种开会及出席资料，代入上述公式，而得其开会出席之百分数如下：

原有资料

会议种类	本年度开会次数	应有到会人数	到会平均人数
经费稽核委员会	3	9	7
局务会议	18	13	11
全县小学校长会议	3	116	105

代入公式

$$\frac{3\times 7+18\times 11+3\times 105}{3\times 9+18\times 13+3\times 116}=\frac{21+198+315}{27+234+348}=\frac{434}{609}=71\%①$$

此 71% 即该县开会出席之效率也。

八、出版物

当开列各项出版之名称，并略述其内容。至于估定效率之标准：一、当注意品质之良否，不以数量之多为可贵；二、视其能否合于教师之需要，不取玄妙高深之著作；三、视其能否使通俗社会了解学校之工作，不取干燥无味之材料。

九、表簿

表簿所以记载事实，其在地方教育行政上之效用，至为广大。中央或省教育厅行政机关，本应延聘专家，制定极低限度之标准表格，发交各地方教育局，依式制备，俾收统一之效。惟我国官厅向未注意及此，一任各地方之自为，纷杂差异之现象，自不能免。吾人调查表簿之际，当记录其所用之种类，约略说明其功用，遇有特殊价值之表格，更当绘而出之，俾供他处参考。至估量效率之标准，在表簿之本身，当简便适用，并便于保存；在使用方面，当依表簿之功用而行，勿徒供陈设美观之用，致失其应有之价值。

十、私人教育行政

在政治上轨道之国家，只应有公家教育行政，而不应有私人教育行政之存在。我国情形则不然，除公家教育行政外，又有外国政府在租界或租界以外之地所办之教育行政，各外国教会在各地所办之教会教育行政，及广东各大家族所办之族教育行政。此数种教育行政，或为文化侵略之手段，或为变态之发展，皆足以扰乱国家教育行政之系统，而应即速归于绝灭者也。调查地方教育者，苟发现此数种教育行政，即应加以精密调查，详究其活动之状况，以为取缔之张本；更应研究地方教育当局，已否订有管理及取缔之办法，以为估量效率之根据。

十一、其他估量效率之标准

除上述各项方法外，其他估量地方教育行政效率之标准尚多，兹略举十数条于下以供

---

① 编者注：原文算式有误，所得和应为"$\frac{534}{609}=88\%$"。

参考。

（一）有适当之服务规程并依照做去。

（二）办公室内，各个人皆忙于所事，无闲散之象。

（三）教育局长的时间，有适当的分配。

（四）负责办事，无随意请假或怠工之事发生。

（五）办公室采用集中制度。

（六）能利用印就之便条、布告、通启等物节省时间。

（七）能利用案头日历、鼻针、图钉等物，节省时间。

（八）在一分钟之时间内，能查出所需之卷宗文件。

（九）有表显事实之图表。

（十）有简明适用之表格。

（十一）有本区范围内最近各种教育资料。

（十二）有表显学校位置之简明地图。

（十三）备有适用之参考书籍。

上述上项，系调查地方教育行政之普通方法。各地方情形不同，调查时当斟量增减随机变化，不必胶柱鼓瑟也。

参考书

Bliss, D. C.: *Methods and Standards for Local School Surveys*. Heath.

Sears, F. B.: *The School Survey*. Houghton Mifflin.

Twente, F. W.: *Budgetary Procedure for Eocal*[①] *School System*. Capital City Press, Montpelier, Ut.

Report of the Survey of the Schools of Tampa, Florida.

邰爽秋：《教育经费基本问题》，上海真如［茹］南新书社

附表二

第一类甲种　地方教育概况调查总表　第＿＿＿号

省＿＿＿城＿＿＿县＿＿＿市＿＿＿镇＿＿＿乡＿＿＿

调查日期＿＿＿年＿＿＿月＿＿＿日，调查人＿＿＿

填　表　须　知

1. 本表每地方用一份。2. 调查时，须搜集有关系之出版物。3. 不能填写之项目从

[①] 编者注：应为 Local。

缺。4. 有数字而未填出内容之处,系留备调查时,斟酌情形,增加项目之用。5. 一切数字均用 1.2.3.4.……等字。6. 详细调查,请用第一类乙种各表。7. 本表请于＿＿＿＿月＿＿＿＿日前填交

$$\boxed{调\ 查\ 项\ 目}$$

一　地方社会概况

（一）本地及附近交通状况 ＿＿

（二）人口约数＿＿＿＿＿人。男＿＿＿＿＿人。女＿＿＿＿＿人。

（三）学龄儿童约数＿＿＿＿＿人。男＿＿＿＿＿人。女＿＿＿＿＿人。

（四）当政情形（区分部、立法、司法、行政等机关）＿＿＿

（五）社会团体及事业。＿＿

（六）主要农业有几种。每年产量若干？＿＿

（七）主要工业有那几种？每年出产若干？＿＿

（八）商业状况若何？＿＿

（九）人民主要职业＿＿＿＿＿＿＿＿＿＿从事该项职业者约有若干人

（十）地方财产来源靠那几项？＿＿＿＿＿＿＿＿＿＿

（十一）每年赋税收入约有若干元＿＿＿＿＿＿＿＿＿＿

（十二）本年度行政费支出总数＿＿＿＿＿＿＿＿＿＿元

　　　　教育项下　　　　　　　　　　　　　　　　　　　　元
（十三）社会卫生大概情形
（十四）风俗大概

（十五）

二　教育行政概况

（一）教育行政机关名称
（二）组织

（三）职员

　　　　名称　　　数目　　　　　　　　　名称　　　数目
　　1.　　　　　　　　　人。　　　　　4.　　　　　　　　　人。
　　2.　　　　　　　　　人。　　　　　5.　　　　　　　　　人。
　　3.　　　　　　　　　人。　　　　　6.　　　　　　　　　人。

（四）经费收支

　　　　　　收　　入　　　　　　　　　　　　支　　出
　　1. 政府补助　　　　元。　　　　1. 教育行政　　　　元。
　　2. 直接税收　　　　元。　　　　2. 学校教育　　　　元。
　　3. 产　　息　　　　元。　　　　3. 社会教育　　　　元。
　　4. 其　　他　　　　元。　　　　4. 其　　他　　　　元。
　　5. 总　　计　　　　元。　　　　5. 总　　计　　　　元。

（五）会议种类及情形

（六）计划

1. _____ 6. _____
2. _____ 7. _____
3. _____ 8. _____
4. _____ 9. _____
5. _____ 10. _____

（七）现在进行之事项举出名称并述大概

1. _____
2. _____
3. _____
4. _____
5. _____
6. _____
7. _____
8. _____

（八）出版物（举出名称）_____

_____

_____

（九）表簿有若干类举其名称 _____

_____

_____

（十）私人教育行政概况（如教会教育及族教育行政等）_____

_____

_____

_____

_____

_____

三 社会教育

种　类	数　目	本年度经费数	办理情形
体育场			
图书馆			
阅报所			
演讲所			
博物馆			
公　园			
总　计			

四　学校教育概况

项目	性质				教职员														校地				教室数			学级数	学生数		
	公立	私立		总计	性别			资格（毕业）					经费																
		已立案	未立案		男	女	总计	高中师及高师	师大本科及高师	大学及专门	高中及旧中	初中小学及其他	本年度预算	资产数	草地园林	房屋建筑	游戏场	总计	普通	特别	总计		男	女	总计				
特殊学校																													
幼稚园																													
小学 初级																													
小学 高级																													
小学 初高合																													
小学 初等补习																													
中等学校 初级中学																													
中等学校 高等中学																													
中等学校 高初合中学																													
中等学校 中等补习																													
中等学校 高级职业																													
中等学校 师范学校																													
专门学校																													
大学																													
总计																													

五 私塾教育

1. 本地私塾共有几所？ _____
2. 本地计有塾师 _____ 人。其中受检定者 _____ 人。
3. 本地私塾儿童 _____ 人。男 _____ 人，女 _____ 人。
4. 各私塾每年收入总数共 _____ 元。其中学费 _____ 元。
5. 私塾每儿纳费最低 _____ 元。平均 _____ 元，最高 _____ 元。
6. 私塾卫生情形 _____
   _____
7. 学级编制情形 _____
   _____
8. 课程编制情形 _____
   _____
9. 主要教科为（举出数种） _____
   _____
10. 教法 _____
11. 每日授课平均时数 _____
12. 每年授课平均日数 _____
13. 每年放假平均日数 _____
14. _____
    _____
    _____

第一类乙种（二） 教育行政概况调查表 第 _____ 号

省 _____ 城 _____ 县 _____ 市 _____ 镇 _____ 乡 _____
机关名称 _____ 调查日期 _____ 年 _____ 月 _____ 日 填报人 _____

填表须知

1. 本表每地方用一份 2. 本表须由调查员或地方教育行政人员填写 3. 元数悉以国币大洋为准 4. 请填写清楚 5. 数目请用 1. 2. 3. 4. ……等字填写 6. 不能填写之项目从缺 7. 本表请于 _____ 月 _____ 日填交

调查项目

一 教育政策

二 计划

种类	内容大概	备注

三 行政组织及系统

四 经费 (一) 来源

项目		洋数	占总数百分比	备注
政府补助	省			
	县			
	地方			
税收				
				税收项下记出各种杂税之名称及数量
产息	田产			
	房产			
	基金息			
其他	学费			
	捐款			
总计				

四 经费(二)支配

种类	项目	上年度决算数			百分比			备注
		城市	乡村	合计	城市	乡村	合计	
教育行政								
学校教育	特殊学校							
	幼稚园							
	初级小学							
	高级小学							
	高初合小学							
	初级补习学校							
	初级中学							
	高级中学							
	高初合中学							
	中等补习学校							
	高级职业中学							
	师范学校							
	专门学校							
	大学校							
社会教育								
其他								
合计								

四　经费(三)杂问

1. 贵局预算何人编制？
2. 编制手续如何？

3. 预算由何人或何机关通过？
4. 通过手续如何？

5. 税款归何人征收？
6. 征收方法如何？

7. 经费归何人管理？
8. 管理情形如何？

9. 经费归何人支配？
10. 支配标准如何？

11. 贵局如有决算收支报告征信录经费计划等出版物请附检一份。

五 职员

姓名	籍贯	年龄	性别	学历及经历（注出年数）	职务名称	月薪元数	就职年月	专任或兼任	备注

六 现在进行之事项

事项种类	进行状况

七　会议

会议种类	性质或宗旨	本年度开会次数	法定到会人数	到会平均人数	备注

八　出版物

种类名称	定期或单本	说明

九　表簿（以现有者为限）

种类	功用说明	备注

十　私人教育行政概况（如教会教育及族教育行政等）

（原载《教育季刊》第一卷第二期，1930年）

教育指导之三大问题

一般教育界对于教育指导的价值，几没有不承认的；但是他们对于指导的方法，却未能有适当的了解。出版界里尽有许多指导教学的著作，可是多偏于论理的陈述，不能于短时间内给读者一种实用的知识；这实在是一件憾事！

教学本是一种动作。指导教学的目的，是在帮助教师促进教学之动作，而使儿童在学习上得到经济的有价值的效果。要指导教学成功，当先诊察与教学方面有关之各种事实，然后加以批评和指导。有许多指导教学的人——教育厅长、教育局长、省县督学及校长、教务主任、指导员等——到教室里去参观不到三数分钟，就随便下了许多批评，其结果如何，往往置之不问！指导教学这件事和医病一样，一个好的医生在下药方之先，必有一番详细的诊察，然后才能断定是什么病，才能决定用什么药，断不是化三数分钟的工夫草草率率的看一下即可开个药方把病医好的。一个好的视察员在未经某教师指导之先，也必将该教师教学上有关系的资料作一个详细的诊察，然后才能断定他是患的教学上那一种病，才能决定用什么补救方法，也断不是化三数分钟的工夫草草率率的视察一下即可开出指导方案把教师在教学上的病医好的。我们现在对于指导教学的观念变了，觉得从前那样冠冕堂皇的指导方法已经不能应用，我们要用医生医病的方法来医治教学上的病症。我们的方法很多，可以举出较为重大的三个问题述之如下：（一）确定标准；（二）诊察事实；（三）指导补救。

一、确立标准

在施行教学指导之先，不可不明了良好的教学标准。这种标准既可作教师研究改进的南针，又可供指导员检验批评的参考。他在指导教学上的地位和健康标准在摄生指导上一样的重要。我们在指导教学时，尽可先使各教师研习这种标准，使他对于良好教学方法稍有把握。然后施以切实指导。兹节译 Anderson, Barr, Bush 三氏所拟定之小学（原文见 Visiting the Teacher at Work）教学标准录后，以供参考。

（一）准备工作

1. 关于物质环境方面：a. 儿童的坐位要安排得使他们个个都能得到适当的光线；b. 儿童桌椅之高矮，应适合儿童之身材；c. 应设法使室内的空气新鲜；d. 室内的温度应调节得适宜。

2. 关于材料之处理方面：a. 物品之收发，应该用简便的有秩序的方法；b. 能利用书籍、地图、图表及其他材料；c. 地图及其他挂图或黑板上的说明等等，儿童须能看得清楚；

d. 参考书、字典、地图等物的放置须适宜；e. 本课内所用的材料，须在上课前准备妥当。

3. 关于教室内其他管理上时间之经济方面：a. 须依时上课；b. 点名须用经济的方法；c. 在讲台上或在书本里检查东西，耗时不可太多；d. 上课时，在黑板上写字不可太多；e. 上课时，不因教材、书籍用品、设备的放置不妥当而耗费时间；f. 如讨论纲要太长或参考材料太多时，须在上课前油印齐备或预先写在黑板上；g. 对于学生提出的不甚重要的问题，解答不可耗时太多；h. 向全班解决少数学生之困难时，耗时不可太多。j. 支配课外工作，耗时不可太多。

(二) 个别差异之适应

1. 支配各个学生之工作时，须使学生依论理的次序按步发展。
2. 计划教学上之工作时，须使每个学生都有极大量之进步。
3. 计划教学上的工作，对于少数学生须有个别的帮助。
4. 设法鼓励各个学生努力工作。
5. 指导每个学生对于自己所做的工作都有充分的明了。
6. 计划测量各个学生之成绩。
7. 利用团体和个人活动去计划他的教学工作，使各个学生不但获得教材方面的知识，并能获得社交上的知识。

(三) 学生方面有目的的活动之表现

1. 集中注意：a. 在学生之工作中，须表现确定的有意义的目标；b. 指导学生去发现问题，并且指导他们设法解决；c. 用设计的方法，引起学生对于功课之兴趣；d. 学生的设计能力和成就某种计划之能力须有增加的表现。

2. 自动指导：a. 学生明了他所做的是什么；b. 学生对于自己所做的工作，有真实的兴趣；c. 学生解决问题时，有确定的方法；d. 学生有不明了之处时，能自由的发问；e. 学生努力之工作，有确定的计划；f. 学生能自动的应用书籍、图画、地图等物搜集材料以谋问题之解决。

3. 保守秩序：a. 学生须敏捷的从事工作；b. 学生工作须速进而有秩序；c. 学生能注意功课而不妨碍他人；d. 教师令学生互相讨论时，学生能免除无谓的谈话，并能低声讨论；e. 学生不是无目的的在课室内行走；f. 学生应用设备或书籍等物时，肃静而且安详。

4. 估计工作：a. 设法估计自己与学生之努力的成绩；b. 学生知道自己所要达到的目的；c. 学生记载达到那种目的的个人进步；d. 学生知道在他们年岁和年级所要达到的标准程度；e. 学生将自己的成绩和标准测验程度相比较。

5. 结束：a. 每个工作的单元与前后工作的单元互相联络；b. 指导学生特殊的应用某种新知识、新能力、新技能。

(四) 教学程序之知识

1. 筋肉动作之指导：a. 做某事时，注意最良好的方法；b. 注意良好动作之养成及其良好结果之获得；c. 倘有些动作要分析开来研究时，教师注意分析；(在开始时，每种动作虽属要分开练习，但琐碎的地方不必过于注意)；d. 倘有些基础动作要特别训练时，教师须特别注意这种训练；(训练基础动作时应在复杂的工作中练习，不必单分开训练)；e. 注意到应该互相连续的动作(连续的动作在适当时应相互关连)；f. 注意到适当的模范或示范一类的事(适当的动作之示范遇必要时，应用口头指示补充)；g. 教师注意到学生的练习(学习一种动作非经训练不可)。

(注)手工的动作，体育的练习，绘画、制图、写字、打字，外国语的发音以及各种实验室内的练习，均属此类。

2. 联想学习之指导：应用下面几条原则，a. 连续的练习不如间时的练习经济；b. 全部的记忆比分部的记忆法好；c. 用注意与兴趣来学习为最经济的方法；d. 复述之速率，若以便于学习者为准，则学习最快；e. 声音为学习之一助；f. 复习材料时如一心注意学习，则学习比较的快；g. 用不正当的学习方法来学习，使正当的学习方法格外的难；h. 联想之结合，应该是有目的的，不可任其自然；i. 要把观念记牢，对于该观念，必须有彻底的了解；j. 掉换新的工作时，应有相当的休息，使所学易于保留。

(注)历史、生物、化学、社会等科及本国文、外国文之字汇，文字上的诗歌、集语，更如规则、定义、公式等，须着记忆的，均属此类。

3. 熟练教材之指导：a. 学生在书报或杂志里寻找材料之方法是经济的；b. 学生能在适当的时间内应用适当的学习方法。

(注)请参阅联想的学习、问题、解决，概念之获得，欣赏之养成各项。c. 教材是按照其工作之关系而组织，(以研究记忆教材为目的，不但耗时且易遗忘)。

4. 练习之指导：a. 使学生明了获得某种技能为解决某种有价值的问题所必需；b. 应用插图标准或示范，使学生获得技能方面的欣赏；c. 全班学生的活动须与习惯养成的，规律相合，这些规律是：① 好功用之适当练习；② 学习上快乐的结果之获得；③ 学习过程中之注意；④ 正当的反应之衔接。d. 练习的要素之联合，有正当之次序；e. 各种联想，是像将来应用的那样做成；f. 有兴趣而且容易的练习先做；g. 练习某种动作时是在该种动作将来应用的环境中练习；h. 不必要的动作和手续能够避免；i. 各人有各人的练习；j. 练习有确定的目标；k. 学生练习以达到某种目标时，教师有测量他们进步的方法；l. 某种学习进步到一定限度不能再进步时，教师不再使学生练习，以免耗费时间；m. 所学得的技能在新环境中去试验。

5. 解决问题的指导：a. 把问题明白的放在学生面前；b. 用下列的方法去激励学生的思想；1. 帮助学生把各种情形分析成许多部分、许多方面、许多要素。2. 提出确切的假定，供学生的参考；3. 使学生注意普遍的原则；c. 鼓励学生保有暂下判断的态度；d. 鼓励学生批评每种假定并估量各种假定的可能结果；e. 鼓励学生用系统的方法选择有用的假定；f. 鼓励学生用系统的方法搜集事实；g. 所收集的材料，有须分析为数种要素者，须帮助学生去分析；h. 各种要素有须分类时，帮助学生去分类；i. 解决问题有须推究因果关系者，须帮助学生去研究；j. 鼓励学生时常去检查自己所研究的结果；k. 帮助学生用图表方法以表现所学习的结果；l. 帮助学生时常把所得的暂定结果，精密的表现出来；m. 鼓励学生证实所得的结论。

6. 获得概括意义之指导：用下列的方法发展种种确定的明了的观念，a. 设法使学生亲身试验，以获得经验（如举一斤重的东西，测量一张桌子等）；b. 回溯已往的经验（应用已知的解决未知的）；c. 回溯相同的例证导出共同的特点；d. 增加较详细的东西，使概括的意义更为明了，但此仅为明了意义之背景，不可使学生强记；e. 用启发的练习供给经验，使从其中抽出确定的概念；f. 定义必须正确的地方，即须有正确的定义，（如物理上的光和热，几何上的直线和平面等定义均是）；g. 名词原则或规则等须有相当的练习，（选择很好的习题，使学生在复杂的环境当中有认识并且应用新观念的练习机会）。

7. 培养欣赏习惯之指导：a. 所教的东西有真正欣赏的表示；b. 能利用材料以适学生所达到的那种发展程度（简括的活动应先于复杂的活动）；c. 学生是否觉得课内活动于他们有很大的益处？d. 有些东西，需要知识才能欣赏的，教师能否供给？e. 倘使那个时候，教学的目的是在欣赏，教师能避去详细的分析、解剖和批评；f. 除去教学以了解一种技巧为目的时，教师把练习技能和技巧的分析放在次要，而将热诚的欣赏放在首要；g. 供给儿童充分娱乐的活动，以养成儿童对于欣赏作业的好尚；h. 欣赏的课程，是教得使儿童能发生一种满足而又有娱乐的快感；i. 鼓励儿童，使他们从一种动作继续到别的动作；j. 儿童对于日常上流社会的人所表现的那些娱乐时间的动作，有相当的表现。

（五）教材之选择和组织

1. 教学活动，儿童的经验和研究题目，根据课程组织原理来组织。
2. 教学活动，儿童的经验和研究题目，对于儿童有比较最大的价值。
3. 教学活动，儿童的经验和研究的题目，适合儿童的禀赋，已有的训练和成熟的程度。换言之，即是说不太容易，亦不太难。
4. 教学活动，儿童的经验和研究的问题，是组织得使儿童易于领会；a. 各个教学单元，是根据儿童已往的经验而组成；b. 各个教学单元，是根据活动和问题而组成。

（六）社会性发展之机会

教师设法训练儿童，使他们能：

1. 尊重别人意见。
2. 接受他人批评。
3. 贡献意见。
4. 能和别人合作。
5. 心悦诚服的担负自己一部分的责任。
6. 能牺牲欲望。

7. 不随波逐流。

8. 能和别人谈话谈得好。

(七) 参与和注意

1. 各学生直接参与对于目前的设计活动。

2. 当教师或同学领导讨论时,各学生专心注意。

3. 各学生自习时,有专心研究的表示。

(八) 科学方法之应用

1. 教学的前后,记核各生的能力。

2. 对于儿童的进步,有精确的测量。

3. 先诊察儿童的缺点,然后设法补救。

4. 用研究和试验,去增进他的教学方法。

二、诊察事实

指导教学第二步的工作,是诊察事实。诊察事实的目的,是搜集关于教学方面的质料,做诊断教学上病态之参考,兹将应诊事实之种类及方法述之如下。

(一) 应行诊察之事实

这些事实至少分为三类:(一) 学生方面之事实;(二) 教师方面之事实;(三) 教学方面之事实。

1. 学生方面之事实

欲看某教师教学成绩,不可不注意他所教的一班学生如何。我们所要注意的如:(1) 学生智力的程度,关于此点,请采用商务书馆所出的智力测验。(2) 学生年龄、学级进步及家庭状况,关于此点,请采用作者所著的《学龄计算法》(广西教育厅出版)及《年龄学级进步之计算法》(《教育杂志》二十一卷一号)。(3) 健康状况,请用下表。

学生健康查验表

域名 _____ 学校名称 _____ 学校地址 _____

学校性质(公立私立) _____ 学级 _____

检查日期　年　月　日　　　　　　　　检查人 _____

本表使用法

1. 本表备同年级一班儿童之用,如系复式或单级之班次,则请将各级分开填写。

2. 本表检查人,须由医生或曾经体格检查训练之人员担任之。

3. 检查方法及标准如下:

视　　力	用视力表检查,令学生在六米突之距离读表上之字。	
听　　力	用中山纪念表在近壁处使学生听其声音而记其距离。	
颈　　腺	用触诊法辨之。	
发　　音	令学生照说相当字句以辨之。	
胸　　围	用米突带于极量呼出及极量吸入时在乳头部量定之。	
发育营养	发育营养分三等;(甲)体格强壮,营养优良,皮色鲜红,精神活泼;(乙)发育及营养均平常;(丙)发育不良,皮色萎黄瘦弱。	
扁 桃 腺	用压舌器检查口腔,注意该器使用时,每次均须消毒。	

4. 表内各项检查可分归六人担任之:(1)三至六;(2)七至九;(3)十及十一;(4)十二;(5)十三至十七;(6)十八至二十二。各归一人办理。

5. 检查时,如发现某儿健康状况合于某项内之某条,则将该条之数字照填于该行之空格内。特别状况为本表所未述者,须择要注入。如同时发现两种状况,则一并填入之。

一	二	三		四	五	六	七	八	九	十	十一	十二	十三
号数	学生姓名	视力		斜视	听力	耳漏病	坏牙	头腺肿大	发音	身长	体重	胸围	发育营养
		左 第 行	右 第 行	1. 是 2. 否	呎数	1. 有 2. 无	个数	1. 是 2. 否	1. 口吃 2. 哑音	尺数	磅数	cm 呼 吸 cm	1. 甲 2. 乙 3. 丙
1													
2													
3													
4													
5													
6													
7													
8													
9													
10													

十四	十五	十六		十七	十八	十九	二十	廿一	廿二	廿三
脊椎	胸膛	种痘		寄生虫	皮肤病	疝气	鼻腔	扁桃腺肿涨[胀]	沙眼病	
		痘疱	时期							
1. 左曲 2. 右曲 3. 后曲	1. 凹形 2. 凸形 3. 桶形	1. 有 2. 无	1. 年内 2. 年外	1. 头虱 2. 衣虱	1. 秃疮 2. 天疱疮 3. 疥疮 4. 癣疥	1. 有 2. 无	1. 阻塞 2. 发炎	1. 是 2. 否	1. 有 2. 无	

2. 教师方面之事实

教师方面之事实,计有二种:一、为普通方面之事实;二、为健康方面之事实。前者可采用作者所制之教职员调查表,后者可酌用教师健康测验表。该二表形式如下:

教职员调查表

城名＿＿＿＿＿＿＿＿＿＿　　学校名称＿＿＿＿＿＿＿＿＿＿

学校地址＿＿＿＿＿＿＿＿　　学校性质(公立私立)＿＿＿＿＿

教职员姓名＿＿＿＿＿＿　　籍贯＿＿＿省＿＿＿县人

性别＿＿＿　年龄＿＿＿岁　＿＿年＿＿月＿＿日生

暂时的住址＿＿＿＿＿＿＿＿　　永久的住址＿＿＿＿＿＿＿＿

填表日期＿＿＿年＿＿月＿＿日

本表使用法

(一) 此表每人用一份,若在别校兼课或兼职,则请分填数表。
(二) 校长亦适用此表。
(三) 表内各项请填写清楚。
(四) 不能回答及不愿回答者从缺。
(五) 一切数目请用 1.2.3.4.……
(六) 本表请尽于四月二十七日以前收齐送交教育局。

一、工作与酬劳

担任工作种类	科目					职务					总计
年级											
每周所费时间											
月薪数											
备注	专任兼任等请注出										

注意:

(一) 每周所费时间,均须以分钟为计算之单位。如填时数或次数,则须注明每次实际上课若干分钟。休息时间,须除出计算。薪金数以银元为本位。

二、学历

学校种类	小学	中学	师范	大学或专门学校	暑期学校			函授学校或特殊科
学校名称								
学校地址								
所修科目之名称或性质								
在校时期（民国　年）	从至年年月月	从至年年月月	从至年年月月	从至年年月月	从至年年月月	民国年	民国年	民国年
共修月数						计日	计日	计日
获得毕业文凭学位或学分数								
备注								

三、经验

民国年	学校名称	学校地址	年级	月数	年级	月数	年级	月数	年级	月数	年级	月数	曾教或现教之科目 年级	月数	年级	月数	年级	月数	年级	月数	年级	月数	年级	月数	曾任或现任之职务 年级	月数	年级	月数	年级	月数	年级	月数	备注
总计																																

（一）先生如有著述，请依下表填入。

书名或题名		
出版之书局或 登载之报章杂志		
出版年月或卷数期数		

（二）先生在课余作何消遣？

（三）家中亲属共有几人？（以经济上有共同关系者为标准）

亲属关系		
人数		

（四）先生的经济负担怎样？

（五）先生如有其他意见，请在此写出：

教师康健测验表

（美国麻省教师联合会卫生体育委员会拟定）

一、康健的征候

(1) 你每天工作游戏到就寝时，没有觉得精神和肉体上有过分的疲劳吗？……… 40

(2) 你清早起身时，有适当的休息吗？……… 40

(3) 你对于卫生的食物有好味吗？……… 30

(4) 你能遣除通常的愁闷吗？……… 30

(5) 你乐意与他人交际吗？……… 30

(6) 你有自信心吗？……… 30

(7) 你的体重按着你的身长和年龄，是在标准下百分之十和标准上百分之十五以内吗？……… 40

(8) 你的姿态看来觉得康健而有效力吗？……… 30

(9) 你的骨骼运动是常态吗？你的腿和脚不觉得痛苦吗？……… 20

(10) 你的筋肉富有弹性吗？……… 20

(11) 你的视力是否合度或是戴着适当的眼镜吗？……… 20

(12) 平常距离十六的谈话你能听见吗？……… 20

(13) 你的皮肤是清洁，皮色是好看的吗？……… 20

(14) 你的头发光泽而不涂抹多量的头油吗？（头发不是干枯脆弱的）……… 20

(15) 你的牙齿健全或是经过医生补好的吗？……… 20

(16) 你没有时常发现感冒等流行病吗？……… 30

(17) 你没有周年不去或时常发见的苦痛吗？·················· 30

二、康健的习惯

(1) 你每天亦食些粗面包吗？
(2) 你每天必饮开水六杯吗？
(3) 你每夜平均最少睡足八小时吗？
(4) 你食糖果有节制并且只在餐后吗？
(5) 你只在餐时食东西吗？（水果当作别论）。
(6) 你每天除马铃薯外，必食二种蔬菜吗？
(7) 你所食的蔬菜，有一样是生吃的吗？（芹菜、菜、莴苣等）。
(8) 你每天最少食水果一次吗？·················· 20
(9) 肉、牛乳、奶饼、硬壳果、鱼、卵等，你每天必食一样吗？·················· 20
(10) 你每餐有定时吗？·················· 20
(11) 你食必咀嚼吗？·················· 20
(12) 你每星期最少洗二次周身的澡吗？·················· 10
(13) 你每天刷牙至少三次吗？·················· 10
(14) 你每天大便一次吗！（不是用泻剂）。·················· 30
(15) 你每天平均有一小时在户外吗？·················· 30
(16) 你每天最少有半小时室内或室外的剧烈运动吗。·················· 20
(17) 你每星期最少有十小时从事于娱乐、社会活动、读书等事吗？（日常运动除外）。·················· 20
(18) 你在工作外有一种生动的愉快的娱乐吗？·················· 30
(19) 你卧室的窗牖夜间打开吗？·················· 10
(20) 你努力保持你最优美的坐立的姿态吗？·················· 20
(21) 你工作时穿你最安适的步履吗？·················· 10
(22) 你每年有一次完全的身体的检验吗？·················· 50
(23) 你的牙齿每年至少有二次医生的检验吗？·················· 40
(24) 倘若你有身体的缺陷时，你能知道他们而又能医治得足以维持最好的康健状况吗？······ 20
总数 ·················· 100

其他的报告

体长 ··················

体重 ··················

平均分数 ··················

3. 教学方面之事实

教学方面事实之诊察，有繁简之不同，繁的方法，系把前面所列教学指导标准，制成检验表格，一条一条的诊察，此法较费时间，一时不易普遍。较简之法则可用作者所制教学效率测量表（该表经数次试验，颇为客观可靠，其编制经过，作者当另文详之，在此地不能多说了）。此表用了数次之后，指导者即将某教师未曾达到标准各点记下，分期指导，逐渐使他增进，不过这个表，不必每次视察的时候都用。有时候也尽可不带表去看看。详细办法，见教室视察之进行节内。

教师效率测量表

城名＿＿＿＿＿　学校名称＿＿＿＿＿　学校地址＿＿＿＿＿
学校性质(公立私立)＿＿＿＿＿　教师姓名＿＿＿＿＿　所授科目＿＿＿＿＿
所教班级＿＿＿＿＿　出席学生数＿＿＿＿＿　男生＿＿人　女生＿＿人
教授时间＿＿年＿＿月＿＿日星期＿＿午＿＿时＿＿分至＿＿时＿＿分

本表使用法

(1) 本表不适用于艺术、体育及实验的理科等功课。
(2) 本表不适用于温习性质之功课。
(3) 用本表时，须先熟悉其内容，并宜有数次练习。
(4) 评判某项时，只注意该项，不必顾及其他。
(5) 某项效率认为合于该项内之某条时，即请在该条前( )加一记号。
(6) 表旁附有空格二行，外行备记分数，内行备记次数及简括注语，有△各格系表明该格前之项目，应特别记出发现次数或时间。
(7) 标出 1、2 两项之条目，系表明二者有其一，即可记某项分数。
(8) 表内各项须就教学情形随时填写，不必顾及其排列之先后。
(9) 如发现表内不适当之点，须于表旁注出，以便修正。
(10) 填完后，将各项分数计于表旁外行空格处。加成总项分数，分记之于各总项长方格内，更登记于封面总表。

评判人＿＿＿＿＿

分数总计

项目	1. 教室管理	2. 仪容言动	3. 教材及教法	4. 学生反应	总计
标准分数	155	192	521	132	1 000
现得分数					

一、教室管理

上课退课	出入教室	空气	坐次	教便物	物品收发	课内秩序	学生姿势
(9) 遵守时间	(12) 安静活泼秩序井然	(30) 能充分利用窗户调节空气	(22) 坐位先后依学生身长、视力、听力之差异而定	(16) 不受经济限制之教便物均已搜集或携带	(15) 用极经济之传递方法收发用品	(33) 无喧哗扰乱他人等事发生	(18) 学生坐定时身体上无惹人注意之态度
(6) 迟到或早退三分钟以上	(8) 略有喧哗秩序略有紊乱	(20) 1. 不能充分利用窗户调节空气 2. 无窗户设备	(11) 坐位排列毫无标准，后坐儿童听讲或抄写时显有视听之困难	(8) 忘带某项教便物	(10) 1. 有人收发但无次序 2. 未有物品收发	(22) 此等事发现一次	(12) 五人以下发现不良姿势

（续表）

上课退课	出入教室	空气	坐次	教便物	物品收发	课内秩序	学生姿势
（3）不依时间	（4）喧嚣毫无秩序	（10）有窗户不知利用			（5）个别取送毫无秩序	（11）此等事发现二次以上	（6）五人以上发现不良姿势如叉手伏案、斜倚后仰等
△			△			△	△

二、仪容言动

态度		举动	体格		衣履	音语	语法	语调	语义
（15）和蔼可亲	（21）老成练达	（15）适当活泼	（15）精壮坚实	（15）姿势正直	（9）衣履修洁朴素	（36）清晰悦耳高低适度	（21）极有伦次	（21）要点加重语势并有声调	（24）易于领悉
（10）和平	（10）态度大方	（10）有无谓之举动	（10）适中	（10）略有不正	（6）中平	（24）略有含糊	（24）略欠伦次	（14）略有变化	（16）略用深语
（5）暴戾讨厌	（7）羞怯畏缩	（5）有极不适当之举动	（5）纤弱羸疲	（5）躬腰耸肩或伸颈	（3）衣履眩丽或污垢	（12）尖粗刺耳	（7）颠倒错乱	（7）单调全无变化	（8）用语太深

三、教材及教法

组织	复习旧课	指定工作			辅导自学	发问		讲解回答	矫正	板书	活动	整理结束
（60）以问题为中心搜集教材	（26）复习旧课	（51）能引起动机	（50）内容确定	（50）指示研究方法	（54）注意桌间指导	（30）发问机会普遍	（46）发问能引起学生思想或兴趣	（36）明确扼要	（34）答案不合时鼓动学生自己矫正	（21）端正整齐	（28）目光贯注全级	（34）整理全课观念并有圆满结束
（40）略用参考教材	（13）未复习旧课	（34）不能引起动机	（25）内容含浑	（25）不指示研究方法	（36）偶尔指导	（20）应对三数学生发问	（28）呆板问答	（24）简明	（20）有时由教师去矫正	（14）1.略欠端正或草书 2.未有板书	（14）1.低头讲解 2.时常对着一部分学生讲解	（26）不甚圆满

(续表)

组织	复习旧课	指定工作		辅导自学	发问	讲解回答	矫正	板书	活动	整理结束
(20) 1. 全照课本 2. 毫无组织		(17) 未指定新课预习		(18) 完全注入	(10) 全不发问	(12) 冗乏晦涩	(10) 答案不合时即由教师矫正	(7) 字体拙劣东倒西歪		(13) 未有圆满结束下课
					△		△			

四、学生反应

兴趣	发问	反应	备注
(57) 学生皆忙于学习兴趣盎然	(30) 半数以上能提出适当问题	(39) 对教师所问皆愿回答	本班授课时如有特别情形或教学上之特点为本表所未备者请书于下
(38) 少数学生不学习或不注意	(24) 少数学生提出适当问题	(26) 半数学生表示愿意回答	
(19) 半数以上学生不注意或现寡味之象	(12) 无人提出适当问题	(13) 1. 无人表示愿意问答 2. 教师未发问	
△	△	△	

以上三种事实，皆作者认为批评指导时不可少之参考资料。

（二）教室视察之进行

前面所说的三种事实，第一、二项可利用已有的事实，或发由教师填写，或请其帮忙搜集，不必教学指导员亲自动手。独有第三项事实却非他亲自去视察不可。兹将视察进行时各种注意之点录如下：

1. 视察上各种问题

（1）视察的单位问题：a. 视察小学一门完全功课单元，其时间至少从二十分钟至二十五分钟（用教学效率测量表时，须依照该表规定）。b. 如某种功课分为数次教授但是互相连续成为一单元时，最好每次继续视察至该单元终结时为止。c. 视察时间的长短，以视察连续功课的次数之多寡，及视察目的之性质而定。d. 视察时间的长短，有时视视察员的训练、修养经验和程度而定。视察员愈老练则愈能在比较短少的视察时间内，决定某项教学方法之效率。e. 视察时间的长短，同时须视视察员对于各方面的情形（如该班已往的教学状况,该科目难易的程度等均是)熟练与否而定。

(2) 视察的时间问题:a. 对于无经验的教师,最好在开学后数天内即开始参观。因为这些教师视察太迟了,把教学情形往往弄成一塌糊涂的状态。b. 对其余有经验的教师,不妨等学校各种事务大体上了轨道之后,再开始去视察。

(3) 视察的次数问题:a. 如教师是一位良好教师,并且对于教学上的问题很有兴味的作试验的研究,则参观的次数宜多。尤其是在所试验的问题将要解决的时候,要多去视察几次。b. 对于没有经验的教师,最好常常去视察,使他能在极短时间内适应新的环境,庶不致[至]于妨害到学校方面和他个人的进步。c. 如教师是一位劣等教师,便应该时常去视察,以有系统的方法,研究他的情形并帮助他设法解决教学上的困难。d. 倘教师是一位平凡的教师——这种教师常占大多数。无论是校长或视察员在有空闲时即应去视察鼓励,并且领导他们去求进步。e. 视察的次数同时须视地方情形而定。f. 视察的次数须视学校之大小而定,每星期平均每个教师须由校长视察一次,每月指导员或教育局长视察一次。g. 视察的次数视所视察学校的地点的远近(城市或乡村)而定。h. 倘指导员人数太少,不能常常去视察各个教师,则应选择最需着指导的教师去视察。

2. 视察之计划

视察之目的不一,有时是求某年级的教师的教学法进步,有时是求改正教室管理的方法,有时也许是要帮助某级教师去求进步。其目的既如此复杂,则必须作一有秩序有系统的计划以为进行之标准,而谋良好的效果之实现。

视察计划可分为两部,第一是一年的计划,第二是一月的计划,第三是每周计划。

(1) 一年的计划

一年之视察计划,当然要与本年内视导的目的符合。做指导人员的应当统筹全局,先确立本年内视导政策。决定在那几方面去注意改进,并且盼望在本年终了时达到那种结果然后再定出视察的计划。为利便进行起见,下面的表格可供参考。

第　　周					
月　　日					
视导问题					
主要目的					
备　　注					

(2) 一月的计划

下面的计划,前半月注重国语的教学,下半月注重读法及其他相当的科目。

第一周（十月二日—七日）			第二周（十月九日—十四）			（注）	第三周（十月十五日—二十一日）			第四周（十月二十二日—二十九日）			（注）
1.视导目的确定各年级国语教学的效果及其相关的程度	2.主要目标进步是否循序的进步/进步是否间断，倘进步有中止时其原因安在	3.辅助目标问答方法如何激动学生思想的方法如何指导功课之方法如何	1.视导目的与前周同	2.主要目标与前周同但注重缀法	3.辅助目标缀法的性质如何是否适当	合两周视察之结果提出本月中旬之研究会讨论	1.视导目的一二年级朗读和国音的教学与三四年级默读之关系	2.主要目标字形熟练之进步程度如何/发音准确能力的进步如何/并能否迁移到默写能力上去/这种迁移是否自然的/或是其中还有些浪费可以免掉	3.辅助目标能否从字及短句中把能力移转到一段上	1.视导目的各年级之发音拼音和字的分析与儿童之能力问题	2.主要目标儿童能力是否继续增进	3.辅助目标教学方法如何发音的指导如何/单字之指定方法如何/用字典之训练如何	本周及上周之视察结果提出月底之研究会讨论

（3）一周的工作计划

下面的计划，大约每一教师在一星期内参观两次。

指导员一周内视察表

	视察时间
星期一	12:40—1:05
	1:50—2:15
星期二	9:00—9:45
	12:30—1:20
	2:15—2:40
星期三	10:40—12:00
	12:40—1:05
星期四	9:00—9:45
	12:30—2:55
星期五	12:30—1:20
	1:50—2:40

3. 视察的步骤

本文前曾言及教学指导人员包含教育厅长、教育局长、省县督学、学校的校长、教务主任、指导员几种人在内。指导的人员既有不同,那末他们的视察步骤,也就要有些变化。现在可把他们的视察步骤分为校内、本地及远道,三种如下:

(1) 校内视察

此种视察概由校长、教务主任及教学指导员行之,其步骤如下:

A. 当教师及学生未入课室前或已入课室,未开讲前应即入室,入室时应注意下列几点:(a) 态度宜大方。(b) 举止肃静,勿妨碍教室秩序。(c) 不必与教师作形式之周旋,惹起学生的注意。

B. 视察时应注意之事项:(a) 视察之时间,除特别情形外,宜完全,不可中途离席。(b) 坐位宜在学生坐位之后,但不可占学生之坐位。(c) 态度要从容。(d) 不可谈话。(e) 不可左顾右盼。(f) 不可忽起忽坐。(g) 不可随地吐痰。(h) 当教员讲解时,不得以评语中止之。(i) 记录时,勿使教师与学生注意。(j) 记录时勿露赞许或不满意之状。

C. 视察后出室时应注意之事项:(a) 授课终了,视察员宜即行退出。(b) 态度宜大方。(c) 举止肃静,勿妨碍教室秩序。(d) 不必与教师周旋。(e) 临走时不可对教师有不满意之表示。

(2) 本地视察

此种视察概由教育局长、城市教育指导员、县督学等人员,其步骤如下:

A. 出发前应注意之事项:(a) 查明所视察学校之路由;(b) 查明所视察班级之科目及时间表。(c) 携带视察应用物品——① 表格② 铅笔或自来水钢笔③ 纸夹(4) 教育局名片(5) 自己名片。(d) 未上课前赶到所视察之学校。

B. 达到所视察之学校后,与学校当局(校长或教务主任)接洽,接洽时应注意下列几点:(a) 查明所视察之① 教员姓名② 教室地点③ 时间有无变更④ 该课教学性质(新授或温习)(b) 遇不明视察意义之校长或教务主任或教师时,应说明视察之功用。

C. 同前(1A)

D. 同前(1B)

E. 同前(1C)

(3) 远道视察

此种视察,概由省县督学、县教育局长及教学指导员行之,其步骤如下:

A. 出发前应注意之事项:(a) 查明路程之远近及舟车之开行时刻。(b) 搜集各校之上课时间表。(c) 决定视察之日程。(d) 决定工作表。(e) 备足应用物品——① 铺盖,② 衣服,③ 洗盥器具,④ 时表,⑤ 雨伞,⑥ 日记簿,⑦ 拖鞋,⑧ 公事包,⑨ 皮包,⑩ 表格,⑪ 铅笔或自来水钢笔,⑫ 教育局名片,⑬ 自己名片,⑭ 地图。(f) 决定用费数目。

B. 达目的地后应注意之事项:(a) 找寻适当食宿地点。(b) 同前(2A)。(c) 同前(2B)。

C. 同前(1A)

D. 同前(1B)

E. 同前(1C)

三、指导补救

教学指导第三个大问题就是指导补救。指导补救，兹分三方面述之：

（一）会商教师

视察人员视察后，当与教师约期会商。根据视察时发现教学上之缺点及困难，加以批评并指示解决及改进之方法。会商之方式有二：一是个人会商；二是团体会商。会商讨论时应注意之点甚多，兹分别述之如下：

1. 个人会商

个人会商应注意之点如下：

（1）除极小的事体外，切不可当着学生面前和教师讨论。

（2）不应在下课后随即讨论，教师与指导员应先把教学的情形加以充分的考虑。

（3）和教师讨论时不可急促，须在双方都有空闲及疲劳恢复后行之。

（4）讨论时只可就教学法方面与教学法的错误方面；至关于政治、宗教及其他感情方面的话，不应参入讨论。

（5）讨论时彼此都应发表意见，互相获得益处，不可只由一方面讲话，使对方面无发言之机会。

2. 团体会商

除与教师个人会商外，应将各教师共同之优点或缺点及困难以及改良的方法提出，教师会议共同讨论。其应注意之点如下：

（1）随时记下预备提出讨论之题目。

（2）规定常会时间。

（3）使教师觉得此项集会为改进教学之机会，而为热诚之参加。

（4）鼓励教员提出教学上新发生之问题。

（5）新提出之问题皆须公开讨论，且鼓励教师交换意见，比较经验。

（6）根据视察所得发表个人意见。

（7）不可在开会时指出某教师之缺点。

（8）对于提出之问题须有正当之解决方法，其结果须达完全同意程度。

（二）批评

在个人或团体会商时，对于教师之优劣，不可不加以批评，兹将批评上应注意之点述之如下：

一、搜集事实：（1）要批评教师必先仔细观察并且分析他的工作。（2）要批评教师，必定根据于那个教师所已经知道的那些确定标准。（3）须知做一件事体的方法，不止一种，你以为这样做是对，但是教师那样去做，也未必是不对。（4）探出教师心目中所要做的事,和教师心目中以为已经做成功的程度,也许教师自己知道有什么地方教得不对,要你去帮助。(5)要找出教师做某一件事的动机和目的。(6)静心静气听教师报告困难,不要着急。

二、确定正当的态度:(1)指导员应保存客观的科学的态度,不要心存成见,也不要轻于下判断,并须具公开的精神。(2)指导员应具有机智与同情,使教师相信他,并愿意和他合作。(3)引起教师感觉兴味,使他自动地请你帮助。(4)不要使教师觉得不安。(5)设身处地从教师方面着想,譬如你是教师,你是如何感想?(6)避去容易发生冲突的地方。

三、应当有的几种批评:(1)指导员的批评,应当公正不偏,毫无成见。(2)批评应该确定而明了,因为指导员看得很清楚的地方,也许教员看得非常糊涂。(3)教师有什么长处,要称赞他,教师如有什么新意见发表,要嘉许他,特别是赞扬他的好处。以后如有批评不对的地方,他自能虚心接受。(4)称赞教师的话,不应该太笼统,譬如说你教得很好,这话实在没有什么意义。应当说"你今天激动学生思想的方法很好"这一类的话。(5)只在教法上批评,不要在教师个人缺点方面批评。(6)要紧和不要紧的地方,应当分别清楚,琐琐碎碎的事体,不要喋喋不休,要注意很显著而又重要的地方。批评不得其当,往往被好的教师看轻了。(7)批评应当是积极的,只搜寻教师的缺点而没有改进的地方,是很不好的。

四、怎样批评:(1)批评时要使教师觉得受了一种鼓励。(2)批评时要使教师觉得你对于他有真正的帮助。(3)批评时,要抱有领教的态度,不要像主人对于仆人那样。(4)要能忍耐,须知把教授法弄好了,是一件很长而又很慢的事体。(5)批评教师,应当根据一种确定的论理,计划一次,只希望改进一件事体。(6)尊重别人的感情,说话不要太坦白,使得对方面的人觉得难堪。(7)坦白直接的批评,有时也不可少,譬如十分懒惰的教师,你对于他也不能十分客气。(8)指正教师的错误时,须根据教育心理等的原理详为解释;把他的缺点,用正当的程序表现出来,不要动辄说:"这是我的意见!"(9)改正错误,每次只须改正一个。但是要将普通教室[师]的惯例的错误,与教学程序重要的错误,分别清楚,重要的应当先去矫正。(10)倘教师坚持其错误的教学方法时,指导员应设法引导他试用他所认为正当的方法。(11)批评要来的自然,偶尔为之的顺带讲一讲。(12)批评时顶好用间接的方法,譬如你批评教师的问答方法不好,顶好介绍一本关于问答法的书或是文章给他参考。(13)批评时说话的声调,要来得客气,像朋友谈话那样。(14)不要说:"你教坏了!"要说[设]法慢慢的领导教师,发现自己的优点,而补救他自己的缺点。(15)各个教师的人格和脾气,各有不同。遇着什么人就要有那种批评。(16)批评者对于教师的成功,应该表现很友谊的兴趣,使教师觉得你是他的一个好朋友。

五、批评后所盼望的结果:(1)教师慢慢的能够自己分析,自己进步。(2)教师慢慢的能够独创,能够自立,并且能够负责任。(3)教师能够养成正当的态度。(4)教师能够知道教学工作的重要。

(三) 失败的教师之补救

教师失败的原因很多，其最重要的是缺乏适当的教学方法，关于这一种教师的补救方法，前面已经讲得很多了。但是除此之外，还有种种别的原因，也是和教师在教学上失败有关系的。我现在把他最通常发现的十几种写在下面。并在每种下面附有补救的方法。这些方法和心理、社会、教育等学科都很有关系，要把他详细讨论，殊非本文所能办到。所以下面所说的补救办法，不过略供指导教学者的参考罢了！

第一种　缺乏维持秩序及训练的能力

关于这种的教师，已失其控制学生的能力以致把教室里面的秩序，弄得乱七八糟，补救方法如下：

一、使教师明了：良好的训练是一种心态活动的副产物。欲使一班学生心态活动，须注意下列几件事：(1) 上课时要敏捷而有力量，可用简短的团体测验，使各生参加。(2) 要使全班学生在上课时忙个不停。工作勤快的学生尤须多多给以工作。(3) 班中的一切动作，都要叫各生负责参加。(4) 教师在上课时，要注意全班的学生，不要只注意几个学生。

二、使教师明了：倘使要责罚学生，则须注意下面的几件事：(1) 常用间接的方法来控制学生，一方面要他们守规则，他方面还要叫他们继续工作。(2) 倘使非用直接控制的方法不能解决，总当设法把惩罚避去。(3) 惩罚如果非用不可，总宜用得公道，并且不可严酷。(4) 人为的惩罚应与自然的惩罚合用，并且要避去他的缺点。(5) 惩罚对于犯法的人，应有一种道德的意义。必须使他能了解做错，是应受惩罚的。(6) 教师自己要以身作则。(7) 教师应把训练方面的问题，坦白的拿出来和校长或指导员商榷。(8) 最有效力的惩罚，是具有社会性的。那就是说，叫学生觉得他侵犯了别人的权利，或是因为做某件事体而失去其团体的利益。(9) 处理训练事件，须精确而敏捷。处理得太迟，学生便要把那件事忘记了。(10) 不可因个人的行为而惩罚团体。

三、决定某种惩罚时，教师应注意下面几个原则：(1) 惩罚应该和犯法的行为、犯法的动机及犯法的学生适应。(2) 惩罚应当公平，并要和所犯的法则有密切的关系。(3) 除去几种初犯可以用劝告解决外，其他的惩罚都应当使学生感觉到一种不快。(4) 不可用恐吓、扣分、羞辱、讥消或过分的惩戒来责罚学生。(5) 在各种惩戒方法中，如剥夺权利、禁止参加集会、赔偿损失、当众道歉、舆论制裁、报告家长、编入特别班、停学及开除等，可酌量情形采用。(6) 施罚时，不可意气用事，应当有客观的态度，清晰的头脑，仔细的考虑，然后才有精确的判断。

四、使教师明了训练和教室管理上经济时间有密切的关系。教师按时上课否？教师收发用品时时间上有消耗否？(参考《教学标准纲要》之"准备工作"项)

五、注意下列各项，以增加教师管理的能力。(1) 把你从前做教师的经验告诉他（教师），给他参考。(2) 告诉教师，不可多定规则，但是一经定出之后就要实行。(3) 告诉教师，不要只讲不可这样，不可那样，应当说明理由。(4) 告诉教师，初管理学生的时候，不可太严,亦不可太宽。(5)不要给教师感到管理困难而烦闷灰心。(6)不要当学生之前批评教师,以致妨碍学生对于他的信仰。(7)使教师利用学生的好胜心,比较各班的成绩,使学生维持良好的秩序。(8)使教师利用班中舆论的制裁来维持秩序。(9)使教师明了:教授得很好的学校,常时就是秩序很好的学校。(10)指出教师在管理上的弱点,并引出书籍或杂志上有关系的材料给他去参考。(11)让教师抽出半天的工夫去参观别的教师,以改正他自己在管理上的缺点。

第二种　教材未能熟悉

教师对于教材太不熟习,以致在讲解的时候常发生错误。这种情形,高年级的教师发生得最多,补救方法如下:

1. 使教师感觉到自己对于教材未能熟悉;指出事实上的错误,和真事实互相比较。
2. 使教师在上课之前先准备详细的教案。
3. 组织读书研究会,以谋增进教师的智识。
4. 劝教师进暑期学校、晚间补习学校或函授学校。
5. 使教师担任他擅长的功课。

第三种　缺乏天资

我们从前录取师范生的时候,往往不注意他的天资,以致有许多智力低下的人混到学校里。又因为我们训练师范生的标准不严,以致让他们糊糊涂涂的毕业了。到了服务之时,弱点尽露,教授管理都是弄得乱七八糟,你要想叫他进步,又因他天资低下,无可设法。对于这种人,做视察员的固然还是要想法子帮助他,使他能够勉强做下去,但是到十分无可设法的时候,也只有呈请教育当局把他撤换了。我们办教育不是办慈善事业,对于此种低能的教师,倘使去发慈悲,那就要把许多儿童的学业牺牲了。

第四种　不肯努力

教师对功课不肯预备,对于事务不肯办理。这种现象大概有两种原因,一是缺乏兴趣,二是缺乏力量,补救方法如下:

一、缺乏兴趣有时是因为缺乏教学的动机;人生的成就都是以兴趣与志愿为基础的。所以我们要教师努力,非先鼓励他的兴趣和志愿不行,方法如下:(1)用标准测验来表示各班成绩的结果,加以比较,使教师觉得本班的缺点。(2)把他(教师)放在许多热心的教师当中,叫他在无形中受着一种影响。(3)有些教师是因为自己研究或试验一种东西,对于教学好像没有兴趣。做指导员的不可误看了他。(4)时常用客观的标准,去测验儿童的成绩和教学的方法,并且把测验的结果,逐月用图表的方法宣布出来。(5)时常参观缺乏兴趣的教师,并且请他报告学生的成绩和他的教学方法。(6)教他(教师)参与学校的行政,使他觉得他的努力和学校成功是很有关系的。(7)他所需要的各种教学工具,应当充分的供给使他没有藉口的机会。(8)关于学校中各种日常的事务,设法使他严密执行,并且特别注意请他在上课前编好教案,以免临事时无所措其手足。

总起来说,促进教师兴趣的方法,第一是利用他的竞争心;第二是利用他的畏惧失败的心理;第三是利用他的心态活动、好奇、收集、合作的各种本能。

二、补救缺乏力量的方法如下：

（1）严密检查这种教师的体格。

（2）使教师觉到健康的需要。

（3）养成教师健康的习惯。

总之，做指导员的应当特别关心教师的健康，并且要使教师知道。

第五种　缺乏自动能力

这种教师毫无自动能力，学校当局叫他做什么，他才做什么。补救方法如下：

一、鼓励教师搜寻问题，并且鼓励他去做各种试验。

二、缺乏自动的能力，有时是由于缺乏兴趣，所以前面所述鼓励兴趣的方法，在这里也可以应用。

三、缺乏自动的能力，有时是因为教师的天资太低，对于这种教师，做指导员的，也要特别留意。

四、领导他去参观能够自动创造的教师，去鼓励他的精神，使他观感兴起。

五、组织研究会，鼓励教师参加并且贡献意见。

第六种　缺乏适应的能力

这种教师个性太强，动辄与人发生冲突。因此和校中同事及学生皆不能相处，补救方法如下：

一、先把该教师和人发生冲突的情形调查清楚，看他的行为大概有那种趋势。

二、把所发生的一件事分成许多特殊的要素，一个个的分开来研究对付。

三、这种缺乏适应能力的情形，也许只要坦白讨论一下，便可解决。有些教师在这一方面能适应，别一方面未必能适应，我们所以很难说他是完全不能适应的。

四、做指导员的，应当存着帮助教师的态度。因为有些教师不知怎样做事才算对，做指导员的应当给他一种帮助。

五、间或利用这位教师的好朋友去给他一种社会的制裁。

六、年轻的教师，比较容易改正，四十以后的人，恐怕就难了。我们对于年轻的这班人，顶好对他们坦白的谈一谈，鼓励他们记出自己的缺点，经过某时期后，再看他已否把这些缺点改正。

第七种　缺乏常识

缺乏常识为通常教师的缺点，其原因与各人的禀赋有关，但是缺乏经验也是一个大原因。有许多人不知道怎样应付一个问题，完全是因为没有这种经验所致。兹将补救这种缺点方法如下：

一、把别人的应付某问题的方法告诉他。

二、在他未做某件事之前，即须使他知道该事做出后的结果。

三、介绍有经验的人和他做朋友，使帮助他，指导他去应付问题。

四、有些人不能应付问题，或因工作太多，或因体力衰退。在这个情形之下，当想别种方法来补救。

第八种　缺乏前进的精神

有许多教师，任职半年，觉得工作没有进步，便请求他调，或竟辞去职务另改他业了，这种现象很为普遍。对于这种人应当：

一、不但要鼓励他向上前进，还要帮助他解决困难问题。

二、有时这种情形之发生，是因为教师自己有缺点不能前进，因而灰心，在这个情形之下，视察员应当不客气的指出他的缺点并鼓励他改进。

第九种　不能专心任事

有些人因为家庭经济困难，或因他权利观念太重，故除担任学校功课外，还在外面有兼职，因此把学校里正当的工作都无形牺牲了。补救这种人的方法如下：

一、想方法引起他对于教育的兴趣。

二、使他明白任事不专心的坏结果。

三、规定教师对于学校正当工作，应分出充分的时间来处理。

第十种　对儿童无同情之了解

补救这种教师的方法如下：

一、介绍他阅读关于儿童生活之书籍。

二、介绍他阅读关于儿童心理的书籍。

三、除教学外还请他负管理责任，使多与儿童接触。

四、规定教师与儿童一块儿游戏，领导他明白儿童的见解。

五、督促教师认识各个儿童，规定他每天至少与一个儿童谈话，每天至少有一个儿童讲一件有趣的事件给他听。

六、令教师去访问儿童的家长。

第十一种　不了解人情世故

有许多人失败，是因为不了解人情事［世］故。做的事不能与社会习惯相合，补救的方法是：

一、使教师深深感觉指导员是很关心于他的事。

二、相机的指出教师的特殊的缺点，暗示补救的方法。

三、讽示教师注意言语与礼貌，敦促并帮助他多与社会接触，多读书，多研究并多旅行。

四、敦劝他交接适当的朋友，并注意社会上各种活动。

第十二种　仪容不雅

仪容不雅的补救方法如下：

一、保持正直的态势。

二、在未开始讲授之前，先把学生看一二分钟。

三、作事敏捷。

四、不要蓬首垢面。

五、衣服须与身材适合。

六、积极参与社会的生活。

第十三种　缺乏道德标准

对于缺乏道德标准的教师补救方法有三：

一、加以劝告，希望他能够改正。

二、用新环境鼓励他改进。

三、十分无法改正，唯有把他辞退了。

此外关于教师失败的原因尚有多种不及备述了。

四、结论

教学指导在本文里系看作医治教师在教学上病态的一种手续。这种手续，大概分为三个步骤：第一，是确定教学标准，做改进教学的基础。第二，是诊察儿童、教师及教学上各种事实，做解释指导的根据。第三，用会商批评及个别补救的方法，把教法及与教法有关系之困难解决。本文所论至简，殊不足以尽教学指导之能事，他日有暇，尚拟另著专书。这篇文章，不过是个引子罢了。

（原载《教育杂志》第二十二卷第八期，1930 年）

教育行政人员专业训练方法之商榷

一、导言

教育行政人员专业训练之重要，久为一般教育学者所公认。苟非自身缺乏专业训练，或以"门外汉"而僭居教育要职，藉非难教育专业以自掩护者流，断无有发生异议者也。顾所谓专业训练，亦必有其适当之方法。方法错误，虽有专业之名，而无专业之实。不独使非难者有所藉口，抑且使信仰专业训练者，渐疑其主张之谬误，而将与非难者同其论调矣。窃尝论我国教育行政之专业训练，所以未能臻于巩固地步，固由于不明教育专业化者之谩肆诽谤，淆惑众听，以致减少社会之信仰；而我辈教育者未能采取严格的适当的方法，造就真正专业之人材，以致失却社会之信仰，亦一大原因也。请略述国内各大学训练教育行政人员方法之大概，以证吾说；并介绍美国哥仑比亚①大学师范院训练教育局长之行政课程，略评其优劣之点，而示今后改进之道焉。

二、我国训练教育行政人员方法之大概

国内各大学训练教育行政人员之方法，颇多差异。有于文学院教育系中设立一二教育行政科目者，如私立光华大学等校是。有于教育学院或教育科中设立专系者，如国立中央大学及私立大夏大学等校是。又有于教育系中设有教育行政组者，如国立暨南大学是。光华等校之行政课程，内容过于简略，殊不能担负教育行政专业化之使命，故无批评之必要。今仅就设有专系或专组之中央、大夏、暨南三大学，评述其训练教育行政人才之课程于左。

（一）中央大学教育学院教育行政系课程

据本年国立中央大学一览第五种教育学院概况所载，该院教育行政系之必修及选修科目如下。

（甲）必修学程

1. 第一学年

党义，二学分。教育原理或教育概论及教育社会学各三学分。国文及现代文化概论各四学分。英文六学分。生物学及教育心理学各八学分。

2. 第二学年

教育行政、教育测验、教育统计、地方教育行政，各三学分。教育哲学，教育通史，各四

---

① 编者注：该篇中原文作"哥仑比亚"，今译"哥伦比亚"，下同。

学分。比较教育六学分。

3. 第三学年

小学行政、中学行政、小学普通教学法、中学普通教学法，各三学分。教育之事务行政六学分。

4. 第四学年

课程论、训育论、教育调查、教育视导，各三学分。

(乙) 选修学程

中学行政及课外作业、教育行政问题、图书馆学、教育经费，各二学分。都市教育行政、省教育行政、比较中等教育，各三学分。

上述课程计划之重大缺点，在将教育行政之内容分得太碎。同为教育行政，除设一普通教育行政学程外，竟又分为省教育行政、都市教育行政、地方教育行政、教育行政问题、教育之事务行政、教育经费、中学行政、中学行政及课外作业、小学行政、教育视导、教育调查等至十数种之多。每种多至六学分，少亦二学分。整个的行政课程，既分得如此零碎。又由数人分任教授，各不相谋，其结果必不免发生三种现象：第一，各科目缺少联络，使学者目眩神迷，不能得着整个的行政专业训练；第二，各科内容重复之处太多，不独浪费时间，抑且使学者生厌；第三，各教者之主张，未必尽同，往往使学者无所适从。

该项课程之第二缺点，在只注重理论知识，而忽略实际经验。理论本由实际经验归纳而成。吾人为教授之方便与经济，固不可离开理论。但同时亦必顾到实际经验，以谋旧理论之证印与新理论之发现。今该项课程计划，并未顾及此点，是实一大缺点也。

(二) 大夏大学教育科教育行政系课程

据大夏大学十八年度一览所载，该校教育科教育行政系之课程如下。

1. 教育科必修课程

教育原理、教育史、教育测验、中等教育、普通教学法、教育心理学，各三学分。教育行政六学分（最近办法）。

2. 教育行政系选修学

选修学程计有：儿童心理学、青年心理、特殊儿童心理学、心理测验、小学教育、小学教学法之改良、师范教育、公民教育、乡村教育、童子军教育、军事教育、课程论、中小学课程之改造、实验教育、教育表册、学校调查、学校视察、小学校之组织及行政、中学校之组织及行政、师范学校之组织及行政、职业学校之组织及行政、成人学校之组织及行政、县市乡教育行政、学校管理、学校财政、教学指导、课外作业、学校图书馆管理法、训育问题、教学哲学、教育社会学、性欲教育问题、近代教育趋势、教育思潮、比较教育、妇女教育问题、乡村学校师资问题共三十七种，各三学分。该校规定凡预备毕业后从事于教育行政者，应于前列各学程中至少选习二十一学分。换言之，即七个学程而已。

上述课程计划之缺点，除将科目分得太碎，并忽略实际经验，与中央大学教育学院教育行政系课程之缺点相同外，尚具有一特别缺点，即其在课程内之各科目太散漫而无系统是，照该课程所规定之行政专业科目,除属于教育科普通必修仅有六学分之教育行政外,余则由学者在三十七学程中任选二十一学分。此种限制学分数之办法固有相当价值。惟查该三十七学程属于行政之性质者,不及半数。学者尽可任选一二行政学程,及其他五六种与教育行政无密切关系者以充数,而亦得自命为经过教育行政专业训练之学生,名实两方,未免太不相符矣。

(三) 暨南大学教育系行政组之课程

暨南大学教育系行政组之课程,除三民主义二学分,中国近百年史、西洋文化史各三学分,南洋概况四学分,国文、英文、数学、生物学各六学分为大学所规定之公同必修者外,尚有属于系必修者为:教育哲学、教育原理、教育心理学、教育社会学、中国教育史、外国教育史、医学常识、教育行政、健康教育、小学教育、中学教育、教育统计、师范教育、普通教学法、测验概要各三学分,南侨教育状况二学分,普通心理学六学分,计共十七学程。至属于教育行政组之专业课程,则有教育公文、教育经费各二学分。学校行政、教育观察、地方教育行政、教育调查、教育指导、教育行政实习各三学分。另有教育专题研究系属研究性质,视研究工作之结果,酌给学分。

该课程计划为暨大教育学院同人所订。其内容虽不似大夏大学教育行政系课程之散漫,并虽已注重实习,但各行政科目仍不免有零碎分割之弊。且所谓行政实习,仅订三学分,为时太短,欲借此以沟通教育行政之理论与实际,恐亦不易办到,故亦不得谓为完全之课程计划。

此外尚有一缺点,为三大学所共有者——也许各大学教育学院皆有此缺点——即其对于准备作行政人员之学生,皆取放任政策,不加甄别是已。教育行政人员,具有领袖性质,非人人皆可为也。吾人天禀不同,能力各异,有适于行政职务者,有不适于行政职务者。训练行政人员者,当规定严密之限制,以宁缺毋滥之态度,慎重选择宜于学习教育行政之人才,然后施以适当之专业训练。如是则教者方面,可收事半功倍之效,而学者方面,亦得圆满成功,将来在社会服务自能游刃有余,乐于所业矣。

我国各大学训练教育行政人员之方法,既略如上述,请介绍哥伦比亚大学师范院训练教育局长之行政课程,以资比较,而谋改进。

三、哥伦比亚大学师范院训练教育局长之行政课程

据 *Teachers College Bulletin* 四十五页至四十九页所载,该校规定欲得教育局长学位文凭者,必有成功的教学或行政之经验,否则暂将文凭扣留,俟其任教育局长或副教育局长有一二年成功之经验或在教育厅城市或县教育局实习一二年并表显其能胜任后,再行补给。

该校又规定得有高等学位者,始得发给教育局长学位文凭。

(一) 课程计划

欲得高等学位者,至少研究二年,所选科目如下:

1. 主要课程　第一,教育行政;第二,教育行政研究。

2. 次要课程　从教育统计、小学教育（课程或指导或兼而有之）与中学教育（初级中学或高级中学之课程或管理）诸范围中，就各人以前之训练选择之。

3. 其他课程　从职业教育、宗教教育、高等心理、财政学、市政管理、体育等科中，就各人之需要选择之。

4. 普通课程　得某种学位必修之普通教育课程。

（二）教育行政学程之内容

该学程为训练教育局长之第一主要课程。每年十二学分，分两学期授完。讲授者为施菊野（Strayer）、安革霍（Engelhardt）、亚历山大（Alexander）、毛特（Mort）等教授。其内容如下。

本学程与教育行政研究之学程，根据分析专业的行政领袖之工作，而研究教育行政上之问题。实际上最常发现于教育局长经验中之问题，或适用于大城，或适用于小城者，皆将提出与学者讨论解决。讨论之际，若需体育、家政、职业教育、宗教教育、艺术或其他各科目之专门知识，则请该专家等出席指导，并鼓励学生和彼等商量。

讨论之问题，概从下列范围中选出之：

州政府对于地方教育之责任——州、城及县教育局之组织及其与其他管理团体之关系——行政与指导人员之组织，特别注意其权属之组织——学校系统之组织；小学校，包括蒲拉东或复式学校制度，分科教授与特别班级；初级中学；高级中学，专科的与多科的；补习学校，职业学校，成人教育——课程——教学纲要之编制——指导——儿童登记——继续的学龄儿童调查及儿童入学事项——学校健康行政与体育——行政问题上统计方法之应用——教学结果之测量——事务行政，包含计账法、预算编制法、教科书及教学用品之选择购置及分配——教师之训练、选择、任期、薪俸、升任及退隐金——校舍与设备，包括建筑方案与施工细则、校舍测量、建筑计划校产购置、设备登记——教育局长与乡里之关系，包括宣传术、家长教师联合会等。

（三）教育行政问题研究之内容

本学程为训练教育局长之第二主要学程，教授时间及教者与前学程同。

本学程与前学程之异点，在其所讨论的问题之性质，及其研究之方法。在前学程中教者不仅提出问题，并供给解决问题时所必需之材料；而在本学程中，教者仅提出普通教育情形，而由学者决定其问题之性质，并搜集解决时所必需之材料。所谓普通教育情形，多由全班所从事之野外工作中提出。该班每年举行之教育调查（普通的或专门的）即讨论问题时大部分资料之来源也。

每年所提出之问题，类由选读本学程学生之团体的兴趣决定之。但同时必注意于教育局长所必须解决之主要问题。

学者若于上述问题中，发现某点，可作精深之探讨，亦可多费时间，从事专门研究。但仍需同时上班参与讨论。

上述课程计划之优点有四：1. 课程有整个计划，无散漫之弊；2. 主要行政科目，内容所包括甚广,实具综合性质,可免重复或缺少联络之弊;3. 数教授合教一科,实际上课时,虽由一人主讲或领导讨论,但其他各教授,亦同时列席,听讲或参加讨论(规程上并未载出),故能彼此交换意见,不致主张歧义使学者无所适从;4. 注重理论与实际之沟通。

虽然,该课程计划,亦有其缺点在:1. 选择学习教育行政之学生,尚无妥当办法。虽该校规定有成功的教学或行政之经验者,方能得学位,似寓有选择之意;然而教学经验与行政经验有别。长于教学者,未必能担任行政职务;且所谓成功的经验,尤无判定之标准;2. 理论与实际之沟通,问题重大,非仅规定学者具有一二年行政经验,即能圆满解决。故余以为该课程计划,亦未能达于完全之境地也。

此外尚有一点,应为吾人所注意者,即该校课程系为研究院之学生求高等学位——博士学位——者而设,吾国大学尚无研究院办法。然通常大学课程之编制,颇受美国大学研究院课程之影响,此种办法,是否妥当,亦有待于研究。

四、今后训练教育行政人员应注意之点

通常训练教育行政人员方法之大概及其缺点,既如上述。欲谋补救,殊非本文所能毕事。兹谨根据前述之批评并参加其他意见,提出今后应行注意之点如左:

(一)应规定严密精确之办法,慎重选择学习教育行政之人才,宁缺毋滥。

(二)全部专业课程之内容,应有精密之计划。

(三)课程内容,应具设综合性质,力矫零碎分割之弊。

(四)课程内客[容],应由各教者共同商定,力矫重复缺漏之弊。

(五)应以课程为主体,由数人联合教授。并同时出席参加讨论,彼此交换意见,以免主张歧异,致使学者无所适从。

(六)课程内容,应就行政专业之需要分为各种行政的动作。每动作为一问题,训练学生时,以解决某种问题或获得某种行政动作之知识技能及经验为及格标准。

(七)应取消教室上课制政。另行设立研究室,搜罗解决某种问题或训练某种行政动作之书籍资料并设置所需之用具及用品。

(八)应在教育学院附近,设立教育行政实验品(约以一县之大小为限)。专为试验各种教育计划制度,试用各种测量表格及为学生研究实习之用。此种实验品之地位,应与师范学校之实验学校看得一样重要,无此即不得称为完全之教育学院。

(九)学生"上课"(其实并无所谓上课)实际上即为解决问题。有时在研究室,有时或在乡村学校,有时或在野外,有时或在通卫,胥视所习某种行政动作之需要而定。

(十)理论与实际应打成一片。"学什么",即"做什么"。

(十一)应提高专业训练之程度,并应发给某种行政人员之专业文凭,以资识别,而免鱼目混珠之弊。

十九年十一月二十日,于暨大

(原载《教育季刊》第一卷第一期,1930 年)

四年来中央教育行政制度

我国中央教育行政机关,实始于清季之学部。民国元年学部改为教育部,十四年间无所变更。自广东国民政府成立,乃有教育行政委员会之组织。旋于十七年设立中华民国大学院,综理全国学术及教育事宜;因各方反对,经第二届中央执行委员五次全会议决取消,复设教育部,而成今日之制度。其中变迁,以近数年来为最甚。兹略述其经过情形于后。

一、过去之教育部

过去之教育部,系民国元年所设,后经数度修正,其组织情形略如下图:

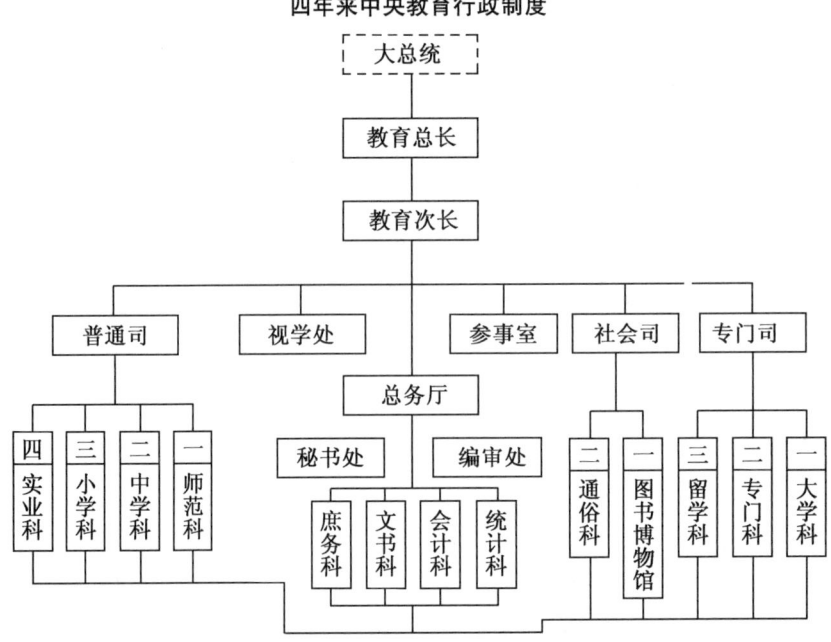

四年来中央教育行政制度

(此外尚有各种委员会图书馆直辖学校以及其他附属机关)

二、过渡时代之教育行政委员会

自广东"国民政府"成立后,各部行政机关,颇能根据革命精神,彻底改革,依国民党政纲,以党治国,民国于政府之上设置"中央党部",以执行委员会为监督指导之最高机关。

各部组织取委员制,故中央教育行政机关,亦设委员会,名国民政府教育行政委员会,其组织如下:

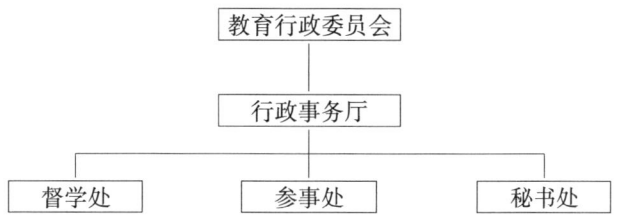

教育行政委员会系属过渡办法,其组织极为简单。自国民政府迁宁后,教育行政事务日形复杂,故不得不另行组织,而"中华民国大学院"遂于以产生矣。

三、中华民国大学院之兴废

(一) 创设之原因

创设大学院之原因,蔡孑民先生于大学院公报发刊辞中,言之甚详,兹节录如下:

"民国纪元以前,管理学术及教育之机关曰学部,民国元年改为教育部。依教育一辞之广义,亦可以包学术也。顾十余年来教育部,处北京腐败空气之中,受其他各部之薰染。长部者又时有不知学术教育为何物,而专骛营私植党之人,声应气求,积渐腐化,遂使教育部名词与腐败官僚,亦为密切之联想,此国民政府所以舍教育部之名而以大学院名管理学术及教育之机关也。"

"本院主义上之注意点,既如上述,其组织上亦多与旧式教育部不同。其最要之一点,即大学委员会。此委员会以各国立大学校长,本院教育行政处主任,及本院所推举专门学者五人至七人组织之,以本院秘书长为秘书。委员会有推荐本院院长,及讨议学术上、教育上重大方案之权。以学者为行政之指导,此亦以学术化代官僚化之一端也。"

据此可知大学院之特点为:

1. 学术与教育之管理并重织[组];
2. 有大学委员会以学者为行政之指导。

(二) 组织

大学院之组织经四次变更。最初之组织,系于十六年七月四日公布,兹将各次变更情形述如下。

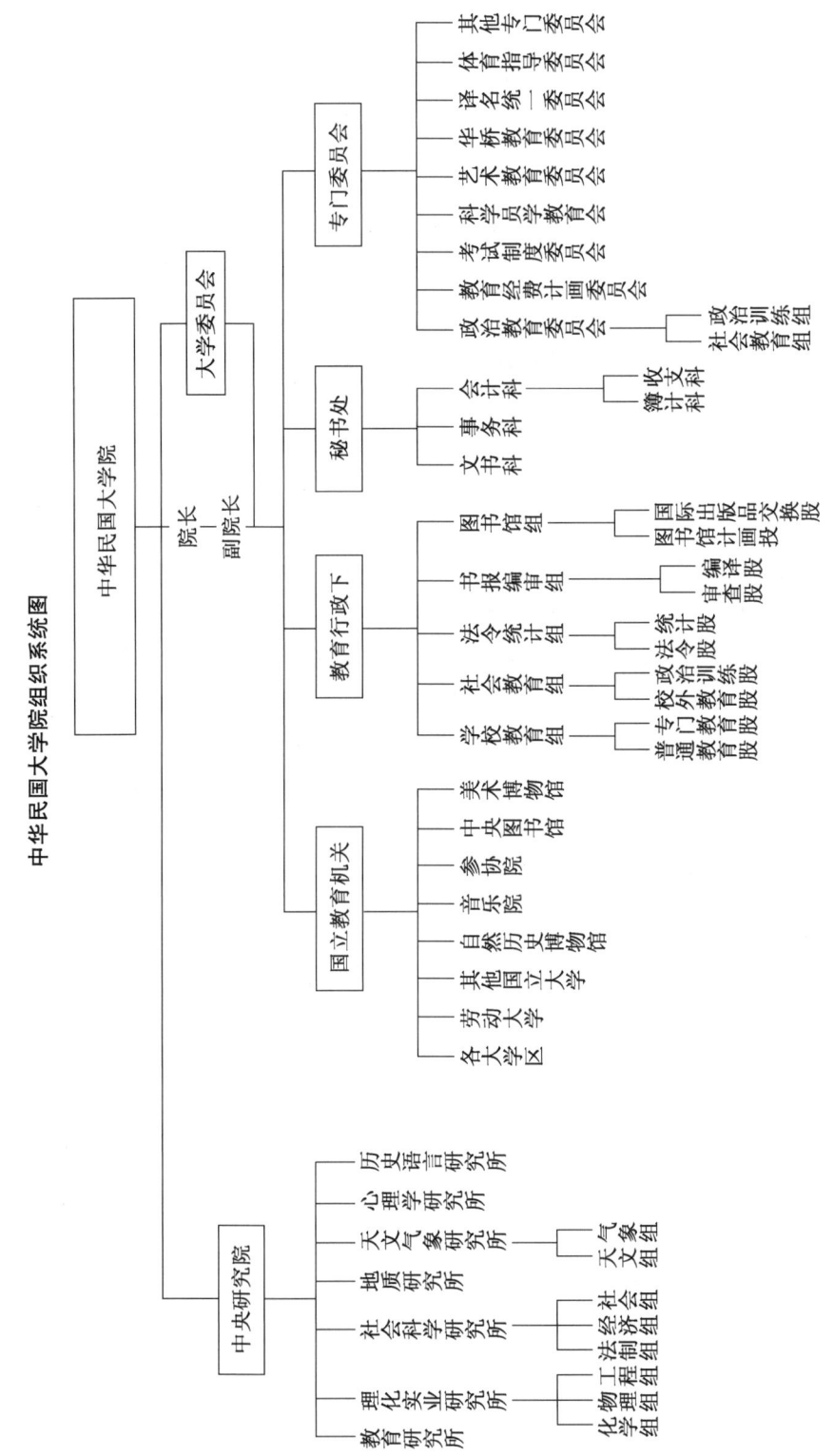

1. 十六年七月四日公布之组织

该院制度系由中央政治会议第一百零五次议决。其名称为中华民国大学院，简称为中国大学院。大学院设大学委员会为最高评议及管理机关。内设委员长一人，为院长之当然职。以教育行政处主任与各省"中山大学"校长为当然委员，另物色学者五人至七人为延聘委员。大学院设秘书处，总司全院事宜，以秘书长及秘书若干人组织之。又设（1）教育行政处，（2）中央研究院及其他国立学术机关，（3）各种专门委员会。教育行政部即并入之教育部。作用在"处理各大学区互相关联及不属于各大学区教育行政事宜"。研究院为学术机关，图书馆、观象台等属之。以上二部各设主任一人为大学委员会之当然委员。另设办事员若干人。专门委员会乃为解决全国教育问题，研究及办理特殊事宜之机关，如教育经费计划委员会，华侨教育委员会等是也。

2. 十七年一月三十日之修正组织

此次修正之点如下：

（1）添设副院长。

（2）扩大中央研究范围。加入"教育研究所"及"历史语言研究所"。"地质调查所"改为"地质研究所"。"气象台"改为"天文气象研究所"。动植物园取消。

（3）加增国立学术机关——加入艺术院。

（4）教育行政处之"图书馆组"及"国际出版品交换组"合并为"图书馆组"。

（5）秘书处组织扩大。

附修正中华民国大学院组织系统图（十七年一月三十日修正）

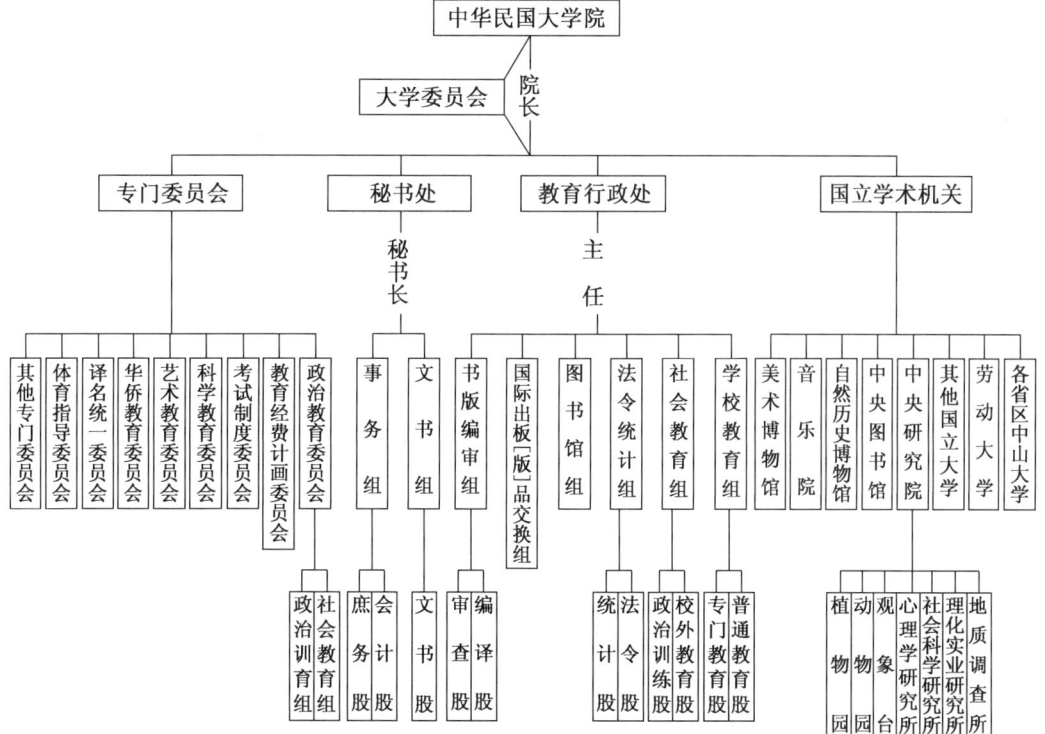

3. 十七年四月十七日之修正组织

此次修正之要点如下。

(1) 增高大学院之权限　修正组织法加入下列二条：

"大学院对于各省及各地方最高级行政长官之执行本院主管事务,有指挥监督之责。"

"大学院于主管事务:对于各省各地最高级行政长官之命令或处分,认为违背法令或逾越权限者得呈请中央变更或撤消之。"

(2) 扩大行政处组织　以高等教育处、普通教育处、文化事业处与秘书处并列。各处设处长一人。又分科办事,每科又置科长一人及科员若干人。

(3) 加入参事二人至四人。

4. 十七年六月十三日之修正组织

此次修正除加设总务处外,无变更。

5. 大学委员会

大学委员会为大学院制之特点,其人选应为吾人所注意。兹根据十七年五月二日修正组织条例照录如左:

"大学委员会分左列二种

甲、当然委员

　　一　大学院院长

　　二　大学院副院长

　　三　国立各大学校长及副校长

乙、聘任委员

　　四　曾任大学院院长、副院长及曾任国立大学校长、副校长者

　　五　具有特殊之教育学识或于全国教育有特殊之研究或贡献

　　六　国内专门学者

聘任委员之人数为五人至九人,由大学院院长取得当然委员多数之同意以大学院之名义聘任之其任期为二年"

(三) 大学院之取消

大学院成立未及一年,各方反对者蜂起。中央第二届执行委员第四次全体会议时,中委经亨颐等提议取消大学院,设立教育部,其理由如下。

"国民政府所以舍教育部之名,改为大学院,据公报蔡院长发刊词所称,仅仅因教育名词与腐败官僚为密切之联想。如此原因,大可不必。其他各部,岂可任其腐败？应一律改为大什么院。但腐败不腐败,在人而不在机关之名。仍拟改设教育部。且有其他重要理由如左：

(一) 官制不统一。

(二) 大学院制其精神为人才集中,程度提高,但与普及教育本旨不合。

（三）学术与教育是两项事，大学非教育，教育行政机关不是专管学术。

（四）大学制本是试行，据目前事实试验之结果，可谓重专注学术，忽视教育。

（五）小学迁就大学，国民经济能力不足；初小教育基础落空，与本党儿童本位之旨大相违背。"

此案经四中全会议决保留。

五中全会开会时，郭春涛等又提"取消大学院改设教育部案"。其理由如下：

"政府机关系统名称，本应划一。乃查国民政府现行制度，关于教育者，不称'国民政府教育部'，而名'中华民国大学院'。窃以为此种不伦不类之名称，对内对外，易启人疑。盖以大学院而冠以'中华民国'字样，究竟隶于国民政府乎？抑独立于国民政府之外乎？且不称部，而称院，现在则与审计院地位相等，将来更易与监察院、立法院名称相混。古云'名不正则言不顺'。故中华民国大学院有改为国民政府教育部之必要。更按事实条举理由如左：

（一）学术与教育原为两事，而大学院则不能包括全部教育。教育行政机关，亦非专管学术，理至显明。且以小学迁就大学，初小教育基础落空，与本党以儿童为本位之旨大相违背。

（二）设立大学院之意，原在实行大学区制。但各省试行大学区制者，仅江浙二处。其他各省，仍施行教育厅制，迄未更易。强多数合于实际需要之制度，迁就方在试验中之办法，毋乃太偏，况江苏自试行以来，流弊丛生，已招物议，岂可不顾事实，强制施行？

（三）按今日之人财两力言之，大学制度，均不能推行全国。如于财力不足之省，强设大学，徒有其名，而无其实，反足使文化减低，教育堕落。

（四）江浙两大学，现均改为国立。其行政系统，又属省立。混国立省立于一身，行政方面殊多障碍。

（五）一年来试行大学区制之结果，对于教育厅之缺点，未见改善。即本身之流弊丛生，(A) 如大学教育之畸形发展，(B) 经济分配之不均，(C) 偏重学术忽视教育，(D) 行政效率减低，(E) 易为少数分子把持等。"

同时经亨颐等又提"重提设立教育部案"。除前述之理由外，又加理由二条如下：

大学院制之由来，容有苦衷。毕业生无处位置，于是想出一手包办之策，把支配人才的特权，并成一起。大学毕业，顺手安置于中，一若附学当然升学无须试验者然。殊不知学阀之渐，自此肇其端。……党的唯一要件，精神要团结，事权要分立。我认为培养人才与支配人才，绝对是两件事。大学院制有此流弊所以应即废止。……

"江苏省政府已决迁镇江，大学名称已冠以中央。试问中央大学行政院迁不迁镇江？论理管理江苏的教育行政机关，不能与省政府隔离。如迁镇江，则与大学截为两断。并大学亦迁镇江，则中央二字又不适用。将改镇江大学，抑仍名江苏大学，可乎不可？……"

统观经郭等所提取消大学院之理由，可归纳之如下：

1. 官制不统一。
2. 大学院之精神与普及教育本旨不合。

3. 学术与教育是两项事。大学非教育,教育行政机关不是专管学术。
4. 大学院制专注重学术,忽视教育。
5. 小学迁就大学,初小教育,基础落空。
6. 设立大学院之意,原在实行大学区制,但试行大学区之省分甚少,且已流弊丛生。
7. 国内人财两力有限,不能使大制度推行全国。
8. 以国立大学管理省教育,使行政系统紊乱。
9. 大学院制为培养人才与支配人才合为同一机关,易致造成学阀。

大学院制既经各方反对,又经经郭等提议取消。遂经五中全会议决改设教育部。并于十七年十一月一日,由国民政府明令将大学院取消,但大学委员会,则仍继续存在。

四、今日之教育部

今日之教育部其组织亦经数次修改,其经过情形如下:

(一) 十七年十二月一日公布之组织

大学院虽改为教育部。其权限则仍大学院之旧。试观该部组织法第一二三条条文便知。

"教育部管理全国学术及教育行政事务。"

"教育部对于各地方最高级行政长官执行本部主管事务,有指示监督之责。"

"教育部就主管事务,对于各地方最高级行政长官之命令或处分,认为有违背法令或逾越权限者,得请由行政院院长提经国务会议议决后,停止或撤销之。"

试将此三条与十七年四月十七日修正大学院组织法相比,实质上直无区别。比之昔日之教育部,仅规定"教育部直隶于大总统管理教育学艺及历象事务"者,其权限之大,直不可同日语矣。

教育部之组织,与大学院相比,其异同之点如下:

甲、异点

    1. 裁撤原有之秘书处及文化事业处。

    2. 加总务司及编审处。

    3. 院长、副院长改为部长、政务次长及常务次长。

    4. 裁撤秘书长。

    5. 中央研究院与教育部脱离。

乙、同点

    等,普通,及社会教育二司仍旧①。

    1. 大学委员会仍旧。

    2. 参事仍旧。

---

① 编者注:原文如此,疑有缺漏。

(二) 十八年十月一日之修正组织

此次修正之要点如下：

1. 加添蒙藏教育司并增设一司长。
2. 特别规定设置"华侨教员设计委员会"。

目前之教育部与昔日之教育部比，不同之点如下：

1. 权限扩大（说明已见前）
2. 多蒙藏教育司
3. 编审处地位较高
4. 少视学处（教【育】部近有加部视学之议）
5. 多一次长
6. 冗员较少

(三) 大学委员会

大学院制虽取消，而大学委员仍旧存在。其人选据十八年二月二十七日公布之修正条例所载如下。

"大学委员会除教育部长为当然委员外，由教育部聘任之。其资格如左：

一　现任或曾任国立大学校长或副校长者。
二　具有特殊之教育学识或于全国教育有特殊之研究或贡献者。
三　国内专门学者。

聘任委员之人数，为十一人至十九人，由教育部长以教育部之名义聘任之，其任期为三年"。

五、批评及结论

大学院制在精神与组织二方面，据云仿自法国。然一考其实，则差异之处颇多。谨略述法国教育行政之精神及组织上之特点一评论之。

(一) 法国教育行政之精神

法国救[教]育行政制度，基于二种精神：一为"信托政府"，二为"信托专家"。

1. 信托政府　法人深信"惟政府能负教育责任"之理想。意谓教育为政府之事务，乃社会公众利益之一种，故应受政府保护，惟政府有组织教育之权力，苟容许私人自由，亦必加以监督，组织法国小学教育制度费利氏（M. Jules Fyerr），尤服膺斯说。渠主张由政府监督学校视察教育，且认共和国政府最要之任务在继续的控制公众教育，亦可见法人信托政府之深矣。

2. 信托专家　法人深信政治之管理，专家优于民众。教育者政治作用之一种，专家之任务也。因教育为专家任务，故事事皆集于其手。至于一般民众代表，则颇少直接参与之机会焉。

政府者行政之代表也,专家者学术之代表也。法人既于教育上信托政府与专家,故不得不实行中央集权,以行政之力量,实行专家之学术。"行政与学术融合",因此成为法国教育制度之特点焉。(吾不言行政之学术化者,因在法国制度之下,学术亦可行政化。二者实融合无间,固不仅行政为学术所化而已也。)

中央集权,在法人理想中可达两种目的:一为维持国性之统一,弭内争而御外侮,二为维持教育标准之统一,实现机会均等之理想。然又恐过分集权,而设为种种防制,如中央教育部之设有"公共教育最高评议会"(Conseil Superiereur de L`einstruction Publique),及初中高三种"咨议委员会"(Comite Consultatif),皆足以防止教育最高领袖独断之流弊。虽该会之议决案,不能强其遵行,但在实际上几皆能左右其意旨。所谓"集权而不专制",又属法国教育行政上之特点矣。

法人融合行政与学术之方法,在尽量的登用学术专家,如大学区长、最高教育评议会、大学区评议会委员、中央及大学区视学等,皆为学者及专家之代表。法人中央集权之方法,在一面以教育人员为国家官吏,直接或间接由中央委任,并对中央负责;另一方面则规划整理严密的视学制度,监督教育法令的施行。二者相济为用,而谋法国教育行政目的之实现焉。

(二) 法国中央教育行政组织上之特点

法国教育行政之组织,无不为上述二种精神所贯串。"公共教育最高评议会"尤能表现此二种精神。该会为全国教育最高评议机关,其性质相当于我国"大学院大学大学委员会"。每年开会一次,会员五十四人,任期四年,由下列人员组织之。

(1) 总长——主席。

(2) 国家学会直接选出五人。

(3) 公共教育人员九人——在现在及退任之教育美术部各主任、部视学、大学区长、区视学公共教育教授中挑选,由总长推荐,呈请大总统任命。

(4) 各大学及各高等专门学校选出代表二十人。

(5) 国立中学教授选出八人——由曾经严格检定之教师现任国立中学教授或职员者之中共同选出文学、文法、哲学、近代语、历史、数学物质科学及自然科学各一人。

(6) 地方中学教授中选出代表二人——具有文学及科学硕士之资格者各占其一。

(7) 初级教育教授中选出代表六人。

(8) 私立教育代表四人——由总统任命之。

此会实为纯粹的专门人员之结合,除专门技艺教育外,大小各级之教育,实皆有代表列席。法人信托专家之精神,于此可见。该会职权颇广,如课程、教法、考试制度、公立学校行政及管理之规程、私立学校之视察、图书之审查、批准外国人教授或开办学校等事,均须经其考虑。该会又为全国最高司法机关,受理各大学区评议会之纷争,或训育事件,观于最高教育评议会之权力,可知法人信托政府之精神。

观以上所述,试问(一)国人对于私立学校之鼓励,是否与法人深信政府能负教育责任之理想相同？（二）国人之心理是否深信政治之管理，专家优于民众？（三）我国目前政治是否为完全之中央集权？（四）依目前大学委员会之组织，其功用能否使主持一国教政者集权而不专制？（五）我国目前任命行政人员是否能如法人之尽量的登用学术专家？吾以为我国目前教育行政制度，与法制大不相同。谓为略采法制则可，谓为模仿法制则不可，谓法制之贻害于我国教育则尤不可也！

参考书

《教育法规汇论》

《中央教育公报》第一期

《大学院公报》第一、三、五、七各期

《教育部公报》第一卷各期

《中国国民党第二届中央执行委员第五次全体会议纪录》，程湘帆《中国教育行政》

Wisseman：*Nouveau Code L'instruction Primaire*

（原载《教育季刊》第一卷第四期，1931 年）

视导员的任务问题

中央及各省市督学条例及服务细则关于督学任务之规定,虽未经分析研究,但就其条文性质略加审察,即发现两种缺点:(一)职务内容笼统;(二)职务范围太狭。兹就鄙见所及,拟定县市特设之普通视导员任务,分为:(一)计画标准规程之拟定;(二)良好风气正当态度及团体精神之培养;【(三)行政与教学之直接视导;】(四)教育效率之估定与建议;(五)在职进修机会之供给;(六)教材教具等之组织及选择;(七)教育问题之研究与试验;(八)专业修养及其他视导上之活动八项,计一百八十余条,述之如下。

一、计划标准规程等之拟定

① 调查本地方教育之状况;
② 搜集各区应行视导之重大或特殊问题;
③ 协助局长拟定本地方视导政策;
④ 协助局长拟定本地方视导计画;
⑤ 编制视导大纲;
⑥ 编制视导行政历;
⑦ 组织视导委员会;
⑧ 规定各校校长在视导上之任务;
⑨ 拟制并颁发各种行政及教学标准(按教育视导之种类编制);
⑩ 拟定视导方法;
⑪ 划分视导的区域;
⑫ 支配视导时间。

二、良好风气正当态度及团体精神之培养

① 向教育人员解释视导之意义,本地方之视导政策计画及其方法;
② 培养对于视导之友谊的精神;
③ 培养对于儿童幸福之热忱与兴趣;
④ 用和蔼、同情、合作及坚定的态度管理视导;
⑤ 养成全部教育人员之合作精神;
⑥ 随时随地帮助校长教师等解决困难问题;
⑦ 鼓励教师建议;

⑧ 赞扬校长、教员等之贡献。

三、行政与教学之直接视导

（一）视察前

① 视察各校教学计画；

② 视察各班教案；

③ 会商校长；

④ 会商教师。

（二）视察时

1. 行政方面：

① 视察各校及各机关对于各项教育法令施行事项；

② 视察对于县教育计画之施行事项；

③ 视察某校或某教育机关之进行计画；

④ 查核各区学龄儿童之就学及出席状况；

⑤ 调阅各项簿册（遇必要时）；

⑥ 审查内部经济（遇必要时）；

⑦ 记录视察结果；

⑧ 诊断行政上之困难；

⑨ 寻出研究的问题。

2. 教学方面：

① 视察教室教学，其目的：

a. 普通观察，b. 视察某点，c. 鼓励上进，d. 视察是否遵用法定标准；

② 用检验表帮助教室视察；

③ 分析教学方术，并特别注意帮助无经验或教法拙劣之教师；

④ 记录教室视察之结果；

⑤ 诊断教学上之困难；

⑥ 寻出研究之问题。

（三）视察后

① 会商校长（团体的或个人的）；

② 会商教师（团体的或个人的）；

③ 提议或主持圆桌讨论会；

④ 召集教育人员开会讨论改进方法：a. 某种教育机关人员，b. 全体校长，c. 一部分校长，d. 全体教师，e. 一部分教师（某年级或某种）；

⑤ 参与学校内部行政或教学会议；

⑥ 示范教学，其目的：a. 为帮助教师，b. 为试验，c. 为发现困难或其他可能之事；

⑦ 安排教师本身之示范教学；

⑧ 鼓励互相参观；
⑨ 安排参观日期；
⑩ 批评教学方术；
⑪ 协助编制教案；
⑫ 与校长及教师拟定改进方案；
⑬ 供给解决某问题之参考资料；
⑭ 指定阅读之参考书并限于若干日内将结果报告；
⑮ 帮助教育人员用某种新方法解决某种困难问题；
⑯ 考核上次改进之成绩。

四、教育效率之估定与建议

（一）测量

① 筹备各项测验及测量表之材料；
② 筹画施行各项测验及测量之手续；
③ 测量各学校行政效率；
④ 测量各机关之效率；
⑤ 测量各校校长效率；
⑥ 测量教师效率；
⑦ 鼓励教师互相测量效率；
⑧ 训练教师应用测验；
⑨ 施行智力及教育测验；
⑩ 视导测验之施行；
⑪ 临时考验学生成绩；
⑫ 指导统计整理测验及测量之结果。

（二）解释

① 认识各学校特异之点；
② 认识各教育机关特异之点；
③ 认识各个教师特异之点；
④ 认识各班级特异之点；
⑤ 与各校长及教师共同解释测量与测验之结果；
⑥ 与各教育机关主要人员共同解释测量之结果；
⑦ 与各教师共同解释测验之结果。

（三）评定

① 评定学校之等第；
② 评定各教育机关之等第；
③ 评定各教师之等第。

(四)建议

① 建议学校行政各方面改进之点；

② 建议其他各教育机关改进之点；

③ 建议学校或其他教育机关之设立与合并；

④ 建议选择教师之标准；

⑤ 建议升任教师之标准；

⑥ 建议本地方教育人员之进退；

⑦ 建议教育人员之分配；

⑧ 建议改变教师之任务或调入他校；

⑨ 建议何种教师宜在何校任职；

⑩ 建议教科书应行修改之部分；

⑪ 建议教材上应修正之部分；

⑫ 建议教学方法上应改良之部分；

⑬ 建议合班、加班或减班；

⑭ 指示分班方法；

⑮ 指示儿童调班之条件；

⑯ 指示升级、降级及留级之标准；

⑰ 指示将某儿编入某级；

⑱ 指示将某儿调入某级；

⑲ 指示将某儿升班、降班或留班；

⑳ 指示处置特殊儿童之方法；

㉑ 指示职业指导之方法。

五、在职进修机会之供给

(一)组织设备

① 组织教育或教学研究会；

② 组织集合图书馆；

③ 设备流通书库；

④ 组织并领导读书团；

⑤ 组织讲演会并安排教育名人讲演；

⑥ 组织教育参观团；

⑦ 举办暑期训练班或讲习会。

(二)办法

① 确定校长教师所任工作之普通目标与特殊目的及其与整个教育过程之关系；

② 规定互相参观的办法并指导参观；

③ 规定示范教授的办法；

④ 规定补助入暑校进修的办法；

⑤ 规定奖励著作的办法。

（三）介绍

① 编印校长及教师应用书目录；

② 介绍专业阅读上之普通的或关于某问题的书籍；

③ 流转含有专业阅读材料之杂志；

④ 搜集优良行政及教学方法传达于教师；

⑤ 指示校长教师等新教学方法；

⑥ 与教师会商某种新教学方法；

⑦ 指示某种特别工作之特别方法；

⑧ 搜集各教师所用之良好教学方法；

⑨ 指示本地方及他处之进修机会。

（四）鼓励

① 鼓励校长及教师等用测量表自己分析与批评；

② 鼓励校长教师等参与课程编制；

③ 鼓励校长教师等对于新计划方法及设施发生兴趣；

④ 鼓励入函授科补习班或暑期学校；

⑤ 鼓励加入专业团体；

⑥ 鼓励从事专业团体内之工作；

⑦ 鼓励著作。

六、教材教具等之组织与选择

① 组织课程研究会；

② 确定各项课程之目标；

③ 编制课程纲要；

④ 视导每种课程纲要之编制；

⑤ 注意各种课程内容之衔接；

⑥ 决定每种课程纲要之效率；

⑦ 订正并常常修正课程纲要；

⑧ 选择教科书；

⑨ 审查教科书；

⑩ 建议采用某种教科书；

⑪ 开列补充之教材；

⑫ 供给补充之教材；

⑬ 建议或决定教材在各年级之分配；

⑭ 开列各年级儿童之课外读物；

⑮ 准备教学用品用具等物之说明单；
⑯ 帮助选择用品用具；
⑰ 编制使用及保存教学用品及用具之方法；
⑱ 制定分发教学用品及用具之标准；
⑲ 督察遵用课程纲要。

七、教育问题之研究与试验

① 研究教育行政上各种问题；
② 试验各种行政制度；
③ 编制各种测量表格使其标准化；
④ 编制各种测验使其标准化：a. 诊断之目的，b. 分班之目的，c. 决定进步及比较成绩之目的，d. 教学之目的（补救方案），e. 教学指导之目的；
⑤ 试验课程纲要教科书及教材之效率；
⑥ 试验各种教学方法并决定教学之程序；
⑦ 鼓励并指导教师试验教材教法；
⑧ 鼓励并指导校长等人员试验教育行政上各种问题；
⑨ 在试验工作中，供给适当机会并鼓励练习及创作。

八、专业修养及其他视导上之活动

① 对一般社会解释视导政策；
② 关于学校标准及目标、校舍捐款、发行学校公债、增加薪水及其他特别计画等，征集教育界之意见向社会公布宣传；
③ 向局长报告本县教育实际情形及应兴应革之事；
④ 向局长报告视察情形；
⑤ 向各校校长报告各该校之教学状况；
⑥ 省视导员到时向其报告本地方教育状况；
⑦ 整理前任视导员所办事项；
⑧ 编辑视导报告；
⑨ 处理日常文件；
⑩ 供给新闻资料；
⑪ 答覆各方咨询；
⑫ 出席教育会议；
⑬ 撰著教育论文；
⑭ 阅读专业刊物；
⑮ 参加专业团体；
⑯ 向专业团体讲演；

⑰ 担任教育委员会之工作；

⑱ 参加教育专业上推广事业；

⑲ 在讲习会中作示范教学；

⑳ 协助组织教师俱乐部；

㉑ 协助教育局内其他行政人员办理教育事项；

㉒ 组织并主持亲师会；

㉓ 筹备教育展览会；

㉔ 参观他处之优良学校；

㉕ 互相测量视导上之效率；

㉖ 时时谋事业上之进步。

上述各项职务，系就市县普通视导整个情形着想而定。在同时期内，可不必完全做出。至各项行政之特别视导，如卫生、建筑等等可就实际需要参照本篇所列条目，酌量规定。——于上海

（原载《江苏教育》第四卷第五、六期，1935年）

三、教育经费

劝学基金

日前阅报上所载黄任之先生劝工银行一文，不觉大有所感，因有劝学基金之提议。劝学基金者，所以使贫寒优秀之子弟，得升学上进之机会，而因以发展其特才者也。夫吾国今日之所谓教育，直一贯贵族教育耳，彼国民学校不收学费者无论矣。即以高等小学而言之，年费数十金，已非寒素子弟之所敢望矣。进而至于中学，年费百余金。虽中人之家，亦且有担负过重之欸。若夫入大学或出洋留学，则所费更钜。非家资巨万或名公贵卿之子弟，竟难得其门而入焉。呜呼！求学机会之不均平，若是其甚，苟无劝学基金为之补救，彼贫寒优秀天资卓越之子弟，将何以发展其天才，而致用于社会耶？

劝学基金之办法若何，曰当由一省或一县之教育机关共同组织，集欸若干。作为基金，寒素优秀之学生，有志升学者，得向管理人借贷学费，学成后以服务所得之代价，取其十分之几成，按年偿还母息，如是则贫寒优秀之子弟，受惠殊不少矣。

（《教育周刊》第 41 期，1919 年 12 月 1 日）

教育用款单位决定法

欲求某年内某地方或某校用款之单位,当考虑三种要素:第一,为经常用费之总数;第二,为息金;第三,为校舍耗损。

一、经常用费

欲决定教育经常用费 Current expense 之总数,当先明"用费"Expenses 与"用度"Expenditures 之区别。用费为属于消耗项下之支出,而用度则为一种投资或置产项下之支出。譬如某校支出用度五百元创办学校商店,学年结束,除收入及盈余货物外,尚亏欠一百元。此百元之支出,为用费而非用度。又如某校用款二万元建筑房屋,此二万元之支出为用度而非用费。明乎此种区别,而后能知经常用费之意义。

二、息金

第二种要素应行考虑者,为付出之息金。息金有两方面之意义:一为实际利息,二为无形利息 Imputed Interest。实际利息,系因建筑校舍或其他借款而付出之息金。无形利息,系估计校舍价值(除去建筑校舍项下欠款数)按照银行通行利率而算出之息金。此种息金,实际上虽未付出,但因校舍及地价系属投资性质,因办学校之故不能用作他项生产,其中无形损失,应照银行通行利率,归入教育用费项下计算。

三、校舍损耗数

第三要素应行考虑者,为校舍 School plant 之耗损 Depreciation 校舍损耗者,在某时期内校舍因使用而损失其原价之谓也。校舍之构成,有"地基""屋宇"及"校具"三种。地基无耗损之可言,所耗损者,惟屋宇及校具二项。兹将其计算法,分述于下:

(一) 屋宇耗损之计算

第一步:查出建筑日期

第二步:估定屋宇寿命

    请产业专家依屋宇种类,分别估定其寿命,

第三步:估定屋宇在某年内之时值

第四步:计算

1. 公式：耗损率 $=\dfrac{1}{\text{屋宇寿数}-\text{已用年数}}$

耗损数＝耗损时值×耗损率

2. 例证：

今假定某屋为民国元年夏季所建，其寿命经专家估定为二十五年。在民国十六年度，时值为一万元。试求该年度内该屋之耗损[率]，及其耗损数。

按该屋从元年夏季至十六年度夏季，共用十五年。其十六年度（十六年夏至十七年夏）之耗损律[率]，依公式求之如下：

某屋耗损律[率] $=\dfrac{1}{25-15}=\dfrac{1}{10}=10\%$

该年度耗损数 $=10\,000\,\text{元}\times 10\%=1\,000$

3. 公式之由来：

该屋寿命为二十五年，已用十五年，故可假定其现价为 $\dfrac{25}{25}-\dfrac{15}{25}$，或为其固有价值之 40%。但在十六年度时，该屋又老一年，故又减去固有价值 $4\%\left(\dfrac{1}{25}\right)$ 该屋之现价，因此仅为固有价值之 36%。此 4% 减损之数，相当于十五年度该屋现价之 $10\%\left(\dfrac{4}{40}\right)$，即该屋十六年度内之耗损律[率]也。兹解析之，以证前列公式之由来。

$$\dfrac{4\%}{40\%}=\dfrac{\dfrac{4}{100}}{\dfrac{25}{25}-\dfrac{15}{25}}=\dfrac{\dfrac{1}{25}}{\dfrac{25-15}{25}}=\dfrac{1}{25-15}①$$

∵ 25＝屋宇寿数

15＝已用年数

∴ 耗损律[率] $=\dfrac{1}{\text{屋宇寿数}-\text{已用年数}}$

（二）校具耗损之计算

校具 Equipment 内容，大概分为器具、图书、仪器三项。其耗损率依专家估计，年约百分之五。譬如某校有校具约值二千元，其损失每年约为一百五十元。

---

① 编者注：原文算式末尾误作"$\dfrac{1}{25-10}$"。

四、单位教育用款之公式

先设一例，说明某城之教育用款。

某城教育用款表

项别	每平均逐日出席学生之用款
A. 经常用费总数 ……………… 20 000 元	100 元
B. 息金	
校舍估值 …………………… 55 000 元	
净欠债务（因建校舍）……… 5 000【元】	
已付数目 …………………… 50 000【元】	
本年实付息金（连别项债务）… 1 000 元	
无形利息 …………………… 50 000【元】	
○6% ……………………… 3 000 元	
总息金 ……………………… 4 000 元	20 元
C. 校舍耗损数	
1. 地基价值（无损耗）…… 10 000 元	
2. 屋宇价值 ……………… 30 000 元	
该年耗损律[率]10% …… 3 000 元	
3. 校具价值 ……………… 15 000 元	
耗损律[率] ……………… 750 元	
4. 校舍耗损总数 ………… 3 750 元	18.75 元
D. 教育用款总数　　　27 750【元】	133.75 元

（注）该城平均逐日出席学生数为：100

根据上述之例证，及前述之讨论，而得公式如下：

$$\text{每平均逐日出席学生之用款} = \frac{\left[\begin{array}{c}\text{经常用}\\\text{费总数}\end{array}\right] + \left[\begin{array}{c}\text{实付}\\\text{息金}\end{array}\right] + \left(\begin{array}{c}\text{校舍}\\\text{估值}\end{array} - \begin{array}{c}\text{校舍}\\\text{债务}\end{array}\right)\begin{array}{c}\text{银行}\\\text{利率}\end{array} + \left[\begin{array}{c}\text{屋宇}\\\text{价值}\end{array} \times \begin{array}{c}\text{某年耗}\\\text{损律[率]}\end{array}\right] + \left[\begin{array}{c}\text{校具}\\\text{价值}\end{array} \times 5\%\right]}{\text{平均逐日出席学生数}}$$

代入前例之数目

$$\text{每平均逐日出席学生之用款} = \frac{20\,000 + 1\,000 + (55\,000 - 5\,000) \times 6\% + 30\,000 \times 10\% + 15\,000 \times 5\%}{200}$$

$$= \frac{21\,000 + 3\,000 + 3\,000 + 750}{200} = \frac{27\,750}{200} = 138.75 \text{ 元}$$

决定单位用款时，须注意（一）款项之内容，（二）单位之基础。通常计算方法，类皆以注册学生数除经常用费总数。此种算法，最不精确。因照前例所述，若以经常用费总数为分子，则每平均逐日出席学生之用款当为百元；比本节内所用方法少却三十八元有奇。表面上虽似少用，实则忽略息金及损耗项下之费用。

次言单位之基础,基础之种类有四:
1. 以注册数为根据;
2. 以平均属校儿童数为根据;
3. 以平均逐日出席数为根据;
4. 以学生时为根据。

以上四法,第一法最不正确:因儿童虽经注册,但实际上属校之日数甚少。第二法以属校儿童数为根据,似可补前法之不足,但因儿童属校,未必实际到校上课,故以用第三法为是。至于第四法,比第三法当更精确,但因材料不易搜集,一时尚难普遍。

本节公式采用第三法,以平均逐日出席数为根据,关于其他三法之定义及法算,当另文详之。

(原载《广西教育》创刊号,1928年)

再论教育用款单位之决定并答李君

不佞曾于本刊第一期发表教育用款单位决定法,有李君乃潽者,未明该法中公式之构造,兼于该式之假定有所质疑。余喜其富于研究精神,兼感于前文简短易滋读者之误会也,爰就李君之问,引伸原意,述为是篇,以备国内研究教育经费者之参考焉。

李君于先后两函中,共提五点,其中之二点,为关于耗损率理论方法之质疑,另一点则为事实方面之诘难;余二点则为李君之误解,兹分别讨论如左:

一、耗损率理论问题

李君原问(一):

耗损率公式,等于由屋宇寿命减去已用年数分之一,然证明此公式之由来,则用百分之四十,除百分之四。不知百分之四十是何数?百分之四是何数?以百分之四十除百分之四又是何数?

答李君:

假定该屋宇固有价值为"1",即 $\frac{25}{55}$①,因该屋已用十五年,故已损失其固有价值 $\frac{15}{25}$。至十六年度开始时,其现存之价值,只为 $\frac{10}{25}$,即其固有价值百分之四十也(参阅附表(二))。

因该屋固有价值为"1",其寿命为二十五年,故可假定其在一年内之耗损,为 $\frac{1}{25}$,即其固有价值百分之四也(参阅附表(三)及(八))。

该屋在十六年度开始时之现价(或时值),为其固有价值百分之四十,而其在同年度之耗损,为其固有价值百分之四。假定该屋在该年度之时值为"1",则可得下之比例式:

$$40\% : 1 = 4\% : x$$

此式将40%比作该屋现价,再求4%之耗损,相当于若干现价。依式计算,应以百分之四十除百分之四,再乘以"1",简写之,得 $\frac{1}{10}$ 或书为 10%,即该年内之耗损率也(参阅表中(五)(六))。

---

① 编者注:原文误,应为 $\frac{25}{25}$。

李君原问(二)：

依所设之例吟味该公式,则该校舍第一年度之耗损理应为$\frac{1}{25}$,第二年度之耗损率应为$\frac{1}{2}$①。依此计算,则第二十五年度之耗损率应为一,如此求出之耗损率,未知合否?

答李君：

诚如李君所述:"该校舍第一年度之耗损率应为$\frac{1}{4}$②,第二年度之耗损率应为$\frac{1}{24}$。依此推算,则第二十五年之耗损率应为一。"(参阅附表(六))但此处之"一",系代表各年度该屋时值,除第一年度之时值,适与固有价值符合外,余均视年度之加增而逐渐减少,(参阅附表(七))。至第二十五年度开始时值减为一百元,而为固有价值二十五分之一。若将各年耗损率中之"一"(参看附表(六))误认为代表该屋固有价值,则大误矣!

二、事实的假定问题

李君原问：

此耗损率之公式果真,该校舍第二十五年度之耗损率当为一,假定该校舍第二十五年度开始时估计之价值为五千元,则耗损数亦必为五千元,即此屋宇经过二十五年后完全耗损之净尽不值一钱之谓。但实际上该校舍的砖瓦等材料,还可值多少钱,其不合于事实者二。总之此种计算法之根本错误,系认屋宇的寿命,即为建筑该屋宇各种材料的寿命;屋宇之寿命既尽,则各种材料的寿命亦随之而俱尽,此正与事实不相符。盖屋宇之建筑,其所用之砖瓦木料等,往往不能选择其同一寿命者(将来有大建筑家出能达到此目的也未可知),即使各种材料之寿命相同,而其放置之位置不同,其结果之寿命亦不同。用此种寿命不同之材料,建筑一屋宇,虽经专家估定其寿命为万千年,亦不过谓该屋宇经万千年后,非改造不可(恐至于崩坏而不能住);非谓该宇经过万千年后,其各种材料,均已崩坏,全不可用。既有一部分材料可用,则此一部分材料,还可值多少钱,又安得谓之耗损净尽?

答李君：

该公式之造成,系假定屋宇每年损耗其寿数年分之一。换言之,即假定屋宇全不能用之年,其价值直等于零。此种假定,本为科学方法所容许,不得谓为该公式计算上之错误,更不得谓为根本错误。盖因科学方法之特点,虽系于'客观'与'正确',然所谓客观与正确者,系相对的而非绝对的科学上一切测量,皆介于完全客观与完全主观,及最精确与最不精确之间。故凡科学上之制作,苟其为比较的客观,或比较的精确而有实际应用之价值,虽明知其假定不尽合于事实,当得谓为科学上之贡献。即如智力测验,系假定被验儿童环境之歧异,于其智力无甚影响,此岂尽合于事实? 然而智力测验之功用,并不因此减少。

---

① 编者注:原文误,应为$\frac{1}{24}$。

② 编者注:原文误,应为$\frac{1}{25}$。

更以本论中之耗损率论，不但假定屋宇在全不能用之年其价值直等于零，并假定其各年之耗损皆属一律（校具之耗损率亦同此理）；更假定屋宇之价值，按年递减。此又岂尽合于事实？然而本公式在应用方面之价值，亦并不因此减少。明乎此理而后能语以科学方法在教育上之应用。

通常决定单位教育用款之方法，类皆以本年注册学生数，除本年经常用费总数，而得其所谓"每生每年用费"。此种算法，既忽视校舍项下每年无形损失之利息；又忽视校舍中屋宇及校具逐年耗损之价值。本公式则兼顾而并计之，其精粗之程度，盖不可同日而语矣。

且也，科学方法之应用，固不必皆以比较的精确为可贵，有时尚须衡量于"经济"与"正确"之间，苟在正确方面之所得，不偿经济方面之所失，虽有较确方法不取也。即如计算教育单位用款，以"学生时"为根据，当然能较确于"平均逐日出席数"；以"学生分"为根据，当然更较确于学生时。然而通常计算，所以多用"平均逐日出席数"（指美国）而不用学生时，更从未有用学生分者，则因后二者计算手续繁杂，需时耗费，故虽有较为精确之价值不取也。耗损率之制定，非不知屋宇于全不能用之年，其砖瓦等材料，尚有几许价值，苟能求得此项价值之确数，除以屋宇之寿数，而以其商化为分数，改变其每年耗损等于其寿数年分之一之假定，则所求得之耗损公式当然较确于本文中所论之公式。然本文公式所以未如此构造，而以屋宇废料价值分担于各年内计算者，则因：

（一）此项废料价值实际究有几何，尚属疑问。况其数在每年中之分量，又只为其寿数年分之一，于单位用款公式所求得答案之正确实无甚影响；（二）除在最后一二年内剩下材料，尚可随时拍卖，知其应值若干外，至若在其他使用各年中，欲知数年或若干年后该屋废料之确价，则非另谋极精密之方法，不能计算。其在"经济"方面之损失，在目前应用上，据教育经费专家之意见，实超于"正确"方面所得之价值，故有此种耗损率公式之决定。

三、李君对于原文之误会

李君原问五[①]：

计算无形利息，系估计校舍价值，按照银行通行利息而算出之。依原注，校舍估计价值，系除去建筑校舍项下之欠款；又次所举之例，校舍价值，五万五千元。是则估价校舍价值，是否系指当时之建筑设备费。

答李君：

计算无形利息，拙作"息金"节内，原文为"无形利息，系估计校舍价值（除去建筑校舍项下欠款数）按照银行通行利率而算出之息金"，所谓"除去建筑校舍项下欠款"，系指由估计之校舍价值中，减去建筑校舍项下债务，以便计算无形利息之意。原文系连贯语气，参阅例证 B 项，自可明了。李君断句取义，以致误成"校舍估计价值，系除去建筑校舍项下之欠款"，于原意自难吻合。至例证中校舍估价五万五千元，内中实含有地基价值一万元，屋宇价值三万元，校具价值一万五千元（包括设备费在内），皆系估计之价，已详原例 B、C

[①] 编者注：原文如此，似应为"李君原问（一）"。

二项中,请参阅。建筑校舍项下之欠款,或为其原价之一部分(在本例中为五千元),或竟等于其原价之全部,此项欠款之利息,因已算入"本年实付息金"项下,故不在"无形利息"项下计算。

李君原问(二):

(按李君得(一)问答覆后,复作此问。)

此种决定教育用款单位的计算法,始终以为不合,如计算无形利息,非不知校舍价值,包含有地基,屋宇及校具三种价值在内。惟不知此种价值,系何年估计。今既承认屋宇价值为三万元,则断非十六年度之估价也可知。在十六年度而将十余年前之校舍价值计算其利息,为该校舍十六年度之无形利息,其不合理者一(因该校舍已逐年计算其耗损数,自不能将其前十余年耗损数之利息计入)。

答李君:

计算某年度屋宇耗损数,拙作原文中,一则曰"估定屋宇在某年内之时值",再则曰"……某屋……在民国十六年度时值为一万元",公式中又书明"耗损数＝屋宇时值×耗损率",则在某城教育用款例证中,包于校舍估值中之三万元,当为该城屋宇时值无疑。若计算该城用款之年度为十六年度,则此估价之年度,必为十六年度又无疑。

以上为余对于李君之答覆,读者若欲明科学方法之性质及其在教育方面之应用,则须参阅下列诸书:

一、普通科学方面:

N. Campbell: *What is Science?*

W. S. Jevons: *The Principle of Science*.

J. S. Mill: *A System of Logic*.

K. Pearson: *The Grammar of Science*.

D. Ritchie: *Scientific Method*.

F. W. Westaway: *Scientific Method*.

二、教育应用方面:

F. N. Freeman: *Experimental Education*.

P. R. Mort: *The Measurement of Educational Need*.

W. A. McCall: *How to Measure in Education and How to Experiment in Education?*

W. S. Monroe: *Measuring the Results of Teaching*.

G. H. Reavis: *Factors Controlling Attendence in Rural Schools*.

G. D. Strayer and N. L. Engelhardt: *Standards for Elementary School Buildings*.

G. D. Strayer and R. M. Haig: *The Financing of Education in the State of New York*.

S. C. Tai(邰爽秋): *Objective Measures Used in Determining the Efficiency of the*

Administration of Schools.

L. M. Terman: *The Measurement of Intelligence*.

E. L. Thorndike: *An Introduction to the Theory of Mental and Social Measurement*.

(一)	(二)		(三)	(四)	(五)	(六)	(七)	(八)
年度	该屋在各年度开始时固有价值		每年固有价值减少之%	在各年度内该屋现值相当于固有价值之%	在各年度内耗损当于屋宇现值之数	各年损耗率	各年度开始时屋宇时值	耗损元数
	分数	%						
1	25/25	100	4	96	4/100	1/25	2500	100
2	24/25	96	4	92	4/96	1/24	2400	100
3	23/25	92	4	88	4/92	1/23	2300	100
4	22/25	88	4	84	4/88	1/22	2200	100
5	21/25	84	4	80	4/84	1/21	2100	100
6	20/25	80	4	76	4/80	1/20	2000	100
7	19/25	76	4	72	4/76	1/19	1900	100
8	18/25	72	4	68	4/72	1/18	1800	100
9	17/25	68	4	64	4/68	1/17	1700	100
10	16/25	64	4	60	4/64	1/16	1600	100
11	15/25	60	4	56	4/60	1/15	1500	100
12	14/25	56	4	52	4/56	1/14	1400	100
13	13/25	52	4	48	4/52	1/13	1300	100
14	12/25	48	4	44	4/48	1/12	1200	100
15	11/25	44	4	40	4/44	1/11	1100	100
16	10/25	40	4	36	4/40	1/10	1000	100
17	9/25	36	4	32	4/36	1/9	900	100
18	8/25	32	4	28	4/32	1/8	800	100
19	7/25	28	4	24	4/28	1/7	700	100
20	6/25	24	4	20	4/24	1/6	600	100
21	5/25	20	4	16	4/20	1/5	500	100
22	4/25	16	4	12	4/16	1/4	400	100
23	3/25	12	4	8	4/12	1/3	300	100
24	2/25	8	4	4	4/8	1/2	200	100
25	1/25	4	4	0	4/4	1/1	100	100

(原载《广西教育》第一卷第三期,1928年)

教费负担均平问题

第一节　本问题之重要

教育经费第三个大问题，是均平教育负担的问题。国内人士，只知图谋教育经费的增高，却忘记了负担均平。要知道负担不能均平，则教育经费愈增高愈足以增加贫民的疾苦，结果不但不使人民欢迎教育，反而使他们恨死教育了！中山先生规定党纲，主张增高教育经费，同时却又规定"严定田赋地税之决定额，禁止一切额外征收"。他虽未明明说出教育税制应该公平，但是这个意思，已经包含在这里了。可惜教育界人士，忽略了这一点，在筹划教育经费的时候，只顾经费增高，都忘记了小民的疾苦，实在可惜！今春全国教育开会的时候，我提出"请大学院补充教育经费政策通令全国豁免苛细教育杂捐，励行公平教育税制，实施教育机会均等案"，当时到会的先生们，没有注意到本案的价值，虽说审查下来，通过了"通令全国豁免苛细教育杂捐"，但同时所通过的筹划教育经费的案子，却又有许多地方是增加贫民疾苦的。关于此点，请参阅全国教育会议报告，我也不必多讲了。

第二节　公平的税制之重要

近世各国，受社会主义的影响，莫不根据公平的原理，来改革税制。今年全国财政会议的时候，潘序伦先生在新闻报（七月一日）上发表了一篇"对于财政会论最低限度之希望"中间有一段主张"裁撤一切不合税则原理各税，改累进所得税及遗产税以舒民生"很能表显近代改良税制的精神。他说：

> 查近代各国政府征收赋税，莫不以能力主义为最重要之原则。良以富者纳税虽多而不觉其苦，贫者纳税虽微而时觉其苛。为节制资本教育民生起见，自当奉能力说为税则之标准也。我国古来所征各税，如地丁，则不分人民贫富，一律照纳；如盐课，则将税额加诸人生必要品之食盐，徒使贫者负担税额，更较富者为重。以进步改良之目光观察之，实皆为恶税而亟待改革也无疑。徒以国家大宗收入，赖此为主，改革殊不易言。近来政府新征各税，更多为一时救急之计，只求税额之增加，收取之便利，而未能注意于纳税人之能力。其最著者，如煤油特税，如麦粉特税，如油类、煤类特税，则皆为贫民生活必要之品。于此课税，不能谓

良。如禁烟税则虽属寓禁于征,而流弊极多,为世诟病。至如出口关税及厘金杂税等等,其应一律早日废除,更不待言。至于改革税制之种种困难情形,当然在我人预料之中,但欲求国家进步,民生安宁,何可畏难苟安,因噎废食,故政府应于最短期内,将一切不合赋税原理之各项税收,一律废止,另选举世所认为最良之所得税及遗产税,并用累进方法征收,俾合能力之说,而济民生之困。至于筹备改革之期,亦不宜漫无限制。先以三年为率,即在财部之内设一税制委员会,计划各种具体办法。三年之期,虽不为久,然政府果能积极筹备,努力进行,则终有达到目的之一日。否则苟则苟安旦夕,任令救急一时之恶税,迁延不改,遗害民生,殊失国民革命之本旨矣。

第三节 我国教育税制不公平状况之一斑

我国教育税制,和别的税制一样,都是不公平的,不公平的现象可分为种类和程度两点。兹就江苏地方教育经费状况略报告一下。

一、种类——江苏地方教育经费之来源

江苏地方教育经费的来源,可分(一)公产收入;(二)学费收入;(三)罚金收入;(四)税捐收入。而税捐收入项下又分为:1.衣;2.食;3.住;4.行;5.营业;6.货物;7.产业买卖;8.消耗品;9.迷信;及10.其他杂项十大组。兹依其原有名称分述如下:

(一)公产收入

1. 地租
2. 田房租金
3. 公产租金
4. 公产息金

(二)学费收入

1. 学费

(三)罚金收入

1. 忙漕芦课滞纳罚金
2. 忙漕滞纳罚金

(四)税捐收入

1. 衣的方面之捐税

(1)布捐

2. 食的方面之捐税

(1)主餐方面

甲、田赋

a. 忙漕附赋税

b. 忙漕特税

c. 漕米附税

d. 忙银附税

e. 忙银特税

f. 忙银带征

g. 忙漕加价

h. 漕米带征

i. 漕米加征

j. 漕米加价

k. 忙漕带征

l. 忙银手数料

m. 经征银余

n. 一厘征收费

o. 河漕图税附税

p. 串捐

q. 亩捐

r. 加带亩捐

s. 屯滩亩捐

t. 运粮附税

乙、主食品

a. 粮捐

b. 粮食捐

c. 米捐

d. 麦捐

(2) 佐馔方面

甲、盐课

a. 芦课附税

b. 芦课特税

c. 芦漕田房附税

d. 芦忙修志费

e. 灶课附税

f. 灶课增加税

g. 盐捐

h. 盐斤加偿

i. 盐引捐

j. 盐公益捐

k. 灶折附税

l. 灶地学捐

m. 场灶带征

n. 场灶

o. 半厘盐款

p. 场运盐厘

q. 盐栈补助金

r. 盐栈捐

s. 盐旗捐

乙、其他佐食品

a. 猪肉捐

b. 屠宰带征

c. 宰卖废牛捐

d. 牛羊肉捐

e. 猪捐

f. 鸡鸭捐

g. 市鸡捐

h. 蛋捐

i. 市八鲜捐

j. 鱼捐

k. 鱼虾捐

l. 鱼池捐

m. 鱼课特税

n. 鱼筹捐

o. 粉条捐

p. 菱捐

q. 花生捐

r. 瓜果捐

(3) 燃料方面

a. 柴捐

b. 草捐

3. 住的方面之捐税

(1) 房捐

4. 行的方面之捐税

(1) 轮船租港金

(2) 船捐

(3) 渡船捐

(4) 帮船捐

(5) 中河船捐

5. 营业方面之捐税

(1) 中牙

    a. 牙帖附税

    b. 牙税带征

    c. 牙税营业附税

    d. 契牙附税

    e. 印捐中资捐

    f. 中资捐

    g. 牙行捐

    h. 陆陈担捐

    i. 陆陈捐

    j. 牛行捐

    k. 猪行捐

(2) 其他营业

    a. 短期营业捐

    b. 窑捐

    c. 典捐

    d. 洋商年捐

    e. 机厘

    f. 砻坊捐

6. 货物方面之捐税

(1) 牛皮捐

(2) 竹捐

(3) 木捐

(4) 红砂捐

(5) 石货捐

(6) 石灰捐

(7) 茧捐

(8) 棉花捐

(9) 百货附捐

(10) 扫笆捐

(11) 花果捐

(12) 洋轧车捐

7. 产业买卖方面之捐税

(1) 置产捐

(2) 变卖收入

(3) 过割费

(4) 契税附税

(5) 验契带征

(6) 验契附税

(7) 验契教育捐

(8) 验契教育费

(9) 契纸带征

(10) 契纸加价

(11) 田房契附税

(12) 田房契凭单费

8. 消耗品方面之捐税

(1) 烟酒附税

(2) 烟酒带征

(3) 门销酒捐带征

(4) 烟叶捐

9. 迷信方面之捐税

(1) 庙捐

(2) 寺田捐

(3) 寺庵捐

(4) 寺庙注册费

(5) 僧捐

(6) 经忏捐

(7) 香箔捐

(8) 锡箔捐

10. 其他杂项捐款

(1) 市乡杂捐

(2) 花捐

(3) 戏捐

(4) 义塚捐

(5) 灰粪捐

(6) 渣捐

(7) 登录特税

(8) 马路捐

(9) 公益捐

由上表可知江苏地方教育经费的来源,除公产学费及罚金收入外,大部分即靠着捐税的收入。而税收项下的收入,又居多靠着衣食住行方面的捐税,田赋盐课那是不必说了。即连房屋布匹、柴草食品一类的东西,居多是影响到小民生计的,也要抽出捐来办教育。至于灰粪义冢等捐,更外是苛细不堪。亏这班筹谋教育经费的先生们,竟想得到在灰粪堆里和死人身上打出主意来。可谓搜括到无微不至了!

我在全国教育会议提议励行公平教育税制,实施教育机会均等案里有一段说道:

> 异哉国人之筹教费也!不曰亩捐附加,便曰盐斤带征,苛细杂捐,直接间接影响于贫民之生计者,不一而足。彼北方之武人政客,不恤贫民之疾苦,其苛征暴敛也固宜,至若吾青天白日旗下之教育界,日以解决民生问题相号召者,独奈何于筹谋教费之际,转以救吾民者害吾民乎?嘻!教育尚未救民生。民生已先受教育之摧残,虽谓"教育杀人"谁曰不宜?

又说:

> 至若盐斤带征,尤悖乎公平之原理,而违背人道之精神。盖贫苦小民,力不能备珍馐其赖以佐餐下咽者,厥惟富于盐分之蔬菜,或单纯之盐卤。因此贫民所需之盐分,必比富人为多,乃从而苛税之,加之又加,不以为怪,以挺杀人,何以异于此?

我这种沉痛的话,着笔时几乎一字一泪。盼望全国教育界赶快起来,免除苛细杂税,贫民幸甚!

江苏的八分义务教育亩捐,在今年举办了!我对于这种亩捐,一百二十分的表示反对。我反对理由在"励行公平教育税制,实施教育机会均等的议案"里已经大概说过了。我在那里说:

> 夫良田万顷、肥肉肥马之富翁,与薄田三亩、衣食不给之小农,同依八分亩捐之税率,负担教费。执途人而问之,有谓为公平者,吾不信也。况吾国为小农制度之国。百亩以下之田,不足以赡养其八口之家者,居全国人口之大半,今以教育税制之不当,就田赋一项,已足以影响二万万以上同胞之生计,吾辈教育中人,又安能辞其咎?

当时反对这种亩捐的,很有好几县。就中以丹徒县陈县长最为认真,听说他为此事有好几次呈请中央大学行政院,请求收回成命。可惜此事没有成为普遍的运动,而行政院也因一时更无他法划义教经费,只得批驳他的呈文,并且把这个案强制执行了!

第四节 对于我国教育税制的建议

我从社会主义教育的眼光看,为中国教育经费筹划一个公平的税制,在来源方面,主张注意开辟新的税源,并且觉得富于稳定性和可分性的税源莫妙于遗产税。第一,因为人是年年有得死的,那就说年年可以有遗产税的收入;第二,因为遗产税,尚未能有确当用途,不像田赋盐课等附税不便分开征收。在程度方面,主张采用累进的税率和免税的限度。现可分述于下。

一、未来教育经费大源泉

(一)各国遗产税现状

遗产税在近世各国差不多没有不采行的。大概一国的政治愈共和,此税也就愈发达。加拿大之数州,奥地利亚之各州,瑞士之各县,英格兰之本部,都采用累进税律[率]遗产税,其累进的程度,并且异常之高。在美国方面也有显著的进步。大概分支亲及直系亲属二种。"支亲遗产税"系近二三十年来的产物。一八九〇年时,行这遗产税的,只有六州。其后十年间,则有二十一州。更后二十年间,则又加二十三州。所以到了一九二一年的时候,美国各州,不采行支亲遗产税制的只不过几州了。

至于直系亲属之遗产税制,各州采行的,比较迟一点。初行时,颇为顾虑,税律[率]是很低并且仅仅乎常用在动产方面。其后税律日增,免税限度,逐渐降低,不动产也渐渐在被征之列了。在一八九一年,行这种制度的仅纽约一州,后各州相继仿行,截至一九二一年,不行的,只不过六州了。

(二)中国遗产税

遗产税在中国的历史最短。民国四年夏天北京总统府开财政讨论会议的时候,方订有遗产税条例。最近上海全国财政会议里也有遗产税的决议案。兹将北京会议上提案的理由抄录于下:

一国之税法,与人民之习惯有密切之关系。欧美各国之习惯,人死则财产必易户。虽父死子继,亦必改名登记,故遗产税较易征收。中国之习惯则不可,然人民之财产往往以堂名别号为户,祖遗父传,不须更名,亦无庸登记。若遽行欧美之法律,则群情必见为不习惯,而承产冀免争端,亦无隐匿之可虑。查英国之遗产税岁收至一千六百万磅之巨,日本亦收至四百万元。我国各省承继争产之案,无时不有。若征遗产税为数必匪细,征收名目杂属创见,试行不致扰民,要亦良税之一种开源之一端也。

又贾士毅先生论遗产税道:

考遗产系分富民之有余,而不加贫民之负担。取之于未得之财产,使纳税者不觉严苛,惕之以权利之存亡,使纳税者,不敢讳饰,洵为善良之税源。近年以来,财政支绌,拟办

斯税,以资弥补,然未尝议订税法也。(见《民国财政史》)

产业本属社会公有性质,继承别人产业,丝毫未用劳力且不必说。即虽亲身赚来的,亦复是直接或间接受着社会之赐而来。以社会之公产,用于社会公益,于理至当。所以遗产税之征收,在理论上毫不发生问题。

(三) 遗产税兴学问题

遗产税办学,在美国施行的已有四五州之多,中国方面,去年绍兴教育会曾有遗产税办学的议决案,所举理由很多。今年全国教育会议,孟宪承、程时烺二先生,又有举办"遗产税兴学的提议案",其原文如下:

理由

(一) 遗产税所得税,无论采"能力说"抑"均需说",均为正当之税法。

(二) 此项税法,不加贫者之负担。于富者可取累进之税率,规定其成数,亦不觉其严苛。

(三) 以此项税收普及教育,增加民生乐利,尤合民生主义之理想。

办法

由大学院聘定教育行政专家及财政专家,拟定条例,呈由大学院长核定,提出国民政府会议,通过公布施行之。

此案已经大会通过,盼望全国一致协力,实行起来,为我国教育前途造福。

二、公平的教育税率

中国教育税制,在种类方面,固属不公平;在程度方面,亦复不适当。即如前面所说的江苏八分亩捐,便是极好的例证。这种亩捐不适当的理由,在前面已经讲过。现在要补救这种缺憾,只有采用公平的征税方法。这方法中包含两个特点,一是免税的限制,二是累进的税率,兹分述如下。

(一) 免税的限制

免税的限度,系从某一种限度起征。在这限度之下,就一概豁免。譬如征收亩捐,倘使每亩最低限度为八分,又假定百亩为免税限度,那么征收八分捐就只从百亩田以上人家起征,而豁免百亩以下的人家。这是减轻贫人负担的一种办法。

(二) 累进的税率

累进的税率,是从开征的一点起,税率随资产的数目,一同增高——资产愈多的,税率愈重。还拿亩捐来说,从百亩至五百亩:假定征收每亩八分,从五百亩至一千亩,就应超过八分;到了一万多亩的人,也许应该征到五角或一圆。累进的程度怎样,虽说不能规定,但是他的目的却离不了,加重富人的负担,而减轻贫人的负担。

施行上面办法的时候,当注意每家人口的多寡。人口多的家庭,尽管有百亩以上之田,平均下来,也许抵不上百亩以下的人家。最好以人口为单位,更要注意,成人和幼童等等的差别,以免大家庭的人家吃亏。至于田亩的税率,更要注意到田地的厚薄,不可单拿亩数来做标准,以上所说实属于科学方法范围之内,非本文所能讨论的了。

(原载《广西教育》第一卷第七期,1929年)

教育经费独立问题

教育经费独立应受保障,久为国人所通晓,似乎无庸讨论。但是国内一般人士对于教育经费应该独立的原因和独立的方法,尚有许多不能明了,所以我来贡献一点意见以备参考。

A. 教育经费应该独立之原因

一、专家意见之分歧

关于教育经费独立问题有两派意见,一派是市政专家,一派是教育行政专家,詹姆斯 H. G. James.（Appliod City Government.）、葛得禄 F. J. Goodnow（Municipal Government）、孟罗 W. B. Munro（*The Government of American Cities and Methods of Municipal Administration*）之流,皆相信教育是市政的一部分,和卫生、建设、财政等部是一样的重要,不应该另起炉灶,设出征税的机关,既不经济,又多危险,三人中只有孟罗见解较为广大。他主张由城市政府用经费政策来控制教育政策,这话说来很觉动听,不过从我们教育者看来,有些不妥当罢了!

教育行政专家的都与他们相反,他们相信要教育脱离政治的漩涡,非教育经费独立不可,柯柏烈说:

> 把政治排出城市与学校行政之外,一个重要步骤是要把城市教育局和市政府差不多完全分开。
>
> 我们美国各城市的经验,明明白白的表显,决定学校税款的权利,应当从城市参市会的控制里拿开,在议会所规定的几种法律限制之下,交给当局去规定。（E. P. Cubberlef. *Public School Administration* P. 104）

施菊野氏 G. M. Strayer 也说:

> 教育局的经费应当独立,凡是研究过公共教育各种问题的人,无不赞同（*Know and Help Your Schools*）

此外如弗纳沙氏 Frasier、莫高爱 McGaughy、朱寒勃 Tessup、仆克 Packer、惠特来 Whitney 诸氏,皆极力主张教育经费独立。

二、教育经费应行独立之科学研究的证据

教育经费所以应当独立的原因,在美国人方面,有他的法律和历史上的根据,我们不必管他,但是有两篇科学研究的东西很可证明教育经费应当独立,兹分述如下:

甲. 弗纳氏的证明

弗纳氏研究一百六十七个美国城市教育经费独立和不独立的教育结果,他选了六个准尺来测量这些城里的教育率,这些准尺是:

子、十六岁和十七岁的学生在校之百分数;

丑、四十个儿童以下的小学班级之百分数;

寅、占六十平方尺以上的游戏场面积的儿童之百分数;

卯、小学毕业后,有六年以上学绩的教师之百分数;

辰、全日在校且在城市政府所有的适当校舍内,上课的儿童之百分数;

巳、小学女教师由一九一三年度至一九一九年度增加的薪水相当于增加的生活费之百分比。

根据这六个准尺,弗氏制出一个指数,比较各城教育效率的高下,他最后得的结果是:

子、教育经费独立有健全的原则;

丑、教育经费独立并不违反征税的原则;

寅、教育经费独立实际用起来比较的好;

卯、教育经费独立能助成教育政策之继续;

辰、教育经费独立对于社会有适当的财政保障;

巳、教育经费独立能使学校脱离政治的漩涡(以上见 G. W. Frasier. *Control of City School Finances*)。

弗氏所选准尺虽有一二条不甚圆满(批评弗氏的话,请参阅拙著 *Objective Measures Used in Determining the Efficiency of the Administration of Schools*)但是他这篇研究大体上却极有科学的价值。

乙. 莫高爱氏的研究

莫高爱氏复用弗氏指数在三百七十七个城市里做同样的研究,得出下列的结果:

子、教育经费独立的城市保留十六岁和十七岁的儿童在校里比之不独立的城市要比较的成功;

丑、教育经费独立和特别的城市每儿所占游戏场的面积比之不独立的城市要多得多;

寅、在教育经费不独立的城市,小学女教师,在小学毕业后受六年以上的教育百分数比较高于独立和特别的城市;

卯、教育经费独立的城市全日在校并且在城市政府所有适当校舍内上课的儿童之成数,比不独立的城市多;

辰、教育经费独立的城市由一九一三年度至一九一七年度女教师的薪水的增加,比之

不独立的城市多；

巳、小学校班级大小的差异，在这三组城市里或许没有什么意义。

莫氏研究结果虽与弗氏不很相同，但是在大体上也却证明教育经费应当独立。

丙．一般教育局长的意见

美国一般教育局长很赞成教育经费独立，主要原因据他们的报告是：

子、城市参市会因不知学校之需要，所以在通过教育预算的时候，毫无科学的态度，考虑预算，因此不能聪明，学校的工作不免大受阻碍；

丑、教育应该和政治的组织分开，愈远愈好；

寅、把教育和政治分开，使教育的政策格外能够继续；

以上所说虽说偏于美国城市教育方面的情形，但是其中所包含的原则，拿来解释中国教育经费应该独立的理由，差不多也可以适用。

B. 教育经费独立的要素

第二个问题我们要答复的，便是教育经费独立的方法，现在中国教育人士只知喊着教育经费独立，却不研究保障教育经费独立的方法，结果有好些地方名目上虽是经费独立，实际上还是不能独立，或许有时比不独立还要坏，使反对教育经费独立的人站在旁边暗笑，所以我提教育经费独立的八个要素来和国人讨论讨论。

一、教育基金之确定

保障教育经费独立的第一个要素是确定教育基金。世界上先进的国家，对于确定教育基金皆认为至要之图，有的是指定一项收入，做普通教育的基金，有的是拿某项收入来做某一种教育用款的基金，务使普通或特殊教育用款有根本的保障，我国在前清时代各地原有学田制度，却是基金的用意。民国以来，军事频兴，生灵涂炭，教育现状，且往往不能维持，更谈不到基金的筹划。目今军事结束，建设事业，首在教育，盼望运动教育经费独立的，第一要注意基金的确定，如庚子赔款，如公有林，如城根基地，如庙产，皆当拿来充当教育经费基金。

二、教育税源之划分

保障教育经费独立的第二个要素，是划分教育税源，有些人以为只要争到法律上规定教育经费占全体收入百分之几的地步，便可算达到保障教育经费之目的，这种见解实属不妥，因为法律上规定的成数，原是在不能独立的制度下不得已的办法，实际上没有什么保障，若真要教育经费独立，便须划清教育税源，由法律规定那几项税源归教育项下征收。不过各种税源中，有些系带有不稳定性的，如田赋、牙税、漕粮、赋税等等。有些是带稳定性的，如卷烟税、遗产税等等。我们应当选择稳定性的税源，使教育的进行不致因意外的危险发生，而受阻碍。江苏教育界在前几年得卷烟特税为教育经费，所以教育事业的进行很觉顺利。革命后，卷烟特税收作国税，以田赋抵补，教育税源遂由稳定的地步，降而至于危险状态之中。所幸一年以来，没有发现大的灾荒，尚可勉强维持，否则一般中等学校早要关门大吉了！各税源中有些系具独立性的，如各种正税是。有些系带有连带性的，如各种附税是连带性的税源，在将来征收的时候，不能同正税的征收，脱离关系，往往影响到经费的独立。所以我应当选择独立性的税源。

三、预算制度之独立

保障教育经费的第三要素，为预算制度之独立。预算独立的意思，系指的教育行政当局应当根据科学的计算，察看他所管辖范围内的教育需要大小，自行编制预算，给教育立法机关（以董事会或教育委员会为限，任何别的政治团体，不得干涉）。审核通过，教育立法机关若要削减预算总数，或预算某项数目，须得编制改预算的教育行政当局之同意。因为教育的需要，只有教育行政主管机关自己知道，他种团体不明个中情形，如何能把他们的预算任意干涉，任意削减呢？可惜中国教育行政的立法机关，向来就是政治当局，或是普通立法的机关，他们不明教育预算独立的道理，以为教育机关把预算开来，多少留了一点还价的"虚头"，不可不打个折扣，于是乎，听凭自己的豪兴，随意钩去若干万，听教育当局去支配。在这种情形之下，若使教育当局来得狡猾，确是带了虚头的打下折扣来，正好差不多，倒也罢了。若使他老实一点，照实际需要开出预算，经这一度乱七八糟的削减，不免陷于无办法的地步并且要被他人骂不善于办事呢，于是乎诚实的人也渐渐变成狡猾，结果教育界各当局无一个不狡猾不虚报，开出来的预算，有时简直不成话，说政治当局或立法机关个个懂得这个把戏，——有许多却曾亲身顽过的——于是乎格外拿起大斧头来乱砍乱削，削得体无完肤，所谓教育预算也就完全弄糟了。现在我们要保障教育经费独立，务须办到独立这一点，不然就不成其为教育经费独立。

四、加税权力之独立

要预算制度之独立，必须先有独自加税的权力，否则还是办不通。因为预算制度，难说不受干涉，但是预算上的数目超出于目下税款的收入，便须增加税率。若是加税的权力完全在政治当局或是立法机关手里，就不免常时受他干涉，使教育的进行发生许多阻碍。我们要谋教育经费独立，既争得制定及通过预算的权力。同时不得不争自由加税的权力。不过我们应当注意所谓加税权力并非毫无限制，大概立法机关应当规定一个最高可能税率限度。在这个限度之内，听凭教育当局酌量需要，自由增加譬如卷烟税指作某省教育经费，照目下情形，抽出百分之十已经够办该省教育，但是该省立法机关，不妨规定百分之五十为最高税率限度；在没有达这限度时候，由该省教育当局，酌量教育需要，自由增加，无须得立法机关的同意，直到要超过这限度的时候，再请立法机关规定。如此办法，可以减少立法机关许多限制及阻碍，教育经费的独立，也才可以不受影响。

五、征收机关之独立

保障教育经费独立的第五个要素，是征收机关的独立。目下所谓教育经费独立的省分,虽划分了教育税源,仍往往委托普通财政机关代为征收。其原因一则为所画[划]的税源,系普通财政收入的税源的一部分,如江苏的田税附加,实不便另设机关办理。二则因为教育界中人士,往往不明收税之办法,若单独经营征收,不免有许多危险,不若仍托普通财政机关代收较为妥当。三则因为分设征收机关,用费太多,不如托普通财政机关代征转觉来得经济。因有以上三个原因,所以有许多人主张托普通财政机关代管征收事务。但在实际上又发生两[三]种缺点:第一,普通财政机关代征,系属代办性质,当然不能十分认真。第二,中国到处经费都是困难,财政当局弄到无办法的时候,惟有移东补西,不管是那项来源,且先拿去应付,随后再为弥补。这种办法往往使教育经费停顿多时,教育当局向他催促,他说尚未交到,你亦无法可以证明。第三,中国财政界的积弊,尚未革除,中饱自肥之徒,到处皆有,况属税收事项,尤难清理。既托普通财政机关代办,只好听其缴报,其中流弊,决非局外者所能防止。所以我主张教育税款,应由教育当局自行征收,不过我们应当注意的,第一,须选取独立性的税源,如遗产等税,尚未经指定用途者最佳,以减除前面所说的第一种困难,第二,应当统一全国教育经费的行政权于中央及省县地方,专设机关,聘请专员办理。(详细办法请阅全国教育会议报告我所提统一教育经费行政案)以减除前面的二、三两种困难,如此办去,方能达到保障教育经费独立的目的。

六、保管机关的独立

保障教育经费的六个要素,是保管机关的独立,保管机关的独立,是和征收机关连带而来的。在征收机关不独立的地方,保管教费之权,往往操在普通财政当局之手,因此在支用款项的时候,就不得不仰他的鼻息,教育的进行也就不免受了影响,所以我主张,保管教育经费的机关要独立,不过所谓独立,不是说只和普通财政机关分开,归一个什么委员会管理,存在普通银行里,凭委员会共同签字取付,因为中国的银行,靠不住的很多,委员会的人,未必都是能把款子放在妥当的银行里,并且这地一个委员会,那地一个委员会,把教育经费系统都弄乱了。所以我赞成郑洪年先生筹设的教育储蓄银行提议案,他提议筹设这种银行的目的,虽说一半为的保障教育人员的生活,但是这种银行,在保障教育经费上,有很大的功用,兹将郑君原拟案节录于后,以供参考。

> 教职员为国家作育人才,职责巨重,惟束修[脩]所入,恃以事蓄,生计非裕,恒产毫无,剞自少而壮而老,处境不同,生活状况,亦因以变迁,或子女增多,负担渐重,或精力渐衰,难膺困苦;或因疾病渐时休养,而年功加俸,退职养老金及恤金、抚恤金等皆未实行;一旦收入不继,不免甑釜生尘之慨。所宜详为规画储蓄办法,为我教育界同人解决生计上之恐惶者也。查国内各银行虽有储蓄之说,而手续繁冗,期限久长,且不普遍,其营业时间与教职员服务时间不相便利;此拟创设教育储蓄银行之理由一也。普通银行恒视商业之盛衰,金融之消长,为商业之机会,故商业状况起伏不常;惟教育为教员终身职业,非普通商业可比,宜先求内部之基础牢固,不致受外国之影响,方能力图发展,且合全国教育界之力而谋一

事业之发达,较之一般普通银行前途希望尤为无穷;此拟创教育储蓄银行理由一也。查中央教育基金各省教育专款以及教育团体之财产,教育人员之薪俸散之则所得无多,合之则为数甚巨,如有银行为之整理,则合全国教育财产即成一有统系有规划,有步骤之营业,其造福于教育界为何如也,此拟创设教育储蓄银行理由之一也。

有了这样一个银行,将来教款收入,可不经过教育经费委员会之手,迳直交存总行,或各省地方分行,归入教育机关名下取用时全凭支票,亦不必由委员会发给,如此办法,可免去种种流弊。

七、用款权力之独立

保障教育经费独立的第七个要素,是用款权力之独立。各教育预算,既经通过之后,教育经费主管机关,就应当依照预算数目,按月通知各教育机关领取该月经费。在发款的时候不得受任何列的政治专体之副署或牵掣。

八、审核机关的独立

保障教育经费独立的第八个要素,是审核机关的独立,所有各教育机关收支账目应由教育主管团体负责审核。在江苏现有稽核委员会之设,其权限为稽核各项收支簿据盖章于发款通知书,并注意税额之比较,及支款之用途(参阅《大学院公报》第一期《江苏教育经费管理处组织大纲》第九条,及《管理处稽核委员会简则》第三条)。关于后面两项权限,交给稽核委员会,妥当不妥当,我们且不去管他,单就稽核各项收支簿据而论,不知是那个机关的收支簿据,若说是指的各教育机关及各学校的,那恐怕不是几个稽核委员会能办得了的。并且经费管理处顾名思义,只管到管理一项,在目前只应该征收保管,关于稽核各教育机关及各学校账目,不是他权限以内的事。若说所稽核的,单指管理处的收支账目,那吗[么]各学校的收支稽核究应该谁人管理?我以为全国教育经费收支的审核,应归入一个有系统的机关办理,固不应该交给管理处办,也不应该交给教育厅或大学行政院办。关于此点,我在统一全国教育经费的提案里,已经有了规定了。

以上所述,不过是个大概,详细解说,容俟专书。

(原载《中华教育界》第十七卷第九期,1929年)

教育税制之商榷

教育经费行政之基本原理有四：（一）就数量言，"教育经费应增多"；（二）就管理言，"教育经费应独立"；（三）就负担言，"教育税制应公平"；（四）就支配言，"教育机会应均等"。总理手定党纲，对内政策第十三条规定"增高教育经费，并保障其独立"，是对于数量及管理两方面，已有确定遵行之原则。至于负担及支配二端，尚未有相当之规定。增高教费之重要，已为国人所公认，教育独立，亦国人所视为刻不容缓之要图。此固教育界之良好现象，然若不谋负担均平，则教费愈增高，愈足以增加贫民之疾苦；不谋机会均等，教费虽独立，亦无裨于国计民生。负担不得其平，机会不能均等，欲谋教育之发达，国运之兴隆，不亦难乎？

异哉，国人之筹教费也！不曰亩捐附加，便曰盐斤带征。苛细杂捐，直接间接影响于贫民之生计者，不一而足。彼北方之武人政客，不恤贫民之疾苦，其苛征暴敛也固宜；至若吾辈青天白日旗下之教育界，日以解决民生问题相号召者，独奈何于筹谋教费之际，不惜剜肉医疮，转以救吾民者害吾民乎？嘻！教育尚未苏民生，民生恐已先受教育之摧残，虽谓"教育杀人"！谁曰不宜？

夫良田万顷、肥肉肥马之富翁，与薄田三亩、饥色饿殍之小农，同依八分亩捐之税率负担教费，执途人而问之，有谓为公平者，吾不信也！况吾国为小农制度之国，百亩以下之田，不足以赡养其八口之家者，居全国人口之大半，今以教育税制之不当，就田赋一项，已足以影响二万万以上同胞之生计，吾辈教育界中人，又安能辞其咎？

至若盐斤带征，尤背乎公平之原理，而违背人道之精神。盖贫苦小民，力不能备珍馐，其赖以佐餐下咽者，厥惟富于盐分之蔬菜，或单纯之盐卤。因此贫人所需之盐分，必比富人为多。乃从而苛税之，加之又加，不以为怪，以梃杀人，何以异于此？

其他苛细杂捐，困弊吾民之生计，吾教育界用之漠然无所动于其中者甚多，吾不欲一一为之论矣。吾所欲与国人商榷者，则为教育机会之均等。

总理有言：教育为人之权利，学费、书籍及学童之衣食，当由公家供给。余尝读其言而三叹焉。以为此种社会主义教育之理想，总理苦心提倡者十余年，奈何国人之闻风而兴起者，如是其寥寥也！试看今日之教育，中学以上，年需数百金，中人以下之子弟不能入焉，非所谓贵族主义、阶级主义之教育耶？金钱为文凭之条件，文凭为饭碗之保障，非所谓资本主义下商业式买卖式教育耶？黉舍高万仞，贫者莫得入，彷徨道左，谁复顾惜？吾言至此，不禁为贫苦学生一洒伤心泪，而追念总理遗训不能释于怀也。

此尚就有求知欲之学生而言也，至若一般民众，不知教育为何物，其受教机会，因经济之压迫,剥夺净尽。浑浑噩噩,有权利而不知争,沦于奴隶而不知悟。哀吾民众,奚何至于此?孰令至于此?

吾以为吾辈教育者之责任,首在消极的减少人民之苦痛,勿行苛刻税制以爱民者害民,其次当力谋教育机会之均等,天才之充分造就,以保障人民受教育之权利。语其办法,当有下列诸端:

(一)由大学院呈请国民政府,以"励行公平教育税制""实施教育机会均等",补充目前之教育经费政策;(二)励行庙产兴学,确定遗产税专办教育;(三)聘请教育及财政专家,研究筹谋教费之妥当办法,并改良目前教育税率,以"免税的限度"及"累进的税率"为根本原则;(四)通令全国,禁止征收不公平之教育税款,并逐渐豁免苛细教育杂捐;(五)统一全国教育行政,实行教育集中,由大学院准"以国家之款办国家教育"之原则,公平支配;(六)励行普及教育,力谋教育机会之均等;(七)励行免费教育,确定步骤,按年施行。

(原载《河南教育周报》第一三〇期,1929年)

统一教育经费行政问题

第一节 本问题之重要

一般人士对于公众担任教育经费,虽有正当的哲学理想做背景,但若教育经费不增高,教育经费不独立,教育负担不均平,教育机会不均等,那种哲学的理想,亦断不能圆满的实现。但是我们应当知道:这四个根本条件是有连环性的,枝枝节节的解决一条中够那几点不消说是不行的;即虽单独要解决那一个条件,也不会有圆满结果。我们若求圆满的结果,必得把这四个条件根本包含在一个有机体的组织里作通盘的计划谋彻底的解决。因此发生统一教育经费行政的根本问题。

第二节 全国教育会议里一个提案

为实现前节所说的理想,在全国教育会议开会的时候,我就提了"统一教育经费行政案"。该案原文如下。

一、理由

统一全国教育经费行政之理由有四。

(一)增加教育经费之收入

统一教育行政,可以通盘筹划教育税源,改良教育税制,整理教育税收,并可扩大负担教育费之单位;以富县之余,调剂贫县之不足,以富省之余,调剂贫省之不足,使教费增高,税源畅旺。

(二)保障教育经费之独立

教育经费独立之要素有八:一为教育基金之确定,二为教育税源之划分,三为预算制度之独立,四为加税权力之独立,五为征收机关之独立,六为保管机关之独立,七为分配机关之独立,八为审核机关之独立。欲谋此八种要素之实现,必赖统一的教费行政制度为之保障。

(三)平均教育经费之负担

以地方之款办地方教育,就教育负担言,最不公平。因各地贫富不同,贫地税重而收入少,富地反是。故贫地时苦不足,而富地常觉有余。若划一教费行政,打消贫苦之隔阂。

使地方教育经费,集中于省,省之经费,集于中央;复依各省及地方教育需要之大小,及富力之厚薄,公平支配,则负担可以均平,教育亦易于普及矣。

（四）筹谋教育机会之均等

更就教育机会等言,以地方之款,办地方教育,亦极不适当。盖富地教费收入畅旺,其待教之儿童数,未必比收入薄弱之贫地为多;而贫地儿童之教育机会,因困于教费,自难望与富地儿童相等。若划一教费行政,使大部份教款,集于中央,根据"以社会之款办社会教育"之原则,公平支配,则受教机会可以均平,更进而选择优良,高深造成,亦可无遗珠之憾矣。

二、办法

欲谋教育经费行政之划一必根据下列之基本原则。

1. 系统要独立
2. 事权要集中

分言之：

（一）全国教育经费一切行政事宜,分辖于中央,特别省区,特别市县,五种教育经费局。并各设教育经费委员会,以中央教育经费委员会为最高教费立法机关,以中央教育经费局为最高教费行政机关。

（二）全国各级教育经费局,由中央以至地方,一律以有机体之组织构成之,成为一完全独立系统,不受普通财政系统之牵制。

（三）全国教育经费行政权集于中央,省及特别区,特别市及县,代表中央,处理教费行政事宜。

（四）一切现有之教育经费机关,如庚款委员会、文化基金委员会、教费管理处、教育款产清理会等,分别性质一律归并于各级教育经费局,以一事权,而节縻费。

三、中央教育经费委员会组织条例

第一条 中华民国大学院为谋全国教育经费之增高教育经费之独立,教育负担之公平,教育机会之均等,特设中央教育经费委员会。

第二条 本委员会为全国教育经费局立法机关,其职权如左：

一 决定全国教育经费政策。

二 推荐中央局长由大学院长委任。

三 委任中央教育经费局各职员。

四 通过中央教育经费局各种条例。

五 通过(一)国立教育机关(二)补助省及特别区市及(三)教育经费局之预算。

六 计划全国教育经费收入、开源、整理及设立基金事项。

七 计划全国教育征收事项。

八 计划全国教育经费之保管事项。

九 计划补助省及特别区市教育及其他支出事项。

十　审核中央教育经费局收支事项。

十一　讨论中央教育经费局长及各省特别区市教育局长请议事项。

第三条　本委员会设委员若干人，由下列人员组织之。

一　大学院长　委员长

二　大学院副院长　副委员长

三　国民政府代表一人

四　各省及特别区市教育行政机关代表若干人

五　各省区地方教育行政机关代表若干人

六　各省教育会代表二人

七　国立大学校长代表若干人

八　学术团体代表三人

九　财政专家三人

十　教育专家三人

委员任期二年，每年改选，不得过三分之一。

第四条　本委员会设委员长一人，常务委员四人，由委员互推之。

第五条　本委员会员均义务职，但因公赴会或到会办公得支旅费及夫马费或公费。

第六条　本委员会每年六月开会一次，由委员长定期召集，遇必要时，得开临时会。

第七条　本委员会因执行会务之必要，得推临时委员，其任期以事竣为止。

第八条　本委员会设于南京。

第九条　本条例由大学院长提交大学委员会核定施行。

四、中央教育经费局组织条例

第一条　本局为全国教育经费最高行政机关。在大学院长及中央教育经费委员会指导之下，行使左列职权：

一　拟定全国教育经费政策。

二　拟定关于教育经费之各种条例。

三　会同大学院长委任省及特别区市教育经费局局长。

四　调查全国教育经费之状况。

五　调查拨充教育用之税收款项及公产。

六　编制（一）国立教育机关，（二）补助省及特别区市，及（三）中央教育经费局之预算。

七　批准省及特别区市之预算。

八　征收划归本局管理之税款。

九　拟定补助省及特别区市教育计划。

十　审核国立教育机关及省特别区市之教育决算。

第二条　本局设局长一人，由中央教育经费委员会推选三人，呈请大学院长择一任命之。

第三条　本局分设六科,一曰总务,二曰调查,三曰征收,四曰保管,五曰分配,六曰审核,各设科长一人,由局长推荐,由委员会任命之。

第四条　本局每科设科员若干人,助理若干人,承局长及科长之命,佐理各科事务,其员额以事务之繁简定之。

第五条　本局得因事务之需要,设临时委员。

第六条　本局经征各税事关重要者,得陈请大学院,提出于国民政府命行之,其寻常事件,得由本局直接命行。

第七条　本处征收税款除按照预算拨教育经费外,任何机关不得挪用。

第八条　本局每年预算决算送中央教育经费委员会审议后,陈请大学院备案。

第九条　本局各项收支簿据由中央教育经费委员会稽核委员会稽核之,其简则另订之。

第十条　本局办事细则另订。

第十一条　本组织大纲经中华民国大学院核准施行。

五、拟省教育经费委员会组织条例
（特别区及特别市仿此）

第一条　本委员会为本省教育经费立法机关,在大学院中央教育经费局及本省大学行政院长(或教育厅长如系特别市则此项从缺)指导之下,行使左列职权。

一　决定本省教育经费政策,须不违背中央教育经费政策。

二　推荐省教育经费局局长,由大学院长及中央教育经费局局长,会同委任。

三　委任本省教育经费局各职员。

四　通过本省各种单行教费条例。

五　通过(一)省立教育机关(二)补助地方(特别市缺)及(三)本省教育经费局之预算。

六　计划全省教育经费收入开源整理及设立基金事项。

七　计划全省教育经费征收事项。

八　计划整理本省教育税收事项。

九　计划全省教育经费之保管事项。

十　计划全省补助地方及其他支出事项。(特别市缺)

十一　审核本省教育经费局出纳事项。

十二　讨论本省教育经费局长及县教育经费局长请议事项。

第二条　本委员会设委员若干人,由下列人员组织之。

一　大学区长(委员长)

二　省政府代表一人

三　大学代表二人

四　省中小学代表四人

五　各县区代表若干人

六　省教育会代表一人

七　学术团体代表若干人

八　财政专家若干人

九　教育专家若干人

委员任期二年,每年改选不得过三分之一。

第三条　本委员会设委员长一人,常务委员四人,由委员互推之。

第四条　本委员会委员均义务职,但因公赴会,或到会办公,得支旅费或夫马费。

第五条　本委员会每年六月开会一次,由委员长定期召集,遇必要时,得开临时会。

第六条　本委员会因执行会务之必要,得推临时委员,其任期以事竣为止。

第七条　本委员会设于本省省会。

第八条　本条例由大学院长提交大学委员会核定施行。

六、拟省教育经费局组织条例

第一条　本局为全省教育经费最高行政机关,在大学校长中央教育经费局长及本省大学院长指导之下,行使左列之职权。

一　拟定本省教育经费政策。

二　拟定关于本省教育经费之单行条例。

三　会同大学行政院长委任县教育经费局局长。

四　调查全省教育经费之状况。

五　调查拨充教育用之税收款项及公产。

六　编制(一)省立教育机关(二)补助地方(特别市缺)及(三)本省教育经费局之预算。

七　批准地方教育预算。

八　征收划归本局管理之税款。

九　整顿全省教育税收事项。

十　管理省局项下之教育经费。

十一　拟定补助地方教育计划。

十二　审核省立各教育机关及地方教育决算。

第二条　本局设局长一人,由本省教育经费委员会推选三人,呈请大学院院长及中央教育经费局局长择一任命之。

第三条　本局分设六科,一曰总务,二曰调查,三曰征收,四曰保管,五曰分配,六曰审核。各设科长一人,由局长推荐委员会任命之。

第四条　本局每科设科员若干人,助理若干人,由局长选任,承局长及科长之命,佐理各科事务,其员额以事务之繁简定之。

第五条　本局得因事务之需要，设临时委员。

第六条　本局经征各税，事关重要者，得陈请行政院提出省政府，以省政府命令行之。其寻常事件，得由本局直接令行。

第七条　本局预算支出各款，由局长直接负责签发。

第八条　本处征收税款，除按照预算拨教育经费外，任何机关不得挪用。

第九条　本局每年预算决算送由省教育经费委员会审议，陈请行政院备案。

第十条　本局各项收支簿据，由省教育经费委员会组织稽核之，其简则另订之。

第十一条　本局办事细则另订。

第十二条　本局细则大纲经中华民国大学院核准施行。

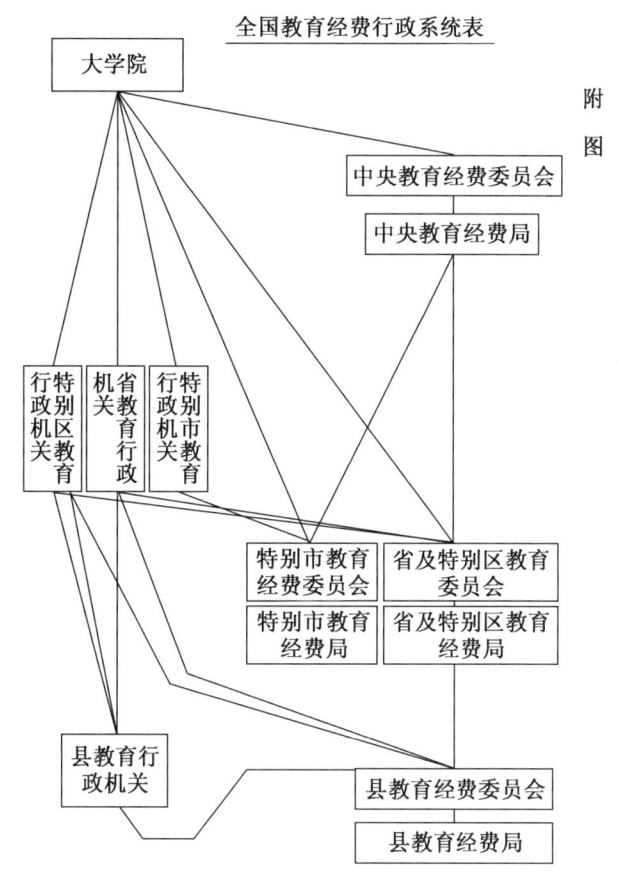

附图

第三节　本案在教育行政上之价值

本案价值，不仅在统一教育经费行政上面。他的价值在普通教育行政上，也是很大的。我们要知道，现今教育行政机关，自省教育厅以下，都是把教育经费上的责任，加在教育行政人员身上。这种办法，实属不妥。因为教育行政人员主要的职务，应该是计划教育上的改进，若把教育经费的责任，加在他们的身上，便于教育的进展大有妨碍。我们开办一个大学,或是一个中学,都是划出一部分现成的经费,使得做校长的专在教务上谋改进,为何对于教育处或教育局,不也采用同样的办法,只教做处长和局长的发展教务,不要把管理经费的责任来麻烦他们呢?现在做处长和局长的,不是做教育的领袖,是做"管账先生"。数月前江苏某县教育局长出缺,有一候补局长的自吹能筹集经费。筹集经费如果是做局长唯一条件,那简直可以请一个钱庄的老板来做局长好了,那还欲着什么专业训练呢?地方教育局长如此,省教育行政机关,也有这种现象。这实在是中国教育界一件大不幸的事。我们若是真正要教育行政的专业化和教育化,首当统一教育经费行政,把教育经费上一切责任,都归教育经费和财政专家去负责。

第四节　提议的结果

本案经审查会讨论后决议处理办法如下:

邰案主张统一教育行政一节,大会已另有决议,应不再论。至集中分配,哀多益寡一节,事实上窒碍甚多,恐难办到。拟俟庚款收回,再议平均分配。惟原拟组织条例,条例颇觉完密……拟将……关于组织各节,送请大学院于拟订教育经费管理处组织法时,参酌采用。

第五节　审查结果之批评

此次各处所提关于教育经费的案子很多,交付讨论之先,应审度各案性质,那些应该先讨论,那些应该后讨论,须有个通盘计算,方不致发生事实上的困难。我这个案子,系教育经费根本的问题,应该先付讨论才是。那知安排议程日程的先生,竟把本案搁到很后,先讨论了许多局部的问题,通过了几个案子,才将本题交提审查。当天杨主席宣布"后议的案子,以已经通过的案子做标准"。前面局部的案子,既成定案,我这关系全部的案子,照主席所宣布办法,当然不能再议。惟主席宣布此种办法之先,必俟各问题通盘审查,照论理的次第,交付讨论才对,若不依照应当的次序,不审度问题的轻重,只以先成立者为主,交议较后的,无论理由如何,都拿"大会已有决议,应不再论"两句话来抹煞,未免太无道理了!至于说集中分配,哀多益寡,事实上窒碍甚多,恐难办到,这话也无充分理由。因为无论何事,在推行的时候,事实上都免不了许多窒碍。此次所通过的案子,如"教育经费独立并保障案"等等,施行时在事实上就没有置疑的很少。若拿这理由来搁置案子,那么,那些案子就有十分之五六,不应该通过了。全国教育会议诸君,对于本案这样处置,我始终以为是莫大的遗憾!

(原载《教育参考资料选辑第二种:教育行政之理论与实际》,教育编译馆,1935年2月;初版误字,据1935年4月《教育行政之理论与实际》单行本校正)

大学经费的研究

一、导言

通常大学预算之编制,概根据上年度决算,略事增减。至于该决算是否合理,鲜有顾及者,又各院预算多寡之决定,亦只以各院学生人数为衡,至于指作某院支用之经费,是否即用于该院,亦非计及。作者有见于此,爰就河南大学廿年度上学期之实际支出,作一详密之研究,以供各大学编制预算时之参考,兹将研究之方法与结果,分别说明如次。

二、研究的方法

（一）调查预算

（二）调查各教职员一学期中实支薪俸数——表格第一种,到会计课调查填入,附表如下：

(表格第一种)河南大学二十年度下学期职薪教薪按月记载表　　第　页

月份 姓名	二月份	三月份	四月份	五月份	六月份	七月份	总　计	备　考

本表说明

1. 各月份按照实支填入。
2. 如遇有某月份未支薪者,则从缺。

3. 中途就职或离职者,其无薪月份,不得列入计算。

4. "备注"项注明职别。如校长、院长、主任、教授、助教等等。

(三)计算不属于各学院之职员薪俸数,表格第二种,将各处各课,如校长办公室、教务处、斋务课、事务处、会计课、图书馆、军事教官及体育教员,附中等职员薪俸数,分别填入表中,该表式样如下。

附中无预算,故列入职员项内。

(表格第二种)河南大学二十年度下学期职员待遇表(此处注名[明]何处何课)

姓名	职务	半年薪数	备注

(四)计算各院职员薪俸数表格第三种,将各院职员如院长、系主任、助教、助理等薪俸数,分别填入表中,附表如下。

(表格第三种)河南大学二十年度下学期学院职员待遇表

姓名	职务	相当于学分数	每学分费	半年薪数	备注
甲	院长	8.5	$150	$1 275	8.5×150
乙	系主任	3	140	420	3×140
丙	助教			360	

本表说明

1. 教薪不得列入计算,如职员中有任课者,则将课任部公[分]之教薪除开。

2. 专任教授概以授课十二学分为准,例如甲院长兼课三学分半,则该院长之职薪相当于八个半学分(12-3.5=8.5),每学分费用平均一百五十元($\frac{1800}{12}=150$),则该院长之职薪为一二七五元。

3. 遇有助教未在本科任课而在附中任课者,则以十学分除其薪俸数,将在附中所任之课按比例扣出。

（五）调查全校所开之学程学分及其担任者。

（六）调查选读各学程之学生人数，及其院别年级。

（七）计算每一学分在全学期中之用费数——表格第四种。根据前述材料分别填入计算。附该表如下：

(表格第四种)第　号　河南大学廿年度上学期各院系学生费用分析表

记核者_____
复核者_____

(1) 学程名<u>课程论</u> (2) 本学程学分数<u>2</u> (3) 必修或选修_____★(4) 教员姓名<u>李廉方</u>★

(5) 专任或兼任<u>专</u>★(6) 所教学分总数<u>35</u>★(7) 月薪数<u>300</u>元

(8) 半年薪数<u>1800</u>元(6 或 5 乘 7 而得 薪俸表内已算好)★(9) 每学分费用<u>150</u>元$\left(\frac{(8)}{(6)}\right)$

★(10) 本学期费用<u>300</u>元((2)×(9)) (11) 本学程全体修习人数<u>39</u>(加选修生而得)

(12) 本学程每生费用<u>7</u>元<u>6</u>角<u>8</u>分$\left(\frac{(11)}{(10)}\right)$ (13) 本学程一学分每生费用<u>3</u>元<u>8</u>角<u>4</u>分$\left(\frac{(9)}{(11)}\right)$

院系 选课人数 年级	文				理			法			农		医	各级选修总人数(14)	各级费用总数(15)
	教育	国文	英文	历史	社会	化学	数理	生物	土木	法律	经济	政治	农学	林学	(不分)		
本一																	
本二	15															115.20	15
本三	13															184.32	13
本四	11																11
(17) 各系修习人数	39															(20)	(19) 39
(18) 各系费用总数(17)×(12)	299.52																(21) 299.52
(17) 各院费用总数 (18) 横行内之数相加	299.52																(22) 299.52

注：表格中之数目字及表前（　）内之字数，皆系核计课程论时所填字，特印出以为例。

本表说明

1. 凡大学专任教授兼预科及高中之课在十二学分以下者，一律以十二学分为准，按分[比]例分配。

2. 兼任教员照大学所定标准，每月每小时本科十四元，预科十元；于计算时应分别核算。

3. 凡大学专任教授兼预科之课在十二学分以上者,一律以七与五之比例核算。

4. 实验、功课分两组者其费用应分别照算。

5. 如某学程系二人或二人以上合授者,则当就各人所得薪金按比例分配计算。

6. 某学程助教所费之数,须按该助教每学分费用照数加入该学程计算。

7. 中途退职其职务另请他人代理者,须注意(1)前后人员之薪金是否依同一标准;(2)退职人员是否多领薪金;(3)接替人员之职务是否与前人相同。如有不同之处,须分别计算,以免淆乱。

8. 全体师生共同讨论之学程,其未另支薪者,不得加入计算。如理学院之生物化学讨论等学程是。

9. 表中有△各项,系由河南大学教职员待遇及任务表内查得。

10. 如有▲各项,系在同表内各学程名称旁之长方格中查出各学程学生数相加而成。

11. 计算有★各项时,若遇兼有本校职务之教授(教员或助教同)而所任课务又为十二学分或少于十二学分者则:

(1) 以该教授所得半年内薪金之总数,按十二学分均分,而求出该教授在该半年内每学分学校方面所费之数(即费用分析表中第(9)项)。

(2) 以某教授所任某学程之学分数,乘第(9)项之数,得该学程在该半年内费用总数(即费用分析表中第(10)项)。

兹以李廉方先生所教课程论为例说明之。

① 查悉李为教授兼院长共教三学分半。

② 查悉李之月薪为三百元,半年薪金为一千八百元。

③ 以十二除一千八百元,得一百五十元,即李在半年内每学分学校所费薪金之数。

④ 查悉课程论在本年内共二学分。

⑤ 以二乘一百五十元得三百元。即课程论在本半年内之费用(见表格第四类中举例)。

(3) (20)(21)及(22)三数目须相等,方无舛误。

(八) 计算各院所开学程,用于各该院学生之费用数,绘制表格第五种共五张,根据表格第四种材料,将五学院所开之学程分别算出,兹举文学院者为例。

(表格第五种)文学院所开学程用于各院学生之用费数

院 学程\系 号数	文					理				法			农		医	选修生（不分系）	总计
	教育	国文	英文	历史	社会	化学	数理	生物	土木	法律	经济	政治	农学	林学			
课程论	299.52																299.52
普通心理学	664.56						55.38										119.94
明清文选		174.4	152.6	54.5	32.7			10.9		32.7	10.9	10.9					
〜〜〜																	
各系统计																	
各院总计																	
总数																	

（九）计算各院为预科生所开学程之费用数绘制表格第六种算法同前，该表式样如下：

(表格第六种)各院为预科所开学程之用费数

	文				理				法			农	医	合计	总数
文															
理															
法															
农															
医															
合计															
总数															

河南大学之经费研究

（十）计算各院为高中生所开学程之费用数——其法与（九）项同。

（十一）计算每生用费

    1. 平均每一学分之用费

    2. 各院每学生所占教薪数

    3. 各院每学生所占职薪数

    4. 各院每学生所占教职薪数

  5. 每院每学生所占之图书数

  6. 每院每学生所占之设备数(材料缺)

  7. 平均每生所占费用之总数　所谓用费总数系包括教薪、图书、设备、房屋、消耗等费。

（12）比较各院实支经费与预算之相差。

三、研究之结果

(一) 每生之用费

  1. 平均一学分之用费

每学分之用费数系以一学期每生所占之费用为准。例如"课程论"一科，每学分用费为一百五十元，选读者共三十九人。以三十九除一百五十元，得三元八角四分，即为该学程每生一学分之用费数(见研究方法举例)(13)。

  根据表格第四种，统计结果见第一表。

(第一表)河南大学二十年度上学期所开学程名称选读人数及每生学分用费表(一)

	学程	院别	选读人数	每人每学分用费
1	党义甲组	文	162	0.57
2	党义乙组	文	119	0.80
3	河南文化史	文	47	1.33
4	本一国文乙	文	48	1.58
5	本一国文丙	文	43	1.63
6	高等物理实验	理	29	1.72
7	东洋史	文	33	2.12
8	文选	文	70	2.14
9	本一英文乙	文	41	2.14
10	中国通史	文	54	2.22
11	近世几何	理	7	2.28
12	民事诉讼法	法	31	2.28
13	无机化学	理	56	2.32
14	初级日文	文	30	2.33
15	中国文化史	文	51	2.35
16	国学概论	文	30	2.40
17	诗选	文	49	2.45
18	本二国文	文	31	2.45
19	中国近古史	文	24	2.62
20	人文地理	文	16	2.70
21	普通社会学	文	26	2.70

22	明清文选	文	44	2.72
23	左传文	文	43	2.74
24	民法总则	法	25	2.80
25	本一英文甲	文	22	2.81
26	应用社会学	文	41	2.90
27	普通生物实验	理	17	2.94
28	本二英文	文	32	3.00
29	英文短篇小说	文	27	3.05
30	初级德文	文	15	3.16
31	证据学	法	21	3.30
32	登记学	法	21	3.30
33	平时国际公法	法	32	3.44
34	刑事诉讼	法	20	3.50
40[①]	宪法	法	32	3.77
41	课程论	文	39	3.84
42	英文修辞及作文	文	52	3.84
43	教育图示法	文	93	4.05
44	德文第三组	医	6	4.11
45	普通病理学	医	24	4.19
46	行政法各论	法	28	4.28
47	古史研究	文	28	4.28
48	英文戏剧	文	10	4.33
49	约法	法	27	4.44
50	社会问题	文	35	4.45
51	小儿科	医	24	4.58
52	药物学	医	24	4.58
53	内科初阶	医	24	4.88
54	现代政治学说	法	24	4.58
55	经济学	法	15	4.66
56	民法继承	法	25	4.80
57	物理实验	理	21	4.89
58	眼科入门	医	24	5.00
59	刑事诉讼法	法	24	5.00
60	犯罪心理学	法	14	5.00
61	政治学	法	14	5.00
62	社会名著研究	文	24	5.00
63	高级日文	文	14	5.00
64	论理学	文	18	5.10

[①] 编者注：原文缺失第35—39项之内容。

65	甲骨文研究	文	14	5.15
66	音韵学	文	14	5.15
67	古书校读	文	29	5.17
68	西洋上中古史	文	23	5.21
69	德文第二组	医	13	5.38
70	劳动问题	法	24	5.45
71	无眷推幼教实验[1]	理	9	5.55
72	卫生学	医	24	5.55
73	病菌学	医	24	5.55
74	租税论	法	9	5.63
75	民债各论	法	25	5.67
76	行政法总论	法	21	5.71
77	词学及词选	文	20	5.90
78	病理	医	24	6.00
79	刑法总则	法	20	6.00
80	教育视导	文	25	6.00
81	英文文学史	文	17	6.05
82	外科总论	医	24	6.20
83	地方教育行政	文	24	6.25
84	教育调查	文	24	6.25
85	毛诗	文	24	6.25
86	社会统计	文	19	6.30
87	票据学	法	20	6.50
88	德文第三组	医	17	6.51
89	海商法	法	20	6.55
90	债编总论	法	21	6.75
91	战时国际公法	法	16	6.88
92	微分方程式	理	23	6.95
93	社会病理学	文	17	7.04
94	西洋近古史	文	17	7.05
95	文始	理	21	7.14
96	遗传试验	理	7	7.14
97	植物学	理	14	7.14
98	有机化学	理	14	7.19
99	英文作文	文	6	7.21
100	地质学	理	11	7.27
101	投影几何	法	11	7.27
102	经济史	法	18	7.28

---

[1] 编者注：原文如此。

103	统计学	法	7	7.42
104	教育社会学	文	21	7.43
105	哲学概论	文	12	7.70
106	民事诉讼法	法	9	7.78
107	英文翻译	文	13	7.90
108	曲选及曲论	文	15	8.00
109	定量分析	理	15	8.00
110	物权	法	17	8.35
111	外交政策	法	13	8.46
112	德文第四组	医	13	8.46
113	应用物理	理	11	8.57
114	磁电学	理	11	8.57
115	英文演说	文	5	8.66
116	英文语音学	文	11	8.72
117	商业政策	法	8	8.75
118	会计学	法	8	8.75
119	破产法	法	8	8.75
120	应用力学	理	16	8.75
121	材料力学	理	16	8.75
122	普通生物学	理	17	8.82
123	最小二六	理	16	8.86
124	唐宋文选	文	13	9.09
125	西洋教育史	文	17	9.23
126	图书馆学	理	15	9.32
127	近世代数	理	17	9.41
128	初级法文	理	10	9.43
129	社会事业及管理法	文	12	10.00
130	政治思想史	法	7	10.00
131	社会经济问题	文	12	10.00
132	民讼实务	法	7	10.00
133	国际私法	法	7	10.00
134	政治史	法	13	10.07
135	胎生学	医	11	10.07
136	社会调查	文	11	10.09
137	英文诗歌	文	10	10.28
138	英文现代文学	文	4	10.44
139	比较政府	法	11	10.90
140	高等微积分	理	13	10.90
141	算学演习	理	13	10.90
142	物理化	理	11	10.91

143	德文第一组	医	11	10.91
144	解剖学	理	11	11.39
145	德文第四组	医	13	11.54
146	银行簿记	法	6	11.66
147	物理学医本一	理	11	11.74
148	教育专题研究	文	13	12.00
149	农业有机化学	农	9	12.40
150	无眷推幼教	理	9	12.44
151	水力学	理	11	12.72
152	测量实习	理	11	12.72
153	微积分	理	11	12.89
154	交易论	法	4	12.98
155	生理学	医	11	13.09
156	社会学原理	文	9	13.33
157	财政学	法	9	13.33
158	寿命问题	理	11	13.60
159	工业化学	理	8	13.84
160	高等有机化学	理	8	13.84
161	动物学	理	8	14.00
162	树林学	农	5	14.00
163	教育实习	文	10	15.00
164	国际政治	法	8	15.00
165	经济思想史	法	8	15.00
166	热学	理	6	15.71
167	生物化学	理	7	15.82
168	普通心理学	文	13	16.46
169	教育心理学	文	14	17.14
170	理论力学	理	8	17.50
171	刑诉实务	法	4	17.50
172	遗传学	农	8	17.50
173	农植物生理	理	8	17.50
174	水力测量	理	11	18.18
175	有机分析	理	6	18.46
176	比较解剖	理	6	18.66
177	普通作物	农	7	18.70
178	英文长篇名著	法	8	18.75
179	银行学	法	8	18.75
180	植物育种	农	6	19.70
181	作学	农	7	20.00
182	测量学	农	7	20.95

183	遗传学	理	7	21.43
184	定性分析	理	5	22.15
185	定量分析	农	6	22.40
186	政治专题研究	法	5	24.00
187	比较政府	法	5	24.00
188	社会历史研究	文	5	24.00
189	方程式理论	理	6	26.66
190	实变数函数论	理	5	28.00
191	土壤分析	农	5	28.00
192	灌溉计划	农	5	29.33
193	经济巡回	法	5	30.00
194	机械画一	理	9	31.11
195	近代物理	理	5	32.00
196	微生物理	理	4	32.31
197	保险法	法	4	32.7
198	高等法文	医	4	33.33
199	植物生理	理	3	33.33
200	幼物生理	理	6	35.00
201	农用细菌	农	4	35.00
202	硫酸工业	理	3	40.00
203	理论物理	理	4	40.00
204	英文	农	3	43.63
205	常数项数级数	理	3	46.66
206	荒[蔬]菜园艺	农	5	48.00
207	普通土壤	农	2	70.00
208	造林学	农	1	72.00
209	森林经营	农	2	75.00
210	林价计算	农	2	75.00
211	普通园艺	农	3	80.00
212	细胞学	理	1	129.23
213	测验学	农	1	150.00

每学程平均选读人数1.75人强。

★德文第三、第四两组由两教授分别担任，因彼此待遇不同，故每学分用费亦异。

由第一表表显之事实如下：

(1) 每学分每人用费数由五角七分至一百五十元。全距之大，为一与二百六十三之比。

(2) 各院共开二百一十三学程，选读人数共三千七百三十五次，平均一七.五人。

(3) 除党义外，选读人数之达五十人者三学程。

(4) 选读人数最少者一人。

(5) 以一般趋势论,选读人数愈少者,其用费愈大,兹作第二表以证明之。

第二表　河南大学二十年度下学期学程用费与选读人数之关系

学程号数★	学程数	共有选读人数
1—24	24	1 109
25—48	24	599
49—72	24	501
73—96	24	479
97—120	24	287
121—144	24	285
145—168	24	219
169—192	24	162
193—213	21	74
总　数	213	3 735

★根据第一表之次序各组费用由最少至最多

第二表系将所有学程分成九组,每组二十四学程,其次序一如第一表,详言之,第一组(头廿四学程)所用之经费最少,第二第三组逐渐增大,而至第九组为最大。在选读人数方面,则第一组人数最少[多],往后逐渐减少,无一例外。人数多少适与学程之用费成反比例。

兹为醒目起见,更将第一表改制成第三表及第一图

第三表　河南大学二十年度下学期所开学程每一学分每生所占用费之分配

元数	学程次数
0—5	57
5—10	71
10—15	34
15—20	18
20—25	8
25—30	4
30—35	7
35—40	2
40—45	3
45—50	2
50 以上	7
中点数	8.48

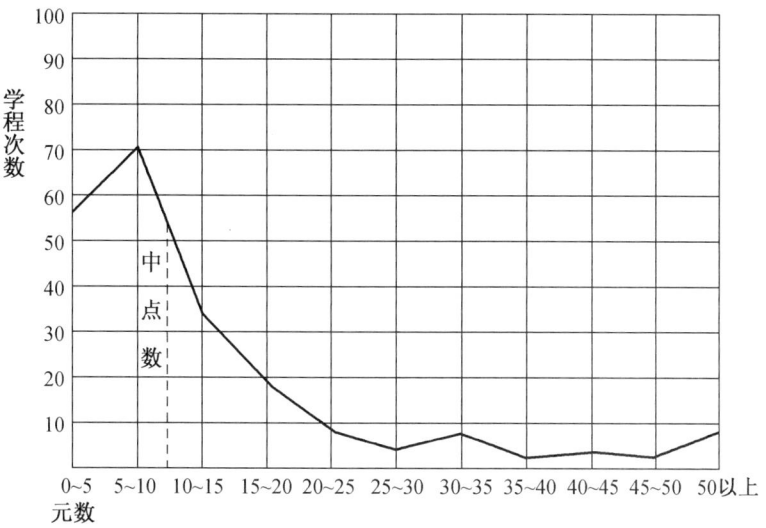

第一图 河南大学廿年下学期所开学程每一学分每生所占用费之分配

第三表显示各学程用费中数为八元四角八分。

各院教薪数,普通以各院付出教薪之多寡为准,此种办法至为不妥。盖甲学院所开之学程,而选读者未必限于甲院学生。譬如文学院之党义学程,选读者,包括全体学生。若遽认该教薪为文学院之一部分岂合事理? 故本研究对于各院教薪之计算,系以各院学生实际所选读学程之费用为准,根据表格第五种,统计之。其结果见第四表。

第四表 河南大学廿年度下学期中各学院实际占用之教薪数

院别	支出教薪数	实际占用之教薪数(根据实际选读之学程)					
		文学院	理学院	法学院	农学院	医学院	其他
文学院	23 911.21	20 983.41	1 189.05	1 050.96	271.62	115.00	328.09
理学院	23 136.22	788.06	20 817.90	28.28	947.36	533.76	20.86
法学院	16 114.495	1 083.76	377.93	14 513.565			139.24
农学院	9 846.23				9 846.23		
医学院	8 338.63	299.97		99.99		7 938.67	
总计	81 346.785	23 155.20	22 364.88	15 692.795	11 065.21	8 587.43	488.19

★选修生

此外尚有行政、图书、校屋、无形消耗等费,分别作成第五——十一各表。惟教具仪器之设备,因无确实统计,未克列入计算。

第五表　河南大学二十年度下学期职员薪俸及每生所占之元数

	元数
校长办公室	7 098
教务处	2 190
斋务处	2 826
事务处	2 460
会计课	1 830
图书馆	1 350
军事教官及体育教员	4 560
附中教员	6 384
附中职员	2 010
总计	30 708
每生平均★	33.67

★本科、预科及附中共有学生912人

第六表　河南大学二十年度一学期中每生所占之事务经费数

	元数
工资	8 345.75
文具	5 294.20
邮电	485.38
消耗	4 275.93
杂支	2 013.82
旅费	383.15
汇兑	160.94
津贴	913.25
医院药品	36.28
总数	21 908.70
每生平均★	24.02

★以全年决算 $\times \frac{1}{2}$ 包括预科及附中

第七表　河南大学二十年度一学期中各院学生之图书馆消耗费

	图书价值	消耗数($\frac{1}{2} \times 5\%$)	学生人数★	每生消耗数
理	1 729 700	43 198	53	8.15元
文	3 764 000	94 100	155	6.07
农	4 463 585	111 589	289	3.86
法	711 800	17 195	66	2.61
	551 200	13 770	160	0.86
共计	11 220 285	279 852	723	3.87

★包含预科生在内,附中生因无法计算,故未列入。

第八表 河南大学二十年度一学期中各院学生每人所占之校舍消耗费

	现值(元)	今后寿命(年)	每学期消耗★
七号楼	120 000	20	3 000
平房	105 800	5	10 580
六号楼	90 000	15	3 000
西院楼房	20 000	5	2 000
小楼	16 000	12.5	640
女生院楼房	14 000	15	466
医院解剖室	5 000	15	166
本校大门	3 000	10	150
西院大门	1 200	10	60
厕所	70	5	7
总数	375 070		20 069
每生平均★			22

★ $\dfrac{现值}{今后寿命} \times \dfrac{1}{2} =$ 每学期消耗数,包括预科及附中

第九表 河南大学二十年度一学期中每生所占之家具消耗数

价值	一学期消耗($\dfrac{1}{2} \times 5\%$)
22 365	559.12
每生平均★	0.61

★仪器教具未计,包括预科及附中

第十表 河南大学二十年度一学期中各院每生所占之无形消耗数

	价值	每学期利息($\dfrac{1}{2} \times 6\%$)
房屋	375 070	11 252
图书	113 203	3 396
家具	22 365	671
地皮	19 200	576
蓆棚赁金		200
统计	529 838	16 095
每生平均★		17.76

★包括预科及附中

第十一表　河南大学二十年度一学期中理农两院每生所占之旅费数

	理学院	农学院
旅费	233.40	55.15
每生平均★	2.29	2.21

★以全年决算$\times \frac{1}{2}$

本科生:理学院102人,农学院25人。

兹再根据表格第三种及第五至十一各表,计算每生各项占有之用费,结果见十二表:

第十二表　河南大学二十年度一学期中各项用费及每生所占之元数

	文(220人)		理(102人)		法(110人)		农(25人)		医(35人)		各院合计	
	总数	占	总数	占	总数	占	总数	占	总数	占	总数	占
各院教薪	23 155.20	105.25	22 384.88	219.46	15 692.75	14 266	4 065.21	442.61	8 687.43	248.21	80 985.515	164.6
各院职薪	2 835	12.88	5 885	57.8	1440	13.09	4 598.9	183.95	3614	103.26	18 392.9	37.36
各院教职薪合计	25 990.2	118.14	28 279.88	277.25	17 132.75	155.75	15 664.11	626.56	12 301.43	351.47	99 368.415	201.97
全校行政职薪		33.67		33.67		33.67		33.67		33.67		33.67
事务经费		24.2		24.02		24.02		24.02		24.02		24.00
各院旅费		——		2.29		——		2.21		——		——
图书消耗		38.6		6.07		0.86		2.61		8.15		3.87
校屋消耗		22.00		22.00		22.00		22.00		22.00		22.00
校具消耗		0.61		0.61		0.61		0.61		0.61		0.61
无形消耗		17.76		17.76		17.76		17.76		17.76		
总计		219.97		383.67		254.67		724.99		457.68		303.90

由第十二表所得如下:

2.各院学生每人所占之教薪数

(1)农学院:四四二.六一元

(2)医学院:二四八.二一元

(3) 理学院：二一九.四六元

(4) 法学院：一四二.六六元

(5) 文学院：一〇五.二五元

各院平均为一六四.六元，若以平均数目为准，则农、医、理三院皆超过，而文法两院则不及。最多与最少之差，约四与一之比。

3. 各院每人所占之职薪数

(1) 农学院：一八三.九五元

(2) 医学院：一〇三.二六元

(3) 理学院：五七.八〇元

(4) 法学院：一三.〇九元

(5) 文学院：一二.八八元

各院平均为三七.三六元，农、医、理三院超过，而文、法两院不及。最多与最少之相差，约十四与一之比。

4. 各院每生所占之教职薪数

(1) 农学院：六二六.五六元

(2) 医学院：三五一.四七元

(3) 理学院：二七七.二五元

(4) 法学院：一五五.七五元

(5) 文学院：一一八.一四元

各院平均为二〇一.九七九。最高与最低之差，约五.一三与一之比。

5. 各院每生所占之图书消耗数

(1) 医学院：八.一五元

(2) 理学院：六.〇七元

(3) 文学院：三.八六元

(4) 农学院：二.六一元

(5) 法学院：〇.八六元

各院平均消耗费为三.八七元，医、理二院超过，而文、农、法三院不及，最多与最少之相差，约九与一之比。

6. 各院每生所占费之总数

(1) 农院：七二四.九九元

(2) 医院：四五七.六七元

(3) 理院：三八三.六七元

(4) 法院：二五四.六七元

(5) 文院：二一九.九七元

农学院最多，文学院最少，约四与一之比。

7. 各院平均每生所占用费之总数

除教具设备未计外,合教职薪、事务、图书、校舍及无形消耗等费——每生平均共占用费三百零三元九角。

(二) 支配预算之标准

1. 各院支出与实际经费数之比较

各院支出之经费,未必即为用于本院之经费,此点前已言之。兹特申论,作成第十三表:

第十三表　河南大学二十年度一学期各院支出教薪与实际教薪及其百分数

	本部			预科			共计		
	支出教薪	实际教薪	所占%	支出教薪	实际教薪	所占%	支出教薪	实际教薪	所占%
文学院	23 911.21	23 155.20	96.8	4 386.035	2 085.226	47.5	27 997.245	25 240.126	90.2
理学院	23 136.22	22 384.88	96.7	1 366.072	1 515.876	110.9	24 502.127	23 900.756	97.5
法学院	16 114.495	15 692.795	97.4	719.632	1 204.003	167.4	16 834.127	16 896.798	100.4
农学院	9 846.73	11 065.21	112.4	1 521.36	2 730.54	179.5	11 367.59	13 795.75	121.4
医学院	8 338.63	8 587.43	102.9	1 921.32	2 378.784	123.8	10 259.95	10 966.214	106.9

我人细观第十三表,可知:

(1) 各院实际教薪占各该院支出教薪之百分数,彼此极不一致。

(2) 以大学本部论,农、医两院超过一百,而文、理、法三院则不及一百。

(3) 预科则只文学院不及一百,其余皆超过一百。

(4) 合本部与预科共计,则文理两院不及一百,其余超过一百。

实际教薪所占之百分数超过或不及即表示各院经费不能以支出之多寡为凭。实际经费若超出百分之一百,则超出部分系占用他院之经费;反之,若不及一百,则不及部分之经费,系紧[为]他院所占用,准此意议,则:

(5) 本部以文学院教薪被占用最多,农学院则占用他院之经费最多;

(6) 预科部分,文学院,竟被占用过半,农学院则占用他院几至其自身百分之八十之多。法学院占用亦不少,至百分之六七十。

(7) 合本部与预科计算,文理两院皆被占用,而法文学院为尤甚,法学院以本部不及而预科超出,故合计适得保持平衡。医农两院占用他院之经费,前者约百分之七,后者约百分之二十一。

2. 各院实际经费与预算之比较

第十一表中之本部及预科教薪,系根据各院之实际用费,合担负"附中教薪"及"院外职薪"而成实支之总数。实支总数与预算之盈亏,及本部与预科教薪在预算中之百分比,皆已求出。

假定现有"附中教薪"及"院外教薪"为各该院合理之担负,则第十四表所表显之事实如下:

(1) 惟文学院之实支总数未达预算,其余各院皆超出预算。
(2) 根据预算,文学院尚有余款三千零四十元。
(3) 农学院超出预算约五千元,法学院一千六百元,理学院八百六十元,医学院七百三十元。

若将附中及院外之担负除开,单以本部及预科之教职薪为合理之经费,则:

(4) 文学院占预算之百分数最少,只百分之八十六.八,理学院次少,占百分之九十九.八。
(5) 农学院所占之百分数最多,超过预算百分之三十四.四;法学院超过百分之九.六;医学院超过百分之五.四。

第十四表 河南大学二十年度一学期中各院实支经费及其与种[预]算之比较

	文(五系)	理(四系)	法(三系)	农(二系)	医(不分)
预算	32 340	29 850	16 740	13 680	13 950
本部教职员薪	25 990.2	28 279.88	17 132.795	15 664.11	12 301.43
预科教员薪	2 085.226	1 515.876	1 204.003	2 730.540	2 378.784
负担附中薪教	1 219.65	566.00	——	288.00	——
院外职薪	——	350.00	——	——	——
实支总数	29 295.076	30 705.75	18 336.798	18 682.65	14 680.214
预算对实支之盈亏	+3 044.924	−855.765	−5 196.795	−5 092.65	−730.214
本部与预科经费占预算百之分数	86.8	99.8	109.6	134.4	105.4

3. 几种编制预算之标准

假定各院学生所占之教职薪须彼此相等,则有下列之标准:

(1) 标准一:就各院现有之学生人数,推算各院应有之经费数(只指各院自身之教职薪数,以下同。至各院人数及每生平均用费数,见第十二表)。
(2) 标准二:就各院现有之系数,而每系三十三人为准(现有十五系,学生四九二人,平均每系三十三人),推算各院应有之教职薪数。
(3) 标准三:假定每院分三系(现有十五系,分五院,平均每院三系),有学生三十三人,推算各院应有之教职薪数。

第十五表　根据各院每生平均用费数,按照各预算标准,则各院
应有之经费(只教职薪)及其占预算之百分比

	文	理	法	农	医
预　　算	32 340	29 850	16 740	13 680	13 950
标准一应有之经费数	44 433.4	20 600.94	22 216.7	5 049.25	7 068.95
占预算之百分比	137.4	69.0	132.7	36.9	50.7
标准二应有之经费数	33 291.225	26 632.98	79 974.735	13 316.49	6 658.245
占预算之百分比	102.9	89.2	119.3	67.3	47.7
标准三应有之经费数	19 974.735	19 974.735	19 974.735	19 974.735	19 974.735
占预算之百分比	61.8	66.7	119.3	146.0	143.2
平均三标准经费占预算之百分数	100.7	75.6	123.8	91.4	80.5

根据第十五表第一标准,即依照公[各]院现有学生人数推算,则:

(1) 文法两院预算应增加百分之三十以上。

(2) 农学院应削减百分之六十以上;医学院削减百分之五十;理学院削减百分之三十。

根据第二标准,即依照各院现有系数,而每系以学生三十三人推算,则:

(3) 法学院预算应增加百分之二十;而文学院约百分之三。

(4) 医学院应削减百分之五十以上;理学院削减约百分之十;农学院削减约百分之三。

根据第三标准,即假定每院三系,每系学生三十三人推算,则:

(5) 医、农两院预算应增加百分之四十以上,而法学院增加约百分之三十。

(6) 文、理两院应削减百分之三十以上。

若合三种标准共计,则:

法学院预算应增加百分之二十以上。

文学院保持平衡。

理学院削减约百分之十,医学院削减百分之二十,农学院削减百分之二十以上。

(三) 总结

1. 每学生所占每一学分之用费,各学程极不一致,差数最大者为一与二百六十之比(见第一表)。

2. 每学分用费之多寡,一由于教师待遇之不同,一由于选读人数之差异。概括言之,选读人数过少者,其用费必大(见第二表)。

3. 根据上述事实,为求浪费之减少,则开设学程之根据,宜兼顾选读学生之人数。

4. 每生所占之图书消耗费,各院至不一律,医学院比法学院多九倍。即此表示各院

图书价值有廉贵之不同,或彼此数量有多寡之不同(见第七表)。

5. 每生所占之费用,以农学院为最多文学院为最少,约成七与二之比。若只就各院之教职薪计算,则相差更大,为五.三与一之比(见第十二表)。

本文材料,系河南大学教育系同学整理,并由李锡珍君协助缮写,特此志谢。

(原载《教育研究》第四期,1934年)

公众负担教养经费之哲学背景

从事教育的人,居多承认教育经费是应该由公众负担的,但是为什么应由公众负担,知道的人却不多了,所以我在开端的时候把这个问题先解释清楚。

我们要知道:公众负担教育经费,从前世界上的国家,居多是没有这一回事。大概从前的教育,都是在私人的手里,公家是不管的。所以有钱的、富贵的人家,都能延请师傅,教授子弟;至于没有钱的,贫贱一些人家的子弟,就没有这个机会了。起初他们并不觉得不对,近世以来,大家才觉悟起来,觉得公家应该拿出钱来办教育,而同时有种种人反对,他们的理由,不外乎下列数种:

(一)教育本是缙绅阶级的子弟所应该享受的,现在要公众担任了教育经费,去普及教育,这简直是打破社会上的阶级制度,把人民在社会上的各种地位都弄乱了。

(二)一般富有之家,已经为子女化钱请教师了,现在又要他们纳税,去教育别人家的子女,于他们自己,丝毫没有利益,未免太不公平了!

(三)阶级制度在社会上,有存在的价值;如今被普及教育毁坏了,这是很可惜的。

(四)教育本是私人的事情,用不到国家来干预。

(五)权利义务是对等的,那些没有子女入学读书的人,也叫他们纳税,去教育别人家的子女,这是不公平的!

(六)拿这一家的钱,去教别一家的子女,好比拿这一家牛,去替别家耕田;这是在法律上,习惯上,都说不通的。

(七)富者所以富,由于辛劳勤苦;贫者所以贫,由于懒惰好逸。现在拿辛苦得来者的钱,去教懒惰者的子女,这岂不鼓励懒惰者愈加懒惰,而使勤劳者灰心吗?

(八)教育的范围,一天一天的扩大,受教育的人数,一天一天【的】加多;教育的年限,又一天一天的延长;使纳税的人,都渐渐的负担不起了!

上面几种理由,一种是有贵族思想的,一种是自私自利的,一种因眼光狭小,或漠不关心的,都是毫无价值,不成理由,我们可不必置辩,不要理他。

现在我们且看主张拿公款来办教育的理由是怎样?他们的观念是怎样?分析起来,可以别为三种观念:第一种是利用的观念,第二种是慈善的观念,还有一种是权利的观念。今可分述如下。

第一节　利用的观念

一、军国主义派

这一派的基本观念,是认国家的权力,高出一切,要把个人完全屈伏于国家的理想之下,个人不过是国家的工具,公家所以要办教育,无非要把儿童造成良好的工具,去实现国家的目的。在过去的一世纪,和本世纪之初,这种理想,可说是处于极盛时代,代表这一派主张的国家,像大战前的德意志,现时日本、意大利都是,现在拿美国哥伦比亚大学世界教育专家康得尔氏(T. L. Kandel)所说普鲁士的例,来说明这一派的意旨和方法,康氏说:

> 德国的小学,是依照国家的意旨,训练大多数未来公民的主要机关,在这种学校里,男女儿童,养成了使他们变作政府驯良易使的工具底那些纪律服从的习惯和义务的感觉。国家与教育协力合作,又任用经他慎重选择和严密监督训练过的教师,所以能籍[藉]用小学校,如其所欲的模型其公民的品格。德国的小孩子,交付了教师之后,好像一张白纸,在小学教育的进程中所有写在儿童上的东西,是用不能磨灭的墨水写成,终生不能改变的。儿童的灵魂,和蜡一样,所以指导学校的人,就指导国家前途的命运。这是俾士麦深印在教育行政人员脑筋里的一条精义,这条精义,在德国是没有什么新奇的。这派完全以侵略的国家主义为理想,把儿童当作国家工具,做野心家的牺牲品,根本违背教育原则。我们主张拥护儿童教育权利的人,却不得不十分反对。

二、帝国主义派

军国主义和帝国主义,本是相辅而行的东西,其区别可以说是一个对内,一个是对外,军国主义者必包有帝国主义的野心,帝国主义者也必采用军国主义方式。从军国主义产生了军国教育,从帝国主义便产生了殖民教育和文化侵略政策两项。军国教育的目的,是要把本国人民,造成驯良易使国家的工具,以使开疆辟土,独霸世界。至于文化侵略和殖民教育之目的,则是要把别族里的人民,受了文化政策的麻醉或是造成驯良易使的工具,供他们驱使和利用,所以全是对外的。

现在我先讲殖民教育:试看菲列宾、朝鲜、安南……等国,不是都已变成帝国主义者的殖民地吗?何以帝国主义者对于这些国里的人民,居然愿意拿钱出来,替他们兴办教育呢?他们自己国内,还有许多人没有受到充分的教育,为什么不省下钱来,去扩充自家人的教育机会,而要拿钱去办殖民地的教育呢?要答覆这个问题,须认清他们的动机,他们的动机,并不是想拿教育发展殖民地原有民族人民的个性,也并不是为保障他们的教育权利,不过要想造出几许较为灵巧活动的活机器以便他们利用罢了。因为在朝鲜有二千多万韩人,在印度有三万多万印度人,要把这许多万人口,通通杀掉是办不到的;同时又感觉到有这样大这样好的地方,要从事开发,也是需要人工的。一时在本国找不到这样多的人工,于是把杀尽的动机,变而为利用的动机,当作牛马一样,来利用他们了。不过利用的时候,发生了两种困难:其一,是语言不通,易致误会,把事体做错;其二,技术不精,纵能懂得话,也不能照原来意思做好。因此又觉得不加以训练,还是不能充分的利用,所以便替他们办殖民教育。试看各帝国主义者所办殖民教育,那一国不是注意于帝国主义者国家的语言文字?更如美国,都又注意到职业训练。他们这样做,无非要把殖民地的儿童,造成活机器,变为高等的牛马畜牲,供他们驱使罢了。有什么真正教育价值呢?(月前朝鲜发生学潮,日本朝鲜总督发表方针说以后要注重职业教育,又一个证据)

其次我们再讨论文化侵略政策,他们的动机何在?这是因为对于次殖民地地方他们没有权力去施行殖民教育,因此改用文化侵略政策,如日本的退还庚子赔款事,便是一个例证。关于此事,全国人士已经反对得很厉害的,我可不必多说;至于他们新近勾结蒙人,免费留日,其动机尤为凶恶,我们中国人如果中了他们的毒计,将有绝大的危险!所以对此我们是要竭力反对的。

三、资本主义派

资本主义与军国主义派的关系,很是密切,所以说他们三者是一物的几方面,亦无不可。我们都知的资本家的目的,完全是在想赚钱的;那么他们为什么却愿纳税捐钱来办教育呢?细想起来,还是起于他们利己心,这种利己心化作两种政策——一种是生产政策;一种是愚民政策——生产政策的目的是藉办教育来训练儿童,做他们良好的生产工具。这个原因,说来很易明白;试把马戏来做个比喻(马戏或是猴把戏,想诸位都曾看过)。豢马的人的目的,不过是要赚钱;但是他们要达到这赚钱的目的,不能不先化几许本钱,几许工夫把马养肥壮了,教得灵巧了,然后才能博得观众喝采,叫他们看之不厌,达到赚钱的目的。资本家的手段,也是这样的。他们固属以赚钱为目的,但是供他们驱使的工人,倘若不受相当的教育,不但指导不灵,并且有些东西,或要被他们弄坏,生产的效率,不免因此降低。从前的资本家,眼光短小,没有看出这一点。所以对于工人和工人子女的教育,毫不过意。到后来看见受教育的工率大,生产能力,比不受教育的人要大得多。别人每点钟只能一元价值的出品,而他们受过教育的,每点却能做一元半或二元三元的出品,因此觉得拿钱来教育工人,不但不损失,反能得到许多利益;大家方觉悟起来,都愿意纳税,或捐钱为工人或为工人子女创办教育。但是他们要办教育的目的,并不是增加工人普通教育 General Education,却在想增加工艺效率 Industrial Efficiency 而谋间接的生产的加多。他们为工人子女办教育,并不是要保障他们的教育特权,发展他们的天才,培养他们的能力;而是要训练未来的有效的生产的工具,他们想:与其长大了再去教练,还是不如在小时先训练好。这样办法,在目前似乎损失,但在将来,不但要收回所化的教育费,还要得着较多的利益呢!不过他们所要办的教育,绝不愿延长普通的教育,而愿注意于工艺训练和职业教育,所以他们对于小孩受过某种普通教育年限后,便斤斤[仅仅]于职业技能的训练,以为供其驱使的准备。有一个著作家说道：

民众的利益，需著[着]两种教育的进步：一是普通教育的增进和扩充；二是普通教育后一种特别职业的训练。商业社会，也是负担税款的；愿意多有后面的一种教育，少有前面的一种教育（著者按新近美国汽车大王欣然捐钱给一个主张职业训练的学校便是一个证据），但是公然承认这种政策，又不能合着群众心理；所以用简易的办法，要求新增加的教育经费，都拿来办职业教育，而反对在任何他种教育上，增加许多用费。因此普通的教育的正当生长，便大大的受了阻碍，现在确有些进步了，但是仅仅加了所需的经费一小部分，并且还要看那地方财力如何，才能办到。

资本主义派本着生产政策所办的教育——偏重工艺训练的职业教育——是危险的，最足埋没天才的；我们主张发展儿童天才的人，应竭力去反对这种教育。

其次我们再看资本主义派的愚民政策；他们要保持资本制度的存在，怕人民受了教育，觉悟到资本主义的缺点，于他们要有所不利。因此在教育一般民众时，施愚民政策，叫他们无形中受了影响，对着资本主义歌功颂德。现在世界上各国的资本家居多是利用这个方法，直接或间接保障资本制度。他们实施的方法，可以做两种：一种是智识阶级的收买；一种是政权的垄断。收买智识阶级的方法，或是创办私立大学，或是捐巨款给某某学校，或用拨款补助社会教育机关。某校几十万，某处几百万，是毫不吝惜；其实他心目中见到智识阶级最利[厉]害，而也最可利用，拨出些须款项，可使智识阶级歌功颂德，卑躬屈节的哑口无言，不敢再说半个不是。不过这情形，并不是个个资本家，都是如此；有些资本家捐款办学，却是由于好名，或者出自一时的慈善的心理。至于智识阶级，也并不是个个可被他们利用的；并且有好多接受他们补助的，也存着利用他的心理，这种办法，可说是互相利用罢了！

谈到垄断政权一层，我们都知道教育是不能直接影响政治的。所以资本家还要操控政治，在教育上立出法律来保障私人资本制度。还拿美国来说罢：美国的总统，我们都知道是选出的，其实有几个据说一个纽约酒店老板指定的，纽约华尔街是太上总统府，是大家所知道的；所以美国的政府，完全是由资本家撑持，由资本家在内中做后台老板的，所有教育上的立法，实际上非经他们通过不可，至于各教育局或学校的董事会，也居多是资本家从中操纵，其中有不便于己的，便不得通过；而他们的愚民政策，也藉此贯澈！

我再要顺便把职业教育这个问题讲一讲：职业教育在美国差不多已变成资本家的工具，他们办职业教育的目的，前面已经说过：居多是要谋自己生产增多，同时又怕人家反对他们，因此大吹法螺，说职业教育如何重要，几千万元补助职教的施密甫施案 Smith Hughes Act 通过了，毫不费力，弄得一般教育家，兴高采烈竭力提倡职业教育，学校中竟充满职业教育的空气。更可笑的美国南方黑人高等教育机关韩密吞学校 Hampton Institute 全付校舍，都是学生自己砌造的！当我们参观的时候，校中办事人，还说着笑着，夸口他们实施职业教育的成绩呢！

人生固属不可离开职业，职业教育在学校中当然有他的位置，不过职业教育应有际限：

第一先要施行适当的普及教育，才应去办职业教育。在国家经济状况可能之下，普通教育愈长愈好，如果早早著力于职业教育，恐怕天才就要因此埋没。第二，提倡职业教育，不可忘记了同时提倡天才教育。学校中对天才的儿童，必须特别造就，不可因为谋生的关系，把他变成天文学家、大科学家、大艺术行家等等的天才埋没掉。可惜现在办职业教育的，居多忽略了这两点，所以我们应当竭力反对！

四、民主主义派

这一派从政治眼光上，看到教育经费要由公家负担。他们把教育当作防止暴政和纷乱的工具，以其绵续现实的民主政治。他们以为只要人民得著自由的和理性的教育，便很聪明的选择他的需要，顾及大多数的利益，而不致为少数激烈分子的操纵，致将国家社会陷于危险的地步，这一派的理想，在美人中可举后面几个做代表。

（一）申楼氏 Charles Summer　一八七七年申楼氏说道："在一个共和国家里，教育是万不可少的。一个没有教育的共和国家，好像是一个空幻的动物；是一个无灵魂的人。"

（二）克里夫兰氏 Crover Cleveland　一八九二年克里夫兰氏说道："国家创设较多而又较好的学生之理论，在其使我人能较好的尽公民之责任。"

（三）威尔逊氏 Woodrow Wilson　一八九八年威尔逊氏说道："无正当之教育，凡是靠着群众动作的政府，没有能持久的。各种自由制度，所赖以维持而成功的智识和德性，人民必当受其熏陶和化育。"

（四）濮基氏 Walter Hines Page　一九〇五年濮基氏说道："教育有利于国家，受教育之人民愈多，则国家愈好。"

（五）柯乃基氏 Calvin Coolidge　一九二三年柯乃基氏说道："凡为美国公民，皆应受自由教育，没有自由教育，则各种自由制度，无永久存在之保障，自治政府之绵续，亦无希望，暴氏专政，概由于人民之愚昧，知识与自由，是互相携手的。"

这派主张的缺点，在把教育当作现实民主政治的工具，以为教育是为民主政治而存在的，Education is for democracy。民主政治，固属有他的优点，但我们不应该把发展儿童天才保障个人幸福的教育，就整个儿看作他的工具，并且民主政治的本身，也就不过是图谋人民幸福的工具，若把他看作目的，便不能免暗暗的犯了军国主义派的流弊；并且从现实状况来看，所谓民主政治，居多操在资本家手里；此种情形，以美国为尤甚，若要把教育当作绵续现实的民主政治的工具，那就不啻当作绵续资本制度的工具了。所以我们拥护儿童教育特权的人，对于这种主张，也不得不表示反对。

五、宗教主义派

宗教的种类很多，姑举和教育曾经发生过最密切关系的基督教来讨论。

从基督教的观点看来，每个小孩子对上帝有一种义务，就同对世人有一种义务一样。因为有这种义务，所以应受教育。所谓教育，不仅在得授知识，还应从精神、心智和身体三方面去训练，使能躬践力行。负教育责任的人，若不这样教育他们，他们死后便不得升天堂，便要受痛苦！

教会中人因以为儿童对于上帝有一种义务,并且以为现在无论那一种教育,都不能使他们尽这种义务,所以坚持"对上帝尽义务"是儿童教育中最重要的部分。不仅每日要祈祷,并且日日要祈祷;不仅有星期学校教育,并且在通常学校中应天天有宗教教育。听说公家为保持其自己之利益,要拿教育经费来自办教育,他却不可因为已经抽税办了教育,就不再抽税来为宗教教育之用。若国家因教育款项不能维持儿童之宗教教育,则应与私人机关合作,把这种教育维持下去。

以上可说是宗教者对于教育的观念。从我们看来,这种主张,很有不对的地方。第一,这辈创办教育的目的,不是想发展他们的天才。把他们中间的优秀份子,造成大文学家,大科学家(大家看进化论的学说,宗教中人,排斥得何等利[厉]害!)而是要用教育造成另一世界的人,使对上帝负一种责任。这样看来,教育不过是宗教的工具,而非儿童的权利了。第二,他们注重死后的幸福,鄙视人世的快乐。教一般贫苦的儿童,满足现实的状况。无论怎样贫苦,都只希望到天堂上去享福,不计较人世的快乐。因此资本家便可利用他去做愚民的工具,阻止社会主义思想的发展,而延长资本主义之生命。试看一般资本家愿意捐钱去发展宗教或宗教教育便是这个道理。第三,因为宗教教育有愚民的作用,帝国主义者遂又利用他做文化侵略的工具,去麻醉别国家或别民族的青年,使其变成顺民,供他们驱使。试观今日之教会教育团体有那个不是外国资本家供给经费?他们的关系怎样,是可不言而喻的。总之教育是人的权利,像宗教者利用他做工具——做上帝资本主义及帝国主义之工具——实在剥夺了儿童的幸福,我们主张拥护儿童教育权利的人,是不得不加以反对的!

第二节　慈善的观念

因慈善观念而主张公家或公众负担教育经费的,可以称做慈善主义派。这派并无利用教育以达何项目的的意思,也不是要利用儿童做什么工具的。(我们在此地应当注意假慈善一种的人。假慈善还是离不了利用的观念。如宗教家利用慈悲面孔,以达宗教目的;而社会野心家,则更有藉慈善之名,以敛钱盗名的,这不可不加细察。)他完全是由于动了恻隐之心,出于真诚,更想办教育来济救贫苦民众。提倡这种教育的,大都有两种人:一种是富人,富人所以富,往往有多少人死在他的手里;俗话说:"一人富足千人穷!""不死千家,那成一家!"倘使这些人去提倡慈善教育,恐怕不过是强盗发慈悲!第二种,提倡慈善教育的是贫人。贫人办慈善教育的,却与富人的心理有些不同。不过我们不管贫人办或富人办,我们不妨从理论上,实施上看看,这种教育对不对:在理论上,这一种教育可以叫做"嗟来教育"。他们只因看见一些儿童很苦恼,很可怜,长吁短叹的出来救济他们,其热心固属可佩,不过他们没有懂得教育权利的要义,徒拿怜贫恤苦的态度来办教育。这种见解,根本是不合现代精神的!再看他们的实施怎样呢?在慈善教育的机关里,大都是设有工场的,什么编藤呀,织袜呀,粗看起来,好像是施行职业教育,练习生活技能;但是细究其实,一天往往要作六小时的工,有的甚至要靠此卖钱来充经费,所以在实际上,简直是童工的变相,如此情形,可以说是对吗?可以使得吗?

我们再从这里教育所发出的影响上来看一看:在学生方面怎样,在社会方面怎样?在学生方面,常见当事者到处捐钱,有如讨饭一般。遇到富绅、大贾、官僚、军阀,格外的曲意承迎,求赐余沥;而在这机关的名称上,又加上什么"贫""苦""惠"等字眼,使儿童常常感觉到身家贫贱,或自承为特殊下等阶级,常常在恼闷悲楚中过日子。至于在社会方面,更因此而分出贫、富、贵、贱的阶级,种种区别出来,为实现平等自由的障碍!

因此我们应该打倒慈善主义的教育。现在先举几家的态度说一说:美人柯柏莱氏 Cubberley 是反对此种教育的一分子,他所著《美国教育史》Education in the United States 中,有一段说:

"贫民学校的观念,本是直接从英国的办法传递而来,他是阶级制度社会中的附属品,一个共和国家,建筑在'人生而平等,并由造物赋与几种不可转移之权利'的经义之上,绝不容其存在,并且这是一种危险的观念,德谟克拉西的政府,绝不容忍或提倡。赞助这个观念之人,皆属于古板贵族或守旧阶级,负得起重税的人,维持教会学校和创设私立学校的人。凡有新共和的市民、有远大眼光的人、聪明的工人和具有新英格兰派思想的人,在主义上都反对把国家未来的市民,分出这种令人愤恨的区别的计划。他们说:在教会或纳费的私立学校里教育一部分儿童,又把贫苦的分开在公立免费的贫民学校里来教育,常把贫穷的火印打在他们身上。这种办法,一定在社会上产出许多阶级。对于吾们德谟克拉西的制度,将来一定发生很大的危险的。"

又当十九世纪之初,美国新求塞州 New Jersey 人民为反对贫穷学校,会举出一个委员会,做了一篇告新求赛民众书 Address to the people of New Jersey,中间一段,说得尤为动人:

"我们绝对排斥贫民教育的这种狭隘观念,认为毫无价值,造物对于贫人,是不是另造一副较粗的土地,较薄的空气,较淡的天空?灿烂的日光,对于贫贱的茅庐,和对于绮罗幨,是不是一样的照耀?茅屋人家的儿童,对于一切新鲜苍翠香芬音调郁葱性质的美,是不是和帝皇的白皙儿子有同样的感觉?或是在心灵上造物加上了一个出身卑下的印,以致贫人的小孩,天生下来就一定知道他的命运,只该爬行,不该上升?并不是这样的。造物并不是如此做的。人是不能这样做的,心灵是不灭的,心灵是无上的。他并不带有高低或是贫富的记号,他所要求的是自由,他所需要的只是光明。"

我们看上面两段话,便可知道慈善教育的观念和制度,不应再使存在。教育是天赋特权,什么人都有拥护的义务;用不着谁来发慈悲,加恩惠。不过现在我国教育家,还有许多人不明白这个道理，还在那儿提倡或赞助慈善教育，或是抱着漠不关心的态度，以为这种教育存在与否，都没有关系。我看大家如果不早早觉悟，把态度改变一下，那末理想的教育之实现，一定是受许多障碍的。

第三节　权利的观念

根据权利观念而主张由公众来负担教育经费的，第一要数社会主义教育派。这派的基本观念，主张教育是人民的特权。在教育特权之下，儿童应该享受均等的教养机会；公众创办学校，是完全图谋这种特权的实现。既无利用的目的，又非慈善之动机，故其教育的方法，主张以充分发展儿童的天才为原则。孙中山先生是中国提倡这种教育的第一人。他在社会主义之分析的讲演里，有一段话，便是代表这一派的意见，他说：

"……圆颅方趾，同为社会之人，生于富贵之家，即能受教育，生于贫贱之家，即不能受教育，此不平之甚也！社会主义学者，主张教育平等；凡为社会之人，无论贫贱，皆可入公共学校，不特不取学膳等费，即衣履书籍，公家亦任其费用；尽其聪明之才，分习各科。即资质不能受高等教育者，亦按其性之所近，授以农工商技术，使有独立谋生之才，卒业以后，分送各处服务，以尽所能；庶几教育之惠，不偏为富人所独受；其贫困不能造就者，亦可免其憾矣。……"

现在我要把中山先生的这番话，如[加]以补充发挥，分成七点，说明如下：
（一）养——一切教育之始。
（二）养而能教。
（三）教而能尽其才——充分造就天才。
（四）尽其材而能用——保障出路。
（五）用而能尽其材。
（六）尽其材而能令其久于其位——人负保障等。
（七）久于其位而能与以意外危险及年老之保障。

现代教育最大的错误，大概说来：可以说是有人民而不能养（教和养本来分不开的，我在《教养机会均等》里已讲过）；或是养而不能教；或是教而不能尽其才；或是尽其才而不能用，或是用而不能尽其材，或是尽其材而不能久于其位；或是久于其位而不能与以意外危险，及老年之保障。这几句话，大概可以包括现代教育通有的病象。我们要把这种病症医好，并必须加以根本改造：第一要谋人民养教的机会。管子说："衣食足而后知礼义；仓廪实而后知荣辱。"这话十分表示养的重要。第二要养而能教，大家要知有了养，必继以教。孟子说道："逸居而无教，则近于禽兽。"便是表明这个意思。第三要教而能尽其才，那便是要充分的造就天才的意思。我们知道人的智愚禀赋是不同的。讲智力测验的人分成好多类，我们暂时约略分上、中、下三类，画一个人数和才能的关系图如下：

　　直线的上面,是各类才能人数分配的常态,直线下面是各类人才所发展"智能量"。下愚的,才能自然较少,上智的才能自然较多。理想的教育,应当把这些智能,尽量发挥出来;可惜现代的教育,都是教而不能尽其才,图下一条黑块,便是表明潜蓄的智能,未得机会发展的部分,这种损失,何等可惜! 自古以来,不知有好多大文学家、大科学家、大哲学家、大艺术家,这样的牺牲掉了!

　　这里可附带讨论天才的问题,有人说:"真天才是不会被埋没的;试看古今来的大伟人、大发明家,有许许多人都是出自贫苦之家,未受着教养机会的;所以天才的问题,不须我们烦心。他们自己可以造就出来的。"讲这样话,就等于说"真正身体好的人,不怕什么病菌的。试看他们住的脏地方,吃的脏东西,倒也活到七八十岁;有许多讲卫生的人,倒反死在他们的前面呢! 所以卫生问题,不须大家烦心!"一样。我们要知道有些身体好的人,固属不卫生没有死,但是还有许多身体好的因不卫生而死,他们却未看见。少数贫苦人家的天才子弟,固属有能造就出来的。但是还有许多,却因为缺乏机会而埋没掉了! 主张真正天才不会埋没的人,大都是出自贵族自私的阶级。他们心目中以为富贵贫贱,就是智慧高低的代表,所以不必替贫贱的人去打主意,真正天才不须设法造就也得自然出来的。这种思想,实在误谬到极点! 我们要知道,富贵人家境还好,机会多,天才的子弟容易出现;贫苦的人家,境遇苦,天才的子弟,难得出现。倘使人人皆有充分造就的机会,我想大学问家,大发明家,不知要产出许多,其现象可以看下表明之:

国内假定三个阶级,下面白的地方,是表示天才得有发展的机会而有成就的人,黑的地方,是代表天才未得发展的人。大家只有看见贵族中多产生天才,不知贵族享受得好,无衣食之虑,天才自然容易出现;至于中产的和贫苦的平民阶级里,因忙着衣食,而把天才埋没,图中有黑块的地方,便是代表的这些人,这是何等可惜!我们如果本着社会主义的教育理想,把全数的天才,都造就出来,人类的进步,不是要一日万万里吗?现在世界上各国,没有那一国不埋没天才的。中国教育不发达,天才被埋没的尤其多,真可痛心呀!第四,不但要教尽其才,还要能用。这一点就是公家应有保障出路的办法,学生学成之后,分发各处去服务,个个都要支配好,不要使学生在学校里学得精深高妙,但是一出校门,便无处可用,只好仍回到家里去吃饭,抱抱小娃娃就算了事。第五,更进一层,要用而能尽其材。古人说:"有一国之材,有一乡之材,有一村之材。"吾人造就各有不同,长于文学的,未必有艺术的才能,有政治的才能,未必有科学的知能。我们对于学开矿的,便应使他去办矿务,不要去做警官;学艺术的,也不应使他去教国文做学监。现在我们中国,弄得这事不对,那事不对,一方面固属于人才缺乏;他方面也却由于把各种人材摆错;弄得大多数的人不能尽其所长,其中的牺牲,实在太大了。现在再画一个图来表明这种情形。

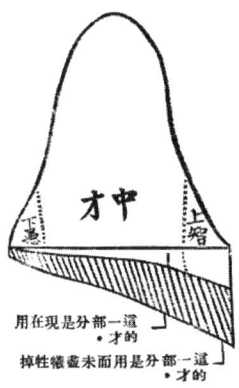

第六,用而能尽其才之后,还要能令其久于其位,这一点是说明公家应定出人员保障种种办法。譬如学工程的人,做到工程师了,而没有保障职位的规定,那末他的位置,常在风雨飘摇之中;因之就要存五日京兆之心,他的计划,也就不会远大,道德差些的人,上台之后,更只有设法弄钱,以防万一。这样事情还办得好吗?今年全国教育会议开会,我提了一简保障教育人员提案,结果只说是送给大学院参考;其实教育人员没有保障的办法,教育事业绝不易办得好的!我们中国各种事情,有很多的失败,都是人员不保障的缘故。不过保障人员,必先有一个前提;就是要订定标准,先加以考试,加以甄别才行,今年我在南京演讲,问大家对于人员保障赞成吗?他们没有一个不举手,表示赞成的。又问保障之前,先要加以甄别考试,赞成吗?就有一部分人不敢举手了,但是大家要知道,如果不甄别,不依标准,那末岂不是把无能力的人,也保障起来了吗?所以这一点不可不注意。

第七,对于久于其位之后,还要应与意外危险及老年的保障,现在普遍人的收入,不要说积蓄,往往连家用都不够,这样那末一遇危险,便致孤寡无依,或老死沟壑,这岂不是又使人不能安心做事吗?所以公家应规定一种制度,保障意外危险,并使得年老不能做事的,有养老的保障。

上面几点,是我对于孙中山先生的话,加以补充发挥的应见。我们中国的现状怎样?大略可以用左面的一个图来表明:

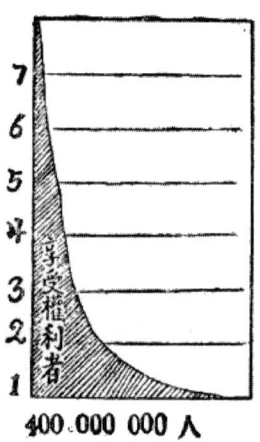

一、是表示养,二、是表示养而能教。这七个格眼,是大概是表前面说过的七项,有黑线的一部分,是表示享到这种权利的人,愈到上面,享受愈少。我们现在要改造教育,应该对着这种现象,设法解救才是。

现在再讲一讲社会主义者的理想,与民治主义者的大别,就是民治主义派的人,只注意到"教育机会均等",而社会主义教育者所主张的教育权利,是要"教养机会均等"的;就是教育机会之外,还要加上养育机会,并且把养育这种事,看得格外紧要,这是一个很大的分别。现在大家都在嚷儿童本位的教育了,但是那一个会把儿童本位的意义,详细做过一部书的?他们还是重教不重养,只知教而不知养。我看他们还没有澈底明白"儿童本位教育"的意义呀!

我说到这里,或者有人要说:"你讲了一大段无聊的废话,有意捏著一个名词来乱吹,我们有了教育就是,管他什么权利也好,义务也好,利用也好,慈悲也好。"这一派人实在对于哲学背景、基本观念,没有弄清楚。为什么死或重于泰山,或轻于鸿毛?这就是哲学背景不同呀!照他们的说法,那末人只要有饭吃好了,不管他吃的是光荣饭也好,吃嗟来的饭也好,或是吃龟子王八的饭也好!抱这种见解的人,实在缺乏哲学上的认识,思想太简单太狭隘了!教育权利四个字,虽说仅是一个名词,但他的哲学背景却是很远大的。我们若是接受了这个基本观念,那末关于教育上的种种见解和态度,便须根本改变。犹之乎我们在珠江中看沙面树木的风景,和走入沙面去看各棵树木的景致,一定是有许多变化,许多不同的意义。教育也是这样。他的哲学的背景,是非常重要的。教育哲学上的基本观念,是一切教育设施进行时的向导。我们若使选错了向导,那末便要误入迷途。所以大家对于这一点,要认得特别的清澈才是。

十七年十一月

(原载《教育经费问题》,教育编译馆,1935年)

教育经费增高问题

增高教育经费载在党纲,其原因无庸赘述。不过怎样才能把经费增高,却不可不加以研究。兹就鄙见所及,贡献八个增加教育经费的要素,以备国人参考。

第一节 增高国民富力

增加教育经费,第一个要素,是增高地方富力。教育经费,和社会经济状况的关系很大。富庶的地方,可以筹出多量的教费。拿世界各国来看,富庶的国家如美国,教育经费,只纽约一城,便有四万万美金,超过中国全年国库的收入,这样大的教育开支,只有在富甲天下的美国才能办到。再就一国的各地方来看,如中国之江苏,每年支出省教育经费三百余万,地方教育经费尚不在内,拿新疆省的教育经费比较起来,不知超过若干倍。这也是因为江苏有普通富力比新疆省高的原故。国民普通富力是增高教育经费的先决条件,筹划教育经费的人,应当注意到这一点。至于增高国民普通富力来充教育经费的方法,孙中山先生在《地方自治实行法》里,论筹集学校经费的方法的时候,除主张"人尽所长,为公家服务一二日之义务"外,又提示了一个增加国民生产的方法,他说:"……至于手力所不能到之处,则以我辈手力所生产之粮食原料,由公家收集,输之外国,以换其精巧之机械,以补我手足之不足,则生产日加,财富自然充裕。学校之目的,于读书、识字、学问、智识之外,当注重于双手万能,力求实用,凡能助双手生产之机械,我当仿造,精益求精,务使我能自造,而不依靠于人。必期制造精良,实业发达,此亦学校所有事也。"

孙先生的办法,一方面是提倡国民普遍生产,一方面又提倡学校力求实用,促进生产。这两点,实系根本要图,为教育经费谋百年大计的人,不可不于此留意。

第二节 开辟教育富源

增高教育经费的第二个要素,是开辟教育富源。现在筹谋教育经费的,只知拿现成的款项来用,而不知为教育开辟富源。美国有好多私立学校,如哥伦比亚大学,年支美金五千余万。他的经费来源,并不是靠着什么官厅补助,而是靠着该校生产事业的收入。据说纽约的电灯,每盏每年所赚的余利,不知有百分之十几归入该校。诸如此类的生产事业,美国人拿来维持教育经费的很多很多。中国的社会,虽不能与美国相比,但是有许多生产事业,如公有林、电影院等等,都是轻而易举、费本不多的事业。果能提倡创办,积久下来,亦未尝不可增加一部分的教育收入，只看教育界人士努力罢了。

第三节　利用无益资财

增加教育经费的第三个要素，是利用无益资财。中国社会上最无益的产业，要算庙产了。谈起庙产的数目，实在令人听得可骇。据确实调查，只江苏丹徒一县的庙产就有五千万之多。中国大寺院丛林，无虑千万，准此以推，全国庙产，至少有二十万万。试问这样多的资产，留在那班为蠹社会的僧阀手里，不拿来创办教育，岂不可惜？我于今春，曾著《庙产兴学运动》一文，主张"打倒僧阀，解放僧众，划拨庙产，创办教育"在各处宣传鼓吹，颇得教育人士的同情。后经南京特别市教育局长陈剑翛君在全国教育会议提议，经审查之结果，交大学院内政部审核，未有圆满的结果，实在可惜。盼望教育界人士继续努力奋斗，直达到移拨庙产，创办教育的目的而后止！

第四节　改良教育税制

增加教育经费的第四个要素，是改良教育税制。教育税制的改良和增高教育经费的关系，可分种类、程度和方法三点来说明。

一、税之种类——另辟教育税源

凡欲从税款里增加教育经费，应该注意筹辟教育上的新税源，不可在一种已有的税里，无限制的增加，中国各省地方教育经费，以田赋为大宗。田赋制度在中国已有数千年的历史，从这里附加，当然比开辟一个新税源来得容易。不过中国的农人，负担赋税已经比纳别种税的人苦得多，加了再加，终不免引起反对，而于施行时，发生许多困难。新近江苏为增加八分亩捐，引起好多县反对，便是一个很好的证明。所以我主张，以后增加教育经费，当另筹出路，如遗产税、营业税、奢侈税、矿山税等，皆是很好的新源泉。

二、税之程度——采用公平税率

前节所说，系指税之种类而言。但若就已经征收得很苦的税当中，另换一种办法来征收，也可减少困难，增加税收。再拿亩捐来说明，中国各省的田赋似乎已经很重。但是我们要知道，现行赋制，是不分贫富，依照同一税率征收。义教亩捐附加，也是一样的办法，即如江苏此次增加教育经费，便是一律每亩八分。这种办法，富人讨了便宜，穷人却吃了大亏，所以免不了怨声载道。现若改变办法，采用累进的税率，只加重富人的负担，使贫民生计，不受影响，则虽增加亩捐，也不致发生什么困难。

三、征税方法——革除中饱流弊

税收机关的差事，中国人向来目为"肥缺"。肥者，中饱而肥之谓也。我们是门外汉，不知他们怎样中饱。只听说有些税所机关,人民纳的税,只有十分之三到公家,其余的就都被经手的人侵吞了。至于赋收机关,尤其腐败不堪。我们附加了一种教育税,他们便添了一个发财的机会,说来实在痛心! 我们以后征收教育税的时候,务须在这一点上注意。

第五节　扩大教育单位

增加教育经费第五个要素为扩大负担教育的单位。孟子曾经说过:"庖有肥肉,厩有肥马,民有饥色,野有饿莩。"从民有饥色,野有饿莩看来,好像年荒到树皮草根都没有得吃了。那知富贵人家,厨房里满装肥肉,连马房里的马,都养肥了! 教育经费,也是这样,富的地方,富到征收某种程度的,教育经费,毫不费力;贫的地方,虽征收到怨声载道的时候,还是不能维持极低限度的教育。即如江苏此次举办八分亩捐,据说在江南有很富庶的几县从八分亩捐,所收的税款,拿来办教育,绰有余裕。另有江北几个贫县,虽加至每亩二角,还是不够。在一省之内,各县的情形如此;全国之内,各省情形,亦复如此。这种贫苦不均的现象,至少是形成中国教育经费困难的一个原因。我们若是打破地方的界限,扩大负担教育经费的单位,以富县之余,调剂贫县的不足,以富省之余,调剂贫省的不足,在全国教育经费总数上,虽未增加,但是在教育效果上,无形中却不知增加到好多了。

第六节　鼓励人民协助

增加教育经费的第六个要素,为鼓励人民协助学校的经费。协助的方法,或用钱力,或用劳力,兹分述如下。

一、用钱力协助教育经费

用钱力协助学校,系各就自己力量协助学校经费。中国近代捐款兴学的人,如陈嘉庚富至百万当然能捐款兴学,是不必说了。却有穷到如武训那样的,竟能行乞兴学。我们试读他的言行,一定要受不少的鼓励,蒋维乔先生曾记武训兴学事,他说:

> 武七者,山东堂邑人也。三岁丧父,家贫,行乞以度日,饮食必先其母,人称曰孝丐。七岁后丧母,孑然一身,昼行乞,夜绩麻,得一钱,即存之,渐积至余万缗。自以孤贫,目不识丁,慨然欲创建义学。人劝之娶,执不可曰"吾兴学之念,未或一日忘也!"先在堂邑柳林集购置地亩,建造学舍,远近闻其义,咸助之。延师课读,束修[脩]必丰,礼意尤极周挚。入学之日,武先拜塾师,次遍拜诸生,具盛馔飨师,而请邑绅为之主,自立门外,屏营以待。宴罢,则入啜其余,自以乞人,不敢与师抗礼也。一日,师昼寝,武见之,则长跪床前,久之师醒,见武惊起,自是不敢昼寝。学生有辍业嬉戏者,亦长跪以哀之,学生相戒不敢怠。邑令闻而义之,呼至署,与语不答。与之食,弗食而去。其所设义学,始于柳林,次及馆陶、临

青,凡四所。光绪二十二年四月,病殁于临,年五十有九。武七为人,形貌寝陋,身肥短,头蓄发一握,蓄左则去右,蓄右则去左,蠢蠢然若狂愚,然其行乞三十余年,未尝妄费一钱,甘一领,积铢累寸,惟以兴学为事。以一乞人,而教化及三州县,何其盛也!既遂其兴学之志,而行乞宿破庙如故,不肯娶妻育子,图一己之乐,非所谓奇节丑行,得于天者独厚欤?武七之事,山东官吏及地方人士,所撰奏章、文牍及传记,言之已详,余择其尤雅驯者著于篇。其人生前无名字,地方有司,以其热心训诲从而名之曰"训",至今山东人士,皆称武训矣。

二、用劳力协助教育经费

用劳力协助教育经费的方法,孙中山先生说得最透澈。他在《地方自治开始实行法》里,主张教育是自治区域中少年男女的权利,什么学费、书籍和儿童的衣食都应当由公家供给,还要为年长的谋养育智识的地方。他这种扩大的计划当然需着特别多的经费,但是中山先生都以为不足虑,他提示了一个劳力协助教育经费的办法,他说:

……或疑经费无从出,此不足忧也。以人民一月义务劳力之结果,必足支持此费。如仍不足,则由义务劳力之内议加,或五日或十日,以至一月,则无不足矣。一境之内,如人尽所长,为公家服一二个月之义务。长于农事者为公家垦荒,则粮食足矣。长于织造者,为公家织布,则衣足矣。长于建筑者,为公家造屋,则房舍足矣。如是少年之衣食住,皆可由义务之劳力成功。自治区之人民,各有双手,只肯各尽其长,则万事具备矣。不必于穷乡僻壤,搜括难得之金钱,筹集大批之款项,始能从事于自治也。只要人人能知双手万能,劳工神圣足矣。

孙中山先生这番话,虽属近于理想,但若全国人民,果真如此做,亦未尝不能办到,只看国人对于拥护儿童教育权利的兴味到什么程度罢了!

第七节　防止行政流弊

防止流弊和后面第八点,都是消极方面的。但这都不可忽视。现在各教育机关往往在经费里有许多黑幕。我在广西调查地方教育行政人员养成所的学员,他们报告几种普通的流弊,如拿学校或教育机关里的钱,去做投机事业,倖而中,其利益为私人所得,不倖而负,那末这宗损失,便归于学校。又如于大洋小洋之间,颠倒渔利,亦极普通。此外,像投标建筑等等,也都是他们作弊渔利的机会。大概教育行政当局及庶务会计一类人员,清廉者固不乏其人,而利欲熏心、通同作弊的亦复不少,若把这种流弊革除,教育经费,无形中便加多了。

第八节　减免无形消耗

　　减免教育上的无形消耗，也是间接增加教育经费的一种方法，教育机关中无形的消耗多极了。别的不说，且看学校里最普通的讲义纸一项，如果管理得法，至少可减去百分之五十的消耗。我在南京中学当校长时，曾算过用毛边纸和用本国出的新闻纸两种相较，相差每页就有六厘之多。全国的中等以上学校，如果对此加以留意，一年便要省到二十四万元左右。这不过是极小的一端，类此可以注意的地方，正不知多少呢！

　　上面我所举的八点，如果能够完全做到，那末教育经费的增加，也就不成什么问题。不过有一点要申明的，在现在社会情况之下，我们才要这样去费力筹划。如果将来社会的组织有进步有改变了，那末这八种方法，有几种却可以无需我们烦心了！

十七年十月

（原载《教育参考资料第二种：教育行政之理论与实际》，教育编译馆，1935年；同年又载教育编译馆单行本《教育经费问题》）

四、教育调查

教育人员调查应用表格

　　增加教育人员的专业训练并改善其待遇,已变成普通的呼声了。但是我们无论做什么事,都不可不以事实为根据。究竟现在一般在教育界服务的人员,他们的家庭状况如何? 他们的工作,经验和学历怎样? 他们的教学效率健康状况和课外活动又是怎样? 凡此种种皆是我们应该知道的事实。若不把这些事实调查清楚,要想增高他们的专业训练并改良他们的待遇,怎样可以达到圆满的目的呢? 作者为着这个原故,特地制出下面七个表,分为甲乙二种,甲种只有一表,是教职员调查的总表,乙种共有六表,分别调查教职员家庭状况、工作经验、学历、教学、效率、健康、活动等项。调查时可按着需要或将各表齐用或选用一表均可。至该表制法,当另文详之不赘述,兹将各表录后,以供参考。

甲种　　教职员调查总表　　第_____号

姓名_____ 学校_____ 调查日期_____年_____月_____日

填表须知

1. 此表每人用一份　2. 请填字清楚　3. 数目用1,2,3,4……等字
4. 不能回答之项目从缺　5. 此表请于_____月_____日前提交

调查项目

(一) 个人及家庭状况

1. 籍贯_____省_____县人 2. 性别_____ 3. 年龄_____岁
4. 已婚否?_____ 5. 住校否?_____ 6. 通信处(1)_____永久的(2)_____现在的_____
7. 收入月_____元(1)本校月俸_____元(2)家庭收入月_____元(3)其他收入月_____元
8. 支出月_____元(1)住宿月_____元(2)膳食月_____元(3)衣服_____元(4)交际_____元(5)杂用_____元(6)其他_____元
9. 谁人靠你养活(1)父_____ (2)母_____ (3)妻_____ (4)子_____ (5)女_____ (6)其他_____
10. 有债务若干?_____ 有积蓄若干?_____ 希望年俸约若干?_____

（二）工作经验及学历

11. 职务(1)本校_____每周费_____时(2)校外_____每周费_____时
12. 担任科目及时间(以分钟计)

								共　计

13. 经验(1) 从前任事年数？_____ (2) 在本校任事年数？_____
    (3) 那种职务你有最多的经验？_____ (4) 那种科目你教的次数最多？_____
    (5) 那种职务你最喜欢担任？_____ (6) 那些科目你最喜欢教？_____
14. 学历(专门毕业及肄业项下请注出年数以△为记)

私塾出身	科举出身	初小毕业	高小毕业	旧中肄业	初中肄业	高中肄业	师范肄业	大预肄业	专门肄业	大本肄业	旧中毕业	初中毕业	高中毕业	师讲习科毕业	师范本科毕业	专门毕业	大预毕业	大本毕业

15. 曾经进过什么暑期学校？_____
16. 现在同时在他校肄业否？_____ 每周时数？_____
17. 对于下列各科曾否学习或研究？（以△为记）

教育史	教育原理	教育行政	教育心理	教育测验	教学法				

18. 曾经阅过什么教育书籍？写出六本

（三）教学效率

19. 曾否有人测过你的教学效率？_____何人？_____
    你得过什么等第或分数？得过什么奖状或评语？_____

20. 教学上觉得有什么困难？_____

（四）健康状况

21. 身长_____呎　22. 体重_____磅

23. 曾经害过什么最利害的病? _____
24. 你有那种不能断根的毛病? _____
25. 消化好否? _____ 26. 大便畅否? _____
27. 饮食如何? _____ 28. 吃烟否? _____
29. 饮酒否? _____ 30. 有失眠症否? _____
31. 本年告假日数 _____ 32. 在教师健康测量表上得多少分? _____

（五）课外活动

33. 有译著否?（1）_____ （2）_____ （3）_____
　　　　　　　（4）_____ （5）_____ （6）_____
　　　　　　　（7）_____ （8）_____ （9）_____
34. 参加的团体（1）_____ （2）_____ （3）_____
35. 看的报（1）_____ （2）_____ （3）_____ （4）_____
36. 看的杂志（1）_____ （2）_____ （3）_____ （4）_____
37. 参加游戏活动（1）_____ （2）_____ （3）_____ （4）_____

乙种（一） 教职员个人家庭状况调查表 第_____号

姓名（隐名者听）_____ 学校_____ 调查日期_____年____月____日

填表须知

1. 本表每人用一份 2. 请填字清楚 3. 数目用 1, 2, 3, 4……等字
4. 不能回答之项目从缺 5. 此表请于 _____月_____日前提交

调查项目

1. 籍贯 ____省____县人 2. 性别 _____ 3. 年龄 _____岁
4. 生日 ____年____月____日生
5. 已婚否? _____ 6. 住校否? _____ 7. 家眷住校否? _____
8. 住址:（1）永久的 _____ （2）现在的 _____
9. 曾在何处居住?

地 名	时 期 从 年 月 至 年 月	地 名	时 期 从 年 月 至 年 月

10. 曾到何处游历？

地　名	时　期	备　注	地　名	时　期	备　注

11. 居住状况

12. 交友状况（写出契友三人的姓名）

13. 举出社会上你觉得最有兴趣的事两种

14. 经济状况

收入项下		支出项下	
项目	每年国币数	项目	每年国币数
本校薪俸		住宿	
他机关兼职薪俸		膳食	
家产收入		衣服	
著作收入		交际	
		杂用	
		其他	
总计		总计	
备注		备注	

附问：1. 有债务约若干？　　　　　2. 有储蓄约若干？
　　　3. 希望的年俸约若干？

15. 亲属状况

亲属关系	名字	年龄	职　　业	每月薪俸	现在何处	每月须汝供给数	备注

注意：亲属关系下填父母妻子兄弟

乙种（二） 教职员工作经验学历调查表 第_____号

姓名（隐名者听）_____ 学校_____ 调查日期_____年_____月_____日

填表须知

1. 此表每人用一份　2. 请填字清楚　3. 数目用1,2,3,4……等字
4. 不能回答之项目从缺　5. 此表请于_____月_____日前提交

调查项目

（一）工作

担任工作种类	年级	每周所费时间	备注
科目			注意： 1. 每周所费时间须以分钟为计算之单位，如填时数或次数，则须注明每次实际上课若干分钟，休息时间并须除去计算。 2. 专人兼任等请注出。 3. 学校供膳或供宿请注出。

(续表)

担任工作种类	年级	每周所费时间	备注
职务			
总　计			

（二）经验

（表一）

曾教或现教之科目											备注
年级	月数	年级	月数	年级	月数	年级	月数	年级	月数	年级	月数

那种科目你最喜欢教？

（表二）

民国年	学校名称	学校地址	曾任或现任之职务									
			年级	月数	年级	月数	年级	月数	年级	月数	年级	月数
	总　计											
	附　问	那种职务你最喜欢担任？										

（三）学历

学校种类	学校名称	学校地址	所修科目名称或性质	在校时期（民国年）	共修月数或每周时数	获得文凭或学分学位	备注
小学				自　年　月 至　年　月			
中学				自　年　月 至　年　月			
				自　年　月 至　年　月			
师范				自　年　月 至　年　月			若同时在他校肄业亦请注出
				自　年　月 至　年　月			
大学或专门学校				自　年　月 至　年　月			
				自　年　月 至　年　月			
暑期学校				民国　年	计　日		
				民国　年	计　日		
函授学校或特殊科							

（四）阅读

写出几种曾经阅读并且阅读最有心得的教育书籍

书名	作者	出版处	内容大概	何时读的

（五）服务之经验及意见

乙种（三） 教学效率测量表 第＿＿号

教师姓名＿＿＿＿ 学校＿＿＿＿ 教授科目＿＿＿＿

教授时间＿＿＿年＿＿＿月＿＿＿日星期＿＿＿午＿＿＿时＿＿＿分至＿＿＿时＿＿＿分

所教班级＿＿＿ 出席学生数 男＿＿＿人 女＿＿＿人 评判人＿＿＿

填表须知

1. 本表不适用于艺术、体育及实验的理科等功课。2. 本表不适用于温习性质之功课。3. 用本表时，须先熟悉其内容，并宜有数次练习。4. 评判某项时只注意该项，不必顾及其他。5. 某项效率认为合于该项内之某条时，即请在条前（）上加△记号。6. 表旁附有空格二行，外行备记分数，内行备记次数及简括注语，有△各格系表明该格前之项目，应特别记出发现次数或时间。7. 标出1，2两项之条目，系表明二者有其一即可记某项分数。8. 表内各项须就教学情形随时填写，不必顾及其排列之先后。9. 填完后，将各项分数计于表旁外行空格处。加成总项分数，分记之于各总项长方格内更汇记于下表。10. 本表请于＿＿＿月＿＿＿日前交至＿＿＿＿＿＿＿。

项目	标准分数	现得分数
1. 教室管理	155	
2. 仪容言动	192	
3. 教材及教法	521	
4. 学生反应	132	
总　　计	1 000	

一　教室管理

1	上课退课	(9) 遵守时间。	(6) 迟到或早退三分钟以上。	(3) 不依时间。	△
2	出入教室	(21) 安然活泼,秩序井然。	(8) 略有喧哗,秩序略有紊乱。	(4) 喧哗,毫无秩序	
3	空气	(30) 能充分利用窗户,调节空气。	(20) 1. 不能充分利用窗户调节空气。2. 无窗户设备。	(10) 有窗户不知利用	
4	坐次	(22) 坐位先后,依学生身长、视力、听力之差异而定	(11) 坐位排列,毫无标准。后坐儿童听讲或抄写时,显有视听之困难。		△
5	教便物	(16) 不受经济限制之教便物,均已搜集或携带。	(1) 忘带某项教便物。		
6	物品收发	(15) 用极经济之传递方法收发用品。	(10) 1. 有人收发,但无次序。2. 未有物品收发。	(5) 个别取送,毫无秩序。	
7	课内秩序	(33) 无喧哗扰害他人等事发生。	(11) 此等事发现一次。	(60) 此等事发现二次以上。	△
8	学生姿势	(18) 学生坐定时身体上无惹人注意之态度。	(12) 五人以下发现不良姿势	(6) 五人以上发现不良姿势。如叉手伏案,斜倚后仰等。	△

二　仪容言动

9	态度	(15) 和蔼可亲	(21) 和平	(6) 暴戾讯厌	
		(10) 老成练达	(14) 态度大方	(7) 羞怯畏缩	
10	举动	(15) 适当活泼	(10) 有无谓之举动	(5) 有极不适当之举动	
11	体格	(15) 精壮坚实	(15) 适中	(5) 织弱羸疲	
		(16) 姿势正值	(60) 略有不正	(9) 躬腰耸肩或伸头	
12	衣履	(10) 衣履修洁朴素	(6) 中平	(3) 衣履眩丽或污垢	
13	音语	(36) 清晰悦耳	(24) 略有含糊	(1) 尖粗刺耳高低适度	
14	语法	(21) 极有伦次	(11) 略欠伦次	(7) 颠倒错乱	
15	语调	(21) 要点加重语势并有声调	(14) 略有变化	(7) 单调全无变化	
16	语义	(24) 易于领悉	(16) 略用深语	(8) 用语太深	

三　教材及教法

17	组织	(60) 以问题为中心搜集材料	(40) 略用参考教材	(20) 1. 全照课本 2. 毫无组织		
18	复习旧课	(26) 复习旧课		(13) 未复习旧课		
19	指定工作	(51) 能引起动机	(34) 未指定新课预习	(17) 不能引起动机		
		(50) 内容确定		(25) 内内①含浑		
		(50) 指示研究方法		(25) 不指示研究方法		
20	辅导自学	(54) 注意桌间指导	(36) 偶尔指导	(18) 完全注入		
21	发问	(30) 发问机会普遍	(20) 屡对三数学生发问	(10) 全不发问		
		(46) 发问能引起学生思想或兴趣	(28) 呆板问答			
22	讲解回答	(36) 明确扼要	(24) 简明	(12) 冗乏晦涩	△	
23	矫正	(21) 答案不合时鼓励学生自己矫正	(20) 有时由教师去矫正	(10) 答案不合时即由教师矫正	△	
24	板书	(21) 端正整齐	(14) 1. 略欠端正或草书 2. 未有板书	(7) 字体拙劣东倒西歪		
25	活动	(28) 目光贯注全级	(14) 1. 低头讲解 2. 时常对着一部分学生讲解			
26	整理结束	(34) 整全课观念并有圆满结束	(26) 不甚圆满	(13) 未有圆满结果下课		

四　学生反应

27	兴趣	(57) 学生皆忙于学习兴趣盎然	(38) 少数学生不学习或不注意	(19) 半数以上学生不注意或现寡味之象	△
28	发问	(30) 半数以上能提出适当问题	(24) 少数学生提出适当问题	(12) 无人提出适当问题	△
29	反应	(39) 对教师所问皆愿回答	(16) 半数学生表示愿意回答	(13) 1. 无人表示愿意回答 2. 教师未发问	△

杂　　问

1. 先生在教学上曾经遇到什么困难？＿＿＿＿＿＿＿＿＿＿＿

---

① 编者注：疑为"容"之误。

2. 这些困难点的原因安在？

3. 曾否得到别人的帮助把这些困难解决？

4. 现在又有什么困难？

5. 这些困难的原因安在？

6. 什么时候才感觉到这些困难的？

7. 你自己曾否设法解决？

乙种（四） 教师康健调查表 第＿＿＿＿号

姓名＿＿＿＿ 学校＿＿＿＿ 调查日期＿＿＿＿年＿＿＿＿月＿＿＿＿日

填表须知

1. 此表每人用一份 2. 数目用 1,2,3,4 等字 3. 请 填字清楚
4. 不能回答之项目从缺 5. 此表请于＿＿＿＿月＿＿＿＿日前提交

调查项目

一　普遍情形

1. 身长＿＿＿＿呎 2. 体重＿＿＿＿磅
3. 曾经换过什么病？（患过几次。便画几个×并且在病后注明病的时期表上未有的病名可添在下面）天花＿＿＿＿ 肺病＿＿＿＿ 白喉＿＿＿＿ 猩红热＿＿＿＿ 流行感冒＿＿＿＿ 伤寒＿＿＿＿ 疟疾＿＿＿＿ 百日咳＿＿＿＿
4. 那种病害得最利［厉］害（在何时）

5. 你有那种不能断根的毛病

6. 指出你的缺陷
  a. 目力
  b. 听力
  c. 呼吸
  d. 牙齿
  e. 说话
  f. 颈腺
  g. 扁桃体

7. 有什么显著的体形上的缺陷
8. 是否有神经烦闷的倾向
9. 消化状况
10. 大便情形
11. 饮食如何
12. 是否吃烟
13. 夜睡若干时
14. 本年内因病告假的日数
15. 曾否参加过体育运动竞赛　　　得什么奖品

乙种（五）　教师康健测量表　第＿＿＿号

姓名＿＿＿　学校＿＿＿　调查日期＿＿＿年＿＿＿月＿＿＿日

填表须知

  1. 此表每教师用一份 2. 本表除供给调查之用外教师亦可用以测量自身之健康状况 3. 健康状况合于某条时则于该条之分数上加一△记号后将各项分数填入外边一格加成总数填于总数项下 4. 本表请于＿＿＿月＿＿＿日前填交

项 目		分数	
（一）健康的症候		470	
1	你每天工作游戏到就寝时没有觉得精神上和肉体上有过分的疲劳？	40	
2	你清早起身时，有过适当的休息吗？	40	
3	你对于卫生的食物有好味道吗？	30	
4	你能遣除通常的愁闷吗？	30	
5	你乐意与他人交际吗？	30	
6	你有自信心吗？	30	
7	你的体重按照你的身长和年龄是在标准下百分之十和标准上百分之十五以内吗？	40	
8	你的姿态看来觉得健康而有效力吗？	30	
9	你的骨骼运动是常态吗？你的腿和脚不觉得痛苦吗？	20	
10	你的筋肉富有弹性吗？	20	
11	你的视力是否合度或是戴着适当的眼镜吗？	20	
12	平常距离十六呎谈话你能听见吗？	20	
13	你的皮肤是清洁，皮色是好看的吗？	20	
14	你的头发光泽而不涂抹多量的头油吗？（头发不干枯脆弱）	20	
15	你的牙齿健全或是经过医生的补好的吗？	20	
16	你没有时常发现感冒等流行病吗？	30	
17	你没有周年不去或时常发见的苦痛吗？	30	

项 目		分数	
（二）康健的习惯		530	
18	你每天亦食些黑面包吗？	20	
19	你每天必饮开水六杯吗？	20	
20	你每夜平均最少睡足八小时吗？	30	
21	你食糖果有节制并且只在餐后吗？	30	
22	你只在餐时食东西吗？（水果当作别论）	10	
23	你每天除马铃薯外，必食两种蔬菜吗？	20	
24	你所食的蔬菜有一样是生吃的吗？（芹菜，菜，莴苣等）	20	
25	每天至少食水果一次吗？	20	
26	肉、牛奶、奶饼、硬壳果、鱼卵等，每天必食一样吗？	20	
27	你每餐有定时吗？	20	
28	你食必细嚼吗？	20	

(续表)

项 目		分数	
(二) 康健的习惯		530	
29	你每星期最少洗二次周身的澡吗？	10	
30	你每天刷牙至少两次吗？	10	
31	你每天大便一次吗(不是用泻剂)？	30	
32	你每天平均有一小时在户外吗？	30	
33	你每天最少有半小时室内或室外的剧烈运动吗？	30	
34	你每星期最少有十小时从事娱乐社会活动读书等事吗？	20	
35	你在工作外有一种生活的愉快的娱乐吗？	30	
36	你卧室的窗牖夜间打开吗？	10	
37	你努力保持你最优美的坐立的姿态吗？	20	
38	你工作时穿的安适的步履吗？	10	
39	你每年有一次完全的身体检验吗？	50	
40	你的牙齿每年至少有两次医生的检验吗？	40	
41	倘若你有身体的缺陷时你能知道他们而又能医治得以维持健康状况吗？	20	
总数			100

注意：本表用美国麻省教师联合会卫生委员会之表改造而成

乙种(六) 教职员课外活动调查表 第_____号

姓名_____ 学校_____ 调查日期_____年_____月_____日

填表须知

1. 此表每人一份 2. 请填字清楚 3. 数目用1,2,3,4……等字
4. 不能回答之项目从缺 5. 此表请于_____月_____日前填交

调查项目

(一) 译著

书名或题名	出版书局或登载报纸杂志	出版年月或卷数期数	备注

（二）课余活动

活动的种类	每周所费的时间	备注
参加的团体		
看的报		
看的杂志		
看的书籍		
游戏运动		
总计		

（原载《教育建设（上海）》第二期，1911年）

改良学校参观的计划

"参观！参观！每到了要放假的时候就看见你来！学校里为你化去许多金钱，学生们为你消磨了许多光阴，究竟你的用处在那里？"我抱了这个疑问，再看看现在各学校参观的情形，研求解答之方，因此发生了后面的一篇议论。

我觉得现在学校里的参观，有三种不好的现象：

（一）敷衍的——这是学校办事人方面的现象。

学校办事的人，并没有想到参观的益处。他们只觉得参观这件事，各学校都有，我们学校没有似乎不好看。我记得从前有一位校长向我说："参观这件事，细细想来，也没什么好处。说不举行罢，偏偏人家都有，面子上似乎过不去，真是为难！"你看他这一番话，是不是敷衍的意思？我不敢说个个学校都是如此，但是抱这种见解去领学生参观的，恐怕不在少数。

（二）游览的——这是学生方面的现象。

学生在学校里孜孜兀兀的读了几年书，平常修学旅行又少，一到了参观时期，听说那一天要到镇江，那一天要到杭州，那一天要到北京，他心便打算怎样去游金焦二山；怎样去游西湖；怎样去游颐和园。却反把他们出去的最重要的目的——参观——丢在脑后，你道好笑不好笑？曾记得有一次某校的学生到上海参观，学生中有十分之九是第一次到上海，他们未到上海之先，就听说上海怎样热闹。一到了上海，就上街乱跑。看见上海的洋房那样高大，马路那样修阔，新世界大世界那样热闹，真像个乡下人入了五都之市，大有应接不暇之势。就任性耍了个通夜。第二天到了某校参观，因为一夜太辛苦，就不知不觉的睡着在参观的椅子上了唵！这就是参观！我看不如说他"旅行"倒还好听些咧！

（三）应酬的——这是被参观学校的现象。

在交通便利的地方，稍有名誉的学校无不有人光顾。人家来参观请教虽说是一件有体面的事，可是来的人太多了，学校里办事的人就未免疲于奔命。因此之故，有许多学校就不得不采用应酬的办法。参观人问一句，他就答一句；参观人要看那一课，就把他带到那个教室里去看一看；参观人要参观该校普通的情形，他就领他带到各处走一个圈子，并且说"这儿是教室……这儿是宿舍……这儿是食堂……这儿是自修室……"一类的话；参观人告辞了，他然后恭恭敬敬的送出大门。这就是应酬的办法。能有这一点应酬，还是客气的学校。遇到不客气的，听说竟有直接向参观人讲"你如果要特别参观那一课，请你等担任这课的先生有空，如要普通参观，可以着个校役陪你走一走"的，那真使参观人失望了。

这上面的三层,是极普通的现象。此外还有许多缺点,等下文再说。

怎样改良?

上面三大流弊之所以发生,全因学校里办理参观不得其法。既不得其法,就难有好结果;既无好结果,又不能不参观,就不得不敷衍;既存了敷衍之心,学生就不得有兴味;被参观的学校;也就不得高兴招待。所以改良参观的第一着,必先从改良参观的方法做起。我今把个人改良方法的意见,写出来研究研究。

甲　参观前之准备

（一）定参观之目的

目的不明,随意参观,仅能得许多漫无系统的印象,虽参观百次,又有何益?所以要收参观的效果,非先将目的认定不可。参观的目的,依我看来,可用几句话包括如下。

明了别校实际的状况,集思广益,以解决我所要解决的问题。

教育二字里,包含了无数的问题。教育的过程,日日在解决问题之中,即拿教室来说:应该多长?应该多阔?应该多高?光线那边来的好?黑板位置应该怎样?大小质料应该怎样?窗应该多少高?多少宽?桌椅怎样安排?应该用那种样式才合于卫生?即这很狭的一点,已有了这样多的问题。只要办教育的人稍为留心一下,学校里无处不是问题,处处要解决,处处没有解决的好办法,倘如办教育的人头脑中没有问题盘旋,绝配不上谈教育,所以我以为参观最大的目的,即在征求人家的意见,采取长处来解决问题,尤要紧的,是解决我们学校里急待解决的问题。在参观未出发之先,即当把要解决的几个问题,预备妥当,记住在胸中,以便讨论这是准备中最要紧的一件事。

（二）定参观之地点及学校

问题定了然后就问题的性质,定参观的地点和学校。如欲参观职业教育,即不妨到菲列宾;如欲参观商业教育,即不妨到上海;如欲参观教育行政,即不妨到山西;如欲参观地方教育,即不妨到南通;所参观的学校,亦可依问题之性质临时斟酌,不必拘泥。此是第二步。

（三）研究所欲参观的学校之情形

先研究所参观的学校的情形,有两种益处。（1）可以省去许多不要紧的问题。通常参观学校,参观者有些极不要紧、极不必问的话,如"贵校有多少学生?贵校每年用多少经费?贵校有几级?贵校开办了几多年?……"之类,都可在各该校出版的一览上看出。若一一发问,徒然化费许多时间,所得的不过是零星琐碎的事实。参观者如在这些问题上浪费时光,真可不必参观!（2）可以免去茫无头绪的参观。现在参观的人,到了一个学校。这里看十分钟,那里看五分钟,东钻西钻不得要领。倘使先把该校的情形,研究清楚,再实际来证印一下,自能左右逢源,头头是道,不致有茫无头绪之弊。

（四）组织小团体

参观学校的团体,万不可过大。目今师范学校的毕业参观,动辄数十人一起,鱼贯而行,在前列的几个,尚可听见引导者的说明,在后面的简直受不到这种利益。并且因为人数众多的关系,走马看花。有如浮云过眼,也不能留什么印像,所以我主张参观的团体,愈少愈妙,如在学校,有几十人同时参观,当分为若干小组,每组担任一个或二个研究的问题,特别考察。且不必于一时间内同到一地去看。今特假设一例如下。

组别	担任题目	时期及地点		
		六月初十至六月十四	六月十六至六月二十	六月二十二至二十六
甲	读法教法	南京	上海	通州
乙	算术教法	上海	通州	南京
丙	缀法教法	通州	南京	上海

照这种支配的办法,既可细心考察,又收分工之效,各处参观的团体,何不照这样来试试呢?

乙　参观时之步骤

参观的时候,参观人应当具有两种态度。因为这两种态度太重了,所以我特别在此地说一下。这两种态度是:

(1) 领教的态度。

(2) 批评的态度。

没有领教的态度,必流于自傲自慢,被参观的学校,必不愿热心招待,把他们的心得,尽情相告;没有批评的态度,势必流于盲从,不知取舍,虽参观多次,亦不能得益。所以我以为参观人在参观的时候,须具有领教的态度,虚心请益,同时又必具有批评的态度,细加甄别。不过要注意的,就是我所谓批评,系指积极的批评,而非消极的批评。现在有一班参观的先生,到人家去参观,提起一副很高的眼光,专管说人家的缺点。人家固不能无缺点,但是有许多优点,也不应当埋没。去岁有某君参观某附属小学,即犯了这层弊病,以致引起了一番意气的笔墨官司,弄得两方面都不好看。我们参观学校的人,不可不于此留意。

现在再来谈参观时之步骤。

(1) 谈话

到了参观的学校之后,第一层先要请该校办事的主要人谈话。谈话的时候,有三点务宜注意。(一)不要问已知道的话,空费时间——如该校的沿革组织之类,均可于参观前研究清楚。(二)不要问笼统的话——如贵校在训育上采什么方针,在教授上采什么主义之类。(三)不要作无秩序的谈话。几人一同谈话,常有凌乱庞杂之弊。如甲问"贵校对于低能的儿童有什么办法?"乙问"贵校高等科读法是不是仍用文言或白话?"之类。杂乱无章,答的人固不容易,问的人也得不到系统的报告,所以参观的人,事前必将谈话的秩序,商议妥定,然后发问。

在谈话的当儿,有三样东西一定要问指导人索取:(1) 该校最近的一览;(2) 该校各班日课表;(3)该校各科教授顺序(参观小学时才用得着)。以便按照日课表、教授顺序,至各教室参观。(这三种东西被参观的学校应该多备几份。)在谈话的时候,有二点最不可忽略的是:(一)询问该校有没有教育上的试验或特点,以便留心观察;(二)述明所有欲解决的问题,请他指导参观,谈话完了之后,再去实际观察。

(2) 观察

观察的时候,下列几点须注意。

a. 须参观一个整单元

现在到各处参观的,大概注意于设备。至于教授一层,则非常忽略。最好笑的是跑到教室里,看不到十分钟,教者所讲的什么,还没听清楚,即已退出教室。试问这短时间的参观,究竟有什么用处?真正的参观,须特别注意于教法,有几种功课,一个单元分成几课教的,必须课课都到,将一个整单元自首至尾的看了,方可得到益处。不然走马看花,徒然自欺欺人,全失去参观的本旨了。

b. 须留心与自己所用的方法之异同

平常有许多教授上的难点积在胸中,无法解决,到了参观的时候须特别留意教者的教授方法,是否与我所用的相同,然后再注意他的结果。如其方法与我相同而结果比我好,就要研究为什么缘故。如其方法不与我同,而结果比我好就要十分留意,待下课后向教者虚心请益,以便效法。

c. 须注意设备上之经济及利用

现在的人参观,大概偏重于形式。譬如说某校设备完全,某校校舍宽敞一类的话,只要那个学校真有这两个特点,参观的人回去之后,未有不提到的。学校设备好,却是一个优点,固也值得称赞。不过我的意思,学校的设备完全与否是经济的问题,只要经济足,无论什么人都可办到,乡村小学的教师,并不是不会装饰,把学校打扮得附属小学一样。只是绌于经费,以致弄得他不能发展。所以学校的设备好,只可归功于这个学校经费充足,不能说办事人的特别才干。因此我们参观学校,当另具一副眼光,不必注意于设备的好坏,而当特别注意于设备的经济和利用。我可举几个例子,通州第七中学宿舍窗户的玻璃,有许多是两块合成的,这就是利用的废物。南京一女师附小的天井里都是栽的花草,这就是利用的废地。又如某乡校买不起足球,麦克乐先生劝他用竹制篾球代替。果然合用,这就是利用的贱材,诸如此类,只要办事的人用心研究,无处不可利用。所以我们参观学校设备的人,当在这一点上特别留意,以便仿效,不必徒然赞欺人家设备的完全,于自己的学校毫无补助。

(3) 讨论

参观既毕,再请学校的办事人及教员谈话。这次谈话的作用,可分四点:

a. 解释参观时所见的疑点

参观时有许多疑点,未及发问,此时即不妨提出请教。如属学校毕业团体参观,尤当使学生有发问的机会,不能全由教者代庖,妨碍学生的自动。(如属少数人参观,即不成问题。)

b. 学校办事的人报告心得及经验

办学校几年之后，果非有意敷衍，断不致毫无心得及经验。此时即可请学校办事人报告，以为他山之助。

c. 提出讨论的问题

参观的人既挟有许多研究未决的问题出来征求意见，即不妨于此时提出，请被参观学校的职教员帮同解决，以收集思广益之效。

d. 对于参观的学校陈述意见

在某校参观了许多时之后，得了许多指导。参观的人也该就他眼光所及的，向参观的学校陈述意见，以答指导的厚意，不过有些学校里的职教员，老气横秋，他们抱着一个无所不知尽善尽美的态度，专伺候你来领教，断不欢喜听不好的批评。即有时勉强说几句"请你指教"的话，也不过想你夸赞他几声。倘如你老实不客气，对他说几句改良的意见，他又觉得大不耐烦，不愿意听了，所以贡献意见一层，非两方面真正热心研究，彼此谅解，不能办到。

丙 参观后之处理

参观回去之后，照目下各校普遍的情形看来，大概各人做一篇报告，或是开一个大会，请几位代表上台讲演，就算了事。这种办法，殊属不妥，依我的意见，参观回来之后，除去各团报告心得及各校的优劣点之外，当集合全体参观的人，共同讨论，筹商解决难题的办法。这时候无论何人皆当发表意见，讨论终结之后，一方面拿来做自己实施的标准，一方面印成小册报告结果，送登报端，同国内外教育界共同讨论。如此办法，才不致辜负参观，才算得研究教育。

余论

我这篇文章，做到这儿，也就快完。不过还有几点，是参观人不留意的，我不得不勉强拿他来做个余论，在这儿补说一下。

（1）注意参观地方社会的状况

学校不能离社会而独立。社会上的事物，学校里应当拿来做教材。同时又当拿学校里的优点，去改革社会，我们参观学校的时候，即当同时考察该地社会的状况。倘使这地的学校，已经做到社会化的地步，我们参观的时候，即可以因此知道他们施教的背景，倘使他们没有在此点办到，参观的人即可于此贡献意见，请他采纳。这是参观学校的人应该留意的。可惜现在参观的人，没有几个能够办到。

（2）参观外人经营的学校

参观的人于这一点，更少有人做到。外国人经营的学校，可分两种：一是教会办给中国人读的；二是外人办给侨居中国的子弟读的。我们在前一种的学校里，当特别注意他的课程和办法，优点固当采取，劣点尤宜尽情披露，去促进他的改革。因为教会学校，虽说是外国人办的，实际上是教的中国子弟。教育权落在外人手里，已属很可伤心。倘使再不去促进他改革,更何以对得住国内的青年呢?在后一种的学校里,我们应当特别注意于他们的状况,介绍于国内的教育界。

(3)留意僧人经营的学校

上次我由镇江到南京时,在车上遇到一位和尚,同他谈及僧人经营的教育,乃知道他们僧教里也办了许多学校。如上海、南京、杭州及国内各大丛林的地方都有他们办的学校,僧俗兼收。我当时听了很诧异,又很欢喜。因此想到佛教在中国的势力之伟大,倘使鼓励他们从事教育的事业,凡是有庙宇的地方,都经营一个学校,岂不是于普及教育上有很大的补助吗?我因此立意到上海、杭州一带去参观僧人经营的学校,一方面加以鼓励,一方面把他们的状况介绍出来,给人知道,也希望别的参观的人,同时于此点留意。

以上所述,乃是鄙人对于参观的意见,希望国内教育家多多赐教。

(原载《中华教育界》第十卷第十一期,1921年)

编制教育调查表格之原理及方法

教育调查,在中国已成为一种运动。欲此运动之成功,必赖适当之工具。调查表格,乃工具之一种,国内人士虽多有编制,但求其合于制表原理,而又适于我国之用者,盖不多见。作者不敏,爰就研究所得,著为此篇,以供一般调查教育者之参考焉。

一、基本原则

编制教育调查表格时,须注意五个基本原则:

(一) 划一

各表格式,如纸张大小、内容布置、语句构造等等,均须合于整齐划一之原则。

(二) 确定

各表内容,须力求确定,使用表格者一目了然,对调查项目之内容,有明确之观念。

(三) 经济

内容之布置,务必合于经济的原则,每项下所留地位,须预计答案多寡,妥为配定,以免浪费。

(四) 适用

编制表格时,须顾及方便适用,举凡表样大小、纸质、颜色、划线、定位、印字等等,均须特别注意,以减少调查及整理时之困难。

(五) 美观

最后当注意形式上之美观,使用者对表格不生厌恶之态度。

以上各原则当更于后文说明之。

二、表格之种类

教育调查表格之种类,第一,就范围大小言,可分为四类:(一) 以一地方(国、省、县等)为单位,(二) 以一学校,一私塾,或一社会教育机关为单位,(三) 以一班为单位,(四) 以一学生一教员为单位。第二,就性质言,可分为调查表、测量表及检验表三种,大概教育状况,凡可调查者,即皆可测量其效率。惟因测量表及检验表编制较难,故通常所用者多属于第一种。

三、表格之形式

调查表格之形式,可分大小、纸质、颜色、划线、定位、印字六项述之。

（一）大小

调查表之大小，以 5 吋×8 吋最为适宜，(1) 便于携带，(2) 便于收藏。若调查之项目太多，一页之地位，不敷应用，则宜分印数页，装成单本用之。

（二）纸质

纸质以坚硬平滑为主，但用费甚巨。通常以用道林纸为宜。切忌用毛边，或新开纸，以既不耐久，又难携带。

（三）颜色

各种调查表，宜用不同之颜色。其利益有二：(1) 省目力而免淆乱，(2) 便于分类整理。若色纸不易得，则宜用各种颜色分印之。

（四）划线

用轻重二线区别部位，重线当用于主要区分部分，轻线当用于部分中区分部分。此种办法之功用，第一利便调查，第二利便整理。

（五）定位

应注意下列数事：

(1) 排列清楚，不可拥挤。

(2) 留出相当地位——不太多，亦不太少——以便于填写为主。表后有时更宜多留地位，或留下数页空白，以备填写之用。

(3) 为便于整理计，凡须填数目字之部分，均须横列，(参阅一校经费调查表)。

(4) 凡问题之属于随意回答之性质者，可集于一处，标以数目字，而于各题下空出地位，俾答者自由填写，以省篇幅(参阅课程调查表)。

（六）印字

重要项目须用大号字体，以集中调查者之目力。如能用颜色字，更佳。

四、表格之内容

（一）内容之性质

表格内容之性质，当注意之点如下：

(1) 每表只应包含本表标题范围内应有之重要项目。

(2) 表中各项之内容，宜匀称支配，繁简适宜。

（二）内容之组织

每表上之项目，分为引首的及正身的三种。表之项际，排列引首的项目，其次始排列正身的项目。

引首的项目，务须简括，凡属无关调查本旨，或其他不重要的问题，皆不必羼入。

为使用表者易于明了起见，常于引首项目中，列入填表须知若干条。此种条目，概具有普遍性质，可以适用于表内各部分者。若只适用于表内之一部分，则宜在该部分下注出，以清眉目，而免混淆。

排列正身的项目时，连带须顾及逻辑的次序；然有时亦顾及心理的程序。二者往往合

用。(参阅教师效率测量表)

（三）内容之修辞

修辞之目的,在使用表者阅表了然,对于调查之事项,有确定之意义。其注意之点如下：

1. 化全体为部分

以校舍为例,应将组成校舍的各项重要部分,分析开来调查。

2. 化性质为数量

如调查儿童牙病之程度,当以蛀牙数代替好、中、坏等性质之字样。

3. 化繁复为简单

如调查教师教学时之态度,当析为"老辣""和蔼"等项分别调查之。

4. 化抽象为具体

如测量教学时在组织教材上之效率,当分为"问题为中心搜集教材","略用参考教材",及"全照课本毫无组织"三项调查之。

5. 化含浑为确定

前例和蔼的态度内容极为含浑,其程度不能以数量表示,故宜将其分为"和蔼可亲""和平""暴戾讨厌"三项,使其较为确定,以便调查。

五、测量表之编制

测量表为表格之一种,其编制方法关于普通者,已述于前。兹以作者所制"教学效率测量表"为例,更述其编制时应特别注意之点如左：

（一）搜罗特点

编制测量表时,第一步当搜罗特点,如教学效率测量表上"上课退课""出入教室"之类。此类特点,当该表初制时,共列一百余条,概从通常所用教学测量表,教学法著作及作者经验中搜罗而来者。

（二）精选特点

此百余特点经广州中山大学教育研究所同人逐条讨论,最后用公决法选出得票最多者三十四条,为构造该表之基本条目。

（三）分化特点

次将各特点,就其性质分为三等或两等,如"语言"则分为"清晰悦耳高低适度""略有含糊""尖粗刺耳"三项；"发问"则分为"发问能引起学生思想或兴趣"及"呆板发问"二项是。

（四）决定总分

因此表特点有三十四条之多,每条又有差等,一百分断不敷支配,故决定以一千分为该表之总分数。

（五）分配分数

分配分数之目的,在该表上一方面欲将各特点最高等之总分数凑成千分,他方面又将

每特点各等点之分数排成倍数的顺序(如 15,10,5,或 27,18,9,等是),其手续比较复杂。兹再分为两步述如左:

Ⅰ.确定各条等点,其手续如下:

(1)假定等点

将各条特点书于小卡片上,每点一张。另用空卡十张书 1.2.3.4.5.6.7.8.9.10. 十字定为"号卡",横排案上。然后将书有各特点之卡片,分为十组,从作者主观眼光,认为最重要者,定为十"等点",依次到最不重要者,定为一等点,排列于各"号卡"之下。然后互相比较,上下移置,直至作者认为满意时为止。

(2)专家评定

另备一纸,记录分配结果,印送专家评判。(当时批评教学效率测量表者,仅为中大教研所同人。)其形式如本页下半页所示:

1	2	3	4	5	6	7	8	9	10
( )出入教室	( )…	( )…	( )…	( )…	( )…	( )…	( )…	( )…	( )…
( )…	( )…	( )…	( )…	( )…	( )…	( )…	( )…		( )…
( )…	( )…	( )…	( )…	( )…			( )…		
( )…	( )…	( )…	( )…						
( )…		( )…	( )…						
( )…									

注意

a. 表内各条代表教学特点。在 10 下者其价值为十"等点",余类推。

b. 请就尊意评判各特点之价值,如认其条上原有之"等点"价值欠当,则请于该条前之( )内注出尊意认为妥当之等点价值。

(3)确定等点

将每条上各评判人所定"等点",加成总数。(评判人未定等点之条目,概以原有等点价值,加入计算。)复以评判人之总数加一(即作者)除之,得一平均数,即每条之平均等点数也。(若用中数亦可。)

Ⅱ.确定各条分数

(1)求平均等点总数

将各条平均等点数相加,而得各条平均等点总数。

(2)化等点为分数

教学效率测量表上各特点,共有三十四条,其平均等点,共约一百四十,其总分数照预定应为一千即以此千分之数,按各条所得等点之比例分配之。例如某条经专家五人评定之等点为 1.2.3.3.6,而其原有之等点为 4,相加总数为 19,$\frac{19}{5+1}=3.2$ 等点。今预定总分数为 1 000 分,按比例分数应为:140∶3.2＝1000∶x,x＝$\frac{1\,000*3.2}{140}$＝23 意即原有表中 3,2,等点之某项,相当于测量表 1 000 分中 23 分,余可类推。

Ⅲ. 决定最后分配

各条特点分数确定后,其总数未必适为一千分。且每特点各等间之分数,亦未必能排成倍数的顺序,故最后又必将各点分数,约略改动,以期适合上述之条件。兹述其方法于后。

假定教学效率测量表中之"板书"条,其平均点化成分数后,得 22 分,而该条又为三等,此 22 之数,不能使该条之三等分数,排成倍数的顺序,故必择其相近之数可以符合此条件者用之。按与 22 相近之数合于此条件者,一为 24,一为 21。惟 22 与 24 之差为二,与 21 之差别则为一,取其差之小者,故决定取 21 之数。而将其分为 21,14,7,配入原有三等之上,余可类推。

各特点之分数,依照上法改变后,其最高的一等之总分数,仍必与原定之千分相差若干分。故最后手续,又必观察各特点最高等之分数,将相差之数,分配增减于各条之内,务使各项最高等的一等之总数,适成一千分,而每条各等间之分数,排成倍数的顺序为止。

以上为编制较为繁杂的测量表之手续。此种测量表,因须将各特点分化,故于手续上较为复杂。若通常测量表,其手续则较为简单。兹就前述方法,分项比较说明之。

搜罗特点　同前

精选特点　同前

分化特点　无须

决定总数　同前

分配分数　仅须将各特点之总分数,凑成千分,不必顾及其他。

1. 确定各条等点

（1）假定等点　同前

（2）专家评定　同前

（3）确定等点　同前

2. 确定各条分数

（1）求平均等点总数　同前

（2）化等点为分数　同前

前述方法之目的,在求比较精确的专家配合意见(Composite judgment)。数年前,盛君朗西编制"乡村小学等点表"(该表系东南大学教育科编印),亦充分利用专家意见;惟当时所用方法,仅可搜集各种的批评意见,不能获得比较精密的综合主张,未免美中不足。盛君笃好研究,深愿再利用本篇所述方法,将该表修正,俾臻完善。至作者所制之教育效率测量表,在方法上虽较精密,但因未能充分搜罗特点,且评定之人太少,亦不完善,他日有暇,尚拟重行编制,以补该表之不足也。

附调查、测量、检验表各一种。作者另著《教育调查指导表格》一书,已付剞劂,不久即可出版。

该书将由上海真茹南新书社及各省中华书局商务书馆代售。

一班课程调查表 第_____号

年级_____ 组别_____ 学校_____ 调查日期_____年_____月_____日
调查人_____

填表须知

1. 本表每班用一份,但遇单级或复式之班次,则请分填数表。2. 请填写清楚。3. 数目字悉用1、2、3、4、5等字。4. 不能回答之项目从略。5. 本表请于_____月_____日以前填交

调查项目

一、科目和时间

(一)科目	(二)本年级内受若干周	(三)每周授课字数	(四)每次授课若干分钟	(五)每周总时间	(六)本年级内总时间	(七)在全部课程中所占之%	(八)选修人或必修×	备注

注 1.(五)(六)(七)三项可勿填写 2.(四)项休息时间除去计算

二、日课表

时间＼科目＼星期	1	2	3	4	5	6
从　点　分 至　点　分						
从　点　分 至　点　分						
从　点　分 至　点　分						
从　点　分 至　点　分						
从　点　分 至　点　分						
从　点　分 至　点　分						
从　点　分 至　点　分						
从　点　分 至　点　分						
从　点　分 至　点　分						
从　点　分 至　点　分						

三、教科书及补充读物

科　目	所用教科书			所用补充读物			备注
	书名	第　册	出版处	书名	第　册	出版处	

1. 所用教科书书名，请详细写明；册数只须写1,2,3,等字；如用第四册，只须写一"4"字
2. 出版处可简写：如商务印书馆，只须写"商务"，中华书局只须写"中华"
3. 如有特定的"课程纲要"请记入备注栏内；并请另纸抄写，贴于本表背面

四、实施状况

先生对于下列各问题，如有意见，请指明第几条。将意见写在下面空白处；如有其他意思，亦请标题录入！

1. 教材选择用何标准？
2. 各科目内有何特别适应乡土情形的注意点？
3. 各科目实施时，对于特优和低能儿有何特别补充和救济。
4. 各科目实施时，对于男女生，有何歧异之点？
5. 各科目所用之教科书，用过后有何意见？
6. 各科目实施以来，有何重大的困难发生？
7. 先生对于担任之科目，有何意见？
8. 对于各科目，有何特殊的设置，如特别教室、教具……等？

教学效率测量表　第_____号

教师姓名_____　学校_____　教授科目_____
教授时间_____年___月___日　星期___　午___时___分至___时___分
所教班级_____　出席学生数___　男___人　女___人　评判人_____

填表须知

1. 本表不适用于艺术、体育及实验的理科等功课。2. 本表不适用于温习性质之功课。3. 用本表时，须先熟悉其内容，并宜有数次练习。4. 评判某项时，只注意该项，不必顾及其他。5. 某项效率认为合于该项内之某条时，即请在该条前面上加✓记号。6. 表旁附有空格二行，外行备记分数，内行备记次数及简括注语，有△各格系表明该格前之项目，应特别记出发现次数或时间。7. 标出1、2、隔项之条目，系表明二者其一，即可记某项分数。8. 表内各项须就教学情形随时题写，不必顾及其排列之先后。9. 题完后，将各项分数计于表旁外行空开出。加成总行分数，分记之于各总行长方式内，更汇记于下表。10. 本表请于_____月_____日_____前分至

项目	标准分数	现得分数
1. 教室管理	155	
2. 仪容言动	192	
3. 教材及教法	521	
4. 学生反应	132	
总　计	1 000	

一、教室管理

1.	上课退课	（9）遵守时间	（6）迟到或早退三分钟以上	（3）不依时间	△	
2.	出入教室	（12）安静活泼秩序井然	（8）略有喧哗秩序略有紊乱	（4）喧哗毫无秩序		
3.	空气	（30）能充分利用窗外调节空气	（20）1. 不能充分利用窗户调节气 2. 无窗户设备	（10）有窗户不知用利		
4.	坐次	（22）坐位先后依学生身长视力生力之差异而定	（11）坐位排列毫无标准后坐儿童听讲或抄写时显有视听之困难		△	
5.	教便物	（16）不受经济限制之教便物均已搜集或携带	（8）忘带某项教便物			
6.	物品收发	（15）用极经济之传递方法收发用品	（10）1. 有人收发，但无次序 2. 未有物品收发	（5）个别取送毫无秩序		
7.	课内秩序	（33）无喧哗扰害他人等事发生	（22）此等事发现一次	（11）此等事项发现二次以上	△	
8.	学生姿势	（18）学生坐定时身体上无惹人注意之态度	（12）五人以下发现不良姿势	（6）五人以上发现不良姿势如叉手就案斜倚后仰等	△	

二、仪容言动

9.	态度	（15）和蔼可亲	（10）和平	（5）暴戾讨厌		
		（21）老成练达	（14）态度大方	（7）羞怯畏缩		
10.	举动	（15）适当活泼	（10）有无调之举动	（5）有极不适当举动		
11.	体格	（15）精壮坚实	（10）适中	（5）纤弱羸疲		
		（15）姿势正直	（10）略有不正	（5）躬耸腰肩或伸颈		
12.	衣履	（9）衣履修洁朴素	（6）中平	（3）衣履眩丽或污垢		
13.	音语	（36）清晰悦耳	（24）略有含糊	（12）尖粗刺耳适低高度①		
14.	语法	（21）极有伦次	（11）略有伦化[次]	（7）颠倒错乱		
15.	语调	（21）要点加重语势并有声调	（14）略有变化	（7）单调全无变化		
16.	语义	（24）易于领悟	（16）略有深语	（8）用语太深		

---

① 编者注：原文错排，应为"高氏适度"。

三、教材及教法

17.	组织	(60) 以问题为中心搜集材料	(40) 略用参考教材	(20) 1. 全照课本 2. 毫无组织	
18.	复习旧课	(26) 复习旧课		(13) 未复习旧课	
19.	指定工作	(51) 能引起动机	(34) 未指定新课预习	(27) 不能引起动机	
		(50) 内容确定		(25) 内容含浑	
		(50) 指示研究方法		(25) 不指示研究方法	
20.	辅导自学	(54) 注意桌间指导	(36) 偶尔指导	(18) 完全注入	
21.	发问	(30) 发问机会普遍	(20) 屡对三数学生发问	(10) 全不发问	
		(46) 发问能引起学生思想或兴趣		(28) 呆板问答	
22.	讲解 回答	(36) 明确扼要	(26) 简明	(12) 冗乏晦涩	
23.	矫正	(34) 答案不合时 鼓励学生 自己矫正	(20) 有时由教师 去矫正	(10) 答案不合时即 由教师矫正	
24.	板书	(21) 端正顿齐	(14) 1. 略欠端正或草书 2. 未有板书	(7) 字体拙劣 东倒西歪	
25.	活动	(28) 目光贯注全级	(14) 1. 低头讲解 2. 时常对着一部分 学生讲解		
26.	正理 结束	(34) 正理全课观念 并有圆满结果	(26) 不甚圆满	(13) 未有圆满 结果下课	

四、学生反应

27.	兴趣	(57) 学生皆忙于学习兴趣盎然	(38) 少数学生不习或不注意	(19) 半数以上学 生不注意或 现寡味之象	△
28.	发问	(30) 半数以上能提出适当问题	(24) 少数学生提出适当问题	(12) 无提出适当 问题	
29.	反应	(39) 对教师所问 皆愿回答	(26) 半数学生表示愿意回答	(13) 1. 无人表示愿意回答 2. 教师来发问	

杂 问

1. 先生在教学上曾经遇到什么困难？ _____

2. 这些困难点的原因安在？ _____

3. 曾否得到别人的帮助把这些困难解决？

4. 现在又有什么困难？

5. 这些困难的原因安在？

6. 什么时候才感到这些困难的？

7. 你自己曾否设法解决？

学校健康调查检验表　第＿＿号

学校名称＿＿＿　检验日期＿＿＿年＿＿月＿＿日　检验者＿＿＿

填表须知

1. 本表每校一份　　2. 请填写清楚　　3. 不能填写之项目作缺
4. 有关系之出版物请附检一份　5. 本表请于＿＿月＿＿日前填交

调查项目

一、普通之部

项目及问题	答案		备注
	是	否	
（一）环境			
1. 校外是否没有喧哗的声音？			
2. 校门内外有无优美的树木？			
3. 校门外是否没有堆积的污秽？			
4. 校门外及校内之路是否用砖石等物铺得平整？			
5. 校地是否低湿？			
6. 操场上是否清洁？			
7. 每儿是否有一百方呎以上的游戏场？			
8. 校内是否有排水的险沟？			
9. 校内有否优美的树木？			

(续表)

项目及问题	答案 是	答案 否	备注
（二）饮食			
10. 学校膳食事项有无专人管理？			
11. 厨房及食堂内是否没有苍蝇？			
12. 厨夫手指及衣服是否干净？			
13. 通学儿童有无在校适当午膳的地方？			
14. 膳堂是否清洁适宜？			
15. 膳堂是否用纱门纱窗？			
16. 是否用纸巾？			
17. 有无供给贫寒儿童食物的办法？			
18. 对于营养缺乏的儿童有无补救的方法？			
19. 是否设有饮水喷泉？			
20. 饮水是否清洁？			
21. 饮料水是否滤过？			
22. 载水器皿是否有盖子？			
23. 水壶之底是否设有龙头或水塞？			
24. 载水器皿是否每日用沸水洗涤？			
25. 饮料水是否终日不断？			
26. 已否废去合杯饮水的办法？			
27. 是否用纸制之杯？			
28. 学生是否自制纸杯？			
（三）厕所			
29. 校中是否设有自来水的马桶？			
30. 马桶之数是否充足？（每15女生应有一个，25男生应有一个）			
31. 自来水马桶内是否没有堆积的粪便？			
32. 厕所内是否毫无污秽之迹？			
33. 马桶坐位是否每日用药水洗净？			
34. 厕所内是否没有气味？			
35. 臭味是否为消毒药水所消灭？			
36. 厕所中是否有洗涤的设备？			
37. 厕所是吾能遮雨避风？			

(续表)

项目及问题	答案 是	答案 否	备注
（三）厕所			
38. 厕所内空气是否流通？			
39. 如系粪坑上面是否有盖？			
40. 女生是否有适当的厕所和男生分开？			
（四）救急			
41. 是否教授救急的方法？			
42. 有无救急的设备？			
43. 有无救急的工作？			
44. 是否训练高年级的儿童作救护的工作？			
45. 有无幼年红十字会的组织？			
46. 有无童子军的救护队？			
（五）消防			
47. 房屋是否耐火？			
48. 屋外是否设有铁梯以备逃火？			
49. 是否备有救火的水龙？			
50. 教室礼堂等处之门是否向外开？			
51. 燃料房是否与他室隔离？			
52. 燃料等物，是否贮于不易引火的地方？			
53. 楼梯下之密室，是否不准堆积易于燃火之物？			
54. 是否设有火警办法？			
55. 有无火警训练？			
56. 洁[火]警训练时常举行否？			
（六）疾病			
57. 有无校医？			
58. 有无学校看护？			
59. 是否有医生诊病所？			
60. 是否有调养室？			
61. 有无预防疾病的办法？			
62. 是否代学生施种牛痘？			
63. 有传染病的儿童是否隔离开来？			
64. 有皮肤病的儿童是否隔离开来？			

(续表)

项目及问题	答案		备注
	是	否	
(七) 儿[其]他卫生工作			
甲、学校方面			
65. 对于校工有无清洁工作的指导?			
66. 儿童游戏时有无教师论述指导?			
67. 本年内举行体格检查否?			
68. 教师是否检查儿童的体格?			
69. 检查体格后,是否通知儿童家长医治儿童疾病?			
70. 恳亲会中是否有三分之一的会为讨论儿童健康问题?			
71. 有无矫正儿童语言缺陷的办法?			
72. 有无推广卫生事业的办法?			
乙、学生方面			
73. 学生是否人人参加游戏?			
74. 有无健康教育的运动?			
75. 有无学校卫生局的组织?			
76. 有无少年卫生区的组织?			
77. 有无全校大扫除的办法?			
78. 有无除草运动?			
79. 有无捕蝇团的组织?			
80. 学生是否自制捕蝇器具?			
81. 学生是否自制捕鼠机?			
82. 学生是否自制纱窗等物?			
(八) 其他健康设备			
83. 有无露天教室?			
84. 有无适当的教师休息室?			
85. 校中是否设有干燥清净通空气之挂衣室?			
86. 校内有无关于儿童健康一类的书籍?			
87. 走道间是否设有各种障碍物?			
88. 室中之走道是否清洁而有光亮?			

二、教室之部

凡是对的项目均于教室号数之方格内作人号不对的作×号

项目及问题	教室号数											
	1	2	3	4	5	6	7	8	9	10	11	12
（一）光线												
1. 教室是否从左采光？												
2. 课桌是否直接对着日光？												
3. 玻璃之面积是否占有全室中面积20至25%？												
4. 第一窗与前壁是否有八呎的距离？												
5. 室内的光线是否匀称？												
6. 黑的一边的坐位是否离窗在二十四呎以内？												
7. 天花板比墙壁的颜色淡些否？												
8. 墙壁是否淡色？												
9. 窗与天花板之间是否在一呎以内的距离？												
10. 室内是否装饰太多以致妨碍光线？												
11. 教室外是否免除树木的遮掩？												
12. 窗幕是否是淡黄或淡白色？												
13. 是否避用黑色的窗幕？												
（二）温度												
14. 教室中是否保持适宜之温度？（68—70°）												
15. 室内每天是否有温度的记载？												
16. 每室内是否有寒暑表？												
17. 达于各室火炉之热气管是否安装妥当？												
18. 倘若室中用火炉则洁炉是否设有外罩？												
19. 火炉之烟是否有管通出外面？												
20. 火炉左右是否有新鲜空气的入口？												
（三）空气												
21. 教室内的空气新鲜否？												
22. 教室内空气流通否？												
23. 每教室内每否①所占地面是否合于每儿15方呎的标准吗？												

---

① 编者注：原文如此，疑为"每生"之误。

(续表)

项目及问题		教室号数											
		1	2	3	4	5	6	7	8	9	10	11	12
(三) 空气													
24.	每生所占空间是否合于 200 方呎的标准吗?												
25.	室中是否设有空气的机关?(每生每小时须 2000 方呎的空气)												
26.	通气之机关是否灵便适用?												
27.	通气之机关不能应用时窗户是否常开?												
28.	倘用窗户通气法则窗户是否常开?												
29.	窗底是否设有通风板?(小气窗)												
30.	新鲜空气的入口是否避去污臭的地方?												
31.	清洁教室的时候是否将窗户洞开?												
32.	退课之时间内是否设法调换新鲜空气?												
33.	有无使空气润湿的方法?												
34.	室中空气是否含有相当的水分?(温[湿]度应为 40—60%)												
(四) 坐位													
35.	是否用单人的坐位?												
36.	是否用能上下的坐位?												
37.	是否能调节活动的坐位以适应学生之身材?												
38.	假使坐位之高矮,不能变动,是否用各种高度的坐位以适应儿童之身材?												
(五) 洁净													
39.	教室是否清洁?												
40.	各儿童是否有独用的牙刷?												
41.	是否没有公同用的手巾?												
42.	低年级教室内是否设有洗手的面盆?												
43.	扫教室时是否用潮湿木屑等物以免灰尘飞扬?												
44.	地板上是否有泥垢?												
45.	是否不是干扫的方法?												
46.	室内桌椅或校具上是否有尘污?												
47.	窗牖是否一年至少洗四次?												
48.	黑板是否清洁而乌黑?												

(续表)

项目及问题		教室号数											
		1	2	3	4	5	6	7	8	9	10	11	12
(五) 洁净														
49.	是否用的不扬灰的粉笔？												
50.	笔与粉笔收发时各生是否用其固有之笔（永不可换调）												
(六) 其他														
51.	每日早晨有无五分钟的清洁检查？												
52.	有无健康指导？												
53.	是否有卫生及健康的教授？												
54.	听力不佳的儿童是否坐在前面？												
55.	目光不佳的儿童是否坐在前面？												

（原载《中华教育界》第十八卷第七期，1930年）

教育调查概论

一、教育调查之意义

教育调查，为现代科学的教育研究之新产儿，其性质可谓为教育事业的一种诊治作用。其主要目的在表显教育事实，估量其效率，并示以改进之道。其手段则系运用科学方法，按照规定之计划与步骤，本客观态度，搜集资料，用统计与图表方法，加以整理；更推究各方面之关系，解释所得结果；最后建议报告：使从事教育者，明了于所办教育事业优点与劣点之所在，以为估定教育政策，改良教育设施之根据。

教育调查一语，本从英文 Educational Survey 译出，沿用已有数年。惟调查二字，易与通常所谓教育调查者相混。通常所谓调查，就方法言，只有决定目标、搜集材料与整理报告三项，而无解释结果与建议，至本书所谓教育调查，则除整理材料发现事实外，更加以解释，建议改进，例如发现某城儿童患沙眼病者，占全体儿童数百分之七十，在通常调查，做到此步，便可结束。（我国官厅方面所出教育调查报告，多属此类。）而在本书之所谓教育调查，则必探究其所以致此之原因，若发现其由于使用公共脸巾，则必建议革除，以期补救。

国人有主张用"教育诊察"四字，以代"教育调查"者，实则诊察二字，仍难赅括教育调查之真义，即原文 Survey 一字，亦有未妥，盖诊察二字，相当于英文之 Diagnosis，而如前节所述，则于 Diagnosis 之外，又加"治理"Prescription 之意。合言之，可谓为"教育诊治"。然此语实系作者杜撰，仍觉有不妥也。

二、教育调查之起源及发达

教育调查，在昔英、德、法、美、奥、苏格兰、比利时、瑞士、瑞典等国均有之，其历史远溯于十八世纪，而以美国为最发达。美之教育调查，本由社会调查演递而来，西历一九一一年，始有波赛城 Boise 教育调查出现，为美国教育调查之始。其后于一九一三年纽约城出《教育调查》一书，共三大厚册，为教育调查中之巨制，一九一五年，有克里夫兰城 Cleveland 之《教育调查》出版，共十余册，其方法在该时极为新颖，各处颇多采用，一九一六年，有唐弗 Denver 城之《教育调查》出版，以学校效能为经事项为纬，别开生面。一九一八年有葛雷 Gary 及圣路易 St. Louis 之《教育调查》出现，一九二二年又有菲拉特儿菲 Philadelphia 及巴铁模 Baltimoe 之《教育调查》，书中方法均极完备。同年又有《纽约州乡村教育调查》出版，为乡村教育调查中之巨著，近数年之调查中，以一九二六年泰姆伯

Tampa《教育调查》,于方法上最多贡献。此外出版之教育调查甚多,其价值无多可载,故不赘录。至于研究教育调查之专书,一九一三年吉特氏 Judd 在美国教育研究社年鉴上著《教育调查大纲》Qutline of School Survey 一书,方法简单,无甚价值。一九一八年白雷士氏 Bliss 著《地方教育调查方法及标准》*Methods of Doc. L. School Surveys* 一书,系统略具,惜不完备。一九二五年佘尔氏 Sesrs 著《学校调查》*The School Survey* 一书,比白氏之书,较为完备,可作教科书用。一九一七年,本书作者《估量学校行政效率之客观准尺》一书 *Objective Measures Used in Determining the Efficiency of the Administration of Schools*,该书阐发准尺之性质,并于教育调查方法上多所改进,为研究教育调查者不可不读之书。

教育调查之发达,在美国未及二十年,但其进步极快,其原因有二:(甲)关于经济方面的,(乙)关于科学方面的,兹分述之。

(甲)经济　美国教育日形发达,教育经费逐年增加,兴办之教育:有无成绩,或有如何之进步,皆当彻底调查,宣示社会,此为教育调查发达之第一原因。

(乙)科学　教育科学,日益昌明,即以智力测验学力测验而言,十数年来,均已显著成绩。因此教育调查之方法,亦无形受其影响,日臻完善。此为教育调查发达之第二原因。

我国效法美人,民国八年,东南大学教育科,曾设有教育调查学程。并由廖茂如氏指导,举行济南教育调查,事属草创,尚未为国人所注意。民国十二年东南大学教育科同学十余人由陈鹤琴氏指导,举行崐山教育调查。同年该校教育科,组织"乡村教育与乡村改进委员会",由冯锐氏担任调查之责。冯氏即于是年冬季及次年春季,先后在江苏省金壇县王母村,及广东番禺县菱塘司河南五十七村等处,举行乡村社会状况、经济状况及教育状况之调查。此为我国乡村教育的调查之始。自国民政府奠都南京,革命势力统一全国以后,教育建设事业,焕然一新。于是各省市教育行政机关,都渐次注重教育调查,以为决定教育计划,革新教育设施及充实教育内容之依据。例如:民国十六年,中央大学行政院、教育学院及南京特别市教育局曾会办南京教育调查,由陈鹤琴等主持。十八年春季广东台山举行教育调查,由中山大学教授庄泽宣、邰爽秋主持。同年秋季,闽教厅又组织教育调查团,举行福州市教育调查。该调查等之结果如何,虽尚未有报告,然各省市教育行政当局,对于教育调查之重视于此可见矣。

此外尚有可注意者,则为民国十三年中华教育改进社所订全国教育调查计划,惜未实行,十八年全国教育会议开会时,陈礼江氏提议设立全国学务调查局决议保留:"由中央及全国教育行政机关分别办理。"兹将陈氏所提理由及办法录后。

甲、理由

窃维教育事业,首重调查,然后就其实况而事改进。庶几能率可以增高,时力可以经济。惜我国教育,素无精确统计,以致改进教育,常感困难。即如普及教育,原为本党对内政之一,尤当从速促其实现。但事先最要之务,即是学务调查,本席以为此种工作,关于全国教育大计,似宜特设机关,专司其事。

乙、办法

请中央设立全国学务调查局,各省设立分局。

三、教育调查之种类

二十年来美国所出之教育调查报告,无思千百。兹按其性质分之如左:

甲、就区域分

（一）调查全国教育者　如美国内务部教育局所出版之《二年一次的教育调查》是。

（二）调查一省教育者　如康塔克 Kentuky、马利兰 Maryland、勿金纳 Virginia 调查等是。

（三）调查一城教育者　如前述之纽约 New York、克里夫兰 Cleveland、唐勿 Denver、葛雷 Gary、圣路易 Louis、圣保罗 St. Paul、华兰拉别 Grand Rapids、巴铁模 Baltimore、菲拉得尔菲亚 Philadelohia、泰姆伯 Tampa 调查等均是。

（四）调查一县教育者　如劳沙县 Nassan County、牛汉奴威县 New Hanover County 调查等是。

（五）调查一镇教育者　如劳伦斯 Lawrence、克兰福德 Cramford 调查等定。

乙、就学校系统分

（一）调查大学教育者　如勒勿打大学 University of Nevada、北打苦他 North Dakorta 高等教育调查。

（二）调查中等教育者　如戴斯孟因 Does. Moines 中等学校调查等是。

（三）调查小学教育者　各城教育调查多属此种。

（四）调查幼稚教育者　如利区孟德 Richmond 幼稚园调查等是。

丙、就教育方面分

（一）调查教育经费者　如 Educational Financial Inquiry。

（二）调查校舍者　如克里夫兰哈特 Cleveland 及戴鲁持 Duluth 校舍调查等是。

（三）调查乡村教育者　如纽约州 New York state 乡村学校调查等是。

（四）调查职业教育者　如明里阿勃里斯 Minneapolis 职业教育调查等是。

（五）调查某种科目之成绩者　如俄克兰 Oakland 学校拼法效率调查是。

由上可知教育调查涵义至广大,而至于调查全国各种教育,小而至于调查某地方某种教育之某一方面,均可谓为教育调查。惟通常调查,常因人才及经济关系,多限于一城市之教育。并因特别注重学校教育,而名之为"学校调查"School Survey 现今美国各处所出之调查,盖多属于此类焉。

四、教育调查之功用

如前所述，教育调查是教育事业的一种诊治作用，故其在教育行政的历程中，实占重要地位。兹就其功用中之荦荦大者，约述数项如左。

甲、决定教育方案

教育行政当局，对于教育设施，不可无具体之教育方案。但欲拟定教育方案，必先调查事实真相，以为依据。不可凭空撰造，或根据不完全不正确之资料，任意拟制。即如编制全国普及教育计划，第一步便须调查全国各处人口确数，学龄儿童及失学儿童确数，教育经费现状，校舍现状，师资现状，诸如此类，皆编制方案时必须依据的事实。若不作此根本之图，而惟枝节之是务，是犹建塔于沙，吾未见其当也。

乙、测量教育效率

欲估定一校一县或一省之教育效率，绝不可徒凭理论的推测，片面的证据，或主观的臆断。必也根据客观的标准，应用科学方法，举行教育调查，然后从调查的结果中用正确的准尺 Measures，测定教育效率之高下。如此测量效率，方能平允无偏，方能正确可靠。

丙、改良教育设施

教育设施各有不同，孰优孰劣，或其优劣之程度如何，每非皮相者所能洞察。故必赖教育调查，诊察实施状况，及其结果，使其真相显露。如有优也，则举而告诸国人，俾共采用。如其劣也，则示以补救之道，俾得逐渐改良。故吾人虽谓教育调查为改进教育之唯一工具可也。

丁、保存教育资料

教育调查报告书可保存教育上重要史料。过去所保存者，可作今日之参考。今日所搜集者，可作未来之参证。故保存教育资料，亦当视为教育调查重要功用之一。

教育调查，尚有其他功用甚多，如沟通学校与社会，鼓励人民兴趣，协助学校等，不及备述。

五、教育调查进行之步骤

教育调查之进行步骤，概分为规定计划，搜集材料，整理材料，解释结果，与建议报告五项，其工作至为繁复，本书下列各章，当详加讨论。兹为便利读者起见，先略述之如左。

甲、规定计划

教育调查之范围极广：以区域划分大而至于全国，小而至于村镇，以教育系统分，多则可包括经费、校舍、教师、儿童等至一二十项，少亦可仅有一项，或二项。吾人调查时，往往因时间匆促,经济短少,人材缺乏,或其他原因,不能将教育范围内之事项,一一调查无遗。故必先决定调查目标,审度时间经费及人才等等方面之关系,确定较小范围,选择适宜项目,编为计划,以便进行。

乙、搜集材料

计划编订后,当搜集材料,注意之点如下:

（一）于调查上无用之材料,不必搜集。

（二）仅可用作辩驳之材料,不必搜集。

（三）搜集材料时,应顾及将分类及统计上之经济。

（四）若材料太多,只能搜集一部分作代表时,则所搜集材料,务必具有代表性质。其数量亦必充足,以免发生不正确之结论。

（五）若采用他处材料以与本地材料比较,则必选择其能比较者,否则其结果,无价值之可言。

丙、整理材料

教育材料可分为两种:一为叙述的材料,二为数量的材料。叙述的材料之整理,须条理分明,使读者易于明了。至数量的材料之整理,则必赖统计及图示的方式。此二种方法,本书第四章当将其与教育调查有关者摘要介绍,至详细研究,则出乎本书之范围矣。

丁、调查结果

调查结果之解释,本无一定规例,兹为便利学者起见,姑示一例如左。

例:假使发现某城儿童有百分之七十患蛀牙病,其意云何?

解:蛀牙乃因食物腐败,生出化学作用,侵害牙体,而成蛀洞,菌活其中,有时从牙根小孔,随液传到全身,或吞入胃肠当中,使消化受累,此种病症,因影响于儿童之健康,遂致影响于教育之效率者极大,姑举数端如左。

1. 影响于患病者自身之学业常致留校或降班;

2. 未患此病者之学业,亦间接受其影响;

3. 儿童降班或留级者多,教育经费亦必受其影响。

解释结果,不仅研究其影响,尚当考究其原因,如前列所述某城蛀牙之儿童,占百分之七十。则必考究其原因之所在、兹假定所发现之原因有下列两种:

1. 某城为旧式城市,社会对于儿童之卫生,极为忽视。

2. 该城内学校当局对于儿童健康尤其是牙齿方面之卫生极不注意。

戊、建议报告

既发现某种不良事实,又明了其原因之所在,则当建议补救,如前例所述发现某城患蛀牙之儿童,计占全数百分之七十,又知其原因为社会及学校方面之忽视,则当建议补救,兹举补救之方法数条如下：

（一）学校中应注意刷牙练习。

（二）检查学校儿童之牙齿，每年至少一次。

（三）医治儿童之蛀牙。家庭贫寒者应由学校代出费用。

（四）引起家庭对于儿童牙病之注意，最好设家庭访问教师，或学校看护妇，负责办理。

建议时，当考虑该地人力财力及其他种种关系，不可过涉理想，致使地方当局，望洋兴叹，一无所成也。

建议完成后，当将全部调查，缮为报告，此种报告，如欲使一般社会人士阅读，则宜明了简捷，专门性质之表解，宜列于书后。

（原载《国立大学联合会季刊》第一卷第一期，1930年）

教育调查述要

教育行政，有两方面之意义：(一)哲学；(二)科学。先有哲学的理解，以为基础。后有科学的方法，以谋应用。哲学的理解，往往陈义过高，难于实行，或实行而不合乎需要与环境，以致发生种种窒碍与困难。故须用科学之方法为之运用实行，以收事半功倍之效。

此即科学的教育研究，亦即教育调查之作用也。

一、教育调查须根据科学的教育研究之方法

科学的教育研究者何？曰："本诸反省思想，根据客观材料，用批评的态度，对于教育问题，作一比较的最准确之答案"是已。兹分述之：

(一)反省思想　反省思想者，发现原理及规则之心理的过程也。昔之教育学者，研究教育，虽亦能从经验中发现原则，但因材料不正确之故，其结论每多陷于错误。自教育研究倡导以来，教育学者莫不注意于方术上之研究，搜集客观材料，本反省思想，以发现教育上之原理原则。

(二)客观材料　欲求正确结果，须根据客观材料。真正教育研究者于可能的范围内，寻求比较最合适最精确之材料，然后以严密之态度，按照现有材料，演出一种结论。在未下结论之先，必有假定，但终以假定视之。虽偶亦利用观察或不正确之材料，但必不忽视其限度。真正教育研究者，确定其所搜材料之限度，若其不完全，或从别方看来，不免有所错误，必于结论中加以限制，以免发生误谬之解释。故某种教育研究之结论，不必为精密而确断，特在可能范围内，为吾人所求之比较的最好答案而已。

(三)批评解答　搜集客观资料，仅为教育研究中片面之工作。外此尚须规定问题之定义，并须对于应有答覆之各小问题，皆下精密说明。所搜材料，尤必以批评之态度，推究考察。须知有客观的材料，未必能担保结论正确。搜集或使用客观材料之人，固亦有时不合于科学方法。故吾人当注意结论之解释，以研究的态度，证实所拟之假定。

教育研究之性质，既如上述。兹更将无科学的价值之教育论文，列为标准十条如下：

1. 固执一己之见者，未免主观，故无科学价值。
2. 引某名人为言者，亦无科学价值。以名人之言，未必句句都是。但经科学证明者，不在此例。
3. 举委员会之公意者，亦不能称为有科学之价值。以所谓委员会者，亦不过少数人之意见也。
4. 引大多数意见者，未免失之笼统，亦无科学之价值。

5. 用比喻推论者,亦无科学价值。
6. 由默认而推论者,无科学价值。例如揖让之治人皆称之。究竟是否事实,仍为问题。但若谓此事向未经人反对,可断为事实,则大谬矣。
7. 删除与己说明相反之证据者,无科学价值。例如主张有井田制度者,举其正面证据,而没其反面证据。
8. 不能指出搜集材料方法及材料之出处者,亦无科学价值。
9. 引证错误者,亦无科学价值。
10. 误解材料者,无科学之价值。

以上所述,皆科学的教育研究之方法。教育调查,乃科学的教育研究之一种,故当用为根据。

二、教育调查之起源及发达

教育调查英、德、法、美、奥、苏格兰、比利时、瑞士、瑞典等国皆有之,其历史远溯于十八世纪,而以美国为最发达。美之教育调查本由社会调查演递而来。西历一九一一年始有美国波赛城 Boise 教育调查出现,为美国教育调查之始。其后于一九一三年纽约城出《教育调查》一书,共三大厚册,为教育调查中之巨制。一九一五年有克里夫兰城 Cleveland 之《教育调查》出版,共十余册,其方法在该时极为新颖,各处颇多采用。一九一六年,有唐弗 Denver 城之《教育调查》出版,以学校效能为经,事项为纬,别开生面。一九一八年有葛雷 Gary 及圣路易 St. Louis 之《教育调查》出现。一九二二年,又有菲拉特 Philadelphia 及巴铁模 Baltimore 之《教育调查》,书中方法,均极完备。同年又有纽约州《乡村教育调查》出版,为研究乡村教育者之应用。近数年之调查中,以一九二六年泰姆伯 Tampa《教育调查》于方法上最多贡献。此外虽有其他地方之《教育调查》出版,其价值无多可载,故不赘录。至于研究教育调查之专书,一九一三年吉特氏 Judd 在美国教育研究社年鉴上曾著《教育调查大纲》 *Outline of School Survey* 方法简单,无甚价值。一九一八年白雷士 Bliss 著《地方教育调查方法》 *Methods of Local School Survey* 一书系统略具,惜不完备。一九二五年佘尔氏 Seare 著《学校调查》 *The School Survey* 一书,比白氏之书较为完备,可作教科书用。一九二七年邵爽秋氏著 *Objective Measure Used in Determining the Efficiency of School Administration* 阐发准尺之性质,并于方法上,多所改进,为研究教育调查者不可不读之书。教育调查之发达,在美国未及二十年,但其进步极快,其原因有二:

（甲）关于经济方面的;

（乙）关于科学方面的。

兹分述之。

（甲）经济 美国教育日形发达。教育经费逐年增加,兴办之教育,有无成绩,或有如何之进步,皆当澈底调查,宣示社会,以副其负担经费之盛意,此为教育调查发达之第一原因。

（乙）科学　教育科学，日益昌明，即以智力测验、学力测验而言，十数年来均已有显著成绩，因此教育调查之方法，亦无形受其影响。日臻完善，此为教育调查发达之第二原因。

我国效法美人，民国八年，东南大学教育科，曾设有教育调查学程。并于山东省试行调查，事属草创，尚未为国人所注意。其后又有昆山教育调查。现中央大学行政院教育学院及南京特别市又曾办南京教育调查，尚未完竣。

三、教育调查之功用

（一）估定教育结果　欲谋教育之改良，不可不先事调查，以估定其结果。

（二）决定教育政策　教育行政当局，可根据教育调查所得之结果，决定何种政策最为适当。

（三）鼓励人民对于教育之兴趣　教育日进，需费日多。不无加重人民之负担。非得将调查成绩公布报告，不足以释群疑，而鼓励人民对于教育之兴趣。

（四）保存教育参考之资料　欲明了从前调查教育之底蕴，则有资于昔日之调查报告书；欲知今日调查教育之成绩如何，以为将来参考之资料，则有资于现在之调查报告书；然则保存教育参考之资料，诚属教育调查之功用矣。

四、教育调查之范围

教育调查之范围颇广，举其荦荦大者如下：
（一）调查地方社会情形
　　a. 政治状况　政治状况如何？有无恶劣政客？
　　b. 经济状况　商工业发达与否？人民生计困苦与否？
　　c. 社会状况　地方闭塞与否？何地宜办学校，何地宜……？
（二）行政调查
　　a. 教务管理　究竟采用何种制度——教育——应办若干学校等等。
　　b. 事务管理　（甲）任用何种人材为适宜——学或商
　　　　　　　　（乙）添置校品采何办法——总购分购等
（三）经费　（1）人员——用何人才？　（2）保管——用何办法？　（3）支配——用何标准。
　　（四）校舍设备
　　　　a. 位置　适合与否？
　　　　b. 构造　适宜与否？
　　　　c. 布置　适当与否？
　　（五）教师
　　　　a. 年限　服务年限若干？
　　　　b. 经验　经验年限若干？

c. 报酬　有无特别鼓励办法？有无年功加俸制度？
　　d. 请假缺课　对于请假缺课之教师，有无规约？等等。
（六）教学状况
　　a. 修养　较前有无进步？教法——较前有无改良？等等。
（七）课程
　　a. 内容　是否合适地方社会需要？
　　b. 编制　是否合适儿童心理？
（八）儿童
　　a. 天资　儿童天资如何？
　　b. 体格检查　学校设备对于儿童体格检查注意与否？
　　c. 家庭职业　农与商等职业孰多孰少？
　　d. 毕业后状况　儿童毕业后状况如何？升学与不升学之比较若何？
（九）健康状况　有无消防队、救火队、童子军等之组织？
（十）教学结果　考查成绩所用方法如何？成绩结果如何？

五、教育调查进行之步骤

（一）规定计划
　1. 考察教育略况
　2. 审度调查费用　调查一县(或一市)应需调查费几何？须先审度得宜，无使有过不及之弊。
　3. 决定调查事项　调查范围甚广，欲一一调查无遗，不免有费时间与经济，故决定一种或两种，分工调查。
　4. 人员之计划
　　　a. 指导员　b. 调查员　c. 测验员　d. 统计员　e. 事务员
　5. 预算之规定
（二）搜集资料
　1. 初步搜集
　　　a. 少数学校　b. 决定调查事项
　2. 后步调查事项
　　　a. 管理上　(1)调查纲要　(2)用品　(3)人员
　　　b. 材料性质上　(1)有用　(2)适当而多　(3)易于统计　(4)事实的
　　　　　(5)代表 Sample
（三）整理材料
　1. 行政上
　　　a. 分别记录　b. 估计工作　c. 支配工作
　2. 技术上

a. 器具　b. 表格之规定　c. 时间之经济　d. 材料之结果

(四) 解释结果

1. 行政上

   a. 人员上

   (1) 教育调查专家　(2) 各科专家　(3) 实际教师

   b. 引证上

   (1) 社会状况　(2) 经济状况　(3) 健康状况　(4) 政治　(5) 人材及方法

   (6) 其他

2. 技术上

   a. 文字　浅显

   b. 篇幅　简要

   c. 说明　有生气

   (1) 图画　(2) 图表　(3) 照相　(4) 滑稽画　(5) 其他

   d. 构造

   (1) 结果的简短的报告　(2) 简短建议　(3) 各项分述　(4) 较详细述要

(五) 建议

1. 考虑事项

   a. 财力之厚薄　b. 时期　c. 政治状况　d. 人员

2. 态度

   a. 科学的精神　(1) 优点　(2) 劣点

   b. 忠厚的态度

六、教育调查之准尺系统

准尺之标准有二：(一) 正确的标准；(二) 适用的标准；适用的标准必正确，正确的标准未必能适用。

(一) 正确的标准

1. 数量的尺 Quantitative Scale

例一(非数量的)　a. 很不好　b. 不好　c. 勉强过得去　d. 好　e. 很好

如谓某生学业：国文很不好，英文不好，数学勉强及格，唱歌好，体操很好。此尺从外面骤观之，好像有理合用，实则各科的优优，是缺乏标准，且又不可以数量估计者。

例二(数量的)

儿童种牛痘者之百分比

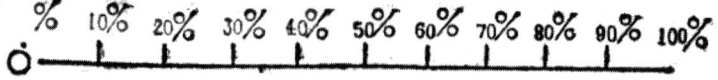

2. 正确的基础 Exact Basis

例一（不正确的）

学校儿童有不好的牙床状况之百分比（不好的牙床无一定的标准故基础不正确）

例二（正确的）

学校儿童有蛀牙之百分比

甲校○——10——○ 50兒童
蛀牙者佔全數 20%

乙校○——15——○ 50兒童
蛀牙者佔全數 30%

凡牙有损伤虫蚀者皆为蛀牙的标准。基础是正确的。

3. 从确定之零点起 Reference to a Defined Zero point

例一（不对的）

从民国十年至十七年教员薪水增加之百分比

上海 —— 500元 ——— 550元
增加 10%

南京 —— 400元 ——— 480元
增加 20%

从上面准尺图看来，从民十至民十七南京教员薪水增加 10%。而上海增加 20%。但此仅为表面之观察，其实南京是由四百元起，上海是由五百元起，故所增加之百分比不能相比。

表之如下：

元○ 100 200 300 400 500 550
增加數 10%

元○ 100 200 300 400 480
增加數 20%

或谓若二城民十之薪水皆为五百元，则亦可为成绩比较之标准乎？如：

民 十 數

上海 ……… 500元 ——— 550元
增加 10%

南京 ……… 500元 ——— 580元
增加 16%

答曰否，因：

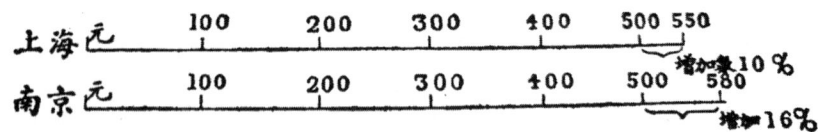

从增加之百分比看来,上海与南京优待教师之成绩,似为 10：16,其实为 550 与 580。

或又谓若即从零点来起何如?

答曰,凡所谓增加者,必有其原数。若原数为零,则不成其为增加之百分比。故凡增加或减少百分之准尺,皆为不正确之准尺。

例二(对的)

教员在小学毕业后受专门训练之年数

其零点为"零年之专门训练"。

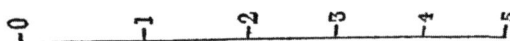

(二) 适用的标准

1. 可与被测量之事实相比 Comparability with the Facts to be measured.

例如中心乡村学校儿童,行走泥路,诸多不便。教育局可设公车运送。故调查其走泥路儿童之多寡,而可知其教行之成绩。(此种学校,美国近已创办。)其准尺为:中心乡村学校儿童步行入校数之百分比。

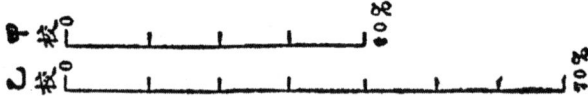

上尺在乡村固可应用,但在城市无此事实,不能以之测量教行的标准。

2. 与教行效率有关 Relevance to Effciency

例一(无关)全体人民数目

此尺虽准,但与教行无关。

例二(有关)人民识字数百分比

上表表明南京市民识字者占全体人民 20%,当与教行有关。就与效率有关之标准言,准尺又分二种:

(1) 可以测量效率而不受限制　如人民识字数之百分比

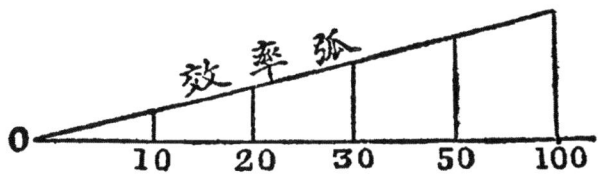

识字运动逐渐推行,愈多愈好。

(2)可以测量效率但受限制　如教师经验之年数

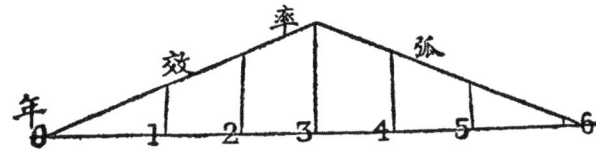

教师之经验,于相当年数,其教法优良。如再延长年限,或为逐年之退步亦未可知。

上述二种标准,各分为(一)可单独应用;(二)必与"同类准尺"(Kindred Measures)并用二种。如前例"人民识字数之百分比",同时为可单独应用之例。但如"教师专门训练之平均年数",则必与"教师专门训练之最低年数"及教师专门训练之最高年数并用,方较正确,兹以图表明之。

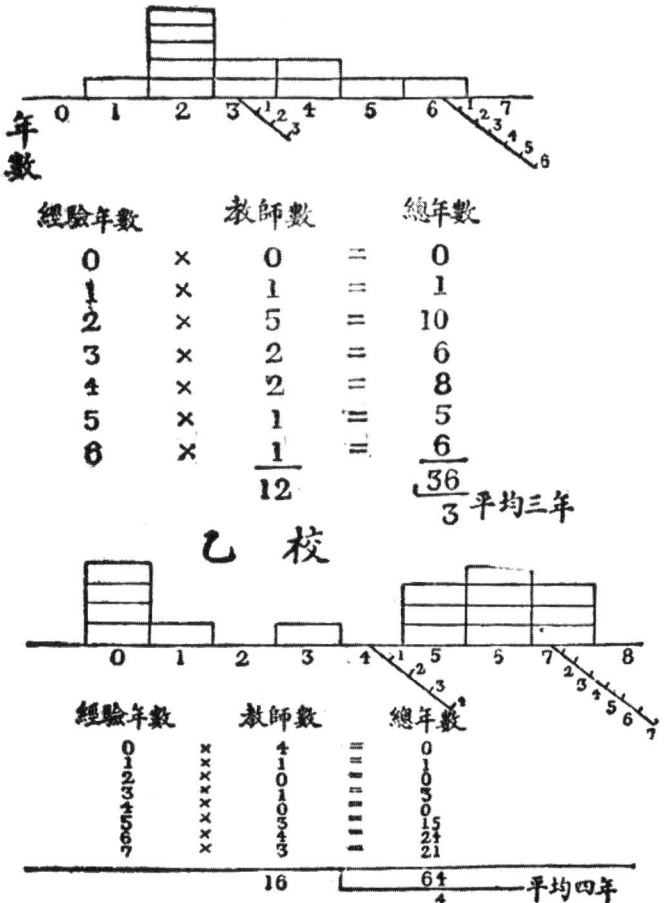

单从"教师专门训练平均年数"观之：甲校为三，而乙校为四，似比甲校为优。但若从其最高及最低年数观，则甲校最高者为六年，最低者亦为一年，程度较为整齐。而乙校则最高者为七年，最低者则毫无专门训练。其数占全体教师百分之二十五。高低悬殊如此，谓乙校高于甲校殊属不当。故当三尺并用，以明真相。或疑零年专门训练，不能谓之准尺，兹以图表说明之。

合而记之，准尺可分下列四种：

(1) 可测量效率而不受限制之准尺

    A. 可单独应用者　　例：人民识字之百分比

    B. 须与同类准尺并用者　　例：人民受教育之(a) 最低(b) 平均(c) 最高年数

(2) 可测量效率但须受限制者

    A. 可单独应用者　　例：教师薪金每年每生所占数

    B. 须与同类准尺并用者　　例：教师专门训练之(a) 最低(b) 平均(c) 最高年数

（原载《教育季刊》第一卷第一期，1930年）

教育调查初步着手之方法

教育调查为现代科学的教育研究之新产儿,其性质可谓为教育事业的一种诊治作用。其主要目的在表现教育事业,估量其效率,并示以改进之道。其手段则系运用科学方法,按照规定之计划与步骤,本客观态度,搜集资料,用统计与图表方法,加以整理,更推究各方面之关系,解释所得结果,最后建议报告,使从事教育者明了于所办教育事业优点与劣点之所在,以为估定教育政策、改良教育设施之根据。

教育调查之技术,千变万化。然其最重要之部分,则在初步着手时几种方法。调查工作能否完成,胥视此初步方法之妥当与否以为断。故本篇在专此方面讨论,以供留心教育调查者之参考。

本篇内容,计分五点:(一)调查组织之拟定;(二)初步调查之进行;(三)调查计划之拟定;(四)调查工具之准备;(五)调查材料之搜集。

一、调查组织之拟定

教育调查之进行,不论由何方——官厅或专家——负责办理,皆不可无适当之组织。组织者,分工之计划也;有之则权限分清,责任专一;无之则事权纷乱,责任散漫,终且毫无结果。此从事教育调查工作所宜注意者也。兹拟一调查委员会简章于后,以供参考:

某某市教育调查委员会简章

第一条　某某市教育机关,因调查本市教育事务,特设某某市教育调查委员会。

第二条　本会任务如左:

（一）决定调查目标

（二）决定调查计划

（三）聘请调查人员

（四）通过调查预算

（五）向市政当局报告调查工作。

第三条　本会设委员五人(或七人),由本市教育局长聘请。局长为当然委员,并为委员会之主席。

第四条　本会设指导主任一人,常任指导员三人(或五人),另设特约指导员若干人,临时就需要聘定。

第五条　指导主任职权如左:

（一）计划调查工作；

（二）筹划调查进行；

（三）指导调查工作；

（四）计核调查用费；

（五）整理及编辑报告。

常任及特约指导员职责如左：

（一）拟制调查表格；

（二）训练工作人员；

（三）指导搜集资料；

（四）指导整理材料并负责保管；

（五）解释调查结果；

（六）缮具分股报告。

第六条　本会设文牍员事务员各一人由指导主任聘定。

第七条　文牍员职权如左：

（一）撰拟文件；

（二）通知开会；

（三）记录会议结果；

（四）缮写信件及油印品；

（五）寄发信件材料；

（六）保管文件。

第八条　事务员职权如左：

（一）购办用品材料；

（二）印刷表格文件；

（三）记录账目；

（四）保管调查用品；

（五）接洽舟车食宿；

（六）其他事务。

第九条　本会委员概为名誉职。

第十条　本会每星期某日某时开常会一次，临时会议，由主席召集。

第十一条　本会俟本教育调查报告完竣时解散。

第十二条　本简章自公布后施行。

本章程可由官厅方面起草或由教育调查专家负责代撰亦可。

二、初步调查之进行

教育调查委员会章程拟定后，即当由指导主任将某处教育状况作初步调查，搜集重要事实，以为规定计划之根据。此种调查，可分本地与外埠二种。本地之调查，较为单简。

若在外埠,则问题殊多,不可不特别注意。兹为例以明之。

(一) 出发前之准备

初步调查,应有四人分任交际、事务及调查事项,并应携带委员会会印名片及信纸、信封各数百份,"空白日课表"数百张,"学校概状初步调查表"数十张(一校一张,式样见后),及纸张笔墨等物,以便临时应用。

(二) 考察时应注意之事项

达到目的地后,应先与教育当局接洽,并宜抄记局内各重要职员之姓字、任务,然后分头工作。兹拟定如下:

1. 交际方面应注意之点

(1) 拜候地方长官及重要人员　调查之成功,端赖地方长官及重要人员之协助,故初次调查时,即宜与此辈人联络说明教育调查之目的与功用,并表示请其协助。

(2) 在报纸上宣传调查工作　地方教育人员往往不明教育调查之用意,深恐缺点暴露,或于己有所不利,因此对于调查者不免有猜疑态度,而调查之进行或不免受其影响。故宜先在报纸上做一番宣传工夫,说明教育调查之功用及其对于地方教育人员之利益,使其充分明了,易猜疑而为赞助。庶调查工作得以顺利进行,而圆满结果自亦不难获得矣。

(3) 邀请教育界人员(教师在内)谈话　应请地方长官或教育当局具名邀请。如同时由委员会出名,则应分别具函,以示郑重。开会时,更宜款以茶点。至谈话之内容,宜与报纸上所宣传者大致相同,并应表示请其协助。

2. 事务方面应注意之点

(1) 接洽食宿住所　向较大之学校当局接洽,此项可由任交际者办理。

(2) 借用办公处及用具　调查时应设临时办公处,并应陈设(a) 书架二具;(b) 大台一张;(c) 小台三四张;(d) 椅十余张;(e) 算盘若干把;(f) 油印机一架;(g) 文具等件。此类用品亦可向较大之学校接洽借用。

(3) 雇定工役　办法同上。

(4) 接洽卫生检查用品　关于卫生调查方面之用品,如磅秤、目力测验表等,须向当地卫生局或医生商借,并须检查其是否合用。

(5) 交涉来回舟车票价折扣　可请官厅协助交涉,同时并应调查各等舟车票价。

3. 调查方面应注意之点

(1) 关于社会者:(a) 各大报馆之名称、住址及其主笔之姓字,以便接洽宣传事项。(b) 各局(如卫生局公安局等)局址及局长之姓字。(c) 各著名医生之姓名住址及其专长。(d) 照相馆住址及其价目。

(2) 关于学校者:(a) 依下表调查各校重要事实,可由教育当局派人领导调查员前往各校调查。(b) 填列下表时,可便向各校索取日课表及教员名单;如无印就者,可临时抄录。(c) 向书肆购买城市地图一幅,或向公安建设等局索取。该图如无从购觅,可临时草草绘制,并请教育当局填注各校地点。

学校概况初步调查表①

学校名称	校长姓名	年级								说明
		班数								年级栏内,如遇复式或单级,则将各级分格填写而于备注内说明之
		男生数								
		女生数								
		共数								
校址	教职员数	始业(春季或秋季)								
		备注								

(三) 考察材料之整理

考察完毕后,应整理所得材料,向委员会报告。兹将广东台山教育调查初次考察报告录后,以供参考。

台山教育调查初次考察报告

1. 社会状况

(1) 全城为新建筑之都市,街道极为整齐。

(2) 附城公路四达,交通便利。

(3) 全城人口及学龄儿童数,尚无精确调查,据传说约有三万左右。

(4) 有大报馆数家,销路在三千以上。

(5) 全市多商店、祠堂及公共机关,住宅颇少。学校儿童居多来自乡间,故多寄宿校内。

(6) 市民多侨居外国,每年汇回款项极巨。

(7) 市民对于社会卫生不甚注意。

(8) 完全为宗法社会。

2. 教育行政状况

(1) 台山县有教育局一所,隶于县政府之下:局务分学校教育与社会教育两课,设局长及主任二人,办理局务。

---

① 编者注:本篇原表阅读逻辑顺序为自右向左,整理时做了调整。本篇后文同理。

（2）私立学校之归一族办理者，另有族教育行政机关，管理该族所办之学校。

（3）教会学校另归教会机关管理。

3. 学校教育状况

（1）县市区内共有公私立学校二十二所，学生四千五百九十余人（幼稚生为五十人，三年生约二百人，四年生二百四十五人，五年生七百五十四人，六年生约六百五十人，补习科生二百零五人，中学一年生八百九十五人，二年生约三百五十人，三年生月一百八十人，四年生约四十人，师范一年生约三百人，二年生约一百六十人，三年生四十八人，五年生三十八人，讲习科生约五十人。）幼稚园以迄小学中学师范专门皆有，惟中学多而小学少。

（2）全市公校少而私校多。私校多由一姓族人办理，校舍多在宗祠内，极不合式，设备多简陋。

（3）公立各校经费年约十万元。私校经费多赖海外侨胞捐助，数目多寡，不能预定。

（4）课程校自为政，极为紊乱。

（5）各校卫生居多忽略，尤以私校为甚。

（6）教师程度亦极不齐。

除上述报告外，应将各校重要事实列为简表，以便参阅。表式如下：

各校重要事实记载表

学校名称	各级学生数													共计	班数	教职员数	校长姓名	校址	备注
	男	女	男	女	男	女	男	女	男	女	男	女	男	女						
小计																				
共计																				

三、调查计划之拟定

搜得重要事实后,即可着手编订进行计划。注意之点如下:

(一)审度调查费用

编制计划时,第一当顾忌调查费用。如以一千元调查某市教育,若某市人口众多,大中小学校林立,欲全数调查,势有不能。故必缩小范围,仅以中小教育为限。又中小学校所包方面甚多,欲一一调查之,亦有不能,故必限于少数方面,如校舍师资、儿童成绩等。更因该市儿童众多,即以测验成绩论,若全数测验,则千元之数购买材料,且将不敷,遑论其他费用。故在此情形之下,又必缩小范围,仅以某某年级或某某学校之某某级为限。至其他费用,亦须酌量预算,总以不超过预定数目为度。

(二)考虑调查人员

调查之范围愈广,需用人才亦愈多。然有时因经费短少,不能雇用多人,或担任某项之人才一时无从罗致。处于前一种情形之下,若主持调查者,同时在学校任教,或与调查地之师范学校有相当联络,尚可开设教育调查学程,利用学生参加工作,藉资练习。否则,即须缩小范围办理,不可过事铺张,致陷于无结果之地步。处于后一种情形之下,则亦惟有缩小范围,将某项调查略去,以免草率从事,反无良好结果也。

(三)预计完竣时间

教育调查之进行,宜在秋季,或在春夏之交,或在暑内,俾得于开学前,将调查结果报告教育当局,将报告中建议改革事项早日采纳施行。惟进行之际常不免中途停顿而致衍期,故宜在计划内预定期限,更拟定调查行事历,按步进行,非遇特别情形,绝不更变,庶调查工作可以按期结束,而收圆满之结果。兹附录台山教育调查计划及行事历于后,以备参考。

甲、台山教育调查计划

一、缘起及经过

本所(广州中山大学教育研究所)研究事业,除各种专题研究外,原有实际调查教育计划,因经济及人才关系,未能实现。今年春台山县行政当局拟改进该县教育,先从调查现状着手,因商诸本所嘱为计划进行,并愿担任用费一千元,经本所派请崔载阳、曹湫逸、邰爽秋、徐锡龄、陆厚仁诸君前往考察该县教育及社会略况,认为可以举行,遂决议组织台山教育调查委员会,担任其事。并议决由本所开设统计人员训练班,担任统计工作。关于调查用费,本所亦备一千元。

二、调查范围及项目

本调查范围以台山城区教育状况为限,其项目拟定如下:

（一）关于地方社会经济背景者：

    1. 县政府组织及行政；

    2. 台山城市区域位置及现状；

    3. 全县及县城人口数；

    4. 人民职业状况；

    5. 地方财富来源；

    6. 本县税收状况；

    7. 公款支配状况；

    8. 侨民与本县之关系；

    9. 社会组织及风俗。

（二）关于教育行政状况者：

    1. 教育局；

    2. 私立学校；

    （1）宗族教育；

    （2）非宗族教育；

    （3）教会教育。

（三）关于学校教育者：

    1. 行政组织；

    2. 经费；

    3. 教职员；

    4. 校舍；

    5. 课程；

    6. 儿童；

    7. 健康状况；

    8. 学业成绩。

（四）关于社会教育及私塾教育者。

三、进行步骤

本调查进行步骤，拟分为（一）搜集材料、（二）整理材料、（三）解释结果、（四）建议报告四项如下：

（一）搜集材料

材料来源可分二种：一为该县各机关及学校中现存之材料，二为临时收得之材料。拟制备纲要及表格，分别性质先期寄请台山教育局或临时由本调查团员调查搜集。

（二）整理材料

本调查范围广大，材料整理，费工颇巨，拟由统计人员训练班及教育系同学分担，并由本所同人分任指导。

（三）解释结果

材料整理完竣后，由本所同人分任解释结果。遇必要时，得请所外专家及台山教育当局协助。

（四）建议报告

由本所征询台山教育当局意见，拟具建议案，报告台山县政府结束。

四、人员计划

本调查除举办教育统计人员训练班担任统计事务并备其他调遣外，所有本所人员，均可参加工作。教育系同学所选学程，与本调查关系者，亦应使其参加实习。遇必要时，得请所外专家参与。现将各项工作分配如左：

（一）搜集材料，担任人员如下：

 1. 台山县公署及教育局人员，临时商请。

 2. 台山本地领袖人物，临时商请。

 3. 本所人员，人数临时酌定。

 4. 教育系同学约三十人。

 5. 医生及看护若干人先期约定。

（二）整理材料，担任人员如下：

 1. 本所同人。

 2. 统计人员训练班全部学生。

 3. 教育系各班同学。

（三）解释结果，担任人员如下：

 1. 本所同人。

 2. 所外专家：

  (1) 小学教育×人；

  (2) 中学教育×人；

  (3) 健康教育×人；

  (4) 其他。

 3. 台山教育当局。

（四）建议报告

由本所同人分任选定。

五、经费预算

（一）教育统计人员训练班用费，五百六十五元；内分：

 1. 薪金，一百五十元；

 2. 钢版，七十五元；

 3. 绘图仪器，一百元；

 4. 课业用品，九十元；

5. 奖金，一百五十元。

（二）实际调查用费，一千零五十五元；内分：

1. 测验材料，三百元；
2. 旅费宿费膳费，五百元；
3. 表格印刷费，一百元；
4. 用品纸张杂费，五十五元；
5. 照相费，一百元。

（三）调查报告费，三百八十元。

1. 印刷费，三百五十元；
2. 邮费，三十元；

共计二千元。是项经费由台山教育局与教育研究所分担。

六、时间预计

本调查完成期预定八十日。兹将各部工作时期，拟定如左：

（一）搜集材料一个月又十日，由四月半至五月二十五日；
（二）整理材料一个半月，由五月初至六月十五日；
（三）解释结果及报告一个月，由六月初至六月底。

乙、台山教育调查行事历

四月十七号…………（一）成立调查委员会
　　　　　　　　　（二）修正并通过调查计划大纲
　　　　　　　　　（三）函台山县公署索要各校日课表台城地图及县政府属下各局一切出版物

四月十八日…………发寄学生调查表

四月二十三日………发寄课程调查表教师调查表

四月二十四日………（一）修正经费调查表教师效率测量表
　　　　　　　　　（二）决定教育测验人员

四月二十五日………试用教师效率测量表

四月二十七晚………赴台会议

四月二十八日………（一）搜集教师学生及课程调查表
　　　　　　　　　（二）开会
　　　　　　　　　（三）接洽食宿处所并交涉轮船火车票费折扣
　　　　　　　　　（四）调查社会状况
　　　　　　　　　（五）搜集经费资料

四月三十日…………同校

五月一日……………（一）决定参加人员
　　　　　　　　　（二）修正校舍测量表健康调查表

　　　　　　　　　（三）测验材料用品整理齐全
　　五月二日……………开始整理学生人员经费等材料
　　五月八日……………（一）会议出发事项
　　　　　　　　　（二）整理出发用品
　　　　　　　　　（三）通知专员
　　　　　　　　　（四）接洽轮船
　　　　　　　　　（五）支配训练班工作材料
　　五月九日……………出发
　　五月二十五日………回校
　　五月二十九日………会议支配指导工作
　　五月三十一日………开始整理各项材料
　　六月十五日…………各项材料整理完竣
　　六月二十日…………分股报告交卷
　　六月三十日…………全部报告脱稿
　　上述之计划及行事历撰就后，应向委员会报告，俟决定后施行。

四、调查工具之准备

　　我国教育机关或学校中最感缺乏者，厥为适当又正确之表格制度，以致实际教育资料多缺焉不存。即有保存之者，而所用表格又多不精准，且彼此差异特甚，不便比较；调查教育时，因此颇为困难。补救之法，惟有临时调查搜集；惟调查搜集时，又必赖有适当之工具——表格与测验。关于测验材料，前东南大学及中华教育改进社已编制多种，虽间有因时局变动不甚适合者，然大多数仍极合用，故在调查上可省却一番编制工夫（关于测量种类请参阅廖茂如氏《测验概要》）。惟调查表格所需种类甚多，国内尚无佳制，虽作者竭力编造，终觉未臻完备。且我国各处情形不同，调查时之需要不免各有差异。故为便利进行计，主持调查者有时仍宜自制调查表格。兹特将编制表格方法摘要叙述于后：

（一）调查表之种类

　　通过所用之调查表，可分四类：
　　第一类　以一地方为单位者：
　　甲种　地方教育概况调查总表，内包各项如下：1. 社会概况；2. 教育行政概状；3. 学校教育概状；4. 社会教育概状；5. 私塾教育概状。
　　乙种　一地方教育概状调查分表：1. 社会概况调查表；2. 教育行政概况调查表；3. 学校教育概况调查表；4. 社会教育概况调查表；5. 私塾教育概况调查表。
　　第二类　以一学校一私塾或一社会教育机关为单位者：

甲种

1. 学校概况调查总表（每校一份）；2. 社会教育机关概况调查总表（每机关一份）；3. 私塾概况调查总表（每塾一份）。

乙种

1. 学校概况调查分表：(1) 学校行政组织调查表；(2) 教职员调查表；(3) 学校经费调查表；(4) 校舍设备调查表（附校舍效率测量表）；(5) 学级编制及学生调查表；(6) 课程调查表；(7) 教法调查表（附教学效率测量表）；(8) 训育调查表；(9) 健康调查表（附健康检验表）；(10) 其他。

2. 社会教育机关概况调查分表：(1) 体育场调查表；(2) 图书馆调查表；(3) 阅报所调查表；(4) 通俗教育馆调查表；(5) 其他。

3. 私塾概况调查分表

第三类　以一班为单位者：

甲种　各班概况调查总表

乙种　各班概况调查分表：1. 教育调查表；2. 学生调查表；3. 课程调查表；4. 教法调查表；5. 训育调查表；6. 健康调查表；7. 其他。

第四类　以一学生或一教员为单位者：

甲种：1. 学生调查总表；2. 毕业生调查总表；3. 教员调查总表。

乙种：

1. 学生调查分表：(1) 学生健康状况调查表；(2) 学生成绩调查表；(3) 学生家庭状况调查表；(4) 其他。

2. 毕业生调查分表

3. 教师调查分表：(1) 教师家庭状况调查表；(2) 教师健康状况调查表；(3) 其他。

调查表之繁简，当视调查时之目的如何及时间之长短、经费之多寡而定。

（二）调查表之形式

调查表之形式，可分大小、纸质、颜色、划线、定位、印字六项述之。

1. 大小　调查表之大小，以 5 吋×8 吋或 8 吋×11 吋为宜。其利益为(1) 便于携带；(2) 便于收藏。若调查之项目太多，一页之地位，不敷应用，则宜分印数页装成单本使用之。

2. 纸质　纸质以坚硬平滑为主，但用费甚巨，通常以用道陵纸为宜。至本毛边或新闻纸之类，既不耐久，又难携带，切不宜用。

3. 颜色　各种调查表，宜用不同之颜色，其利益有二：(1) 省目力而免淆乱；(2) 便于分类整理。若色纸不易得，则宜用各种颜色分印之。

4. 划线　用轻重二线区别地位，重线当用于：(1) 引首的问题与正身的问题之间；(2) 正身各问题之间。此种办法之功用，第一在利便调查，第二在利便整理。

5. 定位　应注意下列数事：(1) 须排列清楚，不可拥挤；(2) 留出相当地位——不太多,亦不太少——以备填写。表后所有地位,宜较多,有时竟应留出空白数页。(3)为便于整理计,凡数目字均须横列。(4)凡问题之属于随意回答之性质者,可集于一处,标以数字,而于各题下留出空格地位;俾答者可以自由填写,以省篇幅。

6. 印字　重要项目须用大号字体,以便集中调查者之目力。

(三) 调查表之内容

1. 内容之性质　某表内容之性质,当注意之点如下:(1)每表只应包含本表标题范围内应有之重要项目。(2)表中各项之内容,宜匀称支配,繁简不宜失当。

2. 内容之组织　每表上之项目,分为引首的及正身的二种。表之顶际,排列引首的项目。其次始排列正身的项目。若表页过多,则宜将引首各项列于封面,而将正身各项,从第二页起排列。引首的项目,务须简括。凡属无关调查本旨,或其他不重要的问题,皆不必羼入。为使用表者易于明了起见,常于引首项目中,列入"本表使用法"若干条。此种条目,概具有普通性质,可以适用于表内各部分者。若只欲适用于表内之一部分,则宜在该部下注出,以清眉目,而免混淆。排列正身的项目时,通常须顾及逻辑的次序,然有时亦须顾及心理的程序,故往往二者合用焉。

3. 内容之修辞　修辞之目的,在使用表者阅表了然,对于调查事项有确定之意义。其注意之点如下:(1)化全体为部分。以校舍为例,应将组成校舍的各项重要部分,分析开来调查。(2)化性质为数量。如调查儿童牙病之程度,当以蛀牙数代替好、中、坏等代表性质之字样。(3)化繁复为简单。如调查教师教学时之态度,当析为"老练""和蔼"等项,分别调查之。(4)化抽象为具体。如测量教师在组织教材上之效率,当分为"以问题为中心搜集教材""略用参考教材"及"全照课本毫无组织"三项调查之。(5)化含浑为确定。如前例"和蔼的态度"内容极为含浑,其程度不能以数量表示。故宜将其分为"和蔼可亲""和平""暴戾讨厌"三项,使其较为确定,以便调查。

作者现在编制各种表格,一时尚难完竣。

五、调查材料之搜集

教育调查之举行,若在本地,其事较易;若在外埠,则问题甚多。倘有疏漏,小则影响预算,大则使全部调查受其影响。此主持调查所亟宜注意者也。兹者以外埠为例,分(一)出发前之准备;(二)调查时之管理两项述之。

(一) 出发前之准备

1. 人员方面之准备

假定担任调查者,除指导员外,尚有未经训练之学生若干人,则宜于出发之先,由指导主任讲演普通教育调查方法,由各分部指导员分部讲演调查方术,并应作一部之实习,以资熟练。

训练既定,则须分配工作。兹以五万左右人口之城市教育调查为例,计划其所需之人员及其支配方法如下：

(1) 事务方面：(a) 交际兼编辑，一人；(b) 文件保管兼书记，一人；(c) 事务处理若干人，以一人为主任。

(2) 调查方面：(a) 社会状况，二人；(b) 教育行政，一人；(c) 校舍，三人；(d) 经费，二人；(e) 课程，二人；(f) 教师，若干人（人数视教师多寡及调查时期之长短临时酌定）；(g) 卫生，若干人（人数视学生多寡及调查时期之长短临时酌定）；(h) 测验，若干人（同上）；(i) 其他。

以上各组，人数如有三人以上，便可推出一人为干事。组数多寡，亦得视当时情形酌量增减。至各人逐日工作，须另记于团员工作总表，以便检阅，（表式见后）。

2. 物件方面之准备

(1) 普通用具类：(a) 柳条箱，四个；(b) 大瓦壶，二个；(c) 茶杯，二十个；(d) 小提篮，二十个；(e) 普通药品；(f) 大水桶，二只；(g) 毛巾；(h) 肥皂；(i) 委员会卡片；(j) 会印；(k) 封条，若干张；(l) 团员徽章及必针各五个；(m) 茶叶；(n) 水纸；(o) 其他。

(2) 文具类：(a) 信纸信封；(b) 印花；(c) 稿纸；(d) 毛笔；(e) 墨盒；(f) 图画纸；(g) 图钉；(h) 夹子；(i) 画图仪器；(j) 钢笔版，两付；(K) 蜡纸，六筒；(l) 三角版等；(m) 长尺；(n) 墨水；(o) 橡皮；(p) 照相机及干片；(q) 其他。

(3) 调查用品类：(a) 视力表(b) 中山表；(c) 米突带；(d) 压舌器；(e) 磅称[秤]；(f) 皮带尺；(g) 丈尺；(h) 指南针；(i) 铅笔，二十打；(j) 笔刨，两打；(k) 马表，若干个；(l) 统计表格；(m) 算盘（如已在调查地借到，便可不带）；(n) 其他。

(4) 调查表格及测验材料类　调查表格应带之数目，须根据学校重要事实记载表配定。每种亦可多带若干份备用，但不必太多，以免携带时感觉不便。至各项测验材料说明书及答案等应带数目，则亦须临时酌定。

(5) 团员应带之物品：(a) 洗盥器具——如面巾、牙刷、肥皂（连盒）、牙粉、面盆（三人一个）、漱盂等；(b) 行李（夏季须带蚊帐）；(c) 内衣；(d) 唛或提包；(e) 墨水笔——别种笔亦可——以便用为原则；(f) 时表；(g) 雨伞；(h) 扇子（夏季调查时用）；(i) 席子；(j) 日记簿；(K) 拖鞋；(l) 洗身袍；(m) 自己名片；(n) 梳或刷；(o) 袜子；(p) 小枕头；(q) 面刀（男团员用）；(r) 公事包(△)——如没有可用小籐唛代替；(s) 照相机(△)；(t) 眼镜盒(△)（如带[戴]眼镜）；(u) 热水瓶(△)；(v) 帆布床(△)；(w) 讲义夹；(注：上面各项有△者可勿携带。)

上列各项，应载入团员工作须知内。

3. 事务方面之准备

(1) 编订团员工作须知

团员工作须知，内容须知包含下列各项：(a) 调查日程；(b) 应带物件；(c) 调查工作总表；(d) 干事员须知；(e) 团员普通注意事项；(f) 测验调查时应注意事项；(g) 测量教师效率须知；(h) 测验及统计须知；(i) 作息时间表；(j) 调查工作报告表；(k) 各校校址及校长姓名一览表;(l) 地图(各学校地点须标出)。

(2) 讲演调查时注意事项

在出发之先一二日,应召集全体团员开会讨论进行事宜,并讲演调查时注意事项。该事项之内容:一为普通注意事项;二为测验调查时普通注意事项;三为干事员须知。此三项皆应载于团员工作须知内。

A. 普通注意事项:(a) 留心调查委员会布告(布告处地点须标出);(b) 备足应带各物(出发前二日);(c) 临时召集之集会必须依时出席;(d) 如因公垫款须开列清单,于回来时,交与某某先生,(能取得收条者须注意索取一并交出);(e) 每人需备五元至十元之零费用。

B. 测验调查时普通注意事项:
(a) 关于调查,或测验的手续和材料,须预先熟悉。(b) 出发前须查明所调查或测验机关或学校之路由。(c) 准备适当的材料(签名领取)。(d) 与教育机关或学校当局接洽时,态度须和蔼。(e) 测验材料及用品,须注意保存,若有损失须照价赔偿。(f) 每日下午六时前,须填缴工作报告。

C. 干事员须知:(a) 检封行李,准备出发,(事务干事)。(b) 沿途照料行李,(事务干事)。(c) 协助料理食宿事项,(事务干事)。(d) 每晚六时前,向各团员搜集逐日工作报告表,并送交于负责任之指导员。(e) 登记并保管材料。(f) 其他关于调查测验事项。

(3) 其他事务

其他事务如接洽舟车购票、团体照相(备到调查目的地时登报宣传之用)与调查目的地官厅通函接洽沿途军警免查等事,均应于出发前数日办妥。

(二) 调查时之管理

抵调查目的地后,稍事休息,即应开始工作。各人工作之分配,应依照"团员工作总表"。该表内各项得因工作进行情形,随时伸缩,故各种工作符号,应用铅笔填记,以便临时涂改。再此表当用整张图画纸制备张贴于临时办公室内,俾得随时检阅。

团员工作表

⊗教育行政　○测验　×体格检查　+教师测量　△校舍调查　★经费　□社会　●课程

号数	工作 第日 人名	1	2	3	4	5	6	7	8	9	10
1		○	○	○	○	○	○	+	+	+	+
2		○	○	○	○	○	○	+	+	+	+
3		○	○	○	○	○	○	★	★	★	★
4		○	○	○	○	○	○	★	★	★	★
5		○	○	○	○	○	○	△	△	△	△

(续表)

号数 \ 工作第日 \ 人名		1	2	3	4	5	6	7	8	9	10
6		○	○	○	○	○	○	+	+	+	+
7		○	○	○	○	○	○	×	×	×	×
8		○	○	○	○	○	○	×	×	×	×
9		○	○	○	○	○	○	×	×	×	×
10		○	○	○	○	○	○	×	×	×	×
11		○	○	○	○	○	○	+	+	+	+
12		○	○	○	○	○	○	×	×	×	×
13		○	○	○	○	○	○	+	+	+	+
14		○	○	○	○	○	○	×	×	×	×
15		□	□	□	□	○	○	×	×	×	×
16		□	□	□	□	+	+	+	+	+	+
17		×	×	×	×	×	×	+	+	+	+
18		×	×	×	×	×	×	+	+	+	+
19		×	×	×	×	×	×	×	×	×	×
20		×	×	×	×	×	×	×	×	×	×
21		×	×	×	×	×	×	×	×	×	×
22		×	×	×	×	×	×	×	×	×	×
23		×	×	×	×	×	×	△	△	△	△
24		×	×	×	×	×	×	△	△	△	△
25		⊗	⊗	⊗	⊗	⊗	⊗	△	△	△	△
26		△	△	△	△	△	△	△	△	△	△
27		△	△	△	△	△	△	△	△	△	△
28		△	△	△	△	△	△	△	△	△	△
29		●	●	●	●	●	●	×	×	×	×
30		●	●	●	●	●	●	×	×	×	×
31											
32											
33											
34											
35											
		此表得就调查情形临时变更									

上表系调查时全时期内工作分配之预定，但每日工作，尚须逐日临时分配。兹将该分配表之格式录如下：

逐日工作分配表（　月　日　第　日　曜）

姓名	工作种类	学校	工作内容 （科目时间等）	应备材料及工具	备注

上本表须根据"各校重要事实记载表"及"团员工作总表"配定，除第一日外，均根据调查工作逐日报告结果，先期配成，逐日分布，至调查工作报告之格式如下：

调查工作逐日报告表　　　　　　　　　　　　　月　　日

姓名	工作种类			
指定工作内容	已完部分	未完部分	所用表格或方法上 有何缺点	备注

此表每日下午六时前由干事收齐汇交该项工作之指导员

除工作支配外，尚有须注意者，则为物品之收发。此点与调查用费关系颇大，不容忽视。兹将物品收发表应有格式，录示于后，以备参考。

物品收发表　　　号数　　　领物人姓名

数量＼品名 日期								注意
日　月								
日　月								
日　月								一　本表存于办公室一切物品之收发均须在本表登记 二　物品发出时领物人须于数量格内所填数目字上加盖私章或签名 三　物品收回时收物人亦须于数目字上加盖私章或签名 四　一切物品除属于消耗性质者外均须一律收回如有损失须令负责者照价赔偿
日　月								
日　月								
日　月								
日　月								
日　月								
日　月								
日　月								
发出总数								
收回数								
备注								

以上所述为调查管理上之普通方法。

(三) 其他应搜集之材料

教育调查之资料,可分现有及临时二种。临时材料之搜集,已详前节,本节更述调查时所应注意之现有材料。此类材料,系由教育机关或学校征求得来,如各种公文、记载、法令、报告、统计等等均是。下列各项,可以表示此类材料之一斑。

1. 教育部刊物:(1) 历年教育统计;(2) 各种教育法规;(3) 教育部公报;(4) 大学院公报;(5) 国立各大学十六年度概况统计表;(6) 中华民国教育宗旨及其实施方针;(7) 全国教育会议报告录;(8) 小学幼稚园课程标准;(9) 中学课程标准;(10) 高中课程标准。

2. 各省教育厅刊物:(1) 教育报告;(2) 教育公报(月刊周刊等);(3) 教育法规;(4) 视学报告;(5) 临时刊物;(6) 其他统计材料。

3. 市县教育局刊物(项目同前)。

4. 教育会刊物:(1) 全国教育联合会汇刊;(2) 各省教育会报告;(3) 其他刊物。

5. 中华教育改进社刊物:(1) 年会报告;(2) 社会报告;(3) 各种统计报告;(4) 其他刊物。

6. 各学校出版物及其他材料:(1) 章程;(2) 出席簿;(3) 成绩表;(4) 日课表;(5) 收支账册;(6) 校具登记簿;(7) 健康检查表;(8) 其它各种统计表簿。

此外应行参考之资料如下:(1) 中央行政院其他各部出版物;(2) 市县其他各局出版物;(3) 其他各厅出版物;(4) 其他各教育团体之出版物;(5) 各书局之教育出版物。

以上各项材料或直接可以采用,或间接可供解释比较之参考。调查之际,均应充分利用,以省经费,而利进行。

本篇所述,只限于初步着手时之教育调查方法。至材料搜得后应加整理,如何报告,如何建议,皆属教育调查中重要问题,容另篇述之。

(原载《教育杂志》第二十二卷第九期,1930 年)

教育调查中之地方社会状况调查

教育不能离社会而独立；欲调查一地方之教育，当先调查其社会状况，其目的有二：（一）明了教育背景，以供解释现状及估量效率之参考。（二）探求社会需要，以为修正政策指示改进之根据。

社会经济之调查，本属于社会调查范围之内，其详细工作，需时甚多，绝非教育调查所能担任，教育调查所欲参考者，不过社会方面之大概状况而已。

一、搜集资料

社会状况调查当注意两方面之事实：一为某处特殊情形；二为各处共有情形。前者当于调查时特别留意录入，后者则已略备于《社会概况调查表》。兹录其要项如下：

（一）历史的背景　参考地方志并咨询。

（二）地理的资料　可利用公安局、建设局或书肆之已经绘制者。

（三）运输及交通　到建设局调查并咨询。

（四）人口　可到公安局调查。

（五）党政组织　到市政府或其他机关调查。

（六）社会团体及事业　咨询。

（七）报纸　咨询。

（八）经济状况　到商会、工会、公安局、财政局或其关系之团体调查。

（九）卫生状况　到卫生局调查。

（十）风俗习惯　观察咨询。

（十一）社会生活　观察咨询。

搜集上述各项材料，欲其详尽无遗，实难办到。吾人为节省时间计，当注意下述数条办法：

（一）利用已有之调查报告，如各公共机关之出版品及私人著作与上述各项有关者，皆当尽量搜集。

（二）邀请地方上熟悉情形之人，详加咨询。

（三）用抽象方法作实地调查观察或测验。

各地方情形不同，搜集材料时不必各项具备。

二、整理报告

材料搜集后,应逐项整理。附列图表,作一简短报告,其与教育背景、教育经费或政策有关之处,更应加以说明,兹就原表各项逐条解释如左:

(一) 历史背景

本项可略述本地过去历史,内容宜与目下况状有关。若无甚可述,亦不妨从略。

(二) 地理资料

本节资料之内容及其符号如下:

1. 境界用——线
2. 学区界用—·—·—·—线
3. 域内或附近村镇名称及位置
4. 铁路用▆▮▆
5. 公路及主要街道用══
6. 河流用〰
7. 主要桥梁用⋈
8. 山林用◉
9. 荒地用✹
10. 公园、图书馆、博物院及其他公共机关地点。
11. 公私立各学校地点用●及◉或○。
12. 庙宇用■。
13. 面积——填方里数。
14. 气候雨量。

以上各项除面积及气候雨量外,应绘成简明空白地图,标出距离单位及各种符号说明,印数十份备用,如第一图。此种地图,可向建设局或其他机关或书店取已经绘成者模制。如无现成者可以利用,则应临时测绘。

上述之地图,既经制就,则应将各机关、寺庙、学校地点及商店、工厂、住宅等区域,分别记号标出,以期一目了然。如该地系属较大城市,则应将商店、工厂、住宅各区域及各校地点分图填绘。至大中小各种学校,更须分别记号填出,以资识别。兹以上海真茹镇为例,图示其学校、机关、寺庙地点及其商店、住宅区域于后,如第二图。从此图

1. 可对于本地物质现状得一具体观念。
2. 可认识各学校及机关之方位,俾悉调查之路由。
3. 可明了各学校及商店住宅及工厂各区域分布之情势,俾知其地点之是否适宜。(学校地点宜在住宅区域,且不宜过偏,致通学上感受不便。)

4. 可以估计各部分儿童通学上之距离，识别危险之地，计划图书馆及其他公共场所之利用，以为筹划新校地点之根据。

5. 明了域内空地庙宇及其他公共机关之地位，以供扩展校舍之参考。

6. 若属新兴之城市，则可以预测其发展之方向，以为决定新校地点及预购廉价校基之标准。

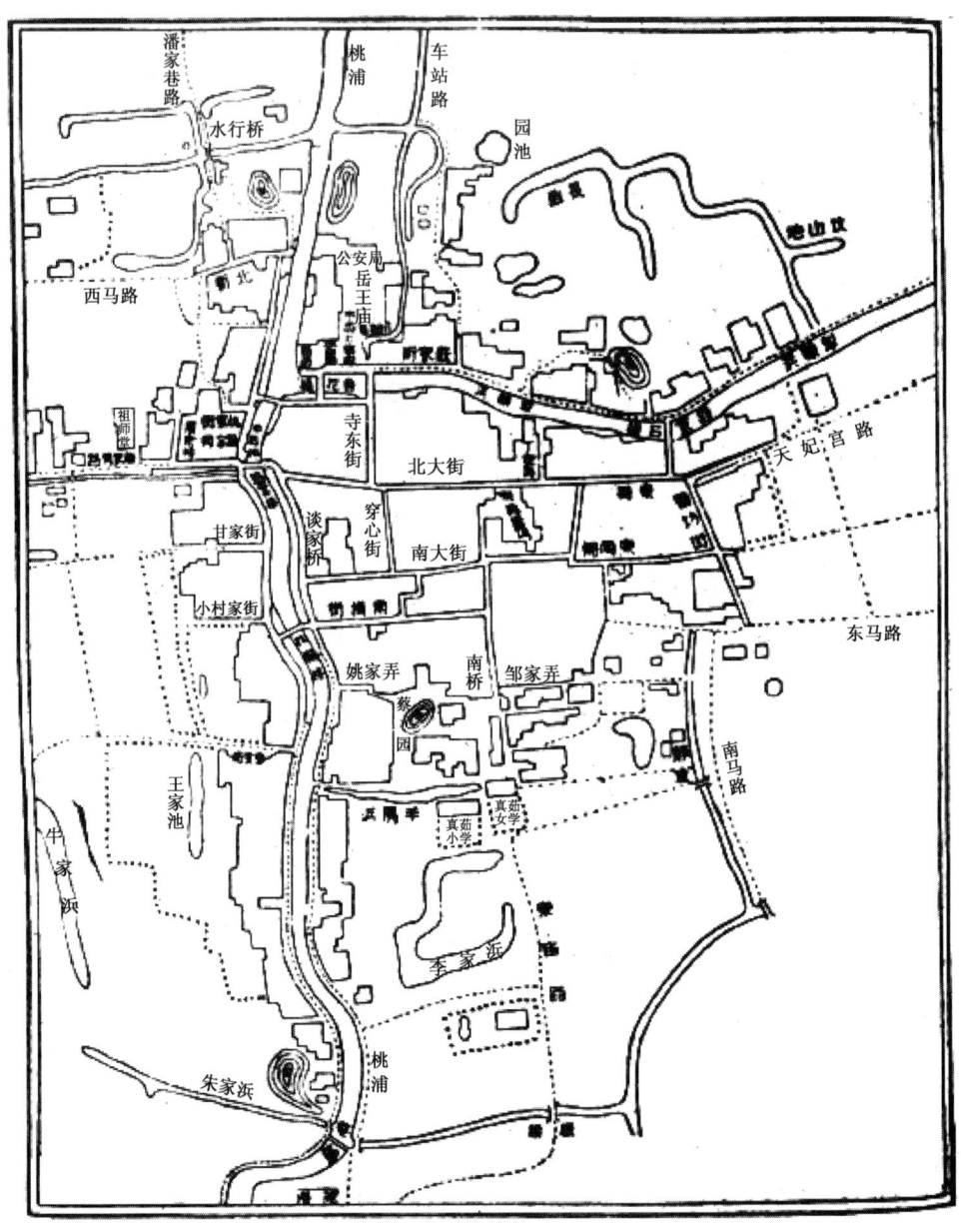

第一图　上海县真茹镇地图

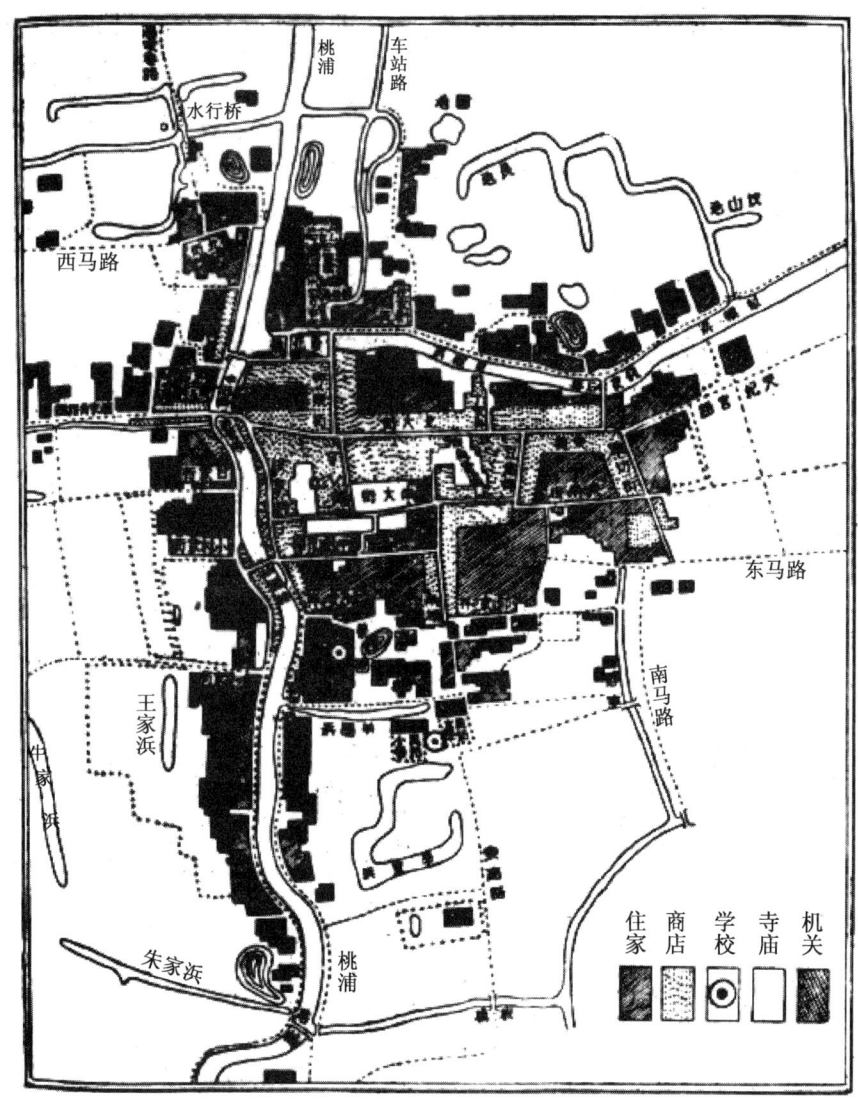

第二图　上海县真茹镇公共机关寺庙学校地点及商店住宅区域分布

(三) 运输及交通

本节材料之内容如下：

1. 铁路　本地离火车站几里，并举出站名。
2. 公路汽车路　境内共长若干里？该路所用材料如何？
3. 主要河流　记出主要河流宽窄形式及水利状况。
4. 主要桥梁　所用材料如何？有无危险？
5. 主要街道　铺路材料及路政状况。
6. 汽船　只数若干？通往何埠？

7. 其他交通工具。

本节各条材料可简括报告,不必繁琐。至其用途,可概括如下:

1. 推测该地一般文明之程度。
2. 考虑设立联合学校之可能(乡村用)。
3. 解释儿童入学及出席之现象。

(四) 人口

人口之多寡增减,及其分布状况,与教育经费校舍校具各方面之计划,皆有密切关系。惟我国人口统计,素无精确材料。通都大邑,如宁沪等地,尚不难于公安、建设、邮政等局查得一二。至于偏僻县镇,则居多无从查考。亦惟有与熟悉该地情形者随时估计,绝不能望其精确矣。至关于人口方面之材料,应行调查者如下:

1. 人口总数及其在各年龄时期之分配(参看第一表)

从本项可算出:

(1) 该地六岁至十二岁儿童之数目。
(2) 六岁至十二岁儿童相当于人口总数之百分比。

以上二项可供估计该地教育负担之参考。

(3) 每一百个学龄儿童与二十岁以上五十岁以下成人之比例。此项可以间接推算该地生产能力之大小而供计划教育经费之参考。

第一表　某地男女人民受教育之程度

年龄	受教育之程度 男/女	不识字	曾入私塾	小学一年	小学二年	小学三年	小学四年	小学五年	小学六年	中学一年	中学二年	中学三年	中学四年	中学五年	中学六年	大学一年	大学二年	大学三年	大学四年	总计
4.以下	男																			
	女																			
5.	男																			
	女																			
6.	男																			
	女																			
7.	男																			
	女																			
8.	男																			
	女																			
80以上	男																			
	女																			
总计																				

2. 人民受教育之程度(参看第一表)

从本项可算出：

(1) 人民之受教育平均年数。

(2) 男人受教育之平均年数。

(3) 女人受教育之平均年数。

(4) 全体人民文盲之百分比。

(5) ① 十岁以下② 十至二十③ 二十至三十④ 三十至四十⑤ 四十至五十⑥ 五十以上人民文盲之百分比。

(6) 二十岁以上① 男人② 女人文盲之百分比。

以上各项可供计划民众教育之参考。如一般人民受教育之程度太低,则该地民众补习教育当特别注意。又如某年龄时期内或某种性别之人民不识字者太多,则于此辈人民之补习教育尤应特别注意。

3. 人口入学数

此项可从两方面观察：

(1) 入学人口百分数　此项包括在一切学校内之人口。

(2) 六岁至十二岁入学儿童占总人口数之百分比。

以上两项,可以估计该地儿童入学上之效率。

如可搜得材料,当与同情形之地方比较。

其表式如下:(第二表及第三表)

第二表　民国某年某某等地入学人口百分比较表

地名	人口数	入学人数	百分比
甲	——	——	——
乙	——	——	——
丙	——	——	——
丁	——	——	——
戊	——	——	——
己	——	——	——

第三表　民国某年某某等地 6 岁至 12 岁儿童入学百分比较表

地名	某年人口总数	6—12 岁之人口	6—12 岁入学之人口	6—12 岁人口占总人口数%	6—12 岁入学儿童占总人口数之%
甲	——	——	——	——	——
乙	——	——	——	——	——
丙	——	——	——	——	——
丁	——	——	——	——	——
已	——	——	——	——	——
已	——	——	——	——	——
总数%	——	——	——	——	——

4. 在最近五年中当地人口增加或减少若干？

5. 在最近五年中移往他处及迁至本处之家数各约若干？

从以上两项可以推知该地人口增减之趋势，以为估计教育需要之根据。

6. 在最近五年中新建房屋约有几所？（公安局如发有造房执照便易查考）

每所房屋可于地图上以一黑点代表之。藉以明白该地人口分布之趋势，而为决定新校地点之参考。

7. 各住户在本地居住之年代。

从本项可以算出：住户居住本地(1) 一年以下，(2) 一年至三年，(3) 三年至五年，(4) 五年至十年，(5) 十年以上之百分比。

住户迁动不定，影响于儿童之学业至巨。本条材料可供解释儿童年级进步关系之参考。

(五) 党政组织

本节材料内容如下：

1. 国民党区分部　成立时日及党员数目。
2. 立法机关　记出主要人员姓名。
3. 司法机关　记出主要人员姓名。
4. 行政机关　记出各机关主要名称及主要人员姓字。

本地如无以上三项组织，可记出其他相当性质之制度，如镇董、村长、族长等等。

(六) 社会团体及事业

如农民协会、工会、教育会、慈善机关、合作社等，举出其负责人员姓名，并略述其活动情形。

(七) 报纸

各大报馆之名称、社址及主笔姓字。

以上五、六、七三节材料，于初次调查时，即当详细记出。因调查进行时，或需各机关人员协助，其职务、名字，调查者均不可不知。至于实际报告，只须作一简短记载，不必开列各项人员姓名，以省篇幅。

(八) 经济状况

本节材料内容为：1. 农业状况；2. 工业状况；3. 商业状况；4. 人民职业种类；5. 地方财富；6. 赋税种类；7. 行政机关收支状况。兹分述如下：

1. 农业状况

应作表统计主要农产物之种类，及其在去年或本年收入之数量，及最近五年来丰歉状况，更应报告地土分配情形。

2. 工业状况

应作表统计主要工业出产物之种类，及其在去年或本年出产品之数量。并应略述记出其兴衰之大概。

3. 商业状况

应作表统计主要商品每年入口出口贸易之数量，并略述其近年来盈亏情形。

从以上三项可略知本地经济之背景，于扩充教费改订课程上可得适当之参考。

4. 人民职业种类

此项资料可向公安局或其他有关系之机关搜集。应作表统计各种男女人民职业之数目，并求出其百分比，此项资料可供改造本地课程，了解乡里生活，适应地方需要之参考。

兹以真茹区为例，统计其人民职业之百分比如左。（第四表）

上海真茹区市民职业统计表

性别 职业别	男		女		男女合计	
	数目	百分比	数目	百分比	数目	百分比
农	6 225	64.72%	7 250	82.96%	13 475	73.4%
工	743	7.72%	598	6.84%	1 341	7.3%
商	1 123	11.67%	42	.48%	1 165	6.34%
教 师	236	2.45%	6	.06%	242	1.31%
学 生	42	.43%①	14	.16%	56	.3%
律 师	零	零	零	零	零	零
医 生	15	.15%	1	.01%	16	.08%
军 人	2	.02%	零	零	2	.01%
警 察	13	.13%	零	零	13	.07%
公务员	27	.28%	零	零	27	.14%
雇 工	285	2.96%	37	.42%	322	1.75%
杂 业	81	.94%	零	零	91	.49%
无职业	816	8.48%	791	9.05%	1 607	8.75%
总 计	9 618	100	8 739	100	18 357	100
备 注						

从此表可知真茹区人民职业之分配以农人为首，计有百分之七三·四。余则为工，计有百分之七·三，再次为商，计有百分之六·三四。三项合计，共有百分之八七。可知真茹学校之课程及设备，应以改进农村生活为主。惟此表中尚有应为吾人所注意者，则为无职业之人民数，计占全体百分之八·七五，男女之数大略相等。此类人民除拥资坐食者外，类皆地痞流氓，或则贫乏不堪依人为活。主持地方教育者，对于此辈人之职业教育问

---

① 编者注：原文如此。

题,应加以特别注意。

5. 地方财富

地方财富为教育经费大部分之来源。其数量多寡,应为教育调查者所注意。我国以农立国,人民财产之大宗,厥为田产,其次即为工商。田亩之价值,各县粮册所载,虽不精确,尚可参考。至于工商之资本,各地财政捐税等局,尽有相当资料,苟能勤于咨询,亦不难搜集也。

查得本地财产数目后,当以单位表示之,俾与别地比较,通常有以"每人口财产元数""每学龄儿童(或六岁至十二岁之儿童)财产元数"二种。前与后比则后不如前,尽人口众多之区,学龄儿童之数,未必同时加多也。此外又有"公立学校在校儿童数"一种,在私校众多之地方宜用之。

既得每学龄儿童之财产数,则当选择若干情形相同之地方比较其富率之高下,倘该地富率高于他处,而每年每儿之教育费转比他处为低,则该处教育经费,除特别情形外,实有增加之必要矣。

6. 赋税种类

此项应详列本地赋税种类及每年收入数目。更应求其百分比,以资比较。此项材料,可供扩充教费之参考。

7. 行政机关收支状况

此项应报告收入总数及支出各项。如教育、建设、消防、警政等项,所用数目及其百分比,从本项中可以求出:

(1) 本地教育费占支出公款总数之百分比(用圆圈表示之)。

(2) 本地教育费在本地各项公共事业中所占的地位(用横条图示之)。

(3) 本地教育费所占全部支出公款总数百分比在若干同等经济情形的地方中所占之地位。(同(2)项)

如本地确是富庶,而一般人民对于教育不肯出钱,则可更以讽刺图表示之。(如画一天秤,一盘内坐一儿,他盘内则置青蚨若干,盘重下坠,用以讽示该地重视金钱轻视教育之现象。)

(九) 卫生状况

本项应调查地方上一般卫生状况,如街道及住户清洁状况,择要报告,或更将住宅清洁状况分为上中下三等,填给于空白图上。

社会卫生与学校卫生关系至切。本项材料可供调查学校儿童健康状况及实施健康教育之参考。

(十) 风俗习惯

风俗习惯中包含婚丧、宗教、宗法、争斗等项,可作一简短报告。此类材料可以显示该地一般文化之程度,并可供改造公民课程之参考。

(十一) 社会生活

社会生活中包含戏剧、茶市、酒肆、烟馆等项。此类材料，亦宜从简报告，其应用方法与第（十）项同。

以上各项材料，皆当择其与教育有关者择要搜集。惟吾人究以调查教育为目的。社会调查在本范围内，原属副体，万不可流于琐细，反客为主，致失调查教育之本旨也。

参考书

樊弘：《社会调查方法》。（商务印书馆出版）。

冯锐：《广东番禺河南岛五十七村乡村调查报告》。（国立东南大学教育科编印）。

《民众教育实验第二次报告》。一四〇——一九六页（无锡中央大学区立民众教育院。十八年九月）。

1. Ayres and Others：*Cleveland School Survey*.
2. *Bliss Methods and Standards for Local School Surveys*，chap. Ⅱ.
3. Bobbit：*San Antonio School Survey*，Board of Education，San Antonio.
4. Cubberley：*School Organization and Adminstration*，chap. Ⅰ.
5. Flexner and Others：*The Gary Schools*.
6. Judd and Others：*St. Louis Survey*，World Book Company.
7. Sears：*The School Survey*，chap. Ⅱ.
8. Strayer and Others：*Tamp School Survey Teachers College*，Columbia University，N. Y.
9. Strayer and Others：*Atlanta School Survey*，Teachers College，Columbia University，N. Y.
10. Tai(邰爽秋)：*Objective Measures Used in Determining the Efficiency of the Administration of Schools*，chap. Ⅱ.

练习题

1. 试用社会状况调查表，调查本地社会状况，并说明其与当地教育政策之关系。
2. 试就汝所知之城市，绘一地图，表明其地理方面各项资料。
3. 试用某地之空白地图，照第二图办法，标出机关、学校、寺庙、商店、工厂及住宅区域。
4. 试用某地空白地图，标出该地五年内新建住宅之地点。

[附] 社会概况调查表

省名＿＿＿＿　城县名＿＿＿＿　镇＿＿＿＿　村＿＿＿＿

调查日期＿＿＿＿年＿＿＿＿月＿＿＿＿日调查人＿＿＿＿

本表使用法

1. 本表每地方用一份。
2. 调查时须搜集地图、地志、各机关报告及其他有关系之出版物。

3. 不能填写之项目从缺。

4. 有数目字而未填出内容之处，系留备调查时斟酌地方情形临时增加项目之用。

5. 一切数字均写 1.2.3.4.……等字。

一、历史背景（如有地方志，可借阅）。

二、地理的资料：须绘图表明下列各项：

（一）境界。

（二）学区界。

（三）城内或附近村镇名称及位置。

（四）铁路。

（五）公路及主要街道。

（六）河流。

（七）主要桥梁。

（八）山地。

（九）荒地。

（十）公园、图书馆、博物院等公共机关。

（十一）公私立各学校地点。

（十二）庙宇。

（十三）面积……方里。（此项如无从调查，可于上图中表出单位距离。）

（十四）气候雨量。

三、运输及交通。

（一）铁路：本地离火车站＿＿＿＿里。站名＿＿＿＿＿＿＿

（二）公路：境内汽车路共长＿＿＿＿里。材料＿＿＿＿＿＿

（三）主要河流：记出主要河流宽窄形式及水流状况。

（四）主要桥梁。

桥 名	长	宽	材 料	备 注

（五）主要街道（通常的）：铺路材料及状况。

（六）汽船＿＿＿＿只，通往埠名。

（七）其他交通工具。

四、人口（向邮局、公安局等机关调查）。

（一）人口数＿＿＿＿口。｛男＿＿＿＿人。 女＿＿＿＿人。｝

（二）在最近五年中当地人口增加（或减少）数＿＿＿＿人。

（三）在最近五年中新建之房屋约有＿＿＿＿所。

（四）在最近五年移住他处之家数约有＿＿＿＿家。

（五）在最近五年中由别处迁至本处之家数约有＿＿＿＿家。

（六）人口入学数 $\begin{cases}男\_\_\_\_人。\\女\_\_\_\_人。\end{cases}$

（七）入小学儿童数 $\begin{cases}男\_\_\_\_人。\\女\_\_\_\_人。\end{cases}$

（八）各住户在本地居住年代。

1. 一年以下者＿＿＿＿家。

2. 一年至三年者＿＿＿＿家。

3. 三年至五年者＿＿＿＿家。

4. 五年至十年者＿＿＿＿家。

5. 十年以上者＿＿＿＿家。

注：关于人民教育程度及年龄分配须另表调查，表式已见前。

五、党政组织。

（一）国民党区分部。＿＿＿＿成立时期＿＿＿＿党员＿＿＿＿

（二）立法机关。记出主要人员姓名。

（三）司法机关。同上。

（四）行政机关。记出各机关主要名称及主要人员姓名。

（本地如无以上三项组织，可以记出其他相当性质之制度，如镇董、村长、组长等等。）

六、社会团体及事业。如农民协会、工会、教育会、慈善机关、合作社等。举出其负责人员姓名并述其活动情形。

七、报纸。各大报馆之名称社址及主笔姓名。

八、经济状况。

（一）农业状况。

1. 主要出产

农产类	每年收入约计		工业类	每年收入约计
（1）＿＿＿	＿＿＿元		（2）＿＿＿	＿＿＿元
（3）＿＿＿	＿＿＿元		（4）＿＿＿	＿＿＿元
（5）＿＿＿	＿＿＿元		（6）＿＿＿	＿＿＿元
（7）＿＿＿	＿＿＿元		（8）＿＿＿	＿＿＿元
（9）＿＿＿	＿＿＿元		（10）＿＿＿	＿＿＿元

2. 最近五年间丰歉状况。

3. 土地分配情形

（二）工业状况。

1. 主要工业出产品

	出品名	每年出产量		出品名	每年出产量
(1)			(2)		
(3)			(4)		
(5)			(6)		
(7)			(8)		
(9)			(10)		

2. 兴衰大概

（三）商业状况。

1. 入口出口

	主要入口商品	每年贸易额约计		主要出口商品	每年贸易额约计
(1)		元	(2)		元
(3)		元	(4)		元
(5)		元	(6)		元
(7)		元	(8)		元
(9)		元	(10)		元

2. 近年来盈亏情形

（四）人民职业种类。

	种类	人数约计		种类	人数约计
(1)		人	(2)		人
(3)		人	(4)		人
(5)		人	(6)		人
(7)		人	(8)		人
(9)		人	(10)		人

（五）地方财富。

	财源	数量		财源	数量
(1)			(2)		
(3)			(4)		
(5)			(6)		
(7)			(8)		
(9)			(10)		

（六）赋税。

	种类	每年收入		种类	每年收入
(1)		元	(2)		元
(3)		元	(4)		元
(5)		元	(6)		元

(7) _____ · _____ 元　　　(8) _____ · _____ 元
(9) _____ · _____ 元　　　(10) _____ · _____ 元
(11) _____ · _____ 元　　　(12) _____ · _____ 元
　总计 _____ 元

（七）行政机关收支状况。（县政府市政府等）
1. 收入总数共 _____ 元
2. 支出项目共 _____ 元
(1) _____ · _____ 元　　　(2) _____ · _____ 元
(3) _____ · _____ 元　　　(4) _____ · _____ 元
(5) _____ · _____ 元　　　(6) _____ · _____ 元
(7) _____ · _____ 元　　　(8) _____ · _____ 元
(9) _____ · _____ 元　　　(10) _____ · _____ 元
(11) _____ · _____ 元　　　(12) _____ · _____ 元
(13) _____ · _____ 元　　　(14) _____ · _____ 元
(15) _____ · _____ 元　　　(16) _____ · _____ 元

九、卫生状况。

十、风俗习惯。

（一）婚丧

（二）信迷

（三）宗法

（四）争斗

十一、社会生活。

（一）演剧

（二）茶肆

（三）酒肆

（四）烟馆

（原载《教育杂志》第二十三卷第三期，1931年）

校舍调查

校舍为教育上物质环境之主要部分。其良否影响于教育经费之效力及学童身心之发展者极大。故调查学校者当注意校舍之视察。

校舍二字，实包括校舍、校地、校具、教具种种物质设备在内。其在教育调查方面之问题有三：（一）考察校舍需要；（二）测量校舍效率；（三）考察经济力量。兹分别述之。

第一节　考察校舍需要

校舍需要有两方面，一为需要之范围，二为需要之性质。校舍需要之范围，视一地方待教人数之多寡，学校组织管理之计画及公园、图书馆与其他可以利用之公共机关数目而定。至校舍需要之性质，则视课程及作业，教学方法，班级组织，学校组织之形式，儿童健康之需要，及一地方之气候而定。调查教育者于考虑校舍需要之际，当注意此两方面之情形，尤应注意待教人数之多寡。因其与校舍需要之关系最为密切，且为各地方公有之问题也。兹先分为"人口测量"与"待教人数之测量"两点述之。

一、考查人口情形

就通常状况言，人口众多之区，其儿童数亦必随之而多。故吾人可从人口数目中，推知儿童之数目。惟我国人口除少数都市外，向无精密统计，欲作详细研究，殊难着手。亦惟有就一地方之情形酌量估计而已。兹从教育调查者之见地，述其应注意之问题如左。

（一）现有人口之数目

欲知一地方现有人口之确数，当从实际调查着手。惟人口调查，手续繁难，决非教育调查者所能从事。教育调查者所应为者，只在尽量利用公安、建设、邮政等局已有之资料加以分析研究或则集合熟悉地方情形之人，酌量估计，以作推算校舍需要之参考。若舍却教育调查本身之工作，而从事人口之实际调查，在能力上固不免发生问题，即在时间上亦将不敷支配矣。此调查教育者所应注意者也。

（二）现有人口之分布

为决定学校地点及校舍容量之大小起见，当于人口总数之外，更研究其地理的分布，其法有二。

1. 绘出一地方之空白地图,就现有行政区域分为若干部分,测量各部分面积之大小,(公园、铁路及其他不可用作住宅区域之地方,应除去计算),求出每方里(或其他单位面积)之人口数,用下列之阴影方法表现出之

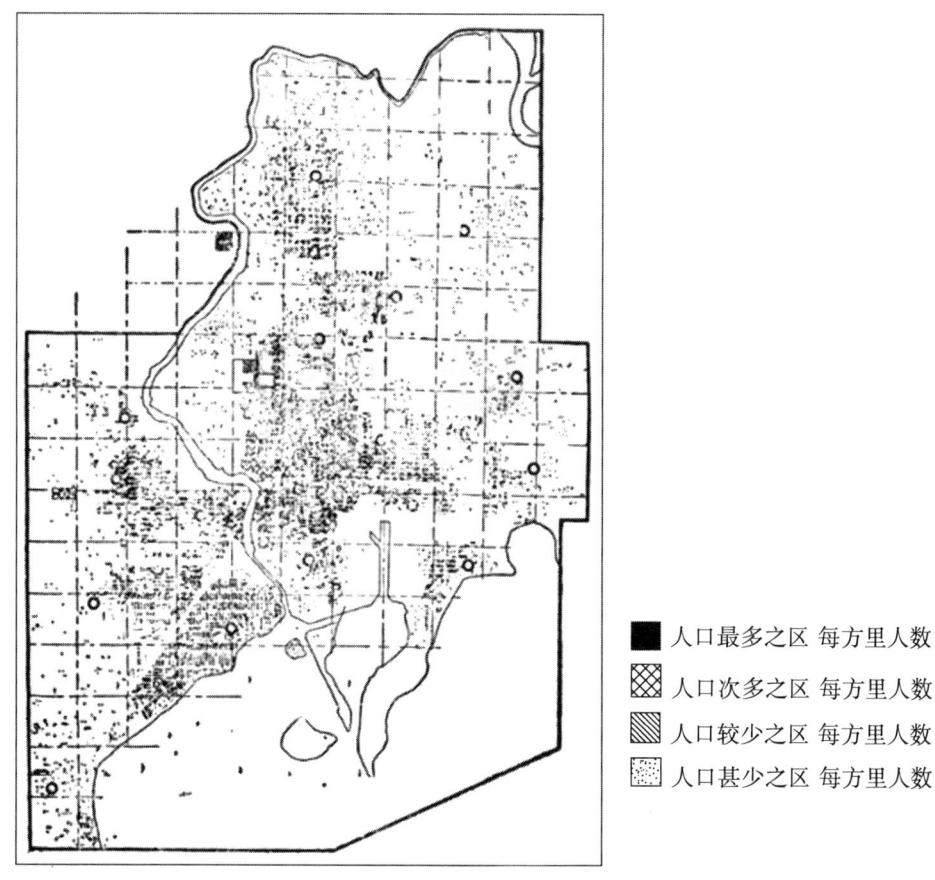

第一图　美国唐巴城 Tampa 1925 年住宅之分布

2. 绘出一地方之空白地图,调查住宅数目,每一住宅在图上作一小黑条表示之。从某部分小黑条数目之多寡,间接推定其人口之密度,此法虽不以人口为根据,但手续较为简单,可以补前法之不足也。(阅第一图)

(三) 未来人口之增减

一地方之人口因迁移或生长,与死亡之关系,往往发生增减之现象。儿童数之多寡,亦往往随之变动。故教育调查者于调查现有人口之外,同时仍应注意人口数之增减,估计其数量之大小,以为推算儿童数之根据。兹就吾国情形,将各地方人口增减现象,析为三种述之。

1. 人口数目固定,增减之数极微。我国大多数工商业未发达之城市属之。
2. 人口数目增加,各年皆有不同。其中又分增加率确定与不确定二种。前者多为发达较久之县市,后者多为新兴之都市。

3. 人口数目减少,其中又分为渐减与骤减二种,前者多为工商业衰败之县市,后者多为骤经兵燹或灾害之县市,或为政治中心转移因而衰败之都市。

人口之增减,与校舍需要之程度有密切关系。就通常情形言,人口减少之地方若其地之教育已经普及,则于新学校之设立当注意其学生之来源是否充旺;对于人口逐年增加之区域,则应注意其增加之数量,亦应特别注意各区间数量之分配,及其逐年增加之趋势,以为决定校舍地点之根据,至于人口数目固定之地方,只须注意校舍数量能否容纳现有儿童,实现预定之教育计画,其问题比之前二种虽较简单,然在实际上亦须仔细考虑,不容忽视也。

请进而言测量人口增减之方法。欧西各国,测量人口增减之方法颇多,求其合于我国目前之情形者殊少。不得已择其最普通者数种介绍于下,读者请斟酌情形用之可也。

(1) 以一地方逐年全体人口数之增减为标准。

方法:搜集一地方最近若干年内人口数目之资料,列为下表。求出其增减率,用以推测将来之趋势,以作估计校舍需要之参考。

第一表　某地方人口之增减

民国　年	人口数	增减数	比前一年增加或减少数

(2) 以一地方在某数年内一天一周或一月内加增或减少之人口数为标准,此标准在不能觅得若干年人口数之资料时用之,用法与前条同。

第二表　某地方在某某两年内增加或减少之人口数

月	民国　年	民国　年	增加或减少数	增加或减少之百分数
1				
2				
3				
4				
5				
6				
7				
8				
9				
10				
11				
12				
总数				

(3) 以某数年内住宅建筑执照为标准。

此标准宜用于新兴之都市,可将搜得之资料列入下表。

第三表　某地方某数年内住宅建筑执照数

民国　年							
住宅建造执照发给数							
人口估计数							

用此标准时,应注意之点如下:

a. 先求得某地方各住宅人口平均数,用以乘住宅建造执照数,即得人口估计数。

b. 须查明或估计拆毁及迁地建筑之住宅数,在住宅建造执照发给数内加以相当之考虑。

c. 求出各年住宅增加率,用以推算将来之趋势,以为估计校舍需要之参考。

(四) 未来人口之分布

除研究人口目前分布之状况外,仍应研究其未来分布之状况,其法如下。

1. 查出一地方先后两年间各区人口数。并估定若干年后增减之数目,列入下表。

第四表　某地方各区人口之分配

人口数　年 第　区	＊民国十年	＊民国二十年	民国三十年 (估计数)
1 2 3 4 5 6			

＊为假定之年数

2. 绘一空白地图,就现在区域分为若干部分,测量各部分面积之大小,(公园、铁路及其他不可用作住宅区域之地方须除出计算)求出每方里(或其他单位面积)之人口数,用下列之阴影方法表出之。

■ 若干年后人口极盛之区域(增加率在100%以上)

▨ 若干年后人口加增之区域(增加率由10%至100%)

▨ 若干年后人口无大变动之区域(增加率由0%至10%)

▨ 若干年后人口减少之区域

若不能搜得上项资料,则可就下列要素中,搜集资料,绘于图上,藉以决定一地方人口发达之趋势。

(1) 各区域选举人民数。

(2) 建筑执照数。

(3) 现在及计划中之工厂位置(工厂附近人口必多)。

(4) 火车、电车、马路或电话线路之延长。

(5) 自来水之设置。

(6) 可以建造住宅之空地。

(7) 各区小学儿童数之增加。

二、估计待教人数

待教人数之测量,可分为:(一)现有待教人数,(二)现有待教人数之分布,(三)未来待教人数之增减;(四)未来待教人数之分布四项述之。

(一) 现有待教人数

一地方校舍需要之大小,就目前状况言,视待教人数之多寡而定。所谓"待教人数"可分四种:(一)十五岁以下应受四年义务教育之儿童;(二)十五岁以下受过四年义务教育继续入学之儿童;(二)十五岁以上应受补习教育之成人;(四)十五岁以上继续求学之青年。计画校舍时,应先知此四种学生之确数。其中尤以第一、第二两种在教育调查上最为重要。惜我国素无此类统计可资参考,亦惟有凭照外国比较可靠之数目或斟酌一地方之情形,酌量推算,是亦不得已之办法也。

1. 十五岁以下应受四年义务教育之儿童。

在欧美各国大约每六人中有一学龄儿童。但我国义务教育暂定为四年,故人数较少。兹暂假定每十人中应有一人受义务教育,即百分之十之人口数也。

2. 十五年以下受过四年教育继续入学之儿童。

此类儿童,大概入高级小学或入初中,数目无从推定。惟有就一地方之情形斟酌计算。

3. 十五岁以上应受补习教育之成人。

据教育部教育方案编制委员会所编改进全国教育方案,根据欧美各国人口年龄分配百分数,按照百分法,求出之各年期人口平均百分数如下:

15 岁以下	33.18%
15—40 岁	39.53%
40—60 岁	18.77%
60 岁以上	9%

又据中华平民教育促进会前数年之调查报告,笼统计算,全国民众不识字者约有百分之八十。若已知某地方之人口数,则某年期内应受补习教育之人数,即可依下列公式求得之:

某地方某年期内应受补习教育之人数＝某地方人口数×某年期之人口百分数×80%

假定某地方有人口一万,试求其十五岁至四十岁间应受补习教育之人数。依前式应得出数目如下:

10 000 人×39.53×80％＝3 162 人(约数)

4. 十五岁以上继续求学之青年。

此类学生大概入高级中学,或大学,数目无从确定,当就一地方之情形斟酌计算。

(二) 现有待教人数之分布

依前段所述,现有待教人数分为四种:(一) 十五岁以下应受四年义务教育之儿童;(二) 十五岁以下受过四年义务教育继续求学之儿童;(三) 十四岁以上应受补习教育之成人;(四) 十五岁以上继续求学之青年,此四种待教人数之地理的分布,可依下法研究之。

1. 绘制一地方之空白地图四张,备点绘儿童家庭地址之用。
2. 查出各儿童之住居处所,点绘于图上,每人以一点代表之。(阅第二图)
3. 六岁至十岁之儿童,十一岁至十二岁之儿童,十三岁至十五岁之儿童,十六岁至十八岁之青年,各绘一张,表现应入初级小学、高级小学、初级中学及高级中学四种待教人数地理分布之状况。
4. 应受补习教育之人数太多,可即参用前节"现有人口之分布"段中之分布图,不必另绘。

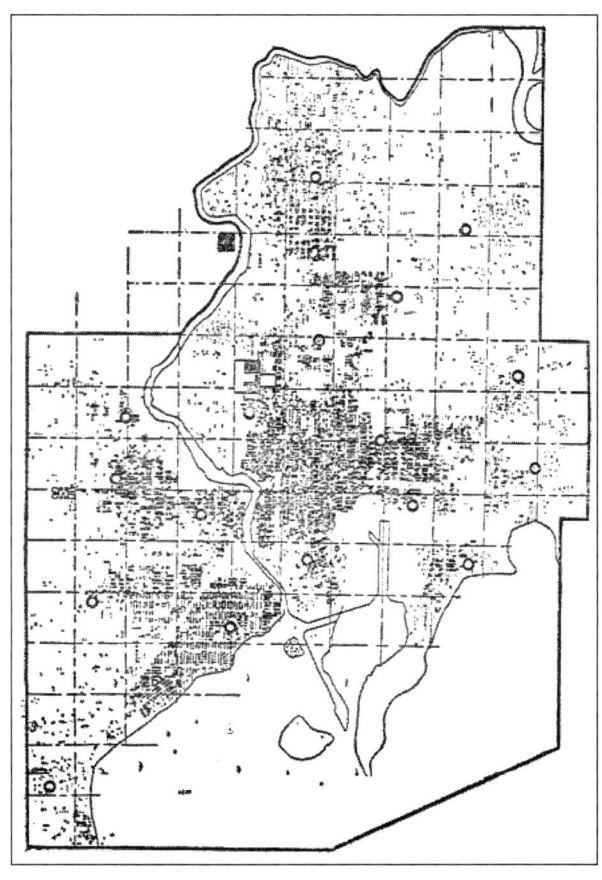

第二图　美国唐巴城 Tampa 1925 年小学学生之分布(每点代表一儿)

(三)未来学龄儿童数之增减

估计未来待教儿童数时,须注意下列各点。

1. 调查六岁以下各岁中现有儿童之数目。
2. 研究数年内生产率及死亡率之高下。
3. 考虑六岁以下儿童每年迁入及迁出者之数目。

(四)未来学龄儿童数之分布

将六岁以下儿童,按其住居处所,分年点绘于六张空白地图之上,每儿以一点表出之。更用空白地图一张,点绘六岁以下之全体儿童。

三、考虑其他情形

估计校舍需要时,除待教人数外,其他应考虑之情形甚多,兹分述之。

(一)关于校舍需要之范围者

1. 教育范围之广狭

校舍需要之范围,视一地方教育范围之广狭而定。即如义务教育,如以六年小学为范围,则校舍之需要自与以四年为范围者不同。又如补习教育,如以二年每星期三小时为限度,自与以一年为限度者不同。

2. 学校组织管理计划

校舍需要之范围,视学校组织管理之计划而定。学校之组织若采用全日制,则校舍之需要较大;若采用半日制,或葛蕾制,则需要较小;若更利用晚间上课,则需要更小。

3. 公共机关利用之程度

校舍需要之范围,又视一地方公共机关可以利用之程度而定。如一地方设有图书馆、体育场、公园及其他公共机关,并可充分利用,则校舍需要自必因此减小。

(二)关于校舍需要之性质者

1. 课程及作业之种类

校舍需要之性质,视课程及课外作业之种类而定。如偏重工艺课程,则应有工艺设备;如偏重农业课程,则应有农作设备;如偏重幼稚课程,则更应有幼稚园之设备。

2. 教学方法及班级组织之情形

校舍需要之性质,视教学方法及班级组织之情形而定。即如班级制之设备,与设计法之设备不同;设计法之设备又与道尔顿制之设备不同。

3. 班级组织

校舍需要之性质,视班级组织之情形而定。如以学级为单位,自与以能力分组者不同。

4. 学校组织

校舍需要之性质,视学校组织而定。如采用葛蕾制,则应多设特别教室是。

5. 儿童健康之需要

校舍需要之性质,视儿童健康之需要而定。如为盲儿或跛童之学校,则一切设备,自应与普通学校不同。

6. 地方气候

校舍需要之性质,又视一地方之气候而定。在严寒地方之学校,其取温设备,自必与在温暖地方者不同。

此外应行考虑之情形尚多,教育调查者,可随时留意,本书不能备述也。

第二节　测量校舍效率

测量现有校舍之效率,可分一学校校舍之效率,及一地方校舍计划之效率二项述之。

一、学校校舍之效率

吾国校舍向极简陋,且各种有关系之事实多无记载。欲作精密调查,颇非易事。美国教育家施菊野、安革霍二氏所订小学校校舍效率测量及校舍调查二表,极为详细,虽所悬标准过高不尽适于调查我国校舍之用,然近年来国人对于校舍问题已渐注意;校舍建筑,亦日有进步;衡以二氏所订标准除少数节目外,尚无不合之处。惟穷乡僻壤及经济困难地方,仍多沿用庙宇,或借用民房,与二氏标准相去太远。强足就履,自多扞格。吾人为适合国情计,亟应另订相当标准,但绝非一时所能办到。故在目前仍须采用二氏标准,略加修改,专为测量新式校舍之用,至破旧不堪之旧式校舍,除调查一部分事实外。其效率太低,尽可不必测量矣,兹先将作者所修改之施安二氏小学校舍效率测量表介绍于后。

(一) 邰氏修正施安二氏小学校舍测量表之内容

施菊野、安革霍二氏小学校舍效率测量表,内容极为简单。表内只有"项目"及"分数"二栏。各项标准,有数千条之多,另订一册,计共三十九页。用表之际,若携带该册随时查核,既不方便,且费时间;若欲一一牢记于胸,纵可勉强于一时,终必日渐遗忘,使所测结果不能正确。且强记极费时间,初学尤感不便,作者有见于此,特将该表构造略加修正,于原表"项目"及"分数"二栏之间,加入"标准"一栏,摘取原有标准之重要条目,缩成简短语句,按项插入表内。测量时只须明了其意义,即能自由应用。较之用施安二氏原表,可省却许多困难也。(参阅邰著教育调查表格)[①]

[①] 编者注:以下原文脱漏之"第五表""第六表"为编者据邰爽秋《地方学校校舍之调查与报告》补录。

第五表

校舍效率测量表　第_____号

学校_____　测量日期_____年_____月_____日　测量人_____

测量须知

1. 本表每小学用一份,遇必要时得两份并用。2. 测量工作由三人担任之。3. 本表仅适用于新式校舍。4. 总分数共分为千分。5. 测量时应按照表内所订标准。详细标准请参阅施菊野、安革霍二氏之小学校舍标准。6. 表内分数项下之数目,皆为各项最高标准分数。7. 实际测量时,只填第一项,至二、三两项,随后填算。8. 须参用一校校舍设备调查表。9. 不能填写之项目从缺。10. 填成后,加成总数记于最后总数格内。11. 由三人所测各主要项目(甲,乙,丙,丁,戊,)之中数,加成总数而得某校舍之最后分数。12. 本表请于_____月_____日填交_____

项目	标准	分数		
		1	2	3
甲. 地址				120
A. 坐落			55	
1. 交通	便利,适中,现在及将来临近街道,或去电车不远。	25		
2. 环境	a. 物质方面:花园树木房屋邱山。天际线与校舍基础不得过30度。 b. 社会方面:居民稠密,无不道德之势力。 c. 保护方面:无嚣哗、灰尘危险、臭气。	30		
B. 排水			30	
1. 高度	宜在高地,斜而向下,避去邻地流水,若在平地,则须有适当之排水沟。	20		
2. 土质	宜用天然土,不要腐融污垢,含有15—25%之沙。操场须干燥透水,不宜用砖或水泥。	10		
C. 大小形状	当宽大整齐,每儿童有100方呎面积之游戏场。场上应有运动设备,并有40呎长之旗杆。	40	40	
乙. 房屋	每所房屋均须分开测量。		165	
A. 地位		25		
1. 方向	东南最好,其次为东、西南、西、南、北。光宜用于艺术等室。	15		
2. 位置	宜美观,避嚣市及丑陋之屋。留出充分操场地位,留出房屋扩展地位。	10		

(续表)

项目	标准	分数		
		1	2	3
B. 外部构造			60	
1. 形式	H. F. U 等式为宜。	5		
2. 材料	砖或石，水泥尤佳。	10		
3. 高度	稠密城市两层楼。材料不佳者，至多一层。	5		
4. 屋顶	顶平不漏，可作游戏场，并有适当斜度易于泻水。屋檐应有泻水管。	5		
5. 屋基	砖石三合土，基底宽，地室应不透水。	5		
6. 墙壁	石、三合土或用硬砖嵌入水泥最佳。	5		
7. 进口	a. 中央有大进口，在主要及次要走廊交界近楼梯塌脚处。更有双门之两小进口，各进路无阻碍物。 b. 阶步宜小，且不露天不得滑，高六吋宽十二吋。 c. 正前廊宽 10—12 呎。 d. 双门向外开，3×7 呎，有避险机。	10		
8. 美观	布置优美，但不奢侈。	5		
9. 修理	时常修理，无颓废之状态。	10		
C. 内部构造			80	
1. 楼梯	a. 构造：宜用不致引火之材料，最好用铁或三合土。楼阁 5 呎脚踏板阔度为 10—12 吋，高则 6—7 吋。 b. 数目和方向：以屋内所容人数能于三分钟内走空为准。地点以在外墙为佳。 c. 光线须适宜。 d. 勿使藏垢纳污。	35		
2. 廊庑	a. 位置：宜环绕各室通达各梯。 b. 构造：材料须不引火、不发声，及坚固美观，光线要适当，廊宜广大，可挂地图相片以陶冶身心。	20		
3. 地室	储藏杂物装置火炉，地板墙壁不易着火，汽锅汽管须装置得宜，并要避免无用空地。	15		
4. 颜色	须与教室内之颜色相等。	5		
5. 屋顶小室	屋顶与天花板之间，不应堆积杂物，但须以铁梯通于下层	5		
丙. 卫设卫生				280
A. 取温换气			80	
1. 种类	热水汀最好，煤炉次之，炭盆最坏。	15		
2. 装置	须得宜。	15		

(续表)

项目	标准	分数		
		1	2	3
3. 通气	应有换气机,各室空气皆要流通。空气来源须新鲜。并应有洗气机,使教室内之湿度在 40—60% 之间。	15		
4. 电扇摩达	应设电扇,并安置适宜之摩达。	10		
5. 分配	教室自修室、集会室、实验室等华氏 67 至 70 度;衣室、毛厕、走道等,华氏 65 至 70 度;游戏室、健身房华氏 60 至 65 度。	10		
6. 调节温度	应有自动的温度调节法。	10		
7. 特别设备	其他关于调节空气之特殊设备。	5		
B. 防火			65	
1. 器具	有水管、灭火药水、压水机、警钟。每层楼皆易于达到警钟处。	10		
2. 逊火	房屋质料,须能避火。	15		
3. 逃火	如无保火险的梯井,即应设逃火梯。门须与逃火梯相连,通至屋外地上。	20		
4. 电线	须照保火险公司之规定装置。	5		
5. 火门	自能关闭的火门,使火房与他处分开。逃火梯上下之窗,应设火玻璃。	10		
6. 灯光	逃火门应有触目之灯为记号。	5		
C. 去污		20		
1. 种类	用真空去污制。	5		
2. 设置	大校舍应设真空去污制。小者应有地刷、扫地化合物及其他材料。	5		
3. 清洁	各处须十分清洁。	10		
D. 灯光		20		
1. 电灯	全屋皆用电灯。	5		
2. 盏数	教室 6—9 盏,走廊 20—25 呎一盏。	5		
3. 光亮	教室、自修室、图书馆,每桌六尺烛光,礼堂三尺。	5		
4. 装法	简单适宜,不宜直触眼帘。宜用半直接或间接法。	5		
E. 电用设备			15	
1. 电钟	每教室一,主要路道及校工室亦应安置。	5		
2. 铃锣	为开会、上下课及火警训练之用。	5		
3. 电话	安在校长室或总办公室中。	5		

(续表)

项目	标准	分数		
		1	2	3
F. 水料			30	
1. 饮料	沸水终日不断,分杯饮。	10		
2. 洗濯	各室皆有洗手盆。五十儿一盆适合高度。	10		
3. 洗澡	设男女浴室,雨淋最佳。	5		
4. 水物	有卫生肥皂及手巾架等,并备热水。	5		
G. 便所			50	
1. 分配	每层楼有男女厕所。	10		
2. 设置	磁器坐,自来水。	10		
3. 便利	男生每二十五人合一马桶。十五人合一小便位。每十五女生合一马桶。	10		
4. 隔离	男女分开,在屋之两端。	5		
5. 卫生	南向空气流通,窗面占地板面积20%。	15		
丁 教室				90
A. 位置	须离扶梯出口、厕所、饮水处及水厕所不远。	35	35	
B. 构造粉饰			95	
1. 大小	每学生须占十五方呎地板面积,和 200 立方呎空气体积。	25		
2. 形势	式须长方形,旁边开窗。	15		
3. 地板	硬木板材料,接合须密,不藏灰垢。	10		
4. 墙壁顶板	平滑,坚硬,修整。	10		
5. 门	三尺宽七尺长,须设于教师节制便利之处。	5		
6. 藏物处	每教室须备一处,近教师台。	5		
7. 黑板	种类、长阔、颜色、粉槽、离地高度、面积、材料(年级)等均须注意。起码宽 1—3(年级)28 吋;4—5(年级)32 吋;6—8(年级)36 吋;粉糟地高:1—2(年级)24 吋;3—4(年级)26 吋;5—6(年级)28 吋。宜置于室之前面,两窗间不宜安置黑板。	10		
8. 布告板	布告板以轻木质为佳。	5		
9. 颜色	墙淡黄或淡绿,天花板白色,近地处较黑。	01		
C. 光线			85	
1. 玻璃面积	占地板面积 1/5 至 1/4。	40		
2. 玻璃窗	a. 位置于教室之长边。b. 光线须由左方进来。c. 二窗间不过十二吋近黑板之一端 5—7 呎内无窗。e. 近火门处,须用耐火玻璃窗。	30		

(续表)

项目		标准	分数		
			1	2	3
	3. 窗帘	透光窗帘,并可揭开。颜色与窗色调和。	10		
D. 藏衣室		宜有充分地方,不可与墙接近。挂钩高度。应适应学生用时之便利。	25	25	
E. 设备				50	
	1. 桌椅	单位坐,可移动的,升降的。	35		
	2. 讲台	质坚式美合用。大小约 52×32 吋,且须有高足。	10		
	3. 设备	须适应各年级及各特别教室之需要。	5		
戊. 特别室		光线、构造、颜色、门槛等,当与普通教室同。			140
A. 普通用的				65	
	1. 游戏室	男女各一,应与操场、厕所相近。	10		
	2. 会堂	a. 地位:便利交通,宜在一层楼;b. 大小:能容全校生 60%以上,每人占七方呎之面积;c. 构造:当注意质料、地板、传声、阻碍物、出路、楼厢、装修、装饰等项。地板须平,椅子向后,层层加高。d. 讲台:高度三尺半至四尺,深约相当于台口之半,另有更衣室、储藏室、电影室。	15		
	3. 图书室	书籍充足,设备适宜,宜在第一层近总道口处。面积约当于各教室总面积五分之一。	10		
	4. 体育室	能打篮球排球,并够练习柔软体操。位置应在地面,设观众坐位。长宽成三与二之比。声音不达教室。用木质地板。光线充足,三面开窗。窗面占地板面积 20—25%并有游戏设备。此外更有主任室、淋雨室、更衣室、置衣室及储藏室。	15		
	5. 游泳池	近更衣室,水池水料等物皆清洁。	5		
	6. 膳堂	为通学儿童午膳之地。应与家事室相连。能容三分之一的儿童一次食饭。光线、空气、装饰等,均须合宜。	10		
B. 办事室				35	
	1. 办公室	位置宜设在一层。较大之学校宜备应接室、储藏室、书记室等。	10		
	2. 教员预备室	男女各一,书籍、茶水、衣物、台椅等设备,须完全。	10		
	3. 医药室	须注意大小、设备、卫生等项。应包含治牙所、医药所及其他应备之医药材料。	10		
	4. 校役室	宜与水锅及便所相近。水盆、电话、办公室用具,均宜有之。	5		

(续表)

项目	标准	分数		
		1	2	3
C. 其他特别室			40	
1. 家事室	应有烹饪及缝纫等完全之设备。	20		
2. 工艺室	大小 24×45 呎。工具房、颜料房宜分立。并须备水盆等物。最低限度须能容 20 人。	10		
3. 科学室与图画室	大小应教室同。有台椅等设备,并应有书架、自来水等。	5		
4. 储藏室	宜近办公室,并应有充足光线。	5		
总数		1 000	1 000	1 000

校舍总分数

项目	测量人姓名	某项中数分数
甲. 地址		
乙. 校舍		
丙. 卫生设备		
丁. 教室		
戊. 特别室		
总数		

如有其它资料请书于下

（二）校舍测量表之应用

调查校舍时须先填"校舍设备调查表"。此表项目极多。其中之一部分,为记载各校舍普通事实,备说明参考之用。另一部分则为供给测量表中所需之特殊事实。如游戏场及教室地板面积均是。用测量表时,可将此类含有特殊事实之项目,暂行空下。俟结算清楚后,再为填入。此外遇有特殊情形为表中所未备者,则用铅笔记于表之边缘,以便整理时酌量记载分数。至记载分数时应注意之点甚多,兹按该表所订项目,逐条说明如下。

甲、地址

A. 坐落

1. 交通　至少给一分,普通给二十分。
2. 环境　a. b. c. 三项,每项至少给四分,普通给七分。

B. 排水

1. 高度　至少给六分,普通给十四分。
2. 土质　砖地二分,水泥地三分,泥地而阴湿者五分。

C. 大小形状

1. 游戏　每儿有一百方呎以上之游戏场面积者二十五分；七十五至一百方呎者二十分；二十五至五十方呎者十五分；二十五方呎以下者十分。
2. 设备　毫无固定设备（如浪桥木马等）者零分；略有一二件者二分；有五件以上者十分。
3. 棋杆　无棋杆零分，有短棋杆三分，有四十呎之长棋杆五分。

乙、房屋

本项须就所测校舍情形斟酌记分。

（甲）若一校校舍只有房屋一所，则以一表测量之。

（乙）若一校校舍有房屋数所；各所情形大概相同，则以一所为代表测量之。

（丙）若数所房屋中有一较大者足以代表全校全部校舍时，则以该所为代表测定之。

（丁）若各所房屋彼此情形迥异，则须用数表分别测量，然后求出各条平均数填入后一表内计算总分。

A. 地位

1. 方向　东南十五分，东十三分，西南十一分，西九分，南七分，北五分。
2. 位置　美观二分，不靠近嚣市及丑陋之屋二分，留出充分操场地位三分留出房屋扩展地位三分。

B. 外部构造

1. 形式　不合 T. H. E. U. 等式者三分。一校内房屋有二分之一，合于此数种形式者三分。
2. 材料　砖或石七分，水泥十分。
3. 高度　平房五分，一层楼四分，两层楼以上三分。材料不佳而有楼房者照减二分。
4. 屋顶　合于表内标准者五分，有屋脊又有泻水管者四分，无泻水管者照减一分。
5. 屋基　砖石三合土而基底宽者亦给五分。基底在一尺以内者照减一分。土墙或木板墙各给二分。
6. 墙壁　不合标准者至少给二分。
7. 进口　a. 三分，b. 二分，c. 二分，d. 三分。不合标准者各条照减一分。
8. 美观　至少给二分。
9. 修理　至少给三分。

C. 内部构造

1. 楼梯

    a. 构造项共给二十分。铁或三合土之梯给十四分。木质梯给五分，宽阔高各给二分，不合标准各给一分。
    b. 数目和方向项，共给八分，不合标准四分。
    c. 光线适宜给四分，不合标准给二分。
    d. 合标准给三分，不合者给二分或一分。

e. 无楼房之校舍此项共给二十五分。
2. 廊庑
　　a. 位置合标准者四分，不合标准者二分。
　　b. 构造内共四项。每项合标准者各给四分，不合标准各给二分。
3. 地室　无地室者给十分。
4. 颜色　白色给四分。
5. 屋顶小室　如无屋顶小室而有天花板，则给三分。若并天花板而无之，则给二分。

丙、卫生设备

A. 取温换气
1. 种类　热水汀十五分，煤炉十二分，炭盆或无炭盆者给六分。
2. 装置　无取温设备不给分。
3. 通气　无通气设备给五分。
4. 电扇摩达　无此项设备者不给分。
5. 分配　此项给五分。
6. 调节温度　不合标准者零分。
7. 特别设备　不合标准者零分。

B. 防火
1. 器具　有水龙者五分，有水缸水桶者三分。
2. 避火　木质房屋三分，砖木合用者十分。
3. 逃火　有逃火梯井者二十分，有逃火梯又通至室外地上者十五分，无梯给五分。
4. 电线　暗线五分，明线三分，无电灯或其他灯火设备者亦给三分。
5. 火门　仅有逃火门者三分，并逃火门而无之者零分。
6. 灯光　不合标准者零分。

C. 去污
1. 种类　不合标准者给一分。
2. 设置　用扫帚者给二分。
3. 清洁　至少给三分，普通给五分。

D. 灯火
1. 电灯　洋灯给二分，无灯零分。
2. 盏数　洋灯给二分，无灯零分。
3. 光亮　电灯光暗者三分，无灯零分。
4. 装法　有露泡之电灯者给三【分，无灯零分】。

E. 电用设备
1. 电钟　不合标准者零分。
2. 铃锣　无铃锣者给二分。
3. 电话　无电话者零分。

F. 水料

1. 饮料　每条各给五分,不合标准者二分。
2. 洗濯　无洗面盆者零分。
3. 洗澡　男女浴室只有一种者二分,兼有者四分,有雨淋者再加一分。
4. 水物　不合标准者零分。

G. 便所

1. 分配　楼房只有一层设厕所者给八分,平房男女厕所兼备者给十分。
2. 设置　有盖便桶六分。粪坑四分。
3. 便利　不合标准者至少给二分。
4. 隔离　男女厕所靠近者二分。
5. 卫生　不合标准者至少给五分。

丁. 教室

A. 位署

不合标准者至少给十分。

B. 构造粉饰

1. 大小　不合标准者至少给十分。
2. 形势　不合标准者至少给五分。
3. 地板　木板接合不密而有灰垢者五分,砖地三分,土地二分。
4. 墙壁　顶板至少给二分。
5. 门　至少给三分。
6. 藏物处　不合标准者零分。
7. 黑板　无黑板或其他代替物者零分,有黑板者至少三分。
8. 布告板　无者零分。
9. 颜色　不合标准者至少给五分。

C. 光线

1. 玻璃面积　占地板面积五分之一至六分之一者三十五分;六分之一至七分之一者三十分;七分之一至八分之一者十五分;八分之一至九分之一者二十分;九分之一至十分之一者十五分;十分之一以下者十分。
纸窗或明瓦窗照上述标准减半。夹用玻璃者照标准推算。
2. 玻璃窗　每条六分。除最后一条如无火门可给四分外,其余各条至少给三分。
3. 窗帘　如无窗帘零分,有窗帘而颜色不合七分,玻璃窗上加白油者五分。

D. 藏衣室

无藏衣室而有置衣物柜者二十分,否则零分。挂钩位置不适合者照减五分。

E. 设备

1. 桌椅　全用双位坐椅十五分;全用单位坐不能升降移动之椅二十分;高低单位椅夹用二十五分;高低双人椅夹用二十分;全用凳位十分。

2. 讲台　不合标准至少五分。
3. 设备　不合标准至少二分。

戊、特别室

A. 普通用的

1. 游戏室　无游戏室者零分,男女游戏室每室至少二分。
2. 会堂　有代替会堂之室(如饭堂等)五分,否则零分。普通食堂无半月形讲台者八分,有者十分。
3. 图书室　有者至少给三分,否则零分。
4. 体育室　有者至少五分,无者零分。
5. 游泳池　无者零分。
6. 膳堂　有者至少四分,无者零分。

B. 办事室

1. 办公室　只有办公室者五分。若更有应接储藏等室,每室再加一分,以加至十分为限。
2. 教员预备室　有者至少五分,合在办公室内者给二分。
3. 医药室　有者至少给三分,无者零分。
4. 校役室　有者至少给一分,无者零分。

C. 其他特别室

1. 家事室　有者至少给七分,无者零分。
2. 工艺室　有者至少给四分,无者零分。
3. 科学及图书室　有者至少给二分,无者零分。
4. 储藏室　有者至少给二分,无者零分。

(三) 测量结果之整理

1. 一校结果之整理

校舍测量工作,系由三人担任。俟各人结算完竣后,将所有结果,填入下表。

第七表　三个测量员所给某校校舍之分数

项目 \ 测量员号数	6	9	12	中数 分项	中数 总项
甲. 地址	85	71	83		83
A. 坐落	45	30	45	45	
B. 排水	20	26	23	23	
C. 大小形状	20	15	15	15	
乙. 校舍	94	113	91		101
A. 地位	15	22	16	16	
B. 外部构造	44	36	26	36	
C. 内部构造	35	55	49	49	

(续表)

分数　　测量员号数　项目	6	9	12	中数 分项	中数 总项
丙．卫生设备	106	113	110		115
A．取温换气	31	32	30	31	
B．防火	0	8	9	8	
C．去污	13	15	16	15	
D．灯光	0	0	0	0	
E．电用设备	5	15	15	15	
F．水料	15	2	5	5	
G．便所	42	41	35	41	
丁．教室	174	186	187		179
A．位置	35	25	25	25	
B．构造粉饰	49	67	60	60	
C．光线	47	50	56	50	
D．藏衣室	20	20	16	20	
E．设备	23	24	30	24	
戊．特别室	111	78	75		85
A．普通用的	45	28	35	35	
B．办事室	28	13	10	13	
C．其他特别室	38	37	30	37	
总　　计	570	561	546		563

2. 一地方各学校结果之整理

一地方各学校情形不同，往往因一级总分数或某项分数之多寡，而影响全部之数目。故当用数表分别表出。兹以松江各小学资料为例说明之。

第八表　松江十五小学校校舍根据施安二氏校舍效率测量表所测各项分数与标准之比较

学校名称	依照每校所得总分数排定之次第	标准分数	分项标准分数与各校各项所得分数				
			Ⅰ 地址	Ⅱ 校舍	Ⅲ 卫生设备	Ⅳ 教室	特别室
		1 000	125	165	280	290	140
第一小学	1	560	103	120	98	192	49
实验小学	2	536	88	110	117	176	45
第二小学	3	524	97	103	97	187	45
松筠小学	4	448	63	97	53	195	40
崇文小学	5	406	75	97	66	194	15
北内小学	6	321	48	85	40	143	5

(续表)

学校名称	依照每校所得总分数排定之次第	标准分数	分项标准分数与各校各项所得分数				
			Ⅰ 地址	Ⅱ 校舍	Ⅲ 卫生设备	Ⅳ 教室	特别室
		1 000	125	165	280	290	140
莫家弄小学	7	319	47	67	60	104	21
东内小学	8	319	67	87	53	124	5
景贤小学	9	312	52	75	58	116	11
培本小学	10	306	66	58	25	135	24
妙严小学	11	304	46	79	50	124	5
尊亲小学	12	278	53	64	37	116	8
聂氏小学	13	254	51	59	43	73	20
东外小学	14	226	50	44	48	79	5
大涨[张]泾小学	15	224	47	63	42	68	5
标准分数		1 000	125	165	280	290	140

根据上表绘出下列二图,一则表明各校总分数(第一图),一则表明各校分项分数(第二图):

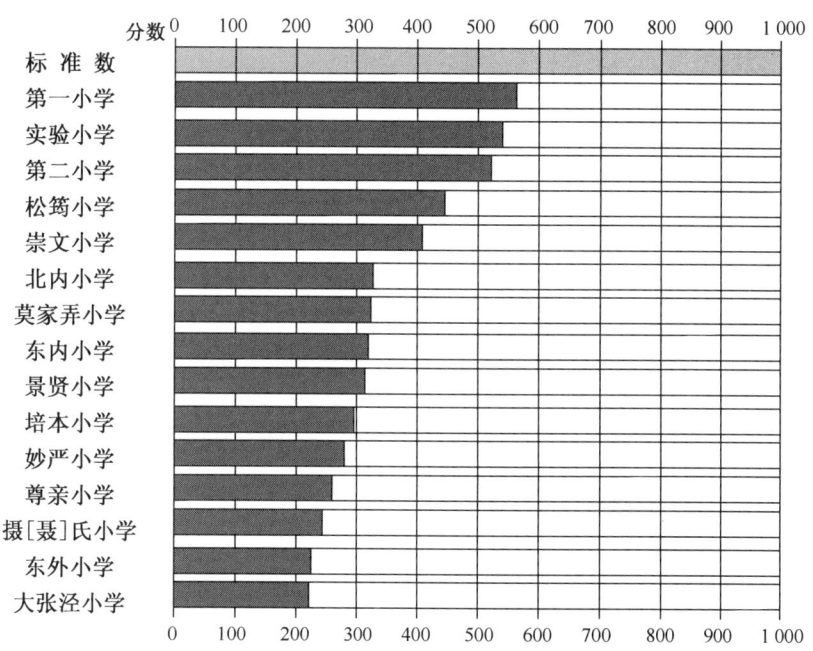

第三图　松江城十五学校舍根据施菊野安革霍二氏测量表效率总分数之比较

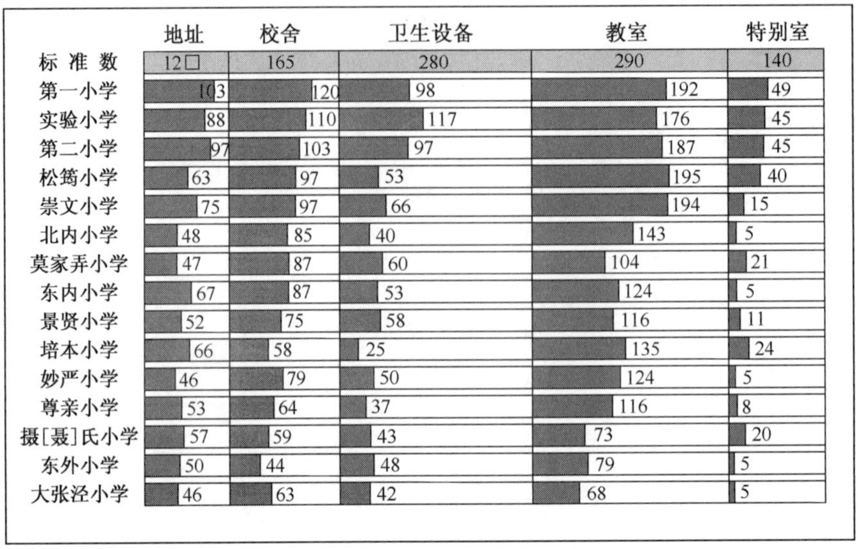

学校	地址 (12□)	校舍 (165)	卫生设备 (280)	教室 (290)	特别室 (140)
标准数	12□	165	280	290	140
第一小学	103	120	98	192	49
实验小学	88	110	117	176	45
第二小学	97	103	97	187	45
松筠小学	63	97	53	195	40
崇文小学	75	97	66	194	15
北内小学	48	85	40	143	5
莫家弄小学	47	87	60	104	21
东内小学	67	87	53	124	5
景贤小学	52	75	58	116	11
培本小学	66	58	25	135	24
妙严小学	46	79	50	124	5
尊亲小学	53	64	37	116	8
摄[聂]氏小学	57	59	43	73	20
东外小学	50	44	48	79	5
大张泾小学	46	63	42	68	5

第四图　十九年度松江城十五小学校舍根据施菊野安革霍二氏测量表效率分项比较

第九表　某城各小学校校舍根据施安二氏测量表

地址项所得各分项分数与标准分数之比较

学校名称	依照每校所得第三项总分数排定之次第	第一项 地址			
		标准分数	分项标准分数与各校所得分数		
			A. 坐落	B. 排水	C. 形状大小
		125	55	30	40
标准分数		125	55	30	40

第十表　某城各小学校校舍根据施安二氏测量

表校舍项所得各分项分数与标准分数之比较

学校名称	依照每校所得第二项总分数排定之次第	第二项 校舍			
		标准分数	分项标准分数与各校所得分数		
			A. 地位	B. 外部构造	C. 内部构造
		165	25	60	80
标准分数		165	25	60	80

第十一表　某城各小学校校舍根据施安二氏测量表
卫生设备项所得各分项分数与标准分数之比较

学校名称	依照每校所得第三项总分数排定之次第	第三项卫生设备							
		标准分数	分项标准分数与各校所得分数						
			A. 取温换气	B. 防火	C. 去污	D. 灯光	E. 电用设备	F. 水料	G. 便所
		280	80	65	20	20	15	30	50
标准分数		280	80	65	20	20	15	30	50

第十二表　某城各小学校校舍根据施安二氏测量
表教室项所得各分项分数与标准分数之比较

学校名称	依照每校所得第四项总分数排定之次第	第四项　教室					
		标准分数	分项标准分数与各校所得分数				
			A. 位置	B. 构造粉饰	C. 光线	D. 藏衣室	E. 设备
		290	35	95	85	25	50
标准分数		290	35	95	85	25	50

第十三表　某城各小学校校舍根据施安二氏测量
表特别室项所得各分项分数与标准分数之比较

学校名称	依照每校所得第五项总分数排定之次第	第五项　特别室			
		标准分数	分项标准分数与各校所得分数		
			A. 普通用的	B. 办事室	C. 其他特别室
		140	65	35	40
标准分数		140	65	35	40

根据上列各表结果,更可绘出类似第一图之图,使各校舍各项效率情形更为详细明了。

(4) 重要校舍项目效率之测定

以上系就作者所修正之施安二氏小学校舍测量表所整理之结果。施安二氏尚有《一校校舍设备调查表》,亦经作者修改,专为适合我国校舍调查之用,其内容如下。(参阅邰著教育调查表格)

上表除供给校舍测量表所需资料外,尚有重要项目甚多,亦应摘出报告。兹述之于后。

1. 校舍平面图

从校舍平面图内,可看出(1)各校校舍面积之大小;(2)各校房屋之形式;(3)各校房屋之布置;(4)各校房屋之方向。可将各校校地。按照比例大小,画在一幅纸上,更将有房屋部分,涂成黑色,以便比较。

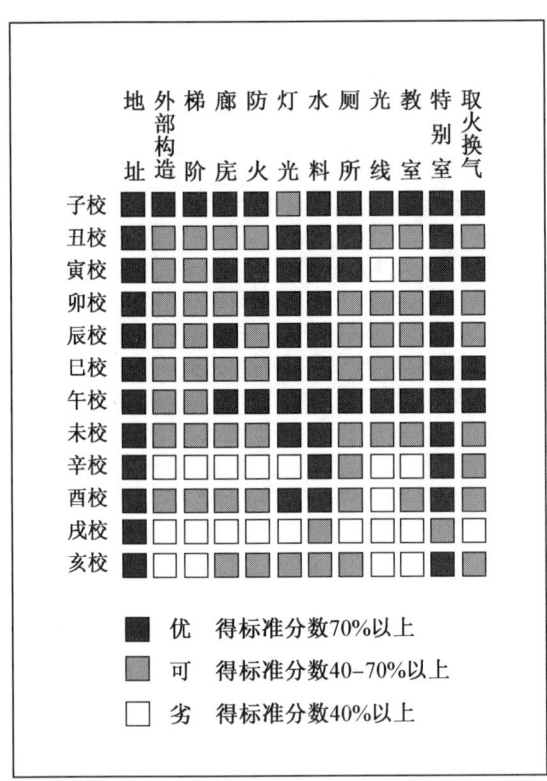

第五图　某年度某城各学校校舍效率依照施菊野、安格霍二氏测量表所测结果分项比较

2. 校地

除照表内各项叙述普通情形加以说明批评及建议外,更将校地分配项内各条之数目算出,用条形表示法比较之。

3. 游戏场

除将运动器械之种类及数量加以说明批评及建议外,更将各校每生所占游戏场之面积,化作正方形,按照大小比例,连同一百平方呎之标准面积,排成先后顺序,画于一幅纸上。除标准面积用阴影表示外,某除各正方形部分一律填成黑色。

测量游戏场时,须注意将花园、草地(指不用作游戏场之部分)及阶沿路道等除出计算。遇有不等边之场面,更须应用平面测量术测量之,以期正确。

游戏场太小或无游戏场之学校,下课后必异常拥挤。可摄下一影,插入调查报告内,以为说明之用。

4. 房屋

房屋项内"发现白蚁"一条,颇堪注意。盖房屋梁柱,经白蚁蛀蚀后,质料污烂,一经风雨,便有倾圮之虞。调查时,若发现此种情形,当即建议补救。

松江县立中学之校舍

各校舍房屋,往往优劣悬殊。可择最优者与最劣者各摄一影,互相比较,使地方人士知各校儿童在校舍方面之机会不能均等。又在宗法社会或佛教盛行之地方,祠堂庙宇,往往富丽堂皇,而学校房屋,反多偏小狭隘。调查时,若发现此种情形亦当各摄一影互相比较,使地方人士见面生愧,知改良校舍之不可缓也。

5. 楼梯

楼梯质料以用钢铁或水门汀为宜,至通常所用木梯,最易引火,危险殊甚!如楼上用作教室,又只设一梯,若用木质,危险尤甚,调查时,若发现此种情形,当即建议补救。

6. 走廊

走廊太窄,阻碍交通,太宽又不免浪费,若发现此种情形,即当摄影表出之。前者宜摄于下课后学生拥挤时,后者则可不必也。

7. 消防及逃火设备

消防及逃火设备,有楼房之校舍,尤不可少。美国俄海俄州哥林俄德 Collinwood 城某校,于一九〇八年不慎于火,烧毙儿童一百七十三人及教师二人。当时情形之惨,笔难

松江润姜氏初小之大门

尽述。美人艾叶氏 Ayres 于春田城学校调查报告中,插入该校火后余烬图,并加以说明;使春田人士阅之惊心怵目,而觉本地方学校消防及逃火设备之不容或缓。此种警醒民众改进校舍之办法,实有仿效之价值也。

美国哥林俄德某校火后余烬图

8. 教室大小

教室大小,可从每生所占地板面积平方呎数及空气体积立方呎数求之。测量教室容量时,应注意有无天花板,无天花板之教室,其高度应量至第一条横梁处为止(近屋檐处)。

其上面之空间,不必加入计算。

依施安二氏小学校舍标准,每生应占之地板面积为十五平方呎,应占之空气体积为二百立方呎。可先将各校数目求出,化成平方面积及立方体积;按照比例大小,排成先后顺序,更与标准数比较,各绘成一图表示之。

9. 教室光线

教室光线以窗玻璃面积为准。测量时须注意将玻璃边格除开计算。纸窗或明瓦窗照玻璃折半计算。依施安二氏标准,教室玻璃窗面积应占地板面积五分之一至四分之一,可先算出每校教室地板及窗玻璃之总面积,分别求出其百分数;再用各校教室地板之总面积,除各校教室窗玻璃之总面积,得出一地方之平均数,而以第六图表示之。

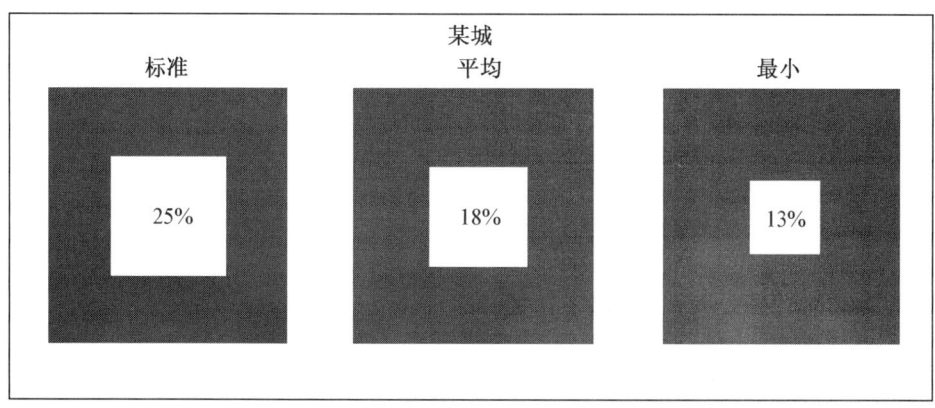

第六图　民国十九年度松江三中学教室光线与标准教室光线之比较

松江某中学之水厕

10. 便所

便所设备之适当与否,与卫生及观瞻两面皆有密切关系。据施安二氏所订标准,便所之设置,以用新式水厕为宜;并应将男厕所与女厕所分设于校舍之两端,以免观瞻不雅。我国教育经费不如美国之宽裕,自不必以新式水厕为普通标准。但如松江某校以无盖粪坑为厕所中惟一设备者,则又未免有碍卫生矣！至若沪上男女同校之某大学,尽备有新式水厕,而男女厕所并列,其间仅隔一墙。虽各行其事,两无所碍,而在观瞻上终觉不雅。调查时若发现此种情形,当即摄下一影,插入报告内,使办学者知其错误之所在,而加以改正也。

松江某小学之粪坑

各校厕所往往优劣悬殊。如松江某两校之厕所,一则为二十世纪之水厕,一则为十五六世纪之粪坑,机会之不均等如此,地方人士,宁能忽视？此松江教育调查之所以特摄其影编入报告,以促地方人士之注意也。

二、地方校舍计划之效率

一地方校舍计划之效率,可分为(一) 校舍容量之大小,(二) 校舍地点之分配,二项述之。

(一) 校舍之大小

1. 校舍容量之大小与经费效率之关系

校舍容量之大小,与经费上之效率关系甚巨。据科学的研究,在某种限度内,一校之学生愈多则每生年费亦愈省;因此断定小规模之校舍,在用费上最不经济。美人杜得来 Dudley 氏曾于其所著 *The Location of City School Plants* 书中,研究城市中小学校校舍应有之容量,据谓小学校舍,应能容七百人至一千四百人;初级中学校舍,应能容一千二百人至二千五百人。依杜氏之研究,学校容量之大小,在小学自应以七百人为最小标准,以一千四百人为最大标准,在初级中学自应以一千二百人为最小标准,以二千五百人为最大标准;在最小标准以下,学校愈小每生年费亦愈增;在最大标准以上,学校愈大,每生年费所省极微,且因容量太大,发生管理上之困难,甚或增加特殊用度,每生年资,且必因此加多。若在最小与最大容量标准之间,则学校管理上之困难,必比在最大容量以上者为少;

而每生年费,亦必比在最小容量以下者为省。使杜氏之研究可以代表我国之现象,则小学及初中之容量,自应以杜氏标准为宜也。

2. 研究之方法

研究此方面效率之方法,可以松江城教育调查所得结果说明之。松江城内之学校,计分中等学校、完全小学及初级小学三种。中等学校计三所。因其或为师范、或为中学,性质不同,且预算标准互异,故不能作比较研究。至于完全及初级二种小学,则无此情形,故便于比较研究,兹先披露其结果于下。(第十四表)

第十四表　松江城十九年度各种学校学生数经费数及每生每年用费

学校性质	学校名称	学生数	全校十九年度用费元数	每生每年用费
完全小学	成年女校	79	2 186.00	27.67
	松筠女校	256	4 859.00	18.93
	第一小学	431	6 540.00	15.17
	实验小学	449	7 944.10	17.
	第二小学	690	6 700.00	9.71
初级小学	培本小学	51	500.00	9.80
	聂氏小学	60	800.00	13.33
	大涨[张]泾小学	62		
	东内初小	70		
	景贤女校	80	938.00	11.73
	尊亲小学	85	992.00	11.87
	北内初小	111	936.00	8.43
	东外初小	167	1 252.00	7.50
	妙严寺初小	170	1 352.00	7.95
	崇文初小	177	1 219.00	6.89
	莫家弄初小	182	1 277.00	7.02
中等学校	县东初小	260	1 620.00	6.23
	县立师范	87	11 176.00	128.46
	县立女师	139	6 900.00	49.64
	县立中学	190	22 280.00	117.26

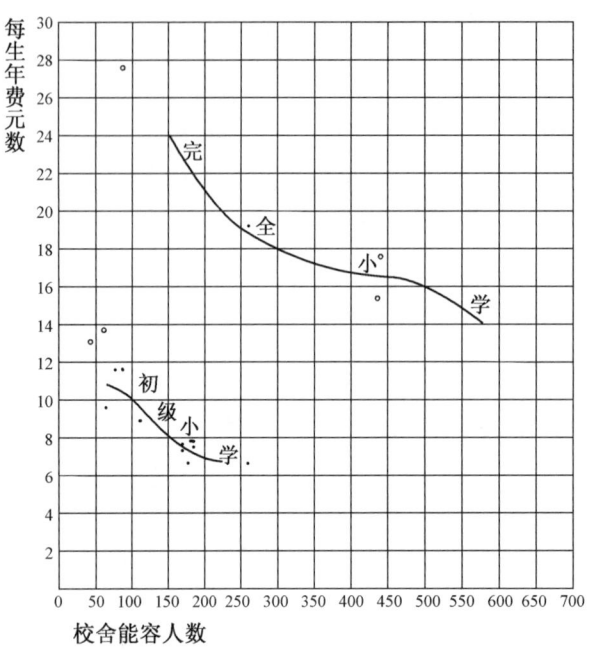

第七图　每生年费与校舍容量之关系
（根据松江城校舍调查结果）

据此结果，可知校舍容量愈小者愈不经济。其情形与杜得来氏所述者正同。惟因材料较少，且松江城无千人以上之小学，尚不能表显其最高限度为何如耳。研究此方面效率之方法，虽属简单，然亦有应注意之点，兹述之如下。

（1）性质相同之学校，归为一类，以便比较。完全小学与初级小学之情形不同，故应分别研究，以便比较，而明真相。

（2）查明每校全年支出元数及学生数。求出每生每年用费数，依每校学生数之多寡，按学校性质向下排列（第十四表）。

（3）以基线代表学校能容人数，以左边纵线代表每生年费元数，画出一图（第七图）。

（4）就每校学生数及每年用费数之交会处，在图上着一小点志之。

（5）就每类学校之位置，依绘弧方法，各绘一弧形。

3. 效率之判定

依此研究之结果，推究松江各小学校舍在容量上之效率，可断其颇不合于经济原则。试摘录第十四表中之材料，并假定将松江城小规模之学校合并，将未并之学校扩充，以容六百九十人之第二小学为完全小学容量之最大标准，以容二百六十人之县东小学为初级小学容量最大标准，则得出下列之推算（第十五表）。

观下表可知松江城各小学之容量，若以第二小学及县东初小为准，每年应省之数竟至一万二千二百五十余元之巨。且此二校之容量，尚未能代表完全小学及初级小学之最高限度。若以一千人之小学为容量之最大标准，则松江城每年此方面所应省之经费，尚断不止此数也。

第十五表　松江城小学校舍增加容量后应节省经费数之推算

（一）学校性质	（二）学校数目	（三）学生总数	（四）本年度经费共用元数	（五）最大学校所容学生数	（六）最大学校每生年费元数	（七）以最大学校每生所费为准现有学生应用经费之数（三）乘（六）	（八）每年所省经费数（四）减（七）	（九）每年所省经费总元数
完全小学	5.	1 905	28 229.10	*690	9.71	18 497.35	9 731.55	12 250.66
初级小学	×10.	1 343	10 886.00	△260	6.23	8 366.89	2 519.11	

×　大涨[张]泾及东内初小二校因无报告未加入计算　　*第二小学　　△县东初小

4. 建议时应注意之点

调查教育者若发现上述现象则应作建议如下：

（1）某区学生人数增多时，须就已有校舍尽量扩充，以能容至一千人为度。万勿另办小规模之学校。

（2）如在人口逐渐增多之区域创立新校，而学生来源一时又或不能畅旺，则当注意购定将来可以容纳一千人之校址；房屋建造式样，亦须多留扩充之余地。

（3）认定小规模之校舍为不经济之校舍，应设法扩充增加其容量。如为校址面积所限不能扩充，则当逐渐将其裁并，另择校址，创立大规模之新校。

我国小学校舍多沿用小规模之庙宇或民房，在主持其事者，以为此乃经济办法，实则大误。即以松江而论，依前项计算，每年可省一万二千二百五十余元之巨。假定松江城学生数无大变更，依此推算，则十年之间，可省经费十二万五千五百余元。以此数建筑新式校舍，则目前三千二百余学生（此数系就第十四表第二项内完全小学及初级小学学生加成之约数）可以容纳而有余。若以一千人为校舍容量之标准计算，则十年间所省之数当更巨，用以建筑新式校舍，更必绰有余裕。故设立大规模之新校舍以代小规模之旧校舍。实乃真正经济之办法，至于儿童方面在新校舍内所得利益之多，则更不可以数量计矣。

（二）学校地点之分配

1. 材料之整理

欲决定一地方各学校在地点分布上之效率，可先绘该地方之地图，以每圈点代表一学生之家庭住处，更以半哩（小学）或一哩（中学）为半径，以各学校为中心，画出若干"通学标准圈"成为下图之形式。

假定该图内置学校皆为小学，则可于图内发现三种儿童。

第一种　住在圈外之儿童。此种儿童任入何校，其通学距离皆在半哩以上。

第二种　住在圈内无阴影部分之儿童，此种儿童，在通学距离半哩以内，只有一校可入。

第三种　住在交掩部分阴影内之儿童,此种儿童又分二类。一类住居单交阴影部分,在半哩之通学距离内同时有二校可入,另一类在双交阴影部分,在半哩之通学距离内同时有三校可入。

2. 效率之测量

上列三种儿童之通学,第一种因距离太远,有碍健康,且多不便;第二种适如其分;至于第三种,则机会太好,比之第一种儿童殊欠公允。为平均教育机会并谋节省教育经费起见,办理地方教育者。对于学校地点之分配,当力求允当。务使在标准通学距

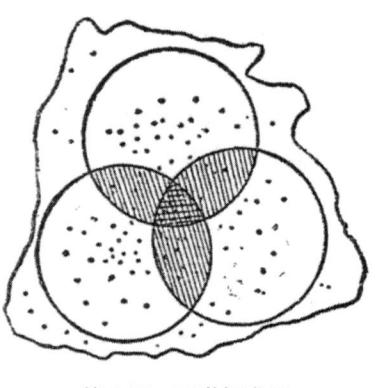

第八图　通学标准图

离内只有一校可入之儿童数,增至极大限度,学校地点效率之测量,亦即以此为准。作者会据此制定一种准尺,并化为公式,经哥伦比亚大学师范院教育行政系主任施菊野Strayer氏鉴定,认为可用,兹述之于下:

"住在通学标准圈内只能入一校之儿童数对于全体就学儿童之百分数"

据此准尺,百分数愈高者,其效率愈大,否则反是。

该准尺化作公式为:

$$某城校舍分布效率系数 = \frac{在通学标准圈内只能入一校之儿童数 \times 100}{全城学龄儿童数}$$

兹假设甲乙二城并假设儿童数说明之。

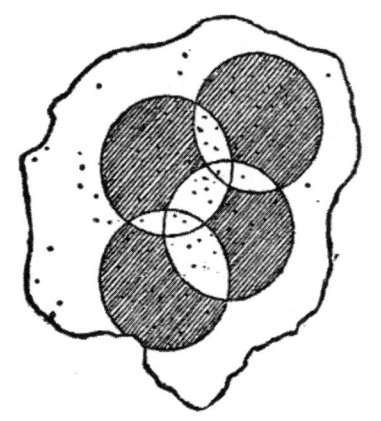

甲城
儿童数＝100
在通学标准圈内只能入一校之儿童数＝60

乙城
儿童数＝150
在通学标准圈内只能入一校之儿童数＝75

第九图　甲乙二城校舍分布效率之比较

此两城教育行政在学校地点分配上之效率,照所开资料代入上述公式,得有结果如下。

$$甲城校舍地点分配之效率系数 = \frac{100 \times 60}{100} = 60\%$$

$$乙城校舍地点分配之效率系数 = \frac{100 \times 75}{150} = 50\%$$

由此可知甲城校舍地点分配之效率实比乙城为高。

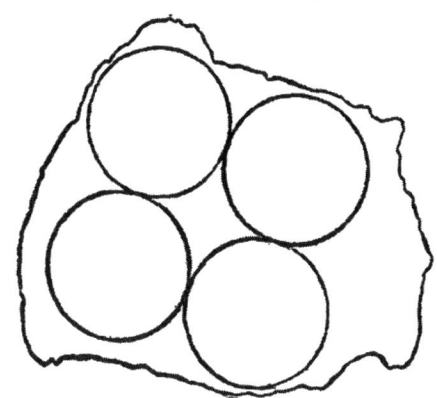

第十图　某城校舍之理想的分布

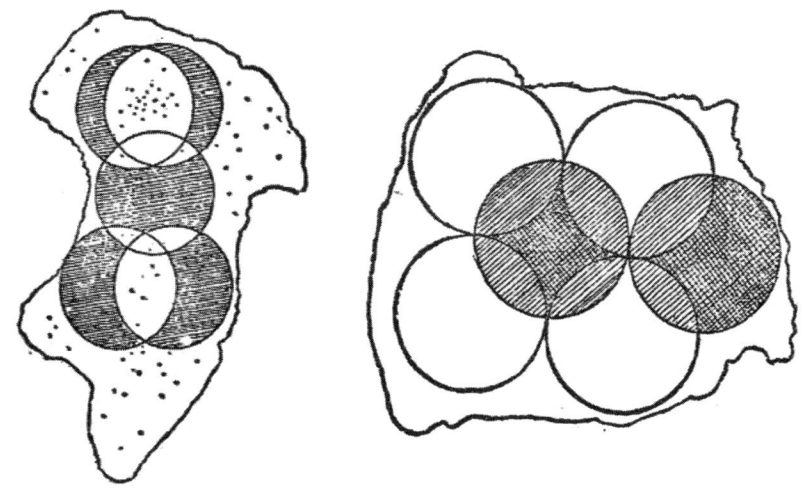

第十一图　校数多寡与校舍分布效率之关系

根据上述公式之标准，若欲一城校舍地点分配之效率，达于最大限度，必具有下列条件。

1. 住在通学标准圈外之儿童数，必少至最小限度。

2. 往[住]在通学标准圈内只能入一校之儿童数，必多至最大限度，（但此数非在距特殊之情形下，决不得等于全体儿童之数）。

3. 在通学标准圈内同时能入两校之儿童必等于零。此条件必须各学校彼此间之距离大于两倍标准通学距离，方能办到。

兹更绘一校舍理想分布图以明之。

以理测之，一地方之儿童，必有三种。（1）住在圈外者；（2）住在圈内只有一校可入者；（3）住在圈内交掩部分者三种。三种儿童相加成为某地方学龄儿童之总数。第（2）项儿童数，等于全体儿童数减去（1）（3）两项之数，故若第（3）种儿童数等于零，而第（1）种儿童数又少至极小限度，则第（2）种之儿童数必多至极大限度，因此可以证明前项公式可以成立无疑。

或有以学校数目增多而致影响公式之效力难余者。细经考虑,殊不成问题也。盖在理想的分配之第十图中,若任意加入两校,交掩于原有四校圆圈之上,使该图成为第十一图之形式。则一方面固有住在各圆外之儿童(图内双交阴影部分)加入圈内,使某城之效率系数受影响而加高,他方面却有住在原有圈内只能入一校之儿童,(单交阴影部分)因交掩之故而减少其数目,使某城之效率系数,受影响而降低。彼益此损,在理论上故可互相调剂,不致发生问题也。

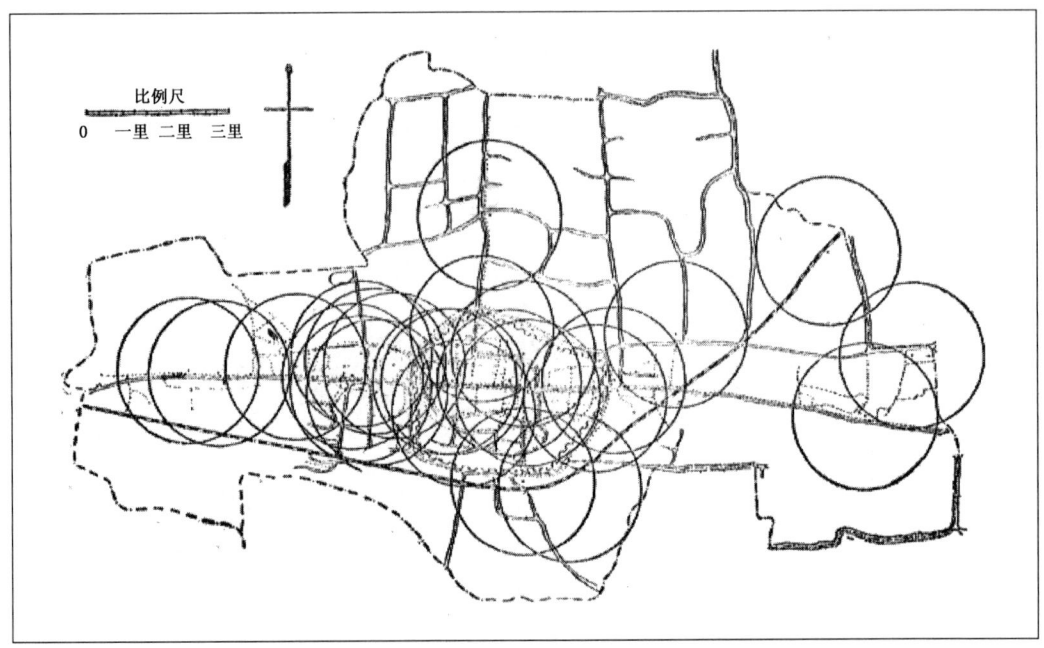

第十二图　松江城厢各小学通学标准圈互掩之情形

以上所论校舍地点分布上效率之测量方法虽甚精密,手续上不无繁难,通常以十二图表出之亦可知其大概矣。

3. 建议时应注意之点

建议更变旧校址或购定新校址时,当注意下列之标准。

(1) 校地之大小及形状,须适合现在及将来校舍之需要。

(2) 校地之外形,应能于地方经济能力范围之内发展有效用的校舍。

(3) 校地之土质及排水须适当。

(4) 校舍之环境应能促进儿童道德及美感之发展。

(5) 学校地点应能使学校之容量适当而又经济。小学校之容量从七百人至一千四百人;中学之容量从一千二百人至二千五百人(依杜得来氏之标准)。

(6) 通学距离应以最幼学生为准。小学通学距离,普通为半哩,最大不得过一哩;高初中通学距离,普通为一哩半,至多不得过二哩。

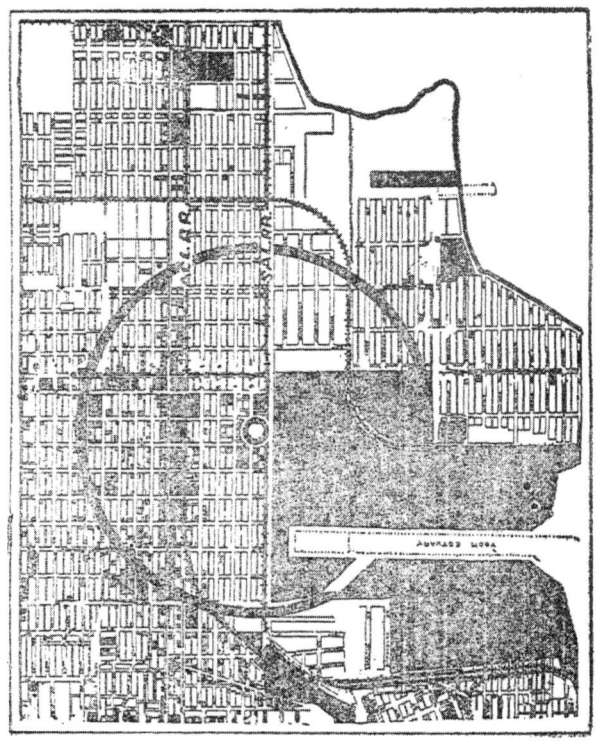

第十三图　美国唐巴城 Tampa 某小学之地点
（表示地点错误）

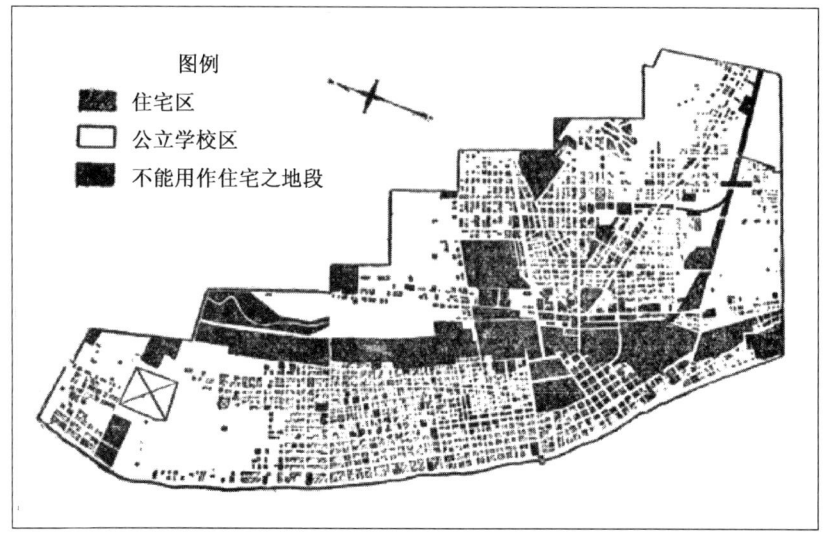

第十四图　美国汉重斯堡城住宅与非住宅区域之分配

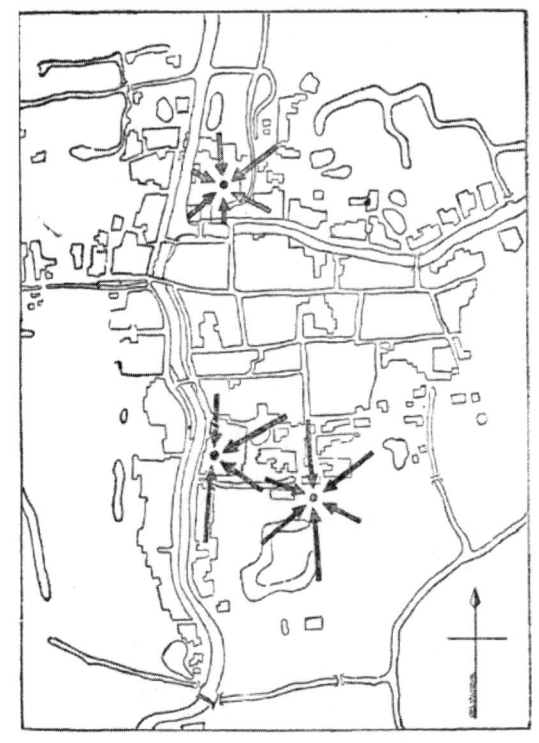

第十五图　真茹镇学校之地点
(花箭头指建议设立之学校黑箭头指原有之学校)

(7) 在通学标准圈内,宜避去工厂、坟山、公园或其他非住宅之区域,以免阻碍学生来源,或增加通学上之困难。(用第十三图之方法指出校舍地点之错误)

(8) 交通须便利。此点在选择中学校址时,尤为重要。

(9) 宜避去危险之路径(如穿过铁路等)。

(10) 宜留校址扩充之余地,地点不必适中。

(11) 应考虑地价(现在部分及将来扩充部分)及交通费用之大小。

(12) 宜使各级学校互相联络(即如初中可与高中相近),有时并应与邻区或邻县合作,以免设备重复,并可增加学生之来源。

至于决定校舍永久地点,则应遵照下列之步骤。

1. 搜集关于一地方人口发展,公私立学校学生数现有校舍及经济状况之资料(参阅第一节)。

2. 明了一地方各方面之情况,如地理状况、交通状况、将来发展计划、社会与政治区分以及其他与决定校舍地点直接或间接有关之资料(参阅第二节及第十四图)。

3. 选择每种学校通学离距之标准,考虑各种要素与本地方特殊情形之关系。

4. 确定小学、初中及高中三种学校之理想的地点。

5. 标出应留存于永久计划中现有各种学校之位置。

6. 摘出似乎不适用之各个校舍，慎重考虑其最后处置之方法。

7. 于未经用过的区域内，决定新校舍之地点。

8. 暂定各学校入学儿童所占区域之界限。

9. 试验各区内现在与将来学生之数目，以决定各学校之大概容量。

10. 遇必要时，须考虑其他各种要素，重行决定学校位置使少数学校达到极大之容量。

11. 根据地方经济状况，将最后决定之各种校舍位置，与现有各校舍位置，作一比较。估计在若干年内可使最后校舍之计划完全实现。（参阅第十五图）

上述步骤，系以具有小学初中及高中之地方为准。若只有小学而无中学，或仅具初中而无高中，则应斟酌情形，变通办理，不必拘泥也。

第三节　考察经济力量

一、估定校舍费用之数量

既知校舍需要之情形，又知现有校舍之容量及其效率，则当估定校舍需要之费用，其注意之点如下。

（一）决定教育之种类。如幼稚教育、中学教育或补习教育是。

（二）确定教育之年限。如小学教育以四年或六年为标准，补习教育以每星期若干小时为标准，在若干年内完成是。

（三）估计应受教育之人数。可以五年或十年为标准逐年表出之。

（四）估计现有校舍在以后若干年内之容量。可以学生数为单位表出之。估计时，须注意私立学校之校舍容量；并须将效率太低（以施安二氏测量表四百分为标准）在某年内应行毁弃之校舍除出计算。

（五）估计各年内应增加之校舍容量。亦以学生数为单位表出之（从第三项之数减去第四项之数）。

（六）算出每生所需校舍用费。以合于校舍测量表六百分以上并能容五百人以上之新式校舍为准。按年估计其建筑费用，然后求出各年内每生之费用之单位。估价时，须注意过去若干年内建筑费用增高之百分数，以为估计未来建筑费用之参考。

（七）算出各年内添筑新校舍所需之经费（用第五项之数乘第六项之数）。

以上所述，只从学生数目上着想，至本篇第一节第三段内所述各种情形。亦与校舍费用有关，须随时加以考虑，不可忽视也。

二、考虑地方经济力量

增建或改建校舍所需之费用既经估定，则当拟一建筑经费计划，供地方数［教］育当局采纳。该计划内应包含之项目如下。

（一）本地方校舍需要之大概情形。

（二）本地方现有校舍容量及效率之大概情形。

（三）应改建之校舍所需要费用数。

（四）应增建之校舍所需用费数。

（五）筹划用费来源之方法。

建议时，当考虑地方经费之力量，能否担任所拟定之用费。数目可从下列各标准观察之。

（一）每个人口所占地方财产数。

（二）若干年内每千元财产所抽之平均税款数。

（三）若干年内每个人口所纳税款之平均数。

（四）每个人口所负地方公债平均数。

（五）教育经费所占地方公款支出总数内之百分数。

（六）每平均出席学生所占用费数（或每生每年用费数亦可）。

（七）每个人口所占学校建筑用费数。

教育调查者可就上述各标准搜集与本地方情形相同的地方（约十处）之资料，与本地方所搜得者比较，藉以表显其地位之高下。

三、建议时应注意之点

建议增建或改建校舍时，应注意之点如下：

（一）须顾及本地方经济力量，不可过事铺张，徒使地方教育当局望洋兴叹。

（二）须顾及各学校校舍之均齐发展，使各校儿童之教育机会得以均等。

附告：本篇所用长度皆以英寸（吋）、英尺（呎）及英里（哩）为进。应用时，可依下表化成中国尺寸。

吋＝营造尺 0.793 74

　　＝0.234 公寸

　　＝关尺 0.709 22 寸

呎＝12 吋

　　＝0.304 8 公尺

　　＝营造尺 0.952 3 尺

　　＝关尺 0.851 尺

哩＝5 280 呎

　　＝1.609 3 公里

　　＝2.794 里

参考书

邰爽秋：《教育调查》（上卷），上海中山路教育编译馆。

邰爽秋：《教育调查应用表格》，同上。

邰爽秋：《教育行政效率测量法》（英文），同上。

邰爽秋：《教育图示法》，同上。

邰爽秋等:《松江城教育调查报告》,同上。

程其保:《学务调查》,商务印书馆。

杨隽时:《测量学 A. B. C.》,世界书局。

《改进全国教育方案》,教育部。

《第一回中国教育年鉴》,商务印书馆。

1. Ayres, Leonard P. and Others: *The Public Schools of Springfield*, Illinois, Russell Sage Foundation, New York.

2. Duoley, L. Leland: *The Location of City Schools Plants*, Harward University Press, Cambridge, Mass U. S. A.

3. Engelhardt, Freds. *Foroeasting School Population*, Teachers College, Columbia University, New York.

4. Enegelhardt, N. L.: *A. School Building Program For Cities*, Teachers College Columbia University, New York.

5. Scars, Jessie B: *The School Survey*, Houghton Mifflin Company

6. Strayer. G. D. and N. I. Engelhardt: *Standards For Elementary School Buildings*, Teachers College, Columbia University, New York.

7. Strayer G. D. and Others: *Report of the Survey of the Schools of Tampa*, Florida, Teachers College, Columbia University, New York.

8. Strayer, G. D. Reports of the Survey of Schools, of Newburgh, New York, Teachers College Columbia University, New York.

(原载《地方教育行政之理论与实际》,教育编译馆,1935 年;同年又载教育编译馆单行本《校舍建筑及效率测量》)

五、教育测量

教育测验的性质目的和方法

改造教育的呼声,一天高似一天,究竟改造教育的利器,是什么?测验!测验的性质如何?测验的目的如何?测验的方法如何?

(一) 测验的性质

世上不论什么东西,他能够存在,就有存在量的总计。要知道这个总计有多少,必定要在知道他的性质之外,还能够知道他的数量。教育是和人类所发生的变化有关系的;所谓变化,就是两种情形中间所发生的差异。我们要知道这种情形是怎样,只有拿这种情形所发生的结果——做出来的东西,说出来的话,和做出来的事体等等——来做根据。测验这种结果,就是用某种方法去规定他的数量总计,使我们能大概的确实知道他的大小,并且可以把从他所得到的知识,记录下来利用。这就是十余年从事教育测验的人所抱的信条。

教育测验里的数量思想同物理、化学、心理等等科学里的数量思想相同。所以大概说来,教育测验的性质可算和一切科学测验的性质一样。不过详细看来从中也有些区别。

第一层　教育上的结果——如作一篇文章,做一条算题,画一张图画等——大概是许多种类的事体合成的复杂东西。即如完完全全的测量一篇文章,从中要包含思想、结构、用字等等,每种之中又可分为许多细目。虽说我们所测量的,只在那一点上着手,似乎很为简单,但是拿物理上测量容积测量电力比较起来,仍是复杂。

第二层　教育测验尺上的零点和各单位所代表的数量,不能完全清楚。因此之故,我们在教育的数量上,做加减乘除的时候,即不能十分如我们理想上的那样正确。实在讲来,无论在那个例子里,说一种教育的结果,好于那一种的二倍,或是一种工作,难于那一种的二倍,或是一种进步,大于那一种的二倍,这种说法之中,却包含了许多假定,错综微细,不能使我们完全了解。

教育测验,与一切科学测验,虽有这些区别,但是因为他用数量的记载,所以仍可算为一种科学的测验。

(二) 测验的目的

教育测验的目的,普通讲来,乃是供给一个人,关于某事的"差异"或"关系"方面所需的知识。这个人或者是一个科学家,或者是学校的监督,或者是个教师,或者是个家长,或者是个学生。他们所需要的,或是为的专门知识,或是为的各种指导,或略或详,不必一定。

教育测验所要知道的：

(1) 从各种变化上所表各科之价值。

(2) 不同的教授法之结果。

(3) 某种学校制度的各种特色之效果——如薪水制、学年之长短、考试制度、升级制度、班之大小等。

(4) 某种全体的教育事业之成绩。

(5) 特别教育的问题之解决，使各个学生得到他们所需的进步知识。——如书法的标准比例格，悬于教室墙上，由学生自己测量成绩，便是一例。

(三) 测验的方法

教育测验的方法，可分两大类：一种是普通错误法 Method of average error——如柯提斯算学测验。Courtis tests——他的主旨，在求一个学生做某种色样相同的题目，做得有多好；另一种是正误举例法 Method of right and wrong cases——如郝里加缀法测验 Hillegas or Trabue tests，——他的主旨，在求一个学生完完全全做成某种课业做得怎样难。这两类测验的方法，各有优点，且皆有扩充修正的必要，此外又有成绩顺列法 Order of merit method，用比较的位置 Relative position 测量成绩，这种方法，在数量上差异不能限定的东西之上，亦能适用，故于测验数量的知识上颇有贡献。

施行教育测验时须注意下列之原则。

(1) 要做一种测验至少要备两种材料。如测量个人的图画成绩，至少备两张图画。如测量一班中加法的成绩至少用两种试验在两天做出。倘使要测度教授法的效果，至少要试验两班不同的教师之教授法。

(2) 被试的人数愈多愈加精确。试验一个学生，只能得很粗的近似结果的那种试验，若用去试验三十六人的一班所得的结果，比较起来要精确六倍，若用去试验九班所得的结果，便要精确十八倍。

(3) 试验的时间愈短愈好。大概说来，八个试验，每个十五分钟，要比四个试验每个三十分钟好，更比两个试验每个六十分钟好。因为时间短少了，可以减意外情形所发生的势力。

(4) 若非测验成绩的相关度上显出测验的意义，我们对于教授的价值或某种学校制度的成绩等等不能妄加论断。譬如一个学生校对字或校对数目的分数高，不能就推想他的普通"精确""透澈"的能力也高。

(5) 须预备许多备选的材料。预备的材料不适当，最易失败，所以应当多备难易相同的材料，以便选择补换。

(6) 当用预试的方法 Preliminary trial 以期全体了解。被试的学生如不能人人懂得某种试验的意义，亦难得精确的结果。所以当在正式测验之前，备一种式样相同的材料，其内容不妨较为简单，先行试验，学生在预试里有不能了解者，须施以特别的教导。

上列六条原则,可做施行教育试验的指导,现在国内参与教育试验运动的人日渐其多,我愿他们从正当轨道上去研究,得着精确的结果,不要盲目从事劳而无功。

（此文取材于 *The Seventeenth Year Book of the National Society for the Study of Education.*）

（原载《中华教育界》第十一卷第九期,1922年）

教育测验与中等教育之改进

不要讲一般教育家,本国人也好,外国人也好,都说我国今日之中等教育太不行。就是一般中等学生罢,也时常在那儿起风潮,不满意于他们所受的教育。虽说这类的评论和事实,有是有非,然而中等教育之不得不力求改进,自无待乎多言。

谈到改进中等教育,大家就联想到新学制。以为中国中等教育之所以无进步,无非受的四年毕业的束缚,现在新学制把中学变为六年,改为三三制,上可与大学衔接,下可与小学沟通,只须把原有的中学校划成两段一头加上一年,中等教育,便可蒸蒸日上。哈哈!中等教育如果这样容易改进,新学制岂不是万应灵膏!怪道现今的教育家个个都赞扬新学制!

新学制于中等教育衔接及活动二端,诚然有许多贡献,但是徒显表面上形式的改变,而不根究内部改进的办法,用比较的工夫,去考查教育上的结果,终难收效。余有见于此,特从教育测验方面,说明改进中等教育的关系,与今之教育大家研究研究。请先略言教育测验之内容。

教育测验在欧美也不过近数十年内之事,从前人评论教育上的结果概皆根据私意,此攻彼击,莫衷一是。社会上的人,更无见解可言,只要那一方面和他的成见相合,便觉得是不错,教育的真正结果,无由表现。等到测验的方法发明之后,教育上的结果,遂有各种标准来测度,互相比较,而得相对的价值。即如一种学校制度在这个学校行过之后,就不妨用测验的方法,把他的结果拿来同别的相等的学校所行的别种制度之结果相比,倘使这个学校制度于某点上在二十个学校中列居第四,于别点上列居第十三,那吗他的位置即不难规定。此种测量的办法,乃是把教育的结果变为数量的记载,比之私意测度,要准确得多多。今请述教育测验在改进中等教育上之贡献。

一、学校行政组织之改进

现今中等学校的行政组织就职务方面说,大概可分两种:一种是职员与教员分开训育管理及其他事务由少数人担任,至于大部分的教师只管教课,不知其他;一种是职员与教员合并,训育管理等事务由各教员分任。这两种办法,究竟那一种产生的效率大呢?如果前一种大,就应该沿用下去,不必更改。如系后一种大,就应该推行出来使得个个学校采用。不过这两种办法优劣的结果,非私见所能断定。必得用测验的方法搜罗许多学校,求出一个标准来,把他们的效率比较一下,才能有所遵循而收改进之效。

再谈用人问题,亦复要靠着测验。即以国文教员而论,要物色的[得]当的人才确实不易。有许多中等学校的校长，托我聘请这类教员，有的说我要汉学有根基的，有的说我要思想新的，国文教员固属要汉学好思想新，但是中等学校各年级的国文程度，须有具体的标准，因此各年级的国文教师，亦须经过某种测验认为合格，然后才能担任。而且各年级所需要的程度，有高有下。宜于四年级的教师，未必宜于一年级，又安可凭着一己的意见，来做聘人的标准呢？

其次再谈经费的支配。学校经费的支配，于教育效果上有莫大的关系。这次孟罗先生调查我国教育后的评论，说有两个同等的学校，甲校所用的经费，平均起来，每学生达数十元之多；而乙校所用的经费，平均起来，每学生不过数元。究竟谁是谁非？我们就可施行教育测验，看甲校的学生是不是优于乙校？其优也几何？其不优也又几何？比较下来，不可以得着经费的标准，来做改革的基础吗？

以上不过数例，其他行政方面，尚有许多地方可用教育测验来改进，兹不赘述。

二、学生分班方法之改进

从来中等学校分班的办法，如同时所招的学生在五十人左右，便每年级算一班；如同时招百人左右，便随便分为两班，或以某种科目做标准，分为两班。都是一年一升级，这种办法的结果，便是：

a. 一班之中成绩优的和成绩劣的，相去悬殊，教授上发生困难。

b. 优等生志得意满，不能上进；劣等生望尘莫及，自暴自弃。

c. 优等生不能超级而升，劣等生因某门所谓主要功课不及格的原故，往往留级一年，旷废时日。

近来有几个学校鉴于上面的流弊，于是实行依能力分组的办法把国文英文算学一类的科目，依学生程度的高下，任意分成数班教授，只以科目升级，而不以年级升级。这种办法较前种要进步得多，但是我还要进一步问，究竟他们所分的班次是否与各年级的标准程度一致？即如江苏第一女子师范把学生的英文程度分为九级，是否第九级英文学生读完之后，便与师范毕业生标准的英文程度相合？我敢代他答一句，在各年级英文测验的标准未定出之前，万难符合。所以为改进分班的办法着想，不得不用测验。兹将测验在分班上的效用列后：

a. 可知各个学生之成绩，便于以能力分组。

b. 可知个别学生之困难及缺点，易于补救。

c. 新生入学对于某科的程度深浅，非经多时留意，不能看出。若用标准测验法，不难立时了解，派入相当的班次。

d. 可以决定学生之升级及降级。

e. 学生毕业后，同班生之程度不致大相悬殊。

三、课程之改进

关于改进中等学校之课程，最要紧的一层，是用测量的方法求出各科的基本精粹

Minimal Essentials。先以课程全体论,一个标准的中等学校,应当那几种课程是必修的,那几种是有限制的选修的,那几种是随意选修的,都应该有个标准。近来有许多赶时髦的学校,听得人家加公民学,便也加公民学。听得人家有社会学,便也加社会学。囫囵吞枣,杂乱无章,煞是好笑!再以一科目的内容论,那些材料应当特别加重,那些材料应当删除,也须经一番标准的测验,才能确定。譬如国文,在一年级的时候,该读些什么文章,才能升至二年级。在二年级的时候,又应该读些什么文章,才能升至三年级?假使有个新考进来的学生,要插入相当的国文班次,应该拿那篇文章做标准来试验他,才能无误?这也须靠着测验法方可规定。又如物理化学,究竟他们的内容,那几种是必不可少的精粹?假使有个别的学校转学的学生,要求免学这两门功课,我们应该用什么标准的材料来试验他,这也须由测验方法预为规定,总之教育测验,是决定课程中适当材料的唯一利器。书馆里的老先生,闭着眼睛在那儿编书,短文章就编入低年级,长文章就编入高年级,不但是闭门造车,还恐怕要贻误人家的子弟(国文不过是一例)。学校里新进的少年先生,开口便骂教科书不适用,提起笔来自编,也不过是东拉西拉求合己意,毫没有科学上的标准。这两种人皆于课程的改进,无所裨益。要得课程改进,还非通力合作,加入这种测验运动求根本之解决不可。

四、教授法之改进

教授法之改进,可举三端言之。

(1)可以试验各种教法之优劣　不妨拿数学来做例。现在教授数学的,可分二派:一派是主张用混合数学来教,另一派则主张分开来教。这二种方法的结果,究竟是那一种好,殊不易定。倘使有了标准的数学测验,来度量受过这两种教法学生的成绩,就不难判定他们的优劣。又如教授英文,有的是于读本之外,再教文法,有的是单教读本,究竟这两种结果哪种好,一时也不易定,但是有了标准测验就不难立刻知道。此外用测验度量成绩的例很多,兹不再述。

(2)可以发现学生之缺点而改变教授之方法　通常检查学生成绩的方法,无非是靠着考试,和教师的估度。教师所出的题目,难免不有所偏。而善于考试的学生,又巧于迎合。尽管他的成绩,列居甲等,而他对于某科的主要部分,或反含混不清。他的缺点,表面上颇难看出,一经测验,便显然呈露。这还是关于个人的,有时候全班公有的缺点,也有同样的现象。从前美国有几个学校里教文法,只重定义,但是当时尚没有见出坏处,后来经过测验,始翻然改图,趋于实用方面,这就是测验改良教法的明证。

(3)可以规定各科教授时间之长短　各种科目教授的时间,何者宜长,何者宜短,不可不有精当的支配。通常支配各科时间的办法,大概凭着教育部的规定,或教者的私意,略加伸缩,实际上可算毫无标准。因此教出来的结果年级相同的各班,对于某科的程度,是高是低,竟无精确的凭证,若是经过测验,各班中某科程度之高下,就不难用数量表现出来。如其各班的程度远过于所定的标准,就应将该科时间缩短,如其与标准相差太远,就应将该科时间加长,以期调节。这种办法,表面上看来,似乎太迂,而不知其中确有很大的益处。

五、教师效率之增进

关于此点，可拿改国文来做个例。一个人的精力有限，卷子改得太多，就不得不草率从事。现在中等学校的校长，往往不明此理，以为一个先生所担任的国文卷数虽多，只要他稍加努力，实际上的效果，和卷子少的班级比较起来相差也无几。这种见解，未经测验的证明，我也不敢说他有什么不对。但是一经测量，两种结果相去的程度，就不难真相毕露。到了那个时候，我们就可规定出某级某教师，最大的限度，只能改几十本，始能减去教学上的消耗。教师的效率，也从此才可增进。

六、学校中各种制度之改进

中等学校各种制度，能受教育测验的效果而改进的很多，姑举三例于下。

（1）入学试验制度　向来入学试验的办法，无非由教师随意出几个题目，试验全体考生。这几个题目绝对不能代表某科之基本精粹部分。而且考试久了年年所出的题目都差不多，狡猾的学生，只须将各年所出的题目，汇笼起来研究一下，再将该科略加温习，便可及格。看卷子的人以为这个学生对于某科入学试题既经通过，那他对于该科其他部分，一定也有同样的研究，那知取进来之后，大谬不然，教授上因此发生许多困难。在另一方面看来，又有些成绩好的学生，因一时疏忽，未将那些挂少漏多的试题答出，遂致落第，真是冤屈！倘使我们中等学校里预先就把一年的各科标准程度定出，拿来做度量的利器，岂不是免去了上述的两层流弊吗？

（2）考试制度　现在中等学校的学生，常为考试闹风潮，要求废止考试，办教育的人，竟也有主张或实行废考的。以余观之，考试之应否废除，当看他的方法怎样。像目下通行的考试方法流弊滋多，实有废除的必要。不过废除之后，学生的成绩，终不能无所记载，而且某个学生，对于某科是否及格，也须有个证据。若使中等学校里能预先将各科的标准程度定出，拿来测量一下，那吗刚才所说的两层，就可办到，而废考问题，即不难因此解决。

（3）薪水制度　中等学校内薪水制度之不善，也时常引起教职员间的暗潮。目今有许多学校，采用年功加俸的办法，用意确是很好。不过所谓有功无功，究竟拿什么来做标准？就如一个学校里往往有五六个国文教员，一年教下来之后，那个教员应该加俸，却是做校长的一个难题。倘使有了教育测验把各班学生一年前和一年后的成绩度量起来两相比较一下。加俸的问题，就不难解决。

以上六大端，都是鄙人觉得教育测验在改进中等教育上的贡献。我们不谈改进中等教育则已，既谈改进中等教育，则将来之中等教育，是否确已改进，改进到了甚么程度，总得要使将来中等教育的成绩，可以和现在的，在客观方面，较量一较量。那么，现在的教育成绩，究竟是怎么样，我们总得要有进一步的明了并有一个公同的意见。不然，你所谓不好的，我说已了不得，则日日言改进，从何而断定呢？我所以认教育测验，和改进中等教育,在今日之中国有密切之关系,就是为的这个原故。

但是我们要知道,教育测验,施行于初等学校者较易,施行于中等学校者较难,为什么呢?

第一,中等学校的学科,既比初级学校繁多,而其内容,亦较为复杂。因而做起来的测验,最易挂一漏万,轻重失宜,致使所得的结果,没有什么价值。

第二,中等学校的师生,其关系鲜如小学师生之密切;各人所处的环境,范围较大,其受外界情形之影响,至为纷杂。因而施行测验,每不易控制其他的事实,稍一未当,教学上的结果,便没有确定明了的表示。

此外如在中国今日的中等学校,尤有种种困难之点。譬如中等学校的权利,因较小学丰厚,就有许多人挟势力,具成见,死力把持,不愿这种新事业进行,致暴露其弱点,在另一方面,又有许多人不明于此种事业之真理及其科学之手续,乃假名迎合教育新潮,以邀声誉。纵使不是这样,也不过徒具好奇的心理,不见得有什么改良中等教育的宏愿。凡此种种,皆足以阻碍真正教育测验之进行。因此我对于中等学校施行教育测验一层,甚希望中等教育人员,对于此事,有种共同的组织,由几位专家,担任其事,庶几乎中等教育的前途,才可乐观。

此文承吾友克仁供给材料,非常感激,附此志谢。

(原载《中等教育》第一卷第二期,1922年;后又载《河南教育公报》第二卷第十八期,1923年,及《福建教育月刊》第一卷第五至七期,1925年)

年龄学级及进步之计算

一、本问题之重要及其目的

学校儿童之成绩，通常有两种现象：一为年龄与年级之差异；二为年级与进步之差异。此二种现象，一方面影响于儿童之幸福，他方面则影响于学校之经费，故必研究其差异之大小，更推究其原因之所在，以谋改进。

二、材料之搜集

本问题所需之材料，计有三种：（一）儿童之生日；（二）儿童所在之年级；（三）儿童以前所在之年级。

（一）儿童之生日　在欧美各国，地方政府多有生育证之发给，故儿童之生日不难查考。我国尚无此制，故须由学校机关调查，调查时，须说明确实生日之重要。欧美人士，各种法律上之权利，如公民资格、入学、工作、兵役、承继、结婚、做官、游历外国、寡母恤金等，皆与生日有关，中国人素昧于此，故须详为解释，以免错误。

调查生日时，须询明阴历或阳历。如系阴历，并须询明是否为闰月所生。因计算时，须将阴历化为阳历。一月之差，往往有半岁之出入也。

（二）儿童所在之年级　此项材料极易调查。

（三）儿童以前所在之年级　此系为求年级进步关系所用，须根据"儿童累积记载表"（此表正在调制中）。凭空调查，易致错误。

学校中如无第三项之材料，则须调查一、二两项材料。并须附带调查性别及家庭职业，求其联带之关系。兹拟一调查表于后。

第一表

城名　　　　学校名称　　　　年级　　　　民国　　年　　月　　日调查

姓名	通常年龄	阴历生日（注意闰月）		阳历生日			学校年龄	年级	性别	家庭职业	年龄地位	高低龄之年数	
		月	日	民国	年	月　日						U	O

三、计算方法

(一) 学童年龄之计算

1. 检查阳历生日

检查时，须注意是否为闰月所生。生日大概为阴历。故必按照阴阳历对照表，化为阳历。此表以中华书局所出者为最合用。因该表中逐日皆有阴阳历对照故也。

2. 计算学校年龄

一切年龄皆以阳历三月一日及九月一日为标准。此两日期相去六月，应用时将各儿年龄依照最近之生日，各按第二、第三两表内年龄时期，变为三月一日，或九月一日计算。

以第二、第三两表为根据，各年度之年龄计算，皆可推定。

第二表　以九月一日为标准之学童年龄计算表（十七年）

年龄	学年民国 17—18 年		年龄	学年民国 17—18 年	
	年龄时期包含一切儿童其年龄从	倘其生日落在以下二日期上或二日期间		年龄时期包含一切儿童其年龄从	倘其生日落在以下二日期上或二日期间
$4\frac{1}{2}$ 岁	4 岁 3 月 至 4 岁 9 月	12 年 12 月 1 日 与 13 年 5 月 31 日	8 岁	7 岁 9 月 至 8 岁 3 月	9 年 6 月 1 日 与 9 年 11 月 30 日
5 岁	4 岁 9 月 至 5 岁 3 月	12 年 6 月 1 日 与 12 年 11 月 30 日	$8\frac{1}{2}$ 岁	8 岁 3 月 至 8 岁 9 月	8 年 12 月 1 日 与 9 年 5 月 31 日
$5\frac{1}{2}$ 岁	5 岁 3 月 至 5 岁 9 月	11 年 12 月 1 日 与 12 年 5 月 31 日	9 岁	8 岁 9 月 至 9 岁 3 月	8 年 6 月 1 日 与 8 年 11 月 30 日
6 岁	5 岁 9 月 至 6 岁 3 月	11 年 6 月 1 日 与 11 年 11 月 30 日	$9\frac{1}{2}$ 岁	9 岁 3 月 至 9 岁 9 月	7 年 12 月 1 日 与 8 年 5 月 31 日
$6\frac{1}{2}$ 岁	6 岁 3 月 至 6 岁 9 月	10 年 12 月 1 日 与 11 年 5 月 31 日	10 岁	9 岁 9 月 至 10 岁 3 月	7 年 6 月 1 日 与 7 年 11 月 30 日
7 岁	6 岁 9 月 至 7 岁 3 月	10 年 6 月 1 日 与 10 年 11 月 30 日	$10\frac{1}{2}$ 岁	10 岁 3 月 至 10 岁 9 月	6 年 12 月 1 日 与 7 年 5 月 31 日
$7\frac{1}{2}$ 岁	7 岁 3 月 至 7 岁 9 月	9 年 12 月 1 日 与 10 年 5 月 31 日	11 岁	10 岁 9 月 至 11 岁 3 月	6 年 6 月 1 日 与 6 年 11 月 30 日

(续表)

年龄	学年民国 17—18 年		年龄	学年民国 17—18 年	
	年龄时期包含一切儿童其年龄从	倘其生日落在以下二日期上或二日期间		年龄时期包含一切儿童其年龄从	倘其生日落在以下二日期上或二日期间
$11\frac{1}{2}$ 岁	11 岁 3 月 至 11 岁 9 月	5 年 12 月 1 日 与 6 年 5 月 31 日	14 岁	13 岁 9 月 至 14 岁 3 月	3 年 6 月 1 日 与 3 年 11 月 30 日
12 岁	11 岁 9 月 至 12 岁 3 月	5 年 6 月 1 日 与 5 年 11 月 30 日	$14\frac{1}{2}$ 岁	14 岁 3 月 至 14 岁 9 月	2 年 12 月 1 日 与 3 年 5 月 31 日
$12\frac{1}{2}$ 岁	12 岁 3 月 至 12 岁 9 月	4 年 12 月 1 日 与 5 年 5 月 31 日	15 岁	14 岁 9 月 至 15 岁 3 月	2 年 6 月 1 日 与 2 年 11 月 30 日
13 岁	12 岁 9 月 至 13 岁 3 月	4 年 6 月 1 日 与 4 年 11 月 30 日	$15\frac{1}{2}$ 岁	15 岁 3 月 至 15 岁 9 月	1 年 12 月 1 日 与 2 年 5 月 31 日
$13\frac{1}{2}$ 岁	13 岁 3 月 至 13 岁 9 月	3 年 12 月 1 日 与 4 年 5 月 31 日	16 岁	15 岁 9 月 至 16 岁 3 月	1 年 6 月 1 日 与 1 年 11 月 30 日

第三表 以三月一日为标准之学童年龄计算表（十八年）

年龄	学年民国 17—18 年		年龄	学年民国 17—18 年	
	年龄时期包含一切儿童其年龄从	倘其生日落在以下二日期上或二日期间		年龄时期包含一切儿童其年龄从	倘其生日落在以下二日期上或二日期间
$4\frac{1}{2}$ 岁	4 岁 3 月 至 4 岁 9 月	13 年 6 月 1 日 与 13 年 11 月 30 日	7 岁	6 岁 9 月 至 7 岁 3 月	10 年 12 月 1 日 与 11 年 5 月 31 日
5 岁	4 岁 9 月 至 5 岁 3 月	12 年 12 月 1 日 与 13 年 5 月 31 日	$7\frac{1}{2}$ 岁	7 岁 3 月 至 7 岁 9 月	10 年 6 月 1 日 与 10 年 11 月 30 日
$5\frac{1}{2}$ 岁	5 岁 3 月 至 5 岁 9 月	12 年 6 月 1 日 与 12 年 11 月 30 日	8 岁	7 岁 9 月 至 8 岁 3 月	9 年 12 月 1 日 与 10 年 5 月 31 日
6 岁	5 岁 9 月 至 6 岁 3 月	11 年 12 月 1 日 与 12 年 5 月 31 日	$8\frac{1}{2}$ 岁	8 岁 3 月 至 8 岁 9 月	9 年 6 月 1 日 与 9 年 11 月 30 日
$6\frac{1}{2}$ 岁	6 岁 3 月 至 6 岁 9 月	11 年 6 月 1 日 与 11 年 11 月 30 日	9 岁	8 岁 9 月 至 9 岁 3 月	8 年 12 月 1 日 与 9 年 5 月 31 日

(续表)

年龄	学年民国17—18年		年龄	学年民国17—18年	
	年龄时期包含一切儿童其年龄从	倘其生日落在以下二日期上或二日期间		年龄时期包含一切儿童其年龄从	倘其生日落在以下二日期上或二日期间
$9\frac{1}{2}$ 岁	9岁3月 至 9岁9月	8年6月1日 与 8年11月30日	13岁	12岁9月 至 13岁3月	4年12月1日 与 5年5月31日
10岁	9岁9月 至 10岁3月	7年2月1日 与 8年5月31日	$13\frac{1}{2}$ 岁	13岁3月 至 13岁9月	4年6月1日 与 4年11月30日
$10\frac{1}{2}$ 岁	10岁3月 至 10岁9月	7年6月1日 与 7年11月30日	14岁	13岁9月 至 14岁3月	3年12月1日 与 4年5月31日
11岁	10岁9月 至 11岁3月	6年12月1日 与 7年5月31日	$14\frac{1}{2}$ 岁	14岁3月 至 14岁9月	3年6月1日 与 3年11月30日
$11\frac{1}{2}$ 岁	10岁3月 至 11岁9月	6年6月1日 与 6年11月30日	15岁	14岁9月 至 15岁3月	2年12月1日 与 3年5月31日
12岁	11岁9月 至 12岁3月	5年12月1日 与 6年5月31日	$15\frac{1}{2}$ 岁	15岁3月 至 15岁9月	2年6月1日 与 2年11月30日
$12\frac{1}{2}$ 岁	12岁3月 至 12岁9月	5年6月1日 与 5年11月30日	16岁	15岁9月 至 16岁3月	1年12月1日 与 2年5月31日

第一图 兹更以下图说明之

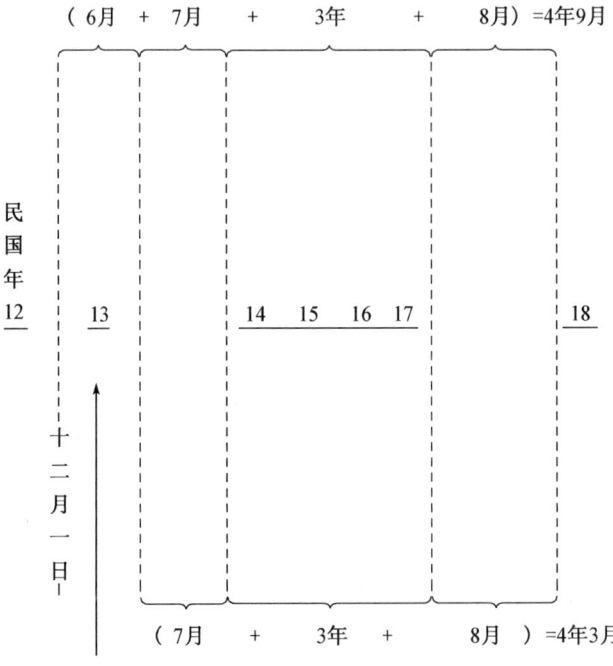

凡儿童生日落在此二日期上或其间之任何日期上至十七年九月一日时皆以四岁半论

根据前二表而得年龄之定义如左

第四表　学童年龄定义表

某儿看作	在时期当中	某儿看作	在时期当中
0岁	从初生至3月	$8\frac{1}{2}$岁	从8年3月至8年9月
$\frac{1}{2}$岁	从3月至9月	9岁	从8年9月至9年3月
1岁	从9月至1年3月	$9\frac{1}{2}$岁	从9年3月至9年9月
$1\frac{1}{2}$岁	从1年3月至1年9月	10岁	从9年9月至10年3月
2岁	从1年9月至2年3月	$10\frac{1}{2}$岁	从10年3月至10年9月
$2\frac{1}{2}$岁	从2年3月至2年9月	11岁	从10年9月至11年3月
3岁	从2年9月至3年3月	$11\frac{1}{2}$岁	从11年3月至11年9月
$3\frac{1}{2}$岁	从3年3月至3年9月	12岁	从11年9月至12年3月
4岁	从3年9月至4年3月	$12\frac{1}{2}$岁	从12年3月至12年9月
$4\frac{1}{2}$岁	从4年3月至4年9月	13岁	从12年9月至13年3月
5岁	从4年9月至5年3月	$13\frac{1}{2}$岁	从13年3月至13年9月
$5\frac{1}{2}$岁	从5年3月至5年9月	14岁	从13年9月至14年3月
6岁	从5年9月至6年3月	$14\frac{1}{2}$岁	从14年3月至14年9月
$6\frac{1}{2}$岁	从6年3月至6年9月	15岁	从14年9月至15年3月
7岁	从6年9月至7年3月	$15\frac{1}{2}$岁	从15年3月至15年9月
$7\frac{1}{2}$岁	从7年3月至7年9月	16岁	从15年9月至16年3月
8岁	从7年9月至8年3月		

　　右表中儿童之生日，皆位于某年龄时期之中数或中点之上。如第三行（即第三年龄时期）凡儿童之年岁，在九月与一年三月之间者，皆以一岁论，此种算法，人寿保险公司皆用之。

　　中国人计算年龄方法最不精确，故有"除夕生人，未过三朝先两岁"之谚，其中极大差度，几及两岁。通常有用统计方法依实足年龄计算者，如0～.99①为一岁1～1.99为两岁。其中极大差度，几为一岁。因初生婴孩与已生三百六十四日之婴孩实同一岁计算故也。至本书内之方法，以六个月间之中数为标准，其中相差，至多为半岁，故较为正确。

---

① 编者注：原文如此，即0.99，后文同理，如".5"即"0.5"。

（二）年龄学级之关系

1. 常龄限度表

常龄限度 Normal age limits 表分为半年一升级及一年一升级二种

第五表　半年一升级地方学校一年级上学期(1B)至六年级下学期(6A)之常龄限度表

年级	入某年级之常龄限度	修完某级之常龄限度
1B	5岁9月至6岁9月	6岁9月至7岁9月
1A	6岁3月至7岁3月	7岁3月至8岁3月
2B	6岁9月至7岁9月	7岁9月至8岁9月
2A	7岁3月至8岁3月	8岁3月至9岁3月
3B	7岁9月至8岁9月	8岁9月至9岁9月
3A	8岁3月至9岁3月	9岁3月至10岁3月
4B	8岁9月至9岁9月	9岁9月至10岁9月
4A	9岁3月至10岁3月	10岁3月至11岁3月
5B	9岁9月至10岁9月	10岁9月至11岁9月
5A	10岁3月至11岁3月	11岁3月至12岁3月
6B	10岁9月至11岁9月	11岁9月至12岁9月
6A	11岁3月至12岁3月	12岁3月至13岁3月

第六表　一年一升级学校一年级至六年级之常龄限度表

年级	入某年级之常龄限度	修完某级之常龄限度
1	5岁9月至7岁3月	6岁9至8岁3月
2	6岁9月至8岁3月	7岁9至9岁3月
3	7岁9月至9岁3月	8岁9至10岁3月
4	8岁9月至10岁3月	9岁9至11岁3月
5	9岁9月至11岁3月	10岁9至12岁3月
6	10岁9月至12岁3月	11岁9至13岁3月

a. 计算年龄地位

一班中各儿童年龄确定后，当统计之于"年龄表"(Age table)。各儿年龄之分配及其与入学年龄限度之比较，可以决定该班儿童年龄之地位。

今假定某班儿童四十人，其年龄可分为三组，如下表。

第七表　四年级儿童之年龄表

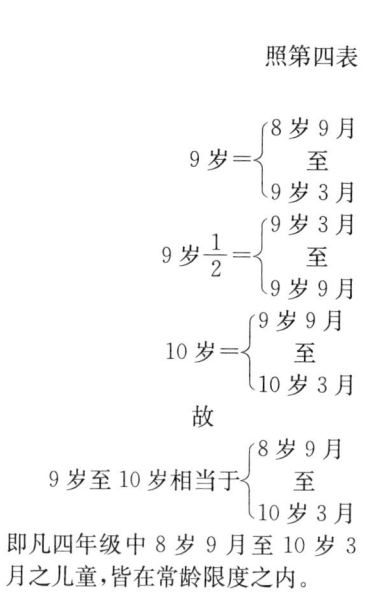

照第四表

$9\text{ 岁} = \begin{cases} 8\text{ 岁 }9\text{ 月} \\ \text{至} \\ 9\text{ 岁 }3\text{ 月} \end{cases}$

$9\text{ 岁}\frac{1}{2} = \begin{cases} 9\text{ 岁 }3\text{ 月} \\ \text{至} \\ 9\text{ 岁 }9\text{ 月} \end{cases}$

$10\text{ 岁} = \begin{cases} 9\text{ 岁 }9\text{ 月} \\ \text{至} \\ 10\text{ 岁 }3\text{ 月} \end{cases}$

故

$9\text{ 岁至 }10\text{ 岁相当于} \begin{cases} 8\text{ 岁 }9\text{ 月} \\ \text{至} \\ 10\text{ 岁 }3\text{ 月} \end{cases}$

即凡四年级中 8 岁 9 月至 10 岁 3 月之儿童,皆在常龄限度之内。

	年龄	儿童数	各岁儿童之百分比
(1) 低龄儿童 17.5%在常龄以下	5		
	5 $\frac{1}{2}$		
	6		
	6 $\frac{1}{2}$		
	7		
	7 $\frac{1}{2}$	1	2.5%
	8	2	5%
	8 $\frac{1}{2}$	4	10%
(2) 常龄儿童 62.5%在四年级之常龄限度	9	6	15%
	9 $\frac{1}{2}$	7	17.5%
	10	12	20%
(3) 高龄儿童 20%在常龄以上	10 $\frac{1}{2}$	3	7.5%
	11	2	5%
	12 $\frac{1}{2}$	1	2.5%
	12	1	2.5%
	12 $\frac{1}{2}$		
	13	1	2.5%
	13 $\frac{1}{2}$		
总数		40	100%

说明:本表中入四年级之常龄限度为"9,9 $\frac{1}{2}$,10 岁"而在第六表中入四年级之常龄限度则为"8 岁 9 月至 10 岁 3 月"此中衔接之处参照第一表方能了解。

由第七表可知该班儿童之年龄,分为三组,即:

(1) 低龄(Under age)学级比年岁高,此辈儿童愈多愈好。

(2) 常龄(Normal age)学校[级]与年龄相比,不高不低。

(3) 高龄(Over age)学级比年岁低,此辈儿童愈少愈好。

高龄之原因有二:(一)入学迟;(二)留级。如系一班儿童,可用下图表显之。

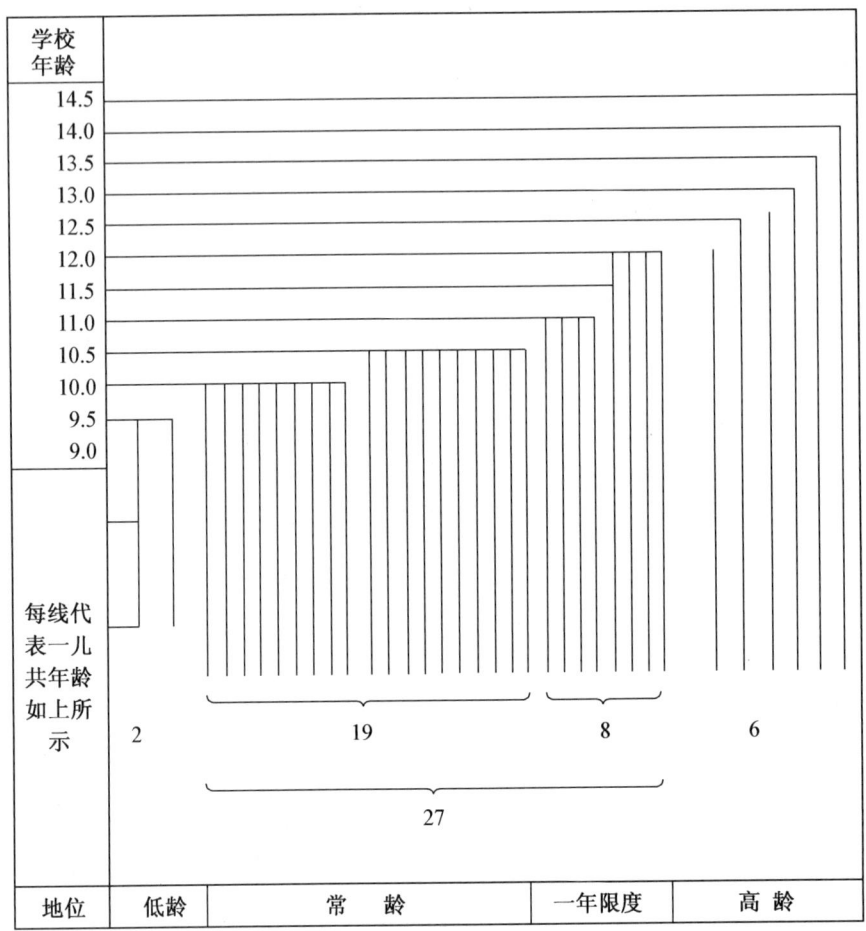

第二图　某 5B 班儿童年龄之分配

如儿童数多当利用第一表。在"年龄地位"栏内写 O. U. N. 以代高低常三种年龄之儿童然后归入下表。

第八表　年龄学级分配表

学校名　　　　　　　　　　　　　　　　　　　　　　　　　　制表日期

年龄 (年及月)	幼稚园	小1		小2		小3		小4		小5		小6		初中一		初中二		初中三		高中一		高中二		高中三		总数
		B	A	B	A	B	A	B	A	B	A	B	A	B	A	B	A	B	A	B	A	B	A	B	A	
4—9 to 5—3…	□																									
5—3 to 5—9…	□																									
5—9 to 6—3…	□	□																								

(续表)

年龄 (年及月)	幼稚园	年级																							总数
		小1		小2		小3		小4		小5		小6		初中一		初中二		初中三		高中一		高中二		高中三		
		B	A	B	A	B	A	B	A	B	A	B	A	B	A	B	A	B	A	B	A	B	A	B	A	
6—3 to 6—9…		☐	☐																							
6—9 to 7—3…			☐	☐																					
7—3 to 7—9…				☐	☐																				
7—9 to 8—3…					☐	☐																			
8—3 to 8—9…						☐	☐																		
8—9 to 9—3…							☐	☐																	
9—3 to 9—9…								☐	☐																
9—9 to 10—3…									☐	☐															
10—3 to 10—9…										☐	☐														
10—9 to 11—3…											☐	☐													
11—3 to 11—9…												☐	☐												
11—9 to 12—3…													☐	☐											
12—3 to 12—9…														☐	☐										
12—9 to 13—3…															☐	☐									
13—3 to 13—9…																☐	☐								
13—9 to 14—3…																	☐	☐							
14—3 to 14—9…																		☐	☐						
14—9 to 15—3…																			☐	☐					
15—3 to 15—9…																				☐	☐				
15—9 to 16—3…																					☐	☐			

(续表)

年龄 (年及月)	幼稚园	年级																							总数
		小1		小2		小3		小4		小5		小6		初中一		初中二		初中三		高中一		高中二		高中三		
		B	A	B	A	B	A	B	A	B	A	B	A	B	A	B	A	B	A	B	A	B	A	B	A	
16—3 to 16—9…																					☐	☐				
16—9 to 17—3…																							☐	☐		
17—3 to 17—9…																									☐	☐
17—9 to 18—3…																										☐
总　数																										
低龄数																										
常龄数																										
高龄数																										
低龄百分比																										
常龄百分比																										
高龄百分比																										

第九表　南京特别市立小学校儿童年龄表

年级	低龄		常龄		高龄		总数
	人数	%	人数	%	人数	%	
一	547	24.1	532	23.4	1 188	52.5	2 267
二	157	11.5	241	17.7	963	70.8	1 361
三	61	6.4	136	14.3	753	79.3	950
四	64	9.9	116	17.9	467	72.2	647
五	35	8.4	75	18.1	304	73.5	414
六	61	11.2	108	19.8	376	69	545
总　数	925	14.9	1208	19.5	4051	65.6	6 184

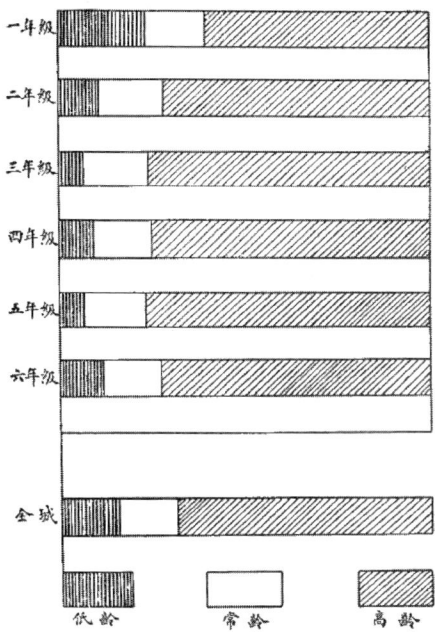

第三图　南京特别市立小学校各级低龄常龄高龄百分比较表

3. 计算高龄低龄之数量

前节之作用在计算高低常龄及低龄之儿童数，本节则在计其年限之多寡，所用准尺有三：(I) 高龄儿(1) 最高(2) 平均(3) 最低高龄年数，其求法如下表。

第十表　南京特别市立小学校高龄儿高龄年数

高龄年数	学生数	高龄总年数	高龄年数	学生数	高龄总年数
.5	697	348.5	6.5	11	71.5
1	685	685	7	2	14
1.5	614	921	7.5		
2	564	1 128	8	2	16
2.5	421	1 052.5	8.5		
3	359	1 077	9	2	18
3.5	234	789	9.5	1	9.5
4	184	736	10		
4.5	87	391.5	10.5		
5	60	300	11		
5.5	22	121	11.5	1	11.5
6	19	104	总计	3 965	7 794

高龄儿平均高龄年数 $=\dfrac{7\ 794}{3\ 965}=1.965\cdots\cdots$ 年

最高………11.5

平均………1.965

最低……….5

（Ⅱ）低龄儿(1)最高(2)平均(3)低龄年数，其求法如下表：

第十一表　南京特别市立小学校低龄儿低龄年数

低龄年数	学生数	总年数	低龄年数	学生数	总年数
.5	391	195.5	2.5	24	60
1	268	268	3	6	18
1.5	161	241.5	3.5	4	14
2	64	128	总计	918	1025

低龄儿平均低龄年数 $=\dfrac{1025}{918}=1.1\cdots\cdots$ 年

最高………3.5 年

平均………1.1

最低………5

(3) 平均高龄年数。其公式为：

$$\text{平均高龄年数}=\dfrac{\text{高龄儿童总年数}-\text{低龄儿童总年数}}{\text{低龄儿数}+\text{常龄儿数}+\text{高龄儿数}}$$

代入前数为

南京特别市立小学校儿童平均高龄年数 $=\dfrac{7\ 794-1\ 025}{918+1\ 181+3\ 965}=\dfrac{6\ 769}{6\ 064}=1.11$ 年

计算高龄或低龄之年数时，亦有须留意之处，兹举例说明之。

譬如有学校年龄十岁半之儿童，现在2A级，问其高龄年数几何？照第五表，十岁半之儿童在5B及5A皆为常龄儿，若以5B计算，则该儿高龄两年半，若以5A计算，则为三年，兹为划一起见，决定：凡在A级生算至A级，B级生则亦算至B级，该儿现在2A，其年龄应在5A，故其高龄为三年，若该儿在2B则算至5B，其结果亦为三年。此种算法以第六表证之，亦相符合。盖该儿现在二年级，按其年龄则应在五年级，相差亦为三年也。

(4) 计算高低龄各年儿童之百分比

(1) 高龄各年儿童百分比

第十二表　南京特别市立小学校各年高龄儿童百分比

高龄年数	学生数	占高龄儿童之百分比	高龄年数	学生数	占高龄儿童之百分比
.5	697	17.5%	4	184	4.6%
1	6—5	17%	4.5	87	2.1%
1.5	614	15.4%	5	60	1.5%
2	564	14.2%	5.5	22	0.5%
2.5	421	10.6%	6	19	0.4%
3	359	9%	6—11.5	17	0.4%
3.5	234	5.9%	总　计	3 965	100%

（2）低龄各年儿童百分比

第十三表　南京特别市立小学低龄各年儿童百分比

低龄年数	学生数	占低龄儿童之百分比	低龄年数	学生数	占低龄儿童之百分比
.5	391	42.6%	2.5	24	2.6%
1	268	29.1%	3	6	.6%
1.5	161	17.5%	3.5	4	.4%
2	64	6.9%	总数	918	100%

以图显示高龄、常龄及低龄各年分布之状况，下法亦极有趣。

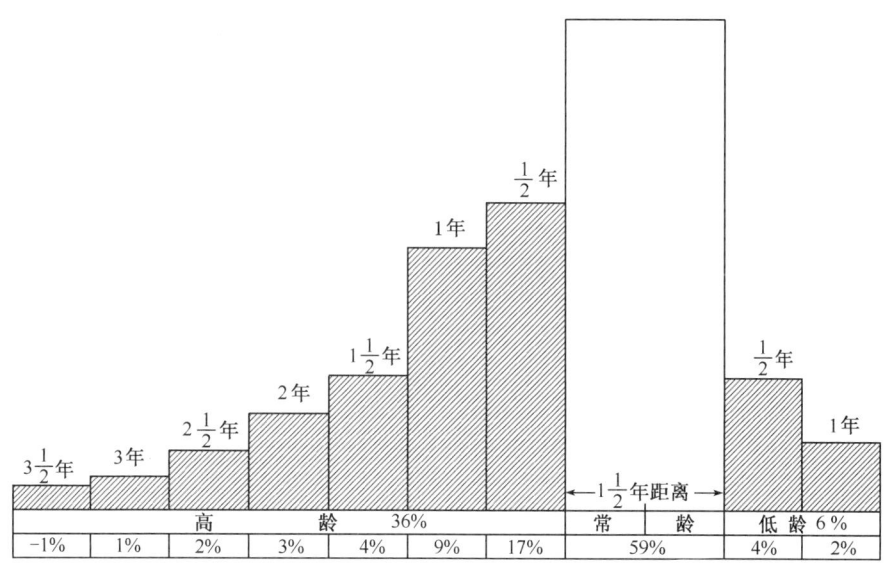

第四图　某校儿童高龄低龄各年之分配

(5) 考查家庭职业与年龄地位之关系

第十四表　南京特别市立小学校儿童家庭职业及年龄地位关系表

家庭职业	低龄		常龄		高龄		总计
	人数	百分比	人数	百分比	人数	百分比	
军	68	16.4%	121	29.2%	226	54.5%	415
农	22	12.7%	25	14.5%	126	72.8%	173
工	99	11.1%	226	25.3%	568	63.6%	893
商	293	13.3%	456	20.7%	1451	66.%	2 200
学	140	22.3%	127	20.2%	361	57.5%	628
政	159	17.6%	184	21.7%	505	59.6%	848
其他杂业	35	17%	37	18%	134	65%	206
总　计	816		1 176		3 371		5 363

（附注）其他杂业包括：警、邮、报、医、交通、税、船、矿、律、测字算命、转运、电等职业。

准尺：各种家庭职业儿童之(1) 低龄(2) 常龄及(3) 高龄百分比

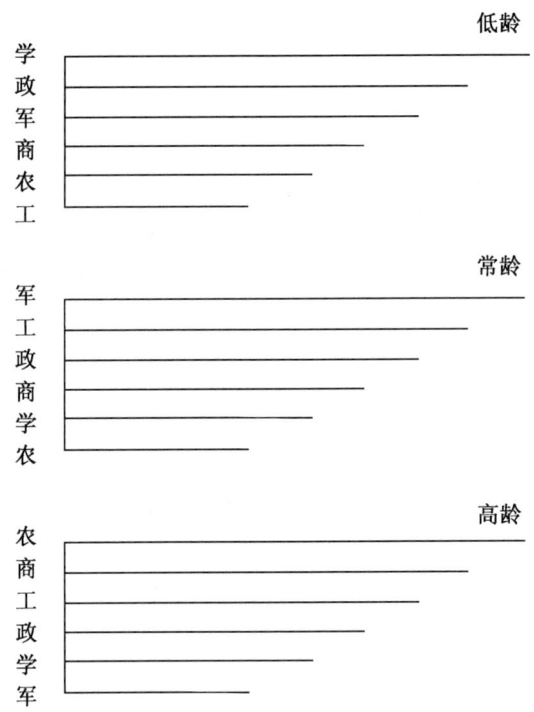

第五图　南京特别市立小学儿童家庭职业与其年龄地位之比较

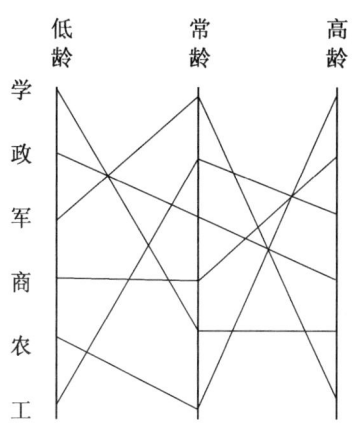

第六图　南京特别市立小学儿童家庭职业与年龄地位之关系

（6）考查性别与年龄地位之关系

第十五表　南京特别市立小学男女儿童年龄地位表

性别	地位 人数及百分比	低　龄		常　龄		高　龄	
		人数	百分比	人数	百分比	人数	百分比
男		589	16.3%	703	19.4%	2325	64.3%
女		336	13%	525	20.3%	1724	66.7%

准尺：男女儿童之(1)低龄(2)常龄及(3)高龄百分比

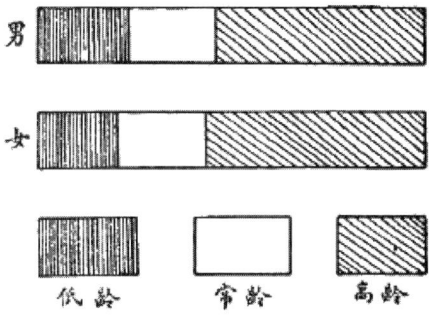

第七图　南京特别市立小学男女儿童年龄地位之比较

（三）年龄与进步之关系

学校儿童虽有低龄常龄及高龄之别，但仍不足以包括进步差异之现象。即如某儿因入学太迟，其年龄与年级之比落于他儿之后，但在一定之年限内，其进步之速率，或不弱于他儿。故研究此种进步现象，实可补充前项年龄事实之不足。

进步分为三种:(1) 速进(2) 常进(3) 迟进

(1) 速进(rapid progress)在一年内升级二次或二次以上,(若在半年一升级之制度中升级在三次或三次以上)。

(2) 常进(normal progress)某儿在校内历年进步,不越级,不留级,或其越级留级之次数适相等,即平均每年升级一次(若在半年一升级之制度中每年升级二次)之谓。

(3) 迟进(slow progress)在某时期内平均升级少于一次或一次以上。

1. 整理材料

将某班儿童自入学以来所在班级之材料列为一表

第十六表

某学校　　　　　　　　　六年级下学期(6A)　　　　　　　　民国十七年二月十五日

号数	学生姓名	生日			过去各年每学期所在之年数							
		年	月	日	民8—9	民9—10	民10—11	民11—12	民12—13	民13—14	民14—15	民15—16	民16—17
1	赵甲……	民5	6	8				1B—1A	2B—2A	3B—3A	4B—4A	5B—5A	6B—6A
2	钱乙……	民3	8	6		1B—1B*	1A—1B	2A—3B	3A—4B	4A—5B	5B—5A*	5A—6B*	6B—6A*
3	孙丙……	民5	1	12			1B—1A	2B—2A	3B—3A	4B—4A	5B—5B*	5A—5A*	6B—6A
4	李丁……	民3	5	7	K—K	1B—1A	2B—2B*	2A—3B	3A—4B	4A—5B	5A—5A*	6B—6B*	6A—6A*
5	周戊……	民6	2	15				K	1B—1A	2B—2A	S—3A—4B	4A—S—5A	6B—6A
6	吴己……	民3	1	23				S—1A—2B	2A—3B	3A—4B	4B—4A*	5B—5A	6B—6A
7	郑庚……	民6	9	22				1B—S—S—2A	3B—3A	4B—4A	5B—5A	5A—6B*	6A—6A*
8	王辛……	民5	4	1						1B—1A	2B—2A	3B—S—4B	4A—5B	5A—S—6A
9	冯壬……	民3	7	5		1B—1A	2B—2A	病—2A*	3B—3B*	3A—4B	4A—5B	5A—6B	6B—6A
10	陈癸……	民3	8	6			1B	1B—1A*	2B—2A	3B—3A	4B—4B	S—5B—5A	6B—6A

儿童总数10,K—幼稚园,S—越一班,SS—越两班 *留班

说明:(1)第一生赵甲于民国十一年秋季入一年级,在校六年未越班,亦未留班故于民国十七年二月在六年级下学期肄业。

(2)第九生冯壬于民国九年秋季入一年级上学期,在校七年半,因病停学半年,留班三次,故于民国十七年二月在六年级下学期肄业。

(3)幼稚园在中国极少,故除开计算。

2. 决定等数

第十七表

某学校　　　　　　　　　六年级下学期(6A)留级与越级

进步速率	常　进			迟　进					速　进		
学生号数	既不越班又不留班之儿童	越留各一次之儿童	越留各二次之儿童	只有留班而无越班之儿童					只有越班之儿童		
				一次	二次	三次	四次	五次	一次	二次	三次
1	X										
2							X				
3					X						
4							X				
5									X		
6		X									
7			X						X		
8											
9						X					
10				X							
总数	1	1	1	1	1	1	2		2		

＊此儿留两班越一班等于留一班

3. 求出百分比

第十八表

	常　进	迟　进	速　进
儿童数	3	5	2
儿童成数	30％	50％	20％

说明：该班中有常进儿30％迟进儿50％速进儿20％

准尺：<u>速进常进迟进儿童之百分比</u>

儿童数目过多时当常用下之表格

第十九表　学级进步分配表

学校名　　　　　　　　　　　　　　　　　　　　　　　　　　　制表日期

在校年级	小1 B	小1 A	小2 B	小2 A	小3 B	小3 A	小4 B	小4 A	小5 B	小5 A	小6 B	小6 A	总数
Less than $\frac{1}{2}$ year	**111**	1											
$\frac{1}{2}$	22	**104**	4	2									
1	5	16	**42**	4	1								
$1\frac{1}{2}$	1	21	33	**82**	8	3	1						
2		1	4	26	**29**	4	1						
$2\frac{1}{2}$		2	4	18	39	**62**	10	4	1				
3			1	3	8	12	**24**	4	1	1	1		
$3\frac{1}{2}$				3	8	18	31	**47**	10	3	1		
4				1	2	3	7	13	**22**	5	2	1	
$4\frac{1}{2}$					1	5	9	17	27	**40**	12	3	
5					1	0	2	4	7	11	**14**	14	
$5\frac{1}{2}$					1	1	2	5	9	17	17	**20**	
6					2	1		2	2	2	5	16	
$6\frac{1}{2}$						1		2	5	8	13	4	
7								1		2	4	10	
$7\frac{1}{2}$										1	1	2	
8												1	
总　数													
速进数													
常进数													
迟速进数													
速进百分比													
常进百分比													
迟进百分比													

4. 求平均所需年数

以常度论,六年级下学期之儿童,只需在校五年半之时间,今该班儿童平均需六年,可见其效率之高下。

第二十表　第十六表中十儿升到六年级甲组所需之年数

每儿所需时间	儿童数	其费总年数	每儿所需时间	儿童数	其费总年数
$4\frac{1}{2}$年……	2(5,8)	9	$6\frac{1}{2}$	1(3)	$6\frac{1}{2}$
5年			7	1(9)	7
$5\frac{1}{2}$年	3(16,7)	$16\frac{1}{2}$	$7\frac{1}{2}$	2(2,4)	15
6	1(10)	6			

十儿总年数……………………60
全班平均所需之年数…………6
说明:儿童数栏括弧内之数系第十六表中儿童之号数
准尺:最高年级儿童所费平均年数

(四) 年龄学级进步相互之关系

1. 关系之种类

共分九种如下:

① 低龄——速进儿　　② 常龄——速进儿
③ 高龄——速进儿　　④ 低龄——常进儿
⑤ 常龄——常进儿　　⑥ 高龄——常进儿
⑦ 低龄——迟进儿　　⑧ 常龄——迟进儿
⑨ 高龄——迟进儿

2. 制定年龄学级进步表

第二十一表　第十六表中各儿年龄学级进步表(十七年二月十五)

学生号数	年龄	年龄地位	进步速率
1	$11\frac{1}{2}$	N	N
2	$13\frac{1}{2}$	O	S
3	12	N	S
4	14	O	S
5	11	U	R

(续表)

学生号数	年龄	年龄地位	进步速率
6	14	O	N
7	$10\frac{1}{2}$	U	N
8	12	N	R
9	$13\frac{1}{2}$	O	S
10	$13\frac{1}{2}$	O	S

N 常龄或常进，O 高龄，U 低龄，S 迟进，R 速进。

步骤如下：

(1) 决定年龄计算表

因调查时期为十七年二月十五日（见第十六表），故以三月一日之第三表为核算各儿年龄标准。（亦可用第二表）。

(2) 决定各儿之年龄

第一儿系民国五年六月八日所生，检照第二表，此日适落在（5 年 6 月 1 日与 5 年 11 月 30 日）之间，故知此儿为十二岁半。但因第三表系为十七年之下半年（即民国十八年上半年）制定。本调查系假定在十六年度下半年（即民国十七年上半年），每儿应照第三表减少一年计算。（若用第二表则须减少半岁计算）。

(3) 决定年龄之地位

此项系求年龄与学级之关系，须先查明常龄限度。按六年级下学期—6A 之常龄限度，应为十一岁半至十二岁（满六周年时为入学年龄之开始）此限度，照第四表须知应延至十一岁三月至十二岁三月。凡儿童年龄在此限度内者，皆记以 N（常龄）；在此限度上者皆记以 O（高龄）；在其下者皆记以 U（低龄）。

(4) 决定进步之速率

按照第十七表各儿进步之速率分别记以 N（常进）S（迟进）R（速进）。

3. 制定相互关系表

第二十二表　年龄进步报告表

年级 6A　　　　　　　　　　　　　　　　　　　　　　　　　　　某某学校

	低龄 U	常龄 N	高龄 O
速进 R	(5) * 10%	(8) 10%	
常进 N	(7) 10%	(1) 10%	(6) 10%
迟进 S		(3) 10%	(2)—(4) (9)—(10) 40%

* 每数代表第十六表中一儿

四、准尺

（一）学校儿童(1)低龄(2)常龄(3)高龄之百分比

（二）高龄儿(1)最高(2)平均(3)最低高龄年数

（三）低龄儿(1)最高(2)平均(3)最低低龄年数

（四）学校儿童平均高龄年数

（五）高龄各年儿童百分比

（六）低龄各年儿童百分比

（七）各种家庭职业儿童之(1)低龄(2)常龄(3)高龄百分比

（八）男女儿童(1)低龄(2)常龄(3)高龄百分比

（九）速进、常进、迟进儿童之百分比

（十）最高年级儿童所费平均年数

（十一）学校儿童：(1)低龄速进(2)常龄速进(3)高龄速进(4)低龄常进(5)常龄常进(6)高龄常进(7)低龄迟进(8)常龄迟进(9)高龄迟进之百分比。

（原载《教育杂志》第二十一卷第一期，1929年）

学童年龄计算方法之研究

年龄计算在教育设施及研究上占重要位置。其方法之精确与否关系于教育发展者至大。兹举数例说明之。

（一）与调查学龄儿童和督促就学之关系

欲实施普及教育，督促学龄儿童就学，必先从调查学龄儿童入手。欲知谁为学龄儿童，必先了解年龄定义，及其计算之方法；否则在调查手续上即不免发生错误。督促就学之业务，亦受其影响矣。

（二）与诊察学童进步之关系

学校效率之大小与学童进步之程度有密切关系，即如计算年龄学级进步关系，其方法之基础，完全建筑于正确的年龄计算之上，若不将年龄根本计算清楚，虽能依样做出年龄学级和进步各种关系之研究，其结果必不免陷于错误。

（三）与编制测验之关系

编制测验必需根据实足年龄。但通常所用推算实足年龄之方法，颇欠正确。因我国计算方法，通常皆用阴历。从阴历化成阳历以及计算岁数等等，皆包有许多问题。若不研究清楚，便不免失之毫厘差之千里；而测验之编制，亦不免受其影响矣。

一、检查阳历生日

（一）调查生日及通常年龄

计算年龄，第一步手续，为调查"儿童生日"与"通常年龄"。欧美诸国，关于各种法律上之权利，如公民资格、入学、工作、兵役、承继、结婚、做官、游历外国、寡母恤金等等，都与生日有关。故各地方政府多有"生日证"之发给，在校儿童生日，亦即不难查考。至于我国，向无此种制度，欲搜集儿童生日之材料，只有实地调查。

调查儿童生日时，应注意下列三事。

1. 须先使儿童家长明了生日之重要

民国十六年南京市教育局调查学龄儿童时，社会上忽发生捉魂之谣，谓教育局调查儿童生日，摄取灵魂。于是无知父母，皆不肯送子女到校上课。虽经教育当局出示劝告，勉强回校，而原定调查计划，却因此毫无结果。此事虽属意外，但中国社会一般程度太低，对于调查儿童生日都不免怀疑，使调查进行发生阻碍，故于调查儿童生日之先，应设法教导儿童之父母。或用恳亲会直接加以说明与劝导；或在公民训练时向儿童讲解，间接教导其父母。如此做去，方不致发生重大之阻力或意外。

2. 须询明阴历或阳历

在教育调查中所用年龄，均依阳历计算。各校儿童虽间有阳历生日者，但十九仍沿用阴历生日。故须于调查时问明，以便计算。

3. 须询是明[明显]否闰月所生

因闰月与平月相差有一月之久，此一月之差，在化成阳历时，逢到五月、六月、十一月、和十二月，便有半岁出入。譬如民国三年阴历五月初一生之儿童，若照平月算，相当于阳历五月二十五，至二十年九月一日时，应为十七岁半；若照闰月算，则相当于阳历六月二十三，到了二十年九月一日的时候，应为十七岁，（算法详后）。两数相差至半岁之巨，只因闰月参差之结果。若不于调查时询问明白，及至计算时，则不免发生困难矣。

（二）检查阳历生日

检查阳历生日之法，就作者所知，有五六种之多；而以尤南山君在《新闻报》所发表者最为简便。兹将尤君原表及用法略加修改，并附图解及制表方法，说明于下。

1. 第一表之解释

第一表共甲乙二部，兹解释之如下：

（1）从第一表甲部可查得几岁儿之阴历生日相当于民国某年之第几天。从乙部可查得该年之第几天相当于该年之几月几日。

（2）甲部顶行为"民国年"依阳历计算，加圈之年为阳历闰年，该年计有三百六十六日，比平年多一日。

（3）甲部左边第一行载阴历各月。

（4）甲部阴历三十日之月为大月，二十九日之月为小月。该部以每月作三十日计算。故于计算时须减去所多算之小月天数。某月之前有几个小月，即须减去几天。各方格内所填者即是。

（5）各方格又有分为左右二长方格者，乃是阴历闰月之意。右长方格内之数代表闰月应减去之小月数。

（6）甲部表下末行之数为阳历元旦比阴历元旦所早之日数。

2. 第一表之用法

例有王儿民国二十一年通常年龄为十四岁。生日为阴历十月十五日。问为阳历何日？

用表方法如下：

（1）认清用表之年为民国二十一年。

第一表 阴历生日之计算

甲部

民国年＼阴历月	1	2	3	4	5	6	7	8	9	10	11	12	合计
(1)	0	0	1	1	2	3	3	4	5	5	5	6	48
2	0	0	0	1	1	2	3	3	4	5	5	6	36
3	0	0	0	1	1|2	2	3	3	4	5	5	6	25
4	0	0	1	1	1	2	2	3	3	4	4	5	44
(5)	0	0	0	1	1	2	2	3	3	4	4	4	33
6	0	0|1	2	2	2	3	3	3	4	4	4	5	22
7	0	0	1	2	2	2	3	3	3	4	4	5	41
8	0	1	1	2	2	3	3	4|5	5	6	6	6	31
(9)	0	1	1	2	3	3	3	4	5	5	6	6	50
(10)	0	0	1	1	1	2	3	3	4	5	5	6	38
11	0	0	1	1	1|2	3	3	4	5	5	6	6	27
12	0	1	1	1	1	2	2	3	3	4	5	5	46
(13)	0	1	1	1	1	2	2	2	3	3	4	5	35
14	0	0	1	1	1|2	2	2	3	3	3	4	5	23
15	0	1	1	2	2	3	3	4	4	4	5	5	43
16	0	0	1	2	2	3	3	4	4	5	5	5	32
(17)	0	0	1|1	2	3	3	4	5	5	6	6	6	22
18	0	1	1	2	2	3	3	4	5	5	6	6	40
19	0	1	1	1	2	3|3	4	5	5	6	6	6	29
20	0	1	0	0	1	1	2	2	3	4	4	5	47
(21)	0	1	1	1	2|2	3	3	3	4	4	5	6	36
22	0	1	1	1	2|2	3	3	3	4	4	5	6	25
23	0	1	1	2	2	2	3	3	4	4	4	5	44
24	0	1	1	2	2	3	3	4	4	4	5	5	34
(25)	0	0	1|2	2	3	4	4	4	5	5	5	5	23
26	0	0	1	2	2	3	4	4	5	5	5	5	41
27	0	0	0	1	2	2	3|4	4	5	5	5	6	30
28	0	0	0	1	1	2	2	3	4	4	5	5	49
(29)	0	0	0	1	1	2	2	3	4	4	5	5	38
30	0	0	0	1	1	1|2	2	3	4	4	5	5	26

乙部

阳历月阳历年	平年		闰年	
	各月日数	由元旦算至各月底之总日数	各月日数	由元旦算至各月底之总日数
1	31	31	31	31
2	28	59	29	60
3	31	90	31	91
4	30	120	30	121
5	31	151	31	152
6	30	181	30	182
7	31	212	31	213
8	31	243	31	244
9	30	273	30	274
10	31	304	31	305
11	30	334	30	335
12	31	365	31	366

（2）从二十一年按年倒数上去（在何年用表，即从何年倒数上去。）因该儿为十四岁，故倒数十四年至民国八年处为止，该年即为该儿之生年。

（3）在八年之直行内，由零起向下数，每一正方格及一长方格各数一下，数至该儿生月之前一月为止（即第一表甲左边"阴历月"一行内第九月之横行处）计共十下。即为该儿生月前之月数。

（4）注意下列公式。

（30×生月前之月数）+（生月内之日数）-（生月前小月数）+（阳历元旦比阴历元旦所早之日数）=某儿某年阴历生日相当于该年之阳历天数

（5）代入公式，为：

30×10+15-6+31=340

（6）因民国八年为阳历平年（该年未加圆圈），故于第一表乙部平年栏"由元旦算至各月底之总日数"行内，查得 340 小于 365（十二月行）而大于 334（十一月行）即 334（小数）<340（中数）<365（大数）。查对之公式为：

（中数）-（小数）=（大数月内之天数）

代入公式为：

340-334=6

因知该儿生日为民国八年十二月六日。

（7）若查出某儿某年阴历生日相当该年之阳历天数适等第一表乙部内所载之天数，两数相减等于零，则某儿阳历生日即为该月底之最后一日。仍以王儿例为证，若该儿阴历生日为十月初九,则该日在民国八年相当于阳历第334日。该日适为该年十一月之最后一日。检查第一表乙部平年栏"各月日数"行,知阳历十一月只有三十日,因知该儿生日为民国八年十一月十三日。

(8) 若王儿阴历生日为十一月十二,则该日在民国八年相当于阳历第367日,比之第一表乙部平年栏十二月格之365尚多二日。此二日为次年之一月二日。即该儿于民国九年一月二日出世也。

(9) 若王儿阴历生日为十二月十三,则在民国八年相当于阳历第398日,比之第一表乙部平年栏内十二月之365尚多三十三日。此三十三日应属于民国九年。但须注意阳历一月为三十一日,33－31＝2 此二日为九年之二月二日,即该儿于民国九年二月二日出世也。

(10) 若该儿于阳历闰年出世(即第一表甲部顶行内加圈之年),则检对第一表乙部时,当用闰年栏内之数目。

(11) 若该儿于某年阴历正月间出世,则将生日之天数加上末行之数即得该儿某年阴历生日相当于阳历之天数。

3. 用法图解

前例王儿生日相当于民国八年之第三百四十日,兹以图解说明之如下。原式为：
$30 \times 10 + 15 - 6 + 31 = 340$

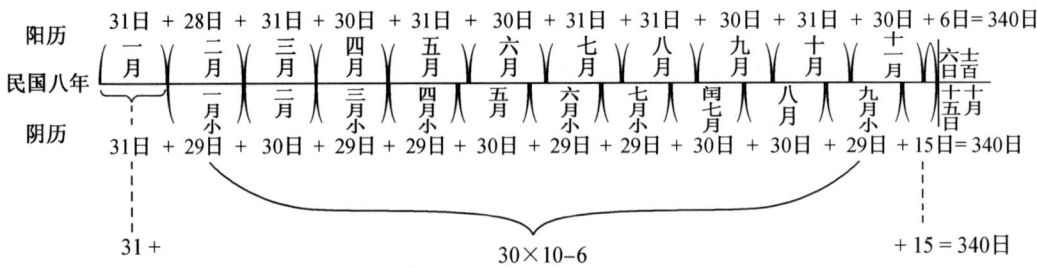

第一图　解释第一表甲部用法

4. 第一表之制造法

本书第一表甲部主要之处,在各年内某月前小月数之计算。兹根据中华书局出版之《二十世纪阴阳合历》照下表方法求出之。

① 先在阴阳合历内查出各月日数。如表内第(二)项所载。

② 将各小月所差日数写于第(三)项内。

③ 一月之前无月数,故在第(四)项内以圈记之。

④ 二月之前一月为小月,应于计算时减去一天,故以第四项之二月横行内以——记之。

⑤ 三月之前一月(即二月)为大月,大月不减,故为零。但第一月为小月,故记——于二月之横行内,在三月内计算。余类推。

第一表甲部顶行加圈之年为闰年。自民国元年起,每隔四年一闰,表上未载之年,可以此类推。

第二表 民国二十一年某月前小月数之计算

(一)阴历第几月	(二)各月日数	(三)小月日数所差	(四)某月之前小应减日数
1	29	1	0=0
2	30	0	1=1
3	30	0	0+1=1
4	29	1	0+1=1
5	30	0	1+1=2
闰5	29	1	0+2=2
6	30	0	1+2=3
7	30	0	0+3=3
8	29	1	0+3=3
9	30	0	1+3=4
10	29	1	0+4=4
11	29	1	1+4=5
12	30	1	1+5=6

第一表只列至民国三十年。本表不敷用时,学者可依本书方法根据阴阳合历编制。

二、以半年计算之年龄核算法

以半年计之年龄核算法,分两点叙述如下:

(一) 注意核算年龄日期鉴别用表

求得出世之年及阳历生日,即可根据第三表或第四表求出年龄。第三表以民国二十年九月一日为标准计算。第四表以民国二十一年三月一日为标准计算。若核算儿童年龄之时期,在任何年六月一日与十一月三十日或在此二日之间,即当用第三表。若在十二月一日与五月三十一日或在此二日之间,便须用第四表。即如前例中在民国八年阳历十二月六日出世之王儿,若使在二十年阳历十月间核算年龄,即当用第三表,推算出"八年十二月六日"系"在八年十二月一日与九年五月三十一日"一格中,因知该儿年龄为十一岁半。若核算该儿年龄时期在十二月以后,则应改用第四表,因而查出该儿年龄为十二岁。

第三表 以民国二十年九月一日为标准推算年龄

凡核算日期在6月1日与11月30日或在此二日间之任何日时适用此表

凡儿童生日适为下二日期或在此二日间之任何日者(二十年度)		其岁数为
元前(光三一)	7年6月1日与7年11月30日	26
元前	7年12月1日与6年5月31日	25.5
元前(光三二)	6年6月1日与6年11月30日	25

(续表)

凡儿童生日适为下二日期或在此二日间之任何日者(二十年度)		其岁数为
元前	6年12月1日与5年 5月31日	24.5
元前(光三三)	5年 6月1日与5年11月30日	24
元前	5年12月1日与4年 5月31日	23.5
元前(光三四)	4年 6月1日与4年11月30日	23
元前	4年12月1日与3年 5月31日	22.5
元前(宣元)	3年 6月1日与3年11月30日	22
元前	3年12月1日与2年 5月31日	21.5
元前(宣二)	2年 6月1日与2年11月30日	21
元前	2年12月1日与1年 5月31日	20.5
元前(宣三)	1年 6月1日与1年11月30日	20
元前	1年12月1日与元年 5月31日	19.5
民国	元年 6月1日与元年11月30日	19
民国	元年12月1日与2年 5月31日	18.5
民国	2年 6月1日与2年11月30日	18
民国	2年12月1日与3年 5月31日	17.5
民国	3年 6月1日与3年11月30日	17
民国	3年12月1日与4年 5月31日	16.5
民国	4年 6月1日与4年11月30日	16
民国	4年12月1日与5年 5月31日	15.5
民国	5年 6月1日与5年11月30日	15
民国	5年12月1日与6年 5月31日	14.5

(7)

续第三表

凡儿童生日适为下二日期或在此二日间之任何日者(二十年度)									则其岁数应为
民 国	6年	6月	1日	与	6年	11月	30日		14
民 国	6年	12月	1日	与	7年	5月	31日		13.5
民 国	7年	6月	1日	与	7年	11月	30日		13
民 国	7年	12月	1日	与	8年	5月	31日		12.5
民 国	8年	6月	1日	与	8年	11月	30日		12
民 国	8年	12月	1日	与	9年	5月	31日		11.5
民 国	9年	6月	1日	与	9年	11月	30日		11

（续表）

凡儿童生日适为下二日期或在此二日间之任何日者(二十年度)							则其岁数应为
民国	9年	12月	1日	与	10年	5月	31日	10.5
民国	10年	6月	1日	与	10年	11月	30日	10
民国	10年	12月	1日	与	11年	5月	31日	9.5
民国	11年	6月	1日	与	11年	11月	30日	9
民国	11年	12月	1日	与	12年	5月	31日	8.5
民国	12年	6月	1日	与	12年	11月	30日	8
民国	12年	12月	1日	与	13年	5月	31日	7.5
民国	13年	6月	1日	与	13年	11月	30日	7
民国	13年	12月	1日	与	14年	5月	31日	6.5
民国	14年	6月	1日	与	14年	11月	30日	6
民国	14年	12月	1日	与	15年	5月	31日	5.5
民国	15年	6月	1日	与	15年	11月	30日	5
民国	15年	12月	1日	与	16年	5月	31日	4.5
民国	16年	6月	1日	与	16年	11月	30日	4
民国	16年	12月	1日	与	17年	5月	31日	3.5
民国	17年	6月	1日	与	17年	11月	30日	3
民国	17年	12月	1日	与	18年	5月	31日	2.5
民国	18年	6月	1日	与	18年	11月	30日	2

第四表　以民国二十一年三月一日为标准推算年龄

（凡核算日期在12月1日与5月31日或在此二日间之任何日时适用此表）

凡儿童生日过为下二日期或在此二日间之任何日者(二十年度)		则其岁数应为
元前	7年12月1日与6年 5月31日	26
元前(光三二)	6年 5月1日与6年11月30日	25.5
元前	6年12月1日与5年 5月31日	25
元前(光三三)	5年 5月1日与5年11月30日	24.5
元前	5年12月1日与4年 5月31日	24
元前(光三四)	4年 5月1日与4年11月30日	23.5
元前	4年12月1日与3年 5月31日	23
元前(宣元)	3年 5月1日与3年11月30日	22.5
元前	3年12月1日与2年 5月31日	22

(续表)

凡儿童生日过为下二日期或在此二日间之任何日者(二十年度)		则其岁数应为
元前(宣二)	2年 5月1日与2年11月30日	21.5
元前	2年12月1日与1年 5月31日	21
元前(宣三)	1年 5月1日与1年11月30日	20.5
元前	1年12月1日与元年 5月31日	20
民国	元年 5月1日与元年11月30日	19.5
民国	元年12月1日与2年 5月31日	19
民国	2年 5月1日与2年11月30日	18.5
民国	2年12月1日与3年 5月31日	18
民国	3年 5月1日与3年11月30日	17.5
民国	3年12月1日与4年 5月31日	17
民国	4年 5月1日与4年11月30日	16.5
民国	4年12月1日与5年 5月31日	16
民国	5年 5月1日与5年11月30日	15.5
民国	5年12月1日与6年 5月31日	15
民国	6年 5月1日与6年11月30日	14.5

续第四表

凡儿童生日适为下二日期或在此二日间之任何日者(二十年度)								则其岁数应为
民国	6年	12月	1日	与	7年	5月	31日	14
民国	7年	6月	1日	与	7年	11月	30日	13.5
民国	7年	12月	1日	与	8年	5月	31日	13
民国	8年	6月	1日	与	8年	11月	30日	12.5
民国	8年	12月	1日	与	9年	5月	31日	12
民国	9年	6月	1日	与	9年	11月	30日	11.5
民国	9年	12月	1日	与	10年	5月	31日	11
民国	10年	6月	1日	与	10年	11月	30日	10.5
民国	10年	12月	1日	与	11年	5月	31日	10
民国	11年	6月	1日	与	11年	11月	30日	9.5
民国	11年	12月	1日	与	12年	5月	31日	9
民国	12年	6月	1日	与	12年	11月	30日	8.5
民国	12年	12月	1日	与	13年	5月	31日	8
民国	13年	6月	1日	与	13年	11月	30日	7.5

(续表)

凡儿童生日适为下二日期或在此二日间之任何日者(二十年度)							则其岁数应为
民国	13年	12月	1日	与	14年	5月	31日	7
民国	14年	6月	1日	与	14年	11月	30日	6.5
民国	14年	12月	1日	与	15年	5月	31日	6
民国	15年	6月	1日	与	15年	11月	30日	5.5
民国	15年	12月	1日	与	16年	5月	31日	5
民国	16年	6月	1日	与	16年	11月	30日	4.5
民国	16年	12月	1日	与	17年	5月	31日	4
民国	17年	6月	1日	与	17年	11月	30日	3.5
民国	17年	12月	1日	与	18年	5月	31日	3
民国	18年	6月	1日	与	18年	11月	30日	2.5
民国	18年	12月	1日	与	19年	5月	31日	2

(二) 解释三四两表

读者对于三四两表,或尚有不明之处,兹以图解说明之。即以第三表中"四岁半"来做例证。就该表推算可知:"凡在民国十五年十二月一日或十六年五月三十一日或在此二日期间之任何日所生之儿童(即包含四岁九月至四岁三月之各儿),至二十年九月一日时,一概以四岁半论。"试阅第二图,其中有一横线,由左至右,代表民国各年。线下标出民国十五年十二月一日与十六年五月三十一日两日期。在该横线上,从十五年十二月一日起,向右推算,至十六年五月三十一日计有六月;由此算至十六年底,又有七月;更算至十九年底,又有三年;最后算到了二十年九月一日止,又是八月:统共加起,为四年九月,依同法计算,在横线下,从十六年五月三十一日,推到二十年九月一日,共有四年三月。四年三岁比四岁半少三个月,四年九月比四岁半多三个月。在此六个月中出世之儿童,无论为何日所生,在本书中皆作四岁半看待,至二十年九月一日时,一概以四岁半论。(参看四、年龄统计法及第五表)

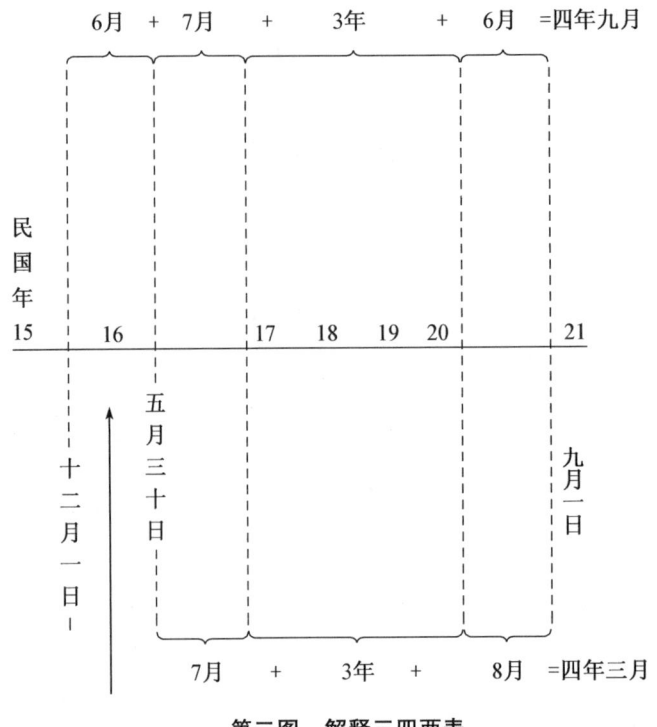

第二图　解释三四两表

凡儿童在十五年十二月一日或十六年五月三十一日或在此二日间之任何日出世,至二十年九月一日时,皆以四岁半论。

(三) 年龄定义

依上节所述可将本书之年龄定义。用下表表出之。该表意义如下:"零岁"包括从初生至生出三整月在内;"半岁"包括出生三整月至九月整在内。凡初生至生出三整月间一切儿童,皆以零岁论之。凡生出三整月至九整月间一切儿童,皆以半岁论。

(四) 鉴别用表之年推算年龄

学者此时应知如何利用三四两表,在任何年内推算一切年龄。缘三、四两表,一以二十年九月一日为标准,一以二十一年三月一日为标准,前者为"二十年六月一日与十一月三十日"时期之中点;后者为"二十年十二月一日与二十一年五月三十一日"时期之中点。此二表专为此两时期所制,故在运用上,极为适合,无须有所加减。但在其他时期中运用时,即须略有变动。即如前例民国八年十二月六日生之儿童,在民国二十年六月一日或十一月三十日或此二日间之任何日来计算年龄时,根据第三表,应为十一岁半,不加不减;若在十九年六月一日或十八年十一月三十日或此二日间之任何日计算,即应照表减去一岁;变为十岁半,若更在二十一年六月一日或二十一年十一月三十日或此二日间之任何日来计算,即应照表增加一岁,变为十二岁半,余可类推。(参考第六表。)

第五表　学龄定义

年岁	包括之时期
零岁	从初生至 3 月
$\frac{1}{2}$ 岁	从 3 月至 9 月
1 岁	从 9 月至 1 年 3 月
$1\frac{1}{2}$ 岁	从 1 年 3 月至 1 年 9 月
2 岁	从 1 年 9 月至 2 年 3 月
$2\frac{1}{2}$ 岁	从 2 年 3 月至 2 年 9 月
3 岁	从 2 年 9 月至 3 年 3 月
$3\frac{1}{2}$ 岁	从 3 年 3 月至 3 年 9 月
4 岁	从 3 年 9 月至 4 年 3 月
$4\frac{1}{2}$ 岁	从 4 年 3 月至 4 年 9 月
5 岁	从 4 年 9 月至 5 年 3 月
$5\frac{1}{2}$ 岁	从 5 年 3 月至 5 年 9 月
6 岁	从 5 年 9 月至 6 年 3 月
$6\frac{1}{2}$ 岁	从 6 年 3 月至 6 年 9 月
7 岁	从 6 年 9 月至 7 年 3 月
$7\frac{1}{2}$ 岁	从 7 年 3 月至 7 年 9 月
8 岁	从 7 年 9 月至 8 年 3 月
$8\frac{1}{2}$ 岁	从 8 年 3 月至 8 年 9 月
9 岁	从 8 年 9 月至 9 年 3 月
$9\frac{1}{2}$ 岁	从 9 年 3 月至 9 年 9 月
10 岁	从 9 年 9 月至 10 年 3 月
$10\frac{1}{2}$ 岁	从 10 年 3 月至 10 年 9 月
11 岁	从 10 年 9 月至 11 年 3 月
$11\frac{1}{2}$ 岁	从 11 年 3 月至 11 年 9 月
12 岁	从 11 年 9 月至 12 年 3 月

(续表)

年岁	包括之时期
$12\frac{1}{2}$ 岁	从 12 年 3 月至 12 年 9 月
13 岁	从 12 年 9 月至 13 年 3 月
$13\frac{1}{2}$ 岁	从 13 年 3 月至 13 年 9 月
14 岁	从 13 年 9 月至 14 年 3 月
$14\frac{1}{2}$ 岁	从 14 年 3 月至 14 年 9 月
15 岁	从 14 年 9 月至 15 年 3 月
$15\frac{1}{2}$ 岁	从 15 年 3 月至 15 年 9 月
16 岁	从 15 年 9 月至 16 年 3 月

三、实足年龄核算法

实足年龄是为编造测验时求 T 量表与量表时用的。其求法如下：

第六表　推算年龄

核算年龄日期				加年减或年		求出岁数之表	第三表	第四表
19 年	6 月	1 日	与	19 年	11 月	30 日或二日间之任何日	−1	
19 年	12 月	1 日	与	20 年	5 月	31 日或二日间之任何日		−1
20 年	6 月	1 日	与	20 年	11 月	30 日或二日间之任何日	不加不减	
20 年	12 月	1 日	与	21 年	5 月	31 日或二日间之任何日		不加不减
21 年	6 月	1 日	与	21 年	11 月	30 日或二日间之任何日	+1	
21 年	12 月	1 日	与	22 年	5 月	31 日或二日间之任何日		+1
22 年	6 月	1 日	与	22 年	11 月	30 日或二日间之任何日	+2	
22 年	12 月	1 日	与	23 年	5 月	31 日或二日间之任何日		+2
23 年	6 月	1 日	与	23 年	11 月	30 日或二日间之任何日	+3	
23 年	12 月	1 日	与	24 年	5 月	31 日或二日间之任何日		+3
24 年	6 月	1 日	与	24 年	11 月	30 日或二日间之任何日	+4	
24 年	12 月	1 日	与	25 年	5 月	31 日或二日间之任何日		+4
25 年	6 月	1 日	与	25 年	11 月	30 日或二日间之任何日	+5	
25 年	12 月	1 日	与	26 年	5 月	31 日或二日间之任何日		+5
26 年	6 月	1 日	与	26 年	11 月	30 日或二日间之任何日	+6	
26 年	12 月	1 日	与	27 年	5 月	31 日或二日间之任何日		+6

(一) 调查儿童生日及通常年龄

如在民国二十一年阳历五月十日时查得某儿阴历生日为阴历十二月二十二日。其通常年龄为八岁(法见前)

(二) 检查该儿阳历生日

依照检查阳历生日方法,查得该儿系民国十五年阳历二月四日所生。

(三) 从调查年月日减去生日的年月日

从"21年5月10日"减去"15年2月4日"等于"6年3月6日"。若包足计算则变为6年3月。(十六日以上以一月计算。十五日以下不算。)

四、年龄统计法

年龄统计,在教育上用途甚大,即如调查多数儿童之年龄平均数,或制造年龄学级相关表,皆非统计不可。

统计年龄之方法,大概可分:(一) 以一年为级距;(二) 以一月为级距;(三) 以半岁为级距;三种,兹分述如下。

(一) 以一年为级距之年龄统计法

此法又因基础之不同者分两种:

1. 以通常笼统年岁为基础;
2. 以实足年龄为基础。兹再分述之。

(1) 以通常笼统年岁为基础之年龄统计法依照此法,统计如下:

第七表　以通常年龄为基础统计年龄

年龄距数(通常岁数)	人数	次数和
1		
2		
3		
4		
5		
6		
7		

此法以通常笼统年岁为基础,实不可靠。俗云:"除夕生人,未过三朝先两岁。"此语实足描写此种笼统计岁法之缺点。用此种方法计算,出世一日(也许无需一日)之儿,与出世两岁之儿,若不在同一时期内调查统计,皆可看作两岁。若在同一时期内调查统计,则其

最大差误可能,竟达一整岁之巨,此法之不正确,于兹可见。

(2) 求出实足年月后以一年级距为基础之统计法

我国各处所用年龄统计方法通常皆如下表。此即通常所谓实足年龄统计法,系以 0~.99 归纳初生到实足年龄一岁以下之儿童,以 1~1.99 归纳实足年龄一岁到两岁以下之儿童。将初生之儿与出世三百六十四日之儿同样看作一岁,其中最大差误可能,亦有一年之多。其不精确之程度,与前法初无二致。

第八表　根据实足年月以一年为基础统计年龄

年龄级距(实足年龄)	人数	次数和
0~.99		
1~1.99		
2~2.99		
3~3.99		
4~4.99		
5~5.99		

(二) 以一月为级距之年龄统计法

本法系以实足一月作级距之单位;比之前二法当较精确。但在实用上如计算年龄学级进步差异之时,并无需如此精确。况计算手续麻烦,迥不及本书所采方法之简便而适用也。

(三) 以半岁为级距之年龄统计法

此乃本书所采方法。依此法,年龄应如下表统计。

此法是将一切年龄,皆以三月一号与九月一号为标准,包足计算。在此法内,不论何日所生之儿,一律看作几岁,或是几岁半。如年龄三岁之儿,实际包括由两岁九足月至三岁三足月之一切儿童在内。年龄三岁半之儿,实际包括由三岁三足月至三岁九足月之一切儿童在内。两岁九月至三岁三月中之距离为六月;三岁三月至三岁九月中之距离,亦为六月。其中最大的差误可能,至多不过六月。比之以一年为级距之年龄统计法,较为精确;而其手续又无以一月为级距之年龄统计法之麻烦,实比较最精确,最简便最通用之方法也。

第九表　以半岁为级距统计年龄

年龄级距(半岁包算)	人数	次数和
.5		
1.		
1.5		
2.		

(原载《中华教育界》第二十卷第三期,1932年)

开封城厢中小学小楷速率测验报告

河南教育厅小学教育实验指导部,为促进小楷练习之效率起见,特于本年春季就开封城厢各校,自小学三年级起至初中一年级止,举行小楷速写测验。委托河南大学教育调查班同学杨家宾、韩宪章、刘立爱、王振芳、张静怡、邓瑞明、许笑曦、李秉德、魏鸿绪、宋传槟、李乾铭、阎润瑢、刘成文、董德舒、黄立勋、刘殿勋、王丕武、张树森、王永琛、刘君素、郑效兰、黄增祥等整理研究。统计结束时,复由杨家宾君绘图,河大讲师王秀南先生整理,先后费时三月有余,始克竣事。爽秋在整理工作上忝任指导,用将统计情形,及研究结果,报告如左:

一、测验学校及人数

人数＼年级　校别	小学三		小学四		小学五		小学六		初中一		总计	
	男	女	男	女	男	女	男	女	男	女	男	女
第一小学	57	30	51	26	51	21	50	15			209	92
第二小学	39	38	50	35	44	25	28	16			161	114
第三小学	61	38	56	33	50	30	35	5			202	106
第四小学	48	34	45	34	41	30	57	35			191	133
第五小学	22	27	29	13	20	17	14	9			85	66
第六小学	53	45	91	44	69	29	69	25			282	153
第七小学	25	8	22	13	14	18	11	10			72	49
第八小学	43	27	25	7	36	20	26	3			130	57
第九小学	55	7	24	4	17	10	15	6			111	27
第十小学	38	36	27	14	14	12	17	11			96	73
第十一小学	54	9	31	8	27	2	21	8			133	27
一师附小	26	15	65	21	58	24	23	5			172	65
女师附小	11	35	9	35	10	25	36	51			66	146
第一中学									273		273	
第一女中										82		82
第一女师										74		74
北仓女中										120		120
两河中学									280		280	
总计	532	349	525	287	451	273	402	199	553	276	2 463	1 384

二、材料之整理

整理手续，分述如次：

1. 就各生：姓名，性别，年级，及虚龄等，填入统计表（一）。每年级填写一页。
2. 覆核各生速写成绩，去其讹字，依照净得字数，填入表内。
3. 核算各生实足年龄，依表填缮。
4. 统计各年龄男女儿童及所写字数，填入统计表（二）。

统计表（一）

校名_____ 第___号

（一）姓名	（二）性别		（三）年级	（四）岁数	（五）阴历生日		（六）阳历生日			（七）求出之岁数	（八）字数	（九）备注
	男	女			月	日	年	月	日			
小计												

注意：1. 每年级填一页各年级分别填写。
　　　2. （四）（八）二项须求出平均数但第二项末行分填男女总数。

三、统计结果

兹依统计结果，制定图表如次，以明中小学生小字速写之情况。

（一）以全校比较者：

（1）开封城厢参与速写测验各校平均字数统计表（表一）
（2）开封城厢参与速写测验各校平均字数比较图（图一）
（3）开封城厢参与速写测验各校平均差数统计表（表二）
（4）开封城厢参与速写测验各校平均差数比较图（图二）

（二）以年级比较者：

（1）开封省立各小学三年级速写测验平均字数统计表（表三）
（2）开封省立各小学三年级速写测验平均字数比较图（图三）
（3）开封省立各小学四年级速写测验平均字数统计表（表四）
（4）开封省立各小学四年级速写测验平均字数比较图（图四）
（5）开封省立各小学五年级速写测验平均字数统计表（表五）
（6）开封省立各小学五年级速写测验平均字数比较图（图五）
（7）开封省立各小学六年级速写测验平均字数统计表（表六）
（8）开封省立各小学六年级速写测验平均字数比较图（图六）
（9）开封各校初中一年级速写测验平均字数统计表（表七）

统计表（二）

年龄	5.5	6	6.5	7	7.5	8	8.5	9	9.5	10	10.5	11	11.5	12	12.5	13	13.5	14	14.5	15	15.5	16	16.5	17	17.5	18
学生数 男																										
学生数 男生共计																										
学生数 女																										
学生数 女生供给																										
所写字数 男																										
所写字数 男生共字数																										
所写字数 女																										
所写字数 女生共写字数																										

(10) 开封各校初中一年级速写测验平均字数比较图(图七)

(11) 开封中小学参与速写测验各年级平均字数统计表(表八)

(12) 开封中小学参与速写测验各年级平均字数比较图(图八)

(三) 以年龄比较者：

(1) 开封城厢参与小楷速写测验各年龄儿童平均字数统计表(表九)

(2) 开封城厢参与小楷速写测验各年龄儿童平均字数比较图(图九)

(四) 以性别比较者：

(1) 开封省立各小学三年级男女生速写测验平均字数统计表(表十)

(2) 开封省立各小学三年级男女生速写测验平均字数比较图(图十)

(3) 开封省立各小学四年级男女生速写测验平均字数统计表(表十一)

(4) 开封省立各小学四年级男女生速写测验平均字数比较图(图十一)

(5) 开封省立各小学五年级男女生速写测验平均字数统计表(表十二)

(6) 开封省立各小学五年级男女生速写测验平均字数比较图(图十二)

(7) 开封省立各小学六年级男女生速写测验平均字数统计表(表十三)

(8) 开封省立各小学六年级男女生速写测验平均字数比较图(图十三)

(9) 开封城厢参与小楷速写测验各年级男女生平均字数统计表(表十四)

(10) 开封城厢参与小楷速写测验各年级男女生平均字数比较图(图十四)

(11) 开封城厢参与小楷速写测验各年级男女儿童平均字数统计表(表十五)

(12) 开封城厢参与小楷速写测验各年级男女儿童平均字数比较图(图十五)

表(一) 开封城厢参与速写测验各校平均字数统计表

校别	年级					平均字数
	小学三	小学四	小学五	小学六	初中一	
第一小学	66.06	102.98	103.84	142.33		103.80
第二小学	64.62	79.25	86.55	84.00		78.60
第三小学	82.75	91.84	82.66	95.27		88.13
第四小学	65.65	80.64	69.19	91.41		76.72
第五小学	67.38	78.38	80.27	90.75		79.19
第六小学	77.66	85.22	95.45	93.65		87.99
第七小学	56.15	56.34	121.53	104.42		84.61
第八小学	86.14	106.31	102.58	109.75		101.18
第九小学	60.46	79.03	106.70	100.19		86.59
第十小学	94.70	71.12	121.23	117.60		101.16
第十一小学	69.87	74.92	98.62	110.65		88.51
一师附小	49.36	74.19	86.41	89.42		74.84
女师附小	74.73	71.36	138.40	124.54		102.26

(续表)

校别	年级					平均字数
	小学三	小学四	小学五	小学六	初中一	
第一中学					110.82	110.82
第一女中					101.28	101.28
第一女师					115.68	115.68
北仓女中					89.66	89.66
两河中学					94.50	94.50
备注	城区中小学速写测验字数总平均 92.57					

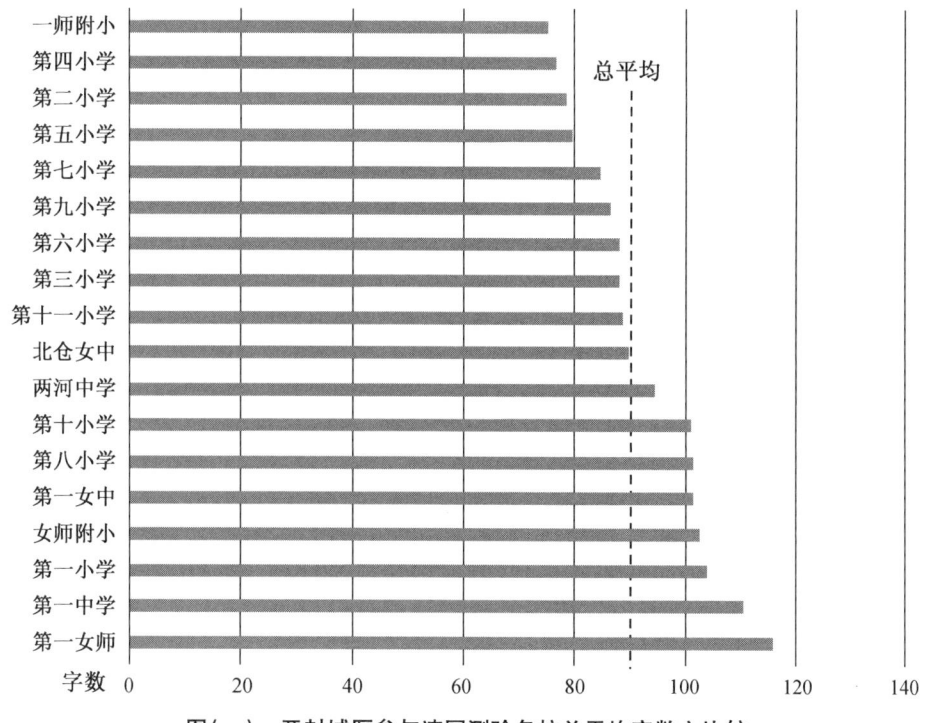

图（一） 开封城厢参与速写测验各校总平均字数之比较

表（二） 开封省立各小学速写测验平均差数统计表

校别	最多数		最少数		平均数	相差数
	平均字数	所属年级	平均字数	所属年级		
第一小学	142.33	六	66.06	三	103.80	76.27
第二小学	86.55	五	64.62	三	78.60	21.93
第三小学	95.27	六	82.66	五	88.13	12.61
第四小学	91.41	六	65.65	三	76.72	25.76

(续表)

校别	最多数		最少数		平均数	相差数
	平均字数	所属年级	平均字数	所属年级		
第五小学	90.15	六	67.38	三	79.19	22.77
第六小学	95.45	五	77.66	三	87.99	17.79
第七小学	121.53	五	56.15	三	84.61	65.38
第八小学	101.75	六	86.14	三	101.18	15.61
第九小学	106.70	五	60.46	三	86.59	46.24
第十小学	121.23	五	71.12	四	101.16	50.11
第十一小学	110.65	六	69.87	三	88.51	40.78
一师附小	89.42	六	49.36	三	74.84	40.06
女师附小	138.40	五	71.36	四	102.26	67.04
备注	各小学总平均字数为88.74					

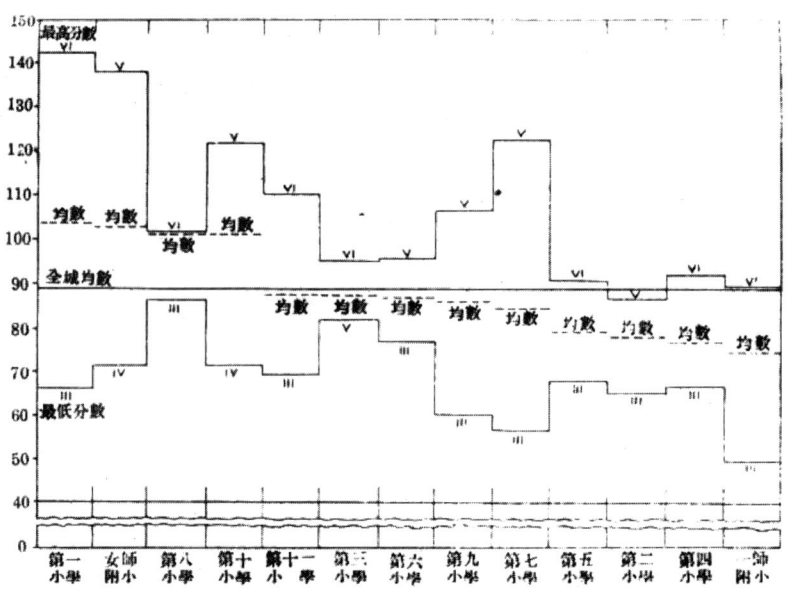

图(二) 开封省立各小学小楷速写测验平均最高分数与最低分数之比较

表(三) 开封省立各小学三年级速写测验平均字数统计表

校别	字数	人数	平均数
第一小学	5 748	87	66.068
第二小学	4 976	77	64.623
第三小学	8 193	99	82.757
第四小学	5 384	82	65.658

（续表）

校别	字数	人数	平均数
第五小学	3 302	49	67.387
第六小学	7 611	98	77.663
第七小学	1 853	33	56.151
第八小学	6 030	70	86.142
第九小学	3 749	62	60.467
第十小学	7 008	74	94.702
第十一小学	4 402	63	69.873
一师附小	2 024	40	49.365
女师附小	3 488	46	74.739

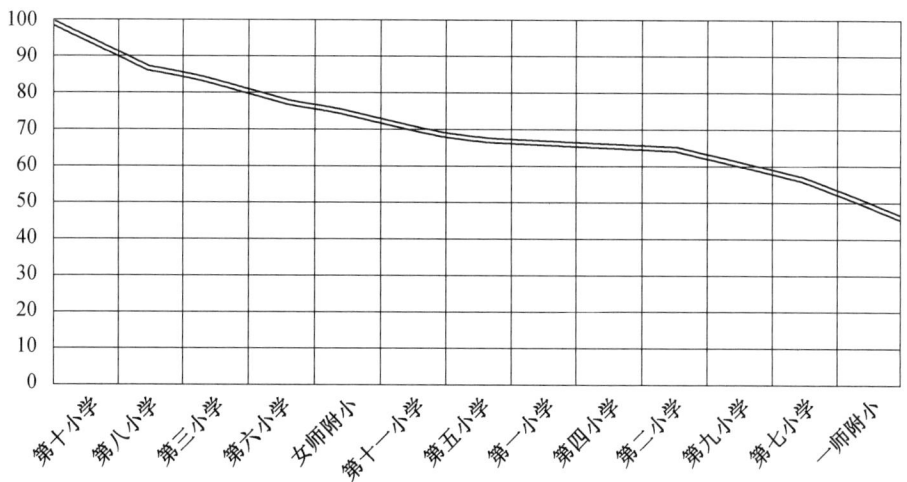

图（三） 开封省立各小学三年级总平均字数之比较

表（四） 开封省立各小学四年级速写测验平均字数统计表

校别	字数	人数	平均数
第一小学	7 930	77	102.987
第二小学	6 737	85	79.258
第三小学	8 174	89	91.542
第四小学	6 371	79	80.645
第五小学	3 292	42	78.380
第六小学	11 506	135	85.229
第七小学	1 973	35	56.342
第八小学	3 402	32	106.312

（续表）

校别	字数	人数	平均数
第九小学	2 213	28	79.035
第十小学	2 916	41	71.121
第十一小学	2 922	39	74.923
一师附小	6 381	86	74.197
女师附小	3 140	44	71.363

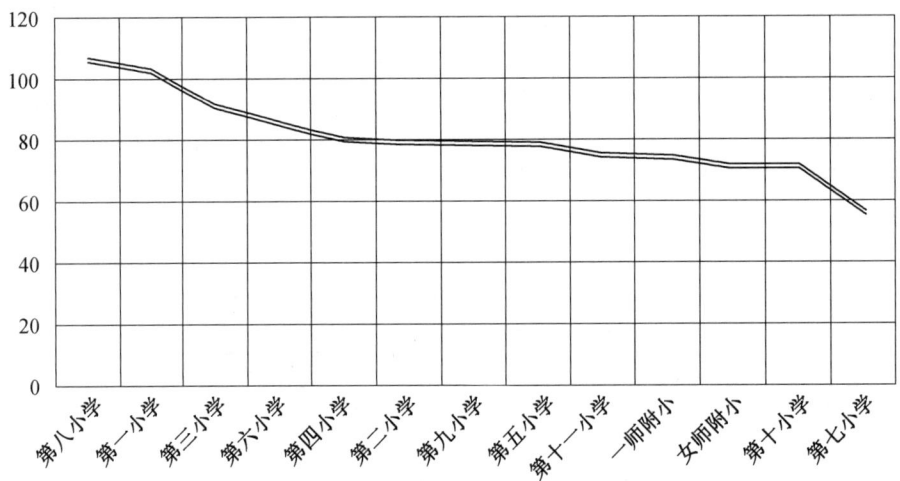

图（四） 开封省立各小学四年级总平均字数之比较

表（五） 开封省立各小学五年级速写测验平均字数统计表

校别	字数	人数	平均数
第一小学	7 477	72	103.847
第二小学	5 972	69	86.550
第三小学	6 613	80	82.662
第四小学	4 913	71	69.197
第五小学	2 970	37	80.270
第六小学	10 309	103	95.453
第七小学	3 889	32	121.531
第八小学	5 742	56	102.535
第九小学	2 881	27	106.700
第十小学	3 152	26	121.230
第十一小学	2 860	29	98.620
一师附小	7 086	82	86.414
女师附小	4 844	35	138.400

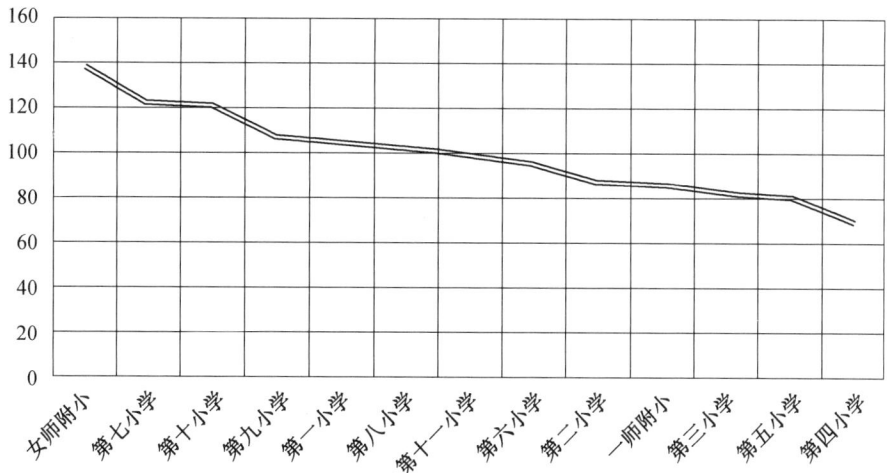

图(五) 开封省立各小学五年级总平均字数之比较

表(六) 开封省立各小学六年级速写测验平均字数统计表

校别	字数	人数	平均数
第一小学	9 252	65	142.338
第二小学	3 696	44	84.000
第三小学	3 811	40	95.274
第四小学	8 410	92	91.413
第五小学	2 995	33	90.757
第六小学	8 804	94	93.659
第七小学	2 193	21	104.428
第八小学	3 183	29	104.758
第九小学	2 104	21	100.190
第十小学	3 293	28	117.607
第十一小学	3 209	29	110.655
一师附小	2 504	28	89.428
女师附小	10 835	87	124.540

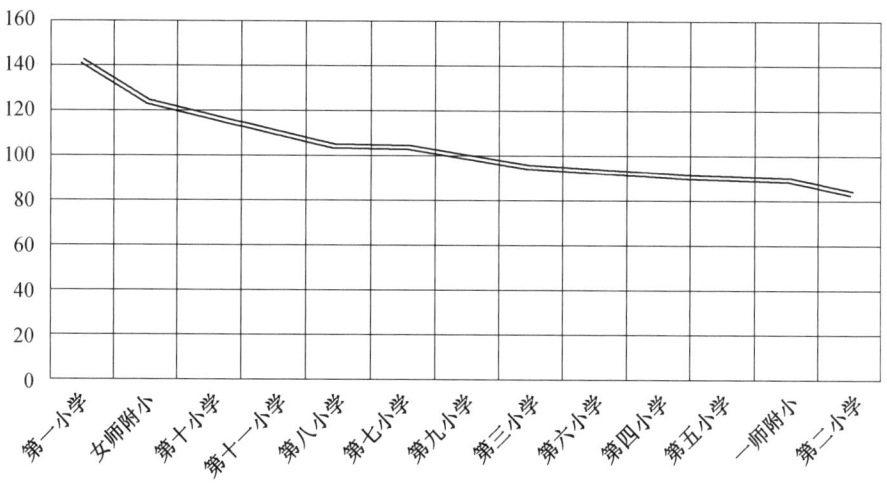

图(六) 开封省立各小学六年级总平均字数之比较

表(七)　开封各校初中一年级速写测验平均字数统计表

校别	字数	人数	平均数
省立第一女师	8 561	74	115.68
省立第一中学	30 255	273	110.82
省立第一女中	8 305	82	101.28
私立两河中学	26 466	280	94.50
私立北仓女中	10 760	120	89.66

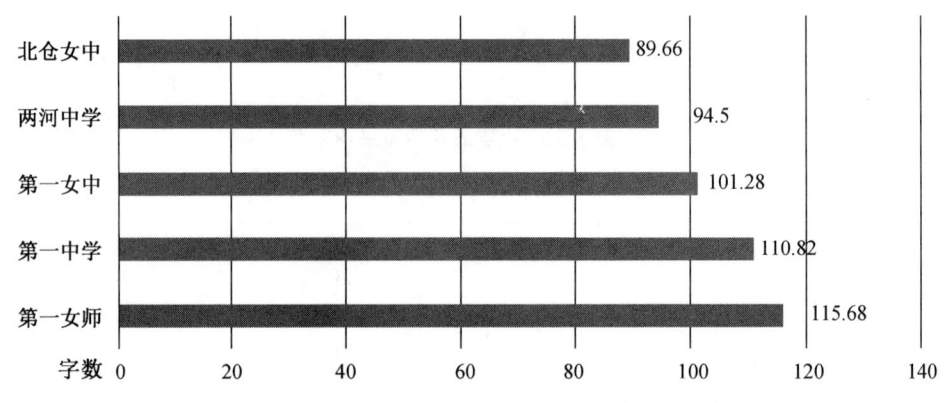

图(七)　开封各校初中一年级学生平均字数之比较

表(八)　开封中小学参与速写测验各年级平均字数统计表

年级	小学三	小学四	小学五	小学六	初中一
平均字数总和	915.53	1 051.58	1 293.38	1 353.98	511.94
参与测验学校	13	13	13	13	5
平均总数	70.42	80.89	99.49	104.15	102.39

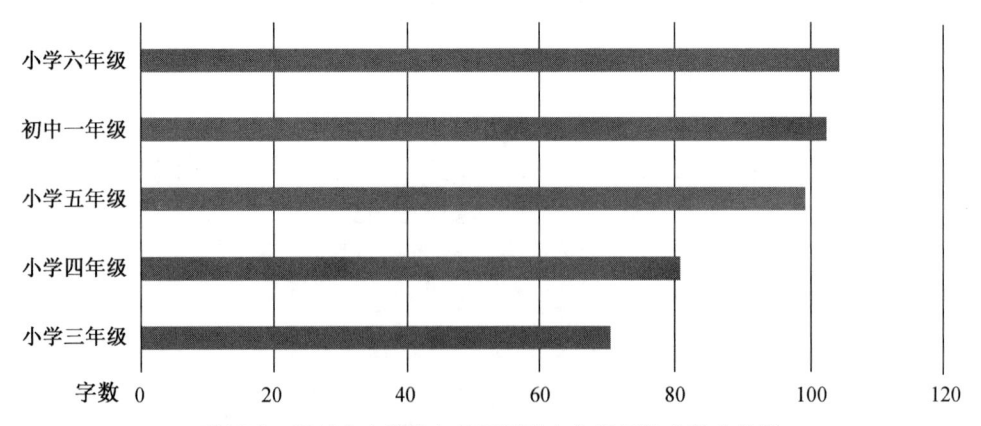

图(八)　开封中小学参与速写测验各年级平均字数之比较

表(九) 开封城厢参与小楷速写测验各年龄儿童平均字数统计表

年龄	字数	人数	平均数	年龄	字数	人数	平均数
6	316	5	63.2	12	32 711	336	97.35
6.5	469	8	58.63	12.5	26 631	265	100.49
7	1 459	19	76.79	13	29 875	293	101.96
7.5	1 753	25	70.12	13.5	21 596	217	99.52
8	4 444	97	75.32	14	20 743	208	99.72
8.5	7 888	106	74.41	14.5	10 572	106	99.72
9	11 633	149	78.07	15	5 930	58	102.24
9.5	13 987	174	80.38	15.5	2 781	28	99.32
10	23 536	284	82.87	16	1 207	13	92.84
10.5	24 573	272	90.34	16.5	586	5	117.20
11	31 677	341	92.89	17	171	2	85.50
11.5	33 287	361	92.20	17.5	107	1	107.00

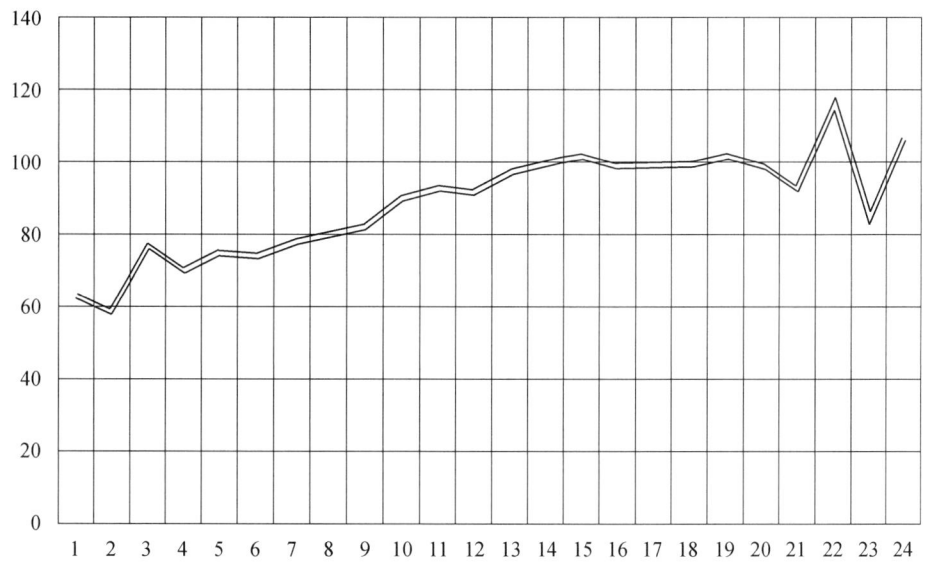

图(九) 开封城厢参与小楷速写测验各年龄儿童平均字数之比较

表(十)　开封省立各小学三年级男女生速写测验平均字数统计表

校别　人数字数及平均数　性别	男			女		
	字数	人数	平均数	字数	人数	平均数
第一小学	3 942	57	69.157	1 806	30	64.500
第二小学	2 510	39	64.358	2 466	38	64.894
第三小学	5 058	61	82.918	3 135	38	82.500
第四小学	3 081	48	67.187	2 303	34	67.735
第五小学	1 376	22	62.545	1 926	27	71.333
第六小学	4 042	53	76.262	3 569	45	79.311
第七小学	1 419	25	56.760	434	8	54.000
第八小学	3 627	43	84.348	2 403	27	89.000
第九小学	3 235	55	58.818	514	7	73.428
第十小学	3 793	38	99.815	3 215	36	89.305
第十一小学	3 795	54	70.277	607	9	67.444
一师附小	1 240	26	40.769	784	15	52.266
女子[师]附小	757	11	68.818	2 681	35	76.600

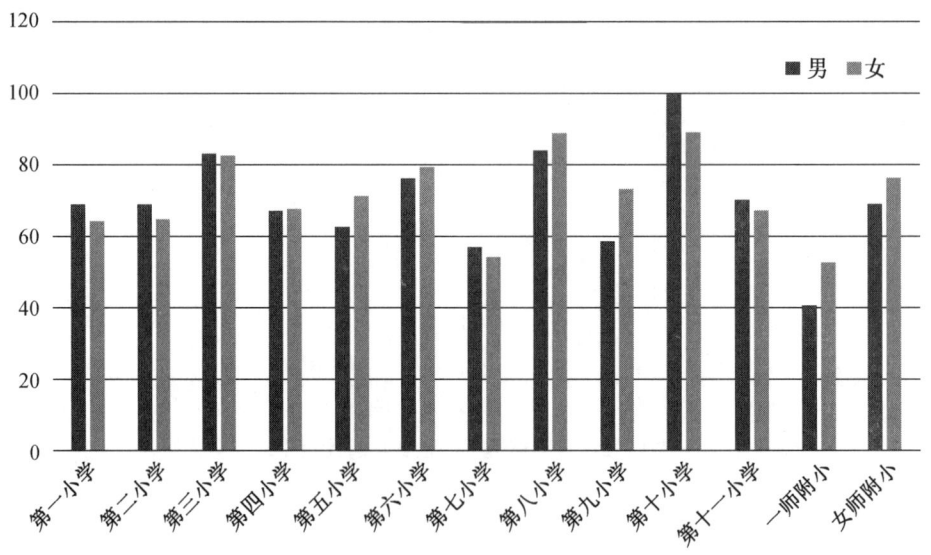

图(十)　开封省立各小学三年级男女生速写测验平均字数之比较

表(十一) 开封省立各小学四年级男女生速写测验平均字数统计表

校别 人数字数 及平均数 性别	男			女		
	字数	人数	平均数	字数	人数	平均数
第一小学	5 371	51	105.313	2 559	26	93.123
第二小学	3 743	50	74.860	2 994	35	85.542
第三小学	5 076	56	96.420	3 098	33	90.848
第四小学	3 750	45	83.333	2 621	34	77.085
第五小学	2 178	29	75.103	1114	13	85.692
第六小学	7 668	91	84.263	3 838	44	87.227
第七小学	1 248	22	56.727	725	13	55.769
第八小学	2 547	25	101.880	855	7	122.142
第九小学	1 903	24	79.291	310	4	75.500
第十小学	1 793	27	66.407	1 123	14	80.214
第十一小学	2 361	31	76.161	561	8	70.125
一师附小	4 805	65	73.923	1 576	21	75.047
女师附小	667	9	74.111	2 473	35	70.657

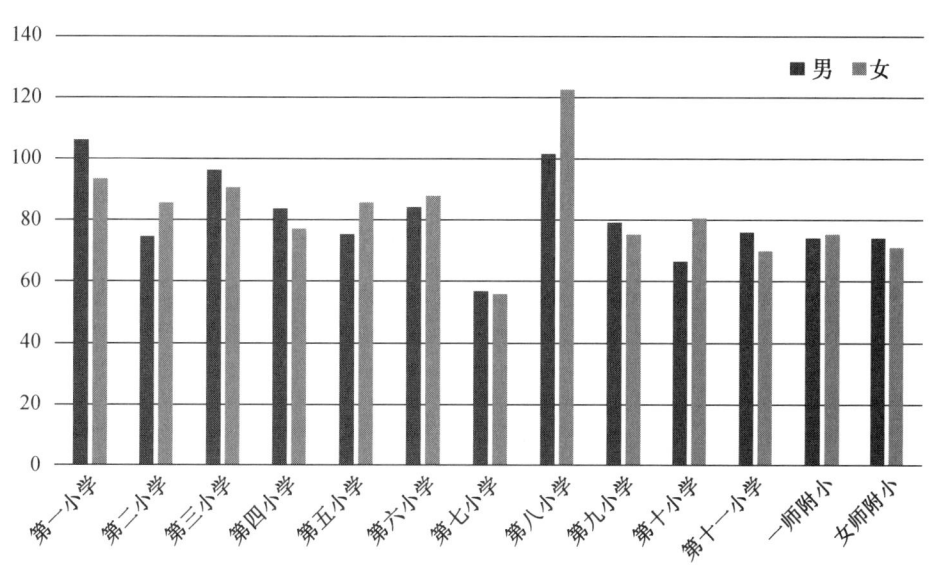

图(十一) 开封省立各小学四年级男女生速写测验平均字数之比较

表(十二)　开封省立各小学五年级男女生速写测验平均字数统计表

校别	男			女		
人数字数及平均数　性别	字数	人数	平均数	字数	人数	平均数
第一小学	5 051	51	99.039	2 426	21	115.523
第二小学	4 035	44	91.704	1 937	25	77.480
第三小学	3 805	50	76.100	2 808	30	93.600
第四小学	2 738	41	66.780	2 175	30	72.500
第五小学	1 473	20	73.650	1 497	17	88.058
第六小学	6 352	69	92.057	3957	39	101.461
第七小学	1 547	14	110.500	2 342	18	130.111
第八小学	3 527	36	97.972	2 215	20	110.750
第九小学	1 804	17	106.117	1 077	10	107.700
第十小学	1 690	14	120.714	1 462	12	121.833
第十一小学	2 710	27	100.370	150	2	75.000
一师附小	5 023	58	86.637	2 063	24	85.958
女师附小	1 241	10	124.100	3 608	25	144.120

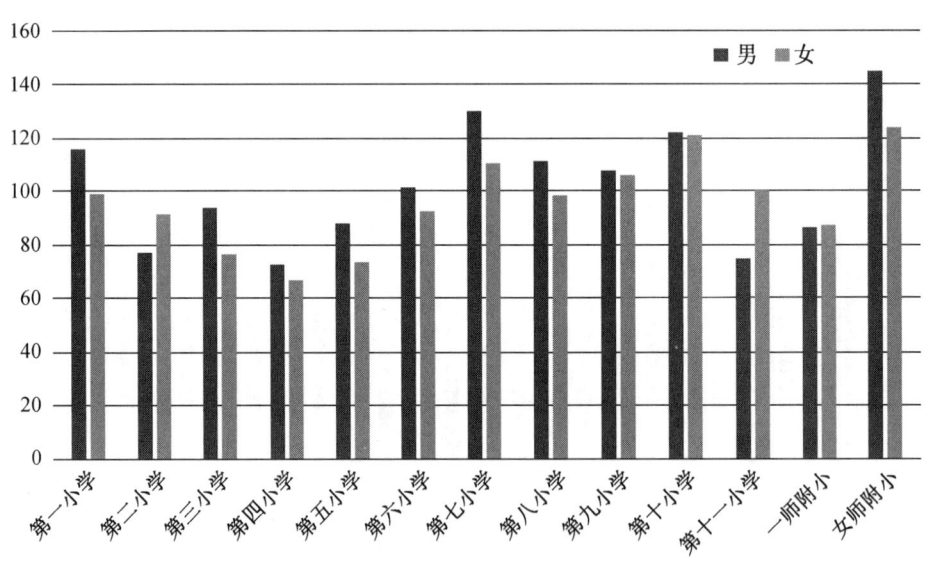

图(十二)　开封省立各小学五年级男女生速写测验平均字数之比较

表（十三） 开封省立各小学六年级男女生速写测验平均字数统计表

性别 人数字数及平均数 校别	男			女		
	字数	人数	平均数	字数	人数	平均数
第一小学	6 893	50	137.866	2 359	15	157.266
第二小学	2 350	28	83.928	1 346	16	84.125
第三小学	3 417	35	96.627	394	5	78.800
第四小学	5 270	57	92.456	3 140	35	89.714
第五小学	1 811	14	129.357	1 184	9	131.555
第六小学	6 531	69	94.652	2 273	25	90.920
第七小学	1 232	11	111.909	961	10	96.100
第八小学	2 848	26	109.538	335	3	111.666
第九小学	1 324	15	88.266	780	6	130.000
第十小学	1 698	17	116.941	1 325	11	120.454
第十一小学	2 388	21	113.714	821	8	102.500
一师附小	2 133	23	92.739	371	5	74.200
女师附小	4 288	36	119.111	6 547	51	128.372

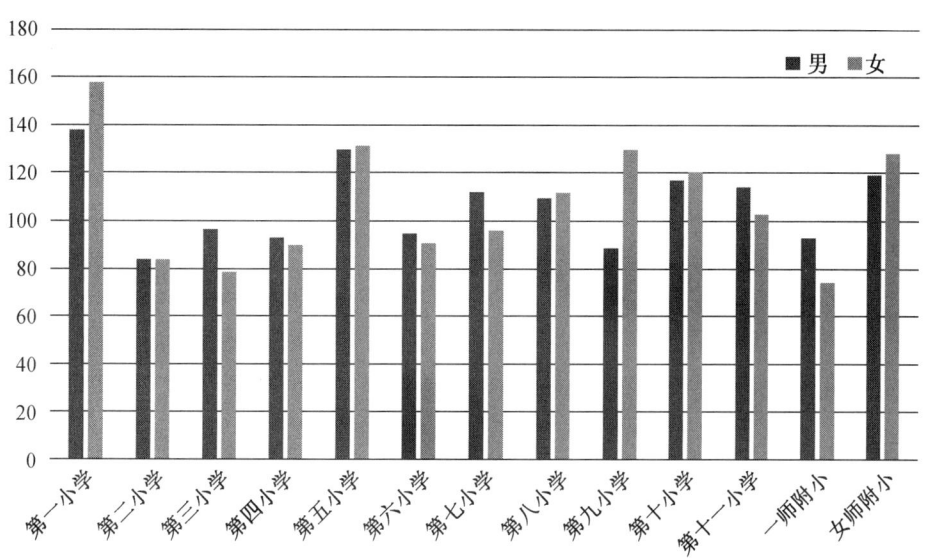

图（十三） 开封省立各小学六年级男女生速写测验平均字数之比较

表(十四)　开封城厢参与小楷速写测验各年级男女生平均字数统计表

年别	小学三	小学四	小学五	小学六	初中一
男	69.91	80.60	95.83	106.70	102.66
女	71.71	82.62	101.85	107.36	102.21
相差数	1.80	2.02	6.02	0.66	0.45

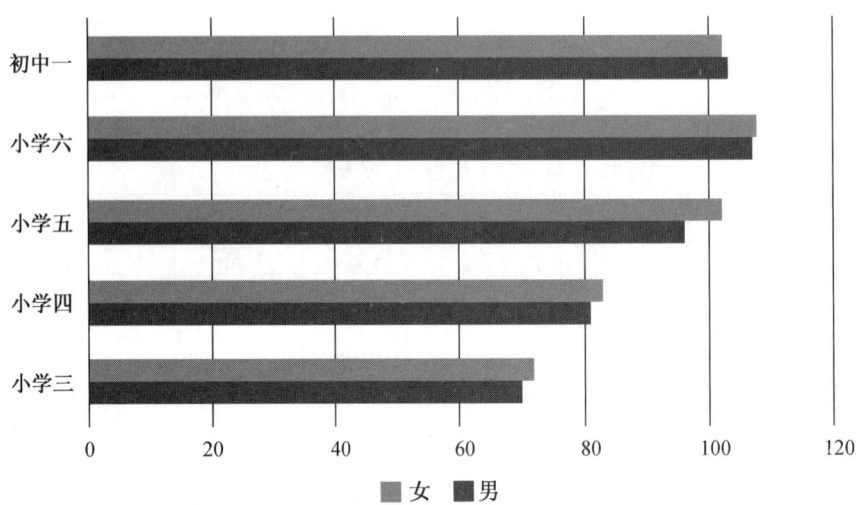

图(十四)　开封城厢参与小楷速写测验各年级男女生平均字数之比较

表(十五)　开封城厢参与小楷速写测验各年级男女儿童平均字数统计表

性别成绩 实龄	男			女		
	字数	人数	平均数	字数	人数	平均数
6	3	202	67.83	2	114	57.00
6.5	5	312	62.40	3	157	52.33
7	12	897	74.75	7	562	80.28
7.5	14	970	69.28	11	783	71.18
8	33	2 651	80.33	26	1 793	68.96
8.5	61	4 415	72.37	45	3 473	77.18
9	97	7 527	77.59	52	4 106	78.96
9.5	96	7 699	80.19	78	6 288	80.61
10	183	14 572	79.62	101	8 964	88.75
10.5	163	14 320	86.78	107	10 253	95.82
11	215	19 703	91.64	126	11 974	95.03
11.5	234	21 483	91.80	127	11 804	92.94
12	216	20 739	96.01	120	11 972	99.76
12.5	183	18 500	101.09	82	8 131	99.15
13	200	20 285	101.42	93	9 590	103.11
13.5	145	14 065	97.00	72	7 531	104.59

(续表)

实龄\成绩	性别 男			女		
	字数	人数	平均数	字数	人数	平均数
14	135	13 392	99.19	73	7 351	100.70
14.5	69	6 969	101.00	37	3 603	97.38
15	33	3 277	99.30	25	2 653	106.12
15.5	22	2 165	98.40	6	616	102.66
16	7	571	81.57	6	636	106.00
16.5	4	486	121.50	1	100	100.00
17	0			2	171	85.50
17.5	1	107	107.00	0		
备注	男生17岁者,与女生17.5岁者均付缺					

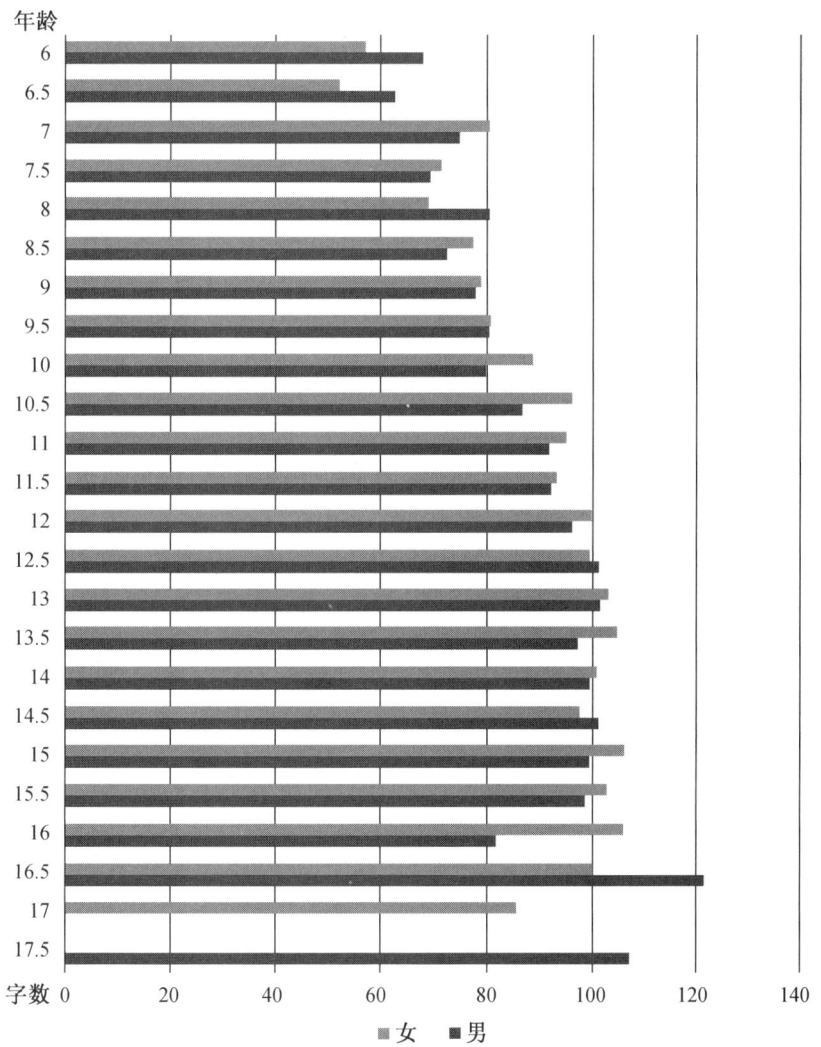

图(十五) 开封城厢参与小楷速写测验各年级男女儿童平均字数之比较

四、综观上列统计图表,可得结论如次

(一) 就各校比较:

1. 中学生之小楷速写能力,以第一女师为最优,第一中学次之,第一女中又次之,两河中学及北仓女中稍下。(见表一、图一)

2. 小学生之小楷速写能力:以第一小学、女师附小、第八小学及第十小学等四校为最佳;第十一小学、第三小学、第六小学、第九小学、第七小学等五校次之;一师附小、第四小学、第二小学、第五小学等又次之。(表一、图一)

3. 就各校之全距离(即相差数)言:以第一小学、女师附小及第七小学等三校为最大;以第三小学、第八小学、第六小学、第二小学、第五小学及第四小学等六校为最小。(见表二、图二)。足证:

(1) 第一小学、女师附小及第十小学等校,成绩虽佳,而程度参差过甚。

(2) 第四小学、第二小学及第五小学等校,成绩虽稍逊,而程度尚整齐。

(3) 第八小学,成绩既优,相差数亦小,最堪嘉许。

(4) 一师附小,成绩既逊,相差数亦大,大可研究。

(二) 就年级比较:

1. 小学三年级:以第十小学、第八小学及第三小学成绩为最优;一师附小、第七小学及第九小学,成绩稍逊。(见表三、图三)

2. 小学四年级:以第八小学、第一小学及第三小学,成绩最优;第七小学、第十小学及女师附小,成绩稍逊。(见表四、图四)

3. 小学五年级:以女师附小、第七小学及第十小学,成绩最优;第四小学、第五小学、第三小学成绩稍逊。(见表五、图五)

4. 小学六年级:以第一小学、女师附小及第十小学,成绩最优;第二小学、一师附小及第五小学,成绩稍逊。(见表六、图六)

5. 初中一年级:以第一女师及第一中学最优;北仓女中及两河中学稍逊。(见表七、图七)

6. 就各年级之平均数比较:小学六年级之成绩,反居于初中一年级之上。其他各年级成绩,尚无越级现象。(见表八、图八)

(三) 就年龄比较:

1. 以十六岁半及十七岁半之儿童为最优;十五岁及十三岁次之。(见表九、图九)

2. 以六岁半及六岁之儿童为最逊;七岁半及八岁半次之。(见图九、表九)

3. 所可注意者:十七岁、十六岁及六岁半、七岁半之儿童,均未能按序递进。(见表九、图九)

(四) 就性别比较:

1. 小学各年级,皆女生优于男生,惟所差甚微;初中一年级,则男生优于女生,所差亦有限。(见表十四、图十四)

2. 各年龄儿童，男女生互有优逊，未可执一而论。（见表十五、图十五）

五、建议

编纂既毕，吾人有不能已于言者，即此次测验因无小楷标准量表，故测验项目，仅限速度；品质比较概付缺如。因此速写字数较多之学校其字体不免东歪西倒（见第一小学书法成绩）；而字数较少之学校其字体却多工整美观（见一师附小书法成绩）。可见仅测验小楷速度尚未能据为判定成绩高下之标准。吾人窃以为习字之最终目的：不仅在自身之"写得快"，尤要使人之"看得懂"。因欲使人"看得懂"，故不得不求字体之清晰。是品质之优劣，与速度之快慢，允为习字测验，所宜双方并顾。深盼今后第二次之测验，能本此二者为衡，则比较结果，当较公允矣。

一师及第一小学书法样张附后。

小楷速写测验
（教育厅小学教育实验指导部）
我的姓名是黄桂珍我是（男或女）学生
我今年十三岁在九月二十六日生的
我在一师附小学校六年级第一学期
今年是中华民国二十一年三月二十三日。

小楷速写题纸　（一师附小书法成绩）

北门大街中间路东有一个姓张的孩子他今年已经十岁了一天他家里有客母亲给他五角大洋叫他到街上买菜又给他一个竹篮子他接着就出去了一面走着一面想先买什么后买什么心里正在打算忽然前面来了一

小楷速写测验
（教育厅小学教育实验指导部）
我的姓名是陈钧性我是（男或女）学生
我今年十三岁在四月九日生的
我在第一小学校六年级第二学期
今年是中华民国二十一年三月二十三日

小楷速写题纸　（第一小学书法成绩）

北门大街中间路东有一个姓张的小孩子他今年已经十岁了一天他家里有客母亲给他五角大洋叫他到街上买菜又给他一个竹篮子他接着就出了一面走着一面想先买什么后买什么心里正在打算忽然前面来了一辆汽车张儿只顾慌着去看猛不防被汽车撞倒了他觉得眼睛一黑头脑一昏直不知道自己是死活停了片刻他觉得没有什么就赶紧一看弄得满身是呢帽子也掉了钱也不见了他动动身体才知道并没有受伤只觉得大腿略微有点疼

（原载《开封教育旬刊》第一卷第十一期，1933年）

六、教学法

设计教学法

鄙人对于设计教学法,向无研究。此次赴皖参观,承该省第一女子师范学校邀请讲演此题。回宁后,又适有浙江第七师范四年级同学来宁参观,亦请余讲演此题。既毕事,坚请将全文记出,固辞不获。匆促付印,误谬殊多,幸海内教育界诸君有以教之。(全篇大意,参考 Mc Murry 著 *Teaching by Projects*)

本篇的纲要:

(1) 现今教学上的流弊;

(2) 设计教学法;

(3) 大的学习单元;

(4) 设计教学法的三大原则;

(5) 设计教学法与学习公理;

(6) 设计教学法的实际应用;

(7) 余论。

一、现今教学上的流弊

在说设计教学法之前,我要诸君知道的,就是现今教学上的流弊。现今教学上的流弊可分两层说:一是教材;二是教法。

现今所用的教材是怎样?

(一) 零星琐碎彼此不相联络的 现今小学里所用的教材,可算是零星琐碎的,即如通行的某种国文教科书第三册里,第一、二、三课是"造屋",第四课是"羊",第五课是"手足",你看这种知识,是不是零零碎碎?"造屋""羊""手足"之间,有什么联络?

(二) 干燥无味的 某教科书里有一课课文是:"秤所以称物,而别其轻重也。秤杆有星。大者每星为一斤,次者每星为一两,小者每星为一钱或一分或一厘。重大之物,以斤计,轻小之物以两钱分厘计。其法悬物于钩,一手携钮,一手移锤,俟杆成水平,而视锤钮所至之处,即知物之轻重。"你看这种知识,假使叫学生去实际贸易,是不是要容易得的多?若说是藉他去获得读法本身的价值吧,那末,好的材料,也不知有许多,何必用此干燥无味的知识去戕贼学生的兴味呢?

(三) 无目的的杂凑的 大凡编一种教科书,前后接续的几课都要互相联络,有一种目的贯住[注]在中间,断不是东拉一课西拖一课杂凑起来的。某册里有相连的几课是,"家信""瓷业公司""纳尔逊",你看这三课之间,有什么目的贯注?

（四）不合实际生活的　某册里有一课是教育部的咨文。其内容是"查学校制服前经本部于民国元年九月制定规程五条,以部令颁行在案,乃近来各学校学生,对于此项制服多未遵用,自后高等小学以上各校学生,均应遵照规程,一律著用制服,服料务从朴实,当无物力不济之虞,所望各长官督促从严,各学校遵行不殆,学风整顿,此尤其显著之一端也"。内中的语气,是对官厅及学校行政人员而发,于四年级十一二岁的儿童,有什么关系？公文的知识,有之固亦不妨,但是于国民学校儿童生活有什么用处——就是于普通人民又有什么关系？这种教材,可说是不合生活实际。又近今通行的算术教科书里,外国度量衡占一大部分,我以为同犯此弊。

（五）抽象的空泛的　关于此点,可拿英文文法来说。通行的英文文法上有许多定义,如 A Verb is a word which denotes the action of a person or a thing. 之类,既抽象又空泛,教的人煞费苦心,学的人不能应用,多多益善的学下去,再行复述出来。只可算一副留音机器罢了！

现今通行的教法是怎样？

现今所用教法上的流弊,可分三种：

（一）注入的教法　注入的教法,没有那个不反对,但是现今小学教师实行教授起来,还是行不顾言,拼命注入,我于此点,也不多说。

（二）形式的教法　滞泥在教室内教课,无论如何,都流于形式的。现今的学校,太在教室授课上注重了。教者讲,学者听,课课的教法,都是一样。日复一日,年复一年,形式上的工夫,已经做到极点了！

（三）符号的教法　可拿教算学练习题来举例。教授算学,当然同生活联络,可是现今学校里,太忽略此点,教授的时候,还用许多练习题,如在一年级里用 $3+5=8,5+4=9+5+6=11$……,全是拿符号来代表。国文、历史、地理等科,也犯此病。近今教育界里,虽已有多人觉察出这层流弊,但是实行改革的地方,还不多见。

上面所说的教材教法的结果：使教育与生活分离；戕贼儿童的本能同自动能力；发生教学上的消耗,使教育的效率降低。

前面所说的几层流弊,现今国内的小学校,都已有好几个竭力改革,可希望做到十分圆满的地步。但是就一般情形看来,仍是死气沉沉,——尤其令人看不下去的,是地方小学——他们学校里的经费,都很困难,没钱买新书报,虽是提倡改良的人说得力竭声嘶,他们都是充耳不闻。视学的先生们,有多半不明新教育的办法,随随便便的看看,也不过拿部章来做批评的标准。于指导教授一层,可算没有什么贡献。地方学校,既不能知道自己的缺点,又怎能望他改革呢？闲话休提,还是说设计教学法的正文罢。

二、设计教学法

现今教学上的流弊,既如上所说,那么我们要矫正他,应该怎样呢？只有设计教学法。设计教学法,英名 Project Method,又有人叫他问题解决法 Problem-Solving Method。这种教学法现在美国各处很为通行,研究这种教法的书报,不下百数十种,美人某君曾经把这一类的书籍，做了一篇调查，在哥伦比亚大学《师范院报告》Teachers' College Record 上发表，美人对于这种教法的兴味之浓，于此可见。现在举几个设计的题目于下。

(1) 学校作业的设计　如：

　　a. 校园的设计

　　b. 布置会客室的设计

　　c. 布置恳亲会的设计

　　d. 养蚕的设计

　　e. 栽花的设计

　　f. 布置游艺会的设计

(2) 家庭的设计：

　　a. 铺地的设计

　　b. 装饰住室的设计

　　c. 建筑花台的设计

　　d. 制造用具箱的建[设]计

　　e. 养鸡的设计

(3) 学科上的设计：

　　a. 导淮的设计（地理）

　　b. 上海商路的设计（地理）

　　c. 制造桌子的设计（手工）

　　d. 鲁滨逊飘流记（国文）

　　e. 郑和下西洋（历史）

　　f. 稻的生长（自然研究）

　　g. 雨花台远足（乡土）

大的设计当中，又包含许多小的设计，即如植物园的设计当中，包含测地、划分园区、松土、划分学生种植区、建园路、选种、试种、栽植、制凉架、制温床、造肥料、去恶鸟、去恶草、装饰园地，种种的设计。又如布置游乐会的设计当中，包含写对子、做旗子、制匾、布置桌椅、布置图画手工成绩等等的设计，合许多小设计而为大设计，广义看来，人类的生活，就是一个最大的设计。

设计的例子，既如上所说，设计的性质究竟怎样呢？可简单述之如下：

(一) 设计是重要的单元

一种设计，是整个的重要的单元，如《鲁滨逊飘流记》，形容孤立无依的人，同自然奋斗状况。是人生生活的重要问题，是有头有尾一气贯串整单元。

(二) 设计是一种活动的思想向前运动

思想这样东西，好比是长江大河里的水，向前进行，由源至委，连绵不断；断不是一样剪断的东西，没有前后的关系。设计的作用，就是要运用思想的。即如布置游艺会的设计，要想法布置怎样才可完善，这时儿童脑中的思想，活泼泼的向前进行，有如长江之水，滔滔不绝。

（三）以一种主要的目的为根基去组织知识利用知识

即如在游艺会的设计之中，"布置完善的游艺会"是主要的目的。就拿这个目的，去搜集材料，有时可以应用手工，有时可以应用图画，有时可以应用书法，又有时可以应用算学。这种种智识，都被这个主要的目的，连串起来，去达完善的目的。

（四）包含一大串的问题使儿童用继续的理性的努力去解决

例如植物园的设计，已见前。

（五）实现真正生活中的实际结果

教育每与生活分离。真正境遇的结果。隐而未现，有了设计，即因此实现出来。

（六）一种设计是解决以后设计的工具

譬如种稻的设计，是儿童明了植物生长的程序——出芽、长茎、生叶、开花、结果——程序明白之后，以后就可以解释麦的生长、菜的生长以及其他植物的生长了。又如曾布置了游艺会的人以后去布置恳亲会、交谊会，就可以拿在游艺会里所得的知识，来应用了。所以说一种设计，是解决别的设计的工具，这就是继续组织知识，继续改造生活。

三、大的学习单元

大的学习单元 Large units of Study 是设计法的中心。教授上所以要注重大的学习单元，乃是要省去零星琐碎的事实，拿几个大的学习单元做代表，来研究。大的学习单元，可算有两种：（一）是联络各科的大学习单元，如"布置游艺会"的设计之中，包含了几种学科，以多用在低年级为宜；（二）是一种科目内的大单元，高年级或中等学校宜多用——我们应该知道，设计教法，不仅用于小学。今把各科内的大学习单元底实例，写出来看看。

（1）文学的大单元做学习的中心　现今教师的心理，都不主张在读法里，教零碎的知识。一诗一文四无依傍，毫无价值，所以主张选出几个大的学习单元以切于生活为主体，而附以小的片段的诗文。用教者的思想，联缀一气。所以多主张教包含许多短小诗文的长篇小说，或一月一篇，或一学期一篇，教完之后，再拿复杂的来代替，至于琐碎无用的东西，一概屏弃，这就是读法里设计的办法。

（2）手工里的大单元　与文学相反的，为实用的手工。目今手工的教法，亦不主张做细碎的东西，而主张用大单元的办法，如做一张桌子、打一张椅子、做一个鸟笼等等。皆须妥为筹思，用心力体力至数日或数周之久，始能完全成功，合于实用。

（3）历史教授中大单元的倾向　近来历史中亦主张删去琐碎无味的事实，多留些时间，讨论大的选题，这是近来历史教授上的进步。

（4）地理中之设计　地理教授中，亦当采取用大单元的办法。如扬子江、运河、上海的商路等等，皆当详为讨论。因为这些大单元，范围广大，易使各方面的关系，组成一气。至于别的零星的知识，如某省有多少府，这府的风景是怎样的那些话，皆当屏去。

（5）自然研究及理科中之设计　近来通行者亦为大的学习单元。如呼吸系统、蚕的生长、蒸汽机的历史及其用途等等，皆是好例。

大学习单元知道之后,再来谈他的性质(可参考本刊曹君刍的《设计教学法的价值》)。

(1) 不是一种孤立的事实,乃是拿一个基本观念做组织各种事实中心的大单元　孤立无依的事实,毫无意义,事实之所以可贵,就是因为有一个重要观念,把他们连串起来,彼此发生关系。不然,一鳞一爪,也不过像一包乱帛,还有什么价值呢?

(2) 不是杂凑成功的事实,乃是思想发达的过程　罗列了许多杂凑的事实,如前首举的例子,"造屋""手足""羊"之类,教者虽以为他很重要,但是在儿童方面,不但没有益处,并且叫他们的思想,一刻儿到东,一刻儿到西,心神扰乱,对于所受的功课索然无味。大的学习单元,不是这样。大的学习单元,乃是一种思想发育的过程,使儿童逐步的向前进行,左右逢源,兴趣不绝。

(3) 不是二十分钟或是四十分钟的功课　普通单元的意义乃是指的一课,或连续二课的功课,这绝不是我所说的大学习单元。一个重要的单元,常需上四五次或十几次的课,方能讨论完竣,其中主要的一点,就在得到思想完全过程。至于实际上教授起来,则不妨看各班儿童的才能,同科目的性质而变。

(4) 不是给学生讨论的空纲要　简短的纲要,并不是真正知识,这可以拿吃菜来做比例。空扩的纲要,可算是空碗、空盘,其中无菜。倘使教师只给空纲要给儿童讨论,那岂不是请客吃饭,只有空盘空碗,而无饭菜呢?所以设计教学的时候,就在供给资料给儿童讨论。

(5) 以实际设计为中心是实际的生活的,不是书本的学校的　拘束的在学校里讲书是书本的、学校的。拿生活状况的设计来讨论,是实际的、应用的。

(6) 不是抽象的规则或原理,乃是具体的知识　抽象的规则原理,断不能拿来做设计的材料。

(7) 是解释同类设计的钥匙　例见前。

大学习单元的功用　大学习单元的功用,可分二种:一是使课程简单的功用;二是使教授丰富的功用。

a. 使课程简单的功用

现今小学里课程的内容,一天一天的加多;学校的作业,也一天一天的繁重。在教者的眼光看来,这样也有用,那样也有用,恨不得一一的捡起来,替学生做个大口袋吊在儿童脑袋的后面。不知零星琐碎似有用而又无用的东西,收不胜收,我们的脑袋,断受不住这样重的负担。所以必得想法把这些材料,用大的学习单元分类检点一下。有用的取起来,无用的抛去。譬如缝工收了一大堆乱帛,要想收藏起来,有没有这样大的地方,那就不得不把乱帛检点一下。凡是可以用来做大衣的就做起大衣来;凡是可以做裤子裇子的,就做起裤子裇子来,其余没有用的零边碎剪,一概弃去。做教师的对于教材,也应该这样,立出许多主要的目的,拿来组织代表的设计 Type(代表的设计,如稻的生长历史,即是个例,因为他可以代表稻麦一类的生长历史)。凡是代表的设计,包不下去而又不合生活实际抽象空泛的知识,一概屏去。如此办法,各科中的知识,好像一大堆散钱,都被几根钱串穿贯起来。那就不期然而然的变成简单了。

b. 使教授丰富的作[功]用

零星琐碎的知识,貌似丰富,其实不丰富,因为丰富不丰富,不是指的量的多寡,而是指的质的好坏。好质料的教材,有一个代表的设计,做主要的目的,别的散碎的事实,都可以附著上来,变成有兴味的东西,合于生活的需要。琐碎无目的的教材,尽管内容很多,一本书尽可包含七八十课,但是不相联续,漫无主旨。又有抽象的不适用的东西,羼杂其中。儿童所需要的,教者不能供给,儿童所不要的,教者偏偏给了许多。你看这种教授,还有什么效果?我可以再拿吃菜做比例。不合口的菜,放了一桌,样数虽多,不能下饭,精选合口的菜,样数虽少,但是很能下饭。这两种菜,在质料上好坏讲来,谁丰谁啬,不言可知。做教师的,如能明了此理,这第二种作用就不难了解了。

四、设计教学法的三大原则

扩大的直观教授,就是完全的大学习单元之别名,乃是教授的基础。教授法进步的第一步,就是供给这种组织完善的教授单元。其根本之原则,共有三条:

(1) 发达基本知识时合并归纳的演绎的思想过程之原则

归纳演绎的过程　要在完全的教授单元中,详细讨论归纳演绎的过程,可拿"种稻"来做例子。先从具体的叙述入手,设法使儿童种植,渐渐使儿童知道稻的生长程序,然后同种麦、种棉、种糖比较,直到种植的观念,深印到脑中为止。最后,应用本地的种植观念,到别的地方,并应用到当时的工业、社会、政治、生活。在这些论题之中,归纳演绎的教授,深深的加重。从中的主要步骤,皆大加扩张,并且表演出来,非零碎教授可比,儿童第一次应付重要而又繁杂的问题底时候,表演最适合他们的心理需要,故不可缺。

现在通行的方法,国民三、四年及高等一年级,教授抽象的东西,做研究重要论题的起点——譬如起首便告诉儿童稻的生长程序——乃是误用演绎的结果,并且很有碍于归纳的教授。概括的抽象知识,在教师经过长时期的研究,当然觉得很容易,但是对于儿童,就觉得困难而空泛。儿童思想的通路,因此被他阻隔,儿童天然的学习过程,乃是用以得到结论的,也被这种极端的演绎法消灭,因此儿童的学习,就增了许多无谓的困难,而不能洞见入微,以了解知识的价值。

这种武断的办法,把四无依傍的结论,灌到儿童心中,不但破坏知识的渊泉,并且阻碍以后知识的正当发育。知识这样东西,应该是发达同类的论题(一个大设计附属了许多同性质的小设计),使思路的主要路线不断的扩展,换句话说,就是经验的继续改造,从中归纳演绎的思想要素相互作用。观念好比是树,应该一年一年的生长,但是树在小的时候,受了挫折,大了也就不会发育。所以在国民高小的时候,最要紧的,就是要有健全生长的几种大观念(即设计),以便后来发展到自然成熟的意义。扩大的直观教授,以感觉的材料为基础,又得了创造想像 Constructive imagination 的帮助,乃是成功归纳演绎法的第一步。日后知识的材料,同教授的方法全靠他来做量度的标准。在思想发育的程序当中,演绎的手续,与归纳一样重要,并且他们两下有继续的相互作用。目今教授法上常有的误谬,就是在具体的解释未表明之先,拼命注入抽象的思想。须知具体的解释,乃是演绎底基础,若是把扩大的概念,注入过早,那在归纳与演绎思想里所用的工夫,一定不得有好结果。

(2) 用已得的知识来类化新的知识之原则

学习新材料,全靠着类化的作用。初学英文,就比学过英文后再学法文困难。因为学英文的时候,教材全是新的,没有旧的东西来施类化的作用,等到学了英文之后,再学法文,英文上有许多旧观念,就可以拿来应用,因此可以省去许多工夫。教学上最经济的事,就在获得许多清楚的知识观念,广施类化的作用。例如种菜是一种设计,把这种观念,弄清楚之后,那么对于种植一类的问题,如种麦、种稻、山上种、平地种、熟地种、寒地种等等都可拿这种植的观念,与别的例子比较做类化的中心。如是层层应用,这种观念的类化力就因此愈强而愈敏。实际的知识,也因此更加牢固。此乃教授上最要紧的一件大事,大的学习单元,所以附带了许多小论题,弄出一个简单的观念来做指导的明星,就是为的这个道理。

类化律的价值,尚不止此。在学习的类化过程当中,大的学习单元之基本的观念,可以拿来组织一种课程,并且可以继续发展,日趋牢固,做全体课程的类化中心。国三、四及高一的学生,如能及早养成明显的直观教授之观念,那对于以后的知识,一定进步的很快,并且有坚固的根基。

抽象的形式方法,所以谬误,乃因他所注重的知识,设有类化的理论,不合实际的使用。类化过程中的两个特点,一个是能变性 Flexibility,一个是继续性 Continuity,空泛抽象的知识,没有拿事实同解释来补助,四无依傍,缺少这两种特性,所以空扩肤泛,他自己且不能把自己解释清楚,更谈不到解释别的东西,他对于新奇而又复杂的境遇,一定不能清理分析。英文上一条条的规则,就犯这种毛病,他的缺点,并不是因为他的本身舛误,乃是因为他抽象空泛,要用的时候靠不住。类化律所以有价值,就在他能排除空扩笼统的知识,以求合于学校及日后生活的需要。现今教育上的大缺点,乃在于小学生的头脑中,被这种零碎无用的概况知识压住,涤除这种学科里的垃圾,加上一种新鲜有用的知识,是我们的大责任。

(3) 解决问题组织知识中之自动原则

第三个原则是自动的原则,要发达儿童自动的能力,必定让他们自由思想,自由发表。要儿童自由思想自由发表,必有真正的生活问题做思想的材料。大的设计,都是锻炼思想的问题,用儿童自己的心思,设法解决,在这解决的时候,儿童自动的能力,自可流露而出,不受拘束。所以说大的设计是得到"自由""自动"的门径。在反面看,枯燥无味四无依傍的知识,空扩抽象的原理,武断的结论,与生活的问题,毫无关系,既无问题来激动儿童的思想,那儿童也就不用自己的思想,既不用自己的思想,那他们的自动自由发表的能力,也就毫无所用,日就丧失了。所以说零星琐碎的抽象空泛的结论,足以阻碍儿童的自动力。自动的原则之中,包含"儿童真我"的完全活动。使儿童全副精神,自由动作,毫无阻碍。其中包含的要素有二:一是兴味;一是努力 Interest and effort。兴味的作用,在设计之中可以规定价值,努力的作用在使儿童设法实现这些价值,教授的时候,教者当把兴味同努力连合起来做完全自动的基础,而于选材料之际,尤须根据真正有价值的设计,去搜集各种知识。

要得上三种原则实现,必须赖着大学习单元的代表设计。

五、设计教学法与学习公理

大凡一种学说发明之后,必定要看他是否能与别的知识调和,调和之后,才可成立。桑戴克氏学习公理,是屡经实验而来,颠扑不破的公例[理],在教学上的供献,非常之大;我今把它一一的举出来同设计法比较一下。

桑氏学习公理的根据,立于神经原的假设上。【桑】氏以为学习一样东西,全是由于神经原的变动。神经原皆由天生而来,在神经纤维中,本能的动作,是先天的通路,学成的习惯动作,是后天养成的通路。教育的作用,乃是要在人的神经通路中,取一条捷径,养成习惯。养成习惯的时候,有二个要素,就是外感 Situation 和反应 Response,有一个外感来刺激在神经上,就有一个反应去应付他。外感反应屡次作用之后,就在脑中养成一个感应结 S-R Bond,这感应结,就是养成的习惯。举个例,教者把一支笔放在儿童面前说这是"笔",儿童脑中就起了一个"笔"的反应。屡次练习之后,因而养成"一看见笔的实物就知道他是'笔'的"习惯。其次再在谈他的学习公理。(详说请看本刊十卷九号杨孝春君的《学习公例》)

(一)准备律 Law of Readivess　此律可分三层说:

(1)神经原准备动的时候,使他动作出来,便愉快。

(2)神经原准备动的时候,因外界阻碍,不能动作出来,便苦恼。

(3)神经原不准备动作,外力强使他动作出来,也是苦恼。

(二)运用律 Law of Exercise　感应结因使用的次数愈多而愈强——将来遇到同样的外感时,便容易发生同样的反应,因愈不用而愈弱——后来遇到同样的外感时,便不易发生反应。

(三)效果律 Law of effect　我们动作之后,所发生的结果,若是愉快的,则使感应结强固。若是痛苦的,则使感应结变弱。如儿童做对了一题算学 3+5=8 之后,教者赞许他一下,以后一看见 3+5,便知道是 8。倘如他把"三"加"五"做成等于"七",教者不睬他,或是说他不对,他以后看见 3+5 永不会想见"7"。

学习公理说明之后,再看他与设计法的关系。

(一)设计法是合于准备律的　(1)儿童研究实际生活问题的时候,非常豪兴,他们的神经原,都准备动作,自由发展,没有外界的阻碍,所以动作出来的时候只有愉快,没有苦恼。(2)儿童的神经原对于那些枯燥无味的东西,都不准备动作,在设计法里教育没有拿这些东西来强勉他去动作,所以不发生苦恼。

(二)设计法是合于运用律的　有用的代表设计,即是主要的感应结,时常拿出来应用,当然记得牢固,若不应用,当然忘记。

(三)设计法是合于效果律的　儿童布置过游艺会之后,结果圆满,大受来宾的赞赏,那自然会高兴。下次布置展览会的时候,对于前次所用以博得人家赞赏的方法,自然记得清楚,容易应用。

六、设计教学法的实际应用

讲到实际应用,可分数层叙述于下:

A. 教者方面

(一)教者对于一种学习的单元,当于各方面基础的思想材料有透澈的准备,庶几在课堂上讨论的时候,不致刻刻看书。

(二)教者当具有各方面均齐的成熟知识,在应用基本主旨的时候,尤须有控制的能力。

(三)教者当有明确的判断,看何种材料最合于儿童的需要和兴味。

(四)教者对于学生,当使学生(a)十分预备所指定的功课;(b)供给学生多量的材料;(c)鼓励自由创作自由发表;(d)应用代表的设计,使学生牢记不忘。

B. 教材方面

(一)必为组织完善可以充分讨论的单元。

(二)必有主要的题旨,而所组织的材料,又宜丰富、广瞻,使主要的思想,有所附丽。

(三)必合于儿童之兴味,使其易于了解。

(四)必合于生活之需要,以为实际之使用。

C. 教学时两大阶段

教学时的阶段,共分两种:(一)演述归纳的阶段;(二)比较应用的阶段。前段是归纳的作用,后段是演绎的作用。今可举二例说明之如下:

(一)种稻的设计

(a)演述归纳的阶段　搜集稻种,设法栽培,俟其生叶开花结实,一一记其程序,然后教者根据儿童所记的事实,与儿童共同讨论,共同发明出稻的生长之历程。

(b)比较应用的阶段　得了结果之后,再与儿童讨论应用到麦棉等的生长历程,而加以比较,最好再栽培一种别的植物,比较一下。

(二)导淮的设计——中等学校用

(a)演述归纳的阶段　用地图、模型、书籍、图画、幻灯等等的东西给学生看,给学生研究,使他们明了淮河不治的害处,然后由教者与学生讨论治淮的方法,最后得一结论。

(b)比较应用的阶段　将讨论所得的方法应用于新的设计,与外国治水的方法、治水的状况比较应用一下。

D. 讨论时所用的方法

(a)发问法　与学生讨论的时候,宜多用发问法,但不可常用"是""否"答案的发问。

（b）解决问题法　有时须设出一个困难问题来,使学生设法解决。

（c）启发法　学生解答不出,当用启发的方法,但不可寓答案于问题之中,致犯暗示的发问 Suggestine guestioning 底弊病。

（d）温习法　问题解决过之后,那末对于代表的设计已经清楚,就应该应用第二条学习公理,应用练习熟记下去。

七、余论

设计的教学法,无时无刻不在研究改良之中。即虽在美国,研究这个方法,已有好些年,关于设计教材的小册子,不知有许许多多。尚不能算十分完备。至于我们中国,研究这个问题,尚在萌芽时代,关于设计的材料,简直凤毛麟角,要想采用,无从取材。所以我们现在应做的功夫,就是要设法把各种重要的代表的设计,搜求出来,依年级的高下,依地方的需要,一类一类的编成小册子,以备各教师采用,那才是经济的办法。不过有两层困难,很难通过：（一）是经济不够,虽有好设计,但是没有经费把他实现出来；（二）是社会上一般文化程度太低,有许多重要的设计,要设法编辑,但是搜不到材料。不过我们做教师的,不妨先就不需多钱的简单设计,先行试办起来,等到别方面的情形适当之后,再设法扩充,因难见阻,不是我们办教育的人应有的态度,我愿全国教育界诸多努力！

（原载《中华教育界》第十一卷第一期,1921 年）

科学化的国文教授法

中学校入学试验的国文卷子，七八百本中，找不出一百本清通，没有别字；高等专门大学生，几百人中，也还时常有人写出不通的文章，写出奇怪的别字：这真是现今国文教师应该反省的一个大问题！

我既非国文教师，对于国学，又无研究，似乎不配谈这个问题。不过无论什么事情，总贵乎加以研究。我虽然对于国学没有心得，但是对于现今一般教国文的方法，从旁观察，却也有许多不惬意的地方。现在仅就科学的方法上来讨论讨论。

在讨论之先，须声明的有二点：

(1) 本文所讨论的范围，系指由不识字至识字，由不通至通的程度而言，故包含小学，中学，大学在内。

(2) 文言白话，各有优点；就中国现在各方面的情形看来，文言还很要紧，所以本篇讨论，姑仍以"文言"为主，但"白话"亦可适用。

（A）选字问题

教授国文的第一步，就是选字。这一层，在小学校里，尤其重要。究竟在国民学校（此处姑仍照旧制而论）毕业，或是高小毕业的时候，应当学过多少必要的单字？通常所用的课本，凭编者的意思，自由插入。这些插入的单字，自然是习见的；不过我要问：除去这些单字之外，究竟有没有较为重要而未经列入的呢？这句话，当然不能回答。我曾经听说：一个儿童读完了一部《论语》，走到街上，看见"此路不通"一块木牌，忽然读不下去；因为全部论语里找不着一个"此"字。现今的小学国文教科书，恐怕也难免没有这种笑话！

因此我们就发生了选字问题：究竟这几十万汉字当中，那些是最普通最习见的？国民毕业应当读过那些字？高小毕业又应当加读过那些字？这些待决的问题，我没见有人研究过；从去年夏间，南高教育科才从事单字的调查。他的方法，先从《红楼梦》《水浒》《西游记》《圣经》《妇女杂志》《官话国耻小说》《北京半周刊》《注音字母报》及其他书籍新闻纸里，采取单字材料，依笔画多寡、部首形状，逐句逐字，分类记录。预定搜集百万余字，约要两年。据最近检查者的报告，已搜集三十万二千一百十七字，三万四千四百六十七句成语。（此处成语大概指的复语词，如"学校"便是一个成语。）共中以"的"字发现最多，计九八四〇次，占百分之三.二七；其次是"我"字、"是"字，我字发现四三六七次，是字发现三九八二次；再其次是"一"字、"人"字，一字发现三六七八次，人字发现三四六二次。将来调查成功之后,就可依发现次数的多寡,编为语汇。小学国文教材,即可拿这种语汇来做根据,依年级的高低,定教授的先后。这样选字,方可以没有遗漏。

(B) 改正错字问题

错字共分两种:一种是写法之错,如"團"误作"团","武"误作"㦰";一种是文义之错,如"準于"误作"准于","必须"误作"必需"等。

关于改正错字一层,我觉得很有用科学的方法之必要。现在通行改错字的方法:有的是由教者改正,写在文卷的上边;有的是由教者做出记号,先由学者自行订正,若仍有错误,更由教者改正;又有的是由教者编出错字正字对校表,叫学生留意。这三种都有不适当之处,述之于下。

错字由教者改正,学者方面丝毫未经困难;虽教者改至十遍八遍,学者仍易错误。我记得我在师范学校的时候,五年之内,教师都用这种方法;一有错字,便改在卷上。我当时并没有注意此法的优劣,有一次整理五年来的作文,忽然发现一件很奇异的事情,便是:有几个字,我时常写错,教师已经在卷上改过五六次;他的心力白白的费了许多,而我错写的习惯仍未能十分矫正。

而且就算这种方法可以改正错写的习惯,教师的精力也觉得太不经济。因为一班学生至少有二三十人,有时多至四五十人;教两班的教师,竟至七八十人。一个教师,要改这些卷子;而每卷之中,又有许多错字;一个错字,又要许多次数才能改正:这真难怪现今的国文教师都叫苦连天呀!

第二种方法,教者作记号,由学者自行校正,利用学生自己思考,当然比第一种好的多。但是他的缺点:第一是教者的精力不经济;第二学者当揣想自己错点所在的时候,常时把错字放在心中盘旋,能够自己改正还好,否则,反将错误的印象加深,以后纵经先生改正,也往往失了效力。所以自己改正的办法,有无危险,依我看来,还属疑问。

第三种方法,更不适当。因为我们改正一种恶习惯,只应该拿另一种好习惯来代替,不应该再拿坏的习惯来做例子,加深不好的印像。而且某字错误的习惯,不见得人人一样;那些不错的学生,常常因为看了不正的印像,反将习惯变坏。从前有些不明训育原理的先生,常时训斥儿童,不应当做某种坏事;其结果,做这种坏事的儿童,却未因之改好,而未做这种坏事的儿童到反因为他的教训,得了许多做坏事的方法。拿错字叫儿童留意,所犯的弊病,正和这一样。

我以为改正学生的错字,当用编纂错字字汇的方法,分团体与个人两种:

(甲) 团体的错字语汇

有些字是少数人容易写错的,有些字是多数容易写错的;如前所举的"團"误作"团","武"误作"㦰","準于"误作"准于","必须"误作"必需"之类,是多数人所容易写错的。这些错字,既系共同的错误,那做国文教师的,就应该联合起来,做一种调查。搜集大中小各学校学生作文的原本,分头检阅。一遇有别字,便摘录下来,并记其发现的次数。然后汇

拢起来,依发现次数的多寡定次序的先后,编为错字语汇;以后教授的时候,便可根据这种语汇,做下面的两件事:

（1）将错误发现次数最多的字,请国学专家编为诗歌,无形编入;更请书法专家,制为范书,由学者临习;如此联络教授,自可于无形之中,收改正的功效。

（2）将发现错误次数最多的字,书于长幅上,挂在教室中,由学者时常揣阅。

（乙）个别的错字语汇

团体错字语汇之外,尚须用个别的错字语汇。此法令学者将每次作文中经过改正的别字,汇录笔记簿上,每星期临习一次,以免错了又错之弊。

总之,改正错字的方法当由练习抄写入手;那些卷上批改错字训诲的种种方法都不可用。

（C）教授成语问题

中国文学里常引用许多成语,就是日常谈话之间,也时时有人用到;所以教授国文的时候,对于此点,不能忽略。但是我国各种学校的国文教授,注意成语的很少;就是讲到,也不过附在文章里顺便讲讲,有些极通常极适用的,每每讲不到,而有些极高深极罕见的,或者倒讲得津津有味。这种教法,可算是偶然的而非科学的。科学的成语教授法的手续,也和选字的方法一样。先定下成语的标准,再由社会上通行的书报里分类记录,依发现次数的多寡,定先后的顺序,编成成语辞汇。由小学至中学,各年级国文的材料（此外却尚须略选模范文）,即可依次将成语插入,由浅入深,循序渐进,自可无躐等或不适用的弊病。

（D）改正成语问题

因为教者忽略成语的教授,所以近今学生闹出笑话的很多。我常时看见中学生往来的书信上说:"尊信已付红桥";又常时听人称赞平辈道:"后生可畏";此外说人家有病,则曰"河鱼之疾";送朋友上火车,希望他"一帆风顺"。诸如此类,不胜枚举！我以为矫正这种误谬成语的运用,也应当用前面的方法,搜集社会上（至少搜集学生的作文及信札）各种错用的成语,记其发现的次数,编为错误成语表。教授的时候,便将这些成语的正当用法特别讲授,令学生时时练习。这种错误成语表,并不与普通成语表冲突;错误最多的成语,并不见得是社会上最通用的成语,所以二者可以并用。

（E）选文问题

普通选文的标准,可分下列几种:

（1）依文章的种类:如论说几篇、记事几篇……

（2）依文章在文学史上的价值:如选《楚辞》《文选》等书所载的名著。

(3) 依一般人的嗜好：如《讨武曌檄》《滕王阁序》等，都是脍炙人口的文章，故在被选之列。

(4) 依社会的应用：如往来信牍，及关于社会常识等等文章。

(5) 依学者的程度：如在低年级，则选易解的文章；在高年级，则选难解的文章。

(6) 依教者的偏向：有些教师喜读论说的文章，则多选论说；有些好读叙事的文章，则多选传记。

以上六种，都不是科学的标准。我们应该知道：一个学生由小学经中学至大学，读国文十多年，为什么还不能通？这固属是由于我国文字的本质太难，然而亦因为教授的不得法。我以为学生读的文章，并不在乎多，而在乎注重至少的精粹。中文的句调是有限的；学者能把这有限的句调，多多熟读，多多练习，自可以通顺。我姑举几个例来说明："岂不……乎？""不但……而且……；""焉能……耶？"……这种种文章上的句调，学者时常会弄成"岂不……矣"，"不但……况乎……"，"焉能……也"……这些错误，皆由于句调读得不熟，所以文义上不能衔贯。其实一个学生由小学至大学所受教的文章很多，即以中学生论，四年中至少也读过一百篇了，学者果能将此百篇读熟，固也不难通顺；可是现在的中学生，终日奔走于英文、算学之间，哪还有工夫来把所读的国文篇篇读熟？而我们国文教师又不能不求他们通顺，于是就不得不求一个最经济的方法。这方法就是精选范文；其步骤如下：

第一步　先从报章杂志及通行的书籍里，搜集国文（白话文言皆可）的各种句法，并记其发现次数。

第二步　依各种句法，去选今古的文章，看那几篇文章能将搜出来的句法包括在内。

第三步　依发现的句法次数的多寡，定文章先后的顺序，定为各年级的范文。

这几篇范文是从精选而来的，便可算是国文的至少精粹。教的时候，篇数不妨多选，但是这几篇范文一定要读熟。普通的教师，多数是不叫学生熟读的；纵叫学生熟读，也不过用上面所说的几种选文的标准。这种偶然选择的方法，一定有许多极紧要的句法，遗漏未选，所以读这些选文的学生，文章虽读过多篇，而提起笔来，仍难免没有不通的句调。我说到这里，或者有人要问：我们用从前的方法，也会教通学生，又何必再改呢？须知我们的意思，并不是说用旧方法不能把学生教通，乃是说用旧方法太不经济。譬如说：我们通常所用句法有一百种，用旧方法旧标准选文章，也可于无意中在所选的文章里齐备了这百种句法，并且用功的学生，多读几十篇，一定能把这些句调读熟，把国文弄通。不过这种偶然教通法，非常危险！假使所选的文章，不曾包含某种重要的句法，那便怎么样好呢？又假使学者偏偏未将包含某种重要的句法的那几篇文章读熟，又怎么样好呢？从前的老先生教国文，总是说"多读"；多读的意思就是要于无形中将各种句法完全读熟，仿佛鱼类不善保卵，不得不多生卵子，求偶然的机会，以绵延其种嗣一样。这可算是最笨拙最不经济的方法。所以我以为在现今学生功课繁重的时代，教国文的方法，不在教学生多读，而在教他们精读。精读的结果，是少花时间，可将国文弄通；多读的结果，也可将国文弄通，但是多花了时间，牺牲了别的功课了。

这种方法如照前面三步做下去，最为完善；如以为第一步的手续繁难，则不妨由少数对于国学有研究的人，根据国文文法，将日常习见的句法，尽行搜罗起来，再照第二、第三两步办理。比较起来，简而易行；所得的结果，也一定比那几种通常的选文方法好的多。

（F）改文问题

关于改正别字问题，首段已详细说明；本段所述，专在改正句法。改正句法的科学方法，亦与前同，就是搜集小学、中学学生的作文成绩，由国文教师分头检阅；凡遇不通之句，即行录出；然后依其发现次数的多寡，立为一表。以后教授的时候，遇到此类句法，即当特别注重。如"岂……乎"句法，如果是大家所最容易用错的，那末，以后教授的时候，就应当多多运用，令学生多多练习，使这种错误无形免去。至于个人错误不通的句法，亦当做用矫正别字的方法，将错误句子的正当用法（如"岂……也"之句当作"岂……乎"），列为一表，常时提出练习，以免屡次发现的弊病。

关于搜集学生不通的句法一层，我有一个提议，希望国内高等学校和中学校的国文教师特别帮助。我以为每届暑假，各学校招考的时候，由中等学校考高等专门大学，及由高等小学考中等学校的人数，无虑千万。我希望各校的教师，就在阅国文卷子的时候，把考生不通的句子，分类抄下；然后汇至一处，将中等学生与小学生之卷，分成两起，看中等学校毕业生有那些共同的错误，小学校毕业生又有那些共同的错误。最后将结果报告于各中等学校小学校，以为教授时注重的标准。此法只须国内国文教师，各人帮忙，也属简向易行。如全国国文教师，不能一致响应，则就一省范围，专研究投考中等学校的学生亦可。倘使一省中各中校不能联合，则只就数个学校，将历年考生国文卷做搜集的材料，亦无不可。不过材料少了，结果有些不正确罢了。

以上所述，皆系鄙人对于改正一部分国文教法的意见，是否有当，尚希望国内国文教师指教！

（原载《教育杂志》第十四卷第八号，1922年）

一种革新的教学法

"醒醒罢！改革教育的声浪高了！旧教学法万不适用了！醒醒罢！"

这一种呼唤的声音，却把我从梦中惊醒。我醒了之后，便研究怎样改革教法。

教学法中从前最通行的大概是注入法或讲演法，现在却有多人主张谈话法或讨论法了。完全用讲演法之不适当，固不待言，但是偏用讨论法，亦有流弊。我为研究这个问题，曾经做了一种试验，结果是二者相机并用，较为妥当（全文已投《教育杂志》）。不过我现在又研究到一种故事包含内容的方法颇能包括各种教法的优点，现在可以用一种教材，拿来和注入、讨论诸法比较批评一下。

我研究这种方法的时候，是拿心理来做材料的，所以还拿这种材料来说明注入法和讨论法。

想像——摘用廖译心理学

想像的性质 想像乃是事物印象的再现，和具体的知觉不同，并且与错觉幻觉有别。

想像的真伪 想像的真伪，全凭与实际行为相合与否为断。

想像的种类 唤起旧有的观念，和原来知觉所经历的没有分别，为再生的想像。用旧有观念造成新观念，为构造的想像。

影像的种类 想像以影像为基础，心理学家多主张影像的种类，和感觉相等。所以有视听的影像、味觉的影像、温度的影像、痛觉的影像、嗅觉的影像、行动的影像、机体的影像。

具体与符号的想像 想到具体之物，为具体的想像；否则为符号的想像。

（甲）讲演法

讲演法可分为演绎的、归纳的二种。姑以想像的种类来说明。

A. 演绎的讲演法

"凡是唤起旧有的观念，和原来知觉所经验的没有分别，为再生的想像。譬如我们追忆到友朋的笑貌，剧中的布景，歌者的音曲，在这种想像的追忆之中，并无一毫新的色彩，不过将旧有的经验重行唤起罢了。至于构造的想像，便不是这样。他是利用旧有观念，造成新的观念，譬如我们此刻想像火星中的山水景色，吾并不是将旧有的经验，重行提起，不过利用吾关于山水景色的各种旧经验，以为推想罢了。"此种教法，先将抽象的内容讲出，然后举例证明，这便是演绎的讲演法。

B. 归纳的讲演法

"我前年同个朋友到中正街看新剧,我现在还能想起当时友朋的笑貌、剧中的布景、歌者的音曲……这一种想像,完全是将旧有的经验,重行唤起,所以算是再生的想像。若是我此刻想像火星中的山水景色是怎样,我就不是唤起旧有的经验,乃是利用我关于山水景色的各种旧经验,以为推想,这可算是构造的想像。"此种教法,先举实例,然后讲到抽象的内容,所以说是归纳的讲演法。

(乙) 讨论法

讨论法亦分演绎的、归纳的二种。

A. 演绎的讨论法

教者——"我们闭目想像,有时候想到什么?"

学生——"……有时候想到过去的经验,有时候想到未来的计划……"

教者——"想到过去的经验,可算是再生的想像,筹划到未来,可算构造的想像。哼!现在大家举例看。"

学者——(一) 我前年和朋友到中正街看新剧,现在我还记得友朋的笑貌、剧中的布景、歌者的音曲……

（二）我想到前天同朋友去游鸡鸣寺。

（三）我想明天同朋友去游西湖,经过上海的时候,去看看张先生……

教者——好了!不必多举例子。看那种是过去的想像,那种是再生的想像。

学者——(照上答出)

此种教法,先讨论抽象的内容,然后讨论例子,所以说是演绎的讨论法。

B. 归纳的讨论法

教者——前天你们到中正街看新剧,看的些什么?

学者——看的"河东狮吼""孔雀东南飞"还有女师附小学生的跳舞……

教者——你想想看,当时的情景是怎样?

学者——"河东狮吼"最有趣……电灯很明亮……有二三千人,挤极了……

教者——这都是你的过去经验,你此时能想像出来,这种想像,是追忆从前的经验,所以是……什么?……再生的想像。

教者——现在快放假了,你们回家之后,想做些什么事情?

学者——(一) 想读一本《鲁滨孙飘流记》,又温习国文和代数……

（二）想到西湖去避暑,还要回到上海看朋友。

（三）……

教者——那吗你们这种想像……是追忆过去的经验吗?

学者——否!（齐声叫出,）未来的,不是过去的。

教者——那吗是构造的想像了。

此种教法先讨论具体的例子，然后谈到抽象的内容，所以说是归纳的讨论法。

（丙）故事包含内容的方法

此种方法与前二者不同，教者在未教之前，先将本课所欲讲授的内容摘要抽出，然后编纂一段故事，暗中将本课所用的材料插入，教者上台之后，即对学者用讨论的方法将故事说出，说完之后，再讨论本课的内容。我此次所用的故事如下。（材料同前）

前清时候，北京城里有一位退老制台，叫做张平。他有一个儿子，名华卿。聪明韶秀，诗才绝顶。张平老先生有一个同年的朋友，名叫陆蛰庵。陆有个女儿，名秀娟，资质秀丽，有如天仙，诗词文章，尤属是闺秀中的凤毛麟角。秀娟的哥哥，名静斋，也擅诗词，同张华卿是很好的朋友，诗酒往来，已非一日。有一天，华卿在静斋书斋里闲谈，无意中在他的书案上发现一张诗笺，上面写了一首七绝，下署秀娟二字，蝇头小楷，秀丽非常。华卿就问，这是谁人所作。静斋说这是舍妹和我唱和的诗稿。他听了这话，半晌没有开口。静斋素来很拜服华卿的才华，又加上同他是总角之交，看他半晌没有开口，知道他的意思，当时就有意把妹介绍给他。华卿去了之后，静斋就把这个意思，告诉他的父亲，他的父亲，也非常赞成。以后就由静齐[斋]介绍，把秀娟同华卿先给成诗文的朋友。他们三人，时常在花园中唱和，有时候只是秀娟同华卿两人坐在园中，两情交久，已相印心心，又加上半年来诗酒的姻缘，更外是如胶似漆。一天，他们俩正在园中闲谈，忽有燕子一只，从他们面前飞过，呢喃的声音，括上他们的耳鼓，又刚巧那个时候，兰花盛开，阵阵香风，吹进鼻孔。华卿当了这个境遇，好像受了暗示一般，不期然而然的同秀娟握了一下手，秀娟亦不拒绝，温润的肌肩，真叫他魂灵儿飞去，他们俩的终身大事，也就在此时定规了。

华卿既同秀娟订婚之后，两人的关系由朋友而变为夫妻，感情一天一天的浓密。不过天下的事体，到了姻缘美满的时候，就要发生波折。那时候山东忽然发生拳匪，蔓延到各处地方，外国教士被杀的很多。于是八国联军打进北京，都城失陷。华卿同秀娟两家都被劫掠；家人四出逃亡，彼此不知下落。且说华卿出了北京之后，一路向南逃走，步行了二十多天，逃到江苏徐州府，忽然遇着大雨，天色又已晚了。他走到云龙山上一个古庙里，筋骨疲惫，饥渴交加，看见天井里有棵桃树，桃子还未成熟，他就采了几个下来充饥，觉得酸得不能下咽。吃过之后，躺在屋檐下休息，浑身发痛，他想到在花园里握住秀娟温润的手，何等快活；燕子的声音，还好像在耳朵里括；兰花的香味，还好像向鼻子里攒；到如今弄到衣破囊空，性命难保！自己叹叹命运，真可算坏极了！因此不觉掉下泪来。其时华卿有一位年伯，姓李名衡，家住南京，他同华卿的老翁，是结拜的朋友，当他在京里的时候，常常拜访他的父亲，并且很器重华卿，屡屡邀他有便到南京去顽顽。华卿于无奈何之中，忽然想到这位年伯，他自己打算以为这位年伯，如此殷勤，又同他的老翁有深交，若是走到南京，投到他的门下，暂且安身，也未尝不是善法。主意打定，设法赶到南京，访问多时，才找到这位年伯的公馆，他请当差的到里面去通知，当差的出来说，我家老爷认不得你，请你快快滚蛋。他此时不觉大失所望，好像吃了一盆冷水，没精打采的跑到夫子庙里，东走西走自己想到远道走来，路上吃了一番辛苦；行路的时候如何吃力；两只腿子如何的酸痛；肚皮饿了,如何难受;吃的那些生桃子,如何的酸;走到南京,满拟有处收留,哪知这位年伯,如此势利。我的命运,真可算坏极了。他信步而走,碰巧走到一位相面先生面前,他就请他相面,看看局运,这位相面先生向他看了一看,知道他是文弱书生,江湖流落,就生出可怜他的意思。问起他的家世,不觉吃了一惊。其时这位相面先生,有一个朋友,在王老翁家管账,听说这位老翁,要请一位教读先生,教他的孙子。他就代他设法介绍,王老翁请他进去谈谈,非常满意。随即留他教读,可怜流落多时的张华卿,到了此时,也居然衣暖食饱!不过在花前月下,就不时的想到秀娟,时时露出忧愁的样儿。被王老翁看出,常时追问他的原故,隔了许多天,他才将前后情形,和盘托出。王老翁听了之后,快活的了不得,怪他道:"你何不早早告诉我,秀娟就在我处!"原来陆秀娟,自从兵乱散失之后,经过许多波折,流落到南京,刚刚有一天王太太到鸡鸣寺上去烧香,无意中在山下遇着他,登时发了慈悲,把秀娟带回家中,请他唱书消遣,顺便教教女孙,王太太也时常看见秀娟,闷闷不乐,不知什么缘故,到了此时,王老翁王太太引他们俩相见,就在王府成了亲。拳匪乱平,他们俩才转回北京。

　　教者——张华卿躺在古庙屋檐下,做什么?

　　学者——……想他过去的情形……(教者此时就顺便说出我们今天讲想像。)

　　教者——他此时还看见花园吗?秀娟吗?……

　　学者——看不见。

　　教者——何以?

　　学者——……因为他只是想像,并非实见事物……(教者此时提出想像的性质。)(此是归纳法)

　　教者——想像本身无真伪,他的真伪,全看他同将来实际的情形合不合,此故事中,何段可以证明?

　　学者——……华卿想去依附年伯,后来年伯不睬。

　　教者——华卿在古庙中,想到过去的情形,又打算以后的行止,这两种想像,有分别没有?

　　学者——……有分别,一是过去的,一是未来的……(教者于此时提出再生的想像,和构造的想像。)

　　教者——想像靠着影像,有许多心理学家,都主张影像的种类,和感觉相等,在此故事内,那种是视的影像?……听?……味?……温度?……痛?……嗅?……行动?……机体?……(此是演绎法)

　　学者——……视,华卿在古庙里,想到花园里的情形;听,想到燕子的声音;温度,想到握秀娟的手;嗅,想到兰花的香味;味,在夫子庙里想到桃子酸;痛,想到腿子痛;行动,想到一路奔走;机体,想到肚里饿……

　　教者——想像有具体的和抽象的,在这故事里,那里是……?

　　学者——……想到花园等物,是具体的;想到命运是抽象的。

　　(讨论完了之后,教者须将本课内容总括复述一遍。)

三种方法之批评

讲演、讨论、归纳、演绎诸法，各有所长，须相机运用，不可偏废。所以甲乙中 A. B. 四法皆有时用得着，万难一概抹煞，不过他们却有许多流弊不可不知，姑举其最大的有两种。

一、零零碎碎，前后无联络。

二、死板的，不能引起学者的兴味。

故事包含内容的方法，既能包括上面四法，取其长处，有时讲演，有时讨论，有时用归纳，有时用演绎，随机应变，而又无零星琐碎，干燥无味的流弊。我现在可把学生对于此种教法的意见写出：

（1）此种方法，最易使学者注意，脑中印像很深，便不易忘却，使人有回思的意味，可贯穿于胸中。

（2）对于用故事包含内容的教授法，能引起听者的趣味，而使人易于注意，其中包含证据，而使人易于明白。

（3）用故事包含内容的教授法，甚为得宜，使学者可回想从前脑筋中所已知的观念。

（4）答以故事包含内容的讲授法，是最好的方法，因其能引起人的兴味，使人注意听，然后归纳于正文，使人不知不觉将书中所讲的事体学习好了。

（5）我觉得很好，因为能使学者增加兴趣，容易明白了。

（6）甚好，因为容易记忆，且有兴趣。

（7）此种教授法，极能使学生引起兴味，在无意之间，促进许多智识，结论再提纲挈要，诚能明悉。

（8）较有兴味，并且有例（故事）助我们的记忆，到了好久，不能忘去。

（9）我对于你用故事包含内容的教授法，很赞成，因为这种方法，容易使我们记得，并且容易清楚。

（10）用故事包含内容的教授法颇好，因既有兴味，且便记忆或追忆。

（11）极表赞同，一方面可引起兴趣，一方面容易记忆。

（12）这个法子很好，因为记忆力对于有趣味的事，易于记忆，我们对于故事很易记忆，以后想起这个故事，就想起故事中所包含的心理学了。

（13）用故事包含内容，是很有趣味的，并且颇有文学价值，我对于他极端的赞成。

（14）印像深，有趣味。

（15）用故事包含内容的教授法，很得当。因为可以使我们有练习想像的机会，并且可以将一点钟内所要讲的东西，完全包含在内。这种方法，很可以引起人的兴味。

（16）非常的好，可以使人容易记忆。

（17）赞成，因为可以实地证明。

（18）此种教授法，是最好的，可使人注意教授，且生兴趣，过后应用心理学上定理，反想到故事上某种适合以后。若不懂心理上定理，回想到故事，即能了解。

（19）我对于用故事包含内容的教授法，非常赞成，因为觉得有兴味，及易于记忆而永久。

（20）能引起学生的兴趣，并且所讲的各种，可在故事中一一包括，使眉目清晰，易于领悟。

（21）这种教授法很好，因为说故事能引人入胜，越听越有味，然后将内容提出说明，便能容易记得。不过希望慎选极好的故事才好，不然，我们不愿听，那就坏了。

（22）老生常谈，裨益实在甚少，然对于（实用）一方面，由此可以类推。若用高雅的故事来讲，那就大好了。

（23）用故事包含内容的教授法，对于学生方面很好，不过教师方面，颇觉困难，因为每点钟要故事来教授，殊费搜索，至于平时用问答法真佳。

（24）对于用故事包含内容教授法，于时间上不经济，惟学者便于记忆，有心得耳。

（25）此种教法，颇富兴味，惟恐学者注意于有趣味故事方面，而忽略所包含心理的真意。

（26）我对于用故事包含内容的教授法，有二种：（1）先讲书内之学理，然后再说故事，毕后，问我们此故事有对于该学理包容有几种。有回答不到，再回讲一次，（2）所讲之故事，要对于已［以］前习过的学理，须有连带的关系，要明示我们有知到［道］的机会。

综括起来，此种教法的优点如下：

（一）能引起学者的兴味。

（二）前后联络一气，无零星琐碎之弊。

（三）使印像加深，便于记忆。

（四）供给学者回忆 Recall 的机会。

（五）能使学者注意。

（六）利用联想，便于忆起。

但是这种教法，用得不对，也有危险，所以教者应当注意下面的几件事。

（一）当慎选故事的材料，须有变化，有时可用游记体，有时可用述梦法，总以有变化为宜。

（二）当精选材料，用不着的话，愈少愈妙，总以节省时间为宜。（本篇故事，还嫌冗长）

（三）教者当有充分的准备。

（四）此种方法，须看教材之性质如何，不能应用的材料不可牵强附会。

此种方法，不仅一课心理，可以应用，全部心理材料，都可用几个大故事或一个大故事包括在内。教者上台，仿佛说书，今天讲一节明天讲一节（每天皆有讨论），一部书说完之后，全部心理的知识，都可深印不忘了。并且我还有种设想，我以为此种方法，不仅心理一科可以应用，其他如教育学、教授法、史地、社会学、伦理学、论理学等无处不可应用，鄙见如此，还希国内教育家赐教。

（原载《教育汇刊》第四集，1922年）

一年来心理教授法之实验

我国办教育的人有一种通常的误解,以为小学校里应当注重教授法,至于中等以上的学校,只该在实质上去研究,教授法实在没有什么重要,这种见解,直到孟罗到中国来调查教育,始行打破。

中等学校里果真是不要教授法吗?那么我们在上课的时候,为什么发见学生睡觉,或是看别的书?为什么没有到下课的时候,就有许多学生看钟?为什么听得学生说对于某科无兴味?为什么考试的时候有多人答不出来?为什么学某种功课学到后面就忘记了前面?为什么学下去的东西不能应用?……这种种问题,都要等教授法来回答,中等学校里果真是不要教授法吗?

我在担任教授心理之初,即抱着一种妄想:以为无论什么枯燥的材料只要教得好,都会发生兴味,无论什么有兴味的材料若是教不好都会变成干燥。我这一年来的教授的心得,就建筑在这个妄想之上。现在我可以把我的教授法写在下面同诸位研究研究。

(一)把心理原理同日常生活打成一片教授。
(二)采用有趣味的例子来教授。
(三)采用活动式的教授。
(四)采用学生方面的材料来教授。
(五)用演讲讨论参合式来教授。
(六)用故事包含内容的方法,来教授。

上面的七种方法,一年来都实地试验过,并且做了许多调查,现在一一写出。

一、把心理原理同日常生活打成一片教授

我觉得心理这门科学,同人生最有密切关系。除去人身不能谈心理,我们现在所有的心理原理,都是从生活现象中抽象而来的。现在我们欲把这些抽象的东西,教给学生,仍必定回到日常的生活现象,这一层在中学校里教授心理,尤其重要,——中学校教授心理之必要,当另文详之——所以我在说明的时候,多取日常生活的资料,稗官野史之言,酒后茶余之话,只要可以应用,无不采纳,兹举一例如下。

我与姜君等六人同饭,我的坐位,适与姜君成相对的地位,而厨子于每餐所置的筷子等,总在我的一边。姜君天天要到我的一面来拿。自从开学至现在,差不多餐餐如此。不知道今天晚餐,已经将姜君的筷子置好了。而姜君不知,仍到我的一边来拿。且高呼厨子,同餐者发声大笑,姜君回顾自己面前,亦付之大笑。

这是学生的一段笔记,用来说明习惯成自然的现象。我后来有了一种调查:你觉得应用日常的生活来说明心理的原理有什么价值?

(1) 有使教育与社会接近联络之价值,有考察调查应用之价值。

(2) 日常生活是我们常常遇到的,所以拿来说明心理的原理,格外的使我们明了并且容易记忆。

(3) 日常生活各人都有经验,以从前的经验,来说明新智识,则易于明了。

(4) 既易明白了然,又便记忆。

(5) 能使原理附合在事实上,容易领悟。

(6) 明白些,切实些。

(7) 实用些。

(8) 答用日常的生活,说明心理的原理,则以后对于生活上随时随事,皆觉得有一种原理在焉,而知其为本能或习惯,或因而改革之,或因而利导之,此其价值也。

(9) 不但可以练习心理学,使之不得使忘,更可以藉之研究,有所心得。

(10) 我觉得格外透彻,容易记忆,不致下课就忘掉。

(11) 日常生活来说明心理学的原理,较为明晰。盖日常生活中事实,人人皆知。内中一切奥妙,难以言语形容者,亦可洞悉了然,不致发生误会。

(12) 教授心理若照书本上死的讲去,不但没有活泼气概,连那学者所费的时间,亦被消灭了。若将日常生活来教授心理学者,觉得异常新鲜,亦不易忘记。

(13) 吾人日常的生活,须心理上帮助很多。例如那一工人学造桌子,然后他用他的联想,便可由桌子转造其他的东西。这是心理的原理活动的价值。

(14) 因用此法,则理论与事实方能互相证明,不致理论自理论,事实自事实,两无关系。

(15) 比较要明晰得多。

(16) 很足以明白日常生活之心理关系于人生,能定人生动作意识的标准。

(17) 有容易使他人懂的价值。

(18) 抱着讲义死读读了一阵,自己的生活还是如常糊涂。譬如翻开讲义时,未尝不知道误会发生的原故,然而丢了讲义,遇事还是固执己见。

(19) 可以晓得世事,都有研究之价值,并且可以知道无论什么事,都含原理在内。

(20) 有实用的价值,且易于了解,在兴趣上且格外增加。

(21) 学者生出兴味。

(22) 应用日常生活的事,天天可以看见的,可以听见的。吾们见着的日常生活的事,就可以想到心理上去。即能去使吾们保守久远的记忆,并且与日常生活的事有关系。于应用心理的时候,可以随便施用,而无障碍。

上面二十二条,是二十二个学生对我发问的答案。

二、采用有趣味的例子来教授

心理这门科学,固属要和生活现象打成一片教授,但是枯干无味的材料,也不能引起学生的兴趣。我觉得举例时第一件要事,就是要选材得当,既要引人发噱,又要无伤大雅。再进一步,还要寓有训育的意味。我现在可举三个例子来说明。

例(一) 一星期以前,吾在河边散步,碰着了一个朋友,他授给我一封很有趣味的信。隔了一天,吾跑到他的寓所去拜望他,过了几天,吾觉得这封信是他在寓所给我的。

例(二) 从前有一个妇人,她的性很鲁莽,并且容易错误。有一次,她抱了她的儿子哺乳,忽而想到她的儿子,于是她就立起抱了她的儿子,再去寻儿子,东奔西走,足足寻了半天,后来他逢到她的婆婆,就问吾的儿子是那一个抱了去?害我寻了半天!真真可恶!那老婆婆笑道,媳妇!你寻你儿子,你抱的是那家的儿子? 其媳始恍然大悟。

例(三) 有一个学生,专好嘲笑近视眼。他看见近视眼的人,便说出许多瞎子的故事来,拿他取笑。有一次他自己的眼害病了,痛得不能睁,蒙着一块黑纱上楼梯。他上去的时候,把楼梯一级一级的数了清清楚楚,明明白白,一会儿他下来,少记了一级,一步跨了两级竟是跌下来了! 其时幸有一位近视先生从旁经过,才把他扶将起来!

上面三例,皆是说明错误记忆的材料,皆与日常生活联络。但是第一例干燥无味;第二例只能引人发笑;第三例除去发笑之外,还含有一点训育的意味。我教授心理时,所举的例子,都极力选第三种材料,然因难选之故,所以第二种用得最多。

三、采用活动式的教授

同是一种材料,用活动式来教授比之呆板式的教授要好得多。我现在可举三例:(1) 引起研究的动机,(2) 说明插图;(3) 说明例子。

(1) 引起研究的动机

我讲"类化"的时候曾经点了一大堆的点子在一张大白纸上,我当时要证明人因过去经验不同因而发生差异的解释,起初想把这张纸挂在黑板上给他们看,看他们各人说出什么东西。后来改换办法,暗中将该纸藏于教台下,告诉学生道:大家留心看,(说时将纸突然拿出)看这上面是什么东西? 又随即将该纸送入台下,这时候学生们研究的兴味勃发,一个个的说出他们所揣着的东西。

(2) 说明插图

心理里当有许多插图,要教者说明:说明插图的方法,最不好的是在书本或讲义里说明;稍好一些的,是将小图扩大挂在黑板上说明,最好的是用活动式的说明。我说明查纳氏错觉 The Zöllner illusion 时先在一张白纸里画了三排斜线,如(甲)图贴在黑板上,后来拿了一把极直的尺当场画了三条直线,现出(乙)图的样子,学生无不诧异。

甲图　　　　　乙图

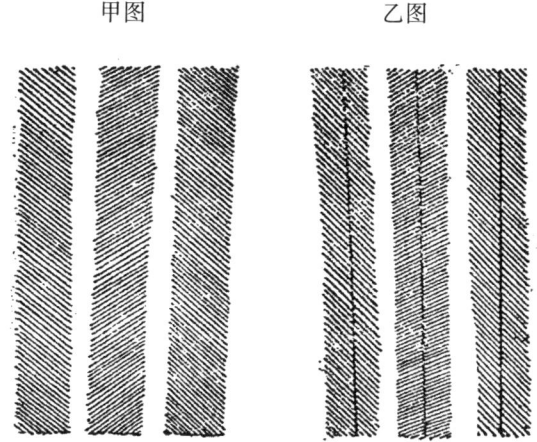

我说明冯德 Wundt 错觉试验时,用白洋纸剪了两个一样大的扇面,先用图钉贴于黑板上,如甲图。使学生发现 A 面比 B 面小,后将二图颠倒位置如乙图,使学生发现 B 面又小于 A 面。最后把两面合成一起,显出他们是一样大,经过这三种手续,才能切切实实的证明错觉的现象。

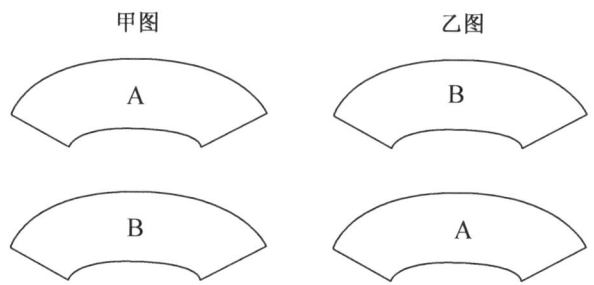

现在且看我的调查。

你觉得将插图放大了,挂在黑板上说明,比之在书里小图上说明怎样?

A. 赞成黑板上大图者有十七人,其理由:

(1) 因为清楚。

(2) 挂在黑板上说明好些,明白些。

(3) 可以在温习的时候有联想观念,追念到教授者之说话。

(4) 说明较好。

(5) 易于引人注意,比在书里小图为好。

(6) 可以能使人明白其中意味,清清楚楚的了解。

(7) 黑板上大图较为明晰,书中之图甚小,难明。

教员教授时,可引起学生注意。

(8) 书里小图学者容易遗误,若放大在黑板上,教者指示详切,学者易于注意。

(9) 较为明了,容易领略。

(10) 插图放大挂在黑板上,既悦目而教者一面讲,一面指点,收事半功倍之效。不致空口说白话,而无以证明,在学者则只能听而无暇看且又不愿看不清楚而又小之图。

(11) 因为可使学者大家注意。更加教师临时指出说明,使学者更见明了。

(12) 格外明白,格外清晰。

(13) 因插图放大挂在黑板上,一来看得很清楚,二来可以使得人注意,并可以使得人能十分明了。

(14) 因为易于引起注意。

(15) 因为图放大在黑版上,可以看得清楚一点。

B. 主张黑板上和书里,都要插图者四人,其理由。

(1) 最好并用。当教授时,宜将插图放大,挂在黑板上,易明了。而学者一方面,可以对照黑板上的图,将来开卷复览,不至于有似曾相识之弊。

(2) 讲心理的原理时候,插图挂在黑板上,能使学生特别注意些。对于记忆,可以永久些。而又要插图在讲义上,可以常常温习,则可永久不忘。

(3) 我觉得两种方法合则皆美,分则皆坏。什么缘故呢? 因为图放大了挂在黑板,容易使人注目,印象较深,则不易忘记。至于在书里说明呢? 当时虽不能引起学者注意,然而却能常常接触,可以永久不忘。

C. 主张差不多者二人

(1) 将插图放大在黑板上与书上的差不多。因为我们看东西以为大则大,以为小则小。小的当大的看,大的当小的看,仍然是一样的。

(2) 在书内小图上与在黑板上挂图都一样。

D. 赞成小图者一人。

(1) 插图放在书里,似乎好些。因为放在书里,我们看得清楚,并且自修的时候,可以再看。

(3) 说明例子。

同是一个例子,由教者死板板的说出来,便了无意味,若用表演的方法表示出来,便觉得活动有味。就拿前面第三个例子来说,倘使教者没精打采的讲演出来,又有何趣味呢? 若是教者说到嘲笑近视眼的时候,就装出嘲笑的样儿;说瞎子上楼的时候,就把眼睛合起来装出摸索的样儿;说到跌下来的时候,就装出跌下来的样儿。如此教法,教者好像在台上演戏,学生焉得无兴味呢? 我常觉得善于教授的教师,不仅口里讲话,他的眼睛眉毛手脚,无不帮助他讲话,他的眼、眉、手、足,运用的愈灵巧,愈能引起学生的兴味,那些眼痴目呆手足笨重的教师,断配不上谈什么教法。兹将学生方面对于表演式的意见列后:

你觉得教者说明例子的时候,用直接讲说与表演两种方法那一种好?

A. 赞成用表演法好者二十一人,其理由:

(1) 易于引人趣味,并明晰。

(2) 直接讲说,乃是讲死书,无益也。若用表演的方法,可启听者的兴趣,易于记忆。

(3) 表演的方法,因为指天画地,最足使人注意,人既注意,则印象深矣。

(4) 易于使人注意。

（5）能引起听者注意，不易忘掉。

（6）表演出来可引起学生兴味，便记忆。

（7）直接解说，易于忽略，易于使学者疲倦。若加表演，不但引起学者兴味，亦可增加其注意。

（8）因为多一种神情，足以引人注意。

（9）试问教化学物理者，还是有实验好？还是无实验好？明乎此，则知直接说与表演孰优矣。

（10）因为可以引起人的兴味和注意。

（11）用表演方法学者易于的入脑筋，记忆得永久。

B. 赞成二者并用者三人，其理由：

（1）又有趣味，又能明白，一方面可以将抽象的理说明，若只用表演，则抽象之事物，必不易达，若只用讲演，则具体事物，亦必不易达。

（2）我觉得教者说明例子的时候，不宜拘执，宜有变化，有时用表演法，有时用直接讲法。

（3）直接讲说的好些，但有几种很深曲的，则以表演为好。

四、采用学生方面的材料来教授

书本上说明原理的材料，我觉得总有许多不适当，外国书里的不论了，就是中国书里的材料，也多半不适于用。我教心理某种现象之前，常常在课室里先用调查的方法，在十分钟内，将报告收齐，下课后随即统计出来，下一时讲授时，就拿来应用，今可举二例：

（一）用下面收来的材料，说明联想律。

（1）看见秋你想到什么？

（一）天气将凉（二）白露（三）春（五人）（四）冬（四人）（五）秋景（六）中秋（七）秋凉（八）草木黄（九）郇爽秋先生（十）蟋蟀（十一）红叶（十二）秋风秋雨（十三）落叶

（2）看见雪你想到什么？

（一）雪白（二）棉花（二人）（三）霜（五人）（四）雪花满天飞（五）白色（六）霜雪满地（七）寒（八）冰（三人）（九）天冷了（十）冬天（十一）幼时作雪人（十二）冷（十三）电（十四）大雪

（3）看见红灯笼，你想到什么？

（一）蜡烛（三人）（二）好看（三）黑（四）国庆日（三人）（五）赛会（六）做喜事（二人）（七）绿玻璃（八）喜悦之气象（九）绿电灯（十）大彩球（十一）很亮（十二）好（十三）白烛（十四）白公鸡

（4）看见中天明月，你想到什么？

（一）家内如何（二）一片光明（三）北极阁（赏月）（四）家家赏月（五）其光荧荧（六）晴天（七）很圆很亮（八）照满大地（九）塞外北风（十）时当半夜

（十一）青天白日　（十二）天涯孤客　（十三）好　（十四）月白风清如此良夜何　（十五）八月半　（十六）想家(二人)　（十七）天下同看　（十八）星辰

（二）用下面收来的材料，证明学生学习的方法之不对，并示以正当的学习法。

你用什么方法记得生字？

（1）熟读和默写。

（2）常常复习。

（3）天天读。

（4）口念手写。

（5）用白纸块写生字贴于自修室之桌上，坐下便读。

（6）把字之笔画常常记在脑里。

（7）一方面读，一方面写。

（8）常温法。

（9）记其形状如何，写法如何。

（10）a. 先认其形。b. 记其意义。c. 应用之。

（11）先看他有几字母拼成，再究其读法，再究其解法。

（12）看见一生记[字]，即用脑记着。

（13）用读的方法。

（14）用拼音的法子。

（15）用每句中的意思记生字，后来想到此句，便想到此字。

（16）我用"读"和"做句子"的方法，例如 Desk 一字，先读熟，使我能拼出，然后再拿这字，做成一个句子。

（此问共有二十二答案，用(15)(16)者各有一句能利用联想，余人概用练习法。）

此外关于心理普通现象，多系由学生自举例子。我并且做了一个调查，其答案如下。

你觉得心理里例子，和说明的材料，还是用书上现成的好，还是用你们自己举的好？

A. 觉得自己的例子好的十三人，其理由：

（1）因为自己举的例子，自己须用一番心思，则易于记忆。但书内原理，未经教师说明的，不在此例。

（2）可以多一个机会练习，可以知道吾们究竟懂不懂，但是吾们时间太少，无暇来做这事。

（3）自己举的例子，是由自己思想得来的，故较好。

（4）用自己举的例子为最好，因我能举例子，则书中之事实，必定有澈底的明了。

（5）书本上现成的都是不合我们心的，倒不如自己的好。

（6）我们自己举的例，自己用过一番脑筋，或者是自己经验过的。所以能够记忆，能够了解。

（7）因为自己举的，对于自己的意见，可以发表，况所发表者，自己较为明晰。

（8）因为自己用此一番脑力，可以长久记忆不忘。

（9）因为自己用过一番心思，容易记得，无易忘之心。

（10）我们自己举的，与我们日常生活有关系。

（11）因为所举心理学的例子，对于心理学的记忆上，可以复习一次，能够印深。

（12）因为我们既已能举例子，就可以懂得心理内所说的是什么东西。

B. 赞成书上的例子五人，其理由：

（1）用书上例完全正确。

（2）因为可以省了学生课外的许多时候。

（3）自己所举的例子，不能得十分完美。

（4）当然是书上的好，因为书上的都是对的，自己举的，有许多地方不对。

（5）因为书内说的明明白白一见即知，若是用学生自举，一则不清楚，二则费时。

C. 主张二者当并用或分别选用者六人，其理由：

（1）a 不费时间，b 有趣味，c 若只用一种材料便觉讨厌了。

（2）假使例子是好的，无论自举或书里皆好的，因为我们虽然举对，而他人看看，等于书上的例子。

（3）择其佳者而用之。

（4）二者都好，但起初我以为用书上现成的要好一些，学者可以为标准，否则只用自己所举的，恐自己尚没有澈底明白，那举出的例子，不是要弄差了么？

（5）两者皆有好有坏，不必偏用，视其当而已。若抄西洋书，而又用西洋例子，洋名地名人名满纸，自问亦太难堪，若其切于事情与吾民俗合者，亦未尝不可用也。

（6）书上现成的材料是优雅的、是合理的则用书上。如书上的材料是不优雅的是不合理的，则用我们自己举的材料。

（五）用讲演讨论参合法来教授

我教授的时候，最喜用讨论式，不过有时候因为内容的性质不同，不得不用些讲演式，但是我心里都觉得讨论式好，当时以不能尽用讨论式为憾。今年春天，我研究实验教育，做了一个讨论式与讲演式孰善的试验（详细情形已在《教育杂志》上发表），发现的结果，出乎我意料之外。就是：实验的结果，虽说讨论式比讲演式好，但是多数学生的心理，却以讲演讨论式为最好。我可把大概的步骤说一下。

第一步　先把从前所讲的东西，抽出三十条，用正误区别法，试验出全班学生一般了解的能力。

第二步　根据学生答出条数之多寡，将全班学生分为二组，甲组十二人，乙组十三人，并将预备要讲的材料，抽出十五条来，亦用正误区别法，事前印就，携至教室，以便应用。

第三步　试验的时候，每组约一小时。现在甲组上完全用讲演式教授，费时三十分，随即将试纸取出试验，试验后，收齐。再令乙组入教室，仍用甲组的教材，完全用讨论式教授，亦费时三十分，再用前法试验，将报告收齐。

第四步　统计双方的结果,得表如下。

答对条数＼方法	讲演式	讨论式
14	2	4
13	3	7
12	2	1
11	3	1
10	1	
9	1	
总数	12	13
中数	11.5	12.6

我得了这个结果之后,以为讨论式的成绩,既比讲演式高许多,当然是讨论式好;并且以后教授的时候,不妨尽用这种法则。第二天上课的时候,学生问起昨天的试验,我便将那个试验的意思,告诉他们,并且问他们赞成那个方法,当时出席的二十四人,赞成用讲演式的五人,用讨论式的九人,此外还有十人不举手,他们说赞成调和式,我便叫他们各把理由说出:

(1) 赞成讲演式之理由
  a. 内容可多些。
  b. 谈话式易分歧,时间不经济。
  c. 用讨论式不易普及。
  d. 有些话不能回答。

(2) 赞成讨论式之理由:
  a. 有兴味。
  b. 印象深。
  c. 学生自己有思索之余地。
  d. 令大家不得不注意。

(3) 调和式之理由,兼有二者之长,而无其短:

按实讲来,有些教材,确宜用讨论式,又有些教材,确宜用讲演式。尽用讨论式,其弊与尽用讲演式相等,调和法确是一个最妥当最适用的教法,我自从做了这个试验之后,对于调和式的教法,更外觉得信任,从前重视讨论式,轻视讲演式的见解,也就打消了好多。

(未完)

(原载《中华教育界》第十一卷第十一期,1922年)

一年来心理教授法之实验(续)

(六) 用故事包含内容的方法来教授

我一年来教授的心得,要算是用故事包含内容的方法了。原来这种方法,有一些近似设计教授法,但是微与设计法不同。当我未用这种教法之先,即发现了两种困难:(一) 学生听下去的东西,零零碎碎,缺少联络;(二) 学到后面,就忘记了前面。我要克服这两层困难,没有好方法。后于无意中,想到把一课的内容,包在一个故事里教授,但不知能否发生效力。乃决心试验一下。刚巧第二天上课该讲想像一章,我就拿他来做试验的资料,兹将前后情形写下。

1. 搜集教材　教者先将本课教材的纲要,简单列出。此次所用的纲要如下。

想像的性质　想像乃是事物印象的再现,和具体的知觉不同。

想像的真伪　想像的真伪,全凭与实际行为相合与否为断。

想像的种类　唤起旧有的观念和原来知觉所经历的没有分别,为再生的想像用旧有的观念造成新的观念,为构造的想像。

影像的种类　想像以影像为基础,心理学家多主张影像种类,和感觉相等。所以有视听的影像、味觉的影像、温度的影像、痛觉的影像、嗅觉的影像、行动的影像、机体的影像。

具体与符号的想像　想到具体之物,为具体的想像,否则为符号的想像。

2. 编纂故事　将纲要里的内容,暗暗的编在一段故事之中。此次所编的故事如下。

前清的时候,北京城里有一位退老的制台,叫做张平,他有一个儿子,名华卿,聪明韶秀,诗才绝顶。张平老先生有一个同年的老友,名叫陆蛰庵,陆有一女名秀娟,资质秀丽,有如天仙。诗词文章,尤属是闺秀中的凤毛麟角。秀娟的哥哥,名静斋,也擅诗词,同张华卿是很好的朋友,诗酒往来,已非一日。有一天华卿在静斋书斋里闲谈,无意中在他的书案上发现一张诗笺,上面写了一首七绝,下署秀娟二字,蝇头小楷,秀丽非常。华卿就问这是谁人所作,静斋说,这是舍妹和我唱和的诗稿。他听了这话,半晌没有开口,静斋素来很拜服华卿的才华,并且是总角之交,看他半晌没有开口,知道他的用意,当时就有意把妹妹介绍给他。华卿去了之后,静斋把这个意思告诉他的父亲。他的父亲也非常赞成。以后就由静斋介绍,把秀娟同华卿先结成诗文的朋友。他们三人,时常在花园里唱和,有时候只是秀娟同华卿两人坐在园中,两情脉脉,久已相印心心,又加上半年来诗酒的姻缘,更外是如胶似漆,一天,他们俩正在园中闲谈,忽有燕子一双,从他们面前飞过,呢喃的声音,括上他们的耳鼓,又刚巧那个时候兰花盛开,阵阵香风吹进鼻窍。华卿当了这个境遇,好像受了神迷一般，不期然而然的同秀娟握了一下手。秀娟亦不拒绝，温润的肌肤，真叫他陶醉。他们俩的终身大事，也就在此时定规了。华卿既同秀娟定婚之后，两人的关系，由朋友而变为夫妻，感情一天一天的浓密，不过天下的事体，到了姻缘美满的时候，就要发生波折。那时候，山东省忽然发生拳匪，蔓延到各处地方，外国教士被杀的很多。于是八国联军打进北京，都城失陷，华卿同秀娟两家，都被劫掠，家人四出逃亡，彼此不知下落。且说华卿出了北京之后，一路向南逃走，步行了二十多天逃到江苏徐州府，忽然遇着大雨，天色又已晚了。他走到云龙山上一个古庙里，筋骨疲惫，饥渴交加，看见天井里有棵桃树，桃子还未成熟，他就采了几个下来充饥，觉得酸得不能下咽。吃过之后，躺在屋檐下休息，浑身发痛，他想到在花园里握住秀娟温润的手，何等快活，燕子的声音，还好像在他耳鼓里刮，兰花的香味，还好像向他鼻子里攒。到如今弄得衣破囊空，性命难保，自己叹叹命运，真可算坏到极点了，因此不觉掉下泪来。其时华卿有一位年伯，姓李名衡。家住南京，他同华卿的老翁，是结拜的朋友，当他在京里的时候，常时拜访他的父亲，并且很器重华卿，屡屡邀他有便到南京去玩耍。华卿于无可奈何之中忽然想到这位年伯。他自己打算以为这位年伯如此殷勤，又同他的老翁有深交，若便走到南京，投到他的门下，暂且安身，也未尝不是善法。主意打定，设法赶到南京，访问多时，才找到这位年伯的公馆，他请当差的到里面通知，当差的出来说我家老爷认不得你，请你快快走罢。他这时候不觉大失所望，好像吃了一盆冷水，没精打采的跑到夫子庙里，东走西走。自己想这远道走来路上吃了一番辛苦，行路的时候，如何吃力；两双腿子，如何的痛；肚皮里饿了，如何难受；吃的那些生桃子，如何的酸。走到南京，满拟有处收留，那知这位年伯，如此势利，我的命运，真可算坏极了！他信步而走碰巧走到一位相面先生面前，他就请他相面，看看局运，这位相面先生向他看了一看，知道他是文弱书生，江湖流落，就生出可怜他的意思，问起他的家世，不觉吃了一惊，其时这位相面先生，有一个朋友在王老翁家管账，听说这位老翁要请一位教读先生教他的孙子，他就代他设法介绍，王老翁请他进去谈谈，非常满意。随即留他教读，可怜流落多时的张华卿，到了此时，也居然衣食饱暖。不过在花前月下，就不时的想到秀娟，时时露出忧思的样子，被王老翁看出，常时追问他的原故，隔了多天他才将前后情形，和盘说出，王老翁听了之后，快活的了不得，怪他道"你何不早早的告诉我！秀娟就在我处！"原来陆秀娟自从兵乱散失之后，经过许多波折，流落到南京，刚刚一天，王太太到鸡鸣寺上去烧香，无意中在山下遇着他，登时发了慈悲，把秀娟带回家中，请他唱书消遣，顺便教读女孙，王太太也时常看见秀娟，闷闷不乐，不知什么原故。到了此时，王老翁王太太引他们俩相见，就在王府成了亲。拳匪乱平，他们俩才转回北京。

  3. 实际教授。故事编就之后，教者上课，一到教室里就讲故事，约费时二十五分钟讲完。后由教者把要讲的材料提出来讨论。当讲故事的时候，学者都很诧异，到了讨论的时候，方才明白，兹将当时问答的大概情形录下。(答话中的……表示经过一番讨论的手续)

  (问)张华卿躺在古庙屋檐下做什么？

  (答)……想他过去的情形……(教者在此时就说出我们今天讲想像)

  (问)他此时还看见花园吗？秀娟吗？……

(答)看不见。

(问)何以？

(答)……因为他只是想像，并非实见事物……(教者此时提出想像的性质)

(问)想像的本身无真伪，他的真伪，全看他同将来实际的情形合不合，此故事中何段可以证明？

(答)……华卿想去依附年伯，后来年伯不睬他。

(问)华卿在古庙中想到过去的情形，又打算以后的行止。这两种想像有分别没有？

(答)……有分别，一是过去的，一是将来的，……(教者于此时提出再生的想像和构造的想像)

(问)想像靠着影像，有许多心理学家，都主张影像的种类，和感觉相等，在这故事内，那种是视的影像？……听？……味？……温度？……痛？……嗅？……行动？……机体？……

(答)……视，华卿在古庙里想到花园里的情形；听，想到燕子的声音；温度，想到握秀娟的手；嗅，想到兰花的香味；味，在夫子庙想到桃子酸；痛，想到腿子痛；行动，想对一路奔走；机体，想到肚里饿……

(问)想像有具体的和抽象的，在这故事里，那种是……？

(答)……想到花园等物，是具体的；想到命运，是抽象的。

上面教授法中，有些是用归纳法的，如提出再生和构造的想像之问。有些是用演绎法的，如影像的种类之问。

问答终了之后，由教者总述一遍。

4. 调查学生意见。

对于用故事包含内容的教授法有何意见？

(1) 此种方法，最易使学者注意，脑中印像很深，便不易忘却，使人有回思的意味，可贯穿于胸中。

(2) 对于用故事包含内容的教授法，能引起听者的趣味。而使人易于注意，其中包含证据，使人易于明白。

(3) 对于用的故事包含内容的教授法，甚为得宜。使学者可回想从前脑筋中所已知的观念。

(4) 以故包含内容的教授法，是最好的方法。因其能引起人的兴味，使人注意听，然后归纳于正文，使人不知不觉将书中所讲的事体学习好了。

(5) 我觉得很好。因为能使学者增加兴趣，容易明白了。

(6) 甚好，因为容易记忆，且有兴趣。

(7) 此种教授法极能引起学生兴味。在无意之间，促进许多智识，结论再提纲挈要，诚能明悉。

(8) 较有兴味，并且有例(故事)助我们的记忆力。到了好久，不能忘却。

(9) 我对于你用故事包含内容的教授法，很赞成。因为这种方法，容易使我们记得，并且容易清楚。

(10) 用故事包含内容的教授法颇好,因既有兴味,且便记忆或追忆。

(11) 极表赞同。一方面可引起兴趣,一方面容易记忆。

(12) 这个法子很好,因为我们对于有趣味的事,易于记忆。我们对于故事,很易记忆。以后想起这个故事,就想起故事中所包含的心理学了。

(13) 用故事包含内容是很有趣味的。并且颇有文学价值,我对于他,极端的赞成。

(14) 印象深。有趣味。

(15) 用故事包含内容的教授法,很得当。因为可以使我们有练习想像的机会。并且可以将一点钟内所要讲的东西,完全包含在内,这种方法,很可以引起人的兴味。

(16) 非常的好,可以使人容易记忆。

(17) 赞成,因为可以实地证明。

(18) 此种教授法是最好的,可使人注意教授,且生兴趣。过后应用心理学上定理,反想到与故事上某种适合,以后若不懂心理上定理,回想到故事,即能了解。

(19) 我对于用故事包含内容的教授法,非常赞成。因为觉得有兴味,及易于记忆而永久。

(20) 能引起学生的兴趣,并且所讲的各种,可在故事中一一包括,使眉目清晰,易于领悟。

(21) 这种教授法很好,因为说故事能引人入胜,越听越有味,然后将内容提出说明,便能容易记得,不过希望慎选极好的故事才好。不然,我们不愿听,那就坏了。

(22) 老生常谈裨益实在甚少。然对于(实用)一方面,由此可以类推。若用高雅的故事来讲,那尤其好了。

(23) 用故事包含内容的教授法,对于学生方面很好,不过教师方面颇觉困难,因为每点钟要故事来教授,殊费搜索。至于平时用问答法真佳。

(24) 对于用故事包含内容教授法,于时间上不经济,惟学者便于记忆,有心得耳。

(25) 此种教法,颇富兴味,惟恐学者注意于有趣味故事方面,而忽略所包含心理的真意。

(26) 我对于用故事包含内容的教授法有二种意见:① 先讲书内之学理,然后再说故事;毕后问我们此故事有对于该学理包容有几种,回答不到再回讲一次。② 所讲之故事,要对于以前习过的学理,有连带的关系,要明示我们有知道的机会。

学生的意见既如上述,那吗这种方法的价值也就可想而知了。我行过这种方法之后,觉得教授心理,不但在一课里可以适用,就是全部的心理都可包在一个大故事里述完。并且觉得学科中有许多皆可适用这种方法。

后来我又在全部心理讲完的时候,编了三个长故事,把各章重要之点包入,将前从[从前]所讲的一齐温习了一下,又做了一个调查。

你觉用长篇故事温习心理比之空空的温习怎样?

A. 赞成用长篇故事温习者十九人,其理由:

(1) 因为我们对于故事容易记忆,并且故事就是心理原理的例子,所以我们格外能够记忆了。

(2) 讲故事一方面可以引起人的兴味,使人无怠惰之心,及故事讲完,心理的智识,不知不觉输入脑内矣。

(3) 用故事能引起学者兴趣,自然能随时随地留神,并且能包括各种的原理,在故事之内,实现出来。

(4) 既可代举例之用,亦可明白应用方法。

(5) 因为可以深深记得。

(6) 用长篇故事温习心理,使人有兴趣,易于记忆。

(7) 因为能永久记忆。

(8) 空空的温习无头绪,易于忘却,至于用长篇的故事,则对于心理上一切名词,于故事中引出来不易忘却。

(9) 长篇故事温习心理,都是联想的,可以永久不忘。

(10) 用故事来温习是一气联络的,不若空空温习之分开也。

(11) 容易记忆有切实的观念。

(12) 用长篇故事去温习心理,可算是实际上去温习。

(13) 因为容易使我们记得,并且可以引起我们兴趣。

(14) 长篇故事的温习,脑中有系统,不易于忘记。

(15) 用长篇故事易于生兴趣,易印入脑筋记忆。

(16) 使听者容易忆起。

B. 不十分赞成者五人,其意见:

(1) 也可用得,不过多费一番手续了。

(2) 用极长之故事来温习犹可,然对于书本亦宜温习。

(3) 最好先空空的温习,然后再用故事,则易于明白,便于记忆。如仅有故事则难明白。

(4) 这亦看长篇故事有意有趣与否为断,长篇故事是有意的有趣的,以之温习心理,比之空空的温习容易得好处,否则反是。

(5) 我觉得用长篇故事温习心理不甚好,因为费时太多。

后来我又做了两个反省的调查,叫学生不写名字,批评我的教法;一叫学生写出心理学对于他的贡献,其内容如下:

甲、对于我心理教授法之批评

A. 属于不甚满意方面者

(1) 我对于你个人心理教授很是欢迎的,因为你上课时有活泼的精神,但讨论式太多,人听之恐有乐而忘返之患。

(2) 先生之对于教授法甚能引起学者之注意及兴味,但有时不免过于和善,以致学者无恭敬之心。在课堂上互相哄闹,遂纷乱课堂上之秩序。

（3）先生的教授法真好极了，可惜讲者自讲，听者自听，未免太辛苦，诚能继续用故事包含内容的教授法，那就事半而功倍了。

（4）很好，不过在一些地方太枯燥了，觉得很没有趣的，最好常常用的有趣味的例子或故事讲授。

（5）（优）可使人注意，尚好。可以有趣，可使人生判别力。（劣）惟举例恐失实，或将一事扩充太大，对于要注意之点，或不甚重要之处，未能十分分析清楚，对于不重要之处，亦大用声色，故虽有重要之处，形之以声色，亦可使学者易于疏忽过去。

（6）对于启发一层稍欠。

（7）教授法是很好，但有土语，使人费解，又常常将很少事情说了许多话，这是不经济啊，其他吾无间言矣。

（8）① 引的例子太俗，听了没有意味。② 引的例子太长，听不终了而生倦欲睡了。③ 讲授时极有精神。④ 甚明白。

（9）要用半讨论半教授的方法，还要加点故事。

（10）惟嫌太难，如能加以检点，则可成为模范教授矣。

（11）① 讲议内浮话太多。② 所举的例子不必与讲义内的文字相连，必另发讲议，以资参考。③ 教授颇合法。

B. 属于满意方面者

（1）你的心理教授法很好，我这句话不是随便讲的。实在你的声调很好，忽高忽低，很能提纲挈领，并且能插入有趣味的比喻。

（2）我们学习心理学是第一次，对于先生教授所采用的方法，觉得兴味到还不少，而精神照顾，亦颇周到，使我们不敢怠惰，惟吾不能尽悉先生语。

（3）很好。

（4）教授时能引起兴味，能得学生心理。

（5）心理教授法，以用故事包含内容的方法为最好。

（6）能在学生有兴趣的时间中，灌输心理学识，实在先生的好教授法。

（7）心理教授法最好是变化不拘，有时用演讲式，有时用问答式，有时用故事包含内容的教授，随机应变，所以最好。

（8）邰先生之教授心理有一事可以证明者，即吾等于午后上其他功课皆有倦意，惟此则兴高采烈，可想而知矣。然吾等尤有希望者，能空数时到各小学实验吾等之所学，若测验等，未为不可。

（9）我对于先生个人的心理教授法，非常赞成，因为先生用的是最新的方法，一半由先生讲，一半由学生自动。

（10）我所学的课程，没有那样再比心理学有趣味的。因教授者用许多方法，能引起听者注意。

（11）大凡普通教心理的人，教授法纯用旧式，直接口教，都不能引起人兴味和好奇心，照我看来，以问答教授法为最好，以其师生立在平等地位，潜心研究，互有所得，此纯属自然研究得来，较之平时听教师一人口授，便于记忆且得益多多矣。

乙、一年来心理学对于你有何贡献？

（1）自从学过心理以来，眼光比从前开阔多了。从前以为希奇的，今则可以心理之现象，解释之矣。

（2）对于吾精神有许多的变迁，于动作上有许多改换。

（3）得知人体上各种感官，如何应用。

（4）心理学的原素知道，心理学有关于人生的知道。

（5）我自己觉得智识方面，增加了一些。

（6）我对于心理很满意，盖学过后，见解清楚多了。

（7）一年来心理学对于我觉得多一种学术的见解，和活动的思想。

（8）有许多往日不能解而迷信与疑惑的东西，学了心理学后，皆明白了。

（9）遇见每种动作发生，能知他发生原因，及属心理上之何等作用。

（10）一年来心理学对于我有很大的贡献，譬如讲一句话，也能用心理上的条件引起他人的兴味和注意。

（11）对于所遇事理，较为明了。

（12）这一年来心理学对于我的贡献很多，包括起来讲，有两句话，一对于自己学习知道怎样学习为最好，二对于对面人讲话，怎样可说动他。

（13）对于普通心理，较未学心理者，稍知一点。

（14）对于我有适应世事的用处。

（15）照我看来此书内所学心理学可说有点小小贡献，有什么呢？不过学了几个名词而已，其他大半是吾人经验过的，不过不知其名词而已。

（16）我自己不觉得。

此外毫未得益，无贡献者二人，未写者五人。

以上六种，皆是我一年来在教授上亲自试验过的方法，我每行一种方法之后，皆用调查，征求学生的意见，如果学生方面皆不满意。我就要设法改良，所幸学生对于这几种教法，大部分尚能满意，而且在我课室内的学生，发现篇首所说的那几种现象很少，所以我认为这几种方法尚有发表的价值。现在不妨再把前面几种方法总起来说一下。

教授心理的时候，当采用故事包含内容的方法，其材料皆取自日常生活的经验、或由教者搜集、或由学生搜集，以富有兴味的为主，用活动式的讲演、讨论参合法，教授出来教授心理。如此，其他学科十有六七可以仿效。

（原载《中华教育界》第十一卷第十二期，1922年）

中等教学法的一个实验

孟禄调查中国教育的结果,说中国的中等教育最差,——中等教学法最欠研究——究竟中等学校的教学法应该怎样呢?

我一年来在中学校里教授心理,所用的方法,大概参用讨论、问答、讲演、表演诸式,因为学生对于这门功课很有兴味,并且他们考验下来的成绩,都不差,所以我没有对于自己的教法起什么怀疑,这次看了孟禄的报告,不觉对自己下了一番反省,因而促起我做了一个中等教学法的实验。

这个实验的问题是:

中等教学法里讲演式与讨论式孰优?

(一) 材料

此番实验的教材,系采自廖译教育心理学大意"感情"一章。

其内容大概如下:

(1) 感情的性质　感情是一种精神状态,用以区别各种经验之价值。

(2) 感情的种类及其利害
 - 快感
   - 利,使人精神愉快效率增加
   - 害,只愿目前不愿将来
 - 不快感
   - 害,使机体变影响,作事之效率降低
   - 利,不快感表示不满意的适应,可以改革行为

(3) 情绪

　　a. 含有强盛的感情分子,本能受了牵制后发生。

　　b. 情绪必对于事物发生——如狂怒必有引起怒之事物,恐怖必有引起恐怖之事物。

　　c. 发生时必定习惯的生活变更,遇到不易解决的突厄之问题。

　　d. 想象的动作,也能引起情绪——如恐怕某事物要发生因而发生情绪。

　　e. 身体上的表示如惊悸、狂怒、狂喜、忧愁、忿恨等均为情绪的重要分子。

(二) 方法

我未做这个实验之前,曾与郑宗海先生商议过一道,很承他指教,起初想在一班里试验,用两种材料,上一点钟用讲演式,下一点钟用讨论式,比较他们两下的成绩。后来想到学生前后两点钟的精神必定不能一致,因而想在两班同程度的学生里用同教材来试验,又

恐两班中如果有一班未曾经过讨论式的训练,问答不能自如,便影响到结果,而且上面的材料,合于甲班,未见合于乙班,种种关系,都可使结果不能正确,因此决定下面的方法:

把现在我所教的心理班学生二十五名,设法分为甲乙两组,甲组用讲演式,在上一时实验,乙组用讨论式,在下一时实验,每组教学时间三十分钟,一教完便加以考验,考验用正误区别法,事前印就。

但是这二十五人怎样分组呢?倘使照随意分配法,容或因人数太少,结果不得正确,因而想到三个标准:

一、学生的智力(学校中已经调查过);

二、上学期的成绩;

三、对于心理一般了解的程度。

一、二两项,不难一查而知,惟第三项则须特别测验一下,我就把去年和今年所讲的心理,任意选了三十条,用正误区别法测验学生对于心理一般了解的能力,并且事前没有通知他们,兹将三十条的内容抄袭于左。

( ) 我们认识东西,必定根于过去的经验;

( ) 知觉有统一性与类化性;

( ) 学习东西,须利用联想;

( ) 机械学习法是学习最好的方法;

( ) 脊椎有传达的功用;

( ) 感觉分味觉、视觉、听觉、触觉、嗅觉五种;

( ) 要得记忆正确除非印象深又利用联念;

( ) 感觉加上意义便是知觉;

( ) 我们认识东西,与主观的见解没有关系;

( ) 养成习惯的方法在(1)聚精会神(2)常时练习(3)不能有例外;

( ) 神经系和动作没有关系;

( ) 追忆就是忆起;

( ) 本能是先天的;

( ) 习惯须根据本能方法造成;

( ) 错觉就是幻觉;

( ) 本能就是反射;

( ) 竞争本能于人生毫无价值;

( ) 知觉有时间空间二种;

( ) 霍尔氏、葛罗斯氏对于游戏的见解一样;

( ) 试行错误是学习最好的方法;

( ) 发生误会是由于复类化的作用;

( ) 游戏很有教育的价值;

( ) 运动神经原是接受外感的;

（　）初步的习惯最为重要；
（　）神经系于人生无关紧要；
（　）引人兴味万不可利用旧观念；
（　）本能都是好的无须改变；
（　）注意分自动的与被动的两种；
（　）本能必需受意识的支配；
（　）对比不是顺应。

测验后的结果与智力及上学期成绩之比较如下表：

号数	智力	上学期成绩	普通了解能力（以答对之条数计）
1	56	75	29
2	65	90	28
3	34	85	28
4	38	70	27
5	37	82	27
6	52	85	26
7	46	76	26
8	未详	82	26
9	55	82	26
10	48	85	26
11	31	82	26
12	50	70	26
13	55	82	26
14	58	78	25
15	41	90	25
16	55	88	25
17	49	90	25
18	38	78	25
19	42	77	25
20	42	70	25
21	46	80	25
22	未详	78	24
23	未详	78	24
24	未详	88	24
25	41	85	23

这三种结果这样悬殊,很出乎我的意料之外。究竟拿那一种做分类的标准呢?我就斟酌了一下。觉得上学期考试的方法,是用做文章的答法,而且题目少,难免我主观的见解太重,所记的分数不能正确。拿智力做标准吧,又想到智力好的人,未见得各科皆好,我们常时看见智力低的学生往往对于某科成绩特别好,那就是兴趣的关系。所以我就决定拿普通了解心理能力做标准,因为这种能力系用科学的考试法求出来的,教员主观的分子很少,而且智力的要素,也就多少要包在里面。拿他做分班的标准,比较起来要正确些。用此方法,计分入第一组者十二人,分入第二组者十三人。

(三) 实验时的情形

我那天实验系在下午二时至四时。上一时试第一组,下一时试第二组,两点钟的时候,第一组的学生走进教室,我便用讲演法教授其讲辞如下:

今天讲"感情",感情这样东西,是一种精神的状态,他能区别各种经验的价值。我们应该知道,人类精神生活之中,有好多经验是快乐的,有好多是痛苦的。譬如上次我们同学在全省演说竞进会里得了第一,我们便觉得十分快乐,这便是快乐的经验;又如我们收到一封信上面说我们的好朋友某君死了,我们便觉得十分痛苦,这就是痛苦的经验。我们所以知道经验是痛苦的,或是快乐的,全靠着感情来区别。(余下大概类此)

讲完三十分钟之后,我便拿出一张试纸来,发给他们回答,其内容共十五条,就是刚才所讲的,兹抄录于下:

( ) 感情是一种精神状态;
( ) 感情未必能区别各种经验的价值;
( ) 倘使人类没有感情,便不能分别苦乐、忧喜、善恶;
( ) 感情只有快乐的一种;
( ) 适应满意,便生快感;
( ) 不快的感情,只有害而无益;
( ) 快感能顾及将来的利害;
( ) 不快感的用处,在改革后来的行为;
( ) 情绪是由简单的感情变成,有强盛的感情分子;
( ) 情绪与本能无关;
( ) 情绪必定对于某种事物才能发生;
( ) 本能受了牵掣,便发生感情;
( ) 想像不能引起情绪;
( ) 习惯生活变更,便容易发生情绪;
( ) 狂怒,怨恨,神志飞扬,乃是感情的表示,而非情绪的表示。

回答的时间共约费十分钟,这时候第一组的学生看见考完,便要退班,我恐他们早早下去,把在课堂里的情形,告诉第二组的学生,所以特为继续讲别的材料,硬把上课的时间延长,直到下一堂已吹上课号,第二组的学生都在门外伺候,始行下课。就在这进出的时候有几个第一组的学生和第二组的几个学生说话,虽说当时被我阻止,总难免走漏风声。这或者要影响到结果,兹将第二组实验的情形写下。

我在第二组试验的材料仍与第一组相同,不过方法是用的讨论式。还拿感情之性质来做个例。

问　我昨天在交通处,看见一个电报,说是我们的同学,在全省演说竞进会里得着第一了,你们听得这个消息觉得怎样?

齐声答　欢喜得很!

问　我今天早晨又接到朋友一封信,说是我们的同学 Mr. Hu 得肺病死了,你们听得这个消息,觉得怎样?

齐声答　难过得很!

问　我们何以有时觉得欢喜,有时觉得难过?大家讨论一下。

（甲）因为我们有时碰见欢喜的事情,有时碰见烦恼的事情。

（乙）因为我们的境遇,有时是快乐的,有时是苦恼的。

（丙）因为我们遇到不同的经验

（丁）因为……

问　照此看来,我们人类的经验,是不是有不同的价值对于我们呢?

齐声答　是。

问　究竟我们为何能区别不同的经验之价值?再讨论一下。

讨论　（甲）因为我们觉得。

（乙）不对,照你说来,我们用什么来觉得呢?（驳甲）

（丙）不对,因为我们有七情六欲。

（丁）照我看来,因为人的精神中间,有种情感,自然而然的觉得的。

我就接着说,不差!人的精神生活之中,确是有一种情感的作用,有了情感,便能区别经验的快与不快,所以说"感情是一种精神状态,能用以区别各种经验的价值"。

像这样继续讨论下去,费的时间,也只三十分钟,随后又将同样的试题取出,令他们回答,历十分钟下课。

（四）实验的结果

问题共十五条,统计出来的结果如下。

方法 答对的条数	讲演式（第一组）	讨论式（第二组）
14	2	4
13	3	7
12	2	1
11	3	1

(续表)

答对的条数 \ 方法	讲演式(第一组)	讨论式(第二组)
10	1	
9	1	
人数	12	13
中数	11.5	12.6

第一组十二人，答对十四条者只二人，第二组十三人，答对十四条者四人，答对十三条者七人，二倍于第一组之人数，平均下来，讲演式为 11.5 条，讨论式为 12.6 条，计讨论式高于讲演式者 1.1 有奇。

(五) 学生之意见

我做过这个实验之后，还想征求学生之意见，看他们的倾向是怎样，第二天上课的时候，我就把昨天所用方法的意思，完全告诉他们，随后发了一个问题，"你们看还是讨论式好还是讲演式好？试各说出理由"。当时到班的共二十四人，用举手表决法，立刻分为三派，

(1) 赞成讲演式五人，理由如下：

　a. 容理可多些。

　b. 谈话易分歧，不若讲演之经济。

　c. 讲演可以普及，不似谈话之偏枯。

　d. 有些话回答不出，故不如用演讲法。

(2) 赞成讨论式者九人理由如下：

　a. 有兴味。

　b. 印象深。

　c. 学生自己有思索之余地。

　d. 学生不得不注意。

(3) 赞成调和式者十一人，理由兼有上二式之长，而无其短。

观学生大多数之意见，可见偏用讨论式或讲演式均非所愿。实际讲来，有些材料，却非讨论不足以期明了，又有些材料讨论反易引起分歧，不若讲演之简洁了当。所以调和折衷的方法，可算极为健全，不过中等教学方法，除去讲演讨论之外，尚有许多。我所实验的不过是一例。我愿现今热心教育的人，大家起来，快干这实验的事业！

我这次实验，有两点恐怕影响到结果。第一点，就是第一班出教室第二班进教室的时候，有几个学生谈话。第二点，就是我在讲演式里大概是用的演绎法，在讨论式里，大概是用归纳法，难免不冤屈了讲演式。不过我个人觉得，在上一时讲演式里，精神非常充足，在

第二时讨论式里,精神减少,便不及在上一时讲得好,这个要素加在里面,也或者可以平均弥补一下。不过这种靠不住的安慰,终觉不好。我现拟在别的两校两班同程度的学生里重行试验一下,结果如何,随后报告。(作者附志)

(原载《中华教育界》第十二卷第二期,1922年)

邰爽秋文集

下

邰爽秋 著　刘 齐 编

南京大学出版社

目 录

编辑说明 ………………………………………………………………… 1
整理凡例 ………………………………………………………………… 1
序 ………………………………………………………………………… 1

论 文 …………………………………………………………………… 1

一、教育理论与实践 ……………………………………………… 3

教育上适应(Adjustment)之意义及其要素 ………………………… 4
锻炼思想的教育 …………………………………………………… 7
儿童思想力发育的程序 …………………………………………… 12
社会化的教育 ……………………………………………………… 17
新教育的三大要素 ………………………………………………… 27
小学训育问题 ……………………………………………………… 34
教育目的论 ………………………………………………………… 36
教育目的论(续) …………………………………………………… 39
补救学校中升级制度之商榷 ……………………………………… 43
心理的训育材料 …………………………………………………… 51
训育实施的一种结果 ……………………………………………… 61
特殊教育之实施 …………………………………………………… 70
教育机会均等 ……………………………………………………… 75
婴儿教养学校之设施及其哲学背景 ……………………………… 79
教育图示法述要 …………………………………………………… 85
教育图示法述要(续) ……………………………………………… 98
小学教学出席簿之改良 …………………………………………… 126
民族教育与国民经济 ……………………………………………… 136
教育机会均等问题 ………………………………………………… 143
训育上三大观点 …………………………………………………… 148
服用土货与乡村教育 ……………………………………………… 150
民生本位教育发端 ………………………………………………… 153
民生教育刍议 ……………………………………………………… 156

巡回教育导论……161
　　民生本位之学校系统及各种教育之实施……167
　　民生设计与抗战前途……171
　　巡回教育的四种方式……179
二、教育行政……185
　　对于今后学校教授训练管理的商榷……186
　　对于今后学校教授训练管理的商榷（续）……188
　　地方教育行政调查法……192
　　教育指导之三大问题……216
　　教育行政人员专业训练方法之商榷……241
　　四年来中央教育行政制度……246
　　视导员的任务问题……256
三、教育经费……263
　　劝学基金……264
　　教育用款单位决定法……265
　　再论教育用款单位之决定并答李君……269
　　教费负担均平问题……274
　　教育经费独立问题……284
　　教育税制之商榷……290
　　统一教育经费行政问题……292
　　大学经费的研究……299
　　公众负担教养经费之哲学背景……320
　　教育经费增高问题……331
四、教育调查……336
　　教育人员调查应用表格……337
　　改良学校参观的计划……353
　　编制教育调查表格之原理及方法……359
　　教育调查概论……376
　　教育调查述要……382
　　教育调查初步着手之方法……391
　　教育调查中之地方社会状况调查……408
　　校舍调查……422
五、教育测量……460
　　教育测验的性质目的和方法……461
　　教育测验与中等教育之改进……464
　　年龄学级及进步之计算……469

学童年龄计算方法之研究 490

　　开封城厢中小学小楷速率测验报告 505

六、教学法 524

　　设计教学法 525

　　科学化的国文教授法 535

　　一种革新的教学法 540

　　一年来心理教授法之实验 546

　　一年来心理教授法之实验(续) 555

　　中等教学法的一个实验 562

七、论教师 569

　　教师之职务 570

　　小学教员的生计 572

　　教师之权利与义务 576

　　教师之品德及其品德动作 582

　　教师之品德及其品德动作(续) 590

　　技术基础的乡师课程之改造 610

　　教师节的回顾与前瞻 613

　　邰爽秋谈保障教师 614

　　抗战建国期中对于教师节之新认识 615

　　第一次教师节宣言 616

　　教师节运动史略 618

八、论青年 624

　　青年七种人生观之改造与奋斗人生观之建设 625

　　青年奋斗歌 634

　　青年之求学与求职——第七次讲谈会记录 635

　　青年从军歌 638

九、外国百态 639

　　卢骚氏幼儿养育法 640

　　英国之露天教育 641

　　国际劳工会议 643

　　美国中等升学生择业心理之变迁 651

　　印度的妇女 654

　　苏维埃教育之成绩 660

　　幼稚园中社会生活之设计 662

　　从学务调查中所见美国都市教育局之趋势 667

　　从世界各国学制情况谈谈我国学制改革问题 683

十、教育散论 ……………………………………………………………………… 689

用什么去解决社会问题 ……………………………………………………… 690
社会进步的原理 ……………………………………………………………… 693
进化原理与近代科学 ………………………………………………………… 700
低能的研究 Feefbe-mindedness …………………………………………… 703
低能的研究 Feefbe-mindedness（续） …………………………………… 704
思想心理之生物学的基础 …………………………………………………… 706
思想心理之生物学的基础（续一） ………………………………………… 711
思想心理之生物学的基础（续二） ………………………………………… 713
对于教育上一个问题之意见 ………………………………………………… 717
对于神话教材之怀疑 ………………………………………………………… 723
科学的教育家与空吹的教育家 ……………………………………………… 734
少年中国学会问题 …………………………………………………………… 735
为官僚式的教育家下一警告 ………………………………………………… 739
初级中学社会经济课程纲要 ………………………………………………… 740
庙产兴学的理由 ……………………………………………………………… 747
都市教育政策发端 …………………………………………………………… 750
新教育趋势讲演大纲 ………………………………………………………… 755
梵王渡普及教育之新试验 …………………………………………………… 772
目前中国农村教育的三大弊祸 ……………………………………………… 781
念二社在民众教育上之新试验 ……………………………………………… 785
死路上的民众教育和乡村教育 ……………………………………………… 799
对于今后民众教育的十种希望 ……………………………………………… 802
新人与新教育 ………………………………………………………………… 804
以文字普及教育之非计 ……………………………………………………… 805
中国民生教育学会成立大会宣言 …………………………………………… 808
今后之教育学院 ……………………………………………………………… 810
我们的信仰和要求 …………………………………………………………… 811
中国民生建设实验院创立旨趣 ……………………………………………… 814
国民教育问题 ………………………………………………………………… 833
论工人教育 …………………………………………………………………… 836
介绍大众大学创办计划 ……………………………………………………… 837
发起创办大众大学暨大众中学告社会人士及青年大众 …………………… 840

学位论文 ……………………………………………………………………… 843

Analysis Of Reading Curricula In Chinese Elementary Schools …………… 845

Objective Measures Used In Determining The Efficiency Of The Administration Of Schools ……… 887

著 作 ……… 939

正义进化与奋斗 ……… 941
正义进化与奋斗 ……… 946
婴儿教养学校运动 ……… 1026
庙产兴学运动之经过 ……… 1066
教室参观与指导 ……… 1077
念二运动 ……… 1110
怎样做教育局长 ……… 1146
中国普及教育问题 ……… 1188
稻作活动 ……… 1290

学术通信 ……… 1317

教育宪法专章问题 ……… 1319
致启天函 ……… 1320

演 讲 ……… 1321

教育经费根本问题 ……… 1323
教养机会均等 ……… 1337
教育行政效率 ……… 1347
教育革命 ……… 1357
中国教育的出路 ……… 1363
土货运动与中国民众教育的前途 ……… 1367
国难期间青年应有的觉悟 ……… 1372
救国雪耻先正人心 ……… 1375
劳工教育 ……… 1377
巡回教育实施的方法 ……… 1379
巡回教育实施的方法（续）……… 1380
巡回教育实施的方法（再续）……… 1382
民生本位教育 ……… 1384
民生本位教育与当前教育问题 ……… 1386

提案建议 ……… 1389

清贫学生救济法 ……… 1391

请大学院提倡育婴学校并请先在工业中心之大城市试办育婴学校案 …… 1401
设立教养学校代替慈善性质之教育机关以保障儿童教育权利案 …… 1402
设立中央教育图书馆案 …… 1403
邰爽秋提教育人员保障案 …… 1405
统一全国教育经费案 …… 1407
创办儿童生活园之倡议 …… 1409
向四全大会提救济灾区小学教师意见书 …… 1422
湖南省农村建设计画草案 …… 1423
大花园教育村办法大纲草案 …… 1427
庙产兴学运动——一个教育经费政策的建议 …… 1431
请大学院补充教育经费政策通令全国励行公平教育税制实施教育机会均等案 ……
 …… 1435
摄制示范教学活动影片之倡议 …… 1437
对于五五宪草教育章的意见 …… 1439
几点建议 …… 1440
对于学制改革的建议 …… 1441

书 评 …… 1443

简评《一个更夫》 …… 1445
评《孟罗教育史》 …… 1446
评《民众教育实施法》 …… 1448

译 作 …… 1449

金刚珠 …… 1451

题 词 …… 1461

儿童之新生命之题词 …… 1463
协谋中华民族之复兴之题词 …… 1464

其 他 …… 1465

为什么 …… 1467
孟德儿遗传的学说 Mendelism …… 1468
男女不平等的一个小问题 …… 1470
爱情论 …… 1471
教育名言 …… 1475
赞成京市土布运动 …… 1476

  二十世纪是儿童的 …………………………………………………… 1477
  我穿了一年的土布短装 …………………………………………… 1478
  中国本位文化座谈 ………………………………………………… 1482
  《教育研究通讯》发刊词 …………………………………………… 1483
  学习陶行知先生的精神 …………………………………………… 1484
  武训与陶行知 ……………………………………………………… 1486
  让我们一齐向党靠拢 ……………………………………………… 1487
  王　充 ……………………………………………………………… 1489

自　传 ……………………………………………………………………… 1491
  自传诗 ……………………………………………………………… 1493

附　录 ……………………………………………………………………… 1541
  索　引 ……………………………………………………………… 1543
  我的父亲 …………………………………………………………… 1547
  整理后记 …………………………………………………………… 1556

教室参观与指导

第一章 绪 论

一、指导教学之性质

教学是一种动作。指导教学之目的,是在帮助教师促进教学之动作,而使儿童在学习上得到经济的有价值的效果。但是要指导教学成功,当先要诊察与教学方面有关之各种事实。有许多指导教学的人——校长指导员及督学等——他们到教室里去参观,不到三数分钟,便随随便便下个批评,有经验的教师看见这个情形,未免瞧他不起;而那没有经验的,却往往将他们说的话,当作金科玉律,一句一句的照着做了。指导教学这件事,和医病一样,一个好的医生,在下药方之先必有一番详细诊察,然后才能断定是什么病,才能决定用什么药,断不是化三数分钟的工夫,草草率率的看一下,即可开个药方把病医好的。一个好的视察员,在未给某教师指导之先,也必将该教师各方面有关系的资料和他的教学状况,作一个详细的诊察,然后才能断定他是患的教学上哪一种病,才能决定用什么补救方法,也断不是化三数分钟的工夫,草草率率视察一下,即可开具指导方案,把教师在教学上的病医好的。我们现在对于指导教学的观念变了,我们觉得从前那样冠冕堂皇的指导方法,已经不能适用。我们要用医生诊断的方法,诊断教学上的病态。我们指导之先,要调查事实。这些事实,至少分为三类:(一)学生方面之事实;(二)教师方面之事实;(三)教学方面之事实。

(一)学生方面之事实

欲看某教师教学成绩,不可不注意他所教的一班学生如何。我们所要注意的为:(1)学生智力的程度,关于此点请采用商务书馆所出《智力测验》;(2)学生年龄学级进步及家庭状况,关于此点请采用作者所著《学龄计算法》(广西教育厅出版),及《年龄学级进步之计算法》(《教育杂志》二十一卷一号);(3)健康状况,请阅作者所制之《教育调查表格》中之《健康状况调查表》。

(二)教师方面之事实

教师方面事实计有二种:一为普通方面之事实,二为健康方面之事实。前者可采用作者所制之教职员调查表,后者可酌用教师健康测验表(该二表已载本书《教学指导表格》,请参阅)。

(三) 教学方面之事实

教学方面事实之诊察,有繁简之不同。繁的方法,系把前面所列教学指导标准制成检验表格,一条一条诊察。此法较费时间,一时不易普遍。较简之法,则为用《邰氏教学效率测量表》(该表经数次试验颇为客观可靠,其制造经过,已详邰著教育调查,在此地不能多说了)。此表用了数次之后,指导者即当将某教师未曾达到标准各点记下,分期指导,逐渐使他增进。不过这个表不可每次视察的时候都用,有时候也尽可随意的去看看,只须能把他相机分开来应用那便好了。

二、教学指导人员之修养

教学指导乃教育行政中重要事务之一,凡是担任行政的人,皆应负担指导的责任,而指导能否成功,全视此等人员之修养如何而定,理想中的教学指导员,至少具有下列的资格。

(一) 体格

1. 强健坚实的体魄;
2. 正直稳重的姿态;
3. 健全灵敏的感官;
4. 充实活泼的精神;
5. 清晰优雅的语言;
6. 响亮和谐的声音。

(二) 品格及对人的态度

1. 人品高尚,能为教师及学生之表率;
2. 尽忠职务,热心任事;
3. 向前进取,无自满之心;
4. 机警多智;
5. 意志坚强;
6. 志诚练达;
7. 活泼愉快;
8. 镇静安详;
9. 娴雅修整;
10. 诚恳和蔼;
11. 谦恭谨慎;
12. 胸怀坦白,行为磊落,无党派,无私情。

(三) 习惯

1. 遵守时间,爱惜光阴;

2. 处事有条不紊,按序进行;

3. 办事敏捷而准确,作业贯注而持久;

4. 清洁,俭朴;

5. 每日有增进健康之运动;

6. 每日有增进学识之读书时间。

(四) 思想行为

1. 思想清晰缜密,具客观的科学的头脑;

2. 具分析综合的能力;

3. 富有创造及理解能力与锐利的眼光;

4. 言行能够一致;

5. 无违背社会道德之行为(如宿娼、赌博之类);

6. 无妨碍公共及私人之动作(如随地吐痰等)。

(五) 学识

甲、普通的

1. 了解及服膺国民党党义党纲;

2. 具有充分的公民及卫生知识;

3. 洞悉本国国情及世界大势;

4. 了解文化的要素与今后之趋势;

5. 了解社会组织之要素;

6. 了解世故人情;

7. 了解自然现象及人类利用科学支配自然的各种知能;

8. 有彻底健全的人生观;

9. 对于本国语言文字能充分利用,如文字发表及演讲等;

10. 至少能畅流的看阅一种外国文的书报。

乙、专门的

1. 了解世界教育潮流;

2. 明了教育哲学原理及方法;

3. 了解中国教育背景及需要;

4. 稔熟现行法令;

5. 谙熟各科教学法;

6. 对于各种教材有深切研究;

7. 了解教师生活状况;

8. 了解学生生活状况;

9. 了解教师之程度;

10. 了解学生之程度；

11. 了解该地学校行政状况。

(六) 技能

甲、教学技能

1. 解释清楚,语言流畅；

2. 引证取譬,层见叠出；

3. 洞悉学生困难的结症,用巧妙的方法为之解除；

4. 引起学生的动机使发生研究的兴趣；

5. 善用问题贯彻学生的精神；

6. 善用谐词,解除学生的疲倦；

7. 留有余意,诱发学生的思想；

8. 指示研究方法,使学生自己努力；

9. 制造环境,使学生自发问题,自求解决；

10. 顺应青年心理,鼓舞其求学进取的精神；

11. 以最经济的方法,支配教材。

乙、指导技能

1. 能用自己的教学技能,判别教师教学的优劣；

2. 能用各种教师测量表,测量教师的优劣；

3. 能用最妥当的态度与时间去视察教学；

4. 能用适当的时间与地点,以诚恳的态度与教师会商教学方法；

5. 能使教师觉得指导为帮助他们教学的改进,而非为求疵与指谪；

6. 能指示教师的教学的优劣点,鼓舞其继续努力或暗示改良的途径；

7. 能特别指导未有经验的新教师；

8. 能作模范示教,教法确要比教师为优；

9. 能指示教师研究教学方法与自用教师自省表；

10. 能指导教师作科学的核算成绩方法；

11. 能指导教师批阅课卷方法；

12. 能测验统计学生成绩考核教师的优劣；

13. 能诊断学生进步之情形,以为指导改良方法之根据。

丙、办事能力

1. 有分别事体轻重、先后、缓急之能力；

2. 有判断事理是非得失之能力；

3. 遇事审慎,应付周密；

4. 处事敏捷,随机应变；

5. 用科学方法处理各种事务。

第二章　指导教学标准

在施行教学指导之先,不可不明了良好的教学标准。这种标准既可作教师研究改进之南针,又可供指导员检验批评之参考。他在指导教学上的地位和健康标准在摄生指导上一样的重要。我们在教学指导时,尽可先使各教师研习这种标准,俾其对于良好教学方法稍有把握,然后施以切实指导。兹介绍中小学教学标准二种于后,以供参考。

一、小学教学检验标准

本标准之原文见 Anderson, Bar 及 Bush 三氏所著之 *Visiting the Teacher at Work*.

（一）准备工作

1. 关于物质环境方面
（1）儿童的坐位要安排得使他们个个都能得到适当的光线;
（2）儿童桌椅之高矮须适合儿童之身材;
（3）应设法使室内的空气新鲜;
（4）室内的空气应调节得适宜。
2. 关于材料之处理方面
（1）物品之收发,应该用简便的有秩序的方法;
（2）能利用书籍地图、图表及其他材料;
（3）地图及其他挂图或黑板上的说明等等,儿童须能看得清楚;
（4）参考书、字典、地图等物的放置须适宜;
（5）本课内所用的材料,须在上课前准备妥当。
3. 关于教室内其他管理上时间之经济方面
（1）须依时上课;
（2）点名须用经济的方法;
（3）在讲台上或在书本里检查东西耗时不可太多;
（4）上课时在黑板上写字不可太多;
（5）上课时不因教材、书籍、用品和设备的放置不妥当而耗费时间;
（6）如讨论纲要太长,或参考材料太多时,须在上课前油印齐备或预先写在黑板上;
（7）对于学生提出的不甚重要的问题,不可耗时太多;
（8）向全班解决少数学生之困难时,耗时不可太多;
（9）支配课外工作,耗时不可太多。

（二）个别差异之适应

1. 支配各个学生之工作时,须使学生依论理的次序按步发展;

2. 计划教学上之工作时,须使每个学生都有极大量之进步;

3. 计划教学上的工作,对于少数学生须有个别帮助;

4. 设法鼓励各个学生努力工作;

5. 指导每个学生对于自己所做的工作都有充分之明了;

6. 计划测量各个学生之成绩;

7. 利用团体和个人活动去计划他的教学工作,使各个学生不但获得教材方面之知识,并能获得社交上之知识。

(三) 学生方面有目的的活动之表现

1. 集中注意

(1) 在学生之工作中,须表现确定的有意义的目标;

(2) 指导学生去发现问题,并且指点他们设法解决;

(3) 用设计的方法,引起学生对于功课之兴趣;

(4) 学生的设计能力和成就某种计划之能力须有增加的表现。

2. 自动指导

(1) 学生能明了他所做的是什么;

(2) 学生对于自己所做的工作有真实的兴趣;

(3) 学生解决问题时,有确定的方法;

(4) 学生有不明了时,能自由的发问;

(5) 学生努力之工作,有确定之计划;

(6) 学生是自动地应用书籍、图画、地图等物搜集材料以谋问题之解决。

3. 保守秩序

(1) 学生是敏捷的从事工作;

(2) 学生工作是速进而有秩序;

(3) 学生能注意功课而不妨碍他人;

(4) 教师令学生互相讨论时,学生能免除无谓之谈话,并能低声讨论;

(5) 学生不是无目的地在课室内行走;

(6) 学生应用设备或书籍等物时,肃静而且安详。

4. 估计工作

(1) 设法估计自己与学生之努力的成绩;

(2) 学生知道自己所要达到的目的;

(3) 学生记载达到那种目的的个人进步;

(4) 学生知道在他们年岁和年级所要达到的标准程度;

(5) 学生将自己的成绩和标准测验程度相比较。

5. 结束

(1) 每个工作的单元与前后工作的单元互相联络;

(2) 指学生特殊的应用某种新知识、新能力、新技能。

(四) 教学程序之知识

1. 筋肉动作之指导

(1) 做某事时,注意最良好的方法;

(2) 注意良好动作之养成及其良好结果之获得;

(3) 倘有些动作要分拆来研究时,教师注意分拆(在开始时每种动作,虽属要分开练习,但琐碎的地方,不必过于注意);

(4) 倘有些基础动作要特别训练时,教师须特别注意这种训练(训练基础动作时应在复杂的工作中练习,不必单独分开训练);

(5) 注意到应互相连续的动作(连续的动作在适当时应相互关连);

(6) 注意到适当的模范或示范一类的事(适当的动作之示范,遇必要时,应用口头指示补充);

(7) 教师注意到学生的练习(学习一种动作非经训练不可)。

(注)手工动作、体育的练习、绘画、制图、写字、打字、外国语的发音以及各种实验室内的练习,均属此类。

2. 联想学习之指导

应用下面几条原则:

(1) 连续的练习不如间时的练习的经济;

(2) 全部的记忆比分部的记忆法好;

(3) 用注意与兴趣来学习,是最经济的方法;

(4) 声韵为学习之一助;

(5) 复习时,一心注意学习,则学习比较的快;

(6) 用不正当的学习方法来学习,使正当的学习方法格外的难;

(7) 联想之结合,应该是有目的的,不能任其自然;

(8) 要把观念记牢,对于该观念必须有彻底的了解;

(9) 调换新的工作时,应有相当的休息,使所学习的易于保留。

(注)历史、生物、化学、社会等科及本国文、外国的字汇,文字上的诗歌、集语,此外如定义、公式等,须着记忆的,均属此类。

3. 熟练教材之指导

(1) 学生在书报或杂志里寻找材料之方法是经济的。

(2) 学生是在适当的时间内应用适当的学习方法。

(注)请参阅联想的学习、问题解决、概念之获得、欣赏之养成各项。

(3) 教材是按照其工作之关系而组织(以研究记忆教材为目的,不但耗时且易遗忘)。

4. 练习之指导

(1) 使学生明了获得某种技能为解决某种有价值之问题所必需;

(2) 能应用插图标准或示范使学生获得技能方面之欣赏；
(3) 全班学生的活动是与养成习惯的规律相合。这些规律是：
    a. 好的功用之适当练习；
    b. 学习上快乐的结果之获得；
    c. 学习过程中之注意；
    d. 正当的反应之衔接。
(4) 练习的要素之联合,有正当之次序；
(5) 各种联想,是像将来应用的那样做成；
(6) 有兴趣而且容易的练习先做；
(7) 练习某种动作时,是在该种动作将来应用的环境中练习；
(8) 不要的动作和手续能避免；
(9) 各人有各人的练习；
(10) 练习有确定的目标；
(11) 学生练习以达到某种目标时,教师有测量他们的进步的方法；
(12) 某种学习进步到一定程度不能再进步时,教师不再使学生练习,以免耗费时间；
(13) 所学得的技能,在新环境中去试验。

5. 解决问题的指导

(1) 把问题明白的放在学生面前；
(2) 用下列的方法去激励学生的思想：
    a. 帮助学生把各种情形分拆成许多部分、许多方面、许多要素；
    b. 提出确定的假定,供学生的参考；
    c. 使学生注意普遍的原则。
(3) 鼓励学生保有暂下判断的态度；
(4) 鼓励学生批评每种假定并估量各种假定的可能结果；
(5) 鼓励学生用系统的方法选择有用的假定；
(6) 鼓励学生用系统的方法搜集事实；
(7) 所收集的材料有须分拆为数种要素者,帮助学生去分拆；
(8) 各种要素有须分类时,帮助学生去分类；
(9) 解决问题有须推究因果关系时,帮助学生去研究；
(10) 鼓励学生时常去检查自己所研究的结果；
(11) 帮助学生用图表方法以表现所学习的结果；
(12) 帮助学生时常把所得的暂定结果,精密地表现出来；
(13) 帮助学生证实他们的结论。

6. 获得概括意义之指导

用下列的方法发展种种确定的明了的观念：
(1) 设法使学生亲身试验以获得经验(如举一斤重的重物,测量一张桌子等)；

(2) 回溯以往的经验(应用已知的解决未知的);

(3) 回溯相同的例证寻出共同的特点;

(4) 增加较详的定义,使概括的意义更为明了;

(5) 以下的定义要确实(如物理上的光和热,几何上的直线和平面的定义等);

(6) 名词原则或规则等须有相当的练习(选择很好的习题,使学生在复杂的环境中去练习应用新的观念)。

7. 培养欣赏习惯之指导

(1) 所教的东西有真正欣赏的表示;

(2) 能利用材料以适合学生所达到的那种发展程度(简单的活动应先于复杂的活动);

(3) 学生是否觉得课内活动于他们有很大的益处;

(4) 有些东西,需要知识才能欣赏的,就能供给;

(5) 倘使哪个时候,教学的目的是在欣赏,教师就能避去详细的分析、解剖和批评;

(6) 除去教学以了解一种技巧为目的时,教师把练习技能和技巧的分析放在次要,而将热诚的欣赏放在首要;

(7) 供给儿童充分娱乐的活动,以养成儿童对于欣赏作业的好尚;

(8) 欣赏的课程是教得使儿童能发生一种满足而又有娱乐快感;

(9) 鼓励儿童,使他们从一种动作继续到别的动作;

(10) 儿童对于日常上流社会的人所表现的那些娱乐时的动作,有相当的表现。

(五) 教材之选择和组织

1. 教学活动,儿童的经验和研究的题目,根据课程组织原理来组织。
2. 教学活动,儿童的经验和研究题目,对于儿童有比较大的价值。
3. 教学活动,儿童的经验和研究题目,适合儿童的禀赋、已有的训练和成熟的程度;换言之,即是说,不太容易,亦不太难。
4. 教学活动,儿童的经验和研究的题目,是组织得使儿童易于领会。

(1) 各个教学单元,是根据儿童已往的经验而组织;

(2) 各个教学单元,是根据活动和问题而组织。

(六) 社会性发展之机会

教师设法训练儿童,使他们能:

1. 尊重别人意见;
2. 忍受他人的批评;
3. 贡献意见;
4. 和别人合作;
5. 心悦诚服地担负自己的一部分的责任;

6. 牺牲欲望；
7. 不随波逐流；
8. 和别人谈话谈得好。

（七）参与和注意

1. 各学生直接参与目前的设计活动；
2. 当教师或同学领导讨论时，各学生专心注意；
3. 各学生自习时，有专心研究的表示。

（八）科学方法之应用

1. 教学的前后，记核各生的能力；
2. 对于儿童的进步，有精确的测量；
3. 先诊察儿童的缺点，然后设法补救；
4. 用研究和试验去增进他的教学方法。

二、中学教学检验标准

本标准见 Johnson: *The Administration and Supervision of the High School*，曾由李君安素翻译，作者修正，附录于此，以备参考。

（一）教室管理

确具效验之教室管理，必基于下列之假定，即(1) 教室内最重要之活动，在教员方面为"教"，在学生方面为"学"；(2) 凡妨碍此二者之活动，即为浪费时间，应一律祛除之（读者可将各项标准与后列检验表对照读之）。

1. 光线应从学生之左方入室，各窗上应备有易于动用之窗帘。常备灯光，以供不时之需。室中温度使常在六十八至七十度之间，约含百分之五十的湿度，空气必使流通。最要者尚在教员能随时留意利用以上各种设置，使室中情形尽善尽美。
2. 教员及学生之讲台书桌，应保存清洁，布置有序。粉笔槽及黑板，以清洁为宜。
3. 教室内应备有说明示范及应用之各种实用材料。
4. 图表、书籍、展览物及实验材料之布置，以美观及便于取用为原则。
5. 强壮之体格及优良之健康，为教学不断的成功之要素。
6. 欣悦而和婉之语言及清晰之声调，为教学重要之资格。
7. 服装以不眩目为主。
8. 教员之态度，宜与上等社会标准相合。
9. 教员之言辞，应具最好标准之文法及习尚。
10. 教员应具之特性中，以下列各节为最重要：
(1) 自制　有保持姿态之能力；

(2) 机智　能应用技能及辩识力以应付学生各种情形；
(3) 果断　有决断迅速及事后不悔的精神；
(4) 热心　此为对于教员及学生极有价值之补剂；
(5) 多谋　有转变意外情形为其利用能力；
(6) 同情　有了解与领会他人意见之能力；
(7) 公正　思想不徇情私，行为公道。

11. 上课及下课应按时。认真办事，既省时间，又可表现教学精神。

12. 点名应肃静，由教员或助理员行之，以迅速为宜。此事必先将室内之坐位布置得法，方可办到。除开课日以外，以后不得施行口头点名法。

13. 实验室及工场之材料应储藏于相当之地点，以需用时便于分配及无浪费为原则。纸张及其他物料之分配与收集，以需时最少而无扰乱全班之工作秩序为最要。

14. 学生之视力及听力有缺点者，应位置于相当之处，尽力以补救之。对于学生之其他特种情形，亦应予以相当之注意。

15. 学生出入教室，应守秩序，态度要自然。在室内行动或去黑板前时，对于全班应无扰乱或阻碍之现象发生。

16. 学生坐定时，身体要正直，无惹人注意之态度。起立时不要伏在桌上。

17. 室内操作，最好依照秩序，按步一一进行，不应中途停止。

18. 学生讲解时，应向着全体，不应仅仅对着教员，发音宜清晰嘹亮，足使全体动听。

19. 全班对于作业之进行，均应有特别注意，并能继续工作，有坚持到底的精神。

20. 教员维持室内风纪，不应显出费力太多的样子。如学生中有不规矩之行为发生时，老练的教员常能乘时设法因势利导之，以求最大效果。

21. 教员与学生于互相交接时，无论对个人或全班，皆应随时表示谦恭态度及合作精神。

(二) 教材之选择及分配

1. 教学材料应与学生之社会需要发生关系。
2. 教材要能适应班内特殊部分(高才生及低能生)之智能。
3. 教材之选择及分配，应注意各部分之比较价值；因于任何一论题之内，各节并非有同等重要的。
4. 应从别种书籍杂志及学生教员之经验中搜集材料，以补充教科书之不足。

(三) 授课方法

甲、目的

1. 教员对于每课应具一定的价值之目的，且应使全体学生均认识之。
2. 每课之目的，应详细拟定计划以达到之。
3. 上课之时，每有意外发生，惟机敏的教员富有判断力，能乘机利用具有价值之各点而遗弃其不切用者,使其计划不为所阻而得如期实现。

4. 富有经验之教员,于下课时必达到其预定之目的。

乙、授课阶段

1. 授课有三种重要方面,但不必皆于每场课内实现。

(1) 复习前次所指定之功课,其目的在测验学生对于指定功课之了解程度,并确定学生由实习而获得之原则。

(2) 指定新课,其目的在预备下次应行研究之功课。

(3) 新指定之辅导自学,即于指定之功课即时指导。

2. 如指定课程内之所有新材料,均经教员适当的发挥后,则全班对于所指定之预习,应表示纯熟了解。

3. 凡有新指定,应报告明白,或口头讲解,或印于复写纸,或写于黑板上,如属特要准备,学生即应记之于抄本内,以免遗忘。

4. 新指定之预习,应由旧课内自然发生。

5. 指定课中,如有新材料须发挥者,最好使全班学生发表意见,以发挥之,则更觉有趣,而能增加其效果。

6. 教员应替学生设想一学习之最佳方法,并予以学习上有助益之暗示,若欲谋真实助益,此种暗示必须具有特殊性质。

7. 指定之佳否,全视全体学生能否顺利地准备其预习之功课。

8. 教员于辅导自学时,须设法援助学生,使其自习能力得以增加。

丙、教学技巧

1. 必使全班学生于上课时间内,在有目的之动作上,忙于学习无暇他顾。

2. 教员每易谈话太多。学生之课内活动,实较教员的活动为重要。

3. 教学上最重要之功效,纯在优良教学习惯之养成。而习惯中之最重要者即为依时预备上课之教材,对付问题能有敏捷手段,能集中注意力及对于各问题有明白之定义,此外教师当可加出其他许多习惯。教师应予以指导,更辅以练习,此为养成此种习惯之最佳方法。

4. 练习之时间不宜过长,苟能将一事每间若干时练习一次,练习之间隔逐渐增加,直至学生完全了解而后止,则为效极大。

5. 练习须唤起全班之兴趣,使一律参加之。练习有各种方法,除采用闪烁学习片、间时练习、团体协作外,可时常改变形式以增加兴趣。

6. 发问次数之多寡,依下列各点为转移:科目之性质、每课之目的、及学生之年龄等。无论在某种情形下,其标准皆当根据"发问之目的,必以获得学生方面有目的之活动极大量"为原则。

7. 问题分配得当否,以获得全班继续的注意,并均有参加机会为原则。为适应各生参差能力,只宜在问题之性质下稍有深浅,不当于问题之数目上有任何之区别。

8. 善于发问之人,多不采用能以"是"或"不是"作答之问题。苟其用之,必以"何故"

追问其原因,并对于自己之所问及学生之所答,多不愿意加以重述。

9. 凡问题必以正确之语言文字表出,务使意义明显,毋须解释或修正。

10. 学生有无自然兴趣之表现,常视彼等自己所发问题之性质及数目而定。

11. 只有需要智识解答之各问题,于考验及练习上才有价值。或因以搜集相关之各事实,以图新教材之发展。有实效之教学法,其发问常使学生据已求得之事实及原理来解决问题。

12. 解决问题之最要因素:

（1）确定问题之范围而明记之于心。

（2）追溯相关之观念,分析其情状并应用其原理。

（3）悬住判断,取舍假定,并证实结果以估定问题之价值。

（4）以有系统的方法,组织材料。

13. 各问题须有互相联络的明确关系,且依一定之顺序。

14. 应尽量启发学生之能力,使其能不用教师之暗示或干涉而作成开展的及组织完善的答案。

15. 实验工作之时间,不论在个人或全体,应毫不浪费。每种实验,不必全体均须亲自参加,可由教员或少数学生示范,其结果常较佳。

16. 实验工作,应注重问题之解决,不应以依法照做为能事。

附检验表

中学教学指导检验表

教员＿＿＿＿＿＿＿＿＿＿＿＿ 日期＿＿＿＿＿＿＿＿＿＿＿＿＿＿＿＿

科目＿＿＿＿＿＿＿＿＿＿＿＿

检验结果,分别记于甲、乙、丙各栏内。设被检验之教员,有充足的人数。(譬如有五十人;则检验之结果,约有百分之二十为甲,百分之二十为丙,百分之六十为乙。若某项并无特性表现,则记于未详栏内。)

（一）教室管理	未详	甲	乙	丙	附注
1. 教室内之光线、温度、空气有无相当之注意？					
2. 教室内之设备（如讲桌黑板等）有秩序否？					
3. 教便物（如地图书籍等）足用否？					
4. 补充材料之布置得当否？					
5. 教员之体质合格否？					
6. 教员之语言和说,发音清晰否？					
7. 教员之服装合宜否？					
8. 教员之态度合宜否？					

(续表)

(一)教室管理	未详	甲	乙	丙	附注
9. 教员所用之英语正确否?					
10. 教员于下列各特性,确有相当之表现否?					
(1) 自制					
(2) 机智					
(3) 果断					
(4) 热心					
(5) 多谋					
(6) 同情					
(7) 公正					
11. 上课与下课按时否?					
12. 点名经济否?					
13. 实验室、工场及其他种材料之取置方便否?					
14. 学生之坐位,是按照彼等之视力、听力及其他体质上之差异安置否?					
15. 学生出入教室及在室内之行动的态度得当否?					
16. 学生之姿势优良否?					
17. 课内作业之进行顺利而连续否?					
18. 学生之反应,有正当之指导及发表否?					
19. 全班均能敏锐及专心,一贯的注意否?					
20. 如秩序优良,有无显见的强迫在内?					
21. 全班学生间有无礼貌及合作的态度?					
(二)教材之选择及分配	未详	甲	乙	丙	附注
1. 教材能适应学生的社会需要否?					
2. 教材能适合全级之智能否?					
3. 教材之分配,是否视各题之比较重要?					
4. 教科书以外的补充材料采用得当否?					
(三)授课	未详	甲	乙	丙	附注
(甲)目的					
1. 教员于其所教之功课,有无明显的及有价值的目的?					
2. 此项目的有无良好计划以达到之?					
3. 教员是否足智多谋,以适应意外发生之事使其计划得以实现?					
4. 所定之目的已达到否?					

(续表)

(三) 授课	未详	甲	乙	丙	附注
(乙) 教授阶段					
1. 教授时间，能依下列各点而作相当之分配否？					
（1）前次所指定之功课之考查并练习。					
（2）新功课之指定。					
（3）新指定功课之辅导自学。					
2. 前次所指定之功课，全班均得了解否？					
3. 新功课之指定明了并确定否？能引起动机否？					
4. 新指定之预习功课，是否由前课中自然地产生出来？					
5. 新指定之预习功课，能使全班参加活动否？					
6. 指定预习时，含有帮助学生予以研究方法的暗示否？					
7. 设于指定预习后，即时加以辅导，学生能顺利地用心研究否？					
8. 辅导自学时，教员于个别学生，能予以实际之援助否？					
(丙) 教学计划					
1. 学生于上课时间内，均觉忙于学习无暇他顾否？					
2. 教员之活动及学生之活动尚能保持平衡否？					
3. 在教学上，教员能否视正当习惯之养成较智识之获得为最要？					
4. 技能之娴熟及事理之明了，是否均有充分的练习？					
5. 练习有无兴趣？全体学生均参预之否？					
6. 各种问题，能够得有最优之结果否？					
7. 问题在各学生中之分配得当否？					
8. 就技能上言，发问正确否？					
9. 各问题之意义明了否？					
10. 学生的发问，是自然的兴趣表现否？					
11. 问题之性质，有仅凭智识解答者，有必运用心思者，教员对于后者，特别注意否？					
12. 学生是否表示教师曾经教过他对付问题及解决问题之方法？					
13. 发问有一定之顺序否？					
14. 学生对于必须尽量发表之问题，其回答时能办到如此否？					
15. 不浪费实验之工作时间否？					
16. 实验工作能完全领会否（即不要使学生仅依说明书作业，要使他们运用心思）？					

上课有何种特性最可嘉奖？何种特性最需改良？

以上两种教学标准，指导员应当详为解释，以便一般中小学教师之参考。

第三章　怎样视察教学

指导教学第二步的工作，是教室视察。视察的目的，是要搜集关于教学方面的资料，做诊断教学上病态的参考。我们诊断教学上病态的时候，至少要有学生、教师和教学三方面的资料。关于前二者之资料，可由视学员将"指导教学表格"发交教师填写，惟有第三种资料——教学实状——非得由指导人员亲自到教室里去视察不可。所以本章专讨论这一方面的问题，备一般视导人员之参考。

一、教室视察上各种问题

（一）视察的单位问题

1. 视察小学一门完全功课的单元，其时间至少从二十分至二十五分钟。
2. 如某种功课分为数次教授，但是互相连续成为一单元时，最好每次继续视察，至该单元终结为止。
3. 视察时间之长短，以视察连续功课的次数之多寡及视察目的之性质而定。
4. 视察时间之长短，有时视视察员之训练、修养、经验和程度而定。视察员愈老练则愈能在比较短少的视察时间内，决定某项教学方法之效率。
5. 视察时间之长短，同时须视视察员对于各方面之情形（如该班已往之教学状况、该科目难易之程度等均是）熟悉与否而定。

（二）视察之时间问题

1. 对于无经验之教师，最好在开学后数天内即开始参观。因为这些教师视察太迟了，往往把教学情形弄成一塌糊涂的状态。
2. 对其余有经验之教师，不妨等学校各种事务大体上了轨道之后，再开始去视察。

（三）视察的次数问题

1. 如教师是一位良好教师并且对于教学上的问题很有兴味的作试验的研究，则参观之次数宜频，尤其是在所试验的问题将要解决的时候，要多去视察几次。
2. 对于没有经验的教师，最好常常去视察，使他能在极短时间内适应新的环境，庶不至于妨害到学校方面和个人的进步。
3. 如教师是一位劣等教师，便应该频频去视察，以有系统的方法，研究他的情形并替他设法解决教学上的困难。
4. 倘教师是一位平凡的教师——这种教师常占大多数，不论是校长或视察员，在有空闲时，即应去视察鼓励并且领导他们去求进步。
5. 视察的次数同时须视地方情形而定。

6. 视察的次数须视学校之大小而定。每星期平均每个教师须由校长视察一次,每月由指导员或教育局长视察一次。

7. 视察的次数视视察学校地点之远近(城市或乡村)而定。

8. 倘指导员人数太少不能常常去视察各个教师,则应选择最需着指导的教师去视察。

二、视察之计划

视察之目的不一,有时是求某年级的教师的教学法进步,有时是求改正教室管理的方法,有时也许是要帮助某个教师去求进步。其目的既如此复杂,则必须作一秩序有系统的计划以为进行之标准而谋良好的效果之实现。

视察计划可分为三部:第一,是一年的计划;第二,是一月的计划;第三,是每周的计划。

(一) 一年的计划

一年之视察计划,当然要与本年内视导的目的符合。做指导人员的,应当统筹全局,先确立本年内视导政策,决定在哪几方面去注意改进,并且盼望在本年终了时达到哪种结果,然后再定出视察的计划。为便进行起见,下面的表格可供参考。

第周					
月日					
问题					
主要目的					
备注					

(二) 一月的计划

下面的计划,前半月注重国语的教学,下半月注重读法及其他相关的科目。

第一周 十月二日—七日	1. 视导目的:确定各年级国语教学的效果及其相关的程度 2. 主要目标:进步是否循序的进步？进步有否间断？倘进步有中止时,其原因安在？ 3. 辅助目标:问答方法如何？激动学生思想的方法如何？指导功课之方法如何？
第二周 十月九日—十四日	1. 视导目的:与前周同,但注重缀法。 2. 主要的目标:与前周同。 3. 辅助目标 缀法性质若何？是否适当？ (注)合两周视察之结果,提出本月中旬之研究会讨论。
第三周 十月十六日—廿一日	1. 视导目的:一二年级朗读和国音的教学与三四年级默读之关系。 2. 主要目标:视察儿童字形熟练之进步程度如何？发音准确能力的进步如何？并能否迁移到默读能力上去？这种迁移是否自然的,或是其中还有些损失可以避免掉？ 3. 辅助目标:能否从字及短句中把能力移转到一段书上？
第四周 十月廿三日—廿八日	1. 视导目的:各年级之发音拼音和字的分拆与儿童之能力问题。 2. 主要目标:儿童能力是否进步？高年级儿童的能力是否继续增进？ 3. 辅助目标:教学方法如何？发音之指导如何？单字之指定方法如何？用字典之训练如何？ (注)本周及上周之视察结果,将提出月底之研究会讨论。

(三) 一周的工作计划

下面的计划,大约每一教师在一星期内参观两次。

	视察时间	教师
星期一	12：41～1：05 1：50～2：15	甲 巳
星期二	8：50～9：45 12：30～1：20 1：50～2：15 2：15～2：40	乙 丙 甲 丁
星期三	10：40～12：00 12：40～1：05	戊 己
星期四	9：00～9：45 12：30～2：55	乙 丁
星期五	12：30～1：20 1：50～2：40	丙 丙

三、视察的步骤

教学指导人员当包含一个学校的校长、教务主任、指导员、省县的教学督学、指导员、教育厅长、教育局长几种人在内。指导的人员既有不同,那么他们的视察步骤,也就要有些变化。现在可把他们的视察步骤分为校内、本地及远道三种说明如下。

(一) 校内视察

此种视察概由校长、教务主任及教学指导员行之,其步骤如下。

1. 当教师及学生入课室后,未开讲前应即入室,入室时应注意下列几点:
(1) 态度宜大方;
(2) 举止肃静,勿妨碍教室秩序;
(3) 不必与教师作形式之周旋,以惹起学生之注意。

2. 视察时应注意之事项:
(1) 视察之时间宜完全,非遇特别情形不可中途离席;
(2) 坐位宜在学生坐位之后,但不可占学生之坐位;
(3) 态度要雍容;
(4) 不可谈话;
(5) 不可左顾右盼;
(6) 不可忽起忽坐;
(7) 不可随地吐痰;
(8) 当教员讲解时,不得以评语中止之;
(9) 作记录时须敏捷,勿令教师与学生注意;
(10) 记录时勿露赞许或不满意之状。

3. 视察后出室时应注意之事项:
(1) 授课终了宜即退出;
(2) 态度宜大方;
(3) 举止肃静,勿妨碍教室秩序;
(4) 不必与教师周旋;
(5) 临走时不可有不满意之表示。

(二) 本地视察

此种视察概由教育局长、城市教育督学员、县督学等人员行之,其步骤如下:

1. 出发前应注意之事项:
(1) 查明所视察学校之路由;
(2) 查明所视察班级之科目及时间表;
(3) 携带视察应用物品——(甲) 表格、(乙) 铅笔或自来水钢笔、(丙) 纸夹、(丁) 教育局名片、(戊) 自己名片;
(4) 未上课前赶到所视察之学校。

2. 到达所视察之学校后与学校当局(校长或教务主任)接洽。接洽时,应注意下列几点:

（1）查明所视察之(甲)教员姓名、(乙)教室地点、(丙)时间有无变更、(丁)该课教学性质（新授、续授或温习）；

（2）遇不明视察意义之校长或教务主任或教师时应说明视察之功用；

（3）同前(一)1；

（4）同前(一)2；

（5）同前(一)3。

（三）远道视察

此种视察，概由省县督学、县教育局长及县教育指导员行之，其步骤如下：

1. 出发前应注意之事项：

（1）查明路程之远近及舟车之开行时刻；

（2）搜集各校上课时间表；

（3）决定视察之日程；

（4）决定工作表；

（5）备足应用物品——(甲)铺盖、(乙)衣服、(丙)洗盥器具、(丁)时表、(戊)雨伞、(己)日记簿、(庚)拖鞋、(辛)公事包、(壬)皮包、(癸)表格、(子)铅笔或自来水钢笔、(丑)机关名片、(寅)自己名片、(卯)地图等。

（6）决定用费数目。

2. 达目的地后应注意之事项：

（1）找寻适当食宿地点

（2）同前(二)1；

（3）同前(二)2；

（4）同前(一)1；

（5）同前(二)2；

（6）同前(三)3。

四、会商教师

视察人员视察后，当与教师约期会商。根据视察时所发现教学上之缺点及困难，加以批评并指示解决及改进之方法。会商之方式有二：一是个人会商，二是团体会商。会商讨论时应注意之点甚多，兹分别述之于下。

（一）个人会商

个人会商应注意之点如下：

1. 除极小事体外，切不可当着学生面前和教师讨论；

2. 不应在下课后随即讨论，教师与指导员应先把教学的情形充分的考虑；

3. 和教师讨论不可急促，须在双方都有空闲及疲劳恢复后行之；

4. 讨论时只可就教学法方面与教学法的错误方面而讨论之,关于政治、宗教及其他感情方面的话不应参考去讨论;

5. 讨论时彼此都应发表意见,互相获得益处,不可只由一方面讲话,使对方无发言之机会。

(二) 团体会商

除与教师个人会商外,应将各教师共同之优点或缺点及困难,以及改良的方法,提出教师会议共同讨论,共同讨论应注意之点如下:

1. 在事前随时记下预备提出讨论之题目;
2. 规定常会时间;
3. 使教师觉得此项集会为改进教学之机会,而为热诚之参加;
4. 鼓励教员提出教学上所发生之问题;
5. 所提出之问题皆须公开讨论,且鼓励教师交换意见,比较经验;
6. 根据视察所得发表个人意见;
7. 不可在开会时指名说出某教师之缺点;
8. 对所提出之问题须有正当之解决方法,其结果须达完全同意程度。

五、批评

在个人或团体会商时,对于教师之优劣不可不加以批评,兹将批评上应注意之点述之如下:

(一) 搜集事实

1. 要批评教师必先仔细观察并且分析他的工作;
2. 要批评教师必定根据于那个教师所已经知道的那些确定标准;
3. 须知做一件事体的方法,不只一种,你以为这样做是对,但是教师那样去做,也未必是不对;
4. 探出教师心目中所要的事和教师心中以为已经做成功的程度,也许教师知道什么地方教得不对要你去帮助;
5. 要找出教师做某一件事的动机和目的;
6. 静心静气听教师报告困难,不要发急。

(二) 确定正当的态度

1. 指导员应保存客观的科学的态度,不要心存成见,也不要轻于下判断,并须具公开的精神;
2. 指导员应具有机智与同情,使教师相信他,并愿意和他合作;
3. 引起教师的兴味叫他要请你帮助;

4. 不要叫教师感觉得不安；
5. 设身处地从教师方面着想，譬如你是教师，你是如何感想；
6. 避去容易发生冲突的地方。

(三) 应当有的几种批评

1. 指导员的批评，应当公正无偏，毫无成见。
2. 批评应该确定而明了，因为指导员看得很清楚的地方，也许教员看得非常糊涂。
3. 教师有什么长处，要称赞他，教师如有什么新意见发表，要嘉许他。因为称赞他的好处，以后如有批评不对的地方，他自能虚心接受。
4. 称赞教师的话不应该笼统。譬如说"你教得很好！"这话实在没有什么意义。应当说："你今天激动学生思想的方法很好！"这一类的话。
5. 只在教法上批评，不要在教师个人缺点方面批评。
6. 要紧和不要紧的地方，应当分别清楚，琐琐碎碎的事体不要哓哓不休。要注意很显著而又重要的地方，批评不得其当，往往被好的教师看轻了。
7. 批评应当是积极的，只搜寻教师的缺点而没有改进的地方，是很不好的。

(四) 怎样批评

1. 批评时，要使教师觉得受了一种鼓励；
2. 批评时，要使教师觉得你对于他有真正的帮助；
3. 批评时，要抱有领教的态度，不要像主人对仆人的样儿；
4. 要能忍耐，须知把教授法弄好了是一件很长而又很慢的事体；
5. 批评教师应当根据一种确定的论理计划，每次只希望改进一件事体；
6. 尊重别人的感情，说话不要太坦白，使得对方面的人觉得难堪；
7. 坦白直接的批评，有时也不可少，譬如十分懒惰的教师，你对于他也不能十分客气；
8. 指正教师的错误时，须根据教育心理等学的理由详为解释，把他的缺点，用正当的程序表现出来，不要动辄说："这是我的意见！"
9. 改正错误，每次只须改正一个，但是要将普通教师的惯例的错误与教学程序重要的错误分别清楚，重要的应当先行矫正；
10. 倘教师坚持其错误的教学方法时，指导员应设法引导他试用他所认为正当的方法；
11. 批评要来得自然，偶尔为之的顺带讲一讲；
12. 批评时顶好用间接的方法，譬如你批评教师的问答方法不好，顶好介绍一本关于问答法的书或是文章给他参考；
13. 批评时说话的声调要来得客气，像朋友谈话那样；
14. 不要说"你教坏了"，要设法慢慢的领导教师发现自己的优点，而补救他自己的缺点；

15. 各个教师的人格和脾气各有不同,遇着什么人就要有那种批评;

16. 批评者对于教师的成功应该表现很友谊的兴趣,使教师觉得你是他的一个好朋友。

(五)批评后所盼望得的结果

1. 教师慢慢能够自己分析,自己进步;

2. 教师慢慢的能够独创,能够自立,并且能够负责任;

3. 教师能够养成正当的态度;

4. 教师能够知道教学工作的重要。

第四章 继续的教学指导

指导员参观教室的目的,是指导教学改良。但是只有改良的意念,无目的底视察,而没有系统继续的指导,还是不行。这种继续指导,应有两种特性:第一,是有确定的目标;第二,是有继续的动作。即如我们确定在某某时间内达到教室管理的经济的目标之后,即当继续的动作,把他实现出来。兹拟定两个继续指导计划于下,以资参考。这两个计划是:一、帮助新来的教师适应环境,二、研究管理的时间经济问题。

一、帮助新来的教师适应环境

第一周

问题:

使教师熟悉校内日常事务的手续。

动作:

1. 油印教师须知册送给教师。其中含有:(1)第一天到校应该怎样;(2)到校后应该怎样;(3)放假日应该怎样;(4)学期终了的那一天应该怎样;(5)领取用品的方法;(6)填写表册和报告的方法;(7)教员会;(8)管理通则等

2. 在本周末开全体教员会议。

第二周

问题:

使教师熟悉课程纲要。

动作:

在本周末教员会议里报告各年级社会课程组织的经过和他的主要目标,并指出该项课程之参考资料。

第三周

问题:

使教师熟悉应付训练问题的方法。

动作:

1. 介绍训育问题的书籍。
2. 解释他所盼望教师注意的地方。
3. 报告其他和训练有关系的事体。

第四周

问题:

使教师熟悉所定行政及教授的各种政策。

动作:

1. 在教员会议上报告行政及教授的各种政策,如有此种的印刷品并应在此时发给。
2. 介绍能够实现那些政策的参考资料。

第五周

问题:

使教师熟悉教学的标准。

动作:

领导新的教师去参观在校已久的教师之教授法。

第六周

问题:

介绍新教师应用新方法。

动作:

在教员会议时介绍设计教授的参考书。

第七周

问题:

继续研究设计教授法。

动作:

校长组织设计教授的表演班,请新到的教师参观,随即加以讨论。

第八周

问题:

继续研究设计教授法。

动作:

校长视察新教师的工作,并且非正式讨论设计教授法中的各种原理。

第九周

问题:

继续研究设计教授法。

动作:

校长要请社会科的指导员来参与设计教授法的讨论会。

第十周

问题：

继续研究设计教授法。

动作：

校长邀请全体新到的教师开会讨论设计教授法的问题，讨论后加以个别的帮助。

第十一周

问题：

继续研究设计教授法。

动作：

校长计划领导新教师到别的学校参观设计教授法。

第十二周

问题：

继续研究设计教授法。

动作：

1. 校长请新教师开具设计法的教案。
2. 在这些教师试行该法之前开一个讨论会。

第十三周

问题：

继续研究设计教授法。

动作：

校长参观他们教授并对教师在设计教授法上，特别有进步的地方，加以赞许。

第十四周

问题：

测验结果。

动作：

校长把测验指南和测验材料介绍给教师。

第十五周

问题：

测验结果。

动作：

校长示范测验并计算测验分数，请新到的教师参观，随后由教师自行测验，而加以个别帮助。

第十六周

问题：

使教师明了测验结果的用途。

动作：

召集新到的教师讨论测验的结果和应用这些结果的最好方法,随后又加以个别帮助。

第十七周

问题:

学期报告。

动作:

校长召集新到教师开会讨论记分的方法,讨论办理家庭报告的方法和其他关于学期结果的各种事。

二、改进教室管理上经济时间的方法

校长之目的,是要介绍几种教室管理上时间经济的方法,给一个没有经验的教师。

第一步

问题:

发现现在所用的时间经济的方法有几种。

动作:

校长参观教室。参观后,称赞教师关于时间经济的方法,并告诉他说,他现在要做种种省时的研究,请教师想出几个方法,以备参考。

第二步

问题:

报告教师另外几种省时的方法。

动作:

校长已收集了许多省时方法印在一张纸上。会到教师时,称赞他的优点。随将这几种方法送给他看,并告诉他这是很有帮助的方法,请他拿到班上试验,试验后送回讨论。

第三步

问题:

指导教师发现自己教学上的优点和缺点。

动作:

校长召集教师谈话,请他报告应用方法的结果,随后问他现在所用的哪几种方法,哪个方法最好,哪个方法最坏。谈话终结时,给他一本教室管理省时方法之客观测量标准,请他拿去测量自己的方法,并请他星期六、日送回讨论。

第四步

问题:

领导教师发现教室管理上四五种显著的缺点。

动作:

校长手拿这一本《教室管理不经济之原因》的报告和那个教师讨论哪几种缺点最易消耗时间,最后选择认为最不经济的五条:

1. 收发物品时耗费许多时间;

2. 点名时耗费许多时间；

3. 板书太多，耗费许多时间；

4. 各种材料用品放置得不适当，因而耗费许多时间；

5. 口头报告太长的教学纲要和参考书单，因而耗费许多时间。

第五步

问题：

设法节省物品收发的时间。

动作：

教师试验数种方法，最后得了两种；就一星期之结果，平均每课可省五分钟，校长大为嘉许。

第六步

问题：

设法节省点名的时间。

动作：

同前。

第七步

问题：

设法节省在黑板写字的时间。

动作：

同前。

第八步

问题：

设法安置各种材料物品的适当位置，以节省时间。

动作：

同前。

第九步

问题：

设法节省口头报告教学大纲和参考书单的时间。

动作：

同前。

第十步

问题：

决定教师在教室管理上节省时间之成效达到何种程度。

动作：

教师请校长参观他们的教室。校长参观时，计算他所用的节省方法，究竟能省若干时间，对于教师的进步，校长大加赞许。

第十一步

问题：

结束。

动作：

校长将教师最前和最后在教室管理上前后所花的时间，作了一个比较，送给教师，并大大的称赞他们的进步。在这个时候，教师都是高兴极了。

第五章　失败的教师之补救

教师失败的原因很多，其中最重要的是缺教授的方法。关于这一种教师的补救方法，前面已经讲得很多了。但是除此之外，还有种种别的原因，也是常常使得教师失败的。我现在把最通常发现的十几种写在下面，并在每种下附有补救的方法。这些方法和心理、社会教育科学等，都有关系。要把他详细讨论，殊非本书所能办到。所以下面所说的补救办法，不过略供指导教学者之参考罢了。

第一种　缺乏维持秩序及训练之能力

（一）使教师明了：良好的训练是一种心态活动的副产物。欲教一班学生心态活动，须注意下列几件事：

1. 一上课时，就要敏捷而有力量，可用简短的团体测验，使各生参加；
2. 要使全班学生在上课时忙个不停，工作快的学生尤须多多给以工作；
3. 班中的一切动作，都要叫各生负责参加；
4. 教师在上课时，要注意全班的学生，不要只注意几个学生。

（二）使教师明了：倘使要责罚学生，则须注意下面的几件事：

1. 常用间接的方法控制学生，一方面要他们守规则，他方面还要叫他们继续工作；
2. 倘如用直接控制的方法不能解决，总设法把惩罚避去；
3. 倘如非用惩罚不可，总宜用得公道，并且不可严酷；
4. 人为的惩罚，应与自然的惩罚合用，并且要避去他的缺点；
5. 惩罚对犯法的人，应有一种道德的意义，必须使他了解做错了事是应受惩罚的；
6. 教师自己要以身作则；
7. 教师应把训练方面的问题，坦白地拿出来和校长或指导员商量；
8. 最有效力的惩罚是具有社会性的，那就是说，叫学生觉得他侵犯了别人的权利，或是因为做某件事体而失去其团体的利益；
9. 处理训练事件须精确而敏捷，处理得太迟学生便把那件事忘记了；
10. 不可因个人的行为而惩罚团体。

（三）决定某种惩罚时，教师应注意下方几个原则：

1. 惩罚应该和犯法的行为、犯法的动机、犯法的学生相适应；

2. 惩罚应当公平,并且要与所犯的法有密切关系;

3. 除去几种初犯,可以用劝告解决外,其他的惩罚,都应当使学生感觉到一种不快;

4. 不可用恐吓、扣分、羞辱、讥诮或过分的惩戒来责罚学生;

5. 在各种惩戒方法中,如剥夺权利、禁参加集会、赔偿、当众道歉、舆论制裁、报告家长、分入特别班、停学及开除等可酌量情形采用;

6. 施罚时,不可意气用事,应当有客观的态度、清晰的头脑,仔细地考虑,然后才有精确的判断。

(四)使教师明了训练和教室管理上经济时间有密切的关系。教师按时上课否？教师收发用品时时间上有消耗否？（参观小学教学标准纲要之"准备工作"项）

(五)注意下列各项,以增加教师管理的能力：

1. 把你从前做教师的经验告诉他（教师）,给他参考;

2. 告诉教师不可多定规则,但是一经定出之后就要实行;

3. 告诉教师,不要只讲"不可这样""不可那样",应当说明理由;

4. 告诉教师,初管理学生的时候,不可太严亦不可太宽;

5. 不要给教师感到管理困难而烦闷灰心;

6. 不要当学生之前批评教师,以致妨碍学生对于他的信仰;

7. 使教师利用学生的好胜心,比较各班的成绩,使学生维持良好的秩序;

8. 使教师利用班中舆论的制裁来维持秩序;

9. 使教师明了教授很好的学校,常时就是秩序很好的学校;

10. 指出教师在管理上的弱点,并引出书籍或杂志上有关系的材料给他去参考;

11. 让教师抽出半天的功夫去参观别的教师,以改正他自己在管理上的缺点。

第二种　教材未能熟悉

教师对于教材不太熟悉,以致在讲解时发生错误。这种情形高年级的教师发现得最多。补救之法如下：

1. 使教师感觉到自己对于教材未能熟悉,指出事实上的错误和真事实,互相比较;

2. 使教师在上课之前,先准备详细的教案;

3. 组织读书研究会,以谋增进教师的智识;

4. 劝教师进暑期学校、晚间补习学校或函授学校;

5. 使教师担任他擅长的功课。

第三种　缺乏天资

我们从前录取师范生的时候,往往不注意他的天资,以致许多智力低下的人混到学校里来。又因为我们训练师范生的标准不严,以致让他们糊糊涂涂的毕业了。及至服务之时,弱点尽露,教授管理等等,都是弄得乱七八糟。你要想叫他进步又因他天资低下,无可设法。对于这种人,做视察员的,固然还是要想法儿去帮助他,使他能够勉强做下去,但是到了十分无可设法的时候，也只有呈请教育当局把他撤换了。我们办教育不是办慈善事业，对于此种低能的教师，倘使去发慈悲，那就要把许多儿童的学业牺牲了。

第四种　不肯努力

教师对功课不肯预备，对于零碎事务不肯办理，这种现象大概有两种原因：一是缺乏兴趣；二是缺乏力量。补救方法如下：

一、缺乏兴趣有时是因为缺乏教学的动机。人生的成就都是以兴趣与志愿为基础的。所以我们要教师努力，非先鼓励他的兴趣和志愿不行。方法如下：

1. 用标准测验来表示各班成绩的结果，加以比较，使教师觉得本班的缺点；
2. 把他（教师）放在许多热心的教师当中，叫他在无形中受着一种影响；
3. 有些教师是因为自己研究或试验一种东西对于教学好像没有兴趣，指导员不可误看了他；
4. 时常用客观的标准去测验儿童的成绩和教学的方法，并且把测验的结果逐月用图表的方法宣布出来；
5. 时常参观缺乏兴趣的教师，并且请他报告学生的成绩和他的教学方法；
6. 教他（教师）参与学校的行政，使他觉得他的努力和学校成功是很有关系的；
7. 他所需要的各种教学工具，应当充分的供给，使他没有藉口的机会；
8. 关于学校中各种日常的事务，设法使他严密执行，并且特别注意请他在上课前编好教案，以免临事时无所措其手足。

总起来说，管理教师兴趣的方法：第一是利用他的竞争心；第二是利用他畏惧失败的心；第三是利用他的心态活动，好奇、收集、合作各种本能。

二、补救缺乏力量的方法如下：

1. 严密检查这种教师的体格；
2. 使教师觉到健康的需要；
3. 养成教师健康的习惯。

总之做指导员的应当特别关心教师的健康并且要使教师知道。

第五种　缺乏自动能力

学校当局叫他做什么，他才做什么。这种教师毫无自动的能力。补救方法如下：

1. 鼓励教师搜寻问题，并且鼓励他去做各种试验。
2. 缺乏自动的能力，有时是由于缺乏兴趣。所以前面所述鼓励兴趣的方法，在这里也可以应用。
3. 缺乏自动的能力，有时是因为教师的天资太低，对于这种教师做指导员他要特别留意。
4. 领导他去参观能够自动创造的教师，去鼓励他的精神，使他观感兴起。
5. 组织研究会，鼓励教师参加并且贡献意见。

第六种　缺乏适应的能力

这种教师个性太强,动辄与人发生冲突,因此和校长同事及学生皆不能相处。补救方法如下:

1. 先把该教师和人发生冲突的情形调查清楚,看他的行为,大概有哪种趋势。
2. 把所发生的一件事,分成许多特殊的要素,一个个地分开来研究对付。
3. 这种缺乏适应能力的情形,也许只要坦白地讨论一下,便可解决。有些教师在这一方面能适应,在别一方面未必能适应。我们很难说他是完全不能适应的。
4. 做指导员的应当存着帮助教师的态度。因为有些教师不知道怎样做事才算对,做指导员的应当给他一种帮助。
5. 间或利用这位教师的好朋友去给他一种社会的制裁。
6. 年轻的教师比较容易改正,四十以后的人恐怕就难了。我们对于年轻的这班人,顶好对他们坦白地谈一谈,鼓励他们记出自己的缺点,过某时后再看他已否把这些缺点改正。

第七种　缺乏常识

缺乏常识为通常教师的缺点。其原因与个人的禀赋有关,但是经验缺乏也是一个大原因。有许多人不知道怎样应付一个问题,完全是因为没有这种经验所致。兹述补救这种缺点方法如下:

1. 把别人的应付某问题的方法告诉他;
2. 在他未做某件事之前,即须使他知道该事做出后的结果;
3. 介绍有经验的人和他做朋友,使帮助他指导他去应付问题;
4. 有些人不能应付问题,却因为工作太多,或因体力衰退。在这个情形之下,当想别种方法来补救。

第八种　缺乏前进的精神

有许多教师,任职半年,觉得工作没有进步,请求他调,或至辞去职务,另改他业了。这种现象很为普遍。对于这种人,应当:

1. 鼓励他上进,还要帮助他解决困难问题;
2. 有时这种情形之发生,是因为教师自己有缺点不能前进,因而灰心。在这个情形之下视察员应当不客气地指出他的缺点,并鼓励他改进。

第九种　不能专心任事

有些人因为家庭经济困难,或他自己生性好财,故除担任学校功课外,还在外面兼职,因此把学校里正当的工作,都无形牺牲了。对于这种人,应当:

1. 想方法引起他对于教育的兴趣;

2. 使他明白任事后不专心的坏结果；

3. 规定教师对于学校正当工作应分出充分的时间来处理。

第十种　对儿童无同情之了解

补救这种教师的方法如下：

1. 介绍他关系阅读关于儿童生活之书籍；

2. 介绍他阅读关于儿童心理的书籍；

3. 除教学外还请他负管理责任，使多与儿童接触；

4. 规定教师与儿童一块儿游戏，领导他明白儿童的见解；

5. 督促教师认识各个儿童，令他每天至少与一个儿童谈话，每天至少有一个儿童讲一件有趣的事体给他听；

6. 令教师去访问儿童的家长。

第十一种　不了解事[世]故人情

有许多失败是因为不了解事[世]故人情，做的事不能与社会习惯相合，补救的方法如下：

1. 使教师深深感觉指导员是很关心他的事；

2. 相机的指出教师的特殊的缺点，暗示补救的方法；

3. 讽示教师注意言语与礼貌，敦促并帮助教师多与社会接触，多读书，多研究并多旅行；

4. 敦促他交结适当的朋友，并注意社会上各种活动。

第十二种　仪容不雅

仪容不雅的补救方法如下：

1. 保持正直的姿势；

2. 在未开始讲授之前，先对学生看一二分钟；

3. 作事敏捷；

4. 不要蓬首垢面；

5. 衣服须与身材适合；

6. 积极参与社会的生活。

第十三种　缺乏道德标准

对于缺乏道德标准的教师补救的方法有三：

1. 加以劝告，希望他能够改正；

2. 用环境鼓励他改进；

3. 十分无法改正，唯有把他辞退了。

此外关于教师失败的原因尚有多种不及备述了。

(原载《教室参观与指导》,南新书店,1930年。后改作《怎样指导教学》,收录于《地方教育行政之理论与实际》,教育编译馆,1935年)

念二运动

——由提倡土货到民族复兴的具体方案

第一章 念二运动的意义

民国念二年是我国历史上最值得纪念的一年。在这一年中,全国上下都觉悟了经济国难的严重,一致奋起共谋打开一条出路。在中央规定本年为国货年。在山西实施经济统制,提倡服用晋绥土货。在广东有抵制文具侵略运动,在上海有国货运动和土布运动。而我们也在这年当中,随着邦人君子之后,发起一种运动,这运动的目标是:"提倡土货,实行社会节约,努力社会生产,发展国民经济,改进民众生活,协谋中华民族之复兴。"因为他是从民国念二年开始进行,所以把他叫做"念二运动"。取名念二,含有纪念和警惕的意思。

第二章 提倡土货

第一节 什么叫做土货

一、土货意义的两种了解

国人目前对于土货的意义有两种了解。第一,以生产的方法来分,凡是拿中国原料(相对的)用中国人力和手工所制造或生产出来的货物,皆可叫做土产货物,简言土货。在这个定义之下,那些用机器生产出来的洋式货物,就只能叫做机制洋式货物,不能叫做土货。第二,以出货的地方来分,凡是本地方所出的货物,皆叫做土货。本村所出的货,叫做本村土货;本县所出的货,叫做本县土货;本省所出的货,叫做本省土货;本国所出的货,叫做本国土货。在这个定义之下,机器洋式货物和手工所生产的货物,皆可称作土货。我们到底采取那种定义呢?要答复这个问题,当先讨论我国经济建设的方针。

二、我国经济建设的方针

国人对于经济建设的主张,可分重农重工两派。前者主张以手工业为生产的主要方式,后者主张以机器工业为生产的主要的方式。这两种主张的决定,要看客观的条件如何。(一)在有关税保障或资本和技术已达到相当程度能与外货竞争的局面下,我们主张以机器工业为生产的主要方式。(二)若在门户洞开社会生产无法发展的局面下,我们又主张以手工业为生产的主要方式。就我们中国各省情形看,除少数省份,如山西,客观条件较好之外,其他各省,大概看来,机器生产,因受倾销的影响,都已陷于束手待毙的状态。况且中国社会大体上尚在农业经济的时代,一时决无充分资本引进新的生产工具和技术,所以我们主张以手工为主要的生产方式。

三、我们对于土货的见解

既经决定了上面的经济建设方针,所以我们对于土货的意义自然是赞同"凡是用中国人力和手工所制造出来的货物皆为土货"的解释了。不过我们对于"本地货"意义,亦有相当的容纳。因为提倡土货的目的之一,是要在相当的程度下谋各地方的自足自给。要达此目的,必得国内各省,省内各县,或县内各村的产业都有均衡发展的机会。我们决不希望国内某几省,省内某几县,或县内某几村的产业特别发达,而其他的省,其他的县,或其他的村产业落后,以致发生贫富偏颇的现象。不过我们所说的"本地货"者,是特别注意手工生产的货物罢了。

第二节　为什么提倡土货

我们对于国货是很热心提倡的,但是我们所以不说提倡国货而说提倡土货,却有四个理由。

一、提倡土货可以抵制经济侵略

(一)国民经济的危机

我国自通商以来,常处入超地位,从民国元年至二十年间进口超过出口的总额,共三十八万一千五百余万两,合洋五十七万余万元。民国二十年不景气的现象,普遍了全世界,各国对外贸易,无不减低,而我国入超乃竟较之十九年增加百分之三十。价值达五万四千余万两,合洋八万一千余万元之巨。二十一年东北沦陷,经济中心的上海,饱受炮火蹂躏,川滇兵燹又绵延数月之久。各地金融奇紧,工商各业,俱无生气。因此对外贸易进出口都一落千丈,而以出口贸易为尤甚。入超总额竟达五万五千六百六十余万两之巨。比之二十年超出三千二百余万两有奇,比之民国元年竟超出五倍有半。我们认定社会经济命脉为一个民族存在之基本条件。人口多寡与经济发展有密切关系。现在中国之经济状况,江河日下,天灾人祸,均足以使我们的人口减少。入超像这样一年一年的增加,再不设法抵御,恐不出百年我中华民族将无噍类矣。我国现金据某专家估计,仅存二十二万万元;我国国富据日本人估计,仅有日金三百八十余万万元。假定以后入超并不增加,甚或逐年减少,我国人经济血液不出百年,依理说来,亦必流尽,而人口亦必随之减少,以至于灭种的地步了。

(二) 提倡国货的困难

欲抵制经济侵略解救国民经济危机，当然是要提倡国货。但是在这时候的中国，用国货二字来提倡实有许多困难。今姑举数条如下。

1. 国货与洋货不易别办

通常所谓国货概指机器洋式货物而言。这种货物仿制洋货，惟妙惟肖。我们纵使特别小心，也往往无法辨别。本年九月七日《晨报》时评，关于此点说得非常透澈。原文如下：

> 吾爱国，吾爱用国货。吾登歇浦之市，买宝山玻璃厂之料器，上海制造绢丝厂之绢丝，江苏药水厂之酸药，中国肥皂洋烛公司之皂与烛，上海、杨树浦两纺织厂之纱与布，中华、江南、上海诸皮革厂之纹皮、红底皮、湖绿地皮。归而告人曰："吾爱国，吾购用国货。"人闻而掩口。退而思其故，不知江苏厂之属美商，上海皮革厂之属意商，中国、杨树浦两厂之属英商，上海纺织厂，中华、江南两皮革厂之属日商，宝山厂、上海绢丝厂之名为中日合办，实则无参一之资，靡操管理之实权也；不知外人之阳劫我名而阴盗其利也，不知政府之未暇取缔也。
>
> 吾爱国，吾爱用国货。吾登歇浦之市，需皮格而舍喊士产，需汽水而舍屈臣氏产，需灯泡而舍亚浦耳产。归而告人曰："吾爱国，吾勿买外货。"人闻而哂之。退而思其故，不知喊士诸厂之尽属华商也，不知外商创设于初而华商顶盘于后也，不知名既扬而弗值易以异称也。
>
> 吾爱国，吾爱用国货，吾爱用国货不倦；厂名欺我甚，不足证，吾其以商标识！吾重登歇浦之市，购金鱼牌之人造丝，天桥牌之卷烟，财神、饭碗、恭喜、福禄寿、红孩儿诸牌之火柴，双虎、仙桃、三兔、飞鱼、五元宝、五福吉祥诸牌之纱与布。满载归来，雍容语人曰："吾爱国，吾购用真国货。"人闻而笑之。退而思其故，不知外货之销华，尽标以合乎我国国情之禽兽名、花草名、地名、人名、星象名、吉利名之牌号而藉以博厚利也，不知政府之对之亦无法也；而铅笔之有孙逸仙牌（纽约艾格尔铅笔公司出品），其为惑也，更无论矣。
>
> 吾爱国，吾爱用国货，吾始终爱用国货，吾重登歇浦之市，需染织物而舍太阳图牌（上海华阳染织厂出品），需汽水而舍八角W牌（上海屈臣氏出品），需厂经而舍HY牌（无锡瑞纶丝厂出品），需内衣布匹而舍ABC牌（上海中国内衣公司出品）。归而雍容语人曰："吾爱国，吾绝不买外货。"人闻而大笑。退而思其故，不知吾舍而弗购者，尽华商工厂之出货也，而卷烟之有福尔摩斯牌（上海福新烟公司出品），其为惑也，更无论矣。（中略）
>
> 吾爱国，吾无知；吾爱用国货，吾无辨国货之常识。已矣乎，吾爱用国货；殆矣乎，吾爱国！然而今之士人君子，欲求我之无知，犹不可多得也，提倡国货之前

途,不亦惨黯矣乎!(下略)

2. 国货替洋货制造市场

国人既在提倡国货的旗帜下,把机制洋式货物当作生活必需的标准,而有许多货物国产数量供不应求,生活必需,又不可或缺,遂不得求之于国外。即以国人自办最大工厂之棉织而论,在民国二十年度国厂和在华日厂所处纱和布的数量,据该年度中国银行报告如下:

	纱厂锭子	出纱数	出布数
国厂	三百三十万六千余	一百四十五万八千包	三十五万七千件
日厂	一百五十余万	一百万零八千包	三十一万五千件

由上看来,在华日厂所出纱布数量,差不多和国厂所出者相等。此类产品直接销售我国。又据同年度海关报告,棉货进口的竟达一万二千余万两。可知国产机制纱货绝不够国人的需求。所以二十年度国人抵制日货的时候,英国某地各纱厂同时收到华商订货电报二万通。国产洋式货物之不敷国人需要,于此可见一斑。

我国统计资料素称缺乏。国产洋式货物应付国人需要究竟至何程度殊难考查。今姑假定只能应付三分之一。从提倡国产洋式货物的见地看来,第一要把洋式货物变成人人的生活的必需,第二要人人皆买国产洋式货物。这固属是促进国货工业发展的方法,但在此时从整个国民经济看来,愈如此提倡国民经济恐将愈加破产。因为国产洋式货物只能应付国人需要的三分之一(根据前面假定),洋式货物既为生活所必需,那三分之二就不得不求之国外,岂不是直接为谋国货工业的发展,间接为洋货制造市场,使外国商人同时得着大部分的利益,而使国民经济更加破产吗?

3. 国货的原料多含洋货

关于此点,《晨报》本年八月二十一日评文又说道:

> 羊毛线美德产者十之八,则毛织物非国货;人造丝尽舶自意、法、日、美,则人造丝织物非国货。钢精尽德、法、美之蕴藏,则钢精器皿非国货;铁皮运自英美居多,则罐器非国货;汽水以瓶盖之渺,非外货而莫举;卷烟以烟纸之微,非外货而无所措手,遑论其他,则汽水非国货,卷烟非国货。以吾国产之广,美澳紫麦红麦之运华者,犹年达二千万余担,值八千万余两,以吾国制革之古,非用外药而弗克竞存,遑论其他,则面粉非国货,熟革非国货;纱线之纺制也,锭机来自英美,棉花不敷自给,益以织维短劣,不得不仰给于美、印、埃,则纱线非国货,国产纱线,粗者多,则细布、细袜、手帕、细毛巾等棉织物,仅以纱线之来源言,亦非国货矣。近年国人有酸碱之炼制,而机械不得不外求,则酸碱非国货,酸碱之产量綦微,则火柴、皂药、油漆、纸张、调味粉、化妆品、橡皮制品、玻璃料器等化学工业品,仅以酸碱之来源言,亦非国货矣。入国货商场之门,不知者但叹其美丽射目,慰勉有加;

知者若惧若喜,弗敢二次入也。

苟举劳工与流动资本论国货,则今日之国货,诚不愧为国货矣;若欲进而求其原料、管理与固定资本之所自出,则犹有待也,号以"准国货"可也。

我国工业幼稚,原料缺乏,求诸国外,自无不可。但当限于必需品,并且要真正原料。譬如棉花是必需品并且是真正原料。至如棉纱,虽说是必需品,但非真正原料,就不能把它当作原料看待了。

现在国内有许多时谓国货工厂,往往藉口外国原料,购买外国已制成之货物,略加改造,便称国货。究其实际,除有少许国工在内外,实与养活无甚区别。此外还有许多所谓国货,虽买真正原料,但因为生活必需,亦不合上面所说的标准。请以纸烟为证。

第一表　民国十八年至二十年纸烟消耗之入口价值(海关两)

	十八年	十九年	二十年
纸烟及雪茄烟	21 295 107	26 318 387	13 699 401
烟草	26 799 199	31 099 124	48 618 800
制纸烟用糖酒	253 282	35 540	5 615
制造纸烟材料及杂货	1 068 129	954 629	362 696
雪茄烟及纸烟机器	219 392	753 100	823 859
卷筒纸烟纸	3 051 477	3 089 978	5 496 554
总计	52 686 584	62 250 758	69 000 925

- 纸烟罐所用之钢铁尚未算入

从上表第一项看来,外国纸烟进口逐年减少,由二千多万两减至一千三百多万两似乎是很好的现象,也许有人就以此归功于国货纸烟的提倡。但从其他各项看来,则知制烟原料及用具之入口数,逐年有增无已。其总数在十八年为五千余万两,在二十年则几及七千万两(其中仅制烟所用之纸一项即达五百五十万两之数,合洋七百余万元,可购飞机五十架,可办普通规模之大学十五所或中学一百所)。此项巨大漏卮,因外人在华也办有烟厂,华厂方而自不能单独负责。然而华厂营业亦颇不小。他们所制的国货纸烟,自必含有多量洋货原料,实属毫无疑问(因此我们盼望他们即速改用本国原料)。国货纸烟如此,其他所谓国货者又何尝不如此呢?《晨报》评为准国货,是再确当没有了。(民国二十一年的海关统计因东北沦陷,数字颇不完全,所以本书内所引材料皆以二十年的为准。)

(三) 提倡土货的利益

1. 土货与洋货极易辨别

土货因系手工所制,其形式往往不如洋式货物来的美观,因此即不易和洋式货物相混。而洋式货物因系机器所制,也就无法冒充土货。即如土布的质料较洋式的布为粗,但因其较粗之故,即不会和洋布相混,而洋布因系机器所制也就无法冒充土布了。外国人所多的是机器,我们中国人所多的是手。拿洋式货物抵制洋货,是拿我们的机器抵制人家的机器,人家的机器多便要压倒我们的机器。拿土货来抵制洋货,洋货要来冒充,必先改用手工,那就是等于拿手来压制我们的手。我们的手,比他们的多,他们一定被我们压倒。所以我们断定在用土货抵制洋货的局面下,洋货绝少冒充土货的余地。

2. 土货能打倒洋货市场

机制洋式国货因把国人生活标准提高,而有许多货物,国产数量,供不应求,生活必需又不可缺,遂不得不求之国外。因此在提倡机制洋式国货的当儿,就替洋货造了许多市场。欲救此弊,只有提倡土货。把国人以洋式货物为生活必需的心理扭转过来,而以土式货物变成生活需要的标准。同时劝告国人,若在非用洋式货物不可的时候,仍当尽先购用国货。国产洋式货物数量本属有限,当不致受何影响。而洋式市场却可因此而被打倒,国民经济自可受着无穷的利益了。

有人以为土货与洋货比,价贵物劣。人性总是贪图便宜,怎样可以吸引他们踊跃购买呢?这话殊不尽然。以纸烟为例,水烟之味未必减于纸烟,而起价特廉。又如洗面盆,洋磁盆价虽较廉,但是用一两年,就坏了。至若铜盆,价虽稍贵,可是经久耐用。乡僻的地方,母亲出嫁时用的铜盆,常常用去做女儿的陪嫁礼。更如布匹,一尺洋布,固然比一尺土布便宜,但是洋布不耐久穿,而土布特别牢固。所以一般以劳力谋生的农工至今仍喜着用土布。土布若果价贵而物又劣,早应完全淘汰,一般经济困难的农工,还肯去光顾他吗?可知土货确有他的优点为洋货所不能及。我们只须把他的优点宣传出来,使一般民众了解,一般民众自会踊跃购买了。

3. 土货的原料多属土货

原料缺乏,只要是必需品,求之国外,本无不可。但是现在的新式工业,十样原料差不多就有九样是外国货。如棉花这样东西,我们的产量也许就不够用。但在民国二十年,棉花进口,值一万余万两,并不能证明我们对于外国棉花原料的需要就有这样大。因为国产棉花丝头太短,不能纺出细纱,因此国厂弃而不用。虽廉到每捆四十余元,而无人顾问,美棉一捆贵到七十余元反能在华畅销。论者只知责中国棉产不能改良,不知改良棉产,非若干年不能做到,而每年巨量金钱,却因国人不喜服用本国棉花所制的土布,而流到外国了。棉花如此,他种原料类此者,正复甚多,不能备述了。

4. 土货的壁垒坚固无比

有人以为我国生产事业,外无关税壁垒的保障,内有苛捐杂税的摧残,大规模国货工业且不能维持,遑论土货?不知我们对于生产出来的土货,最大的目的,是去应付本地方的需要,于相当程度下,达到本地方自给自足的地步。除少数生产品外,我们并不敢骤而希望把剩余下来的货物,推销得怎样远,更不敢妄作国际市场上竞争之想。所以国内苛捐杂税的拦路虎影响我们出产品的程度,断不如目前这样严重。至于我国关税壁垒虽被洋货冲破,但若我们能在各人身上、各家、各村、各镇、各县及各省一致重重叠叠的筑起"土货壁垒"来,那怕他洋货怎样冲,我敢断定他一定冲不进。我们觉得这种计划只有在小规模的手工或小机器生产局面之下,才能办到。在大规模的工业生产局面下,也许反不易办。我们更觉得倘使办到相当程度下的自足自给,国民经济也就受着无穷的裨益了。

二、提倡土货可以发展生产

(一) 手工生产是死路中惟一生路

近代生产的工具厥惟机器。自从工业革命之后,手工业逐渐淘汰。土货居多是手工业的产物,提倡土货,就不啻提倡手工业,岂不是与近代生产方式背道而驰,怎会能促进生产呢? 这话是很对的。只是不能适用于今日之中国。何以呢? 因为今日中国所最感缺乏的是机器,是资本,是大规模的工厂。除去极少数的城市略备一些生产的新工具外,他所有的是天生的资本——双手——和一些破旧的生产工具。我们如能凭着神秘的方法骤然获得巨量的资本和大规模的工厂,使中国于转瞬间变成工业化,那是再好没有。我们极愿随即把提倡土货的主张取消。但是在这民穷财尽工业幼稚的中国,巨量资本绝无从筹措;大规模的工厂即虽有了资本,亦非短时间所能创设完备。我们在这个时候,只剩有两条路可走:一条是不生产的死路。在这条路上机器的生产既因缺乏资本而不能发展,手工的生产又因效率太低而不肯发展;只是束手待毙,听候帝国主义者的宰割。另一条路是手工生产的生路。在这条路上,生产的效率,虽没有机器那样大,但因人数众多,工具又属固有,可以随时随地生产,不需巨量的资本和大规模的组织,自能聚沙成塔,产生大量的货物。这是提倡土货的路,也就是我们认为在这过渡时代,保存经济元气,储蓄民族资本,建设新中国的一条大路!

(二) 提倡土货必因地而制宜

又有人以为提倡土货停滞在手工式的生产状况之下,国民经济必无发展的希望,不知提倡土货是过渡时代不得已的一种办法,决非目的。我们想从服用土货上截住滔滔不绝向外直流的经济血液,逐渐用这种血液在合作的方式之下去发展小机器工业,更逐渐发展成大规模的机器工业。这种运动是进化的,是因时因地而制其宜,绝非一成不变的。在目前就全国情形看,他尽可尽量提倡手工业,但在将来或现在某处经济力量到了相当程度的时候,他却要尽量来提倡机器工业! 在目前就全国情形看,他劝人勿吸纸烟。在将来或现在某处民生问题解决用中国原料中国工具和中国人工所造成的纸烟,他虽不提倡人去吸,却也不劝人不吸。念二运动纯从经济的立场去复兴民族,改造社会,与俭德运动有异。俭德运动以俭德为目标,他的性质是永久不变的。至于念二运动虽亦提倡节约,类似省俭储蓄,却以裨益社会经济为目标;他虽订有规约(参阅第八章),类似道德信条,却视国民经济状况而转变。明乎此中的关系和区别,就知我们提倡土货与我国国民经济发展有无妨碍了!

(三) 机器生产赖提倡土货而发展

又有人以为提倡土货保护手工业是反对机器是开倒车,这又误会我们的意思了。提倡土货,保护手工业,是在这过渡时代所用的一种方法,并非目的,这话前面已经说过。在这技术竞争时代,要发展国民经济,当然要发展机器工业。但是要发展机器工业,非有资本不可;要有资本,又非国民经济力量充实不可;要国民经济力量充实,方法固属很多,而提倡土货,储蓄国民经济血液,做大规模机器工业生产的准备,实为至要之图。所以提倡土货不但不反对机器生产,而实在是帮助发展机器生产的一种基本力量。与其说他是开倒车,不如说他是开路先锋之为愈了。

抑尤有进者,我们所要求的,是国民经济的发展。并且这种要求是比较的而非绝对的。拿吸纸烟来说明吧。固然啦,我们是劝人不吸纸烟或改吸水烟旱烟的。但是遇着非吸纸烟不可,而又要吸外国纸烟的人,我们却反劝他第一步先改吸国货纸烟。我们的意思,就这时的中国情形看:用土货固比用机制洋式的国货好,然而用机制洋式国货却又比用外国货好。只要比较的有利于国民经济的发展,不管利益的大小,我们决不肯放弃。我们对于国货香烟的态度如此,对于任何其他机制洋式国货莫不如此。我们的办法可算是一面提倡手工生产的土货,一面却又提倡机器生产的国货。这种提倡的方法,不但不影响国货工业,实于此类工业的发展有莫大帮助。国货机器工业本不敷国人的需要,我们这样提倡土货,可把那不敷的部分用土货来填补;决不会像一般只顾提倡国货的人,因欲促进国货工业的发展而一味提倡洋式国货,以致一方面把国人消耗的欲望提高,他方面却又使外国人同时得着无穷的利益,使我国国民经济日趋于破产的地步!

三、提倡土货可以解决民生问题

(一) 一般心理竟不认土货为国货

国人生产的方法大部分还是靠着手工和人力。手工和人力做出来的东西,供给国民大部分国民的需要,关系国计民生,非常之大。自从国货运动发生之后,国人的心理,差不多把"国货"二字当作机制洋式货物的专有名辞。可怜土货,竟够不上国货的资格!阅者倘若不信,请看下面两个证明。

1. 商人不把土货当作国货

一般商人并不把土货当作国货,即如挂着"国布庄"招牌的店铺里,只有机制洋式布匹出卖,却没有土布出卖。问他为何不买土布,难道土布不是国货吗? 他说,因为无人买,我们说:"我们现在就要买呀!"庄主竟哑口无言。这是商人不把土货当作国货的一例。又如洗面盆这样东西,有国货的洋式磁盆,有土货的磁盆、铜盆和木盆。现在一般国货商场里,居多只有洋磁盆出售,铜盆是绝无而仅有,至若木盆简直是没有见过。这是商人不把土货当作国货的又一例。此二例皆充分表显一般商人轻蔑土货的心理。

2. 购者不把土货当作国货

一般购买者(指所谓受过教育的文明人而言)对于土货的心理怎样呢? 我敢断定有许多人竟连这两字的观念都没有!还拿洗面盆来说明吧! 譬如说某甲欲买一支洗面盆,他的心理活动如下:

(1)"要买洋磁盆。"这是第一个观念。因为洋式磁盆已经变成他的生活必需品之一了!

(2)"要买国货!"这是第二个观念,倘如他有几分爱国的思想或是一个要面子的人。

(3)"只有买洋货了!"倘如他走了三四家店铺都买不到国货。

(4)"但是绝不要日本货!"却如此宽恕了他自己。

他于是买了一只非日本出产的洋货磁盆回家。从没有想着除去国货或洋货之外还有土货——土货的磁盆、铜盆或木盆——可买。倘若有人问起他:"买的日本货吧?"他还要摆出很有理的样儿大声答道:"不是!是英国货!(或任何别国之货)"好像买了英国货但是没有买日本货就同买了国货或是爱了国一样!

还有些人在买不到国货忘却了土货而要买洋货的时候,却又嫌西洋货贵,竟明知故昧地买了日本货。人问他是否日货,他还要替他辩护说:"店铺里说他是国货(或是西洋货)呀!"真可谓欺人自欺!

我们提倡土货的意思,是要在这机制洋式国货不敷国人需要的时候,提醒一般购买者,除去国货之外,还有土货一条路可走,不要就买洋货,致使利源外溢。如果大家还承认土货是国货,那吗这样的提倡只有和国货的发展有利而无害了。

(二)土货衰落对于民生的影响

据一般估计,国人靠机器生产维持生活者只约二百万人。至于靠手工生产为生者至少有三万万人。自从洋货输入和新式工艺发展之后,原来靠手工生产维持生活的人,现在失业者失业,窘迫者窘迫。据河南省政府所出"开封社会统计",开封城里的小手工业仅剩有铜匠、木匠、锡匠等寥寥十数种,并且奄奄待毙,行将绝灭。开封如此,他处亦差不多!又据金陵大学教授白克 Buck 氏报告,我国安徽、河北、河南、江苏、山西等五省,农村家庭工艺的收入,仅占农产以外的总收入百分之二点九(*Chinese Farm Economy*, P. 98)。这项收入所以如此之少的原因,大概是由于土布的滞销。土布的制造从前在农村副业中本占重要位置。自从洋布侵入,更加上国内纺织工业的发展,土布遂逐渐淘汰。现在大城市中,一班开布店的竟以卖土布为可耻,更以你问他有无土布出卖为侮辱,甚至打上"国布庄"招牌的店铺,竟也没有土布出售。因此在大城市中土布已经绝迹,甚至有许多所谓文明的乡村,受了一班推销外国货的推销员——教员学生和乡村运动者地影响,土布也无人顾问逐渐绝灭了!唉!农人本是卖布给人的,现在反向人买布,农村经济焉得不日趋破产,农民生计焉得不日趋窘迫呢?

到了现在,农村经济的破产,农民生计的窘迫,大家都觉得了!城市小手工艺劳动者失业问题的严重,大家也觉得了!要谈救济方法固属很多,其中最重要的一种便是提倡土货。因为提倡土货,土货便有销路,土货有了销路,那些靠土货为主业或副业的工农同胞——大多数的同胞的生计,就可得着很大的帮助了!

（三）土货能够维持民生的原因

有人以为土货是用手工和人力产生出来的东西，手工业与机器工业比，工资甚微，在此百物昂贵之际，如何维持劳工的生活呢？在我们看来，在这机器大量生产的情形势下要拿手工和他竞争，得着同样的报酬，除少数特殊工艺外，当然不能办到。不过在这儿有两件事不能忽略。

1. 不做工也是要吃饭　开封城内织毛巾者，每日每人所赚不及洋一角。问他如何能维持生活，他说："不做工也是要吃饭，有了几分钱买粗面包可不致饿死，你嫌这交易（指织巾）没好处，试问又有什么别的法子谋生呢？"这话实在代表一种真理，充分证明在这实业幼稚、生机断绝的中国，手工业却有维持的价值。

2. 不做工也白费光阴　我国人闲时很多。城市里不消说，即虽在乡间，一年内每人至少有五个月的空闲。这样长的空闲，若使能在工厂里做工，每天赚得五六角钱，固然很好。但是那里有这许多工厂来容纳这三万多万的工人？即使有了，他们又那能通通跑进城市？所以在农闲的时候。农民多拱手闲坐，白费光阴。若使利用这空闲来做工，譬如说纺纱织布，因系手工，获利甚微。假定每人每天只能赚洋五分，这固然抵不上城市工厂里的工资来得多。但是一家能工作者假定以四口计，照五个月推算下来，每年每人可赚七元半，每家可赚三十元。以全国计，当在二十万万元以上。在农村经济上岂不是一笔很大的接济吗？

由上看来，不做工也要吃饭，不做工也白费光阴，做都比不做较好。在这机器工作机会缺少、国民经济公私交困的时候，谁能说手工生产的土货不能帮助维持人民的生活呀？

四、提倡土货并不降低中国文化

有人说："提倡土货不免降低了中国的文化。"这话太含浑了。文化到底是什么？这是一个很大的问题！上海号称我国文化最盛的地方。到那儿一看，只看见洋房、马路、汽车、轮船、军舰、工厂、洋货店、电影院、跳舞厅、按摩院、饮食店、咖啡馆、赌场、娼嫖、学校，西装革履的摩登青年，鸠形鹄面的瘪三乞丐，还有许多彳亍街头的妓女，辛苦终日的劳工！形形式式，几无处不表显物质的享受，无处不消耗国人的金钱，无处不反射都市的罪恶！倘如这就叫做文化，倘如这就是中国应有的文化，我们宁愿中国的社会还退归到十八世纪以前闭关时代的状况！现在世界上的文化，不消说是资本主义的工业文化，我国固有的文化，不消说是封建时代的农业文化。固然啦，我们不愿永久停滞在农业文化的状况之下，但是我们也不愿就走上现代资本主义的工业文化的路上去。到底将来中国走上那一条文化的路我们不敢断定，但是无论如何，在这农业生产社会的中国，我们绝反对无条件的并且骤然的接受近世工业文化，以致只学到人家坏处，没有得着人家的好处。我们认为在这国民经济和社会组织没发展到能接受近工业文明的时候，所有一切的所谓新文化的设施，只有使国民经济愈加破产，民生愈加窘迫，社会愈加紊乱！我们这话并不是开倒车。过去的事实，处处皆可做我们的证明！我们服用土货，老实的说，就是想把刚走上资本主义工业文化错路上去的中华民族扭转过来,另上一条正在创造中的新文化的路上去!

第三节　怎样提倡土货

一、心理建设以救物质建设之穷

我国社会的大病是民族经济的落后。要医治这个大病,当然要注重物质建设。即如人家拿价廉物美的货来倾销,我要和他竞争,本来只应拿价廉物美的货去对付。但是我们的经济的力量没有人家的大,技术没有人家的精,组织没有人家的完善,因此我们制出来的货,无论如何都赶不上人家的那样价廉而物美。既不能如人家的或那样廉美,我们就不能和人家去竞争了吗？不然！我们物质建设之外,尚须有心理建设。我们物质建设不足的地方,只有心理建设去补充。具体的说,我们的货,虽不如人家的货那样美,但是我们咬定牙齿尽量用我们自己的货。这种坚决的态度,是一种心理作用的表现。养成这种坚决态度的工作,就是心理建设。我们深信价廉物美的洋货并不是我们的真正敌人；我们的真正敌人,是我们自私、享乐、虚荣和畏难的四种心理。能克服这四种心理,我们提倡土货的心理建设工作也就完成了。

（一）用牺牲精神来克服自私的心理

1. 自私心理的表现

洋货倾销所以不易抵制的第一个原因,系由于人类自私的心理作祟。商人希图重利,贩卖外货,这是商人的自私。购买者贪图便宜,购买外货,这是购买者的自私。买卖各逐其私,洋货就自然的充实了我国市场不可遏止了。

2. 自私心理的影响

从个人经济的立场并就目前来看,买卖洋货,便利私图,自属很为合算。但从整个社会经济立场并从远大的将来看,自私便是一种自杀政策。譬如有一个人家的房子租给另一人家开豆油坊。他这人家,却用洋油点灯,每月可省灯油费一元。一家如此打算,家家如此打算。弄到后来,豆油销路减少,油坊不能维持,遂致倒闭,而那人家的房屋也就闲着无人承租了。贪图一时的便宜,利便私图,终至吃亏,这不是一种自杀的政策吗？

3. 自私心理的克服

一般人的意见,以为国人贪图便宜是根据人类自私的天性。这种天性是牢不可破。因此之故,除非国产货物比洋货还便宜,绝不能挽救外货倾销的局面。这种见解颇有商榷的余地。人性从一方面看来,固属是自私自利贪图便宜；但从另一方面看来,亦复可以顾到大团体的利益而牺牲私人的利益——在紧急的时候,性命且或不惜牺牲的。十余年来的国货运动就建设在这个理由上面,现在的土货运动,也就建设在这个理由上面。若使人性是始终贪图便宜而无法挽救的,那么不但土货不必提倡,即连所谓国货也不必提倡了。

如何转变国民贪图便宜的心理,而去死心塌地的牺牲小己利益,服用土货,以挽目前经济的国难,的确是社会上很大的问题。解决这问题的责任,就在我们的身上。我们深信要提倡服用土货应从已经觉悟了的知识份子做起，而后及于一般民众。第一，因为知识份子对于外货倾销的毒策看得比较清楚，当然要负起先觉觉后觉的责任。第二，因为知识份子为民众表率，一举一动影响于民众的很大，所谓君子之德风，即是这个意思。第三，因为一般知识份子用洋货者比较的多，并且用洋货的程度，也比较的高。若从他们做起，抵制的工作当较易收效。我们觉得一般民众贪图便宜，犹可原谅，原谅他们的愚蠢。我们所不能原谅的是一般明知洋货倾销之害而却贪廉购用的知识份子。如果这辈真正觉悟，牺牲一时的小利，实行服用土货，国民经济的挽救便有大大成功的希望了。

（二）用刻苦精神来克服享乐的心理

1. 享乐心理之表现

"及时行乐"是中国一句古话。为什么人要及时行乐呢？因为享乐出自人性的要求，及时行乐可以满足这种欲望。从生理上的需要看来，这种要求没有什么不对，但从民族复兴的立场看来，他便变成我们的敌人了。因为行乐的基本条件要靠着物质的享受，而物质的享受又大都靠着服用舶来的物品才能满足。大家都要享受，大家都喜用舶来品，国民经济就因此而宣布死刑了。

2. 享乐心理之影响

大家用外国货来满足享乐的欲望，直到国民经济宣告死刑的时候，那享乐的命运亦必不能持久了。中国一般享乐者的生命来源不是来自农村吗？而中国农村经济已一天一天的破产了。农村经济何以破产，重要的原因是受着帝国主义者的压迫。谁是帝国主义的先锋？不是服用帝国主义者的货物底一般享受者吗？可知用外国货来满足享乐的欲望，就必自绝生命之源，实际上就等于自杀了！

3. 享乐心理的克服

享乐的欲望，出自人性的要求，我们当然不能否认。不过人生有处常与处变的分别。在处常的时候，对于人性的要求应与以相当的满足；但是在处变的时候，处于民族沉沦的今日，全国民众应当拿出刻苦的精神来，一致动员，牺牲享乐的要求，把这民族从沉沦的局面下挽救转来。我们深信人类除享乐的欲望外，还有反享乐的伟大精神存在着。这种精神，便是刻苦的精神，便是勾践卧薪尝胆的精神。他在处常地［的］时候看不出，但是在处变的时候就跳出来了！全国有志的青年们！你们看了中国人这样受人欺侮，不是气愤填膺要同敌人拼个死活甚至连性命都不顾了吗？这是一种伟大精神的表现，是极有价值的！我们现在解救国难就完全靠这种伟大的精神！但是我们所希望的，并不要你们牺牲命，只希望你们能稍微刻苦，稍微牺牲一时的物质享受！

（三）用浩然之气来克服虚荣的心理

1. 虚荣心理的表现

有些青年常常对我们说道："常人都有审美的观念和虚荣的心理，服用土货尤其是穿着土布不是要被人鄙弃贱视，发生谋生、配偶和面子种种的问题吗？"这话是事实。即如我们穿着下等土布装束,提倡服用土货的时候,就常常遭人误会。我们去拜访朋友,朋友的仆人把我们关在外面;我们在火车上要吃茶,茶房不卖茶给我们喝!我们在街上会见相识的人,他们竟不敢和我们打招呼:诸如此类之事,不胜枚举。中国社会真是欺侮民众的社会!中华民族真是最势利的民族!也难怪一般被环境征服的青年冠履堂皇,要被人看得起呵!

2. 虚荣心理的影响

一般人士就为以上种种原因,所以力求漂亮,怕被人鄙弃贱视,发生谋生、婚姻和面子的问题。住在上海的人为要被人看得起,起码要穿外国丝绸;更要被人看得起,还要穿外国呢绒所制的西装。(若能说几句外国语,尤其可以被人重视,到处占便宜!)通都大市如北平、天津、南京等处,几乎达到十男九西装、十女九摩登的地步。唉!全使国之人而具此同样的心理,洋货有焉而不畅销,国民经济又焉得而不破产呢了。

3. 虚荣心理的克服

我们欲提倡土货,抵制外货,挽救民族的危亡,解脱民众的痛苦,自非克服一般人士的虚荣心理不可。要克服一般人士的虚荣心理,惟有仗着孟子所说的浩然之气。我们认定我们的使命之重大,又认定要负起这个使命,非从服用土货着手不可。我们不仅有这种认识,还要躬践力行。无论受人怎样误会和侮辱,都不肯改变这种行动。古人说得好:"天下有大勇者,卒然临之而不惊,无故加之而不怒!"一般社会不了解我们,侮辱我们,不但不能阻止我们的进行,反而鼓舞了我们的勇气,使我们格外觉得责任重大。我们心胸内虚荣之气,已被浩然之气驱除净尽,成败利钝,是非毁誉,都不在我们的眼底了。我们抱着这种态度,勇往直前,所以能在达官贵人之前,稠人广众之间,身着土布下等衣装,高视阔步而无愧色!我们认为这是一种改变社会观念和转移社会风气、挽救民族颓亡的一种基本工作。这种工作应先从自身做起。一人如此做,再纠合同志一同来做,扩大组织,扩大宣传,使今后社会上一般民众通同了解我们的用意,以后对于服用土货者不复存鄙视的观念。像这样的风气造成之后,所有对于服用土货的顾虑,都可不成问题了!

(四)用深切信仰来克服畏难的心理

1. 畏难心理的表现

有人以为我们少数人不用洋货,服用土货又怎能挽救经济危亡的局面。我们认为这话是我们中国人一种畏难苟安的心理之表现。这种心理,换句话说来,便是:"大家这样做,我才这样做。"我们中人向来是会推托的,这可算是一种惰性的推脱呀!

2. 畏难的心理的影响

天下没有困难的事。只有畏难的人,才被难困住!因为他心中已先存着一种畏难的态度,不难的事也要变成难事,而被他困住了。中国一切的一切,糟到今日,这种畏难的心理也是其中的原因之一呀!

3. 畏难心理的克服

我们欲提倡土货抵制外货,挽救民族的危亡,认定非克服这种畏难的心理不可。欲克

服这种畏难的心理,只有靠着我们对于服用土货的深切信仰。我们的信仰如下:

(1) 先从我做起,那管人不做

我们很不赞成"大家这样做我才这样做"的心理。我们现在另换一种心理,便是"先从我做起,那管人不做",人人如此想,个个都去做。我们服用土货,便是根据这种心理。我们只管自己先行服用,决不等待别人或拿别人来推脱!

(2) 尽其力之所及求吾心之所安

我们提倡服用土货的时候,不管服用的人怎样少——即虽只有一人——都不能使我们短气。我们深信一人能服土货,便可挽回一份利权,便有一个农人或工人的生活赖以维持(就等于救人一命胜造了七级浮屠)。在数量上虽说只有一人服用,似乎甚微,但在我们的精神上就和挽回了五万多万两的利权,并且解决了三万多万农工的困苦一样!我们的信条是:尽其力之所及求吾心之所安。我们绝不勉强别人服用土货,但是我们的力量能使我们自己服用,我们亦非勉强我们自己。我们的行为,纯出于理性的驱使和良心的自动。因为若不这样做,我们理性上便要感觉痛苦,良心上便要受着责备。我们不知道国民经济的危亡,将来能否就因服用土货而得挽救。我们只知道在目前有一人一经戒了纸烟或吸用土产的烟,就挽回了五元或十元一月的利权,一经穿了土产的衣料,就塞住了一百或二百元一年的漏卮。这种眼前的效果,就是服用土货能够挽救国民经济危亡的铁证,也就是我们理性上良心上所得到的无上安慰!

(3) 男女老幼士农工商随时随地皆可尽力

我们深信"服用土货"虽说没有什么高深的学理,更说不上什么主义,但是切实易行,男女老幼,士农工商,随时随地,皆可尽力。例如吸纸烟者,能戒绝纸烟,或改吸水烟旱烟;买洋布者改买土布;着西装者改着"念二装"(土布土纽对襟之短装);买搪磁盆者改买铜盆;着高跟皮鞋者,改着本国布鞋或缎鞋。诸如此类之事,皆于经济国难的挽救有莫大的裨益。

(4) 无论做多少都比不做好

退一步说,即虽有些人不肯不用外国货,但若能减少所用数量,则于解救经济的困难亦有裨益。即如吸外国纸烟者,假定原来日吸两枝,后来赞同了念二运动,每日只吸枝半。这半枝纸烟的减省,数虽极微,但是他的意义之重大,重于泰山。七千万两一年的纸烟漏卮,好像就被这省下来的半枝纸烟塞住一样。我们的信仰是:"无论做多少,都比不做好!"

(5) 土货是打倒帝国主义的一种武器

有人问起提倡土货能不能用土货来抵抗帝国主义的飞机大炮,以解救目前的国难?我们以为解救国难的方法很多,服用土货只是其中之一。不过这是人人能做而且最易收效的一种方法。我们一般国民,一般有志的青年,手无寸铁,眼看国难这样严重,有甚方法去挽救呢?赤手空拳上前线呢?未免白白的牺牲!拿炸弹去杀死几个卖国贼吧?未必人人都能办到。贴标语散传单吧?近于儿戏,不值外人一笑!抵制日货吧?不过替西方帝国主义者多推销些货物,在我国国民经济的发展上还是没有帮助。埋头读者,或是专心干我们的职务作救国的准备吧?又觉得渺渺茫茫,不能解救我们精神上的痛苦!投江自杀以激励国人吧？又觉得是一种弱者的表示而无补于国是。到了此时，恐怕出去说几句激烈或消极悲观的话也就没有办法了，然而从念二运动者来看，却是有办法的。念二运动者认定经济的国难，比军事的国难还要严重。军事亡国，亡在一时。经济亡国，万劫不复。所以念二运动者，对于目前帝国主义者的飞机大炮，只信托军事当局去应付。我们目前要应付的，是比飞机大炮还要利[厉]害几十倍所谓价廉而又物美的外国货。我们的主要武器是土货。我们的战士是四万六千万民众，我们无时无刻不在作战，我们无时无刻不在胜利。有一分力量，就作一分战；作了一分战，就得着一分胜利；得着一分胜利，就解救了一分国难；解救一分国难，我们精神上就得着一分安慰。我们并不阻止一般有志的青年，上前线，丢炸弹，贴标语，散传单，读死书，投黄埔，但是我们极盼望他们同时加入念二运动，做这种隐性的基本救国工作！

二、公众统制以救心理建设之穷

以上所说的是提倡土货的心理建设。心理建设原是补助物质建设之不足的。但是心理建设亦有困难的地方。那就是说一般经营土货者，往往利用民众爱国的心理，故意昂价居奇，致使购买者觉得购用土货，徒使经营土货者获得厚利。大家购买土货的热忱，便不免因此打消。欲克服这种困难，惟有用公众统制的办法。这种办法，在消极方面设立平价委员会，使生产者不得昂价居奇；在积极方面，仍当提倡土货的公共经营，使购买者知道虽说买了贵的东西，而盈余下来的利，仍属于公众，大家都可以分享。这样一来，心理建设的困难，便可以大大的免除了！

第四节　服用土货的标准

服用土货的标准，依我们看来，当依照下面的几条原则。

一、注重漏卮特别大的货物

按照本书附表中所列入口货物的价值，假如衣着服用土货，每年可省二万一千七百余万两；不吸纸烟，每年可省七千万两；不吃外国鱼介海产及荤素食品，每年可省三千七百余万两。即此三数项，合计之每年已可省三万二千四百余万两，合洋四万六千万元之巨。其余各项可参酌该表所列数目以定服用土货的方针。

二、衣着以服用土布为原则

土布和农村经济的关系极为密切而普遍，而且他是一种朴素的质料，和社会节约的旨趣正相吻合，所以我们主张衣着一切以用土布为主。但遇有特殊情形的地方，土丝土绸，生产过剩，或因销路阻滞，其价比土布还要便宜，我们虽不鼓励人去穿着这种带有奢侈性的质料，但亦不表示反对。

有一句话要辨明白的，就是这儿所说的土布系指手纺手织之布而言。外间有一种厂纱手织之布，我们就不认为真正土布。第一，因为厂纱系机器所纺，这种纱外国货充实市面,容易冒充国货;第二,国货纱厂不敷国人需要甚远,若把厂纱所织之布,变成生活的必需,而国货又不敷需要,势必购用外货;第三,用土纱之布间接可以推销品质低劣一时不能改良之土花。不过我们对于厂纱所织之布,亦不鄙弃,不但不鄙弃,我们遇着一般喜欢穿洋布的人,第一步却把这样的布介绍给他们用呢!

三、本地方土货应尽先服用

我们希望在相当程度之下,本地方可以达到自足自给的地步,所以主张尽先服用本地土产,免得发生各地方贫富不均的现象。

四、不必什么东西都用土货

提倡土货并非要什么东西皆用土货。我们的标准是:能用土货则用土货,不能用土货的,还当用国货(机制洋式货物),至不得已时采用外国货。这类外国货中,包括科学仪器、教育用品、医药用品、机器、钟表、军用品、生活必需的生产原料等在内。

五、已经购买之物不必毁弃

我们开始服用土货的时候,除特殊情形外,对于已经购买的洋货或机制国货不可毁弃,因为我国国民经济禁不起这样大的损失。我们的建议是:若使你赞同服用土货,你以后添置物品时,先尽土货购用那就好了!

第三章 实行社会节约

第一节 为什么要提倡节约

我们提倡节约有两个理由。

一、解救一般人士之痛苦

我国社会上有一种传统的习尚,这种习尚就是"死要面子"!为着死要面子,穷人也装出富人的模样。表面上看来似乎很漂亮很舒服,实则非常痛苦。我们对于这种人充分的给他同情,所以力倡节约,为这辈人谋一条出路。

二、减少社会纷乱之原因

人们的欲望是无止境的,若不加以相当的节制,无论达到怎样的地步,都不能得到满足。即以性欲论,有了黄面婆,还想摩登女,有了摩登女,还想小老婆;又加住居,有了茅屋想瓦屋,有了瓦屋想洋房,有了洋房想在租界上造别墅,有了租界别墅还要有海外山庄。诸如此类之事,不一而定。若不加以相当的节制,降低物质的欲望,势必尔虞我诈,互相争夺,甚或不顾一切,做出种种丧心病狂之事,社会纷乱,自必不可遏止了。

第二节 什么叫做社会节约

我们主张节约的理由,既如上述。不过我们对于生活不十分困苦的人,却要把节约加上一种社会的意义。这就是说"社会节约"。节约固属美德,但若将节约省下来的钱,存入外国银行,或是窖藏地下,就不啻使人变成守财奴、吝啬鬼。在这民穷财尽、金融枯竭的中国,这种办法,为害之大,甚于洪水猛兽! 我们主张社会节约意思,是要大家不为个人而省俭,而为社会而省俭,为发展社会事业——尤其是社会生产事业——而省俭。使社会金融得以流通,社会生产事业费的来源,得以畅旺!

第三节 怎样实行社会节约

实行社会节约的步骤和方法,大概说来如下。

1. 结合同志组织念二社(办法详第八章)一致进行。
2. 决定节约项目,下列各条可供参考:
 (1) 婚丧喜事,竭力简省,最好将筵席费捐入念二社,为发展地方社会生产事业之用;
 (2) 宴请宾客,每席以五元为限,更以省出之款捐入念二社;
 (3) 穿着土布衣服,每年所省甚多,亦可捐入念二社;
 (4) 旅行乘坐三四等车,以省下之款捐入念二社;
 (5) 戒去各种嗜好,以省下之款按月捐助念二社。

上述各项所省之款,当事人如不愿捐助,可以其个人名义存入社内。最好不取息金。若取息金,其数愈少愈佳。

3. 向社会宣布社会节约的宗旨,一方面征求同志,另一方面预防社会的误会和讪笑。
4. 用储积之款办理社会生产事业。(办法详后)

第四章 努力社会生产

第一节 什么叫做社会生产

我们不赞成所谓生产,而主张社会生产。只讲生产,而不顾及他的社会性,危险很大,第一因为有些事体看似一种生产,实则妨碍社会公众的幸福。种鸦片烟即其一例。第二因为资本主义的国家,为个人而生产,已造成今日工人失业世界经济恐慌的现象。我们中国不可再蹈覆辙,所以要提倡社会生产,为社会全体民众的利益而生产,不为私人的利益而生产。从这种生产的理论里才能产生公平的社会。

第二节 怎样发展社会生产

谈到怎样发展社会生产,我们颇不赞成割老百姓的肉、医老百姓的疮的办法。因此对于发展社会生产事业不主张再向老百姓去抽捐征税,却主张拿社会节约下来的钱,去发

【展】社会生产事业。我们深信中国人奢华浪费掉的金钱,用来发展中国社会生产的事业绝绰有余裕(江浙农夫往往家有桑而不养蚕,因为没有半块钱买蚕种。城市人民省下一席酒资,就可解救这种农家数十家经济困苦)。我们的希望并不甚奢,只求有益于民众经济发展,无论所得的利益怎样微末,我们绝不肯放弃。我们的办法大概如下:

一、除发展农业生产外,更注意小手工业的发展。其种类就本地方的原料决定之。

二、只借助生产的原料或生产工具不借现金。

三、由念二社分期借出生产原料。即如张三能纺纱,就借给他五斤棉花,等他把五斤棉花纺成纱送来之后,再借与第二个五斤。倘如他会织布,那么就借给他十斤纱,等他把纱织成布之后,再给他第二个十【斤】。

四、连环担保借出生产原料及工具。

五、生产出来的东西,由念二社社友提倡服用或送入念二社土货介绍所介绍出售。

六、凡向念二社借贷生产工具或原料之民众,须服用他们生产出来的土货,并不得购用洋货。

七、售出之款,除将所贷生产原料应给之价扣下外,其余之数约以十分之七交与该生产者——前称张三——维持生活,以十分之三用张三的名义存入念二社合作银行者为他的生产合作的股本,经营公共生产事业。张三因此渐渐的从劳方所获变成生产事业主人翁之一份子了。

八、社会生产事业逐渐发展后,即联合附近各处的念二社扩大组织,经营本地方所不能单独经营之较大规模的生产事业。

现在我国一般民众的生产事业,资本无来源,货物无去路,好像一个病夫,中焦阻隔,上面吃不进,下面又不能通,所以弄成不死不活的样儿。若用上述方法,从社会节约上筹出生产事业费的来源,好比上面吃得进;从服用土货去消纳生产出来的货物,好比下面有得通。这个办法,可算是医治中国生产病的一剂清通散。有志挽救民族危亡者盍一试之!

第五章　发展国民经济

第一节　城市经济问题的严重性

现在国人对于农村经济问题谈得最起劲了!甚至有人以为只须把农村经济恢复,国民经济就有办法,我们不敢赞同。我们以为农村经济问题固属要紧,而城市经济问题亦复非常严重。请先介绍开封社会调查中我们得着的事实。

一、能生产的农人和工人不及全人口数十分之一。

二、无业而坐食者几占全人口三分之一。这辈人中,十有九个直接或间接靠乡村养活,可算是一班十足的寄生虫,也是社会上不生产的消费者。

三、雇工占全人口十分之一,此辈概为仆役,居多寄生在寄生虫身上。也可算是社会上不生产的消费者。

四、商人占全人口五分之二,此辈人居多,操纵农产市价,贩卖洋货,或则使农人经济疲惫,或则使国民经济破产。在目前的状况下,此辈人也应属于消费阶级之内。

五、军政学各界约占人口百分之十一。此类人薪俸的来源,多出自田赋,也是间接靠农民而生活的。照他们的职分看来,本应属于间接生产之列,但在实际上,他们是不是能帮助农民间接生产呢?

总起来看开封城市社会的情形:

一、生产者少,消费者多;

二、寄生农村,奢华浪费;

三、土货衰落,洋货畅销。

开封是内地性质的城市。我国的城市除上海、天津、汉口、无锡等几个工业中心外,其余的都和开封差不多。他们的特点,可从开封所见到的地方推论如下:

一、中国一般的城市是消费的而非生产的;

二、中国一般的城市寄生于中国农村,城市人民至少有八千万靠农村给养;

三、中国一般的城市是奢华浪费的处所;

四、中国一般的城市是外国货推销的市场;

五、中国一般城市仅存有行将绝灭的几种小手工艺。

一般从乡里上来的农民谁不羡慕都市的繁华?然而:

一、所谓都市的繁华,哪一处不表示着农人血汗的结晶?

二、所谓都市的繁华,仅不过是消耗阶级奢华浪费的一种反映!

三、所谓都市的繁华,却造成土货的衰落和农村经济的总破产!

第二节　城乡经济问题同时解决

从上面的事实看来,我们认为我国农村经济破产的主因,不在农村而在城市。城市经济问题不同时解决,农村经济永无恢复之望,因此我们断定,欲解救农村,恢复农村经济,不可不到农村之外去想办法,不可同时不解决城市八千万人的寄生问题。现在各处谈中国经济问题的居多忽略了这一点,所以他们所制出来的方案只是注意到农村生产的增加,而忽略了都市寄生出的消耗。像这样做下去,纵使能达目的,也不过和体腹内有寄生的病人打补血针一样,打进三磅恐怕就被寄生出吃去四磅!这病人恐永无痊愈之望!况且一个民族的经济问题是整个的,不能就那部分单独把他解决。纵使照现在通行的办法做得有效,农村经济问题竟而解决,而那时的城市经济问题定必变成非常严重。别的都不必说,只看农村合作社如果行之有效,那占城市人口五分之二的商人——约三千六百万人——生活将必发生影响,试问如何对付?我们说这话并非反对乡村合作社的办法,而是以为我们解决中国经济问题的人,不能只愿到乡村而把城市经济问题丢开不管。我们应该统筹全局,而同时替这八千万的寄生出预谋一条生活的出路。念二运动的目标上所以说发展国民经济就是这个意思。至于实际做的方法前面说的很多,这儿不必再说了。

第六章　改进民众生活

第一节　民众教育以改进经济生活为基础

我们主张一切民众生活的改进,都要和经济生活发生密切的关系。我们认为各种生活的改进就是民众教育的改进,所以改进民众生活的问题,就是民众教育的整个问题。念二运动的目标,就是民众教育的脊干。我们既用社会生产的方法和民众在经济上发生密切的关系,我们就从这经济的关系上,去发展民众各方面的生活。兹以第四章中向我们借生产原料,从劳力所获变为社会生产事业的主人翁一分子的张三为例,说明我们的教育方法之一斑。

1. 张三因和念二社有借贷的关系,须会写自己的姓名,还要能认识和纺纱织布有关系的字。
2. 张三因系合作生产事业的一份子,所以他要能懂得简单的算法。
3. 张三因系念二社的社友,所以他要服用土货,戒绝嗜好,还要遵守念二社其他的规约。
4. 张三应把所受一点教育转教给他的妻子儿女。
5. 张三因系合作生产事业的一份子,所以他有选举投票的训练机会。
6. 张三具有念二精神,干有益于社会公众的事。

详细方法,另有专书发表,这儿不必多说了。

第二节　死路上的民众教育和乡村教育

学校教育已经走上了死路大家都看出了。可是现在大家认为民族前途救星的民众教育或乡村教育虽说有好些地方却[确]已做出不少的成绩,但还有好些地方却恐要把我民族带着向死路上跑!若不悬崖勒马及早回头,我民族前途将因民众教育或乡村教育之发展或普及而益陷于万劫不复的地步!请略言今日民众教育或乡村教育的弊祸。

一、现行的民众教育或乡村教育是提高民众消费的教育

现在办民众教育或乡村教育的,往往把提高民众或农民的消费享受的程度,当作改进民众生活。什么留音机呀,雪花膏呀,洋房呀,牛奶呀,种种西方式的消耗,拼命的向民众或乡农去介绍。我们认定我国国民经济目前最大的危机,是生产的普遍降落和消费的普遍增高,是用农业社会的生产去供给工业社会的消费。我们欲挽救这种危机,只有一方面提高国民生产的数量,他方面降低国民消费的程度。乃若今日一般从事民众教育或乡村教育者之所为,在生产方面能否见效,尚不可知;而在消费方面,却已把民众物质享受的程度弄到他们经济力量不能负担的地步,欲以此复兴民族,岂仅缘木而求鱼!

二、现行的民众教育或乡村教育是推销外国货物的教育

现在办民众教育或乡村教育的，一方面却要民众经济的提高，能抵抗帝国主义者的经济侵略；他方面却又有意或无意的替帝国主义者推销货物，使民众经济受着不可抵抗的打击。其中最显著的例证可算是一班民众教育者或乡村运动者所着的衣履了！记得今年春天我们有一部分同志到定县去参观教育。当时北平各大学有数百个热心乡村教育的男女青年，西装革履，装束入时，摩登头，高跟鞋，毛披肩，呢大衣，一阵阵的走上定县的乡间道，迎风招展，令人应接不暇！当时定县乡村一般民众的好奇心，顿被这班外来客引起。每到一个村庄，合村男女老幼都跑出来看把戏，屋顶上都站满了人。一个一个的垂涎三尺指手画脚的说："好看呢！这皮鞋都漂亮！那件衣服从那儿买的呀！"评论个不休。智识分子像这样下乡，不是提倡乡村运动，简直是替帝国主义者去做推销货物的推销员了！然而这班推销员是一时的，是局部的，尚不致为民众教育或乡村教育前途之大害。我们所认为最足以带我民族上死路，以致陷于万劫不复的地步的，却是我们这般自命为负有救民族出于水火的民众教育者和乡村教育者！这班永久的、普遍的帝国主义者的推销员！读者若不信，则请问今之从事民众教育或乡村教育者有几人不戴外国呢所制的帽？有几人不穿外国料所制的衣服？有几人不挂自来水笔？唉！像这样做民众教育或乡村教育运动，去做民众的榜样，岂不是运动愈普遍，外国货愈畅销，而民族的命运也就愈陷于万劫不复的地步吗？

我们感觉到中国大多数人民的生计，一天一天的被帝国主义者压迫得上死路，其中尤以衣着一项最为致命之伤，所以竭力提倡服用手纺手织的土布。可是踏破了铁鞋，往往无从购买。我们请一班乡村运动者去代买，他们也是找不到。问他们为何找不到，他们说："有土布没有人要，所以乡下人不织了！"看看他们身上所穿的衣服却是一身刮刮叫的外国的货或准外国货的长衫、学生装或西装。唉！为民众谋幸福的乡村运动者且不穿土布，也难怪土布没有人要了！像这样情形长久下去，并且普遍的运动起来，民族前途又有何希望之可言！

三、现行的民众教育或乡村教育是养成新士大夫的教育

中国二十年来社会之纷乱，大部分可说是士大夫造成的。士大夫是什么？是中国社会上的一种特殊阶级，是长袍马褂的阶级，是人上之人的阶级，是劳心治人的阶级，是不事生产的阶级，是被人奉养的阶级，是升官发财的阶级，是消费享受的阶级，是奢华浪费的阶级，也就是一切贪官污吏和土豪劣绅所从出的阶级！过去的学校教育，操于这班士大夫的手里。他们最大的成绩就是继续不断的造成士大夫，以致把我们中国弄到今日不可收拾的地步！现在教育的方向转变了。民众教育或乡村教育，大众认为教育上的新路。实际上呢！还是那班旧人来唱新戏！台下看戏的也许换了人，台上的布景却还是那一套。洋房呀，铜床呀，校园呀，草地呀，电灯呀，风琴呀，一切的一切弄齐备了，才能算得一个训练民教或乡教人员的机关！长衫呀，马褂呀，高跟鞋呀，自来水笔呀，呢帽呀，皮鞋呀，一切的一切都弄齐备了，才能算得一个训导民众的领袖！唉！以直接或间接从民众榨出来的金

钱,办这种士大夫官僚式的机关去栽培这辈士大夫式的民教或乡教领袖,在主其事者或以为非如此办法则不足以宣扬其成绩,我们却不禁为民族前途不寒而栗,不敢赞同了!我们所以不寒而栗的原因,与其说为的是怕看见士大夫教育机关里所造出来的这班士大夫式的民教或乡教领袖,不如说是怕看见三万多万的民众将要受这班士大夫的影响,而引起做士大夫的兴趣,相将向士大夫的路上走,致使士大夫教育的流毒昔之为害于少数特殊阶级者,今则藉民众教育或乡村建设之力,而得普遍于民众之间。我们认为要解放民族前途的厄运,在普遍的提高国民生产的数量和降低国民消费的程度。欲达此目的,主要的方法是一方面使一般所谓下等的民众,不要羡慕所谓上等人而要向上面爬,另一方面是要所谓上等人的士大夫即速的向所谓下等人的阶级里去走。我们这种主张并不是受了劳工神圣的影响,以为非如此不足以提高劳工的地位;是以为非如此不能挽救目前国民经济的厄运。倘使我国经济已经发展到能够使四万余万民众皆为上等的士大夫,长衫马褂,或西装革履,度其消闲享受的生活,我们亦复馨香祷祝,求之不得。无如我国国民经济状况,江河日下,一般民众的生活已经被迫近了饥寒线,我们若再引起他们做士大夫的兴趣,使人人皆欲过士大夫的生活,则一方面士大夫的数目必日益增多,竞争攘夺之风必变本而加厉;他方面必有大多数的人终必居于非士大夫的下等民众地位。这辈民众,初由羡慕而失望而怨恨,终由怨恨而引起社会上的一切纷乱了。我们认为在今日国民经济破产的中国,民族内部问题的解决,在把一班士大夫的生活降低到水平线,而把一班贫苦民众的生活提高到水平线;在由一般天堂上的士大夫自动的跳下地狱救民众出于水火,一同在地面上过平等的生活,万不可使一般地狱里的民众同到天堂上去和士大夫争享受。我们认为这个问题的焦点,不在什么劳心不劳心,劳力不劳力,而在把劳心者与劳力者的生活打成一片,劳心者和劳力者的生活果能打成一片,则劳力者亦不必劳心,而劳心者亦不必劳力。我们看定了这一点,所以不仅要服用土货,还要着起民众式的衣装——念二装,即三万六七千万民众所着的土布短装,不仅着起民众式的衣装,还要跳到民众生活里,把最贫苦的民众救到衣暖食饱的生活水平线上。我们愿意在中国社会上,只看见有同样生活的民众,不愿意看见有一个特殊生活的士大夫。尤不愿我们一般民众教育或乡村教育者括着民众的膏血,去继续不断的制造贻祸民族贻害民众的新士大夫!

第三节　劝民众教育者和乡村教育者悬崖勒马及早回头

　　总起来说,我们认定改进民众生活,在今日中国经济状况之下,万不可提高民众消费的欲望,万不可直接或间接的替帝国主义者推销货物,万不可用士大夫的方法把民众造成新士大夫。因此我们反对呢帽下乡,皮鞋下乡,自来水笔下乡,长衫下乡,学生装下乡,西装下乡,洋纽扣下乡,风琴下乡,留音机下乡,雪花膏下乡,幼稚园下乡,运动场下乡,摩登男女青年下乡;我们反对到乡下去造洋房做办公所,我们反对用中华卫生教育会一类的图表去提倡民众卫生;我们反对在洋房、校园、草地、钢床、电灯种种新式设备的环境里训练民众或民教和乡教领袖人才;我们反对……我们主张用我国固有的乐器代替风琴和留音机,我们主张用我国固有的武术来代替西方式的运动,我们主张在茅草屋或因陋就简的房屋里训练民众或训练民教及乡教的领袖人才;我们主张民教及乡教的工作人员,一齐穿上本国纽扣的老土布短装,戴着老土布的便帽,登着老土布的便鞋,到民众中间去过着老土的生活!我们主张……民众教育及乡村运动者呵!悬崖勒马!及早回头!莫把我中华民族带到死路上去!民众教育及乡村运动者呵!悬崖勒马!及早回头!莫把我中华民族带到死路上去!

第七章 中华民族之复兴

所谓民族复兴,依我们看来应当包含(一)中华民族在国际上的自由平等,及(二)中华民族内各个分子之自由平等。前者的目的是要在国际上争得独立的地位,抵抗帝国主义,收回主权,恢复失地;后者的目的是要在国内得着公平的社会,在这公平社会内,没有那个是目的也没有那个是工具。我们不愿意看见像欧西大都市内大工厂中有成千成万工人,闹着劳资冲突;我们愿意看见小规模的工业星罗棋布的分散于城市和乡村;我们不愿意看见有几万万家财的大富翁和贫无立锥的乞丐;我们愿意看见全国资财皆变成公营合作事业的资本,个个皆是生产事业的主人翁,个个皆是享受者的一分子。我们盼望平均地权节制资本的社会早日实现。最后我们要声明的是:中华民族国际上的自由平等和民族内各个分子之自由平等,看似两回事,实是一回事。他们的关系犹如轻和养①,到了成功的时候,就变了水。他们俩同时实现,没有先后。倘如把他们分出先后来实现,那就永远不会成功,永远不能实现了。

说到这儿,有人要问起"现在的中国内有军阀土匪、贪官污吏、土豪劣绅,外有帝国主义者互相勾结以致弄到这般田地。解决之法,惟有从政治入手或竟采取世界革【命】及社会革命的手段,若照念二运动的办法,功效太慢,中华民族的命运那能等得呢?"我们认为解决中国问题的方法很多,念二运动不过是其中之一。我们决不把这种运动当做唯一的办法。请观"协谋中华民族之复兴"句中之"协"字便知我们的用意。我们对于有志于从政治入手以解决中国问题的人表示充分的敬意。对于政治力量既不否认,对于我们的社友个人行动的从政亦不反对,只须目的相同不妨殊途同归。并且我们也很希望现在政治上已有地位的人出而倡导这个运动,那时候所收的效果一定很大。至于我们这种团体,是社会服务团体的性质,就团体的行动说,总不采取政治的道路。我们认为从政治的道路去做复兴民族改造社会的工作,是间接的,他的力量诚然大;但往往因为争手段而延误了目的,并且不能人人皆得到政治的位置。我们希望四万六千万同胞皆参加这个运动,所以要直接的做复兴民族改造社会的工作(譬如说我们穿着土布,或是不吃烟,都是有益于民族复兴的事,但无需先得到政治的地位才能这样做)。至于国内社会问题,如有一种很有效的敏捷手段能给他一个彻底解决,亦复快事。不过在这问题得到适当解决以前不妨采取我们这种办法。这种办法,诚然迂缓,但是做了一分事,就收一分效果。成功就在目前,而且

---

① 编者注:即"氢和氧"。

极为普遍,我们一般老百姓手无寸铁,不这样去做,又从何而为民族社会效力?至于中华民族的命运能否等得,我们不得而知了。

第八章　念二运动的具体组织

第一节　念二社社章

为促进念二运动起见,我们提议在各地组织一种团体叫做"念二社",他的章程式样如下。

某某(地名学校名厂名或任何名称均可)念二社社章

第一条　定名　本社定名为某某念二社(不论何年成立均用此名)。

第二条　宗旨　本社以提倡土货,实行社会节约,努力社会生产,发展国民经济,改进民众生活,协谋中华民族之复兴为宗旨。

第三条　规约　本社社友须遵守下列之规约。由各社参照宗旨酌量情形自订。

第四条　社友　(一)凡赞成本社宗旨,遵守本社规约,由社友二人以上之介绍经执行委员会通过者皆得为本社社友。(二)社友入社须履行宣誓手续,其办法另订。

第五条　组织　本社组织以社友大会为最高权力机关。闭会期内以执行委员会执行本社社务。执行委员会分(1)总务(2)研究(3)生产(4)宣传(5)交际五股,分掌各股股务。

第六条　社务　本社社务暂定如下。

由各社酌量情形自订与实现宗旨条有关之各种事项。

第七条　会期　社友大会每年举行一次,执行委员会每月开会一次,遇有重要事件的召集临时会讨论。

第八条　社费　每人年纳社费　元　角。

第九条　社址　本社社址暂设……

第十条　附则　(一)本社团体行动由本社负责,各社有单独行动,由各社友负责。
(二)本社社章如有未尽事宜得由社友大会修正之。

上列章程,系备参考之用,除社名宗旨及第十条附则(一)已经各地采用不必变更以期一律而便联络外,其余各条可就各地情形斟酌采用,不必拘泥也。

第二节　念二社的性质

念二社是从经济的立场由提倡土货以复兴民族改造社会的一种具有教育性质之服务团体。这种团体就同学校一样,各地方或各私人皆可自由组织创办,彼此的行动不发生连带的关系,并且社内各个分子的单独行动,彼此也不发生连带的关系。社章第十条附则上规定"本社团体行动由本社负责,各社友单独行动由各社友负责",就是为此。至于我们所以这种规定却有两种用意。第一,从各社的相互关系来说,各社组成的分子不同,有了这一条的保障,在行动上可以彼此不受牵掣;第二,就社友与社的关系来说,念二社虽是一种社会服务的团体,但凡与该社宗旨相合者皆可入社。其中难免贤愚不等,暗中加入,利便私图,各地方念二社创办人,实际上亦无法防止。不过私人的行为应归入私人负责,我们决不可容许他利用团体名义去做私人的工具。再进一步说,也许有人就故意加入某念二社做破坏那个团体的工作。譬如说,他佩着念二社的社徽率领一班流氓去捣毁某家洋货店意图引起官厅干涉。这时候根据社章的规定,这种捣乱行为属于私人行动。官厅方面即虽定他几年监禁的罪,也与该团体无涉了。

第三节　念二社的规约

一、规约的内容

　　各地念二社大都采用(1) 不吸纸烟,(2) 不穿西装,(3) 不敷脂粉,(4) 不穿高跟鞋,(5) 不吃贵重海货,(6) 服用土货,(7) 实行节约,(8) 能纺纱能织布,(9) 随时随地组织念二社或宣传念二社的宗旨等项。但是各地情形不同,可参照本书所订念二社宗旨酌量自订那就好了。

二、处置违约的方法

社约不可订得太严,太严了一时虽能遵守,终恐不能持久。至于处理违约的办法,可由各社自订,不过我们绝不主张用强迫的方法。可由全体社友对违约者用深切的感染力,加以劝说。到了万不得已的时候,只好听其自动出社了。但是当他退社的那天,社友应全体集会向社徽行三鞠躬礼,并静默五分钟。一方面责备我们自己未能以至诚动人;另一方面对于这位退社的社友,表示痛惜。他既经退出之后,我们还和他维持有益的关系,不可加以责骂。倘若他后来忽又翻然悔悟,表示愿意再做社友,我们应当热烈的欢迎他转来!

第四节　念二社的社务

念二社可做的事照社章宗旨看来,当然很多。不过各社组成的分子往往各有不同,在能力上抑或大有差别。兹略具数条于后,以供各地组织念二社者之参考。

一、宣传念二社的宗旨和使命

二、调查土货的种类

三、研究改良土货的方法

四、举办土货陈列馆

五、举行土货展览会

六、举行土货运动周

七、举办土货生产合作

八、创办土货贩卖合作

九、创办土货介绍所

十、创办合作银行
十一、创办纺织训练所
十二、开设农村小手工艺训练所
十三、举行社会节约周
十四、举行与念二社宗旨中各项有关系之讲演
十五、办理与改进民众生活有关之各种事业

我们理想中的念二社，可大可小。大可大到在社的下面附有几十个机关或生产场所，小可小到两三个朋友结合起来相约不吸纸烟。我们的希望是个个人都做一点发展国民经济的事。这事的大小凭各人力之所及去做。做一点是一点，并无丝毫限制。所以上列各条一个念二社不必条条做到，各地念二社社友，尽可自由选择去做罢了！

第五节　土货介绍所

一、土货介绍所的功用

我们认为土货介绍所是复兴民族经济最重要的东西，他的功用有二。

（一）恢复农村经济

农村为我国国民经济的命脉。在从前闭关时代，农人向城市纳税购物，农村金钱流入城市。同时城市商人收买农村的土产货物，介绍于城市之消费者，城市金钱复又流入农村。这时候的商店，可算是土货介绍所。靠着他的介绍，城市和农村的经济得以循环不已，双方各受其益。

海通以后，情势变化了。农人依旧是向都市纳税购物，并且纳的税是格外重，买的东西是格外多。而城市里的商店，却一变而为洋货介绍所；洋油洋火香烟等物，已因他们的介绍而成为农民生活的必需品；农村因此成为洋货推销的市场，农民的金钱因此继续不断的向国外直流；而城市消费者一方面因为喜用洋货，另一方面因为一般商店不介绍土货给他们用，以致城市人民的金钱也是向外国直流，而不回转到农村。城市农村的经济，因失去循环交流的作用，于是同陷于枯竭的境地。

欲挽救这种局面，我们固然希望一般商店恢复他们从前介绍土货的功用，但同时我们主张于全国大小城市镇普遍的创办土货介绍所，把农村里的土产货物，介绍给城市民众去消费。从我们提倡土货得到的经验看，我们感觉到的最大困难，不在民众不肯服用土货，而在要服用土货的人没有地方去买土货。同时我们相信出产土货的地方，土货必定是滞积着没有人要。我们创办土货介绍所的目的，在农村经济方面是要沟通城市消费者与乡村生产者两方面的关系，使农民因纳税购物而流入城市之金钱，复因土货介绍所之介绍，转而流入乡村，以达农村经济恢复的目的。

（二）救济手工生产

土货介绍所不但沟通城市消费者和乡村生产者的关系，并且可以沟通一般消费者和

一般小手工生产者的关系。在这外货倾销机器工业发展商人垄断的局面下，一般靠做工吃饭的人（农人也在内）可分三类：（一）到大工厂或小手工业的铺子如中国的旧式铜器店里去做工；（二）肩着一副担子沿街卖工，按件取值；（三）坐在家里向工厂或店铺里领材料回来做，或用自己的材料做好了卖给小手工等铺子或商店去转卖。这三类人当中，以第三类人为最多，而其生活亦最苦，因为他们不能直接和消费者发生关系。他们的利润，大部分皆被商人阶级取去。我们创办土货介绍所的目的，就是想替这辈被人剥削的同胞，开出一条生路。我们的方法，是用我们介绍的力量，把它们和消费者的关系直接发生起来，不让商人阶级于中取利。我们觉得处在现今非用双手和外国机器决斗不能生存的中国，一般靠手工吃饭的民众，若还经过商人阶级一重严重的剥削，他们的生计，必更趋于灭绝的境地了。

二、土货介绍所的性质

土货介绍所和普通商店及消费合作社至少有三个区别。

（一）土货介绍所非土货绝不介绍

一般商店以营业为目的，对于货物的来源如何，并不加以考虑。所以普通的商店，可说没有一家不卖洋货，其中有一大部分竟变成洋货的介绍所。至于一般消费合作社，他的目的只是为有消费力量的人省钱。他所介绍的东西，当然是就消费者的需要而定。消费者要吸外国香烟，消费合作社在理论上绝无不肯出卖这种香烟之理。因此之故，有好多所谓乡村消费合作社，实际上就变成一种洋货介绍所。表面上似乎为农人谋利益，实则变成农村经济的催命符。而我们所主张的土货介绍所，除去真正土货，绝不肯介绍。在积极方面，把农工生产品介绍给消费者，使农工生计丰裕；在消极方面，却造成了土货壁垒，阻断了洋货和农工及其他消费者的关系，使国民经济的元气得以恢复。

（二）土货介绍所为生产大众服务

普通商店为股东服务，消费合作社为消费者服务，而土货介绍所则为生产大众服务。土货介绍所委托代销土货办法（见后）第七条规定"凡生产之农工直接将货物委托本所介绍，本所概不支取佣金"。至于地主商人及私人或少数人设立、雇用工人具有营业性质之工厂合作社及店铺贩卖或委托介绍所介绍土货，则须抽收售出货价百分之五至百分之十（见章程第八、九两条）。我们的意思，是欲鼓励生产的大众直接的和消费者发生关系，免除第三者从中剥削，得着最大的利润。

有人以为这种抽收百分之五至百分之十的办法不免间接增加农工的负担。若把这种办法取消，使货物的成本减轻，则农工可多得报酬即不啻减少农工的负担。这话看似有理，实则货物的成本减轻并不能保障农工工资或报酬的增加。并且我们的目的，是要各地方皆办土货介绍所。以后本地的土货由本地土货介绍所介绍出去，别地的土货则由别地的土货介绍所介绍进来。一切装运报关等等事皆由各地土货介绍联络办理。在这个局面之下,第三者剥削的流弊,即可免除;抽收售价百分之十的办法也即不妨取消。委托代销办法第十条之规定即是这个道理。

(三) 土货介绍所辅助教育的进行

土货介绍所不但在土货推销上为生产大众服务,并且是一个辅助民众教育进行的机关。委托代销土货办法第七条上规定生产农工的教育程度若不符合某某念二社所规定之标准,则抽收他所委托的东西售价百分之五为念二社之公积金(见后)。这一条意思是要民众受着这个鼓励,便可格外愿意接受念二社所计划给他们的一种教育。这种办法在和通常具有教育性质的合作社相仿佛,但是一般具有营业性质的商店是万万没有的。

三、土货介绍所的组织

土货介绍所的组织,我们认为应当依照下列方法。

(一) 地点　宜附办于公众机关,如学校、民教馆等公共机关,便是很好的处所。至不得已时亦可租屋特办。

(二) 设备　陈列土货式样,备民众参观购买,最好与土货陈列馆合并办理。

(三) 经费　由念二社员筹措。一部分可取给于介绍土货上所得之佣金。

(四) 主持人员　由念二社社员轮流办理,以不支薪为原则。

我们认为土货介绍所是一种社会服务的团体,与土货商店不同。主持其事的人,若使为着报酬而服务,不免计较待遇的多寡,其结果必在农工身上增加负担。所以我们主张主持的人,非至万不已时不支薪金。要达到这个目的,必得主持其事者,都有正常的职业(如公务人员、教师或农工)或生活不发生问题(如学生或有声家者),并且只可以在工作或读书之余暇抽出一部分工夫来办理,方不致影响到正业。至于这辈人如何肯分其余暇来干这事,则非具有念二运动的理想不可。有了念二运动的理想,才肯为民众服务为民众牺牲!不然一个大学教授或大学生,那肯在工作余暇站在土货介绍所里像店伙一样去做这卖土货的勾当呢?所以我们主张土货介绍所一定要拿念二社来推动。

四、土货介绍所的章则

(一) 某某念二社土货介绍所章程

第一条　本所定名为某某念二社土货介绍所

第二条　本所以介绍土货,恢复农村经济,救济手工生产,协谋中华民族之复兴为宗旨。

第三条　本所由某某念二社社员轮流负责管理,不支薪金。

第四条　本所分调查、收发、推广、保管四部。由某某念二社执行委员会就社员中公推四人担任之,其职权如下:

一、调查部　调查土货种类及来源

二、收发部　收集及寄发土货

三、推广部　向各处推广介绍土货

四、保管部　计算账目及保管银钱

第五条　本所设监察委员会，监察本所账目各项事业，由某某念二社执行委员会兼任之。

第六条　本所介绍土货办法另订之。

第七条　本所所址设在某某处。

第八条　本章程由某某念二社执行委员会核定施行。

(二) 某某念二社土货介绍所委托代销土货办法

第一条　凡委托本所代销之土货须符合下列标准：

一、手工所制包括衣食住行各方面之货物；

二、无土货可以代替之机制货物；

三、不带奢华浪费性质之货物（若委托销售国外则不在此限）

不合以上标准者本所得拒绝介绍。

第二条　委托介绍之货物须先寄送样货一份，并填写本所所订之登记单送本所审查。

第三条　样货寄到后，本所认为不合标准或定价太高者，得拒绝介绍。

第四条　寄送样货时，外埠须附寄审查不合格货物之寄回费用。若不附寄费用，本所不负寄还责任。经三月后，本所得自由处理。

第五条　本埠样货不合格时，由本所通知。自通知之日起，三月后，若不来取，本所得自由处置。

第六条　货样审查及格后由本所通知。

第七条　生产之农工直接将货物委托本所介绍，本所概不支取佣金；但须其教育程度已符合本所所定之标准，否则抽收售价百分之五为本念二社之公积金。

第八条　地主及经商者贩卖土货转托本所介绍时，售出后，须缴纳售价百分之五至百分之十为本念二社之公积金。

第九条　本地私人或少数人设立雇用工人具有营业性质之工厂，合作社及店铺（如酱园铜锡店之类）委托本所介绍者照第八条办理。

第十条　各地土货介绍所委托代销各地土货时概不收取佣金。

第十一条　货价有变更时，须立即通知本所。

第十二条　货物寄运时，所有意外损失概由售者预为防止，本所概不负责。

第十三条　本所与各处来往账目，半年结算一次，特殊情形另议。

第十四条　本所办公时间，每日下午某时起至某时止。请按照规定时间前来接洽。

第十五条　本办法有未尽善处，得随时改订。改订后由本所通告办理。

某某念二社土货介绍所谨订

（所址某某处）

(三) 某某念二社土货介绍所委托代办土货办法

第一条　凡委托本所代办之土货须符合下列标准：

一、手工所制包括衣食住行各方面之货物；

二、无土货可以代替之机制货物；

三、不带奢华浪费性质之货物。

不合以上标准者本所得拒绝代办。

第二条　委托代办之货物，须先填写本所所定之登记单并缴纳托办货价之三分之二，由本所发给收条为凭。

第三条　货价涨落不定，委托代办之货价，悉以购到时之价目为准。本所样货所标价目仅备参考。

第四条　货物运到时本馆通知订货人前来领取。订货人若不来取，则自通知之日起，一月后若不来取，本所即将该项货物自由处置，所交定金概不退还。

第五条　订货人得通知后，须持本所所发收条，前来本所付足应付款项，领取货物，并将订货收条交还本所。

第六条　不交足款项者概不发货。

第七条　货物寄到后如与样货相同，订货人即当交足款项取货，否则照第四条办理。

第八条　未有样货之货品，订货人如委托代办，货物寄到后，订货人即当缴款取货否则照第四条办法。

第九条　已取去之货概不得退还。

第十条　订货收条若经遗失，请觅妥实铺保向本所具函证明，经两月后如无纠葛发生，得由本所另给所收据为凭，但未得通知前，本所不负责任。

第十一条　本所办公时间每日下午某时起至某时止。请按照规定时间前来接洽。

第十二条　本办法有未尽善处得随时改订，改订后由本所公布办理。

某某念二社土货介绍所谨订
（所址某某处）

第六节　小手工艺训练所

我国农人每人所占土地仅有数亩，无论怎样设法改良农产，都不能解决农村经济问题。今后补救之法，必得提倡农村副业，尤应注意于小手工艺。我们主张，除去重工业及非用大规模的工厂不可的工业之外，其余的一概化成小手工业移到乡间。这种办法，可以把都市过剩的金钱移下乡，使乡村达到繁荣的地步。所以我们主张念二社之下必附办小手工艺训练所，至于如何办法须待详细规定，这儿不能多说了。（按：无锡江苏教育学院设有小手工艺训练班，其办法可资参考）

第七节 纺织训练所

据海关报告，衣着一项是我国最大的漏卮。所以我们认为纺织训练所有专门设立的必要。

一、纺织应为人人必具之技能

我们认为纺织训练的价值非常之大。第一，纺织可以抵制舶来。关于这一点前面说得已多，这儿不必再说。第二，纺织可以代替运动。我们一天到晚用脑的人，生活未免单调，纺纱织布不但可以生产，并且是一种很好的运动。第三，纺织可以锻炼品格。现在一般士大夫阶级，四体不动[勤]五谷不分，稼穑之艰难，绝非彼辈所能了解。我们有许多人寄居在都市，不能人人耕耘，但无论住城住乡，都可以学习纺织，藉知物力之艰难。所以念二社的规定，社友一律要能纺纱织布。我们并且主张学校里无论男校女校，大学中学或小学，一律规定纺织为必修科，看得和体育运动一样的重要；纺纱机织布机定为必具的设备，看得和黑板桌凳一样的重要；学校里应当提倡纺织比赛，级与级比，校与校比，看得和演说竞赛体育竞赛一样重要；男女学生应以穿着自纺自织之衣为荣，而以穿着舶来为耻，自勉勉人，相习成风，救国之基建于此矣。

二、纺织训练所与织布训练所

现在各处乡村改进事业类皆提倡织布，如机织合作社、织布合作社、织布训练所都是通行的名词。我们所主张的与此颇有不同。他们主张用机器纺的纱，简名"厂纱"，而我们则主张用手纺之纱，简名"土纱"。我们所以要用土纱的原因，已于第三十五页服用土货的标准内约略说过；不过主张用厂纱的人因用土纱织布，获利不厚无裨农村经济，并且成本太高，往往无法出售，所以不敢遽尔采用土纱。我们以为这是不必顾虑的。厂纱比之土纱于农村经济固较有裨益，然而用厂纱的恶影响我们也不该忽略。农村经济的发展必以不妨害整个民族的经济生命为条件。若忽略此条件而言发展农村经济，不如采取更有效的方法，简直是提倡农民去种鸦片烟，或买日本倾销之纱来织所谓土布之为愈了。所以我们主张，宁可不提倡织布，宁可提倡纺织失败，绝不提倡用纱厂织布！至于"真正土布"——用土纱所织之布——的销路问题，我们以为从前的失败是由于只知提倡制造而不提倡服用，甚至提倡制造人自己且不服用土布，事业又焉得而不失败呢？现在我们的方法改变了。一面用纺织训练所来提倡制造，一面用土货介绍所来介绍推销，同时还要用念二社来提倡服用。三面夹攻，殊途同归，没有不成功的道理。怀疑真正土布没有销路的先生们！请将你们织好的"真正土布"委托沪西念二社土货介绍所（上海中山路二六二三号）试销，且让未来的事实证明，恕不在此地雄辩了！

三、办理纺织训练所之注意点

办理纺织训练所时亦有应注意之点，兹略述如下。

（一）纺纱机

定县平民教育促进会有一种纺纱机，一人可同时纺出二十余枝。闻纱质太松，不利于织布之用。沪西念二社纺织训练所现备有一种改良纺纱机，可同时纺出三枝。质坚而韧，可制上等土布。

（二）织布机

土机门面太狭颇不适用，农人又以纺织为副业，虽知旧机之笨，终不愿改购新机。山东濮县有一种改良笨拙织布机的方法，改良费约需二元五角，可比原机增加织布效率一倍有余。欲知该法者可函询该县教育馆馆长王宗龙先生。

（三）棉花

我国土靛市场，近为外国色料所夺，每年损失甚巨。幸而河南河北一带有一种紫花，色洋黄，系天然的，光彩焕发，煞是可爱。若各处提倡种植此种紫花，则每年所省色料方面的金钱，当在二千万元以上。

（四）色料

色料问题关系至巨，我们不能什么衣料皆用紫花，深盼读者赐教。

第八节　增加社友的方法

增加社友的方法很多，下面几条应该特别注意：

一、须躬行力践，一举一动都合乎念二的宗旨和精神，使人家觉得我们对于自己的所抱的主张，有深切的信仰。

二、不要劈头就向人宣传，叫人觉得你讨厌。可先把本书介绍给他看看，请他指教。

三、他如和你讨论，须平心静气的听他讲。他如完全赞同了，就介绍他入社。如有不赞同的地方，看他所持何种理由。你能答覆的就答覆，若不能答覆，或答覆而对方认为不满，则可函告上海中山路二六三二号念二社联合通询处，该处当设法代答。

四、念二运动的需要，人有同感。而我们所主张的又皆平淡无奇，个个都说得出，其中且或有许多不妥当的地方。我们应以领教的态度征求人家的同意，请他入社，一同提倡这种运动。

五、无论你的朋友和你的私交怎样厚，你万不可用任何勉强的方法去逼他服用土货，或苦苦劝他入社。你若如此做，便违背了念二的精神了。

六、你的朋友若使对于念二运动的宗旨和方法都已赞同，但因某种关系——譬如说新做了一身西装舍不得不穿——一时不能加入，你应该很和气的对他说："等你西装穿旧了再加入也不迟。你即虽迟至十年之后才肯加入，我们还是等着你！你现在虽不是我们的社友，却可说是我们精神上的一位同志！"若使他肯把一套新西装丢下不穿，而愿加入提倡，那更加要欢迎他了。

七、若使有人读了这本书，不和你讲理，只是对你谩骂。骂你幼稚，骂你开倒车，骂你没有革命的精神。这时候你应当一一容忍，万不可和他对骂。你如这样做，便违背了念二的精神。

八、我们须把社友和同志两个名辞的意义看清楚。所谓同志不一定要入社。广义地说来,凡是同情于念二的宗旨和精神的,都可说是同志。我们希望全国的人不论男女老幼,个个都同情于念二运动,进一步做我们的社外同志,却不必人人皆为社友。我们可以说:"普遍的同情是我们最后的胜利。"

九、国人轻视土货的观念,不是一天养成,也绝非一天所能矫正。我们只有先从自身做起,柔心细肠的和社会人士交换意见,引起他们的同情,加入这个运动,一同提倡。至于激烈的办法,不但违背了念二的精神,并且要引起反感,于念二运动的推行,定是有损无益,万不可用。听说苏州绸缎业在四五年前为了要唤起社会人士不穿呢绒改穿绸缎起见,曾经举行过一个提灯会,临时雇了三四叫化穿了漂亮的呢绒男女西装,欲以改变以穿着西装为荣的心理。但是结果大受各地舆论的攻击,除了靠着绸缎吃饭的人以外,简直可说没有一个人向他们表同情。这件事可谓念二运动前车之鉴!

十、最后我们应该对于不肯不用外国货而对于土货却有服用之动机的人,与以相当的敬意和希望。即如有人不肯不吸外国香烟,即虽半枝香烟也不肯少吸,但却赞助念二运动的主张,觉得不该吸外国纸烟。我们认为这是一种很好的动机,他的意义之重大,重于泰山。我们相信有这种动机的人,早迟都会戒烟,不但外国烟不吸,连本国烟都不会吸的。所以我们对于这种人应与以相当的敬意和希望。

总之我们提倡服用土货纯任各人自由,决不苛求责备。所以无论何人,只须尽其力所及,行其心之所安,便可步步登天,立地成佛。解救经济国难的方法,似乎没有再比他来得切实易行,而又易收普遍之效的了!

附民国二十年海关报告资料

民国二十年我国从国外购来不必需的货物(此类货物虽说也有外国人购用,其数终属有限),其价值在衣着方面竟达二万一千七百余万两。在饮食方面竟达一万一千八百万两。在器用方面竟达三千三百余万两。合共三万六千六百多万两。兹列表如下。

第一表　民国二十年衣着方面不必需之洋货输入值

品名	价值(海关两)
棉货	一二一〇〇七八〇〇一
毛制品	三二九四五八四八
人造丝	一八六四四二八六
人造靛	一七四二四五六八
未列明各色染料	一〇三四八七一
其他衣着未列明者	四三六四一五〇
帆布鞋	二九七四一二六
鞋底皮	二二八三八二二
纽扣	一四七八〇六四

(续表)

品名	价值（海关两）
皮带皮	一三九四三三八
毡帽	一一七五〇一七
制帽金丝草	一一三六三五〇
皮货	一〇〇五七六一
未列明帽便帽	四八八三八四
未列明袜	四六〇一二八
手套（皮制在内）	三一五五五五
靴鞋皮	一五零〇六三

第二表 民国二十年饮食方面不必需之洋货输入值

品名	价值（海关两）
烟叶	四八六一八八〇〇
鱼介海产品	二三五六一三四六
荤食品等	一三八九一一三八
纸烟	一三〇九八六六二
酒啤酒	
烧酒饮水等	六二七四五〇五
卷筒纸烟纸	五四九六五五四
未列明鲜干制果品	一四四七二四三
橘子	一三一三二〇六
制雪茄烟及纸烟机器	八二三八五九
甘菜蔬、鲜果蔬、马铃薯在内	八一五〇四三
雪茄	六〇〇七三九
苹果	五二二四〇二
大豆豌豆	三七〇三七〇
香茵	四一二三二七
制造纸烟材料及杂货	三〇二六九六
洋菜	二九六九九三
桂圆肉	四五七七五
金针菜	一三九八二
制纸烟用糖酒	五六一五
荔枝干	五四三二

(续表)

品名	价值(海关两)
桂圆	一五六七
合计	一一七九七八二五四

第三表 民国二十年器用方面不必需之洋货输入值

品名	价值(海关两)
生皮熟皮货（除去鞋底皮带靴鞋羊皮及皮货）	四七五四二九七
账簿空白簿 日记簿方式纸等	二七九九八八一
其他文具	二六〇七五四
香水脂粉牙膏等	二一八二七九四
玩具游戏品	一九〇〇〇九四
留声机及附件	一七九二八八七
像俱及材料	一七四二七〇一
饰器	一四七四六八六
手工用具	一一六五七五五
火炉壁炉	一一一〇〇八三
搪瓷铁器	一〇七九八九二
锁荷包锁	一〇一三六〇三
玻璃器水晶器	九二八二四五
扇伞等	八七八二一四
化装品	六五五三六八
灯及灯器	六二四三〇四
冷热水瓶	六一七一〇五
铅笔	五八〇六一三
木器竹器藤器	五二七五一六
假象牙假翡翠等	四八九〇三九
真假首饰	四四二六〇九
他种饰	四二七〇一一
地毯及铺地品	四二三四五三
乐器	四一三八八二
香肥皂	四〇四八三三

（续表）

品名	价值（海关两）
洋墨水	二九六八一七
提灯	二〇九四七五
花边衣饰	二八三三八三
玉石	二三三九九二
手电筒灯	二一三二八六
提箱衣箱提袋	二一〇三七〇
草席	一八二〇八七
树木花卉	一八一二九六
床毯抬毯	一〇五七九三
假金属线	六二七六四
床架	八三九八一
棕毡（门口用）	四十九五一
浆糊	四二五八一
锦盒	三一三三九
皮钱袋	二六四六六
合计	三三四四九一九七

（教育编译馆，1933年）

怎样做教育局长

第一章 教育局长之修养

第一节 教育局长地位之重要

教育局长之职务为一种新专门事业。其性质虽与律师、医生或工程师相类,而其在民族生命发展之重要则远过之。盖教育局为陶冶人性、创造社会之事业,而地方教育又为一切教育事业之基础。其良否关于全民族之兴衰,至深且巨。苟非有健全品格,广博同情,高尚志趣,充分修养,严密训练,办事才能,且又富于勇敢精神,肯以长久时间与充分精力准备此种专业之人,主持其事,断不能实现此种事业之使命也。

教育局长之职务虽如此重要,但社会方面,对此并不注意。其待遇局长类皆极为菲薄,不能吸引专门人材,致使不合格者亦得滥竽充数。近年来有一二省分虽已改变政策,提高人选标准,增加俸给待遇,然在实际上并未有若何之进展也。

教育局长管理一地方教育并负指导改良之责,其地位之重要,为其他公务人员所不及。地方学校之组织、管理、教学、主张及地位,多半即为局长之才识、人格、胆略与努力之结果。

其人其政之良否,一地方教育之良窳系焉。故在适当管理之下,局长得人与否实地方教育成败之关键也。

第二节 专业训练之准备

教育局长专业训练之准备至关重要。国内各大学教育学院及文学院教育系虽有教育行政学程或教育行政系之设,然究其性质则只为训练普通行政人员而设;且各学程内容散漫重复,缺少系统组织,殊不适于训练教育局长之用。兹介绍美国教育行政学者柯柏列 Cubberley 及施菊野 Strayer 二氏之主张并述作者意见于后,以供参考。

一、柯氏之主张

柯氏主张教育局长在准备期间,应受四年之大学教育。其内容应分为普通准备与专业训练二部。兹分述如下。

(一) 普通准备

普通准备应能唤起学者对于未来事业之努力,激动其志趣,提高其理想,使其对于音乐、美术、文学、历史、科学、经济学及社会学各科之兴趣,即早养成。此类科目内容广博,能扩大学者胸襟,使其对于人类有广博之同情,对于科学与实业之世界,有明晰之了解,对某程度之人民有应付之能力。将来主持地方教育能否成功,端有赖于此也。

(二) 专业训练

普通准备外,又必注意专业训练。对于教育理论及学校实际设施,必能谙熟。在大学二年级时即应修习教育原理及教育行政原理等普通学程,至四年级更续修高深学程,明了教育——尤其是学育行政——各方面之情形并广览专门著作。关于行政及教育上之设施,尤应有充分实习俾获得实际之经验。

二、施氏之主张

施氏为美国哥伦比大学师范院教育行政系主任。该校"训练教育局长之行政课程"即氏所手订。兹照该校校章所载者择译如下。

据 *Teachers College Bulletin* 四十五页至四十九页所载,该校规定欲得教育局长学位文凭者,必有成功的教学或行政之经验;否则暂将文凭扣留,俟其任教育局长或副教育局长有一二年成功之经验,或在教育厅城市教育局实习一二年并表显其能胜任后,再行补给。

该校又规定得有高等学位者,始得发给教育局长学位文凭。

(一) 课程计划

欲得高等学位者,至少研究二年,所选科目如下:

1. 主要课程　第一,教育行政;第二,教育行政研究。
2. 次要课程　从教育统计、小学教育(课程或指导或兼而有之)与中学教育(初级中学或高级中学之课程或管理)诸范围中,就各人以前之训练选择之。
3. 其他课程　从职业教育、宗教教育、高等心理、财政学、市政管理、体育等科中,就各人之需要选择之。
4. 普通课程　得某种学位必修之普通教育课程。

(二) 教育行政学程之内容

该学程为训练教育局长之第一主要课程。每年十二学分,分两学期授完。讲授者为施菊野(Strayer)、安革霍(Engelhardt)、亚历山大(Alexander)、毛特(Mort)等教授。其内容如下:

本学程与教育行政研究之学程,根据分析专业的行政领袖之工作,而研究教育行政上之问题。实际上最常发现于教育局长经验中之问题，或适用于小城者，皆将提出与学者讨论解决。讨论之际，若需体育、家政、职业教育、宗教教育、艺术或其他各科目之专门知识，则请该专家等出席指导，并鼓励学生和彼等商量。

讨论之问题概从下列范围中选出之：

州政府对于地方教育之责任——州、城及县教育局之组织及其与其他管理团体之关系——行政与指导人员之组织、特别注意其权属之组织——学校系统之组织：小学校、包括蒲拉东或复式学校制度，分科教授与特别班级；初级中学；高级中学，专科的与多科的；补习学校职业学校，成人教育——课程——教学纲要之编制——指导——儿童登记——继续的学龄儿童调查及儿童入学事项——学校健康行政与体育——行政问题上统计方法之应用——教育结果之测量——事务行政、包含记账法、预算编制法、教科书及教学用品之选择购置及分配——教师之训练、选择、任期、薪俸、升任及退隐金——校舍与设备，包括建筑方案与施工细则、校舍测量、建筑计划校产购置、设备登记——教育局长与乡里之关系，包括宣传术、家长教师联合会等。

(三) 教育行政问题研究之内容

本学程为训练教育局长之第二主要学程，教授时间及教者与前学程同。

本学程与前学程之异点，在其所讨论的问题之性质及其研究之方法。在前学程中，教者不仅提出问题，并供给解决问题时所必需之材料，而在本学程中，教者仅提出普通教育情形，而由学者决定其问题之性质，并搜集解决时所必需之材料。所谓教育普通情形，多由全班所从事之野外工作中提出。该班每年举行之教育调查（普通的或专门的）即讨论问题时大部分资料之来源也。

每年所提出之问题，类由选读本学程学生之团体兴趣决定之。但同时必注意于教育局长所必需解决之主要问题。

学者若于上述课程计划中发现某点，可作精深之探讨，亦可多费时间，从事专门研究，但仍需同时上班参与讨论。

上述课程计划之优点有四：1. 课程有整个计划，无散漫之弊；2. 主要行政科目，内容所包甚广，实具综合性质，可免重复或缺少联络之弊；3. 数教授合教一科，实际上课时，虽由一人主讲或领导讨论，但其他各教授，亦同时列席听讲或参加讨论（规程上并未载出），故能彼此交换意见不致主张歧异使学者无所适从；4. 注重理【论】与实际之沟通。

虽然，该课程计划亦有其缺点在：1. 选择学习教育行政之学生，尚无妥当办法。虽该校规定有成功的教学或行政之经验者，方能得学位，似寓有选择之意；然而教学经验与行政经验有别。长于教学者，未必能担任行政职务；且所谓成功的经验，尤无判定之标准。2. 理论与实际之沟通，问题重大，非仅规定学者具有一二年行政经验，即能圆满解决。故余以为该课程计划，实未能达于完全之境地也。

此外尚有一点，应为吾人所注意者，即该校课程系为研究院之学生求高等学位——博士学位者而设。吾国大学尚无研究院办法。然通常大学课程之编制，颇受美国大学研究院课程之影响。此种办法，是否妥当，亦有待于研究。

(四) 作者之意见

兹再根据前述之批评并参加作者意见，提出今后应行注意之点如左：

1. 应规定严密精确之办法慎重考选学习地方教育行政之学生，宁缺毋滥。
2. 全部专业课程之内容，应有精密计划。
3. 课程内容，应有综合之性质，力矫零碎分割之弊。
4. 课程内容，应由各教者共同商定，力矫重复缺漏之弊。
5. 应以课程为主体，由数人联合教授，并同时出席参加讨论，彼此交换意见，以免主张歧异，教使学者无所适从。
6. 课程内容，应就行政专业之需要，分为各种行政的动作。每动作为一问题，训练学生时，以解决某种问题或获得某种行政动作之知识技能及经验为及格标准。
7. 应取消教堂上课制度，另行设立研究室，搜罗解决某种问题或训练某种行政动作之书籍资料，并设置所需之用具及用品。
8. 应在教育学院附近，设立教育行政实验区（约以一县之大小为限），专为试验各种教育计划制度，试用各种测量表格及为学生研究实习之用。此种实验区之地位，应与师范学校之实验学校看得一样重要，无此即不得称为完全之教育学院。
9. 学生"上课"（其实并无所谓上课）实际上即为解决问题。有时在研究室，有时在乡村学校，有时或在野外，有时或在通衢，胥视所习某种行政动作之需要而定。
10. 理论与实际应打成一片，"学什么"即"做什么"。
11. 应提高专业训练之程度，并应发给某教育局长之专业文凭，以资识别，而免鱼目混珠之弊。

第三节　专业经验之准备

以上所述谨属在学期专业训练之预备，至毕业以后应即从事于专业经验之准备，兹述其应注意之点如下。

一、应先在教育界服务三五年，或为教师，或为校长，在此数年内所得之经验，其价值非求学时代之普通及专业修养所能及。

二、在此期间内所任工作不宜固定，应时有变动，以期获得多方经验。

三、收入太微，结婚与研究不能兼顾，宜毅然将婚事暂行搁置。

四、应竭力节省时间，仔细阅读与未来事业有关系之书籍，并加以研究。

五、主持教育行政者应有一定之教育哲学，以为指导。苟无此种指导，则一切行政设施，皆属机械作用，毫无兴趣。故为教育局长者，当于此时期内就经验及阅读所得，逐渐确定一己之教育哲学。

六、应搜集个人最有兴趣之书籍。

七、教育方面与个人事业有关的发展情形及重要研究，当时时注意，并应留心各地方教育行政人员之工作。

八、学校方面之新工作,应欣然从事。遇有疑难问难,应认为最感兴趣。

九、应练习口才及书写上之能力。

十、应交年长而有实际经验之人,学习处事之方法。遇有此辈人所组织之讨论团体,即宜乘机参加或发起此种团体请其加入。

十一、应读名人传记,或研究地方耆宿之生平事迹,采择其成功之要素,以资取法。

十二、个人社交之范围,应力求缩小,以免浪费精力于无用之地。

十三、凡有益于专业修养之事,应欣然负担,否则应一律拒绝。

十四、应知艰难忠实之工作,其习惯须逐渐年成,非一蹴而得。此种习惯常人必至三十至三十五岁时,方能确定。

十五、应知人生担任艰难忠实之工作,必至三四十之年久方能大有益于社会。

总之,初在大学毕业之学生,万不可即任教育局长,应于四五年内担任较小职务,吸收经验,充实修养以为日后服务之准备。

虽然,在此三数年准备期间,青年有一难关,即所处环境,往往令其志得意满,不思刻苦磨砺,继续上进,遂至终无所成也。

青年在大学毕业,以为成功名就,往往趾高气昂,目空一切。小县职务,问题简单,尤觉游刃有余,无继续努力之必要。苟或位居校长,社会地位,顿觉提高。一般市民皆目为要人,行经街市,争尊为"学者"。小学教师辈尤莫不仰慕虚名,有女待字者竟亦目为东床上选。至在其指挥下之教师与学生,奉命惟谨,益使其自觉地位之高。于是以社会闻人自负,遇有集会,信口发言,不加思索。如此虚度二十年,丝毫不加研究,终必致落伍退化不能自拔。盖缘成功太易、太早、太小,志得意满,不图上进,未来大事业自必不能胜任矣。

第四节　个人性格之修养

欲为教育领袖,间应有充分之训练与经验,然欲求事业成功,则个人性格修养,亦应注意。兹举十数条如下。

一、心地光明。

二、言语有度。

三、处事公正。

四、爱惜声誉。

五、经济时间。

六、处事敏捷。

七、料事得体。

八、主张坚定。

九、手腕灵活。

十、了解人情世故。

十一、发言中肯合时。

十二、勿言人之短,勿炫己之长。

十三、成功不自满,失败不颓丧。

十四、态度大方,应有君子体貌。

十五、诙谐有节,毋作过分庄严。

十六、根据事实,答辩非难,态度雍容,言简意赅。

十七、临事怨怼,最不能得人信任。此种习惯,万万不可养成。

第五节　领袖资格之建立

教育局长除上述性格上之修养外,尚须建立领袖资格,其法如下。

一、应以热忱实学,作人模范。勿凭一己地位,责人为善。

二、法律赋与之职权须善为运用。新职权之获得,必凭真实能力。

三、处事公正,勿与地方上某党某派接近。须知个人乃社会之公仆,乃非一党一派之代表。

四、应认清本地方教育目标之所在,及用何种敏捷妥当之方法,促其实现。

五、应力求达于教育政治家之境地,不为行政琐务所束缚。

六、应利用时机,力谋实现教育政策。

七、应利用种种机会——如参加市民会议,举行家长集会获得教师信任,表演教育成绩,发表论文谈话,利用学年报告,以机警及交际手腕应付教育委员等——无形中造成舆论,凡所建议,概可接受,得以安然通过。

八、应知罗马非一日造成,凡重要改革,必经长久时期,方能贯彻。

就上所述,长期之准备,甚为重要。任何职业,亦惟熟练者为能制胜。彼能经若干年之实习,有详密之经验;若干年之修养,有确定之哲学。目标认定,不为艰难险阻所挠,使教育政策终有实现之一日。此种人才,其前途希望,自无穷尽也。

第二章　教育局长计画①上之任务

教育局长之任务多端,要而言之,不外计划、执行、视导及袖[领]导社会等四项。此四项任务之轻重分配。各地方虽有不同,要不可缺其一也。

大概县市之范围愈小,则指导之职务愈多。但无论县市之范围小至如何程度,教育局长对于地方教育政策均不可无确定计划,逐步谋其实现。至若在大规模之市县,则行政琐务蝥繁一经着手即难摆脱。故为局长者,常认清一己之任务,以视导工作及行政琐务付之属员,而留充分之精力与时间以应付组织、行政、教育政策及社会事业上之重大问题。

节省时间以解决重大问题为专业修养及行政专才之一种表现。所贵乎有局长者,不

---

① 编者注:原文如"计划""计画"异形词使用不统一,存其旧。

在其于某一事实上费力过多,而在其能为一地方教育事业之领袖,具有丰富常识及指导才能,要能安排他人工作,摆脱日常琐务,俾有余时致力于观察、研究、思考、计划、指导领率等任务,以今日市县教育问题之重大,非有一知识丰富、同情广博、政策明晰、目光远大、判断正确、思虑周到、处事忍耐坚定并富有干才之教育局长,绝不能胜其任也。

处事轻重得宜,似为比较难能之事。一般局长之失败正多在此。例如某局长于书函及统计事项费时太多无暇处理他事;某局长忙于庶务会计事务,几无余暇用其思考;某局长费力于建设工程,忘却教育任务;某局长太重教学视导,过为校长分劳,而忽略局内工作;某局长奔走权要,应付社会,学校之内,竟不易见其踪迹;某局长终日与社会方面联络接洽,不时到局;另有某局长则镇日坐守局内,处理文书等琐事,既不指导教师,又不与社会联络,直成一教育局所雇用之高等书记。

此种片面发展徒有负地方任用局长之原意。其结果必不免令人失望,终必至于去职。故为局长者,务于就职之际,将各项任务妥为支配,时或计划组织,时或处理琐务,时或指导教师,时或服务社会。务求轻重得宜,不偏不颇,始能胜此重任。若徒在一部事业上发展,虽小有所成,终未有不失败者矣。

新局长就任之始,其最要工作之一,即为编定计划。县市范围有大小之殊,计划任务即有繁简之别。在小范围之县市,局长职务较轻,大部分计划可由本人拟制;否则当先由属员起草,再交局长核定。兹将编订教育计划原则、计划实例及推行计划时应注意之点,分述于下。

第一节　编制教育计划之原则

一、应根据事实上之需要

教育计划必以事实上之需要为根据,不能凭空撰造。故宜先将本地方社会情形及教育状况,作一约略调查,研究其需要之性质及程度。更考核本地方教育设施是否能应付此种需要。然后根据调查结果,参合一己之经验学识,征集属员之意见,决定应行举办之教育事业。

二、应有通盘的筹算

教育上之需要虽多,但究其性质必有轻重缓急之殊。故宜以三年、五年或十年为限度,订一分期推行顺序。何者最要,宜先筹办,何者次要,不妨缓办,均须斟酌妥当。

三、应确定进行的重心

教育事业之进行,在全盘计划内,应有重心;在各年内亦应有重心。所谓重心,乃指某时期或某年计划内集中之事业而言。教育事业,千端万绪,同时举办,在财力人力两方面,均必不敷支配。若能集中于一二种事业之上,期于某时期内办妥,必较易收效。

四、应参照中央及省方规定

地方教育计划,应参照中央及省教育厅方面所规定之办法或标准制订。教育局长若忽视此点,则于呈送计划核准备案时不免遭省方批驳大讨没趣也。

五、应参照本年度之教育计划

本年度之教育计划,有已实行者,有尚在进行者,有未经实行者,更有不能实行者。编定下年度计划时,对于已实行者是否认为满意,有无修正重行列入之必要?对于在尚进行中者,当然继续列入,但于其内容上有无修改之必要?对于未经实行者,下年度应如何处置?对于不能实行者,下年度有无实行之可能?凡此种种,均须参照本年度计划方能决定。

六、应能于某时期内达到预定结果

凡作一事,往往为经济、人才及时间三者所限。故于计划某项事业时,应注意简便易行。务求于预定时间内,达到某项结果。苟财力不敷,人才缺乏,或时间不足,虽有良好计划,亦只得留待将来。若为装演[潢]门面敷衍官厅,编定内容扩大迂远难行之计划,则欺人自欺,决无实现之可能也。

七、应具有教育事业之性质

教育计划之内容应限于教育事业,日常行政琐务不应列入。即如"扩充乡村小学"或"推行职业教育"乃属教育事业,应列入计划。至若"绘制小学统计表"及"整理案卷"等,则属日常行政琐务,则不应列入计划。本书第三章罗列教育局长行政上之任务不下六百余种。其中有属于教育事业者,有仅为行政琐务者。为局长者,于编定计划之际,应审辨清楚,决定舍取,不容忽视也。

八、应分门别类

一种计划为某种意见之具体的表现,当分门别类使阅者一目了然。地方教育事业,种类繁多,尤须分别清楚,与上级官厅以批阅上之方便。至计划之内容及范围,虽有多寡广狭之殊,然一地方之教育计划,通常则宜分为下列四大类。

(一)关于教育行政方面;
(二)关于学校教育方面;
(三)关于社会教育方面;
(四)关于教育经济方面。

各地方所订计划,通常有:

(一)分类太多混乱不清;
(二)次序颠倒;

（三）归类错误，几种缺点。

其中尤以归类错误，最为常见。如以平民学校等列入学校教育类内，即是一例。故为教育局长者，当于此点特别留意。认清各事性质，妥为归类。若遇有两类皆有关系之事，则宜于最适宜的一类内详加说明，而于不甚适宜的一类内只标出题目，注明"详见某类"，以便参阅。

分门别类所以确定计划格式。格式不合，虽有良好意见，亦无从令人明了。中央前举行第一届高等考试，作者忝襄试政。在教育行政科目内曾一计划题。时应试者百四十八人中，有八十余人不明计划格式，只作长文一篇，满纸之乎者也，令人不能卒读。其中尽有特殊意见，然因格式不合，未能使人明了，遂致贬损其价值矣。

九、应有详细说明

欲使人明了某事业之需要，应于计划内详细说明理由或附列各种有关系之事实。若仅列一标题，使审阅者无从判定其是否需要，必难望其通过。例如计划于某处添设一完全小学，则必说明所以添设此小学之理由。某处附近学龄儿童共有若干，初级小学共有几所，每年毕业学生约有若干均须表列清楚，使阅者一目了然，得以判定其有否设立之必要。

十、应有具体办法

完善之计划应备有具体办法，例如"改进私立小学"。"改进"二字，殊属含混。即使能提出"取缔""补助"等办法，仍属空洞无物。所谓取缔，如何取缔？根据何种标准？所谓补助，根据何种条件？诸如此类的问题，在完善计画内，均应有详细之答案。

十一、应与预算符合

教育事业，虽不必事事皆需经费，但大部分却与经费有关。既与经费有关，则计画与预算必两相符合地方教育预算及计画书中，往往有某项事业开入预算，而不见于计画书者，亦有计划中所列数目与预算所列不符者，凡此种种，或则表示办事疏忽，或者使事业或者使事业之进行发生困难，①皆足以减少行政效率。所为局长应于计划草拟完成之时，与预算所开各项核对，务使互相符合而后已。

十二、应先经教育委员会议决

案各省地方教育行政机关组织，多有教育委员会之设。委员会权限中，多列有"审议县教育之方针及计画"一条。在有此种规定之地方教育行政机关，其领袖人员所拟定之计画，在呈送教育厅核准之前，当先提出教育委员会通过，以符法定手续。

---

① 编者注：原文疑有错字、衍文，应为"或则使事业之进行发生困难"。

第二节　教育计划示例

下列二例，一采自浙江大学《初等教育辅导丛书》第四类第六七册合刊，代表一县某年度内整个教育计划，一采自广州中山大学教育研究所，代表一地方某种教育事业之单独计划。惟前者系属假定性质，其内容殊嫌单简，在实际上应有更详细之说明及办法，后者虽属地方教育事业，但因系中山大学主持，故措辞均非教育局口吻，希阅者注意。

一、某某县某年度教育计算书

（一）关于教育行政方面

1. 改正学区

（理由）本县旧有学区，共分十六。每区区教员，另有津贴。现将学区数减少，区教育员改为专职，并每区设立中心小学一所，负指导之责。

（办法）小学学区分城东南西北五区，设区教育员五人，每人月支十六元，住中心小学办事。

2. 改订补助区私立小学经费规程

（理由）旧有办法，只从学生人数为标准，和现在省颁补办法标准不相吻合，所以要另订规章。

（办法）照着市县补助区私立小学经费办法标准斟酌拟一适当规程。

3. 办理小学教师登记

（理由）本县小学教师资格，多半不合。现在要办暑期讲习所，所以先办登记，可以按他的资格和学力，定应修的学科及年限。

（办法）由局长拟定登记表格，派督学下乡视察时，带便填写，并亲自口试，注明成绩等第。

4. 设指导员一人

（理由）新设五个中心小学及推广乡小学十所，所以设指导员一人。

（办法）指导员巡回指导五个中心小学及十所乡村小学。指导时间不定，并得出席各区小学研究会。经费由新增一成附税项下支出。

5. 举办小学教育暑期讲习会

（理由）师资缺乏，成一普通的现象，要等待师范毕业生来替代现今不合格的教师，决不是最近的将来所能够办到。所以要救济目前的缺点，只有举办暑期讲习会，来增进他的学力。

（办法）由小学教师登记及口试的结果，缺[决]定须听讲人数及暑期讲习会应设的学科。大约分成三种：第一种是公共必修科，如三民主义教育、各科教学、训育等；第二种是分科必修科,如复式教学、小学行政及组织等;第三种是修选科,如儿童心理、小学教育趋势等。第一种是全体会员的必修科;第二种是由于他的现任职务与登记、口试调查出来使他应修的学科;第三种是随意科。每科讲习完了,由讲师出题考试,考试合格,可准其试教。

6. 组织小学教育研究会

(办法)每四学区设立一会,每月开会,在星期日举行。除城区另订日期外,四区依次举行,不相冲突。开会时,县督学一人,及所在地之区教育员、中心小学校长必须出席。其他教职员有无故缺席几次以上者,应受惩戒。

(附注)这件事,是省令所规定,可以不必再述理由。

(二) 关于学校教育方面

1. 推广乡村小学十所

(理由)东乡北乡地面辽阔,村落散漫,学童多而贫,所以每乡各设立三所,南乡区私立学校较多,设立一所,西乡二所(另附设地点分配图)。

(办法)东乡三所,设在……等地,南乡一所,设在……,西乡二所,设在……等地,北乡三所,设在……等地。每所开办费一百五十元,经常费三百元。

2. 设县立中心小学五所

(理由)各区小学,成绩良好的很少,最好有一个领袖小学,以这个领袖小学为一区小学的指导示范研究的中心。并且区教员亦可在内设一办公处,不像从前常住在家内。

(办法)将旧有县立小学部改为中心小学。但城区的县立小学仍旧,两乡向无县小学,所以新添一个,设在△△。各校经费,照原有略增若干。

3. 整顿私立小学

(理由)私立小学,尚有半数没有来立案,校长多半挂名,经常费无着落,大都是学生的学费,也有私征捐款,学生不满二十人的,缺课日期很多。诸如此类,缺点很多,所以非整顿不可。

(办法)展缓立案期限三个月,过期不来立案,不准挂校牌,作私塾论。宜订私立小学遵守规则,严禁私征捐款。

4. 督促各完全小学组织党童子军

(办法)每一小学可要求补助党童子军津贴二十元。

(三) 关于社会教育方面

1. 筹设民众教育馆

(理由)图书馆、运动场、演讲所等,向来分设。馆有馆长,场有场长,以下各设办事员若干。可是报酬微薄,没有适当的人。且所有经费,也不过是支薪水,办公费极少,各事难以进行。

（办法）现在将图书馆、运动场、讲演所等，合并于【民】众教育馆，请一个对于社会教育有经验的人为馆长，各部各设办事员若干人，不另设主任。

2. 添设平民夜校

（理由）平民夜校，前已附设在各小学内，由附设小学的教员担任教科，每期共津贴三十元，半年来成绩还好，现在再拟添办。

（办法）添设五所，每区一所，津贴仍旧三十元。

3. 筹设巡回文库

（理由）各小学因为经济困难，不能购买教师参考图书，所以提经费若干，专买小学参考书籍，巡回各处，限期阅毕。

（办法）巡回办法另订。

4. 增设阅报社

（理由）不识字的人，我们办平民夜校办小学去使他们识字。识字之后，要使他有熟练的机会，并且时常要补充他的常识，除了各处设阅报室之外，一时难有良好办法。

（办法）旧有十五处之外，再增添十五处，指定地点后，由所在地小学负责，揭示在市镇村热闹地方。每处有上海杭州两种报，计洋一元八角。

（四）关于教育经费方面

1. 整顿区教育经费

（理由）区教育经费，征收人各地不同，又没有收据，所以各区教育经费，究竟有多少，很不容易计算。

（办法）先由县政府出告示，定征收办法。征收时，要用四联单收据。一张给被捐的人，一张送教育局，一张送县政府，一张存征收人手里。

2. 增加置产捐

（理由）置产捐，各县已有实行。

（办法）征收每亩二角（另文呈请）。

附报　本年度教育计划实施的经过

呈送新计划的时候，应该同时呈报本年度的实施经过。该报告应分列四部分说明：

1. 已经实施的

这项将本年度已经实施各事作一个简略的概况报告。

2. 尚在进行中未了者

这项要说明进行到如何程度，可不必再列入下年度计划里去的。

3. 不能实行者

这项须要说明不能实行之原因。

4. 继续实行者

在不能实行的事,或者在下年度有人了,或有经费了,可以实行。将这几项可行的事,列到下年度的教育计划里去,在下年度教育内计划中,应附说一句:这是旧计划中不能实行而重列入的事。

二、台山教育调查计划

(一) 缘起及经过

本所(按此系中山大学教育研究所)研究事业,除各种的专题研究外,原有实际调查教育计划,因经济及人才关系,未能实现。今年春,台山县行政当局,拟改进该县教育,先从为调查现状着手;因商诸本所,嘱为计划进行,并愿担任用费一千元。经本所派请崔载阳、曹漱逸、邰爽秋、徐锡龄、陆厚仁诸君,前往考察该县教育及社会略况,认为可以举行,遂决议组织台山教育调查委员会担任,并议决由本所设统计人员训练班,担任统计工作,关于调查用费,本所亦备一千元。

(二) 调查范围及项目

本调查范围以台山城区教育状况为限,其项目拟定如下。

1. 关于地方社会经济背景者

(1) 县政府组织及行政

(2) 台山城市区域位置及现况

(3) 全县及县城人口数

(4) 人民职业状况

(5) 地方财富来源

(6) 本县税收状况

(7) 公款支配状况

(8) 侨民与本县之关系

(9) 社会组织及风俗

2. 关于行政状况者

(1) 教育局

(2) 私立学校

  a. 宗教教育

  b. 非宗教教育

3. 关于学校教育者

(1) 行政组织

(2) 经费

(3) 教职员

(4) 校舍

(5) 课程

(6) 儿童

(7) 训育

(8) 健康状况

(9) 学业成绩

4. 关于社会教育及私塾教育者

(三) 进行步骤

本调查进行步骤拟分 1. 搜集材料 2. 整理材料 3. 解释结果 4. 建议报告 四项如下：

1. 搜集材料

材料来源可分二种。一为该县各机关及学校中现存之材料，二为临时搜集之材料。拟制备纲要及表格，分别性质，先期寄请台山教育局，或临时由本调查团员调查搜集。

2. 整理材料

本调查范围广大，材料整理，费工颇巨。拟由统计人员训练班及教育系同学分担，并由本所同人分任指导。

3. 解释结果

材料整理完竣后，由本所同人分任解释结查[果]。遇必要时，得请所外专家及台山教育当局协助。

4. 建议报告

由本所征询台山教育当局意见，拟具建议案，报告台山县政府结束。

(四) 人员计划

本调查除举办教育统计人员训练班担任统计事务并其他调遣外，所有本所人员均可参加工作。教育系同学所选学程与本调查有关系者亦应使其参加实习，遇必要时并得请所外专家参与。兹将各项工作分配如左。

1. 搜集材料　担任人员如下：

(1) 台山县公署及教育局人员，临时商请。

(2) 台山本地领袖人物，临时商请。

(3) 本所人员，人数临时酌定。

(4) 教育系同学约三十人。

(5) 医生及看护若干人先期约定。

2. 整理材料　担任人员如下：

(1) 本所同人。

(2) 统计人员训练班全部学生。

(3) 教育系各班同学。

3. 解释结果　担任人员如下：

(1) 本所同人。

(2) 所外专家。

  a. 小学教育　　人。

  b. 中学教育　　人。

  c. 健康教育　　人。

  d. 其他。

(3) 台山教育当局。

4. 建议报告

由本所同人分任选述。

(五) 经费预算

1. 教育统计人员训练班用费	五百六十五元。内分：
(1) 薪金	一百五十元
(2) 钢板	七十五元
(3) 绘图仪器	一百元
(4) 课业用品	九十元
(5) 奖金	一百五十元
2. 实际调用费	一千零五十五元。内分：
(1) 测验材料	三百元（每儿约需一角）
(2) 旅费、宿费、膳费	五百元
(3) 表格印刷费	一百元
(4) 用品纸张杂费	五十五元
(5) 照相费	一百元
3. 调查报告费	三百八十元。分内[内分]：
(1) 印刷费	三百五十元
(2) 邮费	三十元

共计二千元。是项经费，由台山教育局与教育研究所分担。

(六) 时间预算

本调查完成期预定八十日，兹将各部工作时期拟定如左。

1. 搜集材料一个月又十日　　　　　由四月半至五月二十五日。
2. 整理材料一个半月　　　　　　　由五月初至六月十五日。
3. 解释结果及报告一个月　　　　　由六月至六月底。

第三节　推行计划时应注意之点

计划中详细条目，若时机未到，不宜公布。因局长为教育专家，其所拟议，往往须先与教育委员会交换意见，并做一番宣传工夫，方能实行无阻。若操之太急，冒然向委员会提出，必易遭否决。即或勉强通过，而在实行之际，亦不免引起社会反对，甚非教育前途之福也。兹将推行计划时应注意之点条举如下。

一、在提议某种计划之先，当偕教育委员参观各校，或于酒余茶后闲谈，或刊行教育年报等，使其了解本地方教育上之需要。

二、俟时机成熟时，逐步向委员会建议。时机未到，虽有良好计划，亦暂勿提出。

三、建议时须考虑本地方经济及社会各方情形，能否容许某计划做到某种程度。

四、应欢迎委员之批评。因委员所见，与民众相去不远，将来计划实施时，民众是否反对，概可以委员之批评卜之。若局长具有充分理由，且能圆满答覆，则委员将益信所提计划之重要，而加以拥护矣。

五、若经详细解释，仍不能通过，亦不必表示消极。应反省过去手续，并研究所以不能得同意之理由，再下一番工夫，俟有重机会重行提出。

六、委员会改选或有新委员加入时，须使其了解过去情形，并以第一条之方法，使其明了本地方之教育需要。

七、应举行展览、演讲、恳亲等会并利用种种刊物，向民众报告教育成绩，并宣传教育需要，使其充分明了。

八、教育计划，既经委员会通过，教育厅核准，其内容并已充分向社会宣传，若在实施之际，仍不免民众误解，此时可由教育委员起者答辩，向民众解释。

九、教育标准，逐步提高。教育计划，当亦逐渐推进。惟在推进之际，仍宜随时留意疏通宣传，远处着眼，近处着手。勿急功，勿燥[躁]进，自可推行无阻也。

总之，一种计划，由疏通宣传，以至于推行成功，必经长久时期。为局长者，应摆脱琐务，节省时间，从事观察、思考，以求教育计划之贯彻与实现。

第三章　教育局长行政上之任务

教育局长之第二任务为处理行政上不属于计划视导及社会事业上各种组织管理问【题】类。为说明上之方便，仍以"行政上之任务"之名辞括之。兹先述其种类如下。

第一节　行政上任务之种类

教育局长在行政方面之任务，可分为：（一）整理接收及局内杂项任务；（二）经费方面之任务;(三)人员方面之任务;(四)校设备方面之任务;(五)课程教材教科书及教学用品方面之任务;(六)训育方面之任务;(七)健康方面之任务;(八)儿童方面之任务;(九)成绩方面之任务;(十)普及教育之任务;(十一)社会教育之任务;(十二)私人教育之任务;十二类共六百余条。其中有必需由局长本人办理者(以○为记);有仅需由局长办理一部分者(有▲为记);有可委之于属员办理而由本人领导监督或核定者(无记号)。兹依次分述如下。

一、行政任务之种类

(一) 整理接收及局内杂项任务

1. 奉委

(1) 搜集并阅读中央及本省颁行各项教育法规,其关于地方教育部分,尤须特别注意。

○(2) 物色重要职员。

○(3) 调查教育局内部情形。注意:

  a. 前任局长行政上之优点与缺点。

  b. 现有局员办事上之效率,考虑何者宜去,何者宜留。

(4) 查询该地教育状况。注意:

  a. 经费、人员、儿童等项。

  b. 教育界有无党派,主要分子是谁。

○(5) 查询该地社会状况,注意:

  a. 俗尚、民情、经济等项。

  b. 地方上领袖人物之性情行为等。

  c. 社会团体之种类及其领袖人物。

▲(6) 函前局长接洽交代日期。

2. 接收

(1) 点收案卷印信。

(2) 点核簿记及存余款项。

(3) 点核不动产契纸。

(4) 点收用具。

3. 整理

▲(1) 布置办公室。

(2) 整理文件。

(3) 购买办公文件。

○(4) 召集属员谈话——使属员安心做事。

(5) 公布就职，并通知各机关及各学校。

4. 拜会

○(1) 谒见县长征求对于本县教育兴革之意见。
○(2) 会晤教育行政委员会诸委员或县教育等事会诸董事磋商全县教育进行事宜。
○(3) 拜会本地方各局局长及重要机关人员。
○(4) 拜会其他社会领袖人物。
○(5) 谒见教育厅长征求对于本县教育兴革的意见。

5. 组织

▲(1) 拟定组织本局大纲。
▲(2) 编定适当的服务规程，注意分清各人权限使无冲突之弊。
▲(3) 订定各部办事细则。
○(4) 分配次要之职务与属员办理。
○(5) 编配办公时间。
○(6) 制定办公时间表。

6. 会议

○(1) 举行局务会议，讨论局务进行事宜。在一次会议中，应特注意下列数点。
 a. 职员职务分掌办法及各人应负职责的规定。
 b. 各种办事章则的规定。
 c. 局务进行计划的拟订。
▲(2) 举行本地方教育行政会议。
▲(3) 召集县立学校校长开谈话会讨论学校改进之方策。
 (4) 召集常会或临时会会议。
 (5) 举行各种联席会议。
 (6) 准备开会时之议事程序。
 (7) 通知开会。
 (8) 整理会议议案并汇录之。
 (9) 办理各种教育会议议决案之事次。
 (10) 保存开会文件。

7. 调查

▲(1) 调查全县社会状况。对于全县的人口总数、交通状况、工商业状况及人民风俗习惯等须特别注意。
▲(2) 调查全县教育状况。
○(3) 决定本地方教育需要。

8. 编定

▲(1) 编定本局行政方针。

(2) 拟定不与法令抵触之各种教育规程章则。

(3) 编定新年度行政历。

(4) 编定新年度学校历。

(5) 规定各学校及教育机关应行呈送或呈报之事项。

(6) 编订各种表簿表格。

(7) 编辑普通教育刊物。

(8) 编造教育年报。

(9) 编造各种统计图表。

(10) 编制本局工作统计表。

9. 颁发

(1) 宣布本局行政方针。

(2) 颁发规程章则。

(3) 颁发学校历。

(4) 颁发各种表簿表格。

(5) 发给学校毕业生证书。

(6) 颁发县立学校钤记。

(7) 发行教育刊物。

10. 审核

(1) 审核各校自订规程。

(2) 审查学生转学事宜。

(3) 审查教育设备及教育用品。

(4) 审核各项教育报告。

(5) 审核各学校校长教员请假事宜。

11. 奖惩

(1) 规定奖励各种条例。

(2) 订定奖励学风优良学校办法。

(3) 根据县督学视察报告对于所属各教育机关人员，分别奖惩，并呈报省厅。

(4) 甄别校长。

12. 文件

▲(1) 批阅来往公文。

(2) 办理文件。

(3) 清理积牍。

(4) 整理卷宗。

(5) 整理来往书牍。

(6) 逐月统计收发文件。

(7) 保存各项文件。

13. 呈报

(1) 呈报接收就职日期,列册分呈教育厅及县政府。

(2) 呈报各种教育状况。

▲(3) 呈报本地方教育上应兴应革之事。

(4) 呈报上学期毕业生成绩表。

(5) 呈报县教育会会员表及其组织成立日期。

14. 会社

(1) 组织教育会。

(2) 组织教育用品消费合作社。

(3) 组织三民主义教育研究会。

(4) 组织三民主义教育通信研究会。

15. 杂项

○(1) 举行纪念周。

▲(2) 招待来宾。

(3) 摄制影片。

(4) 筹设贫苦学生补助金名额。

(5) 供给新闻资料。

(6) 答覆各方咨询。

(7) 印刷出版物。

(二) 经费方面之任务

1. 来源筹划

▲(1) 规定实施增筹教育经费之办法。

▲(2) 规定筹措教育基金之办法。

(3) 呈请发行教育公债。

(4) 印刷公债票。

(5) 发行公债。

(6) 调查本地方可以用作教育经费之款产或税收。

(7) 记录本地方新增税收之种类。

(8) 比较本地与他地之财富。

(9) 调查全县教育公产。

(10) 登记全县教育资产。

(11) 每年查核本地方教育资产。

(12) 整顿教育产业上之积弊。

2. 征收及保管

（1）统一本区内教育经费的征收与支配。

（2）编制征收教育经费的妥当办法。

（3）规定征收学费标准。

（4）根据法令，征收各项教育税。

（5）投标征收某项教育税收。

（6）保管教育经费。

（7）监督教育财产之保管。

3. 预算及决算

（1）决定各种教育经费的成数。

（2）订定各学校及各机关预算或用费支配标准。

（3）训令各学校及各机关填报预算表。

（4）搜集编制预算所需之资料估定各项费用。

（5）审核全县教育经费之预算。

（6）编造本局经费支付预算书。

（7）草拟下年度预算。

（8）通过新年度预算案，并呈报之。

（9）规定收支决算书程式。

（10）通令未造送前月份经费收支计算书之县立学校。

（11）按月审核各教育机关及各学校收支决算书。

4. 收支及分发

（1）按月填明各校各教育机关经费支付单函送教费管理处核发。

（2）分发各校及各机关经费。

（3）制订各学校及各机关临时请费办法。

▲（4）批准增加临时费。

5. 补助及奖励

（1）订定补助私立学校规程。

（2）编订奖励金规程。

（3）编订津贴参观的办法。

（4）编订津贴旅外学生的办法。

（5）决定应补助之学校机关或学生。

6. 计算及呈报

（1）计算各月及本年度教费收支之状况，注意：

    a. 学校教育费有无超过；

b. 社会教育费有无超过；

c. 行政费及其他各费有无超过；

d. 总数之盈绌情形。

(2) 列造教育经费各款之收入确数表并通知教费处。

(3) 记录收支账册。

(4) 整理支出账目。

(5) 分析过去及现在支出费用。

(6) 分析各校用费。

(7) 计算本地方每学生所需费用。

▲(8) 预测数年后教育上所需之费用。

(9) 呈报本县教育经费收支情形。

7. 其他

▲(1) 组织保障教育经费独立委员会。

(2) 组织区教育经济委员会。

(3) 编制节省经费的办法。

(4) 编制经济公开的办法。

(5) 规定各学校之会计制度。

(6) 视察各校内部收支。

(三) 人员方面之任务

1. 需要与供给

(1) 调查本地方师资现状及其需要之程度。

(2) 调查具有资格之教师及师范毕业生。

(3) 调查本地旅外师范生之人数。

(4) 设立师范学校(单设或与邻县合设)或师范习讲所。

(5) 与附近省立师范学校特约设立专为本地方造就师资之班级。

(6) 规定补助师范生之办法。

2. 登记及检定

(1) 举行教师登记。

(2) 填发小学教员登记证。

(3) 制定教师检定规程并呈教厅核准。

(4) 举行教师检定。

(5) 协同党部举行党义教师之登记及分配。

(6) 填发合格教师许可状。

(7) 审核由他处曾受检定之小学教师的许可状。

(8) 训练不合格教师。

3. 选择任用

○(1) 举荐或委任或加委所属教育机关人员。
○(2) 遴选县督学及学区教育委员呈请教育厅加委。
○(3) 加委县区立学校校长。
  (4) 规定选择教师标准。
  (5) 制定校长任免规程。
  (6) 制定校长服务规程。
  (7) 制订教职员任免规程。
  (8) 制订教职员服务规程。
  (9) 规定教职员任务及待遇标准。
  (10) 规定教职员请假办法。
  (11) 规定教职员不遵聘约中途辞职办法。
  (12) 保存本局所委人员名单。
  (13) 保存本局所委人员调查表。

4. 待遇

▲(1) 制定薪水标准。
  (2) 规定休假制度。
  (3) 规定年功加俸制度。
  (4) 填明各教员应领年加俸支付单函送教费处校发。
  (5) 规定养老金制度。
  (6) 记录退职人员之姓名及其资格。
  (7) 发给退职人员养老金。
  (8) 呈报退职人员养老金及恤金之数目。

(四) 校舍设备方面之任务

1. 需要考查

(1) 考查现有人口之数目。
(2) 考查现有人口之分布。
(3) 研究未来人口之增减。
(4) 研究未来人口之分布。
(5) 估计现有待教人数。
(6) 研究现有待教人数之分布。
(7) 研究未来学龄儿童之增减。
(8) 研究未来学龄儿童之分布。

▲(9) 考虑本地方校舍需要之范围。

▲(10) 考虑本地方校舍需要之性质。

2. 效率测量

(1) 订定校舍建筑标准。

(2) 规定校址标准。

(3) 规定各种儿童通学距离。

(4) 规定校舍大小。

(5) 记录现有校舍之历史地点及其使用之程度。

(6) 测量各学校之校舍效率。

(7) 测量本地方校舍计画之效率。

3. 校舍建筑

(1) 规定建筑本地方校舍之程序。

(2) 规定学校最低限度设备标准。

(3) 决定应行添筑或改建之校舍。

(4) 搜集与校舍地点有关之资料。

(5) 决定校舍地点。

(6) 选择校址。

(7) 预购或圈定校地。

(8) 决定适合课程需要之校舍形式。

(9) 建筑新校舍。

(10) 改建旧校舍。

(11) 估计建筑新校舍所需之费用。

(12) 发行建筑公债。

(13) 选择建筑师。

(14) 绘制建筑图样。

(15) 检对建筑图样是否合于规定标准。

(16) 草拟施工细则。

(17) 招标建筑校舍。

(18) 订立合同。

(19) 监督校舍建筑及设备工程。

4. 校舍维持及修理

(1) 规定校长教师书记等保护校具设备办法。

(2) 规定校工保护校舍及操场办法。

(3) 规定新来校工服务须知。

(4) 规定校工考勤办法。

（5）视察校产校具。

（6）登记校产校具。

（7）招标购置材料。

（8）保险教育财产。

（9）规定火警练习的办法。

（10）规定修理校舍办法。

（11）设立修理场所。

（12）督察修理工程。

（13）保存各校所开请求单。

（14）将各校请求之事项分类统计。

（15）将批准请求之事项分类统计。

（16）核算修理及维持项下之账目。

（17）记录维持项下之物品。

（18）记录各种物品的价目。

（19）开具维持项下之预算。

5. 其他

△（1）组织校舍校具委员会。

（2）制定救济校舍拥挤的办法。

（3）利用破旧校具。

（4）变卖破旧校具。

（五）课程教材教科书及教学用品方面之任务

1. 课程教材

▲（1）组织课程研究会。

▲（2）决定本地方课程之需要。

（3）根据部定标准订定本地方适用之各种课程纲要并呈教育厅核准。

（4）设立试验教材之学校或班级。

（5）发行教材小册备各校参考。

2. 教科书及读物

（1）规定各小学之教科书呈请教育厅核准。

（2）编制教科书及儿童读物书目以备各校采用。

（3）编辑儿童读物。

（4）审查儿童读物。

（5）取缔儿童读物。

（6）规定选用教科书之标准。

（7）登记现存教科书。

（8）修整破旧教科书。

（9）记录各种教科书价目。

（10）根据各校所开数量估计教科书之预算。

3. 课业用品

甲、购置

（1）准备标准用品单。

（2）规定标准用品之式样。

（3）计算每科每教师及每儿所占费用。

（4）记录各校各科及各教师所用用品之数量。

（5）记录各校各科及各教师所用临时用品之数量。

（6）检查本局现存用品之数量。

（7）检查各校学年将终时所存用品之数量。

（8）估计下学期用品之数量。

（9）搜集编制用品预算时所需之资料。

（10）编制用品力［方］面之预算。

（11）定制各种标准用品。

（12）保存各处货价目录。

（13）接见售货商人。

（14）接收样品。

（15）招标购买用品。

（16）开标决定向何处购买用品。

（17）订立用品合同。

（18）购买临时用品。

（19）检对用品式样是否与标准式样相合。

（20）检对用品数量是否与发票所开者符合。

（21）粘贴单据。

（22）登账。

乙、储藏及管理

（1）登记新来用品入用品簿。

（2）保存用品。

（3）视察用品储藏室。

（4）规定估计购买及分配用品之办法。

（5）规定本地方管理用品办法。

丙、分发

（1）决定各校用品标准。

(2) 统计各校所开用品之数量。

(3) 规定请领之手续及用品单之式样。

(4) 根据预算分配用品。

(5) 照预算估计发给各校用品。

(6) 运送用品

丁、其他

▲(1) 组织用品委员会。

（六）训育方面之任务

1. 调查训育方面之实施状况。
2. 制定中小学训育实施方针。
3. 制定中小学训育实施标准。
4. 制定中小学训育实施办法。
5. 制定处置顽愚儿童的办法。
6. 组织训育委员会。

（七）健康方面之任务

1. 调查各校健康设备及实施状况。
2. 编制检查体格办法通令各校举行体格检查。
3. 施行体格检查。
4. 编印表格调查学生家庭卫生状况。
5. 调查教师健康状况。
6. 组织健康教育研究会。
7. 订定健康教育实施标准。
8. 编印改进各校卫生的办法。
9. 订定学校清洁标准。
10. 订定学校健康设备标准。
11. 举行各校大扫除。
12. 制定卫生运动办法通令各校定期施行。
13. 制定种痘办法通令各校施行。
14. 制定促进教师体育的办法。
15. 制定促进公共卫生的办法。
16. 制定改良家庭卫生的办法。
17. 设立家庭访问教师。

（八）儿童方面之任务

1. 开办钝儿补习班。

2. 开办高龄儿童班。
3. 开办手艺训练班。
4. 开办语言训练班。
5. 开办顽童学校或班级。
6. 开办跛儿学校或班级。
7. 开办盲哑学校或班级。
8. 开办天才学校或班级。
9. 开办露天学校或班级。
10. 开办家事学校或班级。
11. 开办邻里学校。
12. 开办假期学校。
13. 开办艺术学校。

（九）成绩方面之任务

1. 创办小学成绩品陈列所。
2. 举办暑期补习学校。
3. 办理作文竞赛会之奖状或奖品。
4. 举行运动会。
5. 举行中小学球类比赛。
6. 举行国语竞赛。
7. 通令各校实行国语教授。
8. 处理学艺竞进会事宜。
9. 举行学艺比赛。
10. 筹开全县中小学学生成绩展览会。
11. 处理全县中小学校行政展览事宜。
12. 制定评定标准。
13. 制定自制教学用品办法。
14. 通令各校对于学生学业方面应严加考试。
15. 监督县立小学毕业考试。

（十）普及教育方面之任务

1. 拟定推广小学的办法。
2. 调查学龄儿童。
3. 调查失学人数。
4. 规定永远继续调查儿童之制度。
5. 编制学龄儿童的调查及统计。

6. 编订督促儿童就学的具体办法。

7. 参酌教费收支情形扩充区立小学之校数。

8. 创办幼稚园。

9. 决定各学区中应增设小学之校数及其应设立之地点。

（十一）社会教育方面之任务

1. 举行大规模的教育运动。

2. 制定指导通俗卫生的办法。

3. 兴办各区妇女职业练习班。

4. 保存社会文化遗迹。

5. 编制演讲法的办法。

6. 举行教育学术公开演讲。

7. 拟定宣传教育的办法。

8. 刊行民众读物。

9. 举行清洁运动。

10. 举行平民识字运动。

11. 建设民众游泳池。

12. 设立民众教育馆。

13. 设立巡回图书馆。

14. 设立民众图书馆。

15. 设立民众实业馆。

16. 设立民众美术馆。

17. 举办民众武术团。

18. 举办民众音乐团。

19. 设立民众卫生馆。

20. 设立民众问事处。

21. 设立职工教育部。

22. 举办民众讲演团。

23. 举办民众戏剧院。

24. 设立民众俱乐部。

25. 设立民众体育场。

26. 设立民众报社。

27. 设立民众公园。

28. 刊行民众读物。

29. 设立民众茶社。

30. 设立民众学校（补习学校或夜校）。

31. 筹备教育电影。
32. 筹设儿童游戏场。
33. 筹设古物陈列时①。
34. 筹设职业介绍所。
35. 筹设农村念二社。
36. 筹设平民感化院。
37. 举办党义宣讲团。
38. 筹设儿童生活园。
39. 设立艺徒学校。
40. 筹设动植物园。
41. 筹设博物院。
42. 设备益智牌。

(十二)私人教育方面之任务

1. 设立专员负责办理私人教育。
2. 依据私立学校规程监督本县境内私立学校。
3. 令私人学校遵照教育部之规定立案。
4. 催促教会学校及私立学校立案。
5. 进行收回教育权事项。
6. 编订改良私立学校及私塾之办法。
7. 依据私塾改进规程改良境内私塾。
8. 取缔不良之私立学校。

第二节 教育局长应注意之点

教育局长欲使其行政任务圆满实现当注意后列诸点。

一、维持良好关系

教育局长欲与教育委员会及其他各方面人员维持良好关系,必具有敏捷精神,交际手腕,正确判断,公正态度。且能尊重他人权限,爽直而有礼貌,勇敢而能自信。当其与人接触之际,或为指导,或为劝告,或为请求,或为疏通,要能卑亢得体,不失其教育领袖者之态度。夫老年慎重,处事敷衍,授权于人,袖手旁观,固为社会所不取;而青年燥[躁]进,遇事勇猛,鞭策他人,求功太急,亦必不能维持其地位。社会方面非不欲局长勇敢坚定,但必其持有充分理由,且必出以妥当之方法与态度,方能得其称誉。若徒知鲁莽急进,颐使他人,作威作福,其不为社会所厌恶者鲜矣。

---

① 编者注:"时"疑应为"室"或"所"。

局长之于教育委员会及本局人员应防止感情用事。其所建议，未必能得彼辈之同意。此时宜设法使其明了教育方面之需要，并将所以如此建议之原因加以说明。苟仍不能得其同意，则当暂为容忍，固不必表示反对，尤不可以卑劣手段促其通过。况局长亦非全知全能，思虑容有未周，彼委员或其属员之见地，或比局长所见者为高也。

委员或属员反对局长之建议，虽有时或为对人而发，但如局长方面却不可作如是想。若因此而怀恨于心，事后仍断断争辩，更非领袖教育者之所应为。须知秉性梗直处事不苟者往往意志坚强，不因私人情感而牺牲其意见，苟见有不妥之处，虽在契友，亦往往表示异议。在日常细故友朋争辩时尚不免如此，况于地方之教育政策计划，足以影响于全部人民幸福之大事乎。

美国某城教育局长白罗介特 Blodgett 氏为指导教育局长应付各方面事务曾提出注意之点六条如下：

1. 明了自身与所做工作各方面之确切关系；
2. 彻底了解各种情形；
3. 遇有争论之问题，当先立于不败之地，然后从容说明，不作意气之争；
4. 遵从有权力者之议决；
5. 各种责任皆确定其归何人担负并使各尽其责任；
6. 尊重校长及指导员之权限；
7. 对于全部属员，应以真诚、同情及平和之言语促成亲密之关系。

二、建立信仰

局长对于委员会宜先养成互信，而后方能得其信任，两者之间须互相了解。遇有要事以诚相见，互商办理，局长处理事务，应处处提防，勿使此种"相互之了解"稍有损坏。

局长欲得委员会之信任当使委员会知其对于局内一切工作，皆能彻底明了。委员会有所咨询，当善为答覆，责任所在，决不推诿。尤当于委员会必将提出之问题明了其细节，俾得以简单理由说明所以应如此办理或不应如此办理之原因。

局长欲得委员会之信任，当知何种事应由本人决定办理。如关于教育政策之重大事项目应与委员会仔细商量。至无关重大之事，若向委员会呶呶不休请其决定，必致失却其信任。

委员会以局长为专家，苟或有所咨询必盼其圆满答覆。若局长放弃责任，转请示于委员并谓其所决定与已之所决定者无殊，或对于委员关于学校方面之询问，瞪目不知所答，致使委员缺乏事实根据亦无从决定。凡此种种，皆属庸愚无知目光浅短者之所为，徒丧失委员之信任。嗣后如遇重大事项，委员会亦将自由处决而不征询局长之意见矣。

若有时委员会人员不以教育幸福为前提，干涉局内行政（如妄荐私人等），或对局长所提议者妄加否决。喻以理解，晓以大义，仍复倔强如故，则应知局长受上级教育官厅之委任，为一地方民众教育利益之代表。遇有重大事项，如已用尽种种方法仍不得委员会谅解，则惟有将个人主张宣告社会或呈报上级官厅冀得正当解决。万不可开小组会议秘密疏通,或用其他卑劣手段促其实现。因如此办法反致失却民众同情及官厅之信任也。

三、获得社会信任

局长处理任务之际其重要工作之一,为以其个人学识、公正态度及明确判断获得社会信任。局长应了解社会并深知其需要。社会方面亦应了解局长,深信其目的之单纯与其行为之正直。此种关系,必赖各种机会与民众接近方能造成。

局长为一地方教育领袖,地位重要,其与儿童家长及一般市民接触之机会颇多。此种机会苟能善为利用,则局长之人格、学识、机智、判断等皆能予以良好印像,增加其管理上之力量。否则必得相反结果,失却民众之拥护,不可不慎也。

局长与儿童家长或民众接触之际,应能获得其敬仰及其对于所办教育事业之信任。欲达此目的,为局长者,切忌武断操切,感情用事,不明事理。应言语温存,态度宽大,抑制个人情感,考虑对方意见,使怨我责我者,皆转而与我为友。

学校工作,有虽极微之事,亦足增加地方好感。为局长者,务将教师及学校方面之进行状况以简明的[得]当之言语,使社会明了。措辞宜爽直畅达且有极积[积极]性质。固不必过分谦逊,尤不可表示怨怼。须知一般民众本具有保守之特性,其对于教育事业常不甚关心,亦为理之自然。为局长者,对此情形,不但应认为教育民众之机会,且当引为一己之责任也。

第四章　教育局长视导上之任务

教育局长第三种任务,与视导员、校长、教师及学生发生密切关系,此即视导上之任务。前二种任务,皆为此任务而设。自理论言,教育局长负有一地方教育视导之权责。若局长不受别方牵掣,得以实现其视导计划,则一地方视导制度之良否胥惟局长是视矣。兹将视导之种类及局长应注意之事项略述如下。

第一节　教育视导之种类

一、行政视导

(一) 学校教育

1. 组织行政
2. 校舍设备
3. 经费
4. 健康
5. 训育
6. 课程

7. 学级编制
8. 成绩检查
9. 课外作业
10. 其他

(二) 社会教育

1. 图书馆
2. 博物馆
3. 体育场
4. 民教馆
5. 其他

(三) 私塾教育

二、教育视导

1. 国语科
2. 社会科
3. 自然科
4. 算学科
5. 工作科
6. 美术科
7. 体育科
8. 音乐科
9. 其他

三、视导之视导

1. 校长
2. 视导员

教育视导之方面虽多,而其最大工作,则为视导教学。其至要方法,则为(1) 介绍各地方优良方法;(2) 鼓励教师继续进修;(3) 使教育过程中最适当之教育哲学与教学各种问题发生关系。故优良之教育视导,必具有适当标准,基于健全理论,本于优良经验。而一切教室参观,一切专业会议,一切教学改良,一切物质之改建,与夫一切班级之改组,皆应以视导教育为最后目标。

第二节 视导职务之种类

教育局长在视导方面之任务,可分为(一) 计画标准规程之拟定;(二) 良好风气、正当态度及团体精神之培养;①(四)教育效率之估定与建议;(五)在职进修机会之供给;(六)教材教具等之组织及选择;(七)教育问题之研究与试验;(八)专业修养及其他视导上之活动八项,计共一百八十余条。其中大部分可委交视导员及校长办理,教育局长不必躬与其事。兹依该八类次序之先后分述如下。(各条上符号说明,请参阅第三章第一节三十九页)

一、计画标准规程等之确定

▲1. 搜集各区应行视导之重大或特殊问题。
▲2. 拟定本地方视导政策。
▲3. 决定视导事项之先后次序。
▲4. 确定视导之重心。
▲5. 编制视导大纲。
▲6. 拟定本地方视导计画。
　7. 编制视导行政历。
　8. 组织视导委员会。
　9. 订定督学办事细则。
▲10. 规定各视导员、各校校长在视导上之任务。
　11. 拟制并颁发各种行政及教学标准(按本章第一节教育视导之种类编制)。
　12. 拟定视导方法。
　13. 划分视导区域。
　14. 支配视导时间。

二、良好风气正当态度及团体精神之培养

▲1. 向教育人员解释视导之意义、本地方视导政策计画及其方法。
▲2. 培养对于视导之友谊的精神。
　3. 培养对于儿童幸福之热忱与兴趣。
▲4. 用和蔼、同情、合作及坚定的态度管理视导。
▲5. 养成全部教育人员之合作精神。
▲6. 鼓励建议。
▲7. 赞扬教育人员之贡献。

三、行政与教学之直接视导

(一) 视察前

1. 视察各校教学计画。

---

① 编者注:原文缺漏第(三)条。根据后文,应该为"行政与教学之直接视导"。

2. 视察各班教案。

3. 会商校长。

4. 会商教师。

(二) 视察时

1. 行政方面

▲(1) 视察各校及各机关对于各项教育法令施行事项。

▲(2) 视察对于县教育计画之施行事项。

▲(3) 视察某校或某教育机关之进行计画。

(4) 查核各区学龄儿童之就学及出席状况。

(5) 调阅各项簿册(遇必要时)。

(6) 审查内部经济(遇必要时)。

(7) 记录视察结果。

(8) 诊断行政上之困难。

(9) 寻出研究的问题。

2. 教学方面

▲(1) 视察教学。

(2) 分析教学方术,并特别注意帮助无经验或教法拙劣之教师。

(3) 记录教室视察之结果。

(4) 诊断教学上之困难。

(5) 寻出研究之问题。

(三) 视察后

1. 会商校长(团体的或个人的)。

2. 会商教师(团体的及个人的)。

3. 主持圆桌讨论会。

▲4. 召集教育人员开会讨论改进方法。

5. 参与学校内部行政或教学会议。

6. 安排教师本身之示范教学。

▲7. 鼓励互相参观。

8. 安排参观日期。

9. 批评教学方术。

10. 协助编制教案。

▲11. 与校长及教师拟定改进方案。

▲12. 供给解决某问题之参考资料。

▲13. 指定阅读之参考书并限于若干日内将结果报告。

▲14. 帮助教育人员用某种新方法解决某种困难问题。

▲15. 考核上次改进之成绩。

四、教育效率之估与定改进

（一）测量

1. 筹备各项测验及测验表之材料。
2. 筹划施行各项测验及测量之手续。
3. 测量各校行政效率。
4. 测量各机关之效率。
○5. 测量视导之效率。
6. 测量各校校长之效率。
7. 鼓励教师互相测量效率。
8. 训练教师应用测验。
9. 视导测验之施行。
10. 临时考验学生成绩。
11. 指导统计整理测验及测量之结果。

（二）解释

1. 与各校长共同解释测量与测验之结果
2. 与各教育机关主要人员共同解释测量之结果。
3. 与各教师共同解释测验之结果。

（三）评定

1. 评定学校之等第。
2. 评定各教育机关之等第。
○3. 评定视导员之等第。
4. 评定各教师之等第。

（四）改进

○1. 决定学校行政各方面改进之点。
○2. 决定学校或其他教育机关之设立与合并。
○3. 决定选择教师之标准。
○4. 决定升任教师之标准。
○5. 决定进退教育人员。
○6. 决定分配教育人员。

○7. 改变教师之任务或调入他校。
○8. 决定何种教师宜在何校任职。
○9. 决定教科书应行修改之部分。
○10. 决定教材上应修正之部分。
○11. 决定教学方法上应改良之部分。
○12. 决定合班、加班或减班。
13. 指示分班方法。
14. 指示儿童调班之条件。
15. 指示升级、降级及留级之标准。
16. 指示将某儿编入某级。
17. 指示将某儿调入某级。
18. 指示将某儿升班、降班或留班。
19. 指示处置特殊儿童之方法。
20. 指示职业指导之方法。

五、在职进修机会之供给

（一）组织设备

1. 组织全县教育或教学研究会。
2. 组织各区小学教育研究会。
3. 组织集合图书馆。
4. 设备流通书库。
5. 组织并领导读书团。
▲6. 组织讲演会并安排教育名人讲演。
7. 组织教育参观团。
8. 举办暑期训练班或讲习会。

（二）办法

△1. 确定视导员、校长、教师等所任工作之普通与特殊目的及其与整个教育过程之关系。
2. 编造指导参观的办法。
3. 指导参观。
4. 规定互相参观的办法。
5. 规定示范教授的办法。
6. 规定补助入暑校进修的办法。
7. 规定奖励著作的办法。

（三）介绍

▲1. 编印视导员校长及教师应用书目录。

2. 介绍专业阅读上之普通的或关于某问题的书籍。

3. 流转含有专业阅读材料之杂志。

4. 搜集并传达优良行政及教学方法。

▲5. 指示指导员、校长、教师等之新方法。

▲6. 与指导员、校长、教师等会商某种新方法。

7. 指示某种特别工作之特别方法。

8. 搜集各视导员、校长、教师等所用之良好方法。

9. 指示本地方及他处之进修机会。

（四）鼓励

▲1. 鼓励视导员、校长及教师等用测量表自己分析与批许。

▲2. 鼓励指导员、校长、教师等参与课程编制。

▲3. 鼓励视导员、校长、教师等对于新计划方法及设施发生兴趣。

▲4. 鼓励入函授科补习班或暑期学校。

▲5. 鼓励加入专业团体。

▲6. 鼓励从事专业团体内之工作。

▲7. 奖励著作。

六、教材教具等之组织与选择

1. 组织课程研究会。

2. 确定各项课程之目标。

3. 编制课程纲要。

4. 视导每种课程纲要之编制。

5. 注意各种课程内容之衔接。

○6. 决定每种课程纲要之效率。

7. 订正并常常修正课程纲要。

8. 选择教科书。

9. 审查教科书。

○10. 决定采用某种教科书

11. 开列补充之教材。

12. 供给补充之教材。

○13. 决定教材在各年级之分配。

14. 开列各年级儿童之课外读物。

15. 准备教时用品用具等物之说明单。
16. 帮助选择用品用具。
17. 编制使用及保存教学用品及用具之方法。
18. 制定分发教学用品及用具之标准。
19. 督察遵用课程纲要。

七、教育问题之研究与试验

▲1. 研究教育行政上各种问题（视导在内）。
▲2. 试验各种行政制度（视导在内）。
3. 编制各种测量表格使其标准化。
4. 编制各种测验使其标准化。
5. 试验课程纲要教科书及教材之效率。
6. 试验各种教学方法并决定教学之程序。
7. 鼓励并指导教师试验教材教法。
8. 鼓励并指导校长等人员试验教育行政上各种问题。
○9. 鼓励并指导视导员试验教育视导上各种问题。
▲10. 在试验工作中，供给适当机会并鼓励练习及创作。

八、专业修养及其他视导上之活动

▲1. 对一般社会解释视导之意义及政策。
▲2. 关于学校标准及目标、校舍捐款、发行学校公债、增加薪水及其他特别计划等，征集教育界之意见向社会公布宣传。
3. 向教育厅长及县长报告视察情形。
▲4. 省视导员到时向其报告本地方教育状况。
5. 统计全学期视察之结果。
6. 编辑视导报告。
▲7. 出席教育会议。
○8. 撰著教育论文。
○9. 阅读专业刊物。
○10. 参加专业团体。
○11. 向专业团体讲演。
▲12. 担任教育委员会之工作。
▲13. 指导协助组织教师俱乐部。
14. 组织各区小学教育通信研究会。协助教育局内其他行政人员办理教育事项。
15. 组织并主持亲师会。
16. 筹备教育展览会。

17. 参观他处之优良学校。
○18. 测量自己之效率。

上述各项职务，系就县市视导整个情形著想而定。在同时期内，可不必完全做出。至各项行政之特别视导，如卫生建筑等等，可就实际需要，参照上述条目，酌量规定。

第三节　视导职务之分任

在较大之市县中，视导之事，概当成三种人员分任：（一）为教育局长与其属员；（二）主持学校之校长；（三）为专科视导员。局长负有视导之法律责任。校长代表局长视导某学校并对局长负责。至专科视导员则代表局长，则担任某范围或某科目内之视导。

此种人员对于教育视导，各有其特殊贡献之处。（一）局长之作用在控制与教育进步有关之学校组织及其政策。凭个人修养及其在教育需要上之灼见，防制不适当之政策与办法。学校系统，不论大至如何程度，为局长者必在相当程度下深入有组织行政之内，使教师之工作具有生气。必须使其对于教育上之远见贯澈于教师日常工作之中，而后始能尽其责任。（二）校长在一校之内，与各教员接触，明了教室内实际情形，且以其领袖资格，故其责任在使教授方法适合儿童生长上之需要。（三）专科视导员具有行政或教学某方面之专门修养，故应以他地良好方法介绍于本地人员，或将本地方之良好方法介绍于各机关或学校互相模仿。

要而言之，教育视导在小规模市县全握于局长一人之手，至在大规模市县，则为局长、校长及专科视导员三方面合作之结果。其详细方法容另篇论之。

第五章　教育局长社会上之任务

第一节　社会上之任务

教育局长不仅为一地方教育之领袖，同时仍为社会之领袖，举凡各种有关社会文化事业皆应负提倡指导之责任，地方愈大，此种责亦愈重。兹略述其在此方面应负任务之种类及其应注意之点于次。

第二节　社会任务之种类

一、参与各种社会服务团体。
二、提倡并参与下列各种运动
1. 合作运动；
2. 卫生运动；
3. 造林运动；
4. 筑路运动；
5. 职业指导运动；

6. 其他。

三、提倡并指导各种研究会

1. 民众文艺研究会；

2. 民众音乐研究会；

3. 民众体育研究会；

4. 奕[弈]棋研究会；

5. 其他。

四、参与各种临时集会

1. 亲师联欢会当主席。

2. 讲演会任评判。

3. 募捐会演说。

4. 欢迎会当主席或演说。

5. 教育宣传会当主席。

6. 游艺会当主席。

7. 其他。

五、辅助县政府促进地方自治

六、出席市政或县政各种会议

七、领导民众举行各种纪念会

八、赴宴

九、其他

第三节　教育局长应注意之点

在社会任务方面局长尚有应注意之点甚多。兹举数点如下：

一、社会任务过多则影响教育工作，故当：

1. 判定何种工作宜参加，何者则否；

2. 适当的分配工作时间；

3. 以琐细工作支配他人办理。

二、应知民众心理及各种人之性情并知应付之方法。

三、对于各种任务或问题应知其性质及要点之所在。

四、应利用案头日历预记各种任务，以免爽约误事。

第六章　结论——教育局长之危机

教育局长为实现前述四项任务，有危机焉，不可不注意避免。除前此各节所述及者外，兹更述数条如下。

一、不可失去自信力。吾人一切能力，几皆由自信力而产生。局长应熟练一己任务上各种细节,使自信力不入于歧途。若对于所事绝无头绪,自信力即无从产生,事业亦终归于失败。

二、不可过信他人,属员及友朋当善为信托,但不可过分信托,此中应付方法,须从早习练。

三、处事既公正,又有健完之教育哲学为指导,则对于一切非难批评甚至一切屈辱当认为势所必至,宜充分接受,不可认为对己而发。

四、对于本人所办事业固不必妄自贬损,以为无甚成绩,亦不必盼人之能尽知。教育成效,期诸百年,不应以他人之毁誉为得失。个人如能内有无愧感,觉所作事业之重要,即最大报酬也。

五、工作过度,精力浪用,小事劳心,愤郁烦恼,以至健康不能保存,此行政者之大忌。故于锻炼、饮食、睡眠、休息必十分注意。因有健全身体,始能目光远大,计虑周详,处事适当,且有充分精力以应付事变也。

除局长于上述诸点应行注意外,其夫人亦应有注意之点,助其事业成功:

一、协助丈夫处理社会任务;

二、防止其在社会活动上浪耗精力;

三、维持和平美满之家庭生活;

四、协助处理杂务;

五、鼓励丈夫努力改进。

为局长者有如此内助,若其他条件适合,则其事业之成功自可操左券矣。

(本文内容多本 Cubberley:*Public School Administration*,《浙大初等教育丛书》亦有所参考,附此志谢)。

(教育编译馆,1935年)

中国普及教育问题

邰爽秋、黄振祺等编

序

本书系应商务印书馆之约而作,列为《现代问题丛书》之一。原名《中国义务教育问题》,惟著者深感我国失学成人之教育问题实与学龄儿童之教育问题同其重要,同其严重,且在实施方法上,亦有其不可分性,必须打成一片,同时解决。若各自为政,义教自义教,民教自民教,不但人力财力两感浪费,即教育普及之期,亦将因此而延长。爰商诸王云五先生,将该书名易为《中国普及教育问题》,合论义务教育与民众教育。

著者平日对于我国教育,深感其普及之不易,而现行制度,尤觉有彻底改造之必要。在研究本问题之过程中所发现之种种事实与结论,更在在足以证明此项信念之不谬。故本书之中心思想,即认定我国所需要普及之教育,非为欧美传统式之教育,而为适合我国国情之民生本位教育也。

本书由鄙人规划内容,提示意见,并加校阅。惟材料之搜集,文字之缀述,则由黄振祺、刘保宗、杨肃三君先后任其事,焚膏继晷,费力殊多,而誊录抄写,则尤赖陈明远、吴庆寅诸君之助,并志谢忱。

本书取材广泛,鄙人又以事冗不暇细阅,疏漏之处,定知难免,高明谅之。

邰爽秋 二十六年三月

第一章 绪论

教育是民生要素、立国基础。惟教育始可以开发民智,惟教育始可以推进社会,亦惟教育始可以增厚国力振兴民族。教育是全社会全人类的共有物,无论何人,均应有享受的权利,这是吾人所共认的。在上古之时,各国大都视教育为贵族所专有,以为惟有上级社会分子,才需要教育。至于一般低级平民,则无受教育的必要。此种谬见,流行极广,即在民主先进的北美,其守旧分子从十六世纪历十七、十八两世纪,始终以为"必须大众既愚且贫,乃能保持社会安乐"。由是可知往古的教育,大抵偏于少数贵族子弟,而忽于一般国民。殆后民族主义,风靡全欧,言语风俗习惯等等,素不相同的民族,建立而成一国。欲其感情融洽无间,惟有使之受同一教育,以期其熔化于一炉。加以十八世纪,民权思想发达,人民为欲行使种种权利,对于教育乃更有普遍的要求。于是普及教育,应运而生。

第一节 普及教育的意义

普及教育,有人说,就是义务教育。盖就受教育者权利义务言,称义务教育。就实施此种教育的目的言,则曰普及教育。这话在欧美各国,尚可说得通,因为那些国家内教育发达,国内失学成人,为数极少;所谓普及教育的问题,就是如何使未成年的儿童履行教育义务问题。中国不然,失学民众中,除学龄儿童外,尚有二万万成人。学龄儿童为完成其国民资格,应受义务教育,但年长失学者,亦应使之具备国民资格,而受相当教育。王书林先生说得好:

"在中国言普及教育:一为义务教育,树将来的基础。一为成人教育,谋目前之补救。"(注一)

王先生是说普及教育包含义务教育和成人教育两种。义务教育,是使儿童在学龄期内,受相当教育,以为将来更求深造或参加社会生活之准备。成人教育,则系对于已经过了学龄期的人,所设施的一种补习教育,使未受教育者,有补受的机会,使已受者,有进修的机会。

李建勋先生也说:

"普及教育包含二种意义:一为强迫教育,即已达学龄之儿童强迫其入学,在相当之年限内完成其必需之智能也。一为补习教育,即对于超过强迫年龄之儿童及成人,或已受过强迫教育之儿童设相当教育机关以补充或增进其智能也。"(注二)

李先生的意思就是说:普及教育,包含强迫教育和补习教育两种。强迫教育是为学龄儿童所应受的,普遍称为义务教育,补习教育又可分作两种:一为过了学龄期而失学的青年或成人而设的,一为已受强迫教育的儿童而设的。前者是补授其未受的教育,后者是增进其智能。

陈礼江先生更进一步说到普及教育的内容,他说:

"一国之内,能使全国国民不分性别、职业、年龄等,概使之其有受(a) 文字教育,(b) 谋生技能,(c) 公民常识的机会,须三者具备方可谓之普及教育。"(注三)

这就是说:凡是国民不问他是男是女,他的年龄是老是幼,他的职业是属于那一种,要受文字教育、职业教育、公民教育三种教育,才算是普及教育,缺乏一种,那就是偏而不全的教育。

美国孟禄博士(Monroe),对于普及教育,却另有一种见解,他在讨论中国教育的时候说:

"普及教育有两方面:一、社会中优秀分子使能充分发展他的天才;二、推广教育的机会,使一般儿童可得相当的教育。"(注四)

孟禄的意思,以为普及教育是普及天才教育和儿童教育,对于成人教育未免忽略,显与中国情形不合。在今日之中国,言普及教育,当然要包括义务教育和成人教育两方面。

惟其内容,则当注重发展民生,我们可以再替普及教育下个定义:

"普及教育包括义务教育和成人教育,其目的在使全国国民均受一种最低限度之(民生本位的)教育。"(其详情见邰爽秋氏著《民生教育刍议》,念二运动促进会印行)

第二节　普及教育与其他教育的分别

前节叙述普及教育的意义,现在说明普及教育和其他教育不同或是有关系的地方:

(一) 普及教育与义务教育

义务教育是由国家制定法律,强迫学龄儿童在国家所规定学龄期内,受一种最低限度的教育。故义务教育的对象,仅为学龄儿童。普及教育的对象,除儿童外,尚有青年和成人。所以义务教育,只能视为普及教育的一部分。

(二) 普及教育与强迫教育

普及教育为国民所必受之教育,有不遵从的,国家得强迫其入学。是则强迫云者,乃普教施行上之一种手段,而非普及教育之真实意义。若国内失学民众,均能乐意接受此种教育,则国家自无取强迫手段的必要。故凡误认强迫教育即为普及教育者,实有未妥。

(三) 普及教育与国民教育

国民教育,普通亦指为义务教育,其意义即为每个国民所必受的教育。民国四年,袁世凯曾将初等小学改称为国民学校,并以国民小学四年作为义务教育的阶段。故国民教育的含义,和义务教育并无不同。不过照李蒸先生的意见,说国民教育的对象,包含"应受所谓义务教育的学龄儿童和应受所谓民众教育的青年和成人"。假使照这种解释,则国民教育与普及教育在施教的范围上,倒没有什么差别。

(四) 普及教育与民众教育

从理论上讲,民众教育对象,为社会上全体民众,与普及教育对象相同。但从事实言之,民众教育对象大多侧重于成人,即十六岁以上六十岁以下之人。普及教育不然,其对象包括一切年龄之人。且民众教育范围内,并不含有一般的正式学校教育,如今日之小学中学是。而普及教育范围内,则包括及之。

(五) 普及教育与识字教育

识字教育的目的,在使人能够利用文字的符号,普及教育不然。除令人识字以外,至少还含有公民训练和职业训练两种。将识字教育视为普及教育之一部则可,若谓识字教育即为普及教育则不可。

第三节　普及教育的重要

（一）普及教育与民族

教育富有同化力量，凡国内民族间习性歧异、风化各殊的，运用教育力量，得使其熔化于一炉，浸而养成一致的民气，促进民族团结。十七世纪普鲁士发奋为雄，自一七六三年至一八一九年间，订定三次法令，尽力推行普及教育，民族精神涣［焕］发，遂洗法人败普之耻。法国鉴于德国因教育普及而富强，于一八八二年起（注五）竭力推行普及教育，自是民族团结，国势蒸蒸日上。日本以扶桑三岛，经明治维新，历［厉］行普及教育，不到六十年，一跃而为世界强国。由是可知教育普及，实能促进人民团结，复兴民族。中国民众多数均无民族意识，我们应用教育力量，灌输其民族意识，使能自觉地在同一目标下努力奋斗，以求生存。

（二）普及教育与民权

专制时代，政权操于帝王。国家的治乱，民族的兴衰，完全看统治万民的君主和辅助统治的卿相是否贤良以为断。而一般民众，则立于被统治地位，对于政事向不能兴问。今日民主政治，已经抬头，政权从君主手中，转移给一般人民。在这时候，国家的强弱，政治的良窳，系由全体国民共同负责，设使组成国家的各个分子，人人都具有自治的能力，判别是非的眼光，那末这个国家的政治，必能达到修明的地步，否则必呈衰弱腐败的现象。但要人人具有自治的能力，判别是非的眼光，就须从普及教育着手。所以普及教育在民治国家中，是非常重要的。

（三）普及教育与民生

中国经济的情形，现已濒于破产之境，岌岌可危。欲挽救此种危机，必须先认识破产的原因何在？关于中国农业经济破产的重要原因，简单的说，系由于帝国主义的侵略，军阀官僚的压榨和生产方法的落后。抵抗帝国主义的侵略，消灭军阀官僚的压榨，这两种工作，当用教育力量启发民众知识着手。此是尽人而知的，至于生产落后和普及教育的关系，则是这样的：中国生产的落后，多半是由于人民不知改进生产方法的缘故。要改进生产的方法，提高生产的能率，唯一的法门当然是普及民生教育，使教育与民生打成一片，而后国民经济才有发展的一日。

第四节　中国普及教育问题

中国普及教育的内容可从质量两方面来看。

（一）就量的方面说

关于中国普及教育的"量"的讨论，分下列数条述之。

1. 教育的需要有多大

据教育部报告，二十二年度全国学龄儿童数（注六）计有四九、四〇一、四四三人，减去现受义务教育儿童一二、三三五、九六七人，仍有三七、〇六五、四七六学龄儿童须受教育。又二十年度全国失学成人，（注七）计有二四四、四七三、二五三人，减去已受民众教育一、四五〇、〇〇〇人，仍有二四三、〇二三、二五三失学成人，未受教育。两者相加，将近二八〇、〇八八、七二九人须受教育。

2. 需要多少教师

根据《一年制短期小学暂行规程》，每教师担任教学儿童五十人之规定计算，则前述之三七、〇六五、四七六学龄儿童应需教师七四一、三〇九人。至于民校师质，按照《实施失学民众补习教育办法大纲施行细则》第九条之规定，以每班五十人每日教二小时计算，则大约三个民教师可抵一个义教教师，准此推算，前述之二四三、〇二三、二五三失学成人，应需教师一、六二〇、一五五人。义教与民教合计共需教师二、三六一、四六四人。

又现有小学教师五五六、四五一人（注八），民校教师一五三、六三一人（注九），共计七一〇、〇八二人。其中每年有去职或死亡者，按百分之五之比例推算，当有三五、五〇四人须逐年补充，尚未计算在内。

3. 现有的后备人员够不够

义教及民教教师的来源，是师范生和高初中学生。而训练这班教师的教师，是专门学校和大学的学生。查我国现有师范生数为九九、六〇六人（注一〇），高初中学生共四〇九、五八〇人（注一一），合计仅五〇九、一八六人。比之所需的教师数，仅及四分之一。照此数看来，即把现在高初中学生，都变为师范生，亦不能应付这个需要。又假定每个师范教师，平均可教十个师范生，那么前述之民教及义教教师，须有二三六、一四六师范教师。查全国专门及大学学生，仅有四四、〇〇〇人（注一二），即使之全数变为师范学校的教师，亦不过达到五分之一，不能应付这个需要。总起来看，我们可以说，现有后备人员数，绝不够应付目前师资的需要。

4. 需要多少经费

根据前面数字推算，普及教育、造就师资、校舍设备及第一年所需的教育费估计如下：（详细计算见第十一表）

（1）训练师资费　全国共需增加民教及义教师资二、三六一、四六四人，共需训练费四七二、二九二、八〇〇元。训练民教及义教师资之教师，须增加二三六、一四六人，需训练费六四三、四七八、九五八．三二元。两共需洋一、一一五、七七一、七五八．三二元。

（2）学生教育费　据《二十二年度全国初等教育统计》刊载，初小学生每人教育费为八．六二元。今有三七、〇六五、四七六学龄儿童须受义务教育，则共需教育费洋三一九、五〇四、四〇三．一二元。全国又有二四三、〇二三、二五三失学成人，其教育费约需洋九七二、〇九三、〇一二元。两共需洋一、二九一、五四七、四一五．一二元。

（3）校舍与设备　全国未受义教学生，估计共需教室五五五、九八一间。至失学民众二四三、〇二三、二五三人，估计共需教室一、二一五、一一六间，两共约需一、七七一、〇九七间。每间以三百元计,共需洋五三一、三二九、一〇〇元。又每教室的设备,估计约需洋八八、五五四、五八〇元。故建筑教室及增置设备两者,共约需洋六一九、八八三、九五〇元。

综观以上所说,训练师资,学生教育费,以及增置校舍设备等费,共需洋三、〇二七、二〇三、一二三．四四元。现全国人口数,约为四万万五千万。每人平均须担任普及教育费六元余。

5. 现在国民经济状况能否应付上述的需要

据二十五年申报年鉴载二十四年度中央岁出预算总数为九五七、一五四、〇〇六元。拿此数来和三、〇二七、二〇三、一二三．四四之数相比,不及三分之一。又我国人民每年收入,据山西省政府统计,平均仅有二十元,而普及教育、师资、校舍及第一年教育费平均每人即需六元余,岂不令人咋舌!可知我国目前国民经济状况,绝不能用高中程度的师范生,拿传统的方法来普及义务教育和成人教育。

(二) 就质的方面说

在质的方面,今日一般提倡普及教育甚至从事普及教育的人们,居多以为文字教育的普及,就是教育的普及。究竟普及教育,除普及文字教育以外,有没有别的教育?而且这种所谓文字教育,老百姓是不是需要?同时,文字教育的普及,对于老百姓的真实生活,究竟有多大影响?究竟有多少效益?假定文字教育已经普及了,老百姓是否就能够解除自己的生活问题,而使他们的衣食住行种种不至再成问题呢?

关于这些问题,我们要请今日努力普及文字教育的提倡者来解答。凭我们的看法,老实说,文字教育不过是一种空洞的符号教育,和老百姓的关系很浅。在目前我们要从事普及教育的问题,最中心的目标是解决民生问题。所以最基本的方法,就是如何去解决老百姓的生活问题。因此我们要想达到这个目标,我们以为今日的普及教育,在质的方面,应该根本改造过来,应该纠正过去只重文字教育的一种错误观念。

我们可以大胆地说,在穷困不堪的现中国的死亡线上的大众面前,来实施普及教育,唯一的目标要认清楚"民生"。假定有人舍民生本位的立场,去从事普及教育运动的工作,那末,普及教育的最大症结,将永无消除的希望,这是我们应该彻底认识的一个基本观点。

说到这儿,过去的普及教育,所以没有成效,所以效率低微,以及今日从事普及教育的困难所在,最根本的问题,我们总可有个相当的认识了。就在这种认识之下,我们究竟应该怎样设法使今日的普及教育工作能为经济去打算,不至受到经济的控制,而普及教育的工作依然可以有生气地前进呢?同时,我们究竟应该怎样去使今日的普及教育的工作,改头换面,转移他的方面呢?

事实已经很明白的指示,为经济而求解决经济的问题,无疑地只有以经济活动为中心的教育,方能完成其使命。因此在目前要来提倡普及教育,从事普及教育,他的最根本、最有成效、最切合环境所需要的教育,恐怕就只有以经济活动为教学中心的民生本位教育。除此而外,我们就没有多见。为着这种见解,更为着这种事实,所以本书的倡导,就将在这一方面去努力。

第五节　总结

（一）普及教育的定义：普及教育包括义务教育和成人教育。其目的在使全国国民均受一种最低限度之民生本位的教育。

（二）普及教育的涵义，与义务教育、强迫教育、国民教育、民众教育、识字教育均不同。

（三）普及教育的重要，可自三方面言之。就民族方面言，普及教育可以发扬民族精神，唤起民族意识，以谋民族的复兴与强盛。就民权方面言，普及教育可使人民了解运用政权的方法。就民生方面言，普及教育可以增加民族生产，挽救经济危机。

（四）中国普及教育问题，在量的方面说，目前的国民经济状况，绝不能用高中程度的师范生，拿传统的方法来普及义务教育和成人教育。在质的方面说，今后普及教育，当纠正过重文字教育之弊，而竭力普及民生本位的教育。

（注一）《成人教育之意义及实施时之各种问题》，《教育杂志》第二十三卷八号。
（注二）《中华民国宪法内之教育专章》，《师大教育丛刊》，第一卷四号。
（注三）陈礼江，《普及教育》，《全国教育会议报告》，丁编，第二十页。
（注四）《孟禄的中国教育讨论》，《新教育》，第四卷四期。
（注五）《义务教育》，《教育大辞典》。
（注六）《二十二年度全国初等教育统计》。
（注七）《二十年各省市民众学校概况之比较》。
（注八）《二十二年度全国初等教育统计》。
（注九）《二十二年度全国社会教育概况》。
（注一〇）《二十一年度全国中等教育统计》。
（注一一）《二十一年度全国中等教育统计》。
（注一二）《二十二年度全国高等教育统计》。

第二章　中国普及教育之历史

宋程子谓："古者八岁入小学，十五岁入大学。"朱子谓："人生八岁，自王公下至庶人子弟，皆入小学，教以洒扫应对进退之节，礼乐射御书数之文。"（注一）可知我国上古之世，已具有普及教育的雏形。秦、汉以后，此制渐废。政府办理教育，只注重造就儒士，选拔人才，对于国民教育往往忽略。所以谈中国普及教育的历史，最好是从清末兴学时开始。

清末政府鉴于外祸迭起，国势日衰，深以振兴教育、作育人才为急务。光绪二十八年，颁布章程，设立学校，积极推行教育，于是普及教育始渐萌芽。自清末以至现在，有三十年的历史，其经过可分为四期。第一期自清光绪二十八年起，到宣统三年止。普及教育由筹备而进于实施。第二期自民国元年至六年，这一期中，一方面初级学生有激烈的增加，一方面通俗教育又颇盛行，所以可称这一期为普及教育推进时期。第三期自民国七年到十六年为止,在这一期中,政府虽颁布《义务教育分年分地筹划进行办法》,但各地均未切实施行。当时知识分子,因感国民知识低下,曾自动的努力普及教育工作。所以可称这一期为知识阶级从事普及教育时期。第四期自民国十七年以后到现在,在这一期中,中国国民党统治中国,在党的指导下,厉行普及教育。所以可称这一期为普及教育厉行时期。

本来历史的演进,是赓续的不断的,我们不应当把他分割开来,不过为说明便利计,不妨抓住了各时期的特点,把他分作数期来讲,现在分别说明于下:

第一节　萌芽时期

筹议实施义务教育,始于光绪二十八年,是年《钦定蒙学堂章程》第一章第十节说:

"蒙学为各学根本,西律有儿童及岁不入学罪其父母之条,今学堂开创伊始,未能一一仿照,所有府州县各处乡集,应请于奉到章程之日,予限半年,一县之内先立蒙学堂一所。以后逐渐推广办理。"(注二)

《小学堂章程》第一章第六节说:

"俟各处学堂一律办齐后,无论何色人等,皆受此七年教育,然后听其任为各项事业。"(注三)

第三章第十二节又说:

"寻常小学堂卒业后,任本人志愿,或升入高等小学,或地方已办有简易农工商实业学堂,听其径往学习。"(注四)

这时因为是初次筹办,所以只令各县先立蒙学堂一所,以后逐渐推广。蒙学堂卒业年限是四年,寻常小学堂卒业年限是三年,即以此七年作为义务教育期限。

在这章程里,有一点我们应当注意的,就是这种蒙学堂教育,只有男子才能享受,当时女子在教育上还没有地位,就是男子亦限于"身家清白"的子弟,至于下层阶级的儿童,则被摈于教育之外。

《钦定蒙学堂章程》不久即废,二十九年由张百熙、张之洞、荣庆等重订,是为《奏定学堂章程》。在这章程里说:

"东西各国法律,以小学教育与国家有重要关系,定例儿童有不入学罚其父母或任保护儿童之亲族人,此次初办,固难遽一概执法以绳,而地方官绅及乡村绅耆,要当认定此旨。"(注五)

"初等小学为养正始基,各国均认为国家之义务教育,东西各国政令,凡小儿及就学之年而不入小学者,罪其父母,名为强迫教育,盖深知立国之本,全在于此。"

又说:"此项学堂,国家不收学费。以示国民教育,国家任为义务之至意。"(注六)

观上可知本期以初等小学一段,为义务教育期限。

在此章程中,女子教育,依然没有地位,因当时认为:

"少年女子,断不宜令其结队入学,游行街市。且不宜多读西书,误学外国习俗,至开自行择配之渐,长蔑视父母夫婿之风。故只可于家庭教之,或受母教,或受保姆之教,令其

能识应用之文字,通解家庭应用之书算,及妇职应尽之道,女子应为之事,足以持家教子而已。"(注七)

直至光绪三十三年正月,始颁布《女子小学堂章程》,女子小学分高初两等,修业期限各四年。初等修业期限较男子班短一年(男子初等五年,高等四年),且不得与男子同校。陶知行先生称此种学制为"两性的双轨制"。(注八)

自《奏定学堂章程》颁布后,未及三年,学部成立第二年,各省提学使司及各县劝学所,先后成立。学部于三十二年(或系三十三年已不可考)咨行各省筹施强迫教育,并颁《强迫教育章程》十条,兹录述如下:

"(1) 广设劝学所;

(2) 各省城须设蒙学一百处,学额以五千名为率;

(3) 各省州县设蒙学四十处,学额以二千名为率;

(4) 各村须设蒙学一处,学额以四十名为率,如零星小数,合数村为一处亦可;

(5) 幼童至七岁须令入学;

(6) 凡有绅董热心提倡多设学堂者,分别给奖;

(7) 幼童及岁不入学堂者罪其父兄;

(8) 以学堂之多寡定劝学员之功过;

(9) 各府厅州县长官不认真督率办理,徒以敷衍了事者,查实议处;

(10) 各学堂设定后每二年由提学使考验一次。"(注九)

这是中国第一次强迫教育法规的订定。

当时政府为什么要这样严厉督促实施强迫教育呢? 原因是:当时国中人士,觉得日、俄之战,日之所以胜俄,完全是由于日行君主立宪的结果。所以纷纷起而请求立宪,但立宪基础在于民治,若要个个人都具有自治能力,则非提高人民知识程度不可。要提高人民的知识,自然只有普及教育的一法。因此清廷才有《强迫教育章程》的颁布。

宣统元年,为开始筹备立宪之第一年。对于普及教育的事宜,更积极进行。十一月颁布《简易识字学塾章程》,令各地设立简易识字学塾,招收年长失学和年幼家贫之人。章程中第一条说:

"简易识字学塾专为年长失学及年幼家贫无力就学者而设,以补助小学推广教育为宗旨。"(注一〇)

宣统三年,各省教育总会联合会开会,议决呈请学部,将简易识字学塾改为"专收年长失学之人"。(注一一)学部照准,于是简易识字学塾,乃变为纯粹的民众补习学校。

宣统三年,学部召集中央教育会议,当时议定实施义务教育办法,并确定以初小四年教育作为义务教育。同年各省教育总会联合会开会,也议定各省实行义务教育的预备方法。其中规定各地方自治公所设学务专员,从事调查学童、分别学区、拟定设学位置、筹划经费和劝导入学等工作。(注一二)义务教育的推行,到这时才有比较具体的办法。

成人教育除简易识字学塾外,尚有农民教育、工人教育、商人教育、妇女教育以及一般民众教育。成人补习教育,在当时亦颇盛行。但办理这种事业的,不是政府而是私人团体

或机关，完全出于民众自动的努力。后来因革命势力澎涨，此种开通民智的工作，很招政府疑忌，而受到相当的限制。(注一三)

这一期中，因为学校初兴，所以学生数和学校数都有飞跃的进展。兹将搜集所得的统计，录述如下：(注一四)

第一表(1)

年　期	小学以上全国学生数	初等教育段学生总数	百分比
民国前十年	六、九一二	约五六千人	九〇%
民国前九年	三一、四二八	约二万数千人	九〇%
民国前八年	九九、四七五	约八万数千人	九〇%
民国前七年	二五八、八七六	约二十三万余人	九〇%

第一表(2)

年期	初等教育段各种学堂总数	各种学堂学生总数*	小学生数	百分比
民国前五年	三四、六五〇	九一八、五八六	八九五、四七一	九〇%
民国前四年	四一、三七九	一、一九二、九二一	一、一五三、七八〇	九五%
民国前三年	五一、六七八	一、五三二、七四六	一、四八一、三八九	九五%
备注	*半日学堂学生数未列入。			

据宣统三年学部调查各省设立简易识字学塾成绩，其统计如下表：(注一五)

第二表

省名	学塾数	学生数
四川	一六、三一四	二四五、四八七
直隶	四、一六〇	六九、四〇五
河南	二、五〇〇余	五九、〇〇〇余
湖北、浙江	各在 一、〇〇〇以上	——
山东	九〇〇以上	——
广东	七〇〇以上	——
福建、湖南、陕西	各在 五〇〇以上	——
黑龙江	三〇〇以上	——
奉天、吉林、江西	各在 二〇〇以上	——
安徽及江苏之苏属	各不及 二〇〇	——
江苏之宁属	不及 一〇〇	——

第二节　推进时期

这期始于民国元年,迄于民国六年。当时政体已由专制改为共和。民元因政体初更,学制一时不能完全改革,教育部特颁布《普通教育暂行办法》十四条,以为各省过渡时期办理教育的准绳。学堂一律改称学校,初等小学准许男女同校。(注一六)

民国二年,宪法会议开会,拟定宪法草案(即《天坛宪法草案》),其中对于教育一项,有"中华民国国民,有受初等教育之义务"的规定,但该宪法至民国三年即被袁世凯毁弃。

民国四年正月,袁世凯颁布《教育纲要》,对于义务教育之实施,拟规划分年筹备,纲要中说:

"施行义务教育,宜规划分年筹备办法,务使克期成功,以谋教育之普及。"(注一七)

四月二十日,教育部即根据袁氏命令,电咨各省区,查明筹备义务教育事项,并拟定施行程序,呈准施行。当时所拟的程序,分为两期进行:第一期自本程序颁布之日起,至本年十二月止,拟办事项为颁布各项规程暨调查各地现状,一以规定义务教育根本的要则为办学之准绳,一以察核义务教育最近的状况为整理之根据。第二期自各项规程颁布之日起至五年十二月止,拟办事项约分中央与地方两部分:关于地方者为师资之培养,经费之筹措,学校之推广;关于中央者为核定各地呈报之办法,并通筹全国义教进行之程限。(注一八)这是全国实施义务教育第一次所拟定的进行程序。

从这个程序中,可以看到当时中央方面对于义务教育之实施,仅立于督促地位,其主要任务为颁布规程、核定呈报办法和通筹进行程限。其他实际工作,如培养师资、筹措经费、推广学校,则全归地方负责。

按中国实施义务教育以来,向以初等小学一段为义务教育期限,无论贫富贵贱都入初等小学,但袁氏独将单轨制变成双轨制,在所颁教育纲要中说:

"……改初等小学为二种:一名国民学校,以符义务教育之义;一名预备教育,专为升学之预备。……"(注一九)

在说明里他这样解释:

"按中国普通教育,采日本单一之制,小学只有一种,在只求识字之平民子弟,与有志深造之士族子弟,受同式之教育,于人情既有未顺,于教育实际亦多违碍。如行义务教育规则以后,小学难以遍求完善,尤必因此横生阻力。是宜取法德制,分小学为二种:一、国民学校,即现在之初等小学,分为多级、单级、半日各种,四年毕业,为纯受义务教育者而设,办理可从简便。一、预备学校,与初中相似,四年毕业,为志在升学者而设,办理须求完备。……"(注二〇)

袁世凯所以要变更学制,盖有政治上的背景。当时袁氏想做皇帝,而士族阶级在社会上具有深厚的势力,袁氏因欲求欢于士族,所以使之受比较完备的教育,以别于一般平民。这种制度,尚未实行,即随袁氏帝制失败而俱去。双轨制虽然没有实现,但初等小学的名称,自此却改为国民学校。至民国十一年行新学制时,才又改为初级小学。

七月二十四日教育部公布《地方学事通则》,其中第一条说:

"自治区按照地方自治试行条例及关于教育之法令法规办理地方教育事务。"(注二一)

同月三十一日教育部颁布《国民学校令》(五年十月加以修正)规定国民教育年限四年,学龄期自六岁起,至十三岁止,共七年。

其第四条说:

"自治区设立国民学校,其校数以足容本区学龄儿童为准。"(注二二)

这无异将义务教育的实施,划归自治区担任。但不久自治制度消灭,义务教育的实施,当即失其根据。

民国六年,第三届全国教育会联合会开会时,有呈请"促行义务教育"一案,原文上说:

"……盖必自治区负有设学之义务,而后学龄儿童之父兄或其监护人得尽使其儿童就学之义务。自治取销后,迄今尚未恢复,义务教育已失根据,应请贵部会商内务部,从速恢复自治制度。"(注二三)

实施义务教育所倚畀的自治制度,既经取销,义务教育自然无法进行。加以内战迭起,义务教育当必更难进展,第四届(民国七年)教育会联合会电请解决内争说:

"……只言教育,痛苦已深。不独受兵灾区域学款无着,校舍被占,即幸免兵灾各省区,亦间接受其影响。百事停顿,无力进行。"(注二四)

在这戎马倥偬的时候,教育事业即维持原有状况已属不易,遑论进展。但战事发生,始于民国五年。

民国元年至四年之间,初等小学的数量,尚有相当的增进。(注二五)兹列表如下:

第三表

年期	初小国民学生数	年期	初小国民学生数
民国元年度	二、三九八、四七二	民国三年度	三、四六一、三一三
民国二年度	三、〇三〇、七七八	民国四年度	三、七〇〇、六〇四

民众教育方面,在清末时代,政府仅办有识字学塾。其他各种成人教育机关,都由私人办理。民国成立以后,教育总长蔡孑民氏,极力提倡通俗教育,在教育行政系统上,特设社会教育司,专司推进通俗教育。自是民众教育在行政上的地位方始确定。同年十月,部令发表《读音统一会章程》,旋即组织读音统一会。嗣后张一麐任教育部长,特设立注音字母传习所,专门研究此项切音字母。对于中国语文方面,颇思改进。(注二六)民国四年七月,教育部设通俗教育研究会,研究通俗教育事项。同年十月,发表《通俗讲演所规程》《通俗教育讲演规则》《图书馆规程》《通俗图书馆规程》等,规定各省各特别区域,应设立图书馆,各省治县治,应设通俗图书馆,供公众阅览。通俗图书馆在省会地方,须设置四所以上。在县治及繁盛市镇,须设置二所以上。在乡村各地,由地方长官酌量推行。(注二七)兹将民元至民六年间全国通俗教育机关数量列表于下:

第四表（注二八）

通俗教育机关名称	数量	通俗教育机关名称	数量
补习学校	八二	巡回文章	二五九
半日学校	一、七八八	博物馆	一三
简易识字学校	三、〇六七	演讲所	一、八八一
图书馆	一七〇余	巡行演讲团	九四〇余
通俗图书馆	二八六	通俗教育会	二三三
阅报所	一、八二五		

第三节 发展时期

知识阶级从事于普及教育运动，始于民国七年，迄于民国十六年。在这一期中，政局非常纷乱，先有护法的战争，造成南北对立的局面。后有南北内部的分裂，演为军阀争夺地盘的混战。在战争期中，教育事业，自然是无法进展。所以民九教育部虽颁布分年分地筹划进行的计划，除山西一省厉行义务教育外，其他各省多未切实施行。但是当时知识阶级对于普及教育尚能积极推进，如平民教育运动、义务学校等，均有相当贡献。兹分别述之于下：

民国七年，山西省厉行义务教育，分七期进行，每半年为一期。自七年九月开始，先自都市城镇实行，而后推及于乡村。当时官厅督促很严，故结果优良。据民国九年调查，全省入学儿童，占该省儿童总数百分之六十强。

山西实施义务教育，采用分期分地进行办法，因而成绩卓越。第五届全国教育会联合会即呈请教育部采用此法。呈文上说：

"义务教育为立国之本，非确定分年分地推行办法，虽日言普及，终是纸上空谈。但省区情形不同，规划自难一致。惟有定一标准，使各省妥为筹划，分年进行，义务教育庶有实现之一日。应请大部转呈大总统，通令各省区行政长官，参照山西省办法，拟定各该省区义务教育按年推行计划，切实施行。"（注二九）

民国九年四月，教育部因应教育会联合会之请求，即规定分期筹办义务教育。其进行程序如下：

民国十年	省城及通商口岸办理完竣
民国十一年	县城及繁镇办理完竣
民国十二年	五百户以上之乡镇办理完竣
民国十三年	三百户以上之市乡办理完竣
民国十四、五年	二百户以上之市乡办理完竣
民国十六年	一百户以上之村庄办理完竣
民国十七年	不及百户之村庄办理完竣（注三〇）

关于义务教育之实施，中央方面从前向用法令方式督促地方办理。到民国四年，才有

分期办理的办法。至此时复行规定分期分地推行义务教育，给各地方伸缩的余地，以适应个别情形，并将实施年限，延长至八年，以期各省县均能依限实现。不过这个计划，自公布以后，仅有几个地方依令拟定计划，并没有切实施行。其中原因固然很多，但战争影响，经费无着，却为最重要的原因。民国十一年，第八届全国教育会联合会开会，讨论义务教育案时，曾说：

"教育部颁布筹备义务教育令，数载于兹，而筹备完善，按期实施者，寂寂无闻。被匪省分民生凋敝，固无论矣，即富饶如江、浙，亦难办到，推厥原因，由于学款不裕，进行维艰之故。"（注三一）

各省推行义务教育，虽然阻碍横生，难有进展，但教育界人士，对于义务教育，却积极提倡，不遗余力。民国十年，江苏省义务教育期成会成立，尽力推行义务教育。而历届教育会议，对于义务教育，亦无不敦促政府，筹备施行。民国十三年第九届全国教育会联合会开会时，曾拟定一个促进义务教育计划，其中对于义务教育之实施，拟分储备师资、筹划经费、注重行政、整理学校四项，（注三二）积极进行。第十届会议时，又呈请教育部严令各省区最高教育行政机关，由十四年起，着实办理义务教育，并明定奖惩办法，随时考核，以资鼓励。（注三三）中华教育改进社第三届年会开会时，关于义务教育之实行，则作更进一步的决议，由社会推举声望素著、热心教育者，分赴各省区提倡义务教育，指导实施。（注三四）对于义务教育，颇欲切实推行。但当时政治未上轨道，一切计划和议案，都不免成为空谈。

民国十二年宪法会议开会时，教育界认为教育乃国家基础事业，必须明定在宪法之中。所以拟具草案，陈请于宪法委员会。十二年四月十七日，宪委会提出教育专章草案，关于普及教育有这样的规定：

"第二条　义务教育之学年至少以六年为限。

在义务教育学年内，免纳学费。其教科书及学校用品，由学校设备之。

小学教员之年功加薪及养老金，以法律定之。

第三条　国家及地方对于未受教育之成年者，应予以补习之机会。"（注三五）

这一次宪法中关于义务教育的规定，比民国二年天坛宪法较为完备。但至十四年，就被段祺瑞取消，另外组织国宪起草委员会，复行拟定宪法。其中对于普及教育，仅有如下的规定：

"第一百五十三条　国民受义务教育，概免纳费。

义务教育之年限，教育税之征收及小学教员之优待，以法律定之。"（注三六）

关于成人补习教育，这一次宪法中没有提及。段氏政府不久即被推翻，所订宪法，亦随段氏之退位而俱去。

说到知识阶级从事普教运动，一个发生于欧洲，一个发生于国内。在欧洲产生平民教育运动，在国内产生义务学校运动。前一种以成人为对象，后一种以儿童为对象。

平民教育运动发生的原因，是这样的。民国三年，世界大战爆发，欧人来华招募华工，参加助战。所应募者，几乎都是文盲。他们知识非常低下，行动又不很文明。当时晏阳初先生在华工青年会工作,感觉他们不识文字的痛苦,就编辑浅显课本,利用其作工余暇,教其识字。这般工人因为远适异国,深感识字需要,所以很愿受教,成绩优良。民九晏先生回国,想到国内文盲众多,就用同样方法教导他们。同时傅若愚、傅葆琛、陶知行诸先生,对于平民教育,亦竭力提倡。恰巧那时日本侵略中国,政府复行亲日,人心愤激,不可言状。对于这种启导社会的运动,全国上下均甚赞同,不数年间,平民教育运动,就遍布全国。自民国十一年至十四年间,各地设立平民教育运动促进会,而平民学校更是所在多有。这几年间,可说是平民教育运动的黄金时代。

和平民教育运动同时兴起的,为义务学校。义务学校的产生,是跟着民八五四运动而起的。五四运动发生以后,各地学校,都组织学生会。当时学生一面愤政府颟顸无能,一面又感民众愚昧无知,于是纷纷办理义务学校,启导国民,以为救国的工作。所以在很短时间里,义务学校,竟能盛行于全国。

这两种运动,虽盛行一时,但在民国十五、六年以后,就渐归沉寂。平教运动趋于沉寂的原因,是由于实施上有种种困难,尚未有待于试验与研究,所以十四年后就单在河北定县作研究和实验的工作。而义务学校的消声敛迹,则是随学生运动的消沉而俱去。

这一期里的统计,比较缺乏,现在将搜集所得的录下:

第五表(注三七)

年期	校别	校数	学生数		共计
			男生	女生	
民国七年二月至八年十二月	国民学校	一三七、四七五	四、一七七、五一九	一九三、〇九七	四、三七〇、六一六
	半日学校	一、五六一	三五、〇八九	二三五	三五、三二四
总计		一三九、〇三六	四、二一二、六〇八	一九三、三三二	四、四〇五、九四〇

上表系根据教育部之调查统计,但《三十五来中国之小学教育》一文中,载谓民八之初小学生数为五、二七五、二〇六人。因不知该资料之来源,无从考正。

第六表(注三八)

年期	国民学校数	学生数		共计
		男生	女生	
民国十一年五月至次年四月	一六七、〇六七	五、四四五、八一五	三六八、五六〇	五、八一四、三七五

第七表（注三九）

中国各省区	人口	学龄儿童数 1/10	入学儿童数	百分比
京兆及直隶	二〇、九三〇、〇〇〇	二、〇九三、〇〇〇	四八九、三九六	二三.三八
山东	三八、二四七、九〇〇	三、八二四、七九〇	四七六、一八二	一二.四五
山西	一二、二〇〇、〇〇〇	一、二二〇、〇〇	六九九、九一三	五七.三七
陕西	八、四〇〇、〇〇〇	八四〇、〇〇〇	一三六、七五六	一六.二八
河南	二五、三一七、〇〇〇	二、五三一、七〇〇	二二三、三八三	八.八二
甘肃	一〇、三八六、〇〇〇	一、〇三八、六〇〇	六〇、五〇三	五.二五
四川	六八、七〇〇、〇〇〇	六、八七〇、〇〇	四七〇、二一三	六.八四
湖北	三五、二八〇、〇〇〇	三、五二八、〇〇〇	二〇八、三五八	五.九〇
湖南	二二、一六九、〇〇〇	二、二一六、九〇〇	二〇四、三四九	九.二二
江西	二六、五三二、〇〇〇	二、六五三、二〇〇	一一二、八一九	四.二五
安徽	二三、六七〇、〇〇〇	二、三六七、〇〇〇	五三、六七二	二.二七
浙江	一一、五八〇、〇〇〇	一、一五八、〇〇〇	二八二、五一〇	二四.三九
福建	二二、八七〇、〇〇〇	二、二八七、〇〇〇	八七、一六九	三.八五
广东	三一、八六五、〇〇〇	三、一八六、五〇〇	一六七、九五〇	五.二〇
广西	五、一四〇、〇〇〇	五一四、〇〇〇	一四四、三五七	二八.〇九
云南	一二、七二〇、〇〇〇	一、二七二、〇〇〇	一六六、九六一	一三.一二
贵州	七、六五〇、〇〇〇	七六五、〇〇〇	五〇、一二九	六.五五
东三省	一五、〇〇〇、〇〇〇	一、五〇〇、〇〇〇	三二五、八三五	二一.七二
江苏	二三、九八〇、〇〇〇	二、三九八、〇〇〇	三二〇、四三六	一三.三六
新疆	一、二〇〇、〇〇〇	一二〇、〇〇〇	二、九八八	二.四九

此表之人口数，系根据民国五年之统计。入学儿童数，系根据民八之统计。

第四节 厉行时期

民十七年，国民革命军北伐成功，南北统一。全国在国民党指导之下，致力于训政工作，根据总理所订之对内政策第十二项："厉行普及教育，……"及《地方自治实行法》第六项："以教育为儿童权利"之规定，国人对于普及教育的工作，努力进行。兹将本期普及教育实施的经过分述于下：

民国十七年大学院召集第一次全国教育会议于首都，在这次会议里，曾通过厉行义务教育一案，该案要点如下：

"一、行政：中央省县均设义务教育委员会，襄助教育行政机关计划及促进义务教育。

二、经费:地方应指定专款或以全部收入百分之几,作为义务教育经费;省应筹款补助县市义务教育,中央应筹款补助各省义务教育。

三、施行程序:各省区各特别市推行义教计划,至迟十八年五月底止呈报大学院;各地方失学儿童数每二年应减少百分之二十。"(注四〇)

又通过和成人教育有关的决议案六件:(一)实施民众教育案;(二)拟请大学院颁布民众学校规程,督饬实施,以期早日减除文盲,完成国民革命案;(三)各机关各团体应自实行民众补习学校案;(四)农工商补习学校案;(五)实施劳工教育案;(六)以学校教育补救社会教育案。(注四一)

是年八月大学院令各省市厉行义务教育,各省市县奉令后,均先后组织义务教育委员会,自此各地方才有专司推进义务教育的机关。

民国十七年国民政府明令公布,自十八年预算年度起,社会教育经费在全教育经费中,应占百分之十至二十。中央及各省市均须依令办理。自此民众教育的经费,方始确定。十八年一月,教育部颁布《民众学校办法大纲》,办理民众学校,乃有所依据。同年中央执行委员会常会制定《各县市党部设立民众学校办法大纲》及《各县市党部设立民众学校经费筹措预算标准》,令饬各级党部遵照施行,民众学校之推行,益为努力。(注四二)

十七年中央常会定识字运动,为下层党部七项工作之一。嗣经教育部和中央宣传部制定计划,公布施行。十八年二月教育部公布《识字运动宣传计划大纲》,分咨各省市查照办理,各省市县于接得命令后,关于识字运动,大多定期举行宣传,并先后组织识字运动宣传委员会,以为推行之机关。同时中央宣传部所编制的《识字运动宣传纲要》,经中央常会通过后,亦公布施行。

二十年六月一日,国民政府公布《训政时期约法》,其中《国民教育》四章,对于义务教育规定说:

"一、已达学龄之儿童,应一律受义务教育,其详以法律定之。

二、未受义务教育之人民,应一律受成年补习教育,其详以法律定之。"(注四三)

这是普及教育在国家根本大法上的规定。

第三届中央执行委员会第二次全体大会开会时,会议决厉行普及教育案(包括义务教育与成人补习教育)。全部计划限于二十三年底实现,当由行政院饬部拟定计划,教育部奉令后,即拟订《实施义务教育初步计划》。对于经费、师资、校舍等问题,均有精密筹算。自十九年度开始,至二十四年度为止,共分六期进行。另又拟定成年补习教育计划,其中关于民众教育机关之设立,规定依县市乡村的分别,先后举办,限在二十三年底使全体民众至少均能识字。(注四四)这二种计划,因为经费所限,均未能实行。

十九年第二次全国教育会议开会,事前先由教育部组织教育方案编制委员会,拟定改进中国教育方案十章,提交大会修正通过。其第一章和第二章,就是《实施义务教育计划》和《实施成年补习教育计划》。

《实施义务教育计划》里面说:

"本计划的目标,在使全国学龄儿童,得受初级小学四年的教育,但对于不能继续在学四年的儿童,得酌量变通在学期间,并得用补习学校或自修制度,补足他们应受的义务教育。

所谓自修制度,即将应学之课程令儿童在家自修,由学校定期考试,如能及格,即可免除入学义务的一部分。所谓用补习教育补足其应受的义务教育,即令贫寒儿童改入补习学校,将应学课程在晚间陆续修毕,实施义务教育初步计划附注中说:

"现在国库空虚,师资缺乏,乡间农民,又须儿童帮助工作,若使全国学龄儿童一律入学四年,毫无间断,事实上恐难办到。所以拟定一种计划及变通办法,凡应受义务教育的儿童,得按照他们家庭状况,拣择下列五种入学方式之一:(A) 入正式小学四年。(B) 入正式小学三年以后,改入补习学校,每晚修学二小时,修满二年,即算初小毕业。(C) 入正式小学二年以后,改入补习学校,每晚修学二小时,修满四年,亦可算初小毕业。(D) 入正式小学一年以后,改入补习学校,每晚修学二小时,修满六年,亦可算初小毕业。(E) 凡入正式小学一年以内,不能毫无间断者,可以每年入学半年,两年之后再入补习学校,完成初小教育。"

该计划中,定实施义教期限为二十年,所需增加之师资,拟在最初五年内完全养成,城市小学之师资,由现有中等师资机关负责训练。至于乡村小学之师资,拟在五年内令全国各县各设立乡村师范学校一所,共有一千五百所,负责造就。所需经费,由中央省市县共同分担,在实施义教第二年内,中央与省市担任一半,第三年起,中央任百分之四十五,省任百分之十,地方任百分之四十五。(注四五)

这个计划,可谓详尽切实了,似乎有实现的可能,然而看一看所需的经费是如何的情形,第一年就要百余万,第二年增加十倍,此后逐年都有增加,在民穷财尽的中国,这样巨额的经费,从何筹划呢!无怪这种计划成为"画饼"。

成人补习教育计划又怎样呢!在这计划里面开头说:

"本计划的目标,在使全国青年和成年失学的民众,受一种补习性质的短期学校教育,……成年补习教育,本兼含识字、公民、职业三种训练。……拟先在训政的六年里,尽先完成识字训练和公民训练的重要工作。"(注四五)

假如实现这个计划,每年亦需经费六千一百万元,(注四六)这笔经费自然也是无从筹措的,结果和义务教育计划一样,成为不兑现的支票。

第二次全国教育会议的计划,既因经费困难不能实现,普及教育的施行,就不得不求更简便的办法,以资补救。所以民国二十四年的时候,教育部就颁布了《实施义务教育暂行办法大纲》,规定义务教育施行程序共分三期。在第一期内,各小学区,设置一年制短期小学,招收九足岁至十二足岁之失学儿童。在第二期内,一年制短期小学,逐渐改为二年制短期小学,招收八足岁至十二足岁之失学儿童。至第三期,才改为四年制的普通小学。(注四七)二十五年教育部又颁布《实施失学民众补习教育办法大纲》,其中规定:失学民众补习教育,先自十六岁至三十岁之男女实施,继续推及年龄较长的民众。自二十五年度起,各省市仅六年内,普及民众教育,如有特别情形,得呈准将限期缩短或延长之。这种变通实施的办法,实为我国普及教育方法上之大进步,为前各种计划所不及。

此外可足述者，为邰爽秋氏在二十五年春完成其所发明之普及教育车。(注四八)教育部以其功用伟大，特通令全国采用，以为普及教育之利器。

综观上述，普及教育发展的经过，由筹备而进于实施，由实施而进于推进，今已全国厉行普及教育，未始非中国前途之福。但据教育部报告，二十二年度全国学龄儿童数计有四九、四〇一、四四三人，减去现受义务教育儿童数一二、三三五、九六七人，尚有三七、〇六五、四七六学龄儿童未受教育，(注四九)二十年度全国失学成人数计有二四四、四七三、二五三人，减去已受民众教育一、四五〇、〇〇〇人，亦有二四三、〇二三、二五三成人未受教育，(注五〇)两者相加，共有二五五、三五九、三二〇人须受教育。失学人数如是众多，欲谋教育普及，非有更大之努力，较长之时期，较完善之方法，绝难获得美满的结果，可以断言。

第五节　总结

广义的普及教育在我国发端甚早，但现代式的普及教育，则始于逊清光绪二十八年，其后发展，可分为四期。

第一期

光绪二十八年起，宣统三年止，普及教育由筹备而进于实施。这一期称为萌芽时期。

光绪二十八年颁布《钦定蒙学堂章程》。

光绪二十九年颁布《奏定学堂章程》。

光绪三十二年学部咨行各省筹施强迫教育，并颁《强迫教育章程》。

光绪三十三年一月，颁布《女子小学堂章程》。

宣统元年十一月，颁布《简易识字学塾章程》。

宣统三年学部召集中央教育会议，确定初小四年为义教期限。

第二期

自民国元年至六年。在这一期中，一方面初级学生有激烈的增加，一方面通俗教育又颇盛行，所以称这一期为推进时期。

民国元年教育部颁《普通教育暂行办法》，学堂一律改称学校。

民国二年颁《天坛宪法草案》规定中国国民有受初等教育之义务。

民国四年正月，袁世凯颁布《教育纲要》，分年规划实施义务。

民国四年七月二十四日，教育部公布《地方学事通则》。

民国四年七月三十一日教育部颁《国民学校令》。

民国四年教育部设通俗教育研究会。

民国四年教育部发表《通俗讲演所规程》《通俗教学讲演规则》《图书馆规程》《通俗图书馆规程》等。

民国六年第三届全国教育会联合会开会，呈请"促行义务教育"。

第三期

始于民国七年，迄于民国十六年，在这一期中政府虽颁布义务教育分年分地筹划进行办法，但各地均未切实施行，当时知识分子因感国民知识低下，曾自动努力于普及教育工作，所以这一期可称为知识阶级从事普及教育时期。

民国七年山西省厉行义务教育，分七期进行，成绩优良，据九年调查，全省入学儿童占人口总数百分之十六强。

民国九年四月教育部应教育联合会之请，规定分期筹办义教，定期八年。

民国九年晏阳初氏自欧回国，傅若愚、傅葆琛、陶知行等，提倡平民教育并在各地设立平民教育促进会。

民国十年，江苏省义务教育期成会成立。

民国十二年四月十七日，宪法委员开会时，讨论教育专章，对于普及教育，有详细规定。

民国十四年段祺瑞另组国宪起草委员会，对于普及教育，仅规定"国民受义务教育概免纳费"一项。

第四期

始于民国十七年，迄于现在。在这一期中，中国国民党统治中国，在党的指导下厉行普及教育，所以可称这一期为普及教育厉行时期。

民国十七年，大学院召集第一次全国教育会议，通过《厉行义务教育案》。

民国十七年八月，大学院令各省市厉行义务教育，各省市县奉令后，均组织义教委员会。

民国十七年国民政府明令公布，自十八年预算年度起，社教经费须占全体教育经费百分之十至二十。

民国十八年一月，教育部颁《民众学校办法大纲》。

民国十八年，国民党中央执行委员会制定《各县市党部设立民众学校办法大纲》及《各县市党部设立民众学校经费筹措预算标准》。

民国十八年二月，教育部公布《识字运动宣传计划大纲》。

民国十九年第二次全国教育会议开会，拟定《改进中国教育方案》十章，第一章及第二章为《实施义务教育计划》及《成人补习教育计划》。

民国二十年六月一日，国民政府公布《训政时期约法》，将国民教育备列入专章。

民国二十四年教育部颁布《实施义务教育暂行办法大纲》。

民国二十五年教育部颁布《实施失学民众补习教育办法大纲》。

民国二十五年邰爽秋氏发明普及教育车，教育部通令全国采用。

（注一）王凤喈，《中国教育史》。
（注二）《钦定蒙学堂章程》，第二页。
（注三）《钦定小学堂章程》。
（注四）《钦定小学堂章程》。
（注五）《奏定学堂章程》，第十五页。
（注六）《学务纲要》，第四页、第十六页。
（注七）《奏定学堂章程》中《蒙养院及家庭教育法》，第四页。

（注八）陶知行，《中国建设新学制的历史》，《新教育》，二卷，四号。

（注九）舒新城，《近代中国教育史料》，第二册，第一四八页。

（注一〇）《教育杂志》，三卷，三号，法令栏，三八页。

（注一一）舒新城，《近代中国教育史料》，第三册，二〇〇页。

（注一二）舒新城，《近代中国教育史料》，第三册，二〇〇页。

（注一三）高践四，《三十五年中国之民众教育》，《最近三十五年中国之教育》，一五三页。

（注一四）吴研因、翁之达，《三十五年来中国之小学教育》，《最近三十五中国之教育》，二六页。

（注一五）《学部调查各省识字学塾数》，《教育杂志》，三卷，六号，记事栏，四六页。

（注一六）《普通教育暂行办法》，《教育杂志》，三卷，十期，记事栏，六九页。

（注一七）舒新城，《近代中国教育史料》，第二册，四九页。

（注一八）《教育行政纪要》，第十集，乙编，七四页。

（注一九）舒新城，《近代中国教育史料》，第二册，四九页。

（注二〇）舒新城，《近代中国教育史料》，第二册，四九页。

（注二一）《地方学事通则》，《教育法规汇编》，二八四页，民国八年出版。

（注二二）《国民学校令》，《教育法规汇编》，一二一页。

（注二三）第三届全国教育会联合会，《教育资料选辑》，第一集，教育史料栏，十七页。

（注二四）第四届全国教育会联合会，《教育资料选辑》，第一集，教育史料类，二十一页。

（注二五）吴研因、翁之达，《三十五年来中国之小学教育》，《最近三十五年中国之教育》，二六页。

（注二六）高践四，《三十五年来之中国民众教育》，《三十五年来之中国教育》。

（注二七）《教育法令汇编》。

（注二八）《中国民众教育发展之经过》，《教育与民众》，三卷，六期。

（注二九）《第五届全国教育会联合会议决案》，《教育资料选辑》，第二集，教育史料类，第七页。

（注三〇）《教育部文续汇编》，第六集，八十一页。

（注三一）第八届全国教育会联合会议决案，《教育资料选辑》，第七集，教育史料类。

（注三二）第九届全国教育会联合会议决案，《教育资料选辑》，第七集，教育史料类。

（注三三）第九届全国教育会联合会议决案，《教育资料选辑》，第七集，教育史料类。

（注三四）义务教育组织议决案，《新教育》，九卷，三号。

（注三五）中华民国宪法内之教育专章，《教育参考资料选辑》，第六集。

（注三六）中华民国宪法内之教育专章，《教育参考资料选辑》，第六集。

（注三七）摘自教育部出版之《第五次教育统计》。

（注三八）《三十五年来中国之小学教育》，《最近三十五年之中国教育》。

（注三九）《我国义务教育之经过及进行》，《近代中国教育史料》。

（注四〇）《第一次全国教育会议录》。

（注四一）《第一次全国教育会议录》。

（注四二）高践四，《三十五年来之中国民众教育》，《三十五年来之中国教育》。

（注四三）《国民政府公报》。

（注四四）朱有瓛，《义务教育 ABC》。

（注四五）《改革教育方案》。

（注四六）《改革教育方案》。

（注四七）《实施义务教育各项法规》。
（注四八）《普及教育车说明书》，上海四马路教育编译馆印行。
（注四九）《二十二年度全国初等教育概况》。
（注五〇）《二十年度各省市民众学校概况之比较》。

第三章　普及教育内容问题

教育内容，即通常所说的课程，是普及教育问题的骨干。如有不当，不但普及教育本身无期成之望，即国家社会亦将蒙受不利。我国自推行普及教育以来，课程的演变情形若何，是否适合我国社会的需要？是否需要改革？改革之途径若何？这些问题，在本章中，均当加以讨论。

我国筹议实施普及教育，始于光绪二十八年颁布的学堂章程，故探讨普及教育内容，应先叙述其演变的大概。当以光绪二十八年为起点。又因普及教育包含义务教育和成人补习教育两部分，所以本章所取的材料，兼含义务教育课程和成人补习教育课程两种。

为叙述便利计，我们把普及教育内容演变的经过，分作四个时期来讲：

第一期，始于光绪二十八年，迄于宣统三年。当时普及教育内容，是受"中学为体西学为用"的教育思潮所决定。

第二期，始于民国元年，迄于民国十一年。民元政体改革，教育内容，也就随之变更。

第三期，始于民国十一年，迄于民国十六年。这一期，因平民主义教育思潮的成熟，教育内容，起了一大转变。

第四期，始于民国十七年，迄于现在。教育内容以实现三民主义为最终目的。现在分述于下：

第一节　第一期的内容

自光绪二十八年至宣统三年为第一期。那时中国因迭受列强欺压，朝野上下，决意模仿日本，实行新政，于是教育制度亦加改革。但此种改革，起于外铄，而非出于内发。故当时教育，形式上虽因袭外国制度，而实际上仍教授中国固有经书。一看当时所定的课程，即可知道。

（一）义务教育课程

光绪二十八年颁布《钦定学堂章程》，其中以蒙学堂和寻常小学堂两阶段作为义务教育期限。蒙学堂课程有八：一、修身；二、字课；三、习字；四、读经；五、史学；六、舆地；七、算术；八、体操。（注一）寻常小学堂的科目，大致和蒙学堂相似，仅将字课一科改为作文。

当时修身一科，教以孝、弟、忠、信、礼、义、廉、耻、敬长、尊师、忠君、爱国等等。读经则授《孝经》《论语》《孟子》《大学》《中庸》等书，这些都是中国传统的道德和知识。

二十九年张百熙等奉命重订学堂章程，将小学分为完全科和简易科两种。完全科的科目为一、修身，二、读经，三、中国文字，四、算术，五、历史，六、地理，七、格致，八、体操等八科，此外视地方情形，还可增加图画、手工等一科或二科。简易科的科目：一、修身读经（于读经时讲修身），二、中国文字，三、历史、地理、格致合为一科，教师能讲其中何门即讲何门，四、算术，五、体操等五科（注二）。

这个课程和钦定蒙学堂章程所定的，并无不同，不过将字课和习字科改为中国文字，另外增加格致等科，总算是新的科目。但这些科目，在简易科中，就可省去。可见当时仍是重视修身、读经等科，在教育要义中说：

"修身，其要义在随时约束以和平之规矩，不令过苦，并指示古人嘉言懿行，动其欣慕效法之念，养成儿童德性，使之不流于偏僻，不习于放纵。……

读经讲经，其要义在……圣贤正理深入其心，以端儿童知识初开之本。……

历史，其要义在略举古来圣主贤君重大美善之事，俾知中国文化所由来及本朝列圣德政，以养国民忠爱之'本源'……"（注三）

于此可知当时的科目，只授些传统的知识，其主要目的仍是在于养成忠君爱国的顺民。

宣统元年三月，学部奏准变更学堂章程，设立初等小学堂和小学简易科两种。前一种五年毕业，后一种四年或三年毕业。课程就原有范围，略为增减。（注四）后因此种办法易起分歧，二年乃改为一律四年毕业。科目则以一、修身，二、读经讲经，三、国文，四、算术，五、体操五科为必修科，而以图画、手工、乐歌三科为随意科。（注五）从前所定的历史、地理、格致等科，一并删去。

在这一期里，还有一点可加注意。就是男女两性所受的教育，亦不尽相同。而女子学校的创办，也较男子学校为迟。光绪三十三年，颁布《女子小学堂章程》，规定女子科目五种：一、修身；二、国文；三、算术；四、女工；五、体育。以音乐、图画为随意科，并特别注重女德之培养。（注六）

成人补习教育的机关，为简易识字学塾简易识字学塾在初开办时，兼收年幼家贫和年长失学的民众。至宣统三年，改为专收年长失学之人，所授科目为简易识字课本，国民必读课本和简易算术等。此外得酌加体操为随意科。（注七）

由上所述，可知本期课程特别重视修身和读经等科，所以重视的理由，是因为这两门功课乃系传达当时统治者意识的最好工具。

第二节　第二期的内容

自民国元年至十一年，为第二期。在这期里，辛亥革命，政体改为共和。特定教育宗旨为："注重道德教育，以实利教育，军国民教育辅之，更以美感教育完成其道德。"（注八）

教科书中删去尊君的教材，并令各学校废止读经。其余各种科目，与第一期无大差异。不过在这一期中，课程方面曾经数度变更，现在分述于下：

（一）义务教育课程

民国元年一月，教育部公布《普通教育课程暂行标准》，规定初等小学科目为：一、修身；二、国文；三、算术；四、游戏；五、体操等科。视地方情形，还可加设图画、手工、唱歌等科中之一科或数科。女子小学加课裁缝科。（注九）

同年九月，公布《小学校令》，规定初等小学科目为：一、修身；二、国文；三、算术；四、手工；五、图画；六、唱歌；七、体操。女子加课缝纫。遇不得已时，手工、图画、唱歌可以省去。（注一〇）这种课程和宣统时所订的相同，仅废去读经一科而已。民国四年，袁世凯因欲称帝，更定教育宗旨为"爱国、尚武、崇实、尊孔孟、重自治、戒贪争、戒躁进"，（注一一）并定初小阶段为双轨制，一称国民学校，一称预备学校。是年七月教育部承袁氏意旨，颁《国民学校令》，规定国民学校科目为：一、修身；二、读经；三、国文；四、算术；五、手工；六、图画；七、唱歌；八、体操。女子加课缝纫。遇不得已时，图画、手工、唱歌等科亦可省去。（注一二）后来袁氏称帝失败，读经又行删去。读经一科，和帝制关系的密切，于此可见，义务教育课程，在这一期里，除经过这数度变更以外，九年三月胡适等倡文学革命，教育部鉴于白话文浅显易学，下令将小学国文科改为国语。（注一三）这不只是课程上的一种改变，同时亦是文体上的一大改革。自此以后，义教课程在法令上并没有什么变更，不过当时平民主义教育思潮非常蓬勃，大都市里著名小学，已有将课程自行变更，从事实验研究的。直到十一年，此种教育思潮，达成熟时期，课程方面才又来一次转变。

民元以后，盛行通俗教育民众补习学校、简易识字学校等，都是通俗教育实施的机关。此类学校教授何种课程，因缺乏参考资料，无从知道。但就过去的情形观察，当不出乎文字教育范围以外。

为救济幼年失学儿童起见，三年二月曾订定《半日学校规程》一种，招收十二岁至十五岁的失学儿童。修业期限三年，教学科目为修身、国文、算术、体操四科。（注一四）

第三节　第三期的内容

民国十一年至十七年，在这一期，最可注意的是学制的改变。改变学制之议，酝酿很久。自袁世凯拟改单轨制为双轨制后，第二次全国教育会联合会开会时，就有改革学制案的提出。当时因事体重大，不敢轻易举行。及至平民主义教育思潮传入中国，改革学制之议更盛。第八届全国教育会联合会开会于济南，通过新学制系统草案，并组织新学制课程标准起草委员会，从事编订课程。于是喧传已久的新学制，才渐趋于具体化。小学教育在新学制系统上，改为六年。初级小学四年，高级小学一年。初小四年即为义务教育阶段。成人补习教育在这一期里，特别为人重视。其所表现的是平民教育运动，现在把这两种课程分述于下。

（一）义务教育课程

新学制课程标准起草委员会拟定初级小学课程为：一、国语（包含语言、读文、作文、写字四项）；二、算术；三、社会（包括卫生、历史、地理、公民四项）；四、自然，园艺；五、工用艺术；六、形象艺术；七、音乐；八、体操等八科。（注一五）这一次所订的课程，是从日本化转为美国化的一种改变。但课程内容，比之从前所订的，则为丰富。如增加社会、自然两科，扩充儿童的常识及活动的范围，推行语体文，注意语言训练等，均是新课程的特色。上述各种课程，教育部虽通令试用，而各地小学，因经济所限，设备上均不能完善。所以除国语一科稍有成绩外，其余各科均无成绩可言。

（二）成人补习教育课程

这一期里，平民教育运动轰动全国。各地普遍设立平民学校，教授年长失学的民众。课程为平民千字课、常识和算术三种。其中最注重平民千字课，至于常识和算术，所占时间很少。平民千字课是由日常最通用的约一千三百字所编成，共有四册。每册二十四课，包含三百多个生字。每月读一册，四个月读完。每人每天抽出一个钟头，就能读完。（注一六）因为修业时间很短，课程又很简单，所以平民教育在很短的时间就能流行于全国。但这只是一种识字教育运动而已。

第四节　第四期的内容

民国十七年以后到现在，为第四期。十七年教育部召集全国教育会议，议决"中华民国的教育，以实现三民主义为目的"。因是旧订的课程，不合于新的需要。乃由大学院组织中小学课程标准起草委员会，负责另拟中小学课程暂行标准。其中关于初级小学课程，和以前所定的稍有不同。同年教育部颁布《民众学校办法大纲》，其中明定失学民众所应习的课程，现分述于下：

（一）义务教育课程

初级小学课程暂行标准中，规定初小应修科目九种：一、党义；二、国语；三、社会；四、自然；五、算术；六、工作；七、美术；八、体育；九、音乐。（注一七）本课程和新学制课程，不甚相同。因为本期教育是以实现三民主义为目的，所以小学课程里，除照新学制原有课程外，另加入党义教材一项。其他科目，如工用艺术和形象艺术，改称为工作与美术，名称上亦稍变更。

本课程经过四年的试验和研究，深觉所订的各种科目仍有未尽善之处，乃由小学课程及设备标准起草委员会加以修正。二十一年十月正式公布，是即现行的课程标准。规定初小科目为：一、公民训练；二、卫生；三、体育；四、国语；五、社会；六、自然；七、算术；八、劳作；九、美术；十、音乐等十科。（注一八）修正课程标准和暂行课程标准不同的地方，共有五点：（1）取消党义，将党义教材，融化于其他各科中；（2）将自然、社会两科中的卫生部分，划分出来，另定卫生课程标准；（3）改工作科为劳作；（4）社会科加入公民教材，另定公民训练时间，实施团体的训练；（5）科目虽有十种之多，但得视地方情形，酌量分合。如社会、自然、卫生三科，可合并为常识科，美术、劳作两科，在低年级可合并为工作科。

为推广义务教育起见,二十一年教育部颁布《第一期实施义务教育办法大纲》,其中容许各省市自订简易课程,呈部核准施行,这种简易课程,可仅授国语、算术、体育等科,减少图画、音乐、劳作等学习时间。(注一九)嗣后又发表一年制短期小学暂行课程标准,规定短期小学课程,以国语(内容包括常识,而作业为读书作文写字)、算术(包括心算、珠算及笔算)为基础,并以公民训练及课间操(包括唱游)为辅。至于讲授目标:

(1) 讲示公民道德,养成其国民必需的道德习惯。

(2) 讲授卫生常识,养成其人生必需的卫生习惯。

(3) 授以本国历史、地理和公民常识,使其认识个人与社会国家的关系,并养成其健全的民族意识。

(4) 授以自然界的常识,使知自然界与人类日常生活的关系。

(5) 使认识约一千四百个字,并能阅读浅易的语体文。

(6) 使能写作信件日记等日常实用的语体文。

(7) 使能运用注音符号,阅读浅易的语体文,并在可能范围内能听国语,说国语,以期达到语言趋向统一的目的。

以上是讲授的目标,至于课程的内容,约如下述:

一、国语课程内容

(1) 关于编制方面

1. 将历史、地理、公民、自然、卫生等重要材料,匀配排列,不用童话、物语、神话。

2. 日常实用文——便条、书信、柬帖、布告、日记——的阅读。

3. 简易说明、记叙等文的阅读。

4. 检查字典的练习。

5. 普通标点符号的认识。

6. 注音符号的认识和应用。

7. 国语的听和说的练习。

(2) 关于材料方面

1. 历史

(a) 名人的嘉言懿行和历代的伟大事功,注重振起民族的自信与自重。

(b) 现代的国势与改革,注重民族意识与造成近代国家的条件。

(c) 中山先生与国民革命,注重中山先生致力国民革命的事迹。

2. 地理

(a) 我国地势、山脉、河流、气候、物产、交通、行政区域等大概,注重我国独特的天惠和总理建设计划概要,以引起爱护国家与物质建设的思想。

(b) 我国首都和重要都市,注重都市与农村的关系,使知农村建设的重要。

(c) 各割让地、租界、治外法权,外国船内河航行,以及铁路矿产的让与,说明国家权利的损失,使知自强雪耻的意义。

(d) 地球形状、大洋、大洲、我国和世界重要各国位置的认识，注重列强与我国之关系，使知我国在国际间所处的地位，以及国防的重要。

3. 自然

(a) 四时气候的变迁和其与生物的关系。

(b) 云、雨、霜、露、冰、雪、霰、风向、温度、湿度等。

(c) 雷、电的作用和避电方法。

(d) 日蚀、月蚀、虹、日月晕、流星、彗星、地震、火山等原因，及迷信的破除。

(e) 蚊虫等害处和驱除的方法。

(f) 益虫害虫和农作物的关系。

(g) 日常必需衣、食、住、行的说明。

(h) 垦植的提倡，注重造林。

(i) 主要农产的说明。

(j) 水灾、旱灾、火灾的防止。

4. 卫生

(a) 人体外形的构造功能及保健。

(b) 人体内部的构造功能及保健。

(c) 烟酒等嗜好品的害处。

(d) 传染病的预防和急救法。

(e) 公众卫生。

二、作文课程内容

(1) 语句构造的练习。

(2) 便条、书信等实用文的练习。

(3) 普通标点符号的应用。

三、写字课程内容

(1) 已识各字的书写练习。

(2) 实用文的书写练习。

(3) 日常最通用的行书的认识。

四、算术课程内容（笔算、珠算混合教学）

(1) 数的认识和数字的写法。

(2) 加减法。

(3) 九九歌诀，归除歌诀。

(4) 法数一位至三位的乘法。

(5) 法数一二位的除法。

(6) 四则的应用。

（7）小数四则。

（8）我国度量衡与货币的换算。

（9）记账和算账的方式。

（10）心算和珠算的练习。

五、公民训练内容

（1）整洁、强健、活泼及各种卫生习惯的养成。

（2）诚实、公正、敏捷、进取、守规律、负责任、互助、勇敢的各种德性的训练。

（3）劳动、生产、节俭、储蓄等各种习惯的养成。

（4）奉公守法、爱国、爱群等政治意识的训练。

六、课间体操及唱游内容

（1）室内课间操。

（2）室外课间操。

（3）唱歌游戏。

（4）乡土游戏。

（5）竞技（如跳绳、踢毽子等）。

（6）姿势训练。（注二〇）

（二）成人补习教育课程

十八年一月教育部颁布《民众学校办法大纲》，规定民众学校科目为识字、三民主义、常识、珠算或笔算、乐歌等科。（注二一）二十一年经一度修正，但于课程方面，无大变更。二十三年六月，又加修正，改名《民众学校规程》，民众学校的科目，改为国语（包括公民及常识等）、算术（珠算或笔算）、乐歌、体育等科。高级班加授职业教育的科目。（注二二）民国二十四年教育部颁布《民众学校课程标准》草案，其中对于各科课程标准，均有详细规定，兹择录于下：

一、各科分量的分配

科目别 \ 各科百分比 \ 级别	初 级	高 级
国语	六六％	五〇％
算术	一八％	一二％
乐歌	八％	八％
体育	八％	八％
职业科目		二二％

二、各科课程标准

(1) 国语

1. 目标

(A) 能由注音符号,读出汉字。

(B) 学习浅近的语体文,以培养阅读普通书报及文字的能力和兴趣。

(C) 运用日常应用的语体文,以发表自己的意思,并使人了解。

(D) 练习书写,以达到正确清楚的程度。

2. 作业要项

本科作业要项表

科目别	各科百分比 级别	初 级	高 级
识字	认识注音符号及汉字	一、认识基本符号。 二、学习注音符号拼法。 三、书写注音符号。 四、认识并运用普通单字。	一、求注音符号及单字应用之熟练。
	读书	一、认识并运用简单语词。 二、阅读实用文和浅易文字。 三、认识并运用简易标点符号。	一、二、三均同上。 四、增进运用文字的能力。 五、练习使用字典。
作 文		一、简易记叙文或实用文之练习。	一、叙事和日常事项偶发事项的记述(包括日记)。 二、简易记叙文实用文及说明文的练习。
写 字		一、笔顺的练习。 二、简易熟字的书写和练习。 三、国语课本之抄写或默写。	一、正书中小字的练习。 二、简易行书的认识与学习。 三、同上。
附 注		最初期读作写应混合,并注重铅笔练习,嗣后仍可混合教学,互相联络,但书写宜逐渐注重毛笔。	读作写虽分列,仍应互相联络。必要时,仍得混合教学,书写宜侧重毛笔。

作业要项略如上表,至所采教材以须包括公民及常识两类,故宜采用史、地、公民、自然、卫生等科材料,使了解:(一) 本国史地大概、世界大势,及帝国主义者侵略概况。(二) 公民道德及自治浅识。(三) 日常生活必需之知识。以期引起民族意识、民权概念,并能与现代生活适应。至本地方情形(如本地方贤哲故事、风俗人情、人口、物产等),留待各地方自行补充,不列本表。兹分级规定标准如下:

材料别 \ 级别	初 级	高 级
公 民 包括三民主义自治浅识及史地等	1. 中华民国 2. 国旗和党旗 3. 孙中山先生 4. 三民主义简释 5. 各级政府和地方自治 6. 人民的权利和义务 7. 七项运动 8. 实行新生活 9. 本国疆域的大概 10. 首都和重要都市 11. 本国重要物产和进出口的概要 12. 近年国耻述要 13. 本国历代伟人的史略（注意选用历代复兴民族及忠孝仁爱信义和平之模范人为材料） 14. 本国历代伟大的建设和事功	1. 三民主义浅说 2. 武昌起义与双十节 3. 本国面积人口气候交通和国防的概要 4. 中华民族的创造力 5. 历史上中华民族的爱国和复兴 6. 历史上忠孝仁爱信义和平的模范人 7. 汉唐元之强盛 8. 生活的改进 9. 自治自卫 10. 生产建设 11. 国难期内国民的任务 12. 战时国民的任务 13. 世界重要的国家 14. 现代世界大势
常 识 包括自然卫生等	15. 日月和地球 16. 空气和水的变化 17. 电和热的应用 18. 人体生理的大概 19. 烟酒和毒物的害 20. 蚊蝇的害和驱除的方法 21. 健康的益处和方法	15. 个人卫生家庭卫生和社会卫生 16. 急救的方法 17. 重要的农作物 18. 水产和畜牧 19. 衣食住行的进化 20. 煤铁和其他重要矿产 21. 破除迷信
附 注		本表内之 4、5、6 三项系就初级表内之 13、14 两项材料加以补充

(A) 初级结束

　　a. 能拼写注音符号。

　　b. 能阅读浅易文字及简单文件,明了其意义。

　　c. 能阅读注音民众读物。

　　d. 能写通常汉字正确无误。

　　e. 能作简短的文字,文法上无重大错误,使人了解。

(B) 高级结束

　　a. 有运用字典的能力。

　　b. 能阅读普通民众读物,了解其大意。

　　c. 能使用简单的标点符号。

　　d. 能作浅近的文字,文法上无重大错误。

(2) 算术

1. 目标

(A) 增进日常生活中关于数量的常识和计算的能力。

(B) 养成计算敏捷和准确的习惯。

(C) 能记普通的账目。

2. 作业要项

要项\级别\学科	初　级	高　级
珠　算	一、认数和记数法 二、拨珠和算盘记数法 三、加减法口诀及其运算法 四、九遍口诀打法 五、乘除法口诀及其运算法 六、定单位法 七、加减法运用题练习 八、乘除法运用题练习 九、码子字写读和记账法	一、加减乘除法熟习 二、简单四则应用题练习 三、斤两法练习
笔　算	一、基本数字的认识和写读 二、记数法的练习 三、五位以下加法练习 四、五位以下减法练习 五、三位乘法练习 六、两位除法练习 七、简易日用四则应用题的练习	一、加减乘除法的熟习 二、小数的练习 三、诸等数的练习 四、简单普通应用的利息算法 五、记账及算账的练习 六、日用四则应用题练习
附　注	一、珠算与笔算应视民众需要，择一教学，惟选教珠算时，仍应使用笔算上应用之符号。 二、在认为必要时，得珠算与笔算并教，但须处处联络，使发生相互之关系。 三、高级民众学校学生未习算术者，得仍用初级标准。	

3. 最低限度

(A) 初级结束

能解决日常生活里应用的简单计算问题。

(B) 高级结束

　　a. 能明了日常应用十进及非十进的诸等数。

　　b. 能计算整数及小数四则的应用题。

　　c. 能处理普通的家庭簿记。

(3) 音乐

1. 目标

(A) 启发并增进欣赏音乐的能力和应用音乐的兴趣。

(B) 涵养亲爱勇敢团结进取的精神。

2. 作业要项

学科 \ 级别	初 级	高 级
音　乐	一、发音的方法 二、声音高低长短的辨别法 三、简单歌词和拍子的演习 四、国歌和党歌的练习 五、本国普通乐器演奏或欣赏	一、发音方法的熟练 二、声音高低长短辨别法的熟练 三、歌词和拍子的练习 四、曲谱的练习
附　注	音乐时间之排列,应在用脑工作之后	

3. 最低限度

(A) 初级结束

能背唱曲谱不同的歌词四首以上。

(B) 高级结束

 a. 能背唱曲谱不同的歌词八首以上而音调无重大错误。

 b. 能知道乐谱上简单符号。

(4) 体育

1. 目标

(A) 谋身体各部的平均发育。

(B) 发展运动能力,并养成以运动为娱乐的习惯。

(C) 培养勇敢、敏捷、整齐、严肃的个人品格和牺牲、服务、和协、互助、合作等团体精神。

2. 作业要项

学科 \ 级别	初 级	高 级
体　育	一、姿势训练 二、准备操 三、简易国术	一、姿势训练 二、准备操 三、国术
附　注	一、民众学校体育除教普通体操外,应尽量提倡国术,于必要时得在课外行之。 二、必要时得增加军事训练。	

3. 最低限度

(A) 初级结束

 a. 能操准备操。

 b. 能表演国术二套以上。

(B) 高级结束

 a. 能操纯熟的准备操。

b. 能表演国术四套以上。(注二三)

二十余年来,普及教育内容演变的经过,大概已见上述。自光绪二十八年颁布章程起以至现在,课程改变,计有三次。——民元,民十一,民十七——其中尚有几次小的变更,都和政治有密切关系。几乎政治上有一度变迁,课程上就有一度改革。这样变来变去,教育只成为传达政治意识的工具。固然我们不能说,教育可以脱离政治而独立,但是我们也不应忘记了教育更重要的使命是在适应民生的需要。若教育不能适应这种需要,那末他的结果,必不堪设想。第二次国民会议,确定教育设施之趋向案,关于这一点,有一段极沉痛的批评,值得寻味。原文说道:

"中国目前的教育,无论在数量上与质量上,均不足以适应国家之需要,而被害之最显著者,尤莫如教育设施与国民生活不相应。以致未受教育者,尚能秉其家庭社会递相传习之知识道德,各自安于艰苦之生活。而既受教育者,则知识技能之修养,既不成熟,性行气质,又往往习于浮夸与游惰。驯至学校多一毕业之学生,社会即增一失业之分子,家庭即少一有用之子弟。"(注二四)

试问全国的教育家,读了这段文章,作何感想?

第五节　总结

(一)述要

我国普及教育的内容随普及教育发展的历史而演变,略分三期。

第一期:始于光绪二十八年,迄于宣统三年,普及教育内容受"中学为体西学为用"的观念所决定,如修身、读经等课程,均其特色。

第二期:始于民国元年迄于民国十一年,因民元政体改革,故教育内容也随着变更。尊君、读经等完全废去,并添设图画、手工、唱游等为选修科。

第三期:始于民国十一年,迄于民国十六年,这一期因平民主义教育思潮成熟,教育内容起了一大改变,新制变更,并设立新学制课程标准起草委员会,从事改订课程,成人补习教育也渐为人所重视。

第四期:始于民国十七年,迄于现在,国民革命成功,教育内容以实现三民主义为最终目的,对于党义及三民主义的知识训练特别重视。

(二)结论

过去普及教育之内容,均以书本知识之传授为不二法门。教育完全与民生隔离,教育愈普及,民生愈没有办法,我人意见以为普及教育的内容,如不加彻底改革,则因为教育与民众的需要脱离,永无普及之望。今后的普及教育内容,应以发展民生的经济活动为经,以文字、公民、卫生、休闲、自卫、救国种种的教育为纬。制就大单元之设计,书本知识的传授不过一小部分,并且要取消传统的科目制度,和通常把各种教育和生计教育并立,不分先后轻重拆开训练的办法。

(注一)《钦定蒙学堂章程》,第四页。

（注二）《初等小学堂章程》，《奏定学堂章程》，第四本。
（注三）《奏定女子小学堂章程》，《近代中国教育史料》，第二册，一七二页。
（注四）《学部奏准变通初等小学堂章程折》，《大清宣统新法令》，第四册，三三页。
（注五）《学部奏准改订初等小学堂课程折》，《大清宣统新法令》，第二十七册，二十七页。
（注六）《奏定女子小学堂章程》，《近代中国教育史料》，第二册，一七二页。
（注七）《学部改订简易识字学塾章程及授课表》，《教育杂志》，第三年，第三期，法令栏，三八页。
（注八）《教育宗旨》，《教育法规汇编》，八十七页。
（注九）《教育部普通教育暂行办法通令》，《近代中国教育史料》，第二册，三九页。
（注一〇）《教育部公布小学校令》，《教育杂志》，法令栏，四卷，八号，一五页。
（注一一）《大总统颁定教育宗旨》，《近代中国教育史料》，第二期，一〇四页。
（注一二）《国民学校令》，《教育杂志》，法令栏，七卷，八号，一〇页。
（注一三）《课程概况》，第一次《中国教育年鉴》，丙编。
（注一四）《半日学校规程》，《教育法规汇编》，一八〇页。
（注一五）《课程概况》，第一次《中国教育年鉴》，丙编。
（注一六）马宗荣，《现代社会教育泛论》，二八三页。
（注一七）《中小学暂行课程标准》，二七页，卿云书局版。
（注一八）《幼稚园小学课程标准》，三五页，中华书局版。
（注一九）《第一期实施义务教育办法大纲》，《教育法令汇编》，四六七页。
（注二〇）《一年制短期小学暂行课程标准》，《实施义务教育各项法规》。
（注二一）《民众学校办法大纲》，《现行重要教育法令续编》。
（注二二）《民众学校规程》，《教育法令续编》，三五七页。
（注二三）《民众学校课程标准草案》，《实施失学民众补习教育各项法规》。
（注二四）国民会议实录正编，《会议记录》，六〇页。

第四章　普及教育师资问题

师资是普及教育工作的实际执行者，在全国一致执行普及教育的时候，关于师资方面有几个问题应该注意的。

第一，就量的方面说，实施普及教育时，当然需要大量的师资。我国现有的师资若何，其来源若何，能否应付这种需要？这是我们应当首先讨论的问题。

第二，就质的方面说，普及教育需要良好的师资，要得到良好的师资，就得有适当训练师资之机关。我国现有的义教及民教师资训练机关概况若何？训练的内容如何？各专家对于训练师资有何意见？这些问题，亦颇重要。

最后应明白，要有良好的师资，必先有适当的待遇和进修。我国对于教师待遇情形若何，教师进修的情形又若何，这也是普及教育时应注意到的问题。

本章的目的，就是要把这些问题，加以叙述和讨论。

第一节　师资的需要及其来源

实施普及教育必须有担任普及教育工作的人材，这种人材共需多少？据第二次全国教育会议所通过之《实施义务教育》计划中载,谓:依人口十分之一之比例计算,全国应有学龄儿童四千三百万人,除去现在已经入学的儿童不计外,全国共有三千七百万儿童应受义务教育。加以二十年里人口自然增加,学龄儿童至少要增加三百万人,合计起来,二十年里共有四千万儿童应受义教。假定每一教师平均担任教学学生四十人,那末全国共需增加教师一百万人,然而教师不能人人终身在小学服务,假定每五年更换五分之一,二十年里共要换去教师十分之八。在初开办时教师人数太少,不能不延长服务年限,假定更换的数目减少一半,那末一百万教师中二十年里要换去四十万人。所以在二十年里必须造成教师一百四十万人方才够用。

又据《实施成人补习教育计划》内对于全国失学民众人数的估计谓:在六十岁以下应受补习教育者约占人口百分之四六.五,应为二〇二、七八四、一五三人,假定此二亿零二百余万的失学者,分作六年完成民众识字训练和公民训练,平均每年须训练三千三百七十九万人。每人受训练四个月,一年内可分三期训练,每次平均约一千一百二十六万人,每一教员轮教两班,每班平均五十人,则每一教员平均教一百人,约需教员十一万二千六百五十人,六年之内教员须更换百分之二,那末要普及失学成人补习教育共需师资十三万五千人。

依照上述两计划的概算,全国教育普及时须增加义务教育师资一百四十万人,成人补习教育师资十三万五千人,两者合计共需师资一百五十三万五千人。(注一)

但是有一点应加注意的,即是义教计划中的学龄儿童数,是根据民国十四年的人口数而估计的。照教育部发表二十二年度全国计有学龄儿童四九、四〇一、四四三人,减去现受义教儿童数一二、三三五、九六七人,尚有三七、〇六五、四七六学龄儿童未受教育。(注二)这个数目比前面所估计的失学儿童数要大得多,所需的师资数自然要增加。又据教育部报告二十年度失学成人数,计有二四四、四七三、二五三人,减去已受民众教育一、四五〇、〇〇〇人,尚有二四三、〇二三、二五三失学成人,(注三)两者相加将近二八四、一二二、五三〇人。照第一章中第五节之估计,应需教师二、四四二、一四一人,而现有师范生及初高中学生合计,仅五〇九、一八六人。即使全数皆变为师范生,也不过达到四分之一。无论如何,中国目前师资之供求,相差甚远,乃是极明显的事实。如果实施普及教育,对于师资之供求问题,必须求一适当的解决办法。

《实施义务教育计划》中,关于师资问题的解决,提出办法十三项,兹摘录其要点于下:

"一、实施义务教育所需培养的一百四十万教师里,有百分之十五在城市小学服务,约计二十万人左右,可以由都市里现有的师范学校和高中师范科负责训练;其余百分之八十五须在乡村小学服务,约计一百二十万人左右,应由各县设立乡村师范训练。

二、都市师范学校的师资,由现有师范大学或各大学教育学院及大学内与训练师资有关系的学院及专修科负责训练。

三、县立乡村师范的师资,由省立乡村师范学院及乡村师范专修科或现有师范大学或各大学校教育学院,分系分科负责训练。

四、省立乡村师范学院及专修科的师资由中央教育研究所附设义务教育研究班负责培养。

五、县立乡村师范学校，大县单独设立。全国共设一千五百所，在五年里完全成立。所需乡村小学师资一百二十万人，由这一千五百所师范学校分头训练，平均每所必须养成教师八百人，自第六年起每校每年平均应有毕业生五十三人。这种师范学校招收：（1）初中毕业生训练三年；（2）高小毕业生年龄在十五岁以上的，训练六年；（3）向来充当乡村小学教师而有初中毕业同等程度的，训练三年。训练期里中途退学的必多，大约须有学生一百二十人才能产生毕业生五十三人充当乡小教师。目前过渡办法应招收私塾教师加以训练，以应急需。每年平均须有二百人由县立乡村师范学校负责训练。

……

十二、到第五年年底，义务教育师资培养机关……普遍设立，从第六年起，合现有省立师范学校及新设县立乡村师范学校每年造就师资九万人。其中减去退职教师一万五千人，每年净增教师七万五千人，这样可增设小学七万五千班，教育儿童三百万人。到第十八年全国小学已可普遍设立，到二十年全国可以完全实施四年的义务教育了。

十三、在开办各级师资训练机关以外，更须举办下列各事：

1. 登记全省各师范学校及各师范讲习所毕业生，劝令分赴各小学服务。凡未有工作的师范毕业生，一律由教育厅分发各县充当小学教员。

2. 凡非正式师范学校毕业之教员，一律重加检定，拣选学识经验合格的分别聘用，以补师资之不足，并规定教员暑假进修办法，切实执行，使他们的学识随时进步。

3. 凡检定不合格的小学教员，分别送入县立乡村师范学校，使受一年或二年的训练。

4. 考试私塾塾师，凡及格的暂充小学教师，并使在暑期中补习师范教育，考试不及格的私塾塾师，劝令入县立乡村师范学校，受二年以上之训练。"（注四）

依照本办法的规定，义务教育的师资，必须受过师范训练，或经检定合格，方可充任。

《实施成人补习教育》计划中，拟订实施成人补习教育，得采用班级制的民众学校和非班级制的识字处两种办法，互相调剂，故对师资的供给，采用下列办法：

"一、为训练各县市民众学校师资的师资起见，得由各省设立这一类师资训练机关。

二、各县民众学校的师资得专设训练学校，或者由县立高级小学、县立师范、省立师范、高中师范科及中等以上学校附设班级训练各本校全体学生，或招收私塾教师加以训练……

三、民众识字处教师由自己家里店里机关里的识字分子充任。……"（注五）

以上是计划上对于师资问题解决的方法，我们再从法规上观察，义教或民教的师资有那几种来源？依照《实施义务教育暂行办法大纲施行细则》第四章规定，义教师资来源共有下列数种：

（一）短期小学师资训练班毕业生；

（二）师范简易师范或简易师范科毕业生；

（三）招考短期小学教师；

（四）酌用公务人员为短小教师；

（五）检定小学教师；

（六）塾师训练班毕业塾师。

以上系法令上对于师资的规定，最近各省市因师资缺乏，为救急目前需要起见，对于师资的供给，复采用下列办法：

（一）利用实习期师范生　凡届实习期之师范生，派赴各地推行义务教育。安徽省最近且将四年级师范生，提前毕业，以供推行义教之用。

（二）试用小先生制　利用小学生传导识字，此制利弊如何，尚无定论。然自倡导以来，各省市争相仿效，颇为盛行。浙江、安徽等省，均试用此制。

（三）试用导生制　此种制度，系由定县平民教育促进会倡导。其法即利用大孩子教小孩子，高材生教普通生，高年级教低年级。湖南省现即试用此种制度。

（四）保甲长传导识字　浙江绍兴县规定凡无学校或虽有学校不能容纳所在地失学民众时，得厉行保甲长传导识字办法，保甲长本人如不识字，由甲内居民代替。

（五）利用公务人员　公务人员中凡文理清通常识丰富对于义务教育或民众教育富有兴趣者，得酌充为短小或民校教师。（注六）

可知各省市义务教育或民众教育师资来源，大概不外（一）经专业训练者，（二）经短期训练者，（三）经检定或考试合格者，（四）具有相当教学经验者，（五）利用其他人员五种。

师资缺乏为实施普及教育最大难关，同时国家经济困乏，一时又无法培养大量师资，故于教师之任用，不得不降低其资格。——由聘用专业训练与检定合格者降而任用实习生与塾师，再降而任用公务员与具有相当程度者，更降而至于利用识字者与小学生，这种现象的发生，当有其社会背景，亦惟有采用这种方法，才能使教育早日普及。

第二节　师资训练

教育是人与人的事业，得其人事业成功，不得其人即使形式好看，亦无济于事。是以办理教育者，均应受一种专业训练，以增其教学技能。

(一) 义教师资之训练

《实施义务教育暂行办法大纲施行细则》第四章中规定义教师资训练办法，约有下列数种：

一、在省市县初高中及师范内，广设短期小学师资训练班，招收相当于初中毕业之学生，予以短期之训练。其课程以研究小学教材及教学方法为中心，训练期满考试及格，予以证明书，准其充任短期小学教员。

二、各省市各按本省市小学师资之需要，推广师范学校、简易师范、简易师范科等，以培养小学师资。……

三、各县市应在县市立初级中学或县市立师范学校或规模较大之县市立小学内，设置塾师训练班，招收私塾教师，予以短时期之训练，专授短期小学课程之教材及教学方法。……

现在各省市义教师资训练机关，据作者在二十四年调查，有如下表所示。其中有数省市未将调查表格寄回，只好从缺。

第八表　各省市义务师资训练机关概况

（民国二十四年三月调查）

省别	校别	校数	学生数	教员数	经费数	修业年月	备注
江苏	总计	四四	四、六六五				
	省立师范学校	八	一、七〇四	一九三	三三六、〇〇〇	三年	招收初中毕业生内女子师范二校
	省立乡村师范	七	一、〇六八	一〇二	三二三、五〇七	四年	招收小学毕业生
	县立女子师范	二	三七七	四八	未据报	三年	招收初中毕业生
	师范讲习班	五班	九八五	师校教员兼任			附设省师内招收不合格教员
	县立简易师范学校	一九	一、二三九	一四二		三年或四年	
	私立师范学校	二	二〇三	三八		三年	招收初中毕业生内女校一
	私立体育师范	一	八九	一三			
浙江	总计	三一	二、五二〇	三四五	二二〇、五五五		
	省立师范学校	二	五一四	八六	八九、〇二一	三年	高中程度
	省立高中师范科	一	一二六				
	省立乡村师范	二	三〇〇	五八	六一、八六七	三年	高中程度
	县立简易乡村师范	二	一七七	二二	一三、〇二六	四年	
	县立高中师范科	一	三七			三年	
	简易师范学校	四	二〇一	四六	一八、四五一	四年	
	师范讲习班	一七	一、〇五六	一二四	三〇、八七六	一年至三年	
	私立乡村师范	一	九二	九	七、三一四		
	私立高中师范科	一	一七			三年	

(续表)

省别	校别	校数	学生数	教员数	经费数	修业年月	备注
江西	总计	一三					
	省立乡村师范专修科	二	三六三	二二	一〇、八〇三		
	省立高中师范科	三	五一〇	五〇	一一、二三二		
	省立乡村师范	五	一八五	九九	一九四、七七七		
	县立乡村师范	一	九三	一五	六、四〇〇		
	简易师范学校	二	二三六	二三	一四、一七五		
湖北	总计	七					
	省立乡村师范学院	一	一〇〇	一九	七一、六二七	四年	附设专修科两年毕业
	省立师范学校	二	五三七	四四	一二〇、九六〇	三年	高中程度
	省立乡村师范	三	五八八	五三	一四六、七六八	三年	
	简易乡村师范学校	一	六九	五	一〇、〇八〇		
湖南	总计	四一					
	省立师范学校	一	四六八	六四	八一、〇五二	修业年限不等	
	简易乡村师范学校	四〇	四、一四〇	五六七	二二五、五一七		内县立三十三校联省立五校私立二校
山东	总计	七三					
	省立师范学校	六	一、九〇五	一二二	二七八、九七六	三年	
	省立简易乡村师范	八	二、〇四八	一一四	二三七、七三二	四年	
	县立乡村师范	九	一、一二七	七三	八三、二二一	四年	
	师范讲习班	五〇	三、六五九	二四四	二七八、二七八		

(续表)

省别	校别	校数	学生数	教员数	经费数	修业年月	备注
河南	总计	九七	一〇、一二一	一、〇〇八			
	省立师范学校	七	一、七九四	二〇九	二五九、八三六	前后期各三年	
	省立高中师范科	一	七三	二七	四九、九九二	三年	教员与经费数和高中班在一起
	省立乡村师范	一	二一四	四一	五八、二五四	三年	
	县立乡村师范	八八	八、〇四〇	七三一	三五〇、〇一四	三年	
河北	总计	一六八					
	省立师范学校	一三	四、四四五	二八三	七〇五、七〇〇	前后期各三年	
	县立简易乡村师范学校	一五五	七、九四六	六四五	五一七、五九〇	三年或四年	
陕西	总计	八					
	省立师范学校	七	一、四三九	九四	一四九、五一六	三年	
	学校教师训练所	一	一二〇	一四	一四九、六五三	六个月	
福建	总计	一三					
	省立师范学校	三	六三七	一三八	一二八、四四八		
	省立乡村师范	四	五四二	七九	九三、二九四		
	县立乡村师范	三	一六一	三五	一七、四七一		
	私立师范学校	三	二三九	四四	二九、六二四		
察哈尔	总计	一八					
	省立师范学校	三	五〇五	三八	八九、六一八	三年	
	省立高中师范科	三	一〇五			三年	
	县立乡村师范	三	五二七	三六	四五、〇九六	三年	

(续表)

省别	校别	校数	学生数	教员数	经费数	修业年月	备注
贵州	省立师范学校	二	一、一六二	一四〇	一一、〇三七、七五		
南京	省立高中师范科	一	一二八	一〇	一、〇三八	三年	
	总计	二					
	市立乡村师范专修科	一	四六		一〇、〇〇〇	四年	经费系约数
	市立高中师范科	一	一〇〇		二〇、〇〇〇	三年	经费系约数

就右表观察，我们可得下列几个概念：(1) 就设立的方式说，大部分的师范学校都已独立，不过还有一小部分还是附设在初级中学里。(2) 就办理师范的负责者方面说，依部定的规程是应归公立，然而就各省的情形看，还有由私人办理的师范学校和师范科。(3) 就程度上说，各省市的师资训练机关有等于大学程度的师范学院和介在大学与高中程度之间的专修科；有和高中程度相等的师范学校和高中师范科，也有较高中程度低而较初中程度又稍高的简易师范；同时也有补习性质的师范讲习班和速成性质的小学教师训练所。(4) 就修业年限上说，最长的为前后期师范，共为六年；最短的为小学教师养成所，只有六个月；但以三年与四年的为最多。(5) 就城乡的分配上说，各省的乡村师范都比城市师范多。如湖南、河南、河北三省几乎全是乡村师范，城市师范不过居其极少数而已。我国人口的分配本来是以住居于乡村的多，学龄儿童自亦以乡村为多数，而今日学龄儿童之失学者也以乡村的为多，师资的培养自然也应侧重在训练普及乡村教育的人才。

兹再略述各种义教师资训练机关之大概如下：

一、师范学校类

（一）师范学校

依现行《师范学校法》及《师范学校规程》上规定，师范学校应以单独设立为原则，招收初中毕业生，三年毕业。师范学校最大任务，在于养成小学之健全教师。训练目标有七：

(1) 锻炼强健身体；(2) 陶融道德品格；(3) 培育民族文化；(4) 充实科学知能；(5) 养成勤劳习惯；(6) 启发研究儿童教育之兴趣；(7) 培养终身服务教育之精神。(注七)

师范学校科目，必修科二十一种，另选修九种：

(1) 公民；(2) 体育；(3) 军事训练(女子选军事看护)；(4) 卫生；(5) 国文；(6) 算学；(7) 地理；(8) 历史；(9) 生物；(10) 化学；(11) 物理；(12) 论理学；(13) 劳作(包含农艺工艺家事)；(14) 美术；(15) 音乐；(16) 教育概论；(17) 教育心理；(18) 小学教材及教学法；(19) 小学行政；(20) 教育测验及统计；(21) 实习。以上二十一科，为必修科。此外以英文、教育史、幼稚教育、民众教育、乡村教育、农村经济及合作、地方教育行政、教育视导等九科，为选修科目。自第一学年第一学期至第三学年第一学期，各学期列选修科目三种，学生任选一种。最后一学期，列选修科七种。学生于已选修之科目外，任选两种。但选修英文者，应自第一学期起，并以继续修完为宜。劳作科分为农艺、工艺及家事三类，男生应选农艺、工艺，女生除习家事外，应于第二学年就农艺、工艺二类中选习一类。（注八）

（二）乡村师范学校

以养成乡村小学师资为主旨，招收初中毕业学生，三年毕业。修习科目，与上述师范学校科目，大致相同。惟无选修科，必修科中增加农业实习、农村经济及合作、水利概要、乡村教育四科。劳作一科，仅教工艺一项。（注九）

（三）简易师范学校

此项学校，系为造就急需义教师资而设。招收小学毕业生，予以四年训练。修业期满，充任小学、短期小学及初级小学教员。俟各地小学师资足敷分配时，此项学校即停止办理。（注一〇）学生所习科目，与师范学校大致相同，惟无选修科目。必修科中减去物理及论理学两门，另增植物、动物和乡村教育及民众教育等科。（注一一）

（四）简易乡村师范学校

此项学校，系为造就乡村初级小学或短期小学师资而设，招收小学毕业生，予以四年训练。俟各地小学师资足敷分配时，此项学校即停止办理。学生选习科目，与简易师范学校相同。惟工艺一科，仅包含工艺一种。另外增加农业及实习、水利概要、农村经济及合作三科。（注一二）

二、师范科类

（1）简易师范科

此项师范科，得附设于师范学校及公立初级中学内，系为造就急需义教师资而设。招收初中毕业生，修业年限一年。（注一三）学生选习科目，计有十四科：(1) 体育；(2) 国文；(3) 算术；(4) 地理；(5) 历史；(6) 自然；(7) 劳作；(8) 图画；(9) 音乐；(10) 教育概论；(11) 教育心理；(12) 小学教材及教学法；(13) 小学行政；(14) 实习等。（注一四）

（2）幼稚师范科

为养成幼稚园及初级小学教师而设，有三年制和二年制两种。三年制幼稚师范科教学科目为：(1) 公民；(2) 体育及游戏；(3) 卫生；(4) 军事看护；(5) 国文；(6) 算术；(7) 历史；(8) 地理；(9) 生物；(10) 化学；(11) 物理；(12) 劳作（包括农艺、工艺及家事三种）；(13) 美术；(14) 音乐；(15) 论理学；(16) 教育概论；(17) 儿童心理；(18) 幼稚园教材及教学法；(19) 保育法；(20) 幼稚园行政；(21) 教育测验及统计；(22) 实习等二十二科。（注一五）二年制幼稚师范科，减去军事看护。论理学和教育测验及统计三科，并将物理化学合并为理化科，故只有十八科。（注一六）

（3）特别师范科

1. 招收高级职业学校毕业生的特别师范科，目的在养成小学职业科、劳作科及初中劳作科的师资。此种特别师范科分作农艺组、工艺组、家事组、商业组四组。各校开办时，应视地方需要、师资及经济情形，得设一组或数组，农艺、工艺、家事三组所订科目，完全相同，为(a) 公民，(b) 国文，(c) 体育，(d) 算术，(e) 图画，(f) 初中及小学应用农艺，(g) 初中及小学应用工艺，(h) 初中及小学应用家事，(i) 教育概论，(j) 教育心理，(k) 教学法，(l) 教育测验及统计，(m) 职业教育，(n) 实习等科。商业组设有上述(f)(g)(h) 三科，另增历史、地理、珠算和初中及小学应用商业等四科。其余和其他各组相同。(注一七)

2. 招收高级中学毕业学生。特别师范科分普通组、体育组、劳作组、艺术组四组，各校开办时，应视地方需要，师资及经济情形，酌设一组或数组。普通组的科目为：(a) 国文，(b) 体育，(c) 图画，(d) 音乐，(e) 劳作(就农艺工艺及家事三种中选一种)，(f) 教育概论，(g) 教育心理学，(h) 小学教材及教学法，(i) 小学行政，(j) 教育测验及统计，(k) 地方教育与教育视导、民众教育与乡村教育(二组中任选一组，其他各组免修)，(l) 实习等十二科。体育组就上述课程中删去图画、劳作及教育，选修科目只有国文、体育、音乐、教育概论、教育心理、小学教材及教学法、小学行政、教育测验、统计和实习等九科，特别增多体育时间。艺术组之科目和普通组相同，惟亦省去教育选修科目，劳作组的劳作，应习农艺、工艺和家事三种，省去教育选修科目和音乐两科，其余的也和普通组一样。(注一八)

三、训练所类

(1) 广东小学教师训练所

该所设立目的，在改善及供应师资，完成义务教育。入学资格为现任小学教员或曾任小学教员两年以上者，修业年限一年，教学科目为(1) 教育概论，(2) 儿童学概论，(3) 心理学，(4) 小学行政，(5) 训育实施法，(6) 教学法，(7) 卫生，(8) 公民训练，(9) 国文，(10) 体育等十科。此外就算术、自然、社会、劳作、美术、音乐六科中，选修三科。这种课程，较师范学校课程为简单，完全侧重于专业训练。(注一九)

(2) 江西各行政区小学师资训练所

将保联中心小学师资，就行政区分别集中训练，以三个月为一期。保联中心小学师资训练仅一学年内办毕。各行政区，每期额数，不得少于所辖保联数十分之六。保立[联]小学师资训练，每学年办理四回，各县每期额数，不得少于所辖保数六分之一。

四、国民基础学校类

广西省设立国民基础学校，其目的以培养国民基础教育人才为主要任务。(1) 协助指导区(普及国民基础教育指导区)指导处并与普及国民基础教育研究院分工合作，从事于区内各县普及国民基础教育之实验推广与巡回指导。(2) 训练普及国民基础教育人才，教育方针除使学生具有办理儿童教育知能外，并使其具有下列各项：

(1) 有为国家为民族牺牲之热烈情绪；(2) 有吃苦耐劳服务民众之决心；(3) 有忠信笃敬兼爱守法之精神；(4) 有研究整理发明创造之能力；(5) 有贯彻到底不屈不挠之毅力。

入学资格分二种：(1) 现任或曾任小学教师者毕业期限六个月；(2) 初中以上学校毕

业或修业期满会考及格之学生毕业期限一年。教学科目前者为:(1)心理建设;(2)军事训练;(3)国民基础教育概论;(4)国民基础教育实施法;(5)爱国教育实习法;(6)生产教育实施法;(7)卫生实习法;(8)问题讨论。后者除教授上述各科外,加授国文、教育概论、教育心理、社会调查及统计等四科。(注二一)

五、训练班类

(1)暑期训练班

江苏教育厅因第一师范区各县初级小学师资不敷应用,特设暑期训练班,造就师资:入学资格须在高级中学肄业一年以上,年龄自二十岁至三十岁。训练期限定为两个月,修业期满成绩及格,由教育厅分派至第一师范区各县乡村小学服务。(注二二)

(2)塾师训练班

二十三年度教育部曾通令各省市举办塾师训练班,计有十六省市,遵令办理。关于讲习学科及实习,各省市办法内均有规定,惟详略不一。国语、算术、常识三科为部令规定必修科,各省市皆有规定。至于其他各科,各省市之规定互有差异。兹合并叙述于下:

关于小学教育方面者:有小学教育概论、小学重要法令、短期小学办法、教育概论、小学行政、儿童心理、小学概要等科。关于训育者:有公民、党义、新生活训练、小学公民训练实施法、训练管理等科。关于教学方面者:有教材研究及教法、复式教学法、二部复式之方式、单级小学教学法等科。关于参观及实习者:有参观及试教实习、前举参观实习及实际问题之讨论、模范示教、参观实习、实习批评,在民众学校或私塾或小学实习或参观者。关于体育卫生者:有体育课间操及学校卫生等科。此外有三省以公开演讲、特别演讲及音乐、劳作为选修科。比较特殊者,浙省有私塾行政,沪市之列有私塾教员须知及单级小学教学法两科,与滇省之列有短期小学办法等。各省市对于各科讲授时间及教材内容,殊少规定:"(1)国语每周四小时,讲授注音符号标点符号教授法,(书用初级小学四年级国语教授书两本);(2)算术教材及教授书(书用初级小学算术教科书三四年级四本);(3)常识每周六小时,讲授小学应用常识教材及教学法(书用高级小学社会自然教科书一年用共四本)"等,比较为具体。又沪市以讲授与实习之时间定为百分之七十与三十之比,及由局指定受训塾师在市立小学实习二星期之规定,均可取法。(注二三)

六、艺友制类

(1)安徽

安徽省教育厅规定凡年在三十五岁以下,曾在初级中学毕业,或有同等学力,志愿担任短期小学教师者,均得向教育厅指定艺友训练机关之导师申请,经导师审查合格,报厅核定后,得为艺友。训练期间,暂定为一年。教育厅得依照事实需要,酌量缩短之。艺友学习方式如左:

1. 学科学习——用自学辅导方式,学习左列各科:

(a)普通教育原理

(b) 小学教材及教学法

(c) 义务教育法令及短期小学课程标准

(d) 学校行政

2. 参观——由导师指导参观教学及儿童训管各项活动。

3. 见习——用协助进行方式见习左列各事：

(a) 各科教学

(b) 级务处理

(c) 各项行政

4. 实习

(a) 教学——侧重复式及二部教学。

(b) 级务——应注意学规训练，领袖训练及级务处理。

(c) 行政——应注意设备管理卫生行政及家庭联络。（注二四）

(2) 浙江

浙江镇湾[海]县第七区柴桥小学为促进教育效能，并督促教育服务人员努力进修起见，招收艺友，实地辅导。入学资格：(1) 中等学校肄业者；(2) 小学高级毕业曾任小学教员二年者；(3) 曾任小学教员三年以上者；(4) 曾任小学教育并入暑期讲会二次以上，而有证明文件者。实习期限视艺友本人需要而定，最少三个月，最长为一学期。选习课程先从算术、劳作、美术、体育、音乐、常识等科入手。此外另指定选读教育书籍，以增加教育学识。（注二五）

(二) 民教师资之训练

以上系义务教育师资训练情形，至于民众教育师资训练办法，依据《实施失学民众补习教育办法大纲施行细则》第四章第十五、六条规定：

"教育部于必要时，在中央设立民众教育师资干部讲习班，由各省市选派办理民众教育人员，来京讲习完毕，仍回各省市办理训练民众学校师资事宜。

各省市应自实施失学民众补习教育开始后，分区设立民众教育师资训练班，招收相当于初级中学毕业程度之学生（教育不甚发达之地方得兼收高中毕业程度之学生。）予以一月至两月之训练。其课程以研究民众学校教材教学方法及自卫技术为中心，训练期满考核及格者，予以证明书，准其充任民众学校校长或教员。"

现时中央尚未设立民众教育师资干部讲习班，各省市训练民众教育师资情形，约如下述：

(1) 江苏省立教育学院

该校初名"民众教育学校"，旋改称"民众教育院"。民国十九年提高程度，扩充内部，复改称为"省立教育学院"。专负培植民众教育与农事教育实施与研究人才之责。该院设民众教育与农事教育两学系，此外又设专修科二。前者修业期限四年，相当于普通大学之本科。后者修业期限二年，相当于普通大学之专科。课程着重民众教育基本知识之灌输及民众教育实施问题之研讨与实习。现更注重技能学科之选习与乡村建设问题之研究。

此外尤注重勤俭耐劳精神与恪守规律习惯之养成。而使其有专心致志,从事农事教育与民众教育之实际工作。(注二六)民国二十二年,该院招收研究生,培养民众教育学术上与原理上作精神研究之人才。该院课程,极重实习,今复根据由做而学之训练原则,减少传统的课室内功课,而增加实习时间,以期对于民众教育普及及乡村的运动有深切之认识,而获得真的经验。(注二七)

(2) 浙江省立民众教育实验学校

该校现在仅设有师范科及社会教育行政二科,招收初中毕业生,修业年限三年。设立目的:"根据民众生活之需要,以实验民众教育之组织工具及方法,指导学生研究及实习,以养成本省民众教育之服务人才。"训练目标有四:① 培养献身社会终身乐为民教服务的志趣;② 养成克苦勤劳守纪律有礼貌之习惯;③ 发展自治组织创造生产的能力;④ 确立三民主义的信仰。课程分为四部分:① 基本训练;② 预备训练;③ 专业训练;④ 选修。基本训练课程为:公民、军事训练、体育、保健法、工艺、图画、音乐、国文、应用算学、生物大意及实习、理化大意及实习、地理、历史、论理大意等十科。预备训练课程为:社会组织及中国社会问题、心理概论、教育心理、教育概论、教材研究及教学法等五科。专业训练为:民众教育概论、民众教育实施法、社会教育行政及地方教育行政、乡村教育、乡村建设、农艺及实习、民教实习及实际问题讨论等七种。选修科为:教育史、民众文学、休闲教育、小学教育、学前教育及农家副业等。此外仍有课外作业及实习等。(注二八)

(3) 河北省立民教实验学校

该校初名"民众教育人员养成所",后改称为"民众教育实验学校"。校中分普通科、专修科两科。普通科修业三年,专修科修业二年。设立主旨由培养民众教育服务人员进而为培养民众教育服务人才及民众教育事业之试验。课程除灌输民众教育必需之知识,并注重参观调查与实习等。(注二九)

(4) 河南省立民众师范院

该院设立主旨,在养成民众教育服务人才,修业期限二年。最后一学期,分发河北定县、开封、百泉附近各地实习。该院举办事业,如民众医院、民众图书馆等,均由学生办理。学生在院之训练,除侧重于民众教育基本学识之传授外,并注重民众教育事业实习与民众教育问题研究。民国二十年,改称民众师范院,为乡村师范,内部设学校教育、农事教育与民众教育三组,附设小学数处,以供实验。此外对于辉县之民众教育事业,亦协助该县教育局共同设计进行。由此可知该校由专门训练民众教育人才机关,演进为培养各种教育事业之人才,而努力于乡村建设人才之训练。(注三〇)

(三) 各专家对于师资训练的意见

各专家对于师资训练的意见,大致与中央所规定的和各省所实施的相同。兹将各专家意见略述于下:

古楳氏主张乡村师范训练的目标,应有六点:一、农夫的身手;二、科学的头脑;三、办事的能力;四、艺术的兴趣;五、专业的修养;六、改造社会的精神。至于教材是要活的,应由教师亲到乡村里去考察乡民的生活状况，把它分类罗列出来，编成若干具体的问题。再想方法解决。必须是这样的教材，才能帮助村民解决生活上的问题。训练学生无论对于什么问题都用科学的方法来解决，并实行师生共同生活，以收感化之效。(注三一)

古氏所提的六个目标之一、二、四、六四个是从前晓庄师范的目标，古先生认为有补充的必要，所以加上了三、五两个。关于搜集教材的方法，我们认为宜由学生下乡去调查考察，教师宜站在辅导的地位，庶合"做"上学"做"上教的原则。

陈友端氏曾作《乡村民众教育师资训练目标及其课程之研究》，他用问卷法及访问法征集全国教育专家的意见，确定乡村民众教育师资训练的目标应如下：

"一、改造社会精神；二、要有农夫身手；三、要有科学头脑；四、培养高尚人格；五、养成健康体魄；六、要有办事能力；七、要有专业修养；八、培养远大眼光。"(注三二)

陶行知氏对于普及教育人才的培养，企图推翻现有的师范教育制度，而另行设立"工师养成所"。工师养成所的目的有下列四种：

"一、培养新工师以创立新的工学团；二、化固有之教员为工师，使学校改为工学团；三、化固有之农人工人为工师，使一般社会组成工学团；四、继续不断培养在职之工师，使与社会学术共进于无疆。"(注三三)

所谓工师就是工学团的指导员，也就是普通学校所称为教员的是。工师养成所的学生都称为艺友。

陶先生的主张大概就是这样。至艺友应具那几种智识的钥匙，和这些钥匙用什么方法传给他们，陶先生都未指出。

戴自俺氏依据陶行知氏所提示的办法，拟定一个培养师资的办法和工师培养的标准，一个工学团具有下列各种条件的，就成为一个工师养成所。

"一、在人的方面有电核团员，有小先生，有辅导员，有总辅导员，有指导员。

二、在事的方面有幼儿工学团，有儿童工学团，有青年工学团。

三、在组织方面：(1)各村的幼儿工学团、儿童工学团、青年工学团得依据各工学团所有事业之多寡而有各工团的组织；(2)各工学团之下有工学团联合办事处；(3)工学团联合办事处得分设下列三部：行政部、指导部、考核部。

四、在指导方面有个别指导、巡回指导、集合指导。

五、在研究及材料之供给方面：有流通图书馆、有医院、有工场、有科学馆、有艺术馆、有革命历史博物馆、有农艺馆。"(注三四)

工学团联合办事处就是工师养成所，负培养工师的责任。工师就是辅导员，也就是普通所称为师范生的是。(编者按戴氏所用的名称和陶氏所用的微有差别。)辅导员在总辅导员指导下参加工学团里工作，逐渐养成单独创办工学团的能力。(按陶氏之训练工师是先授与知识的钥匙然后使之散开，各自组成工学团；而戴氏则谓在工学团里服务，逐渐养成创办工学团的能力，又是一点不相同的地方。)不过，辅导员(师范生)初来时还有一个短时期的基本培养或又叫做集合培养，时间以一月至三月为期，过了这个时期就出面到各工学团生活。

《工师培养标准草案》是分作总纲和分部二部分。总纲四条如下：

"一、应充分认识生活教育的理论并能继续不断的发现新的意义；二、应能过有目的、有计划、有组织、能生产的集团生活；三、应有牺牲一己为劳苦大众谋幸福的决心；四、应从大众的立场出发而对生活教育这分事业作继续不断的努力。"

分部标准计分作：(1) 增进健康，(2) 独自营生，(3) 运用科学，(4) 辅导儿童，(5) 辅导大众，(6) 艺术，(7) 处理事务等七部。(同注三四) 每部之下详列若干条目，因长从略。但从这个大纲上，已可看出其训练的目标。

这个训练标准是很切实可取的，但其训练的方法是推翻了现行的师范制度，而另外建立一个系统。这种办法是否可行，及行时有没有什么困难，这还有待于实验与研究。在没有具体的成绩表现以前，我们不能够妄下断语。

在前面已将师资训练的方法和各省市实施的大概情形讲过了。这种制度是否适合于中国今日之社会状况，有没有加以改良的必要，我觉得有几点应当提出来加以研讨。

第一，修业期限问题　依中央的规定，师范学校的程度是相等于中学。招收初中毕业生，修业期限三年。就是简易师范，其修业年限也要四年。自然，修业期限愈长，学生学术上的涵养愈深，学识愈富。预备作人之师的师范生，其修业时间似乎更不可短。不过徒有理论上的根据而不参酌当时当地的社会实际情形，也是不当的。依十九年度的教育统计，每一中等学校学生岁占经费九四、六六元。照此推算，则养成一师范毕业生，公家约须担负经费五六八元。就是只受四年训练的简易师范毕业生，公家也须担负经费三七九元，而现在中国师资的需要即以百万计（依实施义务教育计划中之估计应需一百四十万，成人教育师资还不在内），则养成此百万的师资，如使之受三年制的训练，共需经费五六八、〇〇〇、〇〇〇元。即使受四年制的训练，也须经费三七九、〇〇〇、〇〇〇元。试问以中国今日之财力能负担得起这巨额的经费吗？然而普及教育师资是不可少的。如欲训练大批的师资只有更缩短训练的年限，集中训练的课程，以便节省经费，扩充师资养成的数量。并且中国今日之普及教育程度极低，师资的程度也可以放低点，俟将来程度提高时，再延长师资的修业年限也未为迟。所以我以为师资的训练期限更可缩短，可招收年龄较长、常识较富的高小毕业生，予以一年或二年的训练，就可充任。最近教育部颁布《实施义务教育暂行办法大纲施行细则》中对于短期小学师资的养成仅定"招收相当于初级中学毕业程度之学生，予以短期之师范训练"。这就是一种减低程度，缩短训练期限的表现。

第二，师资应有的修养　依教育部的规定，师范学校的目标有七：（一）锻炼强健体格；（二）陶融道德品格；（三）培育民族文化；（四）充实科学知能；（五）养成勤劳习惯；（六）启发研究儿童教育兴趣；（七）培养终身服务教育之精神。换个方式说，这七项目标也就是每个教师所应具备的修养。说得明白一点，就是每一教师必须具有强健体魄，优良品格，科学知能，勤劳习惯，研究儿童教育的兴趣，终身服务教育的精神，并能了解发扬民族的文化。除了这几点以外，还应当加以补充。第一点要补充的是教师对他所实施的教育内容须能彻底明了并能运之于实用。如在普及教育之内容一章中我们已确定今后的教育内容应以民生的需要为依归，那末教师对于民生教育必需能了解其理论及其与中国社会之关系而运之于实践,换句话说,教师不只使民众接受了民生教育的躯壳,同时还要使民众在接受了民生教育之后而能改进其生活,解决整个民生的需要。第二点要补充的是教师不仅须具备教导儿童的能力,同时还须有教导民众的知能。此外教师还须具有生产的能力,组织民众的知能和艺术的兴趣。总括上述,我们确定教师应有之修养如下:(一)强健的体魄;(二)优良的品格;(三)科学的知能;(四)劳动的习惯;(五)生产的能力;(六)艺术的兴趣;(七)了解及发扬民族文化;(八)了解民生教育内容;(九)教学儿童与民众的能力;(十)终身服务教育的精神。

第三节 师资待遇与进修

(一)师资待遇

吾国小学教师待遇太薄,贫瘠之县教师月薪不过三元至五元,或薪额稍高,而七折八扣,积欠经年,致使教师生活,不能安定,为教育发展上莫大阻碍。兹将各省市小学教师月薪额数列表于下:

第九表 各省小学教师之薪给

省别	校别	职别	最高薪额	最低薪额	备注
江苏	县区立小学(高级)	正教员	四五	二五	上列各项系薪给标准
	县区立小学(高级)	专科教员	三五	二〇	
	城镇初级小学	正教员	三五	二〇	
	城镇初级小学	专科教员	三〇	一五	
	乡村初级小学	正教员	三〇	一五	
	乡村初级小学	专科教员	二五	一〇	
浙江	县立小学	专任教员	七二	二五	兼任教员之最低薪额系为年俸
	县立小学	兼任教员	四〇	二〇	
安徽	乡村小学	教职员	一九.八〇	七.八〇	上列平均数
	城市小学	教职员	三〇	一一	
江西	贫瘠县分立小学	专任教员	三〇	六	平均数为一二元
	富产县分立小学	专任教员	四〇	一〇	平均数为二〇元
	乡村小学	专任教员	一五	三	平均数为六元
湖北	小学	专任教员	九〇	六〇	平均数为七〇元
	小学	兼任教员	六〇	三〇	平均数为四〇元
	乡村小学	教员			平均数为八元
湖南	小学	专任教员	三〇	一〇	平均数为二〇元
	小学	兼任教员	一〇	六.七	平均数为九.三元

(续表)

省别	校别	职别	最高薪额	最低薪额	备注
福建	小学	专任教员	六五	二八	
	小学	兼任教员	二	一．二〇	以每月每时计
云南	小学	专任教员	一五〇	三〇	平均数九〇元
	小学	兼任教员	一〇〇	三〇	平均数六五元
贵州	小学	专任教员	三八	二二	平均数三〇元
	小学	兼任教员	二一	一五	平均数一八元
广东	小学	教员	一一六	四	平均数二七元
	广州市立小学	专任教员	一八二	四〇	
广西	小学	专任教师	二四	一一	
	小学	兼任教师	二七．五	七．五	
陕西	小学	专任教师			平均数二〇元
	小学	兼任教师			平均数一〇元
山西	县立小学	教职员	三〇	一五	
河北	省立小学	专任教师	五五	二二	平均数二六元
	市立小学	专任教师	五五	三四	平均数四五元
	市立小学	兼任教师	五〇	四	平均数二七元
	县立小学	专任教师	三六	一四	平均数二五元
	乡村小学	专任教师	二四	四	平均数一四元
山东	小学	专任教员	五〇	四	平均数二五元
	小学	兼任教员	四五	二	平均数二〇元
四川	高级小学	教员	五〇	六	
	初级小学	教员	三〇	三	
甘肃	小学	教职员	四二	三	平均二二．五元
宁夏	小学	专任教员	三五	一〇	平均二〇元
	小学	教员兼职员	四〇	一二	平均二四元
青海	小学	专任教员	二五	六．七	
	小学	教员兼职员	一五	六	
新疆	省立小学	教员	一三〇	六〇	
	县立高级小学	教员	四〇	二〇	
	县立初级小学	教员	三〇	一〇	
热河	小学	专任教员	一五	八	平均一一．五元

(续表)

省别	校别	职别	最高薪额	最低薪额	备注
察哈尔	小学	教员	三〇	八	平均一二元
南京	市立小学	专任教师	九五	二〇	
	乡村小学	专任教师	九〇	一八	
上海	小学	级任教员	九五	三〇	
	小学	专任教员	九〇	二五	
北平	小学	级任及科任	六五	三〇	
青岛	小学	专任	五五	二八	
	小学	兼任	三〇	二〇	

"注意" 本表系依据第一次《教育年鉴》小学教育概况中所载各省市教职员待遇情形编制而成。所载薪额均为月俸数，有数省仅载年俸额，由编者以十二个月推算化为月薪数，以昭划一。

从右表所示，可知各省市小学教师薪给的平均数，是在十元至三十元之间。这种待遇，尚以县立小学为限，乡区立小学薪金数，比这个是更不如。

至于年功加俸、抚恤金、养老金等制度，实行的省市仅居少数。据《第一次教育年鉴》中小学教育概况所载，实行年功加俸制者，只有上海、青岛、浙江的杭州、江西的南昌、广东的广州、河北的天津等都市。其余各省，尚未规定。实行养老金、抚恤金制省市更少，只有江西、湖南、福建、青岛、上海等省市，已遵照中央所规定的《学校职教员养老金及抚恤金条例》办理，其余如浙江、云南、广西、山东等省市，只少数县份，实行此种制度。教师在职时待遇既极微薄，年老或死亡又无相当赡养或抚恤，这自然不能使教师安心供职，而师范生毕业后之不愿服务教育界，亦无怪其然。所以要提高教员教学的效率，强制师范生服务于教育界，必先改良待遇，实行加俸养老抚恤等制度。

以上所说，还是小学教师待遇的情形。至于民众学校教师的待遇，则更差。据《二十年度各省市民众学校概况》之比较中，所载各省市民校教师之待遇情形如下：(注三五)

省市名	待遇情形	省市名	待遇情形
山东	二十元至五十元	广东	月薪二十元
湖北	专任教员系四十五元	江西	月薪约二十元
河南	六元至四十元	北平市	月薪二十元
宁夏	月薪二十元至四十元	江苏	月薪十六元或津贴六元
陕西	兼任者月薪十元，专任者三十元	察哈尔	月薪十六元或津贴六元
上海市	月薪约二十元	南京市	月薪十五元（教员由校长兼月薪共支如上数）

(续表)

省市名	待遇情形	省市名	待遇情形
绥远	月薪约十二元	浙江	多数仅月领津贴数元
甘肃	月薪约十二元	青岛市	月薪五元
山西	月薪十二元	四川	平均月薪四元,多数是尽义务
新疆	月支十二元零	威海卫	月约支薪四元
安徽	月薪约十元	云南	义务
福建	二元至八元	湖南	无给
热河	月薪约六元		

观上表可见各省市民众学校教师之薪给,大多数在二十元以下,最高者不过五十元。待遇这样低微,维持个人生活且感不足,遑论仰事俯蓄,又何怪乎一般教师要中途改业呢!

师资需要的殷迫是无可讳言的,但要做到养成一个师范生毕业,就有一个师范毕业生在教育界上服务,那必须从改良待遇着手。徒用强迫服务的章程来强制,那是没有效用的。邓莘英①先生对于强迫服务有一段批评,说得很好。他说:

"凡教员待遇与其生活程度适应时,毕业生自愿服务,反是则不愿,与规程均无关也。至于不服务应赔偿学费等门面之语,尤不值一笑。盖法令效力只能强迫少数,若十之八九已遵照施行,则十之一二自可以法律绳之,若所遵行者仅十之一二,欲以法强迫十之八九,则事实上不可能。现在各地方师范学校毕业生服务状况,所以不佳者,实因地方政府无统计与小学教员待遇太薄之故。"

要使在职教师安心任事,当从改良待遇入手。关于教师待遇的标准,前大学院曾颁定小学教员薪水制度原则三项。其第一项谓应以两倍衣食住(以舒适为度)三事之所费为最低限度之薪水。我觉得这还不够,因为教员除筹措本身生活费外,还负有维持家庭生活费的责任,所以我们觉得应参考程湘帆先生所拟的三个原则:

"一、教师俸给,即为其生活费用,一切优待不在其内。俸给规定以能赡仰其身家而稍得储蓄以应疾病天灾及婚丧等事之特别需要为准。故规定薪俸额数应分别注意此两方面。

二、前条所谓赡仰身家应以本地一般职业五口之家之生活费为准。

三、于规定教师不少之生活费外之储蓄数目,其资格及成绩二者应当注重。"

(二) 师资的进修

时代的车轮不断的向前进,社会上的一切跟随着时代不断的向前奔驰,一个人若不能与时俱进,必然的要落在时代的后头,师资进修的目的就在随时增进教师学识,使能提高

---

① 编者注:疑为"邓萃英"之误。

其教学效率，而不致成为时代的落伍者。中央法规对于教员的进修，并没有特别的规定，只在《小学教程》中说：

"小学教员应参加本校及本地关于教育研究之组织，研究儿童生活所表现之事实及教训方法。"

此外又规定小学有教员五人以上的应组织教育研究会，省县市学区亦应组织本省县市学区教育研究会，以研究改进本省县市学区教育事宜。第二次全国教育会议所通过的《筹设各级各种师资训练机关计划》中曾拟定进修办法六种：

一、开办暑期学校。(1) 每年暑假由各国立大学开办暑期学校，使中小学之教职员在假期中得有进修的机会。若国立大学有二所以上在同一地点，或国立大学在省市教育行政机关所在地者，得会同合办。(2) 各省和各特别市每年均应办暑期学校一所，使中小学教员进修。这种暑期学校应注意下列各条件。1. 每年地点不必相同；2. 不收学费；3. 给予成绩证明书，但不计学分；4. 学科须适合教育需要，事先可征求多数教职员之意见；5. 不办暑期讲习会的县分，每个县必须派遣二人以上入暑期学校。

二、订定并颁发中小学教员进修书籍。(1) 由教育部编订书目。(2) 按照种类或担任科别分类编订。(3) 这种进修书籍的数量暂以足供三年内的阅读为度。(4) 由中央及地方合力筹拨款项，分别购定教员进修最低限度书籍若干份，(分为中学师范职业小学乡村小学等组)分配给各学校。(5) 各省县市应订定巡回图书馆详细办法施行。(6) 各省县市应筹足经费，限期开办巡回图书馆。

三、提倡阅读团。(1) 书目由教育厅特约的指导员或专家选定；(2) 注重新出版书籍；(3) 每人每一学期至少须报告阅读心得一次；(4) 阅读团受县市教育行政机关的监督指导；(5) 经济应由教育行政机关担任。

四、选拔优良教师继续深造。(1) 每年由各省办选拔试验一次，送往国内外相当学校肄业；(2) 选拔人数和标准，按照各省的需要和教育经费状况，由教育厅订定，呈准教育部施行；(3) 学成后必须回原派省分服务。

五、各县市开办假期讲习会。(1) 一县或数县联合办理；(2) 事前应有充分的筹备；(3) 注意解决实际问题；(4) 经费由县担负；(5) 讲习材料应征求各会员的意见；(6) 不宜与省办暑期学校在同地举行。

六、明定教育会研究学术办法。(1) 每年至少出刊物一种；(2) 会员均须分组研究，每组每年年底须有一次研究报告；(3) 每学期开分组会议一次；(4) 经费由会员分担，出版物的经费得由教育行政机关酌予补助；(5) 劝导中小学教师一律加入教育会。现在各省市县除酌用上述各种办法以外，还有一种通讯进修的办法，如浙江之师资进修通讯研究部，广东的小学教员补习函授学校和江西、福建的小学教师通讯研究所，都是由教育厅设立，聘定指导员，用通讯的方法以指导各地小学教员进修研究。

第四节　总结

(一) 述要

师资为普及教育之原动力,欲教育之普及,须有充分的师资,欲普及教育之实施有良好的效果,则又仗于优良的教师。故我国普及教育的师资问题,可分为两方面言,一为量的问题,即师资的需要及来源;一为质的问题,即师资的训练。又师资训练以后,欲使其忠于职守,并时时与时代潮流相适应,则必须注意师资的待遇和进修。故此二问题亦附带述之。兹先将本章中所述我国普及教育之师资状况,综录如下:

一、量的方面

(1) 师资的需要

欲求业务教育之普及,根据第二次全国教育会议计划中估计,至少须造就师资一百四十万人。

欲求成人补习教育之普及,根据官厅估计,至少须造就师资十三万五千人。

两者合计,共需师资一百五十三万五千人。照最近材料估计,当需民教及义教师资二百四十余万人。

(2) 现有师资之来源

  1. 经专业训练者,如师范毕业生、民众教育学院毕业生等。

  2. 经短期训练者,如暑期训练班、讲习所等。

  3. 经检定或考试合格者,如小学教师检定、塾师考试等。

  4. 具有相当教学经验者,如实习期师范生、导生、小先生等。

  5. 利用其他人员,如保甲长公务人员等。

二、质的方面

(1) 义教师资:

1. 训练机关

  a. 师范学校,有师范学校、乡村师范、简易师范、简易乡村师范等。

  b. 师范科,有简易师范科、幼稚师范科、特别师范科等。

  c. 训练所,如广东小学教师训练所,江西各行政区小学师资训练所等。

  d. 国民基础学校,如广西省立国民基础学校。

  e. 训练班有暑期训练班、塾师训练班等。

  f. 艺友制。

2. 训练期限

  a. 招收初中毕业生,训练三年,如师范学校。

  b. 招收小学毕业生,训练四年,如简易师范。

c. 招收初中毕业生,训练二年,如二年制幼稚师范。

　　d. 招收现任小学教员或曾任小学教员二年以上,训练一年者,如广东小学教师训练所;训练六个月者,如广西国民基础学校。

　　e. 招收初中以上学生,训练一年,如广西国民基础学校。

　　f. 招收高中肄业一年以上之学生,训练两个月,如江苏省第一师范区暑期训练班。

　　g. 招收初中毕业程度,训练一年者,如安徽省之艺友制。

　3. 训练科目

　有多至必修科二十一种选修科九种者,如师范学校,有仅有五六科者,如浙江之艺友制,均视训练期限之长短而定,不烦缕陈。科目之性质,可分数类:(一) 普通知识,如国、英、算、史、地等;(二) 教育知识,如教育原理、心理学、教学法等;(三) 特种技术,如农艺、工艺、劳作等;(四) 参观及实习。

　(2) 民教师资

　1. 训练机关

　　a. 教育学院,如江苏省立民众教育学院。

　　b. 民众教育实验学校,如浙江省立民众教育实验学校、河北省立民众教育实验学校。

　　c. 民众师范院,如河南省立民众师范院。

　2. 训练年限

　　a. 招收高中毕业生,训练四年,如江苏省立教育学院。

　　b. 招收高中毕业生,训练二年,如江苏省立教育学院专修科。

　　c. 招收初中毕业生,训练三年,如浙江省立民众教育实验学校。

三、师资之待遇与进修

　(1) 待遇

　1. 义教教师,月薪最多达一百八十元,最少二三元不等,但平均则在十元与三十元之间。

　2. 民教教师,最高月薪不过五十元,一部分无薪给,大多数在二十元以下。

　(2) 进修

　我国目下普及教育师资的进修,十分缺乏。

(二) 结论

　由本章所述,我国普及教育师资问题的状况,我们可以得到下列结论。

　一、就量的方面说,我们欲普及教育,须增加大量的师资,而目下的师资来源殊不足以应此大量需要,且相差甚远。

　二、就我国训练师资的机关说,纷纭错综,五花八门,各地方均应临时的需要,各自为政,殊不统一;此种现象,对于普及教育师资训练的统制、管理法令的推行等,颇多障碍。

三、就师资训练的期限说，所招之师资，程度既不相同，训练的期限又长短不一；同一师资，同为推动普及教育之人员，程度竟相差很远。

四、就师资训练的课程来说，各校课目互异，无一定标准，大多注重于抽象知识之传授，与人民生计无关。

五、就待遇说，师资所得的待遇，十分菲薄，不特不足以仰事俯蓄，即个人生活亦难维持；故大部受专业训练之师资，均不愿任此卑微之职务，师资益感缺乏。

六、就师资的进修说，目下普及教育师资的进修十分缺乏，师资的学识技能，不能随时代以俱进。因此亦足以减少师资服务的年限，使师资缺乏之中国，益感才难之苦。

我们的建议如下：

一、确立师资训练的系统，并定出最低限度之训练标准，以便各省市遵行。

二、缩短师资训练的年限并扩充师资的范围：一、农夫工匠等有一技之长者均可充普及教育之师资（此辈实乃普及民生教育之中坚人物）；二、用互教互学的办法，教师即为学生，学生即为教师，以增加教师之数量。

三、改订师范训练之内容，以民生经济活动为师范课程之脊干，以生产技术为师范课程之基础，使普通的知识及专业的知识与生产的技能成为有机的联系，书本知识应尽量减少。

（其详请阅邰爽秋：《技术基础的乡师课之改造》，《基础教育》第一卷第六期。）

四、应力谋提高教师待遇并供给进修之机会。

（注一）《全国教育改进方案》。

（注二）《二十年度全国初等教育统计》。

（注三）《二十年度各省市民众学校概况之比较》。

（注四）《实施义务教育计划》，《全国教育改进方案》。

（注五）《实施成年补习教育计划》，《全国教育改进方案》。

（注六）《关于义务教育师资》，《各省市推行义务教育有效办法辑要》。

（注七）《师范学校规程》，《教育法令汇编》，民国二十二年出版。

（注八）《师范学校教学科目及各学期每周教学及自习时数》（第一表），《教育法令汇编》，民国二十三年出版。

（注九）《乡村师范学校课程标准》。

（注一〇）《师范学校规程》，《教育法令汇编》，民国二十二年出版。

（注一一）《简易师范学校课程标准》。

（注一二）《简易乡村师范学校课程标准》。

（注一三）《师范学校规程》，《教育法令汇编》，民国二十二年出版。

（注一四）《简易师范科教学科目及每学期每周教学及自习时数表》，《教育法令续编》。

（注一五）《三年制幼稚师范科教学科目及各学期每周教学及自习时数表》，《教育法令续编》，民国二十三年出版。

（注一六）《二年制幼稚师范教学科目及各学期每周教学及自习时数表》，《教育法令续编》，民国二十三年。

（注一七）《特别师范科各组教学科目及每学期每周教学及自习时数第二表》，《教育法令续编》，民国二十三年。

（注一八）《特别师范科各组教学科目及每学期每周教学及自习时数第一表》，《教育法令续编》，民国二十三年。

（注一九）《广东省立小学教员训练所》，《广东省政府公报》二二一期。

（注二〇）《江西省各行政区小学师资训练所办法》，《各省市推行义务教育有效办法辑要》。

（注二一）《广西省立国民基础师范学校办法通则》，《教育与民众》六卷五期。

（注二二）《江苏省第一师范区各县师资暑期训练班简章》，《各省市推行义务教育有效办法辑要》。

（注二三）《各省市举办塾师训练班情形》，《各省市推行义务教育有效办法辑要》。

（注二四）《安徽省试行训练短期小学教育办法》，《各省市推行义务教育有效办法辑要》。

（注二五）《浙江省镇海县第七区柴桥小学实施短期艺友制办法》，《各省市推行义务教育有效办法辑要》》。

（注二六）《江苏省立教育学院组织概况》。

（注二七）《教育与民众》三卷六期。

（注二八）《浙江训练民教人材之过去现在与未来》，《浙江教育行政周刊》二十七、八期。

（注二九）《教育与民众》三卷六期。

（注三〇）《教育与民众》三卷六期。

（注三一）古楳，《乡村师范应当如何办理》，《教育研究》十一期。

（注三二）陈友端，《乡村民众教育师资训练目标及其课程之研究》，《教育与民众》六卷四期六三七页。

（注三三）陶行知，《普及教育》，二十六页。

（注三四）戴自俺，《普及教育与师资问题》，《中华教育界》二十二卷七期。

（注三五）教育部，《二十年度各省市民众学校概况之比较》。

第五章　普及教育经费问题

"巧妇难为无米之炊。"经费的重要，不言而喻。苟无经费，则百事莫举。而况普及数万万人的教育，更是重大的工作，不有充足的经费，那能济事！

我国推行普及教育，需要多少经费？现时各省市县普及教育经费的实况怎样？筹集经费的办法若何？专家对于普及教育经费的筹措，有何办法？均为本章所欲讨论的问题。

第一节　普及教育经费的估计

我国实施普及教育，所需经费若干，实在是一个复杂的问题。假定要用传统的方法，使教育立刻普及，实为我国国民经济状况所不许（此意已在第一章第五节说过）。因此就有人主张，把普及教育的期限加长到二十年。如第二次全国教育会议所通过的计划，便是一例。

第二次全国教育会议所通过的《实施义务教育计划》上，有一个二十年全国实施四年义务教育预算表。该计划中，估计在二十年里共有四千万学龄儿童应入学校，欲容纳此四千万学龄儿童,应添班级一百万班,培养师资一百万人。假定每一儿童公家应负担经费七元,培养师资一人,负担经费二百元,添设一级,负担经费五百元,再加上创设义务教育实验区,培养师资等项费用,则二十年中,各年应筹得经费如下表:(注一)

第十表

第一年	一、二七八、〇〇〇元	第十一年	二一〇、七六八、〇〇〇元
第二年	一一、五六八、〇〇〇元	第十二年	二三一、七六八、〇〇〇元
第三年	四六、一六八、〇〇〇元	第十三年	二五二、七六八、〇〇〇元
第四年	六〇、五六八、〇〇〇元	第十四年	二七三、七六八、〇〇〇元
第五年	七四、九六八、〇〇〇元	第十五年	二九四、七六八、〇〇〇元
第六年	一〇五、七六八、〇〇〇元	第十六年	三一五、七六八、〇〇〇元
第七年	一二六、七六八、〇〇〇元	第十七年	三三六、七六八、〇〇〇元
第八年	一四七、七六八、〇〇〇元	第十八年	三五七、七六八、〇〇〇元
第九年	一六八、七六八、〇〇〇元	第十九年	三七八、七六八、〇〇〇元
第十年	一八九、七六八、〇〇〇元	第二十年	三九九、七六八、〇〇〇元

义务教育,分为二十年实施,每年均须增加经费。第二年的经费,几较第一年增加十倍,第六年的经费,几较第一年增加百倍。此后每年增加经费二千一百万元,这样巨额的经费,如何筹措?计划中并未规定具体的办法,仅拟定由中央省及地方三方面共同分担。分担的百分比,第二年中央与省担负各半,第三年起,中央任百分之四十五,省任百分之十,地方任百分之四十五。

成人补习教育计划上对于成人教育所需的经费,又有如下的估计:养成一个民众学校的毕业生至少需费一元八角。如使二亿零二百余万失学成人全部毕业于学校,共需经费三亿六千九百二十余万元。成年补习教育是拟在六年里完成的,平均每年应筹得经费六千余万元。该计划中对于是项经费拟定分担办法如左:(注二)

中央	担负全额	四五%	每年应担负	二七、七二二、六二二元
省地方	担负全额	一〇%	每年应担负	六、一六〇、五八二元
县地方	担负全额	四五%	每年应担负	二七、七二二、六二二元
合计		一〇〇%		六一、六〇五、八二六元

省方担任经费数除蒙、藏及绥远、热河、察哈尔、宁夏、西康、青海等六省俱有特别情形应另行设计外,其余由江苏等二十二省分摊,每年每省平均担负二十七万余元。县地方担任经费数因各县人口财力环境等之不同,另行分等分配如左:

一等县,一万五千元至二万五千元;二等县,五千元至一万五千元;三等县,五千元以下。

从这两个计划中,可以看出普及教育所需的经费是如何的浩大。

以上是义务教育及成人补习教育两计划中，关于经费的估计。但此两种计划，大多根据于民国十四年教育部所发表的统计，材料甚旧。照最近教育部所发表的统计，我国实施普及教育，估计应需经费如下表。

第十一表　普及教育经费之估计

(1) 训练师资费		一、一一五、七七一、七五八．三二元
A. 民教及义教师资	四七二、二九二、八〇〇.〇〇元（甲）	
B. 师范学校师资	六四三、四七八、九五八．三二元（乙）	
(2) 学生教育资（以一年计）		一、二九一、五四七、四一五．一二元
A. 义教学生	三一九、五〇四、四〇三．一二元（丙）	
B. 民校学生	九七二、〇九一、〇一二.〇〇元（丁）	
(3) 校舍设备		六一九、八八三、九五〇.〇〇元
A. 校舍	五三一、三二九、一〇〇.〇〇元（戊）	
B. 设备	八八、五五四、八五〇.〇〇元（己）	
(4) 总计		三、〇二七、二〇三、一二三．四四元
每人平均		六元余

（甲）照《二十二年度全国初等教育统计》刊载，全国有三七、〇六五、四七六学龄儿童未受义务教育。又据《二十年度各省市民众学校概况之比较》一书中刊载，全国统计有二四三、〇二三、二五三失学成人，须受民众教育。根据《一年制短期小学暂行规程》，每教师担任教学儿童五十人之规定计算，则需义教师七四一、三〇九人，又照《实施失学民众补习教育办法大纲施行细则》第九条之规定，以每班五十人每日教二小时计算，则需民教师一、六二〇、一五五人。义教与民教，共需教师二、三六一、四六四人，假定训练费每人以二百元计，应得知上数。

（乙）假定每个师范教师，平均可教十个师范生，造就二、三六一、四六四义教及民教师资，则需二三六、一四六师范教师，据《二十二年度全国高等教育统计》刊载，大学生每人每年平均需用六八一．二三元，四年共需二、七二四．九二元，造就二三六、一四六师范教师，应得如上数。

（丙）据《二十二年度全国初等教育统计》刊载，初小学生每人岁占费为八．六二元，全国须受义教学生计有三七、〇六五、四七六人，乘八．六二元，应得如上数。

（丁）据《第一次中国教育年鉴》刊载，民校学生岁占费，各地不同，最高者为上海，民校学生岁占费为七．五元，最低者为宁夏，民校学生岁占费为一．〇五元，今折衷为四元，全国计有二四三、〇二三、二五三失学成人，乘以四元，应得如上数。

（戊）全国未受义教学生，共有三七、〇六五、四七六人，以每班五十人计，共需教室七四一、三〇九间，但因晚间可用作民众学校教室，多四分之一之用途，因此义教部分，可以四分之三计算，为五五五、九八一间，至失学民众二四三、〇二三、二五三人，以每班五十人每日四班计算，应需教室一、二一五、一一六间，连义教部分，共需一、七七一、〇九七间。每间以三百元计，应得如上数。

（己）每教室的设备以五十元计，应得如上数。

上表所列的数目,系根据传统的办法,用高中程度的师范生,拿传统的方法来普及教育而估定的。所需造就师资校舍设备及第一年的教育费,即需三、〇二七、二〇三、一二三．四四元。而我国二十四年度中央岁出预算,仅为九五七、一五四、〇〇六元(注三),不及该数之三分之一。又我国人民每年收入,据山西省政府统计,平均仅有二十元,而普及教育,师资校舍及第一年教育费,平均每人即需六元余。岂不令人咋舌！可知我国目前国民经济状况,绝不能用高中程度的师范生拿传统的方法来普及义务教育和成人教育。

第二节 各省市普及教育经费实况

实施普及教育所需经费的浩大,前节中已经述及。此种经费依照从前法令上的规定,完全划归地方自筹,中央不负筹措责任。直至最近数年,始改由中央及地方分担。《实施〈义务教育暂行办法大纲〉施行细则》第六章第二十三条规定说:

"义务教育之经费,其在市区者,由政府统筹。其在省区各县市,以省县分担为原则。中央并得酌量省市情形补助之。"

据教育部报告,二十四年度中央拨发各省市之义务教育经费,计二百四十万,由英、美、法等国庚款项下划拨之补助费计三十万元,拨付滇黔等省边疆教育经费计五十万元。总计三百二十万元。此种款项,如何支配？中央特订有《二十四年度中央义务教育经费支配大纲》,其要点:(注四)

"(一)中央义务教育经费之支配,对于边远贫瘠省份及其他特殊情形之省市,于支配经费时,应予以特别考虑。

(二)中央于支配各省市之义教经费及各省市应自行担任之经费,由教育部详审各省市实际情形,分别确定额数,呈请行政院备案。

(三)各省市有不能依照教育部规定之额数自行筹足,或设词虚报者,中央经费将暂不拨付。并得将是项经费,移作下年度各该省市办理义教之用。"

据教育部公布二十四年度中央补助各省市义务教育经费数目,约如下表所示:(注五)

第十二表

省市别	国库支出义教费支配数	边疆教育支配数	庚款补助费支配数	合计
山东省	一三〇,〇〇〇元		美一〇,〇〇〇元	一四〇,〇〇〇元
四川省	一三〇,〇〇〇元		美一〇,〇〇〇元	一四〇,〇〇〇元
江苏省	一二〇,〇〇〇元		美二〇,〇〇〇元	一四〇,〇〇〇元
广东省	一二〇,〇〇〇元		美一〇,〇〇〇元	一三〇,〇〇〇元
湖南省	一二〇,〇〇〇元		美一〇,〇〇〇元	一三〇,〇〇〇元
河南省	一二〇,〇〇〇元		美一〇,〇〇〇元	一三〇,〇〇〇元
浙江省	一二〇,〇〇〇元		美一〇,〇〇〇元	一三〇,〇〇〇元
安徽省	一二〇,〇〇〇元		美一〇,〇〇〇元	一三〇,〇〇〇元

(续表)

省市别	国库支出义教费支配数	边疆教育支配数	庚款补助费支配数	合计
江西省	一二〇、〇〇〇元		美一〇、〇〇〇元	一三〇、〇〇〇元
河北省	一二〇、〇〇〇元		美一〇、〇〇〇元	一三〇、〇〇〇元
湖北省	一二〇、〇〇〇元		美一〇、〇〇〇元	一三〇、〇〇〇元
福建省	一〇〇、〇〇〇元		美一〇、〇〇〇元	一一〇、〇〇〇元
广西省	一〇〇、〇〇〇元		美一〇、〇〇〇元	一一〇、〇〇〇元
山西省	一〇〇、〇〇〇元		美一〇、〇〇〇元	一一〇、〇〇〇元
贵州省	八〇、〇〇〇元	八〇、〇〇〇元		一六〇、〇〇〇元
云南省	八〇、〇〇〇元	九〇、〇〇〇元		一七〇、〇〇〇元
陕西省	八〇、〇〇〇元	八〇、〇〇〇元		一六〇、〇〇〇元
甘肃省	八〇、〇〇〇元	三〇、〇〇〇元	英五〇、〇〇〇元	一六〇、〇〇〇元
西康省	三〇、〇〇〇元	三〇、〇〇〇元		六〇、〇〇〇元
青海省	三〇、〇〇〇元	二五、〇〇〇元	英二五、〇〇〇元	八〇、〇〇〇元
宁夏省	三〇、〇〇〇元	一五、〇〇〇元	英二五、〇〇〇元	七〇、〇〇〇元
绥远省	三〇、〇〇〇元	五〇、〇〇〇元		八〇、〇〇〇元
新疆省	三〇、〇〇〇元	五〇、〇〇〇元		八〇、〇〇〇元
察哈尔省	三〇、〇〇〇元	五〇、〇〇〇元		八〇、〇〇〇元
南京市	九〇、〇〇〇元		法一〇、〇〇〇元	一〇〇、〇〇〇元
上海市	六〇、〇〇〇元		法二〇、〇〇〇元	八〇、〇〇〇元
北平市	四〇、〇〇〇元		法五、〇〇〇元	四五、〇〇〇元
天津市	三〇、〇〇〇元		法五、〇〇〇元	三五、〇〇〇元
青岛市	三二、〇〇〇元		法一〇、〇〇〇元	四二、〇〇〇元
威海卫	八、〇〇〇元			八、〇〇〇元
合计	二、四〇〇、〇〇〇元	五〇〇、〇〇〇元	三〇〇、〇〇〇元	三、二〇〇、〇〇〇元

二十四年六月,教育部电令各省市,义教经费以自筹半数以上为原则。各省市接到命令后,大多尚能遵令筹集。据教育部发表各省市中所筹义教经费数,以广西为最多,达二百万元。江西居第二位,约一百六十八万元。山东居第三位,约八十五万元。市区以天津为第一,共计十二万元。南京市第二,共十万元。上海市第三,共九万元。兹列表于左:(注六)

第十三表

二十四年度各省市自筹经费数目表		
省市别	二十四年度筹费数	实在数目
山东省	八五七、九一五元	已解到六十余万
四川省	省 一五万元	已拨一月
	县 五五九、二〇〇	列入预算动支

(续表)

省市别	二十四年度筹费数		实在数目
江苏省	省	一五万元	如数月拨
	县	四二万元	未详
广东省	省	一四〇、五六〇	如数月拨
	县	五一三、〇〇〇	未详
湖南省	省	二〇万元	已拨十一万
	县	一五二、四四〇	已筹一三二、〇四〇
河南省	省	五七、六〇〇	省已拨到
	县	五七、六〇〇 人民 一三四、四〇〇	县及人民已筹一三一、〇五三
浙江省	省	一二万	已拨六万元
	县	一〇二、五三八元	未详
安徽省	省	二〇万元	已拨十一万一千元
	县	无	
江西省	省	一〇万元	照拨
	区	七六四、五五七	一五八万
河北省	省	一七二、八〇〇	照拨
	县	三二五、四一八	二二六、□四三．七二元
湖北省	省	一四万	照拨
	县	一、三〇〇、四〇〇	约七分之三
福建省	省	一二万五千	照拨
	县	一一四、七九七	一三二、一八〇
广西省	省	无	未详
	县	约二百万	未详
山西省	省	未详	一五四、九二三．二七元
	县	三三六、三〇〇	已筹
贵州省	省	六万元	七折拨四万二千
	县	无	
云南省	省	三十万元	省拨十万元又专费二十万元
	县	约六万元	未详
陕西省	省	二五万元	如数照拨
	县	二五万元	列入预算动支

(续表)

省市别	二十四年度筹费数	实在数目
甘肃省	省　无	
	县　一三九、八六〇	未详
西康省	无	
青海省	无	
宁夏省	省　七、九〇〇	未详
	县　无	
绥远省	省　四万元	均已照拨
	县　八万元	均已照拨
新疆省	三十万元	已拨
察哈尔省	省　三一、八〇〇元	据报已拨二月
	县　四〇、九二〇元	未详
南京市	十万元	未详
上海市	九万元	已拨三万元
北平市	八万元	照拨
天津市	十二万元	已拨三万元
青岛市	五万三千元	照拨
威海卫	七、二五〇	照拨

就省区与县市言，各省义教经费之支配标准，概视地方财力状况而定。各县市应先筹出所应负之经费数后，省方再将中央及省款分配补助之。边远省份支配情形与内地稍殊，自当别论。就经费用途言，各省市县义教经费均用之于：（一）开办短期小学；（二）补助各县市开办短期小学；（三）津贴各中学及完全小学附设短期小学班；（四）增设初级小学班级；（五）单式初级小学改二部制；（六）改良私塾；（七）训练短期小学及塾师；（八）编印短期小学课本；（九）行政辅导及巡回教育费用；（十）留作准备金；（十一）私塾奖金。……等。(注七)

以上系义务教育经费情形，至于民众教育经费，据教育部规定，完全归省市县自筹，中央不加补助。《实施失学民众补习教育办法大纲施行细则》第六章第二十一条规定说：

"办理失学民众补习教育经费，在直辖市者，由市政府统筹；在省区所属各县市者，以省县市斟酌分担为原则。"

兹将二十二年度各省市民众教育经费数列表于下：

第十四表（注八）

省市别	经费数	省市别	经费数
广西	一、九四三、五三六	北平	一、一八一、九〇〇
广东	一、七七五、四五七	浙江	一、〇四七、二七一
江苏	一、七一五、七三一	山东	一、〇三八、〇〇四
四川	一、六七七、一五七	东省特别区	八七四、八〇六
河北	八六九、三二八	甘肃	七〇、二六一
河南	七七三、二〇〇	青岛	六七、四八五
湖南	八五五、三八五	绥远	六五、四一二
福建	五九二、八九九	贵州	四二、三七三
江西	五五五、一五四	青海	三八、七二二
湖北	五四二、三六二	察哈尔	三三、四四二
上海	四六〇、一五五	黑龙江	三〇、五七二
安徽	二七六、三九五	威海卫	一六、八〇九
陕西	二六八、三一〇	热河	一三、四一八
辽宁	二〇九、五六七	宁夏	一一、七二二
山西	一八九、一五五	新疆	一〇、〇五九
云南	八五、四六七	西康	一、六九〇
吉林	七六、四八〇	总计	一七、四九七、八一三
南京	七六、一二八		

第三节　筹集普及教育经费的办法

义务教育经费以地方自筹为原则，中央略予补助。前年教育部颁布《民国二十四年度中央义务教育经费支配办法大纲》六条，规定中央义教经费来源如下：（注九）

"中央义务教育经费，以国库支出义务教育经费边疆教育经费及庚款机关拨充之经费充之。"

至于各省市筹集义教经费的办法，行政院曾颁布《各省县市筹集义务教育经费暂行办法大纲》，其中第五条规定义教经费的来源，分左列五种：

（一）县市政府呈准省府指定学产之收入；

（二）县市政府呈准省府指定合法捐税及附加捐税之收入；

（三）县市政府乡镇或学区内整理原有学产增加之收入；

（四）热心公益人士对于义务教育自愿之捐款；

（五）县市或乡镇由人民自动公议依法呈准分担之捐款；（注一〇）

关于小学区筹集义教经费办法，教育部曾公布一个暂行办法，条文有九。其第四条说明义教经费之来源如下：

"各小学区筹集义务教育经费，除由县市政府统收捐拨及自动整理祠庙等款产，专供办理区内短期小学经费外，得依下列各款，酌量采一种或数种筹集之：

（一）按照田亩分捐；

（二）按户酌量分摊；

（三）由各户自认捐额；

（四）人民自动捐纳之遗产及其他款产；

（五）殷实商店或工厂之特捐。"（注一一）

（一）各省的办法

以上是中央法令上，规定筹措义教经费的办法。现各省市因谋教育普及，对于义教经费，大多尚能竭力增筹。兹将各省市县筹措义教经费的办法，择要分述于下。

一、江苏

江苏各县普及教育经费，以亩捐拨充，名为普及教育捐。各县得八分起征，按照实际需要，可递增至一角六分。所收款项，专为办理义务教育与社会教育之用。义教七成，社教三成，不能移充他项用途。各县办理义务教育，如亩捐不足敷用时，得以他项收入挹注。

二十一年苏省教育厅订定《推行义务教育计划大纲》，其中规定各县推广义务教育，须在原有经费以外，设法增筹。并订来源六种：

"（1）整顿教育款产杂捐；（2）加增附税亩捐；（3）请求省款补助；（4）利用废庙产业；（5）酌收学费；（6）紧缩他项支出。"（注一二）

故该省普教经费的来源共有七种，即除八分亩捐外，再加上右列六种。据苏省教育厅报告，二十四年度省筹义教经费十五万元，由省教育经费中筹拨十万元；省预算总预备费项下拨付五万元。县义教经费大部分由县预算总预备费项下拨支，不足部分，动支义教基金补充。县义教开办费，统约三十万元以上，均系各地自行筹募。（注一三）

二、浙江

浙江教育经费，无论省县，均属统收统支。关于普教经费，并未指定专款。十九年省政府委员会决议，在省地方教育经费预算内，列义务教育试办区辅助费十万元。二十年复列辅助费八万元，但因经费支绌，是项辅助费，迄未照拨，试办区亦未创办。（注一四）

二十一年举行全省县长抽调会议，当时议决各县乡镇至少设立初级小学一所。五月教育厅公布《各县市设立乡镇初级小学办法》，规定乡镇初小经费应由该乡镇公所按亩或按户摊捐，其捐额由各县按照地方情形酌定之。（注一五）

依据浙江教育厅报告，二十四年度省筹义教经费十二万元，由历年留学经费节余项下及省经费预算内预备费项下划拨。县义教经费大多来之于：（1）屠宰附税；（2）清理旧赋；（3）劝募等。（注一六）

三、安徽

安徽为推进义务教育起见,特指定专款,办理义教事宜。专款中分省县二种,省义教专款,为烟酒税及厘金两种,厘金一项自裁厘后,即随正税消灭。烟酒附加一项,因划为国税,曾一度陷于飘摇状态中。现经财政部认可,许予带征。故省义教专款,只剩烟酒附加一项,其他别无专款。县义教专款,为田亩牲屠牙帖及不动产登记等四项附加。该款原指为专充推广义教之用,不得挪移,但因连年荒歉,积欠甚多,多数县份,都不能将义教专款与小学经费划分清楚。(注一七)

皖教育厅长杨思默氏曾发表《安徽省普及义务教育计划》一文,其中对于义教经费的筹措,拟定两种办法:一为义教专款,如所得税、奢侈捐、雅片烟膏税、烟灯捐、迷信捐、烟酒附加捐、遗产税等六项;一是提成充为义务教育经费的,如寺庙财产、各姓祠产、司法机关行政机关及警察机关所收各种罚金及各种没收物品等,均拟提成充为义务教育经费。此外各县保安队逐渐裁撤,保安费亦可移为义务教育经费。(注一八)

以上是杨氏拟订筹措经费的办法。如能依此办法逐一实现,则义教经费必能大量增加。所惜此种计划,并未实现。依据教育部周邦导督学报告,二十四年度皖省政府自筹义教经费计十七万元,由本省留学经费积余项下拨九万元,皖西善后经费拨二万元,财政部拨印花税补助费二万元,省总预备费项下拨四万元,县义教经费由县地方预备费拨三万元,但大多系由联保主任于各保内住户分别摊派或劝募。合肥滁县等县义教经费,来之于田赋、契税、牙帖、牲屠四种义教附加,则比较特殊。(注一九)

四、江西

陈礼江长江西省教育厅时,对于义务教育经费及民众补习教育经费,曾规定办法如下:(1)七成丁漕附税;(2)注册税;(3)亩捐;(4)房捐;(5)契税附加税;(6)烟酒附加税;(7)屠宰附加税;(8)硝矿附加税;(9)卷烟附加税;(10)特产捐;(11)遗产捐;(12)迷信捐;(13)祠产一部分;(14)逆产等十四项收入充任之。依三七之比率分配,义教七成,民众补习教育三成。(注二〇)但上述十四项中除(1)(2)(3)三项业经实行外,其余各项因连年土匪猖獗,民生凋敝,未能实行。

二十一年赣省教育厅颁布《改订民众补习教育规程》,其中规定民教经费以下列税收扩充之:(1)亩捐;(2)房捐;(3)各项附加税;(4)祠庙祭产;(5)遗产;(6)私人捐助;(7)省库补助;(8)游艺募捐;(9)其他等项。(1)至(4)项除用于民教外,兼为办理义务教育之用;义教七成,民众补习教育三成。(注二一)

最近教育厅颁布《江西省各县筹集义务教育经费实施办法》,规定各县筹集义教经费办法如下:

(1)所有县有区有保有各项增加之公产公款,一律分别拨充义务教育经费;

(2)由人民自动公议,依法呈请分担义务教育捐款(在不抵触中央及本省法令范围内);

(3) 由区长、保联主任、保甲长、保学委员会委员共同负责劝募,或就各户(已经自动认捐者除外)动产不动产之现在经济状况,勒令分担义教经费;

(4) 依部颁《各省市县筹集义务教育经费暂行办法大纲》第五条规定之各项范围内,就各地方实际需要分别筹集之。(注二二)

据教育部戴夏督学报告,(注二三)二十四年度省筹义教经费十万元,系由财政厅在营业税项下,按月动支。各县自筹义教经费计一百五十八万余元,来源约有下列三种:(1)县区保各项公产公款庙祠会产;(2)人民自动捐款;(3)各户分担。(注二四)

五、湖南

湖南义务教育经费,分县有和区有两种:县义教经费来源为:(1)遗产税;(2)田赋附加;(3)契税附加;(4)烟酒税附加;(5)营业税附加;(6)田赋月息;(7)县有之学宫、书院、宾兴;(8)一部分寺庙财产及(9)含有学款性质之县有公产等项收入之二分之一,办理义教。区义教经费来源:(1)亩捐;(2)房捐;(3)屠宰税;(4)殷实捐;(5)一部分寺庙财产为公共性之公积金;(6)各家族祠产杂捐;(7)停征之团防经费;(8)教育基金利息等项。(注二五)但在取消苛捐杂税的原则下,上述筹费办法,多未实现。据湘省教育厅报告,二十四年度省义教费十二万元,由省库动支。县筹义教经费十万余元,其来源:(1)县财政各项节余;(2)照田亩派捐;(3)附加其他税款。(注二六)

六、湖北

湖北对于普及教育经费的筹措,并没有规定办法。最近厅颁《湖北省实行政教合一及普及教育办法大纲》,其中对于义务教育经费规定筹措办法六项:

"(1) 切实清理县有学产学款,厉行预算制度,维持区学乡学村学族学固有经费;

(2) 责成各区区长,清理该区学产学款,并将地方公款尽量移作办理教育之用;

(3) 责成各区区长,调查寺庙资产,以十分之四作奉祀费,十分之六拨充义教经费为原则,向各祠庙主管人劝导办理;

(4) 各县县政捐如有盈余,应拨一部分移作义务教育经费;

(5) 各县教育经费,已挪作别用,应悉数归还,以后无论如何,不准挪移,违者责令该主管人赔缴;

(6) 各县就本县实在情形,拟具抵补并增加教育办法,期限呈省核示。"(注二七)

《联保设立小学暂行办法》中规定联保小学经费,以就地筹措为原则。其来源有三:(1)联保内公产公款;(2)各族祠庙会产;(3)特别捐。

右列各项办法,系最近订定公布。实施情形如何,无从知悉。但据教育厅报告,二十四年度省筹义教经费十四万元,由烟酒税牌照税项下拨四万八千,省库及汉口市拨九万二千。县义教经费,其来源:(1)增加未超过正税之牙帖屠宰附加;(2)清查无主产业;(3)划拨县财政捐盈余;(4)保甲经费;(5)党务经费。(注二八)

七、河南

河南义务教育经费,系以亩捐为主,而以庙产及丁银捐为副。短期小学经费,系就各县征收亩捐拨充之。捐率依照所需经费之多寡为标准。短期义教实施期满后,亩捐即行裁免。(注二九)

教育厅近颁布《河南省实施义务教育第一期计划大纲》,其中规定义教经费之筹措,以人民与政府、中央与地方共同负担为原则。分担百分率如下:(1)请中央补助百分之三十五;(2)省政府筹拨百分之十五;(3)县地方自筹百分之五十。其中县政府筹拨百分之十五,人民就地自筹百分之三十五。至于人民就地自筹经费办法,约有下列三种:(1)奖励捐款;(2)公产公集金;(3)移用看青费(该省乡村人民每于麦收或秋收之后,村民各自动捐助麦子或杂粮若干,共推公正村民保管,为每年雇人保护禾苗或举办公益事业之用。拟劝导增加量数,移作学校常年经费)。以上系法令上规定筹款的办法。(注三〇)据教育厅报告,二十四年度省筹义教经费计五万余元,其来源如下:(1)县地方预备费项下划拨;(2)行政罚款;(3)保甲余款;(4)人民摊派;(5)看青费;(6)劝募。(注三一)

八、河北

河北对于义务教育经费,并未指定专款。二十一年教育厅召集义务民众教育委员会联席会议,对于义教民教之经费,决议筹集办法如下:

(1)属于省者为:1.营业税酌加教育附捐;2.烟酒税附加五厘;3.筹拨庚子赔款三项。专作补助各县义教与民教之用。

(2)属于县者为:1.随粮带征;2.牙杂税附加捐;3.整理教育款产;4.酌提行政罚款;5.卖典契附加捐;6.专税增额;7.各项新增地方捐税酌定提留;8.取消解上差徭费名目留充本县教育经费;9.筹收庙产;10.交易草契纸价十项。专作补助各区乡义教与民教之用。

(3)属于区乡镇者为:1.自行按亩摊派;2.拨用各项公产公款;3.实行资产教育捐;4.推行教育树;5.征收文盲捐;6.田房中用买主附加二分;7.田房中用鉴正费。(注三二)

上述各项筹款办法,如得实行,普及教育之进行,自易为力。据教育厅报告,二十四年度,省筹义教经费十七万余元,完全由省库经费项下拨充。县筹义教经费二十二万余,其来源多数系由裁余党费项下拨充,余由设校村庄按人民富力劝募,但为数无多。(注三三)

九、山东

据教育厅报告,二十四年度省义教经费之来源:(1)各县解省之义务教育基金;(2)各县解交本年度应还之十八年度军事垫款;(3)各县解缴本年度应还之十九年度军事垫款;(4)义教杂项收入;(5)基金及月刊订价。县义务教育经费,或由县教育经费项下拨付,或由各乡镇长就设学所在地自行筹募。(注三四)

十、山西

山西省内除少数县市立小学由公款支拨外,其余各小学经费,大抵出于村民摊派,或取诸各村庄之公产寺产。(注三五)故各小学均无巩固基金,一有战事发生,小学即受影响。

十一、福建

福建对于县教育经费之分配,曾经订定标准如下:

(1) 全年经费在五万元以下者:1. 初等教育占百分之七十至七十五;2. 社会教育占百分之十至二十;3. 教育预备费占百分之十至二十。

(2) 全年经费在五万元以上十万元以下者:1. 初等教育占百分之六十至七十;2. 社会教育占百分之十至二十;3. 教育预备费占百分之十至十五。

(3) 全年经费在十万元以上者:1. 初等教育占百分之五十至六十;2. 社会教育占百分之十至二十;3. 中等教育占百分之十五至二十五;4. 教育预备费占百分之十至十五。

此外又规定凡新增教育经费应以百分之十至二十作为办理新事业之用。关于初等教育费应尽先拨作推广义务教育之用。(注三六)

据教育厅报告,二十四年度省筹义教经费一二五、〇〇〇元,由省库就新增义教经费及各县苛杂抵补费项下拨付。县市义教经费由各县市政府就原有地方教育款产,加以整理。所增加之收入及实行新县制,裁并教育局科,原有地方教育行政费部分,腾出指充。(注三七)

十二、广西

广西推行国民基础教育,规定筹集经费办法四种:

(1) 拨发各县原有粮赋,附加二成义务教育经费;

(2) 拨用各县粮赋,附加三成教育经费;

(3) 将来各县中改组,经费由省库支给后,原有县中经费全数拨充;

(4) 拨用其他地方公有资产及经费。(注三八)

据教育厅报告,二十四年度义教经费由县统筹约二、〇〇〇、〇〇〇元,省府未加补助。(注三九)

十三、广东

粤省教育厅近颁布《广东省实施义务教育暂行办法》,其中对于经费一项,规定筹集办法如下:

(1) 凡由县库或市库划拨之义务教育经费,应参照左列办法宽筹之:

1. 各县市于实行征收地税时,应于留县五成,提拨教育经费占百分之三十项下占最高额数。

2. 所有省办各项新增地方捐税,得由各县市政府或教育经费管理委员会呈请教育厅转呈省政府酌定提留若干成；

3. 各县市变卖官产或查封之逆产以及一切罚金，应提拨半数；
4. 凡全县全市共有之地方公产及公款，得由县市政府酌量提拨；
5. 整顿现有教育经费，即将整理增收之款提拨半数；
6. 缩减一切无谓政费，及将中等以上学校已设而不甚需要者，酌量收束或缩少，而将其节存之经费拨充之。

（2）各区地方公立或私立之学校经费，参照下列办法筹集之：

1. 地方公款应酌量划拨；
2. 各区乡镇原有学田花红，以及文会书院等产款，应悉数提拨；
3. 各乡祖祠每年收入租息，须提拨百分之二十至四十；
4. 各乡区镇庙产、寺产、神会产等项，应酌量提拨；
5. 各区乡镇公有山林土地出息，酌量提拨，并得由学校将附近荒山空地，以最低价优先承领种植森林，定为基本财产；
6. 濒海沙骨，以及鸭埠、鱼埠、蚌埠、虫埠等出息，应酌量提拨半数以上；
7. 募捐。（注四〇）

据教育厅报告，二十四年度省筹义教经费共有一四〇、五六〇元，即由裁并中学经费及节省无谓经费而来。县市筹得义教经费共有五一三、〇〇〇元，其来源取于学田花红学产宗祠荒地将产地税濒海沙骨以及鸭埠鱼埠虫埠等出息。（注四一）

十四、新疆

新疆省《实施义务教育第一期计划大纲》中规定各县筹集义教经费办法如下：

（1）指定学产；（2）劝导人员捐助；（3）利用废庙产业；（4）利用礼拜寺产业紧缩他项支出。

据教育厅报告，二十四年度省筹义教经费计有三十万元。（注四二）

十五、察哈尔

察哈尔省《二十四年度实施义务教育计划》中，规定省县筹集义教经费办法如下：

（1）省义务教育经费拟就全省总收入项下，提出百分之一充之，计洋三万一千元。按月由省财厅筹洋二千六百五十元。

（2）县义务教育经费，由本省教育厅会同财政厅斟酌各县财政状况设学多寡，核定各县应筹数目，令行遵照，总计各县共筹经费四万零九百元。

据教育厅报告，二十四年度省筹义教经费三一、八〇〇元，由省库统筹统支。县筹义教经费四〇、九二〇元，其来源由行政预备金项下支拨。各种附加如契税、斗捐、车牌捐、牙税、牲畜税、南口护路费等。（注四三）

十六、陕西

陕西省《实施义务教育第一期计划》中,规定省县筹措义教经费办法如下:

(1) 省政府于二十四年度由省库拨定义务教育费二十五万元,以后每年增拨十万元,连同中央拨给本省之义务教育费及边疆教育补助费,除指定有专项用途外,应尽量用以补助各县添办普通小学及短期小学⋯⋯

(2) 各县原有学款、学田、房产未列入预算者,以及官荒、会款、庙产、绝产等,应由县政府调查整理,尽先拨作各原地短期小学及普通小学之经费。

据教育厅报告,二十四年度省筹义教经费二五〇、〇〇〇元,由该省高等教育经费项下划拨。县筹二五〇、〇〇〇元,其来源系由旧有地方款产统一整理拨筹如上数。(注四四)

十七、云南

据滇省教育厅报告,二十四年度省筹义教经费三〇〇、〇〇〇元,由省库拨十万元,市拨二十万元,县筹义教经费约六〇、〇〇〇元,由于整理学租而来。(注四五)

十八、绥远

据绥远教育厅报告,二十四年度省筹义教经费四〇、〇〇〇元,由省建设专款内筹拨。各县义务教育经费来源不外二种:(一)移用各县党费;(二)提拨各县建设专款。(注四六)

十九、四川

《四川省一年制短期义务教育实施纲要》中第六条规定各地自筹义教经费办法如下:

"义教经费,除成渝两市应自行就地筹足外,其余即由各该县教育科并入县政府第三科后,缩减原有之教育行政经费节余项下划拨。如原有教育行政经费节余未达到各该县额定数目或已挪作别项支用者,应另议筹集方法,或悉数拨还,呈报省政府核定施行。"(注四七)

据教育厅报告,二十四年度省筹义教经费一九〇、〇〇〇元,完全由省库划拨,县市义务教育经费则列入各县市预算内。(注四八)

二十、甘肃

据甘省教育厅报告,二十四年度县筹义务教育经费一三九、八六〇元,其来源:(一)从丁粮项下划拨;(二)田赋附加;(三)人民摊派。省府对于各县义教未有一文补助。(同注四八)

二十一、上海市

据教育局报告,二十四年度市筹义教经费九〇、〇〇〇元,由市库按月划拨。(同注四八)

二十二、青岛市

据社会局报告,二十四年度市筹义教经费五三、〇〇〇元,由市库划拨。(同注四八)

二十三、天津市

据社会局报告,二十四年度市筹义教经费一二〇、〇〇〇元,由市库拨给。(同注四八)

二十四、北平市

据社会局报告,二十四年度市筹义教经费八〇、〇〇〇元,由市库拨给。(同注四八)

二十五、威海卫

据社会局报告,二十四年度市筹义教经费一七、二五〇元,由管理公署总经费项下划拨。(同注四八)

总观以上各省市区经费来源,市区义教经费多自市库支拨,各省区县市自筹经费,其来源不外公款、学田、庙产、绝产、官荒、祀产、遗产、募捐、会社公积金、指定专款、紧缩其他支出、划拨他项行政费……等。至因地方情形特殊,别有资源者,如山东省利用民国十八、十九年之军事垫款,新疆省利用礼拜寺产业,湖北省挪用烟酒牌照税,河南省移用看青费,绥远、河北两省移用各县党费,广东省查封之逆产与一切罚金提半数,濒海沙骨以及鸭埠禾虫埠等出息酌量提拨半数以上,江西省按照保甲经费按户等分负担比例摊配……等。此数省义教经费之来源,情形则比较特殊。兹将各省市县自筹义务教育经费类别,列表于下:

(1) 省市库拨……………………浙、冀、沪、青、津、粤、豫、赣、湘、川、滇、平、察、鄂
(2) 省留学经费…………………苏、浙、皖
(3) 省预算总预备费项下…………皖
(4) 印花税补助费………………皖
(5) 皖西善后经费………………皖
(6) 省库新增义教经费拨付………闽
(7) 省库就原有各县苛杂抵补费项下拨付…………赣
(8) 营业税项下拨付……………陕
(9) 高等教育费项下划拨…………鄂
(10) 省烟酒牌照税………………鄂
(11) 汉口市拨……………………鄂
(12) 各县解省义务教育基金………鲁
(13) 各县解缴应还十八十九年度军事垫款…鲁
(14) 基础教育月刊价………………鲁
(15) 由省建设专款内拨给…………绥

（16）教育专款项下……………………津、豫

（17）教育经费利息……………………鲁

（18）总经费项下………………………威海卫

（19）裁并中学节余之经费……………粤

（20）缩减一切无谓经费………………粤

各县市自筹义务教育经费类别：

（1）县预算总预备费项下拨…………苏、浙、豫、皖

（2）动支义务教育基金………………苏

（3）各县自行筹募开办费……………苏

（4）增加未超过正税之牙帖屠宰附加……鄂、皖

（5）整理地方公产……………………鄂、赣、粤、陕

（6）划拨县财政捐盈余………………鄂

（7）省库增拨补助费…………………鄂

（8）各县市府就原有款产加以整理之收入…………闽

（9）由区乡镇保长就设校村庄按人民富力摊派……皖、赣、甘、鲁

（10）实行新县制裁并教育局科将原有地方教育费划出指定……闽

（11）利用县党费……………………绥、冀

（12）县教育经费项下补助……………鲁、豫

（13）从丁粮项下筹集…………………甘

（14）田赋附加…………………………甘、皖

（15）地方款项下划拨…………………粤

（16）地方临时费………………………豫

（17）地方临时公益捐…………………豫

（18）移用看青费………………………豫

（19）清理地方公款……………………豫

（20）利用礼拜寺庙产…………………新

（21）劝募……………………………苏、浙、皖、赣、豫、冀

（22）清理旧赋…………………………浙

（23）屠宰附税…………………………浙

（24）县财政各项节余…………………湘

（25）照田亩派捐………………………湘

（26）附加其他税款……………………湘

（27）保甲经费…………………………鄂

（28）濒海沙骨…………………………粤

（29）鸭埠鱼埠虫埠等出息……………粤

（30）地税………………………………粤

(31) 荒地特产·························粤
(32) 列入各县市预算················陕
(33) 查封逆产·························粤

各省市自筹经费的方法，虽各不相同，但经费的来源上却有一点相似，即是除了学产学款以外，各项税收，都是附征的，并没有独立的税源。这不独是普及教育经费的来源是这样，一般教育经费无不如是，所以教育经费常受正税的影响。我们举个浅显的例来讲，前面已经说过，安徽往昔是以厘金和烟酒两项附加为省义教专款，自裁厘以后，厘金附加即随正税取消，烟酒附加也几乎因烟酒税划为国有而取消。假如财政部不许在烟酒上附征教育捐，则安徽省义教专款将即完全取消，义务教育何以进行呢？所以在正税上附征教育捐，教育经费是时时要受正税影响的。我们要使教育得安常的进展，必须先巩固教育经费的基础，要巩固教育经费的基础，必须筹辟有独立性和稳定性的税源。（参阅邰爽秋著《教育经费问题》一书。）只有这样，教育经费才可以免受意外的损失和正税的妨碍。

普及教育在现在是刻不容缓的，无论用何种方式，实施普及教育最低限度的经费总是需要的。这种经费必须指定专款，而这种专款又须是独立的稳定的税收，才能使普及教育的工作，得到顺利的进展。

(二) 专家对于普及教育经费筹集的办法

实施普及教育需款浩繁，第一节中已曾言及。各省市对于普及教育经费，最近虽能多方设法，竭力增筹，但为数有限，仍觉供不应求，似非另辟财源不可。近代教育专家，对于普教经费颇多筹划。兹将各专家筹集经费办法分述于下：

(1) 李步青氏拟订筹集义务教育经费的办法：

1. 确定经费的基础，划分中央、省、地方三种财政之收入，然后从中央、省、地方三种收入中，规定各部分行政支配之成数；义务教育费之在中央政府省政府总收入中，当占百分之五；在地方总收入中，除原有学款外，当占三分之一，将来财政整理及教育发展，所占成数仍当随时提议增加。

2. 筹划指拨专款，以资补助或作教育基金。

3. 整顿原有款产，以固经济的基础。（注四九）

(2) 陶行知氏拟订筹集普及教育经费的办法：

1. 确定教育税，务使足敷普及教育之用；在教育税未确定以前，各省财政当局不得藉口取消苛捐杂税，以减少教育经费而陷国民教育于停顿。

2. 征收遗产税，以充普及教育之用。……

3. 指拨公有荒地为普及教育之用。

4. 指拨美、意、英各国庚款之一半，为普及教育之用，其他一半为发展各研究所之用。

5. 行政专员或县长领导教育局长或督学到各市乡劝导各公所会馆祠堂寺庙以原有财产兴学，没有公产或公产不足之处，则劝导出资兴学，坐候到筹定确实办法才离开。……

6. 劝导人民以婚丧做寿节省之款,在普及教育上建立纪念。

7. 劝导人民捐图画文具。

8. 扶助各种生产工学团之普遍的设立,每个工学团发展到一个时期,便能以自己的力量,担负一部分的普及教育费。

9. 减少中等以上学校假期,并从分量门类上减少向上生活所不需要之功课,缩短中等以上毕业年限(医科除外)以节省之经费,充普及教育及增加研究所之用。(注五〇)

(3) 邰爽秋氏主张"不可因创办教育而增加民众负担,只可利用社会上未有正当用途的资财,并于增进民众富力的当中逐渐解决教育经费问题"。(注五一)所以他主张划拨庙产,创办教育。中国的庙产,据前丹徒县总务科长乐乐山君调查,仅丹徒一县,庙产即有五千万之多。中国大寺院丛林,无虑十万,准此以推,全国庙产至少有二十万万。以此巨资,拿来办理教育,岂不甚善!(注五二)

第四节 总结

一、述要

本章内容计分三节:(一)普及教育所需经费的估计。(二)各省市普及教育经费的实况。(三)筹集普及教育经费的办法。分述要点如下:

(一) 经费的估计

(1) 据《实施义务教育初步计划》上载谓:全国在二十年内实施四年义务教育,共需经费三十九亿八千六百零七万元,平均每年需洋一亿九千九百三十余万元。

(2) 据《成人补习教育计划》上载谓:于六年内使失学民众均受教育,共需洋三亿六千九百二十余万元。平均年需六千一百五十余万元。

(3) 照最近材料估计,普及义务教育及民众教育造就师资校舍设备及第一年教育费,共需洋三、〇二七、二〇三、一二三.四四元。其数超过二十四年度中央岁出预算三倍以上。

(二) 中央及各省市普教经费状况

(1) 二十四年度中央补助各省市义教经费计三、二〇〇、〇〇〇元。其中由国库拨出二、四〇〇、〇〇〇元,由边疆教育费项下拨出五〇〇、〇〇〇元,由庚款项下拨出三〇〇、〇〇〇元。

(2) 二十四年度各省市自筹义教经费数,以广西省筹得款项最多,达二百万元。次为江西,约一百六十八万元。山东第三,约八十五万元。

(3) 二十二年度各省市民众教育经费数为一七、四九七、八一二元。

(三) 筹集普教经费办法

(1) 各省市状况

各省市筹集普及教育经费办法不外公款,学庙产,绝产①,官荒,祀产,遗产,募捐,会社公积金,指定专款,紧缩其他支出,划拨他项行政费,及其他不可靠之特殊来源等。

(2) 各专家意见可归纳如下:
1. 增加教育税源、所得税等。
2. 确定教费基础,规定教育经费,在中央及各省市县财政收入的比例。
3. 减少教育浪费,缩短假期等。
4. 整顿教育款产。
5. 利用公共款产如庙产及各公所会馆祠堂等。
6. 鼓励人民兴学。

二、结论

(一) 我国实施普及教育,需款浩繁,各省市对于普及教育经费,最近虽能多方设法,竭力增筹,但为数有限,仍觉供不应求。

(二) 各省市普及教育经费的税收,各地不同,但大多征诸于正税附加,因是普及教育的经费,常受正税影响,而陷于飘摇状态之中。

(三) 义务教育经费,占全部教育经费的成数,只有少数省市县有明文规定。

我们的建议如下:

(一) 今后各省市县普及教育的经费,应以遗产税为主要来源,集中于中央,就各省教育之需要,公平分配之。

(二) 今后各省市县普及教育的经费,应指定专款,而此种专款必须具有稳定性和独立性,以免受正税的影响。

(三) 普及教育之经费,占全部教育经费的成数,各省市县均应明文规定,贫瘠省分,中央当多予补助。

(四) 普及教育的经费,应该由教育本身筹措,在这民穷财尽的中国,要筹措如上所估计的巨额款项,何异于纸上谈兵,痴人说梦?欲谋补救,我们认为不但不该由社会来养活教育,简直应由教育来养活社会。欲达此目的必须施行民生本位的教育,以增加社会生产,使社会因教育愈普及而愈富足。那末,普及教育的经费,也就自然不成问题了。

(注一)《实施义教计划》,《改进全国教育方案》。
(注二)《实施成人教育计划》,《改进全国教育方案》。
(注三) 民国二十五年《申报年鉴》。
(注四)《民国二十四年度中央义务教育经费支配办法大纲》,《实施义务教育各项法规》。
(注五)《二十四年度中央补助各省市办理义务教育经费之分配》,民国二十五年《申报年鉴》。
(注六)《二十四年度各省市自筹经费数目表》,《二十四年度各省市实施义务教育计划概览》。
(注七)《二十四年度各省市自筹经费数目表》,《二十四年度各省市实施义务教育计划概览》。

---

① 编者注:指没有合法继承人或继承人放弃继承权的遗产。

（注八）《二十四年度全国社会教育概况》。

（注九）《二十四年度中央义务教育经费支配办法大纲》，《实施义务教育各项法规》。

（注一〇）《各省县市筹集义务教育经费暂行办法大纲》，《实施义务教育各项法规》。

（注一一）《教育法令汇编》。

（注一二）《江苏省推行义务教育计划大纲》，《江苏省现行教育法令汇编》，一〇四页。

（注一三）《各省市县义务教育经费来源》，《教育部义务教育干部人员讲习班讲义》。

（注一四）《教育年鉴》，《学校教育概况》，四九一页。

（注一五）《浙江省各县市设立乡镇初级小学办法》，《浙江教育法令汇编》，一八一页。

（注一六）《各省市县义务教育经费来源》，《教育部义务教育干部人员讲习班讲义》。

（注一七）《省县义教专款之实况》，《安徽教育季刊》，一卷三号三四页。

（注一八）杨思默，《安徽省普及义务教育计划》，《中等教育界》，二十二卷七期二三页。

（注一九）《视察安徽省义务教育报告》，《视察各省市义务教育报告汇编》。

（注二〇）《江西厉行义务教育计划》，《江西实施民众补习教育规程》。

（注二一）《江西实施民众补习教育规程》，《江西现行教育法令汇编》。

（注二二）《江西省各县筹集义务教育经费实施办法》，《各省市推行义务教育有效办法辑要》。

（注二三）《视察江西省义务教育报告》，《教育部视察各省市义务教育报告汇编》。

（注二四）《各省市及各县市义务教育经费来源》，《教育部义务教育干部人员讲习班讲义》。

（注二五）《视察湖南省教育报告》，《教育部视察员视察各省市教育报告汇编》下册。

（注二六）《各省市及各县市义务教育经费来源》，《教育部义务教育干部人员讲习班讲义》。

（注二七）《湖北省实行政教合一及普及教育办法大纲》。

（注二八）《各省市及各县市义务教育经费来源》，《教育部义务教育干部人员讲习班讲义》。

（注二九）《视察河南省教育报告》，《教育部视察员视察各省市教育报告汇编》。

（注三〇）《河南省实施义务教育第一期计划大纲摘要》，《二十四年度各省市实施义务教育计划概览》。

（注三一）《各省市县义务教育经费来源》，《教育部义务教育干部人员讲习班讲义》。

（注三二）《筹集义教民教经费表》，《统一各县设备办法》，《河北教育公报》，第五年三、四、五、六合刊中篇三二页。

（注三三）《各省市县义务教育经费来源》，《教育部义务教育干部人员讲习班讲义》。

（注三四）《各省市县义务教育经费来源》，《教育部义务教育干部人员讲习班讲义》。

（注三五）《第一次教育年鉴》，丙编，《教育概况》，《第一学校教育概况》，五〇一页。

（注三六）《福建省各县教育经费分配标准》，《福建省编行教育法规汇编》，二五页。

（注三七）《各省市县义务教育经费来源》，《教育部义务教育干部人员讲习班讲义》。

（注三八）《广西普及国民基础教育六年计划大纲》，《教育与民众》，六卷五期，九四九页。

（注三九）《各省市县义务教育经费来源表》，《教育部义务教育人员干部讲习班讲义》。

（注四〇）《广东省实施义务教育暂行办法摘要》，《二十四年度各省市实施义务教育计划概览》。

（注四一）《各省市县义务教育经费来源表》，《教育部义务教育人员干部讲习班讲义》。

（注四二）《各省市县义务教育经费来源表》，《教育部义务教育人员干部讲习班讲义》。

（注四三）《各省市县义务教育经费来源表》，《教育部义务教育人员干部讲习班讲义》。

（注四四）《各省市县义务教育经费来源表》，《教育部义务教育人员干部讲习班讲义》。

（注四五）《各省市县义务教育经费来源表》，《教育部义务教育人员干部讲习班讲义》。

（注四六）《各省市县义务教育经费来源表》，《教育部义务教育人员干部讲习班讲义》。

（注四七）《四川省一年制短期义务教育实施纲要》，《二十四年度各省市实施义务教育计划概览》。

（注四八）《各省市县义务教育经费来源表》，《教育部义务教育干部人员讲习班讲义》。

（注四九）李步青，《义务教育进行计划案》，《新教育》，五卷三号。

（注五〇）陶知行，《中国普及教育方案商讨》，《中华教育界》，二十二卷七期十五页。

（注五一）邰爽秋，《民生教育刍议》，《教育杂志》，二十五卷六号。

（注五二）邰爽秋，《庙产兴学问题》。

第六章　普及教育的实施

我国幅员广大，人口众多，而交通不便，经济竭蹶。普及教育的实施，显与西方各国不同。本章之目的，是在根据这种观点，将实施普教中几个重要的事项，如（一）普及教育施行程序，（二）行政组织，（三）划分学区，（四）实施机关，（五）校舍与设备，（六）强迫入学及缓学免学办法，（七）修业期限与入学年龄，（八）学级编制，（九）私塾问题，（一〇）巡回教学，（一一）视察与辅导等，加以叙述和讨论，俾能由此求得其适当的途径。

第一节　普及教育施行程序

全国失学民众，为数甚巨。就中国目前经济能力及各方面情形言，欲谋教育普及，非分期进行不可。部订《实施义务教育暂行办法大纲实施细则》第三章中关于义务教育施行的程序，规定如下：

（一）自民国二十四年八月起至二十九年七月止，为第一期。在此期内，一切年长失学儿童及未入学之儿童，至少应受一年义务教育。各省市为供给儿童受一年之义务教育起见，应举办下列各事：

一、广设短期小学　限令各小学区，就预定设校地点，设置一年制短期小学，招收九足岁至十二足岁之失学儿童。此项小学，以采用二部编制为原则，每日上下午各教学半日或全日，闲时教学，至少各授课三小时或四小时，修业年限一年。

乡村短期小学得放农忙假，但应缩短其他假期，以补足修业时数。普通小学及其他小学，与公共机关内，并得附设前项短期小学班。

二、改良私塾　限令各地将原有私塾整理改良，一律依照短期小学或普通小学课程办理，改称改良私塾。其较优者，得径改为短期小学或普通小学。

三、试行巡回教学　得令各地方设置巡回教员，以时轮往穷乡僻壤，交通不便利处，教授失学儿童，其程度与短期小学同。

各省市为推行义务教育之便利，除上列各项办法外，并得采用其他适宜之方法。

（二）自民国二十九年八月起至三十三年七月止，为第二期。在此期内，一切学龄儿童，至少应受二年义务教育。各省市应将各学区内所有一年制之短期小学，逐渐悉改为二年制短期小学,招收八足岁至十二足岁之失学儿童,仍以采用二部编制为原则,修业年限二年。

改良私塾及试行巡回教学两种办法,仍应继续办理。

在义务教育实施之第一第二各期内,各省市除办理短期小学改良私塾及试行巡回教学外,并应同时办理下列各事,以推广普通小学教育。

一、酌量增设普通小学。

二、限令普通小学酌采二部制。

三、充实原有普通小学之学额。

但原有普通小学不得改为短期小学。

(三)自民国三十三年八月起,为第三期。应将各地之二年制短期小学,逐渐改为四年制之普通小学。

改良私塾及试行巡回教学两种,仍继续办理。

以上是义务教育实施期限,至于民众教育施行程序,则依照部颁《实施失学民众补习教育办法大纲》第四条之规定:

"失学民众补习教育,各省市应自二十五年度起尽六年内普及之。(各省市有特别情形者得呈准将限期缩短或延长之。)每年每县市内应添设民众学校二十校至四十校,每校每年至少办两期,每期约为三个月至六个月。(在乡村地方应避免农忙时期,每期以举办两期为原则。)"

《实施失学民众补习教育办法大纲施行细则》第三章第九条规定:

"各县市所设立之民众学校,至少应有半数为单独设立,其余得附设于各级学校或公共机关内。……第一年度内,大县应设立四十校,中县三十校,小县二十校,以后每县市每年应增设二十校。"

由上可知民众教育实施期限,共有六年(自民国二十五年八月至三十一年七月)。第一年度为自二十五年七月至二十六年七月,在此年度内大县应设立民众学校四十校,中县三十校,小县二十校。以后每县市每年应增设二十校。

第二节　行政组织

民国十七年全国教育会议议决:"中央各省区及各市县均设义务教育委员会,襄助教育行政机关,计划及促进义务教育事宜。"同会议中,又议决由大学院组织民众教育设计委员会,负责办理普及民众教育事项。是年九月,大学院即订定《中央义务教育委员会大纲》,并通令全国各省市县,组织义务教育委员会,以为推进义务教育之机关。二十二年教育部订定《民众教育委员会章程》,并设立民众教育委员会,促进民众教育的实施。兹将两委员会组织情形,略述于下:

(一)全国义务教育委员会的组织

一、主要任务

(1)建议及审议推行义务教育之计划

(2) 审议关于义务教育之一切章则办法
(3) 考核各省市办理义务教育之成绩

二、委员

分当然委员与聘任委员两种

(1) 当然委员　(A) 教育部部长　(B) 教育部次长　(C) 教育部参事一人　(D) 教育部普通教育司司长及第二科科长　(E) 教育部督学一人

(2) 聘任委员　三人至七人由教育部部长聘任之(注一)

(二) 全国民众教育委员会的组织

一、主要任务

(1) 规划民众教育推进方案；
(2) 规划民众教育实施程序；
(3) 规划增筹民众教育经费事项；
(4) 规划养成及检定实施民众教育人才方法；
(5) 规划民众学校之课程及教学方法；
(6) 规划编审民众教育各种读物；
(7) 规划调查文盲及扫除文盲办法；
(8) 规划改良民众娱乐及风俗习惯事项。

二、委员

分当然委员与聘任委员两种

(1) 当然委员　(A) 教育部次长　(B) 教育部社会教育司司长　(C) 教育部部长指定之参事一人督学一人

(2) 聘任委员　九人至十三人由教育部长聘请中央党部三人，内政、实业两部民众教育有关人员各一人，民众教育专家暨热心民众教育者四人至八人充任之。(注二)

上述两种委员会，各自办理普及教育中一部分的工作，为谋普及教育易于实施，或谋民教义教实施时得有联络起见，可将两种委员会，合并组织，设立普及教育委员会。如是人才集中，而民教和义教的推行，亦得采取密切的联系，行政上更可获到许多便利。

以上为中央方面关于普教之组织。至各省方面，则可举皖、苏二省为例。

安徽省省会为实施普及教育起见，曾组织普及教育委员会，主持实施普及教育事宜。委员由(一) 教育厅长，(二) 省会公安局局长，(三) 怀宁县县长，(四) 省立第一民众教育馆馆长，(五) 教育厅主管人员三人，(六) 公安局主管人员二人任之。以教育厅长为委员长，公安局局长为副委员长，会中设总干事一人及第一第二两股，每股干事二人至三人。各股的任务如左：

"第一股：(一) 关于普及教育机关之设置变更及改进事项；(二) 关于普及教育方法之设计指导事项；(三) 关于课程编订事项；(四) 关于业务进行之督促事项；(五) 关于成绩考核事项；(六) 关于其他普及教育事项。

第二股：(一) 关于失学民众之调查统计事项；(二) 关于强迫普及教育法令之执行事

项;(三)关于普教证之发给事项;(四)关于其他普及教育之调查统计及法令执行事项。"(注三)

江苏省为实施强迫普及教育起见,曾订定《强迫识字教育办法》,规定各县区乡镇须组织普及识字教育委员会,其人选和职权如左:

(一) 区普及识字教育委员会

一、组织人选:(1) 区长——以区长为主席;(2) 区内县立社教机关主任人员;(3) 区内公安分局局长或分驻所巡官;(4) 区内完全小学校长,(5) 区内各乡镇长;(6) 本区热心教育人士。

二、职权:(1) 调查并统计本区内能识字及不识字之人数;(2) 筹划本区识字教育普及办法;(3) 督促各乡镇办理强迫识字教育;(4) 考核各乡镇强迫识字教育的状况并切实予以指导;(5) 办理关于乡镇强迫识字教育之奖惩事项;(6) 其他。此外并须指导各乡镇普及识字教育委员会实施普及识字教育事项。

(二) 乡镇普及识字教育委员会

一、组织人选:(1) 乡镇长副——以乡镇长为主席;(2) 乡镇以内之小学校长或主任教员;(3) 镇乡以内之公安分驻所或派出所巡官;(4) 本乡镇内各保保长;(5) 本乡镇内热心教育人士。

二、职权:(1) 协同区普及识字教育委员会办理识字调查及统计事项;(2) 筹设民众学校,民众识字班,流动教学处等;(3) 筹划前项民众学校,民众识字班,流动教学处之开办费及日常费用;(4) 商借并布置前项民众学校,民众识字班,流通教学处之地址;(5) 聘请前项民众学校,民众识字班,流动教学处之教师并支配教学时间;(6) 督促公私立小学校及办理实施导生制度;(7) 劝导或强迫不识字之民众入学;(8) 处罚应入学无故不入学之民众,并汇报区普及识字教育委员会转报县政府备案;(9) 其他。(注四)

以上所说,还是政府方面的组织,最近社会方面,亦有一种组织,如中国普及教育助成会即为其例,该会的目的,是在"采取最经济最迅速最能持久最能令人进步的方法,力谋普及大众与儿童向上生活所需的教育,以助成中华民国与大同世界的创造。"其任务共有六项:(一) 调查生活需要;(二) 拟制教育方案;(三) 辅助中央试验;(四) 编辑新创教材;(五) 培养专门人才;(六) 辅导普及工作。(注五)

第三节 划分学区

普及教育第一步工作,即为划分学区。区域之划分,应以行政"便利"与"灵活"为原则,面积过大,则鞭长莫及,过小则行政管理上之人力财力,耗费太大,殊不经济。据教育部规定,各市县划分学区,应遵照下列办法:

"小学区之划分,每区以约有人口一千人为原则,但得视户口之疏密,地方交通情形,以及地方原有自治或保甲之组织,斟酌变通之。

各市县为管理便利起见,应令五小学区至十小学区,为联合小学区。"(注六)

各省市对于划区办法,有照中央规定者,亦有因地制宜,另定办法者。兹将各省市划

区情形,略述于下:

(一)利用地方自治组织及保甲制度者,有下列诸省:

一、广东——(A)学区划分与自治区一致;(B)学区之乡镇按照自治乡镇区域划分小学区。

二、安徽——短期小学之设置,以联保为单位。

三、江西——以保为单位,每保至少设一保立小学。

四、湖北——(A)第一期(二十四年至二十六年)以联保区域为小学区;(B)第二期(二十六年以后)以保区域为小学区。

五、陕西——(A)以每保为一小学区,人口过少之保,联合两保或三四保,为一小学区;(B)保甲尚未编定之县,依实施义务教育暂行办法大纲施行细则第九条规定划分。

六、河南——以联保为一小学区,设完全小学一所。

七、宁夏——以原有自治区作为学区,县城为模范区。凡居民达五十户及失学儿童达八十名以上之区域,均得请求设立短期小学一所。

(二)以有人口一千左右为划区原则者,有下列诸省:

一、浙江——就原有学区内,划分为若干区,以户口一千至四千为标准。

二、贵州——每一小学区以约有人口六百人至一千人为标准。

三、云南——将全省分为二十八区,每区辖二县或五县不等,每县将所属地方,以有人口一千为标准,划为一小学区。

四、河北——依照部定,以约有人口一千,划为一小学区。

五、察哈尔——每一小学区,平均以约有人口一千为准。

(三)办法特异,不照中央规定者,有下列诸省:

一、绥远——就人口分布及经济状况,将全省乡村区分为甲乙丙三等,以一乡镇为一小学区。

二、福建——每五小学区至十小学区,设立中心短期小学一所。

三、山西——除太原市按照部定规程划分学区外,省外各县均依该省村制,每村定为一小学区。

四、新疆——有游牧民族之县局,每一游牧区作为一小学区。设置流动短期小学,随从千户长及百户长教学。

五、四川——大县应就行政区(即以剿匪省份分区设置之区)划分小学区。行政区过大,再得划为二区或三区。

六、北平——依照全市人口划定若干小学区。

(四)未有明文规定划区办法者,有下列诸省:

一、江苏　二、天津　三、山东　四、西康　五、甘肃　六、上海　七、青海　八、威海卫

(注七)

以上是各省市义务教育划区的情形。至于民众教育划区的办法,依据《实施失学民众教育办法大纲施行细则》第三章第八条规定:

各省市应于二十五年度,令饬所有县市依照自治区坊乡镇之区域(自治组织尚未完成者,得照保甲制度或原有之乡村之区域)实施失学民众补习教育之单位,分期设立民众学校。

现各省市民众教育划区办法,约有下列三种:

(一) 依照自治组织坊乡镇之区域划分学区。

(二) 依照保甲制度划分学区。

(三) 依照原有之乡村之区域划分学区。

第四节　实施机关

各省市设立义校程序,大多先自户口稠密失学儿童较多之处开始,渐次推行至户口稀疏之区。设立小学标准,以每一小学区设立一校为原则,亦有稍加变通者,详情见于本章第三节。现时全国实施义教机关,可归纳为下列九种:(一) 普通小学;(二) 简易小学;(三) 乡村小学;(四) 短期小学;(五) 各机关附设短期小学班;(六) 保立小学;(七) 义务小学;(八) 改良私塾;(九) 义务教育实验区。……新疆省因境内有游牧民族,特设置流动短期小学,随从千户长或百户长教学,此种办法比较特殊。(注八)

据二十六年四月十一日《新闻报》转载,二十四年度,各省市设立短期小学二万五千九百零一校,普通小学及保立小学等三万三千一百二十七校,原有小学增加学级二百一十级,附设短期小学班一万一千九百七十四班,附设二部制九百六十三级,增设简易小学一百二十九校,设置巡回教学一百十九组,共增收学生三百四十六万零九百三十人。二十五年度,各省市设置各项小学之班级,依照中央分年实施义务教育计划,应比二十四年度增加一倍以上,但据教育部主管者言,本年度因调查表尚未收齐,未能得精准之数字统计,但就各省市呈报计划预计,当有短期小学四万六千余校,普通小学三千三百余校,原有小学增加三千二百余级,附设短期小学班一万八千九百余级,增收之学生数,当为六百十九万九千余人。

以上是各省市义务教育实施情形。至于民众教育实施机关,约可分为二种:一为学校式的社教机关,内分(一) 民众教育人员训练机关,(二) 民众学校,(三) 民众识字处,(四) 各种补习学校,(五) 注音符号传习所或班,(六) 体育传习所或班,(七) 剧词鼓书训练所或班,(八) 戏剧学校,(九) 盲聋哑学校,(十) 孤贫教养院,(十一) 感化学校,(十二) 低能学校,(十三) 其他。二为一般的社教机关,内分(一) 民众阅报处,(二) 民众问字及代笔处,(三) 通俗讲演所,(四) 民众茶园,(五) 图书馆,(六) 教育馆,(七) 美术馆,(八) 博物馆,(九) 古物保存所,(十) 体育会,(十一) 音乐会,(十二) 民众教育实验区,(十三) 公共体育场及游泳池,(十四) 公共娱乐场剧场及电影场,(十五) 公园,(十六) 其他。现时各省市设立民教机关,共有两种趋向,一为普遍设立,即每学区或自治区至少先设民教机关一所,以后逐渐添设。一为集中设施,即在某一地点设立民教机关一所,以此机关为附近社会中心,因利乘便,施行健康公民生计文字等各项教育。

《二十二年全国社会教育概况》刊载全国社会教育机关,共有九七、五九一所。兹将各项社教机关数列表于下：

（一）学校式社教机关

（一）民众教育人员训练机关	一〇〇	（八）戏剧学校	一五
（二）民众学校	三六、九二九	（九）盲聋哑学校	二八
（三）民众识字处	五、五六一	（十）孤贫教养院	一五八
（四）各种补习学校	二、〇六四	（十一）感化学校	一〇
（五）注音符号传习所或班	二〇三	（十二）低能学校	二
（六）体育传习所或班	一二四	（十三）其他	七四〇
（七）剧词鼓书训练所或班	一七		

（二）一般的社教机关

（一）民众阅报处	一八、七五四	（十）体育会	四四三
（二）民众问字及代笔处	一八、五三九	（十一）音乐会	三八七
（三）通俗讲演所	一、七九八	（十二）民众教育实验区	一九三
（四）民众茶园	三、五六七	（十三）公共体育场及游泳池	一、七三一
（五）图书馆	一、六三四	（十四）公共娱乐场及电影场	一、〇八三
（六）教育馆	一、二四九	（十五）公园	八一六
（七）美术馆	五三	（十六）其他	一、二〇七
（八）博物馆	六八	总计	九七、五九一
（九）古物保存所	一一八		

第五节 校舍与设备

中国如实施普及教育，所需增加之教室，为数极巨。《实施义务教育初步计划》中，曾提出解决办法五种，述之于下：

"（一）利用全国人民家庙；（二）利用学宫书院及其他公共场所；（三）利用一切庙宇寺观；（四）奖励私人捐助房屋或捐资建筑校舍；（五）由公家筹建一种极经济而能耐久的校舍。"

《实施成年补习教育计划》中，又拟定下列六种办法：（一）由小学校兼设；（二）在城市利用公共机关慈善机关和中等以上学校；（三）在乡村小镇利用凉亭、商借茶店，春秋晴天利用庙场空地；（四）建筑小学校舍，将原有校舍作为成年补习教育场所，设备亦借用原有者，若无设备，学生自带坐具；（五）奖励私人捐助房屋或捐资建筑校舍；（六）由公家筹建民众教育馆或农民教育馆兼办民众识字学校。

《实施义务教育暂行办法大纲施行细则》第五章中，对于义小之校舍问题，亦曾规定解决办法如下：

"各小学区新设之短期小学,得充分利用当地原有公所祠庙等房屋,并得借用或租用民房。其无可利用或借用者,得建极简单之棚舍应用。"

《实施失学民众补习教育办法大纲施行细则》第五章中,对于民教之校舍问题,亦规定解决办法如下:

"各乡镇单独设立之民众学校,得充分利用当地原有机关、学校,或公所、祠堂、寺庙等房屋,并得借用或租用民房。其无可利用或租借者,得暂建极简单之棚舍应用。"

现在各省市义教或民教机关,对于校舍问题之解决,办法互异。综合之,可归纳为下列四项:

(一)特建——由公家出资建筑或奖励私人捐资建筑;

(二)借用——借用寺庙、宗祠以及公共机关之场所,或私人住宅之房屋;

(三)奖励私人捐助房屋;

(四)露天教学。

关于设备问题,据《实施义务教育暂行办法大纲施行细则》第五章第二十一条规定:

"短期小学设备,参照普通小学设备办法办理,其桌椅等均得较小学为减等。"

此为短小设备之规定,至于民校机关之设备,据《实施失学民众补习教育办法大纲施行细则》第五章第十九及二十两条规定应如下述:

"各乡镇之民众学校,其桌椅无可利用者,得由学生自备。

各乡镇民众学校单独设立者,应在六年期内逐渐充实设备,以备改为小学或其他民众教育机关之用。各重要乡镇,民众学校施教之附属设备,如播音电影等,由教育部斟酌各地情形,予以补助,其办法另定之。"

关于短期小学最低限度设备标准,究应如何?教育部迄无明文规定。广西省对于国民基础学校单级教室,曾订定最低限度设备标准,录述如左:(注九)

第十五表

项别	物品名	数量	估计价格(毫洋)
普通用具	校牌	一	利用旧木板或写在墙壁上
	校铃	一	由县政府免费发给
	国旗(宽三尺长五尺)	一	一.五〇
	党旗(宽三尺长五尺)	一	一.五〇
	校旗(宽三尺长五尺)	一	一.五〇
	总理遗像(须附有党国旗及总理遗嘱者)	一	〇.五〇
	时长钟	一	二.五〇
	大篷灯(夜学班用)	二	六.〇〇
	油灯	一	〇.三〇
	书架	一	利用旧木箱或木板自制
	痰盂	一	利用旧洋油箱自制
	小刀	一	〇.五〇

(续表)

项别	物品名	数量	估计价格（毫厘）
	茶壶	一	〇.五〇
	茶杯	一〇	〇.五〇
	生活日历	一	自制
	字纸筐	一	自制
	学生名牌		用马粪纸或竹片自制
	炊具	全套	约七.〇〇
	床架	一	约三.〇〇
指导用具	课桌	二五	可利用学生家中旧桌应用
	课椅	二五	可利用学生家中之条凳改用
	黑板	二	祠堂庙宇中之牌匾亦可改制应用 三.〇〇
	日字台（教员室与教室合用）	一	二.五〇
	日字凳（教员室与教室合用）	一	〇.八〇
	黑板拭	一	用旧布自制
	教鞭	一	用竹杆树枝自制
	中国地图	一	一.五〇
	广西地图	一	一.〇〇
	本县地图	一	〇.五〇
	国耻地图	一	一.〇〇
	世界地图	一	一.〇〇
	大毛算盘	一	二.〇〇
	小学问题簿	一	〇.二〇
	学生点名簿	一	〇.二〇
	学生考成簿	一	〇.二〇
	教育问题簿	一	〇.二〇
	学校大事记簿	一	〇.二〇
	字典（或辞源）	一	二.二〇
	参考图书	数种	一〇.〇〇
	儿童书报	数种	五.〇〇
劳作用具	锄头	一〇	由学生带来可免购制
	镰刀	二	同上
	土箕	二〇	同上
	担竿	一〇	同上
	铁铲	五	同上
	斧头	五	同上

项别	物品名	数量	估计价格(毫厘)
消耗用具	粉笔		
	簿册		
	表册		
	纸张		
	毛笔		
	铅笔		
	墨汁		
	红墨水		
	灯油		
	薪炭		

湖北省对于联保小学亦曾订定低限度设备标准,录述如下:

"(一)校牌;(二)党、国旗及总理遗像;(三)教桌教椅;(四)钟铃;(五)运动场;(六)关于教学训育等各种簿籍图表。(注一〇)

桂省所订的设备似觉太多,鄂省所订的又未免过于简单,最好将此两省折衷办理。

小学的设备标准,已见上述。关于民众学校最低限度的设备,我们可以举两省的规定为例。依江苏省的办法,民众学校须具有最低限度的应用统计等表册,其他设备可利用原有房屋内之器具,遇必要时,得酌量添置。此外可依各校经济状况及地方情形,联合置备留声机、门灯、活动影片、教育玩具、娱乐品等。(注一一)福建拟定民众学校最低限度设备标准如下:

"(一)校用品——一、党、国旗,总理遗像、遗嘱及对联;二、校牌;三、学生桌椅;四、讲桌;五、黑板及黑板拭;六、时计;七、铃;八、煤油灯或电灯;九、日课表;十、出席表;十一、教学日志;十二、经费收支簿;十三、其他各种应用表簿。"

(二)教用品——一、教员用书;二、毛算盘;三、地图;四、教鞭;五、粉笔。

(三)教学用品——一、学生用书;二、珠算盘;三、文具(笔墨砚);四、习字簿作法簿算术簿。"(注一二)

这两种也许是最低限度的标准,但陈礼江氏主张民众学校一切设备均可借用。若经费困难,如能备具黑板、粉笔及数种最新出版的平民课本,平民课本教学法,平民学校习字帖和学生实用字典等,即可敷用。其余设备,可视经济能力酌量增添。(注一三)

总而言之,无论小学或民众学校,除非经济充足,各种用具均能购置,否则各项设备尽可借用。设使无处可借,则桌椅之类,可令学生自备。而教学用具,只须备有黑板、粉笔、课本、字典等,即可敷用。

我国普及教育,校舍设备,两感困难,既如上述,到了最近,普及教育又增加了一种新的工具足以补救这种困难,那便是邰爽秋氏所发明的普及教育车。普及教育车的特点有二:一是性质流动,二是功用复杂。因为目下学校及民众教育机关,均有固定之地址,其教育概限于校内或馆内,享受其利益者,仅为儿童妇女或少数中产以上阶级,至若一般民众,或为职业所羁,或以交通不便,或为旧观念所拘,前往受教者甚属寥寥,普及教育之理想遂难实施。普及教育车之构造,如一小型木箱,推动自如,真能收"送教育上门"之效。而将固定式的教育,变为流通。普及教育车的功用十分复杂,其主要的凡十二端:(一)流动书库;(二)游行教坛;(三)民众报社;(四)巡回展览;(五)代用会场;(六)平民书案;(七)临时医院;(八)合作商店;(九)简便工场;(十)农业指导;(十一)娱乐场所;(十二)露天茶园。举凡文字教育、公民教育、健康教育、生计教育、休闲教育,都可面面顾到,这种费少用宏的普及教育工具,颇适合于我国国情。如能广为利用,未始非我国普及教育前途的曙光呢!(注一四)

第六节　强迫入学及缓学免学办法

义务教育为法律规定人人必受的教育,凡届学龄之男女儿童均须遵章入学,其不遵从者,国家得施行强迫手段,此为各国之通例。中国推行普及教育,已历三十余年,实行强迫学童入学实始于最近的数年。光绪三十三年学部通知各省实行强迫教育,其中虽规定"幼童及岁,不令入学,罪其父母",但仅为官样文章,并未实行。直至最近数年,教育部对于强迫办法,方有具体规定。《实施义务教育暂行办法大纲施行细则》第二章第六条说:

"在普通小学及短期小学,已足收容当地学龄儿童之地方,凡身体健全之学龄儿童,应由所在地办理义务教育之机关,依其年龄及家庭状况,督令入普通小学或短期小学。

凡应入学而不入学者,应对其家长或保护人予以一定期限必须就学之书面劝告,其不受劝告者,得将其姓名榜示示警,其仍不遵行者,得由县市教育行政机关,请由县市政府,处以一元以上五元以下之罚锾,并仍限期责令入学。"

照上项规定,强迫儿童入学办法,计分三部,第一步劝告,第二步榜示姓名,第三步罚锾,而最后目的则仍在使之入学。最近各省市对于强迫入学,多已订立办法,以资施行。其中察哈尔及绥远固阳县两处,所订办法较为周详,兹择要述之如下:

(一)察哈尔省强迫学龄儿童入学办法:

凡已达学龄之儿童,应入学而不入学者,应对其家长或保护人予以下列各项之处分:

一、书面劝告　应入学而不入学,逾开学期十日者,由所在地小学校董,予以十日之期限,劝令必须就学。

二、榜示姓名　经劝告后,仍不遵限令其儿童入学者,得由校董于劝告限满七日内,将其姓名榜示示警。

三、罚锾　榜书姓名示警后,仍不遵行者,得于示警限满七日内,处以一元以上五元以下之罚锾,并仍限于十日内入学。

四、服役　无力缴纳罚款者,得按罚锾数目,科以服役日数,并仍限于十日内入学。
(注一五)

（二）绥远省固阳县政府施行强迫入学办法：

一、凡应受义务教育之学童，经将其家长"督饬""劝告"及"警告"后，仍不入学或虽已入学而故意旷课者，遵章处以一元以上五元以下之罚金。

前项罚金如无力缴纳者，须以工役三日抵罚金一元，令其服役。

二、处罚标准。

（1）经"督饬""劝告"及"警告"后概不服从者，罚金五元或服役一十五日。

（2）入学后旷课一周以上者，罚金一元或服役三日。

（3）入学后旷课二周以上者，罚金二元或服役六日。

（4）入学后旷课三周以上者，罚金三元或服役九日。

（5）入学后旷课一月以上者，罚金四元或服役十二日。

三、前条各项规定除第一项由各短期小学校董报告县政府依章处罚外，其（二）（三）（四）（五）各项则由县政府制定每周学生出席报告表，令发各该小学按周呈报，以凭核办。（注一六）

现在教育部对于年长失学民众亦拟采用强迫入学办法，《实施失学民众补习教育办法大纲施行细则》第三章第六条说：

"在民众学校已足收容当地失学民众之地方，凡身体健全之失学民众，应由所在地办理失学民众补习教育之机关，依其年龄及家庭状况，督令入民众学校，并得由各省市订定强迫入学办法。

前项强迫入学办法应报部备案。"

综上所述，普及教育无论为义务或民众教育，对于失学民众，均订立强迫入学办法，以期全国文盲早日扫清，但学龄儿童中有特殊情形不能入学者，政府得许其免学或缓学。《实施义务教育暂行办法大纲施行细则》第七条的规定说：

"学龄儿童之有疾病或其他一时不能入学原因者，得由其家长或保护人具结请求缓学，其有痼病不堪受教育者，得由其家长或保护人具结请求免学。"

现各省市对于学童缓学或免学，多照中央规定办理，无大差异。

第七节　修业期限与入学年龄

现行制度上可认为实施普及教育的学校共有四种：

（一）初级小学。

（二）简易小学。

（三）短期小学。

（四）民众学校。

初级小学修业年限共有四年，为法定的义务教育阶级，入学年龄为六足岁，但有特别情形得展至九足岁。凡儿童不能入初级小学者，得入简易小学或短期小学。简易小学修业期限以授课时间计算，至少须满二千八百小时。（注一七）短期小学招收九足岁至十二足岁的失学儿童，修业期限一年，以授课时间计算，至少须满五百四十小时。（注一八）民众学校招收十六岁以上五十岁以下的失学成人，修业期限以四个月为完成期（必要时得缩短为三个月，或延长为六个月），教学总时数不得少于二百小时。（注一九）以上均系中央法令上的规定，照理说，各省市均应遵令办理，但实际上各省市实施情形与部定标准却微有出入，如江苏省规定简易初级小学学生授课钟点满一千五百小时，即认为修毕义务教育，（注二○）与部定钟点少一千三百小时，民众学校修业期限未曾明白规定，而由各县教育局自己拟定呈厅核准，（注二一）其伸缩性自必甚大。又如福建省规定简易初级小学学生授课钟点须满三千小时方得毕业，（注二二）比部定钟点超过二百小时。安徽省会近为实施普及教育特设普及教育班，以在一年内教完普教读本四册为准，（注二三）修业期限大概即为一年，与部定钟点亦未尽合。以上均足证明各省关于修业年限多系因地制宜，擅自规定，与部定标准，未必完全相符。

关于义务教育年限，定为四年，曾有人嫌其太短，主张加以延长，所持的理由有五：

（一）思想问题——今日思想纷纭复杂，为国民者必须具有相当理解力，对于各种事件，须能彻底批判，决定取舍，而后才能支配思想，不为思想所支配。

（二）劳动问题——关于劳工纠纷的解决，决非缩短工作时间增加工资所克济事，应设法增高劳工之道德、知识与技能等。

（三）选举问题——延长义务教育年限，增进儿童之知识，使其具有判别力而不受人诱惑，如是普通选举方有实效。

（四）国文学习困难——我国文字困难，学习不易，故应延长义教年限。

（五）欧、美之借鉴——欧、美各国无不尽力延长义教年限，我国如欲立国于世界，亦须注重国民教育。（注二四）

这五点理由似乎言之成理，持之有故，其实这是漠视中国国情之论。就第一点理由讲，今日思想固甚复杂，而应提高国民理解力使其不致流于盲从，然以中国今日民力而言，即使每一国民受四年义务教育，已属不可能，如何将义教年限再为延长？第二个理由，更不能成立，盖劳工问题的解决，须从建设合理的经济制度着手，决非增高所谓劳工的道德知能所能为力。第三个理由所患的错误正和第一点相同，现在一般人民连写选举票的能力都没有，更谈不到什么理解力。第四个理由似较其他为强，但文字困难可设法谋一彻底解决的办法，或推行简字，或推行注音符号以资补救。第五个理由是忽视了历史上的演进，欧、美各国义教年限之延长，并非一蹴而几，而是经过数十年甚至一二百年努力的结果。在当初试行的时候，修业年限亦极为短暂，今日他们工商业发达，国力富足，延长教育年限，自不成问题。至于今日的中国，正值民穷财尽之时，普及四年的义教已不可能，如何再将年限延长呢？

庄泽宣先生对于义务教育年限主张说：

"若只强迫四年，时间宜分开，不宜集中，每天上课六七小时，每周放一天假的办法，极无科学的根据。我以为若只强迫四年，则应自十岁至十二岁全时间上课；十二岁至十四岁半时间上课；十四岁至十八岁四分之一时间上课。"（注二五）

这一种主张是否可行和实施上有无困难，还有待于实验与研究。

袁观澜先生对于义务教育期限的长短问题，主张由各省依地方情形酌量决定之，使各省易于推行，（注二六）这种办法虽然可以适合各省省情，但贫僻之区教育必甚落后，全国文化就不能均齐发展，如果采用本办法，中央必须设法调剂，使各省的发展程度不致相差太远。

《实施义务教育暂行办法大纲》中对于义务教育之实施，规定在十年期内由一年制渐进达于四年制。计分三期进行：在第一期内，一切年长失学儿童与学龄儿童，至少须受一年内的义务教育。在第二期内，一切学龄儿童应受二年的义务教育。殆至第三期内，则全国实施四年制的义务教育。这种规定甚合中国国情。在经费师资两感困难而义教之实施又是急不可缓的今日，与其定义教期限为四年而不普及，莫若缩短其年限而求其普及，并且定义教年限为一年，乃一时权宜之计，随后逐渐延长，当必较易推行。

关于入学年龄问题，依据教育部规定，在第一期内短期小学，招收年满九足岁至十二足岁之儿童。第二期内招收八足岁至十二足岁之失学儿童，此为教育部最近之规定。（注二七）往昔定入学年龄自六足岁开始，近颇有人反对，现举庄泽宜先生的主张以作代表，庄先生说：

"欧洲近代初等教育多始于六岁，实系出于偶然，并无科学根据。六岁至十二岁时，学习力极低，况若自六岁起而仅受四年教育，则此四年教育可谓全无效用，不如不受。"

关于义务教育年限和入学年龄问题，现有两处做实验工作，一为中山大学研究所，一为江苏教育学院惠北实验区。前者企图将小学修业年限缩短为四年，即在四年中修毕六年的课程，并将儿童入学年龄提高至八岁。后者企图将初小修业年限从四年缩短为二年，即在二年中修毕初小四年课程，并将入学年龄提高至九岁。这种实验的结果很可供订定义教期限和入学年龄的参考。

第八节　学级编制

学级编制的种类，约可分为三种：（一）单级编制，（二）多级编制和（三）二部编制。单级编制又可分为两种，即普通单级二部单级。普通单级是一个教员担任一个单级教学，二部单级是一校之中有二个班级仅由一个教师担任教学。多级编制又可分为单式的和复式的两种：单式的多级制是将一学年编成一级，或二个以上的班级。这种编制要在校舍、儿童、教师、经费都很充分的学校中才能适用。复式的多级制是将两个年级合并编成一个学级。二部编级制是将一校儿童分为甲乙两部分，由一个教师担任教学。这种编制又可分为三种：一、全日制，二、半日制，和三、折衷制。全日二部制是甲乙二部分的儿童全日在校，甲部儿童上课时，乙部儿童自习；乙部儿童上课时，甲部儿童自习。因其上课和自习时间是相互间隔的，所以又名为间时二部制。但采用此种制度的学校，必须备有两个教室，方能敷用。一个教室供给上课，一个教室供给自习。半日二部制是甲部上午放学，乙部下午放学，两部儿童异时来校，每部儿童在校半日，当单级小学儿童倍于定额，而教室又仅有一时间，可采用此制。折衷的二部制是一部分儿童全日在校受教师的指导，一部分儿童仅在校半日受教师半日的指导。此外还有一种分班补习制，将全日分作三班上课，即上午下午及夜间三班,每班教学二小时,任儿童自择一种上课的时间。此外江西省第五行政区最近发明一种新制,名曰"三日一时教育制",简称"三一制"。其制乃划分十日为一节,十日之中以一四七三日为成人班受课之日,二五八为妇女班受课之日,三六九三日为年长失学儿童受课之日,每旬之末日为休息日。利用空旷场地,于每晨早晨六时至七时,集合轮值受教。以三十五分钟之时间,举行公民训练事项,以二十五分钟之时间,教读"老少通"。此制最大利益,在能仅量增加学额,对于学生原有工作,不致妨碍,该省施行此种制度颇著成效。(注二八)以上是学级编制的种类。据《实施义务教育暂行办法大纲细则》第三章第十及十三两条规定:短期小学及普通小学,以采用二部编制为原则,并限令普通小学,充实原有学额,现各省市除新疆、甘肃、青海外,均遵章采用二部编制。惟各省市因地方情形不同,办法不无参差,如陕西省规定每年划出十分之一区限令采用二部编制,绥远规定甲乙等区采半日二部制,丙等区采全日制,青岛规定(一)一年级,(二)校舍有空余者一律改二部制,靠近贫民区之市乡,一年级改行二部制。新添班次以添设二部制班为原则。二部制班以采用半日二部制为原则。察哈尔规定:(一)各县指定普通小学五校试行二部制;(二)指定试行二部制之小学以分配各小学为原则;(三)指定试行二部之小学暂行以多级小学为限;(四)多级小学试行二部制时自低年级起实行。此诸省市所订办法比较特异。(注二九)

第九节　私塾问题

私塾在我国教育史上占着很重要的地位,东周时代官学制度衰落,私学制乘时兴起,及秦统一,实行吏师合一制度,私学制曾受一度打击。秦亡汉兴,私塾与官学并行,私塾制度遂一脉绵延,以至于今日。因为私塾有其悠久的历史,所以他的势力很厚。据作者调查,江西、湖北、察哈尔、贵州、南京等省市私塾数量,仍有可观。兹列表于下:

第十六表

省名	私塾数	塾师数	学生数
江西	六、六七四	六、七四八	八〇、七六三
湖北	约一万所		约二十万
察哈尔	二三		
贵州	四、〇〇〇		
南京	五六五		

观上表,可知私塾在社会上仍占相当势力,但私塾之教材、教法,以及各种设施,均不合于教育原理,对于儿童身心发展颇多妨碍,本应加以取缔,但各地义务小学尚未普遍设立,此种私塾似不得不暂予保存以促进教育之普及。《实施义务教育暂行办法大纲施行细则》第十条规定:"限令各地将原有私塾整理改良,一律依照短期小学或普通小学课程办理,改称改良私塾,其较优者得径改为短期小学或普通小学。"现各省市中,除青海、宁夏、新疆、威海卫据报已无私塾,或为数甚少外,江、浙、黔、湘、京、沪等省市,对于改良私塾工

作,均积极进行,兹略述如下。

(一)江苏省——该省对于改良私塾,向认为辅助推行义务教育之有效法,故指导督促素极认真。在二十二年三月,曾制定《管理私塾实施办法》五十二条,对于私塾之管理、私塾之设立、私塾之塾师、私塾之学生及编级、私塾之教学、私塾之辅助、私塾之考绩等项,均经详细具体规定,通饬遵行,并令各县定期举行改良私塾宣传周,从事劝导。照该省二十四年调查统计,全省塾师总数共二四、二五九人,已改进者共有六、九〇五人,约占百分之二八强,该省二十四年度施政方针,又将改良私塾定为中心工作之一,各县塾师并规定至少须训练完毕三分之一。

(二)浙江省——对于私塾经济方面加以补助,县市主管机关加紧督促,私塾可望逐渐与普通初级小学接近。

(三)江西省——该省管理辅导私塾之工作,得力于省会公安局之协助及小学教职员之努力辅导为多。并以试验所得,改良私塾之有效方法,以利用固有小学或机关及其教职人员之协助办理为最有效。

(四)湖南省——以多设小学或保立小学,使多数之私塾儿童,得转入上项学校肄业。举办塾师训练班,使多数塾师均能明了短期课程标准,以及教学方式概要等。

(五)贵州者——该省除以实施《管理私塾暂行规程》,责令各县监督指导外,并于寒暑假期内举行塾师训练班,此外又规定土籍人民之私塾,得迳改为短期小学。

(六)南京市——分区组织私塾改进会,按月开会,请教育专家讲演教学问题;同时由社会局派员参加指导,讨论一切实际问题之具体办法;又由社会局编印改良私塾之方法,分发各塾遵办,并派员长期间赴各塾视察指导,随时记载,以为奖惩之依据;更编定授课时间表及工作表,分发各塾遵办。

(七)上海市——以分区举办塾师训练班为有效办法,其办法分区指定市立小学校舍为训练场所,立聘请市立小学校长教员为讲师。

上述各省市,对于私塾设施正力谋改良,并已略见成效,是诚中国教育前途之福音。

第十节　巡回教学

中国过去实施普及教育,完全采取学校式的方法,此种方法不合中国国情。盖学校式的教育,所应具备之条件甚多,如校舍、设备、师资、学级编制,以及固定的授课时间等,均属必备之条件。目前国家经济困乏,上述各项条件,短期间内实难具备完全。纵或校舍借用,设备尽量简陋,但一般民众终日劳碌,谋生不遑,如何能抽出一定的时间面受此饥不可食之教育?故以学校式的方法推行普及教育,终觉困难横生,不易进展!近来教育部有鉴于此,特规定实施义务教育,得试行巡回教学。《实施义务教育暂行办法大纲施行细则》第三章第十条规定说:"得令各地方,设置巡回教员,以时输往穷乡僻壤交通不便之处,教授失学儿童,其程度与短期小学同。"各省市中,采用是项办法者,有江苏、浙江、江西、察哈尔、上海、威海卫等省市区。兹将此诸省市施行巡回教学情形,略述如左。

沪西民生教育实验区自二十二年起,用"普及教育车"施行巡回教学,成绩甚佳。

江苏省立黄渡义教实验区订有巡回文库办法,其要点为:(一)区内小学均可享受巡回权利;(二)巡回文库分十二箱,每箱分教师参考书及儿童读物二种,儿童读物又分低、中、高三组;(三)巡回时间规定两星期,巡回之学校,须受各种阅读测验;(四)享受巡回利益之学校,应将其合于巡回之书籍,加入巡回。

浙江省试行巡回教学办法,其要点为:(一)试行巡回教育之教师所教学生,得减至二十名至三十名之间;(二)借用公共处所为临时施教地;(三)试行巡回之教师得兼办一二种民教工作。

浙江绍兴县制定流动教育试行办法,其要点:(一)以识字教育为主;(二)凡有阅读或了解课本能力,皆为流动教育导师;(三)课本修完,考试及格者,颁发证书;(四)流动教育须划定施教区;(五)私人团体或机关,均可试行流动教学。

江西省巡回教导办法,(一)分间日、隔周、半月、隔月、隔年五种巡回教学;(二)尽先教导八足岁至十二足岁;(三)读毕短小课本,并能看报写信等为毕业标准;(四)与保甲长联络。

察哈尔巡回教导办法,(一)巡回教员每人所担任之教学处,最多不得过四处,每处每次教学时间不得少于三小时,隔离时间不得逾二日;(二)巡回教学时,应使学生按时就学;(三)购置脚踏车,增加巡回效率。

上海市巡回教学办法,(一)应用巡回教育车,在划定区域内巡回施教;(二)以就学儿童住居状况,择定适中地点数处为集合场所,每一处,择定树阴下空地一方,以备晴天教学,另再借定寺庙祠堂或民屋一间,以备雨天或冬季严寒时教学;(三)教员于每日规定时间到达集合地点授课,教员离去后,由团长召集自修,各团课外活动节目由教员按照儿童年龄、家庭状况预为拟定。(注三〇)

第十一节　视察与辅导

中央对于义务教育之视察与辅导办法尚无具体规定,惟下列诸省市,现已规定辅导办法,兹分别摘要叙次如后:

(一)福建

一、就现在行政督察区域,划分全省为若干义务教育辅导区,每区各设主任一人,由省政府委派区督学兼任。

二、各县市得于五小学区至十小学区内,设立中心小学一所,负责辅导各小学区办理义教。

(二)江西

一、各县区各设区中心小学一所,各保联各设保联中心小学一所。

二、区中心小学负视察辅导本区各保联中心小学、保立小学及其他公私立教育机关之责,保联中心小学负视察辅导保立小学及其他公私立教育机关之责。

(三)河南

该省订立辅导计划专条,主张实行师范区制,规定以省立师范为中心,划分全省为八个师范区,每区平均设县立师范九校,各师范区即以省立师范为中心,会同县师负辅导本区各县义教实施之责。其要点为:(1)研究供给各县义教实施方法;(2)视察指导各县义务教学;(3)指导各县小学教师进修。

(四)新疆

各县局之普通小学作为中心小学,分任指导短期小学教学。

(五)湖北

各县除县督学担任视导外,按该省行政区,酌设义务教育视导员一人,轮赴各县视察指导。

(六)安徽

教育应设有地方教育视导员九人,会同特教视导员分区视导各县义务教育。(注三一)

以上系义务教育视导的规定,至于民众教育视导办法,中央亦无具体规定。兹举江浙两省为例:

(一)江苏

划全省为若干民众教育区,每区由省立民众教育机关担任其区内各县民教辅导工作,辅导事项列举如下:

一、负责视察本区内所属各县之民众教育;

二、调查并统计本区内民众教育状况;

三、通讯讨论关于本区民众教育实际问题,并介绍工作人员进修资料;

四、编印各种辅导刊物,分发本区各民众教育机关参考;

五、举办实验区,为本区各民众教育机关之模范;

六、举办巡回协动施教;

七、接受教育行政机关之委托,办理关于本区民众教育机关服务人员实习及训练事项;

八、介绍并推广各县民众教育机关施行有效之办法,供其他各民众教育机关之参考;

九、召开民众教育分区研究会;

十、备本区各县县政府或教育局,关于改进民众教育咨询事项;

十一、其他关于本区民众教育辅导及改进事项。(注三二)

(二)浙江

划全省为若干民众教育区,区内如有省立民教机关,即由该机关担任该区内辅导工作,如无即择规模较大之县立民众教育馆担任。关于各种辅导工作,由省辅导会议订定项目,辅导机关遵照施行。兹将该省二十三年度各省学区社教辅导机关辅导工作项目列举如下:

一、编订辅导各县市社会教育计划;

二、订定辅导历切实执行;

三、辅导各县市实施保卫教育;

四、辅导各县市实施生产教育;

五、辅导各县市民教馆充实内容；

六、辅导各县市民众学校充实内容；

七、辅导各县市小学切实办理民教；

八、督饬各县市购置讲演辅助用具；

九、辅导各县改进讲演办法；

十、编印讲演材料；

十一、举行示范讲演；

十二、编辑民众学校补充教材；

十三、编辑民众读物；

十四、表扬当地人文地产；

十五、汇集材料,加以统计研究；

十六、实地出发各县市辅导；

十七、出席各县市辅导会议。(注三三)

普及教育之在我国,为一种"迫不急待"的工作。主持者是否认真办理,而办理又是否适当,亟应加以视察,遇必要时更加以指导,以期改善。关于义教或民教视导工作,各省尚未重视,虽有少数省市有视导办法的规定,大多均未切实办理,是诚可惜！

第十二节　总结

(一) 述要

关于普及教育的实施问题,可以分几点来叙述：

一、普及教育施行程序

据部颁《实施义务教育暂行办法大纲施行细则》中规定：以民国二十四年八月起迄二十九年七月止为第一期,在此期内,一切年长失学儿童及未入学之儿童,至少应受一年义务教育民国二十九年八月起至三十三年七月止为第二期,在此期内,一切学龄儿童,至少应受二年义务教育。自民国三十三年八月起为第三期,应将各地之二年制短期小学,逐渐改为四年制普通小学,故实施义教期限,共有九年。据部颁《实施失学民众补习教育大纲》所决定失学民众补习教育,自二十五年度起,尽六年内普及之。第一年度内,大县应设四十校,中县三十校,小县二十校,以后每县每年增设二十校。

二、行政组织

中央及各省市均已组织义务教育委员会及民众教育委员会,各省市亦设有义务教育委员会,社会方面更有普及教育助成会。

三、划分学区

(1) 中央规定小学区之划分,每区以约有人口一千人为原则。

(2) 各省市有利用地方自治组织及保甲制度者,有以有人口一千左右,为划区原则者。

四、实施机关

(1) 关于义务教育者,有普通小学、简易小学、乡村小学、短期小学、各机关附设短期小学、保立小学、义务小学、改良私塾、义务教育实验区等。

(2) 关于成人补习教育者,一为学校式的机关,如民众学校、民众识字学校、各种补习学校等。二为社团式的机关,如民众教育馆、图书馆、识字处、代笔处等。

五、校舍与设备

(1) 校舍

有新建者,有利用庙宇寺观及公共场所者,有由小学兼办者,有利用凉亭、茶馆或在露天教学者。

(2) 设备

实施普及教育之设备,多因陋就简,惟近来采用普及教育车者亦日多。

六、强迫入学及缓学免学

(1) 强迫入学　儿童达学龄期及成人未受教育者,须强迫入学,如强迫不从,则第一步劝告,第二步榜示姓名,第三步罚款,并有服役的办法。

(2) 缓学　有病及有其他原因者得缓学。

(3) 免学　有痼疾者得免学。

七、修学期限初级小学四年,为法定义教期限,简易小学至少须受课二千八百小时,短期小学授课至少五百四十小时,民众学校修业年限四个月,教学总时数不得少于二百小时,惟各省市实际情形,颇有参差。至入学年龄,则自六岁开始,第一期内短期小学招收九足岁至十二足岁之儿童,第二期内招收八足岁至十二足岁之失学儿童。

八、学级编制

有单级编制、多级编制、二部编制等种。

九、私塾问题

我国私塾有悠久的历史,在社会上之地位十分雄厚,值此国库支绌之际,未始非推行普及教育的一种助力,故政府方面,正在设法改良私塾。

十、江、浙、赣、沪等省市,试行巡回教学,其要点为:(1)教学器具:大多施用普及教育车;(2)巡回时间:分间日、隔二日、隔周、半月、隔月、隔年等;(3)读物:短小课本或其他。

十一、视察与辅导

各省市划分义教辅导区办法,或根据各该省现在行政督察区域,或根据各该省现行师范区域,或联合若干小学区,为义务教育辅导区。关于辅导人员,或机关,或设置视导员,或设立中心小学,或以普通小学为辅导机关。至于民教辅导办法,江、浙两省以省立或县立民众教育馆担任辅导工作。

(二) 结论

关于普及教育实施问题,可以得到下列的结论:

一、我国普及教育之实施,以九年时间希望达到四年义务教育的普及,以六年时间希望达到民众补习教育的普及。这种希望,根据过去的经验,必因需费的浩繁和师资的缺乏种种原因,不能如期实施。

二、义务教育委员会及民众教育委员会,应负切实推动普及教育之责。

三、普及教育学区的划分,除以政治区域及人口数为标准外,应同时注意以民生经济状况为标准。

四、普及教育实施的机关,无论为学校或馆舍,多系固定的性质,既不流通,效用又很单纯,应注意利用流动性质之教育机关。

五、应设法把教育的场所、校舍和民生经济活动的场所打成一片,并且把教育的工具、设备和生产的工具打成一片。

六、普及教育强迫入学的办法,用政治力量使民众入学,即服从也是勉强的。如果办理民众所需要的民生教育,不强迫而民众亦会自动受教。

七、我国普及教育的修业年限,在前清时,最初定为七年,后改为四年,今又缩短为一年。惟就现状而论,即此一年义务教育,欲求普及,恐亦十分困难。在边省文化落后之区,更谈不到,应注意酌量变通。

八、私塾中各项设施,多不合教育原理,亟应从民生教育的观点,加以改良。

九、巡回教学应普遍提倡,并应广用普及教育车,深入民生经济活动场所,实施各项教育。

十、关于义教或民教视导工作,须切实施行,并应注意以民生生产技术的训练,为辅导工作的基础。

(注一)《全国义务教育委员会组织规程》,《实施义务教育各项法规》。

(注二)《教育部民众教育委员会章程》,《教育法令汇编》,补刊七—九页,民国二十二年出版。

(注三)《安徽省会普及教育实施法》,《安徽教育周刊》第四期。

(注四)《江苏各县实施强迫识字教育初步办法》,《申报》二十四年六月十七日。

(注五)《普及教育助成会简章》,《普及教育》(陶行知著)。

(注六)《修正市县划分小学区办法》,《实施义务教育各项法规》。

(注七)《划分学区》,《二十四年度各省市义务教育计划概览》。

(注八)《实施机关》,《二十四年度各省市义务教育计划概览》。

(注九)《东海民教》,一卷六期。

(注一〇)《湖北省各县联保设立小学暂行办法》。

(注一一)《江苏省各县民众学校设立办法》,《江苏省现行教育法令汇编》。

(注一二)《福建省民众学校施行细则》,《福建省现行教育法规》。

(注一三)陈礼江,《江西省实施民众补习教育的计划》。

(注一四)《普及教育车说明书》。

(注一五)《察哈尔省强迫学龄儿童入学办法》,《二十四年度各省市义务教育计划概览》。

(注一六)《绥远省固阳县政府施行强迫入学办法》,《二十四年度各省市义务教育计划概览》。

(注一七)《小学规程》,《教育法令汇编》,民国二十二年。

(注一八)《小学规程》,《教育法令汇编》,民国二十二年。

(注一九)《实施失学民众补习教育办法大纲施行细则》,《实施失学民众补习教育各项法规》。

(注二〇)《江苏省会义务教育试验区简易初级小学校简章》,《江苏现行教育法令汇编》。

(注二一)《江苏各县民众学校设立办法》,《江苏现行教育法令汇编》。

(注二二)《修正福建省简易初级小学简章》,《福建省现行教育法令汇编》。

(注二三)《安徽省会普及教育实施法》,《安徽教育周刊》第四期。

(注二四)慈心,《延长义务教育年限》,《教育杂志》十二卷九期。

(注二五)庄泽宣,《对于实施义务教育方案之几点意见》,《教育研究》第十六期。

(注二六)袁观澜,《义务教育》,《山西教育会杂志》十一卷五期。

(注二七)《实施义务教育暂行办法大纲施行细则第二章》,《实施义务教育各项法规》。

(注二八)《江西省教育报告》,《教育部视察各省市义务教育报告汇编》。

(注二九)《学级编制及教学方法》,《二十四年各省市实施教育计划概览》。

(注三〇)《关于义务教育教学方法者》,《各省市推行义务教育有效办法辑要》。

(注三一)《关于义务教育之视察与辅导者》,《各省市推行义务教育有效办法辑要》。

(注三二)《江苏教育》第二卷第八期。

(注三三)《浙江省民众教育辅导半月刊》第二卷五、六两期。

第七章 结论

(一)

普及教育包括义务教育和成人教育,其目的在使全国国民均受一种最低限度之教育。

普及教育的重要,可自三方面言之:就民族方面言,普及教育可以发扬民族精神,唤起民族意识,以谋民族的复兴与强盛。就民权方面言,普及教育可使人民了解运用政权的方法。就民生方面言,普及教育可以增加民族生产,挽救经济危机。

中国普及教育问题,在量的方面说,目前国民经济状况,绝不能用高中程度的师范生,拿传统的方法来普及四年制的义务教育和一年、二年乃至三、四年的成人教育。在质的方面说,今后普及教育,当纠正过重文字教育之弊,而竭力普及民生本位教育。

(二)

广义的普及教育,在我国发端甚早,但现代式的普及教育,则始于逊清光绪二十八年。其实发展可分为四期。

第一期 自光绪二十八年起,宣统三年止,普及教育由筹备而进于实施,可称为普及教育萌芽时期。

第二期 自民国元年至六年,这一期中,一方面初级学生有激烈的增加,一方面通俗教育又颇盛行,所以可称这一期为普及教育推进时期。

第三期 自民国七年至十六年,在这一期中,政府虽颁布《义务教育分年分地筹划进行办法》,但各地均未切实施行。当时知识分子因感国民知识低下,曾自动的努力于普及教育工作,所以可称这一期为知识阶级从事于普及教育时期。

第四期 自民国十七年以后到现在,在这一期,中国国民党统治中国,在党的指导下,厉行普及教育，所以可称这一期为普及教育厉行时期。

（三）

过去普及教育之内容，均以书本知识之传授为不二法门，教育完全与民生隔离，教育愈普及，民生愈没有办法。我人意见，以为普及教育的内容，如不彻底改革，则因为教育与民生的需要脱离，将永无普及之望。今后的普及教育内容，应以发展民生的经济活动为经，以文字、公民、卫生、休闲、自卫、救国，种种的教育为纬。制为大单元之设计，书本知识的传授不过一小部分，并且要取消传统的科目制度，和通常把各种教育和生计教育并立，不分先后轻重拆开训练的办法。

（四）

师资为普及教育之原动力，欲教育普及，必先有充分而又良好之师资。我国普教师资的状况：1. 就量的方面说，目下的师资来源，殊不足以应此大量的需要；2. 我国训练师资的机关，纷纭错杂，殊不统一；3. 师资训练的期限，长短不一，程度亦参差不齐；4. 各校科目，无一定标准，且多注重抽象知识之传授，与民生无关；5. 教师的待遇，十分菲薄；6. 教师进修的机会，十分缺乏。我们主张如下：

一、确立师资训练的系统，并定出极低限度之训练标准，以便各省市遵行。

二、缩短师资训练的年限，并扩充师资的范围：1. 农夫工匠等有一技之长者均可充普及教育之师资（此辈实乃普及民生教育之中坚人物）；2. 用互教互学的办法，教师即为学生，学生即为教师，以增加教师之数量。

三、改订师范训练的内容，以民生经济活动为师范课程之脊干，以生产技术为师范课程之基础，使普通的知识及专业的知识与生产的技能成为有机的联系，书本知识应尽量减少。

四、应力谋提高教师待遇，并供给进修之机会。

（五）

一、普及教育的经费，照传统的教育方法办理，估计应需训练师资、校舍、设备，及第一年之教育费，三十余万万元，超过二十四年度中央支出预算三倍以上。

二、各省市对于普教经费，虽多方设法，终觉供不应求。

三、各省市普及教育经费的税收，各地不同，但大多数征诸于正税附加，因是普及教育的经费，常受正税影响，而陷于飘摇状态之中。

四、义务教育经费，占全部教育经费的成数，只有少数省市县有明文规定。

我们的建议如下：

一、今后各省市县普及教育的经费，应以遗产税为主要来源，集中于中央，就各省教育之需要，公平分配之。

二、今后各省市县普及教育的经费，应指定专款，而此种专款必须具有稳定性和独立性，以免受正税的影响。

三、普及教育之经费，占全部教育经费的成数，各省市县均应明文规定，贫瘠省份，中央当多予补助。

四、普及教育的经费,应该由教育本身来筹措,在这民穷财尽的中国,要筹措如上所估计的巨额普及教育款项,何异纸上谈兵,痴人说梦?欲谋补救,我们认为不但不该由社会来养活教育,简直应该由教育来养活社会。欲达此种目的,必须施行民生本位的教育,以增加社会生产,使社会因教育愈普及而愈富足,那末,普及教育的经费,也就自然不成问题了。

(六)

关于普及教育实施问题,可以得到下列的结论:

一、我国普及教育之实施,以九年时间,希望达到四年义务教育的普及。以六年时间,希望达到民众补习教育的普及。这种希望,根据过去的经验,必因需要的浩繁和师资的缺乏种种原因,不能如期实施。

二、义务教育委员会及民众教育委员会,应负切实推动普及教育之责。

三、普及教育学区的划分,除以政治区域及人口数为标准外,应同时注意以民生经济状况为标准。

四、普及教育实施的机关,无论为学校或馆舍,多系固定的性质,既不流通,效用又很单纯,应注意利用流动性质之教育机关。

五、应设法把教育的场所、校舍和民生经济活动的场所打成一片,并且把教育的工具设备和生产的工具打成一片。

六、普及教育强迫入学的办法,用政治力量使民众入学,即服从也是勉强的,如果办理民众所需要的民生教育,不强迫而民众亦会自动受教。

七、我国普及教育的修业年限,在前清时,最初定为七年,后改为四年,今又缩短为一年。惟就现状而论,即此一年义务教育,欲求普及,恐亦十分困难,在边省文化落后之区,更谈不到,应注意酌量变通。

八、私塾中各项设施,多不合教育原理,亟应从民生教育的观点,加以改良。

九、巡回教学,应普遍提倡,并应广用普及教育车,深入民生经济活动场所,实施各项教育。

十、关于义教或民教视导工作,须切实施行,并应注意以民生生产技术的训练,为视导工作的基础。

(七)

总起来说,我们认为欲解决中国普及教育问题,非从民生本位教育的立场设施不可,我们不妨介绍中国民生学会的宣言,做本书最后的结论:

我国抄袭西方教育制度三十余年,办理一种不合国民经济状况的教育。现在这种教育的缺点一天一天的暴露,虽职司教育者亦觉无可掩讳,热心教育的人士纷谋补救,改革教育的声浪,洋洋盈耳:有说过去的教育忽略了中国的现势,遂提倡民族教育;有说过去的教育太偏重了城市,遂提倡乡村教育;有说过去的教育是少数人的专利品,遂提倡民众教育;有说过去的教育只能养成士大夫,遂提倡生产教育。众说纷呈,各有至理。惟欲彻底矫正已往教育之缺陷,自非设立一个公同标准来决定前进之途径不可,这个标准就是:"今日中国最大多数民众最急迫的需要。"

我们认为教育是一种工具,他的主要功用,应当是适应最大多数民众最迫切的需要。中国教育的基础也应当建筑在这种需要之上。所谓最大多数民众最急迫的需要,就是"民生的需要"。

我们深信任何教育不应离开民生。民族教育应以民生为基础,乡村教育应以民生为脊干,民众教育应以民生为灵魂,生产教育应以民生为归宿,已往的教育未能重视此点,所以我们显明的提出"民生本位的教育"之主张,以资补救。

民生本位的教育就是以发展人民生计的经济活动为脊干,来改进民众生活,扶植社会生存,保障群众生命而达到民族复兴的教育,简言之为"民生教育"。

一、就发展人民生计来说,民生本位的教育,是发展民众的经济生活,使各个人皆能丰衣足食的教育。衣单食缺的民众,读书识字的教育也无法可施,勉强施进去,有时会发生很大的危险。

二、就改进民众生活来说,民生本位的教育不仅发展民众的经济生活,使各人皆能丰衣足食,还要在发展经济生活的过程中改进民众其他各种生活(文字生活在内),达到美满人生的目的。

三、就扶植社会生存来说,民生本位的教育,不仅使各个人皆能丰衣足食生活改善而已,他还使全社会的民众集合而成为一种有机的生活单元——活动的社会——永远的生存,不断的进步。我们可以说:民生本位的教育,就是一种创造社会新生命的教育。

四、就保障群众生命来说,民生本位的教育,不仅使各个人皆能丰衣足食,生活满足,不仅使一个社会永远的生存,不断的进步,还要使全社会全民族里的群众生命,得着安全的保障,使民族的生命得以延续。我们可以说:民生本位的教育,就是以民族复兴为远大目标的教育。

从上面四点看来,可知民生本位的教育实含有发展人民生计、改进民众生活、扶植社会生存和保障群众生命的四个目标。不过这四个目标是有先后的次序的,发展人民生计是一种基本的工作,必得把发展民众生活、扶植社会生存、保障群众生命的工作贯穿在发展人民的生计活动当中,才能达到民族复兴的目的!

以上所述,是我们对于民生教育的主张,我们要用这"民生教育"的锄头为我中华民族在教育上开辟一条新路!从民生的需要上,建设我国教育的新基础。

(商务印书馆,1938年)

稻作活动

邰爽秋　计划　李纪生　编著

序

三民主义以民生为重心。三民主义教育，亦应以民生为重心，其理由无待赘述。惟"民生"二字仅代表一种抽象观念，如何使其化为具体，贯穿整个教育制度，渗透于各种教育设施，则为一重大而又繁复之问题。

为解答此问题，同人在过去十余年不断的实验与研讨中，发现民生经济为抽象的民生观念之最有效之具体表现。以之应用于学制，则成为技术中心之民生本位学制系统，与学科中心之传统学校系统相对立。以之应用于教法，则成为经济需要基础之教育方法，与游戏与兴趣之教育方法相对立。以之应用于教材，则成为经济活动之行为课程，与学科知识之传统课程相对立。推而至于教育上一切设施，几无不可以于民生经济之需要活动或关系上重新加以厘订。此同人十余年来体验之所得，尚在继续实验探讨中，未敢认为最后答案者也。

在一切教育设施中，同人等认为课程编制，实为最重要之问题。曩在沪滨念二社及沪西民生教育实验区实验期中，曾应用民生经济活动中心理论，以种植、纺织等经济活动为经，各科知识为纬，编为《种植合作团》等教材若干种。在"经济活动分团制"之下，推动男女老幼混合编制之国民教育，尚见成效。当时曾搜集小学教科书及民众读物数百种贴成活页，分类储存，并加以分析，准备作大规模之课程编制工作。不幸沪变发生，实验基础全部被毁，资料散失，原订计划，遂成泡影。

民生建设实验院成立后，以事实上之需要，设立实验国民学校。而因课程编制未有充分准备，不得已一面采用坊间所出之教科书，一面编制民生经济活动中心之补充教材，先后计十余种。其内容虽较在沪时所编者充实，而因着手仓促，缺乏通盘计划，在施教时与传统教科书并用，殊有扞格不入之苦。乃决定在整个计划下编制较为完善之整套教材，先以国民学校所用者为对象，并以种稻活动为实例，自小学中年级所需用者着手编制。经数月之努力，始先竣事。翻阅全稿问题颇多，殊非一时所能解答。仅先付剞劂，就正于海内先进。至整个课程编制计划，当另文述之，附于编末，并以就正于同道焉。

民国三十三年三月
邰爽秋序于中国民生建设实验院

前言

　　这本民生经济活动课程编组实例,系根据本院——中国民生建设实验院实验旨趣编订的。本院认为教育应以民生为本位课程,应以民生经济活动为中心,以民生经济活动贯穿养、教、卫、管四种建设,成为今日中国国民之全部生活范畴,使民生本位的三民主义教育,得以具体实现。

　　民生经济活动的种类,分析起来,岂止千百。何者具有代表性应采入课程,何者已违时代需求应予扬弃,这个大问题,须集合全国专家学者妥为研究方能解决。希望和我们意见相同的教育工作同志,共同来努力这种艰巨的工作。我们相信课程改造,是一切教育改造的重心。

　　本书只就民生经济活动中一个主要活动——稻作活动——以小学中年级学生为施教对象,试予编组。目的在以此种课程实例为民生教育试辟新迳,并就教于教育界先进。

　　本书原拟按小学低中高阶段试编三种,因篇幅限制,仅留中年级一种。此种课程以实践为中心,故在教程教式上,此三阶段似无多少区别,仅教材方面应有深浅的差异。

　　此种实践活动之课程编组问题颇多,如怎样顾全系统知识,怎样配备各种知能分量,怎样控制教程……等,俟另文讨论。

　　本书编辑特由本院院长邰爽秋先生计划指导,教育农场蔡主任傅翰提供稻作常识,民生教育干训班学员秦自洪君分担抄写之劳,谨此志谢。

　　本书仅供教师指导学生时参考之用。关于教材部分,当印成活页,与其他活动之教材配合装订成册,以便学生使用。合并声明。

编者

民国三十三年一月于陪都重庆

目标

　　一、使儿童在种稻之实践、观摩、研究、习作及活动中获得种稻及其与小学各科目中有关部分之基本知识与技能。

　　二、使儿童明了稻米在民食中之重要,由爱护田园引起爱乡爱国观念。

　　三、使儿童明了人民土地租佃关系,深究农民与土地问题及耕者有其田之意义。

　　四、培养学生生产劳动之习惯与兴趣,并提供增产办法。

教材纲要

一、整地种稻

1. 稻米功用之研究
2. 普通土壤常识及稻作土壤研究
3. 经济活动分团组织研究
4. 秧田本田整地之实践与农具之使用
5. 耕牛的饲养及疾病治疗
6. 普通肥料常识及稻作肥料之研究
7. 春耕宣传及生产竞赛组织与技术之训练(包括诗歌图画)
8. 石、斗、升之认识与计算

二、选种育秧

1. 选种浸种方法之研究与实践
2. 农业机关之联络
3. 秧田管理之实践
4. 稻种购买之商业常识
5. 圆、角、分之认识与计算

三、插秧

1. 插秧之研究与实践
2. 发动春耕慰劳活动(包括音乐)
3. 秧株秧穴之计算(千位以下加减与两位乘法之计算)

四、中耕及稻的自然研究

1. 稻之性状研究
2. 中耕除草之实践与农具改良研究
3. 稗子之辨别与稻病之防治
4. 稻作虫害之防治
5. 耕作时日之计算(月日时分秒之认识与计算)

五、中耕及稻的社会研究

1. 中国稻产区之研究
2. 世界稻产区之研究

3. 稻之起源研究
4. 平均地权与耕者有其田之研究
5. 农户（包括佃户）调查及社会问题之提供（包括采用美术、音乐等方式）
6. 公共积谷问题
7. 公仓之调查与计算（斤两之认识与计算）
8. 提供意见书（包括报告书信等方式）

六、收获

1. 稻作收获之实践与研究
2. 米的营养成分研究
3. 稻作成本计算（四则题算法）
4. 工作总结授奖及聚餐

活动教程

一、整地种稻

教程	步骤	讨论稻作的重要	抉别土壤	建立组织及分配稻区	观察整地
教程	学生活动	1. 报告家庭的主要食物 2. 报告本地种稻吃米情形 3. 讨论米的用处并分辨米的种类 4. 讨论稻杆的用途 5. 阅读为什么要种稻教材	1. 观察稻田并检视代表性土壤 2. 研究哪里土壤适宜种稻 3. 阅读那一种土壤好教材 4. 制作土壤及庄稼标本	1. 学生开会建立种稻团 2. 实地划分种稻区 3. 分团接受稻区 4. 制作稻区标识 5. 阅读建立种稻团及划分种稻区教材	1. 参观农户整地情形 2. 观察水田、旱田之区别 3. 观察整地农具及畜力之使用 4. 报告观察经过
教程	教师活动	1. 说明米为中国南部的主要食物 2. 说明中国南部食米种稻的原由 3. 板书要点，订正错误 4. 板书要点 5. 提要讲解	1. 讲述土壤不同的原因 2. 提供抉别土壤优劣要点 3. 提要讲解 4. 指示方法	1. 出席指导 2. 说明划分办法 3. 训话 4. 指导插置 5. 提要讲解	1. 领导说明 2. 说明水旱稻之不同 3. 使用示范表演 4. 总结要点
教式		报告讨论	观察讨论	讨论制作实践	观察
教具		粳、籼、糯三种米粒	黏土、砂土、壤土三种土壤	校内农场、稻田、木板、木、工具	整地用各种农具
施教地点		讨论室	稻田及讨论室	讨论室、劳作室	农场

(续表)

施教时间	九十分	一百二十分	一百二十分	三十分
备考				

教程	步骤	实地耕作	施用基肥	春耕宣传	统计制绘
	学生活动	1. 参加整地耕作 2. 休息 3. 观察耕牛饲养耕作情形 4. 阅读种稻前耕作及用牛来耕田教材	1. 观察农户施肥情形 2. 实地施肥 3. 阅读"稻田里要用肥料" 4. 制备肥料	1. 写信举行校际稻作竞赛 2. 阅读一封信及壁报稿教材 3. 填发信件 4. 张贴壁报	1. 绘制耕作面积比较表 2. 绘制耕作时日比较表 3. 填写施肥数量表 4. 计算肥料价钱 5. 计算各团稻区面积
	教师活动	1. 共同劳作 2. 教唱劳动歌 3. 提供牛瘟问题 4. 提要讲解	1. 说明氮钾磷肥料性质 2. 指导 3. 提要讲解 4. 讲各种肥料制法	1. 提示要点 2. 分别订正 3. 提要讲解 4. 指导方法	1. 指导绘法 2. 指导绘法 3. 指导绘法 4. 指导算法 5. 指导算法
教式		实践研究	实践研究	编写练习	绘制计算
教具		耕具、耕牛	各种肥料 施肥用具	纸张 邮票 信封 信纸	示范图表
施教地点		农场讨论室	农场	讨论室	讨论室
施教时间		一日[百]六十分	一百二十分	九十分	一百二十分
备考					

二、播种育秧

教程	步骤	选种	育秧讨论	浸种播种	制作计算
	学生活动	1. 分发稻粒并观察颜色大小之不同 2. 报告所见选种的方法 3. 试行水选风选 4. 分团实行选种 5. 阅读怎样选种教材并写索种信	1. 开会讨论秧田地区育秧法 2. 选定秧田并阅读讨论会教材 3. 秧田旁绑扎除鸟害草虫	1. 分团选种 2. 实行浸种 3. 实行催芽 4. 实行播种 5. 填写浸种日记 6. 阅读浸种教材	1. 办理报销 2. 绘各团播种数量比较表 3. 计算播种多少及价值 4. 拟制育秧工作要点
	教师活动	1. 提示稻种优劣之条件 2. 纠正补充 3. 参与指导 4. 巡视指导 5. 讲授	1. 出席指导 2. 指导讲授 3. 做法说明	1. 巡视指导 2. 说明原理 3. 说明原理 4. 参与指导 5. 讲日记作法 6. 提要讲授	1. 讲解发票开具格式 2. 指导绘法 3. 指导算法 4. 提示要点

(续表)

教式	集体研讨	开会实践	实践研究	练习
教具	稻粒及选种用具	秧田及稻草	选种浸种各种用具	
施教地点	讨论室院坝	稻田旁	劳作室	讨论室
施教时间	一百二十分	九十分	一周（每日一小时）	一百二十分
备考				

三、插秧

教程	步骤	讨论插秧问题	实行插秧	统计
	学生活动	1. 观察秧苗 2. 讨论拔秧注意事项 3. 讨论插秧办法阅读教材	1. 组织春耕慰劳队参观农户插秧 2. 学唱插秧歌 3. 实行播种插秧	1. 计算秧株秧穴及面积之多少
	教师活动	1. 率领指导 2. 参加 3. 指导讲解	1. 参加指导 2. 范唱 3. 参加工作	1. 指导算法
教式		观察开会	参观实践	计算
教具				
施教地点		讨论室	稻田	讨论室
施教时间		九十分	九十分	六十分
备考				

四、中耕及稻的自然研究

教程	步骤	稻的性状研究	除草施肥	除病害	种类研究	统计
	学生活动	1. 巡视稻之生长情形并绘图表明 2. 编唱种稻儿歌 3. 阅读稻之形状教材	1. 参观农户中耕除草办法 2. 习练中耕各种农具使用法 3. 实地除草并辨别秭子 4. 讨论追肥种类 5. 实地施肥并阅读施肥除草教材	1. 观察稻子有无病瘟现象 2. 讨论稻害原由 3. 实地防治稻害 4. 寻获各种螟虫 5. 实地捕虫并阅读稻秧发瘟□教材	1. 参观农户稻田 2. 研究稻田的种类 3. 阅读两季稻教材	1. 中耕时间统计 2. 农户耕田调查统计
	教师活动	1. 示范绘画 2. 说明世界产稻区各种稻之情形 3. 提要讲解	1. 率领说明 2. 指导说明 3. 参加讲解 4. 提示要点 5. 参加指导	1. 指导检查方法 2. 参加 3. 参加指导 4. 指导压制标本并绘制图样 5. 提要讲解	1. 率领指导 2. 讲解并绘制分类表 3. 提要讲解	1. 指导绘法 2. 指导算法

(续表)

教式	观察研究	观察实践	观察研究	讨论	计算
教具		中耕器、稃子与稻子之标本			
施教地点	稻田讨论室	稻田	稻田讨论室	讨论室	讨论室
施教时间	九十分	一百二十分	一百二十分	六十分	六十分
备考					

五、中耕及稻的社会研究

	步骤	稻区调查	史的研究	土地问题	积谷问题
教程	学生活动	1. 参观附近稻区讨论本保本乡究有多少稻区等问题 2. 编制调查表并实地调查本保稻区面积 3. 调查中又发生中国稻区如何等问题 4. 绘制中国稻区图及产量比较图 5. 发问世界稻区情况 6. 阅读教材抄写表解	1. 巡视稻秧生长并提何处先种稻等问题 2. 写信给印度小学生省立科学馆问稻的起源 3. 阅读教材	1. 调查佃户生活情况 2. 讨论民生主义，耕者有其田问题并阅读教材 3. 绘佃户生活连环画 4. 唱农夫歌	1. 参观乡保公共仓库 2. 讨论荒田救瘠问题 3. 计算仓库存粮 4. 写信报告政府公仓情况 5. 阅读公共仓库教材
	教师活动	1. 鼓励学生小规模调查 2. 订正指导 3. 集体讲解 4. 个别订正并绘示范图表 5. 简要作答 6. 提要讲解 板书表解	1. 简要作答 2. 订正 3. 提要讲授	1. 制定调查表 2. 提要讲解 3. 指导绘画 4. 范唱	1. 率领指导 2. 参加 3. 指导算法 4. 批改寄发 5. 提要讲解
教式		实践指导研讨	研讨	附近农户讨论室	集体研究
教具				一百二十分	
施教地点		附近稻区讨论室	稻田旁	劳作室	公库讨论室
施教时间		九十分	一周（每日一小时）	一百二十分	
备考					

六、收获

教程	步骤	割稻	稻食研究	收获统计	计算成分	工作结束
	学生活动	1. 观察稻成熟情形并讨论收获问题 2. 实地割稻 3. 休息时唱收稻歌	1. 实地舂谷米活动 2. 举行尝新会 3. 研究稻米营养成分 4. 阅读尝新会教材	1. 互相参观收获成品 2. 统计各团收获数量 3. 计算各团稻米价值 4. 计算稻草价值 5. 绘制比较用表	1. 讨论成本项目 2. 阅读计算成本教材 3. 填成本计算表 4. 计算收支亏盈	1. 准备工作结束会并阅读教材 2. 装置奖状 3. 开结束会 4. 给奖聚餐
	教师活动	1. 说明成熟条件并指示收稻办法 2. 参与指导 3. 范唱	1. 技术指导 2. 训话 3. 指示要点 4. 提要讲解	1. 率领并分别批评 2. 指导算法 3. 指导算法 4. 指导算法 5. 范绘	1. 参加指导 2. 提要讲解 3. 订正 4. 指导算法	1. 提要讲解 2. 绘制 3. 主持 4. 颁奖
教式		实践讨论	实践讨论室	绘制计算	计算	开会
教具			砻石臼杵等		表格	奖状
施教地点		稻田	院埧讨论室	讨论室	讨论室	礼堂
施教时间		不定	不定	一百二十分	一百二十分	九十分
备考						

教材

一、为什么要种稻

衣食住行是人生四大需要,吃饭最重要,什么是主要食物呢?

在中国南部是米,在中国北部是麦,现在北部各省也有种稻的。稻米可算是最主要食物了。

稻有三种:粳稻、籼稻和糯稻。粳稻、籼稻用来煮饭。糯稻有粘性,好制糕饼。

为什么要种稻呢?因为稻米是中国人的主要食物。

画一幅耕田图,看谁画得好?

查看对不对

下面两个题,里面说的有对的,有不对的,查看一下,把不对的画出来,告诉先生。

1. 稻米的用处,可以煮饭、酿酒、榨油、制作糕饼、炒菜;
2. 稻秆的用处,可以盖房顶、做草鞋、造纸、制糖、做燃料。

二、哪一种土壤好？

低的地方或可以灌溉的地方叫水田，水足土肥，可以种水稻。高的地方或坎坡的地方叫旱田，水缺土瘦，有的可以种旱稻，有的适宜种豆麦。

种稻以粘土为宜，并且雨水要足，气候要暖，灌溉设备要好，中国南方适宜种稻，就是这个缘故。

土壤除粘土外，还有砂土和壤土，你能分清楚吗？什么土壤种什么庄稼，你知道吗？

[制作标本] 看谁做得好？

找一块粘[黏]土、一块砂土、一块壤土，加水和成软块，拿些稻杆、稻穗、稻米压在粘[黏]土上，拿些棉花、麦子、豆子压在壤土上，拿些花生、白薯压在砂土上，表明什么土壤好种什么庄稼，晒干后就成美丽的标本了。

三、建立种稻团

第一次全体会议记录

时间：　　年　　月　　日

地点：讨论室

主席：

记录：

（一）行礼如仪

（二）主席报告：我们要开始种稻了，全班人数很多，是不是要分团呢？请大家讨论

（三）提议：我赞成分团种稻，大家可以比赛，我们　　个人，可以分做　　个团。

（四）提议：分团用自由组织方法，组织好了到　　先生那里去登记。

　　　决议：通过

（五）提议：每团要选一个正团长，一个副团长。

　　　决议：通过

（六）散会

四、划分种稻区

学校农场里，有一块大稻田，先生把他分成五区，每团一个种稻区。

第一团的种稻区　　　长　　　宽

第二团的种稻区　　　长　　　宽

第三团的种稻区　　　长　　　宽

第四团的种稻区　　　长　　　宽

第五团的种稻区　　　长　　　宽

一共面积有多少？哪一区大，哪一区小，你会计算么？

> 计算稻区面积

练习算法

第一团　第二团　第三团　第四团　第五团

面积＝长×宽

计算题

1. 第一团的面积比第二团面积是多还是少？
2. 第二团的面积比第三团面积是大还是小？
3. 第三团的面积比第四团面积是多还是少？
4. 第四团的面积比第五团面积是大还是小？
5. 第五团和第一团的面积怎样？
6. 那一团顶大？那一团顶小？
7. 顶大的与顶小的相差多少？
8. 五团共有多少面积？

五、种稻前的耕作

今天是各个种稻团耕作竞赛的日子。

耕作的中心，是在种稻前把田犁耙一下。

竞赛的地区是干田，水田不在内，水田由校工借了一头牛来替我们犁耙。

我们每团领了两把锄头、一个铁耙，口令一下，我们就开始耕作了。

有的用锄，有的用耙，有的劳动，有的休息，争先恐后，努力耕作，真有趣得很。

> 唱耕作劳动歌

以《劳动歌》为曲，词另填为：你锄上，我犁田，他在旁边筑田坎。哼哼，哈哈，哼哼，哈哈，锄土要挖松，犁田要深耕，筑坎要齐整。我们为了民生才劳动。

劳 动 歌

$1 = {}^\sharp F \quad \frac{2}{4}$　　　　　　　　　　赵元任曲

中速稍快

(1̇ 0　5̣ 0｜1̇ 0　5̣ 0｜1̇ 0　5̣ 0｜1̇ 0　5̣ 0)｜5 6　5 0｜

(甲)你 种 田，

3 ♯4 5 0｜3 ♯4 3 2｜1 2 3 0　｜1̇.2 3 2｜1 5̣ 0｜

(乙)我织布，(丙)他盖房子　给人住。(甲、乙、丙)哼 哼　呵 呵，

```
1.3 5 3 | 2 1 0 | 6.7 1 0 |   5 6 5 0 |
(合)哼 哼 呵 呵,(甲)作  工 (合)几 点 钟,

 3  2 0 | 5 6 5 0 |  3  5⁷ | 2 3 2⁷ |
(甲)休 息 (合)几 点 钟,(甲、乙、丙)教 育 (合)几 点 钟,

              ( 1 0 5 0 | 1 0 5 0 | 1 0 5 0 |
5 6 1 2 | 3.5 2 5 | 1 — | 1 0 | 0 0 |
大家 要求  生活 才劳  动。
```

六、用牛来耕田

ㄩㄏㄨ,ㄩㄏㄨ,牛在喘气:

张家的牛会牵犁,

李家的牛会拖耙,

张家李家的牛,长得肥头大有力气。

ㄏ一历,ㄏ一历,牛在喊叫:

赵家的牛卧了湿厩,

王家的牛吃了脏饲,

赵家王家的牛,病得快要死了。

学当牛医生

病名	病状	病源	治法
炭疽病	1. 周身发大热 2. 身上浮肿 3. 舌喉浮肿	1. 传染来的 2. 吃了不洁的草	用矾、黄连、连翘、雄黄、穿山甲五样药研末[抹]擦患处
鼓胀病	1. 腹部肿大 2. 不吃东西 3. 背弯脚开	1. 吃了腐烂食物 2. 吃了带霜的草	1. 灌冷开水 2. 用胡椒一钱研成细末拿温水送下
下痢疾	1. 粪便稀臭或混有血液 2. 懒于行动	1. 饲料不好 2. 牛舍不洁	1. 饪他炒麦粥 2. 擦摩全身

七、稻田里要用肥料

学生:播种前用肥料好呢?播种后用肥料好呢?

先生:田好比人,吃饭饭后好做事情,田里应先用些肥料好长苗呀!

学生:人粪尿,草木灰,绿肥,堆肥,那一种比较好呢?

先生:除草木灰外都好,其他几种肥料的作用,是使苗儿生长茎叶,生长种实的。

学生:草木灰为什么不好?

先生:草木灰的作用,是使苗儿生长根杆的,所以稻田里不宜用草木灰。

八、种稻团的一封信

××中心学校×年级小朋友:

春天到了,我们小朋友应该做些什么事情来帮助我们的国家呢?最好是种庄稼,因为多生产些粮食,就可以多养活些人民。

我们已经开始种稻了,你们学校呢?我们来做一个生产比赛好不好?盼望你们回信。

敬祝

快乐

××国民学校三年级种稻团
年　　月　　日　敬上

九、种稻团的壁报稿(学绘漫画)

第一团的壁报上有一幅漫画画得很好,下面还有首诗歌呢!

小孩问:水牛水牛,你为什么牵牛拖耙,喘气呼呼。

水牛答:告诉你,你记住,我的责任,是为人民服务。

我们照着画一幅肥料数量比例图

各团用人粪料数量比较图

各团用了多少肥料

种类＼团别	1	2	3	4	5	说明
人粪尿(桶)						
堆肥(挑)						
绿肥(有)(无)						
豆饼(斤)						
其他						

十、计算

练习算法

计算肥料的价钱

1. 第一团肥料价值　　元,第二团肥料价值　　元,共值多少?
2. 第三团肥料价值　　元,第四团肥料价值　　元,共值多少?
3. 第五团肥料价值　　元,比第一团少多少?
4. 五团共值几元?

计算耕作的时间

1. 第一团耕作×小时　　分
2. 第二团耕作×小时　　分
3. 第三团耕作×小时　　分
4. 第四团耕作×小时　　分
5. 第五团耕作×小时　　分
6. 五团共耕作　　小时　　分

面积的计算

面积＝长×宽

1亩＝(　　)方丈

1方丈＝(　　)方尺

面积＼团别	1	2	3	4	5
长					
宽					

1. 我说第一团比第二团面积大　　方丈　　方尺对不对?
2. 我说第二团比第四团面积小　　方丈　　方尺对不对?

3. 我说第三团与第五团面积相等对不对？

4. 我说第一团比第四团面积大　　方丈　　方尺对不对？

5. 那一团的地面是正方形，那几团是长方形？

一、怎样选种

我们选种用比种法：有用风车把轻瘦的种子吹掉，有用清水把轻瘦的种子浮去，剩下的都是肥大的种子了。

还有一种穗选法，在稻要成熟时，选些肥大的稻穗留下来做稻种。

用穗选法选种，比较可靠得多。

给金陵大学的信

先生：

听说你们学校有一种好的种子，名叫金大一三八六号，能不能送给我们一些呢？

我们是××学校的小学生，组织了一个种稻团，现在等着播种，请您答应给我们吧！

此呈

金陵大学校长先生

××国民学校种稻团 启
年　　月　　日

二、育秧讨论会

甲：我赞成用秧田播种法，先把种子播到秧田里。

乙：我主张用直播法，直接把稻种播到大田里，比较省事得多。

丙：我反对直播法，现在大田还没有完全耕好，等耕好了再播种，时间就晚了。再者，秧田面积小，也容易管理。

大众：赞成秧田播种法。

甲：我提议把第一团播区做秧田，因为靠近路边，播种方便。

乙：靠路的容易糟踏，还是第三团的稻区好做秧田，日光充足，排水容易，土质也好。

大众：赞成第三团的稻区做秧田。

秧田旁的稻草人

第三团的稻区做了秧田，快到播种的时候，我们在田坎上绑扎了一个稻草人，这个稻草人要做什么事，请你看看下面的一首小诗。

喜鹊哥哥，麻雀弟弟，敬请你们，勿来这里。

这些稻粒，要做种子，你要来吃，我不客气。

三、浸种歌

爆竹燃起响声声，家家户户过清明，

劝告大家快种稻，种稻先要浸稻种。

请问浸种怎样好,水泡水冲要记牢。
五天过后出稻芽,撒进秧田育秧苗。

浸种日记

第一天　把稻种装入袋内,浸入清水桶中。
第二天　仍在桶中浸泡。
第三天　换水一次检查稻种是否泡胀。
第四天　改换温水使稻种早些发芽。
第五天　把种袋提出挂在暖室内催芽,芽已长一分左右。
第六天　把稻种取出,铺在席上,在太阳光下晒约一小时种,子芽长约二分左右。
第七天　播下秧田。

四、购种报销

稻种播过了,每团买了多少种子,值多少钱,应该报给先生知道。我们第一团团长是最先拿了发票去报告的。

```
发奉
种稻五合　每合贰拾元许
国币壹佰元正
    此上
学校第一种团

                道团合作社条
            年
              月
                日
```

制统计图

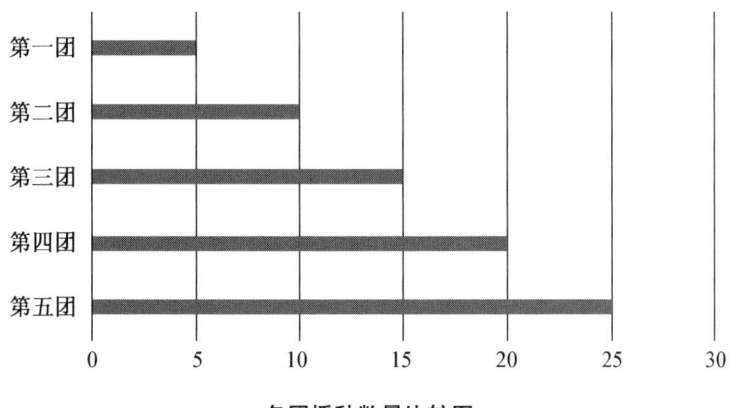

各团播种数量比较图

我们填入数目字,照上样画一幅比较图

  第一团播种　　　升　　　合

  第二团播种　　　升　　　合

  第三团播种　　　升　　　合

  第四团播种　　　升　　　合

  第五团播种　　　升　　　合

五、计算

各团种稻比较

1. 第一团比第二团多几升几合?
2. 第三团比第五团多几升几合?
3. 第一、二团共几升几合?
4. 第三、五团共几升几合?
5. 第一团比第五团少几升几合?
6. 第一团比第三团少几升几合?
7. 第二、三、四团共几升几合?
8. 五团共几升几合?

各团种稻价值计算

稻种每合值国币一元二角

1. 第一团稻种值多少钱?
2. 第二团稻种值多少钱?
3. 第三团稻种值多少钱?
4. 第四团稻种值多少钱?

5. 第五团稻种值多少钱？
6. 五团共值多少钱？

六、育秧工作
稻种播下了，一个多月后才能插秧，这样长的时间内，我们应该做些什么呢？
1. 找些草木灰撒在稻种上，以防鸟害。
2. 每隔三天到秧田旁检查一次，看一看有没有虫害。
3. 最好每天白天把水排去，晚上灌入，这样可使秧田温度增高，发芽容易。

一、插秧的时候到了
播种后已经一个多月了，秧田里长起绿油油的幼苗，随风舞动，真是好看得很。

秀丽的秧苗好像对我们打招呼，喂！我们已经长有一尺多高了，这块秧田地方小得很，我们几千几万个挤在一起，快要挤死啦！小朋友，请你救救我们，把我们分栽到大田里去吧！

是的，插秧的时候到了，你们等着吧！马上就把你们分开的。我们一面回答，一面抚慰着秧苗。

怎样插秧苗
一、看看秧田是不是太干，如果太干，要先一日灌水进去，以便拔秧。
二、拔秧时要仔细，不要伤着秧根。
三、把秧根洗净，束成秧把。
四、秧把不要太大，以手能拢住为合适。
五、推定每团拔秧人，别的人也要分工。

二、插秧设计会
广东插秧有用铲秧法的，就是拔秧时连泥土铲起，运到大田，然后分开开种下，我们插秧，是不是要用铲秧法呢？

学生甲：我们应该栽白水秧，就是把稻跟上的泥土洗净，然后插下，比较方便得多。

学生乙：我赞成用铲秧法，用铲秧法，稻秧容易载活，而且长得快，熟得早。

先生说：栽铲太慢，不大方便，不过可以留一方丈地方栽铲秧，看看那一种栽法好。

插秧法注意事项
一、插秧入土以一寸左右为合适。
二、每方丈可以插秧约五十穴。
三、每穴秧苗以十株左右为合适，肥田插得要稀些，瘦田插得要密些，肥田每穴秧苗约七八本，瘦田每穴秧苗约十余本。
四、插秧用右手的拇、食、中三指，握好秧苗整齐插下。

三、插秧比赛

五月一日——劳动节的下午，各团团长传来命令，迅速集合，参加春耕慰问队，于是一刻钟后，我们已变成二支强大的队伍出发了。

走呀，走呀，走到一块正在插秧的田边，我们停下了。

喂，你们三个插秧的比赛一下哟！

果然大个子、胖子、矮子三个人比赛起来，我们在旁不断地拍手，欢呼，唱歌。

结果，大个子是第一，他一个人比其他二个人插的都多都好。

喂！你真好本领！我们大家喊着，大个子只是发怔，抿着嘴笑。

再会！我们亦笑着告别了。

唱插秧歌

插秧

潘伯英 作词

$1=G \frac{2}{4}$

2 3 2 2 | 1 6 5 | 1 5 2 5 | 3·2 1 | 5·5 5 |
不消三日五日忙　车水平田　都停当　在今天

6·6 6 | 4 4·6 | 5 — | 3·3 3 | 6·6 6 |
下田秧　拔小　秧　　　到明朝　水田里

3 1 3 | 2 — | 2 3 2 1 6 | 2 5 2 5 | 2 3 2 1 6 |
插小秧　　　秧田里拔秧　一把一把　水田里插秧

2 5 2 5 | 5·5 5 | 3 3 3 | 2 2 2 | 1 1 1 ‖
一行一行　小秧儿　真可爱　绿葱葱　又清香

四、计算

练习算法

算题

假设一方丈插 95 穴稻秧，请计算下列各题

1. 第一团该插多少穴稻秧？
2. 第二团该插多少穴稻秧？
3. 第一、第二两团共多少？
4. 第三团该插多少穴稻秧？
5. 第四团该插多少穴稻秧？
6. 第三、第四两团共插多少穴稻秧？

7. 第五团该插多少穴稻秧？

8. 五团共插多少穴稻秧？

算法练习

假设每穴插秧八本，请计算下列各题

1. 2 穴共插秧多少本？
2. 5 穴共插秧多少本？
3. 7 穴共插秧多少本？
4. 8 穴共插秧多少本？
5. 10 穴共插秧多少本？
6. 10 穴比 8 穴多几本？
7. 8 穴比 7 穴多几本？
8. 7 穴比 5 穴多几本？
9. 5 穴比 2 穴多几本？
10. 一方丈插 95 穴有多少本？

插秧

一、稻的性状

那天，就我们去察看稻的生长情形，大田里的稻秧都长得很好，绿绿的，青青的，真像一幅图画。

我们排坐在田坎上，李先生给我们讲稻的性状。他说，稻是本年生本年死的植物，大家叫他是一年生植物。

稻的茎中空而有节，外面生着叶，保护茎的生长，稻可分蘖，一根稻可以分出好几个蘖来。

种稻儿歌

种稻种稻，我们种的稻，二人左右高。

种稻种稻，热带种的稻，一丈左右高。

种稻种稻，我们种的稻，一年收一季。

种稻种稻，热带种的稻，一年收三季。

二、除草施肥

除草的方法很多，第一团用的是齿镰，第二团用的是荡耙，第三团用的是鸟头，第四团用的是耘车，第五团用的是足踩法。

施肥的种类很多，有的用堆肥，有的用豆饼，有的少用些石灰，一面杀害虫，一面调剂土壤酸性。

拔去稗子

稗子多在稻秧里,害怕找到你

可是我们有办法,知道你是稗子,

请看你的叶鞘上,少两样东西。

三、稻秧发瘟了

第一团的稻子发瘟了,叶背上生了很多像绒毛一样的东西,稻叶变成褐色,杆节及穗轴上都长有灰绿色的病菌。

消息传出后,许多同学都来看了。有的说因为蓄水太深了,稻秧发了霉。

有的说,因为田边杂草太多,是杂草的病菌传染的。

有的说,因为用的人粪尿肥料太多了。

第一团的同学立刻排水除草,并且撒了些石灰去杀菌,又把病秧拔去,以免传染。

螟虫防治方法

稻田里害虫,种类很多,最厉害的是螟虫,有二化螟虫、三化螟虫,应该设法防治。

摘除有卵的稻叶,用捕蛾灯捕杀成虫。

四、两季稻

一天,我们去参观农家的稻田。张家伯伯的稻早熟了,他正在整地准备栽二道秧。

李家叔叔的稻田,行间留得很宽,是要在行间栽二道谷。

王家佃户割第一次稻时,把稻杆留有尺半高,使他再生稻穗。

老师说,这都是叫做种两季稻,广东地方,还有一年栽三季稻的。

稻的分类

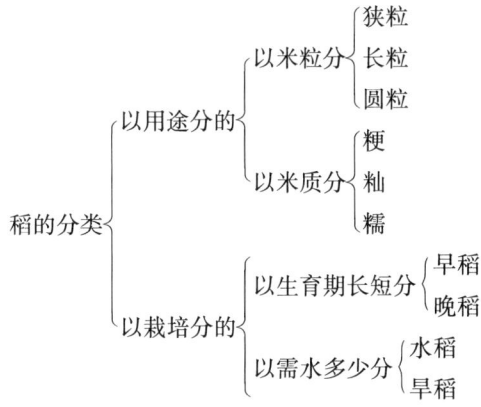

五、计算

各团中耕次数时间比较表

时数＼团别＼第次	1	2	3	4	5	共计
第一次						
第二次						
第三次						
第四次						
第五次						
共　计						

1. 算出各团五次中耕共需之时数填在表中共计格内。
2. 五团共多少时数？合计几日几时？

社会调查

农户	耕地面积	产量(石)	每亩平均产量(石)

1. 算出各户每亩平均产量填在表内
2. 六家共产多少？六家合计每亩平均产量多少？

农户调查

一、我国那里产稻

两湖产稻，两广产稻，长江粤江产稻，各省都产稻。

东北产稻，西北产稻，中国除蒙古外，各省都产稻。

我国产米的估计，根据民国三十一年张先生的统计，看看我国那一省产稻最多。

中国重要产稻省区比较表

省名	稻田(亩)	产量(石)
湖南	26 590	107 776
湖北	24 452	82 350
安徽	22 221	61 334
江西	32 130	93 560

(续表)

省名	稻田(亩)	产量(石)
江苏	31 641	86 885
浙江	27 982	84 412
四川	45 847	145 376

1. 上列七省共产米多少石？
2. 那一省最多？那一省最少？
3. 最少的比最多的差多少？

二、那里先产稻

那里先种稻，中国先种稻，因为中国在很古很古的夏朝，就设有种稻的官。

那里先种稻，印度先种稻，因为印度在很多很多的地方，还发现有野生的稻。

中国、印度先种稻，后来印度的稻传入南洋、中亚细亚和欧洲，中国的稻传入日本。

世界产稻分布

比方说，亚洲产九十八石八斗米，欧洲、澳、非合起来，才产一石二斗米。

比方说，亚洲产一百石米，中国产量就占了六十石。

三、国父中山先生的话

一般农民有九成都是没有田的，他们所耕的田，大都是地主的。有田的人自己不去耕……现在的农民都不是耕自己的田，都是替地主来耕田，所产的农品大半为地主夺去了，这是一个很重大的问题。

国父中山先生在三民主义里有一种主张说：耕田的人，应该自己有田地。

佃户生活（学画漫画）

（1）一家六口没有吃的怎么好呀！

（2）田主爷又来索租了！

（3）田主爷说：不给租就要牛

（4）佃户自己当做了牛马

唱农夫歌

农夫

俞子夷 作词

```
1=C 3/4

1 3 | 5 5 | 5 6 | 5 3 | 5 5 | 4 4 | 4 5 |
你 可   知 道   农 夫   辛 苦   你 可   知 道   农 夫

4 3 | 5 5 | 1 1 | 2 2 | 3 5 | 1 3 | 2 4 | 3 2 |
辛 苦  清 早  出 门  晨 光  模 糊  插 好  新 秧  种 瓜

0 0 | 1 3 | 5 5 | 5 6 | 5 3 | 3 5 | 4 4 | 4 5 |
□ □  你 可  知 道  农 夫  辛 苦  你 可  知 道  农 夫

4 3 | 5 5 | 1 1 | 2 2 | 3 5 | 1 3 | 2 4 | 1 2 |
辛 苦  田 里  归 来  家 家  上 火  修 好  泥 网  补 来
```

四、公共谷仓

俗话说天晴防备天阴,丰年防备荒年,假若丰年不存粮,遇到荒年就要饿死人了。

现在各县都奉令设了公共仓库,是专备储藏稻米的,平时积存在内,一遇荒年,就平价出售,对一般民众真方便极了。

仓库的地方,一定要清洁干燥,不然稻米就要发霉生虫的。

算出答案

一、一个仓储十五石米,全镇有十七个仓,共藏多少石米?

二、公共仓库每人储藏米二斤,全保九百五十三人,共该藏多少斤米?

写一封信

打听一下,本地公共仓库存有多少谷或多少米,经营人有没有毛病,写一封信告诉本县县长。

收获

一、稻的收获

稻田里一片金黄色,到割稻的时候了。

稻穗垂下头来,好像在说:赶快把我收割罢,不然我就要落到田里去呵!

第一团、第二团的收获办法是一面割稻,一面就在稻斗里脱粒。

第三团、第四团的收获办法是把割下来的稻堆在空场上,等晒干后再脱粒。

第五团收获办法是把割下来的稻挂在架子上,等阴干后再脱粒。

唱收获歌(农家好)

农家好

$1={}^{\flat}E \quad \frac{4}{4}$

3 5 3 2 — | 3 5 3 2 — | 5· 6 5 3 | 2· 3 5 0 |
农 家 好　农 家 好　高 梁 收 后 稻 谷 好

1 2 3 2 — | 3 5 4 5 — | 3· 5 3 2 | 1 — — 0 |
你 割 稻　我 打 谷　互 助 忘 辛 劳

2· 2 3 4 | 5 6 5 — | 6· 6 5 3 | 2· 3 2 0 |
忙 过 秋 天　冬 天 到　稻 谷 藏 好 农 事 了

3 5 3 2 — | 3 5 3 2 — | 5· 6 5 3 | 2· 3 1 — ‖
农 家 好　农 家 好　衣 布 粮 食 农 家 找

二、尝新会

稻脱粒后，我们又把他晒干，大部分的稻谷，都装到仓库了去了。每团只拿出五升的谷，把他舂成米，这些新米，预备开尝新会时来吃的。

那天举行尝新会了，新米煮成的饭，气味真香哟！我们先给校长及各位先生盛上新饭后，大家就一齐开动吃饭了。

出自己的汗，吃自己的饭，我们一面吃一面说。

我们自己煮饭

吃饭时我们想到农人的辛苦

我们不多吃别的人的饭菜

我们爱惜米穗

我们不要占别人的席位

我们自己打扫饭厅

还是吃糙米好

糙米白米成分比较表

类别	水分	粗蛋白质	粗纤维	粗脂肪	？分
糙米	14.3	8.6	1.3	2.0	0.9
白米	14.5	7.7	2.2	0.4	0.5

糙米比白米好,糙米蛋白质多,脂肪质也多,糙米比较营养得多,还是吃糙米好。

三、收获统计

各团收获量比较表

团别	每亩产量(石斗升合)	共有亩数	共计(石斗升合)
1			
2			
3			
4			
5			
共计			

1. 算出各团的收获量
2. 算出五团的总收获量

各团稻米价值比较表

团别	数量(石斗升合)	每亩价值(千元)	总值(千元)
1			
2			
3			
4			
5			
共计			

1. 填出各团产稻数量
2. 算出各团总价值
3. 比较那团最多那团最少
4. 最多与最少的相差多少？

四、计算成本

稻子收获完了,应该计算一下成本,看看是赚钱呢,还是亏本？

成本的花费包括很多,像稻种啦,肥料啦,人工啦,畜力啦,田租啦……都是。

其他如农具使用,房屋使用,田地使用,都要花费些钱,应该计算在内。因为农具房屋一年比一年要破旧呵！

成本计算表

种稻花费表

项目	数量	单位	价值(元)	共计
稻种				
肥料				
人工				
畜工				
田租				
土地利用				
农具使用				
房屋使用				
其他				
总计				

五、工作结束会

从选种播种到割稻贮藏，一切工作都告完毕。

快要开结束会了，在这个盛大的欢聚会里要表演个什么节目呢？

我决定朗诵一首锄禾诗，你呢？

锄禾　朗诵诗

锄禾日当午，汗滴禾下土。

谁知盘中餐，粒粒皆辛苦。

那一团得了奖状（绘制奖状）

我们欢呼，我们鼓掌，

我们庆贺，第（　　）团得了稻作竞赛奖状。

（教育编译馆，1944年）

学术通信

教育宪法专章问题

启天兄：

阅报知宪法会议开幕在即，此间少数同志认教育宪法为根本大计，教育人士不容忽视。爰于前数日开教育宪法讨论会三次，议定宪法条文十数条，经大多数同意通过。弟对于该文体裁方面虽略有意见，惟于其根本观念则无异议。弟数日来又继续研究各国宪法上根本观念，参证中国国情及需要，得有下列九种根本大法。

1. 全国人民不分男女有受平等教育之权利，中央及省地方政府当广设教育机会，各就天才谋充分之发展。
2. 一切教育立于国家监督之下，非中华民国公民不得创办教育。
3. 一切教育须脱离政治及宗教之势力。
4. 公立学校一概免费。
5. 教育之负担均分，中央政府须保障教育机会之平均。
6. 中央政府及省政府须保障教育经费之独立及稳固。
7. 教育人员专门训练及保障。
8. 保护学术研究上之自由，并促进其发展。
9. 保护历史上美术上之古迹。

至于二、三两项，经弟提议已采入此间同人所拟定之宪法中。（按即李建勋君提出于改进社之教育宪法专章案）条文为私立学校——办学者须为"中华民国公民不带传教性质……"此条在前此国人所拟定之宪法中从未提及，此次必须力争，以免后日之争端。

弟现在继续研究，拟再费十日之工夫细心考虑然后草一长文，寄到《教育界》发表。前面九条系暂定大纲，此时不愿公布。

此间同人之意拟请《教育界》出一"教育宪法专号"专以鼓吹教育宪法之根本大法。弟可供稿二万字，其他同志亦有愿担任撰述者。王卓然君已函请改进社出专号。《中华教育界》比较锐进，且经兄等继续鼓吹必可大奏成效。匆促作书。敬颂撰安。

弟邰爽秋自美国上　五月三日

（原载《中华教育界》第十五卷第六期，1925年）

致启天函

启天兄：

今夏蒙寄来《醒狮》二十余期及《国家主义论文集》一册，拜读之余，得略知兄等对于国家主义之主张。尔时弟因恐兄等太重国家主义，致忽民主主义及社会主义之优点。故特倡民本主义（包教育经济政治三机会均等主义而言，参阅《正义进化与奋斗》一书）以与国家主义并列而总名之曰少年中国主义，或名新中华主义，意以补兄等之不足。顷由导之兄处借读《醒狮》汇刊，得窥全豹，乃知兄等之主张，竟多与弟意不谋而合，兄等心目中之国家主义，盖与弟所主张之少年中国主义同其内容。于民主主义及社会主义之优点，并未一概忽视也。兄等与共产党奋斗，纠正青年思想，厥功甚伟。惟弟意今日中国经济之支配虽不若欧西劳资悬殊之甚，而不平现象实亦有令人发指者。吾辈欲根本抵制"赤祸"，当一面以国家思想启悟青年，使一致外抗强权。一面仍当本经济机会均等主义，提倡"捐产运动"及"捐产兴学运动"，或"私产公益运动"，以促进资产阶级自身之觉悟。庶于救国救民前途，可得根本解决，而未来社会经济革命，亦可消弭于无形。至马克斯氏之学说，其目的在实现经济机会均等，兄等亦未必完全反对。惟所采手段，则绝对不适于今日之中国。此意已详论于《正义进化与奋斗》书中，恕不赘述。弟近来在此间宣传国家主义，颇多感触。盖弟所欲得之同志，为国家主义之奋斗者。空言信仰，实以为未足也。吾辈宣传之目的，依弟意当分为四种：第一，在发现信仰国家主义又肯奋斗之同志；第二，在使信仰国家主义者增加奋斗之勇气；第三，使向来为私利而奋斗者信仰国家主义；第四，使不信仰国家主义又不肯奋斗者信仰国家主义又肯奋斗。弟所以大声疾呼提倡奋斗主义者，实感于中国国民柔懦成性，一二刚劲者，又勇于为私，怯于为公。欲谋"救民救国"，盖亦难矣。为今之计，惟有以言论及教育之力，于鼓吹国家主义之外，更提倡"奋斗主义"，以淘[陶]铸"民族勇气"及"民族奋斗精神"，使坚强刚毅百折不挠诸美德浸成为吾华民族之特性。救国前途，庶有豸乎！弟原拟于今冬撰奋斗主义之教育一书，课忙未果。兹拟于月内先撰一文，鼓吹"道德的勇气""求知的勇气"。此二者皆为弟基本思想之应用。脱稿后当寄上就正，勿此即候，撰安。

弟邰爽秋自美国上
十二月五日
（原载《醒狮》第六十六号，1926年）

演 讲

教育经费根本问题

十八年一月七日在中山大学第二次公开演讲

邰爽秋　演讲　陆厚仁　笔记

今天所讲的是教育经费根本问题，经费问题的重要是不消说的，但是国内人士对于这个问题认真研究的还不多，我把他来讨论一下。这问题中包含五个问题：

一是教育经费增高问题；

二是教育经费独立问题；

三是教育经费负担平均问题；

四是教育经费支配公允问题；

五是统一教育经费行政问题。

前面四个问题是一样要紧的，但是他们不能单独解决，所以拿统一教育经费行政问题把他们连环沟通起来研究一下。

一、教育经费增高问题

这个问题包含八个要素，如果能照这八个要素去做，教育经费一定可以增高。

（一）增高国民富力

增加教育经费与国民的富力大有关系，一定要在富庶的地方，才可以筹出多量的教育经费。即如美国纽约一城约[的]教费，一年竟有四万万美金之巨，超过我国全年国库的收入总额，倘使纽约的人民也很贫瘠，那末这么大的数额，是决计拿不出来的。就中国说，广州一地每年教费有六十几万之多，在国内其他各城绝不会有此数目，这也是因为广州人民富力高的缘故。更拿一县来看，也有这种情形。据说在广东省有的县分建造一所初中的校舍竟有用到六十万元的，这个数目，恐怕贫穷的地方全省的普通教育经费也还抵不上呢！所以增高人民一般富力实在是增高教育经费的先决条件，筹划教育经费的人应当对此特别注意。至于增高国民的富力以充教育经费的方法，中山先[生]在《地方自治开始实行法》里已经提及。他说：

"……至于力所不能到之处，则以我辈手力所生产之粮食原料由公家收集，输之外国，以换其精巧之机械，以补我手足之不足，则生产日加，财富自然充裕，学校之目的，于读书、识字、学问、智识之外，当注重乎双手万能，力求实用。凡能助双手生产之机械，我当仿造，精益求精,务使我能自造,而不依靠于人,必期制造精良,实业发达,此亦学校所有事也。"

孙先生的办法,可以分成两方面看:一面是要提倡国民普通生产,一面是提倡学校力求实用,以促进生产。这两点实是根本要图,为教育经费谋百年大计的人,不可不于此留意。

(二) 开辟教育富源

开辟教育富源,是增高教育经费的第二个要素,这话怎样讲?我们请先看现在筹谋教育经费和办教育的人,居多只知拿现成的款子来用,而忽略了替教育方面开辟一种取之不竭的富源。外国的学校往往不用公家补助涓滴,而能措之裕如,如美国哥伦比亚大学,年费美金五千余万元,但是这宗经费的来源,并不是靠什么官厅的补助,而是靠著该校生产事业的收入。据说纽约的电灯公司,每年中所赚余利中的百分之十几,是要归该校收入的。诸如此类的生产事业,美人藉之以维持教育经费的很多很多,这种方法在工业发达的国家很易实现,至于我们中国,比较似乎困难。但如培植学校林等事,费本极微,轻而易举,倘能继续提倡创办,不隔多时,便成为教育经费上一个大泉源了!

(三) 利用无益资财

这一条的范围很广,社会上的款项,本应拿来办有利于社会上的事业,在我们中国,国库不足犹应注意及此。去年我想到中国最大而最无益的资财,要算是庙产了,那些大和尚我奉他们一个僧侣的徽号,税是不纳的,收进来的钱,居多暗中拿去讨小老婆,淫人妻女,无恶不作,面对于一班小和尚,则去叫他们做下层工作,扛水挑柴,粗茶淡饭,苦得不堪!有时还要加以鞭挞虐刑,所以这般[班]和尚真是我国社会上的蠹虫,毫无存留的必要,而他们竟拥有惊人的资产,就江苏镇江一县,据确实的调查,竟有五千万之多。我国丛林大寺,无虑千万,推算下来,全国的庙产,当在二十万万以上!这样大的资产,不去利用来办教育,宁非可惜?所以去春我做了一篇《庙产兴学运动》的文字,主张"打倒僧阀""解放僧众""划拨庙产"创办教育,把这意思详细的发挥,鼓吹此事,并曾约友人提出全国教育会议,当时一般僧阀极为骇怕,纷纷拍电报反对,结果,交大学院和内政部审核,未得圆满的结果,可惜之至!现在我已编了一本《庙产兴学讨论集》(上海博物院路二十号内二百十九号中华书报流通社出版)把这事源源本本叙述出来,可供诸位参考,现在我不细讲了。

(四) 改良教育税制

这一条可分三点说明:第一是关于税的种类的,第二是关于税的程度的,第三是关于征税方法的:

A. 税的种类——另开教育税源,在两个贫富相同的省分若是税的种类不妥当,那末教育经费的产生,也必有很大的差异,通常的教育款项,是从什么地方来的?广东的情形,我还不详细,至于江苏等省,那是以田赋为大宗,田赋制度在中国已有数十年的历史,所以当局者筹款时,总是在田赋上附加,但是这田赋是取之于农民的,农民的负担,因此变得独重。农民的生计，本来很苦恼的，现在再去敲剥，更属苦不堪言！反对附加税，自不能免。教育经费有一部分是从盐税上附抽得来的，盐这样东西，富人所用是有限的，而大多数的贫人却靠此下饭，所以从盐斤上再去附加税款，又是苦了许多贫民，所以主张今后要增加教育经费。当另开税源，不可再蹈"附加"的恶例，新税源的种类很多，如遗产税、矿产税、营业税、所得税、奢侈税等都是。在此几种中，我觉得遗产税一项尤应特别注意，关于此点，以后再说。

B. 税之程度——采用公平税率　上面一点是就税的种类上比较，现在就一种税的征收办法来比较。同是一种税源，若使税率不同，也会使所收税项发生绝大的悬殊。现在我国的税制居多不分贫富，依照同一税率征收的，像江苏的义务教育经费附加亩捐，不分田多少、家贫富，一律是每亩八分，这种办法，富人是很占便宜的，而穷人却吃了大亏！宜乎在施行时发生许多困难了！

C. 征税的方法——革除中饱流弊　其三就要对于征税方法应特别注意。税局人员居多是中饱税款的。社会上对于这种情形，已经见惯不惊，所以在收税机关当差，中国人往往目为肥缺。增办了一种新税，或是附加了一种教育税，往往代他们增加了一个发财的机会。这样下去，任何好的新税和税率，都是不中用的，倘使能够把征税方法改良，把中饱的流弊革除净尽，使税收涓滴归公，虽照目前的税率去征收，那所收的数额，也要比现在增加好多。

（五）扩大负税单位

这一个要素，也可增高教育的经费，通常我们有一种谬误的观念，以为这一处的钱只能办这一处的教育，那一地的款项，也只许供那一地的应用。这样小单位分配，便演成孟子所说的"庖有肥肉，厩有肥马，民有饥色、野有饿殍"的那种现象。从民有饥色、野有饿殍的情形看来，那是苦得树皮草根都没有了，那知富贵人家厨房里却剩着许多肥肉，马厩里马也养得精壮了！这是因为两方面财货不相流通以致有这样苦乐不均现象，教育经费上的现象，也是如此，富的地方往往富到征收某种程度的教育经费毫不费力，因之设备上有许多锦上添花之处，穷的地方，虽征税至怨声载道的时候，往往还办不到最低限度的教育。即以江苏的情形来看，他们为办义务教育而要各县一律附征八分亩捐，但据说在江南几个富饶的县份仅加二分，已很从容，还有六分便是余下的像厨中肥肉一样；而在江北的几个贫县，虽加至每亩二角，还是不够，各县的情形如此，各省的情形居多也是如此。这种贫富不相通的办法，使教育经费失其调节作用，因而形成教育经费困难一个原因，实属不妥。所以我主张把地方的界限打破，把部落观念消除，把负担教育经费的单位扩大，以富县之余，调剂贫县之不足，从县扩至省，以富省之余，调剂贫省之不足。我们可以说人类愈进步，负教费的单位，也就愈加扩大，若干年后，也许我们会把美国的钱拿来办日本的教育，把中国的钱拿去办英国的教育的。这种办法，虽于经费总数没有添加，但是在实际上，却增加不少的效果。

(六) 鼓励人民协助

现在社会上有很多的守财奴,积蓄了几十万几百万的家私,而表面常常说穷,不但不肯去协助教育经费,就连自己子女的教育费,也居多吝而不与,这类守财奴是不足挂齿的。不过社会上,也往往有些人肯解出囊来办教育的。如江苏的圬者杨斯盛开办浦东中学,如山东的乞丐武训开学四所之多,又如陈嘉庚的设厦门大学……不胜枚举,不过我们觉得此数人中,那富有人是不很难的,而那无钱的人如武训,竟行丐兴学,尤觉难能而可贵,此外又用劳力协助教育经费之一法,孙中山先生说:

"……或疑经费(指教养经费)无从出,此不足虑也,以人民一月义务劳力之结果,必足支持此费,如仍不足,则由义务劳力之内议和,或五日或十日,以至一月,则无不足矣。一境之内,如人尽所长,为公家服一二个月之义务。长于农事者为公家垦荒,则粮足食矣。长于织造者为公家织布,则衣食足矣,长于建筑者为公家造屋,则房舍足矣,如是少年之衣食住,皆可由义务之劳力成功。自治区之人民各有双手,只肯各尽其长,则万事俱备矣,不必于穷乡僻壤,搜括难得之金钱,筹集大批之款项,始能从事于自治也。只要人人能知双手万能,劳工神圣足矣。"

孙中山先生这一番说话,并非理想,在今日我国的情形之下,很是适当的,如果国民政府要贯彻三民主义,要实行中山先生的遗教必先谋这种主张的实现。

(七) 防止行政流弊

防止流弊和后面第八点,都是消极方面的。但这都不可忽视,现在各教育机关往往在经费里有许多黑幕。我在广西调查地方教育行政人员养成所的学员,他们报告几种普通的流弊,如拿学校或教育机关里的钱,去做投机事业,幸而中,其利益为私人所得,不幸而负,那末这宗损失便归于学校。又如于大洋小洋之间颠倒渔利,亦极普通,此外像投标建筑等等也都是他们作弊渔利的机会。大概教育行政当局及庶务会计一类人员,清廉者固不乏其人,而利欲熏心、通同作弊的亦复不少,若把这种流弊革除,教育经费,无形中便加多了。

(八) 减免无形消耗

减免教育上的无形消耗,也是间接增加教育经费的一种方法。教育机关中无形的消耗多极了,别的不说,且看学校里最普通的讲义纸一项,如果管理得法,至少可减去百分之五十的消耗。我在南京中学当校长时,曾算过用毛边纸和用本国出的新闻纸两种相较,相差每页就有六厘之多。全国的中等以上学校,如果对此加以留意,一年便要省到二十四万元左右,这不过是极小的一端,类此可以注意的地方,正不知多少呢!

上面我所举的八点,如果能够完全做到,那末教育经费的增加也就不成什么问题,不过有一点要申明的,在现在社会情况之下,我们才要这样去费力筹划。如果将来社会的组织有进步有改变了,那末这八种方法有几种却可以无需我们烦心了!

二、教育经费独立问题

教育经费独立应受保障，载在党纲，近几年来，大家对于这个问题闹得天花乱坠，但是我觉得怎样使得教育经费独立，于方法方面不去注意，其结果或要比不独立更坏亦未可知，所以这个问题值得详细讨论的，现在分几方面来讲：

（一）教育经费独立之原因

有两派意见：一派是市政专家，一派是教育行政专家，詹姆斯 H. G. James：*Appliod City Government*，葛得禄 E. J. Goodnow：*Municipal Government*，孟罗 W. B. Munro：*The Government of American City and Principles of Municipal Administration*。这一斑[班]都是市政专家，他们都是反对教育经费独立的，他们说：教育也是市政的一部分，和卫生、建设、财政等是一样的，不应该另砌炉灶，使教育部份的经费独立起来，再去另设征税机关等，既不经济，又滋危险。至于教育行政专家，适与此相反，不但赞成独立，并且竭力主张要教育脱离政治的漩涡，非教育经费独立不可柯柏烈氏（E. P. Cubborley）说：

"把政治排出城市与学校行政之外，一个重要步骤是要把城市教育局和市政府差不多完全分开。我们美国各城市的经验，明明白白的表显，决定学校税款的权力，应当从城市参事会的控制里拿开，在议会所规定的几种法律限制之下，交给当局去规定。"（见 *Public School Administration*，Page 104）

又施菊野氏 G. D. Strayer 也说：

"教育局经费应当独立，凡是研究过公共教育上各种问题的人，无不赞同。"

此外如莫高爱氏 Mogaughy、朱塞勃氏 Jasup、濮克氏 Puckor 等都是极力主张教育经费独立的。我的意见，认教育经费独立不过是过渡时代的一种方法，在世界上也不过美国的大都市里有这种问题发生，而在各国的宪法上都没有规定。至于我国在财政未上轨道教费没有保障的特殊情形之下，当然很需要独立的，不过将来真正到了理想地步的时候，教育经费是否仍需着独立，尚有讨论的余地。

（二）教育经费独立的要素

现在大家都知道教育经费应使独立，但是独立的方法怎样？怎样去保障独立？大家都没有研究！如果大家只闹要教费独立，而不去了解教费独立的要素，那末结果也许要弄到比不独立更不好，使反对教育经费独立的人反而站在旁边要讥笑，所以我现在提出教育经费独立的要素来讲一讲，我所想到的有后面的八点：

A. **教育基金之确定** 保障教育经费独立的第一个要素，便是要有确定的教育基金。现在世界上文明的国家，对于这一点都认为很重要，所以有的指定了一种永久的收款作为教育基金的，也有指定了几许资产作为某种教育的基金的。这种基金的数额，要使他生出的利息，能足教育经费之用，以后只许用利，不许动本，这样的基金，才真能使教育经费得到保障。我国前清时代的学田，原来也是教育基金的一种，不过年来变故频仍，这种原有的资产,有许多已不能完整,我们不但要把原有的恢复整理,并且还应开辟新的基金,如庚子赔款,城根基地庙产等,都可用来充作教育基金。

B. 教育税源之划分　　保障教育经费独立的第二个要素是划分教育税源。有些人以为只要争到法律上规定教育经费占全体收入百分之几的地步,便可算达到保障教育经费之目的。这种见解,实属不妥。因为法律上规定成数,原是在不能独立的制度下不得已的办法,实际上没有什么保障。若真要教育经费独立,便须划清教育税源,由法律规定那几项税源归教育项下征收。不过各种税源中,有些系带有不稳性的,如田赋、牙税、漕粮赋税等等,有些是带稳定性的,如卷烟税、遗产税等等。我们应当选择稳定性的税源,使教育的进行不致因意外的危险发生而受阻碍,江苏教育界在前几年得卷烟特税为教育经费,所以教育事业的进行很觉顺利。革命后卷烟特税收作国税,以田赋抵补教育税源,教育经费遂由稳定的地步降而至于危险状态之中。所幸一年以来,没有发现大的灾荒,尚可勉强维持,否则一般中等学校早要关门大吉了！各税源中有些系具独立性的,如各种正税是,有些系带有连带性的,如各种附税是。连带性的税源,在将来征收的时候,不能同正税的征收脱离关系,往往影响到经费的独立,所以我应当选择独立性的税源。

C. 预算制度之独立　　保障教育经费的第三要素为预算制度之独立。预算独立的意思系指的教育行政当局应当根据科学的计算,察看他所管辖范围的教育需要大小,自行编制预算,给教育立法机关审核通过,教育立法机关若要削减预算总数,或预算某项数目,须得编制该预算的教育行政当局之同意。因为教育的需要,只有教育行政主管机关自己知道,他种团体不明个中情形,如何能把他们的预算任意干涉,任意削减呢？可惜中国教育行政的立法机关向来就是政治当局或是普通立法的机关他们不明教育预算独立的道理,以为教育机关把预算开来多少留了一点还价的"虚头"不可不打个扣折,于是乎听凭自己豪兴,随意钩去若干千万,听教育当局去支配。在这种情形之下若使教育当局来得狡猾,确是带了虚头的,那末打下折扣来正好差不多倒也罢了,若使他老实一点照实际需要开出预算,经这一度乱七八糟的削减,不免陷于无办法的地步,并且要被人骂不善于办事呢！于是乎诚实的人也渐渐变成狡猾,结果教育界各当局无一个不狡猾,不虚报开出来的预算,有时简直不成话说,政治当局或立法机关个个懂得这回把戏——有许多确曾亲身试过的——于是乎格外拿起大斧头来乱砍乱削,削得体无完肤,所谓教育预算也就完全弄糟了,现在我们要保障教育经费独立,务须办到预算独立这一点,不然就不成为教育经费独立。

D. 加税权力之独立　　要预算制度之独立必须先有独立自加税的权力,否则还是办不通。因为预算制度难说不受干涉,但是预算上的数目超出于目下税款的收入时便须增加税率,若是加税的权力完全在政治当局或是立法机关手里,就不免当时受他干涉,使教育的进行发生许多阻碍。我们要谋教育经费独立,既争得制定及通过预算的权力同时不得不争自由加税的权力。不过我们应当注意,所谓加税权力并非毫无限制,大概立法机关应当规定一个最高可能税率限度,在这个限度之内,应凭教育当局酌量需要,自由增加。譬如卷烟税指作某省教育经费,照目下情形抽出百分之十,已经够办该省教育,但是该省立法机关，不妨规定百分之五十为最高税率限度，在设有达这限度时候，由该省教育当局酌量教育需要自由增加，无须得立法机关的同意，直到要超过限度的时候，再讲立法机关规定。如此办法，可以减少立法机关许多限制及阻碍，教育经费的独立也才可以不受影响。

E. 征收机关之独立　保障教育经费独立的第五个要素，是征收机关的独立。目下所谓教育经费独立的省分，虽划分了教育税源，仍往往委托着普通财政机关代为征收。其原因一则为其所划的税源系普通财政收入的税源的一部分，如江苏的田税附加，实不便另设机关办理；二则因为教育界中人士，往往不明收税之办法，若单独经管征收，不免有许多危险，不若仍托普通财政机关代收较为妥当；三则因为分设征收机关用费太多，不如托普通财政机关代征，转觉来得经济。因有以上三个原因，所以有许多人主张托普通财政机关代管征收事务，但在实际上又发生二种缺点：第一，普通财政机关代征系属代办性质，或许不能十分认真；第二，中国到处经费都是困难财政当局，弄到无办法的时候往往移东补西，不管是那项来源，且先拿去应付随后再为弥补，这种办法，往往使教育经费停顿多时，教育当局向他催促，他说尚未交到，你亦不易证明；第三，中国财政界的积弊尚未革除，中饱自肥之徒，难免没有，况属税收事项，尤难清理，既托普通财政机关代办只好听其缴报，其中有无流弊，殊不可料，所以我主张教育税款，应由教育当局自行征收。不过我们应当注意的：第一，须选取独立性的税源，如遗产等税，尚未经指定，用途者最佳以减除前面所说的第一种困难；第二，应当统一全国教育经费的行政权，于中央及省县地方专设机关，聘请专员办理（详细办法参阅，全国教育会议报告鄙人提案），以减除前面的二三两种困难。如此办法，方能达到保障教育经费的目的。

F. 保管机关的独立　保障教育经费六个要素，是保管机关的独立，保管机关的独立是和征收机关连带而来的。在征收机关不独立的地方，保管教育之权往往操在普通财政当局之手，因此在支用款项的时候，就不得不仰他的鼻息，教育的进行也就不免受了影响。所以我主张，保管教育经费的机关要独立。不过所谓独立，不是说只和普通财政机关分开，归一个什么委员会管理，存在普通银行里，凭委员会共同签字取付。因为中国的银行，靠不住的很多，委员会的人未必都是能把款子放在妥当的银行里，并且这地一个委员会，那地一个委员会，把教育经费系统都弄乱了，所以我赞成筹设教育储蓄银行的办法，有了这个银行，将来教款收入可不经过教育经费委员会之手，迳直交存总行，或各省地方分行，归入教育机关名下，取用时全凭支票亦不必由委员会发给。如此办去，可免去种种流弊。

G. 用款权力之独立　保障教育经费独立的第七个要素，是用款权力之独立。各教育预算，既经通过之后，教育经费主管机关就应当依照预算数目，按月通知各教育机关领取该月经费，在发款的时候，不得受任何别的政治团体之副署或牵掣。

H. 审核机关的独立　保障教育经费独立的第八个要素，是审核机关的独立。所有各教育机关收支账目，应由教育主管团体负责审核，在江苏现有稽核委员会之设，其权限为稽核各项收支簿据盖章于发款通知书，并注意税额之比较及支款之用途（参阅《大学院公报》第一期《江苏教育经费管理处组织大纲》第九条，及《管理处稽核委员会简则》第三条）。关于后面两项权限，交给稽核委员会，妥当不妥当，我们且不去管他，单就稽核各项收支簿据而论,不知是属于那个机关的。若说是指的各教育机关及各学校的,那恐怕不是几个稽核委员能办得了的,并且经费管理处顾名思义,只管到管理一项,在目前只应该征收保管,关于稽核各教育机关及各学校账目,不是他权限以内的事。若说所稽核的单指管理处的收支账目,那么各学校的收支稽核究应该谁人管理,我以为全国教育经费收入的审核,应归入一个有系统的机关办理,固不应该交给管理处办,也不应该交给教育厅或大学行政院办。关于此点,我在统一全国教育经费的提案里,已经有了规定了。

三、教育负担平均问题

(一) 本问题的重要

"教费负担平均"这一个问题,我认为实是我国教费上当前的最大问题。现在筹划教育经费的人居多只顾目的而不顾手段,只知收入的提高而忘却负担的平均,致使平民的苦痛反因教费增高而愈加重,俗话说,一钱迫死英雄汉! 照现在的情形,我可改一句话说:"一钱迫死老百姓!"——这种情形,言之真觉痛心,尤可痛心的,是他们所办的教育,居多是一般富翁的子弟来享受,贫人出钱,富人享利这句话,是不枉说的。照理说,富人应当出钱为贫人办教育,不得已而思其次,贫人出钱办的教育,也应当仅贫人享受,现在中国的情形都倒过来了,贫人出钱,替富人办教育! 谁实为之,孰令致之? 我们教育界——我也惭愧,是其中之一份子——应该深沉的向无数穷苦的老百姓忏悔呀! 空空的忏悔不算数,要对于教育经费负担平均问题解决,才是有用呢!

(二) 公平的税制之重要

富有的人纳税虽多不觉其苦,贫者纳税虽较轻,而尤时觉其苛,所以现世各国对于征税制度,每依据公平的原理,能力原则,逐渐把以前不公平的办法废除或改订,以舒贫人之困。孙中山先生在党纲上主张增高教育经费,但同时却又规定严定田赋地税之决定额,禁止一切额外征收。他虽未明白说过教育税制应该公平,但是这个意思已经蕴蓄其间,可是我们居多没有注意,但是我们如果真正要想替老百姓谋幸福,那末对于这一点实在不应该再忽略了!

(三) 我国教育税制不公平状况之一斑

至于我国现在教育税制不公平状况,那更是一言难尽! 我现在只好拿江苏的情形来做个例子,其余以此类推,不难想见概况。

A. 种类

就江苏教育经费的来源而言,其大宗是田赋附加税,加八分的义务教育亩捐是,此外还有许许多多,说出来真可谓搜括得无微不至,其名称类别为:

(1) 田赋附税类

  1. 芦漕田房附税　　　2. 芦课附税　　　3. 芦课特税

4. 芦忙修志费　　　5. 灶课附税　　　6. 灶课增加税
7. 盐税　　　　　　8. 盐斤加价　　　9. 盐引捐
10. 盐公益捐　　　11. 灶折附税　　　12. 灶地学捐
13. 场灶带征　　　14. 场灶　　　　　15. 半厘盐款
16. 场运盐厘　　　17. 盐栈补助金　　18. 盐栈捐　　　19. 盐旗捐

(2) 佐食品捐类

1. 猪肉捐　　　　2. 屠宰带征　　　3. 宰卖废牛捐
4. 牛羊肉捐　　　5. 猪捐　　　　　6. 鸡鸭捐
7. 市鸡捐　　　　8. 蛋捐　　　　　9. 市八鲜捐
10. 鱼捐　　　　11. 鱼虾捐　　　　12. 鱼池捐
13. 鱼库特捐　　14. 鱼筹捐　　　　15. 粉条捐
16. 菱捐　　　　17. 花生捐　　　　18. 瓜果捐

(3) 燃料捐类

1. 柴捐　　　　　2. 草捐

(4) 住捐类

1. 房捐

(5) 行捐类

1. 轮船租港捐　　2. 船捐　　　　　3. 渡船捐
4. 帮船捐　　　　5. 中河船捐

乙[①]　营业方面之捐税

(1) 中捐牙捐类

1. 牙帖附税　　　2. 牙税带征　　　3. 牙税营业附税
4. 契牙附税　　　5. 印捐中资捐　　6. 中资捐
7. 牙行捐　　　　8. 陆陈担捐　　　9. 陆陈捐
10. 牛行捐　　　11. 猪行捐

(2) 其他营业

1. 短期营养捐　　2. 窟捐　　　　　3. 典捐
4. 洋商年捐　　　5. 机厘　　　　　6. 砻坊捐

丙　货物方面之捐税

1. 牛皮捐　　　　2. 竹捐　　　　　3. 木捐
4. 红砂捐　　　　5. 石货捐　　　　6. 石灰捐
7. 兰捐　　　　　8. 棉花捐　　　　9. 百货附捐
10. 扫把捐　　　11. 花果捐　　　　12. 洋轨车捐

丁　产业买卖方面之捐税

---

① 编者注：原文从"乙"开始标记，疑前面缺失了"甲"之类属。

1. 置产捐　　2. 变卖收入　　3. 过割费
4. 契税附税　5. 验契带征　　6. 验契附税
7. 验契教育捐　8. 验契教育费　9. 纸契带征
10. 契纸加价　11. 田房契附税　12. 田房契凭单费

戊　消耗品方面之捐税

1. 烟酒附税　2. 烟酒带征　　3. 门锁酒捐带征
4. 烟叶捐

己　迷信方面之捐税

1. 庙厂捐　　2. 寺田捐　　　3. 寺庵捐
4. 寺庙注册费　5. 僧捐　　　6. 经忏捐
7. 香簿捐　　8. 锡簿捐

庚　其他杂项捐款

1. 市乡杂捐　2. 花捐　　　　3. 戏捐
4. 义冢捐　　5. 灰粪捐　　　6. 渣捐
7. 登录特税　8. 马路捐　　　9. 公益捐

诸位想想！小民用的布帛柴草也要抽捐，甚至灰粪义冢亦要收捐，苛细如此，真亏得一班筹划教育经费的先生们做得出的！

所以我在全国教育会议提议励行公平教育税制，实施教育机会均等案里有一段说道：（案此案已经大会通过）

"异哉我国人之筹教费也！不曰亩捐附加，便曰盐斤带征，苛细杂捐，直接间接影响于贫民之生计者，不一而足。彼北方之武人政客，不恤贫民之疾苦，其苛征暴敛也固宜，至若青天白日旗下之教育界，日以解决民生问题相号召者，独奈何于筹谋教费之际，转以救吾民者害吾民乎？嘻！教育尚未救民生，民生已受教育之摧残，虽谓'教育杀人'，谁曰不宜？"

又说：

"至若盐斤带征，尤悖乎公平之原理，而违背人道之精神，盖贫苦小民，力不能备珍馐，其稍以佐餐下咽者，厥惟富于盐分之蔬菜，或单纯之盐卤，因此贫人所需之盐分，必比富人为多，乃从而苛税之，加之又加，不以为怪，以梃杀人，何以异于此？"

我这一番话，极为沉痛，盼望全国教育界赶快起来，免除苛细杂税，贫民甚幸！

B. 程度

关于此点，仍可举江苏的八分义务教育亩捐来说明，八分义务亩捐我是十分反对的！我反对的原因，是因为这种税的方法不对！他不分贫富一概征收八分，是绝对违反负担均平的原则的，所以我在全国教育会议那个提案里面有段说道：

"……夫良田万顷，肥肉肥马之富翁，与薄田三亩饥色饿殍之小民，同依八分亩捐之税率，负担教费，执途而问之，有谓为公平者，吾不信也。况吾国为小农制度之国，百亩以下之田，不足以赡养其人口之家者，居全国人口之大半。今以教育税制之不当，就田赋一项，已足影响二万万同胞以上之生计,吾辈教育中人,又安能辞其咎?"

(四)对于我国教育税制的建议

对于教育税的情形前已经说了好多,现在讲我对于我国教育税制的两个建议。

A. 未来教育经费的大泉源

要为我国教育经费上筹划一种公平的稳定的单独性的新税源,那末当无过于举行"遗产税"。关于征收遗产税的学说,有好多种,现在不讲了。至于举行遗产税的好处,那末,第一因为遗产并不是他自己劳力所得,是他长辈或是别人的产业,这种产业实实在在是社会上的劳力社会上的群众帮他得来的。如今抽些税来办公众的教育,那是很公平的。第二因老死的人每年总不知有多少,所以收入上是很可靠的。第三,遗产税现尚未举行尚未指拨作他种用途,用作教育经费更属方便的。

拿遗产税做教育基金的,美国便是其一。他们已有四州办得很有成绩,至于吾国前年绍兴教育会曾经提倡过,可是影响不大,去年全国教育会议已通过了办遗产税兴学的案子,这事是很要紧的,盼望国人竭力把他实现。

B. 公平的教育税率

现在的税率,可谓不公平到极点,我上面已经讲过了,要使他公平,那末有两个要素应特别注意:一是免税的限度,二是累进的税率。百亩之田,八口之家刚刚好过生活,不妨定为免税限度,那就是在百亩以下的,一概豁免征收,此数以上,就应依据累进税率征收,并且免税限度应当逐渐提高,累进的程度也应当逐渐加速,像左面一个图的样子。

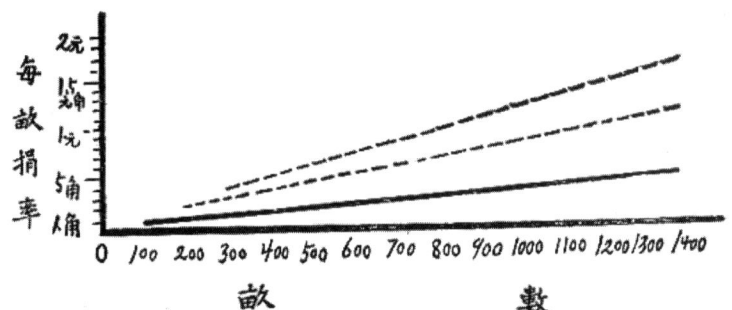

(注:此图不过表明理想,实际上田亩大小厚薄及一家人口多寡等,皆当注意,但此属于科学方法范围之内,非本文所及)

这样征收,多属有产之家,使穷苦的人不受影响方得谓平,现在一般人士唱高调者多,往往忽略了老百姓的疾苦。盼望大家对于这点特别注意,老百姓幸甚!

四、教费支配公允问题

教育经费支配公允问题前回一次演讲里已略提及,现任时间不早,我只可讲个大概。

(一) 本问题之重要

前面所讲的"教费增高""教费独立""教费负担公平"都不过是一种手段,而最后的大目的乃在求"教养机会的均等",如果增高了教育经费只拿来供少数人享受,那便失却本意了。我们可以说公允的支配教费是教养机会均等的保障。

(二) 各地方教育经费差异之现象

中国各地方教育经费差异很大。即如江苏,有的县分每儿每年平均教育经费占至十六元有奇,有的只有四元许,一省之内悬殊若此,若以各省地方之教育经费相比,其差异当更非吾辈所能料及!

(三) "以地方之款办地方之学"观念之错误

中国教育界有一种误谬的观念,以为一地方的教育经费,只应拿来办一地方的学校。若使我们把富县的教育经费分来贴给贫县,那富县的人士一定群起反对,以为这是很不公平的事,他们的理由是:"我们县里出的钱,为何拿去教育别县的儿童呢!"这种见解,至为狭隘! 就和富人不肯捐钱办学校说:"我们家里的钱,为何拿出去教育别人家的儿子呢!"一样的心理! 我们听见富人说这话是很觉得讨嫌的,为何自己存着"本地方的教育经费只应办本地方的学校"的狭隘观念,自己不觉得讨厌呢? 要知道你们富县教育经费,不是你们富县的钱,乃是中国人的钱,贫县的儿童不是与你们不相干的,他们乃是和你们共生长共休戚相关的中国儿童。我们所认得的是应受教育的儿童,我们所看见的是拿出来办教育的经费,我们不管是在那里生长的儿童,也不管是那一方面筹出来的经费。

(四) 孙先生的社会主义教育理想与经费支配

社会主义教育的理想,是"天下为公"的,教育理想在这种理想之下,照孙先生说,只要是圆颅方趾,都有受教育的权利。这个观念系以全人类为范围的,近今世界上,一般人的理想实在狭隘得很,他们只看到中国或本民族的人受教育的机会,却不管别国或别民族的人的教育机会。他们在一国里,只看到本省人民受教育的机会,却不管别省人民受教育的机会,在一省里只看到本县人的教育机会,却不管别县人民受教育的机会,推而至于在县里只顾及一镇一村人的教育机会,更只顾及一家人的教育机会,甚至在一家里,只顾到本人一身的教育机会,如此办法,只有把世界上的人弄到个个都是自私自利,到那时简直不成为人类了! 孙中山先生看到这一点,所以他主张"天下为公"。他一定反对狭隘的地方主义,他一定主张以社会之款办社会之教育,在一县内要谋各村镇的儿童教养机会的均等,在一省内要谋各县儿童教养机会的均等,在一国里要谋各省儿童教养机会的均等,在全世界里要谋各民族儿童教养机会的均等。本着这种观念,一步一步的向前进行,一直达到最后目标,以谋"天下为公"主义的教育之完成与实现。

(五) 中国政府应确定中央补助教育经费

欲谋前述理想之实现,在这帝国主义侵略的时代,我们当先谋本民族内教育机会的均等,所以我主张在目前中央政府对于省及地方教育经费应多多与以补助。通常都有一种观念,以为国税应办国校,省税应办省校,地方税应办地方学校,把负担教育经费的责任分成三个阶级办理,彼此可以不负责任。这种观念最为均等教育机会上的大障碍,我们主张教育机会均等的人,竭力主张中央政府确定补助省及地方的经费,补助的东西,或用现款,或用官荒,补助的目的,可参阅先进国的设施,或助教育薪金,或鼓励特殊事业,务期补助各地方教育经费不均齐的现象,而谋全国儿童教育机会均等之实现。

(关于各国中央政府补助地方教育经费状况请参观拙著《教育经费问题》,该书现由广西教育厅出版)

五、统一教育经费行政问题

前面所讲过的教育经费增高、教育经费独立、教育负担均平、教费支配公允四个问题是有连环性的枝枝节节的去办理,而不谋整个的解决,那是不中用的。因此我在这末了特为提出这个统一教育经费行政问题,把前面四个问题做一个有系统的整个儿的方案,来同诸位讨论:

(一) 全国教育会的一个提案

这个方案是怎样的,就是我在全国教育会议里所提出的"统一全国教育经费行政案"(参观全国教育会议报告),我这提案的办法大概如下。

(甲) 原则

a. 系统要独立

b. 事权要集中

(乙) 办法

a. 全国教育经费一切行政事宜,分转于中央、省、特别区、特别市、县五种教育经费局,并各设教育经费委员会,以"中央教育经费委员会"为最高教费立法机关,以"中央教育经费局"为最高教费行政机关。

b. 全国各级教育经费局,由中央以至地方,一律以有机体之组织构成之,成为一完全独立系统,不受普通财政系统之牵掣。

c. 全国教育经费行政权集于中央,省及特别市、县,代表中央处理教费行政事宜。

d. 一切现有之教育经费机关,如庚款委员会、文化基金委员会、教费管理处、教育款产清理会等,分别性质,一律归并于各级教育经费局,以一事权而节靡费。

(二) 提案的结果

我这个提案当时分付审查,审查下来的结果说:

"邰案主张统一'教育行政'一节,大会已另有决议,应不再论,至集中分配,哀多益少一节事实上窒碍甚多,恐难办到,拟俟庚款收回,再议平均分配,惟原拟组织条例,条理颇觉完密……云云"

他们说此事恐难办到,其实天下那有不难之事,纵在乎我们去做罢了！他们不赞成我的主张,也许因我没有先将此案要义提出和教育界讨论所致,现在我准备下次有机会再提此案,盼望国内人士多多赐教。

(原载《中山大学教育研究》第一卷第九期,1928年)

教养机会均等

——十七年十二月廿四日在中山大学第一次公开演讲

诸位：我不会说广东话，恐怕演讲时不能使得诸位了解，学识又很浅薄，刚才庄先生过誉兄弟之处，觉得很不敢当。

今天所讲的，可从印的大纲上看得一般，这个题目，向来没有人看见过，因为一般谈教育的，只讲到"教育机会均等"而从没有讲到"教养机会均等"。教养机会均等这句话，是包含"教育机会均等"和"养育机会均等"两方面的，教育机会均等这句话，我们已经听得烂熟了。养育机会均等这句话，则不但在我国还难得听见，就是在外国也少有人注意。至于"教养机会均等"，那末恐怕更少听到了。

这个题目，分做三段：弟[第]一段是讲过去教育的错误；弟[第]二段是讲教养机会均等的涵义；弟[第]三段是讲几个实施教养机会均等的办法。

一、过去教育的错误

我看过去的教育，恐怕有许多错误的地方。以前的教育制度未必是适用的，其错误之点，照我看来一是不平等，二是不完全。兹分述之如下：

（一）不平等之教育

构成不平等教育的要素很多，勉强分之，可别为社会方面的要素和自然方面的要素两种。社会的要素里，又可分经济、阶级、男女、宗教、宗法、政治、种族、国家八种。自然的要素里，也可再分身体上、智慧上、地理上的三种。现在先说社会的要素：

1. 社会的要素

（一）经济的要素

我们平常讲教育不平等，心目中居多只有一个经济的要素，其实教育上不平等要素很多。不过经济的关系，最为重大。因为教育不能离经济而独立，没有了钱，是不能办学校的。可是世界上办教育的，便发生了一个大错误，就是把经济看得奇重，把教育看得反轻。即如美国的大学造一座校舍，动费几百万，办教育的常以此夸示于人，以为这是他们教育上的成绩；至于乡僻地方，一般民众小学的校舍如何卑陋，却居多是置之度外，这岂不是不平等吗？再看他们所征收的学费，动辄几百金元，真是贵极了！美国如此，其他各国居多也是这样，其结果便是把教育变成了商品化。要来受教育，一定要先拿钱来，没有钱便要请你出去。大学如此,中学也如此,即虽小学,也往往有如此的,岂不令人诧异?我们要知道:学校不是百货公司,学生不是顾客,教员不是伙计,校长不是经理先生,教育的价值,不是商品。可是现在世界上,不论那一国,有许多人把办教育看作做生意一般!在商品化的教育之下,金钱和文凭间,发生了很密切的关系,"金钱为文凭之条件,文凭乃饭碗之保障"。如此情形,岂非要弄到教育破产!

(二)阶级的要素

我们中国教育上别的虽多不好,幸而教育系统不像欧战前的德国和现在的英法所通行的那种双轨制度,在那种双轨教育制度之下,富人和贵族的子弟去进一种学校,贫民和平民的子弟又进另外一种学校,富贵的不进贫贱子弟读书的学校,贫贱子弟也很难走进富贵子弟所进的学校;因此社会上便发生了两个阶级。我们中国还好,名目上都没有这个分别,但是在实际上还免不了阶级教育的情形,试看有许多小学吃中膳和放晚学时许多老妈子等候这个阿官、那个少爷,种种情景,描写不尽!试问这种贵族子弟所享的福,全国儿童是不是都能享到?我盼望二十年之后,再不看见这种现象。

(三)男女的要素

教育上男女间的不平等,更是显而易见的;别的不说,只看男女同学问题,从前一班人总是说:这是那里可以使得。除去中学男女同学教育界尚以为有斟酌的地方之外,余如大学小学都已认为不成问题了!但是试过一回以后,①

(四)宗教的要素

宗教上的要素,在教育上所发生的不平等,中国所受的障碍,似乎还不多。但是回教中人所办的清真学校,听说只有信回教的人的子弟可以进去享受教育,不信奉回教的便有障碍。倘使一处地方信奉回教的人较多,所设的学校都是清真学校,那末这里非回教徒的子弟便受不到教育,这种情形在外国也是一样的,即如新教徒设立的学校,不许天主教徒的子弟去求学,天主教徒设立的学校,不许新教徒的子弟去求学等等都是。

(五)宗法的要素

听说在广东地方,还有一种宗法上的界限。姓李一族中人所设的学校,不许姓张的一族人家的子弟来上学。姓张人家宗祠里的学校,也难得允许别姓人家的子弟来读书。宗族界的限既如此严密,倘如一村之中,张姓是个大族,而他姓却是很少,没有力量独设学校,那末他们的子弟,岂不是便没有享教育权利的机会了吗?这种不平等的观念,一面固然减削一部分儿童的教育机会,一面我想便是广东械斗风俗的根源,而实是我中华整个民族团结上的一个大障碍。(这个要素是崔载阳先生告诉我的,我应该向他致谢。)

(六)政治的要素

因政治关系而产生教育上的不平等的,大都是因为政党的关系。这一党得志,便蔑视那一党的利益,那一党得志,又要压迫这一党。这种例子,以现在俄国的红党,最为显著。据说现在俄国学校里,有许多地方专优待红俄的子弟,而排斥白俄的子弟。因为俄国的学

---

① 编者注:原文缺失,疑有缺漏。

校,从前都是白党中人享特别权利的。现在却掉头过来了,这种政治上的成见,所发生的影响,很是利[厉]害的。

（七）种族的要素

种族上的差异,也是弄成教育不平等的一个大原因,像美国的白人歧视黄人黑人,闹什么黄白分校黑白分校,是不必说了,即在中国各民族间,也有教育不平等的现象——回、蒙、藏各民族的教育,一向是落后的——这实在是一件不公允的事。今年全国教育会议通过了一个《融合各民族并发扬文化案》,实在很有价值,可惜他的办法中只提到"奖励蒙藏子弟就学,并补助蒙藏教育",却把回族偶然忘记了。

（八）国家的要素

在现今的世界上,国家的界限是人类教育不平等的第一个大障碍。除去帝国主义者有心利用侵略政策去教育别国的儿童外,却未有愿意把本国儿童的教育机会分给别国小孩的,这种障碍一天不去,大同的世界一天不会实现。

2. 自然的要素

自然方面构成教育不平等的要素有三种:（一）身体上的要素;（二）智慧上的要素;（三）地理上的要素。

（一）身体上的要素

身体上构成教育不平等的要素,如小孩身体上各种缺陷,即如聋子、哑子、瞎子……或是四肢残缺的儿童;无论如何,总不能享受别的儿童所享受的教育权利和幸福。

（二）智慧上的要素

照科学上的报告:人类的智力是有种种不同的,就中下等的一种,名叫低能,低能儿的智力,至多只能受到四五年的教育,过此以后便受不下去了。这是天然的一种缺憾,虽有充分教育的机会给他,也是等于无用的。

（三）地理上的要素

身体和知[智]慧二项是由于小孩子本身的,还有第三种是由于地理上的关系。像南洋华侨的小孩子,大都不能受到广州小孩子的同等教育,这并不一定是因为他们没有钱,也并不是身体残缺,这却是因为地理的限制。又如新疆的小孩子,受不到江苏儿童的教育机会,这也不一定因为穷的原因,却或是因为地方太偏僻了。这种地理上的限制,也是形成教育机会不均等的一个大原因。

把上面种要素总起来看,关于自然方面的要素所发生教育上的不平等,可以设法预防成补救。身体上的缺陷,虽说是先天的关系,但是有几种却由于花柳遗毒,或是母体缺乏营养,或是在生育时及生育后没有调摄和营养;智慧的高低,我不知在怀孕期间,有无外界的影响,中国人通常有一种见解:以为怀孕后夫妇色欲的影响,常使小孩子天资低下,可惜缺少科学的证据。至于出世之后,后天的营养,恐怕关系天资的高下也是很大的,并且将来科学昌明的时候,尽可有人发明补救低下天资的方法,就同目力不佳的人配上了一副眼镜来补救一样,亦未可知。至于地理上所发生的教育不平等,不消说更可以用方法补救了。

我们过去教育的错误,一方面是忽略了预防或弥补自然方面所生的不平等教育;一方面却又加上许多社会的要素,使教育上不平等的痛苦变本加励[厉]!

(二) 不完全的教育

过去教育的错误,除不平等外,还有不完全。不完全可分为内容和期限两方面说。在内容方面,误在重教轻育;在期限方面,误在截头去尾,兹分述之:

1. 内容上之缺陷

教育本来是包含教和养二方面的,但是过去的教育,差不多可说只有教而无育,就教育理想上看,不管中外的教育家,都很少在育上注意的。这是庄先生所做的《教育概论》第一章已提及的,本来教育一个名词是"教"和"育"二字合成的,显然包含两种意义,但在外国字里,都是从拉丁文 Educare 意义一字蜕化而成,在德文上 Bildung 一字含有建筑的,在英法文 Education 和 éducation 还是原来引出的意义。实际上都偏重到教的方面,都把零[育]的方面忽略了。中国人很受杜威教育学说影响的,杜威说:教育是经验的继续改造;要改造儿童的经验,增加儿童的经验。经验经验……小孩子饭都没有吃饱,怎样能增加经验呢?讲教育的人,只讲了教,忽略了育,这是错了。大家再看看现在学校里的设施怎样?课程怎样?其中十分中九分都是关于教的,关于育的恐怕一分都还占不满呢!即如今春江苏中央大学区开成绩展览会,成绩品足足有一万余件,其中关于教的成绩,占到九千九,关于育的成绩,真是少极了!本校附小副主任曹漱逸先生,那时在无锡中学做小学校长,关于育的方面有几件很有价值【的】卫生成绩展览品,所以当时我请中大把这份成绩特为留出了。凡此种种,都可证明现在办教育的注意育的,却是很少。即虽训练师资的机关,他的课程在《教育原理》外,也很少再教《养育原理》的。鼎鼎大名的教育家的儿子,养得一二岁,往往便死了,这实在是一件可憾的事!

2. 数量上的缺陷

一般教育者对于教育的内容,既重教轻育,对于教育的期限方面,又使之截头去尾,使教育益不完全。他们往往把强迫教育看得很重,而把强迫教育时期前后的教育看得很轻,以为小孩子从六岁到十二岁(譬如说)是要受教育的,那么六岁以下,似乎可以不要教育,可以不管了,可以马马虎虎了,到了十二岁,那么他们大了,可以走了,这是不对的,这样变成截头去尾的教育了。截头去尾的教育,那能算得完全的教育呢?

二、教养机会均等的涵义

照前面所说,过去的教育是不平等的,不完全的。欲知平等的真义,当先研究完全的教育。

(一) 教育之内容及期限

我以为教育的时期,应该像左面一个图的样子:

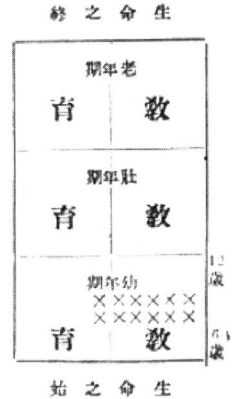

图上有斜线的一段,便是现行的截头去尾、重教轻育的强迫教育。教育的内容,应当兼含教养,不可偏废。这一点庄先生的意见,和我一样;因此我主张在普通学校应该把养育和教育重[看]得一样重要。设施方面,在目前应竭力注意养育。在训练师资的机关中,课程里应该拿"教养学"来代替"教育学",拿"教养原理"来代替"教育原理",拿"教养法"来代替"教学法"……我们应该提倡"教养合一",我们应该把教养打成一片。

谈到教育的期限,应知我人生命之始,便是教育之始,一直到生命之终,才算是教育之终。我把他分成幼年、壮年、老年三期。真正的教育,对此三期,是都要注意的。幼年期的教育,自什么时候开始?自幼稚园开始是么?不是!像卢骚所说,自堕地之时开始是么?也不是的。照吾的意思:要自母亲肚子里怀孕之日开始。先在教的方面说,胎教在我们中国古时,本来很注重的。《大戴礼》和《列女传》上记周后娠成王于身时,注意胎教情形,很是明确的。外国学者,对此很不注意。胎教的影响,现在却缺少科学证据。但是我们看见女子代表母亲怀胎时代的性情的很多了。——我自己的弟兄姊姊[妹],便给我许多证据,将来科学发达或许可以能证明胎教的价估。

至于育的方面,我更主张从怀孕时代开始,因为先天不足,影响是很大的。并且母亲如果做苦工,便很易发生小产,那是危险更大了。不给小孩先天营养充足,或怀孕期的生命保护,也是违背教养机会均等原理;所以我主张教育机会均等从生命之始开始。

其次再谈壮年期的教育:在这壮年期内,我那图上也主张教养机会均等。在这时期内教育机会均等,我想大家想可以承认,为何又说要养育呢?难道到了壮年,尚要公家去养育吗?我答曰:"唯唯!否否!"我们应该知道,现在有好多人,有很好的学问,有很好的本领,往往闲着,只能在家里吃饭,或是在路上讨饭吃,这种情形,是谁之罪呢?是教育的不对呀!现在办教育的,当学生毕业期到了,便居多把大门一闭,好像可以不负责任了。其实学生的出路如何,国家社会也要替他们保障的。国家社会,不应使得学工程的人,去无聊的教教小孩子,使得学农业的人跑去做官了。国家社会对于壮年人的出路,应当予以养育的保障。倘使有一个人有了本领,不能找到饭吃,或是因为环境所迫而做了坏事,这不是这个人的羞耻,这实在是国家社会的羞耻!也就是我辈教育者的羞耻!

至于老年期的教育,大家或者要以为年纪老了,还学做什么?老了可以死得了,怎样还在学？岂不是学了要带到棺材里去吗？这个念头是不对的！外国人年纪虽然老了，却大都还拿了一本书，孜孜不倦的在阅读，这是老年期的教的一个例子。至于老年期的养育，我们中国自古以来，向有养老之说，可是只多空谈而少实惠！孙中山先生很注意"老有所养"的实现，盼望大家帮同把他办到，使得老年人各得其所，不致有老而无告的惨境！所以我讲教育这件事情，自生命之始，直至生命之终，无时无地，不可以少着他的，无时无地，不在教育的范围中的。我们要能够办到这样，才不是截头去尾的教育！才不是不完全的教育！才不是不平等的教育！才不是像过去的一种错误的教育！

（二）教育和养育的价值

我们要发挥教养机会均等的意义，不可不明了教育和养育的价值。养育是人生幸福的基础，他的内容可分为"生存"和"健康"两层来说。人生幸福的基础，第一当然要能生存。不过生存只是人生幸福的开始，有了生存，未见得就有幸福，我们在病床上看见过许多活死人，在路上又看见过许多"行尸走肉"，他们虽有生存，却缺少了康健，所以他们的幸福是不完整的。

还有一点，我们应该注意，就是养育的方法，否则养育的价值，还是不能表现。我们人的养育，不比养犬养马！孔子曾经说过："今之孝者是谓能养，至于犬马，皆能有养。不敬何以别乎？"我们也可仿照这个语气说："今之为父母者是谓能养，至于犬马，皆能有养，不依据养育原理，何以别乎？"现在一般做父母者，只知养育子女，却不知怎样去养，实在和养犬马，没有什么分别。我们通常说："把小孩子喂了！"又说"把一口剩饭送去喂犬！拿豆子去喂马！"这一类的话，都是用一个"喂"字来代表，可见通常心理，只要像喂饱犬马一样，把小孩子喂饱就算了，至于什么食物，最为合于婴儿的营养，吃多少才合于婴儿卫生，什么时候吃，才合于卫生，种种问题（此外还有衣住种种问题），却都置之不理，这样养出来的小孩子可算和犬马一类，都是喂出来的结果，怪道中国人拿"小犬"和"千里驹"来比自己的儿子呀！

有了养育，再谈教育。教育是人生幸福的泉源，他的价值很多。第一他可以增进智识，使得懵懵懂懂的人，变得清灵明白。第二他可以陶冶品格，使得野蛮粗鲁的人，变得彬彬有礼。第三他可以增进体力，使得痨病鬼变得活神仙一般。第四他可以增加生产能力，使得一无技能的人变得精巧灵活。第五他可以增进艺术欣赏能力，使得对于各种艺术都能爱好领略。第六他还可以帮助配偶的选择，这一点和诸位有密切关系，现在受过教育的人，选择配偶时，总很注意对方的教育程度，受过大学教育的人总不愿娶中学没有毕业的学生，中学毕业过的总不愿嫁给中学毕业生；所以不受教育的人，危险极了，将来一定嫁不到好丈夫，娶不到好老婆了。诸位看教育的价值，是如何的大呀！

（三）教养二育连环性

我们现在还要知道：教养二育是有连环性的。只有教，没有养，是不成的。只有养，没有教也是不成的。古书上有句话说："衣食足而后知礼义。"这句话就是表示养育的重要。

我们如果失掉了养育,那末我们的生命且无所寄托,更谈不到教了!孟子曾经说:"逸居而无教则近于禽兽。"这句话是表明教育的重要,如果只有育而无教,那末便和禽兽相近:我们纵然戴上金丝眼镜,穿得很漂亮,而在孟老夫子看,简直和畜牲差不多远!所以教和养的关系,正如鸟的两个翅膀,车子的两个轮盘,其间缺了一个,都是要倾倒的!现在社会上有养无教,或是重教轻养的机关多得很,我可举几个例来说明:即如幼稚园,通常都认为是幼稚教育的机关,其实这种机关,只有教而无育。办这种机关的人,居多只拣选身体康健,面孔好看的小孩子,收进来施教。试看他们每天的工作,只在叫小孩子拍手,唱歌,积木……都偏重在教上做工夫!他们说:"我们也注意养的,即如用餐呀!睡觉呀!"我要问:难道用二三片饼干,就算养吗?闭了二分钟眼睛,就算睡吗?这些花头,不过玩把戏摆样儿罢了!有什么养育的价值呢?不过我要声明这种情形,并不是他们办得不对,乃是幼稚园通行办法本身的缺陷,关于此点,请阅拙著《婴儿教养学校运动》,我在此地不能多说了。

社会上重养轻教的机关,如托儿所育婴堂皆是很好的例子。托儿所起源于法,原名 crèche 英名 Nursery,这托儿所的名词是日本人翻译的。这种机关英法各国很多,就是在此地广州,据说也有了。因为母亲白天要去做工,不能照顾婴儿,因此早上把小孩送进去,寄托给他们,到晚上才把婴孩领出来,这种机关很是忽略教育的。其次再看我们中国向来所有的育婴堂,这种机关,从他的名称想一想,便可知是有育无教,并且还育得没有方法,所以小孩子死的很多,育活而长大的却很少!育活而使之健康的更少!

从上看来,可知通行的幼稚园重教而轻养,托儿所和育婴堂却又重养而轻教,二者皆有缺点,不能实现完全教育的目的。现在英国有了一种婴儿教养学校 nursery school,教养兼施,婴孩初生或两岁以上,都可送到这种教养学校里去,这是实现教养原理的很好的教育机关。关于他的原理和办法,我已在《孩儿教养学校运动》一书里已经大略介绍过了!

(四)教育权利的学说

1. 孙中山先生的社会主义教育理想

欲知教养机会均等的原理,不可不知道教育是一种权利。这句话也许有人要不赞成的,但这个关系却很大,不能不有详细的讨论。我们以前都把受教育当做义务,现在眼光开明的教育学者却居多觉悟了教育不是义务,而是权利。孙中山先生在《社会主义的分析》演讲里,有一段很能表显这种教育权利的精义,他说:

"……圆颅方趾,同为社会之人,生于富贵之家,即能受教育;生于贫贱之家,即不能受教育,此不平之甚也!社会主义学者主张教育平等,凡为社会之人,无论贫贱皆可入公共学校,不特不取学膳等费,即衣履书籍公家亦任其费用。尽其聪明才力,研专各科,即资质不能受高等教育者,亦按其性之所近,授以农工商技艺,使有独立谋生之材,卒业以后,分送各处服务,以尽所能。庶几教育之惠,不偏为富人所独受,其贫困不能造就者,亦可免其憾矣。……"(注)《社会主义之分析》讲稿坊间所出《中山全书》多有缺漏,惟中华书局所出者将该稿完全录入,可参阅也。

他不但说了这一段话,还有在《地方自治开始实行法》里也规定:

"凡在自治区域内之少年男女,皆有受教育之权利,学费书籍与学童衣食,当由公家供给,学校之等级,由幼稚园而小学而中学……教育少年之外,当设公共讲堂、书库……以为年长者养育智识之所。……"

这两段话表现教育权利的精神,何等雄壮!何等充分!这岂不是孙先生提倡社会主义教育的证据吗?再看孙先生手定的党纲里,关于教育上所说要发展儿童本位的教育,要励行教育普及,从未有一句提着义务教育,不更可得个明证吗?

2. 义务教育的错误

现见我要把"义务教育""强迫教育"和"普及教育"三个名词弄清楚了,普及教育我是竭力主张的;但欲教育普及,并不一定要用强迫教育的方法,纵使我们承认强迫教育,有时也不能少,却不必同时承认强迫的背景就是义务的观念。这三个名词的正当关系,有如下表。

$$普及教育\begin{cases}强迫教育\begin{cases}义务教育\end{cases}\end{cases}$$

现在一般教育者,把这三个名词都混而为一,说什么义务教育就是强迫教育,强迫教育就是普及教育,这是何等的错误呵!且让我先来谈谈义务教育的错误!

义务教育这个名词,大约从日本人用来的。到了现在,已经深印于大众的脑筋里了。我们欲改造教育,非把这个名词打倒不可,无论在脑袋里、字典中,都要把这"义务教育"四个字打倒!赶开!教育本来是权利,为什么要称他做义务呢?考起义务教育的名词在中国的历史,袁希涛先生恐怕同他关系最深了!他在商务的《教育大辞书》(参看该书样张)上把义务教育说得原原本本,他说:

"……综论义务教育之定义与其原则如下:

一为人民本身在学龄期有应受教育之义务。

一为父母或其家长,对于学龄之子女,或受监护之儿童,有使受教育之义务。

一为国家对于人民,在学龄期有制定法律,强迫使受教育之义务。

一为社会对于人民,在学龄期应就学者,有纳相当之捐税,设置学校,使受教育之义务。

综言之,则此项教育为法律规定,不能避免之义务,亦为人类求得最低限度之智识及其生活能力,不能不尽之义务。故就法律之强制言,则曰强迫教育,就全国一致言,则曰普及教育,而就人民之权利义务言,则曰义务教育。……"

袁先生是我的前辈,袁先生的女婿汪典存先生是我的好朋友。但是我爱前辈,我尤爱真理。真理所在,我是当仁不让的。照袁先生这样说法,国家、社会、父母、儿童谁也都在尽义务,那末究竟那一个在那儿享权利呢?袁先生的思想,受了几种哲学理想的束缚,于是乎把几种互相矛盾、互相冲突的观念,用做八股的方法,混合在一堆,表面上看来,好像面面圆到,在事理上其实是说不下去。可是国内一般教育家已随声附和,到现在把这个可恶的名词，深印在一般人脑筋之中。所以吾要拿一把大斧头，把大家头脑子劈开把来，这义务教育的观念赶出去！

有人说：你不必以辞害意，义务教育就是强迫教育。现在世界上各国没有不实行强迫教育的，难道你也反对起来了吗？不过我要声明的就是：我反对的理由既不像法国秃里方Talleyrand一派人拿自由教育来反对强迫教育，又不像英国白奈尔Belairs一派拿妨害个人安宁，或是主张教育不应该公家干涉的理由来反对强迫教育。我以为现代教育，从他自身的方法上看，居痛不大妥当。他不但不能给儿童一种快乐，并且给儿童一种多苦。学校有如牢狱，教师有如牢头，学生有如囚徒，课程有如苦工，这种牢狱的生活，我们逼小孩子去领受，也难怪要请警察帮忙了！真正的教育场所，是儿童的游乐园，不须着什么人强迫，儿童便自然会来。

更从社会问题的眼光去看，强迫教育也有应当斟酌的地方，我们且看近世各国所用强迫儿童入学的方法，或是拘罚儿童的父母，或是把他们的名字公布，其实这真是冤枉之极。有钱的人家的小少爷、小姐，出进有包车、汽车、咖啡、牛乳吃得十分舒服，自然上学没有问题。至于那些穷家子，正在卖报求活，或是拾草煮饭，或是帮助父母工作度日。这样那能上学？纵使用警察的力量，逼住他们上学，无奈他们衣不暖体，食不果腹，勉强在学校上课，亦复精神不足。做教师的人，往往不明其故，偶一看见演算不对，便大要呼"笨货！""低能儿！"；有时还要发许多无聊的疑问：我教得有什么不对吗？课程有什么不适当吗？不求其本而齐其末，真是活做梦！

从上所说，可知现代的教育，在教育自身和社会两方面皆有种种不不妥，惟其不妥，才需着这样强迫。我敢断定，教育若使办到理想的地步，除极少数儿童外，断不需着强迫。理想下的教育，应该给儿童养育的机会。梧州有一个儿童教养学校，也不过供给了少数贫苦儿童学、膳、书籍、衣服费用，儿童请来入学的，简直已经到了无法收容的地步了！再看英国教育家莫密良女士，他所办婴儿教养学校，更外是发达到无法收容。我要问：为什么同在一个伦敦城里，一方面政府派警察强迫入学，学生偏不肯来学，同时莫氏教养学校中，并未用半个警察，学生请求入学的，却反有挤破校门的情势呢？莫氏学校，尚未能代表理想的教育，已经这样，若使现代教育真能达到理想的地步，那种情形，更当如何呢？更那里用得着强迫，然后才能普及教育呢！所以我要来劝筹谋教育普及的先生们，不必谈什么强迫教育，乱逼着饿肚皮带着病的小孩子入牢狱去做苦工。且先明了教育权利的要义，创造一种新时代的教育，谋教养机会的均等，使大家觉得教育的场所，是一种极乐园，个个都欢迎鼓舞的来享受有形或无形的教育。到了那时候，教育便不期然而然的达到普及的地步了！

三、实施教养机会均等的办法

我们应该知道，以前面所说的居多是理想的境地，理想的境地不能一时达到的，我们应该按着国家社会的经济状况，逐渐的做起。我现根据国内许多教育家的意见，讲几个实施教养机会均等的办法，供大家参考罢。第一个保障孕妇，这一个好像是社会问题，但与教养却很有关系，前面已经说过。第二创办婴儿教养学校，在前面也已经说过。第三取缔童工，这一条的性质和第一条一样。第四取缔慈善教育，理由下次演讲再说。第五补助贫儿寡母，这是外国通行的方法。第六救济清贫学生，我在南京中学做校长时，设了几种办法，但还觉得不很妥当。第七促进免费教育，先免经济困难者之费，至若全部免费，一时做不到，可先从一般民众所能入的学校做起。第八实施供膳制度，此点于贫儿有特别帮助。第九取缔特种学校，我们虽然讲平等，说得天花乱坠，但是实际上还有许多特种学校，即如孤儿，岂非要造成孤儿与非孤儿的阶级吗？第十推广特殊教育，专以补救天资低下及身体缺陷的儿童。第十一促进男女同学，关于中学的男女同学，国内教育家尚以为有考虑之必要，前面已经说过。第十二奖励华侨教育。第十三促进蒙藏教育。第十四推广成人教育。第十五补助地方教育。第十六推广乡村教育。第十七励行卫生检查。第十八推广健康教育。这些办法，此时不能一一讨论。我此时只望诸位记牢：教育机会均等是不够的，要教养机会均等！教育是权利，不是义务；我们竭力提倡普及教育，但是要打倒义务教育的观念！

　　孙先生的社会主义教育理想，实际上就包含在三民主义——尤其是民生主义——之中，所以我们应把他充分发挥！

　　诸位或者要说我讲得海阔天空，对于经费如何解决没有谈到，关于此点，请听我下两次关于教育经费的演讲吧！

（原载《中山大学教育研究》第一卷第八期，1929年）

教育行政效率

邰爽秋 讲
陆厚仁 记

一月十四号在中山大学公开演讲

今天所讲的题目着重在方法方面的讲述，当我在拟演讲大纲时，很想单从科学方法方面来讲演这题目，不过这样非短时期所能讲完，而尤其不便于在大礼堂上讲述；所以现在我从教育行政效率的理论和基础方面也讲一些。演讲大纲可分三大段：一什么是教育行政；二是教育行政效率之涵义；三是提高教育行政效率的要素和方法。

一、什么是教育行政

（一）教育行政的性质

我们要知道教育行政的效率，不可不知道教育行政的性质。关乎这一个问题，各方的意见不同，诸位可在各种出版物里看到许多解说。他们居多是单拿国家政治上的行政，笼笼统统的来解释教育行政，这是不很妥当的！本来教育行政的意义和性质，是不容易下断语的，我个人的意见，是拿两种动作来解释教育行政的性质：一种是教养的动作；另一种是影响于教养动作的动作，"凡是一切动作，直接或间接影响到教养的动作，因而促进教育进步者，皆是教育行政的动作"。

故一切教育事业——即虽指导自己研习——皆与教育行政有关，也就是教育行政的问题。

（二）教育行政的功用

教育行政的功用，应包含立法、行政、诊察、指导四方面。大家都知道现在我国政府的组织，是分做立法、司法、行政、考试、监察五部分，教育行政是属于这五部中行政一部中的一份。里面看来，好像只管到行政一方面的事，其实他除掉行政以外，也还更有立法、司法、监察、考试等责任，这三种责任可包在行政、诊察和指导之中（也有人主张教育司法独立），所以吾国政治组织和教育行政功用的关系，有如下图：

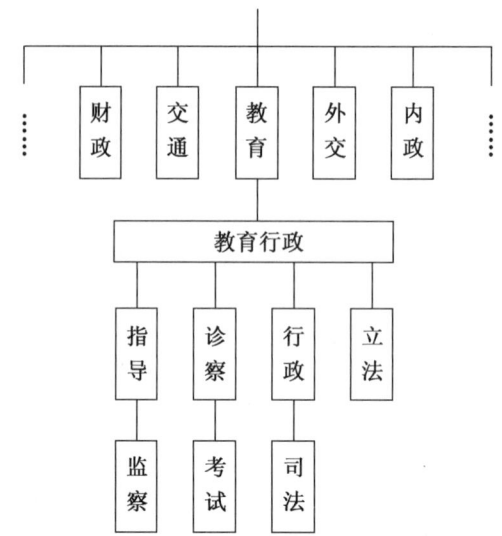

这四种中的行政一项，大家一望而知，不须解释，关于立法一项，有人或许以为会与上面五项中的立法一项冲突，其实是不会的。上面的立法，是订立教育上的根本大法，如违法中关乎教育的条文等。至于像《学校组织法》《校长服务条例》……等一类繁细的法规，那就要由教育行政机关去定，所以教育行政里包含一部分立法，是很明显的。至于诊察和指导二项，通常都极忽略，不过诊察和考试有密切关系，指导和监察有密切关系。这两项占教育行政中很要紧的部分。倘使忽略了，教育行政的效率就会降低。通常人往往忽略了这两点，以为教育行政不过是承上转下、划发公文、发出几个命令就算了事，这种观念是不对的。

（三）教育行政的范围

教育行政的范围，一般的人向来是看得很狭的。不但中国人如此，外国人也是这样。有的把地方教育行政就当作教育行政的，有的把学校行政就当作教育行政的，鲜有下整个儿的解说的。其实教育行政的范围是很广的，现在我画一个图来表明：

就教育种类分 \ 就学校种类分 \ 就区域分 \ 就功用分	立法	行政	诊察	指导
体育　大学　全国				
职业教育　中学　省				
农业教育　小学　县				

从这个图上看，可知教育行政的范围，从教育种类分，有体育的行政，有职业教育的行政，有农业教育的行政……等；就学校种类分，有大学教育的行政，中学教育的行政，小学

教育的行政……等；就区域分，有全国教育行政，省教育行政，县教育行政……等。每一种中又应包立法、行政、诊察、指导诸功用。但是现代各国的教育行政，对于这几方面，实在有许多忽略的地方：大概在立法和行政二方面，已有好多做到，而在诊察和指导二方面，都没有什么注意。这种情形，从事教育行政人们，应该急速起来改进才是！

二、教育行政效率之涵义

（一）"效率"之通常意义

"效率"这一个名词，本来从讲机械方面转用过来的，就是英文里的 Efficiency。他的意思，本来是讲"有效工作与所费能力之比例"。在通常字典里，就可找出这种解说。这种解说完全从经济（不单指金钱，时间、劳力等也包括在内）和结果方面看的，若把放到教育上去，依我看来，便有些不适当了。

（二）一般教育者"教育行政效率"观念之狭隘

一般教育家解释到教育行政效率，居多离不了经济和结果两个观念，什么省钱，省工夫，往往是他们能够想着的。这种情形，不但我国教育者如此，就是外国学者也往往如是，即如常到我国来的美国教育家孟禄，他就是这样见解。他讲起行政的效率，说："就是所费与所得的比例。"（见孟禄《中国教育讨论集》，中华书局出版）这种狭隘观念的解说，我实不敢赞同。我以为"效率"的观念，不仅应限于"经济"和"结果"（简称为"果"的方面），同时我们还要顾到"公平"和"过程"（简称为"因"的方面）。为什么我要提出公平的要素呢？譬如诸位出去办学，认定只管省钱，就算效率大，那么倘使请到甲乙两位本领每月应酬送四十元的教员，为省钱起见，甲每月只给他十元，乙因和我有些特别关系，所以出足他四十元，这样每个月固然可省却三十元，但是不公平了；因此甲或是要灰心，要随便，或是要闹风潮，结果是绝不会好的。为什么我又提出"过程"的方面呢，还举前例来说：倘使我们为办学省钱起见，这两位教员每月竟一律酬送卅元，并且各处都是抱的同一政策，使这两位教员，任凭走到什么地方，每月也只有三十元的报酬，结果确可省下了许多经费，多教出许多学生，但是对于造果那个因（教员），未免太刻薄了。资本家所以忽略劳工幸福，增加工作时间，雇佣童工，皆是被"为目的不择手段""顾经济不顾公平"的两种政策所锲。我们要保障工人幸福，尚且应该把"工业效率"的观念改变，使以后讲工业效率的不仅顾到果，还要顾到因，不仅顾到经济，还要顾到公平，何况教育为树人的事业，性质不与工业相同。若使只顾经济，不顾公平，只顾结果，不顾过程，那恐怕教育的前途是危险之极了！所以我们讲教育行政效率的，不能不把这几方面看得清楚，要记牢：（一）只有经济的一个观念是不对的；（二）单看结果也是不对的！

（三）教育行政效率要素与教育因果各方面之关系

前面所说，教育行政效率要素尚觉笼统，现为使人明了起见，画出下表，更举例说明教育行政效率和教育因果各方面之关系。

关系之方面	效率要素	公平	经济
第一种（因）	组织管理		
	人员		
	经费		
	物质设备		
第二种（果）	教育		
	养育		

1. 组织管理与公平之关系　如同等各校,每生所占行政费相去悬殊,便不公平。

2. 组织管理与经济之关系　如行政费在学校中所占总支出百分比太高,便不经济。

3. 人员与公平之关系　如同资格同程度同工作之教员,每月所得有异,便不公平。

4. 人员与经济之关系　如教员薪俸,若便加到太多的程度——譬如说一千元一月——便不经济。

5. 经费与公平之关系　如各地儿童,每年教育费,多寡悬殊,便不公平。

6. 经费与经济之关系　如儿童每年教育费中数太高——譬如说一千元——便不经济。

7. 物质设备与公平之关系　如同等各校所得每生理化设备费,多寡悬殊,便不公平。

8. 物质设备与经济之关系　如一校某种设备,每生所占费用太多,便不经济。

9. 教育结果与公平之关系　各地人民,所受教育之平均年数,若有悬殊,便不公平。

10. 教育结果与经济之关系　如儿童迟进 Slow Progress 的百分比数太高,便不经济。

11. 养育结果与公平之关系　如各校儿童蛀牙中数,相去悬殊,便不公平。

12. 养育结果与经济之关系　如儿童体重不及标准 Univer—Weight 者百分数太高,便不经济。

(四) 教育行政效率消长之关系

教育行政效率,往往因太轻视或太重视某方面,而发生消长的现象,而效率之表现,常在轻重适当的程度之间这种现象,可就前述教育因果六方面说明之,先看下面效率消长关系图:

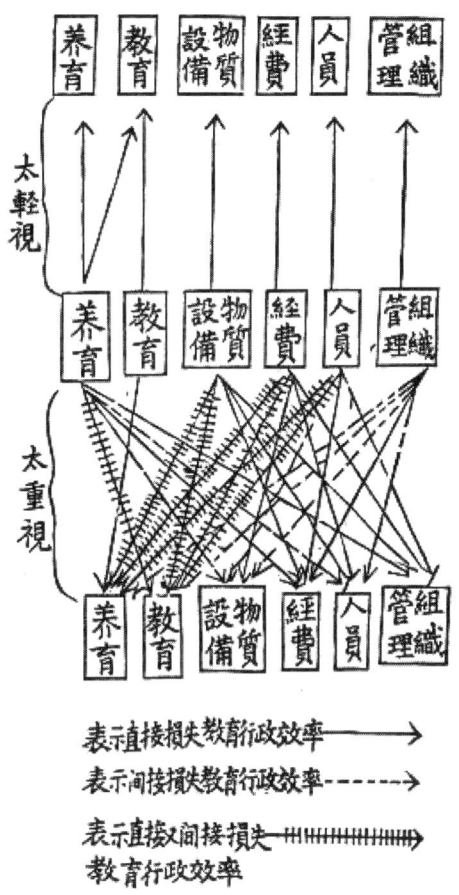

1. 组织管理　譬如办公费一项，如若少到只占全数支出的千分之一，那是太轻视了组织管理，便要损失他所生的行政效率。但如把他特别看重，增至总数百分之八十，那就要直接影响于经费方面的效率，间接影响到其他诸方面之效率了。

2. 人员　譬如教师薪俸，每月只有五元，这未免太轻视了人员，他们办起事来，一定会减少效率。但如每月加到二万元的俸给，那又太重视了人员，直接影响到经费方面的效率，间接影响到其他诸方面的效率了。

3. 经费　若使太轻视经费，挥金如土，任意滥用，影响于教育经费的效率是不消说的。但若太重视经费，只顾省钱，那又直接影响到组织管理、人员、物质设备诸方面之效率，直接或间接影响教育养育两种结果效果上的效率。如学校中为省钱之故，使十数学生同卧一室，叠床架铺，空气阻塞，致伤身体，便是一例。

4. 物质设备　物质设备，如果太轻视了，那么房屋破损也不管，校具残缺也不管，这一方面的教育行政效率当然要减少了。反之，如果过于重视物质设备，一个小学里，有极伟大华丽的房屋，有不必需的科学仪器，那么在经费方面，当然要受直接影响。其他如教员薪俸和行政经费，或因之而不得不特别减少，学生方面教养结果的效率，或因之而受直接或间接之影响。

5. 学校不注重教育结果当然不行的,但是太重视了,逼着学生点着洋烛,开夜车,不几时眼也短视了,背也驼了,脸也黄了,或许有人下棺材了,这样使减少了养育方面的效率。

6. 养育　太轻视养育,使学生身体疲乏,一方面影响发育方面的效率,同时学生因身体不良,学业不易进步,却又影响于教育方面效率。但若把养育看得过重,那又要直接或间接影响于教育的结果;直接影响于经费,而又间接影响到其他诸方面之效率了。即如学校中有许多运动大家,身体锻炼得优异备至,但一到考试,便往往不及格了。

总之,过与不及,都是足以减耗教育行政效率;但是怎样才能适中,却又需着几千百个科学研究,才能决定。并且现代教育上科学研究的方法,还很幼稚,我们要解决这些问题,断非短时间内所能办到。

三、如何增高教育行政效率

如何增高教育行政效率?这个问题关系的方面很多,现在我遵照前面所说的四点讲:

(一) 立法

教育上的立法和教育行政效率的关系很大,我们在教育上,立出不妥当的法来,教育效率一定会大受影响的。所以我们先来讨论教育上立法的要点:

教育立法的范围很广,从根本大法——宪法——起,到学校里所订各项规则止,皆在这范围之内。法的种类和立法的人虽有不同,但是他们的哲学背景却应该是一致的。谈起教育行政的哲学背景,却不可不先谈谈政治社会哲学的思想背景;我们中国,古来的政治思想,据梁任公的说法,可以分做四大派:

一派是无治主义派——道家
一派是礼治主义派——儒家
一派是人治主义派——儒家、墨家
一派是法治主义派——墨家、法家

各派中皆有治的问题在内,"治"是对"乱"而讲的。可以说做一种应付乱的方法,大概在乱极的时候,便要想出方法来应付。这方法各有不同:像道家是主张无为而治。像儒家那是主张礼治,孔老夫子便是这派的代表,他说:"道之以政,齐之以刑,民免而无耻;道之以德,齐之以礼,有耻且格。"这段话是表明他是主张用礼治的。像墨家(儒家同)那是主张人治的,所谓"为政在人,人存政存,人亡政亡",便是这种意思,把这两派的主张应用到教育上来,那么便是以身作则,遇到考试等事,用不到如何监督,而用名誉制度(Honor System)。但是法家的见解,便与前三者大不相同,他们觉得要变乱为治,保持社会秩序,非定出许多条文来控制不可,我觉得法家的思想是很对的——尤其是在现代中国的——不过单用法还有许多不够的地方,我赞成孟子所说"徒善不足以为政,徒法不足以自行"的话,孟子说这话的语气,也许还偏在"善"的方面,我们却可改他语气为"徒法不足以自行,徒善不足以为政",这话便是以法为主,以人治礼治为辅。把这个理想,应用到办学上来,那便是学校对于学生,一面要有规则(或许是自治的规律亦可)来约束引导,一面要做教师的以身作则,以补徒法之备;又如学校聘请教师,一方固要立约书好像立合同一样,但又必行年功加俸、供给住宅等制度,使学校和教师两方发生和睦的关系。凡此皆可以说明法治,应当拿礼治和人治来救济。必得如此救济,教育行政的效率方不致受什么影响。

法这样东西,原来是代表我们的理想,要使这种理想发生最高的效率,必有一贯的精神存于其间。这种精神,从根本的大法,到学校的规则,都是要具有的,试看下面的图,便可知道:

$$\left.\begin{matrix}\text{教育基本观念}\\\text{哲学理想}\end{matrix}\right\}\text{宪法}\left\{\begin{matrix}\text{政}\\\text{策}\end{matrix}\right.\left\{\begin{matrix}\text{计}\\\text{划}\end{matrix}\right.\left\{\begin{matrix}\text{方}\\\text{法}\end{matrix}\right.$$

我们看了这个图,便可知道一贯的意义。现在世界上各国的教育立法,却有许多地方缺少这一贯的精神,往往在同一种法案里,包含两种精神的条文,互相冲突,教育效率遂因此受了很大的影响。

(二) 行政

行政上的效率,可从"组织"和"动作"两方面来看,组织不过是一种机关,他的功效全靠动作来实现。现可先从组织说起:

1. 组织

在组织方面,下面几条原则是要注意的:

(1) 系统要完整

一种组织,不管是简单的或复杂的,都要保持一个完整的系统。在同一种地位之上,不应同时存着两种并列而又不相关连的组织系统。倘使有两个同地位的系统存在,那他们一定要向着较高一层的组织或领袖负责,譬如办一个学校若使只有教务、事务、训育、养育四个系统同时存在,各办各事,而不受一个校长的指导和节制,那这个学校一定办不好的。

(2) 责任要专一

一个组织,不管是总组织或是分部组织,都应指定一个人负定专责。最坏的是一件事不指定什么人去负专责,或只笼笼统统的归几个不相统属的人去公同负责,共同负责实际上就无人负责,教育行政上有好多事就因此减低许多效率。

(3) 职权要分化

行政上一件较大的事,虽说归一个人总成负责,但是他绝不能集一切事权于一身,事无巨细,皆由一人去干,一人精力干不下来,势必把这件事分化成许多行政动作的单位,托付给别人去分担,这些人是应当对这位总成的人负责的。倘使这位总成的人是分部组织的首领,那么他就应该再向总组织的首领负责。如此责权虽分,而负责的人层层衔接,使行政的系统,过于完密。

(4) 单位要确定

行政动作的单位,和前二项极有关系,兹绘一图,说明如下：

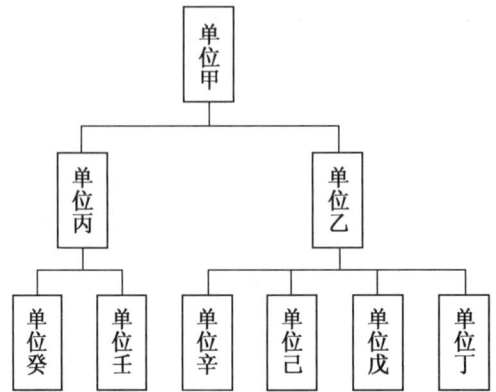

他的关系,有"纵"和"横"两方面：如单位甲和单位乙、丁,是纵的关系；乙和丙,丁和戊己……是横的关系。甲是大单位,包含着乙、丙、丁、戊……等的小单位。这些单位须明白确定。确定单位的好处：第一可免各单位负责任的人,遇着不易办或做坏的事互相推诿；另一方面可免他们遇着易办或有利的事,互相争夺。第二办错的事,固好追查负责之人；办得好的事,也可知道是谁人的成绩。现在教育行政上(其实普通行政也是这样)极大流弊之一,就在行政动作的单位规定得太笼统,以致各单位间权限不清,种种困难,因之而起,行政的效率自然会降低了。

(5) 领袖避独裁

当总组织或分组织领袖的,是代表该总部或分部行政权力的人,他们的见解判断和各方面实际的情形,往往有不能周到和膈膜之处,独断独行,往往误事,故必借着种种会议为立法或贡献意见之机关以期补救。学校中校务委员会,或分科会议等组织,就是因为应付这种需要而产生的。

(6) 分部要联络

有时一件事情,与两个分部组织都有关系,一部分冒然做去,不免犯侵权之嫌,有时且往往不得适当的解决,故以由两部分联合解决为是。现在学校里有许多联席会议,或同等教育机关种种联合会议组织,皆是根据这个原因而产生的。

总之：一种教育组织——教育机关或学校——如同有机组织一样,必得分工合作,才能进行无阻,发生效率。前面六条原则,便是实现分工合作的几条规律。

2. 动作

我在开端的时候,就拿动作来解释教育行政的意义,我以为一切教育行政(其实普通行政也如此),应当拿动作来表示,叫做教育行政的动作。一个动作叫作一个单位,统起来叫作教育行政动作之单位,单位有大小,大单位包含小单位,小单位更包着许多更小的单位,分而又分,直至分到最小的单位为止。譬如办一个中学校是一个教育行政动作的单位,办中学教务事项是较小的单位,办理教务中招生事项是更小的单位,办理招生时拟登招生的广告，便是最小的单位。我们办理教育行政的，应当把教育行政中一切动作单位统统分析出来，使得从事行政的人办事时皆有迹可寻，有事可做，才能增加行政的效率。就办事人方面看：要想办一件行政上的事，能够发生效率，必须要具有知能肯三个要素！

（1）知

知的方面，又分下面四种：

A. 做什么

这便是行政动作的单位问题，做教务主任的，应做什么事？通常一个中学中教务方面的事——即动作——至少有一百种。做教务主任的，不可不知道他们。

B. 为什么要做这件事

做某事的应明白做他的理由。

C. 怎样去做

知道做什么、为什么还不够，还应知道如何去做，譬如说，招生的广告应当用哪种格式才算合格。

D. 什么时候做

"什么时候做"，在行政上是非常要紧的，同样一件事，做得不当其时，便失去他的功用。譬如学校开会请人讲演，例当由庶务部在事前照料工人在台上布置讲员及招待者的座位，若使这位庶务先生不知在事前做好，却在开会等着椅子用时，才去设法安置，虽说做的同一样的事，但是他的效率便完全失去了。

（2）能

知道做什么？为什么做？怎样做？何时做？这不能担保做得好，因为有许多事在知识之外，还靠着能力。譬如说做校长，知道怎样应付人的方法，但是他往往没有能力照样做出。

（3）肯

既知又能，没有"肯"还是不行，有好多人办事无成效，非由于不知，非由于不能，而是由于不肯。在我们经验中，可找出许多例证，不必细述。以上组织和动作二项，皆是增加行政办事，效率紧要条件，有好多教育行政上的事务办得没有效率，不是由于忽略组织方面的原则，或是由于办事的人在动作上不合条件。他们办事办得不好并不是因为完全缺乏了上面所说要素，大概说来：有时由于不知，有时由于不能，又有时由于不肯。在知的方面说：有时由于不知做什么，有时由于不知怎样去做，又有时由于不知何时去做，我们要使教育行政专业化，就是要想训练出知道做什么、为何做、怎样做和何时做，而又能做而肯做的一班教育行政人员。

（三）诊察

立法和行政之后必继之以诊察。用科学的方法作精密的诊查，就教育过程和结果诸方面去看他的经济和公平到什么程度，这就是教育行政效率的诊查，通常教育调查便是这个意思。关于这一层，我不能详细讲了，好在另外附有讲义可以参考，现在我可以略说一下：

1. 储集材料

要看效率的大小，必根据客观的调查，客观调查非有正确的材料做根据不可，所以教育行政上规定各种表格，储集材料是诊察效率的第一步。

2. 厘定标准

诊察效率，必赖准尺，有些准尺可从现成的材料中求出，但是还有许多非得另制不可，这种手续谓之厘定标准，如校舍测量表及各种测验是。

3. 选择准尺

准尺的选用非常要紧，在美国虽然用得很多，但多乱七八糟的去用，我在美国研究好多时，结果发觉了他们许多错误，如以教师经验做测量教师效率的准尺，普通认作任事年数愈久愈好，其实不对的，年纪大思想也许老朽，效率因而降低。诸如此类，例子很多，我此时也不逐列举，请诸君参阅拙作论文 "*Objective measures used in determining the Efficiency of the Administration of Schools.*"

4. 决定成效

有了前面三项，那么便可决定教育的成效了。

（四）指导

经诊断决定成效之后，便可知道某处教育行政效率高低到什么样程度，然后加以指导，使其效率增高，这一点在我国实在忽略之极。指导的事情，各处很少注意的。并且很可笑的有些人连"教育指导""学校指导""教学指导"几个名词的性质也还弄不清楚呢！其实这三个名词的关系，应如下表：

$$
\text{教育指导} \begin{cases} \text{学校指导} \begin{cases} \\ \text{教学指导} \end{cases} \end{cases}
$$

至于指导的功用，即可分为三种：（一）督促的功用；（二）辅导的功用；（三）改进的功用。

以上立法、行政、诊察和指导四者，皆和教育行政效率有密切之关系，并且他们有相互之关系。

今天已不早，我只好这样结束，好在来学期我要开学校行政的学程，有未尽处，等以后再从长发挥讨论罢！我很感谢诸位来听，并很感谢陆君为我笔记。

（原载《中山大学教育研究》第一卷第十一期，1929 年）

教育革命

——邰爽秋先生在第二届暑期学校讲

一、教育的意义

二、教育的性质

三、教育的机会

四、教育的时期

五、教育的机关

六、教育的人员

七、教育的方法

八、教育的经费

刚才主席过事奖饰，实在不敢当。诸位不必对我今天所要讲的话抱多大的希望，不然，恐怕诸位就要失望。我要讲的一部份也不过是些老生常谈，并无多大的价值。目的是想藉此机会讨论讨论，以收抛砖引玉之效。

所谓教育革命，各人所见都不相同。诸位所主张的教育革命，也许不同于我的；我所主张的，怕也不同于诸位的。个人以为教育革命就是在教育方面生出的大变动，推翻或改良向来的理论和实施。教育应从那几方面来改良、来革命呢？兄弟预备分作八方面说：一、教育意义；二、教育性质；三、教育机会；四、教育时期；五、教育机关；六、教育人员；七、教育方法；八、教育经费。以上所分的八项，可以勉强包括各种教育事项。下面要讲的话，一方面是个人的意见，一方面也是世界教育的新潮。

1. **教育意义**　教育两字有什么意义？古今中西学者对它所下的定义不下千百，一时代有一时代的说法，一个人有一个人的说法。我对于教育意义也没有什么新的创见，觉得还是中国的旧定义最好，教育两字，在英文是 Education，法文是 Education，德文是 Erziehung，含义甚多，不如中国旧定义的清楚明白，教育的意义就如孟子所说："得天下之英材而教育之。"这里面所含的意义很丰富，包括教、养两方面，不像现在的定义那样单纯。现在只要有几个房子、几个教师、一点设备、一些学生，就算是一个学校，这是教的学校，不是教育的学校。有教无养，不能算作完全的教育，完全的教育一定是教养并重的。古人说过："逸居无教，则近于禽兽"，这是说养必有教。又说："衣食足而后知礼义，仓廪实而后知荣辱"，这是说欲教必先养之，养为教之始，不教固不行，不养尤其不行。真正完善的教育须教养并重，一面育而教之，他面教而育之，也许诸位已看清此点。但现在谈教育的人，多只谈书本的教育，他们以为教育就仅仅是上课，殊不知上课只是教育的一部分。这种教而不育的现象，不但中国如此，世界各国亦何独不然。至少，他们也是偏重于教的。

近来有许多学校，只要讲堂上有黑板桌椅，不管其他卫生上的设备，厨房里苍蝇乱飞，毛厕里臭气扑鼻，寝室既黑暗又不通空气，这不是教育小孩子，这是送他门的命！诸位从事教育多年，试问我们办理学校，有几件事是教，有几件事是养？可以说十件事中没有一件是关于养的。这是何等可叹！我们如要改革教育，就须从此着手。我们对于小孩的营养及卫生问题，须特别注意，世界上进步的国家已在逐渐注意起来了。如美国有供给入学的贫穷儿童 Free Lunch 以及卫生检查、疾病疗治等办法，一九一八年以后英国也注意到这些事，革命后的苏俄更着重于儿童的营养，政府供给餐食，这些办法都很好，不过我们还嫌其推行缓慢与效率微小。促进教育普及已成世界各国公同的问题了，但欲达普及之目的，须从养上解决，否则不易成功。世界各国多见不到这一点，不先解决儿童的吃饭问题，便去强迫他们入学，如果不入学，被警察查出，便受处罚。有些贫寒的家庭迫不得已，也只好令子弟枵腹来校，放了学也不回去，因为回去也无饭可吃，只跑到街上走几转又回到学校里来，因而精神萎靡，功课无进步，教师还以为是教法不良，课程困难，于是锐意革新，岂知尽力改良之后，对于那些贫苦的儿童有时他的效果仍等于零！有些教师遂以他们为低能儿，不可施教。不养无教，还想把教育办好，简直是活做梦！

2. 教育性质　在社会上流行着两种错误的教育观念：一是慈善教育，一是义务教育。以教育为慈善事业的人也怜悯小孩，也兼重教养，可是我不承认这种教育是对的。因为这是以施舍的心肠来举办嗟来的教育的，受教育是一种权利，无需别人来发慈悲心！施舍的教育是阶级的教育，慈善学校或贫儿院出来的学生纵然优秀，一般人也认为是贫苦出身，白眼看待。我们如欲改革教育，必须打倒慈善的教育。其次，我反对的是教育义务的观念，诸位也许要诧异我的论调，觉得上自中央下至教局都在提倡义务教育而为什么我偏偏要斥其为谬误呢？我也并非乱讲，教育实在不是义务，一般人总以为普及教育、强迫教育和义务教育的意义是一样的，程湘帆的《教育行政》和《教育大辞书》都把此二名词混为一谈。不知普及教育有强迫的和非强迫的方法，在强迫教育之下，有义务观念和权利的观念之不同，然而我们要教育普及，是否非强迫不可呢？在我看来，恐怕最多不过百分之一是需要强迫的，百分之九十九是无需乎强迫的。倘然教而不善，自然是要用强迫手段，要请警察去帮忙，不过倘使把教育的意义和实施改变一下，教养并重，我敢担保是不要什么强迫的。英国某地有个 Nursery School，既教且养，不收学费，来校的学生，有挤破门的趋势。就在这个学校的毗邻，有一所公立学校，雇了警察强迫儿童入学，儿童也不进去，同为学校，而有如此相反的结果，是何等令人惊奇的事！办教育靠警察是万万不成功的。

现在一般人常常说，国家有办教育的义务，儿童有入学的义务，父母有督促儿童入学之义务，大家都是尽义务，试问谁来享权利？岂非矛盾？受教育不是义务，而是权利，国家有教育儿童的义务，儿童有被教育的权利。孙中山先生在讲演集里曾经说过，教育是权利。社会上任何人皆可以受教育，如果只有富人才能受教育，贫人就不能，那是太不平等了。孙先生自治区的办法当中规定区内一切居民皆有受教育之权利，书宿膳食杂费一律豁免。我虽未熟读三民主义，但我敢说孙先生没有主张过义务教育，他只说普及教育。教育不是施舍,也不是义务,都是权利,国家负有保障这种权利的责任。大家对于义务教育一名词,已经用惯,习非成是,积重难返,不过我希望今后大家不去用它,以纠正过去错误的观念。

3. 教育机会　无论在任何国家,任何时代,教育机会都是不均等的,教育机会均等一语,想各位已经听烂了。不过我以为不仅教育机会应该均等,养育机会也须均等。倘使养育机会不均等,则教育机会均等亦无从实现。教育所以不均等的原因,约有六端:(一)经济的;(二)两性的;(三)政治的;(四)宗教的;(五)社会的;(六)先天的。在这六端之中,经济的原因最为重要:我们如求教育机会均等,便应当打破为一阶级谋利益的教育,仅仅口头上反对是不行的,我们要努力见诸实行。我在广东时,曾参观某大学附属小学,里面设备完美,家具精致,学生多为贵族子弟,生活极其舒适。在此校之旁,又有一平民学校,专为贫苦儿童而设,校舍破烂不堪,学生衣衫褴褛,教师亦多不行。主张教养机会均等者,能目观此种现象而无动于衷乎？能任这两种学校同时存在乎？在三民主义领导下的教育,若不早日铲除此种现象,还谈什么革命！我们更有什么面目自命为教育家？我们要做革命的教育工作,就须打破这种机会不均等的教育。

4. 教育时期　过去的教育是切头去尾的教育。六岁才开始入学,十二岁或十四岁便停止读书,这是不对的。我们既主张教养并重,难道小孩子等到六岁才吃饭么？小孩子最富于学习性,不去教他,他也自然地会去受教,虽然自己去受教对不对又是另一问题。幼稚时期是养成人生一切行为、品格和习惯的最主要的时期。我们如果从六岁才开始教育儿童,那我们做的不是教育的工作,而是改革和矫正的工作;此时求知欲已经被阻遏摧残不少,此时再去启发,真是事倍功半。诸位再看看安庆城外的儿童生活,是如何的可惨！恐怕较之猪狗的生活犹且不如,国家将此等儿童置之不顾,是何等危险,我们办教育的人应该冲破六岁的藩篱,婴孩一降地,就须予以保护,过了十二岁或十四岁,我们也不当把他们驱出校门,因为在贫寒的儿童当中,有许多天资很高的,也许有哲学家、教育家、科学家或艺术家在里面。我们的选择须以资质为根据,不可以财富为标准。国家若不教养禀有天资的人,就个人说固然埋没天才,就社会说更有莫大的牺牲,甚且有无限的毒害。因为这些聪颖的人若无良好的训练,搞乱起来,较之普通人有过之而无不及。

世界各国的普及教育和成人教育的运动是都不彻底的。资本主义的国家不能真正的为一般民众谋利益。在民生主义的国家,应当扩充教育观念,延长教育期限。正式教育应当从诞生开始,成年后为止。至于非正式的教育,从生到死都是教育的期间。

5. 教育机关　现在的教育,讲来讲去,都是学校教育。学校是教育的正统机关,如同长子续嗣一般。学校有数百年的历史,我们自不可推翻不要,但我们绝不能视学校为唯一的教育机关。美人有所谓"教育梯"一语,从下至上,逐渐升高,这种观念已有人反对,教育的阶梯不止一个,在图书馆和通俗教育馆研究,也可以说是受教育。今日的教育是买卖式教育,各人皆以入学校抓梯子为谋职业的敲门砖,金钱是文凭的代价,文凭是饭碗的保障。我们提倡教育革命,就须打倒这种资本主义的教育,我们须从各方面去发展教育,创设种种教育机关,万不可以办了学校为尽教育之能事。

6. 教育人员　教育人员也有革命化的必要,革什么命呢?革脑筋的命,不可如一般教育人员为旧教育观念所束缚,譬如以教育为义务的观念牢不可破;譬如以教育为有教而无养的观念牢不可破,譬如以教育为课本课堂的观念牢不可破。这些,我们应该用九牛二虎之力——九百牛二千虎之力来打破它,改造脑筋,受科学的洗礼。

7. 教育方法　教育方法,在旧式的学校里,只注重文字的教育(Intellectual Education),如从前希腊的小学教育,完全为有闲阶级而设,也和我们中国从前的一样,只造就些吟诗下棋的骚人逸士,只在智识方面下功夫,结果把几千年的社会分为劳心和劳力的两个阶级:劳心者治人,劳力者治于人;一是驱使人的,一是被驱使的。社会上有了这样的阶级,大部分的人没有受教育的机会。我们在今日谈教育革命,就要使教育根本劳动化。教育劳动化,是从劳动中讨生活,光在图书馆里看看书,只是一部分的教育,不是整个的教育。所谓劳动教育,不是完全职业的性质,每天定须七八小时的劳作,虽有生产的可能,但在小学里他的目的不在生产,而是Culture Training(文化的训练)。如苏俄的中学小学都已彻底地劳动化,上海的劳动大学的创办的意思也是如此,所以我们今后的教育方法,要打破书本式Bookish教育,实行劳动教育方法,这是新教育的趋势。

8. 教育经费　教育经费,非大革命而特革命不可。我们知道,一切教育是集中于教育行政,而教育行政则以经费为中心,所以我们也可以说,教育经费是一切教育事业的中心。我们看,那一种事不直接或间接与教育经费有关系?与教育经费没有关系的很少很少,大约有十分之九都与教育经费有关系的。但是,我们办教育的人应不应只以得到教育经费为满足呢?应不应只以得到教育经费就算尽了重责呢?当然不是。诸位将来从事教育事业,假如看到教育经费的来源不正当,那是应该起来反对的。国民党党纲上说,增高教育经费,保障教育经费独立,我以为意思要补充,要知只管教育经费增加,而不顾所增加的是何人拿出来的,那末,教育经费愈增高,愈足以增加贫人的疾苦。本省的教育经费,十分之六七是由田赋及附加而来,办教育而在可怜农民身上刮取,这种经费,我们用了心里安不安?我就觉得不安。盐税,在安徽我不知道,湖南教育经费确是仰仗它去独立的,这是可痛心的事!我们要反对拿亩捐来办教育,尤其要反对拿盐税来办教育,更其反对以其他苛捐杂税来办教育!

在前次全国教育会议中我提出一个议案主张励行公平教育税制,实行教育机会均等,我们筹划教育经费,以亩捐为大宗,亩捐影响平民生活很大。青天白日之下的教育本应解决民生问题,实则教育未解决民生,而一般农民之生活已先受教育之摧残,所谓足以救吾民者,实足以害吾民耳;至于盐斤加价,不但不公平,而且违背人道,因为贫民所需要的盐分比较富人多,教育家这样筹费,真不亚于军阀和土匪了!

我国地方教育经费的来源,别省我不知道,就江苏说吧,大部分的来源是靠田亩盐税及苛细杂捐计田亩附加及盐捐各约二十种,还有猪肉捐、屠宰带征、宰卖废牛捐、牛羊肉捐、猪捐、鸡鸭捐、市杂捐、蛋捐、市八鲜捐、鱼捐、鱼虾捐、鱼池捐、鱼库捐、鱼苗捐、粉条捐、菱捐、花生捐、瓜果捐、柴捐、草捐、房捐、轮船租港捐、船捐、渡船捐、帮船捐、中河船捐、营业捐(十七种)、货物捐(十二种)、产业买卖捐(二种)、消耗品捐(四种)、迷信捐(八种)。其他十杂提捐款九种,内有花捐、义塚捐、灰粪捐、渣捐等等。我们常常说,教育清高,在花粉里,在灰粪里取钱,试问清高不清高?

所以我可以得到一个结论:中国的教育经费,是贫人所负担,是富人来享受!——贫人出钱,富人享受!办教育办到这种地步,还说办得好!我也没有什么话说了!有人说,这个是有理由的:教育是普及的,所以负担也要普及。换句话说,有负担然后有权利,所谓取之于民,用之于民未见其苦。这个话初看来似乎很通,实在一点也不通!有三两亩田的人,连衣食问题都不能解决,怎能受教育?即使能受教育,也不应该要他们负担,更不应该要他代富人负担!我们筹划教育经费,要叫社会上有钱的人担负,使贫苦者享受利益。

在这种理想之下,我们应反对田亩附加、盐斤加价及其他一切苛捐杂税。其次,我反对以地方之款办地方教育。我们应该主张以社会之款办社会教育。地方筹集教育经费最不妥当,诸位不要以这个为满意,反之,我们要把它认为最不满意!富裕的地方,"庖有肥肉,既有肥马";贫瘠的地方"民有菜色,野有饿莩"。即以江苏而论,在江南富饶的县分,抽取义务教育附征,每亩仅二分,已经很够,还有六分,共八分,便是余下的厨中肥肉了;而在江北几个贫县,每亩虽加到一角六分,还是不够。我们现在应集中各地方之经费以解省,集各省之经费以解中央,再由中央平均支配,不管是江苏的上海,或者是安徽的安庆,无论谁人都有享受的权利,这是以社会之款办社会之教育的办法。

教育经费固有的来源,我们说这样不要,那样不要,田亩附加不要,盐斤加价也不要,那么,教育经费从什么地方来呢?诸位猜一猜!——有两个新的大来源:

一、庙产——丹徒(镇江)一个地方即有庙产五千万,全中国的庙产约二十万万。前年我在大学院所召集的全国教育会议中曾提出《以庙产兴学案》,一时各地方上的僧阀们通电全国,说我不对,骂得我天花乱坠。其实,他们的庙产,不拿来办教育干什么?让那些僧侣们衣锦绣而食膏粱,到现在还不应该打倒么?

二、遗产税:遗产养成懒惰阶级,如抽其十分之三来办教育,则直取之无尽,用之不竭,是教育经费很大的来源。有人说,这岂不是共产?不然!坐资本主义第一把交椅的美国也抽遗产税,还很重呢!个人的产业,是社会帮助得来的。这个提案,在理由方面,没有人能够反对的。

中国如能实行这两种筹集教费的方法,则教费差不多就还有余裕。亩捐、盐税及一切苛细杂税,都可豁免,这要看诸位努力如何而定。胡汉民先生在中央党部演讲,说中国是必教而后富的,倘照现在这个情形延长下去,中国没有普及教育而使国家富强的希望。欧美经济情形,至少可以说,比中国要好到一个世纪的程度,但还不能说教育完全普及,并且还是有教而无养。吴稚晖说二百年以后教育才能普及,其实照现在筹款办教育,六百年也不行。我以为惟其是经济落后,教育落后,须用革命手段筹划经费来推进教育。若亦步亦趋地效仿他人,则我们跑上去时,人家的前进又不知有几千万里!

我们应一致地主张以庙产和遗产来办教育,从舆论上发生力量,从力量上发生改革。中国的人惰性很重,听了我这话,不免要说我"言大而夸",不切实际,等到以遗产和庙产兴学的主张还未实行,学校就要关门大吉了。其实,只要我们有决心,上自国府主席,下至贩夫走卒,一致地做起来,也容易得很。你们诸位,定要问我,要不要二十年？我说,或者还不止二十年,然而二十年并不远,十年树木,百年树人,教育是百年大计,我自己看不到这个功效,我的儿子看得到,我的儿子看不到,我的孙子可以看得到。反之,因陋就简,畏难苟安,就是二千年也不行,何况二十年。假如在民国元年的时候,便励行这种主张,那么,到了今日,中国教育情形决不像这样。在民国元年的时候,安见得没有人以为二十年为期很是渺远呢？殊不知时光快得很,现在已经民国二十年了。我以为别的什么都不可怕,最可怕的是人心死了,马马虎虎,因陋就简,也不管这一笔钱从什么地方来的。我们于心安不安？这不是什么民生教育,这简直是民死教育！如果诸位当中,还有人主张以影响民生的苛捐杂税来办教育,则我不欲与之言矣,诸位亦当共弃之,鸣鼓而攻之！诸位责任不小,是一省的教育领袖,是社会上有力量的人,希望督促这个主张实现,即使明知其有困难也必得要主张正义！大家要不畏难,不苟安,夫然后中国教育才有希望。

全国教育会议,太迁就事实了,没有革命的精神,使我不满意。在座诸位不必客气,努力担负这件伟大的事业。诸位对于兄弟所说的,也许还有修正的地方,也许诸位发生的力量比我所希望的还大。教育是伟大的事业,要有知其不可为而为之的精神,如觉前此不对,便从此日起,向老百姓忏悔,做点忏悔的工作！

(原载《教育月刊》第五卷第一期,1931年)

中国教育的出路

邰爽秋教授　讲
王墨园先生　记

教育的出路，乃民族的出路，非某个人的出路，或谓今日之学生无出路，故教育亦无出路。其实即使今日的学生有出路，今日之教育亦无出路，以今日中国整个的民族无出路。以往的教育乃个人主义，只求个人的出路，不顾民族的出路，实为一极大的错误。以教育最后最大之目标，为满足人类之需要，而此种需要为何，则每以时地而不同。

凡社会有所需要，教育当设法供给之。今日中国社会之需要，或谓体育为今日中国之需要。故到处建设大规模之运动场，动辄数十万；或谓民众教育为今日中国之需要，故到处建设民众教育馆；或谓公民训练为中国今日之需要；或谓卫生运动为中国今日之需要；人言纷纷莫衷一是，徒使人头晕目眩，莫明其妙。

究竟现在中国之需要为何，尚待研究。若能洞悉此点，则中国教育之出路自能明晰。诸君皆饱食暖衣之士，或尚不知中国社会今日之需要为何，实则今日中国之民众，能衣"布"食"菜"者几何？中国之穷，由开封之生活可见一般[斑]，而乡村之中则尚远不如城市，若至灾区之内，虽草根树皮亦不可得。有人估计中国之穷人至少两万万，或至三万万，其穷苦之状况，几不能想象。

过去及未来之情形如何，请注意海关之报告便可明了。国际贸易有出超入超之别，出超大则富，入超大则穷，自无待言。中国近七十年来，全为入超。今将其入超情形列之于后：

同治二年净入超为五十八万万六千五百九十三万八千八百二十六两。

民国二十年入超五万四千余万两。此项财产皆流入外人之手，更加大水为灾，东北失守，兵匪，"共党"，遍地疮痍，中国安得不穷乎！

民国二十一年自一月至六月，入超为三万万零八百一十八万九千零二两。专家估计，今年较去年为多，至少六万三千多万两，合洋八万万多元。若东北在吾人手中时，其出品每年可得三万万二千余万两，占全国对外贸易三分之一，故入超尚可减少三分之一。今东北已失，再加人民之欲望日增无已，昔日之乡村，日渐都市化，淳朴之风，灭减无余。故今岁之入超，或加至十万万两。再加私运货物如军火、鸦片、海洛因等，其数必更可骇了。

中国财产，有人估计为一千零六十万万元。若用此法，至少每年三万万两，百年之后，则净尽无余。况此后入超日日增加无已，事实或不至百年，至时欲思安坐而食必不可得。

盖一切生活,皆依财产之多少而定,人口亦然。苟生产不丰,则人口低减。今以浙江、北平、汉口之统计,知中国之人口低减甚速。若此种现象确可代表全国,长此以往,百年之后我国人,或将绝种。经济与人口有绝对的关系,中国的经济状况如此,实中国民族之绝大危险。

今日之失业者到处皆是,湖南某纱厂招募工人数百,到者万余。若至二十年后,此种现象更不稀奇,至时雇一工友,则大学毕业生、中学毕业生、厂长、县长之来者必络绎不绝。或以此乃笑谈,实则失业之恐慌日甚一日,将来此种现象必不可免。

中国整个的需要,非运动场,乃工厂;非"文艺",乃工业;非消费,乃生产。而中国今日之教育,最令人痛心,乃只知以消费为能事,不知生产为何物。

中国粮食之源,源于老农,此城中居民二十余万,多仰仗老农而生活,而今日之农村破产无可讳言。昔日之中国凡事皆足自给,今则米棉皆仰给于外国。二十年棉花入口者,值银一万七千九百余万两,米六千四百万两,毛制品三千二百万两,粮食两千四百余万两。农业国之情形如此,实堪浩叹。

更加已往之教育,皆为浪费。乡人子弟,古朴可嘉,及至中小学毕业之后,则手表、眼镜一应俱全,一变为翩翩公子。归家之时,乡人艳羡不绝,而家中经济已不能支持,农民乡间辛苦半载,不足子弟城中随手一挥。今日农民之苦,已至极点,而学校教育,尚只知一味消费,何其痛也!大学生用品十之八九皆系洋货,小学生每年亦须数元至十数元不等。男子如此,女子尤甚。妇女在乡间时,诚朴勤苦,确为生产干将,略事装饰,亦不浪费。及入学校则浓妆艳抹,香气袭人,转为洋货之推销者。惜乎乡人不察,仍以文明视之。其实今日之学生所谓读书应景而已,每日只在悲哀烦闷里用功夫。恋爱结婚,摩登化,为洋货推销员,故多一学生,多一无用之人;多一学生,多一洋货消费者。每年入超之责任,实皆此辈负之,民无与也。今再举消费之种类以明之:依海关报告,下列各项物品,入超数如下。

  生皮熟皮九百六十万两(二十年度)
  洋服制服纽扣一百四十七万两(同上)
  化装品七十八万两
  西洋磁器四百至六百万两(同上)
  铅笔五十八万两(同上)
  墨水十八万三千两
  礼帽三百五十余万两(十八年度)
  梳子六十五万余两(同上)
  香水香粉二百九十余万两(同上)
  人造丝一万八千六百余万两(二十年度)

以上所举消费之种类,令人可惊,但农民可绝无责任,以香粉、香水、皮鞋、礼帽,皆非农民用品,负责者乃今日之青年学生。今日之学生,每至乡间宣传抵制日货,实则乡人皆不知日货为何物,而宣传之人则满身上下皆日货也,若乡人能就其衣履详加观察,则何为日货,自甚了然矣。

学生甚多——尤其是大学生,则洋货推销愈广,故今日之学校,皆宜封闭,另开蹊径,非文字,非锦标,非艺术,乃为社会谋生产。

挽救社会经济不出两途:一、想法生产;二、禁止消费。社会能生产,个人能节约,则人人有饭吃,社会有出路,民族有出路。日后如生产者日多,消费者日少,生产之量最高,消费之量最低,则经济贫穷之问题,自可迎刃而解,社会生产为中国今日之需要,亦即今日教育的出路。

社会之需要有真假缓急之别,如饮食不可一日或缺,否则有性命之虞,是真的需要;如为八股文,亦可以谋衣食,但改事他业亦可以谋衣食,且八股文绝不能有助于生产,故为假的需要。真需要之中,又可分为正当的需要与非正当的需要。前者如五谷是也,后者如鸦片是也,正当的需要中,又有可少与不可少。前者美味,后者如粗饭是也。今列表以明之:

$$
需要 \begin{cases} 假的(八股文) \\ 真的(饮食) \begin{cases} 非正当的(鸦片) \\ 正当的(五谷) \begin{cases} 可少(美味) \\ 不可少(粗饭) \end{cases} \end{cases} \end{cases}
$$

今日之国民生活大半沦于禽兽之状态,何能穷极奢侈,安坐享乐乎!今日中国如人在房中失火,惟逃命为急需,何暇整装乎;如危舟将覆,何暇歌舞乎;故今日之青年,宜急起努力,为民族谋生存。

教育非只在校中高谈,宜跳出象牙之塔,为社会谋幸福,为民族开生存;故今后教育当有下述之目标:

一就生产性质论:(1)不只有物质的生产,当有精神的生产。即社会生产的道德,社会生产的文化。(2)不仅为生产,乃为有利于社会的生产。如种植鸦片为生产,而无益于社会,制烟造酒皆可以维持其个人之生活,但于社会之害甚大,故皆非社会的生产。

二就个人说:(1)不仅个人有职业,乃从事社会生产的职业,如买办、强盗、娼妓、贩卖鸦片为职业,但对于社会遗害无穷。今日之谈职业教育者,往往有此种危险。故今后之职业教育,乃社会的,非个人的。宁使个人无出路,不使民族受损失。(2)不仅有生产的能力,乃保持为社会而生产的能力,养成为社会而生产的人生观,为社会整个的问题,为社会生产的人格。故凡不为社会生产者,乃社会之罪人。

三就社会方面说:(1)不仅要生产的社会,乃要有公平的社会。今日西洋各国,工业发达之后,资本家榨取工人血汗以自肥,如煤油大王、钢铁大王等,皆为百万富翁,而穷苦无告之人,举目皆是,失业者日益增加,即其例也,(2)不只生产的社会,要有安全的社会。社会扰攘,战争不息,则民众流亡,生产凋蔽,破坏摧残,无时或止,安有生产之可言,故当有安全的社会。

吾人之计划如此,中国之情形如彼,当从何处着手,方可以谋补救?一言以蔽之曰,提倡生产、节约及土货三个运动,废止大学、中学及小学,提倡社会生产性的学校。

今后之教育,当以全力增加社会生产,培养学生吃苦耐劳之能力,虽恶衣恶食,亦能处之泰然;豆灯萤火,槁榻草铺,在所不顾。或谓今日之中国,不宜退化如此,而不知中国乃一农业国,而农业国之情形已如上述,故非提倡节俭不可。且中国关税不自主,工业幼稚不能与外货竞争,故更非提倡节俭不可。

提倡生产减少消费则必提倡土货,以土货为最高尚,国货次之,洋货最劣。购用洋货,为中国穷弱之致命伤已如上述,故当提倡国货。实则国货中之奢侈品,亦所在多有,且有以外洋材料制造国货者,故不如提倡土货为要。凡事以土为贵,虽人皆笑为不时髦,亦不必介意。如今日之用面盆者,多用洋磁,而不用铜盆,即用铜盆,亦不如瓦盆、木盆之价廉耐久也。

提倡土货则可保护小手工业,手工业原为农民之副业,今日之中国当以增进生产、改良农业、减少消费、提倡土货为救亡之策,故不能不保证小手工业。如河南学生五万人提倡土货,则十万手工业工人,可藉此以谋生活。若只趋向奢华,则手工出品断绝销路,其危险自不待言。

如至工商业繁盛之时,竞向华丽,固无大害,但今非其时也。故吾宁愿人不识字,不上学,不文明,不摩登,不满口我的爱她的美,而能自谋生活,不仰仗他人。诸君猛省!为中华民族谋出路!提倡社会生产,减低消费,从事土货运动。

(原载《开封青年》第十九卷第一〇期,1932年)

土货运动与中国民众教育的前途

邰爽秋博士在江苏省立教育学院讲演
王璋 笔记

这次我带领河南大学的学生到贵院参观,在事前抱一个志愿,必定将贵院大大小小的事业都看一下;现今已偿素愿,实在领教不少,今天要我讲几句话,真是一部二十四史,不知从何说起,我想谈偏于民众教育的题目吧!也觉太大,不得不找一个更小的题目。中国整个的教育和中国整个的社会是相联系,而有密切关系,中国教育没有出路,就是中国社会没有出路,也就是中国民族没有出路。现在各处提倡民众教育,真有一日千里之势,几取学校教育而代之。这是非常可喜的事,但在可喜之中,发生了可忧,民众教育是一条新路,但我们仔细观察,就觉得旧路就在新路之中。所以我今天讲的题目,是土货运动与中国民众教育之前途。

为什么中国社会弄不好,因为社会上的病根极多,关于这点各方意见不一致,而我个人认为病根就是怎么回事;在物质上看,是普遍的贫穷;在心理上看,是普遍的自私。二者关系极密切,贫穷出于自私,自私由于贫穷,相互为因为果,二者固结而不可解,我相信无论什么问题,都由此二点而来。

这二个字在中国社会上,本不能搞乱到若何地步,现在二者混而为一,于是便不可救药。那么究竟是谁将他搅坏到不可收拾,那就是士大夫的教育,以及蜕变出来的士大夫官吏,将他弄得一团糟。士大夫是上等阶级,是劳心份子,是奢华浪费,消耗而无用的,是不事生产者,是用外国货最多的人,想做贪官污吏,土豪劣绅,地痞流氓,卖国贼,因为有了这种教育,所以中国是如此之糟。士大夫教育像一个发电机,使中国社会发生二种现象,生产降下,消费增加,我们教育一天天的办下去,士大夫一天天的增多起来,奢华的习惯一日多一日;而国民经济又受天灾及国外经济的压迫,更趋崩溃。当国民经济尚可自足时,这班士大夫生活尚还无妨害,今日之下,国民经济已濒入于危境,亦可说引入绝境。譬如从前一个大学生毕业后,可挣得十只饭碗,后来逐渐减少,最近一只饭碗几百个人去抢。曾经有个学生,他跟我说,他很有良心,非常爱中国,可是在生活不能维持时,良心也不由自主。你们想,要吃饭,要吃好的饭,要穿衣,要穿漂亮的衣,要住房,住那顶好的房,于是不得不走入歧路,也许本不存心要如此做,为士大夫阶级的生活维持起见,就不能不如此做,所以许多贪官污吏、土豪劣绅、地痞流氓、卖国贼,都从士大夫阶级产生出来。日本人何以能欺侮中国,只因士大夫阶级做他们走狗,帮他们的忙罢了。

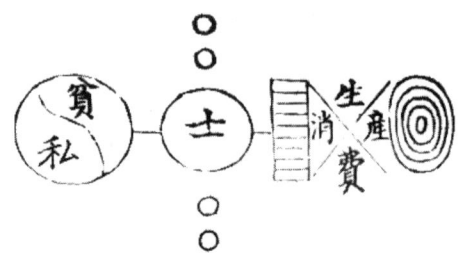

有什么办法补救呢!有的说普及教育,在现状之下,是办不到,也是办不得。也有人要节制生育为补救良法,我想也是办不通,有的说办职业教育,可是也渐渐办完了,如中华职业教育社已转入乡村。最近有二种教育忙得很利〔厉〕害,就是民众教育和乡村教育——也可说乡村建设。这二种教育,其实是一条路。解决乡村,恢复乡村繁荣,从扶植乡村自治和复兴乡村经济着手,大家以为由此便可将中国的问题解决,因此朝野一致,提倡复兴农村。可是我的悲观就在乐观之中,喜就在忧之中,中国的问题是否由乡村得到解决,整个的中国问题就可解决,农村复兴,整个的中国也就复兴么?单在农村本身上做工夫,就可解决整个问题,我觉得未免太乐观,现在的下乡运动,我也非常怀疑。

我以为中国问题,不专在农村,中国人口数,据最近调查,是四万万七千万,百分之廿在城,百分之八十在乡。这百分之二十,依开封城内的统计,则得到无职业者百分之三十,农工百分之十,商人百分之二十,雇工百分之十,领袖百分之三十。倘使我这个统计,可以代表一班的城市(我想可以的,因为开封是一个已没落的故都,并非如上海、南京,而有特殊的情形)。这样看来,真真生产者,为百分之十,不生产者为百分之九十。减去百分之十的儿童,再有百分之八十是寄生虫,寄生虫有二种,真寄生虫和间接寄生虫。譬如我们是办教育的,这是真寄生虫,靠着我们为生的,就是间接寄生虫。寄生虫著的衣服是比人家长,吃的东西是比人家好,住的房子是比人家漂亮,那么寄生虫的钱是从何而来呢!百分之九十是从乡间农夫的身上来的,所以中国一班城市,是消费而不是生产,是城市寄生在乡村,这至少有七千二百万数目的寄生虫,均仰仗乡村去供养它。中国城市是繁华浪费之区,中国城市是外国货畅销市场,现在我们要恢复乡村,而让城市去消耗浪费,这是办法么?在城市内筑一条马路,要最坚硬最好的,就得一百二十万元,筑一所洋房,要五十万至一百万,以一块钱一条命计算,就几百万条性命,实在这数目太贵了。在陕西旱灾的时候,就是几个铜子也可买一条性命,所以性命的数目,何止这些。我们也得来解决城市问题,中国的问题要整个解决,不是这部分人来供那部分人牺牲,就算解决。整个的中国问题,是包括着三万万六千多万乡下人,七千二百万寄生虫。

各位是努力民众教育,到乡村去的健将,诸位的衣服,在现下的大学生内,也算朴实了。然而还是没有下乡的资格,各位每人一双皮鞋,衣服也能过去,然而比之于北京,已不可同日语了，北京的大学生真是漂亮非凡，笔挺西装，高跟皮鞋，红男绿女，乡下的泥路如若经他们光顾，就成了山阴道上，给乡下人看了，那能不起艳羡之心，而成帝国主义销货的活广告。无锡是江苏省的精华，也就是中国的天堂，普遍看来都很不错，然而开封的城内与城外，情景大不相同。城外真是苦极了，吃的是高粱饼，又黑又黄，又冷又僵，味道是酸溜溜，要下乡，就得能吃这种东西。所以少爷小姐下乡，乡下人实在养不起，每个月的薪水是五十至一百，下乡了，后面放着一笔款子，如果没有款子的话，乡下人不欢迎你们，你们也不欢迎乡下人。就是像我吧！也还不够资格，所以你们下乡，仍然凶多吉少，实非乡村前途之福。

我们要中华民族复兴，我们的目的，不仅是经济复兴，并且希望有平等的社会，我们不要像美国有一千多万人失业，日本是闹得穷凶极恶。所以我认为中国教育，要以社会为中心为本位的教育，去帮助发展国民经济充实人民生活，以达到中国的复兴。社会本位的教育包含很广，现在不去分家，总之，根据社会上民众们最急迫的需要，由社会和民众自办，在社会内，为全社会谋幸福，这就是社会教育。依此发展国民经济，成一切建设的基础，人民充实，也就靠这一点。我们不但使个个人有饭吃，且要谋民族复兴和公平社会实现，这二项，没有先后，要二种同时成功，合而为一，我们将公平社会，打倒自私，民族复兴，打倒贫穷。要发展国民经济和充实人民生活，我的主张就是土货运动，现在中国有许多国货，是国货其名，洋货其实。举香烟一项为例吧！往往是国货香烟，而完全是洋货原料；外国香烟，翻是国货原料。去夏我一天吃一罐香烟，我以为自己吃的是国货香烟，而人家吃的是外货香烟，其实是相同。各学校对于吸香烟，认为例禁，但是我以为旱烟水烟，则不妨一吸，以替代香烟，因为不妨害国民经济。我在开封演说后，呈请省当局，得准许下令，于是全城旱烟管水烟袋，为之一空。更以呢帽而言，制呢原料，其进口货为三千二百万两。呢可制大衣及帽，大衣不能人人都有，而呢帽却人各一项，以表明为上等阶级，大家以为是国货，其实是舶来品，那么国货与土货有什么区别呢！现在来下定义，土货是在闭关时代中国人所原用的东西。国货是用机器，妨[仿]照舶来器新样，而适应中国人的新要求。如果我们提倡国货，以仿制舶来品为条件及标准，结果国货不够供给，拿洋货来替代。以民国二十年的纱厂而论，其出品和货物，与中国人所办者相等。日本锭子，能纺细纱，有百分之七，中国的锭子为百分之四，中国人喜穿细纱，要知中国棉是不能纺细纱，于是用美棉，而中国的棉和粗纱是不能推销了。因为好用外国货，外货倾销，中国人自己的纱厂等等，只得关起大门。所以中国的国货，确实够不上，不能做标准。如一定要以国货为标准，结果自己只能供给三分之一，余外三分之二，近求之于日本，远求之于欧美，提倡国货的结果是提倡人家的国货。我们再进一步，希望极力提倡工业，迎头赶上，以求和各国并驾齐驱，但是我们若作如此想，一定要有五千多万人失业，那不是打倒国货么？我们应当使三分之二到乡村去，楚人失之，楚人得之，所以我们要提倡土货。

提倡土货有五大利。第一，提倡土货，抵制漏卮，挽回利权。现在外货进口，每年有三万万二千多万两，衣一项为二万万一千七百多万，食一项为一万万一千七百多万，用品一项为二千万二百多万。第二，提倡土货，抵制日本。我们不要唱高调，也不要像去年一二八时一无训练的大学生加入战场,以致闻炮声而逃,腾笑外邦。如提倡土货,从本身做起,即可抵制日本。第三,提倡土货,可以解决民生问题,蚕桑和小手工艺是乡间的副业,乡下织的布已买不到,有者以为耻,用者以为辱。有人问我,你邰爽秋一个穿土布,就可解决民生么?我认为我一个人穿老布,就有一个人靠着我活,救人一命胜造七级浮屠,这样一想,为救人一命起见,非著土布不可,也就安之若素了。第四,提倡土货,促进生产,在中国的现状,那可与机器斗争,只要用我们几万只的手和几万架的土机器,印度甘地以亲自纺织来抵制英布,中国尚不致此,所以穿土货,使许多的手不空闲起来,来增进生产。再通盘的计算一下,中国人百分之八十在乡村,农事方面,每年有五个月空闲,以一百五十天计算,每日赚五分钱,每月遂有十五块钱收入。在开封有织毛巾的,一天赚二百多钱,我说你们为什么愿意做不能赚什么钱的东西,他们说:"先生,不做也是一样要吃的呀!"这是一句多么含有深意的话。提倡土货,虽不能全解决中国问题,然而是帮助解决问题。第五,提倡土货,实行节约,我全年衣服,二身单,二身夹,一身棉,二件棉外套,一共是十六块钱,这是多么便宜。便宜不在本身,还在其他事情上,第一土布耐久,第二随处省钱,譬如穿了土布,好帽子和皮鞋是不能配上去,住旅馆,自然会领你到几角钱的房间,坐火车定是三等,请吃饭是四样菜,真是一处省,处处省。不过省下来的钱,不是传子孙,是去发展生产的经济。中国社会,人欲横流,大家要穿起上等衣服,不管是理发匠小书记,穿不起西装,也得勉强穿,于是生活提高,欲望更多,坐黄包车不够,坐包车,再不够,坐汽车,更进一步,乘飞艇。在东三省失陷后,许多官吏人员都纷纷逃入关内,至今少数人已找到职业,但多数人的生活来源已断绝,但生活程度却不能压低,于是良心和生活起冲突,良心说:假投降一次吧!不入虎穴,焉得虎子,将来一反正就好了,遂投降伪国。所以亡中国者,非普通民众,是士大夫阶级。再者,提倡土货,是否开倒车,我们是主张乡村小机器发展,再建设小工业,发展农村,制出的货物由我们自己来用。现在中国是上边不能吐,下边又闭结,如一有土货运动,即刻上下畅通,把士字翻过来,成了一个土字,而在土字内,实现民族复兴和公平社会。

提倡土货,旧的不要丢掉,我们并非绝对不用国货[洋货],如果我们有需要而不可省免者,既无土货,又无国货之时,也惟有用洋货。如把丝绸为上等人标准,结果仍不免流于浪费,原则上不反对,但决不提倡。穿了土货,就成下等人么?不,决不会的,老实说,果然是下等人,到也好了,我是求为下等人而不可得,我这一身衣服,拼命的改形式,结果人家说不上不下,要打破士大夫阶级,非打破士大夫标准衣服的界限。现在全中国能有几个人可以穿漂亮衣服,既不能人人登天堂,就只有个个下地狱,故把士横过来,即变成土。有时学生对我说,你穿土货是好的,为何要这种式样呢!我告诉他,要打破这个阶级观念,打破这人欲横流的世界,把社会观念改过来,我有浩然之气,纵使人家侮辱我,也不要紧。

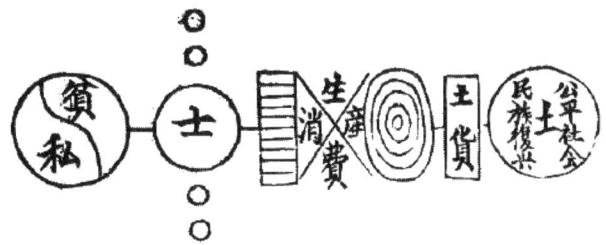

　　中国的民众，真是地狱生活，咱们不到地狱，那里知道地狱的生涯，我这一身衣服，一班[般]人民，还穿不起呢！所以大家都该入地狱，尝尝地狱的滋味。真的，中国已经亡国了，我们穿亡国奴的衣服，还有什么不对。将来我们能否再在此团聚，讲土货运动，谈乡村建设，只怕已悬起日本的旗子也说不定。诸位要下乡，做民众的先锋队，我们最怕人心死，人心不死，总是有办法，人心一死，那是真没有办法了。我要在座各位的觉悟份子，都站起来，好，坐下吧！今天我是获得了莫大的安慰，诸位的精神是如此的好，中国前途全靠在你们身上，中国民众也全在你们肩头上，中华民族是有办法了，中国是有救了。诸位是民众拯救的先锋队，我对于各位有最苛刻的期望，也是最大的希冀。最有希望的是青年，青年中最有希望的是贵院的青年，——抱着伟大牺牲精神的青年。我们提倡土货，以土货做救国的中心，我们把士大夫阶级的气味改掉它，做民众里的一份子，然后可以和民众打成一片，大家下一个决心，来做一班学校的表率，没有浪费的习惯，穿了土布衣服到乡下去，中国是的确有救了。我们要使主[生]产量大于消费量，将民众经济复兴过来，打破士大夫阶级，成一个公平的社会，这是我们的希望，也是最后的目标。现在大家是舍身而为民众，再不去做推销洋货的活广告。我期望诸位登高一呼，挽人欲之横流，支大厦之将倾，如果使民众再奢侈浪费，那么我们是中国的罪人，无可宽恕的罪人了。

（原载《民众教育通讯》第三卷第七期，1933年）

国难期间青年应有的觉悟

邰爽秋先生 讲
冯春明 张凤岐 记

今天是十月十日国庆纪念日，本来应当兴高采烈地庆祝的，但是今日的中国实在没有可庆的地方。在这国难严重的时候，我就和诸位谈谈青年应有的觉悟罢！

现在我们对于挽救国难的心里是很热，但是方法却没有。中国的国难，实在包含军事、政治、学术、经济等各方面，各人应当就自己的地位和能力去解决。有人说失去，我们的领土的是在一般卖国贼身上，我们要先杀死这般的卖国贼，才有办法。但试问四万万人都能去杀这般卖国贼吗？有人说："救国不忘读书，读书便是救国。"固不愧为"好学之士"，但是四万万人都能读书吗？读书当然是救国，但只管读书也不能就救国啊！并且青年的精神上已受了万分的苦痛，也不能专门读书了！有人就主张到民间去演讲宣传，贴标语，做文章，但是就能打倒帝国主义吗？能吓退他们的飞机大炮吗？于是就有人主张加紧军事训练，预备和敌人作战。军事训练虽能强健身体，但叫拿惯笔杆的青年去打仗，却是不成功。去年淞沪战事发生，上海某大学有四十八人想上前线，被蔡军长阻止，结果去了十七人，还只是听得枪声，就吓得逃回来了，非但不能打死敌人，反足以扰乱军心，所以军事训练的效力也很小。况且国家养兵二百万，守土有责，何用得我们去呢？有的弄得没有办法，只好叫骂一阵，投浦自尽，名义上虽为怨愤国事而死，然这不过是死出风头而已，有什么意思！

我想来想去，解救国难最容易做而最有效力得办法，就是要从经济上着手！

中国的国难没有再比经济困难严重的了！据海关的贸易报告，自从民国元年到二十年，入超的数目一共有三十七万万多两，合五十多万万元，其中逐年增加，民国二十年为五万六千多万两，至二十一年则为七万万多元，而上半年的入超已经超过此数。但在前年还有华侨的汇款，本国的出口货，和外人在国内办的社会慈善事业等等稍可抵补。现在华侨的汇款大多没有了，东四省的被夺，间接就断绝了中国人生活命脉的四分之一，从前本国的产物——例如火柴、烟草、纱布等，完全以东北为输入地，现在却断绝去路了。

据调查，中国的现银只有二十二万万，如依过去的估计，每年送到外人手里八万万元，那不满二三年，中国人就没有银钱了，虽还有存在的土地，但其价值据调查亦不过六百万万元，至多亦只能维持一百年！现在的乡间除了卖鸡蛋得来的铜元以外，银钱就很难看见。一个人的生活全靠经济维持，一国的国基也建筑在经济上面，中国近年因为受经济的压迫,所以人口有减无增,将来不待帝国主义武力政治的压迫,中国自己就会亡国灭种了。

失去东北的责任会在军事领袖身上,外交的失败是在外交官身上,学术的落后是在教育领袖身上,都用不到青年去担负。青年的责任,只是认清经济的压迫,实在是亡国灭种的根本原因,所以要在经济上着手挽救。但是怎样才可以挽救经济的国难？可分四点来说:

一、平民的生活

就是要做下等人。现在的人都想做上等人——即所谓士大夫。你们到这里来读书的目的,恐怕就是想做上等人,升官发财罢！惟其想做上等人,所以就摆起上等人的架子来:本来是乡下土头土脑的孩子,一进了学校,男的就穿起西装革履来,女的也摩登起来,脱"土"而成"士"了。将来毕业之后,就想攫了一批财,做起上等人来了。但中国的银钱只有二十二万万,国民政府主席只有一人,院长也只有四五人,那里个个能做官发财呢？你们每年化二百多元来上学,中国每人每年平均收入只有二十元,就有十个人的命送死在你的手里！你们将来只想做消费的士大夫,叫谁来生产养你们？号称"黄金国"的美利坚,也有许多闹着没有面包吃的穷苦人,中国既是这样穷,那里还能不过下等人的生活。我从前也非二等车不坐,非大旅社不住,现在三四等车也可坐,一条板凳也可以过夜。但是社会是鼓励你去做上等人的,所以做下等人比做上等人还难！做上等人,自己既然舒适,又受人恭维,做下等人,自己既已吃苦,社会上也反对你。我穿了这紫花布裤子,青布袖子,戴了这顶篮[蓝]布帽子,还架着这副眼镜,不十分像下等人。走到茶肆里,茶房却不肯给我泡茶,我问他为什么,他神气高傲地说:"要两毛钱一壶！"以为像我这种人是不配喝他的茶。去访朋友,明明是在家的,看门的人看了我这样子,却说是"不在",以为像我这种人是不配见他的主人的。太太也反对我,朋友看见我总说:"这不成样子！"可见做下等人的难了。但我有这决心,我认为做下等人是能够挽救国民经济的！希望诸位也抱了这决心。过下等人的生活,不要向上做士大夫！

二、服用土货

为什么不说服用国货而说服用土货呢？因为土货是和国货有些不同的:土货完全是乡土手工制造出来的,国货却参用外国的东西制造的,例如国货香烟,他制造的机器就是外国货。只就包香烟的纸,每年输入就有七百万元,可以办五十个上海中学。但是那福建的皮丝、烟壶、烟杆子等,就都是用手工制造出来的土货了。又如土布是用土纱在木制的布机上用手工制成的,其货料粗糙牢固,洋货就不能冒充,我们假使穿土布代洋布,每年就可省一万二千万两。其他零星的货物例如鞋带、纽扣、皮革、靛、呢绒等,每年的输入有四万万多元。所以我们的用品,能土则土。近来上海的土布运动就是土货运动的开端。诸位现在如果因为存有的洋货没有用完,尽可用完之后再用土货。如果因为在求偶时代,用土货未免不雅观。那再将来结了婚,生了儿子再用土货也不迟。因为中国的经济问题,实在不是二三十年内即能解决了的。也许东北已经收回,而经济仍是困难的！总之,服用土货是挽救经济困难的根本方法！

三、实行社会节约

社会节约的意义，就是为社会而节约的，不是做守财奴，是为社会谋幸福。做社会事业的意义有两种：第一，防止国民经济的往外流出。因为假使要生活舒适，当然处处非外国货不行，好像吃西餐，坐汽车，用外国货就是把金钱送到外国去。第二，降低自己的生活。因为物质的欲望是无限止的，我们只有拿精神来补足物质的欠缺。从前在东三省当官吏的，他们生活很奢华，妻子的大衣每件八十多元，皮鞋每双二十多元。但自东省沦亡以后，他们因受了物质欲望的压迫，不得不去投降日本了。所以亡东三省的实在是一般惯于浪费奢侈的士大夫！又如报载前日山西枪毙一名大学生，他因为到省府谋事失败不能维持他奢华的生活而去做绑票匪的。所以我们只有拿唯心来补唯物之不足。现在的乡村，可说已经穷困极了。浙江的农家，因为缺了半块钱不能买蚕种，以致把田里的桑树荒着。江苏的农民因为缺了一块钱不能买了棉花来纺纱织布，听候饿死！而大人先生们一席西餐，化二十多块钱，就可救济二十家人家的性命！所以我们要力行节约，救济社会，为社会谋福利！

四、努力社会生产

我们在沪西中山路办的"中山念二社"，就是社会生产机关。他的职责是专为提倡土货，充实国民经济，改进民众生活的。置纺纱机织布机，凡是社员——我也是一份子——都会纺纱织布。我们的目的，是使附近的贫民能赊了我们的棉花织成布，再卖给我们，我们除掉百分之五的款子作为发展社的用途以外，都把代价给他们，使他们没有本钱而能谋生活的充裕。还有"土货合作代卖所"。凡是乡人直接拿布来——不经过商人的手——卖给我们，我们就照原价收买进来，再卖给我们社员用。其他好像竹器、木器等等土货，我们那里都有得卖，将来或者成为上海唯一的土货贩卖合作所哩！我们要用我们自己节省下来的钱——因为政府的钱仍然是从人民身上刮来的，办这种社会的生产机关，提高社会的生产，充裕人民的生活！

上面的四件事，是随时随地都可以去做的。这种救国的方法，就在现在，就在此地，步步登天，立地成佛，及其力之所及，行我心之所安：救人一命，胜造七层浮屠。我们不必大声竭呼，自己实地去做就着了。

现在救济乡村的运动，可说是很重大的了。但从事这般运动的人们，他们自己的生活却很奢侈浪费，他们处处替洋货作宣传，提高乡村人民的生活程度，减少乡村的农业生产力，而应当纠正过来！希望诸位到社会上去，无论如何，总要用教育的方法，在经济的立场上，做一点是一点，来解决这严重的国难，谅也为诸位所容纳的。

（原载《江苏省立上海中学校半月刊》第七十七期，1933年）

救国雪耻先正人心

邰爽秋 讲
张书庚 记

  我把二月来报纸上登的救国雪耻的论文都收集起来,已积有一尺多高了,翻开看看,里面讲的救国方法很多;其实无论那一个方法,只要能做得到,都是好的方法。有了好方法所以做不到者,就因人心太坏之故。今天的题目,我分几点来讲。

  个心或我心。"我"的问题实在是不可少的,不得不给他相当的地位与价值;但也不能只有了"我心",没有"群心"与"国心"。而中国人大多数只有"我心"而没有"群心""国心",自私自利,幸灾乐祸,差不多变成中国人的天性了。例如遇见了火灾,大家不去救火,反以为看火好玩;倘有人跑去看火而火已熄灭了,他就要大失所望而归。又例如路上有人跌了,看见的人不去扶助他起来,反要大笑。又例如买火车票,大家争先恐后,这不是中国人的不能守秩序,实在就是自私自利,要自己先上去,找得一个好的位子。总之,"私心"是中国一切一切罪恶的根源。

  群心。中国人只能发展"个心",不能发展"群心""国心"。例如在冷天走到一个西洋人家里去,就可看见他们装着火炉,满室温暖。至于中国人的家里就不然,只顾自己穿了皮衣,用了脚炉,保护暖热好了,别人衣服穿得厚一点也可保持温暖,如有衣服穿得单薄的人只好受冷。须知自己穿得臃肿,不是一个御寒办法,何不生一个火炉,使一间屋子里的人都温暖呢?又例如中国一般富人都有私家花园,而公园在中国社会上从来没有这个东西,这是证明中国人个人有娱乐的机会,而没有公共娱乐的场所。又例如有钱人家往往请一个先生教几个自己的小孩子,谓之私塾;至于要化钱设立公的学校是没有的,只有一种义塾教一班族中贫寒子弟,以免他们将来害及自己的子弟。又例如街道不宽,大家不管,只要自己的门面大,庭院阔好了。从各方面去看,处处足以使中国一般人发展"个心",不发展"群心""国心"。又例如同乡会不过把"私心"的范围扩大罢了,所以会员虽多,但难有两三人一条心的,大家不过假了团体名目,各干其自私自利的勾当;所以说有人说中国人组织团体,三个人有四条心,就是三人各有一个主张,得三条心了,再有一个共同的主张加起来,就有四条心了。

  国心。中华民族不过是地图上的一个东西。譬如人的肢体,倘没有麻木,人家打你腿上一下,你绝不会动也不动,除非真的麻木了。现在东北受日本攻占,中华民族这样的麻木,至可痛心,个人只顾自己的范围好了,不知有国家。我从前在美国看见有一个地方遭了风灾,各地救护人员都赶往施救,各地捐助的食物用品由火车源源运来,故不到三天,灾民个个有办法了。不像中国发生这样大的水灾,灾民有数千万人,还没有竭全国之力去救济,所以我说中国人的病虽不是整个瘫痪,至少有一部分是瘫痪了。中国人只要一个面皮,不要神经,不要骨干,不要血脉。

为什么"个心"发展到底这样地步?一个人自己果然要几分自卫本能,为保存他的器官之安全,但是为何外国人不这样自私自利?从经济上讲,有人说因为中国人贫穷,负担太重,不得不用自私自利的方法去维持他的家庭。然而振[赈]灾助饷,有钱者一毛不拔,这是什么道理?也是穷的原故吗?所以我对于这个说法,只有几分赞同。

从前往往有一种忠君的官吏,他虽压迫害百姓,道德方面讲还称他是一个忠臣。又有一种长官常榨取人民的膏血,而对于母亲倒很孝的,人家还称他是一个孝子。所以中国人无论你对于公众如何不好,只要有一种私德就可把所有的罪恶统统洗尽了。我并不反对孝,不过我主张要看甚么时候才孝。"不孝有三,无后为大"这也是把中国几千年来弄得不太平的一句话,为了要生儿子,讨小老婆的事就来了。

教育方面讲,中国家庭教育处处教小孩子自私自利,引他们到这条路上去,父母做许多自私自利的行为给小孩子看。学校教育公民一科都是讲这个权那个权,教人争权夺利,不能教人向为公的地方做去,其实你自己关了门修身修不好的,要在社会上干许多有益于人的事业才是立德之道;故要评量一个人的道德高下,从他的本身上看不出的,须要从他的事业上看去,有没有与世界人类有益处?

要达到救国根本目的,一定先要正人心,因为我们的心还不健全呢!

"心"的成分应该这样分配

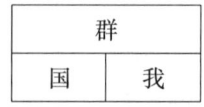

训练"我心"与"国心"的方法讲的人已经很多了,我们现在要讲训练"群心"的方法。凡年事已长不能加入童子军的,与身体不甚强壮不能去当义勇军做国家干城的,都可来组织公义团,替公众做事体,包括爱群爱国的工作。例如捐资组织读书会,捐资印赠刊物,宣传开辟道路……等等,各尽所能,各人做一种公众的工作,一切事时时发起要有益于人。每日应自问一句"我今天曾做过一件好事体有益于人否?"非得先把社会弄好,不能把自己修好。譬如这个人我教不成功,就是我的人格没有健全。

"群"的范围太笼统了。譬如有一件事的影响不止吾一家的人,那当局有为"大群"着想;所以凡事影响大于团体时,"群心"的标准要提高,个人当为团体而牺牲,小团体当为大团体而牺牲,大团体当为国家而牺牲,国家当为世界而牺牲。现在还不是天下为公,国家未能牺牲哩。

(原载《千秋》第九期,1933 年)

劳工教育

邰爽秋 讲

俞克昌 记

此稿为邮务工会演讲会笔记

（一）教育问题范围甚广，有谓教育二字之意义非常深奥。其教育二字之意义，亦甚平淡。对人作事，能使其人心理上态度上发生变化者，即可谓之教育。故以通常目光观之，所谓教育，并非如普通一般人所想象之深奥，不过今日之教育，因人群关系之更形复杂及社会文明之日趋进化，自与昔日之"教育"大有不同。

（甲）教育的价值

世界各国认为教育为人民之义务，是以对通常所了解之义务教育，提倡颇力；国民不受教育者，都以强迫方法执行之。其实教育乃是权利，并非义务。譬如，教人研究习音乐，试问此人如能作曲谱音，岂非权利。再如女子如受教育，比较可以嫁得更为美满之丈夫，岂非权利。

教育既是权利，则人民应当自身奋起以争之，岂容放弃？即以上海租界而论，国人赋税独重，而所享权利独少，教育一项更难尽如人意。然后未有人向租界当局，要求教育之权利者。至于劳工教育，在现在租界情况之下，更谈不到。上海居民，劳工占其大半，纳税不在少数，而租界劳工独未享受教育之权利，亦未有人仗义执言，代表数十万上海劳工向租界当局请命，其原因盖人民不以教育为自身应享之权利故也。

（二）劳工是否应受教育？

（甲）何谓劳工

所谓劳工，普通即指农工苦力而言，广义而论，凡以劳力为人群工作，为社会生产者，皆为劳工。就中国人口而论，约有百份之八十五以上（即三万七千万人以上），皆是劳工。

（乙）反对劳工受教育者为何人

反对劳工受教育者，无过于士大夫阶级及一班恃劳工血汗为其牺牲之寄生虫。其反对之主要理由，则以教育乃上等阶级之专利品。记得内地绅士，送其子弟入学，常因学校当局，多收劳工子弟，而极力反对者，此乃一半由于阶级观念，一半由于愚民政策之流毒。故反对劳工受教育者，实为一班自私自利、剥削劳工之土劣及士大夫阶级之流也。

（丙）劳工应受教育之理由

教育非少数人之专利品，乃全体民众应享之权利，是国家民族生存之基础，我国国势所以如此衰颓，非由士大夫之不欲努力国事，实因多数民众之未受尚多，失却民族生存之条件，故欲国家强盛，非使全体劳动民众受有适当之教育不可！有谓劳工之所以为劳工，因其天资低下，故不得抬头。其实不然，试问劳工子弟，其智力是否不如士大夫之子弟，须知世界伟人，尽多劳工子弟，孙总理是农家之子，美总统林肯，其父为酒商，林肯本人从未遇高深学校，其学识皆自修所得。可知农工子弟，有大伟人大英雄大政治家之天才，而被埋没者，不知几许，宁非可惜！

（三）劳工应受何种教育

（甲）今日教育之流弊

今日教育之弱点，即在劝诱人民为士大夫为人上人，此种教育真是教人受害，故有人称今日之教育为三害教育，即（一）害青年，（二）害家庭，（三）害社会，因（一）生产之青年，其为流氓，家庭多消费，而在社会方面又多蛀虫也。此种教育，不合实用，乃劝人离开固有地位（劳工地位），而欲不劳而获，故为国人所诟论。

（乙）劳工之正当教育

然则今日之劳工果应受何种教育？诸位处劳工地位，当能更为明了，兹就鄙人之意，在劳工当受教育约略言之。

（子）劳工当受生产教育。尽量为社会服务，为国家生产。

（丑）劳工当受节约教育，以节约生产为主，量入为出，不浪费，不奢侈，以节省下之金钱，视自己之情形，为社会公众办事。

（寅）劳工当受爱国教育：东北业已沦亡，国家处境艰难，劳工当尽国民天职，为国家民族打出一条生路。

（卯）劳工当受平民教育：从前教育目的乃教人向上，教人做官，所谓："今天苦中苦，明天人上人"，"书中自有黄金屋"，此乃士大夫教育。其实教育意义，非劝人为社会生产，为国家劳动耳。

（四）如何促进劳工教育

促进劳工教育，只有劳工团体自身努力，劳工自身奋斗，团体一致，向公家要求。不只为自身受教育着想，更须为自己子女设法，为其他劳工团体设法。总之，劳工教育，乃整个国家民族问题，非力争不可也！

附告　义务教育一语，通常系指受教育者而言。讲者主张教育为权利，所以不赞成"教育"是"义务"的学说。倘使有人尽义务，费精神劳力去教育别人，那是拥护民众教育的权利。又是讲者所称许，而认为要提倡的了。

（原载《沪工月刊》第一卷第一期，1934年）

巡回教育实施的方法

邰爽秋先生 讲
邵镇华 记

我在民国廿二年曾在此地讲过"土布运动",廿四年表演过教育车,此后还讲过"民生教育"。今天常先生又叫我来讲"民生教育",老生常谈,那你们一定觉得无味了。所以今天我换个"滑头"题目,就是"巡回教育实施的方法"。因为巡回教育还没有普遍,很少人注意,即使我讲错了,也没有关系的。

I 巡回教育的意义

教育部在颁布义务教育实施方法的第五条里,就规定在乡僻之区实施巡回教育。但是巡回教育究竟是什么一回事?我们却很少听到,教育部也没有明文规定。所以巡回教育的意义,虽翻遍了大辞典,恐怕难找出一个定义来,这真可说是"土货"了。但是至少包有两层意义:(1)打破传统教学的方式。(2)有"相当"某种巡回的形式。

巡回也有好几种方式:就工具而言,有有工具巡回和无工具巡回的区别(工具如粉笔书本等)。就教者而言,有教师巡回和教师不巡回的区别。就教学方法而言,有(1)集练式(2)展览式(3)开会式(4)访问式等各种方式。(通常所谓"上门教学"不过是教学方式中的一种,要是说"上门教育"便是巡回教育,那未免太笼统了。)就场所而言,有室内、室外、固定、流动之分。往往有人称露天教学便是巡回教育,其实是不然的,如果在屋内教学,教师也是一样可以巡回的,所以巡回教育不一定露天。流动也是巡回的一个方式,但不是巡回就限于流动。总之,我们很难给巡回教育一个适当的定义,不过终不外乎我上面所说的两层意义,那么请诸位自己给它一个确当的定义吧!

II 巡回教育的历史

在中国古代的教育,便带有巡回的意味。如孔子的周游列国,也是一种巡回教育。至于西洋如苏格拉底、柏拉图等的到处讲学,中古基督教徒的传教,直到最近数十年来欧美的巡回图书馆、巡回文库,都可说是巡回教育。民国十六年沈玄卢[庐]先生在焦山倡"上门教育",也是一种巡回教育。最近则渐渐倡行,尤以上海沪西民众教育区为最好,对于巡回教育的方式和方法,都有实际在研究。

(原载《国立中央大学日刊》第一八一一九期,1936年)

巡回教育实施的方法(续)

Ⅲ 巡回教育的必要

(1) 国民经济状况不允许传统教育　我们不能说传统教育不对,但是在现今中国国民经济状况之下,却不能拿这种方式来普及教育的。据统计,培植一个小学生,每学期要化九元的教育费,以四万多万儿童计算,便要四万多万的教育费了。成人有二万多万,教育费要在八万万元以上。所以以传统教育方式来普遍教育莫说一二十年,就是一二百年,也难以实现。欧洲之所以能以传统教育而普及者,因工业国家经济现象好。而中国是农村经济社会国家,非待工业经济发展后,不能普及教育,然而我们要迎头赶上,于是不得不变通办法而倡行巡回教育。因巡回教育简单,省经费。所以我说以巡回教育来普遍教育,是傻里聪明;如要以传统教育来普遍教育,便是聪明里的傻事了。人做了傻事,而自以为聪明,社会就无从进步了。

(2) 社会状况不允许传统教育　美国实施集合教育,是因为美国公路发展,汽车每四人可一辆。如果中国要仿照美国,那是不可能的。要适应社会状况,并不是集中而是要分散。在乡村中设立学校,强迫学生来入学,非常为难,何不巡回而分散呢？一旦等吾国工业发达后,就可以实行美国的集合教育。所以巡回教育方法好似狗皮膏药,把病医好就可以去掉的。

Ⅳ 巡回教育的实施方法

教育部虽规定了巡回教育,但一般施教者对此没有确当办法,现在我所说的不能算完美,不过作一个参考而已。

(1) 划定区域

按教育部所规定义教区域,人口以一千为原则,这未免太呆板。如人口稀散地方,便要感觉到奔波的痛苦,所以不得不看情形而定。现在我说几种分区的方法：

　　A. 就区域性质分　可分为工业区、商业区、住宅区、渔业区、畜牧区等。
　　B. 就区域地态分　可分为平地、高山、水旁、湖滨等。
　　C. 就交通状况分　如平原中隔了一条河,则势必要分为两区,而免跋涉之劳。
　　D. 就民众职业分　可分为黄包车夫区、工人区、商人区,——注意民生教育者,此尤为重要。
　　E. 就人口密度分　可分为城区、镇区、村区。如在乡区(镇区和村区)有四种方式：

(1) 卫拱式；(2) 星散式；(3) 对峙式；(4) 直线式。（图略）

此外还可就经济状况、文化程度、宗教信仰，及宗法社会来区分。

以上种种方法究以那种为标准呢？我们可以注意两要素(1)物质的要素(2)抽象的要素。而物质的要素尤为重要，所以地势与交通首要特别注意。不过除了上面两要素外，区域大小也不可不注意。区域大小与下面几种很有关系：

A. 与教育工具有关　如在水乡，则要用船。用汽船区域可大，用民船区域只能小。

B. 与交通有关　交通便利则区域大，反之则区域小。

C. 与教育分量或巡回次数有关　巡回次数要多，区域非缩小不可。

D. 与教育有关　如教者身体强健，则区域可大。

E. 与课程内容有关　如课程内容限于文字则简单，区域可大。如课内容含有人生指导则复杂，区域便要缩小。

F. 与人口有关　人口集中则区域可大，稀散则区域缩小。

(2) 调查民众

民众分类及调查可分述如下：

A. 民众分类　1. 以性别分　2. 以年龄分　3. 以职业分　4. 以智力分

B. 调查方法

1. 事前准备：关于调查表格，宣传教育重要的材料等都在事前准备好。

2. 着手调查：调查时与民众谈话最困难，对于老少妇女智力高低各色人民，要用不同的方式和他们谈话。尤其下乡调查，更觉困难。因为一般无知人民，不知来者用意。现在改用女学生做调查工作，先和他们交友，然后再去调查，比较效力来的大。

3. 查后整理：把调查好的表格等整理好。

(3) 编制组织

A. 以年龄分团　它的优点是：1. 易召集；2. 对象单纯。它的缺点是在小村庄不能通行，因为不经济而且母子不可分离。

B. 以性别分团　它的优点是：1. 易教学；2. 易考查；3. 对于守旧者亦无男女混合之遗憾。它的缺点和前面一样，在小村庄就不经济。

C. 以程度分团　它的优点是易于教学。它的缺点是难以调查对象的程度。

（原载《国立中央大学日刊》第一八二〇期，1936年）

巡回教育实施的方法（再续）

D. 以经济分团　经济活动相同的民众,大概在一处,而经济相同民众对于教育需要也相同。譬如车夫,胸部前倾甚,须注意呼吸运动。譬如工厂里的女工,整天立着,那末须注重足部运动。非但身体疲劳恢复需要这样分团,就是文字教授也是如此。譬如车夫需要"1234……"的认识,乡人需要"耙""楂"的认识。所以经济分团是编制的最好方法,是推翻心理原则带有革命性的分团方法。尤其是顾到民生教育时,对此更要加以注意。

此数种分团方法,可以拿经济分团为主而调和其他三种方法。

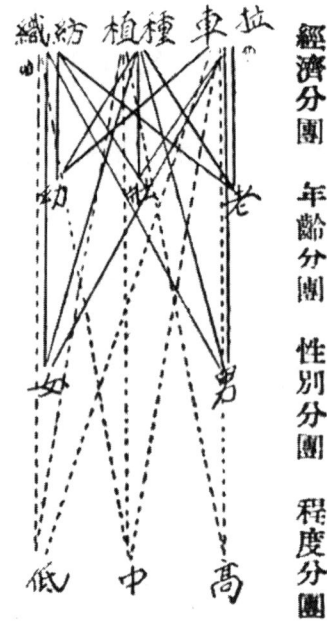

(4) 确定地点

A. 露天　树荫下最宜。广场,水边,凡是人可到的地方皆可。

B. 不露天　借茶馆、工厂、庙宇、祠堂,凡可借屋者皆可。

但是地点的确定不是绝对的,而是要受下面四个要素的支配：

(一) 天气：天气热在外面,天气冷在屋内。夏天在树下,冬天在日光下。

(二) 教学方法：集练式在静僻处,展览式在热闹处。

(三) 教学内容：教"文字"者简单,教"民生"则不能有地点限制,如教农民在田岸是。

(四) 物质环境：虽有良好庙宇而距离太远或河道阻隔,则不得不放弃。

(5) 准备教学

A. 规定路线　如集练式以集练站位标准,访问式以家为标准。

B. 决定课表　要注意 1. 地点;2. 时间;3. 对象;4. 方式;5. 活动。

(6) 实施教学

在未开始教学以前,最好先将教学车公开展览,免得以后有秩序不好的现象发生。对付小孩子的纷扰,可以编排桌凳,使小孩不得插足,或者利用一强干的小孩为领袖,来统治其余顽皮儿童。

A. 集练式　时间固定,对象固定,教材固定,地点固定。种类有文字、娱乐的训练。

B. 访问式　时间可固定可不固定(最好固定,使民众养成习惯)。对象可固定可不固定,教材可以不必固定,要随机应变。地点要有相当的固定。种类有卫生、常识等。

C. 开会式　时间不妨固定,对象一部分固定,教材不固定,地点不固定。

D. 展览室时间看情形而定(人众多即可展览),对象不固定,材料可以固定,地点固定(遇特殊情形可改变)。种类有医药、卫生、图书、军事、土货等,性质不固定。

讲到这里,就作结束。总括起来说,巡回教育在中国还是萌芽时期,我可以断定的说,巡回教育最适应中国社会的环境,我们要积极地想方法在实际情形中教学。诸位都是研究教育的,希望诸位努力,将来共同起来倡行。并且巡回教育与乡村是极有关系的,希望诸位向乡村跑去!

(原载《国立中央大学日刊》第一八二一期,1936 年)

民生本位教育

邰爽秋 讲
陆吾身 记

按：二十三日上午，乘汽车赴大夏大学参观，止于该校教育研究室中，旋由邰博士阐述民生本位教育的意旨，所谓"念二运动"，即由邰先生于民念二年春发起，继由大夏学生鼓吹努力，始成为一种教育运动。邰先生为发起人，讲述必很清晰，所以余等数十人，悄然无声以聆渠所所，但渠为忙于上课关系，未能尽情发表，兹所记者，亦只邰先生所讲之大概而已！然由此一段讲演中，亦可想见民生本位教育之大旨也。

民生本位教育，是以民生经济活动为基干，扶持社会生存，保障群众生命，发展人民生计，改进民众生活，以协助中华民族之复兴。民生本位和儿童本位差不多。从事民众教育，离不开民生方面，他如生产教育、生活教育，均以民生教育为依归，所以民生本位的教育，可谓教育之教育。中国教育只以三民主义为外套，不能全部的表现三民主义，民生本位的教育以民生为中心、作基点，三民主义中以民生为中心，所以民生本位的教育可以全部表现为三民主义。民生教育与民众教育、乡村教育、生活教育、生产教育等均不同，他有他的合适办法，至于民生教育实施的方法是：

一、对象：以实际参加或力能参加民生经济活动的男女民众为对象。

二、分团制度：用经济活动分团制，凡经济活动相同者不论男女老幼，均在一团受教，是按其实际需要而设教，如黄包车夫不能和乡下农民在一起受教，因为环境不同，需要也不同，黄包车夫需要知道在街市上要靠左边走，乡下农民则不需要此种知识（不是急切的需要）。

三、民生教育内容（即活动）：以民生教育为经，以国防教育为纬，以生计教育为基干，以其他教育为辅，与其他教育并列者不同，因为以民众需要为中心，容易打动其心，使其甘心受教。以发展民生经济活动为经，以文字、公民、卫生、休闲、自卫、救过种种教育为纬，制大单元设计，取消传统的科目，施教场所，不用传统式的学校，来和社会争民众，充分利用经济活动场中施教，因此打破社会、学校、家庭三种教育分立的制度。

四、教学方法：

a. 以经济活动为依据：充分利用经济活动以提高人民知识，例如土布推销之阻碍，洋布充斥之影响,引起服用国货及爱国观念,如房屋之建造设计等,我们都编有教材,指导民众互教互学,先知觉后知,先觉觉后觉,无所谓先生学生。

b. 教具:教育车是综合民生本位教育而产生的,因为社会经济活动不能整个搬到学校来,办教育须要在社会里头才可能,所以我们利用普及教育车,参入社会中施教,这车可以作图书室、教室、露天学校,无论到任何地方都可以,这可以说是送上门的教育办法。

c. 教师:一般的教师,修养太差,多偏于文字教育,忽略其他部分。我认为在经济活动圈里头受教、施教,比较好。

d. 实验机关:沪西民生教育实验区、金家巷念二社、蔡家桥念二社、江桥念二社,诸位可参考概况。

民生本位教育的设施大概情形如此,诸位可以参观一下,我很期望诸位在百泉地方,组织民生教育分会,使这种运动扩大起来!

(原载《乡村改造》第六卷第三期,1937年)

民生本位教育与当前教育问题

邰爽秋博士 讲

徐一峰 笔记

民生本位教育运动,发勒[动]于民国二十年。这个运动,那时为一般教育学者所反对。民国二十二年,实际行动开始。本人曾在沪西组织念二社,提倡民生教育,又创办沪西民生教育实验区,发明普及教育车。二十五年,正式组织民生教育学会。二十八年,奉国府主席命令,创民生建设实验院。在重庆做实际工作,有五六年之久。现在已有一部份复员东下,在沪开展工作。这是民生本位教育运动十几年来大概经过情形。

今天我所要讲的,计有三点:(一)什么是民生本位教育?(二)为什么要提倡民生本位教育?(三)怎样实施民生本位教育?在讲此三点时,内里便谈到民生本位教育与当前教育问题。

一、什么是民生本位教育?

1. 民生本位教育,不是生产教育。但生产教育是民生本位教育之一部分,片面提倡生产教育,流弊很大,可造成资本主义。而提倡民生教育,则无此流弊。

2. 民生本位教育,不是职业教育。职业教育是从个人出发的,而民生本位教育是从社会出发的。

3. 民生本位教育,不是生活教育。民生本位教育包括生活教育,并且特别注重经济生活。

4. 民生本位教育,不是社会教育。民生本位教育的方法是很像社会教育的,但并不就是社会教育。

5. 民生本位教育,不是民生主义教育。如将民生应用到民族上去,便是民族主义教育;应用到政治上去,便是民权主义教育;应用到经济上去,便是民生主义教育。从三民主义立场去看,民生本位教育是以民生为中心为本位之三民主义教育。

二、为什么要提倡民生本位教育?

在讲为什么提倡民生本位教育前,我们应先知道,何种教育为今日中国最需要之教育。

1. 科目本位教育是以各科目组成中心,由小学到大学,越到上面,分得越细,也越与生活隔绝。小学课程被中学课程决定,中学课程被大学课程决定,这种制度的目的,在使每个人都成学者,为知识而研究知识,向知识的牛角尖里去钻。

记得从前有一个昆虫学博士,人家拿了一个昆虫来请教他,他回答:"不知道,因为我是专门研究苍蝇的。"后来人家找到一个苍蝇请教他,他又回答"不知道",说,"我是研究麻苍蝇的。"于是人家又捉到一个麻苍蝇去请教他,他又回答"不知道",说,"我是研究麻苍蝇的腿而得到博士的。"于是说出麻苍蝇这条小腿,有多少种,有多少类,一大堆的知识。这些知识,固有其客观的价值,但是与人生有多大用处,确是个疑问!

我们知道,知识是很广的:研究无线电是知识,研究面包也是知识,研究任何东西,也均是知识;要是样样都去研究,这是不可能的事。

所以我们对于知识的选择,是应该有一种标准的。民生本位教育,是认为凡是与民生需要直接或间接有关的,便是有价值的。越有关系,便是越有价值。如在沙漠中一滴水,比一块黄金有价值得多。

2. 儿童本位教育是以儿童为中心,一切活动均得以儿童为中心。从个性出发,从兴趣着手,以现在儿童生活知识为内容,极端的反对以死的知识强迫儿童记忆,反对以刻板之道德规律压制活泼的儿童活动。他的目的,在充分发展个性能力,以发现天才为最后目标。

3. 民生本位教育,从民生需要出发。以含有与民生需要有关之知识技能,为最有价值的知识技能。在相当范围内,是顾到儿童兴趣和个性发展,决不极端任个性发展,是因那会造成过度自由竞争态度的社会。如社会需要二万工程师、五万医生,而竟有五万儿童个性要向工程师发展,二万儿童要做医生。那将来的结果,因工程师过多而竞争,必致有三万工程师失业,另外却少了三万医师,以致有许多病人无人医治。试问这是如何危险?

以上所说的三种教育来作比较,民生本位教育对于现代中国,恐怕是最需要而最应提倡的了。

三、怎样实施民生本位教育?

1. 制度:传统制度是没有顾到民生需要,以学校制度包办了教育制度。试问一个人进学校,可以得到知识;不进学校,是否也可得到知识?况学校与生活隔开,使教育与民生发生冲突,受教育即不能谋生活,谋生活即不能受教育,这种制度怎么能用呢?民生本位教育是根据教育与民生合一之原则,不但不冲突,而且能几方兼顾。那就是不进学校,照样可读书,受教育,在家里也好,在工厂里也好,自己请老师也好,读夜校也好,只要自己真需要学某科知识,向教育当局登记,经确实考察一下,即可给你某科知识修完证书。所以民生本位教育制度,是没有时间空间限制的。

2. 对象:男女老幼都是。无入学限制,从不选择,人人均可受教,均应受教。

3. 编制:传统教育是以年龄为编级之准备,新传统教育是以智龄学龄为编级之标准,民生本位教育是以经济活动来做分团的标准。如黄包车夫可以编为一组,织工又可编为一组。如以年龄来编,则所教的东西往往都不适宜。就以体育来说,黄包车夫每天跑路,下肢运动已大疲劳了,故应教之以上肢运动。织工平日上肢工作不息,故应教之以下肢运动。如二者编在一起,上肢运动为织工的苦运动,下肢运动为黄包车夫的苦运动,这样是大不相宜。其他均可类推了!

4. 作业:传统教育,所有课程都是以文字教育来做一切教育的工具。这是极不合理的。要知道,文字不过是教育工具之一种,其他如音乐、图书、电影等,均是很好的教育工具。民生本位教育,要打破以文字教育包办教育工具之传统办法。尽量利用一切教育工具,铲除课程外作业与课内作业,校内作业与社会服务之界限。民生本位教育之作业是以民生经济活动、民生经济建设为中心,作业内容是养、教、卫、管。按其重要而定课程之次序。

5. 教法:传统教育教学法是注入式。儿童本位教育注重设计教学。而民生本位教育之教法,是在民生经济活动上教,民生经济活动上学。在民生经济活动过程中教,在民生经济活动过程中学。在民生经济活动关系上去教,在民生经济活动关系上去学。民众兴趣离不开自己的经验生活。如从此去教,自易引起学者的注意与需要。

6. 时间:按照经济活动的需要的情形去教。如农忙时,须教以布种知识。余可类推。

7. 设备:普遍设立科学馆、图书馆、体育馆,任民众去学习任何可以利用之工具,一切民生之必需之活动,皆可使之教育化。

8. 师资:除文字上死知识以外,必须具有民生经济活动丰富之经验与技能,尤必以此为主要修养。上面所讲,系民生本位教育之大概情形。

因时间关系,只能简单讲一讲,大家认为适合需要,则请协助推进,不宜处务请指教!

编者按:目前我国教育,学者必须离开生产而参加一切经济生活绝缘之学校生活,少数职业学校,当属例外。故受教育者负担教育之经费綦重,而"教育机会均等"一政纲,又为畸形的国民经济形态所限,而逐渐丧失其能价值!复次,因学校所习课程内容,与经济生活失其连系,而社会各部门的事业需要,与学校所造就之人才,又失其整个性的统制与配合之故,形成学生"毕业即失业"之惨象,与"教育效率低能"之事业,不仅为当前教育进步之症结,抑且潜伏我国政治社会莫大之危机!邰先生倡导之民生本位教育运动,站在整个国家与社会的立场,提倡教育与民生合一,打破学校包办教育制度,以整个民众为教育之对象,主张多设立科学馆、图书馆、体育馆,利用各种科学设备,提高音乐、图书、电影等在教育工具上的地位,以民生经济活动、民生经济建设为作业之中心,"养""教""卫""管"为作业之内容,以"教""富"相生相成,获取民生康乐,以教育改造配合政治改造、社会改造,实为我国教育之新出路!吾人于聆悉邰先生"民生本位教育"讲演之余,不禁发生同感!邰先生在沪西主办民生教育实验区,埋头苦干,已具规模。他日吾人甚盼邰先生能将其实验结果,整理报告,俾供海内教育界人士为整个教育改革计划之探讨,与政府当局之采择!

涛

(原载《国立暨南大学校刊》复刊第十四期,1948年)

提案建议

清贫学生救济法

近年以来,战事频仍,凶荒迭见。社会经济之困窘,视昔有加。因之各学校求学之青年,往往受家庭经济之影响,不能继续其学业。此固由环境之逼迫使然,抑亦司教育者所应深加考虑而急谋救济者也。南京中学自本年度开学后,查核原有学生人数共约千余名,而统计来校报到者仅五百余名。虽经登报催告,并发函敦促,而各处学生因家境中落无力措资来函请求停学一年或半年者几达二百余人。其已入校者,又复有多人感受经济压迫不能安心求学,此种情形可以某师范生之函证之。

校长先生钧鉴:生命运多乖,遭逢不偶。丁年丧父,痛何可言!上有大母年逾花甲,下有弱弟妹共三人,最幼者方牙牙辨语。生母某氏,今年三十有九,侍亲抚子,备极劬劳。不幸去年春又以疾废,常在床褥。呜呼!吾不知彼苍者天,报施吾门,何如此惨,宁不哀哉!重以连年兵甲,生计日昂。生家不中资,更无聊赖。废地仅田二亩有奇,屋宇只住室八间而已。曩者,先父未及下世,恒居外逐什一之利,家用赖以维护。然犹时虞不足,况今生计之高,倍徙从前,复以先父作古,家无逐利之人,更乏生财之道。而一门担负,竟委诸不谙营业行将就木之吾 大母。其颠顿竭蹶之困苦,衰飒颓唐之瘵状,更非生所能或忍。生虽欲状其苦况,亦有未能。兹得校长有此救济清贫学生之切实办法,生亦得实惠之一份子,乌得不喜?及回忆 大母躬逢丧乱,备尝艰苦,困顿之余,复为生典衣质物以筹学费,种种劬状,惨不忍言,又乌得不悲?若校长无是善举,则求学前途,殊多黑暗,学成无日,不亦负吾 大母之苦心哉?此生所以感校长善举而不禁泣下沾襟也。故于贷金表格乃填写恳求免费服务兼贷金三种。填写多种,并非贪也。盖诚以校长曾言"……实施贷金于诸生甚至不但助本身一切费用,并可补家庭一部分之不足。"区区私衷,窃慕此耳。乃填写表时已在十二月份,故服务一项,未得校长颁布,实深歉仄。今距开学匪遥,学校曾无片纸函示,以故何日开学,及免费得服务与否,均不可知……(下略)(按此函系余辞去南中职务后接得,已转请新任沈校长设法救济)

此函代表一般贫苦学生之哀音。余长南中四月,接得此项函件极多。余素主教育权利之说,对于贫苦学生,有不得其所者,若余使之饥弱[溺]!爰召集校务会议,公同讨论,拟定服务工读免费奖学贷金各规程,以资救济。除免费学额暂未举行外,所有工读服务及奖学贷金等,已次第试办。兹将其规程及试办之情形叙述于下。

一、工读生

本校一方面为学校训练特殊技能培养适宜人才,一方面供青年工读之机会,职业之预备,特设工读生若干人,入校学习服务,兼以求学,特订规程如左:

一　名额

无定额,视学校事务之繁简定名额之多寡,随时公布。

二　考试

应考者须曾在高级小学毕业,或中等学校肄业,并须填写请愿书,经过当相[相当]试验及格后,方能入校服务。

三　保证

录取后

1. 父兄填写志愿书存校。
2. 邀同本地殷实商店出具保证书存校。

四　服务

1. 录取后分派本校各处学习服务,不得推诿,服务章程另定之。
2. 学习服务,不得有始无终,中途退职,须向保证人追缴历年工给。

五　工给

初入校时,除在校寄宿外,月给银十元,伙食在内,服务无过,每学期加给银两元,至每月工给达二十元为止。

六　学业

1. 除服务外,得按其原有之程度及服务之性质,于各级选习若干学程,以十二学分为限,学程之科别时间,须经本校核定。
2. 学业结束办法如下:

（1）本校学生工读及格之学分,得归入毕业之学分内计算,但须补足必修学程。

（2）校外学生欲用工读学分抵补计算在本校毕业者,除补足必修学程外,并须经过正式入学试验。

（3）未经正式入学之工读生,在服务期内无过,若欲转学他校或退学,本校得依其程度发给工读修业证书。

七　奖励

1. 服务谨慎或学业优良有特殊之成绩者,得越次增其工给,或别有奖励,其标准另定之。
2. 服务及学业成绩最优者,得任用为本校事务员。

八　惩罚

服务有过或学业不及格,轻则停缓增加工给,或别有惩罚,重则开除,其办法另订之。

九　本章程有未尽善事宜,得随时修改。

本学期招考工读生共九名，分发教务处、事务处、文牍处、书记处任用，类皆勤劳任事，该生等入校较迟。学业方面自难与正式生同日而语，至服务之成绩，比之正式雇请之职员，当然亦有不及之处，但此种缺点不能为工读制之病：（一）因工读制目的之一在救济失学青年，及成绩虽未能十分圆满，亦当加以曲谅；（二）因此制尚在初创，若此辈工读生有一年或二年之经验，其能力自当与初入校时不同；（三）本年招考工读生，时期急迫，应考者少，挑选不易。有此三因，吾敢断定本年工读生成绩之不劣也。

工读制对于学生及学校含有兼惠性质，在学生方面，得有求学之机会，在学校方面，则可藉此省一部分之费用。如本校会计处及事务处原拟加聘二人助理，后以工读生代之，月节校款四十元，书记方面以两工两读生代一正式书记，月节四十元，合计各处所省校款，月约百元以外。苟行之得法，则全校下层工作，皆可以工读生替代，以南中之规模，月省二三百元亦属可能之事。

二、服务生

本校为谋补救一部分学生经济上之困难起见，特设服务生若干人，订有规则如左：

一　名额

无定，视学校事务之繁简定名额之多寡，随时公布。

二　考试

应试者，成绩须在中等以上，并须填写请愿书，经本校教职员或外间妥实之人证明，方得应试。

三　服务

录取后，分派本校各处服务，不得推诿。每星期服务时间至多不得过三十小时，假内服务不在此限。

四　待遇

视工作时间之多寡，分别报酬。

五　奖励

服务勤慎而又能持学业之进步者，得增加其报酬。

六　惩免

服务生有懈怠职务或其学业因服务而退步者，得取消其职务。

七　本规程有未尽善事者，得随时修正。

本年请求服务者为数不多，因经济困难而成绩优良者，已有贷金之救济也。

三、免费

本校为奖励成绩优良而家境清寒之学生起见，特设免费学额若干名，以资鼓励，订立规程如左：

一、凡家境清寒之学生，得呈请学校请求免费，经学校审查认可后，得免下学期学费。（以学费为限，其他各费照缴。）

一、学校审查时,得另组审查委员会,专司其事,审查委员会组织条例及审查标准另订之。

一、凡学生欲得免费学额者,须于每学期放假前一月内填写请愿书,向学校请求,并缴证明书。(证明书格式另订。)

一、如学生已获得免费,而中途学校觉其家境确非清寒者,学校得停止其免费权利,且须追还其从前已免之费。

一、免费学额规定为全校学生总数十分之一,高中初中分别办理,如何分配,将来另订。

四、奖学贷金委员会规程

一、本校为奖励成绩优良而家境贫寒之学生起见,特设奖学贷金以资鼓励。

二、本校设奖学贷金委员会,其职权规定如下:

(1)募集贷金。(2)保管贷款。(3)决定用途。(4)收还贷款。

三、本委员会无定额,由左列人员组织之。

(1)现任校长。(2)教务主任。(3)退任校长。(4)职教员(人数不定,由现任校长聘请之)。(5)捐款人(捐款一次至一百元以上者,得被推为委员)。

四、本会常务委员三人,现任校长为当然委员,余二人由委员会公推之。

五、筹募贷金,须由委员会全体负责保管,由常务委员存交银行,非经各常务委员一致签名盖章,不得提取。

六、本会设监察委员若干人,由校长及捐款在一百元以上者担任之,其职权在审查账目,监督用途,倘常务委员舞弊或违法,各监察委员得单独或联合向委员会弹劾之,或向司法机关提起诉讼。

七、本会每半年开常会一次,临时会不定期,均由常务委员召集之。

八、贷款来源如下:

(1)私人捐款(其征奖捐款细则另定之);(2)公家补助费;(3)本校招生费;(4)其他。

以上各款,由全体委员负责筹集,其筹集细则另定之。

九、本规程呈请教育行政院备案公布施行之,非经全体委员之同意,不得修改。

五、贷金规则

一、凡本校学生成绩在中等以上确系经济困难者,有教职员一人学生二人及校外可靠之人证明,皆得请求贷款。

二、请求贷款时,须由本人填具请愿书,送交贷金委员会审查。

三、奖学金分下列三种:

(1)临时贷金 至多不得超过一学期膳宿费。

(2)长期贷金 每年均以四十元为度。

（3）指定贷金　指定贷金之数目及手续，均按照原捐款人所订之规程办理。

四、请求贷款人经贷金委员会审查合格后，须觅校外妥实保证二人，签立借约，方能贷与。（借约格式另定之。）

五、奖学贷金概不取息。

六、借款人如中途退学，或届期不偿还时保证人应负追缴赔偿责任。

七、临时贷金，依照原约时期归还，长期及指定贷金，均须于借款人离校服务后第一年开始归还，每年归还之数须与每年所借之数相等，如愿一次清还者听。

八、借款人若中途死亡，须由保证人或亲属具函报告委员会，得准予豁免。

九、借款人在归还款项期内，发生疾病或意外变故，得由原保证人或妥实人具函证明，另由本人填具请求书，申明理由，请求缓还，但须于归还期前十日内提出。

十、同年请求贷款之学生，每五人中推出一人组织贷金人委员会，协助贷金委员会催还借出款项。

十一、借款人于约定归还期五日后尚未归还时，须由贷金委员会通知保证人代为催促，如十五日后仍不归还时，除再函照会保证人外，同时通知贷金委员会推举代表帮同督促归还。

十二、借款人于离校后应随时将住址报告贷金委员会，以后通信。

十三、上列事项如有未尽及不妥之处，得由贷金委员会修改之。

六、奖学贷金委员会募集基金简章

一、本会募集奖学贷金基金五千元，以贷与成绩优良而家境贫寒之学生。

一、本会除向校内教职员学生极力募集外，得分向热心赞助教育之人士请其捐募。

一、凡捐助贷款者，给予收据为凭。

一、凡捐助贷款者，本会留一永久纪念以志盛意。

  1. 捐款在五十元以下者，将捐助者姓名汇登校刊发表。
  2. 捐款在五十元以上者，得称为某某奖学贷金，以垂永久，并将捐款者肖像悬挂会内。
  3. 捐款在一百元以上者，除称为某某奖学贷金以垂永久外，并请为本会监察委员监督贷金用途，并将捐助者肖像悬挂会内。

一、募捐者由本会正式委托，并给以正式盖有校章之收据。

一、如捐款人本会认为不便承收时，得谢绝其捐款。

附募金缘启

敬启者：敝校为奖励成绩优良而家境清寒之学生起见，特订奖学贷金规程，以资鼓励，而谋救济。项已组织奖学贷金委员会，着手进行，惟造端伊始，需款浩繁，根本不固，拮据立见。爽秋鸿愿凤具，蚊负堪虞，除自行倡捐百元并商请敝校同人酌量捐集外，谨为将伯之呼，期得他山之助，尚祈海内外热心教育诸大君子，俯鉴悃诚,慨予捐赠,俾基础得以渐固,事业不至中颓,爽秋当为一般贫苦青年九顿首以谢焉。

专肃布恳

敬颂台祺

第四中山大学南京中学校长邵爽秋谨启

七、捐款来源

此次贷金款项,概由本校教职员及学生慨捐,全省教职员联合会代表陈怀书先生等亦捐十三元,共捐八百四十五元六角五分,兹将捐款者姓名公布于左,以留纪念。

捐款人名一览表

任孟闲捐洋三百元(孟闲奖学贷金),邵爽秋捐洋一百元(爽秋奖学贷金),彭百川捐洋五十元(百川奖学贷金),黄质夫捐洋五十元(质夫奖学贷金),冯顺伯捐洋二十元,任和声捐洋二十元,金书樵捐洋十元,张梓铭捐洋十元,赵振甫捐洋十元,蒋峻岑捐洋十元,徐季青捐洋二元,薛鸿猷捐洋五元,张慕聘捐洋五元,高自芬捐洋廿二元八角九分,丁朴如捐洋二元,冯震法捐洋二元,蒋明甫捐洋廿元,张文多捐洋十七元五角,李绳武捐洋廿一元五角,韦李斌捐洋四元,聂杰文捐洋十元,龚兆祥捐洋四元,金鸣宇捐洋廿元,田定庵捐洋廿元,戴祝尧捐洋廿二元七角五分,李孟苏捐洋拾元,程学伊捐洋十二元一角,陈竹珊捐洋六元,王道华捐洋五元,舒楚石捐洋五元,孙漱石捐洋八元六角,张继儒捐洋五角,丁鸿宾捐洋二元,钱德新捐洋二十元,黄泰捐洋二十元,程指云捐洋三元。

此外尚有全省教职员代表陈怀书先生等捐助筵资十三元,因当时尚未一一具名,故不能分别志谢。

八、借款情形

此次请求借款者计二百十九人,其请求之理由及用途,大改不外下列诸种:

(一)下学期缴费;(二)购书;(三)零用;(四)书籍;(五)川资;(六)医病;(七)还债;(八)家中遭兵灾;(九)汇兑不通;(十)购物;(十一)伙食;(十二)制操衣;(十三)购棉被;(十四)济家用;(十五)购文具。

请求贷金总额几达三千元,粥少僧多,殊难普遍,于是由贷金委员会召集贷金生谈话,并从事侦查厥后决定贷与者计九十五人,贷出金类为九百二十三元。

九、结果及批评

此次贷金,事起仓促,结果未能十分圆满,计其缺点,约有下列数端:

(一)款项太少,未有充分之基金。(二)举行贷金时,本校学生尚未有考试成绩。审查时盖以昔日所在学校之成绩为标准,容有不确之处。(三)审查学生家庭经济状况,未能周密,以致富有者或能借贷,而真正贫苦者反或向隅。

因有以上三种缺点,反对此制者辄引为口实,余以为此乃暂时现象,苟能向外间筹得大宗款项,组织人数较多之委员会,严密侦查学生之境遇,更征集各教师之意见,参照学期成绩,使真正贫寒之优秀学生,皆得贷金之实惠,吾未见此制之不可行也。

附 第四中山大学南京中学校免费生/贷金生/服务生请求书格式

请求者须于方格处填明请求性质,如"免费""贷金"等字样,并须详读与该项请求有关系之规程,然后填写下列各项字迹。务须清楚,填写后寄交南京中学第一院(门帘桥)校长办公室。

(一)姓名　　　　　　男/女　　　　年岁

(二)生日　　　　　生于何地　省　县　村　镇

(三)现在住处(走读生须写南京地址,住校生须写何院何村何斋)

(四)永久通信处(指父兄朋友或其他保证人之住址,可以寄递邮件必可收到者。)

(五)父名　　其年岁?　　其职业?　　每月收入若干?
　　现住何处?　　(父若已死,可填写兄或亲近,或保证人)

(六)母名　　其年岁?　　其职业?　　每月收入若干?
　　现住何处?

(七)汝已结婚否?

(八)若已结婚,生有子女若干人? 他们的:

名字	年岁

(九)妻或夫姓名?　　其年岁?　　其职业?　　每月收入若干?
　　现住何处?

(十)汝订婚否?

(十一)未婚夫/妻姓名　　其年岁?　　现住何处?
　　　是否须汝供给?　　每年供给若干?

(十二)弟兄姊妹

名　字	年　岁	已结婚否	职　业	现在何处

（十三）何人需汝奉养或供给？

名　字	年　岁	住　处	每年供给

（若系父母兄弟姊妹或妻子，只须填写名字及每年供给数。）

（十四）现在本校何科？

（十五）曾入何校？

校　名	地　址	在校之年级	何时入该校	何时离该校

（十六）将来是否预备升学或于毕业后出外就事。

（十七）将来预备干什么事？

（十八）上学期学业成绩？

科目	学分数	分数	科目	学分数	分数

（十九）上学期操行成绩列入何等？

（二十）汝家出息每年估计若干元？　　现在何处置管理？　　他的通信处？

（二十一）若汝家财产归汝自己管理处置，汝每年出息若干？

（二十二）汝自入学以来，学费何人供给？

姓　名	年　岁	现住何处	何年供给 供给数

（若系父母兄弟姊妹或妻子供给学费，年岁及住处可勿填写）

（二十三）汝是否欠债？

债主姓名	其住址	借款数	利率	何时借来	何时要还
总数					

（二十四）汝还借是否信实，试举出数例以证明之

借主名	其住处	借款数	利率	何时借的	何时还的	备注

（二十五）逐项填写去年及本年之收入及支出

收入	前学年	本学年预计数	支出	前学年	本学年预计数
			学费		
			膳费		
			宿费		
			体育费		
			操衣费		
			课业用品		
			零用		
			其他		

（二十六）举出汝家乡殷实商人或可靠之人三名以便学校咨询。

姓名	年岁	职业	通信处

（二十七）在校内或校外参与何种作业或工作？

种类	每周所费时数	校内或校外	证明人	其住址

（二十八）目前借款理由和用途。

（二十九）借款数目？

（三十）是何时偿还？

还期	交换元数	日期	备注
第一期			
第二期			

（上列三项备贷金生之用）

以上答案，余已校核无讹，所填各项，决无虚伪，若学校当局有所咨询，决随时答复，并按照学校所定章程办理。

中华民国　　　年　　月　　日　　签名

君经济确系困难，所填各节亦无虚伪，特此证明

中华民国　　　年　　月　　日

证明人　　　签名盖章

免费生及贷金生，须请本校教职员一人学生二人及外间妥实之人证明，服务生须请本校教职员一人或外校妥实之人证明。

该生　　　　　　　　　　　　　业经考试审查合格，应准予

一、免本学期学费，

一、贷金　　元，另立借约。

一、在　　　服务。

中华民国　　　　　　　　　　　　　　年　　月　　日

委员会主席　签名盖章

（原载《中华教育界》第十七卷第五期，1928年）

请大学院提倡育婴学校并请先在工业中心之大城市试办育婴学校案

【理由】

育婴学校(Nursery School)乃一种新式幼稚教育之学校,专以收容未达学龄之儿童,其性质略似通行之幼稚园,而有其不同之点。

（一）育婴学校为教养兼施之学校,故特别注意儿童之健康。

（二）育婴学校多设立于工业中心之城市,收容工妇之子女,早出晚归,三餐皆由学校供给。

（三）育婴学校乃近世社会主义教育之产物,其目的在使幼稚时代之教育机会向之为贵胄子弟所独占者,今得为贫乏子弟所分享。但其性质,又绝对与慈善教育之贫儿院有别。

【办法】

我国渐成为工业化之国家,育婴学校实有试办之必要,爰拟办法数条如左：

（一）应由大学院聘请专门学者,研究育婴学校教育之理论与实施。

（二）应筹定经费若干万,先在工业中心之大城(如上海)试办育婴学校,并附设"育婴训练所",造就此项师资。

（三）大学教育科及师范学校中,应添设育婴学校之理论及实施等学程。

（原载《全国教育会议报告》(丙编),商务印书馆,1928年）

设立教养学校代替慈善性质之教育机关以保障儿童教育权利案

【理由】

慈善教育为封建时代贵族主义下阶级教育之产物,在今日社会主义教育昌明之时代,根本已无存留之余地。盖教育为人之权利,学费书籍及学童之衣食,本应由公家供给。慈善教育机关中对于贫苦儿童之设施,正为此辈儿童所应享,不应加以慈善惠施之名,使觉其自身地位之卑下,而养成贵贱贫富之观念。况此种机关中所施之教育,类皆偏重手艺,费时太多,实犯童工之弊,国家方面尤不可不加以取缔。

【办法】

(一)由大学院通令全国,申明教育权利之要旨,并矫正慈善教育之误谬。

(二)全国公立私立慈善性质之机关,如慈儿院、苦儿院、孤儿院等,一律由大学院通令取消,另行设立"教养学校",以收容原有之学童。

(三)教养学校之性质及设施当与育婴学校(鄙人另有提案)相类,在相当情形下,得与育婴学校合办。

(四)订定教养学校之标准,通令全国遵行。

(五)私人设立之慈善教育机关,须依照标准,在大学院立案,不立案者大学院得封闭之。

(六)合于标准而成绩优良者,得与以相当补助。

(七)课程当注意普通教育,取缔过分之工艺教育。

(原载《全国教育会议报告》(丙编),商务印书馆,1928年)

设立中央教育图书馆案

【理由】

教育研究,端赖资料。欧美诸国对于教育图书原料之搜集,莫不视为要图。如华盛顿"国会图书馆"(Library of Congress),"哥大师范院图书馆"(Teacher College Library Columbia University),巴黎"教育博物馆"(Musee Pedagogig),"伦敦教育图书馆"(London County Council Education Library),柏林之"州教育局报告局"(Staatliche Auskunftstelle fur Schulwesen),无不搜罗教育上之书籍资料,或以备教育学者之研究,或以备行政人员之参考,或以备教师之浏览,或以备友邦之咨询。效用之广,业经公认。回顾吾国一般人士,既不能了解保存教育资料之价值;国家方面,又未积极提倡,致今教育上典章文物,参考资料,日渐散佚。虽半年前之刊物,亦往往无从采购。方今首都奠定,教育革新,允宜创设中央教育图书馆,以保存此类资料。谨将该馆组织及征集图书办法,条陈如左。

【办法】

(一)组织。

本馆组织当仿德国"州教育报告局"及"中央教育院"(Zentralinstitut fur Erziehung und Unterricht)办法,分为左列诸部:

(1) 图书部　搜罗国内教育上各种书籍、杂志、专刊、报告及其他一切直接或间接与教育有关系之刊物,国外教育名著,亦择要购置。

(2) 展览部　本部计分三组:

1. 教育用品组　陈列教育上各种最新式之用品、教便物及儿童玩具等,由书贾自由捐送。
2. 成绩展览组　陈列全国教育行政、学校教育等各种成绩(儿童成绩亦在其内)。
3. 教育用书组　陈列各种教育上之新著及中小学各种新旧教科书、参考书,及其他一切读物,备教师参考之用。
4. 整理部　剪贴各种有价值之资料,分类编号,以备参考。
5. 介绍部　宣传沟通国内外教育状况,并答复各方面之咨询。
6. 讲演部　举行各种教育上之演讲。
7. 出版部　编印月刊、年报,及各种参考目录等。

(二)征集图书办法

(1) 修正大学院《新出图书呈缴条例》改为《新出图书刊物呈缴条例》。第一条改为"凡图书杂志新出时,其出版者须自发行之日起,两个月内,将各项图书五份,呈送中华民国大学院",加第二条"报章一类之刊物,须依照前条规定,于出版时送呈二份"。

(2) 此项搜得之图书刊物,与教育有关者,一律分拨三份,送存"中央教育图书馆"。以一份编号,二份备剪贴,分类收藏,以备参考。

(3) 通令国内各学校,呈报藏书目录,凡与教育有关之出版品及旧存报章刊物,斟酌该校或该地之需要,移归"中央教育图书馆"收藏。

(4) 派员在各处书肆收买与教育有关之书籍刊物。

(原载《全国教育会议报告》(丁编),商务印书馆,1928年)

邰爽秋提教育人员保障案

教育人员,因政潮之起伏及政客之操纵,往往不能久于其位,而生更换之现象。近世各国鉴于此种现象之不健全也,爰有保障律之规定,如英、德、法、美、瑞士、丹麦、荷兰、瑞典、挪威、苏格兰诸国,皆有相当办法。综其理由,约有数端。

一、维护学生之利益。优良教育人员之更换,受其影响者,首为学生。故保障优良教育人员,即所以维护学生之利益。

二、保障教育人员本身之权利。优良教育人员无法律保障去留与否,一凭任用者之爱憎喜怒,此实妨碍教育人员之权利,而为总理所提倡之社会主义教育所不许。

三、增进教育效率。教育人才,培植匪易。国家社会苟能于人才之任用,加以保障,必能增进教育上之效率而减少无形之消耗办法,由大学院规定《教育人员任期保障法律》,该律中当含有下列三项之规定:

(一) 规定教育人员之范围。教育人员应包含:

1. 各级教育行政人员,自大学院长以至教育局长。
2. 大中小各级校长教职员。
3. 其他一切教育机关之人员。

(二) 规定保障标准。保障律之根本原则,在留良去劣。故对于被保障者、应规定其专业的标准,使庸劣者无滥竽之余地。教育逐渐发达,保障之标准当逐渐提高。

(三) 规定任免之条例。教育人员之任免当有左列规定:

1. 新任教育人员应有一年至两年之试用期。
2. 已受本律保障之教育人员,移转他省或他处,其保障之权利得继续有效。
3. 试用期过后如无职务上及道德上之缺陷,当继续聘任至死或辞职,或退老时为止。
4. 辞退之理由,只应为:

 (1) 不道德(当规定教育人员道德法律用为根据)。

 (2) 无成绩(当制定成绩标准及测量方法用为根据)。

 (3) 反抗教育宗旨或法令。

 (4) 渎职(当规定教育人员义务律)。

 (5) 身心衰颓不堪任事。

5. 辞退之前须有相当之劝告并须有充分理由。
6. 辞退之前须有正式之理由书。
7. 辞退须在放假前相当之时间内通知。

8. 被辞退者有上诉权。
9. 上诉时有请律师代办之权。

(原载《申报》第一九八一一期,1928年)

统一全国教育经费案

（理由）

统一全国教育经费行政之理由有四：

一、增加教育经费之收入。统一教费行政，可以通盘筹划教育税源，改良教育税制，整理教育税收，并可扩大负担教费之单位，以富县之余调剂贫县之不足，以富省之余调剂贫省之不足，使教育费增高，税源畅旺。

二、保障教育经费之独立。教育经费之独立要素有八：一为教育基金之确定；二为教育税□之划分；三为预算制度之独立；四为加税权力之独立；五为征收机关之独立；六为保管机关之独立；七为分配机关之独立；八为审核机关之独立。欲谋此八种要素之实现，必赖统一的教费行政制度□之保障。

三、平均教育经费之负担。以地方之款办地方教育，就教育费负担言，最不公平。因各地贫富不同，贫地税重而收入少，富地反是。故贫地时苦不足而富地常觉有余。若划一教育行政，打消贫富之隔阂，使地方教育经费集中于省，省之经费集于中央，后依各省及地方教育需要之大小及富力之厚薄公平支配，则负担可以均平，教育亦易于普及矣。

四、筹谋教育机会之均等。更就教育机会均等言，以地方之款办地方教育亦极不适当。□富地教费收入畅旺，其待教之儿童数，未必比收入薄弱之贫地为多，而贫地儿童之教育机会，因困于教费，自难望与富地儿童相等。若划一教费行政，使大部份教款集于中央，根据以国家之款办国家教育之原则，公平支配，则受教机会可以平均，更进而选择优良高深造就，亦可无遗珠之憾矣。

（办法）

欲谋教育经费行政之划一，必根据下列之基本原则：

一、系统要独立；

二、事权要集中，分言之：

（一）全国教育经费一切行政事宜，分辖于中央、省、特别区、特别市、县五种教育经费局。并各设教育经费委员会，以中央教育经费委员会为最高教费立法机关，以中央教育经费局为最高经费行政机关。

（二）全国各□教育经费局，由中央以至地方，一律以有机体之组织构成之。成为一完全独立系统，不受普通财政系统之牵制。

（三）全国教育经费行政权集中于中央、省及特别区、特别市、县，代表中央处理教费行政事宜。

（四）一切现之教育经费机关，如庚款委员会、文化基金委员会、教费管理处、教育款产清理会等，分别性质，一律归并于各级教育经费局，以一事权而节靡费。

（原载《新闻报》，1928年5月16日）

创办儿童生活园之倡议

——是家庭学校社会三种教育的集合体
——是实现全部的整个的继续的生活之发轫地
——是实施儿童本位教育的场所
——是超脱贫苦农工子弟的救星

儿童生活园,在世界上还没有这样东西,这不过是个人的一种理想,提出来和热心教育的同志们讨论讨论罢了。

一　儿童地位之今昔观

现在我们个个都知道重视儿童了。但是这种重视儿童的态度,不过是近百年的事。在原人社会里,儿童是没有为自身而存在之权利的。他的存亡,全看他父母的意旨,或其乡里社会的便利而定。此种情形,在西方可以代表基督纪元前社会对儿童的态度,斯宾塞曾经说道:"原人儿童的地位,有如小熊。既无道德义务,又无道德制裁。惟视强有智力者之爱憎喜怒,育之,弃之,杀之,一任其意,毫无阻止。"(Spencer, Herbert, *Principles of Sociology*, Vol. Ⅰ, p. 747, Appleton.)

兹举梅纳里斯(Melanesians)民族的习俗来做证明。举郜丁东(Codrington)说该族堕胎杀婴的风气很盛。孕妇之厌恶生育保留青春姿态或憎恨其夫或虑其夫嫌其生殖过繁的,常使人设法堕胎。又该族的某部分,初生婴孩的生死,都归村中老妇决定。遇有貌劣或类似不良的婴孩,便丢掉了。在板克群岛(Banks Islands)中婴孩之男女,非某其家人所愿,或因他故而为人所恶的,辄于出生时被勒而死。(Codrington, Robert Henry: *The Melanesins*, pp. 299, f. Clarendon Press, Oxford.)

又在美国西南部梭里(Zuni)印度土人当中,也有些是把残杀儿童生命当做开顽笑的。该族每年举行一种跳舞,其目的在吓小孩子学好。有些人装成妖魔鬼怪,沿户恐吓小孩。其父母虽将子女藏匿在安稳的地方,还故意恐吓他们,要把他们赶出去。据说该族在从前每年举行一种节期,拿村中最顽皮的小孩子做牺牲品。目今该族小孩,一听说到那个节期,便立刻变成规矩了。(Stevenson, Matida Coxe: "The Zuni Indians," *Bureau of Ethnology Report*, Vol. Ⅴ, pp. 101, ff. 1901—1902.)

更奇妙的是住在西伯利亚东北一带的耶可(Yakuts)民族,竟把子女当作一件东西、一宗财产、一件买卖的货物看待。W. J. McGee 所著的 *Social Life in an Arctic Environment* 上说:"在我们这种冰天雪地的地方,我们耶可人多养了小孩子,比多有钱财或多养牛羊有利益得多。在此地不管出多少钱,是很不容易得着好工人的。但是你养了儿子长大了,便是一个一钱不费的工人。"

关于父母或乡里虐待儿童的事实,即虽在西伯来、希腊、罗马部落社会中,亦可找到许多。在西伯来民族中,法律规定,凡是小孩子打了或是骂了他的父亲,便应立刻处死。至若贪食酗酒或强顽不顺,一经父母向部落中酋长告诉,便须受石击之刑,以示惩诫。

自基督教发生以后,社会上对于儿童生命的态度为之一变,但在事实上仍未发生多大的影响。所以在西洋历史上、风俗上,仍可找到虐待儿童的事实。百年以前,贫苦人家的儿童做苦工,受打骂,身体肮脏,衣服不整,生活困苦,真是不堪目睹的。到了十九世纪初叶,工厂制度发生以后,儿童的命运更陷于悲惨之域。他们不去从师学徒,而去伺候机器,稍有疏懈,即遭鞭挞,种种待遇,真是惨无人道!这个时候的儿童,无所谓幸福,也无所谓价值,在社会上更谈不到有什么地位了。

但是到了一八〇二年,儿童的命运便有了一个转机。在那一年,英国国会通过一案,即是各人都知道的《徒弟健康道德案》。自这个案件通过之后,儿童的生命已经有点价值了。一八四二年,美国之罗得兰(Rhode Island)省及麻赛朱赛(Massachusetts)和英格兰乃制定儿童保护法。自此以后,儿童生命之价值,便陡然增高。现在各先进国的立法里,都有儿童保护之规定了。

中国的情形怎样呢?在历史上,儿童也是没有地位的。现在受西洋的潮流的影响,也把态度改变,而将儿童地位提高、儿童的价值增大了。

二　儿童教育之重要

儿童在社会上地位,既已一跃千丈,而儿童教育的重要也就不言而喻了。不过我所谓儿童教育,他的范围,不是如通常所说从小学开始,或从幼稚园开始,而实从初生开始至青年期为止的。并且他的内容不仅偏在教的方面,而是教养并重的。至于这种教育所以重要的原因本可不讲的,不过中国现在有些人却另有一种主张,很可影响于儿童教育的发展,所以我不可不特为提出来讨论一下。这些人大概是以为中国现在教育经费这样困难,将来普及小学教育,不但在最近二十年、三十年不能成功,即远到百年、二百年后恐怕还是不能成功。并且根据桑戴克的心理研究,知道儿童的学习能力与成人的学习能力不同;年纪长的人的学习能力比儿童的学习能力高,所以说在小孩子的时候不必教他等到年纪长了学习能力高了再来教他,转觉经济得多。根据上述两点理由,所以有人提议,不必注重儿童教育而注意成人教育。换言之,儿童的教育可以暂且不管,先把成人教育普及便够了。这种主张固有相当价值,不过教育的内容并不限于文字的学习,如果教育只是文字的学习,则商务印书馆、中华书局的教科书自然可以由四年减到二年或一年把他学完,这种主张,当然可以完全得人赞同。但是教育除了文字学习之外,还包含健康、感情、社会各种生活之价值，也是不可忽视的。大家想想，现在社会上有许多人弓腰曲背，像痨病鬼一般，这是不是因为他们的体格未得正当的发展？又如我们碰见了面貌很可爱，穿得很漂亮的小孩子，想走近他，他却飞的跑开了。这是不是因为他们的社会性未得充分的发展？他们所以未得充分发展的原因，都由于在幼年时代未得良好的教育。从前办教育的人，大都忽略这种情形，关于儿童的教育，尤其是未达学龄儿童的教育，大都不甚注意。自从儿童心理学发达之后，教育者的眼光才渐渐变转过来，都重视儿童教育了。美国梅里尔巴满学校吴来（Woolley）夫人在"未达学龄时代之教育"一文里说到："任何幼稚园的教师，或是任何聪明的成人，同许多五岁的儿童接触过的，都知道那个时期的儿童性格的特点和能力的程度，是如何的显著。身体的习惯，心态的习惯，品行和人格的要素，在那时已经养成。即虽在五岁的时候，各儿童个性的差异差不多就要和在成人里一样。这些性格中间，当然有许多是可以改变的，但是他们是不是无限制的改变？或是还有几种已经稳定的趋向，他们的影响简直是永久的呢？纵使他们是可以改变的，试问某几种反应确立在人格上有无永久的影响？近代心病学和近代心理学答覆这些问题，确实的说儿童期前几年的经验和那时候所成立的各种反应可以做他一生一世当中决定的要素。我们成人的判定和态度，不知不觉的都受了五岁以前所养成的习惯之深切的影响。

英国谷斯特（Sir of John Gorst）氏在《民族之儿童》（Children of Nation）一书里也有一段说道："从公众健康的眼光看来，这些初生到学龄时期的贫苦小孩，占全人口很重要的部分。他们是致人死命微菌和传染病菌生长繁殖的地方……初生的天花、痧子、白喉或是红热一类的病症，医生尽可以立刻诊察出来，并且可以弄除根的，竟而蔓延起来，传染到街道上和学校里去了……肺痨病……在英国是一个致人死命可怕的病症，死的人当中，有八分之一是患这个病的。而这种病菌繁殖最顺利的地方便是这辈营养不良儿童的身体。他们把这些病菌不知不觉毫无阻碍的带到街道上和学校里去，因而影响到别的儿童和全国人口的身体。"

儿童是不能不受着教育的，没有好的教育给他，他就受着坏的教育。等受了坏的教育，长大了，再去教育他，改正他，那就要事倍功半了！所以成人教育固然重要，而儿童教育尤其不能忽视。

三 儿童教育有改造之必要

现在的儿童教育为什么有改造之必要呢？且先让我来讨论两个基本原理。

一、生活即教育之原理

我们听惯了教即生活（Education is life）的话了。我对于这句话，有点怀疑。教育是否即生活，尚是一个问题。我却以为生活即教育，生活上的经验活动，都有教育之价值。不论这种经验活动是好是坏，他的教育价值都是存在的。关于此点，在此不必多说，姑且让我把生活的性质提出来讨论一下。这点可分开三层来说。

第一，生活是多方面的。生活的范围极广，真正的生活，包含道德、健康、感情、社会、知识等等的活动。不过现在的教育，只偏重在知识方面，什么认字记账，为其重要工作，而把其他方面的生活忽略了。这种教育，实在不能养成整个的完美生活。

第二，生活是有继续性的。现在的儿童教育居多分为数段：从初生至两岁的儿童放在父母手里；从二岁至五岁，有些国家把他放在托儿所或婴儿教养学校里；五岁至六岁，通常把他放在幼稚园里；六岁以上就把他放到小学里。这样办法，好像把儿童的生活当作一条布，撕成一段一段，一时放到这个机关，一时又放到那个机关，以致弄得片片断断的，不能完整，也不能继续。我不明白把儿童教育分成几段是什么道理。试问五岁和六岁的儿童有什么大分别，要这些教育家把他们分开放在幼稚园和小学校两种不同的机关里？却又烦一些教育家去设法把这两种机关衔接？这些办法实在有害无益，实在不算彻底，实在于儿童生活正当继续的发展大有妨碍！

第三，生活是整个儿的。儿童教育，通常分为家庭教育、学校教育和社会教育三方面。究竟这种分法是否适合，我却很为怀疑。白天到学校说是受学校教育，晚上回到家里受家庭教育，跑到街上受社会教育，似乎有些说不通。儿童的生活本是整个儿的，我们这样把他切成三个方面，而各方面所施的影响却有很少联络，有时竟互相冲突。儿童生活的经验之生长，因此失去良好的效用。现代教育之失败，这也是一个原因呵！

二、公家担任教养之原理

教养之责，在从前都是私家担任。近数百年来，一般社会才觉悟了教育之责应由公家负责，公立学校的制度便因此产生，而且发达起来。近来的趋势却更进一步。不但教育应由公家负责，即养育亦认为应由公家负责了。并且负责任的时期，也不仅限于所谓强迫教育年龄之内。这种趋势在各国是很显著的，兹将其理由略述如下。

第一，公家负担教养可以保障全社会之幸福。通常的观念，以为儿童是私家的所有物，为好为坏，只与私家有利害关系，故应由私家负责教养。这种观念是不对的。儿童本来是属于社会的，他生存在社会里，为好为坏，不是关于一家人的幸福，而是关于全社会人的幸福。所以他的教养责任，应由全社会来担负。

第二，公家负担教养可以保障各个儿童的权利。在私家负担教养责任的制度之下，富有的人家，可以特别延师教其子女。养育方面，更不消说是曲尽父母之爱去维护了。至于贫苦的人家，因受经济的压迫，子女们的衣食尚且不周，更谈不到他们的教育了。这种不公平的情形，实于各个儿童的生存权利大有妨碍。负改造社会之责任者，决不能任其存在。补救的方法，惟有把教养的责任由私家手里移到全社会来负担。

第三，公家负担教养可以增多社会的生产。私家负担教养之责，同时是最不经济的事。现代社会因分工而进化，教养子女之事，断非由父母包办所能办得好的。况且作父的亦有其应做之事，即使能办的好，亦复太不经济。现代社会上大多数女子，皆因为教养其子女之故，不能出外做较大或较多的工作。这种情形，影响于社会经济实在不小。欲图补救，亦惟有把教养的责任由私人手里转移到全社会去负担。

三、儿童教育制度之现状

我们可拿上所说的两个基本原理批评现代的各种儿童教育制度。儿童教育制度可分为无组织的和有组织的二种。无组织的制度，如风俗习惯直接间接的影响于儿童的势力都是，不过他们是不正式的，我们暂且不管。我们可就有组织的制度来说。有组织的制度，可分为家庭、学校、社会三方面。先从家庭方面来说罢。

（一）家庭教育制度

家庭能不能给儿童一种适当的教育呢？儿童的道德、健康、感情、社会各方面的生活，在家庭里有没有正当的发展呢？这都是很有研究的价值。先谈那些无产的人家吧。在目今社会经济组织畸形发展、养育儿童必由私家负责的时代，一般贫苦民众及其子女所受生活上之困苦，凡是常和他们接触的人，都可看得出的。诸位不妨到上海闸北贫民窟里去走一下，看他们是过的什么生活。试问在那种生活环境当中，一般儿童怎能得着正当的生长？不过这还是普通情形，至若一般农工妇女养了小孩子，因生活压迫必得工作的，他们的子女所受的苦状更是不堪设想了。据作者调查，农工妇女工作时处置子女的方法，有许多是很不妥当，并有时是很残酷的，姑举数条如下：

(1) 捆缚禁闭
  a. 以绳系住小孩，与以玩具，然后出外工作；
  b. 将小孩缚于船上，然后工作（船上女工）；
  c. 小孩缚于柱上（工厂女工）；
  d. 置小孩于板上，以绳系之；
  e. 将小孩锁闭在房内，然后出外工作；
  f. 将小孩缚在所坐之椅旁工作（缝纫女工）；
  g. 挂小孩于树上。

(2) 交人管理
  a. 交给同居或邻人代为照拂；
  b. 将小孩交给邻家老人看护；
  c. 由老人观看携带（翁姑外婆）；
  d. 令其丈夫绷抱（桂省武鸣农村大多如此）；
  e. 盼咐较大的小孩管理；
  f. 令大孩抱小孩；
  g. 将小孩缚在较大的儿女背上；
  h. 安放摇篮内，以较长之儿童摇之使睡；
  i. 将小孩骑在大孩的肩上。

(3) 设法安放
  a. 把小孩睡在竹筐里工作；

b. 置小孩于小孩床内(摇篮)工作；

c. 以竹箩盛草，置小孩于箩内；

d. 置竹笼中(上半截缺)；

e. 置小孩于坐椅上；

f. 置小孩于栏楯内工作；

g. 以伞置于近田之处，将小孩安坐于内(田野女工)；

h. 将小孩放在树脚下面，用树皮围着(农女工)；

i. 置于木盆之中；

j. 将小孩放在田箕之上，用箩筐围着(田女工)。

(4) 自己携带

a. 将小儿缚在背上工作(船女工、挑担女工、纺织女工、农女工等此种情形，广西最多)；

b. 抱住小孩工作(舂米女工)；

c. 置小孩于双脚下工作；

d. 将小孩托坐在膝上工作；

e. 将小孩抱在怀内工作(如纺织女工)；

f. 一手抱小孩，一手工作。

(5) 随身照顾

a. 置于摇篮，以足摇之，同时工作；

b. 城市女工将小孩置于孩儿椅中，一面看护，一面做工；

c. 放小孩于摇篮，以一线引至身旁，工作时不时摇动，使其入睡；

d. 将小孩放在身旁地上；

e. 将小孩放在箩筐里，一面挑，一面走；

f. 给小孩以玩具，使在身旁自己弄玩；

g. 置小孩于坐前，予以食物。

(6) 置之不理

a. 置于地面任其自滚；

b. 将小孩放在草地上坐着，然后工作；

c. 放其子女于棚内，任其乱爬(农妇)；

d. 置子女于树下；

e. 将小孩放睡田旁，然后工作；

f. 置小孩于床上；

g. 将小孩放在地上坐着，随便给写东西。

以上各种方法多不妥当，因为这些方法直接间接居多是影响到儿童的健康。其中尤以"捆缚禁闭"最为残忍。所以我敢大胆说，现在一般贫困民众的家庭，绝不能供给儿童一种适当的教育。

贫困民众的家庭教养儿童的状况,既如上述,一般富有者的家庭,做父母的,又怎样教养儿童呢?儿童的天性本是好奇的,但儿童发问,做父母的往往置之不理,或含糊回答,或竟厌烦斥责,弄到儿童连问也不敢问了!同时做父母的也居多不知儿童有社会性之需要。母亲去赌牌或有其他工作时,便把子女交给老妈携带。试问儿童和成人在一堆生活行不行?儿童只需要年纪相若的伴侣,叫他和老妈子做朋友,怎能满足他的要求呢?而且老妈子并不晓得教育的方法,往往把儿童养成乖僻的性情和种种不良的习惯。即使他晓得教育的方法,而老年人的性情习惯于儿童不同,也不能做他的伴侣。所以把儿童交与老妈子在一堆生活,是不对的。此外一般教育子女失当的地方还有很多,在我所著的《婴儿教养学校运动》一书(广西教育厅出版)中,所举有阻遏天性、惩罚失常、止哭乖方、妄肆恐吓、欺骗诱诈、教儿为非及教儿童迷信八种,可以参阅。

上面所说,是教的方面,谈到养的方面,又有许多可说。如一般做父母的,居多给污秽的食物给孩子吃,并且儿童贪食不加节制。衣服之增减不因气候之寒热而变换。其他如不替儿童洗澡,养成儿童不洁之习惯,睡眠与大人同在一床,不替儿童种牛痘,儿童有病,求神拜佛,不去求医,等等不正当的方法,真是举不胜举。种种看来,都可证明目下我国一般的家庭就虽是富有的人家,也居多是不能给儿童一种适当的教育。

(二) 学校教育制度

家庭教育的情形既如上述,学校的教育又怎样呢?学校可分为幼稚园和小学两种。我们先从幼稚园看罢。现在的幼稚园居多注重唱歌游戏,而对于儿童的养育却很忽视。姑举出在国内有名的两个幼稚园关于养育方面的设施,来做说明的资料。

(1) 东大附小幼稚园

该园所设各课大概如下:

8:45—8:55　养性训练,清洁检查。

8:55—9:05　自由体操。

9:05—9:25　谈话。

9:25—9:45　音乐。

9:45—10:00　茶话会。

10:00—10:15　休息。

10:15—10:35　甲组工艺美术式园艺,乙组搭积木。

10:35—10:40　整理用具,自由游戏。

10:40—11:00　规则游戏。

11:15—11:45　甲组搭积木,乙组工艺美术式园艺。

卫生:脸和手清洁。吃点心时,先洗了手后吃东西。吃了东西以后刷牙、漱口,咳嗽时用手巾掩住。谈话:依儿童的材料,分讲故事、表演及自由谈话等。(王骏声:《幼稚园教育》,一二三页)

(2) 苏州培本幼稚园

苏州培本幼稚园在民国十四年四月间一天的教育状况。关于养育方面的,据王骏声君的报告照录于下:(王著《幼稚园教育》,一二七页)

用点心 在留声机未唱完以前几分钟,园内的老妈子排好四圈小长方桌,每张桌上放好几盘饼干,唱歌完了,各幼稚生即入内洗手出来,一一排坐,每桌由一个幼儿出来分发饼干,分量大概一样。幼儿们接到饼干后,一面微微谈话,一面数数个数,一面放在嘴里吃,兴致颇高。

安息 用过点心后,每个幼儿入内漱口,同时各带出来一条小席子,自由铺在地板上,静卧数分钟,那时教师对于他们的睡眠姿态加以矫正。少间,教师发出一种较强的琴声,幼儿们立即哄然起床,并喊说:"啊唷! 好睡了!"同时各把席子拿进原地方去。

现在且让我从养育的眼光来批评这两个幼稚园。先批评东大附小的幼稚园。在他的每日时间表里,有清洁检查和养性训练合占了十分钟,这十分钟的功夫在卫生上的价值有多大,实在是个疑问。再看"卫生"一项中,只说什么"脸和手清洁,点心时,先洗了手后吃东西,吃了东西以后刷牙漱口,咳嗽时用手巾掩住"。这些花头,是否即是养育,也是一个疑问。再看苏州培本幼稚园,他在养育上和东大附小幼稚园比较起来,少了清洁检查,多了"安息"一项。用点心一项,和东大附小一样,都犯着摆样儿的毛病。并且所吃的东西是饼干,未必合于卫生。至于"安息"一项,只用小席子铺在地板上,静卧数分钟。教师的目的,也不过在矫正睡眠的姿势,看来也好像做把戏,排格式,很少养育方面的价值。近代儿童教育家都很注意于小儿的午眠,他们主张至少要睡两三刻钟,现在这个幼稚园里只睡数分钟的时间,我实在看不出他们在养育儿童上有什么价值。

以上所说,虽仅提出两个模范幼稚园来做例,但是中国一般幼稚园居多如此,不但中国幼稚园如此,即在世界什么国里的幼稚园居多也是如此。我们要改良儿童的教育,非加以根本的改革是万万不行的。

以上所述,尚系从纯粹教育的立场来说的。若从公家担任教养的原则来说,则今世通行的幼稚园,简直应归于淘汰,因为通行幼稚园的方法,只有教而无养。这种办法,只有在贵族主义、资本主义的教育下才能存在。试拿我国一般的幼稚园来说明吧! 我们常时走到幼稚园里去参观,看见一般粉皮娇嫩的儿童,穿着花花绿绿的衣服,按着风琴的声音,拍手唱歌,真和一群安琪儿一样,凭你怎样心绪不佳,见着这种情形,都要不由的赞叹一声"可爱"!

吃饭的时候到了,老妈子提着篮子儿装满鲜羹的饭菜,送给小少爷或是小姐吃午饭。快散学的时候,还要来接他回家。在大城市的地方,还要用着汽车包车呢!

这就是现在通行的幼稚园教育啊! 若非是一个富有者的子女,那里能有福气来享受这种机会呢?

幼稚园里的布置,比通常教室要考究要复杂得多,一般幼稚园的费用比通常班级要超出一倍以上。这样好的教育机会,贫苦民众的小孩子竟梦想不到! 因为他们过的是下贱生活,没有洁白的皮肤和锦绣的衣服兜,人家的爱,他们没有佣人小使送饭送菜,更没有迎送他们的包车和汽车! 他们实不配进这种贵族的幼稚园呀!

其次说到小学。小学的教育便更糟了！读者对于小学的情形都很熟悉的。通常的小学，就纯粹教育见地来看，除极少数外，每日之工作，只能灌输一点文字教育。此外如儿童的游戏活动、感情发展、身体健康便居多置之不理。这种学校在今后之世界，简直不应存在。更如作者前在广东参观过的某小学，设在祀堂里面，课室之上即为宿舍床，床上加床，四壁无窗，黑暗异常；空气之秽浊，如入鲍鱼之市，那更是不堪设想，虽在十八世纪也不应发现这个古董了！再从公家担任教养的原则来看，即虽那几个较好的学校也应归于淘汰了。因为那些学校虽说注意于儿童感情、社会、知识、健康各方面之生活，但是他们还是偏重教育，缺乏养育。只为中产以上的子弟打算，而忽略无产儿童的幸福。为无产儿童谋幸福的小学校，不但不该收学膳等费，即衣履书籍住所，亦当由学校供给。通常的小学校，都无如此办法。所以有许多贫苦人家的子弟便有许多不能入学。而那些能入学的又至多仅能得着教育机会均等的利益，而没有得着养育机会均等的利益。由上种种看来，所以我敢大胆说近世的小学校，断不能供给一般儿童适当的教养机会！

（三）社会教育制度

家庭学校既如上述，所谓社会方面的教育，又如何呢？社会方面，有三种教育机关。其一为育婴堂，这种机关里，居多是只有育而无教的。并且所谓育，也居多是糟的不堪。如饮食不洁、营养不良、衣服肮脏、有病不善为调理等情形，也是说不尽的，可不必多说了。其二为托儿所。托儿所始自法国，多设在贫民区域内，为工人的子女设的。因为工妇每日早晨到工厂做工，无暇去管理子女，便把他们送到托儿所里去。等到散工时，再将子女取回。这种机关，在世界上倒很发达。英美各国都有设立，成绩也还不错。但是这种关系，除极少数外，也是有养而无教，并且在养上亦复是不得其法的，也算不得是完全的教育。其三，为儿童娱乐园或游戏场等机关。这些机关的目的，专为儿童游戏娱乐。在理想上讲来，只能做到儿童教育的一部分，也不能给他一种全部生活发展的机会。总之，社会教育机关无论办得怎样好，都只能发展片面的生活，而不能发展全部的生活。所以我在此地，亦不愿多评批［批评］了。

除去上述各种机关之外，上［尚］有一种特殊性质的教育机关，那就是"婴儿教养学校"（nursery school）。这种学校起源于英，大概设在贫苦工人区域，收容从二岁到五岁至［之］儿童。它的特点，第一，是把幼稚园和托儿所的功用合并起来。幼稚园是教的机关，托儿所是育的机关，而婴儿教养学校则为教养并施的机关。第二，是兼收家庭和学校的优点，那就是说，一方面他是个学校，另一方面又是一个家庭。这种学校风行一时，英国国会曾通过把他列入学校系统之内。不过这种学校也有其不足之处。第一，他只注重二岁至五岁之儿童，虽在英国莫密良婴儿教养学校（McMillan Nursery School）（此校为英国最初之婴儿教养学校）里，亦接受五岁以上之儿童，但在此种学校之理论上，却是例外。第二，此种学校和其他学校一样，仍太拘于学校的形式，不能公开出来做儿童在社会上共同活动的机关。第三，他的教育仍然拘束在墙壁之内，不能拿来做教育的出发点。所以这种学校仍是美中不足。总起来说，现在世界上尚未有一种公家担任教养去发展全部的继续的整个的儿童生活的机关。所以我出来提倡创办儿童生活园。(关于婴儿教养学校的理论与实施,请参阅拙著《婴儿教养学校运动》。上海真如[茹]暨南学校教育研究会代售。)

四　改造儿童教育之新制度——儿童生活园

一、儿童生活园之理论

生活园是根据"生活即教育"和"公家担任教养"两条原则来改造儿童教育的新制度。他的意义,是儿童生活的场所。生活固然是有好有坏的,不过我们并不是好坏不分,而是选择好的生活经验,放在有组织的指导之下,来充分发展全部的继续的整个的儿童生活——道德、健康、感情、知识等等生活。他把家庭、学校及社会教育机关三方面之优点都集合在一起。它的功用可分三方面说。第一,是家庭的功用。他供给衣食住的环境,使儿童到了园内如同在家里一样,并且一切布置设施皆合于儿童的心理和卫生的原则,简直要比在家里还好。第二,是学校的公用。通常学校中所供给儿童的各种活动机会,他都供给。第三,是社会机关的功用。他把社会上为儿童设施的各种娱乐机会都包括进去,公开出来给儿童享受。通常的小学校彼此界限分得很严,所有娱乐机会,只有本校儿童去享受,他校儿童却无权分享,所以各学校自成一个单元,彼此不相交通。生活园却要把这个界限打破,他要做一个公共生活的场所。不论那个儿童,都可进去,如同进到公园里去一样。虽然各个生活园的儿童也可经过注册的手续,但是可以随便往来,不分彼此,如英美儿童在公共运动场上游戏一样。总起上面所说的来看,生活园不是家庭,不是学校,也不是社会机关。不过这里有两点请读者不必误会的。第一,就是生活园不是想整个的取消家庭。在这过渡时代,他除去做一种模范家庭外,却还有改良普通家庭的功用。第二点要说明的,就是生活园虽竭力把家庭学校和社会机关的优点拿进去,但是儿童活动的范围都不限于园内。他同时却以园为中心,为出发点,以社会自然界为场所,去发展儿童各方面的生活。所以生活园的教育断不受园墙的限制的。

我现在要把生活园和婴儿教养学校比较一下,看他们的不同点。第一,婴儿教养学校收容的儿童是从两岁到五岁止,而生活园收受的儿童,约从二岁——有时尽可在二岁以下——起至十二岁止(假定为青年期之开始),这是不同的第一点。其次,婴儿教养学校为合家庭及学校之功用而成,而生活园则除此两种功用外,更包括社会教育机关之功用。这是不同的第二点。末了,婴儿教养学校的教育多限于校墙之内,而生活园则同时又以园为出发点,向社会及自然界里去发展儿童的生活,这是不同的第三点。

二、儿童生活园之实施

(一) 布置设备

生活园的场所的中心,是一个花园。园中遍植花草树木,豢养各种小动物,并有广大草场和玩具,以备儿童游戏。沿着花园的四周,建筑矮而长之房屋。这种布置方法,一则可使儿童有较大之游戏场,为儿童活动之中心。二则房屋建在墙旁,可以省钱。通常小学的儿童活动以课室为活动中心,故校舍建筑在校址之中央,实在没有多大意思。生活园布置方法却矫正这个流弊。

其他园内的设备,在普通方面,浴室、厨房、图书室等皆不可少。至于各室内的设备,则应有桌椅、床铺、黑板等物,并设橱柜以为收藏床铺被单等物之用。

(二) 活动内容

儿童以园为中心,进行各种活动。所谓活动,系包括一切生活在内。儿童的睡眠和游戏,均为正当的业务。普通小学第一时上国文课,第二时又上什么课,是把儿童作业一段一段分开的。而在生活园里,则无所谓上课,更无所谓课内活动和课外活动,他把各种生活打成一片。在各种活动中,得到各种兴味,并养成各种良好习惯。这种方法,完全以儿童生活为本位,不是以儿童上课为本位。亦即是以儿童为本位的教育的办法。

我不愿意说什么课程,因为课程的意义极狭。一提到课程,脑中便有什么国文、数学等等科目的名称发现出来,所以我说活动内容而不说课程。若有人说活动内容即为课程,也未尝不可。

刚才所说以园为儿童活动中心,但儿童的活动并不限于园内的生活。如郊外旅行和参观社会各种活动,都是应有的活动,不过我们以生活园为儿童活动之出发点罢了。

(三) 生活指导员

指导人员即通常之教师,但我不用教师之名称,因教师这种名称,顾名思义就是教,学生便跟着他学。而实际上大家都是在生活,指导员不过为之指导而已。所以不称教师,而称为指导人员。

(四) 经费

生活园之费用很大,照普通情形来看,很不易筹划。不过国家社会本有教养儿童之义务,儿童有受国家社会教养之权利。谁家子女不需着教养,不过各家各家分开来负责教养罢了。苟能大家除去你我分家的成见,秉大公之精神,公同教养子女,则生活园之经费便丝毫不成问题了。关于这点,孙中山先生曾经说:

"……或疑经费(指教养经费)无所从出,此不足虑也。以人民一月义务劳动之结果,必足支持此费。如仍不足,则由义务劳力之内议加。或五日或十日,以至一月,则无不足矣。一境之内,如人尽所长,为公家服务一二月之义务,长于农事者为公家垦荒则粮食足矣;长于织造者,为公家织布,则衣食足矣;长于建筑者,为公家造屋,则房舍足矣。如是少年之衣食住,皆可由义务之劳力成功。自治区之人民,各有双手,只肯各尽所长,则万事俱备,亦不必于穷乡僻壤,搜括难得之金钱,筹集大批款项,始从事于自治也。只要人人能知双手万能,劳工神圣足矣。"

依照孙先生的筹款方法,生活园便很容易成功了。此外还有许多无用之庙产,在江苏丹徒一县即有二千万,全国合计当在二十万万以上,——皆可利用来充经费。所以中国并非没有教育经费,只看我们支配的方法得宜与否而已。至于在此过渡时期,资产的分配未能妥当,教育经费未能按照理想办法筹出,则亦不妨变通办理,重收有产者之费,而免贫苦者之费,亦可以稍为弥补了。

关于儿童生活园的实施,有许多地方可采取婴儿教养学校的办法,在此也不能多说。并且这种东西尚还是个理想,什么详细妥当的办法还待将来实地研究试验呢!

三、儿童生活园之价值

儿童生活园之价值,大概可从社会及教育两方面看。他在这两方面的价值,可从前面所说的当中看出好多,现为使阅者注意起见,特别再往他的社会价值上说一下。

现代教育者之主要任务,在打倒贵族主义资本主义之教育,而发展儿童本位之社会主义教育。这种教育,孙中山先生是竭力提倡的。他的内容,应包含教育机会均等和养育机会均等两条原则(参阅作者在中山大学《教养机会均等》讲稿,见《教育研究》第八期)。生活园对于儿童——尤其是贫苦农工的儿童——却能教养兼施,充分实现这两条原则。这是他对于儿童本身的利益。至于他对于那些儿童的母亲亦有很大帮助。那些富有的,不消说,可以把小孩送到生活园,免去牵累之劳。至于那些农工妇女,更可因生活园之帮助,而得安心做工。我在广西见过一件很惨的事,就是一个母亲背着她的孩子摇船,那个母亲向前一动,孩子的头便向前一倒;母亲的身子向后一仰,孩子的头便也向后一仰。于是母亲的身体前后弯仰,孩子的头也前后摇动。孩子的情形固然可怜,而做母亲的实在也太辛苦了。这种现象,国家为什么置若罔闻而不设法补救呢?可是有了生活园之后,这个问题便易解决了!

其次,还有一个问题,附带的说一下:这种生活园是否只设在工厂或农田区域之内。农工妇女因为做工之故,无暇来管理子女,这种机关自有早早设立之必要。但是不在工厂或农田区域里的人家,做父母的也未必就会教养子女。更从他方面看,有许多母亲,因为有了子女之累,不能到社会工作的,却又很多。所以在这些区域里,生活园也是应该设立的。

四、儿童生活园与全部教育之关系

我以为生活园的理想如能圆满实现,以后尽可不必要什么小学、中学、大学;而把他们通通改为生活园。儿童生活园之上为青年生活园,再上为成人生活园。我这种意见,或许太过胆大,但是在真正改造过的教育之下,这种办法,照愚见是应该实现的。

生活园是作者的一种创议,世界各国都尚没有这种办法,作者在十八年夏天福建教育厅暑期学术讲演会里,曾作公开讲演,当蒙许寿裳、程柏庐、孟宪承、孙贵定、朱君毅、崔载阳、汤茂如、杜佐周、汪典存、高君珊、陈科美、邱大年诸先生加以批评,颇多赐教和鼓励之处。将来如有机会我很想拿他试办。

我的梦想是在若干年后,不管在城在乡,走不到若干步,便可看见一个生活园,有许多欣欣向荣的儿童们在里面生活。

十九年,四月一日,于上海。

(原载《教育杂志》第二十二卷第四号,1930年)

向四全大会提救济灾区小学教师意见书

此次我国水灾,据报章所载,区域占十六省,灾民达一万万人。此一万万人中,生活最苦,待赈最急,应特别设法救济者,厥为小学校教师,其理由有四。

一、小学教师,待遇菲薄,家无恒产者十之八九,乐岁已濒于冻馁,凶年更何能为活,此应特别救济者一。

二、小学教师,笔耕糊口,劳役非所素习,且以体面关系,一遇饿馑,决不能与一般劳动者争血汗之资,以维持生活,纵有升斗之备,终不免于坐毙,此应特别救济者二。

三、小学教师,负有教育国民之重责,据实际调查,每教师平均教学生二十六名,是则饿死一教师,即有二十六名学生失学,其影响于国家元气,良非浅尠,此应特别救济者三。

四、小学教师具有相当知识,一旦迫于饥寒,苟不甘于束手待毙,则必走入歧途,为害于社会,其为害之深,又必远过一般无知识之民众,若不早为之计,则未来社会之大患,必将不堪设想,此应特别救济者四。

观于上述理由,可知特别救济灾区小学教师实为目前愈不容缓之要图。谨拟救济办法数条如下。

一、由教育部会同灾区各省教育厅即速组织"灾区教育救济委员会",特别筹划救济灾区小学教师事宜。

二、将全国各学校水灾捐款尚未赈出之部分,即速拨出专为救济灾区小学教师之用。

三、由教育部会同灾区各省教育厅估计被灾小学教师数,即速拟定预算呈请中央特别拨款救济。

四、调查灾区教育经费及教育资产(如校舍校具等)损失数,由教育部根据此款发行"灾区教育公债"若干万直接维持灾区教育,间接救济被灾之小学教师。

(原载《申报》,1931年11月16日)

湖南省农村建设计画草案

左系邰爽秋先生拟湖南省农村建设计画草案,附刊于此,供本省办学人士参考。

编者

一、旨趣

我们深信中国政治教育和社会上一切的纷乱,都起源于贫穷和自私的两个病根;要医治这两个病根,我们又深信只有实施社会生产的教育。社会生产的教育是根据社会实际需要,利用社会自然环境,直接或间接生产为全社会民众谋幸福的教育。他的目标:

(一) 就生产的性质说

1. 不仅谋物质的生产,还要谋精神的生产。
2. 不仅只要有生产,乃是要有裨益于社会的生产。

(二) 就个人说

1. 不仅使人人有职业,还要使人人有生产的职业。
2. 不仅使人人有生产的能力,还要是人人有保障生产的能力和为社会而生产的人生观。

(三) 就社会说

1. 不仅要有生产的社会,还要有安全的社会。
2. 不仅要有富足的社会,还要有公平的社会。

我国目前的紧急问题,当然是注重直接生产,而生产的方向又当然要注重农事。我们应当拿教育来培养生产的能力,去恢复并充实农村经济,还要拿教育来训练政治的能力,去保障并调协农村经济。我们认定这是农村建设的唯一途径。我们又认定湖南的社会是农村的社会,所以我们应注重湖南的农村建设。

二、教育计划

我们认定现在教育制度下的大学中学师范农业学校和小学校不能达到上述目的。他们系依着教育上的论理系统而设立,并不是依着社会生产的需要而设立。我们主张另办一种农村学校,农村建设学校和农村建设学院。

(一) 农村学校

1. 目标　实施农村社会生产教育。
2. 性质　兼具小学教育及民众教育的性质,因为我们深信这二种教育应打成一片,办理方能收效。
3. 活动内容　打破各科分立制度,以农村社会生产活动为中心,归纳各种科目之知识;但与直接或间接无关系者一概不要。
4. 活动方式　打破讲读教科书的制度,学生(成人、儿童)与教师共同参与直接或间接的生产活动,学生在教师指导之下,一边教一边学。
5. 活动场所　以农村社会及自然环境为活动之场所,所谓学校只为各种活动之出发点。

(二) 农村建设学校

1. 目标　实现农村社会生产教育
2. 性质　备具通常师范学校中等职业学校及中学校之性质,但以农村社会生产为依归。
3. 功用
(1) 训练农村师资。
(2) 研究农业改良。
(3) 促进农业推广。
4. 组织
(1) 训练部　附设农村建设实验区,内设实验农村学校若干所。
(2) 研究部　附设农场及农业研究所。
(3) 推广部　附设农具表演所农产陈列所。
5. 活动内容
(1) 师资训练方面　打破各科分立制度,以农村社会生产活动(偏重推广方面)为中心,归纳各方面之知识,但与直接或间接生产无关系者一概不要。
(2) 农业研究方面　做调查研究试验各方面之工作,但须切合本区内农村社会生产之原则。
(3) 农业推广方面　指导农村学校教师做农事推广事业,并直接做推广之工作。
6. 活动方式　须打破教科书制度,在实际场所上活动。尤其是师资训练,须由师生共同参与,从指导实验农村学校的活动中去获得做农村学校教师的能力和经验。
7. 活动场所　以农村及自然环境为活动之场所。
8. 设校地点　应在天然农产区域之乡村地方,不依县治设立,并不得在城市内。
9. 学生来源　招收初中毕业生,但以农村子弟为上选。
10. 毕业期限　三年。

（三）农村建设学院

1. 目标　实现农村社会生产教育。
2. 性质　略具大学教育学院、□学院及法学院之性质，但以农村社会生产为依归。
3. 功用
(1) 训练农村建设学校之师资及研究推广人员。
(2) 研究农业改良。
(3) 促进农业推广。
4. 组织
(1) 训练部　附设农村建设实验区，内设试验农村建设学校一所，实验农村学校一所或若干所。
(2) 研究部　附设农场及农业研究所。
(3) 推广部　附设农具表演所及农场陈列所。
5. 活动内容
(1) 师资训练方面　同农村建设学校，惟程度加深。
(2) 农业研究方面　同农村建设学校，惟程度加深。
(3) 农业推广方面　指导农村建设学校关于农业推广之工作，但不得直接做推广之工作。
6. 活动方式　同农村建设学校。
7. 活动场所　同农村建设学校。
8. 设立地点　宜设在天然农产区内，不应设于省城，亦不必设于省城之近郊。
9. 学生来源　招收高中毕业生，但以农村子弟为上选。
10. 毕业期限　三年，但推广人员得减为二年。

三、进行步骤

（一）试验期　三年

1. 由教育厅请教育农业及其他各种专家组织农村建设委员会，拟具农村建设学校及农村学校之详细具体办法。
2. 择定天然农产区域，设立农村建设实验区一处或数处。区内设立农村建设学校一所，农村学校若干所及其他附属之机关。此种实验区同时可补助成绩优良地点适宜之私立学校办理或就原有之公立学校改办。
3. 各县一律试办农村学校。

（二）准备期　三年

设立省立农村建设学院一所，准备全省农村建设学校之师资及研究推广人员。

(三) 推广期　三年

全省设立农村建设学校。

(四) 普及期　自第十年起

全省乡村小学一律改为农村学校。

（原载《教育周刊》第一百三十期，1932年）

大花园教育村办法大纲草案

邰爽秋先生是国内有名的教育专家,现任河南大学教授,对于我国过去教育的失败和将来教育应该走的道路,都有深刻的认识与研究。这次率领学生十余人来济参观,曾在山东民众教育馆联合会第一届年会开幕时讲演,指出民众教育的出路、讲演记录等经邰先生修正后,将在本刊发表。邰先生临走的时候,把他筹办大花园教育村的办法草案交给本馆,编者认为大有价值,就把它发表出来,以供实验教育者的参考。不过发表前,并没有征求邰先生的同意,还要请邰先生原谅!

编者

一、试验目标

试行社会中心教育,发展农村经济,充实农民生活,以谋中华民族之复兴,公平社会之实现。

二、实施原则

(一)以全村为整个教育场所,取消学校形式,并打破家庭、学校、社会三种教育分立的制度。

(二)以村众全体为教育之对象。施行混合式之教育,打破小学教育成人教育分立的传统观念。

(三)寓教育于整个生活之中,就社会实际需要,随时随地施行有形或无形之教育,所有按时上课下课寒假暑假及学期学年等办法一概废除。

(四)以农村社会直接或间接的经济活动为基础,制为大单元的设计,在不违背心理的原则之下,特别着重陶冶社会生产的品格,训练社会生产的技能,并熟练与社会生产有关之各种知识。文字教育仅居辅助地位,所有科目制度、教科书制度,一概废除。

(五)提倡"互教制"指导村众互教,俾教育事业得以推广,教育效率得以增进。

三、组织概要

本教育村之组织,分研究、教育、合作三股,设指导主任一人,主持试验工作进行事项。各股任务及人员名额如下:

(一) 研究股

本股设正干事一人,副干事三人,其任务如下:

1. 调查本区内人民职业土产种类及生产状况。
2. 研究本区内土产改良之方法。
3. 研究适于本区内人民从事之家庭工艺。
4. 编制大单元的教学设计。
5. 其他。

研究结果如有价值,其应用范围断不止一村。故在研究工作上所需费用,宜就事业之性质规定。初办时拟设具有农工训练之干事各一人,教育训练之干事三人分担各项任务。

(二) 教育股

本股正副干事各一人,其任务如下:

1. 组织村众,推进各种教育活动。
2. 推广研究结果,改进村众生活。
3. 其他

本股事业范围相当于通常学校教育及社会教育两方面之工作,为适合我国经济情形俾将来易于推广起见,本股费用应力求经济,以不超过本村村众在通常学校教育及社会教育项下应得经费之比例为原则。其指导员以曾在师范学校毕业、经验丰富之小学教师担任之。

(三) 合作股

本股设正副干事各一人,其任务如下:

1. 办理信用合作
2. 办理生产合作
3. 办理贩卖合作
4. 办理消费合作

本股事业并非为一村而设,故所需费用宜就事业之性质规定。其来源或取之官厅,或借自银行,或有私人筹集。但官厅或社会方面如已办有此种事业,可即与其合作,不必另办。盖此种事业本应由建设或财政机关办理,在特殊情形下,教育机关虽可权宜代办,究非其自身应办之事业也。

在生产合作事业未举办前,关于训练生产技能之场所,可与村民协作办理。或在本股指导之下托其代办,或利用已有场所,给以相当津贴,均无不可也。

此外另办乡教育指导员所附设于本教育村组织之下,其详细办法另行规定。

四、大花园村概况

大花园村位于开封曹门外,其土地人口及经济状况就调查所得者略述如下。

(一)土地

该地面积约十方里,地势平坦,无山林亦无河流,惟沙地甚多。耕地约三十顷,其中沙地占十顷,在村之西北隅。至每家所占田地,平均约四五十亩,占有一顷以上之住户,殊不多见。

(二)人口

该村共有住户一百九十家,其中务农者一百一十三家,无业者六家。每家人口至少四人,平均约七人,有多至二十五人者,总数为八百八十人,其中男四百六十八人,女四百一十二人。其在各年龄时期内之分配如下。

六岁以下	一〇六人
六至十岁	八十七人
十一至二十岁	一五二人
二十至五十岁	三七三人
五十岁以上	一六二人

(三)经济状况

该村农产品以麦、豆、花生、高粱为主,莱菔、西瓜及白菜次之。副业方面,仅有肩挑、贩卖、养鸡、养猪、织布数种。收入颇为有限,故该村人民之生活除极少数外,皆甚贫苦也。

(四)将来发展之可能

该村可发展之生产事业甚多,仅举重要者数种如下。

1. 种柳　该村沙地约有十顷,皆种花生,为利甚薄。若改种柳条,三年后蔚然成林,以制巴斗提箱等物,可获巨利。

2. 织布　该村农忙期间,在四月至十月,其余各月颇多闲时。可由本村合作社赊以棉及纺织机等用品,利用农隙,从事纺织;其出品仍有合作社代售,所获纯利作为各户合作股本,复用以发展公共营业之生产事业,使本村各户皆逐渐变为生产事业之主人翁,庶不致为高利贷者所盘剥也。

3. 养鸡　该村出产高粱,用以饲鸡,最为经济。据村农云,养鸡一只每年获利至少一元,惟春秋二季常患鸡瘟,无法防御,且饲养过多亦不便管理,故该村农户无有以养鸡为业者。若于防瘟上与以相当指导,并介绍优良鸡种,更或办理集合养鸡场,共同管理,则将来养鸡所获之利定可为该村人民经济来源上一大补助也。

五、教育实施办法

(一)于大花园村之中心,建茅屋数间,用为教育村办公所及村民会堂。该会堂约能容百人,其旁设藏储室放置教育活动上各种用品。会堂及办公室内一切设备,务求简朴,并以由村民自制者为上选。

（二）由教育指导员指导组织公义团、服务社、儿童会或类似之团体，为推进教育活动之机关，其详细办法另行规定。

（三）教育活动有需共同参加者，在村民会堂或旷野行之。

（四）各团体人员，除特殊情形外，均须练习生产技能，由教育指导员支配，于各生产场所行之。

（五）所有与教育活动有关之知识，就该活动之需要，有生产场所、村民会堂或其他处所随时习练。

（六）各团体人员在教育指导员支配之下，就个人自身情形分赴指定之住户或田野参加下列活动：

1. 宣传家庭生产的重要；
2. 介绍家庭生产的方法；
3. 介绍改良生产的方法；
4. 指导生产的活动；
5. 传播与教育活动有关之知识；
6. 将生产合作的原料分配于各住户；
7. 将各住户的生产品带至本合作贩卖；
8. 宣传购用土货的重要；
9. 指导怎样购买土货；
10. 宣传节约的重要；
11. 指导怎样节约；
12. 其他与经济活动有关之事件；

（七）指导员须调查村民个性及其家庭状况，遇必要时应更调其经济活动之种类，俾有多方练习之机会。

六、预算（另详）

（原载《山东民众教育月刊》第四卷第三期，1933年）

庙产兴学运动——一个教育经费政策的建议

在这国库空虚、民生凋敝、教育停顿的中国,全国民众要想革命澈底成功,建设一个新的中国,不可不拿起奋斗的精神,来干一件生死关头的大事。这件大事就是:

打倒僧阀!解放僧众!划拨庙产!创办教育!

一、打倒僧阀

僧人(包括尼姑)之在中国,是一种特殊阶级。他们的领袖,除极少数而外,已经变成一种具有极大势力的僧阀。他们的金钱可以拿出十万百万来贿赂官厅,他们的骗术可以蛊惑无知的妇女,他们的假斯文可以博得骚人逸士的同情,他们的交际手段可以骗得社会人士的赞助,贪官污吏往往做他们的爪牙,土豪劣绅尽可做他们的走狗。积财成富,奴使佃农,虐待僧徒,摧残人道:综其罪恶,罄竹难书!我们为求中国人之自由平等计,为解放千百万受压迫的同胞计,不得不一致起来大声疾呼,打倒这恶贯满盈根深蒂固的僧阀!

二、解放僧众

在这民生问题不能解放的时候,送子女去做僧尼,也算是一种谋生方法。不过这些无知的小孩儿,为着穷困的缘故进了山门,就如同入了终身监禁的牢门一样!吃的是粗茶淡饭,戴的是无形枷锁,做的是笨重苦工,受的是板条木棍。倘使有人做一本《苦僧吁天录》,虽有数十万言,也恐不能写尽!这些苦海里的同胞,早烧香,晚磕头,剥夺人生乐趣,苦修十余年的结果,只读得几本倒头经,除去做佛事作僧阀的工具,混一碗斋饭之外,别没有谋生的能力。我们要求中国人的自由平等,倘使不解放这班被压迫的同胞,我们的责任那能算尽了呢!

三、划拨庙产

中国唯一的大资本家,要算是僧阀。据确实调查,只丹徒一县的庙产,就有五千万之多!中国大寺院丛林无虑千万,准此以推,全国庙产至少有二十万万!试问中国那一种阀,能有这样多的资产?倘使不把这笔款移到正当的用途上去,民生问题断无解决的希望!

四、创办教育

中国教育界种种纷乱,十有八九都是因为经费困难。教育是立国的根本,我们不能把他停办。北伐的工作,建设的计划,如此要紧,我们那里能丢开他们,把全部公款都拿来办教育?什么力争教费呀,提高待遇呀,免费运动呀,都不过是穷人抢饭,不是根本的解决。什么缩小范围呀,减少俸给呀,都不过是忍饿政策,不是正当的办法。我们现在要为国家争生存,为教育谋进步,不得不大声疾呼,打倒僧阀,移拨大部分的庙产来振兴我国的教育。

一、怎样打倒僧阀呢？

（一）调查僧阀罪恶,尽量宣传；
（二）剪除僧阀爪牙,驱逐僧阀走狗；
（三）监视贪官污吏之言动；
（四）在各处组织"打倒僧阀联合会",力求贯澈。

二、怎样解放僧众呢？

（一）调查僧尼苦状,尽量宣布；
（二）提倡"僧尼解放运动",并宣传三民主义,晓以自由平等之大义,促其觉悟；
（三）联络有知识并富有革命性之僧尼,协助僧众,驱逐僧阀；
（四）援助僧众还俗,其有愿为僧尼者听；
（五）提倡"还俗僧尼职业教育"。建设大规模之工厂,使习技艺,并施行特殊的成人教育和公民训练,以增进其普通知识；
（六）呈请中央以法律规定未成熟之幼年男女,不许入庙为僧尼,以绝来源。

三、怎样利用庙产呢？

（一）由国民政府即速组织"庙产委员会"调查全国庙产,一律收归政府管理；
（二）划拨一部分之庙产,在各省会立大规模工厂,并补习学校,收容还俗僧尼；
（三）划拨一部分之庙产,建设"国立佛学院",聘请僧界硕彦,担任讲席,昌明佛学；
（四）划拨一部分之庙产,为保管名山胜迹之用,其保管员或即聘请不愿还俗之僧尼担任之；
（五）拨出若干万为年老及不愿还俗僧尼之赡养费；
（六）其余款项一律拨充教育经费,请中央明令规定,不得移作他用。

四、怎样振兴教育呢？

拨归教育项下之庙产,应一律划作教育基金,支用利息,由大学院组织委员会保管,并依下列计划支配之：

（一）划出若干万,依各省县普及教育需要之程度及富力之大小,准公平之原则补助之；
（二）划出若干万于各省创办试验性质之"天才学校"；
（三）划出若干万于各省创办试验性质之"教养学校"；
（四）划出若干万提倡美育,以代宗教；
（五）划出若干万促进"免费教育",所有公立学校中学宿杂费等,一律免除（有时膳费亦免）,以减轻学生之负担；
（六）划出若干万为"师范生优待费""教师进修基金""教师薪水基金""教师健康娱乐的设备费""教师子女教养津贴费""教师住宅建筑费""教师意外危险费""教师退隐基金"及"教师死亡恤金"；

（七）划出若干万，推广职业教育。

以上各种计划，多半有详细办法，当陆续作文发表。

一、庙产兴学是否妨碍人民之自由信仰？

在这革命时代，人民是否应有完全之信仰自由，尚属疑问。纵使应有，亦不能拿来反对庙产兴学，因为：

（一）僧尼信奉佛教是一事，拥有千百万的巨资又是一事。我们所争的，是分拨无用的庙产来办教育，并不是强迫他们还俗，更不是反对佛教。

（二）僧尼之中，固属也有少数确是信奉佛教的。但是大多数僧众，皆因家境贫寒，自幼入庙，对于佛教，本为强迫之服从，何曾有自由的奉仰？而我们规划解放僧众，正所以保障他们信仰自由的权利。

二、庙产兴学是否妨碍佛理的研究？

庙产兴学与研究佛理并无妨碍，因为：

（一）我们所争的是过胜的庙产，并不是阻止民众研究佛学。

（二）一般僧众多属无知无识，我们二十万万的财产来养育他们，希望他们昌明佛学，岂非笑话。

（三）况且在今日的中国，民穷财尽。一般人民，因未受教育，缺少谋生的能力，以致辗转沟壑而死，或挺而走险，以致触入法网而死的，每年不知几何万人。我们不能急速起来设法解救这班贫而无告的国民，偏对于玄奥的佛学，却要为他化二十万万元来研究，未免轻重倒置！依我的办法，从庙产中提出一笔款子来，办一个"国立佛学院"，不但可以集中佛学的研究，使他日益昌明，并且可以移出大部分款子来解决"人民生计"的大事。

三、庙产兴学是否妨碍人民所有权？

拿庙产来兴学，有人以为妨害人民的所有权，因为庙产居多是施主捐赠的，他们的目的是要发展佛教。倘使移来办学，未免有碍他们的主权，并且施主尽可把所捐的款产取回。这理由并不充分，请参观下表便知。

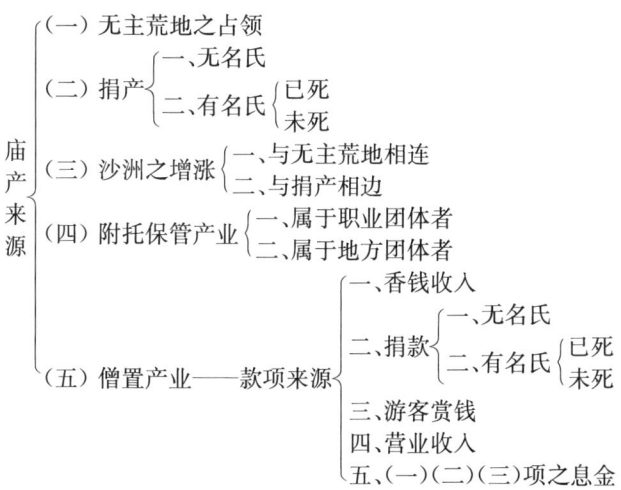

据上表,可知庙产有施主关系的,只有捐产及捐款二项,并且我国自兴学以来,风气日开,施产捐款,远不如从前那样踊跃。中国的名山古刹,有千百年历史的又很多,所以我敢断定,施产捐款那些人大多数已经物故,或许连他们的姓名也已经不能查考。还胜下那少数未死的人,他们所捐的款产仅占庙产中一小部分。即使发生问题,也无多大关系。至于他项来源的大部分的庙产,除属于保管性质为极少数外,更不会有人置喙。所以移用庙产兴学,妨碍施主主权的话,并不成什么问题。

四、庙产兴学在中国是不是一件骇人听闻的事?

我国庙产兴学的历史,差不多和兴学的历史一样久远。张之洞在光绪二十四年《劝学篇》上说:"今天下寺观,何止数万,都会百余区,大县数十,小县十余,皆有田产。其物皆由布施而来,若改作学堂,则屋宇田产悉具,此亦权宜而简易之策也。"总理前在广东亦曾有此提议,并且已经有一部分实行。及今乡镇之间,庙宇用作校舍,已成通例。庙产拨作校产,亦属数见不鲜。移拨庙产的方法,或借用,或由官厅指定拨充,或因僧尼不守清规,由公家没收,不过这种情形,居多是偏僻的地方发现。若使是在大丛林的地方,如镇江之金焦,浙江之普陀,僧阀势力伟大,当道每仰其鼻息,纵使发现他们不守清规,亦不敢倡议没收他们的产业。我们今后应该拿出革命的精神来和僧阀奋斗,澈底达到庙产兴学的目的。最后我们应该注意下面的几件事:

一、即速在各处组织团体,提倡并促进"庙产兴学运动";

二、即速联合各团体,向全国教育会建议;

三、决定以政治的运动,法律的手续,达到目的,严防轨外行动,致为奸人利用;

四、严防僧尼变卖庙产,须立即呈请中央制定法令,私卖庙产者治罪,并将产业充公;

五、即速呈请中央明令规定,确定拨出之庙产,为永久教育基金;

六、反对"佛化教育",严防僧尼藉口办学,护卫庙产。

(附告)丹徒庙产五千万元,系根据该县总务科长乐乐山①君之调查。

十七年四月

(原载《中华教育界》第十七卷第四期,1928 年;后收入《教育经费问题》,教育编译馆,1935 年,文字稍有更易)

---

① 编者注:再版时更正为"乐荣山"。

请大学院补充教育经费政策通令全国励行公平教育税制实施教育机会均等案

教育经费行政之基本原理有四：（一）就数量言，"教育经费应增多"；（二）就管理言，"教育经费应独立"；（三）就负担言，"教费税制应公平"；（四）就支配言，"教育机会应均等"。

中山先生手定党纲对内政策第十三条规定"增高教育经费并保障其独立"是对于数量及管理两方面，已有确定遵行之原则，至于负担及支配二端，尚未有相当之规定。

增高教费之重要，已为国人所公认，教费独立亦国人所视为刻不容缓之要图。此固教育界之良好现象。然若不谋负担均平，则教费愈增高，愈足以增加贫民之疾苦；不谋机会均等，教费虽独立，亦无裨于国计民生。负担不得其平，机会不能均等，欲谋教育之发达，国运之兴隆不亦难乎？

异哉国人之筹教费也！不曰亩捐附加，便曰盐斤带征，苛细杂捐，直接间接影响于贫民之生计者，不一而足。彼北方之武人政客，不恤贫民之疾苦，其苛征暴敛也固宜。至若吾辈青天白日旗下之教育界，日以解决民生问题相号召者，独奈何于筹谋教费之际，转以救吾民者害吾民乎？嘻！教育尚未苏民生，民生已先受教育之摧残，虽谓"教育杀人！"谁曰不宜？

夫良田万顷肥肉肥马之富翁，与薄田三亩衣食不给之小农，同依八分亩捐之税率负担教费，执途人而问之，有谓为公平者吾不信也。况吾国为小农制度之国，百亩以下之田，不足以赡养其八口之家者，居全国人口之大半，今以教育税制之不当，就田赋一项，已足以影响二万万以上同胞之生计，吾辈教育界中人，又安能辞其咎！

至若盐斤带征，尤悖乎公平之原理，而违背人道之精神！盖贫苦小民，力不能备珍馐，其赖以佐餐下咽者，厥惟富于盐分之蔬菜，或单纯之盐卤，因此贫人所需之盐分，必比富人为多。乃从而苛税之，加之又加，不以为怪，以梃杀人，何以异于此？

其他苛细杂捐，困弊吾民之生计，吾教育界用之漠然无所动于中者甚多，吾不欲一一为之论矣，吾所欲与国人商榷者，则为教育机会之均等。

中山先生有言，教育为人之权利，学费书籍及学童之衣食，皆当由公家供给。余尝读其言而三叹焉，以为此种社会主义教育之理想，中山先生苦心提倡者十余年，奈何国人之闻风而兴起者，如是其寥寥也。试看今日之教育，中学以上，年需数百金，中人以下之子弟，不能入焉。非所谓贵族主义阶级主义之教育耶？金钱为文凭之条件，文凭为饭碗之保障，非所谓资本教育下商业式买卖式之教育耶？黉舍高万仞，贫者莫得入，彷徨道左，谁复顾惜,吾言至此,不禁为贫苦学生一洒伤心泪,而追念总理遗训不能释于怀也。

此尚就有求知欲之学生而言也,至若一般民众不知教育为何物,其受教机会,因经济之限制,剥夺净尽,浑浑噩噩,有权利而不知争,沦于奴隶而不知悟,哀吾民众,奚以至于此?!孰令致于此?!

吾以为吾辈教育者之责任,首在消积[极]的减少人民之苦痛,勿行苛刻税制以爱民者害民,其次当力谋教育机会之均等,天才之充分造就,以保障人民受教育之权利。语其办法,当有下列诸端!

一、由大学院呈请国民政府以"励行公平教育税制""实施教育机会均等"补充目前之教育经费政策。

二、励行庙产兴学,确定遗产税专办教育。

三、聘请教育及财政专家研究筹谋教费之妥当办法,并改良目前教育税率,"以免税的限度"及"累进的税率"为根本原则。

四、通令全国逐渐豁免苛细教育杂税。

五、统一全国教费行政,实行教费集中,由大学院准"以社会之款办之社会教育"之原则,公平支配。

六、励行普及教育,力谋教育之均等。

七、励行免费教育,确定步骤,按年施行。

(原载《教育经费问题》,教育编译馆,1935年)

摄制示范教学活动影片之倡议

参观教学为教学实习中必具之阶段,其重要无待赘述。顾通常训练师资之机关,每因人才及设备上之困难,对于教育参观往往因陋就简,敷衍了事,实习效率,因以降低。作者有见于此,爰拟利用电化设备,就各种教学情形,选择各地优良师资,摄制各种有声教学影片,以为训练各种师资之用,仅略述该项影片之目的及种类于左,以供参考。

一、目的

(一) 供给优良的示范教学,便教生对于各种教学方式有深切的和系统的认识与了解。

(二) 节省教生参观时间和费用,俾得以极小之代价,获得示范教学上最大之效果。

二、种类

(一) 以教学法分

1. 设计教学法

2. 道尔顿制教学法

3. 德可乐制教学法

4. 小先生制教学法

5. 导师制教学法

6. 单级教学法

7. 复式教学法

8. 巡回教学法

9. 经济分团制教学法

10. 其他

(二) 以科目分

1. 幼稚园及小学

(1) 国语 (2) 算数 (3) 卫生 (4) 公民 (5) 社会 a. 历史 b. 地理 (6) 自然 (7) 艺术 a. 劳作 b. 美术 c. 音乐

2. 中等学校

(1) 国文 (2) 数学 (3) 英文 (4) 历史 (5) 地理 (6) 物理 (7) 化学 (8) 生物 (9) 公民 (10) 体育 (11) 美术 (12) 卫生

此项影片之造价，包括有声电影摄制机及放映机，共约二万元。制成后可复印若干份，分送各地师范学校放映。今后之师资训练，或将因此而开一新的局面，亦未可知也。

(原载《教育研究通讯》第一卷第一期，1936年)

对于五五宪草教育章的意见

教育种子都要绝啰

邰爽秋：我要说的话，都给许恪士先生说完了，不过，五五宪章一三一条教育宗旨的规定，我想可以不列入宪法。因为教育宗旨的确是可能因时潮而改变的，如果这些变动都要召集会议来改变宪法，未免不大妥当，也太费事。事实上，五五宪章第一条"中华民国为三民主义共和国"就是教育宗旨。

说到一三二条"中华民国人民教育之机会，一律平等。"□□平等？骗人。校门是开着的，谁都可以进去的，但是，要钱，就这"钱"一个字，连成千成万教书匠自己的儿子，都进不了校门啰！

这是说："校门八字开，有理无钱莫进来。"

而有钱的呢？好，十匹阴丹士林可以出洋玩五年，平等？惨得很哪！长此以往，教育种子都要绝啰！

所以我说"中华民国人民，有受教育的权利"，而且，要强迫教育，就像慈爱的母亲拿着苦药强迫病着的儿女接受权利。

关于一三四条："六岁至十二岁之学龄儿童，一律受基本教育，免收学费"。这学龄儿童的说法，好像有点不妥当。这不应该呆板地规定，因为"学龄"何尝只有"儿童"呢！所以，不论六岁到十二岁免收学费，就是终生都应该免收学费，说到民生教育，那光免学费还不够，谁能够不吃饭不穿衣服到学校念书呢？

若说教育经费那一条的规定——一三七条，教育经费之最低限度，在中央为其预算总额百分之十五，在省区及县市为其预算百分之三十，其依法律独立之教育基金并予以保障，贫瘠省区之教育经费，由国库补助之——可怜，有些穷县，全部收入不到一千块钱，还谈办什么教育啊！国库补助，究竟补助几文唷！

所以，我想，规定教育基金虽不必独立，但要有保障，而且要支配得当。

（原载《国讯》第三百六十四期，1944年）

几点建议

1. 应发挥自由讨论的精神,使同情武训的人,说出他们心中的话,尽量暴露出他们的真实思想。

2. 应将同情武训或替武训辩护者提出的各种理由,先由少数人加以深入的研究,发掘其错误的所在(如有局部好意见,亦不当一概抹杀),然后有系统的、有计划的,布置座谈会或学习,展开自由讨论,务期在一次或二次座谈会或学习会中,解决一个或两个问题,将其结果在《人民教育》上公布以供各方参考。

3. 应逐渐展开对武训以外其他在历史上有影响的教育人物的批判研究。

4. 应认清武训问题同时是一个长期性思想斗争的问题,是马列主义、毛泽东思想和封建思想、资本主义思想斗争的问题,不要以为在短期开几次座谈会,就想把问题彻底解决。

(原载《人民教育》,1951年第7期)

对于学制改革的建议

我国新学制基本上是优越的。它的基本精神是推翻了过去资本主义和封建主义相结合的旧制度,而代以社会主义的新制度。我曾经参加了新学制的讨论,认为1951年公布的学制优点很多。对于今天要改革学制,感到很突然。学制改革应随政治、经济、文化的发展而改变,苏联学制四十年来未曾作过重大改革,因此对今天研究改革学制的必要性还不明确。听大家发言,好像是从中学负担重、质量不高引起的。我认为应慎重考虑,不要大改。学制改革的重要一环在中学,中学改了是否可解决负担重、质量不高的问题呢?是否还有别的方法或途径呢?我本人不赞成办预科,倾向于高中分科的办法。现在世界上有二十二个国家普通中学分科,只有极少数国家设立预科。

办预科的理由是:1. 缩短年限。但高中减两年,预科办两年,并不缩短年限。如果说提早毕业为国家服务,那么提前入学,或在有条件的地方,逐渐采取五年一贯制都可以缩短年限。2. 初高中课程循环重复可以解决。现有人在提意见说中学有些课应学的未学,为什么不把循环往复的时间省下来开课呢? 3. 只考虑普通教育要求,可不考虑高校要求。实际中学四年升预科,也得考虑高校要求。最重要的也许是第四个理由,省钱。算算账看,中学每人80—100元教育费(全国中学生1957年的教育费是95元,这数字是从教育部调查得来的。各省所说每个中学生每年教育费250余元的数字与事实不符),高中学生78万,高中生二、三年级的学生约40万,即按每人100元计算,停办高二、三年级,每年只可节省约4000万,也仅占国家总预算的千分之一。实际上办预科一百所,并将初中延长一年还要超过4000万。要想省钱,反要赔钱,并且这样做会:1. 缩短普通教育年限;2. 减少升入大学的人数。我个人体会社会主义国民教育制度的优越性,在于人人皆有可能受到高等教育,我国解放后历年来高校的大发展,学生人数增加,达到解放前1947年的学生数的三倍多,就是我国新学制的优越性的体现。资本主义学制的特点是选择性(也就是淘汰性),社会主义学制的特点是大众性,凯洛夫新著还特别提出大众性来。资本主义国家选择的方法是高额学费、智力测验等。选择最厉害的国家是法、英,原因是少数人掌握恒权,要抛开劳动人民。人人都可受到高等教育的大众性只有在社会主义社会制度条件下才可能。有人说苏联也不是人人升大学,这是实际情况。但大众性的理论建筑在劳心劳力的消灭上,工人可达到工程师的水平,农民可达到农学家的水平。我们现在改革学制的目的倘如是在压缩升入高等学校的人数,就会大大地影响新学制的整个精神,就不应该了。我并不主张人人都升大学,但预科的方法会限制很多人。如何保证在目前我国经济情况下高校有合格的学生很重要,预科固然是一个办法,但也可考虑其他办法,我主张高中分科，现在学生负担重、质量不高正是不分科的结果。我两个孩子，一个在初中，一个在高中，一天忙的不得了，既要忙文，又要忙理。既然80％的学生要学理工，却又强迫他们去读《诗经》，很不合理。我为他们呼吁。如果一定要改革学制，希望多开会，长期细致的研究。过去五年一贯制骤然决定推行和骤然决定停止是冒进冒退。

  小学6岁入学在原则上我可同意，不过我国地方这样大，又有许多少数民族地区，7岁入学的办法我认为也可并存，不必硬性规定，强求一律。资本主义国家儿童入学年龄，如法、日、意、荷、加拿大、澳大利亚等国都是6岁，英国并提早到5岁，随着国民经济的发展，我国应逐渐向这些国家看齐。在目前虽然不要求全国儿童一律6岁入学，但是万万不可固定在是7岁上面。至于学龄计算的方法，所谓7岁入学，应从6岁半至7岁半，不应死死的扣足7岁，才准入学。争取22岁大学毕业是很必要的，达到这个目的的方法之一，是提早入学年龄。教育是百年大计，一个小学生一年仅费14余元，为打这个算盘让他们将来少服务一年，才是不合算的。我愿教育当局对我上面的意见予以考虑，并加以采纳。

（未刊讲稿）

书　　评

简评《一个更夫》①

  曹君这篇小说,描写我国人生活不平等的状况,替这辈人叫冤,这意思是好极了。但是这辈人大都是昏昏懵懵,你替他表同情,说他生活苦,他或者自己还没有觉得,甚至于以为他命上应该如此也未可知。唉!倘这种受不平等待遇还是懵懵的人,社会上正复不少。我说到这儿,我欲无言。

(原载《少年社会》第三期,1919 年)

---

  ① 该文系邰爽秋对曹刍发表在 1919 年第 3 期《少年社会》上的文章《一个更夫》之评论,原文刊于曹文之后,无题目。该题目系编者所加。

评《孟罗教育史》

不论什么人,欲研究一种别国的事体或学问,倘使对于该国的情形没有详细了解,那吗说出话来一定是隔靴搔痒,不合实际。关于《孟罗氏教育史》之东方教育一章便可知道了。

孟罗氏编辑这本书的次序。第一章是原始时代的教育,第二章便是东方的教育,他拿中国的教育来做代表,说中国的教育是一种复演的教育,说中国的学校都是私塾,用的教材是千文百姓四书五经,用的方法是形式的记忆。虽是他这一章书里也提到日俄战后,中国教育稍有改变,不过他随即又加了许多话,说这种改革不过是局部的,未能奏效。看孟罗的意思,好像中国的教育,简直是千古以来一成不变。

所以他特为拿出来做一个去原人教育不远的标本,就同社会学家拿非洲的土人来说明原人的生活一样。宜乎有许多不明白中国情形的外国人几乎疑惑中国没有教育呵!

二十年前的中国教育,诚如孟罗所言,我们也无庸隐讳。不过现在的情形都大变了,而孟罗仍没有知道。我看孟罗做这章书所参考的书籍,大都是十九世纪末叶英美人的著作,去今已二十年,他这本教育史在一千九百○五年出版,去今也有十五六年,其中所说的情形,当然同现在不合。不过他这本书已经再版了许多次,关于中国教育一章,竟没有修正,这真正是遗憾呀!

我对于孟罗,也不愿多说,因为以一个外国人研究中国的事体那能十分透澈,所以我们应该原谅他。不过我觉得中国的教育家、留美的中国学生和国内的学者,却未免放弃了责任;孟罗在十年前,也曾游中国,那时候中国的教育状况,决不如孟罗所述,如何那时候中国的教育家没有把详细的情形告诉他?

中国留美的学生,直接受教育于孟罗的,也很不少,为什么读他的书的时候,没有请他修正?日本的学者,对于该国的教育状况,用西文著书向外国介绍不遗余力(如日本之教育、日本之女子教育等),我们中国通西文的教育学者也很多,为什么没有人做一部现今的中国教育?

现在孟罗又来华了,我希望欢迎孟罗的团体,不要仅仅把欢迎的这件事当作国际社交的手段,或是空空的提出几个泛而无当的问题,请他解决。我们所要注意的,乃在把本国教育现状,详细告诉他,备他参考。我以为仅仅领他参观各处的学校还不够,我们还当把国内教育现状和特点作有系统的记载,译成英文,送给孟罗,希望他在下次《教育史》再版时,把这第二章修正一下。这件事体关系于中国国际的地位很大,我希望欢迎孟罗的团体特别于此点注意一下。

这个短评,本是邰君投给《中华教育界》的,我因这件事有使和孟罗接近的中国教育家主义的必要,所以提前替他要求本刊发表一下。

舜生附识

（原载《民国日报·觉悟》第十一卷第三期,1921年11月3日）

评《民众教育实施法》[①]

近几年来,国内人士感觉到民众教育的重要,举国上下,一致提倡。关于讨论民众教育的刊物和实施研究报告日新月异,大有雨后春笋滔滔而出的气象。但有志研究民教者,每苦卷帙浩繁,茫无端绪。坊间固然不乏介绍民众教育的系统著述,惜皆偏于概论性质,内容简单,不合实际的需要。大夏大学同事许公鑑先生,有鉴于此,本其四五年来在江苏省立教育学院研究实验的心得,及其任江苏省立教育厅社会教育视导员和任教的实际经验,编为《民众教育实施法》一书。这是一本讲实施的著述,当然不贵多谈理论,所以它的内容全属于事实的探讨。全书论及设施事业凡四百余种,例举办理方法凡五六十种,内容充实,为国内民教著述中所未曾有。而第一章导言和第十章余论,更将民众教育实施的原则和理论的根据,以及实施问题和各种条件,扼要讨论,尤见精彩。

许先生是一位有理论而又有实际经验的民教专家,对于民教有深切的认识和研究。他编这部书,参考过国内各重要民众教育刊物凡数百种,对于各地实施心得与特色,搜罗无遗,并经审慎抉择,去芜取华。书末附有各种重要参考书杂志目录,读者如为时间经济所许,可按其指路线,作广博的探求,不难左右逢源,登民众之堂奥。

(原载《华年》第四卷第一期,1935年)

[①] 编者注:原无标题,编者自拟。

译 作

金刚珠

(此剧原名 The Necklace,见 Stevenson's *Children's Classics in Dramatic Form*. 篇中人名地名皆已改为中名并略加窜改)

邰爽秋译

登场人物

马露华	顾秀娴
毕蕴宽 （马之夫）	高郎英
张丽英	闵丽姝
戴淑静	女仆
梅姑	邻居老奶奶

第一幕

时间　正月里下午。

地点　南京,马露华家里堂屋中。

"这间屋既小且陋。马露华在那儿刺绣,他是年少而美,衣服也不差。门上的铃子一响,女仆走进来了。"

马　　谁来了？

女仆　太太,学堂里些小姐来了。

马　　张丽英一同来了吗？

仆　　没有,他这一次没有来。

马　　那吗我愿意见见他们。

（女仆退。马露华急忙把椅子安排好。戴淑静、闵丽姝、高郎英、顾秀娴、梅姑进）

哦！哦！我看见你们,很欢喜！来,请坐！顾秀娴,这里是一把椅！高郎英你坐摇椅！戴淑静,你坐这张凳！其余的几位,请坐在榻上！（全坐下）

戴　　露华,我们只能耽搁一刻儿见。

高　　我们正是一路去看张丽英。

梅姑　我们想你一定愿意同去。

马　　很抱歉,今天不能奉陪,我——我有这许多事要做。

顾　你不过是在这儿刺绣。

马　是的,不差,不过——我已经决定再也不到张丽英家里去了。

闵　为什么——我常时想你们俩从前是很好的朋友!

马　我们从前——我们现在还是好朋友,不过我觉得去拜访他,有些不舒服。

戴　不舒服!怎么会这样的?张丽英的家里很好呀!

马　就是为的这个原故了!因为我看见他家里富丽堂皇的样子,不由得就想到自己的家庭可怜的很,所以觉得不舒服。

闵　我们的家,没有那一个像张丽英的那样好。

梅　但是他自己一点也没有觉得。他不是请我们去看他的吗?

马　是的,但是我绝不愿意去。他家里大理石的桌子哪,海梅的椅子哪,我一看见,就嫉妒,我情愿忘记了这些东西。

高　呵!这些好东西,纵使我自己不能有,我却是很欢喜看看。

顾　我也是这样呵!就如张丽英的地毯,看起来真叫人快活——上面都是画的皇帝皇娘还有孔雀。我看了就想到一出神仙戏。

马　这些东西只能叫我想到我这些不值钱的窗帘儿。

戴　秀娴姊姊,郎英姊姊,你们的话觉得很对。我很爱张丽英家里的那些用物。只看那些大的圈椅,躺在里面,好像进了天堂一样。

马　我只能想到我这些破烂的椅子,躺在里面,时时刻刻怕掉下去,好像受罪差不多。

闵　露华,你真痴了,同我们一路走!

梅　是的,一同走!他家里的佣人,要招呼我们进去的。你一忽儿就知道他们待人是最恭敬的了。

马　这徒然叫我想到我这可怜的女佣。不,我不愿同你们去。

诸女士　(预备走)那吗再会了!马露华,再会!

　　　　(诸女退。他拿刺绣的时候,只顾叹气。停了一下,毕蕴宽进,他是一个少年人,尚不满二十岁,他手里拿了一封请帖。)

毕　这儿,贤妻呀!这儿是一样东西,特为为你——这样东西,一定能叫你欢喜。

马　(拿起请帖)什么?

　　(他打开一看,高声朗读。)
　　"本月十九日,为冯督军太夫人七十高寿之期,谨治寿筵,敬候光临。席设督署,时间下午七句钟。"
　　(他把请帖掷下。)
　　你为什么把这个拿给我看?

毕　我起初想你一定要欢喜的!你从来不出去——这是很好的机会。这个机会很不容易得——没有那个不要去。这个机会是再好没有的。

马　你还曾想一想我穿什么衣服?

毕　呵！我倒没有想到那一层——不过在我看来，你倒还漂亮好看。

马　我一件新衣服都没有——没有，没有。蕴宽，我不去。

毕　一套新衣服大概要化多少钱？

马　至少一百元。

毕　（作沉思状）一百元——我疑惑——我疑惑——

马　你还曾储蓄那些没有？不见得，那是一定没有的；你不过当了省公署里一个小书记，薪水又这样小。

毕　是呵，不过我现在——正有那样多，我把他省下来是预备应急的。不过我一定给你，你明天拿去买一套新衣服。哎呦，一点儿都不快活吗？
　　戴什么首饰呢？一样都没有，连一副镯头都没有！

毕　露华呵，戴花！就戴花好了！只要戴花！不用戴手饰！

马　这样一来，只有我一个人与众不同了！我不去，我宁愿永远住在家里！
　　（门铃响。小停。女佣进。）

女仆　张丽英小姐来会你。

马　（迟疑了一下）我现在不能见他！告诉他——
　　（张丽英进，年少而娴雅，衣服丽都。）张丽英呵！

张　我起初想不等你的，——那些女朋友说你是在家里。蕴宽，他不愿意见我。

毕　丽英呵！什么地方他都不愿去，我也没法想。我正是劝他到督署吃寿酒，他一定不去。

张　露华姐姐呀！为什么缘故？记得从前在学校里，你很喜欢大家在一块玩，恐怕你现在有些不舒服吗？

马　哦！谢谢你！我很舒服。

毕　丽英，是为这件事，他——

马　不要说，不要说！你万万不要告诉他！

张　毕先生！说！我一定要听听！

毕　露华要戴首饰去不愿意戴花去，我看起花也不差，你看怎样？

马　不要卖穷吧！那一个不是戴首饰！

张　姐姐这话是不错，你也应当戴首饰。这儿是——
　　（他从头顶上拿下了一串金刚石的颈珠给马露华。）

马　丽英呀！你愿意借给我吗？

张　是的，自然哪！

马　唉！你人多好呀！你人多好呀！丽英呀！你真叫我快活起来了！（连忙跑到镜子前面，把串珠子放在颈上。）这个真好看——真好看！蕴宽，我现在愿意去了！

第二幕　第一出

时间　吃酒回家，天还没有亮。

地点　马露华家里堂屋中。

"马露华、毕蕴宽进，身上裹了许多衣服，毕蕴宽把电灯的火门攀开，又把火炉时里的火挑拨起来。"

毕　你最好等火旺起来，再脱皮衣。

马　是的，这间屋太冷。哦！真好看！我永世不会忘记。

毕　你这次出了风头，我也很觉得欢喜。

马　穿了好衣服戴了好首饰，都不会辜负！个个人都要见见我！即虽冯督军本人都要跑来看看我。

毕　（点头）露华，我那时候也很觉着得意。

马　蕴宽，告诉你吧，我天生下来是个贵命，我觉得什么富贵人家的女太太，我都配得上。

毕　你的确是的，你的确是的。

马　得意虽得意，我却没有受到什么好处！我就同活活的埋葬在菜里一样！我也不过爱穿了几件好衣服，人就忌妒我，跟着看我……真叫人麻烦死了！

毕　露华，你太把你自己看高了！你倒没有想到那些衣衫褴褛、没有饭吃的人吗？

马　我又没有钱来做好事。

毕　只要你可怜可怜他们那就够了！间壁那位害病的奶奶，你也可以读书给他听哪，他的小孩子，你也可以同他玩玩哪；但是你从来没有想到别人。不过你在酒席上出了风头，我却是很欢喜。睡觉吧，明早七点钟我一定要去办公咧。

（他刚走开，马在镜前解下皮衣，大声一喊，毕转回。）

什么缘故？你病了吗？

马　金刚珠！——少掉了！

毕　少哪！

（马在皮衣里衬衣里口袋里，狂搜乱找。）

马　少了，少了！你到会客室里看看瞧！

（毕蕴宽连忙退。马摇皮衣，看看地板。毕又进。）

毕　会客室里找不着。

马　天井里看着没有？

毕　是——我已仔细找过了。

马　我衣服里也找不着。

毕　你离督署的时候戴上没有？

马　是——我们走的时候，我觉得戴上的。

毕　那吗一定在马车里了。

马　你还曾把马车夫的号码记下来没有？

毕　没有。你曾注意吗？

马　我连看都没有看。蕴宽，蕴宽，我们如何是好呢？

毕　我预备悬赏找寻——

马　　快到督署里去——到马车行——到当铺——块块地方都去一下子。去——去。

　　　（毕拿起外衣赶快去了。马神昏颠倒的样子搜了一番，椅子底下看了一看，榻上破毡子底下也看了一看。）

第二幕　第二出

时间　数小时后。（天亮了）

地点　马露华堂屋里。

（马此时换了便服，魂不附体的样儿坐着，凝视炉火，女佣捧茶进）

女佣　太太，你愿意吃茶吗？

马　不要，谢谢你，——什么都不要。

女佣　但是你还没有吃早饭！

马　我不能吃。

　　　（门铃响，马跃起。）

　　　那儿！那一定是蕴宽回来了！

　　　（女佣退至厨房里。小停。蕴宽进，垂头丧气举止错乱。）

　　　找着没有？

毕　没有——一点影子都没有。

马　你各处都去过了吗？

毕　各处都去过了！跑到督军署，跑到马车行，跑到当铺，跑到警察厅，又跑到大江南日报馆里登了赏格的广告——我件件事都做过了。

马　或者有人要拿来领赏也未可知。

毕　那就是我们的一线希望了。不过我们都要想出句话来，向你的朋友讲一讲才好。

马　我预备写信给他，说那串珠子的钩子碰坏了，现在正是修补着咧。

毕　倘使找不着，这修补的时间不是太嫌长了吗？

马　蕴宽，我们怎样弄呢？

毕　我们必定赔他。

马　赔他吗？那简直是办不到。那串珠子，要直一万洋钱。

毕　不要紧，一定是要赔的。

马　我们除去祖遗的几样东西之外，可算没有什么了。

毕　卖卖并并，可得四百块钱，其余的九千六百块钱，我预备向人借。

马　　呀！这笔债一辈子才可以还得了！

毕　　是要一辈子，但是也无法。

马　　这是我的过失——蕴宽，你不应该牺牲你一生的光阴。

毕　　露华，一定要这样做。你可以去买一串同张丽英一样的金刚珠。

马　　那吗他永不会知道了。

毕　　要他知道做什么！

马　　我愿意把女佣回掉，——把这住房子回掉，——我们可以住到草屋篷子里去，直住到还尽了债为止。

毕　　我们以后也没有多少钱养命了，我的薪水只够给那些放大利钱的人了。

马　　可怕呀！那简直是一生痛苦！

毕　　但是终久那一串珠子，或者可以找着。

马　　蕴宽，我们绝非没有希望！我们到此都是有希望的！

第三幕

时间　十年后。

地点　北极阁后茅篷里。

（屋里差不多没有什么用物。有人敲门。停。门从外面开了，一个邻居老奶奶把头伸进来看看。他是一个洗衣的女子，肥头肥脑的，笑嘻嘻的，他四面一看，随后喊起来了。）

邻姬　毕奶奶！毕奶奶！

　　　（马拿了一篮衣服走进。看起来好像是中年的妇人，面貌黄瘦，带忧愁憔悴的样子，他的手红而粗，他穿的粗布的衣服。）

马　　（客气的了不得）哦，好邻居呀，失迎得很！我看见你很欢喜。我刚刚从洗衣作里领衣服回来洗。你愿不愿坐？

邻　　我已经替你找到一个洗衣服的新主顾，特为来告诉你的。

马　　哦！那真感激死了！

邻　　这是一家常川的顾主，一星期不空的。

马　　老邻居，多一个钱好一个钱！

邻　　你做得太苦了！一天到晚，洗呀！搓呀！擦呀！

马　　因为我们欠债太多了！

邻　　你像这样做，已经好多年了。你的丈夫，同你一样，也是一天到晚忙做！

马　　这笔债真是太大。间壁那一家害病的女孩子怎样了？我刚才好像听见他哭的。

邻　　他的热病昨天又发了——他要一个泥菩萨，——但是他家里买不起。

马　　我恨不得——但是也不要紧——我不能。邻居呀！那一家洗衣服，你怎样同他讲的？是送到我家里来吗？

邻　　是的，今天就送来。

马　这一家叫什么名字?

邻　在北门桥东边那所大房子里张小姐家——

马　呀! 张丽英吗? 你是不是说的张丽英?

邻　是的。你为什么这样? 你的脸这样青了!

马　你还曾把我的名字告诉他吗? 你曾不曾?

邻　是呀! 一定哪! 为什么不告诉他? 我只说了个"毕奶奶"——"毕奶奶"。

马　你没有说我名字露华吗?

邻　没有。——只说马奶奶,我怎得会把你的全名告诉他呢?

马　(向旁边一站)不会! 不会! 姓毕的也很多——他不会猜到。

邻　你刚才说什么?

马　没有什么——没有什么——换一家洗衣的主顾我倒也很欢喜。——就罢了。老邻居呀! 你待我这样好!

邻　我这那能报答到你的意思呵! 看去年我害病的时候,你替我洗了许多衣服呀!

(忽听得口里吹叫叫子的声音。)

马　那是那个吹的?

邻　必定是你的丈夫蕴宽。

马　不,他从没有吹过——现在。

邻　那吗必定是搜房租的到了。我倒也要准备给他钱。

(邻退。吹声渐近。蕴宽进,仍吹着,形容消瘦,衣衫褴褛,头发已变灰白了。)

马　哎,蕴宽,这些年来从没有听你吹过。

毕　债已还了——连一个铜屑子都还了!

马　还了吗? 是不是?

毕　我今天刚刚同最后的一个债主结了账。

(马没精打采的倒到椅子里。)

马　在这十年之内也还了九千六百块!

毕　不仅仅这些,还有利钱哪! 我逼住去借债,也不管利息多大,你知道的呀!

马　你那样做事还债,也就要命哪! 全天都是做两个人的事体,晚上还要抄书。

毕　唉! 我也真正侥幸,还能借到九千六百元,买一串金刚珠,赔张丽英。

马　这是十年前本月里我拿给他的。

毕　我倒有些奇怪,究竟张丽英知道不知道你还他的那串珠子不是他自己的。

马　我还珠子的时候,他也没开盒子看,我后来搬到草蓬里,一点影子都没给他知道。

毕　现在什么东西都过去了。债票呀,当票呀,债主呀,夜里睡不觉呀,什么东西都挨过了!

马　罢也罢了,不过弄得你精力衰疲愁容满面。你的十年光阴,就这样消磨了去了,蕴宽! 十年的光阴,为了我一晚的快乐!

毕　　露华呀！我的爱妻呀！你这十年来怎样的呢？也是住在一间茅蓬里，朋友也没有，也没有穿过一件好衣服——

马　　唉！这些过去的事体，我也不管了——我现在还有许多事体要想。听，蕴宽！间壁那个病女孩想一个泥菩萨，哭的伤心得很，我们剩下来的一个铜子儿拿去买一买好不好？

毕　　好！铜子儿在这里。——我剩下来的只有这一个。
　　　（有人敲门）

马　　好邻居呵。进来！口里吹叫子的人就是我家蕴宽！请你进来！
　　　（张丽英进，还是年少而美。）

张　　我是找马露华的。他住在此地吗？

马　　(变了色)不——不——

张　　呵，我听得人家说有一姓毕的是住在此地的。对不住，我跑舛了。你能告诉我是那一家吗？
　　　（稍停）

马　　张丽英！张丽英！我就是马露华！

张　　你吗？

马　　我！毕蕴宽也在那儿！

张　　呵！你们的相貌这样变了！露华！真是你吗？蕴宽！真是你吗？

毕　　丽英呀！自从同你分手之后，我们吃了十年的辛苦！

张　　你何以从没有告诉我？我简直儿连你们的影子都找不着。直到今天，那个洗衣服的奶奶告诉我说你——但是他这话我不敢相信，马露华，是的吗？

马　　是的，他的话是不错的，只看看我这双手。蕴宽也是一天忙到晚，夜里还抄书。不过现在我们债全还了，我也有面孔见你，告诉你一个底细：你还记得十年前借给我的那一串金刚珠吗？

张　　是的，我记得。

马　　呵，被我遗失了。

张　　哑！你说什么话？你已还我了！

马　　买了一串新的赔你的！

张　　你"买"了一串金刚珠给我的吗？是不是？

毕　　名誉要紧，不赔你又怎说呢？

张　　你费了多少钱买的？毕先生，你必定要告诉我。

毕　　一万块钱。你的那串珠子，容或还不止值这许多，我当时也没有想着；如果多值了，那自然我还要再赔你些钱呢！

张　　呵哎！我的可怜的马露华呀！我的可怜的毕蕴宽呀！我那串珠子是假金刚石的呵！值不到一百二十块钱！

毕马　假金刚石呵！

张　　假金刚石——

马　　（把两只膀子架在毕蕴宽的身上。）

　　　十年！十年！唉！我的可怜的毕蕴宽！（完）

（原载《中华教育界》第十一卷第六期，1922年）

题　　词

儿童之新生命之题词

（释文）
中华儿童用品社　纪念
儿童之新生命
即国家之新生命
邰爽秋 题

（原载《新儿童杂志》第一卷第一期，1935年）

协谋中华民族之复兴之题词

协谋中华民族之复兴首先要发展农村经济提倡农村副业

鸡与蛋月刊

邹爽秋谨题

（释文）

协谋中华民族之复兴
首先要发展农村经济
提倡农村副业
鸡与蛋月刊
邹爽秋　谨题

（原载《鸡与蛋》第二卷第一期，1937年）

其他

为什么

学生进学校是来受课的,偏偏要罢课,为什么?

日本人在奉天经营中国的教育,比在他国里还要认真(这话是奉天高师代表在本届高师代表会议时说的),为什么?

教员到学校是来教课的,偏偏湖南教员要全体罢课,为什么?

对待本国人,便如虎如狼,看见外国人,便如狗如羊,为什么?

(原载《少年社会》第一期,1919年)

孟德儿遗传的学说 Mendelism

遗传这项学问，从前的人都不很注意，近五十年来才稍引起多数学者的研究。从中，孟德儿 George mendel 可算得首屈一指了。孟德儿是奥国的一个僧侣，他的学说全从种植豆子得来的。但是他的学说初出的时候，很受人攻击。直到本世纪之初，经荷兰的植物家德里斯 De Vries 历次试验考察，同孟氏所得的结果一样，并且不论是植物，是动物，或是人类，都可拿孟氏的学说证实出来。孟氏的遗传原理遂变为遗传学的铁案。

孟氏初试验的时候，他拿圆豆同网纹豆交植在园子里，结出来的豆子，他又交植起来，最后结出来的果子有四分之一是圆豆，四分之一是网豆，其余的四分之二则得混合性豆。这四分之一的圆豆再种起来所得的种子都是圆豆，那四分之一的网豆再种起来所得的结果都是网豆，独那四分之二的混合豆再依前法种起来所得的结果却是圆豆、网豆、混合豆三种，他的比例同前面一样。(1∶1∶2)用这样的方法，施之于其他的植物同动物，也是得同样的结果，所以这个原理，可算是最普遍而最有价值的了。现在可拿 A 来代(圆)的性质，拿 B 代(网)的性质。那么，譬如有甲乙二种交植之后的豆子在这里。他们的细胞的联合，Union of Cells 必定是 A 与 B 的性质，再加上 A 与 B 的性质。倘如再经交植，那么，A 与 A 结合起来，所得的果子必定是纯(圆)的那一类；B 与 B 结合起来，所得的结果，必定是纯网的那一类。再如甲豆的 A 性质，与 B 豆的性质相结合，甲豆的 B 性质与乙豆的 A 性质相结合，必定成为两个混合性的豆。倘如再把这两个混合性豆交植起来，那么，所得的结果也必定是 A 与 A 合成四分之一的 A，B 与 B 合成为四分之一的 B，A 与 B 合成为四分之二的 AB 混。可更立式表之：

设 A、B 两性豆交植后得甲乙二豆

　甲之性质 A+B

　乙之性质 A+B

甲乙二豆再交植则为

　$(A+B)(A+B) — A^2 + 2AB + B^2$

则(一分圆豆)+(二分混合豆)+(一分网豆)

其比例 为 1∶2∶1

如把二混合豆再交植起来所得结果与上同

上面的这个法则，常被性质的(显)(隐) Dominance and Recessiveness 混乱。譬如纯黑的鼠同纯白的鼠交尾，生出来的小鼠仅是黑的。这些黑小鼠，再交尾生出来的小鼠，倒反有四分之一是白的。显见的黑的与黑的合,只能生出黑子孙,而黑的同白的交接,因为黑色是很(显)的,所以生出来的小鼠也是黑的。可以再拿黑种人的父母做个例,倘如黑种人父母的祖宗,各有一个是黄头发的白种人,那么他们生出来的小孩子,照常可以是黄头发。倘如这父母二人中有一个是黑色,有一个是混合种,那生出来的小孩子一定是黑的、因为黑颜色很是很(显著)的。不过从中因为黑色性质,与远祖混合的黑白二色的性质相结合的关系,所以黑色的程度,也却有深浅的不同。

上面所举的例,比较简单。因为黑白二色,一个是正色,一个是负色——白色中无色素,假使二色皆正之物,其子身上的颜色,必定是二色□衡。或是因为(显著)的程度不同,而有所变化,或是二种颜色混合在一气,生出第三种颜色来。

但是有时候,几种单独性质合住一气,就会产生一对一对的表显出来。譬如(圆黄豆)同(网绿豆)交植,那结出来的豆子差不多有四种:圆黄豆、网绿豆、圆绿豆、网黄豆。他们的比例也是差不多的。

余

遗传的现象,孟德儿原理中没有说过,但却也有几种。譬如一个小孩子色盲,其实他的母亲并不是色盲,不过他的外祖父是色盲罢了。又如会生蛋的母鸡,生出来的小母鸡,并不见得会生蛋。独是他生出来的小雄鸡,同别的母鸡交尾所生出来的鸡,倒反是有生多蛋的性质。这也是不大容易拿孟氏原理来解释的。

总之,遗传的精义大概都包于孟氏原理之中,虽然有些问题,此时还不能解决,却从孟氏学说出现之后,遗传学里可算得放大光明了。

(原载《少年社会》第五期,1919年)

男女不平等的一个小问题

从男女不平等发生出来的问题很多很多,我现在想到一个小问题提出来讨论。这问题就是已婚女子的姓名问题。这问题虽小,却可以分成三种进步的程式来研究。(一)张某某夫人,(二)张王某某,(三)王某某(这都是假设的)。我对于一二两种,都不赞成。我赞成的三种,现可一一的写在下面。

我何以不赞成第一种呢?因为虽第一种"张某某夫人"看起来是表示这女子没有人格——是男子的所有物。人看见她,不必问她姓甚名谁,只要晓得她是"张某某"的夫人,就够好了。所以人同她发生的关系,仅认她的丈夫说的,不是同她直接交涉的。她的人格已经同化于她的丈夫的人格——她自己就丝毫没人格了!唉!女子未嫁之先,倒还有自己独立的名字,为什么一到了出嫁之后,就必定要事事跟从丈夫,连自己的名字都保不住了!就此一点,可以想见男女不平等的程度了!(按外国妇人的姓名,也是用的这一种形式,如未嫁的时候 Miss A,既嫁之后的名称 Miss B 之类,足见外国人讲男女平等,还有不到家之处。中国人万不可以为西洋的事都是不错,藉此以为口实。)

我何以不赞成第二种——张王某某呢?因为:

(一)就"张"同"王某某"的关系(夫对于妻的关系)看起来,是表示:"张"比"王某某"尊贵些,张是王的主人,有令出必行的气概。

(二)就"王某某"同"张"的关系(妻对于夫的关系)看起来,是表示王某某比张卑贱些,是张的附属品,是受命令的格式。

一句话包括起来,"不平等"。这种不平等的样子,假使回转过来,叫已婚的男子"张某某"为"王某某丈夫"或是叫做"王张某某",那男子一定是不承认的了,男子既然不承认这样,女子就应该不承认那样哩!所以不若用第三种"王某某"的样式,同"张某某"对待。没有高下的分别,不是很好吗?

在我们现在的中国,第一种确已有天然淘汰的趋向,第二种还是很通行,那第三种简直是"凤毛麟角"了,要晓得定名字是可以做主的,这事还望女界注意。

(原载《少年社会》第四期,1919 年)

爱情论

现在人谈到婚姻问题，没有不主张"恋爱自由"或是"爱情神圣"的。但是爱情这两字很是含浑，不把他弄清楚，就要吃爱情的亏，还要冤枉了爱情。

我要问现在讲爱情的，对于爱情这两字，有没有具体的了解？有没有一定的标准？究竟他们所说的爱情是那一种的爱情——是"精神的爱情"还是"肉体的爱情"？若不把他分别清楚，就冒然的跟着人家喊"爱情自由……爱情神圣……"这种爱情，是浑沌的爱情，是盲从的爱情，也就是我今天所要骂的爱情。

我以为爱情的范围，关于婚姻方面当分为精神与肉体两种。精神的爱情是高尚的爱情，是婚姻问题中不可不尊重的爱情，肉体的爱情是卑下的爱情，是我们解决婚姻问题时不可不排斥的爱情。大概的讲起来，精神的爱情是以崇拜、钦羡的天性做根据的。肉体的爱情是以性欲的冲动 Sexual impulse 做根据的。（性欲的冲动，系一种本能，并没有好丑卑下高尚的分别。不过如果拿从他所生出来的肉体的爱情做结婚的要素那就错了。）性欲的冲动，是人同禽兽所共有的。崇拜钦羡的天性，是人所独具的，所以禽兽只得有肉体的爱情，而人则兼有精神的爱情。换句话讲来，人之所以异于禽兽就是因为他有精神的爱情的缘故。倘若一个人纯然照性欲的冲动做去，他虽然也有爱情，试问他同那爱情的爱情，有甚分别呢？美国心理学家高尔文 Golvin 有句话说得很好，"人欲为人，必超乎本能"。Man in order to be man must get beyond instinct. 现在讲爱情的，不在这层意思上着想，不分好歹皂白，漫然的讲"爱情自由……爱情神圣"，像这样的盲从，怎会有好结果？

因为就不能把精神同肉体两种爱情弄清楚的缘故，有许多人讨论爱情问题，往往发生许多误解。反对自由恋爱的，以为恋爱的婚姻，常趋于极端，极端的自由恋爱非常危险，他的害处教人只愿寻乐，不愿生殖，所以这种婚姻，除去满足男女的性欲之外，更设［没］一点意思。主张恋爱的，以为爱情神圣，乃是结婚的唯一要素，没有爱情的结婚，是机械结婚是贬损人格的结婚。我以为这两种见解，皆是偏于一端。倘如他们所讲的是精神的爱情，那么反对自由恋爱的，把由肉体爱情所生出来的、只愿寻乐不愿生殖的罪，加在精神的爱情上，不是冤枉了精神的爱情吗？倘如他们所讲的是肉体的爱情，那么主张自由恋爱的，拿禽兽肉欲的冲动，来做结婚的唯一要素，自侪于禽兽，不是吃了"爱情"两字的亏吗？所以我以为必定把这两种爱情弄清楚，明白他们不同的地方，分别看待。果真是精神的爱情，就应该拿来做结婚的唯一要素，就是走了极端，绝不会发生危险。如果是肉体的爱情，就应该竭力驱逐，就是留下来的量很少很少，也总会发生莫大的危险。如能把这两层分开，取一个正当的标准，那才不致吃爱情的亏，也才不致冤枉了爱情。

精神的爱情同肉体的爱情既经知道了。究竟这二种显著的分别是怎样呢？我对于这问题，可单就精神的爱情的性质立论，再拿肉体的爱情反证一下，那就清楚了。

一、自由

精神爱情第一个要素，就是自由。自由是对于机械讲的。我们中国旧式的机械的婚姻，全是出于"父母之命""媒妁之言"。在当局两个人，倒反居于被动的地位。他们两个人，既不互相认识，什么学问、品行、道德，彼此都不知道。不过全靠着媒人嘴里几句话，做一个想象的标准——在男子心里想，对方面大约是这样，在女子心里想，对面的人或者是这样——将信将疑，毫无捉摸，你看未婚的夫妻之间倒变成互相猜疑的态度，试问有什么爱情可言？哈哈！倒奇怪咧！他们这素不相识的两个人，到了结婚之后，忽然如胶似漆，爱情浓密非常，这是什么缘故呢？他们的爱情还是精神的呢？还是肉体的呢？还是自由的呢？还是机械的呢？这是不言可知的了。照此看来，要得排除肉体的爱情，非提倡自由、打破机械不可。

但是我有一句要声明的，就是所谓自由是从道德里发生出来的"桑间濮上"的行为，再不道德没有了。但是在当事的人看起来，或者要说他是根据于爱情的自由，再正当没有的。但是我要说这是肉体的爱情，这是出于道德外的爱情。真正的爱情是精神的爱情，是在道德范围之内自由的爱情。

二、纯洁

真正的爱情是最纯洁的，是没有丝毫杂念的。譬如我们交接了一个朋友，同他往来了几多时，志同道合，就觉得他可慕可爱。但是口里并说不出他可爱可慕的地方在那里，只觉得要爱他慕他罢了。这是我们交友的时候常有的事情。这一种的爱情，是最有价值的。我以为夫妻间的关系，当拿这种爱情做基础，彼此交际到志同道合的地步，然后抱着一种共同高洁的目的，这意是把爱情当作某人群幸福的 Means 不是 end 发生夫妻的关系。这种结婚，可算是最纯洁最有价值的结婚。但是有一点要注意的，结婚乃是这种爱情的一种，结果并不是有了这种爱情，必定就要结婚，如果必要结婚，恐怕从中就参加了肉体的不纯洁的分子了，这是青年不可不留意的。

三、高尚

我这所谓高尚，是互尊人格的意思。因为平常的肉体爱情，全不顾及人格。譬如嫖客之于妓女，他同她很有爱情。但是他之爱情，是把她当作一种玩物去爱的，是剥夺女子的人格的。在反面讲，妓女之于嫖客，除去金钱的关系之外，她对于他却也有几分爱情。但是她之爱他，也是把他当作一种玩具去爱的，是剥夺男子的人格的。妓女嫖客爱情的内客〔容〕是这样，那机械式婚姻的夫妇间的爱情，又何尝不是这样呢？不过从中因为没有"爱钱"的关系，妻对于夫、夫对于妻爱情的程度相等罢了。还有什么"人格"可言，还有什么"高尚"可言呢？唉！这种无人格的、卑下的、龌龊的爱情，禽兽之于人，除去禽兽更外来得冲动些、无目的些之外，有甚分别呢？现在提倡爱情自由的诸君呀！你们所说的爱情，我却不知属于那一种，但是万一从中带有非人格的色彩，请你想想，你自己等于什么？

四、专一

精神爱情的本身，本是普遍的，并没有什么"专一"。我这所谓专一，是就他的功用讲的，这个"专一"，同"贞操"很有关系。我提出"贞操"二字，或者有人要说我脑筋太旧。但是我要先声明一句，我之所谓"贞操"并不是指的妻对于夫守节的那种贞操。那种贞操，是贞操的一种过去的形式，不是贞操的本体。那一种贞操，我也是绝对反对；不过贞操的本体，我是绝对赞成的。我以为真正的贞操，就是道德的制裁，就是维持文明社会的要素，也就是人对于禽兽的大分别。这贞操不是女子对于男子独有的义务，乃是男女两方面共守的道德，没有贞操，文明的社会就立刻变为禽兽的团体！你只看那原人社会，没有贞操的观念，人尽可夫，人尽可妻，这种公夫公妻的现象，试问与禽兽的冲动的表现有甚区别？有人说要得男女社交公开，须打破贞操的观念。我以为贞操观念并不是社交公开的障碍，而男女社交公开之后，所最紧的就是贞操观念。如果没贞操观念，那吗你就要为肉体的爱情所驱使，今天看见你，起了爱情，就同你发生夫妻的关系。明天看见他又起了爱情，又同他发生夫妻关系。这样的爱情，毫无专一的要素，是随着外感 Stimulus 而起的反应 Response，那简直是禽兽肉欲的冲动，断不是精神的爱情啦！果真是精神爱情，那么发生夫妻关系之后，断不得有所改变，必定有"专一"的特质，而合于贞操的原理。

五、永久

精神的爱情，是永久不变的。在朋友时代是这样，在夫妻时代是这样，就是到了老死的时候，也是这样。从中断不因发生夫妻的关系就有所增加，也不因为年老而有所减少。我看世上有无千数机械婚姻的夫妇，在未婚之先，没有爱情，既婚之后，忽有有①很大的爱情，过了几时之后，夫有外遇或是纳了妾，夫妻间原有的爱情，又忽然冰消火灭。就是有些不纳妾无外遇的人，到了年老时候，夫妻之间也居多是参商口角，看同对头一样，这是什么缘故呢？细细想来，实在是因为他们结合的关系纯是依肉体的爱情为转移，而没精神的爱情从中维系的原故呀！果真拿精神的爱情做维系的要素，他们的关系一定可以永久一样，毫无增损，这是一定不移的。就拿这"永久不变的性质"，可以解决离婚问题之一部。譬如有一个人，他从前因自由恋爱，同另一个人订了婚约，或是结了婚，过了几时他的眼界高了，看看对方面真正不合他的意，就要宣告离婚。照爱情自由讲起来，他很有正当的理由，不过要我问他是根据的那一种爱情，如是肉体的爱情，那吗他倒已经立于无人格地步了。如是精神的爱情，那绝无"见异思迁"之理。所以照理讲来不应离婚。

又拿这"永久不变"的性质，可以解决"结婚与恋爱"的问题。这篇是美国高曼女士做的（见《新青年》三卷五号）。他的意思，以为结婚同恋爱，决然两事。他很赞成自由恋爱，

---

① 编者注：原文多一"有"字。

而反对形式的婚姻,以为这种形式的婚姻,反足以妨碍爱情。我以为果系精神的爱情,断不得因形式的结婚而有所妨碍。所以只要问爱情是那一种,形式上的婚姻是没关系的。

我做这篇文章,到了这儿,也就快搁笔了。我现在再总起来告诉讲爱情自由诸君几句,诸君呀!机械婚姻爱情断不是真正的爱情,桑间濮上的爱情断不是真正的爱情,互相玩弄的爱情断不是真正的爱情,打消双方贞操的爱情断不是真正的爱情,时寒时燠的爱情断不是真正的爱情。换句话说,凡是肉体的爱情都不是真正的爱情。诸君如果讲精神的爱情,我是绝对赞成的。如果混而言之曰爱情,很是令我怀疑的。诸君呀!在这新旧道德过渡的时代,难免没有人从中利用推波助浪,去达不道德的目的,真正危险啦?罗兰夫人说"自由自由,天下许多罪恶假汝之名以成"。讲爱情的人如果不弄清楚,我却也要说"爱情爱情,天下许多罪恶假汝之名以成"了。

(原载《少年社会》第六期,1920年)

教育名言

　　自电影业发达后,吾人知图书之表现,较优于言辞之解说。一可在二小的[时]内演完之影片,千万人将往观而欣赏之。至于该片所根据之小说,观众或永无读及之机会。良好之图书广告,其吸引注意之力,远非文字宣传所能及,亦同此理。图示法之效用,虽不能若是其大,然若应用之于人类科学,使沉闷之事实,显示于大众眼帘,引起其注意,增高其兴趣,则一般专门学者平日实验及研究之结果,必因人众之了解与欣赏,而增其实用之价值矣。

（原载《开封实验教育》新第一卷第五期,1934年）

赞成京市土布运动

京市长石瑛,近为劝导京市民服用土布以养成俭朴及服用国货之美德,并藉以救济农村经济起见,特发起服用土布运动。于本月四日在市府举行扩大纪念周,敦请中委吴敬恒演讲土布运动之目的。昨据大夏大学念二运动发起人邰爽秋云"京市此次发起土布运动,并有党国要人吴石诸公提倡,个人深表同情。近年以来农产价格低落,农村经济日趋破产,农民赖以维持一部分生计之手工副业,复受洋货充斥之影响,淘汰殆尽,农民痛苦于以日深。鄙人等有鉴于此,因于前年(即念二年)发起念二运动,联合同志组织念二社,以提倡土货,施行民生教育为宗旨。年来从事救济农村工作,对于手纺手织之土布竭力提倡。京市土布运动,其主张实与念二社宗旨不谋而合。余以为近日银行界之放款救济农村,固为善策。惟各银行所存现金有限,闻全部亦仅数数万万元。即以此完全投入农村,每人亦不过摊得数元,为数殊微。若提倡土货,尤其提倡手纺手织之土布,使全国三万万农民于五个月之农闲时期中皆有工作可做,即以每日赚银五分计,每年所得之数,亦当有数万万元之谱。视之今日银行界之放款数百万元,当可较胜一等。故提倡土货,尤其提倡土布,实为救济农村之根本办法。惟所谓布,尤当注意手纺手织之布,盖机器所制之纱,在国内并不普遍。且外货充斥售价低廉,农民无知,莫不乐用。若以此提倡织制土布,是一方面虽可救济一部分之农民,他方实不啻为外商推销洋货,且据大夏大学念二运动促进会合办沪西民生实验区金家巷村念二社二年来实验研究结果,一人织布,需十人纺纱,所织改良布匹,售价并不高于市面洋纱织成之货。而纺纱女工,每日所得工资约有四百文之谱,依此计算,每日只需售布二匹,即可以三百元之资金维持三十人之生计。可知手纺手织之布,在国产洋布或纱线缺乏之区,实为救济农民之根本办法,亟应加以提倡也。惟土布仅为土货之一端,衣服之外,其他日用所需之物亦当以土货为原则。吾人理想,目下救济农村之图,当采寓工于农政策。先就原有之手工生产加以改良,俟经济有相当之发展,再进而采用小规模之机器工业,庶使农村副业得以发展,农民生计得以丰裕。我政府诚能颁布明令,使全国均使用土货,先从服用土布入手,则农村工艺必能顿起繁庶之象,此不啻政府以数万万元投资于农村也。吴□老此次讲演中,亦为以提倡土货运动为国家政策之意,深愿诸公继续领导,则社会各方必能蜂起响应,农村经济之复苏可指日而待也。"

(原载《申报》第二二二二五期,1935年)

二十世纪是儿童的

我们看这享有二十世纪的儿童是怎样？顽固守旧的父母是他们唯一的抚养者，冷酷机械的学校是他们唯一的受教育的地方，稚弱的心灵永远受残酷的鞭打，活泼的情感在接受一种定型的贯注。他的个性被漠视，他们与现实社会隔离；而且，全人类社会的伟大的前途，是从不曾为他们打算的。这是一页展延到现在的儿童史。

在现代，人类文明已经进展到较高的阶段了，这二十世纪，已经又有叫喊着给我们的儿童了。儿童纪念节，在中国已经展到了第四页的日历，今年更是国府明定的儿童年。对于这伟大而富有意义的赐与，我们不禁为儿童们感到无限的慰快与幸乐。

但是从培养儿童的事业方面看，尤其是出版界，我们又感到社会给儿童的赐与是太薄了。书籍的缺乏，内容的空虚，这是不可掩的事实，即使有一些，也是枝枝叶叶，一个整个的系统的儿童读物的出现，还是很稀少的。直到目前，才有许多为儿童打算的计划在发现了。趁着这时机，我们对儿童读物有一种重要的陈述："游戏""趣味"，这是儿童教育的要素，谁也不能否认的。但是过去的儿童读物，对这方面太注重了。因为迎合儿童心理，将游戏与趣味无限的提高，结果这纯趣味化的读物，就与现实脱离，与生活不发生关系，这就是一种浪费，我们今后的努力，必须纠正这种过分重视游戏与趣味的弊害。我们应当在不违背儿童心理的条件下，把儿童读物的材料渗透在生活的里层，最好将富有游戏兴趣的人类经济活动的材料编入儿童读物当中，使他们一方面得着游戏兴趣味的满足，他方面可以养成健全生活，建立健全人格的基础。

在儿童读物方面，当然还有许多的努力。但这里所陈述的一点，却是编制一切儿童读物的基础。

中华书局快出版小朋友文库和初中学生文库了，当是一种雄图。它包含着两部大丛书，自认字以至十四五岁的儿童都有书可读。这种经由专家撰述系统的儿童读物，不能不说是一种创举。尤其是那儿童的儿童年、儿童节日，一定能给与我们儿童的丰满有意义的礼物。我敬祝该局成功！

（原载《时报》，1935年4月4日）

我穿了一年的土布短装

为了提倡土货,我便实行穿起了土布短装,这正是先反诸己而后求诸人的道理。

西装革履,长袍马褂,是新旧士大夫们一种特殊阶级的表示。

土布短装是我们中华民国大多数民众的服装,穿了土布短装才能到民间去!

有人说短装是下等人穿的,真是笑话!

衣服是章身的工具,人与人之间只有学识能力的差别,绝不因服式的异同分出什么上等人下等人来。这种荒谬的观念,也应得用土布装来矫正。

穿土布短装,本是一件极平淡的事。在"只重衣衫不重人"的社会里,竟会大惊小怪起来,这却令人呐罕。

我穿了一年的土布短装,这其中遇了不少滑稽突梯的事情,现在姑且拉杂的写出来以博阅者一乐。

当我初改穿了土布短装以后。

"那人好像邰爽秋吗?"许多相识的人,在路上遇见,猛然不敢招呼,心里在狐疑着。

好久不见的朋友,偶尔看见,都是望望然而去之,他们在惊讶:"邰某失业了吗?潦倒得如此!"贫困潦倒,是没有人愿意亲近的。有时我去访友,仆人们都回报着说:"主人不在家。"连事先约定了的,也被他们拒绝。一方面在枯守,一方面却享着闭门羹!"这片子是你自己的吗?咦!"持了名片去会客,交给他们,请他们传达时所听到的语调。

×先生是我的朋友,也是××浴室的老顾客。"午后四点钟在××浴室会。"×先生和我们定的。到了时候我挟了衣服去。

"×先生在这里吗?"我踏进××浴室的门,向掌柜的这样问。

"在东厢房里!"

"×先生家里送了衣裳来了!"掌柜的一壁回了我的话,一壁呼叫着。

×先生和我晤了面,彼此很亲热——坐谈!洗浴!"咦!""×先生有这样的一位朋友。"他们见了我们的情形,还在诧异叽咕着!

"茶要吗?"京沪车的三等车厢里,乘客拥挤不堪,一位茶博士从人群中走过来,嘴里嚷着,向乘客们兜揽生意。

我正口渴得紧,听了他的呼声,不由得便向他招呼道:"泡一壶来!"

他瞟了我一眼，理会也不理会，好像没听到我的话。

我又向他招呼了一下。

"你要吃，这是两毛钱一壶的。"茶博士现出满脸不耐烦和鄙薄的神气，回答了我。

"吃茶当然付茶钱的，两毛就是两毛，先付给你都可以！"我接住说。

茶博士又把我上下打量个仔细，方才开口说："先付后付是一样的。"

我随手就给了他两角小洋，茶泡下了！

一学校约我去演讲，我届时应约而往。

对门房说来会他们校长，门房说校长正在有事，呼我在门房里坐着等一会儿。

我坐候了一刻多钟，再请他通报，他还是一样的答复我。

我因为还有其他的事，不能再等下去，便向那位门房先生追问：

"校长究竟有什么要紧的事？此刻不能会客吗？"

他慢吞吞地回答道：

"我们校长今天约了一位先生来演讲，此刻校长率领了教职员学生们，在大礼堂静候那位先生的来临，怎么会有工夫来见你呢？"

"是的，正是约我来演讲的。"我听了他的话，便抢白式的脱口而出。

"哦！哦！"

门房先生也表示出惊异和歉仄的样儿，连忙把搁在桌上的名片，重复拿到手中看，飞也似的奔进去。

校长是迎了出来，我跟着进去演讲了，无疑的，我在门房里白坐了一刻多钟，该校的师生们也连累得望长了颈子啊！

有一天我穿了土布短装，揣了粗藤手篮，从××大学出来，预备乘校车到另一处去。

一个穿着漂亮西装的青年，迎住车门站着，在上车的时候，无意中，我的藤篮碰到他的衣裳。

他也不问污损了没有，立时发起火来，将我连人带物的一推，几乎被他推下车去。

他虽然勃然大怒，我却很客气的对他说：

"污损了你的衣裳没有？"

他默然不应。

我反问他道：

"看你的衣裳，不是这里的教授，也是这里的学生，为何这样无礼，轻易动起手来！"

他看见神情不对，便转过口来说声：

"对不住你。"

我对着他说：

"这没有什么对不住我，你因为我穿的是民众衣装，一位民众可欺，才这样忤辱我。我现在代表民众对你抗议，请你以后不要再这样欺忤民众！"

他登时感觉不安,未达目的地,便下车去了。

我到××图书馆去会他们馆长,接洽事儿,适值馆长外出,我便坐在馆长室候着。

馆长室里备有报纸,一位馆员正在那儿整理,我因枯坐无聊,随手拿了一张看看,谁知道这位馆员先生的竟盛气凌人的从我手里把报纸夺了过去,说着道:

"放下,这配你动的吗?走出去!"

我认为他受过教育,不应当如此,含着笑对他说:

"你是受过教育的人,也该懂得礼貌,对人应当如此吗?"我想,这样一说,他总可平心静气些,谁知,却变本加厉起来!

"我没有受过教育,不懂什么礼貌,怎么样?快滚出去!"他任起性来了!

"我是会你们馆长有事接洽,如何叫我滚出去呢?"

正在争论时,我所要会的那位馆长来了,馆长连声向我道歉!

那位馆员只得面红耳赤抱头鼠窜的走了。

据那位馆长说:他平素接物待人总很谦和的,那么,我的遭逢,可以说是意外了。

这些这些,我也明白,分明是因为我穿了一身民众的土布短装,所以如此。

但是,我对于这些,无论他是侮辱,或是鄙薄,以及傲慢等等,不但不以为,并且这正是我所要尝的滋味。

我穿了土布短装,是时刻准备着受侮辱的,我要深切的了解一般民众的痛苦!

同时,我要打破士大夫的特殊地位,改变社会的观念,更必须要有百折不挠的精神,穿起了被人轻视、被人忤辱的土布短装。

我带领了学生长途旅行,天暖起来了,要做几件单衣,经过了十几个城市,竟没有买到手纺手织的老土布。只得把身上穿的棉衣,抽去了棉絮,改成单衣穿着。宁可这样,绝不肯有丝毫的迁就!

土布所以这样绝迹于市场,不消说,是由于洋货充塞所致,但在另一方面,我们应该明了,我们只要竭力提倡,果真服用人多了,他自然会在市场活跃起来,因为有求必有供,无求才无供的啊。

行之有素,持之以久,土布也足以制洋货的死命,这是颠扑不破的道理。

有人问我:

"你们同志几人?"含有讥笑的意思。我说:"有三万多万!"

假使你不相信的话,请你们把眼光移到民众堆里,巡视一下,那许多许多农工劳动者,正是我们的忠实同志。

又有人问:"你们这样提倡土货,到什么时候才可以成功。"

我说:

"我们的成功,就在目前!"

你不信吗?

单就我个人来讲,在过去穿西装时代,一年的时期中,总要耗费到五百块钱,现在我穿了一年的土布短装,只化费三十支大洋。这省下的四百七十元,就在我们中国人手里,同时,我这三十元土布的代价,却可维持一个同胞的低级生活,可算救了一个同胞的性命!

这里,还单就衣的一项讲的,如果我们把一切的服用、衣食住行都归纳到土货上来,我们一年所挽回的利权,至少有五万万元!

有人很怀疑,好像我们在机器文明的今日来提倡手工所制的土货,十足地开倒车,把时代的轮,由二十世纪攀转到十六世纪!不!不!我们并不反对机器,我们想从服用土货把国民经济的血液积蓄起来,做大规模机器工业生产的准备。

我们在各处提倡创办念二社,这个社的主要目的是提倡土货,我们要从提倡土货帮助走到中华民族的复兴。

我们因为从民国念二年开始来提倡土货,所以把提倡土货的团体,定名为念二社。取名念二,含有纪念的意义,并且我们把这种土布短装,也定名为念二装!

现在穿念二装的同志,在所谓上等人中,单在大夏大学就有几十位。读者如有暇时,请到中山路大夏大学对门沪西念二社来参观指教,并且来看看我的土布短装!

二十二,五,十八。

(原载《一周间》第一卷第二期,1934年)

中国本位文化座谈

对于中国本位文化的建设，兄弟很是赞成，不过觉得文化的建设，有几点很要紧，特别是此时此地的需要。在宣言中，所谓需要是甚么？甚么是中国本位文化的需要？都没有说出来，这令人觉得不满足。需要的意思很多，有多数人的需要，少数人的需要，有正当的需要，不正当的需要，有急的需要，缓的需要。都市的人民需要洋房，而农村的人民正陷在水深火热之中，他们所需要的是生存，而都市的人民则不止生存，还有求享受，要求洋房汽车的文化，这到底与大多数人民所需要的相反，这是极少数人的需要，不是多数人的需要。运动场也是现代文化的一种，像某地方化了十万块钱造了一个大运动场，提供几千个学生开了三天运动会，现在是搁置在那里。同时国内的灾民，一天死上千，求生不得。运动场虽是现代文化所需要的一种建设，可是忘记了几万万的民众，在饥饿线上挣扎求生。我们认为救灾才是急迫的需要，建设运动场是缓的需要。我们怎样才能使一夫不饿、一妇不寒，这是真正的急迫需要。富家的太太有了小孩怕烦累，他极需要有一个奶妈和儿童院，可以安放他的子女，使他们能自由自在的去跳舞，去玩耍。可是有几千万人连饭都没有吃。所以在此时此地来说，这儿童院及奶妈便是不正当的需要。我们讲此时此地的需要，问题很多，必须弄清楚，否则，建设文化还是要落空的。我们现在最急迫的需要，是在民生问题的解决。中国本位文化的建设应该以民生为本位，不应该以士大夫阶级的文化为本位。即中国本位文化的建设，应该根据多数人的急待解决的民生问题，求得民族的复兴。犹太人虽然能够保存犹太的文化，生存于世界，可是他们没有复兴民族的精神，到现在是一个没有国家的民族。我们应该在三民主义里摘取二义，以民生为基础，以民族复兴为目标。由此可知中国本位的文化，就是以民生本位的文化，就是自卫的文化。现在中国一切的文化都是以报纸为本位，都只是笔尖上的文化，没有到民间去。若是这样下去，简直赶不上犹太人，必至成为无文化不止，这是最可痛心的。

（原载《文化建设》第一卷第五期，1935年）

《教育研究通讯》发刊词

近世纪来,欧西各国,教育科学突飞猛进,发明实验层出不穷,造成近世学术史上光荣灿烂的一页。其造福人群强固邦国,为功自不在小。

我国步武欧西,十数年来,经政府之提倡和教育学者的努力,教育的科学研究事业已有长足的进展。不过还有两点令人觉得美中不足的地方。第一,各方研究的团体或个人都是埋头实干,声气不通,因此在研究的工作上,往往重复缺漏,并且缺乏切磋商讨的机会;第二,各专门学者居多重视自己的研究工作,对于研究方法的介绍,却少注意,致使一般教育界——尤其是小学教师们——感觉到有研究之心而不知从何处下手的痛苦。同人有鉴于此,爰特编行本刊。除了沟通消息裨全国各教育学术团体或个人可以互助合作外,对于新的教育研究方术的介绍,也要尽一部分的力量。教育研究的技术,日新月异,他山之石,可以攻错。这是我们所深信的。

惟是本刊此举,尚属草创,筚路蓝缕,经始维艰。深愿全国教育界同仁赐予合作,给予指导,本刊同人,实所感幸!

(原载《教育研究通讯》第一卷第一期,1936年)

学习陶行知先生的精神

陶行知先生是一个伟大的人民教育家。他有六种精神,值得我们学习。

一、服务的精神

陶行知是个留美学生,他还在廿多年之前,就抛弃了升官发财的思想,而立志在教育上为人民大众服务。这种精神至死不变。有人说他没有中心思想:忽儿提倡普及教育,忽儿又提倡天才教育,忽儿办小学,忽儿又办大学。这是大大的误解了陶先生。陶先生自始至终一直是为人民服务(不管他办的是那种形态的教育)。这就是他的中心思想,也就是他的基本精神。

二、创造的精神

传统的教育是为少数特权阶级办的。陶先生要为人民大众创出一套教育理论制度和教法。他不事抄袭,他只管创造。他从"教育即生活"的理论里创出"生活即教育"的理论。他从"做上学"的方法里创出"教学做"的方法。他从"导生制"里,创出"小先生"的制度。他还创出许多制度,在外国都没有的,如工学团、社会大学之类,不一而足。在他的一生教育实践中,充满了这种创造的精神。

三、奋斗的精神

因为立志为人民大众服务,所以必须和土豪劣绅奋斗,和外力压迫奋斗,和农人封建思想奋斗。因为要创造,所以必须和传统教育奋斗,和自己带来的伪知识奋斗。为人民服务无已时,创造就无已时,奋斗也就无已时。在陶先生一生的历史实践中,处处表现着这种奋斗的精神。

四、坚忍的精神

陶先生所以能持久奋斗,因为他另有一种坚忍不拔的精神,那就是富贵不能淫、贫贱不能移、威武不能屈的精神。他坚定为人民服务的意志,拒绝利诱,忍受迫害,过着颠沛流离的生活,始终不与封建势力妥协,始终不向反动分子低头。在他为人民服务的二十几年生活实践中,他始终是保持着这种坚忍不拔的精神。

五、刻苦的精神

从坚忍不拔的精神里,又产生出刻苦的精神,使陶先生的人民教育事业,在狂风暴雨冰天雪地中滋长起来。他最佩服武训,他做了许多首武训体的白话诗,他拿武训行乞兴学的精神,来发展他的人民教育事业。他的刻苦精神,感动了每一个知道他的人,甚至感动了一些迫害他的反动分子!

六、牺牲的精神

陶先生为着人民大众的教育事业,牺牲了物质的享受,牺牲了世俗的荣誉,牺牲了家庭的幸福,牺牲了自身的健康,终于牺牲了自己的生命。陶先生不惜牺牲一切,来实现他在教育上为人民大众服务的伟大志愿!

以上六种精神,并合起来,可以称作陶行知精神。在陶先生被迫害而死的三周年的今天,大半个中国,虽已解放,但如毛主席之所指示,万里长征,只走了第一步。目前革命工作,尚有障碍,建设事业,困难殊多。我愿全国知识分子,在毛泽东旗帜下,学习陶行知精神,彻底摧毁反动势力,完成新民主主义的国家建设!

(原载《大公报》,1949 年 7 月 30 日)

武训与陶行知

武训本是人家用的一个雇工,他因为自身感受到不识字的痛苦,而发愤行乞兴学。而陶行知则是一个教育家,因为教育思想的转变,而立志倡导教育改革,以募捐的方式来筹集经费。就苦行一点来说,陶行知似乎还不大配得上武训。因为他在形式上并没有做到跪向人家的程度,弄到乞儿的模样。实则陶行知为募捐所受到冷遇讥讽和侮辱等等,使其内心所受的痛苦非武训所能想象的到的。至于陶行知在教育上的贡献,更属伟人,有其不朽的价值,可与武训之苦行比美而无愧。所令人感到遗憾的,却是武训死后,清廷将他的生平事迹,宣付国史馆立传,并令准入县忠义祠,永享祀典。而陶行知死后,除去他的朋友和学生替他开追悼会和公葬外,政府方面尚未有一字的褒扬。对于他遗留下来的教育事业,亦未闻有维护的办法。不过我以为陶行知在教育上的贡献是超党派的。深盼我贤明宽大的政治当轴,站在鼓励教育学术的立场,及早对陶行知加以褒扬,并维护他所遗留下来的事业,使其与武训先后比美。

(原载《文汇报》,1946 年 12 月 5 日)

让我们一齐向党靠拢

我是在高等教育机关里担任教学工作的一个年纪过了半百的高级知识分子。当我读完了周总理关于知识分子问题的报告后，感觉无比的振奋。既感激党和政府对于我们知识分子无微不至的关怀，又感觉到我们在国家建设事业中所负责任的重大。在农业、手工业合作化和私人工商业改造飞跃进展的新形势下，像我这样的知识分子应该怎样贡献出最大力量来完成伟大祖国所给予的光荣而艰巨的任务呢？我考虑了一下，觉得应从三方面努力。

一、努力培养新生力量。为适应国家建设的需要，应该大量地培养新生力量。这项任务主要的是落在大部分现有的高级知识分子的肩上。其中有好多方面，更是要落在所谓"老"教师的肩上。我们"老"教师，应该"老当益壮"，以诲人不倦的精神把自己的一点学识经验毫无保留地传授给青年。如果精力充沛能够开课，自然应该多开。如果体力不足，或是患有慢性病，开课有困难，也该在指导研究生，指导毕业论文及毕业设计等等方面，尽可能地多负一点责任。过去几年，我因为患了高血压的病症，没能开课，只在病中指导过研究生。依我的经验，患有慢性病的教师，如果病情不很严重，每年就是指导十个研究生，也不算多。为了提前完成任务，我们"老"教师，尽管害了短时期治不好的慢性病症，也应该向先进工人和农民看齐，尽量发挥潜力，为国家多多培养人才，适应社会主义建设迅速发展的需要。

二、努力提高业务水平。过去几年中，我常常以为自己已经年老，又害了高血压的病症，来日无多，所以精神萎靡，意志消极，在学术研究上没作任何打算，因此也就没有做出什么成绩。最近学习全国农业发展纲要，看见了我们国家建设美丽的远景感觉到万分兴奋。周总理关于知识分子问题的报告更给了我莫大的鼓舞。我觉得生在毛泽东时代，生活改善，精神愉快，人人都可以比在旧社会里多活若干年，我的来日正长，也应该像年轻同志一样，结合国家建设的需要，订出一个十二年的研究计划，作为个人努力的目标。我恳切盼望领导同志经常地给以指导帮助，使我们的业务水平不断地提高，以便顺利地完成我们所承担的任务。

三、努力提高政治觉悟。为了完成前面所说的任务，尤其重要的是提高我们的政治觉悟。我们不少"老"教师在旧社会里是自鸣清高，不问政治的，解放以后也还有些人对政治学习不很注意，其中一部分人即使努力学习，其动机主要的还是为了搞通业务，而且作客的思想，还相当浓厚。这些人觉着过去没有参加革命，自己年纪又大了，在旧社会里更多多少少背上了一些包袱，因此对共产党员貌合神离，不敢接近，怕说错了话，出岔子。这种自外于党的心理,存在"老"教师中间并不是个别的,我过去也具有这种心理。数年来经过学习,已经有了改变,但还有不少的残余,可是我的这种心理最近却完全改变了。六十岁的"老汉"刘仙舟被接受入党的这件事,首先打动了我的心弦,周总理报告中所说的在1962年做到党员占高级知识分子总数三分之一的计划,更给了我无比的振奋。党的门开的这样大,期待着我们进行自我教育和自我改造,达到党员的标准,欢迎我们进去,我们为什么还站在门外很远的地方,迟疑徘徊,不肯向党靠拢呢?我的政治觉悟虽然很低,可是我却被周总理的这个报告深深感动了,决心遵照周总理所指示的三条改造的道路,提高自己的政治觉悟,首先要努力做一个进步的分子,更进一步要像郭沫若先生所说的以党员的标准要求自己,为入党创造条件,争取至迟到1962年实现我的愿望。

以上就是我准备努力的三个方面。在全国社会主义建设飞跃进展的新形势下,我希望我们从旧社会过来,现在高等学校里担任教学工作的所谓"老"教师们,响应周总理的号召,一齐向党靠拢,紧密地团结在党的周围,在党的领导下,继续不断地提高自己的政治和业务水平,贡献出一切力量,为社会主义建设服务,完成我们伟大祖国所给予的光荣而艰巨的任务。

(原载《人民教育》,1956年第3期)

王 充

　　王充,字仲仁,后汉时代会稽上虞人(现浙江上虞县),出身在贫穷人家,没有钱买书,常在书店里看书。他的学问很渊博,一生虽曾做过几任小官,但主要从事著述和教育,著有《讥俗》《实论》《论衡》等书,可惜多已散佚,只有《论衡》一书流传下来。

　　王充的时代是西汉农民大起义失败以后,东汉封建统治阶级重新用宗教迷信来巩固自己统治的时代。当时社会流行的思想,是把孔学和儒家经典神秘化了的儒者们所传播的天人感应说。他们鼓吹天有意志,说天是自觉的,有目的地创造万物。作为一个无神论者,王充坚持反对神秘主义的斗争。他认为世界的本质是细微的运动着的物质,是"元气","元气"运动的结果产生万物。他认为人与万物一样,也是物质产生的,不是"天"有意产生的。他反对天有意志的说法。他的唯物主义思想,打击了当时流行的宗教迷信思想。但是他的唯物主义思想带着宿命论的观点,这就影响到他的教育见解。

　　王充认为人性是有善有恶的。不过他从唯物的观点加以解释,认为人的本性是秉着先天元气而成的。元气本无两样,不过气有多少,所以性有贤愚,禀气有厚薄,所以性有善恶。

　　王充认为人性在教育和环境的影响下是可以改变的。他不仅指出了教育的可能性,还指出了教育在培养人性中的作用。他说:不怕性恶,只怕不受圣人的教化。他用瘠薄的土地来做例子说,瘠薄和肥沃是土地的本性。对瘠薄的土地,如果深耕细锄,多加肥料,多加人工,来提高地力,那么,它的收获量就会和肥沃土地的收获量一样。作为一个唯物主义的教育家,他对于教育在培养人性中的作用,具有这样大的信心,完全是可以理解的。

　　王充还很重视幼儿教育。他认为幼儿教育,从婴儿初生时就应该开始。他认为:"初生意于善,终以善;初生意于恶,终以恶。"那就是说,初生时期的儿童,学好就始终是好,学坏就始终是坏。在王充看来,这时期里的教育对于儿童的一生是具有决定性的影响的。

　　在王充的教育学说中,"渐染"的理论是值得重视的。这种理论的要旨,虽说不是王充所首创,但是他却加以进一步的发挥。"渐染"就是"逐渐感染"的意思,王充认为人性是有善有恶的,但是由于"渐染"的关系,善性可以变恶,恶性可以变善。他说:"夫人之性,犹蓬纱也,在所渐染而善恶变矣。"这种理论重视环境在教育中所起的作用,这是很有意义的。但是它过分强调了环境的力量,这就不很确当了。

　　王充的认识论是唯物主义的,他反对"生而知之"的天赋观念,认为知识是由学而来的。他说:"人才有高下,知物由学。学之乃知,不问不识。"又认为一个人的天资不必比别人高,但若肯下功夫,把知识积累起来,就可以超过别人。至于治学的方法,他竭力反对教条主义,主张不要迷信古人,要用批判的、创造的精神去研究学问,主张读书要能用,若只是诵读,"虽千篇以上,鹦鹉能言之类也"。

他是一个感觉论的认识论者,认为知识是从感觉得来的,但他不是唯觉主义者,而是主张感性认识与理性认识相结合的认识论者。因此,他还主张深思和证验两种方法。他说:"可知之事,唯精思之,虽大无难。"又说:"凡论事者,违实不引效验,则虽甘义繁说,众不见信。"他还认识到实践在求知上的作用,而以"日见日为"为知识的泉源。他的这番理论,在今天看来,还有现实的意义。

最后应该指出的:王充把儒家所重视的礼乐看作培养性情的一种手段。但是这种手段只有在人民物质生活有保障的条件下才有可能。所以他说:"礼义之行,在于粮食充足。"这也表现了王充的唯物主义观点。

(原载《教师报》,1956 年 12 月 18 日)

自 传

自传诗

邰爽秋求正草

一、小引

对影题诗意往昔,半世光阴驹过隙。
教育言行盈万千,我今检查做总结。

二、家庭出身

我生自幼在农村[1],家境贫寒愁穿吃。
父曾教读地主家,俯仰由人境逼仄[2]。

(1) 一八九六年旧历五月九日,生于江苏东台县时堰镇附近之农村。
(2) 父馆地常易,由甲村至乙村,生活至不安定。

三、国内求学时期

(一)小学教育阶段

幼承庭训学之无,更识老农辨菽麦。
七岁从师上学堂,乍闻国耻泣呜咽。

一九〇三年入时化小学校,此在当时系为贫民子弟所办之学校。

(二)师范教育阶段

1. 决心学习教育

十七扬州进师范,国难惊心褫魂魄。
五月九日永难忘,祸国殃民疾袁贼。
教育救国庶救民,学习研求心意决。

一九一三年,因家境贫寒,不得已而入师范——江苏省立第五师范学校。时袁贼世凯当国,绞杀民主革命,欲称帝,不惜卖国,与日本签定《二十一条》条约(时在一九一五年五月九日)。又纵容封建势力横行,苏北农民受害尤甚。先君戟门公曾作《海水谣》纪其事。

2. 陷入改良主义

从此教育迷我心,衡量事物目光狭。
改良主义陷溺深,蛙处井中犹自得。

3. 反抗奴隶教育

当时教育重军训,强迫服从至琐屑。
操行甲乙与丙丁,使得人人感威胁。
豪气常存人格保,岂甘俯首屈双膝。
奴隶教育狠批评,险被开除逃古刹。

当时教育宗旨注重军国民教育,事事强迫学生服从。操行分甲乙丙丁四等,概视学生对学校规章及师长意旨所服从之程度如何而定。予于暑假回里时,以此禀告先君,先君大不谓然,赐诗曰助勉,有"操行休将豪气挫正"之句。返校后决与学校当局对抗。遇校中措施之不合理者辄提出严历[厉]批评,甚至骂为奴隶教育。学校当局虽恶甚而无可如何。寒假期届,校务会议席上,有人提议邰爽秋处处与学校为难,应予以除名处分,众附之,将成决议。校长任孟闲呼曰:"苟如此,则予将蒙不美之名。"遂作罢,予家境贫寒,果被除名,则削发为僧殆将为唯一之出路矣。

(三) 大学教育阶段

1. 初研美国教育

廿二金陵入南高,美国教育粗探索。
崇美愧我感新鲜,自谓心胸得敞豁。

既决心学习教育,救国救民,故于一九一八年在师范学校毕业后,即考入南京高等师范学校继续学习教育。

2. 撰著教育论文

五四对我影响深,挥毫奔放无羁绁。
语文教法写专题,学习科研初试笔[1]。
小学校员生计艰,著文呼吁谋周恤[2]。
神话教材曾致疑,详陈理由慎选择[3]。
其他著述不胜书,类皆宗美皈衣钵。

(1) 著《科学化的国文教学法》一文,发表于一九二二年出版之《教育杂志》第十四卷第八期。

(2) 著《小学教员的生计》一文,发表于一九二一年出版之《南京高师教育汇刊》第一集。

(3) 著《对于神话教材之怀疑》一文,发表于一九二一年出版之《中华教育界》第十卷第七期。

3. 抨击书商渔利

　　　　奸商广告罪恶深,毒害青年曷有极。
　　　　除奸去恶不留情,投稿报章痛抨击。

民国九年商务印书馆发行之《袖珍学生日记》,底封面上登有翠鸟牌香烟全幅广告,予见之愤极。著《评商务印书馆〈袖珍学生日记〉》一文,发表于《时事新报》附刊《学灯》,对该馆毒害青年之罪恶行径痛予抨击,商务迁怒于《时事新报》,至欲以停登该报广告相报复。时主编《学灯》者为现任北大教授宗白华先生。宗以此见告,决再著文抨击。该馆惧亟,打消停登该报广告之意。嗣后不敢再在《袖珍学生日记》上登载毒害青年一类之广告。

4. 热心支持义校

　　　　义务学校教人民,基金无着心忧戚。
　　　　膳余拒发备开支,横被包围毫不怵。

民国九年予被推为南京高等师范学校学生自治会会长。自治会办有义务学校一所,基金无着。时南高学生伙食费项下有积余膳费数百元,予意拨充该校基金,另有一派学生则主张交与同学均分,迫予签发该款,声势凶凶。予坚持不允,被围困于自治会办公室达数小时之久而毫无惧色。

5. 加入少中学会

　　　　其时军阀内战酣,又值外患侵凌亟。
　　　　进步青年有组织,少中学会欣加入。

一九二〇年加入"少年中国学会"。

6. 同情劳工运动

　　　　劳工运动兴趣浓,赞助支持未缄默。
　　　　少年世界撰专著,阶级情感初充溢。

著《国际劳工会议》一文,发表于一九二一年出版之《少年世界》月刊第一卷第二期。按《少年世界》与《少年中国》为姐妹刊,同是"少年中国学会"机关刊物,由上海中华书局出版。

7. 促成男女同校

　　　　男女同校始南高,民十暑期破沉寂。
　　　　女师同学首请求,其初顾虑未敢发。
　　　　德熙奔走力怂恿,我亦鼓吹并接洽。
　　　　不顾顽固分子争,行知断然立大法。

我国高等学校女禁之开,时人以为始于北京大学,误以五四而后女子之有志升入大学者日众,而招收男生之大学,女禁森严不得其门而入。民国十年夏间,南京高等师范学校举行暑期学校,陶行知先生主持其事。江苏省立第一女子师范学校毕业生中,有多人欲入校学习,而顾虑迟疑,不敢请求,畏顽固分子之阻挠与讥笑。友人王君德熙以曾作学生代表之故,与彼等多相识,力加怂恿,予亦竭力鼓吹,并与王同谒陶多次,代为请求,终于促成其事。

8. 深受杜威影响

廿七东南学业完[1],杜威影响深入骨[2]。

民主教育感时需,崇美心情更加剧。

(1) 一九二三年,毕业于东南大学。

(2) 杜威著有《民主主义与教育》Democracy and Education 一书,读之颇感切合吾国当时实际需要,不知其所贯彻之实用主义哲学乃系为美国垄断资产阶级服务之工具,对世界人民具有无穷无尽之毒素也。

四、国外留学时期

(一) 留美攻习教育

因而游美渡重洋,攻习教育并考察。

教育行政作主科,博士论文讲效率。

一九二三年秋赴美学习教育,同时担任江苏省特派欧美教育考察员职务。当时有名利思想,故于获得芝加哥大学教育硕士学位后,又赴哥伦比亚大学攻习博士学程。所作论文名为《测量学校行政效率之客观标准》。该文经哥大当作教本,为博士论文班必读之书。

(二) 愤慨五卅惨案

帝国主义肆淫威,五卅使我心肝裂。

慷慨曾作奋斗歌,意气直欲吞胡羯。

五卅惨案发生于一九二五年,时予在美愤极而作此歌。

(三) 愤恨社会不平

复恨社会太不平,寒士穷年恒兀兀[1]。

贫人出钱富有享,如此教育应改革[2]。

(1) "予生长贫家,备受艰苦。年十九,失怙。时方肄业师范,赖慈母辛苦勤劳,得免辍学。师范生多贫寒子弟,日与相处,知其境遇之窘更有甚于我者。而一般纨绔子弟,袭父兄之资财,赖族戚之挈引,虽劣质庸材,亦得为社会领袖。均是人也,苦乐之悬殊若此,人世之不平,有甚于此者耶?"(见拙著《正义进化与奋斗》一书自序,一九二六年,中华书局出版。)

(2)"夫教育者,人之特权也,而非义务。人民对教育之义务,为供给经费,而其权利,则为享受教育机会。今我国之民无论贫富,既皆尽纳税之义务,以办教育,而享受教育机会之权利则为富者所垄断,事之不平有甚于此者耶?"(见同前书第二五页。)

(四)主张公众教育

主张财务集中央,供给学童衣与食(1)。
有教育养保人权,教育革命此第一(2)。

(1)认为理想之教育制度当有下列之规定:"① 儿童满入学年龄即一律入学,学膳书籍等费一概免收;② 在学时期,除因身心不健全,或偷惰、旷课、自暴自弃外,当不受限制;③ 满若干年后,在学与否,当以发明创作为衡,如不能创作发明,可知其人非天才,或有天才而不肯努力,即应停止其教育之权利,使服务社会,其能发明创作者,当与以特殊之津贴及保障俾得继续研究,造福社会;④ 大部分财力当以国家权力集中于中央政府为教育经费之准备,其支配方法当以全国为单位,实现公平之原则。"(见同前书第四〇至四三页。)

按此项教育主张为予三十八年前(一九二六年)之粗浅见解。自今日思之,殊觉其对我国国情诸有未合也。

(2)教育观念之革命——孟子曰:得天下之英才而教育之,三乐也。……"教"者,上所施下所效也。"育"者养也。孟子兼言"教""育"示并重也。今之所谓"教育",盖有"教"而无"育"。欧美学校中午膳制度,去"育"之旨甚远。至奖金免费制度,只加惠于力能入学之人,尤不得谓之"育"。夫"教"而不育,其结果必使求学机会为富者所垄断,贫寒之子终必向隅。是犹患病之人珍馐满前,不能下咽也。(见同前书第四一页)。

按此项主张只有在社会主义国家,始能望其实现。

(五)著书忽遭禁厄

著书立说告国人,问世甫经四五月。
不图触犯蒋家忌,霹雳一声如禁厄。

即前述之《正义进化与奋斗》一书,该书被禁止发行后,版亦被毁。

(六)倾向社会主义

从兹教育思想变,社会主义企求热。
搜集资料被钻研,思想自谓近马列。

实则对社会主义一无所知,所搜资料多属美国资产阶级教育刊物中之作品。

(七)离美赴欧考察

离美赴欧入英伦,复游法德续搜集。
考察使我眼界宽,惜未游苏开茅塞。

一九二六年冬,离美赴英复赴法德考察社会主义教育,独未游苏。此在当时因系受美帝反苏宣传影响,亦足见我当时对资本主义国家教育偏信之深也。

五、提倡"社会主义"教育时期

(一) 宣传社会主义教育

归来大学执教鞭,宣传促进殊坚执。

诚恐不幸遭时忌,抬出中山作掩饰。

(1) 一九二七年秋回国任南京第四中山大学教授(后改为"中央大学")。

(2) 时值大革命失败不久,反动派任意屠杀共产党人。予提倡"社会主义"教育,恐遭时忌,常引证孙中山先生《社会主义之派别及方法》一文,以为掩护。

(二) 提倡设立教养学校

1. 到处鼓吹提倡

教养学校醉我心,鼓吹设立兴勃勃。

宁垣既已提方案,复著专书游桂粤。

教养学校 Nursery School 系英国工党女教育家莫密良氏 McMillan 姐妹在伦敦贫民窟中为工人子女所办之学校(原译为"婴儿教养学校")。当时误认该党为社会主义政党之典范,故对莫氏姐妹所创办之学校极为推崇,到处宣传提倡。早在一九二八年春,在国民党大学院所召开之全国教育会议上先后提出《设立婴儿教养学校代替慈善性质之教育机关》及《请大学院提倡婴儿(教养)学校并请先在工业中心之大城市试办婴儿学校》二案(见《全国教育会议报告》内编)。一九二八年秋,赴桂讲学,又著《婴儿教养学校运动》一书(广西教育厅出版)及《婴儿教养学校之设施及其哲学背景》一文(见《广西教育》月刊第一卷第三期)一文中有云:"二十世纪是社会主义教育大放光明的时代。……婴儿教养学校的目的,是要为贫苦人家的婴儿尤其是工人的子女谋教养机会的均等,那就是社会主义教育中教育平等的理想。……婴儿教养学校的理想,教育机会均等,养育机会均等,与慈善机关之理想不同。……所谓平等,不应该从学校里做起,应该从摇篮里做起。养育机会均等是全人类贫苦儿童的呼声。婴儿教养学校是拥护儿童教育特权贯彻教育平等理想的第一个步骤。"

2. 不为富人服役

中山大学迅支持,一事致疑事乃辍。

工人子女教养宜,何物富人为服役。

一九二八年冬任广州中山大学教授,该校教育系,为提倡教养学校,计划在广州东山设校实验。筹备业已就绪,忽念及东山乃广州富人住宅区,我不愿此种学校为富人服务,毅然拒绝进行此项实验。

（三）抨击资本主义教育

资本主义务剥削，两种教育必抨击[1]。

（1）资本家办有两种教育：一为工人所办教育；二为工人子女所办教育。资本家为工人办教育"并不是为增加工人普通教育，却在想增加工业效率 Industrial Efficiency，而谋间接的生产的加多。他们为工人子女办教育，并不是要保障他们的教育特权，发展他们的天才，培养他们的能力，而是要训练未来的有效的生产工具。他们想：与其长大了再去教练，还不如在小时先训练好。这样办法，在目前似乎损失，但在将来，不但要收回所花的教育费，还要得着较多的利益呢！不过，他们所要办的教育，决不愿延长普通教育的年限，而愿注意于工业训练和职业教育。所以他们在小孩受过某种年限的普通教育后，便斤斤于职业技能的训练，以为供其驱使的准备。"（见拙编《教育参考资料选辑》第二种上册《教育行政之理论与实际》一书第二四篇拙著《公众负担教育经费之哲学背景》一文，第十五页，此系一九二八年十一月在广州中山大学公开讲演讲稿之一部分。该文又见拙编《教育经费问题》一书。）

帝国主义务侵略，两种政策必指摘[2]。

（2）帝国主义国家有殖民教育及文化侵略两种政策。

① 殖民教育政策其目的"并不是想合乎教育来发展殖民地原有民族人民的个性，也并不是为保障他们的教育权利，不过要想造出较为灵巧活动的活机器，便于利用罢了……不过利用的时候，发生了两种困难：其一，是语言不通，易滋误会，把事体做错；其二，是技术不精，从能懂得语义也不能照原来的意思做好。因此觉得不加以训练，还是不能充分利用。所以大办殖民教育，……注意帝国主义国家的语言文字，更如美国都又留意到职业训练。他们这样做，无非要把殖民地的儿童造成活机器，变为高等的牛马畜牲，供他们驱使罢了。有什么真正的教育价值呢？"

② 文化侵略政策，其动机"是因为帝国主义者对半殖民地国家没有权力去施行殖民教育，因此改用文化侵略政策。如日本人退还庚子赔款来对我国进行文化侵略，便是一个例证。至于他们勾结蒙人，免费留日，其动机尤为凶恶。我们中国人如果中了他们的毒计，将有绝大的危险！"（见同前注拙著第十二至十三页。）

（四）斥责宗教慈善教育

包藏祸心在愚民，宗教教育应斥谪[1]。
贬损人权为募捐，慈善教育应驳诘[2]。

（1）宗教教育有愚民作用，遂为资本家及帝国主义者之目的，不是想发展儿童的天才，把其中的优秀分子造成大文学家、大科学家，而是要用教育把他们造成另一世界的人，使对上帝负一种责任。这样看来，教育不过是宗教的工具而非儿童的权利了。

宗教教育注重死后的幸福，鄙视人世的快乐，教一般贫苦的儿童满足现实，无论怎样贫苦，都只希望到天堂上去享福，不计较人世的快乐。因此资本家便利用它去做愚民的工具,阻止社会主义思想的发展,而延长资本主义之生命。一般资本家愿意捐钱去发展宗教或宗教教育便是这个道理。(见前拙著第二一页)

(2)帝国主义者利用宗教作文化侵略的工具,因为宗教教育有愚民的作用,帝国主义者遂又利用它做文化侵略的工具,去麻醉别国家或别民族的青年,使其变成顺民,供他们驱使。(见同前上页)

假籍[借]慈善教育之名以敛财盗财名者为民贼,予不屑加以诛伐矣。即真心从事慈善教育者所办之贫儿、惠儿、苦儿等等名称之机关,予亦予以谴诘。因"儿童教养的特权本是天赋的,谁都有责任来拥护,要谁来发慈悲?要谁来恩惠?更要谁来怜苦?可惜慈善教育家们不从社会主义的见地来拥护儿童天赋的特权,却要过乞丐的生活,代他们乞怜于富绅大贾官僚军阀,复又加上什么苦儿、惠儿等等名称,叫这般天真烂漫的儿童感觉到自家的贫苦和社会地位的卑下,世间惨酷不平之事,这可算是一种了"。(见《广西教育》第一卷第三期拙著《婴儿教养学校之设施及其哲学背景》一文。详见前注拙著第二二页至二五页。)

(五)反对当时职业教育

　　职业教育为富翁,创造财富盈兆亿。

　　可怜创造财富人,毕生所得仅余沥。

我国职业教育溯源于美,而在美国职业教育已成为资本主义发财之工具。彼等创办职业教育之目的,仅为谋自身生产之增多。(详见前注第十七至十八页。)

(六)呼吁贫儿天才教育

　　膏粱子弟享特权,步步登龙上天阙。

　　贫儿发展无机会,埋没天才遭弃绝。

认为"理想的教育,应当把智能尽量发挥出来",反对"真天才不会被埋没之说,从而为贫苦人家被埋没之天才子弟呼吁"。有人说:"真天才是不会被埋没的。试看古往今来的大伟人,大发明家,有许多人都是出自贫苦之家,未受着教养机会的人。所以天才的问题,不需我们烦心,他们自己是可以造就出来的。"讲这样的话,就等于说"真正身体好的人是不怕什么病菌的。试看他们住的脏地方、吃的脏东西,倒也活到七八十岁。有许多讲卫生的人,倒反而死在他们之前呢?所以卫生问题,不须大家烦心!"一样。我们应该知道有些身体好的人,固属不讲卫生也没有就死,但是还有许多身体好的人因不讲卫生而死,他们都未看见。少数贫苦人家的天才子弟,固属有能自己造就出来的,但是还有许多却因缺乏机会埋没掉了!主张真天才不会被埋没的人,大都是出自贵族自私的阶级。他们心目中,以为富贵贫贱就是智慧高低的代表,所以不必替贫贱的人去打主意,真天才不须设法造就也得自然出来的。这种思想实在误谬到极点!……大家只看见贵族多产生天才,不知贵族享受得好,无衣食之虑,天才自然容易出现。至于中产的和贫苦的平民阶级,因忙着衣食,而把天才埋没……这是何等可惜,我们如果本着社会主义的教育理想,把全数的天才都造就出来,人类的进步,不是要一日万万里吗?现在世界上各国没有那一国是不埋没天才的。中国教育不发达,天才埋没的尤其多,真可痛心呀!(见前注拙著二八至三十一页。)

(七)鼓吹教养机会均等

提出七点阐人权,首重教养述颠末。
教养机会应均等,大声疾呼特提揭。

(1)七点如下:① 养——一切教育之始;② 养而能教;③ 教而能尽其才——充分造就天才;④ 尽其才而能用——保障出路;⑤ 用而能尽其才;⑥ 尽其材而能令其久于其位——人员保障等;⑦ 久于其位而能与以意外危险及年老之保障。(详见前注拙著第二六至三十四页。)

一九二八年冬,在广州中山大学公开讲演,讲题为《教养机会均等》。讲稿发表于该校出版之《教育研究》第一卷第八期。其中有云:我主张在普通学校里把养育和教育看得一样重要。在设施方面,应竭力注意养育。在训练师资机关的课程里,应该拿"教养学"来代替"教育学";拿"教养原理"来代替"教育原理",拿"教养法"来代替"教学法"……我们应该提倡"教养合一",我们应该把教养打成一片。谈到教育的期限,应知我生命之始,便是教育之始,一直到生命之终,算是教育之终。幼年期的教育……照我的思,要自母亲怀胎之日开始。就"教"的面说,胎教在我国古时,本来是很注重的。《大戴礼》和《烈女传》上记"周后娠成王于身"时,注意胎教情形很是明确的。……至于"育"的方面,我更主张从怀孕之日开始。因为先天不足对孩子的影响是很大的,并且母亲如果做苦工便容易小产,那时危险是更大了。不给小孩先天充足的营养,或怀孕期的生命保护,也是违背教养机会均等原理的。所以我主张教养机会均等从生命开始。

(八)提出教育经费政策

1. 天下为公政策

教育天下应为公,地方主义太狭窄。
资财原属人民有,享用宁能分胡越。

认为"社会主义是'天下为公'的主义,社会主义教育的理想是'天下为公'的教育理想。在这种理想之下,只要是圆颅方趾都有受教育的权利,这个观念是以全人类为范围的。近今世界上,一般人的理想,实在狭隘得很。他们在整个世界里,只看到本国或本民族的人民受教育的机会,却不管别国或别民族的人民受教育的机会。在一国里,只看到本省人民受教育的机会,却不管别省人民受教育的机会。在一省里,只看到本县人民受教育的机会,却不管别县人民受教育的机会。而至于在一县里,只顾及一镇一村人民受教育的机会,更只顾及一家人的教育机会。甚至在一家里,只顾到本人一身的教育机会。如此办法,只有把世界上的人弄到个个都是自私自利,到那时,简直不成其为人类了!社会主义教育学者,看到了这一点,所以主张天下为公。他们反对狭隘的地方主义,主张以社会之款,办社会之教育。在一县里要谋各村镇儿童教养机会的均等;在一省里,要谋各县儿童教养机会的均等;在一国里,要谋各省儿童教养机会的均等;在全世界里,要谋各国各民族儿童教养机会的均等。他们本着这种观念,一步一步地向前进行,一直达到最后目标,以谋'天下为公'主义的教育之完成与实现。"(见拙著《教育参考资料选辑》第二种《教育行政之理论与实际》上册第二八篇拙著《教育机会均等问题》一文第四节。)

2. 税制公平政策

教育税制须公平,盐税亩捐应裁撤。

贫苦人民怨恨深,亿万小农尤痛疾。

为减轻工农民众负担,曾竭力反对江苏教育当局在一九二八年所举办之八分义教亩捐及各省所举办之盐斤带征。在当时大学院所召开之全国教育会议上,曾提出励行公平教育税制、实施教育机会均等案。其中有云:"异哉国人之筹教费也!不曰亩捐附加,便曰盐斤带征,苛细杂捐,直接间接影响于贫民之生计者不一而足。彼北方之武人、政客,不恤贫民之疾苦,其苛征暴敛也因宜。至若吾青天白日旗下之教育界,日以解决民生问题相号召者,独奈何于筹谋教费之际,转以救吾民者害吾民乎?嘻,教育尚未纾民生,民生已先受教育之摧残,虽谓'教育杀人',谁曰不宜?夫良田万顷肥肉肥马之富翁,与薄田三亩衣食不给之小农,同依八分亩捐之税率负担教费,执途人而问之,有谓为公平者吾不信也。况吾国为小农制度之国,百亩以下之田不足以赡养其八口之家者居全国人口之大半,今以教育税制之不当,就田赋一项,已足以影响二万万以上同胞之生计,吾辈教育界中人,又安能辞其咎!至若盐斤带征,尤悖乎公平之原理,而违背人道之精神!盖贫苦小民,力不能备珍馐,其赖以佐餐下咽者,厥惟富于盐分之蔬菜,或单纯之盐卤,因此贫民所需之盐分,必比富人为多。乃从而苛税之加之又加,不以为怪,以挺杀人,何以异于此?"(见拙编《教育参考资料选辑》第二种《教育行政之理论与实际》一书上册第三一篇拙著《请大学院励行公平教育税制实施教育机会均等案》,又见拙编《经费问题》一书。)

3. 中央辅助政策

各地财富不平衡,影响教育见优劣。

若谋机会真均等,中央应将款项拨。

斥责当时以"国税办国校,省税办省校,地方税办地方学校"之政策,认为把负担教育经费之责任分成三级,实为均等教育机会之最大障碍。因而竭力主张"中央"政府辅助及地方经费,谋全国儿童教育机会均等之实现。(详见前注拙著第六节。)

按中央补助之政策不适用于今日之中国。

(九) 发起几项教育运动

1. 庙产兴学运动

生平见义勇争先,不畏人言矢忠直。

欲为教育筹经费,庙产兴学呼声急。

曾于一九二八年在南京发起"庙产兴学运动",组织"庙产兴学促进会",提出"打倒僧阀,解放僧众,划拨庙产,创办教育"之口号,推动其事。(详见第十七卷和四期《中华教育界》拙著《庙产兴学运动》一文。)当时全国僧阀大起恐慌,挟巨金聚南京,贿赂反动政府当局。国民党中常会曾屡次通过该会提案,而不付诸实行。于是反动官吏,如戴季陶之流,遂得以接受贿赂,大饱私囊。会务进行,于以大受影响。惟各省地方教育当局受该会提倡之影响,纷纷以当地庙产兴办学校。惜当时所搜得之资料,因战争发生散佚,未能具体写出,殊感遗憾。关于庙产兴学初期提倡及与僧阀斗争情形,俱载拙编《庙产兴学问题》一书。

2. 儿童生活园运动

欲为儿童争权利,工农子女衣食给。

曾于一九二九年发起"儿童生活园运动",此系为贫苦工农儿童争权利之运动。是年夏,就聘暨南大学教育系主任之职。由粤返沪,过闽讲学,继续提倡"社会主义教育"。对当时在桂粤所提倡之婴儿教养学,认为美中不足,故另行倡议创办"儿童生活园"。此种机关,据个人理想,应该"① 是实现全部的、整个的、继续的生活之发轫地;② 是家庭、学校、社会三种教育的集合体;③ 是实施("社会主义"的)儿童本位教育的场所;④ 是超脱贫苦工农子女的救星"。主张由公家担任教养,以保障各个儿童之教育权利。文中有云:"国家社会有教养儿童之义务,儿童有受国家社会教养之权利。……在私家负担教养责任的制度之下,富有的人家可以特别延师教其子女。养育方面,更不消说是曲尽父母之爱去维护了。至于贫苦的人家,因受经济的压迫,子女的衣食尚且不问,更谈不到他们的教育了。这种不公平的情形,对于各个儿童的生存权利,实大有妨碍。负改造社会之责任者,决不能任其存在。补救的方法惟有把教养的责任,由私家手里移到全社会来负担。"在批评家庭教育制度时有云:"在目前社会组织畸形发展,养育儿童必由私家负担的时代,一般贫苦民众及其子女所受生活上之困苦,凡是常和他们接触的人,都可以看出的。……至若一般农工妇女,养了小孩子,因生活压迫必得工作的,他们的子女所受的苦状,更是不堪设想了。……现在一般贫苦民众的家庭,绝不能供给儿童一种适当的教育。"在批评学校教育制度时有云:"若从公家担任教养的原则来说,则今日通行之幼稚园,简直应归淘汰。因为通行幼稚园的方法,只有教而无养。这种办法,只有在贵族主义、资本主义的教育下,才能存在。……通常的小学,还是偏重教育,缺乏养育,只为中产以上的子弟打算,而忽略无产儿童的幸福。为无产儿童谋幸福的小学校,不但不该收学膳等费,即衣履书籍住所,亦当由学校供给。"(详见《教育杂志》第二二卷第四期拙著《创办儿童生活园之倡议》一文。)

在三十三年前(一九三〇年)为被三座大山压在头上之中国人民的子女,提出此种要求,何异痴人说梦。

3. 教师节运动

欲为教师谋幸福,积极发起教师节。

一九三一年夏,在南京(当时兼任南京中央大学教授)发起"教师节"运动。当时规定该节在每年六月六日举行,并以改良待遇、保障地位及增进修养为三大运动目标。一九三九年伪教育部长陈立夫将该节改于八月二十七日与孔子诞辰纪念同时举行,并篡改原定运动目标,意图在实质上消灭教师节运动。抗战胜利后,各地教师在党的领导下,以教师节为武器与反动政府进行坚决斗争。全国解放后,教育界仍以六月六日为教师节。中央人民政府教育部曾通告各地教育工作者团体,可以按情况自行决定庆祝。教育工会成立后,中央决定废除"六六"教师节,改用五一劳动节为各级教师节日。教育部长马叙伦与教育工会全国委员会主席吴玉章曾为此于一九五一年五月一日在报上发表谈话,肯定教师节在国民党反动统治时期有一定的进步意义。(详见附录四拙著《教师节运动史略》一文。)

时人对我肆讥嘲,"好出风头"加侮蔑。

六、提倡民生本位教育时期

甲、在沪实验阶段

(一) 开始转向农村

都市生活若干年,农村情况渐不悉。
日寇淞沪起风云,北上开封就教席。

一九三二年春就任河南大学教授。

(二) 几项教育主张

1. 创设教育医院

教育医院素主张,河大教坛尽提挈。
同时培养教育师,教育疾病鉴毫发。

主张培养"教育师",在"教育医院"中为有问题之儿童医治教育或与教育有关种种疾病。"教育师"为予理想中一种专门职业,其培养与一般教师有别。教育师除须具有一般教师之知识技能外,更须具有医药卫生、社会工作等等知识及其有关技能。教育医院除须具有通常学校各种设备外,并须具有为儿童医治品德上、学业上、心理上以及生理上各种疾病之特殊设备。此项主张在当时社会只能为富有者服务,当作者在不久以后所提出之民生本位教育主张之为贫苦工农服务者(主观愿望如此)大有径庭,故决予放弃而提倡民生本位教育。

2. 提倡社会生产

社会生产素提倡,湖南讲学详阐绎[1]。
果为社会增生产,资本主义定可灭[2]。

(1) 一九三二年夏,赴湘讲学,讲题为《教育之歧路与出路》,提倡社会生产教育。对当时只为个人而不为社会之生产教育颇多批评,并对当时重视书本忽视社会生产之教育予以痛斥。讲稿发表于一九三二年七月二十四日湖南《民国日报》教育副刊。存稿遗失,无法引证(长沙《市民日报》于同年八月十八日发表有该讲稿之大纲。北京图书馆报纸分馆有该报藏本。)惟次年在江苏省第二区小学教员暑期讲习会上所作关于"经济与教育"之讲演中,有一段讲稿可代表本人当时之教育主张。该段讲稿原文如下:"专讲生产或专以赚钱为目的的生产很容易造成资本主义。这是必然的结果。因为在此种情形下,经济容易集中,为少数人所操纵,其余多数人不能占经济发展的利益,即人民生计——彻底地讲,就是生杀予夺之权——都掌握在极少数人手里。故吾人应提倡社会生产。"(见该会会务报告第二七一二八页,一九三三年八月。又见中国教育学会生产教育委员会编著,由商务印书馆于一九三五年出版之《中国生产教育问题》一书第四〇页。)

(2) 又于一九三二年提倡念二运动时曾讲:"我们不赞成所谓生产而主张社会生产。只讲生产而不顾及它的社会性,危险很大。第一因为有些事体,看似一种生产,实则妨碍公众的幸福,种鸦片烟即其一例。第二因为资本主义国家为个人而生产,已造成今日工人失业,世界经济恐慌的现象。我们中国,不可再蹈覆辙。所以要提倡社会生产,为社会全体的利益而生产,不为私人的利益而生产。从这种生产的理论里,才能产生公平的社会。"(见拙编《教育参考资料选辑》第三种《乡村教育之理论与实际》一书中拙著《念二运动》一文。该文又见单行本《念二运动》一书。)由于社会制度不同,当时所提倡之社会生产,自与今日社会主义生产异趣。

3. 重视劳工教育

劳工教育素重视,邮务工会特提出。
果能教育重劳工,造福人群添羽翼。

一九三四年应上海邮务工会之请,讲演《劳工教育》专题。讲稿发表于一九三五年出版之《沪工月刊》第二卷第一期(上海图书馆及北京图书馆皆有藏本)。文中主张教育为人之权利,认为上海居民,劳工占其大半,纳税特多,应向租界当局(当时租界尚未收回)抗争此项权利。劳工即工农大众,占全国人口百分之八十五,即三亿七千万人以上,而反对劳工受教育者则为一般自私自利剥削劳工之土劣及士大夫阶级。驳斥劳工天资低下之说并举孙中山为农家之子以为例证。至劳工教育内容,别当注重生产教育、爱国教育,而绝非士大夫教育。关于促进劳工教育,文末有云:"促进劳工教育,只有劳工团体自身努力,劳工自身奋斗,团结一致向公家要求,不只为自身受教育着想,更须为自己子女着想。总之,劳工教育乃整个国家民族问题,非力争不可也。"(详见讲稿原文。)

(三) 郊外调查有感

教育出路动我思,郊外调查寻事实。
惨见农民生活难,双泪盈眶流汩汩。

一九三三年春,为了解农村情况,赴开封城外作实地调查,见农民衣不蔽体,以冷水咽食干制之高粱饼充饥,据云经常不举火,忧焉伤之。

(四) 初倡民生教育

1. 布衣说教

遂倡教育为民生[1],布衣说教走南北[2]。

受尽侮辱与揶揄,贯彻初衷誓不易[3]。

(1) 关于民生教育

予提倡民生教育在一九二八年已见端倪。当时认定"教育尚未纡民生,民生已先受教育之摧残",此时复认定教育与民生背道而驰,故下定决心提倡民生本位教育,为工农贫苦大众服务。(当时主观愿望如此。)为便于说明,简称之为"民生教育"。兹略述其①所负之使命,②性质及内容,及③与当时其他各派教育主张之不同,如下。

① 民生本位教育所负之使命

甲:矫正传统的士大夫观念。我国社会陷于士大夫传统观念的深渊中,对于劳动生产教育向极鄙视,从事生产的人也都存着厌恶的心理。这种观念,须藉民生本位教育的力量加以矫正。

乙:培养优良技术人才。民生本位教育的目的在发展人民生计。欲达到这个目的,……须培养大量技术人材。

丙:改良及创造生产技术。民生本位教育,一方面改良我国固有之生产技术,同时还要创造发展生产之新技术。

丁:建设合理的经济生活。民生的改善,除了生产的增加外,一切消费分配交换等制度,在与民众的经济生活有关,欲使其合理化,亦有待于民生本位教育的努力。(见《民生教育》创刊号拙著《民生本位教育发端》一文。该文又见拙编《民生本位教育论文集》一书。)

② 民生本位教育之性质及内容

甲:"以发展人民生计的经济活动为脊干,来改进民众生活,扶植社会生存,保障群众生命,而达到民族复兴。"(见《教育杂志》第二十五卷第六期拙著《民生教育刍议》一文。该文又见拙编《民生本位教育论文集》一书。)

乙:"寓一切教育于民生建设之中,以发展民生的经济活动为经,以文字公民、卫生、休闲、自卫救国种种的教育为纬。"(见同前文。)

丙:"就发展人民生计来说,民生本位教育不是先教人读书识字的教育,而是帮助改进民众经济生活,使各个人皆能衣暖食饱的教育。"(见拙著:《什么是民生本位教育》一文。按此文无存稿,此段系引自《民生教育》第一卷第二三期刘剑声著《民生本位教育与生活教育》一文。该文又见拙编《民生本位教育论文集》一书。)

丁:认为当时我国所谓新教育之内容"是消费的书本的和治术的教育。消费的教育以提高消费享受的程度为能事,使青年一入学校即成为西方的物质文明的享受者;

书本的教育以教育教死书学者学死书为能事,使青年入学校就和劳动生产的实际生活脱离了关系;治术的教育以养成治术人材为能事,使青年一入学校就养成升官发财的心理。这种教育仍旧是传统的士大夫教育,它非但和民生没有发生关系,简直是和民生背道而驰,以致学校多一毕业之学生,社会即增一失业的分子,家庭即少一有用之子弟。……于是大声疾呼,要求改革教育。"(见拙著《民生本位教育发端》一文。)

戊:认为"教育内容应以生产劳动为主,但民生需要不应以生产劳动之结果为满足。因为民生的运动,除了生产外,至少还有消费分配交换诸问题。单单解决了生产问题而不解决其他问题,民生仍不能安定。"(见同前文。)

③ 民生本位教育的当时其他各派教育主张之不同

民生本位教育作为一派教育主张与当时其他各派教育主张不同之点略述如下。

甲:与山东邹平之"乡村建设"不同。因其从地主武装出发,且注重所谓"精神陶练",注重所谓"理性"。而民生本位教育,则从人民生计出发,注重生产劳动,注重改善生活。

乙:与河北定县之"平民教育"不同,因其从文字教育出发,且以文艺、公民、卫生及生计四种教育并列。而民生本位教育则从生计教育出发,且以发展人民生计之经济活动为经,以文字、公民、卫生等教育为纬。因出发点不同,民生本位教育与定县平民教育之主张,在教育设施各方面,处处形成鲜明对比,此在熟悉此两派教育主张者所易见到者也。

丙:与"生活教育"(此指陶行知之生活教育)不同,因其认为生活即教育,重视文字教育,主张学校即社会,社会即学校。而民生本位教育则以教育为改变生活之工具,特别重视经济生活,以人民生计为整个教育中心,特别重视社会上经济活动场所,认为此系进行教育之主要场所。(详见前面②节丙段内刘剑声文,及《中华教育界》第二二卷第十期《陶行知邰爽秋先生农村教育主张之不同》一文。)

丁:与"职业教育"不同,因其产生之背景为资本主义社会,目的在训练良好工人及伙计,又重在为个人谋出路,而个人出路,却往往有碍于整个民生之出路。(详见一九四〇年二月十日重庆《新蜀报》拙著《今后教育建设问题》一文。该文又见拙编《民生本位教育论文集》一书。)

戊:与"生产教育"不同。"生产为民生本位教育不可少的要素。但是民生本位教育却与生产教育不同。第一,生产教育以生产为目的,而民生本位教育则以发展民生为目的。生产只为手段,民生才是目的。第二,生产教育所提倡的生产,未必是社会的生产。它对于民生的影响如何,不得而知。第三,教育的内容,因应以生产劳动为主。但民生需要不应借以生产劳动之结果为满足。"(见拙著《民生本位教育发端》一文。)应同时注意分配,否则生产愈发展,资本主义将愈形巩固。

己:与"劳动教育"不同。"民生本位教育与劳作教育至少有三点区别:第一,劳作教育以唯心论为基础,民生本位教育却是从民生的观点出发,有计划的增加社会生产。

第二，劳作教育重在养成良好的公民品格，而民生本位教育却注重民生的福利。第三，劳作教育重视训练的价值，而民生本位教育则重视生产的价值"。（见同前文。）

庚：与"儿童本位教育"对立，因其以儿童为教育之中心，而民生本位教育，则以民生为中心。（详见《民生教育》第一卷第二三期刘伍夫著《民生本位教育与儿童本位教育》一文。该文又见拙编《民生本位教育论文集》一书。）儿童本位教育"偏重儿童兴趣，重视儿童个性，往往为知识而求知识，不计功用。"而民生本位教育则"偏重实用的价值，注重实际的效能。有时为了实用稍稍牺牲学习兴趣，亦在所不惜"。（以上两段引文，俱见《基础教育》第一卷第六期拙著《技术基础的乡师课程之改造》一文。）

以上为民生本位教育作为一派教育主张，与当时其他各派教育主张大概不同之点。但此派教育主张之最显著特点为"注重生产劳动"。如前所述，它以矫正当时士大夫教育鄙视劳动生产教育之传统观念为主要使命，要求改革"以教育教死书与学者读死书为能事，使青年一入学校就和劳动生产的实际生活脱离了关系"之"书本的教育"，又认为教育内容应以生产劳动为主，且应顾及分配。民生本位教育此种注重生产劳动之特点，与当时其他各派教育主张皆有不同，因不仅与"乡村建设"一派教育主张不同而已也。

关于本人教育思想转变之经过，见《长城》第一卷第九期《邰爽秋先生访问记》一文。

○按民生本位教育在实施之理论上，虽与当时其他各派教育主张有别，而在实质上，则同属于为反动政权服务一丘之貉，皆应受批判。

（2）关于布衣说教

① 人所着布衣，系当时社会所认为下等人，即工农大众所着之土布短装。因于民国二十二年开始穿着，故名"土布念二装"或称"念二装"。

② 关于解决民生问题，主张社会节约与社会生产并重。主张"以工裕农"，并认为在洋货充实、民族工业青黄不接之际，欲救济民生，必须维持并改良手工生产。因而坚决主张"提倡土货，提倡乡下人自用土货，提倡城里人购用土货"，以裕民生并抵抗帝国主义侵略。（详见《教育杂志》第二五卷第六期拙著《民生教育刍议》一文第五节《我对于解决民生问题的主张》。）

③ 又因土货以农民手纺手织之土布为大宗，故应首先提倡服用，而欲提倡服用，更须以身作则，穿着土布，"因此毅然脱下西装革履，改着土布念二装，即工农大众所着之土布短装，在豫、冀、晋、鲁、苏、浙等省讲演提倡"。

此种办法，自今日思之，殊觉其不能解决民生问题，而在当时，则深信之而不疑也。

（3）关于贯彻初衷

受侮辱与揶揄情形，见《一周间》第一卷第二期拙著《我穿了一年的土布短装》一文。文中有云："我对于这些，无论是侮辱或是鄙薄，以及傲慢等等，不但不以为意，并且认为这正是我所要尝的滋味，我穿了土布短装，是时刻准备受侮辱的。我要深刻地了解一般民家的痛苦！同时我认为要打破士大夫的特殊地位，改变社会的观念，更必须百折不挠的精神穿起被人轻视被人侮辱的土布短装。"

坚持着土布念二装达十七年之久,甚至与胡佩贞结婚时,亦着此装。(见一九三七年二月十五日上海新闻报《邰爽秋结婚始末》一文。)直到一九四九年秋,入华北大学政治研究所学习时,始改着干部服。当时作诗以为纪念。诗曰:"脱下念二装,穿上干部服;站定新立场,丢开旧包袱。把握住唯物观点,辩证方法,参加革命队伍,为祖国谋富强,为人民谋幸福。"

按此诗结语,只念及祖国富强,人民幸福,无一字提到世界上三分之二尚在被压迫之人民,多见其目光浅短与心胸之狭隘也。

2. 听从感泣

苦心提倡年复年,奔走呼号朝复夕。
毕竟农民痛苦深,广大听众多掩泣[1]。
狡哉军阀阎锡山,邀予讲演利搜刮[2]。

(1) 在豫、冀、晋、鲁、苏、浙等省讲演时,听众多感泣。例见一九三三年五月八日上海新闻报《提倡土货——悲哉满堂泪,壮哉少年心》一文。

(2) 当时山西军阀兼省长阎锡山设"山西统制经济处",用官僚资本,设厂制造种种货品,以"提倡土货"为名,高价出售,强迫人民购买。闻予提供土货,特邀赴晋对五六千听众讲演,大肆宣传以期加速达到搜刮民财之目的。予当时以为同志有人,提倡见效,实则受绐矣。

3. 美帝施奸

美帝用心恶毒深,亦想乘机使奸滑。
中国甘地加虚名,妄图诱我学胡适。

甘地印度政治领袖,终身着布衣,抵制英国货品。当时,美国报刊,报导关于土货运动,或民生教育运动时,常称余为"中国甘地",其用心之恶毒可知。

○按胡适媚美求荣,甘心作奴才,为美国垄断资产阶级服务。

(五) 发起念二运动

1. 决心土货救国

念二运动目标坚[1],反帝决心强似铁[2]。

一九三三年秋,就聘上海大夏大学教育学院院长之职,于教育之余致力于念二运动。

(1) 念二运动之目标为"提倡土货、实行社会节约,努力社会生产,发展国民经济,改进民众生活,协谋中华民族之复兴"。因自民国二十二年开始,故名。按此项目标,民生本位教育提倡者称为"土货救国"方案。因其要求解决民生问题,又系用教育来实现,故又称为民生教育初步方案。(详见拙编《教育参考资料选辑》第三种《乡村教育之理论与实际》一书中拙著《念二运动》一文,该文又见单行本《念二运动》一书。)

(2) 提倡土货之目的,首在抵制帝国主义之经济侵略,当时认为"土货是打倒帝国主义的一种武器"。念二运动之最后目标,为民族复兴。而民族复兴,就对外言,要求"中华民族在国际上的自由平等"。……要在国际上争得独立的地位抵抗帝国主义收回主权,恢复失地。(见《念二运动》第五一页。)当时提倡念二运动及民生本位教育之同志皆着土布念二装,并佩带[戴]红色心形之土货救国徽章,以示救国雪耻之决心。此种办法,自今日思之深觉其幼稚可笑,不能解决救国问题,而在当时则执迷不悟也。

土货救国为基础,立志誓将国耻雪。
改良道路行不通,当日痴迷未之觉。

2. 提倡节约生产

提倡省俭节开支[1],生产财源金满窟。
主张工业布城乡,不见劳资再冲突[2]。

(1) 节约指社会节约。其意义"是要大家不为一个人而省俭,而为社会而省俭,为发展社会事业——尤其是社会生产事业——而省俭,使社会金融得以流通,社会生产事业经费的来源得以畅旺"!(见《念二运动》一书第三七页。)

(2) "我们不愿意看见像欧西大都市内大工厂中有成千成万工人,闹着劳资冲突。我们愿意看见小规模的工业星罗棋布的分散于城市和乡村;我们不愿意看见有几万万家财的大富翁和贫无立锥的乞丐;我们愿意看见全国资财皆变成公营合作事业的资本,个个皆是生产事业的主人翁,个个皆是享受者的一分子。"(见《念二运动》第五二页。)

3. 改进民众生活

城市人民寄生多,为害农村须绝迹[1]。
改进生活裕人民,经济关系须密切[2]。

(1) 根据开封社会调查,推算全国城市人民不事生产,而依赖农村为生者,计有八千万之多。认为"欲解救农村恢复农村经济,……不可不同时解决城市八千万人的寄生问题"(见《念二运动》书第四二—四三页。)主张"化寄生虫为生产者,使城乡经济问题,同时解决"。(见《教育杂志》第二五卷第六期拙著《民生教育刍议》一文。)

(2) "主张一切民众生活的改进,都要和经济发生密切的关系。"(见《念二运动》一书第四四页。)主张"'擒贼先擒王,治病先治根,救国先救穷,教民先教富'。……中国农村目前的病根,乃是一个'贫'字。所以你要教农民文字教育,他们终日勤劳还不足以维持生计,哪有空闲看书写字?你要和他们讲卫生教育,他们一家往往只有一间茅屋,饮食起居都在里边,牛羊猪鸡也在其内,大门外还有一个储藏肥料的大粪坑,试问这样的环境用什么方法使他们讲卫生?你要叫他们自卫,生活的压迫常常使他们往土匪的路上跑,对于他们自卫自然是不需要的。你要教他们公民教育,他们会饿着肚皮来爱国吗?你要教他们家事教育,他们一家六七口,一年还没有二百块钱的生活费,任凭你什么家事,教育专家,也不会能创造出美满的家庭来。……所以农民的经济问题一天不解决,一切教育都是白费心血,不会收效。反过来说,只要我们致力于农民经济问题的解决,其他问题都可水到渠成迎刃而解"。(见《中华教育界》第二二卷第十期《陶行知邰爽秋二先生农村教育主张之不同》一文。)

○按"经济"二字有阶级性。马克思主义者讲改进经济生活，主要是改变生产与生产关系。予所讲者则是欲改进生活技术及推销农民手工产品，如此做法，纵使成功，亦只能使工农群众满足于获得小利而安于被压迫的生活。予当时所以有些主张乃系受实用主义影响所致。

4. 痛斥当时教育

> 民教乡教危害深，带我人民临绝域。
> 悬崖勒马未为迟，及早回头急呼喝。

(1) 认为当时有许多地方之民众教育与乡村教育(按以上数点，系驳诘当时河北定县中华平民教育促进会邹平乡村建设研究院及江苏教育学院等机关之教育主张)"把中华民族带着向死路上跑，若不悬崖勒马，及早回头，我民族前进将因民众教育或乡村教育之发展或普及而陷于万劫不复的地步"。(见《念二运动》第四五页。)

(2) "认为当时之民众教育或乡村教育是提高民众消费的教育。"认为"我国国民经济目前最大的危机是生产的普遍降落和消费的普遍增高，是用农业社会的生产去供给工业社会的消费。我们欲挽救这种危机，只有一方面提高国民生产的数量，他方面降低国民消费的程度"。而当时的民众教育和乡村教育者却"往往把提高民众或农民的消费享受的程度，当作改进民众生活"。(见同前书第四六页。)

(3) 认为当时之"民众教育或乡村教育是推销外国货的教育"。认为"最足以带我民族上死路以致陷于万劫不复的地步的，却是一般自命为负有救民族出于水火的民众教育者和乡村教育者! 这班永久的、普遍的、帝国主义者的推销员，读者若不信，则请问今之从事民众教育或乡村教育者有几人不带外国呢所制的帽? 有几人不穿外国料所制的衣服? 有几人不挂自来水笔? (在当时皆系舶来品。)唉! 像这样做民众教育或乡村教育运动，去做民众的榜样，岂不是运动愈普遍，外国货愈畅销，而民族的命运也就愈陷于万劫不复的地步吗?"(见同前书第四六至四七页。)

(4) 认为当时之"民众教育或乡村教育是养成新士大夫的教育。"在此批评某民教训练机关养成新士大夫作风之后，慨然叹曰:"唉! 以直接或间接从民众榨出来的金钱办这种士大夫官僚式的机关去栽培这辈士大夫式的民教或乡教领袖，在主其事者以为非如此办法不足以宣扬其成绩，我们却不禁为民众前途不寒而栗，不敢赞同了。我们不寒而栗的原因，与其说为的是怕看见士大夫教育机关里所造就出来的这班士大夫式的民教或乡教领袖，不如说是怕看见三万多万的民众将受士大夫的影响而引起做士大夫的兴趣，相将向士大夫的路上走，致使士大夫教育的流毒昔之为害于少数特殊阶级者，今则藉民众教育或乡村建设之力而得普遍于民众之间。……我们认为在今日国民经济破产的小国，民族内部问题的解决，在把一班士大夫的生活降低到水平线，而把一般贫苦民众的生活提高到水平线；在由一般天堂上的士大夫自动的跳下地狱救民众出于水火，一同在地面上过平等的生活，万不可使一般地狱里的民众回到天堂上去和士大夫争享受……(自今日思之，仅此一端，绝不能解决民族内部问题。且此种言论，忽略社会革命，尤不足以为训。)我们愿意在中国社会上,只看见有同样生活的民众,不愿意看见有一个特殊生活的士大夫。尤不愿我们一般民众教育或乡村教育者吸着民众的膏血,去继续不断的养成贻祸民族贻害民众的新士大夫!"(见同前书第四八至五〇页。)

〇按本节所痛斥之教育,主要系指当时河北定县中华平民教育促进会、山东邹平乡村建设研究院及江苏无锡教育学院三机关之教育设施。

5. "理想"社会政治

要求社会有公平,无分工具与目的。

(1)民族复兴,就对内言,要求"中华民族内各个分子之自由平等。……要在国内得着公平的社会。在这公平社会内,没有哪个是目的,也没有哪个是真"。(见《念二运动》一书。)

理想社会路匪遥,实现方法宁一律。

(2)上述社会系念二运动者当时所公认之"理想"社会,但对于中国问题之解决,却不赞成从政治入手或采取世界革命及社会革命手段。念二运动者认为"……解决中国问题的方法很多,念二运动不过是其中之一。我们决不把这种运动当作唯一的办法。……国内社会问题,如有一种很有效的敏捷手段给它一个彻底解决(意指社会革命),亦复快事。不过在这问题得到适当解决以前,不妨采取我们这种办法(即土货救国、教育救国之办法)。这种办法诚然迂缓,但是做了一分事就收一分效果,成功就在目前,而且极为普遍,我们一般老百姓手无寸铁,不这样做,又从何而为民族社会效力?"(同前书第五二及五三页。)

此种言论充满改良主义者软弱心理,对中国革命在当时起了促退作用。

理想政治事多端,人民衣食是主派。

(3)念二运动者,认为政治之首要在民生。所谓民生,即人民衣食之事。

此种看法忽略政治革命之殊大意义应受批判。

〇按在三十年代之初东北沦陷,不久又发生一·二八事变。南京卖国政府蒋介石集团,对日本帝国主义则采取不抵抗政策,对红色区域则进行围攻,对爱国青年则恣意屠杀。处此民族危亡举国愤怒之情形下,欲谋抵抗帝国主义收回主权,恢复失地复兴民族改造社会,其惟一办法是投身革命队伍,与帝国主义及国内反动势力作殊死斗争。而予在当时则提倡所谓"念二运动""土货救国"等办法,组织"念二运动促进会",集合所谓同志用种种方法向广大群众及青年宣传,自然如此可以或多或少达到上述目的。实则与共产党争夺群众争夺青年,使其离开革命道路,走入改良主义歧途,为帝国主义及国内反动势力帮凶,对当时我国革命事业之进展起了一定的阻碍作用。

(六)实验民生教育

1. 实验总精神

根据前项大前提,订出教育诸原则。

> 各项原则总精神,教育生产结合密。
> 实验提倡十余年,竭尽智能求贯彻。
> 微诚所及固自许,为谁服务不明白。

认为教育与生产不应分离而应结合。此系一项基本主张,此项主张体现在教育制度、教材教法以及教具等方面,在沪渝两地先后十余年所进行之教育实验工作中,均力求其贯彻。

兹以上海金家巷农村念二社之实验工作为例,加以说明。(按念二社系念二运动之具体组织,"是从经济的立场,由提倡土货,以复兴民族,改造社会的一种具有教育性质之服务团体",是实验民生本位教育之初期组织。)金家巷念二社之基本教育方法,主张"把教育送到民众的面前。除非民众自愿前来,本社决不如一般民众学校之所为,与社会争夺民众或与社会妥协将生产与教育分离,仅在民众工作余暇施教。(按指当时江苏无锡教育学院、定县中华平民教育促进会及山东邹平乡村建设研究院等机关之教育设施。)本社特制之巡回讲坛(后来发展成为教育车),由本社工作人员或各团团长(经济合作团)推往民众工作场所或住居附近之街道空地上施以生产或与生产有关之教育。"(见拙编《教育参考资料选辑》第三种《乡村教育之理论与实际》一书中之《念二年度金家巷农村念二社实验报告》一文第十二页。该文又见《乡村建设实验集》第三集及《中华教育界》第二十二卷第四期,并有教育编译馆一九三三年出版之单行本。按上述教育与生产不应分离而应结合之基本主张,当时自以为工农民众服务,实则为资产阶级政治服务,为地主阶级服务,为四大家庭服务而不自觉也。)

2. 教育之对象

> 教育对象是农工,生产参加定学籍。
> 知识技能同时学,教育生产两不失。

就教育对象言,主张"以实际参加或力能参加民生经济活动的男女老幼为教育之对象"(见《教育杂志》第二五卷第六期拙著《民生教育刍议》一文。该文发表于一九三六年,当时民生本位教育实验工作又进行三年之久。该文实际上系三年实验工作经验总结报告。)换言之,凡受教育者,必须参加生产。

3. 经济分团制

> 男女老幼一同教,经济分团殊特别。
> 班级制度障碍多,决定废除不因袭。

(1) 就教学组织言,"提倡'经济分团制'就发展民生的经济活动,将民众分为若干经济合作团体。凡是经济活动相同之民众,不分男女老幼,只要程度相同,便可在一团或一团内某组中一同受教,不拘于儿童教育、成人教育、青年教育、妇女教育的种种界限。(见同前注)

"经济分团制"是"各种教育完全由生产(合作的)集团推动"之制度。(见《念二年度金家巷农村念二社实验报告》一书第二页。)在"沪西民生教育实验区"之实验中,曾按照民众需要成立纺织、洗衣、编藤、种植、工艺、缝纫、畜牧、拉车等合作团。（参见《民生教育》第一卷第二三期唐茂槐著《实验的民生教育》一文。）"团"既是合作生产组织，又是教育组织，通过"团"组织，教育与生产合而为一。

（2）此种组织办法，系从实践中产生。当民生教育提倡者最初在沪西乡村中按照预定时间在各村进行巡回教育时，每至一村，铃声一响，农民各带小凳，扶老携幼，在指定地点集合。彼等皆从事农业生产，其经济活动与生活背景相同，故能编入一团，接受生产或与生产有关之教育。若分为儿童妇女、成人等班，则往往因人数太少，不能成班，即或勉强成班，而教师人数亦将不敷分配。实践经验证明此制在偏僻农村或人口稀少地区，推行教育最为适宜，但在都市人口集中地区亦有必要。民生教育提倡者，曾在沪西对人力车夫及纺织女工进行体育及文字教育。就体育言，纺织女工所需者，多属下肢运动；而人力车夫所需者，则多属上肢运动。再就文字教育言，纺织女工与人力车夫所需之文字知识，亦有显著差别。此两种教育对象，因此必须根据经济分团制理论编入不同组织内受教。

4. 做工兼读书

　　　　做工读书两件事，自古以来无瓜葛。
　　　　入社做工兼读书，心身愉快又活泼。

在各经济合作团中，读书结合做工，同时进行。以金家巷农村念二社编藤团为例，其教材有云："父亲：我现在金家巷农村念二社里，一面做工，一面读书，很是快活。我的身体如常，请不必远念！男小毛，四月八日。"（见《念二年度金家巷农村念二社实验报告》第四五页。其详细情形见该报告第二一至二三页。）做工系合作生产性质，生产盈余分与各团员维持全部或一部分生活开支。

○ 按当时念二社中一面做工一面读书办法系欲使教育与生产密切连接，俾贫苦民众得以同时受到教育并改进生活。此种办法与今日我党所提倡之半工（农）半读制度，无论在精神目的或制度方面，皆不可同日而语。

5. 课程之编制

　　　　经济活动定为经，各种教育纬相缀。
　　　　制为设计大单元，科目框框尽摆脱。

（1）就教材言，主张"寓一切教育于民生建设之中。以发展民主的经济活动为经，以文字、公民、卫生、休闲、自卫、救国种种教育为纬，制为大单元设计。取消了传统的科目制度和通常把各种教育和生计教育并列不分轻重先后拆开训练的办法。"（见《教育杂志》第二五卷第六期拙著《民生教育刍议》一文。）

（2）又主张"以经济生活为一切教育之下层建筑，以经济活动为经，其他活动为纬。譬如下列课文：'我锄地，你拔草，他把种子往地下抛，吭唷！吭唷！来帮助倪伯伯种豆呀！'这课课文，兼有文学教育、公民教育和健康教育的意味，而实际上是以经济活动—种豆—做中心的。"（见《中华教育界》第二二卷第十期《陶行知邰爽秋二先生农村教育主张之不同》一文。）

○按当时金家巷农村念二社所用教材即系按照此条原则编制,其后在渝所编《稻作活动》教育,则为此条原则之彻底应用。(说明详后文"技术中心"节诗句注释。)

6. 教学三原则

经济活动为基础,教学三条原则。

就教学方法言,民生本位教育在实践中发现三条原则:(1)在民生经济活动上教,在民生经济活动上学(即在经济兴趣上教学,在经济活动过程中教学)。(2)在民生经济活动场所内教,在民生经济活动场所内学。(3)在民生经济活动关系上教,在民生经济活动关系上学。此种教学方法,余名之为"经济需要"基础之教学方法,以与"游戏兴趣"基础之教学方法相对立。(见《稻作活动》书《序》。)

(1) 第一条原则:在经济兴趣上教学

经济兴趣为起点,民众学习如胶漆。[1]

民生本位教育实践证明,进行民众教育必须"以民众经济活动的兴趣为起点,尽量在民生经济活动上教,在民生经济活动上学"。此系民生本位教育第一条教学原则,即基本原则。但一般乡村工作者往往忘掉民众经济活动的兴趣,以致失败的很多。因为老百姓的一举一动,无不有他的经济算盘。譬如你见到乡民的茅厕,离住宅太近,觉得很不卫生,要他迁移。但他恐怕茅厕离住宅远了,有人偷粪(此系在旧社会情形)。除非你想出别的法子来保护他的粪便,那他才肯听你的话。又如菜上生了虫,若使你介绍一种科学方法去驱除,而因计算下来所得不偿所失,无论如何,他也不会睬你的。民生本位教育的方法,却处处替老百姓先打算盘,凡是于他们无益或益少害多之事,决不提倡,以免劳而无功。

民生本位教育,虽以经济活动为基础、为脊干,但并不忽略文字训练。不过"在教授文字时,也是根据前面的原则,以民众经济的兴趣来决定。即如左右的'左'字,若拿来教黄包车夫,就很需要。因为黄包车夫不识'左'字,不懂得'左'字,不知道靠'左'边走,就要挨警棍(此系旧社会中,人力车工人所受之虐待)。若是以'左'字去教农民,任你怎样说得清楚恳切,他也未必感觉需要。若只以公民训练为目的,而教'左'字,那又非乡下老百姓所欢迎。我也看不出,为什么乡下人一生不识'左'字,就不能做一个公民。固然可以说:如果大家衣暖食饱,生活丰富,多识一个'左'字,也属有益无害。不过在这衣食不周,尤其是抗战期间,壮丁抽调出外,生产工作正需加紧努力的时候,大可不必去教这些不急用的字。若使一定要教他们识字,我想教些'牛''油'等字,他们一定较为欢迎。"(以上引文,俱见《民生教育》第一卷第四期拙著《抗战建国时期中之民生教育》一文。该文又见中国教育学术团体《建国教育》季创刊号及拙编《民生本位教育论文集》一书。)

(2) 第二条原则:在经济分析内教学

经济场所办教育,教育不将民众夺。[2]

民生本位教育第二条教学原则为:"在民生经济活动场所内教,在民生经济活动场所内学。"此原则之目的是欲尽量在经济活动场所内办教育。"到了现在,民众教育的缺点日渐暴露,真正困难的问题,一般民众教育专家也无法解决。他们所认为拿手的一句好戏,还脱不了学校的把戏——民众学校。可是这类学校的成绩,除去办在大都市里,有工人或游手好闲的人进来之外,一般办在乡间的,我可以四句话来概括:(1)成人不来儿童来;(2)男人不来女人来;(3)贫人不来富人来;(4)真正老百姓不来而地痞流氓来。这种怪现象的发生,不能皆归咎于办理者之没本领,而实由于学校制度根本不合于中国乡村环境。因为生产场所要老百姓去生产,而民众学校却要老百姓来读书。饿着肚皮的人,能来受教育吗?当然不能。可是办教育者,还硬要把他们向学校里拉,和社会生产场所争夺民众。民众不得已,不得不派妇女、儿童、富人或无业的流氓来做代表了。

可是民众教育者不能认为满意,还要真正老百姓来,而真正老百姓还是不肯来。民众教育者不得已和生产社会妥协,在农忙的时候,让老百姓到生产场所去学校关门大吉,到了农闲的时候,便把老百姓诱入学校而大开其门了。我们认为这种办法,根本是把教育和生产分离。我们认为在农人最忙的时候,正是农人最需要教育的时候。(此即"哪里有生产哪里就有文化活动,生产越紧张,文化活动就越活跃"。)只有真正帮助百姓经济发展的教育,才是老百姓所需要的教育。如何能达到这个目的呢?依我看来,只有取消民众学校,而把教育送到老百姓面前,并且这种教育还要和老百姓的经济生活打成一片,才能办到。(本人此种主张未著专文发表。此段系引自《中华教育界》第二二卷第十期《陶行知邰爽秋二先生农村教育主张之不同》一文。该段又见《民生教育》第一卷二三期刘剑声著《民生本位教育与生活教育》一文。刘文又见拙编《民生本位教育论文集》一书。)

本项原则,在上海金家巷农村念二社实际工作中有具体应用。该社实验报告中有云:"除非民众自愿前来,本社决不愿如一般民众学校之所为,与社会争夺民众,或与社会妥协,将生产与教育分离,仅在民众工作余暇施教。本社特制之巡回教坛(后来发展成为教育车)。由本社工作人员或各团(按指'经济合作团',说明详前页'经济分团制'诗句注释)团长按时推往民众工作场所或居住附近街道空地上,施以生产或与生产有关之教育。"(见该报告第十二页。)

本项原则,在重庆中国民生建设实验院附设之国民学校中,又有进一步说明:"施教场所力求与民生经济活动场所相配合。故虽有学校之名,实际上并不与社会争夺民众,迫其来校,如传统小学或民众学校之所为。反之,却时时将来自社会,尤其是来自民生经济活动场所之学生,送还原处,或集中于某种经济活动场所施教——如农场工厂之类。其不能离开家庭或经济活动场所之学生及未在学校注册之民众则利用其住所或原有经济活动场所施教。是以吾人心目中之国民学校,实为一种'教育站',为实施某区域内教育之出发点。而吾人心目中之真正学校,则为整个社会——尤其是社会中民生经济活动之场所。"(见一九三九年出版《中国民生建设实验院创立旨趣》第十二页。)

(3)第三条原则:在经济关系上教学

经济关系巧联系,远在天涯如咫尺[3]。

将教学过程局限于经济活动场所之内,在事实上必然有时发生困难。例如,教东北地理一课,如何能按照前述两条原则进行,殊成问题。于是想出第三条教学原则:"在民生经济活动关系上教,在民生经济活动关系上学。"金家巷农村念二社实验报告中有云:"本社所定各种教育目标甚多,其内容未必皆与民众实际生活切合,凭空讲授,民众必难了解。

故必由民众切身利害关系说起,由近及远,由著之玄。虽所用教材,已去题万里,与民众实际生活迥不相合,民众听来,仍必亲切有味。"(见该报告第十二页。)再举实例说明:"譬如说,教东北四省的地理。你如果说东北的土地面积有多么大,有怎么多的人口,它是我们祖宗遗留下来的,怎么被日本人抢去了等等,民众们听了,一定是不关痛痒的。要是你根据他们的生活去发问,譬如,问他们所织的土布如何卖不出(此即经济活动关系),慢慢地引上去,当你说到东北土地被占后,日本人不让中国老百姓所织的土布在那里儿出卖的时候,他们一定会咬牙切齿地喊着要收复东北失地,赶走日本鬼子了。"(见《民生教育》第一卷第四期拙著《抗战建国时期中之民生教育》一文。该文又见中国教育学术团体联合会《建国教育》季刊创刊号及拙编《民生本位教育论文集》一书。)

　　　　　　　三条原则果能行,教育生产两受益。

7. 巡教四形式

　　　　　　　村落星散人口稀,学校难期能事毕。
　　　　　　　巡回教育试推行,配合生产见功绩。
　　　　　　　"教学""开会"便利多,"谈话""展览"尤戈戈。
　　　　　　　四种形式受欢迎,经验从兹渐累积。

　　认为在农村村落星散、人口稀疏、交通不便之辽阔地区,推行教育应重视巡回教育。其形式根据实践总结为教学、开会、谈话及展览四种。教学式居多用于文字或书算教育;开会式居多用于公民教育;谈话式居多用于解决个别难题;展览式则用于农业、卫生等教育。进行巡回教育时,教师应携带教学工具或展览材料,并于事先规定施教地点,俾受教育闻铃声自带坐椅或小凳集合。受教可在教师指导下,自行组织,推一人为组长,做老师助手,以便教学。在沪西四年实验工作中,根据经验,曾著有《巡回教育实施法》一书。国难期间,稿本被毁。惟国难前夕,伪教育部曾邀予讲演此题,不久即制定巡回教育法令,以利推行。详情见后文,第一页"创制工具推行"节诗自注释。

8. 教学之时间

(1) 工农教育终年不停

　　　　　　　无论季节忙与闲,教育工作不停歇。
　　　　　　　教师随时教工农,学校大门永不闭。

　　教育同样重要。就教学时间言,认为"不仅应在工余农闲时施教,工忙农忙的时候教育同样重要,所有开学、星期、学期、毕业等等制度一概取消"。(见《教育杂志》第二五卷第六期拙著《民生教育刍论》一文。该文又见拙编《民生本位教育论文集》一书),又认为"工余农闲时,施以恢复疲劳、涵养德性、灌输常识等类之教育固属重要,而在工忙农忙时,指导生产技术,介绍优良种子、调解争水纠纷等尤为重要"。(见《中国民生建设实验院创立旨趣》一书第十页。)

　　〇 作者主张在经济活动场所内办教育,故能随时对工农进行教育。

(2) 经济生活力求配合

教学时间与农时，力求配合丰黍稷。

学期暑假与星期，等等制度皆荆棘。

认为"施教时间应力求兴学生及民众之生活，尤其是经济生活相配合……在此种办法下，除特殊情形外，以一学生及民众之经济生活为转移。所有通常学校中带有时间性之制度，如星期、学年、春假、暑假、寒假等等，当然不能存在"。（见《中国民生建设实验院创立旨趣》一书第十页。）

9. 师生之关系

学生同时作先生，互教互学互补拙。

先知先觉为人师，为师概不凭资历。

就师资言，"指导民众互教互学，不管年纪大小，先知觉后知，先觉觉后觉，无所谓先生，亦然无所谓学生"。（见《教育杂志》第二五卷第六期拙著《民生教育刍议》一文）。

10. 设备及设施

设备可省则从省，力避铺张崇节约。⁽¹⁾

设施务必利民生，洋货推销同服毒。⁽²⁾

(1) 就设备言，"力求适合一般国民经济的状况，力避无谓铺张"。（见同前文。）

(2) 就设施言，"务以有裨于民生者为先，不提高民众消费的欲望，不间接或直接推销外国货物，不把民众造成新士大夫。因此，我们反对从事民生教育的人带呢帽、皮鞋、自来水笔、西装、洋纽扣、风琴、留声机、雪花膏一类的东西下乡"。（见拙著《民生教育刍议》一文。）

按此类物品，在当时几乎全是外国货，或用外国原料所制成之货品。

11. 经费之筹画

不增负担累人民，无用资财尽发掘。

更加社会富力增，教费来源自宽绰。

就事业经费言，主张"不因创办教育而增加民众之负担，惟利用社会上未有正当用途之资财（按指庙产等资财），并于增进民众富力的当中逐渐解决教育经费的问题"。（见同前文）

12. 学制之改革

传统学制应推翻，注重民生换内核。

经济活动为中心，实用人材尽培植。

就学制言，主张"推翻以学科知识为中心以造就少数专门学者为主要目标之传统教育制度，而代以民生经济活动为中心，以造就多数民生实用人才为主要目标之新制度"。（见拙著《民生教育刍议》一文。）此项改革原则为当时中国教育学会生产教育委员会所试用。该会于一九三五年七月征集国内教育专家意见，编著《中国生产教育问题》一书（商务印书馆出版）。该书结论建议中有云："改革教育制度，必须推翻以学科为基础以造就读死书者为目标的传统教育制度,而代入根据发展民生的社会生产活动,以造就社会生产事业之技术人员为目标的新制度。"(见原书第二六页。)此项教育原则,在抗战期间,发展成为"技术中心之学制",说明详后。

13. 实验之结果

> 各项原则多实际,实验果然有收获。
> 收获结果竟如何,有利豪门四家族。

实验机关先后为"念二社"及"沪西民生教育实验区"。当时设立之念二社有沪西念二社、金家巷农村念二社、曹家渡念二社、徐家宅念二社、江桥念二社、秦家阁念二社等,而以金家巷农村念二社最为著名(参见《伪蒋企图利用》节诗句注释)。

(七) 组织学会促进

> 学会组织五千人[1],总分支会近二十。[2]
> 奸徒利用培师资,急夺人民狠助虐。

(1) 于一九三六年春集合教育实业各界人士五百余人在沪组织中国民生教育学会,以研究及推行民生本位教育为宗旨。该会宣言有云:"我们认为教育是一种工具,它的主要功用应当是适应最大多数民众最迫切的需要。中国教育的基础也应当建筑在这种需要之上。所谓最大多数民众最迫切的需要,就是'民生的需要'。我们深信任何教育不应离开民生,民族教育应以民生为基础,乡村教育应以民生为脊干,民众教育应以民生为灵魂,生产教育应以民生为归宿。……民生本位教育,就是以发展人民生计的经济活动为脊干,来改进民众生活,扶植社会的生存,保障群众生命而达到民族复兴的教育。简言之,'民生教育'。"(见民国二十七年十二月《中国民生教育学会概览》。)中国民生教育学会宣言全文系采用一九三五年即民国二十四年六月出版之《教育杂志》中拙著《民生教育刍议》一文第一段文字。

(2) 中国民生教育学会总会原设上海,抗战后迁重庆,分会设于安庆、黄麓、遵义、南昌、昆明、贵阳、独山、青岩、盘县、贵定、大定、上海、兰溪、乾县、铜仁、花溪、宁夏等处。所办事业,除先后协助念二社、沪西民生教育实验区及中国民生建设实验院等实验机关外,并曾在沪办有沪光、沪德及沪友补习学校三所。八一三事件发生后,又曾在各难民所举办难民教育。迁重庆后加入全国教育学术团体联合会并与其他教育学术团体组织联合办事处,出有《建国教育》季刊四期及《联合年报》与《联合年会总报告》等刊物。该会自出刊物有《民生教育》月刊四期,并于一九三九年在贵阳《革命日报》出有"教育与民生"副刊二十余期。

〇按中国民生教育学会设有理事会,在全国解放前十数年间,谬蒙各理事推予为理事长,负责办理全会会务。不料该会理事乔一凡竟于民国二十八年盗用该会名义,向伪政权当局提出彼私人所拟就之中等教育方案及其实施办法。伪教育部教育年鉴编纂委员会未与予联系,竟将乔私人意见误为该会之一般主张,编入第二次中国教育年鉴(见该年鉴第四四八页)。与该会原订宗旨及宣言中所提出之主张混淆,实属不伦不类。特藉此机会,郑重声明,予以否认。(关于民生本位教育之性质,详见《初倡民生教育》诗内注释。)

(八) 出版书籍维持

> 出版书籍五十种,发行数量十万册。
> 盈余事业赖开支,教馆功劳不可没。

"教馆"指"教育编译馆"。此系予为发展民生本位教育事业而独立创办之出版机关。以其营业盈余、补助当时在沪上所创办之各种实验教育事业,并维持中国民生教育学会之全部开支。该馆当时出版书籍数十种,并发行《民生教育》月刊及普及教育车。主要出版物为《教育参考资料选辑》。计分初续二集,初集出有教育心理,教育行政之理论与实际,乡村教育之理论与实际,中学教育之理论与实际,及历届教育会议汇编五种,都数百万言,发行甚广。其中最后一种对研究近代及现代中国教育史,极有参考价值。续集亦有五种,当时只印出《民众教育之理论与实际》一种,未及发行,即遭国难。现手中尚存一部,可供参考。

(九) 撰写专著提供

1. 食饱衣暖自愿入学

> 如此一切为民生,为民衣着与稼穑。
> 但期食饱与衣暖,入学勿须再强迫。

素反对近世各国所施行之强迫教育制度。"近世各国所用强迫儿童入学的方法,或是拘罚儿童的父母,或是把他们的名字公布,这真是冤枉之极。有钱人家的小少爷、小姐,出进有包车汽车、咖啡、牛奶,吃得十分舒服,上学自然没有问题。至于那些穷家子,正在卖报求活,或是拾草煮饭,或是帮助父母工作度日。这样哪能上学?纵使用警察的力量,逼住他们上学,无奈他们衣不暖体,食不果腹,勉强在学校上课,亦复精神不足。……我敢断定,教育若使办到理想地步,除极少数儿童外,断不需着强迫。理想的教育,应该给儿童养育的机会。"(见中山大学《教育研究》第一卷第八期,拙著《教养机会均等》一文。)

2. 民生教育普及迅速

> 民生观点写专著,分析事实加解释。
> 果能教育为民生,迅速普及我不惑。

书名《中国普及教育问题》,与黄振祺等合著,系商务印书馆现代问题丛书之一,一九三八年版。该书根据大量事实分析之结果,认为"中国普及教育问题,从量的方面说,目前国民经济状况,绝不能用高中程度的师范生,拿传统的方法来普及四年制的义务教育和一年二年乃至三四年的成人教育。从质的方面说,今后普及教育,当纠正过重文字教育之弊,而竭力普及民生本位教育"。(见前书第二五五页。)关于普及教育师资,认为应"缩短师资训练的年限,并扩充师资的范围。农夫工匠等有一技之长者均可充普及教育之师资"。(见前书第二五七页。)关于普及教育经费,主张"以遗产税为主要来源,集中于中央,就各省教育之需要,公平分配"。(同前书第二五九页。)关于普及教育之实施,认为"应注意利用流动性之教育机关……应设法把教育的场所、校舍和民生经济活动的场所,打成一片。并且把教育的工具设备,和生产的工具打成一片。普及教育的修业年限,应注意酌量变通。……巡回教学,应普遍提倡"。(见同前书第二六〇页。)

(十) 创制工具推行

> 创制普及教育车,传授知识与技术。
> 国内各处争采购,出售辆数五百八。

普及教育车系一九三三年至一九三六年间在沪实验民生本位教育之产物。当时认定教育不应与生产分离而应结合。故创制此车,将教育送至民众面前,施以生产或与生产有关之教育。(见《念二年度金家巷农村念二社实验报告》第十二页。)一九三六年国民党教育部利用此车为反动政权服务,曾通令全国采用。通令有云:"查普及教育车构造精巧,内藏教具物品甚多,均能变换活用,携带亦甚便利,洵为普及义务教育推广民众教育之利器。……"当时蔡子民先生又为文介绍,其辞曰:"以一手可推之车,而包含流动书库、游行教坛十二种(按其他十种为:民众报社、巡回展览、代用会场、平民书案、临时医院、合作商店、简便工场、农业指导、娱乐场所及露天茶园)之设备,以一人推挽装制及讲说之劳,而使各地民众均有可以领受常识之机会,不及法币百元之开办费,教员一人之生活费,而可以充小学校及民众教育馆之代用。用力少而成功多,教育界之工具莫良于此矣。"(见一九三六年四月八日上海新闻报广告。)国民党教育部除通令全国采用此车外,并请予讲演"巡回教育实施方法",不久,即制定《实施巡回教学办法》法令,规定采用教育车及教育箱为进行教学之工具,进一步利用此车为反动政权服务。(见教育部《教育法规》,一九四三年版,第六五九页。)

〇 按普及教育车内藏文字教育、工艺教育、休闲教育、卫生教育及农业展览等箱,均能单独携带,便于山区推行教育之用。教育车所应用之基本原理为"教育生产,并为生产服务"。根据此项原理所创业之教育(或文化)工具,除教育车、教育担及教育箱外,尚可有教育船及教育袋等等。当予于一九五四年在北京师范大学表演教育车及教育担时,有人对此种工具之价值发生怀疑。实则苏联在三十年代之下半期,即已产生鼓动宣传与政治教育工作之新形式:宣传船、宣传车等。新中国农村文化教育开展后,各地亦已产生此类新形式,将文化送到山里,送到田间,送到水乡,送到边疆牧区,为生产服务,为社会服务。可见教育(文化)车一类工具,在新中国为生产服务,为社会主义建设服务,因大有广阔之天地。

〇 又按"普及教育"系根据教育车同一原理于一九四〇年在渝创制,为推行山区教育之用。惟其形式简单,一九五五年北京师范大学助予一百二十元改制形式复杂之"普及教育担"。予手中仅存之"普及教育车"一辆及改制之"普及教育担"一架,现一并指存北京师范大学电化教育馆。

(十一) 教育专家支持

教育学会集专家,生产题材写著作。

专家意见重民生,指陈趋势殊明确。

一九三五年七月中国教育学会生产教育委员会征集国内教育专家意见,著《中国生产教育问题》一书(商务印书馆出版)。该书结论部分有云:生产教育以解决民生问题为目的,实为民生教育的一部分。最近国内民生教育思潮勃兴,多数教育学者及教育实施人员赞成以民生教育代替生产教育,故今后生产教育之动向,殆将趋于民生教育之一途,此亦本委员会最后祝望者也。(见原书第一一七页。)

(十二) 伪蒋企图利用

资产报刊载论文,赞扬成果叹丰硕。[1]

反动政权图利用,国际宣传电影摄。

(1) 当时国内外报刊对民生本位教育及普及教育车多有社评或专文赞扬。如一九三六年三月五日《上海新闻报》社评浩然文,同月三日《新闻夜报》独鹤文,及同年五月《申报》尔玉文。美国报刊亦不时有称颂文字发表,如一九三六年某月《生活》杂志上纽约大学教育学教授梅尔文 A. Gordon Melvin 之《念二运动与中国新教育之前途》一文。(其后梅氏并来华参观沪西民生教育实验一区,将该区教育活动摄成电影归国宣传。)资产阶级及资本主义国家最惧革命,其所之报刊赞扬称颂改良主义教育,主张及其有关教育事业实属必然之事,不足为鲜也。

(2) 国民党教育部于一九三七年春将民生本位教育在上海实验活动情形,与国内其他七著名教育机关之活动,合摄成电影,标名为《中国之新教育》,准备于该年八月间在日本东京举行之"世界教育会议"上放映,作国际宣传,为反动政权装饰门面(见《民生教育》第一卷第二三期第二二页唐茂槐著《实验的民生教育》一文,因为日寇侵华,战争发生中止。原片胶卷关于民生本位教育部分退交与予,曾在北京师范大学放映。胶卷经妥善保存,现尚完整无缺。)

乙、在渝实验阶段

(一) 鼓吹土货抗战

日寇入侵事业毁,西走川黔心郁悒。[1]

土货抗战提方案,宣传不厌费唇舌。[2]

(1) 当时大厦大学与复旦大学合组联合大学,予随校迁庐山。不久,又随校西上重庆。旋因联合大学解散,复随大厦[夏]大学南赴贵阳,民生本位教育事业,因经费无着一筹莫展,中心郁悒概可知矣。

(2) 抗战之初,主张土货抗战。著书建议设置土货工业调整机构积极提倡土货,长期抗战。(书名《土货抗战议》,念二运动促进会,一九三七年出版。)认为提倡土货可以维持抗战资源,可以抵制经济封锁,可以增加后方生产,可以安定国计民生,到处宣传鼓吹。

(二) 建议改革学制

1. 幼儿教育

> 要求改革幼儿园,生产兴趣须掌握。
> 幼教机关新设立,工农需要须顾及。

对传统幼儿教育机关,包括幼儿园(旧名幼稚园)在内,素不满意。早在一九二八年春,在国民党大学院所召开之全国教育会议上,先后提出《设立(婴儿)教养学校代替慈善性质之教育机关》及《请大学院提倡婴儿(教养)学校,并请先在工业中心之大城市试办婴儿学校》二案。(见《全国教育会议报告》丙编。)该年冬,又在广州中山大学公开讲演,认为幼稚园"只有教而无养"。办理这种机关的人,居多只捡选身体健、面孔好看的小孩子,收进来施教。试看他们每天的工作,只在教小孩子拍手、唱歌、积木等……都偏重在教上做工夫。他们说:"我们也是注重养的,即如用餐呀,睡觉呀!"我要问:"难道用两三片饼干,就算养吗?闭了二分钟眼睛,就算睡吗?这些花头,不过是玩把戏摆样罢了!"(见中山大学《教育研究》第一卷第八期第三〇八页。)抗战发生后,著《民生本位之学校系统及各种教育之实施》一文。又根据此文著《我们的信仰和要求》一文,一并向伪教育部作为建议提出,要求教育上种种改革。其中首项建议,即为改革幼稚教育。认为"幼稚教育应特别培养儿童对于生产活动之兴趣……幼稚园托儿所等机关之设置并应特别顾及工农大众之需要"。(见《民生本位之学校系统及各种教育之实施》一文,此文见《教育通讯》第一卷第三十六期。《我们的信仰和要求》一文,见《民生教育》一卷四期。以上二文并见拙编《民生本位教育论文集》一书)。

2. 初等教育

> 侧重生产与技能,基本教育新事物。
> 七岁儿童即生产,如此主张真奇特。

建议:儿童七岁入学,受基本教育。其内容侧重生产技能之训练(见《民生本位之学校系统及各种教育之实施》一文中之《民生本位学制系统表》),因须参加生产活动,故主张从七岁入学。

〇 按此项主张在半封建半殖民地之旧中国提出,若果被采用施行,将成为帝国主义者及资本家与地主雇用童工加强剥削之理论根据,将更加重人民之痛苦。此与马克思在《给临时中央委员代表关于几个问题的指示》中所提出之"在合理的社会制度下,每个儿童从九岁起,都应当成为生产工作者"之指示,不可同日而语。

3. 中学教育

> 中学培养订目标,中技人员占主额。
> 社会生产赖经营,衣食住行无匮蹶。

建议"中学教育以造就社会生产事业之中级技术人员为主要目标。其课程应注意解决一县或数县人民之衣食住行问题"。（见拙著《我们的信仰及要求》一文。）

4. 师范教育

    生产劳动兴学习，实习服务五合壹。
    课程技术为中心，师范教育变性质。
    巧匠老农皆良师，只须教法加诱掖。
    广大教师技术差，补学抡锤与耕殖。
    如此师资今所需，加速培养邦之吉。

建议师范学校之课程，以技术为中心，"将师范学校课程整个生产化，并即速招收大批战区技术工匠及有农事经验之农村青年，加以普通教育及专业知能之训练"。同时建议"即速补充现有小学教师生产知能的训练。（见拙著《民生本位之学校系统及各种教育之实施》一文。详见《基础教育》第一卷第六期拙著《技术基础的乡师课程之改造》一文。）又关于师范生之选择"以具有工农技能及普通知识者为上选，不拘任何资格"。（见《中国民生建设实验院创立旨趣》一书第十四页，一九四〇年本。）关于师范生之培养"尽量将学习、实习、劳动、生产、服务打成一片"。（见同前书第十五页。）

5. 高等教育

    大学农工商与医，文理蹈空疑可略。[1]
    设立各馆备研究，优秀青年尽选拔。[2]
    学术创造与发明，民生需要不可忽。[3]

(1) 建议"大学教育以培养各种社会生产事业之高级技术人员为目的。大学设农、工、商、医四院，文理学院取消，法学院构入业务专门学校，教育学院改为独立之师范学校"。（见拙著《我们的信仰和要求》一文。）

(2) 建议"设立科学、博物、理工、教育、美术、音乐、图书等馆。不拘资格，选拔优秀青年聘请专家指导研究。我们反对指导一般青年一齐走一纯粹学术研究之路"。（见同前文。）

(3) 建议"研究院对于纯粹及应用学术之创造发明，首应顾及民生之需要。其应用学术之研究，亦应以民生实际问题为主要对象"。（见同前文。）

6. 社会教育

    社会生产谋增多，家庭工业不可缺。
    指导技术增生产，电影力量大无匹。

(1) 建议"社会教育以增进社会生产为主要目标。……妇女训练应注重家庭工业，促进社会之生产"。（见拙著《我们的信仰和要求》一文。）

(2) 建议"电影教育应注重指导民众生产的技术"。（见同前文。）

7. 入学标准

    教育年龄为标准，入学可不凭资格。

> 传统藩离[篱]一旦除,看我英才飞振翻。

建议:除以普通年龄为入学标准外,同时以"教育年龄"(学生之教育程度为入学标准。在以教育年龄为标准之情形下进入任何学校概以"教育年龄",即教育程度为准,不受普通年龄之限制。)(见拙著《民生本位之学校系统及各种教育之实施》一文中之《民生本位学制系统表》。)因此建议:"以教育程度为分级标准,开放普通小学使男女老幼皆得同时入学。"又建议:"入研究院者以能力合格为准,不限资格。"(见拙著《我们的信仰和要求》一文。)

8. 建议碰壁

> 技术中心此学制,建议改革从碰壁。
> 满怀宏愿未能偿,抚卷长叹空郁怫。

(1)上述种种建议,系以前已述及之改革学制主张,即"根本推翻以学科知识为中心以造就少数专门学者为主要目标之传统教育制度",而代以"以民生经济活动为中心,以造就多数民生实用人才为主要目标之新制度"为根据。"此新制之特点:(一)以注重生产技术之基本教育,为国民基础教育。(二)基本教育以上则为训练:① 技术人才;② 业务人才;③ 教学人才之教育;(三)技术人才为国家造就之基本人才,于中学及大学中训练之。(四)业务人才为技术人才之支衍,于业务学校及业务专门学校中训练之。(五)教学人才亦必为技术人才之支衍,于师范学校中训练之。(六)至于纯粹学术人才,则于研究院中培养之。"(见《教育通讯》一卷三六期拙著《民生本位之学校系统及各种教育之实施》一文。)此非教育制度,予名之为"技术中心之民生本位学校系统",以与"学科中心之传统学校系统"相对立。(见《稻作活动》一书序。)

〇按上述学制主张为予三十五年前(一九三八年)对我国学制之浅陋见解。衡以今日标准,不妥之处殊多,未敢恁为是也。

(三) 为抗战上条陈

> 兵役教育上条陈,原为抗战献方策。
> 错将奸贼当英雄,于此深深自谴责。

向为教育部建议改革学制碰壁之后,于一九三八年又向蒋条陈《兵役教育实施办法大纲草案》,经"采纳",订成教育法令施行。(见《教育部法令采编》第五辑。)

(四) 为教育却官职

> 只为事业有资金,视如敝履[屣]却官职。
> 民生教育吾所愿,不求富贵与利达。

蒋欲予掌苏教厅,却之。惟请得补助款项,在渝恢复民生本位教育实验工作。

(五) 实验民主建设

1. 基本理论

> 恢复实验七年间,教育民生同建设[1]。

养教生管养居先，先管后养我力辟⁽²⁾。

（1）实验机关为"中国民生建设实验院"，该院于一九三九年成立。实验宗旨为"运用教育力量，推进民生建设"，即欲实验出一种适合于民生建设这教育制度，并应用实验结果协助，完成民生建设之使命。该院成立后，予即担任院长，从事筹款及实验研究工作。

（2）民生建设内容为养、教、卫、管。民生教育运动目标与民生建设目标一致，从"民生首要为衣，食住行之观点"，以"养"列居首位，"管"居末位。而当时反动当局及一部分社会人士，则主张管、教、养、卫，以"管"居首位，而置"养"于不足轻重之地位。

为求补助源源来，引用蒋言诚铸错。⁽³⁾

（3）为求当时反动官职之补助几项源源来，而故于《今后教育建设问题》（见民国二十九年三月十日《新蜀报》，又见拙编《民生本位教育论文集》一书），及《中国民生建设实验院创立旨趣》两篇关于民生教育理论性之论文中，引用蒋逆言论，是诚大错而特错矣。

2. 课程特点

（1）技术中心

技术中心订课程，多种教材曾编辑。
种稻养牛又养猪，类此题材近贰拾。

主张："寓一切教育于民生建设之中，以发展民生的经济活动为经，以文学、公民、卫生、休闲、自卫、救国种种教育为纬，制为大单元设计，取消传统科目制度，和通常把各种教育和生计教育并列，不分轻重先后拆开训练的办法。（见《教育杂志》第二五卷第六期，拙著《民生教育刍议》一文。该文又见拙编《民生本位教育论文集》一书。）

按此项主张乃民生本位教育者编制教材之根据，亦即所谓"技术中心课程"之基本理论。根据此种理论，在沪渝两地教育实验中，曾编有教材多种，在实际工作中实验应用。

（2）应用文字

实际生活为起点，应用文字民众悦。
切身关系结合易，教学功夫得秘诀。

（1）在应用上述理论编制教材时，主张在"施教之初，须注意各种教材皆与民众实际生活切合"。（见拙编《教育参考资料选辑》第三种《乡村教育之理论与实际》一书中之《念二年度金家巷农村念二社实验报告》第十一页。该文又见《乡村建设实验集》第三集及《中华教育界》第二二卷第四期，并有教育编译出版之单行本。）

（2）又深信"编辑民众教材，必须从与民众切身相关的事件说起。这样做，收效才能宏大而迅速。在学理心理上，具体的字，比较抽象的字，人识得快些。与民众切身相关的字，当然是最具体的，因而是最容易学习的。民众在学会了这些字以后，马上就能应用，因而发生兴趣，更加努力学习了"。（见同前书第四一页）

（3）根据上项主张与信念，上海金家巷农村念二社在沪编有教材若干种。例如种植团初级教材，其中有一课，课文为："种田，我种田，你也种田。"又如藤工团中级教材，其中有一课，课文为："今收到工洋一元二角五分正。此上，农村念二社。李阿毛具，五月四日。"（见同前书第四五页中。）抗战后，中国民生建设实验院又在渝编有教材若干种。例如

《稻作活动》教材,其中有一课,课文为:"发奉稻种五合,每合贰拾元,计国币壹佰元正。此上,某某学校第一种稻团。道圃合作社条, 年 月 日。"(见《稻作活动》一书第三二页)。当时工农民众对此类应用文字,非常喜悦,喜其生产生活中有实际应用之价值也。

(4) 生产劳动

经济活动为骨干,生产劳动儿童习。

各科知识与技能,同时教学不放逸。

抗战后,中国民生建设实验院又根据前述以民生经济活动为经,各种教育为纬之理论,编制大单元设计教材,如"稻作活动""养牛活动"等若干种。以"稻作活动"为例,其目标除欲"使儿童在种稻之实践、观摩、研究、习作"及活动中获得种稻及其与小学各科目中有关部分之基本知识与技能外,更欲"培养学生生产劳动之习惯与兴趣,并提供生产办法"。(见《稻作活动》一书"目标"一页)。其内容分"整地种稻""选种育秧""插秧""中耕及稻的自然研究""中耕及稻的社会研究"及"收获得"六个主要活动阶段。各阶段活动又分为若干较小活动,更就每较小活动分别规定学生及教师之活动,于此配入小学各科以及政治道德有关部分之基本知识与技能,按照稻谷生长之程序进行教学(见同前者"活动教程"部分第一至十九页)。此项教材所组成之课程,予名之为"经济活动"基础之行为课程以与"学科知识"基础之传统课程相对立(见同前书《序》)。

(5) 口语材料

不从刊物见单词,口语材料加分析。

编成课本便利多,了解课文无晦涩。

欲编辑适合民众生产实际生活之教材,必须有适当可用之语汇,予素反对从广泛"文字"材料中统计"单字",依其发现次数之多寡,决定一般常用"字汇",而主张从儿童及工业等大量"口语"材料(用速记或录音收集)中统计"单语"(代表独立完整观念之某一字或某数字)。依其发现次数之多寡,决定各种不同"语汇",认为个别语汇应尽先编入教材,"先教职业字汇,次及普通字汇"(见拙著《民生本位之学校系统及各种教育之实施》一文)。如是始能有共同语言,适应某种教育对象之特别需要。在渝时,曾用速记法搜得部分材料,加以分析。对于语材料之搜集、删选、修饰、分析与统计诸方面内已累积有部分经验,俱见拙编《语汇研究一书(稿本)》。

○ 按此项主张系为反对中华平民教育促进会在定县实验时期所编之《平民千字课》而发。鄙意应尽先以适合生产实际三个别语汇,编为教材,以代替《平民千字课》一类之课本。

3. 实验机构

(1) 难民教育处

倭寇铁骑践中华,哀吾民兮遭浩劫。

难民教育生面开,读与工分相更迭。

中国民生建设实验院成立之初,因接受伪"振济委员会"及伪"盐务总局"补助款项,故曾设立难民教育处,接受难民及难童一百余人,予以教养。当时没有教育性质之化工、印刷、藤工、织布、织袜等厂,为学生学习技术及生产之用。所用教学方法为"读书与做工相更迭"与上海金家巷农村念二社"一面做工一面读书"之办法略有不同。(关于难民教育处在当时实施情况,略见《中国民生建设实验院现况及三十年度计划》一书。)

(2) 民建指导区

设立民建指导区,教育实验多样式。

养为前提作指针,实验推行无蹉跌。

(1) 一九四一年,中国民生建设实验院与巴县县政府合作设立"巴县民生建设实验指导区",以养为前提,以教卫管为辅,推行民生建设实验工作。

(2) 深信在农村推行教育工作,应有多种多样形式。故在民建指导区之内,设立实验国民学校、实验巡教站、实验教育团、实验合作社等教育机构,其目的是欲使广大民众皆有受教机会,达到普及教育之目的。

○ "多样化"为一重要原则,深信其不仅可以适用于教育制度,且亦可以适用于课程及教法等方面。因篇幅有限,不能详述。

(3) 国民学校

① 生产劳动为主帅

国民学校特点多,生产劳动为主帅。

知识技能既兼顾,兴趣习惯又包括。

实验国民学校教育学生,在知识方面以"生产知识、生产技能与合作方法"为主,着重培养学生"劳动服务之兴趣、习惯与技术"。(见《中国民主建设实验院创立旨趣》一书第九页)。

② 劳动服务设专区

学校附近划导区[1],劳动服务无差失。

更加学习与生产,四者合一不分隔。[2]

(1) "对于有益国计民生之劳动服务工作,认作全校教师及年龄较长学生正常作业之一部分,故决定于学校附近划出一区定名为'民生建设服务实验区'。并将全校学生分为校内校外两类,更或分为若干组,就其能力所及,在教师指导及各方面合作之下教育民众,协助完成民生之建设"。(见《中国民生建设实验院创立旨趣》一书第十三页。)

(2) 在教导工作中,"力求将学习、生产、服务、劳动打成一片"。(见同前书第十二页。)以在区内义务植树为例,既系生产工作,又是劳动服务,更于其中学得种树知识。如此打成一片进行,自可相得益彰。

③ 增加教学三原则

教学原则重因应,自动互助亦主臬。

经济原则赖补充,教学工夫得启迪。

实验国民学校之教学原则,除注重前述之"经济"原则(即:在经济活动过程中,在经济活动场所内,并在经济活动关系上实施教学之三大原则——见《教学三原则》节诗句注释)外,更注重"因应""自动"及"互助"等原则。

（1）"因应的原则"，系"因人、因时、因地、因物、而施教"之原则（见《中国民主建设实验院创立旨趣》一书。所谓"因人"即承认个别差异，因材施教。所谓"因时"，即因时间、时令或气候之差异，而在教学上作不同之安排。即如在插秧时节，高年级学生可以回家参加劳动。所谓"因地"，即在不同地区或不同地点，在教学上作不同安排或组织。即如在交通不便人口稀少之山岭巅地区，学生可成立自学团，而由教师按时前往巡回施教。所谓"因物"，即因当前事物之不同，而作个别之适应。即如在所谓抗战期间，纸张供应困难，学生可多利用石版，或在地面练习写字。总之，一切都因人因时因地和因物而转移。）

○ 深信"因应的原则"（不一定用此五字），不仅适用于教学且亦适用于课程及教育制度等方面。

（2）"自动"的原则，系由教师"指导学生自教学之原则。（见同前）深信学生可以在教师指导下，自己动脑、动手、动脚、动口、动耳、动目，藉学习工具，如字典、仪器、标本等等之助，自教自学，自动之反面为被动。被动之学习为呆读死记，处处等待教师讲授，而教师惟一能事，则为注入。此乃填鸭式之教学法，为害之巨，教育工作者类能道之，无待辞费。惟所谓自动必以教师之指导为前提，且仅为原则之一，否则流弊滋多，未可率尔提出也。

○ 按自动性之原则，举今日我党所指示之"学生学习的主动性"之原则，有相似之处，而不敢谓其尽同也。

（3）至于"互助的原则"，则系由教师"指导（学生）互教互学"之原则（见同前）。深信优良之教学，必须由教师指导学生互助互学，互教互学乃学生中常见之事。惟为教师者往往以为此与自身之职务无关，既不予以鼓励，更不加以指导，以致互教互学之作用不能充分发挥，殊为可惜。夫教学之事，不仅应为师生间之事，抑且应为同学间之事。教学活动，不仅应为师生双方之共同活动，抑且应为同学间之共同活动。有组织有指导之互教互学，鄙意认为可以鼓励学生之积极性，可以提高教学质量，可以节省教师劳力。种种利益一时殊难毕举，愿今之担任实际教学工作之同志有以教之。

④ 教材耕者有其田

教材耕者有其田，授与学校高年级。

民众唤起赖宣传，不愿声嘶与力竭。

在《稻作活动》一书中，有课文如下："一般农民有九成都是没有田的。他们所耕的田，大都是地主的。有田的人不自己去耕。……现在的农民都不是耕自己的田，都是替地主来耕田，所产的农品，大半为地主夺去了。这是一个重大的问题。国父孙中山先生在三民主义里有一种主张说："耕田的人，应该自己有田地。"接着是四幅漫画，描述佃户生活困苦，狗腿子索租不得牵着牛走，逼得佃户自己作牛马耕田之种种情形。（见该书第六四至六六页。）此项教材在中国民主建设实验院附设之"道圌实验国民学校"高年级中（一直用作补充读物。用意虽善，但在官僚资产及地主阶级专政之旧中国，此种努力，徒见其劳而无功）。

⑤ 生产劳动入游戏

生产劳动入游戏，儿童体育添新色。

此条设计已完成,未克试行殊可惜。

为道圃实验国民学校编著儿童体育游戏三十二种,分工、商、农、牧诸部分。其目的为:培养儿童对生产劳动之兴趣与习惯,并增进其生产之知识与技能(详见《儿童体育游戏》一书稿本)。此项计划,因道圃实验国民学校迫于地方反动势力,中途停办,未克付诸实行,殊觉可惜。

(4) 巡回教育站

巡回教育设专站,受教民众遍乡僻。

教师肩挑教育担,山区来往忘饥渴。

设有实验巡回教育站十二处,教育固定及流动学生四千余人。(详见《中国民生建设实验院概览》一书第四二页。)

(5) 教育团

创立实验教育团,工农业余弄文墨。

工农同时是学生,厂房农田作教室。

实验教育团,系"实验经济活动教育团"之简称。此种教育团,乃专为某种集团经济生活之民众或对于某种生产技术特具学习兴趣之民众而设。前者必须于其工作过程中或工作余闲时,完成其应受之民主本位国民教育。后者则因程度较高或须于学习某种生产技术这时间内,补充其应受之民生本位国民教育。当时设有商业、织造、农事三种教育团,教育学生自二十余至七十余人不等。(详见《中国民生建设实验院概览》一书第四三页。)

(6) 教育合作社

合作方法入教材,实验推行见成绩。

合作社中办教育,社兴学校如琴瑟。

① 设立实验合作社。在设立之先,将有关各项文件摘要编入教材,教与道圃实验国民学校高年级学生,指导其向家长进行宣传。此法果然奏效,旬日之间,报名入社者五百余人,实验合作社得以迅速成立。

② 将教育合作社中之消费、生产、信用等经济性之活动,揉合教育设施成为教育性之活动。社员均须参加教育活动,在社员规则中,载明必须参加一种长期教育活动。其知识程度较高者对程度较低者负有教育责任。凡拒绝参加教育活动者予以除名处分。合作社在环境布置上,力求其教育化。社员同时是学生,业务员同时担任教导之职,故名为"业务教师"。因此之故,合作社既为经济组织,又为教育组织,二者密切结合,有如琴瑟之谐和矣。(译见《中国民生出版实验院概览》一书第三六页。)

(7) 中学与中班

试办中学与专班,获得成功原未必。

为何任务难完成,反动规章加梏桎。

中国民生建设实验院曾按照民生本位学制系统所提出之主张,拟订民生教育人员训练班及民建中学两机构之计划书,先后向伪政府主管机关请求立案,均未获准。不得已迁就伪章,勉强设立,其原订任务,因此无法完成。

（六）弃补助拒索贿

　　自设工厂得更生，不受补助拒要挟。
　　我办教育为何事，怎能纳贿污吾洁。

中国民生建设实验院接受反动官厅补助，先后两年，未发生问题。至第三年时，忽有人间接提出条件，向我索贿，经严词拒绝，遂多方设法筹办织造厂以求更生。办成后，用厂中生产盈余维持院内绝大部分开支，不再受反动官厅一文补助。

（七）救生民妄自许

　　欲凭只手救民生，剩有丹心报祖国。[1]
　　历尽万苦与千辛，此志不移矢天日。[2]

（1）首二句系当时为办公室所撰对联，表达个人志向。盖自一九三三年起提倡民生本位教育并从事实验工作，至此时已达十余年之久。先后为此事业所费款项至巨，泰半由本人独力经营之教育，编译馆及教育织造厂所获盈余支付，独来独往，已成习性，故人只手救生民之叹。当时矢志报国，固亦不知所欲报之国乃为四大家族之国，而非广大人民之国也。

（2）赠黄炎培诗有云："生民未救心如捣，艰苦频来志愈坚；满腹酸辛向谁诉，几行热泪落君前。"因为事业奔走，无暇顾及家室，以致连丧两子。哭儿诗有云："艰难事业苦支持，十载酸辛只自知。"又有云："频遭惨变心虽痛，素志如山不可移。"

（八）拒劝访问延安

　　不听劝告访延安，狂妄自许千秋业。
　　个人主义逞英雄，蔑视其他崇教育。

（1）一九四五年五月间我党外围报纸生变《新蜀报》短评以《黄炎培与邰爽秋》为题略谓："江苏教育有黄炎培的职业教育与邰爽秋的民生教育两派。黄奔走延安道上风尘仆仆……邰则埋首乡村，从事教育。……邰先生，今非其时矣。你何不学黄炎培到延安走走？邰爽秋曷与乎来！"

（2）对此劝告充耳不闻。盖自许民生本位教育实验事业为千秋事业，不愿放弃。曾自撰一联云："踢翻教育旧河山，建立千秋事业，创造民主新宇宙，拯救整个人群。"其狂妄自大可知。

○ 按予于一九四三年即在《新蜀报》发表短评，两年前应胡匪宗南之约，赴西安对六七千伪军官讲演民生本位教育。事后，胡询谈咨询关于此种教育与军需供给关系甚详。对胡之邀请则欣然前往，对《新蜀报》之劝告则置若罔闻，予当时立场之犯错误盖可知矣。

（九）结束在渝事业

　　工厂关门经费艰，遣散员工款无着。

>　　　　　　袍哥恶霸乘我危，毁我基础据我宅。

抗战胜利后，我所赖以维持实验事业之教育织造厂，其原料棉纱，因为政府改变政策，停止供应。在渝事业不得不准备结束，而遣散百余员工需款甚巨，又不得不出售予在四川巴县渔洞溪所创立之中国民生建设实验院院产以资挹注。该地袍哥恶霸分子，构成地方反动势力，素来鱼肉人民，无恶不作。自予在该地设院推行教育事业后，其所妄作妄为，每不得逞，恨我甚深。至是竟唆使教育界恶棍马某以空头支票，购我院产，并率众强占我院宅。予因急于遣散员工，只得忍痛将院产廉价售出，而予在渝所办事业之基础，于是被毁矣。

七、提倡自学运动及大众大学时期

（一）返沪思想转变

>　　　　　　抗战胜利便东归，内战政策深忿嫉。
>　　　　　　思想由是有转变，不愿再循旧轨辙。

（二）梅村谒见总理

1. 蒋匪诬蔑我军

>　　　　　　苏北我军深爱民，蒋匪对我却诬蔑。
>　　　　　　报章所载我不信，欲往调查明起讫。

不信蒋匪帮报纸所载消息，特晋谒周总理说明此意，请予协助，时在一九四六年。

2. 总理欢迎调查

>　　　　　　当时总理在梅村，表示欢迎无阻遏。
>　　　　　　顾匪祝同逆我行，图穷匕现施恫吓。

（三）在沪几种活动

1. 斥责伪警

>　　　　　　进步团体小教联，顾问名义欣然接。
>　　　　　　新年教师正联欢，伪警竟然来干涉。
>　　　　　　我正致辞表贺忱，手指伪警大申斥。

上海市私立小学教师联合进修会（简称"小教联"），于一九四八年元旦在上海湖社举行联欢晚会，出席者二千余人。伪警竟到场干涉，经予痛斥。

2. 组织家长联合会

>　　　　　　结成团体力量大，十万家长曾组织。[1]
>　　　　　　支持学生反饥饿，争取公费敌战栗。[2]

北平学生声气通[3],陕北广播敌胆慑。[4]

（1）一九四八年年初,物价飞涨。予与樊光洪等发起组织"上海市各级学校学生家长联合会",即发宣言,提出"健全学校组织,监督经费收交""保障教师福利,改善教师待遇""保障学生福利,促进免费教育"等要求,向上海各校学生家长征求列名发起。旋经发起人组成"上海市各校学生家长联合会筹备会"（以下简称"家长会"）拟定家长会会章,其宗旨为:"联合上海公私立学校学生爱长协助:① 提高教师待遇,安定教师生活;② 减轻家长负担,做到合理合力;③ 保障学生学业,不使一人失学;④ 照顾校长困难,帮助困难学校力谋教育事业之发展。"同时拟订并印发《上海市各校学生家长联合会为抢救教育解除当前危机告各校学生家长并征求会员书》,书中向伪政府提出六项要求（此系当时上海全市各校校长学生与家长共同一致之要求,其内容见下节"抢救教育危机"诗句注释）,并附会章及筹备会所提干事名单（① 朱廉湘;② 李坡;③ 李伯龙;④ 林道增;⑤ 周建人;⑥ 邹爽秋;⑦ 殷文章;⑧ 陈伯吹;⑨ 张菊生;⑩ 赵秀年）征求上海市百万学生家长同意并加入为会员。数日之间,即征得会员十万余人。

（2）家长会成立后,即与上海市各校教师及学生团体组成"上海市各界抢救教育危机联合会"（以下简称"抢救会"）与反动政府当局进行斗争。（详见下节"抢救教育危机诗句注释"。）家长会并宣布《抢救教育解除当前危机宣言》,指出"物价飞涨,教师生活困苦,家长负担加重,学生普遍失学,学校维持困难,造成空前教育危机",要求伪当局尽速实现上述六项要求。家长会同时书面通告各校学生家长,在下项要求"未得安善解决以前,暂缓缴纳学费,以减轻家长负担"。伪当局对此种种极为骇怕。

（3）时华北学生呼吁抢救教育危机,予以上海家长会干事长名议代表全市百万学生家长致电北大、清华、中法、朝阳、燕京等大学自治会,对华北学生抢救教育危机运动表示敬意。（见一九四八年三月八日北大四院出版之《实与时新闻》第四期）。北大实与时新闻社复函谓同学睹电"莫不振奋"。中法大学学生自治会复函:"来电给我们带来了无限的温暖与勇气,使我们更进下的加强了抢救教育危机的决心……我们一定要突破一切困难,将北平市的同学家长联合会组织起来,希望贵会多给我们关于贵会活动情形和经验批示。"北京大学学生自治会覆函略谓:"北平市大中学生正在努力着手组织北平市学生家长,希望知道上海学生家长会成立经过与组织内容,以便取法。"云云。对此两校自治会所询各节,予均一一函复。（关于上海市各校学生家长联合会组织成立情形,一九四八年二月二十四五两日上海《大公报》均有报道。）

（4）一九四八年四月六日陕北广播:"陕北五日电:北平讯,蒋管区反饥饿争取全面公费运动获得学生家长会支持……学生自治会于二月五日接上海学生家长会来电……原电……"当时反动政府当局对此极为惊恐,将此广播文抄送与我,对我警告。

3. 抢救教育危机

上海教育危机深,各界抢救临大敌。[1]

我亦代表上战场,包围伪会势赫赫。[2]

（1）"上海市各界抢救教育危机联系会"系上海市各校教师、家长及学生三方面团体所组成，拥有会员十万余人。其宗旨为："集合上海市各界力量协助：① 提高教师待遇，安定教师生活；② 减轻家长负担，做到合理合法；③ 保障学生学业，不使一人失学；④ 照顾校长困难，帮助困难学校。"该会成立后，即将此宗旨印成公告发起"签名运动"。公告指出："由于物价飞涨，经济崩溃，人民普遍受饥受寒，当前教育危机远较过去任何时期为严重，若坐视发展，不仅教育破产，而且势将危及社会安定。"公告除认为上述四点系根本原则必须把握外，又举出四点：① 公私不分，给与私校教职员实物配给数量与范围应尽量提高与扩大；② 私校百分之廿五免减费额应由政府负担；③ 给与私校教师及困难学校以充分补助金；④ 清寒学生奖学金于开学时即予分发各校。认为此四点"不由政府尽最大努力首先做到……即无法初步缓和教育危机"。公告发出后得到广大社会人士签名支持。抢救会旋议补提关于按月调整指数、继续维持实物配给、立刻分发年终奖金、提高教育经费及学术进修费总额等要求数条。（见抢救会一九四八年二月十七日《快报》。）向伪当局力争抢救会，同时发起"签请救命运动"，印发"上海市各界抢救教育危机联合会为全国公教育人员向政府恳切'签请救命告社会人士书'书中指出物价狂涨、公教人员被迫自杀种种惨状，向伪政府提出关于实物配给按月调整生活指数、增加教育经费预算、补助各级学校教师、彻底执行私立学校经济公开法令等四条，要求伪政府立即措诸实施，并要求全国及全世界有正义感之人士加入或同情此项运动予以赞助。"

（2）反动政府当局私囊饱满，虽在物价狂涨经济溃之恶劣情形下，生活仍极优裕，对当时教育危机及抢救会所提种种要求置若罔闻，群情愤恨达于极点。一九四八年二月二十四日下午，教师家长及学生等一千余人结成大队驰赴伪市参议会"由邰爽秋先生、张菊生、殷文章等为代表提出六点要求：① 公立学校教职员实物配给应继续照旧发给，并给与私校教职员同等配给，数量和范围应尽量提高扩大；② 公立学校教职员生活指数给薪应按月调整；③ 私校百分之廿五免费额应由政府负担；④ 给与私立学校教职员和困难的学校以充分补助金，在开学时发给；⑤ 公立学校学生除缴纳书籍用品费外，其他如进修费、设备费、修建费、学费、杂费等一切巧立名目的费用，应该由政府完全负责；⑥ 清寒学生奖学金在开学时分发各校。"伪参谋会会长潘公展不敢露面，使伪教育局局长李熙谋出见各代表，答复各点极不圆满。大队开始"抢救教育危机大游行"，直至夜晚七时，仍在南京路游行，高举红幅布制标语，并喊口号。布置标语有"教育不分公私，我们要求实物配给""增加私立学校补助费""帮助困难学校""教师要吃饭""抢救教育危机"等。（关于抢救会大队包围该伪参议会及游行情形，一九四八年二月二十五日上海中外各报均有报导。各述一段，系引自上海《大公报》该日《教育与体育》新闻栏。）反动政府当局对抢救会种种活动，无可奈何。忽异想天开，由伪市教育局局长李熙谋藉口，该会应该伪局提供分配教师进修会办法，发表荒谬声明，诬指抢救会及家长会为非法团体，并谓各方对教师进修费之分配均无异言，沪市教育并无危机，所谓抢救实属故意制造煽动诱惑云云。抢救会乃于新闻报登载大幅启事引据种种事实，对李逆声明各点一一加以驳覆（见一九四八年三月二十四日该报头版广告栏），并将该启事油印多份，分发各校传观，"反动政府当局恼羞成怒，竟采取封锁新闻、扣留广告、禁止集会、禁止招待新闻记者、发表片面谈话,以及诬栽罪名、乱扣逮捕、种种卑鄙及高压手段,对付所谓非法团体出逐其取缔之目的。抢救会所拟《为提高教师待遇,减轻学生负担保障学生学业帮助困难学校质询教育局长李熙谋请逐条(计十条)公开答复并请全国舆论及社会人士批评指教》(原稿尚存)及《我们的要求》(存有油印稿)二文,因此均未能见报。原订招待国际新闻记者之集会,亦未能举行。葛志诚同志被迫离沪,而予亦遭伪市警察局刑事科长传讯,几遭不测。详情见下节诗句注释。

○ 按上海市各校学生家长联合会及各界抢救教育危机联合会之组织活动,概由参加此两组团体活动之同志在党领导下进行。当时予在名义上虽担任家长会干事长及抢救会对外代表之一,实则出力无多,纵有贡献,亦属甚微。至于此两节诗句注释,则系根据予所保存此两团体之油印及铅印文件、家长会与北平各大学学生自治会及北京大学实与时新闻社往来函电,报章所载有关广告及报导、个人回忆及当时所写有关文稿编写而成。其中遗漏错误之处众多,敬盼参加此两团体之同志予以补充指正为幸。

4. 严拒群奸诱逼

群奸手足无所措,对我利诱又威逼。
决心打击蒋政权,大义凛然誓不屈。

伪当局派伪教育局专员王某,以校长位置及民生教育事业补助费为饵,向我疏通,被痛骂而去,复派伪督学宋某提书面警告亦被痛骂。随又令伪市警察局刑事科传讯,强迫具结负责停止各团体活动,经严词拒绝。

5. 哭许寿裳

一代宗师许寿裳,惨遭毒手仇难复。
登台悲愤致哀辞,放声一为斯人哭。
何时偿愿印遗书,留待千秋万世读。

许寿裳先生于一九四八年在台湾惨遭反动派毒手。沪上十二文化学术团体发起追悼。予代表中国民生教育学会出席,含泪登台致辞,不觉放声大哭。当时呼吁到会者共同发起编印许氏遗书,众皆举手赞成。书见一九四八年二月二十九日上海《大公报》。

6. 痛骂吴李

庆祝会场被封闭,教师节日心戚戚。
复兴中学得举行,痛骂吴李罪该杀。

一九四八年教师节日上海各界准备在上海大戏院举行庆祝。事为伪当局所知,派警封闭会场。我等乃纷弃搬场汽车封复兴中学举行,痛骂上海市伪市长吴国桢及伪市教育局局长李熙谋。

7. 声援私立学校教师

官听失职私校兴,培育人材殊卓卓。
不幸内战祸人民,通货膨胀情势恶。
物价指数日飞涨,薪给阶层遭剥削。

> 其中最苦私校师,处境艰辛增骇愕。
> 官厅睹此不知惭,补助斯须吝割肉。
> 座谈会上痛陈辞,横眉怒对伪当局。

一九四八年通货膨胀,情势险恶,私立学校教师生活极感困苦。上海《大公报》为此举行座谈,予亦被邀参加。当时谈话要点如下:"教育行政当局应认清几点:(1)私校之产生是由于政府未能负起国民教育责任的结果。政府于此,应感觉到惭愧,而应把私校教师看作公立学校教师一样的重要,加以扶助,不应把私校教师看作私生子。(2)应认清私校教师在数量上的重要性。(3)确认教师在建国或覆国上力量的伟大。因此政府对于私立小学教师的生活,应该积极地负起责任……现在我提出三个条件作为国家教育政策的参考: ① 公私教师待遇一律;② 多补助私校少办新校;③ 教师薪水由国家负担。这三条是治本的办法,盼望政府把军事费用移出一部分来解决这个问题。"(详见一九四八年八月十六日上海《大公报》。)谈话时,上海市伪教育局局长李熙谋亦在座。

8. 声援共产嫌疑被拘传学生

> "共党"嫌疑被拘传,入狱学生受刑罚。
> 招待会上议愤申,反动政权痛指责。

痛责反动政府在狱中苛待学生优待汉奸。事见一九四八年十月十七日上海《大公报》。

9. 赞助民革成员地下活动

> 地下活动反蒋贼,民革成员海上匿。
> 赞助革命我初衷,纵有微劳何足述。

民革中委王葆真同志于全国解放前在沪进行地下活动反蒋。一九四九年秋函民革李任潮主席谓予"于去秋即赞助革命运动"。

10. 组党失败

> 在渝组党未能成,在沪重反谋攻倾。

予矢志民生本位教育,本不愿从事政治。但在渝所办事业迭受反动派打击,逐渐认识到从事教育者不能脱离政治,遂于一九四五年秋约集友人樊光等筹组"民生党",商谈多次,未有结果。其后樊崧甫来渝,加入商谈,并约集工商界人士参加,改筹"中国民生共进党"。开会数次,亦无结果。返沪后,继续与樊崧甫等筹组该党,并成立筹备会。其时蒋介石已扯毁《双十协定》,并对各解放区发动全面进攻。予在筹备会上,力主反蒋。不料筹备员中,有蒋帮特务分子秘密参加(此系樊事后发觉告予者),予曾屡次提议用该党筹备会名义派人赴港与中共联系,皆被打消,愤极大哭,欲单独赴港未果。其后毛主席发表八项条件,予又力主以该党名义通电响应,并拟有宣言(其中有"中国经八年抗战,元气大伤。不幸又发生内战。三载以来,伏尸百万,流血千里。追溯原因,概由二十年来执政者贪污腐化,对中山先生所倡导之民生主义,不但不予施行,乃反卵育豪门资本保护地主利益,种种举措,无不令人痛心疾首。……中共领袖提出八项谈和条件,其内容皆吾人民之所欲言而未敢言者,政府应予全盘接受,以促和平之实现,而救人民于水火……"等语——存有当时所拟宣言手稿)带会讨论,叹未得通过。予自此对该党筹备工作心灰意懒。上海解放后,筹备会诸人,多由予介绍与民革中委王葆真同志,填具申请书,加入民革、民生共建党筹备会,就此结束。

11. 反对北大西洋公约

> 蒋匪疯狂正杀人,北大西洋公约立。
> 各界反对发宣言,我亦签名不畏怯。

时值上海解放前夕,蒋匪帮正疯狂杀人。

(四) 怪哉被称怪杰

> 阳初婿美作奴才,漱溟事韩当走卒。
> 我办教育虽无功,岂劳一齐称怪杰。

全国解放前《中国新闻》半月刊将晏阳初、梁漱溟、陶行知及予四人之教育事业择要介绍标其题曰:"中国教育界四大怪杰。"(见该刊第二卷第五期。)韩指当时任山东省伪主席之韩复榘。

(五) 提倡自学制度

1. 拟订办法

> 学校制度限制严,想学青年受牵制。
> 深信自学优点多,实施办法详擘画。

一九四七年春,因对学校教育制度不满,而提倡自学制度。曾著长文印成单行本发表。其中所述自学制度特点有六:(一) 兼顾求学谋生,受教不须入校;(二) 人人皆可求学,不受名额限制;(三) 不需许多学费,学子负担减轻;(四) 适应个别差异,不限期间修完;(五) 毕业概凭考试,无需上课点名;(六) 学子未离本业,出路已在其中。(见拙著《自学运动》一九四七年教育编译馆出版。)

○ 自今日思之,此种制度在当时系为反动政治服务。

(二) 关于自学管理机构、注册手续、辅导制度、课程标准、教学方法(通函、广播、电视、录音、表演、展览、集体自学等等)、教学工具考试及毕业制度等等皆详为规定。(见前书)。

○ 今日之教育就方法言,求一定意义上已臻电化时代,深信广播、电视、录音等教学方法,不仅适用于广播大学或电视大学,且应在正规大学或中学甚至小学系统中广为应用。限于篇幅,不能详述。

2. 奔走提倡

> 奔走提倡逾一时,教界支持殊热烈。
> 报章传播效力宏,赞助人士满江浙。

(1) 一九四七年秋,中国教育学会理监事会曾在苏州开会讨论当时即举行之全国教育会议议题时,一致通过采用自学制度作为议题。"教界"指当时之"教育学术界"。

(2) 曾于一九四七年春撰长文投南京《新民报》鼓吹提倡自学运动。该文发表后,江浙等省教育界人士及青年大众来函于表示赞同者二千余人。

(六) 发起大众大学

1. 贯彻主义新民主

大众大学教人民,广播自学众议协。
倾向主义新民主,培育人材期贯彻。

继提倡自学制度之后,提倡大众大学。其创立旨趣有三:(一) 大众需要;(二) 大众设立;(三) 大众管理。

(1) 关于大众需要所述旨趣如下:"大众大学是根据人民大众的需要而设立的。人民大众人人皆有求知的欲望,通常学校却用入学考试制度来限制人数,往往埋没英才。人民大众要求学,还要谋生,通常学校却规定受教必须入校,使求学与谋生不能兼顾。人民大众需要一种具有伸缩性的学校,各就其天资能力、经济和家庭状况,修完学业,通常学校却死板板的规定几年毕业。人民大众要学用合一的课程,通常学校却教授许多不适用的科目。凡此种种,都是通常学校不合人民大众需要的地方,一般人民对此莫不感觉痛苦。我们这儿的办法,却与此迥异,我们没有入学考试,没有名额限制,任何想学的人,皆可报名入学,至于选习什么科目,则在审查他的学历和工作后决定,我们除招收'上课生'外,并采用自学制度招生'自学生',用种种方法帮助不能来学的人民自学;我们不规定毕业的年限,让各人于研习相当时日后自由报考,经考验及格照发证书,照颁文凭。我们尽量开设民生实用的技术和职业性的课程,使学生于毕业后,不但具有研究高深学术的基本修养,并且具有各种实际知能,成为新民主主义国家的建设人材。总之,我们这个学校是为适应人民大众尤其是工农和在职青年的需要而设立的。我们在种种地方,都力矫通常教学的缺陷,使这个学校成为大众化的学校。"

(2) 上述旨趣见拙著《为创办大众大学暨大众中学告社会人士及青年大众》一文。该文于一九四九年四月十六日电予及教育界同仁陈望道、杨卫玉等数十人列名在上海《大公报》发表。时值上海解放前夕,蒋匪帮疯狂杀人。该文却无所顾忌,明言创办该校旨趣系为新民主主义国家培养建设人材。

(3) 大众大学之学生不外"自习生"与"上课生"两种。"自习生采用自学制度,用函授、广播、巡回、讨论、特约指导等等方法,辅导学生在职业岗位上或在家中自学。"至于上课生,则利用晚间或星期天的闲时,在学生原有服务机关或是他们住居附近地点集合,派请教师前往授课。(见附录五拙著《介绍大众大学创办计划》。)

(4) 上述《为创办大众大学暨大众中学告社会人士及青年大众》一文发表后,各地工农及青年大众纷纷报名入学。

2. 集体报名真迅捷

> 旬日超过五千人,集体报名真迅捷。
> 奔走呼号又一时,不得其门空臆测。

八、全国解放以后

(一) 华北大学理论

1. 革命理论新认识

> 黑暗突然见光明,上海解放心情激。
> 解放使我眼界宽,革命理论新认识。

解放后,入华北大学政治研究所及华北人民革命大学政治研究院学习。

2. 应推翻帝国主义

> 帝国主义不推翻,地主阶级怎消灭。
> 地主阶级不消灭,贫苦工农怎能活。

3. 应推翻反动政权

> 反动政权万恶魁,官僚资本吸民血。
> 帝国主义猛于虎,四大家庭与勾结。
> 反动政权不推翻,教育功能仅点滴。
> 方法虽或略有成,效果终难免助桀。

4. 应弃绝改良主义

> 改良主义反动性,卅载认识始深刻。
> 回顾以往五十年,经历道路何曲折。

(1) 自一九三三年提倡民生本位教育迄今已三十年。
(2) 自一九一三年入师范学校迄今已五十年。

(二) 决心跟党走

1. 鼓足干劲

> 今日决心跟党走,鼓足干劲气不泄。
> 有人谓我年已老,我不同意如此说。
> 人生六十又青春,我发未皤才六七。
> 百年尚有三十三,谁限高龄只一百。

2. 两眼向前

> 我今两眼向前看,过去一切皆陈绩。

闻鸡起舞在今朝,猛进雄心胜往哲。
欲与工农同劳动,欲与人民共呼吸,
欲与青年试比肩,欲与尔曹同作息。

3. 尽心竭力

社会主义幸亲逢,共产主义信可即。
奋身不再待须臾,愿为社会主义建设,
尽吾心而竭吾力。

（未刊稿）

附 录

索 引

(中文部分)

C

蔡元培(蔡子民) 247,949,1015,1016,1019,
　1068,1070,1199,1521
陈鹤琴 377,734,841
陈启天 941,943,998

D

大学教育 89,107,137,139,150,166,169,241-
　243,251,319,361,363,377,378,384,396,
　417,505,614,719,775,784,789,797,812,
　1006,1043,1146,1155,1158,1222,1336,
　1342,1346,1348,1356,1401,1425,1494,
　1496,1503,1509,1522,1524
帝国主义 140-142,151,178,321,322,325,
　611,615,773,782,784,797,799-801,806,
　955,956,958,962-964,995,996,1045,
　1073,1116,1121,1123,1124,1130-1132,
　1191,1216,1335,1339,1369,1372,1373,
　1496,1499,1500,1508-1512,1523,1539
杜威 4,5,7-9,17,21,22,24,25,27,29,30,33,
　40,42,186,187,570,631,725,729-731,
　763,943,984,988,991,997,1340,1496

F

奋斗主义 78,632,943,944,947,960,961,976,
　977,985,990,998,999,1001,1007,1012,
　1014,1320
封建主义 1441

G

甘地 158,1370,1509
高等教育 82,136,137,139,250,323,327,378,
　656,657,837,839,1024,1038,1194,1246,
　1258,1259,1343,1441,1487,1524
工团主义 943,954,958,959,976,977
共产主义 745,755,759,771,943,954,956-
　959,969,976,1540
国家主义 321,755,756,941,944,963,971,972,
　977,994,998,999,1001,1012-1014,
　1021,1320

H

胡适(胡适之) 943,1015,1016,1020,1211,1509
黄炎培 1531

J

基础教育 168,169,572,612,1230,1231,1243,
　1256,1259,1264,1508,1524,1525
蒋介石 618,621,1512,1536
教师节 433,613-622,1503,1504,1535
教育测量 460
教育测验 241,242,258,399,461,462,464-
　468,1228-1230
教育调查 85,92,96,117,120,123,193,242-
　244,306,336,359,363,376-380,382-
　386,391-394,396,399,401,402,407,408,
　416,422,423,426,429,444,448,449,458,

459,491,667,683,688,1077,1078,1148,
1158,1355

教育机会 75,76,82-84,143-147,274,280,
290-293,321,330,452,458,757,781,827,
833,837,942,944,957,958,963,967-969,
972,977,994,1008,1009,1013,1014,1039,
1040,1042,1043,1052,1053,1319,1332,
1334,1335,1337-1339,1341,1346,1357,
1359,1360,1388,1401,1407,1416,1417,
1420,1435,1436,1497,1498,1501,1502

教育经费 75-77,80,101,102,104,121,135,
136,138,143-147,158,197,198,202,242,
243,249,263,269,271,274,275,280,281,
284-298,320,323-325,327,330-335,
377-380,383,409,412,416,422,447,452,
458,577,618,619,747,748,760,769,781,
794,828,834,835,944,958,969,1009-
1011,1013,1014,1022,1030,1066,1067,
1071,1072,1157,1165-1167,1204,1207,
1240,1244,1246,1247,1250-1265,1267,
1287,1319,1323-1330,1332-1335,1346,
1351,1357,1360,1361,1407,1408,1410,
1420,1422,1431,1432,1434-1436,1439,
1497,1499,1501,1502,1518,1521,1534

教育视导 242,256,306,1177-1179,1184,
1185,1229,1230,1282,1448

教育统计 75,102,124,241,243,244,398,407,
827,833,1008,1009,1147,1159,1160,
1192,1194,1208,1235,1243,1246

教育图示 85,98,196,197,305,458

教育心理 235,241-243,308,562,1098,1228-
1231,1233,1520

教育行政 50,74,104,126,135,185,192,194,
196,197,201,202,204,205,208,215,241-
247,249,251-255,261,282,284,287,291,
292,294,297,298,306,321,334,335,354,
377,379,382,384,394,395,397,400,403,
404,452,458,459,614,616,635,667,676,
677,748,749,760,812,941,1023,1024,
1026,1072,1075,1078,1109,1146-1150,
1153-1155,1163,1184,1199,1201,1203,
1208,1229,1233,1240,1244,1256,1258,
1266,1275,1282,1326-1328,1336,1347-
1356,1358,1360,1394,1403,1405,1407,
1496,1499,1502,1520,1536

教育指导 216,233,243,1096,1356,1428,1430

L

劳工教育 1204,1377,1378,1505

李璜 941,943,998

梁漱溟 629,630,636,981,982,984,991,1015-
1017,1537

M

毛泽东(毛主席) 837,1440,1485,1487,1536

孟禄(孟罗) 284,465,546,562,1189,1194,
1327,1349,1446,1447

民生教育 155-158,160,161,166,167,172,
179,180,808,809,813,814,816-818,820,
822-824,827,832,834,836,1190,1191,
1235,1236,1243,1265,1280,1285,1287-
1291,1362,1379,1380,1382,1384-1386,
1388,1439,1476,1506,1508-1510,1512-
1520,1522,1523,1525,1526,1530,
1531,1535

民生主义 154,159,282,747,771,815,942,957,
1045,1061,1073,1296,1346,1359,
1386,1536

民众教育 136,138,140-142,156,163,166,
199,413,417,747,772,778,781,782,784-
786,794,795,797-803,808,821,827,834,
1129-1132,1137,1156,1174,1176,1188,
1190,1192,1194,1196,1199,1204-1206,
1208,1222,1224,1229,1230,1232-1234,
1241,1242,1244,1246,1255,1262,1266,
1267,1269-1272,1275,1276,1282-1286,
1288,1289,1363,1367,1368,1371,1378,
1379,1384,1424,1427,1430,1448,1511,

1512,1515,1516,1519-1521

民族教育　136,141,156,784,799,808,1288,1289,1519

民族主义　815,1044,1045,1061,1188,1386

N

念二社　160,166,772,774-779,785-787,789-794,796-798,803,1126,1127,1129,1133-1135,1137-1141,1175,1290,1374,1385,1386,1476,1481,1513-1516,1519,1521,1526,1528

念二运动　160,772,773,785,786,794,798,832,1110,1116,1123,1124,1128,1129,1132,1133,1137,1141,1142,1190,1384,1476,1505,1509-1513,1522,1523

女子教育　42,656-659,1195,1446

P

平民教育　5,426,627,980,1141,1200-1202,1207,1211,1212,1224,1378,1507,1511-1513,1527

Q

强迫教育　48,83,132,164,660,967,1039,1063,1189,1190,1194-1196,1206,1275,1340,1341,1344,1345,1358,1412,1439,1520

S

少年中国学会　735,736,1495

社会主义　59,79,81-84,145,274,281,290,325,327,329,330,625,627,683-685,687,735,745,755-763,768,769,771,954,955,957-959,972,978,980,993,1003,1012,1026-1028,1032,1038-1043,1053,1063,1067,1073,1320,1334,1343,1344,1346,1401,1402,1405,1420,1435,1441,1487,1488,1497,1498,1500,1501,1503,1505,1521,1540

孙中山/逸仙　81,82,327,330,331,334,627,756,758,943,979,1000,1026,1038,1044,1112,1217,1326,1330,1334,1342,1343,1358,1419,1420,1498,1505,1529

T

陶行知(陶知行)　838,1196,1202,1207,1208,1234,1244,1261,1265,1285,1484-1486,1496,1507,1510,1514,1516,1537

特殊教育　70,71,73,74,146,199,286,1346

W

无政府主义　746,762,943,954,957-959,971,976

X

乡村教育　140-142,150-152,156,242,377,378,383,781,782,784,797,799-801,808,1129-1131,1228-1230,1233,1288,1289,1346,1368,1384,1505,1509,1511-1513,1519,1520,1526

小学教育　5,82,137,139,150,194,242-244,253,321,378,398,457,505,523,572,574,575,611,656,660,662,719,722,824,967,1063,1147,1155,1156,1160,1182,1184,1195,1202,1208,1211,1231-1233,1238,1244,1266,1360,1410,1424,1427,1493

学前教育　1233

学制　47,48,83,158,168,251,254,464,683,687,717,718,740,746,837,838,840,988,1024,1039,1196-1198,1208,1211,1212,1220,1279,1290,1441,1442,1518,1519,1523,1525,1530,1537,1538

Y

晏阳初　1201,1207,1537

义务教育　161,163,166,280,426-428,572,575,747,968,1074,1188-1190,1192-1196,1198-1201,1203-1209,1211-1213,1221-1224,1230,1232,1235,1243-1247,

1251-1253,1255-1267,1269-1272,1275-1286,1288,1325,1330,1332,1344-1346,1358,1359,1361,1377-1379,1520,1521

幼稚教育（幼儿教育） 169,378,457,640,811,1026,1030,1036,1042,1043,1061,1063,1229,1343,1401,1489,1523

余家菊 941,998

恽代英 735

Z

中国民生教育学会 167,808

中学教育 137,139,150,169,243,244,398,457,687,688,811,1147,1160,1348,1520,1523,1524

周总理 1487,1488,1532

资本主义 153,154,290,322,323,325,683-685,687,755-757,759-763,768,769,771,815,818,948,955,958,964,1119,1126,1359,1361,1386,1416,1420,1440-1442,1498-1500,1503-1505,1507,1522

左舜生 941,943,998

我的父亲

邰忠民

我的父亲邰爽秋是中国近现代教育家、中国民生本位教育思想创始人。

对于民生本位教育思想的本质、内涵、来源和意义进行思考,是有益处的,也是有必要的。

民生本位教育思想的本质,是以发展人民生计的经济活动为脊干,改进民众生活,扶植社会生存,保障群众生命而达到民族复兴的教育。这些体现在:与民众经济生活相结合;与生产实践相结合;与民族爱国主义教育相结合;与教育科学探讨和研究相结合。

民生本位教育思想的内涵是全面的、丰富的。在他的教育主张中,有教育机会平等,有早期幼儿教育,有贫民教育,也有普及教育和大众教育。他在教育调查和实践的基础上,在教育行政、教育经费、教学管理、教师、教材、教学方法等诸方面都有论述。

他还将这些思想践行于爱国主义教育救国的实践里,倡设了中国第一个教师节,发起了念二运动,组织建立了沪西民生教育试验区、梵王渡普及教育实验基地、金家巷农村念二实验基地、中国民生建设实验院,还与教育界志士同人共同创办了中国民生教育学会。

我父亲的民生本位教育思想,是有几个来源的。

(一) 家庭背景

父亲在1896年5月9日出生在江苏省盐城地区时堰农村一个贫寒的私塾家庭。祖父邰戟门,生养五子三女。那时私塾教师不仅社会地位低下,而且收入微薄,愁吃愁穿。对于苦难生活中的苏北农民,祖父尤为心痛,为民请愿,留有遗作《海水谣》。父亲深受祖父情系劳苦大众的熏陶,在幼年时心里就种下了爱民思想的种子。

(二) 社会背景

自1840年鸦片战争以来,各个帝国主义国家用坚船利炮打开了中国几千年封建社会的大门,开始瓜分中国。腐朽没落的清政府,割地赔银,与西方列强签订了一系列丧权辱国的不平等条约。1911年,中国革命的先行者孙中山先生发动了辛亥革命,推翻了清王朝的统治,中华民族经历了两千多年的封建社会走向解体。

1903年,父亲在时堰镇时化小学上学时,惊愕地听到帝国主义列强瓜分中国、欺辱中华民族的事,7岁的父亲痛哭流涕,伤心不止,血泪国耻在他幼小的心灵里打下了深深的烙印。这是形成他民生本位教育救国救民思想的重要根基。

1913年,他进入江苏省立第五师范学校。在外国列强的侵略,袁世凯祸国殃民,苏北农民生活饱受苦难的社会政治背景下,17岁的父亲就立下志向,走教育救国救民的道路。

1918年,他考入南京高等师范学校继续学习。1919年五四运动爆发,对他的思想影响很深。他挥毫撰著教育论文,支持义校,教育人民,被推选为南京高等师范学校学生自治会会长。

1920年他加入进步青年组织"少年中国学会",并在刊物《少年世界》上发表了对劳苦大众充满阶级感情的《国际劳工会议》一文。1921年在《南京高师教育汇刊》第一集上发表了《小学教员的生计》一文,对教师生活困苦的现状表达了深深的关切。这些论文和社会活动,为他的民生本位教育思想的形成打下了坚实的思想基础。

1923年,他赴美学习教育,同时担任江苏省特派欧美教育考察职务,继续探求教育救国救民的道路。在美留学期间,获得芝加哥大学硕士学位,其硕士论文为《中国小学语文教科书教材之分析》;后获得哥伦比亚大学博士学位,其博士论文为《测量学校行政效率之客观标准》,出版后被学校采为教本,为博士论文班必读之书。

1925年国内发生五卅惨案,他身在美国,义愤填膺,挥笔写下了情系劳苦大众的《正义进化与奋斗》一书。

1926年冬,父亲离美赴法、德,考察社会主义教育。国外求学时期是他确立民生本位教育思想一个很重要的阶段。

(三) 投身民生本位教育实践

1927年秋,他回国在南京中央大学执教。虽然大革命失败不久,但他常引孙中山的《社会主义之派别及方法》一文讲解社会主义教育。

为了了解农村情况,他到开封城外做实地调查,看到农民衣不蔽体,用冷水冲下干制的高粱饼充饥,经常不能开火做饭,不由泪如雨下,深感悲伤。这使他在教育理念上发生了深刻的变化,认为中国的教育应该走为工农贫苦大众服务的道路。在《民生教育刍议》和《民生本位教育发端》两篇论著中,他提出了中国民生本位教育的目的、主张、使命、意义及产生的背景。为了提倡民生本位教育,他在豫、冀、晋、苏、浙等省讲演,开始了民生本位教育的实践活动。

1. 提倡并践行教养学校是民生本位教育思想内涵之一

教养学校原是英国工党女教育家莫密良氏姐妹在伦敦贫民窟中为工人子女所办的学校(原译为婴儿教养学校)。在《婴儿教养学校之设施及哲学背景》《创办儿童生活园之倡议》《儿童思想力发育程序》中,他明确地提出:"婴儿教养学校的目的,是要为贫苦人家的婴儿,尤其是工人的子女谋教养机会的均等,那就是社会主义教育中教育平等的理想。这是拥护儿童教育特权、贯彻教育平等理想的第一个步骤……所谓平等,不应该从学校里做起,应该从摇篮里做起,养育机会均等是全人类贫苦儿童的呼声。""幼稚园是家庭、学校、社会三种教育的集合体,是实现全部的整个的继续的生活的发源地,是超脱贫苦农工子弟的救星。"

1928年春,他在国民党大学院所召开的全国教育会议上提出了《请大学院提倡婴儿教养学校并请先在工业之大城市试办婴儿学校》和《设立婴儿教养学校代替慈善性质之教育机关》二案。

1928年秋,他赴桂讲学,编著了《婴儿教养学校运动》一书。

1928年冬,父亲任广州中山大学教授。该校计划在广州东山设教养学校,筹备已就绪,当他看到东山是广州富人住宅区时,毅然拒绝进行此项实验,因为他不愿为富人服务,认为教养学校是为贫民子弟服务的。

他所思、所写、所做的是要通过教育为劳苦大众生活谋利益,通过教育实现民族的复兴。

2. 发起并组织的中国历史上第一次教师节运动是民生本位教育思想内涵之二

1927年大革命失败,国民党反动派屠杀革命知识分子,又集结兵力向我中央根据地发动"围剿",挪用教育经费充当军费,欠薪不发已成为故常。教师地位朝不保夕,中等收入的大、中、小学教师的生活陷入了困苦不堪的状态,更谈不上进修机会。

1931年6月6日,他在南京中央大学发表了《教师节宣言》,阐明发起教师节运动的目的:"改良教师待遇,保障教师地位,增进教师修养。"

1932年的教师节大会上,在致全世界教育工作人员的一封公开信中,他向全世界教育会提议确定6月6日为国际教师节,旨在协谋全世界教育工作人员幸福问题之根本决议案。

1936年,他在编著的《教师节与教师幸福》《教师之权利与义务》中,进一步明确了教师节运动的意义:一方面是为教师谋求福利的斗争,另一方面是与反动政府进行的一场政治斗争。每年教师节庆祝会上,全国各地教师常常推派代表向国民党当局提出保障教师权益议案,反动政府不得不答应广大教师的合理要求。

1943年5月23日,《解放日报》发表了新华社《晋察冀筹备教师节》的文章。全国各地教师已把庆祝六六教师节当作争取自己权益的节日。

1948年的教师节,是国民党反动政府派军警镇压进步团体及人士,与广大教师斗争最为激烈的节日。当时父亲不仅支持教师的正义斗争,还向教师福利基金捐赠款项,由《大公报》转交教师福利团体。

1949年6月6日,徐特立发表《教师节谈新民主主义教育》一文,肯定了六六教师节在中国近现代教育史上的历史作用和进步意义。

3. 创建并组织实施民生本位教育实验基地是民生本位教育思想内涵之三

(1) 发起念二运动,创办民生本位教育沪西实验区

日本军国主义侵占我东三省后成立了伪满洲国,后发动了全面侵华战争。中华民族到了生死存亡的边缘。中国民众已经觉醒,自下而上地发起了经济振兴和救亡运动,抵抗日本军国主义的经济侵略。1933年,在广州有抵制日本文具侵略的运动,在山西有提倡服用晋绥土货的运动,在上海有国货运动和土布运动……这一年值得纪念,因此叫"念二"(廿二)运动。

父亲时任上海大夏大学教育学院院长,在念二运动中,他写下了《念二运动》《中国的念二运动——解决中国问题的新方法》《抗战建国时期的民生教育》《民生教育与抗战前途》等著作,阐明了念二运动的目的是"提倡土货,实行社会节约,努力社会生产,发展国民经济,改善民众生活,协谋中华民族之复兴……",提出了由提倡土货到民族复兴的具体方

案,创立了"念二社"这一组织形式。念二社是提倡土货、协助复兴民族和改造社会的一种具有教育性质之服务团体;是利用科学技术成果,发挥教育的作用,逐步实现农村生产从手工业到社会化科技经济的过渡;是以合作的方式达到教育与生产劳动相结合,实现社会利用取代单纯个人谋利之目的。念二社以经济活动为轴心,贯穿于文化教育、乡村教育、公众教育、社会教育及其他一切活动之中,是民生本位教育思想的集中体现。到1934年底,在江苏、浙江、河南、湖北等省创办的民生教育实验念二社已有105个分社,有12 500余人。每一分社设有社长,按职业和经济活动分为畜牧合作团、种植合作团、工艺合作团、纺织合作团、洗衣合作团、人力车夫合作团等,其中大多数是农民。

他身体力行,身着土布短装,奔走在工人农民中间,每月把自己当教育学院院长工资的三分之一拿出来资助生活贫苦的平民。在《我穿了一年的土布短装》一文中,他说道:"……我对于这些,无论是侮辱或是鄙薄,以及傲慢等等,不但不以为意,并且认为这正是我所要尝的滋味。我穿了土布短装,是时刻准备受侮辱的。我要深刻的了解一般民家的痛苦! 更必须以百折不挠的精神穿起被人轻视被人侮辱的土布短装……""提倡土货,提倡乡下人自用土货,提倡城里人购用土货出于三个原因:其一,为解决民生问题,欲救济民生,社会必须维持改良手工业生产以工裕农,社会生产和社会节约并重;其二,充实民族工业,以抵抗帝国主义经济侵略;其三,要打破士大夫的特殊地位,改变社会的观念。"他在讲演时,听众大多感动哭泣。

创办沪西教育实验基地的理念是:"教育不应与生产分离而应结合,应把教育普及到民众面前。"为此,他创制了普及教育担、普及教育箱、普及教育车,车内藏有文字教育、工艺教育、休闲教育、卫生教育及农业展览等箱,都能单独携带,便于山区教育之用。当时国民党教育部通令全国采用此车,制定实施巡回教学方法的法令。

国家兴亡,匹夫有责。在《民生本位教育与民族教育》的论著中,他明确表达了民族爱国主义思想:"……民族教育的意义是:(1)民族本位教育,是以民族为首位,一切教材、目的、方法、制度,均以民族为实施对象,不容有个人主义存乎其间。(2)民族复兴教育。(3)民族主义教育是中国民族自求解放,国内民族一律平等,世界各弱小民族一律平等。其出发点和归宿点乃在延续民族生命以促进世界大同。"

他的爱国主义思想是鲜明的。当蒋介石逃往台湾时,他的连襟是立法委员,劝他去台湾,被他断然拒绝! 因为他爱他的祖国,深知自己的根在大陆,坚决要跟着中国共产党走向一条光明大道。

(2) 创办中国民生建设实验院

1937年,抗日战争全面爆发,沪西民生教育实验被迫停止。父亲举家迁往重庆巴县,创建了中国民生建设实验院。在教育实验中,仍然主张"提倡土货可以维持抗战资源,可以抵制经济封锁,可以增加后方生产,可以安定国计民生"。实验院是把民生本位教育思想与生产实践结合起来的又一创举,是把民生本位教育与民族爱国主义教育结合起来的又一实践。在忘我的教育实验奋斗中,他根本无暇顾及家庭,痛失二子。他的实验院办公室里挂着一副对联:"欲凭只手救民生,剩有丹心报祖国"。

4. 民生本位教育思想内涵之四是与教育界志士同人共同创办的中国民生教育学会

1936年春,他集合教育实业各届人士五百余人,在沪组织成立中国民生教育学会。学会宣言:"……我们认为教育是一种工具,它的主要功用应当是适应最大多数民众最迫切的需要……所谓最大多数民众最迫切的需要,就是'民生是需要'。我们深信任何教育不应离开民生民族教育,应以民生为基础,乡村教育应以民生为脊干,民众教育应以民众为灵魂,生产教育应以民生为归宿……"

中国民生教育学会总会在上海,学会设有理事会,各理事推举父亲为理事长,负责全会事务,分会有20余处。抗战时迁重庆后,就加入了全国教育学术团体联合会并组织联合办事处,出版有《民生教育》月刊、《建国教育》、《联合年报》、《联合年会总报告》等刊物。蔡元培先生欣然为中国民生学会的成立题词。

5. "教育机会均等"是民生本位教育思想核心内涵之五

(1) 提倡普及教育

在《中国普及教育问题》一书中,他讲道:"……普及教育包括义务教育和成人教育,其目的在使全国国民均受一种最低限度之民生本位的教育……与义务教育、国民教育、强迫教育、识字教育、民众教育均不同。普及教育的重要,可自三方面言之。就民族方面而言,普及教育可以发扬民族精神,唤起民族意识,以谋民族的复兴与强盛。就民权而言,普及教育可使人民了解用政权的方法。就民生方面而言,普及教育可以增加民族生产,挽救经济危机。"

他认为,普及教育必须实施劳工教育,因为85%以上的社会生产者为劳工,都有受教育的权利。他强调:"……教育是民生要素,立国基础。唯教育始可以开发民智,唯教育始可以推进社会,唯教育始可以增厚国力振兴民族。教育是全社会全人类公有物,无论何人均应有享受的权利。"

他还认为,普及教育中必须实施一种特殊教育。他在《特殊教育之实施》一文中讲述道:"……特殊教育是指4到16岁的儿童,因生理或心理上在普通教育中不能收效,且为个人及社会兴奋计,当受特殊之训练。……包括低能、瘫跛、盲、哑、聋,及其他生理或心理不健全者……这是普及教育当中非常要紧的一个问题。"为此,在特殊学校里组织成立了盲儿班、聋儿班、语言矫正班、低能儿班、智慧察验班等,并配备师资,定下教学内容、教学方法等。

他也提出,对于经济困难的学生应给予资助。在《清贫学生救济法》一文中讲道:"对于因经济问题不能入学的,应根据不同情况给予招收。其中有工读生,一方面供青年工读之机会,职业之预备,一方面为学校培养特殊技能之人才;有服务生,为校内做些服务工作;也有免费生。同时,为在学校中学习的清贫学生,建立奖学金制度和奖学贷金委员会,其钱可以由捐款而来。"

他在《教育机会均等》一书里讲道:"教育经费的第四个大问题,是支配的问题,支配的最大目的,是求教育机会均等……把教育机会归到少数人手里,那我们教育经费政策,可算根本失败。"

在民国十七年十二月二十四日中山大学第一次公开讲演上,他讲道:"……中国社会上最令人不平之现象,贫人和富人的教育义务与所得的教育权利成反比,教育程度越高,贫人的负担越重,而其所得的教育机会越少……为贫人出钱,富人享利。"

在《请大学院补充教育经费政策通令全国励行公平教育税制实施教育机会均等案》中,他支持教育权利学说,支持孙中山先生的社会主义的理想教育。

(2) 提倡自学制度

1947年春,他发表了《建立自学制度解决青年求学问题刍议》(手稿本)和《自学运动》二文,讲道:"……自学制度特点有六:(一)兼顾求学谋生,受教不须入校;(二)人人皆可求学,不受名额限制;(三)不需许多学费,学子负担减轻;(四)适应个别差异,不限期间修完;(五)毕业概凭考试,无需上课点名;(六)学子未离本业,出路已在其中。"对于自学管理机构、注册手续、辅导制度、课程标准、教学方法、教学工具考试及毕业制度等都有较详细的规定。该文发表后,江浙等省教育界人士及青年大众来函表示赞同者二千余人。

1947年秋,中国教育学会理监事会在苏州开会讨论举行全国教育会议议题时,一致通过采用自学制度作为议题。自学制度是中国普及教育的一种新模式。

(3) 提倡大众大学

他认为:大众大学与自学制度一样,是中国普及教育的另一种新模式。

关于大众大学立校宗旨,他讲道:"改革传统大学制度,扩充大众的教育机会,推广学术的研究,训练科学的技术,来培养新民主主义的各项建设人才。""其创立旨趣有三:(一)大众需要;(二)大众设立;(三)大众管理。""我们这个学校,是为适应人民大众尤其是工农和在职青年的需要而设立的。我们在种种地方,都力矫通常教学的缺陷,使这个学校成为大众化的学校。"这些可见于1949年4月《大公报》上《发起创办大众大学暨大众中学告社会人士及青年大众》一文。

他在《介绍大众大学创办计划》《大众大学初期计划大纲草案》《大众大学招收简章》等论著中,对大众大学的教育对象、招生简章、教学制度、行政组织、毕业考试、教学设备、学校经济等各个方面都有较为详尽的论述。大众大学这一倡议得到社会认可,工农商在职青年纷纷请求入学。父亲为此写诗道:"旬日超过五千人,集体报名真迅捷。奔走呼号又一时,不得其门空臆测。"

6. 民生本位教育思想内涵之六是对教育科学的探讨与研究

(1) 教育行政

他在1928年写的《教育行政之哲学基础》一文中讲道:"哲学的理解……教育行政,有两方面之意义,一是哲学,二是科学。先有哲学的理解,以为基础,后有科学方法,以谋应用。""科学的教育研究者何?曰:本诸反省思想,根据客观材料,用批评态度,对于教育问题,作一比较的最准确之答案是已。"

他在《教育行政人员专业训练方法之商榷》《教育行政效率》《教育行政视察标准》《教育行政测量法》等论著中,对于教育行政的性质、功用和教育行政人员训练的重要性及如何提高效率的方法加以训练,都有较详尽的论述。

他在《怎样做教育局长》《怎样做教育视导员》《视导员的任务问题》等论著中,对主要的教育行政管理人员任职、任务标准及培养办法,进行阐述。

美国乔·D.斯特雷尔对他的《测量学校行政效率之客观标准》,给予如下评价:"……在完善教育行政领域测量标准方面……众多学监,科研部门和教育行政问题研究学者作出评估测量并且提出相关的测量标准设想,对此,邰先生进行精心研究分析,做出了重大贡献,在众多教育行政测量实践中,邰氏的研究当属成绩突出的佼佼者。任何人要驾驭教育测量科学,要领悟这一领域继续进步的捷径,都会发现邰氏的科研报告及相关文献是必不可少的读物。"

(2) 教育经费

在《公共负担教养经费之哲学背景》一文中,他讲到在教育经费观念上存在着三大弊病,即利用的观念、慈善的观念、权利的观念。

他认为现行的教育经费存在着五大问题,即教育经费增高问题、教育经费独立问题、教育负担的均平问题、教费支配公允问题、统一教育经费行政问题,并且在每一问题上都有专门的论著,提出了相应的解决办法。

(3) 教学管理

在《教育指导之三大问题》一文中,他讲道:"教学是一种动作,指导教学的目的,是在帮助教师促进教学之动作,而使儿童在学习上得到经济的有价值的效果……要指导教学成功……应解决三大问题,即确立标准、诊察事实、指导补救。"在《怎样指导教学》一书中具体地分析了指导教学的性质、标准,怎样视察教学及继续教学指导及失败教师的补救等问题。

对于学校中不同年龄阶段的学生教育,他也进行了探讨:

对学龄前儿童,有《儿童思想力发育的程序》《创办儿童生活园之倡议》《幼稚园中社会生活之设计》等论著。

对小学教育,有《学龄计算法》《学童年龄计算方法之研究》《科学点名簿》《小学教学出席簿之改良》《年龄学级及进步之计算》等论著。

对中学教育,对于学校行政组织之改进、课程之改进、学生分班办法之改进、教授法之改进、教师效率之增进、中等学校学生的性教育、学校中各种制度包括升学制度之改进等方面都有具体的阐述。

在抗战的艰苦恶劣环境下,他认为有必要进行改革:

① 建议初等教育要注重生产与技能。

② 建议中等教育以造就社会生产事业中中级技术人员为主要目标,其课程应注意解决一县或数县人民之衣食住行问题。

③ 建议将师范学校课程整个生产化,加以普通教育及专业知能之训练。

④ 建议大学教育以培养各种社会生产事业之高级技术人员为目的。

⑤ 建议研究院对于纯粹及应用学术之创造发明首应顾及民生之需要,应用学术之研究,亦应以民生实际问题为主要对象。

⑥ 建议除以普通年龄为入学标准外,以教育程度为分级标准,开放普通小学,使男女老幼皆得同时学习,社会教育以增进社会生产为主要目标。

(4) 教法教材

在教学方法上,他在《设计教学法》一文中论述了教学设计的意义后,提出了教学设计的三大原则:课程的设计、学校作业的设计、家庭的设计。

在《教学六原则》一文里,他提出了"经济兴趣上教原则""在经济分析内教学原则""经济关系上教原则""因应的原则""自动的原则""致力助的原则"。在心理教学上,他著有《一种革新的教学法》《中学教学法的一个实验》《一年来心里教授法之实验》(英文版)等。

在教学教材上,他在《初级中学社会经济课程纲要》里,设置了社会与经济之间关系的课程内容,在《中小学语文教科书教材之分析》《学语文教科书教材之分析》《科学化的国文教授法》中说明了如何教好国文。

在《中国民生本位教材》《教学内容紧密结合生产的几种形式及其优越性》《技术基础的乡师课程之改造》等著作中,他论述了教育与生产活动具体结合起来的意义,其内容包括《合作社教材》《稻作活动教材》《种菜教材》《养牛教材》《养鸭教材》《民生本位儿童体育游戏》等,还包括一部分教学方法在内。

在《摄影示范教学活动影片之倡议》中,他把电化教材引进教学之中,建议"电影教育应注重指导民众生产的技术"。

(5) 教育调查

在《教育调查通论》《教育调查述要》《教育调查初步着手之方法》中,他讲述了教育调查的意义与功用,起源与发展,种类与实施步骤。他讲道:"教育调查是现代科学的教育研究之新产儿,其性质可谓教育事业的一种诊治作用。其主要目的,在表显教育事实,估量其效率,并示以改进之道。其手段则系运用科学方法方面之关系,解释所得的结果,最好建议报告,使从事教育者,明了所办教育是事业优点及劣点所在,以为估定教育政策,改良教育设施之根据。"他认为:在教育调查中必须对地方社会状况、地方教育行政和地方学校校舍进行深入调查,调查后可以用表格方式来编制教育调查原理和报告。

在教育科学的探讨上,主要著作有《教育科学研究》、《科学制度研究》、《教育科学研究法》(译)、《都市教育政策发端》、《社会化的教育》、《社会教育》、《新教育的三大因素》、《锻炼思想的教育》、《思想与教育》(译)、《道德教育问题》、《经济与教育》、《民族教育与国民经济》、《民众教育之理论与实际》、《教育上适应之意义及其要素》等。

全国解放后,他跟着中国共产党,为了民族的伟大复兴继续战斗在教育战线上。他不仅对中国几千年教育史及历史上教育家的教育思想进行探讨,还对西方教育制度和体系进行了研究,从中得到适合中国国情的有益启示。主要著作有《从秦统一到鸦片战争两千年间中国社会经济文化》《王充》《从学务调查中所见美国都市教育局之趋势》《资本主义教育之特征》《五十年来帝国主义国家教育目标是国民教育制度》《美国经济发展的几个阶段》《美国各历史阶段教育发展概况及其与工农业生产水平之间的关系》《美国普及教育的发展和有关问题》《美国中等学校发展情况及其毕业生升学的比例》《美国教育制度及其历史上重大变化》《美国高等教育发展情况发展措施及其成就》《美国工程教育发展情况及其今后的趋势》《英国教育名词》。这些著作论文,是研究中国近现代教育史的珍贵资料。

  五十岁时,父亲为了引进苏联社会主义先进的教育理念和方法,努力学习俄文。对苏联著名教育家的教育思想也进行了研究,翻译了不少有用的文献,为中国社会主义教育事业做出了应有的贡献。

邰爽秋之子:邰忠民

2022年1月21日

整理后记

自有人生,便有教育。在人类漫长的历史进程中,有着丰富多彩的教育活动,流派纷呈的教育思想,各式各样的教育制度。作为世界文明古国之一的中国,在这些方面,尤为突出。

尊崇教育,是中华民族的优秀传统。几千年来,薪火相传,弦歌不辍,在华夏文明的历史长河中,教育大师的身影,牵手联袂,浩浩荡荡,蔚为大观。

晚近以来,内忧外患不绝,久遭兵燹,天灾人祸不断,疮痍不瘳,经济社会的发展受到巨大影响和冲击。但就是在这样一个风雨如磐的年代,他们依旧坚持在乱象中推进社会建设,在压力下谋求教育发展,不仅培养出当时社会急需的大量人才,更培育出了参与国家恢复和建设的中坚力量。这些,在当时和当世都受到了社会各界和政府的高度赞誉和认可,从而构成了我国教育事业长足发展的高原,并由此推动了整个社会的发展。而他们的教育思想,也引起了学界的广泛关注和讨论,同时,也成为中国近现代史领域一个可资分析和研究的话题。

在近现代诸多教育家中,邰爽秋是一位特殊而平凡的人物。说他"特殊",在于这位知名人士拥有博士的身份、大学教授的地位,却穿得和工人一般,让"一般人对他颇多忖测","所受到社会上的非议与歧视,真不知有多少次数"!说他"平凡",在于他为人和蔼、诚恳,"走在马路上,谁也不知道他的来历"。邰爽秋就是以这样的形象活跃在20世纪上半叶中国教育界的舞台上。他以自己的热切渴望和积极准备,以自己高昂的呐喊和强烈的呼唤,以自己身体力行的实干实践,为中国教育事业的发展做出了重要贡献。他自称是一条打不死的蛇,始终穿着自创的"念二"中式土布短服,打起"民生教育"的旗帜到处奔忙。时人将其与晏阳初、梁漱溟、陶行知并称为中国教育界的"四大怪杰"。

我攻读博士研究生学位期间,参与了一些书籍的撰写工作,涉及对民国时期教育管理名家的梳理。其中,我承担了邰爽秋教育管理理论研究的部分。通过此先的了解,并查阅大量资料,我深深地为邰爽秋的丰富经历所叹服。邰爽秋曾就读于南京高等师范学校(后改为东南大学),后赴美国深造,先后在芝加哥大学和哥伦比亚大学取得了硕士及博士学位。学成归国后,邰爽秋被国民政府任命为江苏省立南京中学校长,后又历任南京第四中山大学、广州中山大学、河南大学等校教授,并担任了国立暨南大学教育系主任、大夏大学教育学院院长、中国民生教育学会理事长、中国民生建设实验院院长、国民政府教育部战时教育委员会委员等职。新中国成立后,继续在辅仁大学、北京师范大学从事教育科研工作。可以说,邰爽秋一直在为中国教育的发展奔忙于大江南北。

在繁忙的活动之余，邰爽秋还积极著书立说。通观邰爽秋的著作，可以看出其对现实社会观察和思考的连续性和完整性。邰爽秋在大学求学期间就开始创作，年逾七旬仍笔耕不辍。在众多著作中，有《小学教员的生计》《用什么去解决社会问题》等通过社会调查撰写的报告，也有在抗战期间撰写的如《民生设计与抗战前途》《国难期间青年应有的觉悟》等一系列对时局的回应文章。同时，还发表各类文章、短评上百篇。当我展卷恭读，一篇篇仔细翻看这些文字时，不禁为邰爽秋精深博大的思想击节赞叹。他的思想犹如旭日，试启窗向阳，看缕缕灿烂：讲教育普及，有教无类，化及冥顽；论教师责任，尽人之才，诲人不倦；谈教育管理，权责明晰，专业高效；说教育经费，机会均等，分开独立……有些话语，甚至充满了人生哲理，如他在谈及个人性格修养上说："心地光明；言语有度；处事公正；爱惜声誉；经济时间；处事敏捷；料事得体；主张坚定；手腕灵活；了解人情世故；发言中肯合时；勿言人之短，勿炫己之长；成功不自满，失败不颓丧；态度大方，应有君子体貌；诙谐有节，毋作过分庄严；根据事实，答辩非难，态度雍容，言简意赅；临事怨怼，最不能得人信任。"这些话，至今看来，仍不失为为人处世的良言警句。

与邰爽秋众多论著形成鲜明对比的是，对邰爽秋的研究著述，可谓屈指可数。事实上，作为活跃在民国教育界的重要代表人物，在当时，就有学者对邰爽秋的思想进行了介绍和研究。但进入20世纪50年代后，关于邰爽秋个人及教育思想的介绍则鲜有。直到20世纪90年代，有关邰爽秋的研究才多了一些。

但总体上看，有关邰爽秋的研究并不很多，"介绍论述得很不够"，"对邰爽秋民生本位教育思想及其实验事业，有关教育史书只字未提"（熊明安、周洪宇：《中国近现代教育实验史》，济南：山东教育出版社，2001年，第686页）。即便是一些大部头的有关近现代教育史的研究专著，也只是寥寥数语，点到为止。从目前一些论文的引用材料看，只集中在邰爽秋的部分著作上，有的还在引用中出现了谬误。而造成这些现象的一个重要原因，就是缺少对邰爽秋著作全面系统的整理，使得对邰爽秋的思想及其产生、发展的内外动因难以更为精准和立体地把握。其结果，正如曾经受教于邰爽秋的导弹专家郭衍莹所说，"老一辈的教育家献身于平民教育事业的精神曾深深感动了我"（郭衍莹：《我所亲历的民国时期平民教育》，《炎黄春秋》2018年第1期），但如今却成了"被遗忘的民国平民教育家"（郭衍莹：《被遗忘的民国平民教育家邰爽秋》，《钟山风雨》2014年第5期）。

邰爽秋，作为中国近现代具有代表性的教育家，其思想理应受到我们的关注。特别其教育思想中的一些观点、理念，对我们今天教育事业的发展依然具有指导意义和参考价值。由此，在相当长的一段时间里，一个想法一直萦绕在我的心头：如果能经我之手把邰爽秋的论著梳理出来，奉献学界，共同研究，说明其价值，阐明其含义，该是一件多么令人振奋的事情！从关注到了解，从了解到热爱，从热爱到整理，也促成了本文集的最终形成。

但让人始料未及的是，从第一篇文献整理开始，一晃就是十年。以前，因为学习和科研需要，也接触过不少类似的文集，总觉得这是一项非常简单的工作，无非是汇集一下而已。然而，当自己亲自来做的时候，却发现并非如此，遇到的困难比想象的大，面对的问题比预想的多。邰爽秋的经历丰富，工作生活的地方很多，所撰写的作品题材多样，发表渠道不一,这些都要一一查访。如何保"全"? 如何保"真"? 如何转录? 如何分类? ……这些问题,都必须得到解决。在这十年之中,我也从一名博士生转变为一位大学教师,与之而来的,就是"青椒"的艰难岁月。浙江大学龚延明教授曾编撰过一部《宋登科记考》,在序言中,龚教授说:"教学与科研的压力特别大,每年业绩点的考核与职称评审与聘岗、定级挂钩,'适者生存,不适者淘汰',是我们面对的十分严峻的现实。"我所从事的工作,虽不如龚教授他们之巨,但面对的压力是一样的:既要完成每学年300学时教学工作量,又需要发表学术论文为考核之用,同时还承担了系里的一些具体事务、学生管理工作等等。差不多这些事情做完后,已是心力交瘁。但每每回到家里,看到桌上摘抄出的卡片,翻阅起地上摆放着的收集来的各种文稿,又被邰爽秋先生的思想所感染,便打起精神,整理起来。子时眠,寅时起,也从工作之需,成为生活常态。就这样,一点一滴,陆续完成。

十年里,能让我坚持做下来的,还离不开这些人的支持和鼓励。

首先,是邰爽秋先生的子女:邰利利女士、邰忠民先生、邰庆庆女士。他们都已年近九旬,长期以来,也一直在为邰爽秋先生的思想研究和文献整理奔忙。当得知我在从事这项工作后,更是给了大力支持,把他们所拥有的邰爽秋先生的资料,以及所知所感所想,都无私地提供给了我。每次见面,都坚持出门迎送;每次谈话,都会关心我的家庭生活,还叮嘱我不要太辛劳,尽力就好。在他们身上,我深深感受到了教育名家的家门风范。

其次,是南京大学张生教授。张生教授是国内近现代史研究的名家。我在大学的学习中,就经常读到张老师的文章,颇为受益。心中感慨,若有机会能跟从张老师学习该多好! 在一次活动中,我第一次见到张老师时,便主动上前与张老师打招呼问好。谁知,张老师却说:"我知道你,看到过你的文章,你不是才写过'三皇庙学'吗?"那是我曾在《中国社会科学报》上发表的一篇文章,没有想到张老师居然读过并且还记得。随后,张老师又勉励了我几句,要我继续努力,做得更好。这也让我深受鼓舞,后来便选择张老师作为我的博士后合作导师,终于如愿以偿。当得知,我因博士论文专门研究邰爽秋教育思想而搜集到不少邰爽秋论著后,张老师敏锐地指出了这些文献的历史价值,也肯定了我整理文集的做法,并提出了具体的标准和要求。同时,南京大学中华民国史研究中心、南京大学历史学院为保障这套书的出版,予以了全额资助。坦白地讲,作为小众的专业研究参考用书,从市场销售角度来看,或许不会有太好的效果。因此,感谢南京大学能为本套书的出版解决非常迫切的现实问题。在他们身上,我深深感受到了南雍的大志大美。

再次,是南京大学出版社学术出版分社社长杨金荣先生和本书编辑郑晓宾、丁群、江潘婷等各位老师。在与南京大学出版社签订出版协议后,杨社长召集了多次会议,专题研讨本书的编辑体例等细节事宜,并提出了不少建设性的意见和建议。三位编辑更是不时就存在的问题与我沟通联系,以确保本书的质量。在他们身上,我深深感受到了治学的严谨求实态度。

最后,我还要感谢我的父母。儿行千里母担忧,十几年来,我一直负笈在外,让他们时常为我的生活状况操心。虽然他们不了解我所做的这件事情,但他们坚定地支持我,特别是在我几次陷于困境之时,开导我、鼓励我,要我好事做好、做好便好。在他们身上,我深深感受到了父母对儿子的爱。

其实,这十年之中,经历的困难有很多,需要感谢的人也有很多,因篇幅所限,不能在后记中一一写明。但我都记在了我的日记之中,记在了我的心里,这些也是我十年来最特别的收获。

总而言之,希望这套书的出版,能让更多的人了解邰爽秋,了解邰爽秋的思想,并通过邰爽秋了解20世纪上半叶的中国社会、教育、文化。

其实,像邰爽秋先生这样的教育家,对于我们这个有着悠久教育传统的泱泱大国来说,不胜枚举。其功业与思想、修养与人格,断非三言两语所能概括,他们都有着大公无私、兼济天下的品格,甘于清静、淡于名利的情操,勤于求索、乐于进取的追求,垂青人才、奖掖后学的度量。相信读者们,也可以通过这套原汁原味的《邰爽秋文集》感受到。也正因一代一代师者的传承、发扬,给我们留下了一篇篇名言,传下了一段段佳话,树立了一座座丰碑,才铸就了中华民族独特气质的师道尊严。

刘齐
2021年7月8日
于南京大学大美楼

图书在版编目(CIP)数据

邰爽秋文集：上中下册/邰爽秋著；刘齐编. —
南京：南京大学出版社，2022.9
 ISBN 978-7-305-25293-8

Ⅰ.①邰… Ⅱ.①邰…②刘… Ⅲ.①教育—文集
Ⅳ.①G4-53

中国版本图书馆 CIP 数据核字(2022)第 011802 号

出版发行 南京大学出版社
社　　址 南京市汉口路 22 号　　邮　编 210093
出 版 人 金鑫荣

书　　名　邰爽秋文集：上中下册
著　者　邰爽秋
编　者　刘齐
责任编辑　丁　群

照　　排　南京南琳图文制作有限公司
印　　刷　南京爱德印刷有限公司
开　　本　787×1092　1/16　总印张 99.5　总字数 2240 千
版　　次　2022 年 9 月第 1 版　2022 年 9 月第 1 次印刷
ISBN 978-7-305-25293-8
定　　价　698.00 元(上中下册)

网址：http://www.njupco.com
官方微博：http://weibo.com/njupco
官方微信号：njupress
销售咨询热线：(025) 83594756

＊版权所有，侵权必究
＊凡购买南大版图书，如有印装质量问题，请与所购
　图书销售部门联系调换

邰爽秋文集

中

邰爽秋 著　刘 齐 编

南京大学出版社

目 录

编辑说明 ………………………………………………………………… 1
整理凡例 ………………………………………………………………… 1
序 ………………………………………………………………………… 1

论 文 ……………………………………………………………………… 1

一、教育理论与实践 ………………………………………………… 3

 教育上适应（Adjustment）之意义及其要素 ……………………… 4
 锻炼思想的教育 ……………………………………………………… 7
 儿童思想力发育的程序 ……………………………………………… 12
 社会化的教育 ………………………………………………………… 17
 新教育的三大要素 …………………………………………………… 27
 小学训育问题 ………………………………………………………… 34
 教育目的论 …………………………………………………………… 36
 教育目的论（续） ……………………………………………………… 39
 补救学校中升级制度之商榷 ………………………………………… 43
 心理的训育材料 ……………………………………………………… 51
 训育实施的一种结果 ………………………………………………… 61
 特殊教育之实施 ……………………………………………………… 70
 教育机会均等 ………………………………………………………… 75
 婴儿教养学校之设施及其哲学背景 ………………………………… 79
 教育图示法述要 ……………………………………………………… 85
 教育图示法述要（续） ………………………………………………… 98
 小学教学出席簿之改良 ……………………………………………… 126
 民族教育与国民经济 ………………………………………………… 136
 教育机会均等问题 …………………………………………………… 143
 训育上三大观点 ……………………………………………………… 148
 服用土货与乡村教育 ………………………………………………… 150
 民生本位教育发端 …………………………………………………… 153
 民生教育刍议 ………………………………………………………… 156

巡回教育导论……161
　　民生本位之学校系统及各种教育之实施……167
　　民生设计与抗战前途……171
　　巡回教育的四种方式……179
二、教育行政……185
　　对于今后学校教授训练管理的商榷……186
　　对于今后学校教授训练管理的商榷（续）……188
　　地方教育行政调查法……192
　　教育指导之三大问题……216
　　教育行政人员专业训练方法之商榷……241
　　四年来中央教育行政制度……246
　　视导员的任务问题……256
三、教育经费……263
　　劝学基金……264
　　教育用款单位决定法……265
　　再论教育用款单位之决定并答李君……269
　　教费负担均平问题……274
　　教育经费独立问题……284
　　教育税制之商榷……290
　　统一教育经费行政问题……292
　　大学经费的研究……299
　　公众负担教养经费之哲学背景……320
　　教育经费增高问题……331
四、教育调查……336
　　教育人员调查应用表格……337
　　改良学校参观的计划……353
　　编制教育调查表格之原理及方法……359
　　教育调查概论……376
　　教育调查述要……382
　　教育调查初步着手之方法……391
　　教育调查中之地方社会状况调查……408
　　校舍调查……422
五、教育测量……460
　　教育测验的性质目的和方法……461
　　教育测验与中等教育之改进……464
　　年龄学级及进步之计算……469

学童年龄计算方法之研究 490
　　开封城厢中小学小楷速率测验报告 505

六、教学法 524
　　设计教学法 525
　　科学化的国文教授法 535
　　一种革新的教学法 540
　　一年来心理教授法之实验 546
　　一年来心理教授法之实验（续） 555
　　中等教学法的一个实验 562

七、论教师 569
　　教师之职务 570
　　小学教员的生计 572
　　教师之权利与义务 576
　　教师之品德及其品德动作 582
　　教师之品德及其品德动作（续） 590
　　技术基础的乡师课程之改造 610
　　教师节的回顾与前瞻 613
　　邰爽秋谈保障教师 614
　　抗战建国期中对于教师节之新认识 615
　　第一次教师节宣言 616
　　教师节运动史略 618

八、论青年 624
　　青年七种人生观之改造与奋斗人生观之建设 625
　　青年奋斗歌 634
　　青年之求学与求职——第七次讲谈会记录 635
　　青年从军歌 638

九、外国百态 639
　　卢骚氏幼儿养育法 640
　　英国之露天教育 641
　　国际劳工会议 643
　　美国中等升学生择业心理之变迁 651
　　印度的妇女 654
　　苏维埃教育之成绩 660
　　幼稚园中社会生活之设计 662
　　从学务调查中所见美国都市教育局之趋势 667
　　从世界各国学制情况谈谈我国学制改革问题 683

十、教育散论 ··· 689

    用什么去解决社会问题 ··· 690
    社会进步的原理 ··· 693
    进化原理与近代科学 ··· 700
    低能的研究 Feefbe-mindedness ··· 703
    低能的研究 Feefbe-mindedness(续) ··· 704
    思想心理之生物学的基础 ··· 706
    思想心理之生物学的基础(续一) ··· 711
    思想心理之生物学的基础(续二) ··· 713
    对于教育上一个问题之意见 ··· 717
    对于神话教材之怀疑 ··· 723
    科学的教育家与空吹的教育家 ··· 734
    少年中国学会问题 ··· 735
    为官僚式的教育家下一警告 ··· 739
    初级中学社会经济课程纲要 ··· 740
    庙产兴学的理由 ··· 747
    都市教育政策发端 ··· 750
    新教育趋势讲演大纲 ··· 755
    梵王渡普及教育之新试验 ··· 772
    目前中国农村教育的三大弊祸 ··· 781
    念二社在民众教育上之新试验 ··· 785
    死路上的民众教育和乡村教育 ··· 799
    对于今后民众教育的十种希望 ··· 802
    新人与新教育 ··· 804
    以文字普及教育之非计 ··· 805
    中国民生教育学会成立大会宣言 ··· 808
    今后之教育学院 ··· 810
    我们的信仰和要求 ··· 811
    中国民生建设实验院创立旨趣 ··· 814
    国民教育问题 ··· 833
    论工人教育 ··· 836
    介绍大众大学创办计划 ··· 837
    发起创办大众大学暨大众中学告社会人士及青年大众 ··· 840

学位论文 ··· 843

    Analysis Of Reading Curricula In Chinese Elementary Schools ··· 845

Objective Measures Used In Determining The Efficiency Of The Administration Of Schools ………………………………………………………… 887

著　作 …………………………………………………………………… 939

　　正义进化与奋斗 …………………………………………………… 941
　　正义进化与奋斗 …………………………………………………… 946
　　婴儿教养学校运动 ………………………………………………… 1026
　　庙产兴学运动之经过 ……………………………………………… 1066
　　教室参观与指导 …………………………………………………… 1077
　　念二运动 …………………………………………………………… 1110
　　怎样做教育局长 …………………………………………………… 1146
　　中国普及教育问题 ………………………………………………… 1188
　　稻作活动 …………………………………………………………… 1290

学术通信 ………………………………………………………………… 1317

　　教育宪法专章问题 ………………………………………………… 1319
　　致启天函 …………………………………………………………… 1320

演　讲 …………………………………………………………………… 1321

　　教育经费根本问题 ………………………………………………… 1323
　　教养机会均等 ……………………………………………………… 1337
　　教育行政效率 ……………………………………………………… 1347
　　教育革命 …………………………………………………………… 1357
　　中国教育的出路 …………………………………………………… 1363
　　土货运动与中国民众教育的前途 ………………………………… 1367
　　国难期间青年应有的觉悟 ………………………………………… 1372
　　救国雪耻先正人心 ………………………………………………… 1375
　　劳工教育 …………………………………………………………… 1377
　　巡回教育实施的方法 ……………………………………………… 1379
　　巡回教育实施的方法（续）………………………………………… 1380
　　巡回教育实施的方法（再续）……………………………………… 1382
　　民生本位教育 ……………………………………………………… 1384
　　民生本位教育与当前教育问题 …………………………………… 1386

提案建议 ………………………………………………………………… 1389

　　清贫学生救济法 …………………………………………………… 1391

请大学院提倡育婴学校并请先在工业中心之大城市试办育婴学校案 …………… 1401

设立教养学校代替慈善性质之教育机关以保障儿童教育权利案 …………… 1402

设立中央教育图书馆案 ……………………………………………………… 1403

邰爽秋提教育人员保障案 …………………………………………………… 1405

统一全国教育经费案 ………………………………………………………… 1407

创办儿童生活园之倡议 ……………………………………………………… 1409

向四全大会提救济灾区小学教师意见书 …………………………………… 1422

湖南省农村建设计画草案 …………………………………………………… 1423

大花园教育村办法大纲草案 ………………………………………………… 1427

庙产兴学运动——一个教育经费政策的建议 ……………………………… 1431

请大学院补充教育经费政策通令全国励行公平教育税制实施教育机会均等案 ……
  ………………………………………………………………………………… 1435

摄制示范教学活动影片之倡议 ……………………………………………… 1437

对于五五宪草教育章的意见 ………………………………………………… 1439

几点建议 ……………………………………………………………………… 1440

对于学制改革的建议 ………………………………………………………… 1441

书　评 ……………………………………………………………………… 1443

简评《一个更夫》 …………………………………………………………… 1445

评《孟罗教育史》 …………………………………………………………… 1446

评《民众教育实施法》 ……………………………………………………… 1448

译　作 ……………………………………………………………………… 1449

金刚珠 ………………………………………………………………………… 1451

题　词 ……………………………………………………………………… 1461

儿童之新生命之题词 ………………………………………………………… 1463

协谋中华民族之复兴之题词 ………………………………………………… 1464

其　他 ……………………………………………………………………… 1465

为什么 ………………………………………………………………………… 1467

孟德儿遗传的学说 Mendelism ……………………………………………… 1468

男女不平等的一个小问题 …………………………………………………… 1470

爱情论 ………………………………………………………………………… 1471

教育名言 ……………………………………………………………………… 1475

赞成京市土布运动 …………………………………………………………… 1476

二十世纪是儿童的 …………………………………………… 1477
我穿了一年的土布短装 ………………………………………… 1478
中国本位文化座谈 ……………………………………………… 1482
《教育研究通讯》发刊词 ………………………………………… 1483
学习陶行知先生的精神 ………………………………………… 1484
武训与陶行知 …………………………………………………… 1486
让我们一齐向党靠拢 …………………………………………… 1487
王　充 …………………………………………………………… 1489

自　传 …………………………………………………………… 1491
自传诗 …………………………………………………………… 1493

附　录 …………………………………………………………… 1541
索　引 …………………………………………………………… 1543
我的父亲 ………………………………………………………… 1547
整理后记 ………………………………………………………… 1556

七、论教师

教师之职务

译弥勒氏人生教育学

教师的职务究竟是什么？灌输儿童的知识并且给他一种训练呢？还是去便利他的学习方法帮助他们达到生活的需要呢？

儿童学习一种东西，本不要教师帮忙，他的天性是常常对于他的环境 Environment 反应的。就在反应的时候，他就发现出能够叫他满足的东西，并且可以知道得到这些东西的方法。所以他的反应，就渐渐的进步，有了选择的作用，而他的动作，也就不断的被他的经验改造了。

儿童既有了这种选择的作用，所以他常常能从他的四周的人众之中，得到许多暗示 Hints or suggestions，因而就知道什么东西应该去学，要达到某种目的，应该用那一种的方法。他采用这种暗示，去便利学习的路程，并且减少约束环境的手续，纯系出于他天性的倾向。所以他能于无意之间，学言语，学工艺，得许多观念标准，同世界上许多思想的法则。这种无意的学习，无论文明人、野蛮人，都是一样的，并且是很重要的。因为这种学习，必定要根据学者的需要和利益。他所学的，一定要适合于他的经验，而学习的时候和情形，尤必对于他有一种价值，所以古代的印度人就去学习弓矢，雅典人就去学习当时的文化；十数年前的美国人，就去学习种田经商：他们学习的方法，不外观察 Observation、共作 Participation、模仿 Imitation 几层。不过有时候也夹杂一点无意的教授。此种学习，与学者需要固属相关，而于人类的动作和兴味，尤有接触的机会，所以他的社会关系，是很完全的，假使这个时候，再添出个教师来在中间教授，则教师于他们已有的之外，应该加添的是什么？在什么情形？用什么方法？（这一段就是杜威 Dewey 所说的非正式教育 Informal Education）

为什么要有教育？要知道古时人的生活简单，一切事物，差不多可以用直接的观察和共作学习下去，儿童在家里，和在社会里，帮同操作。当那时候父母的嘉奖责罚，社会上的褒贬高下，于他们的动作、方法，都是有很大的影响。但是家里除去养育子女之外，还有许多事要做，所以对于子女学习的指导，易于七颠八倒，时有时无。若论到社会上环境的势力，又复是没有一定。所以到了生活复杂，需要增多，一切工艺都需分工办理的时候，那仅仅乎在学者方面去观察、模仿，一定是不够的。因此就不得不要着教师同学校了。而学者所学的，也就不得不有一定的、继续的、有意的指导了。所以现在的教授，不得不门类繁多，而所谓教师，乃就一变而为家庭社会的代表，去指导儿童学习的方法了。（可参观杜氏

正式教育 Formal Education 之需要，见 *Democracy and Education* 第一章）

如现在讲功用 Function 的学者，都争论说教师在教育方法上，只应该介绍指导的新原素，就这一点，可以知道教师的职务了。教师两字的意义，并不是通常的讲解，实在是一种指导意义啊。小孩学习，是与他本身同社会都有关系，并且是真实而又有生气，这是我们已经知道的。我们教导他们的时候，不是叫你去把他们自己学习的几种特质，推翻的干干净净，另外拿我们的来代替。要晓得教师的职分，乃是去帮助儿童，教他们自己去应付需要，并不是教师代他们去应付；教师的职分，是去利用儿童天然动作的倾向，叫他们遇见觉得知识重要的境遇，并不是直接把知识灌输到他们脑里去；教师的职分，是去养成儿童的习惯技能，作为一种手续，叫他应付需要的时候，格外有效，并不是拿习惯和技能来，把儿童训练得像牛马一般。照此看来，这种教法，断不是去教学生预备功课，到了教室上，到讲读读，复述复述，像现在的学校里的教法所可比的。这种教法，非有过人的智慧和高超的技能不办。所以做教师的，对于儿童发育的几种原则，就应有充分的知识，而于儿童身心发展的时候，实际上所发现的东西，还必定要具同情的态度，虚心体会，究诘其内客［容］。并且要活用材料，随时变他，而不拘于一端，像死呆的教科书那样。所以说，教师就是儿童的引导人：他是去帮助儿童缩短学习的路程，完成应付需要的方法；他是去引导儿童到新经验里去，这种经验，倘若听儿童自己去寻，或者是遇不到的；他替儿童着想，活动于现在人类兴味动作的世界里面，要想生活圆满，还必得有较好的准备：这都是教者的职分，唉！煞是不容易！煞是不容易，教者教者，你曾觉悟没有？

要有新中国，必定先有新学生。要有新学生，必定先有新教师，我译了这篇文章，我心里生了无穷的感慨，觉得现在中国的教师，差不多有十分之八九，都是不堪设想。他们的惯技，是在十几年前的教材里，偷一点下来，鬼鬼祟祟的卖给学生，不问有用没用，都叫学生记下，考试的时候，还要他们照数托出，来做分数多寡的标准。还记得有一次某学校的教员出了十几个零碎题目，来考试学生。某生记不出，便问那位教师道："这些题目有什么用处？"那位教师答道："这时候就是他的用处。" 咳！这位教师心里，只有死知识觉得是重要的，什么"辅助应付需要"，什么"联络社会生活"，什么"利用天然倾向"，他那里梦想得到呢！这一位教师这样，十分之八九的教师，那一个不是这样？所以我时常想，这些十分之八九的教师，只可算为十八九世纪的老教师，断不能造出二十世纪新中国的新学生。要得造出二十世纪新中国的新学生，必定要有澈衣［底］觉悟，能照弥勒氏这篇文章去做新教师才是。

（原载《新学生杂志》第一卷第一期，1919 年）

小学教员的生计

小学教育界里有几句常听见的话，"人不穷不当小学教员"，"最倒霉是小学教员"，"蹩脚没路走，才当小学教员"。这几句话，写尽小学教员连天叫苦的情态！

现在教育界里闹得轰轰的，不是说推广义务教育吗？十几年来教育上的美谈，不是说小学教育是各种教育的基础吗？以担任这种基础教育推广义务教育的人而连天叫苦，教育前途，那里会有发展的希望？

我要问提倡教育的先生们，小学教员穷苦的状况，我们看见没有？小学教员，连天叫苦的声浪我们听见没有？就是我们看见听见了，而大声急呼替小学教员请命的有不有？唉！看看小学教育的前途，看看小学教员的生计，我忍不住要发表这篇调查的文章，同热心教育的人讨论讨论。

我第一层要诸君知道的，是小学教员的薪水同家用。据王君克仁同我所调查（该调查是去年暑假请暑期学校里小学教员填的，发出千余份只收回八十七份，计属江苏者四十八人，属安徽者十七人，属浙江、江西、山东、湖南、福建、山西等省者二十二人，全是自由投递而来，故较为可靠，该调查表内容共分四项，都二十五问，俟统计清楚之后，将在《中华教育界》发表，本文所采，只其中之一部分耳），八十七个小学教员当中，薪水项下，除有五人尽纯粹义务及未言明者外，计八十二人中，年薪由十元至六百四十元，平均每人年薪二百零三元四角；家用项下，写出数目者七十一人。这七十一人中，家中用度，由三十元至一千余元，并且有一人至千六百元，平均每人家用三百七十六元五角，出入相差一百七十三元一角。兹据统计之结果，图解如左。

观下图可知小学教师的薪水，八十二人中，在四百元以上的，只有四人；在二百四十元二百七十之间的，只有十五人；而在一百八十元以下的，竟有三十九人，几占全数二分之一。再看看家用的那条曲线，在三百六十元以下，比薪水的曲线低，可知家用小的人，比拿小薪水的人少；三百六十元以上，比薪水线高，可知家用大的人比拿多薪水的人多。且家用在二百一十元以上，超过薪水的平均额的人，竟有四十五人之多，小学教员入不敷出的情形，于此也可想见。或者有人要说小学教员除薪俸之外，或有别项产业，和别项职务的收入。我也会留意到这一点，据调查这七十一人中：有二十六人写有别项收入，从中不敷生活者十四人；兼职而又有别项收入者八人，此八人皆说收入不敷家用；兼职又有别项收入，而表示满足家用者只有十人；此外又有兼义务职而不忧生活者三人，可知七十一人中，有兼职及别项收入底关系的，只有四十七人；从中不忧生活者只有二十五人，即可见其余的四十六人中，必定还有许多人感觉生活困难，这是一定不移的。

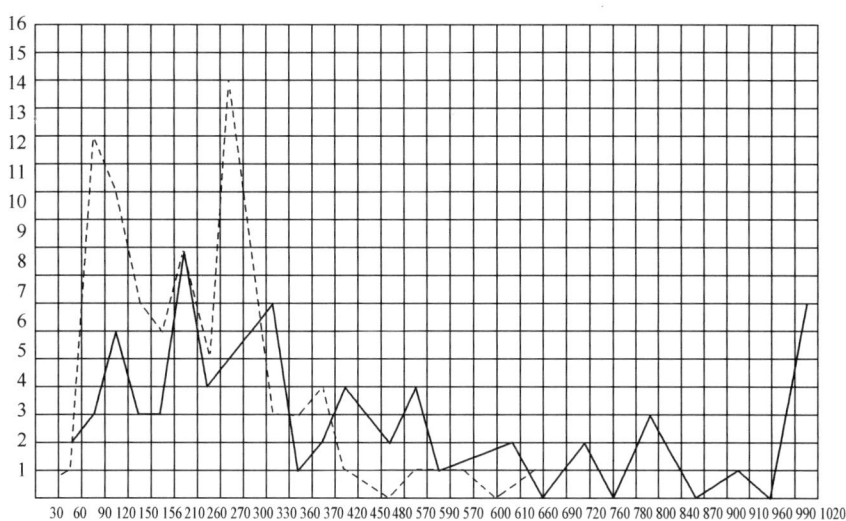

虚线——收入　实线——支出

小学教师的薪水及家用之图解

再有一层要注意的,那十一个未写家用的教员当中:有三个是未嫁的女子;有五个没有填写子女,年纪又是很轻,恐怕是未婚的男子;有一个写明未娶;有两个不大清楚。可见未婚的小学教员比已婚的舒服的多。靠着做小学教员吃饭的人最好抱独身主义,不然老婆一娶就要大大的受累了!

小学教员薪水的收入,如此之少,他们教授的点钟又是多少呢?据调查八十六人中(有一人未写),最少的每周六时,最多的每周三十四时,计每周二十时以上者五十六人,平均每人每周教授二十一时五十分钟。表中填每日绝无时间者十六人,绝少时间者六人,而填有时间的六十四人当中,写绝没有娱乐的机会的,共十六人。其余四十八人的娱乐的机会,可包括在运动、游戏、闲谈、郊游、栽花、看书报、同小学生玩耍几项当中。按实讲来,从中还有多人在这几项中找不出什么快乐的地方,可知八十六人中有三十二人以上绝无乐趣。小学教师的薪水既然那样少,教的功课又这样多。又几乎有一半的人没有娱乐的机会,如果有人还说小学教员不苦,真是毫无心肝!

小学教员的生活,既如此之苦,他们的心理是怎样呢?那个调查表上,有二条:(1)"你满足于现在的状况吗?()何故?"(2)"假使你不满意,你将作何图?"兹先将第一条不满足的答案统计如下:

小学教员不满足于现状的原因表

受教育者太少	1	出入不敷	10
办事不得其人	1	生活不给	7
教育未发展	1	薪水不敷,学校简陋	4
		福利义务不均	1

(续表)

		生活不给地方简陋	1
无经济以发展能力	1	薪水少	4
学生人数少	1	经济不够,事业不能发展	2
学校无基金	1	出入不敷,家庭组织不良	1
当局者不善办事致教育腐败	1	恐日后用度不支	1
		(1)薪少(2)无进修机会(3)当局者不重教育	1
设备简陋	1	无力读书	1
		无暇求学	1
家国之累	1	学力浅薄	5
社会政治不良	1	学习经验皆不够	2
地方风气不通	1	教授时感觉困难	1
社会顽固难发展	3	身体束缚	1
小学教师难发展	3	精神痛苦	1
同事者不热心教育	1	交通不便	1

八十七人中写满足现状的只有十三人,写不满足的竟有七十二人,此七十二人当中,除去十人未说原因或原因不清楚者外,其余说原因的六十二人中,照右表所示,不满足于薪水者计三十三人(从出入不敷起,至无力读书止)。以八十七人中竟有七十二人不满足于现状有三十三人不满足于经济状况,要小学教育发达,岂非难之又难呢?

其次请再看第二条的答案。

不满足现状的小学教师的企图

修养学业,图中学教师	1	实业方面着想	6
兼教他职	1	另图他业	3
没法(维持生活)	1	农业	1
看机会一方面随时进修	1	商业	8
		改业	1
升学或求学	13	军或商	1
设立年长女子夜校	1	邮或商	1
		商或笔墨生涯	1
改造社会	1	商或求优缺	1
入可以着手改造之小学做教师	1	将教私塾	2
		商或农	2
		经商或升学	1

(续表)

创平民学校,分工商业等科,开商工农场	1	报馆记者,书局编辑	1
想研究教育	2	投笔从戎	1
推广义务教育	1	要求加薪	1
根本改革教育	1	鼓吹共产	1
改造社会从职业教育着手	1	借债度日	1
自己创办学校	1	希望教育发达(加薪)	1
改革	1	意欲谋点大事	2

不满足现状的七十二人之中，未写企图或写的不明显者八人，所以右表里只有六十四人。这六十四人之中，有三十人要改业（从"实业方面着想"至"投笔从戎"止），从中几乎全是为的经济；有十人未说改业，但是很望加薪，有十二人要升学，从中嫌小学教员薪水少者三人，又要在教育社会方面改良者，只有十一人。以八十七人之中，竟有三十人要改业，十个人要加薪，而真正要改良教育者只有十一人之少，还希望什么小学教育改良，义务教育普及呢？欧美教育发达的地方大都优待小学教师。除正当开支的薪水外，有住宅的供给，有退养金，有死后恤金，一切措施，皆以优待小学教师为标准（$Comparative\ Education$ 中言之甚详），而我们中国，做小学教员连衣食住都维持不住，更那里有精神来从事教育？国内热心教育的人呀！小学教育，已完全破产了！有许多小学教员差不多没有饭吃了！看看"借债度日""没法维持生活"这一类的话，真是小学教员的伤心语，我们办教育的人，也应该为这辈可怜的"精神劳工"，洒一掬同情泪，替他们想个法门，谋一条生路，这不但是小学教员的幸福，这实在是教育前途的生机。

我这篇内调查的材料，皆是去年本校暑期学校里学员填的，但是这辈人还有钱来进暑期学校，恐怕他们的生计，比之进不起暑期学校的人要好的多。倘使我能把穷乡僻壤的小学教师的生活，调查得来，恐怕他们困苦的状况，比本篇所述的，还要加上几倍。

作者附言

(原载《教育汇刊》第一期,1921年)

教师之权利与义务

中国人向来对权利义务这问题不大注意。一般人问到甚么是他们真正的权利,甚么是他们应负的义务,都觉茫然莫知。所以做教师的,有权利而不知争,有义务而不知尽。行政方面也是这样,对于教师应享的权利,不知去保障。对于他们应尽的义务,也不去责备。教育界里因此发生许多不良的现象。今日特地将此问题提出讨论,想在座诸局长必感无限兴趣。

教师的权利

这问题方面至多,办理各异。然最普通而最常见的应有左列各项的规定:

(一) 训练时期的优待

师范生应享受种种公费的待遇,这是小学教师第一条权利。通常以为师范生免费待遇,是补助穷寒子弟,多少带有慈善性质。这种见解,委实错误。教育对国家社会,关系何等密切。教师对教育所负使命,何等重大。国家优待师范生,是欲确定这种使命,使师范生终生从事教育事业,为国家社会谋幸福。这种意义,至为重大。若以慈善性质看师范生的待遇,不但轻视他们的人格,并且把优待的本意都失掉了。

(二) 出路的保障

现在师范生,尤其是普通师范生,往往在毕业后没有出路。说起来很可叹。国家化费数百元乃至千余元,造了一个师范生,乃竟无法位置他,亦可见中国教育的破产状况了!不过做师范生的,本是无辜。他们负了教育后代国民的使命,来入了师范,并且定章上还规定毕业后必得服务,说得如何冠冕堂皇,乃到毕业之后,竟发生了饭碗问题。还要求你求他,才能赚到一个月薪十数元的位置,造出人来复使他受罪,国家社会在责任上未免太说不下去了。所以准备做教师的,出路上应有确切的保障。

(三) 在职时期的进修

近世文化,本随时代而进展,教师当了几年教职,因时间所限,自不能与时俱进。国家社会,此时倘把这班教师辞退,不仅于理未合,实际也损失极大。惟有筹拨经费,竭力予以知识上的补充或进修。如何补充进修,有下列几种的办法:

1. 学校社会应多置图书。

2. 有机会应多开讲演会。

3. 寒暑假应筹设讲习会。

4. 教师任职数年后,应受补助入暑期学校读书。

5. 教师任职数年后,应与以半年或一年之休假,令其出外研究或考察。费用由公家担任。

6. 教师有特殊之研究,应予以特别之报酬。

(四) 优厚的待遇

待遇的优厚,本来很难解析明白。因为甚么程度才算优,甚么数目才算厚,无论何人,未敢武断。但在可能范围内,至少应定出几种好的制度。教当教师的能生活安定,尽力向所事的职业去谋改进。甚么是好的几种制度呢?胪列如下:

1. 初次当教师的俸给不能过低,教他们生活根本发生摇动。

2. 俸给厚薄,应与教师造诣的深浅成一正比例。如出身大学专门的,应比出身中等学校待遇好。

3. 各级薪俸标准须一律。许多校长,规定初一教师的薪金比初四或高级小学低。这种规定在原则上既是说不去,并且实际初一的教授困难,并不比其他各级减少。而待遇反形微薄,于情于理都属未妥。

4. 鼓励教师继续研究。教师中对学术上有浓厚的趣味,学校应竭力予以充分的时间和金钱,教他在学术上能继续研究。

5. 特殊成绩的奖励。教员有的教授合法。指导认真,致学生成绩斐然,这时候学校应设法特别奖励,以资提倡。

6. 年功加俸。好的教师,经过相当的年数。学校应设法给他较高的俸给,以资鼓励。

7. 俸给应男女平等。都是教师,工作都是一样,责任都是相等,在权利上,俸给应有同等的待遇。

此外学校当局,应为教师谋安全的住宅。因为现在生活程度日高,无产阶级的教师,想得到安全适宜的住宅,委实不易。且教师为办事与生活便利起见,教师应有权利要求学校当局,代为设法安全适宜的住宅。

概括言之,教师的待遇最少须能够维持生活。在中国现在情况底下,教师生活虽不能纯靠薪水。国家经济虽未充裕,然上述各项,实为教师应享之权利。行政方面,应得酌量教育经费状况,次第把他实现出来。

(五) 健康与娱乐的要求

身体不好,绝没有好的精神,这是人人承认的。身体不良的教师,可以教出好的成绩吗?大家一定回答道:"不可能。"教师犯精神病或肺痨病的,据查约占百分之四十至五十,妨碍儿童可称至大。有些教师因事忙致疾,因无正常娱乐,而走入歧途。教师为健康和正当娱乐起见,应有下列数项的要求:

（A）每日工作至多不能过八小时。

（B）教师俱乐部及其他娱乐机会应多。

（C）应实行教师检查体格。费用由公家担任。

（六）任期的保障

教师任期，就中国现在状态而论，着实有许多事实叫人大抱不平。如学校遇着校长一换，旧有教职员无论好歹，都纷纷改换。教职员方面，于是也结合徒党，向学校提出种种要挟。这种行动，看来固然不当，但是现在的教师，在法律上并没有相当的保障。他们为保持自己生活起见，迫而出此卑下之举动，行虽可鄙；但是行政当局方面，多少也要负些责任。今后的教师，为争权利计，为保持人格计，应向官厅要求相当保障的办法。保障办法，在教育比较发达的国家，都有规定。惟中国办学数十年，到现在还没有规定！深愿行政当局即速有此种规定。其原则最普通的数条如下：

一、新任教师应有一年之二年至试用期。

二、已受法律保障之教育人员，移转他省或他处，其保障之权利得继续有效。

三、试用期过后，如无职务上及道德上之缺陷，当继续聘任至死或辞职或退老时为止。

四、辞退之理由只应为：

  1. 不道德（当规定教育人员道德律，用为根据）。

  2. 无成绩（当制定成绩标准及测量方法，用为根据）。

  3. 反抗教育法令或宗旨。

  4. 旷职（当规定教育人员义务律）。

  5. 身心衰颓不堪任事。

五、辞退之前，须有相当之劝告，并须有充分理由。

六、辞退之前，须有正式之理由书。

七、辞退须在放假前相当之时间内通知。

八、被辞退者有上诉权。

九、上诉时有请律师代辩之权。

现在中国待遇教师，等于待遇仆人，大有"挥之使来，蹴之使去"的怪现象。所以鄙人主张辞退须在放假前相当时间内通知，并附辞退理由书，使教师能够明白他自身被辞退的理由何在。有时遇着不服，教师可向官厅抗告，并聘请律师出庭辩护。许多校长对教职员，未宣布理由就把他们职务辞掉，追问原故，只说"不便讲"。不便讲三字，往往就是无充分理由的证据。现在做教师的，只知道争求目前的薪俸。至如何进一步去争求自身根本的保障办法，倒无人顾及，这是何等可惜。

（七）子女教养费的津贴

教师待遇本来很薄，自己生下来的儿女，抚养教育等费用，样样需要人帮助，这是人人知道的。所以行政方面在经济可能范围内应规定：

1. 子女生育津贴费。
2. 子女就学,除学费豁免外,应分别大中小各级学校,酌给津贴费。

(八) 意外危险之津贴

俗语说的好,"花无百日红,人无千日好"。又说"天有不测风云,人有旦夕祸福"。都是充分表明出人类意外危险,随时可有,而平日欲定的俸额,实无法应付。这种意外,为救济计,公家应有相当合理的规定。举其要者如下:

a. 本人方面应有
 1. 疾病给薪制
 2. 残废津贴制
 3. 生育津贴制(女教师)
 4. 教育人员人寿保险制

b. 家庭方面

凡家中临时发生意外大变故,应由公家酌与津贴。

(九) 退老赡养金

教师任事多年。到了衰老的时候,公家应规定养老金,这是大家所承认的。但中国所定退老金制很不妥当。即如领取养老费一事,须候至六十岁时,试问有几人能享得这种权利?

(十) 死亡恤金

教师死亡,公家也应有所津贴。

以上所提几条,都是教师应享应争的权利。有些须俟革命成功后,方能完全实现;有些却可不必。现在多数教师,不知力争他们应争的权利,徒以罢课索薪为能事。不知罢课的办法,与教师所负的责任,委实相反,因罢课直接受损失的是学生。公家欠薪而教学生受过,绝不是公平而应采的手段。请再谈教师应尽的义务。

教师的义务

教师应尽的义务,至为繁琐。撮要言之,有下列数种:

(一) 尊重谋事的道德

1. 欲谋某项职务,须先具规定之资格。
2. 接到聘书时,不论是否愿就,均须于极短时间内,向聘任机关表示态度。
3. 既受某方聘约,须即向同时请求之他机关声明。
4. 既受某方聘约,同时虽有较好机会,亦须保持信用,暂予割爱。
5. 凡续聘升迁或加俸,不可强求。

6. 某种地位。如不需人,不可有所图谋。
7. 不可接受他方的聘约,以为增高薪水的工具。

(二) 尊重已定的聘约

1. 聘约既经接受以后,虽认为不满意,也应待聘约终了时辞职。
2. 聘约未满之前,非得学校当局之同意,不应离去职守。
3. 不应因条件上不满意,对去职的学校当局有所攻击。

(三) 尊重教育法令

一切教育法令如教员检定及服务年限等,均须服从。

(四) 尊重职务

1. 既接受某校聘书,应与学校当局合作,以谋校务的发展。
2. 对同事应开诚布公,和衷共济。机谋智取,都属不道德行为。
3. 不应结党或连络学生,以固己位。
4. 拥护公同议决案。
5. 遵守学校所订与自身有关之各种细则。
6. 假期内有到校服务的义务。
7. 非至万不得已时,不迟到,不缺席,不请假。
8. 不随意兼课。
9. 不接受书贾的委托或津贴,担任课本的分销。
10. 中途解约,不论自动或被动,须俟该学期职务终了后,始行离校。

(五) 保持专业的态度

1. 被批评的不要生气。
2. 批评人须为善意而积极的批评。对前人之批评,尤不可犯消极之弊。
3. 有所研究,应公开任人取法或批评——学术公开。

(六) 保持研究的精神

学问如逆水行舟,不进即退。教师担任教职,欲求改进,应有继续不断的研究,方能进步。研究方法,要者有三:

1. 阅读教育书报。
2. 参与教育上有价值的集会。
3. 搜集教育上有价值的材料。

上述各种义务及各种权利,表面看去,仿佛难办。但在可能范围内,行政当局与教师倘能联络一气,起而共同宣传,进而共同奋斗,委实不难办到。因现在我国教育,并未十分发达。教师数且无多,子女有限,教员死亡的也属至少。政府果有意整顿教育,上述各种权利,自应即时举行。至义务方面如何尽法,是在我们教育界自身的努力。所以最后我们有几个口号,请大家高喊着:

改良教育者待遇,

实现教师应享的权利!

保持教育者人格,

实现教师应尽的义务!

附告一　以上所述,不仅专指教师而言,凡属教育人员,多半皆可适用。

附告二　这篇东西,是我前在闽省教育厅的讲稿。谢谢严瘦生先生帮我笔记。

(原载《中华教育界》第十八卷第五期,1930年)

教师之品德及其品德动作

邰爽秋　周祖训　合译

本篇原作见 W. W. CHARTERS AND DOUGLASS WAPLES: *THE COMMON WEALTH TEACHER-TRAINING STUDY* 一书,计列教师应具的品德八十三种,表显品德的动作七百余条,把教师处事[世]接物的道理和方法完完全全的说出,可谓为一般教师的座右铭。爰编译于此,以供参考。

1. 正确

(1) 正确的记录学生成绩。
(2) 考核学生之观察是否正确。
(3) 对专门名词发音准确。
(4) 使教材中事实的叙述正确。
(5) 使学生工作正确无误。
(6) 指定工作正确无误。
(7) 历史上之日期说得正确。
(8) 学校方面所规定之办法仔细照做。
(9) 交来之报告及点名簿等须正确。
(10) 报告送达校长前重校对一次。

2. 适应

(1) 随遇而安。
(2) 站在社会人士的地位上处事[世]接物。
(3) 跳舞及叶子戏如为社会所反对时,即不应为之。
(4) 善处不良环境。
(5) 勿存成见。
(6) 如遇意外,即变更原来计划。
(7) 深入于团体的社会精神之中。
(8) 应用所读与所闻者于自己的需要。
(9) 从儿童所发的反应,去运用思想。

(10) 同儿童游戏。

(11) 能了解谈话的线索。

3. 机警

(1) 注意到正要你注意的儿童。

(2) 迅速得到新的观念。

(3) 留心新材料以应用于工作中。

(4) 不让一事物含糊过去。

(5) 深切注意谈话的主题。

(6) 能看到要作的新事体。

(7) 对方兴趣缺乏即能看出并知其原因之所在。

(8) 辨识迟钝儿童。

(9) 在班上能迅速应付学生所发生的思想之新线索。

(10) 知道教室中进行的工作是什么。

4. 有志气

(1) 修习大学所开推广科目。

(2) 力求改正缺点。

(3) 进暑期学校。

(4) 修养自己超过规定的标准。

(5) 力图工作成功。

(6) 努力工作以图上进。

(7) 求指导员示范教学,以期学得较好之方法。

(8) 利用课外闲时余力以求进步。

5. 有生气

(1) 谈笑有神气。

(2) 目中有热情之表现。

(3) 使课业具有生气。

(4) 不呆座。

(5) 谈话有力,带着感情热心与精神。

(6) 讨论自己觉得有趣味之问题时,要说得流畅轻快。

(7) 使工作富有生气与兴趣。

(8) 走路轻快活泼。

6. 赞扬美德

(1) 儿童能做某种工,及将其做成者,常加以赞许。

(2) 赞赏学生整饬之服装。

(3) 称赞他人之善行。

(4) 学生虽只有一点特长,亦加以称赞。

(5) 在可能时奖誉劣等生。

(6) 对学生为他所作的好事,表示感谢。

(7) 学生做了好的工作,以微笑表示满意。

(8) 赞扬最优秀之同事。

(9) 向指导员说起得着特别受到助益之处。

7. 和易

(1) 知如何接待民众。

(2) 使学生觉得和他很为亲热。

(3) 易与民众接近。

(4) 以和悦态度接待民众。

(5) 使学生和他谈话。

(6) 随时和学生接谈。

(7) 不使学生对他发生恐惧。

(8) 和学生一块儿游戏。

8. 仪表动人

(1) 以优良之仪表自矜许。

(2) 行走姿势端正。

(3) 同样一件东西,不要天天穿着。

(4) 暗色的衣服,不要天天穿。

(5) 后跟翻着的鞋子不要穿。

(6) 头发梳得整洁。

(7) 着朴素而不讨厌之衣服。

(8) 衣服要穿得上样。

(9) 皮肤保持健康的状态。

(10) 行路身体挺直。

(11) 服装合时。

9. 多方兴趣

(1) 兴趣不宥[囿]于学生和教室之内。

(2) 阅报时不仅顾及与自己工作有关的部分。

(3) 凡儿童有兴趣的材料都要留在手边。

(4) 在校外不要三句话不离本行。

(5) 解答功课以外的问题。

(6) 以各种功课供给儿童。

(7) 明了世界时事。

(8) 阅读杂志与其他定期刊物。

(9) 对公民活动有兴趣。

(10) 参加演讲和音乐会。

(11) 旅行。

(12) 与其他专业中人为友。

(13) 欢喜户外活动如打网球、打高尔夫球、游泳等。

(14) 能讨论各种问题。

(15) 对课外活动有兴趣。

10. 沉静

(1) 不发脾气。

(2) 学生喧嚷时不用强大的声音去压制。

(3) 动作沉着而安静。

(4) 用和平的声调与发怒的家长谈话。

(5) 不要手慌脚乱。

(6) 语言态度勿陷于惊扰。

(7) 有特别的事项做时不着慌。

(8) 不感情用事。

(9) 不为细故所兴奋或困恼。

(10) 勿烦燥[躁]。

(11) 勿喋喋不休。

(12) 勿坐立不定。

(13) 不对幼童突然发怒。

11. 仔细

(1) 校核学生所持缺席理由。

(2) 先对各问题的情形作详细诊断后,再有举动。

（3）和有经验的人校核工作计划，以便发现缺点如何改正。

（4）考量要说的话。

（5）有审慎的判断。

（6）保护学校的产业和材料。

（7）授受新意见不可太快。

（8）照规定的办法仔细去做。

12. 愉快

（1）不呈忧虑之色。

（2）一切举动，表示对人生甚为乐欢。

（3）不快意之事怡然处理。

（4）面现愉快之色。

（5）使人欢欣鼓舞。

（6）处逆境而恬然自适。

（7）向学生道早安。

（8）在教室中表现快乐之精神。

（9）笑嘻嘻。

（10）常带快乐的表现。

13. 清洁

（1）保持服装的清洁整齐。

（2）保持手及指甲的清洁。

（3）保持牙齿的美好。

（4）保持身体的清洁。

（5）使学生保持他们桌椅的清洁。

（6）遇必要时能代学生洗面。

（7）保持课桌的清洁。

14. 体贴

（1）把学校的规则告诉新来的教师。

（2）学生有病时，亲去探视，或写信慰问。

（3）安排授课时间时勿妨碍别人的方便。

（4）早早指定工作使学生有充分的时间预备。

（5）体贴怕羞的学生。

（6）学生送请批评之成绩，不涂抹损坏。

（7）让学生有机会陈述自己方面的理由。

(8) 不在旁的学生前责难某一学生,使他局促不安。

(9) 不使本室内的声音扰及邻室的教室。

(10) 不要羞耻学生。

(11) 退课勿过迟。

(12) 顾到其他教师的感情。

(13) 不要只图自己方便,不顾他人之痛苦。

(14) 其他教师对学生已有繁重的工作指定时,不再给以多量的写著工作。

(15) 不使能力低劣或生理上有缺陷的儿童,陷于不安的境地。

(16) 编排坐位,顾及听力及视力不佳的儿童。

(17) 对于似乎发笑的动作不加以嘲弄。

(18) 学生活动正在兴高采烈时,不使其停止而矫正其错误。

(19) 若不能准时到校须通知校长。

15. 一贯

(1) 在不同时间内所说的话能前后一贯。

(2) 不要今日做一设计,明日又跳到另一设计。

(3) 每天的次序要一样。

(4) 要学生做的东西不朝更夕改。

(5) 管理训练不时宽时严。

(6) 同样的违犯规律,用同样处置方法。

(7) 言行合一。

(8) 无论指导员是否在场,均是同样的教学。

(9) 办不到的事不威胁学生去做。

(10) 能坐言起行。

16. 合时

(1) 对饮酒吸烟及其他不大好的娱乐,表示一种可以作人表率的态度。

(2) 不梳怪状的头发。

(3) 服装合乎时尚以免惹人注目。

(4) 不做社会所反对的事。

(5) 在言语动作的态度上不标奇立异。

(6) 课外行于街衢不太费时间。

(7) 在行为上立一种好的表率。

(8) 知如何介绍别人。

(9) 饮食时合乎通常礼节。

17. 合作

（1）愿意和校长、教育局长及高级长官合作。

（2）诚心诚意的帮助别人。

（3）自动的帮助其他教师。

（4）不反对参加集会。

（5）其他教师如需指导，就立刻贡献意见。

（6）对于分外增加的琐务，不出怨言。

（7）无论为何种缘由要辞职时，必给校长以相当的通知。

（8）以正常态度接受他人的批评。

（9）作有利于学校的建议。

（10）协助其他教师及行政当局对于训练事项的进行。

（11）表示愿与其他教师，共同使用学校的设备。

（12）学生家长如有责难之处，当先报告校长。

（13）报告拥护或反对学校的活动于校长。

（14）与其他各部合作，以改正学生中文上的错误。

（15）与其他教师的工作连络。

（16）与家长合作，解救学生之困难。

（17）访谒指导员，并向之请教。

（18）已定之计划，虽不同意，亦协助校长谋其实现。

（19）不在班上对学生批评学校行政政策。

（20）服从团体议决。

（21）同事中对学校当局关于教师之新规定有非议时，设法使其明了校长之意旨。

（22）不以所教学生或班级的低劣，而表示愤怨。

（23）助其他教员训练顽强的学生。

18. 勇敢

（1）自信为对的即拿出勇气作去。

（2）训诫豪富子弟无惧怕之意。

19. 有礼貌

（1）学生在高危不宜之处以低声及友谊的态度唤他下来。

（2）不在学生面前夸张自己。

（3）和路上遇到的学生打招呼。

（4）同市民打招呼并攀谈。

（5）对同事诚恳有礼貌。

(6) 对学生有失礼之处应请其原谅。

(7) 面孔对着人谈话，不要对人混［浑］身看。

(8) 注意听。

(9) 以和蔼可亲态度，接见社会人士。

(10) 亲至新教师寓所以表欢迎。

(11) 殷勤招待来校参观的社会人士。

(12) 需人做事时，不用命令式，而用请求式。

20. 果断

(1) 谈话开门见由。

(2) 下确定的判断。

(3) 为学生解决某问题时，要来得斩钉截铁。

(4) 对捣乱的学生谈话，态度不懦弱。

(5) 谈话严切不移，以坚信念。

(6) 迅速的解释并解决困难之情境。

(7) 迅速定每个学生在班上要做的各种不同工作。

(8) 实现已定之计划。

（未完）

（原载《开封教育旬刊》第一卷第五期，1932 年）

教师之品德及其品德动作(续)

周祖训　邰爽秋　合译

21. 确定

(1) 谈话不离开主题。

(2) 清楚的提示教材。

(3) 确切知道,所希望学生做出的工作及其完成之法。

(4) 明白向学生解释他们卷中的错误。

(5) 依照明确的程序,以达目的。

(6) 对学生每日工作之准备,与以明白的指导。

(7) 用简洁明了的方式,叙述事实。

(8) 常教切当的问题,并予以切当的解答。

(9) 不费半点钟的时间说两分钟即能说完的话。

(10) 能迅速简明的表达出他的意思。

22. 可靠

(1) 时时把各种必须的材料放在手边。

(2) 付款迅速。

(3) 满意的做学校内照例的工作。

(4) 重视校务在其他社会及个人的事务之上。

(5) 守约。

(6) 忠实的照做日常的职务。

(7) 把琐细事件办妥使得校长有时间做格外重要的工作。

(8) 不乘校长不在校时缺席。

(9) 作事有始有终。

(10) 履行对学生的诺言。

---

① 编者注:原刊正文页题名作"教师品德及其品德动作",缺"之"字,据目录及前文校改。

(11) 应做的工作当准时做完,不要藉口推委[诿]。

23. 自重

(1) 见儿童有不正当之行为时,不要装出要哭的样儿来停止他。
(2) 在学生面前不涂脂敷粉。
(3) 不坐在桌上摇腿子。
(4) 学生对他谈话有越礼处,不用同样的态度去回答。
(5) 不以事之不合于己而悲泣。
(6) 对学生保持纯粹师生的态度。
(7) 以和悦可爱的态度去做东道主。
(8) 不说不合于环境的笨话。
(9) 不对儿童大发脾气。

24. 有分寸

(1) 课外不费太多的时间在街上游逛。
(2) 有些校外活动是不大妥当不必提出来在同事面前吹牛。
(3) 慎择娱乐的活动。
(4) 注意和学生说话的题目。
(5) 在教员会上关于学生们的议决不告诉学生。
(6) 娱乐有节度。
(7) 不交结品行不端的人。
(8) 不要在外边到处议论学校事务,和学生等等的情形。
(9) 关于本地方学校,及学生方面的情形,说话要谨慎。
(10) 不当言时,即不言。
(11) 不忘记学生现在在他面前。

25. 作事敏捷

(1) 立即开始授课。
(2) 说毕,即继续工作。
(3) 退课不延迟。
(4) 迅速的解释并解决困难之情境。
(5) 迅速的使学生随着教材向前进步。
(6) 即刻去做工作。
(7) 即刻照指定的办法去做。
(8) 随即解决所发生的问题。
(9) 做报告要迅速。

(10) 叫学生即刻去做指定给他们的工作。

26．热心

(1) 使所教之科目有生气。

(2) 指定有兴趣的工作给学生，使他们热心的向前做。

(3) 喜欢指定的工作。

(4) 工作有兴味。

(5) 充分的叫他自己快乐。

(6) 用声调和态度去引起学生方面的热烈趣味。

(7) 热心参加教师或学校方面的团体活动。

(8) 不要失去赤子之心。

27．公正

(1) 不谋占最好的房屋。

(2) 不要求特殊的待遇。

(3) 勿使学生对自己所教之科目费时太多。

(4) 勿把一个论题由他一个人说完，也让一半的机会给学生说。

(5) 在学校与教室规则之下，对全体学生待遇一律。

(6) 对男女学生要有同等的待遇。

(7) 尽力从学生方面设想。

(8) 对学生所做的长久而又困难的设计工作，应给以额外绩点。

(9) 勿遽听一个学生的片面之词，须作进一步的考察。

(10) 如学生是对的即当坦然承认。

(11) 倘如学生对他所改的卷子认为不满意，须仔细看看如确系自己不对，就不应作无谓辩护。

(12) 须按照学生过失的大小酌量加以批评。

(13) 不却责于其他教师。

(14) 倘如从别的教师得着些理想须表示感谢。

(15) 罚如其罪。

(16) 对于学生须摒除个人的好恶。

(17) 待遇顽皮的儿童，和待遇好儿童一样的有礼貌尊敬和亲爱。

(18) 和学生讲明事物的道理。

28．坚定

(1) 不费气力而能维持秩序。

(2) 训话时用坚决的声调。

(3) 和学生所做的事不做则已,要做就要做得澈底。
(4) 在适当的时候叫学生工作。
(5) 扰乱秩序的事一经发生,便立即制止。
(6) 叫学生所做的工作须拿定主张,不可随意变更。
(7) 不为学生不合论理及感情上的要求所动。
(8) 不使捣乱的学生享有特殊权利。
(9) 务使学生达到标准。
(10) 以温柔和蔼而又坚决的态度,对顽强的儿童谈话。

29. 语言流畅

(1) 操清晰而又有力量的国语说话。
(2) 谈话练达自然。
(3) 能迅速简明的表出自己的意思。
(4) 能谈许多问题。

30. 有力量

(1) 一言一动能使民众注意。
(2) 教学有生气。
(3) 他的谈话能继续使人注意。
(4) 任何团体他只要参加都不会无声无臭。
(5) 使学生相信他对某种科目的确有研究。
(6) 使学生家长明了他的见解。
(7) 应当行使权力时,也就不客气。
(8) 指定功课或讲授时,能使学生注意。
(9) 能左右民众的思想。

31. 先知

(1) 在事前看到一事之缺点或结果。
(2) 知道学生要发生困难的地方,且知道如何应付。
(3) 计画教授要精审。
(4) 早料到要发生的训育问题而预为之计。
(5) 准备要用的工作材料。
(6) 看出某种要训育问题的严重及早设法消弭。
(7) 预先料到或将发生的事件,并在事前计画应付的方法。

32. 坦白

(1) 学生如不奋勉,即表示不快。

(2) 学生所问的某种事实如其不知,便坦白承认。

(3) 处理某项事体的能力如其不足,便坦然向校长承认。

(4) 遇必要时,作反对的批评。

(5) 对某一问题倘不知如何解决,便坦然向校长请教。

(6) 若使受了委屈,即向校长陈述。

(7) 对某儿若不能管理,便坦然承认。

(8) 谈话光明磊落。

(9) 若与其他教师意见不同,便坦向[白]的说出。

(10) 在各科目上若有意见,当尽量发表。

(11) 关于学生的真实情形,有礼貌的向家长报告。

33. 明辨

(1) 若提议取消某种计画或设计,当说出充分的理由。

(2) 等到儿童安静时,再同他们讨论。

(3) 不要以为教师比别人高。

(4) 与自己无关的小事,不必白费力气去管。

(5) 对于无关重要的事,不要太花功夫。

(6) 探明事情的内幕。

(7) 本公正的精神批评。

(8) 服装应适合教师的身分。

(9) 努力和学问是两件事,应辨别清楚。

(10) 看得出村夫俗子的好品质。

(11) 询问科主任关于本科改革的意见。

(12) 按照学生能力分组。

(13) 不使学生过于自由。

(14) 工作的优劣应辨别清楚。

34. 嗜好高尚

(1) 房屋装饰得可爱。

(2) 服装合时,免得惹人注目。

(3) 不敷脂弄粉。

(4) 对别的学生不必表示特别情感,免得使他们感觉不安。

(5) 言谈能作人表率。

(6) 上课或行路时嘴里不要吃东西。

(7) 言辞勿涉粗鄙。

35．健康

(1) 保持个人的膂力。

(2) 养成学生健康及其他良好的习惯。

(3) 不忽视娱乐。

(4) 参加户外运动。

(5) 保持个人身心的健康。

(6) 日间工作虽极其奋勉,事后亦不感觉疲劳。

(7) 绝无神经病态的表示。

36．乐助

(1) 牺牲自己一部分时间,去帮助有困难的儿童。

(2) 毕业生若来请教,便当与以帮助。

(3) 欣然协助别人研究。

(4) 替学生把材料弄得简洁明了。

(5) 人盼望他做十分,他却做出十二分。

(6) 人有所请,欣然助之。

(7) 自动的去帮助别的教师。

(8) 别的教师在工作方面需要指示时,随即和他讨论。

(9) 对于额外增加的琐细工作不出怨言。

(10) 作有利于学校的建议。

(11) 把学校的规则告诉新来的教师。

(12) 帮助遇着意外的同事们。

(13) 帮助经济困难的学生寻觅工作。

(14) 留心毕业同学与以帮助。

37．诚实

(1) 对家长奖许儿童的诚实。

(2) 常说诚实话。

(3) 在竞技中,用诚实的方法获得优胜。

(4) 辩论时若变更了原来的意见,便当承认。

(5) 做了多少工作,看了多少书,须按实报告。

(6) 正正确确的画到①。

(7) 取书出图书馆时,签上自己的名字。

(8) 不呵[阿]谀奉承,去达到所希望的目的。

(9) 不赖债。

(10) 行如其言。

(11) 不要说诳话去庇护自己,或是与学校有关的人。

(12) 对指导改良之事,不阳奉阴违。

(13) 无论指导员在场否,都是一样的教学。

38. 想像力

(1) 从常识而能了解理想。

(2) 作创造的教学。

39. 独立

(1) 毋事事请教校长。

(2) 勿以乞怜的手段谋事。

(3) 毋死用教科书,须使学程内容丰富。

(4) 应附及解决问题而不求助他人。

(5) 不待他人吩咐即自动去做各种活动。

40. 勤勉

(1) 专心工作。

(2) 不荒废时间。

(3) 将校务看得比社会及个人的事务还要重要。

(4) 从头至尾的阅读论文及试卷。

(5) 对于学生及一切工作须拿出全副精力做去。

(6) 向图书馆找新材料。

(7) 专心致意于自己的职业。

(8) 三点钟下课后不就想停止工作。

(9) 表现一种"工作精神"。

(10) 开学的第一天,就着手做事。

(11) 对于繁重的工作,不现踌躇之色。

(12) 晚间在家中继续研究。

---

① 编者注:原文如此,"画(畫)到"疑应为"尽(盡)到"。

41. 独创

(1) 作创造的教学。

(2) 在班上或校内发起有益的活动。

(3) 发起学生间的组织。

(4) 发展新的观念。

(5) 为全校作实验的工作。

(6) 寻求更有效的工作方法。

(7) 阅读专门书报时,尽力发现新观念。

42. 洞见

(1) 能体察一种情形。

(2) 周察环境。

(3) 洞察一个问题。

(4) 能迅速感到不调谐之地方。

(5) 看得出村夫俗子之好的特质。

(6) 研究儿童为何有某种行为。

(7) 诊断工作的环境。

(8) 什么儿童即用什么处理的方法。

(9) 辨识个别差异。

43. 感动力

(1) 激发学生工作的欲望,虽教师不在时,亦能继续努力。

(2) 引起学生求进步的欲望。

(3) 使学生爱好学科。

(4) 不用传教的方式去把学生引入胜境。

(5) 委派职务于学生,并使其以作此事为荣。

(6) 使学生对工作有真实而持久的兴趣。

(7) 鼓励学生自己去研究探讨。

(8) 集会前,与以有趣和鼓励的谈话。

(9) 在提出工作之前,先引起儿童对于该工作的兴趣。

44. 追求新知

(1) 追求做事的新方面、新方法及其原因。

(2) 读好的书籍。

(3) 追询自己所不了解的事物。

45. 智慧

（1）熟悉随处阅读而来的材料。

（2）对于教育新闻时事，能有畅达的谈吐。

（3）洞悉一个问题。

（4）发问要聪明。

（5）推论合逻辑。

（6）本人所教的科目里所要达到的目标，须有明确的观念。

（7）对学生的能力和进步十分明了。

（8）听话有头脑。

（9）规定怎样做的方法，一看就懂。

（10）明了自己失败的原因。

（11）一听就懂，一件事不要请别人说两遍。

46. 对社会之兴趣

（1）力助社会事业之进行。

（2）和市民打招呼并与攀谈。

（3）研究并竭力认识社会的情形和缺点。

（4）熟识社会人士。

（5）和学生及市民建立友谊的关系。

47. 对职务之兴趣

（1）忠心任职永矢勿懈。

（2）不仅为金钱而作事。

（3）对于学校表示友好的态度。

（4）勿以一己之方便而妨碍学校之利益。

（5）牺牲一己为职务谋进展。

（6）晚间在家中研究。

（7）热心参加校内会议。

（8）和他人讨论教育上的问题。

（9）在自己所教科目方面力谋继续研究。

（10）常常留心专业的知识。

（11）求指导员示范教学以期学得较好的方法。

（12）探究工作内容以求精练。

（13）对教育研究发生兴趣。

（14）参加专业的团体。

(15) 阅读专门的杂志。

(16) 进暑期学校。

(17) 常常阅读本人所教科目方面之最近著作。

(18) 明了新教学法。

48. 对学生之兴趣

(1) 学生正当的陈述应加以注意。

(2) 陈列能使学生发生兴趣的材料。

(3) 乐学生之乐。

(4) 和学生个别谈论他们觉得有兴趣的事情。

(5) 研究学生工作低劣的原因。

(6) 喜欢学生。

(7) 和学生开会讨论共同有兴趣的事情。

(8) 以巧妙的方法指导儿童本身的问题。

(9) 注意儿童个性分别应付。

(10) 安慰有病或心境不佳的学生。

(11) 对于成了问题的学生设法解决他的困难。

(12) 和学生一块儿游戏。

(13) 访问学生家庭。

(14) 奖许学生校外的工作。

(15) 明了学生个人和家庭状况。

(16) 把会晤家长这件事当作本人的一种权利。

(17) 和已毕业的学生常时接近,并且帮助他们做有兴趣的事。

(18) 使教室成为儿童有兴趣的场所。

(19) 把学生看得比科目重。

49. 仁爱

(1) 抚慰因游戏受伤的儿童。

(2) 代学生做他们自身的事。

(3) 赞赏学生的新衣服。

(4) 面孔上表现仁慈的状貌。

(5) 学生有病时亲往探视,或写信慰问。

(6) 儿童需要劝告时慈爱和悦的同他讲。

(7) 多给儿童一个机会去试试。

(8) 应当把不当做的事所发生之结果告诉学生。

50. 领袖的能力

（1）启发学生的责任心。

（2）在班上讨论时容许学生有自动提议的机会。

（3）领导社会事业。

（4）在劳作方面不要替儿童做事太多。

（5）设法让学生自动的参加，不要命令他们去做。

（6）发展团体中和睦快乐的精神。

（7）启发共认的标准去训练儿童而不用专制的威权。

（8）对于饮酒吸烟及其他不大好的娱乐上表现出一种能做人模范的态度。

（9）用有效的方法指导学生的组织。

51. 忠实

（1）不在校外批评别的教师。

（2）对指导员不吹毛求疵。

（3）学校内部事勿向外昌扬。

（4）遵守学校规则。

（5）对学校照例工作忠实的履行。

（6）宣传学校的优点。

（7）学生批评别的教师应替他辩护。

52. 吸引力

（1）与同事感情融洽。

（2）得学生之欢迎。

（3）使学生愿意在他的教室里上课。

（4）能感化学生。

（5）得到学生的同情。

（6）得着学生的信任。

（7）得着学生的信仰。

（8）使学生心悦诚服的为他做事。

（9）使学生及家长喜欢同他见面。

（10）使民众注意他的言动思想。

53. 谦逊

（1）把自己的工作和其他教师比较，去寻出自己的缺点。

（2）请校长指导一切。

(3) 不以为自己比学生高。

(4) 不要动辄说"我怎样"。

(5) 不要自炫其学术修养。

(6) 力避自夸或矜骄的态度。

(7) 不自炫其勇敢。

(8) 自己的工作结果，不妨让别人看。

(9) 不夸耀自己能够自强不息。

(10) 不自以为大材小用。

54. 德行

(1) 遵守公认的道德规律。

(2) 用个人的道德以感化学生。

(3) 个人生活要高尚。

(4) 遵行自己所赞成的道德标准。

(5) 与民众相处，恭而有礼。

55. 整饬

(1) 交去的报告要正确清楚。

(2) 零星物件安排得有条不紊。

(3) 要学生送整洁的卷子进来。

(4) 把黑板上不需要的字和无用的东西擦去。

(5) 衣履整洁。

(6) 自己的东西不要在教员室内乱丢。

(7) 仪表清洁可爱。

(8) 指甲时长[常]修剪，皮肤洗得干净。

(9) 把用过的东西归还原处。

(10) 指点学生把各物归还原位。

56. 虚心

(1) 引耳静听新的观念。

(2) 市民的缺点应加以原谅。

(3) 不要固执已经证明无效的方法。

(4) 容纳学生的意见。

(5) 自己的意见如有变更应当承认。

(6) 所用的方法如已无效，当改弦更张。

(7) 因人施教，不能以相同的事判定学生好坏。

(8) 一件事的正反两面,应同时注意。

(9) 虚心接受人家的批评。

57. 乐观

(1) 表现乐观的容貌。

(2) 不以自己的学生为全校中最劣之学生。

(3) 谁[随]便什么人他都能看出一些长处。

(4) 凡事都要看有希望的一方面。

(5) 遇有困难恬然处之。

(6) 一举一动寓有生气。

(7) 善处各种恶劣环境。

(8) 从好像没有希望事当中看出快乐的结果。

58. 创作

(1) 计划工作的新方面。

(2) 各种问题应当自谋应付解决,而不求助于人。

(3) 从建设方面去做事。

(4) 寻求更有效的工作方法。

(5) 寻求做事的新方法。

(6) 作创造的教学。

(7) 提出新计划。

(8) 建议做新颖的事。

59. 忍耐

(1) 容忍学生未成熟的判断。

(2) 容忍学生的偏执。

(3) 学生不能了解时,须极能忍耐。

(4) 详详细细的解释学生所发生的问题。

(5) 继续不断的使天资低下的学生进步。

(6) 反复教诲迟钝的学生。

(7) 虽再四吩咐学生做事亦不发脾气。

60. 毅力

(1) 竭力和困难的环境奋斗。

(2) 努力实现计划。

(3) 不今日做一设计明日又跳到另一设计。

(4) 力谋解决自己的问题。

(5) 按实做事坚持到底。

(6) 指导学生做工作直到做完为止。

(7) 使学生能够静悄悄的继续不断的进步。

61. 快乐

(1) 对人说有趣的事情。

(2) 带着笑脸儿和人打招呼。

(3) 面现愉快之色。

(4) 向得到某种荣誉的学生道贺。

(5) 和市民打招呼并与攀谈。

(6) 和悦的向其他教师致候。

(7) 自己不同意的事，也欢欢喜喜的去做。

(8) 学校生活中遇着烦恼的事情，也是怡然处之。

(9) 家长若未悉学校设施之真相而妄加批评时，当和颜悦色以对之。

(10) 和颜悦色的对人笑。

62. 声调悦耳

(1) 安安静静的说话。

(2) 发音清楚。

(3) 要有抑扬顿挫说话。

(4) 声调低柔。

(5) 用快乐和谐的声音说话。

(6) 不要发出小儿啼哭的声音。

(7) 不要显出用力的样儿去说话。

(8) 在教室内讲话的声音要和谐。

(9) 说话时喉咙里不要常常发出咳嗽的声音。

63. 稳重

(1) 照例工作偶或发生变动，不要慌乱。

(2) 以镇静态度处理班上的扰乱情形。

(3) 迁到一处，就能随遇而安。

(4) 控制面部的情感变化。

(5) 不管有什么事发生，都以镇静处之。

(6) 行路文雅些。

64. 进步

(1) 做研究的工作。

(2) 训练学生能合乎时代潮流。

(3) 应用科学的方法去教学。

(4) 常常改变方法去适应变化的需要。

(5) 阅读专门书报时,尽力发现新的观念。

(6) 关于自己所教科目方面最近的著作,应当知道。

(7) 明了新教学法。

(8) 找新的观念去试验。

(9) 根据新观念去改进教学。

(10) 帮助学校当局谋继续不断的进步。

65. 守时

(1) 假后如期到校上课。

(2) 约定什么时候来,就准时而来。

(3) 准时履行诺言。

(4) 准时出席教员会。

(5) 准时授课。

(6) 要学生准时做出工作。

(7) 按时做事,有条不紊。

(8) 准时交成绩单。

(9) 准时到校。

66. 有目标

(1) 确切知道希望学生所做的工作,及如何完成之法。

(2) 依照确定的程序,以达目的。

(3) 教授功课有明确的目标。

(4) 把工作的目标说清楚。

(5) 知道自己进行的方向。

(6) 由测验以定所达目标之程度。

(7) 不因引起学生的兴趣而忘教育上之真正目的。

67. 文雅

(1) 表示文雅社会的背景。

(2) 态度温文尔雅。

(3) 温文尔雅的讲述故事。

(4) 在教室内不可坐在桌上摇荡腿足。

(5) 讲话当中不要夹着不相干的字句如"这个！""哼！"等等。

(6) 在街市上不大声喧闹。

68. 有涵养

(1) 对学校的事情不向外昌扬。

(2) 不要替指导员或其他教师去计画工作。

(3) 动作无自夸或骄矜的态度。

(4) 只管做自己的职务以内的事。

(5) 不宣扬自己的私事。

(6) 不和学生角力。

(7) 不多言。

(8) 不和同事口角。

69. 有方略

(1) 组织教材以适合学生性格的需要。

(2) 立即引用儿童所需要或适合于儿童的材料。

(3) 一得到材料就能应用到教学上去。

(4) 不把教科书当作天经地义。

(5) 寻求更有效的工作方法。

(6) 指示怎样把教室中所习得的知识,应用到实际生活上去。

(7) 利用各种好环境。

(8) 利用学生的理智和名誉心。

(9) 准备充分的工作在上课时间内做。

70. 有学问

(1) 能写畅达的中文。

(2) 能把实验的结果写成报告,或论文,投登杂志。

(3) 能写书评。

(4) 极熟悉自己专业范围内之普通事实。

(5) 具有完全的普通教育。

(6) 对于自己所教科目有充分的知识。

(7) 明了所教各科之基本原理的知识。

71. 自信

(1) 自己所信为最好的事就去干。

(2) 最后的判断要操于自己手中。

(3) 不因有人参观而感觉不安。

(4) 不怕失败。

(5) 说话坚决而动听。

(6) 自己觉得有把握但不过于自信。

(7) 决不觉得没有办法。

72. 自制

(1) 在危急之中不心荒〔慌〕意乱。

(2) 不现出发神经病的样儿。

(3) 控制自己的脾气。

(4) 虽处逆境镇静自若。

(5) 学生对他的谈话有越礼处,答覆时不用同样的态度。

(6) 和学生与家长谈紧急问题时,能力持镇静。

(7) 在使人发怒情形下,能保持常态。

(8) 儿童说话暴躁时,自己不发怒。

(9) 校内的常规发生变乱时不手慌脚乱。

(10) 本正当的态度接受批评。

73. 滑稽的意味

(1) 教室内各种顺序,有时若弄颠倒了,只以一笑置之。

(2) 把轻微的过失当作一个笑话看,使大家解颐。

(3) 听了笑话就要发笑,即虽有时开心到自己的身上。

(4) 课室内发生了笑话要看得出。

(5) 班中发生了诙谐有趣的事和学生一块儿笑。

(6) 学生对自己取笑也就欣然接受。

74. 简明

(1) 用最简明的方法叙述。

(2) 简明而扼要的提示材料。

75. 庄重

(1) 学校里的社交生活不要顽得过火。

(2) 在教室内表现一种庄重的态度。

(3) 不过度饮酒。

76. 社交精神

(1) 不要死用功而不和别人往来。

(2) 常常和别人一块儿走。

(3) 在宴会上应当有谈有笑。

(4) 邀请新教师参加社会活动。

(5) 互开玩笑哀而不伤。

(6) 深入于团体的社会精神之中。

(7) 在家中招待其他教师及社会人士。

(8) 和民众接近。

(9) 和学生及市民维持友好的关系。

(10) 同学生讲有趣的事情；和他们玩笑。

(11) 常和学生作个别的谈话。

(12) 不要做一个面若冰霜的教师。

(13) 不单单交接[结]同行的人。

(14) 不要做出势利鬼的样儿。

77. 天真

(1) 自然而然的笑,勿装假模样。

(2) 教学里要表现天真活泼之气。

(3) 言谈不过拘谨。

78. 同情

(1) 研究贫苦学生的家庭问题。

(2) 使学生报告他们的困难和兴趣。

(3) 知道学生的希望志愿和矛盾之处。

(4) 尽力帮助学生解除困难。

(5) 学生有忧伤失意之事,用个人名义致函慰问。

(6) 教训学生时要明了学生的见解。

(7) 儿童疲倦时,不使作劳神的工作。

(8) 使新到的学生和在家里一样。

(9) 以友好的态度问起别人的得意的事。

(10) 深入于儿童情感生活之中。

(11) 以一种快乐和同情的态度接待家长。

79. 有手腕

(1) 陈述意见时态度不太坚决以致引起聚众的反感。

(2) 因势利导去应付一件事体。

(3) 不突然的去回答问题。

(4) 选择双方赞同的方法做事。

(5) 圆满的去应付发了脾气的家长。

(6) 使家长觉得教师和他们感情融洽。

(7) 使学生帮助处置训练上的问题。

(8) 和学生讨论困难的问题,使其觉得结论是他们自己得到的。

(9) 以一笑来解决一个严重的问题。

80. 贯澈

(1) 作事有效率。

(2) 非各种资料搜集完成时,不有所举动。

(3) 下课后还要考查儿童的工作。

(4) 搜集些资料,以解决困难的情境。

(5) 复习学校的工作,直至学生精熟而后已。

(6) 用充足的时间以整理材料。

(7) 用有效的方法使学生升级。

(8) 凡对学生作一事,不做则已,一做就做到底。

(9) 核对学生所持的缺席理由。

81. 节俭

(1) 不浪费学校的用品。

(2) 培养储蓄的观念。

(3) 善用自己的时间。

(4) 不说废话。

(5) 不准浪费用品。

(6) 节省金钱。

(7) 不挥霍无度。

82. 不自私

(1) 向升了职的教师致贺。

(2) 自己不能胜任的事,若使指派给别人做了,不要感觉不快。

(3) 心愿诚服的与其他教师公用教便物。

(4) 自己觉得不方便的事，也要欣然和别人合作去做。

(5) 以学生利益为前提。

(6) 勿斤斤于个人报酬之多寡。

(7) 不图谋占据最好的房间。

(8) 不坚持自己所爱做的事。

(9) 帮助学生筹备学校集会与其他活动。

(10) 热心做事不望报酬。

（原载《开封教育旬刊》第一卷第六、七期，1933年）

技术基础的乡师课程之改造

邰爽秋先生　讲
乔铭九　笔记

由于乡村的亟需改造,由于教育的急待普及,担负了双重使命的乡村师资的训练问题,遂引起了教育界人士的注意,但是现在的乡村师资的训练,是否合于社会国家的需要,是否真的能担负起他们的双重使命,尚属问题。请从乡师的课程方面,把这个题目讨论一下。

两大派别

课程编制上的主张,向有功利与人文两派之争,人文派的课程,偏重儿童兴趣,重视儿童个性,往往为知识而求知识,不计功用。在中国,主张儿童本位的人,可算做这一派的代表,功利派的课程偏重实用的价值,注重实际的效能,有时为了实用,稍稍牺牲学习兴趣,亦再所不惜,在中国,主张民生本位教育的人,可以算做这派的代表。这两派的主张,从第三者的立场看来,固然不是极端的相反,但各自有其基本的观点,则系事实,这种不同的观点,就形成了课程上的两大主流,然则我们厘定乡师课程时,又将何所适从呢! 这是我们要加以商榷的。

社会需要

我们不必怜此惜彼,也不必彷徨徘徊,若能审度当前的趋势,根据社会的需要,来编造乡师的课程,我想不会有多大问题的,我们的国家,我们的社会,是需要以人文主义的课程来训练乡村师资吗? 好! 我们便采取人文派的主张,来造就普及教育,改造乡村的急先锋,反过来说,我们的国家,我们的社会,是需要以功利主义的课程来训练乡村师资的话,我们也只有尊重功利派的主张,以图实现国家社会的需要,在这种场合之下,我们无所用其犹豫,也是不必犹豫的。

过去检讨

无如近来的教育家们,竟带[戴]着有色眼镜,或歪曲了事实,或忽略了大众需要,只以自己的偏见,在课程方面,妄作惊人的主张。实是不幸的事。目前我们不必扩大问题的范围,只就正在流行着的乡师课程,来加以批评。

谁都不会否认，我国自海禁大开以来，外受帝国主义的侵略，内受天灾人祸的袭击，直到现在，已到了生死存亡的关头，要想起死回生，自当认清了当前的危难，提出平易的办法，以挽狂澜于既倒，所幸全国上下，在教育方面，已能提出"……充实人民生活，扶植社会生存，发展国民生计……"的教育宗旨，以图利用教育的力量，以达到民生发展，民族复兴的目的。

乡村师范教育是教育的一部门，整个的教育既已趋向功利主义的道路，乡师里的课程，自然也应在功利主义的旗帜之下，来组织，来实施，才能实现国家与社会的热望，可是事实总是与理想相左的，我们的社会需要，我们的教育宗旨，很清楚的在指示我们走上功利主义的途径，而我们整个的乡师课程，却都被传统的人文思想支配着啊！

乡村师范传统的课程，可从三个基础来看，一是知识基础，所谓基本训练是也。语文史地科目，便是构成基本训练的主要学科，从前的人们，都以为受过基本训练的人，便具备了做教师的资格，所以中学毕业生在小学教育界里，也便占了相当的数目，近来一般教育家已经感觉这种理论是错误的，一个优良的小学教师，只受基本训练是不够的，因之又提出了专业训练的科目来。什么教学法，什么小学教材……也分门别类的占据了师范课程的主要地位。从此乡师的课程由一元变成二元，也因此发生了彼此不相顾的各自为谋的现象。到了现在，乡村师资除了教育儿童之外，又要负担改造社会与改良农业的责任来了，所谓农村合作，农业经济……也拉进乡师课程的门来。乡村的课程经过这一次的改进之后，的确有了空前的进步，但是由二元变成三元，支离破碎的弊端，愈益显著。

诸位试想，以这种传统的支离破碎的乡师课程，而欲养成实现"……充实人民生活，扶植社会生存，发展国民生计……"的乡村师资，不是痴人说梦，最低限度，也含了自欺欺人的意味，不禁也勾起了我的改造乡村师范课程的心弦。

我的主张

在这里我有两点要声明的：

第一，我不再迷恋着传统课程的躯壳，专事装璜［潢］自欺欺人的串套。

第二，我不再偶象式的崇拜专家坐在屋子里订定的传统课程标准，做希望训练理想中的乡村师资的迷梦。

我是要根据社会的需要，用职业分析的方法，在乡村师资应有的生活场中，找出民生经济的活动，来编制一套合理的，完全以技术为基础的，训练乡村师资的课程。

职业分析的方法，不是我自己挑撰的，美国的教育家 Charters 和 Wapples 合著的 *Commonwealth Training Study* 就是运用这种方式来做成的，他们以为训练师资，不必利用传统的知识，而应该拿教师们在实际工作场中的活动做根据，来组织训练师资的课程，话虽如此，可是我仍然认为是不够的，因为他们并没定出选择教师工作活动的基本理想的标准，至于我的主张，都要以民生活动为脊干，使各不相关的二元的课程，成为有机的联系，使传统知识，变成有用的新的课程。

根据我的意见，先将人类的生活分为若干的经济的活动，就乡村说：如纺织活动、养蚕活动、种稻活动、畜牧活动……就利用他来代替传统的科目,用他来做训练我们未来的乡村教师的基础,这就叫做技术基础,在学习这许多技术的当儿,自然的要和普通科目发生关系的。我们便紧紧的抓着这机会,充实他们的基本知识。各种的技术训练,是需要长期的努力的,我们又在继续不断的练习过程中,拿教人的方法来教导他们,以达到专门训练的目的,只这样不断的努力下去,在数年之内,我相信定能造出一批适合乡村需要的技术基础的师资,来为农村大众服务。

(原载《基础教育》第一卷第六期,1936年)

教师节的回顾与前瞻

民国二十年间,我和教育界同志多人,鉴于国内教师生活的不安定、地位的不稳固,以及修养机会的缺乏,在在足以影响教育专业的发展。爰拟定六月六日为教师节日,在中央大学举行第一次庆祝大会,并发表宣言,提出改良教师待遇、保障教师地位、增进教师修养三点,以冀造成舆论,直接谋全国五十万教师自身之幸福,间接谋全社会之利益和民族之复兴。

宣言发表后,全国各地闻风响应,五年以来,逢此节日,各地教师,多集会庆祝,休假纪念,或发表宣言,厘订工作,其情绪的热烈,令人十分兴奋。至于报章杂志上讨论这个问题的文字,或为专家意见,或为教师自述,尤屡见不鲜。可见教育界同仁和社会人士,都已觉悟到教师使命的重大,所以教师节的提倡,能以铜山西崩,洛钟东应,收水到渠成之效。

虽然,这五年之中,教师所真得到的,究竟是些什么?待遇改良了多少?地位保障了多少?修养增进了多少?社会对于教师的态度改变了多少?这些问题的答案,无可讳言的是令人失望。反之,教师待遇,因为社会经济不景气而日趋低落,教师地位因人浮于事而更失保障,教师进修,因课多繁剧,而益鲜机会。旷观几年来的情势,直是每况愈下。再就教师节本身来说,政府方面,尚未曾正式承认颁布,缺乏政治推动的力量,所以每年集会也不过是教师们自动庆祝(甚而有被当局阻止的),既没有大规模的宣传,又没有切实的工作,虽要如儿童节、妇女节那般的热闹一番,亦不可得。真有"冷冷清清凄凄惨惨切切"之慨。

二十五年的教师节,第六次的教师节又到了,在这四六逢奇的时候——一九三六年第六届六六节——我希望:(一)全国教育界同仁,不要漠视了自己幸福,不要空空放过了自身的节日;(二)教育部正式承认教师节日,通令全国教育界一致庆祝,并即速设法提高教师待遇,保障教师地位,增进教师的修养!(三)我更希望这教师节日,能推行到国际间成为世界教师共同的纪念日。

固然,在这国难日亟,国势阽危的时候,我们知道,要谋教师的出路,必先谋整个民族的出路,要求教师地位的增高,必先求整个民族地位的增高,教师在这个时候,尤其应该一心一德,奋斗不懈,一方面谋自身境遇的改善,以促进工作的效力,他方面更应尽力于自身职务,以完成教师们伟大的使命,那末将来的教师节,庶几可以更有意义更有价值了。

(原载《大公报》,1936年6月5日(同日又载《新闻报》),1936年;后载于《益世报》《教育生活》等刊,文字略有改易)

邰爽秋谈保障教师

教育部新近修正小学规程加入教师保障条目,记者以保障教师地位为教师节三大目标之一,特走访该节日发起人现任大夏大学教育学院院长邰爽秋氏,询以关于保障教师之意见,据谓:此次教育部修订小学规程规定教职员不随校长或主管教育行政人员更迭为进退,被解职之教员得声述理由,呈主管教育机关查明纠正。此种修订,意义重大,本人于民国十七年第一次全国教育会议时,亦曾提有教育人员保障一案,虽经通过,迄未见诸实行,今教育部毅然有此改革,在中国教师运动史上可谓开一新纪元,凡属教师皆应额手称庆。惟吾人当有进一步之意见,愿代表全国教育界建议于教育部者,即关于教员之解职,当局者无不持有理由,除特殊情形外,不曰不道德便曰无成绩,至所谓不道德或无成绩云云,则又仅凭当局者主观之见解,初无客观之标准或公认之规范,可资佐证,以此而言保障,势难贯彻初衷。鄙意在规定保障教师法令之后,教部应立即召集教育专家及教育界实际工作人员,共同商定,教师道德律 Ethical Codes,俾作教师立身行事之准绳,更当制定各种客观的精密的教学量表,俾作酌量教学效率之根据。此两种标准确定后,教师之地位,始不致决定于当局者一己之私而遇有被解职之教员向主管教育机关,声述理由,请求纠正时,主管机关亦得有判定是非曲直之标准。教部诸公谅已见及于此,深盼早日促其实现。又此种保障法令,应推及于一切教育人员,深盼将来大学中学师范民众学校等规程修正时,亦加入此项条目云。

(原载《申报》,1936 年 7 月 30 日)

抗战建国期中对于教师节之新认识

民国二十年间，我和教育界同志多人，鉴于国内教师生活的不安定地位的不稳固以及修养机会的缺乏，在在足以影响教育事业的发展，爰拟定六月六日为教师节日，在中央大学举行第一次庆祝大会，并发表宣言，提出改良教师待遇、保障教师地位、增进教师修养三大目标，以冀造成舆论，直接谋全国六十万教师自身的幸福，间接谋全社会的利益和民族的复兴。

宣言发表后，全国各地闻风响应，七年以来，逢到这个节日各地教师，多集会庆祝、休假纪念，或发表宣言、厘订工作，他们的情绪是十分的热烈。可见教育界同仁和社会人士都觉悟到教师使命的重大，所以教师节的提倡，能如铜山西崩、洛钟东应收水到渠成之效。

不过在这七年当中，教师所真正得着的，究竟是些什么？待遇改良了多少？地位保障了多少？修养增进了多小［少］？这些问题的答案，无可讳言的是令人失望！令人失望的基本原因，是因为我国处于次殖民地的地位。国民经济因受帝国主义之压迫和榨取，而日趋低落；国民经济既日趋低落，教育事业，当然无法发展。所有提高待遇、保障地位、增进修养种种的希望，当然也化成泡影。况自八一三事件发生以来，日寇到处肆虐，全国各都市都变成他们轰炸的目标，至于被他们占领的区域，更大施屠杀，直接间接受害的同胞，不下数千万，单就教师来说，至少也有二十万。这些被难的教师，大多数是陷于水深火热之中，不但丧失了原有的待遇地位和进修的机会，甚至连性命都不能保。纵有少数逃到后方安全的区域，勉强获得一个工作的机会，而待遇之低，仅能维持自身的生活，有何余力仰事俯蓄？更有何余力从事进修？可知在这国难严重的期中，要谋教师待遇的改善，必先谋国民经济的发展；欲谋教师地位的稳定，必先谋整个民族的安全；欲谋教师修养的增进，必先恢复民族的自由；我们做教师的应深深了解民族没有出路，教师决没有出路，所以我们在这抗战建国期中，对于教师节所悬的三大目标，应有一种新的认识。我们应当认识当前的新使命。应当集合全体的力量，在最高领袖指导之下，一致奋起把我们的仇敌——野蛮的日本军队——驱出国土之外；把帝国主义加在我们身上的一切枷锁，一齐解脱。等到将来我们的国土恢复、国权完整、国耻洗净的时候，我们的待遇自然可以提高，我们的地位自然可以安定，我们的修养也自然可以增进了！

（原载《教育通讯（汉口）》第十一期，1938 年）

第一次教师节宣言

近世社会运动,恒确定一永久纪念日,如劳动节、儿童节、妇女节,皆所以联合群众谋一部分人群生活地位之增进,直接有利于此一部分人群,而间接亦有利于全社会者也。盖以社会中一般人蔽于成见,安于故常,对于一部分人群生活之痛苦,往往习焉而不知察,则非有普遍运动断不足以转移风气变更观念,以收改进之效,此纪念日之规定所以不可少也。同人等深觉中国今日之教育人员其所负责任至重,而社会责备至严,然其生活至不安定,地位至不稳固,而复缺乏修养之机会,在在足以影响其事业,使不克尽其责任,此固教育人员之切身痛苦抑亦全社会之重大损失也。夫小学教师之俸给,不足以仰事俯蓄,此固尽人皆知者。即大学中学教师,亦因欠发薪水,生活每起恐慌,疾病而不克医药,学校复靳其俸给。年高而不胜繁剧,学校复解其职位。生活代价与家庭负担与年俱进,而学校并无年功加俸之制。不幸在职病故,身后萧条,任其妻子冻馁,而学校又无抚恤之条。于是身为大学教授者,其子女常不克进大学。身为中学小学教师者,其子女且无力进中学小学。事之不平,孰有甚于此者! 此教师生活所以至不安定而亟应力谋改善者也。至言教师之地位,征诸事实,恒视学生之好恶,及其他特别原因为进退,对于教育之功绩与处事之忠诚如何,则非所问,已属毫无保障。而复因政局变化,校长更换,党派倾轧,社会排挤,时有朝不保夕之势,致不能为久远之计划,积渐之深功,又何能责其为学术之研究,教学之改进耶! 夫社会雇佣,犹有契约维系,而教师之聘任,乃竟毫无保障,此教师地位所以至不稳固,而亟应力谋改善者也。且也,优良教师之养成,全赖社会之扶植,乃通常办法,对于休养不足之教师,惟知检定淘汰,其于被淘汰者,又多不谋补救。至对于休养较深者,则畀以极繁重之课务,使其无暇研究。此种办法,无异绝教师进修之路,而废弃其有用之材,则虽有学力优异之士,亦将永远埋没,不克发展。其较逊者,更将永无上进之望。此非教师之自暴自弃,实国家社会处置之失当,有以致之。此教师缺乏专业休养机会,而亟应力谋增进者也。同人等有感于此,欲联合全国人士共起挽救,冀以促政府之注意社会之觉悟,拟定六月六日为教师节。以期群策群力谋根本解决之道。凡我教育界人士,无论大中小学教师,或教育行政人员,统希一致参加,籍收众志成城之效。至所以定为六月六日,取以双六名节,便于号召。且适当学年将终,下学年计划方待确定之时,则吾人得贡献意见于教育当局,申诉苦衷于一般社会,冀得逐年改进也。至本节日运动之目标,不外下述三点,(一) 改良教师待遇;(二) 保障教师地位;(三) 增进教师休养。凡此,仅就运动大纲,标其旨趣而已。至于详细办法,则有待于公众之意响。同人等人微言轻,然以此种问题,关系全国教育之兴衰,社会之安危至深且钜,则又安敢辞其奔走呼吁之劳。我全国同胞孰无子弟,就学以后即委其教育重责于教师,则于此种休戚相关之运动,知必有投袂奋起赞助参加,为吾教育人士之后盾者。为此郑重宣言,以敬告我全国同胞,幸垂察焉!

(原载《教师节与教育幸福问题》,三通书局,1947年)

教师节运动史略

一、教师节的起源及其意义

教师节是我国教师在国民党反动统治时期,自己争取订定的节日。这在世界上任何别的国家里都是没有的。

一九二七年大革命失败以后,以蒋介石为首的国民党新军阀,爆发了多次内战,战祸遍及大半个中国,这已经很严重地影响到教育经费,使一般大、中、小学教师的生活,陷于困苦状态。蒋阎冯大战结束后,蒋又结集兵力,向我中央根据地进攻,并且不惜挪用教育经费充当军费,欠薪不发,视为故常,这样就使一般教师的生活,更陷于困苦不堪的状态。而尤其令人愤慨的,是反动政府当局屠杀革命的知识分子,排斥进步教师,并在学年将终之际,利用聘约期满机会,用成绩不良,学生不满,种种藉口,撤换大批校长教师,安插爪牙,以推行其封建买办性,与法西斯的教育政策。我们教育人士,在生活困苦,地位无保障,又缺乏进修机会的这种情况下,时有朝不保夕之势。到了一九三一年六月初,教育界倡议订定六月六日为教师节。以改良待遇、保障地位、增进修养为三大斗争目标。在《第一次中国教育年鉴》里,有这样一段记载:

> 民国二十年五月间,教育家邰爽秋等鉴于国内教育人员待遇菲薄,地位不稳及缺乏修养机会,遂约合教界同志,创议设立"教师节"以谋补救。并议定该节在每年六月六日举行,又名"双六节"。

当时因慑于反动派的威势,教师们对于反动政府当局的愤恨不敢明言。所以在教师节的宣言里,说得十分委婉。现在节录几段如下:

> 夫小学教师之奉给,不足以仰事俯蓄,此固尽人皆知者。即大学中学教师,时因欠发薪水,生活每起恐慌。疾病而不克医药,学校复靳其奉给,年高而不胜繁剧,学校复解其职位,生活代价与家庭负担,与年俱进,而学校并无年功加俸之制,不幸在职病故,身后萧条,任其妻子冻馁,而学校又无抚恤之条……此教师生活所以至不安定而亟应力谋改善者也。
>
> 至言教师之地位,征诸事实,恒视学生之好恶及其他特别原因为进退,对于教学之功绩,与交世之忠诚如何,则非所问,已属毫无保障。而复因政局变化,校

长更换,党派倾轧,社会排挤,时有朝不保夕之势……此教师地位所以至不稳固,而亟应力谋改善者也。

优良教师之养成,全赖社会之扶植。乃通常办法,对于修养不足之教师,惟知检定淘汰。其于被淘汰者,又多不谋补救。至于修养较深者,则畀以极繁重之课务,使其无暇研究。此种办法,无异绝教师进修之路而废弃其有用之材。则虽有优异之士,亦将永远埋没,不克发展,其较逊者更将永无上进之望……此教师缺乏专业修养机会,而亟应力谋增进者也。

我们为什么订六月六日为教师的节日呢?这是因为在国民党反动统治时期教师任职,都有聘约。聘约一般是以一年为期,从当年八月一日到次年七月三十一日为一学年。期满若不续约,即以解聘论。所以反动政府当局,就可以利用这个机会来解聘大批所要排挤的教师。我们所以选定六月六日为教师的节日,就是在要学年未终反动政府当局还未来得及解聘教师之前,就利用这个节日,把教师团结起来,和他们进行斗争。这在一方面是为教师谋福利的斗争,而在另一方面也就意味着和反动政府进行的一场政治斗争。

二、各地教师庆祝教师节盛况及对反动政府所提出的要求

教师节发起人于一九三一年六月六日在南京中央大学,举行了第一次庆祝仪式,集合南京和上海教育界同志二百六十余人,极一时之盛。

一九三二年五月南京教育界通过伪市教育局长向国民党反动政府教育部要求,明令规定六月六日休业一天,遭伪教育部拒绝,但允许教师自动纪念。各处教师遂于六月六日自动举行"教师节"。那天自动举行的,竟有数十处之多。其中,如:南京、上海、杭州、长沙、开封、南昌、徐州、镇江、梧州等处,都有盛大的集会。在以后几年当中,除上述各地继续举行教师节庆祝外,重庆、广州、香港等地,也相继举行了教师节庆祝大会。在举行庆祝的那天,各地学校都放假或停课一天或半天,各地报纸并多发行纪念特刊,有的书局,还对教师购买书籍,特别廉价以示优待。

各地教师,在庆祝教师节的大会上,居多通过了议案。并有不少省市教育团体印发宣言,向反动政府,力争改良教师待遇,保障教师地位,增进教师修养,并向社会呼吁。至于议决案的内容,主要的有下列各项:

1. 要求明令公布六月六日为教师节;
2. 要求增加教育经费,并保障其独立;
3. 要求从速颁布教师保障条例、教师进修条件及提高教师待遇标准;
4. 要求切实施行教职员服务保障条例;
5. 要求修正教职员养老金条例;
6. 要求发欠薪;
7. 要求添设或购买或代包教职员住宅;

8. 要求选派教师分赴国内外考察教育；

9. 要求对私立学校补助费予以保障，并设法增加；

10. 反对归并小学；

11. 组织教师联合会等事项。

各地教师在每年教师节庆祝会上，不仅通过一些向反动政府要求的提案，还常常推派代表于会后向反动政府进行斗争。如上海市教师于一九三一年庆祝教师节会上，通过了向伪市教育局要求从五月份起恢复市教员薪俸并补发二、三、四月薪俸，要求恢复战区市立小学，要求转向反动政府，要求迅予颁布教职员进修抚恤、养老金条例等议案后，推派代表九人向伪市教育局交涉；又如湖南省教职员于一九三二年教师节大会上通过了援助常德教职员要求发给欠薪以维生活，并公推代表七人向伪湖南省教育厅交涉；南京各小学教师代表于一九三二年庆祝教师节后，向伪南京市社会局要求增加薪俸，并保障地位。

上述种种情形，都说明了在那个时期内，全国教师在教师节运动三大目标的指引和鼓舞下，认识到为切身利益而进行斗争的方向，增加了向反动政府进行斗争的勇气，并认识到教师们团结起来的重要性。当时反动政府对教师们在庆祝会上所提出的种种要求，颇感头痛，尤其是学年将终之际，反动政府正计划排斥进步教师、安插私人，推行其封建买办性的法西斯教育政策，而各地教师却在六月六日这年结束之前，在教师节的旗帜下团结起来，提出了保障地位的要求，给反动政策迎头一棒，使他们的反动计划不敢直接提出，或虽提出而不能完全实现。这在实际上就意味着一场政治斗争，所以反动政府当局视六六教师节如一眼中钉，必欲去之而后快。

三、国民党反动政府消灭教师节运动的毒计

教师节运动，代表当时全国教师一致的正义要求。国民党反动派不敢明目张胆地加以取缔，竟想出了一种偷梁换柱的毒计来消灭它——改以孔子诞日为教师节。国民党向来是提倡读经尊孔来麻醉人民的。在抗战的前一年，国民党反动政府假借江西省教师寒假休养会的名义，决定通电全国各省教育会及各县市教育局、各级学校、各教职员团体，建议以孔子诞日为教师节，征求同意，请伪政府明令规定。这项建议，没有得到任何的反应。

抗战后，大特务头子陈立夫当了国民党反动政府的教育部长。为了加强其封建买办性与法西斯的教育政策，伪教育部于一九三九年八月竟不顾一切悍然公布"教师节纪念暂行办法"（见伪教育部编：《中华民国二十九年教育法令汇编》第五辑三十六页）。这个办法把教师节的宗旨改变为"鼓励教师服务精神，融合师生情感，并唤起社会尊敬教师之观念"。这就完全取消了教师节运动原订的改良待遇、保障地位、增进修养三项目标。这个办法又规定教师节纪念仪式与孔夫诞辰纪念合并举行。孔子诞辰是八月二十七日，那时已放暑假，反动派要排斥的教师，早已被摒校门之外，而他们所要引用的私人，则已为入幕之宾。这样就根本取消了六月六日举行庆祝把教师们团结起来保障自己地位同反动派进

行斗争的重大意义。这个办法更规定在纪念时讲演孔子及历代师儒的言行,或作教育学术讲演,各报并应在这大著论阐扬孔子的言行,并鼓励社会尊师重道。孔子是主张安贫的,孔子是反对"犯上作乱"的。尊师是尊的封建社会那种师,重道是重的封建的伦理道德。这样就禁止了教师们提出改良待遇、保障地位、增进修养的正义要求。从而在实质上,消灭了教师节运动。

陈立夫为了麻醉教师意识,消灭教师们对反动政府斗争的情绪,于教师节改在孔子诞辰举行纪念后,曾一再为文劝告教师,要他们"以学不厌教不倦的精神,或严如父慈如母之教化",并要求他们学礼节、重服从、崇勤俭、尚洁整,说这是"礼义廉耻四维八德之初步,即尊师重道必循之途径。"(见陈立夫:《道德与学风》,《教育通讯旬刊》第五卷二、三、二四合刊)这真是胡说八道,当时全国广大教师,除少数亲陈分子之外,谁也不给予理采[睬]。

四、党领导下教师节运动

抗战胜利后,蒋介石匪帮发动全国规模的反革命战争。它所推行的封建买办性、法西斯教育政策,变本加厉,任用私人,肆无忌惮,进步教师益受排斥,教师生活,因伪通货恶性膨胀,更无法维持。而反动政府当局,仍复利用在孔子诞日举行的教师节,宣传尊师重道来麻醉教师意识,并攻击本党。如南京伪教育局局长马元放,在一九四六年教师节庆祝大会上,向教师宣传安贫乐道的精神(民国三十五年八月二十八日上海《大公报》)。上海市伪市长吴国桢在一九四六年教师节庆祝大会上,向教师宣传孔子中庸之道,抨击我党的政见(民国三十五年八月二十八日上海《大公报》),复于一九四七年教师节大会上强调导师守法,抨击当时我党所领导的学潮。上海市伪参议会议长潘公展于同一会上,要求大家尊师重道,并诋毁我党"捣乱"社会秩序(民国三十六年八月二十七日上海《大公报》)。当时蒋管区内在我党领导下的社会进步团体,也以教师节为武器,来向国民党反动派政府进行坚决的斗争。如在一九四六年上海市伪市府举行的所谓教师节庆祝会时,以葛志诚为首的上海私立小学教师联合进修会,则在宁波同乡会另行集会庆祝,到会员及来客近二千人(民国三十五年八月二十八日上海《大公报》),声势浩大,反动派为之大吃一惊。一九三七年上海伪市政府举行祀孔大典及教师节庆祝大会时,上海市校教师福利促进会及上海中等教育研究会则在浦东大厦礼堂及青年会礼堂另行集会庆祝,并举行联欢晚会(民国三十六年八月二十七日上海《大公报》)。而当时的进步报纸如上海《大公报》,在这两年的教师节日也连续发表了评论,为教师生活及聘任问题呼吁,为保障教师的自由呼吁(见民国三十五年及三十六年八月二十七日上海《大公报》)。

一九四八年的教师节是进步团体及人士反抗国民党反动政府最激烈的一个节日。当时反动政府在上海、南京、汉口、福州等地举行所谓孔子诞辰及教师节庆祝大会(民国三十七年八月二十七日上海《大公报》),宣传尊师重道以麻醉教师意识并压迫进步力量。而当时进步团体、进步人士及报纸,则同反动派进行了坚决的斗争。如上海市各界进步人士,发起在这天,在上海大戏院举行慰劳教师大会。反动政府闻讯,事先派来了军警,把这个戏院的院门封闭,不许任何人入内。当时前来参加的各界人士和教师,无不义愤填膺,纷乘搬场汽车改在虹口复兴中学开会,庆祝教师节日并痛骂反动政府。邵爽秋并当场捐赠了款项交与《大公报》转交教师福利团体,为教师福利基金。《大公报》在这天发表了社评,为保障教师生活呼吁,并批评反动派所办学校的用人标准。而大中小学校进步教师,如:李正文、张志让、马寅初、吴经贻、周谷城、潘震亚、张文郁、曹未风、葛志城、缪廉峰等六十一人后在报上发表意见,为改善教师生活,保障教师专业和教育事业的民主自由呼吁。(以上材料除复兴中学开会为作者所亲身参加、未见任何报章外,余均见民国三十七年八月二十七及二十八两日上海《大公报》。)

五、中央废除"六六"教师节,改用"五一"劳动节为教师节

以上是全国解放前教师们以教师节为武器同国民党反动政府进行斗争的情形。全国解放后,新中国诞生,脑力劳动者的教师和工农有同样光荣的地位。为了纪念教师们斗争的真正节日,仍以六月六日为教师节。中央人民政府教育部曾通告各地教育工作者团体,可以按情况自行决定庆祝(见《学习辞典》五五七页)。教育工会成立后,中央决定取消"六六"教师节,改以"五一"劳动节为公共节日。中央人民政府教育部长马叙伦和中央教育工会全国委员会主席吴玉章于一九五一年五月一日在报上发表谈话如下:

"'六六'教师节,是国民党反动统治时期教师们,自己争取订定的节日。在当时纪念这个节日,是有着一定的进步的意义的。但是,自从中国人民革命取得伟大的胜利,中华人民共和国诞生以后,我们全体教师和全体教育工作者,已经有了自己的工会组织,已成为中国工人阶级的一部分。教师们的奋斗目标与全体劳动人民是一致的。因此,再保留一个自己的节日,已无多大的意义。中央人民政府的教育部和中国教育工会全国委员会,经共同商讨后,认为应废除'六六'教师节,改用'五一'劳动节为各级学校教师的节日。我们全体教师、全体教育工作者,在庆祝这个伟大节日的时候,应该深切地认识到自己置身工人阶级队伍的光荣,提高自己的觉悟程度,团结一致,为祖国的人民教育事业而奋斗。"(见一九五一年一月一日《人民日报》)

以上是教师节运动的大概历史。自从一九三一年我国教师们为了反抗反动政权,争取改良待遇、保障地位、增进修养种种切身的利益以迄一九五一年中央废除"六六"教师节,改以五一劳动节为各级教师的节日,先后为二十年。其间自一九三九年至一九四九年十年间,虽被国民党反动政府,为加强其对封建买办性与法西斯教育政策,改以孔子诞日为教师节,并以封建社会的师道毒素来麻醉教师的意识,取消了教师们原订的斗争目标,但是具有正义感的广大教师,被迫参加孔子诞辰教师节所谓庆祝会时,无不怀着沉重或愤怒的心情,听一些反动头子"训话"或则另行集会庆祝以示反抗。所以在全国解放后,恢复以六月六日为教师节时,广大教师无不欢欣鼓舞。解放十余年来,党和人民政府对教师,我们对教育工作者,关怀无微不至。我们在国民党反动统治时期发起教师节,所订定的三项奋斗目标,在今日已完全实现。教师们在旧社会所受的种种痛苦,已一去不复返。我们教师,我们全体教育工作者,在每年一度纪念自己的节日——伟大的五一劳动节的时候,不但深切地认识到自己列身工人阶级队伍的光荣,还深切地认识到党和人民政府所给与我们的幸福。让我们一齐努力！努力提高自己的觉悟程度,团结一致,在党的领导下,为祖国的人民教育事业而奋斗,为全世界无产阶级的利益而奋斗!

（本文系邰爽秋家人提供的原稿,后收录至《文史资料存稿选编》(24·教育),中国文史出版社,2002年。入选时对个别字句做了修改。）

八、论青年

青年七种人生观之改造与奋斗人生观之建设

　　发端　救国救民之方法多端，而其先决条件，则在青年思想之改造，城非不高也，池非不深也，兵甲非不坚利也，教育非不普及也，实业非不发达也，苟一般国民，无正当人生观为立身之向导，则社会鲜有不乱，国家鲜有不亡者。慨自国内学者提倡"新文化"以来，青年思想，受剧烈变动。其中如文体之改革，旧礼教之破坏，男女社交之解放，外国学者之讲演，社会主义之宣传，以及耶稣教徒佛教徒孔圣徒之活动，皆影响多数青年之思想，使其淆乱驳杂，如不羁之马，无舵之船，徘徊于歧路，放荡乎中流，而无所归止。于是抱悲观主义而自杀者有之，愤世嫉俗，求慰藉于宗教者有之；纵欲极乐，以恋爱为无上生活者有之；奔走钻营升官发财图个人之安乐者有之；唾弃本国文化，一意破坏捣乱者有之；高唱世界主义、自然主义、虚无主义……逞一时之笔兴，博社会之虚誉，不顾国家社会之存亡安危者又有之：此皆十年来思想解放之结果，而代表大多数青年之人生观者也。青年思想庞杂如此，欲其持同一目标，救民救国，安可得乎？此青年人生观所以有首先改造之必要也。兹略评今日青年之人生观七种以与救国救民诸同志共商榷焉。

（一）升官发财之人生观

　　我国青年思想之首当铲除者为升官发财之人生观。此实我国祸乱之根源，青年立身之大敌也。兹请得而释之。

　　一、有升官发财之思想，则必联络达官贵人大人先生，以为进身之阶梯。五四运动以后，学生界产生不少小名流小政客，夺走抢达官贵人大人先生之门，颓丧其志气，以至于堕落者，颇不乏人。方彼辈为国奔走也，犯风霜雨露，不辞劳瘁，状纸热忱，可歌可泣。迨一与政客名流接触，稍加青眼，便改变态度，一反其昔日之所为，此国内青年之现象也。至于留学国外之学生，其束身自好，堪为国家社会之柱石者固多，而名利熏心，专事联络要人，以为进身之阶梯者，亦不在少数。此辈青年，多社会优秀分子，苟能改变人生观念，用其才以救民救国，兴邦建业，指顾间耳。乃不此之图，而惟名利是务，以至丧失其人格，为有识者所不齿，良可哀已！

　　二、有升官发财之思想，则必有所惮而不言，有所惮而不为。今之青年观政治之腐败，社会之紊乱，国运之颠危，固不少慷慨激昂奋袂而起欲与万恶势力奋斗者。迨其著为文章发为行动也，则又趑趄畏缩，而有所不敢。吾之言此，得毋为某某所不悦耶？吾之为此，得毋触某某之怒耶？审慎计虑，不匿迹以消声，便捏名而发表，此皆心有所蔽，而未忘情于功名富贵之途也。夫血性之男儿，苟决定心志以救国救民为己任矣，头颅且不惜，何恋乎富贵？何计于毁誉？何畏乎攻击？既不恋富贵，不计毁誉，不畏攻击，不惜头颅，有何惮而不敢言？有何惮而不敢为？爱国之青年乎！血性之青年乎！君等欲觉悟，须作彻底之觉悟！君等欲牺牲，须作坚决之牺牲！君等欲奋斗，须作激烈之奋斗。

(二) 醉生梦死之人生观

国内青年固又不少昏天暗地、醉生梦死者。此辈本无大志，其一生目的，只在"饱暖安乐，养儿育女"，此实庸夫愚妇之人生观，我活泼泼地之青年，不应有此思想。吾欲与此辈青年商榷者，即人生真义，果在"保暖安乐养儿育女"乎？国破家亡之日，生命且不保，虽欲坐床头，弄稚子，安乐饱暖以终天年得乎？国运之颠危、民生之疾苦至于今而亟矣。内则军阀蹂躏，外则列强肆虐，吾同胞之死于非命者日以千百计，特公等未受其祸耳。假使去岁江浙战争中，被奸淫者为公等之姊妹，今岁沪汉等处惨变，被杀戮者为公等之弟兄，则公等之奔走悲号呼天抢地，其惨痛为何如者！今公等邀上天之佑，得暂免于刀俎鼎镬，不知警悟，则他日刀俎鼎镬，竟加诸公等之身，公等悔之晚矣！吾尝谓去岁江浙战争，淞沪一带，添出不少思想过激之青年，今岁沪汉惨案，复产生许多热血救国之志士。国人知觉之顽钝、神经之麻痹也久矣！上焉者荣华富贵，进则显达市朝，退则享乐租界；中焉者家有恒产，株守田园无求而自足；下焉者奔走糊口奴隶于衣食："各人自扫门前雪，休管他人瓦上霜"，此固一般中国人之人生观，数千年来根深蒂固，吾人虽力竭声嘶，促其警悟，亦难收效，则惟有请今日之军阀及外兵，多打死几万人民，多奸死几千妇女，使一般痛痒不关心之醉夫梦妇，亲见其弟兄姊妹溅血于五步之内，则此辈之冷血，立可沸腾，此辈之私心，立可改变。国民乎……汝欲杀戮淫辱加诸汝弟兄姊妹之身，始行觉悟乎？汝知彼时觉悟之太迟乎？公等而有人心，当以被兵士奸死之妇女为公等之姊妹！以被外人打死之同胞，为公等之弟兄！

(三) 悲观消极之人生观

今之青年又有愤内忧外患之日亟，挽救无方，乃变为消极悲观竟或出于自杀者。此种人生观之来源有三。(一) 历史上之感化：如老子之"无为""不争"，杨子之"生则尧舜死则枯骨"，庄子之"齐生死同去就"，许由、巢父之高蹈远引，刘伶、阮籍之风流放荡，皆载诸史籍传为美谈，中国青年受其潜移默化者不少；(二) 诗歌之陶冶：我国诗歌，十九皆悲观消极之作品，或则叹穷，或则悲老，或则愁病，其他亡国之音，如"问君还有几多愁，却似一江春水向东流"之句，五尺童子，多能朗诵，或竟咏之于诗，一效亡国大夫或六十老翁悲伤哀叹之口吻。青年勃勃之气，斫丧尽矣！(三) 西洋思想之输入：如厌世主义、虚无主义、自然主义之类亦大有影响。合此三因，遂养成一般青年消极悲观之心境。又值国步艰难，社会紊乱，潜伏于此种心境之意识，遂大肆活跃，幻为新村，流为极欲，趋于宗教，出于自杀，光怪陆离之象，泰半为此种心境之化装，不加矫正，其为害将不堪设想也。

夫消极悲观，必以现世生活为痛苦，故呈此退缩心境以图解脱。抑知所谓痛苦之生活者，果可以人力改造之乎？昔愚公之移山也，智叟笑而止之曰"甚矣。汝之不慧！以残年余力曾不能毁山之一毛,其如土石何?"愚公太息曰"汝心之固,固不可彻,曾不若孀妻弱子,虽我之死,其子存焉,子生孙,孙又生子,子又有子,子又有孙,子子孙孙,无穷匮也,而山不加增,何苦而不为乎?"智叟竟无以应。《列子·汤问篇》夫万恶势力,艰难国境,人为之结果也,人为之,人亦能去之,在人为耳。昔孙中山先生之倡言革命也,处专制淫威之下,事机一泄,死即随之。中山先生苦心孤诣,富贵不淫,贫贱不移,威武不屈,奋斗卅载,卒达目的。试问今日中国社会之腐败难治,国势之积弱难为,有如中山革命之难乎?中山当日之社会,有如今日之开通乎?当日之名气有如今日之激昂乎?中山无吾人可为之资,而有十百倍之困难,且能奋斗成功,孰谓今日中国国势之不可为哉?是在吾人之努力耳!

此次沪案发生,爱国青年,颇有愤而自杀者。夫以自杀为手段陈尸而谏,以激动国人,固有其相当之价值。然一为之而屡为之,窃期期以为不可。日人之愤于国事而自杀也,常于该关系国之使署前,以利刃剖腹而死,肠血飞溅,以示民气之激昂。该国治外法权之收回,此辈与有力焉。去岁日人又有剖腹死者。举国上下,尽哀悼之。美报宣传此事,惊为义举,知日人之不可犯也。今国人之投江海而死者,先后数人矣,其在国内之影响如何,不易测度,然美报方面,一竟鲜有登载此种消息者。可见吾国人怯懦成性,虽自杀之法,亦不值外人一顾也。余之言此,非欲爱国同胞,效法日人而死也。日人外有强邻,内无国贼,其奋斗方向,只有对外一途,剖腹示威盖乃无上狠法。而在吾国,盗贼横行,豺狼当道,国事之糟,彼辈首负其责,欲除外患,必去内忧,爱国青年,果欲以身报国,则何妨忍死须臾,留有用之躯,作博浪之声,追踪先烈,造福国家,不愈于投江而死乎?青年!青年!国事大有可为!!切勿因悲观而消极,尤勿因悲观而自杀!

(四)大同之人生观

今日国内之青年又有高唱人类和平以世界大同为人生观者。鼓吹此种思想者,大都为研究哲学及社会主义之人。外国学者如泰戈尔辈又种下不少种子。所谓新文化运动,大半即传播此种思想之运动也。具有此种思想者,谓国家非人生归宿,欲谋世界和平,须先去国家。青年不察,妄听其说,流弊所及,竟有所谓世界公民学之编辑,"平民教育为世界的"之倡议。高调之教育家,又从而附和鼓吹,一若大同天国,旦夕即将出现,世界各国,即将合为一家者。此真与乞儿说共产,欲与百万翁分富贵同一梦想矣。关于社会主义者之大同思想,吾已另有文详论之。兹请论哲家者之大同思想,而以泰戈尔为代表焉。泰式《生之实现》(*The Realization of Life*)一书,论个人与宇宙之关系,注重调和,(原书第五页)以实现个人于宇宙为目的(原书第十页),鄙视物质文明,而崇拜"理士"(Rishis),"理士"之智慧充沛,内灵调和,恬淡无私,历经世务,至于清明之境,达于极高之神,臻于悠久之平和,融合一切,而入于宇宙之生命。此即人类最终之目的也。(原书十四页)

泰氏论灵魂意识,谓自私自利,代表狭隘之我,故当抑制之以超脱灵魂,而与宇宙融合。(原书第二章)

泰式所深恶痛绝者为泰西之物质文明,谓为食人主义之利器。(参看泰氏 Mation Alirm)(参十一)国家独立虽为过渡时代所不可少,然非最后标的,故泰氏之爱印度,不在保其国权,增多国富,而在实现人类爱的灵魂。

泰氏之哲学,发挥人道曙光,思想之高,固堪钦佩。然今日人类之大病,在强者率人食人,弱者引头待毙。泰氏鄙视物质文明,而亡印度者即于物质文明;泰氏崇拜"理士",而亡印度者或即为"理士";泰氏和平,人则野蛮;泰氏求超脱灵魂,人则戕戮其躯体;泰氏爱印度,爱其灵魂;人爱印度,爱其土地,泰氏爱人,人杀泰氏,鸣呼!受英人利用,而愚弄三万万印度同胞者泰氏也。

泰氏受人愚弄,自误其国。不足,更欲以其亡国亡种之说祸我中国,观泰氏在华演讲,与一般人对于泰氏之反应,(如称道其哲学译述其诗文之类)则可知其流毒之深。

"……今世界障碍文化之恶魔势力如猛兽者甚多。排除责任,在于青年,排除方法,不在武器,当以道德势力,精神势力相团结,发挥伟大之感化力以贯彻人类和平亲爱之主旨。近世文明,专尚物质,并不为贵。亚洲民族,自具可贵之固有的文明,宜发扬而光大之。运用人类之灵魂,发展其想象力,于一切文化事业,为光明正大之组织。是则中印两国之大幸,抑亦全世界之福也。"(见十三年四月二十二日《申报》泰戈尔在宁讲演纪事)

此种论调,读之令人发噱。障碍世界文化之恶魔,竟可以道德势力精神势力排除!真如痴人说梦!

"鄙人知所抱之理想,已入人类之中心,因之甚觉鼓舞。鄙人并与英国大思想家相周旋,深悉英国富于豪勇精神之人士,较之他国为多。鄙人旋即返印,竭力提倡人类团结之精神。英国友人,亦来援助鄙人,本于人类团结之根基,以谋书院之发展。嗣后鄙人赴美一行,途中在日逗留,鄙人则见日本陈设兵器多种,此种兵器,系因中日战争由中国获得者。鄙人对于此举,甚觉耻辱。因此种行为,只能鼓励人民之备战,增加邻国之恶感,深悉世界之痛苦,均由战争得来。故兵凶战危,实为野蛮之行为,并与思想之精神相距过远。美国亦有闭关之精神,只知有己,藐视他国,殊与耶教原理不符,并与人道有伤。但人类团结之时期,现已来到,惟须将贪婪之心,完全铲除,方能达到目的。否则人类更必大受损失。欲矫此弊,非以美好观念,防范意气用事不为功。鄙人深信欧洲人士之所以特别欢迎予者,并非因译书之故。因欧洲各国系欲由远东觅一新法,以为欧洲文化之基础而已。故鄙人之演说,听者多以为是。惟此事极关重大,甚愿日益相离之两半球团结一气,以谋战祸之消弭。"(见十三年四月二十六日《申报》泰戈尔在讲学社讲演)

此段讲演读之更令人失笑!英国富于豪勇精神之人士,较他国为多,而印度乃即亡于英国。兵凶战危,试问印度欲谋独立,不用凶兵危战,何能成功?人类团结之时期,如已到来,英国压迫印度,何以变本加厉?英人阴狠阳毒,朝野上下,莫不欲利用泰氏作伥,以消磨印度人之国家观念。泰氏受其愚弄而不悟,反自鸣得意。遂引起我国一般盲目青年之同情,随声附和,泰氏之毒,可谓深矣!泰氏又谈教育,劝中国教育家办学,以其理想为根据。寄语泰氏,俟中国亡国后,当有高调之哲学家为君效驱使,特此时尚早耳。

泰氏亡国亡种之学说,影响于印人甚深。印度为神秘思想之故乡,佛教之说已足使其万劫不复,英人复利用基督教,陶铸其出世思想,消灭其国家意识,泰氏之说,乃集佛耶二家之大成,更益以自然主义之冥想,英人锡以虚名,利其传播,印人上下竟莫不诵其诗歌,受其陶冶。英人之险恶固可恶,而泰氏之愚,亦不可及矣。吾尝谓吾辈黄人,及其他有色人种,若不奋斗图存,则将来有色人种,竟或灭绝于世界,彼时泰氏一辈之高调的大同理想,或将有多数学者,研究而昌明之,以谋白人之幸福。此辈令名,或将因此垂万古而不朽,而梁漱溟先生所赞叹不已之印度文化,其复兴之日,或即在此时欤！按托尔斯泰之人生观,与泰氏相近,国内学者亦有提倡之者,兹不再评。

去岁沪案发生,国内抱世界主义之青年,多数或以改变其人生观。如其未也,则请一阅五卅烈士被害后之照片,及香港政府虐待华工惨状。更请阅读外人卑视华人之例证。

（一）友人某君,寓美国伊利洛之某家。一日如厕,误入邻右之便所。适其主人来,怒目嗔视之。某君乞宥。其人大骂曰"汝支那蛮！吾不宥汝！速滚！"骂毕,竟挥之出！

（二）旧金山市恶华人,理发铺不为理发。初来美者不知,有误入者。则其人必以国籍问。若以"中国人"对,则必大怒曰:"我不为支那蛮理发"！言毕,曳其由后门出。盖恐道出正门为他客所见,妨碍其营业也。

（三）美人见衣冠楚楚之中国人,常以极谦逊之态度与之周旋,询以东京神户之情形。迨知其为中国人,则陡变态度,或竟不顾而去。

（四）某女士多西女友,西女常问曰:"汝回国后有面包食耶？有床铺睡耶？"轻蔑之态度,令人气愤欲呕！

（五）某君,国内某大学校长也。尝乘车入加拿大境,未备移民局之通知书。管车者竟挥令下车,口骂"支那蛮"不绝！

美国固不少胸怀宽大之人,上述例证,本不足以概括。然若汇集此类事实而编订之,定可成一巨册之书。国内高调青年,似当来此留学,一尝大同滋味！

(五) 纵欲任性之人生观

语有之,"饱暖思淫欲",今世富贵之子,或袭先人余荫,或由奔走钻营,竟达升官发财之目的,于是挟妓纳妾赌吃放荡,以满足其兽性欲望。此辈国民蟊贼,罪不容诛,我实不屑批评致污清笔。兹仅就青年思想中,变相的纵欲任性之人生观略评述之。

原夫大多数中国人之思想,本为压迫个性消灭欲望之哲学所笼罩,新文化者流起而解放之,固为创造新人时必不可免之步骤。所惜解放时,缺乏正当指导,致使快乐主义、利己主义、唯我主义、满足感性主义猖狂泛滥于中国。青年思想受其影响,遂如平原走马,一放而不可收拾。其中流弊最著者,莫若恋爱,兹请得而释之。

夫恋爱生活,本为人生幸福之一种,弃而绝之,固可不必,纵而求之,亦大不可。今之言恋爱者,常以恋爱生活,为人生唯一要务。报章杂志上满载此辈之诗歌小说,描摹［模］女子体态,叙述爱情生活,令人肉麻作呕。彼辈固自号为文明,好事者更从而揄扬咏叹,誉为天人,美为艳福。遂使一般思想幼稚之青年,受其蛊惑,咸以得一新式佳丽,携手于绿荫之下,为人生无上幸福。于是因恋爱而破产者有之,因恋爱而废学者有之,因恋爱而自杀者又有之。他如奔走周旋,暗通书信,神经错乱,语言失措,种种丑态,每不自觉,旁观者清,固不禁哑然失笑也。

今之醉心恋爱者,固不必皆为未婚之青年。已婚之中或病其旧偶之金莲跬步,或恨其未受教育,或因其年老色衰;同时又见一般新式女子,长裙革履,风度翩翩,相形之下,由羡生妒,由妒生怨,离婚之事,遂纷然而起矣。夫机械婚姻,因为吾人所不满,然既已接受机械条件,生儿育女,或竟将抱孙。乃亦弃旧偶恋新欢,辗转反侧以思之,奔走跋涉以求之,虽至身败名裂,亦所勿惜。甚矣!其惑也!

今日青年婚姻之现象,可分二种。就男子言,向女子求婚而被拒者,则思腾飞海外。迨一出国门,眼界顿高,向之所恋,此时竟掉头不顾,盖以其意重任不难于留学女生中求之也。出国后,则见女生之数太少,且貌多不扬。一二翘楚者,又因逐鹿者众,虽竭尽股肱之力,亦难入彀,遂致怨天尤人,太息痛恨,叹求妻之难也。次就女子言,毕业于国内中等以上学校,貌又不恶者,每以嫁得留学生为无上尊荣。国内品端学纯之大学生向其求婚,每严词以拒之曰:"汝配耶?"其有侥幸成功者,则结褵未及半载已诟谇丛生。友人某君,以高师毕业生而娶初师之女子,不可谓僭矣,而狮吼声中,犹时以"汝非留学生"相怨怼!可谓逼人太甚矣!至于嫁得欧美留学硕博之女子,其生活可谓满足矣。乃又未必然。盖今日出洋之学生,如过江之鲫,而外国学校之程度,在本国大学下者,实又不在少数。即使出身于一等大学,而数年跳舞生活,亦可博得头衔,蒙混国人耳目。是以十数年来,留学回国之饭桶博士、山芋硕士盈坑满谷,皆自视为社会领袖,非大学教授不干,非总长、次长、行长不就,卒致供过于求,打破头颅轧去饭碗之怪剧,遂层出不穷矣!国内女青年欲以打破头颅轧去饭碗之生活,为乐乎?若然,予无言矣!

更论留学外国之女生,其情形又有不同者。方其出国也,自视亦庸庸平平之女子耳。一抵异土,触目皆硕博。貌稍动人者,必有十数乃至百数之男学生,奔走献媚,此时方自觉其身价之高,而不轻售矣。然吾闻诸老留学生之言,留学女生之嫁得如意郎君,而又有佳果者盖甚寡。此因彼辈自视过重,条件太苛。贫寒之士,固不值一顾矣。即贵胄子弟之求婚者,亦必考虑其财富之多寡,面貌之美恶,一再挑选终难当意。而青春易过,美质潜消,尚不自觉。迨至奔走者渐稀,始揽镜而踌躇,知人之不我顾矣。降格相求,岂有佳偶,不如心愿,宁可独身。前此之女留学生,悔恨者已不少矣,今之女留学生,尚何执迷而不悟耶?

以上所述,不过就个人感触所及,略道一二,藉以警醒一般青年之迷梦,知人世生活,不当为爱而牺牲,即牺牲亦无佳果。若改恋爱人生观念,以救国救民造福社会为目的,则宅心可以恬淡,而伟大事业之成功,乃不期而自至矣。

(六)安贫乐道之人生观

于男女恋爱声浪正高之际,忽来当头一棒之哲学思潮,即梁漱溟先生提倡孔颜人生观是也。梁先生曰:

> ……我看着西洋人可怜,他们当此物质的疲敝,要想得精神恢复……左冲右突,不出此圈……我又看见中国人蹈袭西方的浅薄,或乱七八糟弄那不对的佛学,粗恶的同善社,以及到处流行种种怪秘的东西,东觅西求,都可见其人生无着

落……可以说他们都未尝过人生真味。我不应当把我看到的孔子人生贡献给他们吗？（《东西文化及其哲学》自序第四页）

我们已经说过孔家是要作仁的生活了，最与仁相违反的生活就是算账的生活。（同书第一百三十四页）

再看外面情势，西洋人也从他的文化而受莫大之痛苦……从前我们有亡国亡种的忧虑，此刻似乎情形不是那样……（同书第二百零四页）

明白的说，照我的意思，是要如宋明人那样再创讲学之风，以孔颜的人生观为现在的青年解决他们烦闷的人生问题……只有昭苏了中国人的人生态度，才能把生机剥尽死气沉沉的中国人复活过来……中国不复活而已，中国而复活，只能于此得之。（同书第二百十三页）

梁先生要论点有三：（一）真正生活之可贵；（二）中国人苦于物质、算账等不正当之生活；（三）当以孔颜"仁的生活"补救。梁先生注重生活真际，自有相当价值。惟吾人今日之所苦，不在无真正生活，而在强邻侵略，民贼纵横。生命且不可保，何有生活，更何有真正生活？吾人之急务，当先谋生命之安全。欲谋生命之安全，绝非孔颜之"仁的生活"所能奏效。夫孔颜者，以安贫乐道为人生观者也。孔子发愤忘食，乐以忘忧，不知老之将至；颜子居陋巷，一箪食，一瓢饮，不改其乐，此种乐天任命的态度，在二千年前之中国，可博得圣贤之美名，用于今世，必不能保其生命矣！梁先生以卫道自任，其提倡孔颜之人生观，自属必然之事，然梁先生须知在今日之中国提倡一种学说，当以应付国家社会之急迫需要为前提。若举小遗大误民误国，则大悖提倡之本旨矣！梁先生谓我国此时似已无亡国灭种之虑。今英人肆虐，杀我同胞，虽亡国亦不过如此！

然则梁先生所谓无虑者，将又作何解耶？

（七）社会服务之人生观

社会服务之说，昌于杜威。自杜氏来华演讲，始流行于我国，今新思想之少年，颇有目为中国人之理想人生观者，余未敢赞同也。盖社会服务之意义含混，用之不慎，流弊滋多。第一，社会之范围，依杜氏教育哲学推之，可扩充至全人类。则以社会服务为人生观者往往主张世界主义，此不合于中国之现状，其弊一也。第二，以社会服务为人生观者，以为必在社会上活动，常鄙家庭服务为贱役，此乃今日中国新式女子之现象，其弊二也。第三，社会服务，本属义务性质，今之言服务者，多视为权利，一遇领袖机会，不问能力如何，必奔走以争之，联络疏通，捣乱破坏，凡政客之行为，官僚之手段，吾人所痛心疾首者，无不毕现于学生界。旷观国内外学生"社会服务"之状况，其不如我所云者，盖寥寥无几也。其弊之三也。第四，社会服务，常为野心家所利用。即如传布宗教一事，彼辈设立教堂创办学校，举行布道会，拉拢名流要人，联络军阀政客，种种传教政策皆美其名曰社会服务。青年子弟，受其金钱收买，美人计之诱惑，资送出洋之利用，堕其术中而不悟者比比然也，谓非社会服务一观念之所误乎？故"社会服务"，好名辞也，亦美德也，提倡之不得其道，则发生种种流弊。【其弊回也。】今后吾人鼓励青年服务，必明定其界限与性质而以救国救民为其脊干，此即下节之所欲述者也。

(八) 奋斗的人生观

读者至此，当知奋斗的人生观之最合于我国之需要矣。虽然，有误会焉，不可不辩也。自新文化运动以来，国人以奋斗说倡者屡矣。就余所知，其内容多偏于生存竞争之象，而忽于正当的奋斗人生观之性质及其要素，遂为一般贪鄙强暴者所利用：军阀武人，以奋斗争地盘；官僚政客，以奋斗争权利；教育人士，以奋斗争饭碗；其他种种国民蟊贼，无不以奋斗不屈之精神，争一己之私利。孰谓中国人无奋斗精神哉！孰谓中国人"奋斗主义"尚须吾人提倡哉！

予所主张之奋斗人生观，则大异于是。予以为人生于世，必须奋斗，而奋斗之目的，则为拥护公理，与创造文化。中国人拥护公理之重要责任，为救国救民，故中国人之奋斗人生观，分言之为救国救民之人生观及创造文化之人生观，兹于救国救民方面，说明奋斗的人生观之条件。

一、消极之条件

（一）思想方面

1. 不作升官发财之思想　升官发财之思想为万恶之渊源。
2. 不作一家饱暖安乐之思想　国破家亡，死无葬身所，欲饱暖安乐得乎？
3. 不作悲观消极之思想　众志成城，奸凶落胆，人贵奋斗，何必悲观？
4. 不作空幻大同之思想　国将亡而言大同，无耻孰甚！
5. 不作安贫乐道之思想　徒能安贫乐道，亦无大裨于世。
6. 不作出风头之思想　多少有为之青年，为出风头之思想所误！

（二）行为方面

1. 不畏强御　不恋富贵，不计毁誉，不畏攻击，不惜头颅，有何惮而不言？有何惮而不敢言？
2. 不结合徒党图谋私利　结党营私者，国民之敌。
3. 不入坠落生活　嫖赌娶妾，罪不容诛！恋爱失度，青年之耻！
4. 不做教徒　为出世而入教，早当自杀；为利用而入教，君子所耻！
5. 不受遗产　有志气有血性之青年，耻受遗产。
6. 不怕死　救民锄奸，救国雪耻，见危授命，杀身成仁。

二、积极之条件

1. 公正无私　以救国救民为己任者，视公众幸福，为个人幸福。
2. 勤勉耐劳　必能勤勉，始克不怠；必能耐劳，始克不屈。
3. 独立进取　依人成事，志士不为；万事成功，多由进取。
4. 勇敢侠义　救国救民者，当有同仇敌忾之精神，与不畏刀剑之勇气。
5. 坚强不屈　富贵不能淫，贫贱不能移，威武不能屈。

6. 决心牺牲　并私利而不肯牺牲者,必不能见危授命,杀身成仁。

以上十八条为奋斗人生观之必要条件。缺其一即不可谓之真正奋斗。换言之,即不可言真正救民救国。或言教徒中亦有真能奋斗真能救国者,又将作何解？答之曰,教徒而言奋斗,而言救国,已非真教徒矣,宗教之两大要素,一为出世,二为大同。此二者皆与我所主张之奋斗人生观相反。故吾人虽谓奋斗救国之教徒为非教徒可也。友有读吾文至此,认为理想太高绝难办到者。余乃拊膺太息为之歌曰:

  欲登泰岱之高峰兮,唤醒昏睡之同胞!
  欲激江河之清流兮。洗净混沌之头脑!
  安得奋斗之同志兮？支大厦于将倾,挽狂澜于既倒!

(原载《醒狮》第七十三期,1926年)

青年奋斗歌

此歌为予痛于沪案而作。秉笔时,气愤填膺,泣数行下。中华志士,有欲起而奋斗者乎?则予将披坚执锐以从之,虽蹈汤赴火,所不恤矣!

中华民国十四年八月三日 邰爽秋识

(其一)我中华之青年兮!何徘徊于歧路?独不见灿烂神州,强邻相逼处?杀戮我弟兄,凌虐我父母。谁无心肝?谁不愤怒?整我奋斗旗!击我奋斗鼓!冲锋陷阵!敌杀破房![宁为中华之雄鬼,莫作亡国之怯奴!]宁为中华之雄鬼,莫作亡国之怯奴!(用刘烈士遗言)我青年,须觉悟!我青年,须觉悟!

(其二)我中华之青年兮!何徘徊于歧路?独不思国破家亡,死无葬身所?财富有何用,妻子且为奴?皮之不存,毛将安附?整我奋斗旗!击我奋斗鼓!冲锋陷阵,杀敌破房!不将热血换自由,何保祖宗之邱墓?不将热血换自由,何保祖宗之邱墓?我青年,莫自误!我青年,莫自误!

(其三)我中华之青年兮!何徘徊于歧路?独不知羲皇遗胄,神明天所赋?文化震远夷,武功惊"黄祸"。抚今追昔,能不泪堕?整我奋斗旗!击我奋斗鼓!冲锋陷阵,杀敌破房!还我昔日之山河,奠我生民之乐土!还我昔日之山河,奠我生民之乐土!我青年,齐起舞!我青年,齐起舞!

(原载《醒狮》第七十三期,1926年。该歌词,后被多种刊物转载,至1935年时,又题作《救亡歌》刊载。)

青年之求学与求职——第七次讲谈会记录

……（前略）

一、邰爽秋

我以为学生的出路问题，可以从三方面来看：第一方面，是从社会所需要的人才的容量来看；第二是从训练人才的机关来看，换言之，这种机关是不是按照社会所需要的容量和质量去训练；第三是从调剂人才的机关来看，这里又包含两点。第一，我们是不是使需要人才的地方得到人才？第二，我们能不[能]使真正的人才在社会上得其展施才能的机会？换言之，我们能不能使人才的"供"与"求"得到相当的适应。我觉得这三个问题，不能片面的解决，而要共同讨论一下。

先说社会上需要人才的容量问题，换言之，这种人在社会上需要不需要？所谓社会上需人的数量，我们认为某些人的意见是错误的，他们以为某一类学生没有出路，就是说明这类人才在社会上没有需要。譬如兄弟是学教育的，就拿教育系的学生的出路来说吧。有人说现在学教育的学生不需要，因为好多教育系的学生，毕业后找不到事做，这就是很好的证明。其实这一观念是错误的，因为我们不能问目前的需要不需要！而要问应当需要，抑不应当需要。全中国有二千多县，这二千多县的教育行政和教育机关，就得人才去办理。就说现在这二千多县的教育事宜，已不乏人去做，但是现有的这些人，能否称职，也是一个问题。如果他们大多没有受过专门的训练，而或是滥竽充数，那末这种畸形的状态，便使学教育的学生没有出路。基于上面的认识，我们觉得现在的所谓人才过剩，实未必尽然，我们不应将这一种人的没有出路，而决定他们的需要的高下。我们应该从根本方面来筹划，来训练人才，这才是澈底的办法。

以上是就社会方面对于人才的需要的容量方面而论。现在再从训练人才机关来考察。目前人才有没有过剩的现象？我以为某些职业或难免人才过剩。譬如拿日本来看，他们国内的牙科医生，现在就在闹着人才过剩；但是我相信，在中国，过剩的人才是不会怎样多的。至于要补救人才过剩的缺陷，我们也应该统盘筹计，如果调查出某些地方，人才的确过剩，又某种人才的确感到缺乏。这是从量的方面说，质的方面，我们所训练出来的人才，是否合乎需要？也是值得重视的。我以为关于量的统制，其责任在于国家，因为由政府的力量来统制，收效比较大；但是关于"质"的改良，训练人才的机关，应当负较大的责任。

现在再讨论第三方面，即调剂和统制人才的机关。普通要达到调剂人才的功能，大概有二种方法：一种是像中华职业介绍所之类的组织，其工作目的，在使需要地位的人才，得到地位，需要人才的机关，觅得人才；另一种是政府来办理人才的调剂事宜。我以为要使人才的供求两方，各得其所，单靠职业介绍机关的工作，收效还是有限，所以我以为应该让政府负较大的责任。

总之，我觉得学生的出路，应从人才的需要、人才的训练、人才的调剂这三方面来考虑，由政府做中心，联合其他的机关，统盘筹划，这在中国的现状之下，是很需要的工作。

以上是我的大概的意见，另外我还有一些补充，我以为在以上所谈的治本的工作没有做到之前，我们当然也不妨谋局部的解决，但下列二点，须得我们注意。

第一，我们为了人才的没有出路，而要设法解决，但不要忘记，在解决之时，一定要拿整个民族的生路为前提。否则，所谓出路，其所包含的意义，就很危险。譬如有些办商科性质的学校，造成一批仅会推销外国货的人才，也许洋行里把他们招了去做小职员，做小买办，甚而至于将来做到大买办。这样，对于学生的本身，固然找到出路了，然而于我们民族的出路，却没有丝毫益处。民族没有出路，个人的出路，又算得什么呢？如此只为学生的个人出路着想，而不计较民族的利害，那末我们也许可以叫学生们去贩卖鸦片和毒品，去到跑狗场里做生意。这岂是真的解决出路的方法吗？一些近视的教育家，只晓得为学生谋出路，而不愿[顾]到较大较深的民族出路一层，这是很可惜的。

第二，有人以为使青年下乡，也是一条出路。这诚然不错，但是我也有一些感想。我以为现在的智识分子，不能叫他们下乡，我和梁漱溟先生的主张不同。为什么呢？我以为中国的乡村，这样贫穷，实在养不活我们这些青年。现在的中学毕业生，他每月希望至少有二十元的收入，大学生以为再少也不能少过四十块钱，但是我们的乡村是怎样的局面呢？据山西全省调查，该省每人平均生活费每年只有二十元，那末，我们的中学生的一年的消费，就要养活他们十二个乡下人了。譬如我们的中学生，下乡能教五十个小学生，但是这些孩子所受的教育，其价值能不能抵到十二个农民的全年的生活费呢？老实说，少一个人活命，比少一个人受教育，其事态却更为严重。把十二个人的性命，去换得一个中学生的生活费是否值得？并且，叫现在的学生下乡，不但对于老百姓是一重[种]很大的负担，实际上他们到乡下去，还是把都市的繁华，都市的生活习惯带了去，于是在乡下又不知不觉的添了一批消耗者。以上还只就中学生而论，假使叫大学生去，他们起码要四十块钱一月，那更糟了，每人一年就要断送二十四个人的生活费了。

因此之故，我不赞成知识份子下乡。那末，照我所说，是不是整个的智识界，就不可下乡了呢？却又不然。我以为下乡是可以的，但你须有几种准备：第一，你有没有真正为农民谋幸福的人生观？如果你仅是为了个人的出路而下乡，那末我劝你不要去。你要去便先应该建立一个新的人生观。第二，有了新的人生观外，还要问的便是你有没有为农民谋福利的技能？换言之，你跑到乡下去，能使乡村的棉花改良吗？鸡种改良吗？土布改良吗？如果你有这些技能，那末你的去是他们所需要的。现在所谓"智识"份子下乡，单有智识是不够的，必须还得有技能。第三，要有吃苦的习惯。一般城市青年，没有真正吃过苦，只会笔头上说得天花乱坠，某次，有些学生对我说，他们能够吃苦，要我领他们下乡。我听了他们的话,就带他们到某一个乡村去参观了一次,谁知他们只跑了几十里的路,就觉得两腿酸痛,足力不够,后来他们渴了,没有好的茶水吃,便胡乱弄些水来喝,又嫌它龌龊得不堪下饮。

因此,我以为我们的学生,至少要具备以上三种资格,才可下乡。同时,除了城市青年外,我们更希望一般本来从乡村出来的青年,都回乡去。他们本在农村社会里生活,现在虽然到城市里来求学,但他们乡村的生活习惯,还相当保留着,所以我们更要鼓励他们驾轻就熟地下乡,但是,我们负教育责任的人,还得把他们的缺点补足起来,譬如他们只有吃苦的习惯,而没有技能,或没有正确的人生观,那末还得使他们兼具两种资格才是。

现在我要问了,假使我们的青年,真能下乡,那末我们应不应实际上援助他们呢?某一些人,自己养尊处优,却指点青年们说:"你们为什么不下乡?你们的出路就在乡间!"然而他自己除了说话之外,丝毫不负责任。青年们除非自己家里能够供给他们生活上的费用,也许能安心的到乡间去做某些事业,否则,赤手空拳,要他们枵腹从公,这是不成的。即使说,我们的青年,到乡下去,立刻能在半年之内,把乡村繁荣起来,但是就在这半年之间,青年们还是要吃饭的,终不能叫他们饿着肚子做神仙!所以我希望一般高谈阔论的朋友,稍稍注意一下事实,不要只唱高调。同时我希望政府当局,从空空洞洞的农村救济机关的开支项下,省出一些钱来,实际贴助下乡的青年,我以为我们最好能筹成一笔青年下乡的基金。譬如说现在有一万元罢,假使每个青年,一年的生活费要二百元,那末这笔钱至少可以帮助五十个青年下乡去切切实实地工作了。

归纳我们的意见,我以为治本的方法,是从社会需要、训练机关、调剂机关三方面来统盘筹划。并且对于青年谋出路,至少同时要顾到民族的利益。如要青年下乡,一方面他们要具备三种条件,一方面要在经济上帮助他们使其生活有所保障。这样,至少可以把青年的出路问题,解决一部份罢。至于整个的农村破产,怎样救济,这问题实在太大,不是今天所能讨论的了。

············

(原载《申报月刊》第四卷第六期,1935年;后转载至《全国学术工作咨询处月刊》第一卷第十一期,1935年)

青年从军歌

一

我中华之青年兮,何徘徊于岐路①。独不见灿烂神州,今日陈刀俎。杀戮我弟兄,宰割我父母。谁无心肝,能不愤怒。整我战斗旗,击我战斗鼓。冲锋陷阵,破敌杀虏。宁为华夏之雄鬼,莫受倭寇之欺侮。宁为华夏之雄鬼,莫受倭寇之欺侮。我青年,须觉悟。我青年,须觉悟。

二

我中华之青年兮,何徘徊于岐路。独不思国破家亡,死无葬身处。财富有何用,妻子且为奴,皮之不存,毛将焉傅。整我战斗旗,击我战斗鼓,冲锋陷敌阵,破敌杀虏。不将热血换自由,何保祖宗之邱墓。不将热血换自由,何保祖宗之邱墓。我青年,莫自误。我青年,莫自误。

三

我中华之青年兮,何徘徊于岐路。独不知羲皇遗胄,神明天所赋。文化震远夷,武功自古著,抚今追昔,何能自恕。整我战斗旗,击我战斗鼓。冲锋陷敌阵,破敌杀虏,还我锦绣之山河,奠我生民之乐土。[还我锦绣之山河,奠我生民之乐土。]我青年,齐起舞。我青年,齐起舞。

(原载《国是》第七期,1944 年;又载《三民主义半月刊》第五卷第十一期,1944 年)

---

① 编者注:《三民主义半月刊》版作"歧路"。

九、外国百态

卢骚氏幼儿养育法

客有丧其幼子者，泣而问于予曰："予之育子也，衣以绫罗，覆以锦被，食以甘旨，爱之护之，自问可谓至矣，而终不免于死，岂有说乎！"予曰：有，乃为述卢骚氏幼儿养育法一章，其人恍然悟，致谢而去。今更撮其大要，笔述于此，以供参考，倘亦留心幼稚教育者所乐闻欤。

幼儿在胎中，蜷曲屈伏，备受痛苦，其生也当任其自由，乃世人不察，多妄加束缚，如待囚然，此风实始于为母者，不能负襁褓责任，而付之于乳佣，乳佣偷惰，辄裹之扎之以减轻看护之责任。而一般人之心理，又以为若任婴儿自由，必多不利，不若束而裹之之为便。殊不知婴儿动作之能力有限，断不至于危险，即偶有所伤，其动作亦因而中止，此固无足虑也。

夫为母而不能负襁褓之责任，为害之大，一家之中，无夫妇之感情，无弟兄姊妹之感情，家庭中之生机断矣。使为母者而能自哺其子，则夫妇以睦，兄弟以和，夫固一极乐之家庭也。

然又有为母而过于爱子，防之护之，惟恐不至者，则又过犹不及也。盖徒知爱子而不知所爱之之道，是速之以祸也，庸见其宜。正当爱子之道，当寻乎天然（卢氏谓凡物之出于天然者为善，出于人为者皆恶），人经生齿患病各种天然之挫折，而身体以愈坚，此所谓天然律。吾人当循用之，使幼童习于劳苦灾害，经风霜气候之变化，受寒暑饥渴之影响，而后身体乃强。盖身体在幼年之时，最易于训练，而人之灾害，又终不既免。与其积之于成年有用之时，遽焉爆发，则何如于幼稚之年，预施锻炼，以免日后之痛苦耶。

幼孩既受束缚之戕贼，则必涕泣。其泣也既为顺命之奴隶，又如发命之暴君，此在襁褓之中，即已成为习惯，长而就傅，受恶教师之指导，所教事物，不及于自知，不及于生存之道，不及求幸福之方，所教者惟长其骄奢之恶习，长于学问而短于意识，一旦投生社会，贪诈罪孽，蔚然而起，遂叹夫人性之不善，而不知由于自误，彼天然之造人，岂若是耶。

然则汝欲汝儿之归真返璞乎。如欲之，当始于初生，父良教师也，母良乳媪也，父母协力提抱，向同一之目的进行，始克有效。夫为父者之畜子女，有三种责任，对于人类当与之以人，对于社会当与之以合于社会之人，对于国家当与之以市民，三者备而后始能为人父。故儿童最善之教师，莫过于其父，纵其父不克教子，亦必有优于泛泛常人之良师以为之代，甚矣其责任之重大也。而顾委之于无知之乳佣，不亦大谬乎。

（原载《南京高等师范日刊》第二一三、二一四期，1919年；同年10月载《世界教育新思潮》第34期）

英国之露天教育

户口稠密的地方,住宅很小。儿童没有充分的日光和空气,很容易养成肺痨贫血一类的病。露天教育就是专为补救这类的缺陷办的。英国教育对于保持儿童的幸福,很为注意。所以露天的教育也很完备。关于这类教育的学校同课室,共有五种,可写在下面。

一、郊野学校 Country School

这类学校就是设在乡间的。在夏天的时候,把城里孱弱的儿童迁到乡下去过夏天。或半月或数月不等。这种学校的目的,不过是供给新鲜的空气,所以各种功课都不很注重。

二、露天教室 Playground Classes

又名游戏场的教室。凡游戏场或临近公园之音乐亭,皆在利用之列。有时候一校里各班儿童轮流前往。有时候只得把身体孱弱的儿童聚拢起来去上课。

三、通气的教室 Open air classroom

把旧式的教室开起大窗户,亦或把向南的一边完全拆去。新式校舍,大都是这样建筑。因其能同走廊相通。可以得到多量的日光同空气。这样建筑,叫做罗基亚式。英国现在很为通行。

四、寻常露天学校 Day openair schools

这类学校系英国露天教育中最后的一类。大都设在郊郭附近,交通便利,林木幽静的地方。都市里孱弱的儿童由电车运来上课,早出晚归。

孱弱的儿童,先由医生选出,再由医生复选。凡是孱弱贫血、营养不良的儿童,都在其内。一班之中,人数少,教授时间短,课程主要的是手工、天然研究、园艺。此外更教授地理、作文、算数、国画一类的科目,都是拿上面的三种做中心。热心的教师很能教授得手。这类学校的课期由半年至一年。寻常学校放假的时候,这类学校还是上课。

来往的车费遇到贫穷的学生,都是教育委员会代付。教职员除教员之外,又有看护妇一人,管理饮食者一人。每日三餐外,加牛乳、□鱼肝油。午膳之后,休息或睡眠两小时。每两周检查体格一次。把重量、高度等都记下来。从这些结果之中,儿童血输的增加,肺量的增进都不难知道了。

儿童体力复原之后,再回原校。心思的反应比之从前,既敏且捷。智力也加高了好多。此外又学了许多清洁的好习惯。所以这类学校,在英国最为通行。

这种学校是为疾病比较深些的儿童办的,共有两种:一治疗院学校,专治害传染病的儿童。二调查学校,专治非传染病的儿童。

总之,露天学校,专在供给健康和适当教育的境遇。如新鲜空气、日光正当、充分的食料、休息、卫生的生活、医药、特别教授法等等,都是很重要的。但是上面各种的基本观念,就是英国至今却还没有普及到全体学校的儿童,却也是一桩很棒的事。

(原载《时报》,1920 年 3 月 15 日)

国际劳工会议

国际劳工会议，是巴黎和会对德和约所规定的，他的目的是"要使劳动者得到相当的生活，去完成其为神所创造的人类"。这一次在一千九百十九年十月二十九日，在美国华盛顿全美会馆开第一次大会，到会的会员规定有三种：一种是政府委任的；一种是资本家选举的；一种是劳工选举的。这次到会的，共有三十五国委员总数共九十五名。劳动者、资本家、政府三方面委员全部出席的，有英、法、意、日、比、荷、挪威、瑞士、瑞典、希腊、秘鲁、波兰、阿根廷、坎拿大、捷克斯洛伐克、丹麦、印度、南斯拉夫、南阿联邦等国。仅有政府委员出席的，有中国（顾维钧氏）、巴西、塞尔维亚、哥伦比亚、挨克湮、海尔海奇、克亚特麻拉、尼加拉亚、巴拿马、巴拉牙伊、罗马尼亚、沙尔巴特尔等国。美国因那时还没有批准和约，所以他的代表，是非正式的参预[与]的。德国同奥国加入的事，法国资本家倍拉很为反对。但是别国委员，以为将来两国也要加入国际联盟，他们又声明愿加入国际劳动团体，一同进行，所以应该许他们加入，于是一致通过。这是与会各国的大略，现在且把这会的主要人员写在下面：

  议长 美国劳动部长韦尔森

  副议长 英国政府委员班士

      比国资本家代表喀利爱尔

      法国劳工委员周纳

  秘书长 英巴特拉

  委员资格审查员 英国的尔斯数诺

          比国喀利爱尔

         荷国翁代格利斯特

审察委员 一、政府委员十二名——英、法、比、阿根廷、丹麦、日本、意大利、西班牙、坎拿大、捷克斯洛伐克、瑞士（其他一人由德国选出）

    二、资本委员 捷克斯洛伐克、法、英、意、日本、斯[西]班牙

    三、劳工委员 比、法、英、荷、西班牙、瑞典

这一次议决的议案很多。最重要的有三条：（甲）八时间制案（乙）妇人劳动案（丙）幼童劳动案

（甲）八时间制案

一、讨论经过

　　一日八时间或一周四十八时间劳动案，是根据准备委员会所起草的条约案，在十一月四日开第五次会的时候，由英国委员班士提出来的。他说："每周四十八时，是普通的情形，如遇着印度、日本有特别情形的国家，可设一个特别委员会，来审查他的范围程度。"大家都很赞成，独坎拿大委员以为一周四十八时间劳动制实在要扰乱一日八时间的制度。因此反对的议论很多，所以那天没有决定。到了五日，英国使用者方面委员提出动议，以为依事业的性质，遇必要时，可以把作工时间延长；但一年里不能超过三百点钟；遇要回复生产状态，或供给食粮水陆运输所必要的义务底时候，得由国际协定设除外例；又如遇兵火的地方有恢复的必要时，得于五年内犹豫劳动时间的适用，若有特别情形的国家，如印度、日本等，关于输出工业，也不妨设除外例。法国劳动委员周奥驳他道：劳动会议所应讨论的基础案，非以一日八时间或一周四十八时间为最大限度不可。至于有特别情形的国家，固可承认除外例，不过要列举受除外例的国家则不可。当日各种修正案很多，议场中议论百出，所以也没有结果。到了六日，意大利劳动代表说："采用八时间制，已经成为既定之事实问题，只要在'一日八时间'同'每周四十八时间'这两句话上斟酌规定罢了。至于劳动者每周当然有休息的必要，所有要继续工作的事业，应当增加交代人员，来替代更番，所以各种工业，都应该适用这一周四十八时间的制度。"捷克斯洛伐克政府代表说他国里的农业，也有适用八时间制必要。因此希望世界各国一律采用。瑞典同那威政府的代表，又极端赞成。这议案似乎可以通过。那知到了七日开会的时候，坎拿大资本代表忽然提出抗议说道："目前急务，在增加生产、工业方面若限制劳动时间，则坎拿大农业林业之类，皆是季节的产业，所受的影响很大，而且同坎拿大有密切关系的美国，还没有批准和约，所以坎拿大很不能赞成条约案。"法国劳动代表驳他说："劳动时间长，未必就可以增加生产。"于是同英国劳动代表共同提出左列修正案：

　　一、劳动时间一日八时间或一周四十八时间，应把"或"字改作"及"字。
　　二、适用范围，应该扩张到商业上的劳动。
　　三、应该增加及列举所可适用的产业种类，而且他的超过时间，应该从严规定。
　　四、劳动时间的变更，除得政府承认外，绝对不许资本家同劳动者自由商议。
　　五、关于特殊情形及国家条约中，应该删去"在产业不完全的发达"云云字句。
　　六、条约实行时期，缩短一年。
　　七、废止战时关于制限劳动者权利的立法。
　　八、船员及农业劳动者，应该同商业的劳动者，处同一的地步。
　　九、应该设立劳动监督局，由政府及劳动者共同组织。
　　但是法国资本家代表，终是反对，不得已把条约案同修正案一同交委员会审查。到了十九日,才得大家的同意,决定采用每日八时间及每周四十八时间制。但是日本还是不能同意,并且他们政府、资本、劳动三方面代表的意见,很是分歧。后经英国政府代表班斯氏提出妥协案,才得解决。中间经过的大概,当在特殊国情形中补述。现在且把二十一日议决的成案重要的几条,写在下面:

一、采一日八时间一周四十八时间的制度。

二、时间之超过,只有业务有紧急之例外时,才可承认。

三、超过时间的时候,加给工银十之二五。

四、关于超过时间的规定,有使用人同劳动者的团体时,依他们的协议去定。而他们的同意,必定是法律上有效力的才行。如没有团体,则由政府代订。

上面几条原则,议定海上运输,也是一体适用。不过适用这时间制度的工厂,只得规定下举的几条:

一、矿山业,石工,及其余矿物的采取。

二、关于物品之制造,加工修理,装饰,及原料变形等工业。例如电气工业、洗濯工业等。

三、建筑铁路轨道,海港,船渠电信,电话,及排水开隧各工业。

四、关于陆海运送旅客及货物各工业。

上举几种以外,绝对不能适用,又家内工业,也不在其内。此外关于每周四十八时的例外,又有几项:

一、从事于机密事务的。

二、因法律习惯,或劳动者同雇主两方面的合意,工作时间,得随意变更,不过一星期内,不能超过四十八时间。

三、劳动者交代休息时,在一周之内,每星期工作不妨超过四十八时间。

四、遇意外事发生,如工厂机械破坏时,得延长工作时间,但不得超过必要程度。

五、在特种工业,必须交代工作时,得延长工作时间。惟一周至多不得过五十六时间。

二、特殊国的规定

子、日本

此次劳动会议,各国都同意于一周四十八时间及一日八时间的制度。独是日本,不能同意,英国政府代表委员班斯氏,忠告日本,采用九时间制。日本政府顾问,又不容纳。在特殊国委员会开第一次会的时候,日本从十时间说,改用八、九、十时间之三段主义。并且要求保留到三年之后实行。这样办法在资本家方面,可无异议。不过在委员当中,则发生很大的纷扰。日本劳动顾问武藤七郎在会议事务局提出的声明书里,有几条是:

一、日本既加入八大工业国,不能再要求除外例。

二、日本产业,照大正六年统计看来,很有进步。

三、日本之家族工业，比工场工业多，如认除外例，反使彼等不知无限制时间的观念，而破坏产业的基础。

四、日本女工有七十多万人，于国民生产，很有关系，所以棉丝同生丝的工业，绝不能有除外例。

日本劳动代表柳本氏，又于委员会提出抗议，他的理由是：

一、除外之例，于劳动者决无利益。

二、除外之例，足妨日本国民之自信同觉悟。

三、长时间之劳动，如果于白人的身体有害，日本人也是一样。

四、日本并不是热带国，得与列强遵同一的程度。

但是日本政府代表，也在东洋委员会提出陈述书。他的理由是：

一、日本的产业，从农业时代，到工业时代，是最近的事。

二、一切工场规模很小。

三、雇主同劳动者，还没有知道团体组织经营的状态。

四、分业的发达，还很幼稚。

五、机器的应用，及其他设备，尚未完全。

六、职工的训练，还没有纯熟。

七、生产方法，殊少组织。

八、劳动组合，还没有组织。

九、职业教育，还没有发达。

日本政府提案大概是：

一、劳动时间之制限，适用于（A）矿山及工业（B）依铁道而充旅客及货物之运输案（C）使用十人以上的职工底一切工业的企业（D）妨害卫生且有危险的工业。

二、未及十六岁的儿童同矿山地下作业的矿夫，用一日八时间制，且每周有二十四时之继续休息。

三、十六岁以上之劳动者，同地上作业的矿夫，每周六十时间。

四、对于殖民地及准于保护国的地力，必须一定的除外例。

五、以一千九百二十三年七月一日为实行期。

照上看来，日本政府、资本及劳动者三方面的意见，很为分歧。后来英国政府代表班斯氏，提出妥协案，大要是：

一、劳动时间一日九时，一年内许三百时间之例外劳动，但五年之后，减为二百时间。

二、生丝工业，一日十时间，例外的劳动，一年一百五十时间，但五年之后，减为一百时间。

其他的几点，同日本政府的提案差不多，政府代表很为赞成。其后资本代表武藤氏又同劳动顾问武藤七郎争执了许久，最后的结果是：

一、日本工业受劳动时间限制的有三种：

A. 有十人以上劳动者之工厂
B. 依日本国内法认为工厂者
C. 道路上运输旅客及货物者（马车牛车也包在内）

二、凡日本官府认为危险或不健康的业务，都适用时间制。

三、十五岁以下的劳动者，同坑内作工的坑夫，应适用四十八时间的原则。但是，到千九百二十五年七月十四日以后，十五岁可以照十六岁计算。其余普通的工厂，每周工作，至多不得过五十七时间。但生丝工业，每周可延长六十时间。

四、时间外的工作，适用一般规约。

五、每周应继续休息二十四时间。

丑、中国

二十日东洋委员会开会讨论劳动法规差别的时候，日本政府代表主张中国同日本可以适用同一法规。他说："中国的产业，与日本属于同一性质，发达的程度，也差不多。"我国代表说："中国的产业，规模还没有扩充，用的机器也很少，并且没有保护关税的制度，所以中国除租界之外，不能与日本同样的法规。"日本代表反驳我国代表道："中国的产业，日进月累，发达的速度，很是可怕，如不在劳动法规上加点限制，于日本很为不利。"印度代表反对日本的主张，以为教中国同日本用同一的法规，很不公平，并且很为困难，其后英国劳动代表主张调查中国劳动的状态，再为决定，最后所议的结果是：

一、劳动时间以每日十小时每周六十小时为原则。未满十五岁的劳动时间，以每日八小时每周四十八小时为原则。

二、每周得休息一日。

三、凡是百人以上的工场，皆适用工场法。

四、外国租界上所有的工场，也适用这同样的时间制。

五、速行制定工场法。

我国委员，对于上面的决议，虽然拿中国自身之事，由中国自行决定的意思，提出抗议，但是多数的主张是这样，所以就如此通过了。

寅、印度

对于印度决定的时间制有三条：

一、一般工业，以每周六十时间制为规约而采用之

二、地下劳动时间，应当较为缩短，大约每周在五十四时间左右。

三、以现在职工定员，减到五十名。虽是小工场，也应该奖励适用工场法。

卯、希腊

二十四日的特殊委员会，协议希腊问题，由该国的政府同资本家委员报告工业的状态。比之其他欧美诸国，还很幼稚；而且受的战祸，也很利[厉]害，所以时间的原则，虽可

承认,但是必定要有犹豫期间。其后的结果决定:矿坑内作业的矿工,同用砒素或爆发物的工业,现在就采用八时间制;此外如不健康及危险的工业,则犹豫到二年之后;其他工业,则犹豫到三年之后,再遵守一般的规约。至于受有战争惨害的地方,更可犹豫三年。

(乙)妇人劳动案

这案可分两部分说:一是产妇案主要条约;二是妇人夜业的规定。现在可分述在下面。

产妇案重要的事项有三条。

A. 所谓妇人,是指的一切女性之人而言。什么年龄、国籍、已婚、未婚,都是不问的。

B. 除被数名家族使用属于家内工业之外,一切官营私营的产业,对于妇人,照下面三条办理。

  a. 产前产后六周之内,应当免除职业,照给工资。

  b. 如该妇人在产前六周之内,提出医师分娩期证明书,就有休业的权利。

  c. 根据前二条之理由,该妇人在休业期间之内,因维持妇人同小儿健康的关系,有受政府指定特别给金的权利,其金额则由专门家去决定。至于特别加给,必定要由医师或免许产婆始终证明才行。如果当决定分娩期之内,因匡正医师同产婆的注意,与事实不符。那么就从医师证明书日期到实际分娩期,停止他的特别给金。

  d. 在就业时间内,如该妇人乳哺小儿,应该许他每日二次半时间的休息。

C. 妇人因 b 项 c 项 d 项休业的时候,如果雇主在这休业期限当中,辞退他的职业,就为不法,

夜业的规定有三条:

A. 除仅属于家族所使用的工业之外,一切工业,都禁止妇人夜作。

B. 黑伦协约第八条禁止妇人夜业规定的实施,以二年犹豫期间缩短为一年。

C. 关于工业企业的话,须下详细的定义。

(丙)幼年劳动案

劳动会议提出工业的业务,佣使幼者的年龄,限定十四岁以上。

决定的协约是:

A. 除属于家族使用之外,凡是生产的企业,都不得用未满十四岁的幼童。(不问正当生的,或是私生的。)

生产事业包括的是:

  a. 矿山业同石工业。

  b. 因物品的制造、加工修理装饰,或因改作及变化原料的各种工业。(包含发电、

变压事业、造船业，洗濯业等）。

c. 建物、铁道、轨道、海港、船渠、栈桥、运河、内地水路、道路、隧道、桥梁、陆桥、通水道、排水渠、窨井、电信、电话装置的建设改造、维持修理、变更破坏，电气事业、煤气事业、水道事业及其他之工作事业。

d. 因道路及轨道运送旅客并货物。（包含船渠埠头同仓库中货物的运输，至于仅借人力运送的，则不包含在内。）工业、商业、农业、区别的标准，照国内法规定。

B. 十三岁以上十四岁以下的幼童，依各该国内法的教育，含着技术的练习底时候，得在教育当局的指导同管理之下，使用于生产的企业。

C. 因要使本协约之规定实施起来有效，生产企业的各雇主，应当备有统计的记录，详载幼童的姓名和生年月日。

D. 依气候状态或工业团体，还没有完全发展，或有其他特别事情时，关于劳动者的作业能率显有不同的各国，得变更本协约的规定。

E. 因战争或因战争有勃发的危迫时，依政府的命令，在本国可以停止本协约的适用。

F. 本协约规定之实施，极迟到一千九百二十二年一月一日。对于 A 条，附有修正案三条。

一、幼童在十二岁以上，曾毕业于初等小学的，不在此例。

二、幼童在十二岁与十四岁之间，已经执役的，可以照过渡条例办理。

三、废止准十二岁以下的幼童，担任轻易工作的法律。

上面三大案，是这次会议的结果。但是对德和约，不得三大国的批准，国际联盟，不能成立，因而国际劳动会议的决议，也不能发生法律上的效果。如果竟有这事发生，怎样好呢？所以各国政府代表，对此事，特别开会决议"对于国际劳动局执行委员会当与以实施劳动会议议决事项的权限，以备国际联盟不成立时救济的办法。即虽国际联盟已经成立，该委员会也有相当的执行权"案执行委员会的组织是：

欧罗巴　政府代表八名，资本代表四名，劳动代表五名，代表英、意、比、德、瑞士、西班牙、捷克斯洛伐克、瑞典。

亚美利加　政府代表三名，资本代表一名，劳动代表一名，代表美国加拿大及南美诸国。

东洋　政府代表一名，资本代表一名，代表日本。

这是委员会组织，此外关于第二次会议的议题，共议决八条就是：

一、关于各国制度的比较方法、形式及灾害预防装置之搜集，工场矿山及工业灾害等之提议。

二、采用妇人工场监督官制度的条件，同监督的范围。

三、卫生工场监督官制度。

四、关于就业时间同休业时间的提议。

五、余业赁金之监督。

六、犯罪之预防，同诉追的方法。警察监督之共同。

七、男女工场监督官之共同。

八、佣主与劳动者间争议的调停及监督关系。

上面这些议题议决之后，国际劳动会议，也就在十一月二十九日闭会了。我这篇记事，是从报纸上拼凑起来的，缺漏忽略的地方，一定很多。海内留心这件事的，如能赐教，把这篇补足完成起来我就感激不尽了。

附国际联盟关于各国遵守劳动条件的原则

一、以不认劳动为货物，或商品，为基本原则。

二、关于雇主及劳动者，为适法之目的而结合的权利。

三、于其时代其国家，确保劳动者的生活关于支取工银事件。

四、采用一日八时间一周四十八时间为劳动的时间。

五、每周给以一次二十四时以上连续的休假（星期日在内）。

六、禁止幼年劳动，许青年劳动者继续教育。确保他的身体适当的发育。

七、男女劳动，有同一价值受同一报酬。

八、各国关于劳动条件，拿法律所定的做标准。对于居住各该国之一切劳动者，付与经济上公正的待遇。

九、确保"以保护劳动者为目的"的法律及规则的实施。设监督官制度，即虽妇人，也可任命。

(原载《少年世界》第一卷第二期，1920年)

美国中等升学生择业心理之变迁

教育考查统计，在教育学、社会学、心理学里都有莫大的价值，要解决社会里种种问题，非靠着考查统计不可，我国人素无科学的头脑，所以讨论一种问题的时候，大都笼笼统统，凭着一己的直觉观察同主观的见解，胡吹胡吹，在报纸上出出风头，否则就是引出许多西文书来，拿人家说烂的话，去扩充自己的篇幅，以表示他的博学，这种不彻底的研究，在今日文化运动里，真有莫大的危险，所以我今天特为介绍这篇统计给国内学子看看，来引起他们科学研究的兴味。

美国大学入学试验数学程度研究会 The National Committee on Mathematical Requirements 新近做完了一种调查，这种调查是研究青年男女学生在进中学校同专门大学校两个时期里，在选择职业上心理变迁程度的调查的办法，是先由会里发出三个问题到美国各大学同专门学校——Beloit 专门学校，Colorado 专门学校，Dartmouth 专门学校，Illinois 大学，Kansas 大学，Maine 大学，Nevada 大学，Oberlin 专门学校，Oregon 大学，Stanford 大学，Washington 大学——征求初年级生的答案，这里的结果是从二千零八十三个学生得来的，现在可写在下面。

　　问题
一、倘如有人在你进中学校的那一天问你一生要做什么事业，你怎样回答？
二、你现在已经升学了，你想做什么事业？
三、你在初进中学的时候，有没有一定升学的把握？
答第三条的时候，只拿笔画去下面的一句就好了。
　　a. 我那时候想一定可以升学。I was certain of going to college.
　　b. 我想我恰巧能够升学。I was fairly sure of going.
　　c. 我想或者可以升学。I thought it probable.
　　d. 我想升学是意中事。I thought it possible.
　　e. 我没有预备升学。I had no expectation of going.
　　f. 我那时候想一定不能升学。I was sure I could not go.
　　　　此处签名

对于问题一、问题二的答案，分为六类：
第一类　两答案都是"未定"的有 95%。

第二类　对于第一问"未定",而对于第二问写出一种职业来的数目最多占 33.6%。

第三类　对于第一第二两问答,相同的一种职业的,有 21.6%。

第四类　对于第一第二两问,都有一定的职业,但是这两种职业很不相同,如:雕刻师、化学家、律师、工程师、医生、商人,都是一对一对的不同答案,这类共占 22.8%。

第五类　两类的答案都是不相同的职业,但是不像第四类那样显著——从这职业转到那个职业并不甚难——仿佛中学的课程,既可适用于甲业,又能适用于乙业一样,如:土木工程师、电机工程师、植物学家、森林业、牧师、慈善事业,这类共占 6.9%。

第六类　答第一问有职业,答第二问倒反写"未定"这类最少,共占 5.7%。

现在再拿图表显示出来。

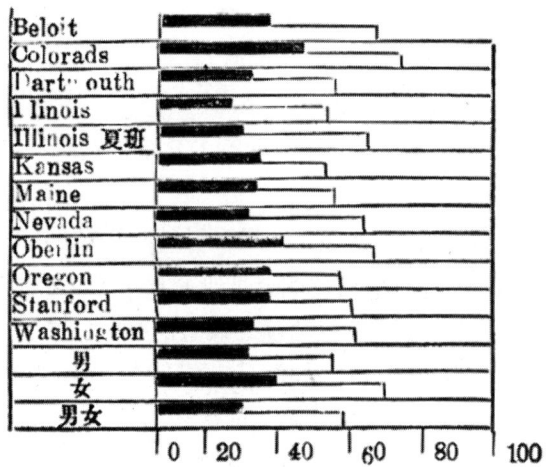

白长方形,表示初进中学的学生心里有一定职业的人数之百分比。(参看表解结果第一条)
黑长方形,表示中学生在升学前择业心理变更人数的百分比。(参看表解结果第二条)

答案的图解

學校	答案的數目	第一問同第二問						第三問(2069個答案)					
		第一類 (1)(2) 未未決決	第二類 (1)(2) 未已決決	第三類 (1)(2) 已同決(1)	第四類 (1)(2) 已與決(1)大異	第五類 (1)(2) 已與決(1)小異	第六類 (1)(2) 已未決決	(a)	(b)	(c)	(d)	(e)	(f)
Beloit	53	3	16	15	10	3	6	16	15	10	1	6	2
Colorado	41	3	8	9	18	3	0	19	14	4	1	2	1
Dartmouth	405	64	125	91	78	17	30	175	132	44	33	15	6
Illinois	587	43	246	129	120	49	17	137	19	91	71	91	12
Illinois 夏班	120	7	37	40	24	6	6	37	32	20	18	12	1
Kansas	135	10	57	19	31	9	9	19	51	22	17	15	7
Maine	147	9	56	19	41	19	3	20	38	26	33	28	2
Nevada	103	3	33	29	25	9	4	25	29	17	9	18	5
Oberlin	277	36	57	56	86	19	23	124	73	2	29	11	8
Oregon	93	8	29	15	30	3	8	27	22	12	12	15	4
Stanford	58	5	19	11	16	3	4	19	18	12	7	2	0
Washington	64	7	17	16	12	4	8	17	23	5	9	6	3
總數	2081	198	700	449	474	144	118	635	627	295	240	221	51

答案的表解

现在可以在这里看出三种结果：

1. 把第三、四、五、六类加起来，百分之五十七的初进中学的学生心里有一定的职业；
2. 在第三、四、五、六，四类之中，差不多有一半的中学生——四、六两类加起来——在升学之前心理上就起了一个大变化；
3. 在升学的这些中学生之中，有百分之八十五——从第二、三、四、五类看出来的——心里有一定职业。

在这个图里，是拿白长方形同黑长方形比较来表心理变化的。在该委员会的详细报告里，并且把男女两性，分开来说了一下，关于这一点，两性间并没有什么差别，各学校相互比较，也是差不多。

对于第三问结果是：

属于第一句的有 30.7％

属于第二句的有 30.3％

属于第三句的有 14.3％

属于第四句的有 11.6％

属于第五句的有 10.7％

属于第六句的有 2.5％

上面百分的数目，拿各学校来比，却［确］有很大的差别，拿男女两性来比，却没甚差别。关于这一点，原报告中很详。此篇所述，不过摘录其大要罢了。

（原载《少年世界》第一卷第五期，1920 年）

印度的妇女

摘译 Women Workers of the Orient

在二十世纪男女平等的潮流当中，妇女解放的声浪，闹得轰轰烈烈，欧美各国已达到平等的地步，实际上已不成问题。而我东方的国家，如中国、日本方将急起直追，大倡解放，要同欧美诸国，先后比美，为东方黑暗的国家，加一线的光彩。那知道在亚洲南部已经沦亡的印度，在不知不觉之中，却久已谋达到妇女解放男女平等的地位，这个好消息多数人还不知道，真是奇怪！

诸位要知道印度的习俗，向来重男轻女，兼之英人虐待印人，视同牛马。在这种可怜的环境里，那孱弱的女子，那里会有超脱的希望？然印度妇女竟能在这无希望之中，不避艰难，同心合力，急谋达到平等的目的，真可敬爱。

我在叙述印度妇女的新生命之前，先欲略说印度妇女的苦状，做个背景，留给诸君同中国妇女比较，然后再详述他们的现状。读者诸君！这却要引起你们很多的感想！

印度女子的家庭生活

印度穷苦人家的妇女，大概出外做工，把小孩放在篮子里，带到东，带到西，所以他也没有什么家事可说。小康人家的妇女，居多是帮助丈夫做事；丈夫做机匠，他就帮同理线；丈夫做农夫，他就帮同耕田，若非经济十分宽裕，他都不得在家里安安逸逸的抚育小孩，料理家事。

印度的家庭，同中国差不多，主妇的担子，都是很重的。家庭的用物，虽然简陋，不要什么工夫整理，但预备办饮食一层，却是一件很讨厌的事，譬如要煮饭，必定自己拿稻子去舂米。要做饼，必定先拿麦子去磨面。要水用，必定自己拿桶到井里去取。煮饭烘饼的锅子，也要他擦的干干净净。不过这些事体，印度的女子，做起来却很巧妙，因为印度的风俗，出嫁很早，那婆婆的气，委实不好受。所以他在七八岁的时候，就在家中学好了。

上面所说，是贫穷人家的状况，比较富的人家，却可雇仆役帮忙，并用不着这样劳苦。不过实际上烹调的事，还是要主妇来主持。大概印度上等人家女子家庭生活，早上起来，到庙里去祷告，向木偶磕头作揖。已出嫁的，求丈夫福寿康强。未出嫁的，祷祝得一个好丈夫。祷告后，回到家里去，洒扫洗涤，擦锅煮饭，把小孩子喂饱送到学校里去。等家里人的饮食，都已妥当，他才去吃中饭。吃过之后，坐在走廊上，拿一篮子的稻，拣去不干净的东西，顺便同左右邻居，谈谈长短。隔一会儿，又要预备晚饭了，小孩子肚里饿了，从学校里跳家来了。赶快给晚饭他吃,送他去睡。然后再服侍家里人吃晚饭,忙了一天,到这时候才可休息一下。所以就是印度上等人家的女子,也没有什么懒惰的。

印度苦力女工

在极穷的地方,男女工的工价都是差不多。在平均每人一年有十元进款的地方,那苦力女工的生活,就很可怜了。他每天所得的进款,非常之少,当然没有什么东西吃;并且要早出晚归,劳劳终日,说不去干吧,那就要饿死在家里了!诸位或者也会有人到过印度的。那大城里马路,不是光滑可爱,摩托卡走来走去吗?但是你如果看过建筑马路时候的情况,你就知道那筑路的沙泥,都是一篮一篮的从印度苦力女工头上顶来的了!印度苦力女工,不但做马路的工程,他还能帮人家起造房屋什么挖泥、送砖、抬水、和泗门丁等等的事,都是干得很快,并且他的小孩子,也带来放在树下,或是墙角旁边,自空的时候,还要飞奔到那儿去看看他咧!

刚才所说,是城内的苦工那乡下的苦工所做的事无非是帮人家刈草割稻在这热带的地方,太阳暖的要叫人皮上起泡,他们镇日的做工,而所得的工钱,不过四五十文,尚且抵不到男工的一半,真是可怜呀!

印度女工的工厂生活

印度女工,从事于工厂生活,是最近的事实。但是发展的非常之快,据调查报告,只孟买棉厂中的女工,即有二万二千之多。英国政府,特为定出保护的法律来,免除工作过多和工价太少的弊病,据东印度劳工委员一千九百零八年的报告,印度女工的体格,都是很好,并且说工厂的雇用,无论怎样,都不得于他们有什么恶影响。这却是法律上规定每天不得做工过于十一小时的结果。

印度女工,虽有法律保护,如上面所说,但是有两件事,还不可不特别留意:(一)就是印度的天气,非常之湿,能够叫棉纱起皱。所以孟买的工厂,虽说房厂很大,亮光很足,无奈没有充分的新鲜空气,给工人呼吸。其实在棉纱上所损失的,如果让工人多吸些新鲜空气,使他精神充足,却也可以在工作上弥补。这是一位科学家屡经证明的,但是一般的人,还没有相信。(二)就是印度工厂的女工,居多是苦力女子,家里很穷,早上未进工厂之先,要烧早饭。由早晨七点钟到晚上六点钟,要去做工。回家之后,还要做家里的事,一天忙到晚,那里会有许多精神呢?所以一到了午饭休息的时候,就躺在地板上睡觉,和死人一样。要免去这种现象,非采用国际劳工会所规定的八时间制不可,英国政府,果真有意保护印度的女工,也应在这一点上留意。

印度妇女的新纪元

我上面说了几大段,都是就坏的方面讲的,我现在再反转来,讲一讲印度妇女的新纪元。诸位看了这个名辞,或者要有几分希奇吧?唉!不必希奇,请耐心一看。

印度的风俗向来是重男轻女。又经过了印度教□□教的戕贼。早婚的风俗,牢不可破。把几千万的女子如同打在囚笼里一样。近年以来，印度有思想的人，看出了这个缺点，极力的在那儿鼓吹，以转换一般的重男轻女的心理。居然大多数的人，都有了觉悟，从前不平等的观念，都完全打消。如果有人说女子的待遇，不应该同男子一样，那他们就要齐声反对，所以在这种女子最苦的国家，普通人的心理，一经转换，那女的希子望①，倒反要比别的国家大的多了。

舆论界的同情

有一位印度的思想家，新近在《新世纪杂志》上宣言道："印度社会改造的大特色，就是一般的人，都知道印度的进步，直接依赖于印度妇女在'教育'同'自由'上的进步。妇女乃是民族的最大要素，孱弱的妇女就是表现孱弱民族，解放的妇女，就是表现有强固基础的民族。印度女子的智育体育，所以这样孱弱可怜，都是男子自私自利威权压迫的结果，我们印度的男子，现在都已经知道了。"《印度社会改造报》竟大声急呼说，不问什么东西，都应用来丰富妇女的生活，促进妇女的自由。又有一家《朋友报》说道："倘使一个社会里的妇女，都是愚昧无知，智慧低下，那下一代的子孙，受了同样的空气，一定是蠢呆不灵，人格堕落。卑视妇女的损失，如是之大，社会上的人，竟安心忍受，真可谓獸之极了，……所以热心的男子就应该努力组织独立的机关，为女子求光明，求解放。这件事体却是难能而可贵。还有勇敢的人愿意出来做这件事吗？这个希望并不过奢，□□教的勇敢同武士道的精神，还没有死啦！"就此数端看来，可以知道舆论界的态度了。

印度国会的议决案

印度国会对于妇女的自由，很能表示同情，加以援助。下面的几条，是一九一四年的议决案。

（一）本会为促进本国女子教育起见，当督促政府扩充女子小学教育及高等教育，多办女子学校、女子中学校，及美术、医药等专门学校。

（二）本会当劝告一般的人，多办家庭学校、长期演讲、俱乐部、联合会等等，广布有用的知识于妇女界，做进步的基础，庶几妇女的地位，得以一天一天的加高，而得共负社会国家的责任。

（三）本会对于女子服务社 Seva Sadan Society 这一类的会，所做的事业，当加以尊重。

（四）本会当督促女子之父母或保护人，增高女子的婚龄，使他能够得到上进的教育。

（五）本会当督促一般的人，赶快废除 Purdah（是一种帐幕挡住女子，不给外人看见，这是回教的风俗，在印度最盛）的风气。注意于女子的教育同健康，使他能够参与社会的事业。

此外还有许多议决案，如"废除寡妇再嫁的限制""创办寡妇再嫁联合会""创办寡妇保

---

① 编者注：疑应为"那女子的希望"。

护所"等等，都是近数年的事。还有一个议决案，最为重要。印度的寡妇，在十五岁以下的有三十三万之多，在十五岁以上的，那更是无千数了。所以最大的问题，就是寡妇再嫁同生活独立。新近的一个议案，"创造舆论使寡妇能在社会上独立谋生，并且可以得到相当的训练"，就是为的这个原故。

女子教育的进步

现在印度女子进学校的，一天多似一天，即虽那些保守的分子，向来不赞成学校的，也已经知道未来的印度，全要靠着女子的进步，纷纷的送女儿进学校，并且提倡创办女子补习学校，促进高等教育。新近兰哈这块地方的婆罗门教徒，又创办了一个女学，凡是寡妇或已嫁的女子，都有分科的课程。锡兰岛又办了一个女子佛教专门学校，也是新近才设立的。从此可知印度的女子教育，大有蒸蒸日上的气象了。

印度的女学，既然发达，那女教师需求，也就不得不大了。统计印度的女子，现今从事于教职的，有一千二百人：从中有些是在乡村小学里服务的；有的是在城内做校长的；有的是在专门学校里做教授的；还有少数是做女视学的。照目下情形看来，当然不够支配，因此就有许多不能胜任的女子，滥竽充数，这却是过渡时代所不能免的事实。所幸印度女子，受了欧战的影响，经济上受了压迫，又加之女子在教育上得荣誉的很多，颇能引起他们从事教育事业的兴味，如果开办学校，训练师资，那一定有许多人愿意加入，变成良好的教师，这是可以无须赘言的。

在序述印度女子教育的时候，有一件事不可不说的，就是女学生在学校里所得的荣誉。印度有许多女学生，在国内国外大学里得到学位的很多。所以《印度社会改造报》曾经大书特书的说过："印度男学生能在国外学业成功，已属可荣，而女学生的成功，尤其要加上一倍。"在印度报纸上，常时看见一种通告说："某某女士在某某大学毕业，同人等拟于某月某日在某地开会庆贺……"可见受高等教育的女子之多了。新近还有一件事，很能刺激人的，就是印度最有名的诗家奈得女士的欢迎会。在开会的时候，主席致欢迎辞，大大的把奈得女士恭维了一番，说他是印度女界的完全标准，应当做女界里模范，表率一切，奈得女士答辞道："我对于诸君所说，不承认是我个人的荣誉，这乃是代表印度妇女的标号……诸君的责任，应当供给女界与男子同等的机会，去实现他们的潜伏底才能，……至于我个人，不过是一盏小泥灯，国内尚有无千数的金灯，因为没有机会，不能发现。所以我今天不但不谢谢诸君，还要责备诸君不应该满足于一盏泥灯而忽略无千数的金灯咧。"你看他这一番话，真有可以耐人寻味的地方。

印度寡妇的解放

印度从前的风俗，寡妇是不能再嫁的，现在却大不然了。一般的人，对于寡妇的态度，大大改变，并且有许多人，狠愿意从事于寡妇的教育，使他们在社会上能自己谋生。寡妇在学校里同别的女子一样，穿着运动衫，在运动场上走来走去，一点都显不出寡妇的样子来，真是神气的很。倘如有人问他"你为什在这里"，他就立刻答道："来受教育，将来替国家做事。"可见寡妇自己的脑筋,也已经大变了。

寡妇受了教育之后就可自由改嫁,而一般男子,对于他们,却也没有"他是寡妇"的成见,看下面的几个求婚广告,就可知道了。

求婚　卞哈打,年三十六岁,内眷新死,欲得二十岁左右受过教育的良家女子为妻,寡妇亦不拒绝,有欲议婚者,请到某君处一谈。

招婿　有一少年寡妇,年十三岁,属婆罗门教,是富贵人家的女儿。他的家属中,急欲替他招一个才貌兼全同教或是异教的丈夫。有合式的,请通信某某公司。

照此看来,印度的寡妇,已不成问题了。

印度妇女的勇气

印度的女子,向来是畏缩怕羞,如果看见男子,或是被男子看见了,都是很惭愧的。自从解放的论调发生之后,他们都知道未来的生活,大有希望,所以有许多已经觉悟的女子,特为鼓舞勇气,在大众面前,甚至在男子面前,大声演说。在一千九百十七年,印度开了一个全国社会议事会,男女双方都有代表列席,某博士参观过一番之后,回来赞叹女界代表道:"此番讨论开于妇女的议决案,女界代表,不过六人。所说的话,都是诚恳流利,滔滔不绝,话虽简单,而文雅动听,在座的人,个个都赞欢不置。"又有一次某会在苏马开会通过寡妇再嫁案的时候,里西奈女士主席,当时听的人,非常之多,会场内都没有立足的地方了。里西奈从容演说,竟把这件难事,安安稳稳的做过去,这固属是里氏的才能,然而从此也可以推想到印度女子勇敢的程度了。

女著作家

印度有几个女著作家,专从事于书籍的著作。如德特是位基督教的诗家。他所做的诗,至今印度人还奉为至宝。沙设安拿夫人所做的小说尤其光怪陆离,脍炙人口。此外女子所办的杂志,那更是多了。如戴非是《孟加拉妇女杂志》的主笔,并且做了许多小说,有一部已经翻成英文。兰尔是孟买大学的毕业生,是《月亮妇女杂志》的主笔。山亚拉玛是《泰弥尔月刊》的主笔。德他是德卡这块地方的《妇女月刊》主任,其他妇女所办的杂志,非常之多,我在这儿,也不多说了。

印度妇女社会的活动

印度妇女最有希望的一件事,不在男子帮他们的忙,替他们谋幸福,而在乎他们自己能替自身谋幸福。谋幸福的方法,不外乎"协力运动"四个字。西印度回教妇女开会的时候,回教妇女不但通过议案要求政府在波拿办一个回教中央女学,使各县照办,并且他们还确立了一笔基本金,专遣回教妇女到位不甚开通的地方去振兴女子教育。印度教的妇女,也有同样的行动,开会结社,解决难题,然后上条呈于政府官吏,请求照办。新近南印度女子上条陈于麻打拉省长,说道:"现在印度女子教育的障碍,不在于家庭不肯送女儿进学校,而在于没有学校可入。……每县都要办一个女子中等学校的时候到了。"

差不多印度社会的问题，只要是关系于妇女的，妇女界无不讨论，印度革究拉这块地方的妇女赌风很利害，先觉的妇女，就常时开会，极力演说，并且发行小册本，画出滑稽画来，各到家庭分送，去改革这种恶风气。界因这块地方，向来是被人骂堕落的。界因有志的妇女，就集合三四千女子开会讨论，议决不准早婚，振兴女子教育，请求官厅创办寡妇院。这种见义勇为的精神，虽在欧美各国，也不多见。那更不必讲中国同日本了。

印度女子不但开会讨论，议出议案来请官厅帮助，并且能自己办出社会服务社来实现理想的目的，Gujerati Stree Mandal 是一九〇三年办的，当时很受人嘲笑，其后沙卡夫人主干，创办妇女家庭补习班，妇女免费图书馆，此外还做了许多事业，谋女界的幸福。

Vanita Vi□hram 也是一个女子服务社。他的目的，是为寡妇孤女谋安乐的家庭，同教育的机会，并且为他们谋生活的独立，教授看护、教授家政等科。

在印度女子服务社当中，最有力量最著成效的，要算 The Seva Sadan（即服务社的意思），他的主要目的，大概是扫除男女的不平等，为女界谋幸福。他的分会，共分四个，在孟买、波拿的两个最大，这个会所做的事业，共分教育、医药、慈善三项。孟买支会所办的事是：无家妇女护所，女子职业学校，免费图书馆，男女小学，妇孺免费医院，瘆病调养院，以及妇女教育班演讲班等。

此外所做的事，如到贫苦地方去散粥，医病，讲演卫生，教授法律知识，劝告父母保护儿童，到工厂里去援助女工，救济水火饥荒等等的事，真是说不尽！

Seva Sadan 会员在孟买的，有四百，在波拿的，有三百五十，其中以青年寡妇为最多。

Bharat Stree Mahamandal 也是个服务社。他的宗旨，是建设知识界劳动界妇女的中心，打破种族、宗教、党派的界限，通力合作，为人类谋进步。

此外还有许多妇女服务社，性质都差不多，因为篇幅有限，所以不多说了。

诸位看了这篇记述之后，印度妇女的情况，都知道了。我要请诸位想想，印度是什么样的国家？印度的风俗，对于妇女是怎样？我们中国比印度如何？我们中国女子的进步，比印度如何？我们二万万的男同胞应该怎样？我们二万万的女同胞应该怎样？

（原载《少年世界》第一卷第七期，1920 年）

苏维埃教育之成绩

美人爱儿 Lincoln Eyre 氏由苏维埃俄罗斯 Soviet Russia 打给纽约世界报 The New York World 的电信当中，有一段同新俄国公共教育委员兰拉夏 Limacharsky 氏的谈话，关于该国的教育状况，颇有可以供吾人参考的资料。据 The Survey 杂志所载该谈话之大要，兰氏首先所说的，就是自俄皇去位后该国教育发达的状况。他说，在 Tver 政府当中，从千九百十六年至千九百二十年，学校的数目，由二千八百加至三千四百；学生数由十六万增至二十七万八千；而教师的数目，亦增加了三倍。即虽达至土耳其斯坦 Turkestan，儿童受第一年的教育的，亦由四万增至十二万；而教师的数目，则由二千增至五千。兰氏说该国政府对于教育很为注重，即虽在一九一九年纯粹印刷那样缺乏的时候，他总设法排去各种困难，供给二百五十万儿童的书籍，不收他们分文。另外又散九百四十万双鞋子，于该国的孤儿，统计去年的教育的预算案，竟达二百万万罗布有奇，数目之大，真是可惊。

其后兰氏又谈到该国强迫教育的法令，从中有一段说：苏维埃共和国全体的人民，都应当能写能读。个个俄国人，年在八岁与十五岁之间不能写读的，都必定用俄语，或他们原有的语言，练习写读。已识字的可以帮助教不识字的。不识字人数终了的时期，则由各省或各地方自定。至于成年的市民，受书写的教育的，在他受教期之内，每天减少两点钟的工作。市民如有规避义务，或是妨碍本命令之施行的，将受革命法庭之裁判。

兰氏又说道："在革命之前，苏维埃政府所管辖的俄罗斯的地域之内，不识字的，有一万万人。在这过去的二年间，他们当中有多少人变成能写能读，我不能知道，因为全国之内，没有精确的统计。但是我所知道的，红军中原来有百分之十五识字，现在居然差不多达到百分之六十。在海军中，则没有不识字的。至于人民方面，姑就俄京而论，不识字的数目，则由百分之三十骤减至百分之八，所以我可大胆说一句话，在三年后，全苏维埃共和国之内，可保没有一个不识字的人民。"

苏维埃政府在成人中普及小学教育的计划，尤其远大。每一个学校，不论城乡，每天都必定空下几个时候来，开设班次，去教育不识字的成人。所以兰氏说道："颁白的农夫，在小课桌上，苦苦的学字母，而那张桌子，就是几小时之前他的儿孙辈，在那儿学高深学问用的，你看这种情景，岂不有趣！"该国所定的强迫条例很严，假如不受读写的教育，向又没有充分的理由的，无论男女，均剥夺选举权，并且不能领到三等的食物券。倘若还不来受教育，更将科以重罚。

兰氏又继续说道："城里的工人，大部分都很愿受教育。不过在乡区的地方，因受教士几世纪的流毒，养成人民一种深怕多得知识的迷信。教育事业，不免要受些打击。但是我们有时候必得用有力量的方法,来克服这种恐惧。因为国家文明的路途上,只能让'普济众生'存在,别的东西,都没有立足的余地。"

爱氏问道:"徒添了这些学校,怎样找教师呢?"兰氏答道:"这是我们所必须解决的难问题。在理论上讲来,我们必须用受过完全教育而又没有别的企图的人来做教师,但是在实际上只要同我们所抱的理想相同的人,就能担任教职,这是显而易见的。小学校缺乏教师的恐慌,已经过去了,不过中等学校中这种情形还有点吃紧罢了。"(请参阅本刊第二期《波希微之教育计划》。)

(原载《少年世界》第一卷第十二期,1920年)

幼稚园中社会生活之设计

现在报章杂志上讨论设计法的文章，一天多似一天，这却是教育界里很好的现象。不过他们所谈的，仍多属于理论，小学教师每苦无具体的设计方法，做教学上实施的向导，不无遗憾。鄙人有见于此，特从 The Elementary School Journal 里将此篇译下，虽说是幼稚园里的教材，然用之小学一年级或二年级殊无不合之处，我愿以后杂志里多有这类的文章，我更愿小学教育界的同志，把这个设计拿去试行一下。译者志。

美国诗家谷大学附设幼稚园里，在现在冬天，施行了一个设计，叫做"我们的城市"，很有兴趣。在秋天的时候，这班幼稚园里的儿童，曾经做过许多家庭生活的游戏，又创设了一个杂货铺同一个玩具店。所以关于家庭和社会的种种有趣味的经验，他们已经得了好多。

（一）儿童所想的设计

一天早上，教师把木块准备好了之后，问儿童道："今天用木块堆什么呢？"随即有一个儿童答道："让我建造一个城市。"虽说这教师心里已准备提起这个设计。但是没有料到这样来得快，不过这时候大家的心理[里]，都已跃跃欲试，乃就鼓励他们向前进行。

（二）讨论和试验

才上来讨论一个城市里应当包含那几种建筑物，乃在黑板上写成一个表，这个表随后印在一张厚纸上。

第一天他们所说的建筑物是：(1) 火车站 (2) 州立银行 (3) 议会 (4) 礼拜堂 (5) 杂货店 (6) 玩具店 (7) 房屋 (8) 汽车房

各小孩选择一种，准备建造，并在室内选择一块地方做建造的基地，又选出适宜的木块，做建造的材料。

（三）组织

第二天，各小孩都急急的要开始建造。有个小女孩说："我将做一个礼拜堂，从巴布拉的住宅到大街。"另一个小孩说："我要把我的汽车房移到司梯劳生店间壁。"这些建筑物自由的组合起来，自会引起儿童对于街道的观念。并且在讨论过各种建筑物之后，他们就决定要有个"商业"和"住宅"的街道。于是乎把教室接连的两边，区分开来做街道的基地。再在地板上拿木块搭成月台，一边是三尺宽二十尺长，他一边是三尺宽十五尺长，统共六寸高。月台的用处，是预备永久的陈列这些建筑物，并且是高于地板，使儿童便于工作。建筑物中最好的，将来就放在上面，做这"城"里的永久建筑品。这个月台一边是代表的住宅街，一边是代表的商业街，儿童决定了各建筑物的地点之后，教师就在那儿把各建筑物的名字写下。

（四）团体及个人之批评

要看东西建筑得好不好，就看建这样东西的儿童本领怎样。他自己固要常常批评，还要靠着团体的讨论。有一天别组的儿童走进了教室，看见满地板上都是散的房屋，他说道："这都是些发笑的房屋，我简直看不见一个烟囱？"这句话说过之后，自然个个屋上都有了烟囱了。

那几个建筑物，应当陈列在那个街道之上，全让儿童中所举出来的委员来审定。这个委员会，由五组中各举出来一人来组织，这个人必定自己建筑得很好，才得被选。教师之中，也有一人加入。

（五）竞争后的新计划

儿童方面，断不因他的房屋没有被选，就灰心失望，他时常努力求好，另行筹思，看一个城里还该建筑什么别的东西。每天之中，都有新计划出现；在原来的那个表上，加上了一个戏园、药铺、救火局、学校、面包铺、候车屋，等等。

（六）装饰建筑物

建筑物构造成功之后，就设法装饰布置。这却不是一个儿童的事。有时候一组的儿童全来布置一种建筑物，或是一团里的各儿童替一个不同的建筑物上，想出一件装饰的东西，这都看他的兴味如何而定。

这些建筑物，都是没有屋顶装饰的时候，就要应用各种材料和各式手工上的美术。

各建筑物都有他的标号，由各组拟定。用小木片印成，钉在建筑物上。从中有几个符号是"符波药铺""马尔汽车房""议会旅馆""小学校""圣保罗教堂""救火局第一号"。

（七）创造的机会

在杂货铺和玩具店里，儿童很能显出创造的能力。制造之许多货物，架子上都堆满了。从中有许多套数的小泥盘，上面画的油画，加的假漆，放在托盘里。还有溜冰鞋，车子，洋团团，大理石的器具，果品、蔬菜、提篮，甚至还有小的电话机，也是用泥做成，并且涂了许多颜色，各种有兴味有价值的手工美术，层出不穷。

（八）新计策之发现

此时教室里已堆满了房屋，不能再加。大家的兴味，于是乎全到了街道之上。什么子路、阶台、路灯、信箱、路标、车辆、居民一类的东西，一样一样的都出现了。这些后加的东西，都是经教师鼓励之后由儿童自由想出。儿童想到那一样东西有价值，便想法制作。不过教师方面，仍当加一点功夫，帮助儿童，使他们对于这些东西的观念，更加清楚。当儿童决定要建造住宅街、商业街的时候，教师领他们出去看了一遍，儿童看过之后，对于教堂、救火局、面包铺的观念，愈加明了；对于这个设计，更外发生兴味。他们最觉得有兴味的，便是装置路灯同路标。

（九）儿童所得的知识

从事这个设计的儿童，虽仅在六岁以下，但是他们对于公民的知识，却已有了初步。

路灯、子路、整齐的街道、警察、救火局、路标、义路上的颜色电灯等等,都是"我们的城市"里便利交通保护人民的东西,此时儿童对于这些东西都已认识,在他们经验里都有了确定的意义。儿童此时又知道人民要建造家室,许多人民聚在一起,就有教堂,人民再多,就变成城市;还要办学校设警察及救火局等……

有一个小孩子叫他的建筑物"州立银行",各儿童脑筋当中因而发生州的观念,教师问他何以要叫这个名字,他说:"因为这是第五十五道街我们的银行。"教师随后问道:"还有那个知道州立银行的意义吗?"别一个小孩答道:"州管的银行。""什么是州?"随即有人答道:"包有许多城市的地方叫做州。"

在开始建筑的时候有许多儿童屋上没有门户和窗户,这个缺点,为他们看出。教师随即问道:"屋上为什么要有窗户?"立刻有人答道:"光线和空气。"因而接续讨论"充分空气"及"开窗睡眠"等之需要。

上面的这些知识都系偶然得来,并且是随随便便毫不拘束。教师的目的,是在继续的给儿童知识,但是一遇机会,就去设法澄清他们对于事物的观念,儿童的观念多少总有几分模糊,只须由教者相机问一两句话,便可变成清楚。

(十)观察范围之扩充

设计扩大之后,儿童的观察,也就愈趋精确。起初所忽略的小小节目,这时候都加上来了。即如他们学校旁边的路标就是个例子。初上来,不过用了一片厚圆纸,也就很满意了。后来他们就问,那上面的字说的什么,那些路标的中央,为什么有红圈,又为什么没有附近路灯那样高。他们出去散步的时候,时常停下来读那些竖在草地上的路标。

(十一)各种教材与此设计之关系

这个设计,对于全班都有兴味,各儿童皆有一点贡献。幼稚园作业中有好多可以拿他做中心来组织。在会话的时候,就可以互相交换观念,使观念变为明了。从中有许多知识,虽系偶尔得来,但也有永久的价值。并且各种经验,因为讨论这设计所做的种种事体,儿童也想起好多,教师更加以鼓励,使他们发表。当他们安置邮筒、邮差、邮局的时候,就有许多儿童说起曾经到过华盛顿和美国国会的议事堂。当"州"字出来的时候就有许多儿童想起在美国各州的经验:冬日在弗鲁里达和加利福尼;暑假的时候在威斯康新、美西干、哥罗拉多避暑。

儿童口演时,更用图画来帮忙,使他们在教材里,有较为明了之了解。所用的图画是住宅街、商业街、各种建筑物——教堂,房屋,店铺,客栈,栈房——又有火车、自动车、货物车、邮夫、火夫、警察等等的图画。

领学生出外察看,增加了许多团体组织的机会,在外面察看过之后,就接着叫学生画出所看的东西,又缀成短短的记事。就如这一次,儿童出外参观救火局,非常有味,回来之后,画了许多图画,经大众的同意,把最好的挑选出来,插在一本簿子上面,各记事缀成之后用打字机印成,也装在那本簿子里去。这本书叫做《救火局参观录》陈置在幼稚园里,备大众常时阅览。

救火局参观记[录]

我们跑到救火局里,局里的人领我们看机器和机器上的东西。跑到楼上,看见许多床铺,又看那些人从梯顶上跑下,引我们走到晒软皮管的地方。

我们走出门外,那些人又给我们看怎样爬到一住房屋的楼上。又看见一个救命网,威廉斯爬上救火车跳到那个网里。哈利女士给我们每人一块饼干,又给了火夫每人一块,我们说了一声谢谢你又向火夫说了一声再会,跑回幼稚园。

下面的句子都是儿童想出,题在那本书里插图上的:
(1)这是救火车。(2)这是些儿童和救火网。(3)这是威廉斯在救火网里。(4)这是救火局。(5)这些是楼上的床铺。(6)在救火局楼下。(7)这是从梯顶上跑下来的人。

装饰房屋时,应用各种手工的美术,各种纸,空纸盒,都用来做车子和店铺上的装饰。粘土一类的材料,用的更多。市上的人民有好几个是用粘土做的,又加上颜色。有一个运轮的管理员穿的蓝制服站在街角上,双手张开,神情毕肖。

店铺里的天棚、手巾、桌布、地毯等物,都须用图画和图案,书的插图里也欲得着。

(十二)鼓励读字的机会

有许多机会可以鼓励儿童读字。当儿童想出那些建筑物的时候,教师在黑板上写成一个表。第二天,印在厚纸上,以便阅读,一做街道的那个月台,本系预备放置建筑物用的。那地方既经选择出来放那种建筑物之后,即在那儿把他们的名字写下,各建筑物标名的牌儿概行印出。街上的车,玩具店、学校、教堂里的书均附有他们的名称,所以在这个设计里,读字的机会实在是很多。

(十三)表演的游戏

每天早上,儿童有自由游戏的时间,在这些时间之内,这个设计里,又加了许多小节目。即如附近走廊上的木块,就特为制了一辆车子来搬运。凡是这游戏时间内,所想出来的事体,只要有价值,到了谈话的时候,都特别讨论,让儿童说出他在自由游戏时所做的事体。儿童在这自由时间之内,真是可算是同这个设计游戏。他们在街房子路上走来走去,真是觉得快乐。他们早上所应做的事体有一件是用幼稚园里的小帚扫街。而在这条小街上,有无数纸做的偶人,坐在自动车里,到面包铺、杂货铺里去买东西,一方面学校里有许多纸做的小孩子,又坐在小桌上饮食。

除在在这个社会里游戏之外,儿童又欢喜把他们表演出来。因为他们曾经出去参观过救火局,建筑物中,又有救火局的小模型,儿童在游戏的时候,自然要装扮火夫。后来再经讨论,这个游戏便格外有了组织变为完全。在这个游戏里,一个救火的头目,骑了一匹连奔带跑的马,走到火场。后面跟了许多火夫,手拿着软皮管(一条绳)和救命网(用粗布所制)。从中有一个火夫,受头目的指挥,爬上梯子把洋团团救下。同时别的火夫拿住救命网,运用软管施救,当儿童参观救火局的时候,就看见火夫表演救命网,所以他们火网的印像特深。这样表演,虽属简单,但是在儿童看来,因为有几样"家产"如雨衣、帽、说话筒(自己做的)、洋团团、车儿等,便觉得非常重要。

（十四）开会作结束

最后还有一次集会，做这一大段经验的结束。在这一年之初，这班小孩子曾经看过小学一年级表演乡村会，这时候他们就想到城市会。这个会里包含的这小社会里的状况很多，各儿童皆要有一点贡献。奏乐开会后，一个小孩子站起说："我们现在要开会讨论我们的城市。"然后另一个小孩宣读各种表单，这些表单是年纪最大的一团里的儿童做成印好预备诵读的。他们是：

（甲）我们的城市

我们将有一条商业街。

我们将有一条住宅街。

我们将有一个戏园。

我们将有一个救火局。

（乙）街上的东西

人民　店铺　车　路灯　路标

（丙）我们将做的东西

我们将在营业街上造些房屋。

我们将在住宅街上造些房屋。

（丁）我们已经做的东西

我们造了几所房屋，和一所教堂。

我们做了几个店铺。

阿郎做了一辆车。

大卫做了几个邮箱。

这些表单读过之后，有几个儿童轮流的把他在这个设计里所做的东西拿在手里跑到大众前面申说：

第一儿："我为我们城里做了一辆车。"

第二儿："我为我们城里做了一个邮箱。"

第三儿："这是我们街上的牛乳车。"

第四儿："我为我们城里做了一个路标：'留心——这里是公立学校——慢慢的下去'。"

第五儿："这些是路灯。白的是表示安稳的意思；红的是危险的记号，立于路角。"

在这些练习之后，另外又有一儿宣布道："我们为我们城里做了一个救火局。"

当那些选出来的儿童表演救火的时候，其余的儿童唱《救火机器歌》。在救火之后所做的事体，就是刚才所讲的集会，乃是《我们的城市》设计里最后的一节。

（原载《中华教育界》第十一卷第七期，1922年）

从学务调查中所见美国都市教育局之趋势

关于教育局之趋势,美国教育行政专家除专著外,类皆发表于各城学校调查报告。作者综合三十二种城市学务调查,汇集数十专家之意见,著为此篇,以供改良我国教育行政者之参考。

引言

都市教育局的名称,在美国并不一致,有的叫作"学校局",有的叫作"学校委员会",又有的叫作"学校视察局""学务指导局"等,不过教育局三字,是最普通的名称。

要研究都市教育局的趋势,不可不知"趋势"二字的性质。所谓趋势不过是代表的行政专家的经验和主张,他们根据已往经验中所得的结论,对于现行制度加以批评,并且供献改革的意见。所以我们研究都市教育局的趋势,不啻就是研究各教育行政专家对于都市教育局的综合主张。

学务调查的发达,在美国不过最近十年的事,我所看的三十二个都市教育调查,都是 1911—1922 的产品;美国教育局的发达,都在这个时期之先,不过最近的趋势就是发达的结果,所以这个短期的研究,已可代表一切,这是我所深信的。

在这三十二个调查中我分出十三种趋势,这些趋势皆根于一条原则,便是"实效的管理学校系统之原则"。大概说来,这些趋势,可分为二类:一类是组织(organization),一类是职分(functions),不过二者之间,关系至密,仅为研究便利,所以强分如下:

(A) 组织上之趋势

(1) 减少局董数目之趋势

(2) 选举局董之趋势

(3) 全城合选之趋势

(4) 延长任期之趋势

(5) 分期改选之趋势

(6) 名誉供职之趋势

(7) 经济独立之趋势

(8) 避免政治势力之趋势

(B) 职分上之趋势

(1) 专家负责之趋势

(2) 商业管理之趋势

(3) 打破双头制度之趋势

(4) 减除琐务之趋势

(5) 减少常置委员会之趋势

第一表

年	都市调查	减少董事	民选或委任	全城合选	延长任期	分期改选	无给职	经济独立	脱离政治	专家负责	商业管理	打破双头制度	减除琐务	减少常置委员会
1911	Baltimore, 1st	+				+	+	+	+	+		−		
1913	New York	+8	委		+4	+		−				−	+	+
	Portland									+	+	+	+		
1914	Butte									+	+				
	Ogden									+					
	South Bend	+3											+	+
	Springfield									+	+			+	+
1915	Ashland	+5	选	+						+	+		+	
	Leavenworth		选	+	+4									
	San Antonio									+	+			
1916	Boston									+				
	Buffalo						+				+			
	Cleveland		选或委							+	+	+	+	+
	Denver		选							+	+			
	Grand Rapids										+	+	+	
	Salt Lake	+5	选	+	+5	+				+				+
1917	Brookline	+9	选										+	
	Harrisburg									+		−	+	+
	San Francisco	+9	选及委	+	+6	+	+	+	+	+	+	+		+
	St. Paul	+5 or 7	选	+	+5 or 7	+		+		+				
	St. Louis	+	选	+						+				

(续表)

年	都市调查	减少董事	民选或委任	全城合选	延长任期	分期改选	无给职	经济独立	脱离政治	专家负责	商业管理	打破双头制度	减除琐务	减少常置委员会
1918	Alton													＋
	Elyria	＋5	选	＋	＋5	＋		＋		＋		＋		＋
	Janesville		选	＋						＋	＋			＋
1920	Boise	＋	选		＋4					＋	＋			＋
	Memphis	＋7	选		＋6		＋	＋	＋	＋	＋		＋	＋
1921	Baltimore，2d	＋9			＋6		＋	＋		＋		＋		＋
	Hackensack							＋	＋					＋
	Philadelphia	＋5 −9	选	＋				＋	＋	＋				＋
1922	Augusta	＋8	选	＋				＋		＋	＋			＋
	Atlanta	＋3 −5	选	＋	＋5		＋	＋	＋	＋				＋
	Niagara Falls									＋				

第一表是各种趋势在三十二调查中所发现之次数。我相信除此之外必还有许多别的次数，只因那些调查人，未曾特别说出，我亦未便代他们加入，即如 St. Louis 报告，作者也许赞成延长任期，但未说明，只好从略。

A. 组织上之趋势

(1) 减少局董数目之趋势

各行政专家，对于管理都市教育局意见，皆赞成减少局董数目，三十二调查中，有十六个特别主张小教育局的制度。下面是几个引证：

"人常时说教育局的人数，应当比三个局董多，以为可以代表社会职业各方面的意见。不知实际上的情形，即虽大到十二个或十五个，也是不能代表各方的意见，要代表社会各种人的意见，不在人数之多，而在选择少数洞悉社会情形，地方需要，又有健全判断的人……(South Bend)。"

"五个人的董事会，一桌团坐，讨论时比较的要安静有效力得多，若到十人，往往谈到题外或是朝更夕变……(Salt Lake)。"

另外还有个报告举出四条赞成小局的理由：

① 责任专一，可得较大之效率。

② 减去一大堆纷杂的琐事。

③ 教育局易与社会接近。

④ 局董易于了解局内情形，办事格外有效。

第一表解

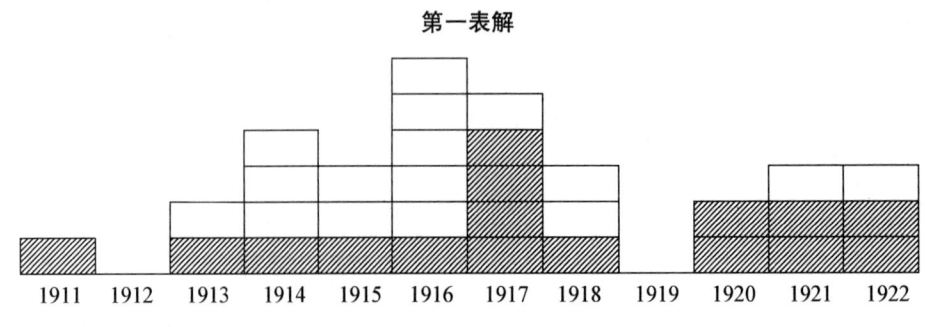

第一表解是表明三十二调查中每年赞成小局的数目,其余表解均同此义。

(2) 选举局董之趋势

美国通常产生都市教育局董事的方法,不外四种:(一) 直接由人民选举,(二) 市长任命,(三) 法官任命,(四) 市议会选举。市长委任的方法,在前几年最为通行,所以纽约学务调查(New York Inquiry)就主张八个局董中有三人由市长委任,其余五人由五个本邑长官委任,后来克里夫兰(Cleveland)报告里,也有一段讲起在普通选举激烈的时候,学校蒙政治的恶影响,学校的幸福,反觉不及政治重要。纽约报告的目的,是要扩大市长的权力,克里夫兰报告的目的,却要避去政治的势力。二者的态度皆与最近的调查不同,最近调查的人之中,有许多主张教育局脱离城市政府的约束,当然是不赞成市长委任。他们大都主张改良选举的方法(后节当详论),不愿因噎废食,菲拉达尔菲亚(Philadelphia)报告,便是赞成民选的一个好例。在那个报告里调查的人深信用这种方法一般人民能直接与学校事业发生关系,他说再没有别的东西能像直接选举局董收这种效果。此外例子很多,亦可不必赘述。今请看表解第二,画横线的方格,是表示主张委任的报告;画纵线的是表示主张民选的报告;画格子的是表示中立的报告,这种中立的报告共有两个:一个是旧金山(San Francisco)报告,主张二法并用,另一个是克里夫兰,主张二者择一。不过我们从全体看来,这种民选的趋势可勉强分为三期:1913 年以前可为第一期,委任法最为通行,1914 至 1919 年可为第二期,是委任民选过渡时期,1919 以后至今,可为第三期,完全赞成民选。这种分法,本属勉强,因为若从都市教育局发达全部历史看来,这三期只可算作最后的一期。

第二表解

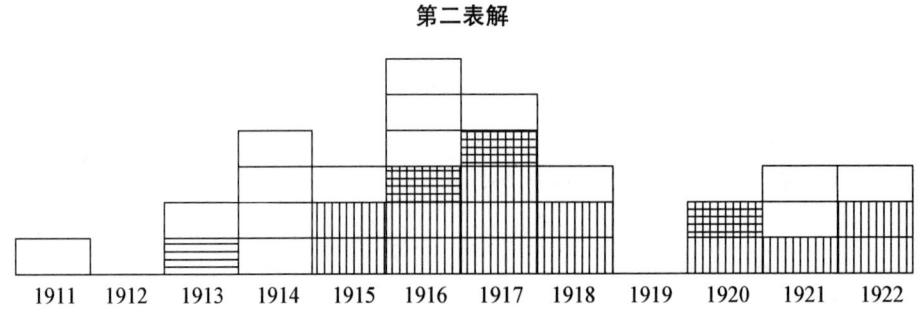

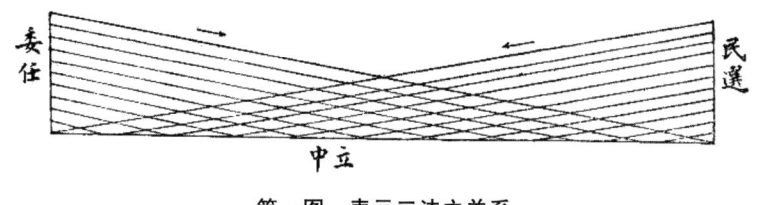

第一图　表示二法之关系

(3) 全城合选之趋势

和民选有密切关系的趋势,就是全城合选。从前的办法,是分区选举,就城中区域,分配董事数目,每区都有代表。这种办法,现时颇遭反对,试看下面的意见。

黎夫华城(Leavenworth)调查里,施密支(Smith)说道:"教育局若要均称,必须代表各方面的利益,当选能干之人,考虑全城各部的需要,狭隘的分区选举,实在有害,应当避去。"1915

柯柏烈(Cubberley)在盐湖城(Salt Lake)报告里也说道:"普遍的经验皆觉得全城合选的董事程度,比分区的高,局部的政治和偏[褊]狭的情感也少得多。"

菲拉得尔菲亚城的报告里,也有一段讲道:"最能干的人,往往住在一区内,若用分区制度,每次只能有一人被选……现在的政策,要是全城合拢起来选举代表全城……"1921

殷格里(Inglis)在奥古斯达(Augusta)报告里,也主张全城合选,以为可以得真正的代表,并可以提高董事的地位,教育问题是全城的事,不是局部的事。1922

阿特朗他(Atlanta)报告里说道:"……全城合选,可以联合全城教育的利益,选举董事,依照服务资格,不拘于局部的代表。"1922

总括上面的理由如下:

① 代表各方面的利益。
② 减少局部的政治和偏[褊]狭的区域主义。
③ 罗致能干之人。
④ 抬高董事的地位。
⑤ 集合全城的教育利益。

第三表解　表示主张全城合选之报告数

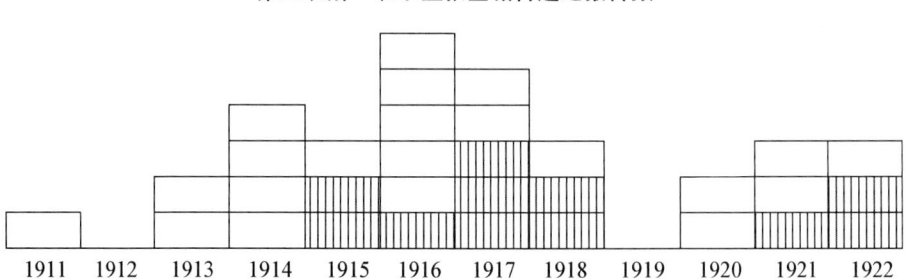

(4) 延长任期之趋势

照惯例看来,改选董事,都是每年一次,不过现在很有许多人反对这种办法。综合各专家的意见,得有六条理由：

① 任期延长,新加入之董事,可以熟悉局内情形,负责办事。
② 人类通性,对于不甚了解之事,往往率意而行,不顾利害,任期延长,可免此弊。
③ 可得稳固的教育政策。
④ 教育政策,可以一贯,不致常时改变。
⑤ 可坚局董之信任。
⑥ 可收合作之效。

第四表解表示十年来赞成任期延长的调查之分配,注意后半部,此种趋势,最为显著。

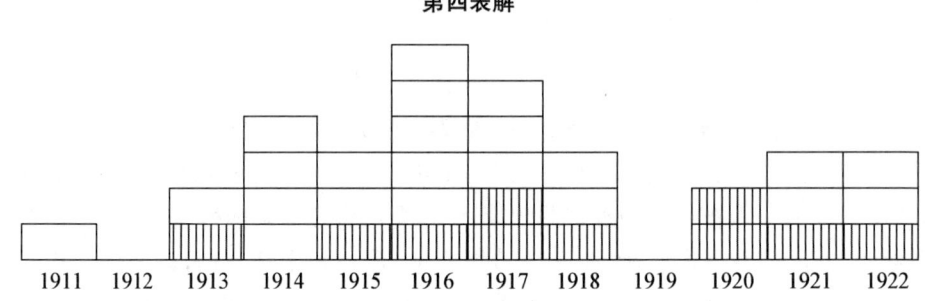

第四表解

第二图表示董事任期及数目两种趋势之比较,注意任期与人数,适成相反的现象。

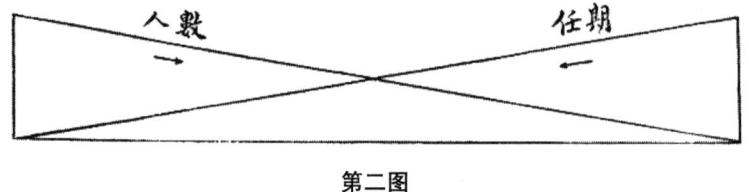

第二图

(5) 分期改选之趋势

分期改选,是欲使教育局变为永续的团体,不因董事之改选而失其作用。爱理内亚(Elyria)报告里讲:"……一个新董事,在选别个董事时,得有机会熟悉学校状况。"梅菲斯城(Memphis)报告里说到全部改选的缺点,以为全部新董事,不悉各种情形,前届董事苦心经营的政策,到此竟完全废弛,而学校办事人方面,又不知前届的政策,是否继续。因为这些原故,所以爱理内亚、圣保罗(St. Paul)二报告里就主张每年改选一人;梅菲斯报告就主张每二年改选二人;纽约和盐湖城二报告就主张每年改选四分之一。

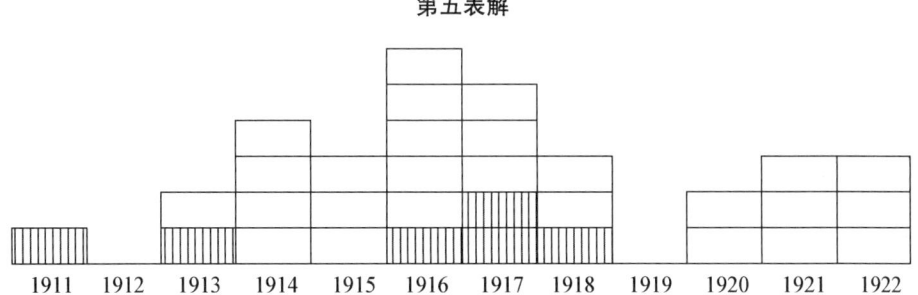

第五表解

(6) 名誉供职之趋势

美国有少数城市教育局董是支薪的，但是现在的趋势却反对这种办法，大多数人皆主张不但不该给常年薪水，即虽到会时的旅费，都应该取消。这是因为有许多好利之人，即是这一些旅费，都能动其贪念，钻营运动，果为旅费而后才热心办事。这种人也不配为董事，真正热心公益的公民，绝不因旅费或薪水之有无而进退。

第五表解①中所引的数目，虽说不多，但是名誉供职，在美国差不多已不成为问题，所以调查的人提到这一层的很少。

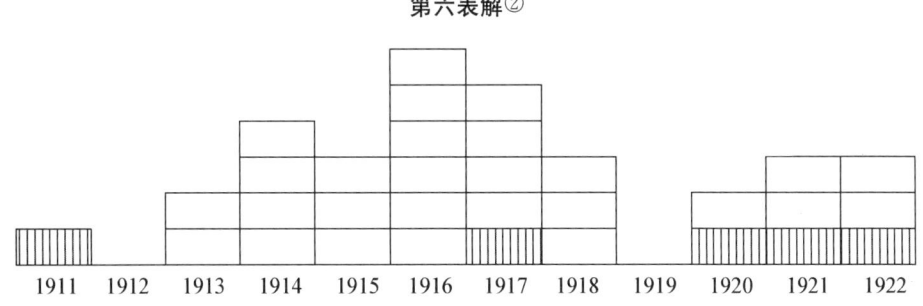

第六表解②

(7) 经济独立之趋势

在现在美国城市政府发达的时候，各行政专家一致的意见，皆主张教育局经济独立（实在是脱去城政府各方面之约束，经济独立，不过是最显著的一条，看下文便知），不受城政府的管辖。他们的目的，是要教育局用款自由，增进学校的最高效率，不受牵制。这种倾向，近时尤为显著（看第七表解），在最初的学务调查里，只有第一次巴铁模〔Baltimore (1st)〕城调查柯柏烈注意及此，他主张局董应该脱去城政府及其他各部的拘束，自由支配，自由委任，自由用款，同时纽约报告却主张制造预算，支配用途，不应属诸教局。这是早年的倾向，近数年的论调，与此大为不同，下面是几个例。

---

① 编者注：疑应为"第六表解"。
② 编者注：原图1911年方格为竖线、斜线交错，疑为制图笔误。

① 柏法罗（Buffalo）调查以为经济若不独立，则教育局长，仰城市政府的鼻息，疲于公牍，办事上发生种种障碍。

② 圣保罗调查主张教育局有经人民投票后发行公债建造校舍的权力。

③ 菲拉得尔菲亚调查主张州政府法律上应规定教育局扩充教育设备的特权，受法律的限制征收税款，自由支用，不受城政府的控制。

④ 第二次巴铁模调查主张：（一）应赋与教育委员大部分使用经费之权，（二）完全管理营造校舍，购买教育用具及设备，（三）体格检查及卫生之责任。

⑤ 教育局有权征收赋税，又能借款建筑校舍，经济方面，脱离城政府的管理，责任因此稳定。

⑥ 阿特朗他调查主张：（一）教育局自造预算，（二）自定学校用品的多少，（三）征收税款。

由以上之意见，可知教育局应当脱离城政府的约束，经济方面，尤须完全独立，但须受法律上的限制。

第七表解表示经济独立的趋势。画横线的是不赞成独立的调查。注意近数年来独立的趋势最为显著。

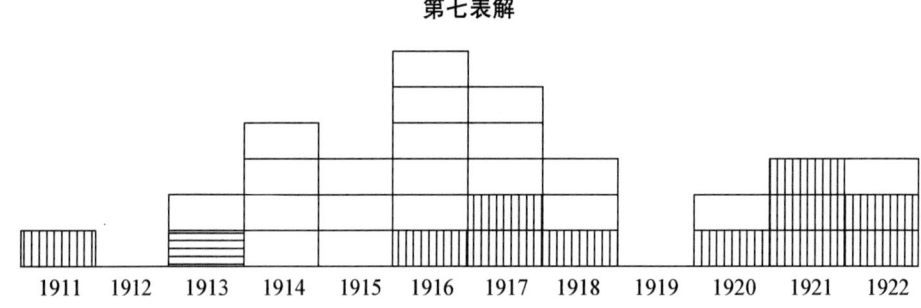

第七表解

（8）避免政治势力之趋势

和经济独立最有关系的趋势，是避免政治势力的趋势。这两种趋势，不过是一件东西的两面表示，所以皆是近数年最为显著。下面是几个调查的意见：

① 旧金山报告，主张教育局不应该同时有四个同党的董事。

② 菲拉得尔菲亚报告，主张选举教育董事，当与其他城市选举分开。

③ 第一次巴铁模报告，主张董事不应当代表政府。

④ 梅菲斯报告，说政党操纵选举最有势力，希望政客不利用教育，是办不到的事。惟一的方法，是把教育选举脱离政治的漩涡。

⑤ 阿特朗他调查主张，选举董事，不与其他选举同时举行，并且主张免去当然兼职（ex officio）的董事。

第八表解

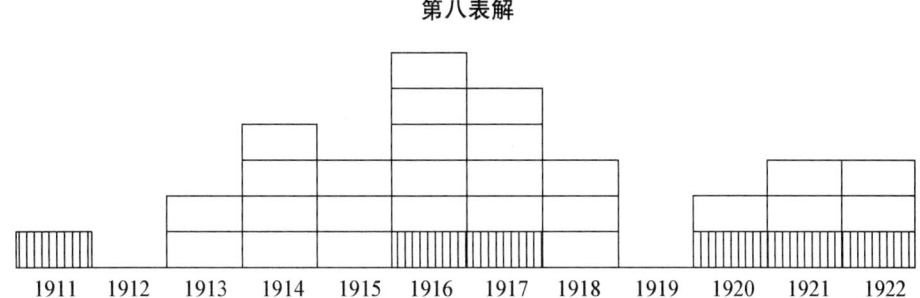

B. 职分上之趋势

职分方面，我举了五种趋势：（一）专家负责之趋势；（二）商业的管理之趋势；（三）打破双头制度之趋势；（四）减除琐务之趋势；（五）减少常置委员会之趋势。这五种趋势，按实讲来，本是一件事体，只因他们在学务调查发达史上显著的时期不同，又有轻重之别，所以分开来讨论。

(1) 专家负责之趋势

差不多个个调查里都注重专家负执行的责任，这可在第九表解中看出。柯柏烈解释得很好，他说正当的基本管理原则，应当有真正的统一。这个专一的责任，应由教育局长（Superintendent）担负，他是学校系统中的首领，教育局应由他做事，别的职员，都由他指挥，经他报告，他如不能称职，即当更换。

菲拉得尔菲亚报告里，更说得切实："局长应当公认为教育局行政的首领，局董只能立法，而且只应当立法；他们执行自己所议决的事体，断不会弄得好，万不可尝试。"

第九表解表示责任专一的趋势，注意近数年来格外显著。

第九表解

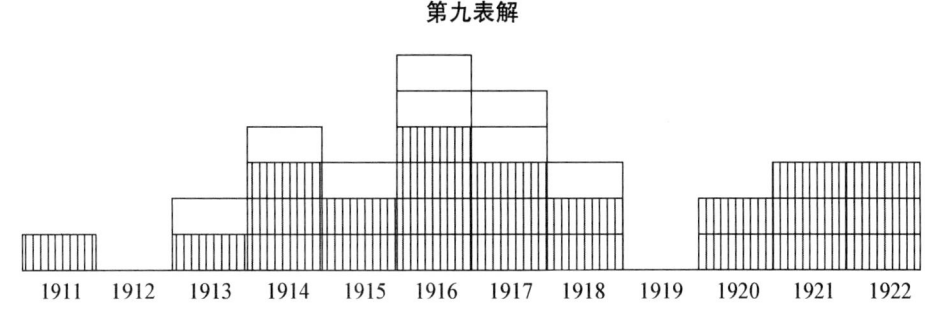

(2) 商业管理之趋势

专家负责的趋势虽说差不多个个报告中可以看出，但是商业管理的观念，只得在学务调查中期待，觉得显著（参看第十表解）。这个观念最初发现于鲍特兰（Portland）城的调查，随后艾叶（Ayres）和鲍裴德（Bobbit）在斯勃林菲尔（Springfield）和燥斯宾特（South

Bend)二报告里又略加讨论。鲍氏谓董事都要是有大才干之人,只尽指导的责任,计划政策,把行政的事务,都归执行的领袖负责。这是商业上管理大公司的方法,应当应用到学校管理上。艾叶说有实效的管理教育系统之原理,就同管理大公司的原理一样,大公司的董事会,但须供给资本,监视执行政策,责任全归经理等担负。这种方法最有实效,教育局应当采用。

用商业方法管理教育系统,讨论得最详尽的,要算鲍裴德在唐物城(Denver)调查里所发表的意见,他把教育系统和商业上大公司的原理,胪列十一条,两两比较,证明大公司组织的原理,条条可以应用到教育行政,这一种比较,后来的调查颇多引用。

第十表解表示商业管理的观念,在中部最为显著。

第十表解

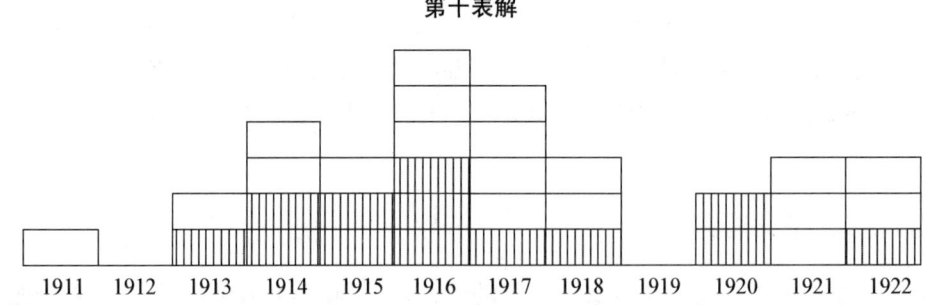

第三图表明商业管理与专家负责二趋势显著的时期之差异。注意商业管理,近数年来谈者很少。

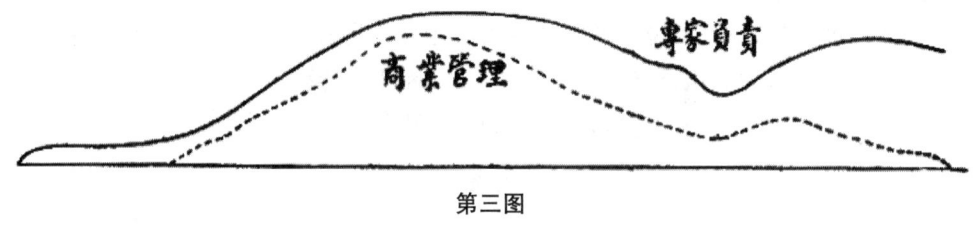

第三图

(3) 打破双头制度之趋势

从前的办法,都是在教育局之下,设两个行政的领袖:一个是局长,一个是事务经理。最初的调查,并且有主张采用这种制度的,可是现在的行政专家,没有那个再信这种办法,用格郎拉擘(Grand Rapids)城调查来做个例,其中有几条打破双头制度的理由如下:

① 为联集教育、事务二部,完全合作,去发展学校事业。

② 开列预算,教育事务,不能分开。

③ 免去两方重复的报告。

现在的办法,都是把事务经理属于局长之下,十一表解,表明前半期尚不能完全赞成这种办法,注意画横线的,是主张两头制的调查。

第十一表解

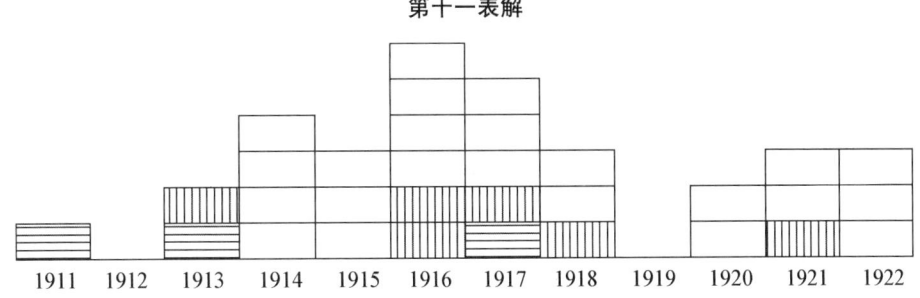

（4）减除琐务之趋势

减除琐务的趋势和前面几个趋势本是分不开的，不过有几个调查里，特别注重此点，即如波迭（Butte）城的调查，讲起根本的管理原则，是在大体监察，而非细微末节的执行：注意大的问题，而将零碎事务，归诸所用专家。梅菲斯城调查里说教育局的职分，是立法的，行政的，而非执行的。他只宜决定大政方针，不应顾及实现方针的那些琐务。此外例子很多，不必赘述。

第十二表解表示这种趋势，以中部最为显著。

第十二表解

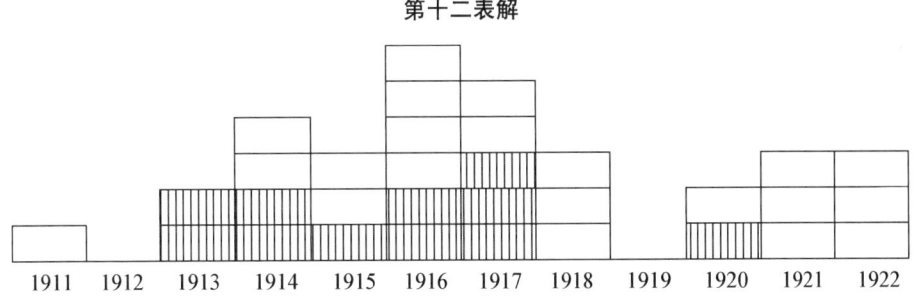

（5）减少常置委员会之趋势

教育局管理上最习见最谬误的方法，是设置许多常置委员会，如课程委员会，教科书委员会，教授法委员会等。这些事务，需用专门知识，董事不应过问。近来美国教育行政专家一致的意见，皆以为常置委员会，有大大的减少之必要，少数激烈分子竟有主张全去的。现从斯勃林菲尔、哈里堡（Harrisburg）、盐湖、波赛（Boise）、巴铁模、菲城、阿特朗他诸调查里，抽出减少常置委员会的理由十条如下：

① 职权的界限不清。

② 权限不能均称。

③ 责无专归。

④ 有误会纷扰之危险。

⑤ 有纷乱大政策之危险。

⑥ 有事务太多精力不敷之危险。

⑦ 流入多重阶级制度。

⑧ 不适当,不经济。

⑨ 阻碍专家之建议及革新。

⑩ 浪费时间。

各行政专家以为可以存在的委员会:

① 教育事务委员会,经费校舍委员会……斯勃林菲尔与加来斯费尔(Janesville)。

② 经费校舍委员会……阿特朗他。

③ 事务教育委员会……旧金山。

此外如纽约,则主张有关于根本立法和监督性质的委员会。不过上面这些委员会,全是审查专家的报告,并非躬自执行。此外又有些调查,主张完全取消常置委员会,如因特别需要,可设临时委员会,事过即行取消。

十三表解,注意这种倾向,近来更为显著。

第十三表解

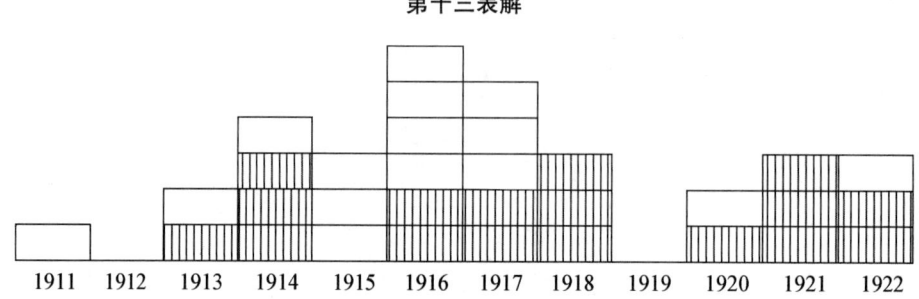

到了此地,就要问究竟教育局局长和董事的职权,详细分下来有那几种。为答复这个问题,我特在三十二个报告里把各专家所定职权发现的次数,一一记下,随后又归并了一下,虽说有些笼统,但多少可得一个大概。

(一) 董事的职权

(1) 选择及委任局长、专家视察员、指导员、教师校长等(由局长推荐)(19 次)。

(2) 考查结果如考察用款、讨论报告、察看成绩等(17 次)。

(3) 规划或议决采用政策(14 次)。

(4) 通过预算决算购买添置等事(13 次)。

(5) 决定财政大问题,如征收税务、支配经费、发行公债等(12 次)。

(6) 制定规程如学期长短、开学日期、薪水规程、年老恤金、增减员额等(得局长同意)(11 次)。

(7) 选择校址、建筑校舍等(10 次)。

(8) 决定关于扩充教育事业事项(8 次)。

(9) 通过校舍计划(4 次)。

(10) 使议会或人民知道学校的需要(4 次)。

(11) 采用规程(3 次)。

(12) 批准或否认委任或推荐(3次)。

(13) 辞退职员(得局长同意)(2次)。

(14) 受理教员或指导员争讼事件(2次)。

(15) 代表城市人民及州政府(2次)。

(16) 报告教育结果于人民并征求意见(2次)。

(二) 局长的职权

(1) 选择、推荐、委任、升擢、管辖,及辞退校长、教员、指导员、事务员、校工等(19次)。

(2) 编制课程事件(13次)。

(3) 选择教科书、参考书及教授用材料(12次)。

(4) 教授、训育、体格检查事件(10次)。

(5) 条列政策、发动改革、拟定实行政策办法等事(10次)。

(6) 考查教授成绩(9次)。

(7) 编制预算(6次)。

(8) 选择、建筑、利用校舍并管理游戏场校园等(5次)。

(9) 选择、购置用品(4次)。

(10) 公共事业如图书馆、演讲、游息场所等(3次)。

(11) 训练校长教员如各种集会等(3次)。

(12) 报告教育状况于董事及人民(2次)。

(13) 教师薪水之酌定(2次)。

(14) 制定规则(1次)。

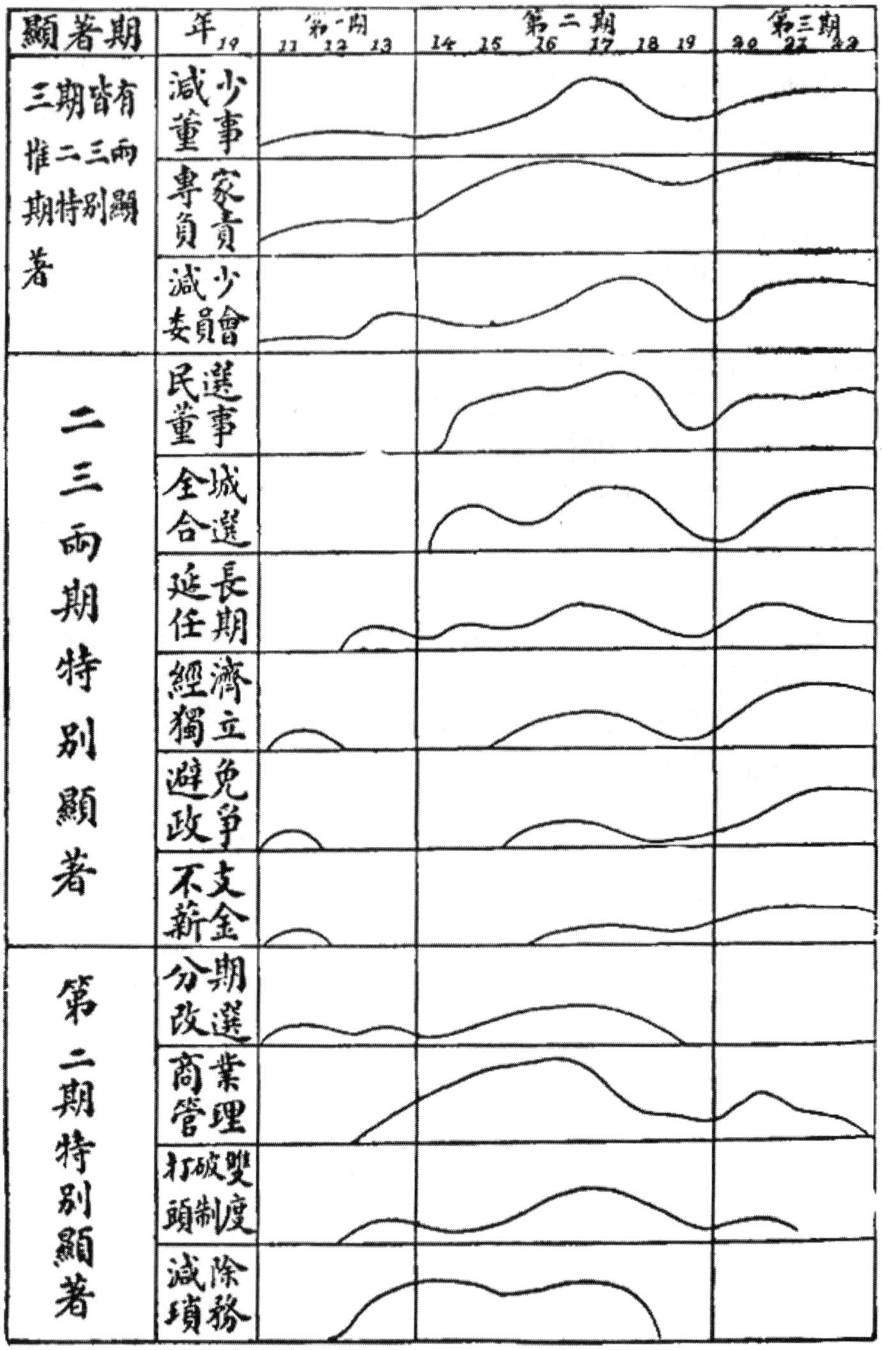

顯著期	年19	第一周 11 12 13	第二期 14 15 16 17 18 19	第三期 20 21 22
三期皆有而二三期特別顯著	減少董事家責			
	專責董家			
	減少委員會			
二三兩期特別顯著	民選董事			
	全城合選			
	延長任期			
	經濟獨立			
	避免政爭			
	不支薪金			
第二期特別顯著	分期改選			
	商業管理			
	打破雙頭制			
	減除瑣務			

第四图　表示各趋势在各期内显著之现象

由上表可知董事的权限只在立法行政，而局长的权限，则在执行，虽有数条界限不清，但是都得双方同意。从这两个表内，可以看出从前委员会所做的事如选择人员，考察教学结果、教科书课程等事，都归到局长权限之下。

总结

总起来说，美国都市教育局的趋势，照三十二个城市学务调查中各专家的意见看来，有减少局董人数、选举董事、全城合选、延长任期、分期改选、无给职、经济独立、教育与政治分开、专家负责、商业管理、打破双头制度、减除琐务、减少常置委员会诸趋势，这些趋势，本有密切关系，仅为便于讨论，所以勉强分开。我们可以【将】学务调查的历史假定为三个时期：在一九一三年以前为第一期，一九一四到一九一九为第二期，一九二〇以后为第三期。减少董事、专家负责、减少委员会诸趋势，在三期内皆有，不过第二、第三两期，格外显著；民选董事、全城合选、延长任期、经济独立、避免政争、无给任职诸趋势，第二、三两期格外显著；分期改选、商业管理、打破双头制度、减除琐务诸趋势，第二期特别显著；在这些趋势里面，有一条实效的管理学校系统之原则。

按照这个原则理想的都市教育局，应当是一个永续的团体，经济独立，脱离党争，他的少数局董，应由全城人民公选，长期任职，不支薪金，并且采用商业管理的方法，减少委员会，避去兼职，打破双头制度，将执行事务，完全由聘任的专家负责。

本篇参考的城市学务调查

SURVEYS	YEAR	SURVEYORS
Baltimore(1st)	1911	Cubberley and others
New York	1913	Mitchel and others
Portland	1913	Cubberley
Butte	1914	Strayer, Cubberley, and others
Ogden	1914	Defferenbough
South Bend	1914	Under the direction of Bobbit
Springfield	1914	Ayres
Ashland	1915	Ayres and others
Leavenworth	1915	Walter, Monroe, and others
San Antonio	1915	Bobbit
Boston	1916	Van Sickle and others
Buffalo	1916	Educational Department of New York
Cleveland	1916	Ayres
Denver	1916	Bobbit
Grand Rapids	1916	Judd and others
Salt Lake	1916	Cubberley
Brookline	1917	Van Sickle
Harrisburg	1917	Bureau of Municipal Research of New York
San Francisco	1917	Davidson and others
St. Paul	1917	Strayer and others
St. Louis	1917	Judd and others
Alton	1918	Withers

Elyria	1918	Defferenbough
Janesville	1918	Theisen and others
Boise(3rd)	1920	Sears
Memphis	1920	Bunder and others
Baltimore(2nd)	1921	Strayer and others
Hackensack	1921	Strayer and others
Augusta	1922	Inglis and others
Atlanta	1922	Mcgaughy and others
Niagara Falls	1922	State Department of Education

此外尚有城市调查多种，大都没有讨论教育局，故不在参阅之列。

（原载《新教育》第七卷第五期，1923年）

从世界各国学制情况谈谈我国学制改革问题

一、引 言

学制问题是国民教育制度中根本问题之一。它的适当解决与否关系国民教育的发展很大。现在各方面正注意学制改革,我们在这篇论文中报告世界各国有关学制的一些最近情况的研究,并略谈我们对于中国学制改革的意见以备对学制问题研究的参考。

这个研究的范围只限于下面的三个方面:

1. 儿童入学年龄;
2. 普通教育的年数;
3. 普通中学分科情形。

这篇研究的材料绝大部分采自"联合国文化教育科学组织"1955年所出版的《世界教育调查》》[①]。一小部分系采自苏维埃教育学杂志及康士坦丁诺夫主编的《世界教育史纲》等书。《世界教育调查》一书报告了全世界一百四十多个国家(保护国在内)、托管地以及资本主义国家的属地的教育组织。我们在整理时只选择了80个国家(所有保护国,托管地以及属地等等都未列入),尽量选用本文所需要的有关资料。不适当的材料酌量删去,缺少的材料酌量从别的书里选择补充。无法补充的就从阙。

我们所用的方法是统计整理、分析研究,并结合实际建议改革。兹将结果报告如下。

二、儿童入学的年龄

在儿童入学年龄这个问题上,我们只掌握了76个国家的材料。从整理的结果看来(见表一),下面几件事实是值得注意的:

1. 各国儿童入学年龄最低5岁,最高8岁,大多数是7岁,计有42个国家,占总数55%。其次是6岁,计有29个国家,占总数29%。但是,在7岁入学的42个国家中就有11个是社会主义国家(朝鲜无资料),包括南斯拉夫在内。

2. 资本主义体系国家,儿童入学年龄,美国、法国、意大利、荷兰、加拿大、日本、澳大利亚等国都是6岁;西德、葡萄牙、比利时、丹麦等国都是7岁。

3. 美国儿童入学年龄,6、7、8岁不等,大多数是6岁;印度,6岁7岁不等;菲律宾,7岁8岁不等;巴拉圭,大地方7岁,其余地方9岁。

鉴于上述事实,并参照苏联先进经验,更结合我国情况,关于我国儿童入学年龄问题,我们提供下列的意见:

1. 6 岁入学应订为一般原则。现在世界上尽管有 55%，即 42 个国家实行 7 岁入学的办法，但是在 42 个国家中就有 11 个是以苏联为首的社会主义国家。这一事实不容忽略。现在苏联也有改为 6 岁入学的趋势。倘使把 7 岁入学的 11 个社会主义国家加并到 6 岁入学的方面去，那么 6 岁入学的国家将要增加到 40 个，占总数 53% 强，而 7 岁入学的国家将要减少到 31 个，仅占总数 42%。

2. 苏联先进经验告诉我们在建国初期儿童入学年龄应为 8 岁，其后改为 7 岁，现在又有改为 6 岁的趋势。可见提早到 6 岁（甚至 5 岁）入学，是发展的必然趋势，值得我们注意。不过我国地方这样大，又有很多兄弟民族，为了适应具体情况和特殊需要，我们主张除规定 6 岁入学，规定在大都市和有条件的地方实行外，可同时规定 7 岁至 8 岁入学，以适应条件较差地区的需要。不必统一规定，强求一律。

表一　世界各国儿童入学的年龄

入学年龄	国家数	国名	备注
5	3	★英国　○印度　锡兰	★指英格兰与威尔士 ○各邦还有 6 岁入学的情形 ▲用英语的学校 ●六周岁零四个月以该国中卡塔尔州为代表
6	29	★△美国　法国　意大利　荷兰　▲加拿大　日本　印度尼西亚　巴基斯坦　阿富汗　古巴　海地　南朝鲜　墨西哥　叙利亚　奥地利　多米尼加　以色列　黎巴嫩　摩洛哥　希腊　●列支敦士登　厄瓜多尔　阿根廷　澳大利亚　缅甸　尼加拉瓜　瑞士　乌拉圭　南非联邦	
7	42	中国　苏联　阿尔巴尼亚　保加利亚　捷克斯拉伐克　匈牙利　民主德国　波兰　南斯拉夫　蒙古　罗马尼亚　西德　葡萄牙　比利时　丹麦　芬兰　约旦　新西兰　▲菲律宾　西班牙　委内瑞拉　智利　冰岛　老挝　挪威　土耳其　玻利维亚　哥伦比亚　埃及　危地马拉　伊朗　利比里亚　□巴拉圭　泰国　瑞典　巴西　哥斯达黎加　萨尔瓦多　洪都拉斯　爱尔兰　沙特阿拉伯　伊拉克	△这是美国大多数儿童的情形，也有 7 岁或 8 岁入学的 ▲7 岁或 8 岁 □大地方 7 岁，其他地方 9 岁
总计	76		

三、普通教育年数

所谓"普通教育年数"，是指学生升入大学前所受教育的年数。其间经历的年数，不仅限于小学和中学，有时也包括幼儿学校在内（如英国）。

在普通教育年数这个问题上，我们掌握了 80 个国家的材料。整理结果见表二。从这表可以看出下列主要的事实。

1. 全世界大多数国家普通教育是 12 年至 13 年，计共 45 国，占总数 56%。其中包括中国、匈牙利、民主德国、南斯拉夫四个社会主义国家和法国、美国、加拿大、日本、荷兰、比利时、西德、意大利等资本主义国家。英国和巴拉圭并且达到 14 年。

2. 在普通教育10年和11年的32个国家中就有8个是社会主义国家，主要资本主义国家没有一个在内。在10年的10个国家当中，就有5个是社会主义国家，包括苏联在内，而另外5个国家则是缅甸、秘鲁、列支敦士登、巴基斯坦和多米尼加。

3. 从总的情形看来，资本主义体系国家的普通教育年数大大地超过了社会主义国家。

4. 苏联的中学一般有10个年级。但是，有4个加盟共和国，即立陶宛、拉脱维亚、爱沙尼亚和格鲁吉亚则有11个年数②。其中如格鲁吉亚是在1946年、47年才将中学改为11年的。这几个共和国的中学所以改为11年制，为的是要学好俄语③。

鉴于以上事实并结合我国语文的困难和多民族的情况，对于我国普通教育年数问题，我们提供意见如下。

1. 为保障学生得到足够的普通教育，我们认为12年的普通教育是必要的。在少数民族地区为了学习汉语，并应在初中阶段加长一年，总共为13年。

2. 随着国民经济情况的发展，普通教育年数应向资本主义国家看齐，逐步延长。苏联现已有延长普通教育年限的趋势，冈察洛夫教授有此主张，值得我们注意。

3. 因此，我们不赞成缩短中学学习年限，增设大学预科的意见。

表二　世界各地普遍教育的年数

入学年龄	国家数	国名	备注
10	11	★苏联　阿尔巴尼亚　捷克斯拉伐克　蒙古 ○罗马尼亚　巴基斯坦　缅甸　菲律宾　秘鲁 列支敦士登　多米尼加	★有四个加盟和共国十一年 ○或十一年
11	21	波兰　朝鲜　保加利亚　丹麦　葡萄牙　西班牙 澳大利亚　●阿根廷　哥斯达黎加　危地马拉　利比亚 洪都拉斯　墨西哥　埃及　伊拉克　新西兰　哥伦比亚 萨尔瓦多　约旦　尼加拉瓜　委内瑞拉	●或十二年
12	37	中国　匈牙利　南斯拉夫　民主德国　美国　△印度 法国　▲加拿大　日本　波兰　比利时　□瑞士 阿富汗　巴西　芬兰　以色列　瑞典　泰国　乌拉圭 奥地利　印度尼西亚　南朝鲜　挪威　南非联邦　智利 伊朗　黎巴嫩　巴拿马　叙利亚　玻利维亚　厄瓜多尔 希腊　爱尔兰　摩洛哥　沙特阿拉伯　土耳其 利比里亚	▲用英语的学校 △各邦还有8年9年11年及12年等等的情形 □以该国中塔尔州为代表 ■指英格兰与威尔士
13	8	西德　意大利　锡兰　埃塞俄比亚　老挝　海地 卢森堡　冰岛	
14	3	■英国　巴拉圭　古巴	
总计	80		

四、普通中学分科

本文所说的分科,系指普通中学(高中或无高中之中学)里的分科,如高中文科、理科,或指普通性质的中等分科学校,如文科中学、实科中学等。职业或技术分科或分校不在本论文研究范围之内。

在研究中学分科的这个问题上,我们掌握到 24 个国家的材料。整理结果见表三。从这表可以看出下列重要事实。

表三　世界各国普通中学分科的情形

科别	国家数	国名	备注
校内分科 文·理	7	☆荷兰　叙利亚　巴西　墨西哥　伊拉克　○阿根廷　约旦	☆指该国近代中学 ○中学后二年分科 ●中学最后一年分科 △以该国中卡塔尔州为代表 ▲实科中学三年毕业后升入文科中学的四年级 □⊖指英格兰与威尔士 ⊖英国近代中学只有四学年
数学·科学·哲学	1	●法国	
数学·科学·文学	1	●埃及	
文·实·师范	1	△瑞士	
文·实·普通	1	瑞典	
哲学·物理·自然学	1	●多米尼加	
文哲·数理·生物	1	●委内瑞拉	
文哲·数理·化生	1	●厄瓜多尔	
文科·实科·文实科	1	海地	
现代语文·数理·古典语文	1	民主德国	
升入大学后所学各科	1	●古巴	
普通·工·农·商·家事等	1	美国	
分科学校			
文科·实科	2	○希腊　▲挪威	
文法·现代	1	□英国	
艺术·古典·理科·师资	1	意大利	
文科·实科·文实·女子	1	奥地利	
古典·现代语·建筑等科	1	西德	
总计	24		

(原载《人民教育》,1957 年第 6 期)

注:本文系邰爽秋与陈友松合著。

1. 在 80 个国家中有 24 个(这是就我们所掌握的材料说的,实际上可能不止此数),即 29％的国家的高中或中学是分科的。

2. 分科有校内分科和分科学校两种。分科是多种多样的。但其中分为文科实科(或理科)的,含校内分科及分科学校计算,在 24 个国家中共有 9 个国家。在这 9 个国家中没有一个是主要的资本主义国家。

3. 在 24 个普通中学分科的国家中,只有民主德国这一个社会主义国家。

4. 主要资本主义国家当中有英、美、法、西德、意五个国家在中学校内分科或设分科学校。英国的近代中学虽说是普通教育性质,但和文法学校比较起来相差三年。这种学校实际上是死胡同。它的毕业生不能升入高等学校④。严格说来,英国不是中学分科的国家,而是双轨制的国家。法国中学分为数学、科学、哲学三科;西德分科学校有多种样式,但只有表三上所列的五种学校可以直接升入大学。

5. 关于从什么时候分科,各国情形不同。大多数国家在整个高中或中学教育期间全部分科:有 6 个国家中学最后一年分科;挪威实科中学三年毕业后升入五年制的文科中学四年级,那就等于中学前三年分科了。

鉴于上列事实,并结合我国情况,我们对于改革学制问题,关于中学阶段提供意见如下。

1. 我们不赞成取消高中改办预科的办法。我们主张高中分科。现在世界上很少国家办大学预科。从前办大学预科的国家,如日本现时已改为 6—3—3 制。法国中学内设大学预科班。据这次来华访问的英国比较教育学家劳里斯说,现在只有一两校保持这种制度,而中学分科的国家竟有二十余国之多,可见在中学与大学衔接问题上,中学分科的办法已有普遍发展的趋势。

2. 我们不赞成分科学校的办法,只主张在高中内分科。并主张在最后一年或至少最后二年分科。因为分科学校在我国现时来说没有财力和人力的条件。

3. 分科不应以文理为限,应就实际需要及可能条件酌量增加。

4. 高中分科须像民主德国那样给予学生足够的普通教育⑤。

五、结论及建议

综观上面的情形,我们提出本论文的主要结论及建议如下:

(一) 结论

1. 全世界大多数的国家儿童入学年龄是 6 岁和 7 岁。以苏联为首的社会主义国家都是 7 岁,而主要资本主义国家则多系 6 岁,苏联有改为六岁入学的趋势。

有几个主要国家儿童入学年龄并不是一律的。

2. 全世界大多数国家普通教育是 12 年至 13 年,计共有 45 个国家,占总数 56%。其中资本主义体系国家的普通教育年数大大地超过了以苏联为首的几个社会主义国家。苏联现有延长普通教育年数的趋势。

苏联、印度等国家普通教育年数并不是一律的。

3. 世界上有 24 个,即系 29% 的国家高中或中学是分科的,只有极少数的国家设有大学预科。

(二) 建议

1. 我国儿童入学年龄应以 6 岁为原则,规定在大都市及有条件的地区施行,同时规定七岁甚至八岁入学以适应条件较差的地区的需要;

2. 我国普通中学教育规定为十二年是确当的,在兄弟民族地区还须加长一年;

3. 我们不赞成取消高中改办预科的办法,我们主张高中分科。

① UNESCO: *World Survey of Education*,1955。

② 米丁斯基:《苏联的人民教育》,人民教育出版社,1952 年,第 74 页。

③《世界教育调查》,第 632 页。

④ 拉普欣斯卡娅及沙里摩娃:《为英国教育制度改革而斗争》,《苏维埃教育学杂志》,1955 年,4 月号。

⑤ 康斯坦丁诺夫主编:《世界教育史纲》,第三册,人民教育出版社,1954 年,第 327 页。

(本文整理材料时,承陈孝彬同志协助,附此志谢)

十、教育散论

用什么去解决社会问题

　　社会上起了不平稳的现象的时候，就会发生许多问题，而这种问题之多再没有过于现在的中国了。什么妇女问题呀，仆役问题呀，劳动问题呀，学生风潮问题呀，细细分来，差不多要有几十百个，个个都是很要紧的，个个都是要解决的。今天报上提出一个来，他说东，你说西，明天报上又提出一个来，他说南，你说北，互相攻击，互相辩驳，有的是带着意气说的，有的是怀着私心说的，有的是纯是在主观方面研究的，有的还没有把问题弄清楚的，闹个不休。这种现象，都是因为还没有一贯的主张——还没有了解解决一切社会问题之真正利器。

　　这真正的利器是什么？就是"人格的眼光"，有了"人格的眼光"，绝没有不可解决的问题。诸位如不信，请拿上述的四个问题做例来证明证明。

一、妇女问题

　　谈到妇女问题，动辄说"解放"，动辄说"人道"。"解放""人道"这两个名辞，很不通，我在《妇女革命论》（见本年十月二十至二十三日《时事新报》）及《一个问题的商榷》（见本年十一月七日《时事新报》）里也大略论过。因为解放二字，是对着无人格的生物讲的，人道二字，是强于力的对着弱小的讲的，也不是以人格的眼光看待他的。譬如我们捉到一条狗，把他捆起来，打了一阵，后来觉得打得太可怜了，就大家一齐说把他放了，这地方才用得着"解放"，才用得着"人道"。现在我们解决妇女问题，再谈什么解放，什么人道，不是把妇女当作畜生看待吗？我们解决妇女问题，原是要增高妇女的人格的，若是用着非人格的眼光来做解决的利器，不是反把妇女的人格降低了吗？唉！现在有许多人自己以为文化运动的巨子，偏偏要大声急呼的说"妇女解放"，我不知是何居心。

　　所以我主张用人格的眼光，来解决妇女问题，不问做甚事，总当自己问道："我这事于妇女的人格有碍吗？妇女也是人，我会把他当人看待吗？"果能如是想，妇女问题可不成问题。

二、仆役问题

　　谈到仆役问题，人每每主张自给主义，不用仆役，这是我最不赞成的。因为人生在世，必定要互助才能生存，而人的才智，有高下的不同。才智高的（譬如役人的人但徒有金钱而不能在社会服务的不在此限）所做的事，一定是范围很大，能使社会上多数人受利，才智小的所做的事，一定是范围较小，只能使社会上少数人受利——都是替社会服务，都是社会的公仆——但是没有小才能的帮助,大才能也不能有完全的发展来尽力于社会,没有大才能的贡献,小才能的人,也不能得到间接的利益,所以他们二人看似主仆的关系,实在是互助的作用。只看爱迭生,他有这样大的发明,何尝不是他的仆人帮助的力量呢?假使爱氏抱自给主义:他吃的饭,一定要自己去煮;他吃下来的杯盘碗盏,一定要自己去洗;他所需要的一切洒扫杂役,一定要自己去做;那么他的发明,恐怕要因此阻碍得不少了。再在另一方面讲,他的仆人如果不是帮助爱迭生,恐怕他也不见得能受到电学上间接的利益。所以仆役的作用,是使才力低的人帮助才力高的人,服务于社会,完全是互助的关系,而非主仆的关系,假使用仆役的,能尊重仆役的人格,除去主仆的观念,不以仆役为供我驱使的利器(Means)而以之为共同生活的互助之一员,那么仆役问题,也可不成问题。

三、劳动问题

劳动问题,也不难拿人格的眼光来解决。因为这个问题的发生,完全是因为资本家不把劳动者当人看待的原故,只看"生产的要素"这一个名辞,就可以知道资本家对于劳动家的心理了,所以我们现在解决这个问题,当拿"人格"两字来做基础,增加工资减少工作时间,固然是很重要的,但是无论时间减到怎样少,工资加到怎样多,如果资本家还是把劳动家当做生产的要素,不当人看待——(在外国称工人为 Hand,因资本家所需于工人的,只是一双手,就可以推想其用意了),那这个问题,总不能算有圆满的答案。所以我以为解决这个问题,当用人格的眼光,凡是可以发展劳动者人格的事,当完全扩充起来,凡是可以贬损劳动者的人格之事,当铲除的干干净净。鄙见如是,不知今日谈劳动问题诸君以为怎样。

四、学生风潮的问题

现在学校里最大的问题,就是"学生的风潮"——学生同办学的人反对——自从这个问题发生,办学的人,几于没办法应付,我现在从人格眼光上,想了一个根本的办法,姑且写在下面。

(一)取消训练的观念　训练二字,是不把学生当人待的,因为这二字是用在普通动物身上的,譬如我们要把一匹马,或是一条犬造成如我们所需要的样子,那么必定要加以一种训练,我们要使学生变成理想的完人,难道也必定要加以训练吗?如果说是要训练,那么简直把学生当畜生看待了,怎怪有觉悟的学生要起风潮呢?所以我以为解决学生风潮的第一个办法,当取消训练的观念,而代以"人格的发展"的观念。

(二)取消管理的观念　办学的人心中,都以为我们是"校长"……"监学"……"主任"……那学生一定是要受我们管理的,不知这"管理"二字,他是不把学生当人看待的,当作被动的、无自治能力的附属品!譬如我们管理一群羊,管理一群鸡,那才欲着管理。学生难道是羊是鸡,欲着他们办学的来管理吗?现在办学的人,经了许多风潮,也就眼看心惊竭力的提倡学生自治,但是他们脑中,还脱不了管理的观念,他们提倡学生自治,仍不过是把自治这一件事当作管理的一种手段罢了。唉!这样看来,学生的人格,几时才能恢复！学校的风潮几时才能平息！所以我以为解决学生风潮的问题，当用"人格的眼光"，取消训练的观念，取消管理的观念。

  上述的几种问题，不过是就个人所想到觉得可以用"人格的眼光"来解决的。其余社会的问题，很多大概说起来总可以拿这五个字来解决。近来研究社会问题的很不少，可再另有一种方法解决大多数的问题吗？那我一定是很愿领教的了。

（原载《少年社会》第二期，1919年）

社会进步的原理

社会进步 Social progress 究竟是什么？这个问题，古今学者，不知研究过多少了，有的说，社会进步，应拿"社会组织的增加复杂"来做主要的标准。这个说素，同社会进步，并不见得有密切的关系，因为尽管社会组织复杂，照常社会的存在 Social Survial，社会的效率 Social efficiency，社会的调和 Social harmony（就是个人、人群间关系的调和），反呈有退步的现象。譬如从前我们中国社会上，有许多虚伪的礼节，君臣父子夫妇的界限，分的清清楚楚；又如印度的阶级制度，四种人的界限，也是丝毫不苟；这一类的例子，在表面上看来，社会组织似乎复杂了，但是于社会的效率同调和就会发生很大的损害。所以我们纵然承认社会组织的复杂，常可以发生进步的变化，但是这种纯粹客观的见解，终究经不起科学的研究。有的说社会的进步，存于"社会生活里分工互助的增加"。这个标准的缺点，同第一个一样。

另外还有些学者，下了一个完全主观的定义，他们完全拿"人类快乐的增加"来做标准，就是从困苦的境遇，到安乐的境遇；从痛苦的经济，到快乐的经济。（注一）这个说素，却也有一点理由，因为社会进步的目的，确是在人类的增加：不过这种主观的标准，只能算进步的一种要素，况且科学上研究起来，社会生活幸福的增加，不过是进步的偶然结查〔果〕，——进步程序里的出产和，——断不是进步的唯一标准。

真正社会的进步，存于变化。但是不见得个个变化都是进步的。赫布霍斯氏 Hobhouse 以为社会进步，就是有价值的社会变化里，社会生活的扩展。大概说起来，凡是帮助人类克服物质自然界的变化都是进步的，比如机器的创造，经济的盛旺，物质科学里的发明，调和个人同人群关系的政治状况，道德标准，协助的新方法，人性的新智识等等，都可以叫人约束自然和约束自己，所以都可叫做进步的变化。总起来说：社会进步，就是克己克物；叫社会群体，对于生存的需求，有较好的配合；对于广大普通的环境，有较好的适应；对于社会、文明，有较大的生存容量；对于处理公共的生活，有较大的效率——个人同人群关系的较大调和。一句话包括，社会的进步，实在包含了达到社会的存在，社会的效率，社会的调和底一切动作。

这个标准定下来了，但是又发生了一个问题，就是：要得社会的变化是进步的，究竟什么要素可以规定，并且这些要素怎样可以约束？这个问题，从柏拉图以来，讨论的却很多很多，但是他们大都只根据一种要素。所以关于进化的原理，也都是片面的，这篇所主张的，是社会学的原理 Sociological Theory，社会学的原素，是综合的，是包括其他几个原理的。要明白这社会学的原理，那其他的几个原理，不可不略述一下。

（一）人生地理的原理 Anthropo Geographical Theory。有几个社会学者，把天然物质的环境，如气候、土质、食料等，当作人类进化的主要原因。(注三)波克尔 Buckle 所著的《英国文明史》里极力的说物质的境遇，加上经济的作用，能够叫社会进步。他并且拿欧洲的文明来做证据。另外的几个学者，也说"气候的境遇，可以激动人的能力，发生文明"。换句话说，就是"供给食料的境遇，可以规定文明"。这个说来，确也有几分不差。社会进步，确是要靠着天然物质的环境。试看世界上文明古国的发生：如埃及，不是靠着尼罗河平原的天产吗？如印度不是靠着恒河的天产吗？再看看我们中国，所以开化如此之早，不也是受的黄河流域天产的赐吗？这都是很好的证据呀。不过要注意的，就是，如果只拿这一个原理来解释社会进步，未免太简单了。倘使有了地理环境，就必定可以发生进步的社会，那么一群猴子，甚至于一群下等动物，遇到很好的地理境遇，也可以发生进步的社会了。这怎样好讲呢？要知道社会的进步，不见得有了好环境就会发生；反过来说，顶好的环境，也未见能阻止社会退步。希腊罗马的文明，已经不是从前了，但是地理的环境，并没了变更，这是绝对主张物质环境的学者所说不过去的。总之，物质环境，在文明初起的时候，确有刺激文明发生的功用，不过单单拿他去解释社会的进步，未免太欠妥了。

（二）人种学的原理 Ethnological Theory（又名生物学的原理）。人生地[理]的原理，太在内部血统组织方面忽略了。现在研究动物种类的，常常从生物构造上去研究，那吗要研究各种人群生命的异同，又何尝不可应用这个原理呢？(注四)在生物学上研究起来：种族遗传，与社会演进 Social Evolution，有密切的关系；个人生理的组织同社会的反应，也有很大的影响。没有完固物质的遗传，断难有人类接续的进步，这也是优生学者所承认。但是从科学上证明起来，绝对把人种学的原理，当作进步的要素，也未免偏了。因为人群在集合生活里，有许多却不是从生物的关系得来的；比如在日常生活里，可以得到许多经验；还有社会的习俗，也能把古人所成就的传流下来。至于个人生物的组织，不过只能供给进步的能力 Potentiatities of progress 罢了。儿童生下来，简直是一条兽。他在人类社会发达里所行所为，都是他个人所得的。他个人生物的组织，是社会发达的根基；欲起高楼，必先有完固的基础，这话却是不错：不过要注意的，就是社会进步同种族进步，是大大的不同，试拿欧洲社会的状况来看，就知道了。欧洲四千年前，各民族生理的组织，同现在的比较，除去从前人体质遗传上稍为强壮之外，简直没有分别，但是这个四千年内，他们社会的进步，何等可羡！种族进步，同社会进步，何可并的一谈呢？唉！现在欧西的学者，动辄说白人的各民族，都比别种的民族优秀得多；以为现今的世界，这样进步，都是白人优秀天禀的结晶体；其实我们中国在二三千年前，已经到了文物昌明的时代，而他们白人的祖宗，如条顿、日尔曼诸民族，那时候还在森林里，过的茹毛饮血的生活。进步的社会，如果必定来自优秀的人种，那三四千年前，西欧大陆，久已配有文明大国发生了！由此可知生理的组织，虽可以供给进步的能力，但断不能算社会进步、退步的主要原因。

（三）经济学的原理 Economic Theory。历史和社会科学中社会进步最通行的原理，就是"经济的原理"，倚赖着货物、生产、分配的状况。这个原理，是马克思 Mark 派社会学者所主张的。他们所用的名词是"历史之唯物观"Materialistic conception of history，其后又被几个经济学者,用"历史之经济的解释"Economic interpretation of history,来鼓吹了一下,这个原理,就大为推广了。

关于这原理马克思原来的话,是"物质生活生产的方法,大概可以规定社会,政治和精神的生活"。(注五)这个原理,就是经济定命论 Ecnomic determinism——社会生活物质的状况规定意识 Consciousness。马克思又复辩论道:"社会里物质(衣食住的原料)生产支配的方法,定可规定社会生活的观念和标准。因此社会上各种事情,都要有经验的方法居间,且要爱[受]他管束;什么政治、法律、宗教、道德等等,都要拿经济状况做根基,并且要随着他变更;所以社会进步,不过是生活——得到生存要素——方法的问题罢了。"后来马氏的原理又复推衍了一层意思,就是"倘若经济的状况,弄得合宜适当,那吗其他的社会状况也就会自然的合宜适当了"。马氏的原理,所以能被人承认的,就是这个原故。

近年以来,马氏经济定命论,又复同达尔文的原理混合一气了。(注六)前面不是说人类的进步是从适应环境来的吗?其实现在人所适应的环境,除去地理的之外,大都是经济的。换句话说,我们现在实业工艺的制度,都供给个人人群应该适应的环境。一切选择,无论是理性的或是非理性的,都脱不了这环境的范围。尽管种类不同,但是社会生活,总须同生存的物质基础一致。照此看来,经济定命论,仿佛已经被达氏原理包裹起来。社会里必须适应的标准,其实就是经济制度的标准,而我们社会进步的唯一希望,也不过是因时制宜,去变化这经济的制度罢了。

这个原理里,实在包含了许多心理学、社会学的真理。因为社会变化的刺激,是从经济制度有了不适宜的适应发生出来的,这是无疑的,而这种经济制度,无论在什么时候,可供给一种环境,使生活于适制度之下的个人同人群,多少总要一致,这又是无疑的。因此之故,我们经济的秩序,就变成文明的基础了。话说到这儿,我又要问了:这原理是不是社会进化的适当的原理?是不是各种纯粹客观的解释都有科学的根据?换句话说:是不是关于心理的要素,终久只得是客观经济状况的反射?

在心理学家、社会学家方面,这原理所以不能有好批评的原故,就是因为"经济"这两个字太泛了。实际看来,生活中无论什么事,都有他的经济的状况。不但客观的货物工艺生活状况,有经济的关系,就是各种兴味、希望、观念等等,也都是这样。所以这个原理,时常把客观的同主观的要素混住一气。有些极端主张这原理的科学家,竟把这实业工艺的制度,当作一切社会生活的基础,规定全体社会生活,这一层同前面所说的"倘若客观的经济状况弄得合宜适当,那吗'其他社会状况',也就会自然的合宜适当"的一句话,是一致的。"其他社会状况",实在差不多就被他看作客观经济的状况的反射了。这是我们要批评这层原理的地方。

第一、第三两个原理,有许多遗漏掉的要素,被马氏原理收入,这是不错。不过关于社会心理有几条基本原则,这原理却还未能一致。因为这原理把活泼泼的有机体——譬如人——不当作自动的,而当作被动的。什么心灵 Mind 不看作适应的自动利器,而当作环境的被动反射。什么观念,依我们看来,是天性同环境二者弄成的,他偏偏说他是环境规定下来的。至于人心里较高的创造制作底倾向,如理性、想像等,那更放开不说了。更有一层,要注意的,人群观念 Ideals 同标准 Standards 的重要源泉,就是人群各个的相互关系。这些相互的关系,起初实在是由社交接触,并不是属于经济。科赖 Cooley 说得好,原始观念 Primary Ideals 的源泉,就是原始团体——家族、邻里——的生活,这种团体,无论在什么地方,无论在什么工艺发达时期之内,他总同人类的本性,支配社会生活的"观念""标准"。那工艺的制度,是万万抵不到的。

再换句话说说,个人在社会里所应当做的适应,不是对物的适应,乃是对其他许多个人的适应。所以适应的标准,不是对于经济的制度,而是对于社会环境的全体。

如果不这样,那吗物质的文明,就该会在言语、宗教、道德之前发达。然而在实际上看起来,却偏偏不是这样。譬如言语的发达,照人类学上看起来,比工业早得多了。就如南非洲的野人,言语很为精细,语汇也很丰富。但是他们的工业,却同原人差不多。再从历史上看来,各民族的道德、宗教、美术、科学的观念,都是在工艺制度之前发生,这是很常见的事。譬如从前的犹太人,在宗教上虽说达到多神教的一步,面[而]他们的工艺状况,还是在游牧时代。更在反面讲,在历史上各民族虽说已经变化了从前生活的方法,却有时还是固守着从前基础的道德、宗教观念。即如我们中国,总可算久经脱了游牧时代的工艺生活了,但是有许多古代迷信的思想,仍然流传到如今。由此可知在社会生活里经济的状况,同心理的现象,并没有像经济定命论所说的那样密切底相互关系。就是:社会上公认的观念同标准,并不一定是经济状况的反射;真正社会进步的原动力,存于个人同人群的群众心理 Social mind 里,断不系乎物质环境的客观境遇。

但是经济规定意识的说素,也未见完全没有理由。因为一切较高形式的文明,必须完全倚赖经济状况。文明愈进步,倚赖于经济境遇的愈多,实业工艺的制度一发达,那文明人的经济环境,就同原人的地理环境一样重要了。换句话说,我们现在的文明,已经绝对的变成倚赖着经济的状况了。经济的制度,好比是月台,社会进步在上面进行;又好比是基础,我们人类在上面动作。这制度在某种指导之下,实在供给许多发达的境遇同刺激。如其没有他,那社会生活,断不能十分发育。我们过于重视经济的状况,忽略许多别的要素,都是一桩不幸的事。但是从社会心理学上看起来,要在社会生活里得到许多高等心智的道德的适应,也[不]把对于这些适应的经济状况,弄得妥当顺利,是不行的。所以经济状况,仅可算作达到真正社会进步的初步;不过要得我们人类适应于"社会存在"的需要,非采用这一步不可。

因此之故,社会学者同社会心理学者,在现在社会里,就应该注意于社会的解造,以求经济的公平正直,凡是可以阻碍个人正当的智德体三育发达的"社会""经济"上的不平等,都应该设法除去。换句话说,就是谋各个人"正当生活"同"社会效率"的经济之最小量,如预防疾病灾害年老失业的强迫保险运动,维持人类标准生活的最小工资运动,保护劳工的劳动制度运动,分配国税免除社会上不平等的税制改造运动等等,同另外许多经济的改造,都是最高等社会进步的必须的初步,社会学者同社会心理学者,就应该同办社会事业的人联合起来,提倡鼓励。然则社会生活里承认心理要素的重要,未见得就会贬损到客观经济状况的真正价值。不过我们只觉得物质进步,虽说是很重要,而在社会进步里,不过是步骤的一种；物质状况，尽管弄得很好，但是如果忽略心智的道德的适应时①[的]物质进步，还是不能稳固。所以要文明调和发达，非二者并重不可。现在社会里，经济的原理，心理方面，常时变为危险，就是因为忽略这一点的原故。

（四）心理学的原理 Psychological Theories。地理、生理的两个原理，不能受人类约束，所以叫做"非人的要素"Nonhuman Factors，经济的原理，也有几分是这样。因为有许多谋生、工艺的方法，人力也不能约束。至于心理学的几个原理，正同他相反——受人的约束——所以叫做"人的要素"Human Factors。

人类文明的发生，是因为人有高等知慧的本量。人能克物克己，是由于人类知慧生活的发达——经过知识的"累积"同"进步的理性化"。换句话说，人类观念、标准、价值的变化，是社会进步的主因。但是又要问究竟规定这"观念""标准""价值"变化的是什么？何以这些变化有时竟不利于真正的社会进步？我就答他道：就现在科学所知的，知慧是社会生活被适应最上的利器，但是他同别的适应利器一样，有时也会发生不适当的作用，要得适当的作用，只有同知识的累积与理性化成正比例，在功用心理学 Functional Psychology 里（注七），观念学的原理 Idealogical theory 说人类历史，原来并不是观念的运动，乃是动作 Activities 的运动，在这种动作里，观念发生适应的作用，或是完全的，或是不完全的。所以人的知慧，断不是机械的去动作；观念的运动，也不是纯然合于逻辑，他们可算是人类适应的利器，就用这种利器，社会的进步，才能够受理性的布置，和人性的约束。因此之故，那些累积知识，理性化知识，社会的去组织指导知的动作，做督促进步根本的科学计画，实在有心理学社会学的根据，并没有什么玄秘。智慧②所以能做社会适应同进步的主动要素的原故，实即在此。

欲证明上面的一点，只看美国近来反对酒癖的成效，就知道了。并没有什么地理环境、生理状况、经济制度的变动，只靠着知识的累积、传授，关于酒毒的心理和社会的影响，与青年的标准习惯底教诲，最强的饮料，就没有人饮了。铲除酒癖是这样，其他社会里各种理性的改造适应，又何尝不可用相同的办法去达到呢？

更有一层要知道的，承认智慧做社会适应的要素，并不必一定就弃开心理的要素。什么"同情""恕心"的增加，在改良社会适应里，同知识的"累积"与"理性化"是一样重要的。纯粹智慧的原理的危险偏[褊]狭，同其他的原理一样。所以知识必定要变成标准；Idea（观念）必定要变成 Ideals（注八）和价值；正常的感情态度（同情）也必定要发达；然后方可得到稳健的社会进步，但是达到这几步的方法，还必定要用着智慧，同理性判断所指导的客观环境里的变化。所以我们可以说社会进步：一方面要靠着"科学知识"的加多；一方面还要靠着"兼爱同情"的扩大：这二者应该相辅为用，绝不会有什么冲突的。

从心理学的眼光看来，心理要素的"制作""约束"的方法，在社会进步里，一定是很重要的了。这个方法无疑的，存于教育的手续。华德 Ward 说教育是社会进步的第一步利

---

① 编者注：原文如此，"时"疑应为"的"。
② 编者注：前文作"智慧"，原文如此。

器。要约束舆论、信仰、观念、标准、动作行为，都要靠着教育。在华德的意思，简直把教育当作知识的分授。这个意义，虽未免窄狭，令人可疑。但是我们如果采用较广的意思，把他当作约束个人的品行习惯构造的手续，也就无疑了。进步的秘诀，一定存于各个人对于社会生活的"心理适应"，个人社会态度 Social Altitudes 的发达，而这种适应，广义看来，全靠着教育。真正的教育，断不是知识的教育，乃是全人的教育，使人参预社会生活，谋人类将来的利益。这种教育，必定同社会上各种教育机关——学校、家庭、教堂、图书馆、印刷事业（学校乃是他们的中心）——联合一气，一同进行，去养成个人的品行习惯，同思想动作的方法。（注九）因此之故，教育就变成个人适应社会生活一切方法的组合体，什么社会组织，甚至于物质环境，都要被他控制了。古代文明，所以能一代一代的传流下来，社会演进，所以能受有意识的约束与指导，过去的大部分社会进步，同大部分的将来的社会进步的规定，无不是教育方法的效果。教育这个要素，在社会进化上的功劳，真是可观！（注十）但是我又要问了，教育，同教育所用以影响发育个人的一切观念标准价值，究竟是什么指导他们，向社会的进步里走？这却不得不去看社会学的原理。

（五）社会学的原理 Sociological Theory。从严格的心理学的眼光看来，社会进化适当的原理，必须包含各种进化的原素，这就是社会学的原理。这原理是综合的，不是片面的，换句话说，什么物质地理的境遇，遗传选择的生理要素，生产分配的经济要素，"知识""标准""感情态度"的心理要素，都应包含在内。因为我们在人类社会里，不仅要有较好的身体健康，与较好的经济状况，并且要有较好【的】思想，较好的同情，较好的公共目的，去谋社会的进步。社会学的原理，就应该指出如何这上面的几种要素可以综合起来，发生进步；并且指示他们如何可以得到社会进步的指导。

要达到社会进步，各种心理的要素，必须受扩大的增进有效的调和的社会组织之指导。换句话说，就是因为经济社会化 Socialization，知识，信仰，标准，感情的态度，价值，才可以有进步的动作，经过社会化的教育，实际上就是把他们引到人类全体生活的调和适应；惟有观念、标准、价值，能够做增加人群全体的"社会平等""共同适应"底利器，一致作用，督率社会的进步。有了心理要素的社会化，什么工艺的生物的手续，也就可以社会化，为最大多数谋最大福了。

实际的说，社会学的原理的意思，是要袪除社会生活里狭义的片面发达，这种片面的运动，只顾少数人或特别阶级的利益，忽略大多数的幸福，现代文明被这种片面发达的阻碍，真正不少。这种片面的运动，自然的是根据我们前面所举的片面原理，但是在现在文明里，这种运动断不能生出长久的真正进步的方法。真实讲来，这些运动在社会生活里，发生种种不平等的见解，不调和的发达，非常危险。社会政策，如果不扩大范围，对于一切要素，给以适当均平的注意，断不能得到有价值的社会进步。这层意思是说：要达到满意的社会适应，我们各种社会的运动，必定综合调和起来；而且这些运动，必定要有人道的指导而不限于少数人的利益。（注十一）

再在实际上说，人类社会的希望，存于社会全体生活里科学知识的发达，有了科学的研究，社会生活里各种现象的价值，就是进步的要素，就会明白了。有了社会学把这些知识综合起来，社会全体的生活，就会明白清楚，可以受理性的控制了。因此之故，社会进步利器的完成，大部分倚于社会科学的发达；这种发达不但可以帮助社会进步，甚至于可以免除社会的剧变——譬比革命。所以只要社会的科学发达，有了人性同社会的充分知识，我们人类对于自己命运的好歹，就不难有理性的约束了。

我这篇文章，系取材于 Ellwood 所著的社会心理学。阅者欲作充分的研究，请参阅注内名书。

一　参观华德所著的 *Dynamic Sociology* 第二卷第一百六十一页，同 Patten 所著的 *Theory of Social Forces* 第四、五章

二　参阅赫布霍斯所著的 *Social Evolution and Political Theory* 第一、二、七章

三　参阅 Semple 所著的 *Influences of Geographic Environment*

四　参阅 De Gobinean 所著的 *Inequality of Human Races*

五　参阅 Mark 所著的 *Critique of Political Economy*

六　参阅 Nasmyth 所著的 *Social Progress and the Darwinian Theory*

七　心理学分构造 Structure 同功用 Function 两种，构造心理学如北大，教授陈大齐所著的心理学同商务印书馆各种心理书都是，功用心理如桑戴克 Thorndike、高尔文 Colvin 一派的学者所著的心理都是，十九世纪以来，生物学颇为发达，各种间接生物学的科学，如植物学、动物学、历史、政治、经济、社会等，都受了生物学的影响，处处讲求功用，离去静的抽象的，而趋于动的具体的；只问 What it does 而不问 What it is，从中心理学受的变动最大，像从前横面的研究意识，用构造的分化来分析心程，是不适当了。现在所着重的，在乎全体身命里意识现象的功用，完全是动的，有生气的，这种功用的心理，在西洋久已通行，占的势力也非常之大，可惜我们中国出版界里，还没有梦到，暇当译出一本以作介绍（请看 Miller：*Psychology of Thinking* 第一章）

八　Idea 同 Ideal 大有区别，Idea 不过是一种观念，Ideal 是观念之上又附了一种强烈的感情。比如小孩子怕羞，不肯卖报，后来觉得卖报可以赚钱——动了他的获取本能就愿意去卖报了。这地方就是观念上加了强烈感情的证据。（见 Colvin：*Human Behavios*，P. P. 161.）

九　参阅本刊第七、八、九期社会组织

十　参阅 Ellwood 所著的 *Sociology and Modern Social Problems* 第十六章

十一　参阅 Ellwood 所著的 *The Social Problem* 第六章

（原载《少年社会》第二卷第二期，1920 年）

进化原理与近代科学

关于人种起源的说素，各人的意见怎样，我们姑且不问。有一种事实，那是免不掉的，就是进化的原理。这几十年来，影响于各种科学的势力，实在是大极了。你看各种生物学的科学，同类与生物学的科学，那一种不是用的新精神同新方法？什么死呆死板的分类，已渐渐的没有人用了。他们的性质，已渐渐的趋向到历史的、天演的、动的上面去了。关于构造的这些话，已渐渐不大注意，而偏于过程发达、功用上面去了。纵然也有人研究构造事实的，但是他们的眼光，大与从前不同了。一句话包括，不问研究的是构造事实，或是研究的他们的组织方法，终归是要关系于生命的过程 Life Process。并且要有格外清楚、格外明了的解释。

植物学的证明

在老一点的植物学里，都是注重构造的事实，同构造的分类。把各种的标本收集起来，考查分析一下，最后则加以分类。这种办法的目的，无非是寻出各种植物的特点，下次发现这种植物的时候，就不难根据这种特点，一看而知。因为有这个目的，所以各种植物看起来似乎可以算作同类的。只要把它们异同的地方详详细细的比较一下，如果发现很强的同类点，那么对于分类一层，什么总纲亚纲，都可有个标准。因为各人对于植物的知识，就不难组成一个明了的系统，各种事实，在这系统里，也都可有正当的地位了。这种研究的方法，在动物学里也是这样。

关于讨论组织植物的知识，分成系统的这个问题。现在的植物学家也不见得减于三十年前的植物学家，我们也并不是说他们一点都不注意于构造的事实，不过他们的查考注重之点，同组织的方法，都与从前不同罢了。从前的人，注意于事实的分类。这些事实，不过是各种已经完成发育植物的观察分析之结果。而现今植物学家所注重的，则是各种植物生长发育的全体事实。换句话说，他们研究生物，已渐渐的脱离横截面 Cross Section 的研究，而归于继续性 Continuity 的研究了。他们所欲问的，是维持植物生命的生理过程是什么？他所欲晓得的，是各部的功用。根有什么特别功用？叶子有什么贡献？他们看构造里各种事实，都或者一种意义。他为什么这样？有什么用？怎样变成现在的样子的？照此看来，他们所研究的，断不仅仅乎是一种构造的事实，无论这事怎样有趣——实在是有历史的（即天演的），又有意义的一种事实了。那个历史究竟是什么？他对于植物的生命有什么意义？请看下文。

无论什么东西，只要是一种有变化能力的境遇，都是要收进来的。这种境遇与植物生命的关系也是要研究的。所以植物学家对于植物生长发育的好境遇、坏境遇,就要考究考究。不仅乎此,他还要在各种特别形状的植物里,于寻出现在生命的事实之外,再寻找他的祖先来。再进一步,他还要知道在什么境遇之下,由什么手续,根据的什么法则,这种植物能够演进到现在的样子?倘如发现两种植物,有同一的祖先,由一个种传下来的,不管他表面的特征是怎样,都是放归一类的。这种考查的方法同材料的组织,都是受的进化观念支配的影响。

心理学的证明

现代心理学也正是受着这种同样思潮的影响,正是欲拿适应的问题 problem of Adjustment 来说明他自己。心理学所研究的是意识的现象。意识是附属于生物的,像从前把心理学属于形而上的哲学那种办法,是把意识从生物分开了。"意识"如果离开生物,那就变成一种抽象的意义了。我们不知道什么是普通的意识,我们只知道各个意识,附属于各个生物。虽然人是一种高等灵性的动物,但是这一点同普通的动物是一样的。所以单在生物这一方面讲,人是生物学家的真正的正当研究的材料。不过人不仅仅剩一个物质的有机体,他是一个有"心"——就可算是思想性灵的有机体,是心理又兼生理的有机体。从此看来,在人性的关系上,心理学、生物学的问题,就有互相衔接互相沟通的地方了。如果把他们分开来说,不相关系,怎得不于真理有碍呢?所以把心理学脱去哲学的范围,而同生物学合起来研究,一定是格外自然、格外合于理性的了。

意识各种现象的真义,只有在各种生物动作发出来的时候,才可研究得到。像用那一种横截面的方法,把心意的过程,用构造的分化,分析开来研究,是很不适当的。在全体生命中,每一种意识现象的意义同功用是什么,我们都应当问的。那个生命的全体不是静的,他变化到现今的这样,乃是一种过程的结果,是不是意识要受制于那种过程的某种规律?在那种过程里,意识有没有什么意义?在进化的有机体里,有没有什么境遇,可能叫各种意识的动作发生,因而对于当前的境遇有妥当的适应?如果有,这些境遇是什么?各种特别意识过程是怎样分化,而又组织起来,变成心意的动作,是适应这些境遇?用简单的几句话包括起来,现在的心理学,受了进化学说的影响,处处讲求功用,只问做什么 What doing,而不问是什么 What it is,完全去掉静的、抽象的,而归于动的、具体的了。

其他各种科学的证明

不仅植物学、动物学、心理学,在方法上、价值上受了进化原理的支配,就是其他与生物学没有大关系的科学,如历史、政治、经济、社会学等等,都无不受了这种观念的影响,大大的受了一番改造。就如历史,不仅仅讲一点事实就算了,这事实必经一番研究解释,还要组织起来,与人类进步上发生关系。政治的、社会的各种机关都是看作是从人类对于环境欲求较好的适应的过程里,渐渐发生出来的,并且这些机关,有没有价值,是看他在以往与未来的时期里,能不能在完成这种适应上有所贡献。所以这些科学,现今所注意的,是动的现象 Dynamic aspects。静的、抽象的,日渐其少;动的、具体的,日见其多。什么生活,动作过程,变动功用相互联络,法则,有机的关系等等,都特别加重了。即虽神学可算最在抽象的绝对体上讨论的了,但是他现在正是经过改造,同其他的学科调和咧。又如宗教也是看作一种现象,这种现象的大价值,就在于它能够使人的思想动作完完全全的适应于人类环境里社会的与精神的价值,从此可知生物学进化原理,在科学上底影响了。

(原载《时报》,1920 年 8 月 28 日)

低能的研究 Feefbe-mindedness[①]

"低能"是教育上最重要的问题。六十年前,法人 Itard 才开始研究。后来经法国大科学家 Alfsed Binet 屡次调查发明。低能这项学问,就逐渐发达起来了。到底能究竟怎样讲呢？据说是一种智力发育停止的现象。这种现象,能阻禁人。叫他不能处理事务,同侪辈竞争,去维持独立的生活。但是低能又与癫痴 Insanity 不同。癫痴是一种智力的颠乱,系从生得来。于人的智慧 Intelligence 并没有大影响。而低能乃是智慧里很利害的缺陷。使智力的发育,不能遵照常轨的。前者不过是智力的损失,后者乃是原有的缺点。所以低能的人,在社会里,处处都须依赖于人。这是他们的大分别。

再就是医学上讲,低能乃是因为神经系统发育没有完全。这一点于大脑很有关系。因为大脑是心灵的总机关。所以这种缺陷,于人生很有影响。但是神经系统,究竟是怎样受影响,同补救的方法是怎样,我们此时还没有把握。

大概低能的人,他的智力发育都不能像正常人那样。譬如十岁的小孩子,只得有八九岁的小孩子聪明。换句话说,他的智力,只能有常人的百分之几。通常的标准,大概不外这两种。

低能的普通观念,大概像上面所说的。现在再把低能的"原因""种类程度""对于社会的关系""发现的利器""补救的方法"一一写在下面。

原因

低能的原因,大概是由于遗传。Henrg H. Goddard 博士,从三百多个例子里发现出三分之二,是与祖宗有关系的。换句话说,低能发生于意外危险或是疾病的,比之于遗传下来的,只有二分之一。至于人的环境,除去有真正不好的家庭,能教人生出病来之外,也未见得于智力发育有甚么大影响。

从前的人都以为杨梅、酒精毒、肺病是低能的原因,但是现在细细研究起来,肺病绝不是原因。酒精毒、杨梅也只是少数的例子。不过酒精毒、杨梅,时常同智力缺陷相伴发生,所以能把他们当作发现低能的证据。但是近人研究的,更外有进步。他们发现智力缺陷最利害的原因,就是无导管腺 Ductless Glands 的不正当的作用。这些腺在人没有出世之前,已经在营养里大大活动。所以出世之后,人的智力和体力的发育,都受他们的支配。在这些腺的作用里遗传的缺陷,就是低能的真正原因。（未完）

(原载《教育周刊》第六三号,1920 年 5 月 17 日)

[①] 编者注：原题拼写误,应为"Feeblemindedness"。后文续篇同理。

低能的研究 Feefbe-mindedness（续）

种类及程度

低能共分两种：心理上的同病理上的。心理上的低能，没有生理疾病的混杂，实在是智慧停止发育的结果。病理上的低能，则包含意外危险、疾病或特别机官缺陷的结果在内。这是低能的种类。

知力不完全的人底分类，系拿智龄来做标准。智龄在三岁以下的叫作"依的呵"。智龄在三岁与七岁之间的，叫作"英比西"。最高的一种低能由八岁到十二岁或十三岁的，叫作"摩戒"。这三种程度的低能，同教育可能的程度，是相联的。"依的呵"不能言语，就是能，也弄不清楚。并且他们除受几种个人清洁的习惯之外，从不能受什么训练。什么危险他们是不觉得的。他们甚至不得自己饮食，去供给自己的需要。"英比西"言语的程度很发达。高等的英比西并且可以读书写字，可以领受工艺的训练。在正当的看护之下，甚至能自己支持度日。不过他们独不能计数目，这是一层特别的缺陷。摩戒的程度更高，可以教授各种科学。抵到国民科四年级高等科一年级的程度，可以教授工艺。经特别训练，可以自己支持过活，不大要人注意他的智龄，差不多同社会上没有技艺的苦工相等。但是他不能有判断。先见若非在特别好境遇之下，断不能让他处理自己的事务。

上面三种低能是属于心理的，此外属于病理的很多。如 Mongolian, Oretin, Ataxie, Traumatic……之类，不能一一的解释了。

对于社会的关系

低能与社会上的问题，处处皆有关系。罪犯同堕落的青年，四分之一是低能。不道德的女子（如妓女）大半也是低能。其他一切不合法事都有低能做要素。济贫院同低能是分不开的。学校里留级的儿童也有大半是低能的结果。在低年级里，极少有百分之一的儿童，智力上有缺陷。工艺上不安分，也是这个原故。所以研究社会问题的，都不能忽略这低能的因子。

发现低能的利器

依啊的[的呵]、英比西，这两种比较简单，不难发现。不过摩戒的一种证据，就须较为复杂。至于病理上的几种，就更外复杂了。要发现低能最重要而又简单的方法，莫妙于智龄测量法。这个方法，是法国两位心理学家 Binet 同 Simon 发明。后来又经人家改正的。

这个法则是拿好儿童做标准，用试验尺照年岁拼下来的。用这里的试验，去测量人的智龄，非常精确。譬如五岁的孩子，能画一个方形，而七岁的孩子，就能画一个菱形。八岁的孩子，能从一十倒数下来，而十岁的孩子，则能晓得不合论理的话底误谬。依照这个尺一个□的低能就能□比普通的智慧迟几年。或是相当于普通智慧的百分之几表下来了。

除去这种内部的智慧观察之外，还有一种物质的测量法。就是看这个人的个人同家族的历史。再加上体格的检查。他在学校里的历史，也是要研究的。这一层于幼年的儿童，尤其不可不注意。

补救的方法

补救的方法有三种。就是优生的教育、消灭生殖案、法律限制结婚。第二个不很容易实行。因为太干涉人的自由，且没有什么效果。所以现在最通行的方法对于成人，就是用永远的看护。关于生殖，也加以限制。在严密的看视同训练之下，高等低能的人却也可以自己维持生活。至于学校里低能的儿童，如果同好儿童放在一起。好儿童固属要受他的影响。就是低能的儿童，处处屈服在好儿童之下。他们所要的特别功课，又不能得到。也有很大的妨碍。所以现今欧美先进诸国，对于低能的儿童，都用特别班或特别学校，教授各种家事工艺，教他们将来在社会上也能负一点责任。至于道德的习惯，也能同时养成许多。将来到了社会上，自然可以变成一个自食其力的分子了。像这样的教育，低能儿童的智慧，怎得不有进步呢？我们中国，教育很不发达。低能的教育，简直没人注意，这是很大的缺点。所以我希望国内的教育家，对于此点，特别注意。那就是鄙人辑述这篇的意思了。

（原载《教育周刊》第六四号，1920年5月24日）

思想心理之生物学的基础

二十世纪生物学的势力，非常之大。凡是直接或间接同生物学有关系的科学，都受了他的影响，纷纷改造；不拘于构造的分析，而在功用上讲求，用进化的眼光，来规定科学的价值。心理学同生物学有密切的关系，既受了他的影响，那么关于心理的思想，也就不得不受生物学的控御了。我这篇文章，是记自弥勒氏 Miller 所著的《思想心理学》 *Psychology of Thinking* 第一、二两章，片段的摘译下来，一定有许多不妥的地方。

我记这篇东西的意思，不过要叫人明白现今科学界的趋势罢了。有暇时当另著一篇《二十世纪生物学在科学上的势力》，以飨阅者。

思想的意义同他的重要

(1) 思想是活动的创造的意识现象

思想的意义，我们平常虽然没有细细的把他分析开来，或是拿一种法则表显出来研究过，却都知道思想是意识 Consciousness 里一种最活动最有创造力的现象。当我们思想的时候，注意力少许都要有点集中，或是有意识的或是无意识的去控制我们观念 Ideas 的运动。我们不是有了观念，就算完了，还必定要问问他们，判断他们，并且规定他们的价值及其于某一种目的的关系。他们少许都要经过创造与改造的阶级。所以各种观念，断不仅仅乎是思想的过程，向前进行，乃是要按照某一种的目的加以选择，重行组织，排列次序的功夫的。

我们此时，也不必代思想下个详细的定义。姑且照大家所知的，把思想当作考查观念的活动过程——排列观念的次序，重行组织一下，去迎合某种需要。这种需要断不是自然发生无指导的观念，所能遇得着的。

(2) 思想是关系于需要 Need 的

思想在人生的重要，我们通常也很知道的。我们停止下来去思想的时候，就是要较好的去应付当前的境遇。境遇有种种：有种境遇，是必定需着显著的动作的。那么我们势必筹思筹思，去规定这个境遇的性质，同最适当的这种应付底动作；又有种境遇，是不要直接的动作，或是任何特别的举动都不要，而要组织一种心的态度间接的去影响于我们的行为的。如政治或宗教里的原理，就是个例子；又有一种境遇，要解决一种思想的问题，这种问题，如果不得解决，终叫你心里不安。譬如算学里的理论题，或是一个灯谜儿，他的结果，尽管没有什么价值,但是不把他解决下来,你总是觉得不大舒服。

由此可以知道思想断不是为想而思,他的发生,是对于某种需要的一种反应,乃是迎合那一种需要的。我们停止下来思想,把各种观念翻来覆去的重行构造,重行安排,乃是要在我们生活当中,应用以往经验的结果,来解决当前的境遇,使他更外适当,更外妥帖。

(3) 思想是有生活的功用 Life function 的

思想并不是人类的奢侈品,做一种优才的标志,留给人家恭维;乃是我们生活里最有实用的东西,他所得的结果,那没有思想的人,是万万得不到的;他的重要功用,可以使人生活增进,叫能够思想的人,得许多利益。在生存竞争之中,或是在精神生活之中,就是充满了能使生存更外有价值的那种生活——思想是各种有意识的程序里,最重要的一种。人之所以能自由约束环境,都是思想这一种要素的功劳。

(4) 思想之功用的生物的解释

前几节所讲的,既有生物的见解,又有功用的见解:我们拿思想的作用 What it does 来解释思想的程序,就是拿他在全体意识过程 Conscious process 中所做的职务来表示——就是取的功用的见解;我们拿他对于人生的重要来解释,并且把他当作各种动物中高等进化的要素,就是取的生物学的见解,在心理学里,生物学的见解,如果研究得不相矛盾,必定包涵[含]功用的见解在内。但是要拿生物学的见解来讨论思想心理学,不可不把现在心理学的趋势研究一下。(弥勒氏原书全部关于这两种见解,讨论很详,此处不过是个大略)

现代心理学的趋势

(1) 趋重心理学的眼光

在现代心理学里,生物学的眼光,控御心理的思想 Psychological Thought,如是之快,最容易看出现代心理的趋势。这种趋势,在他本身虽不算怎样新,但是他能应用到心理范围之内,如是之贯彻而有系统,倘如用生物学的眼光来研究思想心理学的人,不先在心理学全部分受的生物学影响上,考察一下,也似乎不聪明了。从这一点,也可以看出他新的地方。

所以读者于讨论思想过程的正文上,虽要耽迟一些,却终久都可得到益处。

心理学的发达,为时已久。但是现在的趋势,可算是集其大成。几十年之前,心理学即已同形而上的哲学脱离关系,根据自然科学,另辟蹊径。这种倾向,在生理的心理学 Physiological Psychology 里,于鼓励指导试验一层,很著成功。因之又生出心理的试验室,凡是从事于心理考察的机关,都拿这试验室做特点。这两种有关系的运动这几十年来,在吾们心意里生物功用两种现象中,很能引起人的兴味。所以心理学的全体的各种趋势,都暗中受了近代生物学的影响。不过一直到现在,生物学的眼光,才得根据自然科学,彰明昭著的,变成关连、组织、解释人心各种事实的贯彻原理。

(2) 生物学的见解与斯宾塞的见解之比较

上面所说一番话,同斯宾塞 Herbert Spence 的见解很不一致。

斯氏虽在科学的眼光上,很有点贡献。但是他讨论心理时,采用英国哲学的联想主义 Associationism 所以他的心理学,未免有了污点了。

联想主义,同生物学的见解,是不可同日而语的。

斯氏心理学,因为联想主义所污,所以真实讲来,并没有生物学的意味,联想主义的见解,以为"心"是极微的分子堆砌起来的,把感觉 Sensation 底各个分开的单体,当作基本的要素。这种单体,经了不同的组合,就变成高等的意识的形式——记忆想像之类。至于生物学的见解,则从生长发育立论,以意识构造的逐渐分化为基础。构造虽愈来愈复杂,而各部对于全体以及相互间,还是发生功用保持有机体的关系,断不像联想心理家所说的那种感觉的单体那样。因为这种简单感觉,只可算得是心意发达之后意识构造的分化体,在这个发育完备组织复杂的心里,有特别的功用,但是断不是心的原始要素。这是这两种说素不同的地方。至于相同的地方,也有一点,就是斯氏心理学,同现代生物学的心理学,都是拿进化的见解,应用于心理学。这种见解,在许多别的解释和调查里,是很有效果很有力量的一种假设,这是他们相同的地方。

进化原理 Theory of Evolution 的影响

(1) 影响的性质

关于人种起源的说素,各人的意见怎样,我们姑且不问。有一种事实,那是免不掉的。就是进化的原理,这几十年来,影响于各种科学的势力,实在是大极了。你看各种生物学的科学,同类于生物学的科学,那一种不是用的新精神同新方法?什么死呆死板的分类,已渐渐的没有人用了。他们的性质,已渐渐的趋到历史的、天演的、动的上面去了。关于构造的些话,已渐渐不大注重,而偏于过程发达、功用上面去了。纵然也有人研究构造事实的,但是他们的眼光,大与从前不同了。一句话包括,不问研究的是构造事实,或是研究的他们的组织方法,终归是要关系于生命的过程 Life Process,并且要有格外清楚格外明了的解释。

(2) 植物学的证明

在老一点的植物学里,都是注重构造的事实,同构造的分类。把各种标本,收集起来,考查分析一下。最后则加以分类,这种办法的目的,无非是寻出各种植物的特点,下次发现这种植物的时候,就不难根据这种特点,一看而知。因为有这个目的,所以各种植物,看起来似乎可以算做同类的,就要把他们异同的地方,详详细细的比较一下。如果发现到很强的同点,那么对于分类一层,什么总纲亚纲,都可有个标准,因此各人对于植物的知识,就不难组成一个明了的系统,各种事实,在这系统里,也都可有正当的地位了。这种研究的方法,在动物学里也是这样。

关于讨论组织植物的知识分成系统的这个问题,现在的植物学家,也不见得减于三十年前的植物学家。我们也并不是说他们一点都不注意构造的事实,不过他们查考注重之点,同组织的方法,都于从前不同罢了。从前的人,注意于事实的分类,这些事实。不过是各种已经完全发育植物底观察分析之结果。而现今植物学家所注重的,则是各种植物生长发育的全体事实。换句话说,他们研究生物,已渐渐的脱离横截面 Cross—section 的研究,而归于继续性 Continuity 的研究了。他们所欲问的,是维持植物生命的生理过程是什么。他所欲晓得的,是各部的功用。根有什么特别功用?叶子有什么贡献?他们看构造里各种事实,都或者有一种意义。他为什么这样?有什么用?怎样变成现在的样子的?照此看来,他们所研究的,断不仅仅乎是一种构造的事实。无论这事怎样有趣,实在是有历史(即天演的)又有意义的一种事实了。

那个历史究竟是什么?他对于植物的生命有什么意义?请看下文。

无论什么东西,只要是一种有变化能力的境遇,都是要收进来的。这种境遇与植物生命的关系,也是要研究的。所以植物学家,对于植物生长发育的好境遇坏境遇,就要考究考究。不仅乎此,他还要在各种特别形状的植物里,于寻出现在生命的事实之外,再寻出他的祖先来。再进一步,他还要知道在什么境遇之下,由什么手续,根据的什么法则,这种植物能够演进到现在的样子。倘如发现两种植物,有同一的祖先。由一个种传下来的,不管他表面的特征是怎样,都是要放归一类的。这种考查的方法同材料的组织,都是受的进化观念支配的影响。

(3) 其他各种学科的证明

不仅植物动物这一类与生物学直接有关系的科学,在方法上价值上,受了进化原理的支配。就是间接与生物学有关系的科学,如历史、政治、经济、社会学等,都无不受了这种观念的影响,大大的受了一番改造。就如历史,不仅仅讲一点事实就算了。这事实必经一番研究,解释,还要组织起来,与人类进步上发生关系。政治的社会的各种机关,都是看作是从人类对于环境欲求较好适应的过程里渐渐发生出来的;并且这些机关,有没有价值,是看他在以往与未来的时期里,能不能在完成这种适应上有所供献。所以这些科学,现今所注意的,是动的现象 Dynamic aspects,静的,抽象的,日见其少;动的,具体的,日见其多;什么生活,动作过程,变动功用,相互联络,法则,有机的关系等等,都特别加重了,即虽神学可算最在抽象的绝对体上讨论的了。但是他现在正是经过改造,同其他的学科调和咧。又如宗教,也是看作一种现象,这种现象的大价值,就在于他能够使人的思想动作完完全全的适应于人类环境里社会的与精神的价值,从此可知生物学进化原理,在科学上底影响了。

(4) 应用到心理学

上面说了一番，无非欲证明现代心理学，正是受着这种同样思潮的影响。现代心理学正是欲拿适应问题 Problem of adjustment，来说明他自己。"心"Mind 乃是生物的特征，这是没甚希奇的。意识 Consciousness 也是附属于生物的。"意识"如果离开有意识的生物，不过是一种抽象的意义。我们不知道什么是普通的意识。我们只知道各个意识，附属于各个生物。虽然人是一种高等性灵的动物，但是这一点同普通的动物是一样的。所以单在生物这一方面讲，人是生物学家的正当研究底材料。不过人不仅仅乎是一个物质的有机体；他是一个有"心"——就可算是思想性灵的有机体；是心理又兼生理的有机体。从此看来，在人性底关系上，心理学生物学的问题，就有互相衔接互相沟通的地方了。如果把他们分开来说，不相关系，怎得不于真理有碍呢？所以把心理学脱去哲学的范围。而同生物学合起来研究，一定是格外自然格外合于理性的了。

意识各种现象的真理，只有在各种生活动作发出来的时候，才可研究得到。像用那一种横截面的方法，当心意的过程，用构造的分化，分析开来研究，是很不适当的。在全体生命中，每一种意识现象的意义同功用是什么，我们都是应当问的，那个生命的全体不是静的，他变化到现今的这样，乃是一种过程的结果，是不是意识要受制于那种过程的某种规律？在那种过程里，意识有没有什么意义？在进化的有机体里，有没有什么境遇，可以叫各种意识的动作发生，因而对于当前的境遇，有妥当的适应？如果有，这些境遇是什么？各种特别意识过程，是怎样分化，而又组织起来，变成心意的动作去适应这些境遇？我们如果应用天演科学的方法去研究意识现象，这些问题，自然就发生了。心理学也就同别的科学一样，变成活动的、有生机的、有功用的了。

上面讨论思想的些话，尚不详书，我们倘如再把有机体细细分析一下，那就格外清楚了。（未完）

（原载《少年社会》第二卷第三期，1920 年）

思想心理之生物学的基础(续一)

有机体之普通性质

有机体的解释,平常想起来,都以为是构造复杂,有许多很明了器官的一样东西。但是依我们的意见看来,不管这样东西复杂的程度怎样,只要他是一个独立的生物,都叫做有机体。譬如微菌,只包含了几个单细胞,拿显微镜才能看见,但是他是个有机体。又如草的茎,盆景的花草,冬瓜的藤,林子里的橡树,也不过是有机体。

再拿动物来说,小而至于单细胞的阿米巴,大而至于昆虫、蚯蚓、蛤蜊、鸟、象,以至于人类,都称作有机体。

从上看来,可见得有机体有些是很节约,有些是很复杂。我们普通所注意的,居多是复杂的有机体;他们做特别功用的构造分化,(即有机体复杂的构造)是可以辨别很清楚的。但是这种构造分化,不是有机体的主要特质,他不过是达到较好功用的一种利器。欲明白他的主要特征,请作进一步的观察。

有机体之主要的特征

我们如果把上面解释有机体的几个例子记在心中,可以看出有机体的特征,有下面的三条:

(1) 在复杂的有机体里,没有那一部分"目的"End,而对于这种目的,其他各部分,不过是一种"工具"Means。

解释　有机体的各部,有各部的功用。他的价值和重要,全拿他在生命全体上所做的事情来规定。根的存在同他的功用,不是为叶子设的;叶子的存在,不是为的杆子设的。叶子、根、杆子,是组成植物的全体的一部分,他们各有各的功用,无非是维持的植物的全体。在我们看起来,植物的种子,乃是最后的目的。但是从生物学的见解看起来,种子的功用,也不过是保存延续那种植物的生命,他自己并不是目的。由此类推,我们人体的各种器官,如心、肺、牙、筋肉、神经系统等,不过各做各的事,使得有机体在地球上维持他自己,比之没有那样器官好些,并没有那一种是目的,而别的器官,为他作用,做他的工具。所以有机体各部的关系,可以换一句话说:有机体的每一部分,对于其他各部,既是目的,又是工具。

(2) 有机体是自己维持自己的一件有系统的东西;凡是维持保存他自己所需的功用,他都有的。

解释　一块石头,不能算做有机体,因为他不是自己维持自己的一件有系统的东西。当他受着环境崩坏势力的时候,他自己内部,却没有特别的方法,来弥补他的损失。若是一种植物,就要继续的吸取土中的水气营养料和空中的二氧化碳去补足他所蒸发同分泌掉的损失了。

(3)有机体的性质是拿内部的规律(即内定律)来规定的。

解释　再拿石来说,他的大小形状乃是外力规定的,他自己并没有特别内部的规律来做主。若是动植物,虽有时因环境的影响而有所改变,终归是受内部发育的特别规律支配的。种一颗菽豆,未来的藤有多高,占多大的地位,形态是怎样,叶子杆子是怎样,花和种子是怎样,在他们未发生之前,我们就知道了。孵一个鸡蛋,我们所希望得到的,是一只小鸡,不是一只鹰。在这些例子当中,有一种特别的发育规律,无论外力有多大,他尽管能把最后的结果改变了许多,但是要想把这种规律排斥掉。那是不能够的。(未完)

(原载《少年社会》第二卷第五期,1920年)

思想心理之生物学的基础(续二)

有机体与环境间的适应 Adaptation

(一) 适应的意义

A 外部要素的动作

上面说有机体是自己维持有系统的东西,他的性质是受内部规律规定的。但是在把有机体生命里意识的功用,研究清楚之先,我们对于这句话,却不可不进一[步了]解。

第一层,我们不可以为有机体完全受内律的规定,要晓得有几种重要的环境势力,是时常在他身上作用的。拿植物来说,有些外部的势力,对于他是很紧要的;有些是对于他的发育,不大合宜,甚至于有害的。就如植物所需要的是环境里的光、热、水气,同其他营养分子。在这些要素当中,如果有一个过于利[厉]害(譬如热),那植物就要毁了。但是听便少去从中的那一个要素,不管植物内部的倾向怎样,他都是要死的。由此看来,植物生命所倚靠的,就是在他身上起种种影响的外部继续不断的势力了。

B 内部要素的动作

第二层,再在反面看,那内部的规律也是不能丢开的。譬如植矿二物,所受的外部势力,尽管一样,但是他们发生的影响,是不大相同的。植物能对于某种外力,起一种反应,去帮助他生长。再在植物里说,两种植物,长在一坏地方,受的同样的境遇,而长出来的结果,一个是玫瑰花,一个是白菜。由此可知外部的境遇,虽是重要,而植物的形态,都是要受内律的规定,那是显而易见的了。

C 内外两种要素间的相互动作

综上看来,生长的过程,实在包含了内部外部的两种要素,是靠着这两种的共同作用,并不是单靠着那一种的。把一个豆子收藏起来,不放他经水气,叫他没有发生的机会,就境经过一年,他也不得生长。但是一经有了适当的外部是遇,那他的生长,就同发育的内律谐和起来了。外部的材料,就要组成生物特殊的体制,他的发育阶级同主要的特点,我们都能预知了。这是就植物方面说的,若拿动物的有机体来说,这原理也能适用。可知有机体的生长发育同继续生存,不问动物植物,都要靠着内外两种要素的相互作用;只要这两种要素,能和合协助,保持均衡,那生命的过程,就能继续前进,保持住自己生存的有机系统。如果均衡一去,那有机体就立刻送终了。

D 有机体同适应的解释

照上看来,生命的过程,倚赖着内外两种要素,在某种中心里行正当交互作用,和协配合,可算是生物的基本事实,这种中心,就叫做有机体。正常的和协和配合之历程,就叫做适应。所以从生物学家的眼光看来,有机体就是内外两种势力和合配合的中心,使生命的过程,向前进行;而这种生命过程的前进,就叫做适应。

(二)反应律 Law of Reaction

倘若从有机体方面全部分的动作上,论有机体与环境的相互作用,我们就名他为反应的作用。大致心理学家都是直接的,对于有机体同他的意识过程有兴味,而间接地对于环境同环境的势力有兴味,所以它惯用反应来代替相互作用。

在有机生命里,内外力的关系,可用下之术语表之:有机体的生长发育,靠着内部要素在外部要素上的正当反应,外部要素,做他的刺激物,做他的工具(材料);所以食物之于动物,一方面刺激他,唤起他的反应;一方面又做食料,去维持他的生命。

欲适用于有机的动作,上面的反应律,须变换一下:一切的刺激,对于生物,从最下等至最高等,如能奏效,则能引起有机体之运动或收缩。鲍德文 Baldwin 叫他代那摸金尼赛斯律 Law of dynamogenesis。缩短起来说:凡是有机的刺激物,都在运动动作里表显出来。比如单细胞的阿米巴,就能对于亮光食物起种种特性的反应。即虽植物,也有向光的倾向。在其他习见的动物的生命里,我们都不难举出无千数的例子来,证明这种定律的作用。

(三) 反应的功用

生物学家看有机体就是对于外感而起反应运动的一件东西。这种反应的本量,对于有机体的性质,很为重要。就是因为有这反应的作用,有机同环境间的适应,才能成功,有机体的生命,才能支持。

从生物学的眼光看来,凡是能自己维持的生物,都应当生存。在我们看来,蔓草毒蛇,就不该生存;而且拿纯粹人的见解看来,蔓草毒蛇,似乎没有价值,或是对于那一种目的,有什么用处。但是这种狭窄的见解,不可放入生物学的程序里去。造物者对于个个生物都是有兴味的。所以每个有机体的主要目的,就是自存,就是延种。要得自存延种,惟有靠着内外二力的互相作用,和洽配合,彼此之间,都要有相互的适应,这是我们已经知道的,不用多说了。

照此看来,各个有机体,无不经过适应的手续,以生以长。而这种手续,又必藉着反应,才能成功。无论有意识或是无意识的有机体,都是一样的。所以欲规定有机体发达阶级的高下,只要把他得到最有利益之适应的反应方法研究一下,那就好了。

心底生物学的见解

我们研究了这一大篇,无非是为心底生物学的见解开一条路。在心理学里,用生物学的解释,就要从生物全部(即有机体)研究起,生物全部,是心理而兼生理的 Psycho-Physical。欲解释人类,单拿身体来说,或是单拿心来说,都是不行的。人是身心兼具的生物,生心二者,都很重要。这是我们解释"心"的时候所不可忽略的事实。所以欲解释意识,非拿生物全部——心理而兼生理的有机体来说明不可。下面不妨再从有机体的分析里,举出几条心理的原则来,表显这层意思。

第一律　意识不是目的

从生物学的眼光看来,意识不能看做目的,就尤之手、胃不能看做目的一样。有机体的心理现象,欲能充分了解,单在他自己这一方面研究,是不行的。所以心理学必定把在心理而兼生理的有机体里的意识功用,显示出来,就是意识在个别的具体生活里所做的事。心理学如果抽象的研究意识,把他同身体的关系分开(或身体同他的关系),同复杂动作分开,同反应分开,那断不会有益处的。

第二律　心意的现象 Mentae Processes 有适应之价

有机体既是自己维持的有系统的一种东西,那么"心"同心的各种动作,对于有机体的维持与完成就要有特别的关系。每种心意的动作,在完全的有机系统里,都各有地位与功用。生物学家相信生物的各种特别构造,都是由于适应发生的,或则相信特别构造既经出现,因对于有机体在生存竞争中,有许多益处,他们能保存完成起来,一直到现在。这种见解,是把各种分化的构造,当作有特别适应的价值(这价值是由有用的分工功用发生的)看的。人心的各种意识现象,也逃不了这个原理,在适应的程序里,人的心都必定有点重要。此时就欲问那种重要是什么?在何种反应的状况之下,意识现象能够有利?就是,在何种境遇里,意识现象有选择的价值,而为生存竞争或求较好的生存所不可缺的东西?各种分化的意识现象就是"心"与各种"心意动作"的各种态度——之各个功用同适应的价值是什么?每种意识现象,在格外完全的适应里,做的什么事?他们维持造福于身心兼有的有机体之方法,详细说来是什么?

拿记忆来做个例。心理学所有的问题是:在何种情状之下,有记忆这种心的动作发生?记忆出现之后,他的用处是什么?在这种特别情形之上,他对于当前的解决有什么贡献?他实现功用的方法是什么?有什么特别的技术要素。包含在那种方法里?他同那时候的(或是与那种境遇有关系的)别种意识现象,有什么关系?像这样问来,研究记忆,就要在全局上着想,同身体的动作相联络,这种动作,是可以改变环境,或是改变自己的。所以从生物学上看来,心理学研究各种意识现象,不管他是属于情或是属于意,都要取同样的态度,把它们看作在适应特别需要那种境遇之下的人心功用动作。

第三律　人的内定律是生理而兼心理的

内定律是有机体的基本特质,所以在身理而兼心理的有机体(即人)里,这种内定律也必定是生理而兼心理的。

因为人的特性,是由身心相互的有机关系规定的。拿生物学的眼光解释"心"的时候,人往往把身体当作目的,把心意现象,当作达那种目的的工具。其实心在有机体里,是全体中的一部分,是不能同有机体分开的现象。没有心,有机体不能算做完全。心理的各种倾向,无论是先天的后天的,同身体的倾向一样,都是内部的要素。所以身心兼备的有机体,适应环境,必定要满足心理生理两种组织所生的需要。

上面关于心意生活所说的话，用之于社会的天性 Social Nature，也说得去，人类的内定律，实将天生的社会倾向包含在内。亚里斯多德说人是政治的（社会的）动物。后来有许多学派，都根据个性自私，说明社会组织。但是近就心理学社会学与亚氏一致的地方，都是"人的天性，对于社会组织的进化，总负些责任"。所以说明人类各种社会组织的时候，有一种阴驱于后的内部势力，都同外部环境的特别情形一样重要，万不可丢开不算。

这一番的话，应用于道德，宗教的生活，同他的各种仪式，也是说得去的。

照上看来，吾们拿适应来讨论像人类这一种最高等有机体的时候，断不可单把环境当作物质的世界，必须把与内部倾向有相互作用的各种外部影响，一气包括在内。而人的内部倾向是生理的、心意的、社会的、伦理的、宗教的……我们对于外界的适应，如不设法迎合由内部倾向内律规定的各种需要，那都不会完全的。

结 论

从生物学的眼光看来，意识是人类有机体的主要特征，所以能发达到现在分工实效的地步，就是因为要迎合人的需要，格外来得适当。需要增加愈变成固定而特别，意识演进下来，也就愈趋于特别动作，去应付这些需要。

人类的意识，所以高于一切动物，与其说因为他能适应较为复杂的环境，不如说他能向前进化，发出许多复杂的需要——生理的、心理的、社会的、伦理的、宗教的、美术的、科学的等等。而欲满足这些需要，人就不得不与环境发生较为复杂的关系。他的种种适应，因欲迎合需要，也就格外改变，格外繁复。各种高等意识现象——思想最重要——就因此发生，远非其他的动物所能及了。

（原载《少年社会》第二卷第六期，1920年）

对于教育上一个问题之意见

▲凡是有志求学的青年,都应该各得其所!

教育愈普及,学生愈增加,增加的结果便是大多数的青年学子无升学之地,因而变成教育上一个问题。

关于这个问题,陆殿扬先生和夏承枫君在《时事新报》上,都先后有所讨论,鄙人今兹所论,很有许多同二君相同相异的地方,今一一述之于下。

一、这个问题的现象及其发生之流弊

过去的几年且不谈,姑先拿此次南京高师附中和江苏省立第一中学招生的情形来做个例子。南高附中此次招收一年级新生及二、三年级的插班生九十余人,而投考者有七百余人;第一中学此次招收一年级新生八十人,而投考者有五六百人。投考者比录取者多至七八倍,有十分之七八的人,为名额所限,不能录取。其实这不得录取的七八分人之中,至少有三四分可以及格,但是办学校的也是无法可救,只好忍痛割爱了。

投考拥挤的现象,既如上所说,那么他所发生的影响是怎样呢?且就学生方面看看:

(1)投考的学生因为看见人多额少,自己能取与否,殊无把握,所以不得不采用请托的办法,各处奔走;又在考试的时候,请人捉刀,翻越夹带,种种无耻之事,只要能达到考取的目的,无不件件做到。陆先生所说三年高小的训育,废于一旦的升学试验,这话真是痛心之语!

(2)在甲校考不取的学生,大概是投考乙、丙等校,倘若还不取,再考戊己庚等校,暑夏炎炎,东西奔走,其身体方面所受的影响,该是如何大!

(3)暑假过得很快,各校招考期都已过了,还有大多数的学生,没有地方去升学。这一类的学生,又可分为两种:一种是意志薄弱的;一种是意志坚强的。意志坚强的学生,今年考不取,补习一年,明年再来考。他们补习的地方或则是母校;或是入营业性质之"野鸡学校",这种学校,组织不完全,教授多缺点,他们办学校的动机,只是为金钱,断不为教育。青年学子,就在这种野鸡学校里,断送了一年或数年的光阴!

其次再谈意志薄弱的学生,他们考了几个学校,都是不取,便觉得升学之难,难于上青天,从前向学的热忱,到了此时,都完全消灭。有的是无业而坐食,为家庭之蠹;有的是变为中等流氓,为社会之蠹。这两种人皆是现今不适宜的入学制度所产生的结果。

(4)那些志在甲校而又不能录取的学生,为面子的关系,勉强入了乙校,而乙校又非其心之所喜，或性之所近；于是勉强敷衍，虚度光阴；一俟有相当之机缘，即设法转学。此次南高附中二年级招收插班生五名，而转学生应考者竟有八十余人之多，你道这转学的现象是不是现今入学制度流弊之表现？

那些达不到转学目的的学生，仍回到他所勉强进去的那个学校，没精打采的敷衍到毕业，毕业之后，因为不是他性之所近的原故，所以学工业的不到实业界里去做事，学农业商业的，也不到农界商界里去做事。问其所以，他说："我本不是预备进这种学校的，我不过把他当作考不取学校的后盾，不意后来竟没有达到转学的目的，敷衍到现在，也只好混一张文凭就算了。"你看这种情形，是不是教育破产的现象？

其次再看学校方面所受的影响。

（1）学校方面所受的第一层影响，便是受社会非难。关于这一层可引陆先生的一段话。陆先生说："在学校方面，依良心上主张，只能选取最优的八十人，所以公开评定去取，但同时便有四百九十四人失望。失望的人自然不满意，有的以为经过请托，尚不能取太不讲交情了；有的成绩尚佳，因为作弊而没有录取，以为学校太认真了；有的因为自己没有取，以为取的都是有面子的或是作弊的。各方面所言相反，而其不满意则一，在甲以为何以取乙不取甲，在丙以为何以取丁不取丙，推至戊己辛壬癸莫不皆然。他们不从根本上着想，推广录取额，都欲舍己从人，学校的人才主义，公开方法，遂不能见谅于人。责言之来，日必数起，所以在学校方面，经过一次试验，失却社会上不少同情。"

（2）学校所受的第二层影响，便是办事上发生困难。比如一个学生投考甲校，又投考乙校或又投考丙校，揭晓之后，竟尔三处皆取。在学校方面，以为学生既经考取，当然来校受课，所以一切手续都是照入学办理，不知那个考取的学生只有一校可入。他入了甲校，乙丙两校就上他的老当，开校好久还不见他到校，虽说有备取可补，但是断断续续传补备取的学生，学校办事方面，实在添了许多无味〔谓〕的困难。若是各校事前约定在同一时期之内招考，又明明把考不取的学生，陷入绝境，这种进退两难的情形，恐怕办中等教育的人，不知经过了许多。

二、高小毕业生是否应该升学？

高小学生升学的，如斯拥挤，究竟在我们办教育的看来，还应当是乐观呢？还应当是悲观呢？倘如以为是乐观的，那么就应该鼓励他们这种升学的热心，设法安插他们，使得个个都得其所；倘如以为是悲观的，就应该设法制止，使得这种升学的热潮，一天一天的降低。据陆先生所说："高小中学的毕业生虽不是专为升学的预备，却是高小中学的毕业生以升学为原则，不升学为例外。"高小中学的毕业生，即以升学为原则，那么在陆先生的眼光看来，必定以这种拥挤的现象为应该的为可抱乐观的了。据夏君所说"毕业生好升学，母校的暗示和潜力影响，非常之大。母校所以极力鼓吹升学的原因，也无非是想落个成绩优良的奖语，办学的人既采用这种目的，那么只能顾及少数人天才的发展，却不能满足多数人的职业要求……美国中学生升入大学的数目，在现在反不如从前，在百分比上看，一八九三年至九四年为一二〇.五；一九零三年至零四年，二〇二；一九一三至一四年，为一

七．三，可以见现今的趋势了。中国与美国的情形不同，但是可以说除了升学之外，惟有归于流氓。像葛雷氏的学校，对于职业的指导，何等的密切。中国小学校里那里有点职业意味呢？办学校的人，为维持信用起见，也惟有抱定一个诱骗升学的目的……自然投考的人数一天多一天，我敢说小学教育的目的，再不亟谋改造，毕业生投考中学的更外要加多……"在夏君的意思看来，必定以为这种升学的现象是不应该的，是可悲观的了。不过在我的看来，二君所说，各有至理，却皆有所偏。高小毕业的学生，升入中等学校，乃是高小教育目的之一，断不能说高小中学的毕业生以升学为原则，以不升学为例外。果如办学校的都以学生升学为原则，那么办小学的，把学生造就出来送入中学，便算尽了职任，办中学的把学生造就出来，送入了大学，便算尽了职任，那岂不是教育的目的只在造成几个大学毕业生吗？须知教育的最大目的，在使人做人，做人的工夫，并不是一定要大学毕业，才可办到。倘如我们以为大学毕业后方可做人，那么中学小学的教育，都可算是做人的准备，都不过是大学教育的附属品，他的本身并没有什么价值了。我们中国办教育数十年来一部分的谬误，即在于此。现在教育界里抱这种见解的人，还不在少数，我希望他们快快觉悟。

其次再看夏君的意见。夏君推论升学拥挤的原因，在高小里无职业教育的准备，以致迫而出于升学之一途，这话我是很佩服的，并且现今办教育的，也应当在这一点反省。不过夏君说什么"母校鼓吹""诱骗升学"这一类的话，仿佛学生升学是大不应该的一件事一样，却亦未免太偏了。高等小学的教育，虽不能说以升学为原则，却亦不能说以不升学为原则。我们办高小教育的一方面固不可不给儿童职业的准备，他一方面亦不可不给以升学的准备。办学的极端的鼓励升学，却不应该，但一部分的鼓励升学，断不能谓为诱骗。夏君举美国中学生升入大学百分比减少，为美国中学生升学人数减少之佐证。不知所谓减少，乃是百分比上的关系，并不是真正人数的关系。按之实际美国大学生的人数一九一四年确比一八九三年多。试观左表即明。

美国今昔中学生升学比较表

年度	大学生数	中学生数	每千中学生与大学生之比较
1893－94	88 471	289 274	305
1903－04	128 063	635 808	201
1913－14	216 493	1218 804	173

观上表美国一九一四年的大学生，比之一八九三年，要多到二倍有奇。其所以数目加多，比例反小，乃因美国近二十年来，中学生的数目比前大增，他的增加速度，非大学生增加速度所能及的原故。至于大学教育，仍旧进行不息，据近来调查，美国全国有大学二百余所，所以美国高等专门人材，断不因比例减少而受影响。今再举美国历年中学生增加的状况，来证明小学应以升学做一部分目的的理由。

美国中学校逐年进步表(1890—1915)

年度	学校	教师	学生
1890－1891	2 771	8 270	211 596
1895－1896	4 974	15 700	380 493
1900－1901	6 318	21 778	541 730
1905－1906	8□31	30 844	722 692
1910－1911	10 234	45 167	984 677
1913－1914	11 516	57 909	1 218 804
1914－1915	11 674	62 519	1 328 984

由上表，可知美国一九一五年的中学生，要比一八九零年多六倍有奇。足见美国小学一方面极注重职业教育，他一方面却也很留心儿童升学。升学与择业，原是并行不悖，只要我们办教育的，不忘记职业准备的目的，那么对于优秀的儿童，也不妨鼓励他升学。

三、怎样解决这升学拥挤的现象？

高小学生升学，既非不应该之事，那么在中等学校方面，怎样解决这拥挤的现象呢？在陆先生之意，以为在录取的方法方面，当立一个科学的标准，所以他主张各中学招生的学额，应由主管教育机关，就各校前三年入学试验应考人数调制统计。定标准为二人中取一人，即使财力不及，或定为每三人中取一人。将来每年调查各校应考人数，以定学额，编制预算，即按此为准。陆先生要定出标准，我很赞成。不过他要定为每二人或三人中取一人，我觉得不大妥当，因为：(一) 那些不取的学生之中，必定还有许多程度可取而因额满见遗的；(二) 仍免不了请托，使学生道德堕落；(三) 请托而未录取，仍必怨怼学校；(四) 不取的学生，仍必入于腐败的学校，或变为中等流氓。所以我觉得这种办法仍未彻底。依我的主张，凡是有志求学的青年，都应当各得其所，所以解决这个问题的办法，可分下之数条：

(1) 各中等学校速依他们的性质组织联合会——如中等教育联合会、师范教育联合会等——赶快制出入学程度的客观标准，规定各科及格的最低的限度以定去取。

理由：入学程度的客观标准，非根据各种教育的性质，及历年各校学生入学试验的程度，不能定出。此须有赖于教育的专门知识，所以由各校联合起来共同商定，比之主管教育机关所定的隔靴搔痒的标准要适用的多。

(2) 各校招生时期，应当一律并当由该会在事前依照标准议定统一的试题，分别试验，凡投考学生只许在一校报名。

理由：投考的人数，在表面看来，虽说甲校有几百，乙校有几百，然按之实际，投考乙校的学生之中，即已有许多人在甲校考过一次。或则因尚未揭晓，或则因考试落第，所以再来应考，以为狡兔三窟之计。而在学校方面亦因社会上有名誉好丑之不同，学生投考学校，有先后的选择，名誉高的学校，投考的非常之多，名誉差的学校，投考的人非常之少。倘使同时招考，名誉好的学校，有许多程度好的，因额满见遗；名誉差的学校，甚至招不到学生。所以为补救这一层弊病起见，名誉差的学校招考时期，往往有意延迟，使得学校同投考者两方面均有下台的地步，这种办法在学生方面几次应考，身体精神，大受影响；在学校方面，传补备取，紊乱手续。所以我主张统一试题在同一时期招考以免去这层弊病，至于这统一办法的团体，我自有方法可以免除，请观下文。

（3）各学校录取学生的数目以及格的为标准，不为名额所限——有三十便取三十，有五十便取五十——考期过后，各学校开联合会议一次，(此会即可为该种教育会议之年会)报告各该校本年招生的数额，然后把这些及格的学生分别支配到各校。

　　理由：像这样办法，在甲校因额满见遗的学生，送入乙校，可以无须再考，而在那些投考人数少的学校，亦可免去二次三次招生的手续，并且可以免去断断续续的传补备取生的麻烦。

（4）已经及格的学生无论如何必设法分配，使得个个都得其所。

　　理由：各校及格学生的总数，容或要比各校的招生的总额多。向隅之人，或在所不免。不过我的意思，以为既经及格，即当让他升学，才是至公无私的道理。并且在我看来，果真照这办法招生，录取的人数比之总额数，纵多也恐有限，所以不难设法安插。

（5）各校对于应考不及格的学生，当设立补习班，补习他们所缺的功课。或二年毕业，或一年毕业。毕业后，经该会之支配，升入某校，无须再有入学试验。

　　理由：前面所说的几条办法，都是为及格的学生着想的，其余未及格的学生至少有二分之一或三分之一。这些学生，都已在高小毕业，没有机会再回校读书——纵有也是少数——倘如不能升学，那就不得不走进野鸡学校或是在家中悠游岁月。他们所受的恶影响，我们一向抱"各人自扫门前雪"的态度，只顾本校招到几个优秀的学生便算了事的教育家要负大部分的责任。我们办教育的人，若再不猛省，恐怕未来的罪恶，还不知要酿成许多呵！我不妨再把我的主张说一下。凡是有志求学的青年都应当各得其所。

我说了这一大套，还一点没有提到怎样扩充学额，这未免遗憾了。扩充学额的方法，陆先生和夏君，都很希望议会诸公，顾全大义，他们俩所说的话，我想议会诸公，高兴看报的，看到那一段，当要有些感动，受一阵的良心上的责备。我在这里却也有几句话要说说。大概议会诸公对于学校里所开的预算，都是拼命核减。我敢说自有议会以来，皆是这样。不过现在的议会诸公，有许多也是从前办中等教育的人员，无理核减预算的痛苦，他们也曾受过好多。为什么一挂了议员的招牌，便变成教育的仇寇？并且这次省会改选，上届议员诸公也有复行投身教育界重理旧业的。可是将来他们的预算也要受下届议员的挑剔，他们招收新生也要感觉额少人多，受社会责难的困难，"早知今日悔不当初"，诸公做议员的时候为什么不留些后来做教育界人员的余地呢？我想上届和本届议员诸公，容或也有一两个豪兴看中华教育界的，不知看到我这一段话，有何感想。

要扩充学额,我们固不得不希望议员诸公增加预算,但是我们办教育的人,也应该在自己方面着想着想。我以为有两种方法,可以节省经费使学额增加:

(1) 城市学校之组合　城市学校组合的益处,我在本志十一卷一期,《补救学校中升级制度之商榷》里曾约略说了一下。我现在因研究怎样扩充学额,愈觉城市学校有组合之必要。因为城市学校组合的大益处,就在能节省经费,学额之能否扩充,有一部分要看经费能否节用,依个人的见解,城市学校果能办到组合的地步,至少,每校可以增加学额五十名。等我有空,定另做一篇,详细讨论一下。

(2) 葛雷制度之采用　现在脍炙人口的葛雷制度,也很可节省经费,我国小学教育界里,采用这种制度的,已有好几处,可是中等学校里采用的,倒没有见过,这也不妨试验一下。

此外节省经费的方法,却还有许多,可是最要紧的一层,还是学校组合。这一层如可办到,大部分的问题,便可解决了。我希望教育界里诸君,细细的把这个意思研究一下。

(原载《中华教育界》第十一卷第三期,1921年)

对于神话教材之怀疑

神话教材,在教育上沿用已久,差不多没有研究的必要,我今天大书特书的提出来讨论,难免要引起读者诸君许多疑问。

这个问题,我酝酿在胸中,已经好久了。我时常提出来征求朋友的意见,朋友时常回答道:"我看这个问题,简直不能成立,神话是应当用的,还用得着讨论吗?"就这"应当"字,使得我对于神话教材愈起怀疑,对于这个问题,愈欲研究。(注一)

大凡一个问题的产生,或则由于发现了困难的现象,要设法来解决;或则由于学者的研究,探讨是要设法预防困难的发生或是增加效率。前一种问题,是自然发生的,易为人所承认;后一种问题是有意创出的,易被人骂为"无病呻吟"。但是一经提出来讨论之后,大家又觉得这问题有研究的必要。神话教材问题,恐怕就是这样。所以我尽我的力量,发表意见,使这不能成立的问题,变成问题。

在讨论这问题之先,不佞有欲预先声明者数事:

(一)本问题既说是神话"教材",似乎只限于读法课本之类,但是我的意思,是包括读本的教材,教者口述故事的教材,教者读给儿童听的童话教材而言,推而广之,就是家庭里父母同儿童谈话的资料,也在其内。

(二)中国与外国的情形不同,本篇中所论的情形,亦间有为中国所无者,不过为研求真理,及预防盲从抄仿起见,亦约略说及,阅者诸君,幸勿以"不合实际"见讥。

(三)外国学者,对于神话教材,主张用者,十之八九,即有一二不满意者,亦都措辞圆滑,从没有大声疾呼而反对的。大概宗教盛行的国家,对于这个问题,很不易著笔。不过中外的情形不同,似应分别看待,所以本文之内,对于外国著名学者的主张,往往有所非难。

(四)我个人对于神话的教材,亦非极端反对。不过我总觉得神话在教育上的价值,很可怀疑,所以主张七八岁以下儿童想像力发达的时候,总以不用为是。本篇所述,大概根据此点,不过在论证的时候,欲使我的意思发挥尽致,好像走了极端,这是请读者诸君不要误会的。

现在开始讨论了。第一要问的是:

神话究竟是什么?

对象不同的,不可以讨论。甲的论点是雪白,乙的论点是炭黑,无论如何,都不能得结论,所以我们应当规定神话的定义。

学者对于神话的解释,非常纷杂:冯德 Wundt 则以为包涵[含]科学同宗教,规定家庭习惯及公共生活。(注二),弗纳沙 Frazer 则以为神话是说明的自然界及人种起源的现象。斯宾塞 Spencer 则以为是人类远祖曲解的故事。(注三)此外又有人以为神话就是论及神同英雄的故事,带有不真实非理性的性质。(注四)又有人以为就是人类事实的记载,叙述不可思议的人物,含有历史的及假想历史的性质,仙人故事 Fairy tales 同神话相近,不过他们的意义稍狭,大概叙述小神的事情。(注五)可见神话的意义,无一定的解说。从狭义看,只论神的关系,从广义看,实包有不可思议、不合事实、不合理性各种东西在内,教育上的神话当从广义方面着想,我今根据这上面的几层意思,假定把带有"神秘色彩"的材料,分为左列之七种,统名之曰"神话的教材"以便研究。

(1) 神话　此是单指神的方面而言如《希腊之神》是。(注六)

(2) 鬼话　如中国家庭间对儿童所讲的种种鬼话。(注七)

(3) 妖魔　如《怪洋灯》。(注八)

(4) 仙人故事　如《睡美》Slpeeping Beauty 及《快乐种子》。(注九)

(5) 创世的神话　如盘古开天辟地的话。

(6) 神秘的寓言(注十)

(7) 神秘的理想小说,及神秘不可思议的英雄传。

以上七类,我都当作广义的神话教材。就是凡带有神秘意味的东西,都包括在内。认定对象之后,再开始讨论。后列的几点,皆是近人主张用神话教材的理由,所以逐条的写出来研究研究。

(1) 神话可以弥补想像的缺陷

主张用神话的人,说神话可以弥补想像的缺陷 Gaps in imagination,又复引弥勒 Miller 的话说道:"自然界的神话,受儿童欢迎,就同受原人欢迎一样。其主要原因,是因为神话能解释日月星辰风云雷电,把他们带到儿童日常经验范围之内。使他们失去玄妙,而由想像的作用,把他们同别的经验调和起来。因此想像中的缺陷就可因此弥补;而精神上不安的现象,亦可因此排除。不妨拿野蛮人对于太阳的经验来做例。野蛮人看见太阳由东方上来,西方下去,全行看不见,第二天又从东方升上来了。他的想像之中,便不满足于经验里的缺陷,设法想出弥补,于是造出一种神话,说太阳乘一只船,由西到东,从天边上绕了一周。这段神话,可以填补缺陷,使经验中孤立的事实,联成一气。神话之于儿童的功用,也就同原人一样。就是借着神话的作用,使天然间不和合的分子,变成一个系统,人生一贯的要求,得以满足。"(注十一)以此为用神话的理由。

弥氏的这一番话,说想像中的缺陷,可以用神话来弥补,我却无异议。但是就拿着一点来,做应当用神话教材的根据我却不敢赞同。因为儿童经验中所发生的缺陷,苟非深奥困难,常能自己造出幻想来弥补,并不一定要教者拿神话来代他解决。我从前看见一个小孩子在花园里顽耍,忽然来了一阵风,把花枝吹的上下摇动,好像点头一般,这小孩子停了一会儿连忙跑到我面前,说花要同他谈心。花枝上下摇,他不知道是风吹的原故,是他经验中的缺陷,拿"花同他谈心"来解释,是他自己造的幻想,这就同原人借着想像创出神话来弥补经验中的缺陷一样。诸位如不信，我可举出几家说素来证明证明。

哥克巴特利克 Kirkpatrick 讨论《适应本能之发育》时，有几句话说道："想像指导游戏的运动，在五六岁的时候，常常达到极点。此后几年间，想像的游戏，在创造虚幻的故事 Fanciful stories 以为娱乐。这种故事是常时同表演的动作相连的……"（注十二）

唐奈氏 Tanner 讨论儿童的想像，也有几句话说道："……他构造这些故事活动的影像，但是还以人告诉他的为根据。此后他就自己创造他自己的故事了……"（注十三）

此外例子很多，说法也不尽同，无庸列举。不过有一点各书上皆提及的，是儿童的"想像伴" Imaginary companion。想像伴的发生，是由于儿童想同朋友顽耍，又没有朋友来因此幻出想像伴来，以弥补经验的缺陷。儿童既自有创造幻想弥补缺陷的能力，又何劳教者代庖呢？再进一步说，就是有时教者必须代儿童弥补缺陷，也必定等他有了缺陷时再去弥补，否则近于"无病而吟"。乃今人教授神话，儿童本没有弥补缺陷的需要，教者硬把他的经验界里，弄成缺陷，然后再去弥补。像这样"出尔反尔"的教法究竟何所取呢？

（2）神话可以发达儿童的想像

欧西学者，谈到神话的功用，大概有句笼统的话，"神话可以发达儿童的想像"。就连杜威博士，很不愿意谈什么神话什么宗教的，也会以圆滑的态度，轻轻说了一下。不过我对于这句话，很为怀疑。大概普通的儿童（对乎变态的儿童而言）想像的发达，都无须外物的帮助。因为想像的发生不外乎儿童的经验。詹姆斯说："各种感觉 Sensation 一经经验之后，改变有神经的机体，在外部实物的刺激没有的时候，重将原像现于心中，就叫做想像。但是无论那一种感觉，如果不是从外部刺激进去的（意即经验），断不能将心影复现于心中。……把原像复现出来的，叫做复演的想像 Reproductive imagination；用几个原像，重行组织，变成新事物而演出来的，叫做创造的想像 Productive imagination。"（注十四）可见只要儿童经验了一种感觉，他就自会发生想像的现象，如前次有几个小孩子看见李纯出丧，回家之后，即刻办出出丧的样子来，这就是复演想像的表现。又如通常的小孩子，都好说故事给人听，东岔西岔，拿他所经验的事情，随意连接起来，好像说诳说梦，这就是创造想像的表现。所以无论什么儿童，只要他不是痴聋盲哑以及各种残废，经验过一种印象之后，无有不现诸想像的动作的。关于此点，学者未有不承认的。即虽弥勒，他是主张用神话的，也曾说过几句话，他说："儿童在幼稚园，及初小一、二年级间最显著的现象，就是想像。想像的发达，是同较为活动的感觉动作的生活相辅而行的。因为儿童对于日常的事物同事物的用途上所生的联想，日积月累，对于事物的意义，也就渐渐明了。精神生活的全部，于以愈加丰富。想像的动作，就由这种丰富的经验里发生，其结果又影响于经验，使他格外富厚，所以这个时期，是儿童自然想像的黄金时代。"（注十五）可知想像这样东西，全是自然发生，并无需用神话来使他发达。神话教材对于一二脑筋沉闷思想闭塞的变态儿童，或者有发达想像的功用（注十六），但何能把想像力健全的儿童同变态的儿童一例看待呢？我说到这儿，有个朋友引劳特瓦治同惠特来的话驳我道："创造的想像，能使人发明机器飞艇，他的用处非常之大，办教育的，应当在四岁到八岁儿童的想像力最发达的时候，拿故事、仙人的话、神话等来教儿童,使他的创造想像,能够活动发展。八岁以后,到了儿童重行适应的时代,记忆力最发达,受暗示的可能性减小,就应该拿实物来代神话,用手工设计法、地理等等的科目来鼓励儿童创造的想像,至于教授虚幻的危险,都可因观察同官觉的训练而划除。"(注十七)我答他道:"儿童普通的想像,无需神话,自会发生。至于发明机器的那种想像力是关于儿童幼年所受的教育(就中以锻炼思想为最大的要素)和日后的造就,绝非神话所能为力。劳、惠二氏说发达儿童创造的想像,八岁前应该用神话,八岁后应该用手工设计法、地理等科。我以为要发达儿童创造的想像力,就应该在幼时注意思想的锻炼,多供给他作事的机会,使他们多与事物接触,明了事物的意义,得正确的观念,不应用神话来淆乱真伪以致影响于日后的生活。至于二氏说虚幻的危险可以用观察同官觉的训练除去。唉!谈何容易!关于此点,我也不必在此发挥,请观下节。"

(3) 儿童不能辨别真伪,虚伪的观念,不难排除,所以不妨用神话

这一派的人,大概以为事物没有一定的真伪,只要合着人的经验就是真的。主张这种说素的人很多,我可拿高尔文来做代表。高尔文论真理的性质 Nature of truth,他有几句话说道:"真实与真理,全靠着我们现在的经验,能同我们全体的经验及别人的经验一致。不问什么东西,只要是最与经验吻合最能满足智慧的,都是真理。并且经验这样东西,是时时变更的,所以世上绝没有绝对的真理能亘千古而不变的。"高氏又举了一个例,他说:

在近古及中世纪的时候,人都相信秃里美 Ptolemy 的宇宙系统学说是真的,因为那个学说与当时别的已知的事实吻合。但是后来人的经验加广,又不满意于秃氏的学说而相信哥白尼的系统 Copernican system 了。但是我们能承认哥氏的学说是最后的真理吗?又如十八世纪的个人主义,在当时最适合卢梭及一般鼓吹法国革命家的心理,在美国宣布独立的时候,最能使那一般奔走的人满意,但是现在所风行的,乃是社会互助主义。这种主义在那时候,人就不把他当真理了。再如昔日科学上的机械原子论,绝不能在今日物理学的新见解中占位置了。诸如此类的例子很多,我们无须列举。总之东西之真假,全看他能否令人满意,至于问最后的真理是什么,那是永远不会有结果的。神话这样东西,所以能满足野蛮人底知识的道德的需要,就是因为对于他们是真的,不过我们以他为假罢了。仙人的故事之于儿童,也是这样,他们替儿童解释的世界,在儿童看来,非常之真,那迥非成人的观念所能领受的。儿童有一天长大变为成人之后,这些稚气的东西,他就会丢开,但是他在儿童时代,还是作儿童之想,日后经验扩充,他就渐渐的将幼时的幻想,现在变成不适当的抛去,不过从中经过的手续很慢,不至于使他底"真实"的一条联贯线上发生出破绽来罢了。(下略)(注十八)

我对于这一段话,有三种意见。(1)真理无一定之标准是不错的,不过在没有新发明打消现在的真理之前,我们总归要承认他是真理,不可根据"真理无定"的一句话,为不妨

教授儿童虚幻及种种谬误观念的理由。(2)儿童不能分别真伪我也承认,不过教者当明白儿童所以不辨真伪,是因为他的经验不广、无真伪的标准。教者应当多给儿童与实物接触的机会,如蒙铁梭利用种种东西来训练儿童的感官,那才是正当的办法。若说到因为他不能辨别真伪就拿伪的东西去教他,不是欺他们吗？(3)伪的东西如妖魔鬼怪之类,最易动听,误谬的观念,深印脑中,历久不忘。我们受过教育的人,同十岁以外的小学生,所以不相信这些东西,实在是后来的教育矫正所致,教育上实在受了很大的无形损失,断无年纪渐大即自行抛去之理。因为学习一样东西,就是把他神经里开了一条路打了一个感应结,根据桑戴克养成习惯的原理,快乐的结果,常使感应结加强(注十九),说神怪的故事给儿童听,儿童未有不快乐的。既快乐了,误谬观念的感应结,也就随之加强。后来又用种种方法矫正,自埋自掘,岂非教育上的损失呢？(劳、惠二氏说虚幻的危险可以用观察同官觉的训练除去,亦同此弊。)况乎我国的教育,很不普及,实际上有百分之五六十的人受不到教育。这些不受教育的人在幼时受了家庭社会里的种种神话的知识,后来又没有矫正的机会,误谬的观念根深蒂固于脑中,至老死不改,迷信鬼神因以成为社会的风气。办教育的目的,原在改良社会,又那能在无形中又播下许多迷信鬼神的种子呢？(有一个小学教师告诉我,说他讲神话的时候,有个学生问他"先生,你平时叫我不要迷信鬼神,你现在不是讲的鬼神吗？"这个教师,简直无话可答),诸君如仍以为神话的观念,长大了自会抛除,而非教育矫正的功效,请举一例,重行申辩一下。就如地震的现象,我们在幼时就听说是鳌鱼翻身,当时很相信,现在却不信了。(我们现在不信,是因为受过教育的矫正。)但是那些乡下未受教育的老农,却深信不疑,倘如长大了会抛除神话的观念,那吗未受教育的老农也就应不相信这句话,那才合理。总之说神话的故事给儿童听(家庭教育在内)倘使他后来有受教育矫正的机会,必定是教育上的损失,倘使没有矫正之机会,误谬的观念可保终身不能排除。(真实讲来,鬼神的观念无论如何矫正,他的势力总不能完全排除,就如我们受教育的人,都说是不信鬼了,但是叫你一个人深夜独行,你心中总觉得惴惴不安。倘使忽然有一样东西突如其来的碰着你,你的潜伏在意识下鬼的观念,即突然出现,所以我们常常听得人说:"我从来不信鬼,从这次以后,却相信有鬼了。"这就是幼时受的鬼话长大时受的效果,我们办教育的人,我们做父母的人,又何必说鬼怪神奇的故事给儿童听,种这种恶因呢？)(注二十)

(4) 神话可以引起儿童的兴味

又有人说神话可以引起儿童的兴味。这又可分为两层说:(1)为兴味而引起兴味,其目的不过使儿童娱乐,如乳媪之娱悦儿童,是以兴味为目的的；(2)儿童对于功课常觉得干燥无味,所以拿神话来做媒子,是以兴味为方法的。我对于第一点要问用故事愉悦儿童,是不是一定要用神话？假使有一样代替神话的东西既可同样的引起兴味,同时又可免去神话的弊病,是不是应当首先采用？譬如《帮助人的矮人》的故事里,叙述一个老太太穷苦的了不得,有一个矮人夜里来帮他的忙,替他做了许多事,后来这位太太晓得了,很感谢这位矮人。于是乎矮人说他自己是位仙人——是帮助人的仙人,说后就跳去不见了。这段故事很有趣味,但是把从中仙人这一句话删去却是一样的有趣,又何必一定加上这一点神话的色彩呢?又关于矮人的话,如《非洲矮人的生活》,描写他们居住的状况,曲尽其妙,仿佛到了"山阴道上,令人应接不暇"。(注二十一)一样的矮人的话,一样有兴味,又何必添上神话的意味舍真而就假呢?张士一先生对于神话问题,曾经告诉我一段经验,很觉有趣。他说:"我有两个小孩子,常时要我说故事,我每每穷于应付。有一天,正是吃冰忌淋,小孩子又叫我说故事,我就即景生情,造一个冰忌淋的故事,一壁想,一壁说。有一个人好吃冰忌淋,一杯不够,两杯不够,三杯不够,四杯还不够。说到这儿我心里就想说:'后来有个仙人,给他一个神杯,冰忌淋吃完,却又满起来了。'转一想,不如改个说法:'他就取了很大的个碗放了许多冰忌淋,但是还不够。'这时候我又想说:'叫这个碗大,他就自然大起来了。'一想又不对,最后换了一个说法:'他就买了一个橡皮碗,要他大,用手去一拉,他就大了,他要吃多少,就可随意放进去了。'这个故事说完之后,小孩子非常满意,听的时候,也很有兴味。倘使我用神话来圆满这个故事,所收的效果,也不过这样,既有同样的效果,又何必舍真而趋假呢?大概有兴味的故事,不外三种要素:(1)用已知的原子作未知的组合 Unfamiliar combinations of familiar elements。如橡皮同碗,都是已知的观念,橡皮的碗则是新的组合。(2)变换的快 Rapid movement。不滞泥在一样东西上,说到这样,随即换到那样。(3)重复 Repetition。如三个熊的故事,中间三个床三个碗三个枕头,大熊中熊小熊,大床中床小床种种重复比称的话。故事之所以好听,大概靠着这三种要素。神话之所以动人,也不外这个原理。我们既得了这造好听的故事的要素,即景生情,处处都可以造出有趣味的故事来,又何必拘拘用神话才能引起儿童兴味呢?"我觉得他这番话,真有道理。虽则他所引的故事里说一个人吃冰忌淋终久吃不够,有些不合事实,但是他想法子代替神话,既免神话虚伪之弊,又收神话兴趣的功用,实系两全之计,极力主张用神话的人,听了这番话也可以觉悟了。

我对于第二点拿神话来做方法,引起儿童对于功课的兴味,却也有点意见。我要问究竟儿童为什么对于功课无兴味?儿童对于功课无兴味,不求根本的解决,而用外部刺激 External stimulation 的方法是否能够收效?我常细考儿童对于功课无兴味的最大原因,就是学校里的功课多偏于注入静止的死板的方面,与实际情形真实生活脱离,致儿童无活动创作的余地,仅仅做一副照相器、留声机,他所要知道的学校里不能供给,他所不愿意做的,学校里偏偏逼住他去干,试问他对于功课怎得有兴味呢?我不妨举个简单的例,现在小学校里有一个通病就是叫小学生记笔记。教者搜集许多材料写在黑板上,叫学生抄写(如地理、历史科之类尤甚)。到了考试的时候,还要出几个题目试试他们究竟记得记不得。儿童在学校里,除去功课之外,又要干许多事,已经很忙,又那里有功夫来抄这枯燥无味的笔记?所以除去少数想多得些分数安心的去抄录的以外,差不多个个都怕了笔记,弄到末了连课都怕上了。这种情形我就曾经亲见过的。唉!这种片段零碎的知识,小学生虽抄了数十本,究竟有什么用?与其叫学生死抄地理的笔记,何如领学生到野外去看看地形说明河道的原委呢?与其叫学生死抄历史的笔记,何如在讲过历史之后,抽出几十分钟的工夫来叫儿童表演呢?与其叫儿童死抄理科的笔记,何如叫儿童课后实验或是到野外去采集标本呢？果能如是办，学生又安得无兴味呢？既有了兴味，又何必要外界的刺激呢？杜威论兴味与训练，讨论兴味的意义，他有几段大概的意思说道："兴味的意思就是'己'Self 与'物'World 从事于一种发展的境遇。照这字的普通的意义讲来，可分为三种：(1) 主动的发展之完全状态，如某人的兴味在政治学，或新闻事业是；(2) 事前预期需要的客观的结果，即是一样东西，影响于人，譬如一个人想在法庭上占个位置，则不得不提起兴味来研究研究法律的案子；(3) 个人感情的倾向，此根据于个人的态度，使精神集中于某事，这三层皆系'人'与'物'发生关系，而生兴味。若不在这上着想，而要想从外面附加兴味，是犹药上加糖，不过是一种贿赂罢了。考兴味二字，从语源学上讲来就是'居间'Between 的意思，把两样分离的东西连成一气。在学习上看来，教者的目的同学者的现有能力，不能连贯，在这二者之间的，就是工具，——就是去做事，去克制困难，去利用方法。这种居间的东西，所以能有兴味，乃是因为他们能使学者现有的动作（即现有的能力），发达到所期的目的，教材之所以干燥无味，并不是教材不好，乃是教者的目的同学者的能力之间缺少联络，要使他们联络，最好使学者从事于动作，使教材的本身发生兴味，并用不着人为的方法从外附加。"（注二十二）又杜氏论地理历史的意义时，有一段我觉得最说得痛快。他说："地理与自然研究 Nature Study 是二而一一而二的东西，应当把自然研究包于地理之中。乃今之学校，把自然研究，另立一科，教些零星琐碎四无依傍的东西，就如研究花的各部分同花的全体关系分离；教花的全部分，同这株植物分离；教这株植物，同土壤空气，光线分离。弄到末了，这些讨论的题目，死气沉沉，彼此分立，毫无补于想像。因此缺乏兴味就不得不唤起万有神的观念，把这自然的事实，加上一层神话，以期引起学者的注意而固定其心神……"（注二十三）你看杜威反对神话的一番理由，何等充足！我因论教育上兴味的作用，又联想到桑戴克同卢笛鸠论兴味的原理，觉得与杜氏的话，有许多地方，可以互相证印，所以一起写出来。桑氏说："随便何种天然倾向，有练习，便是适意的，不但如此，若是一种天然倾向发表的结果能叫天然反应自然的练习下去也是适意的。"（注二十四）卢氏说："……儿童的天性，对于交朋友，帮人的忙，看，听，研究人物的关系同现象等等，是很有兴味的，并且这些兴味是动的，不是静的。他们无时无刻不鼓励儿童同环境里的事物，发生关系。所以教授问题，并不要去引起儿童的兴味，只要把儿童的天然兴味，引导出来那就够了。"（注二十五）综上看来，可知儿童所以觉得功课干燥无味，实在由于教者的方法不好，没有利用教材及儿童本身的天然兴味，因而想到外部的刺激，要找神话一类的东西来帮忙，果能澈底清查，作根本的解决，又何取乎外援？又何贵乎神话？

(5) 儿童的经验窄狭，故必拿神话来扩充

这句话也有多人主张。不过我以为扩充儿童的经验，当设法使他的知识界扩充，不应用神话来扩张他的虚幻。扩充知识界的方法，依心理发达的程序，第一步当用游戏与工作，使他明白事物间的关系；第二步当用历史地理的教材，使他对于空时的观念扩大；第三步教授科学的知识。这三步当中以第一步的游戏工作对于幼稚园同国民一、二年的儿童最为重要。因为经验的性质含有主动被动二方面。一施一受，全在明白彼此的关系，实带有试验的性质。教儿童的人,就应该叫儿童自己同实物去接触,使他们发现关系。等到儿童渐渐长大之后,他对于直接得来的经验,不能满足,教者就应该根据第一步教授史地,以扩充他的间接经验,更进一步再教科学的经验。这三种步骤,乃是扩充儿童经验的正当办法,若不在这上着想,而要想法扩张虚无漂渺不合事理的那一种幻想的经验,试问有何用处?人生在世,所以能高于别的动物,控制物质界,就是因为他能利用已往的经验规定后来的进步,所以经验这样东西,实在是一种规划文明的"利器",试问虚幻误谬的经验,能不能算得一种利器?能不能帮助我们控制环境使世界进化?这是可以不言而喻的了。总之,儿童的世界,有"虚幻"同"实物"两种,虚幻的世界之发生由于他缺少同实物接触的机会,对于实物不能明了,所以教者应当多供给儿童实地经验的机会,使实物的世界扩大虚幻的世界缩小,万不能再用什么神话去淆乱真伪。桑戴克说的好:"真的知识比之不实的知识,要好的多。这个理是无需证明的。不过现在的人,还拿无意识的东西来教儿童。幼稚园里,还离不了说谎。小学校的读法教材有四分之一是荒诞的故事。他们选假的,不用真的,并没有证明虚幻的东西,有利无害……"(注二十六)中国的情形,虽略与桑氏所说的不同,但如父母同儿童讲的故事,画坊里出的童话,差不多有一大半是犯这种弊病,我希望他们对于这一点,大大的改正才好。

(6) 神话最合儿童的心理

主张用神话的人有一个大根据,说神话最合儿童的心理。现在讲教育的人,不是说教育应当顾及儿童的能力和兴趣吗?那吗神话是最好的资料。我对于教育应当根据儿童心理一层,却[确]很主张,不过我所要问的是:现在你们所说的根据儿童的心理,是不是儿童的真正心理?儿童心理的标准是怎样定的,能不能根据于儿童的好恶?幻想是儿童心理中自然发生的现象,鬼神妖魔的观念,是不是同幻想一样,由儿童心理中自然发生?依我的意见看来,鬼神妖魔的观念,全是外而加进去的,不是儿童的真正心理现象;以儿童喜欢听鬼神妖魔的故事为儿童心理的,我敢说是根据于儿童的好恶,是"适合儿童心理"说素的罪人。我尝考观念的发生,不出乎经验。因为观念这样东西,就是意义。有一样东西,远远的摇荡,你不知是摇臂或是朋友向你招手,你必细细的推勘,然后你对于这样东西的观念才能明白。(注二十七)倘使没有实物在那儿给我们经验,必不能有观念发生。鬼神这样东西,无形迹可寻,又那里可以经验,既不能经验,又从何有这种观念?我常想儿童所以有鬼神的观念,所以要听鬼神的故事,全是因为他当时听见人讲这一类的故事,愈听愈喜听,好像是他们心理的表现,不明白的人,往往误为儿童的真正心理,要用神话去适应他们的需要,岂非大谬?我试问倘使有儿童从来就没有听过鬼神过,他还有这种要听神话的心理表现吗?中国内地的儿童,从来没有吃过香蕉,教者给一枚他吃过之后,儿童觉得好吃,又问教者索,教者就给了他许许多多,说是满足他要吃香蕉的生理需要,拿神话来适应儿童心理需要的人,岂非同这一样?有人说,所谓适应儿童的心理,乃因为他在这个时期之内,同原人一样,喜欢神话彷佛就是适应他心理发育中的神话时期。这句话是根据于《复演的说素》Recapitulation Theory。关于此点,杜威曾有几段的大意说道:"主张复演说的人,以为教材应当用古文学的神话、歌谣等等,以符合历史上的那个阶级,不知这种见解,全是回顾的 Retrospective,是保守陈死的。在教育上看来,幼稚期 immaturity 的大利益,就在超年幼的人出乎'过去'教育的目的,就在使生长的过程走捷径,断无使儿童复演过去之理。"(注二十八)杜威的意思,是主张进化的教育,进化的教育,施之于保守的教育之中国,最为重要,我希望办教育的,不要再主张复演说什么用神话来适应儿童的心理需要。

　　此外又有人主张神话的功用,有宗教的价值,宗教是人生必有的要求,所以要用神话。但是宗教的发生,是由于人生理想同现实发生冲突。(注二十九)人到了有困难的时候,就不得不诉诸宗教,这是自然的结果,不然,宗教将毫无意义。幼稚的儿童毫无宗教的要求,所以神话对乎他也就没有宗教的价值。又有人以为神话有美术、文学的价值。幼时读了神话,可以辅助人长大之后欣赏美的能力。要知辅助欣赏美的能力可不必借助于神话。学校中如音乐、图画以及富有文学价值的读法教材都可于儿童审美的情操上有所供献。又有人以为神话大概都寓有道德的意味。但是据我看来,有些神话如"吃炭男""审狐狸"(注三十)等等,不但没有道德的价值,并且要发生能很大的恶影响。进一步说,即使有些神话,有道德的意味,同时又发生恶影响的总应该避去才好。又有人说现在欧西各国的教育,总比中国高妙的多,科学总比中国昌明的多。然如美国威西康新小学课程里,则很赞成用仙人的故事,如《美人与猛兽》一篇,就是他们采用的(注三十一),又如万国幼稚园所出版的《幼稚园的课程》里,也主张用神话同仙人故事,且主张多用仙人的故事,难道他们先进的国家,倒反不如你想得透澈吗。(注三十二)不知中外的情形,各有不同。我们采取人家的法子,第一不要学人家的短处,第二要切合国情,外国的事情未见得件件都好,即是一个人的学说,也未见得处处都对,总在采取的人有选择的眼光,若是一味盲从,那吗外国小学课程的故事里,有什么感恩节的故事,耶稣圣诞节的故事,我们一一都采进来怎样呢？我想诸君一定是不赞成的了。我所以不赞成乱引人家的课程滥用神话,即是这个原故。

　　我驳用神话教材的理由,已经好长了,读者诸君恐怕也要生厌了。我现在用前面所说过的意思,把不当用神话教材的理由,总起来说一下。用神话教材的最大危险就是使日后的知识上发生恶影响；使教育上受无形的损失,使儿童的想像,流于空幻,妨害正当的思想锻炼；灌输许多恶观念,妨害日后的生活,此外还有一层,是影响于儿童的道德(亚当氏说："儿童喜欢听仙人的故事同时又希望他是真的。"所以他时常问大人,这是真的吗？大人很难回答。说他是真的吧,明明是欺儿童,说他是假的吧,又犯了教儿童假话的弊病。亚氏想了一法,主张教者不要十分对于所说的故事加重说他是真的,因为这样加重的结果,徒然使得儿童相信别的故事都是假的。我说与其这样作难,不如不说这一类的故事为妙。(注三十三))我希望教育界里诸君,不要忘记儿童的虚幻是由于缺少经验,当设法使他的实际经验扩大,不要再用神话来扩充他的幻想世界；不要误会想像的意义,以为要用神话来弥补缺陷,或是使他发达；不要迷信幻想因年龄长大而减少的说素,以为不妨教授多量的虚伪观念；不要迷信神话的功用,以为非此即不足以发生儿童的兴味；不要因儿童喜听神话,即以为是儿童的真正心理；最后还有一句,就是不要盲抄人家的课程,以为外国人说的话都是不错。所以我主张神话的教材在七八岁以下儿童想像发旺的时候,都不应用(能够有东西代替最好）。即有时因不得已的关系要用仙人故事，也必须详加审慎，确有有益无害的证明，才能采用，至于普通人的观念，以为儿童年龄愈小，即应当愈用神话的那种说法，我是完全反对的。

我做这篇文章，至此已完，我希望教育界里的人，看过这篇东西之后，加以详细的批评和指教，不胜荣幸之至。

注一　McKeever 著 *Outlines of Child Study* 一书中有问题为"怎样应付儿童过分的虚幻" Overfancifulness。

注二　见 W. Wundt：*Ethics*，*Facts of the Moral Life*，P. 55。

注三　见 Kdward Scribner Ames：*The Psychology of Religious Experience*。

注四　见 Jevons：*Introduction to the Hisstory of Religious*，P. 55。

注五　见 *Cyolopedia of Education*。

注六　见 *Stories of the Ancient Greeks*。

注七　把鬼属在这一类里，系根据 Colvin 说。

注八　中华书局世界童话第十九种。

注九　商务印书馆童话。

注十　即 Max Müller *Fables about the Gods* 之意见，Leuba：*A Psychological Study of Religion*。

注十一　见 Miller：*Psychology of Thinking*，PP. 178 - 179。

注十二　见 Kirkpatrick：*Fundamentals to Child Study*，PP. 182。

注十三　见 Tanner：*The Child*。

注十四　见 James：*Psychology*，Vol Ⅱ，PP. 44。

注十五　见 Miller：*Education for the Needs of Life*，PP. 103。

注十六　Colvin and Bagley：*Human Behavior* 里也会有一点与此近似。

注十七　见 Norsworthy，Whitley：*Psychology of Childhood*，PP. 156 - 157。

注十八　见 Colvin：*The Learning Process* 中之 imagination 章。

注十九　请参看 Thorndike：*Educational Psychology Brief Course* 第十一章。

注二十　此是弗罗德 Freud 的心理学说。

注二十一　见南京高等师范附属小学《试报》。

注二十二　请参看 Dewey：*Democracy and Education* 中之 Interest and Discipline 章。

注二十三　见同注二十二中之 *The Significance of Geography and History* 章。

注二十四　见 Thorndike：*Education*，PP. 88。

注二十五　见 Ruediger：*The Principles of Education*。

注二十六　见同注二十四，"何种知识最有价值"节。

注二十七　见 *How We Think*，PP. 180。

注二十八　见同注二十二中之 *Conservative and Progressive*。

注二十九　见刘伯明编《哲学导言》。

注三十　前者见中华书局童话，后者见商务印书馆童话。

注三十一　见 *Elementary Course of Study for the Common Schools of Wisconsin*。《美人与野兽》即商务印书馆童话中所译之《怪花园》。

注三十二　见 *The Kindergarten curriculum Bulletin*, 1919, No. 16。
注三十三　见 Adams：*Exposition and Illustration in Teaching*。

(原载《中华教育界》第十卷第七期,1921年)

科学的教育家与空吹的教育家

我耳朵里时常听得一种话："你们谈教育的，只是信口乱吹，你看研究科学该多有难呵！"呵呦！教育原来是可以信口乱吹的吗？怪道现在不论什么人都要谈几句教育！

我先要问我们应该怎样才可以够谈教育。

我以为谈教育的应该具有两种要素：一是试验的精神；一是统计的头脑。

什么是试验的精神呢？一种学说到了眼面前，不管他是那个大教育家说的，且先试验一下，看他能否发生效果，不要一看见就奉为天经地义，戕贼了自己的个性；我们有了一种教育上的主张，且先自己实验一下，实验有效，再将结果宣布出来，征求人家的同意，不要自己还没有动手就武断的说照我的意见做一定会有好结果。这就是试验的精神。

什么是统计的头脑呢？就是研究教育上某种问题，不要单凭着自己的直觉和常识信口乱说，且先切实做一番调查的功夫，把调查的结果分类研究，然后用图表显示出来，使阅者一目了然，无置辩之余地，这就是统计的头脑。

有了这两种要素，才能算得科学的教育家。

哎！信口乱吹的勾当，太容易干了！我见过千百篇的教育文章，但是没有看见几篇报告教育实验结果和统计调查的文字。纵使有几篇，也是没有什么人注意，即如陈鹤琴先生的一篇《学生婚姻问题之研究》送登某杂志，被那位编辑先生用五号字排印在后面好像附录一样；我化费许多功夫，调查小学教师的状况，做了一篇《小学教员的生计》，登在《南高教育汇刊》里，看得人只是觉得数目字讨厌，这都是没有人注意的明证。哎！中国人的脑筋如此，怎么配谈科学的教育？

所以，我要同教育界里诸君互相勉励，大家齐心协力来做科学的教育家，不要信口开河做空吹的教育家。

(原载《中华教育界》第十一卷第四期，1921年)

少年中国学会问题

....
我在未谈正文之先,要向会内会外诸同志说几句诚恳的话。"世界上无论辨[办]什么事,要希望有好结果,必须公开出来讨论。公开的益处,在能使人家明白我们的真相,对于我们的短处下些针砭,并且给我们许多批评,供我们参考。我今天,在月刊上同诸位讨论,就是本的这层意思。不过我希望会内诸君,不要误会以为宣布学会的内容,便妨碍了名誉;又希望会外诸君,也不要误会,以为本会的内幕,原来如斯,因此对于本会失望。总望诸君对于我公开此事的意思表充分的同情,然后我所说的话,始得无罪。"

本会结合的要素应当是什么?

本会成立的根据,我可说一句测度的话,要有一大半建树在盲目的热忱上。那就是一般有志向上的青年,愤于今社会之黑暗,乃欲作一种有组织的结合,以创造少年中国。至于少年中国是样什么的东西,他们并没有想到。所以过去的前半年间,会员间的通讯和所发表的论文大概是空空的说少年中国——梁绍文在南洋演讲的稿子上和恽代英的"怎样创造少年中国"上皆可看出——从未有人说到具体的少年中国是怎样。到了去年暑假后,南京方面的同人,才发生了这个疑问:"我们只说创造了少年中国,究竟少年中国是什么?甲会员的理想少年中国,容或是过去的德意志;乙会员的理想少年中国,容或是现今的俄罗斯。所抱的理想少年中国不同,何能在一种旗帜之下,做创造的事业?"因此我当时就建议,用一种调查的方法,调查各会员的理想少年中国,然后统计起来,看主张德摩克拉西的有多少人,主张社会主义的有多少人,主张波尔希微【克】、安那奇的有多少人,然后才可以定出一个共同的理想少年中国。南京同人,大概赞成此议。不过后来进一步想了一想,本会各会员所抱的主意,非常复杂,彼此争执,必不相让,徒然闹得四分五裂,不如不标公同主义之为妙。后来我个人又觉得没有结合的共同要素,精神上终久不能满足,因此写了一封信给全体同志,提倡不以主义为结合的要素,而以'学'为结合的要素,信里有一段说道"同志中讨论到'怎样创造少年中国',辄觉不可无一种固定之主义,为进行之标准,然所谓主义者,吾实不知其内容。德摩克拉西乎?波尔希微克乎?安那奇乎?抑采取各种主义斟酌中国之情形,而另行创立乎?京沪及各地同志,关于主义之必要,言之详矣,而于主义之内容,则从未提及,即言之亦暧昧不明,夫不言主义,则亦已矣,苟既言主义,而又混沌其辞,各以意会,岂诸同志已有所谓主义与现今政治社会相冲突,不便宣布耶?抑尚无成竹在胸,犹待磋商耶?此则余所大惑不解者也。依余之意见,吾会既以学标明则共同之主义,即不外在学上做工夫。即巴黎诸同志,亦以'吾人共同之目标,固非少年中国会,而乃少年中国'学'会也为言,然则吾学会诸同人,又何必于学之外,更求所谓主义耶?上次舜生致余书,略谓无一定之主义,意见必致纷歧,甲办学校,欲养成为资本家供奔走之人才,乙办学校,欲养成劳动者之良友,终必无和谐之希望。此语亦诚不错。然此乃少年中国会之问题,而非少年中国'学'会之问题,苟欲以解决少年中国之主义,为解决少年中国学会主义之前提,则吾会必立肇分崩之祸。盖吾会会友所抱之主义,至为复杂,有抱德摩克拉西主义者,有抱安那奇主义者,有抱波尔希微克主义者,更有抱大同主义而打破国界种界者。苟吾人不在'学'上做工夫,而汲汲焉这[厥]惟少年中国之是争,则此主义不同之会员,必不能同立于少年中国学会旗帜之下,而分崩之现象,可立在目前。夫因主义不同而分崩,未必不是吾会之好结果,然吾辈既已本协助分工之旨,设斯会以创造少年中国,则分崩离析,必非各党结合之初衷。故吾以为吾辈不必在学外做工夫,只须抱定'学用'二字做去,各在中国学术界上,做一分贡献,我相信我们理想少年中国的学术界,必不像现在的学术界这样黑暗。无论日后的少年中国变到怎样,总归学术这样东西,是不变的。故可以做我们的共同目标,那就是我们不立主义的主义。诸同志如疑吾言,不妨各述其所抱之主义,试较勘其内容,如有一致之主张,则吾亦不妨牺牲不立主义的意见而从诸君子之后。"我发过这一段议论之后,克仁兄谓吾辈既因所抱主义的分歧,不能得一公同之标准,而同时又觉得主义不可少,则何如根据本会会员所公认的信条,再把他们的内容,一条一条的分析开来,就定名为少年中国学会主义呢?克仁的意见,与我的意思可算同一用意,后来代英到了南京,又同我谈到这个问题,他的主张是以"做事"为根据的,所以他同我辩了多时,觉得除去学术之外,事业也还要紧。而且实际看来,学术与事业,有时不可分开。我的意见经了他的影响之后,就约略改变一下,主张以"学术""事业"为共同结合的要素,而不专在"学"字上做文章了。此次开大会讨论主义的时候,我就根据这层意见,同大众争辩,大众不听,一定要定立主义,我亦无可如何。但看他们吵了好久,终以所抱的主义不同,不能得同一之结论,——果被我猜着——代英出而排解,提倡取消主义的说法,另立公同遵守之最低限度。譬如说"不多妻""表同情于第四阶级",大概是大家公认的,那就可定为公同遵守的最低限度。代英的意思,与克仁所主张的殆相彷佛,不过我那时候因受了意见纷歧的教训,对于此点,很为怀疑,未表赞同,未及一刻,果有人出而反对代英的主张,争论非常激烈。继又有脑筋稳健者,出而调和,谓我们不必多作空论,不妨把具体的事体,一一的议决下来,经大家公认之后,汇凑起来,那就是共同的最低限度了。大众听了这话很为赞同,乃继续讨论"政治活动""宗教信仰""自由恋爱"等问题。讨论政治活动问题的时候,一方面的主张,以为如附有适当条件,亦不妨从事政治活动,他方面则以为在现今这种腐败政治之下,万万不能加入,双方争辩,至以去留相争,终未能议出什么结果;讨论宗教信仰的时候,一方面则主张各种教徒,一概不得入会,他方面则主张果其人人格高尚,学术深邃,亦不妨介绍入会,争执的情形与前相同;讨论自由恋爱问题的时候,一方面则绝对反对多妻,他方面则主张绝对的自由恋爱,因离婚的困难,虽陷于特别情形的多妻,亦宜原谅之,争执的情形,亦与前同。我看了这一番情形之后,乃断定不但我们学会里不能定出共同的主义,并且共同的最低限度虽要定出一条,也是万办不到。因为我们学会会员的意见,非常复杂,断无统一的希望,譬如八十个会员中有七十人赞成政治活动,有十人反对,那这十人当然出会,只余七十人。此七十人中,有六十人反对宗教徒加入,有十人赞成,此十人又出会,只剩了六十人。循此以往,倘使我们要定出五六个共同标准,那本学会的人数,便剩了一二十人,还成什么会呢? 有人说我们欲协力办事,非牺牲意见不可。意见不可牺牲,其他岂可牺牲? 不知在学会里牺牲了意见与平常牺牲意见不同。平时友朋间因意见争执,两不相下,有一方面牺牲了意见,于他将来的行为不发生什么影响。在本会里牺牲意见,譬如说顺从大多数的意思,不赞成政治活动,那一生一世,就要遵守这个标准,不加入政界。一入政界,便要受大众指摘,这不但牺牲了意见,并且牺牲了一生行动的自由。倘使有一个人被五六条极低的限度束缚住不得自由,那岂不是痛苦极了吗? 所以在我的意见看来,其他皆可牺牲意见不可牺牲——在开会的时候大家以去留力争,大约就是为的这个道理——意见既不可牺牲,那就不得不出于分裂。欲不分裂,只有不求公同的主义,及公同的极低限度,而以"学术事业"做结合的要素之一法。我那天晚上同代英讨论到此点,代英亦有同感,对学会的前途,狠为悲观,乃于次日开会的时候,提出紧急动议,讨论样分裂本会①。我亦提议不规定道德的要素,我的意思,以为本会过去的精神,全消磨在消极的道德方面。如欧洲会员一封警告的信,评议部通过的拒绝宗教信仰的人加入案,以及干涉加入政治活动,确定学会主义等等,皆含有消极道德的意味。要知现今青年的思想,大为变迁,旧道德的标准破坏,新道德的标准未立。道德这样东西,既无实质之可言,又那里能做我们结合的标准呢? 所以不如把道德的要素,完全取消,不管他是否宗教徒,不管他是否加入政治活动,只要他能在学术事业上有一部分的贡献,而人品又不卑污,都是我们的同志。我这一番话,与代英分裂本会的提议,同一苦衷,皆是一种反动,我的本意并不要把道德的要素取消,乃是鉴于找不出公同的标准徒滋纷扰,故不若去之之为妙。代英的意思也不是要分裂本会,乃是因为本会的情形,已有不得不分裂之势,故不如及早筹分裂之法,以期补救。但是我们俩的意见,大众皆未容纳,他们的意思,以为倘使分裂,那就等于解散;倘使取消道德的要素,必有多人做不轨的行动,学会的声誉,将完全扫地。不过依我想来,无论如何,照他们的见解,都不会有好结果。我以为我们学会的前途只有四条路:(一)解散;(二)仍照旧有的情形浑浑噩噩的向前走,其结果奄奄无生气,等于无形解散;(三)照代英的提议,及早筹有组织的分裂,将来分道扬镳,各树一帜,比之无结果的解散要好得多;(四)照我的办法,将道德的要素取消,只要他能在学术事业上做一分的贡献,其个人的行为苟非大逆不道,我们断不干涉。这四条办法,第一、第二两条大家一定不愿意。第三条大家更不愿意,我看还是第四条较为妥当。或者有人反对以为照我的办法一定有许多人做出骇人听闻的事。我看却不然。因为我们在社会上做人,除去学会的关系之外,还有其他种种方面之关系。洁身自好的人,断不因脱去学会的一种关系,而肆行无忌。品行卑污的人虽有学会关系的约束,也是无用,所以关于私德方面,应由私人负责,学会全体可不必十分过问。或者又有人要说我们学会在社会上素有虚誉,一旦解去道德

---

① 编者注:原文误,应为"讨论怎样分裂本会"。

的束缚,竟有人发生不名誉之事,岂非于全体的名誉有碍? 我以为这话全是虚荣自尊心的表现。我会友最大的缺点就是以纯洁的团体自相标榜,以人格的保险公司自命,然实际上又不能个个做到十分纯洁,完全无损人格的地步——人格的内涵、意义是怎样尚不可定,此仍就我们一般人的眼光而言——因此通常小小失检的事体,在别的团体里发生,社会上尚没有觉得,而在本会里发生社会上一般的人遂群相骇怪,以为所谓十分纯洁人格保险的团体,竟做出这种事! 要知本会既以学标名,当然是学术的团体,断不是一种进德会,或是道德学社,在我会员固不应以道德纯洁的团体自相标榜,在社会也不应以纯洁道德的团体,责望本会。而且再进一步说,所谓"纯洁道德"究竟拿什么做标准? 我会友一年来互相责难、互相勖勉的,皆是根据于社会的毁誉。开口说引起社会的非难,闭口说使社会失望,其实现在中国的社会,可算是旧道德的保险团体,我们拿他们的毁誉做纯洁不纯洁的标准,那就不啻变成旧道德的奴隶。诸同志呀! 我们做了一年多旧道德的奴隶知道没有? 我们现在最大的职务就是要脱去旧道德的束缚,使社会上责望于我们的地方不在道德,而在学术事业;而我们会员间相互责望、相互勖勉的地方,也不在道德而在学术事业。所以我主张把道德的要素超出学会规定以外,而以学术事业为我们结合的要素。我觉得拿学术事业做公同的要素,最大的利益,便是能同时容纳许多不同的主义。在同一旗帜之下,各自发展,使本会既不得因主义纷歧而解散,又不得妨碍各会员之个性。一举两得! 只有照我的主张能够办到。诸位同志呀! 我们须快快打定主意! 倘使你们不照我的办法,我看将来的结果,不出于有形解散,便出于无形解散,说到此地,我也不忍往下写了!

(本篇将"自由恋爱""多妻""离婚"种种说在一块,系根据当时会场讨论所牵涉的范围,阅者不必以辞害意。编者识。)

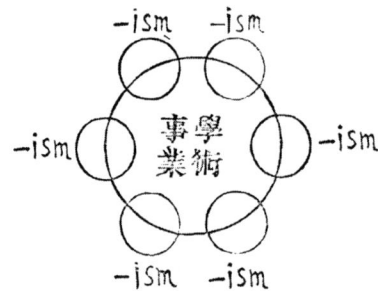

(说明)学术事业不必做的一样。只要各主义在他的范围之内各自发展那就得了。

(原载《少年中国》第三卷第二期,1921年)

为官僚式的教育家下一警告

现在教育界里有一极不好的现象,便是教育事业的官僚化。

官僚化的特征,便是在接任的时候,任意更调属员。比如某君做了某校校长,那该校的旧有职教员,至少要更换十分之九,甚至学校里的校工,也有几个要在被更之列。而他所引用的,无非是他的亲戚和他的故旧。这样一来,神圣庄严的学校就一变,而为卑污龌龊的官僚机关!

官僚式的教育家呀!学校用人应以人才为前提,不当把学校当作植党营私的机关!

官僚式的教育家呀!学校用人应以学校效率为标准,不当把学校当作升官发财的机关!

(原载《中华教育界》第十一卷第三期,1921年)

初级中学社会经济课程纲要

学制变更,教育改造,我们现在急急要研究的,理论方面固不待言;而实际课程方面怎样改组,怎样计划,尤为要中之要。鄙人因时间匆促,又以学力不足,不能把各种教育中的各种课程纲要一一列出;今仅就管见所及,编就初级中学社会经济课程大纲,以供参考。

甲、本课之目的

现今谈教育的,个个都承认教育要社会化;可是实行社会化教育的很少。小学大学姑且不谈,只拿中等学校来做个例;学生在学校读的科目,有那几种合于社会实际的情形,学生毕业之后,有几个能了解社会上的实际状况?初级中学增设增加社会经济一科,就专为矫正前此弊端而设,其目的可分述于下:

(1) 使学【生】明了现今社会里社会经济之问题。
(2) 养成学生对于社会之正常态度。
(3) 使学生独立思想。
(4) 培植良好的公民。

乙、课程之支配

从前中学校里向有经济一科,而无社会问题;其中内容及支配等等,又很多失当的地方。本篇主张,则有三种特点:

(1) 社会与经济混合教授

社会与经济的问题,不能分开;社会问题,就是经济问题;若把他们分开来教授反感不便。

(2) 以问题为主不谈高深原理

从前经济教科书,皆系系统的编法,只顾谈原理,不顾实际情形。所以本课程内容,专从实际问题方面着手;至于高深原理,则留待专门学校教授。其有不升学的学生,就此问题方面取知识,已够应用无须深求。

(3) 本课程在初级中学三年级教授

本课程凡是中学校的学生皆当研究。若列入高级中学,则恐初级中学毕业不能升学的人无选习的机会;若列初级中学一、二年级,又恐有许多学生因年级太低,不能了解;所以列入三年级。

丙、课程之内容

(1) 人口

    a. 中国人口有多少？

    b. 人口多寡与生计有何关系？

    c. 中国各省人口的密度怎样？

    d. 气候与人口之多寡，有何关系？

    e. 我国五族人口怎样分配？

    f. 我国识字的人数与人口总数成何比例？

    g. 华侨的总数是多少？他们怎样分配？

(2) 生活的标准

    a. 生活的标准如何解释？

    b. 人民衣食饱暖，于社会有何重要？

    c. 你们看南京（任何地方以下仿此）中等的五口人家，每年生活费要多少？

    d. 南京黄包车夫和一般贫民的生活怎样？

    e. 标准以下的生活有何影响？

    f. 我们何以要维持高等的生活？

    g. 生活的来源是什么？

    h. 有了高工资是不是就有了高标准的生活？

    i. "消费"与"缺乏"作何解？

    j. 欧战于我们生活有何影响？

    k. 增加工资能否提高生活？

    l. 金钱报酬和实际报酬有何不同？

    m. 我国工人的生活。

(3) 谋生之方法

    a. 谋生的方法，有种是经济的，有种是非经济的；他们的分别在哪里？试举一二例。

    b. 经济的谋生有什么益处？非经济的谋生有什么害处？

    c. 盗窃欺诈于社会有何影响？

    d. 遗产、婚奁之流弊如何？

    e. 政府缔取非经济的谋生方法若何？

(4) 工场制度

    a. 先参观研究本地工厂。

    b. 工厂制度何以发生。

    c. 从健康上看，你赞成哪种制度？

    d. 多量生产之利弊。

e. 工厂制度怎样改良？

f. 分工与智识之进步是否一致？

g. 现今之工场制度，能否长存？

h. 就你所知工人如何消遣？

i. 工厂制合于共和吗？

(5) 资本与劳工

a. 资本家与劳工彼此的态度若何？

b. 人何以要累积资本？

c. 政府对于资本当有何限制？

d. 用资本利用劳工之意义云何？

e. 资本家与劳工之争点安在？

f. 资本家联合会为何组织？

g. 工团之起源、发达和现状。

h. 资本家的利器是什么？

i. 劳动家的利器是什么？

j. 欧战后之工人若何？

k. 中国之资本事业。

l. 中国劳工之状况。

(6) 儿童工作

a. 各国儿童工作之历史。

b. 儿童作工之原因何在？

c. 儿童作工有何妨害？

d. 儿童作功有何方法预防？

e. 儿童之懒惰。

f. 世界保护童工状况。

g. 中国童工之状况若何？本地童工之状况若何？

(7) 妇女工作

a. 妇女何以工作？

b. 妇女之工资若何？

c. 妇女作工之影响若何？

d. 妇女之职业。

e. 保护妇女工作之方法若何？

f. 世界妇女工作状况。

g. 中国妇女工作之状况？本地妇女在工厂之生活状况？

(8) 工资

a. 工资依什么来规定？

b. 雇工的动机安在？

　　c. 有时须齐用数种工人，为何对于某一种特别优待？

　　d. 血汗制度如何解释？其流弊？

　　e. 正当的分配工资之方法如何？

　　f. 试调查本地各种工人之工资。

（9）失业

　　a. 失业之原因安在？

　　b. 失业之围范若何？

　　c. 失业对于社会之损失。

　　d. 谁应付失业之责任？

　　e. 怎样防止失业？

　　f. 各国防止失业之状况。

　　g. 中国之工人失业问题。

　　h. 本地工人失业之情状。

（10）金融

　　a. 金融之解释若何？

　　b. 钱币发生之原因。

　　c. 银行——支票、汇兑、清算公所等。

　　d. 国债。

　　e. 金价银价何以时有涨落？

　　f. 铜元充塞之原因。

　　g. 铜元充塞与贫民之生计。

　　h. 银行挤兑。

　　i. 挤兑之影响若何？

　　j. 彩票。

　　k. 国内金融之现状。

（11）奢华

　　a. 奢华之定义若何？

　　b. 必须品之定义若何？

　　c. 安乐之定义若何？

　　d. 物质奢华与非物质奢华之分别。

　　e. 国家对于奢华当取何种态度？

　　f. 本地之奢华状况。

（12）烟酒

　　a. 吃烟酒之原因若何？

　　b. 烟酒之影响若何？

c. 香烟贸易。

d. 近人对于烟酒之态度若何？

e. 中国禁烟问题。

f. 美国拒酒运动。

（13）罪犯

a. 罪犯之定义。

b. 罪犯之范围。

c. 犯罪之原因何在？

d. 罪犯与各方面之关系。

e. 现今文明国家对于罪犯之态度。

f. 监狱。

g. 罪犯工作。

h. 青年法庭。

i. 罪犯之补救法。

j. 地方监狱之参观。

（14）盲哑及低能

a. 盲哑及低能等之原因。

b. 盲哑及低能等与各方面之关系？

c. 近人对于盲哑低能等之态度。

d. 补救之方法。

（15）结婚与离婚

a. 家族与社会之关系若何？

b. 家族之起源。

c. 家族之种类。

d. 家族制度之利弊如何？

e. 五四以后青年对于家族之态度。

f. 理想的婚姻若何？

g. 青年对于婚姻之心理。

h. 迟婚。

i. 离婚及其原因。

j. 欧美离婚之统计。

k. 离婚在各方面之影响若何？

l. 中国之离婚运动。

m. 离婚补救之方法。

（16）游民

a. 游民之定义若何？

b. 游民从何而来？

c. 游民与国家社会之关系若何？

d. 中国之游民。（妓女、流氓、僧人……）

e. 游民之补救。

(17) 贫穷

a. 近人对于贫穷之态度若何？

b. 倚赖寄生与贫穷。

c. 贫穷之围范如何？

d. 贫穷之原因。（物质的、个人的、社会的……）

e. 本地之贫民窟。

f. 补救之方法。

(18) 慈善事业

a. 慈善事业之目的。

b. 慈善事业之范围。

c. 慈善事业所发生之影响。

d. 失当之慈善事业。举例。

e. 慈善事业之改良。

f. 中国之慈善团体及慈善家。

g. 对于慈善事业之意见如何？

(19) 自然物保存

a. 自然物保存之定义。

b. 动物疾病及动物绝种。

c. 植物疾病及灾荒。

d. 森林与水灾旱灾。

e. 政府对于保存自然物之限制。

(20) 人种保存

a. 安全——工厂、矿山、铁路……

b. 工艺之疾病。

c. 死亡律。

d. 健康与卫生。

e. 优生。

(21) 社会改造

a. 改造的原因。

b. 共产主义。

c. 社会主义。

d. 单一税。

e. 无政府主义。

　　f. 建设的自由主义。

(22) 共和之意义

　　a. 你以为共和是什么？

　　b. 就中国的情形看,那几点是共和？那几点非共和？

　　c. 共和政治能像开明专制那样有效率吗？

　　d. 在共和政治里,应当有哪种学校？

　　e. 看我们中国社会上阶级的界限严不严？举出理由。

　　f. 共和国的人民应该怎样？

　　g. 工艺的共和是什么？

　　h. 共和的真义。

丁、本课教授法

(1) 支配问题　由教师先将问题印成大纲发下。

(2) 实际调查　由学生分组出外调查,制成图表统计。

(3) 参考书籍　图书馆多备书籍,俾学生自由参考。

(4) 共同讨论　全班学生共同研究讨论。

一言以蔽之,"打破从前书本的教法"。

本篇参考书

Towne：*Social Problems*

Carvor：*Elementary Economics*

Educational administration & supervision Nov. 1919.

右三书皆吾友克仁所介绍,附此志谢。又阅此篇者可参阅《中华教育界》第十卷第六号王克仁著《中等学校加授近世社会问题之意见》。

(原载《教育杂志》学制课程研究号,1922年)

庙产兴学的理由

际此国库空虚、民生凋敝、教育竭蹶之秋，吾人欲谋国运之兴隆，民生之安乐，亟应结合同志，组织团体，促进庙产兴学；其理由有五：

一、庙产兴学可以巩固党国基础

我国革新伊始，根本之谋，厥在振兴教育，提倡学术。惟是中国积弱，百事亟待建设，断不能将全国收入尽量充为教育及学术之经费。兼顾未遑，专注则力有未逮。是非别开生路，另开财源不可。查中国庙产，为数极夥。据确实调查，只江苏丹徒一县，已有五千万之多！准此推计，全国庙产值价，何只数万万？以如许财产，沦落于僧尼之手，宁不可惜？若以之变作兴学之资，则当今急务之义务教育民众教育科学教育等问题，何虑无法解决！故为振兴教育提倡学术巩固党国基础计，不得不结合同志提倡庙产兴学者一也。

二、庙产兴学可以实现本党之民生主义

本党现行之民生主义，其目的在不使任何人成为大地主大资本家，致有妨碍于农工阶级之自由发展。查拥有庙产之僧尼，有屋千间田千顷者，在在皆是。长袖善舞，多财善贾；实际之尼僧，多已成为大地主大资本家之尤者。若不由国家以兴学之法，间接制止其发展，减少其富源，恐日后蒂固根深，将成为本党主义推行上之绝大障碍。农工之幸福，将不堪设想！故为保障农工利益，实现本党之民生主义计，不得不结合同志提倡庙产兴学者二也。

三、庙产兴学可以均平教育负担

筹谋教育经费，应顾及负担均平之原则。我国教育经费，类多来自田赋、盐税或苛细杂捐。据确实调查，江苏一省地方教育经费，田赋所出几及十分之六。至于苛细杂捐，在衣、食、住、行诸方面，直接或间接影响于小民之生计者，无虑数百种；一般贫苦民众受害实非浅鲜！独有少数僧阀坐拥巨资，恣意挥霍；对于教费，殊少贡献。两两相比，不平孰甚！故为平均教育负担，解除民众疾苦计，不得不结合同志提倡庙产兴学者三也。

四、庙产兴学有久远之历史

庙产兴学运动在我国已有久远之历史。宋绍兴三十一年，即有毁寺院以赡学费之诏。清末张之洞著《劝学篇》，力主庙产兴学；清廷采用其意，成效大著。降及民国，在袁世凯徐世昌时代，皆订有管理庙产计划。总理前在广东时亦曾有此提议，并已有一部分之实行。其他提倡或实行庙产兴学者，更指不胜屈。目今乡镇之间，庙宇用作校舍，已成通例。庙产拨作校产，亦已数见不鲜。我国教育之有今日，未始非此种运动之功。故为赓续前人之努力，振兴我国未来之教育计，不得不结合同志提倡庙产兴学者四也。

五、庙产兴学是出自全国教育界之公意

近年以来,全国教育界益觉庙产兴学之重要。各省市教育会议及教育当局议决或实行庙产兴学者,风起云涌:如湖北教育行政会议,广东全省教育会议,江苏全省教育局长会议,山东省教育局长会议,中央大学区县督学教育委员会联合会等,皆有庙产兴学之决议案。武汉政治分会及苏大校长会通令庙产兴学,浙江大学区会决议提寺产四分之一办学,南京市教育局又提议庙产兴学,本年全国教育会议各省教育代表又一致决议以庙产为教育经费。可见庙产兴学之主张在我国已成为一种中心舆论。为集中全国教育界之力量,促其早日实现计,又不得不结合同志提倡庙产兴学者五也。

吾人主张庙产兴学之理由既如上述,惟国人未明真相,对于庙产兴学运动仍不免有所怀疑;请举数点释之:

（一）庙产兴学是否妨碍人民之自由信仰？

在今日革命时代,人民固应有完全之信仰自由;但不应持以反对庙产兴学。因自由信仰为一事,拨庙产以兴学又另为一事。自由信仰不在聚千百之众,拥巨万之财;移拨庙产兴学亦非灭绝佛事,更非反对佛教。

（二）庙产兴学是否妨碍佛理之研究？

庙产兴学既与研究佛理并无妨碍;因:冂①,拨庙产以兴学,并不阻止民众研究佛学。夊,僧尼大多愚昧无知;今欲养以数万万之庙产,冀其昌明佛学,岂非笑话？冖,主张提出一部分之庙产,设立"佛学院",专司研究,或在大学中设佛学讲座。

（三）庙产兴学是否妨碍人民所有权？

庙产来源,多出自历代帝王之赏赐,施主之施与,住持者之遗产及僧人之募化侵占,或自置之产业,其性系应属公有。十八年十二月国府公布之《监督寺产条例》第六条虽规定"寺庙财产及法物为寺庙所有",但只得"由住持保管",并于第七条规定"住持于宣扬教义、修持戒律及其他正当开支外,不得动用寺庙财产之收入",又第十条规定"寺庙应按其财产情形,兴办公益或慈善事业",可见庙产实具公有性质,非人民之私有可比。既为公产,则以之兴办公益事业之教育,正为适当用途,又安得谓为妨碍人民之所有权乎？

（四）庙产兴学是否剥夺僧尼之生计？

吾人虽反对僧阀,但对一般僧众尼众,则殊悯其境遇及生活之艰苦。故竭力主张解放僧尼,援助其还俗;建设大规模之工厂,使习技艺;并施行特殊的成人教育与公民训练,以增进其普通智识。其有不愿还俗者,则于庙产中酌留赡养之费,以保障其生活。向之受僧阀压迫呻吟而无告者,今得国家社会之保障,其生活反可较为安全而舒适也。

（五）庙产兴学是否毁灭名山胜迹？

吾人认美术名胜为一国文化精神之所寄,竭力主张保存。即通常所认为佛像木偶以为可以毁弃者,苟其具有艺术的或历史的价值,亦应一律保存。故吾人主张划拨一部分之庙产专为保管名山胜迹之用;其保管员或即聘请不愿还俗之僧尼担任,或由地方人士组织

---

① 编者注:原文如此,以此表示分条列项说明。

古迹保管委员会保管之。佛教名胜美术既有所保障,反对庙产兴学者又何所藉口乎?

吾人既深信庙产兴学之重要,又具鼓吹提倡促其早日实现之决心;是以决以普遍的宣传,政治的运动,法律的手续,争得最后之胜利。惟同人能力浅薄,汲深绠短,陨越堪虞,深望海内外各同志仗义急起,发挥正当之主张,完成教育之使命!

(原载《河南教育行政周刊》第一卷第四十一期,1931年)

都市教育政策发端

据最近内政部报告我国现有人口四七四,四八七,〇〇〇人,又据侯哲莽君统计我国十万以上人口之都市,共有三〇,五二一,六八六人(见《社会杂志》第二卷五六合刊侯著:《从中国都市人口问题谈到归农运动》)。若以人口一万以上的都市加入计算,其数当比侯君所算者大出数倍。可惜现在还没有这种精确的统计。若照通常所说的百分二十的标准来推算,则我国城市人口应约为九四,八九七,四〇〇人。

这九千多万人的教育应该怎样呢?要回答这个问题,不可不先知道我国一般城市的性质。

在统计材料缺乏的中国,要研究一般城市的性质,当然是非常之难。姑且拿开封城做代表来研究呢?(参考民国二十年河南省政府秘书处出版之《开封社会统计概要》。下列各表,皆就原书各表改编而成。)

先看开封工商业店铺的种类他的人民生活和经济状况便可略知大概。

第一表　开封城之工商店铺

种类	家数	百分数
属于生活必需者	2 533	47.77
属于奢侈性质者	1 357	25.59
属于洋货推销者	678	12.79
属于工艺性质者	548	10.33
其他	186	5.31
总数	5 302	99.99

兹再将各种店铺的名称详细开列于下。

第二表　开封城生活必需之店铺

种类	家数
*家庭生活日用品	705
杂货铺	381
家庭用具	195
成衣铺	155
理发店	152

（续表）

种类	家数
中药铺	116
估衣绣衣店	114
鞋帽铺	106
旅馆客店	93
洗染坊	76
杂粮店	57
板厂	52
皮条皮箱铺	45
印刷馆	39
布庄	34
裱铺	33
上鞋铺	26
其他	154
总数	2 533

（＊包括煤柴茶粮面油盐菜蔬鱼肉火柴等类）

由上表可知城市人民家庭生活日用物品居多仰给于乡村。

第三表　开封城奢侈性质之商店

种类	家数
饭馆酒店	506
茶馆	277
糖果点心水果铺	223
首饰店	66
镜粉丝线店	57
古玩铺	45
绸缎庄	35
漆店油漆店	34
烟坊	32
裱画画像铺	20
牛烛香店行	20
纸扎铺	16
佛金装潢铺	9

(续表)

种类	家数
炮店	7
戏园	6
电影院	3
烟草公司	1
总数	1 357

开封人民之奢华浪费和游惰的情形，于上表可见大概。

第四表　开封城推销洋货之商店

种类	家数
洋货铺	139
纸烟铺	126
洋布庄	86
钟表眼镜镶牙铺	68
洋铁铺	60
洋车自行车铺	55
西服军衣铺	54
西医院	22
西药房	21
机器铁条铺	19
电料五金铺	13
颜料洋靛铺	6
汽灯铺	5
汽车公司	2
煤油公司	2
总数	678

由上表可知内地城市的开封也是一个洋货推销的绝好处所。

第五表　开封城工艺性质之店铺

种类	家数
木石作铺	157
铁竹匠铺	133
铜器铺	99

(续表)

种类	家数
刻字铺	36
铺垫鞍鞯轿铺	28
造车铺	25
织布织袜工厂	24
锡器铺	16
铁皮匠铺	14
轧花铺	11
其他	5
总数	548

由上表可知开封城内仅有数种小手工艺,其出品远不敷开封市民生活之需。

试再看开封城人民有业及无业者的种类。

第六表 开封城各类人民之数目及其百分比

类别	人数	百分比
(1) 有业类		
商	36 118	19.65
雇工	18 596	10.11
工	14 698	7.99
军	10 592	5.76
政	6 763	3.68
农	3 394	1.84
学	2 523	1.37
医师	159	0.09
律师	62	0.03
共计	92 905	51.15
(2) 无业类		
无业	59 283	32.25
儿童	25 350	13.79
失业	4 239	2.35
残废	1 343	0.73
拘犯	707	0.38
共计	90 924	49.50
总数	*183 829	100.65

* 此数比原有人口数少 65 217,因未将旅客、外国人及职业未明者加入计算。

上表所表现开封社会之重要事实如下。

一、能生产的农人和工人不及全人口数十分之一。

二、无业而坐食者几占全人口三分之一，这辈人中，十有九个直接或间接靠乡村养活，可算是一班十足的寄生虫，也是社会上不生产的消费者。

三、雇工占全人口十分之一，此辈概为仆役，居多寄生在寄生虫身上。也可算是社会上不生产的消费者。

四、商人占全人口五分之二。此辈人居多操纵农产市价，贩卖洋货，或则使农人经济疲惫，或则使国民经济破产。在目前的状况下，此辈人也应属于消费阶级之内。

五、军政学各界约占全人口百分之十一。此类人薪俸的来源多出自田赋，也是间接靠农民而生活的，照他们的职分看来，本应属于间接生产之列，但在实际上，他们是不是能帮助农民间接生产呢？

总起来看开封城市社会的情形：

一、生产者少，消费者多。

二、寄生农村，奢华浪费。

三、土货衰落，洋货畅销。

开封是内地性质的城市。我国的城市除上海、天津、汉口、无锡等几个工业中心外，其余的都和开封差不多。他们的特点，可从开封所见到的地方推论如下：

一、中国一般的城市是消费的而非生产的；

二、中国一般的城市寄生于中国农村，城市人民至少有八千万靠农村给养；

三、中国一般的城市是奢华浪费的处所；

四、中国一般的城市是外国货推销的市场；

五、中国一般城市仅存有行将绝灭的几种小手工艺。

六、一般从乡里上来的农民谁不羡慕都市的繁华？

然而：

一、所谓都市的繁华，那一处不表现着农人血汗的结晶？

二、所谓都市的繁华，仅不过是消耗阶级奢华浪费的一种反映！

三、所谓都市的繁华，却造成土货的衰落，和农村经济的总破产！

因此我敢断定：

一、欲解救农村恢复国民经济，不可不解决城市八千万人的寄生问题；

二、欲解决城市八千万人的寄生问题，必须实施社会生产的教育。这种教育已有三个方面：

1. 增加生产——生产运动
2. 减少浪费——节约运动
3. 提倡土货——土货运动

都市教育政策，就应当拿这三种运动来做脊干。至于实施的详细办法，容另文发表。

（原载《开封教育旬刊》第一卷第四期，1932年）

新教育趋势讲演大纲

导　言

一、新教育之解释

(1)"新"是比较的,视时与地而异其意义

(2)他国新教育之设施不必尽适用于我国

二、教育之二要素

（一）哲学基础

（二）科学方法

本大纲内容侧重在哲学基础方面。

第一讲　教育哲学之趋势

一、教育哲学上的三大出发点

（一）个人的出发点——资本主义之教育

　1. 个人主义

　2. 民治主义之教育

　3. 资本主义之教育

（二）国家的出发点——军国主义之教育

　1. 国家主义

　2. 国家主义之教育

　3. 军国主义之教育

（三）社会的出发点——社会主义之教育

　1. 社会主义

　2. 社会主义之教育

　3. 社会主义教育与共产主义教育之区别

二、三种主义教育之变化

（一）军国资本主义之教育

（二）社会资本主义之教育

（三）资本军国主义之教育

（四）社会军国主义之教育

（五）资本社会主义之教育

（六）军国社会主义之教育

（七）资本军国社会主义之教育

三、政治社会与教育

政治社会

教育

四、三种主义教育之基本精神及其目标

（一）由民治主义变成资本主义之教育

1. 基本精神——私治私有私享
2. 目标　延续在民治主义掩护下之资本主义制度。
   故：教育为民治主义而存在，民治主义为资本主义而存在。
3. 例证：

（1）克里夫兰氏语

（2）而逊氏语

（3）柯乃基氏语

（二）由国家主义变成军国主义教育

1. 基本精神，独有独治独享，国家权力高出一切，朕即国家。
2. 造成为国家战斗之工具
3. 例证：

（1）德——行军斯马克语

（2）日

（三）纯正的社会主义之教育

1. 基本精神，公有公治公享
2. 目标

（1）康健，强壮，勇，思想独立，坐言起行，了解现代文化，能创造奋斗为全人类谋幸福之个人。

（2）公平的社会

3. 例证：孙中山先生语

五、三种主义教育之特征

(一) 资本主义之教育

1. 资本家操纵教育立法
2. 规定教育义务
3. 限制教育机会
(1) 原因　恐民众知识提高,发生社会思想,反对资本主义
(2) 方法
　　a. 有教无养
　　b. 征收学费(中等以上之教育)
4. 提倡职业训练
5. 设立奖金津贴
6. 鼓励私人竞夺
7. 宣传宗教教育
8. 施行愚民教育
9. 提倡私人教育
10. 创办慈善教育

(二) 军国主义之教育

1. 军阀操纵教育之法
2. 规定教育义务
3. 限制教育机会
(1) 原因　恐民众智识提高反对军国主义
(2) 方法
　　a. 有教无养
　　b. 双轨制之教育
　　c. 征收中等以上学校之费用
4. 提倡军事训练
5. 设立奖金津贴
6. 奖励私人竞夺
7. 宣传宗教为教育
8. 施行愚民教育
9. 奖励私人教育
10. 创办慈善教育

(三) 社会主义教育之特征

甲　民众决定教育立法

乙　保障人民教育权利

1. 教育义务说

(1) 教育义务说之由来

(2) 教育义务说之谬误,引袁希涛语

2. 教育权利说

(1) 教育权利说之由来

(2) 教育权利说之论证

 a. 陶冶品格

 b. 增进体力

 c. 增进生产能力

 d. 增进艺术欣赏能力

 e. 其他

3. 权利与义务

 争应得之权利应尽之义务

4. 孙中山先生之理想

(三) 教养合一

1. 先养后教之重要

2. 公家担任教养之演进

(1) 私养私教

(2) 公私兼任教养

(3) 公家担任教养

3. 婴儿园(又名婴儿教养学校)

(1) 托儿所——养

(2) 幼稚园——教

(3) 婴儿园——教养兼施,教养合一

(四) 学校社会合一

1. 学校与社会绝缘

(1) 消极训练说——卢梭

(2) 积极修养说——遁世派学者(如玉川学园)

(3) 特殊训练说——军国主义教育者

2. 学校与社会通气

(1) 学校改造社会说 ⎫
(2) 学校社会联络说 ⎭ 民治主义派

3. 学校与社会合一

 以社会为教育之环境及教育之方法——社会主义派

(五) 劳心劳力者合一

1. 劳动之意义

(1) 物质生产为知识生产之先决条件
(2) 劳动为人类以其自身之动作，创造、规程并控制人与自然间物质反应之过程，此种过程之基本要素有三：
   a. 有目的之动作
   b. 材料
   c. 工具

2. 劳心与劳力
(1) 劳心劳力对立说
   a. 由来（制人与制于人）
   b. 影响（社会形成对立阶级）
(2) 劳心劳力合一说
   a. 由来（各人为目的而非工具）
   b. 影响（平等社会）
   c. 劳动二字之真谛

3. 劳动与教育
(1) 劳动为教育一种方法——军国主义派
(2) 以劳动为教育方法及科目并与以特殊地位——资本主义派
(3) 学校全部工作以儿童之生产工作为基础——小资产主义与做社会主义派
(4) 以劳动社会地位之实际与理论的探讨为全部教育之中心——社会主义派

4. 结果之解剖
(1) "劳"心者在"劳"力者之上……军国主义派、资本主义派
   教育结果是将"劳"力者提至上等之"劳"心阶级及缙绅阶级，资产阶级也即所谓人上之人也。
(2) "劳"力在"劳"心之上……共产主义派
   教育结果是将"劳"心者压于"劳"力之下，即使人人皆为仅能生产之工人也
(3) "劳"（音协）'劳'心者即为'劳'力者两种合而为一种人——社会主义派
   教育结果使人人就其天赋能力变为手脑并用之社会生产者

（六）教育生产合一
1. 生产之广义解释
(1) 直接生产
(2) 间接生产
2. 生产教育与他种教育并列 { 军国主义派 / 资本主义派 }
3. 生产教育合一——社会主张派

（七）劳动生产合一
1. 生产而不劳动

2. 劳动而不生产

　　3. 劳动生产合一

（八）教育劳动合一

　　1. 无劳动之教育

　　2. 无教育之劳动

　　3. 教育劳动合一

（九）人格发展与社会服务合一

　　（1）人格单独发展说

　　（2）人格发展与社会服务并立说

　　（3）合格发展与社会服务合一说

（一○）取缔私人竞夺

（一一）反对宗教教育

（一二）实施开明教育

（一三）取缔私人教育

（一四）取缔慈善教育

第二讲　教育行政之趋势

一、教育行政与教育哲学

　　（一）盲目的教育行政

　　（二）理想的教育行政

二、教育行政之基本原则

　　（一）放任说——私治私有私享

　　（二）监督说——公私兼治兼有兼享

　　（三）公办说——公有公治公享

三、集权分权问题

　　（一）集权——军国主义派

　　（二）分权——资本主义派

　　（三）均权——社会主义派

四、教育经费问题

　　（一）教育经费之重要

　　（二）教育经费负担情形之演进

1. 贫人负担期 $\begin{cases}资本主义教育\\军国主义教育\end{cases}$ 贫人出钱富人享利

2. 贫富公同分担期

(1) 贫富分教——资本主义之教育

    a. 私立学校为富人而设

    b. 公立初小学校为贫人而设

(2) 贫富合教——资本主义及假社会主义之教育

    (a) 贫富人同一种学校

    (b) 例证　江苏八分亩捐

3. 富人负担期——初级社会主义教育

4. 公家负担期

(1) 以地方之款办地方教育之不通

(2) 以私人之款办私人教育之不通

(3) 以社会之款办社会之教育的原则

五、教育人员问题

(一) 教育人员之训练

  1. 以教育人员为工具

  (1) 军国主义教育派

  (2) 资本主义教育派

  2. 以教育人员为创造社会之领导者

    社会主义教育派

(二) 教育人员之权利与义务

  1. 权利

  (1) 待遇

  (2) 地址

  (3) 进修

  2. 义务

  3. 各派对于权利与义务之态度

  (1) 资本主义教育派

    主张教育人员清高自成阶级,不得组织教育人员公会

  (2) 军国主义教育派

    以国家意识压迫教育人员,更以清高之说麻醉之,使自成阶级,不争权利

  (3) 社会主义教育派

    以教育人员为社会生产者之一种,并非一种特殊清高阶级

    争应得之权利尽应尽之义务

六、教育机关问题

（一）以学校为教育机关之正宗

1. 双轨制——军国主义教育
2. 单轨制（教育梯问题）——资本主义之教育

（二）以学校社会教育机关之一种——社会主义之教育

七、教育与政治

（一）军国主义派

（二）资本主义派

（三）社会主义派

第三讲　教育方法及课程之趋势

一、教学之性质

（一）军国主义教育派

1. 教者传授或灌输知识与儿童。
2. 教学权威甚高，教师自动，学生被动。
3. 与社会生活完全隔绝。
4. 结果是：儿童变为机械的服从者。

（二）资本主义教育派

1. 儿童在学校环境中准备生活。
2. 只在学校内讲"动作"或"自动"，并不参加社会生活。
3. 学生威权甚高，学生动而教师不动。
4. 教师的势力是间接的。在所谓"新学校"中，教师甚至毫无指导。一任儿童充分发展其无组织的生活，结果是使儿童变为无政府主义者。

（三）社会主义之教育

1. 儿童在教师直接的有组织的与指导的势力之下获习惯技能与知识。
2. 学生与教师双方在其范围内自动，可谓为"师生共同活动"。
3. 习惯技能与知识不仅从学习过程中得来，并且从自动的改变环境得来。（把学校搬到社会里去，不要叫社会到学校里来。）
4. 儿童在入学时，担负建造其自身生活之责任。即在自动的参加实际社会生活过程中，准备生活，结果变为新社会之奋斗者与建设者。

二、社会政治需要与儿童需要

（一）教育之纷争问题

  1. 社会政治需要说

  （1）以课程为中心，不顾及儿童之天秉兴趣与能力

  （2）军国主义教育者之见地

  2. 儿童需要说

  （1）以儿童之兴趣及倾向为依归，对社会政治之理想毫不顾及

  （2）所谓"新教育"学者及资本主义教育者之意见

（二）偏重一方面之流弊

  1. 偏重社会政治之流弊

  2. 偏重儿童之流弊

（三）杜威调和说

  1. 杜威之出发

  2. 杜威之解决办法

（四）社会主义者之解决方法

  1. 以社会政治需要决定目标

  2. 以儿童需要决定方法

  3. 此种有决定方法之批评及应用

三、课程

（一）课程内容

  1. 军国主义之教育

  2. 资本主义之教育（鲍必特氏）

  3. 社会主义之教育

  （1）以劳动为课程之中心

    a. 自然——生产原料

    b. 劳动——生产动力

    c. 社会——生产组织

     （a）乡里

     （b）国家

     （c）世界

  （2）课程示例

  以下为有益于社会之工作

  甲、救国方面之工作

    a. 宣传救国的重要

  b. 研究救国的方法

  c. 调查与救国有关的各种资料

  d. 提倡购用国货

  e. 讲演国耻

  f. 其他

乙、救灾方面之工作

  a. 宣传预防火灾的方法

  b. 宣传预防水灾的方法

  c. 帮助救火

  d. 帮助抢护堤工

  e. 募集赈款

  f. 救济难民

  g. 其他

丙、教育方面之工作

  a. 宣传教育的重要

  b. 宣传保护儿童的重要

  c. 宣传破除迷信的重要

  d. 捐资创办学校

  e. 捐资创办读书会

  f. 捐资创办通俗刊物

  g. 帮助教育机关募捐

  h. 帮助青年求学

  i. 帮助调查学龄儿童

  j. 帮助建筑校舍

  k. 教不识字的成人和失学的儿童读书写字

  l. 救济无家可归的儿童

  m. 促进庙产兴学

  n. 其他

丁、经济方面之工作

  a. 宣传保护森林的重要

  b. 宣传保护益鸟的重要——提倡益鸟节

  c. 宣传保护耕牛的需要

  d. 宣传用机器耕种的重要

  e. 宣传五谷轮流种植的重要

  f. 宣传垦荒的重要

  g. 介绍优良的种子给农人

    h. 奖励农产——提倡收获节

    i. 组织合作社

    j. 提倡种树

    k. 驱除害虫

    l. 其他

戊、卫生方面之工作

    a. 宣传公共卫生的重要

    b. 宣传街道清洁的重要

    c. 帮助清洁街道

    d. 帮助水料清洁的重要

    e. 帮助疏浚河道和水井

    f. 讲演消灭蚊蝇和寄生虫的方法

    g. 帮助消灭蚊蝇和寄生虫等物——如蚊蝇等

    h. 宣传家庭卫生的重要

    i. 帮助检查住户清洁

    j. 宣传种痘的重要

    k. 帮助检查体格

    l. 讲演保育儿童的方法

    m. 讲演预防传染病的方法

    n. 宣传戒烟戒酒

    o. 其他

己、交通方面之工作

    a. 宣传改良道路的重要

    b. 帮助修筑道路

    c. 帮助修筑桥梁

    d. 帮助维持交通

    e. 帮助恢复交通

    f. 其他

4. 我国现行教科书之批评

（1）商务小学教科书

（2）中华小学教科书

（3）丰子恺画集

（二）课程组织

1. 分立法　各科为论理组织，彼此分立，不相联络

2. 联络法　各科互相联络

（1）连续性

（2）彼此无彰然揭然之界限

（3）内容一贯

（4）有系统

3. 合并法　有关系之科目合并

4. 集中法　以社会某种活动为中心，应用各科目之知

四、教学方法

（一）教学方法之原则

以儿童之本能兴趣及能力决定教学方法

1. 顾及儿童精力之经济及其适当利用

2. 前后衔接适当发展

（1）从简单之到复杂

（2）从已知到未知

（3）从具体到抽象

3. 顾及儿童之兴趣

（二）教学方法

1. 从教材论理组织看

（1）武断法——强迫信仰

（2）引论法——问答引诱达到结论

（3）试验法——独立研究发现结论

2. 从教材之具体性看

（1）书本的

（2）示范的

（3）客观的

3. 从工作环境看

（1）在课室内工作只有黑板课桌及简陋之设备

（2）在研究内工作

（3）在校园及学校工厂内工作

（4）在大社会自然课程内工作（远足）

4. 从学生与教师之关系看

（1）讲演式——学生无目的

（2）合同式——（道尔登制）目的从外边加上

（3）设计式——学生自定目的

5. 从学生与学生之关系看

（1）各学生彼此毫无关系（非独个别教学如此即使同班学习，若用注入法，学生间复毫无关系）

(2) 各学生集合起来活动

6. 从学校与社会关系看

(1) 学校与社会隔离

(2) 学校与社会联络

(3) 学校到社会里去(有益于社会之工作)

7. 从成绩考查上看

(1) 以知识为测验之标准

(2) 以活动结果为测验之标准

以上各要素,可与相组合应付各种教学上之需要。

(三) 道尔登制之批评

1. 基本精神:个人主义

2. 方法

3. 优点

(1) 废除被动的学级,教师为领导者

(2) 儿童了解工作之目的

(3) 适应儿童个性只需要

(4) 废除强迫教学的方法

(5) 课程内容活动,使作业富有生气

(6) 教师兴学生发生彼此合作之关系

4. 缺点

(1) 用费太巨,若无相当设备,则儿童不免生吞活剥死的知识,以冀通过测验。

(2) 在自然科学中,设备尤不敷支配。若仅由教者一人试验,其结果必与旧方法无殊。

(3) 纵使书籍设备充足,此法亦不妥当,因其只注重强忆书本的知识。如社会研究、地理、历史甚至物理,莫不如此。

(4) 品格之训练不能从书本中得来。

(5) 人生活动太广。不能书记于该法所指定的工作之中。

(6) 发展儿童个性的倾向,忽略与其他儿童之关系社会性的生活,不能养成。

(7) 不能做出直接有利于社会之工作。

(8) 其结果只能养成能干聪明之商人,除"时间即金钱"外,不知其他。

(四) 设计教学法之批评

1. 设计教学法之性质

2. 设计教学法之种类

(1) 游戏设计

(2) 远足设计

(3) 故事设计

（4）工作设计

　3. 设计教学法之优点

　　（1）儿童自由活动

　　（2）儿童从事实际工作

　　（3）自动计划

　　（4）研究方法之训练

　4. 设计法之内容问题

　　（1）资本主义之教育

　　　　偏重儿童自身之活动

　　（2）社会主义之教育

　　　　偏重有益于社会之活动

第四讲　训育之趋势

一、基本态度

　（一）压迫——军国主义教育派

　（二）放任或领导——资本主义教育派

　（三）组织参与及帮助——社会主义教育派

二、目的

　（一）养成服从权威的习性（国家性的人格）——军国主义教育派

　（二）养成资本社会内谋个人发展之习性（个人性的人格）——资本主义教育派

　（三）养成创造新社会生活之集合的德性（社会性的人格）——社会主义教育派

三、学生自治问题

　（一）学生被治——军国主义教育派

　（二）学生完全自治或有教师从旁领导——资本主义教育派

　（三）师生共同生活——社会主义教育派

　　1. 自动生产非有外铄。

　　2. 有实际需要非同儿戏。

　　3. 建设自身生活而不拘于政治组织之形式。

　　4. 教师在学生自治上之任务。

　　（1）唤起学生对当前问题之注意。

　　（2）帮助学生了解并决定解决此种问题之方法。

　　（3）共同将议决办法引入实际生活之内。

（4）除特殊情形外，不决否学生之议决案。

（四）不仅为自身服务，并当为社会服务

四、学生自治与劳动

（一）社会性工作之完成必赖社会性之组织。

（二）劳动之学校即为自治之学校，自治之学校，即为劳动之学校。

五、惩罚问题

（一）教师决定——军国主义之教育

（二）学生决定——资本主义之教育

（三）师生公同决定——社会主义之教育

  1. 自然惩罚之不可能。

  2. 社会尚未至不须惩罚之时，故学校内亦不可无惩罚。但此种惩罚为公众之惩罚。

  3. 除极特殊之情形外，不施惩罚

  4. 公同议定之规则宜少，务任必行

  5. 惩罚办法，视儿童之年龄而定

六、奖赏问题

（一）军国主义之教育——主张有赏

（二）资本主义之教育——主张有赏

（三）社会主义之教育——主张无赏

第五讲　教育上科学研究之趋势

一、教育哲学理想与科学方法
二、教育科学问题

（一）教育即科学主张

以芝加哥大学嘉德 Jmdd 氏为例

（二）教育非科学之主张

一般不明教育学科性质者之意见

（三）教育可以科学方法研究之主张

三、教育上科学方法之应用

（一）教育宗旨及方针

一国之教育宗旨及方针必须根据科学的研究而决定

（二）教育经费

  1. 河大用费研究之说明

2. 纽约州补助地方经费方法之说明

（三）校舍

  1. 河大教室利用研究之说明

  2. 松江校舍调查之说明

  3. 施安氏校舍测量之说明

（四）教育人员

  1. 松江教师调查之说明

  2. 邰爽秋氏教师效率测量表之说明

（五）儿童健康

松江儿童健康调查之说明

其他之说明

（六）教学成绩

  1. 教学上各种测验之应用

  2. 训育上各种测验之应用

（七）其他问题

四、邰氏教育师之新理想

（一）何谓教师

（二）教育师新职业之需要

（三）教育师之性质

（四）教育师之种类

  1. 儿童科

  2. 教师科

  3. 学校科

  4. 地方教育科

  5. 其他

（五）各种专科教育师之任务

（六）必修专目之拟议

除目前各大学所规定之一般科目外尚须必修

  1. 医学

  2. 变态心理

  3. 教育病理学

  4. 教育病态学

  5. 教育诊治学

  6. 儿童心理及青年心理

  7. 其他

（七）修学年限

加长至七年或八年

（八）附设机关

 1. 中学及小学

 2. 教育区

 3. 教育实验室

 4. 教育医院

 5. 其他

（九）教育师之地位及效用

第六讲　今后我国教育之趋向问题

一、我国过去教育之流弊

（一）抄袭军阀主义教育已归失败

（二）抄袭资本主义教育已归失败

二、我国采用社会主义教育问题

（一）就民生主义看必须采用

（二）就国民经济力量看必须采用

（三）就世界教育趋势看必须采用

三、各国采用社会主义教育可能的途径

（一）由军阀主义教育的去路

（二）由资本主义教育的去路

（三）由共产主义教育的去路

（四）由三民主义教育的去路

四、最后几条声明

（一）社会主义教育是平等的教育，是无阶级的教育，因此与共产主义教育不同。

（二）世界各国（中国在内）教育已逐渐采取社会主义教育之方法。

（三）采取社会主义教育时，须顾及本国政治社会及经济之状况。

（四）在世界尚未至真正大同时，除采用社会主义教育外，尚须参合自卫之救国教育。

（原载《河南教育月刊》第二卷第十二期，1932年）

梵王渡普及教育之新试验

一、缘起

民国二十二年冬,大夏大学师生三十余人,在上海梵王渡中山路侧创立沪西念二社,以提倡土货,实行社会节约,努力社会生产,发展国民经济,改进民众生活,协谋中华民族之复兴为职志。其主要事业,除土货介绍所、纺织训练所、工艺训练所外,尚有中山村教育实验区。该区范围狭小,居民仅百余人,且农户极少,念二运动之理想,不易贯彻。会大夏大学民众教育实验区亦于是时成立,性质与中山村实验区相似。沪西念二舍同人,为避免工作之重复,兼为实验农村计,遂将区域范围扩至梵王渡之西北部,并注意普及教育方法之试验,而名之曰梵王渡普及教育实验区,与大夏大学民众教育实验区合办,并成立委员会主持其事。此本区成立之经过情形也。

二、社会状况

（一）区域

本区位于中山路旁,西邻大夏大学,东南临苏州河,道路平坦,交通便利。

（二）土地

本区面积共约四百余亩,地势平整,土质肥沃,种棉麦蔬菜均宜。

（三）人口

本区包括中山村、林家港、韭菜巷三村及零星农户,共有一百余家,人口约七百余。每家至少二人,至多十余人,平均约五人。

（四）职业

本区民众,务农者甚多,或入附近纱厂作工。以拉车为业者数亦不少,约占人口三分之一,经商者为数甚少。

（五）经济

本区民众除少数商人尚可敷衍外,一般农工生活皆困苦。其中尤以车夫为甚。往往斗室之地,八九人同居,席地而卧,污秽杂乱,直同人间地狱。业农者生活较佳,然亦仅能糊口而已。

（六）教育

本区成人百分之八十以上为文盲。儿童大都在家帮工,或在街上闲逛,入学校者殊少。

三、实验要旨

试行民生本位的教育，以救死救亡为脊干，提倡服用土货，推行社会节约，努力社会生产，发展农村经济，改进区民生活，协谋中华民族之复兴。

四、教育目标

本区所订之普及教育目标，以客观具体并便于检核者为准，计分个人及社会二类。兹以六年为实现之期分别表列如下：

第一表　个人方面之目标

目标种类		十岁以上之心态健全的民众能到达标准值百分数			备注
		第一期（二三年一月至二四年底）	第二期（二五年一月至二六年底）	第三期（二七年一月至二八年底）	
知识方面	知道做一个老百姓应尽的义务和应享的权利	40	80	100	
	知道普通卫生的方法	40	80	100	
	知道中国历史上有名人物	40	80	100	
	知道中国人口、种族、领土的大小和近百年来丧失的概况	40	80	100	
	知道中国各地方的物产与富源	40	80	100	
	知道帝国主义侵略中国的方法和影响	40	80	100	
	知道中国目前危急的情势	40	80	100	
	知道三民主义的意义	40	80	100	
	知道念二运动的意义	40	80	100	
	有读完教育部甲种三民主义千字文课的程度	40	80	98	
行为方面	提倡土货 穿着老土布	30	60	90	
	不穿西装	100	100	100	
	不吃香烟	60	80	95	
	优先购买土货	30	60	90	
	推行节约 不敷脂粉	80	90	100	
	不抽鸦片	80	90	100	
	不因结婚而卖田或借债（指结婚者而言）	80	90	100	

(续表)

目标　种类		十岁以上之心态健全的民众能到达标准值百分数			备注
		第一期(二三年一月至二四年底)	第二期(二五年一月至二六年底)	第三期(二七年一月至二八年底)	
行为方面	改进生活				
	每年都有些储蓄	30	60	98	
	肯捐钱办公益事	30	60	98	
	不赌	90	100	100	
	不嫖	100	100	100	
	不打架	80	90	100	
	不欺人	80	90	100	
	不骂人	80	90	100	
	不随地大小便	60	80	100	
	清洁整齐	40	80	100	
	参加念二社一种或二种以上的活动	30	60	90	
技能方面	有一种生产技能	50	80	100	
	有救急的技能	50	80	95	
	有算账的技能	50	80	100	
	有自写书信的技能	50	80	95	

第二表　社会方面之目标

目标种类	达到之程度			
	第一期(二三年一月至二四年底)	第二期(二五年一月至二六年底)	第三期(二七年一月至二八年底)	
以工艺生产如纺纱织布之类为主业或副业之家数	30%	39%	90%	
利用新式农具或科学方法以增加农事生产之农家数	20	60	100%	
合作经营的生产事业	一种以上	二种以上	三种以上	
能利用合作社之家数	20	60	100%	
衣暖食饱住居避风的家数	60%	80%	100%	
地方公益如救灾恤难及卫生设施等	一种	二种	三种以上	
街道河池	清洁修整	同上①	同上	
桥梁堤岸	完好	同上	同上	

---

① 编者注:指"同左",原表纵向排列。

五、实验原则

（一）以全区为整个教育场所，取消学校形式，并打破家庭、学校、社会三种教育分立的制度。

（二）以民众为教育之对象，施行混合式之教育，打破儿童教育、成人教育分立的传统观念。

（三）寓一切教育于经济建设之中，就社会实际需要，随时随地施行有形或无形之教育，所有按时上课、下课、寒假、暑假及学期学年等办法，一概废除。

（四）以本区社会上直接或间接的经济生活为基础，制为单元的设计，贯穿各种教育。文字教学仅居辅助地位。所有班级制度、科目制度，一概废除。

（五）指导民众互教互学，先生就是学生，学生也就是先生。

（六）经费须逐渐由本区民众负担。

（七）设施务以有裨于民生者为先，并力求适合一般国民的经济状况。

（八）以民众为活动之主体，随时就地培植人材，担负本地方之改进事业。

六、进行步骤

（一）调查民众需要

举行社会访问，与农人或工人谈话，发现大多数民众生活上之急迫需要。

（二）提倡经济生活

根据大多数民众生活上之急迫需要，提倡适合本地方情形并且最易收效之生产的或消费的经济活动。

（三）组织民众团体

以各种经济活动为中心，组织各种经济活动之民众团体。

（四）推动各种教育

各种教育由此种民众团体推动。

七、工作人员

本区工作除所定具有农工训练之专人办理外，更由沪西念二社社友若干人协助担任。此若干人同时在大夏大学教育学院求学。个人每日来区工作平均约一小时，不支薪金。另由各种经济活动之民众团体中选出团长数人，略与津贴，协助区务之发展。

各工作人员为接近民众并领导民众提倡土货起见，皆身着土布土纽对襟之短装，此即念二社所规定之念二装也。

八、设备用具

本区同人深信以流行之校舍桌椅种种设备在所谓"学校"内谋教育普及，不但使教育与社会分离，且为平均每人每年只有二十元收入之中国国民经济状况所不许。为求教育与社会打成一片并为节省用费计,本区特制一种"普及教育车",形如木箱,长高各约二尺,宽约一尺,上设黑板(该黑板二面皆可用,且可前后移置),内木箱上层分为数格,置农产物之样品、种子等事,随时展览,内下层亦分为数格,可置教育用品及卫生等用品。车上更有活动木架,可悬挂民众读物若干种;下有四轮,可推行各处。此车价值及设备用品费用,共约三十余元,竟具备教室、桌椅、巡回文库及流动展览各种功用。其构造及使用方法虽尚未臻完善,然吾人深信欲谋我国教育之普及,非赖此种工具不为功也。

九、经费预计

本区经费与沪西念二社经费有连带关系,沪西念二社预算每月一百元,流动基金暂定一千元。什九皆为协助民众生产之用。预计用于本区者,每月以十五元为限。

十、实施办法

(一)关于调查民众需要事项,由本区工作人员担任。

(二)关于提倡经济活动事项,由念二社担任。社内现已成立土货介绍所、纺织训练所、工艺训练所等事业,此外如养猪、养鸡、制豆腐种种生产合作事业,均在计划中。

(三)根据本区目前情形及民众需要,拟先成立下列各种经济活动之团体:

1. 纺织团
2. 工艺团
3. 缝纫团(制鞋附)
4. 畜养团
5. 种植团
6. 推销团

除缝纫团因工作不多,其人数须加以限制外,其余各团民众,不论男女老幼,只须力能胜任,并愿接受本区所设之教育,即为合格。

(四)推动各种教育方法如下:

1. 就各团民众中选出知识程度及能力较高者为团长,每团一人,加以训练,担任下列各事:

(1)管理本团民众经济方面的事务;

(2)把学得技能和知识转教给本区的民众;

(3)查核本团民众的行为是否合与本团所定的目标;

(4)向团外民众讲演,或将所受的教育转交给他们;

(5)领导本团或联合他团民众做各种活动。

2. 教育方法如下:

(1)与民众实际生活切合

施教之初,须注意各种教材皆与民众实际生活切合。如以"定衣单"教缝纫团之民众即是一例。

(2) 以民众切身的关系为出发点

本区所定各种目标甚多,其内容未必皆与民众实际生活切合。凭空讲授,民众必难了解;故必由民众切身利害关系说起,由近及远,由著之玄。虽所用教材已去题万里,与民众实际生活迥不相合,民众听来,仍必亲切有味。

(3) 把教育送到民众的面前

除非民众自愿前来(本区办公室内设有问字处),本区决不如一般民众学校之所为,与社会争夺民众;或与社会妥协,将生产与教育分离,仅在民众工作余暇施教。本区特制之普及教育车,由本区工作人员或各团长,按时推往民众农作场所,或本区住居附近之街道空地上,施以生产或与生产有关之教育(天雨时则借民屋)。

(4) 利用民众在家自修

念二社或本区办公处所,仅为教育之出发地及民众聚会之场所,绝非学校。为节省经费计,当利用民众在家自修,而由本社工作人员或团长将普及教育车推至各处巡回指导考核。即关于习字、写信等工作,亦当由民众在家练习,按时收回本区办公室内修改,并按时发还民众。

十一、组织系统

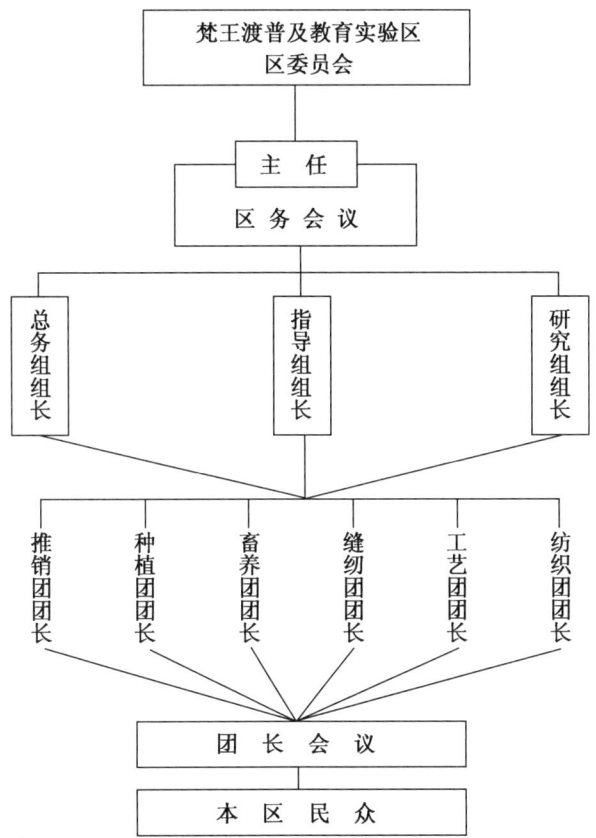

说明：

（一）区委员会由大夏民众教育实验区及沪西念二社推出五人组织之，并公推一人为主席。

（二）主任及各组组长由沪西念二社社友或聘请专人担任。

（三）各团团长由经济活动之民众团体中各选出一人担任。

附一　梵王渡普及教育实验区各团团长服务须知

（一）凡沪西民众经本社考选及格，填具保证书入区服务，即可称为本实验区某团团长。

（二）团长一定要遵守下列规约：

1. 不吸烟
2. 不赌博
3. 服用土货
4. 穿念二装（女团长穿土布衣即可）
5. 清洁
6. 守时

（三）团长的工作分为学、工、教三部：

学　学是学习农工技艺和与农工技艺或民族复兴有关的知识；

工　工是运用所学得的农工技艺和知识去生产；

教　教师把学得的农工技艺和知识转教给别人。

（四）团长每日工作约八小时：

学约二小时，工约二小时，教约四小时。

（五）团长生活津贴费，看他的程度从一元至十元一月不等。团长做出来的东西，归本社土货介绍所代卖。卖出来的钱除去材料本钱外，所有的盈余，提出十分之八来归团长维持生活，提出十分之二来做该团长的合作生产股本。

（六）团长服务一年著有成绩者酌量加薪。

（七）团长若不遵守规约或工作不努力经三次警告不听者除名。

（八）本简则有未尽事宜得随时修正之。

附二　梵王渡普及教育试验区各团民众须知

（一）梵王渡附近的老百姓们，不论男女，只要想做工赚钱，或时有些东西要托我们卖，就可以到我们这儿来。我们这儿现在有工艺团，可以教你们学习工艺；有纺织团，可以教你们织布；有缝纫团，可以介绍衣服给你们；有土货介绍所，可以替你们卖东西，卖出多少钱就给你多少钱。大家来，来报名登记！（畜养、种植、推销三团尚未成立。）

（二）在报名登记的时候，我们要看看你能识几个字。我们认为合格的人，看要进那一团,就把你们收进团里来。

（三）倘如你是进的缝纫团,我们就介绍衣服给你做。衣服的件数倘若不多,那么就依照你们的知识程度来摊派,谁识字多就多摊派几件做,识字少些的就少摊派几件做。你们的手和自己的衣服第一要洗干净。若不洗干净了,就没有人愿意给衣服你们做。我们念二社里有洗手和洗衣服的地方,大家可以来洗。我们念二社里又有做衣服的地方,倘如你们家里没有地方做,可以拿到社里来做。

（四）倘如你是进的工艺团,你可先到念二社来学。我们借材料和用具给你用,制成的东西放在念二社土货介绍所出卖。卖出后,除去材料钱之外,多下来的就是你们的工钱,归为你所有。我们并且可以预先付些工钱给你维持你的生活。

（五）倘如你是进的纺织团,若使你们不会纺织,可先到念二社里来学。我们借棉花或棉纱给你用。纺成纱或是织成布之后,放在念二社土货介绍所出卖。卖出后,除去材料钱之外,多下来的就是你的工钱,归为你所有。倘若你不愿这样做,我们可以给你×角大洋纱一斤纱工,棉花由我们供给,×角大洋一尺布的织工,棉纱由我们供给。你若是没有纺纱和织布的机子,我们可以借给你用。你家里如果有机子更好。若使你们自家有纺成的纱,可以卖给我们。若有织成的布,可送到念二社土货介绍所出卖。我们并且可以先垫出些款子来维持你们的生活。

（六）你们若使托土货介绍所卖东西,要照批发的价钱,和我们算账。多卖出来的钱,我们也不要,暂时存在我们这里。等到你照我们的办法受了教育之后,我们便给你一张养猪的股票,代你买几条小猪,寄在我们养猪场里养。

（七）你们的工钱当中,除去生活非常困苦的之外,每一块钱要扣下一角钱来存在社里。我们发给你们每人壹个巾幮儿,记下存款的数目,由各人收存。等到各人存款的数目到了够的上买壹条小猪或是几个人的存款合起来可买壹条小猪的时候,我们就换一张养猪股票给你,代你买壹条小猪。这条小猪就是你们的东西,不过寄在我们养猪场里合起伙来养,不要你们出猪圈的租金。至于怎样合伙养猪,随后再告诉你们,此时不谈了。

（八）你们领取材料回家工作的时候,要写收条。若使把材料弄遗失或弄脏了,要照价赔还。

（九）我们这样帮你们,不是为的别的,是为要你们大家有饭吃,要你们大家照我们所订的办法来受教育。我们有书页子发给你们,还有人走到你们家门前去教你们,你们如有不认识的字,便可以拿来问,或是拿到念二社里来问。我们有人在那儿等候。不读书而单想做工拿钱的人,我们不要的。

（十）没有入团的人,也可以来受教育,也可以来领书页子。若有不认识的字,也可以来问我们。

（十一）加入各团或是托我们卖东西的人,起码要不吸烟、不嫖、不赌、清洁、守时、穿土布、用土货,开会要到,要帮助大家做事,还有好多事体你们应该做的,随后再告诉你们。

（十二）你们大家一定要照上面的办法做。若不这样做,我们就不要你们在团里,以后就不给工作你们做,或不代你们卖东西了。

（原载《大夏》第一卷第三期,1934年）

目前中国农村教育的三大弊祸

中国有农民三万余万人，中国的教育问题，主要的说来，本该是农村教育问题。在前数年教育者专注意城市教育，于是有人替农民呼冤，说农人出了钱，得不到应有的教育。农村教育因此渐为国人所注意。到了现在，农村教育或乡村教育差不多变成一个极时髦的名辞了。

从作者看来，中国农人负了教育经费大部分的责任，出了些冤枉钱，而未得着同他们对于教育负担成正比例的教育，正是他们和我民族消极的受赐于已往中国教育者的地方。若使他们得着了这种教育，农村经济将必更加破产更加不易恢复了。作者所以如此主张，实因看透了已往教育的三大弊害，这三大弊害就是：（一）提高民众消费；（二）推销外国货物；（三）养成士大夫。这三大弊害的详细情形，作者在此地可不必说，不过就他们所发生的影响看，我敢断定他们就是一般所谓享受教育机会的家庭弄到倾家荡产和国民经济所以弄到今日这样破产的一个重要原因。现在大家高叫农村教育，倘若还是把已往的这样教育送给农人，我代表三万余万的农人向这班教育者磕三个响头请他们另找雇主！

好了！好了！一般"觉悟的"教育家来了，他们的教育方法改变了，是要注重到什么"乡村建设"和什么"生产"了！尤其是一般办民众教育的更有不少的把戏！中华民族的救星大约就在这里呵！三万多万的农民的救星大约也在这里呵！不然！不然！我恐怕中华民族的死路就在这里！三万多万的农民的死路也就在这里！请看今日农村教育的三大弊祸。

1. 现行的农村教育是提高农民消费的教育

现在办农村教育的往往把提高农民消费享受的程度当作改进农民的生活。小孩子到学校必得要穿上漂亮的衣服，才博得教师的青眼；读的书就是上海各大书坊所出的。其中关于衣食住行等等几乎无一处不是提高农民消费的欲望。至于办乡村民众教育的，更有许多说不下去的地方。即如某乡村改进机关养了许多外国牛和外国羊，问他养这些东西为什么，主管的人说要提倡乡下人吃牛养奶；又如某乡村改进机关训练民众妇女制用雪花膏，用留音机和电影来给民众娱乐，买了许多洋式糖果来开乡民大会。诸如此类的事体，不胜枚举，一言以蔽之曰：目前我国农村教育是提高农民消费的教育！

有人说：各处提倡乡村教育的，不是很注重生产吗？即如立抗鸡一年可生蛋三百余只，波基猪可长到三百多斤。正在纷纷试验，努力推行。倘如全国农村都这样办，民族的前途不是大有希望吗？作者未曾养过这种鸡和猪，他们的价值有多大，作者不得而知。但就参观所得,某某几处试养这种鸡和猪的地方,鸡舍猪舍漂亮得比老百姓的住宅要好得几倍!什么游戏场、玻璃窗、空气、光线、食料等等无不十分考究(中国农民不如外国鸡狗,于此可以得到一个铁证)!谈起这些被人当老太爷服侍畜生,他们的生产价值,亦复好笑。波基猪的价值恕我未悉,单就立抗鸡来说,据某养鸡场的索价,每只稚鸡需洋十五元,每只稚蛋需洋五角,即虽极便宜的蛋,每打也要大洋八角!试向这样贵的鸡和蛋,连高粱都吃不饱的中国农人,那里吃的起?一般习惯了半元一元一只老母鸡和一元买七八十只鸡蛋的中国民众,那里肯卖[买]?!在目前为卖稚鸡稚蛋,索价奇昂,固然可以获利,但若仅在卖雏上获利,他的生产价值也就可想而知了!要在这样生产上恢复民族经济,救济三万万农民,岂非笑话?况且我国国民经济目前最大的危机,是生产的普遍降落和消费的普遍增高,是用农业社会的生产去供给工业社会的消费。我们欲挽救这种危机,只有一方面提高国民生产的数量,他方面降低国民消费的程度。乃若今日一般从事乡村教育者之所为,在生产方面能否见效,尚不可知;而在消费方面,却已把民众物质享受的程度弄到他们经济力量不能负担的地步,欲以此复兴民族,岂仅缘木而求鱼?!

2. 现行的农村教育是推销外国货物的教育

现在办农村教育的,一方面都要农民经济的提高,能抵抗帝国主义者的经济侵略,他方面却又有意或无意的替帝国主义者推销货物,使民众经济受着不可抵抗的打击。其中最显著的例证,可算是一班民众教育者,或乡村运动者所着的衣履了!记得今年春天我们有一部分同志到定县去参观教育,当时北平各大学有数百个热心乡村教育的青年男女,西装革履,装束入时,摩登头,高跟鞋,毛披肩,呢大衣,一阵一阵的走上定县的乡间道,迎风招展,令人应接不暇!当时定县乡村一般民众的好奇心,顿被这般外来客引起。每到一个村庄,合村男女老幼都跑出来看把戏,屋顶上都站满了人,一个一个的垂涎三尺,指手画脚的说:"好看呢,这皮鞋都漂亮!那件衣服从那儿买来的啊!"评论个不休。智识分子像这样下乡,不是去提倡乡村运动,简直是替帝国主义者去做推销货物的推销员了!然而这班推销员是一时的,是局部的,尚不致为民众教育或乡村教育前途之大害。我们所认为最足以带我民族上死路以致陷于万劫不复的地步的,却是我们这班自命为负有救民族出于水火的农村教育者!这班永久的普遍的帝国主义者推销员!读者若不相信,则请问今之从事乡村教育者有几人不戴外国呢所制的帽?有几人不穿外国料所制的衣服?有几人不挂自来水笔?唉!像这样做农村教育运动,去做农民的榜样,岂不是运动愈普遍,外国货愈畅销,而民族的命运也就愈陷于万劫不复的地步吗?

我们感觉到中国大多数人民的生计,一天一天的被帝国主义者压迫得上死路,其中尤以衣着一项最为致命之伤,所以竭力提倡服用手纺手织的土布,可是踏破了铁鞋,往往无从购买。我们常请一般农村教育者去代买,他们也是找不到。问他们为何找不到,他们说:"有土布没有人要,所以乡下人不识[织]了!"看看他们身上所穿的衣服,却是一身刮刮叫的外国的货或准外国货的长衫、学生装或西装。咳!为民众谋幸福的乡村运动者,且不穿土布,也难怪土布没有人要了!像这样情形长久下去,并且普遍的运动起来,民族前途又有何希望之可言!

3. 现行的农村教育是养成新士大夫的教育

中国二十年社会之纷乱大部分可说是士大夫造成的。士大夫是什么？是中国社会上的一种特殊阶级，是长袍马褂的阶级，是人上之人的阶级，是劳心治人的阶级，是不事生产的阶级，是被人奉养的阶级，是升官发财的阶级，是消费享受的阶级，是奢华浪费的阶级，也就是一切贪官污吏土豪劣绅的所从出的阶级！过去的学校教育，操于这班士大夫的手里。他们最大的成绩，就是继续不断的造成士大夫，以致把我们中国弄到今日不可收拾的地步！现在教育的方面转变了。农村教育大众认为是教育的新路。实际上呢？还是那班旧人来唱新戏！台下看戏的也许换了人，台上的布景却还是那一套。洋房呀！铜床呀！校园呀！草地呀！电灯呀！风琴呀！一切的一切弄齐备了才能算得上一个训练乡教人员的机关！长衫呀！马褂呀！高跟鞋呀！自来水笔呀！呢帽呀！皮鞋呀！一切的一切都弄齐备了才能算得一个训导农民的领袖！唉！以直接或间接从民众榨出来的金钱，办这种士大夫官僚式的机关去栽培这辈士大夫式的乡教领袖，在主其事者或以为非如此办不足以宣扬其成绩，我们却不禁为民族前途不寒而栗，不敢赞同了！我们所以不寒而栗的原因，与其说为的是怕看见士大夫教育机关里做出来的士大夫式的乡教领袖，不如说是怕看见三万多万的民众将要受这班士大夫的影响，而引起做士大夫的兴趣，相将向士大夫的路上走，致使士大夫教育的流毒昔之为害于少数特殊阶级者，今则藉农村教育之力，而得普通于民众之间。我们认为要解救民族当前的厄运，在普遍的提高国民生产的数量和降低国民消费的程度。欲达此目的，主要的方法，是一方面使一般所谓下等的民众，不要羡慕所谓上等人，而学向上面爬；另一方面是要所谓上等人的士大夫即速的向所谓下等人的阶级里去走。我们这种主张并不是受了劳工神圣的影响，以为如此不足以提高劳工的地位；而是以为非如此不能挽救目前国民经济的厄运。倘系我国经济已经发展到能够使四万余万民众皆为上等的士大夫，长衫马褂，或西装革履度其消闲享受的生活，我们亦复馨香祷祝，求之不得。无如我国国民经济状况，江河日下，一般民众的生活，已经被迫近了饥寒线，我们若再引起他们做士大夫的兴趣，使人人皆欲过士大夫的生活，则一方面士大夫的数目必日益增多，竞争攘夺之风，必变本而加厉；他方面必有大多数的人终必居于非士大夫的下等民众地位。这辈民众初由羡慕而失望，继由失望而怨恨，终由怨恨而引起社会上的一切纷乱了。我们认为在今日国民经济破产的中国，民族内部问题的解决，在把一班士大夫向生活降低到水平线，而把一班贫苦民众的生活提高到水平线；在由一般天堂上的士大夫自动的跳下地狱救民众出于水火，一同在地面上过平等的生活，万不可使一般地狱里的民众同到天堂上去和士大夫争享受。我们认为这个问题的焦点，不在什么劳心不劳心，劳力不劳力，而在把劳心者与劳力者的生活打成一片，劳心者和劳力者的生活果能成为一片，则劳力者亦不必劳心，而劳心者亦不必劳力。我们看定了这一点，所以不仅要服用土货，还要着起民众式的衣装——念二装，即三万六七千万民众所着的土布短装——不但着起民众式的衣装，还要跳到民众生活里把最贫苦的民众救到衣暖食饱的生活水平线上，我们愿意在中国社会上只看见遇着同样生活的民众，不愿意看见有一个特殊生活的士大夫，尤不愿我们一班民众教育或乡村教育者括着民众的膏血，去继续不断的养成贻祸民族贻害民众的新士大夫！

作者绝不主张现在中国的农村教育事业丝毫没有价值，但是以上所说的三个弊害，作者认为是民族教育前途的极大危机。不把这三种弊害去掉，那吗农村教育愈发达，民族愈要走上死路！因此作者主张，在今日中国国民经济情况之下，我们从事农村教育的万不可提高民众消费的欲望，万不可直接或间接的替帝国主义者推销货物，万不可用士大夫的方法继续不断的制造成新士大夫。因此作者就不赞成呢帽下乡，皮鞋下乡，自来水笔下乡，长衫下乡，学生装下乡，西装下乡，洋钮扣下乡，风琴下乡，留音机下乡，雪花膏下乡，幼稚园下乡，运动场下乡，摩登女郎青年下乡，不赞成到乡下造洋房，做教育的办公所，不赞成用提高生活消费的卫生图表去提倡民众卫生，不赞成在洋房、校园、草地、铜床、电灯种种新式设备环境里去办教育，尤其不赞成用这些新式设备去训练农村教育的人才，不赞成……作者主张用我国固有的乐器代替风琴和留音机，主张用我国固有武术来代替西方式的运动，主张在茅屋或因陋就简的茅屋里办教育或训练农村教育的人才，主张农村教育的工作人员，一齐穿上本国钮扣的老土布短装，戴着老土布的便帽，登着老土布的便鞋，到民众中间去过着老土的生活，主张……全国农村教育者呵！悬崖勒马！及早回头！莫把我中华民族带到死路上去！全国农村教育者呵！悬崖勒马！及早回头！莫把我中华民族带到死路上去！

（原载《大夏大学教育学会会刊》第一期，1934年）

念二社在民众教育上之新试验

近数年来，国内人士对于学校教育似乎有些绝望。民众教育，乘势崛起，大有取而代之之势。可是到了现在，民众教育的缺点日渐暴露，真正困难的问题，一般民众教育专家也是无法解决，他们所认为拿手的一出好戏，还脱不了学校的把戏——民众学校。可是这类学校的成绩，除去办在都市里有工人或游手好闲的人来进之外，至于办在乡村间的，我可以四句话包括：（1）成人不来儿童来；（2）男人不来女人来；（3）贫人不来富人来；（4）真正老百姓不来而地痞流氓来。这种怪现象的发生，并不能皆归咎于办理者之没本领，而实由学校制度根本不合于中国乡村环境。因为生产场所要老百姓去生产，而民众学校却要老百姓来读书。饿着肚皮的人能来受教育吗？当然不能。可是办教育者还硬要把他们向学校里拉，和社会生产场所争夺民众，民众不得已，不得不派妇女、小孩子、富人或无业的流氓来做代表了。可是民众教育者不能认为满意。还要真正老百姓来，而真老百姓还是不肯来，不得已和生产社会妥协。在农忙的时候让老百姓到生产场所去，学校关门大吉；到了农闲的时候，便把老百姓诱入学校而大开其门了。我们认为这种办法根本是把教育和生产分离。我们认为在农人最忙的时候，正是农人最需要教育的时候。只有真正帮助老百姓经济发展的教育，才是老百姓所需的教育。如何才能达到这个目的？依我看来，只有取消民众学校，而把教育送到老百姓面前，并且这种教育还要和老百姓的经济生活打成一片才能办到。为实现这种主张起见，我在大夏大学民众教育实验区里提倡举办一种农村念二社，由大夏同学徐国屏、胡义文、皇甫均、王勉素四君，主持其事。这社的办法容后再说，且让我先把"乡村念二社"的意义解释一下。

"念二社"三字直到今年才和民众教育发生了关系，考起他的历史，只有一年，他是从民国念二年才开始组织的。民国念二年是我国历史上最值得纪念的一年。在这一年中，全国上下都觉悟了经济国难的严重，一致奋起共谋打开一条出路。在中央规定本年为国货年，在山西实施经济统制，提倡服用晋绥土货，在广东有抵制文具侵略运动，在上海有国货运动和土布运动，而我们也在这年当中，随着邦人君子之后，发起一种运动，这运动的目标是："提倡土货，实行社会节约，努力社会生产，发展国民经济，改进民众生活，协谋中华民族之复兴。"因为他是从民国念二年开始进行，所以把他叫做"念二运动"，取名为念二，含有纪念和警惕的意思。

为实现这个运动的理想起见，我们在各处提倡创办一种具体的组织。那就是前面所说的"念二社"，他的宗旨和念二运动一样，他是从经济的立场；由提倡土货，协助复兴民族和改造社会的一种具有教育性质之服务团体。他就和学校或民众教育机关一样，各地方或私人皆可自由组织创办,彼此不发生连带的关系。这种社办在农村中的就叫做农村念二社。

农村念二社的意义既经明了,仅[谨]将四个月来大夏民众教育实验区金家巷农村念二社试验的情形,就徐君等的报告向读者介绍一下。

一、实验的张本

无论哪一个教育实验机关,在未开始实验之前,有几件事,必须先行规定的:(一)实验的旨趣怎样?(二)要达到怎样的目标?(三)实施时根据什么原则?(四)用什么步骤?这就叫做实验的张本。有了张本,我们的实验,才得有所根据,有所依规定,不致像盲人骑瞎马那样的乱闯乱碰,闹出许多笑话来。本社既系一个念二社,所以我们就根据念二运动的理论,议定了下列诸项以为实验的根据。

(一)实验要旨:

试行民生本位的教育,提倡土货服用,推行社会节约,发展农村经济,改进村民生活,协谋中华民族之复兴。

(二)实验目标:

1. 个人方面:

(1)知识方面——常识丰富,会读书、作文、写信、看报、算账。

(2)行为方面——整洁朴素,服用土货,品行端正,无恶劣嗜好。

(3)技能方面——有一种生产技能,能自立,不依赖他人。

2. 社会方面:村容整饬,自治完成,手工副业发达,新式农具普及,各家皆堪温饱。

(三)实验原则:

1. 以全区为整个教育场所,取消学校形式,并打破家庭学校社会三种教育分立的制度。

2. 以民众为教育之对象,施行混合式之教育,打破儿童教育成人教育分立的传统观念。

3. 寓一切教育于经济建设之中,就社会实际需要,随时随地施行有形或无形之教育;所有按时上课、下课、寒假、暑假及学期学年等办法,一概废除。

4. 以本区社会上直接或间接的经济活动为基础,制为大单元的设计,贯穿各种教育。文字教学,仅居辅助地位,所有班级制度、科目制度,一概废除。

5. 指导民众互教互学,无所谓先生,亦无所谓学生。

6. 经费逐渐由本区民众负担。

7. 设施务以有裨于民生者为先,并力求适合一般国民的经济状况。

8. 以民众为活动之主体,随时就地培植人材,担负本地方之改进事业。

(四)实施步骤:

1. 调查民众需要,举行社会访问,与农人或工人谈话,发现大多数民众生活上之急迫需要。

2. 提倡经济活动——根据大多数民众生活之急迫需要，提倡适合本地方情形并且最易收效之生产的或消费的经济活动。

3. 组织民众团体——以各种经济活动为中心，组织各种经济活动之民众团体。

4. 推动各种教育——各种教育由此类民众团体推动。

二、金家巷的环境和我们的教育对象

根据上述的实施步骤，我们的第一步工作，就是在调查民众的需要，我们印了几十张村民家庭状况调查表着手调查，该表格式如下。

金家巷农村念二社村民家庭状况调查表

门牌号数＿＿＿＿　家长姓名＿＿＿＿　家长性别＿＿＿＿
年　龄＿＿＿＿　职　业＿＿＿＿　全家人口＿＿＿＿
调　查　年　月　日　　调查者＿＿＿＿

儿童	男	已入学	人	教育程度	
		未入学	人	作何工作	
	女	已入学	人	教育程度	
		未入学	人	作何工作	
成人	男	已入学	人	职业	
		未入学	人		
	女	已入学	人		
		未入学	人		

耕地　　亩	自有者　　亩	租赁者　　亩
耕作种类　1.　2.　3.　4.		
主要出产品 1.　2.　3.　4.		
副业　　1.　2.　3.　4.		
全年经济收入　　元	全年经济支出　　元	
入编藤团　　人	入洗衣团　　人	附注
入纺织团　　人	入种植团　　人	

三月五日上午，我们去租办公室，房子租定之后，尚有余暇，顺便到各家去调查，不到一两个钟头，竟把三十二家都调查完了。从三十二家调查表所收集的材料中归纳起来，可以知道金家巷的社会环境是这样的：

（一）土地——本村贴邻大夏大学北首，近村土地面积约五十余亩，地势平整，土质肥沃，种棉麦蔬菜均宜。

（二）人口——本村人口共有三十二家，计一百零八人，成人七十七人，儿童三十一人。

（三）职业——本村民众业工者占百分之四十三强，业农者占百分之三十，业商者占百分之十弱。其余为其他杂业。

（四）教育——本村成人百分之八十以上为文盲，儿童仅有十三人在金家巷小学读书，其余大都在家帮工。

（五）经济——本村村民之经济状况，尚称不恶，每家每年收入自二百元至六百元不等，大都为中产之家，无赤贫巨富。

金家巷因为太接近都市了，都市的风尚，渐渐侵入，使农村的躯壳大半蜕脱，而成为一个农村与都市的过渡社会。从居民的职业上就可看出，业农者仅占百分之三十，而业工者几占全数之半，本村妇女除一小部分从事农作及在纱厂做工外，其余大都因找不到相当的工作，闲在家里，无所事事。

三、本社的组织

本社的组织，与各种教育活动一样，都以民众为主体的。但是现时本村民众，尚未达到自动的程度，还需要我们去辅导他们，故设辅导部。兹将其组织系统图表录下。

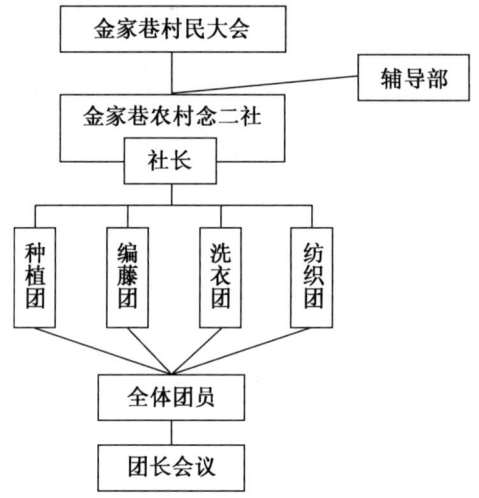

说明：

（一）金家巷村民大会为本社最高权力机关。

（二）社长一人，总理本社社务，由各团团长中推选出来。

（三）各生产集团设团长一人，分理各团团务，干事一人，襄理团务，由全体团员中推选之。

兹将各负责人员姓名录下。

1. 社长　詹鸿琪
2. 编藤团团长黄金虎　干事张宏宝
3. 洗衣团团长吴振　干事董生富
4. 纺织团团长詹王氏　干事侯王氏

5. 种植团团长詹鸿琪　干事曹奎生

附辅导部组织系统如下：

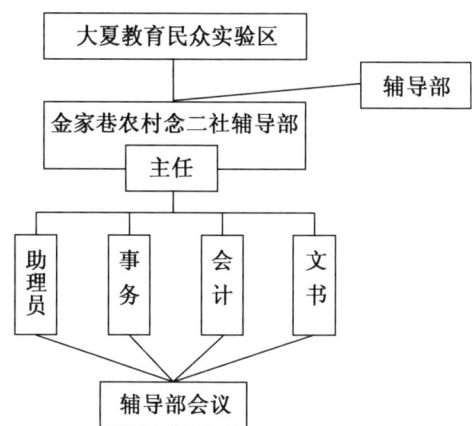

辅导部设主任一人，综理本部一切事宜。下设文书、会计、事务及助理员，襄理部务。本部职员，除助理员外，各人应任选一生产集团负指导之责。

辅导部职员除助理员外，皆在大夏大学教育学院肄业，每日抽出一小时来社指导，不支薪金。至助理员之生活，因其帮助洗衣团收发衣服，所以在洗衣工资内抽百分之二十来维持。

兹将指导部职员姓名录下：

1. 部主任兼编藤团指导徐国屏
2. 文书主任兼种植团指导王勉素
3. 会计主任兼纺织团指导胡义文
4. 事务主任兼洗衣团指导皇甫均
5. 助理员吴大金

四、怎样教育民众

（一）基本方法

农村念二社的教育，是一种民生本位的教育，是一种打破一切传统观念的教育，是一种在最经济的设施中以求最宏大的效果的教育。所以他的教育方法，绝非抄袭、模仿、空想、玄妙……的方法，而是一种带有革命性的新教育方法。

兹将此种方法略述如下：

1. 与民众实际生活切合

施教之初，须注意各种教材皆与民众实际生活切合，如以工资收条，教编藤团民众即是一例。

2. 以民众切身的关系为出发点

本社所定各种教育目标甚多，其内容未必皆与民众实际生活切合，凭空讲授，民众必须了解。故必由民众切身利害关系说起,由近及远,由著之玄。虽所用教材,已去题万里,与民众实际生活迥不相合,民众聆来,仍必亲切有味。

3. 把教育送到民众的面前

除非民众自顾前来,本社决不如一般民众学校之所为,与社会争夺民众或与社会妥协,将生产与教育分离,仅在民众工作余暇施教。本社特制之巡回讲坛,由本社工作人员或各团团长按时推往民众农作场所,或住居附近之街道之空地上,施以生产或与生产有关之教育(天雨时则借用民屋)。

4. 民众在家自修团长巡回指导

农村念二社辅导部办公处仅为教育之出发地,绝非学校。为节省经费计,当利用民众在家自修,而由团长至各处巡回指导。至关于习字写信等工作,亦由民众在家练习,而由团长按时收集练习簿。于本社指导员指导之下,在办公室内修改,并按时发还民众。

(二) 各团教育活动

1. 纺织团

我们认为欲从经济的立场挽救民族的厄运,非特别从穿衣上抵制外国货不可。我们又认为这种同时能纺三根纱的纺纱机,的确是抵制外国棉货挽救民族经济危机厄运的一种武器。沪南区原为种棉纺织地带,差不多每家都置有一二架纺车和织布机。自上海市区扩张而后,中山桥头,有洋纱厂之设立,土纱土布,遂被打倒。且一般人因"做厂"工资优厚,都放弃了旧有的小手工业,而进厂去做机械工业的劳动者。本学期我们下乡组织纺织团,力谋恢复乡村固有纺织工业。但是他们的布机,已搁置多年,残缺不堪应用了。而纱车则以纺羊毛纱之故,得以幸存。因为重修布机,费用很是浩大,而且他们会的都是老法织布,改良又匪易易,所以我们仅举办纱织一部分。现在入团的共有十人,其中老妪八人,年青来学的,只有两人。

该团团员大都为老团员,既大半为老妪,她们以为行将就木,念书无用,故实施文字教育,似较困难。不过她们因为经济关系,不得不来领点教材,然而一方面因为他们智力退减,一方面因为出于勉强,成绩却不甚好。不过我们打个倒算盘,识些字都比不识字好得多了。

2. 洗衣团

老实说,洗衣团正式的名字应称为"洗衣合作团",因为无论衣服的收发,用品的购买,都是采取合作的方法以经营。且因其他各团,如编藤团、纺织团等名称,都只有三个字,为整齐起见,故改今名。团部设于本村五号董生富家,入团妇女共二十人,团员年龄自十五岁起至六十三岁止,其中中年妇女占最多数。该团专门承洗大夏大学学生的衣服。每天晨夕,由助理员吴大金前往学生宿舍收发。该团自三月二十日开始活动以来,迄今已历四阅月,进行颇为顺利,承洗衣户一百五十一个,承洗衣服大小四千一百三十二件,合银一百二十五元八角三分。

洗衣团实施文字教材的方法,与藤工团不同。例如团员第一次采取洗涤的污衣时,便有一课教材夹在污衣里面,同时分发给他们教他们。三天后,来办公室前黑板上举行个别测验,以考核其识字之成绩。若是某团员能将所发教材中的字句读得出,写得出,解释得出,那么再发污衣和教材给她。否则立即断绝经济的关系,必待其完全懂得而后已。

3. 编藤团

组织编藤团的主旨,在训练编藤技能,实行生产合作,共同购买材料,共同编制藤器,而共同运销贩卖,可以避免奸商的渔利,养成合作的精神。一方面救济劳苦同胞,使无业或失业的工友习噉饭的技能。一方面提倡农家副业,使勤俭的农友,增加家庭的收入。同时又给他们一种基本的教育。因为入团团员都是"生手",所以我们特地请了一个技师,来教导他们。又因人数众多,巡回指导,太不方便,故采取集中方式,设工场于本村二号工厂侯福根家里。工场面积约占六百方呎,可容十人工作。本团开办之初,儿童来入团的,共十四人。后来因为工场狭窄的原故,不得不把一批年纪稍幼、智能稍低的小朋友退出去了。现时团中计有儿童六人,成人四人,其中年龄最大为三十二岁,最小为十四岁。

本社的教育理想在原则上是主张儿童和成人混合教育的,但编藤团因有特殊情形,所以酌量变通,把儿童与成人分组训练。因为加入编藤团的成人,都业农工,编藤不过作为他们的副业,所以他们的工作时间,多在晚间(隔天放夜工一次,时间约两小时)和阴雨天不能出外工作的当儿。至于儿童,除掉农忙时节外,他们整天都是闲着的。他们每天训练八小时(自上午七时半至下午四时半),无星期无假日,除举行纪念和其他特别事故外,概不休息。他们每天的生活表如下:

上午七时半至八时——早操。

上午八时至十二时——工作。

下午一时至二时——识字。

下午二时至四时工作。

下午四时至四时半——集会,讲故事。

编藤团的识字工作,系依团员教育的多寡,分为高中初三级。人数分配状况如下:高级三人,中级二人,初级五人。读高级课本的团员,由本社助理员吴大金教授;中级团员,由高级团员教授;初级团员,由中级团员教授。此种互教制的教育,在时间上,在劳力上,在效能上,均甚经济而迅速。

本团为鼓奖团员学习之兴趣起见,团员每成一器,即予以赢余之百分二十以为报酬。因为团员都是初学的,所以本团的出品并不多。自三月十八日至六月九日止,十二个星期中,计制成大小藤器一百二十件。品名分:书架、大花椅、小花椅、中花椅、加大花椅、单人椅、美人榻、被拍、小孩坐车、大小花篮等十余种。价值约七十余元,此托请沪西念二社土货介绍所代售。

4. 种植团

种植团的主旨,在改良种植,推广良种,指导农民的科学方法经营农业,以谋求量之增加,产品之完好。本村农家,约占全村住户之半数。若以人口比较,上面已经讲过,尚不及工人之多。本村耕地约有四十余亩,其中百分之七十种蔬菜,百分之二十五种麦,其他农作物，为数极少，仅占百分之五。最近四月来的工作，最重大的，还是害虫的扑杀。然因害虫繁多，虽经本团装作杀虫药剂，如除虫菊、石油乳剂等，指导农友们除虫、治病，但为经济所限，终少成效。其次是推广改良种子，现在所推广的，计有金陵大学三一二改良黄豆、美国马齿玉米、江阴白籽棉等。因时令的关系，草莓和除虫菊，尚不能推广。按草莓和【除】虫菊，都是最有经济价值的作物。草莓每亩可产三四十斤，每斤平均价格三角。除虫菊据中国化学工业社报告，每亩平均可产干花八十斤，每斤市价八角八分。二者都是多年生植物，较种蔬菜省工省料，若是在秋季推广，获利尚可优厚。这是下半年想做的工作。

种植团团部定于一号詹茂松家。现有团员十人，在实验区农场内，辟地一方，专供团员试种改良种子之用。团员的工作，系由团长输派，平均每天工作一小时，不过工作时须受指导员的指导和监督，且须受本社所给的教育。将来出品的利润，由大家均分。此外，本团又成立四个特约农家，并订特约农家办法，以资遵守，办法从略。

（三）共同的教育活动

农村念二社对于农民所施的教育，不仅限于各团的活动，还有共同的活动，不仅有个人的活动，还有社会的活动。我们实际上是把"念二社"当作促进乡村民众共同活动，改造乡村社会的总机关。下面便是我们在金家巷的工作。

1. 订定团员公约

现在这存亡危机之秋，我们的任务是团结国民，救济农村，复兴民族。我们的工具，就是力量：前进的力量，反抗的力量。但是在散沙堆里，是发掘不出雄健的力量的。所以我们现在急须要做的工作，是在全国各份子内，加入一种坚强有力的士敏土〔土〕——一种澈头澈尾澈上澈下的团结的大力量。这是我们以团的名词来范围各个生产单位的用意。农村念二社的生产集团，虽然有四个，但是如一个正方形的四条边一样，农村念二社还是整个的。我们以为"一致"是集团的特征，最重要的，就是各份子间的心理的一致。我们为造成一致的心理增加整个农村力量起见，特于四月一日召集各团团员，开联合会议议定团员公约若干条，以为本社各份子的行为之范规。全文如左：

金家巷农村念二社团员公约
（一）服用土货，推广土货。
（二）要节省，要读书，做公共生利的事业。
（三）不涂眉粉，不吸纸烟，不穿华丽的衣服。
（四）不烧香，不拜佛，不化迷信的金钱。
（五）家庭布置，门前村道，要时刻保持整洁。
（六）家里人穿的衣服，要勤洗勤晒。
（七）每天要识字五个，写字五个。
（八）每天要早起，饮食工作要有一定时间。
（九）对团员要相亲相爱，互勉互助。

（十）对本村公共事业，要赞助要参加。

中华民国二十三年四月

藤工团洗衣团种植团纺织团员合订

2. 提倡建筑村路

金家巷的村路，已经年久失修，崎岖不平，在晴明的天气，倒还不十分感觉到不方便，但一到下雨，那就泥泞得不堪行走了。金家巷的村民，早有重行修筑之意，大家都怕麻烦，并且要赔钱，所以没有人敢理这件事。等到本村念二社组织成功之后，不满半月，就有村民沙允昌、龚汉琪、唐金琪等六人，来要求本社发起筑路运动。遂于三月二十一日晚上，召集各团团员，开筑路大会，到会者二十六人之多，经短时间之筹备，三月二十五日即行动工，至二十八日两路同时告成，横贯全村的大道，经定为念二路，旁边的一条就称为复兴路，所费仅十五元成一里之路，参加者有三十五人，这亦可表现民众一部分的力量呢！

3. 改良公共卫生

关于改良金家巷公众卫生，共分三种工作，兹分别述之：

(1) 清洁区之划分：

五月十八日，召集编藤、洗衣、纺织、种植四团团员，开联席会议，讨论夏令卫生问题，划分全村为四清洁区。清洁区划分之后，村道打扫有人，垃圾又有去所，金家巷村容为之焕然一新。

(2) 垃圾堆之迁移：

（一）三月七日，团员二十五人，挑去办公室门前垃圾两大堆（约五公分）。

（二）四月十日，出清四号门前垃圾两公分。

（三）五月十一日，出清丰云里门前垃圾一公分。

（四）六月八日，村民侯旦生等六人，出清二号屋侧垃圾二公分。

（五）六月十一日，劝导村民王金宝迁移村口灰堆（约二公分）于隐蔽处。

(3) 粪缸之迁移：乡下人靠种田过活，对于坑缸像饭碗一样的看重。所以要消灭他们的坑缸，是不可能的，就是迁移别处，也是很不容易，本学期迁移的坑缸计有二只，一是王金宝的，一是曹奎生的，都是化了不少气力才搬成功的。

4. 介绍免费送诊

我国乡间民众，往往有病不求医而去求仙拜佛、送鬼，甚至把香灰当作唯一的灵丹，而把医药的效用一把抹杀。病人之因这种失当的处置而延误了的，正不知凡几。金家巷的老百姓，亦复有此情形。我们初到该村时，即想做一种破除这种迷信的工作，恐怕不得其法，而发生误会，乃拟从医药下手，做一种事实的证明，免费空费唇舌。无如本社因囿于经费，原定的送药处，无法设立，乃与大夏大学疗养院商定，凡持有本社证明文件的民众，前来看病的，都能享受免费诊治、免费赠药的优待。自约定以来，已历十二个星期，本村村民来辅导部要求介绍免费诊治者，共计五十二人。

5. 举行巡回教学

中国是一个贫穷的国家,教育经费的困难,已达极点,而闹着只是饥荒的群众,又是这样广大。若是要用学校的方式,来谋教育普及,恐非经过极长的时间不可,而且学校教育往往与社会隔离,造就的人才亦往往不能容于社会。为求教育与社会打成一片,为求最经济的设备中,得到最宏大的效果,本社有一种特制的"巡回讲坛",形如木箱,长、高各约二尺,宽约一尺,若将盖板掀起,用铁杆撑住,可作黑板用,箱内分数小格,可贮藏教育用具及卫生用品(此为沪西念二社未改良以前之"普及教育车")。此种巡回讲坛,系专做流动教育之用,每星期三、六下午四点钟出动一次,无论在居民家门口,或在田间,凡是有人的地方,就举行常识演讲和识字教学。自三月以至七月,计出动二十二次。

6. 报告时事新闻

为增广民众见闻起见,本村特于七号门前设立新闻报告牌一块,每天将报纸上的(尤重于农村经济方面),及实验区的要闻,用浅显的文字摘录下来张贴于新闻报告板上,公告大众。本村民众识字者不多,尤恐大家不甚明了,特定于每天下午四时,由助理员吴大金向民众讲解,这方法倒是一举两得:一方面可以使民众明白世界大事,一方面又可借此实施语文教育。

7. 设立念二讲座

念二讲座,每星期六晚间,由辅导部工作人员轮值演讲,假藤工团工场举行,主旨在解释念二运动的意义及充实民众普通常识,本学期共举行九次。

(一)四月七日,演讲者徐国屏,讲题"穿土布衣是不是土头土脸?",听众五十二人。

(二)四月十四日,演讲者王勉素,讲题"我们为什么打不过东洋佬?",听众四十六人。

(三)四月二十二日,演讲者皇甫均,讲题"四万万个人",听众三十八人。

(四)四月二十八日,演讲者胡义文,讲题"乡下人和城里人",听众六十五人。

(五)五月五日,演讲者吴大金,讲题"勤勤恳恳做人家",听众四十二人。

(六)五月十二日,演讲者徐国屏,讲题"三根棉花条救中国",听众四十七人。

(七)五月十九日,演讲者王勉素,讲题"岳老爷打金兀术",听众三十九人。

(八)六月二日,演讲者皇甫均,讲题"洋布一元钱五丈",听众四十五人。

(九)六月九日,演讲者胡义文,讲题"土货、国货、洋货",听众四十一人。

8. 其他教育活动

上面所说差不多把本社的活动已约略记完了,现在还没有记下来的,只有参加大夏民众教育实验区公共活动的一笔零头账,下面就是经过的轨迹:

(一)三月十二日,实验区总办公处举行植树典礼。本村民众前往参加者,计二十二人,取回树苗五十余棵,遍植村中隙地。

(二)三月二十九日,实验区举行成立大会。本村民众前往参加者计藤工团十二人,洗衣团二十人,儿童团二十二人,共五十四人。行伍整齐,旗帜鲜明,声势颇为雄壮。

(三)四月二十一日,婴儿健康比赛。本村婴儿前往比赛者,共十二人,结果四号詹平山子虎贞得本村冠军。

（四）五月二日，总部举行拔除黑穗病运动。本村民众前往参加者八人，结果村民张宏宾拔得最多，荣膺冠军。

（五）五月下旬，实验举行筑路运动。本村村道已于三月间修筑完毕，现在亟欲与筑者，即为自村口经丰云里、三鑫里以达中山路的一段，一面因路途曲折，一面因填浜工程浩大，虽经召集丰云里、三鑫里、联园村诸房东数度协商，但终无成效。按与筑此路，本社早经筹划，于四月底已具文呈请上海市卫生局前来填浜，五月初卫生局派员来察勘一次，谓材料无着，尚须稍待时日，因致延搁。

（四）民众的精神的粮食

事事求经济，是民众教育应守的原则。我们深信：编辑民众的教材，必须由与民众切身相关的事件说起，收效才宏大而迅速，在学习心理上，具体的字比较抽象的字认识得快些。与民众切身相关的字，当然是最具体而是最容易学习的。并且他们学会了以后，马上就可应用，必能增加其兴趣，使他们更努力学习。本社辅导部所编教材，分初、中、高三级。不识字的读初级，识三百字以上的读中级，识六百字以上的可读高级。预计高级读完，可识千字。本村文盲甚多，四团团员五十人之中，读高级和初级的，只有五人。其余四十五人都是读初级的。各级教材均系活页，可分可活。每课生字，不出五个。初级全课文字，最多为三十，中级八十，高级一百五十。初中二级，为便于学习起见，多用韵文。初级教材分特殊和共同二种：特殊教材，系因团而异，分述与其所参加活动有关的事件；共同教材，则重于普通的常识，各团皆可通用。又洗衣、纺织二团团员多半为四十岁以上的妇女，智力较差，故重重复。兹将各级所用教材举例如下：

（一）初级普通教材举例：

土货牢好巧
土货牢， 土货好， 土货巧。

正做衣又裤
土布， 土布， 真正牢固， 又好做衣， 又好做裤。

（二）洗衣团初级教材举例：

洗衣裳我
洗衣裳， 我洗衣裳。

天少只那
洗衣又挡衣， 天天洗衣裳。 只嫌衣裳少， 那嫌洗衣忙。

（三）纺织团初级教材举例：

纺棉纱我
纺棉纱， 我纺棉纱。

弹搓踏脚车
弹棉花， 搓棉花， 脚踏纺车纺棉花。

（四）种植团初级教材举例：

种田我也你
种田，种田。 我也种田， 你也种田。

是人大家都
我是种田人， 你也是种田人， 大家都是种田人。

（五）编藤团初级教材举例：

穿藤椅我
穿藤椅， 我穿藤椅。

我工大家
我是藤工， 你是藤工， 大家是藤工。

（六）中级教材示例：

寄亲农□读远
家信子寄父
父亲： 　　我现在金家巷村农村念二社里，一面做工，一面读书，很是快活，我的身体如常，请不必远念。 　　　　　　　男小毛　四月八日

条
收条
今收到工洋一元二角五分正 此上 农村念二社 李阿毛具 中华民国廿三年五月四日

（七）高级教材示例：

销贩彷徨录
土货
制造土货的工厂，没有销路，只好停闭；贩卖土货的商店，没有生意，也只好关门了！ 　　眼见得我们整千整万失业同胞彷徨在十字街头，叫苦连天，这是谁的缘故？只怪我们不用土货不穿土布。

（五）我们努力的方针

我们认定在今日中国江河日下的国民经济状况之下，我们从事农村教育或民众教育的，"万不可提高民众消费的欲望，万不可直接或间接的替帝国主义者推销货物，万不可用士大夫的方法把民众造成新士大夫。因此我们反对呢帽下乡，皮鞋下乡，自来水笔下乡，长衫下乡，学生装下乡，西装下乡，洋纽扣下乡，风琴下乡，留音机下乡，雪花膏下乡，幼稚园下乡，运动场下乡，摩登男女青年下乡；我们反对到乡下去造洋房做办公所，我们反对用提高民众生活欲望的卫生图表去提倡民众卫生；我们反对在洋房、校园、草地、钢床、电灯种种新式设备的环境里训练民众或民教和乡教领袖人才。我们反对……我们主张用我国固有的乐器代替风琴和留音机，我们主张用我国固有的武术来代替西方式的运动，我们主张在茅草屋或因陋就简的房屋里训练民众或训练民教和乡教的领袖人才；我们主张民教及乡教的工作人员，一齐穿上本国纽扣的老土布短装，戴着老土布的便帽，登着老土布的便鞋，到民众中间去过着老土的生活！我们主张……"（邰爽秋著：《目前中国农村教育之三大弊祸》，《大夏大学教育学会刊》第二期）。我们办理金家巷农村念二社即根据此种主张进行。我们并且用旧式灯笼来代替手电筒；用写春联的纸代替红绿色的外国标语纸；用粗糙的薄木板写上几个墨笔字，就算我们的路标和布告板，我们把做油漆招牌的钱省下来购买纺纱机；我们把买风琴的钱省下来购买除害虫的药粉；我们……这都是我们努力的方针。对与不对，还望读者指教！

（六）社会方面对于该社的批评

徐君等办理该社，为时只三四月，并没有什么成绩。乃蒙社会人士和各处乡村教育同志谬赐赞誉，实在愧不敢当。即如上海漕河泾农学园王印佛先生在参观了沪西念二社和该社以后，即致函该社，说金家巷工作同志：（1）信仰坚定，精神饱满；（2）服用一切真能用土货，简单朴素；（3）深入民间，脚踏实地去干；（4）不重形式而见精神；（5）颇能指导民众自己去干；（6）能寓教育于经济之中；（7）粉碎了士大夫的外衣，显出了纯粹的教育身手为民众服务；（8）普及教育车，不啻一缩影民教馆，作用无穷。又有一位伯吹君在本年五月二十八日《新闻报》上做了一篇《介绍一个复兴农村的具体活动》，对该社亦有许多奖励和称誉。这些这些，徐君等觉得都不敢当。他们只觉得经过了这番试验，对于念二社更得到一番深切的信仰，认为这种组织，的确是推动农村教育改进乡村的一种很经济的方法罢了。（在三四个月的短时期当中，和百分之六以上的民众发生了经济和教育的关系。）

（七）结尾语

金家巷农村念二社四月来试验的情形大概如此，以这段时期的试验，本谈不到什么成绩。作者介绍这篇试验经过情形的用意，无非是要唤起国内教育家对于"取消乡村学校制度"和"乡村教育须和老百姓的经济生活打成一片"两点特别注意。至于金家巷的设施当中有待解决的问题还是很多。我盼望读者诸君对于该社的办法赐予严正的批评和指教，并盼望徐君等加倍努力改进,俾臻完善。念二运动前途幸甚,民众教育前途幸甚!

附告:上海中山路二六三一号念二社联合通询处,印有《念二运动》一书,读者如欲知该运动之详细情形,可向该处索阅。

二十三年九月十五日于大夏大学

(原载《江苏教育》第三卷第九期,1934年)

死路上的民众教育和乡村教育

学校教育已经走上死路,大家都看出了。可是现在大家认为民族前途救星的民众教育或乡村教育,虽说有好些地方都已做出不少的成绩,但还有好些地方却把我中华民族带着向死路方向上跑!若不悬崖勒马及早回头,我民族前途将因民众教育或乡村教育之发展或普及而益陷于万劫不复的地步!请略言今日民众教育或乡村教育的弊祸。

一、现行的民众教育或乡村教育是提高民众消费的教育。

现在办民众教育或乡村教育的,往往把提高民众或农民消费享受的程度,当作改进民众生活。什么留声机呀!雪花膏呀!洋房呀!牛奶呀!种种西方式的消耗,拼命的向民众或乡农去介绍。我们认定我国国民经济目前最大的危机,是生产的普遍降落和消费的普遍增高,是用农业社会的生产去供给工业社会的消费。我们欲挽救这种危机,只有一方面提高国民生产的数量,他方面低降[降低]国民消费的程度。乃若今日一般从事民众教育或乡村教育之所为,在生产方面能否见效,尚不可知。而在消费方面,却已把民众物质享受的程度弄到他们经济方面不能负担的地步,欲以此复兴民族,岂仅缘木而求鱼?!

二、现行的民众教育或乡村教育是推销外国货物的教育。

现在办民众教育或乡村教育的,一方面却要把民众经济的提高,能抵抗帝国主义的经济侵略;他方面却又有意或无意的替帝国主义者推销货物,使民众经济受着不可抵抗的打击。其中最显著的例证可算是一班民众教育或乡村运动者所着的衣履了!记得今年春天我们有一部分同志到定县去参观教育。当时北平大学有数百个热心乡村教育的男女青年,西装革履,装束入时,摩登头,高跟鞋,毛披肩,呢大衣,一阵一阵的走上定县的乡间道,迎风招展,令人应接不暇!当时定县乡村一般民众的好奇心,顿被这般外来客引起。每到一个村庄,阖村男女老幼都跑来看把戏,屋顶上都站满了人,一个一个的垂涎三尺,指手画脚的说:"好看呢,这皮鞋真漂亮,那儿衣服从那儿买的呀!"评论个不休。智识份子像这样下乡,不是提倡乡村运动,简直是替帝国主义去做推销货物的推销员了!然而这班推销员是一时的,是局部的,尚不致为民族教育或乡村教育前途之大害。我们所认为是最足以带我民族上死路以致陷于万劫不复的地步的,却是我们这班自命为负有救民族出于水火的民众教育和乡村教育者!这班永久的普遍的帝国主义者的推销员!读者若不信,则请问今之从事民众教育或乡村教育者,有几人不戴外国呢所制的帽?有几人不穿外国料所制的衣服?有几人不挂自来水笔?像这样做民众教育与乡村教育运动,去做民众的榜样,岂不是运动越普遍，外货越畅销，而民族的命运也就愈陷于万劫不复的地步吗？

我们感觉到中国大多数人民的生计，一天一天的被帝国主义者压迫得上死路，其中尤以衣着一项最为致命之伤，所以竭力提倡服用手纺手织的土布，可是踏破了铁鞋，往往无从购买。我们常请一班乡村运动者去代买，他们也是找不到。问他们为何找不到，他们说："有土布没人要，所以乡人不织了！"看他们身上所穿的衣服却是一身刮刮叫的外国货或准外国货的长衫，学生装或西装。咳！为民众谋幸福的乡村运动者，且不穿土布，也难怪土布没有人要了！像这样情形长久下去，并且普遍的运动起来，民族前途又有何希望之可言！

三、现行的民众教育或乡村教育是养成新士大夫的教育。

中国二十年来社会之纷乱，大部分可说是士大夫造成的。士大夫是什么？是中国社会上的一种特殊阶级，是长袍马褂的阶级，是人上之人的阶级，是劳心治人的阶级，是不事生产的阶级，是被人奉养的阶级，是升官发财的阶级，是消费享受的阶级，是奢华消费的阶级，也就是一切贪官污吏土豪劣绅的所从出的阶级！过去的学校教育，操于这班士大夫的手里。他们最大的成绩就是继续不断的造成士大夫，以致把我们中国弄到今日不可收拾的地步！现在教育的方向转变了，民众教育或乡村教育大众认为【是】教育上的新路。实际上呢！还是那班旧人来唱新戏！台下看戏的人，也许换了人，台上的布景却还是那一套。洋房呀！铜床呀！校园呀！草地呀！电灯呀！一切的一切弄齐备了才能算得上一个训练民教或乡教人员的机关！长衫呀！马褂呀！高跟鞋呀！自来水笔呀！呢帽呀！皮鞋呀！一切的一切都弄齐备了才能算得一个训导民众的领袖！

咳！以直接或间接从民众榨出来的金钱，办这种士大夫官僚式的机关，去栽培这辈士大夫式的民教或乡教领袖，在主其事者或以为非如此办不足以宣扬其成绩，我们却不禁为民族前途不寒而栗，不敢赞同了！我们所以不寒而栗的原因，与其说为的是怕看见士大夫教育机关里造出来的这般士大夫式的民教或乡教领袖，不如说是看见三万多万的民众将要受这班士大夫的影响而引起做士大夫的兴趣，将相向士大夫的路上走，致使士大夫教育的流毒，昔之为害于少数特殊阶级者，今则藉民众教育或乡村建设之力而得普遍与民众之间。我们认为要解决民族当前的厄运，在普遍的提高国民生产的数量和降低国民消费的程度。欲达此目的，主要的方法，是一方面是一般所谓下等的民众，不要羡慕所谓上等人，而要向上面爬，另一方面是要所谓上等人的士大夫即速的向所谓下等人的阶级里去走。我们这种主张并不是受了劳工神圣的影响，以为非如此不足以提高劳工的地位；而是以为非如此不能挽救目前国民经济的厄运。倘使我国经济已经发展到能够使四万余万民众皆为上等的士大夫，长衫马褂，或西装革履，度其消闲享受的生活，我们亦复馨香祷祝，求之不得。无如我国国民经济状况，江河日下，一般民众的生活，已经被迫近了饥寒线，我们若再引起他们做士大夫的兴趣，使人人皆欲过士大夫的生活，则一方面士大夫的数目必日益增多，竞争攘夺之风必变本加厉；他方面必有大多数的人终必居于非士大夫的下等民众地位。这辈民众初由羡慕而失望，继由失望而怨恨，终由怨恨而引起社会上的一切纷乱了。

吾们认为在今日国民经济破产的中国，民族内部问题的解决，在把一班士大夫的生活降低到水平线，而把一班贫苦民众的生活提高到水平线；在由一般天堂上的士大夫自动的跳下地狱救民众出于水火，一同在地面上过平等的生活，万不可使一般地狱里的民众同到天堂上去和士大夫争享受。我们认为这个问题的焦点，不在什么劳心不劳心，劳力不劳力，而在把劳心者劳力者的生活打成一片。劳心者和劳力者的生活果能打成一片，则劳力者亦不必劳心，而劳心者亦不必劳力。我们看定了这一点，所以不仅要服用土货，还要着起民众式的衣装——土布土纽对襟之短装，即念二装，即三万六七千万民众所着的土布短装，不仅着起民众式的衣装，还要跳到民众生活里把最贫苦的民众救到衣暖食饱的生活水平线上。我们愿意在中国社会上只看见过着同样生活的民众，不愿意看见有一个特殊生活的士大夫，尤不愿我们一班民众教育或乡村教育者括着民众的膏血去继续不断的养成遗祸民众的新士大夫！

四、劝民众教育者和乡村教育者悬崖勒马及早回头

总起来说，我们认定改进民众生活，在今日中国状况之下，万不可提高民众消费的欲望，万不可直接或间接地替帝国主义者推销货物，万不可用士大夫的方法继续不断的把民众造成新士大夫。因此我们就不赞成呢帽下乡，皮鞋下乡，自来水笔下乡，长衫下乡，学生装下乡，西装下乡，洋纽扣下乡，风琴下乡，留音机下乡，雪花膏下乡，幼稚园下乡，运动场下乡，摩登男女青年下乡；不赞成到乡下去造洋房做学校式教育的办公所，我们反对用提高生活消费的卫生图表去提倡民众卫生，不赞成在洋房、校园、草地、铜床、电灯，种种新式设备的环境里去办教育，尤其不赞成用这些新式设备去训练民众或民教或乡教的领袖人才。我们不赞成……我们主张用我们固有的乐器替代风琴和留音机，我们主张用我们固有的武术来代替西方式的运动；我们主张在茅草屋或因陋就简的房屋里办教育或训练民众或训练民教及乡教的领袖人才；我们主张民教及乡教的工作人员一齐穿上本式纽扣的老土布短装，戴着老土布的便帽，登着老土布的便鞋，到民众中间去过着老土的生活！我们主张……民众教育及乡教运动者呀！悬崖勒马！及早回头！莫把我中华民族带到死路上去！民众教育及乡村运动者呀！悬崖勒马！及早回头！莫把我中华民族带到死路上去！

（原载《教育学期刊》第二卷第一期，1934年）

对于今后民众教育的十种希望

这五六年来国内人士感觉到以往学校教育之失败，所以对于民众教育特感兴趣。民众教育的刊物，风起云涌；民众教育的机关，纷纷设置；民众教育实验区，也好像雨后春笋似的蓬蓬勃勃的发育起来。这种现象实堪令吾人额手称庆。不过在这几年试验提倡的时期当中，一切办法多无规可寻，做对的地方固属不少，做得不对的地方，亦复很多。兹届《教育与民众》月刊五周纪念之期，郑一华先生征稿于余，本拟撰一长文应命，只因教务羁身，一时没有功夫多写。仅将作者对于今后民众教育的几条希望写出聊以塞责。尚望郑先生和读者指教原谅。

一、我希望今后的民众教育注重民生的发展，以救死救亡为脊干，提倡服用土货，推行社会节约，恢复农村经济，救济手工生产，协谋中华民族之复兴。

二、我希望今后办理民众教育，不要提高民众消费欲望，推销外国货物，或养成新式士大夫，致把我中华民族带到死路上去！

三、我希望今后办理民众教育，要以整个社会为教育场所，不要拿学校方式来办，致犯已往学校教育和社会生产场所争夺民众的流弊。

四、我希望今后民众教育的一切设施，都寄寓在经济建设当中。就社会大多数民众当前最急迫之需要，随时随地施行有形或无形之教育，所有按时上课、下课、开学、毕业等等的办法，一概废除。

五、我希望今后民众教育的一切设施，皆以社会上直接或间接的经济活动为基础，制为大单元的设计，贯穿各种教育。所有通常把文字、公民、卫生、家事、休闲、自卫、生计，各种教育拆开训练不分轻重先后的办法，一概取消。

六、我希望今后民众教育的一切设施，将有裨于民生者先办，不要再把百分之九十的经费化在人员的薪水和不关痛痒的装潢门面的东西上去！

七、我希望今后的民众教育以民众为活动主体，随时就地选拔民众当中的俊秀分子，加以训练，使担负本地方的改进事业。

八、我希望今后的民众教育者不要忘记了我国人每年平均只有二十元的收入。有了二十元，就能够救一条命；浪费二十元，就杀一条命。

九、我希望今后的民众教育者，不要再带呢帽、皮鞋、自来水笔、长衫、学生装、西装、洋钮扣、风琴、留声机、雪花膏、幼稚园、运动场一类的东西下乡；不要到乡下去造洋房做办公所；不要用提高民众生活欲望的卫生图表去提倡民众卫生；不要在洋房、校园、草地、钢床、电灯，种种新式设备的环境里，训练民众或民教的领袖人才。我还希望他们一齐穿上本国钮扣的老土布短装,戴着老土布的便帽,登着老土布的便鞋,到民众中间去过着老土的生活!

十、我希望从民国二十二年开始创设以提倡土货、实行社会节约、努力社会生产、发展国民经济、改进民众生活、协谋中华民族之复兴为目标的念二社,到处设立,变成推行民众教育的重要机关。(按:上海中山路二六三一号设有沪西念二社,大夏大学民众教育实验区设有金家巷农村念二社,其办法可资参考。)

(原载《教育与民众》第五卷第八期,1934年)

新人与新教育

教育是改变生活的工具,所谓改变,就是要叫人成为新的人,叫生活成为新的生活,不要耽留在旧的范围里。

中华民族是一个老的民族。所谓老,一方面,是阅历很深,经验丰富,受尽千辛万苦,遭过风吹雨打的意思;一方面,却是抱残守缺,暮气沉沉,不知进取,不知振作的意思。到今日,我们民族的阅历和经验,已经不够应付错综复杂的世界潮流,而我们民族的颓唐守旧,更可陷国族于万劫不复的地步。中华民族需要新人,中华民族尤其需要创造新人的新教育。

我的理想的新人的人格,最少能做到下面三点:

一、不做士大夫　中国二十年来社会之纷乱,大部分可说是士大夫造成的。士大夫是什么?是中国社会上的一种特殊阶级,是长袍马褂的阶级,是人上人的阶级,是劳心治人的阶级,是不事生产的阶级,是被人奉养的阶级,是升官发财的阶级,是消费享受的阶级,是奢华浪费的阶级,也就是一切贪官污吏和土豪劣绅所从出的阶级!过去的学校教育,操于这班士大夫的手里,他们最大的成绩,就是继续不断的造成士大夫,于是士大夫日多,社会日乱!我们今后的新教育,一方面是要使一般所谓下等的民众,不要羡慕士大夫阶级而放弃原有的职业拼命向上爬;另一方面,是要所谓上等人的是大夫,即速脱下长袍马褂,向所谓下等人的阶级里去走。我们理想的新人,就是同在衣暖食饱的生活水平线上的全体民众。

二、不要奢华浪费　现在国民经济的最大危机是生产的普遍降落和消费的普遍增高,是用农业社会的生产,去供给工业社会的消费。我们挽救这种危机,只有一方面提高国民生产的数量,他方面降低国民消费的程度。我们的新教育,在消极方面不主张把留音机、雪花膏、牛奶……灌输给大众。在积极方面,就是要造成经济能力能够自力负担,而且具有经济生产的技能的"新人"。

三、不用外国货　外国货是冲破我国国民经济的防御的最厉害的武器,所以我们的新教育,必须提倡不用外国货,更应提倡用国货,尤其是土货。在积极方面,还要考虑种种改良土货的方法。

以上三点,就是我理想中的新人的人格,也就是新教育应负的责任。总结起来,我们所需要的新人,是能够牺牲自己,为民族出路作奋斗工作——尤其是经济的工作——的战士,这种人是舍己为公的,这种人是肯为大众服务的。我们的新教育,就是要培植这些英勇的战士。

(原载《新人周刊》第一卷第十七期,1935年)

以文字普及教育之非计

在这个时候来讲普教，似乎有点不合时会；幸好办理教育的人，反正总以教育为职旨；如果大众不嫌烦琐，不妨再来对她说上几句。本来，普教的重要，尤其在目前这种社会状态之中，的确感觉到急迫和需要；只因为现在一般从事或谈论普教的人往往只看重于文字教育方面，而忽视其他部分；这委实是一种错误的观念。个人很愿意在这一点上作个简单的解释，以供大众参考。

普及教育的困难：先说普及教育的困难，普教的重要，故已尽人皆知；然欲实施普教，却就很感困难。不谈别的，姑就人员与经济的两方面来作一说明：

根据民二四年《申报年鉴》的报告：全国人口共计有四六二，一五二，八七四人；其中文盲占百分之七八.八四，估计约有文盲三万六千万人之多。再说全国学龄儿童共计有五二，七三三，三〇七人；失学儿童共计有四一，〇四九，四八一人。单就扫除这些失学儿童，假定计算每一小学教师教四〇人（按年鉴报告仅二，一一七人），则需一，〇二六，二三七人做小学教师。又假定建筑容纳二千学生的师范学校五百所，每所需洋三万元，全部计洋一，五〇〇，〇〇〇元；设备方面每生估占百元，则需一〇二，六二三，七〇〇元；经常费就每生年占二〇元，设三年毕业，则需三三四，〇〇〇，〇〇〇元；总计需洋四三八，五〇〇，〇〇〇元。再在小学方面，建筑能容四千儿童的小学一〇，三〇〇所，每所亦需三万元，则需洋三〇九，〇〇〇，〇〇〇元；设备每生占二〇元，需洋八二三，〇〇〇，〇〇〇元；经常费每生占八元，计需三二八，四〇〇，〇〇〇元。总计为一，四六〇，〇〇〇，〇〇〇元。前后两项合计共需洋一，八九八，〇〇〇，〇〇〇元。

按民廿三年中央岁出为九一八，一一一，〇三四元，全年教育文化费仅占百分之四.三二，合计连军教费在内不过三二，四四三，一一七元；设将前数取为整数，约共二十万万元，计划二十年完成普教，则年需一万万元，共与此数之差几及三倍。儿教经费且如此，其于整个普教的需资，当可想见一[斑]。

要之，就目前的国民经济状况来说，没有人不知道老百姓在做着求生的工作，固然谈不到叫他们拿出钱来受教育，就是拿教育送上门去强迫他们接受，根本上也还发生问题。因为，我们会对她表示漠不相关的。

普及教育的内容：普教既是这样的困难，同时老百姓又是那样的漠不相关；那末，从事普教的人从此就向后转不成？当然，教育上是不会允许着这种因噎废食的现象的；所以我们就应该格外地鼓起勇气去迫问她底原因的所在，然后再去对症发药。在这里我们就应该问究竟怎样去实施普教才可达到普教的目的？我们觉到要解答这个问题，就只有改变现有的普教方法,扩大现有的普教内容,去适应老百姓的生活,去合老百姓的要求,这才是目前最适当最合理的见解。我们认定普教的方法是很多的,不过比较能受老百姓欢迎的确是很少;同时普教的内容,本就包括多方面的,只因通常太重视文字,却为老百姓所不欢迎。所以我们千万不要离开了目前的民生条件去天花乱坠的谈论方法,更不能忽略了老百姓的饿肚子不需要文字去当饭吃。普教的建设,唯一的基础,只有经济。如果教育的动向,不能和牠符合的话,那末,教育的机能,就不啻古来的哲学和玄学了。所以我们视为用"普及教育车"要比造房子辟教室的方法来得经济;我们更认为民众的健康、卫生、公民、生产以及民族的意识,种种知识技能,要比文字的灌输来得要紧。我们应该特别的给她提引,给她倡导,使大众向着这条路走去,而避免走那牛角尖的魔难。

普及教育重文字的非计:前面已约略的谈到,普教重文字的一种错误的见解;就因为他不过代表着教育的一方面,却不能代表普教的多方面。而今我们更将进一层来说明普教重文字,在现时现地现人中,含有两种极大的缺陷:第一,现在大家都认定普及文教,就可以达到普教的目的;其不知普及文教,乃不过是普教手段的一种而已。盖文字的本身,不过是种工具;运用这种工具的能力的高低,于普教的目的不能直接相关的。可是现在一般人就犯上了这种错误的观念,竟拿工具当作目的,以为工具就是目的;所以唯一的就希望着文字教育的普及,文盲就可以扫除,知识阶级就可以增多。一方面可以和洋大人去较量较量高低,一方面就能够强国强种,他方面更不怕帝国主义者的侵略;强种方面仿佛就得到了依托,国家就可永久生存,民族也就永远不会灭亡。他却不知这种见解仅不过看到事实的一方面,并没有深刻地体会到老百姓在现在没有这种时间来在文字上用工夫。所谓国家大事固然不在他们的眼中,就是大总统的有和没有,给予他们的反应都不过是和现在引施普及文教的价值一样。目前的他们除却了锄头铁钯做着维护生命的唯一的工具之类以外,委实不需要这种富家子徒务粉饰的面具。就退一步来说:假定老百姓个个都能看报,个个都能写得选举票,国家就能说是强盛了吗?恐怕未必。也许国民的经济力量,才是国家强弱民族生存的最先决的条件吧!

第二,我们更觉到从普及文教为起点的这种普教方法,也是错误的。因为文字本身既不是目的,那末,对于普教的目的的达到,必定是间接的非经济的而无疑。但从事普教应设法直接谋到成效以期很经济的完成其目的,这才是比较合理的办法。现在的文字既不能直接解决老百姓的生命,也不能和老百姓十分的相关,却只能站在老百姓的脑门外面兜圈子,这实在是要不得的。如果我们要想使教育内容真正的躜进老百姓的头脑中去,目前这种普及文教的方法,就断然不能适用。因为这种普教方法,真好比卖戏者在拿着文字变戏法一样,至多不过博得老百姓喝声彩就完了,其于真正的成效,是谈不到的。所以今后普教的路线,就该移转方向,掉过头去!

到底普及什么教育?很平淡的已经有了个启示。但到底现在应该普及什么教育?我个人的观点,觉得应该预先问问老百姓的需要,然后再去图谋教育上的适应。譬如目前老百姓的需要是"生",为的要吃饱肚子穿暖身体,那末我们就该直截了当拿教育的力量和方法,去维护并解决他们目前这些为吃为穿生而所急须解决的问题。如果我们要想从这一方下手,那末,我们的答案,除去了最直接的最经济的最迅速敏捷的"民生本位教育"以外,在教育上没有其他的办法。因为在现在我们只有直接地去利用他们的听力视力以及双手万能的力,把适合他们生活所需要的教育送上门去启发和指示他们。如生产、节约,以及明乎现状,并了解个人和国家民族的关系与意识,并直接利用双手、图表、口讲,以及普及教育车的种种最利便的方法,盖这些比用文字为工具间接的去叫他们有效得多。虽说文字是件进行教育的一种工具,但我们不信除去了文字就不能谈普及教育,也不信除去了文字就不能介绍和传递知识技能给老百姓,更不相信除去了文字就不能教育民众生产节约甚至灌输民族知识。我们却相信除去了文字,普教上的困难,反可减少了许多;打破了文教的观念,普教的进行更可格外的利便。因为我们很自信还有许多比文字更有效的办法,且绝不会像文字那样的没落而被老百姓关在门外。所以我们应该谋普教适合现实现地现人的现代的急迫的需要,那末,在普教上的价值才不至白白地枉费了心力和工夫。这是目前从事普教最应自信的所在。

最后,我们已深深地领会到目前普教的困难,所谓人才的缺乏,经济的无着。当然,我们极愿意在这种局面之下努力做出一点比较更优良更完善的结果,以贡献给社会。同时,我们也并不是有意地来反对文教的普及,更不是主张永远不要文字,甚至好像废去文字。我们虽然也承认文字的本身,另有牠底作用和价值;可是拿着文字来作为普教唯一的工作,甚至就包含了全部普教的任务,这是不敢苟同的,同时且感觉到不很合理的。而且文字的普及在时间上也是值得研究,这也是我个人应在这里申明和报告的。

(原载《中国学生》第二卷第一期,1936年)

中国民生教育学会成立大会宣言

我国抄袭西方教育制度三十余年,办理一种不合国民经济状况的教育。现在这种教育的缺点一天一天的暴露,虽职司教育者亦觉无可掩讳,热心教育的人士纷谋补救,改革教育的声浪洋洋盈耳:有说过去的教育忽略了中国的现势,遂提倡民族教育;有说过去的教育太偏重了城市,遂提倡乡村教育;有说过去的教育是少数人的专利品,遂提倡民众教育;有说过去的教育只能养成士大夫,遂提倡生产教育。众说纷呈,各有至理。惟欲彻底矫正以往教育之缺陷,自非设立一个公同标准来决定前进之途径不可,这个标准就是:"今日中国最大多数民众最急迫的需要。"

我们认为教育是一种工具,他的主要功用应当是适应最大多数民众最迫切的需要。中国教育的基础也应当建筑在这种需要之上。所谓最大多数民众最急迫的需要,就是"民生的需要"。

我们深信任何教育不应离开民生。民族教育应以民生为基础,乡村教育应以民生为脊干,民众教育应以民生为灵魂,生产教育应以民生为归宿,以往的教育未能重视此点。所以我们显明的提出"民生本位的教育"之主张,以资补救。

民生本位的教育,就是以发展人民生计的经济活动为脊干,来改进民众生活,扶植社会生存,保障事业生命而达到民族复兴的教育。简言之为"民生教育"。

一、就发展人民生计来说,民生本位的教育,是发展民众的经济生活,使各个人皆能丰衣足食的教育,衣单食缺的民众读书识字的教育也无法可施,勉强施进去,有时会发生很大的危险。

二、就改进民众生活来说,民生本位的教育不仅发展民众的经济生活,使各个人皆能丰衣足食,还要在发展经济生活的过程中,改进民众其他各种生活(文字生活在内),达到美满人生的目的。

三、就扶植社会生存来说,民生本位教育,不仅使各个人皆能丰衣足食生活改善而已,他还使全社会的民众集合而成为一种有机的生命单元——活动的社会——永远的生存,不断的进步。我们可以说:民生本位的教育,就是一种创造社会新生命的教育。

四、就保障群众生命来说,民生本位的教育不仅使各个人皆能丰衣足食,生活满足,不仅使一个社会永远的生存,不断的进步,还要使全社会全民族的群众生命,得着安全的保障,使民族的生命得以延续。我们可以说:民生本位的教育,就是以民族复兴为远大目标的教育。

从上面四点看来,可知民生本位的教育,实含有发展人民生计、改进民众生活、扶植社会生存和保障群众生命的四个目标。不过这四个目标是有先后的次序的,发展人民生计是一种基本工作。必得把发展民众生活、扶植社会生存、保障群众生命的工作贯穿在发展人民的生计活动当中,才能达到民族复兴的目的!

以上所述,是我们对于民生教育的主张,我们要用这"民生教育"的锄头为我中华民族在教育上开辟一条新路!从民生的需要上,建设我国教育的新基础。

(原载《民生教育》创刊号,1937年)

今后之教育学院

今后之教育学院之进行,就我感想所及,可略述数点如下。

一、确定目标　就目前中国社会需要,注重培养切合实用之人材。

二、添设班系　(1)农村教育系——造就服务农村之实用人才,拟于校西数里外之乡村建设大规模之农场、小规模之工场为该系活动之场所。(2)家政教育系——造就中等学校家事教育之师资。(3)短期训练班——以半年或一年为限,其性质就社会需要随时决定之。

三、建设院舍　(1)建造教育学院大楼一所。(2)建造教育馆大楼一所(与师专科合办)。(3)建筑城市小学校舍一所(与师专科合办)。

四、扩充设备　(1)添购关于教育及心理二方面之重要西文书籍及整套杂志,其价值至少为一万元。(2)添购心理及教育所用之仪器用具等,其价值至少为一万元。

五、加聘人员　拟加聘教授,减少各班人数,并聘专门技术指导人员若干名指导实际工作。

六、提高程度　特别注重国文、英文等工具科目之程度,凡中文不清顺,英文不能看浅近原文书报者不得毕业。

七、编制刊物　(1)本院一览。(2)论文丛刊。(3)教育资料索引丛刊。(4)教育论文提要丛刊。(5)教育周刊或月刊。

以上所述仅属个人对于发展本院的希望,能否实现须观客观条件决定。

(原载《大夏周报》第十一卷第八、九期合刊,1934年)

我们的信仰和要求

这篇文章,我们相信可以代表一般或一部分教育者共同的意见。我们盼望读者诸君站在客观的立场来考虑一下。倘有可以采纳的地方,更盼望教育当局即速措诸实施,不稍瞻顾!

一、我们的信仰

(一) 我们深信:教育为实现政治理想之工具。
(二) 我们深信:健全之政治思想,即健全之教育思想。
(三) 我们深信:三民主义为最适合于中国国情之健全政治思想,亦即最为适合于中国国情之教育思想。
(四) 我们深信:三民主义既以民生为中心,则三民主义教育亦应以民生为中心。
(五) 我们深信:建设之首要既在民生,则教育建设之首要亦应在民生。
(六) 我们深信:抗战之目的为民生,抗战之基础在民生,故抗战期中之教育,应巩固民生基础,完成抗战建国之使命。
(七) 我们深信:各种教育之实施

1. 务须以民生为首要、为基础、为中心、为标的;
2. 务须以民生需要为根据;
3. 务须顾及国民经济之能力;
4. 务须与生产场所即生活环境相配合;
5. 务须贯澈国民经济家统制之精神;
6. 务须融合中国固有文化之优点;
7. 务须尽量运用科学之方法与知识。

二、我们的要求

(一) 我们要求:幼稚教育,注意培养儿童对于生产活动之兴趣。
(二) 我们要求:小学课程,以民生经济活动为中心,完成自养养人、自治治事、自卫卫国之基本训练。
(三) 我们要求:以强迫生产代替强迫识字之教育。
(四) 我们要求:以教育程度为分级标准,开放普通小学,使男女老幼皆得同时入学。
(五) 我们要求:中学教育以造就社会生产事业之中级技术人员为主要目的。其课程应注重解决一县或数县人民衣食住行问题,现行中学课程标准应即废止。

（六）我们要求:创办中等业务学校,培养公众业务及社会上普通事业之初级及中级业务及管理人员。

（七）我们要求:将现有师范课程整个生产化,并即速招收大批战区技术工匠及有农事经验之乡村青年,加以普通教育及专业知能之训练。同时要求:即速补充现有小学教师生产知能的训练。

（八）我们要求:大学教育以培养各种社会生产事业之高级技术人员为目的。大学设农、工、商、医四学院,文理学院取消,法学院并入业务专门学校,教育学院改为独立之师范学院。

（九）我们要求:创办业务专门学校,培养公众业务及社会上普通事业之高级业务及管理人员。

（十）我们要求:师范学院即速培养生产性质之师资,至普通性质之师资,已感过剩,殊无培植之必要。

（十一）我们要求:现有省私立教育学院,一律改为上述性质之独立师范学院。至大学校中之师范学院,应一律单独设立。

（十二）我们要求:研究院对于纯粹学术及应用学术之创造发明,首应顾及民生之需要。其应用学术之研究,亦应以民生实际问题为主要对象。

（十三）我们要求:入研究院者,以能力合格为准,不限资格。研究完成者不必给与学位,惟赐予某种事物发明者或创造者之称号。

（十四）我们要求:设立科学、博物、理工、教育、美术、音乐、图书等馆。不拘资格选拔优秀青年聘请专家指导研究。我们反对指导一般青年一齐走上纯粹学术研究之路。

（十五）我们要求:社会教育以增进社会生产为主要目标。识字教育与民众经济活动相联系,先教以职业字汇,次及于普通字汇。公民训练应与民众经济需要发生密切关系,电影教育应注重指导民众生产的技术。青年训练应注重生产技术,增进职业上之知能。妇女训练应注重家庭工业,促进社会之生产。

总而言之:（一）我们要求:整个教育制度生产化、职业化、民生化,我们不争名辞,我们要求课程性质的改变。（二）我们要求:训练以生产技术为基础的技术、业务及教学三种人才。我们反对一切消费的、装饰的、非职业的,和与民生背道而驰的教育。（三）我们要求:根本推翻"以学科为中心,以造就少数专门学者为主要目标的传统教育制度",而代以"以民生经济活动为中心,以造就多数民生实用人才为主要目标的新制度"。

最后:

（一）我们要求:"抗战期间全民生产总动员。"

（二）我们要求:中央即速成立"战时全国生产委员会"。由中央指定有关系方面推定代表共同组织,计划并解决战时生产之种类、原料、资金、技术、运输、推销等问题。

（三）我们要求:教育界首先提倡"教育界生产总动员"。

（四）我们要求:所有教育机关,包括教育行政机关,各级学校及各种社教机关在内——即速酌量减轻现有行政工作与学生课业,在中央整个计划与指导之下,一方面协助发动全民生产,另一方面努力实行生产,接济军需,并解决战时人民衣食住行各种问题,争取抗战最后胜利。

(原载《民生教育》第一卷第四期,1939年)

中国民生建设实验院创立旨趣

二十九年八月
（本文尚待修正，请勿对外发表）
中国民生建设实验院筹备处
院址：巴县鱼洞溪重庆办事处张家花园七十号

总说明

一、从总理遗教及总裁训示中演出民生建设理论。

二、从民生建设理论中演出民生教育理论。

三、从民生教育理论中演出民生教育制度。

四、设立各种生产机关，实验此种教育制度，先从实验国民学校及师范学校着手，期以二年。

五、应用实验所得结果，协助政府，改进现有师资，改造全国小学。

六、运用小学教师及小学学生之力量，在民生建设委员会管理及指导之下推动养、教、卫、管工作，以完成民生建设。

中国民生建设实验院创立旨趣

一、引 言

民生建设关系一切政治设施，其内容极为繁复。今本院取以为名，且欲加以实验，果何说乎？请述本院宗旨，并确定其工作之性质与范围，藉明本院创立之旨趣，以为邦人君子告焉。

本院同人认定民生建设为建设国家之基本工作，欲其圆满完成，必赖军事、外交、内政、经济、交通、教育各界人士，本分工合作之原则，在整个国策下共同努力。一方面谋本位工作之发展，他方面又与其他各界密切合作。既不以他界工作之发展为本工作发展之先决条件而有所期待，复不以本界工作可以概括他界而有所擅专。如是则各方面建设工作可以同时顺利进展，整个民生建设即不难完成。同人既抱定此种见解，复认定教育为现代国家最伟大之生命力,是以确定下述宗旨以为同人努力之方针。

运用教育力量推进民生建设

——根据总理遗教及总裁训示,实验适合于民生建设之教育制度,并应用实验结果协助完成民生建设之使命——上述宗旨固已明定本院今后工作性质及其范围,惟如何试验适合民生建设之教育制度,并如何应用实验结果协助推进民生建设,尚须详为解说,请申述之。

二、如何实验适合民生建设之教育制度

(一)确定民生建设之理论

建设之首要在民生,民生之需要为衣食住行,衣食住行问题之解决,当谋农业、织造、建筑及修治道路运河等事之发展。总理在党义演讲及手订之党纲中早经剀切训示,其理由无待赘述。惟"民生"一语沿用已久。在一般人之心目中,以为与"生计"二字无殊,且以为发展与衣食住行有关事业,满足人民物质之需要,即可尽民生建设之能事。实则"民生"一语涵义极广,其建设工作亦绝不如此简单。谨就总理遗教及总裁训示寻绎其要义,并确定民生建设之性质如左。

1. "民生"之本质包括"人民的生活""社会的生存""国民的生计"及"群众的生命"四要素,具有不可分性。故民生建设,须同时顾及此四要素,否则仅为生活、生存、生计或生命之建设,而非民生建设。

2. "民生"之本质包括增进人类生活之"横的现在"——人民的生活,国民的生计——及创造继起生命之"纵的未来"——社会的生存,群众的生命——两方面,亦具有不可分性。故民生建设,须兼顾此两方面,否则必流为囿于现实或忽略现实之建设,而非民生建设。

3. "民生"之本质包括生产及分配两特点,亦具有不可分性。故民生建设,须兼顾此两特点,否则必流为资本主义之生产建设,或均贫主义之分配建设,而非民生建设。

4. "民生"之本质包括物质、精神两特性,贯穿生计、生活、生存、生命四要素。其在各要素中之成分,虽有多寡之殊,但亦具有不可分性。故民生建设,须揉合此两特性,否则仅为单纯的经济建设或伦理建设,而非民生建设。

5. "民生"为三民主义之中心,并为其最后目的。故民生建设,应为以民生为中心——本位——为目的之三民主义建设,否则仅为民族主义、民权主义或民生主义之建设,而非民生建议。

6. "民生"之本质具有"伦理性"。故民生建设,必以忠、孝、仁、爱、信、义、和、平八德为基础,否则必流为残酷的物质建设,而非民生建设。

7. "民生"之本质具有"社会性"。故民生建设,须为人民所共有,人民所共治,人民所共享,否则必流为个人主义或资本主义之建设,而非民生建设。

8. "民生"之本质具有"国防性"。故民生建设,须尽量与国防建设相配合,否则必流为失去国防意义之经济建设,而非民生建设。

9. "民生"之本质具有"整个性"。故民生之建设,无城乡之界限,□无阶级之区分,要以整个国家为对象,并以全民福利为依归,否则必流为囿于城市、囿于乡村或囿于某阶级利益之建设,而非民生建设。

10. "民生"之本质具有"统制性"。故民生之建设,须由中央统筹整个民生需要,并加以调整与控制,否则必流为割据式之经济建设,而非民生建设。

11. "民生"之本质具有"大同性"。故民生建设匪特不以中国民族之利益而侵害他民族之民生,更须联合世界上其他民族,以中国民族之仁爱思想支配现代科学,共谋全人类民生之发展,否则必流为侵略式之建设或门罗式之建设,而非民生建设。

根据上述之讨论,吾人认定"民生建设"为"民生本位建设",为"以民生为中心或为本位之三民主义建设",为"以民生经济活动为中心、为脊干,来发展人民生计,改进民众生活,扶植社会生存,保障群众生命,兼顾现在未来,生产分配,物质精神,并具有伦理、社会、国防、整个、统制及大同等性之三民主义建设"。

(二) 确定民生教育之理论

根据上述理论,本院同人确定民生教育之论据、特质及其意义如下。

1. 民生教育之论据

(1) 建设之首要在民生。故教育建设之首要,亦在协助发展民生。

(2) 民生之需要为衣食住行。故教育建设之首要,亦在协助解决人民之衣、食、住、行问题。

(3) 衣食住行之解决,在谋发展农业、织造、建筑及修造道路、运河等经济事业——推衍之,即为农业、林业、畜牧、采矿、工业、建筑、商业、交通、水利等类民生经济活动之事业。故教育建设,亦在协谋发展农业、织造、建筑及修造道路、运河等经济事业。

2. 民生教育之性质

"民生"之涵义既较"生计"为广,民生建设之目的,既非仅在发展与衣、食、住、行有关之经济事业,故"民生教育"亦较"生计教育"为广。其目的亦非仅在协助发展与衣食住行有关之经济事业。兹根据前述民生建设之性质,确定其性质如下。

(1) 因"民生"包括"人民的生活""国民的生计""社会的生存""群众的生命"四要素,其有不可分性,故民生教育所选择之经济活动,必同时顾及此四要素。举凡为此四要素所不能同时容许或认为正当之经济活动,皆为民生教育所不取。

(2) 因"民生"包括"横的现在"——人民的生活因国民的生计——及"纵的未来"——社会的生存,群众的生命——两方面,亦具有不可分性。故民生教育应于指导衣、食、住、行一类的经济活动之过程中,同时施行,"发展国民生计,改进民众生活"及"扶植社会生存,保障群众生命"两方面之教育,使受教者于生计裕足、生活问题解决之时,即已具有"志士仁人奔走国事、舍己救人、见义忘利及舍身取义之心胸与行动"。

(3) 因"民生"包括"生产"及"分配"两方面,亦具有不可分性。故民生教育当与指导衣、食、住、行一类的经济活动之过程中,同时施行生产及分配两方面之教育,协助生产及分配问题之同时解决,亦无先后之分。

(4) 因"民生"包括"物质"及"精神"两特质,贯穿生计、生活、生存、生命四要素。故民生教育当于指导衣、食、住、行一类的民生经济活动之过程中,同时推行国民经济建设及新生活两运动,使"仓廪"之"实"及"衣食"之"足"与"礼义"及"荣辱"之"知"同时达到,亦无先后之分。

(5) 因"民生"为三民主义之中心,并为其目的,故民生教育应为以民生为中心——本位——之三民主义教育,并当于指导衣、食、住、行一类的民生经济活动之过程中,同时施行三民主义之教育,使此三种主义之功能,同时实现,亦无先后之分。

(6) 因"民生"具有"伦理性",故民生教育当于指导衣、食、住、行一类的民生经济活动之过程中培养忠、孝、仁、爱、信、义、和、平之国民道德,使学术技能之获得与国民道德之养成同时达到,亦无先后之分。

(7) 因"民生"具有"社会性"——人民共有、人民共治、人民共享——故民生教育亦具有社会性,并当于指导衣、食、住、行一类的民生经济活动之过程中,同时施行共有、共治、共享三方面之教育,使此三方面之目的同时达到,亦无先后之分。

(8) 因"民生"具有"国防性",民生建设应与国防建设相配合,故民生教育亦应与国防教育相配合,于指导衣、食、住、行一类的民生经济活动之际,尽量顾及国防需要,使民生建设与国防建设之目的同时达到,亦无先后之分。

(9) 因"民生"具有"整个性",故民生教育亦具有整个性,无城乡之界限,亦无阶级之区分,要以整个国界为对象,并以全民福利为依归。

(10) 因"民生"具有"统制性",故民生教育应由国家根据整个民生需要加以调整与控制,并当于指导衣、食、住、行一类的民生经济活动之际顾及整个民生需要,对于个性之发展,遇必要时得加以限制。

(11) 因"民生"具有"大同性",故民生教育于指导衣、食、住、行一类的民生经济活动之过程中,应发扬中国民族之仁爱精神,灌输天下为公之最高理想,以养成为国计民生而奋斗之心胸与态度。

3. 民生教育之意义

根据上述讨论,吾人认定,"民生教育"为"民生本位教育"以"民生为中心或为本位之三民主义教育"为以民生经济活动为中心为脊干,来发展人民生计,改进民众生活,扶植社会生存,保障群众生命,兼顾现在未来、生产分配、物质精神,并具有伦理、社会、国防、整个、统制及大同等性之三民主义教育。

(三) 实验民生教育之制度

1. 民生本位之教育制度

根据上述理论,吾人主张以"以民生经济活动为中心,以造就多数民生建设人才为主要目标之民生教育制度",代替以科目知识为中心,以造就少数学者为主要目标之传统教育制度。此种制度之要点如下。

(1) 以"以民生经济活动为中心为脊干之养、教、卫、管教育"为国民教育,于国民学校中实施之。

(2) 国民教育以上为① 技术教育,② 业务教育,③ 师范教育。

(3) 技术教育为造就民生建设基本人才之教育,于国民中学及大学中实施之。

(4) 业务教育为技术教育之支衍,于业务学校及业务专门学校中实施之。

(5) 师范教育亦为技术教育之支衍,故于国民师范学校及师范学院中实施之。

(6) 以上四种教育,皆冶职业训练及文化教育于一炉。故在本制度中不列入职业学校,因此打通职业教育与文化教育之界限。

(7) 至于纯粹学术教育,则于研究院中实施之。国家应广设科学、博物、理工、教育、美术、音乐、图书等馆,聘请专家、担任研究指导,俾以研究纯粹学术为目的者得一研究之机会。

(8) 上述各种教育机关之入学年龄及资格,一概不拘。又因各设机关或与社会教育打成一片,或兼办社会教育,故在本制度中,不列入社会教育机关。

以上为民生本位教育制度之大概,详细办法未暇尽述。惟有须特别说明者,即此种制度下之教育,系以政治、社会及经济为基础,而非以心理、生物或科目知识为基础。因此在实施之际,即须以我国政治理想、社会需要及经济情形为决定教育方针及教育方法之主要因素。而所谓心理需要、生物条件,以及科目系统,则必降居于次要之地位。明乎此理,始能打破传统教育藩篱,而谋我国教育之彻底改造。

2. 提倡此种制度之必要

"以科目知识为中心,以造就少数学者为主要目标之传统教育制度"乃欧西资本主义之产物,本不合我国国情,移植我国后,更受士大夫理想之支配,数十年来,绝少改善,以致弊害丛生,诟病交起。国民政府成立后,明定三民主义教育宗旨,并确定其实施之原则,以矫正过去错误,用意至深。惜乎重心未变,实质未改,以致一切设施,仅能割裂三民主义体系,以配合传统教育制度,而未能打破传统教育制度,以配合三民主义体系。故虽有片段之设施,不无相当价值,但不能期其把握三民主义之重心,虽有枝节之改革,可收局部效果,但不能望其促成民生建设之大业。不揣其本,而齐其末,实为我国教育失败症结之所在。虽明定三民主义教育宗旨,又安能望其实现哉? 本院同人有感于此,爰根据理想遗教、总裁训示及教育当局之理想,提倡以民生为本位之教育,主张以:"以民生经济活动为中心,以造就多数民生建设人才为主要目标之民生教育制及"与代替"以科目知识为中心,以造就少数学者为主要目标之传统教育制度",以期转移重心,彻底改造我国教育。并创办本院——包括各种性质之学校,如国民学校、国民师范学校、国民中学校等等在内——拟定各种实施方法,实施此种教育制度,以为彻底改造我国教育协助完成民生建设之准备。

3. 实验此种制度之计划

上述实验工作极为重大。本院力量有限,在目前尚不敢做全部之尝试,故拟分期进行。因国民教育为一切教育之基础,本院既以实验教育制度为目的,当然先从实验国民教育着手。故决定于第一期内,先设立以民生性质之实验国民学校,期于二年内完成民生的国民教育制度。又因协助民生建设,国民学校教师力量最大,故决定同时设立一民生性质之实验国民师范学校,亦期二年内完成民生的国民师范教育制度,以为推广应用之准备。至他种实验学校,当归入第二期。俟本院力量充实后,次第举办,逐渐完成适合民生建设之整个教育制度。兹先将本院拟定之实验国民学校及实验国民师范学校办法大纲,分别略述如下。

(1) 民生性质之实验国民学校

民生性质之实验国民学校,与通常之国民学校或小学校大有不同。请述其设施之特点及预期之结果。

甲. 设施之特点

(甲) 目的　使受教者成为优良的中国国民。所谓优良的中国国民,依同人所见,应具有以衣、食、住、行一类的民生经济活动为中心之养、教、卫、管四种基本修养。兹分别述其内容如下。

子、养　包括生产知识、生产技能、合作方法等等

丑、教　包括:

(子) 三民主义之要义,特别注意忠、孝、仁、爱、信、义、和、平,以及"明礼义""知荣耻""负责任""守纪律"诸美德;

(丑) 通常小学基本科目——尤其是史地——中与民生有直接或间接关系部分之知识与能力;

(寅) 劳动服务之兴趣、习惯与技术。

寅、卫　包括体育卫生、国防训练、自卫训练,以及严守纪律、服从命令、团结一致等美德;

卯、管　包括人事、事物、时间及土地之管理,特别注重自治能力之培养。

(乙) 对象　凡来自远方或居住兴学校所划定之"民生建设服务区"内之男女老幼,一律认作施教之对象。但在学校注册者称为"学生",其未注册者则称为"民众"。

(丙) 编制　凡在学校注册制学生,不分性别年龄,不论住校与否,概用"经济分团制"办法,各就其所参加或发生关系之经济活动,编入一种或数种经济合作团(如"养蚕合作团""纺织合作团"等。此类合作团为教育组织,同时并为经济组织)中受教。若因人数过多,或因有特别情形,须分开受教,则或更分为若干团或若干组,以便教学。此种办法虽为传统教育者所不满,认为忽视年龄差异,而吾人则深信其合于民生需要,且为乡村学校中

最经济之班级制度。因此吾人主张今后之国民学校,除特殊情形外,当打通儿童部、成人部、妇女部之界限,尽量采用经济分团的班级制度。

(丁)场所　施教场所力求与民生经济活动场所相配合。故虽有学校之名,实际上并不与社会争夺民众,迫其来校,如传统小学或民众学校之所为。反之,却时时将来自社会尤其是来自民生经济活动场所之学生,送还原处,或集中于某种经济活动场所施教——如农场、工厂之类。其不能离开家庭或经济活动场所之学生及未在学校注册之民众,则利用其住所或原有经济活动场所施教。是以吾人心目中之国民学校,实为一种"教育站",为实施某区域内教育之出发点。而吾人心目中之真正学校,则为整个社会——尤其是社会中民生经济活动之场所。故在此种办法下,通常所谓学校教育、社会教育、家庭教育之严密接线,当然不能存在。

(戊)时间　施教时间力求与学生及民众之生活尤其是经济生活相配合。工余农闲时,施以恢复疲劳、涵养德性、灌输常识等类之教育,固属重要。而在工忙农忙时,指导生产技术、介绍优良种子、调解争水纠纷等等,尤为重要。故在此种办法下,施教时间,除特殊情形外,一以学生及民众经济为转移。所有通常学校中带有时间性质之制度,如星期、学期、学年、春假、麦假、暑假、寒假等等当然不能存在。

(己)作业

子、作业性质　学校作业,概分养、教、卫、管四类。此四类作业实为民生建设之四大工作。欲使学生能协助此种工作,必于学校作业中植其基础,非仅在行政上使其合一所能收效。惟在通常学校中,有所谓智、德、体三育之对峙,有所谓课程与训育之并列,又有所谓课内作业及课外活动之界限,更有所谓知识科目及劳作科目之划分。凡此种种,皆为教育学生协助民生建设之障碍。故吾人主张以总裁"行的哲学"为学校依崇治理论基础,并推演其精义,将智、德、体三育贯通,使通常学校中之所谓课程与训育,课内作业与课外活动,知识科目与劳作科目皆冶于一炉,遵循智、仁、勇三德,融合总理遗教及党员十二守则之要义,并按照前述民生教育之十一种性质,化作若干以民生经济活动为中心之养、教、卫、管四类实际作业,在诚的原动力推动之下,教育学生成为优良的中国国民,协助完成民生建设之使命。

丑、作业组织　以农业、林业、畜牧、采矿、工艺、商业、交通水利等类之民生经济活动为经,以养、教、卫、管四类作业之内容为纬。至于民生经济活动种类及各类作业分量之多寡,在实验国民学校中,虽有相当规定,但在普遍推行之国民学校中,则视施教之对象、修业之年限及地方实际情形酌定。

寅、作业单元　每类民生经济活动,就实际情形,再分为若干作业单元(如畜牧类中之养猪、养鸡等)。各单元所占数量之多寡,亦就实际情形酌定。

卯、作业标准　每类作业单元,又就其性质各编为作业标准,以为选定作业事项之根据。

辰、作业事项　所谓作业事项,即普通学校中所谓"教材"概指实际工作及各种知识、技能、态度、习惯而言。当就每种单元之作业标准,分别拟定。

本院对于有益国计民生之劳动服务工作——即关于养、教、卫、管之民众教育工作——认为全校教师及年龄较长学生正常作业之一部分。故决定于学校附近划出一区，定名为"民生建设服务实验区"（其人口多寡，就该区情形及本院事业发展状况随时酌定）。并将全校学生分为校内校外两类，更或再分为若干组。就其能力所及，在教师指导及各方面合作之下，教育民众，协助完成民生之建设。

（庚）设备　为完成民生本位作业标准及教学事项，并为实验教学或训练推广便利起见，本院当设立农、林、畜牧等场，及纺织、工艺等厂。就本院经济发展情形，逐渐成立各种具有代表性之生产设备单位，并尽量利用社会上已有之生产场所，以省经费。吾人认定生产单位之设备，不论其为□有或就社会上已有者利用，皆为民生性质的国民学校设备之主要部分。其地位之重要，比之通常学校中之教室设备，殆有过之而无不及。

（辛）教导　力求将学习、生产、服务、劳动打成一片，并依下列六大原则进行：

子、力行的原则　教导学生从力行中获得知识技能，并从力行中求道德之实践

丑、因应的原则　因人、因时、因地、因物而施教

寅、经济的原则　充分利用机会在经济活动场所内、在经济活动过程中，并在经济活动关系上实施教导

卯、巡回的原则　充分利用机会在民间巡回施教

辰、自动的原则　指导自教自学

巳、互助的原则　指导互教互学

（壬）期间　修业期间约为二年。吾人深信我国国民经济状况绝不容许在今后二三十年，普及四年制之国民教育。因此吾人主张以两年制之国民教育为一般标准，在特殊情形下可酌改为四年、三年或一年。不过此类年限之规定，仅系代表某种程度国民教育之笼统办法，实则当另定标准，在实施时视各地情形及各种学生之程度的酌量伸缩。

乙、预期之结果

上述办法，于大约二年制期间内，希望实验完成，获得下列之结果。

（甲）学生方面

注册之学生，受有相当程度养、教、卫、管四种教育。其具体成绩，则有：

子、普通学业成绩　此类成绩皆与民生需要有直接或间接关系。如一封"合作团开会通知书"，一张"保卫我们的田庄"之图画，一张"东北四省物产地图"等等。

丑、生产物品成绩　此类成绩皆有经济价值。如白猪若干只，鸡蛋若干打，土布若干匹等等。此类产品，能运至市场出售，或运至海外换取外汇。

（乙）民众方面

在"民生建设服务区"内未经注册之大部分民众，若有关方面能与本院密切合作，并若无特殊情形发生，则亦必受有相当程度之养、教、卫、管四种教育。其最显著之具体成绩，则为：

子、养的方面　家给人足；

丑、卫的方面　盗贼绝迹；

寅、教的方面　人无不学；

卯、管的方面　事无不举。

(2) 民生性质之实验国民师范学校

民生性质之国民师范学校与通常之师范学校不同。兹述其设施之特点及预期之结果如下。

甲．设施之特点

(甲) 目的　使受教者成为优良的中国教师——民生建设基层领导者。所谓优良的中国教师，依同人所见，应具备下列各种条件：

子、有正确之人生观——增进人类全体生活，创造宇宙继起生命；

丑、有清正高尚之人格；

寅、有仁民爱物之胸怀；

卯、有刚毅不屈之精神；

辰、有自强不息之修养；

巳、有坚定之三民主义信仰；

午、有健全之民生教育哲学；

未、有指导养、教、卫、管四种建设之知识与技术；

申、有指导学生作业及服务之种种技术；

酉、有刻苦自励之精神，劳动服务之习惯；

戌、有安居平淡生活尤其是乡村生活之兴趣；

亥、有终身从事教育协助完成民生建设之志愿。

(乙) 学生　学生只选择，以具有工农技能及普通知识者为上选，不拘任何资格。

(丙) 编制　通常班级制及经济分团制并用。

(丁) 场所　训练场所为整个社会，尤其是民生经济活动场所。

(戊) 时间　作业时间力求与实验国民学校作业时间相配合。

(己) 设备　设备原则概与实验国民学校相同。

(庚) 作业　全部作业之性质概与实验国民学校作业相同，惟以专业观点根据将来在民生的国民学校所教者加以厘定。其组织亦系以民生经济活动为中心，与传统师范学校之科目制度以坚固升学与服务为目的者大有不同。

(辛) 教导　尽量将学习、实习、劳动、生产、服务(民生建设服务工作)打成一片，并充分应用力行、因应、经济、巡回、自动、互助等原则，实施专业之训练。

(壬) 期间　修业期间约为二年。吾人根据我国经济状况，绝不容许在今后二三十年内用高中程度之师资普及国民教育。因此吾人主张以两年之师范教育为一般标准，在特殊情形下可酌量变通。

乙．预期之结果

经大约二年之训练后，吾人希望实验国民师范毕业生，在相当程度下具备前述优良教师之各种条件。其普通知识，虽或较低，但关于生产知识与技术之修养，必为通常师范学校毕业生所不及。

4. 第一期实验工作之完成

上述办法大纲,系根据本院同人前在沪西民生教育实验区试验所结果拟定。为进行研究试验并推广应用起见,特于本院设立研究、实验及推广三部。上述大纲,先交研究部详拟实施办法,并编定详细作业标准及教学事项,再交实验部指导实验国民学校及实验国民师范学校试用,逐步修正,期于两年内获得下列结果,由推广部推广应用。

(1) 完成民生的实验国民学校制度

甲、完成"经济分团制",即以民生经济活动为标准之分班制度。

乙、完成"混合教育制",即打破学校、社会、家庭三种教育界线之教育制度。

丙、完成"就地施教制",即利用民众原有生活场所施教之制度。

丁、完成"全年施教制",即取消星期、学期、学年、春假、麦假、暑假、寒假之教育制度。

戊、完成"民生本位国民学校作业标准",此种作业标准系以农业、林业、畜牧、采矿、工艺、商业、交通、水利各种民生经济活动单元,如养蚕、种菜等为"经",以养、教、卫、管有关之各种作业为"纬"编制而成。就全国言,民生经济单元或有数百种亦未可知。但在本作业标准中,只择其最普通者若干种,各之方法,而成为"民生本位国民学校作业标准"。

己、完成"民生本位国民学校作业事项",将上述各单元之作业标准,编为"民生本位国民学校作业事项"。

庚、完成"学习、生产、服务、劳动合一制"之教学法。

辛、完成"巡回教学法"。

壬、完成"自教自学法"及"互教互学法"。

癸、完成"学生协助民生建设法"。

(2) 完成民生的实验示范学校制度

甲、完成"训练农工为师法"。

乙、完成"民生经济活动基础之师范作业标准"。

丙、完成"民生经济活动基础之师范作业事项"。

丁、完成"学习、实习、服务、劳动、生产合一制"。

戊、完成"利用民生经济活动场所训练师资法"。

己、完成"指导学生协助民生建设法"。

以上各种方法,希望于二年内逐渐完成,结束第一期之实验工作,以为初期推广应用之准备。至于第二期之实验工作,当俟本院力量充实后,次第举办,逐渐完成民生本位的技术教育、业务教育及师范教育三中[种]制度,以为应用推广协助完成民生建设之准备。

三、如何应用实验结果协助民生之建设

(一) 先决问题

本院于国民学校及国民师范学校制度实验完成后,即拟向中央建议,应用实验所得结

果,改进现有师资并改造全国小学,协助民生建设。中央如采纳此项建议,除当改善教师待遇使能安心工作外,更当设立管理机关——民生建设委员会——专司其事。本院亦将就力之所及,从旁协助,俾底于成。兹将改进现有师资、改造全国小学、改善教师待遇以及设立管理机关之理由与办法,分别略述如下。

1. 改进现有师资

我国现有小学教师约七十万人,分布全国。欲完成民生建设,若藉助此辈教师,收效必宏。惟现有小学教师,除极少数外,皆师受传统教育之流毒。论其思想,则对于民生教育缺乏认识;论其学识,则概为书本知识;论其能力,则除书、写、算外,殆无一种生产技能;论其人生观,则为士大夫之享乐主义,以乡村生活为苦闷,以老农老圃为可鄙,以劳动生产为可耻。吾人欲改革教育制度,推进民生建设,苟无条件的任用此辈教师,则为一种换汤不换药之改革,民生建设仍无完成之望。故当由各省政府分期抽调此辈教师,加以补充训练,使成为新式国民学校教师;各省更应广设民生性质之师范学校,大批训练此种师资,以为普遍推行民生教育协助完成民生建设之准备。

2. 改造全国小学

民生性质之师资训练工作逐渐完成之际,各省政府即当将现有小学逐渐加以改造,使合于民生建设之用。本院同人深信欲完成民生建设,除小学教师应全体动员协助工作外,所有年龄较长之小学学生均应全体动员,在教师指导下协助工作。盖全国小学教师仅约七十万,而全国小学学生,则有一千八百余万。新县制实施后,其数量必更增多。数年以后,即照最低限度之估计,国民学校学生之能参加民生建设工作者,为数至少一千万。以四万五千万民众平均计算,除年龄过幼及过老者外,平均每人仅需协助二十余人,其成效之易见,不言可喻。惟现行小学教育,概为与民生建设无关之书本教育,因此一般小学学生绝少生产技能及民生建设服务工作之训练。欲使此辈学生协助民生建设,虽非绝不可能,收效必甚微末。故应将现有小学一律加以改造,使成为民生性质之国民学校,并应广设此种性质之国民学校,以为协助民生建设之准备。

3. 改善教师待遇

我国小学教师,生活艰窘。中央虽叠次通令地方政府力谋救济,但地方政府经费困难,甚少遵办,今此辈教师既担任协助民生建设工作,其待遇更当予以改善。至因此所增出之费用,则不必由地方政府负担,而应由中央另行筹划。盖地方财政困难,教师薪水事实上绝难增加,即今可以增加,而一般教师只知感激地方当局,对中央当局并无情感联系。故必须由中央另行筹划,使一般教师与中央产生密切关系。语其办法,厥有三端。

(1) 兼职收入

国家建设事业之应向乡镇推广者甚多,如合作金库、邮政储金、农业推广等等,不一而足。此类事业,与其另设机关或另派专人办理,不若即利用普遍国内之国民学校,而□其办理之责于国民学校教师。不但经费可省,事功易现,且可藉此改善教师待遇,拉紧教师与中央之关系。于国家政令之推行,民生民建设之促进,必皆有莫大之助益也。

(2) 服务酬劳

教师为民众服务，如代办产品销售等等，民众所得利益殊多。中央即应规定办法准许教师于售出产品之价值中，抽取相当成数为"服务酬劳"。

(3) 中央津贴

除上述两种津贴外，中央尚须另筹相当款项，普遍辅助国民学校教师，此种辅助应定名为"中央津贴"。于原有薪俸之外，附带发放。发放时须保留此种名称，使一般国民学校教师与中央直接发生经济上之密切联系。国民学校教师于感恩国报〔报国〕之余，必能忠于职守，努力协助民生建设，为国家效力矣。

4. 设立主管机关

国民学校教师虽为协助民生建设之极大力量，但因民生建设工作重大，关系方面又复甚多，绝非此辈教师单独为力所能奏效。且目前官厅及私人所举办之生产或福利事业，除藉名图利者外，固皆与民生建设有关。但因其各自为政，而中央及各省方面，又无统筹管理之机构——即或有之，亦多属于经济范围，未能充分表显民生建设之意义——以致此种事业皆在杂乱局面下进行，叠床架屋，缺漏偏枯，种种情形皆与民生建设之性质不合。故吾人主张于行政院下设立"民生建设委员会"，由有关部会代表及专家若干人会同组织，统筹并管理全国民生建设事宜。各省及各市县政府亦须联合有关方面，设立同样性质之委员会，与行政院之委员会成为上下一贯之系统，分别管理并指导各该省及各该市县民生建设事宜。至各该委员会之职权，除拟定民生建设方案并筹划必须之经费外，更须订定国民学校教师协助民生建设之各种制度与办法，分别督促所属机关人员努力推行，并考核其成绩。

(二) 实际运用

上述四种先决问题解决后，国民学校教师协助民生建设工作即可开始（工作区域当以乡镇或保为范围，并定其名为"某某学校民生建设服务区"，其内容则为养、教、卫、管）。吾人寻绎民生四要素之意义，认定"养的定义"决不能概括"民生建设"，而教、卫、管之建设实为"民生建设"之构成部分，是以将养、教、卫、管四类工作皆归入民生建设范围，并确定下列原则，以为国民学校教师协助工作之指针。

1. 以民生为养、教、卫、管之中心，并以建设民生为其共同努力之标的；
2. 与新县制配合进行，以增进工作效率；
3. 从经济需要着手，诱发人民切身利害，使其自动参加；
4. 以教育力量为推动养、教、卫、管四类建设工作之总枢纽，使其联系推进同时发展。

吾人深信养、教、卫、管四类建设工作，因有"民生"之共同因素，实具有不可分性。故必须联系进行同时发展。若分道扬镳，各自为政，纵有局部成功，必于整个民生建设有益无害，此吾人所敢断言者也。

1. 协助推进"养"的建设

(1) 协助之必要

养的建设之目的,在改善人民生计。其中问题甚多,如取消不平等条约,收回海关,平均地权,节制资本,实施总理所拟定之实业计划等等,皆非俟国民革命成功,并有极大之政治改革,或极大之资本与极长之时间,不能望其彻底解决。故欲谋人民生计之改善,非同时推行国民经济建设运动,特别从发展农村经济、鼓励工业经营、发展各地之手工业等事着手不可。顾我国人口多散处乡间,交通不便,人民知识程度太低,技术人才缺乏,资金又不敷分配。种种困难,皆为推行此种运动之障碍。为促进此种运动计,又非藉助于一般受有民生训练之国民学校教师及其领导之学生不可,请言其方法。

(2) 推进之方法

以"民生建设委员会"为总枢纽,管理并指导国民学校教师依照下列六种方法,协助推进国民经济建设运动。

甲、报告市场需要　一般民众往往不知市场所需要者为何种货物。故当有委员会调查本地及国内外市场之需要情形,通知教师,再由教师藉学生之助告知民众。

乙、接济生产原料　民众往往缺少生产原料,故当由委员会设法供给,交由教师,藉学生之助,出售或借与民众。

丙、指导生产技术　民众往往据守旧法,不能改良,故当由委员会指导教师,再由教师藉学生之助,指导民众。

丁、代筹流动资金　民众资金缺乏,其所生产之货品,未必即能脱售,但生活所需又不能一日或缺。故当由委员会代筹流动资金,交由教师,藉学生之助,于收取货品代民众出售时,用预借货款(全部或一部分)之方式,先行交予民众。

戊、代办产品运输　民众居多僻处乡间,去市场太远,少量货物携往出售太不经济。故当由委员会指导并协助教师,藉学生之助,将产品由穷乡僻壤运至村镇,进一步运至都市,更进一步运至海外出售。

己、代办产品销售　货物经商人出售,民众吃亏太大,故当由委员会指导并协助教师,藉学生之助,在本地方代为出售。其不能出售者,交由委员会设法运至他处出售。所售款项,仍由教师交与民众。其借有生产原料,或于货品未售出前已借有款项者,即可于此时扣下。

(3) 预期之结果

本院同人深信中央果能发动全国国民学校教师,在"民生建设委员会"管理指导之下,用上述方法,协助推行国民经济建设运动,促进养的建设,必可使全国十五岁以上六十岁一[以]下力能从事生产工作之二万六千二百三十五万民众(根据欧美各国人口年龄分配百分数推算而得),每年因生计改善之所得达十三万万元之巨数(假定每人每年平均以五元计算)。在此巨数中,并当有百分之八十,约十万五十万元之数流入乡村,使乡村民众之生计因以改善。

2. 协助推进"教"的建设

(1) 协助之必要

教的建设之基本问题为国民教育，其工作极为重大。据国民教育会议之估计，欲使全国学龄儿童百分之九十以上与成人百分之六十以上得有教育机会，除现有小学二十万校可资改办者外，尚需添设国民学校六十万所。该会议并决定详细计划，期于五年内实施完成。吾人细加研究，觉其中困难问题甚多，不易解决，爰各述一二如左。

甲．师资问题

根据二十五年度教育统计推算，每小学一所需用教师二一三三人。准此推算，则此添设之国民学校六十万所，所需之教师约为一百二十八万人，其因去职或死亡而须补充者尚未算入。国民学校教师，以中等学校学生为主要来源。根据同年度之教育统计，全国仅有中等学校学生六一四〇四六人，即令全数充当此添设之国民学校教师，师资问题亦无法解决。

乙．经费问题

（甲）训练师资费　教师只训练费用，每人若以五百六十元计，则此一百二十八万教师之训练费用，应为七一六八〇〇〇〇〇〇元。

（乙）校舍及设备费　校舍及设备费用，每校若以一千三百元计，则此六十万国民学校之校舍及设备费用，应共为七八〇〇〇〇〇〇〇〇元。

（丙）经常费　依照国民教育计划，每校每年经常费平均须八百元，在此计划推行至五年中，此六十万校所需之经常费，应为一五五二〇〇〇〇〇〇〇元。

上述三项经费，共为三〇四八〇〇〇〇〇〇元。在抗战期间，亦成为极难解决之问题。

丙．招生问题

此外尚有招生问题，极为严重，不容忽视。盖现行教育制度，与社会争夺民众，使其来学，而民众因迫于生计或其他原因多不愿来（边省人民，雇人代替入学，尤为常见之事），遂发生所谓招生之严重问题。今广设国民学校而有沿用旧制，吾人料定今后之招生问题，必将更趋严重、不易解决。

因有以上种种困难，吾人认定国民教育建设为极艰巨之工作。欲其顺利进行，非采用民生教育制度，并由受有民生训练之国民学校教师及其所率领之学生协助推进不可，请言其方法。

(2) 推进之方法

甲．协助解决师资问题

（甲）全国国民学校各就其所在地之"民生建设服务区"，调查其失学之成人数，分配于年龄较长之学生，使其担任教育工作，由教师巡回指导。

（乙）指导学生自教自学，互教互学，由教师担任指导。

（丙）指导民众自教自学，互教互学，由教师率领年龄较长之学生担任指导。

民众教育服务工作，在民生教育制度中，本定为学生正常作业之一部分，故不发生所谓"荒废学生学业"问题。至"自教自学"及"互教互学"，实乃教学上极经济之办法，苟能指导有方，收效自必宏大。

乙．协助解决经济问题

（甲）充分采用巡回教学方法，以整个社会为施教场所，不以校舍为学校之必要条件所省之校舍数，假定只相当于全数五分之一，则再次新设六十万校中，即可省出十二万所之巨数。

（乙）在□教学互教互学之办法下，现有一千余万年龄较长之小学生，同时即为一千余万之代用教师。其教学效率，假定只相当于正式教师二十分之一，则此千余万之代用教师，即可代替五十万之正式教师。

（丙）采用民生本位作业标准，彻底改造课程，增加国民财富，使教育经费之来源日益畅旺。

丙．协助解决招生问题

（甲）采用"就地施教制"，利用民生经济活动场所随地施教。

（乙）采用"全年施教制"，取消一切假期，使施教时间与学生及民众之经济生活相配合。

（丙）充分发挥民生本位作业标准之效用，鼓励学生与正常作业中加紧生产，并将所生产之货品，交由教师在"民生建设委员会"管理指导之下代为出售，使学生之生活因受教而日益改善。

（3）预期之结果

本院同人深信中央果能发动全国国民学校教师在"民生建设委员会"管理指导之下，用上述方法推动教的建设，除师资及招生问题得以无形解决外，在教育经费方面而可获得下列之结果。

甲、因充分采用巡回教学方法所省出之十二万所校舍，每所若以一千三百元计，当可省出经费一万五千六百万元。

乙、因采用自教自学互教互学办法而少用之五十万教师，其训练费用，每人若仍以五百六十元计，当可省出教育经费三万八千万元。

丙、教师薪金，若相当于学校经常费用百分之八十，则在五年国民教育计划所需之一五五二〇〇〇〇〇〇元经常费中，前述一百二十八万教师之薪金，当为一二四一六〇〇〇〇〇元。今既少用五十万教师，当又可生出教育经常费用四万九千一百余万元。

丁、因采用民生本位作业标准而增加之国民财富，假定每年为十三万万元（计算方法见"协助养的建设"节），则在实施国民教育计划之五年中应共增加七十五万万元。更假定此项财富之税率为百分之五，全部划作教育经费，则又可增出教育经费三万七千五百万元。

以上四项合计共为十三万万元，相当于五年国民教育计划全部经费百分之四十二而强。教育经费问题自因此可得较易解决，教的建设自亦较易完成矣。

3. 协助推进"卫"的建设

(1) 协助之必要

卫的建设方面有三：一为"国防"；二为"治安"；三为"卫生"。此三方面之建设工作，极为重大。欲其圆满完成，必须组织并训练全国民众一致参加，非仅由中央及地方政府片面努力所能收效。惟是我国人口众多，地域远阔，交通工具又未臻完善，欲使民众组训普遍推行，现有人员绝不敷支配。况组训民众，最善之法，莫若从经济方面入手，而现时民众组训人员，多缺乏指导生产及合作之能力，以致组训工作不能与经济改善工作联系进行，故效果难见。今欲普遍推行组训，且期其效率增高，完成卫的建设，依同人所见，实非发动散处国内各地受有民生训练之国民学校教师及其所领导之学生协助工作不可，请言其方法。

(2) 推动之方法

采取"加强经济联系，严密精神训练"之方略，由教师率领学生，在民生建设委员会管理指导之下，运用合作社，改善人民生计。复于改善生计之过程中，推进卫的建设，其方法如下：

甲．国防建设

(甲) 精神国防

子、规定"拥护中央政府""奉行法令规章""参加国民月会""施行国民公约"等等，为各合作团团员共同遵守之规律。有不遵守者，即取消其团员资格，使成为孤立份子，失去团体保障，因为发生经济恐慌，以为消极之控制。

丑、宣达中央德意，从民众自身利害立场，启迪其理智，激动其情感，坚强其意志，使其自动遵守上述规律，以为积极之感化。

(乙) 军事国防

子、就学校所在地之"民生建设服务区"调查壮丁实数，分配于年龄较长之学生，使其从民众自身利害立场，作兵役之宣传。

丑、由教师指导民众，在有计划的指导之下，从事有关军需如制造军服一类之工作。

寅、由教师指导学生及民众，尤其是合作社社员在军事当局指导之下担任清除汉奸、侦探敌情等工作。

(丙) 经济国防

子、由教师指导学生民众从事有关军需及可以换取外汇之义务生产工作，如纺纱织布以及畜养白猪之类。

丑、由教师指导学生及民众调查仇货，检举奸商，并从人民生计之观点，作服用土货及国货之宣传。

乙．治安建设

(甲) 由教师指导学生，从民众自身利害立场，宣传"根绝匪类维持治安"之重要工作，以养成民众自卫之意识。

(乙) 规定一般民众，尤其是合作社社员，参加剿匪工作，以确定民众自卫之义务。

(丙) 就合作社社员中选择精明忠实分子，加以训练，使成为组训民众之干部。

（丁）讲述保甲之意义，侦探之方法，以及训练壮丁之目的等等，以增加民众自卫之常识。

（戊）在军事当局指导之下，率领学生发动民众——尤其是合作社社员——组织侦探网及通信网，并练习射击技术，以培养民众自卫之能力。

丙．卫生建设

（甲）根据民众经济能力，制定个人卫生、家庭卫生、公共卫生等标准，规定一般民众尤其是合作社社员一律遵守。

（乙）指导学生及程度较高之民众，举行卫生宣传、卫生展览、卫生谈话、运动会等事项。

（丙）设置简便药箱，由教师管理，并执行简单之医疗及种痘等事宜。

（3）预期之结果

本院同人深信中央果能发动全国国民学校教师在"民生建设委员会"管理指导之下，用上述方法推动卫的建设，若无特殊情形发生，除地方匪类因以绝迹，民众健康因以增进外，在国防建设方面尚可获得下列之结果。

甲．精神国防

一般民众因经济之联系及精神之训练，必乐于接受国民学校教师之指导，而国民学校教师又因受中央优待，并受有严格之精神训练，亦必乐于接受中央之指导，如是则全国民众握于国民学校教师之手，而全国国民学校教师又握于中央之手，使政令之推行，如身之使臂，臂之使指，有响斯应，无远勿届，精神国防之建设工作自必因此而完成其使命矣。

乙．军事国防

（甲）假定从事兵役宣传之国民学校学生，每二人每年能使壮丁一人乐于从军，则一千余万学生宣传兵役之结果，当可使新兵来源每年增加五百万人。

（乙）假定全国十五岁以上六十岁以下富有生产能力从事军需工作之二万六千三百余万民众每人每年仅以制成军服一套计，则一年之总产量，当为二万六千余万套。

丙．经济国防

（甲）假定从事有关军需及可以换取外汇的义务生产工作之学生，每人每年所产出之货品，仅以十元之价值计算，则根据前述数字，每年生产之总价值当为一万万元。

（乙）假定从事有关军需及可以换取外汇的义务生产工作之民众，每人每年所产出之货品，仅以二元之价值计算，则根据前述数字，每年生产之总价值，当为二万二千余万元。

4. 协助推进"管"的建设

（1）协助之必要

管的建设之方面有四：一为"人事"；二为"事物"；三为"时间"；四为"土地"。此四方面之建设工作，为促成养、教、卫三种建设之必要条件，其内容极为繁复，欲其圆满完成，虽有数十万之人员及数十万之经费，恐亦不敷支配。为增加人员并节省经费计，此种工作，仍非藉助于普遍同内受有民生训练之国民学校教师及其所领导之学生不可，请言其方法。

（2）推进之方法

由全国国民学校教师在"民生建设委员会"管理指导之下，率领年龄较长之学生，于可能范围内,协助下列工作之进展。

甲．人事方面

（甲）举行学校所在地"民生建设服务区"内之人口调查,特别注意于从事经济活动者之数目。

（乙）向民众讲述四权之意义极其重要,并从合作社各种活动中训练人民运用四权之能力。

（丙）从合作社各种活动中,培养领袖资格及服从公共意见之精神,以增进人民自治之能力。

（丁）调解民众间之纠纷。

乙．事物方面

（甲）调查学校所在地"民生建设服务区"内各种出产品质种类及其数量。

（乙）指导民众用分工合作制方法经营生产事业。

（丙）指导民众节用物力,并利用废物。

（丁）宣传节约储蓄之必要,并协助人民节约储蓄。

（戊）鼓励民众发展地方公益,如修桥、筑路、兴办水利等事,可先从合作社社员入手。

丙．时间方面

（甲）指导民众养成守时之习惯。

（乙）指导民众养成在预定期内完成某种工作之习惯。

（丙）指导民众养成迅速处理事物之习惯。

（丁）指导民众利用闲时从事生产工作。

丁．土地方面

（甲）举行学校所在地"民生建设服务区"内之土地调查,特别注意荒地之面积。

（乙）指导民众开辟荒地,增加生产。

（丙）指导民众利用住宅附边阵地,种植农作物增加生产。

（丁）指导民众改良土质,增加生产。

（戊）指导民众变换农作物种类增进土地之利用。

（3）预期之结果

吾人深信中央果能发动全国国民学校教师任"民主建设委员会"管理指导之下,就上列各项直接协助推进"管"的建设,间接推进养、教、卫的建设,经若干年之努力,并若无特殊情形发生,必可在相当程度下使人尽其才,地尽其利,物尽其用,货畅其流,时无虚废,事竟其功,诉讼不兴,盗贼绝迹,贪官污吏无以肆其虐,土豪劣绅无以施其奸,地方自治日就完成,训政基础因以确立,民生建设之初步工作遂亦因此而完成矣。

四、尾　语

综上以观,可知民生建设实以总理及总裁之伟大理想为基础。由是而演出之民生之教育制度,则能训练健全人才,协助推进养、教、卫、管四种工作完成民生建设。以理论之健全及所负使命之重大,实无可否认。乃国内人士多未注意及此,致令民生与教育截为两途,交相为病,至堪痛惜,本院同人抱改革教育之宏愿,具拯救斯民之决心,认定非将教育与民生两问题打成一片,不能望其圆满解决。是以不揣谫陋,于民国之十二年在上海发起念二运动,并设立"沪西民生教育实验区",更于民国二十六年筹设本院,当时所提倡之事业,如劝用土货、手工纺织、手工生产、社会节约、社会生产、经济分团、巡回教学等等,多为时论所非议。今则情移势迁,此类事业,竟为朝野人士所重视,此非同人有先见之明,实乃总理及总裁之伟大思想感召所致。本院同人,欣慰之余,益觉运用教育力量推进民生建设之重要,爰决议将本院移渝办理,并斟酌目前抗战情势及今后建国需要,决定先从实验国民教育及国民师范教育制度着手,以为协助完成民生建设初步工作之准备。此后更将实验其他各种教育制度以期协助完成整个民生建设。本院同人能鲜力薄,陨越堪虞,敬盼邦人君子,不吝赐教,并予精神或物质上之赞助,俾得于民生建设大业,有所贡献。同人不敏,有厚望焉!

(本文尚在修订中,请勿对外发表)

(中国民生建设实验院筹备处,1940年)

国民教育问题

抗战建国之基本问题为国民教育，其工作极为重大。据此次国民教育会议之估计，欲使全国学龄儿童百分之九十以上□成人百分之六十以上得有教育机会，除现有小学外，尚须添设国民学校六十万所。该会议并决定详细计划，期于五年内实施完成。吾人细加研究，觉其中困难问题甚多，不易解决，爰略述如左：

一、师资问题

根据二十五年度教育统计推算。每小学一所需用教师二，一三三人。准此推算，则此添设之国民学校六十万所所需之教师约为一百二十八万人，其因去职或死亡而须补充者尚未算入。国民学校教师，以中等学校学生为主要来源。根据同年度之教育统计，全国□有中等学校学生六一四，〇四六人。即令全数充当此添设之国民学校教师，师资问题亦无法解决。

二、经费问题

（一）训练师资费　教师之训练费，每人若以五百六十元计，则此一百二十八万教师之训练费用，应为七一六，八〇〇，〇〇〇元。

（二）校舍及设备费　校舍及设备费，每校若【以】一千三百元计，则此六十万国民学校之校舍及设备费用应共为七八〇，〇〇〇，〇〇〇元。

（三）经常费　依照国民教育计划，每校每年经常费平均需八百元。在此计划推行之五年中，此六十万校所需之经常费应为一，五五二，〇〇〇，〇〇〇元。

上述三项经费，共为三，〇四八，八〇〇，〇〇〇元。在此抗战期间，亦成为极难解决之问题。

三、招生问题

此外尚有招生问题极为严重，不容忽视。盖现行教育制度，与社会争夺民众使其来学，而民众因迫于生计或其他原因多不愿来（边省人民雇人代替入学尤为常见之事），遂发生所谓招生之严重问题。今广设国民学校而又沿用旧制，吾人料定今后之招生问题，必将更趋严重，不易解决。

因有以上种种困难，吾人认定国民教育建设为极艰巨之工作，欲其顺利进行，非采用民生教育制度,并由受有民生训练之小学教师及其所率领之学生协助推进不可,请言其方法。

一、协助解决师资问题

（一）全国国民学校,各就其所在地划出一区,其人口多寡,视该校之学生数及该区之情形酌定。

（二）调查区内失学之成人数,分配于年龄较长之学生使其担任教育工作,由教师巡回指导。

（三）指导学生自教自学,互教互学,由教师担任指导。

（四）指导民众自教自学,互教互学,由教师率领年龄较长之学生担任指导。

民众教育服务工作,在民生教育制度中,本定为学生正当作业之一部份,故不发生所谓"荒废学生毕业"问题。至自教自学互教互学,实乃教学上极经济之办法,苟能指导有方,收效自必宏大。

二、协助解决经费问题

（一）充分采用巡回教学方法,以整个社会为施教场所,不以校舍设备为校之必要□件。所有之校舍设备,假定只相当于全数五分之一,则在此新设六十万校之校舍设备中,即可省出十二万之巨数。

（二）在自教自学互教互学之办法下,现有一千余万之小学生,同时即为一千余万之代用教师。其教学效率,假定只相当于正教师二十分之一,则此千余万之代用教师,即可代替五十万之正当教师。

（三）采用民生本位作业标准,彻底改造课程,增加国民财富,使教育经费之来源日益畅旺。

三、协助解决招生问题

（一）采用"就地施教制",利用民生经济活动场所随地施教。

（二）采用"全年施教制",取消一切假期,使施教时间与学生及民众之经济活动相配合。

（三）充分发挥民生本位作业标准之□用,鼓励学生于正常作业中加紧生产,并将所生产之货品由学校代售,使学生之生活因受教而日益改善。

吾人深信中央果能发动全国小学教师,用上述方法推动国民教育建设,除师资及招生问题得以无形解决外,在教育经费方面尚可获得下列之结果。

一、因充分采用巡回教学方法所省出之十二万校舍,每所若仍以一千三百元计,当可省出教育经费一万五千六百万元。

二、因采用自教自学互教互学办法,而少用之五十万教师,其训练费用每人若仍以五百六十元计,当可省出教育经费三万八千万元。

三、教师薪金,若相当于学校经常费用百分之八十,则在五年国民教育计划所需之一,五五二,〇〇〇,〇〇〇元经常费中,前述一百二十八万教师之薪金,当为一,二四一,六〇〇,〇〇〇元,今既少用五十万教师,当又可省出教育经常费用四万九千一百余万元。

四、因采用民生本位作业标准,而增加之国民财富,假定每年每人平均以五元计,则全国十五岁以上六十岁以下力能从事生产工作之二万六千二百三十五万民众(根据欧美各国人口年龄分配百分数推算而得),每年应为十三万万元。在实施国民教育计划之五年中应共为七十五万万元。更假定此项财富之税率为百分之五,全部划作教育经费,则又可增出教育经费三万七千五百万元。

以上四项合计共为十三万万余元,相当于五年国民教育计划全部经费百分之四十二而强。教育经费问题自因此可得较易之解决,国民教育建设自亦较易完成矣。

(原载《前线日报》,1940年8月8日)

论工人教育

我们从事工人教育工作者，大都与从事其他各阶层的业余教育工作一样，只在注意着工余的补习或识字教育，而没有注意到专对工人的教育方式，所以中国的工人教育到现在还没有什么成绩。固然，中国工业还落后，很少庞大的组织，同时工人教育工作也没有被人所重视，及没有从事工人教育的专门人才，也是一个很大的原因。

工余施教的最大缺点，就在工人经过一天的劳动以后，身体都是相当疲乏的，如果在这疲乏的当儿，再来读书，在学习进度的缓慢，也是可想而知的。并且，即使教育的目的达到了，可是另一方面，他们身心上却更加重了疲惫，如此身体过份的消耗，转而对工作就会发生不良的影响，这影响有时就表现在糟蹋工作材料上，有时就表现在浪费工作时间上。不但工作效率因此而减低，并且由于身心的不快，还能使他们易于利用罢工、斗殴等刺激性的活动，去调剂工作上的枯燥感。就是根据工业心理：终日劳动，本来在效率就会减低的，所以最合宜的工人教育，应当在每日工作的过程中，插上一段教育时间，利用音乐、图书、唱游、体育、深呼吸、文字，以至电影、广播等工具来施教，以引起他们的生活兴趣。如此，则不但达到了教育的目的，而且把他们精神提起了，努力恢复了，工作也就无乏味的感觉。

在重庆，中国民生教育实验院里的工厂，同时也就是学校，一方面教育，一方面生产，每晨举行升旗礼，工作时间里有一段娱乐、运动、听讲的机会，所以工作起来也是相当活泼、愉快，在效率自属较为可观。现在本院迁沪，就准备训练一批从事工人教育的人才，以便在各厂施教，尚望工业界予以援手，以共谋中国工人教育的进步。

（原载《立报》，1946年11月13日）

介绍大众大学创办计划

我国大学制度系从欧美国家模仿而来,他的办法只是替少数资产阶级打算,人民大众,绝少受到利益。京沪教育界同人对此颇有感慨,所以在今年春天商量,根据毛主席伟大思想,参考苏联的"大学校外生""师范学院函授生""星期大学""家长大学"等制度,和老解放区教授、学生参与校政的办法,发起创办大众大学。希望工农等职业大众,能够在原有的工作岗位上,得着接受新民主主义高等教育的机会。现在我从这大学发起人所拟定的创办录起、组织规程、初期计划和招生简章等等文件当中,摘出几点,加上个人的意见,编成创办计划介绍如下:

一、立校宗旨

改革传统大学的制度,扩充大众的教育机会,推广学术的研究,训练科学的技术,来培养新民主主义的各项建设人才。

二、教育对象

这个大学主要的教育对象,是人民大众当中的工农等职业群众。现在可拿他的初期计划当中预备尽先成立的农、工、商、教育四个学院做个例子来说明:

(一)工学院:工厂中的职员和技工;
(二)农学院:农场中的职员和技工,以及散居在各地的农人;
(三)商学院:商店中的职员和学徒;
(四)教育学院:公私立学校和民教机关需要进修的教师和工作人员。

其他各事业机关中的员工乃至失业青年、居家妇女等,有志研究一种科目并学习一种技艺的,都是这个学校教育对象。

三、教学制度

根据大众需要,改进大学制度。

(一)报名入学:没有入学考试,没有名额限制,只要有中等学校教育程度,不论国籍、性别和年龄,都可以随时报名,经过口试(察看有无反动思想)或其他方法,审察合格后,注册入学。

(二)修习科目:采用学分制代替学期制。修习科目的种类和数目听凭学生自定,不加限制。不过新民主主义是共同必修科目,除非有书面证明已经学习,或是正在他处学习,可以免修外,任何学生都须修习。

(三) 学习研究

1. 上课生　利用晚间或星期天的闲时,在学生原有服务机关或是他的附近地点集合,派请教师前往授课。

2. 自习生　采用自学制度,用函授、广播、巡回讨论、特约指导等方法,辅导学生在职业岗位上或在家中自学。

(四) 考试毕业:采取自由报考制度。选习某科参加考试及格的发给某科及格证书,修满规定科目种类和学分数并且参加考试及格的,授予学位或毕业证书。毕业年限,看个别学生学业进展的情形,分别酌定。不愿得学分学位或毕业证书的,可不参加考试。不过新民主主义在学习一年内,必须报考,不报考或是连考两次不及格的,就开除学籍。就教学制度来说,大众大学可算是函授学校、空中学校、巡回学校、补习学校、夜大学、星期大学、父母大学的混合体,它和陶行知先生所倡导的社会大学也有相似的地方。

四、行政组织

大众管理学校,实现民主精神。

(一) 校务委员会,由 1. 教授、副教授,2. 讲师,3. 助教、职工,4. 学生,5. 校友(毕业生及退职教职员),6. 创办人,7. 学生家长及赞助人,合推代表三人组织校务委员会,为全校最高权力机关,相当于私立学校的董事会。

(二) 校务行政会议:由教授、讲师、助教、职工及学生各推代表一人,连同学校校长及校内各部负责人员,组织校务行政会议,相当于通常学校中的校务委员会。

(三) 筹备委员会:在过渡期间由发起人组织筹备委员会,代行校务委员会的职权。这个大学,发起人认为学生家长和校友对学校都有贡献,所以在校务委员会中,应有他们的代表出席。

五、校舍设备

集合大众力量,充实校舍设备。

(一) 本校自身的力量:这是一个大众化的学校,学生、教职员、学生家长,以及工友,都是学校的主体,他们一齐贡献财力、物力、人力和智力,来充实学校的校舍和设备。

(二) 社会赞助的力量:这大学的学生居多有业,他们服务的工厂、家场、商店、学校等等的机关,乃至住居的地方,就是他们的良好修学场所。各该机关的原有设备,也不啻就是为他们设的。现在准备多方获致各机关的合作和赞助,来帮助学生课业的推进。

(三) 政府协助的力量:这大学的学生散处各地。通常学校所有的宏大校舍和华丽设备,在它都没有用处。它所需要的东西是广播电台,是图书仪器,是零星教室,是足够研究、函授、通讯等用的办公处所。这些东西,它除自作准备外,还打算同时向各方洽借,并且请政府协助。

六、学校经济

实行大众控制,管理学校经济。

(一)校务委员会的控制:校务委员会是多方面代表组成的,他的权限在经济方面有审核学校预决算,筹备并保管经费和决定学生经费数目等项目。这些项目的意义,是表明要用大众的控制,来管理学校经济,并且把筹集和保管经费以及征收学费的责任,放在大众(包括教职员、学生和家长)的肩上。这种办法,不但可以消弥通常学校中学生和学校、教职员和学校对立的现象,并且集合大众的力量,来筹谋学校经济的发展,比之通常学校中,由少数人负责筹出来的结果,一定要强的多。

(二)稽核委员会的控制:除校务委员会控制学校经济外,这学校又设经济稽核委员会。由1. 教授、副教授,2. 讲师、助教,3. 职工,4. 学生,各推代表一人组织,审议有关经济收支事项,使学校经济完完全全的公开。

以上所说,是我们发起创办大众大学的基本计划,他的旨趣,本年四月间在上海《大公报》披露后,很得社会人士的赞许,工农商等在职青年纷纷请求入学,只因当时匪特压迫,筹备工作无法进行。上海解放后,发起人随即推定筹备委员,积极筹备,所有工作已经大体就绪,敬盼人民政府采用此项计划由公家办理,或准由发起人在政府督导下试办,使新民主主义的高等教育能够伸展到城市和乡村每一个机关和每一个家庭的角落,那就真是人民之幸、国家之福了。

一九四九年七月于上海

(未刊稿)

发起创办大众大学暨大众中学告社会人士及青年大众

我们都是以教育为职志的人士，目观青年大众，尤其是工农和在职青年——失学和毕业后失业的情形，异常痛心。所以发起创办这个大众大学和大众中学来补救。谨述其旨趣如左：

一、大众需要

大众大学和大众中学是根据青年大众的需要而设立的，青年大众人人皆有求知的欲望，通常学校却用入学考试制度来限制人数，往往埋没英才。青年大众要求学还要谋生，通常学【校】却规定受教必须入学，是求学与谋生不能兼顾。青年大众需要一种具有伸缩性的学校，各就其天资、能力、经济和家庭状况修完学业。通常学校是死板板的规定几年毕业，青年大众需要用合一的课程，通常学校却教授许多不合实用的科目。凡此种种，都是通常学校不合青年大众需要的地方。一般青年对此莫不感觉苦痛。我们这儿的办法，却与此迥异。我们没有入学考试，没有名额限制，任何辍学青年皆可报名入学，年级高低在审查他的学历后决定。我们除招收"在校生"外，并采用自学制度招收"自习生"，用种种方法帮助不能来学的青年自学。我们不规定毕业的年限，让各人于研习相当时日后自由报考，经审查及格照给分数，照颁文凭。我们尽量开设民生实用的、□术性的、职业性的学程，使学生于毕业后，不但具有研究高深学术的基本修养，并且具有实际知能，成为民生建设的实用人才。总之，我们这个学校是为适应青年大众，尤其是工农和在职青年的需要而设立的。我们在种种地方，都力矫通常学校的缺陷，使这个学校成为大众化、民生化、通过社会化的学校。

二、大众设立

这是一个大众化的学校，我们盼望用大众的力量——物力、财力、人力和智力——把它建树起来。我们学生家长、毕业生、工友和教职员，是产生这些力量的基本队伍。学生家长和毕业生贡献财力，工友贡献人力，教职员贡献智力。我们共同努力的结果，又产生物力。不过我们力量有限，不得不盼望社会上热心教育的人士给我们合作或赞助。我们没有校舍、设备，也许要向官厅或向大工厂、大公司、大商店以及大戏院借用空间、时间来上课，（全上海的大戏院近百家，同时可容数万人，我们若用广播的方法来教学，一个教师同时可教数万人。）或向大规模的交通机关借用汽车或轮船，去巡回施教。我们没有实习场所,也许要请农、工、商、教育等等事业团体,开放一部分时间来给我们学生实习。我们没有图书、仪器,也许要请公、私立教育和学术机关开放一部分时间给我们师生研究实验。我们需要社会大众人士合作和帮助的地方还很多。不过我们并不希冀那位富翁单独给我们捐一笔巨款,更不仰赖那个官员,特别给我们来一大笔补助。我们要集合校内外的大众力量——财力、人力、智力和物力来建树并维持这个学校。

三、大众管理

因为这是一个【大】众化的学校,并且系由大众的力量建立起来的,所以这个学校的管理也就需要大众化。这儿没有官厅派来的校长,也没有独资创办的校主,更没有合资经营的股东。这儿的主体是全体学生、家长、全体教职员、全体工友、全体毕业生,还有对这个学校贡献物力、财力、人力或智力的社会大众人士。从这几种人当中推举出代表组织校务委员会,为本校最高行政权力机关,再从这里推举职委员会主席或校长及会计。为贯彻这项主张,我们发起人仅居于筹备员的地位,组织筹备教职员及工友,负责招生,并临时聘教职员及工友。一俟达到相当人数,即成立校务委员会,正式推举主要负责人员。这是一种大众化的管理,也就是一种民主化的管理。我们预备努力做去,把它实现。

以上三点是我们发起创办这个大众大学和大众中学的三项基本主张。我们盼望社会人士多多赐教,多多赞助,更盼望知识的青年大众——尤其是工农及在职青年,在我们筹备就绪正式招生的时候,不论性别、职业都踊跃报名,共谋上述三项主张的实现。

发起人

邰爽秋 □演生 陈望道 蔡宾牟 邵鹤亭 章益 赵冕 刘大杰 黎照寰
程时煃 欧元怀 陈高傭 叶佐周 陈礼江 孙贵定 王裕凯 沈仲俊 刘海粟
李季谷 黄敬思 曾作忠 江问渔 杨卫玉 陈鹤琴 萧孝嵘 吴俊升 毛以亨
罗廷光 顾树森 胡叔异 李清悚 赵光孺 曹未风 程瀛章 余日宣 卢绍稷
常道直 洪绂 张耀翔 程俊英 陈科美 袁昂 钟道赞 谢恩皋 滕仰支 姚绍华
李季开 毛礼锐 胡家健 刘咸 蒋建白 周尚 李旭 胡祖荫 唐茂槐 程绍德
石抗鼎 马星五 经小川

(以上签名及[以]加入发起先后为序。临时通讯处:上海(5)多伦路二号,电话:四四三二六)

(原载《大公报》,1949年4月16日)

学位论文

Analysis Of Reading Curricula In Chinese Elementary Schools

CHAPTER I
INTRODUCTION

STATEMENT OF PROBLEM

Since the 6-3-3 plan has been introduced into the Chinese educational system, the textbooks used in elementary schools have been radically reorganized, especially the text-books in reading. Pioneer attempts were made by two leading book companies: the commercial Press the Chun-Hwa Book Company, which provide textbooks for the use of almost all of the elementary schools in China.

Following the general division of the elementary school into the Lower Primary and the Higher Primary Grades, these companies organized a new series of readers for the two levels. The new series for the Lower Primary Grades were so carefully tried out that they differ much more from the books in earlier use, both in quality and in quantity, than the new series differ from those produced for the Higher Primary Grades. But owing to the lack of scientific determination of subject matter and to the ignorance of the principles governing the primary reading curriculum, various weaknesses exist in the books. As these have been discovered through the use of the books, numerous criticisms and comments have appeared in newspaper and magazines. There criticisms and comments are suggestive to a certain extent. All of them, however, have two common weaknesses. They are based upon subjective opinion, unsupported by scientific date, and they deal for the most part with minor matters, neglecting major and important points.

Two results issue from these weaknesses:

1—The recommendations are not always adopted by the textbook writers because scientific evidence is not brought forward which convinces them that their practices were mistaken practices.

2—The functional recorganization of readers would not be greatly promoted even if the writers were so open-minded as to adopt the minor suggestions which are offered.

Functional organization of the curriculum and scientific determination of subject matter are the most important needs if new educational ideals are to be set up in China. The first step in effecting such functional organization is to criticize the current textbooks. This requires a thorough mastery of scientific technique and a full understanding and application of the principles of teaching and curriculum-making. Mere subjective opinions and suggestions will not serve this purpose. The present study, therefore, endeavors to achieve the following purposes:

1—To contribute to the scientific study of reading as one step toward the remedy for the subjective treatment of education in China.

2—To call attention to the importance of scientific determination of subject matter by giving a concrete example.

3—To expose the weaknesses of the current readers.

4—To make suggestions and recommendations for adoption by curriculum makers and textbook writers.

SOURCES OF DATA

The data presented in this study were secured from the analysis of the readers for the primary grades of the two leading book companies referred to in the preceding section. The reasons why the readers of these companies were chosen for the study are: first, that they are widely used by the Chinese elementary schools, and second, that they have made some changes which give them superiority over the books formerly used.

Some other sources of data were also used. These were the "Easy Chinese Lessons for Illiterates," the vocabulary of which was studied as also the vocabulary of a copy of a newspaper named "The China Times", which represents the best combination of spoken and literary language found in any paper in China. These two sources of data were both used in the study of words.

CLASSIFICATION OF DATA

To analyze a reader is by no means a simple matter and each subdivision of the study might very properly be taken up in a separate chapter. It will be impossible to exhaust the subject, and the following plan or scheme of analysis was adopted. The facts studied are divided into five classes:

1—The words or vocabularies.

2—The forms or rhetorical modes of expression.

3—The contents.

4—The nature of contents.

5—The organization of contents.

There is some overlapping in these categories, but a definite end will be served by analyzing readers from each point of view.

METHOD OF PROCEDURE

The method of procedure employed in this study may be summarized as follows:

1—Analysis. —Each of the above mentioned items was selected from the reader, and records were made.

2—Statistical summary. —Data thus obtained were arranged in distribution tables and then in graphs. Throughout the study the facts presented by reporting central tendencies.

3—Interpretation. —The next step is the interpretation in terms of the arithmetical mean or average of the facts revealed by the analysis.

4—Criticisms and comments. —Next criticisms and comments are added. These fall under three sub-heads:

(a) Results of scientific studies and objective evidences.

(b) Generally accepted principles.

(c) Personal opinion based on the facts recorded.

5—Recommendations. —Finally recommendations are presented, which it is hoped will be adopted by curriculum makers and textbook writers.

CHAPTER II
THE WORDS OR VOCABULARIES

DIFFICULTY IN THE STUDY OF WORDS

In order to establish a basis for the study of the words in the readers, three preliminary investigations should be made. The fact that they are not made limits the work which can be undertaken in this thesis.

I. —List of Common Words. —A list of common words should be prepared. In the United States not long ago it was customary to make up the spelling lists regardless of the pupil's need in ordinary writing. As late as 1915, one of the most popular spellers contained 8,000 words. A number of investigations conducted about 1914 showed that in ordinary life pupils will use a very much smaller number of words, —let us say about 4,000. Obviously, great economy in teaching is effected by eliminating the uncommon words and teaching only those words that have the most common usage. In China the only investigation made on common words was made by Mr. H. C. Chen, who studied over 500,000 running words in newspapers and magazines which are written in conversational style. This study is really valuable, but it omitted the literary style which is still very commonly used. So, it is quite necessary to make another word study on literary style in order to discover what should be contained in the readers.

II. —List of Words in Order of Difficulty. —The second study should arrange the words obtained in the first study in the order of their relative difficulty. Ayres' Spelling Scale and Pryor's graded lists are examples in the United States of such studies in difficulty. But the former is the result of average frequencies of words from several lists combined, and the latter is based on the concensus of opinion of authors as to the difficulty of the words. Such methods are open to question.

III. —List of Misspelled Words. —The preparation of this list should not be confused with the second study just mentioned, because words which are easily misspelled are not necessarily difficult to understand. Examples of attempts in the United States to get lists of misspelled words are: Jones's One Hundred Spelling Demons and Capps' Study on Spelling Errors in the High School.

The three investigations described are essential to the solution of problems regarding words which should be included in readers. Without these, it is impossible to make any complete scientific evaluation and final constructive recommendations. In the absence of such basic studies, the following pages are devoted to a report on the facts found in the readers examined, rather than to a complete scientific evaluation of these readers.

The following are the facts regarding the number of different and running words:

1—Table I shows that in the Chun-Hwa Series there are about 400 more "different words" than in the Commercial Series.

2—Table I also shows that there are almost ten times as many "running words" in the upper grade readers than in the first grade readers in both series.

3—In the Chun-Hwa Series, there are about 80,000 "running words" and in the Commercial Series only about 70,000. In this small compass the pupils are expected to master more than 2,000 "different words."

TABLE Ⅰ-NUMBER OF DIFFERENT AND RUNNING WORDS

Grades	COMMERCIAL		CHUN-HWA	
	Different	Running	Different	Running
Ⅰ B	236	2 102	273	2 286
Ⅰ A	267	3 207	284	3 322
Ⅱ B	272	3 911	305	6 543
Ⅱ A	296	5 843	304	9 004
Ⅲ B	283	10 842	289	10 033
Ⅲ A	333	12 332	467	16 334
Ⅳ B	265	16 334	323	18 932
Ⅳ A	205	18 530	323	20 389
Total	2 157	73 101	2 568	86 843

* Every new word that appears is counted as a "different word," while every word that is used, no matter whether new or old, is counted as a "running word."

4—Tables Ⅱ and Ⅲ and Figure Ⅰ all indicate that the Chun-Hwa Series has a much wider range of "different words" and "running words" in each lesson than the Commercial Series.

TABLE Ⅱ-AVERAGE NUMBER OF RUNNING WORDS IN EACH LESSON IN VARIOUS GRADES

Grades	COMMERCIAL	CHUN-HWA
Ⅰ B	42	45
Ⅱ A	64	95
Ⅱ B	79	204
Ⅱ A	117	265
Ⅲ B	217	323
Ⅲ A	246	710
Ⅳ B	326	717
Ⅳ A	370	813

TABLE III - NUMBER OF LESSONS IN EACH GRADE INTRODUCING A GIVEN NUMBER OF DIFFERENT WORDS

No. of different word	COMMERCIAL									CHUN-HWA								
	I B	I A	II B	II A	III B	III A	IV B	IV A	Total	I B	I A	II B	II A	III B	III A	IV B	IV A	Toal
0																1		1
1						1	13		14							1		1
2		1		3	5	2	9	13	33	5	2		1	3		1	1	13
3	6			2	2	3	9	5	27	3		3	6	1	1	1		15
4	17	14	18	13	12	5	6	3	88	3	1	1	2	4	2	1	2	16
5	12	16	12	3	9	13	6		71	10	3	3	3	3	1	1	2	26
6	15	12	6	7	7	7	4	3	61	9	7	2	2	3	3	1	3	30
7		5	8	12	6	5	5	3	44	9	3	3	4	1		2	2	24
8		2	5	3	2	4	3	4	23	6	6	4	1			3	1	21
9			1	4	1	4	2	2	14	3	2	1	2	1			1	10
10				1	1	1	1	1	5	3	1		2				2	8
11				2	3		2		7	3	4	1	1				1	10
12					2	1	1	2	6		1	1	2					4
13						3			3	2	1	2		1	1		1	8
14						1			1	2	2	3	3	1				11
15					1				1	1			3				1	5
16							1		1		5	2	1	1			2	11
17											1	1	1	2				5
18						1			1		2		1	2		1		6
19											1	1						2
20											1	1	1					3
21													2					2
22													1					1
23													1					1
24													1					1
25																2	1	3
26															1		1	2
27															2			2
31															1			1
32															2			2
33															1			1
34															1			1
37															1			1
45															1		1	2
48																	1	1
49																	1	1
Mean	4.7	5.3	5.4	5.9	5.7	6.7	5.3	4.1	5.4	5.7	8.1	9.5	8.9	9.3	23.	12.9	13.5	10.2

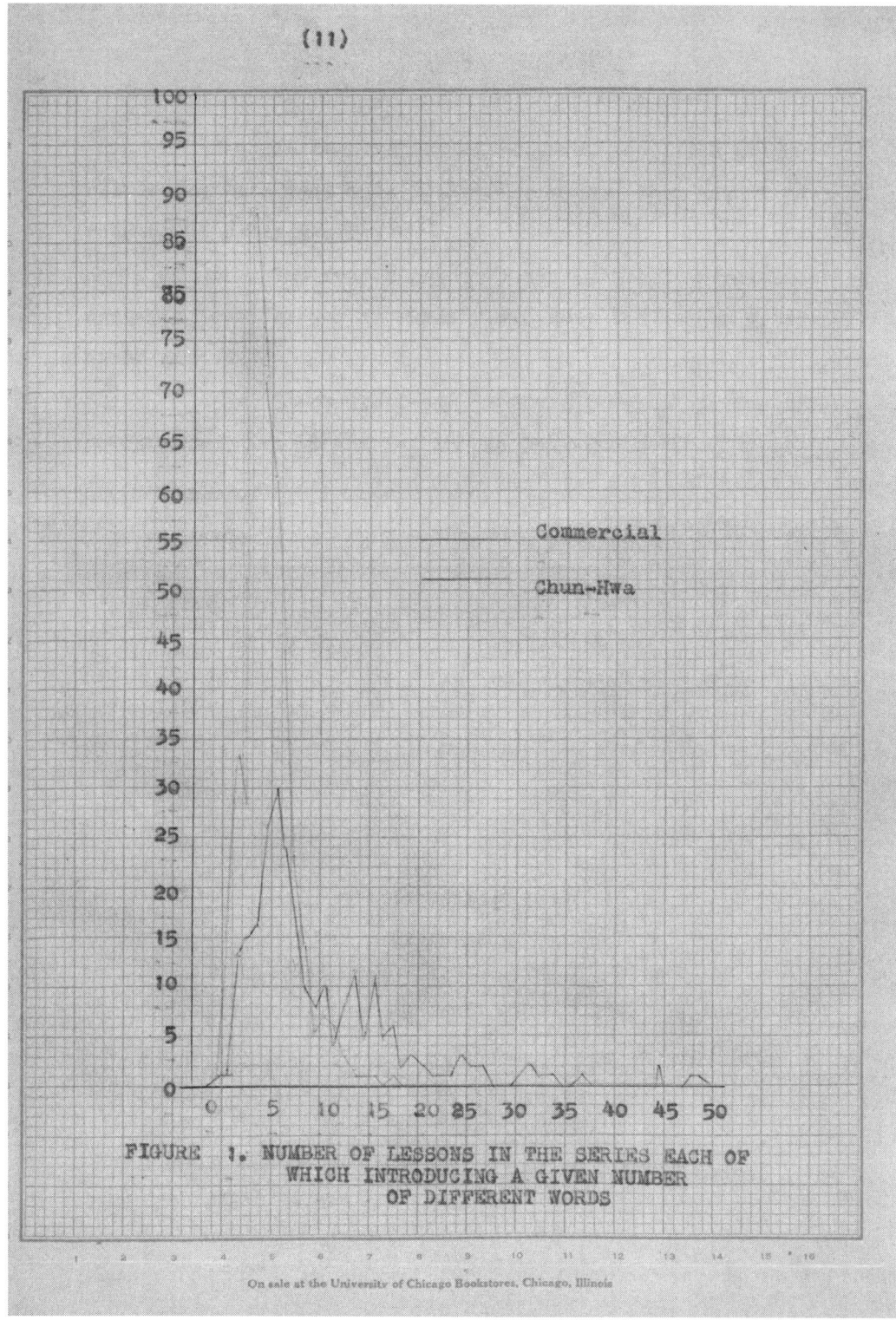

FIGURE 1 NUMBER OF LESSONS IN THE SERIES EACH OF WHICH INTRODUCING A GIVEN NUMBER OF DIFFERENT WORDS

5—In both series of readers, the Ⅲ-A grade reader contains many more "different words" than any of the readers of other grades.

6—The fourth grade reader in the Commercial Series contains less "different words" than does the reader of any other grade.

7—There are fewer "different words" in the Ⅲ-B reader than even in the Ⅰ-A in the Chun-Hwa Series.

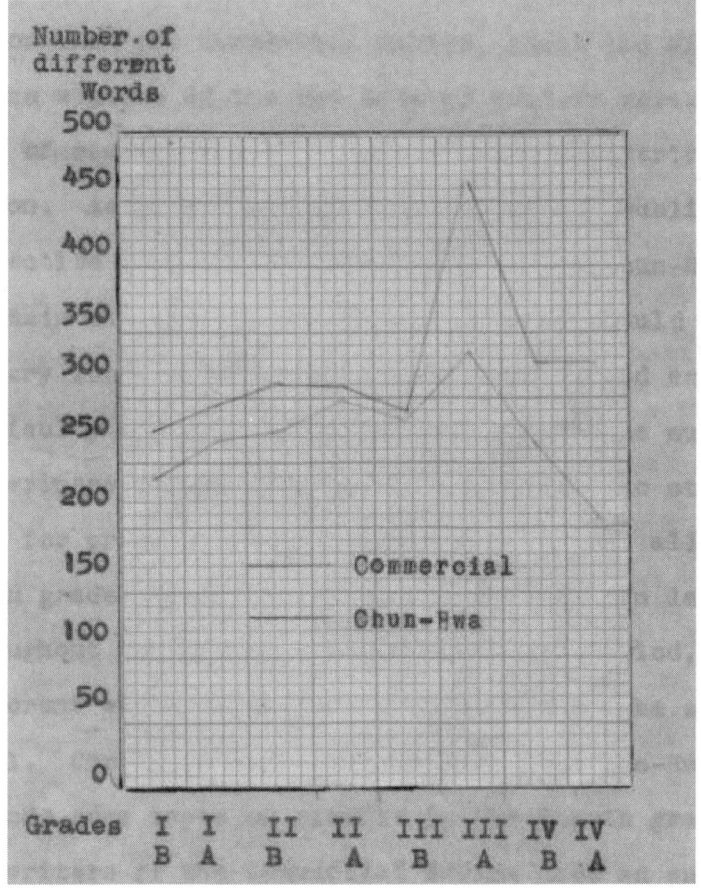

FIGURE 2 NUMBER OF DIFFERENT WORDS IN VARIOUS GRADES

COMMENTS:

1—In China, as in the United States, the number of words used in ordinary life is about 4,000. Out of such a number, 2,000 or more may be taken up in the primary grades. If the list is scientifically determined, this number will be quite enough.

2—The fact that the Chun-Hwa Series has a much wider range of different words and also running words in each lesson than the Commercial Series, shows the difference of opinion of the writers of the two sets of readers regarding the quantity of reading material that should be distributed to each lesson. As stated in the Teachers' Guide published by the respective companies, the writers of the Chun-Hwa Series maintain that the length of each lesson should vary; it may be very long or very short, to be determined entirely by the difficulty of the material instead of by the number of words. The writers of the Commercial Series, on the other hand, hold that for practical convenience in teaching, all lessons in a given grade should be approximately equal in length, and that throughout the entire length of primary period, the number of different words in all lessons should also be approximately equal. Consequently the writers of the Chun-Hwa readers include some types of studies in the fourth grade readers, whereas the writers of the Commercial Series have an encyclopedic tendency in the organization of material for all grades.

3—In the distribution of different words in the books of each grade, the writers of both sets of readers seem to have overlooked the practical difficulty experienced by the children in the first and the second grades in mastering these words. There are about the same number of "different words" in the readers for earlier grades as for the upper grades, but there are almost ten times as many "running words" in the upper grades as in the first grade readers. How is it possible to expect the first grade children to master as many different words when they have fewer opportunities for repetition?

4—A failure on the part of the writers to recognize the importance of repeating the same words again and again and requiring the pupil to do much rapid silent reading, accounts for the small number of the "running words" in both series. In the United States, a number of methods of conducting rapid silent-reading recitations, containing much material, have lately been recommended, — methods which have proved remarkably effective wherever they have been consistently employed. These methods seek to promote speed and comprehension. For example, reading under the spur of timed conditions and with control of comprehension either through reproduction or through answers to questions, is found to be an effective method. It becomes effective largely because the eye and the mental process which the eye conditions, are habituated to a regular and progressive functioning by taking in great quantities of material.

In order to make an effective use of this method, there must be in every reader a large quantity of easy material to facilitate rapid, rythmical eye-movements. The readers must contain a great amount of material. For the third or fourth grade, two or three volumes would not be too much. One hour's lesson in the upper primary grades may cover thirty or forty pages. Such extensive silent reading is never possible in the small books now in use. A rapid reader in the third or the fourth grade can very easily finish a book of 20,000 running words in a few hours. It is really a great waste of children's time and energy to drill upon such meager subject matter as is to be found in either series.

RECOMMENDATIONS:

1—The number of different words and running words in each lesson should be determined by a careful organization of reading curriculum based upon the most progressive principles. The practice of the writers of the Commercial Series is unpardonable and should be discontinued.

2—There should be a much smaller number of different words in the first grade, with more opportunities for repetition. The number should be gradually increased as the grades advance.

3—The number of running words should be greatly increased to provide opportunities for extensive silent reading.

The following are the facts with regard to the repetition of words:

From Table IV it will be seen that in the Commercial Series 2.7% of the words are repeated more than 100 times, and 67.4% are repeated less than ten times; whereas in the Chun-Hwa Series 1.7% are repeated more than 100 times, and 74.8% are repeated less than ten times. We infer from this table that the less frequent words constitute the majority of the running words, especially in Chun-Hwa Series.

TABLE IV - THE NUMBER OF WORDS FOUND IN THE VARIOUS READERS HAVING A GIVEN FREQUENCY OF OCCURRENCE

Readers		Commercial		Chun-Hwa	
	Frequency	No. of words	Percent	No. of words	Percent
*	300 - 332	5		3	
*	250 - 299	8		2	
*	200 - 249	13	2.7	8	1.7
*	150 - 199	15		10	
*	100 - 149	18		20	
**	75 - 99	19		23	2.3
**	50 - 74	30	2.3	36	
***	40 - 49	90		70	
***	30 - 39	106	27.6	94	21.6
***	20 - 29	184		203	
***	10 - 19	215		189	
****	5 - 9	689		908	74.8
****	1 - 4	765	67.4	1 002	

* The interval here goes by 50.

** The interval here goes by 25.

*** The interval here goes by 10.

**** The interval here goes by 5.

COMMENTS:

A large number of different words does not necessarily make a reader valuable. What is needed is the careful arrangement of words so that important words are given sufficient repetition. The fact that the Commercial Series contains fewer different words, but repeats them more times, is one of its points of superiority over the Chun-Hwa Series.

RECOMMENDATIONS:

It is recommended that the Chun-Hwa Series reduce the number of different words and arrange them in such a way as to have a large percent of them repeated more times.

The following evaluations of the vocabulary may be undertaken.

As mentioned early in this chapter, very few scientific studies have been made which may be used as an aid to this study. What we can do in this section is largely to present facts by putting them in a comparative form so as to show the weaknesses in two graders with reference to the selection of words. This comparison calls attention to the importance of further scientific investigation.

(a) Words common to both readers are 1,719 in number.

(b) Words found only in the Commercial Series but not in the Chun-Hwa Series are 438 in number. Among these are the following:

beggar	lean	slippery	water-closet
snake	street	smelltor	toise
	monkey	deer	

(c) Words found only in the Chun-Hwa Series but not in the Commercial are 849 in number. Among these are:

fist	lead	mosquito-net	hot	umbrella
salt	roar	mosquito	leg	shoulder
thirsty	soft	thick	month	permit

(d) Words found in the Easy Lessons for Illiterates but not in the Chun-hwa Series are 41 in number. Among these are:

lungs   kill   heavy   tired   wet

(e) Words found in the Easy Lessons for Illiterates but not in the Commercial Series are 117 in number. Among these are:

slow　　gun　　servant　　tax　　globe

ticket　ahame　sentence　cure　tomb

(f) Words found in the Easy Lessons for Illiterates but not in either of the Series are 108 in number. Among these are:

add　　wise　　weep　　pain　　summer

rob　　lazy　　base　　secret　　prohibit

(g) Words found in the China Times but not in either of the readers are 639 in number. Among these are:

bite　　help　　detect　　button　　continent

chess　rumor　lotus　　tea　　swollen

COMMENTS:

Needless to say, the words listed above are all very important for use in ordinary life, although their use has not been determined by any scientific study. The words found in the Easy Lessons for Illiterates are the first 1,000 words shown, in H. C. Chen's study, to be the words most commonly used in ordinary life. Our facts show, therefore, that the Chun-Hwa Series has covered more of such words than the Commercial. This seems to be a good point. However, the Chun-Hwa Series contains 411[①]more different words than the Commercial, and while some agree with the Easy Lessons for Illiterates, most of them are very uncommon, and consume the children's time and energy without due compensation. Therefore, the readers are in this respect open to criticism.

RECOMMENDATIONS:

1—That the study made by H. C. Chen be adopted and used to advantage.

2—That another study of words of literary style be made immediately.

The conclusion of this chapter on the study of words is that an account of the vocabulary is one of the important subjects for consideration in the making of a reading curriculum. At the beginning, we indicated the difficulty in evaluating the vocabulary in reading, owing to the lack of various scientific studies.

We have also found the two readers examined to be unsuited for the use of silent reading, which is generally recognized as a very important phase in teaching reading. The books are too small and can be finished, by Chun-Hwa Series contains many more than the Commercial, and varies in the distribution of such words in each lessons, but

---

① See Table Ⅰ.

provides less repetition. There are two weaknesses common to both readers: one is the assignment of too many different words to the lower grades with few repetitions; the other is the choice of inappropriate words, as shown by the fact that some very important and common words, as evidenced by an analysis of the Easy Lessons for Illiterates and the China Times, have been overlooked. The words contained in the readers were not determined by any scientific investigations. Such preliminary studies should be undertaken at once.

CHAPTER III
THE FORMS OR RHETORICAL MODES OF EXPRESSION

The term "form" as used in this chapter, refers to the rhetorical modes of expression as distinguished from the term "content" which shall be treated in the succeeding chapter. In analyzing the forms of the two series of readers, the following rules were followed:

1—When a lesson has more than one form, the principal one is counted; in case they are equal in importance, an equal fractional part is counted for each.

2—All rhythmic lessons are classified under "poetry."

3—Any lesson of the story-telling nature, or any lesson referring to something past, is classified under "narration."

4—Any lesson merely describing the manners or situations of a man or an object, and not referring to anything past, is classified as "descriptive."

5—The other forms are determined according to their nature.

The following are the facts regarding the kinds of forms, deducted from Table V:

1—The forms found in the two series are nine in number: narration, description, argumentation, letter-writing, conversation, dramatization, poetry, graded sentences, and imperative statements.

2—The Commercial Series omits argumentation, and the Chun-hwa omits graded sentences.

TABLE V - NUMBER OF LESSONS FOR EACH GRADE DEVOTED TO THE VARIOUS FORKS OF RHETORICAL EXPRES

Forms	COMMERCIAL										CHUN-HWA									
	IB	IA	IIB	IIA	IIIB	IIIA	IVB	IVA	Total	Percent	IB	IA	IIB	IIA	IIIB	IIIA	IVB	IVA	Total	Percent
Narration	17	24	27	28	35	31	31	33	226	56.5	8	12	20	20	21	16	17	12	126	50
Description	2				2	2	3	9	2.3		9		2	2			2		15	6

(续表)

Forms	COMMERCIAL											CHUN-HWA								
	IB	IA	IIB	IIA	IIIB	IIIA	IVB	IVA	Total	Percent	IB	IA	IIB	IIA	IIIB	IIIA	IVB	IVA	Total	Percent
Argumentation												1			1		1	2	5	2
Letter-writing				2	1	1		2	6	1.5			1	1	1			2	5	2
Conversation		5	9	5	1				20	5	8	7		3	3	1		4	26	10.3
Dramatization				2	2	3	1		8	2										
Poetry	23	19	14	17	10	14	13	11	121	30.2	21	15	9	8	5	5	5	4	72	28.5
Graded sentence	5	2							7	1.8										
Imperative statement	3								3	0.8	2	1							3	1.2
Total	50	50	50	50	50	50	50	50	400	100	48	35	32	34	31	23	25	24	252	100

COMMENTS:

The Commercial Series strictly adheres to the syllabus recommended by the Curriculum Committee appointed by the Conference of the Provincial Educational Associations of China. The Chun-Hwa Series does not do this. This may be said to be one of the good features of the Chun-Hwa Series. Unfortunately it omits "graded sentences" which are very helpful in dramatizing the lessons for the first-grade children. On the other hand, the Commercial Series is so over-careful in carrying out the recommended syllabus that it eliminates from the primary grade readers all the argumentation lessons. Simple lessons of this sort are to some extent necessary for the development of thought of the third and the fourth grade children. In introducing drama lessons, the Commercial Series is superior to the Chun-Hwa Series.

RECOMMENDATIONS:

The Commercial Series should add a few simple argumentation lessons in the upper grades, while the Chun-Hwa Series should and graded sentences in the lower grades, and some drama lessons in the upper grades.

PERCENTAGES OF AMOUNTS OF DIFFERENT FORMS

The following facts regarding the percentage of lessons in the different forms are shown in the preceding table and the following figure.

1—Over half of the total percentage of lessons in both series of readers consists of narration.

2—Approximately one-third of the total number of lessons consists of poetry.

3—Only 2% of the material in the Chun-Hwa Series and 1.5% in the Commercial Series has to do with letter-writing ... 5% less than drama.

4—Of the Chun-Hwa lessons, 10.3% is conversation, and only 5% is conversation in the Commercial lessons.

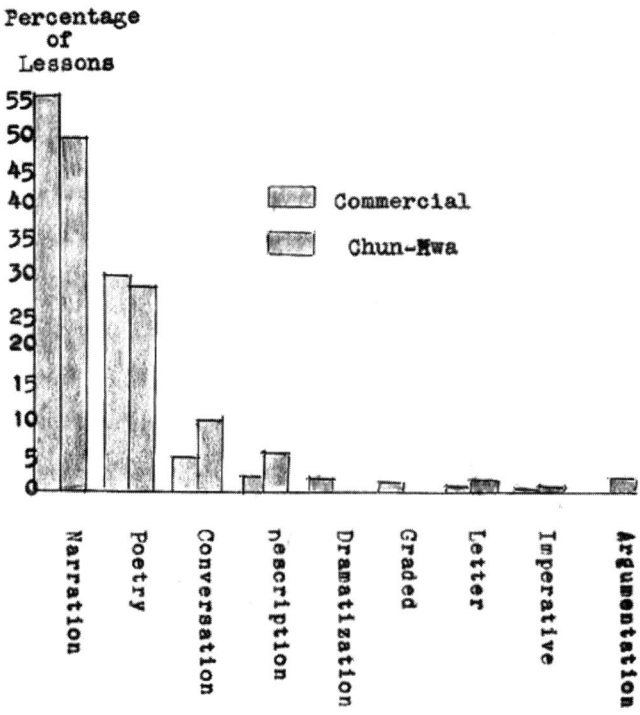

FIGURE 3   COMPARISON OF THE PERCENTAGES OF LESSONS IN DIFFERENT FORMS IN TWO SERIES OF READERS

COMMENTS:

The introduction of poetry into the primary readers in so large a quantity is one of the progressive points in the development of the modern Chinese textbooks. In regard to this aspect, I should say that devoting one-third of the total number of lessons to poetry is a fair distribution. What should be pointed out under this topic is the undue amount of material devoted to "narration" and the limited amount to "conversation" and "letter-writing". It is true that "narration" has a wide use in practical life. It is not true, however, that "letter-writing" should be considered only one twenty-fifth or one thirty-fifth as important as the "narration". The same argument may be repeated in favor of "conversation". In practical life, as a matter of fact, there is sometimes more use for "letter-writing" and "conversation" than for "narration". It seems strange to the writer that "letter-writing" should occupy less space than "drama", as is the case in the Commercial Series. All these facts show the lack of proportion in the distribution of lessons in different forms in each series of readers.

RECOMMENDATIONS:

It is the opinion of the writer than there should be less "narration" and more "letter-writing". The following plan of distribution is recommended:

Kinds of Forms	Percentage of Lessons
Narration	40%
Poetry	30%
Conversation	15%
Letter-writing	5%
Description	4%
Dramatization	3%
Argumentation	1%
Graded sentences	1%
Imperative statements	1%

The following are the facts with regard to the variation of the percentages of the lessons devoted to the two leading forms throughout the grades.

1—Table Ⅵ reveals that narration and poetry are the two leading forms in both series.

2—Figures 4 and 5 show that in both series the amount of poetry decreases and the amount of narration increases from grade to grade.

3—Figure 4 shows the amount of narration in the first grade readers of the Chun-Hwa Series is less than that in the Commercial Series but suddenly increases in the second grade readers.

4—In the grade Ⅲ-B reader in both series, the amount of poetry decreases whereas the amount of narration increases as the grades advance.

5—The amount of narration in the Ⅳ-A grade reader in the Chun-Hwa Series rapidly decreases.

6—As Figure 8 shows, the amount of narration in the Ⅲ-B grade reader in the Commercial Series increases rapidly.

7—The poetry curve drops suddenly in the Ⅱ-B grade reader in both series.

TABLE VI-PERCENT OF LESSONS DEVOTED TO THE TWO LEADING FORMS
FOR EACH GRADE BY THE TWO SERIES OF READERS

Forms	COMMERCIAL									CHUN-HWA								
	I B	I A	II B	II A	III B	III A	IV B	IV A	Total	I B	I A	II B	II A	III B	III A	IV B	IV A	Toal
Narration	34	48	54	56	70	62	62	66	56.5	17	34	63	59	68	69	68	50	50
Poetry	46	38	28	34	20	28	26	22	30.2	44	43	28	24	16	22	20	17	28.5

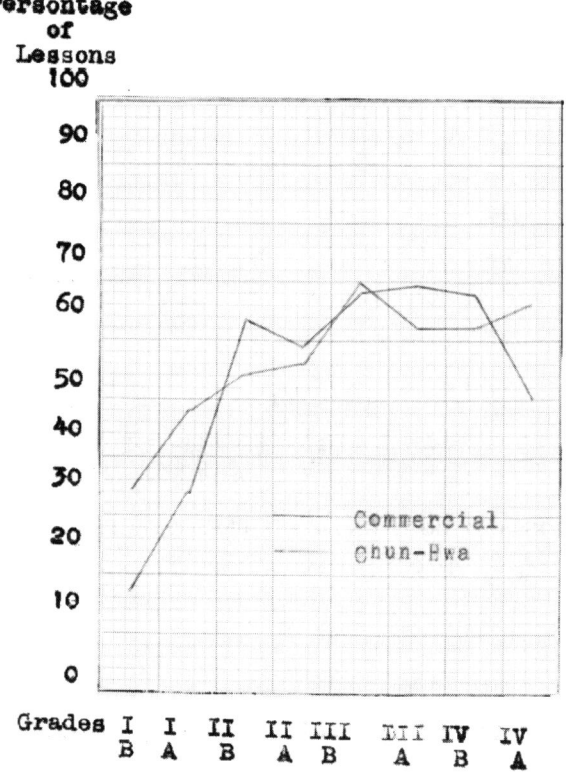

FIGURE 4   VARIATION OF THE PERSONTAGES OF LESSONS
IN NARRATION IN VARIOUS GRADES

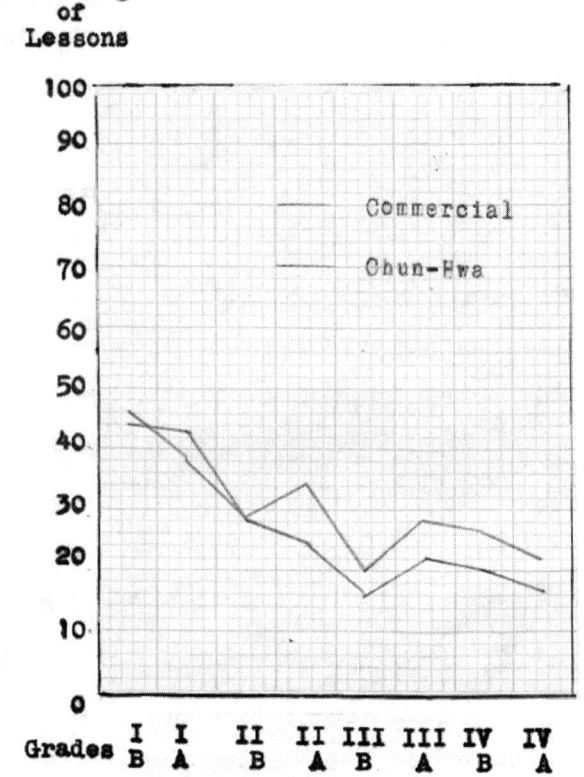

FIGURE 5 VARIATION OF THE PERSONTAGES OF LESSONS
IN POETRY IN VARIOUS GRADES

COMMENTS:

1—It is striking that the relative amounts of poetry and narration as shown by the curves are somewhat similar in the two series.

2—The tendency to decrease the amount of poetry and to increase the amount of narration as the grades advance is desirable.

3—Table V explains that the decrease in narration in the IV-A grade reader as shown in Fig. 4. is accompanied by an increase in the amount of simple argumentation in the Chun-Hwa Series. This is commendable.

4—There should be less narration in the first grade than in any other grade.

5—The writer believes that the amount of any form of material should not suddenly decrease or increase in succeeding grades, but that the changes should be gradual.

RECOMMENDATIONS:

It is recommended that:

1—The Commercial Series decrease the amount of narration in the I-B grade in order to make room for more conversation.

2—The Commercial Series also decrease the amount of narration in the IV-A grade in order to introduce lessons in simple argumentation.

3—The amount of narration in the second grade readers of the Chun-Hwa Series be reduced.

4—The amount of narration be decreased in the III-B reader with the corresponding increase of poetry in both series.

5—The practice of changing suddenly be discontinued.

INTRODUCTION OF FORMS INTO GRADES

Table VII shows the following facts regarding the introduction of forms into grades.

1—The lessons in narration, poetry, description, graded sentences and imperative statements are introduced in the I-B grade reader of the Commercial Series.

2—The same is true in the Chun-Hwa Series, with the exception that it contains conversation instead of the graded sentences.

3—Letter-writing and dramatization are introduced in the third grade readers of the Commercial Series.

TABLE VII-INTRODUCTION OF THE VARIOUS FORMS INTO GRADES

Grades	COMMERCIAL	CHUN-HWA
I B	Narration, Poetry, Description, Graded, Imperative	Description, Conversation, Narration, Poetry, Imperative.
I A	Conversation	
II B		Argumentation
II A		Letter-writing
III B	Letter-writing, Dramatization.	
III A		
IV B		
IV A		

COMMENTS:

1—Conversation lessons should be introduced in the I-B grade. Children learn to talk before they enter school. It is desirable to have conversation lessons as a means of teaching beginning reading.

2—It makes very little difference whether letterwriting is begun in the second or the third grade if the work is very simple; it makes a great difference whether or not argumentation is begun with the second grade, even if it is presented in a very simple form.

RECOMMENDATIONS:

1—In the Commercial Series, conversation should be introduced in the beginning reader and simple argumentation in the third or the fourth grade reader.

2—In the Chun-Hwa Series, the introduction of argumentation should be postponed to the third or the fourth grade.

CONCLUSIONS

We have discussed the forms of material under four heads: (1) the kinds of forms, (2) percentage of forms, (3) distribution of forms in different grades, and (4) the grades in which the various forms are introduced. We have found in all, nine kinds, viz.: narration, description, argumentation, letter-writing, conversation, poetry, imperative statements, dramatization and graded sentences. We also have found that there are too many lessons in narration and not enough material in letter-writing and conversation, which may be sometimes more important in practical life than narration. The distribution of the number of lessons in various forms in different grades is not ideal in both series; the changes are too abrupt. As to the introduction of the forms into grades, argumentation begins too early in the Chun-Hwa Series, whereas conversation begins too late in the Commercial Series.

It is, therefore, recommended that the Commercial Series add lessons in simple argumentation in the third or the fourth grade; that the Chun-Hwa Series postpone argumentation to the third and the fourth grades, and add dramas and graded sentences; that narration be reduced in order to make room for more letter-writing and conversation; and that the changes in the relative amount of different forms of material be gradual from grade to grade.

CHAPTER IV
THE CONTENTS

In using the two terms "form" and "content" in an analysis of the reading curriculum, it is not easy to distinguish one from the other. This difficulty has brought about confusion in the studies made by some writers. For example, Starch, in analyzing the contents of readers, classified them under the following heads: animals, boys and girls, folklore, fables, plants, elements, fairy-tales, plays and games, classics, geography and travel, history and patriotism, myth, conduct, biography, adventure, poetry and miscellaneous. Such classification is open to question. For example, Shall we classify an epic poem as poetry or as history? Obviously, it belongs to both, poetry being its form and history its content. In this way we may put any lesson under "form" on one hand, and under "content" on the other. Hence the study of contents is quite as necessary as the study of forms.

The following rules were used in the analysis:

1—The writer has classified the lessons according to their nature, not necessarily in accordance with the Teachers' Guide accompanying the texts.

2—When a lesson contains a variety of content, it is placed under the most appropriate head; in case the different kinds of contents are equal in importance, an equal fractional part is given to each.

3—Sometimes an accompanying illustration determines the classification.

4—Any lesson which ascribes powers to animals, plants, and objects which they do not possess, is classified under "fable".

5—Any lesson on animals, or plants, or things in which they are treated realistically, will be classified under their respective heads.

6—The thinking, feeling, actions and manners of children will all be put under the head "children".

7—Natural phenomena are these: astronomical, geological, chemical, and physical.

8—Only those characters and events having historical value shall be classified under "history and biography".

On the basis of content we have found eleven kinds, viz: fables, jokes, puzzles, children's activities, adult affairs, animals, plants, natural phenomena, history and biography, geography and travel, and common objects in both series of readers.

TABLE VIII - NUMBER OF LESSONS IN EACH READER GIVEN OVER TO VARIOUS KINDS OF CONTESTS FOR EACH GRADE

Contents	IB	IA	IIB	IIA	IIIB	IIIA	IVB	IVA	Total	Percent	IB	IA	IIB	IIA	IIIB	IIIA	IVB	IVA	Total	Percent
Fables	9	18	20	20	25	8	2		105	26.5	4	1	4	7	4	4			24	9.5
Jokes		2	5	4	4	4	1	2	22	5.5		2	2	4	3	2			13	5.2
Puzzles		2	1	3		2			8	2		2	3	1					6	2.4
Children's activities	30	20	8	12	9	9	4	9	101	25.3	22	11	9	6	9	7	5	1	70	27.8
Adult affairs	2	1	4	2	7	21	17	21	73	18.3	1	3	3	4	3	4	8	7	33	13.1
Animals	7	4	5	6	2	2	6		32	8	17	6	4	4	2	1	1	2	37	14.7
Plants		1				1	3		5	1.3	2				1				3	1.2
Natural phenomena	1	1	2	1	1	4	2	4	16	4		4	1	5	2	2	1		15	5.9
History & biography			2	1	1		6	7	17	4.3			3	2	2	2	5	10	24	9.5
Geography & travel						6	4		10	2.5				5		5	4		14	5.6
Object	1	2	2	1	1		1		8	2	4	4	3	1	1				13	5.2
Total	50	50	50	50	50	50	500	50	400	100	48	35	32	34	31	23	25	24	252	100

COMMENTS:

In determining what kinds of subject matter should be used in the primary readers, one must first see what goals we are expecting our pupils to attain. Among other goals, the following two are of most importance:

1—A proportioned intellectual apprehension of men, things, and affairs; together with the necessary normal interests and emotional accompaniments, etc. ①

2—Ability to think, feel, act and react as an efficient, intelligent, sympathetic, and loyal member of the entire group. ②

The following three groups of content are necessary in carrying out the two goals:

Group I —Lessons on natural aspects:

(1) Animals

---

① Bobbitt, Franklin, How to Make a Curriculum, P. 90.
② Ibid., P. 15.

(2) Plants

(3) Natural phenomena

Group II—Lessons on the social side of life:

(1) Community civics and common sense

(2) History and biography

(3) Geography and travel

(4) Social institutions and human groups

(5) Customs and manners

Group III—Lessons of child life:

(1) Children's thinking, feeling, actions, and games

(2) Jokes

(3) Puzzles

(4) Fables

(5) Stories

Lessons on "social institutions and human groups", "customs and manners" are very important in broadening the social view. Few lessons of this nature are found in the two series of readers. They are not given their due emphasis. The organization proposed above is a combination of social studies, nature studies, and some aspects of child life. In this organization, social aspects receive a considerable attention. It is the opinion of the writer that textbooks on social studies, on nature studies, and on "common sense" for the primary grades as published by the same companies are not only depreciating the value of such courses, but are also responsible for an enormous waste of time by duplicating a large part of their contents. These subjects in primary grades should be in part treated in the readers. This will reduce such waste, and at the same time it will enrich the contents of readers. Therefore, the above program is recommended.

PERCENTAGES OF AMOUNTS OF DIFFERENT KINDS OF CONTENTS

The following figure illustrates certain facts contained in Table VIII.

1—One-fourth of the content in the Commercial Series is devoted to fables.

2—More space, in terms of number of lessons, is given to jokes than to history or geography, in the Commercial Series; whereas in the Chun-Hwa Series the opposite is true.

3—Stories of child life in the Chun-Hwa Series constitute one-fourth of the contents. This is much more space than the Commercial Series gives[given] to the child life.

4—The Chun-Hwa Series has much less fable material than the Commercial.

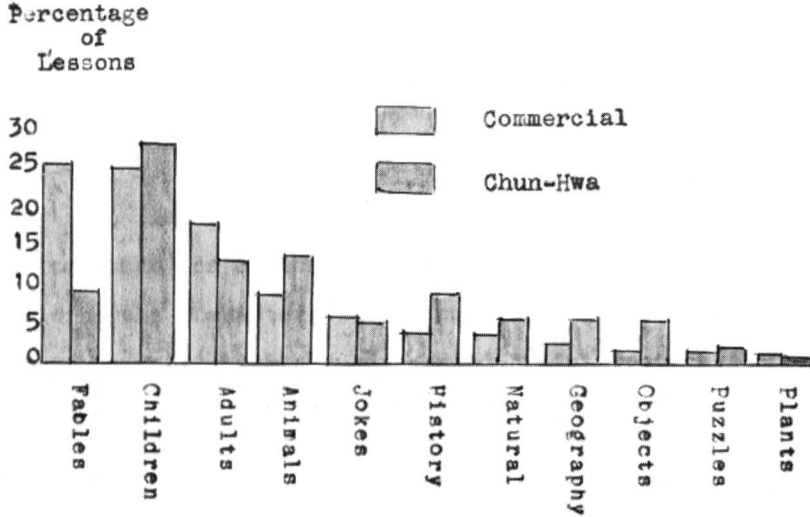

FIGUER 6 COMPARISON OF CONTENTS IN TWO SERIES OF READERS

COMMENTS:

1—The writer believes the Commercial Series has over-emphasized the fable. The functions of a fable may be said to be: (1) to emphasize a moral lesson, (2) to stimulate children's interests, and (3) to develop children's imagination. The fable realizes these functions only when the proper amount is introduced. When over-stimulated by two [too] much material of this kind, the child's world becomes one of fancy instead of an actual world. It is an inexcusable fallacy in education to over-develop the child's imaginative nature.

As to the moral lessons, it is the opinion of the writer that for children, doing is much more important in molding the character and personality than knowing. Knowing abstract moral ideals sugar-coated by interesting stories, does not necessarily insure that the ideals will be carried out. It is of questionable value to "teach" moral lessons in the fables isolated from actual experiences in human life.

2—It seems not justifiable to give less space to history or to geography than to jokes.

The following schedule for the distribution of quantity is recommended:

Kinds of Contents	Percentage
Children	20%
Stories	15%
Animals	10%
Civics and Common sense	10%

Fables ································· 10%
Natural phenomena ···················· 5%
Plants ································· 5%
History and biography ················ 5%
Geography and travel ················· 5%
Social institutions and human groups ··· 5%
Customs and manners ················· 5%
Jokes ································· 3%
Puzzles ······························· 2%
Total ································ 100%

OF AMOUNTS OF DIFFERENT KINDS OF CONTENTS
INTO GRADES

The following are the facts regarding the distribution of contents into different grades.

1—Table IX shows that the leading kinds of content in the Commercial Series are "fables", "children", and "adults". The relative amount of these are shown in Figures 7 and 8.

2—Roughly speaking, in both series the amount of "children's material" decreases with the advancement of grades, whereas the amount of "adult material" increases.

TABLE IX-PERCENT OF EACH READER GIVEN OVER TO LEADING KINDS OF CONTENTS FOR EACH GRADE

Kinds of Contents	COMMERCIAL									CHUN-HWA								
	I B	I A	II B	II A	III B	III A	IV B	IV A	Total	I B	I A	II B	II A	III B	III A	IV B	IV A	Toal
Fables	18	36	40	40	50	16	12		26.5	8	3	13	21	13	17			9.5
Children	60	40	16	24	18	18	8	18	25.3	46	31	28	18	29	30	20	4	27.8
Adults	4	2	8	5	14	42	34	42	18.3	2	9	9	12	10	17	32	29	13.1
Animals	14	8	10	12	4	4	12		8	35	18	13	12	6	4	4	8	14.7

3—The following two Figures show that, on the whole, the Chun-Hwa Series has more "animal material" but less "children material" in the first grade readers than the Commercial Series.

4—The following Figure shows fables are most frequently found in the II-B, II-A, and III-B grade readers.

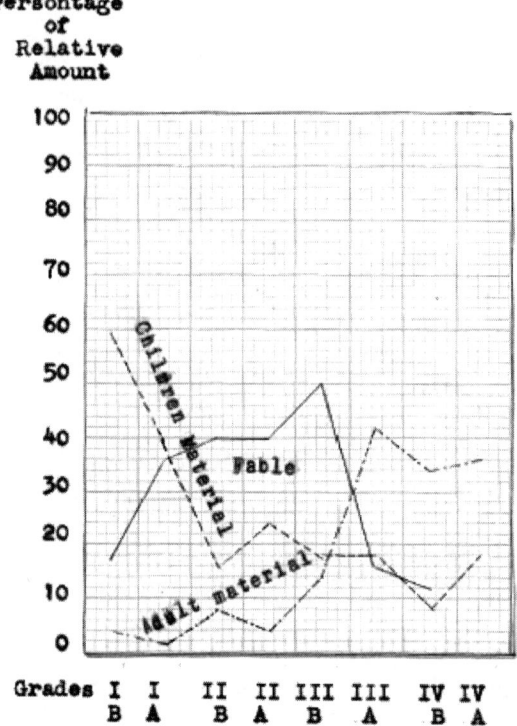

FIGURE 7   THE RELATIVE AMOUNT, IN COMMERCIAL SERIES, OF THE THREE LEADING GLASSES OF CONTENTS IN VARIOUS GRADES

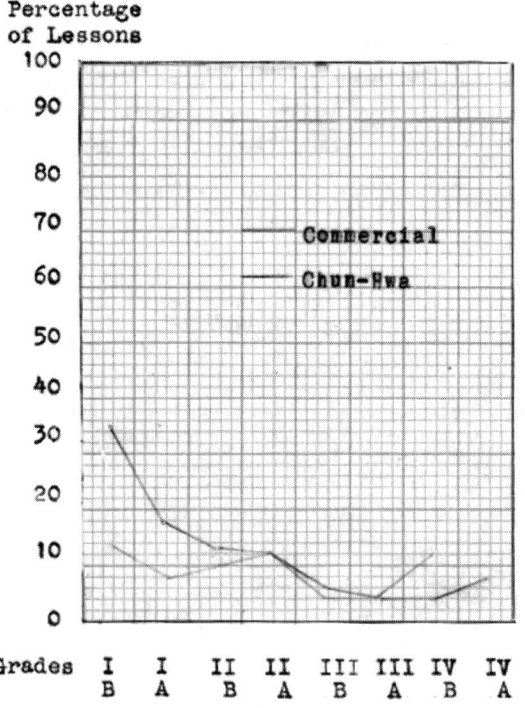

FIGURE 9   COMPARISON IN THE AMOUNT OF ANIMAL MATERIAL IN VARIOUS GRADES

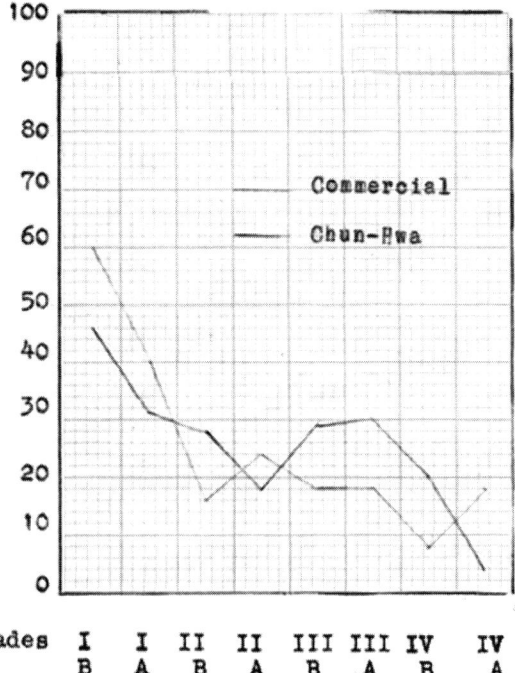

FIGURE 10   COMPARISON IN THE AMOUNT OF CHILD MATERIAL IN VARIOUS GRADES

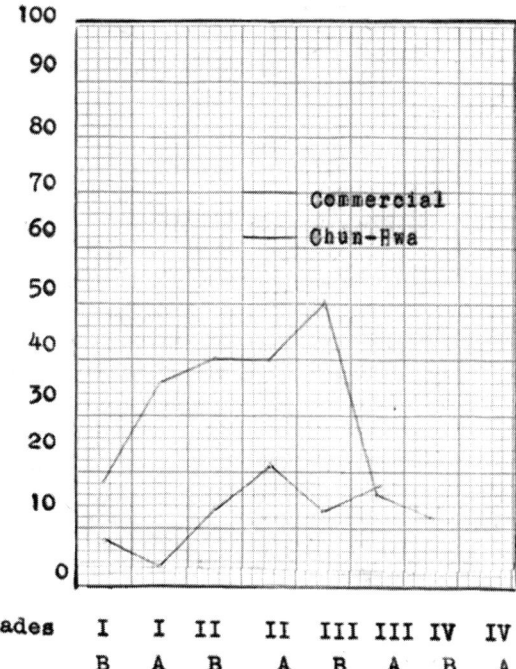

FIGURE 11   DISTRIBUTION OF FABEE MATERIAL IN WO SERIES OF READERS

COMMENTS:

1—The tendency to increase the "adult material" and to decrease the "children material" as the grades advance, is desirable.

2—More space in the first grade readers should be given to "animal material" and "children material" than to other kinds of material, because they appeal more to children's interests.

3—Fables should be more frequently found in the fourth grade readers.

The recommended program indicating the distribution of amounts of different kinds of contents in the various grades is shown in Figure 12. It also shows the tendencies of increase and decrease as the grades advance.

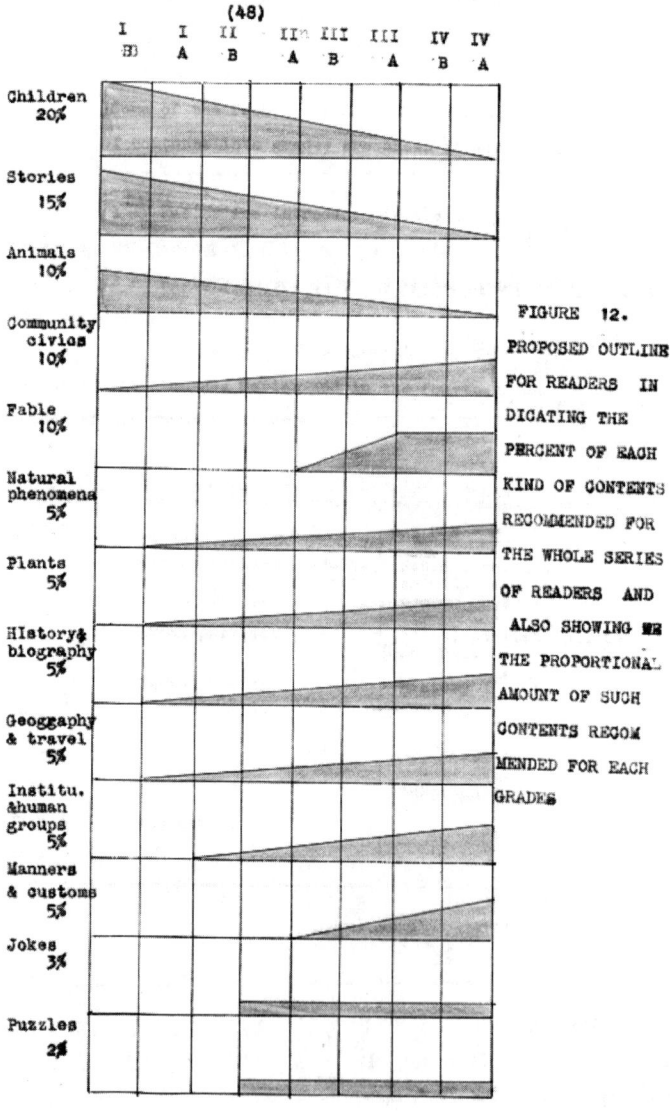

FIGURE 12. PROPOSED OUTLINE FOR READERS INDICATING THE PERCENT OF EACH KIND OF CONTENTS RECOMMENDED FOR THE WHOLE SERIES OF READERS AND ALSO SHOWING THE PROPORTIONAL AMOUNT OF SUCH CONTENTS RECOMMENDED FOR EACH GRADES

Some of the facts regarding the introduction of kinds of contents into grades are shown in the following table.

1—Fables are introduced in the I-B grade reader in both series.

2—History begins with the second grade in both series.

3—Geography is introduced in the third grade reader of the Chun-Hwa Series and in the fourth grade reader of the Commercial Series.

TABLE X-INTRODUCTION OF DIFFERENT KINDS OF CONTENTS INTO GRADES

Grades	COMMERCIAL	CHUN-HWA
I-B	Fables, children, adults, natural, common objects.	Fables, children, animals, adults, common objects.
I-A	Jokes, puzzles.	Jokes, puzzles, plants, natural.
I-B	Plants, history.	History
II-A		
III-B		
III-A		Geography
IV-B	Geography	IV-A

COMMENTS:

1—During the period of the first and the second grades, children have not yet had sufficient experience to distinguish right from wrong. Failing to see the application of tables, the younger children receive very little from them. In fact, they are in danger of getting distorted notions of the materials contained in fables.

2—If "community history" and "community geography" are included in the contents of readers, they should be introduced in the first grade.

RECOMMENDATIONS:

The following program is recommended.

Grade of Introduction	Kinds of Contents
I-B	Children material, animal
	Material, civics and common sense
I-A	Natural phenomena, plant,
	History, and geography
II-B	Human institutions and human groups
II-A	Puzzles and jokes

Ⅲ-B　　　　　　　　　　　Fables and "manners and customs"[①]

CONCLUSIONS

In this chapter we have treated the contents of the two series with regards to kinds of material, quantity, distribution, and introduction into the different grades. We have found from this examination eleven kinds of materials. Such materials as "social institutions and human groups" and "customs and manners" are scantily treated. In regard to the quantity of contents, we have found that the Commercial Series over-emphasizes the fable. It gives one-fourth of the total amount of space to such material, while the Chun-Hwa Series gives but one-tenth of the total amount of space. In the distribution of other materials, both series of readers are, in general, satisfactory. As to the introduction of contents into the grades, both series commit the error of beginning the teaching of fable in the first grade, a period which should be reserved for the actual acquaintance of the child with the real world.

It is, therefore, recommended that the Commercial Series reduce considerably the amount of fable material and add some of history and geography; that some material regarding "social institutions and human groups" and "customs and manners" be used in a moderate amount; and that the whole course in reading be related with and correspondingly enriched by social studies and nature studies.

CHAPTER V
THE NATURE OF CONTENTS

The previous classification of the kinds of contents contained in the recommended program is insufficient to give us a definite idea of their real nature. In order to know the actual value of the material it must be examined in further detail. The present chapter makes an effort to do this.

NATURE OF FABLE

It is of special importance that we know the nature of "fable", "geography and travel", and "history and biography". We shall make a detailed study of each kind. The following are some facts regarding the nature of fables in both series of readers.

1—Some fables found in both series do not appeal to children's interests; for

---

[①] Also see Figure 12.

example, Lesson 38 in the first book of the Chun-Hwa Series reads as follows:

"I can write!", says a quill pen;

"I can write without ink!", says a pencil;

"I can write without paper!" says a slate-pencil.

2—Some fables about fairies, commonly termed as "myths", are found in both series of readers.

3—Some fables found in the Commercial Series are of such a nature as to give children false ideas. For example, Lesson 3 in the Second book, "Why the Birds Have no Ears" is explained by a story which says that they were torn off by the cat when she attempted to persuade them in vain not to do wrong. Again, in Lesson 15 of the Fifth reader, the reason given why horses are ridden by men is that the horses' ancestors got the man's help in order to kill the deer, and therefore the horse became a faithful servant of man.

COMMENTS:

1—The fable will lose its value if it does not appeal to children's interests.

2—One of the functions of the fable, as stated before, is to reveal or emphasize some moral lesson to the children. But its use is carried to an extreme. Untrue ideas and misconceptions fill the little brains of children. Such misbeliefs as are referred to above are exceedingly dangerous and will tend to obstruct the natural path to experience. They are likely to be so deeply rooted in the child's brain that they can never be eradicated by the deliberated efforts of teachers. We can easily find interesting ways of emphasizing a moral lesson; why is it necessary to resort to such dangerous means? Therefore, we recommend that fables selected be simple, interesting and above all, "wholesome".

NATURE OF HISTORY AND BIOGRAPHY

The following are the facts regarding the history and biography material in both series of readers.

1—According to Table XI, no history material can be found in the Commercial Series.

2—Out of 17 biography lessons, in the Commercial Series, 9 aim at wisdom, 4 at honesty, 2 at carefulness in shopping, and 2 at application.

3—Out of 24 history and biography lessons in the Chun-Hwa Series, 5 aim at wisdom, 5 at patriotism, and one at each of the following: application, studiousness, unselfishness, punctuality, industriousness, perseverance, adventure, bravery, friendliness, altruism, world peace, a general view of national history, and a general view of modern world history.

COMMENTS:

1—History material is necessary in the readers for the primary grades in the Chinese elementary schools not only because of the information it gives to those who may not go beyond the primary school, but also because it enriches the contents of readers themselves. One is easily convinced of the meagerness of the contents in the Commercial Series when going over them, just at a glance, because a large part is occupied by fables and stories about kings.

TABLE XI-AIMS DERIVED FROM CONTENTS OF HISTORY AND
BIOGRAPHY IN A SERIES OF LESSONS IN TWO READERS

	Commercial	Chun-Hwa
Aims	No. of lessons	No. of lessons
wisdom	9	5
Honesty	4	
Application	2	1
Carefulness in shopping	2	
Unselfishness		1
Studiousness		1
Punctuality		1
Industriousness		1
Perseverance		1
Adventure		1
Bravery		1
Friendliness		1
Altruism		1
Patriotism		5
Word peace		1
Origin of commerce		1
General view of national history		1
General view of modern world history		1
total	17	24

2— It is not necessary to mention the value of biographies in readers. The selection of such contents, however, should be carefully considered. Our thinking, feeling, and acting are influenced consciously and unconsciously, to a large extent, by our ancestors and our contemporaries. Materials from such sources, if carefully selected, will bring very satisfactory results. It is to be deplored that almost all the biographies found in both series of readers are only those of minor figures at the exclusion of those who have contributed largely to the history of the Chinese nation and to the civilization of the world as well.

3—The Chun-Hwa Series, with the exception of one lesson on the general view of national history, which was taken over from the A. B. C. Classics, well known as a book of chronological organization, shows a very satisfactory selection of history content. Its good features may be summarized as follows:

First, it emphasizes patriotism as a factor of training for citizenship.

Secondly, immediately following lessons on patriotism. It gives a lesson on world peace, enumerating the evils from the Great European War as an antidots to the probable cultivation of ideals of aggressive militarism on the part of the children.

Finally, it broadens children's outlook on the great historical events of the world.

RECOMMENDATIONS:

It is therefore recommended that: —

1—Biographies of those who have contributed much to the social progress and civilization of the world be substituted for some of those of minor figures;

2—Lessons on patriotism and world view be added to the Commercial Series;

3—The scope of history be enlarged so as to include the lessons on community history, and also correlate them with the teaching of civics.

NATURE OF GEOGRAPHY AND TRAVEL

The following observations concern the material dealing with geography and gravel.

1—Out of 10 lessons of geography and travel in the Commercial Series, 7 are about physical geography, emphasizing detailed descriptions of some certain hill or lake, which is of very little value as geography.

2—Out of 15 lessons on geography and travel in the Chun-Hwa Series, 3 aim at patriotism, 2 are about customs and life, and 6 about the commercial centers and communications between several important provinces in China. These lessons are written in a very interesting style.

3—The Chun-Hwa Series emphasizes the world outlook.

TABLE XII-AIMS DERIVED FROM CONTENTS OF GEOGRAPHY AND TRAVEL LESSONS IN TWO SERIES OF READERS

Aims	COMMERCIAL Number of Lessons	CHUN-HWA Number of Lessons
Physical geography		1
Public buildings		1
Patriotism	7	3
Communications	2	6
Customs and life	1	2
General view of Present world		1
Total	10	14

COMMENTS:

Just as we found in case of history material, the Chun-Hwa Series is superior to the Commercial Series. Detailed descriptions of isolated facts are of little geographical value. The mere inclusion of geographical material will not achieve its purpose unless it is treated in a vitalizing way. In the syllabus recommended by the Curriculum Committee, appointed by the Conference of the Provisional Educational Associations of China, geography is not considered a social study to be taught in primary grades. Pupils who do not go beyond such grades might never have the chance to get the most essential geographical knowledge necessary to good citizenship, were such a syllabus strictly followed. Hence the inclusion of geographical material in the reading curriculum is quite necessary. In this respect, the Chun-Hwa Series is much superior to the Commercial Series.

RECOMMENDATIONS:

It is therefore recommended:

1—That the Commercial Series follow the practice of the Chun-Hwa Series in its selection of geographical material.

2—That a due amount of material on customs and manners be added to both series.

3—That the scope of geography be enlarged so as to include community geography and also to correlate it with the teaching of civics.

DEFINITIONS OF THIRTEEN KINDS OF CONTENTS

At this point the writer wishes to make clear the definitions of the thirteen kinds of content which should be used as a guide to the selection of material.

1—<u>Lessons on Animals</u>: These lessons should refer to real stories about animals or actions of animals, correlated with children's activities and games.

2—<u>Lessons on Plants</u>: The lessons should be correlated with gardening and excursions.

3—<u>Lessons on Natural Phenomena</u>: These lessons should deal with physical topics, chemical topics, astronomical topics such as moon, sun, wind, cloud, etc; and geological topics, such as, mountains, rivers, lakes, etc.

4—<u>Community Civics and Common Sense</u>: These lessons should deal with activities in home, school and community, and common and practical social experiences.

5—<u>History and Biography</u>: These are lessons of community history and biography in lower grades, and with national and world topics and heroes in the upper grades.

6—<u>Geography and Travel</u>: These are lessons of community geography and local excursions in the lower grades, and world geography in the upper.

7—<u>Social Institutions and Human Groups</u>: These lessons should deal with types of men, social classes, various institutions, etc, correlated with social studies.

8—<u>Customs and Manners</u>: These should be lessons on customs and manners of the community in the lower grades, and on customs and manners in the world, in the upper grades.

9—<u>Lessons on Children</u>: These should be lessons dealing with children's thoughts, feelings, actions, plays and games, etc.

10—<u>Jokes</u>: These lessons should contain only those jokes which are simple, wholesome, yet interesting.

11—<u>Puzzles</u>: These puzzles should be simple enough for children to solve them.

12—<u>Fables</u>: These lessons should include only those fables which are wholesome and interesting.

13—<u>Stories</u>: These should be real stories designed to enlarge children's experience.

CONCLUSIONS

In concluding the chapter on the nature of contents which we have discussed in the preceding paragraphs, we wish to call attention to three kinds of contents, viz; the "fable", "history and biography" and "geography and travel". A number of fables found in both series of readers do not appeal to the interests of children and some are of such a dangerous nature as to distort the child's imagination. The Commercial Series devotes much attention to the virtues of minor figures at the exclusion of prominent characters who have contributed much to the world civilization. In "geography and travel" material, the Commercial Series presents too many detailed descriptions which are of little value to children. The Chun-Hwa Series, on the other hand, shows a wonderful superiority over the Commercial Series in the selection of such materials.

The writer recommends: (1) that the fables selected be simple, interesting, and above all, "wholesome", excluding myths and those fables with misleading morals; (2) that in the selection of material dealing with history and geography, the Commercial Series follow the Chun-Hwa's practice in emphasizing citizenship and world interests; and (3) that the preceding definitions of the 13 kinds of material, as presented in pages 59, 60 and 61, be adopted.

THE ORGANIZATION OF CONTENTS OF THE READING CURRICULUM

In this chapter we shall consider the organization of the contents of the reading curriculum. This is one of the most vital issues before teachers and textbook writers. For ever if the proper classes of contents are determined, and suitable subject matter is selected, without careful organization everything in the reading curriculum will fail to perform its function. In this chapter the problem is discussed in regard to the following four points:

1—Central idea of each lesson.

2—Articulation with succeeding lessons.

3—Type studies of lessons.

4—Pedagogical vs. Logical organization of lessons.

TABLE XIII -PERCENTAGES OF LESSONS ARTICULATED WITH SUCCEEDING LESSONS IN TWO SERIES OF READERS

Grades	COMMERCIAL			CHUN-HWA		
	No. of lessons	No. of lessons articulated with succeeding lessons	Percent	No. of lessons	No. of lessons articulated with succeeding lessons	Percent
I B	50	37	74	48	21	44
I A	50	35	70	35	17	49
II B	50	26	52	32	10	31
II A	50	22	44	34	6	18
III B	50	25	50	31	16	52
III A	50	20	40	23	3	13
IV B	50	22	44	25	9	36
IV A	50	21	42	24	8	33
Total	400	208	52	252	90	36

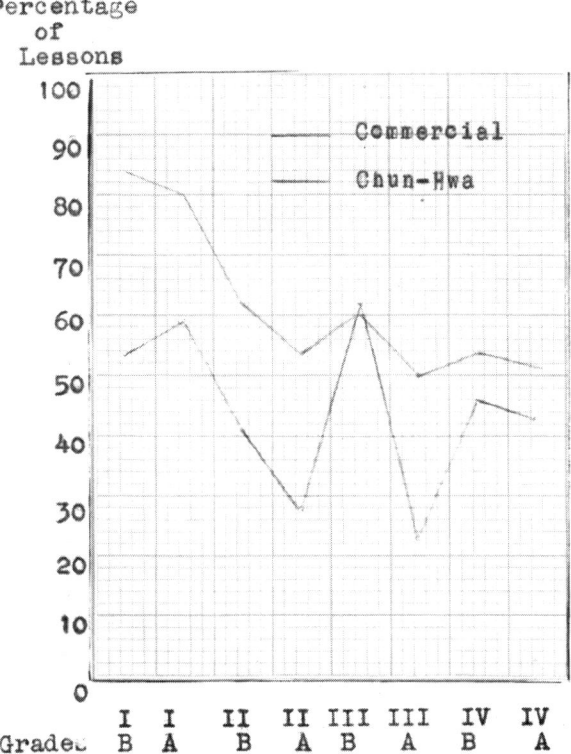

FIGURE 13   PERSONTAGES OF LESSONS ARTICULATED WITH SUCCEEDING LESSONS IN TWO SERIES

TABLE XIV-PERCENTAGES OF LESSONS WHICH DO NOT CONTAIN CENTRAL IDEA

Series of Readers	COMMERCIAL	CHUN-HWA
Number of lessons	10	11
Percentages	2.5	3.5

We desire to call attention to the following facts drawn from the preceding tables and figure.

1—In the Commercial Series, 2.5 percent of the lessons do not contain a central idea; in the Chun-Hwa Series the percent is 3.5.

Examples:

(a) In the Commercial Series, one lesson reads as follows:

"I like the red flower;

We build houses with yellow clay;

We make trousers of blue cloth;

We eat white rice;

We read black words."

(b) In the Chun-Hwa Series, one lesson reads as follows:

"This is a cow.

This is a dog.

This is a sheep.

Is this a rabbit?"

2—In the Commercial Series, 52 percent of the lessons are articulated; in the Chun-Hwa, the percent is only 36.

The percentage of articulated lessons in the Commercial Series decreases as the grades advance, while the percentage in the Chun-Hwa Series is very irregular.

3—In the Commercial Series we found no type studies. Almost all the lessons are independent units although most of them are articulated by certain elements.

In the Chun-Hwa Series we found some type studies in the contents of history and geography in the fourth grade readers.

4—Some lessons are logically organized. An example will be found in the lesson on the "general view of national history" in the Chun-Hwa Series which has been mentioned in the preceding chapter.

COMMENTS:

1—Each lesson should contain a central idea around which the facts and details may center. In the examples given above, several isolated and independent facts are grouped together by an artificial device. They are by no means related to one another and will not appeal to children.

2—The lessons, each with an independent or central idea, should related, especially with those immediately succeeding them. This principle was much more carefully carried out by the Commercial Series, which had the merit of giving attention to the gradual decrease in the percentages of such articulated lessons.

3—In many subjects one of the most important principles in the organization of material is the avoiding of the encyclopedic treatment of many or less isolated topics, and the centering of the discussion around a comparatively few large and carefully selected topics. Each of these should be treated so concretely and fully as to make a lasting general impression upon the minds of the students, thus securing better understanding and better retention of the topic. This principle is applicable to such subjects as history and geography and applies with equal force to reading.

The principle of intensive treatment of a few large topics is not limited to one subject. Many subjects may well be functionally connected with each other by the application of such a principle. As noted before, the material of reading is to be drawn from many sources. The writer has suggested a program with regard to the kinds, the amount, and the distribution of each of the kinds in different grades. ① His suggestion, however, should not be misinterpreted.

As resorting to the old practice of the encyclopedic treatment of many more or less isolated topics independent of one another. To illustrate, in the lower half of the first grade, the four kinds suggested: —"children", "stories", "animals", and "community civics"—should center around a few types of topics such as "My home", "our school", "our play house", etc., instead of treating them separately by allotting to each of them a certain number of lessons. Again, in the upper half of the first grade, the writer recommended the addition of "plants", "history and biography", "geography and travel", and "natural phenomena". All the eight kinds should center around some other types of studies, such as: "excursion to the park", "my own city", etc. The principle may well be applied to the organization of material in all the other grades, for which no further examples will be needed.

As a corrolary to the principle just mentioned, type studies should not lead one to organize the subject matter on the logical basis even in the contents of history and geography in the upper grades. An abstract outline of the general history in logical order, as shown in the Chun-Hwa Series, is far beyond the comprehension of the primary grade children, and should be positively omitted.

RECOMMENDATIONS:

It is recommended that:

1—The subject matter of reading should be organized around a few types instead of being organized in the encyclopedic way, including many small topics independent of each other.

2—Each type or lesson should have a central idea.

3—Types or lessons should be related to each other especially in the lower grades.

CONCLUSIONS

In conclusion, we may say that the organization of the reading curriculum in both series of readers is far from ideal. We have found that many lessons in each series do not have any central idea. While in the Chun-Hwa Series there are some type studies in the contents of history and geography in the fourth grade readers, the lessons in the readers

---

① See page 48.

for other grades are about small topics, not closely related to each other. As to the Commercial Series, all of the lessons are treated in an encyclopedic fashion in spite of the fact that most of them are articulated by certain elements. The writer emphasizes the importance of the intensive treatment of a few large well-related topics, each containing a central idea instead of the encyclopedic treatment of many small isolated topics. Finally, he would maintain that organization on the basis of type studies does not imply that organization be made on logical basis.

CHAPTER Ⅶ
SUMMARY AND CONCLUSTONS

The most important facts set forth in the preceding pages may be summarized as follows:

(A) WEAKNESSES COMMON TO BOTH SERIES OF READERS:

1—They are unsuitable for use in silent reading as they are so small that each book can be finished by a rapid reader in a few hours.

2—Too many different words are assigned to the lower grades.

3—Relatively common and important words are overlooked.

4—Narration is emphasized to the neglect of letter-writing lessons.

5—Too little space is given to lessons on "social institutions" and "customs and manners".

6—Fables are introduced too early, some of which are very uninteresting and even dangerous for the child.

7—Minor personages are over-emphasized to the exclusion of prominent characters.

8—The extensive treatment of large topics is overlooked.

9—The importance of training for citizenship is overlooked.

10—The changes in distribution of the quantity of a given kind of material in the grades, are too sudden.

(B) GOOD POINTS IN THE COMMERCIAL SERIES:

1—Consecutive lessons are well articulated.

2—Dramas and graded sentences are introduced.

3—There are more repetitions of different words.

(C) **WEAK POINTS IN THE COMMERCIAL SERIES**:

1—The introduction of conversation is too late.

2—Too much fable material is used.

3—The selection and organization of history and geography material is not satisfactory.

4—The importance of simple argumentation lessons in the upper grades, is overlooked.

(D) **GOOD POINTS IN THE CHUN-HWA SERIES**:

1—There is considerable variation in the length of lessons.

2—History and geography material is well selected and arranged.

(E) **WEAK POINTS IN THE CHUN-HWA SERIES**:

1—There is a lack of drama, and graded sentences.

2—There are too many different words with insufficient repetition.

(F) **MAIN RECOMMENDATIONS**

From the foregoing facts, it is very easy to see what recommendations this study makes. The most important ones, however, should be emphasized, viz:

1—That the result of scientific studies be adopted, and new studies of common words in literary style, misspelled words, words in order of difficulty, and many other similar studies be made immediately.

2—That the reading in the primary grades be related with social studies and nature studies, as a means of training citizenship.

3—That the fable material in the Commercial Series be greatly reduced.

4—That the reading material be greatly increased in order to provide opportunities for silent reading and a mastery of a large vocabulary.

5—That the material be organized into large type studies instead of being given in an encyclopedic manner.

BIBLIOGRAPHY

Ⅰ-Primary Sources (Elementary Texts Used in the Investigation)

Lee, T. H., Chinese National Language Readers for Lower Primary Schools. Shanghai: Chun-Hwa Book Co., 1923.

Tao, W. T., Easy Lessons for Illiterates.

Shanghai: Commercial Press, Ltd. 1923.

Woo, T. N. Chinese Spoken Language Readers for Lower Primary Schools. Shanghai: Commercial Press, Ltd., 1923.

II-Secondary Sources

Bobbitt, F., How to Make Curriculum.

New York: Houghton Mifflin Co., 1924.

Charters, W. W., Curriculum Construction.

New York: Macmillan Company 1923.

Packer, J. L., "The Vocabularies of Ten First Readers. "Twentieth Yearbook of the National Society for the Study of Education, Part II, 1921. Public School Publishing Co.

Parker, S. C., Methods of Teaching High Schools.

Chicago; Ginn and Company, 1920.

Starch, D. "The Content of Readers", Twentieth Yearbook of the national society for the Study of Education, Part II, 1921, Public School Publishing Company.

(THE UNIVERSITY OF CHICAGO, 1924)

Objective Measures Used In Determining The Efficiency Of The Administration Of Schools

BY
SHWANG CHOW TAI

SUBMITTED
IN PARTIAL FULFILILMENT OF THE REQUIREMENTS FOR THE DEGREE
OF DOCTOR OF PHILOSOPHY IN THE FACULTY OF PHILOSOPHY
COLUMBIA UNIVERSITY

ACKNOWLEDGEMENT

The writer feels deeply indebted to Dr. L. N. Engelhart, Dr. Carler Alexander, Dr. Edward L. Thorndike, Dr. William A. McCall, Dr. J. R. Mc Gaughy, and Dr. M. C. Del Manzo for thoughtful criticism and helpful advice in the preparation of this study. He is gratefull also to the following fellow students in the graduate school of Columbia University and Teachers College: Mr. V. A. Tsanoff, Mr. William T. Mawhinney, Mr. Claude S. Chappelear, Mr. Belmont Farley, Mr. Dale S. Young, Mr. D. H. Pierce and Mr. K. O. Broady and the members of the Seminar Group for the years 1925 – 27, and a group of his countrymen for interest and assistance in carrying forward this study. Most deeply of all he is indebted to Dr. George D. Strayer, Chairman of his Dissertation Committee, for first suggesting the problem and directing the writer along the road of scientific approach to education, to Dr. William F. Russell for a source of constant inspiration and valuable help throughout the preparation of this study, and finally to Dr. Paul R. Mort for resourceful suggestions and untiring spirit in directing the writer toward its completion.

INTRODUCTION

During the period of the past twenty years very great progress has been made in the development of the science of education. One of the necessary elements in this development has been the perfecting of measures which enable us to discover in what degree we have achieved the purposes which we hold essential. No one doubts on ability to compare groups of children with respect to their achievement in arithmetic, spelling, handwriting, and other school subjects.

Progress in the perfecting of measures in the field of educational administration has come primarily in connection with the critical survey of public school systems. In this field, however, many of our recorded judgments still lack the significance which attaches to judgment based upon scientific inquiry. Mr. Tai has rendered an important contribution in his careful analysis of the many measures and pseudo-measures which have been used by superintendents of schools, bureaus of research, and other students of the problems of educational administration. He has distinguished among these attempts to apply scientific procedure to the practice of administration. His report and his bibliography will be found indispensable to one who wishes to command the field and to know the direction in which further progress in indicated.

GEORGE D. STRAYER

CHAPTER I
INTRODUCTORY STATEMENT

A. -Statement of the problem

About a decade and a half ago, a very important movement in school administration was begun in the form of the school survey. Previous to that time, studies in school administration had been made involving such subjects as school finance[①], teaching

---

[①] Cubberley, E. P. School Funds and Their Apportionment; Elliott, E. C. Some Fiscal Aspects of Education; Strayer, G. D. City School Expenditures.

staff①, school organizations②, and elimination and retardation③. The school survey undertook to evaluate the efficiency of the school system regarding many phases of school work. Although begun in a report based chiefly on personal observation④, the school survey became increasingly objective in character by constantly developing devices for scientific measurement. The practical result of the survey movement, together with the reports of city school superintendents and research studies by individuals, higher educational institutions, and foundations, has been to add a large and rapidly growing number of measures to the technique of evaluating the efficiency of school administration.

The measures so far put forward, however, differ widely in the degree of their usefulness. For a busy school administrator who plans a survey of his school, there is a practical need for certain criteria by which to judge the validity and adequacy of the measures which he may use. Moreover, the existing useful measures in our voluminous educational literature are too widely scattered for a school administrator to collect those he needs to cover the important phases of school administration. To meet the situation just described the present study has been planned. Its purposes are twofold:

1. To build up two sets of criteria of for the evaluation of the validity and adequacy of the measures used in determining the efficiency of school administration.

2. To discover the measures⑤ for most of the important fields of city school administration and to classify them according to the degree of their usefulness in evaluating administrative efficiency.

The first of these purposes forms the topic of Chapter Ⅱ. The second is dealt with in Chapter Ⅲ and following.

B. -Sources of Data

Data for this study were obtained from an examination of the following publications:

1. Reports of school surveys of eighty-six cities, thirteen counties, a fourteen

---

① Thorndike, E. L. The Teaching Staff of Secondary Schools in the United States; Amount of Education, Length of Experience, Salaries.

② Thorndike, E. L. A Neglected Aspect of the American High School.

③ Ayres, L. P. Laggards in our Schools; Corman, P. O. The Retardation of Pupils of Five City Systems; Thorndike, E. L. The Elimination of Pupils from School.

④ 1910 Boise Survey.

⑤ The measures discovered are one thousand four hundred and seventy seven in number and are on file at the library, Teachers College, Columbia University in a classified and evaluated form.

states, and forty-nine miscellaneous surveys covering a period from 1910 to 1926.

2. Superintendents' Reports of cities in all but three[①] of the states of union.

3. Magazine Articles:

   a. The American Physical Education Review, 1910 – 1925.

   b. The American School Board Journal, 1915 – 1925.

   c. Educational Administration and Supervision, 1915 – 1925.

   d. Educational Review, 1915 – 1925.

   e. Journal of Educational Research, 1920 – 1925.

   f. The Psychological Clinic, 1908 – 1922.

   g. School and Society, 1915 – 1925.

   h. The school Review, 1915 – 1925.

   i. The Teachers College Record, 1915 – 1925.

   j. University of Pennsylvania Schoolmen's Week, 1916 – 1924.

4. University Research Studies:

   a. Contribution to Education, Teachers College, Columbia University, 1904 – 1926.

   b. Illinois University Bureau of Educational Research Bulletins, 1918 – 1925.

   c. University of Minnesota Educational Monographs, 1922 – 1925.

   d. Ohio State University Bureau of Educational Research Bulletins, 1922 – 1925.

5. Educational Inquiries and Publications of Associations:

   a. Reports of the Educational Finance Inquiry.

   b. Know and Help Your Schools.

   c. National Educational Association Research Bulletins, 1923 – 1925.

   d. Yearbooks of the National Society for the Study of Education, 1910 – 1925.

C-Method of Procedure

The procedure for this study was the following:

1. Determination of the phases of school work to be include in the present study. The first question which had to be answered was: what phases of school work should be covered in the field of school administration? It was at first thought best to include only those measures usually found under the common heading of organization and administration in the publications, especially the reports of school surveys, cited. This idea was later given up because it was felt that all school work could be said to have something to do with school administration; therefore, all phases of school work of a

---

① Florida, Mississippi, and Nevada.

Objective Measures Used In Determining The Efficiency Of The Administration Of Schools

city school system are included in this study where their measures were found in the sources of data.

2. General survey of measures. Two criteria were set up for the selection of measures for this study:

   a. A measure must be a quantitative scale①.

   b. A measure must be applicable to the city school administration, because this study was planned primarily with city school systems in view②.

These two criteria were kept in mind as the writer surveyed the publications cited. Measures applicable to the administration of city school systems were listed wherever found. Those obviously inapplicable were rejected for the purpose of this study. The measures finally selected were one thousand four hundred and sevent-seven（注：疑为"seventy-seven"之误）in number.

3. Evaluation of measures. The measure were then carefully examined with respect to the degree of their usefulness in determining administrative efficiency. Three more criteria were introduced. They were:

   a. A measure must have a exact basis with respect to the meaning of which all competent thinkers will agree③.

   b. A measure must have a defined zero point for comparison④.

   c. A measure must have hearing upon the efficiency of school administration⑤.

4. Classification of measures. the measures were finally classified by the following steps:

   a. Classification of measures into different groups according to the general outline laid down by Professors Strayer, Engelhardt, Mort and Alexander of the staff of the Department of Educational Administration, Teachers College, Columbia University⑥.

   b. Segregation of measures useful in evaluating administrative efficiency from measures not useful in evaluating administrative efficiency for each group according to the criteria of (1) exact basis, (2) reference to a defined zero point, and (3) relevance to efficiency.

   c. Segregation of measures generally useful in evaluating administrative efficiency

---

① See discussion in Sec. 1. A., chapter Ⅱ.
② See discussion in Sec. 1. B., chapter Ⅱ.
③ See discussion in Sec. 2. A., chapter Ⅱ.
④ See discussion in Sec. 3. A., chapter Ⅱ.
⑤ See discussion in Sec. 2. B., chapter Ⅱ.
⑥ Strayer, Engelhardt, and others. Problems in Educational Administration.

from those useful within narrower limits.

d. Segregation of measures useful in evaluating administrative efficiency independently of other measure from those useful only in combination with kindred measures.

The resulting classification① was as follows:

(Ⅰ) Measures generally useful in evaluating administrative efficiency.

(A) Useful independently of other measures.

(B) Useful only in combination with kindred measures.

(Ⅱ) Measure useful in evaluating administrative efficiency within narrower limits.

(A) Useful independently of other measures.

(B) Useful only in combination with kindred measures.

(Ⅲ) Measures not useful in evaluating administrative efficiency.

CHAPTER Ⅱ
CRITERIA FOR THE SELECTION OF VALID MEASURES OF EFFICIENCY OF SCHOOL ADMINSTRATION

In the mental sciences, as in the physical, we measure things when we describe their qualities in quantitative terms, the physicist measures the temperature of the air in terms of the degrees showing the height of a column of mercury in a thermometer. The economist measures the wealth of a community in terms of the dollars possessed per capita. The educationist measures the ability of a child to spell in terms of the scores made on a standard spelling scale. Whenever we determine the degree of any quality in an object, we have measured that object with respect to this quality.

All quantitative description requires a scale of quantity or a measure. Such measure is commonly formed by laying off the unit of measurement from a starting point. An object is measured or described by determining how far it extends along this scale from the zero point. Thus, when the drawing power of a school system is described as having eighty percent of the children of compulsory attendance age enrolled in school this means that the quantity of drawing power extends along the scale of linear measure a distance of eighty units-one percent being a unit-from the zero point which represents no percent.

The essentials of a valid scale, according to Professor Thorndike, are: (1) objectivity; (2) consistency; (3) definiteness of the facts and their differences, one from another;

---

① See Chapter Ⅳ.

(4) comparability with the facts to be measured and (5) reference to a defined zero point[①]. Professor Thorndike refers particularly to such scales used in determining the pupil's achievement as the hand writing scale and the composition scale. For the measures put forward in the present study, the author found the second and the third essentials inapplicable on account of the defects involved in the measures now in use. He also found it necessary to have two sets of criteria for the selection of useful measures in determining the efficiency of school administration, (1) criteria of validity and (2) criteria of adequacy. The first essential, "objectivity", will be split into two factors, (1) quantitative scale and (2) exact basis. These two factors and the fifth essential, "reference to a defined zero point", will form the criteria of validity. The fourth essential, "comparability with the facts to be measured", will not be considered as a criterion of validity but, together with another criterion proposed by the writer, will form the criteria of adequacy. These two sets of criteria are applicable to the determination of the usefulness of measures employed in determining the efficiency of school administration.

A. -Criteria of Validity

1. Quantitative scale

The first criterion of a valid scale is that it be a "quantitative scale". An objective measure is a measure which "replaces the crude and vague comparatives and superlatives and other words descriptive of different amounts of various mental and social facts by reference to scales of accepted meaning in terms of observable facts[②]". In judging the efficiency of school administration in dental service for example, we may use a scale of descriptive words, "extremely bad", "bad", "fairly good", "good", "very good", and "extremely good", as a measure. Just what is meant by "extremely good?". A group of competent students of educational administration might disagree widely whit respect to the meaning. But if we, instead, use 0, 1, 2, 3,... 100 percent of reduction in the number of cavities in the permanent teeth for a series of years as a scale[③], we shall more nearly agree with respect to the meaning of such percentages, because by their use we have replaced those crude and vague descriptive words by more objective basis for

---

① Thorndike, Edward L. An Introduction to the Theory of Mental and Social Measurements, pp. 11-18.
② Thorndike, Edward L. An Introduction to the Theory of Mental and Social Measurements, p. 13.
③ Bridgeport Report, p. 455.

judging the efficiency of dental service.

2. Exact basis

The second criterion of a valid measure is "exact basis". A quantitative scale may be objective, but only if the basis for the scale is exact. The efficiency of dental service may be taken again as an illustration. It seems at first thought to be justifiable to use such measures as "the percentage of children with bad condition of the gums", and "the percentage of children with condition of the mouth distinctly bad[①]", since these measures are quantitative scales. Upon carefully examining the basis of these measures, however, one immediately becomes aware of the inexactness of the expression "bad condition of the gums", and "distinctly bad condition of the mouth". Just how "bad?" or how "distinctly?". Here, again, as was pointed out in the case of the quantitative scale, a group of competent thinkers might disagree widely with respect to their meaning. But if we, instead, use the percentage of pupils having no dental defects, referred to in the preceding section, as a measure, we will more nearly agree with respect to the meaning because "no dental defects" is a more exact basis.

3. Reference to a Defined Zero Point

The third criterion of a valid measure is "reference to a defined zero point", "the zero point", according to Professor Thorndike, "may be absolute, meaning Just not any of the thing; or arbitrary, meaning a point called zero though actually designating some amount of the thing[②]". "One must know what fact would, by the scale as used, be measured as zero or just barely above zero[③]". He calls attention to a common fallacy in the mental sciences to compare directly the amounts of measurements made from different zero points[④]. Such fallacy is not infrequently found in the measures of efficiency of school administration. "the percentage of increase in salaries of elementary school teachers between 1903 - 4 and 1912 - 13 in cities having over 5000 inhabitants" used in Bulletin, 1915, No. 31[⑤] of the United States Bureau of Education is one among the many examples. In this measure, the average salary paid to teachers of such cities in 1903 - 04 was the zero point. When we consider that each city operated as a separate

---

① Salt Lake Survey, p. 286.
② Thorndike, Edward L. An Introduction to the Theory of Mental and Social Measurements, p. 46.
③ Thorndike, Edward L. Loc. cit.
④ Ibid, p. 17.
⑤ P. 110.

unit in paying teachers' salaries, and that the cities, except by rare chance, paid different average salaries, instead of having a common zero point to all cities, each city would have a separate zero point. Moreover, even though all cities paid uniform average salaries, the zero point would still vary with the differences in the purchasing power of the salaries in different cities. To make any comparison in terms of changes in percentages based upon such points would involve the same fallacy Professor Thorndike points out.

B. -Criteria of Adequacy

1. Comparability with the Facts to be Measured

The first criterion of an adequate measure is "comparability with the facts to be measured". Professor Thorndike has well said: "To measure the beauty of a drawing of an eagle by comparing it with the series a, b, c, etc ... and observing to which point of the series it was nearest in respect to beauty, would be much easier if the series consisted of drawings of the same eagle, than if the series consisted of drawings of ships①." Similarly to measure the efficiency of a high school building by comparing it with a score card would be much easier if the score card was developed out of facts from a high school building than if the score card was developed out of facts from an elementary school building.

In determining the efficiency of school administration, a measure intended for the use of particular types of communities must be one fitting the situations of that type of community. As this study has been planned primarily with city school systems in view, the measures selected are those that can be applied to evaluate the efficiency of the administration of the school systems of cities. Measures that are adequate for use in evaluating the administrative efficiency of rural schools, such as "the percentage of students who were making the trip daily between school and home②", and "the percentage of pupils obliged to use dirt road entirely in making their trips③" are not included in this study, because such measures become invalid when applied to evaluate the efficiency of city schools.

---

① Thorndike, Edward L. An introduction to the Theory of Mental and Social Measurements, p. 15.
② Rural School Survey of New-York State, Vol. Ⅱ, p. 555.
③ Ibid., p. 554.

2. Relevance to Efficiency

The second criterion of an adequate measure is "relevance to efficiency". Just as the handwriting scale must be so made as to show the achievement of handwriting of a certain child, so the measure used in determining the efficiency of the school administration must be such that it will show the efficiency of administration of a certain school system.

There are two kinds of measures with respect to efficiency: one is generally useful in evaluating administrative efficiency; the other is useful in evaluating administrative efficiency within narrower limits. Each kind may be sub-divided into types (A) useful independently of other measures, and (B) useful only in combination with kindred measures. Examples:

(1) Measures Generally Useful in Evaluating Administrative Efficiency.

TYPE (A) Useful Independently of other Measures.

Example:

1. The average length of time involves in getting repair work done from data of order to date of completion①.

The efficiency increases with the decrease of time required to get repair work done from date of order to date of completion. It can, therefore, be inferred that the less time required by each repair job done, the more efficient the school administration.

TYPE (B) Useful Only in Combination with Kindred Measures.

Examples:

1. The percentage of total enrollment making slow progress.

2. The percentage of total enrollment making normal progress.

3. The percentage of total enrollment making rapid progress.

Disregarding the percentages of the total enrollment making normal progress and rapid progress, the efficiency decreases with the increase of the total enrollment making slow progress. It can be inferred that the smaller the percentage of total enrollment making slow progress, the more efficient the administration. But when the percentages of those making normal and rapid progress are included, such inference is very misleading. This situation may be illustrated by the following:

*School System A*②

1. The percentage of slow-progress pupils   45.8%

---

① 1921 Baltimore Survey, Vol. Ⅱ, p. 47.

② Tampa Survey, p. 201.

2. The percentage of normal-progress pupils   48.1%
3. The percentage of rapid-progress pupils   6.1%

School System B[1]

1. The percentage of slow-progress pupils   52.5%
2. The percentage of normal-progress pupils 39.5%
3. The percentage of rapid-progress pupils   8%

Taking the percentage of slow-progress pupils alone as a measure of efficiency, it might be inferred that System A is more efficient than System B. if, however, the percentage of rapid-progress is taken into account, the opposite is true. The efficiency in regulating progress of school children can not be accurately determined unless such kindred measures are used together.

(2) Measures useful in Evaluating Administrative Efficiency with Narrower Limits.

TYPE ( ) Useful Independently of Other Measures.

Example:

1. The percentage that the number of boys is of the number of girls in high schools[2].

Within the limit of 100 percent, it is true that the above measure indicates the efficiency of school administration, also that it is useful only within a certain limit, because excessive pay means waste of school money: the reason that the three measures above should be considered as kindred ones and be used together needs some explanation. The following are illustrations:

School System A[3]

1. The median salary for senior high school men teachers············1740
2. The Quartile 4 salary for senior High school men teachers······1625
3. The Quartile 3 salary for senior high school men teachers······1790

School System B[4]

1. The median salary for senior high school men teachers······1733
2. The quartile 4 salary for senior high school men teachers······1640
3. The quartile 3 salary for senior high school men teachers······1875

Disregarding the Quartile 4 and 3 salaries paid senior high school men teachers in both systems and taking the median alone as a measure of efficiency, it might be

---

① Stamford Survey, p. 33.
② Ayres, Leonard P. An Index Number for State School Systems, p. 14.
③ City of Asbury Park, New Jersey. Data from Evenden. E. S. Teachers' Salaries and Schedules.
④ City of Rahway, New Jersey. Data from Evenden. E. S. Teachers' Salaries and Schedules.

inferred, as was pointed out in the case of measures generally useful in evaluating administrative efficiency, that System A had better administration because it paid higher median salary to senior high school men teachers than System B. Upon examining the A quartile 4 and Quartile 3 salaries paid to such teachers by the same school systems, however, one immediately notices a reverse situation. Hence, such measures must be used together before the real efficiency can be presented.

The foregoing five criteria were employer to select measures for the present study. Two other essentials set up by Professor Thorndike are "consistency" and "definiteness of facts and their difference, one from another[①]". Of the former, he said: "The series of facts used as a scale must be varying amounts of the same sort of thing or quality". Of the latter, he said: "An ideal scale, such as that for weight, is a series of perfectly defined amounts, so that a series varying by steps of equal, difference can readily be selected[②]." The measures of the efficiency of school administration now in use are inadequate in respect to these two essentials. The percentage of school attendance may be taken as an illustration of the lack of these essentials. The facts for this measure may, or may not, be the same sort of thing or quality for the various units on the measures. To go from 85% to 90% on the measure of the school attendance may be easy; to go from 90% to 95% is not so easy; but to go from 95% to 100% is very difficult, if not impossible. Therefore the facts measured are not consistent with the various units of the measure. Moreover, since these units are not a series of perfectly defined amounts, the difference between any two of them being not perfectly defined, we find a violation of the second essential. Thus, we cannot take for granted that 100%~90% equals 90%~80% attendance. One hundred percent perfect attendance may be two or three times as hard to reach from 90% as 90% attendance is from 80%. And probably a school system with 100% attendance should be credited with being two or three times as efficient as one with 90%. The technique of evaluating the efficiency of school administration would remain inadequate unless we could ascertain the consistency of every measure and find the real value of each unit upward in the measures, and so to transform them into numbers where the series 1,2,3,4,5, etc., will represent amount of efficiency increasing by truly equal units[③]. Since the units of measurement now in use in evaluating administrative efficiency are not definitely known to be consistent, and

---

    ① Thorndike, Edward L. An Introduction to the Theory of Mental and Social Measurements, p. 13.

    ② Ibid., p. 13.

    ③ Thorndike, Edward L. The improvement of Mental Measurements, Journal of Educational Research, 11:1-11.

since the definiteness of the facts and their differences one from another have not been established, the writer has refrained from attempting to apply these criteria in the selection of his measures.

CHAPTER III
APPLICATION OF CRITERIA ON THE CLASSIFICATION OF MEASURES

The criteria employed in the present study for the selection of measures, as discussed in the preceding chapter, are (1) quantitative scale; (2) exact basis; (3) reference to a defined zero point; (4) comparability with the facts to be measured, and (5) relevance to efficiency. The writer kept the first and the fourth in mind as he surveyed the publications cited, measures applicable to the administration of city school systems were listed wherever found: Those obviously inapplicable were rejected for the purpose of this study. The measures finally selected were one thousand four hundred and seventy-seven[1] in number. The present chapter will be devoted to the application of the second, the third, and the fifth criteria as mentioned above, and to the presentation of the divisions of school work as used in an authoritative text in the way of classifying these measures.

A. -Classification of Measures According to the Nature of School Work

The measures were first classified according to the general outline laid down by Professors Strayer, Engelhardt, and their associates[2]. The classification was as follows:

1. COMMUNITY AND ITS POPULATION
    a. Population.
    b. Social Conditions.
    c. Education.
    d. Illiteracy.
    e. Occupation.
2. LOCAL ADMINISTRATION OF SCHOOLS
    a. Board of Education.
    b. Community Interest in Board Elections.

---

[1] On file at the library, Teachers College, Columbia University.
[2] Strayer, Engelhardt, and others. Problems in Educational Administration.

c. Internal Administration.
3. FINANCING THE SCHOOLS
    a. Sources of School Receipts.
    b. Fiscal Dependence of Boards of Education.
    c. Relationship of School to Municipal Expenditures.
    d. Cost for Schools.
    e. Allotment of School Expenditures Among: Different Activities.
    f. Analysis of Expenditures.
    g. Financial Ability and Effort.
4. BUSINESS ADMINSTRATION OF SCHOOLS
    a. Budgetary procedure.
    b. Handling Textbooks and Supplies.
5. SCHOOL PUBLICITY
6. BUILDINGS AND EQUIPMENT
    a. General Efficiency.
    b. Sites.
    c. Buildings.
    d. Service System.
    e. Classrooms.
    f. Special Rooms.
    g. Provision of Building Facilities.
    h. School Housing Planning.
    i. Utilization of a High School Building.
    j. Insuring Public School Property.
    k. Operation of the School Plant.
    l. Repair of Buildings.
    m. Size of School Buildings.
    n. Library Provision.
7. HEALTH SERVICE
    a. Health Conditions of School Children.
    b. Health Department and Its Work.
    c. School Seating.
8. CENSUS AND ATTENDANCE
    a. Attendance Department and Its Work.
    b. Conditions of Attendance.
9. CLASSIFICATION AND PROGRESS OF SCOOL CHILDREN

a. Age-Grade and Progress Studies.
   b. Repetition of School Work.
   c. Subject Failures.
   d. Policy of Failing Students.
   e. Classification of Pupils.
   f. Classes for Retarded Pupils.
   g. Enrollment and Elimination.
10. THE ORGANIZATION OF LOCAL SCHOOL SYSTEMS
   a. School Organization.
   b. Schooling.
   c. Platoon School.
   d. Continuation Schools.
   e. Vocational Education.
   f. Kindergarten Education.
11. SUPERVISION OF INSTRUCTION
12. CURRICULA AND COURSE OF STUDY
13. RECORDS AND REPORTS
14. EXTRA-CURICULAR ACTIVITIES
15. PERSONNEL MANAGEMENT
   a. Sources of Teachers.
   b. Age of Teachers.
   c. Sex Composition of Teachers.
   d. Social Conditions.
   e. Growth of Teaching Staff.
   f. Intelligence of Teachers.
   g. Training of Teachers.
   h. Experience.
   i. Improvement of Teachers in Service.
   j. Teachers' Salaries.
   k. Teaching Load.
   l. Teachers' Health.
   m. Absence of Teachers.
   n. Teacher Failures.
   o. Stability of Teaching Staff.
16. PUPIL ACHIEVEMENT
   a. Achievement in General.

b. Handwriting.

c. Reading.

d. Spelling.

e. Arithmetic.

f. Grammar and Composition.

g. Other Subjects.

B. -segregation of Measures Useful in Evaluating Administrative Efficiency from Measures not Useful in Evaluating Administrative Efficiency.

The measures in each of the above groups were again sub-grouped into (1) measures useful in evaluating administrative efficiency, and (2) measures not useful in evaluating administrative efficiency. The criteria used in making this division are (1) exact basis, (2) reference to a defined zero point, and (3) relevance to efficiency.

1. Exact Basis

Out of the one thousand four hundred and seventy-seven measures selected for this study, there were found seventy-nine which were not exact in basis because of one or two of the following reasons:

a. USE OF CRUDE AND VAGUE DESCRIPTIVE WORDS

Examples:

(1) The range in heights of blackboards which were too high for the grades using them[①].

(2) The percentage of children enrolled who attend school all day, and in adequate buildings owned by the city[②].

b. USE OF TERMS WHICH DO NOT HAVE CLEAR-CUT DEFINITION

Examples:

(1) The percentage of meetings at which technical and professional matters are discussed[③].

(2) The percentage of business transacted by the board concerned with methods of policy[④].

---

① Philadelphia Survey, vol I, p. 175.
② Frasier, G. W. The Control of City School Finances, p. 89.
③ 1924 Springfield Survey, p. 22.
④ Lawrence Tonship Survey, p. 11.

c. USE of DIFFERENT KINDS OF FACTS

Example:

(1) The percentage of schools in which the plenum chamber had either never been cleaned, the date of the last cleaning had been forgotten, or the cleaning was done at irregular and long intervals[①].

d. USE OF FACTS OF DIFFERENT VALUE

Example:

(1) The percentage of items considered at the board meeting coming from officers or executives[②].

e. USE OF UNRELIABLE DATA

Example:

(1) The average number of school journals reported as read by teachers[③].

f. USE OF ESTIMATED FIGURES

Example:

(1) The average expected gain per pupil in the weight-study classes[④].

Measures of the six kinds above mentioned were all inexact in basis, and therefore classified as not useful in evaluating the efficiency of school administration.

2. Reference to a Defined Zero Point

Out of the measures selected for this study, forty-two were found not referred to a defined zero point. The following are illustrations:

a. KIND OF MEASURES WITH REFERENCE TO A DEFINED ZERO POINT

Examples:

(1) The average annual cost per pupil enrolled in the grades[⑤].

The defined zero point of this measure is "zero cost per pupil enrolled".

(2) The median scores in oral reading for each grade[⑥].

The defied zero point of this measure is "zero score in oral reading".

[①] Providence Survey, p. 116.
[②] Harrisburg Survey, p. 25.
[③] Jefferson County Survey, p. 78.
[④] District of Columbia Report, p. 108.
[⑤] Educational Administration and Supervision, 2:307.
[⑥] Grand Rapids Survey, p. 64.

(3) The mode of weeks to complete a grade①.

The defied zero point of this measure is "zero weeks to complete a grade".

(4) The percentage of total elementary enrollment having no advantage of special rooms②.

The defined zero point of this measure is "zero percent of total elementary enrollment having no advantage of special rooms".

(5) The ratio between the illumination on the dark and the bright side of the room③.

The defined zero point of this measure is "zero ratio between the illumination on the dark and the bright side of the room".

(6) The coefficiency of correlation between salary and training of elementary school principals④.

The defined zero point of this measure is "zero correlation between salary and training of elementary school principals".

(7) The range of cost for fuel per class room in middle fifty percent of the schools⑤.

The defined zero point of this measure is "zero range of cost for fuel per classroom in middle fifty percent of the schools".

b. *KINDS OF MEASURE WITHOUT REFERENCE TO A DEFINED ZERO.*

(1) *Simple Form*

  (a) Increase in Percentage

Examples:

1) The percentage of increase in elementary school salaries for a ten year period⑥.

2) The percentage of increase in building space under the platoon plan⑦.

  (b) Decrease in Percentage

Examples:

1) The percentages of decrease in days lost per pupil⑧.

---

① Educational Administration and Supervision, 3:4.
② Philadelphia Survey, vol. Ⅰ, p. 209.
③ National Educational Association, Report of the Committee on school House Planning, p. 14.
④ Atlanta Survey, vol. Ⅱ, p. 465.
⑤ Denver Survey, Part Ⅰ, p. 55.
⑥ Akron Survey, p. 41.
⑦ Cleveland Survey, volume on Overcrowded Schools and the Platoon Plan, p. 59.
⑧ 1923 Meriden Report, p. 22.

2) The percentages of decrease in number of pupils absent①.

(2) *Complex Form*

(a) Ratios

Example:

1) The ratio of the percentages of increase in junior high school enrollment to the percentage of increase in grades 1to 6②.

(b) Percentages

Example:

1) The percentage of the increased cost of living from 1913 - 14 to 1919 - 20 that was met by increased salaries for elementary women teachers③.

The last example deserves special attention. The cost of living from 1913 - 14 to 1919 - 20, as used by Dr. Frasier④, was obtained by computing the mediam（注:疑为 medium） percent of increase of cost of living over that span of years and the increased salaries for elementary women teachers by computing the percent of increase of elementary women teachers' salaries over the same span of years. Hence, the above measure can be now stated as "the percentage of the percent of increase in cost of living from 1913 - 14 to 1919 - 20 that was met by the percent of increase in salaries for elementary women teachers". Since the two composite measures of this measure do not have a defined zero point which is an essential to any valid measure⑤, it was not considered as useful in evaluating the efficiency of school administration.

3. Relevance to Efficiency

Measures selected for this study vary in the degree of their relevance to efficiency of school administration. There are those which are obviously relevant to the efficiency of the school administration, such as the percentage of school children who are under-age, of normal age, and over-age. There are others obviously not, such as the percentage of total population five to nineteen years old. Between these groups, there are a large number of borderline cases of doubtful classification. It was felt necessary, for the convenience in grouping measures, to single out the factors of efficiency which can be used as standards to segregate the measures of obvious relevance from others of questionable relevance to efficiency, although no clear-cut demarcation could be drawn.

---

① Ibid, p. 22.
② Rochester Report, p. 87.
③ Frasier, G. W. The Control of City School Finances, p. 89.
④ Ibid, p. 72 - 73.
⑤ See Sec. 3,B. Chapter Ⅱ.

The following have been used for this purpose:

a. ADEQUACY OF EDUCATIONAL MACHINERY

Example:

(1) The percentage of the case in which action of committee terminated the consideration of the matter in hand①.

Those having to do with educational machinery but not purporting to measure its adequacy.

(1) The average number of votes cast when resolutions involving projects were presented for consideration②.

b. ADEQUATE USE OF SCHOOL MONEY

Example:

(1) The percentage of amount paid for teaching in high school to total cost in high school③.

Those having to do with school money but not purporting to measure its adequate use.

Example:

(1) The real wealth per capita population assessed④.

c. PROVISION FOR CONVENIENCE IN EDUCATIONAL MEANS

Example:

(1) The percentage of elementary enrollment living (1) less than half a mile, (2) within one mile and more than one-half a mile away⑤.

Those having to do with educational means but not purporting to measure its provisions.

Example:

(1) The average age of classrooms⑥.

d. PROVISION FOR EDUCATIONAL OPPORTUNITY

Example:

(1) The number of months school was maintained⑦.

Those having to do with educational opportunity but not purporting to measure the

---

① Harrisburg Survey, p. 25.
② Lawrence Township Survey, p. 110.
③ Educational Administration and Supervision, 2:307.
④ 1920 Boise Survey, p. 14.
⑤ Greenwich Building Survey, p. 17.
⑥ Denver Survey, Part Ⅴ, p. 5.
⑦ Lane Country Survey, p. 74.

adequacy of provisions.

Example:

(1) The percentage of different reported cases of truancy investigated which were due to parental neglect[1].

e. PROVISIONS FOR EFFICIENT INSTRUCTION

Example:

(1) The median years of teaching experience of teachers[2].

Those having to do with instruction but not purporting to measure the efficiency in its provisions.

(1) The range of years of teachers' experience middle 50 percent of teachers[3].

f. PROVISION FOR CONSERVATION OF HEALTH

Example:

(1) the percentage of pupils not vaccinated[4].

Those having to do with health but not purporting to measure the provision for conservation of health.

Example:

(1) the percentage of defects for which no treatments were necessary[5].

g. PROVISION FOR SAFETY

Example:

(1) The percentage of children housed in buildings of types (1) A and B, and (2) C, D, and E[6].

Those having to do with safety but not purporting to measure its provisions.

Example:

None found which can be so classified.

h. ADEQUATE MANAGEMENT OF PERSONNEL

Example:

(1) The range of pupil hour load[loaded] by schools[7].

Those having to do with personnel but not purporting to measure the adequacy of

---

[1] New-York City School Inquiry, vol. I, p. 681.
[2] 1920 Boise Survey, p. 49.
[3] Atlanta Survey, vol. II, p. 177.
[4] 1914 Springfield Survey, p. 106.
[5] District of Columbia Report, p. 109.
[6] Know and Help Your Schools, Second Report, p. 36.
[7] Philadelphia Survey, vol. II, p. 114.

personnel management.

Example:

(1) The percentage of teachers having no income other than their earnings[①].

i. OUTCOME OF EDUCATION

Example:

(1) The percentage of efficiency in fundamentals[②].

Those having to do with the outcome of education but not purporting to measure its efficiency.

Example:

(1) The percentage of attempts made in Stone Test[③].

The nine factors, (a) adequacy of educational machinery, (b) adequate use of school money, (c) provision for convenience in educational means, (d) provision for educational opportunity, (e) provision for efficient instruction, (f) provision for conservation of health, (g) provision for safety, (h) adequate management of personnel, and (i) outcome of education, are factors of efficiency. Measures purporting to measure such factors were all classified as useful in evaluating efficiency of school administration.

C. -Segregation of Measures Generally Useful in Evaluating Administrative Efficiency from Those Useful Within Narrower Limits

Every measure was examined first as regards its general usefulness, and secondly, for usefulness only within narrower limits. A measure is considered as generally useful when, from the standpoint of one factor, it measures efficiency all the way through without being limited as judged from the standpoint of the same factor, or of another factor, or of some other factors. When the use of a measure is so limited, it will be considered as useful within narrower limits even if it may be useful to so large an extent as to reach 99 percent on a 100 percent scale.

There are two main kinds of measures useful within narrower limits: (1) measures whose point of limitation is known and (2) measures whose point is not known. The following are illustrations.

---

① 1921 Baltimore Survey, vol. Ⅱ, p. 103.
② Des Moines Report, p. 72.
③ San Francisco Survey, p. 267.

1. Point of Limitation Know

   a. KNOWN TO BE A SCIENTIFIC STANDARD

   (1) Limited from the Standpoint of Same Factor of Efficiency.

   (a) Health as a Factor.

   Example:

   1) The average gain per pupil per month in pounds for the undernourished after treatment by open window classes[①].

   Too great a gain in pounds for the undernourished will lead to inefficiency because of over-weight when the point of normal weight is passed.

   (2) The minimum, the median, and the maximum thermometer readings for a school[②].

   (b) Instruction as a Factor.

   Example:

   1) The minimum, median, and the maximum height of blackboards[③].

   Blackboards too high and too low are equally inconvenient for the purpose of instruction.

   2) Limited from the Standpoint of Other Factor of Efficiency.

   None found which can be so classified.

   b. KNOWN TO BE A PHILOSOPHICAL PROPOSITON

   (1) Limited from the Standpoint of Same Factor of Efficiency.

   (a) Educational Opportunity as a Factor.

   Example:

   1) The percentage that the number of boys is of the number of girls in high schools[④].

   It is a philosophical proposition that a community should hold as many boys as girls in high schools from the standpoint of educational opportunity. Based upon this proposition, it can be safely stated that within the limit of 100 percent, the measure indicates the efficiency of school administration; but when beyond that limit or in other words when the boys outnumber the girls in high schools, it becomes useless as a measure of efficiency because it is undesirable to have less girls than boys in such

---

① Philadelphia Survey, vol. Ⅲ, p. 24.
② Utica Survey, p. 63.
③ 1921 Baltimore Survey, vol. Ⅰ, p. 123.
④ Ayres, Leonard P. An Index Number for State school Systems, p. 18.

schools from the standpoint of educational opportunity for the girls.

(2) Limited from the Standpoint of Other Factors of Efficiency.

None found which can be so classified.

2. Point of Limitation not Known.

The measures of this class can be divided into two groups: (1) measure whose point of limitation can be determined by scientific research or experiments and (2) measures whose point of limitation relies on philosophical propositions and can not be determined by science. The following are illustrations.

a. MEASURES WHOSE POINT OF LIMITATION CAN BE SCIENTIFICALLY DETERMINED

(1) *Limited from the Standpoint of Same Factor of Efficiency.*

(a) Instruction as a Factor

Example:

1) The Media years of teaching experience[①] in years of teachers.

(b) Safety as Factor.

Example:

1) The time needed to empty the building from the time of signal[②].

(c) Adequate Management of Personnel as a Factor

Example:

1) The correlation between salary and experience of elementary school teachers[③].

(2) *Limited from the Standpoint of Other Factors of Efficiency.*

(a) Money limited by adequate, management of Personnel.

Example:

1) The number of square feet of building area to reach janitor[④].

(b) Educational Opportunity Limited by Health and Money.

Example:

1) The average number of days attended by each pupil enrolled[⑤].

(c) Educational Opportunity Limited by Instruction.

Example:

---

① 1920 Boise Survey, p. 59.
② Portland Survey, p. 297.
③ Atlanta Survey, vol. Ⅱ, p. 168.
④ St. Louis Survey, vol. Ⅳ, p. 122.
⑤ 1911 Baltimore Survey, p. 151.

1) The percentage of total enrollment cared for by special classes[①].

　b. MEASURES WHOSE POINT OF LIMITATION CAN NOT BE SCIENTIFICALLY DETERMINED

(1) *Limited from the Standpoint of Same Factor of Efficiency.*

(a) Educational Opportunity as a factor.

Example：

1) The percentage of the school population in the public schools[②].

(b) Outcome as a Factor.

Examples：

1) The range of performance of middle fifty percent in problem solving[③].

2) The correlation between age and grade progress[④].

(2) *Limited from Other Factors of Efficiency.*

(a) Adequacy of Educational Machinery Limited by Money.

Example：

1) The cost per pupil for administrative supplies[⑤].

(b) Convenience Limited by Money.

Example：

1) The cost per pupil for transportation of pupils[⑥].

(c) Educational Opportunity Limited by Money.

Example：

1) The average number of square feet of playground space per child enrolled[⑦].

(d) Instruction Limited by Adequacy of Personnel Management.

Example：

1) The median years of training above elementary school of elementary school teachers[⑧].

(e) Instruction Limited by Money.

Example：

---

① 1921 Baltimore Survey, vol. Ⅱ, p. 201.
② Hot Springs Report, p. 6.
③ Lawrence Township Survey, p. 58.
④ 1921 Baltimore Survey, vol. Ⅱ, p. 154.
⑤ Laramie Report, p. 31.
⑥ Laramie Report, p. 34.
⑦ 1921 Baltimore Survey, vol. Ⅰ, p. 40.
⑧ Atlanta Survey, vol. Ⅱ, p. 168.

1) The per capita cost of supervision of special subjects[①].

(f) Health Limited by Money.

Example:

1) The average minutes for physical examination per pupil[②].

(g) Outcome Limited by Instruction and Other Factors.

Example:

1) The correlation between intelligence and age grade quotient[③].

Measures of the kinds mentioned above were all classified as useful within narrower limits.

D. -Segregation of Measures Useful in Evaluating Administrative Efficiency Independently of Other Measures from Those Useful Only in Combination with kindred Measures.

1. -Types of Measures Useful in Evaluating Administrative Efficiency Independently of Other Measures.

There are two forms of measures useful in evaluating administrative efficiency independently of other measures (1) the simple form, (2) the complex form. The following are illustrations:

a. SIMPLE FORM

the measures belonging to this group are those evidently useful independently of other meaures. Three kinds of such measures were found in this study.

(1) Measures without Maximum and Minimum Limits to the Length of Scale.

Example:

(a) The median score of intelligence of teachers by Trabue's Mentimeter[④].

(2) Measures without Maximum Limit to the Length of Scale.

Example:

(a) The average annual cost per pupil enrolled in the grades[⑤].

(3) Measures with Maximum and Minimum Limits to the Length of Scale.

(a) Measures Which Can Go Beyond the Limits.

Examples:

---

① San Francisco Survey, p. 107.
② St. Louis Survey, vol. Ⅶ, Part Ⅱ, p. 48.
③ School and Society, 21:588.
④ Honesdale Survey, p. 91.
⑤ Educational Administration and Supervision, 2:307.

1) The percentage of teachers' salaries were of laborer's wages[①].

2) The ratio between the illumination on the dark side and the bright side of the room[②].

3) The ratio of the total school enrollment to the average number of children belonging to the age-groups from 7 to 12 inclusive[③].

4) The ratio of percentage of children who are actually wearing glasses to the percentage of children who show symptoms of eye defects[④].

(b) Measures Which Can Only Reach the Maximum or Minimum Limits.

Examples:

1) The coefficient of correlation between salary and training of elementary school principals[⑤].

2) The percentage of books lost or destroyed annually in the entire school system[⑥].

3) The excess of percentage of promotion for girls over the percentage of promotion for boys[⑦].

(c) Measures Which Can Never Reach the Maximum or Minimum Limits.

Examples:

1) The percentage net public school enrollment is of total enrollment[⑧].

2) The failures among 100 children in eight years[⑨].

3) The ratio of cost for industrial subjects to academic subjects in cents per pupil hour in high school[⑩].

b. COMPLEX FORM

The measures belonging to this group are these often associated with kindred measures, although they can be used independently. Three kinds of such measures were found in this study.

(1) *Associated with Only One Kindred Measure*

Examples:

---

① Burgess, W. Randolph. Trends of School Costs, p. 83.
② National Education Association. Report of the Committee on School House Planning, p. 14.
③ University of Illinois Bureau of Educational Research Bulletin, No. 19, p. 47.
④ Denver Survey, Part V, p. 67.
⑤ Atlanta Survey, vol. II, p. 165.
⑥ St. Louis Survey, vol. IV, p. 162.
⑦ The New-York City School Inquiry, vol. I, p. 563.
⑧ 1921 Baltimore Survey, vol. I, p. 213.
⑨ Rochester Report, p. 122.
⑩ Kent, Raymond A. Study of State Aid to Public Schools in Mininesota, p. 119.

(a) Opposite Types.

1) The percentage of elementary school teachers with normal training[①].

2) The percentage of elementary school teachers without normal training[②].

(b) Parallel Types.

1) The percentage of men teachers[③].

2) The percentage of woman teachers[④].

Such measures may be termed "twin measures;" they can be used separately as well as with each other. When either one of the two is used, the value of the other can be readily determined.

(2) *Associated with Only Two Kindred Measures.*

Measures of this group represent scientific standards and are associated with two kindred measure, usually in the form of "(1) below or under a scientific standard, (2) at or of a scientific standard, and (3) above or over a scientific standard." They can be used independently as well as in combination with their kindred measures. The following are examples:

(a) The percentage of children of correct weight, associated with two kindred measures in "the percentage of children (1) under weight, (2) of normal weight, and (3) over weight"[⑤].

(b) The percentage of classrooms in the system with standard reading of dry bulb thermometer of sling psychrometer, associated with two kindred measures in "the percentage of classrooms in the system (1) above standard, (2) with standard, and (3) below standard reading of dry bulb thermometer of sling psychrometer[⑥].

(c) The percentage of blackboards at standard height for the grades using them, associated with two kindred measures in "the percentage of blackboards (1) below a standard, (2) at standard, and (3) above standard height for the grades using them[⑦].

These measures can be used independently because they have been developed from scientific standards and represent the only possibility of measuring administrative efficiency in connection with preventing malnutrition of school children, controlling temperature in classrooms, and adjusting of equipments to the needs of the instruction.

---

① Cleveland Survey, volume on The Teaching Staff, p. 53.
② Cleveland Survey, volume on The Teaching Staff, p. 53.
③ Philadelphia Survey, vol. Ⅲ, p. 169.
④ Philadelphia Survey, vol. Ⅲ, p. 169
⑤ Norwich Report, p. 40.
⑥ St. Paul Survey, p. 100.
⑦ 1921 Baltimore Survey, vol. Ⅰ, p. 123.

In this connection, attention may well be called to some measures of similar form but not developed from a scientific standard. The following are examples:

(a) The percentage of elementary classrooms (1) below, (2) at, and (3) above standard in cubic feet per child on the basis of 40 in a room①.

(b) The percentage of pupils (1) under-age, (2) of normal age, and (3) over-age in the system②.

"The percentage of elementary classrooms at standard in cubic feet per child on the basis of 40 in a room", and the "percentage of pupils of normal age in the system" can not be used independently of kindred measures because the former was developed from an artificial standard; the latter from no standard at all: they do not represent the only possibility of measuring administrative efficiency in connection with the size of classrooms and regulating the progress of school children.

There are measures of the above form, however, which were developed either from an artificial standard or no standard at all, but whose middle and third kindred measures, when combined into one, make an independent measure. Examples:

(a) The percentage of buildings at standard or above in the provision of drinking fountains③.

(b) The ratio of pupils of normal age plus pupils under-age to the pupils in the school④.

In the former example, the other kindred measure is "the percentage of building below standard in the provision of drinking fountains"; in the latter, "the ratio of pupils of over-age to the pupils in the school". These have practically become measures associated with only one kindred measure although they were developed from measures with three kindred measures.

(3) *Associated with Three or More Kindred Measures.*

Examples:

(a) The percentage of floors never scrubbed⑤.

This measure is associated with other kindred measures in "the percentage of floors scrubbed (1) weekly, (2) monthly, (3) yearly, and (4) never". Its only kindred measure was the percentage of floors ever scrubbed which was split into three kindred measures. Therefore it can be used independently.

---

① 1921 Baltimore Survey, vol. I, p. 111.
② Cramford Survey, p. 2.
③ Hackensack Survey, p. 46.
④ Westchester Survey, p. 23.
⑤ South Dakota Survey, p. 65.

(b) The percentage of students having no failures in high school subjects①.

The measure is associated with other kindred measures in the percentage of students having (1) no failures, (2) one failure, (3) two failures, (4) three failures, (5) four failures, (6) five failures, and (7) six failures in high school subjects.

2. Types of Measures Useful in Evaluating Administrative Efficiency Only in Combination with Kindred Measures.

There are two main kinds of kindred measures, (1) kindred measures on the same basis, (2) kindred measures on different bases. Both kinds have sub-divisions. The following are illustrations:

a. KINDRED MEASURES ON THE SAME BASIS

Measures belonging to this group have a common basis for the kindred measures in a measure. They may be divided into three classes: (1) measures based upon percentages, (2) measures based upon points on the scale, and (3) measures based upon ranges.

(1) Measures Based upon Percentages.

(a) *With total Value of Kindred Measures Equal to* 100 *Percent.*

1) On Numeral Basis:

a) *Of Regular Form*

1: Of three kindred measures with a Standard or a Norm as Middle.

Examples:

a: Complete form.

The percentage of students who complete the high school (1) under 4 years, (2) on time, and (3) over 4 years②.

b: Incomplete form.

The percentage of high school graduates who completed the four year course in normal time③.

2: Of More than Three Kindred Measures with Equal Intervals.

Example:

a: Complete form.

The percentage of total buildings scored (1) 0% to 25%, (2) 26% to 50% (3) 51% to 75%, and (4) 76% to 100% of the perfect score on each of the six items of the

---

① School and Society, 1:680.
② St. Louis Survey, Part Ⅲ, p. 49.
③ Lancaster Survey, Part Ⅲ, p. 45.

service4 listed in the Strayer-Engelhardt score card[①].

    b: Incomplete form.

None found for this measure in this study.

Another example:

    a: Complete form.

The percentage of children who are (1) one, (2) two, (3) three, (4) four, and (5) five years overage[②].

    b: Incomplete form.

None found for this measure in this study.

A third example:

    a: Incomplete form.

The percentage of students present 90% of the time[③].

    b: Complete form.

None found for this measure in this study.

  b) Of Irregular Form.

1: Irregular at One End.

Examples:

    a: Complete form.

The percentage of pupils in grade (1) first time, (2) second time, and (3) third time or more[④].

    b: Incomplete form.

The percentage of whole number of pupils in grades two years or more over-age[⑤].

2: Irregular at Two Ends.

Examples:

    a: Complete form.

The percentage of schools (1) under 50%, (2) 50%～60%, (3) 60%～70%, (4) 70%～80%, (5) 80%～90%, (6) 90%～100%, and (7) 100% over of required toilet accommodations for boys seats[⑥].

    b: Incomplete form.

---

  ① Hackensack Survey, p. 40.
  ② Philadelphia Board of Education, Division of Educational Research, Bulleti No. 1, p. 23.
  ③ Honesdale Survey, p. 72.
  ④ Hackensack Report, p. 21.
  ⑤ Portland Survey, p. 191.
  ⑥ Utica Survey, p. 65.

The percentage of children who have 60 square feet or more playground space①.

2) **On Descriptive Basis.**

a) *Of Regular Form.*

1: Cross-over Type.

Examples:

a: Complete form.

The percentage of children (1) under age and rapid progress, (2) normal age and rapid progress, (3) over-age and rapid progress, (4) under-age and normal progress, (5) normal age and normal progress, (6) over-age and normal progress, (7) under-age and slow progress, (8) normal age and slow progress, and (9) over-age and slow progress②.

2: Parallel Type.

Examples:

a: Complete form.

The percentage of rooms facing (1) southwest, (2) east, (3) southwest, (4) west, (5) south, (6) northeast, (7) north, and (8) northwest③.

b: Incomplete form.

None found for this measure in this study.

b) *Of Irregular Form.*

1: Parallel Type.

Examples:

a: Complete form.

The percentage of total enrollment in (1) kindergarten, (2) grades one to six inclusive, (3) grades seven to nine inclusive, and (4) grades ten to twelve inclusive④.

This measure should not be taken as a measure of numeral basis because it is in its true form "the percentage of total enrollment in (1) kindergarten, (2) elementary school, (3) junior high school and (4) senior high school grades".

b: Incomplete form.

The percentage that high school attendance is of the total attendance⑤.

This measure is the reversed form of "the percentage of total attendance in high school attendance" which is but a kindred measure of the measure above.

2: Combined Type.

---

① 1921 Baltimore Survey, Vol. I, P. 54.
② Cleveland Survey, Volume on Child Accouting in the Public Schools, p. 45.
③ Providence Survey, p. 108.
④ Philadelphia Survey, vol. I, p. 41.
⑤ Ayres, Leonard P. An Index Number for State School Systems, p. 11.

Examples:

a: Complete form.

The percentage of school children housed in buildings of types (1) A and B, and (2) C. D. and E[1].

b: Incomplete form.

The percentage of children housed in types D and E[2].

3: Complex type.

Examples:

a: Complete form.

The percentages of elementary classrooms with (1) adjustable, (2) adjustable and non-adjustable of (a) one size and (b) two sizes; (3) non-adjustable of (a) single type of 1) one size, 2) two sizes, and 3) three sizes, (b) double type of 1) one size, 2) two sizes, and 3) three sizes, (c) double and single of 1) one size and 2) two sizes; and (4) desk chairs[3].

b: Incomplete form.

None found in this study.

(b) With Total Value of Kindred Measures Not Equal to 100 percent.

1) On Numeral Basis.

a) Of Regular Form.

Examples.

1. Complete form.

The percentage of beginners remaining in school at (1) first grade, (2) second grade, 93) third grade, (4) fourth grade, (5) fifth grade, (6) sixth grade, (7) seventh grade, (8) eighth grade of elementary school, (9) first grade, (10) second grade, (11) third grade, and (12) fourth grade of high school[4].

The percentage was worked out for each grade by dividing the number of children left at each stage as they advanced the grades with the number of beginners as a denominator in common. The total value of these percentages is naturally greater than 100 percent.

2. Incomplete form.

The percentage of pupils entering first grade of the elementary school enter the first

---

[1] Know and Help Your Schools, Second Report, p. 35.
[2] Ibid, p. 36.
[3] 1921 Baltimore Survey, vol. I, p. 124.
[4] Cleveland Surey, Volume on Child Accounting in the Public Schools, p. 33.

grade of high school①.

Another example

1. Complete form.

The percentage of the entering class who persist to (1)12, (2) 13, (3) 14, (4) 15, (6) 17, (7) 18, (8) 19, (9) 20, and (10) 21 years of age②.

2. Incomplete form.

None found in this study.

b) *Of Irregular form*.

None found which can be so classified.

(2) Measures Based upon Points on the Scale.

(a) *Percentiles*.

1) Based on Absolute Numbers.

Examples:

a) *Complete form*.

The low score, the 25 percentiles, the median, the 75 percentiles, and the high score in dictation-spelling in the Stanford Achievement Test③.

b) *Incomplete form*.

1. Median Type.

a: The median score on the Inglis English Vocabulary Test for boys of a high school grade④.

2. Minimum-Median-Maximum Type.

a: The lowest, the median, and the highest number of square feet per child⑤.

3. First Quartile-Median-Third Quartile Type.

The first quartile, the median, and the third quartile number of square feet per pupil of playground space⑥.

2) Based on Percentages.

Examples:

a) *Complete form*.

None found which can be so classified.

b) *Incomplete form*.

---

① Westchester Survey, p. 19.
② 1921 Baltimore Survey, vol. Ⅱ, p. 76.
③ Hammonton Survey, p. 76.
④ Lancaster Survey, Sec. Ⅱ, p. 62.
⑤ 1921 Baltimore Survey, vol. Ⅰ, p. 54.
⑥ Know and Help Your Schools, Second Report, p. 23.

1. Median type.

a: The median percentage of efficiency in spelling for different schools in a system[1].

b: The median percentage of efficiency for spelling for different grades in a school[2].

The first measure indicates efficiency for different schools in a system; the second measure indicates efficiency for different grades in a school. In the former case, one expects to find some one school with the lowest percentage and another with the highest percentage of efficiency in spelling: in the latter case some one grade with the lowest percentage and another with the highest percentage of efficiency in spelling. Each of the two measures mentioned above, therefore, was classified as a kindred measure of a measure in its complete form. On the other hand, a measure indicating the efficiency of the whole system such as the "percentage of efficiency of spelling for the city as whole[3]" will be considered as a measure complete in itself although it bears just the same form as that of the two measures mentioned above.

2. Minimum-Median-Maximum Type

a: The lowest, the median, and the highest percentage of efficiency in spelling[4].

3. First Quartile Median-Third Quartile Type.

None found which can be so classified.

3) Based on Ratios.

a) *Complete form*.

None found which can be so classified.

(b) *Averages*

1) Based on Absolute Numbers.

Examples:

a) *Complete form*.

1. The minimum, the average, and the maximum a mount of time in minutes per week allotted by the various classes of the upper half grades to each of the subjects offered in the elementary schools[5].

b) *Incomplete form*.

1. Average Type.

---

[1] 1920 Boise Survey, p. 97.
[2] 1921 Boise Survey, p. 99.
[3] 1920 Boise Survey, p. 97.
[4] Des Moines Report, p. 7.
[5] 1920 Boise Survey, p. 76.

a: The average minutes per week devoted to the practice of handwriting for the grades①.

2. Minimum-Maximum Type.

None found which can be so classified.

2) Based on percentages.

Examples:

a) Complete form.

1. The lowest, the average, and the highest percentages of efficiency in spelling by schools②.

2. Minimum-Maximum Type.

None found which can be so classified.

3) Based on Ratios.

None found which can be so classified.

(c) *Modes.*

1) Based on Absolute Numbers.

Examples:

a) Complete form.

None found which can be so classified.

b) Incomplete form.

1. Mode Type.

a) The mode of weeks to complete a grade③.

2. Minimum-Maximum Type.

None found which can be so classified.

2) Based on percentages.

None found which can be so classified.

3) Based on ratios.

None found which can be so classified.

(3) Measures based upon Ranges

(a) *Based on Absolute Numbers.*

Examples:

1) Complete form.

---

① St-Louis Survey, vol. Ⅱ, p. 215.
② 1920 Boise Survey, p. 97.
③ Educational Administration and Supervision, 3:4.

a) The range, and the range of middle fifty percent fo pupil hour load by schools①.

2) Incomplete form.

a) Total Range Type.

 1. The range of minutes per week given to schools②.

 2. The average range between the maximum and minimum individual temperatures observed in rooms③.

b) Quartile-Range Type.

 1. The range of cost for fuel per classroom in middle fifty percent of the schools④.

 2. The average Quartile range in the scores of handwriting for the entire system⑤.

(b) Based on Percentages.

Examples:

1) Complete form.

None found which can be so classified.

2) Incomplete form.

a) Total-range Type.

 1. The range in the percentages of floor area devoted to academic rooms⑥.

 2. The range in percentages of utilization of high school rooms⑦.

b) Quartile-range Type.

None found which can be so Classified.

c) Based on Ratios.

None found which can be so classified.

b. KINDRED MEASURES ON DIFFERENT BASIS

Measures belonging to this group have different bases for the kindred measures within a measure. There are at least twenty-one classes falling under the following headings: (1) different schools, (2) different grade groups, (3) different grades, (4) different semesters, (5) different departments, (6) different subjects, (7) different rooms in a school, (8) different divisions of a school subject, (9) different age groups,

---

① Philadelphia Survey, vol. Ⅱ, p. 114.
② Leavenworth Survey, p. 54.
③ New York City School Inquiry, vol. Ⅲ, p. 660.
④ Denver Survey, Part Ⅰ, p. 58.
⑤ St. Louis Survey, vol. Ⅱ, p. 224.
⑥ National Education Association. Report of the Committee on School House Planning, p. 68.
⑦ Lancaster Survey, Sec. Ⅲ, p. 47.

(10) different ages, (11) different years, (12) different seasons, (13) different months, (14) different days, (15) different week days, (16) different sexes, (17) different I. Q. groups, (18) different individuals, (19) different jobs of teaching, (20) different rates of insurance of school property, and (21) different heating and ventilation devices.

(1) Different Schools.

Example:

(a) Complete form.

1) The Average cost for fuel per classroom for the school year by schools[①].

(b) Incomplete form.

Obtained when the above measure is applied to a particular school in a system.

(2) Different Grade Groups.

Example:

(a) Complete form.

1) The median minutes per week devoted to hand writing in grades (1) Ⅰ-Ⅲ, (2) Ⅳ-Ⅵ, and (3) Ⅶ-Ⅷ[②].

(b) Incomplete form.

None found that can be so classified.

(3) Different Grades.

Example:

(a) Complete form.

1) The ratio of percentage of nouble promotion to percentage of repeaters by grades[③].

(b) Incomplete form.

1) The percentage of children who fail of promotion at the end of the first quarter of the first grade[④].

(4) Different Semesters.

Examples:

(a) Complete form.

1) The cost of instruction by subjects per pupil each semester[⑤].

(b) Incomplete form.

---

① Denver Survey, Part Ⅰ, p. 55.
② St. Louis Survey, vol. Ⅱ, p. 214.
③ Education Administration and Supervision, 3:6.
④ St. Louis Survey, Part Ⅱ, p. 4.
⑤ Grand Rapids Survey, p. 487.

None found which can be so classified.

(5) Different Departments.

Examples:

(a) Complete form.

1) The average cost per 1000 student hours for instruction in various departments of high schools[①].

(b) Incomplete form.

None found which can be so classified.

(6) Different subjects.

Examples:

(a) Complete form.

The number of hours each year devoted to different subjects[②].

(b) Incomplete form.

1) The number of minutes devoted to teaching hygiene per week[③].

(7) Different Types of Rooms in a School.

Example:

(a) Complete form.

1) The percentage ratio between window and floor area in manual training rooms[④].

(b) Incomplete form.

Obtained when the above measure is applied to a particular room in a school.

(8) Different Divisions of a School Subject.

Example:

(a) Complete form.

1) The percentage of accuracy by grades in (1) addition, (2) substraction, (3) multiplication, and (4) division in arithmetic test Set '0'.

(b) Incomplete form.

None found which can be so classified.

(9) Different Age Groups.

Example:

(a) Complete form.

1) The average quality scores in silent reading for various age groups[⑤].

---

① St. Louis Survey, vol. IV, p. 79.
② 1921 Boise Survey, p. 79.
③ Portland Survey, p. 361.
④ 1921 Baltimore Survey, vol. I, p. 143.
⑤ St. Louis Survey, vol. II, p. 198.

(b) Incomplete form.

None found which can be so classified.

(10) Different Ages.

Example:

(a) Complete form.

1) The ratio of percentage of repeaters of each age to percentage of enrollment of each age①.

(b) Incomplete form.

1) The percentage of all four-year-old children enrolled in school②.

(11) Different Years.

Example:

(a) Complete from.

Example:

1) The average number of days sickness per years of experienced women teachers with six or more years of experience, during their (1) first, (2) second, (3) third and (4) fourth years of city teaching service③.

(b) Incomplete form.

None found which can be so classified.

(12) Different Seasons.

Example:

(a) Complete form.

1) The percentage of attendance on average enrollment during (1) Spring, (2) Summer, and (3) Winter in school for adult immigrants④.

(b) Incomplete form.

None found which can be so classified.

(13) Different Months.

Example:

(a) Complete form.

1) The percentage that the average daily attendance is of the median month enrollment⑤.

(b) Incomplete form.

---

① Keyes, C. B. Progress through the Grades of City Schools, p. 19.
② Hammonton Survey, p. 41.
③ Carrothers George E, The Physical Efficiency of Teachers, p. 41.
④ Wilmington Report, p. 38.
⑤ Winstom-Salem Survey, p. 67.

None found which can be so classified.

(14) Different Days.

Example:

(a) Complete form.

None found which can be so classified.

(b) Incomplete from.

1) The ratio of aggregate number of days of schooling that should be provided, if each child from five to seventeen years of age had attended school 160 days[①].

(15) Different Week Days.

Example:

(a) Complete form.

None found which can be so classified.

(b) Incomplete form.

1) The average number of days sickness among men teachers on Monday and Friday by age groups[②].

(16) Different Sexes.

Example:

(a) Complete form.

1) The average number of days illness of (1) men and (2) women teachers distributed according to the age groups (1) 21~30, (2) 31~40, (3) 41~50, and (5) 51~71[③].

(b) Incomplete form.

1) The average days of illness of all women teachers distributed according to age groups (1) 21~30, (2) 31~40, (3) 41~50, and (4) 51 and up[④].

(17) Different I. Q. Groups.

Example:

(a) Complete form.

1) The arithmetical accomplishment quotient for each I. Q. group[⑤].

(b) Incomplete from.

None found which can be so classified.

(18) Different Individuals.

---

① National Education Association Research Bulletin, Vol. I, No. 4, p. 261.
② Carrothers, George E. The Physical Efficiency of Teachers, p. 39.
③ Carrothers, George E. The Physical Efficiency of Teachers, p. 34.
④ 1924 Springfield Survey, p. 80.
⑤ Journal of Educational Research, 9:135.

Example:

(a) Complete form.

1) The percentage of difference between the highest and lowest score made by each child in school subjects①.

(b) Incomplete form.

None found which can be so classified.

(19) Different Jobs of Teaching.

Example:

(a) Complete form.

1) The median number of hours spent each day outside of regular hours in (1) collecting of materials, (2) preparation of lessons, (3) reading of manuscript, (4) visiting parents, and (5) visiting sick pupils②.

(b) Incomplete form.

None found which can be classified.

(20) Different Rates of Insurance.

Example:

(a) Complete form.

None found which can be so classified.

(b) Incomplete form.

1) The percentage of buildings insured under the $1.00 rate③.

(21) Different Heating and Ventilation Devices.

Example:

(a) Complete form.

1) The percentage of buildings have (1) air washers, (2) humidification, (3) temperature regulation manual, (4) recirculation, (6) ozonators, and (7) individual duct④.

(b) Incomplete form.

None found which can be so classified.

SUMMARY OF CHAPTER III

A. Classification of Measures According to the Nature of School Work.

---

① Educational Administration and Supervision, 7:437.
② Illinois Survey, p. 85.
③ Melchoir, William T. Insuring Public School Property, p. 100.
④ McClure, John R. The Ventilation of School Buildings, p. 58.

B. **Segregation of Measures Useful in Evaluating Administrative efficiency from Measures not Useful in EVALUATING Administrative Efficiency.**
  1. Exact Basis
     a. Use of Crude and Vague Descriptive Words.
     b. Use of Terms Which Do Not Have Clear-Cut Definition
     c. Use of Different Kinds of Facts
     d. Use of Facts of Different Value
     e. Use of Unreliable Data
     f. Use of Estimated Figures
  2. Reference to a Defined Zero Point
     a. Kinds of Measures with Reference to a Defined Zero Point.
     b. Kinds of Measures without Reference to Defined Zero.
     (1) Simple Form
        (a) Increase in Percentage
        (b) Decrease in Percentage
     (2) Complex Form
        (a) Ratios
        (b) Percentages
  3. Relevance to Efficiency
     a. Adequacy of Educational Machinery
     b. Adequate Use of School Money
     c. Provision for Convenience in Educational Means
     d. Provision for Educational Opportunity
     e. Provision for Efficient Instruction
     f. Provision for conservation of Health
     g. Provision for Safety
     h. Adequate Management of Personnel
     i. Outcome of Education

C. **Segregation of Measures Generally USEFUL IN Evaluating Administrative Efficiency from Those Useful within Narrower Limits**
  1. Point of Limitation Known
     a. Known to be a Scientific Standard
        (1) Limited from the Standpoint of Same Factor of Efficiency
           (a) Health as a Factor
           (b) Instruction as a Factor
        (2) Limited from the Standpoint of Other Factors of Efficiency

b. Known to be a Philosophical Proposition
      (1) Limited from the Standpoint of Same Factor of Efficiency
         (a) Educational Opportunity as a Factor.
      (2) Limited from the Standpoint of Other Factors of Efficiency
2. Point of Limitation Not Known
   a. Measures Whose Point of Limitation Can Be Scientifically Determined.
      (1) Limited from the Standpoint of Same Factor of Efficiency.
         (a) Instruction as a Factor
         (b) Safety as a Factor
         (c) Adequate Management of Personnel as a Factor
      (2) Limited from the Standpoint of Other Factors of Efficiency
         (a) Money Limited by Adequate Management of Personnel
         (b) Educational Opportunity Limited by Health
         (c) Educational Opportunity Limited by Instruction
   b. Measures Whose Point of Limitation can not be Scientifically Determined.
      (1) Limited from the Standpoint of Same Factor of Efficiency.
         (a) Educational Opportunity as a Factor.
         (b) Outcome as a Factor.
      (2) Limited from the Standpoint of Other Factors of Efficiency
         (a) Adequacy of Educational Machinery Limited by Money.
         (b) Convenience Limited by Money.
         (c) Educational Opportunity Limited by Money.
         (d) Instruction Limited by Adequate Management of Personnel.
         (e) Instruction Limited by Money.
         (f) Health Limited by Money.
         (g) Outcome Limited by Instruction and Other Factors.
D. Segregation of Measures Useful in Evaluating Administrative Efficiency Independently of Other Measures from Those Useful Only in Combination with Kindred Measures.
   1. Types of Measures Useful in Evaluating Administrative Efficiency Independently of Other Measures
      a) Simple Form
         (1) Measures without Maximum and Minimum Limits to the Length of Scale.
         (2) Measures without Minimum Limit to the Limit to the Length of Scale.
         (3) Measures with Maximum and Minimum Limits to the Length of Scale.
            (a) Measures Which Can Go Beyond the Limits.

(b) Measures Which Can Only Reach the Maximum or Minimum Limits.

(c) Measures Which Never Reach the Maximum or Minimum Limits.

b) Complex Form

(1) Associated with Only One Kindred Measure

(2) Associated with Only Two Kindred Measures

(3) Associated with Three or More Kindred Measures.

2. Types of Measures Useful in Evaluating Administrative Efficiency Only in Combination with Kindred Measures.

a) Measures on the Same Basis

  (1) Measures Based upon Percentages

    (a) With Total Value of Kindred Measures equal to 100%

      1) On Numeral Basis

        a) Of Regular Form

          1: Of Three Kindred Measures with a Standard or a Norms as a Middle

          2: Of More than Three Kindred Measures with Equal Intervals.

        b) Of Irregular Form

          1: Irregular at One End

          2: Irregular at Two Ends

          3: All Irregular

      2) On Descriptive Basis

        a) Of Regular Form

          1: Cross-Over Type

          2: Parallel Type

        b) Of Irregular Form

          1: Parallel Type

          2: Combined Type

          3: Complex Type

    (b) With Total Value of Kindred Measures Not Equal to 100 Percent

      1) On Numeral Basis

        a) Of Regular Form

        b) Of Irregular Form

      2) On Descriptive Basis

  (2) Measures Based Upon Points on the Scale

    (a) Percentages

      1) Based on Absolute Numbers

      2) Based on Percentages

                3) Based on Ratios
            (b) Averages
                1) Based on Absolute Numbers
                2) Based on Percentages
                3) Based on Ratios
            (c) Modes
                1) Based on Absolute Numbers
                2) Based on Percentages
                3) Based on Ratios
        (3) Measures Based upon Ranges
            (a) Based on Absolute Numbers
            (b) Based on Percentages
            (c) Based on Ratios
    b) Kindred Measures on Different Basis
        (1) Different Schools
        (2) Different Grade Groups
        (3) Different Grades
        (4) Different Semesters
        (5) Different Departments
        (6) Different Subjects
        (7) Different Rooms in a School
        (8) Different Divisions of a School Subject
        (9) Different Age Groups
        (10) Different Ages
        (11) Different Years
        (12) Different Seasons
        (13) Different Months
        (14) Different Days
        (15) Different Week Days
        (16) Different Sexes
        (17) Different I. Q. Groups
        (18) Different Individuals
        (19) Different Jobs of Teaching
        (20) Different Rates of Insurance on School Property
        (21) Different Heating and Ventilation Devices

BIBLIOGRAPHY OF REFERENCES CITED IN THE DISSERTATION

AKRON. Report on the School of Akron, Ohio. Educational Committee of the Akron Chamber of Commerce, Akron, Ohio, 1917. 234 p.

ATLANT, GA. Report of the Survey of the Public School System of Atlanta, Georgia. Bureau of Publications Teachers College, Columbia University, New-York, 1922, 255p.

AYRES, LEONARD P. An Index Number for State School Systems. Department of Education, Russell Sage Foundation, New-York City, 1920, 70 p.

BALTIMORE, MD. Report of the Survey of the Public School System of Baltimore, Maryland. Bureau of Publications, Teachers College, Columbia University, New York. 1920 - 1921.

BOISE, IDAHO. Expert Survey of Public School System, Boise, Idaho. Board of Education, Boise, Idaho, 1910. 31 p.

BOISE, IDAHO. The Boise Survey. Educational Survey Series, World Book Company. New York, 1920, 290 p.

BRIDGEPORT, CONN. Forty-Seventh Annual Report of the Superintendent of Schools for the Board of Education, Bridgeport, Connecticut, 1922 - 1923.

BURGESS, W. RANDOLPH. Trends of School Costs. Department of Education, Russell Sage Foundation, New York City, 1920. 142 p.

CARROTHERS, GEORGE E. Physical Efficiency of Teachers. Contributions to Education, No. 155. Bureau of Publications, Teachers College, Columbia University New York, 1924, 80 p.

CRAMFORM, N. J. Report of the Survey of the Schools of the Township of Cramford, New Jersey. Bureau of Publications, Teachers College, Columbia University, 1905, 253 p.

CUBBERLEY, ELLWOOD P. School Funds and Their Apportionment. Contributions to Education, No. 2. Bureau of Publications, Teachers College, Columbia University, 1905, 253 p.

DENVER, CEL. Report of the School Survey of School District Number One in the City and County of Denver. The School Survey Committee, Denver, Colorado, 1916.

DES MOINES, Iowa. Annual Report of the Des Moines Public Schools. Board of Directors, Des Moines, Iowa, 1915, 115 p.

DISTRICT OF COLUMBIA. Report of the Board of Education, Washington, D. C., 1924 - 1925, 116 p.

EVENDON, E. S. Teachers' Salaries and Salary Schedules in the United States, 1918-19. Commission Series No. 6, National Education Association, Washington, 1919, 169 p.

FRASIER, GEOGRES W. The Control of City School Finances. Milwaukee Bruce Publishing Company, 1922. 132 p.

Grand RAPIDS, MICH. School Survey. School Board, Grand Rapids, Michigan, 1916. 510 p.

GREENWICH, CONN. The School Building Situation in Greenwich, Connecticut. General Board Of Education, New-York City, 1932, 21 p.

HACKENSACK, N. J. Report of the Survey of the Public School System of Hackensack, New Jersey, 1921. 230 p.

HAMMONTON, N. J. Report of the Survey of the Schools of the Town of Hammonton, New Jersey, School Survey Series. Bureau of Publications, Teachers College, Columbia University, 1926. 132 p.

HARRISBURG, PA. Report on a Survey of the Organization and Administration of the Public Schools of Harrisburg, Pennsylvania. Harrisburg Chamber of Commerce, Harrisburg. 216 p.

ILLINOS. The Illinois Survey, by L. D. Coffman. Illinois State Teachers Association, Springfield, Illinois, 1917.

JEFFERSON COUNTY, Ind. Report of the Jefferson County Survey for Vocational Education, Indiana, 1917. 86 p.

HONESDALE, PA. Educational Survey of Honesdale, Pennsylvania. School Board, Honesdale, Pennsylvanian, 1921, 160 p.

HOT SPRINGS, Ark. Annual Report, Public School of the Special School District of Hot Springs, Arkansas, for the Scholastic Year of 1906-1907. 50p.

KENT, RAYMOND A. Study of the State Aid to Public Schools in Minnesota, 1918. 183 p.

HEYES, CHAMBES A. Progress Through the Grades of City Schools. Contributions to Education, No. 42. Bureau of Publications, Teachers College. Columbia University, New York City, 1911. 79 p.

KNOW AND HELP YOUR SCHOOLS. George D. Strayer and others, Auspices National Committee for Chamber of Commerce Cooperation with the Public Schools. American City Bureau, New-York, 1911-13.

LANCASTER, PA. Report on a Survey of Certain Aspects of Lancaster, Pennsylvania City School District. Graduate School of Education, Harvard University, 1924-1925.

LANE COUNTY, OREGON. A Rural Survey of Lane County, Oregon. Extension Division, University of Oregon, 1910, 109 p.

LARAMIE, WYO. Annual Report of the Board of Trustees of School District No. 1, Laramie County, Wyoming, 1925, 47 p.

LAWRENCE TOWNSHIP, Mercer County, N. J. Survey of the Schools of Lawrence Township, Mercer County, New-Jersey. Bureau of Publications, Teachers College, Columbia University, New-York, 1921 – 1922, 128 p.

LEAVENWORTH, KAN. Report of the Survey of the Public Schools of Leavenworth, Kansas. Kansas State Normal School, Emporia, Kansas, 1915. 202 p.

MCLURE, JOHN R. The Ventilation of School Buildings. Contributions to Education, No. 157. Bureau of Publications, Teachers College, Columbia University, 1924. 130 p.

MELCHIOR, WILLIAM T. Insuring Public School Property. Contributions to Education, No. 168. Bureau of Publications, Teachers College, Columbia University, New York City, 1925, 189 p.

MERIDEN, CONN. Annual Report of the School Committee, Meriden, Connecticut, 1920 – 21. 82 p. ; 1922 – 23. 88 p.

NATIONAL EDUCDATION ASSOCIATION. Report of Committee on school House Planning, Washington, D. C. 1925. 164 p.

NATIONAL EDUCATION ASSOCIATION. Research Bulletin of the National Education Association, Washington D. C.

NEW YORK. Rural School Survey of New York State Joint Committee on Rural Schools. Ithaca, New York, 1922.

NEW YORK CITY. Report of the Committee on School Inquiry, Board of Estimate and Apportionment, Volume I. City of New York, Board of Estimate and Apportionment, New York, 1911 – 13. 520 p.

NORWICH, CONN. Norwich Annual Report of the Public Schools, Norwich, Connecticut. 1920. 86p.

PHILADELPHIA, PA. Report of the Survey of the Public Schools of Philadelphia. The Public Education and Child Labor Association of Pennsylvania, Philadelphia. Pennsylvania. Three Volumes.

PORTLAND, OREGON. Survey of the Portland, Oregon, Public Schools, by Ellwood P. Cubberley and Others. World Book Company, Yonkers-on-Hudson, New York 1915.

PROVIDENCE, R. I. Report of the Survey of Certain Aspects of the Public School System of Providence, Rhode Island. Bureau of Publications, Teachers College,

Columbia University, New York, 1923 - 24, 222 pp.

ROCHESTER, MINN, Report of Board of Education, Rochester, Minnesota, 1912 - 18, 196 pp.

SALT LAKE CITY, Utah. The Salt Lake City Survey: reprinted as School Organization and Administration. Educational Survey Series, World Book Company, 1916, 324 pp.

SAN FRANCISCO, CAL. The Public School System of San Francisco, California, U. S. Bureau of Education Bulletin, 1917, No. 46. Superintendent of Documents, Washington, 649 pp.

SOUTH DAKOTA. The Educational System of South Dakota. U. S. Bureau of Education Bulletin, 1918, No. 31. Superintendent of Documents, Washington, 306 pp.

SPRINGFIELD, Ill. The Public Schools of Springfield, Illinois. Division of Education, Russell Sage Foundation, New-York City, 1914. 152 pp.

SPRIEGFIELD, MASS. Report of Survey of Certain Aspects of the Public School System of Springfield, Massachusetts. Bureau of Publications, Teachers College, Columbia University, 1923 - 24. 173 pp.

STAMFORD, CONN. Report of the Survey of the Public System of the Town of Stamford, Connecticut, Bureau of Publications, Teachers College, Columbia University, New York, 1922 - 23, 237 pp.

ST. LOUIS, Mo. Survey of THE St. Louis Public Schools, Board of Education, St. Louis, Missouri, 1917.

ST. PAUL, MINN, Report of the Survey of the Public School System of St. Paul, Minnesota. City Council of St. Paul, 1917. 962pp.

STRAYER, GEOGRE D., Engelhardt, N. L. and others. Problems in Educational Administration, Bureau of Publications, Teachers College, Columbia University, New-York, 1925, 755pp.

TAMPA, FLA. School Survey Series. Report of the Survey of the Schools of Tampa, Florida. Bureau of Publications, Teachers College, Columbia University, New York, 1926, 308 pp.

THORNDIKE, EDWARD L. An Introduction to the Theory of Mental and Social Measurements. Bureau of Publications, Teachers College, Columbia University, New-York, 1913. 277 pp.

THORNDIKE, EDWARD L. The Improvement of Mental Measurements Journal of Educational Research, 11: 1 - 11, January, 1925.

THORNDIKE, EDWARD L. A Neglected Aspect of the American High School. Educational Review, 33: 245 - 55, February, 1925.

THORNDIKE, EDWARD L. The Teaching Staff of Secondary Schools in the United States: Amount of Education, Length of Experience, Salaries. U. S. Bureau of Education Bulletin, 1909, No. 4. Superintendent of Documents, Washington, D. D. 60p.

UTICA, N. Y. A Report of the Survey of the Utica School System. State Department of Education, New York, 1918, 233 p.

WESTCHESTER COUNTY, N. Y. School Reports in Westchester County, New York, Westchester County Research Bureau, 1912. 29 p.

WILMIMGTON Public Schools. 1921 - 22, Wilmington, Delaware. 68 p.

WINSTOM-SALEM, N. C. A Study of the Winston-Salem Schools. School Board, Winston-Salem, North Carolina, 1918. 91 pp.

(PARIS, LIBRAIRIE LOUIS ARNETTE 2, RUE CASIMIR-DELAVIGNE, 2 1927)

著作

# 正义进化与奋斗

自 序

《正义进化与奋斗》一书,为予发表社会政治理想之著作。予专攻教育行政,于哲学、政治等科,素鲜研究。顾不揣浅陋,冒然于短时期内,著书问世者,则因予认教育之根本,在政治与社会,欲彻底了解教育目的,并以一贯之主张措施,必先有政治社会之理想。有政治社会之理想为背景,而后有教育哲学。本适当之教育哲学,以解决教育上一切问题,则矛盾误谬之流弊可免,教育功效乃克实现。曩余之治教育也,不揣其本,而齐其末。时而□从西儒,时而笃信师说,矛盾之不知,是非之莫辨,懵懵昧昧,以自误误人者,盖三四年。继则自觉其非,乃搁笔不事著作。然每见国内教育问题发生,则又欲有所表述,终又废然而止。乃渐悟教育学者对于政治社会之理想,当有根本探究。此著述本书之第一原因也。

近十年来,思想解放,大同主义,风靡全国。去年冬,友人曾琦、余家菊、李璜、陈启天、左舜生诸先生创办《醒狮周报》,鼓吹国家主义。予读其文而大喜,喜其力挽狂澜,大可救国家于危亡。继而思之,国家主义固为救国良药,然亦可吸取他种主义之精华,以补其不足,此著述本书之第二原因也。

予生长贫家,备受艰苦,年十九失怙。时方肄业师范,赖慈母辛苦劬劳,得免辍学。师范生多贫寒子弟,日与相处,知其境况之窘,更有甚于我者。而一般纨绔子弟,袭父兄之资,赖戚眷之挈引,虽劣质庸才,亦得为社会领袖。均是人也,苦乐之悬殊若此!人世之不平,有甚于此者耶? 此著述本书之第三原因也。

家既贫寒,故时作一朝富贵,裕后光前之想,于国家大事,民生状况,鲜有留意。来美后,终日孜孜,其目的只在博得头衔,以谋贤达,造福社会,特其副产物耳。予抱此浅陋思想,殊不自觉。迨去岁江浙战争,半省涂炭,予之思想,始大受打击。及至沪案发生,英兵肆虐,同胞死者踵相接,予之思想乃又受重大打击。既悔往昔生活之懵懵,又恨救民救国之无方,时则热血上冲,精神惝恍。时则慷慨悲歌,泣数行下。厌世之念,盖不时而出没于我之脑海。继思国难方殷,民瘼未去,国家造我,未报恩。与其作无谓之牺牲,曷若谋积极之挽救,遂改变人生观念,立定宗旨,以救国救民为一生目标,拳拳私衷,窃欲与爱国同志,相共期勉。此著述本书之第四原因也。

予既决定著书,乃以"正义"为根本观念,联系脑中一切思想,就商友人程柏庐先生。

柏庐笑曰:"子欲以'正义'一观念概括一切,乌乎可?"予深韪其言。乃涉猎中外古今之哲学,知思想之种类最普通者,为实现社会正义与社会进化。古今哲家,多执一偏,遂发生种种流弊。予既察其弊,乃殚精竭虑,筹思一根本观念,以连贯"进化"与"正义",累夜不能得。适沪报到纽,载沙面华人被杀惨状。予阅之未竟,悲愤填膺,思欲挽救危亡,必出以"奋斗"。顿悟"奋斗"在人生之重要,遂用以连贯"进化""正义"两观念,并以整理脑中一切散漫思想,竟无往而不通。予之思想系,遂暂告成功,而从事撰述矣。

当予构思之时,尚存有两种心理,须为国人告者。第一,予深信中华国民,有伟大创造能力,著书立说,不必引证西儒。盖人有同心,思想或多暗合,而智贵存我,立论尽可翻新。至本书价值,不敢谓为创造,惟此种自信心理,予则认为创造之前驱。第二,予深信无论何种学说,皆共有其价值,惟其价值之大小,则因时因地而异。数十年来,国人以新说倡者众矣,而以应付国家急迫之需要为前提者盖寡。此思想界之所以日益混乱,而国事之所以日趋于下也。作者一学生耳,志切救民救国,同时又察觉创造文化之重要,不容缄默。故用奋斗之说,发挥进化与正义之精义,以商榷于国人,海内贤达,幸赐教焉。

中华民国十四年八月邰爽秋序于美国哥伦比亚大学烈威斯顿学馆

附　言

一、本书内容,多属作者思想之根本观念。关于教育上之应用,将另著《余之教育理想》以述之。

二、国内著作,对于区分内容,尚无公认办法。兹将本书所拟系统录出,尚乞专家赐证。

（一）卷　一部书而有数大册者,则分为上卷下卷,或第一卷第二卷……本书只一册,故未用卷之名称。

（二）篇　书内章数多而其性质又可分为数部者,则以篇名之。本书分上下二篇,上篇为原理,下篇则为应用。

（三）章　每篇内又分若干章。

（四）节　每章分若干节。如第一节、第二节……以另行表之。

（五）段　过长之节,则添段,以清眉目,如第九章"第三节　社会正义与民生主义"下则有"第一段　政治机会均等""第二段　经济机会均等""第三段　教育机会均等",亦以另行表之。

（六）一　节或段之下,以一、二、三……表之。

（七）（一）　一、二、三……之下则以（一）（二）（三）……表之

（八）1　（一）（二）（三）……之下则以 1.2.3.……表之

（九）（1）　1.2.3.……之下则以（1）（2）（3）……表之

（十）甲　（1）（2）（3）……之下则以甲、乙、丙……表之

三、本书脱稿后，蒙友人黄敬思、王卓然、章晓初、常导之、程柏庐、陈科美、寿毅成、钟芷修、周淦卿、倪翰芳、吴骏一诸先生校阅，颇多指正。又孙中山、胡适之、梁任公、杜威 J. Dewey、施菊野 G. D. Strayer 五先生之著作及曾慕韩、余景陶、陈启天、李璜、左舜生先生关于国际主义之讨论，裨益本书处亦不少，合并致谢。

作者客处海外，国内出版物，得寓目者甚少，海内硕学，如有见教之处，尚恳于发表后裁寄上海静安寺路中华书局编辑所中华教育界社转交为盼。

导　言

本书分为上下二篇，上篇讨论社会政治之原理，探究人生根本问题，而示以解决之法。下篇则为原理，部分在中国之应用。兹将各章大意分述如下。

上篇第一章为人生问题，叙述人生一切动作，皆本于求生冲动。有求生冲动而后所进化，惟人因求生之故，往往侵害他人之生存，而他人亦欲求生，遂生冲突。圣智恶其乱也，乃立说以补救之。惟多偏于正义而忽于进化，与近世进化学者之说，适得其反。二者皆有流弊，虽称完善，今后人类思想当兼顾进化与正义，而以奋斗实现之，此即作者之根本观念也。

上篇第二章批评孔、孟、杨、墨、老五家思想，此五家思想之主要目的在实现正义。至其实现之方法，孔子重仁，而辅以义。孟子仁义并重，而富于拥护正义之精神。杨子倡公平的为我主义，墨子倡兼爱互助主义，至于老子则主张为返于自然。此五家思想之优点，在实现社会正义，而其缺点亦有二端：（一）忽视进化；（二）理想虽高，但期人人遵守，绝不可能。

上篇第三章批评近代思想与共产主义、无政府主义、工团主义三种为代表。共产主义之缺点：（一）无产阶级专政不尽合于正义；（二）只求工人胜利，正义之范围太狭；（三）阶级战争，可以他法替代，同得胜利；（四）工人无国界之说法，贻害弱小国家；（五）忽略私产制度之优点；（六）忽视教育之价值。无政府主义之流弊，趋于极端的个人主义，既不能实现正义，又阻碍进化。工团主义之难点有三：（一）工团之目的欲免除政府专制，而其自身即为政治组织；（二）以饭碗问题概括一切；（三）各团体间之利益不易调和。惟此三种主义，皆具有坚决奋斗之精神，为东方式思想所不及，然以之建立完善之社会亦不可能。

上篇第四章为奋斗主义之精髓。奋斗主义之所以独优，一是因其生存所必需，二是因其有普遍之效果。至人生奋斗之途径，第一为创造文化，充分发展个性及国性，使社会进化，谋人类幸福之增进。第二为拥护公理。就个人而言则为救己与救人，就国家言，则为救己国与救人国，二者皆在实现社会正义，谋人类幸福之平均。人类之文明必兼涵"进化""正义"二要素，否则发生流弊。近今欧西文明之缺点，即在忽略正义，致使食人主义猖狂泛滥于世，若不急起补救，则人类社会终必归于绝灭！

上篇第五章讨论社会改造原理，阐明拥护公理之目的。为保障人权有三：（一）曰生命权；（二）曰发展能力权；（三）曰选择配偶权。此三权者，国家社会当依机会均等主义予以保障。机会均等主义者，承认先天性质之差异，而否认后天机会之不平等也。其中分为教育机会均等、经济机会均等、政治机会均等三种主义，合之则为民本主义。盖即应用于国家范围内之机会均等主义也。民本主义与国家主义相关至切，不可偏废。本章所言社会改造原理系以一国为限，若将来世界真正大同，国家之界限打消，机会均等主义依旧适用。

上篇第六章讨论奋斗成功之要素。要素有二：（一）为决心，（二）为毅力。此二要素者，皆奋斗精神之表现，在人生最为重要。吾人日常生活，几无不受其支配。本章所特别讨论者，为创造文化及拥护公理二端。欲谋创造文化者，必先下决心，其条件独立进取，又必继以毅力，其条件为勤勉、持久、专一。欲谋拥护公理者，亦必有决心，其条件为公正、勇侠、牺牲，又必继以毅力，其条件为勤勉、持久、坚定。吾人创造文化，拥护公理之际，苟能本此二大要素进行，鲜有不能成功者。

原理部分，概如上述。复于本书下篇述其在中国之应用。

下篇第一章讨论中国人人生观之改造。中国人之人生观最普通者为升官发财、醉生梦死、悲观消极、空幻大同、纵欲、任性、安贫乐道、社会服务诸种，皆欠妥当。今日中国人，急需之人生观为正当的奋斗。人生观分言之，则为救国救民之人生观及创造文化之人生观。救国救民的人之条件分消极、积极二种。消极条件在思想方面，是不做升官发财、一家保暖、悲观消极、空幻大同、安贫乐道、出风头等之思想。在行为方面，须不畏强御、不结党营私、不入堕落生活、不做教徒、不受遗产、不怕死。积极条件为公正无私、勤勉耐劳、独立进取、勇敢侠义、坚强不屈、决心牺牲。合并之共十八条，为奋斗人生观在救国救民方面之必要条件。至于创造文化之人生观，因其要素同上篇第六章，不复述。

下篇第二章为中国人创造文化之奋斗。中国人为世界上聪明优秀之民族，其文化悠久、博大，有五六千年之历史。所惜二年来受专制政治、哲学及宗教之流毒，文化发展大受影响。今虽与欧西文明接触，风气变换，而一般学者又多惟人是从，不思创造。今后中国人，当发愤图雄，独立自尊，力求创作。至进行之步骤，当为：（一）保存文化；（二）整理文化；（三）发扬文化；（四）创造文化。四者之中，以末项最为重要。

下篇第三章所讨论者为中国人拥护公理之奋斗。在目前说最要者为救国救民，以实现国际正义与社会正义。救国之道当用奋斗主义之国家主义。所有宗教、媚外请愿诸法皆足以误国，绝不可用。至欲求国内社会正义之实现，则当用政治、经济、教育三机会均等主义。中国政治几近操于一般祸国祸民之军阀、官僚、政客之手，欲谋机会均等，必全国人民一致起而奋斗，以期彻底解决。至于参政运动、制宪运动皆非根本办法。中国人之经济机会为官僚、军阀、政客及一般资产阶级所垄断，欲谋求实现均等主义，对军阀、官僚、政客，俟国民奋斗成功后，一律由全民政府绑票充公，兴办公益。对资产阶级则用奖励警告之法，促其觉悟。至所用方法为：（一）改良税制；（二）劝告国民自动取缔遗产；（三）俟国民奋斗成功，大宗生产集中；（四）施行社会政策。至于教育机会，则目前现象为贫人出钱，富人享利，欲谋补救，当即速：（一）筹定教育经费；（二）扩充教育机会；（三）补助贫寒子弟。以上政治、经济、教育三端合之则为民本主义，更与前述之国家主义相合，则为少年中国主义所以谋中国之富强,又实现国内社会上之正义也。至于中国国运复兴后,更本拥护公理之意出,而抑强扶弱,以谋人类和平,则又中国人之责任矣。

正义进化与奋斗

上篇　社会政治理想

本篇为社会政治之原理部分。其目的在探究人生根本问题,而求其解决之法。兹事体大,非此卷所能毕事。兹篇所述,特其研究之发端耳。

第一章　人生问题

第一节　求生冲动与人类动作

人类生存于天地之间,朝兴夜息,熙来攘往,虽动作万殊,而无形之中,实有一伟大势力为之主使,此即求生冲动是也。盖求生冲动,为一切含生负气之伦所共具,其在人类之表现,尤为复杂而显著。披草莱,斩荆棘,建庐舍,制衣冠,辟田园以营耕种,兴商贾以易有无,此其表现于生存者也;见标梅而求庶士,祝多男而咏螽斯,此其表现于传种者也;求出世之法门,觅不死之仙药,此其表现于宗教者也;他如闭户潜修,锐意创作,好施乐善,摩顶放踵,甚或视生命如草芥,等躯壳于土苴,效命疆场,成仁就义,无不直接或间接与人类求生冲动有密切关系。故吾人虽谓求生冲动为人类一切动作之基础,社会进化之原动力可也。

第二节　求生冲动与正义

求生冲动,虽为社会进化之原动力,同时却又为一切罪恶之渊源,盖人既有生矣,而欲求丰裕之生;有丰裕之生矣,而欲求逸豫之生矣;有逸豫之生矣,而又欲求子孙万世逸豫之生。其始也为贪婪,其极也为残暴,人世一切罪恶即由是而起矣。世俗所谓罪恶,有为维持生存之正当行为不应目为罪恶者,如荒年抢米是其例也。

虽然,被害者亦有其生命焉。为谋自卫而有正义之要求,或诉诸口角,或诉诸武力,甚或出于战争:社会秩序,因此大乱。于是圣智作焉,求弭乱之方,诏示有众,期以遵守。古今中外之哲家学说,泰半即应付此种要求而生者也。

第三节　进化与正义

哲学思想之派别虽多,约而言之,可分四类:第一类之思想,为对于自然之反应,与人类无甚关系,初民哲学思想多属之。第二类之思想,在实现社会正义,而忽于社会进化,东方思想多属之。第三类之思想,在促进社会进化而忽于社会正义,近代西洋思想多属之(尤其是进化学者)。二、三两类皆有所偏,非完善之哲学思想也,完善之哲学思想,必兼顾社会正义与社会进化,此即第四类之思想,实即今后人类思想应循之途径也。阅者注意,某家思想,不必仅属于一类。

第四节 奋斗主义

今后人类之思想,固应同向进化与正义之目的进行,而实现此目的之方法,则不必一致。余所主张者为奋斗主义,盖余以为人类生活,在生物上、社会上、思想上,几皆为奋斗之过程。今后欲谋社会正义及社会进化之实现,必提倡并实行奋斗主义。此主义于今日之中国,尤其重要。本书所述,一本奋斗、进化、正义三基本观念,更选评孔孟杨墨老五家之学说,及近世共产、无政府、工团三主义以发挥之。此数种学说,本不足以代表古今中外之思想,惟予于哲学、政治等科,素无研究,又以课务羁牵,不克多所评述。匆匆走笔,只在发挥个人理想,冀于救国救民之道,稍有贡献,挂漏之讥,非所计也。

第二章 古代思想选评

本章所选古代哲学思想,为孔孟杨墨老五家。此为东方大部分思想之代表,兹分述之。

第一节 孔孟

孔孟学说,概为当时不平社会之反应,其精要为"仁"与"义"。孔子重仁,而辅之以义。孟子则仁义并重。按孔子"仁"之内容,正面之性质为:"人"、孝、悌、爱、忠、恕、让、敬、恭、宽、信、敏、惠等。其实现之法,则为成己、克己、复礼、为亲、立人、达人、礼乐、先难后获,以财发身,以道得富贵等。"仁"之反面为恶、贪、暴,其方法为:以身发财,巧言令色。至孔子之"义",则多对"利"而言。(参考书(一)(二)(三),下简称参)孟子承孔子仁义之说,发挥而光大之。其"仁"之内容,在正面为:"人"、恕、爱人、正己、事亲、恻隐、孝、悌、忠、信、救鳏寡孤独等;其反面为:贼、利、富、刑罚、聚敛、罔民、杀人、害人、杀无辜等。"义"之正面为:羞恶、不苟得、守穷、浩然之气;其反面为:利、爵、残、取非有。(参(四),更参阅附录一)观此可知孟子之"仁义"与孔子之"仁义",伸缩处甚多。此种伸缩,表显我国古代哲学上一大趋势,即:由修身的感化哲学,趋于拥护正义之救民哲学。

孔子实现社会正义之方法,注重个人人格之感化。如"成己","克己复礼","修身而后家齐,家齐而后国治,国治而后天下平。自天子以至庶人,壹是皆以修身为本,其本乱而末治者否矣"。又如季康子问:"杀无道以就有道,何如?"孔子则答以:"子为政焉用杀?"之类皆是。

孔子以德感人,注重修身,其维护正义之精神,直可亘万古而不朽。惟欲以其说感化恶人,使共趋于善,则有不可能者,盖世间多少恶人,心如铁石,火熔之而不化,石捶之而不碎,孔子以气呵之,庸有济乎?抑尤有进者,孔子之道,化暴为良则不足,化良为懦则有余,坚强之性,奋斗之气,往往因孔道而消磨净尽,强暴之徒,乃益得逞其所欲。孟子有见于此,遂力改孔子之道,由消极的、静的个己之修养扩为积极的、动的民众之挽救,虽孔子已有"杀身成仁""见义不为无勇"诸义,然能发挥而光大之者孟子也。故吾人直谓孟子之哲学为奋斗的正义哲学可也。

欲知孟子哲学为奋斗的正义之哲学,可于孟子对于"仁""义"之引义求之。观仁之内容,而有"恻隐""救鳏寡孤独",则其不仅为修身可知。义之内容而包有"羞恶""浩然之气",则其义不专属于"毋苟得"可知。夫恻隐与救鳏寡孤独,有所不忍而不得不为也。"为天下得人"得有救天下之人也。"羞恶",有所羞而不为,有所恶而不得不为也。浩然之气,天地之正气也,即正义之气也。孟子本浩然之气,以救民自任,为良心之所当为,民权思想,正义精神,充溢于辞表。是直世界上拥护人道正义之第一人,二千年前中国之卢梭,先民有此伟大人格,吾族之光荣也,抑亦人群之幸福也。读者疑吾言乎?请更述孟子之言论以为证。

"然则王之所大欲可知已。欲辟土地,朝秦楚,莅中国而抚四夷也。以若所为,求若所欲,犹缘木而求鱼也。"(《梁惠王》)是孟子反对帝国侵略主义之明证也。

"为富不仁矣,为仁不富矣。"(引阳虎语)(《滕文公》)是孟子反对资本主义之明证也。

"民为贵,社稷次之,君为轻。"(《尽心》章)是孟子提倡民权之明证也。

"君之视臣如土芥,则臣视君如寇仇。"(《离娄》)是孟子鼓吹反抗强权之明证也。

"争地以战,杀人盈野,争城以战,杀人盈城,此之谓率土地而食人肉,罪不容于死。"(《离娄》)此孟子反对军阀祸民之明证也。

"杀一无罪非仁也,非其有而取之非义也。"(《尽心》)是孟子主持正义之明证也。

孟子引《诗》曰:"王赫斯怒,爰整其旅,以遏徂莒,以笃周祜,以对于天下:此文王之勇也。文王一怒而安天下之民。"(《梁惠王》)

又引《书》曰:"有罪无罪惟我在,天下曷敢有越厥志。"(同上)

"一人衡行于天下,武王耻之,此武王之勇也。而武王亦一怒而安天下之民。"(同上)

"以其杀是童子而征之,四海之内皆曰,非富天下也,为匹夫匹妇报仇也。"(《滕文公》)

"生我所欲也,义亦我所欲也,二者不可得兼,舍生而取义者也。"(《告子》)

以上皆孟子拥护人道正义之明证也。

综观孟子造改社会之思想,反对侵略主义、资本主义、军阀主义,提倡民权,反抗强权,拥护人道。开奋斗的正义,哲学之先河,为世界文化放异彩,我华民族若能发挥而光大之,大可造福于今后之人类,夫岂一国之人受其福利而已哉。

虽然,孟子之思想,亦非毫无所短也。

第一,孟子之拥护人道正义,必假诸君主之手,不知当时之君主,即为破坏正义之人。望破坏正义之人,负救民之责,是驱虎卫羊也。为孟子者,若移其游说时君之力,警悟民众,与当时之君主对抗,揭竿奋斗,百折不回,则吾恐彼辈暴君,亦终于屈服而已,又安得恣睢跋扈至于率兽而食人哉？

第二，孟子之救民，以德不以兵。故曰："域民不以封疆之界，固国不以山溪之险，威天下不以兵革之利，得道者多助，失道者寡助。"（《公孙丑》）不知救国安民，锄奸去恶，端赖有兵。汤无兵，何以能放桀？武王无兵，何以能伐纣？特此之所谓兵者，义兵耳，然终不可以无兵也。既有之，尤不可以不利也。

第三，孟子之思想，只求伸张正义，不顾社会进化，须知社会不断进化，正义亦终莫能伸。（参阅本篇第四章第四节。）孔孟之学说皆忽于此，东方式思想之大缺点也。

孔孟之时势，与今日不同，补正其学说而发挥之，以谋救民救国，更以救人群吾人之大任也。国内学者于孟子学说之精义颇少发挥，愿国人留意及之。

第二节　杨子

杨朱游于鲁，舍于孟氏。孟氏问曰："人而已矣，奚以名为？"曰："以名者为富。""既富矣，奚不已焉？"曰："为贵。""既贵矣，奚不已焉？"曰："为死。""既死矣，奚为焉？"曰："为子孙。"（参（五）《杨朱》篇）

于此寥寥数语，可知世乱之真因，而恍然于杨子之学说纯为当时不平社会之反动。杨子之言曰：

"有生之最灵者人也。人者爪牙不足以供守卫，肌肤不足以自捍御，趋走不足以逃利害，无羽毛以御寒暑，必将资物以为养，性任智而不恃力。故智之所贵，存我为贵；力之所贱，侵物为贱。"

可见杨子哲学之根本观念，实为公平的为我主义，不损我亦不侵人。故其治天下之道，在不与不取。其言曰：

"伯成子高，不以一毫利物，舍国而隐耕。大禹不以一身自利，一体偏枯。古之人损一毫而利天下不与也，悉天下奉一身不取也。人人不损一毫，人人不利天下，天下治矣。"杨子守此主义甚严，一毫甚言之也。禽子之问，全未明杨子意。孟孙阳之解答，尤属附会可笑。蔡元培先生评为"纯然下等之自利主义"，未免冤屈杨子。（参（六）第四十七页）

天下事之最难者，莫若使人人同守一种主义。若天下之人皆孔子，天下治矣。若天下之人皆孟子，天下亦治矣。杨子守不与不取主义，期人人以遵守，使有人行盗跖之道，侵其庐而虏其妻子，杨子与之斗乎？则违背个人之信仰。不与之斗乎？则坐视妻子为奴。杨子羡舍国而隐耕，欲避祸乱于深山穷谷，不知国破家亡之际，死且无葬身之所，尚有隐耕之地乎？是则杨子主义缺乏奋斗精神，不适于生存也明矣。

杨子主义之流弊，尚有得言者二端，其一为恣性纵欲，其二为自利自私。杨子曰：

"太古之人，知生之暂来，知死之暂往，故从心而动，不远自然所好；当身之娱，非所去也，故不为名所动。从性而游，不逆万物所好，死后之名，非所取也，故不为刑所及。名誉先后，年命多少，非所量也。"

又曰：

"太古至于今日，年数固不可胜纪，但伏羲以来三十余万岁，贤愚好丑，成败是非，无不消灭,但迟速之间耳。矜一时毁誉,以焦苦其神形,要死后数百年中余名岂足润枯骨,何生之乐哉。"

又曰:

"百年寿之大齐。得百年者,千无一焉,设有一者,孩提以逮昏老几居其半矣。夜眠之所弭,昼觉之所遗,又几居其半矣。痛疾,哀苦,亡失,忧惧,又几居其半矣。量十数年之中,逌然而自得,亡介焉之虑者,亦亡一时之中尔,则人之生也奚为哉?奚乐哉?"

可知杨子思想,颇消极悲观。悲观消极之人若不流于自杀,则必猖狂恣肆,纵性极欲,刘伶、阮籍之流,其的例也。

杨子律身严正,不以一毫利天下,亦不以天下奉一身。贪婪残酷之徒,竟或利用为我主义,谋一己之私利,欲以天下奉一身,而不肯拔一毫以利众。所谓宁可我负天下人,不可天下人负我,战争杀伐,反因此加烈矣。是实杨子主义所必不可免之流弊也。

总之,杨子之思想,欲以为我主义,纳天下于正轨,流弊所及,将使社会日益纠纷,公正亦难实现。又况消极悲观,不思奋斗,既不适于生存,又有碍于进化,其不可以为法也明矣。

第三节 墨子

一、祸乱及其原因

"当今之时,天下之害孰为大?曰若大国之攻小国也,大家之乱小家也,强之劫弱,众之暴寡,诈之谋愚,贵之傲贱,此天下之害也。"(参(七)《兼爱下》)

"今王公大人、天下之诸侯则不然。将必皆差论其爪牙之士,皆列其舟车之卒伍,于此为坚甲利兵以往攻伐无罪之国。入其国家边境,芟刈其禾稼,斩其树木,堕其城郭,以湮其沟池,攘杀其牲牷,燔溃其祖庙,劲杀其万民,覆其老弱,迁其重器。卒进而柱乎斗曰:'死命为上,多杀次之,身伤为下。'"(《非攻》篇)

此二段乃当时社会之写真,其惨酷无道,与今日之情形毕肖。墨子思有以救之,因推论其原因曰:

"圣人以治天下为事者也,不可不察乱之所自起。当察乱何自起?起不相爱……盗爱其室,不爱异室,故窃异室以利己室。贼爱其身不爱人,故贼人以利其身。……大夫各爱其家,不爱异家,故乱异家以利其家。诸侯各爱其国,不爱异国,故攻异国以利其国。天下之乱物具此而已矣。察此何自起,皆起不相爱。"……(《兼爱上》)

二、兼爱互助主义

墨子救世主旨,在兼爱兼利,而以"兴天下之利,除天下之害"为标语。意谓人若能兼相爱,则天下之害可除,而天下之利可兴。《兼爱》三篇,下篇最详,综其理由,计有四[五]端。

(一)理论上之可通 "藉为人之国,若为其国,夫谁独举其国以攻人之国者哉?为彼犹为己也。为人之都,若为其都,夫谁独举其都以伐人都者哉?为彼犹为己也。为人之家若为其家,夫谁独举其家以乱人之家者哉?为彼犹为此也。然即国都不相攻伐,人家不相乱贼,此天下之害与? 天下之利与?"

(二)事实上之必然　时有驳墨子者曰:"即善矣,虽然,岂可用哉?"墨子答曰:"焉有善而不用者?"乃设为"别士""兼士""别君""兼君"之喻以证"言而非兼,择即取兼",盖谓在事实上行必不能符言也。别士别君,皆不主兼爱者,此其言也。及至危难饥馑,其势又必相扶相救。行不符言,可知"兼相爱"之终不可免矣。

(三)历史上之证明　时又有驳墨子者曰:"兼即仁矣义矣,虽然,岂可为哉?吾譬兼之不可为也,犹挈泰山以超江河也。故兼者直愿也,夫岂可为之物哉?"墨子曰:"夫挈泰山以超江河,自古及今,生民而来未尝有也。今若夫兼相爱交相利,此先圣六王者亲行之。……《泰誓》曰,文王若日若月,乍照光于四方于西土……譬之日月兼照天下之无有私也。即此文王兼也……禹之征有苗也,非求以重富贵于福禄乐耳目也,以求兴天下之利,除天下之害,即此禹兼也……汤贵为天子,富有天下,然不惮以身为牺牲,以祠说于上帝鬼神,即此汤兼也……古者文武为正均分,赏贤罚暴,勿有亲戚兄弟之所阿,即此文武兼也。"

(四)兼相爱为兼相利　墨子以爱亲为喻,证明爱人之亲,人亦爱其亲。"无言而不仇,无德而不报,投我以桃,报之以李,即此言爱人者必见爱也,而恶人者必见恶也。"

(五)上为政则兼爱易行　墨子引灵王好小腰,勾践好勇,文公好苴服,以证明在上者若以兼爱为证,则兼而易行。墨子曰:"是故约食、焚舟、苴服,此天下之至难为也。然后为而上说之,未逾于世而民可移也。何故也? 即求以乡其上也。今若夫兼相利,此其有利且易为也,不可胜计也。我以为则无有上说之者而已矣。苟有上说之者,劝之以赏誉,威之以刑罚,我以为人之于就兼相爱交相利也,譬之犹火之就上水之就下也,不可防止于天下。"

三、墨说之批评

昔孟子之评杨墨也,斥为无父无君,詈为禽兽。自予观之,杨氏为我、墨氏兼爱、孔孟仁义,同以治天下为目标(即实现社会正义),特其方法有异耳。孔孟之不应斥杨墨为无父无君之禽兽,犹杨墨之不应骂孔孟为君父之奴才也。是以禽兽责墨氏之兼爱,夫人而知其武断。世又有以主张绝对大同主义为墨氏病者,是不知墨氏者也。盖墨子时代之君主,虽因周室凌夷互相侵伐,然皆华黄苗裔,其地位犹如今日之督军,其国土犹如督军之地盘。当时之人民,亦犹今日之人民,原无互相仇视之观念。则墨氏大同之意,实即和平的国家统一主义,与今日之大同观念,绝为两事。故以今日之"国家"Nation 例尔时之国家,以今日中日英美德法之人民,例尔日燕赵韩魏齐楚之人民者谬,而以大同主义责墨氏或以墨氏大同主义相号召,以妨害国家之统一与独立者尤谬! 按孔老大同之说,国内纷辩甚久,余意先民大同观念,皆与墨氏相近,而与今日之大同迥异。吾人固不必标榜大同以自豪,尤不可附会大同以自误。

墨氏学说之难点,其一,在不明祸乱真因之所在。墨氏知乱之起,起于不相爱而不知所以不相爱之故。不相爱,祸乱之果,而非其因。祸乱之因,余前已言之,由于误用求生冲动。冲动,天性也。欲导天性于正轨,岂仅兼爱之说所能济乎?

其二,墨氏误点,与他家相同者,在使天下之人,遵同一主义相趋于善,此为万不可能之事。盖比之挟泰山以超江河为尤难也。墨氏不自知其说之难行,以为理论上可通即易措诸实用。所引"言而非兼实即取兼"之喻,未有充分证据。先圣六王之说,期人人以禹汤文武,尤不合实际。盖使天下之人,皆禹汤文武,墨氏之说,可不用矣。若劝之以赏誉,威之以刑罚,使相趋于爱,则又出于墨说之范围,而非兼爱之本旨矣。

其三,墨氏学说之误点,与孔家相同者,即以拥护正义之大任,责诸当时君主是。夫当时之君主,暴恶如彼,已皆为人道正义之蟊贼,其不可责以大义也明矣。墨子以禹汤文武期之,可谓不知人矣。夫拥护人道正义之责,首当求诸被害者之本身,待义愤者次之,期诸强暴最下。墨氏摩顶放踵,强聒不舍,其奋斗精神亦至足为后人法。惟昕夕奔走于民贼之门,而于民众之本身,反无自救之鼓励,不亦惑乎?(观于墨氏之论"义",一则曰"天之所欲"。(《天志》篇)再则曰"代九人而耕",尤为显著。)虽然,墨氏者,固以反抗强权为职志,而以救民为己任者也。其《非攻》诸篇,反对诸侯侵略,直有万世不朽之价值,墨氏亦拥护人道正义之伟人矣哉。

第四节　老子

老子生当衰周乱世,时政治腐败,民不聊生,老子学说实为此种社会状况之反动,主张颇为激烈。其言曰:

"民之饥,以其上食税之多,是以饥。民之难治,以其上之有为,是以难治。民之轻死,以其上求生之厚,是以轻死。"(参(八)第十五章)

"民不畏死,奈何以死惧之?若使民常畏死,而为奇者吾得执而杀之,孰敢?"(第十四章)

"天之道损有余而补不足。人之道则不然,损不足以奉有余。"(第十七章)

当时社会,损不足奉有余,致人民饥馑而不畏死,不公平极矣。老子欲起而救之,故主张无为政治。其言曰:

"大道废,有仁义。慧智出,有大伪。六亲不和,有孝慈。国家昏乱,有忠臣。"(第十八章)

"我无为而民自化,我好静而民自正,我无事而民自富,我无欲而民自朴。"(第五十七章)

"其政闷闷,其民醇醇;其政察察,其民缺缺。"(第五八章)

又主张返于初民社会。其言曰:

"小国寡民,使有什佰人之器而不用,使民重死而不远徙。虽有舟舆,无所乘之。虽有甲兵,无所陈之,使民复结绳而用之,甘其食,美其服,安其居,乐其俗。邻国相望,鸡犬之声相闻,民至老死不相往来。"(第八十章)

又主张绝智寡欲:

"古之善为道者,非以明民,将以愚之。民之难治,以其智多。故以智治国,国之贼,不

以智治国,国之福。"(第六十五章)

"五色令人目盲,五音令人耳聋,五味令人口爽,驰骋田猎令人心发狂,难得之货令人行妨。是以圣人为腹不为目,故去彼取此。"(第十二章)

"不尚贤,使民不争。不贵难得之货,使民不为盗。不见可欲,使民心不乱。是以圣人之治,虚其心,实其腹,弱其志,强其骨。常使民无知无欲,使夫知者,不敢为也,为无为则无不治。"(第三章)

又主张不争:

"天之道不争而善胜。"(第七十三章)

"江海所以能为百谷王者,以善下之。故能为百谷王……以其不争,故天下莫与之争。"(第六十六章)

"曲则全,枉则直,洼则盈,敝则新,少则得,多则惑……夫惟不争,故天下莫能与之争。"(第二十二章)

"上善若水,水【善】利万物而不争,处众人之所恶,故几于道。"(第八章)

"圣人之道,为而不争。"(第八十一章)

又信天道:

"……天网恢恢,疏而不失。"(第七十三章)

综观老子思想之缺点,可分二端:(一)无奋斗精神不适于生存;(二)返于自然不适于进化。所谓社会正义者,因此亦不能实现。盖我欲无为而人有为,我欲不争而人争,我欲任天而人胜天,我欲绝欲寡智返于自然,而人则教导其民蒸于富强,奴隶我父母,杀戮我弟兄,我虽欲安居乐业,以享无为而治之太平得乎?故老子之道,谓为时势之反动则可,用为改良社会实现正义之手段则不可。倡于衰周乱世之中国或犹可,倡于列强逼处国贼横行之中国则万不可。或谓老子以不争为争,亦得为之奋斗。此亦未尝不可作如是解,然予终觉其牵强附会。

第五节　本章总结

本章选评之古代哲学思想为孔孟杨墨老五家。此五家思想之主要目的,皆在实现正义。其方法则各有不同。孔子注重感化,以"仁"为修身之本,而辅之以"义"。其弊在化良为懦,转使强暴者逞其所欲。孟子矫正其失,兼重仁义,由静的一己之修养,扩而为民众之挽救。墨子倡兼爱互助之说,其哲学虽属和平,而其实行奋斗之精神,至足为后人取法。至杨子公平的为我主义、老子返于自然之说,虽有其价值,然其流弊极多,不可为法。综观诸家哲学,其优点在实现社会正义,而其缺点则亦有二端:

(一)偏于拥护正义,忽视进化。墨子著述中,虽不乏科学上之创作。然不可谓其立说之目的,在促进社会进化。

(二)理想虽高,但期人人遵守绝不可能。

第三章　近代思想选评

本章选评之近代思想,为共产主义、无政府主义、工团主义三种。近代思想派别繁多,此三种万难代表。然余以独选此三种者,一则因其充满奋斗之精神,二则因其以实现正义为目的,三则因其在本世纪势力之伟大,四则因其影响于中国一般急进派青年之心理。其他哲学思想,亦间有于后章评论之者。欲求完备,请俟异日可也。

第一节　共产主义

欲评共产主义,当以马克司 Karl Marx 派社会主义为代表,该派主义概载《共产党宣言》。语其精义,可分一、阶级战争,二、工人无国,三、废除私产,四、废除宗教,四端。

一、阶级战争　大意谓今日之社会演为两种阶级,一为资产阶级,代表资本;一为无产阶级,代表劳工。资产阶级,利用无产阶级,剥夺其快乐,摧残其个性,役之若奴隶,用之如机器。无产阶级,苟欲免长此沉沦,必起而与资产阶级宣战,将其根本推翻。宣言第二章谓共产党之目的为:

（一）集合无产者成为一阶级；

（二）推翻有产阶级之权势；

（三）无产阶级专政。

二、工人无国　在战争之初,其范围限于一国,渐则趋于国际之联合,组织全世界劳动阶级一致奋斗。当此过渡之际,国家权力虽不免因此加大,但社会革命成功后,国家必不能存在。

三、废除私产　废除私产,废除买卖,废除目今资产阶级之生产分配方法,废除资本,废除家族制度,乃至公妻,儿童公育。

四、废除宗教　废除宗教及一切习惯的道德,另行根本改造。其政策如下:

（一）废除地产,一切地租,归作公用；

（二）重为递进的所得税；

（三）废除遗产权利；

（四）没收侨外人民及谋叛者之产业；

（五）以一国之银行集中存款；

（六）交通机关集于中央；

（七）生产事业收归国有；

（八）强迫工作；

（九）农业工业合并,渐谋人口分配平均,消泯城乡界限；

（十）公立学校儿童,一概免收学费,废除现行童工,教育与实业生产合并等等。

马氏本人道之精神与资产阶级宣战。其奋斗勇往之气,有史以来,殆无其匹。虽其说未能尽合,而影响所及,义师蜂起,劳工困苦,因以日舒,马氏之功,不可泯也。然余之评马氏学说,不在其能否完全解脱劳工,而在其能否真正实现正义。不仅在其能否实现正义,而在其能否创造文化。本此标准,则马氏学说,可得而评者,当有下列数端。

一、马氏主义未能尽合于正义　社会正义,据一般学者之主张,概以最大多数之最大幸福为衡。劳工者占民众之大多数,既占大多数则少数资产阶级即应在牺牲之列。马氏鼓吹阶级战争,欲以无产阶级专政,其意盖类此,此说之缺点在未明真正社会正义,必本于全体之幸福,不当以少数为多数之牺牲。有产阶级专横作恶,固正义所不容,无产阶级尤而效之,亦属正义所不许。人类生而平等,权利相同,阶级战争所以争人类之正义。苟获胜利则于战败之资产阶级,应与以同等权利,目为牺牲,岂合乎理?（罪大恶极者,不在此限。）此俄国社会革命完全剥夺对方同等权利,终为正义学者所不取也。

二、马氏正义观念之狭隘　大凡创立一种正义学说,欲其出于公平,伸张真正正义,则必顾及宇内各种不平现象。奋斗之方向亦当统筹全局,以人类全体幸福为标准,不应限于一阶级之胜利。马氏不忍见劳工受虐,起而奋斗,不知宇宙之内,有蹂躏人权之军阀,有食肉寝皮之地主,有敲诈鱼肉之劣绅,有卷括地皮之恶吏,有垄断居奇之奸商。淫威所及,家以之破,国以之亡,种以之灭,凡此种种皆正义之士所怒发冲冠椎心饮泣者也,又岂马氏学说之所能尽乎？马氏不以人类全体幸福为前提,而孜孜谋一阶级之胜利,纵能成功,而无产阶级专政,垄断生利机关,运销货物于外洋,吸收他种人民之膏血,亦大有背于正义。虽马氏有国际主义之申说,实现之期遥遥无日。在此过渡期中,弱国人民所受强国无产专政的资本主义之痛苦已足掀起第二种正义革命之师。然则马氏之所谓正义,为真正正义抑为片面正义,盖不难了然矣。

社会主义者正义观念之狭隘,至今日殆尽行暴露。即以此次沪案而论,虽肇端于工人待遇,然其根本原因,则由于资本主义帝国主义之压迫所致。即如军港、租界、洋行、银行团、治外法权、关税管理诸端,皆列强野蛮之行为,人类历史上之污点。各国社会主义者,果以拥护正义为标的,则首当联合世界正义者,作国际正义运动,誓死奋斗,以铲除人类之污点。此孟子之所谓"民饥犹己饥,民溺犹己溺",人类污点一日不去,拥护正义之责一日未能尽也。今之社会主义者,不求根本解决,而于此次沪案惨变,在英国国会劳工党员多孜孜研究是否由于虐待劳工,在美国则仅有几处集会之表示及劳工会长葛林 Green 氏向美国总统柯乃治氏请愿之冠冕堂皇书札,即以社会革命成功图谋世界革命之俄罗斯,除摇旗呐喊外,亦无实力协助。在中华民国拥有四百兆之众,数万里之地,睡狮一醒,天下震惊,本不必碧眼黄发儿为之援手,特以此辈社会主义者,既以人道正义相号召,大同主义相标榜,则当言行一致,以实现人类至高之理想,又何为不揣其本而齐其末,孜孜然惟劳工状况是问乎？试问英国国会社会主义者,假令此次沪案仅为虐待劳工而起,则解决此劳工之局部问题,彼等便以为满足乎？更假令此案丝毫与劳工无关,彼等为人道正义计,便当默尔而息乎？呜呼！吾今而后知社会党见解之狭隘,而慨夫马克司辈片面的正义流毒之深也。

三、评共产　夫共产之性质与均产有异。共产者,对于产业私有而言也。均产者,对于分配不均而言也。马克司主义,打消私产,是共产之意也。孔子不患寡而患不均,王莽之均贫富,是均产之意也。斯二说者,一则打破私产,一则维持私产,方法虽殊,其求社会上各个分子物质的利益之均平则一也。今世之人,自非军阀富豪,存心自私者流,既莫不承认共和国人民应享有均平之利益矣(至少在理论上不反对),而一闻共产之说即视为毒蛇洪水猛兽,强者骂为不道,弱者掩耳而走者,是以马氏之方法错认马氏之原意者也。按马氏所拟政策,注重集产中央,公平支配,使利益均沾,不为少数私人所垄断。此种精义已为近世国家所取法,如在中国,关于邮政、铁路、电报等大宗生产事业均已由政府经营以利全国,此皆与马氏原意吻合,中国人行之数十年而不以为怪者,奈何一闻"共产"二字便骇然而走乎?至于均产之义,本起自中国古代"井田制度",圣智作之,行于虞夏商周千数年间,莫不奉为美法,孔子言不患寡而患不均,正慨夫周道日衰,井田制度有日废之势也。至今中国耆老宿儒尚称道之而勿衰。今世共产主义,正与此意相类,国人不察,一则视同蛇蝎,一则奉若经纶,何不思之甚耶。

抑余尝更推论世人反对共产主义之原因,乃知所反对者非共产之目的,乃共产之手段。使今世之土地,尚皆洪荒未辟,今世之生产机关,尚未经私人垄断(如白人初入美洲之时),则有一坚强之政府,得陈平其人而为之宰,平分地权,共营生产,则所谓均产或共产之社会可不求而自得。无如今日社会,已认私产制度之存在,除未经开辟之利源或未及举办之生产事业,尚可由政府支配外,余多为私人所有,根深蒂固。于此私产制度之社会,苟欲谋根本改造,消弭贫富界限,必为有产阶级所反对,此马氏所以有阶级战争之主张也。斯法也,虽为激烈改造家所遵循之方策,且或为改造社会时不幸而不可免之手段,然循之人情,案之事实,并非不可以他法替代。方今社会改造之呼声日高,有产阶级渐次觉悟,苟实行社会政策,又取缔遗产,兴办教育或其他公共事业,逐渐消弭贫富阶级,则四海之内尽属同胞,迟早之间终归胜利,又何必亟亟以流血为快举乎?

马氏第二种手段为世人所反对者,为联合世界工人,建设大同世界。其号召之标语曰"劳工无国"。盖谓无产阶级,本未受国家利益,欲谋根本推倒资产阶级,必当联合全世界工人,一致奋斗,以建设大同世界。斯说之失败,社会党过去历史业经证实,无待赘述。惟就其间接所生之恶影响论之,其贻害弱小民族,将有不堪言者。盖所谓大同者,人类至高之理想也。以人类今日弱肉强食之现象衡之,此理想之实现,至少亦在千百年后,在此过渡期间,强国工人之身家财产,有武力保障,其生计又因资本家之觉悟与屈服日渐丰裕,勤勉者又皆可变为小资本家,实际上已无联合世界劳工与资产阶级宣战之必要。(如美国福特汽车厂,待工人极优厚,美人至欲举为总统,金钱之魔力大矣哉!)同时弱小国家,工业幼稚,民贫国困,生命财产又因有强国侵略,朝不保夕,一闻大同之说,喜形于色,以为极乐世界且夕可至,于是大唱高调,与海外工人携手,电信往还,称兄道弟,反将生死关头之国家存亡问题视为不足轻重。迨至外患日深,国亡家破,始悟平日藉帝国主义之保护吮吸我膏血,以日享十数元之工资者,我海外弟兄也;侵城夺地,屠戮我同胞者,我海外兄弟也;悔之盖已晚矣。呜呼!马克司辈大同之理想,固以实现人类正义为目的者也,而其结果乃适得其反,殆亦马氏所不及料也。

马氏学说及一般社会学者所主张之共产主义,为予所不满者,尚有二端。其一为忽略私产制度之优点,其二为忽略教育之价值。请分述之。

一、私产制度之优点　私产制度,鼓励私人努力。有私人努力,而后能创造文化。私产制度,满足人性私独处置生活之要求。必私独处置,而后生活之艺术价值始克实现。此二者,皆私产制度之优点,马氏之所忽略者也。关于此点,第五章第三节中,当详论之,兹不赘。

二、忽略教育之价值　马氏计划,固已有公立学校儿童免费之规定,并未一概抹杀教育。然予之欲评马氏之处,则在其只以平均支配经济实现社会正义,而忽于产生经济能力之教育机会。经济平均支配,固为实现正义之必要条件,然若仅仅以此相号召,则吾恐民众之目的,咸将趋于享受经济权利。庸惰者流,更有所恃而不恐。驯至生产日灭,影响于文化之进步,马氏虽规定人人皆工,又安能使惰工者勤工乎?虽有公立学校免费之规定,又安能产生伟大学者,使社会文化上进乎?假使马氏以教育机会均等相号召,使权利平均之实现,在充分发展天才之教育机会,更辅以经济均等主义,增进公众幸福,使社会所生之金钱仍用之于社会,是正义可达而进化又可期,兼而备之,岂非策之最善者乎?

综而观之,马克司派社会主义之手段虽有不妥,而其精义则在实现社会正义,此与我国古代圣贤之均产主义,中山之民生主义,曾无稍异。世人苟根本不赞成共和国家、机会均等原则则已,否则即不当完全吐弃社会主义。故若避去社会主义之缺点,采取中国古今圣贤学说之优点,融为一炉,加以精炼,使适合于今世社会之需要,吾未见马氏学说之可尽废也。

第二节　无政府主义

无政府主义,具有共产主义之"阶级战争""大同"诸点,而有"无政府"之特色,故又名无政府共产主义(此外尚有个人无政府共产主义,不具述)。倡此主义者如巴枯宁Bakunin辈不满意于共产主义资本集中之办法,深恐中央集权太大,复蹈私产制度下资本家专横之弊。故主张无政府共产主义,反对多数压迫少数。工作自由,出产品依人口平均支配,既无法律之压迫,又无工厂之奴使,则人人将乐于工作,以发舒过胜精力,无偷惰之弊。此种理想,乃极端的个人主义,为害极大。本节当略评其得失,其与共产主义相同之误点不复述。

一、无政府主义不能实现正义　无政府主义之错误在忽于政治组织之优点,而昧于极端个人主义之缺点。夫政府之功用,就正义论,对外则保障国际上之正义,对内则保障社会上之正义。以今日之中国而论,外则强邻逼处,内则民贼横行,苟无坚强之政府,何以保国权而障民权,何以伸人道而彰正义?无政府者流,每谓现今中国政府为军阀官僚所垄断,舞弊营私,殃民祸国,外不能御侮,内足以助乱。吾华既为人类争自由,何不去此不详之物?为兹说者,未明政府之性质,以腐败政治与政府之本身混为一谈。须知政府之腐败,人之罪也,非政府之罪也。因人之腐败,遂欲举政府而废之,是因咽[噎]废食因病戕身也,岂奋斗之士所当为哉?为无政府者计,当翻然改图,移其宣传无政府主义之力,与腐败之政治奋斗,廓清国贼,以建设坚强有力公正无私之政府,为人民争自由,为国家保权利,为人类谋正义。如此之政府,当去乎?当存乎?不待智者而后知也。请再就无政府主义,一论极端个人主义之流弊。

无政府主义以实现正义为目的,故主张绝对个人自由,而反对政府干涉。此种理想之流弊,可使强有力之人横行天下而无忌,人道正义转将因此澌灭。盖野蛮争伐,乃人类天性之表现。文明社会所赖以维持治安,伸张公道者,赖有社会之制裁耳。果如无政府者之主张,行极端个人主义,则强悍之人皆将发展其野蛮自私之性,凌弱暴寡,杀人饮血之风,将复现于今日!(其实今日之帝国主义、军阀主义、资本主义,亦为杀人饮血,特其形式不同耳。)彼十八世纪经济放任主义,非根于个人自由主义耶?其结果则使欧洲数千百万之劳工变为资本家之奴隶。横行一世之威廉氏军国主义,非根于极端个人自由主义耶?其结果则酿成欧战,死伤百千万之无辜。更如今日中国军阀之杀人强奸主义,官僚政客之括地皮卖国主义,资产阶级之盘剥主义,强盗之绑票主义,地痞流氓之敲诈主义,何一非极端个人主义之应用?此辈心目中,又何尝有丝毫政府之观念?无政府主义诸公乎!今世界已饱受个人主义之赐。公等果欲以伸张公道自任,请毋以无政府相号召,请更勿以极端之个人主义相号召!

二、无政府主义不能发展文化　政府之功用,不仅拥护正义已也。关于教育之普及,文化之传播,学术之提倡,□惟完善之政府是赖。先就教育普及论,如在中国,江浙肥美之区,民殷物富。若能改良税制,更实行取缔遗产,为教育经费,教育之普及,指顾间耳。但若新疆、西藏诸处,地瘠民贫,又以交通阻碍,教育程度远在他省下,苟无中央政府为枢纽,以富省之余,补其不足,则住居该数处之人民,将永无受均平教育机会之一日。今之主张无政府主义者何昧于此?

文化之发展与传播,私人固可尽力,但若有完善政府提倡鼓励,收效当更速。欧美各国,学术团体林立,政府提倡之功至伟。若如无政府者之主张,取消政治组织,一任个人自由行动,则吾恐群众目的,将趋于自私自利。杀伐争夺之不远,奚暇集合团体以提倡高深之学术哉。

综而论之,无政府主义具有共产主义之缺点,而又益以极端个人主义之缺点。倡之今日,以求实现正义,是治丝愈棼扬汤止沸,思想健全之人断不应为所误也。按无政府主义与老子思想相类,不赞成老子者,当同时反对无政府主义。

第三节　工团主义

今世著述界中,又有所谓工团主义 Syndicalism 者,是实变相之无政府主义。请先述其性质。

一、共产　马克司主义、无政府主义、工团主义皆欲打消现有私产制度,所不同者,工团主义之生产由有组织之劳工负责耳。

二、以工业联盟代政治组织　反对政府,谓为资本家之制度。又反对政治社会主义,以工业联盟代政治组织,各业自治。

三、工业战争　以工业方法,实行工业战争。如"罢工"、"抵制货物"、"标签记工"(表明依职业联盟之条件,做出工作)、"捣乱"(Sabotage,做坏工,或损坏机器,或损坏已成之货物)。

此主义具有共产主义无政府主义之流弊,无待赘述,至以职业联盟代替政治组织又有不可通之二点,请分述之。

一、工业联盟反对政治组织,其本身即为政治组织。若恐政府专制,则办理工业联盟之人,亦可专制。若谓办理工业联盟之人,可受制于工人,则完善之政府亦可受制于人民。如"提议""公决""罢免"诸制,已可行于今日,则将来世界政治昌明,人民完全幸福,又何尝不可求诸理想之政府哉?

二、穿衣吃饭之事,本人生活动之一部,人类幸福断不因穿衣吃饭之满足而满足。工业联盟主义以饭碗概括一切,且欲以工人一阶级专政,此固社会主义公同之缺点,而以工业联盟为最著。此主义若克完全实现,则所谓联盟必为穿衣吃饭之联盟、工人专制之联盟,文化进步固受影响,人民幸福与社会正义亦不能完全实现焉。

三、工业联盟既以各职业团体为政治组织之单位,自谋利益,则各国团体之间,有时必发生利益冲突。曩日工人与资本家之战争,今或且变为各团体之竞争,互相倾轧,社会纷乱,将无已时。即退一步论,各工团在团体范围以内谋利益,不相侵犯,试问甲团工人平均每日得洋十元,而乙团工人只得洋五元,两两相较,可得谓之公允乎?若必由工业联盟总团体调节各工团间之利益,疏解其冲突,则此总团体者,不啻一变相政府。取消政治组织之理想,仍未贯澈。况主张工团主义者,尚未有调节疏解之完善办法乎?

工团主义可取之点,为工业战争方法,可制资本家之死命。又工团联合,若专为改良经济组织,而不以之代替政治组织,则可较为完善,此近世基尔特社会主义之所由产生也。"基尔特社会主义"Gnild Socialism 主张"产业上之共和",由各业组合、管理生产组织,与国家政府并立。此种办法,是否适合今日之中国,乃属疑问。

第四节 本章总结

本章选评之近代思想为共产主义、无政府主义、工团主义。三种共产主义之缺点,(一)无产阶级专政,不能尽合于正义;(二)只求劳工之胜利,正义之范围太狭;(三)阶级战争,可用他法替代;(四)主张工人无国,贻误弱小民族;(五)忽略私产制度之优点;(六)忽略教育之价值。此六端为马克司共产主义之主要缺点。然此种主义以实现正义为目的,其意与我国古哲均产主义相合,故其政策亦有可取者。无政府主义乃共产主义之变相,特不主张有政治之约束。其流弊趋于极端个人主义,既不能实现正义又阻碍文化进步。工团主义则为变相之无政府主义,又具有共产之特色。其难点有三:(一)工团之本身,即为政治组织;(二)工团主义以饭碗赅括一切;(三)各团体间利益之冲突,不易调和。此三难点亦可阻碍社会正义与社会进步。统观此三种主义,皆具有坚决奋斗之精神,为东方式思想所不及。然欲以之建立完善理想之社会,亦不可能。今后人类之思想,当采合各家之优点,贯以"奋斗""正义""进化"三要素,谋社会之根本改造。次章即本此三要素而构成者也。

第四章　奋斗主义之精髓

作者采合各哲家思想之长而去其短,更益以心得融为奋斗主义。盖谓人类生存,本根于求生冲动,其目的即为求生,欲求生必须奋斗。奋斗之正当途径有二:一为创造文化,一为拥护公理。前者谋社会进化,求人类幸福之增进;后者谋社会正义,求人类幸福之平均。二者必均衡发展,人类文明始可期,人类全体之幸福始克实现。兹更加人个人及国家二要素列表于后而说明之。

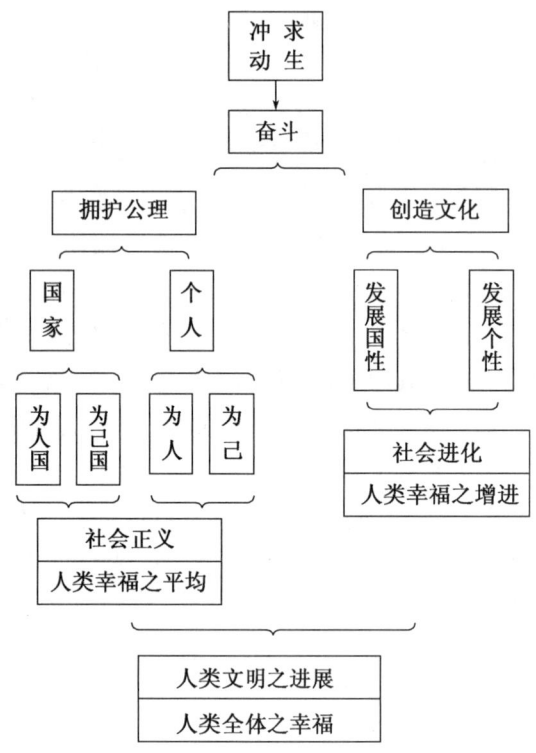

第一节　奋斗主义之优点

解决人生问题,奋斗主义所以独优者,计有二点。

一、奋斗乃生存所必需　人之生也,诚如杨子所云:"爪牙不足以供守卫,肌肤不足以自捍御,趋走不足以逃利害,无羽毛以御寒暑。"苟欲生存于宇宙,必将资物以为养,欲资物以为养,必起而与自然奋斗。斩毒蛇,排洪水,驱猛兽,举凡自然之物足以妨害生存者,无不设法排除之,乃克奠土以营生,安居而乐业,使吾人之祖先,不奋斗以图存,人类灭绝久矣,尚安有所谓社会进化哉?今日之世界,弱肉强食之世界也,贪暴之徒,食人而肥,野心之国,吞国而富,人类生存之大敌,盖十百倍于毒蛇、洪水、猛兽。吾人若甘心供其宰割,则亦已耳,苟欲发奋图存,则必抛弃退让避缩之人生观,鼓我勇气,起而与吾人之大敌奋斗,胜利为救世之健儿,死亦不失为雄鬼,安能腼颜苟活,束手待毙,供他人之牺牲乎?

二、奋斗有普遍之效果　古之言救世者，往往采用和平政策，使人人相趋于善，而措天下于大治。如孔孟救世，欲使人人仁义道德；杨子救世，欲使人人不与不取；墨子救世，欲使人人兼爱互助；老子救世，欲使人人无为；佛家救世，欲使人人慈悲；耶稣救世，欲使人人博爱皆是也。夫天下之人，若果能遵同道而行，则此数家之哲学，皆可措天下于大治。无如人性不齐，贪暴残酷之徒，无论社会道德进化至何种程度，终不能铲除净尽。以孔孟杨墨老佛耶之说治世，必使人人遵守，无一例外，其效始克大著。今若于万人中有一人焉，其残酷不道，竟非孔孟杨墨老佛耶之说所能感化，则吾恐此九千九百九十九人之和平正义，维之十百年而不足者，此残酷之人破之一日而有余。今若一反化民归善之和平主义，而为救己救人之奋斗主义，使人民知人生真义，不仅为独善其身无害于世之良民，尚当为抵拒凶暴维持生命之勇夫，不仅为抵拒凶暴维持生命之勇夫，尚当为保卫人群、爱护正义之侠士，用此道以宣传，则万人之中能得五千奋斗之勇夫，虽有五千凶暴之人不足畏；能得一千之侠士，虽有九千凶暴之人不足畏。是可知奋斗主义者，不必期人人以遵行，而有普遍之效果。今后吾人拥护正义，舍提倡救己救人之奋斗主义，其道又何由哉？

近世社会改造之先觉，其最具奋斗精神造福于人类者，莫如马克司。虽其所主张之阶级战争不无可訾之处，然其洞悉和平的化民主义之非策，而诉诸武力解决，眼光之远大，见解之透澈，盖远迈乎孔孟杨墨老佛耶之上。今之论马氏者，每谓阶级战争之推论已为事实所否认，不知马氏学说之价值，不在其推论之是否证实，而在其发生之影响。不有马氏阶级战争之恫吓，何有资本家之觉悟？又何有今世工业政策之改造？使马氏当日不以阶级战争相号召，而采用孔子之感化主义，使人人礼让，或采用杨子为我主义，使人人不予不取；或采用墨子兼爱互助主义，使人人摩顶放踵；或采用老子无为主义，鼓吹社会退化；或采用佛家慈悲出世主义，救劳工之灵魂；或采用耶稣博爱主义，批左颊而与以右颊：则吾恐今世之劳工早已尽变为资本家之奴隶，供其鱼肉牺牲，其困苦状况，必且十百倍于马氏《资本论》中之所述，尚安得享受八小时之工作，挈妻帑子女，驾摩托车，驰骋于江干马路，彳亍于绿荫之间乎？（美国工人多如此。）是可知马氏者实近代拥护人道正义之伟人，而其成功，则由于奋斗。今后之言救国救民以改造社会自任者，讵可不师马氏遗意，而以奋斗主义为南针乎？

第二节　创造文化之真义

人生奋斗之正当途径有二：一为创造文化，一为拥护公理，请先言发展文化。

文化者，人生幸福之基础也。生民之初，浑浑噩噩，事物未备，营巢而居，窟地而处，茹毛以充饥，披叶以蔽体。生活之简陋，殆非今人所能想像。其后圣智出焉，作宫室，兴农稼，制衣冠，便交通，生民之事大备。迨及近世，科学日新，器用日广，自然障碍，渐为人力所排除，人生幸福，遂日进而无疆。今后文化进步至若何程度，虽难逆料，然苟吾人能继续与自然奋斗，则一分努力便有一分成功，努力不断，进步斯亦无已，此可断言也。

一、发展个性　创造文化之第一条件，为发展个性。统观东西民族个性自由时代，其文化必大有进步。如在中国，当衰周之世，王纲解纽，诸子争鸣，各以其学术问世，文化之盛,世莫与比。降及秦汉,专制之毒焰大张,"别黑白而定一尊",罢黜百家,尊崇孔道,个性大受戕贼,流毒之深,亘数千年而勿替。中国学术之衰颓,此为主因。至于欧西,当希腊时代,言论自由,个性发展,学术之盛,号称极盛。中古而降,教会专制,戕贼个性,遏制言论,欧西文化,入于黑暗时代,受其阻碍者千有余年,迨至文艺复兴,思想解放,科学昌明,文化大进,始有今日之世界。个性发展,关系文化进步之巨,有如此者。

二、发展国性　一国有一国之精神及其历史上之特点。如和平(我华优点甚多,此其一例)之于吾华,平等博爱之于法,自由主义于英,共和之于美,皆为人类文化之结晶。欲使人类文明进步,当合全世界之力,使吾华之和平、法之平等博爱、英之自由、美之共和诸美德昌明于世界。若对于本国人民,用和平、博爱、自由、共和,对于他国人民,则皆用强暴、酷虐、束缚、压迫,是谓之自损国性。反是,若有人破坏我之和平、博爱、自由、共和,而我不能奋斗以保障之,在人为侵害我之国性,在我则为放弃国性。自损国性,侵害国性,放弃国性,皆足以破坏正义,阻止进化。故今后欲谋人类文明之进步者,当先谋优良国性之发展与保障。

第三节　拥护公理之真义

人类奋斗之正当途径,除创造文化外,即为拥护公理,荀子曰:"人生而有欲,欲而不得则不能无求,求而无度量分界,则不能不争,争则乱。"(荀子《礼论》篇。)无度量分界之求,强暴之所为也。社会愈进步,人欲愈增,强暴之求愈奢,而吾人奋斗之力,亦当随之以俱进。除强暴而护公理,殆拥护正义者之天责欤!

虽然,"除强暴"一语,易滋误会。不加解释,或将为野心家所利用。夫强暴者,系指人世间一切侵害人权、破坏正义者之总称,其范围至广。除强暴之目的,在拥护正义。故欲除强暴者,必先自身合于正义。譬如中国军阀,如欲救民救国,必其自身先不贪赃枉法、卷括地皮、纵兵奸淫而后可。又如美国若欲以拥护人道正义相号召,必先取消在华不平等条约及其所加于菲人之束缚而后可。美人加入欧战皆以保障正义为号召之资。德败后,协约各国复张大其辞谓为公理战胜强权,国人不知羞,尚于北京中央公园高树"公理战胜"之牌楼随声附和。其实各大协约国日以帝国主义侵略弱小国家,皆属强盗之变相。德固凶暴,彼协约各强国又岂尽合于正义哉。若阳假拥护正义之名,阴行侵略之实,此其罪又视强暴有加,而为真正拥护正义者所不容矣。

除强暴而护公理之目的有二:以个人论,则为"救己"与"救人";以国家论,则为"救己国"与"救人国",而皆以实现正义求人类幸福之均平为归。夫强暴之侵我"人权",我若任其宰割,在彼为作恶,在我则为成恶,破坏正义之责,我不能逃焉。必也鼓奋斗之气,起而与抗,在我则可保全一己之生命,在世间则可少却一件不平之事,此自卫政策之所以合于正义也。虽然,自救矣,苟见有不平之事,袖手作壁上观,若越人视秦人之肥瘠,在孔子谓为"见义不为无勇",我则目为"破坏正义"。盖人生美德首贵侠义,未有侠义之士而害人者也,亦未有侠义之士见不平而不怒发上冲拔刀相助者也。"各人自扫门前雪,莫管他人瓦上霜",是懦夫之人生观,是自私自利之人生观。遵此见解而行,其人必自陷于破坏正义之罪恶，更无语于拥护矣。

除强权而护公理之目的，在国家方面，为"救己国"与"救人国"。今之倡世界和平者，每谓"国家"为人类自由平等之障碍。欲谋实现人类正义，必先取消国家，实行大同，斯说也，倡之侵略主义之国家，洵为救时良药，施诸弱小民族，其结果必使之沦为奴隶，陷于万劫不复之地位。盖弱小国家，受强权压迫，其人民盼望人类和平，至殷且切。一闻大同之说，以为极乐天国，旦夕可至，大唱高调，不思奋斗。强权之国，乃得乘机侵略，吸其脂膏，夺其土地，终则亡其国，而灭其种。此实大同思想有以误之。故欲谋世界大同者，必先鼓吹国家主义，为弱小国家谋自救，使强权之淫威无所逞，而后谋进一步之改造。不然，朝言大同，暮言大同，终于梦想而已。

国家主义之初步为救国，国救之后，有二途焉：其一为侵略式之帝国主义，其二为救世式之正义主义。当德人之以国家主义唤醒其民众也，其目的在自保而已。一旦战胜而国安，乃变为侵略式之帝国主义，称兵构战，吞并弱小民族，卒致于犯国际公愤，联军所至一败涂地，良可哀已！使德人于其国运复兴之日，改其侵略之阴谋，乘战胜余威，以抑强扶弱自任，则义师所至，将无敌于天下，拥护人道正义之牛耳，舍德人其谁与属？德人计不出此，一意侵略，卒致师覆国困，乞盟城下，贻子孙数世之祸。吾为战败之德国惜，吾尤为效法德国之日本危。

第四节　社会进化与社会正义之关系

奋斗之人生，在发展文化，拥护正义。斯二道者如车之双轮、鸟之双翼，缺其一即不可。文明之进步，兹分三节述之。

一、社会进化与社会正义之关系　欲谋社会正义之实现，必以社会进化为基础。今日之时代，文化战争之时代也。野心国家，恃其枪炮之精、潜艇之利、军舰之坚、飞机之捷、毒气之猛，不顾人道正义，兴兵构战欲以异族为鱼肉。斯时也，被害国家，苟非有同样精利坚捷猛之枪炮、潜艇、军舰、飞机、毒气与之对抗，虽欲不为鱼肉，不可得矣。虽然，此数物者，非生而为我用者也，必也有普通教育以树文化之基础，有高等研究，以为深造之阶梯，精益求精，始能发明创造，层出不穷。故欲自保其国家拥护人类之正义者，不可不有精利坚捷猛之武器，欲有精利坚捷猛之武器，不可不施行普通教育，提倡专门研究，培养技术人材。不然者，虽有敢死之决心，而无战斗之利器，虽有拥护正义之宏愿，而无实现正义之可能，率然而不动，不啻以卵投石，卵虽尽而石不碎。此美洲土人之所以杀戮殆尽，而人道正义终不能因之而伸也。由是观之，学术者正义之保障，战争者和平之阶梯。今而后欲保护国家，昌明正义，舍普及教育提高学术，准备战具，其道又何由哉？

二、社会正义与社会进化之关系　社会进化固为社会正义之基础，然欲社会进化，又必赖社会正义。二者相互为用，固不知孰因孰果也。先就一国内之情形言之，苟欲教育普及、学术发达，必人人皆有均等之教育机会、经济机会、政治机会而后可。苟一国政治，操于少数人之手，制定利己之法律，强人人以遵守，以致贫富悬绝，教育机会亦为贵胄子弟所垄断；庸才劣质，因父兄之造就，戚友之提携，而为社会领袖；贫寒聪睿之士，转压迫于下层阶级,与贩夫走卒终其天年。不平至此,欲教育发达、学术进步、文化提高,安可得乎?故欲谋社会进化者,当同时谋社会正义,不然朝言进化暮言进化,终于梦呓幻想而已!

次就人类全体论,欲谋人类社会全体之最大进步,亦必以国际正谊为基础。美儒柯柏烈著《教育史》一书,于其《结论》一章中图表世界教育问题,轻蔑我国,并谓未来教育问题为白人之负担。柯氏此语,颇含有白种优秀之偏见。余来哥校得读此书,怒焉不安,会寓书让之,意谓白人之责任不在教育他种民族而在脱除其不平等之束缚。柯氏覆书虽为白人辩护,终亦不能否认。(现柯氏已将该图略加修正。)夫弱小民族,其创造能力本不出人下,徒因帝国资本主义之束缚,不能有所贡献,其于人类文化上之损失为何如耶?故欲谋人类文化之进步者,必同时谋国际正义之实现,欲谋实现国际正义,必先打消国际上各种不平等之束缚。

第五节 社会进化、社会正义与人类文明之关系

本节所言"社会进化",与"人类文明"有显著之区别。依作者之意见,"人类文明"于"社会进化"之外,必兼含"社会正义",二者缺一不可。进化学者根本之误点,即在以"社会进化"为"人类文明",不顾及"社会正义"流弊所及,将杀尽人类劣弱分子,为强者之鱼肉,帝国主义特其流弊之开端耳。斯宾塞者,英之硕儒也。其所著《群学肄言》一书,阐明群学精义,《国拘》一章,尤多公正之论。特以氏为进化学者,故以白人杀尽南北二美洲之土人为人群进化之要道。其言曰:

> 自哥仑布凿空西海以来,为时仅三百余载耳。乃今南北二洲之间,无所往而非白种。且今大不列颠之号为英民者,皆客种也。此岛旧族扫灭殆尽。夫夺人之地,以长子孙,事岂尽合于义,而自人群进退为言,则存优去劣,固大地人类之所以日蒸。故通以云之,于群道乃进而非退。(注九《国拘》篇第百七十二页)

斯氏固明明主张弱肉强食,推其用意,盖不恤杀尽他种人类夺其地而养白人之子孙。不足,又必杀尽他族白人,以养安革鲁撒[撒]逊族人之子孙。又不足,则必更杀尽该族中之鲁钝者以养聪慧者之子孙。若谓同族不应相残,则不当残杀同种,若谓同种不应相残,则不应残食同类。是可知斯氏立说之不通,而恍然于进化学者忽视社会正义之根本错误矣。

欧西民族,固自号为文明者也。耶稣博爱、公正、和平诸教义固皆彼辈所认为天经地义而欲传授于我族者也,顾观其行为,则一与教义相反。耶稣训:"人批汝右颊,更与以左颊",彼辈则批人之右颊而及其左颊,更食其肉而寝其皮。耶稣训:"人夺汝之上衣,更与以外套",彼辈则夺人之上衣与外套,更夺其城而侵其地。口蜜腹剑,人面兽心!彼辈自号为文明,吾见其野蛮耳。彼辈自号为进化,吾见其退化耳。观于此次上海、汉口、广州、重庆、南京等处之惨变,英兵竟以快枪利炮轰杀我手无寸铁之同胞,伏尸流血,惨不忍睹。此种酷虐举动,野蛮民族所不为,而以堂堂大国文明自命之英人为之,余因以知今世物质文明

之为厉,而慨夫进化学者流毒之深也。

　　社会进化,若不辅以正义,其结果必使人类野蛮程度与社会进化之程度成正比,人类文明亦必归于灭绝。欧西民族固自号为文明者也,然其野蛮程度,则千百倍于未开化之民族。历史上例证甚多,兹即引斯宾塞氏之言以证之。

　　　　往吾海军舟将过彀格,周流全球,抵太平洋之新岛,归而纪其风土。如大希滇诸岛,其中民德,往往天真未凿,有高于素号文明之民数等者,即以盗窃一端言之,虽岛民时亦犯此,愿以比舟中之众,自拔其舟之舷钉,以畀岛妇资夜合者,其情罪轻重之悬远矣。逮彀格执赃索贼,岛民吐实。狱具,彀格将鞭其水手,岛民乃谋与偕逃。不克,则涕泗交颐,不忍见水手之缚而受榜也。又其书记彀格死事甚悉。虽其说不必尽信,然于此见汕椎芝岛民,始所以亲待远人者甚挚。自经侮虐,且虑横逆之狎至也,始易其初心。他客游记所言,什九相若。大抵始通之时,其待远人皆甚亲厚,溯龌龊所由起,则文明者之过常先,质野者所为,相报以直而已。如太平洋北有查辣特岛族,必俟舟将嘉提勒之众,先启衅端而后复之是也。由来文质二民相仇之事,大较如此。教士威廉见杀于额罗孟加,说者张皇其事,谓为狼子野心之明证。顾后有考其实者,知其祸始于欧人。彼前游其地,而所为至不道,致此怨毒。古鲁泔金岸记,载一千八百十二年二月,土人杀英将沐礼直,英人大怒,毁其城镇寨堡无算。后英船有过韦尼巴者,必注半舷之破,遥击其城,示不忘旧怨也。又伊尔英言加达支那土番,于西班牙入寇,拒之甚力。数年之后,班将阿节远兴师问罪,入其境,无少长男女皆屠之。后婴什戈以患风入其海口,土人乃不念旧嫌,相待殊厚。婴归辄告人曰,野蛮文明之称,公等特以臆命之耳,以余所见,名实之间,正相反也。欧人初至亚墨利加日,其残酷殆非人理。又法人之至多明戈也,使其土人列跽长壕之上,而后按队发枪殪之,至壕满不更容,乃连系男女,载之出海沉涛波中。又西班牙人之至其地也,则系累其众,藉以为奴,遇之尤虐。其相率自杀,无孑遗者,而西班牙之人尚图其自杀之殊状异态,以示人也。(参(九)第一百七十八页)

　　观斯氏所述,可知欧人野蛮程度正与其进化程度成正比。长此以往,不谋补救,必使人类相趋于禽兽之途,人类文明,亦必从此澌灭。白人不乏明达,作者深愿其彻底觉悟,知社会正义在人类文明上之重要。结合团体,拥护正义,与强暴奋斗,扫除人世间一切不平等之事,则世界文明可以进展,而人类全体之幸福,亦必随之实现矣。

第六节　本章总结

　　人生之目的在求生,欲求生必须奋斗。奋斗之优点有二:(一) 奋斗乃生存所必须,不奋斗必归灭亡;(二) 奋斗有普遍之价值,比他种方法,较易收效。人生奋斗之途径有二:(一) 为创造文化,充分发展个性及国性,使社会进化,谋人类幸福之增进;(二) 为拥护公理,就个人言,则为救己与救人,就国家言,则为救己国与救人国,二者皆在实现社会正义,谋人类幸福之平均。人类文明,必兼涵"进化""正义"两大要素,否则发生流弊。今世欧西文明之缺点,即在忽略正义,致使"食人主义"猖狂泛滥于世界。若不急起挽救,人类社会,必归毁灭。今请下"人之定义"为"创造文化拥护公理之动物"破坏正义残酷为生之"人",真可谓为野兽,不当齿以人类。

第五章 社会改造原理

前章曾言人生奋斗之途径,除创造文化外,即为拥护公理,使社会正义实现。然所谓公理正义者,其真义如何? 其实现之方法又若何? 不可不究也。兹请于本章述之。

第一节 正义公理与人权

正义公理者何? 曰维持均等,保障人权。前者为手段,后者为目的。欲谋保障人权,不可不实行均等主义。兹先就人权之种类诠释之。

从来论人权者至夥,然多昧于人权之真义。如以财产及"自求多福"为人权,则资本阶级,可利用金钱,以食劳工之血汗矣。如以契约为人权,则劳资关系亦为契约,可无须工业改造矣。是岂正义之士之所许哉?

论人权者,又尝泛言自由、平等,然用之既久,原意浸失,弊端以生。言自由者,趋于极端个人主义,往往假自由之名以成恶。言平等者,则倡法律之前平等,又往往制定不公平之法律以营私,卒致真义日泯,公理浸灭,此世道之所以日乱也。依予之主张,基本人权,只有三种。

一、生命权

分言之为:

(一)先天健全之保障　国家社会当保障孕妇,使婴儿之先天健全。堕胎之风,当绝对禁止。

(二)养育生存之保障　人权生而平等,无论何人,既已具有生命,呱呱堕地,国家社会或私人即应担保其生存养育,至于成立。杀婴之风,当绝对禁止。

(三)身体安宁之保障　既养育之,使之成长,则必保障其身体之安宁,非依公正法律,不得侵犯。

(四)精神安宁之保障　又必保障其精神上之安宁,如信仰自由、书信秘密等是。

(五)行动自由之保障　如个人行动迁移及集会结社等。

(六)工作机会之保障　国家社会,当保障人民之工作,不使失业。

(七)娱乐机会之保障　终日作工,形同机械,有何生趣? 故必有适当之工作限制及公共娱乐机会。

(八)灾病老死之保障　国家社会,当本公道原则,规定医药费、退隐金、抚恤金等制度,以防灾害、疾病及老死之危险。

二、发展能力权

个人能力充分发展，国家社会，两受其益，故以为人权之一。分言之为：

（一）教育机会之保障　国家社会，应保障教育机会，使各个人之天才，充分发展。

（二）言论自由之保障　言论自由，为个性发展之表现，故必与以保障。

（三）鼓励创作之保障　创作为文化之母，故必与以鼓励及保障。

三、选择配偶权

分言之为：

（一）配偶机会之保障　打消男女之界限，及阶级之歧异，使人人有选择配偶之机会。多妻制度，当绝对禁止。

（二）婚姻自由之保障　不得当事人之同意，而发生强暴行为或机械之婚姻者，为蹂躏人权。

以上三种为基本人权，国家社会应与以保障，保障之法为机会均等主义。机会均等主义者，以保障人权为根据，承认先天性质之差异，而否认后天机会之不平等也。先天性质之差异，如智慧之高下，面貌之美恶是也。后天机会之不平等，如教育、经济、政治、机会之差异是也。先天之差异，非人力所能及，至于后天之不平等，则可因人力而转移。转移之法，则为机会均等主义。

机会均等之基本主义有三：（一）教育机会均等；（二）经济机会均等；（三）政治机会均等。此三基本主义若能实现，则人世一切不平均，可因之铲除矣。

第二节　教育机会均等主义

教育机会均等主义者，以国家权力，保障均等教育机会，而充分发展人民之能力之谓也。世界各国，言教育机会之均等者莫如美，此固该国教育家所公认之原则，实亦共和主义之精髓也。然一考其所谓均等者，则又有种种限制。如在学年限，若定强迫教育为八年，则八年以后教育机会之不均平，非所问矣。又如课程内容，若以某某等科为至少精要，则精要以外之教育机会，又非所问矣。又况贫富悬殊，虽有受教育之权利，而无受教育之财力。以纽约论，华盛顿方街富庶之区，华厦相望，家资万万者不知几何人。大学教授，聘为家庭教师，课其子女，免跋涉之劳也。至若汤姆金方街一带，贫民麇集，其子女衣仅蔽体，食仅果腹，居住之污秽，尤不堪入目。苦乐之悬殊若此，虽有均等教育机会，安所用哉？

此特就小学教育而言也，中等以上教育，亦正与此相类。美国大学林立，中学更不计其数，入学者，多中产以下子弟，贫苦者实不在少数。此辈半工半读省衣缩食，一在中学毕业，即弃学谋生，其有升入大学者，亦多兼充他项职务，延长毕业年限。此种办法，在个人为虚费光阴，在社会则暗受损失。若以国家权力，转移百万翁之金钱，造就此辈，使聪颖之士，不因衣食而牺牲，则人群社会所受之利益，当不可限量矣。

次言中国，教育机会之不公平更有甚者。即如国民教育，至今尚未普及。一般人民，无生活能力，有产者尚可坐食，至于无产之人，不辗转于沟壑，则必铤而走险，然后从而刑之，是孟子之所谓罔民也，焉有公平正义之国家，罔民而可为也。

今日中国之教育，既一任人民自为，则有产者之子弟，苟非自暴自弃，自不难青云直上，变为社会领袖，至于贫寒子弟，苟欲自免于盗窃死亡，则必与困苦奋斗，自谋教育机会。作者曾两度卒业师范，知贫苦之师范生，虽有学膳免费之待遇，而每年零用书籍，竟非数十金不办。此数十金者，在贵胄之子，一席酒资耳，一场赌费耳，而在贫苦之师范生，则必出自借贷典质。然借贷有时而穷，典质有时而尽。处穷尽之际遇，计无他出，惟有深自刻苦，磨折奋励，以度穷愁岁月，生死听诸天命嘻！自予入师范以至于今，目观贫寒学生之刻苦磨折，以至死于非命者，盖不知几人矣！夫同具五官四体，其性命之价值，初无轻重。徒以幸与不幸，一则生而贫寒，一则出于富室，其遭际之不平，乃至于此！讵不令正义之士，为贫寒子弟放声一哭耶？

故吾以为今后教育，当有两种革命：

一、教育观念之革命

孟子曰："得天下之英才而教育之，三乐也"……"教"者，上所施下所效也，"育"者，养也。孟子兼言"教""育"，示并重也。今之所谓"教育"盖有"教"而无"育"，欧美学校中午膳制度，去"育"之旨甚远。至奖金免费制度，只加惠于力能入学之人，尤不得谓之"育"。夫"教"而不"育"，其结果，必使求学机会，为富者所垄断。贫寒之子，终必向隅，是犹患病之人，珍馐满前，不能下咽也。

抑尤有进者，今日各国税制尚多缺点，中国尤甚。教育税款，多取于生活必需之品，贫富共之。以贫富共负担之教育，而为富者所垄断，不公平甚矣。故今后教育观念，当根本改造，"育""教"并重，庶于公平均等之旨，有所裨益焉。

二、义务教育观念之革命

教育者，人生幸福之基础也。受教之时期愈长，生产之能力愈大，此教育增进"生活能力"之价值也；瞽者无以与于颜色之美，聋者无以与于声音之美，不受教育者之于高等思想及艺术，亦犹瞽者聋者之于颜色声音也。此教育增进"欣赏能力"之价值也。选择配偶之标准，道德、学问、思想、体格最关重要，皆为教育之结果，此教育增多"配偶机会"之价值也。以上三者，皆教育价值之荦荦大者。人生而无教育，其幸福扫地尽矣。故教育者人之特权也，而非义务。所谓义务者，对国家而言也，专制国家，如战前之德，今日之日，以国家超越一切，而君权为其代表。人民之受教育，直接为对于国家之义务，间接即为对于君主之义务。此所以有义务教育之说也。今者民权大张，国家之设，所以为人民谋福利，而元首为其公仆。普及教育，在国家为履行职务，在人民为享受权利，不应有"义务"之解说。故规定宪法，当以教育为人民之权利；而"义务教育"之名辞则当代以"国民教育"或"公民教育"。

根据上述两种观念，则理想之教育制度，当有下列之规定。

（一）儿童满入学年龄，即一律入学。学膳书籍等费，一概免收。

（二）在学时期除因身心不健全，或偷惰旷课自暴自弃外，当不受限制。

（三）满若干年后，在学与否，当以发明创作为衡。如不能创作发明，可知其人非天才，或有天才而不肯努力，即应停止其教育之权利，使服务社会。其能发明创作者，当与以特殊之津贴及保障,俾得继续研究,造福社会。

(四)大部分财产,当以国家权力,集于中央政府,为教育经费之准备。其支配方法,当以全国为单位,实现公平之原则。

第三节　经济机会均等主义

经济机会均等主义者,保存有限制之私产制度,以国家权力集中大部分财产,消弭贫富不均之谓也。在此主义下,国家社会对于人民之保障,至少须有下列诸项。

一、养育生存之保障　使其成长。
二、教育机会之保障　增进其生活能力、欣赏能力及配偶机会。
三、娱乐机会之保障　担保适当之工作时间、报酬及消闲之处所,以健全其精神。
四、灾病老死之保障　祛除其忧虑,俾得安心工作或创造。

在此主义之下,最应注意为私产问题,吾于第三章中批评共产主义,曾略及之。兹复申论如下。

一、私产制度之优点

私产制度之优点,约言之有二,第一为鼓励私人努力。分析人世一切活动之原因,求利最为重要。有求利之心,而后肯努力,有努力而后能创造。社会文明之进步,求利心之驱使为多。虽然,有利矣,若无私产制度以为之保障,则一人努力之结果,他人可任意侵夺,终至使努力者心灰,同趋于偷惰分利之一途,社会进步即大受阻碍矣。

私产制度之第二优点,为艺术的生活之价值。人各有其个性与兴趣,关于生活之事,有私独处置之要求,而不以工厂式之生活为满足。请以饮食为喻,设有百人于此,处某种制度之下,饔飧之事,由少数人管理。同时同地同馔,依铃声为进退,使终生如斯,则此百人者,必以进膳为痛苦,以公共膳堂为牢狱,无复生人乐趣。必也由各人分配所应得之膳费,自由处置,喜鱼则备鱼,恶肉则去肉,不受膳堂之限制,不受时间之拘束,而后饮食之艺术的价值始克实现。饮食如斯,生活又何独不如斯。此私产制度之所以终不可少也。

二、限制私产

虽然,私产制度,若毫无限制,则为害滋甚。私产制度之流弊,不在私产之本身,而在其漫无节制。今有二人于此,一则薄田三亩,一则拥资百万。斯二人固皆有私产者也,而苦乐大异焉。故经济上之正义,不在财产之私不私,而在分配之均不均。分配而均也,虽私产何害?分配而不均也,虽共产亦必大乱。此均产主义所以优于共产主义也。虽然,均产主义,亦有其缺点焉。盖人有勤惰智愚之不同,勤者多余积,使与惰者均分,则勤者亦惰矣。智者能创造,使与愚者共享,则智者亦止矣。此二者皆足以阻止社会进化,共产均产两主义所不能解决之难点也。欲解除此种困难,必采用经济机会均等主义。此主义之价值,在限制私产。一方面保存私产制度之优点,他方面又加以节制,防止贫富之悬绝。盖兼共产均产之长而无其短也。

三、如何实现均等

机会均等主义之精义,犹未尽也。必知均等机会之如何实现。实现均等之法有二:(一)直接分配财产;(二)间接分配享受之机会。前法之缺点有三:(一)非用杀人流血之手段,不克奏效;(二)分配均等后,不久又必复于不均;(三)直接分配财产,使人贪得。直接分配法有此三弊,虽行有限制之私产制,亦必失败。故必行间接分配法。此法之优点:(一)以公共财产创办教育,使人人充分发展天赋才能,有生产能力;(二)以公共财产,创办社会事业,更施行社会政策为人民谋衣食、娱乐、医药、抚恤、退隐等之保障。

四、私产之限度与创造

私产之最大优点,既在鼓励勤勉创造,则限制私产,必于此大有妨碍。譬如以十万金为每人私产之限度,过此归公。则人民之勤勉创造,过此即将停止,若提高限度,则又非均等之本意。故当决定私产之适当限度,及鼓励勤勉创造之方法。

(一)私产限度 依前节及本节所讨论,子女之教养既归国家负担,成立之后,又有各种经济上之保障。实际上所需私有财产,不过为子女在入学年龄以下之养育费及其他意外用费,苟非嫖赌浪费,所需实属不多。今若以全国富力为 X,全国人口为 Y。又假定国家社会集中四分之三之富力为公共用费,则每人私产之限度,当依下式支配。此公式不过说明,作者对于私产限度之意见,并无科学价值,阅者谅之。

$$每人私产限度 = \frac{X\left(1-\frac{3}{4}\right)}{Y}$$

以中国为例,假定中国国富为四千万万元,则:

$$每人私产限度 = \frac{400\,000\,000\,000\,元\left(1-\frac{3}{4}\right)}{400\,000\,000} = 1\,000\,元$$

即每人私产数当为一千元也。

(二)鼓励勤勉创作 千元之数(或任何数)为每人应得之资产,惰者(惰者,不勤之谓,非坐食也)、愚者亦有分享之权。然其数甚寡,不能使生活丰裕。欲得丰裕生活,必赖勤勉创作。国家方面,为鼓励计,对于勤勉创作者之私产,当另有规定。或十倍或二十倍于每人所应得之私产数,总以不超过一人极充裕之生活费为限。过此限度,鼓励之法,即不当用物质报酬,而当用名誉奖励。盖人性普通要求,先满足利欲,而后以利求名,此所以乐善好施,常出于富绅大贾也。今即利用此好名之心理,以奖励勤勉创作,则一方面可促社会进化,他方面又不致使勤者智者拥有过量资产,生贫富悬殊之现象,此实中正妥善之办法也。科学家之创作,有超脱于名利之外者。然非人人皆能如此,故有鼓励之规定。

今统括机会均等主义下经济组织之特点:

(一)国家社会,以权力集中大部分之财产,为公众谋幸福。

(二)国家社会以公共财产,保障各个人之养育、生存、医药、抚恤、退隐及教育娱乐等机会。

（三）保存有限制私产制度。私产数之总和，除以人民之总数，为每人应得之私产。但人人皆须工作。

（四）对于勤勉创作之人，须特别提高其私产之限制，但不能超过丰裕生活之所需，过此限制，即当代以名誉鼓励。

第四节　政治机会均等主义

政治机会均等主义者，依人民全体之公意，藉政治形势，保障人权，而实现公平原则之谓也。近数纪来之政治革命，即在争机会之均等。其他社会革命，亦莫不与政治革命有密切关系。故政治机会均等主义，实在保障一切人权、维持利益均等。有图一己私利，妨害他人幸福者，即应受法律处置。今世之政治法律，往往适得其反，此政治革命之所以不能免也。

顾所谓政治机会均等者，非必人人皆为一国元首，或皆从事政治活动也。均等机会之获得，不在实际参与，而在实际控制。近世政治舞台之人物，形式上参与政治，实则为他人之傀儡，是参与之不及控制也。虽然，控制者，非受制于少数人之谓也。美国政治，最为共和，而一切政令皆为资本家所操纵，华府举动，以仰纽约华尔街少数人之鼻息。中国亦称共和，政令不出都门，元首言动，悉仰疆吏意旨，傀儡登场，依人为活，赵孟所贵，赵孟能贱，与其谓为一国之元首，毋宁谓为军阀之家臣，人民之幸福何存？共和之精神安在？此近世政治所以有改革之必要也。

改革之道维何？曰：由人民全体直接控制政治。无论何人（除罪犯、精神病者、未成年之儿童等外），皆当有选举权（或他种形式），无财产及社会地位之限制。至"提议"Initiative、"公决"Referendum、"罢免"Recall 诸制皆当见诸实行，以为控制政治之利器。

近世纪来，民主政治，风弥全球。此种政治之目的，亦在实现政治机会均等。初无放之四海而皆准，俟诸百世而不惑之价值。吾人所应注意者，不在政治之形式，而在政治之原理。君主立宪，民主立宪，政治之形式也。政治机会均等主义，政治之原理也。形式可变，而原理则不变。吾人苟根本主张无政府主义或赞成专制政治则已，否则即应承认政治机会均等主义。吾人今后改造政治，又安可不奉之为南针哉？

第五节　人本主义、国家主义、民本主义

吾于前数节曾言机会均等主义为保障人权之利器，又极注重国家权力。前者之范围为"人类"，后者之范围为"国家"，此二点似有冲突，其实不然，请略释之。

一、国家主义与人本主义

机会均等主义在保障人权，实现正义。人之范围，当然包括全人类，并不限于一国。故均等主义之性质，实即人本主义。盖以全人类之幸福为本也。然前数节所述，不以人类为单位，而以一国为单位者，则因现今世界各国，强食弱，众暴寡，正义公理，久经灭绝。若

再打破国家界限,则强者更肆其野性,并弱小国家之人种亦将灭绝于世界矣！故国家主义者实现国际正义之利器,人本主义之前驱也。

二、民本主义

民本主义者,在国家范围内,教育、经济、政治三机会均等主义之总称。换言之,即应用于国家范围内之机会均等主义也。因机会均等主义之易引"人类全体均等"之误会,故另以民本主义名之,所以示国家之界限也。本书所言民本主义之性质,盖与今世之"德摩克拉西"Democracy略异,又与社会主义不同(予注重教育机会均等),读者当能识别。日人译Democracy为"民本主义",于原意有未尽合,若有人认予之"民本主义"为Democracy,其失维均矣！

三、民本主义与国家主义之关系

国家主义与民本主义之关系有二。(一)国家主义为实现民本主义之利器,民本主义之目的,在谋一国人民幸福之均等。国家主义之目的,则在谋民本主义之巩固。无强固之国家,则内忧外患,纷至踏[沓]来,性命且不可保,欲幸福之均等,得乎？(二)国家主义,又必赖民本主义而发展。若一国之内少数强有力者垄断政治,贫富阶级悬殊,大多数人民无均等教育机会,天才未由发展,则所谓国家主义者,必难发展。纵因武力之胜利,成功于一时,终必发生社会革命,限于纠纷之境。故提倡国家主义者,必与民本主义相辅而行。以奋斗精神谋国家独立之安全及社会之根本改造。

第六节　本章总结

拥护公理之目的,为保障人权。人权有三:(一)生命权包括先天教养、养育生存、身体安宁、精神安宁、行动自由、娱乐机会、灾病老死;(二)发展能力权包括教育机会、言论自由、创作鼓励;(三)选择配偶权包括配偶机会、婚姻自由。此三权者,国家社会,当依机会均等主义与以保障。机会均等主义者,承认先天性质之差异,而否认后天机会之不平等也。其中又分为教育机会均等、经济机会均等、政治机会均等三主义。教育机会均等主义,系以国家权力,保障人民教育权,充分发展其能力。经济机会均等主义,系保存有限制之私产制度,以国家权力,集中大部分财产,消弭社会上贫富不均之现象。政治机会均等主义,系依人民之公意,藉政治形式,保障人权,而实现公平之原则。此三种主义合之则为民本主义。民本主义者,实即应用于国家范围内之机会均等主义也。民本主义,与国家主义相关至切,不可偏废。本章所言社会改造,系以一国为限。将来世界真正大同,则国家之界限打消,机会均等主义依旧适用。

第六章　奋斗成功之要素

本章所欲讨论者,为成功之要素。要素之基本者有二:一曰决心,二曰毅力。皆奋斗精神之表现也。兹先就创造文化、拥护公理二方面诠释之。

第一节 创造文化

创造文化之过程，完全为奋斗之过程。盖文化者，人类努力之结晶也。人不与自然奋斗，铲除其障碍，则文化无由发生。故欲图人类幸福之增进者，不可不与自然奋斗，以创造文化。创造文化之基本要素，为"决心"与"毅力"。其中又包含独立、进取、勤勉、持久、专一诸条件，兹列表说明之。

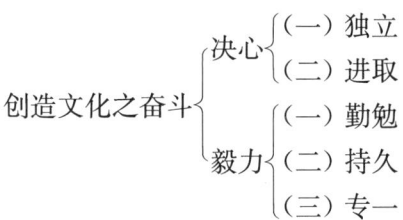

一、创造文化之决心

欲创造文化者，必先下创造之决心。创造之决心者，自信其能贡献于文化之心也。古今之大创造家，非必有其过人之天资也。虽中庸之士，苟能决心创造，困而求之，至死不倦，终必有所贡献。孔子年十有五而志于学，"志"者，孔子之决心也。苏洵年二十七而发奋，"发奋"者，苏洵之决心也。古今来具孔子、苏洵之天资者，不知几何人也，而不能皆成为孔子、苏洵者，则"未有决心"，其最大原因也。故欲谋创造者，不可不先具创造之决心。

（一）独立　有创造之决心，而后能独立。独立者，脱除奴隶根性，而有思想上独立自尊之心也。杨子云："知之所贵，存我为贵；力之所贱，侵物为贱。"请易其辞而用于为学曰："知之所贵，存我为贵；学之所贱，依人为贱。"古今之大创造家，未有依人而成功者也。方其说之未成也，或亦寝馈于前贤之学说。一旦决心创造，则必宝贵其个人之主张，而以趋仰前贤为深耻，虽立言立论，有时亦须胎息他人理想，而其根本观念则不容假借，此之谓"思想独立"，盖创造文化之重要条件也。

（二）进取　脱奴隶之根性矣，又必继之以学术上之进取。进取云者，本奋斗精神，勇往直前，以期于成之谓也。古今来具思想独立之精神者岂乏人哉？而不能皆有所成者，则因缺乏学术上进取之精神也。夫独立精神，进取之准备也。独立而不进取，何取乎有独立？且独立有自尊之意，妄自尊大，踌躇满志，不图上进，虽欲有成，安可得乎？此学术上进取之精神所以重要也。

二、创造文化之毅力

既有创造之决心，而谋独立进取，则必继之以创造之毅力。创造之毅力者，本创造之决心，以奋斗精神力谋成功之谓也。人为富于情感之动物，其精神常飘忽无定，往往逞一时之兴，发为宏愿，以创造文化为职志。迨事过情迁，所谓宏愿决心者，竟皆付诸东流，不值一顾。此创造之所以希也。故欲图创造之成功者，必持之以毅力。

（一）勤勉　毅之第一条件为勤勉。今世学者具创造文化之决心者有其人矣,然能勤而不惰者盖寡。惰者非必其人之四体不勤也,心慵意懒迁延苟且,亦得谓之惰。大科学家之有所创作也,常发寝食,若恐不及。诚以人生之光阴有限,而事物之待创者无穷,若苟且因循,迁延岁月,纵能创作,亦不多矣,况苟且迁延之弊,常使人中道而废一无所成耶!

（二）持久　能勤勉矣,尤贵持久。盖一说之立,一理之明,常经年累月,不能得其端倪。所赖以勇往不息,以底于成者,持久之力耳。无持久之力,虽能勤勉于先,终必暴毕于后,为山九仞,且不免功亏一篑,况朝作夕辍,一曝十寒,欲图成功,不亦难乎?

（三）专一　勤勉矣,持久矣。然博而不专,则终于毕世无所成名。庄生曰:"吾生也有涯,而知也无涯,以有涯随无涯,殆矣!"夫人之兴趣,飘忽无定,而精进创造,必赖专攻,苟一味任兴,或乘于一时虚誉,朝更夕变,则虽苦学终生,吾未见其有所成也。

请更以淘金之喻证述吾说。人之思想,回旋脑中,如山溪急流,挟流沙金石而下注。常人睹此现象,目为过眼云烟而已。淘金者则不然,静候溪边,拾其类似可宝者而怀之,此犹创造家之决心创造文化,记录其脑中类似可宝之思想也。迨至拾既多,则加以选择分析,无用者去之,有用者留之。更将所留者加以长时期间之精选提炼而得纯金,此犹创造家之努力研究,试验推证而得新说也。达尔文氏物竞天择之说,十九世纪惊天动地之学说也。然其原始观念,在达氏以前,发现于常人之脑海者,当不知若干次,在常人视之,不过幻想耳、浮思耳,未尝留意也。即有循其思而求之者,或终朝终月而止耳,未能持之以毅力也。达氏则不然,积数十年之光阴与心力,勇往精进,百折不挠,卒能发明此伟大之学说。达氏之原始观念,岂异于常人哉?所异者,达氏之决心耳,达氏之毅力耳,达氏之奋斗精神耳。吾人而果有达氏之决心,毅力与奋斗精神,虽于通常浮思幻想中,亦可炼出极有价值之学说,事在人为耳。世之怀疑前贤之说而有志创造者,何兴乎来! 以上所述,偏于学说之创作。物质科学上之发明亦得适用。

第二节　拥护公理

拥护公理,更须奋斗,其成功之基本要素,亦为"决心"与"毅力",其中又包含公正、勇侠、牺牲、勤勉、持久、坚定诸条件,兹列表说明之。

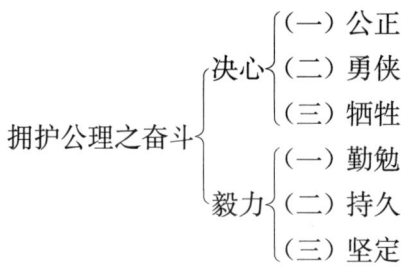

一、拥护公理之决心

欲拥护公理者,必先下决心。拥护公理之决心者,认清何者为公理,以奋斗精神,立定心志,起而拥护之之谓也。以救国为例。救国,正义也,然欲实行救国,则必先下决心。有救国之动机而徘徊歧路,游移不定,终必惑于物诱,堕入迷途,轻则醉生梦死,重则祸民祸国,破坏公理之不暇,遑云拥护之哉!

（一）公正　有拥护公理之决心者,以公共幸福为个人之幸福,义之所在,虽流血捐躯,亦所勿恤,更何有于私利？此征之英雄烈士之言行而可信也。今之言救国者,私心多未能去,故常饰辞以欺众。不曰"公私并重",即曰"为公即所以为私"。兼言公私,而存利己之念,用心已不光明,况实际行事,又直假公济私、惟利是务,而犹大声疾呼自号于众曰"救国！救国！"人非童騃,谁其信之！

（二）勇侠　有拥护公理之决心者,必勇敢侠义,昔燕太子丹之见屈于秦王也,欲有以报之。国小,力不能,乃因田光而得荆轲,谋刺秦王,荆轲一言诺之,何其义也！及至秦庭,秦舞阳色变震怒,轲则顾笑自若。迨至图穷匕见,乃持以揕秦王,虽负重创仍复倚柱而笑,箕倨以骂,何其勇也！呜呼！荆轲事虽未成,荆轲之勇敢侠义已可感天地而泣鬼神矣！世之欲谋拥护正义者,可不于勇敢侠义加之意哉？

（三）牺牲　能勇敢侠义者,必愿牺牲。牺牲私利,牺牲性命,皆牺牲也。斗谷於菟,毁家以纾楚难,此牺牲私利者也。荆轲提匕首入不测之秦,知其去而不返,终以身殉,此牺牲生命者也。肯牺牲生命者,必不顾私利,若并私利而不肯牺牲,则欲其牺牲生命以拥护正义,安可得乎？

二、拥护公理之毅力

既有拥护公理之决心,则必继之以拥护公理之毅力。拥护公理之毅力者,本拥护公理之决心,以奋斗精神,不屈不挠,力底于成之谓也。其中重要条件有三：一曰勤勉,二曰持久,三曰坚定。请以越王勾践灭吴事释之。当勾践之志存复国也,身自耕作,夫人自织,食不加肉,衣不重采,折节下贤人,厚遇宾客,赈贫吊死,与百姓同其劳,此勾践之勤勉也。苦心焦思,置胆于坐,坐卧即仰胆,饮食亦尝胆也,曰："女忘会稽之耻耶？"此勾践之刻苦自励,警惕奋勉,故能持之至二十二年之久也。迨至大破吴师,栖吴王于姑苏之山,吴王使使请成,勾践将许之矣,范蠡以为不可,终鼓进而亡吴,此之谓坚定不移终底于成也。由是观之,勤勉、持久、坚定三者,皆毅力之必要条件也,成功之要素也,世之谋拥护公理者,可不于此加之意哉？

第三节　决心毅力在人生之重要

"决心""毅力"二要素在人生之重要,不仅于创造文化、拥护公理二方面见之。日常生活,几无不受此二要素之支配。即如求学。吾欲学业成功效力于社会,此决心也,埋首窗下,孜孜不倦,此毅力也；吾欲学通英文,此决心也,费五六年之工夫,终学成之,此毅力也；吾欲每日早起读书,此决心也,日日早起,靡有间断,此毅力也；吾欲作成论文,此决心也,日日作之,终至于成,此毅力也。又如社交。吾欲与朋友言而有信,此决心也,次之保守信用,终至养成习惯,此毅力也；吾欲不戏谑友人,此决心也,每与友人谈笑,辄以自励,此毅力也；吾欲待友以恕,此决心也,凡遇己不欲者,必不施诸人,此毅力也。又如游戏。吾欲养成运动习惯,此决心也,日日运动,誓不中止,此毅力也;吾欲于十一秒内能跑百码,此决心也,朝夕练习之终达目的,此毅力也。日常生活之事,类此者不胜枚举,无不受"决心""毅力"二要素之支配。盖吾人日常作事,无论为建设或为破坏,无非求达某种目的。欲达目的,必先下决心,而后持之以毅力,此即奋斗精神之表现,而奋斗主义在人生之重要,亦即在此。

第四节　本章总结

奋斗成功之要素有二,一为决心,二为毅力。此二要素者,皆奋斗精神之表现,在人生极为重要。吾人日常生活,几无不受其支配。本章所特别讨论者,为创造文化及拥护公理二端。欲谋创造文化者,必先下决心,其条件为"独立""进取",又必继以毅力,其条件为"勤勉""持久""专一"。欲谋拥护公理者,亦必有决心,其条件为"公正""勇侠""牺牲",又必继以毅力,其条件为"勤勉""持久""坚定"。吾人创造文化、拥护公理之际,苟能本此二大要素进行,鲜有不能成功者也。

附　述

一事之成,须有四种要素,第一为知识的要素,第二为实行的要素,第三为生理的要素,第四为社会的要素。此四种要素,可以"知""行"二字概括之。而其成功之基本要素,则为"决心"与"毅力"。本书撰述匆促,此点未能详加发挥。章中所述,亦多不惬意之处。只因原稿业已付梓,不克补正。追志数语,聊表歉意云尔。

第七章　上篇结论

本篇所述,为社会政治哲学之原理部分,共分七章。第一章为人生问题,叙述人生一切动作,皆为求生冲动之表现,有求生冲动,而后有社会进化。惟人因求生之故,往往侵害他人之生存,而他人亦欲争其生存,遂有正义之要求,而生冲突。圣智恶其乱也,乃立说以补救之。惟多偏于实现社会正义而忽于社会进化;与近代进化学者之说适得其反。二者皆有流弊,难称完善。今后人类思想当兼顾进化、正义二端,而以奋斗主义实现之。此即作者之思想系统及其根本观念也。

本篇第二章系批评孔孟杨墨老五家思想,此五家思想之主要目的在实现正义。孔子重仁而辅以义;孟子仁义并重,而富于拥护正义之精神;杨子倡公平的为我主义;墨子倡兼爱互助主义;至于老子则主张无为,返于自然。此五家思想之优点,在实现社会正义,而其缺点,则亦有二端:(一)忽视进化;(二)理想虽高,但期人人遵守,绝不可能。

本篇第三章批评近代思想,选共产主义、无政府主义、工团主义三种为代表。共产主义之缺点:(一)无产阶级专政,不能尽合于正义;(二)只求工人胜利,正义之范围太狭;(三)阶级战争,可以他法替代,同得胜利;(四)工人无国之说,贻害弱小国家;(五)忽略私产制度之优点;(六)忽视教育之价值。无政府主义之流弊,趋于极端的个人主义,既不能实现正义，又阻碍进化。工团主义之难点有三：（一）工团之目的欲免除政府专制而其自身即为政治组织；（二）以饭碗问题包括一切；（三）各团体间之利益不易调和。惟此三种主义，皆具有坚决奋斗之精神，为东方思想所不及，然欲以之建立完善之社会亦不可能。

　　本篇第四章为奋斗主义之精髓。奋斗主义之所以独优，一因其为生存所必需，二因其有普遍之效果。至人生奋斗之途径，第一为创造文化。充分发展个性及国性，使社会进化，谋人类幸福之增进。第二为拥护公理。就个人言，则为救己与救人。就国家言，则为救己国与救人国。二者皆在实现社会正义，谋人类幸福之平均。社会进化与社会正义为人类文明之两大要素，缺其一则发生流弊。今欧西文明之缺点，即在忽略社会正义，致使食人主义猖狂泛滥于世界，若不急起补救，则人类文明终必归于绝灭！

　　本篇第五章讨论社会改造原理。阐明拥护公理之目的，为保障人权。人权有三：（一）曰生命权；（二）曰发展能力权；（三）曰选择配偶权。此三权者国家社会当依机会均等主义与以保障。机会均等主义者，承认先天性质之差异，而否认后天机会之不平等也。其中又分为教育机会均等、经济机会均等、政治机会均等三种主义，合之则为民本主义。盖即应用于国家范围内之机会均等主义也。民本主义与国家主义相关至切，不可偏废。本章所言社会改造原理，系以一国为限。将来世界真正大同，则国家之界限打消，机会均等主义，依旧适用。

　　本篇第六章讨论奋斗成功之要素。要素有二：一为决心，二为毅力。此二要素者，皆奋斗精神之表现，在人生最为重要。吾人日常生活，几无不受其支配。本章所特别讨论者，为创造文化及拥护公理二端。欲谋创造文化者，必先下决心，其条件为独立、进取，又必继以毅力，其条件为勤勉、持久、专一。欲谋拥护公理者，亦必有决心，其条件为公正、勇侠、牺牲，又必继以毅力，其条件为勤勉、持久、坚定。吾人创造文化、拥护公理之际，苟能本此二大要素进行，鲜有不能成功者也。

　　以上六章系本书原理部分，其在中国之应用，当于下篇述之。

下篇　社会政治理想在中国之应用

　　本篇为上篇原理部分在中国之应用。今日中国之现象就文化言，一般学子，沾染欧风，研究学术，一以西人为准，视人太重，视己太轻，卑劣自甘，不思创造。就正义言，外则强邻侵略，内则民贼横行，实业不振，民生凋敝。至若一般青年，其思想，因受不良环境之熏染，泰西思潮之激荡，纷乱驳杂，至于极点，今后欲谋补救，首当加以改造，使趋于救国救民、创造文化之途，而实现吾人理想中之少年中国。本篇所述，即其实行之方法也。

第一章　中国人人生观之改造

　　救国救民之方法多端，而其先决条件，则在青年思想之改造。城非不高也，池非不深也,兵甲非不坚利也,教育非不普及也,实业非不发达也,苟一般国民,无正当人生观为立身之向导,则社会鲜有不乱,国家鲜有不亡者。慨自国内学者提倡"新文化"以来,青年思想,受剧烈变动。其中如文体之改革,旧礼教之破坏,男女社交之解放,外国学者之讲演,社会主义之宣传,以及耶稣教徒佛教徒孔圣徒之活动,皆影响多数青年之思想,使其淆乱驳杂,如不羁之马、无柁之船,徘徊于歧路,放荡乎中流,而无所归止。于是抱悲观主义而自杀者有之;愤世嫉俗,求慰藉于宗教者有之;纵欲极乐,以恋爱为无上生活者有之;奔走钻营,升官发财,图个人之安乐者有之;唾弃本国文化,一意破坏捣乱者有之;高倡世界主义、自然主义、虚无主义……逞一时之笔兴,博社会之虚誉,不顾国家社会之存亡安危者又有之。此皆十年来思想解放之结果,而代表大多数青年之人生观者也。青年思想庞杂如此,欲其持同一目标,救民救国,安可得乎?此青年人生观所以有首先改造之必要也。兹略评今日青年之人生观七[八]种以与救国救民诸同志共商榷焉。

第一节 升官发财之人生观

我国青年思想之首当铲除者,为升官发财之人生观,此实我国祸乱之根源,青年立身之大敌也。兹请得而释之。

一、有升官发财之思想,则必联络达官贵人、大人先生,以为进身之阶梯

五四运动以后,学生界产生不少小名流、小政客,奔走于达官贵人、大人先生之门,颓丧其志气,以至于堕落者,颇不乏人。方彼辈之为国奔走也,犯风霜雨露,不辞劳瘁,壮志热忱,可歌可泣。迨一与政客名流接触,稍加青眼,便改变态度,一反其昔日之所为,此国内青年之现象也。至于留学国外之学生,其本身自好,堪为国家社会之柱石者固多,而名利熏心,专事联络要人以为进身之阶梯者,亦不在少数。此辈青年,多社会优秀分子,苟能改变人生观念,用其才以救民救国,兴邦建业,指顾间耳。乃不此之图,而惟名利是务,以致丧失其人格,为有识者所不齿,良可哀已!

二、有升官发财之思想,则必有所惮而不言,有所惮而不为

今之青年睹政治之腐败,社会之紊乱,国运之颠危,固不少慷慨激昂奋袂而起,欲与万恶势力奋斗者。迨其著为文章发为行动也,则又趑趄畏缩,而有所不敢。吾之言此,得毋为某某所不悦耶?吾之为此,得毋触某某之怒耶?审慎计虑,不匿迹以消声,便捏名而发表,此皆心有所蔽,而未忘情于功名富贵之途也。夫血性之男儿,苟决定心志以救国救民为己任矣,头颅且不惜,何恋乎富贵?何有于毁誉?何畏乎攻击?既不恋富贵,不计毁誉,不畏攻击,不惜头颅,有何惮而不敢言?有何惮而不敢为爱国之青年乎!血性之青年乎!君等欲觉悟,须作彻底之觉悟!君等欲牺牲,须作坚决之牺牲!君等欲奋斗,须作激烈之奋斗。

第二节 醉生梦死之人生观

国内青年固又有不少昏天暗地、醉生梦死者。此辈本无大志,其一生目的,只在"饱暖安乐,养儿育女"。此实庸夫愚妇之人生观,我活泼泼地之青年,不应有此思想。吾欲与此

辈青年商榷者,即人生真义果在"饱暖安乐养儿育女"乎?国破家亡之日,生命且不保,虽欲坐床头,弄稚子,安乐饱暖以终天年,得乎?国运之颠危,民生之疾苦,至于今而亟矣。内则军阀蹂躏,外则列强肆虐,吾同胞之死于非命者,日以千百计,特公等未受其祸耳。苟使去岁江浙战争中,被奸淫者为公等之姊妹,今岁沪汉等处惨变,被杀戮者为公等之弟兄,则公等之奔走悲号呼天抢地,其惨痛为何如者!今公等邀上天之佑,得暂免于刀俎鼎镬,不知警悟,则他日刀俎鼎镬竟加诸公等之身,公等悔之晚矣!吾尝谓去岁江浙战争,淞沪一带,添出思想过激之青年,去岁沪汉惨变,复产生许多热血救国之志士。国人知觉之顽钝,神经之麻痹也久矣!上焉者荣华富贵,进则显达市朝,退则享乐租界;中焉者家有恒产,株守田园无求而自足;下焉者奔走糊口奴隶于衣食。"各人自扫门前雪,莫管他家瓦上霜",此固一般中国人之人生观,数千年来根深蒂固,吾人虽力竭声嘶,促其警悟,亦难收效。则惟有请今日之军阀及外兵,多打死几万人民,多奸死几千女子,使一般痛痒不关心之醉夫梦妇,亲见其弟兄姊妹溅血于五步之内,则此辈之冷血,立可沸腾,此辈之私心,立可改变国民乎!汝欲杀戮淫辱加诸汝弟兄姊妹之身始行觉悟乎?汝知彼时觉悟之太迟乎?公等而有人心,当以被兵士奸死之妇女为公等之姊妹!当以被外人打死之同胞为公等之弟兄!

第三节 悲观消极之人生观

今之青年又有愤内忧外患之日亟,挽救无方,乃变为消极悲观,竟或出于自杀者。此种人生观之来源有三。(一)历史上之感化。如老子之"无为""不争",杨子之"生则尧舜,死则枯骨",庄子之"齐生死,同去就",许由、巢父之高蹈远引,刘伶、阮籍之风流放荡,皆载诸史籍传为美谈,中国青年受其潜移默化者不少。(二)诗歌之陶冶。我国诗歌,什九皆悲观消极之作品,或则叹穷,或则悲老,或则愁病,其他亡国之音,如"问君还有几多愁,却似一江春水向东流"之句,五尺童子,多能朗诵,或竟咏之于诗,一效亡国大夫或六十老翁悲伤哀叹之口吻。青年勃勃之气,斫丧尽矣!(三)西洋思想之输入。如厌世主义、虚无主义、自然主义之类,亦大有影响。合此三因,遂养成一般青年消极悲观之心境。又值国步艰难,社会紊乱,潜伏于此种心境之意识遂大肆活跃幻为新村,流为极欲,趋于宗教,出于自杀,光怪陆离之象,泰半为此种心境之化装,不加矫正,其为害将不堪设想也。

夫消极悲观,必以现世生活为痛苦,故呈此退缩之心境,以图解脱。抑知所谓痛苦之生活者,果可以人力改造之乎?昔愚公移山也,智叟笑而止之曰:"甚矣,汝之不慧!以残年余力曾不能毁山之一毛,其如土石何?"愚公太息曰:"汝心之固,固而不可彻,曾不若孀妻、弱子。虽我之死,其子存焉;子生孙,孙又生子;子又有子,子又有孙;子子孙孙无穷匮也,而山不加增,何苦而不为乎?"智叟竟无以应。(列子《汤问》篇)夫恶劣势力,艰难国境,人为之结果也,人为之人亦能去之,在人为耳。昔孙中山先生之倡言革命也,处专制淫威之下,事机一泄,死即随之。中山先生苦心孤诣,富贵不能淫,贫贱不能移,威武不能屈,奋斗三十载卒达目的。试问今日中国社会之腐败难治,国势之积弱难为,有如中山革命之难乎?中山当日之社会,有如今日之开通乎?当日之民气,有如今日之激昂乎?中山无吾人可为之资,而有十百倍之困难,且能奋斗成功,孰谓今日中国国势之不可为哉？是在吾人之努力耳。

此次沪案发生,爱国青年颇有愤而自杀者。夫以自杀为手段陈尸而谏,以激励国人,固有其相当之价值。然一为之而屡为之,窃期期以为不可。日人之愤于国事而自杀也,常于该关系国之使署前,以利刃剖腹而死,肠血飞溅,以示民气之激昂,该国治外法权之收回,此辈与有力焉。去岁日人又有剖腹死者,举国上下,尽哀悼之。美报喧传此事,惊为义举,知日人之不可犯也。今国人之投江海而死者,先后数人矣,其在国内之影响如何,不易测度,然美报方面,竟鲜有登载此种消息者。可见吾国人怯懦成性,虽自杀之法,亦不值外人一顾也。余之言此,非欲爱国同胞效法日人而死也。日人外有强邻,内无国贼,其奋斗方向,只有对外一途,剖腹示威盖乃无上狠法。而在吾国,盗贼横行,豺狼当道,国事之糟彼辈首负起责,欲除外患,必去内忧,爱国青年果欲以身报国,则何妨忍死须臾,留有用之躯,作博浪之击,追踪先烈,造福国家,不愈于投江而死乎。青年！青年！国事大有可为,切勿因而悲观消极,尤勿因悲观而自杀！

第四节　空幻大同之人生观

今日国内之青年,又有高唱人类和平以世界大同为人生观者。鼓吹此种思想者,大都为研究哲学及社会主义之人。外国学者如泰戈尔辈又种下不少种子。所谓新文化运动,大半即传播此种思想之运动也。具有此种思想者,谓国家非人生归宿,欲谋世界和平,须先去国家。青年不察,妄听其说。流弊所及,竟有所谓《世界公民学》之编辑,"平民教育为世界的"之倡议。高调之教育家,又从而附和鼓吹,一若大同天国,旦夕即将出现；世界各国,即将合为一家者。此真与乞儿说共产,欲与百万翁分富贵同一梦想矣。关于社会主义者之大同思想,第三章中业经驳斥。兹请论哲学家之大同思想,而以泰戈尔为代表焉。

泰氏《生之实现》(参(十))一书,论个人与宇宙之关系。注重调和(原书第五页),以实现个人于宇宙为目的(原书第十页),鄙视物质文明,而崇拜"理士"Rishis,"理士"之智慧充沛,内灵调和,恬淡无私,历经世务,至于清明之境,达于极高之神,臻于悠久之平和,融合一切,而入于宇宙之生命,此即人类最终之目的也。(原书第十四页)

泰氏论灵魂意识,谓自私自利,代表狭隘之我,故当抑制之以超脱灵魂,而与宇宙融合。(原书第二章)

泰氏所深恶痛绝者为泰西之物质文明,谓为食人主义之利器(参(十一))。国家独立,虽为过渡时代所不可少,然非最后标的,故泰氏之爱印度,不在保其国权,增多国富,而在实现人类爱的灵魂。

泰氏之哲学,发挥人道曙光。思想之高,固堪钦佩。然今日人类之大病,在强者率人食人,弱者饮颈待毙。泰氏鄙视物质文明,而亡印度者即为物质文明；泰氏崇拜"理士",而亡印度者或即为"理士"；泰氏和平,人则野蛮；泰氏求超脱灵魂,人则戕戮其躯体；泰氏爱印度,爱其灵魂,人爱印度,爱其土地,泰氏爱人,人杀泰氏,呜呼！受英人利用,而愚弄三万万印度同胞者泰氏也。

梁漱溟先生云："泰戈尔到英国去,英国的高官贵族开会欢迎他,都行一种印度礼,抱他的脚——佛经上所谓阿难顶礼佛足。他的本领,就在恰好投合西洋人的要求,西洋人精神上受理智的创伤痛苦真不得了,他能拿直觉来拯救他们……他唯一无二的,只是个'爱',这自然恰好是西洋人的对症药。西洋人的痛苦原在生机斫丧的太不堪。而'爱'是引逗生机的培养生机的圣药……他是属于中国的,是属于孔子路子之下的。"(参(十三)第一百八十六页)

以人道正谊相号召不得其法,反变为人道正义之罪人者,泰氏也。使泰氏之理想,果为西洋人所欢迎,西洋人生机,果斫丧殆尽,必待泰氏之解救而始苏,则何以欧战之后,列强尚亟亟备战,而印人所受痛苦,乃反如水益深、如火益热哉?然则西洋人所欢迎泰氏者,被压迫之阶级也,无聊之诗人也,高调之学者也,野心之政治家也,彼资产主义、军阀主义之西洋人,又何尝有丝毫觉悟哉?

泰氏受人愚弄,自误其国不足,更欲以其亡国亡种之说,祸我中国。观泰氏在华演讲,与一般人对于泰氏之反应(如称道其哲学译述其诗文之类),则可知其流毒之深。

"今世界障碍文化之恶魔势力如猛兽者甚多。排除责任,在于青年,排除方法,不在武器,当以道德势力、精神势力相团结。发挥伟大之感化力,以贯澈人类和平亲爱之主旨。近世文明,专尚物质,并不为贵。亚洲民族,自具可贵之固有的文明,宜发扬而光大之。运用人类之灵魂,发展其想像力,于一切文化事业,为光明正大之组织。是则中印两国之大幸,抑亦全世界之福也。"(见十三年四月二十二日《申报》上泰戈尔在宁讲演纪事)

此种高调,读之令人发噱。障碍世界文化之恶魔,竟可以道德势力、精神势力排除!真如痴人说梦!

"鄙人知所抱之理想,已入人类之中心,因之甚觉鼓舞。鄙人并与英国大思想家相周旋,深悉英国富于豪勇精神之人士,较之他国为多。鄙人旋即返印,竭力提倡人类团结之精神。英国友人亦来援助鄙人,本于人类团结之根基,以谋书院之发展。嗣后鄙人赴美一行,途中在日逗留,鄙人则见日本陈设兵器多种,此种兵器,系因中日战争由中国获得者。鄙人对于此举,甚觉耻辱。因此种行为,只能鼓励人民之备战,增加邻国之恶感,深悉世界之痛苦,均由战争得来。故兵凶战危,实为野蛮之行为,并与思想之精神相距过远。美国亦有闭关之精神,只知有己,竞视他国,殊与耶教原理不符,并与人道有伤。但人类团结之时期,现已来到,惟须将贪婪之心,完全铲除,方能达到目的,否则人类更必大受损失。欲矫此弊,非以美好观念,防范意气用事不为功。鄙人深信欧洲人士之所以特别欢迎者,并非因译书之故。因欧洲各国系欲由远东觅一新法,以为改造欧洲文化之基础而已。故鄙人之演说,听者多以为是。惟此事极关重大,甚愿日益相离之两半球团结一气,以谋战祸之销弭。"(见十三年四月二十八日《申报》泰戈尔在讲学社讲演)

此段讲演之更令人失笑！英国富于豪勇精神之人士，较他国为多，而印度乃即亡于英国。兵凶战危，试问印度欲谋独立，不用凶兵危战，何能成功？人类团结之时期，如已到来，英国压迫印度，何以变本加厉？英人阴狠阳毒，朝野上下，莫不欲利用泰氏作伥，以消腐印度人之国家观念。泰氏受其愚弄而不悟，反自鸣得意，遂引起我国一般盲目青年之同情，随声附和，泰氏之毒，可谓深矣。泰氏又谈教育，劝中国教育家办学，以其理想为根据，寄语泰氏，俟中国亡国后，当有高调之哲学家为君效驱使，特此时尚早耳！

泰氏亡国亡种之学说，影响于印人甚深。印度为神秘思想之故乡。佛教之说，已足使其万劫不复，英人复利用基督教，陶铸其出世思想，消灭其国家意识，泰氏之说，乃集佛耶二家之大成，更益以自然主义之冥想，英人锡以虚名，利其传播。印人上下，竟莫不读其诗歌，受其陶冶。英人之险恶，固可恶，而泰氏之愚，亦不可及矣。吾尝谓吾辈黄人及其他有色人种若不奋斗图存，则将来有色人种竟或灭绝于世界，彼时泰氏一辈之高调的大同理想，或将有多数学者，研究而昌明之，以谋白人之幸福。此辈令名，或将因此垂万古而不朽，而梁漱溟先生所赞叹不已之印度文化，其复兴之日，或即在此时欤！按托尔斯泰之人生观，与泰氏相近，国内学者亦有提倡之者，兹不再详。

此次沪案发生，国内抱世界主义之青年，多数或已改变其人生观。如其未也，则请一阅五卅烈士被害后之照片及香港政府虐待华工惨状，更请阅读外人卑视华人之例证。

（一）友人某君，寓伊利洛之某家。一日如厕，误入邻右之便所。适其主人来，怒目瞋视之。某君乞宥，其人大骂曰："汝'支那蛮'！吾不有汝！速滚！"骂毕，竟挥之出！

（二）旧金山市之理发铺恶华人不为理发。初来美者不知，有误入者，则其人必以国籍问。若以"中国人"对，则必大怒曰："我不为'支那蛮'剪发！"言毕，曳其由后门出。盖恐道出正门为他客所见，妨碍其营业也。

（三）美人见衣冠楚楚之中国人，常以极谦逊之态度，与之周旋，询以东京神户之情形，迨知其为中国人，则陡变态度或竟不顾而去。

（四）某女士多西女友，西女常问曰："汝回国后有面包食耶？有床铺睡耶？"轻蔑之态度，令人气愤欲呕。

（五）某君，国内某大学校长也。尝乘车入加拿大境，未备移民局之通知书。管车者竟挥令下车，口骂"支那蛮"不绝！

美国固不少胸怀宽大之人，上述例证，本不足以概括。然若汇集此类事实而编订之，定可成一厚巨册之书，国内高调青年，似当来此留学，一尝大同滋味！

第五节　纵欲任性之人生观

语有之，"饱暖思淫欲"。今世富贵之子，或袭先人余荫，或由奔走钻营，竟达升官发财之目的，于是挟妓纳妾，赌吃放荡，以满足其兽性欲望。此辈国民蟊贼，罪不容诛，我实不屑批评，致污清笔。兹仅就青年思想中，变相的纵欲任性之人生观略评述之。

原夫大多数中国人之思想，本为压迫个性、消灭欲望之哲学所笼罩。新文化者流起而解放之，固为创造新人时必不可免之步骤。所惜解放时，缺乏正当指导，致使快乐主义、利己主义、唯我主义、满足感性主义猖狂泛滥乎中国。青年思想受其影响,遂如平原走马,一放而不可收拾。其中流弊最著者,莫若恋爱。兹请得而释之。

夫恋爱生活,本为人生幸福之一种,弃而绝之,固可不必,纵而求之,亦大不可。今之言恋爱者,常以恋爱生活为人生唯一之要务。报章杂志上满载此辈之诗歌小说,描摹女子体态,叙述爱情生活,令人肉麻作呕。彼辈固自号为文明,好事者更从而揄扬咏叹,誉焉天人,美为艳福,遂使一般思想幼稚之青年,受其蛊惑,咸以得一新式佳丽,携手于绿荫之下,为人生无上幸福。于是因恋爱而破产者有之,因恋爱而废学者有之,因恋爱而自杀者又有之。他如奔走周旋,暗通书信,神经错乱,语言失措,种种丑态,每不自觉,旁观者清,固不禁哑然失笑也。

今之醉心恋爱者,固不必皆为未婚之青年。已婚之中,或病其旧偶之金莲跬步,或恨其未受教育,或因其年老色衰;同时又见一般新式女子,长裙革履,风度翩翩,相形之下,由羡生妒,由妒生怨,离婚之事,遂纷然而起矣。夫机械婚姻,固为吾人所不满,然既已接受机械条件,生儿育女,或竟将抱孙,乃亦弃旧偶恋新欢,辗转反侧以思之,奔走跋涉以求之,虽至身败名裂,亦所勿惜甚矣!其惑也!吾于第五章中曾言婚姻自由权之应保障,今又反对轻易离婚者,一则因吾人当以国事为急,不当以一生精力为婚姻牺牲。二则因离婚之后,对手方面纵不自杀,亦必孤苦终生。若生有子女,则父母离柝、啼肌[饥]号寒,国家社会所受之影响且不计,个人之良心,独能安乎。举此二点,读者幸毋误为矛盾可。

今日青年婚姻之现象,可分二种。就男子言,向女子求婚而被拒者,则思腾飞海外。迨一出国门,眼界顿高,向之所恋,此时竟掉头不顾,盖以其意中人不难于留学女生中求之也。或出国后,见女生之数太少,且貌多不扬,一二翘楚者,又因逐鹿者众,虽竭尽股肱之力,亦难入彀,遂致怨天尤人,太息痛恨,叹求妻之难也。次就女子言,毕业于国内中等以上学校,貌又不恶者,每以嫁得留学生为无上光荣。国内品端学纯之大学生向其求婚,每严词以拒之,曰:"汝配耶?"其有侥幸成功者,则结缡未及半载,诟谇丛生。友人某君,以高师毕业生而娶初师之女子,不可谓僭矣,而狮吼声中,犹时以"汝非留学生"相怨怼,可谓逼人太甚矣!至于嫁得欧美留学硕博之女子,其生活可谓满足矣,乃又未必尽然。盖今日出洋之学生,如过江之鲫,而外国学校之程度,在本国大学下者,实又不在少数。即使出身于一等大学,而数年跳舞生活,亦可博得头衔,矇浑国人耳目。是以十数年来,留学回国之饭桶博士、山芋硕士,盈坑满谷,皆自视为社会领袖,非大学教授不干,非总长、次长、行长不就,卒致供过于求,打破头颅,轧去饭碗之怪剧,遂层出不穷矣!国内女青年欲以打破头颅轧去饭碗之生活为乐乎?若然,予无言矣!

更论留学外国之女生,其情形又有不同者。方其出国也,自视亦庸庸平平之女子耳。一抵异土,触目皆硕博,貌稍动人者,必有十数乃至百数之男学生,奔走献媚,此时方自觉其身价之高,而不轻售矣。然吾闻诸老留学生之言,留学女生之嫁得如意郎君,而又有佳果者盖甚寡。此因彼辈自视过重,条件太苛,贫寒之士,固不值一顾矣,即贵胄子弟之求婚者,亦必考虑其财富之多寡,面相之美恶,一再挑选,终难当意。而青春易过,美质潜消,尚不自觉,迨至奔走者渐稀,始揽镜而踌躇,知人之不我顾矣。降格相求,岂有佳偶,不如心愿,宁可独身。前此之女留学生,悔恨者已不少矣,今之女留学生,尚何执迷而不悟耶?

以上所述,不过就个人感触所及,略道一二,藉以警醒一般青年之迷梦,知人世生活,不当为恋爱而牺牲,即牺牲亦无佳果。若改变人生观念,以救国救民造福社会为目的,则宅心可以恬淡,而伟大事业之成功,乃不期而自至矣。

第六节　安贫乐道之人生观

于男女恋爱声浪正高之际,忽来当头一棒之哲学思潮,即梁漱溟先生提倡孔颜人生观是也。梁先生曰:

……我看着西洋人可怜,他们当此物质的疲敝,要想得精神恢复……左冲右突,不出此圈……我又看见中国人蹈袭西方的浅薄,或乱七八糟弄那不对的佛学,粗恶的同善社,以及到处流行种种怪秘的东西,东觅西求都可见其人生无着落……可以说他们都未尝过人生真味,我不应当把我看到的孔子人生贡献给他们吗!(参(十三)自序第四页)

我们已经说过孔家是要作仁的生活了,最与仁相违反的生活就是算账的生活。(同书第一百三十四页)

再看外面情势,西洋人也从他的文化而受莫大之痛苦……从前我们有亡国亡种的忧虑,此刻似乎情形不是那样……(同书第二百零四页)

明白的说,照我的意思,是要如宋明人那样再创讲学之风,以孔颜的人生观为现在的青年解决他们烦闷的人生问题……只有昭苏了中国人的人生态度,才能把生机剥尽,死气沉沉的中国人复活过来……中国不复活则已,中国而复活,只能于此得之。(同书第二百十三页)

梁先生主要论点有三:(一) 真正生活之可贵;(二) 中国人苦于物质、算账等不正当之生活;(三) 当以孔颜"仁的生活"补救。梁先生注重生活真际,自有相当价值。惟吾人今日之所苦,不在无真正生活,而在强邻侵略,民贼纵横,生命且不可保,何有生活,更何有真正生活?吾人之急务,当先谋生命之安全。欲谋生命之安全,绝非孔颜之"仁的生活"所能奏效。夫孔颜者,以安贫乐道为人生观者也。孔子发愤忘食,乐以忘忧,不知老之将至;颜子居陋巷,一箪食,一瓢饮,不改其乐,此种乐天任命之态度,在二千年前之中国,可博得圣贤之美名,用于今世,必不能保其生命矣!梁先生以卫道自任,其提倡孔颜之人生观,自属必然之事,然梁先生须知在今日之中国提倡一种学说,当以应付国家社会之急迫需要为前提,若举小遗大,误民误国,则大悖提倡之本旨矣!梁先生谓我国此时似已无亡国灭种之虑,今英人肆虐,杀我同胞,虽亡国亦不过如此!然则梁先生所谓无虑者,将又作何解耶?

第七节　社会服务之人生观

社会服务之说,昌于杜威。自杜氏来华演讲,始流行于我国。今新思想之少年,颇有目为中国人之理想人生观者,余未敢赞同也。盖社会服务之意义含浑,用之不慎,流弊滋多。第一,社会之范围,依杜氏教育哲学推之,可扩充至全人类,则以社会服务为人生观者往往主张世界主义,此不合于中国之现状,其弊一也。第二,以社会服务为人生观者,以为必在社会上活动,常鄙家庭服务为贱役,此乃今日中国新式女子之现象,其弊二也。第三,社会服务,本属义务性质,今之言服务者,多视为权利,一遇领袖机会,不问能力如何,必奔走以争之,联络疏通,捣乱破坏。凡政客之行为官僚之手段,吾人所痛心疾首者,无不毕现于学生界。旷观国内外学生"社会服务"之状况,其不如我所云者盖寥寥无几也,其弊三也。第四,社会服务,常为野心家所利用。即如传布宗教一事,彼辈设立教堂创办学校,举行布道会,拉拢名流要人,联络军阀政客,种种传教政策,皆美其名曰社会服务。青年子弟,受其金钱收买,美人计之诱惑,资送出洋之利用,堕其术中而不悟者,比比然也,谓非社会服务一观念之所误乎？故"社会服务",好名辞也,亦美德也,倡之不得其道,则发生种种流弊。今后吾人鼓励青年服务,必明定其界限与性质而以救国救民为其脊干,此即下节之所欲述者也。

第八节　奋斗的人生观

读者至此,当知奋斗的人生观之最合于我国之需要矣。虽然有误会焉,不可不辨也。自新文化运动以来,国人以奋斗说倡者屡矣。就余所知,其内容多偏于生存竞争之象,而忽于正当的奋斗人生观之性质及其要素,遂为一般贪鄙强暴者所利用:军阀武人,以奋斗争地盘;官僚政客,以奋斗争权利;教育人士,以奋斗争饭碗;其他种种国民蟊贼,无不以奋斗不屈之精神,争一己之私利。孰谓中国人无奋斗精神哉！孰谓中国人之"奋斗主义"尚须吾人提倡哉！

予所主张之奋斗人生观,则大异于是。予以为人生于世,必须奋斗,而奋斗之目的,则为拥护公理与创造文化。中国人拥护公理之重要责任,为救国救民。故中国人之奋斗人生观,分言之,为救国救民之人生观及创造文化之人生观。兹于救国救民方面,说明奋斗的人生观之条件。

一、消极之条件

（一）思想方面

　1. 不作升官发财之思想

升官发财之思想,为万恶之渊源。

　2. 不作一家饱暖安乐之思想

国破家亡,死且无葬身所,欲饱暖安乐,得乎？

　3. 不作悲观消极之思想

众志成城,奸凶落胆,人贵奋斗,何必悲观？

　4. 不作空幻大同之思想

国将亡而言大同,无耻孰甚！

5. 不作安贫乐道之思想

安贫乐道之人,难免于今之世矣!

　　6. 不作出风头之思想

多少有为之青年,为出风头之思想所误!

(二) 行为方面

　　1. 不为强御

不恋富贵,不计毁誉,不畏攻击,不惜头颅,有何惮而不敢言?有何惮而不敢为?

　　2. 不结合徒党图谋私利

结党营私者,国民之敌。

　　3. 不入堕落生活

嫖赌娶妾,罪不容诛。恋爱失度,青年之耻!

　　4. 不做教徒

为出世而入教,早当自杀;为利用而入教,君子所耻!

　　5. 不受遗产

有志气有血性之青年,耻受遗产。

　　6. 不怕死

救民锄奸,救国雪耻,见危授命,杀身成仁。

二、积极之条件

　　1. 公正无私

以救国救民为己任者,视公众幸福,为个人幸福。

　　2. 勤勉耐劳

必能勤勉,始克不怠;必能耐劳,始克不屈。

　　3. 独立进取

依人成事,志士不为;万事成功,多由进取。

　　4. 勇敢侠义

救国救民者,当有同仇敌忾之精神与不畏刀剑之勇气。

　　5. 坚强不屈

富贵不能淫,贫贱不能移,威武不能屈。

　　6. 决心牺牲

并私利而不肯牺牲者,必不能见危授命,杀身成仁。

以上十八条为奋斗人生观之必要条件,缺其一即不可谓之真正奋斗。换言之,即不可言真正救民救国。或言教徒中亦有真能奋斗真能救国者,又将作何解?答之曰:教徒而言奋斗,而言救国,已非真教徒矣。宗教之两大要素,一为出世,二为大同。此二者皆与我所主张之奋斗人生观相反。故吾人虽谓奋斗救国之教徒为非教徒可也。友有读吾文至此,认为理想太高绝难办到者,余乃抚膺太息焉之歌曰:

> 欲登泰岱之高峰兮,唤醒昏睡之同胞!
> 欲激江河之清流兮,洗净混沌之头脑!
> 安得奋斗之同志兮?支大厦于将倾,挽狂澜于既倒!

第二章　中国人创造文化之奋斗

既决定奋斗之人生观,则当研究奋斗之涂辙。余于《奋斗》《真义》一章,曾并言创造文化、拥护公理,兹于本章先述中国人创造文化之奋斗。

第一节　优秀聪颖之中华民族

未来中国之大患,不在军阀专横,列强侵略,而在一般青年,鄙弃固有文明,自认为劣种民族。此种怪说,智识阶级之领袖倡导之,一般趋时者附和之,谬论所及,竟欲以罗马拼音,代替我先民五千年惨淡经营、文明所系之文字。读《国语月刊·汉字改革号》,不禁感慨系之矣。该号主张以罗马拼音代替汉字,又其封面插画以魑魅魍魉代表各种汉字,追而杀之者,为外国式之兵士,手持刀枪剑戟,皆用注音字母篆成。后方则排列持枪兵士,代表罗马拼音。

我国固有文明,果不值一顾,我民族之天资,果属劣人一等耶?则虽尽焚烧五千年来之断烂古籍,采西文为国语,奉苏革拉底、耶稣、拿波仑、华盛顿、林肯为理想人物,请英法德美之人擘划我政治,管理我财政,指挥我军队,创办我教育,亦属改进社会之要道,为理势之所当容许,若中国文明尚值一顾,中国人之天资尚有可为,则自坏其文明。自鄙其贤哲,自甘为奴隶,是直丧心病狂,不可救药,亡国之险象未有甚于此者矣!请略述我民族之聪颖优异及其在世界文化之上之贡献以与全国青年一商榷之。

考我华民族,立国在五千年前。文化初基,奠于有巢、燧人诸氏。其时草昧初开,事物未备,迨伏羲结网罟,畜牺牲,画八卦,作书契,神农造耒耜,立市廛,兴医药,夙沙煮海为盐,生民之事,乃克渐定。降及黄帝,制六书,造历法,作算数,兴音乐,营宫室,制衣裳,铸货币,畜蚕桑。其他器用战备如舟车、弓矢、指南车之类,尤多发明,文物制度,灿然具备。时在西历纪元前数千年,世界文明古国,差可与我比肩者,惟非之埃及、亚之巴比伦、印度(据云墨西哥文化发生亦甚早)。至于欧西民族在今日固各以文明先进自居者,尔时则皆茹毛饮血,与禽兽麋鹿为伍,虾夷杂种之日本人,更不必论矣!是则我中华民族者,实秉赋天地之英灵,具有超人之智慧,吾人虽不必以独一无二之优秀民族自夸,然史籍具在,班班可考,固不容过自谦抑。若潜化于西方教育,寝馈于"爱、彼、西、的",惊眩于洋房马路,震骇于坚甲利兵,卑劣自甘,奴隶成性,苟非丧心痛狂,不可救药,曷克至此!

或曰:"中国无科学,不可谓文明。"此不明科学之性质者也。依余之意见,科学者,不必为有系统之知识。凡人世创作,代表缔造经营之力,而为征服自然之结果者,皆得谓为科学知识。科学者,知识之系统的组织也。既已有科学之知识矣,固不必经系统组织冠以"科学"名称,始有文明之价值。今之言建造者,有建筑之科学,然不可谓中国古代建筑术,无科学之价值。今之言天文、物理、化学者,有天文、物理、化学诸科学,然不可谓中国之历数、磁针、火药等非科学之发明。中国有五千年之文明,典章文物,在在见经营心力,在在显创造精神,虽无科学之名称,每暗合科学之方法,虽少科学之系统,乃极有科学之价值。(即如墨子之学,经今人证明,多科学创作;清儒治学,亦多用科学方法。)若同属一事,在外儒则为科学,在中儒则为陈腐,虽三尺童子,亦当知其谬矣。

或又曰:"中国文明虽古,但不若西洋文明之有价值。"此又乖谬之谈也。今之言文明者,莫不以哲学、科学、文学、教育、政治、音乐、美术工程等学为代表,而我国文明于此皆有精深渊到之处。以言哲学,则中国为哲学思想最渊博之国家,世界各国无能与我颉颃者。以言科学,则我国固多科学上重要发明,为今日世界文明之基础(后节另述)。以言文学,则中国文学之美,比之西洋文学,有过之而无不及,西洋文学界得一二辞未尽意之李杜译品,便辗转传诵,称叹不置。以言教育,则成周学制之完密,远过于欧洲文化渊源之希腊。今日国人信奉若狂之"道尔顿制",其精义则远溯于二千年前之孔子。阳明教育学说,不减杜威,尤为国内学者所公认。以言政治,则孟子民权思想实远驾于柏拉图贵族的共和学说之上,而与近代西洋思想第一人之卢梭相颉颃,其他经国济世之说,与西洋学者相互发明者尤多。以言音乐,则我华为音乐古邦,其精深渊邃之处,迥非西乐所可企及。以言美术,则我国书、画、磁器、刺绣、雕刻等,直非西人所能望其项背。以言工程,则长城、运河列为世界宏工,尤能显扬我民族之伟大魄力。更如井田制度,则暗合今世之社会思想,孙子兵法则多为德人所取。则其他创造发明与西洋相伯仲者,尤更仆难数。孰谓中国无文明哉?孰谓中国文明无价值哉?

或又曰:"中国文明虽有价值,但于世界文明无贡献。"此又不通之论也。我国人口占世界四之一,我民族食先民缔造经营之赐,休养生息于东亚者数千年,世界各国文化之博大悠远,有如我中华者乎?我族之初据中夏也,其范围仅河域数省之地而已。其后蕃衍传播,文化四遍,北至西伯利亚,西至中亚细亚,东迄高丽、日本,南迄安南、暹逻、缅甸,以及南洋群岛,无不沐我文明,脱其狉獉蛮野。人类文化贡献之广大,有史以来,能如我中华者乎?即以欧西各国论,其学者尝谓中国文明与西方无关,不屑称道。而孰知西方文明之发达,实多受赐于我国。姑举三大贡献以为证。其一,为印刷。欧洲当中世纪时,尚未知造纸。书籍者用羊皮,其笨重繁难,殆与我国古代蒲鞭竹简无异。迨至制纸印刷诸术由我输入,遂促成欧洲文艺复兴,史证具在,虽自私自傲之西洋学者,于此亦难辩讳。其二,为火药。近今战利品之发达,论者多认为西洋人强盛之源,而制造火药之术,则由我输入。其三,为指南针。欧人势力膨胀,航海术之发达为其主因。而控制航海死命之指南针,则又由我发明。欧人得此三宝,以之创文明,增兵力,扩版图,因以形成今日独优之局势,谓非中华民族之赐而谁欤?而谓中华民族为劣等民族,其文明无贡献于世界非丧心病狂,不可救药而何?

综而言之,我中华民族为极聪颖优秀之民族,我国文化,对世界已有极大贡献。吾人若能发挥光大我先民之创作,更融以西洋学术,另创一种新文化,则未来世界学术界之领袖,舍我中华人当莫与属矣。

第二节　中国学术停顿之原因

中国人之资质，既极聪颖，中国人之文化，既大有造于世界，然近世学术昌明，吾华人之功绩则甚少，又曷故哉？曰：由于中国学术之中途停顿，而其停顿之根本原因，则为专制政治、哲学及宗教三者之流毒。

一、专制政治之流毒

论中国学术凝滞之原因者，常归罪于秦始皇之焚书坑儒，汉武帝之罢黜百家，唐宋以降之科举取士。此数者固于中国学术进步大有妨碍，然非其停顿之根本原因。根本原因，实为专制政治。盖学术进步，由于个性发展，言论自由，此二者皆专制政治之大敌也。专制帝王欲其帝统稳固，必以愚民政策消泯其臣下之个性。坚强不屈者则又怀之以恩，威之以刑。才智有为之士，不受其笼络豢养，则必遁迹山林，或竟葬身鼎镬。夫焚书坑儒，罢黜百家，科举取士，笼络才智之政策也，消灭个性之手段也，钳制舆论之方法也，皆专制政治之流毒也。不有始皇之专制，李斯一尊之说不能入，不有汉武之专制，仲舒尊儒之说不能用，不有唐、宋、元、明、清之专制，科举取士之制不能久。故知专制政治者，阻碍学术进步之根本原因也。欲求学术之发达，不在攻击专制之流毒，而在铲除流毒所在之根源。本节所述专制政治，不仅指帝政而言。民主政治，假共和之名，行专制之实以压迫个性摧残言论者，皆得谓为专制。

二、哲学家之流毒

哲学为文明之一部，其自身固有相当价值。然立言不慎，则阻滞文明之罪，远非其自身之价值所能赎。常论中国学术不振之根本原因，除专制政治外，哲学家亦与有大罪。大罪惟何？一曰尊古，二曰忽略进化。（国人之论古哲者，恒冤以帝王之罪。如以始皇之焚书归咎于荀卿，以汉武之尊儒归咎于孔子，既不确当，又欠公允。）控制国人思想之大魔力为尊古。"事不师古而能长久者，非所闻也"，殆为一般国民所公认。试观日常器物制造、烹调缝纫、耕种收获之事，其法有传至数千年前亘古而不变者。询之，则曰："古人如此也"，"祖宗所传也"，"师父所教也"。劝以改良，则必期期以为不可。此种尊古观念实乃我国数千年来学术进步之大障碍，而播种此观念之种子者，则古代诸先哲也。（孔子托尧舜，墨翟托大禹，老子托黄帝，许行托神农，自余百家，莫不如是。参（十三）第二十二页）

其次论忽略进化。此点与尊古有别。尊古者，就假托古人而言也，忽略进化者，就哲学之性质而言也。中国哲家思想多忽略社会进化，如孔孟杨墨老诸家哲学即其例也。（讨论见第二章中）

此数哲者，本以救民济世为怀，动机未尝不善。特当其酝酿学说之时，太注重社会正义，而忽于社会进化。如孔孟倡仁义，则忽视兵备；杨子倡为我，则欲舍国而隐耕；墨子倡兼爱，则不惜附以宗教；老子倡无为，则欲消灭文化，返于自然。此与佛耶出世主义同一流弊。在西方诸国，幸有奋斗之科学家及哲学家起而与退守出世之思想对抗，以造成今日之文明。而在吾国，则冬烘老朽，陈陈相因，视古人遗说为天经地义，一成不变。既误于先，又误于后，欲求文化之进步，不亦难乎？中国哲学家之流毒甚多，以上二端，特其荦荦大者。

三、宗教之流毒

在述宗教流毒之先，请略论中国文化之性质。虽涉支离，顾甚重要。所谓文化者，略分精神与物质二种。欧美文化，偏于物质之文化也，中国文化，则偏于精神之文化也（请注意偏字）。惟其偏于精神，故重人事而轻自然。黜奇技淫巧，而重伦理、文学及宗教。此三者之自身，固有相当价值，然偏颇发展，使全部文化之进步，受其影响，则为害滋甚。就中流毒最深者，则为宗教，天鬼丧祭、阴阳五行、炼丹求仙、服食符箓、轮回报应、天堂地狱之说，深印于一般国民之心理，遂发生五种结果：（一）希冀福利，不思上进；（二）消极悲观，不图进取；（三）成见日深，反对真理；（四）迷信鬼神，阻碍科学；（五）退避畏缩，屈就自然。此五者皆障碍思想发展、阻滞学术进步之原因也。中国社会之进步，受害于宗教者至巨，国内学者，反以此自夸，谓中国人能融合他族文明，为我国学术史别开生面（指佛教），不亦惑乎？

以上三大原因，交互作用，遂致酿成二千年来不死不活不进不退之刻版社会，中国人虽有聪颖优秀之美质，安所用哉？

虽然，今日中国人之迷梦犹未醒也。帝制余孽，日谋复辟，武人军阀，摧残舆论，孔子之徒，且欲定孔说为国教，佛教信徒且欲发挥佛教精义以救国；耶教信徒，且欲化中国为耶教国家。其他智识阶级，不顾中国病势，时而抄袭日本，时而模仿欧美，时而提倡孔颜之人生观，时而鼓吹泰戈尔、托尔斯泰、欧根及尼采之学说，药石杂投视同儿戏。卒致病症日深，且有不治之险象，吾人若不急起直追，提倡奋斗主义，铲除一切魔障，使中国人有独立进取、黾勉创造之精神，则吾国学术二千年来之大病，尚有复瘳之望乎？

第三节　近今中国学者之通病

前节所述，为中国二千年来学术不振之原因。今者海运既开，风气大变，才智之士，负笈欧美日本者，先后以万计。此辈以优秀之资，出自文明古国，饱吸西洋文化，宜其创造成绩，有大惊人之处矣！孰知五十年来公私所费，无虑万万，而著述界之成绩有创造价值，足以供献于世界者，竟如凤毛麟角（美国国会图书馆不保存现今中国人之著作，谓为垃圾杂秽，不值一顾，此虽未免太过，然亦耐人深省矣）。此固由于政治社会之紊乱，然学者方面，亦有不能逃责之处。兹略述国内学者之通病，以与学术界诸同志共勉焉。

一、缺少创造文化之决心

今日中国学者之大病，不在智力之低，根柢之浅，而在无创造文化之决心，以因袭模仿他人为满足。因袭模仿，固有相当价值，然苟以此自满，不思创造，则我国学术将永无发达之一日。夫决心创造，为发展文化之母。有创造之决心则必谋思想之独立，不愿以宝贵光阴，费于翻译。有创造之决心则必谋思想之进取，不愿以有用精力，绍述他人。中国学者，非无有为之士也,徒以创造之宏愿未发,依人之根性未除,或则崇仰西贤,或则墨守古哲,视其说为天经地义,不敢越雷池一步,充其类而致其极。一西贤耳,一古哲耳,虽使西贤尽来中国,古哲复生于今日,安所用者?又况取法乎上,仅得乎中,取法乎中,仅得乎下,尚不能尽如西贤古哲耶?先师刘伯明先生,精通西洋哲学,以其资质之聪颖,加以努力,不难融合中西思想,自成一家之说,乃刘先生计未及此,耗其精力以译杜威之《思维术》,虽该书之成,不无加惠后学,然刘先生之学力,即以是而分矣。先生未死时,余曾以创造新说劝之,先生深韪余言,或其心中已有所酝酿。而先生竟作古矣!惜哉!中国学者,具有创造之动机而又肯努力者,有梁漱溟先生。其所著《东西文化及其哲学》一书,洵为近今中国著述界不可多得之作,然其立说也,远不能脱孔子之窠臼,近不能脱柏克森之思想,故以直觉说,附会孔子之"仁",终觉牵强。人欲创作,便创作耳,何必倚古人今人以自重?彼柏氏之说,果天经地义耶?则古来大学者,当其生时,其学说固皆轰轰烈烈为世人所崇祷者也,及其死也,他说代之而兴,所谓轰动一时之天经地义,不过供他人批评资料,作历史上之点缀品而已,尚有何大价值之可言哉?尚更有何步亦步趋亦趋之必要哉?

二、缺少创造文化之毅力

虽然有创造文化之决心矣,若不持之以毅力,又必一无所成。毅力之第一、第二两条件为勤勉为持久。不能勤勉持久,中国学者之大病也。常观由欧美日本留学回国之学生,其天资学绩,往往有卓绝优异,为外邦人士所望尘莫及者。其在留学期间,亦能勤勉奋发。乃一入国门,以博硕士头衔,四出号召,实学研究,反置脑后。即如在美国某著名大学得物理学博士之某君,其论文极有价值,为美国物理学界所珍重。以某君之天资学绩,果能继续研究,何难成为著名之物理学家,为国增色。乃某君回国后,掌教某大学七八年,学术贡献,碌碌未有表现。而与某君同时得博士之某西人,其学绩远逊某君,毕业后,精勤不倦,继续有所发明,今已成为美国著名物理学家。此固由中国社会环境不适于学者修养,然某君之不能勤勉,当亦无庸隐讳。夫博士学位之获得,在欧美人仅视研究学术之初步阶梯,在中国人则以为登峰造极,俯视一切,社会不察,又庞以虚誉,使其志得意满,不思上进,欲其勤勉奋发,继续创造,不亦难乎?嘻!此中国学术之所以不振欤!

毅之第三条件为专一。不能专一,亦中国学者之大病也。【不】专一有二说。不忠于学,从事他项活动,此一说也。从事学术研究,不认定一较小范围为终身事业,朝更夕变,此又一说也。学术者,专门研究之事业也,终生以之,且虞不逮;若利禄熏心,时则从事政治,时则经营商业,以求学为干禄之资,以著述为生财之道,纵能创述一二,亦不足观矣!友人某君具数学天才,其研究之精深,为外国学者所赏识。然其为人也未能忘情于富贵,常欲于政治界有所活动,屡劝未听,是可惜也。又有友人某君,于某学极有研究,然时于教授之外经营运贩,逐什一之利,识者鄙之。此皆不忠于学之现象也。虽然忠于学矣,又必立定范围,专力研究。若一味任兴,朝更夕变,虽有所成,亦难伟大。梁任公先生,具创造天才又肯努力者也。然其为学也博而不专,著作虽宏,无伟大贡献。苟梁先生于博通之后,集其精力于一学,则其成就之大,影响之巨,当更有甚于今日者。国内学者类梁者正复不少,若能早日觉悟,立定终生研究范围,则国家之大幸矣。

第四节　今后中国人创造文化之奋斗

既知二千年来学术不振之原因,又知近今学者之通病,则当研究此后振兴学术之途径。振兴学术云者,非谓尽量输入某国文化,以建设我国新文化之全部基础也。文化后进之邦,如千余年前之日本,如百余年前之美利坚,如今日之菲列宾,皆无文化基础可言,故不得不尽量输入他邦文化以谋建设。若我中华,拥有五千年文明,渊深博大,纵物质科学无大发展,而精神文明之磅礴渊宏,远非他族所可企及。故吾人今日振兴学术之任务,当融合中西两大文明,发扬我固有精神而创造一种更新更进之文化,语其涂径,当分四端。

一、保存文化

欲谋文化发展,必先保存国粹。中国文化,近十年来经一般所谓新文化运动者之攻击,体无完肤。后进少年,浅窥国学,更受外国同化教育之流毒,随声附和,唾弃固有文明,不遗余力。窥其用意,直欲自侪于南洋群岛、非洲、澳洲之土人,有完全以他族之文化为本族文化之势。此种卑劣自甘之心理,将使中华学术亡国至于万劫不复!夫文化者,一国精神之所寄也,埃及亡矣,而埃及之文化不亡,印度亡矣,而印度之文化不亡,斯巴达之亡,以无文化而亡,雅典之所以兴,以有文化而兴。吾人苟甘为奴隶附庸,则亦已耳,苟欲祖国复兴,则必求自创文化,欲求自创文化,则必以固有文明为基础。故吾人振兴学术之大任,第一步即在保存国粹。有发丧心病狂之论调欲破坏我固有文明者,鸣鼓而攻之;有图一己私利,盗卖我历史上之古迹及美术品者,群起而殛之。庶几五千年来渊深博大之文明,不致为少数卑劣分子所破坏,国运前途实利赖焉。

二、整理文化

虽然,保存国粹,非如一般守旧学者之泥古不化,妨碍文化之进步也。姚明辉先生,精于古学者也。昔年曾演讲于南京高等师范学校,摘录经书中断章片句,证述近世一切科学皆出于经,并以今人学不师古为憾。姚先生保障国粹之精神固可钦佩,然墨守一二暗合今世科学原理之古人成说,故步自封,则近于泥古不化,大碍文化进步。试问经书中曾有制造电器、军舰飞机之法乎?姚先生必不能答也。故知保存国粹者,乃创造文化之一种手段,若以为目的则大谬矣。

国内学者,又倡为整理国故之说矣。此实国人思想之进步,至可欣喜。然余对于今之整理国故者,尚有欲劝告者数点。第一,所谓国故,不当限于书本,须知中国文明储蕴于国民脑海中,未经文字记载者极多。此于工业、杂艺、烹调、缝纫、耕种、树艺诸事尤为显见。即以烹调而论,中国人研究数千年,方法之精,举世莫及。若整理而记述之,虽数百万言不能尽,而吾国古籍中关于此类撰述,竟不多见,殊为可惜。故知整理国故时,当同时注意未经记录之国粹,以补往昔之失,否则文化上所受损失,殊非吾人所能知矣。

或曰,整理国故,系指文哲一类著述而言,烹调杂艺,亦得谓之国粹耶?是即作者所欲述之第二点也。今日整理国故者之失，即在太偏重文哲一类材料，此或因研究文哲者独感国粹重要之故。然眼光远大者，应唤醒国人，对于文哲等以外之国故，加以整理。不然，所谓国粹者，仍不过文哲等学之国粹，于振兴文化之责尚有未能尽也。

今日整理国故者，又往往以欧西学术精义证述前贤学说，并志得意满，而为之评曰，是合于西洋学说也，是合于近代思潮也。此种证述办法，固为整理国故时必不可少之方法，然若以此自鸣得意，且谓为克尽整理国故之能事，则大非吾人所取。盖一国文化，有其自身价值，承受此文化遗产之国民，当自求其价值之所在，若以他人为标准，在我则失其学术上之自尊，在人则笑我为牵强附会。且人之学术进步，一日千里，昨之主张民主主义者，今则主张社会主义，我既无独立见地，则必随人而变，人之变无穷，而我之证述附会亦无尽，随风转柁，依人作嫁，终于为学术上之附属品而已，更何有言于创造哉？

三、发扬文化

故欲图国学昌明而求学术之进步者，当谋发扬文化。发扬文化者，以整理为起点。对于固有文化，不以证述为满足，而以独立自尊之心理，敏锐犀利之目光，自求其文化上之优点。既有所得，虽非西儒之所道述，国人之所前闻，亦必大声疾呼，使其昌明于世。今国人之言发扬文化者多矣，吾不知其所谓发扬者，为证述式之发扬乎？抑为自求其优点之发扬乎？如仅为证述式之发扬，则亦不过增高国民自傲自大之心理，于文化进步之前途，未见有何补也。

四、创造文化

虽然，发扬固有文化，尚非振兴学术之极轨也。真正振兴必图创造。中国学术界之最大损失，不在国粹之未经整理发扬，而在一般学者未能利用其天资脑力，中国人之资质，聪颖优秀大有可为之资质也。昔人之所能为者，今人尽能之所惜者，吾人不肯奋发为雄，善用资质以发明创作耳！夫固有文化，犹积仓也，优秀天资犹良田也。吾人对于祖宗遗留之仓积，保存之宜也，整理而曝晒之宜也，去其蠹废，留其精良，以供餐膳亦宜也。然若坐食先人遗谷，废置四万万顷良田，任其荒废而不治也，迨至所蓄既空，乃又仰食他人，乞丐为活，事之愚昧蠢笨，未有过于此者矣。故吾人今后振兴学术之大任，首在使一般国人，自知其天资优秀，复励以发愤为雄，作创造文化之奋斗，使我国学术发扬踔厉于世，国运前途，其庶几乎？

第五节　本章总结

今请以极恳切之态度为我国民告曰：我中华民族，优秀聪颖之民族也，其文化悠久博大，有五六千年之历史，传播所及，近则出东亚诸族于狉狉蛮野，远则树泰西各国近代文明基础。所惜我国学术，自周代而降，一则受专制政治之流毒，再则受哲学家之流毒，三则受宗教之流毒，遂致停顿阻滞，酿成二千年来不死不活不进不退之刻板社会。今虽海运开通，风气大变，而一般学者又震眩于泰西文明，视人过重，视己太轻，暴弃自甘不思创造，纵有少数有志之士,发愤为雄,又多缺乏毅力,中道而废,五十年来留学生学术上之失败,即在于此。今后我国人欲图振作,当力矫以往之失。至其进行途径,第一当保存文化,第二当整理文化,第三当发扬文化,第四当创造文化。末条最为重要。我国学者,苟能雄飞奋发,自信自尊,力图创作,则十百年后,将使我中华民国转为世界文化中心,复东亚文明之光,而返唐代外人来我留学之盛,匹夫有责,事在人为,我国民盍起而图之。

第三章　中国人拥护公理之奋斗

第一节　救国救民

中国人拥护公理之奋斗,一为救国,二为救民。或有问余者曰:救国与救民,有以异乎?曰:有。救国所以救民,而非即救民也。中国人民所受之痛苦,由于国际上不平等者半,由于社会上不平等者又半。土地割让、军港租界、关税限制、治外法权之束缚,传教条约之胁定,皆国际上之不平等也。军阀肆虐,官僚舞弊,富绅盘剥,奸商居奇,地痞敲诈,政学要人之结党营私,贵胄子弟之垄断教育,皆社会上之不平等也。救国者所以去国际上不平等,因而解救人民所受强权压迫之痛苦,故曰救国即所以救民也。虽然,强权压迫,人民痛苦之一部也,人民所受社会上不平等之痛苦,决不因国之得救而全部解除。彼英美法日诸列强,非占国际上之优胜地位者耶?所谓救国,于此数邦者,直不成问题矣。然其人民所受社会上不平等之痛苦则何如者?故知国家之强盛一事也,人民全部痛苦之解除又一事也。我虽实行国家主义,休养生聚,富国强兵,一战胜日,再战胜英,三战胜法,收回军港租界,取消治外法权,关税自主,禁止传教,而跻国家于一等大国之列,终不能担保军阀之不肆虐,官僚之不舞弊,富绅之不盘剥,奸商之不居奇,地痞之不敲诈,政学要人之不结党营私,贵胄子弟之不垄断教育。若欲打倒军阀,澄清官僚,限制富绅,取缔奸商,廓清地痞,剪除私人党羽,均分教育机会,以期实现第五章所述之政治经济教育三机会均等主义,则必另标民本主义,以解除人民所受社会上不平等之痛苦。故吾人今后拥护公理之奋斗,当以救民为最后目的,一面提倡国家主义以救国,使国际正义实现,更提倡民本主义,以辅其不足,使社会正义实现,国民幸福之前途,其庶几乎?

第二节　国际正义与国家主义①

中国人实现国际正义之目的无他,曰救国而已。虽然,救国目的也,欲达目的,不可不研究方法,兹举行通行者数种略评之。

一、宗教救国

宗教信徒常引领而呼曰:"宗教救国!宗教救国!"斯言也,若出诸外国人之口,是欺我

---

① 编者注:本节曾以《国际正义与国家主义》为题,载于《醒狮》第六十七、六十八号(1926年)。

也,若出诸中国人之口,是自欺也。宗教者,出世思想之结晶也,以之亡国则有余,以之兴邦定国,则世所罕见也。不观夫犹太印度乎?犹太人倡基督教而犹太亡,印度人倡佛教而印度亡,此二国者,虽非直接亡于宗教,然宗教思想足以消磨其国民之国家意识,荡灭其奋斗勇往之气,遂致沦于强权之手,万劫不复,则无可疑也。今我国民不察,于此次沪案发生国人奔走呼号之际,忽刊布其所谓《佛化旬刊》,以宣传佛化改造万恶社会为目的。此辈利用时机增收佛门弟子,本领可谓神通,然使全国人民皆信佛而入教,则二万万秃驴,二万万尼姑,直可使种亡国灭,一代干净,不须山格夫人来华宣传,达其利用之目的,更不待列强杀戮宰割,遂其侵略之野心矣。佛教之足以误国,明眼人当能洞察,不待多述。

在此全国骚动之际,耶稣教徒,又复乘机利用。报章上所载教会救国消息,触目皆是。其中爱国教徒出于义愤合力教国者固多,而为虎作伥,藉以宣传宗教,斫丧我国民奋斗之气者,实不在少数。请阅某日新闻报内基督教传道会之消息,当知余言之非诬矣。

基督教传道会　上海基督教传道联会,定于今日下午三时,假座老北门浸会堂,为五卅事件举行全沪基督教祈祷大会。其通告云:五卅惨案,尽人志哀,死者已矣,生者何以图存?自念国弱民穷,实无救法,惟有竭诚祈祷,虚心忏悔,以邀上主挽回,化彼凶暴,定我惊魂。务希全沪信徒届期齐集,事关切肤,幸勿漠视为荷。

试问国弱民穷,岂得竟无救法?欲图救国,又岂竭诚祈祷虚心忏悔所克奏效?谁物是上主?何能挽回贫弱?何能挽回凶暴?使国人皆为基督徒,基督徒皆作如是想,则传教一端,已足令我亡国,不待武力之侵略矣。

二、媚外政策

今之言救国者,又往往倚邻国以自重。亲俄也,亲日也,亲美也,固已成为外交家之口头禅。一般国民心理,遂亦随之而转变。见美人之倡中美亲善,则望其助我以制日,见俄人之倡言世界革命,则望其助我以制英。不知外人之所以以甘言诱我者,无非欲以亲善之假面具,维持商业上之利益,而遂其侵略之阴谋耳。美人而果有诚意助我者,则首当取消在华治外法权及种种不平等约,以人道正义为天下倡。乃美人计不出此,一意助资本家为虐。即如此次沪案发生,于美侨本无影响(据密勒氏《纽约时报》通信,美国此次商业上实大受利益),而一般旅华侨商牧师,平时固皆以"中美亲善""中美两姊妹共和国"笼络吾华人者,至是则纷纷电其政府,不曰"与各国一致以武力压迫",便曰"立派重兵"(主张公道者,直如凤毛麟角),吾人旅居是土,对于此辈口蜜腹剑之侨商牧师在其国内之言动,固了如指掌也。至其政府之行动,如总统柯乃治氏之提议,召集国际会议取消各国在华治外法权,表面似见好于我,实则与英日一致行动。阳亲善而阴助长帝国主义之气焰,所谓两面国者,其此之谓矣!至于日本,近年来对我侵略政策,变本加厉,又复假口同文同种,倡言中日亲善,以和缓华人心理。吾固不敢谓该国国民中竟无真正主张中日亲善欲为吾华张目者。然彼辈不妨先在国内集合团体,向其政府力争,还我主权,以表示亲善诚意。若一面默认其政府所行之侵略政策,一面又诡言亲善,与我携手,华人非童呆断不受其愚也。至若俄国自共产党得势后,倡言世界革命与我亲善,其用心殊难推测。观其近年来对我行动,如唐努乌梁海通俄事件,疆吏已迭有警告,莫斯哥逮捕华侨事件,李家鏊已下旗归国。(据印度革党首领某君言印度革命党人,死于俄者最多。世界革命,果如是耶?)更如此次加拉罕回国演说,谓俄国在华商业近年来大为发达,在广东一省,尤占势力。察其语气,似含有一种"变相的经济侵略主义"已在华用笼络手段大告成功者。凡此种种,皆令人不能无疑者也。蒙古本我国国土之一部,其人民之宗教语言,虽与本部略有歧异,然皆我中华民族,休养生息,有如弟兄。年来外蒙独立消息,喧传报章。政治军政,闻皆有俄人擘画。蒙人不乏贤达,固不致受其愚弄,然俄人谋我之心,已无可掩讳矣。我国昔日土地,兴安岭以南,乌苏里河以东及新疆边境诸俄属地悉隶版图,因俄国帝国时代之侵略,先后割让。今俄既推翻帝国主义,倡言世界革命,与我携手,则此数处土地,即应归还我国,乃俄人视为固有,而我国外交家,又以区区治外法权之收回及一二不平等条约之取消为满足,且竟因"亲善"二字之朦混,对此数地之归还不发一言,对蒙古之独立则视若无睹。亲善政策之贻误大局,一至于此!殊堪为国是前途放声一哭!

总之,立国于今日之世界,端赖奋斗以图存,绝无藉外力而能存在之理,我中华民国拥有四百兆之众,数万里之地,煤铁满山,麦黍遍地,此天府之国也,有何不可为,而必仰他人之鼻息,彼日俄等国,即使诚心诚意,不带丝毫作用,助我自由,尚当为爱国男儿所深耻,况非我族类,其心必异,阴谋诡计,固已昭然若揭乎?

三、请愿政策

又名叩头政策,又名与虎谋皮政策。国人所用请愿政策有两种:一为请愿于外国之人民;二为请愿于列强之政府。属于前者如"基督将军"冯玉祥氏之请愿于世界教徒,是其例也。请先读纽约华人所办《民气周报》本年八月五日文山君《斥外国教会之瞽论》,再对阅冯氏之请愿文,当不禁哑然失笑也。

> "现在帝国主义者侵略的方法,不用兵士做先锋,而用教士做先导,说来有点奇怪。最不幸的是耶稣先生,死了将近二千年,还有一般罪大恶极的人们,利用他的名字和他的教训,去做侵略及灭国灭种的法门。如果耶稣真正能够预知,我想他一定不去宣传他的博爱说,让后人去利用呢。原来美国派往中国传教的教士,在纽约五号车路设有机关,叫做国外传教部,他们常常发出很可笑而又很可恨的瞽论。这一次本报又接他们的通告说:'我们知道中国人不要外国兵舰驻守中国,但我国教会无法使兵舰离开中国。我们不能失却治外法权的利益,因为中国人看我们是洋人。'读者想想,这是什么话!"

外国教会多受资本家津贴,故一般教士佯与我亲善,阴则为资本家作走狗。冯氏不察,竟大声疾呼,促其挺身而出,可谓昧于教会之真相矣!冯氏再告世界基督教徒之言曰:

> "全世界被压迫基督徒均鉴:五卅事件,由沪而汉而粤,中国人连续遭英国军

警屠杀各惨案,一言以蔽之曰,英人蔑视中国,视吾人鸡犬不如而已。此事件初为日纱厂惨杀工人,学生哀痛同胞,游行演讲,乃英捕横加蹂躏,竟对徒手学生开枪射击,死伤枕藉。汉口沙面英当局更令水兵用机关枪轰击,伤亡更多,尤为黑暗惨酷。呜呼,英国素以基督教国自夸,乃专恃枪多炮利以肆虐杀,非仅基督教之羞,是亦人类之耻矣。以是举国悲愤,一致抗争,各友邦人士且为之代鸣不平。即英人日人亦多有公平之宣言,而国际工党及职工会等尤为热烈声援。我基督徒素以扶持正义表彰公理为天职,讵各国教会尚守沉默,殊为惋惜。以鄙人所知,诸君于工人之痛苦,亦素具同情。此次惨杀,亦必深以为非。奈处于压迫积威之下,不敢仗义执言,恐获罪于强权政府,见恶于资本阶级,于自身均有不利,此亦可予以相对之谅解。惟鄙人今以正谊相告,昔基督以不惧强权而斥'法利赛'之罪恶,吾徒当具大无畏之毅力,以效法之。《使徒行传》十八章云,'不要怕,只管讲,不要闭口',《马太》十章云,'凡能杀身体不能杀灵魂的不要怕他'。圣训昭昭,亟宜遵行。作基督徒所学何事,甚望主张公道,勿终噤若寒蝉也。况基督教义惟在爱人救世,抑强扶弱,只须凡事放胆,生死皆所不计,然后可拿信徒之藤牌,灭尽恶者一切之火箭,此求永生者必由之路。否则虽生犹死,死后断不能免沈沦也。是诸君愈在压迫之下,愈宜挺身而出,努力奋斗,为教徒争人格,为教会保名誉,庶几基督十架不致落空,而基督教亦可免破产之忧矣。唯诸君急图之。冯玉祥。"

冯氏高调文章,世界基督徒见之亦当为之捧腹!冯氏以基督教为爱人救世,不知今世杀人饮血之国家多为基督教国。冯氏谓基督教义抑强扶弱,不知其真义为"抑弱扶强"(如人批汝右颊,更与以左颊之类)。冯氏日助世界基督教徒,挺身奋斗,世安有受人资助,衣食所寄而挺身与抗之理?冯氏为教会保名誉,试问今日外人在中国之教会,久为有识者所鄙弃,尚何名誉之可保?冯谓为恐获罪于强权政府,见恶于资本阶级,不知基督徒,即为反对中国收回治外法权之人!方冯氏之推倒曹锟也,美报常大书特书"基督将军"Christain General 以誉之。自冯氏表示卫国卫民之态度后,美报乃不时加以"所谓基督将军""So called Christain General"之徽号,意谓冯氏既为基督将军,则应效命基督,"竭诚祈祷,虚心忏悔",劝中国人民对于白人送付右颊,送取外套,何得反抗强权,表彰公理?冯氏责世界教徒不能奋斗,彼辈将责冯氏为叛徒。呜呼!所谓基督将军!可以悟矣!欲奋斗救国,便奋斗耳,何必藉重于外国教士?彼辈纵能一致奋斗,为我国祈祷十五分钟,试问于救国有何裨益?伟哉土耳其人,勃兴之后,封闭教会学校,驱逐外国教士,大为美儒杜威氏所赞许。愿我国有挺身而出之志士先与口蜜腹剑之外国教士奋斗,为中华国民争人格,为中华大国保名誉,则丰功伟烈,将垂千古而不朽,不让土耳其人专美于前矣。

次述国人向列强政府之请愿。向列强政府请愿者,即向列强要求退还军港,收回治外法权,关税自主,以及打消一切不平等条约是也。斯即所谓与虎谋皮,乃法之最可笑最可耻,而又最不可靠者也。国民诸君!以为一国国权可以与虎谋皮之方法而收回乎?印度人向英国国会要求自主久矣,而英人所施于印度之压迫不稍减;菲列宾人向美国政府请愿独立久矣,而美人所施于菲人之政策不稍变。美人脱英独立,由于八年战争,日本收回治外法权,由于国民不畏死。有史以来,未有向人要求自由而能真正自由也。欲谋真正自由,必出之以死战。自由者热血之代价,头颅之交换品也。布加利亚人不死战,何以能独立。土耳其人不死战,何以能勃兴,呜呼哀哉!以堂堂四百兆众之大国,竟不能若布、土二蕞尔小邦出死战以争自由,而犹摇尾乞怜。仰强权之鼻息,冀其发恻隐慈悲,交还我已失之权利,事之可耻,可痛,可伤心,有甚于此者乎?且夫向他人要求自由,权操诸人也。人之能与我者,人亦能取之。列强纵能怜我贫弱,交还我之权利,他日者又欲夺诸我,我亦惟有拱手以让之而已,尚敢与之抗辩哉?抗辩矣,尚敢与之争斗哉?故欲谋权利之巩固,自由之久远者,不可不出之以死战。一战不胜则再战,再战不胜则三战,三战不胜,则继之以十战百战,热血一日不尽,人心一日不死,即死战一日不休而后能寒敌人之胆,短敌人之气。恢复我自由,收回我权利,一任我之支配。不此之图,而空言恢复,空言收回,纵达一部分之目的,终亦必失之而已。

抑尤有进者,事物之太易得者,常不觉其可贵。即以共和政治而论,其在法国,不知为几许头颅几多热血之代价。而在我国,虽有中山先生之缔造经营,诸先烈之捐躯流血,终觉其成功太易。故一般军阀武人官僚政客,不惜摧残破坏,致酿成今日分崩离析之局势。使中山当各省响应之际,不有袁世凯之议和,不有群下之掣肘,誓师北伐,直捣黄龙,使中原将士为建国而多受牺牲,人民之生命财产,为建国而多受损失。然后从创巨痛深疮痍满地之中国,建设民主政治之坚强政府,使一般国民,知其得之不易,乃相与维护爱惜,所有军人专政,政客卖国之事皆将无形绝灭矣,谓非由于牺牲而能若此欤?今救国事业之重大,不减于革命,自由之价值,又不减于民主政治。一般国民,不思从根本解决,以热血头颅为交换之准备,而欲以口舌之争,达恢复交还之目的,纵使侥幸成功,亦将为军阀官僚所捣乱破坏,终于不可收拾而已。

四、国家主义

既知宗教救国、媚外政策、请愿政策之不可恃,则必另求自救之道。自救之道维何?曰,提倡并实行国家主义是已。关于国家主义之宣传,曾君慕韩曾标"内除国贼,外抗强权"二语为口号,其简明精当,殊觉无以加美。余家菊、陈启天、李璜、左舜生诸君,更于国家主义之教育,多所发挥。然余尚有欲补诸君讨论之不足者,则为奋斗主义之提倡"奋斗"二字,国人闻之久矣,更何待余之提倡?然余之所以独言提倡者,则欲以有目的之指导,贯澈奋斗精神于国家主义之中,使救国之目的,早日实现,今请就曾君所标"内除国贼,外抗强权"二语,略述奋斗精神之重要。

夫所谓除国贼者,非仅口诛笔伐之所能奏效也。国民之口诛笔伐也久矣,而国贼之数则日以增,国贼之野蛮行为,则变本而加厉!可知今后救国,在除国贼方面,必用十百倍于口诛笔伐之手段,而实行此种手段之人材,不可不以贯澈奋斗精神的国家主义,磨砺训练使其轻生就义,造福于国家社会,夫无奋斗精神之国家主义,至可虑者也。以某某等君而论,于国家主义,多所论列,不可谓非信奉国家主义者矣。迨至有拥护国家主义之举动发生。请其参加,则又趑趄畏缩,藉故规避,或虽参加而不愿列其姓名,则某某等君之心有所蔽而不能为国家主义奋斗也可知矣。

故知信奉国家主义一事也,能否为国家主义而奋斗又一事也。夫信奉一种主义而不能以奋斗精神实行之,又何取乎信奉此主义?彼疲癃瘫痪,亦能信奉国家主义,得四万万疲癃瘫痪之国家主义者,于救国有何补?空言信奉国家主义,而不能实行,吾见其流弊之日深矣!国人但知章曹陆等之为卖国贼,而不知在酝酿中有数千数万未及成熟之卖国贼;国人但知反对国家主义者之或变成卖国贼,而不知赞成国家主义者之或已为卖国贼。吾辈以救国自任,不早日正本清源,慎之于始,何以善其后乎?故吾以为今后救国,不在多得空信国家主义之人,而在得真能奋斗以实行救国之同志。而吾辈提倡救国,亦不仅在鼓吹国家主义,而当同时鼓励实行奋斗之精神。海内有志之士,有不愿明白宣布态度,以与万恶社会奋斗而谋救国者,非吾徒也;不愿牺牲一己私利以谋救国者,非吾党也。夫态度且不愿宣布,更何敢奋斗,私利且不可牺牲,更何肯捐躯?呜呼!吾今而后知选择救国同志之标准矣!吾今而后能判别国家主义者之真伪矣!吾今而后益信奋斗主义的国家主义之重要矣!

次言外抗强权则奋斗精神尤为重要,近来国内有志之士,皆组织学生军,或更投效军营,受军事训练。伟哉中国之青年!救国大任,其系诸君等之肩乎?然余不禁有所感矣!五分钟之热血,外人嘲我者也;逢场作戏事过情迁,中国人自嘲者也。君等之投笔从戎,置身行伍,曾下救国之决心乎?决心者何?公正、勇侠、牺牲是也。自信有救国之毅力乎!毅力者何?勤勉、持久、坚定是也。(参阅本书上篇第六章第二节)不愿牺牲私利者,不可言公正,君等已忘情于功名富贵乎?无同仇敌忾不畏刀剑之气概者,不可言勇侠,君等有轻生就义之精神乎?无敢死之决心者,不可言牺牲,君等已准备见危授命杀身成仁乎?不能耐劳者,不可言勤勉,君等有披星戴月,卧薪尝胆之精神乎?不能刻苦奋励者,不可言持久,君等有百折不回之精神乎?不能立定宗旨奋斗到底者,不能坚定君等自信,富贵不能淫,贫贱不能移,威武不能屈乎?此六端者,皆诸君在投笔从戎、置身行伍时应行先决之问题。若诸君已经过此番考虑,终因良心驱迫,作此最后决定。作者不敏,谨祝诸君成功并愿鼓率全国健儿,为诸君后盾,若诸君之举动系出于一时热血,则愿诸君即本此热血刻苦奋励,坚持到底,国运一日不兴,责任一日未尽,即奋斗一日不休。嗟乎!此数语者,岂仅以为诸君勖,抑亦吾中华全国志士所应相奋勉者也!吾中华国运苟有复兴之望,舍诸君其谁与归?舍全国志士又谁与归?

请再本奋斗主义的国家主义,为全国国民诸君告。诸君目睹英日诸列强在我国之野蛮行动,既多痛心而疾首矣。然而诸君中之决心救国者何寥寥也?常闻诸君之言曰"心有余而力不足"。呜呼!是实庸夫懦妇自私自利者之遁辞也。诸君果决心救国,岂患无力乎?诸君中占高位者,能不卖国,即救国矣;诸君之握军权者,能不殃民,即救国矣;诸君中之接近军阀者,能不助纣为虐,即救国矣;诸君中之富而裕者,能不行凶作恶,即救国矣;诸君能不结党营私,即救国矣;能与卖国贼断绝关系,即救国矣;能明白宣布态度,口诛笔伐,即救国矣;能不奢华浪费,即救国矣;能不买舶来品,亦即救国矣。救国难乎哉?君等能决心救国,则国救矣。君等能以毅力救国,则国救矣。君等而果真能□救国之决心与毅力,则君等之占高位者,决不止于不卖国;掌军权者,决不止于不殃民;接近军阀者,决不止于不助虐;富而裕者,决不止于不逞凶;君等岂仅不结党营私,将见君等之结党以救国;岂仅与卖国贼断绝关系,将见君等之兴师以讨贼;岂仅口诛笔伐,将见君等行英雄烈士之手段以救国;岂仅不奢华浪费,将见君等之省衣缩食以为公;岂仅不购舶来品,将见君等解私囊以兴实业。君等无救国之决心耳,无救国之毅力耳,无奋斗之勇气耳,公等若有决心、毅力与勇气,则虽贫为乞丐,囊无一钱,吾将见君等迈往以救国,吾更将见君等之捐躯以救国。夫捐躯救国,大义也,烈士之行为也,贫无立锥之乞丐且能为之,而谓居高位,膺军符,家拥百万及一般暖衣饱食者不能救国耶?是在诸君之好自为之耳。国民诸君乎!请速下决心,勿放荡于下流,勿徘徊于歧路。莫谓身居军阀,已为国人所痛恶,若一旦翻然悔悟,马革裹尸,疆场效命,国人将倚君等为干城;莫谓列职官僚,接近军阀,已为国人所不齿,若一旦翻然悔悟,为国宣劳,毁家纾难,国人将倚君等为柱石;莫谓曾有卖国行为,已为国人所共弃,若一旦翻然悔悟,尽散其悖入之资财,请罪于社会,国人将许君等为大勇;莫谓身为国贼子女,已为国人所共唾,若一旦翻然悔悟,起家庭革命之师。与卖国之父兄宣战,不胜,则移其杀敌之力以杀父兄,脑筋混沌者,或将谓君等为不孝,我则谓君等为大义灭亲,国民诸君乎!祸国殃民之军阀,官僚政客及卖国贼之流,国人所深恶痛绝不与齿数者也,尚可决心救国,为国家社会所倚重。况诸君为国民纯良分子,国运安危之所系,而谓不能奋发为雄,救国家于水火,免生灵于涂炭,吾不信也。国民诸君乎!君等果有救国之念乎?则请速下决心,能下决心,力虽不足亦何害?不下决心,虽有余力又何用?是诸君之能否救国,在诸君之能否自决耳,孰谓诸君之力不足哉?孰谓诸君之力不足哉?

吾于此又有不得不为救国诸同志告者。吾辈救国,以国运之安危为标准。有本吾人之主义以谋救国者,吾同志也;有背吾人之主义以祸国者,吾寇仇也。曹汝霖、章宗祥、陆宗舆辈之卖国贼,果能因吾人之奔走呼号,一旦翻然悔悟向全国国民请罪,并尽散悖入之财,此须出于自动。若曹锟辈失败后出自赎身者,不在此限。以谋救国,吾人得目为同志,反乎曹章陆者,为开国元勋之孙中山,使其尚存于今日,竟违背国民公意,有祸国举动,则吾人将目为寇仇,而与曹章陆之流同加诛讨。故吾以为"内除国贼",不必杀尽之而后快,吾人所注意者,当继续不断鼓吹救国,利用外侮,刺激国民之驽钝性,使一般国民痛恶国贼,使准备作国贼之青年,忘情于国贼,以杜国贼之来源。其已成为国贼者,则必于口诛笔伐之外,劝其悔悟,如其言动行为,确可证实,且本吾人之宗旨以救国,即应停止诛伐,且或与之合作,至于少数不可救药及罪恶滔天之国贼,则自当对之以十百倍于口诛笔伐之手段,至于铲除净尽而后已。诸同志须知人皆有羞恶向上之心,彼卖国者,受国民唾弃,未必皆以卖国为乐,徒以既受唾弃,不可挽回,则不若暴弃到底,以快私欲,我等对此辈仍当诛伐警劝,冀其翻然悔悟,如实不可救药,则惟有以最后手段对付,惟介乎国贼与非国贼间之人,若一味斥为国贼,拒之于千里之外,不与自新之机会,则吾恐激成反动,转使走入国贼之途,树吾人之敌,而有碍于救国矣。吾救国诸同志,其三思之。

第三节　社会正义与民本主义

奋斗主义之国家主义为救国要道,既如上述矣。然欲期国之必救,及预防救国后,社会上之纠纷,则不可不以民本主义辅国家主义之不足。民本主义者,即应用于国家范围内之机会均等主义,所以谋人民教育、经济、政治三种机会之平均也。吾于社会改造原理一章,曾依据均等主义,拟具社会制度,其中所叙述,多属于理想,欲以之尽实现于今日,虽欧美社会且有不能,遑论中国？虽然理想者,事实之母,欲改造社会,必有社会理想,以为进行之目标。至其实现之法,则不妨因地因时因事而异,固不必削足就履也。以下数段,请讨论中国人实现均等主义之方法。

第一　政治机会均等

政治机会均等主义,系依人民全体公意,藉政治形式,保障人权,而谋实现公平之原则。今日中国政府,几尽为腐败之军阀官僚政客所盘据,祸民祸国,本不成其为政治,更无以言均等。吾辈欲谋政治机会均等,须全国人民澈底觉悟,一致奋斗,铲除军阀,澄清官僚,惩治政客,此非仅口诛笔伐所能奏效。至于今日国人所用方法,则吾有欲商榷者三点：一曰参政运动,二曰制宪运动,三曰政治活动。

一、参政运动

参政运动者,即求人人有选举及被选举权也。中国人之选举及被选举权,因种种限制而被剥夺者甚多,其中以女子为尤甚。故今日参政运动之甚嚣尘上者为女权运动。女权运动,所以谋女界之幸福,而予不敢赞同者,非不赞成女子之参政也。实因今日国内政治操于少数强暴奸滑者之手,每有选举,即由大小政客包办。政客倚军阀为护符,军阀用政客为走狗,朋比为奸,瓜分权利。政治腐败至此,虽女界诸君费尽九牛二虎之力得选举及被选举之权利,其结果亦不过无形中被政客利用,增多其报效军阀之机会而已。民意云乎哉？女界幸福云乎哉？故吾以为今后女同胞之急务,当协合全国人民一致奋斗,铲除民贼,澄清政治,以谋根本解决。至参政运动,虽可不必放弃,然若以全副精神对付之,则未免举轻遗重矣。

二、制宪运动

国人以为今日政治之腐败,军阀之跋扈,由于无完善宪法,故颇有主张速行制定国宪省宪以谋补救者,是实倒因为果之谈也。中国宪法之所以不能完善,实即因政治腐败,军阀跋扈。试一读国宪小史,可知临时约法虽未臻完善,尚本国民公意及法定手续制成,果能奉为经国大典,一致拥护,何难措中国政治于正轨。乃袁世凯破坏于先,段祺瑞废止于后。其中又乱以袁氏"新约法",曹锟之"贿选宪法"。十余年来国事之纷扰,军人蹂躏宪法,实为主因。今段氏又召集会议,制定国宪,国人殷殷属望,吾徒见其为政治上,添一纠纷之点,与天坛贿选诸宪法同其命运而已,于国是又何所补哉？

至于省宪,湖南、浙江诸省已先后制定公布,试问该数省人民数年来所受痛苦与未颁省宪前有何区别？总之,宪法者,一纸空文也。人民不能拥护之,则毫无价值,今后国民之急务,当先谋自决,铲除民贼,而后能拥护宪法,而后能依宪法以保障幸福。若舍本求末,则吾恐今后国宪省竟终为国民蟊贼操纵蹂躏,使国是陷于不可收拾而已。

三、政治活动

今之言改良政治者,每主张政治活动,又复自解于人曰:"不入虎穴,焉得虎子。"嘻!此实自欺欺人之谈也!吾于前数年曾讨论政治活动问题,以为政治本身,无反对之必要,所可反对者,在今日中国腐败政治之环境中从事政治活动。盖今日中国之政治,多为民贼所把持,欲插足于其间,必赖金钱运动,或武人提携,其有因学识能力,为中国政治舞台上不可少之角色,而被罗致者实如凤毛麟角,且多不能久于其位,即能久于其位,而与一般无廉无耻祸民祸国之徒同秉国政,纵不与之同化,亦为良心□不安矣。况一般后进青年,其学识能力,未必有被罗致之价值,而欲因达官贵人大人先生以入幕,其有不为所卖者鲜矣,或为所利用而同作奸宄者鲜矣。改造整治云乎哉?吾青年尚何执迷而不悟耶?

虽然,吾辈不从事政治活动,非如许由巢父辈高蹈远引置国事于不顾也。以今日国政之糟,非有根本改革不足以谋补救。而欲谋根本改革,则须全国国民一致起而奋斗,而在社会方面鼓吹奋斗者,我辈之责也。中国政治之大病,如痈疽然,已腐烂不可收拾,庸医俗手,犹日以珍珠琥珀散等贵重药品敷治,冀其化腐肉而为良肌,其结果反使良药为腐肉所化,同归于腐。国医老手,知养痈之徒,足贻患也,故毅然施刀割之术,脓血溃腐,尽剐刮而涤除之,然后敷以珍药,病乃大愈。中国政治上之痈症,一养再养,贻患已至于今日,若不速施刀割,而犹日事敷治,吾将见中国优秀纯良大有可为之青年,尽化为政治上之脓血溃腐,同归于不可救药而已!青年乎!学政治之青年乎!以君等之造就,皆未来社会之领袖,果能发救国决心,与国民一致奋斗,图政治之根本改革,然后发展经国大猷,措政治于正轨,免生灵于涂炭,丰功烈业,将与日月争光,不愈于浓血溃腐之政治生活万万乎?我可爱之青年其三思之!

综上以三节观之,可知今后中国人欲求政治上机会均等,保障幸福,须由全国人民一致奋斗作坚决之牺牲,谋最后之解决。苟获胜利,则须以澈底手段,处置国贼,作一劳永逸之计。中国人之大弊,在作事不能澈底。以中山初光复时之声势,而为群下掣肘,不克誓师北上,直捣黄龙,卒使帝孽长存,贻祸民国,此不澈底者一。袁氏帝制自为祸民卖国,及其失败,余孽逍遥法外,袁氏子孙,亦安然无恙,此不澈底者二。张勋复辟,谋叛民国,及其失败,逃往荷兰使馆,竟以寿终,而溥仪亦得安处宫中,度其皇帝生活,此不澈底者三。安福当政,祸国殃民,及其失败,罪魁远播,通缉之令,等于具文,此不澈底者四。以上四端,皆可证明中国人作事,不能坚决澈底,致使一般奸宄无耻之徒,有所恃而不恐,祸民祸国,益无所忌惮。今后国民奋斗,当力矫以往之失,一有胜利机会,便当澈底解决,勿再养痈贻患,使中国政治之大病终于不可治也。

第二 经济机会均等

欲言中国人经济机会均等,当先知其不公平之现象。今日垄断中国经济机会之人,计有两种:一为军阀官僚政客,二为资产阶级。兹分别讨论之。

一、军阀官僚政客

今日中国人之最富者,为军阀官僚政客。据《新青年》杂志某号所载,数年前某西人调查北京外国银行中国军阀官僚等所存款项,在五千万以上者有四十余人(杂志号数及人数不能详记)。又某人调查香港各银行中国人存款在二千万以上者不知若干人。清室庆亲王,存于青岛德国银行者,有一万万,光复时尽被德人没收。杨森为川东师长,据云有家财二千万,其存于重庆英国银行者有五百万,杨氏欲与但懋辛在重庆开战,因外人欲没收其存款而止。曹锟被拘时抄出家产一万万。此特就余所知者略举一二。若准此估计,全国军阀官僚政客之财产,则全国督军约二十人,以每人五千万计,可得十万万元。全国师长百余人,以每人一千万计,则又可得十万万元。全国贪官污吏政客卖国贼之流,以五百人计,每人平均若有家财二百万,则又可得十万万元。更将其他小军阀、小官僚、小政客之资财,以人数一万、每人十万元计算,又可得十万万元。合计四十万万元。以一万余之人数,而拥有四十万万之资财,使国弊民贫,至于不可收拾,此辈之罪,不容诛矣。今吾国民既已觉悟其罪恶,则当一致奋斗。果克成功,则此辈财产当一律由全民政府充公,如有逃往使馆租界者,则交涉引渡,至不得已时,亦可派兵包围搜索。国民须知今日各国使馆租界皆包庇祸犯之所,贻害我国,实非浅鲜。我若发愤图强,则睡狮一醒,天下震惊,虽有违反国际公法之举动,各国亦无如我何,且断不致因庇藏祸首之细故,而与我开战也。土耳其非欧人所目为近东之病夫耶? 崛兴之后,屡犯国际公法,英人则着着退让。我若效法土人,于奋斗成功之后,派兵包围使馆租界,搜出祸国祸民之军阀官僚政客,勒令缴出全部财产,即以其财产还清国债(约二十万万),以其余之数(亦约二十万万)扩充教育,振兴实业,更用以施行社会政策,则一般国民经济上之困苦,可以稍纾矣。

二、资产阶级

资产阶级,略分地主、商人、资本家三类。受地主之累者为佃农,受商人之累者为贫民,受资本家之累者为工人。今日中国倡社会主义者,多偏于工人解放。不知中国佃农之数盖千百倍于工人之数。此辈锄禾日当午,汗滴禾下土,终岁辛勤之所得,十之四五,归于不劳而获之地主。一遇歉岁,则多迫于威势,卖牛船——或竟售儿鬻女——以缴租谷。此类伤心惨目之事,到处皆是,国人竟视为故常,社会学者亦鲜有讨论,良可慨已! 至于商人,似无累人之处,不知中国商人获利多而纳税轻,一遇加税,即抬高其售价,且可因此获利。故实际受其影响者,实为一般小民。而商人则坐享厚利,经营不及数年,即大腹便便称富家翁矣。今后吾人改造社会经济组织,当同时顾及地主、商人、资本家三种资产阶级,务使大多数人民之痛苦,得以解除。至于所用方法,除当事人为国民蟊贼,当以前述之手段对付外,余则略为和平。其原因:第一,今日中国之实业幼稚,商业又受军事影响,一般国民之富力太低;第二,吾辈急于对外,俄国式之社会革命,不能适用;第三,资产阶级若能澈底觉悟,顺应世界潮流,捐家财以办公益,使经济机会渐趋均等,亦不必以杀人流血为快。谨拟改革办法数条,并略加讨论如下。

(一) 改良税制

关税限制之贻害中国,久为国人所洞悉,无待赘述。惟国内税制之不当,尚有应注意者，谨就管见所及，略述一二。

1. 种类上之不公允

按我国赋税分直接、间接二种。直接税内分：甲、行为税，印花税、登录税属之；乙、收益税，矿税、田赋、营业税（烟酒牌照税、牙税、当税）、房税属之；丙、所得税，一般所得税及特别所得税属之。间接税内分：甲、货物税，出产税、通过税、销场税属之；乙、消费税，必要品（如糖税、茶税、盐税等）、奢侈品（如烟酒税、丝茧税）等税属之；丙、关税，进出口税及通过税属之（参（十四）上册第二百二十二页）。统观赋税种类，有出产税通过税而无遗产税，殊令我不解。夫出产、通过等税，增重出产者及经营者之负担，阻碍实业之发展。完善税制中，不应任其存在。今我国税制，有出产通过二项，于遗产方面独付阙如，亦可异已！夫遗产之害，就受产者言，倚赖偷惰，放僻邪侈；就争产者言，诉讼争夺，扰乱治安；就社会方面言，剥夺贫人经济及教育上之机会。既不公平，又碍进化。综其罪恶，罄竹难书。今世界各国，如英、如日、如美（四十八州中有四十二州行之）等国，无不实行遗产税，岁入之数，以万万计。而在我国，虽于民国四年夏，总统府财政讨论会议，订有遗产税条例（同第四百五十九页），迄未见诸实行。且其内容，种种不妥。此由于操制定法律之权者，皆为资产阶级，一与本身利益冲突，即设法规避打消。此种不平现象——资产阶级操纵法律——固世界各国之所同，于我国为尤甚。今后改革税制，当监视此辈行动，并当依据累进加重之原则制定遗产税，毋使不劳而获之资产阶级，漏逃税网。国民幸福，实利赖焉。

2. 数量上之不公允

余非财政专家，于现行税制，本不敢多所置议。惟就常识所及，有不能已于言者。即以田赋而论，本为国税大宗。其中有地丁、漕粮、租课、差徭、垦务、杂赋、附加税、中央附加税、均赋收入，种种名目，皆直接取之于民。照民国五年（此间材料，在五年以后，无从查悉）田赋收入预算，除均赋收入外，为一万零五百四十三万七千一百九十一元（同第三百十页），田亩总数为九百一十一万九千七百六十六顷，再合吉、黑、云、贵四省田地共约一千万顷（同第二百二十七至二百三十六页）。以每顷百亩，每亩平均收入二元计算外（因有旱荒水灾及军事蹂躏，二元之数，实不为少），则全国田产所入，共为二十万万元。今田赋收入为一万余万元，即不啻值百抽五而强。更如盐税，照民国七年修正盐税条例第二条之规定："每盐百斤，课税三圆。"（参（十五）五百七十三页）通常盐价，每斤约洋五分（此系臆测之数，在滨海之区，每斤价约二分，其在远省，有至一角以上者），以五元一百斤之盐，而课三元之税，即不啻值百抽六十。盐税如此之重，而人民未觉其苦者，则因每人每年所用之盐，至多不过十斤左右，为数只大洋数角，比之米谷，无论何人，每年至少在二十元以外者，大有区别。今若以盐米二项税例，与所得税较，当知所得税之低，直令人大吃一惊。照民国三年颁布之《所得税条例》（参（十五）第五百九十页）第二条之规定，所得税范围系指"财产或营业或公债社债之利息等所得者，仅就其所得负纳税之义务"。所得税之定率略如下。（未录全表）

五百元以下者　　　　　　　免税

超过五百元至二千元者	自五百一元以上之额课千分之五
超过二千至三千元者	自二千一元以上之额课千分之十
超过三千元至五千元者	自三千一元以上之额课千分之十五
超过五千元至一万元者	自五千元以上之额课千分之二十
超过一万元至二万元者	自一万一元起以上之额课千分之二十五
超过二万元至三万元者	自二万一元起以上之额课千分之三十
超过三万元至五万元者	自三万一元起以上之额课千分之三十五
超过五万元至十万元者	自五万一元起以上之额课千分之四十
超过十万元至二十万者	自十万一元起以上之额课千分之四十五
超过二十万未满六十万元者	自五十万元起，每增加至十万元，对于其增加额递增课千分之五。

观此表可知财产营业或公债社债之利息，虽至五十万以上，亦不过纳千分之五十之税，实不得百分之一。以比之田赋抽百分之五，盐税百分之六十，相差之远为何如？所得税五百元以下尚可免税。至若田赋，则虽薄田三亩，家有数口，饘粥不给之贫户亦不能免，纳税数量之不公平至此。今之兴公益办教育者，犹日言增加盐税亩捐，而于漏逃税网之大宗所得税，竟置若罔闻，吾真不得其解矣。

虽然，余之言此，非言亩捐不应增也，其中盖有区别焉。中国之田赋制，贫富一例者也。以家有薄田三亩，贫之饘粥不给之小农，与家拥良田万顷仓廪满积之大地主，依同一税例纳税，虽三尺童子，亦知其不公允矣。故亩捐非不可增也，但宜依据标准生活限度之原则（后详）而增之，若贫富一律，不加区别，则大误矣！

数量之不公允，不只此也。今日中国之税项，多偏于生活必须之品，盐米之大宗税项无论矣，乃如茶、糖、鱼、肉、牲畜、油、酱、竹木、杂货、船、车、乐户、茶馆、饭馆、夫行等税多属苛细杂捐，其数甚微，而影响于小民生计则至巨。至于烟酒等奢侈品大宗税项，一议增加，便遭反对，舆论方面，亦不甚注意，是可怪已！

依上之讨论，可知税之轻重，当根据下列三条原则。

1. 由劳动而得之资财轻税，反是则重税。

说明　一人之劳力，无论为精神与身体，均有限度。即其因劳力而得之资财亦有限度，故应轻税。至若利用资本，或承继而来之资财，乃属不劳而获，故应重税。

2. 生活必需品宜轻税或免税，奢侈品则宜重税。

说明　生活必需品，影响于大多数贫民之幸福，故应轻税，至若奢侈品，则多用于富人，故应重税。

3. 所得税当以标准生活限度为准：所得数在限度下者免税；在限度内者用缓进加重税；在限度上者用急进加重税。

说明　此处所得税，系包括一切田地房产资本营业等等每年所出之利息而言。标准生活限度系指每年每家之进款由某数（足以维持一家简单生活及子女之国民教育费）至某数(足以维持一家丰裕之生活及子女之大学教育费)之距度。以我国情形论,五口之家,每年有入款五百元,可得简单标准生活,每年入款五千元,可得极丰裕之生活。低于五百元,则愁贫苦,过于五千元,则必浪费。故以每年五百元至一万元之入款,为标准生活限度。中国田赋税例,贫富一律,又无递进之等级,如甲图。所得税例为递进加重,但对于五千元以上者太宽,如乙图。二者皆为抑贫助富。余之原则,重收富人之税,意在抑富助贫,如丙图。

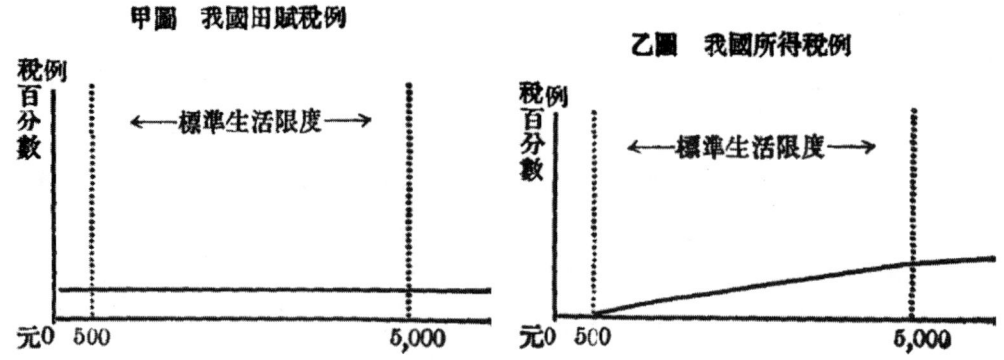

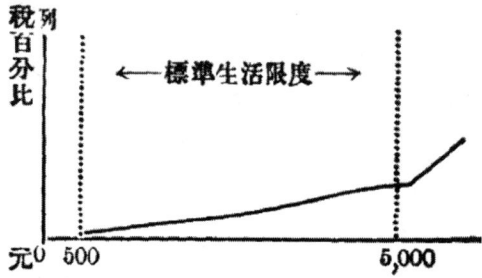

4. 入口货重税(书籍用品、机器原料等例外),出口货轻税或免税。

说明:入口重税,须俟关税自主后,方可办到。

5. 避免重复抽税。

依上之原则,则改良中国税制,应注意下列事项:

1. 即速施行递进加重之遗产税。

2. 停加盐税,豁免或减少苛细杂税及其他生活必需品之税。

3. 重征奢侈税,烟酒税尤其重要。

4. 改定赋税制度,豁免贫户(出产在五百元以下者),依急进税例重征富户(出产在五千元以上者)。

5. 重征营业股本等之所得税。

6. 减轻或豁免出口税。

7. 取消出产税及通过税。

(二)国民自动取缔遗产

吾不曰废除而言取缔者,盖就中国之社会状况,知绝对废除遗产之不可能,故代以自动的取缔之法，以补被动的取缔（指遗产税）之不足。若爱国之国民愿自动的全部废除遗产，兴办公益，则尤善矣。余于草此节时，忽在报端发见某君之《私产公义会宣言》，不禁狂喜。善哉某君，可谓奋斗爱国之义士矣！

私产公义会宣言

　　中国人民知识之不均，生计之困苦，此为全国所公认。倘教育生计始终不发展，则国家之贫弱，人民之困苦，将永无再兴之望。此种情形，真岌岌可危。热心救国者倡言曰，治本之法，惟有普及教育，提倡生计。盖人民如有智识之可求，有生活之可谋，明白人与国之关系，复得安居乐业，衣食足而后知荣辱，则爱国之心，自必油然而起。否则智识不开，生计凋疲，自顾尚不暇。救己犹难，又焉能望其救国。故为今之计，重在启发民智，维持民生。顾国库空虚，经济奇紧，欲倚赖政府，势必难行。吾既忝为社会之一份子，又安能袖手旁观。故尽一份天职，力图进行，惟念兹事体大，甚不易为。倘藉捐款而敷衍，则有中辍之虞。然既立愿为吾贫民谋幸福，自必预筹妥善之策，务使事不中辍，方有成效可观。所以愿牺牲一己之私产，公之社会，以谋群众之福利，而图补救民智民生之缺憾。此私产公义会发起之缘由。私产公义会者，是欲捐助私人一部之产业，立志为社会谋公共之利益，乃纯粹之义务，积极之善举，并非以私产而行消极之善举，亦非以私产供任何人之消耗也。顾吾会之进行如何，举凡积极之慈善事业，皆须次第发展，固不限定一种，例如农场、孤儿院、工艺院、义务学校、公共演讲场、阅书报室等。凡足以启民智，而图生计者，皆在举行之例。盖如此者，即救济社会之缺点，补助国家之实力，直接为人，间接为国。以牺牲私人之产业，而获为人为国之实效。私产公义会之本意如此。私产公义会之事业，在今日系属初创，国内有资产者，倘能共起加入乐助，则社会之各项公益，即刻可以发展。救国救人，莫急于此。况吾国遗产旧制亦可因以消除，不再使子孙藉遗产而挥霍，免去不务生利之恶习，从此社会改良，国家富强，私产为公之举，岂不伟大欤。表同情于此者，盍兴乎来。　会址上海北四川路丰乐里四号

　　观其宣言，可知其提倡斯会之动机，实出于爱国。既立愿为贫民谋幸福，又预筹妥善之策，使事不中辍，则吾之奋斗主义中决心与毅力二要素，某君实兼而有之。吾知其必有成矣。且某君既已自捐其私产以办公益，又复隐其姓氏，以避估[沽]名钓誉之嫌，以视假举办公益为名，在各处乱出风头，又复侵吞华北账款一万余美金之某名流，其人格相去之远，直不可以道里计矣！故余嘉某君为奋斗爱国之义士，实非过誉也。

　　国民诸君！读某君宣言，亦有油然生爱国之心，奋袂而起者乎？诸君固皆知国事至于今日，非发展平民生计普及教育不足以图存，此次目睹沪案发生英人之蛮横，又皆痛心而疾首，何尚徘徊审顾，不早下救国决心，继某君而起，提倡同性质之私产公义会，以为贫民谋幸福乎？诸君莫谓绵力无多，不足以济事，须知锱铢之微，在国难方殷之际，有若钧石。

诸君即莫名一钱,若能以爱国之忱,劝富人举办公益,亦大可为贫民谋幸福。又莫谓我有子女,应贻以良田,贫民何与我事。须知爱子之道,当教之成立,不应遗以产业,无教育之子女,嫖赌放荡,丧家败业者十之八九。是诸君之爱子者实以害之,且贻祸于社会!若诸君以国家社会为重,则当教育子女,使其自立,至于家财之处置,则除留己身之生养死葬等费外,余当还诸社会,兴办公益,既留身后之命名,又免儿孙之堕落,事之两美,未有过于此者!若诸君执迷不悟,则民愈贫而国愈弱,一旦外兵深入,诸君亦将就毙。况近世社会革命思潮,奔腾澎湃。俄国革命,杀人千数百万!今后贫民生计问题,若不解决,则无产阶级,挺而走险,俄国革命之大祸,或不幸而出现于今后之中国!忧时忧国之士,实不忍见可亲可爱之同胞罹此浩劫,故作此恳切之忠告,幸实图之。

吾于此又不得不希望青年有为诸君,努力奋斗。夫有志气有血性之青年,当以救国救民为大任,而以承受遗产为深耻。诸君不常以救国、牺牲,相号召乎?请即以牺牲己身所应得之财产举办公益,以为实行救国之初步,若明知救国、牺牲之重要,而又不能忘情于私利,徘徊瞻顾,迟疑不决,则吾恐诸君之"良心",将为"私欲"所克服,纵不至于祸民卖国,亦将变为谋一家饱暖安康之醉夫梦妇矣!诸君若欲不为"私欲"所克服,则当本奋斗精神,与之宣战,终使其屈服而后已,若并"私欲"而不能战胜,则吾不敢信诸君之能战胜强敌,并私利而不肯牺牲,则吾不敢信诸君之能为国捐躯杀身以成仁也。

(三)由国家权力早日集中大宗生产机关

中国工业幼稚,劳工问题迥不如在西方国家之严重。然欲预防将来劳资之冲突,则不可不早日由国家集中大宗生产机关,勿使落于私人之手。眼光远大之改造家,当作此计虑。惟在目前之中国,军阀横行,政治腐败,集中生产徒饱彼辈私囊。故于政治问题未解决前,暂鼓励私人营业,而以政府规定及社会舆论监督之。

(四)实行社会政策

今国人所急需之社会政策,为工人、农人二种。工人社会政策包括教养、娱乐、疾病、灾害、老死诸种保障,国人于此已多讨论。至农人社会政策则罕有注意之者。中国以农立国,佃农租户十百倍于工人之数。此辈受田主压迫,直同奴隶,又因散处郊野,无从团结,社会改造者,又懒于往田间去,致使此辈可怜人,永受田主虐待,无从声诉。此实今日改造社会者所应即速注意者也。

第三　教育机会均等

中国社会上最令人不平之现象,为贫人出钱富人享利,兹即以教育为例而说明之。

夫教育者,人民之特权也,而非义务(参阅第五章第二节)。人民对于教育之义务,为供给经费,而其权利则为教育机会。今我国之民,无论贫富,既皆尽纳税之义务,以办教育,而教育机会之权利,则为富者所垄断,事之不平,有甚于此者耶?试举教育统计以证之。

观下表可知全国教育用费为五千四百八十八万元有奇,以四万万人计,每人每年出洋一角三分有奇,贫富一律。全国受教育之人数约为六百四十万,不及全国人口百分之二。

依中国目前社会经济状况，能入小学校者，必为中产之家，入中学大学者，更非中产以上之富家不办。姑从宽假定，贫户子弟，占小学三分之一，占中等学校五分之一，占专门大学十分之一。则中国目前教育义务及权利之分配，有如下图。惜无统计材料为依据，误谬实不能免。惟此图之目的，只在说明教育权利义务分配不均之现象，非欲求科学上之精确也。尚祈阅者谅之。

民国十二年全国学生及教育经费数

学校种类	学生数	教育经费
大学及专门	30 860	9 412 751
中等学校	167 591	14 024 180
小学校	6 417 321	31 449 963
总计	6 645 772	54 886 894

注：此表系集合中华教育改进社，英文中国最近教育状况第二册教育统计而成。内包国立、省立、私立三种，外人所办学校，不在其内。

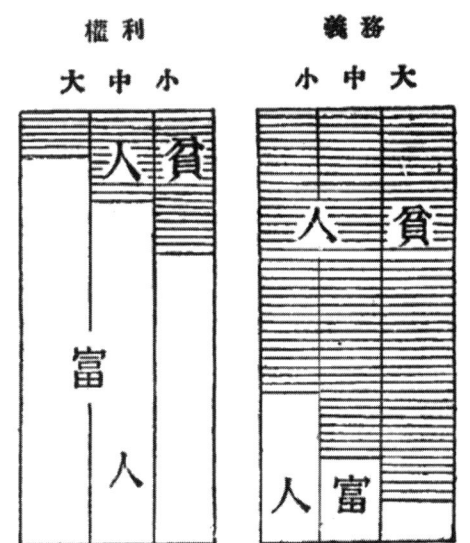

目前中国教育义务及权利之分配

观上图可发现二种现象：（一）贫人富人所尽之教育义务，与其所得之教育权利成反比；（二）教育之程度愈高，贫人之负担愈重，而其所得之教育机会则愈少，富人则反是。余谓今日中国之现象，为贫人出钱富人享利，岂冤富人哉！

中国教育机会之不均平，既已如上所示，欲其达于真正公平之境地，如第五章第二节所述，非大变更社会组织，且须国富增厚不可。此非旦夕间事。兹就目前状况，谋补救之法数端，述之如下。

一、筹定教育经费

欲谋教育发展，必赖经费。今之言教育经费者，多注意于赋税。赋税非不可增，但依目前之办法行之，是不啻加重贫民之负担，以普及教育。纵能达一部分之目的，亦太不公允矣。谋教育经费者,又注重地方杂捐,此极影响于小民生计,其缺点与增加田赋同。谋教育经费者,又常言庚子赔款,不知其数有限,即以其全数办国民教育,亦且不给,况其他乎?然则欲如何而后可?曰:第一,当施行递进加重之遗产税;第二,当重征奢侈税;第三,当改良赋制,重征富人之税;第四,当重征营业等所得税(参照本节第二段之原则)。此四者,当同时并进,果能成功一二,教育经费即可大裕矣。

(一) 施行递进加重之遗产税

以遗产税充教育经费,各国已多先例。即以美国而论,施行此法者已有加利福尼亚、康塔克、鲁移西安拉、勿金拉四州。今略述鲁、勿二州之制度。

1. 鲁州遗产制

遗产在万元以下者免税,在万元以上受产者如为死者之妻或夫,或为近亲之前辈或其子孙,抽百分之二;如为旁支或外人,则抽百分之五。

美国勿州遗产税制度

受产等	免税之遗产数 $	多于免税数至 $50 000 百分比	$50 000 至 $100 000 百分比	$100 000 至 $500 000 百分比	$500 000 至 $1 000 000 百分比	$1 000 000 以上 百分比
甲类	10 000	1	2	3	4	5
乙类	4 000	2	4	6	8	10
丙类	1 000	5	7	9	12	15

2. 勿州遗产制

勿州制分承产者为三类。甲类,为夫、妻、同系之祖辈或子孙;乙类,为弟兄、姊妹、姪、姪女;丙类,为不属于甲乙二类者。其税例则依(1)近亲比远亲轻税、(2)遗产大者比小者重税,二原则规定之。

教育界应急速提议划定遗产税为教育经费,惟规定税例,当参照标准生活之原则。至民国四年,财政讨论会议,"只税无子之承继"之办法,则绝对不可采用(参(十四)第四百五十九页)。盖此辈定法者,恐税及子孙承继,与己身之利益冲突。为一己私利,而破坏公众幸福,可谓国民之敌矣!

(二) 重征奢侈税

奢侈税之最大者,莫如卷烟税。去岁江苏等省争行卷烟税时,美国烟商携款数百万,在中国各方面运动打消。闻国内官吏、报馆及在野名流等等颇有受其贿者。嘻!外国人之手段可谓毒辣,而受贿之中国人则等于自杀矣!今后吾人当竭力提议加增卷烟税,更以舆论势力,监督国内官吏报馆及名流之言动,务达重税之目的而后已。

(三) 改良赋制,重征富人之税

教育界当提议修改赋税制度。凡每家田产岁入在五百元以下者,一概豁免;在五千元以上者重征。若一时不能办到,而又须增加亩捐以兴教育,则当注意重征富人之税,划定界限,在某数之下者免加,在其上者重加。若一味增加,不分贫富,窃期期以为不可也。

（四）重征营业股票等所得税

营业股票等税例太轻，前已言之。教育界应提倡改订所得税例，指定其一部为扩充某种教育之基金。中国人之拥有大营业者，多为军阀官僚政客。彼辈操纵法律，不肯多税，以妨私利。此后增改税例时，当以舆论及其他之方法监督之。

二、扩充各种教育

中国教育目前所最要者，为国民教育。国民教育至今未普及，致使大多数人民剥夺受教育之权利，实为中央及地方政府之放弃义务。故予主张即速颁布普及国民教育令。或谓中国此时教育经费，尚无着落，更何来普及教育之费？此实大误。盖中国之税源如前节所述，未经利用者甚多，若能争得遗产、消耗、公司营业等税，更多捐大地主，则十年之间，可使教育普及，无论举办何事，皆先办之而后筹费，若审慎顾虑，必待经费充足而后举办，则罕有成者。故吾愿教育人士，群策群力，一面督促政府即速颁布普及国民教育令，一面力争上述诸税，使全国人士知事已临头，无从推缓，或肯牺牲一部分之私利，以维公益，使国民教育，早日普及。兹事体大，非片言所能尽，详细办法，留待专篇。

其次为中学及大学之教育。年来小学毕业人数骤增，官立中等学校有限，苦不能容，故多升入教会中学及私立中学，中等毕业人数骤增，官立大学苦不能容，故多升入教会大学及私立大学。教会学会之妨害国性贻误子弟，固为有识者所公认，而私立学校课程简陋，滥挂招牌贻误青年，亦非浅鲜。负教育之责者，当引此为教育上之大问题，当速谋解决，不应以私立学校增多为国民热心教育之佳象，尤不应以教会学校增多，为减轻国家负担之藉口。须知一学生不得其所，即教育者之责任有所未尽。吾辈既受国民付托，教育青年，若坐视其流离失所而不之救，将何以对国民，更将何以对良心耶？

三、补助贫寒子弟

事之最令人不平者，则莫若一般贫寒子弟无力升学，虽学绩过人，亦惟有望洋兴叹，自甘于辍学而谋生。纵有少数刻苦之士，立志上进，亦多备受艰苦，且不少因此夭折者（参阅上篇第五章第二节）。

至于富绅贵胄之子弟，家拥巨资，苟非自甘暴弃，必能青云直上。虽劣质庸材，亦得为未来社会之领袖。此种不平现象，存于中国之社会者，于兹数十年。贫寒聪睿之士，因之埋没而牺牲者，当不知几许！而一般教育家及社会改造家亦绝少。大声疾呼为此辈请命者，斯亦大可异矣！盖常因而论之。中国之社会，残忍冷酷，自私自利之社会也，富绅贵胄之家拥巨万者，自视为社会上天禀优异之分子，其于贫寒子弟，则目为卑贱，只合与贩夫走卒为伍，以终天年。故不愿为其请命，亦实有所不屑也。至于贫寒之士，因刻苦上进，使学业成功，而为社会领袖者，则又因己身已入青云，于寒士困苦求学之情形，不复记忆，即记忆之矣，亦不愿于一己无利之事，多所牺牲。此种心理，实根于中国人自私自利之习性，殊堪为浩叹者也！吾故曰，中国之社会，残忍冷酷之社会也。

今请全国贫寒有志之士即速觉悟。君等亦国民之一份子，有受教育之特权。君等之天资学绩，又多超过于富绅贵胄子弟，少年中国之命运，实系于诸君之手，则诸君之望洋兴叹，自甘辍学，于己身为放弃权利，于国家则为未尽责任，为诸君计，宜即速联合，一致奋斗。富绅贵胄之所不屑为君等请命者,君等自请之,社会领袖之所不愿为君等争者,君等自争之。他日者君等成功,为国家社会服务,毋效今日富绅贵胄之残酷不仁,更毋效今日社会领袖之自私自利,则君等之责任尽矣,不佞赋性梗直,目睹人世不平,不禁痛心疾首,用本救民救国之怀,誓与万恶社会奋斗,将欲求实践吾言者而始于为诸君效力,故吾之发为奋斗主义,非徒空言也,求所以实现吾说者也。

第四节　少年中国主义

少年中国主义者,中国少年愤列强之侵凌,社会之不平等,本国家主义及民本主义,起而与之奋斗,以求救国救民之主义也。国家主义,为实现民本主义之利器,而不能尽赅民本主义。民本主义,可以助国家主义之发展,而不能尽赅国家主义。国家主义之目的,重在实现国际正谊而同时保障社会正义。民本主义,重在实现社会正义而同时维持国际正义。二者之关系,如车之双轮,鸟之双翼,不可偏废。故合并之,名为少年中国主义,所以示今后救国救民之方针也。兹请以表明之。

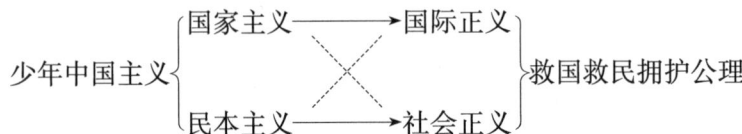

抑余之倡民本主义,而又合国家主义,并名之曰少年中国主义者,尚有一大原因焉。救国救民之大问题,非一种主义所能单独解决也,一种主义之发生及畅行,必有其优点,同时亦必有其缺点。此主义之所缺者,往往即他主义之所优,盖因后起主义之发生,即由于先前主义之有所缺。而其危险,则在过重后起主义,而忽于先前主义之所优。当清末之世,外敌内侵,属土尽失,故采取德国式之国家主义,利其能于强国之外,又可保君主之安全也。及至革命成功,民国成立,民主主义自必代德国式之国家主义而兴。今外寇深入,亡国之祸,近在眉睫。吾人复以国家主义相号召,自属救国之急务。然于民主主义之优点,当兼收并蓄,不可忽视(如编纂小学教科书,即其一例)。且近世社会主义风漫世界,我虽工业幼稚,影响定不能免,其优点亦多可采,未容一概抹杀。故予酌量国情,更审度世界潮流趋势,采国家主义、民主主义及社会主义之精华,更益以研究之心得,融会而贯通之,成为一种救国救民之方法,名之曰少年中国主义。所以谋兼容并包,而免偏颇之患也。至实际施行之际,此主义之内容,何者宜先,何者宜后,何者宜轻,何者宜重,均可权宜从事,不必拘泥也。

第五节　本章总结

中国人拥护公理之奋斗,为救国救民。救国救民之目的,在实现国际正义与社会正义,所以谋中国人民之幸福也。救国之法,有求诸宗教者,是欲速国之亡者也;有用媚外政策者,是假亲爱之名,断送国家权利者也;有用请愿政策者,是与虎谋皮,不思奋斗,最可耻,最可笑,而又最不可靠之办法也。真正欲谋自强,必实行奋斗主义之国家主义,内除国贼,外抗强权。是在中国国民之自觉,非可期诸一般祸民祸国之军阀官僚政客也。实现社会正义之法,当用民本主义。民本主义之精髓,为政治、经济、教育三机会均等主义。中国之政治,几尽操于一般祸国祸民之军阀官僚政客之手,腐败已达极点。欲谋改革,必全国人民一致起而奋斗,作澈底解决。至于参政运动、制宪运动、政治活动三端,皆非根本办法。中国人之经济机会,为一般民贼及资产阶级所垄断,欲谋实现均等主义,对军阀官僚政客,俟国民奋斗成功后,一律由全民政府,绑票充公,兴办教育及其他公益。对于资产阶级,则用奖劝警告之法,促其觉悟。目前所用方法,第一,为改良税制。当根据五条原则:(一)由劳动而得之资财轻税,反是则重税;(二)生活必需品轻税,奢侈品重税;(三)所得税当以标准生活限度定其轻重或豁免;(四)入口货重税,出口货轻税或免税;(五)避免重复抽税。依此五条原则,则中国应即速:(一)施行递进加重之遗产税;(二)停加盐税,豁免或减少苛细杂捐及其他生活必需品之税;(三)重征奢侈税,烟酒税尤其重要;(四)改定赋税制度,豁免贫户,重征富户;(五)重征营业股本等之所得税;(六)减轻或豁免出口税(入口税关系,须俟关税自主后,方可决定);(七)取消出产税及通过税。第二,为国民自动取缔遗产,此须明大义之父母及有志气有血性之青年自身觉悟。第三,俟国民奋斗成功,大宗生产机关集中,此时暂鼓励私人营业,而由政府之规定及舆论之势力监督之。第四,为实行社会政策,同时注意工人、农人两种。以上所述为实现经济机会均等之暂行办法。至言中国人之教育机会,则目前现象,为贫人出钱,富人享利。欲谋补救,当即速(一)筹定教育经费,其来源当于遗产税、奢侈税、富户赋税、营业股票等所得税求之;(二)扩充各种教育机会,即速普及国民教育,更多办官立中学及大学使毕业生有升学之所;(三)补助贫寒子弟,当谋永久之基金。以上政治、经济、教育三端,合为民本主义。更与前述之国家主义相合,为少年中国主义。所以谋中国之富强,而又实现国内社会上之正义也。至于中国人自强后,更本拥护公理之主张,扶弱助小国家,以实现世界正义而谋人类和平,自又不待言矣。

第四章 下篇结论

本篇为社会政治理想在中国之应用,共分三章。第一章为中国人人生观之改造。中国人之人生观,最普通者为升官发财、醉生梦死、悲观消极、空幻大同、纵欲任性、安贫乐道、社会服务诸种,皆欠妥当。今日中国人急需之人生观为正当的奋斗人生观。分言之,则为救国救民之人生观及创造文化之人生观。前者之条件,分消极、积极二种。消极条件在思想方面,须不作升官发财、一家饱暖、悲观消极、空幻大同、安贫乐道、出风头等之思想;在行为方面,须不畏强御,不结党营私,不入堕落生活,不做教徒,不受遗产,不怕死。积极条件为公正无私、勤勉耐劳、独立进取、勇敢侠义、坚强不屈、决心牺牲。合并之共十八条,为奋斗人生观在救国救民方面之必要条件。至于创造文化之人生观,其要素同上篇第六章,不复述。

本篇第二章为中国人创造文化之奋斗。中国人为世界上聪颖优秀之民族。其文化悠久博大，有五六千年之历史。所惜二千年来受专制政治、哲学及宗教之流毒，文化发展大受影响，今虽与欧西文明接触，风气变换，而一般学者，又多惟人是从，不思创造。今后中国人当发愤图雄，独立自尊，力求创作。至进行之步骤，当为：（一）保存文化；（二）整理文化；（三）发扬文化；（四）创造文化。四者之中，末项最为重要。

本篇第三章所讨论者为中国人拥护公理之奋斗。在目前所最要者，为救国救民以实现国际正义及社会正义。救国之道当用奋斗主义之国家主义。所有宗教、媚外、请愿诸法，皆足以误国。至欲求国内社会正义之实现，则当用政治、经济、教育三机会均等主义。中国政治几尽操于一般祸国祸民之军阀官僚政客之手，欲谋机会均等，必全国人民一致起而奋斗以期彻底解决。至参政运动、制宪运动、政治活动三端，皆非根本办法。中国人之经济机会为军阀官僚政客及一般资产阶级所垄断。欲谋实现均等主义，对军阀官僚政客，俟国民奋斗成功后，一律由全民政府绑票充公兴办公益。对资产阶级，则用奖劝警告之法，促其觉悟。至所用方法为：（一）改良税制；（二）劝告国民自动取缔遗产；（三）俟国民奋斗成功后，大宗生产集中；（四）施行社会政策。至于教育机会，则目前现象，为贫人出钱，富人享利。欲谋补救，当即速（一）筹定教育经费；（二）扩充教育机会；（三）补助贫寒子弟。以上政治、经济、教育三端合之则为民本主义，更与前述之国家主义相合，则为少年中国主义所以谋中国之富强，又实现国内社会上之正义也。至于中国国运复兴后，更本拥护公理之意，出而扶助弱小国家，以谋人类和平，则又中国人之责任矣。兹列总表以明之。

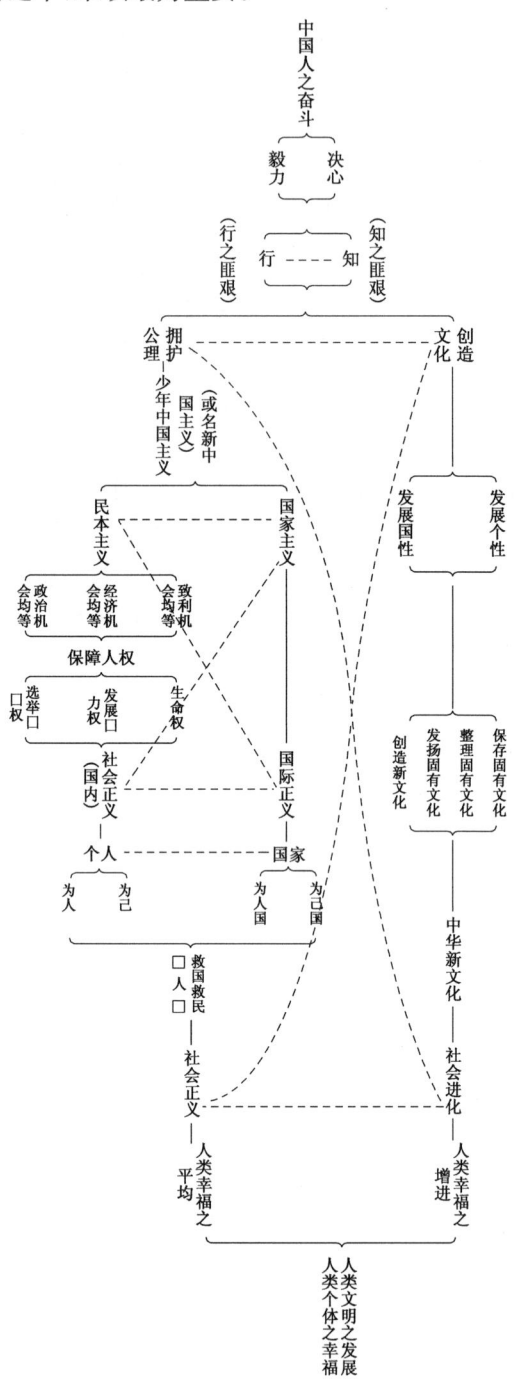

说明

（一）括弧及直线　表直接关系

（二）斜虚线　表间接关系

（三）横虚线　表相互关系

参考书

（一）《论语》

（二）《中庸》

（三）《大学》

（四）《孟子》

（五）《列子》

（六）《中国伦理学史》：蔡元培著，上海商务印书馆，十三年版。

（七）《墨子》，毕氏灵岩山馆本。

（八）《道德经》：老子著，华亭张氏本。

（九）《群学肄言》：斯宾塞著，严复译，上海商务印书馆，十三年改订版。

（十）Tagore：*The Realization of Life*，MacMillan，New York，1913.

（十一）Tagore：*Nationalism*，MacMillan，New York，1918.

（十二）《东西文化及其哲学》：梁漱溟著，上海商务印书馆，十三年版。

（十三）《中国学术思想变迁之大势》：梁启超著，饮冰室全集，上海中华书局出版。

（十四）《民国财政史》，上卷：贾士毅著，上海商务印书馆，民国六年版。

（十五）《法令大全》：上海商务印书馆，十三年版。

（十六）《中国哲学史大纲》，上卷：胡适著，上海商务印书馆，八年版。

（十七）《学术讲演集》，第一辑：梁任公著，上海商务印书馆，十年版。

附录一　孔孟仁义之研究

孔孟仁义之说，近人讨论者颇多。余昧于古学，本不敢妄加评论。惟管见所见，有不能已于言者，谨略述一二，与国内学者共商榷之。

一、孔子之仁义

欲知孔子之所谓"仁"，须知当时社会之背景。胡适之先生《论孔子之时代》开首便引孟子"邪说暴行有作：臣弑其君者有之，子弑其父者有之"（参（十六）第七十二页）。适之先生引弑君例以证暴行，引老子少正卯邓析以证邪说，复以"邪说横行，处世横议"二语概括孔子时代之背景，而以老子、邓析、孔子之学说为对于此种社会之反动（同书七十六页），愚窃不以为然。盖老子、邓析、孔子三家学说，既皆对于时势而发，而当时之时势，即为老子邓析之邪说横议，岂合事理？且就孟子之原文按之，于"邪说暴行有作，臣弑其君者有之，子弑其父者有之"，下即接以"孔子惧，作春秋"，又曰"孔子成春秋而乱臣贼子惧"，可见"邪说暴行"纯为孔子作春秋之引线，而非其人生哲学之背景。

梁漱溟先生谓孔子人生哲学完全从中国形而上学《周易》产生（参十二第一百二十页），太忽略时代背景，且因果倒置。盖人生哲学，多少都为时势之反动，孔子用《周易》以证明己说则有之,若谓因《周易》而发生,则大不可。梁任公先生论春秋时代诸子勃兴,注重文化背景(参十七第十三页),可补胡适之先生社会扰乱说之不足,然欲抹杀胡说则不可。盖孔子全部哲学与当时社会文化及纷扰之背景,皆有关系。惟关于人生哲学一部,余则以为纯属对于社会之反动。然余所谓时势者,又非为"邪说暴行",而为胡先生所指为老子哲学之背景。即"(一)战祸连年,百姓痛苦;(二)社会阶级,渐渐消灭;(三)生计现象,贫富不均;(四)政治黑暗,百姓愁苦"是也。(参十六第四十二页)(胡先生在同书第四十六页,亦云此种社会状况发生孔子之时代,但于叙述孔子哲学时反引孟子之说而将己说忽略过去。)

既知孔子人生哲学之背景,则"仁"字之精义,不难迎刃而解矣。精义惟何?曰,实现社会正义之理想是矣。蔡子民先生谓"仁"为"统摄诸德完成人格之名"(参(六)第十九页),胡适之先生赞成蔡说,谓"仁就是理想的人道,尽人道即是仁"。复引《论语》孔子答子路问成人之语:"若臧武仲之知,公绰之不欲,卞庄子之勇,冉求之艺,文之以礼乐亦可以为人矣。"

说明:"成人即是尽人道,即是完成人格,即是仁。"(参(十六)第一百二十六页)朱子谓"仁者无私心而合于天理",胡目为臆说。而梁漱溟先生则谓朱说"与孔子本意丝毫不差"。复谓"仁即是敏锐直解","仁就是本能情感直觉……是极有活气而稳静平衡的一个状态(一)寂——像是项平静而默默生息的样子;(二)感——最敏锐而易感,且强";是"内心生活"。(参(十二),第一百二十八页)余意蔡胡二说以"仁"为完成人格,的系误解,朱说略嫌空泛,梁说则近附会。欲知仁之真义,还请质诸孔子。

(一)《论语》之仁

"孝弟也者,其为仁之本与!"(一)

"巧言令色,鲜矣仁。"(一)

"泛爱众,而亲仁。"(一)

"苟志于仁矣,无恶也。"(一)

"富与贵是人之所欲也,不以其道得之,不处也。贫与贱是人之所恶也,不以其道得之,不去也。君子去仁,恶乎成名?"(一)

"夫子之道,忠恕而已矣。"(二)

"仁者先难而后获,可谓仁矣。"(三)

"夫仁者,己欲立而立人,己欲达而达人。"(三)

"求仁而得仁,又何怨?"(指伯夷叔齐事,美其能让也。)(四)

"克己复礼为仁。"(六)

"樊迟问仁。子曰:'爱人'。"(六)

"樊迟问仁,子曰:'居处恭,执事敬,与人忠'。"(七)

"恭宽信敏惠。"(九)

(二)《大学》之仁

"尧舜率天下以仁,二民从之,桀纣率天下以暴,而民从之。"(传之九章)

"亡人无以为宝，仁亲以为宝。"（传之十章）

"仁者以财发身，不仁者以身发财。"（传之十章）

（三）《中庸》之仁

"仁者人也，亲亲为大。"（第二十章）

"成己仁也。"（第二十五章）

分析上述诸语，得"仁"之正面之性质为：

"人"、孝、悌、爱、忠、恕、让、敬、恭、宽、信、敏、惠。

实现诸德之方法为：

"成己""克仁""复礼""笃亲""立人""达人""礼乐""先难后获""以财发身""以道得富贵"。

"仁"之反面的性质为：

恶、暴、贪。

其方法为：

"以身发财""巧言令色"。

观此可知"仁"之内容极为复杂，不易以一语释之。蔡、胡二氏以仁为统摄诸德完成人格之道，其难通之处，不在此内容之复杂，而在人之内容除包括"仁"之全部外，尚有勇知二德。孔子曰："君子道有三，我无能为，仁者不忧，知者不惑，勇者不惧。"（卷七）《中庸》曰："知、仁、勇三者，天下之达德也。"（第二十章）是孔子之所谓完成人格者，必其有知、仁、勇三德。（"臧武子之知，公倬之不欲，卞庄子之勇，冉求之艺。"句中之"艺"即属于"知"，"不欲"即指"仁"）而所谓"仁者人也"之"人"，实即英文 Humane 一字之义，为完成人格之一部，而非人格之全部也。（朱子释"人"，谓"人者所以为人之道"，此语近之。）梁漱溟先生知胡说之误，而不能举其误之所在，遂以直觉附会孔子之"仁"，卒陷于同样误谬。（"所以孔子教人，就是'求仁'。人类所有一切诸德，本无不出自直觉。即无不出自孔子之所谓仁，所以一个'仁'，就将种种美德都可以代表了。"）（参（十二）第一百二十七页）此皆未明"仁"字之精义也。

然则"仁"之精义维何？曰：当于仁之反面求之。依前段之分析，仁之反面为"恶""暴""贪"。此数者皆人类不正义之表现（巧言令色之目的，在求宠获利，故亦不得谓之仁），亦即当时社会之实状。孔子以救时自任，故以"仁"字为标号，更辅之以义，提倡孝弟爱忠敬等诸美德，意谓有此诸德，则"恶""暴""贪"之流弊可免，正义之社会即可实现。可知孔子因见"恶""暴""贪"之社会，而求得孝悌爱忠敬等美德为补救之法，复又归纳之为"仁"。此种"反应""补救""归纳"之步骤，实为各种哲学学说构成之自然梯阶，孔子亦不能独外。或且由之而不自知。至"仁"字之自身，本属抽象空洞，所贵者乃孔子心中所认为救时良药之孝、悌、爱、忠、信等美德。孔子即以他字代之，亦于"仁"之内容无损。故余断定"仁"为孔子心中实现社会正义之道。（孔子或亦不自知。）

朱子"无私心而合于天理"之说，稍近之而未达也。

欲充分了解孔子之"仁"，当同时研究孔子之"义"。

(一)《论语》之义

"见义不为无勇也。"(卷一)

"君子之于天下,无适也,无莫也,义之与比。"(卷二)

"君子喻于义,小人喻于利。"(卷二)

"见利思义。"(卷七)

"见得思义。"(卷八)

"君子义以为上。君子有勇而无义为乱,小人有勇而无义为盗。"(卷九)

(二)《大学》之义

"与其有聚敛之臣,宁有盗臣,此谓国不以利为利,以义为利也。"(第十章)

(三)《中庸》之义

"义者宜也,尊贤为大。"(第二十章)

就以上数语之大体观之,义者实对于利而言。盖天下罪恶,成于利者十之九。孔子倡仁道,本在化除人世罪恶,使社会正义实现,而复申之以"义"者,重言之也。孔子恶贪利之例极多。如"放于利而行,多怨","非吾徒也,小子鸣鼓而攻之","及其老也,戒之在得"均是。

二、《孟子》之仁义

孔子之欲实现社会正义也重仁,而孟子则仁义并重,且发挥而光大之,是实孟子之贡献也。请先观孟子之并言仁义。

(一)《孟子》并言仁义

"王何必曰利,亦有仁义而已矣。"(《梁惠王》)

"贼仁者谓之贼,贼义者谓之残。"(《梁惠王》)

"恻隐之心,仁之端也;羞恶之心,义之端也。"(《公孙丑》)

"彼以其富,我以吾仁,彼以其爵,我以吾义。"(《公孙丑》)

"仁、人之安宅也,义、人之正路也。"(《离娄》)

"由仁义行,非行仁义也。"(《离娄》)

"君仁莫不仁,君义莫不义。"(《离娄》)

"仁之实,事亲是也。义之实,从兄是也。"(《离娄》)

"虽存乎人者,岂无仁义之心哉。"(《告子》)

"居桐处,仁迁义。"(《万章》)

"杀一无罪非仁也,非其有而取之,非义也。"(《尽心》)

其他并言仁义之处极多,不备录。

(二)《孟子》之言仁

"王如施仁政于民,省刑罚,薄税敛,深耕易耨。"(《梁惠王》)

"焉有仁人在上,罔民而可为也。"(《梁惠王》)

"文王发政施仁,必先斯四者。(鳏寡孤独)"(《梁惠王》)

"君子不以其所养人者害人……邠人曰,仁人也。"(《梁惠王》)

"矢人岂不仁于函人哉?矢人惟恐不伤人,函人唯恐伤人。"(《公孙丑》)

"为富不仁矣,为仁不富矣。"(《滕文公》)

"为天下得人者谓之仁。"(《滕文公》)

"仁者,爱人。"(《离娄》)

"徒取诸彼以与此,然且仁者不为,况于杀人以求之乎?"(《告子》)

"君子不乡道,不志于仁,而求富之,是富桀也。"(《告子》)

"不仁哉梁惠王也!仁者以其所爱,及其所不爱;不仁者以其所不爱,及其所爱。"(《尽心下》)

"仁者人也。合而言之道也。"(《尽心》)

分析之,仁之正面性质为:

"人""恕""爱人""正己""事亲""恻隐""孝悌忠信""救鳏寡孤独"。

仁之反面为:

"贼""利""富""刑罚""聚敛""罔民""杀人""害人""杀无罪"。

(三)《孟子》之言义

"行一不义,杀一不辜,而得天下,皆不为也。"(《公孙丑》)

"其为气也,配义与道。"(公孙丑)

"非其义也,非其道也,一介不以与人,一介不以取诸人。"(《万章》)

"二者不可得兼,舍生而取义者也。"(《万章》)

"士穷不失义。"(《尽心》)

"不为苟得。"(《告子》)

分析义之正面为:"羞恶""从兄""不苟得""守穷""浩然之气"。

其反面为:"利""爵""残""取非有"。

三、总结

观孟子所谓仁义与孔子之仁义,伸缩处甚多。孟子于仁之正面,取"正己""事亲""爱人""孝悌""忠""信",而加"恻隐""为天下得人""救鳏寡孤独"。于其反面,则将孔子之"暴""恶",易为"贼""杀人""害人""罔民""刑罚""聚敛""杀无罪"。于义之反面,加"残",而于其正面,加入"羞恶""浩然之气"。此种观念之变换,表显我国古代哲学思潮上一大趋势,亦即孟子之贡献。此趋势为:

由修身的感化哲学,趋于拥护正义之救民哲学。

附录二 杨朱考质疑

杨子之学说,出自《列子》。《列子》之不可靠已成定论。惟《杨朱》一篇,众说纷纷。梁任公先生断为晋代清谈家之颓废思想。其理由:(一)文章是汉以后之笔法;(二)消极的虚无主义,断不会产于周秦时代(参(十七),二十六页)。蔡子民先生谓"杨朱实即庄周"。

其理由：（一）"'庄'与'杨'，'周'与'朱'俱相近；如荀卿之作孙卿也。"（二）"《吕氏春秋》曰阳子贵己，《淮南子·汜论训》曰，全性保真不以物累形，杨子之所立也，而孟子非之。贵己保真，即为我之正旨，庄子书中随在可指……正孟子所谓拔一毛而利天下不为也。"至《杨朱》一篇，蔡先生则以为"因误会孟子之言而附会之者"（参（六），第四十七页）。胡适之先生虽不信《列子》，但以为《杨朱》一篇为比较的可靠。其理由：（一）为我主义有孟子之旁证；（二）杨子论名实处确是战国时之问题；（三）《列子》书中只杨子一篇专记一人之言行，或系后人误编入《列子》者（参（十六）第百七十六页。）三说错综，可以互驳。如梁先生谓杨氏思想，不应产于周秦，而蔡先生则谓杨氏之说即为庄周之思想，是与梁说相反也。又如胡先生谓为我主义有孟子之旁证，而蔡先生则谓为后人附会，亦不知孰是。予意，《杨朱》一篇之文章虽可疑，然安知周时不真有杨朱其人，其著作因秦火而失传，而其思想流传人间，至晋时始有人为之绍述者？至蔡先生之说予有疑点四：（一）"荀"之与"孙"为一音之转，有异于"杨"与"庄"之异其子音也。（二）庄子思想，与孟子相反处甚多。孟子只就其"唯我"一端责之，是可疑也。（三）蔡先生只于庄子书中述处"贵己保真"之证，即指为孟子之所谓拔一毛而利天下，吾未敢信其确凿也。（四）按据适之先生考证，庄子死于西历纪元前二七五年左右（参（十六），第二百五十四页），孟子则死于纪元前二八九年（参（十六），第二百八十九页），是孟子约先庄子十四年而死，又享寿八十有四，其学说之流行，或先于庄子，而所谓"杨朱墨翟之言泛滥于天下者"或另有杨朱其人也。若谓庄子之说与杨子相同，即指为一人，则古今来思想之相同者极多，虽远在万里外，尚可相互发明，况或杨庄二子先后同时，庄子思想乃即受杨子之影响哉？至胡先生所举数证，若用疑古态度评之，亦可一体推翻。余于古学无研究，虽不赞成诸先生之论证，然亦无法证明杨子之真伪。惟予认"为我主义"控制一部分中国人之心理，不论其为何时代或何人之思想，均我国文化上之遗产，代表一派哲学，实有保存研究之价值，固不必因其可疑而唾弃之也。

附录三　与美儒柯柏烈书（译英文原稿）

柯柏烈先生大鉴：顷读尊著《教育史》（Cubberley: History of Education）未来教育问题章（原书第八百三十八页）中之插图，知先生分世界各民族为三类。第一类为黑色，表附庸小国，退化民族，及万国和会委托保护之国。属于此类者，为敝国之东三省、内外蒙古、新疆、西藏、青海、印度、阿富汗、波斯、土耳其、阿拉伯、墨西哥、非洲之中北部及南洋群岛。第二类为半黑色，表过渡民族，敝国之本部、俄罗斯、菲列宾群岛属之。其他为白色，属第三类，表世界文化进步之民族。并谓黑色区域为未来"白人之负担"。余窃不能无言，敝国五族一家，住居满蒙、新疆、青海、西藏等处之华人，与本部人民同为黄帝子孙。虽风俗习惯宗教略有不同，而其与中央政府之关系，初无二致。该数处教育状况，与本部各省亦无甚轩轾。先生别而出之，谓为受保护之退化民族，殊属不合，此殆因先生参考错误，亦不必尽归咎于先生也。

敝国文化，亘五千年，文哲美术之士，代有其人。其在东方之贡献，比之西方之希腊、罗马，实有过之而无不及。至其学术上宝藏之富，尚未为白人所领略，昌明之期，殆亦不远。此稍知敝国文明者所公认。而先生目为过渡民族,侪于南洋岛夷及非洲之土番,得毋非先生之所应为耶?

至于"白人负担"一语,尤觉不妥。须知中国人教育责任当由中国人负担,且在事实上确已如此。先生莫谓教会学校对中国人有何贡献。须知此类学校,本占全华学校之少数。近年来收回教育权之声,风靡全国,即此少数教会学校,有识华人,无不欲摒诸门外。贵国学者,亦有赞成此举者。然则先生所谓白人负担者,将又何所指耶?

世界"未来教育"之问题,殊难解决。负此咎者,首为"白人"。即以敝国为例,若列强不以条约束缚华人,华人当早经解决其教育问题,不待先生烦心。白人之责任,将不在教育华人,而在解除在华种种不平等条约!(其实华人已起而自解)

此即吾辈教育家哲学家之责任矣!未来教育之问题,首在昌明正义,传播文化尚在其次焉!今日之世界,半文明半野蛮之世界也——文明在科学,野蛮在正义。正义不伸,世界将永无文明之日。试问束缚占全球人口四之一之中国、五之一之印度不任有所贡献,其于人类之损失为何如耶?此全球教育家哲学家所以当亟速联合而解决此问题也。先生达人,尚请将该图更正。倘蒙不弃,更希与我辈携手。以教育之力,拥护正义而跻人类于光明之世界。

柯氏覆书,承认白人不应束缚他种民族,却又引退还庚子赔款事,为白人友助华人之例证。庚款退还,固出于美人之好意,惟此款本中国人之金钱,美人之退还,特退其所不当取者耳。此举在美国方面,一则可免不义之恶名;二则夸炫于世界,抬高其国际之地位;三则结华人之好感,扩充商业上之利益。(其实华人中只有脑筋浑沌者,对美人歌功颂德。)在美人所得,实际上已十倍于退还之数。柯氏犹以此自豪,亦可笑矣。柯氏覆书后,复将余之原函及其覆函送交斯丹福中国学生教育会公判。该会对柯氏略加敷衍,而讽示其更正该图。柯氏乃嘱令该书印刷公司再版时将该图中满蒙等处,改作半灰色。于余之要求,尚未能圆满答覆,余亦听之而已。

附录四　哥大师范院中华教育会教育议案

一、国家主义与中国现时教育政策

甲、主旨:

中国应采行国家主义的教育,使国人理解个人与国家及国家与世界之关系,并培养其爱护本国及尊崇人道之精神与能力。

吾人鉴于本国内忧外患相迫而至,而学说纷起,思想淆乱,势非实行国家主义的教育,不足以图存。国家主义的教育,在培养国人爱护本国之知识、精神与能力。俾能心志齐一,体魄坚强,内谋统一,外抗侵侮;并能发挥本国文化,以贡献于世界,主持公道,以维持人类之幸福。此为国家主义的教育之宗旨,其实现方法可缕举于下。

乙、方法：

一、发扬本国文化

吾国素称文物之邦，具有四千年光明灿烂之历史；凡先哲之学术道德，社会之文献制度，不独为一国之典型，实亦世界最有价值之文化也。故理解本国文化愈多者，其爱护本国之心愈切，研究世界文化愈进者，其尊崇中国之念愈深，此爱国之道所以首在发扬本国文化，以昭示于世，使知我中华国民乃有创造有贡献之优秀民族也。兹将办法撮要列左：

（一）设国学研究院。

（二）设国家历史馆、博物馆及美术馆。

（三）保存各方古迹及名胜。

（四）培养国人对于国粹之理解能力及欣赏趣味。

（五）介绍本国学术于他国。

    1. 译述名著；

    2. 交换教授；

    3. 互派留学。

二、注重国民性及社会习惯

世界各国民族之发展，以其环境不同，习俗随异，此吾国国民之所以有其固有之情性，社会有其特殊之习惯也。教育方法必须注重本国实情及能了解世界文化，择人之长，补己之短，俾民智日进，民德日厚，而民族以日新，斯爱国人士所亟宜努力者也。兹将办法略举于左：

（一）培养创造能力，如奖励独立之研究与私人之发明。

（二）提倡合作精神，如赞助正当之团体运动。

（三）养成科学态度。

（四）锻炼国民体格。

    1. 中等以上学校加军事教育；

    2. 多设公共体育场。

（五）培养公德习惯，如公共卫生等。

（六）发展固有美德，如修身律己。

（七）保存固有良俗，如中秋赏月等。

（八）灌输世界知识及培养人道精神。

三、增进国民教育之效能

国民教育为一国文化及生命之基础，故增进其效能乃为爱国之根本方法。兹将其重要之点列举于左：

（一）普及教育。

（二）筹划教育经费。

(三）训练师资。

(四）编定课程（附编审教科书）。

(五）精选办学人员。

(六）励行社会教育。

　　1. 编订爱国歌曲，戏剧及小说；

　　2. 广行通俗讲演；

　　3. 多设通俗图书馆；

　　4. 发刊爱国报纸及杂志。

(七）监督私立学校。

(八）收回教育主权。

(九）统一国语。

(十）振兴边疆教育。

二、收回教育权

外人在我国领土内任意设立学校，教育我国青年，无论其设立者为外国教会，抑为外国政府或私人，其侵越我主权、危害我国本则一。年来国人已洞悉外人文化侵略之危险，是以去年中华教育改进社及全国教育会联合会，均有收回教育权及取缔外人设立学校议案之提出，足见此举之必要已为国人所公认。本会同人为表明绝对赞同国内已发轫之收回教育权运动起见，爰总合各方面意见，条陈收回教育权之理由及办法于后，国人君子，幸垂鉴焉。

甲、理由：

一、教育为国家内政之一，听任外人在我国领土内设立学校，实妨害我国主权。

二、国家兴学之目的，乃欲造就本国所需之国民；而外人所立学校，其目的则每在养成供彼驱使之人才，此实阻碍我国国民教育之进行。

三、外人办学，不遵我国教育法令，擅自为政，实破坏我国教育行政之统一。

四、外人之在我国办学者，率持先进国人民之态度，对于我国思想学术，毫不注意；影响所及，使我青年脑海中充满崇拜外族、鄙夷本国文化之思想。

五、外国教会利用学校为传教机关，应用种种手段，使我青年入其彀中，显然违反世界公认"信教自由"之原则。

六、外国政府在我国办学，直视我领土为其殖民地，视我人民为其归化者，阳博亲善之民，阴行侵略之实，最足危害我国本。

乙、办法：

一、宪法中明文规定："凡在中华民国领土内设立学校者，须为中华民国国民。"

二、教育法令中严格规定："凡利用学校传教，或灌输危害国本之思想者，无论设立人为本国人,抑为外国人,由该管地方官厅勒令停办。"

三、从速施行强迫入学制,广设国民学校,俾能容纳所有应受教育之儿童。

四、扩充中等及高等教育,使小学及中学毕业生,有升入本国人所办中学及高专、大学之机会。

五、筹备收回教育权基金。

六、制订"限制本国人民入外人设立学校规程"(附详细办法)。

七、制订"取缔外人办学规程"(附详细办法)。

附件一　拟定限制本国人民入外人设立学校规程

一、本规程所谓外人设立之学校者,指外国教会及外国政府或私人在我国领土内所设立之各级学校而言。

二、凡现在在外人所立学校肄业之学生,须于限定时期内,转入本国自办之同等学校。

三、凡在本规程规定之限期以后,毕业于外人所设学校者,不得与公立或注册学校毕业生享受同等权利。

四、凡在本规程施行以后,毕业或肄业于外人所设学校,迳行留学外国者,仍适用前条之规例。

五、本规程自公布日施行。

附件二　拟订取缔外人办理教育事业规程

一、本规程所谓外人办理教育事业者,指外国教会或外国政府或私人,在我国领土内所办学校,或其他属于教育范围内之事业而言。

二、除小学、幼稚园均收回自办,不适用本规程外,凡外人在我国领土内所办学校及他项教育事业,须于本国规程施行日起,三个月内呈报该管官厅注册,违者令其停办。

三、外人所设学校及所办他项教育事业,须一律服从该管官厅之监督、视察及指挥。

四、外人所设学校之教员,须具有我国教育法令所规定之资格,并须经主管官厅试验检定。

五、外人不得利用学校及其他教育事业传布宗教,或灌输其他危害国本妨碍公安之思想学说。违者令其停办。

六、外人所设学校举行任何典礼、仪式均须遵照教育部颁行仪式规程。

七、外人所设学校课程内容、教科用书、训育方针,均须按期呈报主管官厅核准。

八、外人所办学校及其他教育事业,须按期呈报中央教育行政机关备案。

九、对于外人所办学校及其他教育事业,概不给予津贴或奖励。其现受津贴于本规程公布后停止之。

十、外人因办学及其他教育事业所借用地方公产,由主管行政官厅于相当时期内收回。

十一、外人所办学校及其他教育事业之产业须按照普通税则纳税。

十二、在规程公布以前,外人所办学校及其他教育事业,已经中央或各省或地方立案者,须按照本规程重行呈报注册。

十三、外人所办学校及其他教育事业已经正式许可注册后,若有违反本规程者,由主管官厅撤消其注册。

十四、本规程公布后,外人所办小学及幼稚园一律收回自办,中等学校不得续招新生,高专大学及其他教育事业,截至民国　年夏季止,一律收回。

十五、凡逾期不肯停办或交还者,有该管官厅执行封闭。

十六、自本规程实施起,外人不得再在国内加办学校。

十七、本规程自公布日起实行。

(中华书局,1926年)

婴儿教养学校运动

序

我著这本《婴儿教养学校运动》，有两个目的。第一个目的是想借着这种学校，鼓吹一点社会主义教育的理想。社会主义的教育是二十世纪的新教育，世界各国教育未有不受其影响的。其在中国，虽经孙中山先生提倡，却未为一般人士所注意。我是赞成社会主义教育的一份子，极愿这种教育、理想，能在中国实现。所以选择了代表这种教育的一种重要设施——婴儿教养学校——写出这本书来，做鼓吹的资料。第二个目的，是想在中国提倡一种新时代的幼稚教育。中国的幼稚教育和世界各国通行的幼稚教育差不多，都在养育方面有许多缺憾。我是热心婴儿幸福的一份子，极愿一般中国婴儿——尤其是贫苦人家的——能受着社会主义教育的福利。所以写出这本书来给一般从事幼稚教育和热心婴儿幸福的人，做一种参考。

书中关于婴儿教养学校的设施，多本英国莫密良婴儿教养学校的办法（Momillan[①] Nursery School），至于理论方面，则参进个人的意见很多——或许可以说是我个人的社会主义教育理想。社会主义的理论，尚未至成熟时代，各家说素，尽多歧异。我们热心社会主义教育的人，尽可自由贡献！

我很感激"世界成人教育会总干事"琼斯女士（Jones，Secretary，World Associaton For Adult Education），因为她介绍我参观英国莫密良婴儿教养学校，给我不少的帮助。我真感谢创办该校的英国社会主义教育家莫密良女士 Margnrel[②] MoMillan，因为她和我谈话时，给我不少的"因斯比里纯"，并送了我几本关于婴儿教养学校的参考书籍。此外广西地方教育行政人员养成所的学员，供给我许多民生状况的实际资料，我妻季马又代我抄写全书的稿子，也都是我所欣感的。

中华民国十七年十一月邰爽秋序

[①] 编者注：应为 McMillan。原拼写误，后同理。
[②] 编者注：应为 Margaret。原拼写误，后文 Margerot 等讹误同理。

上篇　婴儿教养学校之实施及其理论

第一章　婴儿教养学校之起源及其发达

二十世纪是社会主义大放光明的时代，也就是社会主义教育大放光明的时代。代表这个时代的重要教育设施，婴儿教育学校 Nursery School 要算是一种了。这种学校，最初发生于英，当一九〇八年间，有两个莫密良氏 MoMillan 的姊妹，一名赖克尔 Raohol[①]，一名玛格奈 Margarot，在伦敦保阿 Bow 地方一个县立小学的楼上，创办第一个伦敦学校疗治所 School Clinic，这种疗治所的目的，是医治儿童的眼、耳、牙齿、喉咙和其他各种小病的。莫氏姊妹，办理该所，很奏成效。一九一〇年该所迁于戴勃福德 Doptford。该地是个低污卑陋的贫民区域，疾病的儿童，不可胜计，莫氏姊妹，尽瘁所务，除医治寻常学校儿童之外，更医治五岁以下的儿童。一时受其疗治而免除童年痼疾的，竟有数千人之多，（参阅 Margarot Momilian，The Camp School）莫氏姊妹仍不以为满足，因为儿童的疾病，虽经医愈，但因家庭状况不良，常常愈而复发，欲望其永远绝灭，除非根本改良这些贫苦卑下区域里的居住状况，并由政府供给全体儿童"教育"和"养育"的机会不可。但是这种远大的理想，那得一时办到。莫氏姊妹却抱着精卫填海的宏愿，欲以私人的努力补救一二，遂决心试办婴儿教养学校，这代表时代教育思潮的新运动，就从此开始了！

第一节　莫密良婴儿教育学校之起源

莫氏姊妹，是两个先驱的教育家。他们主张"先治愈儿童的身体然后施教"，并且以为"身心发展，不分贫富，光线自由，同属必需"（因为贫民区域里的小孩，局居斗室，既乏日光，又受拘束）。所以他们主张，这些贫苦的儿童，也应当在健康的环境中教育，不应该受那些可以预防的疾病底困苦！莫氏姊妹，既抱了这个理想，又抱了改造教育的宏愿，所以毅然在戴勃福德爱文林氏 Evolyn 花园里，办起了一个婴儿教养学校和婴儿帐棚。莫女士报告最初入帐棚的八十七个儿童，这些儿童，最大的五岁，最小的只有三个月，□底健康状况，说他们差不多个个都是身体孱弱；其中有二十二个有两种显著的疾病，有九个是有三种的，而这些儿童身体，当时的人，都认为很健全的。

这个学校创办未久，成效大著，这些儿童的健康，一天一天的增进，只看爱德 Edor 医生的报告，便知道了。

这个有趣味的试验，已经有显著的成功，并且大出乎我们的意料之外。这是极可大大发展，且为后代国民造福的一种试验。在近年来已经计划，或是应行措施的各种强健国民体力方法之中，大家所公认的缺憾，就是对于未达学龄儿童维护问题，尚未有相当的办法。

[①] 编者注：应为 Rachel。原拼写误，后同理。

这婴儿露天帐棚，却可算得是弥补这种缺憾一种努力。这一种医治，和养护儿童的方法，是应加以鼓励和发展的。

一九一四年八月间，欧战爆发，英国军需总长，急于募集已婚的妇女到军需工厂里去做工，莫氏姊妹，由教育部介绍向军需总长请愿，竟为每个军需女工的小孩得到七个办士①一天的颁给。虽然有了这个帮助，这学校的维持，仍是非常困难。这学校的人员起初只有教师，后来收容婴儿，却有请看护妇的需要了，可是当时的看护妇，大都从事战地工作。欲在这种情形之下，得到一副良好的人员，实属非常困难。但是这种困难情形，都被赖克尔莫密良女士的英雄性质解救了。她不能得到熟手的帮助，就亲自替各婴儿洗浴看护，那种简陋的设备，也被她的慈爱的两手弄精巧了。据说那些有病的小孩儿，一看见"拉克尔小姐"便都把小手膀儿伸出来向着她，而她是自然而然的知道那些小孩儿最需要她的帮助。

拉克尔女士为这个学校，积劳成疾，竟于一九一七年三月二十五，她过生日的那一天，溘然长逝，留着伟大的教育功绩，给我们后人追念，她有一句格言，是我们社会主义的教育者，应时时牢记的！

"教养每个小孩儿都像是你自己的"，Educate every child as if he were your own.

第二节　莫密良婴儿教养学校之发达

在一九一七年之初，莫氏姊妹已得教育总长费休氏 Mr. H. A. L Fisher 的允许，扩充婴儿教育养学校的校舍，其价之半，归教育部担任。赖克尔女士死后，费休氏宣告新校落成，这学校遂变为赖其尔莫密良女士的纪念学校。

一九二〇年秋，这个学校接受伦敦县参事会的津贴，次年夏入学的儿童大增，平均到校的有一百三十五人。后来的儿童简直无法收容。在这个时候，教育局认可该校做一个训练教师的中心。该校又同时训练私人学习教养学校工作的学生，玛格奈莫密良女士急于要试办一个大规模的婴儿教养学校，所以他向参事会请求扩展该校，增加一个棚屋，多收一百个儿童，在她的节略里，她叙述了扩充该校的几条目的：

一、试验这种学校的容量应当有多大。

二、实际知道他们应当的用度。

三、试验这种学校的人员应如何训练。

四、这种学校在普通健康和智慧上的影响。

　1. 从这种学校的儿童，需着进学校疗察所上面看；

　2. 从他们的成绩、身重、到校和状态上所表现的普通健康上面看；

　3. 从他们心智进步，尤其是教养学校末后几年的生活上看。

参事会批准她的请求，于是新屋落成，儿童增加到二百多，其时伦敦东南方发生传染病，婴儿教养学校的儿童，因为受了适当的养育，所以受病的比外间的儿童少得多，可见得

---

① 编者注：即"便士"旧译。

这种学校的价值了。

第三节　英美各国婴儿教养学校现状

婴儿教养学校，自经莫氏姊寻创办成功之后，英美各地争起仿办，兹述其状况于下：

一、英格兰与威尔士

一九一八年，英国新法令规定地方教育主管机关，得设法补助婴儿教养学校，以收容二岁以上、五岁以下或五岁以上（须经教育部认可）的儿童。并得设法留意，入此种学校儿童的健康、养育及其物质上的幸福。现在英格兰和威尔士，共有此种学校二十七所，收容儿童一千三百二十人。（*From Nursery School to University*, *A Labour Polley*, P.12.）社会方面，对于此种学校，极为赞助，并且设有婴儿教养学校会去促进他的进行（*Educational Year Book 1024*, P.206），英国工党更把创办这种学校列为该党教育政策之一，这政策的大要是：

我们主张在可能的状态之下，急速增加婴儿教养学校及合于效率的婴儿教养班。我们的目的，并不是要拿这种学校来代替家庭，不过要在家庭之外增加富儿所常有而为贫儿所常缺的那些东西……现在的情状是怎样呢？贫苦的儿童局促在斗室里面，他们的动作，不得不受限制，因而他们身心的发展，也就受了影响。我们虽不赞成强迫做母父的把五岁以下的幼儿送入学校，但对于愿意把这种幼儿送入学校的那些父母，却主张给他们一个机会。（*From Nursery School to University*, *A Labour Polley*, P.12.）

二、苏格兰

苏格兰自从欧战之后，死亡军人的孤幼需人教养；又因战后经济的压迫，此辈死亡者的孀妇及失业工人之妻室，不得不出外工作的很多，他们的子女，在家无人照料，这种情形尤以大工业中心的城市为甚，于是乎变成了一个社会问题。解决这个问题的方法，只有建设所谓"寓所"者，来收容这辈儿童，每日供养三次，等他们的母亲工作回家，然后送归。至于未达学龄的幼儿，则另设婴儿教养学校和客寓所相联，来收容他们。每晨七时半，年长的儿童，携带他们幼弱的弟妹来到寓所，除受幼稚之教育外，更得食早、中、晚三餐，直到下午六七点钟当儿回家。这种辞①法，虽说是为适应战后的变化而设，但是在大工业的城市中，为谋儿童的利益起见，这种学校实有永久设立的必要。据拉斯哥教育主管机关 Glasgow Education Authority 一九二四—五年的报告说，该城计有此种客寓十四所，收容儿童八百五十五人，至于在婴儿教养学校里的，则又有一百九十九个儿童（*Educational Year Book*, 1925, P.370）。

---

① 编者注：疑为"办"之误。

三、美国

美国幼稚教育，近年以来，颇有推广婴儿教养学校的趋势，心理学家和教育实验家以及一般所谓进步的试验学校，尤其注意这种教育。试办英国式的婴儿教养学校的，一天多似一天，其中尤以哥伦比亚教育院及第屈绕城 Detroit 的梅里尔巴满学校 Merrill-Palmer School 最为著名（*Educational Year Book* 1024 P. 447）。据中央教育局的推算（一九二五），这种新式的真正婴儿教养学校，共有二十五所，散布在十六个城里。同时儿童教育杂志 *Childhood Education* 中，某作家又说，前几年中，在英国经过特别训练的婴儿教育学校教师，至少有六人来美协助组织这种幼稚教育的学校。（*Education Year Book* 1024, P. 414.）

第二章 露天婴儿教养学校的办法

婴儿教养学校有露天和不露天的两种，露天的叫做露天婴儿教养学校 Open Air Nursery School，这一种是最有教育的价值，也就是我所愿意介绍的。

第一节 布置设备

露天婴儿教养学校是一个花园，沿着这花园四周的墙，盖起许多长而矮的棚屋，这些花园是儿童的，所以布置他的时候，不可存着成人的观念。什么青菜葱韭一类的东西，都应该拿开，只许栽着各种花草树木，并且有很大的美丽草地留给小孩儿们在上面游戏。

这花园应该是一个极有趣味的地方，应该有小路通进花坛，应该有梯架儿，给这班小朋友们爬，应该设备肋木，还要设置跷跷板。

小动物是这种学校里很重要的设备，要妥当的安置他们，那儿童最和暖的地方，可以放鸟房，鸽子窝的架儿应该放在那里，鸡笼和兔笼应该放在那里，都应好好的计划。孩儿们是喜欢小动物的，爱护小动物的观念，不要好久便可以养成了。（关于婴儿教养学校花园的详细的布置方法，请参看 Margart, Momillian, the Nursery school。）

棚屋的设备应当简单，每棚约莫可容三十五个儿童，目下教育经费困难，我们的格言是"应必需，勿奢华"，我们所必需的是桌椅床铺和许多黑板的地位，此外更需着许多橱柜，因为在夜间一切床铺被单桌椅，都要收藏到橱柜里去。每间棚屋，应该有他的浴室并须设备有充分的热水，初学步的婴儿的浴室，应设置几个澡盆，安上冷热两种水的龙头，此外还应有个水槽，以为洗灌之用。浴室的墙上，应当安置许多木钉，悬挂儿童的手巾和绒衣，并应该设置隔架，悬挂牙刷。至于各个儿童的用物，应该分别记标，那是不应说的。

在较大的儿童浴室里，便当设置洗手盆，因为小孩儿到了三岁的时候，便喜欢自己洗手，此外应当有一个大些的澡池，能容三四个儿童同时洗浴，因为小孩儿在一块儿洗澡，是很大的快乐。这澡池应该安置冷热水管，一天到晚流着，以防传染。

第二节　每日作业的情形

每天开学和散学的时间，最好不必固定。因为儿童的母亲上工和散工，皆有早迟，他们上工的时候，顺便把小孩儿送到教养学校，回家的时候，又顺便把他带回，这种办法，并且还有一层好处，便是在早晨的时候，他们陆陆续续把小儿送来，正好给教养学校的先生一个仔细察看儿童的机会。

小孩儿早晨入学经过检查之后，便送到浴室，或是需着在大盆里周身洗澡，或是仅仅需着在小盆里洗洗手面。手中绒布和牙刷等等，都是现成的挂在木钉上，用时自取，用完自挂。他们都认得自己的位置，不会弄错的。

在婴儿教养学校里，用餐是一件很严重的事。聚餐的时候，有班长 monitor 用小盘传送食物，三岁以上的儿童，便要自己选取食物，这种办法，是要叫他们各取所需，不致贪食。同时却又有看护教师 Kuzso teacher① 在旁照料，使他们个个都能食饱。很可奇异的，就是这班儿童经过数周平淡可口的饮食和户外的生活之后，吃饭的欲量，便大大的增进。

餐事既毕，大些的小朋友，便帮助洗涤碗碟，卷起台布，扫净地板，展开床铺，然后各各的卷一个大而暖和的绒毯当中，滚到他的棚帐床里去睡觉。

在婴儿教养学校里每个小孩在吃饭后都是要睡的，至少要休息一下，有时母亲们恐怕儿童日里睡了，夜里不能安眠，往往请求免睡，但是不久便发现午眠不会妨碍到夜眠了。

两岁的小孩儿，常时睡到两小时之久，三岁的约莫睡一时或一时半，四岁的小孩，往往不肯睡，但是也应该训练得能够闭目静养两三刻钟，只有在很特别情形之下，才把小孩子从午睡中叫醒，大概在月曜的一天。两岁的小孩，往往睡到三点半钟，不管旁边怎样吵闹，都是酣睡不醒，这都是常见的事。

午眠于幼儿有很大的益处，弄惯了儿童会自己去寻着睡的，但是这个习惯，不是一时养成的，并且要导诱四五十个儿童一齐去睡尤难中之难。有些火性暴燥[躁]的教师，奔来奔去发狂似的，禁止儿童作声，是毫无用处的，大惊小怪无谓喧闹的教师，也是没有用处；至于那些时而恫吓时而欺骗的教师，简直比无用还要加坏；料理儿童午眠完全是一种艺术，没有坚强宁静的人格底人，是不会成功的。（参阅 *Education：The Open-Air Nursery School*，Chap. v.）

第三节　特殊困难

月曜早晨到了，大意而又疲劳的母亲们，常时带进烦躁号哭的小孩子，这些小宝贝没有按时的饮食，所以弄得消化不良，没有康健的午眠，所以弄得神经昏乱，眼睛耳朵痛着。向来没人注意头皮上又常常肮脏不堪！

月曜真是惨淡呀！所幸这些小孩儿到学校包裹起来之后，便居多安眠。到了小曜早晨，这些恶影响，就完全消灭了。

---

① 编者注：今一般译作 nursing teacher。

这番情形，却是指的年轻大意的母亲们说的。那些老于经验注意子女幸福的，便不是这样，他们很争胜，要把小孩儿弄得干干净净康康健健的，在月曜早晨送进学校。

第四节　教养方法上的特点

我现在要谈谈这种学校教养方法上的特点了，通常以为有了学校的名称，就该用形式的教法(Formal teaching)。

这种观念，在婴儿教养学校里是万不能适用了。婴儿教养学校，本是家庭生活的自然产物。从一方面看来简直是大规模的家庭，不过这种家庭是一种企图儿童的安乐方便和教育的家庭罢了。儿童的教育，本是始于家庭的，育婴学校的教育，就是一种妥善的家庭教育。每天所做的事，如洗浴、穿衣、游戏、吃饭、安眠等等，都和家庭一样，不过就从这些事体里发生了教育罢了。在通常家庭或是托儿所里，一切事情都是急急促促的进行，只注重屋里的秩序，叫大人看得合意，却牺牲了儿童的兴趣和训练。试想有一个行动迅速、臂力如牛的巨人，把我们搬到东，移到西，掷到空中，放在地下，我们是不是要头晕眼花，心神纷乱？现在一般家庭和托儿所对付儿童的办法，差不多和这种情形一样，试问一般可怜的儿童如何能欣欣向荣的生长？并且儿童在初生的几年之内，学习的可能性非常之大，在这种急急促促合着成人心理的环境当中，儿童有价值的经验，有许多是不是要被他剥夺？育婴学校的环境，却竭力免除这两种弊病，他的一切设置，都以儿童来做本位，他的教育方法，不像通常计划每天的游戏作业练习和职务等等叫儿童去做，却利用日常做事中间的各种机会，去实现教育的目的。譬如在洗浴的时候，学习解衣、理衣、穿衣、扣钮等，既可练习筋肉，又可练习记忆，并可养成独立、互助、秩序、清洁各种美德；在吃饭的时候，可以训练文雅、礼貌、自制诸种美德，这是一种自然学习的方法，和那种人为虚伪的课程计划，是不可同日而语的。

第五节　收费问题

这种学校主要的目的之一，是为贫苦人家的小孩，谋教养机会均等，所以创办的地方，不妨先在贫民区域。至于衣食书籍等费用，在社会主义教育理论上，不论贫富儿童，应一律由公家供给，不过这种理论，非到社会政治经济组织完全社会主义化的时候，不能实现。所以目前对于取费问题，不妨斟酌儿童家庭状况变通办理——贫苦免费，富有的可酌量收些衣食费。

第三章　婴儿教养学校的需要和价值

婴儿教养学校的功用很多，他的价值也很大，总起来说，可分为国家社会的功用和教育的功用两种。

第一节　国家社会方面的需要和价值

婴儿教养学校在国家社会方面的功用：第一，是提高民族体格；第二，是解决社会问题。

一、提高民族体格

从民族的眼光看来，第一我们要人口加多，第二要人民的体格强健，要达这两种目的，必得从增进公众健康下手。欲增进公众健康，婴儿教养学校，却是不可少了。英国谷斯特 Sir John Gorst 氏在《民族之儿童》*Children of Nation* 一书里，有一段说话很可显示这种意思，他说：

> 从公众健康的眼光看来，这些从初生到学龄时期的贫苦小孩，占全人口很重要的部分，他们是致人死命微菌和传染病菌生长繁育的地方……初生的天花、痧子、白喉或是猩红热一类的病症，医生尽可以立刻诊察出来，并且可以弄除根的，竟尔蔓延起来，传染到街道上和学校里去了……肺痨病……在英国是一个致人死命可怕的病症，死的人当中，有八分之一是患这个病的，而这种病菌繁殖最顺利的地方便是这辈营养不良儿童的身体，他们把这些病菌不知不觉无阻无碍的带到街道上和学校里，因而影响到别的儿童和全国人口的身体。

桓文 Grace Owen 女士在他的《婴儿教养学校》的绪论里，也申述这种学校和提高国民体格的关系，她说：

> 我们若是考虑到在这几年当中的死亡率，除去第一年外没有那一个时期再比他高就可知政府这样长此忽视对于全国提高国民体格的努力，实属是致命之伤。婴儿教养学校收容两岁以上的儿童，却可弥补这个缺憾，就借着这种学校，什么有规律的指导、疾病的敏捷处理、正常衣食、个人习惯和健康环境，都可一一办到了。（参阅 Grace Owen：*Nursery School Education*.）

二、解决社会问题

婴儿教养学校，在解决社会问题方面的贡献，可从儿童幸福和母亲幸辐［福］两方面看，欲分述之如下。

1. 婴儿教养学校与儿童幸福

现在世上成人罪恶，恐怕没有过于忽视儿童幸福的了。不管哪一国，儿童的死亡率，都是很高，儿童健康的状况，我们向来是不大注意的，但是看见了专家的报告便要大吃一惊。

格拉斯哥医生官莫加哥氏 Dr. McGregor 在一本《不健全的儿童》书里一篇文章上说：

> 生产报告案对于初生到一岁的婴儿已经弄到了视导，过此以后，他就没有人注意了。直到达到入学的时期，不知有许多，身体上的伤损已经弄到不可医治——种种畸形怪状，只要平时注意或是做父母的聪明一点儿，就可预防了的，竟都变成了永久了……在格拉斯哥，凶狠的儿童软骨病，是贫民区域生活里的客观证物，预防或医治这种病的重要方法是新鲜空气、运动和妥当而适宜的食物。生长的儿童，只要有了这种境遇，这种软骨病症就可预防，或是他的利害的程度就可减轻了……在革拉斯哥学校里身体不健全的儿童，害软骨病的就占了一半，学校里教育他们所花的钱，平均下来比教育通常儿童要有两倍至三倍之多。

利物浦卫生医官，贺勃氏 Dr. E. W. Hope 也说道：儿童卫生检查……显示了他们在身心两方面所受的痛苦之巨，从前简直没有想到！这种苦痛有许多是可以补救的，还有许多是可以预防的。

再看伦敦县参事会医官爱尔斯烈氏 Elmslie 的报告里说："婴儿瘫疾病，现在已经变成伦敦儿童残废最重要的原因。"他画了一个表，显示五百五十九个儿童中这个病的年代，有三百零五个在两岁到四岁中发生的，而在五岁到七岁中发生的，只有三十六个。

又据莫密良女士报告，在英国贫穷的地方，有百分之八十的儿童在两岁的时候，患软骨的毛病。

欣欣向荣的生长，可说是儿童天赋的权利，可怜现在一般儿童——尤其是贫苦人家的儿童——竟不能享受这种权利！考其原因，第一是由于经济的压迫，我们试看那工业中心的大城，如伦敦纽约，他们的贫民窟里的情状，一间屋子往往有几十个人同住，不通光线空气，那辈可怜的小孩子，就在这里爬来爬去。污秽不堪的街道，也就是他们的游戏场。又况衣不遮体，食不果腹，试问他们如何能欣欣向荣的生长？所以莫密良女士说我们从前的大错误，在不让儿童生长，他们的小生命却被我们拿来做生产积蓄的牺牲品。这种办法，就从生产的眼光看来，也太蠢笨了！（参看 Margarot Momillan: *What The Open-Air Nursery school Is*, P. 7）

第二个原因由于母亲的愚昧。做母亲的，差不多个个都爱他们的儿女，但可惜爱之不得其道。那般贫下人家的母亲，更不必说了。即虽在富有之家，那些做母亲的，也不知怎样育养婴儿。他们怕子女饿死，尽量给他们吃，却不问吃下能否消化；他们怕子女冻死，拼命包裹他们，却不管他们能否适体；可怕的传染病到了他们的身上，做母亲的仍不觉得有什么危险。这样不得其道的育爱，实在是减少儿童幸福的大原因！

我们若是办起婴儿教养学校来收容一般可怜的小孩子，对于贫苦的，可以免除经济上的压迫，对于富有的，可以母亲的愚蠢，这般儿童又那得不欣欣向荣的生长呢？

2. 婴儿教养学校与母亲幸福

从母亲的幸福看来，婴儿教养学校，也有设立的需要。我们应该知道，做母亲的实在太苦，那些贫苦人家的母亲，一方面要做工，一方面抚养小孩子，更不必说了，即虽那些富有人家的父母，也居多苦得不堪。因为爱子女是人的天性，除去特别情形之外，做母亲的未有不亲自去料理儿女的，在子女少的人家犹可勉强支持。若使多了，这做母亲的简直如同牛马一样。若使有了婴儿教养学校，收容一般儿童，那些贫苦的母亲们，不消说可去以释重负，即虽那些富有的，也可减轻许多琐务享受他们较为安乐的生活。美国第屈绕城女子作业指导员克里夫兰 Cleveland 女士有一个建议很有价值，她说：

> 他全靠经过良好训练的女子们来干母亲的职务。将来或者可以发生"合作的邻里婴儿教养学校"，就是做母亲的来做教师，有好多事为一大群小孩做，比之为一二个小孩子做所花费的功夫差不多，若是合作起来，便可轻松得多。并且可以多出时间来让母亲们和儿童们有亲密的接触。这种接触是他们的神圣权利。果真如此办去，做母亲的幸福简直加出几倍来了！

在这里有一点要附带讨论的，就是有些人常时怀疑以为我们要拿婴儿教养学校来代替家庭，卸去母亲的责任；把儿童拿来公育，灭杀伦理和道德的价值。这种见解实在有所误会！因为儿童公育制度往往单从经济方面着眼，忽略母子接触的机会，当然不能发生什么伦理的关系和教育的价值。至若婴儿教养学校，则一面企图脱免母亲们的困苦，同时又给母亲们在休暇的时候得着母子团聚的机会，可以维持伦理关系。更照克里夫兰女士的建议，组织"邻里合作婴儿教养学校"，这种目的尤易贯彻。所以我们可以说婴儿教养学校，从社会经济的观点看来，是一种妥当折衷的组织，他们不但不企图消灭家庭，卸除母亲们的责任，减灭伦理道德的价值，并且要唤醒他们对于这种重大责任的意识。

第二节　教育方面的需要和价值

前面所说，是从国家社会方面来观察婴儿教养学校的价值。但从教育眼光看来，这种学校，却也有很大的功用。

从前办教育的人，大都看重达了学龄儿童的教育，至于未达学龄儿童的教育，大都无人注意，自从儿童心理学发达之后，教育者的眼光才渐渐变转过来，重视这个时期内的儿童教育，美国海里尔巴满学校吴来 Woolley 夫人在《未达学龄时代之教育》一文里说道：

> 任何幼稚园的教师，或是任何聪明的成人，同许多五岁的儿童接触过的，都知道那个时期里儿童性格的特点和能力的程度是如何的显著。身体的习惯，心态的习惯，品性和人格的要素，在那时已经养成，即虽在五岁的时候，各儿童个性的差异，差不多就要和在成人里一样，这些性格中间，当然有许多是可以改变的，但是他们是不是可以无限制的改变？或是还有几种已经稳定的趋向，他们的影响简直是永久的呢？纵使他们是可以改变的，试

问某几种反应的确立在人格上有无永久的影响？近代心病学和近代心理学答复这些问题，确确的说儿童期前几年的经验，和那时候所成立的各种反应，可以做他一生一世当中决定的要素，我们成人的判定和态度，不知不觉的都受了五岁以前所养成的习惯之深切的影响。

婴儿教养学校运动，不仅在注意初年教育，并且要研究在这时期里应该有那种教育，通常的观念，都以为幼稚教育应该在熟练书法、算法、读法这三种功课，专在教字上做功夫，不免有些错误，现在婴儿教养学校各种试验，却在初年教育较为重要的方面——养育的方面——去特别注意。所以大不列颠大使吉载斯氏 Sir Aukl and Goddess 在他的"大不列颠在教育上之新兴趣"演说里，关于设立婴儿教养学校有一段话说道：

婴儿教养学校的目的，甚至不去教什么读法、书法、算法，不过从睡眠、饮食、游戏中供给儿童建设健康、习惯及反应的人格基础之机会。

莫密良女士也说婴儿教养学校于儿童健康上的功用很大。他说婴儿教养学校的儿童，检查起来，有三分之一发现体格上的缺点，他形容这学校的工作道："一进来，小孩儿便来到大医生的势力之下——这些医生是地土、太阳、空气、睡眠和快乐。"

英国教育总长费休氏赞助创办婴儿教养学校，尤其是露天的，收容二岁至五岁的儿童。他有一次在众议院演说，有一段也申述此种学校健康上的功用。他说：

我们并不欲强迫设立婴儿教养学校，但是我们愿意从捐税中补助这些学校，儿童入学也任其自由，我们并且相信，发展了这些学校——尤其是露天的，幼儿的健康，可希望有大大的进步。

但是莫密良女士却相信婴儿教养学校除去健康外，尚有一个较为宽大的功用，他说："我在开端就以为婴儿教养学校，倘如成功了，可以变更或改正学校中一切其他制度，简直从根本上很有势力的影响他们。"（参阅 Margarot Momillan：*The Nursery school*）所桓文女士把婴儿教养学校的工作，也看作有教育功用的，她说：这个的工作也可以实现较大的教育要旨，他不受前代习例的束缚，他是自由的求出自己的解脱。倘若那些负责任的人能够精神单纯，又存在着公开的心，在我们的教育智识上他可创出很重要的贡献。因为他可做作试验近代教育根本原理的场所，并且因为他坚持和家庭合作，对于邻里作业，有浓厚的兴味，又继续把家庭和各种儿童幸福的机关接触，所以他能够巩固这个运动，把一切教育和实际生活打成一片（参阅 Grace Owen：*Nursery School Education*）。

又"纽约教育试验所"叙述他们的婴儿教养学校底目标如下：

我们鉴于普通作工或是专业的母亲们的经济状况，所以我们的工作没有管到保养从十五个月到三岁的小孩子——虽说显著的，这是我们问题的一部分，我们的答复不是拿社会经济的需要来表示，我们第一个答复是拿教育的需要来表示：我们觉得婴儿的环境中教育的要素比之年龄较长的儿童那些要素需着同样多，也许还要多些的研究和计划。我们第二个答复是拿研究来表示：我们觉得需要关于儿童生长较为完备的科学资料——各种可以测量或观察的生长资料（J.

W. Abbot:*Kindergarten Education*，P. 304)。

从上面所说的看来，可见婴儿教养学校，实有养和教的两层功用。这两种功用，对于两岁至五岁的儿童，实有莫大的利益。就英国来说罢，英国原来各大城市中，就创办了托儿所 Nursery，注意两岁以下婴儿的健康，至于五岁以上进了学校的儿童，则又有校医来观察。偏偏这两岁到五岁儿童的养育问题，毫无人顾及，教育问题更说不到。婴儿教养学校，却弥补这个缺憾，他的功用，可算是日间托儿和普通小学中间所造一个过渡桥。

并且还有一层，我们应该知道的，便是通常小学，虽有健康检查，但是这种办法于儿童幸福——尤其是贫苦儿童的幸福——简直没有什么大的裨益，这种学校的功用。可是"教养"的机关，"养育"的作用简直很少；日间托儿所的主要目的，是照料工妇的儿童，带有养育机关的性质。但是"教育"的功用，简直可算没有。婴儿教养学校却兼顾"教育"和"养育"两种功用，除去抚育儿童，使他的疾病痊，除身体充分发育之外，更注意到养成良好行为习惯，发展心智感觉，教授训练自制，以树立健全人格的稳固根基（*Education and Infant Welfare*，Board of Education，London，P. 29)。

从作者看来，婴儿教养学校的真正价值，尚不仅在能养能教，先就养来说罢，"养"是一回事，"怎样去养"，又是一回事。孔子曾经说过："今之孝者是谓能养，至于犬马，皆能有养，不敬何以别乎？"我们也可以仿照这个语气说："今之为父母者，是谓能养，至于犬马，皆能有养，不依据养育原理何以别乎？"现在一般做父母者，只知养育子女，却不知怎样去养，实在和养犬马没有什么分别。我们通常说"把小孩子喂饱了"，又说"把一口剩饭送去喂犬！拿把豆子去喂马！"这一类的话都是用一个"喂"字来代表，可见通常心理。只要像喂饱犬马一样把小孩子喂饱就算了，至于什么食物最为合于婴儿的营养，吃多少才合于婴儿的卫生，什么时候才合于卫生，种种问题（此外都还有衣食种种问题），却都置之不理，这样养出来的小孩子，可算和犬马一类，都是喂出来的结果，怪道中国人拿"小犬"和"千里驹"来比自己的儿子呀！

再就"教"来说，目下通行的"教"法，也有很大的错误，因为他们只从教里去教，把教和养分为两事。婴儿教养学校却不然，他利用日常起居饮食，各种事务中间的机会来达到"教"的目的。譬如在洗浴的时候，就拿学习解衣、理衣、穿衣、扣钮等事，便拿来练习筋肉，练习记忆，并可做养成独立互助、秩序清洁各种美德的机会。吃饭的时候，就拿来做训练文雅、礼貌、自制各种美德的机会，这种办法，从儿童学习方面看来，固属是"从行动上去学习"，从教师方面看来，却是"寓教于养"。

总起说来，婴儿教养学校，在教育方面的价值，固属在兼有教育和养育的功用，便是他的真正价值，却在用养育的方法来养，在另一方面却把教养打成一片，从养育的行为里去施教。

第四章　婴儿教养学校的哲学背景

我在开篇的时候,说二十世纪是社会主义教育大放光明的时代,婴儿教养学校是这种教育的一种重要设施,读者对于社会主义教育,不无有所怀疑,以为既有了三民主义教育,为什么还是要提倡社会主义的教育呢?关于此点,在理论方面,殊非本书所能说明,不过我要提醒读者莫忘了孙中山先生是中国第一个社会主义的教育家。孙先生在民国元年就大声急呼的提倡社会主义的教育,他在社会主义之派别及方法的演辞里说:

> 鄙人对于社会主义实欢迎,其为利国利福民之神圣。本社会之真理,集种种生产之物,归为公有,而收其利,实行社会主义之日,即我民幼有所教,老有所养,分业合作,各得其所。

> 圆颅方趾,同为社会之人,生于富贵之家,即能受教育,生于贫贱之家,即不能受教育,此不平之甚也!社会主义学者,主张教育平等,凡为社会之人,无论贫贱皆可入公共学校,不特不取学膳等费,即衣履书籍公家亦任其费用,尽其聪明才力,分专各科,即资质不能受高等教育者,亦按其性之所近,授以农工商技艺,使有独立谋生之材。卒业以后,分送各处服务,以尽所能,庶几教育之惠不偏为富人所独受,其贫困不能造就者亦可免其憾矣。又孙先生在《地方自治开始实行法》里说:

> 设学校,凡在自治区域之少年男女,皆有受教育之权利。学费书籍与及学童之衣食,当由公家供给,学校之等级,由幼稚园而小学,而中学,当陆续按级而登,以至大学而后已。教育少年之外,当设公共讲堂、书库、夜学,为年长者养育智识之所。

以上所说,皆是孙中山先生提倡社会主义教育的明证。所以凡是提倡三民主义教育,希望他完成和实现的人,都不可不提倡社会主义的教育。

孙先生所讲的社会主义教育,虽说寥寥数语,但是其中所包含的精义,很可以拿来解释婴儿教养学校的教育。因为婴儿教养学校第一个目的,是要为贫苦人家的婴儿,尤其是工人的子女——谋教养机会的均等,那就是社会主义教育中的教育平等的意义。婴儿教养学校豁免学膳、衣履等的用费,亦正和孙先生所说社会主义教育底办法一样。婴儿教养学校第二个目的,是发展儿童本位的教育,这一点也是社会主义教育基本理想。孙先生在讲社会主义教育一段话里,虽未说着,但在他所定的党纲里,却主张"以全力发展儿童本位之教育"。孙先生是竭力提倡社会主义教育的,这种主张,当然系以该种教育为根据,所以我们可以说婴儿教养学校的哲学背景,是社会主义的教育。现在我可再把他的理想,分析开来讨论。

第一节 教养机会均等

"教养机会均等"这句话，包含两种意义，一是教育机会均等 Equality of Educational opportunity，二是养育机会均等 Nurture for All。社会主义教育者提倡教育机会均等，更要提倡养育机会均等。因为养育机会均等，是教育机会均等的先决条件。不有养育，则教无所施。所以从社会主义教育者看来，养育比教育还要重要。兹将此二种理想之意义分述如下。

一、养育机会均等

从社会改造的眼光看来，婴儿教养学校第一个目的是为贫苦人家的婴幼谋养育机会上的均等。"养育"本是教育分内的职务。"教育"这两个字，就含有"教"和"养"两个观念在内，可是古今中外的教育家，大都只注意到"教"字，把"育"的观念却居多忽略了。试看他们的学说，有几个是把"教"和"育"相提并论来解释养育的？再看西文上"教育"二字，在德文的 bildung 本是"形成"的意思，英文的 Education 和法文的 Education 本是"抽出"的意思，都只和"教"字有关，更可以得个证明。世界上教育家的眼光，既都是重轻教育，宜乎养育机会均等的话没有几人讲了！社会主义的教育学者，有感于此，他们大声疾呼喊着"教育机会均等！"他们的意思，以为现在的这种教育，纵能达到所谓机会均等的目的，像美国人所夸口的小学校，德国人所创设的基本学校 Grandschule（参阅 Boolitz, *Dor Aufbon Dos Proussischen Bildung Swesrns Nach der Stantsun waltung 2 Aufl*，此书论革命后德国教育极为详备）。法国人所提倡的公众学校 Ecole Unique（参阅 *L'univeraite Nouvelle*，此为法国新大学友朋社 Los Compagnoms Dos Universite Nouvelle 之刊物，于法学制之改革，颇多建议），不分贫富贵贱一律受同等待遇，终还不能贯彻教育的最高理想。第一，因为贫困的父母或是需着帮助工作，或是无力供给衣食，都不能送他们的子女入学，虽有均等的机会，也等于无用。第二，纵使官厅用高压手段，强迫这些贫苦儿童入学，无奈他们衣不暖体食不果腹以致酿成营养不良及其他种种疾病，他们的学业也就因此大受影响，我在法国的时候，即遇着好几个这一类的儿童，据他们说常时不吃饭去上课。第三，我们应该知道强迫教育，大都是从六岁开始，而儿童的养育的开始，却在六岁以前，我们纵有免费、奖学、午膳、贫母恤金种种制度帮助贫苦儿童读完小学，而他在入学以前，那几年所受的磨折，已足以阻止入学时期内身体的发育和学业的进步。贫儿和富儿一样是需着营养的，所谓平等不该从学校里做起，应该从摇篮里做起。"养育机会均等！"是全人类贫苦婴儿的呼声，"婴儿教养学校"是医治人类贫苦婴儿的良药。

二、教育机会均等

根据社会主义教育的理想，婴儿教养学校，不但要为贫苦人家的婴儿谋养育机会的均等，并且要为他们谋教育机会的均等，关于此点，可分三个问题来讨论：

1. 何为教育机会？2. 教育机会何以应该均等？3. 婴儿教养学校在均等教育机会上

有什么重要?

1. 何为教育机会?

欲知教育机会的意义,当先知教育对于个人的种种价值。教育好像是个神秘的东西,他能叫无知无识的人,变成博通今古,这是他增加智慧的价值;他能使粗鲁不文的人,变成彬彬有礼,这是他陶冶品格的价值;他能使精神萎靡的人,变成体格强健,这是他增进体力的价值;他能使毫无所能的人,变成灵巧,这是他增加生产能力的价值;他能使志趣卑下的人,嗜好美术音乐,这是他增加艺术欣赏的价值。教育对于人们既有这许多价值,倘使没有教育,人们的幸福岂不是剥夺净尽了吗?所以我们可以说教育是人生幸福的源泉。

2. 教育机会何以应该均等

教育对于人们,虽有这许多价值,但是因为经济、阶级、宗教、政治种种关系,这些价值的利益,往往只为少数人占领,大多数的人还是不能享受——在从前时候,这种情形,大家并不觉得,所以对于少数人占有多数人的教育机会,以为是应该的,可是现在大家的观念,却慢慢的改变过来了,他们——尤其是社会主义教育者——把教育看着天赋的特权,享受这种特权的机会,人人都应当有的,所以经济阶级、宗教、政治的障碍,都应一律扫除。以谋此种特权的保障和实现。

3. 婴儿教养学校在均等机会上有什么重要?

通常人对于教育机会均等,都只注意到,小学以上的教育,对幼稚时期的教育,却很忽略,幼稚时期在教育上的价值很大(参阅前章),我们若不注意这时期内的教育,以后的教育,都要大受影响。真正讲教育机会均等,应当从襁褓中做起,不该从学校里做起。婴儿教养学校,便做出了这一点,所以可以说他是实施教育机会均等基本步骤。

总起来看,婴儿教养学校,从社会改造的眼光来看,可算是兼顾教养。中国先哲说"衣食足而后知礼义",这是表明养育的重要。又说"逸居而无教则近于禽兽",这是表明教育的重要。所以婴儿教养学校的理想,拿中国先哲的理想证来,亦相吻合。

三、婴儿教养学校不是慈善教育机关

读者诸君切莫以为婴儿教养学校,供给贫苦儿童的教养机会,是一种慈善的教育机关。婴儿教养学校是拥护儿童教育特权、贯彻教育平等理想的第一个步骤,绝与慈善性质的机关有别。从我们社会主义教育者看来,教育是儿童的特权,在这个特权之下,儿童应该享受同等的教养机会,通常慈善性质的教育机关,如慈幼院、惠儿院、苦儿院等,虽也给供儿童教养的机会,但是他们的哲学背景是慈善的,他们的态度是怜助的。只看他们的名称,不是什么"慈",便是什么"惠",或是什么"苦",儿童教育的特权,本是天赋的,谁都有责任来拥护,要谁来发慈悲?要谁来加恩惠?更要谁来怜苦?可惜这班慈善的教育家,不从社会主义教育的见地来拥护儿童的天赋的特权,却要做乞丐的生活,代他们乞怜于富绅大贾官僚军阀复又加上什么苦儿惠儿等等名称，叫这般天真浪漫的儿童感觉到身家的贫苦和社会地位的卑下，世间惨酷不平之事，这可算是一种了！婴儿教养却正与此相反，他供给儿童教养的机会，完全是拥护儿童天赋的教育特权，贯彻教育平等的要义，和慈善机关比起来，直有天壤之别，在社会主义教育之下，慈善教育绝无存在的余地，所以我们从事教育的人，须认清背景，看准目标，大家一致起来，提倡社会主义的教育！

第二节　儿童本位教育之发展

婴儿教养学校之第二目的是发展儿童本位教育，这也就是社会主义教育的一种目的。谈到发展儿童本位的教育，却不可不先知道儿童的历史。现在可以把欧美各国的情形，简单的叙述一下。

一、儿童生活的忽视

研究儿童的发育方面的需要，本是近年间的事；至于有组织的、有系统的、科学的儿童研究，更外是最近的一回事了。文学和历史里，可以找到历来虐儿待童的记载，教育著作里，直到一世纪之前，也可找出训练残酷和教师野蛮的证据。我们处在这个时代，对于儿童，已经改变了态度，若要悬想百余年前儿童生活困苦的状况，殊属不易。当时的儿童，贫苦人家的居多，他们的命运和奴隶相差不远，贫苦污秽，蓬头散发，做苦工，受鞭挞[挞]，种种苦况，不堪目睹！到了十九世纪初叶，工厂制度发生之后，贫童的命运更外是悲惨不堪。他们不去从师学徒，而去伺候机器；他们常时锁一条腿在机器上，做许多时间的苦工。倘如睡着了，便受咀骂鞭打，种种待遇，简直惨无人道！当时儿童幸福几乎全没有人顾及，青年堕落极属平常，儿童死亡的也就很多很多。只有中上阶级的儿童，略受一点不完全的教育，当时的学校大都是纳费，否则便是一个慈善教育机关。所收的学生，居多是少数教会人员的儿童，否则便是"命该贫苦"。那些人的子女，什么教育特权，简直没有这样东西。科目方面，通常只有读法、宗教，并且教授的目的是"敬神"和"服从"，而非发展儿童的能力和禀赋。

二、对于儿童态度之变换

"一八〇二年"在儿童幸福工作的历史上，很为重要。因为在那一年英国国会制定第一次雇佣儿童的法令。这就是通常所知道的"徒弟健康道德案"Health And Morals of Apprentices' Act，此为童工法令之兆端。至实行制定童工法令，则以美之罗得兰 Rhode Island 省（一八〇〇年）及麻赛朱赛 Massachusetts（一八四二年）、英革兰（一八四三年）为最早。大约从一八五〇年以后，儿童生命的价值，便陡然加高。国家方面关于儿童幸福的立法，也陡然重要。这理想一天一天的向各国传播。到了现在，这种立法，在先进各国的立法里，都占了很超越的地位。

儿童的生命经过裴斯塔洛藉[籍]的研究之后，格外体现了一种新意义。裴氏相信儿童的发育是有机体的，并且依照定理向前进行。教师的工作是要发现这些定理，并且对于

"自然"的工作有所帮助。他说教育的目的,并不是宗教和教义的问答,而是"儿童各种智力的自然的、均齐的、和谐的发展"。福禄培研究儿童更进一步。他显示儿童从幼稚期到成熟期发展的继续性,并且主张理性的注意和训练是开展儿童天赋能力的要素。福氏洞察儿童世界里未经利用的富源,比在他以前的什么人都看得清楚。他看出儿童主要的特性是自动,并且看出利用指导的游戏和动作,以引导儿童发现其自我的重要。幼稚园就是福氏的大贡献。他以个性发展为目标,自动的表现为方法,群性合作为手段,为幼稚期的儿童,制造了一种新学校。并把一般做母亲的思想,引导到儿童生命的研究上去——研究眼前现实的儿童,而不研究将来应该变成什么的儿童。

三、儿童研究运动之勃兴

自从英国自然科学家达尔文氏精密研究他的小孩子的发育状况,德国心理学家勃拉爱氏 Preyor 发表他观察的儿子前三年发育的纪录,和美国心理学家霍尔氏 Stanley Hall 发表儿童生命各方面的种种研究之后,儿童的运动便大为扩展起来,而以英美两国为尤甚。这种运动的目的,是要把儿童心理和生理发育做一个仔细的研究,他在心理方面,是继承的学校工课新心理的研究——裴斯塔洛籍氏教授程序,而在生理方面,则为对于近代所发生的卫生和生理发育上新兴趣的结果。

四、儿童本位的教育

儿童的研究,一天一天的扩大,儿童的地位,一天一天的增高,儿童本位的教育,也就一天一天的发展起来了。所谓儿童本位的教育,并不是放纵儿童,任其盲动、盲行,毫无指导。此种教育,就心理的方面讲,是根据儿童心理发达的原则,利用经验的环境,以发展其现在的权能,练习其现在的才力,并实现其现在的态度;就身的方面讲,是根据儿童心理发达的原则,与以适当的饮食、适宜的环境,以养成健全的体格。此种教育,在今日一般学校里——即虽一般所谓发展儿童本位的学校里——也不能完全实现,因为他们多偏在儿童的心理方面做工夫——换句话说,就是"教"上做工夫。关于身的方面,换句话说,就是"养"的方面——虽不能说完全没有注意,却是非常忽略。惟有婴儿教养学校教育,一方面设置适合儿童心理发达的教育环境,他方面又供以发育健全体格的机会(参阅第二章),真是比较最完善的儿童本位教育,我相信这种教育的价值不仅在改良幼稚教育,实应拿来做改造一切教育的基础——教育上的革命。

总起来说,婴儿教养学校教育,从社会改造方面来看,是要为贫苦人家的婴儿谋教育机会的均等;从纯粹教育方面来看,是发展教养兼备的儿童本位教育,这就是我所说的新时代一种社会主义的教育。

下篇 婴儿教养学校与中国教育之将来

第一章 过去的一般历史

婴儿教育学校和中国教育界向来恐怕没有发生过什么关系。去年春天,我在英国参观莫密良婴儿教养学校的时候,很觉得这种学校在中国有创办的必要。回国后,就想追随国内诸大教育家之后,共同提倡这种学校。所以在今年全国教育会议开幕的时候,提了两个议案,一是请大学院提倡育婴学校(当时译 Nursery school 为育婴学校,下仿此),二是请设立教养学校以代替慈善性质之教育机关。可惜人微言轻,没有什么人注意。所以这两个议案,只好留作中国教育史上的参考资料了。

兹将该二案原文录后:

一、请大学院提倡育婴学校教育并请先在工业中心之大城市,试办育婴学校案

育婴学校,乃一种新式幼稚教育之学校,专以收容未达年龄之儿童,其性质略似通行之幼稚园,而有其不同之点:

第一,育婴学校为教养兼施之学校,故特别注意于儿童之健康。

第二,育婴学较多设立于工业中心之城市,收容工妇之子女,早出晚归,三餐皆由学校供给。

第三,育婴学校乃近世社会主义教育之产物,其目的在使幼稚时代之教育机会,向之为贵胄子弟所独占者,今得为贫乏子弟所分享。但其性质又绝对与慈善教育性质之贫儿院有别。我国渐成为工业化之国家,育婴学校实有试办之必要。爰拟办法数条如下:

1. 应由大学院聘请专门学者研究育婴学校教育之理论与实施;
2. 应筹定经费若干万,先在工业中心之大城市中(如上海),试办育婴学校,并附设"育婴训练所",以造就此项师资;
3. 大学教育科及师范学校中应添设"育婴学校之理论及实施"一学程。

二、设立教养学校代替慈善性质之教育机关,以保障儿童教育权利案

慈善教育为封建时代贵族主义下阶级教育之产物,在今日社会主义教育昌明之时代,根本已无存留之余地,盖教育为人之权利,学费书籍及学童之衣食,本应由公家供给。慈善教育机关中对于贫苦儿童之设施,正为此辈儿童所应享,不应加以慈善惠施之名,使觉其自身地位之低下,而养成贵贱之观念。况此种机关中所施之教育,类皆偏重手艺,费时太多,实犯童工之弊。国家方面,尤不可不加

以取缔。

办法：

1. 由大学院通令全国申明教育权利之要旨，并矫正慈善教育之误谬；
2. 全国公私立慈善性质之机关，如慈儿院、苦儿院、孤儿院等，一律由大学院通令取销，另行设立"教养学校"以收容原有之学童；
3. 教养学校之性质及设施，当与育婴学校相类，在相等情形下，得与育婴学校合办；
4. 订定教养学校之标准，通令全国遵行；
5. 私人设立之慈善教育机关，须依照标准在大学院立案，不立案者，大学院得封闭之；
6. 合于标准而成绩优良者，得与以相当之补助；
7. 课程当注重普通教育，取缔过分之工艺教育。

我提这两个案子，当时所以没有什么人注意，据说是因为那班审查议案和参与会议的先生们，以为这种学校不甚合中国国情，暂时尚无设立的需要。究竟这种学校在中国有无创设的必要，却不可不辩过明白。

第二章　从民族主义的见地来看婴儿教养学校的需要

从民族主义的见地看来，婴儿教养学校，实有创设推行的必要，孙中山先生在《民族主义》第一讲里有两段说道：

> 我们的人口，到今日究竟有多少呢？增加的人数，虽然不及英国、日本，但自乾隆时算起，至少也应该有五万万。从前有一位美国公使叫做乐克里耳到中国各处调查，说中国的人最多不过三万万。我们的人口到底有多少呢？在乾隆的时候，已经有四万万。若照美公使调查，则已减少四分之一。就说是现在还是四万万。以此类推，则百年之后，恐怕仍是四万万。一百年之后，全世界人口一定要增加好几倍。像德国、法国因为经过此次大战之后，死亡太多，想恢复战前状态，奖励人口生育，一定要增加两三倍。就现在全世界的土地与人口比较，已经有了人满之患。像这次欧洲大战，便有人说是"打太阳"的地位。因为欧洲列强，多半近于寒带，所以起战争原故，都是由于互争赤道和温带的土地，可以说是争太阳之光。中国是全世界气候最温和的地方，物产顶丰富的地方。各国人所以一时不能来吞并的原因，是由他们的人口和中国的人口比较还是太少。到一百年以后，如果我们的人口不增加，他们的人口增加到很多，他们便用多数来征服少数，一定要吞并中国。到了那个时候，中国不但是失去主权要亡国，中国人并且要被他们民族所消化。还要灭种，像从前蒙古、满洲征服中国，是用少数征服

多数,想利用多数的中国人做他们的奴隶,如果列强将来征服中国是用多数征服少数,他们便不要我们做奴隶,我们中国人到那个时候连奴隶也做不成了。

孙先生所讲的这两段话,一是指出中华民族人口不增加的现象;二是指出别的民族人口增加后中华民族的危险。人员不增加的原因,普通讲来,一是由于生产率低,二是由于死亡率高。就中国的情形看来,人口不增加,断不会由于生产率低,而实由于死亡率高。死亡率所以高,实由于婴儿死得太多,至于婴儿所以死得太多,则又可举出下列几个原因:

1. 中国人因受帝国主义的压迫,生活程度日益加高,生活情形日趋于下。婴儿的幸福,因而间接的大受影响。
2. 兵祸连年,生灵涂炭,又复灾荒叠见,哀鸿遍野,婴儿幸福当然不暇顾及。
3. 民族习惯,向不讲求卫生,医药事业又极幼稚,婴儿的幸福问题,当然没有什么人注意。
4. 中国人向来重男轻女,中下人家,因生计压迫,初生女孩,被杀的很多。
5. 做母亲的,不知育婴的方法,小孩子糟踏死的不知几百千万。
6. 长大了的小孩儿,因为营养不良,身体孱弱。成人之后,再养出来的小孩,当然也多是孱弱,其中死亡的也自然不会少了。

有了这几个原因,中国的小孩儿,当然死得很多,人口的增加也自然受了影响。欲谋补救,除竭力提倡公众健康之外,还应赶快提倡保障婴儿幸福。婴儿教养学校是保障婴儿幸福最好的机关,尤应首先提倡。若使不在这一点上注意,增加人口问题,终不会有圆满的解决。

从民族主义的眼光看来,第一个问题要人口加多,第二个问题便要人民体格强健了。中国虽有四万万人,但是这些人当中,身体孱弱,不能操劳,类似"烟鬼"者不知占几多万;带疾工作,精神萎靡,一年就有半年卧倒者不知占几多万;卧病床蓐,形骨支离,等于活死人者又不知占几多万。外国人说中国人是老大病夫,这话很有道理,欲谋补救,必须增进民族健康,欲谋增进民族健康,必首先保障婴儿幸福。英国各[谷]斯特氏在《民族之儿童》书里所说的"小孩……是致人死命微菌和传染病菌生长繁殖的地方……肺痨病菌繁殖最顺利的地方,便是这辈营养不良儿童的身体,他们把这些病菌不知不觉、无阻无碍的带到街道上和学校里,因而影响到别的儿童和全国人口的身体"这一番话(参阅第三章),拿到中国来讲,完全可以适用。我愿国人猛醒起来,创设婴儿教养学校,来保障婴儿的幸福,增进民族的健康,提高民族的体格。

第三章　从民生主义的见地来看婴儿教养学校的需要

有些人以为婴儿教养学校起源于工业发达的国家,我国工业尚在幼稚时代,这种学校尽管实际上很好,但在眼前的中国实无创设的必要。作此种想的人,未免太忽视婴儿教养学校在社会改造上的价值和中国社会经济状况的实在情形了!婴儿教养学校,在社会改造上的真正价值,并不在他救起了大工业城市中贫民区域里的几个婴儿,而在他能确定教养机会均等的原则,为一般无产阶级的儿童开出一条生路。在这个原则之下,凡是不能受着教养机会均等的无产阶级儿童,不管他生在什么地方,都应有享受婴儿教养学校教育的机会。就中国的情形来说,一般无产阶级的婴儿,不管是住城住乡,他们所受经济压迫的苦痛,比之英美工业发达的国家里的那些无产阶级婴儿,只有过之而无不及。第一,因为中国的无产阶级,比之英美等国所谓无产阶级贫富的情形,相差往往很远。中国的无产阶级,可说是赤贫阶级。俗所说,上无片瓦,下无立锥,英美的无产阶级,虽无恒产,但是他们每年的收入往往多于大学教授。拿中国无产阶级比较起来,简直可算富翁。第二,因为英美无产阶级与有产阶级产额之悬殊虽远,而其苦乐之悬殊则不若中国之甚。即如洛克菲罗、福德一辈,资财之富,世无伦比。但是他们的生活,万万抵不上从前拥有百千万的军阀。英美无产阶级里的人,虽穷到赤贫的地步,他们的生活都不会苦到中国乞丐那般田地。第三,英美等国"儿童幸福运动"倡行已久。关于婴儿幸福的机关,如"托儿所"之类,大城市中设立的很多很多,婴儿教养学校又逐渐创办。至于我们中国,这种运动尚在萌芽时代,一般贫苦婴儿,尚未受到利益,所以我敢大胆说中国无产阶级的婴儿需着教养,比英美工业发达国家无产阶级的婴儿还要迫切,现在我可再就调查所及,把中国贫民居住、饮食的状况,女工在工作时处置小孩子的状况,以及慈善机关和幼稚园的现状报告一下,来做个证据。

第一节 贫民居住状况

中国贫民居住状况,可分居住种类及居住情形二项报告如下:
一、居住之种类
  1. 无家可归者
  (一) 住于大树穴内;
  (二) 穴住;
  (三) 住在树林之下扫树叶作被席;
  (四) 睡在茅草堆里;
  (五) 住在山岩洞里;
  (六) 借宿破窑,不通空气,暗无天日;
  (七) 宿于市中凉亭;
  (八) 宿于马路上;
  (九) 在人家凉楼底下住宿;
  (十) 住在破庙里,不避风雨;
  (十一) 住在庙寺,席地而卧;
  (十二) 宿于人家屋下;
  (十三) 住在牛栏马厩之隅,秽气难忍;
  (十四) 宿在人家大门口;

（十五）住在城门洞里。

2. 有家可住者

（一）住在帐幕棚内，没有一定处所；

（二）住在破烂的小舟内；

（三）住在城脚竹篱笆内；

（四）住在芦席棚内；

（五）住在茅草盖成之厂内；

（六）住在破烂的树皮屋子里；

（七）以木作架，上为人居，下为畜便所(广西都安县极多)；

（八）窑山居住，不避潮湿。

二、居住情形

（一）破屋颓椽，风雨不避；

（二）蓬窗矮户，空气不充；

（三）墙无砖瓦，四面空漏；

（四）居住矮小，黑暗不堪；

（五）居室低狭，冬寒夏热；

（六）住室狭小，行动不便；

（七）住屋低下，不避潮湿；

（八）住在破屋，雨淋日晒；

（九）碎瓦颓垣，极为危险；

（十）漏屋夜雨，坐卧不安；

（十一）住房过窄，数家同住，无处容私，时常因不便而起争闹；

（十二）住宅窄狭，人畜厨房皆在一室之内，臭热气味，薰迫不堪；

（十三）厨房厕所与房屋均相毗连，秽气熏天；

（十四）坐卧起立，都在污秽的矮屋中；

（十五）数人同居，寝处、膳处、厨灶均在一室之内；

（十六）冬天北风烈烈，满屋清凉，败絮不暖；

（十七）夏无蚊帐，烧叶生烟，以为驱蚊之用；

（十八）冬无被褥，单布作被，禾藁作褥；

（十九）床无床板，只以柴条或竹片组成篱笆，铺于其上；

（二十）冬寒无被，围炉守夜；

（二十一）麦茎稻稿作被，冻冷僵眠；

（二十二）无台凳椅桌，席地而坐。

以上是中国贫民居住的状况，试问在这种环境里婴儿的身心如何有适当的发展？从这点看来，可知婴儿教养学校在中国的需要了。

第二节　贫民饮食状况

中国贫苦小民饮食状况，可分主餐品、佐餐品、调味品、饮食分量四项报告如下：

一、主餐品

（一）麦粥作饭；

（二）用荞麦拌米煮饭；

（三）以老糠煎糢而食；

（四）食糟糠；

（五）吃杂粮饭（因为省白米，每于煮饭时，置米、薯各半于锅内，共炊为饭，名之曰杂粮饭）；

（六）以各种杂粮制粑而食，以作正餐；

（七）专食杂粮如红薯等；

（八）用薯芋和糙米煮饭（桂省容县乡村的穷民皆有此种状况）；

（九）以豆为饭；

（十）用包粟作食粮；

（十一）以薯芋之头混入米内煮食；

（十二）用玉蜀黍煮粥充饥；

（十三）玉蜀黍炒熟泡茶食之；

（十四）用玉蜀黍磨成粉煮成浆糊和盐而食；

（十五）以蕃薯芋头充饥；

（十六）以木莳代粟米；

（十七）以蕨根制粉作粑代餐；

（十八）终岁都食木薯粥；

（十九）野菜充饥；

（二十）采树叶作饭；

（廿一）用稗子来舂粉制饼当饭吃；

（廿二）以南瓜煮粥而食；

（廿三）熬粥米少，杂以各种瓜果；

（廿四）以豆叶菜根充饥；

（廿五）藜藿充饥；

（廿六）野果充饥度日；

（廿七）食野生的动植物代饭；

（廿八）姜水送番薯（桂省贵县乡村贫苦之家，多朝晚以番薯作餐，食为必饮姜水）；

（廿九）买人家吃剩的饭皮煎粥度活。

二、佐餐品

（一）有饭无菜；

（二）用白水下饭；

（三）用盐水下饭；

（四）用黄糖下饭；

（五）用辣椒下饭；

（六）用茶泡饭；

（七）用野菜下饭；

（八）用豆酱下饭；

（九）用藜藿的羹水下饭；

（十）以辣椒、豆豉、酸罎子泡各蔬菜送饭；

（十一）青菜蔬类佐餐；

（十二）藜藿为菜；

（十三）清水代茶；

（十四）煮菽而饮；

（十五）葡萄干下饭；

（十六）咸菜下饭。

三、调味品

（一）煮菜不用油；

（二）用清水代油；

（三）煮菜不用盐，又无油。

四、饮食分量

（一）终年吃稀饭；

（二）平时两餐皆食稀饭，青黄之交，且日食一次；

（三）隔餐一食；

（四）炒干米一次为数日之粮。

五、清洁卫生方面

（一）食腐物；

（二）食腐败肉类；

（三）冷饭充饥；

（四）早煮午食，或晚食，酸冷不免；

（五）乞讨余饭剩菜充饥。

以上是中国贫苦小民饮食的状况。试问他们的小孩在这状况下如何能滋养生长？从这点看来，可知婴儿教养学校在中国的需要了。

第三节　女工在工作时处置婴儿的状况

中国女工在工作时处置婴儿方法，可分捆缚禁闭、诱驱分身、交人管理、设法安置、自己携带、随身照护、置之不理七种，兹分述如下：

一、捆绑禁闭

　　（一）以绳系住小孩,与以玩具,然后出外工作;

　　（二）将小孩缚于船上,然后工作(船上女工);

　　（三）小孩缚于柱上(工厂女工);

　　（四）置小孩于板上,以绳系之;

　　（五）将小孩锁闭在房内,后出外工作;

　　（六）将小孩缚在所坐之椅边工作(缝纫女工);

　　（七）挂小孩于树上。

二、诱驱分身

　　（一）令与邻童一同去玩耍;

　　（二）诱之使睡;

　　（三）将小孩暴于日光下,俟其睡眠,然后工作;

　　（四）用好言唤儿他往;

　　（五）用食物诱儿走开;

　　（六）与以玩具使其游戏。

三、交人管理

　　（一）交给同居或邻人代为照拂;

　　（二）将小孩交给邻家老人看护;

　　（三）由老人管看携带(翁姑外婆);

　　（四）令其丈夫绷抱(桂省武夷农村大多若此);

　　（五）吩咐较大的小孩管理;

　　（六）令大孩抱小孩;

　　（七）将小孩缚在较大的儿女背上;

　　（八）安放摇篮内,以较长之儿童摇之使睡;

　　（九）将小孩骑在大孩的肩上。

四、设法安放

　　（一）把小孩睡在竹筐里工作;

　　（二）置小孩于小孩床内(摇篮)工作;

　　（三）以竹箩盛草置小孩于箩内;

　　（四）置竹笼中(上半缺);

　　（五）置于小孩坐椅上;

　　（六）置小孩于栏凳内工作;

　　（七）以伞置于近田之处,将小孩安坐于内(田野女工);

　　（八）将小孩放在树脚下面,用树枝围着(农女工);

　　（九）置于木盆之中;

　　（十）将小孩放在田基之上,用杂筐围着(田女工)。

五、自己携带

（一）将小儿缚在货上工作（船女工、挑担女工、纺织女工、农女工等，此种情形，广西最多）；

（二）将小孩缚在肩上；

（三）抱住小孩工作（舂米女工）；

（四）置小孩于双脚下工作；

（五）将小孩托坐在膝上工作；

（六）将小孩抱在怀内工作（如纺织女工）；

（七）骑在肩上；

（八）一手抱小孩，一手工作。

六、随身照护

（一）置于摇篮以足摇之，同时工作；

（二）城市女工将小孩置于孩儿之椅中，一面看护，一面作工；

（三）放小孩于摇篮，以一线引至身边，不时摇动，使其入睡；

（四）将小孩放在身旁地上；

（五）将小孩放在灶前；

（六）将小孩放在箩筐里，一面挑，一面走；

（七）给小孩以玩具，使在身边自己弄玩；

（八）置小孩于坐前，与以食物。

七、置之不理

（一）置于地面，任其自滚；

（二）将小孩放在草地上坐着，然后工作；

（三）放其子女置于棚内任其乱爬（农妇）；

（四）置子女于树下；

（五）将小孩放睡在田边，然后工作；

（六）置小孩于床上；

（七）将小孩置于席上；

（八）将小孩放在地上坐着，随便给些东西。

上面种种处置婴儿的方法，皆不妥当，因为这些方法直接间接皆是影响到婴儿的健康，其中尤以"捆缚禁闭"最为残忍，"置之不理"最为危险。倘使有了婴儿教养学校，这个困难问题就不难迎刃而解了！

第四节 牢狱的育婴堂

有些人以为中国各处多已设立育婴堂一类的慈养机关收容贫苦的孤幼，并欲不着办什么婴儿教养学校来虚糜公款。这种见解，一则昧于慈善教育理论上的谬误，二则忽略婴儿期内教育的重要；三则昧于一般慈善机关的实际养育状况。关于前二点，我已经在别处论过,不必再说,现在只将慈善机关中实际养育情形报告一下：

一、饮食方面

　　（一）饮食多污秽不洁,且缺乏营养料；

　　（二）饮食仅给他们充饥,不问其是否合于卫生；

　　（三）每日只照例给乳数次,不问其得饱与否；

　　（四）餐无定时；

　　（五）婴儿如多啼哭,即不进乳与食,任其啼饥,置若罔闻。

二、冷暖方面

　　（一）寒天时候,婴儿睡觉时,都不留心替他盖被；

　　（二）衣服只顾给他穿,不顾及寒冷之增减。

三、清洁方面

　　（一）不常为儿童洗浴,致生疮疥；

　　（二）以已死者之衣服盖婴儿,不问其有无微生虫；

　　（三）婴儿衣服不常为洗换,致生蝨虱；

　　（四）任其便溺。

四、疾病方面

　　（一）婴儿有疾病,诸多置之不理,或经过多日才去报告；

　　（二）婴儿所生疮疖任其自愈。

五、其他幸福方面

　　（一）常时不许小孩游戏；

　　（二）偶有触犯,则横加打骂；

　　（三）携带也不注意,常有由床堕下者；

　　（四）暑天时候任随小儿在什么地方瞌睡,蚊虫咬吮亦不理会。

以上所述各种情形,虽不是个个育婴堂皆如此,但是他们却可代表一般育婴堂的管理状况,所以我给了他们一个"牢狱的育婴堂"的绰号。

第五节　贵族的幼稚园

又有些人以为中国各处已设了许多幼稚园,容纳未达学龄的儿童,贫苦人家的小孩尽可进来,同享教育的机会,并无需再办什么婴儿教养学校来虚縻公款。这种说话,忽视了婴儿教养学校养的功用,我且不去管他。单就教育一端来看,试问幼稚园这种机关——尤其是中国式的——能否达到教育机会均等的目的？现在可把中国现行幼稚园的大概情形叙述一下。

我们常时走到幼稚园里去参观,看见一般粉皮娇嫩的儿童穿着花花绿绿的衣服,按着风琴的声音,拍手唱歌,真和一群安琪儿一样！凭你怎样心绪不佳,见着这种情形,都要不由的赞叹一声"可爱"！

吃饭的时候到了,老妈子提着篮儿装满鲜美的饭菜,送给小少爷或是小姐吃午饭。快散学的时候，还要来接他回家，在大城市的地方，还要用着汽车包车呢！

这就是现在通行的幼稚园教育啊！若非是一个中人以上的子女，那里能有福气来享受这种机会呢？

幼稚园里的布置，比通常教室要考究要复杂的多，一般幼稚园的费用，比通常班级要超出一倍以上，这样好的教育机会，贫苦人家的小孩子竟梦想不到！因为他们过的是下贱生活，没有洁白的皮肤和锦绣的衣服来兜人家的爱，他们没有佣人小使送饭送菜，更没有迎送他们的包车和汽车！他们实在不配进这种贵族的幼稚园！

总起来说，中国贫民居住饮食及工妇处置婴儿的状况，皆于[予]婴儿健康上不好的影响，育婴堂一类的慈善教育机关，又皆管理失当，况且是以慈善主义的教育作他的哲学根据。至于一般幼稚园，又皆以贵族化，且其办法又忽视养育方面的要素。所以这两种机关，皆不适合于新时代的要求，我们处在今日社会主义的时代，要创造一个适合社会主义的新中国，要平均地权节制资本，把种种生产的东西，集聚起来归诸公有，来谋全国国民的福利。我们认定国民幸福的基础建筑在教育之上。我们认定婴儿教养学校是实现教养机会均等最适宜的场所。所以我们竭力主张在中国提倡创办并逐渐普及婴儿教养学校，倘使还有人反对，我们只有引用英国吉戴斯氏 Geddes 的话来做个回答：

> 我们的理想当中，有一个恐怕被人嘲笑得最厉害的，就是创办婴儿教养学校的建议。我看出那些嘲笑的人，不是他自己没有小孩子，就是他们家里已经有了我们要为一般人使用而创办的婴儿教养学校！

第四章　从纯粹教育的见地来看婴儿教养学校的需要

有些人见了婴儿教养学校起源于工业发达贫富悬殊的国家，并且见了这种学校居多办在贫民区域，于是乎误会起来，以为这种学校不过是慈善教育机关的变相，专拿来解决贫民教育问题的。这种见解，一则忽视婴儿教养学校的哲学背景，二则忽视了中国一般做母亲的不善教养子女的实际情形。关于第一点本书第四章中已多讨论，不必赘述。兹将第二点分为教育、养育两项来说明。

第一节　中国一般做母亲的不善教育子女的状况

中国一般做母亲的不善教育子女的状况，可分为阻遏天性、惩罚失当、止哭乖方、妄肆恐吓、欺骗诱诈、教儿为非、纵使为非及教儿迷信八种叙述如下：

一、阻遏天性

（一）阻遏儿童活动性（如小孩活动，不问其合理与否，辄以己意之好恶妄加抑制）。

（二）阻遏儿童的模仿性；

（三）阻遏儿童的好奇性（如小孩把事理来问，每置不理，或含糊回答，或竟厌烦斥责)。

二、惩罚失当

    1. 惩罚原因

    (一) 因小孩做错事；

    (二) 因恨小孩愚笨(往往并非愚笨)；

    (三) 因小孩子讲话；

    (四) 因小孩索取物件；

    (五) 因做母亲不如意迁怒于小孩；

    (六) 因小孩违拗母亲的意旨；

    (七) 因要小孩做事；

    (八) 因要小孩读书；

    (九) 因教小孩为善。

    2. 惩罚方法

    (一) 威吓　徒以威吓，不加劝诫或诱导；

    (二) 责骂　常以不正经的话或诅咒的话骂子女；

    (三) 殴打　多以手打其脑袋。

三、止哭乖方

    1. 欺骗

    (一) 哄他，说"明天买东西给你吃""你在家不要哭，我去买东西回来给你食"等话；

    (二) 乱指事物，以分其注意。

    2. 惩罚

    参阅"惩罚失当"条(不审察哭的原因)。

    3. 恐吓

    参阅"恐吓取吓"条。

    4. 物诱

    (一) 用乳来塞孩子的口；

    (二) 与以食品或器物，以致养成贪食及要挟习性。

四、妄肆恐吓

    1. 用鬼神来恐吓

    (一) 说天上雷公叫起来，要劈人了；

    (二) 说鬼来了；

    (三) 说鬼叫；

    (四) 说人影是鬼。

    2. 用动物来恐吓

    (一) 说暗处有老虎来了；

    (二) 说老鼠来了；

（三）说狗来咬了；

（四）学虎啸吓小孩。

3. 用强盗兵贼等来恐吓

（一）说强盗来了；

（二）说兵贼来了；

（三）说外面有人来捉；

（四）说番鬼姥到了。

4. 以"死"来恐吓

（一）说丢下河给鱼吃；

（二）说打死你。

5. 以声音恐吓

（一）以大声音恐吓；

（二）以雷鸣恐吓。

6. 以危险来恐吓

（一）置儿险地，使其恐惧；

（二）将小孩双手背仰，推之，吓他："跌了！"

五、欺骗诱诈

（一）想小孩做事，说快些做，明天替你缝衣服；

（二）说荒诞不经之事，欺诈小儿，以取笑乐。

六、教其为非

（一）教小孩骂人；

（二）教小孩打架；

（三）教小孩说假话；

（四）教小孩偷窃；

（五）教小孩自私；

（六）教小孩赌博；

（七）教儿童去打老人家，或不爱其兄姊；

（八）以烟具赌具与小孩作玩具；

（九）用一种反说的话来教小孩（如小孩跌时做母亲的常说"我喜欢"）；

（十）不以礼貌教小孩；

（十一）用鄙语诱使小孩快乐。

七、纵使为非

（一）小孩爱什么东西，即给他什么东西，以纵其欲；

（二）明知此物不适于小孩玩弄，因其号哭，遂俯顺其意；

（三）小孩有不好举动，不即时纠正，任其自为；

（四）小孩作诳语，以为可笑，当嘉奖之；

（五）小孩打鸡逐狗，不加禁止，但求其勿哭，以致养成残暴之性；

　　（六）小孩与邻儿斗，多袒护己孩；

　　（七）任凭小孩打人骂人；

　　（八）小孩偶窃得人家东西，不惟不儆戒，反加以奖励；

　　（九）小孩不愿入校，便任其嬉游度日；

　　（十）不晓得指导小孩玩耍，任其玩泥玩水打架吵闹；

　　（十一）小孩讲污言臭语时，不知纠正；

　　（十二）慰喜幼儿之机诈。

八、教其迷信

　　（一）谈说神怪故事，以取其乐；

　　（二）使拜菩萨，谓可求福；

　　（三）讲述鬼神威灵；

　　（四）说天闪电是雷公叫；

　　（五）说到庙见神像，不可指，指则有罪。

　　由上所述，可知中国一般做母亲的不善教育子女的大概情形了！

第二节　中国一般做母亲的不知养育子女的状况

　　中国一般做母亲的，不知养育子女的状况，可分饮食、冷暖、清洁、睡眠、衣服、疾病及其他幸福诸方面，述之如下：

一、饮食方面

　　（一）给污秽的东西小孩吃；

　　（二）把不易消化的东西小孩吃；

　　（三）不教小儿咀嚼；

　　（四）小儿贪食，不加节制；

　　（五）乳哺无定时。

二、冷暖方面

　　（一）衣服之增减，不审气候之寒热；

　　（二）惟恐小孩受凉，多加衣服，反使受暖。

三、清洁方面

　　（一）不知常常为婴儿沐浴；

　　（二）衣服不常换洗；

　　（三）衣服湿秽，不知更换；

　　（四）往往任幼儿在地上乱抓。

四、睡眠方面

　　（一）不知规定婴儿睡眠时间；

　　（二）夜间不使小孩独眠；

（三）常挟小孩于肘下而卧。
五、衣服方面
　　（一）衣服及衣带束缚太紧；
　　（二）做很紧的鞋，给小孩子穿。
六、疾病方面
　　（一）疾病调养，绝无方法；
　　（二）不替小孩早种牛痘；
　　（三）母亲体病，犹哺乳与婴儿；
　　（四）小孩有病，不知延医诊治，只求神保佑，或置之不理，凭其自愈。
七、其他幸福方面
　　（一）常抱幼儿于怀中；
　　（二）幼儿不能坐立，强使坐立；
　　（三）儿童所用之桌椅过高。

　　由上所述，可知现在做母亲的，居多不知教养子女的方法。小孩在未入学校之先，既已经被母亲们弄坏了！随后进了小学，教师虽花几倍的工夫来矫正以往的不良教育，有时也等于无用，并且他们因为没有受到正当的养育，所以有许多入了学校后，往往因身体不好，而留级降班，学校里为他们所花的钱，因此比常儿多出两倍以上。（此系莫加哥氏的报告，在中国的学校里，想有同样情形）。这两种不必需的损失，都是因为一般做母亲的不知教养的结果。倘使办起婴儿教养学校，从襁褓期中施行正当的教养，这些损失就可不致发生了！

第三节　中国一般幼稚园对于养育的设施

　　中国一般做母亲的，既不知应该怎样养育子女，究竟一般幼稚园里，对于养育这问题又怎样呢？倘使幼稚园能够注意到这个问题，或许能把母亲们方面的缺憾弥补一二。现在且让我们看看中国一般幼稚园对于养育方面的注意状况。姑举出两个在国内很有名的幼稚园来做说明的资料。

一、东大附小幼稚园

　　1. 普通的课程
　　幼稚的生活是整个的，所以幼稚园的课程，不必分得详细，大概有下列几种：谈话，教家庭社会国家组织的大要，使儿童自己发表意见来判断一切；唱歌游戏，可激发他们内心感情；搭积木，可启迪他们创造建设的思想；工艺美术，也可发表他们的观念及感觉；自然研究和园艺，是引导他们知道自然界的生活；修身，是养成儿童们道德的理想及信仰；卫生，使他们研究人生健康的问题；数量，使学习计算的方法。如以上的课程，不是分开立的，便是知道幼稚园虽是整个生活，仍保持以上几种的重要课程。

　　各课时间大概如下：

8：45—8：55	养性训练，清洁检查
8：55—9：05	自由体操
9：05—9：25	谈话
9：25—9：45	音乐
9：45—10：00	茶话会
10：00—10：15	休息
10：15—10：35	甲组工艺美术式园艺，乙组搭积木
10：35—10：40	整理用具，自由游戏
10：40—11：00	规则游戏
11：15—11：45	甲组搭积木，乙组工艺美术式园艺

卫生——脸和手清洁，点心时，先洗了手后吃东西，吃了东西以后刷牙、漱口，咳嗽时用手巾掩住。

谈话——依儿童的材料，分讲故事、表演及自由谈话等。

自然研究和园艺——使明白时令及气候的变化，园地和苗圃的种法，食物和居住的卫生，交通和卖买的情形，动植物的生活。以上多用故事法或观察法作业。

数量——圈里计算人数、游戏时比赛胜负多寡、工业美术的作业比例、卫生的比赛人数，这都为预备将来学数学的根本。

2. 唱歌游戏

幼稚园的唱歌，多数是表情唱歌，和游戏联络起来。就是唱歌游戏，或叫做唱游，就是唱歌表演的意义，这两者决不能分开，如果一分开，小儿对他就没有趣味，所以唱歌必须依游戏才行。不过关于游戏方面的唱歌，要看歌的内容如何，想法表演，幼稚生不能了解文字，只须口授，使他们一句一句能够领悟。如果有时有大声疾呼，就要注意矫正使改为美声。但而有的歌是幼生从别处听来的，要请先生教。幼稚生在表演方面的动作，不能一律，因为他们的年龄大小不同，所以不必勉强。总之，幼稚园的乐歌，必须适合于幼儿，才能振起他们的趣味，才不失唱歌的价值。

幼稚园的游戏，算是幼稚园主要功课，分随意游戏及共同游戏两种：随意游戏，任幼儿各自运动，不限于法则，如自由车、滑板、跷板、浪船等。可是共同游戏有一定的法则，有一定的拍子，如听音动作、水仙人舞、皮匠舞、请安舞等。此外如传球、滚球、猫捉老鼠、抢藤圈、跳远、仿效操等，也是共同游戏。教学起来，大概先生先做给学生看，同时说明动作的法子，然后使他们跟了随作。幼稚园种种游戏，都是为使幼儿们身体健康，精神活泼。

3. 积木

幼稚生搭的积木，共有大小两种，这两种积木有各样的形体，如三角形、长方形、正方形等。各种的形体，都是配合搭造房屋用的。

大积木，有自由搭、共同搭两种方法。自由搭完全由幼稚生自动，搭的时候，自己去拿积木。有喜欢约二三小友合搭房子的，有欢喜独自搭的，如搭桥、房子、花园、轮船、亭子等。有搭得不整齐或不正确的，教师在旁提醒指导，使他改好。共同搭法，就是教师说起一样大建筑,任他们愿意去做。比如教师说,今天我们大家合搭一个大的公园,有的喜欢去拿积木的,就请他去拿积木,有的喜欢围墙的,就请他去搭围墙,有的喜欢搭亭子的,就请他搭亭子,各搭各样公园的物件,不多时就搭成一个大公园了。这时幼稚生非常快乐,兴味亦非常浓厚。这样共同的搭法,能养成他有合作的精神。

小积木,亦有自由搭、共同搭、模仿搭三种方法。自由搭和共同搭的方法,和大积木同,唯模仿不同。教师观察他自由搭时,有完全不会的,或不知搭法,就由模仿法教他们。教的时候,教师发给每个幼稚生同样数目的积木,教师搭一块,令幼稚生照样搭一块,直到搭成功为止,完全是模仿教师的样子。但这种搭法,容易养成幼儿的依赖心,我们是不常用的,一星期内最多不过用二次。

4. 工艺美术

幼稚园手工,共有撕纸工、折纸工、剪纸工、剪贴工、画工、坭工六种。这六种的手工的教材,不限定照题目做出来。从前幼稚园的手工,都是按照一定的题目去做。比如今日题目是"春日的助花草树木发生",做手工的时候,教师就用红纸剪一个太阳贴在白纸上,或用红蜡笔画一个太阳的形状。先生说明做的方法,然后给纸使他们照这样也做一个。这法虽然是完善的,不过学生居于被动地位,不能发展他们的能力,我们觉得这种刻板式的方法,是不适宜的,所以就废而不用。现在用的方法,可分下面两种:

甲、自由模仿法。一星期内有二次,每次用二十五分钟,叫幼稚生画平素喜欢的东西,画得不像的,先生就趁机会给他们看,并说明当用的颜色。比方有人要画一只猫,当时先生最好画一简单的猫给他们模仿。有的能模仿的,向前进行,不能模仿的随其自由去做别的事情。坭工剪贴工等,都是这样指导。

乙、自由选择指导法。就是在做手工料的时候,把各样做手工材料,都预备好了。上课时间问谁喜欢做那样的工,就给他做那样的工,随他们各自做各样的东西。做得成的,当然奖励他几句,做不成的,教师就勉励引导他。有做错的,先生可取实物使他观察,然后矫正,使他自己明白做得不对的地方。(王骏声:《幼稚园教育》第一二三—二六)

二、苏州培本幼稚园

苏州培本幼稚园,在民国十四年四月间一天的教学状况,兹根据王骏声的报告照录于下。

1. 开始,一个主任教师奏了钢琴,几位助教师居中指导。时间到了,幼儿们一听到聚队的琴声,就马上活泼泼的从游园中跑来,聚成圆形,依琴声向老师行礼,向来宾行礼。行礼后,各就座位。和主任教师谈话几分钟,所谈的材料,大概关于报告及询问事居多。谈话毕,继以唱歌、徒手表情、跳舞。时间约十五分钟,当时幼儿个个都欢天喜地。

2. 课内游戏,或可叫做团体游戏——那天所做的有两种:

甲、教师叫出一个幼儿在圈内慢跑,同时立在圈上的幼儿们,跟着琴声唱歌,把手伸出前方做起请他打的样子。该圈内慢跑的幼儿,任意选打一个。那被打的,就马上在他后面追去(因步行不像跑步,所以一时难以追及)。同时四圈的幼儿,唱歌鼓舞他努力前进。如果前者一被他捉住,其余的幼儿拍掌欢贺,然后以胜者出来继续,败者依照同一方法做去。那时圈内的琴声、歌声、拍掌声,颇足以动人耳目。

乙、教师先把谈话圈中,绘成四个距离相等的方形。有一面两个方形中间,放了大块积木六粒,积木放好以后,教师乃选出两个幼儿,做运积木的游戏,先运完并且排整齐者为优胜。照同样方法交换几次,时间约五六分钟。

3. 留声机 游戏做好以后,主任教师挪出特制的留声机来开始唱歌,幼儿们闻音后,或唱歌,或动作,或游戏,活泼的精神一时弥漫园内。

4. 用点心 在留声机未唱完以前几分钟,园内的老妈子排好四圈小长方桌,每张桌上放好几盘饼干,唱歌完了,各幼稚生即入内洗手,出来一一排坐,每桌由一个幼儿出来分发饼干,分量大概一样。幼儿们接到饼干后,一面微微谈话,一面数数个数,一面放在嘴里吃,兴致颇高。

5. 安息 用过点心后,每个幼儿入口漱口,同时各带出来一领小席子自由铺在地板上静卧数分钟。那时教师对于他们的睡眠姿势,加以矫正。少间,教师发出一种较强的琴声,幼儿们立即哄然起来,并喊说:"啊唷!好睡了!"同时各把席子拿进原地方去。

6. 自由游戏 自由游戏时,非常活泼有趣。或单独一人,或组成二三人。有的去拉绳,有的去拍球,有的去踢球,有的去玩砂盘,有的去掷藤环,真是津津有味!

7. 工艺 自由游戏后,乃分团去做工艺。材料的选择:或单独或团体,都任他们自由。那天所做的工艺,是冲五色玻璃珠和五色麦秆,一团一团分做。最有趣的,他做好之后,各挂在自己身上,向教师面前,显出洋洋自得的样子!

8. 国语、算术 因为年龄和程度的关系,分团教学。国语读本,用商务出版的《幼稚识字》。算术纯用不名数的练习,教学时间共计六七分钟。

9. 散学 整理用具后,全体幼儿聚成圆形,先唱放学歌一遍。唱歌后,教师叫出一个幼儿来,立在圈中的正中,使他向各个小朋友一一行礼握手,各个小朋友也一一回答。握手礼完了后,教师乃命年级大的牵年纪小的回去,那天的教学因此终了。(照录王骏声:《幼稚园教育》第一二七—二九页)

三、从养育上批评中国一般的幼稚园

现在且让我来从养育的眼光来批评这两个幼稚园。先从东大附小的幼稚园批评起。在他的"普通的课程"的说明里有卫生一科。他的目的是使儿童研究人生健康的问题,每日时间表里,有清洁检查和养性训练,合占了十分钟,比之如婴儿教养学校早晨替小孩洗澡的办法,在卫生上的价值,相差实在太远。婴儿教养学校又有用餐一项,是看得非常要紧的,这个时间表里也却找不出。再看"卫生"一项中,只说什么"脸和手清洁,点心时,先洗了手后吃东西,吃了东西以后刷牙、漱口,咳嗽时用手巾掩住",也没有谈到"洗澡"和"用餐"的话。其实这班儿童大都来自富有之家,肚子里是很饱的,并用不着吃点心来做格式!若说是借此来养成卫生和道德的习惯,恐怕婴儿教养学校里用餐时养成卫生和道德习惯的价值,比较要大得多,若说所吃的点心有健康的价值,那恐怕万万比不上婴儿教养学校的食品那样大。至于洗澡一节,这班贵族式的小孩子,当然比之贫民区域里的小孩子干净得多。但是我绝不相信一般不知养育婴儿的母亲们,会时时替孩子洗澡。恐怕有许多小孩子是"金玉其外,而污秽其中"!做教师的,若把他们看作清洁,未免叫要面子而又偷懒的母亲们暗中发笑!所以在理想的幼稚教育里,洗澡一节,万不可少,一般幼稚园竟忽略了这一点,实在是他们在卫生教育上的一种缺憾!

再看苏州培本幼稚园,他在养育一点和东大附小幼稚园比较起来,少了清洁检查,多了"安息"一项,用点心一项和东大附小一样,都犯着摆样儿的毛病,并且所吃的东西是饼干,未必合于卫生。至于"安息"一项,看来好像婴儿教养学校中的"午眠"。但是看看他们的办法,只用小席子铺在地板上静卧数分钟,教师的目的,也不过在矫正睡眠的姿势,看来好像做把戏,排格式,很少养育方面的价值。莫密良女士很注意于小儿的午眠,她主张至少要睡两三刻钟(见上篇第二章),现在这个幼稚园里只睡数分钟,我实在看不出他养育儿童方面有什么效果?

以上所说,虽仅提出两个模范幼稚园来做例,但是中国一般幼稚园无不如此,不但中国幼稚园如此,恐怕世界什么国里的幼稚园居多也是如此。幼稚园自来的习例,就是注意教育的功用,我拿婴儿教养学校养者的眼光来批评他,并不是讲他有什么错误,只不过表显他在养育方面的忽略。若在养育方面照我所说的办法做起来,那在实际上就变成了婴儿教养学校(从教育方面看)而非目下的幼稚园了。现在俄国式的幼稚园和一般美国的一些所谓新式幼稚园,实际已经婴儿教养学校化,不过名目上还说他是幼稚园罢了。

从上所说,可知中国婴儿养育问题,一般幼稚园实未顾及,要求解决,只有创设婴儿教养学校。

第五章　全国一致提倡婴儿教养学校的合作计划

婴儿教养学校从民族主义、民生主义及纯粹教育的眼光来看,在中国实有创办的必要,前数章已说得明白,兹再拟一全国合作提倡的计划于后,以供参考。

第一节　官厅方面之努力

官厅方面的机关应分为中央、省及地方三种:

一、教育部

1. 应指定经费若干万为研究婴儿教养学校教育之用;
2. 应聘请专门学者研究婴儿教养学校教育,并创办一所,以为模范,兼为训练师资之用;
3. 应将婴儿教养学校列入学校系统,并通令全国一律创办(成单设或附设均可);
4. 应通令全国申明教育权利之要旨,矫正慈善教育之误谬,并限令于三年内取销公私立育婴堂一类慈善教养机关,代以婴儿教养学校及类似婴儿教养学校之小学校;

5. 应订定婴儿教养学校之标准，通令全国遵行；
6. 应通令全国师资训练机关，添授婴儿教养学校之理论及实施一学程；
7. 应筹定经费若干万补助各省婴儿教养学校教育；
8. 应聘请英国莫密良女士来华讲演，并指导创办此种学校；
9. 应派员至英美各国参观婴儿教养学校之办法；
10. 应与内政卫生等部合作，促进婴儿教养学校教育。

二、省教育厅

1. 应在省会设立模范婴儿教养学校；
2. 应请专门学者研究适合本省情形之婴儿教养学校；
3. 应派学生至英国莫密良婴儿教养学校研究；
4. 应指定经费若干万补助本省婴儿教养学校教育；
5. 应与本省政府有关系之各厅联络促进婴儿教养学校教育。

三、县市教育局

1. 应于本县或本市设立中央模范婴儿教养学校；
2. 应联络市县政府建设当局于规划建造住宅时酌行俄国办法，留下空场（参阅附录），以为"合作的创设邻里婴儿教养学校"之用；
3. 应联络地方人士，创办"合作的邻里婴儿教养学校"（参阅附录）；
4. 应创设婴儿教养班，教育婴儿之母亲；
5. 应酌量地方情形，设立婴儿教养学校或相当之班次；
6. 应与县市政府及当地医生联络促进婴儿教养学校教育。

第二节　私人方面之努力

私人方面的努力，可分为私人及私人团体二种：

一、私人团体

1. 各工厂应为其工人子女设立婴儿教养学校（参阅附录）；
2. 各机关应为职员之子女设立婴儿教养学校，并协助官厅或教育机关促进婴儿教养学校教育。

二、私人

1. 应联合创设邻里婴儿教养学校；
2. 应捐资设立免费婴儿教养学校；
3. 应协助官厅或教育机关促进婴儿教养学校教育；
4. 做医生的，应协助办理婴儿教养学校，有时须尽纯粹义务。

附　录

苏俄的幼稚教育

　　本篇系采自杜佐周君所译《苏俄新教育》第三章。苏俄系实行苏俄式的社会主义教育国家,我对于他的教育设施,虽觉有好些地方不敢赞同,但是关于幼稚教育一部分却非常满意。我认定他这种办法完全是和婴儿教养学校教育一样,并且在行政方面贡献了很好的办法,实可作中国推行和改良幼稚教育之绝好参考资料。

　　苏俄的教育当局,对于已达三岁的儿童,必须负相当的责任。三岁以下的儿童,由卫生局负责管理。另一方面,强迫教育的法律,对八岁以上的儿童,始生效力。故自三岁至八岁,尚有五年的间隔,必宜有相当方法救济。凡为这个目的所设施的教育工作,普通就称谓儿童预备学校的教育。

　　苏俄教育家对于这方面的教育,尚不能十分注意。因为他现付全付精力于最初四年的小学教育、高等工业教育及平民识字运动,故对此尚无暇作精密的研究。但我们既欲评论苏俄的教育,则又不能不略提及之。最初对于这种教育运动的努力,当首推革命以先"墨斯哥的学社"（Moscow Settlemeut）。该学社一九零五年时为解拉杰夫人（Mrs. Sohlager）及谢来果（Alexander Zelento）所组织。当年革命以后,遂为反动当局所停闭。不过稍后,以去除成人而仅收受儿童为条件,仍旧开放。

　　幼稚园大约取法于西方各国的制度,附设于这个学社之内。暑间则带领儿童至乡间居住。一九一一年之夏,在墨斯哥城外克拉哥（Kolaga）地方侨居。从一九一九年后,全部计划归俄罗斯共和区的教育部管辖,叫做第一实验局（First experimental Station）,内包括墨斯哥的幼稚园、两个小学校、一个教师养成所及邻近乡间四个幼稚园、十五个小学校、两中学校、许多平民住宅、乡间图书馆、教师养成所等。所有机关,均由全国教育会议的委员雪德斯基（S. Schataky）指导。

　　解拉杰夫人仍为墨斯哥幼稚园指导者,与这实验局相联络。前二年他在邻近各处宏大的人民住宅中,组织许多幼稚园分校及游戏室。他的计划,每住宅须有一个天井,以供幼儿游戏之用。此外尚需一二间房子,以便教学儿童。房内须有一种简单的设备,增进儿童娱乐的机会。如是每一住宅可有一所实行儿童预备学校的教育工作,聘请训练的教师及看护妇管理之。（著者案此法若再与邻里合作婴儿教学学校办法参合,最易普及婴儿教养学校教育。）

　　这种计划且可使与幼稚园有关系的母亲互相联系,故不仅可以分负母校一部分养育儿童的责任,且可以成为地方上父母教育的中心。（著者按此种办法简直和婴儿教养学校的办法相同。）

　　中央幼稚园设备比较完全,日间各幼稚园分校的儿童,均可先后来此利用之。现在中央幼稚园只有六十五个儿童。如照新计划之实行,则日间可先后容三百个儿童左右。

与这种有组织有联系的幼稚园运动同时并进者,则为开辟邻近的游戏场运动。我曾参观墨斯哥许多游戏场,其设备大致与美国的游戏场相同,都在教育当局监督之下,盖专为儿童而设的。

在苏俄,最大的幼稚园计划,曾为我亲目所见者,为墨斯哥的屈来戈尼亚纺织厂(Trakbgornain-Textile Factory)内的幼稚园,共分九组,都在工人的工厂委员会的文艺组管理之下,大约共有四百五十个儿童。

所有各组的幼稚园,均设在从前私人的住宅中,所需的经费来自文化基金,由工厂行政部支付,为工厂委员会所经理。至于教育方面的工作,则受教育的指导。这种幼稚园所代表的利益有三种:选举工厂委员会的工人的利益、供给经费的工厂的利益及规定教育计划的教育当局的利益。

这种工厂是一种国家的企业,为国家纺织工业的一部。如同其余苏俄的工厂,其行政部与工人必订有相当的契约。这种契约的最要项目,就是从工厂的进款中供给相当基金,为工人文化教育的费用。同时工厂委员会代表工人,管理一切用度。

这九组幼稚园,仅能收受屈来戈尼亚工厂内工人的儿童。开放时间自上午八时至下午六时,所以儿童的母亲,日间可以自由工作八小时,不必兼顾小孩子。

此外尚有许多设备良好的幼稚园,且都有校内的游戏场。其中设备最完善的教室,可容二十至二十五个儿童。每一儿童有他自己的毛巾,且有一定地方,并用自己所画的图画或其他方法记号之。同时各人尚有很干净的手帕。

幼稚园中每日吃三餐。早膳有茶、面包及牛油(普通苏俄的早餐)。午膳有肉汤、牛肉、牛油及一二种蔬菜,四点钟吃点心,有面包、牛油及茶,且有些罐头水果(墨斯哥甚缺乏牛奶,儿童平常不易得到)。午膳之后,儿童午睡二小时,备有特别的寝室,每个儿童有一张小床,适如毛巾,各有自己的记号(简直是婴儿教养学校的办法)。

幼稚园每周有六日功课,连膳费一起,父母每月为儿童所费,亦不过二卢布。这种缴费,原是形式上的事。每一卢布,大约不过值美金五角二分而已。

设立幼稚园的目的,一方面使儿童有游戏的地方,有适宜的食料,有休息的时间及有社交的机会;另一方面使儿童的母亲可以自由做别种工作。(简直和婴儿教养学校一样了!)

当我调查苏俄教育时,有一位管理幼稚园的工厂委员会的委员,曾引我参观工厂附属的日间育儿院及幼稚园,并对我解释这种工作的目的。交谈之间,且甚谦述其成绩未能完满的地方。

他说:"我们尚没有机会使诸工作切实进行。不特不能专为这种目的新造校舍,即不得已现所应用的旧校舍,尚亦不能尽量改良。此地与其他墨斯哥各处的情形一样,均感受缺乏校舍的困难。同时又缺乏知识,不能使理想的标准完全实行。故一方面我们不得不勉自进行,另一方面又不得不努力研究及学习。"

这是在苏俄为我所参观的一个最有计划最大规模的幼稚园,此外工厂尚有较小的幼稚园。这种在工厂委员会管理之下的育儿院、幼儿园及游戏场的运动,近来日形发达。所需经费，概由工厂进款内开支。这是义务所在，决不能容辞的。其普通原理，就是每一工厂须为厂内的工人谋利益。这并如美国只给工资而已，且尚须注意工人的教育、住室、食物，及其他各种事项。（中国的资本家注意！）

关于幼稚儿童的教育，尚有一种工作，颇为苏俄所注意，就是新儿童的文学。从前俄国的儿童，如同其他各国的儿童，都以家谣、神语、皇子及武士等故事为文学。这种材料不合时宜，且都是荒唐无稽的话。在西方各国，这种材料仍甚普通。但在苏俄，则已有一种改良的建议。此后所有儿童的文学，须必根据于事实。一方面应有科学的精神；另一方面亦宜有艺术的美感。（著者曾于《中华教育界》发表过一篇反对神话教材的文章，可供参考。）

苏俄全国教育会议下，有一教学法研究组，内设儿童文学委员会，为儿童文学的著作，心理学和教学法的专家，及儿童文学的印刷所的代表等所组成。他们先调查现在儿童文学的状况，然后努力编著新儿童的文学，不特须具有浓厚的兴味，且宜有教育的意义。我亦曾见这委员所出版的书籍多种。关于艺术一科的课本，如图书等，均有很好的作品。至于教育的材料，并不甚佳，盖欲创造一种很有兴味的儿童文学，同时又要合于现在的潮流，富有科学的背景，原是不容易的事。可是这种计划，不特抱有很大的希望，且有很新颖的思想。现受教育部的指导，如与其他实验的工作一样，正在竭力进行中。

此外尚有许多幼稚儿童教育的工作，现亦在计划及试验中，如唱歌、音乐、浏览博物院及其他有兴味的地方、讲述故事、儿童图书馆、手工、旅居乡间等，无不竭力提倡，大部分工作由校外教育委员会负责组织，归属于苏俄全国教育会议管辖之下。此种活动，在友开林共和国区亦同样进行。

这种教育的目的，欲求自三岁至八岁儿童不至失掉学习的机会。教育当局所希望的，是供给儿童良好的食物，充分的休息，适当的娱乐，及简易的艺术。同时儿童可以旅行天然优美的地方，得到音乐和戏曲的常识，知道实际日常工作的情形及明了一切社会中各机关的组织。这些知识，概由儿童的五官接收的，不必应用什么思维的工作。他若手工、美术以及观察和社交的机会，则可使儿童知道世界大概的状况，以备将来入正式学校时，可以详细研究。

（广西南宁教育厅编译处，1928 年）

庙产兴学运动之经过

这是一篇系统的记载，凡是赞成或反对庙产兴学及其他有关系的文字，无不择要采入，欲知此运动之历史及现状者，不可不读。

在这外患频仍、民生凋敝的中国，全国民众要想教育发达、国运兴隆，不可不宽筹教费，创办学校来教导一般愚而无知的民众。

但是中国的国库这样空虚，人民的负担这样重大，如何去宽筹教育的经费呢？亩捐附加吧，我们看看那些衣食不周的小农，真正不忍心了！盐斤带征吧，我们看看一般靠盐分为佐餐主要品的贫苦小民，也真说不下去了！什么杂捐，什么……居多是困敝小民生计的桎梏，我们为解决民生问题而办教育的人们，怎应再拿来增加人民的痛苦？

我仔细思量，要解决中国教育经费问题，只有三条大路：一是庙产兴学；二是遗产税兴学；三是改良税制，增加教育税源。这三条当中，以第一条最为重要。

说来也可骇，中国的庙产，只丹徒一县，就有五千万之多！全中国不该有二十万万吗？我于数月前做了篇《庙产兴学运动》，主张"打倒僧阀，解放僧众，划拨庙产，振兴教育"，在各处鼓吹，向全国教育会议提议。那知一般僧阀们，大起恐慌，接二连三的打电报大学院反对，大学院审查议案的先生们，只得把我的提案搁下，后来幸亏南京市教育局局长陈剑修先生再提"全国庙产应由国家立法清理充作全国教育基金案"，经大会通过，交大学院及内政部审核办理，这事可是小小作了一个结束，所以我把这运动的经过大略说一下，以便国人讨论。

谈起庙产兴学的历史也很长，在前清时代张之洞就有这个主张，他在光绪二十四年《劝学篇》上说道："今天下寺观，何止数万，都会百余区，大县数十，小县十余，皆有田产，其物皆由布施而来，若改为学堂，则屋宇田产悉具，此亦权宜而简易之策也。……大率每一县之寺观取十之七以改学堂，留十之三以处僧道，其改为学堂之田产，学堂用其七，僧道仍食其三。……"清末庙产兴学的成效，可说是这个主张的结果。

到了民国时代庙产兴学的声浪，反形消沉了！可是在袁世凯和徐世昌的时代，却定有管理庙产的计划，北京佛教会长看见情势不佳，一面反对保管庙产的条文，一面自动的以庙产办理工厂学校六十余处，收容贫民男女数千余人，以为抵制，后来薛笃弼先生任京兆尹时，又有庙产兴学的主张，因障碍太多，未能实现，他到了甘肃河南却做出相当的成绩。同时，稽翥青先生所著《中国与暹罗》书中，及李宗仁、黄绍雄二先生在广西时也都有这个提议，近来冯玉祥先生在河南格外是大刀阔斧的来没收庙产，创办教育，可见庙产兴学这件事，在中国确有多人赞助，并且是未来新中国的一条生路！

一、我所著的《庙产兴学运动》的大要

甲、背景：孙总理所提倡之社会主义教育。

乙、目的：划拨过剩庙产，创办教育。

丙、计划：

　　一、铲除僧阀：僧尼中之富而劣者，皆为僧阀。

　　二、解放僧众：提倡"僧尼解放运动"，援助愿还俗者还俗。

　　三、利用庙产：

　　　　（1）划拨庙产建设工厂及补习学校，促进"还俗僧尼职业教育"。

　　　　（2）建设"国立佛学院"，昌明佛学。

　　　　（3）保护名山胜迹及其美术品。

　　　　（4）拨留年老及不愿还俗僧尼之赡养费。

　　　　（5）余款一律充教育经费。

　　四、创办教育：

　　　　（1）由大学院以全国为单位支配补助省县地方，以谋教育之普及。

　　　　（2）提倡天才教育。

　　　　（3）提倡"教养学校"及"育婴学校"。

　　　　（4）促进民众美育。

　　　　（5）促进免费教育。

　　　　（6）设立清贫聪颖学生之"奖学基金"。

　　　　（7）恢复师范生待遇。

　　　　（8）提高教育人员待遇。

　　　　（9）推广职业教育。

丁、方法：

　　一、民众方面：组织团体力谋造成中坚之舆论。

　　二、政治方面：利用法律手续以达目的，严防轨外行动，致为共党利用。

二、薛内长的态度

我这篇文章发表之后，接着报上又登载薛子良先生主张改寺观为学校，并且向教育会议建议的消息。僧阀闻之，大起恐慌，具呈内部请愿，不久又有李济琛、陈铭枢两先生反对的电报，又不久报上披露薛先生和新闻记者的谈话及复佛教会函，僧阀们乃转忧为喜，以为薛先生代他们辩护，但是我们试把这两件东西的要点，摘录下来比较一下，看看薛先生的真正态度。

一、薛先生与新闻记者之谈话（《新闻报》）

"……行政上所谓破除迷信者，系指人民之敬财神、土地、城隍，及膜拜木石狐蛇等项

愚昧举动而言，在现在科学昌明时代，自当从增高人民的智识上着手破除，以促社会的进化……关于补助教育一层，乃自治上人民应有的义务，此系教育范围以内之事……"

二、薛先生复教会函（《申报》）

"……笃弼鉴于吾国国势之不振，以为信仰佛教固属国民自由，唯不应仅为僧侣博衣食之资，及为少数信徒精神所寄托……若徒以烧香膜拜邀福免祸相号召，不唯无益于社会，抑且有失佛教慈航普渡之本旨。……吾国之信仰佛教者，上焉者独善其身，其次者不过藉寺庙为生活之资，下焉者甚且以庙宇为藏垢纳污之所，……笃弼不敏；对于国人之信仰佛教者，窃有两大希望……（二）不应仅为消极之信仰，并应进一步努力作积极之工作，即自动的按庙宇原有之房屋田产多寡兴办各种学校，或平民图书馆，或平民医院，或贫民工场等……愚意以为人类信仰固以自由为原则，而对于涉及迷信、障碍人类之不正当的信仰，应加以干涉……若在历史上毫无根据……如世俗所崇拜之土地、财神、传瘟、痘神、送子、诸神，以及狐仙蛇神、牛头马面之类，徒供愚妇愚夫之号召，自应列为淫祀，严加禁止，以正人心。"

观于以上所述，薛先生是否为佛教辩护，是否无庙产兴学之意，请读者批评罢！

薛内长这种回覆，僧阀们极为满意，接着又回覆了一封歌功颂德的信，并说什么"我公竭诚拥护佛教，不愧为总理忠实信徒云云"，气得现代僧伽社的主笔骂了他几声"薛牧师"，加他一个扬耶抑佛的罪名，这场无妄之灾，也可算是那般僧阀们的孝敬！

三、反对庙产兴学运动的声浪

（一）欧阳渐函责蔡院长

"……现闻内政部将与贵院合设宗教委员会分配寺产，以十之二归贵院办研究所及社会教育，余归慈善行政等用，窃以为过矣，以数百万资产（释太虚承认只丹徒一县就有一千万，见后）供百余万游民（欧先生承认他们是游民，我却认他们为被压迫的贫苦民众！），诚为非政，然独不欲化腐窳为精良乎？（我的办法里主张，解放僧众，为他们办工厂，办补习教育，欧先生看见没有？）……今利其产而自为谋，安足以为政，执事必谓普通教育有必需。而宗教可废者（蔡先生久经提倡过以美育来代替）直接通令强没全部庙产可也（不客气……）"

这封信来得如何唐突！聪明而有主张和毅力的蔡子民先生那得就被他吓住？

（二）释太虚的修正

释太虚做了一篇《对于邰爽秋庙产兴学运动的修正》。内容是：（一）革除弊制；（二）改善僧行；（三）整理庙产；（四）振兴佛教。我很感谢他的修正，可是他的修正却又被乐乐山先生和许多护法的人们和青年有志的僧众们修正了，太虚也应该照样感谢他们。

乐先生说：太虚的修正，完全无理取闹，因为他每日靠佛吃饭。——僧阀一份子，自然不能不照例说几句。应着敝乡一句俗话："打死一只黄鼠狼，也得许他放三个臭屁！"他所谓"革除弊制",他在厦门南普陀(福建大丛林之一,有庙产十余万)喊了一声"一切庙产为六和和合的十方僧物",即刻就被该地方僧尼驱逐出境,厦门人没一个不晓得这段故事,现在多数的僧尼,根本就不是因信佛而做僧尼,这是公开的秘密。在这种状态下之僧尼,而谈改善僧行,完全欺心之语!至于"整理庙产""振兴佛教"更不成问题。佛教根本为时代所不容,岂有整理庙产,振兴佛教之理乎?……丹徒一县已有一千万元,江苏全省庙产何止一万万呢?浙江一省,恐怕便算不上二千万庙产,这是毫无常识的话——出自太虚之口,尤不知用心所在!单就普陀山三大丛林,七八十个大寺院,二百来个小庵堂,长三十余里广十余里之普陀山,及附近各乡村之田产,以及一切动产不动产,丹徒一县之庙产,岂能望其项背?此外宁波之天潼玉皇峰,台州之天台雁荡,杭州之天竺云隐……都是国人所熟知的大丛林,宁波人历史上就是迷信出名,一县而养和尚在千名以上的累累皆是。浙江的庙产多过江苏是可信的,不及江苏五分之一,不知太虚怎样计算的,或者存心欺世乎?总之太虚的修正文,绝无一顾之价值!

现在再看帮着僧阀说话的人和青年有志僧众们的修正:

太虚说:"邰君所云的僧阀,中国其实尚没有这样东西存在……僧众……并不是要解放的……"

苏慧特汪济生答复道:"现今不良之教育,与'僧阀'较,其腐败程度一也,其有阀之罪恶一也……"(见后)

南京僧界答复道:"……乃至沿传近世,汩没本来,逐妄迷真,违悖佛旨,甚至染成恶习,不畏戒条,劣行昭然,尤干国法,造成恶习,恬不知悛,匪独害群,实妨社会,……"(见南京僧界驱逐劣僧辅仁大会宣言)

南京青年僧众全体同胞大呼道:"打倒僧阀,释放青年僧众!"

法幢说:"……他们(指方丈)的确是我们僧中之阀,惟其是阀所以地盘永久是他们的鱼肉。"(《现代僧伽》第五期四页)太虚说:"全国就算有四万万元的寺产,……纯有收益的项下,至多不过二万万,以百万僧众计,在收益项下,平均每人每年不到二十元的收入,这也可怜到极处了!……"

现在看看僧人转轮的报告,做个回答,他在《现代僧伽》杂志上《警告全国丛林住持》文里说:"(一)南京普德寺有一千多亩田,住了七八人,此七八人做佛事,每年还替他赚若干钱;(二)南京宁国寺的庙产,亦有一千多亩田,住了不到和合众的僧数四人;(三)扬州静慧寺田三四千亩,完全供给几个所谓太老退老大居和尚的吃鸦片之外,还要亏欠几万;(四)泰州光孝寺有荒熟田一万亩,据说实数只有七千亩,就假定七千亩算,每年每亩除去课税所得,若还有三元,每亩三元,七千亩田,每年收入应得二万一千元,光孝寺住四五十人,五十人的饭食,至多每年不过三千六百元(每人每月六元),众僧单银,每人每月不过一元,道人工资,每月不过四五元,两共每年不过七八百元,应酬杂用,多一点说,每日算十元吧,一年三百六十五日,共洋三千六百五十元,统计每年支出不过八千余元,再除去方丈大和尚为巩固位置,每年孝敬县官老爷、当地绅士若干元,再除去方丈和尚津贴家小(和尚居然也有家小!)(俗家老小也)每年若干元,再除去方丈和尚为防免意外的祸害,要踪迹不明走东走西,每年舟车费若干元,再除去方丈和尚为庄严法体,做羊皮袄和棉绸袍等,每年需要若干元,再除去……没有除了,就再统上几项每年有三千元,也足够方丈和尚个人的使用吧,八千有零加上三千合得一万一千有零。大家注意,光孝寺每年约收入有二万一千元,每年支出只需一万一千有零,每年除去净存,应有一万元光景,现在住持住了十几年,就应赚了十几万,不错,在这几万之中,还要除掉民国十(?)①年请太虚法师讲经的费用,和民国十(?)年《觉海学院简章》的印刷费呢,……够了,我不是会计师,而我今天又不是来算账的,算账会计师,早已站在旁边了(大概指的大学院的会计师吧?),将来……不久的将来就要与你们清算总账,而各省各县的丛林,也不难准此类推。"

又法幢在《告全国有志整理佛教的僧伽同胞们》里面说:"……去年国民政府建都南京的时候,有江浙诸山,集会上海……会员一二百个,其资格不是方丈,就是退居老和尚,和老居士、大居士,其费用殊繁,会员每人虽只缴二十元不等,但用得多的几千几百皆有之(怎样用的呢?请阅者想),其会场设在上海,其会员到沪的情景实极一时之盛……(一)住某某大旅社;(二)功德林吃大素餐;(三)拜访某某某居士;(四)到中央大戏院看大中华新出的影片;(五)大舞台看大台戏;(六)大世界的北京大鼓也足消遣;(七)先施公司大包的货品自然会一包一包的跑到大旅社来;(八)就是逛大马路了……"

太虚法师呵!看这班和尚们多么有钱,多么阔气,你说他们贫穷,说他们可怜,"贫穷""可怜",从你看来,原来是这样的意义!

末后你说我比共产党还要凶很。太虚法师呵!我对你的人格和学问,素来有相当的敬仰,有理尽可说理,这种意图陷害的名辞,望你不必学上海的那般僧阀们随便乱用。

(三) 汪济生苏慧特的传单

二君传单的题目,是"当今教育界之根本问题",为着衬荣的原故,把东南大学、中央大学的师生及蔡孑民先生美育代宗教的说□,大骂了一顿,末后骂到我的文章,东大出身居然做了我的罪名!全文充满着意气,实无回辩之价值。

(四) 全国僧界宣言

"反对江苏大学教授邰爽秋庙产兴学运动"的传单,是著名全国僧界所发的宣言,内中的理由:"反对学阀,联合学界,巩固庙产,提倡佛化。"他"反对学阀"的话,简直和全国教育界挑战,我且不必理会,至加我以学阀之名,实不敢当!最妙的是对于我划拨庙产提高教育人员待遇的主张,却认为"蛇虺其心,虎狼其性,类于万恶的□□□,法律之所当诛,国人之所不恕,纵粉其骨而碎其身,何足以蔽其万一之罪哉"?如此妙文,不知出自谁氏手笔!中央大学校长张君谋先生曾通令各县,酌行庙产兴学,难道也是学阀,也是万恶的□□□,也应该粉其骨而碎其身吗?冯玉祥先生在河南完全没收庙产,创办学校,岂不更是蛇虺其心,虎狼其性,简直是万恶的,应该粉其骨而碎其身,并且要扬其灰吗?哈哈!请国人下个

---

① 编者注:原文如此。

公正的批评罢!

(五)《现代僧伽》整理佛教专号

多少抱着研究态度,志在改革佛教,尚有几分为我所敬佩的,要算闽南现代僧伽社的一辈青年僧众,他们为反对庙产兴学运动,特为出了几次专号。他们是从青年僧众观点上讲话的,与那班从僧阀见地讲话的迥乎不同,看他们第一篇文章,就是《警告全国丛林住持》,第二篇是《告全国有志整理佛教的僧伽同胞们》。对于几个大庙的财产和僧阀的生活,以忠实的态度描写,实在令人佩服(前面已经讲过),不过这本专号中还有些免不了意气用事和忽略我为僧众谋幸福的地方,即如寒人的《改寺观为学校》文里说:"和尚自己无教育,当然不能办教育。(可以拿这话来驳主张僧人办学的人们。)既是不能办教育,当然不能禁止人家来办。(对呵!)可是人家办是办了,却不能办你们的教育,既不是替你们来办,那末这不是你们破产吗?(我在《庙产兴学运动》里关于僧尼职业教育补习学校和增进他们普通知识的特殊成人教育及公民训练,种种计划,看到了没有?)你们破产,又没有社会位置和智识,不但挨饿(不会的,不愿还俗的我主张有养老金),没有清福可享,而且会教你们一个个人入那无余的涅槃,这何等可惨痛的一回事呵?"(我为他们计划的工厂和补习学校,你看见了没有?)

又法幢说:"……近来江苏大学教授邰爽秋,著了一本《庙产兴学运动》,他不讲公理(不敢当),违背法律,叛反党纲及总理遗言(冯玉祥先生在河南的行为如何?),假公济私的(济的什么私?)用心,任何人一看,都可以晓得的。他现在预备在全国教育会议上提议,假若全国教育会议上被他朦混而随便的议决了,那末就是我们全佛教信徒宣告死刑的时候了!要赶快的联合起来,一方面大规模的向国民政府和将来全国教育会议上,根据公理法律党纲及总理遗言,以全力来请愿抵抗,一方面还要切切实实的做佛教正当的事业,和利益社会的事情,来塞住他们的借口。"

该专号上又有一假新闻说:"南京自江苏大学宣传庙产兴学运动以来,此处佛徒已有觉悟,现正在团结谋佛教统一方法,前日已于毗卢寺开过一次会议"云云,到这时才有觉悟,愿你们真正觉悟起来!

四、提倡庙产兴学者之蜂起

(一) 教育界之努力

1. 苏大校长张君谋先生令行庙产兴学。在反对改寺观为学校的声浪当中,报上忽登载一件快人听闻的事,就是江苏大学校长张君谋先生通令各县,酌行庙产兴学,其文云:"江苏大学近据县教育局长会议议决,仪征县教育局提议《拨庵产三成充教育经费案》。其理由谓各县地方庵产纯属公有性质,在昔迷信之风盛炽,人民乐于由僧道管理,现在训政开始,极力破除迷信,虽云信教自由,但公有财产,似宜加以措施。况且各县教育,已切实整理,现在需款维持,倘各县实行提拨三成补充教育经费,一方面可以减少人民负担,一方面可以减少迷信之风。又泰县教育局提议《通令各县转余公私庙宇,提出收入成数,创办小学案》,又东台县教育局提议《重征庙捐以充教育经费案》,经付大会讨论,并案议决,由各县斟酌地方情形分别办理等语。查庙产等捐,在苏省各县有已经开办,亦有未经开办者,究已办之县能否增加,未办之县应否仿办,自应由各该局长酌量地方情形妥商办理。除分行外,合行抄录议决案及原案,令发该局长知照。"

在这僧阀反对庙产兴学的声浪中,江苏大学校竟有这样大的魄力,发出这种通令,我却不得不敬佩该校行政院诸位先生的勇气,并且为庙产兴学的前途祝福!

2. 江苏中等学校乡村师范联合会,南中乡师提议,呈请大学院通令庙产兴学,一致通过,由提案人起草。

3. 江苏全省教育局长会议议决,划拨庙产,推广教育。

4. 江苏全省中小学校长开联席会议时,余出席报告庙产兴学,请其赞助,大众无不赞同(以上各报均有记载。)

5. 我在苏州中学讲演《庙产兴学》,全场掌声不绝,一讲完,便有几个学生告诉我,他们预备在苏州组织庙产兴学促进会,听说苏州和尚得了那个消息,大起恐慌连忙到县公署去请愿。

又我在无锡识字运动讲演《庙产兴学与识字运动》,颇承听众欢迎,末后该县督学张先生说,他们预备下次来一个庙产兴学的游行。

6. 湖北教育行政会议议决庙产兴学。

7. 浙江大学区议提寺产四分之一办学。

8. 南京市教育局长建议全国教育会议《全国庙产应由国家立法清理充作全国教育基金案》,所陈理由有二:(一)庙产兴学不妨碍于宗教信仰之自由;(二)庙产兴学不妨碍所有权之原则。说得极为痛快淋漓,读本书者,那个议案的原文万万不可不看。

9. 全国教育会议容纳庙产兴学的提议,议决交大学院及内政部审核办理。

10. 中央大学区县督学教委联会兴化、如皋、无锡提该会应组织庙产兴学促进会支会案议决修改原案为庙产兴学运动案,由执委会设计通知各县进行庙产兴学运动工作。(十七年八月十一日《新闻报》)。

11. 粤省全省教育会议议决全省庙观财产拨充教费。(十七年八月五日《申报》)

(二)武汉政分会废庙产兴学的命令

武汉政治分会本月三日令湘鄂两省政府云:为令遵事。查民族精神之涵养,首在正信仰而端人心,本党心理建设之初,尤应致力于教育之普及。古人报功崇德,对古先贤哲,加以尊崇,享以专庙,为后世表率,用意本属至善,但自邪说朋兴,淫祠妖庙,几遍全国,遂致牛鬼蛇神,亦膺庙飨。流弊所及,不特导人民于迷信,损庙祭之尊严,而养成人民侥幸依赖不自振作之习惯,且妨害民族精神之修养,与信仰之纯正划一,其遗毒尤不可胜纪。兹经本会议决,所有非正当之坛庙祠宇,应一律废除,就地改建贫民学校,其有庙产者,即划为学校经费,其无庙产者,由政府补助之。既可纳信仰于正途,而增加校舍,有利于普及教育,尤非浅鲜。至各种坛庙庙宇,何者应存何者应废,应由该省政府转令该省民政教育官厅,会同详密审查,妥筹办理,呈报备核云云。

(三)南京僧众全体青年同胞的呼声

虽说南京方丈们,开会反对庙产兴学,但是一般青年僧众们,对于我的主张,却表充分的同情,他们写了一封很长的信给我,颇可以鼓励我们提倡庙产兴学的同志。他们说:……全国僧众同胞,也有千百万之多,其中也有十分之二,真正信仰奉佛者,也有十分之五,皆因父母无知,小口嫌多,送他为僧者,还有十分之三,中年无业,半途入庙者!其为贫寒所逼者,现值壮年之际,均欲出水火而勿能……今我们数十位青年同胞,各有愚见,私相秘密会议;以为欲兴教育,非得划拨一部分庙产,着手组织赶紧运动兴学;欲想革命成功,非得解放一部分青年僧众,教以党化,加入战线上工作;欲实行民生主义,非拨一部分庙产,以建大规模之工厂,收容无业平民;欲想国富民强,非得整治内部,俾无耗费之寄生虫;欲想打倒帝国主义,除非各界一致团结起来,大家努力对外;欲想消灭军阀,非得解放我们一部分青年僧众,加入革命宣传,论起我们僧家如此所说,岂非自坏教门?不过因为博士所发表章程,实在洞澈高明,令我辈所阅者无不赞成,誓为后盾。……最后我们高呼口号:"打倒僧阀解放青年僧众!僧界青年同胞革命万岁!"(原稿存我处)

这班青年僧众们所讲的话,不知说邰君所云僧阀,中国其实尚没这样东西存在的,太虚看了作何感想?拿全国僧界的名义宣言"反对江苏大学教授邰爽秋庙产兴学运动"的僧阀们,看了又作何感想?

(四)闽南佛学院学生会的意见

闽南佛学院学生会上厦门市党部请愿书,虽为改良佛教而发,但其中有许多意思是和庙产兴学表同情的,如:"取消一切不可考察的偶像","创办佛教慈幼园,以收留贫苦无依之孤儿,教以工读","创办佛教平民学校……收留贫民子弟,使其有平民知识,造益社会","打倒与僧同党寄生佛门的劣绅……不知佛教法,与劣僧结酒肉交,狼狈相依寄生佛门者,誓打倒之"。我们虽反对佛化教育,却对于这班有志改革的青年僧众们很表示敬意!

(五)中央大学学生之奋起

中央大学学生发起庙产兴学促进会。拟集合大多数同志从事大规模的运动并且发表宣言,其要点如下:(一)为振兴教育,为信仰自由,为解放僧尼,为破除迷信;(二)为人民之生计,为政治之清明,为国家之存亡,为共和政治之发展;(三)为增生产,为挽回权利,为普及实业教育,为抵抗列强侵略;(四)为教育平等,为提倡文化,为打倒贵族化之教育,为提倡社会主义之教育,均不得不铲除僧阀,拨款兴学。

(六)舆论界之赞助

(1)京报的案语

自从僧阀以全国僧界名义发表《反对江苏大学教授邰爽秋庙产兴学运动》之后,领袖首都舆论的京报,就登有一个"庙产兴学之风波"的消息,先将庙产兴学历史说了一下,后说:"近有邰爽秋先生,拟扩大宣传,以期实现,而依佛吃饭之僧徒,大起恐慌,有以全国僧界名义发表宣言反对者,其要旨有四:(一)反对学阀(如何牵扯得上);(二)联合各界,防遏共产之动机(则暹罗为苏维埃矣);(三)巩固庙产;(四)提倡佛化,末复将提拨庙产兴学,举出不合法理之科条五点:(一)提拨庙产兴学,是破坏党纲人民信仰自由(信仰固重自由,教棍定要打倒);(二)提拨庙产兴学,是妨碍僧界之所有权(庙产来源出自人民所有权应属之公用);(三)提拨庙产兴学是以不平等待遇僧界(佛说慈悲使人人得受教育正是平等);(四)提拨庙产兴学,是以强凌弱骇人听闻的事(兴学是为公的革命手假,应该强制执行);(五)提拨庙产兴学,是类同共产铲除佛化宣传的政策(释迦世尊无一点产业,尊重佛化,定要改私有为公有才对)。"

(2)乐乐山先生的妙文

乐乐山先生近来寄给我一封长函,赞助庙产兴学,他说:"拜读你的庙产兴学运动,及太虚的修正,我觉得你还免不了君子之风,我感想到:一、佛教根本不能存在;二、僧伽阶级,早就该铲除;三、庙产之转移自然不成问题了!"其中有修正"太虚的修正"的一段,已见前,请参阅,至乐先生全文已另发表。

(3)嵇翥青先生的伟论

嵇翥青先生于民国十三年由暹罗归国后,曾著《中国与暹罗》一书,中有一页,叙暹罗接近印度,佛化流入甚早,佛经收藏亦最富;且以佛教为国教,自国王以及平民,莫不作一次之剃度,惟出家不一星期或数年及终身者,悉听个人之自由。但出家以后,不得在庙内举火,每日午前只饮清水,午晚须至民间化斋,遇有婚丧建筑等事,僧人自至诵经,不取些毫报酬,旅行郊外,幕地而眠。暹政府以全国庙产改为学校,僧人住所只划一部分而已,全国男女,概行强迫义务教育,其教育即以慈善弭兵为主义,与红十字会之宗旨相符合,全国中小学校,几有学校皆庵、是庵皆校之概,庙产兴学不但不悖于信教自由,且当此生灵涂炭之时代中,牟尼世尊如果有知,当亦深表赞同也。中国庙宇林立,通商巨埠,盛地丛林,触目皆是,而僧人之罪恶,如敛钱、治财、奸淫、赌博、鸦片、虐待徒众等等,皆为刑律所不容,而僧侣习以为风,勾引达官巨贾、土豪劣绅,成一特殊阶级,为信教自由计,为整理佛教计,为普及教育计,应仿暹罗之往事,将全国庙产,一律改为学校,僧尼概令还俗自相配偶,即以原有庙产,本匹夫授田百亩之议,予其组织家庭,其有不愿还俗者,亦以庙产拨予若干,第屋一椽,耕田百亩,木鱼经卷,俾了残生云。

嵇先生夙具提倡庙产兴学之志,此次特作《庙产兴学议》及《庙产兴学运动的解剖》二文,洋洋数万言,关于庙产兴学的历史、庙产的来源、佛的历史、中国的佛教、日本暹罗佛教的改良、僧尼来源罪恶及其解放办法等等,言之极详,留心本问题者万万不可不读。

(4)费哲民先生的热心和宏论

费先生担任京报副刊主笔,对于庙产兴学,极为提倡,曾为此出了四期专号,他做了一篇《庙产兴学赘言》,主张除庙产兴学外,更应提倡寺观改工场、寺观改公园等等设计运动,极有见地。

（5）振镛先生的大炮

他做了一篇《向僧阀进攻》，他说："……中国人有一种习气，你好好和他讲，他白翻着眼不理，只以国家大计为重，以教育救国为旨，就逼死了几个秃驴，也算不了什么事……"这话说得正中中国人的毛病！

（6）尤宪祖先生的赞助

尤先生发表了一篇《改进江苏民政参议》，其中有一段系讲教育僧倡公管庙产，他主张拿庙产办警之外更办其他公益的事体，对于庙产兴学，有相当的赞助。

五、青年僧众对于僧阀的攻击

僧界之中，分为僧阀及青年僧众二派，前派居多老腐，把庙产当作他们的私产，绝对反对庙产兴学。后派对于庙产兴学，大多数皆表相当同情，并且有许多绝对的赞成庙产兴学，这派僧众可算是僧界的革命分子，他们对于僧阀的行为极不满意。在庙产兴学问题发生后，他们对于那般老朽的僧阀，大施攻击，如《警告全国丛林住持》《读了整理佛教专号与全国诸山的几句话》《江浙佛教联合会紧急会议的总评》《安徽佛界腐败状况》《上海静安寺问题》《左拥右抱的福和尚》《南京僧界驱逐劣僧辅凡宣言》诸文皆是很好的例子。

六、僧界抵制庙产兴学运动的方法

僧界抵制庙产兴学的方法，概分三种：（一）佛教自身的改良；（二）自动的办理教育及社会事业；（三）联络军政要人设立团体，以为护符。关于第一点，现代僧伽社整理佛教专号上，做了不少的文章；关于第二点，他们举出领袖谛闲等二十余人，组织委员会，自动办理学校及慈善事业，并拟定方针，呈请国府保护；关于第三点，他们筹备组织中国佛学会，草拟大纲，呈内政部备案。据报纸所载，政府要人颇与赞助，未知确否。不过赞助佛学会是一事，保护庙产又是一事，僧界若以赞助研究佛学为庙产之护符，则大谬矣！

七、僧伽办学问题

江浙两省僧伽恐庙产被公家没收，于是僧众举出领袖谛闲等二十余人，组织整理僧伽委员会，集议结果，自动办理学校及慈善事业，并拟定方针，呈请国府保护，国府以信教自由，不必保护，至所拟方针应改为方案，已将其呈文交内政部及大学院核覆，内政部与大学院顷已呈复国府，大致纠正要点有四：（一）僧伽办学不能提倡迷信；（二）此后剃度要予以限制；（三）僧伽组织委员会办学或举办慈善事业，应加入所在地之党部与行政方面，及教育行政机关，或地方公益团体之代表为委员，以便共策进行；（四）所办学校或慈善事业，应受所在地之党部、行政或教育行政机关，与地方正式法团之指导，以资督促，而便改进云。（《申报》十七年六月三十日）

关于僧伽办学问题，在《一个僧界先觉给邵爽秋的信》里，尚有好多意见，可备参考。

八、结论

以上所述,是本运动至民国十七年七月的大概,欲问这运动的结果如何,第一可说,促进一般社会及教育界对于庙产兴学问题的重视;第二可说,促进僧界的觉悟和改造并促成僧界自动办学,这两种结果去着我们的目的还很远,盼望诸位同志继续努力,继续奋斗完全达到我们提倡庙产兴学的目的!

（原以《庙产兴学运动之经过并答覆反对的人们》为题,载《京报副刊·教育评论》第7号、8号,1928年;后载邰爽秋编《庙产兴学问题第一编》,中华书报流通社,1929年）